I0889175

Jan Wilhelm
Sachenrecht

Sachenrecht

von

Jan Wilhelm

2., neubearbeitete Auflage

W DE G

Walter de Gruyter · Berlin · New York 2002

Dr. jur. Jan Wilhelm,
o. Professor an der Universität Passau

♾ Gedruckt auf säurefreiem Papier,
das die US-ANSI-Norm über Haltbarkeit erfüllt.

Die Deutsche Bibliothek – CIP-Einheitsaufnahme

Wilhelm, Jan:
Sachenrecht / von Jan Wilhelm. – 2., neubearb. Aufl. – Berlin ; New York : de Gruyter, 2002
ISBN 3-11-016557-0

© Copyright 2002 by Walter de Gruyter GmbH & Co. KG, D-10785 Berlin.

Dieses Werk einschließlich aller seiner Teile ist urheberrechtlich geschützt. Jede Verwertung außerhalb der engen Grenzen des Urheberrechtsgesetzes ist ohne Zustimmung des Verlages unzulässig und strafbar. Das gilt insbesondere für Vervielfältigungen, Übersetzungen, Mikroverfilmungen und die Einspeicherung und Verarbeitung in elektronischen Systemen.
Printed in Germany.
Datenkonvertierung: buslau interkom services, Berlin
Druck: Gerike GmbH, Berlin – Bindearbeiten: Lüderitz & Bauer GmbH, Berlin

Vorwort zur 2. Auflage

Nach dem Vorwort zur ersten Auflage meint dieses Buch das Sachenrecht als Gegenstand und Lehrmeister zugleich; in der zweiten Auflage ist zu präzisieren: das Sachenrecht des BGB. Aufbau und System des BGB sind noch mehr Richtschnur, als dies in der ersten Auflage der Fall war. Das Sachenrecht des BGB ist in seiner logischen Ordnung und seiner Einordnung in das Gesamtsystem des BGB entfaltet. Diese Einordnung unterstützt das Anliegen, welches das Buch seit der ersten Auflage verfolgt: das Sachenrecht als Bestandteil und Exempel der Güterzuordnung insgesamt zu erfassen. Ein bisheriger Ansatz zu einem Gesamtsystem ist aufgegeben: Das Recht des Umweltschutzes als Nachbarrecht im weitesten Sinne ist nicht mehr einbezogen.

In Bezug auf die bürgerlichrechtliche Güterzuordnung geht es um die Feststellung und Kennzeichnung der allgemeinen Zuordnungssanktionen und die genaue Bestimmung der absoluten und relativen Rechte im Hinblick auf die allgemeinen Sanktionen. Aufgrund dieser Bestimmung ordnen sich alle im Sachenrecht geregelten Rechte, einschließlich des Nießbrauchs und des Pfandrechts an Forderungen, der Unterscheidung zwischen Vollrecht, d.h. Eigentum oder Inhaberschaft an einem Recht, und beschränkten Rechten als Abspaltungen aus dem Vollrecht ein. Neben dieser Aufteilung der Rechte auf mehrere Personen steht die gemeinschaftliche Berechtigung mehrerer Personen an den Rechten. In einer grundlegenden Veränderung der Perspektive ist die Gesamthandsgesellschaft aus der Vorstellung von der gemeinschaftlichen Berechtigung herausgewachsen. Dieser Prozeß ist dogmatisch eingeordnet.

Der monographische Ansatz des Buches und die Demonstration des Systems in der systematischen Fallösung sind beibehalten. Rechtsprechung und Literatur sind bis Oktober 2001 berücksichtigt. Die Schuldrechtsmodernisierung ist eingearbeitet.

Wieder ist Dank abzustatten für unermüdliche und wertvolle Hilfe: Ich danke den Herren Assessoren Peter Deeg, Nils Dreier, Helge-Torsten Wöhlert und Herrn Rechtsreferendar Hanns Jörg Herwig. In einem großen Teil der beträchtlichen Zeit von der ersten bis zur zweiten Auflage hat Nils Dreier unermüdlich die Datenverarbeitung bei der Veränderung des Buches in der Hand gehabt. Alle Herren haben mit inhaltlicher Ergänzung, Kritik und Korrekturarbeit, in der Schlußsequenz noch mit der Erarbeitung der umfangreichen Register eine unersetzliche Hilfe geleistet. Die Hilfe meines früheren Stabes, der in der ersten Auflage erwähnt worden ist, hat fortgewirkt und sei nochmals vermerkt. Für das Schreiben am PC danke ich meiner Sekretärin, Frau Maria Renji. Dankbar hervorzuheben bleibt die unerschöpfliche Unterstützung durch meine Frau.

Passau, im Dezember 2001 *Jan Wilhelm*

Inhaltsübersicht

Vorwort . . . V
Inhaltsübersicht . . . VII
Inhaltsverzeichnis . . . IX
Abkürzungsverzeichnis . . . XXIII
Verzeichnis der abgekürzt zitierten Literatur . . . XXXI

Erster Teil: Gegenstand, Wesenszüge und Anwendungsbereich . . . 1

A. System und Prinzipien des Sachenrechts . . . 1
B. Das Sachenrecht als Recht betreffend die absolute Zuordnung vor allem von Sachen . 14
C. Die allgemeine Güterzuordnung über das Sachenrecht hinaus, insbesondere der verfassungsrechtliche Schutz der privaten Güterzuordnung . . . 92
D. Auswirkungen der deutschen Wiedervereinigung . . . 136
E. Anwendbarkeit des deutschen Sachenrechts (internationales Sachenrecht) . . . 165

Zweiter Teil: Die Sachenrechte und der Besitz . . . 179

A. Der Besitz . . . 179
B. Das Grundbuch . . . 204
C. Eigentum . . . 262
D. Hypothek, Grundschuld an Grundstücken und Pfandrecht an beweglichen Sachen und an Rechten . . . 493
E. Nießbrauch, sonstige Dienstbarkeiten und Reallast . . . 642
F. Die grundstücksgleichen Rechte . . . 668

Dritter Teil: Dingliche Positionen zwischen schuldrechtlichem Anspruch und dinglichem Recht . . . 723

A. Vormerkung . . . 723
B. Vorkaufsrecht . . . 758
C. Anwartschaftsrecht . . . 767

Vierter Teil: Sicherungsrechte und Eigentumsvorbehalt . . . 786

A. Überblick . . . 786
B. Akzessorische Sicherung . . . 788
C. Nicht akzessorische Sicherung . . . 792
D. Eigentumsvorbehalt . . . 807
E. Der Rang der Sicherungsrechte . . . 813
F. Folgerung . . . 821

Anhang: Grundbuchmuster . . . 827
Paragraphenregister . . . 835
Entscheidungsregister . . . 847
Sachregister . . . 867

Inhaltsverzeichnis

Vorwort V
Inhaltsübersicht VII
Abkürzungsverzeichnis XXIII
Verzeichnis der abgekürzt zitierten Literatur XXXI

Erster Teil: Gegenstand, Wesenszüge und Anwendungsbereich 1

A. System und Prinzipien des Sachenrechts 1

I. Das Sachenrecht im System des BGB und das System des Sachenrechts 1

II. Die Prinzipien des Sachenrechts 4
1. Bedeutung, Begründung und Einordnung der Prinzipien 4
2. Numerus clausus, Typenzwang und Fixierung von Verfügungstypen 5
3. Kein rechtsgeschäftlicher Ausschluß der Verfügung über veräußerliche Rechte 7
4. Spezialitätsgrundsatz 8
5. Bestimmtheitsgrundsatz 9
6. Publizitätsgrundsatz 10
7. Trennungs- und Abstraktionsprinzip 11

B. Das Sachenrecht als Recht betreffend die absolute Zuordnung vor allem von Sachen . 14

I. Die Sachen als Gegenstand des Sachenrechts 14

II. Die absolute Zuordnung von Sachen als Gegenstand des Sachenrechts 18

III. Absolute und relative Zuordnung 23
1. Zuordnung durch die Rechte und Zuordnung der Rechte selbst 23
2. Vom relativen Recht zum absoluten Recht, insbesondere Vormerkung und Veräußerungsverbot 25
3. Verdinglichung obligatorischer Rechte? 26
4. Identität des Schutzes durch absolute Rechte und im Rahmen der relativen Beziehung durch relative Rechte 28
a) Die Regelung des Schutzes der relativen Rechte als Spezialregelung des allgemeinen Zuordnungsschutzes 28
b) Die Abgrenzung der Zuordnungssanktionen in der relativen Beziehung nach dem Inhalt der Zuordnung 30
c) Die Wirkung des Trennungs- und Abstraktionsprinzips sowie der Akzessorietät inter partes und zu Dritten 32

IV. Begründung und Änderung der absoluten und der relativen Zuordnung 34

V. Dingliche und schuldrechtliche Ansprüche im Sachenrecht 37

VI. Eigentum, beschränkte dingliche Rechte, Besitz 38
1. Eigentum und beschränkte dingliche Rechte, subjektiv-dingliche Rechte, Eigentümerrechte, Abgrenzung des Besitzes 38
2. Beschränkte Rechte an Sachen wie an anderen Rechten als Abspaltungen des Stammrechts 42
a) Beschränkte Rechte als Abspaltungen 42
b) Die Unterscheidung zwischen Besitz und Rechtsbesitz 45
3. Rechte an dinglichen Rechten als aus diesen abgespaltene und damit selbst dingliche Rechte 46
4. Die Absolutheit des Pfandrechts an der Forderung 47

5. Abspaltung trotz Abhängigkeit des Pfandrechts vom Stammrecht nach § 1276 und trotz Trennung zwischen Übertragung und Verpfändung einer Forderung im BGB ... 50
6. Die Fortsetzung der Abspaltung in den Ansprüchen zum Schutz der Rechte . 53
7. Möglichkeit der Gesamtgläubigerschaft hinsichtlich von beschränkten dinglichen Rechten ... 54

VII. Die gemeinschaftliche Berechtigung mehrerer Personen aus einem Recht; Teil- und Mitbesitz ... 54
1. Bruchteilsgemeinschaft und Gesamthandsgemeinschaft ... 54
2. Die Bruchteilsgemeinschaft im Gegensatz zur Inhaberschaft von Teilen eines Rechts und zur juristischen Person ... 56
3. Die Gesamthands- im Gegensatz zur Bruchteilsgemeinschaft ... 63
a) Die Gesamthands- als Außengemeinschaft und das BGB ... 63
b) Die traditionelle Deutung der Gesamthand und die neue Lehre von der Gesamthand als Rechtssubjekt ... 66
c) Der Unterschied zwischen Gesamthand und juristischer Person (Personenverband versus Verbandsperson) ... 68
aa) Die gesetzliche Regelung der Rechtsfähigkeit bestimmter Personengesellschaften ... 68
bb) Die Übertragbarkeit des Gesamthandsanteils ... 71
cc) Die Gesamthand als Handlungs- und Vermögensgemeinschaft und die Reichweite der Rechtsfähigkeit der BGB-Gesellschaft ... 75
dd) Personenverband versus Verbandsperson ... 77
ee) Die Rechtssubjektivität der Gesamthand und §§ 705 ff.79
d) Die Folgerung für das Sachenrecht ... 80
e) Fallbeispiel ... 80
4. Die Abgrenzung zwischen Teilrecht, Bruchteilsberechtigung und Gesamthandsberechtigung ... 81
a) Entstehung von Teil-, Bruchteils-, Gesamthandsberechtigung ... 81
b) Beispielsfall zur Frage der Entstehung von Bruchteils- oder Gesamthandsberechtigung ... 88
5. Teil- und Mitbesitz; Gesamthandsbesitz ... 89

C. Die allgemeine Güterzuordnung über das Sachenrecht hinaus, insbesondere der verfassungsrechtliche Schutz der privaten Güterzuordnung ... 92

I. Güterzuordnung als allgemeine Erscheinung und Entwicklung im Recht ... 92
1. Güterzuordnung als allgemeines rechtliches Phänomen ... 92
2. Unvollständigkeit der Güterzuordnung ... 93
3. Die Entwicklung der Güterzuordnung und die Bedeutung des Sachenrechts ... 95

II. Der verfassungsrechtliche Schutz des Eigentums ... 97
1. Die Regelung des GG und ihr Eigentumsbegriff ... 97
2. Inhalts- und Schrankenbestimmung und Enteignung ... 101
a) Die neuere Rechtsprechung von BVerfG und BVerwG zu Inhaltsbestimmung und Enteignung ... 101
b) Enteignung als unzulässige Inhaltsbestimmung ... 108
aa) Der Fehlschluß des BVerfG ... 108
bb) Kontrollmonopol des BVerfG und Budgetrecht des Gesetzgebers für Inhaltsbestimmung und Enteignung ... 109
cc) Die Unmöglichkeit der Gegenüberstellung von Inhaltsbestimmung und Enteignung ... 110
dd) Unrichtige Konsequenzen aus der Gegenüberstellung von Inhaltsbestimmung und Enteignung ... 112
c) Die Reichweite entschädigungslos zulässiger Inhalts- und Schrankenbestimmung nach der Rechtsprechung des BVerfG ... 117
d) Prüfungsschema nach der Rechtsprechung des BVerfG für die verfassungsrechtliche Prüfung einer Inhalts- und Schrankenbestimmung . 121

e) Entschädigungslos zulässige und entschädigungspflichtige Eigentumsbeeinträchtigung nach der Rechtsprechung des BGH ... 124

III. Eigentumsschutz nach der Menschenrechtskonvention und dem Recht der Europäischen Gemeinschaften ... 131

IV. Drittwirkung der Grundrechte und der Grundfreiheiten ... 134

D. Auswirkungen der deutschen Wiedervereinigung ... 136

I. Anliegen des Einigungsvertrages ... 136

II. Rechtslage in der ehemaligen DDR – Überblick ... 136

III. Die Überleitungsregelungen des Einigungsvertrags und der nachfolgenden Gesetze ... 141
1. Wiederherstellung der Privatrechtsordnung ... 141
a) Die Mittel der Wiederherstellung ... 141
b) Abwicklung des sozialistischen Eigentums ... 142
c) Behandlung von Enteignungen ... 144
2. Die Überleitung sachenrechtlicher Regelungen der DDR ... 150
a) Regelungen zum Eigentum ... 150
b) Regelung des Einigungsvertrags betreffend Nutzungsrechte ... 153
c) Regelung des Einigungsvertrags betreffend Sicherungsrechte ... 156

IV. Das Sachenrechtsbereinigungsgesetz ... 157
1. Übersicht ... 157
2. Bebauung fremder Grundstücke ... 159
a) Die Ansprüche ... 159
b) Einreden ... 161
c) Verfahren ... 162
d) Rechtsbehelfe für Nutzer und Grundstückseigentümer bei Schwierigkeiten, den Vertragsgegner zu ermitteln ... 163
3. Alte Erbbaurechte ... 163
4. Miteigentumsanteile ... 164
5. Mitbenutzungen ... 164

E. Anwendbarkeit des deutschen Sachenrechts (internationales Sachenrecht) ... 165

I. Einordnung des Internationalen Privatrechts und die Regelung des Internationalen Sachenrechts ... 165

II. Lösungsschritte bei international-privatrechtlichen Fällen ... 166

III. Das Internationale Sachenrecht ... 168
1. Qualifikation als Sachenrecht und Anknüpfung für das Sachenrecht ... 168
2. Grundsätze der Anwendung des Sachenrechts der lex rei sitae ... 171
a) Ort der Erfüllung der Tatbestandsmerkmale der lex rei sitae ... 171
b) Statutenwechsel bei Belegenheitsänderung ... 172
3. Abdingbarkeit der lex rei sitae ... 175
4. Res in transitu ... 177

IV. Auseinanderfallen von Schuld- und Sachstatut bei akzessorischen Rechten ... 177

Zweiter Teil: Die Sachenrechte und der Besitz ... 179

A. Der Besitz ... 179

I. Regelung und Ursprung ... 179

II. Begriff, Rechtsnatur und systematische Einordnung des Besitzes ... 182

III. Sachherrschaft und Gewahrsam ... 185
1. Erworbene und nicht beendigte Sachherrschaft als Besitz ... 185
2. Besitz und Gewahrsam ... 191
3. Besitzaufgabe und sonstiger Besitzverlust ... 192

IV. Besondere Arten des Besitzes ... 192
1. Übersicht ... 192
2. Besitz durch Besitzdiener ... 192
3. Erbenbesitz ... 193
4. Teil- und Mitbesitz ... 193
5. Unmittelbarer und mittelbarer Besitz ... 194
a) Einordnung des mittelbaren Besitzes ... 194
b) Die Voraussetzungen des mittelbaren Besitzes ... 194
c) Erwerb und Verlust des mittelbaren Besitzes ... 196
6. Eigen- und Fremdbesitz ... 197

V. Besitzschutz ... 198
1. Sachenrechtlicher Schutz ... 198
a) Selbsthilferecht und possessorischer Besitzschutz ... 198
aa) Das Selbsthilferecht ... 198
bb) Der possessorische Rechtsschutz ... 198
cc) Besitzschutz und petitorischer Schutz nach § 1007 ... 201
b) Besonderheiten des Besitzschutzes beim Mitbesitz ... 202
c) Besonderheiten des Besitzschutzes bei mittelbarem Besitz ... 202
d) Besitzschutz durch Besitzdiener ... 203
2. Bereicherungs- und deliktsrechtlicher Schutz ... 203

B. Das Grundbuch ... 204

I. Grundbuch und Besitz ... 204

II. Gestalt und System des Grundbuchs ... 209
1. Die Gestalt des Grundbuchs ... 209
a) Rechtsgrundlagen und Muster ... 209
b) Grundbuch und Grundstück ... 210
c) Historische Entwicklung des Grundbuchs ... 211
2. Gegenstand des Grundbuchs ... 211
a) Das Grundstück ... 211
b) Grundstücksrechte, Verfügungsbeschränkungen und Vermerke ... 212
3. Verfahren zur Eintragung ... 214
a) Formelles und materielles Grundbuchrecht ... 214
b) Die Eintragungsvoraussetzungen ... 214

III. Die Vormerkung ... 218

IV. Der Rang der Grundstücksrechte und seine Vollziehung in der Zwangsversteigerung ... 218
1. Rang ... 218
a) Die Regelung des Rangs und die Probleme der Regelung ... 218
b) Der Rang i.S. der §§ 879 ff. ... 221
c) Die Rangfolge bei fehlerhaft vorgenommenen oder entgegen der Einigung zustande gekommenen Eintragungen ... 224
d) Die Bezogenheit der Vereinbarung über die Bestellung eines beschränkten dinglichen Rechts auf den Rang ... 228
e) Das Kondiktionsverhältnis bei rechtsgrundlosem Rang ... 230
f) Anwendung des § 181 auf Rechtsgeschäfte zur Rangveränderung ... 231
g) Beweglichkeit des Ranges ... 232
aa) Aufrücken nachrangiger Rechte und Löschungsanspruch ... 232
bb) Rangänderung, Rangvorbehalt, insbesondere relativer Rang ... 232
2. Zwangsversteigerung ... 235
a) Die Zwangsversteigerung als Mittel der Immobiliarzwangsvollstreckung 235
b) Gegenstand der Immobiliarzwangsvollstreckung ... 235
c) Begünstigte der Zwangsversteigerung ... 235
d) Verfahren ... 235
e) Die Versteigerungsbedingungen ... 236
f) Zuschlag mit Rechts- und Verteilungswirkungen ... 237

g) Zusammenfassung 238
h) Praxis des Zwangsversteigerungswesens 238

V. Vermutungswirkung, Berichtigung und Erwerb kraft der Eintragung im Grundbuch 240
1. Vermutungswirkung, Widerspruch und Berichtigung 240
2. Der Erwerb vom Nichtberechtigten, insbesondere kraft des öffentlichen Glaubens des Grundbuchs 245
a) Erwerb kraft Ermächtigung und kraft des öffentlichen Glaubens des Grundbuchs 245
b) Die vom öffentlichen Glauben erfaßten Eintragungen 251
c) Das Erfordernis des rechtsgeschäftlichen Erwerbs, insbesondere eines Verkehrsgeschäfts 255
d) Kenntnis als Schranke des öffentlichen Glaubens 259
e) Das Fehlen einer § 935 entsprechenden Regelung 259
f) Fälle 259
3. Erwerb durch Eintragung im Grundbuch 261

C. Eigentum 262

I. Das Eigentum in seiner verfassungsrechtlichen Gewährleistung 262

II. Arten des Eigentums 262

III. Inhalt und Schranken des Eigentums nach Zivilrecht 263
1. Ausschließlichkeit nach § 903 263
2. Die Regelung des § 906 263
a) Verbot, Duldung, Ausgleichsanspruch 263
b) Der bürgerlich-rechtliche Aufopferungsanspruch 266
3. Kausalitätsbeweis für Aufopferungsansprüche und sonstige Ansprüche aufgrund von Emissionen 267
4. Die Umdeutung des § 906 II 2 im Sinne einer Verursachungshaftung durch den BGH 276
5. § 906 und öffentlich-rechtliche Nutzungsregelungen 278
a) Das problematische Verhältnis 278
b) Präjudizwirkung öffentlich-rechtlicher Verbote 279
c) Präjudizwirkung öffentlich-rechtlicher Erlaubnisse insbesondere nach BImSchG 279
d) Präjudizwirkung behördlicher Grenzwerte 283
6. Analoge Anwendung des § 906 283
7. Das nachbarliche Gemeinschaftsverhältnis 284

IV. Erwerb und Verlust des Eigentums 286
1. Übersicht über die verschiedenen Tatbestände 286
2. Rechtsgeschäftlicher Erwerb und Verlust des Eigentums an Grundstücken 287
a) Überblick 287
b) Die Übereignung von Grundstücken im einzelnen 287
aa) Erwerb vom Berechtigten 287
aaa) Vornahme von Kauf und Übereignung 287
bbb) Verhältnis von Kauf und Übereignung 292
ccc) Anwartschaftsrecht aus Auflassung? 296
bb) Erwerb vom Nichtberechtigten 297
c) Aufgabe des Eigentums an Grundstücken, Aneignung 297
3. Rechtsgeschäftlicher Erwerb und Verlust des Eigentums an beweglichen Sachen 298
a) Erwerb vom Berechtigten nach §§ 929 ff. 298
aa) Die fünf Erwerbstatbestände 298
bb) Typenfixierung 299
cc) Berechtigung des Veräußerers 300
dd) Übergabe und Einigung 300
aaa) Das Verhältnis zwischen der Übergabe und der Einigung 300

bbb) Vorweggenommene Einigung und antizipierte Übereignung .. 302
ccc) Inhalt der Einigung ... 302
ddd) Die Sicherungsübereignung und das Bestimmtheitserfordernis. 303
eee) Übereignung durch oder an Stellvertreter ... 307
fff) Die Frage der Bindungswirkung der Einigung ... 307
ggg) Trennungs- und Abstraktionsprinzip ... 308
hhh) Die Übereignung durch oder an Minderjährige ... 309
iii) Die Ersetzung von Einigung und Übergabe in der Zwangsvollstreckung ... 312
ee) Die Übergabe ... 312
aaa) Übergabe zu unmittelbarem und zu mittelbarem Besitz ... 312
bbb) Geheißübergabe ... 315
ccc) Übereignung durch Stellvertretung ... 316
ff) Die Ersetzung der Übergabe nach § 929 S. 2 ... 317
gg) Die Ersetzung der Übergabe nach § 930 ... 317
hh) Die Ersetzung der Übergabe nach § 931 ... 321
b) Erwerb vom Nichtberechtigten ... 323
aa) Zwei Möglichkeiten des Erwerbs vom Nichtberechtigten ... 323
bb) Der Erwerb nach §§ 932 ff. BGB und § 366 HGB ... 324
aaa) Die Voraussetzungen und der Regelungsgedanke im Überblick 324
bbb) Das Ausgangsmerkmal der Übergabe ... 328
ccc) Der Ausschluß des gutgläubigen Erwerbs bei Bösgläubigkeit .. 332
(1) Die Bösgläubigkeit im Sinne des § 932 ... 332
(2) Die Erweiterung des gutgläubigen Erwerbs nach § 366 I HGB ... 339
ddd) Der Ausschlußtatbestand des Abhandenkommens ... 343
eee) §§ 933, 934, insbesondere bei Eigentumsvorbehalt und Sicherungsübereignung ... 350
fff) Gutgläubiger Erwerb des Miteigentums ... 360
ggg) Der gutgläubig lastenfreie Erwerb ... 362
hhh) Der Rückerwerb des Nichtberechtigten ... 364
iii) Sachenrecht und Schuldrecht beim gutgläubigen Erwerb ... 367
c) Mitübereignung von Bestandteilen und Zubehör ... 369
d) Erwerb durch Aneignung, Verlust durch Eigentumsaufgabe ... 369
aa) Herrenlosigkeit, insbesondere aufgrund von Dereliktion ... 369
bb) Aneignung ... 370
e) Erwerb von Erzeugnissen und Bestandteilen ... 371
4. Gesetzlicher Erwerb und Verlust des Eigentums ... 380
a) Gesetzlicher Erwerb und Verlust des Eigentums an Grundstücken ... 380
b) Gesetzlicher Erwerb und Verlust des Eigentums an beweglichen Sachen . 381
aa) Verbindung, Vermischung/Vermengung, Verarbeitung ... 381
aaa) Übersicht ... 381
bbb) Charakter der Erwerbsgründe und die Möglichkeit von Verarbeitungsklauseln ... 382
ccc) Der schuldrechtliche Ausgleich (§ 951) ... 386
(1) Die Regelung ... 386
(2) Rechtsgrund- oder Rechtsfolgenverweisung ... 386
(3) Die Anwendung des § 951 bei Verwendungen ... 392
(a) Die Lösung des Gesetzes ... 392
(b) Anwendung eines subjektiven Bereicherungsbegriffs .. 396
(c) Fazit ... 398
(4) Rechtsfolgen des § 951 ... 398
ddd) Sonderfall Überbau ... 401
bb) Ersitzung ... 403
aaa) Ersitzung und Verjährung ... 403
bbb) Schuldrechtlicher Ausgleich ... 403
cc) Erwerb von Erzeugnissen oder sonstigen Bestandteilen ... 405
dd) Erwerb des Finders ... 405

aaa) Fund ... 405
bbb) Fund in öffentlichen Behörden oder Verkehrsanstalten ... 409
ccc) Schatzfund ... 410
ddd) Gesetzliches Schuldverhältnis beim Fund ... 411
eee) Eigentumserwerb des Finders ... 411
ee) Eigentum an Schuldurkunden und Wertpapieren ... 413

V. Schutz des Eigentums ... 413
1. Schutz des Eigentums durch die dinglichen Ansprüche ... 413
a) Die dinglichen Ansprüche ... 413
b) Vermutung des Eigentums ... 414
c) Verjährung dinglicher Ansprüche ... 415
d) Die Anwendung der Vorschriften aus dem allgemeinen Schuldrecht ... 417
2. Die rei vindicatio ... 422
a) Die Herausgabepflicht ... 422
b) Recht zum Besitz ... 423
c) Beschränkungen des Wegnahmerechts des Mieters als Recht zum Besitz? 425
d) Herausgabeanspruch bei mittelbarem Besitz ... 430
e) Wirkung des Besitzrechts gegen den Erwerber des Eigentums ... 431
f) Beendigung des Besitzrechts und einstweilige Verfügung ... 432
3. Rei vindicatio und actio Publiciana ... 433
4. Nebenfolgen der Vindikation: Einordnung und Grundmerkmale ... 433
a) Leges speciales ... 433
b) Grundgedanken der Haftung im Eigentümer-Besitzer-Verhältnis ... 434
c) Der Grundgedanke der Verwendungsersatzregelung ... 436
d) Die entsprechende Anwendung der §§ 987 ff. ... 437
e) Haftungsfreiheit vorbehaltlich der besonderen Haftungstatbestände ... 439
f) Die Bösgläubigkeit ... 440
aa) „Nicht in gutem Glauben“ ... 440
bb) Grobe Fahrlässigkeit ... 440
cc) Die Zurechnung von Bösgläubigkeit in einer Organisation ... 442
dd) Zurechnung fremder Bösgläubigkeit bei der natürlichen Person ... 446
g) Zurechnung fremden Verschuldens im Rahmen der Haftung wegen Rechtshängigkeit oder Bösgläubigkeit ... 446
5. Nebenfolgen der Vindikation: Die Voraussetzung des Vindikationsverhältnisses ... 447
6. Nebenfolgen der Vindikation: Nutzungsherausgabe ... 450
a) Haftung des Rechtshängigkeitsbesitzers, des bösgläubigen und des unentgeltlichen Besitzers sowie bei Substanzverzehr ... 450
b) Unentgeltlicher und rechtsgrundloser Erwerb ... 451
c) Nutzungsherausgabe bei Besitzmittlung ... 452
d) Wechsel zwischen Nutzungsberechtigung des Eigentümers und des Besitzers ... 452
e) Nutzungsherausgabe bei Verzug und Deliktsbesitz ... 453
7. Nebenfolgen der Vindikation: Schadensersatzhaftung ... 453
a) Schadensersatzhaftung des Rechtshängigkeitsbesitzers ... 453
b) Schadensersatzhaftung des unredlichen Besitzers ... 454
c) Schadensersatzhaftung des Deliktsbesitzers (§ 992) ... 456
d) Redlicher Besitz und Fremdbesitzerexzeß ... 457
8. Nebenfolgen der Vindikation: Verwendungsersatz sowie Wegnahmerecht ... 459
a) Begriff der Verwendungen ... 459
b) Verwendungsersatz und Nutzungsherausgabe ... 462
c) Die Unterscheidung nach notwendigen und anderen als notwendigen Verwendungen ... 462
d) Die Ersatzberechtigung ... 463
aa) Die Rechtsfolgengestaltung im Grundsätzlichen ... 463
bb) Die Tatbestände des Verwendungsersatzes ... 464
cc) Die Geltendmachung der Verwendungsersatzberechtigung ... 466

e) Wegnahmerecht ... 467
9. Die Anwendung der bereicherungs- und der deliktsrechtlichen Vorschriften im Eigentümer-Besitzer-Verhältnis ... 467
a) Regelung der Vindikationslage als Sonderregelung ... 467
b) Die Anwendung der §§ 823 ff. ... 469
c) Die Anwendung des Bereicherungsrechts ... 469
10. Die Herausgabeansprüche nach § 1007 ... 469
a) Problematik der Einordnung ... 469
b) Systematische Ordnung und Deutung der Anspruchsmerkmale ... 470
c) Anwendungsbereich des § 1007 ... 474
11. Die actio negatoria ... 475
a) Die drei Ansprüche ... 475
b) Der Störerbegriff als entscheidendes Kriterium nach Rechtsprechung und h.M. ... 475
c) Die Einwendung der Duldungspflicht (§ 1004 II) ... 476
d) § 1004 als Verursachungshaftung? ... 477
aa) Widerspruch zu § 985 und § 823 I ... 477
bb) Der Versuch der Abgrenzung zwischen Schaden und Beeinträchtigung durch die h.M. ... 478
cc) Rechtsnachfolge in das Eigentum an der störenden Sache und Dereliktion ... 480
e) § 1004 als Habenshaftung ... 480
f) Die Einordnung der Rechtsfolge des § 1004 I 1 ... 484
g) Beeinträchtigung ... 486
h) actio negatoria und § 1007 ... 488
i) Die Verjährung der actio negatoria ... 488
12. Der bereicherungs- und deliktsrechtliche Schutz des Eigentums ... 488

D. Hypothek, Grundschuld an Grundstücken und Pfandrecht an beweglichen Sachen und an Rechten ... 493

I. Hypothek und Grundschuld ... 493
1. Grundpfandrechte ... 493
2. Europäische Entwicklung ... 498
3. Grundpfandrechte und Verbraucherschutzrecht ... 499
4. Rechtsnatur der Grundpfandrechte als Sachenrechte ... 500
5. Die Unterscheidung von Hypothek und Grundschuld ... 501
a) Akzessorietät der Hypothek und Nichtakzessorietät der Grundschuld ... 501
aa) Akzessorietät ... 501
bb) Die Akzessorietät der Hypothek ... 503
aaa) Die Geltendmachung der Hypothek als Einziehung der Forderung ... 503
bbb) Hypothek für künftige Forderungen ... 505
ccc) Drei Merkmale der Akzessorietät der Hypothek ... 508
ddd) Gläubiger- und Schuldnerwechsel bei der hypothekarisch gesicherten Forderung ... 508
cc) Die Nichtakzessorietät der Grundschuld ... 510
aaa) Der Gegensatz zu den drei Merkmalen der Akzessorietät der Hypothek ... 510
bbb) Gläubiger- und Schuldnerwechsel bei der Sicherungsgrundschuld ... 512
dd) Akzessorietät und Eigentümergrundpfandrecht ... 513
b) Akzessorietät und Kausalität ... 513
6. Gesetzliche Abweichungen von der Akzessorietät der Hypothek ... 516
a) Zession der Hypothek ... 516
b) Gutgläubiger Erwerb der Hypothek ... 516
7. Arten der Hypothek und Grundschuld ... 521
8. Umwandlung von der einen in die andere Form eines Grundpfandrechts ... 522
9. Eigentümergrundpfandrecht ... 522

a) Begriff und Fälle ... 522
b) Bestellung einer Eigentümergrundschuld oder einer Eigentümerhypothek 523
c) Die Eigentümergrundschuld hinter der Hypothek ... 523
d) Rechtsnatur und Inhalt des Eigentümergrundpfandrechts ... 524
10. Die wichtigsten Vorschriften des Hypotheken- und Grundschuldrechts in der Gegenüberstellung ... 527

II. Die Hypothek ... 528
1. Inhalt der Hypothek ... 528
2. Gegenstand der Haftung ... 530
a) Der Gegenstand allgemein ... 530
b) Grundstück oder grundstücksgleiche Rechte ... 530
c) Der Haftungsverband ... 531
3. Bestellung der Hypothek ... 538
a) Grundtatbestand ... 538
b) Brief- und Buchhypothek ... 539
c) Die Voraussetzung des Bestehens der Forderung ... 543
d) Eigentümergrundschuld bei Fehlen der Wirksamkeitsvoraussetzungen für die Hypothek? ... 544
e) Anwartschaftsrecht des Hypothekars bei noch nicht entstandener Forderung? ... 546
f) Die Möglichkeit der Zwischenfinanzierung ... 548
4. Entstehung der Hypothek auf andere Weise als durch Rechtsgeschäft ... 550
5. Übertragung der hypothekarisch gesicherten Forderung ... 550
6. Erwerb vom Nichtberechtigten ... 552
7. Geltendmachung der Hypothek ... 555
a) Geltendmachung durch Erlangung eines Duldungstitels und Zwangsvollstreckung ... 555
b) Das Nebeneinander von Hypothek und Forderung ... 556
c) Einwendungen und Einreden gegen die Geltendmachung ... 557
aa) Begriff von Einwendungen und Einreden ... 557
bb) Einwendungen und Einreden bei der Zession ... 558
cc) Wirkung von Einwendungen i.e.S. gegen die Hypothek ... 559
dd) Geltendmachung von Einreden gegen die Hypothek ... 560
8. Rechtsfolgen der Befriedigung des Hypothekars ... 565
a) Befriedigung aus Forderung oder Hypothek bei Identität von Schuldner und Eigentümer ... 565
b) Befriedigung aus Forderung oder Hypothek bei Nichtidentität von Schuldner und Eigentümer ... 566
aa) Leistung des mit dem Schuldner nicht identischen Eigentümers ... 566
bb) Leistung des mit dem Eigentümer nicht identischen Schuldners ... 567
c) Hypothek und Bürgschaft für eine fremde Schuld ... 567
d) Leistung durch Dritte ... 571
e) Löschungsvormerkung und Löschungsanspruch bei Übergang der Hypothek auf den Eigentümer ... 572
9. Die Sicherungshypothek ... 576
a) Fälle ... 576
b) Besonderheiten der Sicherungshypothek ... 577
c) Höchstbetragshypothek ... 578
10. Die Gesamthypothek ... 578
a) Begriff und wirtschaftliche Bedeutung ... 578
b) Fälle der Gesamthypothek ... 579
c) Bestellung der Gesamthypothek ... 580
d) Probleme der Gesamthypothek ... 580

III. Die Grundschuld ... 582
1. Rechtsnatur und Regelung ... 582
2. Die vertragliche Beschränkung der Sicherungsgrundschuld ... 584
3. Sicherungsvertrag und AGB bei der Sicherungsgrundschuld ... 588

4. Der Gegenstand der Haftung bei der Grundschuld ... 593
5. Bestellung der Grundschuld ... 593
6. Entstehung der Grundschuld auf andere Weise als durch Rechtsgeschäft ... 594
7. Übertragung der Grundschuld ... 594
8. Erwerb der Grundschuld vom Nichtberechtigten ... 594
9. Die Geltendmachung der Sicherungsgrundschuld ... 595
a) Dingliches Recht und Forderung bei der Sicherungsgrundschuld ... 595
b) Einreden gegen die Sicherungsgrundschuld ... 597
aa) Einrede des Eigentümers aus dem Sicherungsvertrag ... 597
bb) Wirkung der Einreden gegen den Zessionar der Grundschuld ... 597
c) Die Einrede bei Zusammentreffen der Gläubigerrechte und der Haftung aus Forderung und Grundschuld je in einer Person ... 601
d) Die Einrede bei Trennung der Haftung aus der Forderung und aus der Grundschuld ... 602
aa) Abschluß des Sicherungsvertrags durch den Eigentümer ... 602
bb) Abschluß des Sicherungsvertrags durch den persönlichen Schuldner. 607
e) Die Einrede bei Trennung von Grundschuld und Forderung ... 610
f) Die Einreden bei Trennung sowohl auf der Aktiv- als auch auf der Passivseite ... 612
g) Anwendungsfälle aus der Rechtsprechung ... 612
10. Rechtsfolgen der Befriedigung des Gläubigers ... 617
a) Zusammenhang mit dem Thema der Geltendmachung ... 617
b) Befriedigung bei Identität von Schuldner und Eigentümer ... 617
c) Befriedigung bei Nichtidentität von Schuldner und Eigentümer ... 619
d) Der Löschungsanspruch ... 620
e) Leistung durch Dritte ... 622
11. Verzicht, Aufhebung, Befriedigung durch Zwangsvollstreckung ... 624

IV. Pfandrecht ... 624
1. Wesen und Regelung ... 624
2. Pfandrecht an Sachen ... 625
a) Arten, Bedeutung ... 625
b) Rechtsbeziehungen bei Verpfändung und Versteigerung ... 627
c) Bestellung und Übertragung ... 627
d) Gutgläubiger Erwerb ... 628
aa) Gutgläubiger Erwerb bei Bestellung und Übertragung ... 628
bb) Gutgläubiger Erwerb eines gesetzlichen Pfandrechts ... 629
e) Verwertung des Pfandes ... 632
f) Erlöschen des Pfandrechts ... 636
3. Pfandrecht an Rechten ... 636

V. Schutz der Gläubiger von Grundpfandrechten und Pfandrechten gegen Beeinträchtigungen und Schutz gegen Beeinträchtigungen durch solche Gläubiger ... 641
1. Schutz gegen den Eigentümer und des Eigentümers gegen den Pfandgläubiger 641
2. Schutz gegen Dritte ... 642
3. Schutz Dritter gegen Grundpfandrechtsgläubiger ... 642

E. Nießbrauch, sonstige Dienstbarkeiten und Reallast ... 642

I. Begriffe und Regelung der Dienstbarkeiten ... 642

II. Nießbrauch ... 643
1. Begriff und Regelung ... 643
2. Erscheinungsformen und Bedeutung ... 643
3. Der Nießbrauch an Sachen ... 645
a) Entstehung ... 645
b) Rechte des Nießbrauchers ... 646
c) Pflichten des Nießbrauchers ... 647
d) Der Schutz des Eigentümers ... 647
e) Pflichten des Eigentümers ... 648
f) Der Schutz des Nießbrauchers ... 648

g) Erlöschen des Nießbrauchs ... 648
h) Uneigentlicher Nießbrauch (§ 1067) ... 648
4. Nießbrauch an Rechten ... 649
a) Begriff und Regelung ... 649
b) Entstehen und Erlöschen ... 650
5. Der Nießbrauch an einem Vermögen ... 650

III. Die Grunddienstbarkeit (§§ 1018 – 1029) ... 651
1. Begriff und Regelung ... 651
2. Inhalt und Grenzen der Grunddienstbarkeit ... 652
a) Die möglichen Arten des Inhalts ... 652
aa) Duldungsinhalt ... 652
bb) Untersagungsinhalt ... 653
cc) Inhalt des Ausschlusses der Rechtsausübung ... 653
b) Der Grundsatz servitus in faciendo consistere nequit ... 654
c) Die Vorteilsregel ... 654
d) Änderungen der tatsächlichen oder rechtlichen Verhältnisse ... 655
e) Verhältnis zwischen Rechtsinhaber und Eigentümer ... 656
aa) Schonende Ausübung ... 656
bb) Verlegungsrecht ... 656
3. Entstehen und Erlöschen der Grunddienstbarkeit ... 657
a) Entstehen ... 657
b) Erlöschen ... 657
4. Schutz der Grunddienstbarkeit ... 658
5. Die altrechtlichen Grunddienstbarkeiten ... 660
6. Die Dienstbarkeit als Mittel der Wettbewerbsbeschränkung ... 660

IV. Beschränkte persönliche Dienstbarkeiten (§§ 1090 – 1093) ... 662
1. Begriff und Regelung ... 662
2. Inhalt ... 663
3. Berechtigter ... 663
4. Entstehen und Erlöschen, Schutz ... 664
5. Das Wohnungsrecht ... 664

V. Reallasten (§§ 1105 – 1112) ... 665
1. Inhalt und Bedeutung ... 665
2. Berechtigter ... 666
3. Bestellung und Übertragung der Reallast ... 667
4. Erlöschen der Reallast ... 667
5. Haftung für die Reallast ... 667
a) Haftung des Grundstücks ... 667
b) Persönliche Leistungspflicht des Eigentümers ... 667
c) Verpflichtung aus dem Schuldverhältnis ... 668

F. Die grundstücksgleichen Rechte ... 668

I. Übersicht ... 668

II. Wohnungseigentum und Teileigentum ... 673
1. Begriff und Rechtsnatur ... 673
2. Gegenstand und Inhalt des Sondereigentums ... 675
3. Die Entstehung von Wohnungseigentum ... 681
4. Übertragung, Belastung, Inhaltsänderung, Aufhebung und sonstiges Erlöschen des Wohnungseigentums ... 684
5. Schutz des Wohnungseigentums ... 688
6. Das Verhältnis der Wohnungseigentümer zueinander ... 689
a) Rechte und Pflichten ... 689
b) Die Gemeinschaft der Wohnungseigentümer ... 692
c) Beginn und Ende der Wohnungseigentümergemeinschaft ... 696

III. Das Erbbaurecht ... 702
1. Rechtsnatur und Regelung ... 702

a) Beziehung zum Bauwerk ... 702
b) Wirtschaftliche Bedeutung ... 702
c) Das Erbbaurecht als grundstücksgleiches Recht ... 703
d) Vom BGB zur ErbbauVO ... 703
2. Entstehung, Inhalt, Übertragung, Erlöschen des Erbbaurechts ... 704
a) Entstehung ... 704
aa) Einigung und Eintragung und Verpflichtungsgeschäft ... 704
bb) Erfordernis des ersten Rangs ... 705
cc) Erfordernis der Bezogenheit auf ein Bauwerk ... 706
b) Inhalt des Erbbaurechts ... 706
c) Sonderformen des Erbbaurechts ... 709
aa) Gesamterbbaurecht ... 709
bb) Erbbaurecht an einem Gebäudeteil ... 709
cc) Wohnungs- und Teilerbbaurecht ... 710
dd) Unter-Erbbaurecht ... 710
d) Übertragung des Erbbaurechts ... 711
e) Erlöschen des Erbbaurechts ... 711
f) Wegfall des Bauwerks; Ausschluß der Bebaubarkeit ... 711
3. Erbbauzins ... 712
a) Überblick ... 712
b) Erbbauzins-Reallast ... 712
c) Der Anspruch auf Anpassung des Erbbauzinses an die Veränderung der Umstände ... 714

IV. Das Bergwerkseigentum ... 715
1. Historische Entwicklung des Bergrechts ... 715
2. Bergbauberechtigung und Grundeigentum ... 716
3. Die Arten der Bergbauberechtigungen ... 717
4. Entstehung, Übergang, Erlöschen von Erlaubnis, Bewilligung und Bergwerkseigentum, Belastung des Bergwerkseigentums ... 719
5. Behördliche Aufsicht und bergrechtliches Nachbarrecht (Bergschadensrecht) 721

Dritter Teil: Dingliche Positionen zwischen schuldrechtlichem Anspruch und dinglichem Recht ... 723

A. Vormerkung ... 723

I. Grundlegung ... 723

II. Entstehung und Bestehen der Vormerkung ... 733
1. Prüfungsübersicht ... 733
2. Eintragungserfordernis ... 733
3. Vormerkbarer Anspruch ... 734
4. Die Bewilligung des Betroffenen oder die einstweilige Verfügung (§ 885) ... 738
5. Rechtsinhaberschaft und/oder Rechtsmacht des Bewilligenden ... 738
a) Rechtsmacht des Berechtigten oder kraft seiner Ermächtigung ... 738
b) Rechtsmacht kraft öffentlichen Glaubens des Grundbuchs ... 739
aa) Grundlage des gutgläubigen Erwerbs bei der Vormerkung ... 739
bb) Wirkung der gutgläubig erworbenen Vormerkung, insbesondere gegen den Berechtigten ... 739
cc) Der maßgebliche Zeitpunkt für Kenntnis und Widerspruch bei dem gutgläubigen Erwerb einer Vormerkung für bedingte oder künftige Ansprüche ... 743
6. Erlöschen der Vormerkung ... 745
7. Die Voraussetzung der Entstehung des (aufschiebend) bedingten oder künftigen Anspruchs ... 749
8. Einreden gegen den vorgemerkten Anspruch ... 749
9. Vormerkungswidrige Verfügung zugunsten des Bekl. ... 750
10. Erwerb durch Zession, insbesondere vom Nichtberechtigten ... 751
a) Zession des Berechtigten ... 751

b) Zession kraft öffentlichen Glaubens des Grundbuchs? 752
c) Die Eintragungsfähigkeit der Zession des vorgemerkten Anspruchs..... 756

III. Schutz gegen den Dritten bei tatsächlicher Einwirkung auf das Grundstück 757

B. Vorkaufsrecht 758

I. Rechtsnatur 758
1. Schuldrechtliches und dingliches Vorkaufsrecht 758
2. Vorkaufsfall und Umgehung des dinglichen Vorkaufsrechts 758
3. Dingliches Vorkaufsrecht und Vormerkung 761
4. Die Entstehung und Ausübung des dinglichen Vorkaufsrechts............ 762

II. Die Vormerkungswirkung und die Abwicklung der beiden Kaufverträge....... 763

III. Gestaltungen des Vorkaufsrechts.................................. 765

IV. Rang, Aufhebung, Erlöschen.................................. 767

C. Anwartschaftsrecht 767

I. Problematik 767

II. Anwartschaftsrecht aus Auflassung.................................. 768

III. Das Anwartschaftsrecht des Vorbehaltskäufers 772
1. Die Entwicklung des Anwartschaftsrechts 772
a) Die gesetzliche Regelung des Eigentumsvorbehalts 772
b) Der gutgläubige Erwerb des Anwartschaftsrechts vom nichtberechtigten Verkäufer 774
c) Schutz des K in der Zwangsvollstreckung gegen V 775
2. Die Verfügung über das Anwartschaftsrecht des Vorbehaltskäufers 775
a) Das Anwartschaftsrecht als Verfügungsgegenstand.................. 775
b) Gutgläubiger Erwerb vom vermeintlichen Anwartschaftsberechtigten ... 776
c) Änderung der Stellung des Vorbehaltsverkäufers zu Lasten des Anwartschaftserwerbers 779
d) Schutz des Anwartschaftsrechts durch negatorische, deliktische und Bereicherungsansprüche.................................... 782
e) Insolvenz des Vorbehaltskäufers oder des Vorbehaltsverkäufers 783

IV. Die Frage des Anwartschaftsrechts des Hypothekengläubigers vor der Valutierung 785

Vierter Teil: Sicherungsrechte und Eigentumsvorbehalt.......................... 786

A. Überblick.. 786

B. Akzessorische Sicherung.. 788

I. Die Rechtsgeschäfte bei der Einräumung akzessorischer Rechte 788

II. Verwertung akzessorischer Rechte.................................. 789
1. Die Verwertung beim Pfandrecht.................................. 789
2. Hypothek 790

III. Akzessorische Rechte in Zwangsvollstreckung und Insolvenzverfahren........ 790
1. Zwangsvollstreckung 790
2. Insolvenzverfahren 791

C. Nicht akzessorische Sicherung 792

I. Formen.. 792

II. Abhängigkeit vom Sicherungszweck 792

III. Sicherungsabrede 794

IV. Die Formen der Sicherungsbestellung und -übertragung im einzelnen 795
1. Sicherungsübereignung 795
a) Sicherungsübereignung einer beweglichen Sache.................. 795

b) Sicherungsübereignung eines Grundstücks 795
2. Sicherungsabtretung einer Forderung 795
3. Sicherungsgrundschuld 796
4. Sicherungsnießbrauch 797
5. Sicherungsübertragung eines Anwartschaftsrechts 797

V. Die Problematik der Übersicherung 797

VI. Verwertung sicherungsweise übertragener Rechte 805

VII. Sicherungsweise übertragene Rechte in der Zwangsvollstreckung und dem Insolvenzverfahren 805

D. Eigentumsvorbehalt 807

I. Wesen 807

II. Trennungs- und Abstraktionsprinzip 808

III. Nachträglicher Eigentumsvorbehalt 809

IV. Die schuldrechtliche Wirkung des Eigentumsvorbehalts 809

V. Verwertung der Rechtsstellung des Verkäufers 810

VI. Formen des Eigentumsvorbehalts 810
1. Einfacher Eigentumsvorbehalt 810
2. Verlängerter Eigentumsvorbehalt 811
3. Nachgeschalteter Eigentumsvorbehalt 811
4. Weitergeleiteter Eigentumsvorbehalt 812
5. Kontokorrentvorbehalt 812
6. Konzernvorbehalt 812
7. Erweiterter Eigentumsvorbehalt 812

VII. Eigentumsvorbehalt und Übersicherung 813

VIII. Vorbehaltenes Eigentum in Zwangsvollstreckung und Insolvenzverfahren 813

E. Der Rang der Sicherungsrechte 813

F. Folgerung 821

Anhang: Grundbuchmuster 825

Paragraphenregister 835

Entscheidungsregister 847

Sachregister 867

Abkürzungsverzeichnis

a.A.	anderer Ansicht; am Anfang
a.a.O.	am angeführten Ort
abgedr.	abgedruckt
abl.	ablehnend
Abs.	Absatz
AbzG	Gesetz betreffend die Abzahlungsgeschäfte (Abzahlungsgesetz) v. 16.5.1894, RGBl. 450; BGBl. III 4 Nr. 402-2
AcP	Archiv für die civilistische Praxis
ADHGB	Allgemeines Deutsches Handelsgesetzbuch v. 1861
a.E.	am Ende
a.F.	alte(r) Fassung
AG	Aktiengesellschaft; Amtsgericht; Die Aktiengesellschaft (Zeitschrift)
AGB	Allgemeine Geschäftsbedingungen
AGBG	Gesetz zur Regelung des Rechts der Allgemeinen Geschäftsbedingungen v. 9.12.1976, BGBl. I, S. 3317
AGBGB	Ausführungsgesetz zum Bürgerlichen Gesetzbuch
AktG	Aktiengesetz v. 6.9.1965, BGBl. I, S. 1089
Alt.	Alternative
a.M.	anderer Meinung
a. M.	am Main
AnfG	Gesetz, betreffend die Anfechtung von Rechtshandlungen eines Schuldners außerhalb des Konkursverfahrens (Anfechtungsgesetz) v. 21.7.1879, RGBl., S. 277
Anm.	Anmerkung
AöR	Archiv für öffentliches Recht
Art.	Artikel
AT	allgemeiner Teil
AtomG	Gesetz über die friedliche Verwendung der Kernenergie und den Schutz gegen ihre Gefahren (Atomgesetz) i.d.F v. 15.7.1985, BGBl. I, S. 1566
Aufl.	Auflage
BAG	Bundesarbeitsgericht
BAnz.	Bundesanzeiger
Bau-ArGe	Bau-Arbeitsgemeinschaft
BauGB	Baugesetzbuch i.d.F. v. 27.8.1997, BGBl. I, S. 2141
BauNVO	Verordnung über die bauliche Nutzung der Grundstücke (Baunutzungsverordnung) i.d.F. v. 23.1.1990, BGBl. I, S. 132
BayBO	Bayerische Bauordnung i.d.F. v. 4.8.1997, GVBl., S. 433
BayDSchG	Bayerisches Gesetz zum Schutz und zur Pflege der Denkmäler v. 25.6.1973, GVBl., S. 328
BayGO	Gemeindeordnung für den Freistaat Bayern i.d.F. v. 22.8.1998, GVBl., S. 796
BayImschG	Bayerisches Immissionsschutzgesetz v. 8.10.1974, RS 2129-1-1-U
BayObLG	Bayerisches Oberstes Landesgericht
BayObLGZ	Entscheidungen des Bayerischen Obersten Landesgerichts in Zivilsachen
BayRS	Bayerische Rechtssammlung
BayVBl.	Bayerische Verwaltungsblätter
BayVerf	Bayerische Verfassung
BayVerfGH	Bayerischer Verfassungsgerichtshof
BB	Betriebsberater

BBergG	Bundesberggesetz v. 13.8.1980, BGBl. I, S. 1310
Bd.	Band
Bearb.	Bearbeitung
Bek.	Bekanntmachung
Bekl.	Beklagte(r)
Beschl.	Beschluß
betr.	betreffend
BetrVG	Betriebsverfassungsgesetz i.d.F. v. 23.12.1988, BGBl. 1989 I, S. 1
BeurkG	Beurkundungsgesetz v. 28.8.1969, BGBl. I, S. 1513
BezG	Bezirksgericht
BezG	Bezirksgericht
BFH	Bundesfinanzhof
BFHE	Entscheidungen des Bundesfinanzhofs
BGB	Bürgerliches Gesetzbuch v. 18.8.1896, RGBl., S. 195
BGBl.	Bundesgesetzblatt
BGBl.	Bundesgesetzblatt
BGH	Bundesgerichtshof
BGHZ	Bundesgerichtshof, Entscheidungen in Zivilsachen
BImSchG	Gesetz zum Schutz vor schädlichen Umwelteinwirkungen durch Luftverunreinigungen, Geräusche und ähnliche Vorgänge (Bundesimmissionsschutzgesetz) i.d.F. v. 14.5.1990, BGBl.I, S. 880
BMF	Bundesminister der Finanzen
BMinJustiz	Bundesminister der Justiz
BNatSchG	Bundesnaturschutzgesetz v. 20.12.1976, BGBl. I, S. 374; 1977 I, S. 650
BNotO	Bundesnotarordnung v. 24.2.1961, BGBl. I, S. 98
BR-Drs.	Bundesratsdrucksache
Bsp.	Beispiel
BStBl.	Bundessteuerblatt
BT-Drs.	Bundestagsdrucksache
BVerfG	Bundesverfassungsgericht
BVerfGE	Entscheidungen des Bundesverfassungsgerichts
BVerwG	Bundesverwaltungsgericht
BVerwGE	Entscheidungen des Bundesverwaltungsgerichts
BWDSchG	Baden-Württembergisches Gesetz zum Schutz der Kulturdenkmale (Denkmalschutzgesetz) i.d.F. v. 6.12.1983, GBl., S. 797
bzgl.	bezüglich
bzw.	beziehungsweise
D	Digesten
DAR	Deutsches Autorecht
DB	Der Betrieb
DDR	Deutsche Demokratische Republik
DDR-GDO	Verordnung über die staatliche Dokumentation der Grundstücke und Grundstücksrechte in der Deutschen Demokratischen Republik (Grundstücksdokumentationsordnung) v. 6.11.1975, GBl. I, S. 697
DepotG	Gesetz über die Verwahrung und Anschaffung von Wertpapieren (Depotgesetz) i.d.F. v. 11.1.1995, BGBl. I, S. 34
ders.	derselbe
d.h.	das heißt
dies.	dieselbe
DJ	Deutsche Justiz
DJT	Deutscher Juristentag
DJZ	Deutsche Juristenzeitung
DNotI	Deutsches Notarinstitut
DNotZ	Deutsche Notar-Zeitschrift
DÖV	Die öffentliche Verwaltung
DR	Deutsches Recht
DRiZ	Deutsche Richterzeitung

DStR	Deutsches Steuerrecht
DtZ	Deutsch-deutsche Rechts-Zeitschrift
DVBl.	Deutsches Verwaltungsblatt
DVO	Durchführungsverordnung
DWE	Der Wohnungseigentümer
DZWir	Deutsche Zeitung für Wirtschaftsrecht
EG	Europäische Gemeinschaft
EGBGB	Einführungsgesetz zum Bürgerlichen Gesetzbuch i.d.F. v. 21.9.1994
EGInsO	Einführungsgesetz zur Insolvenzordnung v. 5.10.1994, BGBl. I, S. 2911
EGV	Vertrag über die Gründung der Europäischen Gemeinschaft i.d.F. v. 2.10.1997, BGBl. 1998 II, S. 387
EGZGB	Einführungsgesetz zum Zivilgesetzbuch der Deutschen Demokratischen Republik v. 19.6.1975, GBl. I, S. 517
EinigungsV	Vertrag zwischen der Bundesrepublik Deutschland und der Deutschen Demokratischen Republik über die Herstellung der Einheit Deutschlands (Einigungsvertrag) v. 31.8.1990, BGBl. II, S. 889
EinlPrALR	Einleitung zum Allgemeinen Landrecht für die Preußischen Staaten von 1794
EMRK	Konvention zum Schutze der Menschenrecht und Grundfreiheiten v. 4.11.1950, BGBl. 1952 II, S. 685
ErbbauVO	Verordnung über das Erbbaurecht v. 15.1.1919, RGBl., S. 72
EU	Europäische Union
EuGH	Europäischer Gerichtshof
EuGVÜ	Brüsseler EWG-Übereinkommen über die gerichtliche Zuständigkeit und die Vollstreckung gerichtlicher Entscheidungen in Zivil- und Handelssachen v. 27.9.1968, BGBl. 1972 II, S. 774
EuZW	Europäische Zeitschrift für Wirtschaftsrecht
EWiR	Entscheidungen zum Wirtschaftsrecht
EWiV	Europäische Wirtschaftliche Interessenvereinigung
EWR	Europäischer Wirtschaftsraum
f./ff.	folgende
FamRZ	Zeitschrift für das gesamte Familienrecht
FAZ	Frankfurter Allgemeine Zeitung
FGG	Gesetz über die Angelegenheiten der freiwilligen Gerichtsbarkeit v. 17.5.1898, RGBl., S. 189
FGPrax	Praxis der freiwilligen Gerichtsbarkeit
Fn.	Fußnote
FS	Festschrift
FStrG	Bundesfernstraßengesetz i.d.F. v. 19.4.1994, BGBl. I, S. 854
GBBerG	Grundbuchbereinigungsgesetz v. 20.12.1993, BGBl. I, S. 2182
GBl.	Gesetzblatt
GBMaßnG	Gesetz über Maßnahmen auf dem Gebiet des Grundbuchwesens (Grundbuchmaßnahmegesetz) v. 20.12.1963, BGBl. I, S. 986
GBO	Grundbuchordnung i.d.F. v. 26.5.1994, BGBl. I, S. 1114
GBVfG	Allgemeine Verfügung über die Einrichtung und Führung des Grundbuchs v. 8.8.1935, RMBl., S. 637
GBVorV	Grundbuchvorrangverordnung v. 3.10.1994, BGBl I, S. 2796
GebrMG	Gebrauchsmustergesetz i.d.F. v. 28.8.1986, BGBl. I, S. 1455
GenG	Gesetz betreffend die Erwerbs- und Wirtschaftsgenossenschaften (Genossenschaftsgesetz) i.d.F. v. 19.8.1994, BGBl. I, S. 2202
GG	Grundgesetz für die Bundesrepublik Deutschland v. 23.5.1949, BGBl., S. 1
ggf.	gegebenenfalls
GmbH	Gesellschaft mit beschränkter Haftung
GmbHG	Gesetz betreffend die Gesellschaften mit beschränkter Haftung i.d.F. v. 20.5.1892, RGBl., S. 846
GmbHR	GmbH-Rundschau

GrdstVG	Gesetz über Maßnahmen zur Verbesserung der Agrarstruktur und zur Sicherung land- und forstwirtschaftlicher Betriebe (Grundstückverkehrsgesetz) v. 28.7.1961, BGBl. I, S. 1091
GRUR	Gewerblicher Rechtsschutz und Urheberrecht
GS	Gedächtnisschrift
GVG	Gerichtsverfassungsgesetz i.d.F. v. 9.5.1975, BGBl. I, S. 1077
GWB	Gesetz gegen Wettbewerbsbeschränkungen i.d.F. v. 26.8.1998, BGBl. I, S. 2546
GZS	Großer Senat in Zivilsachen
HansOLG	Hanseatisches Oberlandesgericht
HGB	Handelsgesetzbuch v. 10.5.1897, RGBl., S. 219
HHDSchG	Hamburgisches Denkmalschutzgesetz v. 3.12.1973, GVBl., S. 466
h.L.	herrschende Lehre
h.M.	herrschende Meinung
HöfeO	Höfeordnung i.d.F. v. 26.7.1976, BGBl. I, S. 1933
HRR	Höchstrichterliche Rechtsprechung
Hs.	Halbsatz
i.d.F.	in der Fassung
i.d.R.	in der Regel
i.e.	im einzelnen
i.e.S.	im engeren Sinn
insbes.	insbesondere
InsO	Insolvenzordnung v. 5.10.1994, BGBl. I, S. 2866
Inst.	Institutionen
InVorG	Gesetz über den Vorrang für Investitionen bei Rückübertragungsansprüchen nach dem Vermögensgesetz (Investitionsvorranggesetz) v. 14.7.1992, BGBl. I, S. 1268
IPR	Internationales Privatrecht
i.S.	im Sinne
i.ü.	im übrigen
i.V.m.	in Verbindung mit
JA	Juristische Arbeitsblätter
JherJb.	Jherings Jahrbücher für die Dogmatik des Bürgerlichen Rechts
JMinBlNRW	Justizministerialblatt für das Land Nordrhein-Westfalen
JMBl.	Justizministerialblatt
JR	Juristische Rundschau
Jura	Juristische Ausbildung
JurBüro	Das juristische Büro
JuS	Juristische Schulung
JW	Juristische Wochenschrift
JZ	Juristenzeitung
KAGG	Gesetz über Kapitalanlagegesellschaften i.d.F. v. 14.1.1970, BGBl. I, S. 127
KG	Kammergericht; Kommanditgesellschaft
KGJ	Jahrbuch für Entscheidungen des Kammergerichts in Sachen der (bis 19.1899: nichtstreitigen) freiwilligen Gerichtsbarkeit in Kosten-, Stempel- und Strafsachen
Kl.	Kläger
KO	Konkursordnung i.d.F. v. 20.5.1898, RGBl., S. 612
KTS	Zeitschrift für Konkurs-, Treuhand- und Schiedsgerichtswesen
KunstUrhG	Gesetz betreffend das Urheberrecht an Werken der bildenden Künste und der Photographie (Kunsturhebergesetz) v. 9.1.1907, RGBl., S. 7
LG	Landgericht
li.Sp.	linke Spalte

lit.	litera
LM	Lindenmaier/Möhring, Nachschlagewerk des Bundesgerichtshofs
LPG	Landwirtschaftliche Produktionsgenossenschaft
LuftVG	Luftverkehrsgesetz i.d.F. v. 14.1.1981, BGBl. I, S. 61
LwAnpG	Landwirtschaftsanpassungsgesetz v. 3.7.1991, BGBl. I, S. 1418
LZ	Leipziger Zeitschrift für Deutsches Recht
m.a.W.	mit anderen Worten
MarkenG	Gesetz über den Schutz von Marken und sonstigen Kennzeichen (Markengesetz) v. 25.10.1994, BGBl. I, S. 3082
MDR	Monatsschrift für Deutsches Recht
Mio.	Million
MitbestG	Gesetz über die Mitbestimmung der Arbeitnehmer (Mitbestimmungsgesetz) v. 4.5.1976, BGBl. I, S. 1153
MittBayNot	Mitteilungen des Bayerischen Notarvereins, der Notarkasse und der Landesnotarkammer Bayern
MittRhNotK	Mitteilungen der Rheinischen Notarkammer
m.N.	mit Nachweisen
Mot.	Motive
MünchKomm	Münchener Kommentar
m.w.A.	mit weiteren Angaben
m.w.N.	mit weiteren Nachweisen
N.	Nachweise
NdsNatSchG	Niedersächsisches Naturschutzgesetz i.d.F v. 11.4.1994, Nds. GVBl., S. 155
n.F.	neue(r) Fassung
NJW	Neue Juristische Wochenschrift
NJWE-MietR	NJW-Entscheidungsdienst Miet- und Wohnungsrecht
NJW-RR	NJW-Rechtsprechungs-Report
NotBZ	Zeitschrift für die notarielle Beratungs- und Beurkundungspraxis
NRW	Nordrhein Westfalen
NRWDSchG	Gesetz zum Schutz und zur Pflege der Denkmäler im Lande Nordrhein-Westfalen (Denkmalschutzgesetz) v. 11.3.1980, GV NW, S. 226
NuR	Natur und Recht
NVwZ	Neue Verwaltungszeitschrift
NZM	Neue Zeitschrift für Miet- und Wohnungsrecht
o.	oben
o.ä.	oder ähnliches
OGH	Oberster Gerichtshof für die Britische Besatzungszone
OGHZ	Entscheidungen des Obersten Gerichtshofs für die Britische Zone in Zivilsachen
oHG	offene Handelsgesellschaft
OLG	Oberlandesgericht
OLGZ	Entscheidungen der Oberlandesgerichte in Zivilsachen einschließlich der freiwilligen Gerichtsbarkeit
OVG	Oberverwaltungsgerichts
PartGG	Gesetz über Partnerschaftsgesellschaften Angehöriger Freier Berufe (Partnerschaftsgesellschaftsgesetz) v. 25.7.1994, BGBl. I, S. 1744
PatG	Patentgesetz i.d.F. v. 16.12.1980, BGBl. 1981 I, S. 1
PBefG	Personenbeförderungsgesetz
PrALR	Allgemeines Landrecht für die Preußischen Staaten von 1794
ProdHaftG	Gesetz über die Haftung für fehlerhafte Produkte (Produkthaftungsgesetz) v. 15.12.1989, BGBl. I, S. 2198
Prot.	Protokolle
RabelsZ	Rabels Zeitschrift für ausländisches und internationales Privatrecht

RE	Regierungsentwurf
re.Sp.	rechte Spalte
RG	Reichsgericht
RGBl.	Reichsgesetzblatt
RGZ	Reichsgericht, Entscheidungen in Zivilsachen
RHeimstG	Reichsheimstättengesetz i.d.F. v. 25.11.1937, RGBl. I, S. 1291
RIW/AWD	Recht der Internationalen Wirtschaft/Außenwirtschaftsdienst des Betriebsberaters
ROHG	Reichsoberhandelsgericht
RPDSchPflG	Rheinland-Pfälzisches Landesgesetz zum Schutz und zur Pflege der Kulturdenkmäler (Denkmalschutz- und -pflegegesetz) i.d.F. v. 27.10.1986, GVBl., S. 159
Rpfleger	Der Deutsche Rechtspfleger
RPflG	Rechtspflegergesetz v. 5.11.1969, BGBl. I, S. 2065
Rs.	Rechtssache
RSiedlG	Reichssiedlungsgesetz v. 11.8.1919, RGBl., S. 1429
Rspr.	Rechtsprechung
Rz.	Randziffer
S.	Satz; Seite; siehe
s.a.	siehe auch
SaarlNatschG	Gesetz über den Schutz der Natur und die Pflege der Landschaft (Saarländisches Naturgesetz) i.d.F. v. 19.3.1993, Amtsbl., S. 346
SachenRÄndG	Sachenrechtsänderungsgesetz v. 21.9.1994, BGBl. I, S. 2457
SachenRBerG	Gesetz zur Sachenrechtsbereinigung im Beitrittsgebiet (Sachenrechtsbereinigungsgesetz) v. 21.9.1994, BGBl. I, S. 2457
ScheckG	Scheckgesetz v. 14.8.1933, RGBl. I, S. 597
SchiffsRG	Gesetz über Rechte an eingetragenen Schiffen und Schiffsbauwerken v. 15.11.1940, RGBl. I, S. 1499
SchuldRAnpG	Gesetz zur Anpassung schuldrechtlicher Nutzungsverhältnisse an Grundstücken im Beitrittsgebiet (Schuldrechtsanpassungsgesetz) v. 21.9.1994, BGBl. I, S. 2538
SchuldRModG	Gesetz zur Modernisierung des Schuldrechts vom 26.11.2001, BGBl. I, 3138
SJZ	Süddeutsche Juristenzeitung
Slg.	Sammlung der Entscheidungen des Europäischen Gerichtshofes
s.o.	siehe oben
st. Rspr.	ständige Rechtsprechung
StGB	Strafgesetzbuch i.d.F. v. 13.11.1998, BGBl. I, S. 3322
str.	streitig
StVG	Straßenverkehrsgesetz v. 19.12.1952, BGBl. I, S. 837
StVZO	Straßenverkehrs-Zulassungs-Ordung i.d.F. v. 28.9.1988, BGBl. I, S. 1793
SZ	Süddeutsche Zeitung
TKG	Telekommunikationsgesetz v. 25.7.1996, BGBl. I, S. 1120
TPG	Gesetz über die Spende, Entnahme und Übertragung von Organen (Transplantationsgesetz) v. 5.11.1997, BGBl I, S. 2631
TzWrG	Gesetz über die Veräußerung von Teilzeitnutzungsrechten an Wohngebäuden (Teilzeit-Wohnrechtegesetz) i.d.F. v. 29.6.2000, BGBl. I, S. 957
u.	unten
U.	Urteil
u.a.	unter anderem
u.ä.	und ähnliches
u.g.	unten genannten
UmweltHG	Umwelthaftungsgesetz v. 10.12.1990, BGBl. I, S. 2634
UmwG	Umwandlungsgesetz v. 28.10.1994, BGBl. I, S. 3210
UPR	Umwelt und Planungsrecht

UrhG	Gesetz über Urheberrecht und verwandte Schutzrechte (Urheberrechtsgesetz) v. 9.9.1965, BGBl. I, S. 1273
usw.	und so weiter
u.U.	unter Umständen
UWG	Gesetz gegen den unlauteren Wettbewerb v. 7.6.1909, RGBl., S. 499
v.	vom; von
VAG	Gesetz über die Beaufsichtigung der Versicherungsunternehmen (Versicherungsaufsichtsgesetz) i.d.F. v. 17.12.1992, BGBl. 1993 I, S. 2
Var.	Variante
VEB	Volkseigener Betrieb
VerbrKrG	Verbraucherkreditgesetz i.d.F. v. 29.6.2000, BGBl. I, S. 940
Verf.	Verfasser
VerglO	Vergleichsordnung v. 26.2.1935, RGBl. I, S. 321
VermBerG	Gesetz zur Bereinigung vermögensrechtlicher und anderer Vorschriften (Vermögensrechtsbereinigungsgesetz) v. 20.10.1998, BGBl. I, S. 3180
VermG	Vermögensgesetz i.d.F. v. 18.4.1991, BGBl. I, S. 957
2. VermRÄndG	Gesetz zur Änderung des Vermögensgesetzes und anderer Vorschriften – Zweites Vermögensrechtsänderungsgesetz v. 14.7.1992, BGBl. I, S. 1257
VersR	Versicherungsrecht, Juristische Rundschau für die Individualversicherung
VG	Verwaltungsgericht
VGH	Verwaltungsgerichtshof
vgl.	vergleiche
VIZ	Zeitschrift für Vermögens- und Investitionsrecht
VO	Verordnung
Voraufl.	Vorauflage
Vorbem.	Vorbemerkung
VwGO	Verwaltungsgerichtsordnung i.d.F. v. 19.3.1991, BGBl. I, S. 686
VwVfG	Verwaltungsverfahrensgesetz i.d.F. v. 21.9.1998, BGBl. I, S. 3050
WährG	1. Gesetz zur Neuordnung der Geldwesens (Währungsgesetz) v. 20.6.1948, WiGBl., Beil. Nr. 5, S. 1
WE	Wohnungseigentum
WEG	Gesetz über das Wohnungseigentum und das Dauerwohnrecht (Wohnungseigentumsgesetz) v. 15.3.1951, BGBl. I, S. 175
WG	Wechselgesetz v. 21.6.1933, RGBl. I, S. 399
WHG	Gesetz zur Ordnung des Wasserhaushalts (Wasserhaushaltsgesetz) i.d.F. v. 12.11.1996, BGBl. I, S. 1695
WM	Wertpapier-Mitteilungen
WpHG	Wertpapierhandelsgesetz i.d.F. v. 9.9.1998, BGBl. I, S. 2708
WRP	Wettbewerb in Recht und Praxix
WRV	Verfassung des Deutschen Reichs (Weimarer Reichsverfassung) v. 11.8.1919, RGBl., S. 1383
WuB	Entscheidungssammlung zum Wirtschafts- und Bankrecht
WuM	Wohnungswirtschaft und Mietrecht
WZG	Warenzeichengesetz i.d.F. v. 2.1.1968, BGBl. I, S. 1
z.B.	zum Beispiel
ZBB	Zeitschrift für Bankrecht und Bankwirtschaft
ZEV	Zeitschrift für Erbrecht und Vermögensnachfolge
ZfB	Zeitschrift für Bergrecht
ZfBR	Zeitschrift für deutsches und internationales Baurecht
ZfIR	Zeitschrift für Immobilienrecht
ZfRgl	Zeitschrift für Rechtsvergleichung
ZGB	Zivilgesetzbuch der Deutschen Demokratischen Republik v. 19.6.1975, GBl. I, S. 465
ZGR	Zeitschrift für Unternehmens- und Gesellschaftsrecht
ZHR	Zeitschrift für das gesamte Handelsrecht

Ziff.	Ziffer
ZIP	Zeitschrift für Wirtschaftsrecht
ZMR	Zeitschrift für Miet- und Raumrecht
ZPO	Zivilprozeßordnung i.d.F. v. 12.9.1950, BGBl., S. 533
ZRP	Zeitschrift für Rechtspolitik
zust.	zustimmend
ZVG	Gesetz über die Zwangsversteigerung und die Zwangsverwaltung i.d.F v. 20 5.1898, RGBl., S. 369
ZwSt.	Zweigstelle
ZZP	Zeitschrift für Zivilprozeß

Im übrigen wird verwiesen auf *Kirchner*, Abkürzungsverzeichnis der Rechtssprache, 4. Aufl., 1993.

Verzeichnis der abgekürzt zitierten Literatur

v. Bar, IPR II	*v. Bar, Christian*: Internationales Privatrecht/2. Band Besonderer Teil, München 1991
Bärmann/Pick/Merle, WEG	*Bärmann, Johannes; Pick, Eckhart; Merle, Werner*: Gesetz über das Wohnungseigentum und das Dauerwohnrecht, 8. Auflage München 2000
Baur/Stürner	*Baur, Fritz*: Lehrbuch des Sachenrechts, fortgeführt von *Jürgen Baur* und *Rolf Stürner*, 17. Auflage München 1998
Baumbach/Hopt	*Hopt, Klaus J.*: Handelsgesetzbuch mit GmbH & Co., Handelsklauseln, Bank- und Börsenrecht, Transportrecht (ohne Seerecht), 30. Auflage München 2000
Baumbach/Hefermehl, WG und ScheckG	*Hefermehl, Wolfgang*: Wechselgesetz und Scheckgesetz mit Nebengesetzen und einer Einführung in das Wertpapierrecht, 22. Auflage München 2000
Boldt/Weller, BBergG	Bundesberggesetz vom 13. August 1980; nebst Durchführungsbestimmungen des Bunds und der Länder sowie Gesetz zur vorläufigen Regelung des Tiefseebaus vom 16. August 1980, Berlin u.a.
Brox/Walker, Zwangsvollstreckungsrecht	*Brox, Hans/Walker, Dietrich*: Zwangsvollstreckungsrecht, 6. Auflage Köln, München u.a. 1999
Bülow	*Bülow, Peter*: Recht der Kreditsicherheiten, 5. Auflage, Heidelberg 1999
Demharter, GBO	*Demharter, Johann*: Grundbuchordnung, 24. Auflage München 2001
Erman/*Bearbeiter*	Erman, Handkommentar zum Bürgerlichen Gesetzbuch, Hrsg.: Harm Peter Westermann, Bd. I und II, 8. Auflage, Münster 1989
Ferid, IPR	*Ferid, Murad*: Internationales Privatrecht, 3. Auflage Frankfurt a. M. 1986
Flume I/1	*Flume, Werner*: Allgemeiner Teil des Bürgerlichen Rechts Bd. I, 1. Teil, Die Personengesellschaft, Berlin u.a. 1977
Flume I/2	Allgemeiner Teil des Bürgerlichen Rechts Bd. I, 2. Teil, Die juristische Person, Berlin u.a. 1983
Flume II	Allgemeiner Teil des Bürgerlichen Rechts Bd. II, Das Rechtsgeschäft, 3. Auflage, Berlin u.a. 1979
Gerhardt, Immobiliarsachenrecht	*Gerhardt, Walter*: Immobiliarsachenrecht, Grundeigentum und Grundpfandrechte, 5. Auflage München 2001

Gerhardt, Mobiliarsachenrecht	*Gerhardt, Walter:* Mobiliarsachenrecht, Besitz, Eigentum, Pfandrecht, 5. Auflage München 2000
Heck	*Heck, Philipp:* Grundriß des Sachenrechts, Tübingen 1930, Neudruck Aalen 1970
Hüffer, AktG	*Hüffer, Uwe*: Aktiengesetz, 4. Auflage München 1999
Ingenstau, ErbbauVO	*Ingenstau, Heinz; Hustedt, Volker*: Kommentar zum Erbbaurecht, 8. Auflage Düsseldorf 2001
Jauernig/*Bearbeiter*	*Jauernig, Othmar*: Bürgerliches Gesetzbuch mit Gesetz zur Regelung des Rechts der Allgemeinen Geschäftsbedingungen, 9. Auflage München 1999
Kegel, IPR, 6. Aufl.,	*Kegel, Gerhard*: Internationales Privatrecht, 6. Auflage München 1987
Kegel, IPR, 7. Aufl.	*Kegel, Gerhard*: Internationales Privatrecht, 7. Auflage München 1995
Kegel/Schurig, IPR	*Kegel, Gerhard/Schurig, Klaus*: Internationales Privatrecht, 8. Auflage München 2000
Larenz I	*Larenz, Karl*: Lehrbuch des Schuldrechts, Band I, Allgemeiner Teil, 14. Auflage München 1987
Larenz II/1	*Larenz, Karl*: Lehrbuch des Schuldrechts, Band II, Halbband 1, Besonderer Teil, 13. Auflage München 1986
Larenz/Canaris	*Larenz, Karl/Canaris, Claus-Wilhelm*: Lehrbuch des Schuldrechts, Band II, Halbband 2, Besonderer Teil, 13. Auflage München 1994
K. Müller	*Müller, Klaus*: Sachenrecht, 4. Auflage Köln u.a. 1997
Maurer, Allgemeines Verwaltungsrecht	*Maurer, Hartmut:* Allgemeines Verwaltungsrecht, 13. Auflage München 2000
Medicus, Bürgerliches Recht	*Medicus, Dieter:* Bürgerliches Recht, 18. Auflage Köln u.a. 1999
MünchKomm/*Bearbeiter*	Münchener Kommentar zum Bürgerlichen Gesetzbuch, Hrsg.: Kurt Rebmann und Franz Jürgen Säcker, Bd. I - IV, 2./3./4. Auflage, München
Ossenbühl, Staatshaftungsrecht	*Ossenbühl, Fritz*: Staatshaftungsrecht, 5. Auflage München 1998
Palandt/*Bearbeiter*	*Palandt, Otto*: Bürgerliches Gesetzbuch, 61. Auflage München 2002
Planck/*Bearbeiter*	Planck's Kommentar zum Bürgerlichen Gesetzbuch; Hrsg.: E. Strohal. Bd. I (§§ 1 - 240), II 1 (§§ 241 - 432), 2 (§§ 433 - 853), 4. Auflage, Berlin u.a. 1913 - 28, Bd. III 1 (§§ 854 - 1112), 2 (§§ 1113 - 1296), 5. Auflage, Berlin u.a. 1933 - 38
RGRK/*Bearbeiter*	Das Bürgerliche Gesetzbuch, Kommentar, hrsg. von Mitgliedern des BGH, Bd. I - III 1, 12. Auflage Berlin u.a. 1976 - 1982

Rimmelspacher	*Rimmelspacher, Bruno*: Kreditsicherungsrecht, 2. Auflage München 1987
Rozek, Eigentumsbindung und Enteignung	*Rozek, Jochen*: Die Unterscheidung von Eigentumsbindung und Enteignung; eine Bestandsaufnahme zur dogmatischen Struktur des Art. 14 GG nach 15 Jahren Naßauskiesung, Tübingen 1998
K. Schmidt, Gesellschaftsrecht	*Schmidt, Karsten*: Gesellschaftsrecht, 3. Auflage Köln, München u.a. 1997
K. Schmidt, Handelsrecht	*Schmidt, Karsten*: Handelsrecht, 5. Auflage Köln, München u.a. 1999
Schweitzer, Staatsrecht III	*Schweitzer, Michael*: Staatsrecht III - Staatsrecht, Völkerrecht, Europarecht, 7. Auflage Heidelberg 2000
Serick I-VI	*Serick, Rolf*: Eigentumsvorbehalt und Sicherungsübertragung, Bd. I - VI, Heidelberg 1963 - 1986
Soergel/*Bearbeiter*	Soergel, Bürgerliches Gesetzbuch, Bd. I, II und IV, 12. Auflage, Stuttgart u.a. 1988 - 1990
Staudinger/*Bearbeiter*, 12. Bearb.	v. Staudinger, Kommentar zum Bürgerlichen Gesetzbuch, 12. Auflage, Berlin 1978-89
Staudinger/*Bearbeiter* (199X)	v. Staudinger, Kommentar zum Bürgerlichen Gesetzbuch, 13. Auflage, Berlin 1994
Thomas/Putzo, ZPO	*Thomas, Heinz*/*Putzo, Hans*: Zivilprozeßordnung mit GVG, den Einführungsgesetzen und europarechtlichen Vorschriften (EuGVÜ, LGVÜ, EheVO, ZustellungsVO, AVAG), 23. Auflage München 2001
v. Münch/Kunig/Bryde/Gubelt/Bauer/ *Bearbeiter*, GG	*v. Münch, Ingo*; *Bryde, Brun-Otto*; *Gubelt, Manfred*; *Bauer, Ekkehard*; *Kunig, Philip*: Grundgesetz-Kommentar, Bd.I, 5.Auflage, 2000; Bd.II, 3.Auflage, 1995; Bd. III, 3. Auflage, 1996)
v. Tuhr II/1	*v. Tuhr, Andreas:* Der Allgemeine Teil des Deutschen Bürgerlichen Rechts, Zweiter Band. Erste Hälfte., München und Leipzig 1914
Weitnauer, WEG	*Weinauer, Hermann*; *Hauger, Maria*; *Lüke, Wolfgang*: Gesetz über das Wohnungseigentum und das Dauerwohnrecht; Kommentar, 8. Auflage 1995
Westermann, 5. Aufl.	*Westermann, Harry:* Sachenrecht, 5. Auflage, Karlsruhe 1966
Westermann, 6. Aufl.	*Westermann:* Sachenrecht Bd. I, Grundlagen und Recht der beweglichen Sachen, bearbeitet von *Harm Peter Westermann*, *Karl-Heinz Gursky* und *Winfried Pinger*, 6. Auflage, Heidelberg 1990; Sachenrecht Bd. II, Immobiliarsachenrecht, bearbeitet von *Dieter Eickmann* und *Winfried Pinger*, 6. Auflage, Heidelberg 1988
Westermann, 7. Aufl.	*Westermann:* Sachenrecht; Lehrbuch begründet von *Harry Westermann*, fortgeführt von *H. P. Westermann*, *Heinz Gursky*, *Dieter Eickmann*, 7. Auflage, Heidelberg 1998

Wieling, Sachenrecht I	*Wieling, Hans Josef:* Sachenrecht Bd. I, Sachen, Besitz und Rechte an beweglichen Sachen, Berlin u.a. 1990
Wieling, Sachenrecht, 4. Aufl.	*Wieling, Hans Josef:* Sachenrecht, 4. Auflage 2001
Wilhelm, Rechtsform und Haftung	*Wilhelm, Jan:* Rechtsform und Haftung bei der juristischen Person, Köln, München u.a. 1981
Wilhelm, Rechtsverletzung und Vermögensentscheidung	*Wilhelm, Jan:* Rechtsverletzung und Vermögensentscheidung als Grundlagen und Grenzen des Anspruchs aus ungerechtfertigter Bereicherung, Bonn 1971
E. Wolf	*Wolf, Ernst:* Lehrbuch des Sachenrechts, 2. Auflage Köln, München u. a. 1979
M. Wolf	*Wolf, Manfred*: Sachenrecht, 17. Auflage München 2001
Wolff/Raiser	*Wolff, Martin; Raiser, Ludwig:* Lehrbuch des Bürgerlichen Rechts, begründet von Enneccerus, Kipp, Wolff, Band 3, Sachenrecht, 10. Bearbeitung, Tübingen 1957

Erster Teil
Gegenstand, Wesenszüge und Anwendungsbereich

A. System und Prinzipien des Sachenrechts

I. Das Sachenrecht im System des BGB und das System des Sachenrechts

Das Sachenrecht ist das Rechtsgebiet des 3. Buchs des BGB. Es regelt vor allem die Rechte an Sachen, daneben noch in §§ 1068 ff. den Nießbrauch an Rechten und in §§ 1273 ff. das Pfandrecht an Rechten[1]. Das Sachenrecht des 3. Buchs des BGB wird ergänzt zum einen durch sachenrechtliche Vorschriften des BGB außerhalb des 3. Buchs[2] und zum anderen durch sachenrechtliche Vorschriften außerhalb des BGB[3]. Das Sachenrecht ist in das System des BGB eingeordnet. Es gehört zum bürgerlichen als dem für alle geltenden Recht. Auf die Sachen, insbesondere das Eigentum an Sachen, bezieht sich auch in mannigfacher Weise das öffentliche Recht, indem die zivilrechtliche Zuordnung der Sachen notwendigerweise überlagert wird von der Ordnung des Zusammenlebens durch das öffentliche Recht[4]. Was die Einordnung des Sachenrechts in das BGB betrifft, beginnt das BGB in seinem 1. Buch, dem „Allgemeinen Teil", mit den Personen (Rechtssubjekten, §§ 1 ff.) und geht dann über zu den Gegenständen (Rechtsobjekten), von denen das BGB nur die Sachen nennt und als die körperlichen Gegenstände bestimmt (§ 90 und ff.). Man könnte meinen, daß damit die unkörperlichen Gegenstände übergangen werden. Von Nießbrauch oder Pfandrecht an Rechten her betrachtet, erscheinen als unkörperliche Rechtsobjekte die Rechte. Andererseits sind Rechte Beziehungen der berechtigten Person zu anderen Personen und insofern nicht ein im Allgemeinen Teil zu regelnder Gegenstand von Rechten. Zudem ist jedenfalls zuerst die allgemeine Figur der autonomen Begründung, Übertragung, Änderung und Aufhebung von Rechten zu regeln. Deshalb folgt im Allgemeinen Teil des BGB auf die Personen als Rechtssubjekte und die Sachen als Rechtsobjekte der Abschnitt über die Rechtsgeschäfte (§§ 116 ff.). Das 2. Buch des BGB schließt mit dem Schuldrecht die Rechtsbeziehung zwischen Personen in Gestalt der Obligation an, d.h. der auf Verpflichtetheit der einen Person gegenüber einer anderen beruhenden Rechtsbeziehung. Das 3. Buch über „Sachenrecht" behandelt das allgemeine Thema der Rechte der Personen vor allem an den in § 90 abgegrenzten Sachen. 1

Im Verhältnis zum 2. Buch steht die Materie des 3. Buchs zunächst in einem Gegensatz. Nach § 241 I (§ 241 a.F.) ist das Schuldverhältnis ein iuris vinculum inter personas. Die schuldrechtliche Beziehung, insbesondere die durch Rechtsgeschäft (§ 311 I (§ 305 a.F.)) begründete Verpflichtung, kann grundsätzlich durch den Willen der Parteien frei gestaltet werden. Im Gegensatz dazu sind Sachenrechte Rechte, die eine Sache gemäß dem Rechtsinhalt dem Berechtigten unter Ausschluß aller anderen Personen zu- 2

[1] S. auch § 876.

[2] §§ 90 ff., 1362, 1461, 1424.

[3] Etwa ErbbauVO, WEG. S. weiter Übersicht bei *Baur/Stürner* § 2 Rz. 12 f.

[4] Hinweise, insbesondere gegen die Annahme, daß es statt der Überlagerung des privatrechtlichen Eigentums durch die öffentliche Ordnung sogar ein öffentliches Eigentum gebe, bei *Baur/Stürner* § 2 Rz. 6 f.

ordnen. Jeder Berechtigte eines Sachenrechts muß der Art und des Umfangs dessen sicher sein können, was ihm und keinem anderen gehört. Ebenso müssen Erwerber und Gläubiger des Erwerbs oder des Sicherungszugriffs sicher sein können[5].

3 Das Verhältnis des Sachenrechts zum Schuldrecht ist aber nicht das eines vollständigen Gegensatzes. Das BGB ordnet seine Gegenstände in inhaltlicher Folgerichtigkeit und dabei nach dem Prinzip, das Allgemeine vor dem Besonderen zu sagen. Folglich ist das Sachenrecht nicht nur ein neuer Gegenstand der Darstellung, sondern auch ein spezieller. Deshalb ist das Sachenrecht im Verhältnis zum Allgemeinen Teil, zum Teil aber auch im Verhältnis zum Schuldrecht Sondermaterie, lex specialis, durch die die allgemeinen Regeln des BGB in Hinsicht auf eine besondere Beziehung angewandt und modifiziert werden. Was das Schuldrecht betrifft, korrespondiert das Sachenrecht mit einer allgemeinen Regelung, die daran anknüpft, daß im Schuldverhältnis der Verpflichtung des Schuldners ein Recht des Gläubigers, die Forderung, entspricht. Das Schuldrecht regelt die Übertragung der Forderungen (§§ 398 ff.). Nach § 413 gelten diese Vorschriften über die Übertragung der Forderungen für alle Rechte, soweit nichts Besonderes bestimmt ist. Die Übertragungsvorschriften des Sachenrechts korrespondieren also mit § 413 aus dem Schuldrecht, der als Auffangregelung für Rechte in das BGB eingefügt ist, die hinsichtlich der Übertragung nicht speziell geregelt sind.

4 Diese systematische Korrespondenz ist in zweierlei Hinsicht bedeutsam[6]: zunächst im Hinblick darauf, daß die Sondergesetznatur des Sachenrechts im Verhältnis zum Schuldrecht auf die Übertragung der Rechte beschränkt ist. Daraus folgt das Fehlen einer Korrespondenz zwischen Sachenrecht und Schuldrecht in Hinsicht auf die Begründung und das Erlöschen der Rechte. Die Schuldverhältnisse als Verbindungen von Gläubiger und Schuldner und somit auch die aus ihnen begründeten Forderungen entstehen und erlöschen, soweit nicht das Gesetz oder allgemeine Rechtsgrundsätze eine Verpflichtung begründen oder enden lassen, durch die privatautonome Regelung beider betroffener Personen, d.h. durch Vertrag (§ 311 I = § 305 a.F., § 397), und das heißt weiterhin, was Begründung und Inhalt betrifft: nach dem Prinzip der freien Gestaltung durch die Parteien. Im Sachenrecht geht es demgegenüber zunächst bezüglich der Entstehung nur um die Entstehung des Eigentums als des umfassenden Herrschaftsrechts an einer Sache. Denn alle anderen Sachenrechte leiten sich aus dem Eigentum ab. Schon ihre Bestellung ist folglich nicht Begründung, sondern Übertragung, nämlich Teilübertragung des Eigentums, und gehört in die Verwandtschaft mit §§ 398 ff. hinein[7]. Was nun die Entstehung

[5] Nach *Wiegand*, AcP 190 (1990), 113 ff. ist das Sachenrecht in Abschottung gegenüber dem Schuldrecht gestaltet, damit der Gegensatz zwischen dem Eigentum als Herrschaft über die unfreie Natur und der Obligation als Herrschaft über Handlungen fremder Personen, insgesamt die postulierte Selbständigkeit des Sachenrechts vollzogen werde. Danach kommt *Wiegand* auf den weiteren Gesichtspunkt, daß das Privatrecht als freies Verkehrsrecht auf der Grundlage des Gedankens des freien Eigentums gestaltet sei (S. 119). *Wiegand* hält nicht für entscheidend, ob die Abschottung oder die Gestaltung des auf Freiheit beruhenden Verkehrsrechts den Ausschlag gegeben habe (S. 120). Demgegenüber ist festzustellen: Das BGB schreitet vom Obligationen- zum Sachenrecht in systematischer Folgerichtigkeit fort und nimmt die Gestaltung der unterschiedlichen Gegenstände nach den für ein freies Verkehrsrecht als erforderlich erscheinenden Prinzipien vor.

[6] S. u. Rz. 119 dazu, daß die Einordnung der allgemeinen Übertragungsvorschriften in das Schuldrecht nicht etwa ein lapsus war.

[7] Entsprechend ist die Bestellung von Rechten an Rechten (sog. Belastung) Teilübertragung dieser Rechte, bei Belastung von Grundstücksrechten (s. §§ 1068 ff., 1273 ff. mit § 873 sowie die Möglichkeit der Belastung grundstücksgleicher Rechte, ebenfalls mit § 873) geht es um die Teilübertragung von anderen Grundstücksrechten als dem Eigentum am Grundstück und bei Belastung anderer Rechte (s. wieder §§ 1068 ff., 1273 ff.) um die Teilübertragung dieser anderen Rechte.

des Eigentums betrifft, so ist sie in den Sonderregeln über die Ausschließung etwaiger Eigentümer (§ 927) oder die Aneignung herrenloser Sachen erfaßt (§§ 928 II, 958)[8]. Die Regelung stellt letztlich auf den einseitigen Bemächtigungsakt ab und sichert, daß zum einen keine untragbare und unkontrollierte Rechtsentziehung erfolgt und zum anderen der Erwerb genügend nach außen hervortritt. Was sodann das Erlöschen der Sachenrechte betrifft, enden die Sachenrechte, wenn nicht durch Wegfall des Gegenstands oder durch Gesetz, wiederum durch einseitige Erklärung des Berechtigten, zu der andere Erfordernisse hinzutreten (s. etwa §§ 875, 876, 959, 1064 etc.)[9].

Sodann ist die systematische Einordnung des Sachenrechts gerade durch die Überschneidung bedeutsam, die das Sachenrecht mit dem Schuldrecht in Hinsicht auf die Übertragungsregelung verbindet. Die Überschneidung führt zu der Einsicht, daß die hier anschließend darzustellenden Prinzipien des Sachenrechts: numerus clausus, Spezialität, Bestimmtheit etc., nicht notwendig spezifisch sachenrechtliche Prinzipien sind, sondern allgemeine Prinzipien der Güterzuordnung sein können. Die Erkenntnis der Überschneidung bewahrt ebenso vor übereilten Gegenschlüssen hinsichtlich anderer Rechte als Sachenrechte, wie sie übereilten Sonderfeststellungen für das Sachenrecht vorbeugt[10]. **5**

Die teils gegensätzliche, teils sondergesetzliche Regelung des Sachenrechts entfaltet das BGB in folgender Ordnung: Am Anfang steht die tatsächliche Herrschaft über eine Sache, der Besitz (§§ 854 ff.). Er ist als solcher, aber auch als Grundlage und Gegenstand von Sachenrechten bedeutsam. Es folgt die an eine weitere tatsächliche Grundlage von Sachenrechten anknüpfende Regelung, die Regelung des Grundbuchs in seiner materiell- **6**

[8] Die sog. Kontratabularersitzung des § 927 richtet sich gegen Eigentum, welches mangels Greifbarkeit des Eigentümers nicht mehr real ist, erfaßt aber ebenso den Fall der Nichtexistenz eines Eigentümers und damit der Nichtexistenz von Eigentum und ermöglicht hier die Neubegründung von Eigentum. Sie unterscheidet sich von der Tabularersitzung des § 900 einerseits dadurch, daß diese nicht nur Eigentum, sondern auch besitz- sowie besitzschutzverbundene Grundstücksrechte betrifft (deshalb die Einreihung bei §§ 873 ff.), andererseits aber dadurch, daß die Tabularersitzung auf der Eintragung des Ersitzenden im Grundbuch und damit auf Grundlagen beruht, die auch für den abgeleiteten Erwerb gelten. Die Ersitzung des Eigentums an beweglichen Sachen setzt nach § 937 II sogar guten Glauben an den eigenen Erwerb vom Berechtigten voraus. Dem Bösgläubigen hilft hier nur die Verjährung der Vindikation nach §§ 197 I Nr. 1, 198 (§§ 195, 221 a.F.).

[9] Lehrreich die Gegenüberstellung von *Flume* II § 115 d, S. 144: Auf die Hypothek als das dingliche Recht kann einseitig verzichtet werden (§ 1168), die Hypothekenforderung kann nur durch Vertrag erlassen werden (§ 397).

[10] Zu ausschließlich, auch vom Ausgang *Wiegands* beim historischen BGB aus betrachtet (das BGB kennt die Forderung und deren Verpfändung; zur Zeit seines Inkrafttretens gab es auch insbesondere schon die gewerblichen Schutzrechte), bezieht *Wiegand* (o. Fn. 5) Spezialität, Abstraktheit, numerus clausus auf das sachenrechtliche Eigentum. *Wiegand* übertreibt in seinem Anliegen, das Sachenrecht des BGB als autonomes, abstraktes, vom Schuldrecht abgeschottetes Rechtsgebiet mit dem Eigentum als totaler und abstrakter Sachherrschaft zu charakterisieren und dem eine moderne Entwicklung der zunehmenden Einbeziehung schuldrechtlicher Zweckvereinbarungen in das Sachenrecht und das Eigentum gegenüberzustellen (*Wiegand* vertritt hierzu die Einschränkung des Abstraktionsprinzips und die Anerkennung von relativem Eigentum wie Vorbehalts- und Treuhand-, insbesondere Sicherungseigentum). Nur wenn man das Sachenrecht als Teil der Güterordnung auffaßt, zu der das Schuldrecht als Materie der mittelbaren Zuordnung mit der Forderung als den Sachenrechten gleichstehendem Substanzrecht – zum Begriff unten Rz. 39 – hinzugehört, ist man frei von überzeichneten Gegensätzen und damit frei für die gebotene Lösung des Rechtsanwendungsproblems. Dieses ist auf die Lösung des Einzelfalls nach den maßgeblichen Grundlagen gerichtet. Die Einschränkung des Abstraktionsprinzips verletzt die gesetzlichen Verfügungstatbestände. Das Vorbehaltseigentum ist aufgrund des Rechts der bedingten Übereignung, das Sicherungseigentum als Bestandteil des Kreditsicherungsrechts zu behandeln.

rechtlichen Bedeutung, insbesondere als Mittel der Verfügung über Grundstücksrechte (§§ 873 ff. mit §§ 873, 875, 877)[11]. Auf diesen Grundlagen erhebt sich das Eigentum als umfassendes Herrschaftsrecht an Sachen, sowohl beweglichen wie unbeweglichen (§§ 903 ff.). Das Eigentum können sich mehrere teilen (Miteigentum, §§ 1008 ff.)[12]. Sodann regelt das BGB die beschränkten dinglichen Rechte, die aus dem Eigentum oder anderen Rechten abgespalten werden können[13].

7 In der Einzelregelung des Sachenrechts gilt wie im gesamten BGB die Unterscheidung von lex generalis und lex specialis. Etwa enthalten die §§ 873, 875, 877 die allgemeinen Regeln über die Übertragung, Aufhebung und Änderung von Grundstücksrechten. Die allgemeine Übertragungsregelung wird durch Spezialregeln ergänzt, z.B. für die Übertragung des Grundstückseigentums durch § 925, für die Übertragung der Grundschuld durch §§ 1154, 1192 I[14]. Die in § 873 enthaltene Belastungsregelung wird für die Belastung mit einer Hypothek oder Grundschuld durch §§ 1115 I, 1192 I ergänzt. Auf die spezielle Regelung der Übertragung des Eigentums an beweglichen Sachen (§§ 929 ff.) wird für die Belastung der beweglichen Sachen mit einem Nießbrauch oder einem Pfandrecht Bezug genommen (§§ 1032, 1207). Hieran zeigt sich, daß die Belastung Abspaltung, d.h. Teilübertragung ist. Schließlich werden für den Schutz der Rechte die Mittel der General- und Spezialregelung genutzt (die §§ 985, 1004 für das Eigentum werden etwa in § 1065 auf den Nießbrauch und in § 1227 auf das Pfandrecht erstreckt).[15]

II. Die Prinzipien des Sachenrechts

1. Bedeutung, Begründung und Einordnung der Prinzipien

8 Man spricht von den Prinzipien des Sachenrechts[16]. In der Tat beruht die Regelung des Sachenrechts auf bestimmten Gestaltungsprinzipien, die das BGB im Hinblick auf die Rechte an Sachen für erforderlich hält. Diese Prinzipien liegen den Normen des Sachenrechts zugrunde, sind also nicht selbst Normen, von denen die Fallösung auszugehen hat oder ausgehen darf. Die Prinzipien können nur als systematische oder teleologische Gesichtspunkte bei der Auslegung der anzuwendenden Normen helfen. Was die Einordnung der Prinzipien betrifft, wird sich herausstellen, daß viele Prinzipien nicht spezifisch sachenrechtliche Prinzipien sind. Es sind vielmehr Prinzipien, die bei der Zuordnung von Gegenständen zu Personen unter Ausschluß aller anderen Personen allgemein als sachgerecht in Betracht kommen und gelten können. Alle sachenrechtlichen Prinzipien sind in zwei Gruppen zu unterteilen. Die Prinzipien der einen Gruppe sorgen dafür, daß der Rechtsverkehr weiß, welche Arten der Zuordnung die Rechtsordnung überhaupt anerkennt. Es geht um die abstrakte Bestimmung der möglichen Arten der Zuordnung. Die

[11] Die formelle Regelung des Grundbuchs und des darauf bezogenen Verfahrens steht in der GBO.

[12] Besonders relevant ist die Aufteilung des Eigentums nach der speziellen Regelung des WEG.

[13] Übersicht u. Rz. 85 ff.

[14] Die Übertragung der Hypothek gibt es demgegenüber nicht. Vielmehr wird bei der Hypothek die hypothekarisch gesicherte Forderung abgetreten. Diese Abtretung wird aber in § 1154 mit Rücksicht auf die im Grundbuch eingetragene Sicherung durch die Hypothek modifiziert. § 1154 ist somit, was die Hypothek betrifft, lex specialis zu § 398. Indem § 1154 über § 1192 I auch auf die Grundschuld angewandt wird, ordnet das BGB die Übertragung der Grundschuld als Abtretung ein. Damit zeigt sich die Zusammengehörigkeit von § 873 einerseits und §§ 413, 398 andererseits.

[15] Unten Rz. 42 wird gezeigt, daß die negatorischen Ansprüche generell geltende Schutzansprüche für absolute Rechte sind.

[16] *Baur/Stürner* § 4 S. 29 ff., *Wieling*, Sachenrecht, 4. Aufl., § 1 II 3 S. 8 f.

zweite Gruppe betrifft die Klarheit der Zuordnung im konkreten Fall. Es geht um die Frage, wem und inwieweit ihm ein Gegenstand im Einzelfall zugeordnet ist.

2. Numerus clausus, Typenzwang und Fixierung von Verfügungstypen

Das erste Prinzip des Sachenrechts ist der Grundsatz der Geschlossenheit des Kreises der dinglichen Rechte (numerus clausus der Sachenrechte). Dieses Prinzip ist spezifisch für die absolute Zuordnung von Gütern. Auch Forderungen sind absolut nur entweder zu Inhaberschaft (entsprechend dem Eigentum an Sachen) oder zu Pfandrecht oder Nießbrauch zugeordnet (§§ 1068, 1074, 1273, 1279). Die absolute Zuordnung gilt und wird geschützt gegen jedermann. Der Rechtsverkehr lebt vom Wechsel der absoluten Zuordnung, nämlich vom Erwerb der Güter. Schließlich muß der vollstreckende Gläubiger und die Gläubigergesamtheit in der Insolvenz wissen, auf welche Güter sie zugreifen können, auf welche nicht, d.h. welche ihrem Schuldner, welche anderen absolut zugeordnet sind. **9**

Unterschiedlich zwischen Schuld- und Sachenrecht ist demgegenüber die Einzelausgestaltung der zugeordneten Güter. Das Schuldverhältnis als Band zwischen bestimmten Personen kann frei gestaltet werden. Mit der Möglichkeit freier Gestaltung muß bei Abtretung einer Forderung gerechnet werden. Demgegenüber gibt es bei den Rechten an Sachen keine Einzelgestaltung nach dem Willen betroffener Parteien. Hier muß das objektive Recht ordnen, deshalb tritt zu dem numerus clausus der Sachenrechte der Typenzwang bei den Sachenrechten hinzu. Präzise hat das Zusammenspiel der Grundsätze, bezogen auf das Grundstücksrecht, das BayObLG in einer Entscheidung aus dem Jahre 1967[17] formuliert: „Im BGB gilt auf dem Gebiet des Sachenrechts der Grundsatz der Geschlossenheit der dinglichen Rechte. Er besagt, daß ihre Zahl und Art im Gesetz erschöpfend bestimmt, ihr Inhalt zwingend vorgeschrieben und jedes dingliche Recht in seinen Merkmalen von jedem anderen dinglichen Recht scharf abgegrenzt ist ... Denn andernfalls könnte das Grundbuch seine Aufgabe, den Rechtsverkehr sicher, zuverlässig und erschöpfend über die Rechtsverhältnisse *am Grundstück*[18] zu unterrichten, nicht nachkommen." **10**

Aus numerus clausus und Typenzwang im Sachenrecht folgt beispielhaft: Man kann nicht das historisch bekannte „ius ad rem" (Ausstattung eines Forderungsrechts mit gewissen dinglichen Elementen) als Vorstufe der Übereignung vereinbaren, ebensowenig ein forderungsloses Pfandrecht (vgl. § 1204 im Gegensatz zur Alternative zwischen § 1113 und § 1191). Weiter gibt es kein besitzloses Pfandrecht (§§ 1205 f.), keine Nutzungshypothek („Antichrese"), während es das Nutzungspfandrecht an beweglichen Sachen nach § 1213 I gibt[19]. **11**

17 NJW 1967, 1373 f.

18 Hervorhebung im Abdruck des Beschlusses.

19 Näher zu numerus clausus und Typenzwang *Schön*, Der Nießbrauch an Sachen, 1992, S. 241 ff. Zu pauschal als Frage des numerus clausus oder des Typenzwangs wird im Wertpapierrecht die Frage behandelt, inwieweit Order- oder Inhaberpapiere möglich sind. Man spricht vom numerus clausus der Orderpapiere (BGHZ 68, 18, 22 spricht von der Nichterweiterbarkeit durch Parteiabrede) und vom numerus clausus der Inhaberpapiere (s. *Zöllner*, Wertpapierrecht, § 4 V). *Canaris* führt für ersteres in Staub Großkommentar HGB, 3. Aufl. 1978, § 363 Anm. 1-4 die sachenrechtlichen Prinzipien des numerus clausus und des Typenzwangs an. Man muß aber unterscheiden: die inhaltliche Gestaltung der im Papier verkörperten Rechte unter Einschluß der Voraussetzungen ihrer Geltendmachung einerseits und die Übertragung der Rechte andererseits. In ersterer Hinsicht gelten, soweit Sachenrechte verkörpert werden, numerus clausus und Typenzwang des Sachenrechts (*Zöllner* a.a.O.). In Hinsicht auf die Übertragung gilt der Grundsatz betreffend lex generalis und lex specialis, d.h. grundsätzlich gilt die allgemeine Regelung (§§ 398 ff., 413), es sei denn das Gesetz bestimmt etwas besonderes.

12 Als Verstoß gegen numerus clausus und Typenzwang verdächtig ist die Anerkennung des Sicherungseigentums. Das Eigentum an beweglichen Sachen kann zur Sicherheit für eine oder mehrere Forderungen dem Gläubiger übertragen werden, und zwar wird dies typischer Weise unter Belassung der Sache im Besitz des Sicherungsgebers, der im typischen Fall selbst der Schuldner ist, nämlich durch Übereignung seitens des Schuldners nach § 930 vollzogen. Übereignung zur Sicherheit heißt Übertragung des Eigentums mit schuldrechtlicher Bindung des Erwerbers (Sicherungsnehmers), die Sache nur zur Befriedigung wegen einer vom Schuldner (Sicherungsgeber) nicht erfüllten, von der Sicherungsvereinbarung erfaßten Forderung zu verwerten und bei Wegfall des Sicherungszwecks (wegen Befriedigung, ohne daß die Sache verwertet werden mußte) auf den Sicherungsgeber zurückzuübereignen. Verdächtig ist dies, weil mit der Übereignung nach § 930 doch der Sache nach ein besitzloses Pfandrecht anerkannt sein könnte. Die wunde Stelle ist freilich nicht das Sicherungseigentum als solches. Eigentum kann zu beliebigen schuldrechtlichen Zwecken eingeräumt werden, also auch zum Sicherungszweck. Die gesetzliche Verjährungsregelung des § 216 II (§ 223 II a. F.) geht von dieser Möglichkeit aus. Vom Typenzwang weicht erst ab die Behandlung des Sicherungseigentums in der Zwangsvollstreckung und in der Insolvenz. Der Sicherungsgeber kann, obwohl er nur einen schuldrechtlichen Rückforderungsanspruch bei Erledigung des Sicherungszwecks hat, der Vollstreckung von Gläubigern des Sicherungsnehmers in das Sicherungsgut widersprechen (§ 771 ZPO) und das Gut in der Insolvenz des Sicherungsnehmers aussondern (§ 47 InsO, früher § 43 KO). Andererseits hat der Sicherungsnehmer, obwohl er Eigentümer ist, in der Insolvenz des Sicherungsgebers kein Aussonderungsrecht, sondern nur ein Recht auf abgesonderte Befriedigung (so jetzt ausdrücklich § 51 Ziff. 1 InsO), steht er also wie ein Pfandgläubiger da. Diese Behandlung des Sicherungseigentums ist bereits vor Schaffung des BGB durch das RG entwickelt worden. Grundlegend war der alte Gedanke der Treuhand[20]. Das BGB hat dem nicht widersprochen.

Entsprechend kann es andere Entwicklungen im strengen Recht von numerus clausus und Typenzwang geben, in denen Bedürfnissen des Lebens und Wirtschaftens durch Weiterentwicklung der gegebenen Rechtsfiguren Rechnung getragen wird[21].

13 Numerus clausus und Typenzwang werden schließlich drittens, wieder um der Klarheit im Rechtsverkehr willen, ergänzt durch die Festlegung bestimmter Erfordernisse für die Übertragung, Änderung und Aufhebung von Sachenrechten, d.h. durch die Fixierung der Typen von Verfügungen über Sachenrechte. So wie die Arten der absoluten Zuordnung festgelegt werden (Eigentum oder – bezogen auf andere Rechte – Inhaberschaft des Rechts, sodann Nießbrauch, Pfandrecht), müssen auch die Verfügungen bestimmt werden, durch die Eigentum wechselt oder Pfandrecht oder Nießbrauch eingeräumt werden. Zwischen Forderung und Sachenrecht bestehen auch hier wieder Unterschiede. Genauer bestehen sie zwischen der Abtretung von Forderungen und der Einräumung eines Nießbrauchs an einer Forderung auf der einen Seite und der Verpfändung von Forderungen und allen Verfügungen über Sachenrechte auf der anderen Seite. Für erstere reicht die mündliche Abtretung (§§ 398, 1069), für letztere wird die Manifestation des Verfügungsvorgangs (§§ 873, 929, 1280) oder doch zumindest die Realisierung in einem Veräußerungsakt gefordert (§§ 930, 931).

20 RGZ 24, 48; 45, 80.

21 S. die Diskussion um einen Dispositionsnießbrauch (Nießbrauch unter Einschluß des Rechts zu Verfügungen über das dem Nießbrauch unterworfene Recht, insbesondere das Eigentum an der Sache), dazu *Friedrich*, NJW 1996, 32 ff., s. weiter die Ansätze zur dinglichen Einrichtung anteiliger Dauerwohnrechte (Time-sharing durch Sachenrecht); der BGH ZIP 1995, 1359 = JZ 1996, 368 mit Anm. *Preuß* erkennt die Bestellung eines in Rechtsgemeinschaft mehrerer Beteiligter stehenden Dauerwohnrechts (§§ 31 ff. WEG) mit dinglich wirkender Nutzungsordnung (§ 33 IV WEG) an, die die Nutzung unter die Anteilsberechtigten zeitanteilig verteilt. Zur Weiterentwicklung der Sachenrechte trotz numerus clausus und Typenzwang s. *Schön*, Der Nießbrauch an Sachen, 1992, S. 241 ff., zum Dispositionsnießbrauch S. 289 ff.

3. Kein rechtsgeschäftlicher Ausschluß der Verfügung über veräußerliche Rechte

Auch der zweite Grundsatz betrifft abstrakt die Zuordnungsarten, die unser Recht anerkennt: Nach § 137 S. 1 kann die Befugnis zur Verfügung über ein veräußerliches Recht nicht durch Rechtsgeschäft ausgeschlossen oder beschränkt werden. Die Vorschrift hat nichts mit der Gewährleistung von Freiheit zu tun. Die Wirksamkeit einer Verpflichtung nämlich, über ein veräußerliches Recht nicht zu verfügen, wird durch die Vorschrift nicht berührt (§ 137 S. 2). § 137 S. 1 ist lediglich eine Folgerung aus dem Typenzwang: Nach ihrem Typus veräußerliche Rechte sollen nicht durch Rechtsgeschäft unveräußerlich gemacht werden können[22]. Mit diesem beschränkten Ansatz steht die Norm Versuchen entgegen, sie unter dem Gesichtspunkt der Umgehung auszuweiten. Die Vereinbarung der vormerkungsgesicherten Rückübertragungspflicht für den Fall, daß der Erwerber weiterveräußert, wird in der Literatur z. Tl. als Umgehung des § 137 angesehen[23]. § 137 schließt aber nur die Beschränkung der Veräußerlichkeit des Rechts aus, der bedingten Vornahme einer Veräußerung, auch der an den früheren Veräußerer, steht die Vorschrift nicht entgegen[24] und ebensowenig der durch Vormerkung gesicherten Pflicht zur Rückübertragung[25]. Ebenso wenig wie § 137 steht der Ausschluß der bedingten Auflassung nach § 925 II der Vormerkung des bedingten Rückübereignungsanspruchs entgegen. Die Vorschrift ist unter dem Hinweis in das Gesetz eingefügt worden, daß die 14

[22] Grundlegend *Flume* II § 17,7, S. 362 f., § 53,6 S. 884 Fn. 36. *Kohler* spricht in DNotZ 1989, 339 ff., 347 und im Anschluß an ihn der BGH in BGHZ 134, 182 ff. von der Wahrung des numerus clausus der Sachenrechte. Das ist nur richtig, wenn man darauf sieht, daß der numerus clausus den Typenzwang einschließt. – Im Typus nicht auf Veräußerlichkeit festgelegt ist die Forderung (s. die Möglichkeit der Unabtretbarkeit nach § 399, eingeschränkt nur durch § 354 a HGB).

[23] MünchKomm/*Mayer-Maly* 3. Aufl. § 137 Rz. 33; anders 4. Aufl. Rz. 35.

[24] Unter § 137 fällt freilich die auf den Fall der Weiterveräußerung gestellte auflösend bedingte Übertragung, bei der im Fall des Eintritts der Bedingung die Übertragung nicht gelten soll, bei der also nicht eine bedingte (Wieder-)veräußerung vorgenommen wird. Durch die auf den Weitveräußerungsfall gestellte auflösend bedingte Übertragung wird der mit der Veräußerung verbundene Rechtserwerb i.S. der Unveräußerlichkeit des erworbenen Rechts begrenzt. Zutreffend *Flume* II § 17,7, S. 363; für die Möglichkeit dagegen BGHZ 134, 182, 187 m.w.N. Die im gedachten Sinne auflösend bedingte Übereignung beweglicher Sachen (der bedingten Übereignung von Grundstücken steht § 925 II entgegen) kann auch nicht durch eine auf den Weiterveräußerungsfall gestellte aufschiebend bedingte Rückübereignung ersetzt werden. Die Rückübereignung müßte nach §§ 929 ff. vorgenommen werden. In Betracht zu ziehen wäre ein aufschiebend bedingtes Besitzkonstitut i.S. des § 930. Die Vereinbarung eines für den Fall der Weiterveräußerung begründeten Besitzmittlungsverhältnisses zum Erstveräußerer ist aber perplex und unwirksam.

[25] So mit *Kohler* a.a.O. (Fn. 22) BGHZ 134, 182, 187. Nicht zutreffend *Berger*, Anm. zu der Entscheidung des BGH, JZ 1997, 519 ff., der meint, die Vormerkung werde zweckwidrig verwendet, weil der Veräußerer nicht erwerben, sondern die Weiterveräußerung unterbinden wolle (S. 519). Im Fall der Weiterveräußerung will der Veräußerer erwerben bzw. bei Vereinbarung eines Rücktrittsrechts (so im Fall des BGH) erwerben können. Der Erwerber hat auch entgegen *Berger*, S. 520, nicht Eigentum ohne die Komponente der Verfügungsmacht, vielmehr hat er nur die Konsequenz seiner aufschiebend bedingten und dinglich gesicherten Verpflichtung zugunsten des Veräußerers zu tragen. Ist der Rückübereignungsanspruch auch für den Fall der Veräußerung im Wege der Zwangsversteigerung vereinbart, so setzt er sich wie andere Übereignungsansprüche auch kraft der Vormerkung gegen die Zwangsversteigerung beim Erwerber durch (§§ 883 II 2, 888) und ist selbst tauglicher Vollstreckungsgegenstand. Die Bedenken von *Berger* S. 521 wenden sich gegen das geltende Recht. § 851 II ZPO regelt mit dem Fall der Unveräußerlichkeit eines Rechts einen anderen Fall. Gegen *Timm*, der die auf den Veräußerungsfall gestellte resolutiv bedingte Verfügung über Mobiliareigentum, aber nicht die Vormerkung des bedingten Rückübertragungsanspruchs für möglich hält (JZ 1989, 13 ff., 21 f.), zu Recht *Kohler* a.a.O.

Beschränkung der Auflassung durch bedingte Vornahme nicht abzulehnen, sondern nur es vorzuziehen sei, sie durch die Vereinbarung eines bedingten Übereignungsanspruchs, der durch die Vormerkung dinglich gesichert werden könne (§§ 883, 888), zu ersetzen[26]. Damit ist auch die bedingte Rückauflassung durch den vorgemerkten bedingten Rückübereignungsanspruch zu ersetzen. Ebenso ist der Schutz der nach § 137 S. 2 möglichen Verfügungsunterlassungsvereinbarung i. S. von § 137 S. 2 durch ein richterliches Veräußerungsverbot im Wege einstweiliger Verfügung möglich (§ 938 II ZPO mit §§ 136, 135 BGB), das ebenfalls Vormerkungswirkung hat (§ 888 II)[27].

4. Spezialitätsgrundsatz

15 Mit dem dritten Prinzip, dem Spezialitätsgrundsatz, beginnt die Gruppe der die Gestaltung im Einzelfall bestimmenden Prinzipien[28]. Der Spezialitätsgrundsatz ist kein speziell sachenrechtliches Prinzip, sondern ein Prinzip des Rechts der Verfügungen. Nach dem Spezialitätsprinzip müssen sich Verfügungen auf einen speziellen Gegenstand beziehen und die für Verfügungen über diesen Gegenstand bestimmten Verfügungserfordernisse erfüllen, Verfügungen über Vermögens- oder Gattungsgesamtheiten sind unwirksam[29]. So ist eine Unternehmensübertragung in toto nicht möglich. Zwar gibt es eine Zuordnung des Unternehmens, nämlich in Gestalt des Rechtes am eingerichteten und ausgeübten Gewerbebetrieb[30]. Aber wir haben für dieses Bündel aus personellen, sachlichen und rechtlichen Beziehungen keine Gesamtübertragungsform. Deshalb muß sich aus der Spezialität der Rechte und Güter die Übertragungsform für das Unternehmen aufbauen, indem die zugehörigen Gegenstände nach der für sie geregelten Übertragungsform übertragen werden (entsprechend geregelt ist der Nießbrauch an einem Vermögen, § 1085). U.a. wegen dieser Schwierigkeit ist im UmwG umfassend die Möglichkeit geregelt, den Unternehmensträger mittels bloßer Rechtsformänderung oder mittels Universalsukzession zu ändern.

[26] Prot. III, S. 182 ff. Den Vorteil sah man in der Existenz des bedingten Anspruchs als zessiblen und der Zwangsvollstreckung zugänglichen Vermögenswerts, während bei bedingter Auflassung das Grundstück der Zwangsvollstreckung entzogen sei.

[27] BGHZ a.a.O. unter irreführender Anführung von *Kohler* (a.a.O. Fn. 22), der zwar zur Vormerkung eines bedingten Rückübereignungsanspruchs mit der herrschenden Anerkennung der Möglichkeit des richterlichen Veräußerungsverbots argumentiert, ihr aber entgegentritt (s. *Kohler* S. 347, 342 f.). *Kohler* ist zuzugeben, daß nicht ohne weiteres klar ist, zu welcher den Anspruch realisierenden Verfügung des Geschützten der verbotswidrige Erwerber nach § 888 II die Zustimmung zu geben hat. Eine solche ist aber zu finden: Nach dem Sinn des Veräußerungsverbots, die Unterlassungspflicht zu schützen, ist dies die Rückübertragung an den verbotswidrig Verfügenden. Diese kann der Geschützte als Nichtberechtigter vornehmen. Dazu muß der Erwerber nach § 888 II die Zustimmung geben. Entgegen *Kohler* (ihm folgend *Berger* a.a.O. S. 520) ist das Veräußerungsverbot keine dauerhafte Verfügungsbeschränkung, die im Hauptsacheprozeß in der Tat nicht zu erreichen wäre. Es ist nur Sicherung des Unterlassungsanspruchs und mit Enden der Möglichkeit, eine Gefährdung des Anspruchs glaubhaft zu machen, auf Antrag aufzuheben. Die Glaubhaftmachung wird insbesondere bei verbotswidriger Verfügung dann enden, wenn der Geschützte nicht für die genannte Gegenverfügung sorgt. Weiter ist das Verbot, gerade weil es nur zur Sicherung eines schuldrechtlichen Verfügungsunterlassungsanspruchs dient, bei dem das Verbot nicht in die Vollstreckung der Herausgabe an den Verbotsgeschützten übergehen kann, entgegen *Kohler* nicht Grundlage einer Drittwiderspruchsklage nach § 772 ZPO.

[28] Oben Rz. 8.

[29] Auch § 419 a.F. (Haftung bei Vermögensübernahme) hat nicht die Möglichkeit einer Gesamtverfügung begründet (Soergel/*Zeiss*, 12. Aufl., § 419 Rz. 2; unzutreffend *Cordes*, JZ 1998, 547, 551).

[30] Die Anerkennung eines Eigentums an einem wirtschaftlichen Ganzen findet man in den Einverleibungsvorschriften der §§ 582 a II 2, 1048 I 2, 2111 II.

5. Bestimmtheitsgrundsatz

Auch der Bestimmtheitsgrundsatz ist kein speziell sachenrechtliches Prinzip. In einer ersten Bedeutung ist er mit dem Spezialitätsprinzip identisch. Weil die Verfügung die einzelnen Rechte betrifft, muß sie auch auf das bestimmte einzelne Recht gerichtet sein, wenn sie gelten soll. Wann die Bestimmtheit der Verfügung in diesem Sinne erreicht ist, hängt von dem Verfügungsgegenstand ab. Das Eigentum etwa besteht an der einzelnen körperlichen Sache, entweder einer beweglichen Sache oder einem Grundstück als abgegrenztem Teil der Erdoberfläche. Sollen bewegliche Sachen übereignet werden, so muß aus dem Übereignungsgeschäft ablesbar sein, welche einzelne körperliche Sache betroffen sein soll. Bei der Sicherungsübereignung eines Warenlagers mit beweglichem Bestand müssen Kriterien angegeben sein, nach denen die betroffenen Sachen, auch die, die später erst in das Warenlager hineinkommen werden, identifiziert werden können. Die Kriterien müssen zur Abgrenzung körperlicher Sachen geeignet sein, d.h. es muß mit räumlicher Abgrenzung[31] und körperlichen Beschaffenheitsmerkmalen gearbeitet werden[32]. Abstrakte Kategorien wie Mengenangaben oder rechtliche Merkmale sind ungeeignet. Es kann nicht etwa die Hälfte eines Warenlagers als solche übereignet werden[33]. Sehr wohl kann dagegen Miteigentum zur Hälfte übereignet werden. Der Verfügungsgegenstand ist hier der Teil eines Rechts, nicht der einer Sache oder einer Menge von Sachen. Und Rechte nach Gemeinschaftsanteilen zuzuordnen, ist möglich (§§ 741 ff.). Möglich ist auch die Aufteilung eines Rechts dem Betrage nach, wenn das Recht nicht an einem körperlichen Gegenstand, sondern betragsmäßig besteht. Dies trifft auf Geldforderungen zu, und so ist die Globalzession von 50 % aller Kaufpreisforderungen eines Unternehmens möglich. 16

In einer zweiten Bedeutung ist das Bestimmtheitsprinzip erst recht kein sachenrechtliches Spezifikum, im Gegenteil wären Vorstellungen von einem besonderen sachenrechtlichen Bestimmtheitsgebot der Praxis und Praktibilität zuwider. Zu dieser Bedeutung kommt es im Hinblick auf die inhaltliche Bestimmung von Rechten dort, wo diese Bestimmung nicht wie beim Eigentum festliegt. Beispiele sind die Reallast als Recht auf wiederkehrende Leistungen aus dem belasteten Grundstück (§ 1105) und die Vormerkung zur Sicherung eines möglicherweise künftigen Anspruchs auf Einräumung oder Aufhebung eines Rechtes an einem Grundstück etc. (§ 883). Hier gilt lediglich der Grundsatz der Bestimmbarkeit, der sich daraus begründet, daß auf unbestimmte und nicht einmal bestimmbare Positionen kein Recht zu gewähren ist. Nach diesem Grundsatz ist jede Gestaltung anzuerkennen, die nach der dem Recht zugrunde liegenden Erklärung in den gesetzlichen Begriff des Rechts fällt und durch den Richter bestimmbar ist. So hat der BGH eine Reallast anerkannt, durch die das von einer Mutter ihren Kindern überlassene Grundstück mit der Leistung der Pflege der Mutter nach dem Maß der 17

[31] S. BGH NJW 2000, 2898 ff.

[32] BGH NJW 1996, 2654 f. betreffend Sicherungsübereignung von zu einem Gestüt gehörigen Pferden. Bestimmtheit bei die körperliche Identifizierung ermöglichender namensmäßiger Bestimmung oder Bestimmung durch räumliche Abgrenzung und Abgrenzung der körperlichen Art (Jährlinge, Stuten), Unbestimmtheit dagegen bei Vermischung mit Pensionspferden, wenn das Eigentum Dritter beachtet werden sollte. Daraus folgt: Die Übereignung, die ungeachtet der Rechte Dritter vorgenommen wird, ist bestimmt, sie ist nur hinsichtlich der im Dritteigentum stehenden Sachen Verfügung eines Nichtberechtigten. Das Bestimmtheitserfordernis bezieht sich auf die Übereignung, nicht auf die Alternative der Übereignung durch den Berechtigten oder einen Nichtberechtigten.

[33] Nicht begründbar ist das, im Einzelfall auch gar nicht abgrenzbare, Erfordernis, daß für jeden, der die Parteiabreden in dem für den Eigentumsübergang vereinbarten Zeitpunkt kenne, infolge der gewählten Abgrenzungskriterien ohne weiteres ersichtlich sein müsse, welche individuell bestimmten Sachen übereignet worden sind, so aber BGH, NJW-RR, 1994, 1537 f.

Zumutbarkeit unter Berücksichtigung der beruflichen Belastungen der Kinder beschwert war[34]. Das OLG Düsseldorf hat die Vormerkung zur Sicherung eines bedingten Anspruchs auf Übertragung eines Miteigentumsanteils an Grundbesitz zugelassen, der wie folgt festgelegt war: Miteigentumsanteil entsprechend dem Wert des Anteils am Vermögen der Gesellschaft bürgerlichen Rechts, die zur Verwaltung des Grundbesitzes gegründet war, am Tag des Rückübertragungsverlangens, abzüglich des Wertes von Leistungen des Verpflichteten aus eigenem Vermögen zugunsten des Gesellschaftsvermögens, festzulegen im Streitfall durch Schiedsgutachten eines von der IHK zu bestimmenden Wirtschaftsprüfers (s. § 317)[35].

18 Die in der Literatur[36] zu findende Redeweise, bei der Vorausabtretung der Forderung genüge im Gegensatz zur Sicherungsübereignung bloße Bestimmbarkeit, verkennt ebenso die zwei Richtungen des Bestimmtheitsgrundsatzes wie die Feststellung, daß er kein sachenrechtliches Spezifikum ist. Auch bei der Vorausabtretung muß die Identität der erfaßten Forderungen als Verfügungsgegenstand bestimmt sein. Daß der Inhalt der Forderung noch nicht feststeht (man weiß z.B. noch nicht, an wen zu welchem Preis verkauft wird), berührt nicht die Bestimmtheit der Identität (Kaufpreisforderung aus dem Verkauf einer bestimmten Sache).

6. Publizitätsgrundsatz

19 Rechte an Sachen müssen als absolute Rechte an körperlichen Gegenständen für den Rechtsverkehr möglichst offenkundig sein. Deshalb ist die Begründung oder Änderung von Rechten an Grundstücken an die Eintragung in das Grundbuch geknüpft. Im Bereich beweglicher Sachen wird die Regelung der Übereignung nach §§ 929 ff. mit dem Publizitätsprinzip in Zusammenhang gebracht. Die Möglichkeiten der zwischen den Parteien intern bleibenden Übereignung, nämlich durch die sog. brevi manu traditio (§ 929 S. 2), durch Besitzkonstitut (§ 930) und durch Vindikationszession (§ 931), lehren einen differenzierteren Blick. Das Gesetz verlangt für die Übertragung des Eigentums zwar grundsätzlich über die Einigung hinaus die Veräußerung der Sache (das Sich-Entäußern der Herrschaft über die Sache durch den Eigentümer unter Bekleidung des Erwerbers mit derselben). Damit kann sich die Übereignung grundsätzlich nicht in einer bloßen Willensübereinkunft erschöpfen, sie muß in der Herrschaftsentäußerung beim Veräußerer und der Herrschaftsbegründung beim Erwerber real hervortreten. Besonders ist der Fall des § 929 S. 2: Ist der Erwerber schon im Besitz der Sache, so genügt die Einigung. Hier erspart das Gesetz den unnötigen Umweg der Rückgabe der Sache an den Veräußerer und der daraufhin folgenden Übergabe. Die Einigung bedeutet die Aufgabe des Herrschaftsrechts des Veräußerers über die Sache und damit die Aufrichtung der Sachherrschaft des Erwerbers zur Rechtsherrschaft. Damit steht sie der Übergabe gleich (brevi manu traditio).

20 Erforderlich ist aber nicht in jedem Fall die Offenkundigkeit des Veräußerungsakts für Dritte. Erforderlich ist nur, weil es um Sachenrechte geht, die Realisierung der neuen Eigentumsstellung durch die Sachherrschaft des Erwerbers, aber nicht die Offenkundigkeit dieser Realisierung.

21 In dem Sinne der Offenkundigkeit liegt das Publizitätsprinzip freilich zunächst einmal der Regelung über Grundstücksrechte zugrunde: Hier ist das Grundbuch das Mittel

[34] BGH NJW 1995, 2780.

[35] DNotZ 1996, 162 ff. Das OLG spricht von der Einbringung des Grundbesitzes in die Gesellschaft. Eigentümerin des Grundbesitzes war also die Gesellschaft geworden, und es ging um deren Verpflichtung zur Rückübereignung eines Miteigentumsanteils und die Vormerkung zur Sicherung des Übereignungsanspruchs gegen die Gesellschaft.

[36] Soergel/*Zeiss* § 398 Rz. 7 m. N.; *Medicus*, Bürgerliches Recht, Rz. 523.

durchgehender Offenkundigkeit. Im Recht sodann sowohl der beweglichen wie der unbeweglichen Sachen liegt das Offenkundigkeitsprinzip der Regelung zugrunde, daß der Rechtsverkehr aufgrund bestimmter nach außen erkennbarer tatsächlicher Herrschaftspositionen auf die entsprechenden Rechtspositionen vertrauen kann. Kraft der Rechtsscheinwirkung des Besitzes für das Eigentum an beweglichen Sachen (§ 1006) und derjenigen der Eintragung im Grundbuch für die eingetragene Grundstücksrechtsposition (§ 891) wird der gutgläubige Rechtsverkehr in seinem Glauben an das dem Besitz entsprechende Eigentum des Besitzers oder die der Eintragung entsprechende Berechtigung des Eingetragenen geschützt, so daß auch der Nichtberechtigte veräußern oder belasten kann (§§ 932 ff., 1032 S. 2, 1207 f., §§ 892 f.).

Weil der Besitz und die Eintragung im Grundbuch einen gutgläubigen Erwerb ermöglichen, wird der Berechtigte zur Publizierung seines Rechts gedrängt, also zur Herstellung seines Besitzes oder zu seiner Eintragung in das Grundbuch. Andernfalls läuft er Gefahr, das Recht zu verlieren. Zugleich wird, wenn der Berechtigte die Publizierung unterläßt, dieses als Veranlassung eines für die Berechtigung eines anderen sprechenden Rechtsscheins gesehen. Dies rechtfertigt die Höherbewertung des Verkehrsinteresses am Erwerb vor dem Erhaltungsinteresse des Berechtigten. Daraus ergibt sich andererseits, daß derjenige Erwerber nicht überwiegend schutzwürdig ist, der sich das erworbene Recht ebensowenig publizieren läßt wie der Berechtigte[37]. **22**

Die Feststellung, daß der Erwerb des Eigentums vom Berechtigten nicht dem Publizitätsprinzip folgt, ist bedeutsam für die umstrittene Frage nach dem deliktischen Schutz der Forderungszuständigkeit. Dieser kann nicht deshalb verneint werden, weil der Forderungszuständigkeit die sozialtypische Offenkundigkeit fehle[38]. **23**

7. Trennungs- und Abstraktionsprinzip

Der Rechtssicherheit und der Sicherheit des Rechtsverkehrs dient schließlich die aus den allgemeinen Lehren bekannte Getrenntheit und Abstraktheit des Verfügungsgeschäfts nach dem sog. Trennungs- und Abstraktionsprinzip. Das Prinzip ist in dem Hauptfall, dem der Übereignung, aber noch aus einem anderen Grunde gerechtfertigt, der nicht im rechtspolitisch Allgemeinen, sondern in der Eigenart des Verfügungsgeschäfts selbst liegt. Was zunächst den allgemeinen Grund betrifft, geht es bei allen Verfügungstatbeständen um die Einräumung von Rechten mit Wirkung für und gegen jedermann, d.h. insbesondere mit Wirkung im Rechtsverkehr. Vor allem um des Rechtsverkehrs willen strebt unsere Rechtsordnung die Klarheit der Rechtszuordnung an und legt deshalb das Trennungs- und Abstraktionsprinzip zugrunde. Der Rechtssicherheit und der Sicherheit des Rechtsverkehrs dient das Trennungs- und Abstraktionsprinzip dadurch, daß aufgrund der nach diesem Prinzip geordneten Verfügungstatbestände der Nachfolger im Recht oder der vollstreckende Gläubiger mit den Fragwürdigkeiten der Verhandlungen oder Vereinbarungen zwischen den Geschäftspartnern des Geschäfts, welches auf den Rechtserwerb gerichtet war, nicht belastet werden soll. Zweifel sollen zwischen den Beteiligten des unklaren Geschäfts geklärt werden[39]. **24**

Was sodann die Eigenart des Verfügungsgeschäfts im Fall der Übereignung betrifft, so sind Trennung und Abstraktion im Grundfall der Übereignung beweglicher Sachen dadurch bedingt, daß diese Übereignung nach dem Veräußerungsprinzip geregelt ist. Dieses führt seinem Wesen nach zur Trennung und Abstraktion des Verfügungsgeschäfts vom Kausalgeschäft. Nach dem Veräußerungsprinzip wird das Eigentum grundsätzlich (vorbehaltlich des § 929 S. 2) nicht durch Vertrag übertragen, sondern durch Übertragung **25**

[37] Zur Anwendung der §§ 933, 934 i.S. dieses Gedankens u. Rz. 886 ff.
[38] Vgl. u. Rz. 51, 103 ff.
[39] *Flume* II § 12 III 3, S. 176 f.

der Sachherrschaft in Einigkeit über den Eigentumsübergang, nämlich durch in der Einigkeit vollzogene Übergabe, Einräumung eines Besitzkonstituts oder Vindikationszession (§§ 929 ff.). Übereignung ist also wirklich Veräußerung des Eigentums, und der Erwerber wird Sachherr. Von dem Veräußerungsakt entbindet das Gesetz nur dann, wenn der Erwerber schon Sachherr ist (§ 929 S. 2). Die Konsequenz ist: Einerseits ist der schuldrechtliche Vertrag noch nicht die Veräußerung und andererseits ändert, wenn veräußert ist, der Mangel der causa nichts daran, daß der Erwerber der Sachherr ist.

26 Für die Konsequenzen aus dem Trennungs- und Abstraktionsprinzip sind zu unterscheiden das Verhältnis zwischen den Partnern eines Zuwendungsgeschäfts und das Verhältnis zu Dritten, d.h. die Wirksamkeit des Prinzips im Rechtsverkehr. Zwar bedeutet der getrennte und abstrakt wirksame Erwerb zunächst einmal auch, daß der Partner des Zuwendungsgeschäfts selbst ohne Rücksicht auf die Wirksamkeit des schuldrechtlichen Geschäfts Inhaber des Gegenstands der Zuwendung wird. Dies hat aber die volle Konsequenz nur im Verhältnis zu Dritten. Diese können vom Erwerber als Berechtigtem erwerben und bei ihm, weil er Rechtsinhaber ist, in das Recht vollstrecken. Was den Partner aber selbst betrifft, so ist er bei Unwirksamkeit des Kausalgeschäfts dem Geber genau so zur Herausgabe des Rechtsgegenstands verpflichtet, wie wenn er das Recht nicht abstrakt wirksam erworben hätte. Dafür sorgt der Anspruch aus ungerechtfertigter Bereicherung. Dieser Unterschied zwischen der Beziehung inter partes und im Verhältnis zu Dritten ist im größeren Zusammenhang der Unterscheidung von mittelbarer und unmittelbarer Zuordnung zu entwickeln[40].

27 Von dem Prinzip der Selbständigkeit des Verfügungsgeschäfts ist nicht berührt, daß das Verfügungsgeschäft seine selbständige Wirkung nur dann entfalten kann, wenn es selbst wirksam ist[41]. Dies gilt auch insoweit, als Unwirksamkeitsgründe in der Person eines Geschäftsbeteiligten ihren Ursprung haben oder als sie mit dem in der Lebenswirklichkeit einheitlichen Vorgang der auf Verfügung und Verpflichtung bezogenen Erklärungen zu tun haben[42]. Wenn ein Partner wissentlich etwas nicht Geschuldetes annimmt, ist das Zuwendungsgeschäft nach § 138 als nichtig anzusehen[43]. Wird bei Geschäften über bewegliche Sachen die Einigung über die Verfügung in dem Kausalgeschäft mit erklärt, so ist Bestandteil der Einigung je nach dem Kausalgeschäft die Erklärung über die Entgeltlichkeit oder Unentgeltlichkeit. Bei Dissens hierüber – eine Einigung über eine Schenkung oder eine Leistung aufgrund Testaments oder aber stattdessen über Kauf oder Darlehen ist nicht zustande gekommen[44] – ist die Einigung auch in dinglicher Hinsicht nicht zustande gekommen[45]. Wegen der Einheitlichkeit der Einigung ist Voraussetzung der Übereignung der hinsichtlich Kausalgeschäfts und Übereignung einheitliche consensus. Ist ein consensus gegeben, so ist allerdings hinsichtlich der Rechtsfolgen zwischen dem consensus über die Übereignung und dem über das Kausalgeschäft zu unterscheiden, um die Übereignung von den Fragwürdigkeiten des Kausalgeschäfts freizuhalten[46]. Dies ist insbesondere auf die Anfechtbarkeit wegen Eigenschaftsirrtums (§ 119 II) zu beziehen. Bestimmt man den wesentlichen Eigenschaftsirrtum nach der Lehre *Flu-*

[40] Unten Rz. 48 ff.

[41] Zur Anfechtbarkeit des Verfügungsgeschäfts *Grigoleit*, AcP 199 (1999), 379 ff.

[42] Anders der Versuch, eine Auswirkung der Nichtigkeit des Verpflichtungsgeschäfts auf das Verfügungsgeschäft über § 139 zu begründen. Das ist eine Argumentation mit der rechtlichen Einheit beider Geschäfte. Diese ist mit dem Trennungsprinzip nicht vereinbar.

[43] *Flume* II § 12 III 5 b, S. 180.

[44] S. die Fälle der Digesten D 12, 1, 18 und D 41, 1, 36.

[45] So im Anschluß an D 12, 1, 18 gegen D 41, 1, 36 *Flume* II § 12 III 5 c, S. 181 f.

[46] *Flume* II § 12 III 5 c, S. 181.

mes[47], so betrifft ein wesentlicher Eigenschaftsirrtum sowohl die Einigung über das Kausalgeschäft als auch die über das dingliche Geschäft. Deshalb nimmt *Flume* selbst den Tatbestand des wesentlichen Eigenschaftsirrtums bei beiden Geschäften an und läßt nur für beide Geschäfte die Anfechtbarkeit insoweit zurücktreten, als die Haftung des Verpflichteten nach den Spezialregeln über die Mängelgewährleistung eingreift[48]. Damit wird aber entgegen der dem Abstraktionsprinzip zugrunde liegenden Wertung das dingliche Geschäft von den Fragwürdigkeiten des Kausalgeschäfts abhängig. In Anbetracht dessen, daß die Beschaffenheitsvereinbarung und die Haftung dafür primär das Kausalgeschäft betreffen und für die Rechtsfolgen der consensus über die Übereignung von dem über das Kausalgeschäft zu unterscheiden ist, ist die Alternative der Anfechtbarkeit wegen Eigenschaftsirrtums oder der Haftung wegen Mangelhaftigkeit auf das Kausalgeschäft beschränkt[49].

Soweit sich die Möglichkeiten, daß das Kausalgeschäft unwirksam, anfechtbar oder rückabzuwickeln ist, auf die Verfügung nicht auswirken, wird der Verlust des Veräußerers ausgeglichen durch den bereicherungsrechtlichen Herausgabeanspruch (§ 812 I 1). Dieser richtet sich gegen den Geschäftspartner. Die Vereitelung der Herausgabe des Geschäftspartners durch einen Dritten, dem der Empfang weitergegeben worden ist, kann insoweit, abgesehen von dem Ausnahmefall des § 822, nur nach § 826 zum Schadensersatz verpflichten. **28**

Die Trennung von Verfügungsgeschäft und schuldrechtlichem Geschäft führt u.U. zur Erörterung der Geschäfte bei der Prüfung verschiedener Anspruchsgrundlagen. Um Zustandekommen und Wirksamkeit des Verfügungsgeschäfts geht es z.B. im Rahmen des Herausgabeanspruchs aus § 985, um Zustandekommen und Wirksamkeit des zugrunde liegenden Verpflichtungsgeschäfts im Rahmen des Herausgabeanspruchs aus § 812 I 1 Alt. 1. **29**

Gegen das Abstraktionsprinzip polemisiert *Wesel*[50]: „Das Abstraktionsprinzip des § 929 BGB hat auch seine guten Seiten. Es ist außerordentlich schwer zu verstehen. ... Jurastudenten (haben) damit am Anfang ihres Studiums viele Schwierigkeiten. Es ist eine der meisten Fehlerquellen in juristischen Übungsarbeiten. Das zieht ganz schön runter. Es wäre ja noch schöner, wenn diese lustigen jungen Menschen am Ende ihres Studiums genau so fröhlich wären wie am Anfang. Wie würde unsere Justiz dann aussehen? Das Abstraktionsprinzip ist ein wichtiger Beitrag zur Sozialisation von Juristen." – Das ist ganz witzig, aber erstens sprachlich unvollkommen („eine der meisten") und zweitens mindestens unvollständig.

[47] Zu dieser als konsequenter Entwicklung im Rahmen der geschichtlichen Rechtswissenschaft *Wilhelm*, Festgabe Flume (1998), S. 301 ff.

[48] *Flume* II § 24 2 b, 4, S. 479, 489.

[49] Der Fall der Lieferung einer Auster, die eine Perle enthält, ist also nicht über die Anfechtung der Übereignung nach § 119 II zu lösen (so aber Staudinger/*Gursky* § 956 Rz. 3).

[50] *Wesel*, Juristische Weltkunde, Suhrkamp-Taschenbuch Wissenschaft, Bd. 467, Frankfurt 1984, S. 92 f. Für Einschränkung des Abstraktionsprinzips durch weitgehende Zweckabhängigkeit der Übertragung Staudinger/*Wiegand*, 12. Bearb., § 929 Rz. 22 ff., *ders.*, AcP 190 (1990), 135 ff. Zu solchen Einschränkungen *Flume* II § 12 III 4, 5, S. 177 ff.

B. Das Sachenrecht als Recht betreffend die absolute Zuordnung vor allem von Sachen

I. Die Sachen als Gegenstand des Sachenrechts

30 Das sog. Sachenrecht ist das für alle Rechtssubjekte geltende, also privatrechtliche Regelungsgebiet betreffend die absolute Zuordnung vor allem[51] von Sachen. Den Sachbegriff und die mit Sachen (parallel auch mit Rechten) möglicherweise zusammenhängenden Sachen und Vorteile erläutern die §§ 90 ff. § 90 und § 90a grenzen den Begriff der Sache ab, §§ 91 f. unterscheiden Arten von Sachen. Die Regelung der §§ 93 ff. definiert die Bestandteile und das Zubehör von Sachen[52] und sodann die Nutzungen von Sachen und Rechten (§ 100), insbesondere die Früchte (§ 99). § 101 regelt die Nutzungsverteilung zwischen einander ablösenden Berechtigten, § 103 die Lastenverteilung zwischen einander ablösenden Verpflichteten, § 102 begründet einen Erstattungsanspruch bei Verpflichtung zur Herausgabe von Früchten[53].

31 Schon in §§ 91 ff. wird der Unterschied gemacht, der das ganze Sachenrecht durchzieht, der Unterschied zwischen den Grundstücken (dem stehen gleich die grundstücksgleichen Rechte[54]) und den beweglichen Sachen. Auf die Grundstücke[55] bezieht sich das Grundstücks- oder Immobiliarsachenrecht, auf die beweglichen Sachen[56] das Mobiliarsachenrecht. Grundstücke sind die unbeweglichen Sachen. Sie sind abgegrenzte Teile der Erdoberfläche. Für die Rechte an Grundstücken werden sie erfaßt durch das Grundbuch. Das für den Grundbuchverkehr maßgebliche Grundstück im Rechtssinne ist das im Grundbuch gebuchte Grundstück. Beweglich sind alle anderen körperlichen Gegenstände, vorbehaltlich der Möglichkeit, daß ehemals bewegliche Sachen als wesentliche Bestandteile eines Grundstücks zum Gegenstand der Rechte am Grundstück mit hinzugehören (§§ 93 f.). Nach § 94 I 1 gehören insbesondere Gebäude zu den wesentlichen Bestandteilen des Grundstücks, es sei denn sie sind nur zu einem vorübergehenden Zweck oder in Ausübung eines Rechts am Grundstück mit dem Grundstück verbunden worden. Im letzteren Fall sind sie nach § 95 I überhaupt keine Bestandteile des Grundstücks. Als wesentlicher Bestandteil des Grundstücks kann das Gebäude nicht Gegenstand von anderen Rechten sein, als sie am Grundstück bestehen. § 946 erstreckt mit der Verbindung einer beweglichen Sache als wesentlicher Bestandteil des Grundstücks das

[51] S. o. Rz. 1.

[52] Unterscheidung zwischen wesentlichen Bestandteilen, die nicht Gegenstand besonderer Rechte sein können (dazu, wem sie nach der Verbindung gehören, s. §§ 946 ff.), sonstigen Bestandteilen und Nichtbestandteilen. Zu den wesentlichen Bestandteilen eines Kfz als beweglicher Sache zählt nicht der serienmäßig hergestellte Motor (BGHZ 61, 81). Zu den wesentlichen Bestandteilen eines Grundstücks sogleich Rz. 31. Überhaupt keine Bestandteile des Grundstücks sind die sog. Scheinbestandteile i.S. von § 95. Sie sind auch kein Zubehör, da Voraussetzung dafür die nicht nur vorübergehende Dienstbarkeit für den wirtschaftlichen Zweck der Hauptsache ist (§ 97 I, II). Relevanz der Bestandteils- oder Zubehöreigenschaft etwa nach § 311c (314 a. F.), §§ 926, 953 ff., 1120 ff. BGB, 865 II ZPO.

[53] Zu fragen ist nach dem Eigentum an Früchten (§§ 93, 94 I, 953 ff.) und danach, wem das Eigentum an Früchten oder die sonstigen Nutzungen schuldrechtlich gebühren (etwa § 346 I, entspr. § 346 S. 2 a.F., §§ 818 I, 987, 1039 I 2).

[54] Früher gebräuchlicher Ausdruck für ein solches Recht: juristischer Fundus. Beispiel sind Wohnungseigentum (§ 7 WEG), Erbbaurecht (§ 11 ErbbauVO) und Bergwerkseigentum (§ 9 BBergG). S. weiter bei *Wolff/Raiser* § 28 II. Genauer stehen die Rechte dem Eigentum am Grundstück gleich und sollte man von grundstückseigentumsgleichen Rechten sprechen.

[55] Altertümlich Liegenschaften genannt.

[56] Altertümlich Fahrnis.

Eigentum am Grundstück auf die verbundene Sache (superficies solo cedit[57]). Zu den wesentlichen Bestandteilen eines Gebäudes wiederum, entweder eines solchen i.S. von § 94 I 1 oder eines solchen i.S. von § 95 I, gehören die zu dessen Herstellung eingefügten Sachen (§ 94 II)[58], wieder unter dem Vorbehalt (§ 95 II), daß sie nicht nur zu einem vorübergehenden Zweck in das Gebäude eingefügt sind.

§ 90 rechnet zu den Sachen i.S. des Gesetzes nur körperliche Gegenstände. Zur Kör- **32**
perlichkeit müssen die Gegenstände faßbar und abgegrenzt sein. Die natürlichen Elemente sind Sachen erst, wenn und soweit Teile aus ihnen entnommen sind und für sich bestehen, sei es durch Aufbewahrung, sei es durch Grenzziehung. Selbständig und jedenfalls immer wieder identisch verkörperungsfähig sind auch die Dateiinhalte der EDV. Dennoch sind sie keine Sachen[59]. Sie sind geistige Hervorbringungen, an ihnen können Urheber- und urheberrechtliche Lizenzrechte bestehen[60]. Eigentum besteht an ihnen nicht. Allein der Fall, daß ein Eingreifer rechtswidrig eine Datei auf einen eigenen Datenträger überspielt oder aus dem Internet zieht und auf eigenes Papier ausdruckt, belehrt darüber, daß an dem Dateiinhalt kein Eigentum besteht. An Computer oder Papier mit den in diesen gespeicherten Daten hat in diesen Fällen allein der Eingreifer Eigentum. Mit Recht wendet allerdings die Rechtsprechung schuld- und handelsrechtliche Vorschriften über den Sachkauf auf den Vertrag über die Überspielung von Software entsprechend an[61].

Nach § 90 a S. 1[62] sind Tiere keine Sachen. Nach S. 2 der Vorschrift sind die für Sa- **33**
chen geltenden Vorschriften auf Tiere entsprechend anwendbar, soweit nicht ein anderes bestimmt ist[63]. Entgegen § 90 a S. 1 ergibt sich aus der Systematik des BGB zwingend, daß Tiere nach wie vor Sachen i.S. des BGB sind. Das BGB stellt nämlich den Personen (§§ 1 ff.) die Sachen gegenüber und grenzt diese in § 90 als körperliche Gegenstände ab[64]. Es stehen also Personen als Rechtssubjekte auf der einen und Gegenstände als Rechtsobjekte auf der anderen Seite. Tertium non datur. Da Tiere nach unserer Rechtsordnung nicht Rechtssubjekte sind, sind sie Rechtsobjekte, Gegenstände. § 903 S. 2 handelt deshalb vom Eigentum an Tieren. Die Rechtsobjekte sind in körperliche und unkörperliche Gegenstände geschieden. Zu letzteren gehören etwa Rechte, das Vermögen (s. § 1085) und Gesellschaftsanteile. Da die Tiere keine unkörperlichen Gegenstände

57 Institutionen des Gaius 2, 73.

58 Über die Einfügung zur Herstellung entscheidet die Zweckbestimmung unter Berücksichtigung der Verkehrsanschauung. Zur Herstellung eingefügt sind etwa – auch nachträglich eingefügte – Heizungsanlagen, einschließlich Wärmepumpen, (BGH NJW-RR 1990, 158), nach u.U. regional unterschiedlicher Verkehrsanschauung Einbauküchen (BGH NJW-RR 1990, 587), ein Notstromaggregat in einem Großhotel (BGH NJW 1987, 3187).

59 Nicht zutreffend, daß Computerprogramme Sachen werden, soweit sie gespeichert werden, so *Baur/Stürner* § 3 Rz. 2. Zum Problem *Bydlinski,* AcP 198 (1998), 287. Zur Frage der Pfändbarkeit von Computerprogrammen siehe *Franke*, MDR 1996, 236 ff.

60 Vgl. § 2 I Nr. 1, § 4, §§ 31 ff., 69a ff. UrhG.

61 BGHZ 102, 135; 109, 101, BGH DB 1993, 1871. Mit Recht betont die nur entsprechende Anwendung *Kort*, DB 1994, 1505 und dehnt sie über die Fälle der Verkörperung einer Programmkopie auf einem Datenträger hinaus auf die herunterladbare Software im Internet aus.

62 Eingefügt durch Gesetz v. 20.8.1990, BGBl I, 1762.

63 „Anderes" anordnende Bestimmungen finden sich außerhalb des Sachenrechts (§§ 251 II 2 BGB, 765 a I 2, 811c ZPO). Für eine Sonderbehandlung der Tiere über die besonderen Vorschriften i.S. des § 90 a hinaus (nämlich betreffend § 273) LG Stuttgart NJW-RR 1991, 446.

64 Damit weicht das BGB von der Begriffsbildung des corpus iuris und des gemeinen Rechts ab, nach der der Begriff „res" die res corporales und die res incorporales umfaßte (Inst. II pr.). § 90 stellt klar, daß entgegen diesem weiteren Begriff der Sache das BGB mit Sachen nur die körperlichen Gegenstände meint. Das Wort „nur" hat folglich rein abgrenzenden, aber nicht etwa peiorativen Charakter.

sind, sind sie notwendig körperliche Gegenstände, und die nennt § 90 Sachen. Das Wort „nur“ in § 90 wird auch nicht abwertend, sondern nur abgrenzend gebraucht. Sind Tiere mithin nach der Einteilung des BGB Sachen, so ist § 90 a dahin zu verstehen, daß Tiere besondere Sachen sind. Sie sind als Geschöpfe zu würdigen. § 903 S. 2 weist den Tiereigentümer auf die Tierschutzvorschriften hin. Die Vorschriften der §§ 90 a und 903 S. 2 haben Appellcharakter[65]. Sie appellieren an den Inhaber des Besitzes oder eines Rechts an einem Tier, die Geschöpfnatur des Tieres zu beachten. Ebenso appellieren sie an den Richter, bei der Anwendung der Rechtsnormen zur Entscheidung des Einzelfalls, in dem es um ein Tier geht, die Geschöpfnatur des Tieres zu berücksichtigen[66]. Im folgenden ist, wenn von Sachen gesprochen wird, die Anwendung des Sachenrechts auf Tiere als Sachen besonderer Natur mitzudenken.

34 Nach der Unterscheidung von Personen und Sachen sind der menschliche Körper und seine Teile zu Lebzeiten des Menschen Bestandteile des Menschen als Person und nicht Sachen[67]. Mit dem Tode endet der Mensch als gegenwärtiges, den Körper integrierendes Rechtssubjekt und damit auch sein Persönlichkeitsrecht aus Art. 2 I GG[68]. Nur ein postmortaler Persönlichkeitsschutz dauert fort[69]. Der Körper des Menschen wird Sache, auf diese bezieht sich das Persönlichkeitsrecht des Menschen zu seinen Lebzeiten und der postmortale Persönlichkeitsschutz nach dem Tode[70]. Folglich ist auch der Leichnam eine besondere Sache. Wie bei den Tieren vom Eigentum am Tier kann man vom Eigentum am Leichnam sprechen, wenn man nur beachtet, daß dieses Eigentum von besonderen Normen überlagert ist. An der Spitze dieser Normen steht der Persönlichkeitsschutz zu Lebzeiten im Hinblick auch auf den Tod und nach dem Tode, hinzutreten die Bestimmungen, die die Verfügung über den Leichnam in der Wahrung des Persönlichkeitsrechts regeln. Da das Eigentum denjenigen zustehen muß, die dem Verstorbenen in dessen absolute Rechte nachfolgen, steht der Leichnam im Eigentum der Erben[71]. Wenn demgegenüber in der Literatur entweder zwar die Sachnatur des Leichnams angenommen, aber von einer herrenlosen Sache gesprochen oder wenn sogar die Sachnatur des

65 *Schmehl*, ZRP 1991, 251 rechnet das Gesetz vom 20.8.1990, durch das die §§ 90 a, 903 S. 2 in das BGB eingefügt worden sind (zu dem Gesetz *Mühe*, NJW 1990, 2238), zu den „symbolischen Gesetzen“. Zu den Komplikationen, die § 90 a in der Gesetzesanwendung zur Folge haben kann, *J. Braun*, JuS 1992, 758. Was *Braun* noch nicht wissen konnte: Auch das Strafrecht ist nicht von der Zeit der Geltung des § 90 a an dazu übergegangen, die auf Sachen bezogenen Tatbestände wie etwa den Diebstahlstatbestand auf Tiere nur noch entsprechend anzuwenden. Überzeugend *Küper*, JZ 1993, 435, 439; siehe weiter *Graul*, JuS 2000, 215 ff.

66 Dem folgt das LG Stuttgart in der Fn. 63 angeführten Entscheidung.

67 Zur Zuordnung des menschlichen Körpers und seiner Teile *Schünemann*, Die Rechte am menschlichen Körper, 1985; *Knut Müller*, Postmortaler Rechtsschutz – Überlegungen zur Rechtssubjektivität Verstorbener, 1995; *Taupitz*, JZ 1992, 1089 ff., NJW 1995, 745 ff.

68 BVerfG NJW 1971, 1645, s. weiter den Beschluß des 1. Senats betreffend „Gedenkmünze“ für Willy Brandt (NJW 2001, 594 ff.). Nach BGH NJW 2000, 2195 ff. („Marlene Dietrich“) sind dagegen die mit dem Schutz der ideellen Interessen verbundenen vermögenswerten Bestandteile des Persönlichkeitsrechts vererblich und bestehen sie für die Dauer des ideellen Schutzes fort. Mit Recht kritisch *Schack*, JZ 2000, 1060. Das Bild einer verstorbenen Person ist nur noch Erinnerung. Ist die Erinnerung durch öffentliche Vorführung nutzbar, so deshalb, weil es sich um die Erinnerung der Allgemeinheit handelt; diese ist, nachdem es den Verstorbenen nicht mehr gibt, Gut der Allgemeinheit.

69 Das BVerfG (s. Vornote) stützt ihn auf Art. 1 I GG. I.e. s. BGHZ 15, 249 „*Cosima Wagner*“, BGHZ 50, 133 „*Mephisto*“, bestätigt durch BVerGE 30, 173; BGHZ 107, 375 „Nolde“. S. *Bender*, VersR 2001, 815 ff.

70 *Forkel*, Jura 2001, 73 ff.

71 Bei Erdbestattung bis zur Auflassung der Grabstelle, mit der das Bodeneigentum der Friedhofsanstalt sich auf das Eigentum an den Gebeinen erstreckt.

Leichnams bestritten wird[72], so wird über der Pietät vor der besonderen Natur des Leichnams die rechtliche Konsequenz vernachlässigt und die diese Konsequenz wahrende Lösungsmöglichkeit übersehen, daß Eigentum bestehen, aber von Sonderrecht, das die besondere Natur der Sache wahrt, überlagert sein kann.

Für die Verfügung über den Leichnam ist zunächst der Wille des verstorbenen Menschen aus der Zeit vor seinem Tod maßgeblich, ohne die Voraussetzungen einer Verfügung von Todes wegen[73]. Gemäß diesem Willen, wenn ein solcher feststeht, und hilfsweise nach dem Willen der nächsten Angehörigen ist über eine eventuelle Entnahme von Organen zur Transplantation und sodann über die Bestattung zu entscheiden[74]. Das bedeutet nicht, daß, wenn der Verstorbene insoweit nichts verfügt hatte, die nächsten Angehörigen das Bestimmungsrecht auch darüber hätten, ob künstliche Teile des Leichnams herauszunehmen und vom Erben anzueignen sind[75]. Das könnte zu Verhandlungen darüber führen, welche Summe der Erbe den Angehörigen bieten muß, daß sie der Herausnahme zustimmen. Soweit künstliche Teile, wie ein Herzschrittmacher, für sich bestehen und im Zuge der Bestattungsvorbereitung ohne weiteres zu lösen sind, gehören sie vorbehaltlich des Bestimmungsrechts des Verstorbenen dem Erben. Dieser kann sie, wenn sie nicht schon mit bestattet sind, herausverlangen. Soweit künstliche Teile integrative Teile des Körpers sind, wie Goldzähne, gehören sie zum Körper und sind mit diesem zu bestatten. Wenn sie freilich rechtswidrig vom Leichnam getrennt werden und in den Bestattungsvorgang nicht mehr eingeführt werden können, steht dem Erben auch insoweit der Herausgabeanspruch zu. Werden sonstige Bestandteile vom Leichnam getrennt und etwa medizinisch genutzt, steht dem Erben das Recht auf Gewinnherausgabe aus § 812 I 1 Alt. 2 zu. **35**

Zu Lebzeiten des Menschen erlangen Teile seines Körpers Sachcharakter mit der Trennung[76]. Auch wenn Organe oder Flüssigkeiten des Körpers mit dem Ziel entnommen werden, entweder dem Körper, dem sie entnommen wurden[77], oder einem anderen Körper[78] funktionsgemäß eingefügt zu werden, oder wenn bei gewaltsamer Abtrennung **36**

[72] S. die Nachweise bei *Lange/Kuchinke*, Erbrecht, 5. Aufl., S. 106 Fn. 155.

[73] Die Ausstellung „Körperwelten", 1997/98 in Mannheim, 1999 in Basel, veranstaltet vom Institut für Plastination der Universität Heidelberg, stellt nach der Methode der Plastination (Entnahme von Haut und Flüssigkeit, Ersetzung durch flüssiges, hart werdendes Plastik) präparierte Leichname in verschiedenen Konfigurationen aus. Die Plastination der Körper und ihre Einfügung in die Ausstellung beruht nach den Ausstellungsmachern auf der Zustimmung jeder betroffenen Person (Bericht Badische Zeitung, „Ticket" 10 v. 16.9.1999).

[74] Nach dem Transplantationsgesetz vom 5.11.1997, BGBl I 2631 (TPG) ist zunächst der Wille des Organspenders maßgeblich (§ 3), nach § 4 ist hilfsweise zustimmungszuständig der nächste Angehörige. Was die Bestattung betrifft, s. das FeuerbestattungsG v. 15.5.1934, RGBl I, 380, und die landesrechtlichen Bestattungsgesetze (in Bayern Bestattungsgesetz vom 24.9.1970, BayRS 2127-1-A mit DVO; weitere Nachweise bei *Lange/Kuchinke*, Erbrecht, 5. Aufl., S. 105 Fn. 149).

[75] So *Lange/Kuchinke* S. 105 f.

[76] Die Zulässigkeit der Abtrennung eines Organs zum Zweck der Transplantation regelt das TPG. Nach § 8 I 2 TPG ist die Entnahme von Organen, die sich nicht wieder bilden können, nur zum Zwecke der Übertragung auf Verwandte ersten oder zweiten Grades, Ehegatten, Verlobte oder andere Personen, die dem Spender in besonderer persönlicher Verbundenheit offenkundig nahestehen, zulässig. Zur Verfassungsmäßigkeit dieser Regelung siehe BVerfG NJW 1999, 3399 ff. = JuS 2000, 393 *(Sachs)*.

[77] Beispiel ist der von *Scott*, The body as property, 1981, S. 189 berichtete Fall der Augenoperation, bei der das Auge herausgenommen wurde und dann dem Chirurgen entglitten ist. Weiteres Beispiel die Eigenblutkonserve, die für den Fall einer späteren Operation bereitgestellt wird.

[78] Beispiele sind die vor Unfruchtbarwerden des Mannes hergestellte Eigenspermakonserve, s. BGHZ 124, 52, oder eine gespendete Niere.

die Wiedereinfügung möglich ist, sind die getrennten Körperteile während der Trennung Sachen. So wie der Mensch als Person das absolute Recht an seinem Körper innehat, hat er es an den getrennten Teilen während der Trennung[79]. Er hat also Eigentum an den Teilen während der Trennung. Werden die getrennten Teile entwendet oder wird sonst in sie eingegriffen, so stellt der Eingriff zunächst eine Eigentumsverletzung dar[80]. Vereitelt der Eingriff die funktionsgemäße Wiedereinfügung der Teile in den Körper, dem der Teil entnommen ist, oder in einen anderen Körper, so stellt die Verletzung über die Eigentumsverletzung hinaus eine Körperverletzung dar[81]. Wird ein krankes Organ herausoperiert und nicht beseitigt, sondern zum Ausgangspunkt eines hoch effizienten und gewinnbringenden medizinischen Heilmittels genommen[82], so steht dem betroffenen Patienten die Eingriffskondiktion zu[83].

II. Die absolute Zuordnung von Sachen als Gegenstand des Sachenrechts

37 Bezeichnet man das Sachenrecht als das Recht der absoluten Zuordnung von Sachen, so ist der Zuordnungsbegriff zu erläutern. Lassen wir den Besitz (§§ 854 ff.) als Sondererscheinung im Sachenrecht zunächst heraus, so geht es im Sachenrecht um die Zuordnung von Gütern, d.h. um die Frage: Wem gehört das Gut? Wem steht etwas zu? Davon zu trennen ist etwa die Rechtsfrage der Verantwortlichkeit (z. B. nach § 280, § 823), wenn sie auch mit der Zuordnungsfrage dergestalt verbunden ist, daß es bei ihr in einem Hauptbereich um die Verantwortlichkeit für die Schädigung zugeordneter Güter geht.

[79] Dazu, daß dem Menschen, von dessen Körper die Teile abgetrennt werden, Eigentum an den Teilen zukommt, will man § 953 analog anwenden (MünchKomm/*Holch* § 90 Rz. 27 m.w.N.). Zu diesen und anderen Lösungsansätzen *Taupitz*, JZ 1992, 1089, 1092 f.

[80] Mit Recht behandelt der BGH das Ausbrechen und Sich-Aneignen der Goldplombe eines Gefangenen durch einen Mitgefangenen als Raub (MDR 1958, 739 f.). Die Wegnahme einer Blutkonserve oder einer gespendeten Niere ist, vorbehaltlich der weiteren Erfordernisse von § 242 StGB, Diebstahl.

[81] Zutreffend hat der BGH in BGHZ 124, 52 im Fall der rechtswidrigen Vernichtung der Eigenspermakonserve Schmerzensgeld wegen Körperverletzung (§ 847) zugesprochen. Unnötig und ohne ausreichende Grundlage der Lösungsversuch von *Voß* über die Annahme, daß ein Schmerzensgeld bei Verletzung höchstpersönlicher Verträge aufgrund ergänzender Vertragsauslegung begründet sei, ZRP 1999, 452.

[82] S. den Fall des John Moore, dem die Milz entnommen und als Grundlage von Zellkulturen verwendet wurde, die medizinisch hoch wichtige Proteine produzieren, Entscheidung des Supreme Court for California im Rechtsstreit Moore v. Regents of the University of California et al., Darstellung bei *Taupitz*, VersR 1991, 369, s.a. *Taupitz*, AcP 191 (1991), 201 ff., JZ 1992, 1089 ff.

[83] Die Forschungsleistungen, der Einsatz von Geräten und die sonstigen Hilfestellungen der Klinik, die den Erfolg hervorgebracht haben, sind nach den Regeln über den „Kombinationseingriff" abzugelten, s. *F. Schulz*, AcP 105 (1909), 23 f., 102 ff., 361 ff. Man kann im Fall der Vornote nicht argumentieren, daß der Patient jedenfalls das Eigentum aufgegeben hat. Sind Möglichkeiten der Nutzung gegeben, muß die Klinik den Patienten aufklären und dieser wird das Eigentum keineswegs aufgeben; auf eine Aufgabe mangels Aufklärung könnte sich die Klinik nicht berufen. Richtig ist hier, den Gewinn unter Berücksichtigung aller Forschungsaufwendungen zu berechnen und zwischen verwertendem Institut und Patienten hälftig zu teilen. Widerspricht der Patient der Verwertung, obwohl es sich zum ersten um andernfalls zu beseitigenden Körperabfall handelt, zum zweiten aussichtsreiche Forschungen auf die Stoffe gestützt werden könnten, ist der Widerspruch als rechtsmißbräuchlich unbeachtet zu lassen.

Das Sachenrecht betrifft die Zuordnung durch absolute Rechte, d.h. gegen jedermann wirksame Rechte. Absolute Rechte an Sachen nennt man dingliche Rechte[84]. Das Eigentum ordnet etwa eine Sache – vorbehaltlich beschränkter dinglicher Rechte an der Sache – unter Ausschluß aller anderen dem Eigentümer zu: § 903. **38**

Mit einer von *Picker*[85] eingeführten Unterscheidung kann man die die Güterzuordnung bewirkenden Rechte Substanzrechte (man kann auch sagen: Zuordnungspositionen) und die sie schützenden Rechte Schutzrechte nennen. Z. B. folgt aus der Verantwortlichkeit für einen Eingriff in die durch ein Substanzrecht begründete Zuordnung – etwa beim Eigentum für den Eingriff in die zugeordnete Sache, ebenso aber auch für den Eingriff in das Recht unmittelbar selbst, z.B. durch Bestreiten des Eigentums – das Schutzrecht des Schadensersatzanspruchs[86]. Die sachenrechtlichen Rechte des Eigentums, der Dienstbarkeiten etc. sind Substanzrechte, die dadurch gekennzeichnet sind, daß sie absolut sind, also dem Berechtigten gegen jedermann zustehen. D. h. sie können von jedermann mit der Konsequenz von Schutzrechten verletzt werden. **39**

Die allgemeinen Schutzrechte sind im Schuld- und im Sachenrecht geregelt. Es sind vor allem die Schadensersatzansprüche und die Ansprüche aus ungerechtfertigter Bereicherung. Nach der Einordnung *Savignys* handelt es sich bei der Obligation der ungerechtfertigten Bereicherung um die Beseitigung rechtswidrigen Habens auf Seiten des Schuldners. Bei den anderen Obligationen, insbesondere der auf Schadensersatz gerichteten, handelt es sich um solche, die „unabhängig von der eben angegebenen Beseitigung des rechtswidrigen Habens“ entstehen und auf „etwas ganz Neues, wie die Zahlung des Kauf- oder Mietgeldes“ gerichtet sind[87]. In die letzteren Ansprüche ist auch der Erfüllungsanspruch aus einer vertraglichen Verpflichtung eingeordnet. Auch eine vertragliche **40**

[84] Nach § 197 I Nr. 1 verjähren Herausgabeansprüche aus Eigentum und anderen dinglichen Rechten in 30 Jahren. – In den Motiven sind die dinglichen Rechte im Gegensatz zu den obligatorischen Rechten als die Sache selbst ergreifend bestimmt. Das entspricht dem Text. Dann wird aber gesagt, daß nur regelmäßig zutreffe, daß die dinglichen Rechte absolut sind. Als abweichende Beispiele werden indessen nicht irgendwie relative Rechte aufgezählt, sondern absolute Rechte, die nicht an Sachen bestehen (*Mugdan* III S. 1). Demgegenüber ist klar abzugrenzen: Die dinglichen Rechte sind die absoluten Rechte an Sachen.

[85] FS H. Lange (1992), 625 ff., 680 ff.

[86] Die Schutzrechte greifen unterschiedlich ein je nachdem, ob ein Speziesgegenstand oder die Leistung eines nur der Gattung nach bestimmten Gegenstandes oder eines Geldbetrages zuordnet ist. Nur im Fall der Zuordnung eines Speziesgegenstands ist dieser bestimmte Gegenstand zugeordnet mit der Möglichkeit aller Schutzrechte bei Nutzung, Veränderung oder Wegkommen des Gegenstands. Im Fall der Gattungs- oder Betragsschuld ist dem Gläubiger nur der Erfolg unter Belastung des Vermögens des Schuldners mit der Herstellung des Erfolges, aber nicht ein bestimmtes Gut des Schuldners zugeordnet. Die Möglichkeit von Schutzrechten ist entsprechend auf den Schadensersatzanspruch eingeschränkt. Dasselbe gilt grundsätzlich für Forderungen auf ein Verhalten oder Unterlassen des Schuldners. Eine Vorschrift wie die des § 113 I Hs. 2 HGB zeigt aber, daß dies nicht immer so sein muß. In der Vorschrift wird der OHG gegen den Gesellschafter, der ihr gesetzwidrig Konkurrenz macht, die Wahl eingeräumt, statt des Schadensersatzes die Herausgabe des Geschäftserfolgs zu verlangen. Darin zeigt sich, daß eine Unterlassungspflicht Konsequenz einer gegenständlichen Zuordnung zum Gläubiger sein kann: im Fall der Vorschrift der Zuordnung eines bestimmten Geschäftsbereichs.

[87] Obligationenrecht, Bd. II, Berlin 1853, S. 294, System des heutigen römischen Rechts, Bd. V, Berlin 1841, S. 567 (Hervorhebungen von *Verf.*). Jede vertragliche Leistungspflicht, nicht nur die zur Leistung eines ursprünglich dem eigenen Vermögen des Schuldners angehörenden Gegenstands, ist auf Mehrung des Gläubigervermögens aus dem Schuldnervermögen gerichtet, auch dann, wenn sie auf Erhaltung eines Vermögensgegenstands des Gläubigers gerichtet ist. Die vertragliche Verantwortlichkeit ist ein Mehr gegenüber der bloßen Achtung der Gläubigerrechte, die kraft dieser Rechte verlangt werden kann.

Verpflichtung begründet eine Zuordnungsposition (zwischen Gläubiger und Schuldner), die durch Schutzansprüche sanktioniert wird. Der Erfüllungsanspruch geht den Schutzansprüchen vor, und er ergänzt sie: Bei vertraglichen Forderungen, die auf einen Speziesgegenstand gerichtet sind, tritt vor die Schutzansprüche der Anspruch auf Leistung des Speziesgegenstandes. Auch bei Forderungen, die gattungs- oder betragsmäßig bestimmt oder auf ein Verhalten oder Unterlassen gerichtet sind, gibt es nach unserem Recht den Erfüllungsanspruch. Andernfalls gäbe es hier nur den Schadensersatzanspruch.

41 Die Schutzansprüche fügen sich zu einem Kanon der Zuordnungssanktionen zusammen, der bei jeder Zuordnungsverletzung durchzugehen ist. Bei Forderungen, gerichtet auf „etwas ganz Neues", kommt zuerst der Erfüllungsanspruch in Betracht, bevor an die Schutzrechte wegen Verletzung der Forderung zu denken ist[88]. Die allgemeinen Schutzrechte sind die folgenden:

42 1. Negatorische Ansprüche: Die actio negatoria des römischen Rechts war auf Feststellung des Nichtbestehens eines vom Gegner angemaßten, das Eigentum beschränkenden Rechts gerichtet[89]. Heute bezeichnet man als negatorische Rechte zum Schutz des Eigentums die Ansprüche aus § 1004 auf Freiheit des Eigentums von Störungen. Diese Ansprüche sind, wie allerdings immer wieder gegen Überwucherungen durch unklare Rechtsentwicklungen, insbesondere die gegenwärtige Rechtspraxis zu § 1004, zu klären ist[90], wie die Bereicherungsansprüche Ansprüche auf Beseitigung eines rechtswidrigen Habens. Sie verwirklichen das Recht in seinem unmittelbaren Gehalt, indem sie auf die Aufhebung eines Widerspruchs zwischen tatsächlicher Herrschaft des Bekl. einerseits und der dem subjektiven Recht entsprechenden, durch die Herrschaft des Bekl. verhinderten Herrschaft des Kl. über das Objekt des Rechts andererseits gerichtet sind. Die Ansprüche entziehen dem Bekl. eine gegen das Recht des Kl. angemaßte Position, d.h. ein Plus auf Seiten des Bekl., das zum Kl. gehört. Damit sind die negatorischen Ansprüche pars pro toto der Verwirklichung des unmittelbaren Gehalts eines absoluten Rechts überhaupt. Negatorische Ansprüche in diesem weiteren Sinne sind die Ansprüche

[88] Nach § 196 verjähren Ansprüche auf Übertragung des Eigentums an einem Grundstück sowie auf Begründung, Übertragung oder Aufhebung eines Rechts an einem Grundstück oder auf Änderung des Inhalts eines solchen Rechts in 10 Jahren. Nach § 197 I Nr. 1 verjähren Herausgabeansprüche aus dinglichen Rechten in 30 Jahren. Die ersteren sind Erfüllungsansprüche auf Leistung dinglicher Rechte, die letzteren Schutzansprüche aus der Innehabung dinglicher Rechte, und zwar negatorische (s. hier im Anschluß). Weitere Vorschriften über die Verjährung negatorischer Ansprüche sind neben der Bestimmung der allgemeinen Verjährung (nach § 195 a.F. 30 Jahre, verkürzend auf drei Jahre § 195 n. F. mit Regelung des Fristbeginns in § 199) die besonderen Vorschriften der §§ 898, 902 (in einem weiteren Zusammenhang ist auch § 924 zu nennen). Unrichtig lautet die Überschrift über § 196, obwohl dieser die Erfüllungsansprüche betrifft: „Verjährungsfrist bei Rechten an einem Grundstück".

[89] *Jörs-Kunkel-Wenger*, Römisches Recht, bearbeitet von *Honsell*, *Mayer-Maly*, *Selb*, 1987, S. 538 f.; *Picker*, Schriftenreihe der Univ. Regensburg, 1986, S. 289 ff., 300 f.

[90] Zur Rechtsprechung betr. § 1004 im einzelnen u. Rz. 1257 ff. Aufgrund der Unklarheit der Rechtsprechung hat die Neufassung des BGB die vorgeschlagene Vorschrift über die dreißigjährige Verjährung von Herausgabeansprüchen aus dinglichen Rechten (§ 197 I Nr. 1) nicht auf Beseitigungsansprüche erstreckt, weil dies „regelmäßig zu Abgrenzungsschwierigkeiten zum deliktischen Beseitigungsanspruch führen" würde (Begr. des RE S. 106). Gegen den Neuregelungsvorschlag durchgreifend *Ernst*, ZRP 2001, 1, 4 f. Das Verdienst der Klärung der negatorischen Ansprüche kommt *Picker* zu: Der negatorische Beseitigungsanspruch, 1972, und nochmals u.a. FS Gernhuber (1993), 315 ff.

aus §§ 985 (sog. rei vindicatio oder Vindikation[91]), 1004 (sog. actio negatoria), 894 (Grundbuchberichtigungsanspruch)[92].

Als Rechtsverwirklichungsansprüche sind die negatorischen Ansprüche auf ein Verhalten des Gegners gerichtet, mit dem dieser ein an ihm liegendes Hindernis für die Rechtsverwirklichung beendet. Damit haben die negatorischen Ansprüche Ähnlichkeit mit dem Anspruch auf Erfüllung ein er vertraglichen Forderung, die auf einen Speziesgegenstand gerichtet ist. Beispielhaft trifft dies zu für den Anspruch auf Herausgabe nach § 985. Eher dem Erfüllungsanspruch als den negatorischen Ansprüchen kann man zurechnen den Anspruch auf Duldung der Ausübung einer Grunddienstbarkeit nach §§ 1027, 1004 I i.V.m. § 1018 Alt. 1[93] sowie den Anspruch auf Duldung der Verwertung des Grundstücks, der dem Inhaber einer Hypothek nach §§ 1113 I, 1147 zusteht. Die Grenze zwischen Erfüllungsansprüchen (gerichtet auf etwas Neues) und negatorischen, d.h. allein auf die Beseitigung einer der Rechtsverwirklichung tatsächlich entgegenstehenden Herrschaft eines anderen gerichteten Ansprüchen läßt sich nicht scharf formulieren[94].

Wenn man von dinglichen Ansprüchen spricht, meint man häufig unterschiedslos die negatorischen Ansprüche. Man sollte den Ausdruck dingliche Ansprüche auf

[91] Nach *Manthe*, Geschichte des römischen Rechts, 2000, S. 17 ist der vindex derjenige, der etwas als zur Familie oder Sippe (*winis) gehörig bezeichnet.

[92] Negatorisch begründet sind auch die Drittwiderspruchsklage nach § 771 ZPO (s. *Picker*, Die Drittwiderspruchsklage in ihrer geschichtlichen Entwicklung als Beispiel für das Zusammenwirken von materiellem und Prozeßrecht, 1981) und die Aus- und Absonderungsrechte nach §§ 47, 49 ff. InsO. *Picker* klärt insbesondere Grund und Maß der Einbeziehung persönlicher Ansprüche in die Drittwiderspruchsklage.

[93] Vollstreckung nach § 890 ZPO.

[94] Daß aber bei der Verpflichtung zur Leistung eines Speziesgegenstands Erfüllungs- und negatorischer Anspruch betreffs des Gegenstands auseinanderzuhalten sind, zeigt sich in dem Fall, daß der Schuldner, etwa der Verkäufer, den Leistungsgegenstand (etwa die Kaufsache) zu beschädigen droht. Als Abwehr dagegen käme der Erfüllungsanspruch zu spät. Hier tritt ergänzend der negatorische Unterlassungsanspruch hinzu – mit der Möglichkeit der einstweiligen Verfügung. Ergänzt so der negatorische Anspruch den Erfüllungsanspruch, so geht umgekehrt der Erfüllungsanspruch insofern weiter, als er den Schuldner zu einer sein Vermögen belastenden, das des Gläubigers erweiternden Leistung an den Gläubiger zwingt, während der negatorische Anspruch nur das Zurückweichen vor dem Recht des Gläubigers bewirkt. An der Unterschiedlichkeit von Erfüllungsanspruch und negatorischem Anspruch liegt es auch, daß es keinen Anspruch auf Erfüllung eines negatorischen Anspruchs mit der Möglichkeit der Haftung wegen Nichterfüllung dieses Anspruchs gibt. Zur Unterschiedlichkeit der Erfüllungshaftung und der negatorischen Haftung (auch inter partes) mit der Folge der Unanwendbarkeit der Vorschriften über die Unmöglichkeit (nach n.F.: Pflichtverletzung) auf die negatorische Haftung u. Rz. 1082 ff. D. h. auf die negatorischen Ansprüche ist, obwohl sie selbst relativ sind und obwohl sie auch zum Schutz relativer Rechte eingreifen können, die Regelung über die Unmöglichkeit nicht anwendbar. Die Erfüllungshaftung geht eben über die negatorische Haftung hinaus. Bestehen Erfüllungsanspruch und allgemeine Zuordnungssanktionen so nebeneinander, so wirkt sich die Existenz des Erfüllungsanspruchs doch in einer charakteristischen Weise auf die allgemeinen Sanktionen, jetzt meinen wir Schadensersatz und Bereicherungsherausgabe, aus. Die Existenz des Erfüllungsanspruchs führt zu einer Spezialregelung hinsichtlich dieser Ansprüche im Fall der Nichterfüllung. Die Sonderregelung ist insbesondere im Hinblick darauf geboten, daß der Gläubiger an den Erfüllungsanspruch auch gebunden ist. Die allgemeinen Schutzansprüche stehen, soweit sie die Erfüllung ersetzen, unter der Voraussetzung, daß der Gläubiger von der Beschränkung auf den Erfüllungsanspruch befreit wird (s. etwa §§ 326, 634, 635 a.F., entspr. §§ 281, 283, 323 II, 636 n. F.).

die negatorischen Ansprüche insoweit beschränken, als diese aus dinglichen Rechten, d.h. Rechten an Sachen und zum Schutz des Besitzes entstehen[95].

43 2. Schadensersatzanspruch: Dieser gilt der Beseitigung oder Kompensation von im Vermögen des Gläubigers eingetretenen Lücken, eines auf Seiten des Gläubigers eingetretenen Minus. Zur Wiedergutmachung des minus muß eigenes (rechtlich ihm zugeordnetes) Vermögen des Verletzers herhalten. Auch der Schadensersatzanspruch ist also eine auf etwas ganz Neues gerichtete Forderung. Die Belastung damit setzt grundsätzlich die Verantwortlichkeit des Verletzers für den Verlust voraus. Absolute Rechte werden durch den Schadensersatzanspruch nach § 823 I geschützt, der Verschulden voraussetzt. Aufgrund besonderer Haftungsgrundlagen[96] kann eine – verschuldensunabhängige – Gefährdungshaftung eingreifen.

44 3. Aufopferungsanspruch: Dieser erlegt dem Schuldner eine Kompensationsleistung auf für eine Rechtsentziehung, die die Rechtsordnung dem Schuldner um als höherwertig angesehener Interessen willen gestattet hat. Positiv geregelte Beispiele aus dem BGB sind die Ansprüche aus § 904 und § 906 II 2[97].

45 4. Bereicherungsanspruch: Der Anspruch ist wie der negatorische ein Anspruch auf Beseitigung rechtswidrigen Habens. Auch er setzt nicht an einer Lücke auf Seiten des Gläubigers, sondern an einem Zuwachs auf Seiten des Schuldners an mit dem Unterschied, daß der Zuwachs nicht in der Anmaßung einer tatsächlichen, nach dem Recht des Gläubigers diesem zustehenden Herrschaft, sondern in einer Vermögenserweiterung besteht, die rechtlich ins Gläubigervermögen gehört (s. §§ 812 ff., 818 III)[98]. Er setzt die das Objekt des dinglichen Rechts betreffenden negatorischen Ansprüche auf der Vermögensebene fort. Ist die Bereicherung durch eine dem Gläubiger kraft eines absoluten Rechts vorbehaltene Nutzung eines Rechtsguts eingetreten, ist der Bereicherungsanspruch aus § 812 I 1 Alt. 2 begründet.

46 5. § 687 II: Anspruch aus unechter Geschäftsführung: Der Anspruch knüpft an eine vorsätzliche Rechtsverletzung an. Er ist auf Herausgabe des Eingriffserwerbs gerichtet, ohne daß es auf eine Bereicherung des Eingreifers gerade nur aus der Nutzung des fremden Rechtsobjekts ankommt. Weder hebt die Nichtursächlichkeit des Eingriffs für den Erfolg wegen hypothetischer Kausalität rechtmäßigen Handelns für den gleichen Erfolg den Anspruch auf,[99] noch mindert ihn die Feststellung, daß der Erfolg nicht ausschließlich dem fremden Rechtsgut, sondern auch der Tüchtigkeit des Eingreifers zuzurechnen ist[100].

[95] Ein Problem der Auslegung des Versicherungsvertrages und der dafür geltenden Bedingungen ist die Abgrenzung der in diesen Bedingungen sog. dinglichen Rechte oder Ansprüche, s. etwa OLG Karlsruhe VersR 1991, 1172; OLG Hamburg VersR 1991, 1169 mit Anm. *G. Winter*; BGH VersR 1992, 487.

[96] Zu nennen nur etwa die Tierhalterhaftung (§ 833 I) oder die Haftung des Kraftfahrzeughalters (§ 7 StVG). Umfassend zur Gefährdungshaftung *Blaschczok*, Gefährdungshaftung und Risikozuweisung, 1993.

[97] Missachtung des Unterschieds zwischen Schadensersatz- und Aufopferungsanspruch in der Entscheidung BGH NJW 2001, 1865=JuS 2001, 816 (*K. Schmidt).*

[98] *Wilhelm*, Rechtsverletzung und Vermögensentscheidung, S. 19 ff., insbesondere S. 22 Fn. 25, nach der Lehre von *Savigny*, mit der sich auch die Erkenntnisse von *Picker* treffen (s. nur FS Gernhuber (1993), 316 ff., 338 f. mit Fn. 60). Zur bereicherungsrechtlichen Gewinnhaftung *H. H. Jakobs*, Lucrum ex negotiatione, 1993.

[99] S. *Wilhelm*, Rechtsverletzung und Vermögensentscheidung, S. 76 Fn. 58.

[100] S. *Frank*, JuS 1991, 102. Die selbständige Bedeutung des § 687 II verkennt *Reichard*, AcP 193 (1993), 576 ff.

Der vorsätzlich handelnde Patentverletzer etwa muß seinen Absatzerfolg, der ihm aus der Patentverletzung erwachsen ist, auch dann herausgeben, wenn er ohne die Patentverletzung durch eine andere Art der Produktion denselben Ertrag erzielt hätte.

6. Die Vergütungshaftung des bösgläubigen oder verklagten Nutzers eines fremden Rechtsobjekts: § 987 I, §§ 990 I 1 i.V.m. 987 I zeigen durch Verweisung auf § 100, der die Gebrauchsvorteile zu den Nutzungen zählt, daß für die Inanspruchnahme eines fremden Rechtsobjekts (etwa Fahren eines fremden Autos durch einen unrechtmäßigen Besitzer), wenn diese bösgläubig oder nach Rechtshängigkeit der Klage auf Herausgabe des Rechtsobjekts erfolgt, eine angemessene Vergütung zu zahlen ist. Auch dieser Anspruch ist unabhängig von einer gegenwärtigen Bereicherung des Schuldners. Was §§ 987, 990 für die Nutzung des Rechtsobjekts, welches sich beim nichtberechtigten Benutzer befindet, sagen, muß in gleicher Weise für die Nutzung eines Rechtsguts durch einen Nichtberechtigten gelten, wenn das Rechtsgut beim Gläubiger verbleibt[101]. Die für das vertragliche Rücktrittsrecht, bei dem man sich auf die Rückabwicklung des Vertrages einstellen muß, geltende Bestimmung des § 346 S. 2 a. F. hatte dieses Prinzip bestätigt. Die Neufassung durch das Gesetz zur Modernisierung des Schuldrechts gibt in § 346 diesen Zusammenhang auf. 47

III. Absolute und relative Zuordnung

1. Zuordnung durch die Rechte und Zuordnung der Rechte selbst

Das Sachenrecht betrifft die unmittelbare Zuordnung von Sachen. Unmittelbare ist gleichbedeutend mit absoluter Zuordnung, d.h. Zuordnung durch absolutes Recht. Der Gegensatz zu der absoluten Zuordnung ist die bloß relative, mittelbare Zuordnung[102]. Diese besagt, bezogen auf die Zuordnung von Sachen, folgendes: Jetzt gehört mir die Sache noch nicht. Aber ich habe gegenüber einem bestimmten Schuldner eine Forderung auf Leistung der Sache (genauer: auf Leistung eines Rechts an der Sache, das mit Eintritt des Leistungserfolgs die Sache mir unmittelbar zuordnet); etwa habe ich als Käufer eines Spezies-Kaufs aus dem Kaufvertrag gegen den Verkäufer einen Anspruch darauf, daß er mir das Eigentum an der bestimmten Kaufsache verschafft (§ 433 I). Ist der Verkäufer Eigentümer der Kaufsache, so ist die Sache, wenn er sie verkauft, trotzdem weiterhin unmittelbar ihm zugeordnet, aufgrund des absoluten Rechts des Eigentums. Der Käufer 48

[101] S. zum Fall der Erschleichung einer Flugreise *Wilhelm*, Rechtsverletzung und Vermögensentscheidung, S. 180 ff., sodann *ders.*, AcP 182 (1982), 11 f. Das Vorgehen der Rechtsprechung, dem Verletzten insbesondere bei Eingriffen in Immaterialgüterrechte jedenfalls, d.h. auch bei Gutgläubigkeit und Unverklagtheit des Verletzers beim Eingriff, ohne Prüfung einer Bereicherung des Verletzers aus § 812 I Alt. 2 eine Lizenzgebühr zu geben (BGHZ 20, 345, 352; 77, 16; 82, 299 und 310), ist mit § 818 III nicht vereinbar (*Jakobs*, Eingriffserwerb und Vermögensverschiebung, 1964, S. 135).

[102] Es gibt noch eine Zwischenerscheinung: die relative absolute Zuordnung. Diese tritt ein bei relativer Unwirksamkeit einer Verfügung über ein Recht, etwa bei Verstoß gegen ein Veräußerungsverbot (§§ 135, 136), ähnlich bei Verfügung entgegen einem vorgemerkten Anspruch (§ 883 II). Es geht um die absolute Zuordnung gemäß der Verfügung. Diese gilt in einem bestimmten Verhältnis (insofern relativ) nicht. Ist etwa verbotswidrig übereignet und wird der Erwerber nicht kraft guten Glaubens oder öffentlichen Glaubens des Grundbuchs geschützt, so ist der Erwerber zwar allen außer dem Verbots- oder Vormerkungsgeschützten gegenüber neuer Eigentümer. Relativ zum Verbots- oder Vormerkungsgeschützten ist aber nach wie vor der Verfügende Eigentümer. Man kann in diesem Fall von einem relativen Eigentum sprechen.

hat aber aus dem Kaufvertrag den Anspruch auf Übereignung der Sache; dadurch ist die Sache mittelbar ihm, dem Käufer, zugeordnet, nämlich über die Leistungsverpflichtung des Verkäufers. Aber das Eigentum an der Sache steht dem Käufer nur dem Verkäufer gegenüber, damit relativ, zu.

Also ist gleichbedeutend mittelbare – relative – Zuordnung und Zuordnung auf schuldrechtlicher Grundlage. Das Sachenrecht betrifft demgegenüber die unmittelbare – absolute – Zuordnung. Im Gegensatz zum Verlangen-Können, Anspruch-Haben betrifft das Sachenrecht das Mir-Gehören.

49 Im Kaufvertragsbeispiel zeigt sich der Gegensatz wie folgt: Bis zur Übereignung kommt der Käufer nur über den Verkäufer an die Sache heran. Veräußert der Verkäufer die Sache an einen Dritten, verliert der Käufer die Sache (vorbehaltlich eines Rückerwerbs vom Dritten oder eines Verhaltens des Dritten i.S. von § 826 BGB, § 1 UWG). Hat der Verkäufer die Sache schon nach §§ 929, 930 an den Käufer übereignet, so verbleibt die Sache demgegenüber, auch wenn der Verkäufer sie an einen Dritten gibt, kraft seines Eigentums dem Käufer (hier vorbehaltlich eines gutgläubigen Erwerbs des Dritten).

50 Man kann deshalb auch die schuldrechtliche Zuordnung als Beziehung über eine Person zum Zuordnungsobjekt der sachenrechtlichen Zuordnung als Beziehung unmittelbar zum Zuordnungsobjekt gegenüberstellen. Die Konsequenz der ersteren Zuordnungsart ist, daß, wenn die vermittelnde Person das Objekt nicht mehr hat, die Beziehung dazu erlischt, während bei der sachenrechtlichen Zuordnung ein Wechsel der Personen auf der Gegenseite die Beziehung zum Objekt nicht beendet[103]. Die Kennzeichnung, daß Sachenrechte Rechtsbeziehungen zum Objekt seien, wird allerdings angegriffen[104]. Zuzugeben ist, daß auch das Sachenrecht eine Rechtsbeziehung nicht zu einer Sache ist, sondern Quelle von Rechtsbeziehungen zwischen Personen. Die Gegenüberstellung bleibt: Sachenrechte bedeuten die rechtliche Zuweisung eines Objekts an ein Subjekt, die die Beziehungen zwischen diesem Subjekt und anderen Rechtssubjekten in Gestalt von Ansprüchen wegen Eingriffs in die Sache begründen. Das Sachenrecht regelt die Zuweisung einer Sache als Quelle von Beziehungen zwischen Personen. Das Schuldrecht regelt demgegenüber die Beziehung zu einer Person als Grundlage des Erlangens von Sachen.

51 Verwirrend und genau erst im Anschluß an das Pfandrecht an Forderungen[105] zu erklären ist, daß die Unterscheidung zwischen absoluter und relativer Zuordnung mit dem Gegensatz zwischen absoluten und relativen Rechten nur eingeschränkt übereinstimmt. Vollständig ist die Übereinstimmung, wenn man von der Zuordnung *durch* die Rechte spricht. Die Kaufsache des Käufers ist bis zur Übereignung *durch* das Eigentum dem Verkäufer absolut, *durch* die Forderung aus § 433 I dem Käufer relativ zugeordnet. Es gibt aber über die Zuordnung des Rechtsgegenstands *durch* das Recht hinaus die Zuordnung *des* Rechts *selbst*, und die ist auch bei relativen Rechten absolut[106]. Die Forderung auf Übereignung der Kaufsache gehört dem Käufer und nur ihm, also gehört sie ihm absolut.

[103] *Westermann*, 5. Aufl., § 1 II 3 a, b, S. 4 f. *Westermann* hat nicht das Kaufvertragsbeispiel, sondern den Vergleich zwischen gesichertem und ungesichertem Kredit angeführt: Der Darlehensgläubiger kann sich aus einer Sache des Schuldners nur so lange befriedigen, wie die Sache dem Schuldner gehört, es sei denn, er hat ein dingliches Befriedigungsrecht (Pfandrecht oder Hypothek) an der Sache.

[104] *Hadding*, JZ 1986, 926; dazu *Niehues*, JZ 1987, 453 und „Schlußwort" *Hadding*, S. 454 f.

[105] S. u. Rz. 96 ff.

[106] S. erneut *Canaris*, FS Steffen (1995), S. 85 ff. Nicht überzeugend die Ablehnung durch *Medicus*, FS Steffen (1995), 333 ff.

2. Vom relativen Recht zum absoluten Recht, insbesondere Vormerkung und Veräußerungsverbot

Das schuldrechtlich-relative Recht, insbesondere der Anspruch auf Übereignung einer Sache, verschafft dem Berechtigten das geschuldete Eigentum durch die Leistung des Schuldners, sofern dieser Eigentümer ist oder sonst über das Eigentum wirksam verfügen kann und dies auch zugunsten des Gläubigers tut. Ist der Schuldner Eigentümer, leistet er aber nicht, so muß der Gläubiger seinen Anspruch durch Zwangsvollstreckung gegen den Schuldner durchsetzen. Beide Möglichkeiten kommen nicht mehr in Betracht, wenn der Schuldner anderweitig über das Eigentum verfügt. Schuldet der Schuldner das Eigentum an einem Grundstück oder die Einräumung eines anderen Grundstücksrechts, so kann sich der Gläubiger vor der Gefahr der anderweitigen Verfügung des Schuldners dadurch schützen, daß er sich eine Vormerkung eintragen läßt (§ 883). Zusätzlich kommt das Mittel der einstweiligen Verfügung durch Erlaß eines gerichtlichen Veräußerungsverbots gemäß § 938 II ZPO, §§ 136 i.V.m. § 135 BGB in Betracht. Nur dieses letztere Mittel hat der Gläubiger eines Anspruchs bezüglich beweglicher Sachen[107]. Die Rechtslage, die aufgrund einer Vormerkung oder eines Veräußerungsverbots in dem Fall eingreift, daß der Schuldner doch anderweitig verfügt, ist der Interessenlage genau angepaßt, die zwischen Gläubiger und Schuldner besteht, wenn der Gläubiger die Leistung des Schuldners noch nicht durchsetzen kann (etwa fehlen ihm noch die Mittel zur Aufbringung der Gegenleistung), aber gesichert haben will. Trotz der Vormerkung oder der einstweiligen Verfügung hat der Gläubiger noch nicht das absolute Recht in der Hand, das ihm der Schuldner schuldet. Immer noch hat er lediglich den Anspruch gegen den Schuldner auf die Verfügung, die ihm das Recht verschafft. Nur sichert die Vormerkung oder das Veräußerungsverbot die wirksame Vornahme dieser Verfügung ab, indem aufgrund der Vormerkung oder des Verbots eine etwaige anderweitige Verfügung des Schuldners im Verhältnis zum Gläubiger, d.h. wenn es darum geht, daß nun an diesen entgegen der anderweitigen Verfügung die Leistung erfolgt, unwirksam ist (§§ 883 II, 135 I 1). Aufgrund der Forderung des Gläubigers ist der Schuldner weiterhin zur Verfü- 52

[107] „Veräußerungsverbot" umfasst jede Verfügung (§ 135 I 2). Zur Möglichkeit *Foerste,* ZZP 106 (1993), 151 ff. (mit differenzierter Behandlung von Arrest und einstweiliger Verfügung je nach dem Gegenstand des Anspruchs, d.h., ob es sich um Geld-, Gattungs- oder Stückschuld handelt). Zu Unrecht gegen die Möglichkeit der einstweiligen Verfügung im Fall der Verpflichtung des Schuldners zu derselben Leistung gegenüber mehreren Personen OLG Frankfurt NJW-RR 1997, 77 f. im Anschluß an *Wieling,* JZ 1982, 842; gegen *Wieling* zu Recht *Kohler,* JZ 1983, 586 ff. (mit Schlußwort *Wieling*, der weiterhin die positivrechtliche Anerkennung des Verfügungsverbots und die Konsequenz eines ersten Verbots auch dann, wenn zugunsten eines anderen Antragstellers ein zweites kommt, verkennt); gegen das OLG Frankfurt *Wichert,* ZMR 1997, 16 ff. Gehen beide Gläubiger im Wege der einstweiligen Verfügung vor, kommt es auf den Zeitpunkt des Wirksamwerdens des einen Verbots vor dem anderen an (zum Wirksamwerden einer einstweiligen Verfügung durch Urteil MünchKomm/*Musielak,* ZPO, vor § 300 Rz. 3 f., zum Wirksamwerden einer Verfügung durch Beschluß *Musielak,* ZPO, § 329 Rz. 5 ff.); mit der ersten Verfügung ist dem Schuldner jegliche Veräußerung außer der an den Begünstigten aus dieser Verfügung verboten, mit der zweiten Verfügung wird dem Schuldner jegliche Veräußerung außer der an den Begünstigten aus der zweiten Verfügung verboten, diese Veräußerungsbindung ist wie eine Veräußerung selbst im Verhältnis zum Begünstigten aus der ersten Verfügung (relativ) unwirksam. – Nicht geschützt ist der Gläubiger bezüglich eines ihm relativ zustehenden individuellen Gegenstands durch das AnfG: Der Rückgewähranspruch nach § 7 AnfG steht nur bezüglich von Geldsummenansprüchen zu (*Böhle-Stamschräder/Kilger,* AnfG, 1984, § 2 Anm. 2). Es geht – wie bei der Insolvenzanfechtung – um die Sicherung der Vollstreckungsmasse; relative Ansprüche bezüglich eines Gegenstands betreffen außerhalb der Relation stehende Dritte nicht, vorbehaltlich nur des Verbots sittenwidriger Schädigung (§ 826 BGB, § 1 UWG).

gung an den Gläubiger verpflichtet. Zu der Vornahme der Verfügung ist er aufgrund der relativen Unwirksamkeit seiner früheren Verfügung imstande[108].

3. Verdinglichung obligatorischer Rechte?

53 Unsere Rechtsordnung weicht in bestimmten Hinsichten von dem Gegensatz zwischen absoluten und relativen Rechten ab und gewährt Schutz gegen Personen, die außerhalb der relativen Rechtsbeziehung stehen, schon dann, wenn der Prätendent bloß relativ berechtigt und der Weg von der relativen zur absoluten Berechtigung entweder gar nicht vorgesehen oder noch nicht durchschritten und auch nicht durch Vormerkung oder Veräußerungsverbot gesichert ist. Ein Beispiel ist die Erstreckung des Miet- oder Pachtverhältnisses über ein Grundstück nach dessen Überlassung an den Mieter oder Pächter auf einen Erwerber des vermieteten oder verpachteten Grundstücks nach §§ 566 ff., 581 II, 593b. Tradierter Satz dazu ist „Kauf bricht nicht Miete"[109]. Weiter kann der Besitzer einer beweglichen Sache, die durch Abtretung des Herausgabeanspruchs nach § 931 übereignet wird, gemäß § 986 II seine Einwendungen gegen den Anspruch, insbesondere ein schuldrechtliches Recht zum Besitz, auch dem neuen Eigentümer entgegenhalten. Nach h.M. soll sodann die Position des relativ zum Besitz einer Sache Berechtigten (etwa des Mieters, Pächters etc.) dann, wenn der Berechtigte im Besitz der Sache ist, nach § 823 I als sonstiges Recht gegen Dritte geschützt sein[110]. Wenn ein Gläubiger in Sachen vollstreckt, die er beim Schuldner vorfindet, die dem Schuldner aber nicht gehören, können auch bestimmte Personen, die nur ein relatives Recht gegenüber dem Schuldner haben (Vermieter, Verpächter etc., die selbst nicht Eigentümer sind) ein die Veräußerung hinderndes Recht i. S. von § 771 ZPO haben und nach dieser Vorschrift die Vollstreckung des Gläubigers durch Drittwiderspruchsklage abwehren[111]. Schließlich scheint § 1007 eine Schutzgrundlage gegenüber Dritten auch bei nur relativem Recht des Vorbesitzers einer Sache auf diese Sache zu sein.

54 Nach dem Titel einer Monographie von *Dulckeit* wird das Thema der Verdinglichung obligatorischer Rechte erörtert[112]. Das Stichwort ist bedenklich, weil es geneigt macht, von einer allgemeinen und erweiterungsfähigen Erscheinung auszugehen. So hat sich *Canaris* für die Ausdehnung der §§ 571 ff. a.F. (566 ff. n.F.) auf alle entgeltlichen Nutzungsverhältnisse ausgesprochen[113]. *Schön* will aus den Vorschriften der §§ 571 a.F. ff. (566 ff. n.F.) ein Regelungssystem entwickeln, nach welchem alle Nutzungsverhältnisse

[108] Bei Forderungen auf Übertragung von Grundstücksrechten durch den Hilfsanspruch nach § 888 II, bei Forderungen auf Übereignung beweglicher Sachen durch die Möglichkeit der Übereignung nach §§ 929, 931 (der in § 931 vorausgesetzte Herausgabeanspruch des Schuldners gegen den Dritten besteht zugunsten des Gläubigers aufgrund der relativen Unwirksamkeit der Verfügung an den Dritten, s. u. Rz. 821 Fn. 603)

[109] Wörtlich genommen, trifft dies in keinem Bestandteil zu (*Schön*, JZ 2001, 119 f.). Vor allem geht es nicht um Kauf, sondern um den Erwerb des Eigentums an Stelle des Vermieters oder Verpächters (und zwar auch den durch Enteignung und den durch Aneignung eines nach § 928 derelinquierten Grundstücks, RGZ 103, 166, *Fritz Schulz*, Festgabe für Zitelmann, 1923, 83, 89, nach § 2135 auch den Erwerb des Nacherben bei Eintritt der Nacherbfolge), weiter den Erwerb eines den Gebrauch bzw. die Nutzung betreffenden beschränkten dinglichen Rechts (§ 567), schließlich den Erwerb der Freiheit von einem Nießbrauch durch dessen Beendigung (§ 1056).

[110] *Larenz* II/1 § 48 IV, S. 242 m.w.N.

[111] *Baumbach/Lauterbach*, ZPO, § 771 Rz. 20, Stichwort: Schuldrechtlicher Anspruch. Dieselbe Problematik stellt sich zum Aussonderungsrecht in der Insolvenz (§ 47 InsO), zu dem ausdrücklich die Aussonderung aufgrund eines persönlichen Rechts erwähnt ist.

[112] *Dulckeit*, Die Verdinglichung obligatorischer Rechte, 1951. S. den gleichnamigen Aufsatz von *Canaris*, FS Flume (1978), Bd. 1 S. 371 ff.

[113] FS Flume a.a.O. S. 395.

an Grundstücken gegen Erwerber geschützt werden können[114]. Dem ist entgegenzutreten. Zu der Teilhabe eines Gläubigers an dem gegen Dritte wirkenden Recht des Schuldners, auf welches der Gläubiger nach dem zwischen beiden begründeten Tatbestand einen Anspruch hat, ist die Verfügung des Schuldners über das Recht an den Gläubiger erforderlich. Für die Verfügung statuiert das Recht einen bestimmten Verfügungstatbestand. Hat der Schuldner noch nicht verfügt, so kann noch durch besondere Sicherungstatbestände die Verfügungsmöglichkeit gesichert werden. Ist beides nicht geschehen und verfügt der Schuldner an einen Dritten, so bekommt der Dritte das Recht und nicht der gedachte Gläubiger. Da nach dem Tatbestand, der bisher erfüllt ist, der Gläubiger nur den Anspruch gegen den Schuldner hat, besteht für ein Recht des Gläubigers gegen den Dritten zunächst einmal keine Grundlage. Wenn die Rechtsordnung davon abweicht und in bestimmten Fällen einen Schutz des Gläubigers gegen einen Dritten begründet, ist dieser Schutz extraordinär, beruht er auf bestimmten Gründen und ist er, wenn nicht genau diese Gründe vorliegen, nicht auszuweiten.

Das gilt vor allem für § 566. Der Formulierung des RG, die Vorschrift des § 571 a.F. **55**
beruhe auf „wirtschaftlichen und sozialen Erwägungen, die sich auf Miete und Pacht beziehen“[115], ist nichts hinzuzufügen. Das Kriterium von *Canaris*, d.h. das der Entgeltlichkeit, ist aus §§ 816 I 2, 822 hergeleitet. Die Vorschriften schützen in ihrem Kernfall das Eigentum. § 816 I 2 restringiert den Verlust insbesondere des Eigentums durch gutgläubigen Erwerb, § 822 den durch das Abstraktionsprinzip, beide Vorschriften restringieren den Verlust, erhalten also einen Restbestand der verlorenen Rechtsposition bei einem unentgeltlichen als einem weniger schutzwürdigen Erwerb. Daraus erklärt sich die Drittwirkung. Für den Drittschutz eines genuin relativen Rechts unter Ausweitung des § 566 geben die Vorschriften nichts her. Und was das System betrifft, welches *Schön* aus §§ 571 ff. a.F. (566 ff. n.F.) entwirft, benutzt *Schön* die Vorschriften als Spielmaterial, aus welchem ein seines Erachtens angemessenes Verhältnis zwischen jeder Art Nutzungsberechtigtem und Erwerber zu bauen ist. Damit wird die Regelung der §§ 571 ff. a.F. (566 ff. n.F.) verkehrt. Diese beruht darauf, daß der Gesetzgeber aus bestimmten wirtschaftlichen und sozialen Erwägungen den Grundsatz „Kauf bricht nicht Miete“ verankert hat und, nachdem diese Grundentscheidung getroffen ist, das Verhältnis zwischen Mieter und Erwerber angemessen zu regeln war. Man kann nicht umgekehrt die Elemente dieser Regelung zur Grundlage einer Grundentscheidung machen, die anders als die im Gesetz getroffene ist.

Was sodann die Wirkung eines Besitzrechts nach § 986 II gegen einen Dritten betrifft, **56**
der das Eigentum nach § 931 erworben hat, so hat diese Drittwirkung ihren besonderen Grund in einem Kompromiß zwischen der erweiterten Verkehrsfähigkeit des Eigentums einerseits und dem für die Übereignung grundsätzlich maßgeblichen Traditionsprinzip andererseits. Nach dem Traditionsprinzip könnte es zu dem Verlust eines besitzenden und zum Besitz berechtigten Gläubigers aufgrund einer Übereignung durch den Schuldner nicht kommen. Indem man um der Verstärkung der Verkehrsfähigkeit des Eigentums willen die Übereignung durch Abtretung des Herausgabeanspruchs zuließ, gefährdete man die Position des besitzenden Gläubigers. Die Regelung des § 986 II ist nichts anderes als eine Einschränkung der Möglichkeit, das Eigentum nach § 931 zu übertragen, wieder wird ein Restbestand erhalten, hier ein Restbestand der Abhängigkeit der Übereignung von der Tradition und der damit verbundenen Sicherung des Rechts des besitzenden Gläubigers gegen seinen Schuldner aufgrund des Traditionsprinzips.

Des vermeintlichen Widerspruchs zwischen der Relativität eines schuldrechtlichen **57**
Rechts und der Abwehrmöglichkeit gegenüber Dritten durch Erhebung einer Drittwider-

[114] JZ 2001, 119 ff.

[115] RG LZ 1921, S. 414 Nr. 4. Dem folgt der BGH, s. die Darstellung von *Schön* a.a.O.

spruchsklage nach § 771 ZPO hat *Picker* sich angenommen[116]. Er hat gezeigt, daß die Vollstreckungsabwehrmöglichkeit relativ Berechtigter darauf beruht, daß diese Berechtigten gegenüber der Zwangsvollstreckung durch einen Vollstreckungsgläubiger das Interesse des hinter ihnen stehenden absolut Berechtigten, von dem sie ihr Recht herleiten, also vor allem des Eigentümers der Sache, wahrnehmen. Nur diejenigen Berechtigten, die mit der Klage die Sache dem Eigentümer näherbringen (im Unterschied etwa zu dem Abkäufer des Vollstreckungsschuldners, der bei Ausübung seines relativen Rechts die Sache noch weiter vom Eigentümer entfernt), und auch diese Berechtigten nur so lange, wie sie mit dem mutmaßlichen Einverständnis des Eigentümers die Sache diesem wieder näherbringen wollen, sind zur Klage gegen den Vollstreckungsgläubiger befugt, indem sie mit der Klage das absolute Recht des hinter ihnen stehenden Inhabers dieses Rechts wahrnehmen. Damit ist auch hier der Widerspruch zwischen relativem Recht und Abwehrrecht gegenüber Dritten aufgelöst.

58 Dieselbe Einordnung ist der Klage relativ Berechtigter aus § 1007 zugrundezulegen[117]. Und auch der Deliktsschutz des relativ berechtigten Besitzers gegenüber Dritten ist als Interessenwahrnehmung für den hinter dem relativ Berechtigten stehenden absolut Berechtigten einzuordnen und abzugrenzen[118].

4. Identität des Schutzes durch absolute Rechte und im Rahmen der relativen Beziehung durch relative Rechte

a) *Die Regelung des Schutzes der relativen Rechte als Spezialregelung des allgemeinen Zuordnungsschutzes*

59 *In der relativen Beziehung, nur beschränkt auf diese Beziehung,* ist die mittelbare Zuordnung, *soweit sie reicht,* von derselben Qualität und also denselben Konsequenzen wie die Zuordnung kraft absoluten Rechts. D.h. im Beispiel des Kaufs einer Sache: Im Verhältnis zum Verkäufer steht die Sache dem Käufer grundsätzlich ebenso zu wie die im Eigentum stehende Sache dem Eigentümer. Das bedeutet: Der Käufer hat bei Eingriffen des Verkäufers in die Sache genau dieselben Schutzansprüche wie der Eigentümer bei Eingriffen in eine Sache von jedermann[119].

[116] *Picker*, Die Drittwiderspruchsklage in ihrer geschichtlichen Entwicklung als Beispiel für das Zusammenwirken von materiellem und Prozeßrecht, 1981.

[117] Zur zutreffenden Einordnung des § 1007 durch *St. Weber* u. Rz. 1247.

[118] Unten Rz. 477.

[119] Nicht zu folgen ist der Entscheidung BGHZ 5, 337, daß der aufgrund Rücktritts wegen Rechtsmangels dem Verkäufer zur Herausgabe der Sache verpflichtete Käufer sich nicht dadurch die Rückgabe der Sache schuldhaft unmöglich mache, daß er die Sache an den Eigentümer herausgebe. Die rei vindicatio des Eigentümers und der Rückgabeanspruch des Verkäufers sind als Ansprüche im Verhältnis zum Käufer gleich stark. Es ist auch das Zurücktreten des Verkäufers hinter den Eigentümer nicht damit zu begründen, daß der Verkäufer vom Käufer nicht mit der Rückgabe an sich selbst ein Verhalten verlangen könne, durch das sich der Käufer nach § 990 dem Eigentümer schadensersatzpflichtig machen würde (*Ernst*, Rechtsmängelhaftung, 1994, 196 f., 204). Eben dasselbe muß man nämlich für den Eigentümer sagen, indem dieser durch das Verlangen der Herausgabe der Sache an sich den Käufer in die Lage bringen würde, nach § 351 a. F. das Rücktrittsrecht zu verlieren oder – bei schon erklärtem Rücktritt – dem Verkäufer nach §§ 347 a. F., 989 (§ 346 IV n. F.) schadensersatzpflichtig zu werden. Weiter ergab § 440 II a. F. (die berühmte „Eviktionshaftung" ist in der n. F. ohne Begründung weggelassen) nichts für den Vorrang des Eigentümers. Die Vorschrift stellt den Schadensersatzanspruch unter die Voraussetzung der Herausgabe an den Eigentümer, sagt aber nichts zu der Frage, ob der Käufer gegenüber dem Verkäufer die Sache an den Eigentümer herausgeben darf. Weil sich der Käufer zwei im Verhältnis zu ihm gleich berechtigten Gläubigern gegenübersieht, liegt die richtige Lösung in der von *Picker* gefundenen Anwendung der Rechtsgedanken der §§ 76, 77 ZPO (*Picker*, FS Flume (1978), 649, 654 f.).

Unser Rechtsgebrauch scheint allerdings anders zu sein. In der relativen Beziehung arbeiten wir mit dem Leistungsstörungsrecht der §§ 275 ff., zum Schutz der absoluten Rechte setzen wir die allgemeinen Zuordnungssanktionen[120] ein: die negatorischen Rechte, den Schadensersatzanspruch (gestützt auf § 823 I), den Aufopferungsanspruch, den Bereicherungsanspruch (gestützt auf § 812 I 1 Alt. 2), den Anspruch aus unechter Geschäftsführung sowie die Vergütungshaftung des bösgläubigen oder verklagten Nutzers eines fremden Rechtsobjekts. Insbesondere Vertrags- und Deliktshaftung stehen als anscheinend gegensätzliche Systeme zum Schutz (vertraglicher) relativer Rechte einerseits und zum Schutz absoluter Rechte andererseits einander gegenüber. **60**

Bei näherem Hinsehen ist der Gegensatz aber ein Unterschied nur im Hinblick auf die anzuwendenden Normen und deren Details, nicht ein Unterschied in der Schutzqualität[121]. Die selbständige Regelung des Schutzes in der relativen Beziehung ist keine grundsätzlich andere, sondern eine spezielle Regelung. Allerdings bleibt es auch inter partes bei dem Unterschied zwischen dem Innehaben eines Rechts und dem Anspruch auf ein solches: Der Anspruch auf das Recht muß durch Einräumung des Rechts, d.h. die mittelbare Zuordnung muß durch Einräumung der unmittelbaren Zuordnung erfüllt werden. Umgekehrt kann sich derjenige, der das Recht innehat, auf dieses auch inter partes zunächst einmal berufen. Wenn der andere entgegenhält, daß ihm ein Anspruch auf dieses Recht zusteht, muß, wenn der Rechtsinhaber den Anspruch ablehnt, der Anspruchsprätendent die Voraussetzungen seines Anspruchs darlegen und, soweit der Gegner sie bestreitet, beweisen. Weiter können, auch wenn die Zuordnungsvoraussetzungen dargelegt werden können, die Zuordnungssanktionen nur angeknüpft werden nach dem Inhalt der Zuordnung. Was die Schutz- und Durchsetzungsqualität begründeter relativer Rechte nach ihrem Zuordnungsinhalt betrifft, besteht aber zwischen absoluten und relativen Rechten kein Unterschied. **61**

Was die identischen Schutzrechte angeht, die entweder in allgemeinen oder in speziellen Regeln zu finden sind, so gibt es in beiden Zuordnungsbeziehungen zwei gleiche Schutzfiguren, die nur für die relative Beziehung in Spezialnormen geregelt sind: In Hinsicht auf die Schadensersatzhaftung steht § 280 parallel zu § 823 I. Aber auch der Bereicherungsanspruch hat sein Pendant: § 285. Soweit sodann Spezialregelungen fehlen, müssen auch zum Schutz relativer Rechte inter partes die allgemeinen Regeln eingreifen. Der Gläubiger einer auf einen Speziesgegenstand gerichteten Leistungspflicht muß auch negatorisch, insbesondere vorbeugend gegen Eingriffe in den Leistungsgegenstand geschützt werden, wenn dies nur Eingriffe eben des Schuldners sind, also derjenigen Per- **62**

[120] S. o. Rz. 42.

[121] *Picker* AcP 183 (1983), 369, 511. Die Konsequenz für den Schutz auch des relativen Rechts inter partes nach § 687 II folgt dort S. 512 f. S. auch S. 401. Zur Frage der Anwendung des § 687 II im relativen Verhältnis bejahend BAG DB 1967, 558 verneinend BGH WM 1989, 1355 mit dem Abgrenzungskriterium, daß die Fremdheit des Geschäfts (in casu: durch eine Vertragsbeziehung des Berechtigten zu einem Dritten) äußerlich in Erscheinung treten müsse, einem Kriterium, das inter partes gerade keine Legitimation hat. S. auch *Schwark,* JuS 1989, 707 ff. Die Identität der Zuordnungskonsequenzen bei absoluten und – inter partes – bei relativen Rechten ist geläufig für den Vergleich der Herausgabeberechtigung bei sachenrechtlich wirksamer, aber rechtsgrundloser Übertragung beispielsweise des Eigentums einerseits (der Verkäufer übereignet die Kaufsache, der Kaufvertrag ist nichtig) und auch sachenrechtlich unwirksamer Übertragung (auch die Übereignung ist nichtig) andererseits: Ob die Vindikation aus dem Eigentum oder ein schuldrechtlicher Bereicherungsanspruch geltend gemacht wird, darf, für sich genommen, im Verhältnis zum Herausgabepflichtigen keinen Unterschied machen. S. etwa *H. H. Jakobs*, Eingriffserwerb und Vermögensverschiebung, 1964, S. 20 Fn. 16; *ders.* Lucrum ex negotatione, 1993; *Wilhelm*, Rechtsverletzung und Vermögensentscheidung, S. 25 Fn. 40, 73 ff.

son, der gegenüber die mittelbare Zuordnung des Gegenstands besteht[122]. Der Käufer muß gegen den Verkäufer (insbesondere vorbeugend) auf Unterlassung klagen können, wenn dieser die Kaufsache beschädigt oder zu beschädigen oder in Verlust geraten zu lassen droht. Auf demselben Unterlassungsanspruch beruht die Möglichkeit der einstweiligen Verfügung, durch die dem Verkäufer, der die Sache anderweitig zu veräußern sich anschickt, im Sinne der §§ 136, 135 die Veräußerung untersagt wird (§§ 935, 938 ZPO).

b) Die Abgrenzung der Zuordnungssanktionen in der relativen Beziehung nach dem Inhalt der Zuordnung

63 Was sodann die Beachtung des Zuordnungsgehalts betrifft, haben wir schon ausgeführt[123] die Unterscheidung von Forderungen, die auf einen Speziesgegenstand gerichtet sind, und von solchen, die gattungs- oder betragsmäßig bestimmt oder auf ein Verhalten oder Unterlassen gerichtet sind, das nicht Konsequenz eines Bereichsvorbehalts zugunsten des Gläubigers ist. Durch die nicht auf einen Speziesgegenstand gerichteten Forderungen ist das Vermögen des Schuldners damit belastet, daß der Schuldner die Leistung erbringen oder Schadensersatz leisten muß. Es gibt aber keinen dem Gläubiger zugeordneten Gegenstand, den der Schuldner zuordnungswidrig nutzen oder beeinträchtigen kann. Aber auch bei der Verpflichtung zur Leistung eines Speziesgegenstands muß auf die Reichweite der Zuordnung geachtet werden. Dies zeigt § 446 S. 2, der auch beim Spezieskauf die Nutzungen der Sache dem Käufer erst von der Übergabe der Sache an zuspricht. Allgemein trifft es zu, daß, wenn ein Vertragspartner dem anderen einen Gegenstand seines eigenen Vermögens verspricht, die Nutzung des Gegenstands als solche[124] dem anderen erst zusteht, wenn der Schuldner den Gegenstand leistet.

64 Diese Abgrenzung folgt aus dem Zuordnungsgehalt des jeweiligen Substanzrechts, nicht dagegen, sofern es nur um das Verhältnis zwischen Gläubiger und Schuldner geht, aus der Relativität des Rechts[125]. Nach der vertraglichen Regelung können dem Gläubi-

[122] Zutreffend BGH VersR 1995, 790: Anspruch des Dienstberechtigten gegen den Dienstverpflichteten auf Unterlassung von Verfügungen über das Konto eines Dritten, das zwischen Dienstberechtigtem und Drittem streitig und über das zu verfügen der Dienstverpflichtete ermächtigt ist, wenn der Dienstverpflichtete pflichtwidrig Zahlungen von Schuldnern des Dienstberechtigten auf dieses Konto hat überweisen lassen.

[123] Oben Rz. 39 Fn. 86.

[124] Anders ist es mit der Möglichkeit eines Schadensersatzanspruchs aus Verzug, berechnet nach den entgangenen Nutzungen.

[125] Auch absolute Rechte sind nur nach Maßgabe ihres Zuordnungsgehalts geschützt. Nur etwa, sofern ein dem Gläubiger absolut, d.h. gegen jedermann zugeordnetes Gut einem Verletzer zur Bereicherung gedient hat, hat der Gläubiger die Kondiktion aus § 812 I 1 Alt. 2 (*Wilhelm*, Rechtsverletzung und Vermögensentscheidung, S. 90 ff., 98 ff.). Zu Recht hat etwa der BGH dem Vermieter und Eigentümer einen Anspruch gegen den Mieter, der unberechtigt untervermietet hatte, auf Herausgabe des Übererlöses verwehrt (BGHZ 131, 297 ff.). Das Besitzrecht, über das der Mieter verfügt hatte, stand aufgrund des Mietvertrags dem Mieter und nicht dem Vermieter zu. Der Vermieter konnte nur mit dem Unterlassungsanspruch und dem Kündigungsrecht eingreifen. Gerade umgekehrt muß der Vermieter, wenn er ohne Vereinbarung mit dem Mieter die Mieträume statt an diesen an einen anderen vermietet und überläßt, nach § 285 (§ 281 a. F.) dem Mieter den erlangten Mietzins herausgeben. Der Zuordnungsgehalt und nicht die Relativität eines Rechts entschied auch im Fall OLG Frankfurt a. M. JZ 1985, 337 ff.: Das Gericht hat der Kl., der die Bekl. versprochen hatte, bei ihr ihren gesamten Bedarf an Flüssiggas zu decken, einen Anspruch auf Unterlassung des Bezuges bei einem anderen Lieferanten versagt. Der Bezugsanspruch sei keine absolut gegen jedermann geschützte Rechtsposition. Die Kl. ging aber nicht gegen jedermann, sondern gegen ihre Schuldnerin vor. Unrichtig ist auch die Meinung des OLG, ein schuldrechtlicher Erfüllungsanspruch ändere nichts an der Befugnis des Schuldners, über den geschuldeten Gegenstand zu verfügen. Schul-

ger auch einmal die Nutzungen des versprochenen Gegenstands zustehen, und dann muß die allgemeine Zuordnungssanktion der Nutzungsherausgabe durch den Schuldner, wenn dieser bösgläubig ist, eingreifen, die Relativität des Rechts ist kein Hinderungsgrund. Dies hat der BGH im Fall des Urteils vom 31.10.1986[126] verkannt.

Nach dem (hier vereinfachten) Sachverhalt hatten die Bekl. von Eheleuten Grundbesitz gekauft. Unter Anrechnung auf einen Teil des Kaufpreises hatten sie sich verpflichtet, den Eheleuten ein Wohnrecht an einer der Wohnungen auf dem Grundbesitz einzuräumen. Ihnen war der Grundbesitz übereignet worden. Die Bekl. hatten die Wohnung, an der das Wohnrecht einzuräumen war, selbst genutzt. Nach dem Tode des Ehemannes hatte der Vormund der Ehefrau für diese eine Klage auf Herausgabe der Wohnung und auf Vergütung der Nutzungen vom Zeitpunkt der Inbesitznahme der Wohnung durch die Bekl. an erhoben. Nach dem Tode der Frau hatte er den Prozeß als Nachlaßpfleger fortgeführt. Die Bekl. waren zur Herausgabe verurteilt worden. Nach der Herausgabeverurteilung war noch über den zweiten Antrag auf Nutzungsvergütung zu entscheiden.

Der BGH hat die Nutzungsvergütung nur gemäß §§ 292 II, 987 II für die Zeit ab Rechtshängigkeit der Herausgabeklage zugesprochen. Für die vorherige Zeit hat er wie folgt unterschieden: Hätten die Eheleute noch nach der Übereignung Besitz an der Wohnung gehabt und die Bekl. sich eigenmächtig in den Besitz gesetzt, so sei eine Eingriffskondiktion wegen Verletzung des rechtmäßigen Besitzes begründet. Seien die Bekl. dagegen ohne Besitzentziehung in den Besitz gekommen und verblieben, so sei eine Nutzungsvergütung abzulehnen. „Vor der Erfüllung eines schuldrechtlichen Anspruchs auf Überlassung von Räumen ist noch keine Rechtsgüterzuordnung zugunsten der Erblasser ... erfolgt, in die die Bekl. in sonstiger Weise zu Lasten der Erblasser hätten eingreifen können. ... Schuldrechtliche Ansprüche auf Herausgabe weisen ... die beanspruchten Rechtsgüter vor ihrer Erfüllung noch nicht dem Gläubiger zu. Dies zeigt sich besonders daran, daß bei Eingriffen durch Dritte die daraus resultierenden Ersatzansprüche nicht dem Gläubiger des Herausgabeanspruchs, sondern dessen Schuldner als dem Noch-Berechtigten zustehen."

An diesem letzteren, so muß man klar sehen, zeigt sich aber für das Thema gar nichts: Auf die Absolutheit der Rechtsposition kommt es nur bei der Geltendmachung gegen Dritte an, das Beweisthema des vorliegenden Falles ist demgegenüber die Beziehung inter partes. Der BGH sieht auch selbst noch die Möglichkeit inter partes, daß der Gläubiger vom Schuldner Herausgabe der von diesem gegenüber bzw. von dem Dritten erlangten Position verlangen könne. Dies bestimme sich nach den Vorschriften über die vertraglichen Leistungsstörungen. (Der BGH denkt an § 281 a. F. = 285). Für einen Anspruch auf Herausgabe vom Schuldner selbst gezogener Nutzungen hat der BGH in diesen Vorschriften offenbar keine Anspruchsgrundlage gefunden. Zu fragen war aber, ob nicht aus der Zuordnungsdogmatik eine solche zu entwickeln ist, und ob insbesondere § 281 a. F. als Ausdruck der Identität der Zuordnung auch, was die Zuordnung inter partes betrifft, zu verstehen und dies zu verallgemeinern, d.h. auch außerhalb der direkten Anwendung der Vorschrift ein entsprechender Anspruch zu gewähren ist.

det der Schuldner dem Gläubiger einen bestimmten Gegenstand, ist er im Verhältnis zum Gläubiger keineswegs befugt, über den geschuldeten Gegenstand anderweitig zu disponieren. Im Fall des OLG war ein Unterlassungsanspruch als negatorischer Schutz des Bezugsanspruchs deshalb ausgeschlossen, weil das Bezugsversprechen nicht einen bestimmten Gegenstand zugeordnet hatte, in den der Schuldner hätte beeinträchtigend eingreifen können. Vielmehr waren durch das Versprechen nur die Freiheit und das Vermögen des Schuldners belastet; die sind dem Gläubiger aber nicht zugeordnet. Eine andere Frage war, ob nicht statt des negatorischen Anspruchs aus dem Vertrag ein Erfüllungs-Unterlassungsanspruch herzuleiten war. Auch dies hat das OLG abgelehnt. Dementgegen ist in dem Versprechen des ausschließlichen Bezuges als Kehrseite das Versprechen der Unterlassung zu sehen, bei einem anderen Lieferanten zu beziehen. Faßt man den Anspruch auf ausschließlichen Bezug nur positiv, ist mit ihm mangels Bestimmtheit nichts anzufangen. Das sieht auch das Gericht. Dann wird aber die Vereinbarung überhaupt erst sinnvoll, wenn man den Unterlassungsanspruch als selbstverständliche Kehrseite des ausschließlichen Bezugsversprechens gewährt, vorbehaltlich freilich der kartellrechtlichen Zulässigkeit.

126 WM 1987, 181 ff.

Dem könnte § 292 entgegenstehen, der die Nutzungsvergütung auf die Zeit nach Rechtshängigkeit beschränkt[127]. Die Untersuchung der Rechtshängigkeitshaftung[128] wird aber noch erweisen, daß es insoweit um eine strenge Verwalterhaftung geht. Davon zu trennen ist die auf die vorhandene Bereicherung beschränkte Bereicherungshaftung (§§ 812, 818 III). Sodann kommt neben der Rechtshängigkeitshaftung die Haftung bei Bösgläubigkeit in Bezug darauf, daß der innegehabte Gegenstand zu einem anderen gehört, in Betracht. Sie steht der Rechtshängigkeitshaftung gleich (§§ 990, 987).

Weiter ist darauf zu achten, wie weit die Zuordnung eines Gegenstandes im relativen Verhältnis reicht. Verspricht der Schuldner eine Leistung des ursprünglich eigenen Vermögens, stehen dem Gläubiger die Nutzungen als solche erst von der Leistung an zu. Der Fall des BGH ist aber anders. Hier hatten die Bekl. nicht einen Gegenstand des ursprünglich eigenen Vermögens versprochen. Sie hatten vielmehr das Grundstück und die Wohnung als dessen Teil von den Eheleuten erhalten und die Wohnung an diese zurückzuerstatten. Sie hatten die Wohnung ohne rechtlichen Grund. Daran konnte die Konstruktion der Vollübereignung unter Begründung eines Anspruchs auf Rückübertragung des Wohnrechts nichts ändern. Ebenfalls nicht entscheidend konnte sein, ob die Bekl. den Besitz nach oder ohne Besitzentziehung vorenthielten. Der vertragliche Anspruch auf Einräumung des Wohnrechts entsprach einem Anspruch aus ungerechtfertigter Bereicherung. Die Ausgestaltung der Haftung war der Regelung der Haftung des bösgläubigen Bereicherungsschuldners zu entnehmen, da die Bekl. die Verpflichtung zur Einräumung des Wohnrechts und damit die Rechtsgrundlosigkeit ihres unbeschränkten Eigentums und Besitzes an der Wohnung kannten. Man mußte hier die Bekl. in analoger Anwendung der §§ 819, 818 IV, 292 II, 987 haften lassen.

c) *Die Wirkung des Trennungs- und Abstraktionsprinzips sowie der Akzessorietät inter partes und zu Dritten*

65 Um die Unterscheidung zwischen relativen und absoluten Rechten geht es auch bei dem Trennungs- und Abstraktionsprinzip sowie bei der akzessorischen Gestaltung dinglicher Rechte, und auch in diesen beiden Punkten ist die Unterscheidung zwischen dem Verhältnis inter partes und dem zu Dritten beachtlich. Mit Trennung und Abstraktion unterscheidet die Rechtsordnung Verfügungsgeschäfte und ihre causa, insbesondere das Kausalgeschäft. Das Verfügungsgeschäft betrifft die unmittelbare Zuordnung, indem es Rechte überträgt, ändert oder aufhebt, das Kausalgeschäft betrifft die mittelbare Zuordnung, indem es über den Rechtsgrund der Änderung der unmittelbaren Zuordnung entscheidet, insbesondere eine Verpflichtung dazu begründet. Die akzessorische Gestaltung von Rechten, im Sachenrecht die akzessorische Gestaltung der Hypothek und des Pfandrechts, bedeutet die inhaltliche Verklammerung des dinglichen Rechts mit der gesicherten Forderung, insoweit also eine Verbindung von unmittelbarer und mittelbarer Zuordnung. Das Gegenstück ist die Grundschuld, die von einer Forderung unabhängig ist, und zwar auch dann, wenn sie zur Sicherung einer Forderung bestellt wird (sog. Sicherungsgrundschuld).

66 Bei der Unterscheidung des Rechtsverhältnisses inter partes und zu Dritten im Hinblick auf das Trennungs- und Abstraktionsprinzip und die Akzessorietät oder Nichtakzessorietät geht es darum, daß auch, was diese Gestaltungsprinzipien betrifft, die unterschiedliche Gestaltung der unmittelbaren Zuordnung eine materiellrechtliche Relevanz nur im Verhältnis zu Dritten, aber nicht inter partes haben darf. Nur für den Erfülltheitszustand der Zuordnung und für die prozessuale Darlegung ist es von Belang, ob eine Partei gegen die andere nur ein relatives Recht oder das absolute innehat. Die Schutzqualität des Rechts darf auch für das relative, ist es erst einmal belegt, inter partes nicht von der des absoluten Rechts unterschieden sein.

[127] So noch *Wilhelm*, ZRP 1986, 62, 63 Fn. 16, 64 Fn. 24. In der Grundauffassung anders schon *ders.*, ZIP 1987, 1497, 1504.

[128] Unten Rz. 1134 ff.

67 Um diese Problematik des Trennungs- und Abstraktionsprinzips ist es im Fall einer Entscheidung des BGH[129] gegangen. In dem Fall hatte der Käufer eines Grundstücks seiner Bank im Rahmen der Kaufpreisfinanzierung mit Ermächtigung des Verkäufers und Eigentümers an dem Grundstück eine Grundschuld bestellt. Der Sicherungszweck war aber über den Finanzierungskredit hinaus für die ganze Geschäftsbeziehung des Käufers zur Bank vereinbart worden. Dies entsprach nicht der Ermächtigung des Verkäufers. Der BGH hat es abgelehnt, die Sicherungsvereinbarung nach § 139 in dem der Ermächtigung entsprechenden Teil aufrechtzuerhalten. Seine Begründung war, daß die Sicherungsvereinbarung von der Bestellung getrennt und als solche einheitlich zu sehen sei. Die Bestellung zu dieser Sicherungsvereinbarung habe die Ermächtigung überschritten. Sieht man dagegen auf das Verhältnis inter partes, so ist das Geschäft der Bestellung zur Sicherheit als ganzes zu sehen und darauf § 139 anzuwenden[130].

68 Die materiellrechtliche Irrelevanz des Trennungsprinzips im Verhältnis inter partes rechtfertigt auch die bekannte Feststellung, daß der gesetzliche Vertreter dem Minderjährigen nicht ein reallastbelastetes Grundstück dadurch wirksam schenken kann, daß er zunächst dem Minderjährigen gegenüber ein Schenkungsversprechen als lediglich rechtlich vorteilhaftes Geschäft (es wird ja nur der schuldrechtliche Anspruch des Minderjährigen begründet) vornehmen und sodann das Schenkungsversprechen durch Insichgeschäft erfüllen kann unter Berufung darauf, daß § 181 deshalb entfalle, weil er wegen des wirksamen Schuldversprechens in Erfüllung einer Verbindlichkeit handele. Die Zuwendung der Reallast ist inter partes Einheit und wegen § 1108 I ein nicht lediglich rechtlich vorteilhaftes Geschäft[131].

69 Was sodann die Unterscheidung zwischen akzessorischen und nicht akzessorischen Rechten betrifft, ist deren materiellrechtliche Irrelevanz im Verhältnis inter partes[132] durch das folgende Beispiel darzutun: Zahlt der durch eine (akzessorische) Hypothek belastete Eigentümer eines Grundstücks, der auch Schuldner der gesicherten Forderung ist, auf die gesicherte Forderung, so erlischt die Forderung (§ 362 I). Aufgrund der Akzessorietät steht die Hypothek nicht mehr dem Gläubiger zu, vielmehr geht sie nach § 1163 I 2 auf den Eigentümer über. Zahlt der durch eine Sicherungsgrundschuld belastete Eigentümer und Schuldner auf die Forderung, so bleibt die Sicherungsgrundschuld, weil sie nicht akzessorisch ist, dennoch beim Gläubiger. Inter partes stehen dem Gläubiger der Grundschuld aber ebenso wenig wie dem Hypothekengläubiger weitere Zahlungen durch den Eigentümer zu. Würde der Gläubiger aus der Grundschuld gegen den Eigentümer vorgehen, hätte dieser die Einrede der Arglist, weil der Gläubiger nach der Sicherungsvereinbarung wieder herausgeben müßte, was er aus der Grundschuld erlangen sollte[133]. Das Beispiel zeigt zugleich, inwiefern der Unterschied zwischen mittelbarer und unmittelbarer Zuordnung auch inter partes relevant werden kann. Für die Darlegungs- und Beweislast kann die Relevanz bestehen: Geht der Gläubiger aus der Hypothek vor, muß er für seine Berechtigung sowohl die Forderung als auch die Hypothek dartun. Dagegen braucht der Gläubiger der Grundschuld nur diese darzutun. Die Einrede aus dem Sicherungsvertrag, daß wegen der Erfüllung der gesicherten Forderung

[129] BGH WM 1988, 1849 (= ZIP 1989, 12, EWiR § 185 BGB 1/89, 123 (*Köndgen*)).

[130] Ausführliche Besprechung des Falls in der Vorauflage Rz. 911.

[131] In diesem Fall wendet zutreffend die Einheitsbetrachtung an BGH NJW 1981, 111; s. auch MünchKomm/*Gitter* § 181 Rz. 8 f.

[132] Gegen die Argumentation mit der Akzessorietät der Hypothek, um damit im Verhältnis zwischen Bank und Kunde die Unangemessenheit von AGB bei der Sicherungsbestellung von Grundschulden zu begründen, *Wilhelm*, Festgabe 50 Jahre BGH I (2000), S. 897, 912 f.

[133] Dolo petit qui petit quod statim redditurus est. Die Einrede wird vorausgesetzt (nicht begründet, das BGB sagt nichts Selbstverständliches) in § 478 a. F. (entspr. § 438 IV 2) und in § 821.

der Gläubiger das aus der Grundschuld Erlangte sogleich wieder zurückgeben müßte, muß der Eigentümer dartun[134].

IV. Begründung und Änderung der absoluten und der relativen Zuordnung

70 Die absolute und relative Zuordnung von Gütern wird entweder durch das objektive Recht oder durch Rechtsgeschäft begründet, geändert oder aufgehoben. Die Begründung von Forderungen als relativen Rechten folgt gesetzlich insbesondere aus Haftungstatbeständen, rechtsgeschäftlich aus sog. *Verpflichtungsgeschäften.* Das Verpflichtungsgeschäft erfordert nach § 311 I grundsätzlich einen Vertrag. Auch die Änderung und die Aufhebung eines Verpflichtungsgeschäfts nehmen an der Natur des Geschäfts als Verpflichtungsgeschäft teil. § 311 I bezieht deshalb die Änderung in die Regelung der Begründung eines Schuldverhältnisses mit ein. Die Aufhebung eines Verpflichtungsgeschäfts, die selbstverständlich möglich ist, wird in § 311 I nicht erwähnt, weil die Norm nicht das Verpflichtungsgeschäft, sondern das Schuldverhältnis betrifft. Dessen Kehrseite ist die Forderung, und für die gibt das Gesetz eine Aufhebungsregelung (§ 397). Die Aufhebung der Forderung ist schon Verfügungsgeschäft. Auch die Übertragung der Forderung (§ 398) ändert die absolute Zuordnung des Rechts[135] und gehört somit in den Kreis der Verfügungsgeschäfte.

71 Was die absoluten Rechte betrifft, ist die Begründung vor allem bei Rechten außerhalb des Sachenrechts denkbar, und zwar die Begründung durch Gesetz. So wird für den Erfinder nach den Vorschriften des PatentG ein Patentrecht, für den Werkschöpfer ein Urheberrecht nach dem UrhG begründet. Im Bereich der Rechte an Sachen ist Grundstückseigentum in der Vergangenheit begründet worden, als noch Eroberungsfeldzüge durchgeführt wurden[136]. Darauf, wie ebenso auf die Eroberungen im Weltraum, bezieht sich aber unser bürgerliches Sachenrecht nicht. Heute gibt es die Begründung des Eigentums an beweglichen Sachen durch Aneignung (§ 958) und des Eigentums an Grundstücken durch Eintragung in das Grundbuch nach Ausschluß eventueller anderer Berechtigter (§ 927 II) oder wiederum durch Aneignung (§ 928 II 2). Im übrigen wird Eigentum nicht begründet, sondern vorhandenes Eigentum erworben. Beschränkte dingliche Rechte werden schon ihrem Wesen nach zu Lasten eines bisherigen Berechtigten erworben. Die „Begründung" beschränkter dinglicher Rechte ist nichts anderes als eine Übertragung von Teilbefugnissen aus dem Quellrecht, an dem sie bestellt werden oder, anders ausgedrückt, das durch sie „belastet" wird (§ 873 I).

72 Die Begründung von Rechten kann nicht zum Gegenbegriff der Verpflichtungsgeschäfte, den *Verfügungsgeschäften*, gehören, weil ja schon das Verpflichtungsgeschäft in seinem Hauptfall auf die Begründung eines Rechts, nämlich die Begründung mindestens einer Forderung, gerichtet ist. Die Begründung von Rechten kann aber auch deshalb keine Verfügung sein, weil die Verfügung einen Gegenstand voraussetzt, über den verfügt wird. Die Begründung eines Rechts schafft aber den Gegenstand erst. Rechtsbegründende Akte sind also auch dann keine Verfügungen, wenn es um die Begründung

[134] Allerdings hilft dem Gläubiger der Hypothek grundsätzlich das Grundbuch. Insofern besteht in unserem Fall nicht einmal ein prozessualer Unterschied: Wenn der zahlende Eigentümer nicht für die Berichtigung sorgt, streitet das Grundbuch für den Gläubiger, und zwar auch hinsichtlich des Bestehens der Forderung (§ 1138). Wenn der Eigentümer sich davor schützen will, darf er dem Gläubiger nur eine Sicherungshypothek bestellen (nach § 1185 II gilt für diese § 1138 nicht).

[135] S. u. Rz. 103 ff.

[136] Ein analoger Vorgang heute ist die Aneignung der Telekommunikationswege durch den Staat, um Rechte daran im Wege der Versteigerung von Lizenzen nach dem TKG zu vergeben.

eines absoluten Rechts geht. Die Aneignung ist keine Verfügung[137]. Verfügungsgeschäfte sind mithin die Änderung, Übertragung, Belastung[138] und Aufhebung absoluter Rechte und ebenso die Übertragung und Aufhebung relativer Rechte.

Die Verfügung der *Übertragung* eines absoluten, aber auch eines relativen Rechts geschieht, da Veräußerer und Erwerber betroffen sind, durch Vertrag, zu dem weitere Erfordernisse hinzutreten können (etwa die Übergabe nach § 929 S. 1). Diesen Vertrag nennt das BGB für die Forderung Abtretung (§ 398) und für die Sachenrechte Einigung (§§ 929 S. 1, 925 I 1). **73**

Die Verfügung der *Aufhebung* eines Sachenrechts geschieht durch einseitige Erklärung, zu der aber ebenso wie bei der Einigung zusätzliche Erfordernisse hinzutreten können (s. §§ 875, 876, 959, 1064 etc.). Mit der Aufhebung *verzichtet* also der Berechtigte auf sein Recht. Das 3. Buch des BGB nennt die Aufhebung dennoch nicht Verzicht. Den Begriff Verzicht verwendet es für eine besondere Verzichtsart, die es von einer anderen unterscheidet, die es Aufhebung nennt. Bei der Hypothek gibt es die Aufhebung, mit der das Verwertungsrecht vollständig untergeht (§§ 875, 1183). Davon unterschieden wird der Verzicht, mit dem der Gläubiger nur auf die Hypothek als Sicherung seiner Forderung verzichtet – die Hypothek geht aber nicht unter, sondern wird frei und geht auf den Eigentümer über (§§ 1168, 1175, 1177, 1178 II). Nur diese letztere Art der Aufgabe des eigenen Rechts nennt das Sachenrecht des BGB Verzicht. **74**

Der BGH hat den Verzicht auf den Eintritt der Bedingung bei aufschiebend bedingter Verfügung anerkannt, sofern die Bedingung ausschließlich den Verzichtenden begünstigen soll[139]. Der Verzicht geschehe durch einseitige, formfreie, empfangsbedürftige Willenserklärung[140]. Dem ist zu widersprechen. Der Verzicht ist die Aufgabe einer Rechtsposition oder auch (s. § 151) das Absehen von formellen Erfordernissen, die über den materiellen Rechtsgrund der interessierenden Rechtsfolge hinaus, etwa zur Klarstellung, zugunsten des Verzichtenden eingerichtet sind. Der Verzicht ist abhängig von dem Gegenstand, auf den verzichtet wird. Ist dieser ausschließlich in der Hand des Verzichtenden, kann dieser ihn einseitig aufgeben oder von ihm absehen, d.h. auf ihn verzichten. Liegt der Gegenstand aber in einem Vertrag, so kann dieser nicht einseitig umgestaltet werden. Wenn auf die Bedingung bei der aufschiebend bedingten Übereignung oder Abtretung verzichtet wird, soll entgegen der Vereinbarung das Recht sofort statt mit Eintritt der Bedingung auf den Erwerber übergehen. Damit handelt es sich nicht um einen Verzicht auf einen einseitig in der Hand des Verzichtenden befindlichen Gegenstand, sondern um die Umgestaltung einer Übertragung, die der Einigung bedarf. Die **75**

137 Die Aneignung nach § 958 ist nicht einmal ein Rechtsgeschäft, sondern ein bloßer Realakt. Das Sich-Eintragen-Lassen nach einem Ausschlußurteil gemäß § 927 ist zwar rechtsgeschäftlicher Natur, aber keine Verfügung. Zum rechtsgeschäftlichen Charakter des Eintragungsantrags nach § 927 II s. Staudinger/*Pfeifer* § 927 Rz. 24.

138 Die Belastung ist als Übertragung besonderer Art hervorzuheben.

139 BGH LM § 127 BGB Nr. 1 betreffend die aufschiebend bedingte Übereignung beim Eigentumsvorbehalt; VIII. Senat des BGH BGHZ 127, 129 = LM § 15 GmbHG Nr. 28 m. Anm. *Wolf* (1. Revisionsentscheidung, 2. Revisionsentscheidung BGH LM § 15 GmbHG Nr. 30 mit Anm. *Wilhelm*) betreffend die durch Zahlung des Kaufpreises aufschiebend bedingte Abtretung von GmbH-Anteilen nach § 15 III GmbHG.

140 Der Vertragsänderung (bei Formbedürftigkeit des Vertrages: in der vorgeschriebenen Form) soll es dagegen für den Verzicht auf die Bedingung in einem Verpflichtungsvertrag bedürfen (z.B. in dem über die Verpflichtung zur Abtretung eines GmbH-Geschäftsanteils), BGH II. Senat ZIP 1989, 234 ff.; ebenso für den Übernahmevertrag bei der Kapitalerhöhung der II. Senat BGH ZIP 1999, 310 mit Anm. *Wilhelm* EWiR § 55 GmbHG 1/99, 323.

Streichung der Bedingung kann also nicht einseitig erfolgen. Es bedarf der einvernehmlichen Änderung der bisher bedingt geschlossenen Einigung[141].

76 Die Verfügung gibt Rechte weg. Damit setzt sie zu ihrer Wirksamkeit die Verfügungsbefugnis als die Befugnis voraus, über das Recht, das weggegeben werden soll, zu verfügen. Diese steht grundsätzlich dem Rechtsinhaber zu; sie kann aber eingeschränkt oder dem Rechtsinhaber genommen sein; Beispiele von Verfügungsbeschränkungen sind die in der Insolvenz (§§ 80 f. InsO) und die Verfügungsbeschränkung durch gerichtliches Veräußerungsverbot (§ 938 II ZPO, § 136 BGB). Umgekehrt kann ein Nichtberechtigter Verfügungsbefugnis haben, nämlich durch die Zustimmung des Berechtigten (§ 185 I, II 1).

77 Gibt die Verfügung Recht weg und ist damit grundsätzlich die Berechtigung Voraussetzung der Verfügung, so ist die wichtigste Verfügungsbeschränkung die Verfügung selbst. Mit ihr verliert der Berechtigte sein Recht nach dem Maß der Verfügung, eine weitere Verfügung desselben Verfügenden mit identischem Gegenstand gibt es jetzt nur noch, soweit ein Nichtberechtigter verfügen kann. Es gilt unter diesem Vorbehalt der Satz: *nemo plus iuris transferre potest quam ipse habet.*

78 Die Verfügung ist aber nicht nur selbst die wichtigste Art der Verfügungsbeschränkung, sie ist andererseits auch eine Schranke für die anderen Arten von Verfügungsbeschränkungen: Ist nämlich eine Verfügung perfekt, kann insoweit dem Verfügenden nicht mehr durch Insolvenz oder Veräußerungsverbot die Verfügungsbefugnis genommen werden. Gerät z.B. der Verfügende in die Insolvenz, wirkt sich der Ausschluß der Verfügungsbefugnis nach §§ 80, 81 InsO auf die vollendete Verfügung nicht mehr aus. Wann die Verfügung perfekt ist und folglich die andere Verfügungsbeschränkung ins Leere geht, hängt vom Verfügungstatbestand ab. Dieser ist nicht immer eindeutig, da man Verfügungswirkungen schon bei der Verwirklichung eines Teils der Tatbestandsmerkmale annehmen kann, z.B. in § 956 den Erwerb eines Anwartschaftsrechts aufgrund der Gestattung und Besitzergreifung[142]. Ausnahmsweise zieht auch das Gesetz die der Verfügungsbeschränkung vorgreifliche Verfügungswirkung vor: s. § 878[143].

79 Von der Frage, ob die Verwirklichung von Verfügungsmerkmalen dem Verfügenden oder demjenigen, über dessen Recht er mit Verfügungsbefugnis verfügt, schon das Recht genommen hat, hängt auch die Frage ab, ob bei Hintereinanderschaltung mehrerer Verfügungen über denselben Rechtsgegenstand der Letzterwerber das Recht im Durchgangserwerb durch die verschiedenen Verfügungsstationen oder im Direkterwerb erwirbt. Von der Frage hängt ab, ob gegen den Zwischenmann wirksame Pfandrechte oder auch ein gegen ihn bestehender Hypotheken- oder Grundschuldverband oder schließlich die Beschlagnahme seines Vermögens im Insolvenzverfahren aufgrund seines Durchgangserwerbs das Recht erfassen. Beim Kauf unter Eigentumsvorbehalt wird dem Käufer schon aufgrund der bedingten Übereignung ein Anwartschaftsrecht eingeräumt. Dieses kann er übertragen, damit verliert er durch die Übertragung sein Recht. Bei Kaufpreiszahlung erwirbt der Anwartschaftserwerber folglich nicht mehr im Durchgang durch

[141] Nach BGHZ 127, 129 kann der Veräußerer von Geschäftsanteilen an einer GmbH durch Verzicht auf die Bedingung einseitig dem Zessionar die Heilungswirkung nach § 15 IV 2 GmbHG aufdrängen. Das ist weder dem Erwerber zuzumuten, noch ist dem Veräußerer um der Heilung willen der Verzicht auf die Bedingung der Kaufpreiszahlung zuzumuten. Entgegen der Konstruktion des BGH mit dem Verzicht auf die Bedingung ist schon der bedingten Abtretung selbst die Heilungswirkung zuzuerkennen (*Wolf* in seiner Anmerkung zu BGH LM o. Fn. 139); zur Verzichtsmöglichkeit und zur Frage der Heilung zutreffend *Pohlmann,* NJW 1999, 190, 191 f.

[142] Zur Frage u. Rz. 950 ff.

[143] Damit darf nicht verwechselt werden die Frage, ob eine Erklärung als Bestandteil des Verfügungstatbestands endgültig oder widerruflich ist (s. § 873 II, 875 II).

den Anwartschaftsveräußerer[144]. Demgegenüber tritt bei der antizipierten Übereignung, weil der in dieser Weise Übereignende das Recht für die Weiterübereignung erst selbst noch erwerben muß, Durchgangserwerb ein.

V. Dingliche und schuldrechtliche Ansprüche im Sachenrecht

Die Unterscheidung zwischen dem Anspruch *auf* etwas als schuldrechtlicher Position **80**
und dem Recht *an* einem Gegenstand als sachenrechtlicher Position ist auf die Ebene des Rechts bezogen. Das Mir-Gehören betrifft die *rechtliche* Alleinzuständigkeit, das Von-Rechts-wegen-meiner-Alleinherrschaft-Unterfallen. Der rechtlichen entspricht aber nicht immer die *tatsächliche* Alleinherrschaft: Der Zustand meiner Sachen kann von meinem Recht und dessen Ausübung durch mich abweichen. Etwa kann mir jemand meine Sache weggenommen haben. Dann entstehen aus dem Sachenrecht die erwähnten[145] Subjekt-Subjekt-Beziehungen, d.h. Ansprüche auf Verwirklichung der dem Recht entsprechenden konkreten Sachherrschaft: Herausgabe-, Beseitigungs-, und Unterlassungsansprüche (§§ 985, 1004). Es sind die dinglichen Ansprüche. Wir haben sie im Rahmen des Kanons der Zuordnungssanktionen[146] als negatorische Ansprüche kennengelernt. Sie gehören zum Sachenrecht als Mittel der Verwirklichung des schon bestehenden absoluten Rechts. Zu den dinglichen Ansprüchen gehören auch die Besitzschutzansprüche, obwohl der Besitz kein Sachenrecht ist.

Die dinglichen Ansprüche sind von den auf Sachen bezogenen schuldrechtlichen zu **81**
unterscheiden. Sie beseitigen oder verhüten die Herrschaft einer anderen Person über eine Sache, die das Mir-Gehören der Sache faktisch stört. Dagegen gibt das Schuldrecht einerseits Ansprüche auf Übertragung von Sachenrechten, auf Beschaffen von etwas, was mir nicht gehört, und andererseits Herausgabeansprüche aus besonderen nach Schuldrecht verpflichtenden Gründen (z. B. aus ungerechtfertigter Bereicherung, §§ 812 ff., oder unerlaubter Handlung, §§ 823 ff. mit § 249).

Dingliche und schuldrechtliche Ansprüche sind nicht säuberlich zwischen Schuld- und **82**
Sachenrecht getrennt. Zunächst gibt es den dinglichen gleichstehende, nämlich ebensolche negatorischen Ansprüche bezüglich schuldrechtlicher Ansprüche, d.h. in Bezug auf Forderungen. Wie weiter unten[147] auszuführen, kommen negatorische Ansprüche zur Verteidigung oder Realisierung der Inhaberschaft von Forderungen in Betracht. Der Rechtskreis der Forderung kann also nicht insgesamt als schuldrechtlich dem Kreis der dinglichen Ansprüche gegenübergestellt werden.

Umgekehrt enthält das Sachenrecht als Spezialmaterie schließlich auch noch schuldrechtliche Ansprüche, die mit den genannten dinglichen nur eng zusammenhängen. Materiell handelt es sich dabei um Spezialregelungen des Schuldrechts. Das sind etwa die Nebenfolgen der Vindikation (§§ 987 ff.) als Spezialansprüche im Verhältnis zum allgemeinen Delikts- oder Bereicherungsanspruch.

Zusammengefaßt: Sachenrecht betrifft das unmittelbare Gehören vor allem von Sa- **83**
chen im Gegensatz zu schuldrechtlichen Ansprüchen auf Sachenrechte und auf Herstellung faktischer Zustände. Zu letzteren stehen auch die Ansprüche aus Sachenrechten (§§ 985, 1004) in Gegensatz. Diese stehen aber als negatorische Ansprüche den negatorischen Ansprüchen zum Schutz der Inhaberschaft von Forderungen gleich. Sodann enthält das Sachenrecht aber in Gestalt von Spezialregelungen auch schuldrechtliche

[144] S. u. Rz. 2168.
[145] Oben Rz. 50.
[146] Oben Rz. 42.
[147] S. unten Rz. 103 ff.

Normen, die in engem Zusammenhang stehen mit der Beeinträchtigung der Sachherrschaft gemäß dem jeweiligen Sachenrecht.

VI. Eigentum, beschränkte dingliche Rechte, Besitz

1. Eigentum und beschränkte dingliche Rechte, subjektiv-dingliche Rechte, Eigentümerrechte, Abgrenzung des Besitzes

84 Das BGB unterscheidet Rechte an Sachen und Rechte an Rechten, insbesondere an Forderungen. Unter den Rechten an Sachen ist zwischen dem Eigentum und den beschränkten dinglichen Rechten zu unterscheiden. Dem Eigentümer gehört die Sache in einem im Ausgangspunkt (d.h. vorbehaltlich einer Belastung mit beschränkten Rechten) umfassenden Sinn (§ 903). Der Inhaber dagegen etwa eines Pfandrechts an einer Sache als eines beschränkten Rechts an der Sache hat die Sache nur zur Sicherung und zur Verwertung (§§ 1204 ff.); der Nießbraucher hat sie nur zur Nutzung (§§ 1030 ff.).

85 In systematischer Ordnung regelt das BGB im Sachenrecht die folgenden dinglichen Rechte, nachdem zuvor die tatsächlichen Grundlagen dieser Rechte, Besitz (§§ 854 ff.) und Grundbuch (§§ 873 ff.), behandelt worden sind: Zunächst das *Eigentum* als umfassendes Herrschaftsrecht an einer beweglichen Sache oder einem Grundstück (§ 903) mit dem Sonderfall des *Miteigentums* (§§ 1008 ff.) und sodann die beschränkten dinglichen Rechte als Rechte in Gestalt von Befugnissen, die im Ausgangspunkt zum Eigentum gehören. Das BGB baut seine Regelung nach den zum Eigentumsinhalt gehörenden Befugnissen auf, indem es die Befugnisse, soweit sie zum Gegenstand selbständiger Rechte sollen gemacht werden können, und die im Hinblick auf sie abtrennbaren Rechte systematisch ordnet. Das Eigentum umfaßt die Befugnis zu gebrauchen und zu nutzen (oder dies gerade nicht zu tun), weiterhin: zu verfügen, sei es daß man an einen anderen veräußert, sei es daß man die Sache verwertet. Die Reihe der beschränkten dinglichen Rechte hat – bis zur Schaffung der ErbbauVO – begonnen mit dem umfassendsten Recht, nämlich dem Recht, ein Gebäude auf einem Grundstück zu haben (*Erbbaurecht*[148]). Heute steht im BGB an erster Stelle das Recht, das in der mannigfaltigsten Weise Einwirkungsrechte aus dem Eigentum abtrennen kann, nämlich die *Dienstbarkeit*, mit der *Grunddienstbarkeit* an der Spitze (§ 1018), die die unterschiedlichsten Rechte zur Einwirkung auf ein Grundstück umfassen kann, sodann dem *Nießbrauch* (§ 1030), der die besondere Einwirkungsmöglichkeit der Nutzung zum Gegenstand und hinsichtlich des Gegenstands den weitesten, nämlich sogar das Eigentum überschreitenden Bereich hat, indem es nicht nur den Nießbrauch an Grundstücken und beweglichen Sachen – § 1030 –, sondern auch den an einem Recht – § 1068 – und den an einem Vermögen – § 1085 – gibt, schließlich mit dem zur Grunddienstbarkeit speziellen Fall der *beschränkten persönlichen Dienstbarkeit* (§ 1090). Es folgen das Recht, das in die Befugnis des Eigentümers eines Grundstücks eingreift, das Grundstück zu veräußern (*Vorkaufsrecht*, § 1094), weiter das Recht, aus einem Grundstück wiederkehrende Leistungen zu erwirtschaften (*Reallast*, § 1105), und die Rechte, ein Grundstück zur Erlangung einer bestimmten Geldsumme zu verwerten (sei es zur Befriedigung wegen einer Forderung, *Hypothek*, § 1113, sei es davon unabhängig, *Grundschuld*, § 1191) oder zur Erlangung

[148] An die Stelle der Regelung über das Erbbaurecht als das denkbar umfassendste Nutzungsrecht (§§ 1012 ff. a.F.) ist nach dem 1. Weltkrieg die ErbbauVO getreten. Die Vorschriften des BGB sind nur noch für Altrechte in Kraft geblieben (§ 38 ErbbauVO), ganz aufgehoben jetzt durch Art. 1 Nr. 65 SchuldRModG. – Vom Wohnungsrecht i.S. des § 1093 zu unterscheiden ist das im WEG besonders geregelte *Dauerwohnrecht* (§§ 31 ff. WEG).

wiederkehrender Geldzahlungen (*Rentenschuld*, § 1199)[149]. Das Sachenrecht schließt ab mit dem Recht, eine bewegliche Sache oder ein Recht zur Erlangung einer Geldsumme um der Befriedigung wegen einer Forderung willen zu verwerten (*Pfandrecht an beweglichen Sachen*, § 1204, *an Rechten*, § 1273).

Als *beschränktes dingliches Recht, welches an beweglichen und unbeweglichen Sachen* bestehen kann, ist also nur der *Nießbrauch* geregelt (§§ 1030 ff.). Aber auch das Recht, eine Sache zur Befriedigung wegen einer Forderung zu verwerten, kann an beweglichen wie an unbeweglichen Sachen bestehen. Nur heißen die Rechte hier unterschiedlich, nämlich Pfandrecht einerseits (§§ 1204 ff.) und Hypothek andererseits (§§ 1113 ff.). *Nießbrauch und Pfandrecht gibt es auch an anderen Rechten als dem Eigentum* (§§ 1068 ff., 1273 ff.). Alle anderen hier genannten Rechte sind Grundstücksrechte. Darunter gibt es auch *grundstücksgleiche Rechte*, etwa das Erbbaurecht. An diesen können Rechte wie an dem Grundstückseigentum bestellt werden (s. § 11 ErbbauVO). Wenn das Gesetz von der Belastung eines an einem Grundstück bestellten Rechts spricht (s. §§ 873 I, 876), so meint es mit dem an einem Grundstück bestellten Recht ein zu Lasten des Grundstückseigentums bestelltes beschränktes dingliches Recht und mit der Belastung des Rechts ein wiederum zu Lasten dieses beschränkten dinglichen Rechts eingeräumtes Recht. Solche Rechte an einem Grundstücksrecht sind zunächst möglich an den genannten grundstücksgleichen Rechten. Weiter meint das BGB mit der Belastung an einem Grundstück bestehender Rechte den Nießbrauch und das Pfandrecht an Rechten, die am Grundstück oder an einem grundstücksgleichen Recht bestellt sind (§§ 1068 ff., 1273 ff.). **86**

Die beschränkten dinglichen Rechte sind nach der Zuständigkeit zu unterscheiden in die einer bestimmten Person zustehenden (*persönlichen*) und die dem jeweiligen Eigentümer eines anderen Grundstücks zustehenden (*subjektiv-dinglichen oder Real-) Rechte*[150]. Die subjektiv-dinglichen Rechte sind nach § 96 Bestandteile des Grundstücks. Damit werden sie zusammen mit dem Grundstückseigentum übereignet und fallen nach §§ 1120 ff. in die Hypothekenhaftung. Der Einordnung in wesentliche oder unwesentliche Bestandteile bedarf es nicht; diese Abgrenzung nach § 93 ist eine Abgrenzung im Hinblick auf die Sache, während § 96 nur Rechte im Hinblick auf die Bestandteilseigenschaft Sachbestandteilen gleichstellt. Die selbständige Abtretbarkeit oder Nichtabtretbarkeit ergibt sich aus dem Inhalt des Rechts. Was die subjektiv-dinglichen Rechte betrifft, sind sie als dem jeweiligen Eigentümer zustehende Rechte vom Eigentum nicht trennbar[151]. **87**

Beispielhaft für die Unterscheidung von persönlichen und subjektiv-dinglichen Rechten ist die zwischen der beschränkten persönlichen Dienstbarkeit (§ 1090) und der Grunddienstbarkeit (§ 1018). Reallasten, dingliche Vorkaufsrechte können in beiderlei Zuständigkeitsarten bestellt werden (§§ 1105 I, II, 1094 I, II)[152], Nießbrauch, Erbbaurecht, (Grund-) Pfandrechte nur als persönliche Rechte.

Weil die subjektiv-dinglichen Rechte jedem Eigentümer zustehen und deshalb nicht dem Inhalt, sondern der Rechtszuständigkeit nach von den entsprechenden subjektiv- **88**

[149] Hypothek, Grund- und Rentenschuld sind in einem, dem 8. Abschnitt des vierten Buches, zusammengefaßt.

[150] § 444 a. F. gebrauchte für letztere den Ausdruck Gerechtsame.

[151] Von wesentlichen Bestandteilen sprechen RGZ 93, 71, 73; BGH NJW 1954, 1443, 1445; *Wolff/Raiser* § 2 Fn. 29, § 108 III, IV mit Fn. 15; Palandt/*Heinrichs* § 96 Rz. 1, 2.

[152] Es gibt also eine Reallast, die kein „Realrecht" ist („Reallast" ist eine Bezeichnung vom Gegenstand her; sie betrifft das Recht auf Realien aus dem Grundstück; Realrecht ist eine Bezeichnung von der Zuständigkeit her: Es geht um das einer anderen „res" dienliche, d.h. dem jeweiligen Eigentümer dieser Sache zustehende Recht; dieser Zuständigkeitsbezug wird durch den anderen Ausdruck „subjektiv-dingliche Rechte" klarer hervorgehoben).

persönlichen Rechte unterschieden sind[153], ist eine Inhaltsänderung der subjektiv-dinglichen in subjektiv-persönliche Rechte nicht möglich. Für die Umwandlung sind Aufhebung und Neubegründung nötig[154]. Für das Vorkaufsrecht und die Reallast, deren Regelung beide Möglichkeiten nebeneinander stellt (§§ 1094 I, II, 1105 I, II), ist der Ausschluß der Inhaltsänderung zwischen beiden Formen ausdrücklich hervorgehoben (§§ 1103, 1110, 1111). Für die Grunddienstbarkeit und die beschränkte persönliche Dienstbarkeit, die als verschiedene Rechte an verschiedenen Orten geregelt sind (§§ 1018 ff., 1090 ff.), war diese Hervorhebung unnötig[155].

89 Die beschränkten dinglichen Rechte an Grundstücken sind auch als persönliche Rechte des Eigentümers des belasteten Grundstücks (Eigentümerrechte) denkbar. § 1196 I sagt, daß die Grundschuld auch für den Eigentümer (des Grundstücks, auf dem die Grundschuld lasten soll), bestellt werden kann. § 1196 II regelt die Bestellungserfordernisse. § 889 erhält generell beschränkte dingliche Rechte aufrecht, wenn der Berechtigte das Eigentum an dem mit dem Recht belasteten Grundstück erwirbt. Entsprechend ist über § 1196 hinaus die Möglichkeit der Bestellung beschränkter dinglicher Rechte in der Hand des Eigentümers generell anerkannt, wenn der Eigentümer ein Bedürfnis dafür hat, insbesondere wenn die Bestellung der Vorbereitung eines späteren Transfers des Rechts an Dritte oder dem Vorbehalt des Rechts bei späterer Übertragung des Eigentums dient[156]. Für die Bestellung gelten die in § 1196 II genannten Erfordernisse.

90 Kein dingliches Recht i.S. des Mir-Gehörens ist der Besitz, insbesondere der sog. Rechtsbesitz[157]. Der Besitz ist tatsächliche Sachherrschaft, die freilich rechtlich geschützt

[153] Vom subjektiv-dinglichen Recht zu unterscheiden ist die Bestellung eines Rechts für einen bestimmten Eigentümer und seine Rechtsnachfolger, dies ist die Bestellung eines subjektiv-persönlichen Rechts, für das die Übertragbarkeit bestimmt wird (BGHZ 37, 147, 152 ff. mit Anm. *Rothe* LM Nr. 5 zu §§ 1094, 242).

[154] Einigen sich die Parteien über eine Umwandlung und trägt das Grundbuchamt falsch eine Inhaltsänderung ein, ist zu prüfen, ob das Rechtsgeschäft als Aufhebung des alten und Bestellung des neuen Rechts aufrechterhalten werden kann. Dem neuen Recht würde aber nicht der Rang des bisherigen Rechts zukommen. Droht nach dem Stand der Belastungen des Grundstücks der Verlust des Ranges des alten Rechts als eine ins Gewicht fallende Folge, muß es bei dem bisherigen Recht bleiben und ist die „Umwandlung" unwirksam.

[155] Richtig für den Ausschluß der Inhaltsänderung zwischen Grunddienstbarkeit und beschränkter persönlicher Dienstbarkeit Staudinger/*Ring* (1994) § 1018 Rz. 83.

[156] S. BGHZ 41, 209 ff. = NJW 1964, 1226 (betreffend beschränkte persönliche Eigentümerdienstbarkeit); Palandt/*Bassenge* Einl. v. § 854 Rz. 7. Ablehnend betreffend Eigentümernießbrauch, weil grundsätzlich kein Bedürfnis für eine solche Rechtsverdoppelung denkbar sei, OLG Düsseldorf NJW 1961, 561. Die Entscheidung ist nach dem Einzelfall, in dem es um die Eintragung eines Nießbrauchs für einen Vorerben ging, gerechtfertigt, weil die Eintragung eines ebenso wie die Vorerbfolge bedingten und befristeten Nießbrauchs zugunsten des Vorerben Verwirrungen hinsichtlich der Vorerbenbeschränkung zugunsten des Nacherben begründen konnte. Die Prüfung ist also mehr eine Verwirrungs- als eine Bedürfnisprüfung. Was das Bedürfnis betrifft, sagt der BGH mit Recht, allein die Kostenbelastung werde von unnötigen Eintragungen abhalten (BGHZ 41, 209, 211). Eine Verwirrung könnte allerdings auch dann bestehen, wenn der Eigentümer ein unübertragbares beschränktes Eigentümer-Recht begründen will wie z.B. die genannte beschränkte persönliche Dienstbarkeit. Es könnte nämlich nach §§ 851 I, 857 III ZPO die Pfändbarkeit des beschränkten Rechts ausgeschlossen und so die Vollstreckung in die Position des Eigentümers erheblich eingeschränkt sein. Man muß aber annehmen, daß für den Fall der Verbindung der Rechte in der Person des Eigentümers die Unübertragbarkeit, zumindest aber Vollstreckungserschwerungen aus der Unübertragbarkeit nicht gerechtfertigt sind (der BGH, NJW 1964, 1226 nimmt an, daß der Eigentümer sich selbst die in § 857 III ZPO als Grundlage der Pfändbarkeit vorbehaltene Gestattung zur Überlassung der Ausübung erteile, das ist künstlich).

[157] Von Rechtsbesitz gesprochen wird im Hinblick auf die Ausübung einer Dienstbarkeit, d.h. die der Dienstbarkeit entsprechende Beherrschung der dienenden Sache. Diese wird besitzrecht-

wird. Die Besitzschutzansprüche der §§ 861, 862[158] sind nach unserem Katalog negatorische Ansprüche, und sie sind – z. B. i. S. von § 198 – dingliche Ansprüche. Dieser rechtliche Schutz macht den Besitz gleichwohl nicht zum Sachenrecht. Die rechtliche Achtung des Besitzes beruht vielmehr auf folgendem: So wie grundsätzlich Rechte nur mit friedlichen Mitteln verwirklicht werden dürfen, dient die rechtliche Achtung der tatsächlichen Sachherrschaft dem Umgang der Menschen miteinander in der Achtung vor der Person des anderen. Die Sachherrschaft wird als Selbstbestimmung der Person hinsichtlich einer Sache gegen gewaltsame Störung geschützt. Daher ist die Sache zum Besitzer nicht kraft subjektiven, sondern kraft objektiven Sachenrechts zugeordnet, mit der Folge jener Ansprüche bei Störung (§§ 861 f.).

Im Vergleich der Sachenrechte untereinander sind beschränkte dingliche Rechte Ein- **91**
schränkungen des Eigentums, welches insofern nicht vorbehaltlos als das umfassende Recht an der Sache definiert werden kann. Beschränkte Rechte an anderen Rechten als dem Eigentum sind Einschränkungen des jeweiligen anderen Rechts. Wenn wir im folgenden bei dem Eigentum und den das Eigentum beschränkenden dinglichen Rechten bleiben, so beschreiben wir den Grundfall. Für das Verhältnis eines anderen Rechts zu einem dieses Recht beschränkenden Recht gilt das Entsprechende: Weil das Eigentum das ursprünglich umfassende Recht an der Sache ist, sind die beschränkten dinglichen Rechte aus dem Eigentum abgeleitet[159]. Das BGB spricht von Belastungen des Eigentums[160]. Dies ist insofern richtig, als nur durch die Existenz des beschränkten dinglichen Rechts das Eigentum vermindert ist, also auch nur für die Dauer seiner Existenz. Endet das beschränkte dingliche Recht, dehnt sich das Eigentum ohne weiteres wieder aus. Der Begriff der Belastung erfaßt den Vorgang der Begründung und den Zustand der Begründetheit eines beschränkten dinglichen Rechts aber nicht vollständig. Genauer geht es um die Abspaltung selbständiger Befugnisse aus dem Eigentum[161], somit um eine Teilübertragung des Eigentums. Etwa bekommt der Pfandgläubiger des Sachpfandrechts beim

lich geschützt, §§ 1029, 1090. Der Rechtsbesitz ist also nicht Besitz eines Rechts. Näher u. Rz. 100 ff. Zur Fehlerhaftigkeit des Ausdrucks Rechtsbesitz gleich der des Ausdrucks vom Recht an einem Recht u. Rz. 92.

158 Zur Einordnung des § 1007 als dinglichem Anspruch aus dinglichem Recht oder geschützter Erwartung eines solchen u. Rz. 1237 ff.

159 Ursprünglich ist immer das Eigentum. Die beschränkten dinglichen Rechte werden daraus erst abgeleitet. Insbesondere gibt es nur die *Aneignung* einer herrenlosen Sache (§§ 958 I, 928 II), aber nicht die Ansichnahme nur zur Begründung eines Pfandrechts etc. Das Pfandrecht wird immer vom Eigentümer oder zu Lasten des Eigentümers begründet.

160 Wie es dem Doppelsinn des Wortes Belastung entspricht, nennt das BGB sowohl die Verfügung der Einräumung eines beschränkten dinglichen Rechts (s. § 873 I) als auch das Ergebnis der Verfügung, das eingeräumte Recht selbst, Belastung (s. etwa § 439 II 1 a. F. – anders § 442 II –, s. auch § 1113 I).

161 *Wolff/Raiser* § 51 III, S. 176 f.; *Baur/Stürner* § 3 B Rz. 23. Die Argumente für die Selbständigkeit der beschränkten dinglichen Rechte und gegen die Abspaltungstheorie, die bei *Stadler*, AcP 189 (1989), 425, 428 ff. m.w.N. zu finden sind und von dieser für berechtigt erklärt werden, sind unzutreffend. Eine Hypothek ist nicht ein Verwertungsrecht schlechthin, sondern im Hinblick auf einen Anspruch bestimmten Betrages. Eine zweite Hypothek bedeutet also nicht, daß der Eigentümer an Stelle seines eigenen einmaligen Verwertungsrechts deren zwei setzen kann, sondern ergreift nur das, was die erste Hypothek vom Eigentum noch übrig läßt, sie ist also eine zusätzliche Abspaltung. Daß Beseitigungs- und Unterlassungsansprüche aus §§ 1133, 1134 für zwei Hypothekare denkbar sind, ist keine Vervielfältigung, sondern eine Berechtigung mehrerer hinsichtlich des unter ihnen geteilten Rechts ebenso wie der Anspruch aus §§ 432, 1011. Auch i.ü. geht es um die Nebeneinanderordnung der mehreren Berechtigten in praktischer Konkordanz ihrer Teilrechte. Die Unterlassungsdienstbarkeit ist entgegen *Stadler* geradezu ein klassischer Übergang eines Eigentumsrechts auf einen anderen, indem jetzt dieser statt des Eigentümers über die entsprechende Ausübung entscheidet.

Pfandrecht des BGB Besitz an der Sache (§§ 1205 ff.), er kann jedermann, also auch den Eigentümer selbst, von pfandrechtsbeeinträchtigenden Einwirkungen auf die Sache abwehren (§ 1227), und er kann die Sache zur Befriedigung wegen seiner Forderung veräußern (§§ 1204 I, 1228 ff.). Abspaltung und Belastung zusammen umschreiben das beschränkte dingliche Recht. Dieses löst sich aus dem Eigentum. Das Eigentum bleibt aber das Stammrecht: Fällt das beschränkte dingliche Recht weg, füllt sich das Eigentum mit den abgespaltenen Befugnissen wieder auf (sog. Elastizität des Eigentums).

2. Beschränkte Rechte an Sachen wie an anderen Rechten als Abspaltungen des Stammrechts

a) Beschränkte Rechte als Abspaltungen

92 Beschränkte Rechte sind auch die Rechte an Rechten, insbesondere Pfandrecht und Nießbrauch an Rechten (§§ 1273 ff., 1068 ff.). Es ist nun aber ein bemerkenswerter Unterschied, daß im Gesetz die Rechte an Rechten den Rechten an Sachen gegenübergestellt werden, daß etwa die Hypothek als Belastung des *Grundstücks* aufgeführt wird (§ 1113 I) und zuerst der Nießbrauch und das Pfandrecht an *Sachen* behandelt werden (§§ 1032, 1204) und dem dann die Regelung der Rechte an *Rechten* hinzugefügt wird. Nach §§ 1068 I, 1273 I kann Gegenstand eines Nießbrauchs oder eines Pfandrechts „auch ein Recht" sein. Das BGB formuliert das Recht am Recht so, als wäre im Vergleich zu den Sachenrechten, bei denen der körperliche Gegenstand (§ 90) zugeordnet ist, bei den Rechten an Rechten das Recht zugeordnet. Da jedes Recht seinerseits einen Gegenstand zuordnet, scheinen beim Recht am Recht anders als beim Recht an der Sache zwei Stufen der Zuordnung zu unterscheiden, von einer Zuordnung einer Zuordnung zu sprechen zu sein.

93 Der Gegensatz, den das BGB zwischen Rechten an Sachen und Rechten an Rechten macht, wird aber sogleich zweifelhaft, wenn man das Pfandrecht an einer (beweglichen) Sache mit dem Pfandrecht an der Forderung vergleicht. Zwar scheinen die Verwertungsbefugnisse aus beiden Pfandrechten zunächst der Unterscheidung des BGB zu entsprechen. Man spricht davon, daß beim Fahrnispfandrecht der Pfandgläubiger die Befugnis zur Veräußerung der Sache erhält. Demgegenüber erhält der Pfandgläubiger des Pfandrechts an der Forderung – neben der Empfangs- und Einziehungszuständigkeit bezüglich der Forderung (§§ 1281 f.) – die Befugnis zur Verwertung der *Forderung* im Wege der Zwangsvollstreckung (s. §§ 1277, 1282 II 2. Hs.). Vordergründig scheint es danach in der Tat hier um die Befriedigung aus der Forderung und dort um die Befriedigung aus der Sache zu gehen. Rechtlich genauer betrachtet löst sich der Gegensatz aber auf: Auch das Sachpfandrecht ist ja, wie oben[162] gezeigt, Abspaltung von Befugnissen aus dem Eigentum, und so geht es auch beim Sachpfandrecht in rechtlich genauerer Betrachtung bei der Befugnis zur Veräußerung der Sache um die Befugnis zur Übertragung des *Eigentums an der Sache.*

94 Sachpfandrecht *und* Pfandrecht an der Forderung sind danach gleichermaßen Pfandrecht an Rechten, das vom BGB sog. Pfandrecht an Sachen ist ein Pfandrecht am Eigentum und steht so – jedenfalls nach dem Bisherigen – nicht als Sachpfandrecht dem Recht an Rechten gegenüber. Zutreffend ist die Bemerkung bei *Wolff-Raiser*[163]: Bei der Einziehungsbefugnis des Gläubigers eines Pfandrechts an einer Forderung (§ 1282 I) werde „deutlich, daß die Verpfändung als Abspaltung einer selbständigen Befugnis aus dem Stammrecht anzusehen ist, die den Gläubiger des Stammrechts beschränkt." Bei dieser Sicht der Verpfändung stehen aber im Vergleich zwischen Sachpfand und Forderungspfand nicht Sache und Forderung, sondern Eigentum und Forderung nebeneinander.

[162] Rz. 91.
[163] § 175 I, S. 718.

Wie hier aus der Forderung wird dort aus dem Eigentum ein Befugnisbündel abgespalten, wenn statt Forderungen „Sachen verpfändet" werden[164].

Ist so einerseits vom Recht am Recht aus darauf zu schließen, daß auch beschränkte Rechte an Sachen *in Wirklichkeit Rechte an einem Recht* sind und so beide Kategorien von Rechten gleich sind, so ergibt umgekehrt die Kategorie der Rechte an Sachen, daß auch beim sog. Recht am Recht nicht etwa ein Recht *Gegenstand eines anderen Rechts,* daß es *vielmehr Teil aus einem anderen Recht ist.* Die Gleichheit von beschränkten Rechten an Sachen und Rechten an Rechten im Hinblick darauf, daß beides Rechte an Rechten sind, konkretisiert sich dahin, daß beide Rechte an Rechten in der Weise sind, daß sie Teil aus dem anderen Recht, nicht aber Rechte mit dem anderen Recht als Gegenstand sind. **95**

Daß beim sog. Recht am Recht nicht das eine Recht Gegenstand des anderen ist, d.h. durch das andere Recht einem Berechtigten zugeordnet wird, ergibt der Vergleich zwischen dem Verhältnis von Sacheigentum und Sachpfandrecht auf der einen und dem Verhältnis von Pfandrecht an einer Forderung und der Forderung selbst auf der anderen Seite. Das Sachpfandrecht ist ein beschränktes Recht an der Sache, dem das Sacheigentum als Vollrecht (vorbehaltlich abgespaltener Rechte etc.) gegenübersteht. Am Gegenstand Sache gibt es das umfassende und das beschränkte Recht an der Sache. Soll nun der Sache beim Pfandrecht an Rechten das Recht, insbesondere die Forderung entsprechen, so müßte es neben dem beschränkten Recht an der Forderung ebenfalls ein umfassendes Recht, untechnisch gesprochen: das Eigentum an der Forderung geben[165]. **96**

Es ist nun aber sicher so, daß der Sache als Gegenstand des Eigentums nicht die Forderung, sondern der Gegenstand der Forderung, d.h. die Leistung bzw. der Leistungsgegenstand, auf die oder den die Forderung gerichtet ist, entspricht. Diese wird durch die Forderung dem Gläubiger zugeordnet, wie die Sache durch das Eigentum dem Eigentümer zugeordnet wird. Mehr Zuordnung gibt es aber nicht: Es gibt nicht noch zusätzlich ein Eigentum am Eigentum, und also gibt es auch nicht zusätzlich ein „Eigentum" an der Forderung. Es gibt mit anderen Worten nicht die – ja auch logisch unvollziehbare – Zuordnung der Zuordnung. Folglich kann aber auch nicht die Forderung so wie die Sache Gegenstand eines Pfandrechts sein. Verpfändung einer Forderung ist Teil-*Übertragung* der Forderung (Befugnisabspaltung aus ihr), so wie die Verpfändung einer Sache, rechtlich genau betrachtet, Teilübertragung des Eigentums ist. **97**

Als Gegenstand eines Pfandrechts an der Forderung könnte die Forderung freilich im Hinblick auf die eben genannten Vorschriften der §§ 1282 II Hs. 2, 1277 erscheinen. Hiernach gewährt das Pfandrecht an der Forderung die Befugnis zur Zwangsvollstreckung *in die Forderung* (§§ 828 ff. ZPO) und wird im Rahmen der Zwangsvollstreckung die Forderung gepfändet und zur Einziehung oder voll überwiesen oder aber anderweitig verwertet (§§ 829 ff., 835 ff., 844 ZPO). Die Forderung scheint so offensichtlich Gegenstand der pfandrechtlichen Berechtigung zu sein. **98**

Dennoch gilt notwendig der Abspaltungsgedanke: Der Pfandbesteller kann hinsichtlich der Forderung nur entweder davon etwas abgeben, was er selbst schon hat, oder sich verpflichten, die Zwangsvollstreckung zu dulden. Tertium non datur. §§ 1282 II 2. Hs., 1277 drücken aber eine Berechtigung des Pfandgläubigers unmittelbar aus der Forderung aus, und nicht etwa einen bloßen schuldrechtlichen Anspruch hinsichtlich der Forderung. Also bleibt nur die Möglichkeit der Abgabe aus vorhandener eigener Berechtigung übrig. Als eigene Berechtigung des Bestellers kommt

[164] Konsequent *Wolff/Raiser* § 120 I, S. 482: Der Sachnießbrauch könne als Verkürzung oder Belastung des Sach*eigentums* aufgefaßt werden. – Ebenso besteht kein Unterschied bzgl. der Elastizität (dazu o. Rz. 91): Wie das Eigentum sind auch die anderen Stammrechte gegenüber der Begründung und dem Wegfall von Rechten an Rechten elastisch.

[165] Nachweise darüber, daß es die Vorstellung eines Eigentums an Rechten tatsächlich, nämlich insbesondere in der Literatur des 19. Jh., gegeben hat, bei *Windscheid*, Lehrbuch des Pandektenrechts, 8. Aufl. 1900, Bd. 1, § 168 Fn. 1.

sodann aber nur die Forderung in Betracht. Mithin bleibt es dabei, daß die Pfandrechtsberechtigung aus der Forderung abgespalten ist.

Hinsichtlich der Einziehungsbefugnis des Pfandgläubigers gemäß §§ 1281, 1282 ist diese Abspaltung auch evident. Die daneben bestehende Vollstreckungsmöglichkeit ist sodann nur ein *alternatives Verfahren* zur Geltendmachung der Forderung, also auch Ausübung des abgespaltenen Teilrechts. Zu vergleichen ist die Alternative, die für Sachpfand und Hypothek besteht. Für letztere schreibt § 1147 die Geltendmachung durch Vollstreckung vor. Dagegen ermöglichen §§ 1228 ff. dem Sachpfandgläubiger die freihändige Verwertung. Es geht um unterschiedliche Wege zur Geltendmachung des Rechts[166], d.h. auch mit der Vollstreckungsmöglichkeit geht es um die abgespaltene Ausübung des verpfändeten Rechts selbst und nicht die Geltendmachung eines Rechts am Recht[167].

99 Die Analyse von Rechten an Rechten im Vergleich zu beschränkten Rechten an Sachen klärt somit, wie oben gesagt war[168], den Sprachgebrauch des Gesetzes gleichzeitig in

[166] Ein weiterer beim Pfandrecht an Forderungen ist in § 1282 I 3 geregelt. Der Sinn der beiden ersteren (§§ 1282 I 1 und 2 und 1282 II 2. Hs. mit 1277) liegt in der Alternative, entweder sofort gegen den Schuldner vorgehen zu können, dann aber diesem gegenüber die pfandrechtliche Legitimation darlegen zu müssen, oder zunächst im Rahmen der Klage gegen den Gläubiger der Forderung diesem gegenüber die pfandrechtliche Legitimation darzulegen und sodann in Pfändung und Überweisung eine selbständige Grundlage der Geltendmachung der Forderung zu gewinnen. Der dritte Weg des § 1282 I 3 setzt an die Stelle der konkreten Befriedigung aus der Forderung die pauschale Abgeltung der gesicherten Forderung durch die verpfändete Forderung.

[167] Ausübung des verpfändeten Rechts ist auch dessen Veräußerung. Daß Eigentum und sonstige Rechte – jenes beim Pfandverkauf (genauer: bei der Übereignung aufgrund des Verkaufs), die verpfändete Forderung bei der Verwertung durch Veräußerung nach § 844 ZPO – Gegenstand von *Verfügungen* sein können, macht sie nicht schlechthin zum Gegenstand, d.h. auch zum Gegenstand von *Rechten*: Es gehört zum Inhalt des Eigentums selbst als subjektiver Berechtigung, daß man auch über die Berechtigung selbst verfügen kann. Diese Verfügungsbefugnis ist nicht ein Recht am Eigentum. Ebenso folgt generell aus der Feststellung, daß Rechte Verfügungsgegenstand sind, nichts für die Vorstellung von Rechten als Rechtsgegenstand. – Eine Ausübung des verpfändeten Rechts ist schließlich durch den aus diesem Recht Verpflichteten selbst möglich: Es gibt das Pfandrecht des Schuldners an der gegen ihn selbst gerichteten Forderung zur Sicherung einer eigenen Forderung des Schuldners insbesondere gegenüber dem Gläubiger der verpfändeten Forderung: In der Entscheidung BGH ZIP 1988, 829, 833 (= NJW 1988, 3260) hat der BGH das Pfandrecht einer Sparkasse an der gegen sie gerichteten Guthabenforderung zur Sicherung eines Aufwendungsersatzanspruchs der Kasse gegen den Kunden anerkannt (in dem weiteren Fall BGH NJW 1997, 2110 = LM H. 9/1997 § 1287 BGB Nr. 2 mit Anm. *Wilhelm* zeigt sich ein wichtiger Effekt der Möglichkeit des Pfandrechts an einer Forderung gegen den Pfandgläubiger selbst: Hat eine Bank ein Pfandrecht an einer Drittforderung des Kunden und leistet der Dritte auf das Konto des Kunden – gleich steht die Einlösung eines Inhaberpapiers beim Schuldner mit Gutschrift des Erlöses –, so steht der Bank nach § 1287 ein Pfandrecht an der Guthabenforderung gegen sie selbst zu). Anders als es eine Vollabtretung der Forderung an den Schuldner dieser Forderung selbst wäre, ist die Verpfändung an den Schuldner sinnvoll. Sie ist keine unbedingte, sondern eine vom Sicherungszweck abhängige Abgabe von Befugnissen. Weil die Gläubigerstellung des Inhabers der verpfändeten Forderung wieder erstarken kann, kann und muß die abgegebene Befugnis auch in der Hand des Schuldners, gegen den sie sich richtet, selbständig bleiben. Das Pfandrecht gibt dem Schuldner bis zur Fälligkeit der gesicherten Forderung eine Zurückbehaltungseinrede, von der Fälligkeit an das Recht zur Aufrechnung. Das Recht, die Leistung zurückzuhalten oder aufzurechnen, ist hinsichtlich der Aktivlegitimation absolut: Wird der Pfandgläubiger und Schuldner der verpfändeten Forderung durch Gläubiger des Verpfänders und Gläubigers der verpfändeten Forderung in Zwangsvollstreckung oder Konkurs in Anspruch genommen, hat er aufgrund seines Pfandrechts ein Widerspruchs- oder Absonderungsrecht. Weiter zum „Pfandrecht an eigener Schuld" OLG Düsseldorf WM 1992, 1937. Zum absoluten Charakter des Pfandrechts an der Forderung sogleich unter Rz. 103 ff.

[168] Rz. 95.

zweifacher Richtung: Die Figur der Rechte an Rechten öffnet die Augen dafür, daß auch die beschränkten Rechte an Sachen Belastungen in Wirklichkeit des Eigentums und nicht der Sache sind. Und andererseits zeigen die beschränkten Rechte an Sachen, daß auch beim Recht am Recht nicht etwa ein Recht Gegenstand eines anderen ist, sondern aus einem Stammrecht bestimmte Befugnisse an einen anderen, nunmehr konkurrierenden Berechtigten abgetrennt werden. Beschränkte Rechte an Rechten sind also, ganz gleich den beschränkten Rechten an Sachen, die in Wirklichkeit auch Rechte an dem Recht des Eigentums sind, nicht Rechte *an* Rechten, sondern Rechte *aus* den Rechten, sie sind auf den beschränkt Berechtigten übergegangene Befugnisse *aus* dem Stammrecht, „an" dem sie bestehen[169].

b) Die Unterscheidung zwischen Besitz und Rechtsbesitz

Einer ganz ähnlichen Klärung wie das Begriffspaar der beschränkten Rechte an Sachen **100**
und an Rechten muß das Begriffspaar des *Besitzes* und des *Rechtsbesitzes* unterzogen werden. Das BGB verwendet allerdings den Begriff des Rechtsbesitzes nicht. Es hat aber in §§ 1029, 1090 einen Ausschnitt des früher umfassender verstandenen Rechtsbesitzes geregelt, und für diesen Ausschnitt hat sich der Begriff des Rechtsbesitzes erhalten. Der Begriff des Rechtsbesitzes hatte in einem Rechtszustand, in welchem der Grundfall des Besitzes der Eigenbesitz war, d.h. der Besitz in Ausübung des wirklichen oder angenommenen Eigentums oder der angemaßten Eigentümerstellung, die Funktion eines allgemeinen Ergänzungsbegriffs für alle die weiteren Fälle, in denen der Besitz in Ausübung anderer Rechte als des Eigentums innegehabt wurde. So war es nach den römischen Quellen, wie sie durch *Savignys* Interpretation[170] für das gemeinrechtliche Besitzrecht des 19. Jahrhunderts maßgeblich wurden. Grundfall war die possessio corporis (Sachbesitz), und die war eben der Besitz mit dem Willen, die Sache als mir selbst gehörig zu besitzen[171]. Der Besitz in Ausübung beschränkter dinglicher Rechte (Nießbrauch, Servituten)

[169] Wie schwer einerseits, wie notwendig aber andererseits es ist, sich von dem irreführenden Sprachgebrauch des Gesetzes zu befreien, zeigt folgende Stelle aus dem Kommentar von Planck. Diese leitet zugleich zur Klärung weiterer Konsequenzen aus der genauen rechtlichen Analyse über. *Brodmann* hat bei Planck, vor § 1068 Anm. II 1, das Folgende ausgeführt: „Wie bei dem Recht an einer Sache der Berechtigte gewisse Befugnisse, die sonst in dem Eigentume liegen, auszuüben befugt ist, so kann bei dem Rechte an einem Rechte der Berechtigte gewisse Befugnisse ausüben, die an sich demjenigen zustehen, welcher das mit dem Recht belastete Recht hat". Dies ist vollkommen zutreffend. Einige Sätze später heißt es aber, jetzt bezogen auf den Vergleich zwischen Sachnießbrauch und Rechtsnießbrauch: „Ein wesentlicher Unterschied liegt darin, daß bei dem Nießbrauch an Sachen nicht das Eigentum, sondern die Sache den Gegenstand des Rechtes bildet, während bei dem Nießbrauch an Rechten das Recht selbst der Gegenstand des Nießbrauches ist". Das ist ein vollkommener Widerspruch.
Brodmann folgert aus dem letzteren, daß die Vorschriften über den Nießbrauch an Sachen auf den Nießbrauch an Rechten keine unmittelbare, sondern nur eine entsprechende Anwendung finden. Dies wiederum ist richtig. Es liegt aber nicht an einer Gegenüberstellung von Sache und Recht als Rechtsgegenstand, sondern daran, daß Rechtsbefugnisse aus verschiedenen Rechten, hier aus dem Eigentum, dort aus anderen Rechten, abgespalten werden und die Unterschiedlichkeit der Quellrechte bei der Bestimmung der abgeleiteten Rechte zu beachten ist. Das ist evident gerade wieder bei dem Vergleich des Pfandrechts an Sachen und des Pfandrechts an einer Forderung. Der Sachpfandgläubiger leitet Befugnisse aus dem Eigentum als absolutem Recht ab und kann so jedermann von Beeinträchtigungen der Sache abhalten (§ 1227). Der Forderungspfandgläubiger leitet demgegenüber die Empfangs- bzw. Einziehungsbefugnis hinsichtlich der aus der Forderung geschuldeten Leistung (§§ 1281 f.) aus der Forderung als relativem Recht ab und kann so diese Befugnisse selbstverständlich nur relativ, gegenüber dem Schuldner der Forderung, geltend machen.

[170] *Savigny*, Das Recht des Besitzes, 1803, 7. Aufl. 1864, Neudruck 1967.

[171] *Savigny*, a.a.O., S. 109 ff.

war possessio iuris, d.h. Rechtsbesitz. Schon *Savigny* sah diesen Ausdruck als einen Notbehelf an[172]. Bei beiden Besitzarten gehe es um den Besitz als Sachherrschaft, unterschiedlich sei nur die der Sachherrschaft zugrundegelegte (wirkliche, angenommene oder angemaßte) Rechtsposition[173]. Sachbesitz und Rechtsbesitz sind also wie die beschränkten Rechte an Sachen und die Rechte an Rechten nicht in ihrem Gegenstand zu unterscheiden, so als wenn beim ersteren die Sache, beim letzteren das Recht Gegenstand des Besitzes wäre. Wie der Sach- ist auch der Rechtsbesitz auf die Sache gerichtet.

Ergibt sich so die Richtigstellung des Ausdrucks Rechtsbesitz aus der Gleichstellung mit dem Sachbesitz, so ist auch wieder in der Gegenrichtung, d.h. aus dem Rechtsbesitz, etwas für das Verständnis des Sachbesitzes nach früherem Recht zu gewinnen: Der Ausdruck Rechtsbesitz zeigt die Verknüpfung des Besitzes mit der Zugrundelegung eines Rechts an. Und diese besteht, obwohl dies wiederum in dem Ausdruck Sachbesitz fehlt, auch für diesen, d.h. für die possessio corporis: Diese ist ja ebenfalls mit der Zugrundelegung eines Rechts verknüpft, nämlich mit der des Eigentums. Possessio corporis ist *Eigentums*ausübung, wie die possessio iuris Ausübung von *beschränkten dinglichen Rechten* ist. Vom Besitz als Zustand der Eigentumsausübung kommt man nach *Savigny* zum Ausdruck possessio corporis, weil der Besitz „im Eigenthum mit der Sache verknüpft ist"[174]. Diese selbe Verknüpfung von Sache und Eigentum liegt der Unterscheidung unseres BGB zwischen beschränkten Rechten *an Sachen* (d.h.: am Eigentum) und an *Rechten* zugrunde.

101 Im Besitzrecht des BGB ist die irreführende Unterscheidung zwischen Sachbesitz und Rechtsbesitz beseitigt: Der Sachbesitz der §§ 854 ff. ist allgemein gefaßt und nicht mehr auf den Eigenbesitz beschränkt, dieser ist nur noch Unterfall des Besitzes (§ 872). Auch die Besitzer kraft beschränkter dinglicher Rechte sind Besitzer im Sinne des allgemeinen Begriffs. Davon ist nur noch die Ausübung von Dienstbarkeiten, die zu Lasten eines Grundstücks bestehen, d.h. die *Teil*beherrschung des Grundstücks im Dienstbarkeits*rahmen* zu unterscheiden (§§ 1029, 1090). Bezeichnet man diese mit dem traditionellen Ausdruck als Rechtsbesitz, so führt man eine zwar griffige, aber irreführende Terminologie fort[175].

So wie *Savigny* die Irreführungspotenz des Ausdrucks possessio iuris erkannt und zum weiteren betont hat, daß es sich um einen „uneigentlichen Ausdruck" handele[176], hat er das Wesen der beschränkten dinglichen Rechte, die das BGB beschränkte Rechte „an Sachen" nennt, unbeirrt von der Anknüpfung an die Sache erfaßt: Es gehe um „Bestandtheile des Eigenthums, welche als eigene Rechte für sich, und abgesondert vom Eigenthum selbst, existieren können"[177]. Damit ist die Abspaltungsnatur der beschränkten dinglichen Rechte trefflich bezeichnet.

Der Klärung der Besitzbegriffe *durch* das BGB, ist die Klarstellung der Begriffe der beschränkten dinglichen Rechte *im* BGB hinzuzufügen: Wie das BGB aufgrund der Verknüpfung von Eigentum und Sache von Nießbrauch und Pfandrecht *an Sachen* spricht, um damit Abspaltungen von Rechten aus dem *Eigentum* zu bezeichnen, ist das Recht am *Recht* ebensowenig wie der *Rechtsbesitz* eine Position mit dem anderen Recht als Gegenstand, sondern ist es eine Abspaltung aus dem anderen Recht.

3. Rechte an dinglichen Rechten als aus diesen abgespaltene und damit selbst dingliche Rechte

102 Die Feststellung der Abspaltungsnatur der beschränkten dinglichen Rechte wie ebenso der sog. Rechte an Rechten führt zu einer Klarstellung zunächst hinsichtlich der Sachen-

172 Deshalb werde in den Quellen auch statt von possessio iuris von quasipossessio gesprochen, a.a.O., S. 193.

173 A.a.O., S. 191 ff.

174 A.a.O., S. 192.

175 *Pawlowski*, Der Rechtsbesitz im geltenden Sachen- und Immaterialgüterrecht, 1961, versucht, Konsequenz in der Gegenrichtung zu betreiben, indem er allen Besitz unter dem Rechtsbesitz erfassen will. Dagegen versucht *Ernst*, Eigenbesitz und Mobiliarerwerb, 1992, seinerseits den Anschluß an das Gemeine Recht, indem er auch für das Besitzrecht des BGB die Figur des Eigenbesitzes wieder zur selbständigen Ausgangsfigur machen will.

176 A.a.O., S. 193.

177 A.a.O., S. 192.

rechte oder dinglichen Rechte. Sind beschränkte Rechte, gleich ob sie Rechte „an Sachen“ oder „an Rechten“ sind, Befugnisabspaltungen aus dem Stammrecht, dann sind nicht nur beschränkte Rechte an Sachen, wie also etwa Sachpfandrecht und -nießbrauch, dingliche Rechte, indem sie Abspaltungen aus dem Eigentum sind. Vielmehr können auch Rechte an Rechten dingliche Rechte, d.h. Rechte an Sachen sein. Die oben[178] aus dem BGB übernommene Gegenüberstellung, das Sachenrecht regele die Zuordnung von Sachen und daneben die Pfand- und Nießbrauchsrechte an Rechten, ist mithin ungenau. Rechte an Rechten sind dingliche Rechte, betreffen also die Zuordnung von Sachen dann, wenn sie Rechte an dinglichen Rechten sind; das Pfandrecht an der Grundschuld oder an der hypothekarisch gesicherten Forderung hinsichtlich der Hypothek[179] ist ein dingliches Recht, denn es ist ein aus dem dinglichen Recht, „an“ dem es besteht, abgespaltenes Befugnis-Bündel, und das heißt ein Bündel von Befugnissen hinsichtlich der Sache[180].

4. Die Absolutheit des Pfandrechts an der Forderung

Die Feststellung der Abspaltungsnatur der Rechte an Rechten (einschließlich der beschränkten Rechte an Sachen als Rechten am Eigentum) führt sodann zu einer Klarstellung hinsichtlich der Rechte an einer Forderung, insbesondere des Pfandrechts an der Forderung, und auch hinsichtlich der Forderung selbst. Das Pfandrecht an der Forderung ist ein separiertes Bündel von Befugnissen aus der Forderung. Da die Forderung ein relatives, schuldrechtliches Recht ist, stellt sich die Frage, ob nicht auch das Pfandrecht an der Forderung ein schuldrechtliches Recht ist und deshalb überhaupt nicht in das Sachenrecht gehört. **103**

Gerade in bezug hierauf wird aber neben das Pfandrecht an der Forderung auch der untechnische Begriff des Eigentums an der Forderung gestellt[181] und so der Forderung eine absolute Dimension beigefügt, die sich gerade in der sachenrechtlichen Regelung des Pfandrechts an der Forderung zeigen könnte. **104**

Es bleibt aber bei der Feststellung, daß es nicht zusätzlich zu der durch die Forderung begründeten relativen Zuordnung hinsichtlich der Leistung noch eine Zuordnung der Forderung gibt. Dennoch gibt es eine absolute Dimension der Forderung. Nachdem wir oben[182] den Gegensatz zwischen absolutem und relativem Recht in der Richtung präzisiert haben, daß nur der vom Recht betroffene Personenkreis, aber nicht die Konsequenzen der Zuordnung, *soweit* eine Person dem Recht unterworfen ist, differieren, müssen wir jetzt sogar den Gegensatz hinsichtlich des betroffenen Personenkreises relativieren. Das ist verwirrend, aber schließlich einsehbar. Man muß nur sehen, daß die Forderung wie jedes Recht mehrere Seiten hat: Sie hat eine Seite in Hinsicht auf den Gegenstand der Zuordnung – bei ihr ist es die Leistung, so wie es die Sache bei dem Eigentum ist. Man kann insoweit von der Objektseite des Rechts, von dem Objekt der vom Recht bewirkten Zuordnung sprechen. Davon zu unterscheiden ist die Subjektseite des Rechts, der Zuordnungsendpunkt der durch das Recht begründeten Zuordnung eines Objekts; insofern gibt es die Aktiv- und die Passivseite des Rechts (bzw. der Zuordnung). Auf der Aktivseite geht es um die Person des Berechtigten, dem der Gegenstand zugeordnet wird, auf der Passivseite um die Person der Zuordnungsunterworfenen. Sehen wir uns nun **105**

178 Rz. 1.

179 Verpfändet wird die Forderung (§§ 1274 I 1, 1153 ff.), die Verpfändung ergreift aber kraft der Akzessorietät (s. § 1153) auch die Hypothek.

180 Zutreffend hebt die dingliche Natur der Rechte an dinglichen Rechten hervor *Crome*, System des deutschen Bürgerlichen Rechts, Bd. 3, 1905, S. 8 f.

181 Oben Rz. 96 Fn. 165.

182 Rz. 59 ff.

speziell die Aktivseite der Forderung an, so ist festzustellen: In Hinsicht auf diese, d.h. die Person des Berechtigten, ist die Forderung genauso absolut wie das Eigentum. Sie berechtigt im Ausgangspunkt (allerdings – wie beim Eigentum – vorbehaltlich der Begründung von Rechten an der Forderung) ausschließlich den Gläubiger, keinen anderen, so wie das Eigentum den Eigentümer und keinen anderen berechtigt. In Hinsicht auf den *Gegenstand* und in Hinsicht auf die Passivseite *insoweit*, als es um die Unterwerfung im Verhalten hinsichtlich dieses Gegenstands geht, ist die Forderung ein relatives Recht. Dagegen ist in Hinsicht auf die Aktivseite oder – wie man auch sagen kann – die Forderungszuständigkeit[183], in Hinsicht also auf die Frage, *wer* der Berechtigte ist, die Forderung ein absolutes Recht. Die relative Zuordnung des Gegenstands besteht ausschließlich zugunsten des Gläubigers, insoweit also absolut. Nur der Gläubiger (absolut) hat das Recht gegenüber dem Verpflichteten (relativ) auf die Leistung.

106 Die Absolutheit der Aktivseite der Forderung zeigt sich sogleich auch in konkreten Folgerungen, wenn man sich einen Eingriff Dritter gerade in die ausschließliche Berechtigung des Gläubigers vorstellt (insoweit geht es nun um die Passivseite nicht betreffs des Gegenstands, sondern betreffs der Berechtigung aus der Forderung). Es muß nur eben ein Eingriff in diese Berechtigung sein, nicht ein bloßer Eingriff in den Gegenstand der Forderung, denn hinsichtlich ihres Gegenstands ist die Forderung nur relativ, gegen den Schuldner gerichtet. Ein solcher Eingriff in die Berechtigung aus der Forderung ist die Einziehung der Forderung durch Personen, die weder Inhaber der Forderung noch Inhaber eines entsprechenden Rechts „an" der Forderung sind. Ebenso ist es ein widerrechtlicher Eingriff, wenn Vollstreckungsgläubiger einen Vollstreckungszugriff auf eine Forderung ausüben, der Gläubiger dieser Forderung aber nicht der mit seinem Vermögen der Vollstreckung unterworfene Schuldner jener Vollstreckungsgläubiger ist. Der wahre Gläubiger der Forderung kann sich gegen den Vollstreckungszugriff in der Einzelzwangsvollstreckung mit der Drittwiderspruchsklage (§ 771 ZPO) und in der Insolvenz mit der Aussonderungsklage (§ 47 InsO) wehren. Dieser Schutz ist Bestandteil des negatorischen Schutzes. Indem er sich gegen die vollstreckenden Gläubiger als Dritte richtet, beweist er den absoluten Schutz der Forderung, was die Berechtigung aus der Forderung betrifft. Der negatorische Schutz ist durch analoge Anwendung des § 1004 insbesondere bei drohenden Eingriffen in die Forderungszuständigkeit zu komplettieren. Berühmt sich jemand der Forderung, so ist auch die Feststellungsklage Bestandteil des negatorischen Schutzes.

107 Schlägt sich so die Absolutheit der Forderungsberechtigung im negatorischen Schutz nieder, so fügt § 816 II die zweite Schutzkomponente aus dem Kreis der Zuordnungssanktionen hinzu, und indem er Rechte gegen Dritte gibt, zeigt auch er die absolute Seite der Forderung: Zieht ein Nichtberechtigter eine Forderung ein, so gibt § 816 II dem Gläubiger gegen ihn den Bereicherungsanspruch.

108 Als dritte Komponente müßte nach dem oben[184] zugrunde gelegten Kanon der Zuordnungssanktionen der Schadensersatzschutz hinzukommen, und zwar, da es hier um die absolute Seite der Forderung geht, der Schutz der Forderung als eines sonstigen Rechts nach § 823 I. Dieser Schutz ist aber umstritten.

Auch hier ist genau zu beachten: Denkbar ist die Anwendung des § 823 I nur bei Eingriffen in die Forderungszuständigkeit, nicht bei Eingriffen in den Gegenstand der Forderung oder auch schlichter Nichterfüllung der Forderung. Eingriffe in die Forderungszuständigkeit sind, wie gesagt, etwa die Einziehung der Forderung durch einen anderen als den Gläubiger oder ein Bestreiten, daß dem Gläubiger die Forderung gehört, insbesondere das Sich-Berühmen der Forderung durch einen anderen.

[183] Der Begriff ist aber fehlerhaft, weil er doch wieder die Forderung zum Gegenstand einer Rechtsposition macht, während es um die Berechtigung als Inhalt der Forderung selbst geht.

[184] Rz. 42 ff.

Die Subsumtion der Einziehung einer fremden Forderung durch einen Dritten unter § 823 I hat *v. Tuhr* für möglich gehalten, aber abgelehnt, weil wegen Eingreifens anderer Rechtsmittel ein Bedürfnis nach Ausdehnung des § 823 I auf jene Fälle nicht anzuerkennen sei[185]. Dieses Argument ist schon wegen des Prinzips der Anspruchskonkurrenz nicht durchschlagend. Nachdem *Larenz*[186] sich für den Schutz der Forderungszuständigkeit nach § 823 I ausgesprochen hatten, hat sich vor allem *Medicus* dagegen gewandt[187]. Er sieht unhaltbare Konsequenzen: Zum einen hafte der Schuldner, der an den Altgläubiger der Forderung leiste, schon bei Fahrlässigkeit; das lasse den Schutz aus § 407 leerlaufen. Zu weit gehe auch die Haftung des Pseudo-Gläubigers, der aufgrund eines Legitimations- oder Wertpapiers (§§ 793, 808) die Forderung einziehe. Entfalle seine bereicherungsrechtliche Haftung aus § 816 II wegen Wegfalls der Bereicherung (§ 818 III), so dürfe er jetzt noch auf Schadensersatz nur nach §§ 989 f., nicht aber nach § 823 I haften. Beide Argumente betreffen aber die Privilegierung bei Gutgläubigkeit. Diese ist – ebenso wie die des gutgläubigen Erwerbs nach § 932 – als Einschränkung der Deliktshaftung nach Maßgabe des Privilegierungstatbestands und seiner sinngemäßen Anwendung zu berücksichtigen. Die Unanwendbarkeit der Deliktshaftung folgt daraus jedoch nicht. Zudem ist im ersteren Fall der Leistung des Schuldners an den Altgläubiger eine gegenüber der Nichterfüllung der (relativen Seite der) Forderung selbständige Verletzung der (absoluten) Forderungszuständigkeit durch den Schuldner zu verneinen. Auswirkung auf die Forderungsberechtigung hat jene Leistung nur aufgrund des § 407, der als Schuldnerschutzbestimmung die Leistung nicht zu einer Forderungsverletzung durch den Schuldner machen kann. **109**

Gegen die Subsumtion der Forderungszuständigkeit unter § 823 I wendet sich auch *Weyers*[188], er mit dem Argument, es fehle der Forderung im Gegensatz zum Eigentum die „sozial-typische Offenkundigkeit", weil sie eine Beziehung zwischen zwei Personen sei. In den Fällen der Verletzung der Forderungszuständigkeit ist aber der Zugriff auf die Forderung klar, unklar ist nur die Rechtsfrage, wem die Forderung gehört. Vor Unsicherheiten in dieser Frage ist aber auch der Verletzer anderer Rechte i. S. von § 823 I nicht durch deren sozial-typische Offenkundigkeit bewahrt[189]. **110**

Für die Subsumtion unter § 823 I spricht schließlich folgendes Argument *Fikentschers*[190]: Sicher sei nach dem BGB das Pfandrecht an Forderungen (§§ 1279 ff.) deliktsrechtlich geschützt. Ebenso müsse dann die Vollinhaberschaft betreffs der Forderung geschützt sein, insbesondere die des Zessionars nach einer Sicherungszession der Forderung als dem wirtschaftlich gleichgelagerten und praktisch wichtigeren Fall im Vergleich zur Forderungsverpfändung. **111**

Damit sind wir zum Thema des Pfandrechts an der Forderung zurückgekehrt. Die Verpfändung der Forderung ist nunmehr klar einzuordnen, ohne daß man zum Pfandrecht an der Forderung ergänzend das Eigentum an der Forderung erfinden müßte als Möglichkeit umfassender Zuordnung desjenigen Gegenstands, der durch das Pfandrecht nur beschränkt zugeordnet werde. Die Verpfändung steht neben der Übertragung der Forderung und stellt wie diese eine Änderung der absoluten Zuordnung dar, die in der **112**

185 *v. Thur*, Der Allgemeine Teil des Deutschen Bürgerlichen Rechts, Bd. 1, 1910, S. 211.

186 Lehrbuch des Schuldrechts, 2. Bd. 12. Aufl. 1981, S. 604 f.

187 Bürgerliches Recht, Rz. 610. Die Ansicht von *Larenz* hat *Canaris* weitergeführt in *Larenz/Canaris* § 76 II 9, S. 397 f.; *Medicus* und *Canaris* haben ihre Ansichten sodann in FS Steffen (1995), 333, 85 ff. ausgeführt. Ohne klare Unterscheidungen und Feststellungen *Becker*, AcP 196 (1996), 439 ff.

188 *Esser-Weyers,* Schuldrecht, Besonderer Teil, 1991, § 55 I 2 b.

189 S. schon oben Rz. 23.

190 Schuldrecht, 7. Aufl. 1985, § 56 V, § 103 I 6 a; anders (nicht überzeugend) 8. Aufl. 1992 Rz. 581, 1215.

bezeichneten Weise auch durch die Forderung bewirkt wird. Im Vergleich zur Abtretung als Übertragung der Forderung ist die Verpfändung Teilübertragung der Forderung.

113 Was das aus der Verpfändung entstehende Pfandrecht betrifft, so ist dieses ein abgespaltener Teil der Forderung und also relatives Recht insoweit, als die Forderung relativ ist, und absolutes Recht insoweit, als die Forderung absolut ist. Die Leistung kann nur vom Schuldner verlangt werden, also richtet sich die pfandrechtliche Empfangs- und Einziehungsberechtigung nur gegen den Schuldner (§§ 1281 f.). Die Berechtigung aus der Forderung ist aber absolut. Und also kann auch der Pfandgläubiger sein Pfandrecht in der Insolvenz und in der Zwangsvollstreckung gegen die auf die Forderung zugreifenden Vollstreckungsgläubiger durchsetzen (§§ 771 ZPO, 47 InsO), und zwar auch gegen die Vollstreckungsgläubiger des Gläubigers der Forderung, denn auch dessen Berechtigung wird durch das Pfandrecht eingeschränkt und steht somit der Befriedigung der Vollstreckungsgläubiger nur unter Vorrang des Pfandrechtsgläubigers (in der Insolvenz gilt in diesem Fall § 50 InsO) zur Verfügung. Die weiteren Konsequenzen der Absolutheit des Pfandrechts an der Forderung ergeben sich entsprechend den Folgerungen aus der Absolutheit der Forderung im Hinblick auf die alleinige Berechtigung des Gläubigers als Stammrecht.

5. Abspaltung trotz Abhängigkeit des Pfandrechts vom Stammrecht nach § 1276 und trotz Trennung zwischen Übertragung und Verpfändung einer Forderung im BGB

114 *Wolff-Raiser*[191] bezeichnen als Beleg für die Absolutheit des Pfandrechts an einer Forderung, daß das Pfandrecht fortbesteht, wenn das Stammrecht, die Forderung, seinen Inhaber, den Gläubiger, wechselt. Oben[192] ist als wesentliche Konsequenz der sachenrechtlichen Kreditsicherung im Gegensatz zur Möglichkeit, sich wegen einer ungesicherten Forderung aus dem Eigentum des Schuldners zu befriedigen, hervorgehoben worden, daß das Sicherungsrecht an Sachen bleibt, auch wenn der Eigentümer wechselt. Der Satz von *Wolff-Raiser* scheint wieder der Sache die Forderung gleichzustellen und so doch wieder die Forderung zum Objekt des Rechts zu machen. In Wirklichkeit ist maßgeblich der Abspaltungsgedanke: Das Sicherungs-, etwa das Pfandrecht an der Sache ist aus dem Eigentum abgespaltene selbständige Herrschaftsbefugnis über die Sache. Wechselt das Eigentum, bleibt die Herrschaftsbefugnis als selbständig unberührt. Mit ihrem Demonstrationsbeispiel für die Absolutheit des Forderungspfandrechts meinen *Wolff-Raiser* nicht das Haften des Pfandrechts an der Forderung als Gegenstand, sondern daß ganz so wie beim Sachpfand das aus dem Eigentum abgespaltene Befugnisbündel beim Pfandrecht an der Forderung das aus der Forderung abgespaltene Befugnisbündel von einem späteren Übergang der beim Gläubiger übrig gebliebenen Forderungsberechtigung auf einen Dritten unberührt bleibt.

115 Die Feststellung, daß das selbständige Befugnisbündel, welches das Recht am Rechte darstellt, vom Übergang des Stammrechts auf einen anderen nicht berührt wird, dient nicht nur zur Kennzeichnung des Rechts am Rechte. Vielmehr ist dank dieser Feststellung die freie *Übertragung* des Stammrechts durch den Berechtigten ungeachtet des beschränkten Rechts überhaupt erst möglich. Das Bestehenbleiben des beschränkten Rechts, auch wenn das Stammrecht auf einen anderen übergeht, macht die Verfügung über das Stammrecht zur Verfügung des Inhabers des Stammrechts als zu dieser Verfügung unbeschränkt Berechtigten.

Angesichts dieses Rückschlusses könnte es folgerichtig erscheinen, daß es ebenso, wie es die Übertragung des Stammrechts bei bestehen bleibendem beschränkten Recht gibt,

[191] § 175 I, S. 718.
[192] Rz. 50.

auch den *Verzicht* auf das Stammrecht[193] bei bestehen bleibendem beschränkten Recht geben muß[194]. In der Tat wird angenommen, daß, wenn ein Pfandrecht an einer Sache begründet ist, das Eigentum an der Sache nach § 959 wirksam aufgegeben werden könne, wobei das Pfandrecht an der Sache bestehen bleibe[195]. Für die Aufgabe des Eigentums an Grundstücken trotz Belastung mit Grundpfandrechten haben wir sogar gesetzliche Vorschriften, die dafür sorgen, daß der Grundpfandrechtsgläubiger für seine Befriedigung aus dem Grundstück einen Verwalter hat, mit dem er sich auseinander setzen kann (s. §§ 58, 787 ZPO).

Diese Vorschriften zeigen allerdings zugleich, daß die Annahme einer Aufgabe des Eigentums ungeachtet eines daran bestehenden beschränkten dinglichen Rechts nicht ganz unproblematisch ist. Aus dem Nebeneinander des Stammrechts und des beschränkten dinglichen Rechts ergeben sich Rechtsbeziehungen zwischen beiden Rechtsinhabern. Man denke nur daran, daß der Gläubiger eines Sachpfandrechts dem Eigentümer nach § 1234 den Verkauf der Pfandsache androhen muß. Weiter muß sich der Inhaber eines gesetzlichen besitzlosen Pfandrechts zu seiner Befriedigung den unmittelbaren Besitz vom Eigentümer holen. Würde der Eigentümer zum Zwecke der Eigentumsaufgabe den Besitz aufgeben (§ 959), würde er das Pfandrecht verletzen. Die Vorschriften der §§ 58, 787 ZPO sind als Sondervorschriften zu erkennen. Greift die Vorsorge durch solche Sondervorschriften nicht ein, kann es die Aufgabe des Eigentums bei Bestehen von beschränkten Rechten daran nicht geben. Schon das Ziel der Eigentumsaufgabe, daß die Sache herrenlos wird, ist praktisch nicht denkbar, wenn es noch einen Herrn in Gestalt des Inhabers eines beschränkten dinglichen Rechts an der Sache gibt. Die mit der Aufgabe korrespondierende Möglichkeit der Aneignung ist ebenfalls praktisch nicht denkbar, weil der Okkupant sich nicht frei der Sache bemächtigen darf. Gegen ihn streitet das beschränkte Recht. Die Sonderregelung der §§ 58, 787 ZPO scheint zwar die Möglichkeit der Herrenlosigkeit trotz Bestehens eines beschränkten dinglichen Rechts an der Sache zu beweisen. Die Lage bei der Aufgabe des Eigentums an einem Grundstück ist aber wegen des Aneignungsrechts des Fiskus nach § 928 II eine besondere. Wegen dieses Aneignungsrechts ist von einer Herrenlosigkeit im Wortsinne nicht zu sprechen. Zudem muß und wird der Fiskus die im Grundbuch eingetragenen beschränkten Rechte beachten.

Bezeichnend ist, daß das BGB die Frage der Aufgabe des Stammrechts trotz Bestehens **116**
beschränkter Rechte im Fall des „Rechts am Rechte“ gegen die einseitige Aufgabemöglichkeit entscheidet. Das BGB sieht die Aufhebung des Stammrechts zugleich als Aufhebung des Pfandrechts am Recht an und insoweit als Verfügung eines Nichtberechtigten (§ 185). Deshalb wird die (gänzliche oder einen Teil betreffende) Aufhebung nach § 1276 I oder II unter den Vorbehalt der Zustimmung des Pfandgläubigers gestellt. § 1276 entspricht einer allgemeinen Wertung. Diese kommt weiter in §§ 876 f., 1071 I 1, 1255 II zum Ausdruck. Begründet ist sie in den Motiven zu der § 1071 entsprechenden Vorschrift des § 1024 E I[196] wie folgt:

„Man könnte ... annehmen, daß in dem Falle, wenn das belastete Recht durch eine rechtsgeschäftliche Verfügung gemindert, insbesondere durch einen Verzicht aufgehoben werde, die aufhebende Wirkung zwar gegenüber dem Berechtigten eintrete, aber zu Gunsten des Nießbrauchers

[193] Im Gegensatz zu der rechtsgeschäftlichen Aufhebung des Stammrechts betrifft der aus dem Inhalt des Stammrechts (etwa als befristetem Recht) folgende Untergang von vornherein notwendig das aus diesem Inhalt abgespaltene Recht.

[194] Daß die von der Existenz des umfassenden Rechts unabhängige Begründung eines beschränkten Rechts in unserem Recht nicht verwirklicht ist, ist schon ausgeführt (o. Rz. 71, 91 Fn. 159). Die selbständige Begründung ist schon mit dem Abspaltungsgedanken nicht vereinbar.

[195] Planck/*Brodmann*, § 959 Anm. 5.

[196] Mot., *Mugdan* III, S. 302.

ein relativer Fortbestand des Rechtes stattfinde. Gegen eine solche relative Fortdauer eines Rechtes zu Gunsten eines an dem Rechte Berechtigten hat sich der Entwurf ... (sc. in den den §§ 876, 877, 1255 entsprechenden Regeln) entschieden." Dazu wird auf die Begründung der den §§ 876, 877 entsprechenden Entwurfsregeln[197] verwiesen. Sie lautet u.a.: „Die Gründe für die Regelung des Entwurfs liegen in den Unzuträglichkeiten, welche bei einer Aufhebung mit Vorbehalt des belastenden Rechtes sich ergeben würden. Man würde zu einem in gewissem Sinne relativen Fortbestande des aufgehobenen Rechtes kommen, welcher so weit reicht, wie der Inhalt des vorbehaltenen belastenden Rechtes verlangt. Die Verwickelung und die Ungewißheit, welche mit einer solchen Relativität verbunden sind, erscheinen im praktischen Interesse nicht wünschenswert. Eine entsprechende Rechtsbegründung, z. B. Bestellung einer Servitut lediglich zu Gunsten eines Hypothekberechtigten, ist im Entwurf nicht zugelassen. Im Fall der Aufhebung eines begrenzten Rechtes durch Vereinigung desselben mit dem Eigenthume in einer Person schließen die Vorschriften des § 835 (= § 889 BGB) ... und des § 1193 (= § 1256 I 2 BGB) gleichfalls einen Fortbestand des begrenzten Rechtes lediglich zur Wahrung des dasselbe belastenden Rechtes aus, indem die aufhebende Wirkung der Vereinigung aufgeschoben wird"[198].

117 Die Formulierung könnte darauf hindeuten, daß den Gesetzesverfassern die Vorstellung vorgeschwebt hat, daß bei der Belastung eines Rechts das belastete Recht der Gegenstand des belastenden Rechts sei[199]. Die Wertung ist jedoch davon unabhängig. Die Ablehnung eines (nach dieser Vorstellung) um des belastenden Rechts willen relativ aufrechterhaltenen belasteten Rechts trifft sachlich auch dann zu, wenn man sich von jener Vorstellung löst, wenn es also um den Fortbestand der aus dem Recht abgespaltenen Teilbefugnis trotz Aufhebung des Stammrechts, aus dem sie abgespalten wurde, geht. Praktische Bedenken hinsichtlich der Kompliziertheit der Aufrechterhaltung der Teilbefugnisse pur, d.h. ohne den Zusammenhang mit dem Quellrecht, dem sie entstammen, bilden die ratio. Damit zeigt sich aber: Die Einordnung der beschränkten dinglichen Rechte als aus dem Stammrecht abgespaltener Teilbefugnisse führt nicht notwendig zu der Annahme, daß das Stammrecht unter Bestehenbleiben des beschränkten Rechts verzichtbar sein muß. Umgekehrt steht die Entscheidung gegen diese Verzichtbarkeit der Einordnung i. S. des Abspaltungsgedankens nicht entgegen.

Es handelt sich um eine praktische und eine Wertungsfrage. Dies zeigt sich darin, daß unser Recht die Aufgabe des Eigentums an Grundstücken unter Aufrechterhaltung beschränkter Rechte am Eigentum zuläßt. Die Zulassung beruht auf den besonderen Vorschriften der §§ 928 II BGB, §§ 58, 787 ZPO.

118 Mit der Verpfändung eines Rechts als Abspaltung aus der Zuständigkeit des Rechts geht es einerseits um die absolute Zuständigkeit des Rechts und andererseits um die Figur des Pfandrechts. Mithin sind die Verpfändung einer Forderung und das Pfandrecht

[197] Mot., *Mugdan* III, S. 258 f.

[198] Trotz des Grundsatzes in § 889, daß ein belastetes Recht, wenn es sich mit dem Eigentum vereinigt, nicht unter Fortbestand nur das belastenden Rechts erlischt, sondern auch selbst als Eigentümerrecht fortbesteht, führt unser Gesetz im Fall des § 889 in einer bestimmten Variante doch zu einer relativen Aufrechterhaltung von Befugnissen: Geht es um eine verpfändete Grundschuld, die sich mit dem Eigentum vereinigt, so stehen das Recht, die Zwangsvollstreckung zu betreiben, und das Recht auf Zinsen nach § 1197 I, II nicht dem Eigentümer, aber sehr wohl nach §§ 1291, 1282 I 1 und 2 dem Pfandgläubiger zu.

[199] Auch der Satz der Mot., *Mugdan* III, S. 301: „Dem Entwurf liegt (sc. betreffs des Nießbrauchs an Rechten) das Prinzip zu Grunde, daß der Erwerber des Nießbrauches unmittelbar Mitberechtigter in Ansehung des dem Nießbrauche unterworfenen Rechtes wird ...„ ist nicht i. S. einer Teilübertragung des Rechts – ohne Zuhilfenahme der Vorstellung eines Rechts am Recht – eindeutig. Mitberechtigung in Ansehung des unterworfenen Rechts kann besagen, daß schon für den den Nießbrauch bestellenden Berechtigten des unterworfenen Rechts ein Recht am Recht vorgestellt wird, in das er sich mit dem Nießbraucher teilt. Dem würde dann die o. Rz. 96 Fn. 165 zitierte Vorstellung vom Eigentum am Recht neben Nießbrauch oder Pfandrecht am Recht zugrunde liegen.

an einer Forderung im Sachenrecht richtig aufgehoben. Nicht mehr also, daß die Verpfändung im Sachenrecht, sondern daß der parallele Verfügungstatbestand der Vollübertragung, d.h. die Abtretung, in § 398 und damit im Schuldrecht steht, ist auffällig. Dies erklärt sich aber aus der Regelung der Forderungsübertragung beim Schuldverhältnis, aus dem die Forderung als Kehrseite der Schuld begründet ist.

Westermann[200], hat überlegt ob nicht die unterschiedliche Ausgestaltung der Abtretung und der Verpfändung einer Forderung durch das Anzeigeerfordernis bei der Verpfändung (§ 1280) widersprüchlich und somit eine schädliche Folge der getrennten Behandlung der Übertragung im Schuldrecht und der Verpfändung im Sachenrecht ist. Diese Zweifel sind nicht begründet. Oben[201] ist schon gezeigt worden, daß das BGB auch in bezug auf die Übertragung der Rechte konsequent in dem Vorgehen vom Allgemeinen zum Besonderen aufgebaut ist. Diesem Vorgehen entsprechend ist die Regelung der Forderungsabtretung bewußt zum Anlaß genommen worden, in § 413 die allgemeine Übertragungsnorm zu setzen, die Auffangnorm auch für das Sachenrecht ist. Ist so die Trennung zwischen allgemeiner Übertragungs- und besonderer Verpfändungsregelung in bezug auf Forderungen systematisch konsequent geschehen, so sind die beiden Regelungen auch nicht aufgrund der Auseinanderziehung widersprüchlich: Wie der Vergleich zwischen den beiderseits im Sachenrecht angesiedelten Normen über die Übertragung des Eigentums einerseits (§§ 929 ff.) und die Verpfändung der Sache andererseits (§§ 1205 ff.) zeigt, ist die gesteigerte Publizität der Verpfändung im Vergleich zur Übertragung konsequent und bewußt geregelt. **119**

6. Die Fortsetzung der Abspaltung in den Ansprüchen zum Schutz der Rechte

Bestehen beschränkte Rechte an einem Recht und greift ein Dritter in den Rechtsgegenstand ein, so entstehen sowohl aus dem Quellrecht als auch aus dem abgespaltenen Recht Schutzansprüche. Im Hinblick auf diese ist der Abspaltungsgedanke fortzuführen. Soweit die Schutzansprüche der Beseitigung von Beeinträchtigungen oder der Wiederherstellung des Rechtsgegenstands dienen, sind sie konkordant: Sowohl der Stammberechtigte als auch der Berechtigte des abgespaltenen Rechts kann den Anspruch geltendmachen. Soweit die Ansprüche dagegen auf Herausgabe von Surrogaten oder Geldzahlung gerichtet sind, ist das Verhältnis des abgespaltenen Rechts zum Quellrecht zu berücksichtigen. Ist das abgespaltene Recht ein Nutzungsrecht und führt der Eingriff zum Verlust des Rechtsgegenstands, so kann der Wert der Nutzung als Teil der Vollberechtigung festgestellt und zwischen den Berechtigten eine Teilung der Ersatzforderung durchgeführt werden. Unangemessen ist die Teilung bei beschränkten Rechten, die auf eine Ausübung in der Zukunft gerichtet sind, insbesondere bei Rechten zur Befriedigung wegen einer Forderung aus dem Gegenstand des belasteten Rechts. Gegenwärtig ist dann noch der Stammberechtigte voll berechtigt. Der Versuch einer Bewertung und Teilung würde zu einer Zerschlagung der Koexistenz der beiden Rechte unter Mißachtung der Abfolge der Rechtswahrnehmung führen. Statt einer Teilung ist die Koexistenz der Rechte durch Surrogation aufrechtzuerhalten: Dem Stammberechtigten steht die Forderung und dem Inhaber des beschränkten Rechts ein seinem Recht entsprechendes beschränktes Recht an der Forderung und dem auf die Forderung erbrachten Leistungsgegenstand zu[202]. **120**

[200] 5. Aufl., § 2 II 2, S. 9.; s. auch 7. Aufl., § 3 II 2 d.

[201] Rz. 3.

[202] Für die dinglichen Verwertungsrechte überzeugend *Habermeier*, AcP 193 (1993), 364 ff., 374 ff. Die Ausdehnung auf alle beschränkten dinglichen Recht ist zu weitgehend.

7. Möglichkeit der Gesamtgläubigerschaft hinsichtlich von beschränkten dinglichen Rechten

121 Als Abspaltung aus dem Eigentum begründet das beschränkte dingliche Recht bestimmte Teilbefugnisse, etwa zur Nutzung, zum Erwerb oder zur Befriedigung. Mit diesen Teilbefugnissen ist der Eigentümer belastet, indem sie nicht ihm zustehen, sondern er sie beachten muß. Aufgrund dieses Inhalts als Teilbefugnisse und ihrer Richtung gegen den Eigentümer lassen sich die beschränkten dinglichen Rechte ebenso wie Forderungen als mehrere gleichgerichtete Rechte in der Hand mehrerer Berechtigter denken. So ist anerkannt, daß beschränkte dingliche Rechte entsprechend der Gesamtgläubigerschaft (§ 428)[203] für mehrere Berechtigte bestellt werden können[204]. Für die zur Sicherung oder Befriedigung wegen einer Forderung einzuräumenden Rechte (Vormerkung, Hypothek und Pfandrecht) folgt dies schon aus der Bezogenheit der Rechte auf eine Forderung.

VII. Die gemeinschaftliche Berechtigung mehrerer Personen aus einem Recht; Teil- und Mitbesitz

1. Bruchteilsgemeinschaft und Gesamthandsgemeinschaft

122 Neben der bisher behandelten Möglichkeit der Abspaltung von beschränkten Rechten, so daß der Inhaber des Stammrechts und der des beschränkten Rechts als Inhaber verschiedener Rechte nebeneinander stehen, wobei allerdings hinsichtlich des beschränkten Rechts auch eine Gesamtgläubigerschaft (d.h. eine gleichgerichtete mehrfache Berechtigung) begründet sein kann, gibt es die Möglichkeit, daß ein Recht, und zwar hier auch das Eigentum selbst, mehreren Berechtigten zusammen gehört. Nach § 741 finden, wenn ein Recht mehreren gemeinschaftlich zusteht[205], vorbehaltlich von Sonderregelungen die Vorschriften der §§ 742-758 Anwendung. Das Gesetz fügt den Begriff hinzu: Gemeinschaft nach Bruchteilen. Für das mehreren nach Bruchteilen zustehende Eigentum, das

[203] Anerkannt in BGHZ 43, 253; s. a. BGH NJW 1981, 176; OLG Hamm Rpfleger 1980, 21; kritisch *Reinicke,* JZ 1967, 415, *Weitnauer,* DNotZ 1968, 706). Nach Palandt/*Heinrichs* § 432 Rz. 1 soll es zusätzlich die Möglichkeit einer Gesamtberechtigung entsprechend § 432 geben. Man kann sich aber die Übertragung des Falls der unteilbaren Leistung nur in Gestalt des Falls der rechtlich unteilbaren, nämlich an die Gläubiger als Rechtsgemeinschaft zu erbringenden Leistung vorstellen. D.h. nicht § 432 tritt zur Möglichkeit der Gesamtberechtigung entsprechend § 428 hinzu, sondern die Möglichkeit der Zuständigkeit eines beschränkten dinglichen Rechts in Bruchteilsgemeinschaft mit der Folge, daß für Forderungen aus dem gemeinsamen Recht § 432 gilt.

[204] Jeder Gesamtberechtigte kann nach § 875 auf seine Berechtigung verzichten. Sind mit der Berechtigung Lasten verbunden (etwa die Erhaltungspflicht nach §§ 1093 I 2, 1041 bei einer Wohnberechtigung), müssen dem Verzicht der Mitberechtigte und der Eigentümer (nur diese stehen in den Schuldverhältnissen betreffs der Lasten) zustimmen. Auf diesem Wege kann durch Teilverzicht jedes Gesamtberechtigten auch eine Realteilung des Rechts unter die bisher Gesamtberechtigten erreicht werden.

[205] Steht eine Forderung mehreren in Bruchteilsgemeinschaft zu und wird für die Forderung ein Pfandrecht bestellt, so kommt ein den Gläubigern gemeinschaftlich zustehendes Pfandrecht zustande (davon ist die mehrfache Verpfändung einer Sache an mehrere Pfandgläubiger zur Sicherung je der Forderung der einzelnen Gläubiger zu unterscheiden; hier kommen mehrere Pfandrechte zustande, deren Rang der Bestimmung bedarf). – Eine Bruchteilsgemeinschaft kann auch an mehreren Rechten bestehen, s. Staudinger/*Huber*, 12. Bearb., § 741 Rz. 86 ff., Staudinger/*Langhein*, 13. Bearb., Rz. 157 ff.: Konsequenz ist das Bestehen der Zuständigkeit je für die einzelnen Rechte, was die Verfügungsmöglichkeit betrifft (§ 747), aber die Zusammenfassung, was Verwaltung, Nutzung und Aufhebung betrifft. Praktischer Fall BGH LM § 741 BGB Nr. 14 mit Anm. *Wilhelm.*

sog. Miteigentum, sind in den §§ 1008 ff. besondere Vorschriften getroffen, die die §§ 742 ff. ergänzen oder modifizieren. Als besondere Form des Miteigentums wiederum ist das Wohnungs- oder Teileigentum geregelt. Das Wohnungseigentum verbindet das Sondereigentum an einer Wohnung mit dem Miteigentum an einem Grundstück, das Teileigentum das Sondereigentum an nicht zu Wohnzwecken dienenden Räumen mit jenem Miteigentum (§ 1 II, III WEG).

Als Sonderfall der Gemeinschaft nach Bruchteilen regelt das BGB[206] die Gesamthands- **123**
gemeinschaften, insbesondere die BGB-Gesellschaft, vorausgesetzt, daß für diese Vermögen erworben wird. Nach § 718 werden die Beiträge der Gesellschafter (sofern sie an die Gesellschaft geleistet werden) und die durch Geschäftsführung für die Gesellschaft erworbenen Gegenstände nicht Vermögen einer selbständigen Gesellschaft, sondern entsprechend der Regelung des § 741 über die Bruchteilsgemeinschaft gemeinschaftliches Vermögen der Gesellschafter. Die gemeinschaftliche Berechtigung unterliegt aber nach § 719 der gesamthänderischen Bindung. Dies ist eine Sonderregelung i.S. des § 741. Gesamthandsgemeinschaften sind über die BGB-Gesellschaft (unter der Voraussetzung des Erwerbs für die Gesamthandsgemeinschaft) hinaus nach § 54 S. 1 i.V. mit §§ 718, 719 der nicht rechtsfähige Verein[207] und nach §§ 105 I, III, 161 II HGB i.V.m. §§ 718 f. BGB die OHG und die KG[208]. Vermögen einer Gesamthandsgemeinschaft wird weiter der Nachlaß, wenn mehrere Erben Rechtsnachfolger des Erblassers werden (Erbengemeinschaft, § 2032 I). §§ 2033, 2040 begründen ebenfalls eine – freilich weniger weitgehende (s. § 719 I einerseits, § 2033 I andererseits) – gesamthänderische Bindung. Gesamthandsvermögen ist nach dem BGB[209] schließlich das Gesamtgut der in Gütergemeinschaft lebenden Ehegatten (§ 1416, 1419) bzw. – bei Fortsetzung derselben nach dem Tod eines Ehegatten – des überlebenden Ehegatten und der gemeinschaftlichen Abkömmlinge (§§ 1483, 1485). Für alle diese gemeinschaftlichen Berechtigungen gelten i.S. von § 741 Sondervorschriften, während ohne Eingreifen solcher Sondervorschriften für die gemeinschaftliche Berechtigung mehrerer nach § 741 die Bruchteilsberechtigung eingreift. Insoweit könnte man von einem numerus clausus der Gesamthandsgemeinschaften sprechen. Da die Voraussetzungen einer BGB-Gesellschaft aber sehr leicht zu erfüllen sind, ist die Beschränkung auf einen numerus clausus von Gesamthandsgemeinschaften praktisch kaum relevant[210]. Zu beachten ist freilich, daß für die Schaffung von

[206] Was die BGB-Gesellschaft betrifft, darf man nur sagen, daß das BGB, aber nicht, daß das Gesetz sie als Sonderfall der Bruchteilsgemeinschaft regelt. Anders als das BGB mißt nämlich § 11 II Nr. 1 InsO der Gesellschaft des bürgerlichen Rechts Insolvenzfähigkeit zu (als „Gesellschaft ohne Rechtspersönlichkeit", dies in Abgrenzung zur juristischen Person). Nach § 191 II Nr. 1 UmwG kann die BGB-Gesellschaft für einen Wechsel der Rechtsform „Rechtsträger neuer Rechtsform" sein.

[207] Da der Verein unter dem Vereinsnamen auftritt und dadurch jedenfalls irgendwelches Vermögen erwirbt, bedeutet die Verweisung in § 54 auf die Vorschriften über die BGB-Gesellschaft eine solche auf die über die BGB-Gesamthandsgesellschaft.

[208] Nach §§ 105 I, 161 II HGB sind OHG und KG Außengesellschaften (vgl. als Gegensatz § 230 HGB für die stille Gesellschaft als Innengesellschaft). Nach §§ 105 III, 161 II HGB i.V.m. §§ 718, 719 BGB ist das gemeinschaftliche Vermögen Gesamthandsvermögen. Aufgrund der Verweisung im Gesetz zur Ausführung der EWG-VO über die Europäische wirtschaftliche Interessenvereinigung (EWiV-AG v. 14.4.1988, BGBl I S. 514) für die durch jene VO geschaffene Rechtsform der EWiV auf das Recht der OHG (§ 1 Hs. 1 a.E.) gilt die Gesamthandszuständigkeit wie bei der OHG auch für die EWiV. Das Recht der BGB-Gesellschaft gilt nach § 1 IV PartGG auch für die Partnerschaftsgesellschaft.

[209] Nach § 8 II 1 UrhG steht den Miturhebern das Recht zur Veröffentlichung und zur Verwertung des gemeinsam geschaffenen Werkes zur gesamten Hand zu. Zur Gesamthandszuständigkeit bei der Partenreederei nach § 489 HGB s. u. Rz. 1845 Fn. 1953.

[210] Zur Möglichkeit der Vereinbarung des Haltens eines Vermögensgegenstands als Gesellschaftszweck u. Rz. 134, 157 Fn. 269.

Gesamthandsvermögen im Rahmen einer BGB-Gesellschaft immerhin neben der (konkludent möglichen) Abrede eines gemeinsamen Zwecks die Voraussetzungen der Übertragung der als gemeinsam vorgesehenen Rechte in das Gesamthandsvermögen erfüllt werden müssen[211].

2. Die Bruchteilsgemeinschaft im Gegensatz zur Inhaberschaft von Teilen eines Rechts und zur juristischen Person

124 Die gemeinschaftliche Mitberechtigung mehrerer aus einem Recht – d.h. nach dem BGB die Berechtigung bei einer Bruchteilsgemeinschaft wie bei der Gesamthandsgemeinschaft – wird in ihrem Wesen eingegrenzt und anschaulich durch Abgrenzung von zwei nahestehenden, aber doch grundsätzlich verschiedenen Erscheinungen: der Teilberechtigung auf der einen und der Berechtigung einer juristischen Person, in der mehrere Personen zusammengeschlossen sind, d.h. einer körperschaftlichen juristischen Person[212], auf der anderen Seite.

125 Nehmen wir die Abgrenzung der körperschaftlichen, d.h. auf Mitglieder gestellten, juristischen Person vorweg[213], so ist diese gekennzeichnet durch die eigene Rechtspersönlichkeit des Verbandes als solchen (so § 1 I AktG) oder die selbständige Rechts- und Pflichtenträgerschaft der Gesellschaft (so § 13 I GmbHG) oder einfach die Rechtsfähigkeit als Verein (§§ 21 f. BGB). Als rechtsfähig steht der Verband einer natürlichen Person gleich und ist deshalb eben juristische Person. Damit ist aber Inhaber der Rechte des Verbandsvermögens allein der Verband, die juristische Person. Insoweit haben wir gar keine Mitberechtigung mehrerer Personen, sondern die Gleichstellung einer juristischen mit einer einzelnen natürlichen Person[214]. Aufgrund dieser Gleichstellung kann die juristische Person freilich auch mit anderen Personen zusammen ein Recht innehaben, also etwa Miteigentümerin sein, dann handelt es sich um eine Bruchteilsgemeinschaft, der als Teilhaber eine juristische Person angehört. In diesem Fall hat die juristische Person den Bruchteil eines Rechts inne. Als solche, in bezug auf ihre Mitglieder, ist sie aber keine Erscheinungsform der gemeinschaftlichen Zuständigkeit eines Rechts.

126 Danach grenzt sich die Bruchteilsgemeinschaft von der juristischen Person durch die bei ihr bestehende gemeinschaftliche Zuständigkeit der Rechte zu den Gemeinschaftern ab. Wie diese gemeinschaftliche Zuständigkeit beschaffen ist, erhellt, wenn man nunmehr auf der anderen Seite die Teilberechtigung abgrenzt. Bei ihr geht es um die Aufteilung eines Rechts mit seinem Gegenstand auf mehrere Personen zu inhaltlich gleichen Teilen des Rechts und seines Gegenstands[215].

[211] Zu einem Fall analoger Anwendung der §§ 718, 719 u. Rz. 1944.

[212] Eine nicht körperschaftliche juristische Person ist die Stiftung (§§ 80 ff.), in der nicht Mitglieder zusammenwirken, sondern ein Vermögen zum Stiftungszweck verwaltet wird.

[213] Beispiele etwa der rechtsfähige Verein (§§ 21 f.), die AG (§ 1 AktG), die GmbH (§ 13 I GmbHG) oder die eingetragene Genossenschaft (§ 17 I GenG).

[214] Jedenfalls, was die Inhaberschaft von Sachenrechten betrifft. Zur Beschränkung der Rechtsfähigkeit der juristischen Person im Vergleich zu natürlichen Personen s. die Übersicht bei *Enneccerus-Nipperdey*, Allgemeiner Teil des Bürgerlichen Rechts, 1960, § 105 II; zur Grundrechtsfähigkeit juristischer Personen *Bethge*, Die Grundrechtsberechtigung juristischer Personen nach Art. 19 III GG, 1985; zur Frage eines Persönlichkeitsrechts juristischer Personen *Kraft*, FS Hubmann (1985), 201 ff.

[215] Was die Aufteilung der Rechte betrifft, ist der Aufteilung des Rechts mit seinem ganzen Gegenstand in Teilrechte gegenüberzustellen die Aufteilung bei den beschränkten dinglichen Rechten, d.h. die Abspaltungen besonderer Befugnisse aus dem Stammrecht.

Beispiel ist die Teilforderung nach § 420. Haben mehrere eine teilbare Leistung zu fordern, so ist nach jener Vorschrift im Zweifel jeder Gläubiger nur zu einem gleichen Anteil berechtigt[216]. Ist etwa eine Forderung zugunsten von 5 Gläubigern auf Zahlung von 5.000 € begründet, so gilt nach § 420 im Zweifel, daß jeder der Gläubiger vom Schuldner 1.000 € verlangen kann. Es bilden sich also schon dem Gegenstand nach getrennte und damit selbständige Rechte, die nur über die Einheit des Schuldverhältnisses, dem sie entstammen, miteinander verbunden sind. Auch bei der Teilberechtigung ist kein Fall gegeben, in dem ein Recht mehreren zusteht. **127**

Von der Teilberechtigung, insbesondere der Teilforderung, ist die gemeinschaftliche Berechtigung im Sinne der Bruchteilsgemeinschaft, insbesondere eine gemeinschaftlich zustehende Forderung oder das Miteigentum, klar geschieden: Nach §§ 741, 1008 steht das Recht bei der Bruchteilsgemeinschaft mehreren gemeinschaftlich zu. D.h. das Recht wird nicht seinem Gegenstand nach und damit in selbständige Einzelrechte aufgeteilt, es bleibt einheitlich, nur die Inhaberschaft oder die Zuständigkeit des Rechts ist auf mehrere Personen bezogen. **128**

Die 5 Bruchteilsberechtigten einer Forderung auf Zahlung von 5.000 € haben bei gleicher Berechtigung, die nach § 742 im Zweifel gilt, nicht je eine Forderung auf Zahlung von 1.000 €, sondern die Mitberechtigung an einer Forderung auf Zahlung von 5.000 €.

Die 10 Miteigentümer eines Grundstücks haben (gleiche Berechtigung vorausgesetzt) nicht Eigentum je an einem zehnten Teil der Grundstücksfläche, sondern eine Mitberechtigung am Eigentum an dem Grundstück.

Die mehreren Inhaber können das Recht nur gemeinschaftlich ausüben (§§ 744, 745, 747 S. 2). Die Sondervorschriften der §§ 432, 1011 erlauben freilich die Einziehung bruchteilsmäßig zustehender Forderungen oder von Ansprüchen aus bruchteilsmäßig zustehenden Rechten durch einen einzelnen Berechtigten zugunsten aller Berechtigter[217]. Der aus der Ausübung erzielte Ertrag ist unter alle Inhaber aufzuteilen (§§ 743, 752)[218]. **129**

216 Die Vermutung des § 420 gilt in erster Linie für die Geteiltheit der Forderung (Mot., *Mugdan* II, S. 84), sodann für die Gleichheit der Anteile.

217 § 432 gilt – freilich abdingbar – für den Fall der Bruchteilsberechtigung an einer Forderung immer. Auf die Teilbarkeit des Leistungsgegenstandes kommt es nicht an; allein die Zuordnung des Rechts zu einer Bruchteilsgemeinschaft führt zur – rechtlichen – Unteilbarkeit im Sinne der §§ 420, 432, s. BGH NJW 1988, 1483 re.Sp., MünchKomm/*K. Schmidt* § 741 Rz. 43 ff. (für § 754 S. 2 bleibt die Bedeutung, ein Recht auf Mitwirkung am Empfang der Leistung zu geben, so daß diese nicht hinterlegt werden muß). § 1011 gibt neben den eigenen Ansprüchen aus dem Miteigentumsanteil (etwa nach § 985 auf Wiedereinräumung des dem Kl. entzogenen Mitbesitzes) eine Prozeßstandschaft für die gemeinsamen Ansprüche aus dem Eigentum. Da diese auf Leistung an alle Miteigentümer gerichtet ist, ist auch nur die Klage auf Leistung an alle begründet. § 1011 steht also § 432 gleich, auf den er sich auch bezieht. Es stehen ja auch die gemeinsamen Ansprüche ebenso wie das Eigentum, aus dem sie folgen, in Bruchteilsberechtigung der Miteigentümer. § 1011 spricht bei dieser Inbezugnahme des § 432 nur von Herausgabe (der Sache); es sind aber alle Ansprüche aus einem Eingriff in den gemeinsam zustehenden Gegenstand, soweit sie diesem Gegenstand zuzurechnen sind, entsprechend zu behandeln; einige können schon per se nur durch Leistung an alle erfüllt werden (etwa der Beseitigungs- oder Unterlassungsanspruch nach § 1004 oder der Anspruch auf Naturalrestitution nach § 249 S. 1); andere surrogieren dem gemeinsamen Gegenstand, so die Erlösherausgabeansprüche aus §§ 816, 687 II und der Schadensersatzanspruch in Hinsicht auf den Substanzschaden, s. *Habermeier,* AcP 193 (1993), 364, 368 ff.; auch soweit der letztere auf Geld gerichtet und deshalb teilbar ist, spricht der Surrogationsgedanke dafür, daß es um einen gemeinsam zustehenden Anspruch geht (für den insbesondere auch das Insolvenzrisiko ein gemeinschaftliches sein muß, *Habermeier, a.a.O.,* 373, anders die Vorauflage). Aus der Gemeinsamkeit des Gegenstandes folgt auch die gemeinsame Anrechnung eines von nur einem Mitberechtigten peccierten Mitverschuldens bei Eingriffen in den Gegenstand (BGH JuS 1992, 882).

218 Auch die Nutzung i.S. des § 745 ist schon Ertrag. Nutzt einer der Gemeinschafter allein, so können die anderen nach § 745 II (mit Fälligkeit des Anspruchs von dem Verlangen an) eine

Schließlich kann das Recht selbst durch eine spezielle gemeinschaftliche Ausübung, nämlich die Verfügung über das Recht (§ 747 S. 2), aufgeteilt (§ 752) oder – wieder mit anschließender Erlösverteilung (§ 752) – veräußert werden (§ 753).

130 § 742 spricht hinsichtlich der Berechtigung jedes Gemeinschafters vom Anteil am Recht. Das Recht steht nach § 741 bruchteilsmäßig zu. Der Gegensatz zur Aufteilung des Rechts in mehrere Teilrechte ist nach dem Vorstehenden klar: Hat beim Teilrecht der Inhaber ein getrenntes, selbständiges, allein seiner Verfügungsgewalt unterliegendes Recht auf einen oder an einem Teil des Rechtsgegenstands, so bedeutet der Anteil bei der Bruchteilsgemeinschaft nur die Mitberechtigung zur gemeinsamen Bestimmung über Verwaltung und Benutzung des gemeinsamen Rechtsgegenstands, zur gemeinsamen Verfügung über das Recht und die Berechtigung zur Teilnahme an Nutzung und Ertrag des gemeinsamen Gegenstands. Die Höhe des Anteils (nach § 742 sind im Zweifel alle Anteile gleich) bestimmt das Maß dieser Mitberechtigung (§§ 745 I 2, 743 I, 753 ff.). Der Mitberechtigung entspricht die Mitbelastung durch die Lasten des gemeinschaftlichen Gegenstands und die Kosten seiner Erhaltung, Verwaltung und Benutzung (§§ 748, 755).

131 Die 10 erwähnten Grundstücksmiteigentümer können, soweit sie sich nicht stören oder aber über die Nutzungsverteilung einig sind, das Grundstück (etwa ein Waldgrundstück) nutzen, sodann haben sie gleiches Stimmrecht zur Bestimmung der Verwaltung, Nutzung und Verfügung; aufgrund von Mehrheitsbeschlüssen besteht in den Grenzen des § 745 ein Recht auf Durchführung[219]. Früchte, etwa Mietzinsen, stehen jedem zu 1/10 zu, ebenso der im Fall einer Veräußerung erlangte Erlös. Kosten, wie etwa für die Beseitigung von Sturmschäden, sind je zu 1/10 zu tragen.

132 Bedeutet so der Anteil am gemeinschaftlichen Recht nur die Mitberechtigung am einheitlich bleibenden Recht und kann mithin über das Recht als ganzes nur gemeinsam verfügt werden (§ 747 S. 2), so ist doch die Mitberechtigung selbst dem einzelnen zu eigen und so als Verfügungsgegenstand für den einzelnen denkbar. Nach § 747 S. 1 gilt denn auch: Jeder Teilhaber kann über seinen Anteil verfügen[220]. Folglich können Gläubiger eines Teilhabers in dessen Anteil hinein vollstrecken (s. § 751 S. 2).

Da es sich um einen Anteil am Gesamtrecht handelt, ist für die Art und Weise der Verfügung über den Anteil die Regelung der Verfügung über das gemeinschaftliche Recht maßgeblich. D.h.

Vergütung für ihren Nutzungsanteil in Geld verlangen, s. etwa BGH WM 1989, 102; OLG Düsseldorf NJW-RR 1989, 1483.

219 Wegen der Möglichkeit von Mehrheitsbeschlüssen, für die auch eine Stimmrechtsvertretung der zahlreichen Teilhaber durch einige wenige Vertreter eingerichtet werden kann, kann bei Miteigentum an mehreren, als Forstbesitz genutzten Grundstücken eine unternehmerische Nutzung erreicht werden, in deren Rahmen auch ein Austausch nicht forstwirtschaftlich nutzbarer gegen forstwirtschaftlich nutzbare Grundstücke beschlossen werden kann, so daß gegen die Teilhaber nach § 745 II ein Anspruch auf Zustimmung zu der entsprechenden Verfügung begründet ist (BGH LM § 741 BGB Nr. 14 mit Anm. *Wilhelm*).

220 Die gemeinschaftliche Verfügung über das Recht (§ 747 S. 2) und die Verfügung des Teilhabers über seinen Anteil am Recht (§ 747 S. 1) sind nicht etwa dadurch getrennt, daß die gemeinschaftliche Verfügung das Recht insgesamt betrifft, während die Verfügung über den Anteil nur diesen Anteil betrifft. Die gemeinschaftliche Verfügung kann auch darin bestehen, daß über das Recht derart verfügt wird, daß aus dem Recht ein Anteil abgespalten und übertragen wird. Im Fall BGH NJW 1998, 1482 ff. konnte die Übertragung eines Miteigentumsanteils auf die Söhne durch ihren Vater als angeblichen Alleineigentümer, während die Mutter Miteigentümerin war, nicht dadurch als Verfügung eines Berechtigten aufrecht erhalten werden, daß die Verfügung als Übertragung des Miteigentumsanteils, der dem Vater in Wirklichkeit zur Verfügung stand, aufrecht erhalten wurde. Mit Recht haben die Gerichte in dem Fall BGH NJW 1998, 1482 ff. den Erwerb der Söhne nur nach § 892 oder durch Zustimmung der Mutter als möglich angesehen (S. 1483 vor II, 1484 unter b)). Das ganze Urteil des BGH in NJW 1998, 1482 ff. ist nur durch die Unterscheidung von gemeinschaftlicher Verfügung (§ 747 S. 2) und Verfügung über den Bruchteil (§ 747 S. 1) zu verstehen.

die Mitberechtigung an der Forderung wird nach § 398 abgetreten, das Miteigentum am Grundstück wird nach §§ 873, 925 durch Auflassung und die Eintragung des neuen Miteigentümers im Grundbuch übertragen[221].

Ist aufgrund dieser Verfügungsmöglichkeit die Bruchteilsgemeinschaft schon hinsichtlich der Personen der Gemeinschaftsglieder von nur flüchtiger Bestandskraft, so gilt Entsprechendes für die Existenz der Bruchteilsgemeinschaft als ganzer: **133**

Nach § 749 I kann jeder Teilhaber jederzeit die Aufhebung der Gemeinschaft verlangen. Das Aufhebungsrecht kann freilich – vorbehaltlich der immer möglichen Aufhebung aus wichtigem Grund – auf Zeit oder für immer durch Vereinbarung ausgeschlossen oder aber beschränkt werden (§ 749 II, III, 750). Für das im Miteigentum am Grundstück mit Sondereigentum an einer Wohnung oder sonstigen Räumen bestehende Wohnungs- oder Teileigentum (§ 1 WEG) ist der Aufhebungsanspruch ausgeschlossen (§ 11 I WEG)[222].

Aus § 137 S. 1 folgt, daß im Gegensatz zum Aufhebungsanspruch die Befugnis, über den Anteil am gemeinsamen Recht zu verfügen, nicht durch Vereinbarung ausgeschlossen werden kann[223]. § 137 S. 1 kann nur dadurch ausgeschaltet werden, daß ein Gesellschaftsvertrag zu dem gemeinsamen Zweck der Vermögensverwaltung abgeschlossen und der gemeinsame oder gemeinsam zu erwerbende Gegenstand in das Gesamthandsvermögen der Gesellschaft übertragen wird[224]. **134**

[221] Zur Übereignung des Miteigentums an beweglichen Sachen u. Rz. 186, 668. Zur Aufgabe des Anteilsrechts oder zum Verzicht darauf sogleich Rz. 58. Zur Belastung der beweglichen Sache durch ein Pfandrecht s. Staudinger/*Huber*, 12. Bearb., § 747 Rz. 28, Staudinger/*Langhein*, 13. Bearb., § 747 Rz. 34. Die Bestellung von Grundstücksrechten an Anteilen am Eigentum an einem Grundstück vollzieht sich, soweit sie möglich ist – dazu u. Rz. 137 Fn. 236, Rz. 1341 Fn. 1347, 1903 Fn. 2011, Rz. 1405 –, nach den allgemeinen Vorschriften (§§ 873, 1114, 1115 etc.). Der Inhaber einer Hypothek am Miteigentumsanteil an einem Grundstück hat entgegen *Huber*, a.a.O., Rz. 39, kein Aufhebungsrecht analog § 1258 II (gegen die Analogie Staudinger/*Langhein*, 13. Bearb., Rz. 46 f.). Die Verwertung aufgrund der Hypothek erfolgt im Wege der Zwangsvollstreckung – § 1147 –, diese kann durch Eintragung einer Zwangshypothek am Anteil erfolgen, §§ 864 II, 866 I ZPO. Diese bedeutet eine Pfändung i.S. des § 751 S. 2.

[222] Zum Ausschluß des Aufhebungsanspruchs bei Grundstückseigentum von Ehegatten Staudinger/*Langhein*, 13. Bearb., § 749 Rz. 37 ff., 63 ff.

[223] S. 2 der Vorschrift läßt nur Vereinbarungen der Gemeinschafter unberührt, durch die sich ein Gemeinschafter verpflichtet, über seinen Anteil nicht zu verfügen. Entgegen solchen Vereinbarungen getroffene Verfügungen sind – die Erfüllung der allgemeinen Wirksamkeitsvoraussetzungen unterstellt – wirksam. Drohen vereinbarungswidrige Verfügungen, besteht aufgrund der Vereinbarung ein Unterlassungsanspruch, auch eine einstweilige Verfügung zu seinem Schutz ist möglich. Hat ein Teilhaber wirksam verfügt, besteht ein Schadensersatzanspruch. Unterlassungs- und Schadensersatzanspruch stehen den übrigen Teilhabern nach den Regeln der Gemeinschaft, insbesondere nach § 432, zu, s. *Timm*, JZ 1989, 13 ff. Ein besonderer Fall der Verfügungsunterlassungsverpflichtung ist die Pflicht aus der ehelichen Lebensgemeinschaft, den Miteigentumsanteil an dem für die Lebensgemeinschaft genutzten Grundstück nicht zu veräußern. Veräußert ein Ehegatte dennoch und greift der Schutz nach § 1365 nicht ein, so ist die Veräußerung wirksam, es kann aber mit § 826 geholfen werden, s. Staudinger/*Langhein*, 13. Bearb., I § 747 Rz. 9, § 746 Rz. 16, § 741 Rz. 24 f.

[224] Die Möglichkeit einer auf das gemeinsame Halten insbesondere eines Grundstücks beschränkten BGB-Gesellschaft hat sich mit Recht durchgesetzt. Die Verneinung deshalb, weil Grundstückshaltung typisch für die Bruchteilsgemeinschaft sei und außerdem bei Zulassung der Grundstücksgesellschaft der numerus clausus der Gesamthandsgemeinschaften substanzlos würde insofern, als die Gesamthand wählbar würde, ist praktisch unhaltbar: Jedes Anreichern des Zwecks der Grundstückshaltung führte jedenfalls zum gemeinsamen Zweck. Die Abgrenzung zwischen bloßer Verwaltung und Verwaltung etwa zu gemeinsamem Wohnen oder zu gemeinsamem Gewinn etc. ist nicht durchführbar. Für die Anerkennung der Grundstücks-BGB-Gesellschaft inzwischen im Anschluß an *Flume* die h.M., s. Staudinger/*Huber*,

135 Für die Bruchteilsgemeinschaft, bei der mithin § 137 gilt, bieten einen gewissen Schutz im Hinblick auf die Möglichkeit des unerwünschten Eindringens eines Anteilserwerbers die Vorschriften der §§ 746, 751, nach denen eine Festlegung der Benutzung und die Aufhebungsausschließung gegen Sondernachfolger wirken. Allerdings sind von der Ausschließung der Aufhebung anteilspfändende Gläubiger nach § 751 S. 2 nicht betroffen[225]. Weiter ist darauf zu achten, daß bei Miteigentum an Grundstücken die Drittwirkung – hier sowohl betreffend die Aufhebung als auch betreffend die Nutzung und Verwaltung – von der Eintragung der Beschränkung im Grundbuch abhängt, § 1010 I[226].

136 Die Eigenart der Zuordnung bei der Bruchteilsgemeinschaft kann anhand der Frage veranschaulicht werden, ob es beim Miteigentum neben der gemeinsamen Dereliktion des Eigentums durch alle Miteigentümer nach §§ 928, 959 auch die Dereliktion des Miteigentumsanteils durch einen einzelnen Miteigentümer gibt[227]. Diese Frage ist im Hinblick auf das Miteigentum als solches zu lösen. Denkbar sind zwar auch Vereinbarungen der Miteigentümer über Kostenverteilung, Ausscheiden etc. Die Rechtsfrage ist

12. Bearb. § 741 Rz. 128 ff.; die Entwicklung hinnehmend Staudinger/*Langhein,* 13. Bearb., § 741 Rz. 217 ff.; sodann *K. Schmidt*, AcP 182 (1982), 481, 502 ff., 506 f.; *ders*., JZ 1985, 909, 910 und 912. S. auch BGH NJW 1982, 170 und dazu *K. Schmidt*, AcP 182 (1982), 481 f. Besteht bisher Miteigentum, so wird eine Gesamthandsgesellschaft mit dem Grundbesitz als Gesamthandseigentum freilich erst dadurch herbeigeführt, daß das Eigentum am Grundstück auf die Grundstücks-Gesellschaft übertragen wird. Dies ist zum Entstehen von Gesamthandseigentum erforderlich und möglich, auch wenn die Personen identisch bleiben (u. Rz. 157). Der Gesellschaftsvertrag, der zur Einbringung des Grundstückseigentums verpflichtet, ist formbedürftig nach § 313. Im Hinblick auf § 313 S. 2 kann der Vertrag aber mit der Übertragung auch formlos, insbesondere konkludent, einhergehen. (Genauer zur Formbedürftigkeit von Gesellschaftsverträgen, wenn die Gesellschaft Grundeigentum veräußern oder erwerben soll, *Ulmer/Löbbe,* DNotZ 1998, 711 ff., 733 ff., 741). – Zur Auslegung und Abwägung im Hinblick auf die Frage des Abschlusses eines Gesellschaftsvertrags beim gemeinsamen Grundstückserwerb Staudinger/*Langhein,* 13. Bearb., § 741 Rz. 224, 234 ff. Neben der Möglichkeit einer Gesellschaft mit Gesamthandseigentum am Grundstück besteht die Möglichkeit, daß das Grundstück in Miteigentum gehalten wird und sich die Miteigentümer nur schuldrechtlich als Gesellschaft konstituieren (als Innengesellschaft), s. *Wilhelm* LM §741 BGB Nr. 14.

[225] Hier hilft aber das Ablösungsrecht der anderen Teilhaber aus § 268, s. Staudinger/*Huber*, 12. Bearb., § 741 Rz. 140, § 751 Rz. 11, Staudinger/*Langhein,* 13. Bearb., § 751 Rz. 11. Nach OLG Hamm WM 1992, 1676 ff., kann sich sodann ein Gläubiger, der selbst Gemeinschafter ist, nicht auf § 751 S. 2 berufen.

[226] Da die Eintragung Wirksamkeitsvoraussetzung ist, schadet bei ihrem Fehlen nicht nach § 892 Kenntnis des Erwerbers, s. *Coester-Waltjen*, Jura 1990, 330, 331 und 332. Es liegt kein Fall des Erwerbs wirksam beschränkter Rechte ohne Eintragung der Beschränkung, also kein Fall des § 892 vor (dieser greift freilich ein bei zu Unrecht wieder gelöschter Eintragung). Bei Fehlen der Eintragung ist nur mit den Mitteln wie bei einer Verfügungsunterlassungsverpflichtung (o. Fn. 223) zu helfen. – Da anders als bei Grundstücken bei beweglichen Sachen nicht für eine sachenrechtliche Publizität der Beschränkungen gesorgt werden kann und muß, gibt es auch keinen aus dem Fehlen der Publizierung folgenden Rechtsschein. Dritte sind vor den Beschränkungen also nicht etwa analog § 936 zu schützen; s. *Baur/Stürner* § 50 III 2.

[227] Den Erlaß eines Forderungsbruchteils gibt es keinesfalls, da der Erlaß Verminderung oder Aufhebung der gemeinsamen Forderung gegenüber dem Schuldner, also notwendig eine gemeinsame Verfügung der Mitberechtigten ist. Bezüglich der Einziehungszuständigkeit nach § 432 kann ein pactum de non petendo vereinbart werden, s. weiter Staudinger/*Huber*, 12. Bearb., § 747 Rz. 13, 15, 16. Der Verzicht zugunsten der anderen Mitberechtigten, den das UrhG in § 8 IV behandelt, nachdem es zuvor in Abs. 2 das Urheberrecht mehrerer diesen zur Veröffentlichung und Verwertung zur gesamten Hand zugeordnet hat, ist bei der Bruchteilsgemeinschaft Übertragung des Anteils auf den anderen und als solche zu vollziehen – Staudinger/*Huber*, 12. Bearb., § 741 Rz. 72, § 747 Rz. 15.

aber im Hinblick auf den praktischen Fall zu stellen, daß mehrere ohne solche weitere Vereinbarung gemeinsam insbesondere ein Grundstück erworben haben und einer der Miteigentümer einseitig sein Anteilsrecht aufgeben will. In dem Fall, daß schuldrechtliche Vereinbarungen unter den Miteigentümern bestehen, wäre es ein Verstoß gegen § 137, aus diesen Vereinbarungen zu folgern, daß die Verfügung eines Verzichts nicht möglich ist. Der Vorschrift widerspricht dagegen nicht, die Möglichkeit des Verzichts aufgrund der Rechte und Pflichten zu versagen, die sich aus der Bruchteilsgemeinschaft ergeben. § 137 läßt nach seiner Eingrenzung, daß es sich um ein veräußerliches Recht handeln muß, die Möglichkeit unberührt, daß eine Beschränkung der Verfügbarkeit aus dem Inhalt des Rechts folgen kann. Diese Möglichkeit ist nicht auf Beschränkungen im Rahmen des dinglichen Rechtsrahmens beschränkt. Wie zum Inhalt der Reallast nach § 1108 I Leistungsrechte mit voller schuldrechtlicher Haftung des Eigentümers gehören, gehören zum Inhalt des Miteigentums schuldrechtliche Rechte und Pflichten hinsichtlich der Sache.

Praktisch bedeutsam geworden ist die Frage der Verzichtbarkeit des Miteigentums im Fall des LG Konstanz[228], in dem ein Teileigentümer[229] einer Schwimmhalle mangels Interesses an der Schwimmhallenbenutzung sein Teileigentum durch Erklärung gegenüber dem Grundbuchamt und Eintragung (§ 928) aufgeben wollte. Das LG hat die Möglichkeit der Eigentumsaufgabe unter Berufung auf die Unauflöslichkeit der Eigentümergemeinschaft nach dem WEG (§ 11 I 1), aber auch deshalb abgelehnt, weil eine solche Verfügung über einen Miteigentumsanteil generell ausgeschlossen sei[230]. **137**

§ 747 S. 1 läßt freilich generell Verfügungen über den Rechtsanteil zu[231]. In § 950 des 1. Entwurfs zum BGB war die Möglichkeit der Dereliktion von Miteigentumsanteilen nach den allgemeinen Vorschriften auch noch ausdrücklich anerkannt. Auch die 2. Kommission hat mehrheitlich diesen Standpunkt für richtig gehalten, sie hat die Frage dann aber doch Wissenschaft und Praxis überlassen[232]. Die sich darin ausdrückende Zurückhaltung ist zu Recht geübt worden. Der einseitige Verzicht eines Miteigentümers auf seinen Anteil ist mit der Zuordnung zur Mitberechtigung nach Bruchteilen unvereinbar[233]. Zunächst ist dieser Verzicht nur als Dereliktion mit der Folge der

[228] NJW-RR 1989, 1424.

[229] S. § 1 III WEG.

[230] LG Konstanz a.a.O.; ebenso KG NJW 1989, 42 (zustimmend *Bärwaldt*, JuS 1990, 788), BGHZ 115, 1 = NJW 1991, 2488, BayObLGZ 1991, 90 = NJW-RR 1991, 910, OLG Düsseldorf NJW-RR 2001, 233; ebenso schon Staudinger/*Huber*, 12. Bearb., § 747 Rz. 14, gleicher Ansicht Staudinger/*Langhein*, 13. Bearb., § 747 Rz. 17 f. Gegenstimmen s. LG Konstanz a.a.O. und *Bärwaldt*, a.a.O., Fn. 30 sowie *Kanzleiter*, NJW 1996, 905 ff. Unhaltbar die Bejahung der Aufgabemöglichkeit sogar für das Wohnungs- bzw. Teileigentum bei *Bärmann/Pick/Merle*, WEG, 1997 § 3 Rz. 79 f. mit der Begründung, daß der Miteigentumsanteil nicht vom Sondereigentum getrennt werden könne und wegen der Gleichstellung des Wohnungseigentums mit Grundstückseigentum von der Aufgabe nicht von Miteigentum, sondern von Grundstückseigentum zu sprechen sei. Die Untrennbarkeit des Miteigentums bedeutet nicht, daß es gar nicht relevant ist. Das Wohnungseigentum ist geprägt von der Gemeinschaftlichkeit des Grundstückseigentums, aus dem das Sondereigentum sich nur als besonderer Bereich, der aber in die gemeinschaftliche Verwaltung einbezogen ist, heraushebt.

[231] Die Besonderheit des Wohnungs- oder Teileigentums hat im WEG zu keiner abweichenden Regelung geführt. Nach § 6 WEG folgt betreffs Veräußerungen und Belastungen das bei Teil- oder Wohnungseigentum mit dem Miteigentum am Grundstück verbundene Sondereigentum dem Miteigentum. Nach § 4 I WEG kann das Sondereigentum selbständig aufgehoben werden, nämlich durch Einigung der Beteiligten und Eintragung im Grundbuch. Die Aufhebung des Miteigentums unter Einschluß des Sondereigentums ist nicht geregelt. Die vom LG Konstanz angeführte Vorschrift des § 11 I WEG betrifft die Aufhebung der Gesamtgemeinschaft und auch hier nur den Aufhebungsanspruch, also nicht die dingliche Rechtslage. Ebenso fehlerhaft die Argumentation des KG a.a.O. vorige Fn., die Verzichtsmöglichkeit sei durch die Regelung der Abwicklung der Gemeinschaft ausgeschlossen.

[232] Prot., *Mugdan* III, S. 702 f.

[233] Zutreffend m.w.N. Staudinger/*Gursky* (1995) § 958 Rz. 1, § 959 Rz. 10.

Herrenlosigkeit denkbar (§§ 928, 958 f.). Der Verzicht mit der Folge, daß sich die bisher neben dem aufgegebenen Recht bestehenden Berechtigungen erweitern, ist für das Verhältnis zwischen einem beschränkten Recht und dem Vollrecht vorgesehen (§ 875) und entspricht hier der Abspaltung des beschränkten Rechts aus dem Vollrecht bzw. der Belastung des Vollrechts durch das beschränkte Recht. Im Verhältnis zwischen mehreren Eigentümern gibt es nur die Anteilsübertragung, aber nicht die Aufdrängung von zusätzlichen Anteilen durch Verzicht mit der Folge der Anwachsung. Was die Dereliktion eines Miteigentumsanteils betrifft, ist diese mit der Zuordnung durch Miteigentum nicht vereinbar. Die Dereliktion ist die Begründung der Herrenlosigkeit der Sache (in bezug auf das Eigentum) durch die Aufgabe des Eigentums. Sollte es die Dereliktion etwa eines Miteigentumsanteils von 1/8 geben, müßte man sich vorstellen, daß die Sache zu 1/8 herrenlos werden kann. Die Herrenlosigkeit zu 1/8 neben der Eigentumsherrschaft zu 7/8 ist nicht durchführbar, wie es auch – abgesehen von der Sonderregelung der §§ 58, 787 ZPO – nicht die Herrenlosigkeit einer Sache, obwohl an dieser noch ein beschränktes dingliches Recht besteht, geben kann[234].

Speziell in Hinsicht auf den Verzicht auf einen Miteigentumsanteil wird dies klar, wenn man die Konsequenzen des Miteigentums berücksichtigt. Das Miteigentum ist dadurch gekennzeichnet, daß der Gegenstand des Rechts ungeteilt zusteht. Die Mitberechtigten sind zu gemeinsamer Ausübung, insbesondere Nutzung berechtigt. Daraus ergibt sich die gemeinsame Lasten- und Kostentragung. Das Miteigentum konstituiert also gemeinschaftliche Rechte und Pflichten. Die Anteile wirken sich als voneinander getrennt – abgesehen von der hier gerade zu prüfenden Verfügungsmöglichkeit – nur bei der Stimmberechtigung hinsichtlich von Entscheidungen über die Nutzung etc. und bei der Aufteilung der Erträge und Kosten aus. Die Ungeteiltheit des Rechtsgegenstands führt dazu, daß es die Herrenlosigkeit der Sache zu einem Bruchteil nicht geben kann. Die Herrenlosigkeit zu einem Anteil kann sich zunächst nicht in einer Einschränkung der Nutzung der Sache auswirken Was die Lasten und Erträge betrifft, sind diese notwendig zuzuordnen und können sie also nicht teilweise herrenlos sein. Den Lasten entsprechen Gläubigerstellungen, die Gläubiger können nicht mit einem Teil der Lasten ins Leere laufen. Wenn die übrig gebliebenen Miteigentümer für den herrenlosen Anteil mit aufkommen müssen, ist die Sache doch nicht zum Teil herrenlos. Was Erträge aus der gemeinsamen Sache betrifft, könnte man daran denken, den auf die teilweise Herrenlosigkeit der Sache entfallenden Anteil für die Person zu reservieren, die sich irgendwann in der Zukunft die Sache, soweit sie herrenlos ist, aneignet. Dadurch würden aber die übrigen Berechtigten damit beschwert, den auf den Anteil entfallenden Ertrag für den Anteil, bis sich jemand zu dessen Aneignung entschließt, zu verwalten. Das Beispiel vom Miteigentum an einer Schwimmhalle (d.h. an einem Grundstück mit einer Schwimmhalle als wesentlichem Bestandteil) zeigt das[235]. Die Schwimmhalle wird immer von allen Mitberechtigten gemeinsam benutzt, dem Ausscheiden eines Mitberechtigten entspricht vielleicht ein Rückgang der Nutzungsintensität, dies aber rein zufällig je nach Gestaltung der gemeinsamen Nutzung vorher und nachher, die mit der teilweisen Herrenlosigkeit der Sache keineswegs korreliert ist. Jedenfalls entspricht ihr nicht die gegenständlich abgegrenzte teilweise Nichtnutzung der Halle. Wenn in der Phase der Herrenlosigkeit Erträge anfallen, können diese von den übrigbleibenden Mitberechtigten nicht in Anspruch genommen werden, es sei denn, diese okkupierten die Sache, soweit sie herrenlos ist. Dies bedeutet, daß die Mitberechtigten, wenn sie nicht okkupieren wollen, mit der Verwaltung der Ertragsanteile für einen künftigen Okkupanten belastet würden. Die Aufwendungserstattung bei möglicher späterer Aneignung des Miteigentumsanteils ist wie die Aneignung selbst ungewiß. Schließlich würden die Lasten und Kosten der Schwimmhalle notwendig insgesamt den gegenwärtigen Mitberechtigten zur Last fallen. Die Aufgabe seines Rechtsbruchteils durch einen Mitberechtigten ist also in Wahrheit keine bloße Aufgabe des Rechtsanteils, sondern die Zuschiebung wesentlicher Befugnisse und Lasten aus dem Rechtsanteil an die Mitberechtigten. Eine solche Belastung kann nicht ohne Mitwirkung der Mitberechtigten einseitig vollzogen werden. Den Verzicht des Miteigentümers auf seinen Rechtsanteil gibt es danach nicht[236]. Bei der gewöhnlichen Rechts-

[234] Oben Rz. 115.

[235] Im Fall des LG Konstanz bestand freilich Miteigentum am Grundstück, verbunden mit Sondereigentum an der Schwimmhalle. Das läßt das Gericht teilweise außer acht.

[236] An der gemeinsamen Zuständigkeit der Bruchteilsberechtigten für den Rechtsgegenstand scheitert ebenso die Belastung des Anteils am Miteigentum an einem Grundstück mit einer Dienstbarkeit nach §§ 1018, 1090, ausgenommen einer solchen, die auf Ausschluß eines Ent-

gemeinschaft besteht der Aufhebungsanspruch (§ 749 I-III). Sogar dieser ist für die Rechtsgemeinschaft der Wohn- und der Teileigentümer grundsätzlich ausgeschlossen (§ 11 I mit § 1 VI WEG). Allerdings ist wie bei allen Dauerrechtsverhältnissen eine Lösungsmöglichkeit bei Unzumutbarkeit der Fortsetzung einzuräumen. Hat der Miteigentümer keine Möglichkeit der Veräußerung und ist ein Festhalten an dem Objekt wegen dauerhafter Überschreitung des Nutzungswerts durch die Kosten oder wegen Verfalls des Objekts (z.B. entwickelt sich der Bereich mit dem im Miteigentum stehenden Miethaus zum Slumviertel) dem einzelnen Eigentümer nicht mehr zumutbar, so ist ein Recht darauf zu gewähren, daß entweder die Wohnungseigentümergemeinschaft nach §§ 2, 4 I WEG unter Begründung des Aufhebungsanspruchs nach § 749 aufgehoben wird oder daß die Miteigentümer die gemeinsame Verfügung der Aufgabe des Eigentums treffen. Fortsetzungswillige Miteigentümer können die Aufhebung abwehren, indem sie die Anteile der Kl. übernehmen.

Insgesamt ergibt sich: Die Bruchteilsgemeinschaft besteht an einem Recht (oder mehreren Rechten). Sie bedeutet hinsichtlich des Rechtsgegenstands eine gemeinschaftliche Berechtigung, hinsichtlich dieser Berechtigung selbst aber eine aus selbständigen Rechtsanteilen bestehende Einzelberechtigung. Demgemäß gilt: Der Eingriff Dritter in den Rechtsgegenstand kann nicht nur zu gemeinsamen (wieder bruchteilsmäßig zustehenden) Ansprüchen aller Bruchteilsberechtigten, sondern auch zu eigenen Ansprüchen einzelner Anteilsberechtigter führen[237]. **138**

3. Die Gesamthands- im Gegensatz zur Bruchteilsgemeinschaft

a) *Die Gesamthands- als Außengemeinschaft und das BGB*

Von der Bruchteilsgemeinschaft gemäß §§ 741 ff. ist die Gesamthandsgemeinschaft abzugrenzen. **139** Diese ist die Gemeinschaft in Hinsicht auf ein Vermögen, d.h. sie ist aufgrund von zum Gesamthandsvermögen gehörenden gemeinschaftlichen Rechten gegenüber Dritten wirksam. Für die BGB-Gesellschaft heißt dies, daß hier nur die Außengesellschaft zu behandeln ist. Diese beruht auf dem die Gesellschaft als Innengesellschaft konstituierenden Vertrag zwischen den Gesellschaftern zu einem gemeinsamen Zweck und entsteht, indem mindestens ein Recht zu diesem Zweck für die Gesellschafter gemeinsam erworben wird[238]. Die Innengesellschaft als rein schuldrechtliche Beziehung der Gesellschafter aufgrund des Vertrags zu einem gemeinsamen Zweck ist hier nicht zu behandeln. Allerdings wird richtiger Ansicht nach[239] aus jeder Innen- eine Außengesell-

schädigungsanspruchs (etwa eines Bergschadensersatzanspruchs nach §§ 114 ff. BBergG) wegen Verletzung des Miteigentums gerichtet ist (§ 1018 3. Fall), und die Belastung mit einem Erbbaurecht. Zwar steht dem Miteigentümer die Mitnutzung des Grundstücks zu, dies ist aber eine Nutzung kraft gemeinsamer Eigentumsausübung. Sie ist nicht getrennter Gegenstand des Miteigentumsanteils mit der Folge, daß darauf eine Dienstbarkeit oder ein Erbbaurecht am Miteigentumsanteil bezogen sein kann. Das Gesetz drückt die Eingeschränktheit der Belastungsmöglichkeit dadurch aus, daß es anzuerkennende Belastungsmöglichkeiten besonders aufzählt (§§ 1009, 1066, 1095, 1106, 1114, 1258). Zutreffend für den Ausschluß der genannten Belastungen Staudinger/*Huber*, 12. Bearb., § 747 Rz. 11, ebenso Staudinger/*Langhein*, 13. Bearb., § 747 Rz. 13.

237 S. o. Rz. 129 Fn. 217.

238 Der von *K. Schmidt*, Gesellschaftsrecht, § 60 III 4, S. 1797, behandelte Fall der Gesellschafterhaftung, wenn die Gesellschaft nicht als solche nach außen hervortritt, ist kein Fall der Gesamthandsgesellschaft und der Haftung der Gesellschafter für diese. Unrichtig geht über die Erfordernisse eines Vertrags zu einem gemeinsamen Zweck als Basis einer Gesellschaft und des Abschlusses des dem Rechtsstreit zugrunde liegenden Mietvertrages für die Gesellschaft das LG Duisburg FamRZ 1998, 96 hinweg, indem es auf die Anmietung einer Ehewohnung Gesellschaftsrecht und bei Ausziehen eines Ehegatten die Nachhaftungsbegrenzung nach der früheren Rechtsprechung zur Haftung aus Dauerschuldverhältnisses (maßgeblich wäre stattdessen § 736 II mit § 160 HGB) angewandt hat (zutreffend die Kritik von *Volmer*, FamRZ 1999, 262 ff.)

239 S. u. Rz. 162.

schaft, wenn nach oder auch zusammen mit der Begründung eines Vertrages zu einem gemeinsamen Zweck nur irgendein weiterer Vertrag mit Rechten für die Gesellschaft geschlossen oder auch nur irgendein Recht nicht für die einzelnen Gesellschafter (etwa in Bruchteilsgemeinschaft), sondern für die Gesellschaft begründet oder auf sie übertragen wird. Was die Regelung der Gesamthandsgemeinschaften als Außengemeinschaften durch das BGB betrifft, entwickelt das BGB die Gesamthandsgemeinschaft aus der Regelung der Bruchteilsgemeinschaft, d.h. es stellt die Gesamthands- als Vermögensgemeinschaft der Bruchteils- als einer Rechtsgemeinschaft gegenüber; für beide Gemeinschaften geht es von einem einheitlichen Ausgangspunkt aus, setzt dann aber bestimmte Regeln als Regeln der Vermögensgemeinschaft an die Stelle der Regeln über die Bruchteilsgemeinschaft.

140 In Übereinstimmung mit der Rechtszuständigkeit bei der Bruchteilsgemeinschaft geht das Gesetz für die Gesamthandsgemeinschaften vom gemeinschaftlichen Vermögen der Mitglieder mit Anteilen der einzelnen an den Gegenständen des Vermögens aus (§§ 718, 719 I 1. Hs., 2032, 2033 II, 1416, 1419 I, 1487 I). Nach § 47 GBO sind bei gesamthänderischer Zuständigkeit von Grundstücksrechten die mehreren Berechtigten als Berechtigte im Grundbuch einzutragen unter Bezeichnung des Gemeinschaftsverhältnisses. Im Gegenschluß aus § 50 II ZPO, der für den nach den Regeln der BGB-Gesellschaft zu behandelnden (§ 54 S. 1 BGB) nicht rechtsfähigen Verein ausnahmsweise die passive Parteifähigkeit statuiert, ergibt sich, daß die BGB-Gesellschaft nach der ZPO im allgemeinen nicht parteifähig ist. §§ 736, 747 ZPO verlangen zur Zwangsvollstreckung in das Gesellschaftsvermögen einer BGB-Gesellschaft oder in den ungeteilten Nachlaß ein gegen alle Gesellschafter oder Erben ergangenes Urteil[240].

141 Nimmt man die Regelung der §§ 714, 427, 431 über die Verpflichtung der Gesellschafter durch Vertrag hinzu, so ergibt sich, daß das BGB das Charakteristikum der Gesamthandsgemeinschaft durch die besondere Ausgestaltung der Gesamthandsberechtigung am gemeinsamen Vermögen zum Ausdruck bringt. Es bleibt aber bei der Gesamthandsberechtigung und damit bei der Zuordnung der Rechte und Pflichten zu den einzelnen Gesellschaftern. Nach § 714 geht nämlich das BGB betreffend den Abschluß von Verträgen für die Gesellschaft vom Vertragsschluß mit Wirkung für die, d.h. alle einzelnen Gesellschafter, aus. Danach haften die Gesellschafter als die handelnden oder vertretenen Vertragsbeteiligten nach § 427 (im Zweifel) oder nach § 431 (ohne Vorbehalt) gesamtschuldnerisch. Auf der Passiv- wie auf der Aktivseite stehen danach die einzelnen Gesellschafter. Nur die Besonderheit der Aktivseite im Hinblick auf die gesamthänderische Berechtigung der einzelnen Gesellschafter am Gesellschaftsvermögen zeichnet nach dem BGB die Gesamthands-BGB-Gesellschaft aus. Gleiches gilt für die anderen Gesamthandsgemeinschaften des BGB. Das HGB ordnet die Personenhandelsgesellschaften nach ihrer Grundform, der BGB-Gesellschaft, als Gesamthandsgemeinschaften ein (§§ 105 III, 161 II i.V.m. § 105 III HGB), räumt ihnen aber für den Rechtsverkehr Rechts- und Parteifähigkeit ein (§§ 124 I, II, 161 II i.V.m. § 124 HGB)[241]. Darauf wird in dem durch das FernabsatzG vom 27.6.2000 in das BGB aufgenommenen § 14 II Bezug genommen, wonach eine rechtsfähige Personengesellschaft eine Personengesellschaft ist, die mit der Fähigkeit ausgestattet ist, Rechte zu erwerben und Verbindlichkeiten einzugehen. Da die BGB-Gesellschaft nicht durch Gesetz mit Rechtsfähigkeit ausges-

240 Die Regeln der §§ 740 ff. ZPO betreffend die Gütergemeinschaft knüpfen komplizierter an die für die Ehegatten begründeten Verwaltungszuständigkeiten betreffend das Gesamtgut an.

241 Weitere gemäß dem Recht der OHG als rechtsfähig festgestellte Gesamthandsgemeinschaften sind die Partnerschaft (§§ 1 IV, 8 II PartGG) und die EWiV (Art. 1 II, III EWiV-VO, § 1 EWiV-AusführungsG).

tattet ist, geht auch § 14 II von der Zuständigkeit der Rechte und Pflichten bei der BGB-Gesellschaft zu den Gesellschaftern aus[242].

142 Was im Gegensatz zu diesem mit der Bruchteilsgemeinschaft gemeinsamen Ausgangspunkt die Unterscheidung der Gesamthand von der Bruchteilsgemeinschaft und die Ersetzung von Bruchteilsregeln durch besondere Gesamthandsregeln betrifft, gehen §§ 718 f., 1416, 1419 I und 2032 f. nicht von der gemeinschaftlichen Zuständigkeit eines Rechts und den Anteilen der einzelnen am gemeinschaftlichen Recht, sondern vom gemeinschaftlichen Vermögen aus und von den Anteilen der Beteiligten an diesem Vermögen[243]. Zwar behandelt das Recht der Gesamthandsgemeinschaften auch noch die Anteile an den einzelnen Vermögensgegenständen, es schließt aber aus, daß ein Beteiligter – wie nach § 747 S. 1 der Bruchteilsberechtigte – über seinen Anteil an den einzelnen Gegenständen des Gesamthandsvermögens verfügen kann (§§ 719 I, 1419 I, 2033 II)[244]. Nur die Verfügung über den Vermögensanteil kommt in Betracht. Diese wird einem Miterben eingeräumt (§ 2033 I). Bei den anderen Gesamthandsgemeinschaften ist auch diese ausgeschlossen (§§ 719 I, 1419 I). Zugelassen ist bei der BGB-Gesellschaft aber die Pfändung des Vermögensanteils im Wege der Zwangsvollstreckung (§§ 859 I ZPO, 725 BGB)[245]. Derselbe Unterschied zwischen den Gesamthandsgemeinschaften wie hinsichtlich der Verfügbarkeit des Vermögensanteils besteht im Hinblick auf das Teilungsrecht, das bei der Bruchteilsgemeinschaft § 749 begründet: Wie es § 749 entspricht, kann der Miterbe grundsätzlich jederzeit die Auseinandersetzung verlangen (§ 2042 I). Im Gegensatz dazu schließen §§ 719 und 1419 für Gesellschaft und Gütergemeinschaft auch die Teilungsberechtigung des einzelnen aus[246].

[242] § 14 II ist in Anbetracht der Voraussetzung der Ausstattung mit Rechtsfähigkeit weder tautologisch (*Flume*, ZIP 2000, 1151) noch sagt er: „Eine rechtsfähige Personengesellschaft ist eine solche" (*Hensen*, ZIP 2000, 1151).

[243] Die Zusammenfassung des Anteils zum Vermögensanteil impliziert nicht die Zusammenfassung der einzelnen Rechte zum Gesellschaftsvermögen als Ganzem mit der Folge, daß für Verfügungen der Gesellschaft hinsichtlich des Gesellschaftsvermögens das Spezialitätsprinzip aufgehoben wäre.

[244] Der Verfügungsausschluß gilt auch für die Zwangsvollstreckung, es gibt nur die Zwangsvollsteckung in den Vermögensanteil, s. den folgenden Text.

[245] Anders bei der Gütergemeinschaft, § 860 ZPO. Zu den unterschiedlichen Folgen bei zulässiger Pfändung s. §§ 859 II mit I, 857 I, 829 I ZPO einerseits, §§ 717, 725 BGB und § 135 HGB andererseits: Dem Miterben, dessen Anteil gepfändet ist, ist verboten, an gläubigerbeeinträchtigenden Verfügungen über Nachlaßgegenstände mitzuwirken. Der Gläubiger muß also beteiligt werden. Der einen Anteil am Gesellschaftsvermögen pfändende Gläubiger ist dagegen von der Verwaltung des Gesellschaftsvermögens ausgeschlossen und auf die Befriedigung aus Auszahlungsansprüchen des Schuldner-Gesellschafters beschränkt (zu den Möglichkeiten im einzelnen, wenn die Gesellschaft nur ein Grundstück hat, BGH WM 1992, 366), falls nicht von der Möglichkeit des § 857 V ZPO Gebrauch gemacht wird (zur Möglichkeit der Veräußerung des Vermögensanteils, d.h. bei der Gesellschaft des Gesellschaftsanteils u. Rz. 154). Folge der unterschiedlichen Pfändungswirkung: Gehört zum Gesamthandsvermögen ein Grundstück, kann die Pfändung des Erbenanteils in das Grundbuch eingetragen werden (zum Ausschluß des gutgläubigen Erwerbs nach § 892), dagegen die des Gesellschaftsanteils nicht (OLG Zweibrücken Rpfleger 1982, 413 ff.; OLG Hamm NJW-RR 1987, 723).

[246] Aufgrund der Zusammenfassung der Rechtsanteile zu Vermögensanteilen behandelt das Gesetz nicht die Aufhebung der Rechtsgemeinschaft, sondern die Auseinandersetzung über das Gesamthandsvermögen (§§ 730 ff., 1471 ff., 2042 ff.). Der Unterschied zwischen dem Auseinandersetzungsanspruch bei der Erbengemeinschaft und seinem Ausschluß bei den anderen Gesamthandsgemeinschaften beruht darauf, daß die Erbengemeinschaft nach dem Gesetz von vornherein reine Vermögensauseinandersetzungsgemeinschaft ohne persönliches Band der Gesamthänder untereinander ist, während die anderen Gemeinschaften als Personengemeinschaften für eine gewisse Dauer ins Leben treten. Bezeichnend ist, daß § 2038 für die Nachlaßverwaltung auf bestimmte Vorschriften über die Bruchteilsgemeinschaft verweist.

143 Die Regelung der Gesamthandsgemeinschaft durch das Gesetz betont das Grundprinzip der Gesamthand im Gegensatz zur korporativen juristischen Person: Bei der körperschaftlichen juristischen Person liegen das Vermögen und die Betätigung für den mit Gründung oder Satzungsänderung gesetzten Zweck bei der selbständigen Verbandsperson. Insbesondere folgt daraus, daß für Pflichten, die im Rahmen jener Betätigung begründet werden, grundsätzlich allein die juristische Person haftet. Bei der Gesamthand sind Vermögen und Betätigung der Gesamthand gemeinschaftliches Vermögen und gemeinschaftliche Betätigung der Gesamthänder, insbesondere mit der Folgerung, daß grundsätzlich die Gesamthänder persönlich haften. Dieses Grundprinzip, daß es um die eigenen Angelegenheiten der Gesamthänder geht, darf bei den Bemühungen, die Gesamthand rechtlich einzuordnen, nicht verletzt werden. Über dieses Grundprinzip hinaus legt das BGB die rechtliche Einordnung aber nicht fest. Nach den Materialien zum BGB ist z.B. eine Festlegung dahingehend, daß die Gesamthandsgemeinschaft eine bloße in Einzelheiten modifizierte Bruchteilsgemeinschaft sei, nicht gewollt. Mit der Anlehnung an die Vorschriften über die Bruchteilsgemeinschaft wollten die Gesetzesverfasser nicht das Wesen der Gesamthand vorschreiben[247]. Mit der Regelungsweise, die Gesamthandsgemeinschaft im Anschluß an die Bruchteilsgemeinschaft als Fall der Berechtigung mehrerer Personen aus gemeinsamen Rechten auszugestalten, gibt das Gesetz nur besonders dezidiert das Grundprinzip der Gesamthand vor, d.h. das Prinzip der gemeinschaftlichen Verfolgung eigener Angelegenheiten der Mitglieder. Dieses Grundprinzip gilt auch für die Personenhandelsgesellschaften und verträgt sich dort mit der ausdrücklichen Festlegung der rechtlichen Selbständigkeit der Personenhandelsgesellschaften im Rechtsverkehr.

144 Der Gegensatz zwischen Gesamthand und juristischer Person ist sowohl für die juristische Person als auch für die Gesamthandsgesellschaft konstitutiv: Die Rechtspersönlichkeit einer juristischen Person, d.h. die selbständige Verbandsperson, wird nach dem Gesetz nur durch Erfüllung von Regeln erreicht, die zur Erlangung der selbständigen Rechtspersönlichkeit je nach angestrebter Rechtsform gesetzt sind (im BGB für den Verein in §§ 21, 22, 55 ff., für die Stiftung in §§ 80 ff.). Demgegenüber gilt für die Gesamthand: Wirken mehrere Personen zusammen, ohne daß nach jenen Regeln die selbständige Rechtspersönlichkeit erlangt wird, ist die positive Rechtsfolge konstituiert, daß, weil nicht eine juristische Person Rechts- und Pflichtenträger ist, allein die Mitglieder der Gemeinschaft als Träger der gemeinschaftlichen Angelegenheiten in Betracht kommen.

b) *Die traditionelle Deutung der Gesamthand und die neue Lehre von der Gesamthand als Rechtssubjekt*

145 Die traditionelle Lehre hat gemeint, den Gegensatz, in dem die Gesamthand zu der juristischen Person steht, nur so verstehen zu können, daß die Rechte und Pflichten bei der Gesamthand allein den Gesamthändern zugeordnet sein können und nicht die Gesamt-

Bei der Gesellschaft tritt an die Stelle des Aufhebungsanspruchs die Kündigung der Gesellschaft nach §§ 723 ff. Zum Vergleich zwischen Bruchteilsgemeinschaft und BGB-Gesellschaft hinsichtlich der Möglichkeit, die Aufhebung bzw. die Kündigung, insbesondere mit Wirkung gegen Dritte, auszuschließen, s. Staudinger/*Huber*, 12. Bearb., § 741 Rz. 140.

247 S. für die Gesamthands-BGB-Gesellschaft die Prot., *Mugdan* II, S. 990. Ob darüber hinaus sogar die deutsch-rechtliche Auffassung von der Rechtsfähigkeit der Gesamthand zugrunde gelegt wurde (so *Wertenbruch*, Die Haftung von Gesellschaften und Gesellschaftsanteilen in der Zwangsvollstreckung, 2000, S. 34 ff.), erscheint nach den zahlreichen Belegen aus dem Gesetz für die Nichtrechtsfähigkeit der Gesamthand sehr zweifelhaft.

hand rechts- und pflichtenfähig sein kann[248]. Diese Deutung wird für den praktisch im Vordergrund stehenden Fall der Gesamthand, für den der Personengesellschaft, von einer heute zunehmend vertretenen Lehre nicht mehr akzeptiert: Nach ihr soll die Personengesellschaft, wie das HGB es für die Personenhandelsgesellschaften ausdrücklich festgelegt hat, selbst Rechtssubjekt sein können wie die juristische Person. Ist sie es, sollen die gesetzlich für oder die rechtsgeschäftlich im Namen der Gemeinschaft erworbenen Rechte und eingegangenen Verpflichtungen Rechte und Pflichten der Gemeinschaft selbst als Rechtssubjekt sein[249].

Die neue Lehre ist durch *Flume* mit seiner Lehre von der Gesamthand als Gruppe be- **146**
gründet worden[250]. *Flume* ordnet alle Gesamthandsgemeinschaften in die Lehre von der Gruppe als Rechtssubjekt ein. Der Lehre *Flumes* von der Gruppe als Rechtssubjekt ist *Ulmer* für Außengesellschaften, die mit eigener Identitätsausstattung am Rechtsverkehr teilnehmen, gefolgt[251]. *K. Schmidt* geht von der gesetzlichen Regelung im Sinne der Gesamthandsberechtigung der Gesellschafter aus, nimmt aber die Rechtsträgerschaft der unternehmenstragenden von ihm sog. Mitunternehmer-BGB-Gesellschaft an[252]. In seiner Entscheidung vom 29.1.2001[253] hat der II. Zivilsenat die nach außen hervortretende

[248] S. noch *Larenz* II/1, 1981, § 60 IV c m.w.N.; Staudinger/*Huber*, 12. Bearb., § 741 Rz. 144 ff. m.w.N.; vehement für die Verteidigung der früheren Lehre *Zöllner,* FS Gernhuber (1993), 566 ff., *ders*., FS Kraft (1998), 701 ff.

[249] Zu der daraus ableitbaren Beteiligungsfähigkeit im Verwaltungsverfahren und im Verwaltungsprozeß Hess. VGH WM 1997, 2083, 2084.

[250] *Flume* weist auf die deutschrechtliche Lehre insbesondere *Otto v. Gierkes* von der Rechtsfähigkeit der Gesamthand hin (*Flume* I/1 § 4 I, S. 52 f.: *v. Gierke*, insbes. Deutsches Privatrecht Bd. 1 1895, S. 663 ff., 682). Nach dem II. Senat des BGH geht die Auffassung von der Rechtssubjektivität der BGB-Gesellschaft auf die deutsch-rechtliche Gesamthandslehre zurück (ZIP 2001, 334). Entgegen der an Gemeinschaft und Kollektiv orientierten deutschrechtlichen Lehre ist die Lehre *Flumes* aber eine Lehre von der Wirklichkeit entgegen eingewurzelten doktrinären Vorstellungen in Praxis, Gesetz und Wissenschaft. *Flume* hat sodann die Lehre von der Gesamthand als Gruppe für alle wesentlichen Probleme der Personengesellschaften durchgeführt und dadurch vollständig anwendbar gemacht. Die Lehre *Flumes* war aufgrund ihrer vollständigen dogmatischen Ausprägung geradezu ein Befreiungsschlag gegenüber dem Abmühen mit den Schwierigkeiten, die mit der doktrinären Vorstellung von der Berechtigung und Verpflichtung der einzelnen Mitglieder der Gesamthand verbunden waren (eindrucksvoll die Vorführung der Schwierigkeiten durch den II. Senat in der Entscheidung ZIP a.a.O. = NJW 2001, 1056 ff.).

[251] AcP 198 (1998), 113, 118, 150; vorher schon Die Gesellschaft Bürgerlichen Rechts, 1986, § 4 II, S. 54 ff., MünchKomm/*Ulmer*, vor § 705 Rz. 8, § 705 Rz. 131 ff.

[252] Gesellschaftsrecht, § 8 III 4 d, S. 210 f., zur Mitunternehmer-BGB-Gesellschaft: § 58 II 4, S. 1702. Übersicht über Nuancierungen bei den *Flume* grundsätzlich folgenden Meinungen s. *Mülbert,* AcP 199 (1999), 38, 40 Fn. 9. *Mülbert* selbst folgt *Flume* im Hinblick auf die Rechtsfähigkeit der Personengesellschaft uneingeschränkt (S. 63); indem er aber offen läßt, ob die Gesamthand damit Gruppe oder juristische Person sei (S. 67), verfehlt er die wesentliche Essenz der Lehre *Flumes*, daß die Gesamthand in ihren Mitgliedern besteht, also Personenverband, nicht Verbandsperson wie die korporative juristische Person ist. Dies drückt sich vor allem in der Haftung der Gesellschafter der Personengesellschaft aus. §§ 714, 427 begründen die persönliche Haftung der Gesellschafter für die Gesellschaftsschulden im Hinblick auf die vertraglichen Verpflichtungen (übersehen von *Mülbert* a.a.O.).

[253] NJW 2001, 1056 ff. = JZ 2001, 655 ff. mit Anm. *Wiedemann* = LM § 50 ZPO Nr. 52 mit Anm. *Wilhelm*; s. a. *Hadding*, ZGR 2001, 712, *K. Schmidt*, NJW 2001, 993, *Ulmer*, ZIP 2001, 585; *Jauernig* hält NJW 2001, 2231 f. dem II. Senat vor, daß er vor einer endgültigen Entscheidung (die getroffene Entscheidung sei ein Versäumnisurteil, gegen welches Einspruch eingelegt sei) wegen der Abweichung von der Rechtsprechung anderer Senate das Anfrageverfahren nach § 132 III GVG durchführen müsse. Ob dies tatsächlich erforderlich ist (oder bereits erforderlich war), müßte eine genaue Durchsicht der früheren Rechtsprechung erweisen.

BGB-Gesellschaft als rechtsfähig und damit auch nach § 50 I ZPO parteifähig anerkannt.

147 Nach der Lehre *Flumes* von der Gesamthand als Gruppe ist der Aufbau der Gesamthandsgemeinschaft aus der gemeinschaftlichen Zuständigkeit des Vermögens verfehlt. Es handele sich vielmehr um eine Handlungsgemeinschaft und damit eine Wirkungseinheit, die insoweit, d.h. was die Einheit als solche und die Möglichkeit der Zuordnung von Rechten sowie Zurechnung von Handlungen an die Einheit betrifft, der juristischen Person gleich sei.

Flume meint sogar: Ohne Begreifen der Gemeinschaft als Handlungseinheit sei nicht verständlich, wie es zu einem Gesamthandsvermögen kommen könne[254]. Dies kann aber so nur auf die Gesamthandsgesellschaft bezogen sein, die als Gemeinschaft des Handelns zu einem gemeinsamen Zweck zusammen- und nach außen hervortritt. Demgegenüber wird die Erbengemeinschaft durch die gesetzliche Zuordnung des mehreren Erben zukommenden Erblasservermögens konstituiert. Hier ist also die Vermögensgemeinschaft primär[255]. Aber *Flume* ist hier so zu verstehen, daß die Erbengemeinschaft dadurch, daß sie durch die besondere Vermögenszuordnung als Verwaltungs- und Auseinandersetzungsgemeinschaft gebildet wird, Handlungseinheit ist. Die Vermögenszuordnung ist Zuordnung zur Erbengemeinschaft als Handlungseinheit, und so ist das Haben und Handeln in bezug auf das gemeinsame Vermögen nach *Flume* auch bei der Erbengemeinschaft Haben und Handeln als Gruppe, auch die Erbengemeinschaft also Rechtssubjekt.

148 Das Wesentliche an der Lehre *Flumes* wird verkannt, wenn sie nur für die Rechtsfähigkeit der Gesamthand zitiert wird. Das Wesentliche der Lehre besteht darin, wie *Flume* diese Rechtsfähigkeit mit dem Grundprinzip des BGB vereinbart, daß die Gesamthand im Gegensatz zur juristischen Person Rechtsgemeinschaft und gemeinschaftliche Betätigung der Mitglieder ist, daß es in ihr mit anderen Worten anders als bei der (korporativen) juristischen Person um die eigenen Angelegenheiten der Mitglieder geht. Gerade diese Unterscheidung von der juristischen Person ist durch den Terminus Gruppe veranschaulicht. In der Gruppe treten mehrere Personen zusammen, sie bilden insofern eine Einheit, sie bilden aber eine Einheit, die aus ihnen selbst, insofern, als sie gemeinsam handeln, besteht.

c) Der Unterschied zwischen Gesamthand und juristischer Person (Personenverband versus Verbandsperson)

aa) Die gesetzliche Regelung der Rechtsfähigkeit bestimmter Personengesellschaften

149 Die Lehre von der Gesamthand als Gruppe beruht auf der Wahrnehmung der Wirklichkeit insbesondere der Gesamthandspersonengesellschaft als im Rechtsverkehr im Gemeinschaftsnamen wirkender Handlungs-, insgesamt Wirkungseinheit. Durch ihr Handeln im Rechtsverkehr als Gemeinschaft treten die Gesellschafter zur selbständigen, von den einzelnen Gesellschaftern unterschiedenen, Einheit und damit zum selbständigen

Nach der Prüfung des II. Senats kommt die neue Entscheidung jedenfalls für einen Teil der entschiedenen Fälle nur auf natürlichem Wege zu denjenigen Ergebnissen, die die früheren Entscheidungen auf der Grundlage der traditionellen Lehre mit kühnen Annahmen zur Streitgenossenschaft angestrebt haben (NJW 2001, 1058 f.). Soweit *Jauernig* das Anfrageverfahren auch wegen der Konsequenz für erforderlich erklärt, die die Anerkennung der Rechtsfähigkeit der BGB-Außengesellschaft gemäß § 54 S. 1 für den nicht rechtsfähigen Verein habe, ist zu sagen, daß der II. Senat darüber noch nicht entschieden hat.

254 *Flume* I/1 § 4 I, S. 52.

255 S. *Flume* selbst, a.a.O., § 8, S. 118: „Insbesondere die Erbengemeinschaft ist, obwohl sie als Personengemeinschaft konzipiert ist, doch nur eine Gemeinschaft für den – auseinanderzusetzenden – Nachlaß".

Rechtssubjekt zusammen, das freilich als Gemeinschaft in den gemeinschaftlich handelnden Gesellschaftern besteht. Diese Wirklichkeit der im Rechtsverkehr auftretenden Gemeinschaft ist der Rechtsordnung vorgegeben, die Rechtsordnung stattet folglich nicht mit der Selbständigkeit der Gemeinschaft als Rechtssubjekt aus[256]. Der neu in das BGB eingefügte § 14 II, der für die Personengesellschaft danach unterscheidet, ob die Gesellschaft mit Rechtsfähigkeit ausgestattet ist oder nicht, ist, wenn man ihn, beschränkt auf diese Worte, liest, gegenstandslos. Zu unterscheiden sind nicht Gesellschaften mit und ohne Rechtsfähigkeit, sondern, wie § 11 II Nr. 1 InsO dies tut, Gesellschaften mit und ohne Rechtspersönlichkeit. Juristische Personen haben eigene Rechtspersönlichkeit, die Gesamthandsgesellschaften nicht. Aber auch die Gesamthandsgesellschaft ist rechtsfähig, wie sie nach der InsO auch insolvenzfähig ist und die BGB-Gesellschaft nach § 191 II Nr. 1 UmwG „Rechtsträger neuer Rechtsform" ist[257].

256 Es zeigt sich eine bemerkenswerte Parallele zum alten Meinungsstreit um die aktive Parteifähigkeit der Gewerkschaften als nicht rechtsfähiger Vereine: *Flume* hat in „Richter und Recht", 1967, die Anerkennung der aktiven Parteifähigkeit der Gewerkschaften entgegen §§ 54 BGB, 50 II ZPO, soweit es um den Bestand und die Betätigung der Gewerkschaften geht, durch BGHZ 46, 210 als vorbildliche, ändernde Rechtsfortbildung qualifiziert (S. K 20 f., K 25 f. mit Fn. 65). Dem stellte *Flume* gegenüber, daß der Richter nach seiner Ansicht seine Befugnisse überschreiten würde, wenn er entgegen dem Gesetz allgemein für den nicht rechtsfähigen Verein die allgemeine aktive Parteifähigkeit annehmen würde. Genau dies ist aber die Konsequenz, die nunmehr aus der Anerkennung der Rechtsfähigkeit der BGB-Außengesellschaft durch BGH NJW 2001, 1056 ff. gezogen werden muß: Gemäß § 54 S. 1 unterfällt der nicht rechtsfähige Verein den Vorschriften über die BGB-Gesellschaft. Damit gilt die Rechtsfähigkeit auch für ihn. Er ist folglich schon nach § 50 I ZPO rechtsfähig, die beschränkte Einräumung der Parteifähigkeit nach § 50 II ZPO ist damit an sich gegenstandslos (*K. Schmidt*, NJW 2001, 1003), es sei denn man hält die Vorschrift aus ihrem historischen Zusammenhang heraus als obrigkeitsstaatliche Behinderung von Vereinsbetätigung aufrecht. Im gegenwärtigen verfassungsrechtlichen Umfeld geht das letztere nicht an. Zudem gilt für die Anerkennung der Rechtsfähigkeit der BGB-Außengesellschaft das Entsprechende wie für die Anerkennung der aktiven Parteifähigkeit der Gewerkschaften: In „Richter und Recht" hat *Flume* die sich über § 50 II ZPO hinwegsetzende Annahme der aktiven Parteifähigkeit der Gewerkschaften damit gerechtfertigt, daß der BGH mit dieser Annahme nicht eine aktive Parteifähigkeit gewährt habe, sondern nur die aktive Parteifähigkeit anerkannt habe, die sich für ihn zwingend aus der Änderung der materiellrechtlichen Stellung der Gewerkschaften ergeben habe (S. K 26). Genau so hat der BGH mit der neuen Entscheidung der BGB-Gesellschaft nichts gewährt, sondern nur die in der Wirklichkeit vorzufindende Selbständigkeit von Gesellschaften als Wirkungseinheiten anerkannt.

257 Die Wirkungseinheit auch der Personengesellschaft verfehlt *Cordes*, JZ 1998, 545, 551, indem er bei der Alternative von juristischer Person und Vermögensgemeinschaft stehen bleibt und die Wahrnehmung der Wirkungseinheit der Gesamthandspersonengesellschaft als „Kopfgeburt" abqualifiziert. Auch *Zöllner* (o. Fn. 248) will in doktrinärem Festhalten an der im BGB zugrunde gelegten Berechtigung der Gesellschafter am Gesellschaftsvermögen nicht wahrhaben, daß die Gesellschaft Wirkungseinheit ist. *Zöllner* nimmt darüber hinaus nicht wahr, daß das BGB nur das Grundprinzip statuiert, daß, wenn keine juristische Person als Zuordnungsendpunkt dazwischengesetzt ist, die gemeinsamen Angelegenheiten die Angelegenheiten der Gemeinschafter sind, und daß es die Essenz der Lehre von der Gesamthand als Gruppe ist, daß dieses Prinzip gewahrt wird. Die Berufung *Zöllners* auf die gesetzliche Regelung ist auch schon deshalb verfehlt, weil schon die gesetzliche Lage nicht mehr so ist, wie *Zöllner* sie dem BGB entnimmt. Zutreffend verweist *Mülbert* – o. Fn. 252 – auf die Möglichkeit des Rechtsformwechsels nach §§ 190 ff., 226 ff. UmwG von der Kapital- in die Personengesellschaft. Insbesondere wird die BGB-Gesellschaft in § 191 II Nr. 1 als Rechtsträger neuer Rechtsform anerkannt. Das UmwG berücksichtigt, daß die juristische Person und ebenso die Personengesellschaft Wirkungseinheiten sind, aber eben Wirkungseinheit anderer Rechtsform, so daß nicht etwa die Personengesellschaft zur juristischen Person gemacht wird (so aber *Lutter*, ZGR 1990, 392, 395 f. zu den Vorarbeiten zum UmwG; ebenso *Timm*, NJW

150 Soweit bestimmten Personengesellschaften durch die auf sie bezogene Einzelregelung Rechtsfähigkeit beigemessen ist (so der OHG und KG durch §§ 124, 161 II HGB, der Partnerschaft durch § 7 II PartGG, der EWiV durch Art. 1 II EWiV-Verordnung und der Vor-GmbH und Vor-AG durch die Rechtsprechung zur Vorgesellschaft), ist daraus nicht das argumentum e contrario zu ziehen, daß den anderen Personengesellschaften Rechtsfähigkeit nicht zukomme. Dem widerspricht, daß eine BGB-Gesellschaft sich in eine OHG entwickeln und eine OHG sich (wieder) in eine BGB-Gesellschaft verwandeln kann, je nachdem ob die Abgrenzungsmerkmale betreffend die OHG erfüllt sind oder nicht (mehr), ohne daß diese Verwandlungen die Übertragung des Vermögens von den Gesellschaftern auf die Gesellschaft oder umgekehrt nötig machen würden. Ebenso bleibt eine Vor-GmbH identischer Vermögensträger, wenn sie sich dadurch in eine BGB-Gesellschaft verwandelt, daß die Gesellschafter die Absicht, sich als GmbH in das Handelsregister eintragen zu lassen, aufgeben und auch nicht die Merkmale einer OHG erfüllt sind[258]. Die Vorschriften und das Recht der Vorgesellschaft, die die Rechtsfähigkeit bestimmter Personengesellschaften anerkennen, haben nur die Bedeutung, daß sie für die von ihnen erfaßten Gesellschaften die Rechtsfähigkeit außer Frage stellen. Außerdem kann man in Hinsicht auf diese Rechtsgrundlagen noch der Unterscheidung des § 14 II BGB n.F. einen Sinn geben, nämlich den, daß in § 14 II eine – allerdings verunglückte – Sammelbezeichnung für diejenigen Gesellschaften gewählt ist, auf die sich Rechtsgrundlagen beziehen, die die Rechtsfähigkeit ausdrücklich feststellen.

151 Der Gestaltung durch den Gesetzgeber unterliegt nur die Frage, welche Konsequenzen er aus der ihm vorgegebenen Selbständigkeit der Personengesellschaften ziehen will. So sind die ausdrücklich mit Rechtsfähigkeit ausgestatteten Personenhandelsgesellschaften noch in den folgenden Punkten von der ebenso rechtsfähigen BGB-Gesellschaft unterschieden: Sie können unter ihrer Firma Rechte erwerben und Verbindlichkeiten eingehen, mit der Folge erstens, daß sie unter ihrer Firma grundbuchfähig sind, während die BGB-Gesellschaft unter dem Namen ihrer Gesellschafter in das Grundbuch einzutragen ist (§ 47 GBO)[259], und zweitens daß es zur Vollstreckung in das Gesellschaftsvermögen eines Titels gegen die Gesellschaft bedarf (§§ 124 II, 161 II HGB)[260], während für die Vollstreckung in das Vermögen der BGB-Gesellschaft ein gegen alle Gesellschafter ergangener Titel ausreicht (§ 736 ZPO)[261]. Weiter ist die Zwangsvollstreckung eines Ge-

1995, 3209. Mühsame Aufrechterhaltung alter Konstruktionen bei *Zöllner*, FS Claussen (1997), 423, 429 ff., *Cordes*, JZ 1998, 549). § 1059a verwendet ein Abgrenzungskürzel und ist damit ebensowenig der Einordnung der Personengesellschaften vorgreiflich wie die Vorschriften es sind, auf die die Norm sich zur Abgrenzung bezieht. Nicht angesichts eines angeblichen Gegensatzes zwischen InsO und § 1059a, sondern angesichts etwa der rechtlichen Selbständigkeit der OHG nach § 124 HGB einerseits und ihrer Formierung als Gesamthandsgesellschaft andererseits (§ 105 III HGB) müßte sich *Zöllner* als Artist in der Zirkuskuppel ratlos fühlen (s. seine Formulierung in FS Claussen,1997, S. 429 Fn. 17).

258 Die Umwandlung unter Wahrung der Identität gilt auch für den Fall, daß ein vollkaufmännisches Unternehmen an mehrere Erben vererbt und zunächst von der Erbengemeinschaft als solcher fortgeführt (dies ist nach Rechtsprechung – BGHZ 92, 529 – und h.M. – *Ulmer*, Großkomm. HGB, 1989, § 105 Rz. 55 ff. – zulässig; anders etwa *Flume* I/1 § 13 IV, S. 201), diese sodann aber durch Vereinbarung der Erben in eine Handelsgesellschaft umgewandelt wird.

259 So die Deutung aufgrund der Rechtsfähigkeit der BGB-Gesellschaft, s. *K. Schmidt*, NJW 2001, 1002 r. Sp.

260 Aufgrund eines Titels gegen einen Gesellschafter der OHG oder KG kann allerdings dessen Gesellschaftsanteil gepfändet werden (§ 859 ZPO) mit der durch §§ 135, 161 II HGB modifizierten Kündigungsmöglichkeit des Gläubigers nach § 725.

261 Notwendig ist die gesamtschuldnerische Haftung der Gesellschafter, diese braucht aber nichts mit der Gesellschaft zu tun zu haben. *K. Schmidt* folgert demgegenüber aus der Anerkennung der Rechtsfähigkeit der BGB-Gesellschaft, daß es auch bei der BGB-Gesellschaft einer Gesellschaftsschuld bedarf, wennzwar es ausreiche, daß aufgrund der Gesamthandsschuld Titel ge-

sellschaftergläubigers in die Beteiligung seines Schuldners an der Gesellschaft und die Auswirkung auf die Gesellschaft bei beiden Gesellschaftsformen unterschiedlich geregelt (§§ 859 I ZPO, 725 BGB einerseits, §§ 135 mit 131 III Nr. 4, 161 II HGB andererseits).

Indem § 14 II diejenigen Personengesellschaften zusammenfassend bezeichnet, für die **152**
das Gesetz ausdrücklich die Rechtsfähigkeit hervorhebt, hat die Vorschrift einen Sinn im Hinblick auf diese Konsequenzen einer schärferen Trennung zwischen Gesellschaft und Gesellschaftern bei diesen Gesellschaften im Rechts- und Vollstreckungsverkehr. Darauf bezieht sich das Gesetz etwa in § 1059a II.

bb) Die Übertragbarkeit des Gesamthandsanteils

In einer weiteren Hinsicht zeigt sich die Gesamthandsgesellschaft dadurch als selbstän- **153**
dig, daß sie als Wirkungseinheit identisch bleibt, auch wenn sich die ihr angehörenden Personen ändern. Die Grundlage dafür ist die Anerkennung des Gesellschaftsanteils als einheitlicher und übertragbarer Rechtsposition. Diese Anerkennung besteht aus den folgenden Einzelschritten:

Schon die Zusammenfassung aller Rechte des Gesellschafters aus seiner Mitgliedschaft in der Gesellschaft in dem Gesellschaftsanteil setzt die Selbständigkeit der Gesamthand voraus. Der Gesellschaftsanteil ist nämlich die Berechtigung aus der Teilhabe an der Gesellschaft. Damit steht aber diese aus der Teilhabe folgende Berechtigung des einzelnen Gesellschafters der Gesellschaft als Einheit, an der die Teilhabe besteht, gegenüber. Die Gesellschaft ist mithin selbständig und insofern Rechtssubjekt.

Der Gesellschaftsanteil ist sodann aufgrund der folgenden Ableitung übertragbar, **154**
folglich können die Gesellschafter wechseln, ohne daß das Gesellschaftsvermögen von den bisherigen Gesellschaftern auf die verbleibenden oder neuen Gesellschafter übertragen werden müßte.

Die Übertragbarkeit des Gesellschaftsanteils ist in Abgrenzung zur Unübertragbarkeit der Mitwirkungsrechte an der Gesellschaft (§ 717 S. 1) zu entwickeln. Der Gesellschaftsanteil umfaßt neben dem Vermögensanteil den Anteil an der Bestimmung der Grundlagen und der Verwaltung der Gesellschaft zu ihrem Gesellschaftszweck, d.h. die gesamten Mitwirkungsrechte des Gesellschafters in der Gesellschaft. Daß diese Mitwirkungsrechte nicht übertragbar sind, beruht darauf, daß nur Gesellschafter, und diese gemäß dem Gesellschaftsvertrag, an der Gesellschaft mitzuwirken befugt sein können. Unberührt davon ist die Möglichkeit, daß die Person eines Gesellschafters wechseln kann. Dies führt dazu, daß zwar nicht die Mitwirkungsrechte als solche (§ 717 S. 1) und auch nicht der Vermögensanteil als solcher (§ 719 I), wohl aber die Stellung des Gesellschafters als ganze, d.h. der Gesellschaftsanteil, übertragen werden kann.

Die Möglichkeit des Gesellschafterwechsels hat das BGB nur teilweise berücksichtigt; in Fort- **155**
bildung des Gesellschaftsrechts ist die Teilregelung zu einer ganz allgemein anerkannten konsequenten Gesamtregelung der Übertragbarkeit von Gesellschaftsanteilen ausgebildet worden: § 738 I 1 behandelt nur das Ausscheiden eines Gesellschafters. Nach dem Ausgangspunkt des Gesetzes bei der Mitberechtigung aller Gesellschafter an den einzelnen Rechten und der Gesamtheit des Gesellschaftsvermögens würde es für den Übergang der Anteilsrechte des ausscheidenden Gesellschafters auf die verbleibenden Gesellschafter einer Übertragung der anteiligen Rechte des Ausscheidenden an den Gegenständen des Gesellschaftsvermögens bedürfen, nach der Zusammenfassung der Anteile an den Einzelrechten zum Anteil am Gesellschaftsvermögen also einer Übertra-

gen alle Gesellschafter erlassen sind (NJW 2001, 1000 f.). *K. Schmidt* bekommt dann allerdings Zweifel, ob für alle BGB-Gesellschaften, auch dann, wenn ihr Zweck lediglich in dem Halten eines Vermögensgegenstands besteht, die Abschirmung des Gesellschaftsvermögens vor Titeln, die gegen die Gesellschafter ohne Zusammenhang mit der Gesellschaft ergangen sind, gelten könne. Würde man dem nachgeben, wäre eine heillose Abgrenzungsschwierigkeit die Folge (s. *K. Schmidt* a.a.O.). Demgegenüber gilt die Abgrenzung nach dem Gesetz: § 124 II HGB (mit, was das Halten von Vermögensgegenständen betrifft, § 105 II HGB) für Personenhandelsgesellschaften einerseits und § 736 ZPO für BGB-Gesellschaften andererseits.

gung des Anteils am Gesellschaftsvermögen. Die Lage, daß Anteile am Gesellschaftsvermögen in der Hand des ausscheidenden Gesellschafters bleiben und nur durch Übertragungsakt den verbleibenden Gesellschaftern zukommen, darf es aber um der Kontinuität der Gesellschaft willen nicht geben. Deshalb ordnet § 738 I 1 an, daß der Anteil des ausscheidenden Gesellschafters am Gesellschaftsvermögen den übrigen Gesellschaftern zuwächst, d.h. als Gesamtheit ex lege übergeht[262].

Zu komplettieren ist diese Regelung in zwei Schritten: Der Anwachsung bei Ausscheiden eines Gesellschafters muß die Abwachsung bei Eintritt eines neuen Gesellschafters entsprechen. Dessen Anteil am Gesellschaftsvermögen muß sich durch automatische Verminderung der Anteile der bisherigen Gesellschafter herstellen[263].

156 Weiter darf nicht nur eine Vermehrung und eine Verringerung des Gesellschafterkreises, sondern es muß auch eine Auswechselung von Gesellschaftern gegen andere Personen möglich sein, und diese nicht nur durch das umständliche Verfahren des Ausscheidens eines bisherigen bei gleichzeitigem Eintritt eines neuen Gesellschafters, sondern durch Übertragung der Gesellschafterstellung auf eine andere Person. Eine solche Übertragung muß schließlich ebenso im Verhältnis der Gesellschafter untereinander möglich sein. Deshalb ist heutzutage allgemein die Möglichkeit der gänzlichen oder teilweisen Übertragung der Gesellschafterstellung anerkannt.[264] Sie ist Änderung der Personengemeinschaft und bedarf deshalb der Zustimmung der Mitgesellschafter, wenn die Möglichkeit der Übertragung nicht schon im Gesellschaftsvertrag geregelt ist. Unter dieser Wirksamkeitsvoraussetzung vollzieht sich die Übertragung durch Abtretungsvertrag nach §§ 413, 398.

157 Mit dieser Anerkennung des übertragbaren Gesellschaftsanteils ist die Selbständigkeit der BGB-Gesellschaft als rechtliche besiegelt[265]. Zwei Beispiele demonstrieren dies:

1. BGHZ 86, 367: Die aus A, B, C bestehende BGB-Gesellschaft[266] hat im Gesellschaftsvermögen Grundstückseigentum. A, B und C verpflichten sich, ihre Gesellschaftsanteile auf einen Dritten zu übertragen. Im Prozeß geht es um einen Schadensersatzanspruch gegen den Dritten wegen Nichterfüllung einer mit dem Geschäft über die Übertragungsverpflichtung zusammenhängenden Abrede. Der Dritte macht geltend, daß das Geschäft auf

[262] Im einzelnen bedeutet das, daß der Anteil des ausscheidenden Gesellschafters sich nach den Anteilsquoten der bleibenden Gesellschafter aufteilt und die Anteile der bleibenden Gesellschafter um die sich für sie ergebenden Teile des Anteils des ausscheidenden Gesellschafters vermehrt werden. Bei Ausscheiden eines Gesellschafters aus einer aus zwei Gesellschaftern bestehenden Gesellschaft bürgerlichen Rechts wächst der Anteil des Ausscheidenden dem fortführenden Gesellschafter an, so daß dieser nunmehr Alleininhaber des Gesellschaftsvermögens ist, s. OLG Köln NJW-RR 1997, 160, 161, dazu *K. Schmidt* JuS 1997, 371. Was den Fall der Anteilsübertragung auf den einzigen verbleibenden Gesellschafter betrifft, ergibt sich schon aus der Anerkennung der Übertragbarkeit der Gesellschaftsanteile und aufgrund des Wesens der Gesamthand als in den Gesamthänden bestehender Einheit, daß es keiner Übertragung der Bestandteile des Gesellschaftsvermögens auf den verbleibenden Gesamthänder bedarf. Der Berufung auf den durch das HRefG außer Kraft gesetzten § 142 III HGB, der die Anwachsung des Gesellschaftsvermögens an den einzigen verbleibenden Gesellschafter ausdrücklich regelte, (so *Mülbert,* AcP 199 (1999), 38 bedarf es nicht.

[263] In BayObLG BB 1991, 2106 arbeitet das Gericht mit Ab- und Anwachsung einer aufgrund der Auflassung eines Grundstücks an die Gesellschaft begründeten Vermögensposition, um die Geltung der Auflassung auch für einen neu eintretenden Gesellschafter und dessen Mit-Eintragbarkeit zu begründen. Die Vermögensposition aus Auflassung gibt es nicht (u. Rz. 754 ff.). Die Geltung der Auflassung ist Geltung einer Handlung für die Gesellschaft als Handlungsgemeinschaft und Rechtssubjekt.

[264] S. *Flume* I/1 § 17 I, S. 345 ff.; *K. Schmidt*, AcP 182 (1982), 481, 489 m.w.N.

[265] Der Versuch, dies von der Vermögenstheorie aus mit § 419 a.F. zu erklären (*Cordes*, JZ 1998, 547, 551), war schon zur Zeit der Geltung des § 419 verfehlt (§ 419 ist durch die Insolvenzreform außer Kraft gesetzt worden, EG InsO Art. 33 Nr. 16). § 419 war keine Rechtsübergangs-, sondern eine Haftungsregelung. Weiter geht es entgegen *Cordes,* a.a.O. S. 547 nicht nur um die Fortdauer von Rechtsverhältnissen wie nach § 571 a.F. (566 n.F.), § 613a.

[266] Im Fall ging es, hier nicht relevant, um eine KG.

die Übertragung des Grundstückseigentums gerichtet und deshalb nach §§ 313, 125, 139 zusammen mit der Abrede unwirksam gewesen sei. Der BGH lehnt die Anwendung des § 313 ab. Die Gesellschafter könnten statt gemeinschaftlich das zum Gesellschaftsvermögen gehörende Grundstückseigentum je einzeln ihre Gesellschaftsanteile übertragen, und zwar sogar alle auf einen. Aufgrund dieser Annahme bleibt mit Ausnahme des letzten Falls die Gesellschaft als solche identisch, im letzten Fall schrumpft die Gesellschaft zu einer einzelnen Person[267], auch hier bleibt aber die Vermögenszuordnung identisch. D.h. übertragen wird nur der Gesellschaftsanteil, das Grundstückseigentum bleibt Gesellschaftseigentum bzw. verwandelt sich ohne Übertragung in Eigentum der einzigen aus der Gesellschaft übrig bleibenden Person. Im Fall der Anteilsübertragung wird das Grundbuch, welches nach § 47 GBO die alten Gesellschafter ausweist, unrichtig. Es ist auf die neuen Gesellschafter oder die eine übrig bleibende Person zu berichtigen, die Übertragung geschieht aber formlos nach §§ 398, 413, nicht durch Auflassung und Eintragung nach §§ 873, 925[268]. Das auf die Anteilsübertragung gerichtete Verpflichtungsgeschäft ist nicht auf die Übertragung von Grundstückseigentum gerichtet und deshalb nicht nach § 313 formbedürftig[269].

267 S. o. Fn. 262.

268 Die Vereinbarung über die Übertragung von Anteilen an Grundstücksgesellschaften ist auch nicht als Auflassung der Grundstücke auszulegen oder in eine solche umzudeuten, BayObLG DNotZ 1998, 752 ff. Bei der Übertragung der Gesellschaftsanteile kommt deshalb auch, wenn die Gesellschaft entgegen der Annahme der Beteiligten nicht Grundstückseigentümerin ist, nicht ein gutgläubiger Erwerb der neuen Gesellschafter nach § 892 in Betracht. Weiter bedeutet das Hinzutreten eines neuen Gesellschafters nicht die Veräußerung eines Gesellschaftsgrundstücks an ihn im Sinne von § 571 a.F. (§ 566 n.F.), am Mietvertrag ändert sich vielmehr überhaupt nichts, weil er mit der Gesellschaft besteht, OLG Düsseldorf NJW-RR 1992, 1291, 1292; unnötig die analoge Anwendung des § 571 a.F. durch den BGH (XII. Senat) JZ 1998, 1010, zutreffend *Teichmann/Beck* in der Anm. – Freilich muß nach der Eigenart der Eintragung der BGB-Gesellschaft im Grundbuch (§ 47 GBO) bei Wechsel von BGB-Gesellschaftern das Grundbuch auf den neuen Gesellschafterstand berichtigt werden und müssen dazu die ausgeschiedenen Gesellschafter die Bewilligung erteilen, BGH Rpfleger 1990, 158, OLG Düsseldorf a.a.O.; zur Berichtigung bei Tod eines Gesellschafters BayObLG DB 1992, 2434; zur Notwendigkeit der Voreintragung des ausgeschiedenen Gesellschafters KG NJW-RR 1993, 151. Das liegt daran, daß die Gesamthand aus den Gesamthändern besteht und deshalb das Gesellschaftsvermögen den Gesellschaftern zugerechnet wird. Zu undifferenziert i.S. der Eintragbarkeit der BGB-Gesellschaft als solcher *Jaschke*, Gesamthand und Grundbuchrecht, 1991, 5 f., 101 f.; kennzeichnend die Zweifel von *Grunsky,* AcP 192 (1992), 572 f. Die Eintragung von OHG und KG nach §§ 124 I, 161 II HGB als solcher (nämlich unter ihrer Firma, s. § 15 I lit. b GBVfg) beruht auf unterschiedlicher Gestaltung, die im Rahmen des Wesens der Gesamthand als Gruppe sehr wohl möglich ist: Bei der Personenhandelsgesellschaft werden die Gesellschafter im Handelsregister eingetragen (§ 106 HGB) und wird so „das Grundbuch durch die Publizität des Handelsregisters ergänzt", *Flume,* ZHR 148 (1984), 503, 510. Die Eintragbarkeit der BGB-Gesellschaft folgt auch nicht etwa aus dem neuen Umwandlungsrecht, so zu Recht *Demharter,* Anm. zu OLG Düsseldorf DNotZ 1997, 737 ff., 740 ff. gegen das OLG, das offen läßt, ob im UmwG betreffend die Umwandlung auf die BGB-Gesellschaft eine Regelung i.S. der Grundbuchfähigkeit der BGB-Gesellschaft enthalten ist.

269 *K. Schmidt* hat die Frage einer ausdehnenden Anwendung des § 313 auf die Verpflichtung zur Übertragung von Anteilen an Gesellschaften mit Grundstückseigentum aufgeworfen (AcP 182, (1982), 481, 510 ff.; JZ 1985, 909, 911; Gesellschaftsrecht, § 45 III 3, S. 1320 ff.; § 58 IV 3 b aa, S. 1721 ff.; ZIP 1998, 2 ff.). Sein Ansatzpunkt sind Gesellschaften (insbesondere Ehegattengesellschaften), die auf das Halten von Grundstückseigentum gerichtet sind (zu dieser Möglichkeit, die auch K. *Schmidt* anerkennt, o. Rz. 134). Für sie sieht er Gefahren betreffend die Schutzfunktion des § 313, aber auch betreffend Zwangsvollstreckung und Konkurs: Falle ein Gesellschafter in Konkurs oder werde gegen ihn die Zwangsvollstreckung betrieben, so sei der Möglichkeit, formlose Verträge über die Anteilsübertragung auf den Mitgesellschafter vorzulegen und so dessen Alleineigentum geltend zu machen, Tür und Tor geöffnet.

2. BayObLG NJW 1982, 109: A, B, C sind Gesellschafter einer BGB-Gesellschaft. Zum Gesellschaftsvermögen gehört das Eigentum an einem Wohngrundstück. Die Gesellschafter teilen das Eigentum in fünf Wohnungseigentumseinheiten auf (§§ 1 II, 8 WEG). Sie schließen fünf weitere Gesellschaftsverträge ab und weisen je ein Eigentumsrecht einer der neuen – jeweils aus ihnen selbst bestehenden – Gesellschaften zu. Sie sprechen von einer Aufteilung der ersten Gesellschaft und beantragen die Berichtigung des Grundbuchs. Sie meinen, daß hier wie im Fall 1. eine bloße Umstrukturierung der bisherigen Gesellschaft erfolgt ist. Das BayObLG hat diese Ansicht zurückgewiesen: Trotz der Personenidentität der Gesellschafter zweier Gesellschaften ist zur rechtsgeschäftlichen Veränderung des Eigentums der einen in das der anderen Gesellschaft erforderlich, daß das Eigentum durch Auflassung und Eintragung nach §§ 873, 925 übertragen wird. Es gilt also nicht, daß gar kein Eigentumsübergang stattfinden kann, weil ja A, B, und C gesamthänderische Inhaber des Wohnungseigentums sind und bleiben. Vielmehr ist jedes Gesellschaftsvermögen selbständig, nämlich je als Vermögen bestimmter zu einem gemeinsamen Zweck zusammengeschlossener Personen und auch dieser Personen nur als Zusammenschluß zu einem bestimmten Gesellschaftszweck[270].

Demgegenüber ist zunächst klarzustellen, daß die Anwendung des § 313 nicht mit dem Schutz der Vollstreckungsgläubiger begründet werden kann. Was sodann diesen Schutz unabhängig von § 313 betrifft, so ist Gegenstand von Konkurs und Zwangsvollstreckung gegen einen Gesellschafter einer Grundstücksgesellschaft nur dessen Gesellschaftsanteil, nicht das Grundstückseigentum. Daß Gesellschaftseigentum und nicht für den Gläubiger in der Zwangsvollstreckung zugängliches Bruchteilseigentum des Schuldners am Grundstück begründet wird, bedarf der Eintragung nach § 873, ist also im Grundbuch dokumentiert. Daß der, wie daraus erkennbar ist, für die Vollstreckung in Betracht kommende Gesellschaftsanteil des Schuldners formlos abgetreten und so der Zwangsvollstreckung unschwer entzogen werden kann, ist allgemeines Problem, nicht nur Problem der Grundstücksgesellschaften. – Was andererseits die Anwendung des § 313 seiner Funktion nach zum Schutz der Veräußerungspartner betrifft, ist – abgesehen von der notwendig engen Auslegung von Formvorschriften – der Schutz des § 313 schon gar nicht einschlägig: Es gilt der gesellschaftsrechtliche Schutz durch die Pflichtbindungen zwischen den Gesellschaftern, wenn die Gesellschaft aus zwei Gesellschaftern besteht und der eine an den anderen abtritt, und durch das Erfordernis der Zustimmung zur Anteilsveräußerung, wenn an Dritte oder bei mehr als zwei Gesellschaftern an einen dritten Gesellschafter abgetreten wird. Weiter steht, wenn *K. Schmidt* § 313 unter dem Gesichtspunkt von Umgehungstechniken anwenden will (so AcP 182 (1982), 481, 511), seine allgemeine Anwendung des § 313 auf von ihm sog. Eigenheimgesellschaften in Widerspruch zu der von ihm selbst vertretenen Anerkennung dieser Gesellschaften (a.a.O., S. 502 ff.). Auch der Ausweg *Schmidts* kommt nicht in Betracht: Die Übereignung und die bloße Grundbuchberichtigung sind zu verschieden, als daß, wie *Schmidt* dies will (a.a.O., S. 512), die Heilungsmöglichkeit des § 313 S. 2 bei der Anteilsabtretung auf die Berichtigung des Grundbuchs auf den neuen Gesellschafter angewandt werden könnte. – Mit Recht grundsätzlich gegen die Anwendung von § 313 auf die Verpflichtung zur Abtretung von Anteilen an Grundstücksgesellschaften – unter Vorbehalt allerdings von Fällen bewußter Umgehungspraktiken – der BGH in BGHZ 86, 370 f.; das Umgehungskriterium objektivierend in dem Sinne, daß bei reinen Grundstücksgesellschaften (weder wirtschaftlich bedeutsames anderes Gesellschaftsvermögen noch Einsatz des Grundstücks als Grundlage eines Unternehmens) § 313 anzuwenden sei, *Ulmer/Löbbe*, DNotZ 1998, 711 ff., 727, 732 f. Dagegen ist zu sagen, daß der gemeinsame Zweck über die Gesellschaft entscheidet und nicht neue Kriterien maßgeblich sind, die die Grundstücksgesellschaft in Gesellschaften einerseits und dem Grundstücksmiteigentum gleichstehende Fälle andererseits aufteilen. – Zur Frage der Besteuerung des Anteilserwerbs als Grundstückserwerb BFHE 130, 422; BFH NJW 1986, 1514 und *K. Schmidt*, AcP 182 (1982), 481, 507 ff.

270 Dafür, daß diese Verselbständigung der Zuordnung ungeachtet der Personenidentität der Gesellschafter gelten muß, ist mit dem BayObLG anzuführen: Die Gesellschaftsverträge können unterschiedlich sein, insbesondere was die Dauer der Gesellschaften betrifft, so daß unterschiedlich das Vertretungs- und Geschäftsführungsrecht einer werbenden Gesellschaft und das einer Liquidationsgesellschaft gilt. Weiter können die Personen der Gesellschafter und ih-

Im Fall 1. wird trotz Auswechselung der Gesellschafter kein gesamthänderisches Eigentum übertragen; es werden die Anteile der Gesellschafter zediert[271]. Im Fall 2. geht Eigentum über, obwohl die Gesellschafter auf beiden Seiten identisch sind; es wird das Eigentum von der einen auf die andere Gesellschaft übertragen. Beides ist am natürlichsten[272] damit zu erklären, daß nicht die Gesellschafter Eigentümer des Gesellschaftsgrundstücks sind, sondern das Eigentum Gesellschaftseigentum ist. Das ergibt die Qualifikation der Gesellschaft als Rechtssubjekt.

Dieselbe Qualifikation ist auf die andere Gesamthandsgemeinschaft zu erstrecken, bei der ein Wechsel der Teilhaber in Betracht kommt, nämlich auf die Erbengemeinschaft. Zwar ist nach dem Gesetz die Übertragung des Anteils an der Erbengemeinschaft als Übertragung des Vermögensanteils eines Gemeinschafters gedacht (s. § 2033 I) so, als gehe es hier nicht um den Anteil an der Gemeinschaft und als gehöre das Gemeinschaftsvermögen den Beteiligten als Einzelpersonen, als gebe es also nicht die Selbständigkeit der Gemeinschaft. Es gehen aber doch auch bei der Erbengemeinschaft mit dem Vermögensanteil auch die Mitverwaltungsrechte auf den Erwerber über. Und es ist die Betätigung in Ausübung der Rechte genau so gemeinschaftsbezogen, wie die Tätigkeit der Gesellschafter gesellschaftsbezogen ist. Die Erbengemeinschaft ist nur nach ihrem Typus im Gegenstand beschränkter, nämlich von der Vermögensauseinandersetzung bestimmt. Aber zum einen können Erbengemeinschaften sehr wohl auch zu dauerhafter Tätigkeit, etwa zum Betreiben eines Unternehmens, benutzt werden. Zum anderen besteht im Rahmen des jeweiligen Gesamthandsgegenstands hinsichtlich der Gemeinschaftszuordnung kein Unterschied zur Personengesellschaft. Die Anteilsübertragung nach § 2033 I ist somit wie bei der Gesellschaft als Übertragung des Gemeinschaftsanteils und die Gemeinschaft als Rechtssubjekt aufzufassen. **158**

cc) Die Gesamthand als Handlungs- und Vermögensgemeinschaft und die Reichweite der Rechtsfähigkeit der BGB-Gesellschaft

Damit die Gesamthand als eine selbst Rechte bzw. Vermögen habende Gemeinschaft von Personen entsteht, kommt es, wenn sie nicht kraft Gesetzes um eines bestimmten Vermögens willen gebildet wird, auf das Handeln für die Gemeinschaft an. Durch Handeln für die Gemeinschaft werden der Gemeinschaft Rechte erworben. Das Vermögen seinerseits ist aber wiederum konstitutiv für die Gemeinschaft insofern, als die Gesamthänder gemeinsam handeln können, auch ohne dadurch für die Gemeinschaft zu handeln, und die Gemeinschaft erst mit gemeinschaftlichem Vermögen entsteht. Etwa können die Beteiligten mit der Wirkung handeln, daß für alle eine gesamtschuldnerische Haftung begründet wird[273]. Handeln für eine selbständige Gemeinschaft wird ihr Handeln erst **159**

re Beteiligungsverhältnisse in den verschiedenen Gesellschaften, wenn nicht schon jetzt, dann doch künftig unterschiedlich sein. Schließlich ist auf den Zusammenhalt des Vermögens der einzelnen Gesellschaften nach §§ 719 I 1. Hs. 2. Alt., 718 und 738 hinzuweisen. Dieser Zusammenhalt unter Trennung des Vermögens von dem der übrigen Gesellschaften ist insbesondere im Hinblick auf die Möglichkeit einer nur beschränkten Haftung gegenüber einzelnen Gesellschaftsgläubigern relevant (bei unbeschränkter Haftung ist aufgrund eines Titels gegen alle Gesellschafter in alle Gesellschaftsvermögen zu vollstrecken, § 736 ZPO läßt für die Vollstreckung in das Gesellschaftsvermögen jeden Titel gegen alle Gesellschafter aufgrund einer gemeinsamen Haftung genügen).

[271] S. auch BayObLG DStR 1994, 295: Vererbung des Anteils an einer BGB-Gesellschaft mit Grundstückseigentum an die übrigen Gesellschafter kein Eigentumserwerb der übrigen Gesellschafter, sondern nur Erweiterung ihres Gesellschaftsanteils.

[272] Insbesondere die in Fn. 270 aufgezählten einzelnen Anhaltspunkte für die Notwendigkeit, zwischen personengleichen Gesellschaften zu unterscheiden, erklären sich ohne weiteres aus der einheitlichen Grundfeststellung.

[273] Oder es werden Rechte in Bruchteilsgemeinschaft erworben. Oder für ein anderes Rechtssubjekt: Beispielsweise ist auch die Fußballmannschaft in einem Verein eine Gemeinschaft. Sofern aber die die Fußballabteilung betreffenden Rechte beim Verein sind, ist die Fußballmannschaft kein Rechtssubjekt.

dann, wenn die Gemeinschaft entweder schon durch gemeinsame Rechte konstituiert ist und dann für sie Pflichten begründet oder weitere Rechte erworben werden oder wenn sie gerade durch das zu beurteilende Handeln gemeinsame Rechte erwirbt[274].

160 In der so konstituierten Gemeinschaft haben die Gesamthänder einen Teil ihrer Existenz im Rechtsverkehr gemeinsam. Durch den für den Rechtsverkehr verbundenen Teil der Existenz der Gesamthänder ist die Gemeinschaft im Rechtsverkehr gegenüber der sonstigen Existenz der Gesamthänder selbständig, also Rechtssubjekt. Diese Gemeinschaft ist aber andererseits gemeinsames Wirken der Gemeinschafter, indem die Gesamthänder selbst mit einem Teil ihrer eigenen Existenz, nämlich dem, den sie mit den anderen gemeinsam haben, die Gesamthand bilden. Deshalb ist das Vermögen der Gesamthandsgemeinschaft zwar rechtlich Vermögen der Gemeinschaft, zugleich ist es aber gemeinschaftliches Haben der Gemeinschafter zusammen. Es ist Vermögen im Rahmen eines Teils der Existenz der Gemeinschafterpersonen, nämlich desjenigen Teils, der mit anderen gemeinschaftlich und insofern – als Gemeinschaft – selbständig ist.

161 Indem die Rechtsfähigkeit der Gesamthand nichts anderes ausdrückt, als die Wirkungseinheit der Gesamthänder, die durch Rechtserwerb für die Gemeinschaft Rechtssubjekt wird, ist in der Ausdehnung der Rechtsfähigkeit der BGB-Gesellschaft noch über *Flume* und den BGH hinauszugehen. Nicht nur die Gesamthandsgesellschaft ist rechtsfähig und nicht nur die BGB-Außengesellschaft ist rechtsfähig. Jede BGB-Gesellschaft ist rechtsfähig. Jede Gesellschaft ist nämlich fähig, gemeinsame, d.h. gesellschaftsbezogene Rechte zu erwerben und damit von der Innen- zur Außengesellschaft überzugehen. Sogar noch weitergehend ist zu sagen: Da die Gesellschaft nicht notwendig präexistent und damit eine Einheit vorhanden ist, über deren Rechtsfähigkeit man nachdenken kann, reicht für die Rechtsfähigkeit ein bloßer von mindestens zwei Personen geschlossener Vertrag zu einem gemeinsamen Zweck: Wenn auch nur zwei Personen vorhanden sind, sind diese in der Lage, einen Vertrag zu einem gemeinsamen Zweck zu schließen und dadurch die Fähigkeit zu erlangen, daß sie durch Handeln für ihre Gemeinschaft Rechte der Gemeinschaft erwerben.

162 Schon durch Erwerb eines einzigen Rechts, sei es des Eigentums an einem Grundstück[275], sei es einer Marke[276], kann eine BGB-Außengesellschaft entstehen. Und der

[274] Mieten mehrere Personen gemeinsam eine Wohnung, kann das Mietrecht für die mehreren Personen als BGB-Gesellschaft oder in Rechtsgemeinschaft nach Bruchteilen begründet werden. Voraussetzung der Berechtigung als BGB-Gesellschaft, die damit Außengesellschaft wäre, ist, daß der Mietvertrag mit den Gesellschaftern als BGB-Gesellschaft abgeschlossen wird. Konsequenz wäre grundsätzlich, daß wegen der Übertragbarkeit der Gesellschaftsanteile ohne Mitwirkung des Vermieters die Personen der Mietergemeinschaft ausgewechselt werden könnten und daß andererseits den Gesellschaftern droht, daß aus schädigendem Verhalten eines Mitgesellschafters unter Berücksichtigung von § 278 eine Gesellschaftsverbindlichkeit entstehen könnte und dafür alle Gesellschafter dem Vermieter haften müßten. Beides entspricht im Zweifel nicht der Interessenlage und deshalb ist der Vertrag im Zweifel als mit den Mietern als Einzelpersonen abgeschlossen auszulegen mit der Folge, daß den Mietern das Mietrecht bruchteilsmäßig zusteht. Nur im schuldrechtlichen Innenverhältnis unter den Mitmietern besteht dann eine Gesellschaft (Innengesellschaft). Eine Verfügung über den Bruchteil des Mietrechts nach §§ 747, 398, die mit Zustimmung des Vermieters denkbar ist, wäre Bruch des Gesellschaftsvertrages, wenn der Mitmieter nicht zustimmen würde, und darüber hinaus, was die Zustimmung des Vermieters betrifft, Bruch des Mietvertrags gegenüber dem übergangenen Mieter –. Zur Pflicht jedes Gesellschafters aufgrund des Innengesellschaftsverhältnisses, an der Kündigung des Mietvertrages mitzuwirken, wenn der Gesellschaftszweck erledigt ist, OLG Hamburg NJW-RR 2001, 1012.

[275] Nachw. oben Rz. 134.

[276] Gegen die Markenfähigkeit der BGB-Gesellschaft der I. Senat des BGH WRP 2000, 1148. Dazu *Wilhelm*, LM § 50 ZPO Nr. 52 Bl. 894.

Gesellschaftszweck kann auf das Halten dieses einen Rechts beschränkt sein. Alle Versuche, die BGB-Außengesellschaft auf größere, etwa mit Hilfe eines Unternehmensbegriffs abgegrenzte, Einheiten zu beschränken, sind nicht überzeugend: Die Abgrenzung ist nicht rechtssicher durchzuführen, und es gibt auch keinen überzeugenden Grund, weshalb man die Mühe der Abgrenzung auf sich nehmen sollte. Es ist die Freiheit der Wahl zu belassen, ob sich Personen zu einer Bruchteilsgemeinschaft oder zu einer BGB-Gesellschaft mit Gesamthandsvermögen zusammentun wollen.

dd) Personenverband versus Verbandsperson

Die (körperschaftliche) juristische Person ist eine Wirkungseinheit mit selbständiger Rechtspersönlichkeit, die Gesamthand besteht in ihren Mitgliedern. Aufgrund der Rechtspersönlichkeit der juristischen Person und der damit begründeten Verselbständigung von ihren Mitgliedern sind insbesondere Verpflichtung und Haftung bei der juristischen Person auf die juristische Person und nicht die Mitglieder bezogen. Durch ihre Verselbständigung wird die juristische Person zur Verbandsperson. Die Gesamthand ist demgegenüber Gemeinschaft der Gesamthänder, deshalb ist das Wirken in der Gesamthand gemeinschaftliches Wirken der Gesamthänder, die deshalb auch für die gemeinschaftlich eingegangenen Verpflichtungen haften. Die Gesamthand ist Personenverband und nicht Verbandsperson **163**

Dadurch daß die Gesamthänder die Gemeinschaft bilden (daß die Gesamthand aus den Gesamthändern besteht), unterscheidet sich die Gesamthand von der juristischen Person. Die juristische Person ist selbständige Person; auch die körperschaftliche juristische Person besteht nicht aus den Mitgliedern[277]. Demgegenüber ist die Gesamthand Wirkungseinheit des gemeinschaftlichen Handelns der Gesamthänder.

Aus dem Befund, daß die Gesamthand in den Mitgliedern besteht, folgt[278]: **164**

1. Die Rechtsbeziehungen in der Gesamthand sind die Rechtsbeziehungen der Gesamthänder. Die Gesamthänder regeln ihre Rechtsbeziehungen untereinander durch Vertrag, insbesondere die Gesellschafter durch den Gesellschaftsvertrag. Das Verhältnis der Gesellschafter wird durch das Prinzip der Privatautonomie bestimmt. Zur Änderung des Gesellschaftsvertrags bedarf es grundsätzlich der Zustimmung aller Gesellschafter. Die Gesellschafter können allerdings im Gesellschaftsvertrag das Mehrheitsprinzip vorsehen. Die Privatautonomie ist aber zu wahren durch die formelle Schranke des Bestimmtheitsgebots und die materielle der Kernbereichslehre[279]. Bei der körperschaftlichen juristischen Person

[277] Zum folgenden *Flume* I/1 § 7 III, S. 94 ff. Den Gedanken der Gruppe oder Gemeinschaft, nach dem die Gemeinschaft wie die juristische Person Wirkungseinheit ist, aber im Unterschied zur juristischen Person aus den Personen der Gemeinschafter besteht, hält *Zöllner* für nicht begreiflich (*Zöllner,* FS Gernhuber (1993), 563, 570 ff.). Zur Unterscheidung von Gesamthandspersonengesellschaften und juristischer Person zutreffend § 11 II Nr. 1 InsO, der von den Personengesellschaften als Gesellschaften ohne Rechtspersönlichkeit spricht, obwohl sie insolvenzfähig sind. Sie sind Wirkungseinheiten und als solche insolvenzfähig, aber keine juristischen Personen. Ohne Verständnis *Cordes,* JZ 1998, 550 l.Sp., 551 r. Sp. (das Gesetz stehe auf dem Standpunkt der Vermögenstheorie).

[278] S. *Flume* I/1 § 7 III, S. 95 ff.; Staub Großkommentar/*Ulmer,* HGB, § 105 Rz. 39, MünchKomm/*Ulmer* § 705 Rz. 130; *K. Schmidt,* Gesellschaftsrecht, § 8 IV, S. 213 ff.

[279] Am Bestimmtheitsgrundsatz ist entgegen den vom BGH in ZIP 1994, 1942 mitgeteilten Zweifeln (s. auch *K. Schmidt,* Gesellschaftsrecht, § 16 II 2 S. 460 ff., 463 ff.) festzuhalten, s. *Flume* I/1 § 14 III, S. 213 ff., 220; *ders.*, FS Rittner (1991), 119, 125 f. Die Möglichkeit eines Mehrheitsbeschlusses muß für den Einzelfall bestimmt, d.h. zweifelsfrei, im Gesellschaftsvertrag vorgesehen sein (bei Klauseln, die allgemein die Änderung des Gesellschaftsvertrags durch Mehrheitsbeschluß vorsehen, ist zu prüfen, ob nach der Art der im konkreten Fall zu treffenden Maßnahme, die vielleicht in Anbetracht des Charakters der konkreten Gesellschaft ganz ungewöhnlich ist, an die Mehrheitsentscheidung über diese Maßnahme gedacht sein konnte). Der Bestimmtheitsgrundsatz muß auch für die Stimmrechtsvertretung der Gesell-

wird demgegenüber mit deren Entstehung der Vertrag zur Satzung der Körperschaft. Für die Änderung genügt eine (qualifizierte) Mehrheit.

2. Die Gesamthand ist durch Eintritt oder Ausscheiden, Tod oder Konkurs eines Mitglieds berührt. Insbesondere das Ausscheiden von Gesellschaftern und die Aufnahme neuer Gesellschafter bedeuten eine Änderung des Gesellschaftsvertrags i.S. der vorstehenden Ziffer. Das Ausscheiden des Mitglieds berührt die Gemeinschaft schon deshalb, weil das Mitglied zumindest wegen seines Anteils abzufinden ist. Demgegenüber ist die juristische Person, insbesondere ihr Vermögen, von der Person des einzelnen Mitglieds unabhängig Die Aufnahme neuer Mitglieder, insbesondere die Übertragung der Mitgliedschaft, berührt nicht die Verhältnisse der juristischen Person und der anderen Mitglieder.
3. Das Vermögen der Gesamthand ist gemeinschaftliches Vermögen der Gesamthänder, also ist das Gesamthandsvermögen den Dispositionen der Gesamthänder unterworfen. Bei der juristischen Person gibt es dagegen die Bindung des Vermögens an die juristische Person (s. §§ 57 ff., 62 AktG, 30 ff. GmbHG).
4. Weil die Angelegenheiten der Gesamthand die gemeinschaftlichen Angelegenheiten der Gesamthänder sind, haben die Gesamthänder selbst die Handlungshoheit in der Gesamthand inne, es gilt das Prinzip der Selbstorganschaft. Bei der juristischen Person gilt Drittorganschaft.
5. Aus dem gleichen Grunde haften die Gesamthänder für die Verbindlichkeiten der Gesamthand, wenn diese Haftung nicht durch Gesetz oder eine Vereinbarung mit dem Gläubiger ausgeschlossen wird[280]. Für die Verbindlichkeiten der juristischen Person haftet nur

schafter bei Mehrheitsbeschlüssen gelten (*Wilhelm* LM § 714 Nr. 14 Bl. 5). Auch wenn der Bestimmtheitsgrundsatz gewahrt ist, kann nur der korporative Bereich, d.h. der Status der Gesellschaft (einschließlich des Gesellschaftsvermögens), durch Mehrheitsentscheidung gestaltet werden. Unmittelbare Eingriffe in die gesellschaftsrechtliche Rechtsstellung des einzelnen Gesellschafters durch Änderung des Gesellschaftsvertrages per Mehrheitsbeschluß sind nicht zuzulassen (*Flume* I/1 § 14 III S. 219; *ders.*, FS Rittner (1991), 126; näher *K. Schmidt,* a.a.O., § 16 III 3, S. 477 ff.). Zu dem Urteil BGH ZIP 1994, 1942 s. *Flume,* ZIP 1995, 651 ff., *K. Schmidt,* JZ 1995, 313, *Hermanns*, ZGR 1996, 103 ff.

280 Die Zurechnung der Gesamthandsverbindlichkeiten an die Gesamthänder steht hinter der akzessorischen Haftung der Gesellschafter der Personenhandelsgesellschaften nach §§ 128, 161 II HGB. *Flume* I/1 § 16 IV, S. 327, hat die Übertragung der akzessorischen Haftung auf die Gesellschafter der BGB-Gesellschaft gefolgert. Dem folgend BGH II ZR 371/98 Urteil vom 27.9.1999, ZIP 1999, 1755 = LM § 705 BGB Nr. 74 mit Anm. *Wilhelm* (gegen die unterschiedslose Behandlung der Haftung der Gesellschafter der BGB- Gesellschaft nach § 128 HGB noch BGHZ 117, 168, 176 sowie LM § 425 BGB Nr. 21 mit Anm. *Wilhelm*). Gegen die Akzessorietätstheorie hat sich *Ulmer* mit der sog. Doppelverpflichtungstheorie gewandt, nach der für die vertragliche Haftung der Gesellschaft und der Gesellschafter eine je besondere Verpflichtungserklärung notwendig ist (MünchKomm/*Ulmer* § 714 Rz. 29; s. auch *Habersack*, JuS 1993, 1 ff.). Konsequenz war die Abwehrbarkeit der Haftung der Gesellschaft durch erkennbare Beschränkung der Haftung auf die Gesellschaft. Gegen die Sicht *Ulmers* eingehend, insbesondere aus umwandlungsrechtlicher Sicht, *Mülbert,* AcP 199 (1999), 38, 67 ff. *Ulmer* selbst hat eine Wende vollzogen, indem er in ZIP 1999, 554 ff., 564 die Akzessorietätstheorie für jede über eigene Organe, Haftungsmasse und Identitätsausstattung verfügende Außen-GbR für zutreffend erklärt hat („gebotener Theorienwechsel"). Auf diese Wende ist alsbald gefolgt die Entscheidung BGH NJW 1999, 3483, in der der Senat, schon hier *Flume* folgend, im Sinne der grundsätzlich unbeschränkbaren, nämlich nur durch Vereinbarung mit dem Gläubiger beschränkbaren, Haftung der Gesellschafter der BGB-Gesellschaft für vertragliche Verbindlichkeiten entschieden hat (zu dem Urteil *Ulmer,* ZGR 2000, 339 ff.; Anm. zu dem Urteil *Wilhelm,* LM § 705 BGB Nr. 74).– Der Zug dazu, der BGB-Gesellschaft auch ohne gesetzliche Grundlage eine einseitige Haftungsbeschränkung zu ermöglichen, ist allerdings stark, zu den Wegen dazu *Ulmer*, ZIP 1999, 509 ff., nochmals 559 ff., *Hennrichs/Kießling*, WM 1999, 877 ff. und wieder *Petersen/Rothenfußer* GmbHR 2000, 757 und 801; entschieden dagegen *Reiff*, ZIP 1999, 517 ff. – Die Möglichkeit von Gläubigern der Gesellschafter, d.h., weil die Gesellschafter für die Verbindlichkeiten der Gesellschaft haften, die Möglichkeit auch von Gesellschaftsgläubigern, in den Vermögensanteil der Gesellschafter an der Gesell-

diese, wenn nicht die Mithaftung der Mitglieder durch Gesetz oder eine Vereinbarung mit dem Mitglied begründet wird.

6. Weil die Mitgliedschaft an der juristischen Person eine selbständige Rechtsstellung gegenüber der verselbständigten Persönlichkeit ist, kann es juristische Personen mit einem Mitglied (Einmanngesellschaft), mehrere Anteile an der juristischen Person in der Hand eines Mitglieds und die Bruchteilsberechtigung an einem Anteil geben. Die Einmann-Gesamthand ist nicht denkbar, weil dann keine Gemeinschaft von Gesamthändern, sondern eben nur die eine Person besteht. Überträgt der eine von zwei Gesamthändern seinen Anteil auf den anderen Gesamthänder oder scheidet einer von zwei Gesamthändern aus der Gesamthand aus, so wird aus der Wirkungseinheit der Gesamthand die Einzelperson, bei der der zuvor gemeinschaftliche Wirkungsbereich nicht mehr rechtlich abgegrenzt ist. Weil sodann jedes Mitglied als Person die Gemeinschaft bildet und darin der Gesamthandsanteil besteht, gibt es keine Bruchteilsberechtigung am Gesamthandsanteil.
7. Die juristische Person kann Mitgliedschaftsrechte, die an ihr selbst bestehen, als "eigene Anteile" selbst inne haben. Bei der in den Personen der Gesamthänder bestehenden Gesamthand kann es keine über die Anteile dieser Personen hinaus bestehenden Anteile geben.

ee) Die Rechtssubjektivität der Gesamthand und §§ 705 ff. 165

Das Verständnis der Gesamthand als Gruppe verletzt nicht die Vorschriften des BGB über die Gesellschaft, es nimmt sie vielmehr auf: Aufgrund des Verständnisses der Gesamthandsgesellschaft als Wirkungseinheit der Gesamthänder ist § 718 I, der von „dem gemeinschaftlichen Vermögen der Gesellschafter (Gesellschaftsvermögen)" spricht, folgendermaßen zu verstehen: Es gibt nicht ein Vermögen der Gesellschafter, das man Gesellschaftsvermögen nennen kann, sondern das Gesamthandsvermögen ist das Vermögen der Gesellschaft, welches nur zugleich den Gesellschaftern deshalb zugeordnet ist, weil die Gesellschaft aus den Gesellschaftern besteht. Aufgrund dieses Verständnisses ist die Anwendung des § 718 nach §§ 105 III, 161 II HGB auch auf die nach §§ 124, 161 II HGB ausdrücklich verselbständigten Personenhandelsgesellschaften nachvollziehbar. Durch die Verweisung in §§ 105 III, 161 II HGB auf die Vorschriften über die BGB-Gesellschaft ist auch für die handelsrechtlichen Personengesellschaften festgelegt, daß ihr Vermögen und ihre Betätigung gemeinsames Vermögen und gemeinsame Betätigung der Gesellschafter sind.

Die Regelung des § 714, wonach die Gesellschafter haften, weil sie beim Vertragsschluß für die Gesellschaft vertreten werden, ist nach dem Verständnis der Gesamthand als Rechtssubjekt wie folgt einzuordnen: Das Handeln im Namen der Gesellschaft geschieht einerseits im Namen der Gesellschaft als Rechtssubjekt, es ist aber andererseits zugleich den Gesellschaftern zuzurechnen, weil die Gesellschaft Wirkungseinheit der Gesellschafter ist. Auch für die gesetzlichen Verbindlichkeiten der Gesellschaft haften die Gesellschafter, indem die Gesellschaft ihre gemeinsame Wirkungseinheit ist[281]. 166

schaft zu vollstrecken (§ 725 BGB, § 859 ZPO), ist von der Sicht, daß die BGB-Gesellschaft als Rechtssubjekt anzuerkennen ist, unberührt. Das Vermögen der Gesellschaft ist ja Vermögen der aus den Gesellschaftern bestehenden Gemeinschaft, also kann das Gesetz auch diesen Vollstreckungsweg eröffnen. Wird im Einzelfall mit einem Gläubiger die Beschränkung der Haftung auf das Gesellschaftsvermögen vereinbart, so ist es entgegen *Cordes*, JZ 1998, 548 f. eine Frage der Auslegung, ob damit auch die Inanspruchnahme der Gesellschafter mit dem Gesellschaftsvermögen über § 859 ZPO, § 725 BGB ausgeschlossen sein soll. Der Ausschluß wird nicht etwa begrifflich durch die Lehre von der Gesamthand als Gruppe erzwungen.

281 S. *Flume* I/1 § 16 IV 6, S. 339 ff., der anschaulich sagt, daß das Geschehen in der Gesellschaft dem Gesellschafter als „seine Sache" zuzurechnen ist. Nicht Sache des Gesellschafters ist die unerlaubte Handlung eines anderen Gesellschafters, für die die Gesellschaft in entsprechender Anwendung des § 31 BGB haften muß (*Flume*, I 1 § 16 IV 6, S. 343 f.). § 31 BGB will wie die Rechtsfähigkeit eines im Rechtsverkehr verselbständigten Vermögens auch dessen Deliktsfähigkeit. Das führt bis zur Haftung der Gesellschaft, aber nicht darüber hinaus.

d) *Die Folgerung für das Sachenrecht*

167 Für die Zuordnung der Sachenrechte bei der Gesamthand ergibt sich: Erwirbt eine Gesamthand ein Sachenrecht, so ist dies kein Fall der Berechtigung mehrerer Personen aus einem Recht. Das Recht gehört der rechtsfähigen Gesamthand. Diese entscheidet auch über die Ausübung des Rechts. Die Berechtigung mehrerer Personen aus einem Recht ist nur bei einer Bruchteilsgemeinschaft verwirklicht. Die Gesamthand ist freilich von der juristischen Person insofern geschieden, als sie aus den Gesamthändern besteht und damit ihr Vermögen und ihre Tätigkeit zugleich den Gesamthändern als gemeinschaftliches Vermögen und gemeinschaftliche Tätigkeit zuzuordnen bzw. zuzurechnen sind. Dies hat Konsequenzen vor allem für die Haftung aus Haben und Handlungen der Gesamthand. Die Gesamthänder haften grundsätzlich neben der Gesamthand als Gesamtschuldner. Dies kann allerdings nicht gelten für die Haftung wegen rechtswidrigen Habens insoweit, als es um die Unterlassung tatsächlicher Handlungen oder die Beseitigung tatsächlicher Zustände geht und zu unterlassende Handlung oder zu beseitigender Zustand von der Gesamthand ausgeht. Insoweit kommt nach dem Inhalt der Haftung nur die Haftung der Gesamthand in Betracht[282]. Kommt eine Haftung wegen widerrechtlichen Habens allerdings nach ihrem Inhalt für den einzelnen Gesamthänder in Betracht, haftet er aus dem gemeinsamen ungerechtfertigten Haben[283]. Dies trifft für die Wertersatzhaftung nach § 818 II, III zu.

e) *Fallbeispiel*[284]

168 Ein Ehepaar hat ein Grundstück zum Zwecke des Baus eines Familienheims gemeinsam erworben, und zwar ausdrücklich „in bürgerlich-rechtlicher Gesellschaft". So waren sie auch nach §§ 873 BGB, 47 GBO im Grundbuch als Eigentümer eingetragen worden. Der Ehemann stirbt und wird von Frau und Sohn beerbt. Diese beantragen eine Grundbuchberichtigung dahingehend, daß jetzt sie beide in Gesellschaft bürgerlichen Rechts Eigentümer des Grundstücks sind. Zu überlegen ist die Begründetheit des Antrags, aber auch die Rechtslage, die dann besteht, wenn eine Gesellschaft bürgerlichen Rechts nicht zustande kommen konnte.

Ist das Halten eines Grundstücks in BGB-Gesellschaft möglich, könnten Mutter und Sohn Gesellschafter der BGB-Gesellschaft geworden und könnte so dem Berichtigungsantrag stattzugeben sein. Ursprünglich wären dann die Eheleute kraft ihres ausdrücklichen Willens Gesellschafter einer BGB-Gesellschaft mit dem Grundstück als Gesellschaftsvermögen gewesen. Mit dem Tod des Ehemanns wäre die Gesellschaft zwar im Zweifel aufgelöst (§ 727), d.h. aber immer noch Liquidationsgesellschaft (§§ 730 ff.) gewesen (die überdies durch Fortsetzungsbeschluß der Gesellschafter in eine werbende Gesellschaft umgewandelt werden konnte). Der Anteil des Ehemanns a n dieser Gesellschaft wäre nach §§ 1922, 2032 auf die Erbengemeinschaft aus Mutter und Sohn übergegangen, d.h. – so die einfache Erklärung der neuen Lehre von der Subjektivität auch der Erbengemeinschaft – die Erbengemeinschaft wäre Mitglied der BGB-Gesellschaft neben der Mutter anstelle des Ehemanns geworden. Die Erbengemeinschaft hätte – die Zustimmung der Mutter als Mitgesellschafterin zur Übertragung eines Teils des ererbten Anteils auf den Sohn wäre in der ohnehin notwendigen Mitwirkung der Mutter an der Abtretung enthalten – ihren Gesellschaftsanteil formlos nach §§ 413, 398 zu je ¼ auf Mutter und Sohn (s. §§ 1931 I 1, III, 1371 I) übertragen können mit der Folge, daß die Mutter zu ¾, der Sohn zu ¼ Gesellschafter der Grundstücksgesellschaft geworden wären[285]. Bei Nachweis der Grundlage für diese Rechtsänderung in der Form der

282 Richtig gegen die Haftung der Gesellschafter auf Unterlassung der von der Gesellschaft ausgehenden Handlung (in casu: Wettbewerbshandlung) OLG Karlsruhe WRP 1998, 898 ff., 899.

283 Zutreffend *Flume* I/1 § 16 IV, S. 340 ff.;

284 BGH NJW 1982, 170 f.

285 Die Notwendigkeit dieser Übertragung übergeht der BGH in seiner Entscheidung. Angesichts des gemeinsamen Berichtigungsantrags von Mutter und Sohn war aber die Abtretung nicht problematisch (bei Fehlen aus Mangel an Rechtskenntnis hätten die Antragsteller im Grund-

§§ 29, 35 GBO[286] wäre dem Berichtigungsantrag stattzugeben. Entscheidende Frage in diesem Fall ist also, ob insbesondere Eheleuten es möglich ist, das gemeinsame Halten eines Grundstücks als gemeinsamen Zweck i. S. von § 705 zu vereinbaren und dadurch eine BGB-Gesellschaft zu gründen und für diese das Grundstück zu erwerben. Die Frage ist vom BGH zu Recht[287] bejaht worden.

Ist demgegenüber das gemeinsame Halten eines Grundstücks nur in Bruchteilsgemeinschaft möglich, so kommt eine Berichtigung auf Mutter und Sohn nur auf diese als Miteigentümer in Betracht. Dazu hätten sie Miteigentum erwerben müssen. Ursprünglich hätten die beiden Ehegatten je zur Hälfte Miteigentum nach §§ 1008, 741 gehabt[288]. Mit dem Tode des Ehemanns wäre auf die aus Ehefrau und Sohn bestehende Erbengemeinschaft die Eigentumshälfte des Ehemanns übergegangen (§§ 1922, 2032). Damit der Sohn Miteigentum zu ¼ und die Mutter auf ¾ erhöhtes Miteigentum erlangte, hätte die Erbengemeinschaft entsprechende Bruchteile formgerecht nach §§ 873, 925 auf die beiden übertragen müssen. Das Grundbuch hätte zuvor nur auf das Eigentum von Mutter und Sohn als Erbengemeinschaft (§ 47 GBO), aber nicht auf Mutter und Sohn als Miteigentümer berichtigt werden können.

Der Fall zeigt den Unterschied zwischen der Bruchteilsgemeinschaft als Rechtsinhaberschaft mehrerer und der Gesamthandsgemeinschaft als – so die sachgemäße Auffassung – Rechtssubjekt mit eigenem Vermögen und Anteilen der Gesamthänder am Rechtssubjekt, die grundsätzlich[289] auch auf eine andere Gesamthand übergehen oder übertragen werden können.

4. Die Abgrenzung zwischen Teilrecht, Bruchteilsberechtigung und Gesamthandsberechtigung

a) *Entstehung von Teil-, Bruchteils-, Gesamthandsberechtigung*

Wann und wie im Einzelfall eine Rechtszuständigkeit der Teil-, Bruchteils- oder Gesamthandsberechtigung entsteht oder gegeben ist, bedarf näherer Prüfung. Abzugrenzen ist hiervon die Zuordnung eines Rechts zu einer juristischen Person. Ein solches ist ohne weiteres dann gegeben, wenn die juristische Person nach den gesetzlichen Voraussetzungen entstanden ist und existiert und ein Recht für sie nach den Voraussetzungen über die Entstehung oder den Erwerb dieses Rechts, insbesondere also durch Stellvertretung seitens des Vertretungsorgans der juristischen Person, erworben wird[290]. Hinzu kommen die Möglichkeit eines Rechtserwerbs für die errichtete, aber noch nicht vollendete körperschaftliche juristische Person (insbesondere die sog. Vor-AG oder Vor-GmbH) und **169**

buchverfahren zur Nachholung Gelegenheit haben müssen), ebensowenig die Wirksamkeit nach § 181.

286 Erforderlich war nur noch der Nachweis der Erbfolge, ein möglicher Beschluß über die Fortsetzung der Gesellschaft hätte nicht die Identität der Gesellschaft als Grundstücksberechtigte betroffen (s. BGH a.a.O. unter Hinweis auf BayObLGZ 1 (1948-51), 426, 430 = NJW 1952, 28).

287 S. o. Rz. 134.

288 Trotz Eintragung als Gesellschafter, s. u. Rz. 180.

289 Ob OHG und KG die Mitgliedschaft von Gesamthandsgemeinschaften vertragen, die nicht so wie sie selbst als Handelsgesellschaften in Vertretung und Haftung streng geregelt, insbesondere in das Handelsregister einzutragen sind, ist umstritten, neuerdings setzt sich aber die bejahende Stellungnahme durch, so zur Kommanditistenfähigkeit der BGB-Gesellschaft BayObLG, JZ 2001, 417 ff. mit Anm. *Piepenstock*, anders noch etwa *Flume* I/1 § 4 IV, S. 63. Ob die BGB-Gesellschaft Erbe, insbesondere als Miterbe an einer Erbengemeinschaft beteiligt sein kann, ist – anders als unser Fall der Vererbung eines Gesellschaftsanteils an zwei Erben, d.h. der Mitgliedschaft einer Erbengemeinschaft in einer BGB-Gesellschaft – umstritten, *Mülbert*, AcP 199 (1999), S. 74 Fn. 120 m.w.N.

290 Zu beachten ist, daß auch ein Bruchteilsrecht oder eine Gesamthandsbeteiligung ebenso wie eine Mitgliedschaft an einer anderen juristischen Person für die juristische Person erworben werden kann. Es ist die Einordnung der Zuständigkeit der juristischen Person von ihrer Fähigkeit, Rechtsstellungen innezuhaben, zu trennen.

der Verbleib der erworbenen Rechte bei dem Verband im Zeitpunkt seiner Vollendung als juristische Person[291].

170 Was sodann Teilrecht, Bruchteilsrecht und Gesamthandsrecht betrifft, so sind die Fälle des Teilrechts mit Ausnahme der Möglichkeit der originären Begründung einer Teilforderung (§ 420) leicht abzugrenzen. Teilrechte sind ja, wie festgestellt[292], dem Gegenstand nach geteilte Rechte. Dementsprechend entstehen sie durch Aufteilung von Rechten, die ihrem Gegenstand nach teilbar sind. Dies erfordert eine Verfügung über ein solches Recht, sei es eine Teilübertragung, insbesondere Teilabtretung nach den Vorschriften über die Abtretung bzw. Übertragung des Rechts[293], sei es eine Aufteilungsverfügung[294], die das Recht unter Verbleib in der Hand des Berechtigten aufteilt.

171 Die Begründung von Teilforderungen ist zwar bei Entstehung der Forderung für mehrere Gläubiger und Teilbarkeit der geschuldeten Leistung nach § 420 im Zweifel anzunehmen. Da die Gläubigerstellung mehrerer aber in den meisten Fällen auf der Verletzung eines mehreren gemeinsam zustehenden Rechts beruht oder auf dem Zusammenhandeln der mehreren Gläubiger, ist die Begründung einer Teilforderung kaum denkbar: Forderungen aus der Verletzung eines mehreren in Bruchteilsgemeinschaft oder eines einer Gesamthandsgemeinschaft zustehenden Rechts stehen, soweit sie auf Wiederherstellung des Rechts gerichtet sind, wie das Recht selbst in Bruchteils- oder Gesamthandsberechtigung zu. Sie sind im ersteren Fall durch alle zusammen, insbesondere vermittels Stellvertretung, und daneben nach §§ 432, 1011[295], im letzteren je nach Organisation der Gemeinschaft ebenso (s. § 2039) oder nur durch die Gemeinschaft (so nach

[291] Zur Lehre von der werdenden juristischen Person, insbesondere der Vorgesellschaft bei GmbH und AG *Flume* I/2 § 5 III 4, S. 166 ff.; *K. Schmidt*, Gesellschaftsrecht, § 11 IV 2, S. 257 ff.; *Wilhelm*, Kapitalgesellschaftsrecht, 1998, S. 43 ff.

[292] Oben Rz. 126 f.

[293] Gleichgestellt ist die Bestellung eines beschränkten dinglichen Rechts an einem Teil eines Rechts – etwa die Verpfändung einer Teilforderung –. Da es die Begründung eines beschränkten Rechts ohne ein Stammrecht, aus dem das beschränkte Recht abgeleitet wird, nicht gibt (o. Rz. 71, 91 Fn. 159) und andererseits das auf einen Teil des Gegenstands bezogene Teilrecht ein selbständiges Recht ist, muß für das beschränkte Recht an einem Teil einer Forderung die Forderung geteilt werden. Mit der Verpfändung etc. der Teilforderung ist zugleich die Teilungsverfügung betreffs der Forderung gegeben. Voraussetzung der Teilübertragung oder -verpfändung einer Forderung ist die Zulässigkeit nach dem zugrunde liegenden Schuldverhältnis und dem Inhalt der Forderung (§§ 399 BGB, 354a HGB) oder aufgrund der Zustimmung des Schuldners. – Weiter wird die Forderung geteilt durch Vereinbarung eines besonderen Inhalts hinsichtlich eines Teils der Forderung – MünchKomm/*Eickmann* § 1151 Rz. 4. – Die Hypothek wird geteilt durch Teilung der hypothekarisch gesicherten Forderung (Folge der Akzessorietät der Hypothek), wobei aber zu beachten ist, daß die Tatbestände der Verfügung über die Forderung im Hinblick auf die Hypothek besonders gestaltet sind (§§ 877, 1154 ff., §§ 1069, 1274). Es gibt aber auch eine Teilung der Hypothek, die nicht kraft Akzessorietät aus der Teilung der Forderung folgt: etwa die Umwandlung eines Teils einer Buch- in eine Briefhypothek, § 1116 II, III, s. weiter Planck/*Strecker*, § 1151 Anm. 1. – Zur Rangbestimmung bei Teilabtretung einer Hypothek oder Grundschuld u. Rz. 551 Fn. 197.

[294] S. für das Grundstückseigentum u. Rz. 512. Nicht hierher gehört die – dem Alleineigentümer wie den Miteigentümern eines Grundstücks mögliche – Teilungsverfügung zur Begründung von Wohnungs- oder Teileigentum nach WEG. Zwar teilt sie einerseits das Grundstück mit dem zugehörigen Gebäude durch Ausweisung selbständiger Gebäudeteile (insbesondere Wohnungen) gegenständlich auf. Das Eigentum an den Gebäudeteilen ist aber verbunden jeweils mit einem Miteigentumsanteil am Grundstück. Wir haben also eine Sonderform der Bruchteilsgemeinschaft vor uns.

[295] S. o. Rz. 129.

§ 714[296]) geltend zu machen. Begründen mehrere durch gemeinsames Handeln Forderungen, wird insbesondere in Vertretung für sie ein Vertrag abgeschlossen, so sind dies bruchteilsmäßig zustehende Forderungen, wenn das Handeln in der Nutzung eines bruchteilsmäßig zustehenden Rechts[297] oder für die mehreren als Einzelpersonen erfolgt, und Gesamthandsforderungen, wenn das Handeln für eine Gesamthand erfolgt, die auch – als BGB-Außengesellschaft – durch Verabredung eines gemeinsamen Zwecks und Erwerb für die Gemeinschaft ad hoc konstituiert werden kann.

Zur originären Begründung einer Teilforderung kommt es demnach nur in Ausnahmefällen[298].

Bruchteilsmäßig zustehende Rechte kommen zustande, wie vor allem interessiert[299], aufgrund der Übertragung von Rechten an mehrere zu entsprechender Rechtszuständigkeit. Miteigentum an Grundstücken etwa bildet sich dadurch, daß mehrere Personen Eigentum am Grundstück vom Alleineigentümer erwerben oder daß eine oder mehrere Personen als solche Miteigentum erwerben, der bisherige Alleineigentümer seinerseits also Miteigentum behält. Beides vollzieht sich nach den Vorschriften über die Grundstücksübereignung, d.h. durch Auflassung und die Eintragung im Grundbuch (§§ 873, 925). 172

Ist nur in der Auflassung (§§ 873, 925) die Übertragung des Eigentums an mehrere Personen zu bestimmten Quoten festgelegt[300], wird aber im Grundbuch (§ 873, 2. Erfordernis) nicht mehr als das Eigentum der mehreren Personen eingetragen, so ist dies trotzdem ein gültiger Erwerb zu Miteigentum. Der Grundbuchbeamte hat zwar mit der Eintragung gegen § 47 GBO verstoßen, wonach bei Eintragung eines Rechts für mehrere entweder die Anteile der Berechtigten in Bruchteilen angegeben werden sollen oder das für die Gemeinschaft maßgebende Rechtsverhältnis bezeichnet werden soll. Dies ist aber eine Sollvorschrift und außerdem für den Erwerbstatbestand, der sich allein nach §§ 873, 925 bestimmt, nicht maßgeblich. Nach § 873 muß allerdings die Rechtsänderung, über die die Einigung zustande gekommen ist, im Grundbuch eingetragen werden, damit sie zustande kommt. In unserem Fall ist aber die Berechtigung aller Erwerber eingetragen. Das Fehlen der Anteilsquoten läßt nicht das Erfordernis der Eintragung für den Rechtserwerb entfallen, vielmehr ist der Rechtserwerb eingetragen, aber wegen Fehlens der Quoten unrichtig. Zur Beseitigung dieser Unrichtigkeit besteht für die Betroffenen die Berichtigungsmöglichkeit nach 173

[296] Zutreffend BayObLG JuS 1991, 512 für die Anfechtung von Beschlüssen der Eigentümerversammlung aufgrund eines einer BGB-Gesellschaft gehörenden Wohnungseigentums: Keine Anwendung von § 1011. Das Gericht verweist auf § 709. Dieser betrifft die Entscheidung über die Anfechtung. Die Vertretung der Gesellschaft im Anfechtungsverfahren regelt § 714.

[297] So für die Forderungen aus Vermietung oder Verkauf eines in Bruchteilsgemeinschaft zustehenden Gegenstands BGH NJW 1998, 1482 ff.; Staudinger/*Huber*, 12. Bearb., § 743 Rz. 5 ff., § 741 Rz. 61; MünchKomm/ *Schmidt*, § 743 Rz. 5, § 747 Rz. 24. Abweichend (für Zustandekommen einer Gesamthandsgesellschaft durch jedes gemeinsame Handeln) *Flume* I/1 § 8, S. 114.

[298] So bei vertraglicher Festlegung einer gesetzlichen Schuld gegenüber mehreren Personen, etwa bei einer Unterhaltszahlungspflicht gegenüber mehreren Kindern in einem Betrag, Staudinger/*Huber*, 12. Bearb., § 741 Rz. 51. Anders liegt es bei Schädigung von Bruchteilsberechtigten im Hinblick auf den Geldersatz für den jedem Anteilsberechtigten individuell erwachsenen Vermögensschaden; die Forderung teilt sich hier durch den Bezug auf den Schaden des einzelnen auf, es ist also kein Fall des § 420 gegeben.

[299] Für die Bruchteilsgemeinschaft sind weiter zu nennen die gesetzliche Begründung von Miteigentum nach §§ 947, 948, 963, 984 und bei Fruchterwerb durch Bruchteilsberechtigte nach §§ 953 ff. sowie die rechtsgeschäftliche Begründung gemeinsamer Forderungen im Rahmen der Verwaltung einer Rechtsgemeinschaft (s. soeben Rz. 171). Bruchteilsgemeinschaften besonderen Rechts sind die des WEG. Zu weiteren – nämlich der Sammelverwahrung von Wertpapieren, dem Sondervermögen von Kapitalanlagegesellschaften – s. Staudinger/*Huber*, 12. Bearb., § 741 Rz. 5, 101 ff.

[300] § 742 strahlt dahin aus, daß im Zweifel gleiche Anteile bestimmt sind.

§ 22 GBO im Sinne der Eintragung der in der Auflassung vereinbarten Quoten oder aber der Berichtigungsanspruch nach § 894[301].

174 Für den rechtsgeschäftlichen Rechtserwerb einer Gesamthandsgemeinschaft gilt, weil diese als Rechtssubjekt zu erkennen ist, grundsätzlich das gleiche wie für den rechtsgeschäftlichen Erwerb einer juristischen Person. D.h. es bedarf der Existenz der Gesamthandsgemeinschaft[302] und sodann – vorbehaltlich der sogleich zu behandelnden Möglichkeit eines gesetzlichen Erwerbs kraft Bezuges eines Geschäfts auf das Gesamthandsvermögen – der Vertretung der Gemeinschaft beim Erwerb nach § 164. In Anbetracht der Zurechnung der Gemeinschaftsrechte bei der Gesamthandsgemeinschaft an die Gesamthänder kann der Vertreter auch im Namen der Gesamthänder handeln, wenn er nur den Erwerb als solchen im Rahmen von deren Mitgliedschaft in einer bestimmten Gesamthandsgemeinschaft klarstellt. Ebenso können die Gemeinschafter in eigenem Namen als Mitglieder in dieser Gemeinschaft auftreten.

175 Das Gesagte gilt für die Erklärungselemente der Erwerbstatbestände. Die sachenrechtlichen Erwerbstatbestände sehen zusätzliche Vollzugselemente vor wie die Übergabe bei Übereignung beweglicher Sachen (§ 929), die Grundbucheintragung bei Übertragung von Rechten an Grundstücken (§ 873). Im Hinblick auf diese Merkmale wird die unterschiedliche Einzelgestaltung der Gesamthandsgemeinschaft relevant: Die Personenhandelsgesellschaften sind nach §§ 124, 161 II HGB unter ihrer Firma erwerbsfähig und deshalb unter der Firma im Grundbuch einzutragen, wenn es um ihren Erwerb von Grundstücksrechten geht[303]. Für den rechtsgeschäftlichen Erwerb der sonstigen Ge-

301 RGZ 54, 86, 87. Hier klagte auf Berichtigung der Inhaber einer an einem Miteigentumsanteil eingetragenen Hypothek. Aus der Eintragungsbedürftigkeit gerade einer Gesamthand, wenn nicht nur Miteigentum in Betracht kommen soll (s. den folgenden Text), folgt, daß es nicht einmal der Eintragung der Erwerber als Gemeinschaft zu Bruchteilen bedarf. Die Feststellung von RGZ 54, 86 f. gilt also nicht beschränkt auf den Fall, daß nur die Bruchteilsquoten nicht eingetragen sind (mißverständlich Staudinger/*Huber*, 12. Bearb., § 742 Rz. 7). Weiter ist zu fragen, ob es auf die Einigung mit dem Veräußerer dafür ankommen soll, welche Quoten unter den Miteigentümern bestehen (so *Huber*, a.a.O., Rz. 5 m. N.). Der Veräußerer hat häufig kein Interesse daran. Jedenfalls ist entgegen der von MünchKomm/*K. Schmidt*, § 1008 Rz. 19 ausgeführten Rechtsprechung, der *Schmidt* folgt, zu sagen, daß die Eintragung mehrerer Berechtigter ohne Quotenangabe sehr wohl Grundlage eines gutgläubigen Erwerbs ist: Es kann jedenfalls von allen als Berechtigten Eingetragenen, aber es kann auch der Anteil eines der Eingetragenen gutgläubig erworben werden, wenn nicht Gesamthandszuständigkeit und damit die Unverfügbarkeit des Anteils am Eigentum eingetragen ist. Ist sie das nicht, so ist nur mangels Eintragung der Quote die Höhe des Anteils unbestimmt. Der Erwerber kann also nur, dies aber sehr wohl, einen wirklich bestehenden Anteil, für den statt des Berechtigten der Veräußerer als Nichtberechtigter eingetragen ist, erwerben (oder ein Recht daran).

302 Die Erbengemeinschaft existiert, wenn mehrere Erben in den Nachlaß des Erblassers folgen (§§ 1922 I, 2032 I). Die Gütergemeinschaft existiert, wenn zwei Personen die Ehe schließen und in einem Ehevertrag Gütergemeinschaft vereinbaren oder vorher vereinbart haben (§§ 1408, 1415). Die allgemeinste Möglichkeit, eine Gesamthandsgemeinschaft zu bilden, ist es, einen Vertrag zu einem gemeinsamen Zweck zu schließen (§ 705) und dadurch eine Gesellschaft zu gründen. Von da an kann für die Gesellschaft, die spätestens durch den für sie getätigten Erwerb Gesamthand wird, erworben werden. Soll etwa gemeinsamer Zweck das Halten eines Grundstücks sein, so kann die Gesellschaftsgründung mit dem anstehenden Grundstückserwerb einhergehen. Zu unterscheiden von dieser Gesellschaft ist die auf den Zweck des Erwerbens eines Grundstücks beschränkte BGB-Gesellschaft; diese löst sich mit dem Erwerb auf, weil sie damit ihren Zweck erreicht (§ 726). Der Erwerb erfolgt hier zu Miteigentum.

303 Die Kann-Formulierung des § 124 I HGB drückt die Fähigkeit zum Rechtserwerb aus, nicht etwa nur, daß es lediglich möglich ist, statt unter dem Namen der Gesellschafter auch unter dem der Gesellschaft zu erwerben. Die Gesellschaft erwirbt nur, wenn sie unter ihrer Firma im Grundbuch eingetragen wird. Zu § 47 GBO einerseits, der Eintragung von OHG, KG un-

samthandsgemeinschaften gilt demgegenüber § 47 GBO, nach dem die Gesamthänder unter der Bezeichnung des Gesamthandsverhältnisses einzutragen sind[304]. § 47 GBO ist allerdings, wie hervorgehoben, bloße Sollvorschrift für den Grundbuchbeamten. Weicht dieser ab, steht dies der Wirksamkeit des Erwerbs nicht im Wege[305]. Nicht entbehrlich ist freilich, daß der Gesamthandserwerb auf irgendeine Weise vermerkt wird, wenn statt der eingetragenen Personen in Bruchteilsgemeinschaft die Gesamthand kraft Rechtsgeschäfts erwerben soll[306]. Dies folgt aus § 873 unter Berücksichtigung der Rechtssubjektsnatur der Gesamthand oder – so die ältere Auffassung – aus der besonderen Art der Zuständigkeit des Gesamthandsvermögens zu den Gesamthändern.

Ungeachtet der Vertretungsregeln kann ein rechtsgeschäftlicher Erwerb kraft Gesetzes **176** in das Gesamthandsvermögen fallen. Kraft Gesetzes zu Gesamthandsvermögen der Ehegatten wird bei der Gütergemeinschaft auch der nachträgliche rechtsgeschäftliche Erwerb, selbst wenn ihn einer der beiden Ehegatten allein in eigenem Namen tätigt (§ 1416 I 2), vorausgesetzt, die Gütergemeinschaft besteht und der Erwerb bezieht sich nicht auf das Vorbehaltsgut eines Ehegatten (§ 1418 II Nr. 3). Ein Erwerb – dieser kann auch in der Forderung aus einem schuldrechtlichen Vertrag bestehen – wird für das Vorbehaltsgut eines Ehegatten getätigt, wenn dieser Ehegatte entweder Mittel des Vorbehaltsguts zu dem Erwerb verwendet oder der Erwerb in funktionellem Bezug zum Vorbehaltsgut steht und zusätzlich der Ehegatte den Willen hat, für das Vorbehaltsgut zu erwerben[307]. Da der rein innerlich bleibende Wille für die Rechtsordnung irrelevant ist und in der Verwendung von Mitteln des Vorbehaltsguts oder einem eindeutigen funktionellen Bezug auf das Vorbehaltsgut der auf Erwerb für das Vorbehaltsgut gerichtete Wille zum Ausdruck kommt, bedarf es, wenn diese objektiven Umstände gegeben sind, der gegenteiligen Willensäußerung, wenn der Erwerb nicht für das Vorbehaltsgut gelten soll[308].

An diese Regelung der gesetzlichen Zuordnung rechtsgeschäftlichen Erwerbs in das **177** Vorbehaltsgut sind die weiteren Regeln betreffs Gesamthandsgemeinschaften in § 1473 I und § 2041 angeschlossen[309]. Die erstere betrifft das Gesamtgut bei der Gütergemeinschaft nach deren Beendigung bis zur Auseinandersetzung, die letztere den Nachlaß bei

ter ihrer Firma andererseits *Jaschke*, Gesamthand und Grundbuchrecht, 1991. Zur Anwendung des § 47 GBO auf den nicht rechtsfähigen Verein *Flume*, ZHR 148 (1984), 503, 509 f., *K. Schmidt*, NJW 1984, 2249 ff., *Konzen*, JuS 1989, 20 ff.

304 Üblich: A und B in Gütergemeinschaft, in Gesellschaft bürgerlichen Rechts etc.

305 Trägt der Beamte die BGB-Gesellschaft ein, so erwirbt diese, das Grundbuch ist nur unrichtig, weil es die Namen der Gesellschafter nicht enthält.

306 Zu den Fällen, in denen hinsichtlich der Rechtszuständigkeit der Inhalt der Auflassung und die Grundstückseintragung auseinanderfallen, s. u. Rz. 180 ff.

307 S. Motive zu der § 1418 II Nr. 3 entsprechenden Vorschrift des E I, *Mugdan* IV, S. 98; RGZ 92, 139, 141 f.

308 Ist in dem Erwerbsgeschäft gegenüber dem Partner (oder gegenüber einem beurkundenden Notar) der Wille, für das Vorbehaltsgut zu erwerben, nicht zum Ausdruck gekommen, ändert das nichts an dem Kriterium des Textes. Die Zuweisung an Vorbehalts- oder Gesamtgut ist nicht Gegenstand der mit dem Partner zu verhandelnden Interessen. Zutreffend RGZ a.a.O., s. Vornote. Bei Gelegenheit des Rechtsgeschäftsabschlusses kann freilich der Wille, für das Vorbehaltsgut zu erwerben oder gerade nicht, zur Äußerung kommen. Der letztere Wille wird geäußert, wenn der Ehegatte das aus Mitteln des Vorbehaltsguts erworbene Grundstück auf den Namen beider Eheleute eintragen läßt. – Der geäußerte Wille ist nicht allein maßgeblich. Der gekennzeichnete objektive Bezug muß hinzukommen. Der Ehegatte soll nicht einseitig Vorbehaltsgut schaffen können (Mot., *Mugdan*, a.a.O.).

309 Prot., *Mugdan* V, S. 503 verweisen auf die § 1473 I entsprechende Entwurfsvorschrift. Zu dieser wird in Protokolle IV, S. 825 auf die Auffassung der 1. Kommission verwiesen. Diese ist zu der § 1418 II Nr. 3 entsprechenden Vorschrift ausgeführt (s. Vornoten). – Zum Erwerb eines mit Mitteln des Nachlasses erworbenen Grundstücks in die Erbengemeinschaft, auch wenn die Auflassung auf Bruchteilsgemeinschaft lautet, OLG Köln, RPfleger 1987, 409.

der Erbengemeinschaft. Wie die Regelung hinsichtlich des Vorbehaltsguts verleiben auch diese Vorschriften dem von ihnen behandelten Sondervermögen solche Gegenstände ein, die durch ein Rechtsgeschäft erworben werden, welches sich auf das betreffende Sondervermögen bezieht.

Etwas anders ist die entsprechende Vorschrift für die Gesamthandspersonengesellschaft des BGB formuliert: Nach § 718 I werden „die Beiträge der Gesellschafter und die durch die Geschäftsführung für die Gesellschaft erworbenen Gegenstände gemeinschaftliches Vermögen der Gesellschafter".

Die Formulierungen hinsichtlich des Bezuges des Erwerbs zum Gesamthandsvermögen sind dennoch in dem Bewußtsein zustande gekommen, daß die Frage der Kriterien der Zuordnung eines rechtsgeschäftlichen Erwerbs zum Sondervermögen „von allgemeiner Bedeutung für alle Fälle der Gemeinschaft zur gesamten Hand (sei) und ... nur unter gleichzeitiger Berücksichtigung auch der übrigen einschlägigen Stellen entschieden werden (könne)"[310].

178 Im Gegensatz dazu werden die Vorschriften heutzutage ganz gegensätzlich ausgelegt: Für die Erbengemeinschaft, d.h. die Anwendung der sie betreffenden Vorschrift des § 2041, hat der BGH[311] vertreten, die Forderung aus einem auf einen Nachlaßgegenstand bezogenen Geschäft (im Fall: der Verpachtung eines Nachlaßgrundstücks) gehöre auch dann zum Nachlaß, wenn ein Miterbe das Geschäft im eigenen Namen und mit dem Willen abgeschlossen habe, die Forderung für sich einzuziehen. Für die BGB-Gesellschaft, d.h. die Anwendung des § 718, wird dagegen herrschend vertreten, daß der Erwerb in das Vermögen einer bestimmten Gesellschaft voraussetzt, daß im Namen dieser Gesellschaft oder im Namen der Gesellschafter als diese Gesellschaft und überdies mit entsprechender Vertretungsmacht gehandelt wird[312].

179 Die Unterscheidung ist gerechtfertigt: Grundsätzlich gelten bei der Stellvertretung das Offenheitsprinzip und zudem im Grundstücksverkehr die Notwendigkeit der Eintragung des neuen Berechtigten im Grundbuch. Davon darf es nur besonders gerechtfertigte Ausnahmen geben. Dafür ist zwischen den Typen gemeinsam organisierter und nicht organisierter Vermögensverwaltung zu unterscheiden. Bei der BGB-Gesellschaft ist die Vermögensverwaltung durch Geschäftsführungs- und Vertretungsregelung aufgrund des gemeinsamen Vertrags zu organisieren. Die Gesellschafter sind nicht schutzbedürftiger als jeder einzelne, der Vertreter für sich einsetzt oder in dessen Vermögen zum Zwecke von Geschäften eingegriffen wird. Hier gelten das Offenheits- und das Eintragungsprinzip[313]. Anders ist es bei der durch Zufall eintretenden Erbengemeinschaft. Hier bedarf es

[310] So zur Regelung des Gesamtguts nach Beendigung der Gütergemeinschaft die Prot., *Mugdan* IV, S. 825 f.

[311] NJW 1968, 1824.

[312] MünchKomm/*Ulmer* § 718 Rz. 14. Die von *Ulmer* erwähnte Ausnahme des Geschäfts für den, den es angeht, ist nicht anzuerkennen, s. *Flume* II § 44 II 2, S. 771. Die Unabhängigkeit des Erwerbs nach § 718 von den Vertretungsregeln hat erstmals abgelehnt das RG in der einen Grundstückserwerb betreffenden Entscheidung RGZ 54, 103 ff. Das RG hat sich auf § 713 und die dortige Verweisung auf die Auftragsregelung gestützt: Nach § 667 sei der Erwerb aus Geschäftsführung herauszugeben, ein von den beiden Gesellschaftern unter Eintragung der Gesellschafter als Miteigentümer erworbenes Grundstück falle danach nicht in das Eigentum der Gesellschaft, die Gesellschafter seien nur möglicherweise nach §§ 713, 667 verpflichtet, das Eigentum in das Gesamthandsvermögen zu übertragen. § 713 ist aber keine Grundlage für die Meinung des RG. Er sagt nichts darüber, welcher Gegenstand für die Herausgabe noch einer Übertragung bedarf.

[313] Zu fragen ist nach der für § 718 übrig bleibenden Bedeutung. Zunächst begründet die Vorschrift mit § 719 zusammen die Gesamthandszuständigkeit des Gesellschaftsvermögens. Weiter begründet § 718 für die von ihm genannten Fälle eine Vermutung für den Gesamthandserwerb im Verhältnis zu den Gesamthändern (was insbesondere für die zuerst genannten Bei-

der objektiven Vermögenserhaltung ungeachtet eines rechtsgeschäftlichen Erwerbs in (offener) Vertretung der Gemeinschaft.

Es führt danach nicht schon § 718 zum Erwerb der BGB-Gesellschaft dann, wenn ein Erwerb von Grundstücken zwar für die Gesellschaft geplant, aber in der Auflassung oder bei der Eintragung nicht als Erwerb der Personen der Gesellschafter in dieser Eigenschaft vermerkt worden ist. **180**
Fraglich ist, ob die Gesellschafter in diesem Fall wenigstens Miteigentum erwerben oder ob der Erwerb gänzlich scheitert. Im Fall, daß wenigstens die Auflassung noch zugunsten der Gesamthand erfolgt ist, scheint die Eintragung, in der die Berechtigung als Gesamthand nicht vermerkt ist, der Auflassung zu widersprechen und also unwirksam zu sein. Das ist indessen häufig nicht sachgerecht. Zu berücksichtigen ist, daß die Rechte der Gesamthand, wie oben[314] entwickelt, ungeachtet der Rechtssubjektsqualität der Gesamthand doch immerhin den Gesamthändern zuzurechnen sind. In der Alternative dieser Zurechenbarkeit gegenüber dem Miteigentum werden die Erwerber häufig mindestens das Miteigentum erwerben wollen. Auch der Veräußerer wird häufig nur an den Erwerb dieser Personen, ungeachtet von deren Verbindung untereinander, denken. Ihr Erwerb gerade als Gesamthand ist häufig für ihn ohne Interesse. Beides liegt in unserem Fall auch deshalb nahe, weil der Erwerb, wenn er auch nicht durch Vertretung der Gesamthand direkt für diese wirksam wird, doch immerhin in Geschäftsführung für die Gesamthand erfolgt und so ein Anspruch der Gesamthand auf Übertragung des Miteigentums an die Gesamthand besteht, namentlich der Anspruch aus §§ 713, 667. Gewährt der Anspruch auch nur eine schuldrechtliche, d.h. eine vor Verfügungen und Insolvenz der Miteigentümer nicht schützende Position, so ist diese Rechtslage in der Regel doch zumindest dem Eigentum des Veräußerers unter Bestehen ebenso nur eines schuldrechtlichen Anspruchs, hier gegen den Veräußerer, vorzuziehen. Vor allem gilt dies alles bei der Gesamthandspersonengesellschaft des BGB, in der die Gesellschafter, wenn nicht besondere Umstände dazwischentreten, in gegenseitigem Vertrauen zusammenarbeiten.

Zu helfen ist mit einer entsprechenden Anwendung des § 140. Unter den dort gegebenen Voraussetzungen für eine Aufrechterhaltung eines Rechtsgeschäfts ist die Übereignung an die (durch Zurechnung der Gesamthandsrechte an die Mitglieder gekennzeichnete) Gesamthand als Übereignung an die Mitglieder zu Miteigentum aufrechtzuerhalten. Dies bedeutet bei Auflassung an die Gesamthand, Eintragung aber nur der Mitberechtigung der Gesamthänder ohne Hervorhebung der Gesamthandszuständigkeit, daß dennoch Auflassung und Eintragung sich im Sinne des Miteigentumserwerbs der Eingetragenen decken. Lautet schon die Auflassung auf Miteigentum und deckt sie sich damit nicht mit dem Geschäftswillen einer Partei[315], für die Gesamthand zu erwerben, so ist die Anfechtung der Auflassung[316], soweit die Wirkung der entsprechenden Anwendung des § 140 reicht, ausgeschlossen.

Ist die Auflassung (irrtumsfrei) auf den Erwerb zu Miteigentum gerichtet, werden die Erwerber aber als Beteiligte einer Gesamthand eingetragen[317], so kommt, da die Eintragung der Mitberech-

tragsleistungen relevant ist) und im Verhältnis zu Dritten, die die Geschäftsführungsqualität des Geschäfts kennen. – Aufgrund der Geltung des Offenheitsgrundsatzes schrumpft auch die Bedeutung des Schuldnerschutzes nach § 720, den der Gesetzgeber im Hinblick darauf eingerichtet hat, daß der Schuldner nach § 420 grundsätzlich von Teilforderungen statt von Gesamthandsforderungen ausgehen könne (Prot., *Mugdan* II, S. 434). Werden Forderungen der Gesamthand durch Rechtsgeschäft mit dem Schuldner nach dem Offenheitsprinzip begründet, kann der Schuldner sich nicht auf Unkenntnis berufen. Und anders sind rechtsgeschäftliche Forderungen der Gesamthand nicht zu begründen. Unkenntnis vom Erwerb der Gesamthand i. S. von § 720 kann nur noch bei gesetzlichen Forderungen und bei durch Zession seitens der Gesamthand erworbenen Forderungen gegeben sein.

314 Rz. 160.

315 Bei Übereinstimmung des Willens beider Parteien entgegen dem Wortlaut der Auslegung stellt sich das Problem der Anwendung des Satzes „falsa demonstratio non nocet“ auf formbedürftige Geschäfte; s. zur Anwendung auf die Auflassung u. Rz. 736.

316 § 164 II ist im Hinblick auf die Gemeinsamkeit des Erwerbs nicht anzuwenden.

317 Beispiele: Eintragung von Ehegatten als Gesellschafter einer BGB-Gesellschaft, obwohl die Annahme eines Gesellschaftsvertrags dem Willen der Ehegatten nicht entspricht (s. Staudinger/*Huber*, 12. Bearb., § 741 Rz. 136), Eintragung der Ehegatten als Gütergemeinschaft, obwohl zwischen ihnen keine solche besteht (s. MünchKomm/*K. Schmidt* § 1008 Rz. 12 m. N.)

tigung gegeben und § 47 GBO betreffend die besondere Eintragungsgestaltung nur Ordnungsvorschrift ist, grundsätzlich[318] Miteigentum zustande[319].

181 Soll aus Miteigentum Gesamthandseigentum gemacht werden oder umgekehrt, muß grundsätzlich – ebenso wie in dem oben[320] behandelten Fall der Übertragung zwischen personengleichen Gesamthandsgemeinschaften – auch dann, wenn auf beiden Seiten dieselben Personen stehen, die Eigentumsübertragung nach den dafür geltenden Vorschriften vollzogen werden. Es kann sich aber nach den genannten Vorschriften über die gesetzliche Ergänzung der Gesamthandsvermögen ein Miteigentumserwerb in Gesamthandserwerb verwandeln[321].

182 Nach einer Entscheidung des BFH[322] kann sich sodann umgekehrt die gesamthänderische Berechtigung der Erbengemeinschaft an allen Nachlaßgegenständen – also auch das Eigentum an einem Nachlaßgrundstück – dadurch aus Gesamthands- in Bruchteilsberechtigung, insbesondere Miteigentum verwandeln, daß alle Erbteile zu gleichen Bruchteilen auf mehrere Erwerber übertragen werden. Dem ist zu widersprechen. Durch Rechtsnachfolge in die Erbteile können die Erwerber nur Beteiligte der Erbengemeinschaft werden. Einzig der Fall, daß alle Erbteile auf einen einzigen Erwerber übertragen werden, ist ein Fall der Umwandlung von Gesamthandsvermögen in individuelles Eigentum. Der Fall ist für die Entscheidung des BFH nicht berufbar. Bleibt von der Gesamthand nur eine Person übrig, ist die Verwandlung in individuelles Eigentum zwingend[323]. Folgen dagegen mehrere Erwerber in die Gesamthandsanteile nach, bleibt es ebenso zwingend bei der Gesamthandsgemeinschaft[324].

b) Beispielsfall zur Frage der Entstehung von Bruchteils- oder Gesamthandsberechtigung[325]

183 A, B und C sind Gesellschafter einer OHG und kaufen unter Bezahlung mit Geld der OHG ein Grundstück als Betriebsgrundstück der OHG. Infolge eines Fehlers des Notars werden in Kaufvertrag und Auflassung A, B und C als Erwerber aufgeführt und diese drei werden ebenso im Grundbuch als Miteigentümer zu je 1/3 eingetragen. Der Fehler im Vertragstext ist A, B und C bei den übereilten Vertragsverhandlungen nicht aufgefallen. Die OHG verlangt von C, der als einziger die Umschreibung auf die OHG verweigert, Zustimmung zur Grundbuchberichtigung im Sinne des Eigentums der OHG, hilfsweise Übertragung des Miteigentums.

Zunächst kommt in Betracht ein Anspruch der OHG nach § 894 auf Erteilung der Zustimmung zur Berichtigung des Grundbuchs dahingehend, daß die OHG als Eigentümerin eingetragen wird. Voraussetzung ist, daß das Grundbuch in Ansehung der Eigentümerstellung unrichtig und die OHG als wahre Eigentümerin davon betroffen ist.

318 Die Eintragung ist als Eintragung einer Gesamthand richtig, wenn Miteigentum kraft Gesetzes Gesamthandseigentum wird, so nach § 1416 I 2 bei der Gütergemeinschaft, BGHZ 82, 346.

319 Staudinger/*Huber*, 12. Bearb., § 741 Rz. 136; *K. Schmidt*, AcP 182 (1982), 481, 501 f.

320 Rz. 157 Fall (2).

321 S. o. Rz. 176.

322 NJW 1975, 2119.

323 S. Rz.155 Fn. 263.

324 So auch MünchKomm/*K. Schmidt* in der 1. Aufl., § 1008 Rz. 8, anders – dem BFH zustimmend – 2. Aufl. § 1008 Rz. 11. Entgegen dem Standpunkt von *Schmidt* in der 1. Aufl. entsteht im Fall des BFH keine Bruchteilsgemeinschaft an den Erbteilen, vielmehr wird die Annahme von Bruchteilsberechtigungen sinnlos; es summieren sich einfach die übertragenen Anteile dazu, daß die Erwerber unter gleichbleibender oder veränderter Quotenverteilung Gesamthänder der Nachlaßgemeinschaft sind. Das – und nicht das Ergebnis der Umwandlung in Miteigentum – ist der Vereinigungseffekt, der im Fall des BFH eintreten kann. Auch die Veräußerung der Erbteile an eine Gesamthand ist entgegen dem BFH kein Berufungsgrund für die Lösung in Gestalt des Miteigentums in seinem Fall. Die Gesamthand ist Rechtssubjekt, bei ihr geht es also um den Übergang auf ein allein übrig bleibendes Rechtssubjekt.

325 Fall einer Klausur in der ersten Juristischen Staatsprüfung in Bayern 1985/II.

Es müßte also die OHG Eigentum erworben haben. Zunächst kommt ein Erwerb durch Rechtsgeschäft gem. §§ 873 I, 925 I in Betracht. In der Auflassung sind zwar A, B und C als Erwerber genannt. Hier sollte aber nach übereinstimmendem Willen der Beteiligten die OHG erwerben, weshalb nach dem Grundsatz „falsa demonstratio non nocet"[326] die Auflassung dahingehend auszulegen ist, daß Erwerberin die OHG sein sollte und durch A, B und C als Gesellschafter vertreten wurde. Da die OHG aber nicht als Erwerberin eingetragen wurde (erforderlich nach §§ 873 I BGB, 124 I HGB), hat die OHG auf rechtsgeschäftlichem Wege nicht Eigentum erworben.

Zu fragen ist, ob die OHG kraft Gesetzes nach §§ 105 III HGB i.V.m. § 718 BGB durch Geschäftsführungshandeln der Gesellschafter Eigentümerin geworden ist. Die Gesamthandsgemeinschaft der Gesellschaft kennt jedoch anders als die Gütergemeinschaft (§ 1473 I) und die Erbengemeinschaft (§ 2041 S. 1) keinen Erwerb kraft objektiven Bezugs auf das Sondervermögen. Die Gesellschaft ist in höherem Maß Handlungsgemeinschaft als die mehr vermögensbezogenen Gesamthandsgemeinschaften der Güter- und der Erbengemeinschaft. Für die Handlungsgemeinschaft ist ausschließlich ihre Handlungs-, nach außen: ihre Vertretungsorganisation maßgeblich.

Somit steht fest, daß die OHG das Eigentum am Grundstück nicht erworben hat. Ein Anspruch aus § 894 steht ihr nicht zu.

Weiter kommt ein Anspruch der OHG nach §§ 667, 713 BGB, 105 III HGB auf Herausgabe des Erlangten, d.h. auf Übertragung des von C erlangten Miteigentums in Betracht. C könnte nämlich Miteigentum am Grundstück erlangt haben. C ist als Miteigentümer im Grundbuch eingetragen. Weiter müßte das Miteigentum an ihn aufgelassen worden sein. Nach der festgestellten Auslegung sollte das Grundstück an die OHG aufgelassen werden. Der Eigentumserwerb der OHG stellte sich aber mangels Eintragung nicht ein. Bliebe es bei diesem Rechtszustand, hätten auch die eingetragenen A, B und C nicht Eigentum erworben, sondern das Eigentum wäre beim Veräußerer geblieben. Da diese Folge nicht sachgerecht ist, weil sie insbesondere dem Interesse der OHG zuwiderläuft, ist die Auflassung in entsprechender Anwendung des § 140 in eine Auflassung zu Miteigentum der A, B und C umzudeuten. Mithin ist an C zu Miteigentum aufgelassen worden, so daß er Miteigentum am Grundstück erlangt hat. Dies geschah nach dem Sachverhalt auch in Geschäftsführung für die Gesellschaft, wie §§ 713 BGB, 105 III HGB voraussetzen. C ist somit nach §§ 667, 713 BGB, 105 III HGB zur Übereignung an die OHG verpflichtet.

5. Teil- und Mitbesitz; Gesamthandsbesitz

Der Unterscheidung zwischen Teilrecht und in Bruchteilsgemeinschaft zustehendem Recht entspricht auf der Ebene des Besitzes – d.h. der tatsächlichen Herrschaft über eine Sache – die Unterscheidung zwischen Teil- und Mitbesitz. Teilbesitz ist Besitz an einem räumlich abgegrenzten Teil einer Sache (§ 865), Mitbesitz ist gemeinschaftlicher Besitz mehrerer (§ 866). Soweit Mitbesitz nicht auf der Grundlage eines gemeinschaftlichen Rechts zum Besitz beruht, sind auf ihn selbst die Regeln über die Rechtsgemeinschaft anzuwenden. D.h. aber nicht, daß der Besitz, und zwar für sich, Gegenstand einer Bruchteilsgemeinschaft nach §§ 741 ff. sein kann[327]. Besitz ist tatsächliche Sachherrschaft. Es geht vielmehr um die Regelung von Rechtsstellungen, die ihrer Zuständigkeit nach selbständig, ihrem Gegenstand nach aber auf gemeinsamen Besitz gerichtet sind[328]. Da bei ihnen in manchen Beziehungen – insbesondere betreffs der Kostentragung – Regelungsprobleme bestehen, denen die in einigen Vorschriften der §§ 741 ff. geregelten entsprechen, können diese Vorschriften entsprechend angewandt werden. **184**

[326] Zum Grundsatz betreffend falsa demonstratio beim formbedürftigen Rechtsgeschäft vgl. Palandt/*Heinrichs* § 133 Rz. 19 und u. Rz. 734 Fn. 477, 736.

[327] So Staudinger/*Huber*, 12. Bearb., § 741 Rz. 70.

[328] S. die Beispiele bei *Huber*, a.a.O.: Privilegierung mehrerer im Besitz nach § 993 I für die Dauer des guten Glaubens an ein in Wirklichkeit (etwa wegen Nichtigkeit von Kauf und Übereignung eines Grundstücks zu Miteigentum) nicht bestehendes Besitzrecht. Berechtigung mehrerer Mieter aufgrund ihrer Mietverträge zur Benutzung eines Lastenaufzugs. Für das Recht der Nachbarn zur Benutzung von Grenzeinrichtungen nach §§ 921, 922 erklärt das Gesetz selbst (§ 922 S. 4) die Regeln über die Gemeinschaft für entsprechend anwendbar.

185 Regeln die Gemeinschafter – sei es die einer Rechtsgemeinschaft, sei es die einer Besitzgemeinschaft aufgrund selbständiger Rechte – die Ausübung des gemeinsamen Besitzes nach § 745 I 1 derart, daß ein Gemeinschafter in Alleinbesitz der Sache sein oder mehrere sich den Besitz in Teilbesitz teilen sollen, so entsteht bei Durchführung dieser schuldrechtlichen Regelung ein Besitzmittlungsverhältnis gemäß § 868: Die Gemeinschafter zusammen sind mittelbare Mitbesitzer, der Allein- oder die Teilbesitzer sind unmittelbare Besitzer. Das gleiche gilt bei Besitz aufgrund gemeinsamen Rechts, wenn ein Mitbesitzer nicht nur vorübergehend am Besitz verhindert ist, für das Verhältnis der übrigen als Mitbesitzer gegenüber allen Gemeinschaftern – einschließlich des Verhinderten – als mittelbaren Mitbesitzern.

186 Der Mitbesitz ist – abgesehen von der Beschränkung des Besitzschutzes im Verhältnis der Mitbesitzer untereinander nach § 866 – dem Besitz gleichgestellt, also tatsächliche – eben nur mit anderen gemeinsame – Sachherrschaft des einzelnen Mitbesitzers. Gibt einer der Mitbesitzer seine Position ab, d.h. räumt er einem anderen den Mitbesitz ein, so greift damit weder er noch der Mitbesitzerwerber in den Mitbesitz der übrigen Mitbesitzer ein. Deshalb ist die – nach § 747 S. 1 mögliche – Bruchteilsübertragung beim Miteigentum an beweglichen Sachen gemäß § 929 S. 1 durch Einigung und Übertragung des Besitzes möglich, ohne daß es dazu der Zustimmung der übrigen Miteigentümer bedürfte.

187 Wie bei der Bestimmung des Wesens der Gesamthand im Verhältnis zur Bruchteilsgemeinschaft allgemein bestehen Schwierigkeiten insbesondere im Hinblick darauf, wie im Verhältnis zum Mitbesitz nach § 866 der Besitz bei der Gesamthandsgemeinschaft zu bestimmen ist. Nach der traditionellen Lehre haben etwa die Gesellschafter der BGB-Gesellschaft Mitbesitz; streitig ist, ob bei Beschränkung der Geschäftsführungsbefugnis auf einen Teil der Gesellschafter unmittelbarer Besitz der geschäftsführenden und mittelbarer Besitz aller Gesellschafter[329] oder ob unmittelbarer Besitz aller Gesellschafter mit gesamthänderischer Bindung der Besitzausübung anzunehmen ist[330]. Betreffend OHG und KG wird in der traditionellen Lehre darum gestritten, ob aus § 124 I (§ 161 II) HGB die Gleichstellung der Gesellschaft mit einer juristischen Person folgt oder wie bei der BGB-Gesellschaft jeder Gesellschafter Besitzer ist[331].

188 Nach zwei Entscheidungen des BGH aus dem Jahr 1983[332] ist zwischen Personenhandels- und BGB-Gesellschaften zu unterscheiden. Bei ersteren habe die Gesellschaft Besitz durch die geschäftsführenden Gesellschafter als Organe, bei der letzteren bestehe (in den Fällen des BGH, in denen gemeinschaftliche Geschäftsführung galt) unmittelbarer Mitbesitz der Gesellschafter.

189 Demgegenüber hat gerade hinsichtlich des Besitzes die Lehre von der Gesamthand als Gruppe, die die Gesamthand allgemein als Rechtssubjekt einordnet, ein besonders überzeugendes Anwendungsfeld. Wie *Flume* im einzelnen dargetan hat[333], sind die Besitzverhältnisse jeder Gesamthand für die verschiedenen Rechtsbeziehungen, in denen sie relevant werden, nur dann sinnvoll zu ordnen, wenn man wie den Besitz der juristischen Person auch den Besitz der Gesamthand als Rechtssubjekt anerkennt. D.h. der Besitz, den die geschäftsführungsbefugten Gesamthänder im Rahmen ihres Geschäftsführungsbereichs ausüben[334], ist ebenso Besitz der Gesamthand, wie der von den Handlungsorga-

[329] So *Ballerstedt*, JuS 1965, 276, Palandt/*Bassenge* § 854 Rz. 14.

[330] *Steindorff*, FS Kronstein (1967), 151, 166 ff.; *ders.*, JZ 1968, 70 und JZ 1970, 106.

[331] S. Meinungsstand bei Palandt/*Bassenge* § 854 Rz. 15.

[332] NJW 1983, 1114, 1115 f. = BGHZ 86, 300 ff.; BGH NJW 1983, 1123, 1124 = BGHZ 86, 340 ff.

[333] FS Hengeler (1972), 76 ff.; *ders.* I/1, § 6 III, S. 81 ff. Im Ergebnis ebenso *Kuchinke*, FS Paulick (1973), 45, 54.

[334] Funktionsgemäße vorübergehende Verbringung in den eigenen Bereich (etwa von Akten) hebt den Gesamthandsbesitz nicht auf. Dauerhafte Verbringung mit Geschäftsführungswillen begründet unmittelbaren Besitz des Geschäftsführers mit mittelbarem Besitz der Gesamthand.

nen der juristischen Person im Rahmen ihres Organbereichs ausgeübte Besitz solcher der juristischen Person ist.

Wären die Gesamthänder Mitbesitzer, so folgte daraus die Möglichkeit, daß der einzelne Gesamthänder seinen Mitbesitz selbständig durchsetzt oder aufgibt, d.h. etwa bei Besitzentziehung durch einen Dritten den Anspruch auf Wiedereinräumung des Mitbesitzes nach § 861 hat oder den Dritten sogar im Besitz der Sache belassen kann[335]. Einen gesamthänderischen Besitz oder eine gesellschaftliche Zuständigkeit für den Besitz der Gesellschafter[336] kann es für den Besitz als tatsächliche Sachherrschaft nicht geben. Ebensowenig kann der Besitz zum Gesamthandsvermögen gehören[337]. Aufgrund der Annahme von Mitbesitz der Gesamthänder könnte andererseits bei unrechtmäßigem Besitz der Gesamthand der Eigentümer von jedem Besitzer-Gesellschafter einzeln den Mitbesitz herausverlangen. **190**

Demgegenüber ist der Besitz bei der Gesamthand ein gemeinschaftlicher im Rahmen der Gesamthand als Wirkungseinheit. Dies führt zu der Annahme des Besitzes der Gesamthand. Eine selbständige Zuständigkeit der einzelnen Gesamthänder zum Besitz kann es danach nicht geben. Ebenso können nur die Gesamthand (so bei der Personenhandelsgesellschaft) oder – mit Rücksicht auf die Vorschriften des Vollstreckungsrechts (§§ 736, 740 ff., 747 ZPO) – je nach Geltung dieser Vorschriften alle Gesamthänder zusammen oder ein für die Gesamthand Handlungsbefugter für die Gesamthand kraft Besitzes auf Herausgabe des Besitzes verklagt und verurteilt werden[338]. **191**

Ist somit der Besitz der Gesamthand als eines Rechtssubjekts anzuerkennen, so ist die in der früheren Literatur[339] zu findende Zusammenfassung des Besitzes bei der Gesamthandsgemeinschaft mit der – für § 1206 1. Alt. relevanten – besonderen Art von Mitbesitz, die darin besteht, daß die Mitbesitzer tatsächlich nur gemeinsam Zugang zur Sache haben (Beispiel: Doppelvorhängeschloß), unrichtig. Sie vereinigt Erscheinungen, die in Wirklichkeit gänzlich ohne Zusammenhang sind. **192**

In den genannten Entscheidungen zum Besitz der Gesellschafter bei der BGB-Gesellschaft meinte der BGH, auf die Annahme eines Mitbesitzes der Gesellschafter für die Bejahung des Erwerbs eines Pfandrechts nach § 1206 angewiesen zu sein. Dem ist nicht so, und so widerspricht die Einordnung des Besitzes bei der Gesamthand als Besitz der Gesamthand als eines Rechtssubjekts dem Ergebnis der Entscheidungen nicht. **193**

Es ging in den Fällen der Entscheidungen um eine Bau-Arbeitsgemeinschaft und die Überlassung von Baugeräten durch die Gesellschafter an die Gesellschaft unter gleichzeitiger Verpfändung der Geräte an die Mitgesellschafter zur Sicherung von deren etwaigen Forderungen gegen die überlassenden Gesellschafter. Der BGH meinte, der das Pfand-

Verbringung zu eigenen Zwecken, d.h. ohne Geschäftsführungswillen, ist Verletzung des Besitzes der Gesamthand (verbotene Eigenmacht i.S. des § 858).

335 In diesem Fall kann, da der Dritte auf Rechtmäßigkeit seines Mitbesitzes pochen kann, auch nicht § 869 I 2 analog gelten.

336 So *Steindorff*, JZ 1968, 69; 1970, 105.

337 So aber Palandt/*Bassenge* § 854 Rz. 14 f. Der Besitz hat aber keine Vermögenszuordnungsqualität.

338 D.h. im Rahmen der Ansprüche aus § 861 und § 985; s. MünchKomm/*Medicus* § 985 Rz. 13. Etwas anderes gilt für eine vertragliche Herausgabeverpflichtung, etwa die aus § 546 a.F. (535 I n. F.), hier kommt zur Haftung der Gesamthand die persönliche Haftung der Gesamthänder hinzu, s. BGH ZIP 1987, 826, dazu (allerdings ohne Verständnis für die Unterscheidung) *Kroj*, JA 1988, 284 m.w.N.

339 S. etwa *Wolff/Raiser* § 9 II, S. 36.

recht geltendmachende Mitgesellschafter[340] hätte das Pfandrecht durch Einräumung des Besitzes an die Gesellschaft und d.h. eben des Mitbesitzes an die einzelnen Gesellschafter nach § 1206 1. Alt. erworben. Auffällig ist der Unterschied der beiden Entscheidungen in dem Punkte, daß nur in der ersten ein Mitverschluß i. S. des § 1206 aus den tatsächlichen Schwierigkeiten, die überlassene Sache aus dem gemeinsamen Betriebsort zu entfernen, gefolgert wurde[341]. Nach der zweiten Entscheidung[342] besteht der Mitverschluß ohne weiteres schon aufgrund der im Arbeitsgemeinschaftsvertrag geregelten rechtlichen Alleinzuständigkeit der gemeinsamen Aufsichtsstelle, über die Geräte zu verfügen. Dies letztere ist nur dann maßgeblich, wenn man statt eines tatsächlichen Mitverschlusses die rechtliche Zurechnung des Besitzes an die Gesamthand als Rechtssubjekt prüft[343]. Für die Verpfändung bedurfte es auch nicht der Annahme des unmittelbaren Mitbesitzes der Gesellschafter. Der an die Gesellschaft überlassende Gesellschafter war bei Annahme des (unmittelbaren) Besitzes der Gesellschaft mittelbarer Besitzer und konnte durch Einräumung des gemeinsamen mittelbaren Besitzes i. S. von § 1206 2. Alt. den anderen Gesellschaftern verpfänden[344].

C. Die allgemeine Güterzuordnung über das Sachenrecht hinaus, insbesondere der verfassungsrechtliche Schutz der privaten Güterzuordnung

I. Güterzuordnung als allgemeine Erscheinung und Entwicklung im Recht

1. Güterzuordnung als allgemeines rechtliches Phänomen

194 Neben den (bezüglich des Gegenstands absoluten) Rechten an Sachen stehen, wovon das Sachenrecht hinsichtlich der Möglichkeit von Rechten an anderen Rechten als Sachenrechten Notiz nimmt, die Rechte an anderen Gütern, etwa das Namensrecht am Namen (§ 12), das allgemeine Persönlichkeitsrecht an den Persönlichkeitsgütern allgemein, das Patentrecht an der Erfindung, das Urheberrecht am Werk. Die Begründung von Rechten, die die absolute Zuordnung anderer Güter vermitteln, gehört zur Spezialmaterie der jeweiligen Gegenstände (UrhG, PatentG etc.). Ebenso hat die Spezialmaterie zu klären,

[340] In den Fällen des BGH machte ein Gesellschafter das Pfandrecht geltend. Sind mehrere Gesellschafter zu sichern, handelt es sich um die Bestellung mehrerer gleichrangiger Pfandrechte (s. bereits o. Rz. 122 Fn. 205).

[341] BGHZ 86, 300, 308 f.

[342] BGHZ 86, 340, 344.

[343] *Festge/Seibert*, BB 1983, 1819, 1822 wenden sich gegen die Bewertung einer rechtlichen Bindung hinsichtlich der gemeinsamen Verfügung als Mitverschluß i.S. des § 1206 1. Alt. Das ist hinsichtlich des Besitzerwerbs nach § 1206 1. Alt. richtig. Unrichtig ist die allzu schematische Ablehnung eines Besitzes der Gesamthand (*Festge/Seibert*, a.a.O., S. 1821). Die Autoren sehen auch nicht die Möglichkeit der Anwendung des § 1206 2. Alt. (s. weiter im Text).

[344] Jedenfalls dann, wenn, wie dies in den Fällen des BGH gegeben war, die Gesellschaft durch gemeinschaftliche Entscheidungsstellen organisiert ist, steht der Besitz der Gesellschaft dem eines Dritten i.S. von § 1206 2. Alt. gleich und ist also der Herausgabeanspruch gegen die Gesellschaft dem gegen einen Dritten im Sinne der Vorschrift gleichzustellen. – Zu der in den Fällen des BGH bestehenden Komplizierung, daß der überlassende Gesellschafter kein Eigentum an den überlassenen Geräten hatte und so der gutgläubige Erwerb eines Pfandrechts vom Nichtberechtigten zu prüfen war, s. u. Rz. 1697. Zur Frage der Einigung über das Pfandrecht durch AGB auch für den gutgläubigen Erwerb u. Rz. 943 (die AGB sind zusätzlich als Vereinbarung i.S. des § 1206 2. Alt. auszulegen). Zur Frage der Gutgläubigkeit betreffend das Nichtbestehen von Sicherungseigentum an den Geräten u. Rz. 856.

ob die Rechte übertragbar und/oder durch Lizenz ausnutzbar sind. Ist die Übertragbarkeit zu bejahen, so ist die Art und Weise der Übertragung der Rechte, vorbehaltlich von Sonderbestimmungen, in § 413 i.V.m. §§ 398 ff. geregelt[345]. Das Sachenrecht greift demgegenüber für sich die spezielle Änderung der unmittelbaren Zuordnung durch Bestellung und Übertragung von Pfand- und Nießbrauchsrechten an – übertragbaren – Rechten (= Teilübertragung der Rechte) heraus.

2. Unvollständigkeit der Güterzuordnung

Die Regelung der Zuordnung – und zwar auch die sachenrechtliche – ist keineswegs abschließend vollständig. Es stellt sich immer wieder das Zuordnungsproblem. Dieses besteht in zweifacher Hinsicht: Immer fraglich ist die Reichweite der Zuordnung im Einzelfall. Nachbarrechtliche Streitigkeiten über die Ausübung des Eigentums an Grundstücken sind das sprechende sachenrechtliche Beispiel. Inwieweit man Lizenzen zur Ausübung der eigenen Persönlichkeitsrechte erteilen kann[346], ist als Beispiel aus der nicht sachenrechtlichen Zuordnung anzuführen. In den Fällen, in denen die Ausgestaltung einer Sache (etwa eines Bildes) das Urheberrecht oder den postmortalen Persönlichkeitsschutz eines anderen, der nicht der Eigentümer ist, verletzen könnte, haben wir einen quasi-nachbarrechtlichen Streit zwischen Sachen- und Nicht-Sachenrecht vor uns[347]. **195**

Aber auch die Frage nach dem Ob der individuellen Zuordnung eines Gutes kann sich stellen. Im Grenzbereich des Sachenrechts hatte sich die Frage gestellt, ob der menschliche Körper nach dem Tode des Menschen oder Körperteile nach ihrer Trennung sachenrechtlicher Zuordnung unterliegen[348]. **196**

Im außersachenrechtlichen Bereich spielt die Frage nach dem Ob der (unmittelbaren) Zuordnung eine viel größere Rolle als in dem insoweit doch immerhin weitgehend vollständigen Sachenrecht. Außerhalb des Sachenrechts tauchen immer neue Gegenstände möglicher Zuordnung auf (bzw. kommen als Gegenstände möglicher Zuordnung ins Bewußtsein), und so stellt sich auch die Frage, ob überhaupt ein diese Gegenstände einem einzelnen zuordnendes Recht anerkannt werden soll, immer wieder neu.

Zu verweisen ist – neben den schon vertrauten Entwicklungen des Rechts am eingerichteten und ausgeübten Gewerbebetrieb, des allgemeinen Persönlichkeitsrechts sowie des Rechts am

345 § 413 ist also zur Regelung der Übertragbarkeit (s. etwa §§ 29 S. 2 UrhG, 23 HGB, 27 I MarkenG, 15 PatG, 13 GebrMG sowie für die Übertragung der Mitgliedschaft in Personengesellschaften die gesellschaftsrechtlich alternativ geltenden Voraussetzungen der zulassenden Regelung im Gesellschaftsvertrag oder der Zustimmung aller übrigen Gesellschafter) nachrangig. Er enthält deshalb keinen Grundsatz der Übertragbarkeit, der an die Seite von § 137 zu stellen ist (so aber *F. Baur*, JA 1987, 161, 168). Um die Anwendung des § 399 im Rahmen des § 413 zurückzuweisen (so *Baur*, a.a.O., unter Hinweis auf BGHZ 40, 156, 160), bedarf es einer solchen Erwägung nicht. § 399 versteht sich aus dem Charakter der Forderung als iuris vinculum inter personas und gilt also nicht ohne weiteres für andere Rechte.

346 Dazu *Forkel*, GRUR 1988, 491 ff.

347 Zum Urheberrecht s. den Fall „Sirenen auf Eiland" RGZ 79, 397 und dazu *Picker*, Der negatorische Beseitigungsanspruch, 1972, S. 92 Fn. 202. In diesem Zusammenhang ist auch das Folgerecht des Urhebers, sog. droit de suite, zu erwähnen (s. derzeit § 26 UrhG, eine europarechtliche Richtlinie ist vorgeschlagen). Zum postmortalen Persönlichkeitsschutz eines Malers vor Fälschung von Bildern in seinem Stil und mit seiner Signatur auch gegen den Eigentümer der Fälschungen selbst s. den Nolde-Fall BGHZ 107, 384 ff. Der BGH hat eine praktische Konkordanz zwischen den konkurrierenden Rechtspositionen dadurch hergestellt, daß er den Beseitigungsanspruch, den die Nolde-Stiftung gegen den Eigentümer der Fälschungen geltendmachte, auf die Tilgung der Signatur beschränkt hat.

348 Oben Rz. 36.

räumlich-gegenständlichen Bereich der Ehe[349] als sonstiger Rechte i.S. von § 823 I – auf die neuere Entwicklung um die Problematik einer namensrechtlichen, durch die Registrierbarkeit aber darüber hinausgehenden Möglichkeit, Internet-domains zuzuordnen[350], und auf die Entwicklung der Rechtsprechung im Recht des unlauteren Wettbewerbs, die den Werbewert von Kennzeichen über den gesetzlichen Schutz bei Verwechslungsgefahr (nach § 16 UWG a.F. und dem früheren WZG) hinaus aufgrund der Generalklausel des § 1 UWG dem Inhaber zugeordnet hat[351] und die inzwischen vom Gesetzgeber im MarkenG positiviert worden ist[352].

Weiter ist die Frage eines bereicherungsrechtlichen Schutzes der Pharma-Unternehmen in den Fällen zu erwähnen, daß die Zulassungsbehörde im Verfahren über die Zulassung von Generica, d.h. identisch wirkenden Arzneimitteln, die nach Ablauf des Patentschutzes für die Erstmittel herausgebracht werden, Forschungsunterlagen der Unternehmen wiederverwendet[353]. Kleine Beispiele am Rande sind sodann der in der landgerichtlichen Praxis aufgetauchte Gedanke an ein absolutes Recht aufgrund der Bekanntgabe einer caritativen Altkleidersammlung, gerichtet gegen die gleichzeitige Durchführung von Konkurrenzsammlungen[354], und die Anerkennung eines nach § 1004 analog zu schützenden virtuellen Hausrechts des Anbieters eines Party-Chats durch das OLG Köln[355].

197 Die Beispiele zeigen einen offenen Prozeß der Gestaltwerdung absoluter Rechte aufgrund wissenschaftlicher Einsicht in Grundgedanken der Zuordnung, etwa den Gedanken, daß das – abgrenzbar – ganz dem einzelnen (sei dies eine Person oder ein Unternehmen, welchem einzelne Personen zuarbeiten), seiner Individualität, seiner Leistung zuzurechnende Gut, auch diesem einzelnen, insbesondere zu seiner Nutzung, zugeordnet werden muß. Die in unserem Recht des UWG anzutreffende Redeweise, es dürften nicht über § 1 UWG Ersatzausschließlichkeitsrechte außerhalb des positiv geregelten Immaterialgüterschutzes entwickelt werden[356], verschließt sich dem prinzipiell offenen Wechsel-

[349] Zu letzterem *Smid*, JuS 1984, 101 ff. Wie bei diesem geht es auch bei der Anerkennung der Mitgliedschaft an juristischen Personen als sonstiges Recht im Sinne von § 823 I darum, ob eine zunächst nur relativ bestehende Rechtsbeziehung in bestimmter Hinsicht mit Drittschutz versehen werden soll. Dazu BGH NJW 1990, 2877, zu dem Urteil *K. Schmidt*, JZ 1991, 157; s. weiter *Deutsch*, VersR 1991, 837; *Reuter*, FS H. Lange (1992), S. 707 ff.

[350] Dazu *Bücking*, NJW 1997, 1886 ff.

[351] BGH GRUR 1983, 297 = BGHZ 86, 90 („Rolls Royce“); GRUR 1985, 550 = BGHZ 93, 96 („Dimple“); zur individualrechtlichen Einordnung dieser Rechtsprechung – mit Konsequenz für § 13 II UWG – BGH GRUR 1988, 620 ff. („Vespa-Roller“). Zur Problematik eines verfassungsrechtlichen Schutzes (über Art. 14 GG) s. die Abgrenzung bei BVerfGE 78, 58.

[352] §§ 9 I Nr. 3, 14 II Ziff. 3, 15 III MarkenG. Nach BGH „Big Mac versus Mac Dog“, NJW 1998, 3781, ist die markenrechtliche Regelung an die Stelle des bisherigen von der Rechtsprechung entwickelten Schutzes getreten.

[353] Verneinend für die identische Frage im Chemikalien-Bereich LG Köln NJW 1985, 2652 mit ablehnender Anm. von *Deutsch*. Für die Arzneimittel existiert inzwischen ein EG-Richtlinien-Vorschlag über eine 10-jährige Sperre für die Verwertung der Unterlagen. Ein entsprechender Entwurf zur Ergänzung des deutschen ArzneimittelG liegt vor.

[354] Bejahend LG Essen NJW-RR 1986, 665. Richtigerweise verneinend LG Hildesheim NJW 1987, 333, OLG Saarbrücken NJW-RR 1987, 500 ff. (dort umfassende Behandlung des Problems des Abfahrens von Kleidersäcken durch gewerbliche Konkurrenzsammler).

[355] VersR 2001, 862 ff.

[356] Besonders prononciert *Emmerich*, Das Recht des unlauteren Wettbewerbs, 5. A. 1998, S. 122 f.; s. aber auch *v. Gamm*, GRUR 1978, 453. Aus der Rechtsprechung des BGH GRUR 1966, 503, 508 = BGHZ 44, 288; GRUR 1967, 317. Der Sache nach geht der BGH aber weiter: s. die o. Fn. 351 angeführte Rechtsprechung, sodann aus dem Bereich der sklavischen Nachahmung BGHZ 28, 392 („Nelkenstecklinge“); 41, 55 („Lego-Bausteine“); 51, 41 („Reprint“) sowie – unter Anerkennung der besonderen Schadensberechnungsmethoden des Immaterialgüterrechts – BGHZ 57, 116 ff. („Wandsteckdose“), BGH GRUR 1973, 478 = BGHZ 60, 168 („Modeneuheit“).

spiel von Gesetzgebung und Rechtswissenschaft und -praxis im juristisch-dogmatischen Bereich[357].

Die Sonderschutzgesetzgebung *kann* eine *abschließende Abwägung* betreffs der Voraussetzungen und des Maßes der Zuordnung enthalten. So ist für die technischen Erfindungen gegenüber den individuellen ästhetischen Hervorbringungen zu erkennen, daß dort mit dem Schutz zurückgehalten werden muß, weil Erfindungen nur Entdeckungen von in der Natur vorhandenen Gesetzmäßigkeiten sind, die als solche allen zustehen (und auch von anderen entdeckt werden können). Die Leistung ist hier die Entdeckung und nicht das Entdeckte. Es kann nur um die Belohnung der Entdeckerleistung gehen, deren Erwartung andererseits Anreiz zum Entdecken ist. Die insoweit zu treffende Abwägung hat der Gesetzgeber im PatG und GebrMG vorgenommen. Deshalb ist im technischen Bereich ein ergänzender wettbewerbsrechtlicher Leistungsschutz grundsätzlich nur vor vermeidbarer Herkunftstäuschung denkbar[358]. Die Sonderschutzgesetzgebung hindert aber nicht das Erkennen und Zuordnen bisher nicht geschützter personen- oder unternehmensindividueller Güter, wie der Gesetzgeber ja selbst zum Teil nur zuvor in Rechtswissenschaft und -praxis anerkannte Zuordnungen positiviert hat[359]. **198**

3. Die Entwicklung der Güterzuordnung und die Bedeutung des Sachenrechts

Das Sachenrecht ist für die Frage der Weiterentwicklung der Güterzuordnung bedeutsam, weil es mit der Zuordnung von Sachen unter Berücksichtigung der Konsequenzen daraus (die freilich in Gestalt von Schadensersatz- und Bereicherungsrechtsschutz über das Sachenrecht hinausgehen) eine Modellregelung zur Verfügung stellt, wie dies ja hier schon in zweifacher Weise betreffs der Zuordnung durch Forderungen zu erkennen war[360]. **199**

Weitere Beispiele kommen hinzu: Etwa wird der sachenrechtliche Schutz gemäß § 1004 umfassend analog im Rahmen anderer Zuordnungen angewandt[361]. Hinzuweisen ist auch auf die Anwendung des Anspruchs wegen Bereicherung in sonstiger Weise (§ 812 I 1 2. Alt.) zum Schutz des Persönlichkeitsrechts[362].

Umgekehrt ist die sachenrechtliche Zuordnung als Teil der allgemeinen Zuordnungsproblematik zu verstehen. Allgemein geht es darum, ob und inwieweit ein Gut dem einzelnen zur Nutzung vorbehalten wird. Aus der Zuordnungsentscheidung und gemäß ihrem Inhalt beantwortet sich dann die Frage insbesondere[363] nach dem negatorischen (§§ 985, 1004), dem schadensersatzrechtlichen (§ 823 I) und dem bereicherungsrechtlichen (§§ 812 I 1 2. Alt., 816) Schutz. Damit verbindet sich die – auch für das Sachen- **200**

357 Dazu *H. H. Jakobs*, Wissenschaft und Gesetz im Bürgerlichen Recht nach der Rechtsquellenlehre des 19. Jahrhunderts, 1983, sowie *ders.*, Gesetzgebung im Leistungsstörungsrecht, 1985.

358 S. BGHZ 21, 266 ff. („Uhrenrohwerk"); BGH GRUR 1981, 517, 519 („Rollhocker"), der Fall war aber entgegen der Einordnung durch den BGH wesentlich von der Nachahmung der ästhetischen Eigenart des Konkurrenzprodukts bestimmt.

359 Nachweise etwa bei *v. Gamm*, GRUR 1978, 453.

360 Oben Rz. 59 ff., 106 ff.

361 Zur Bewehrung des postmortalen Persönlichkeitsschutzes mit dem Beseitigungsanspruch analog § 1004 s. den Nolde-Fall o. Fn. 347. Für den vorbeugenden Schutz der in § 823 I genannten Rechtsgüter nach § 1004 gegen die Verletzung von Verkehrssicherungspflichten AG Marbach VersR 1988, 852.

362 BGH NJW 1981, 2402 f. = BGHZ 81, 75 („Carrera"). Abzulehnen ist dagegen eine postmortale Eingriffskondiktion der Angehörigen, zutreffend OLG München in einem Marlene Dietrich betreffenden Fall, BB 1997, 1971 ff. – Gegen einen durch Eingriffskondiktion zu schützenden Zuweisungsgehalt beim Recht am Gewerbebetrieb BGHZ 71, 86, 98 (s. in diesem Zusammenhang aber *Wilhelm*, Rechtsverletzung und Vermögensentscheidung, S. 94 ff. sowie S. 86 ff., 90 ff.).

363 Vollständiger Katalog der Zuordnungssanktionen o. Rz. 42 ff.

recht[364] – wesentliche Erkenntnis, daß dieser Schutz von der Zuordnungsentscheidung abhängt und somit keine eigenen Abwägungsprobleme zur Dogmatik des § 1004, des § 812 oder des § 823 I aufgeworfen werden dürfen[365].

201 Bei der Abgrenzung vorhandener, der Herausbildung neuer Zuordnungsmöglichkeiten[366], schließlich aber auch der Überlegung, ob nicht im Gegenteil bisher anerkannte Zuordnungsmöglichkeiten reduziert werden müssen, kann möglicherweise der in den USA entstandene und dort kräftig betriebene Denkansatz der ökonomischen Analyse des Rechts mit Hilfe der Lehre von den property rights helfen. Es geht um einen Kosten-Nutzen-Vergleich mit dem Bestreben nach größtmöglichem Nutzen bei geringstmöglichen Kosten. Als vorzügliches Mittel, welches bedeutet, daß alles sich einfach von selbst reguliert, wird der Marktaustausch der Güter angesehen. Zunächst ist der Preis der notwendige Indikator für die Knappheit der Güter: Daß die Güter nämlich nur gegen Zahlung eines Preises einerseits herzustellen bzw. abzugeben und andererseits zu erlangen sind, führt zur möglichst sparsamen, nutzenäquivalenten Verwendung der Güter. Sodann drängt der Wettbewerb zu möglichst kostengünstiger Produktion einerseits und zum Obsiegen desjenigen Nachfragers um das Gut andererseits, der unter den Nachfragern den höchsten Preis bieten kann, was nach dem Ausgangspunkt der Ökonomen anzeigt, daß er den höchsten Nutzen aus dem Gut ziehen kann.

202 Ermöglicht bzw. im Rahmen der Möglichkeiten optimiert wird die Marktfunktion durch dreierlei:

1. durch die rechtssichere, zu Produktion und Austausch anreizende Zuordnung und Abgrenzung austauschbarer property rights,
2. durch möglichst weitgehende Senkung der Transaktionskosten und
3. durch Internalisierung der Kosten bei demjenigen Verursacher, der sie am wirksamsten bzw. in der geringstmöglich spürbaren Weise vermeiden oder auffangen kann, wobei auf die möglichst vollständige Berücksichtigung aller denkbaren Kosten – einschließlich aller Umweltschäden – Bedacht zu legen ist[367].

[364] S. etwa – betreffend die Abgrenzung von § 1004 – *Picker*, Der negatorische Beseitigungsanspruch, S. 95 ff. sowie AcP 176 (1976), 28, 44.

[365] Gegen „wirtschaftsrechtliche" Abwägungen zur Eingriffskondiktion *Wilhelm*, AcP 181 (1981), 555, 562 f.

[366] Z.B. wird stark diskutiert, der Umweltproblematik in Hinblick auf Industrieemissionen durch Schaffung austauschbarer Verschmutzungsrechte und damit eines Marktes für die durch Ausübung der Rechte tangierten Umweltgüter Herr zu werden; in den USA wird der Ansatz bereits praktiziert, s. FAZ Nr. 164 v. 18.7.1991, S. 11; ökonomische Erörterung (Vergleich des Haftungsmodells, des Modells der Umweltsteuern und des Modells mit handelbaren Zertifikaten) bei *Weimann*, Umweltökonomik, 1990.

[367] Bedeutsame Initialzündung der ökonomischen Analyse des Rechts bei *Ronald H. Coase*, 3 Journal of Law & Economics 1 (1960), – Übersetzung in *Assmann – Kirchner – Schanze* (Hrsg.), Ökonomische Analyse des Rechts, 1978, S. 146 –; weiter *Demsetz, Harold*, 7 Journal of Law & Economics 11 (1964); 9 Journal of Law & Economics 61 (1966). S. auch die umfassende Darstellung des Ansatzes durch *Posner*, economic analysis of law, 4. A. 1992, und in Deutschland durch *Eidenmüller*, Effizienz als Rechtprinzip, 2. Aufl. 1998. Umsetzung in der Diskussion um Umweltschutz durch Verteilung von Umweltbelastungsrechten s. soeben Fn. 366 und sodann bei *Wegehenkel*, Coase-Theorem und Marktsystem, 1980; *ders.*, Transaktionskosten, Wirtschaftssystem und Unternehmertum 1980; s. auch *Zimmermann*, Umweltpolitik und Verteilung. Eine Analyse der Verteilungswirkungen des öffentlichen Gutes Umwelt, 1985. – Zur ökonomischen Rechtfertigung der Immaterialgüterrechte *M. Lehmann*, GRUR 1983, 356 –. Um die Gegenrichtung eines möglichen Abbaus von Zuordnungsmöglichkeiten geht es in der ökonomischen Analyse von Sicherungsrechten: *Adams*, Ökonomische Analyse der Sicherungsrechte, 1980; *Drukarczyk*, Unternehmen und Insolvenz, 1987; *ders.*, ZIP 1987, 205. Die Insolvenzrechtsreform ist davon nicht unbeeinflußt (s. Berichte der Kommission für Insolvenzrecht, hrsg. vom BMinJustiz, I 1985, II 1986; Begründung des Regierungsentwurfes einer Insolvenzordnung vom 15.4.1992, BT-Drs. 12/2443, S. 72 ff.).

Es ist ersichtlich, daß alle drei Gesichtspunkte bei den Fragen eine Rolle spielen, ob, wem und in welchem Umfang Güter zuzuordnen sind. Soweit der ökonomischen Analyse hier praktisch verwertbare Aussagen gelingen sollten, müssen diese berücksichtigt werden: Die absehbaren Kosten-Nutzen-Konsequenzen sind für das Recht nicht die ausschließlich und zuletzt entscheidenden, aber sie sind notwendig mit abzuwägende Gesichtspunkte. 203

Freilich sind zwei Grenzen zu beachten: die Begrenztheit der ökonomischen Analyse von ihrer Methodik her einerseits und die Begrenztheit ihrer Maßgeblichkeit vom Recht her andererseits: Soweit die Analyse exakte Ergebnisse hervorbringen will, muß sie in Modellen arbeiten. Diese haben mit der Wirklichkeit, die sich ständig verändert, wobei alles mit allem zusammenhängt, wenig zu tun. Sodann erlauben, was *das geltende Recht* betrifft, die Methoden der Rechtsanwendung die Übernahme ökonomischer Ansätze nur insoweit, als Fragen noch nicht abschließend geregelt sind und weiter die vorzufindenden rechtlichen Wertentscheidungen mit der ökonomisch begründeten Abwägung harmonieren. Insbesondere aufgrund der letzteren Begrenztheit kann die ökonomische Analyse für die Anwendung des geltenden Rechts – jedenfalls des geltenden Sachenrechts[368] – nur eine Möglichkeit der Neuformulierung und u.U. der besser akzentuierten Begründung dessen bieten, was schon mit Hilfe traditioneller Rechtsanwendung zu gewinnen ist. Mehr Bedeutung kommt demgegenüber der Nutzung von Einsichten in wirtschaftliche Folgen rechtlicher Regelungen im rechtspolitischen Raum zu[369]. 204

II. Der verfassungsrechtliche Schutz des Eigentums

1. Die Regelung des GG und ihr Eigentumsbegriff

Nach Art. 14 I 1 GG[370] wird das Eigentum gewährleistet. Nach S. 2 werden Inhalt und Schranken durch die Gesetze bestimmt. Abs. 2 hebt die Sozialpflichtigkeit des Eigentums hervor. Der dritte Absatz beschränkt die Möglichkeit einer Enteignung durch die Voraussetzungen, daß sie zum Wohle der Allgemeinheit geschehen und durch Gesetz oder aufgrund eines Gesetzes erfolgen muß, das Art und Ausmaß der Entschädigung regelt. Art. 15 GG ermöglicht unter denselben Voraussetzungen, was die Grundlage einschließlich der Entschädigungsregelung betrifft, die Überführung von Grund und Boden, Naturschätzen und Produktionsmitteln in Gemeineigentum oder in andere Formen der Gemeinwirtschaft zum Zwecke der Vergesellschaftung. Art. 15 GG ist bisher ohne Bedeutung geblieben und bleibt deshalb im folgenden, abgesehen von wenigen systematischen Erwägungen, außer Betracht. 205

Nach Art. 19 IV 1 GG steht demjenigen, der durch die öffentliche Gewalt in seinen Rechten verletzt ist, der Rechtsweg offen. Dies gilt speziell für die Eigentumsverletzung. Umgekehrt ist gerade von der Eigentumsgewährleistung in Art. 14 GG aus eine Entwicklung zur Ergänzung des Art. 19 IV GG ausgegangen: Das BVerfG ist, beim Eigentumsschutz ansetzend, zu einer allgemeinen These eines Grundrechtsschutzes durch die Gestaltung des Verfahrensrechts gekommen. Es geht um die Gewährleistung effektiven 206

368 Diese Einschränkung behält einen größeren Ertrag der vertragsrechtlichen Risikoverteilungslehre *Kollers* auf der Basis der ökonomischen Analyse des Rechts, Die Risikozurechnung bei Vertragsstörungen in Austauschverträgen, 1979, und der haftungsrechtlichen Risikoverteilungslehre von *Blaschczok*, Gefährdungshaftung und Risikoverteilung, 1993, vor.

369 Liest man freilich die stark mit Argumenten der ökonomischen Analyse arbeitende Begründung des Regierungsentwurfes einer Insolvenzordnung (o. Fn. 367), so hat man den Eindruck, daß der ökonomische Beitrag überwiegend verbaler Natur ist.

370 Die Gewährleistungen des Eigentums durch die Länderverfassungen bleiben hier wegen ihrer Vielfältigkeit außer Betracht.

Rechtsschutzes zur Durchsetzung des Grundrechts (insoweit also um effektiven negatorischen Rechtsschutz im oben[371] genannten Sinne). Art. 19 IV GG enthält die Gewährleistung im Hinblick auf die Abwehr von Akten der öffentlichen Gewalt. Dieser ergänzende Grundrechtsschutz wirkt auch auf das Verfahren der Auseinandersetzung unter Privaten ein. Ein Beispiel betrifft das Kündigungsrecht: Beschränkt die gesetzliche Regelung das Kündigungsrecht, so müssen verfahrensrechtliche Bestandteile dieser Regelung in einer Weise angewandt werden, daß nach der Regelung zulässig gebliebene Kündigungen auch durchführbar sind[372]. In einem weiteren Anwendungsbeispiel hat das BVerfG für den Rechtsschutz im Zwangsversteigerungsverfahren gegen eine unverhältnismäßige Verschleuderung des Grundstückseigentums durch die Zwangsversteigerung gesorgt[373].

207 Die Eigentumsgewährleistung des Art. 14 GG umfaßt die Gewährleistung des Eigentums als Rechtsinstitut (Institutsgarantie) und die Garantie der Eigentumsfreiheit als Freiheitsrecht des Bürgers gegenüber dem Staat. Das Eigentum hat die Aufgabe, seinem Träger gegenüber dem Staat einen „Freiheitsraum im vermögensrechtlichen Bereich zu erhalten und dem einzelnen damit die Entfaltung und eigenverantwortliche Gestaltung seines Lebens zu ermöglichen"[374]. Diese Funktion des Art. 14 GG ist der Grund sowohl für den speziellen Inhalt des verfassungsrechtlichen Eigentums[375] als auch für die grundsätzliche Begrenzung des Schutzes auf das Eigentum Privater.

208 Eigentum im Sinne der Verfassung geht über das bürgerlich-rechtliche Eigentum hinaus. Ist dieses das umfassende Herrschaftsrecht an einer Sache oder einem Tier (s. §§ 903, 90, 90a), so ist unter jenem zumindest jede privatrechtliche vermögenswerte Rechtsposition zu verstehen, die nach eigenverantwortlicher Entscheidung zum privaten Nutzen auszuüben ist[376]. Die zivilrechtlich dem Eigentum gegenüberstehenden beschränkten dinglichen Rechte sind mithin verfassungsrechtlich Eigentum. Dies zeigt auch Art. 15 GG, der von der Sozialisierung des Bodens spricht und damit einerseits jegliche Rechte an Grundstücken zusammen mit dem Eigentum durch seine Ermächtigung trifft, andererseits diese Rechte je für sich durch die Einschränkung der Ermächtigung und die Entschädigungsvoraussetzung schützt.

371 Rz. 42.

372 BVerfGE 37, 132, 148.

373 BVerfGE 46, 325, 333 f. Anwendungsfall OLG München WM 1993, 1976.

374 BVerfGE 24, 367, 389; 50, 290, 339; 83, 201, 208; 89, 1, 6; 91, 294, 307; 97, 350, 371.

375 Vgl. *Maurer*, Allgemeines Verwaltungsrecht, § 26 Rz. 42.

376 Ein gesetzliches Vorkaufsrecht fällt – jedenfalls nach Eintritt des Vorkaufsfalles – unter Art. 14, BVerfGE 83, 201, 208 ff. (dazu *Ossenbühl*, JuS 1993, 200 ff.). Zum Besitzrecht des Mieters als Eigentum s. sogleich. Eigentum i.S. des Art. 14 GG ist grundsätzlich nicht das Vermögen als Gesamtbestand einzelner Eigentumsrechte. Auch das Vermögen wird aber nach Art. 14 relevant bei Auferlegung konfiskatorischer oder erdrosselnd wirkender Geldleistungspflichten (BVerfGE 14, 221, 241; 65, 196, 209; 74, 129, 148; 76, 130, 141; 77, 84, 118; 308, 339 f.; 91, 207, 220). Über Art. 14 hinaus argumentiert das BVerfG in seinem Beschluß zu den grundrechtlichen Grenzen der Besteuerungsgewalt BVerfGE 93, 121, 136 ff. – Durchgesetzt hat das weite Verständnis des verfassungsrechtlichen Eigentumsbegriffs *M. Wolff* mit seinem Beitrag in FS Kahl (1923).— In der Frage der Einbeziehung vermögenswerter subjektiver öffentlicher Rechte gehen das BVerfG und die hLit – bei Streitigkeiten im einzelnen hinsichtlich des Schutzumfangs – zunehmend von einer Einbeziehung in den verfassungsrechtlichen Eigentumsbegriff im Falle der Vergleichbarkeit der öffentlichrechtlichen Position mit der eines Eigentümers aus, s. v. Münch/Kunig/*Bryde*, GG, Art. 14 Rz. 25 ff.; *Maurer*, Allgemeines Verwaltungsrecht, § 26 Rz. 44; *Rozek*, Eigentumsbindung und Enteignung, S. 52 f. Das BVerfG hat die Ansprüche von Versicherten in der gesetzlichen Rentenversicherung auf Versorgung ihrer Hinterbliebenen nicht in den Schutz des Art. 14 I GG einbezogen, da sie dem Versicherten nicht als Rechtsposition privatnützig zugeordnet seien und auch nicht auf einer dem Versicherten zurechenbaren Eigenleistung beruhten, BVerfG JZ 1998, 674, 675.

Verfassungsrechtliches Eigentum sind auch schuldrechtliche Rechte. In einem viel besprochenen und auch kritisierten Beschluß[377] hat das BVerfG das Besitzrecht des Mieters an der von ihm gemieteten Wohnung als Eigentum i.S. von Art. 14 I 1 GG anerkannt. Art. 14 GG schütze alle vermögenswerten Rechte, die ihrem Inhaber von der Rechtsordnung in der Weise zugeordnet seien, daß er die damit verbundenen Befugnisse nach eigenverantwortlicher Entscheidung zu seinem privaten Nutzen ausüben dürfe[378]. Weil einerseits die Wohnung den Mittelpunkt der privaten Existenz des Menschen bilde und der einzelne zur Befriedigung elementarer Lebensbedürfnisse sowie zur Freiheitssicherung und Entfaltung seiner Persönlichkeit auf sie angewiesen sei, andererseits der Großteil der Bevölkerung aber zur Deckung des Wohnbedarfs nicht auf Eigentum zurückgreifen könne, erfülle das Besitzrecht des Mieters Funktionen, wie sie typischerweise dem Sacheigentum zukämen. Dieser Bedeutung habe der Gesetzgeber mit der Ausgestaltung des Besitzrechts des Mieters durch das bürgerliche Recht (§§ 535 ff., 861 f., 823 I) Rechnung getragen[379]. Was den Ausgleich der Befugnisse und Interessen von vermietendem bürgerlich-rechtlichen Eigentümer und Mieter angehe, so sei es Aufgabe des Mietrechts, die beiderseitigen Interessen zu berücksichtigen und in ein ausgewogenes Verhältnis zu bringen[380]. Die Fachgerichte hätten bei der Auslegung des Mietrechts, insbesondere der Kündigungsvorschriften[381], die durch die Eigentumsgarantie gezogenen Grenzen zu beachten und müßten „die im Gesetz aufgrund verfassungsmäßiger Grundlage zum Ausdruck kommende Interessenabwägung in einer Weise nachvollziehen, die den beiderseitigen Eigentumsschutz beachtet und unverhältnismäßige Eigentumsbeschränkungen vermeidet“[382]. 209

Die Entscheidung ist nicht deshalb bemerkenswert, weil das Besitzrecht des Mieters als Eigentum im Sinne von Art. 14 GG aufgefaßt wird. Der verfassungsrechtliche Begriff des Eigentums umfaßt auch das Besitz- und Gebrauchsrecht des Mieters, wie es auch die aus dem Eigentum abgespaltenen beschränkten dinglichen Rechte umfaßt. Bemerkenswert ist vielmehr, in welcher Richtung der Eigentumsschutz gewährt wird. Das BVerfG gibt dem Mieter Eigentumsschutz gegen den Vermieter und damit gegen den Eigentümer im bürgerlichrechtlichen Sinne oder den Inhaber anderer als Eigentum geschützter Rechtspositionen. Der vom Gesetz gewährte Mieterschutz kann jetzt möglicherweise über Art. 14 GG zu Lasten des Eigentums des Vermieters erweitert werden. Das ist kontradiktorisch zum Eigentumsschutz. Das Eigentum des Vermieters ist durch den 210

377 BVerfGE 89, 1, 6 ff. (vgl. hierzu u. zu aktuellen Problemen der Eigentumsgewährleistung *Schmidt-Preuß*, AG 1996, 1); kritisch *Depenheuer*, NJW 1993, 2561; *Rüthers*, NJW 1993, 2587; *Roellecke*, JZ 1995, 74; *Ibler*, AcP 197 (1997), 565; vgl. auch *Gärtner*, JZ 1994, 440 (zu § 549 a) und *Schmidt-Preuß*, NJW 1995, 27; zu den Konsequenzen für den baurechtlichen Nachbarschutz OVG Lüneburg JuS 1997, 71 mit Anm. *Selmer*.

378 BVerfGE 89, 1, 6.

379 BVerfGE a.a.O., 6 f.

380 BVerfGE a.a.O., 8 ff. Vgl. hierzu BVerfG NJW-RR 1993, 1357 u. BVerfG WM 1995, 579 zur Berücksichtigung der von dem vermietenden bürgerlich-rechtlichen Eigentümer vorgetragenen Gründe für einen Eigenbedarf gemäß § 564b II Nr. 2 a.F. (§ 573 II Nr. 2 n.F.). Seien diese ernsthaft geäußert (was das Gericht zu prüfen habe), so habe das Fachgericht den Wunsch nach Selbstnutzung grundsätzlich zu achten und bei seiner Rechtsfindung zugrunde zu legen. Die Abwägung der grundrechtlich geschützten Interessen des Vermieters und des Mieters habe der Gesetzgeber für die Regelfälle ordentlicher Kündigungen mit § 564b a.F. (§ 573 n.F.) und § 556a a.F. (§ 568 n.F.) vorgenommen, BVerfG WM 1995, 579, 580.

381 Im Fall ging es um § 564b a.F. (§ 573 n.F.), der ein berechtigtes Interesse des Vermieters an der Kündigung fordert und Regelbeispiele für dessen Vorhandensein aufstellt.

382 BVerfGE 89, 1, 9. Vgl. hierzu BVerfG NJW 1993, 1252: Abwägung des Eigentumsschutzes des Vermieters gegen das Grundrecht des Mieters auf Informationsfreiheit – Anbringung einer Parabolantenne durch den Mieter.

Mietvertrag und sodann im Sinne des Art. 14 I 2 GG durch den gesetzlichen Mieterschutz inhaltlich bestimmt und beschränkt, nicht durch ein Eigentum des Mieters über Vertrag und Gesetz hinaus[383].

211 Der verfassungsrechtliche Eigentumsbegriff ist aber nicht nur hinsichtlich des Kreises der durch ihren Rechtsgegenstand unterschiedenen Rechte, sondern auch hinsichtlich des Kreises der möglichen Grundrechtsträger von dem des bürgerlichen Rechts unterschieden. Als Grundrechtsträger scheiden nach der Rechtsprechung des BVerfG grundsätzlich juristische Personen des öffentlichen Rechts aus, auch kommunale Gebietskörperschaften, und diese sogar für ihre Betätigung außerhalb der Wahrnehmung öffentlicher Aufgaben[384]. Selbstverständlich haben Gemeinden aber zivilrechtlich Eigentum[385], nur nach Meinung des Gerichts nicht Eigentum i.S. des Art. 14 GG, welches „als Grundlage privater Initiative und in eigenverantwortlichem privatem Interesse von Nutzen" sein müsse[386]. Auf diese Privatnützigkeit kommt es an: Fehlt das private Nutzungsinteresse, so greift der Eigentumsschutz des Art. 14 GG auch dann nicht ein, wenn eine juristische Person des Privatrechts betroffen ist[387].

383 Die Entscheidung vom 28.3.2000 (BVerfG WM 2000, 1007) zeigt die Fehlerhaftigkeit des Ansatzes (das Problem ist jetzt durch § 554a in der Fassung des Mietrechtsreformgesetzes im Sinne der Entscheidung des BVerfG geregelt): Hier hat die 1. Kammer des 1. Senats eine Entscheidung des LG Berlin aufgehoben, durch die einem Mieter verwehrt worden ist, zugunsten seiner querschnittsgelähmten Lebensgefährtin auf eigene Kosten einen Lift einzubauen. Die erste Kammer begründet die Aufhebung damit, daß die Entscheidung nicht genügend dem Eigentumsrecht des Mieters und zu dessen Schutz gemäß Art. 14 I GG nicht genügend dem Verbot der Benachteiligung wegen Behinderung (Art. 3 III 2 GG) Rechnung trage. Über Art. 14 GG wird die Ausweitung der Position des Mieters und dementsprechend auch nicht etwa die Abwehr einer Benachteiligung, sondern ein Sonderrecht wegen Behinderung erreicht. Art. 14 GG wird funktionsfremd herangezogen, um eine Entscheidung zu begründen, für die es um die Drittwirkung der Grundrechte aus Artt. 1, 2 GG i.V. mit Art, 3 III 2 GG im Rahmen der §§ 242, 226 ging.

384 BVerfGE 61, 82 ff., 100 ff. (Art. 14 GG sei auf die betroffenen juristischen Personen seinem Wesen nach nicht anwendbar – s. Art. 19 III GG -); ebenso, dem BVerfG folgend, BVerwG 97, 143, 151 f.: „Jedenfalls sind Gemeinden angesichts des personalen Schutzzwecks der Eigentumsgarantie nicht Inhaber des Grundrechts aus Art. 14 GG ... Verfassungsrechtlich ist das Eigentum der Gemeinden vielmehr nur im Rahmen der Gewährleistung der kommunalen Selbstverwaltung (Art. 28 II 1 GG) geschützt, also insoweit, als es Gegenstand und Grundlage kommunaler Betätigung ist. Fehlt dem Eigentum jeder Bezug zur Erfüllung gemeindlicher Aufgaben, so genießt es lediglich den Schutz des einfachen Rechts." A.A. BayVerfGH NVwZ 1985, 260 ff. zu den entsprechenden Vorschriften der BayVerf. Wegen des zumindest freiheitsstabilisierenden Selbstverwaltungsrechts der Gemeinden ist die Auffassung, daß der Schutz aus Art. 14 GG nicht auf Gemeinden zutreffe, in der Tat fragwürdig – s. etwa die Gegenansicht von *Bethge*, AöR 104 (1979), 265, 275 ff. Universitäten und Rundfunkanstalten ordnet das BVerfG selbst als Rechtssubjekte, die einem durch bestimmte Grundrechte geschützten Lebensbereich zugeordnet sind, in den Kreis von Grundrechtsträgern ein (BVerfGE 61, 82, 102). Für Kirchen und andere Religionsgemeinschaften steht die uneingeschränkte Grundrechtsfähigkeit ohnehin außer Frage (s. schon Art. 140 GG i.V.m. Art. 138 WRV).

385 Gesehen in BVerfGE 98, 17, 47.

386 BVerfGE 61, 82, 108.

387 Einer juristischen Person des Privatrechts, die treuhänderisch öffentliche Aufgaben wahrnahm, hat das BVerfG den Schutz des Art. 14 GG versagt, weil ihr die Befugnisse, für die sie Schutz begehrte, nur im öffentlichen Interesse eingeräumt worden seien, BVerfG NJW 1996, 584.

2. Inhalts- und Schrankenbestimmung und Enteignung

a) *Die neuere Rechtsprechung von BVerfG und BVerwG zu Inhaltsbestimmung und Enteignung*

Art. 14 GG sieht in seinem Abs. 3 eine konkrete Regelung für die Enteignung mit Voraussetzungen, Rechtsfolge und Kompetenzregelung vor. Demgegenüber wird in Abs. 1 S. 2 für die Inhalts- und Schrankenbestimmung nur allgemein und unbestimmt auf die Gesetze verwiesen. Daraus scheinen zwei Fragen zu entstehen: Zum einen könnte die Inhalts- und Schrankenbestimmung von der Enteignung abzugrenzen sein. Zum zweiten könnten sodann für die von der Enteignung abgegrenzte Inhaltsbestimmung die Reichweite und Grenzen von Regelungen, die nach Art. 14 I 2 GG zulässig sind, zu ermitteln sein – insbesondere mit Rücksicht auf die Sozialpflichtigkeit des Eigentums nach Art. 14 II GG. Man könnte aber auch meinen, daß die beiden Fragen in Wirklichkeit eine einzige sind. Alles, was nicht zulässige Inhalts- und Schrankenbestimmung ist, könnte Enteignung sein. **212**

Dies letztere war die Position des BGH bis zur Kleingartenpacht- und der Naßauskiesungsentscheidung des BVerfG[388]. Seine Position hat der BGH drei Entschädigungsansprüchen zugrunde gelegt: dem Anspruch auf Entschädigung wegen gesetzlicher Enteignung, dem Anspruch wegen enteignungsgleichen und dem Anspruch wegen enteignenden Eingriffs. Für alle drei Ansprüche hat sich der BGH auf den aus §§ 74, 75 EinlPrALR überkommenen Aufopferungsanspruch berufen und dafür auch Art. 14 III 4 GG angeführt. Nach Art. 14 III 4 GG steht wegen der Höhe der Entschädigung für eine Enteignung im Streitfall der Rechtsweg vor den ordentlichen Gerichten offen. Die Zivilgerichte haben die Zuweisung aufgrund der Einordnung in den Aufopferungsgedanken im Sinne ihrer Zuständigkeit nicht nur zur Entscheidung über die Höhe, sondern auch zur Entscheidung über das Bestehen des Anspruchs verstanden[389]. Für den BGH galt dabei ein weiter Enteignungsbegriff: Greift ein Gesetz oder greift die Verwaltung in Eigentumsrechte ein und ist das Gesetz nicht als zulässige Inhaltsbestimmung zu erkennen oder ist das Verwaltungshandeln nicht eine zulässige Inhaltsbestimmung aufgrund Gesetzes, so handelt es sich um Enteignung, und dafür ist ein Entschädigungsanspruch begründet, auch wenn in dem Gesetz, insbesondere in der Grundlage des Verwaltungshandelns, kein Entschädigungsanspruch geregelt ist[390]. Das eingreifende oder den Eingriff zulassende Gesetz blieb an sich unbeanstandet. Der BGH entschied aber darüber, wann das Gesetz, um rechtmäßig zu bleiben, einen Eingriff nur gegen Entschädigung vornehmen oder zulassen durfte. Die unter denselben Gedanken wie der Anspruch auf Entschädigung wegen gesetzlicher Enteignung gehörenden sog. Ansprüche wegen enteignungsgleichen und wegen enteignenden Eingriffs sind von dem in Art. 14 III 4 GG angesprochenen Anspruch wie folgt unterschieden[391]: Der Anspruch wegen enteignungsgleichen Eingriffs ist nach der Rechtsprechung begründet, wenn in ein Eigentumsrecht rechtswidrig (ohne Ermächtigungsgrundlage oder die Ermächtigungsgrundlage überschreitend) eingegriffen wird. Der Anspruch wegen enteignenden Eingriffs kommt in **213**

388 BVerfGE 52, 1 ff.; 58, 300 ff. S. auch die Pflichtexemplar-Entscheidung BVerfGE 58, 137.

389 Darstellung und Nachw. bei Maunz-Dürig/*Papier*, GG, Art. 14 Rz. 561. Zu den historischen Hintergründen dieses Standpunktes, in dem der BGH an den Enteignungsbegriff angeknüpft hat, wie dieser sich seit dem 18. Jahrhundert entwickelt hat, *Maurer*, Allgemeines Verwaltungsrecht, § 26 Rz. 3 ff.; zum Bedeutungswandel nach Inkrafttreten des GG *Osterloh*, DÖV 1991, 906, 908 f.

390 BGHZ 6, 270; 54, 293, 295; 56, 40, 42; 57, 359, 363; 80, 111, 114 (Darstellung der früheren Rechtsprechung in BGHZ 99, 24, 27; 100, 136, 145). Gegen die Rechtsprechung *Böhmer*, Der Staat 1985, 157, 181, 196.

391 Zu den Begriffen *Ossenbühl*, Staatshaftungsrecht, S. 269.

Betracht bei schädigenden Nebenfolgen aus rechtmäßigen Verwaltungsmaßnahmen, die im Gesetz nicht geregelt sind.

214 Während die Ansprüche aus enteignungsgleichem und enteignendem Eingriff weiterhin einfachgesetzlich durch § 40 II 1 VwGO in die Kompetenz der ordentlichen Gerichte verwiesen sind, sind der ordentlichen Gerichtsbarkeit die Prüfung und Gewährung eines Anspruchs auf Enteignungsentschädigung wegen enteignenden Gesetzes seit der neueren Rechtsprechung des BVerfG, beginnend mit der Kleingartenpacht- und der Naßauskiesungs-Entscheidung[392], verwehrt. Zu diesen beiden Entscheidungen war das BVerfG durch Vorlage nach Art. 100 I GG angerufen, das Gericht hatte also die Verfassungsmäßigkeit der Normen, die Gegenstand der Vorlagefrage waren, zu untersuchen. In anderen Fällen mußte es dieselbe Prüfung im Rahmen der abstrakten Normenkontrolle nach Art. 93 I Nr. 2 GG vollziehen[393] oder auf eine Verfassungsbeschwerde gemäß Art. 93 I Nr. 4 a GG hin die Vereinbarkeit des in Eigentumsrechte eingreifenden Handelns der öffentlichen Hand mit Art. 14 GG prüfen[394]. In seiner Rechtsprechung macht das BVerfG mit Art. 14 III 4 GG ernst, daß nur die Bestimmung der *Höhe* der Entschädigung Sache der ordentlichen Gerichte ist.

Daraus folgt, daß es nicht Sache der ordentlichen Gerichte ist, die Natur eines formellen, nachkonstitutionellen Gesetzes als zulässige oder unzulässige Inhaltsbestimmung zu untersuchen und bei Bejahung der Unzulässigkeit einen Entschädigungsanspruch wegen gesetzlicher Enteignung zu gewähren.

215 Darüber hinaus wendet sich das BVerfG schon gegen den Schluß, daß ein Gesetz, wenn es nicht zulässig den Inhalt des Eigentums bestimme, Enteignung sei. Die Inhaltsbestimmung sei ein *anderer* als der in Art. 14 III GG geregelte Fall der Enteignung. Die verfassungsrechtlich unzulässige Inhaltsbestimmung sei verfassungswidrig, aber keine mit der Entschädigungsfolge verknüpfte Enteignung[395].

Enteignung soll die auf die vollständige oder teilweise Entziehung konkreter subjektiver Rechtspositionen i.S. von Art. 14 I 1 GG gerichtete gesetzliche Regelung sein, die entweder durch Verwaltungsakt zu vollziehen ist (Administrativenteignung) oder als

[392] Oben Fn. 388.

[393] BVerfGE 95, 1 ff. (Südumfahrung Stendal).

[394] BVerfGE 79, 174 ff. (Bauplanung im Hinblick auf Verkehrslärmbelästigung durch öffentliche Straße), BVerfGE 98, 17 ff. (Nutzungsrechte ohne Nutzungsentgelt an Grundstücken im Beitrittsgebiet).

[395] Bei einer Inhalts- und Schrankenbestimmung nach Art. 14 I 2 GG und einer Enteignung i.S. von Art. 14 III GG handele es sich um unterschiedliche Regelungskategorien mit unterschiedlichen verfassungsrechtlichen Prüfungsansätzen, so daß für jeden Prüfungsansatz (Art. 14 I 2 oder Art. 14 III GG) zunächst geprüft werden müsse, ob – je nachdem – eine Inhaltsbestimmung oder aber eine Enteignung gegeben sei. Die Enteignung stehe unter den Voraussetzungen des Art. 14 III GG, insbesondere der Entschädigungsvoraussetzung. Die Inhalts- und Schrankenbestimmung sei durch andere verfassungsrechtliche Schranken begrenzt, nämlich, wie das BVerfG sagt, durch die Aufgabe, „das Sozialmodell zu verwirklichen, dessen normative Elemente sich einerseits aus der grundgesetzlichen Anerkennung des Privateigentums nach Art. 14 I 1 GG und andererseits aus dem Sozialgebot des Art. 14 II GG ergeben... Der Gesetzgeber muß bei Regelungen i.S. des Art. 14 I 2 GG beiden Elementen des im GG angelegten Verhältnisses von verfassungsrechtlich garantierter Rechtsstellung und dem Gebot einer sozialgerechten Eigentumsordnung in gleicher Weise Rechnung tragen; er muß die schutzwürdigen Interessen der Beteiligten in einen gerechten Ausgleich und ein ausgewogenes Verhältnis bringen... Dem entspricht die Bindung des Gesetzgebers an den verfassungsrechtlichen Grundsatz der Verhältnismäßigkeit... In jedem Fall fordert jedoch die verfassungsrechtliche Gewährleistung die Erhaltung der Substanz des Eigentums... und die Beachtung des Gleichheitsgebots des Art. 3 I GG ..." (BVerfGE 52, 1, 27 ff.).

Legalenteignung unmittelbar wirkt. Entscheidend sei die Finalität des Zugriffs[396]. *Inhalts- und Schrankenbestimmung* soll demgegenüber die generelle und abstrakte Festlegung von Rechten und Pflichten hinsichtlich von „Eigentums"-Rechten sein[397].

Die Trennung der Tatbestände von Inhaltsbestimmung und Enteignung ist nach der **216** Rechtsprechung des BVerfG[398] aus zwei Gründen zwingend erforderlich: Zum einen geht es um den *Vorrang des primären abwehrenden Rechtsschutzes* gegen verfassungswidrige Eingriffe durch den Gesetzgeber in die von Art. 14 I 1 GG geschützten Rechtspositionen (m.a.W. um die Hervorhebung des Bestandsschutzes vor dem Entschädigungsschutz)[399], zum anderen wird die *Junktimklausel des Art. 14 III 2 GG* betont: Nach dieser soll nach Auffassung des BVerfG der Gesetzgeber selbst ex ante bestimmen, ob er gezielt auf einzelne Rechte Privater im Allgemeinwohlinteresse zugreifen wolle mit der zwingenden Folge einer ebenfalls von ihm gemäß Art. 14 III 3 GG selbst zu bestimmenden Entschädigung. Nicht davon betroffen sei die Inhalts- und Schrankenbestimmung: Sie sei die Alternative für den Gesetzgeber, den vermögensrechtlichen Freiheitsraum durch einen abstrakten Regelungstatbestand zu verändern, der alle unter den Tatbestand fallenden Privatpersonen treffe. Dabei setze er allgemeine neue Maßstäbe und könne Übergangs- und Ausgleichsregelungen treffen, für die ein gewisser Gestaltungsspielraum bestehe.

Die Unterscheidung zwischen der Inhalts- und Schrankenbestimmung als generell- **217** abstrakter Festlegung des Rechtsinhalts einerseits und der den Voraussetzungen des Art. 14 III GG unterliegenden Enteignung als finaler Entziehung konkreter Rechtspositionen andererseits ging freilich zunächst nicht glatt auf[400]. Nach der Kleingartenpacht-Entscheidung war es nicht ausgeschlossen, daß durch den Erlaß neuer, in Zukunft geltender Vorschriften subjektive Rechte ganz oder teilweise entzogen werden, die der einzelne aufgrund des bisherigen Rechts erworben hatte, und so trotz generell abstrakter Regelung eine (Legal-)Enteignung anzunehmen ist[401]. Man kam aufgrund der Unterscheidung in die Kalamität, zum einen zwischen dem Entzug noch abstrakter oder schon vielleicht doch konkreter Rechtspositionen[402] und zum anderen zwischen dem auf Entzug

[396] Zu den Voraussetzungen für das Vorliegen einer Enteignung nach der Rspr. des BVerfG *Jarass*, NJW 2000, 2841, 2843 ff.

[397] BVerfGE 52, 1, 27 ff.; 79, 174, 198; 87, 114, 138 f.

[398] BVerfGE 79, 174, 191 f.; 83, 201, 211 ff.; BVerfG NJW 1998, 367, 368; BVerfGE 100, 226, 239 ff.

[399] Vgl. BVerfGE 100, 226, 241, 246.

[400] Deshalb verneint *Battis*, NVwZ 1982, 585, 588 ein aliud-Verhältnis auch nach der Rechtsprechung des BVerfG; kritisch auch *Schmidt-Aßmann*, JuS 1986, 833, 836; die Grenzziehung des BVerfG bezweifelnd *Pietzcker*, JuS 1991, 369, 371; für echtes aliud-Verhältnis dagegen *Schulze-Osterloh*, NJW 1981, 2537, 2543 und auch *Rozek*, Eigentumsbindung und Enteignung, der die Kritik aufnimmt (S. 157 ff.) und ihr dann (S. 233 ff.) unter Hinweis auf das von ihm zur Abgrenzung von Inhaltsbestimmung und Enteignung entwickelte Kriterium der Durchbrechung der Eigentumsordnung entgegentritt.

[401] BVerfGE 52, 1, 28; präzisierend die Naßauskiesungs-Entscheidung BVerfGE 58, 300, 331 f.

[402] Sprechendes Beispiel ist die Naßauskiesungsentscheidung: Das BVerfG unterscheidet hier zwischen preußisch-rechtlicher Kiesausbeutungsbefugnis des Grundeigentümers als abstrakter Rechtsposition und tatsächlicher Ausbeutung aufgrund dieser Befugnis seit 1936 als konkreter Rechtsposition (BVerfGE 58, 300, 337 f.). Das überzeugt nicht. Der Staat könnte sonst Eigentum an einem brach liegenden Grundstück ohne Rücksicht auf Art. 14 III GG entziehen. Wie weit müssen zudem Ausbeutungsmöglichkeiten konkret ins Auge gefaßt sein etc., damit eine konkrete Rechtsposition anzunehmen ist? Die Unterscheidung ist nicht einmal endgültig. Die Einordnung, daß die Entziehung ausgeübter Rechte durch abstrakte Regelung Legalenteignung ist, ist nur „nicht ausgeschlossen" (BVerfG, a.a.O., S. 331 f.). Vor der Prüfung als Enteignung ist die Vorfrage zu prüfen, ob nicht doch eine allgemeine Regelung nach Art. 14 I 2 GG auch hinsichtlich ausgeübter Nutzungsbefugnisse vorliegt. Diese Inhaltsregelung wird in der Naßauskiesungsentscheidung hinsichtlich der dort betroffenen – ausgeübten – Nut-

gerichteten oder nicht gerichteten Willen des Gesetzgebers unterscheiden und in letzterer Hinsicht vielleicht Falschbezeichnungen oder Verdeckungsmanöver mutmaßen bzw. aufklären zu müssen[403].

218 Die Unklarheit hat das BVerfG in jüngerer Zeit auszuräumen versucht: Neue, in Zukunft geltende allgemeine Vorschriften, die nicht auf einzelnes konkretes Eigentum zugreifen, sollen auch dann nicht eine (Legal-)Enteignung sein können, wenn im Zuge der allgemeinen Neuregelung Rechte, die bisher bestanden, abgeschafft werden[404]. Selbst diese völlige Beseitigung bisher bestehender, durch die Eigentumsgarantie geschützter Rechtspositionen sei anhand des Art. 14 I 2 GG zu prüfen.[405] Allerdings könne die Zulässigkeit möglicherweise wegen der Intensität der den Rechtsinhaber treffenden Belastung mit dem Grundgesetz nur dann in Einklang stehen, wenn die Regelung durch die Einführung eines Ausgleichsanspruchs abgemildert werde[406]. Das seien Fälle, in denen der Eingriff in seinen Auswirkungen für den Betroffenen einer Enteignung nahe- oder gleichkomme[407]. Die abstrakt-generelle Neuregelung eines Rechtsgebiets bleibe aber

zungsbefugnisse bejaht, und zwar sogar eine zulässige Inhaltsregelung (BVerfG, a.a.O., S. 338; eine – wegen ihrer Unbegrenztheit unzulässige – Inhaltsbestimmung nimmt die Pflichtexemplar-Entscheidung – BVerfGE 58, 137, 147 ff. – an betreffend die landesrechtliche Pflicht der hessischen Verleger, Exemplare ihrer Bücher an die Landesbibliothek entschädigungslos abzugeben).

403 S. beispielhaft BGH WM 1990, 653, 655 = NJW 1990, 898, 899.

404 BVerfGE 83, 201, 211 f. (hierzu *Ossenbühl*, JuS 1993, 200 ff.; *Schwabe*, JZ 1991, 777); BVerfG NJW 1998, 367, 368 = JuS 1998, 852 m. Anm. *Osterloh*; s. a. *Kube*, Jura 1999, 465; BVerfGE 100, 226, 240 = JZ 1999, 895 mit Anm. *Ossenbühl* (in BVerfGE 79, 174, 192 noch offengelassen). Zu der Entscheidung BVerfGE 100, 226 s.a. die Besprechung von *Külpmann*, JuS 2000, 646.

405 BVerfGE 83, 201, 211 f.

406 BVerfG NJW 1998, 367, 368. Ausnahmsweise dürfe auch ein finanzieller Ausgleich das Ausgleichsmittel sein (BVerfGE 100, 226, 244 f.). Dieser Ausgleich könne aber erst nach sorgfältiger Erwägung und Berücksichtigung anderer Ausgleichsmaßnahmen eingesetzt und müsse dann durch das Gesetz selbst als tatbestandlich abgegrenzte Ausgleichsregelung statuiert werden. Nach dem den Denkmalschutz betreffenden Beschluß des BVerfG vom 2. 3. 1999 (BVerfGE 100, 226, dazu *Roller*, NJW 2001, 1003 ff.) sind Ausgleichsregelungen im Rahmen einer Inhalts- und Schrankenbestimmung „unzulänglich, wenn sie sich darauf beschränken, dem Betroffenen einen Entschädigungsanspruch in Geld zuzubilligen. Die Bestandsgarantie des Art. 14 I 1 GG verlangt, daß in erster Linie Vorkehrungen getroffen werden, die eine unverhältnismäßige Belastung des Eigentümers real vermeiden und die Privatnützigkeit des Eigentums so weit wie möglich erhalten." Als Ausgleichsmaßnahmen werden genannt: Übergangsregelungen, Ausnahme- und Befreiungsvorschriften und der Einsatz sonstiger administrativer und technischer Vorkehrungen (BVerfGE 100, 226, 245). Wenn in salvatorischen Entschädigungsklauseln lediglich festgelegt wird, daß bei Überschreiten der Verhältnismäßigkeitsgrenze zu entschädigen ist, so ist dies keine Inhaltsbestimmung des Gesetzgebers, sondern Zuschiebung der Entscheidung an Verwaltung und Gerichte *(Pietzcker*, NVwZ 1991, 418, 426; zu salvatorischen Entschädigungsklauseln auch *Detterbeck*, DÖV 1994, 273, 278). Der Beschluß BVerfGE 100, 289 (Ausgleichsanspruch für ausscheidende Aktionäre), der die §§ 291 ff. und §§ 320 ff. AktG als Inhalts- und Schrankenbestimmung sieht (a.a.O., S. 302 unter Hinweis auf das Feldmühle-Urteil BVerfGE 14, 263), fügt sich in dieses System ein, denn § 305 II AktG und auch § 320b I AktG sehen eine Abfindung in Aktien als vorrangig vor einer Barabfindung vor. Das BVerfG hatte sich mit der verfassungskonformen Bestimmung der Höhe des Ausgleichs der Minderheitsaktionäre zu befassen.

407 BVerfGE 100, 226, 240, NJW 1998, 367, 368. In BVerfGE 83, 201 (betr. gesetzliche Vorkaufsrechte) formuliert das Gericht, daß beim Entzug von Vorkaufsrechten durch allgemeine gesetzliche Regelung – jedenfalls nach Eintritt des Vorkaufsfalls – das in Art. 14 III GG zum Ausdruck kommende „Gewicht des Eigentumsschutzes" bei der für Art. 14 I 2 GG vorzunehmenden Abwägung zu beachten sei, da sich der Eingriff für den Betroffenen wie eine (Teil- oder Voll-)Enteignung auswirke (BVerfG, a.a.O., S. 211 ff.).

Inhaltsbestimmung gemäß Art. 14 I 2 GG und könne keine (Legal-)Enteignung mehr sein[408]. Frühere anderslautende Formulierungen des BVerfG[409] seien überholt[410].

Durch die Zwischenfigur einer der Enteignung nahekommenden Inhaltsbestimmung, **219**
die nur bei Gewährung einer Entschädigung verfassungsgemäß ist, braucht für einen finanziellen Ausgleich weder über die Finalität des Eingriffs[411] noch über die Betroffenheit von eher konkreten als abstrakten Rechtspositionen eine Enteignung begründet zu werden[412]. Deshalb gilt jetzt konsequent: Das Gesetz, welches nicht zu einem öffentlichen Zweck einzelne geschützte Eigentumspositionen entzieht, ist Inhalts- und Schrankenbestimmung und kann – auch bei noch so intensiver Eigentumsbeeinträchtigung (z.B. Reduktion der Eigentümerbefugnisse auf das „nudum ius"[413]) – nicht in eine Enteignung umgedeutet werden[414].

Der Rechtsprechung des BVerfG folgt in seiner neueren Rechtsprechung das BVerwG. **220**
Das BVerwG ist mit der Abgrenzung in zwei Fallkonstellationen befaßt. *Erstens*, wenn es die Rechtmäßigkeit einer Maßnahme zu prüfen hat, die sich auf ein formelles nachkonstitutionelles Gesetz als Rechtsgrundlage stützt; hier ist die Untersuchung der Verfassungsmäßigkeit der Rechtsgrundlage Teil der Prüfung der Rechtmäßigkeit der Verwaltungsmaßnahme[415]: Ist bereits die Rechtsgrundlage verfassungswidrig, sind sämtliche auf

[408] BVerfGE 100, 226, 239 f.; BVerfG NJW 2000, 798, 799; *Maurer*, Allgemeines Verwaltungsrecht, § 26 Rz. 41. *Rozek*, Eigentumsbindung und Enteignung, S. 246, will deshalb in Zukunft als zusätzliches Merkmal für die formelle Enteignung hinzunehmen, daß der zielgerichtete Entzug „unter gesetzlicher Durchbrechung oder auf der Grundlage einer gesetzlichen Durchbrechung der Eigentumsordnung" geschieht.

[409] BVerfGE 58, 300, 331 f., wo u.a. auf BVerfGE 52, 1, 28 Bezug genommen wird.

[410] BVerfG NJW 1998, 367, 368.

[411] *Rozek*, Eigentumsbindung und Enteignung, S. 230 f.

[412] Während das BVerfG im Naßauskiesungsbeschluß gesagt hat, „die Problematik der Legalenteignung stellt sich bei Änderung des objektiven Rechts aber dann, wenn von einer [...] Nutzungsbefugnis bereits Gebrauch gemacht worden ist und diese entzogen wird" (BVerfGE 58, 300, 338), hat das Gericht diese Formulierung jetzt für überholt erklärt, BVerfG NJW 1998, 367, 368 l.Sp.o. Die Frage, ob ein Recht bereits ausgeübt wurde oder nicht, ist nur noch im Rahmen der Prüfung, ob die eigentumsbeeinträchtigende Inhaltsbestimmung den Rechtsinhaber unverhältnismäßig belastet und deshalb Übergangs- oder Ausgleichsregelungen vom Gesetzgeber vorzusehen sind, von Belang, BVerfG NJW 1998, 367, 368.

[413] Streitig: in diese Richtung explizit *Rozek*, Eigentumsbindung und Enteignung, S. 219, der sich wohl auf BVerfGE 83, 201, 212 und BVerfG NJW 1998, 367, 368 berufen kann; a.A. *Maurer*, Allgemeines Verwaltungsrecht, § 26 Rz. 48; offengelassen in BVerwGE 106, 290, 294, wobei das BVerwG die Frage aufwirft, ob der Gesetzgeber im Falle einer Reduzierung auf das nudum ius in der Form der Inhalts- und Schrankenbestimmung handeln darf.

[414] BVerfGE 79, 174, 192; BVerfG NJW 1998, 367, 368. Vgl. als Beispiel BVerwGE 106, 290 ff.: faktischer Entzug von 11% eines bestehenden, grundsätzlich von Art. 14 I 1 GG geschützten Bergwerkseigentumsrechts durch die Führung einer unter Beachtung des § 124 I BBergG geplanten Autobahntrasse, welcher Planung § 124 III BBergG bei Fehlen eines öffentlichen Interesses (sic!) an dem Abbau auf der betreffenden Fläche entschädigungslos Vorrang vor einem bestehenden Bergwerkseigentum einräumt.

[415] Vgl. BVerwGE 19, 94 (Ablehnung einer Erlaubnis nach dem Jugendschutzgesetz vom 27.07.1957 durch die Verwaltung); BVerwGE 67, 93 (Prüfung eines Landesnaturschutzgesetzes vor der Prüfung einer aufgrund dieses Gesetzes erlassenen Landschaftsschutzverordnung); BVerwGE 68, 143 (Prüfung eines Landesgesetzes über den Wiederaufbau reblausverseuchter Weinbaugebiete); BVerwGE 81, 329 und 88, 191 (Prüfung und verfassungskonforme Auslegung des BBergG bzw. Prüfung und verfassungskonforme Anwendung der rheinland-pfälzischen Landesbauordnung – hier Besonderheit, daß es nicht um die Abwehr eines Eingriffs, sondern um die Verpflichtung der Verwaltung zum Erlaß bestimmter Maßnahmen geht); BVerwGE 84, 361 (Prüfung des nordrhein-westfälischen Landschaftsgesetzes); BVerwG NVwZ 1993, 772 (Prüfung der Verordnungsermächtigung in dem hamburgischen Wasserge-

dieser Grundlage ergangenen Maßnahmen rechtswidrig. Das BVerwG muß fragen, ob es das Gesetz für verfassungswidrig hält und deshalb gemäß Art. 100 I GG dem BVerfG vorlegen muß[416]. *Zweitens* untersucht das BVerwG Maßnahmen am Maßstab des Art. 14 GG, wenn untergesetzliche[417] oder vorkonstitutionelle formelle[418] Normen die Rechtsgrundlage einer Verwaltungsmaßnahme bilden oder solche Normen selbst als Eigentumseingriff Prüfungsgegenstand sind. Hier besitzt das BVerwG selbst nicht nur die Normprüfungs-, sondern auch die Normverwerfungskompetenz.

221 In seiner früheren Rechtsprechung hat das BVerwG zu der Abgrenzung von Inhalts- und Schrankenbestimmung einerseits und Enteignung andererseits die sog. Schweretheorie vertreten. Die Schwere des Eingriffs beim Betroffenen war maßgeblich[419]. Die noch nicht enteignende Intensität oder Schwere des Eingriffs wurde insbesondere mit der Betroffenheit gemäß der Situationsgebundenheit des Grundstücks begründet[420].

222 In jüngerer Zeit, insbesondere seit der Naßauskiesungsentscheidung des BVerfG[421], folgt das BVerwG dem BVerfG. In der Entscheidung vom 27.10.1983[422] nimmt das

setz); BVerwGE 94, 1, 10 (Prüfung einer Vorschrift des bayerischen Naturschutzgesetzes); BVerwGE 102, 260 (Prüfung einer Vorschrift des rheinland-pfälzischen Denkmalschutz- und -pflegegesetzes); BVerwGE 106, 228, 234 ff. (Prüfung des § 35 II BauGB); BVerwGE 106, 290, 293 (Prüfung einer Norm des BBergG).

416 In BVerwGE 84, 361, 367 kommt das BVerwG nach der Prüfung des nordrhein-westfälischen Landschaftsgesetzes zu dessen Verfassungswidrigkeit wegen Verstoßes gegen Art. 14 III 2 GG, vermeidet aber eine Vorlage gemäß Art. 100 I 2 GG durch verfassungskonforme Auslegung.

417 Vgl. BVerwGE 49, 365 (Prüfung einer Naturschutzverordnung, aufgrund deren die Erlaubnis zur Schaumlavaausbeute versagt wurde); BVerwGE 67, 84 und 67, 93 (jeweils Landschaftsschutzverordnung); BVerwG NVwZ 1993, 772 (Prüfung der hamburgischen Deichordnung).

418 Vgl. BVerwGE 5, 143, wo das BVerwG die Verfassungsmäßigkeit einer Norm des Reichsnaturschutzgesetzes sowie eines hamburgischen Gesetzes zur Änderung des Reichsnaturschutzgesetzes prüft und verneint und deswegen zu der Rechtswidrigkeit einer auf der Grundlage dieser Vorschriften erlassenen Landschaftsschutzverordnung kommt.

419 Vgl. BVerwGE 5, 143, 145; 15, 1, 2 f.; 19, 94, 98 f.

420 Vgl. BVerwGE 49, 365, 367 f. mit Hinweisen, u.a. auf BVerwGE 15, 1, wo im Leitsatz noch von der für die Prüfung, ob es sich um eine Enteignung handele, maßgeblichen „Schwere und Tragweite" die Rede ist. Bereits in BVerwGE 15, 1 f. verneint das BVerwG eine Enteignung und bejaht eine bloße „Benutzung" unter Hinweis auf die „Ortsbezogenheit" eines deswegen „ohnehin belasteten" Deichgrundstücks (u.a. begründet mit dem „alten Rechtsspruch": „Wer nicht will deichen, muß weichen"). Von hier dürfte es nur ein kleiner Schritt zur allgemeinen „Situationsgebundenheit" gewesen sein, wenngleich nicht für alle Grundstücke derartige „alte Rechtssprüche" existieren.

421 BVerfGE 58, 300 ff. Diese erwähnt das BVerwG, soweit ersichtlich, erstmalig in BVerwGE 67, 84, 86. Dort ging es um Eigentumsbeeinträchtigungen durch eine Naturschutzverordnung, deren Charakter als (entschädigungslose) Inhalts- und Schrankenbestimmung unter Hinweis auf BVerwG 49, 365 wieder mit der Situationsgebundenheit begründet wird. Greife eine Naturschutzverordnung dagegen in eine bereits ausgeübte Nutzung ein oder sei eine „eigentumskräftig verfestigte Anspruchsposition" (vgl. zu diesem Begriff BVerwGE 49, 365, 372 mit Nachweisen: gemeint ist eine Eigentumsnutzung, die zwar noch nicht verwirklicht ist, aber wegen der Legalität dieser Nutzung bereits Eigentumsschutz genieße) gegeben, so könne diese Position nicht oder nur gegen Entschädigung entzogen werden, dies aber nunmehr nicht nur im Wege der Enteignung, sondern auch im Wege der Inhaltsbestimmung, was aus dem folgenden Satz des BVerwG deutlich wird: „Als entschädigungslose Regelung wäre sie eine unzulässige Inhaltsbestimmung des Eigentums und damit verfassungswidrig", BVerwGE 67, 84, 87. Hier scheint das BVerwG die Anpassung an den Naßauskiesungsbeschluß und die Pflichtexemplarentscheidung des BVerfG vorgenommen zu haben. Vom Wortlaut her fast identisch BVerwGE 67, 93, 95 f.

422 BVerwGE 68, 143, 147 f.

BVerwG unter ausdrücklichem Hinweis auf die Kleingartenpacht- und die Naßauskiesungsentscheidung den engen Enteignungsbegriff sowie die formale Abgrenzung von Inhalts- und Schrankenbestimmung einerseits und Enteignung andererseits auf. Der Senat führt hier zwar auch wieder das Merkmal der Situationsgebundenheit für das Vorliegen einer Inhalts- und Schrankenbestimmung an, aber nicht mehr im Hinblick darauf, daß ohne die Situationsgebundenheit eine Enteignung festzustellen wäre, sondern im Hinblick darauf, daß die Inhalts- und Schrankenbestimmung verfassungsrechtlich zulässig ist. In dem Urteil wird also nicht mehr i. S. des Gegensatzes zwischen entschädigungsloser Inhaltsbestimmung und entschädigungspflichtiger Enteignung, sondern i.S. der Möglichkeit einer ausgleichspflichtigen Inhaltsbestimmung argumentiert[423]. In der Folge bleibt das BVerwG bei dem engen Enteignungsbegriff[424]. Schließlich ist das BVerwG dem BVerfG auch insoweit gefolgt, als im Rahmen einer Inhalts- und Schrankenbestimmung nicht nur die gestaltende Regelung des Eigentums, sondern auch der Eingriff in bestehende, von Art. 14 I 1 GG geschützte Rechtspositionen, und ggf. auch der Entzug solcher Positionen möglich ist[425].

Liegt nach dem vom BVerfG übernommenen Begriff eine Inhalts- und Schrankenbestimmung vor, kann das BVerwG eine Entschädigung gewähren, wenn das Gesetz eine solche vorsieht. Sieht das Gesetz sie nicht vor oder sind Zweifel an der Angemessenheit begründet, kann das BVerwG nur die verfassungsrechtliche Zulässigkeit verneinen und dem BVerfG vorlegen[426]. **223**

[423] BVerwGE 68, 143, 147 f. unter Hinweis auf die Pflichtexemplar-Entscheidung BVerfGE 58, 137, 147.

[424] Vgl. BVerwGE 77, 295, 297 f.; 81, 329, 340 f.; 84, 361, 366; 87, 241, 243; 94, 279, 283.

[425] BVerwGE 88, 191, 195, 197; BVerwG NVwZ 1993, 772, 773; BVerwGE 94, 1, 5 f. unter Hinweis auf BVerfGE 83, 201, 211 ff.; ebenso BVerwGE 102, 260, 267. Vgl. aber BVerwGE 106, 290: das BVerwG hatte darüber zu entscheiden, ob die Führung einer Bundesautobahntrasse über 11% der Grundstücksfläche eines Abbaugebiets von Natursteinen, das im Eigentum des Kl. stand, eine Maßnahme darstellte, die dem Kl. einen Anspruch auf Übernahme oder Entschädigung gab, weil die Autobahn die praktische Nutzbarkeit dieser 11% für den Kl. völlig ausschloß. Dies verneinte das BVerwG. Es nahm eine verfassungskonforme, entschädigungslos hinzunehmende Inhalts- und Schrankenbestimmung an, weil § 124 III BBergG unter bestimmten Voraussetzungen, die hier vorlagen, anordnet, daß der Betrieb einer öffentlichen Verkehrsanlage der Gewinnung von Bodenschätzen entschädigungslos vorgeht. Am Ende der Entscheidung heißt es: „Der Senat hat erwogen, ob der in § 124 III BBergG vorgesehene entschädigungslose Vorrang der öffentlichen Verkehrsanlage auch dann noch einer sachgerechten und an Art. 14 I 1 GG orientierten Interessenabwägung entspricht, wenn durch eine öffentliche Verkehrsanlage (z.B. einen Flugplatz) das gesamte Abbaufeld betroffen und damit das Bergwerkseigentum insgesamt völlig unverwertbar wird, und ob es in solchen Fällen geboten sein kann, im Rahmen der planerischen Abwägung den privaten Interessen des Bergwerkseigentümers dadurch Rechnung zu tragen, daß sein Bergwerkseigentum förmlich enteignet und damit auch entschädigt wird." Diese Frage wurde offengelassen. Hier wird deutlich, daß der 4. Senat noch im Sinne des alten Enteignungsbegriffs denkt, nämlich im Sinne der Enteignung, gemessen an dem materiellen Kriterium der Schwere. Die Rechtsprechung des BVerfG ist anders: Wenn der Gesetzgeber das Bergwerkseigentum allgemein in einer Weise ausgestaltet, daß dies im Regelfall dem Grundsatz der Verhältnismäßigkeit entspricht, dann kann nach der Rechtsprechung des BVerfG die unverhältnismäßige Belastung im Einzelfall den Gesetzgeber nicht dazu zwingen, die Form der Inhalts- und Schrankenbestimmung zu verlassen. Er muß seiner Inhalts- und Schrankenbestimmung nur eine Ausgleichsregelung für solche Fälle beifügen. Das BVerwG hält seine Ausführungen in BVerwGE 84, 361, 367, daß, soweit es auf die Entziehung subjektiver Rechte ankomme, die Schwere des Eingriffs, die Zumutbarkeit der Belastung oder des auferlegten Sonderopfers grundsätzlich nicht die Entscheidung darüber beeinflußten, ob der Tatbestand der Enteignung im Sinne des Art. 14 III 1 GG erfüllt sei, nicht konsequent durch.

[426] BVerwGE 106, 228, 235.

b) *Enteignung als unzulässige Inhaltsbestimmung*

aa) *Der Fehlschluß des BVerfG*

224 Nehmen wir die neuere Rechtsprechung des BVerfG in ihrem Kern, so arbeitet sie das Verhältnis von Inhaltsbestimmung und Enteignung deshalb als Gegensatz aus, weil sie den Anspruch auf Entschädigung wegen gesetzlicher Enteignung beschränken will. Allein um die Enteignung kraft Gesetzes geht es in Art. 14 III GG. Für diese Enteignung geht es um die genannten Gründe der neueren Rechtsprechung des BVerfG: Durchzusetzen ist nämlich der Vorrang des Primärrechtsschutzes vor dem Eigentumswertschutz. Damit ist einerseits die Kompetenz des Gesetzgebers zur Entscheidung darüber zu wahren, ob er gegen Entschädigung enteignen will. Andererseits ist im Hinblick auf die Möglichkeit verfassungswidriger Entscheidungen des Gesetzgebers das Kontrollmonopol des BVerfG zu wahren. Folglich ist die Kompetenz der Zivilgerichte in Beachtung dieser Kompetenzen des Gesetzgebers und des BVerfG einzugrenzen. Es soll nicht gelten, daß die Zivilgerichte Entschädigungsansprüche gewähren, weil sie ein Gesetz für eine als Inhaltsbestimmung nicht zulässige Regelung halten. Diese Ziele der verfassungsgerichtlichen Rechtsprechung sind berechtigt. Das Mittel aber, welches das BVerfG benutzt hat, um den Entschädigungsanspruch zu beschränken, ist nicht tauglich. Das berechtigte Ziel ist die richtige Behandlung des Eigentumseingriffs durch Gesetz. Allein diese ist in Art. 14 GG geregelt. Das Mittel des BVerfG ordnet aber schon Art. 14 GG selbst nicht richtig, vor allem aber greift es ungerechtfertigt über Art. 14 GG hinaus.

225 Berechtigt ist die Eindämmung der zivilgerichtlichen Rechtsprechung über den allgemeinen, vor den ordentlichen Gerichten verfolgbaren Anspruch auf Entschädigung bei gesetzlichem Eigentumseingriff. Soweit die ordentlichen Gerichte Entschädigung gewährt haben, weil das im Einzelfall angewandte Gesetz als eine unzulässige Inhaltsbestimmung und deshalb enteignend zu qualifizieren sei, haben sie sich die Kompetenz zur verfassungsrechtlichen Kontrolle von Gesetzen angemaßt und den mit der Junktimklausel ausgedrückten Vorbehalt verletzt, daß der Gesetzgeber darüber zu entscheiden hat, ob er gegen Entschädigung enteignen will. Aufgrund dieses Vorbehalts können eigentumsverletzende Gesetze als verfassungswidrig angegriffen werden, sie können aber nicht durch richterliche Gewährung einer Entschädigung geheilt werden.

226 Allerdings ist der Hinweis auf Junktim und Budgetrecht insofern unvollständig, als es nicht im Ermessen des Gesetzgebers liegt, ob er Entschädigung gewährt oder nicht. Der Gesetzgeber kann seine Kompetenz nicht dahin ausüben, daß er keine Entschädigung gewährt, und es verbleibt, wenn er trotz der Notwendigkeit einer Entschädigung entschädigungslos normiert, nicht dabei, daß, weil das Gesetz keine Entschädigung gewährt, kein Entschädigungsanspruch besteht: Das Gesetz ist zwar auf Verfassungswidrigkeit zu prüfen und bei Verfassungswidrigkeit für nichtig zu erklären. Diese Kontrolle kann nicht dadurch ersetzt werden, daß der Betroffene den Entschädigungsanspruch wählt. Aber soweit *während der Dauer des Verfahrens bis zur Nichtigerklärung* dem Betroffenen das Recht entzogen war und dadurch Schäden entstanden sind, die durch die für die Zukunft das Recht befreiende Nichtigerklärung nicht beseitigt werden, muß ohne Rücksicht auf die gesetzliche Grundlage der Entschädigungsanspruch gegeben werden. Die Gewährleistung des Entschädigungserfordernisses in Art. 14 III 1 GG ist in letzter Linie eine Einschränkung und nicht ein Privileg des enteignenden Gesetzgebers. Der Hinweis auf die Junktimklausel ist also nur insoweit berechtigt, als der richterliche Entschädigungsausspruch nicht an die Stelle der Verfassungsprüfung des Gesetzes treten darf.

227 Hatte das BVerfG somit den Vorrang der Verfassungskontrolle und sein Kontrollmonopol herzustellen, so war aber dazu die Entwicklung eines Gegensatzes von Inhaltsbestimmung und Enteignung nicht das richtige Mittel. Der Gegensatz ist, weil für Inhaltsbestimmung und Enteignung derselbe Vorrang gilt, nicht erforderlich, er ist auch nicht möglich, und schließlich führt er, weil die Rechtsprechung des BVerfG damit über Art. 14 GG hinauswirkt, zu unrichtigen Konsequenzen.

bb) Kontrollmonopol des BVerfG und Budgetrecht des Gesetzgebers für Inhaltsbestimmung und Enteignung

Einen Gegensatz zwischen Inhaltsbestimmung und Enteignung herzustellen, ist nicht **228**
erforderlich. Für beide gelten die Gründe für die Änderung der Praxis i. S. der Gewährleistung des Vorrangs der Verfassungskontrolle vor der Entschädigung, nämlich die Wahrung des Kontrollmonopols des BVerfG und der Entschädigungskompetenz des Gesetzgebers, gleichermaßen. Im Grundsätzlichen sind die Regelungen der Inhaltsbestimmung und der Enteignung in Art. 14 I 2 und Art. 14 III GG nicht unterschiedlich: Sowohl die rechtsbeeinträchtigende Inhaltsbestimmung wie die Enteignung müssen durch Gründe des allgemeinen Wohls gerechtfertigt sein. Für beide gilt das Verhältnismäßigkeitsprinzip. Für beide folgt aus einem Mangel der Rechtfertigung die Verfassungswidrigkeit. Schließlich gilt für die entschädigungspflichtige Inhaltsbestimmung wie für die Enteignung der Vorbehalt der Entschädigungsbestimmung durch den Gesetzgeber mit der Folge, daß die Nichtbestimmung der Entschädigung zur Verfassungswidrigkeit führen, aber nicht an die Stelle der Verfassungskontrolle die richterliche Entschädigungsgewährung treten darf.

Was insbesondere die Junktimklausel betrifft, so gilt für Inhaltsbestimmung wie für **229**
die Enteignung: Erkennt der Gesetzgeber nicht oder mißachtet er es, daß wegen der Tragweite seines Eingriffs eine Entschädigung zu bestimmen ist, so ist seine Regelung verfassungswidrig, gleich ob man diese nach der Begriffsbildung des Bundesverfassungsgerichts als Inhaltsbestimmung oder als Enteignung auffaßt. Dem Gesetzgeber ist also damit, daß der Fall, für den Art. 14 III GG das Entschädigungserfordernis positiv erhebt, formal abgegrenzt wird, gar nicht geholfen.

Der letzte Punkt, der für die Notwendigkeit der Gegenüberstellung von Inhaltsbe- **230**
stimmung und Enteignung angeführt wird, ist das Argument, daß der Gesetzgeber bei der Schaffung einer ausgleichspflichtigen Inhaltsbestimmung freier sei hinsichtlich der Art des Ausgleichs: Bei dem Ausgleich im Rahmen einer Inhalts- und Schrankenbestimmung sei der Gesetzgeber nicht auf die Form der Entschädigung in Geld festgelegt, ihm stünden auch andere Mittel zur Verfügung[427], nach der Ansicht des BVerfG sind Ausgleichsregelungen sogar unzulänglich, wenn sie sich darauf beschränken, dem Betroffenen einen Entschädigungsanspruch in Geld zuzubilligen[428].

Auch in diesem Punkt besteht aber eine Unterschiedlichkeit nicht. Art. 14 III 2 GG bestimmt auch für den Fall der Enteignung, daß das enteignende oder die Enteignung zulassende Gesetz *Art und Ausmaß* der Entschädigung zu regeln hat und Art. 14 III 3 GG regelt, daß *die* Entschädigung – also diejenige, deren Art und Ausmaß der Gesetzgeber gemäß Art. 14 III 2 GG zu bestimmen hat – unter gerechter Abwägung der Interessen der Allgemeinheit und der Beteiligten zu bestimmen ist. Das, was das BVerfG zu der ausgleichspflichtigen Inhaltsbestimmung ausführt, gilt also auch für die Enteignung nach dem Begriff des BVerfG: „Ausgleichsregelungen ... sind unzulänglich, wenn sie sich darauf beschränken, dem Betroffenen einen Entschädigungsanspruch in Geld zuzubilligen. Die Bestandsgarantie des Art. 14 I 1 GG verlangt, daß in erster Linie Vorkehrungen getroffen werden, die eine unverhältnismäßige Belastung des Eigentümers real vermeiden und die Privatnützigkeit des Eigentums so weit wie möglich erhalten"[429]. Auch eine Enteignungsentschädigung gemäß Art. 14 III 1-3 GG wäre unzulänglich, wenn sie sich trotz

[427] Vgl. BVerwGE 94, 1, 8; *Rozek*, Eigentumsbindung und Enteignung, S. 265 ff..
[428] BVerfGE 100, 226, 245; so schon *Rozek*, a.a.O., S. 266.
[429] BVerfGE a.a.O., 245.

vorhandener anderer Entschädigungsarten, welche eine unverhältnismäßige Belastung des Eigentümers real vermeiden und die Privatnützigkeit des Eigentums so weit wie möglich erhalten, darauf beschränkte, dem Betroffenen einen Entschädigungsanspruch in Geld zuzubilligen. Der Verhältnismäßigkeitsgrundsatz ist im Rahmen von Art. 14 III 1-3 GG ebenso zu beachten, wie bei der ausgleichspflichtigen Inhaltsbestimmung. Es besteht hinsichtlich der Art der zu gewährenden Entschädigung prinzipiell kein Unterschied, weil auch die Enteignungsentschädigung gemäß Art. 14 III 1-3 GG keineswegs zwingend ein Anspruch in Geld sein muß, sogar nicht in Geld sein darf, wenn andere verhältnismäßigere Entschädigungsarten zur Verfügung stehen[430].

231 Es ist schließlich auch nicht bei der Enteignungsentschädigung grundsätzlich volle Entschädigung zu leisten, während bei der ausgleichspflichtigen Inhaltsbestimmung lediglich unzumutbare, eine verhältnismäßige Eigentumsbindung ansonsten übersteigende Beeinträchtigungen auszugleichen sind[431]. Das BVerfG selbst hat entschieden, daß das Abwägungsgebot des Art. 14 III 3 GG es dem Gesetzgeber ermögliche, auf situationsbedingte Besonderheiten des Sachverhalts und die Zeitumstände Rücksicht zu nehmen; eine starre, allein am Marktwert orientierte Entschädigung sei dem GG fremd. Es treffe auch nicht zu, daß den Enteigneten stets das volle Äquivalent für das Genommene gegeben werden müsse. Der Gesetzgeber könne je nach den Umständen vollen Ersatz, aber auch eine darunter liegende Entschädigung bestimmen[432].

cc) Die Unmöglichkeit der Gegenüberstellung von Inhaltsbestimmung und Enteignung

232 Inhaltsbestimmung und Enteignung in Gegensatz zu bringen, ist sodann nicht möglich: Schon die vom BVerfG geschaffene Figur der sog. ausgleichspflichtigen Inhaltsbestimmung verlegt nur die Grenze zwischen Inhaltsbestimmung und Enteignung, nämlich nunmehr in Art. 14 I 2 GG hinein[433], es bleibt aber bei dem ausgleichspflichtigen Eingriff als Negativbegriff, nämlich als Begriff des Eingriffs, der keine entschädigungslos bzw. ohne Ausgleich zulässige Inhalts- und Schrankenbestimmung ist[434]. Ein Gegensatz wäre begründet, wenn die Inhaltsbestimmung eine Kategorie wäre, für die prinzipiell andere, insbesondere mildere Rechtsfolgen angebracht wären als für die Enteignung. Ein solcher Gegensatz existiert aber nicht: Die verfassungsrechtlichen Hürden einer Beeinträchtigung privater Rechte können allein nach zwei Gesichtspunkten unterschiedlich hoch sein: nach dem Grad der Betroffenheit des Rechtsträgers einerseits und nach der Berechtigung und Dringlichkeit der Gründe des öffentlichen Interesses am Eingriff andererseits. Hingegen ist eine Unterschiedlichkeit der Zulässigkeitsschranken danach, ob der Gesetzge-

[430] Das verkennt *Schmidt-Preuß*, NJW 2000, 1524, 1525, der die „verfassungsrechtliche Kontroverse“ im Hinblick auf den von der Bundesregierung ins Werk gesetzten sog. Atomausstieg – Streitpunkt ist v.a. die Dauer der Restlaufzeiten – wie folgt „auf den Punkt“ bringt: Der „Ausstieg“ im Wege der Inhalts- und Schrankenbestimmung werde in der Annahme präferiert, daß hierbei allein eine zeitliche Streckung, nicht aber eine finanzielle Kompensation nötig sei, was im Falle einer Enteignung Art. 14 III 2 GG von vornherein ausschließe. Das sei der Hintergrund für den sich auf der Ebene des Staatsrechts abspielenden „dogmatischen Kampf“ um die Einordnung als Enteignung hier, als Inhalts- und Schrankenbestimmung dort. Richtig dagegen *Koch*, NJW 2000, 1529, 1530 ff., demzufolge „angemessene Restlaufzeiten für die in Betrieb befindlichen Kraftwerke die verfassungsrechtlich gebotene Verhältnismäßigkeit der Entziehung der Altrechte herstellen.“

[431] *Rozek*, a.a.O., S. 128 f.

[432] BVerfGE 24, 367, 421; 46, 268, 285.

[433] So *Pietzcker*, JuS 1991, 369, 371 f.; *ders.*, NVwZ 1991, 418, 419; *Burmeister/Röger*, JuS 1994, 840, 844 f.; *Ossenbühl*, Staatshaftungsrecht, 4. Teil II, S. 183, 194; *Maurer*, Allgemeines Verwaltungsrecht, (1999) § 26 Rz. 81.

[434] So die Vorauflage S. 72 ff.

ber dem Bürger ein diesem zustehendes Recht durch eine allgemeine oder eine konkret zugreifende Regelung wegnimmt, nicht zu rechtfertigen[435].

Inhaltsbestimmung und Enteignung sind beides Eingriffe in Eigentumsrechte, sie stehen im Verhältnis des allgemeinen (Art. 14 I 2 GG als lex generalis) und des speziellen Tatbestands (Art. 14 III GG als lex specialis). Art. 14 III und ebenso Art. 15 GG regeln historisch belegte spezielle Fälle eindeutiger Wegnahmen privater Rechte durch die Staatsgewalt. Für diese Fälle wird eine ebenso eindeutige Schutzregelung statuiert. Art. 14 I 2 GG regelt demgegenüber die Inhaltsbestimmung allgemein. Auch insoweit liegen historische Erfahrungen zugrunde, die zeigen, daß das Eigentum, weil es nicht frei schwebt, sondern in Staat und Gesellschaft eingebettet ist, in der Abstimmung von öffentlichem und privatem Interesse regelungsbedürftig ist. Solche Regelungen können aber die zumutbare Belastung des einzelnen im Interesse der Allgemeinheit überschreiten, und dann sind Übergangsregelungen, Dispens, Übernahme des Eigentums gegen Vergütung oder die Entschädigung des Eingriffs die Mittel des Ausgleichs. Zwischen Allgemein- und Spezialfall bestehen also graduelle, keine Wesensunterschiede[436]: Je mehr **233**

[435] Man sehe nur das BVerfG selbst, wenn es ausführt, der Gesetzgeber müsse bei Erlaß einer Inhalts- und Schrankenbestimmung, die bestehende Rechte abschaffe, die Gründe des öffentlichen Interesses für die Inhalts- und Schrankenbestimmung und das Vertrauen des Bürgers, welches durch Art. 14 I 1 GG geschützt sei, gegeneinander abwägen und bei dieser Abwägung auch das in Art. 14 III GG „zum Ausdruck kommende Gewicht des Eigentumsschutzes" beachten, da sich der Eingriff für den Betroffenen wie eine (Teil- oder Voll)Enteignung auswirke (BVerfGE 83, 201, 212 f.; vgl. a. BVerfGE 100, 226, 240 ff.). S. auch die auf die Wucht der Regelungswirkung beim einzelnen abstellende Entscheidung des BayVerfGH in BayVBl 1991, 461, 462 f., 463 vor cc) (betreffend Art. 103 I. i.V.m. Art. 159 Bay. Verf.). – Verständlich deshalb das Offenlassen in BGHZ 110, 12, 16: „Der Entschädigungsanspruch nach § 22 I HbgDenkmSchG – mag er sich nunmehr im Lichte der Rechtsprechung des BVerfG ... als Ausgleichsregelung im Bereich von Art. 14 I 2 GG und nicht als Enteignungsentschädigung i. S. von Art. 14 III GG darstellen..." etc. Schließlich ist Art. 15 GG gleichermaßen einschlägig, ob nun der Gesetzgeber eine allgemeine Bestimmung über die Natur des Eigentums an bestimmten Gegenständen als Gemeineigentum trifft und damit bisher bestehendes Privateigentum entzieht oder ob er das Privateigentum an bestimmten Gegenständen direkt entzieht.

[436] Das gestehen mitunter sogar Anhänger der Lehre des BVerfG ein, vgl. etwa *Schmidt-Preuß*, NJW 2000, 1524, 1529 (zur Problematik des von der Bundesregierung beabsichtigten sog. Atomausstiegs): „So richtig es ist, die Institute der Enteignung einerseits sowie der Inhalts- und Schrankenbestimmung andererseits *konstruktiv* zu unterscheiden, so unzweifelhaft weisen sie *gemeinsame Wurzeln* auf: sie bieten *gleichermaßen* materiellen *Schutz vor unverhältnismäßigen Eigentumsverletzungen*" (Hervorhebung im Original). Es ist bedauerlich, daß aus dieser Erkenntnis keine konstruktiven Konsequenzen gezogen werden. Unzutreffend auch *Koch*, NJW 2000, 1529, 1533 (ebenfalls zum sog. Atomausstieg), der die Rspr. des BVerfG, die für die Behandlung alter Rechte durch eine Neubestimmung des Eigentums andere Rechtfertigungsmaßstäbe anlegt als für die „echten" Enteignungsfälle, damit zu rechtfertigen versucht, daß das „Sonderopfer" der Altrechtsinhaber, denen ihre Rechte durch eine Inhalts- und Schrankenbestimmung entzogen werden, eine „andere, strukturell schwächere Qualität als in den Fällen" habe, „in denen die übrigen Bürger glückliche Eigentümer bleiben". In der abstrakt-generellen Beseitigung einer Eigentumsposition liege auch ein Element der Gleichbehandlung aller Bürger. Das Argument ist verfehlt: Es geht um Grundrechtsschutz des Einzelnen vor Zugriffen des Staates, und dieser kann nicht dadurch abgeschwächt werden, daß der Staat nicht nur einzelne, sondern gleich mehrere Eigentümer in ihren Rechten verkürzt. Das liefe für die Betroffenen auf den Satz „Geteiltes Leid ist halbes Leid" und für die Frage, ob eine den Schutzbereich des Art. 14 I 1 GG berührende Inhalts- und Schrankenbestimmung gerechtfertigt ist, darauf hinaus, daß eine Rechtfertigung um so eher anzunehmen wäre, je mehr Eigentümer betroffen wären. Dies ist, ähnlich wie das Kriterium „abstrakt-generell", ein rein formaler Aspekt ohne Aussagegehalt für die eigentliche Frage, *wie intensiv* die Inhalts- und

es einer Regelung um ein vernünftiges Miteinander geht und dabei die beteiligten Rechte gewahrt werden können, um so ferner steht sie dem Spezialfall des Art. 14 III GG. Je klarer sie die Aufopferung einzelner dem Bürger zustehender Rechte um eines konkreten öffentlichen Zwecks verlangt, desto weniger zweifelhaft ist die Einschlägigkeit der Spezialregelung des Art. 14 III GG. Mehr Sicherheit kann man dem Gesetzgeber nicht geben. Als verantwortungsbewußter Gesetzgeber kann er sich auf die Nähe oder Ferne zu Art. 14 III GG einstellen[437].

dd) Unrichtige Konsequenzen aus der Gegenüberstellung von Inhaltsbestimmung und Enteignung

234 Schließlich führt die Fixierung des BVerfG auf einen wesensmäßigen Gegensatz zwischen Inhaltsbestimmung und Enteignung zu unrichtigen Konsequenzen, weil sie unzulässig über Art. 14 GG hinausgreift. Der BGH hält unverwandt daran fest, Entschädigungen wegen enteignungsgleichen und enteignenden Eingriffs zuzusprechen und für die Entschädigung wegen enteignenden Eingriffs seine gewohnten Kriterien anzuwenden, mit denen er zwischen zulässiger Inhaltsbestimmung und Enteignung unterschieden hat[438]. Er hält sich nur davor zurück, Entschädigungsansprüche in der Richtung zu prüfen, daß das dem Eigentumseingriff zugrunde liegende formelle Gesetz keine entschädigungslos zulässige Inhaltsbestimmung sei[439].

Schrankenbestimmung die Betroffenen berührt und ob die Beeinträchtigung ausgeglichen werden muß oder nicht.

437 Der Gesetzgeber kann auch vorsorglich eine Entschädigung vorsehen, freilich nicht unter dem Vorbehalt, daß Entschädigung nur zu zahlen sei, wenn sich bei Überprüfung herausstellen sollte, daß das Gesetz enteignend ist. Zur Verfassungswidrigkeit salvatorischer Klauseln *Leisner*, DVBl 1981, 76, 81. – Ebenso kann der Gesetzgeber vorsorglich bestimmen, daß, wie es Art. 14 III 4 GG für den dort geregelten Spezialfall anordnet, für die Bestimmung der Entschädigungshöhe die Zivilgerichte zuständig sind. Außerhalb des Spezialfalls des Art. 14 III GG weist aber nicht schon die Verfassung den Streit um die Entschädigungshöhe den ordentlichen Gerichten zu. Der Gesetzgeber müßte es tun.

438 Zum Anspruch aus enteignungsgleichem Eingriff BGHZ 90, 17, 31 (rechtswidrige Versagung einer Baugenehmigung), BGHZ 111, 349 (Verkehrsverbot für Puffreiserzeugnisse), BGHZ 118, 253; 134, 316 (Verzögerung der Baugenehmigung), BGHZ 136, 182 (Verzögerung einer Genehmigung nach dem GrundstücksVG); zum Anspruch aus enteignendem Eingriff BGHZ 91, 20, 26 f. (Geruchsbelästigung durch gemeindliche Kläranlage), BGHZ 97, 114 (Verkehrsimmissionen durch Autobahnbau; abweichend, nämlich für die abschließende Wirkung des Planfeststellungsverfahrens, dessen Ergebnis der Betroffene hat rechtskräftig werden lassen, BGHZ 140, 285, 300 ff., die Frage der abschließenden Regelung der Planfestellung hat aber nichts, wie der BGH a.a.O., 302 meint, mit dem weiten Enteignungsbegriff zu tun), BGHZ 97, 361 (Verkehrsimmissionen von öffentlicher Straße), BGHZ 100, 335 (Unterstellung unter öffentlich-rechtliche Verwahrung), BGHZ 112, 392 (Beeinträchtigung eines Jagdausübungsrechts durch Manöver), BGHZ 120, 38 (Auflage zur Bestellung einer Dienstbarkeit), BGHZ 122, 76; 129, 124 (mit Militärflughafen verbundener Fluglärm); zum Anspruch sei es aus enteignungsgleichem oder enteignendem Eingriff: BGHZ 117, 240, 252 ff. (Überflutung eines Grundstücks).

439 S. BGHZ 100, 136: Kein Anspruch aus enteignungsgleichem Eingriff, wenn dieser in einem verfassungswidrigen Gesetz und seiner Ausführung bestehen soll (Festsetzung von Pachtzins für Kleingärten aufgrund des einschlägigen Gesetzes), ebenso BGHZ 102, 350, 359 f. (Waldschadens-Urteil) unter Ausdehnung der Notwendigkeit einer gesetzlichen Entschädigungsregelung auf einen denkbaren Anspruch aus enteignendem Eingriff wegen einer Vielzahl auftretender nachteiliger Wirkungen eines Gesetzes. Anders, wenn der Eingriff in einer auf rechtswirksamer gesetzlicher Grundlage erlassenen rechtswidrigen VO oder Satzung besteht (BGHZ 111, 349).

Diese Haltung bedurfte der Rechtfertigung insbesondere gegenüber dem Satz der Naßauskiesungsentscheidung, die Gerichte könnten keine Enteignungsentschädigung zusprechen, für die es an einer vom Gesetzgeber geschaffenen Anspruchsgrundlage fehle[440]. Diese Rechtfertigung hat der BGH[441] mit Unterstützung durch die Literatur[442] wie folgt gegeben: Die Feststellungen des BVerfG entzögen lediglich der Anerkennung eines solchen Entschädigungsanspruchs die Grundlage, der auf die Verfassungswidrigkeit des der Einwirkung in das Eigentum zugrunde liegenden oder sie bewirkenden Gesetzes gestützt sei. Die Anerkennung eines Anspruchs auf Entschädigung wegen eines mangels gesetzlicher Grundlage rechtswidrigen und *deshalb* enteignungsgleichen Eingriffs und ebenso der Anspruch auf Entschädigung wegen enteignenden Eingriffs, d.h. wegen eigentumsbeeinträchtigender Nebenfolgen eines rechtmäßigen Verwaltungshandelns, seien dagegen vom Grundsatz der Gesetzmäßigkeit der Enteignungsentschädigung nicht berührt. Kurz: Richterliche Entschädigungsansprüche außerhalb des Art. 14 GG seien nicht berührt[443]. 235

Die Abgrenzung nach den alten Kriterien wendet der BGH sodann in der Prüfung von Entschädigungsansprüchen an, die das Gesetz, auf das der Eigentumseingriff im Einzelfall gestützt ist, selbst vorsieht[444]. Anderes gelte nur für den Fall, daß das Gesetz so weit 236

440 BVerfGE 58, 300, 319. Gegen das Bestehenbleiben des Instituts des enteignungsgleichen Eingriffs nach der Naßauskiesungsentscheidung *Scholz*, NVwZ 1982, 337, 347; Ablehnung jeder gesetzlich nicht geregelten Entschädigung bei *Battis/Feltl-Brentano*, JA 1983, 494, 498, die dafür aber die Weiterentwicklung des Folgenbeseitigungsanspruchs zu einem Folgenentschädigungsanspruch andeuten, a.a.O., S. 499. Ausdrücklich für den Gesetzesvorbehalt auch BVerwGE 106, 228, 235: Weise ein inhalts- und schrankenbestimmendes Gesetz, gemessen an Art. 14 I 1 GG, Defizite auf, dürften die Gerichte nicht auf der Grundlage des Art. 14 I GG Ansprüche gewähren, die der Gesetzgeber nicht selbst vorgesehen hat, um Art. 14 I 1 GG gerecht zu werden; bei Vorliegen der Voraussetzungen des Art. 100 I GG müsse die Entscheidung des BVerfG eingeholt werden.

441 BGHZ 90, 17, 29 ff.; 91, 20, 26 ff.; 100, 136, 144 f.

442 *Ossenbühl*, NJW 1983, 1 ff.; *ders.*, JZ 1987, 1027; Maunz-Dürig/*Papier*, GG, Art. 14 Rz. 631 ff. m.w.N. und der Ergänzung, daß bei Vollzug eines einen Entschädigungsanspruch vorsehenden Gesetzes, wenn der Vollzug wegen Verletzung der gesetzlichen Voraussetzungen rechtswidrig sei, schon die gesetzliche Entschädigungsregelung als Grundlage auch des Anspruchs aus enteignungsgleichem Eingriff herangezogen werden könne (dort Rz. 569 f., 631), ebenso *Papier*, NVwZ 1983, 258 f.

443 Das BVerfG habe sich lediglich mit der verfassungsrechtlichen Regelung des Art. 14 III GG befaßt und die dort aufgestellte Voraussetzung einer gesetzlichen Entschädigungsgrundlage hervorgehoben. Nur für ein nach Art. 14 III GG zu prüfendes, nämlich als enteignend oder Enteignungen zulassend verdächtigtes Gesetz gelte also, daß es als verfassungswidrig angegriffen werden müsse, insbesondere der Mangel einer Entschädigungsregelung Grund für die Verfassungswidrigkeit sein könne, aber nicht stattdessen Entschädigung verlangt werden könne, d.h. nicht in Betracht komme, daß durch richterliche Entschädigungsgewährung jener Mangel und (vorbehaltlich anderer Einwände) auch der Verfassungsverstoß geheilt werden könne (BGHZ 90, 31; 100, 136, 144 f.; Maunz-Dürig/*Papier*, GG, Art. 14 Rz. 637; *Ossenbühl*, NJW 1983, 1, 3 li. Sp.). Soweit es dagegen beim Anspruch aus enteignungsgleichem Eingriff um einen Eingriff ohne gesetzliche Grundlage gehe und weil es weiter beim Anspruch aus enteignendem Eingriff um faktische, nicht vorhersehbare (*Ossenbühl*, a.a.O., 1, 3 re. Sp.) Nebenfolgen von Verwaltungshandeln gehe, sei das Thema der Rechtswidrigkeit wegen verfassungswidrig enteignenden Gesetzes gar nicht berührt. Diese Ansprüche seien auch schon gar nicht auf Art. 14 III 2 GG zu stützen, sondern – nach dem Vorgehen schon des RG (RGZ 140, 276) – auf das alte, in §§ 74, 75 Einl. PrALR zum Ausdruck gebrachte Rechtsprinzip der Aufopferungsentschädigung, nach welchem derjenige zu entschädigen sei, der Güter für das allgemeine Wohl aufzuopfern genötigt gewesen sei (BGHZ 90, 17, 29 ff.; 91, 20, 28; 102, 350, 357; *Ossenbühl*, a.a.O., 1, 3 li. Sp., 5 re. Sp.).

444 Charakteristisch BGHZ 133, 271, 274: Die Entschädigungsbestimmung des § 19 III WHG beruhe auf dem früher vom BGH vertretenen weiten Enteignungsbegriff, sie könne aber nach

in die Substanz des einzelnen betroffenen Eigentums eingreife, daß es einschließlich seiner Entschädigungsbestimmung keine zulässige Inhaltsbestimmung sei, sondern der Gesetzgeber eine Enteignung nach Art. 14 III GG vornehmen müsse. Insoweit kombiniert der BGH die materielle Abgrenzung mit dem Enteignungsbegriff des BVerfG: Er grenzt nach materiellen Kriterien einen Fall ab, in dem eine Enteignung im Sinne des Enteignungsbegriffs des BVerfG erforderlich sei, und verweist für den Fall, daß die als erforderlich zu erachtende Enteignung fehlt, auf die Notwendigkeit der Verfassungskontrolle des Gesetzes[445].

237 Die Abgrenzung der Entschädigungspflichtigkeit, wenn das Gesetz selbst eine Entschädigung vorsieht, nach den alten Kriterien ist aus zwei Gründen in der Tat unumgänglich: Zum einen kann eine im Gesetz bestimmte Entschädigungsvorschrift, wenn sie nach der neuen Begrifflichkeit des BVerfG nicht mehr Bestandteil einer Enteignungsregelung sein kann, ohne weiteres als Vorschrift im Sinne einer entschädigungspflichtigen Inhaltsbestimmung aufgefaßt werden. Zwar bleibt dann die Frage, ob die so verstandene Regelung den Anforderungen des BVerfG an eine zulässige Inhaltsbestimmung genügt. Dem BGH ist aber, abgesehen von dem Vorbehalt einer auch gegen Entschädigung nicht zulässigen Inhaltsbestimmung, bisher nicht in den Sinn gekommen, die auf Entschädigung gerichtete Klage trotz im Gesetz vorhandener Entschädigungsgrundlage nicht zu bescheiden und stattdessen die ganze gesetzliche Inhaltsbestimmung zur Überprüfung an Hand der Erfordernisse der verfassungsgerichtlichen Rechtsprechung dem BVerfG vorzulegen. Damit würde dem Kl., in dessen Eigentum die öffentliche Hand nach dem Gesetz eingegriffen hat und der deshalb nach demselben Gesetz Entschädigung verlangt, zugemutet, an Stelle der öffentlichen Hand Sachwalter der Herstellung einer ordnungsgemäßen gesetzlichen Regelung nach der reinen Lehre des BVerfG zu sein[446]. Die Nicht-

der Rechtsprechung des BVerfG nicht mehr als enteignungsentschädigungsrechtliche Regelung i.S. von Art. 14 III GG angesehen werden, stattdessen sei sie nunmehr als Ausgleichsregelung im Rahmen der Inhaltsbestimmung des Eigentums nach Art. 14 I 2 GG auszulegen. Sodann werden die alten Abgrenzungskriterien angewandt. S. weiter BGHZ 99, 24 (Entschädigungsanspruch aus § 31 RPDSchPflG, in BVerfG 100, 226 ist nur die Vorschrift über die Verweigerung der Abrißgenehmigung, nicht die Entschädigungsbestimmung für verfassungswidrig erklärt worden), BGHZ 105, 15 (§ 24 BWDSchG), BGHZ 121, 73 (Nutzungsbeschränkung nach NRWDSchG), BGHZ 121, 328 ff. (Stellung unter Denkmalschutz nach SaarlNatSchG), BGHZ 123, 242 (Schutz von Flugsanddünen nach NdsNatSchG); 126, 379 (Landschaftsschutz NRW); 133, 271 (Wasserschutzgebiet, Entschädigung nach WHG). Für den Rechtsweg kommt es darauf an, daß der Anspruch seinem Wesen nach zu den Ansprüchen aus enteignendem Eingriff und damit zu den in die Zuständigkeit der ordentlichen Gerichte gehörenden Aufopferungsansprüchen (§ 40 II 1 VwGO) zählt (so etwa BGHZ 128, 204, neben dem Anspruch aus der Entschädigungsbestimmung war ein Anspruch aus enteignungsgleichem Eingriff zu prüfen und deshalb ohnehin nach § 17 II 1 GVG die Zuständigkeit für beide Ansprüche eröffnet) oder daß durch die gesetzliche Regelung die Zuständigkeit der ordentlichen Gerichte begründet ist.

445 S. die Stellungnahme des III. Senats des BGH in dem durch BVerfGE 100, 226 entschiedenen Verfahren (betr. Verfassungswidrigkeit des RPDSchPflG): Greife die Einflußnahme auf die Verwendung des Eigentumsobjekts derart intensiv in die Substanz ein, daß dem Eigentümer eine Verwendung zu privatem Nutzen gänzlich verwehrt werde, sei dies nicht mehr im Vollzug inhalts- und schrankenbestimmender Normen zulässig und erscheine auch eine „Heilung" durch Gewährung einer Entschädigung nicht möglich, vielmehr bleibe der öffentlichen Hand „wohl" nur die förmliche Enteignung (S. 236). S. zur Voraussetzung einer gegen Entschädigung zulässigen Inhaltsbestimmung auch BGHZ 121, 328, 336 f.; 133, 265, 267 f.

446 Zu denken ist auch an die zwischenzeitlich eintretenden Schäden, die auch ein Erfolg bei dem gegen das Gesetz gerichteten Angriff nicht beseitigen würde (zutreffend hebt diesen Aspekt gegen die Verweisung auf ein Primärrechtsschutzverfahren *Ossenbühl* hervor, NJW 1983, 1, 3 li. Sp., 5 li. Sp.). Zur Untragbarkeit des Vorgehens, den Betroffenen auf den Weg zum

bescheidung der Entschädigungsklage unter Auferlegung der Sachwalterstellung kommt um so weniger in Betracht, wenn es um Entschädigungsklagen im Rahmen umfangreicher Planungsverfahren geht und anders als der Kl. eine große Zahl von Betroffenen sich schon mit der gesetzlichen Behandlung zufrieden gegeben hat[447].

Zum anderen ist die Entschädigungsklage ganz aus der Betroffenheit im Einzelfall motiviert und kommt es für sie auf die Einzelfallprüfung an. So detailliert vorausdenkend, daß sie jeden Einzelfall voll erfaßt, kann die die Entschädigungsvorschrift enthaltende inhaltliche Regelung gar nicht sein. Der Standpunkt, nach dem unter Ablehnung salvatorischer Entschädigungsbestimmungen Anforderungen an genügend konkrete Ausgleichsregelungen zu machen sind, ist nur bedingt praktikabel[448]. **238**

Damit tritt zutage, daß der begriffliche Gegensatz des BVerfG die Eigentums-Aufopferungsfälle der Zivilgerichtsbarkeit überhaupt nicht betreffen kann. Der Gegen- **239**

BVerfG zu verweisen, eindrucksvoll *Ossenbühl*, Staatshaftungsrecht, 6. Teil I, S. 271 f. (in Verteidigung des Anspruchs aus enteignendem Eingriff bei Fluglärmimmissionen, weil andernfalls in Fällen, in denen kein Planfeststellungsverfahren durchgeführt wird mit Primärrechtsschutz in diesem Verfahren, der Betroffene im Wege der Verfassungsbeschwerde gegen die gesetzliche Regelung vorgehen müßte).

447 Sieht ein formelles nachkonstitutionelles Gesetz – wie häufig in Naturschutz- und anderen Gesetzen – für allgemein geregelte, aber im Einzelfall unverhältnismäßige Eigentumsbeeinträchtigungen eine salvatorische Entschädigungsklausel vor, die pauschal eine Entschädigung in Geld gewährt, so wäre diese nach Ansicht des BVerfG als Ausgleichsbestimmung im Rahmen des Art. 14 I GG unzulänglich (BVerfGE 100, 226, 245). Folglich müßte das Zivil- oder Verwaltungsgericht das Verfahren aussetzen und dem BVerfG gemäß Art. 100 I GG vorlegen, damit das Gesetz für verfassungswidrig erklärt und so dem Vorrang des Bestandsschutzes vor dem Entschädigungswertschutz Rechnung getragen würde. Unproblematisch ist dies, sofern der Betroffene die Beeinträchtigung auch gegen Entschädigung nicht akzeptieren, sondern abwehren will. Problematisch wird dies aber, wenn der Betroffene die Beeinträchtigung gegen die Entschädigung, welche der Gesetzgeber ihm gewähren will, hinzunehmen bereit ist. Das mit der Sache befaßte Zivil- oder Verwaltungsgericht müßte einen Weg beschreiten, den der Betroffene gar nicht gehen will und der ihm u.U. sogar mehr schadet als nützt: Man denke an die eingeschränkte oder sogar aufgehobene Nutzbarkeit des beeinträchtigten Eigentums während des möglicherweise Jahre dauernden Verfahrens, welches in dem Fall, daß das BVerfG das Gesetz für verfassungswidrig erklärt, zu folgendem absurden Ergebnis führte: (1.) Der Betroffene könnte für die Zeit der eingeschränkten oder aufgehobenen Nutzbarkeit während des Verfahrens die Beseitigung der Folgen der rechtswidrigen (weil auf verfassungswidrigem Gesetz beruhenden) Verwaltungsmaßnahme verlangen oder doch (insoweit) eine Entschädigung, (2.) er erhielte sein Eigentum unbeeinträchtigt zurück, obwohl er sich mit der Beeinträchtigung arrangieren wollte und mittlerweile auch arrangiert haben wird, und (3.) er ist der Gefahr ausgesetzt, daß der Gesetzgeber eine Neuregelung trifft, dieses Mal mit verhältnismäßig abgestufter Ausgleichsregelung mit folgenden Konsequenzen: Er, der Betroffene, wird in der jetzt folgenden Zeit die Eigentumsbeeinträchtigung nach einer Übergangszeit entschädigungslos dulden müssen (Übergangsregelung) oder er erhält im Wege eines Dispenses nun eine Ausnahmebewilligung, obwohl er sich gegen die Beeinträchtigung gar nicht zur Wehr setzen wollte, oder schließlich „sieht" er, weil die genannten Möglichkeiten unzureichend sind, doch „Geld", sei es infolge eines Übernahmeanspruches, sei es durch Gewährung einer Entschädigung in Geld als ultima ratio. Folgten die Zivil- und Verwaltungsgerichte der Linie des BVerfG konsequent, würde dem Betroffenen in all' den Fällen, in denen eine Entschädigung in Geld nach Ansicht des BVerfGs unzulänglich ist, ein bestimmter Schutz gegen seinen Willen aufoktroyiert und dies gegen die Regelung des Gesetzes, so wie dieses nun einmal ist: Denn der Betroffene will nicht Primärschutz, sondern gerade Entschädigung, die ihm der Gesetzgeber selbst auch geben will.

448 Der BGH prüft deshalb nur flüchtig die genügende Bestimmtheit von Entschädigungsvorschriften: BGHZ 121, 328, 332 f., 333 f.; 123, 242, 244 ff.; BGHZ 126, 379, 381, 383 ff. erklärt die gesetzliche Vorschrift deshalb für genügend bestimmt, weil sie an die traditionellen Kriterien der Rechtsprechung anknüpfe.

satz des BVerfG ist bezogen auf die Auslegung des Art. 14 GG und damit die Anforderungen an die Zulässigkeit in Eigentum eingreifender Gesetze und die Wahrung der Kompetenz des Gesetzgebers, darüber zu bestimmen, ob er Eigentumseingriffe gegen Entschädigung vornimmt. Die Aufopferungsfälle der Zivilgerichtsbarkeit liegen dagegen außerhalb der Kompetenz des Gesetzgebers und seiner Kontrolle durch das BVerfG nach Art. 14 GG. Sie betreffen gesetzlich nicht geregelte Nebenfolgen eines Verwaltungshandelns oder rechtswidriges, d.h. durch Gesetz nicht gerechtfertigtes Verwaltungshandeln[449] oder Fälle, in denen das Gesetz selbst Entschädigung vorsieht. In den Aufopferungsentschädigungs-Fällen geht es darüber hinaus um die Entscheidung des Einzelfalls und nicht um die Einordnung einer gesetzlichen Regelung. Wenn im Rahmen des Anspruchs aus enteignungsgleichem Eingriff über die rechtswidrige Eigentumsbeeinträchtigung oder im Rahmen der Ansprüche aus enteignendem Eingriff oder aus einem gesetzlichen Entschädigungstatbestand über die einzelnen Folgen eines an sich rechtmäßigen Verwaltungshandelns zu entscheiden ist, kommt es auf den Gegensatz zwischen einer abstrakten Inhaltsbestimmung und einem finalen Enteignungseingriff nicht an. Weil der Entschädigungsanspruch aus enteignendem, enteignungsgleichem Eingriff oder einer gesetzlichen Entschädigungsbestimmung einzelfallbezogen zu prüfen ist, muß es für ihn notwendig auf die materielle Abgrenzung von Inhaltsbestimmung und Enteignung nach den traditionellen einzelfallbezogenen Kriterien ankommen[450].

240 Aufgrund der Fortgeltung der traditionellen materiellen Abgrenzung zwischen Inhaltsbestimmung und Enteignung in der Rechtsprechung der ordentlichen Gerichte zum

[449] Für den Anspruch aus enteignungsgleichem Eingriff gilt nicht der absolute Vorrang des Primärrechtsschutzes wie für gesetzliche Eingriffe nach Art. 14. Das Verwaltungshandeln hat nicht die verfassungsrechtliche Sonderstellung der Gesetzgebung. Mit Recht prüft der BGH die Möglichkeit des Primärrechtsschutzes gegen rechtswidriges Verwaltungshandeln nur unter dem Gesichtspunkt der Einschränkung oder Ausschließung des Entschädigungsanspruchs entsprechend § 254 BGB (BGHZ 90, 17, 32 f.; 110, 12, 14 f.; 140, 285, 297), s. die folgende Fn. Durch die neuen Entwicklungen um den Folgenbeseitigungs- und Folgenentschädigungsanspruch (s. etwa *Erbguth*, JuS 2000, 336 f.) ist der Anspruch aus enteignungsgleichem Eingriff nicht berührt. Mit dem Beseitigungs- und notfalls Entschädigungsanspruch geht der Betroffene gegen die Verwaltung vor, weil diese rechtswidrig in seine Rechte (nicht nur Eigentum ist berührt) eingegriffen habe, mit dem Ziel, das Verwaltungshandeln selbst oder zumindest seine Folgen zu beseitigen oder zu entschädigen. Damit gehört er vor die Verwaltungsgerichte (s. etwa VGH München NVwZ 1999, 1237 f.). Mit dem Anspruch aus enteignungsgleichem Eingriff erstrebt er hingegen unter Hinnahme des Handelns der öffentlichen Hand eine angemessene Entschädigung wegen eines Eingriffs in sein Eigentum (er duldet, aber liquidiert). Der Anspruch gehört nach § 40 II 1 VwGO vor die ordentlichen Gerichte (unentschieden abwartend noch *Ossenbühl*, a.a.O., 7. Teil VIII 5, S. 333 f.).

[450] Auch, was den enteignungsgleichen Eingriff betrifft, gilt die Notwendigkeit der Bejahung eines einzelfallbezogenen Entschädigungsanspruchs: Hier ist zwar die Möglichkeit des Primärrechtsschutzes gegen das widerrechtliche Verwaltungshandeln zu berücksichtigen. Es ist aber zweierlei zu beachten: Zum einen wird dem Betroffenen nicht immer zumutbar sein, den Weg des Primärrechtsschutzes zu gehen, wie sich auch die öffentliche Hand, die nun einmal das Verwaltungshandeln gesetzt hat, sich nicht jedenfalls auf einen Vorrang des Primärrechtsschutzes berufen kann. Deshalb schließt die Nichtinanspruchnahme des Primärrechtsschutzes den Entschädigungsanspruch nicht von vornherein aus, sondern kommt nur als Mitverschulden im Sinne von § 254 in Betracht (BGHZ 90, 17, 32 f.; 110, 12, 14 f.; 140, 285, 297). Zustimmend zur Begründung der Subsidiarität über § 254 BGB *Ossenbühl*, Staatshaftungsrecht, 5. Teil III 6, S. 260 ff. Kritisch, weil aus der verfassungsrechtlichen Rechtsprechung die zwingende Verweisung des Betroffenen auf den Primärrechtschutz gegen den Eingriffsakt zu folgern sei, *Rozek*, Eigentumsbindung und Enteignung, S. 75 f., 104 f., kritisch auch *Schmitt-Kammler*, JuS 1995, 473, 478 f. – Zum zweiten geht es, wenn Primärrechtsschutz erkämpft wird, um den Schaden, der bis zur Durchsetzung des Schutzes entstanden ist (BGHZ 118, 253, 255).

enteignenden und enteignungsgleichen Eingriff führt die Rechtsprechung des BVerfG zu einem Gegensatz zwischen dem Enteignungsbegriff, soweit es um Art. 14 GG geht, und dem Enteignungsbegriff, soweit es um die einfachrechtlichen Eigentumsaufopferungsansprüche geht. Das ist kein befriedigender Rechtszustand.

c) *Die Reichweite entschädigungslos zulässiger Inhalts- und Schrankenbestimmung nach der Rechtsprechung des BVerfG*

Die Alternative zwischen Inhaltsbestimmung und Enteignung besteht damit in der Tat derart, daß abzugrenzen ist zwischen zulässiger und unzulässiger Inhaltsbestimmung. Bei der nach Art. 14 I 2 GG grundsätzlich ohne Entschädigung zulässigen Inhalts- und Schrankenbestimmung durch den Gesetzgeber ist dieser an die Gewährleistung des Eigentums gebunden. Diese erfährt aber durch die Sozialpflichtigkeitsklausel des Art. 14 II GG im Hinblick auf die Einbettung jedes Eigentumsrechts und seiner Ausübung in das gesellschaftliche Zusammenleben die nötige Relativierung. Art. 19 II GG garantiert dabei zumindest den Wesensgehalt des Eigentums. **241**

Grundsätzliche Orientierungspunkte für die Konkretisierung dieser Maßgaben sind nach der Rechtsprechung des BVerfG[451]: Ausschluß einseitiger Interessenwahrnehmung, Beachtung des Gleichheitsgebots, Wahrung der Verhältnismäßigkeit (Eignung, Erforderlichkeit, Angemessenheit der Regelung zu ihrem Sozialinteressen wahrenden Zweck und damit Zumutbarkeit der Regelung)[452], Erhaltung der Substanz des Eigentums, vorbehaltlich ausnahmsweise möglicher Ausgleichsregelungen. **242**

Als Abwägungsbeispiele, die der Konkretisierung dieser Orientierungspunkte, aber auch ihrer Ergänzung dienen, sind die folgenden Entscheidungen des BVerfG zu berichten: **243**

In der Naßauskiesungsentscheidung[453] wurde für zulässig erklärt, daß für die Allgemeinheit lebensnotwendige Güter (im Fall: Grundwasser) einer öffentlich-rechtlichen Ordnung unterstellt und insoweit der Kreis der privatrechtlicher Herrschaft zugänglichen Güter eingeschränkt wird, wenn dies zur Sicherung überragender Gemeinwohlbelange und zur Abwehr von Gefahren erforderlich ist. Letzteres war nach den heutigen Verhältnissen für das Grundwasser zu bejahen. Wegen seiner Auswirkungen auf das Grundwasser (insbesondere im Hinblick auf die Funktionen des Kieses für das Grundwasser und im Hinblick auf die entstehenden, dem Grundwasser gefährlichen Baggerseen) wurde auch der in das Grundwasser eingreifende Kiesabbau in diesen Rechtfertigungszusammenhang einbezogen. Das noch verbleibende Grundeigentum erschien als umfassend genug, so daß von einer Substanzentleerung, was Privatnützigkeit und Verfügungsbefugnis betrifft, nicht gesprochen werden konnte. War hierdurch die Notwendigkeit einer ausgleichenden Interessenwahrung – wie man ergänzen muß: unter Wahrung eines substantiellen Restbestands der betroffenen Eigentumsposition – gewahrt, so standen nach dem auf seine Verfassungsmäßigkeit zu überprüfenden Wasserhaushaltsgesetz (WHG) die Erteilung oder Verweigerung der Gestattung zum Kiesabbau unter der Notwendigkeit sachlicher Gründe und war somit auch der Gleichheitsgrundsatz beachtet; schließlich war wegen der Erforderlichkeit vorausschauender Gesamtplanung die Regelung des repressiven Verbots mit Befreiungsvorbehalt statt eines Erlaubnisverfahrens mit Rechtsanspruch auf die Erlaubnis verhältnismäßig. Ergab sich daraus die Zulässigkeit der Regelung betreffs noch nicht ausgeübter Kiesabbaumöglichkeiten, so war für bisher schon rechtmäßig ausgeübte Nutzungen zu sagen, daß die Nutzungsbeschränkung auch sie erfassen konnte, wenn nur im Hinblick auf die für sie getätigten Investitionen eine diese angemessen berücksichtigende Auslaufregelung gegeben wurde. Die Erfüllung dieses Erfordernisses wurde dem Gesetzgeber des WHG bestätigt[454].

[451] BVerfGE 52, 1, 27 ff. (Kleingartenpacht I); 79, 174, 198 (Erbbaurecht); 87, 114, 138 f. (Kleingartenpacht II).

[452] Zum Verhältnismäßigkeitsgrundsatz *Arnauld*, JZ 2000, 276 ff.

[453] BVerfGE 58, 300 ff.

[454] BVerfGE 58, 300, 338 ff., 351 ff. Der letzteren Prüfung entspricht die Berücksichtigung des „Gewichts des Eigentumsschutzes nach Art. 14 III GG" im Rahmen der Abwägung nach

244 In der ersten Kleingartenpacht-Entscheidung[455] hat das Gericht die weitgehende Beschränkung des Kündigungsrechts der Verpächter von Kleingärten für unzulässig erklärt: Die vom Existenzsicherungs- zum Freizeitnutzen gewandelte Bedeutung der Kleingärten lasse jene Beschränkung, die sogar noch über den Schutz des immerhin existentiell auf Wohnraum angewiesenen Wohnungsmieters hinausging, als einseitige Bevorzugung der Pächter erscheinen, die auch nicht durch das Planungsinteresse der Gemeinden an hinreichender Durchgrünung des Gemeindegebiets zu rechtfertigen sei (Kleingartennutzung und Planung stimmten ja schon gar nicht notwendig überein). Im Hinblick auf den Effekt, daß wegen der Beschränkungsregelung Pachtland gar nicht erst angeboten werde, seien sogar Zweifel an der Eignung der Regelung für ihren Zweck angebracht[456].

Zu der Zulässigkeit einer Preisbindung ist das BVerfG in seiner Entscheidung zu den Mietpreisbindungen in der ehemaligen DDR[457] gelangt: Zwar wird betont, daß die von Art. 14 I GG gezogenen Grenzen überschritten wären, wenn Mietpreisbindungen auf Dauer zu Verlusten für den Vermieter oder zur Substanzgefährdung der Mietsachen führten; dies sei aber aus verschiedenen Gründen (Vermietersubventionen, Hilfe bei der Altschuldentilgung, verbilligter Erwerb von Grund und Boden durch die Vermieter, schrittweise Anhebung der Mieten und besonders ausgestaltete Möglichkeit der Umlage der Betriebskosten) nicht der Fall. Jenseits dieser Grenze habe der Gesetzgeber Vorsorge dagegen treffen dürfen, „daß die Mieter übergangslos mit Mieten überzogen wurden, die zwar für eine rentable Bewirtschaftung sowie die notwendige Instandsetzung und -haltung der Wohnungen vielleicht erforderlich, für viele Mieter aber finanziell nicht verkraftbar waren“. Gerade im Bereich der Wohnungsmiete fordere die Sozialbindung gemäß Art. 14 II GG einen angemessenen Interessenausgleich.

245 Das Unternehmenseigentum betrifft das Mitbestimmungsurteil des BVerfG[458]. Dieses hatte die Einführung der Mitbestimmung der Arbeitnehmer in den Aufsichtsräten der Kapitalgesellschaften durch das MitbestG 1976[459] auf ihre Vereinbarkeit insbesondere mit Art. 14 GG[460] zu prüfen. Das MitbestG hat über die fast paritätische Mitbestimmung bei den Gesellschaften der Montanindust-

Art. 14 I 2 GG, von welcher die Entscheidung BVerfGE 83, 201, 212 f. spricht (s. o. Rz. 232 Fn. 435). Für die entschädigungslose Entziehung von Vorkaufsrechten wird dort – jedenfalls für Rechte nach Eintritt des Vorkaufsfalls – das Streben nach Rechtseinheit nicht als ausreichende Rechtfertigung anerkannt (BVerfG, a.a.O., S. 213).

455 BVerfGE 52, 1, 35 ff.

456 In der zweiten Kleingartenpacht-Entscheidung BVerfGE 87, 114 ff. verfolgte das Gericht diese Linie weiter im Hinblick auf eine gesetzliche Pachtzinsbegrenzung (einem zweiten Angriffspunkt, der der Regelung der Pachtdauer unter Ausschluß von Kündigungsrechten galt, half das BVerfG mit der Anwendung anderweitig geregelter Kündigungsrechte durch verfassungskonforme Auslegung – konform mit Art. 3 II GG – ab). Auch was die Pachtzinsbegrenzung betreffe, sei die durchaus erhebliche soziale Funktion der Kleingärten zu stark gewichtet, die Interessen der Eigentümer dagegen zu wenig berücksichtigt worden. Die Eigentümer/Verpächter der Kleingärten konnten infolge der Pachtzinsbegrenzung nur geringe Erlöse erzielen, die einerseits erheblich unter den für die Nutzung von sonstigen Freizeit- oder Wochenendgärten üblichen Pachtzinsen lagen und die andererseits nicht für die Begleichung der für die Grundstücke etwa anfallenden öffentlich-rechtlichen Lasten (Erschließungsbeiträge etc.) ausreichten. Solche Pachtzinsen seien „so niedrig, daß sie für den Pächter nahezu nur noch symbolische Bedeutung haben.“ Dies könne nur durch sehr gewichtige öffentliche Belange gerechtfertigt werden, die hier nicht gegeben seien, weil die Mehrheit der Kleingartenpächter, auf deren Bedürfnissen die Gemeinwohlbelange beruhten und an denen sich folglich der Gesetzgeber bei der Schaffung der Pachtzinsbegrenzung als Inhalts- und Schrankenbestimmung zu orientieren gehabt habe, Bevölkerungsgruppen mittleren Einkommens zuzurechnen sei. – Zu dem Aspekt, daß der Gesetzgeber die Interessen von Grundstückseigentümern und -nutzern grundsätzlich nur dann im Rahmen des Art. 14 I GG gerecht ausgleicht, wenn wenigstens die öffentlichen Lasten des Grundstücks dem Nutzer in Rechnung gestellt werden dürfen bzw. „in angemessener Weise“ berücksichtigt werden, auch BVerfGE 98, 17, 42, 45 (sachenrechtliches Moratorium für ehemalige DDR-Grundstücke).

457 BVerfGE 91, 294, 310 ff.

458 BVerfGE 50, 290 ff.

459 Gesetz über die Mitbestimmung der Arbeitnehmer vom 4.5.1976 (BGBl I S. 1153).

460 Weitere Prüfungsansätze: Art. 9 I und III, 12 I und 2 I GG.

rie hinaus, die als weitergehend für ihren Bereich vorgeht (§ 1 II Ziff. 1, 2 MitbestG), für grundsätzlich alle[461] Kapitalgesellschaften mit gewöhnlich mehr als 2000 Arbeitnehmern die leicht unterparitätische[462] Besetzung der gesetzlich vorgeschriebenen bzw. die zwingende Einrichtung ebenso besetzter Aufsichtsräte statuiert[463], wobei den Aufsichtsräten, die bisher nicht bestanden oder die Kompetenz nicht hatten, mit Ausnahme des Aufsichtsrats der mit persönlicher Haftung der Komplementär-Gesellschafter verbundenen KGaA die Kompetenz zur Bestellung der Geschäftsführung übertragen wurde[464]. Hierdurch war der Eigentumsschutz der Anteilsrechte der Gesellschafter[465] involviert[466].

Betreffs der Anteilsrechte stellte das BVerfG fest, daß auch sie, selbst wenn sie an Großunternehmen bestehen, als Eigentum i.S. von Art. 14 GG geschützt sind. Die Regelung des MitbestG gehe jedoch nicht über die Grenzen zulässiger Inhalts- und Schrankenbestimmung hinaus. Dies prüft das Gericht in den folgenden Schritten: Zunächst werden die von der gesetzlichen Regelung betroffenen Rechte in ihrer bisherigen Ausgestaltung im Hinblick auf Freiheitsschutz und Sozialbindung gewichtet (sogleich (1)). Es folgt die genaue Bestimmung des Grades der Einschränkung der Rechte durch das MitbestG mit dem Ergebnis, daß eine substantielle oder qualitative Veränderung nicht festzustellen sei (s. (2)). Weiter werden die zum Freiheitsinteresse der Eigentümer gegenläufigen Interessen entwickelt, deren Schutz oder Verwirklichung das MitbestG anstrebt (s. (3)). In beiderlei Richtung wird die Prognose der Interessenberührung und -verwirklichung infolge des MitbestG, wie der Gesetzgeber sie aufgestellt hat, für maßgeblich erklärt, weil dem Gesetzgeber hinsichtlich seiner Sozialgestaltung eine Einschätzungsprärogative einzuräumen sei, wenn er nur die Einschätzungsgrundlagen sorgfältig zusammengestellt habe, vorbehaltlich freilich der zukünftigen Kontrolle des Gesetzes im Hinblick darauf, ob die Prognose von der Wirklichkeit bestätigt oder widerlegt wird[467]. Schließlich (s. (4)) werden auf dieser Grundlage die gegenseitigen Interessen abgewogen und wird festgestellt, daß das MitbestG eine sachlich begründete und verhältnismäßige Einschränkung der Anteilsrechte bedeute, die die Anteilsrechte in ihrem wesentlichen Gehalt unberührt lasse.

(1) Die Inhalts- und Schrankenbestimmungskompetenz reicht nach dem BVerfG desto weiter, je stärker der soziale Bezug der Ausübung des betroffenen Eigentumsrechts, die Einwirkung der Rechtsausübung in den Sozialbereich, ist; sie reiche desto weniger weit, je mehr die personale Komponente des Eigentums als durch eigene Leistung erreichbare und zur eigenen freien Lebensgestaltung nutzbare Freiheitsposition im Vordergrund stehe[468]. Das Anteilsrecht an Kapitalgesellschaften weise mit seiner Ausübung im Unternehmen als einem Bereich, in welchem Grundrechte auch der Arbeitnehmer betroffen seien, einen starken Sozialbezug auf[469]. Weiter sei es aufgrund der Tatsache einerseits, daß die Nutzung und Verfügung betreffs des Unternehmens durch die Gesellschaftsorgane vermittelt werde, und aufgrund des Auseinanderfallens von Eigentumsgebrauch und Verantwortung dafür andererseits vom herkömmlichen Begriff des Eigentums als Raum unmittelbarer und selbstverantwortlicher Gestaltungsbefugnis entfernt[470].

461 Ausgenommen sind Tendenzbetriebe (§ 1 IV MitbestG 1976).

462 Zum „leichten Übergewicht der Anteilseignerseite" im Aufsichtsrat (insbesondere im Hinblick auf das Zweitstimmrecht des letztlich von der Anteilseignerseite bestimmbaren Aufsichtsratsvorsitzenden – §§ 29 II, 31 IV, 27 MitbestG) BVerfGE 50, 290, 322 ff.

463 § 6 I MitbestG.

464 § 31 I 1 und 2 MitbestG.

465 Das BVerfG spricht von Anteilseigentum, das ist mißverständlich, s. *Wilhelm*, Rechtsform und Haftung, S. 348.

466 Geprüft wurde daneben der Schutz der Eigentumsrechte der Gesellschaften selbst (Art. 19 III GG). Diese könnten aber als Eigentumsrechte im Außenverhältnis von Maßnahmen, die die Innenstruktur betreffen, nur dann verletzt werden, wenn die Maßnahmen die Gesellschaften ganz oder nahezu funktionsunfähig machen würden. Nach der maßgeblichen Prognose des Gesetzgebers sei dies nicht der Fall (BVerfGE 50, 290, 352 f.).

467 BVerfGE 50, 290, 331 ff.

468 BVerfGE a.a.O., 340 f.; ähnlich bzgl. der Ausgestaltung der Befugnisse der Eigentümer von Sozialwohnungen BVerfGE 95, 64, 84 f.

469 BVerfGE a.a.O., 349.; ebenso BVerfGE 99, 367, 392.

470 BVerfGE a.a.O., 342 f., 348.

(2) Mit der Anknüpfung an den Aufsichtsrat und seine Personalkompetenz greife das MitbestG gerade in diejenigen Ausübungsmodalitäten ein, die einerseits von der starken Sozialfunktion gekennzeichnet seien und andererseits zu der charakteristischen Organvermittlung von Nutzung und Verantwortung gehörten[471]. Zwar stellt das Gericht fest, das Gesetz führe zu einer teilweise weitgehenden Einschränkung der mitgliedschaftsrechtlichen Position der Anteilseigner[472]. Eine qualitative Veränderung der Anteilsrechte liege in der Regelung des MitbestG aber nicht: Zu diesen gehöre es ihrem Wesen nach, daß der Berechtigte seinen Willen nicht gegen eine Mehrheit durchsetzen könne. Jedenfalls insofern, als nach der unterparitätischen Gestaltung des MitbestG die Arbeitnehmerseite Mehrheitspartei nur mit Anteilseignerstimmen zusammen sein könne, ergebe sich hinsichtlich der Angewiesenheit der Anteilsinhaber auf die Mehrheit bzw. ihrer Unterwerfung unter sie keine rechtlich relevante Struktur- und Substanzänderung des Anteilseigentums. Über das im Unternehmen investierte Kapital könne nicht gegen den Willen der Anteilseigner entschieden werden, diese verlören auch nicht aufgrund der Mitbestimmung die Kontrolle über die Führungsauswahl im Unternehmen und behielten das Letztentscheidungsrecht im Unternehmen[473].

(3) Nach der Teleologie des MitbestG verbreitert die Mitbestimmung die soziale Legitimation der Unternehmensleitung, sichert das Marktsystem durch Vermeidung von Klassenkampf und baut die Fremdbestimmung der Arbeitnehmer ab[474].

(4) Mit dieser Zweckbestimmung sei die Mitbestimmungsregelung ein im öffentlichen Wohl sachlich begründeter und zudem verhältnismäßiger Eingriff in die Anteilsrechte an Kapitalgesellschaften: Nach der maßgeblichen Einschätzung des Gesetzgebers sei sie eine zur Erreichung ihrer Zwecke geeignete und erforderliche, schließlich aber auch, jedenfalls im Hinblick auf das verbleibende Letztentscheidungsrecht der Anteilseignerseite, eine angemessene und zumutbare Neuorganisation der Kapitalgesellschaften[475].

Das Mitbestimmungs-Urteil des BVerfG ist kritisiert worden[476] im Hinblick darauf, daß die unterschiedliche Behandlung von Kapital- und Personengesellschaften nicht einsichtig sei. Dies läuft auf den Vorwurf von Versäumnissen bei der nach der Rechtsprechung des BVerfG erforderlichen Darlegung hinaus, daß eine Inhalts- und Schrankenbestimmung auch mit dem Gleichheitsgebot vereinbar sein müsse. Mit seinem Hinweis auf die durch die Organe vermittelte Nutzung und Verantwortung und die Haftungsbeschränkung bei den Kapitalgesellschaften[477] hat das BVerfG aber das Erforderliche gesagt: Soweit nach dem Gesetz die Wahl besteht, unmittelbar eigene Unternehmen aufzubauen oder diese in die Hand von juristischen Personen zu geben, ist die Konsequenz der Unterschied zwischen der Zurechnung des Unternehmens und folglich der Unternehmensverbindlichkeiten zur eigenen Person einerseits und der Mitverwaltung von juristischen Personen, an denen freilich ein Eigeninteresse der Kapitalgeber besteht und zu beachten ist, andererseits. Gehört das Unternehmen kraft rechtlicher Zurechnung zu einer natürlichen Person oder zu mehreren natürlichen Personen, so verträgt das die Mitbestimmung nicht: Sie wäre Fremdbestimmung über diese Personen[478]. Etwas anderes wäre es, von vornherein die Möglichkeit zu begrenzen, eigene Unternehmen zu haben. Es kommt in Betracht, für Großunternehmen die Rechtsform der juristischen Person zwingend vorzuschreiben. Dadurch wäre die durchgehende Gewährleis-

471 BVerfGE a.a.O., 347 f., 349.

472 BVerfGE a.a.O., 347. Am klarsten ist dies betreffs des Übergangs der Kompetenz zur Bestellung der Geschäftsführung der GmbH von den Gesellschaftern der GmbH auf den mitbestimmten Aufsichtsrat (§§ 6 I, 1 I Ziff. 1, 31 MitbestG 1976).

473 BVerfGE 50, 290, 345 f., 350.

474 BVerfGE a.a.O., 350 f.

475 BVerfGE a.a.O., 351. Demgegenüber nimmt das BVerfG in Bezug auf das MitbestErgG über die Montan-Mitbestimmung an, daß dieses teilweise verfassungswidrig sei, allerdings wegen Verstoßes gegen Art. 3 I GG, BVerfGE 99, 367.

476 *Papier*, ZGR 1979, 473.

477 Für die KGaA, bei der die persönliche Haftung der Komplementär-Gesellschafter besteht, ist auf § 31 I 2 MitbestG zu verweisen, der den Aufsichtsrat der KGaA von der Kompetenz, die Geschäftsleitung zu bestimmen, ausnimmt.

478 Zu Unrecht äußert Zweifel am Vorliegen einer Fremdbestimmung, wenn die Mitbestimmung zu einer allgemeinen Institution der Unternehmensverfassung gemacht würde, *Mertens*, JuS 1989, 857, 861.

tung der Mitbestimmung bei Großunternehmen zu erreichen. Dieser Eingriff stünde systematisch auf einer Stufe mit dem des WHG, vom Grundeigentum die Grundwassernutzung abzutrennen und einer öffentlich-rechtlichen Ordnung zu unterstellen. Das BVerfG hat also mit Recht für die Zulässigkeit der Mitbestimmung nach dem MitbestG 1976 die Unterschiedlichkeit der Kapital- gegenüber den Personengesellschaften angeführt und gerade dadurch die Verschiedenbehandlung der Kapitalgesellschaften gerechtfertigt[479].

d) *Prüfungsschema nach der Rechtsprechung des BVerfG für die verfassungsrechtliche Prüfung einer Inhalts- und Schrankenbestimmung*

Insbesondere aus dem Mitbestimmungs-Urteil[480] kann ein Schema für die Prüfung der Verfassungsmäßigkeit einer in Eigentum eingreifenden Inhalts- und Schrankenbestimmung nach der Rechtsprechung des BVerfG entnommen werden: **246**

1. Formelle Verfassungsmäßigkeit des Gesetzes: Verbandskompetenz des Bundes/Landes[481], Organkompetenz, ordnungsgemäßes Gesetzgebungsverfahren.

2. Materielle Prüfung:

a) Eingriff durch das Gesetz in ein Eigentumsrecht i.S. des Art. 14 I 1 GG.

(aa) Eigentumsrecht

(bb) Eingriff[482]

(b) Gewichtung des betroffenen Rechts im Hinblick auf Freiheitsfunktion und Sozialbezug.

(c) Genaue Bestimmung der Art und des Grades der Beschränkung.

(d) Wurde Art. 3 I GG beachtet oder werden die Inhaber gleicher Eigentumsrechte i.S.v. Art. 14 I 1 GG ungleich behandelt?

(e) Wurde der Grundsatz der Verhältnismäßigkeit (das Übermaßverbot) beachtet: Prüfung der Erforderlichkeit der Inhalts- und Schrankenbestimmung, der Geeignetheit und schließlich der Verhältnismäßigkeit i.e.S.?

(aa) Erforderlich ist die Inhalts- und Schrankenbestimmung nur, wenn das Wohl der Allgemeinheit die Eigentumsbeeinträchtigung rechtfertigt: „Das Wohl der Allgemeinheit ist nicht nur Grund, sondern auch Grenze für die dem Eigentum aufzuerlegenden Belastungen"[483].

(bb) Geeignet ist die Inhalts- und Schrankenbestimmung, wenn der vom Gesetzgeber definierte Gemeinwohlzweck (z.B. Denkmal- oder Naturschutz) durch sie erreicht wird.

(cc) Verhältnismäßig i.e.S. ist die Inhalts- und Schrankenbestimmung, wenn die durch Art. 14 I 1 GG geschützten Privatinteressen und die gemäß Art. 14 II GG vom Gesetzgeber zu verwirklichende Sozialbindung des Eigentums in einen gerechten Ausgleich und ein ausgewogenes Verhältnis gebracht werden: *Einerseits* darf die Inhalts- und Schrankenbestimmung den Kernbereich der Eigentumsgarantie (Privatnützigkeit, grundsätzlich freie Verfügungsbefugnis, Schutz des Vertrauens in den Eigentumsbestand) nicht „aushöhlen", was bedeutet, daß der Inhaber des Rechts „Eigentum" einen privaten Nutzen und eine, wenn auch eingeschränkte, Verfügungsbefugnis behalten muß; *andererseits* muß das Auftreffen des Individualeigentums auf die Bedürfnisse und Interessen anderer in der Inhalts- und Schrankenbestimmung berücksichtigt und ausgeglichen werden[484]. Es handelt sich um ein bewegliches System: je stärker der soziale Bezug der Inhalts- und

[479] Vgl. hierzu *Flume*, Um ein neues Unternehmensrecht, 1980, sowie *ders.*, FS H. W. Köhler (1984), 185 ff.; *Wilhelm*, Rechtsform und Haftung, S. 348.

[480] BVerfGE 50, 290 ff. mit Ergänzungen aus der weiteren Rechtsprechung, insbesondere einer Ergänzung des Schemas aus der den Denkmalschutz betreffenden Entscheidung vom 2.3.1999 BVerfGE 100, 226, 240 ff. (dazu *Külpmann* JuS 2000, 646).

[481] Vgl. beispielhaft BVerwGE 102, 260, 262 ff.

[482] Kein Eingriff nach BVerfG NJW 2000, 1486 durch Zubilligung eines dinglichen Vorkaufsrechts an Mieter und Nutzer (§ 20 VermG), wenn das VermG die Restitution von Grundstücken von vornherein nur mit dieser Einschränkung gewährt hat.

[483] BVerfGE 100, 226, 241; erneut bestätigt durch BVerfG NJW 2000, 2573, 25744 = WM 2000, 1656, 1657 = DB 2000, 1460, 1461.

[484] Bei dieser den Regelungsauftrag der Art. 14 I 2 GG verwirklichenden Abwägung sind neben dem Ausgleich von Individual- und Allgemeininteressen auch die Interessen verschiedener Individualeigentümer („gegenläufige Privatinteressen auf horizontaler Ebene", BVerwGE 101, 364, 371 f.) auszugleichen: „Im Kern handelt es sich um eine am Gemeinwohl ausgerichtete Verteilungsgerechtigkeit. Der Gesetzgeber hat im Sinne einer sozialgerechten Eigentumsord-

Schrankenbestimmung, desto größer ist der Gestaltungsspielraum des Gesetzgebers, d.h. desto mehr darf die durch Art. 14 I 1 GG geschützte Privatnützigkeit, die freie Verfügungsbefugnis und das Vertrauen des Eigentümers in den Fortbestand seines Rechts beeinträchtigt werden[485]. Je stärker es allerdings beeinträchtigt wird, desto enger wird der Handlungsspielraum des Gesetzgebers, d.h. desto stärker muß auf die Verwirklichung von Gemeinwohlinteressen zugunsten des Individualeigentümers verzichtet werden. Darauf richtet sich eine erste Abwägung zwischen Art. 14 I 1 GG und Art. 14 II GG[486].

(f) Zwischenergebnis: Wurden Art. 3 I GG und das Übermaßverbot beachtet, so liegt eine zulässige Inhalts- und Schrankenbestimmung vor, die grundsätzlich entschädigungslos hinzunehmen ist. Bei einem Verstoß gegen Art. 3 I GG oder bei Mißachtung des Verhältnismäßigkeitsgrundsatzes ist dagegen das inhalts- und schrankenbestimmende Gesetz grundsätzlich verfassungswidrig und damit unwirksam. Vollzugshandlungen der Exekutive sind ohne Rechtsgrundlage, sie sind rechtswidrig und können im Wege des Primärrechtsschutzes abgewehrt werden. Art. 14 I GG gebietet insofern keinen Entschädigungsanspruch[487].

247 (g) Beide Folgerungen gelten nur grundsätzlich. Die Folgerung, daß zulässige Inhalts- und Schrankenbestimmungen entschädigungslos hinzunehmen seien, steht unter dem Vorbehalt der Verfassungsmäßigkeit der Anwendung im Einzelfall. Andererseits kann die Verfassungswidrigkeit, die bei Verstoß gegen Art. 3 oder den Verhältnismäßigkeitsgrundsatz festzustellen ist, schon auf der Ebene des Gesetzes durch eine Ausgleichsregelung aufgehoben sein.

aa) In einer die Auferlegung der Kosten für Altlastensanierung betreffenden Entscheidung aus dem Jahr 2000[488] hat das BVerfG für die Anwendung einer an sich verfassungsmäßigen Inhalts- und Schrankenbestimmung der Behörde die Beachtung des Verhältnismäßigkeitsgrundsatzes noch bei der Einzelentscheidung aufgegeben. Die Verwaltung hatte aufgrund sicherheitsrechtlicher Vorschriften verschiedenen Grundstückseigentümern als Zustandsstörern die Altlastensanierung ihrer Grundstücke auferlegt. Diese Verwaltungsakte, so das BVerfG, beruhten zwar auf einer grundgesetzkonformen Regelung von Inhalt und Schranken des Eigentums i.S. von Art. 14 I 2 GG, belasteten die Eigentümer aber unverhältnismäßig. Gerichte und Verwaltung hätten bei der Auslegung und Anwendung der Vorschriften Bedeutung und Tragweite der Eigentumsgarantie nach Art. 14 I und II zu beachten[489].

nung die schutzwürdigen Belange aller am Interessenkonflikt Beteiligten in einen gerechten Ausgleich zu bringen", BVerwG, a.a.O., S. 372 (nachbarlicher Drittschutz im Baurecht); vgl. hierzu auch BVerwGE 88, 191, 194 f.

485 Umgekehrt gilt, daß das Eigentum, soweit es die persönliche Freiheit des Einzelnen im vermögensrechtlichen Bereich sichert, einen besonders ausgeprägten Schutz genießt, BVerfG NJW 2000, 2573, 2574 = WM 2000, 1656, 1657 = DB 2000, 1460, 1461.

486 Gemeint ist die Überprüfung der dem inhalts- und schrankenbestimmenden Gesetz zugrundeliegenden *Abwägung des Gesetzgebers*, nicht die Überprüfung einer etwaigen Abwägung der Verwaltung im Rahmen einer dieses Gesetz ausführenden Maßnahme, vgl. BVerwGE 101, 364, 370 (u.a. bzgl. der Vorschrift des § 1 VI BauGB, die ihrerseits eine Abwägung durch die Gemeinde – vgl. § 2 I 1 BauGB – bei der Aufstellung der Bauleitpläne vorsieht); diese Abwägung ist an dieser Stelle noch nicht zu prüfen.

487 BVerfGE 100, 226, 241.

488 BVerfG NJW 2000, 2573 = WM 2000, 1656 = DB 2000, 1460.

489 Andernfalls genügten sie nicht den Anforderungen der grundrechtlichen Eigentumsgarantie, BVerfG NJW 2000, 2573, 2574 f. Für die Prüfung der Zumutbarkeit im konkreten Fall sei ein Anhaltspunkt der Verkehrswert des Grundstücks nach Durchführung der Sanierung. Dieser Wert dürfe grundsätzlich nicht von den Sanierungskosten überschritten werden. Zu beachten seien darüber hinaus aber auch sämtliche Begleitumstände, so etwa, ob der Eigentümer bei Erwerb des Grundstücks fahrlässig die „Augen vor Risikoumständen verschlossen" oder die Umstände sogar bewußt in Kauf genommen habe und ob das Grundstück in der Hand des Eigentümers Teil einer funktionalen wirtschaftlichen Einheit sei. In beiden Fällen könne der Eigentümer mit Kosten über den Verkehrswert hinaus, den das Grundstück nach Sanierung habe, – freilich unter Wahrung des Verhältnismäßigkeitsgrundsatzes auch im Hinblick auf diese Belastung des sonstigen Vermögens – belastet werden. Zur Entscheidung *Lepsius* JZ 2001, 22 ff.

bb) Das Ergebnis andererseits der Verfassungswidrigkeit eines Gesetzes kann unter den folgenden Voraussetzungen durch Ausgleichsregelungen, die der Inhalts- und Schrankenbestimmung beigefügt sind, aufgehoben sein[490]. Zunächst muß das verfolgte *Gemeinwohlziel* so *bedeutend* sein, daß der Gesetzgeber Inhalt und Schranken des Eigentums ausnahmsweise so bestimmen darf, daß unter Abmilderung durch eine Ausgleichsregelung in die Substanz des Eigentums eingegriffen wird. Sodann ist *formell* erforderlich, daß der Gesetzgeber selbst bei der Schaffung inhalts- und schrankenbestimmender Gesetze Art. 14 I 1 GG wahrt (vgl. Art. 1 III, 20 III GG). Er darf nicht darauf vertrauen, daß Verwaltung oder Rechtsprechung die gesetzgeberische Mißachtung des Art. 14 I 1 GG heilen. Auch wegen seines Budgetrechts muß der Gesetzgeber selbst den Ausgleich bestimmen[491]. *Materiell* ist die Verhältnismäßigkeit der Ausgleichsregelung zu prüfen. Zwar ist das erste Untermerkmal, die Erforderlichkeit, nicht relevant, da es dabei um die Erforderlichkeit des Eingriffs, nicht um die jetzt anstehende Prüfung der eingriffsmildernden Ausgleichsregelung geht. Aber als Teilaspekt der Rechtfertigung des Eingriffs kommt es auf die Geeignetheit der Ausgleichsbestimmung und auf die Verhältnismäßigkeit i.e.S. unter Berücksichtigung der Ausgleichsbestimmung an. Zu fragen ist, ob die Ausgleichsbestimmung geeignet ist, dem in seinem Recht Beeinträchtigten einen Ausgleich zu gewähren, der der Eigentumsbeeinträchtigung verhältnismäßig gerecht wird. Das ist z.B. zu verneinen, wenn die Ausgleichsregelung unter Übergehung realer Abmilderungsmöglichkeiten sich darauf beschränkt, dem Betroffenen einen Entschädigungsanspruch in Geld zuzubilligen[492]. Schließlich muß auch bei der *Anwendung* des Gesetzes der Eigentumsschutz beachtet werden: Neben der Zuständigkeit und der Einhaltung des ordnungsgemäßen Verfahrens muß die Verwaltung über den Ausgleich dem Grunde nach schon bei der Maßnahme selbst, die die Inhalts- und Schrankenbestimmung konkretisiert, d.h. zusammen mit der Eigen-

[490] BVerfGE 100, 226, 244 (zur Entscheidung *Roller*, NJW 2001, 1003).

[491] S. BVerwGE 106, 228, 235: Eine Inhalts- und Schrankenbestimmung, die Art. 14 I 1 GG nicht hinreichend berücksichtigt, dürfe von den Fachgerichten nicht in der Weise ersetzt werden, daß unmittelbar aus Art. 14 I GG Ansprüche gewährt würden, die von der Entscheidung des hierzu berufenen Gesetzgebers nicht gedeckt sind. Die mangelhafte Inhalts- und Schrankenbestimmung sei vielmehr ggf. gemäß Art. 100 I GG dem BVerfG vorzulegen. „Art. 14 I 1 GG fungiert in diesem Zusammenhang ausschließlich als verfassungsrechtlicher Prüfungsmaßstab, an dem das einfache Recht zu messen ist, nicht aber als eigenständige Anspruchsgrundlage, die sich als Mittel dafür benutzen läßt, die Inhalts- und Schrankenbestimmung des Gesetzgebers fachgerichtlich anzureichern ...“. So schon *Detterbeck*, DÖV 1994, 273, 277 f. – In seiner die Altlastensanierung betreffenden Entscheidung NJW 2000, 2573 (soeben Fn. 188 f.) ist das BVerfG zur Verfassungsmäßigkeit des Gesetzes nur dadurch gekommen, daß es das Erfordernis der Ausgleichsbestimmung durch den Gesetzgeber, wie folgt, abgemildert hat: Behörden und Gerichten sei es zwar verwehrt, „positiv“ eine Ausgleichsregelung zu schaffen, nicht aber, im Wege der teleologisch reduzierenden Auslegung der – ohne diese Auslegung – verfassungswidrigen Inhalts- und Schrankenbestimmung die Verfassungswidrigkeit im Einzelfall zu vermeiden. „Solange der Gesetzgeber, dem es nach Art. 14 I 2 GG obliegt, Inhalt und Schranken des Eigentums zu bestimmen, die Grenzen der Zustandsverantwortlichkeit nicht ausdrücklich regelt, haben die Behörden und Gerichte durch Auslegung und Anwendung der die Verantwortlichkeit und die Kostenpflicht begründenden Vorschriften sicherzustellen, daß die Belastung des Eigentümers das Maß des nach Art. 14 I 2 GG Zulässigen nicht überschreitet.“ *Bickel* NJW 2000, 2562, 2563 bezeichnet die Grenze der hiernach zulässigen Auslegung als unklar und nennt die zitierten Ausführungen des BVerfG unter Hinweis auf BVerfGE 100, 226, 246 „überraschend und vertiefungsbedüftig“.

[492] „Die Bestandsgarantie des Art. 14 I 1 GG verlangt, daß in erster Linie Vorkehrungen getroffen werden, die eine unverhältnismäßige Belastung des Eigentümers real vermeiden und die Privatnützigkeit des Eigentums so weit wie möglich erhalten“, BVerfGE 100, 226, 245 f. Vorrangig sind also Übergangsregelungen, Ausnahme- und Befreiungsvorschriften und sonstige Vorkehrungen, etwa technischer Art. Erst wenn ein solcher Ausgleich nicht oder nur mit unverhältnismäßigen Mitteln möglich ist, kommt ein finanzieller Ausgleich oder ein Anspruch auf Übernahme durch die öffentliche Hand in Betracht. Der Gesetzgeber kann auch das eine tun und das andere nicht lassen. Berücksichtigt er andere Ausgleichsmaßnahmen genügend und fügt zusätzlich noch eine Entschädigungsregelung hinzu, so ist das nicht zu beanstanden.

tumsbeeinträchtigung, entscheiden[493]. Das verweist nochmals darauf, daß das Gesetz dafür die Rechtsgrundlage zur Verfügung stellen muß. Die Verwaltung muß die Rechtsgrundlage einhalten, bei Ermessensspielraum unter fehlerfreier Ermessensausübung.

e) *Entschädigungslos zulässige und entschädigungspflichtige Eigentumsbeeinträchtigung nach der Rechtsprechung des BGH*

248 Im Rahmen seines ursprünglichen weiten Enteignungsbegriffs hat der BGH eine Abgrenzung zwischen zulässiger Inhaltsbestimmung und Enteignung nach materiellen Kriterien entwickelt. Nach der Korrektur durch das BVerfG wird diese Abgrenzung fortgeführt in der Prüfung der Ansprüche aus enteignendem und aus enteignungsgleichem Eingriff und in der Prüfung von Entschädigungsansprüchen aus einzelgesetzlichen Entschädigungsbestimmungen. Die letzteren Ansprüche werden jetzt nur nicht mehr als Enteignungsentschädigungsansprüche, sondern als Bestandteil inhaltsbestimmender Regelungen, nämlich als Ansprüche aus ausgleichspflichtiger Inhaltsbestimmung, aufgefaßt.

249 Die Rechtsprechung des BGH hat sich in den einzelnen Hauptschritten wie folgt entwickelt: Ausgangsentscheidung ist die des Großen Senats vom 10.6.1952[494]:

In der Zeit nach dem 2. Weltkrieg sind aufgrund des seinerzeit geltenden Wohnungsgesetzes Wohnungen gegen Entschädigung staatlich erfaßt und Wohnungssuchenden zugewiesen worden. Dem Großen Senat waren in diesem Zusammenhang die Fälle zweier Vermieter und eines Mieters zur Entscheidung vorgelegt worden. Den Vermietern waren unter Nichtbeachtung des WohnungsG und damit ohne gesetzliche Grundlage Mieter zugewiesen, dem Mieter ohne gesetzliche Grundlage sein Wohnrecht zugunsten eines anderen entzogen worden.

250 Der BGH grenzt zunächst – aufgrund des weiten Enteignungsbegriffs und der Annahme seiner Zuständigkeit zur Entscheidung über den Entschädigungsanspruch auch bei gesetzlicher Enteignung – im Hinblick auf die Regelung des Wohnungsgesetzes ab, ob diese eine entschädigungslose Inhaltsbestimmung oder eine Enteignung darstelle. Dazu hat der BGH die Sonderopfertheorie für maßgeblich erklärt[495]: Im Gegensatz zu der ihrem Wesen nach allgemeinen Inhaltsbestimmung soll ein Eingriff, auch wenn er in der Entziehung oder der Belastung eines Rechts besteht, nur dann Enteignung sein, wenn er die Betroffenen (Einzelpersonen oder Gruppen) im Vergleich zu anderen besonders trifft, ihnen – unter Verletzung des Gleichheitssatzes – ein besonderes, den übrigen nicht zugemutetes Opfer für die Allgemeinheit auferlegt[496].

251 In der Regelung des Wohnungsgesetzes hat der BGH, obwohl sie zur Erfassung (Bereitstellung) und Zuweisung je einzelnen Wohnraums durch die vollziehende Behörde ermächtigte, eine allgemeine Regelung und damit eine Inhaltsbestimmung – nämlich eine solche gleich der des Kündigungsschutzes für Mieter – gesehen. Vorbehalten wird der Fall, daß der zugewiesene Mieter später zahlungsunfähig wird[497].

Der im WohnungsG als Inhaltsbestimmung geregelten Inanspruchnahme stellt der Große Senat die Lage bei gesetzlich nicht begründeten Eingriffen in Wohnungsrechte gegenüber. Sie seien nicht mehr Verwirklichung einer allgemeinen gesetzlichen Inhalts-

[493] Als Argument hierfür führt das BVerfG die Rechtsschutzmöglichkeiten des Betroffenen an. Dieser müsse entscheiden, ob er eine ihn beeinträchtigende Maßnahme anfechten oder hinnehmen will und diese Entscheidung könne er sinnvoll nur treffen, wenn er wisse, ob die Verwaltung ihm für seine Beeinträchtigung einen Ausgleich gewähren wolle oder nicht, BVerfGE 100, 226, 246. Vgl. schon *Pietzcker*, NVwZ 1991, 418, 426. A.A. noch BGHZ 121, 73, 80; 121, 328, 334 f.

[494] BGHZ 6, 270 ff.

[495] Der BGH beruft sich für seine Abgrenzung auf das RG (RGZ 140, 276).

[496] BGHZ a.a.O., 280. In seiner neueren Rechtsprechung hat der BGH an dem Kriterium des Sonderopfers festgehalten (BGHZ 90, 17, 26; 100, 335, 337 f.; 105, 15, 20; 117, 240, 255).

[497] BGHZ a.a.O., 284 ff., 289.

bindung, sondern Einzeleingriffe, die dem Betroffenen ein Sonderopfer auferlegten, also der Wirkung nach Enteignung. Der BGH kommt auf diese Weise über die Sonderopfertheorie zum Anspruch wegen enteignungsgleichen Eingriffs. Der Sache nach (noch nicht in der Einordnung[498]) bejaht er einen solchen für alle drei ihm vorgelegten Fälle[499].

252 Das aus der Sonderopfertheorie gefolgerte Kriterium der Ungleichbehandlung hat der BGH verfeinert in der Grünflächen-Entscheidung[500]. Während die Ausgangsentscheidung des Großen Senats die allgemeine Inhaltsbestimmung und die den einzelnen besonders betreffende Beeinträchtigung gegenüberstellte, ergänzt die Grünflächenentscheidung die Prüfung der Gleichbehandlung durch die Frage nach der sachlich gerechtfertigten oder nicht gerechtfertigten Ungleichbehandlung. Die Klage war auf Entschädigung wegen Aufnahme eines bisher landwirtschaftlich genutzten Grundstücks in ein Grünflächenverzeichnis mit der Folge eines Bauverbots gerichtet. Ein beabsichtigter Verkauf des Grundstücks zum Zwecke der Bebauung war daher gescheitert. Der BGH hat eine ohne Entschädigung zulässige Einschränkung im Rahmen der Sozialpflichtigkeit des Eigentums angenommen, weil das betroffene Grundstück aufgrund seiner besonderen Lage und damit im Verhältnis zu anderen Grundstücken nicht ohne sachliche Rechtfertigung betroffen war. Der Gleichheitssatz schütze gegen ungleiche Behandlung bei im wesentlichen gleicher tatsächlicher Lage, schließe aber „eine Differenzierung hinsichtlich verschiedener Gruppen von Personen entsprechend den tatsächlich verschiedenen konkreten Verhältnissen und der vorliegenden besonderen Situation" nicht aus[501]. Die die Ungleichbehandlung sachlich rechtfertigende Besonderheit des betroffenen Grundstücks wird mit dem Begriff der Situationsgebundenheit des Grundstücks erfaßt[502]. Aufgrund der sachlichen Rechtfertigung der Ungleichbehandlung des Betroffenen gegenüber anderen Nichtbetroffenen wird das Sonderopfer verneint[503].

253 Allerdings hat der BGH das Sonderopfer nicht allein aus dem Gesichtspunkt der Situationsgebundenheit verneint. Seine Schlußfolgerung war vielmehr, daß die Funktion des Grundeigentums nicht relevant beeinträchtigt oder verkürzt werde, wenn dem Eigentü-

498 Diese wird aber vorgenommen in BGHZ 23, 157, 169: In der Entscheidung wird der Anspruch von Betreibern einer Gaststätte bejaht, denen die Gäste weggeblieben waren, weil die beklagte Stadt durch rechtswidrige Genehmigung des Aufstellens von Verkaufsbaracken dazu beigetragen hatte, daß die Gastwirtschaft von der Straße aus unsichtbar wurde.

499 BGHZ 6, 270, 290 ff.

500 BGHZ 23, 30 ff.

501 BGHZ 23, 30, 32. Die Kriterien des Sonderopfers und der Situationsgebundenheit hängen zusammen: BGHZ 133, 265, 267; 133, 271, 275: „Ausgleichspflichtig ist die Beeinträchtigung ..., durch die – wenn kein Ausgleich in Geld erfolgt – der Eigentümer unverhältnismäßig oder im Verhältnis zu anderen ungleich in unzumutbarer Weise belastet wird." In BGHZ 133, 271, 276 wird dann die Frage der Unzumutbarkeit nach der Situationsgebundenheit beantwortet.

502 Der Vergleich wird hier zwischen dem Grundstück in seiner konkreten Umgebung mit anderen Grundstücken in anderer Umgebung (nicht in demselben Gebiet!) gezogen: hier war das Grundstück Teil eines dicht besiedelten und industrialisierten Gebietes und befand sich damit in einer anderen Situation als Grundstücke, die nicht Teil eines solchen Gebietes waren.

503 BGHZ 23, 30, 33 f.: Die Ungleichbehandlung durch eine Verwaltungsmaßnahme, die lediglich die Situationsgebundenheit des Grundstücks konkretisiere, sei „nicht die eine Enteignung charakterisierende, weil letztere begrifflich voraussetzt die von hoher Hand herbeigeführte Verkürzung einer – nicht variablen – Rechtsposition, die anderen in gleicher Lage nicht zugemutet wird, während die hier gegebene ‚Ungleichheit' in der Eigenart der Rechtsfigur der ‚Pflichtigkeit' (also in der Rechtsposition selbst) liegt, die nur gedacht werden kann als eine rechtliche Lage, aus der heraus sich für alle Betroffenen dieselbe konkrete Pflicht entwickeln kann, aber nicht entwickeln muß, für die es sogar charakteristisch ist, daß sich regelmäßig – nach einer nicht willkürlichen Auswahl – nur für einen Teil der Betroffenen die Pflichtigkeit zur Pflicht verdichtet,...".

mer unter Belassung aller übrigen Befugnisse für die Zukunft eine bisher *noch nicht verwirklichte Verwendungsart*, die mit der Situationsgebundenheit des Eigentums unvereinbar sei, versagt werde[504].

254 Im Gegensatz zu dieser Hervorhebung, daß noch nicht verwirklichte Verwendungsarten entschädigungslos entzogen werden könnten, hat der BGH später die entschädigungslose Entziehung in der Vergangenheit einmal verwirklichter, dann entfallener und noch nicht wieder aufgenommener Nutzungsmöglichkeiten ebenso wie die entschädigungspflichtige Entziehung bisher noch nicht ergriffener Nutzungsmöglichkeiten[505] für möglich gehalten.

In dem betreffenden Fall war das Hinterhaus des Kl. durch den Krieg bis auf Teile des Mauerwerks zerstört worden. Wegen Einsturzgefahr hat ihm die Verwaltung den Abriß auch dieser Teile aufgegeben. Der Kl. wollte dagegen durch Einziehung von Geschoßdecken die Einsturzgefahr beseitigen und das Gebäude einer erneuten Wohnnutzung zuführen. Dieses Vorhaben wurde aber nicht genehmigt, so daß der Abriß durchzuführen war.

255 Der BGH hat darauf abgestellt, ob die versagte Nutzung „nach der objektiv beurteilten Situationsgebundenheit einem vernünftigen Eigentümer bei einer wirtschaftlichen Betrachtungsweise sich als eine zu verwirklichende Nutzungsart" darbiete. Dies sei zu verneinen, wenn die Nutzung nicht den geltenden Anschauungen und Vorschriften entspreche und von einem einsichtigen Eigentümer mangels Situationsgerechtigkeit auch beim Fehlen einschränkender gesetzlicher Bestimmungen nicht ergriffen worden wäre[506]. Im gegebenen Fall kommt der BGH zur Verneinung: Die gewandelten Vorstellungen über bauliche Nutzung (Gewährleistung von Licht und Luft zwischen den Häusern) stünden der Wertung entgegen, daß die durch Krieg zerstörte bauliche Nutzung zu schützen und die Möglichkeit der Wiederherstellung nur gegen Entschädigung auszuschließen sei.

256 Der Ansatz des BGH bei der „Situationsgebundenheit"[507] beruht auf dem folgenden Gedankengang:

[504] BGHZ 23, 30 ff., 33.

[505] Zum Eigentumsschutz von Nutzungsmöglichkeiten *Leisner*, BB 1992, 73 ff.

[506] BGHZ 48, 193, 196. Die Situationsgerechtigkeit kann sich nach Ansicht des BGH auch durch rechtliche Bestimmungen (hier: baurechtliche Vorschriften) ergeben. In der Bestimmung der Situationsgerechtigkeit durch Rechtsnormen liegt ein aus der Sicht der betroffenen Eigentümer fataler Schluß. Wenn Rechtsvorschriften die Situation prägen und damit bereits über die Frage der Ausgleichsbedürftigkeit eine Vorentscheidung treffen können, wird der Schutzzweck des Art. 14 I 1 GG, der dem Bürger gerade einen vermögensrechtlichen Freiraum von staatlichen Eingriffen, auch solchen in Gesetzesform, freihalten soll, konterkariert (diesen Aspekt übersieht *Lege*, NJW 1993, 2565, 2568 f.). Vgl. *Pietzcker*, NVwZ 1991, 418, 421: „Bei einer derart normativen Betrachtung ist der Erklärungs- und Legitimationswert dieses Topos [gemeint ist die Situationsgebundenheit] minimal." Gleichwohl scheint der BGH aber daran festzuhalten, auch Rechtsnormen für die Situationsgeprägtheit heranzuziehen, vgl. BGHZ 105, 15, 18 (Denkmalschutzvorschriften); 123, 242, 253 (Naturschutzvorschriften).

[507] Diesen verfolgt auch die neuere Rechtsprechung, vgl. BGHZ 90, 17, 25; 99, 24, 31 f.; 105, 15, 17 ff.; 121, 73, 77 ff.; 121, 328, 336 ff.; 123, 242, 252; 133, 265, 266 f. (zum enteignungsgleichen Eingriff bzw. zur Entschädigung aufgrund einer vom Gesetzgeber erlassenen salvatorischen Entschädigungsklausel – die Fragestellung des BGH lautete hier, ob die inhaltlich ausfüllungsbedürftigen Tatbestandsvoraussetzungen der salvatorischen Entschädigungsklausel vorliegen; es ging um die Ausfüllung unbestimmter Rechtsbegriffe wie „enteignende Wirkung" oder „Unmöglichkeit der Fortsetzung einer bisher rechtmäßig ausgeübten Nutzung und infolgedessen Einschränkung der wirtschaftlichen Nutzbarkeit insgesamt" oder des Rechtsbegriffs „wirtschaftlich nicht mehr zumutbar" etc). In neueren Entscheidungen haben „Situationsgebundenheit" und „Sonderopfer" sogar vor allem im Rahmen ausgleichspflichtiger Inhaltsbestimmungen eine Rolle gespielt: es ging um die Frage, welche Grundstücksqualität bei der Bemessung des Entschädigungsausgleichs zugrunde zu legen ist, vgl. BGH BayVBl. 1996, 347, 348 (zu der salvatorischen Entschädigungsklausel in Art. 20 I BayDSchG), BGH

1. Ausgangspunkt: Es gibt kein unbeschränktes, zu jedem denkbaren Privatgebrauch berechtigendes Eigentum, denn jedes Grundstück wird durch seine Lage und Beschaffenheit, sowie seine Einbettung in Landschaft und Natur, also seine Situation, „geprägt“, und diese Prägung ist dem Eigentum immanent, der Eigentümer hat m.a.W. von Anfang an nicht mehr als solchermaßen „verringertes“ Eigentum[508]. Eine öffentlich-rechtliche Maßnahme, die nur diesen „verringerten“ Bereich betrifft, kann das Eigentum nicht entschädigungspflichtig beeinträchtigen.
2. Die entscheidende Frage ist, *inwieweit* das Eigentum in dem konkreten Fall „verringert“ ist, m.a.W. wie groß der Bereich ist, innerhalb dessen eine öffentlich-rechtliche Maßnahme keine über die Sozialpflichtigkeit (Art. 14 II GG) hinausgehende Beeinträchtigung darstellt und deshalb entschädigungslos hinzunehmen ist.
3. Der das Eigentum situationsgebunden verringernde Bereich ist anhand folgender Maßgaben und Kriterien festzustellen[509]:
   a) Wertende Abwägung der Eigentümer- mit den Allgemeininteressen,
   b) Prüfung, ob ein vernünftiger Eigentümer das, was er aufgrund der öffentlich-rechtlichen Maßnahme nicht mehr tun darf, von sich aus nicht getan hätte.
   c) Fallgruppen:
      (aa) Wenn die verwehrte Nutzung in der Vergangenheit nicht ausgeübt wurde, ist das ein Indiz dafür, daß nur eine situationsbedingte Belastung vorliegt. Wenn dagegen eine bereits verwirklichte, legale Nutzung verwehrt wird, dann spricht der BGH von einer „Situationsberechtigung“[510].

NJW 1998, 2215, 2218; NJW 1999, 3488 (zur Bemessung der Entschädigung im Rahmen des Übernahmeanspruches gemäß § 40 II 1 BauGB, der nach der neuen Rechtsprechung des BVerfG als Ausgleichsmaßnahme zu den konkret im Bebauungsplan enthaltenen belastenden Inhaltsbestimmungen zu sehen ist, vgl. *Depenheuer* in: v. Mangoldt/Klein/Starck, Bonner Grundgesetz, Kommentar, 1999, Art. 14 Rz. 299 ff.; das Problem wurde gesehen, aber unentschieden gelassen in BGHZ 135, 192, 199; wegen der Einzelheiten dieser streitigen Frage wird auf das bauplanungsrechtliche Schrifttum verwiesen).
In BGHZ 117, 240, 253 ff. wurde offengelassen, ob enteignungsgleicher oder enteignender Eingriff gegeben war – es wird zwar mit den Kriterien „Situationsgebundenheit“ und „Sonderopfer“ operiert, entscheidend war für den BGH in diesem Fall aber die Intensität der Beeinträchtigung, a.a.O., S. 255: „Der Eingriff ... ging zu weit, um entschädigungslos hingenommen zu werden.“, vgl. dazu sogleich.

508 Eindrucksvoll BGHZ 23, 30, 33 und ebenso BGHZ 121, 73, 79.

509 Vgl. beispielsweise BGHZ 90, 17, 25 und 123, 242, 252, alle m.w.N.: (1.) Grenzziehung zwischen entschädigungspflichtigem und entschädigungslosem Bereich „jeweils aufgrund einer wertenden Beurteilung der Kollision zwischen den berührten Belangen des Allgemeinwohls und den betroffenen Eigentümerinteressen“. (2.) „Eine situationsbedingte Belastung des Grundstücks [= ein nicht zu entschädigender Eingriff] ist anzunehmen, wenn ein – als Leitbild gedachter – vernünftiger und einsichtiger Eigentümer, der auch das Gemeinwohl nicht aus dem Auge verliert, von sich aus im Blick auf die Lage und die Umweltverhältnisse seines Geländes von bestimmten Formen der Nutzung absehen würde“. (3.) „Hierfür [= für die Frage, was ein vernünftiger und einsichtiger Eigentümer täte] sind in der Regel die bisherige Benutzung und der Umstand von Bedeutung, ob die Benutzungsart in der Vergangenheit schon verwirklicht worden war“, wobei nicht nur auf die bereits gezogenen Nutzungen abgestellt werden könne. (4.) „Vielmehr ist entscheidend, ob eine zulässige Nutzungsart, die sich nach Lage und Beschaffenheit des Grundstücks objektiv anbietet, untersagt oder wesentlich eingeschränkt wird“.

510 BGHZ 105, 15, 19 f.; 123, 242, 253: zu beachten ist, daß hinsichtlich der bisherigen Nutzung nur die tatsächliche konkrete Nutzung zu berücksichtigen ist, nicht aber eine Nutzung, deren erst zukünftige Verwirklichung aus der Sicht des Eigentümers wirtschaftlich sinnvoll ist; die Berücksichtigung einer erst künftigen Nutzung kann nur in Betracht kommen, wenn die Fortsetzung der bisherigen Nutzung unwirtschaftlich wäre, was der Eigentümer substantiiert geltend machen muß, vgl. BGHZ 123, 242, 253 f.

(bb) Letztlich entscheidend ist, ob eine *zulässige* Nutzungsmöglichkeit, die sich nach Lage und Beschaffenheit des Grundstücks *objektiv anbietet*, untersagt oder wesentlich eingeschränkt wird.

257 Die Sonderopfertheorie hat der BGH sodann auch zur Begründung des Anspruchs auf Ausgleich für schädigende Nebenfolgen aus rechtmäßigem Verwaltungshandeln[511] herangezogen, also für den später sog. Anspruch aus enteignendem Eingriff[512]. Die Sonderopfertheorie mußte hier ergänzt werden. Es konnte ja nicht jede Nebenfolge behördlichen Handelns, durch die ein einzelner in seinem Eigentumsrecht beeinträchtigt wurde, den Entschädigungsanspruch auslösen; andernfalls wären alle Bau- oder Planungsmaßnahmen der öffentlichen Hand in unübersehbare Schadenslasten hineingeraten. Es mußten also entschädigungslos hinzunehmende von entschädigungspflichtigen Nebenfolgen abgegrenzt werden.[513] Dazu wandte der BGH das Kriterium der Situationsgebundenheit in der Ergänzung durch die Berücksichtigung der Eingriffstiefe an. In der Entscheidung ging es um den Fall, daß aus Waldungen eines Truppenübungsplatzes Holz gekauft und auf dem Gelände gelagert und dann infolge eines bei Schießübungen verursachten Waldbrandes zerstört worden war. Der BGH gibt trotz der situationsgebundenen Gefährdung des Holzes Entschädigung. Die Lagerung des Holzes auf dem Gelände bedeute die Inkaufnahme normalerweise zu befürchtender Nachteile (Beschädigung durch Geschoßsplitter), aber nicht die eines Totalverlustes[514]. Für den BGH war also entscheidend das Maß dessen, was man sich aufgrund der Situationsgebundenheit zumuten lassen muß. Die Unterscheidung erinnert an diejenige des großen Senats zwischen der Zwangszuweisung zahlungsfähiger und zahlungsschwacher Mieter im Ausgangsurteil aus dem 6. Band. Der Aspekt der Gleichheitswidrigkeit wird ergänzt durch den Blick auf die Schwere des zugemuteten Opfers zur Abgrenzung zwischen zu entschädigenden oder im Rahmen der Sozialpflichtigkeit entschädigungslos hinzunehmenden Nachteilen[515]. Die Rechtsprechung des BGH trifft sich so mit der Schweretheorie, die als Theorie der Rechtsprechung des BVerwG angesehen wird[516].

258 Es bestätigt den Zusammenhang, in dem die Schwere des Eingriffs einerseits und die Situationsgebundenheit des betroffenen Rechts andererseits stehen, daß auch das BVerwG selbst beide Kriterien herangezogen hat.

In einem frühen Fall (Deich-Fall)[517], in dem es um den Rechtsweg für einen Streit um eine Entschädigung ging (bei Enteignung gem. Art. 14 III 4 GG zum LG, bei Entschädigung für eine Nutzung aufgrund öffentlich-rechtlicher Nutzungsregelung zu den Verwaltungsgerichten), hat das BVerwG mit der Situationsgebundenheit des Eigentums argumentiert. Im Zuge der Erhöhung und Verbreiterung eines Flußdeiches war der auf dem Grundstück des Kl. befindliche Deich ausgebaut worden, so daß statt bisher 26 % nunmehr 40 % der Grundfläche in Anspruch genommen waren und eine landwirtschaftliche Nutzung unmöglich gemacht worden war. Das BVerwG verneint dennoch eine Enteignung und hält somit den Verwaltungsrechtsweg für gegeben. Aus der Uferlage des Grundstücks ergebe sich die Pflichtigkeit, den Gebrauch einzelner aus dem Eigentum fließen-

511 So im Fall BGHZ 37, 44 ff.

512 Zunächst hatte der BGH die Frage nach Rechtmäßigkeit oder Rechtswidrigkeit für unerheblich gehalten (s. – unter Berufung auf das RG – BGHZ 13, 88, 94).

513 BGHZ 37, 44 ff.

514 BGHZ 37, 44, 49 f.

515 So auch die neuere Rechtsprechung, s. BGHZ 91, 20, 26 f.: „Schwelle des enteignungsrechtlich Zumutbaren überschreiten"; BGHZ 97, 114, 118: „Grenze zum enteignenden Eingriff [...] erst überschritten, wenn [...] die vorgegebene Grundstückssituation nachhaltig verändert wird und dadurch Nachbargrundstücke schwer und unerträglich getroffen werden"; ebenso BGHZ 97, 361, 362 f. u. 364: „Maßstab der schweren und unerträglichen Betroffenheit des Eigentums"; BGHZ 122, 76, 78: „enteignungsrechtliche Zumutbarkeitskeitsschwelle".

516 S. o. Rz. 220 sowie Maunz/Dürig/*Papier*, Kom. GG, Art. 14 Rz. 336.

517 BVerwGE 15, 1 ff., hierzu schon o. Rz. 220.

der Befugnisse zu unterlassen und sogar die Anlage eines zum Schutz gegen Überschwemmungen notwendigen Deiches zu dulden. Die Schwere des Eingriffs werde zudem durch die gleichartige Heranziehung auch der anderen Ufergrundstücke gemildert.

Im Jahr 1968[518] hatte das BVerwG einen Fall zu entscheiden, in dem es um den landesrechtlich geregelten Abstand der Grundstücksbebauung zur Grenze ging („Bauwich"). Im fraglichen Fall war der Bauwich durch Änderung der Bauordnung für die Errichtung bestimmter Gebäude freigegeben worden. Der Nachbar des Kl. hatte daher eine Genehmigung für eine Garage unmittelbar auf der Grenze erhalten, gegen die sich der Kl. wandte. Das BVerwG verneint grundsätzlich eine enteignende Wirkung der Aufhebung des Bauwichs, weil die Einschränkung des Eigentums durch Erweiterung der Baufreiheit des Nachbarn dadurch ausgeglichen werde, daß auch die eigene Baufreiheit durch diese Regelung zu Lasten des Nachbarn ausgedehnt werde. Der Eigentumsschutz umfasse keinen Schutz gegen eine Änderung der Bauplanung. Enteignende Wirkung könne die Einschränkung des Bauwichs aber dann haben, „wenn sich der Eigentümer durch die bauliche Ausgestaltung seines Grundstücks auf die Beibehaltung eines bestehenden Zustands mit dem Vorhandensein eines Grenzabstandes in der Weise eingerichtet hat, daß er selbst von der Neuregelung keinen Vorteil mehr haben kann, und wenn ihm weiter dadurch, daß der Nachbar die Vorteile der Neuregelung ausnutzt, schwerwiegende und unzumutbare Nachteile entstehen"[519]. Im zu entscheidenden Fall war eine derartige Konstellation gegeben, weil das klägerische Grundstück eine eigentümliche Ecklage aufwies, derzufolge das Wohnhaus zu der Seite orientiert war, wo der Nachbar die Garage gebaut hatte. Zudem war der ohnehin dürftige Grundstückszugang durch den Bau weiter beschnitten worden, so daß die Benutzbarkeit erheblich beeinträchtigt worden ist.[520] Die neue Vorschrift über den Wegfall des Bauwichs war daher verfassungskonform einzuschränken und die Genehmigung somit rechtswidrig.

In einem weiteren Fall[521] ging es um die Beschränkung der Nutzungsdauer für eine Sondergrabstätte. Die Grabstellen waren früher unbefristet vergeben worden; nach Änderung der Friedhofsordnung war eine Nutzung für längere Zeit als 60 Jahre nur gegen eine Gebühr möglich. Das BVerwG sieht die Verleihung der Grabstelle als öffentlich-rechtlichen Akt an; das Recht unterfalle nicht dem Eigentumsschutz[522]. Hilfsweise erörtert das BVerwG, daß die zeitliche Beschränkung des Nutzungsrechts ohnehin keine Enteignung darstelle, sondern eine bloße Inhaltsbestimmung. Die Abgrenzung richte sich „nach der Schwere und Tragweite des Eingriffs, danach, was von dem ursprünglichen Recht nach dem Eingriff noch übrigbleibt". Der Wesenskern des Nutzungsrechts, die Bereitstellung einer angemessenen Toten-Ruhestätte für angemessene Zeit, werde aber nicht angetastet.

Analysiert man das Merkmal der Situationsgebundenheit genauer, so verbirgt sich dahinter ein Mehrfaches, und deshalb ist die Rechtsprechung nicht auf einen Nenner zurückzuführen: Situationsgebundenheit kann zunächst eine Gefährdungs- oder Belastungslage bedeuten, in der das fragliche Rechtsobjekt selbst steht. Eine solche ist in zweifachem Sinne denkbar: zum einen in dem Sinne, daß das Objekt seinerseits Gefahren oder Belastungen ausgesetzt ist, wofür der Truppenübungsplatz- sowie der Deich-Fall Beispiele sind; zum anderen in dem Sinne, daß die Nutzung des Objekts ihrerseits für die Umgebung gefährlich oder belastend ist, wofür der Naßauskiesungs-Fall als Beispiel angeführt werden kann. Eine kraft Situationsgebundenheit zulässige, nämlich sich im Rahmen der Sozialpflichtigkeit haltende Regelung ist hier eine solche, die eine die allseitigen Interessen abwägende, verhältnismäßige Regulierung der Gefahren- oder Belastungssituation bedeutet. Ein entschädigungslos zuzumutender Eingriff wiederum ist ein solcher, der nur die kraft der Situationsgebundenheit immanenten und deshalb das Eigentum selbst qualifizierenden Risiken verwirklicht. 259

Die Zumutbarkeit kraft Situationsgebundenheit wird deutlich an dem Gegenfall der klassischen Enteignung: Hier geht es um die Aneignung von Grundeigentum zu besonde- 260

518 BVerwG DÖV 1969, 144 f. = DVBl 1969, 213 f. m. Anm. *Kühling*.
519 DÖV 1969, 144 re. Sp.
520 Insoweit nur in DÖV abgedruckt.
521 BVerwGE 11, 68 ff.
522 BVerwGE a.a.O. S. 74 f.

ren unternehmerischen Zwecken, etwa dem Bau von Universitätsgebäuden, also um einen Bedarfszusammenhang, der in keiner Weise von dem betroffenen Grundeigentum selbst ausgeht. Die öffentliche Hand benötigt das Grundstück zu eigenen oder von ihr geförderten Zwecken, darüber ist ein Austauschverhältnis zu begründen, deshalb greift klar die Gestaltung einer Enteignung gegen Entschädigung ein.

261 Zu einer zweiten Bedeutung des Merkmals der Situationsgebundenheit kann es sodann deshalb kommen, weil die Übergänge zwischen den beiden gegensätzlichen Falltypen fließend sind: Auf der Mitte liegt etwa der Fall der Nutzungseinschränkung durch öffentliche Planung. Die Planung steuert eine nicht vom einzelnen Grundstück, aber von allen Grundstücken im Zusammenhang ausgehende Belastungsentwicklung. Soweit sie bei einzelnen Grundstücken anders als bei anderen die Nutzungen einschränkt, kann der betroffene Eigentümer nicht sagen, er müsse für eine Bedarfsregelung herhalten, die mit seinem Grundstück nichts zu tun habe. Die Planung muß auch sachgerecht sein, so daß die Verteilung von Nutzungseinschränkung hier und -erlaubnis dort nicht ungerecht ist. Aber es wird doch immerhin dem einzelnen ein Opfer um eines Gesamtzwecks willen, an dem er nur mit anderen zusammen beteiligt ist, auferlegt. Dieses Opfer kann entschädigungslos nur auferlegt werden im Rahmen des billigerweise zuzumutenden Maßes[523]. Man kommt also hier, wie schon bei der Bemessung der dem einzelnen aufgrund der Gefährdungssituation seiner Sache entschädigungslos zuzumutenden Einzeleingriffe, um eine Beurteilung nach der Schwere des Eingriffs nicht herum, wobei diese aber sicherlich in der Tat nicht quantitativ-absolut, sondern normativ situationsabhängig zu sehen ist.

262 Die Rechtsprechung des BGH zu Enteignung und Sozialbindung des Eigentums wird also bestätigt durch die frühere Rechtsprechung des BVerwG. Und, genau betrachtet, sind auch die oben[524] aus der verfassungsgerichtlichen Rechtsprechung entwickelten Prüfungskriterien den vom BGH angewandten Merkmalen im Wesentlichen vergleichbar: Das erste Kriterium war, daß die Inhalts- und Schrankenbestimmungskompetenz des Gesetzgebers um so weiter reicht, je stärker der soziale Bezug der Ausübung des betroffenen Eigentumsrechts ist. War dies oben[525] bezüglich der Auswirkung der Ausübung von Anteilsrechten an Kapitalgesellschaften auf den Grundrechtsbereich der Arbeitnehmer zu sehen, so findet es sich hier bei der Berücksichtigung der Gefährdungssituation, die von einer bestimmten Eigentumsausübung auf die Umwelt ausgeht, wieder. Zum zweiten ist genau das Maß der Einschränkung des Eigentumsrechts zu bestimmen, nämlich zu untersuchen, ob – nach Situationsgebundenheit und Eingriffsspezifizität geurteilt – nur eine umweltkongruente Einschränkung gemäß der Abwägung der verschiedenen Interessen oder eine substantielle, qualitative Änderung oder sogar eine Beseitigung der privatnützigen Entscheidungsmöglichkeit vorgenommen wird. Auch wenn letzteres nicht der Fall ist, muß die Einschränkung sachlich begründet, den Gleichheitsgrundsatz wahrend und verhältnismäßig sein[526].

[523] Vgl. dazu BVerwGE 61, 295, 303 ff.: Laut Planfeststellungsbeschluß sollte eine Ortsdurchfahrt bis zu 4,5 m an dem Wohnhaus des Kl. vorbeiführen. Das BVerwG hat die Sache zurückverwiesen und dem VGH die Prüfung aufgegeben, ob nicht eine Enteignung vorliege, die in der Abwägung in besonderer Weise Berücksichtigung hätte finden müssen. Die Grenze der Sozialbindung zur Enteignung sei überschritten, wenn durch das Vorhaben „Beeinträchtigungen hervorgerufen werden, die die vorgegebene Grundstückssituation nachhaltig verändern und dadurch Nachbargrundstücke (des Planvorhabens) schwer und unerträglich treffen".

[524] Rz. 241 ff.

[525] Rz. 245.

[526] Für das Nähere muß hier auf die enteignungsrechtliche Rechtsprechung und Literatur verwiesen werden. Grundlegende Darstellung mit reichen Nachweisen bei Maunz/Dürig, GG, Art. 14 vor allem Rz. 324 – 425.

III. Eigentumsschutz nach der Menschenrechtskonvention und dem Recht der Europäischen Gemeinschaften[527]

In der Konvention vom 4.11.1950, die die Mitglieder des Europarats zum Schutze der Menschenrechte und Grundfreiheiten abgeschlossen haben[528], ist eine Eigentumsgewährleistung nicht enthalten; sie ist aber in Art. 1 des Zusatzprotokolls zur Konvention vom 20.3.1952[529] aufgenommen worden[530]. Die Regelung bindet in der Bundesrepublik einfachgesetzlich die staatlichen Stellen gegenüber dem einzelnen. Eine Eigentumsentziehung darf nach ihr nur durch Gesetz und zu den im Völkerrecht vorgesehenen Bedingungen erfolgen. Art. 1 II des Zusatzprotokolls läßt das staatliche Recht zur Eigentumsregelung unangetastet. Die praktische Bedeutung der Konvention mit ihrem Zusatzprotokoll liegt in der Einrichtung supranationaler Prüfungsinstanzen (bis zum 01.11.1998 die Europäische Kommission für Menschenrechte, der Ministerausschuß und der Europäische Gerichtshof für Menschenrechte – EGMR – gemäß Artt. 19, 32 I EMRK a.F., seit diesem Datum nur noch der EGMR[531]). Die Bedeutung dieser Prüfungsinstanzen illustrieren die Entscheidungen der großen Kammer des EGMR vom 25.03. und vom 29.04.1999, in denen das Gericht Verletzungen des Art. 1 Zusatzprotokoll feststellt[532]. **263**

Die Anrufung des EGMR[533] durch betroffene natürliche Personen nach der Konvention zum Schutze der Menschenrechte (Art. 34 EMRK) setzt nicht nur die Erschöpfung des Rechtsweges, sondern, wenn zugleich Grundrechte gemäß dem GG berührt sind, auch die Erschöpfung der Möglichkeit der Verfassungsbeschwerde[534] voraus (Art. 35 I EMRK)[535]. Die sonstigen Zulässigkeitsvoraussetzungen, die gemäß Art. 28 EMRK von einem Ausschuß des EGMR (Art. 27 I EMRK) geprüft werden[536], enthält Art. 35 II-III EMRK[537]. Gemäß Art. 38 I EMRK hat der Gerichtshof nach Bejahung der Zulässigkeit die Rechtssache mit den Parteienvertretern weiter zu prüfen, erforderlichenfalls weitere Ermittlungen vorzunehmen und sich mit dem Ziel einer gütlichen Einigung zur Verfügung der Parteien zu halten[538]. Gelingt die Einigung, streicht der EGMR die Rechtssache **264**

[527] Einen Überblick zum Eigentumsschutz in der EG gibt *Thiel*, JuS 1991, 274.

[528] Sartorius II, Nr. 130.

[529] Sartorius II, Nr. 131.

[530] Vgl. *Frowein*, FS Rowedder (1994), 49; *Gelinsky*, Der Schutz des Eigentums gemäß Art. 1 des Ersten Zusatzprotokolls zur Europäischen Menschenrechtskonvention: eine Analyse der Rechtsprechung der Straßburger Organe, 1996.

[531] Anwendung des Art. 1 des Zusatzprotokolls auf einen schwedischen Fall im Urteil des Europäischen Gerichtshofs für Menschenrechte vom 23.9.1982 (NJW 1984, 2747– Fall Sparrang und Lönnroth). Die Konvention wurde durch das Protokoll Nr. 11 vom 11.05.1994 zur Konvention zum Schutze der Menschenrechte und Grundfreiheiten geändert, insbesondere hinsichtlich der Prüfungsinstanzen (Abschaffung der Kommission, alleinige Zuständigkeit des EGMR), s. hierzu das Gesetz zu dem genannten Protokoll Nr. 11 (vom 24.07.1995, BGBl. II, S. 578, das Protokoll Nr. 11 ist am 01.11.1998 u.a. für die Bundesrepublik Deutschland in Kraft getreten, BGBl. 2001 II, S. 231).

[532] EGMR NVwZ 1999, 1325; NJW 1999, 3695.

[533] Überblick über das Überprüfungsverfahren nach der EMRK bei *Schweitzer*, Staatsrecht III, 2000, Rz. 714 ff.

[534] S. Maunz/Schmidt-Bleibtreu/Klein/*Ulsamer*, BVerfGG § 90 Rz. 51 m.N.

[535] Nach der Reform des Konventionssystems durch das 11. Protokoll (o. Fn. 531) bedarf es keiner besonderen Unterwerfungserklärung der Konventionsstaaten im Hinblick auf die Individualbeschwerde mehr (*Herdegen*, Europarecht, 3. Aufl. 2001, Rz 22, *Oppermann*, Europarecht, 2. Aufl. 1999, Rz. 93).

[536] Zu Einzelheiten der Zulässigkeitsprüfung s. *Schweitzer*, Staatsrecht III, 2000, Rz. 721 ff.

[537] Vgl. auch die Regeln 45 ff. der Verfahrensordnung des EGMR, bislang noch nicht im Sartorius II veröffentlicht, aber erhältlich im Internet unter http://www.echr.coe.int.

[538] Vgl. auch Regeln 59, 62 der Verfahrensordnung des EGMR (vorige Fn.).

gemäß Art. 39 EMRK aus seinem Register, gelingt diese nicht, wird das Verfahren vor einer Kammer des EGMR (Art. 27 I EMRK), die gemäß Art. 29 I EMRK auch über die Begründetheit der Individualbeschwerde zu entscheiden hat, weiterbetrieben. Die Urteile der Kammern sind unter den in Art. 44 II EMRK genannten Voraussetzungen endgültig, in Ausnahmefällen kann jede Partei innerhalb von drei Monaten nach dem Datum des Kammerurteils gemäß Art. 43 EMRK eine Verweisung der Rechtssache an die Große Kammer des EGMR beantragen (vgl. hierzu Regel 73 I der Verfahrensordnung des EGMR); das Urteil der Großen Kammer ist gemäß Art. 44 I EMRK endgültig. Das Ministerkomitee (vgl. Artt. 10 I, 13 ff. der Satzung des Europarats[539]) überwacht die Durchführung der Entscheidung des Gerichtshofs (Art. 46 II EMRK).

Abgesehen von diesem zusätzlichen Rechtsbehelf des Betroffenen selbst ergänzt die Menschenrechtskonvention den Schutz der Menschenrechte, insbesondere also, wie gesehen, den Schutz der privaten Güterzuordnung, durch die Möglichkeit eines der vertragschließenden Staaten, die supranationale Instanz zum Schutz ihm angehörender Betroffener gegen Rechtsakte eines anderen vertragschließenden Staates einzuschalten (Art. 33 EMRK).

265 Das Recht der Europäischen Gemeinschaften schützt den Bestand des Eigentums gegen Akte von Organen der Gemeinschaften[540]. Der Adressat von Entscheidungen kann Nichtigkeitsklage vor dem Gericht erster Instanz der Europäischen Gemeinschaften[541] erheben (Art. 33 II EGKS, 230 IV EG, 146 IV EAG). Fehlt eine Adressierung des Akts oder ist er an eine dritte Person gerichtet, so besteht die Klagebefugnis unter der Voraussetzung unmittelbarer und individueller Betroffenheit durch den Akt. Neben der Nichtigkeitsklage steht die sog. Untätigkeitsklage, die gegeben ist, wenn eine Entscheidung gegenüber dem Kl., zu der gemeinschaftsrechtlich eine Verpflichtung besteht, nicht vorgenommen wird (zulässig als Feststellungsbegehren nach Artt. 232 III EG, 148 III EAG, als Nichtigkeitsklage betreffs einer fingierten Ablehnungserklärung nach Art. 35 III EGKS)[542]. Neben der Klagemöglichkeit für die betroffenen Einzelnen besteht das Klagerecht der Mitgliedstaaten. Sie können von dem EuGH jeden Akt der Organe und deren Unterlassen hinsichtlich der Verletzung des Gemeinschaftsrechts überprüfen lassen (Art. 33 I, 35 III EGKS, 230 II, 232 I EG, 146 II, 148 I EAG).

266 Der EuGH hat die Geltung von Grundrechten als gemeinschaftsrechtliche Geltung entsprechend den gemeinsamen Verfassungsüberlieferungen der Mitgliedstaaten und aufgrund von Hinweisen entwickelt, die den internationalen Verträgen über den Schutz der Menschenrechte, an deren Abschluß die Mitgliedsstaaten beteiligt waren oder denen sie beigetreten sind (insbesondere also der Konvention zum Schutz der Menschenrechte mit Zusatzprotokollen), entnommen werden können[543]. Die Achtung der in der EMRK niedergelegten Menschenrechte und Grundfreiheiten sowie der Grundrechte, wie sie sich aus den gemeinsamen Verfassungsüberlieferungen der Mitgliedstaaten als allgemeine Grundsätze des Gemeinschaftsrechts ergeben, ist nun ausdrücklich in Art. 6 II EUV [ex-

539 Sartorius II, Nr. 110.

540 Zum Rechtsschutz nach Gemeinschaftsrecht *Ipsen*, Europäisches Gemeinschaftsrecht, 1972, S. 754 ff. In der Embargo-Entscheidung hat der BGH den durch ein Embargo Betroffenen auf das Vorgehen nach Gemeinschaftsrecht verwiesen, weil das Embargo durch eine VO des Rates bestimmt gewesen ist und die deutsche Regelung bloß deklaratorische Bedeutung gehabt habe (NJW 1994, 858, s. *Ossenbühl*, Staatshaftungsrecht, S. 252 f. m.w.N.).

541 Gemäß Art. 3 des Beschlusses des Rates 88/591/EGKS, EWG, Euratom vom 24.10.1988 (Sartorius II, Nr. 248).

542 Daneben stehen noch weitere Klagearten, die in unserem Zusammenhang keine unmittelbare Relevanz haben. Ohnehin weicht die gemeinschaftsrechtliche Absicherung des Eigentumsrechts, soweit sie bisher reicht, von der Gewährleistung nach Art. 14 GG nicht ab. Zudem sagt Art. 295 EGV ausdrücklich: „Dieser Vertrag läßt die Eigentumsordnung in den verschiedenen Mitgliedsstaaten unberührt."

543 Rs. 4/73 (Nold/Kommission), Rspr. 1974, S. 491, 507 f.

Art. F II EUV] bestimmt[544]. Beide Geltungsanzeichen treffen darin zusammen, daß die gemeinschaftsrechtliche Existenz eines Eigentumsgrundrechts außer Frage steht[545]. Inhaltlich schützt die europarechtliche Eigentumsgewährleistung allgemein solche Positionen, die erstens einen vermögenswerten Vorteil darstellen, der zweitens das Ergebnis der Investition von Kapital oder Arbeitskraft ist und der drittens seinem Inhaber in einer dem klassischen Sacheigentum vergleichbaren Weise zugewiesen ist[546].

Sozialvorbehalt und Einschränkbarkeit durch europarechtliche Gesetzgebung gelten weitgehend[547] entsprechend wie innerstaatlich nach Art. 14 I 2, II GG. Die sachlich rechtfertigenden Gemeinwohlziele müssen Ziele der Gemeinschaft sein. Unter diesen Gesichtspunkten[548] hat der EuGH gemeinschaftsrechtliche Weinanbaubeschränkungen geprüft und für grundrechtsgemäß erklärt: Sie dienten der Erreichung des quantitativen Gleichgewichts und der qualitativen Steigerung der Weinproduktion; wegen der zeitlichen Begrenzung ihrer Geltung sei das Eigentum nicht in seinem Wesensgehalt angetastet[549]. 267

Wegen der ausdrücklich bestätigten, Art. 14 I und II GG sachlich gleichkommenden Geltung des Eigentumsrechts als gemeinschaftsrechtlichen Grundrechts stellt sich die Problematik der Geltung der Grundrechte des GG für Akte der Gemeinschaftsorgane[550] in diesem Bereich nicht[551]. Möglicherweise kommt sie aber für die Entschädigungsregelung nach Art. 14 III GG in Betracht, für die bisher eine gemeinschaftsrechtliche Bestätigung fehlt[552]. 268

Im Recht der europäischen Gemeinschaften gibt es die (außervertragliche) Amtshaftung für das Handeln von Gemeinschaftsorganen und -bediensteten nach Art. 288 II EG. Nach der Rechtsprechung des EuGH folgt daraus ein Schadensersatzanspruch gegen die Gemeinschaft sowohl bei schuldhafter als auch bei schuldloser Verletzung einer Gemeinschaftsrechtsnorm, dagegen nicht bei rechtmäßigem Handeln[553]. Auffallend und im Zusammenhang der Diskussion des Art. 14 GG von Interesse ist, daß der EuGH die Amtshaftung auf die Verletzung einer höherrangigen, dem Schutz des einzelnen dienenden Rechtsnorm durch Rechtssetzungsakte erstreckt hat[554]. Im Hin- 269

544 Zum Eigentumsschutz durch Art. 1 des Zusatzprotokolls zur EMRK in diesem Zusammenhang *Müller-Michaels*, Grundrechtlicher Eigentumsschutz in der Europäischen Union, 1997, S. 62 ff.

545 *Schweitzer/Hummer*, Europarecht, 1996, Rz. 805.

546 So *Müller-Michaels*, Grundrechtlicher Eigentumsschutz in der Europäischen Union, 1997, S. 37, der darauf hinweist, daß für den EuGH der Leistungsgedanke von zentraler Bedeutung ist.

547 Einzelne Unterschiede bei *Schilling*, EuZW 1991, 310 ff.

548 Vgl. zu den Beeinträchtigungen des europarechtlichen Eigentumsrechts, bei denen der EuGH zwischen Ausübungsbeschränkung und Eigentumsentziehung unterscheidet, *Müller-Michaels*, Grundrechtlicher Eigentumsschutz in der Europäischen Union, 1997, S. 44 ff.

549 Rs. 44/79 (Hauer/Land Rheinland-Pfalz), Rspr. 1979, S. 3727, 3747 ff.; ähnlich zum Anspruch auf Erteilung einer Milchreferenzmenge EuGH EuZW 1992, 120, 122 (Georg von Beetzen/Hauptzollamt Oldenburg).

550 S. *Streinz*, Bundesverfassungsgerichtlicher Grundrechtsschutz und Europäisches Gemeinschaftsrecht, 1989.

551 Vgl. auch das sog. Maastricht-Urteil, BVerfGE 89, 155, 174 ff.

552 Vgl. *Müller-Michaels*, Grundrechtlicher Eigentumsschutz in der Europäischen Union, 1997, S. 59 m.N.

553 *Schweitzer/Hummer*, Europarecht, 1996, Rz. 607 ff. Die Nebenfolgenproblematik scheint in der Rechtsprechung des EuGH aber auch noch nicht aufgetaucht zu sein.

554 Urteil vom 2.12.1971, Slg. 1971, S. 975, 984 f. Neben dem im EGV geregelten Amtshaftungsverfahren gegen die Gemeinschaft steht die vom EuGH im sog. Francovich-Urteil – Rs. C 6/90 und C 9/90, 19.11.1991, NJW 1992, 165 (dazu *Pieper*, NJW 1992, 2454 ff., *Steindorff*, Jura 1992, 561, 564 mit Fn. 24) – statuierte Staatshaftung des Mitgliedstaats, der eine EG-Richtlinie nicht korrekt umsetzt: Die Haftung trifft den jeweiligen Mitgliedstaat

blick darauf, daß Art. 288 II EG auf die allgemeinen Rechtsgrundsätze, die den Rechtsordnungen der Mitgliedstaaten gemeinsam sind, verweist, hat der EuGH die Möglichkeit später allerdings eingeschränkt[555]. Aus diesen Grundsätzen lasse sich das einheitliche Ergebnis ableiten, daß die Haftung für legislatives Unrecht nur ausnahmsweise und unter besonderen Umständen begründet sei, aufgrund der Erwägung, „daß die gesetzgebende Gewalt selbst dann, wenn ihre Handlungen richterlicher Kontrolle unterworfen sind, bei einer Willensbildung nicht jedesmal durch die Möglichkeit von Schadensersatzklagen behindert werden darf, wenn sie Anlaß hat, im Allgemeininteresse Rechtsnormen zu erlassen, welche die Interessen der einzelnen berühren können"[556]. Dies berücksichtigend hat der EuGH eine hinreichend qualifizierte Verletzung nur dann angenommen, wenn das handelnde Organ die Grenzen seiner Befugnisse offenkundig und erheblich überschritten habe, was zu verneinen sei, wenn eine große Gruppe von Marktteilnehmern betroffen und dadurch die Auswirkungen auf die einzelnen Unternehmen erheblich abgeschwächt worden seien[557]. Die Kriterien scheinen untereinander keinen Zusammenhang zu haben, es scheinen die *rechtliche* Schwere des Verstoßes (Willkür) einerseits, so etwas wie die Betroffenheit als Sonderopfer andererseits und schließlich die *wirtschaftliche* Tragweite des Eingriffs zum dritten unverbunden nebeneinander zu stehen.

IV. Drittwirkung der Grundrechte und der Grundfreiheiten

270 Adressat der Grundrechte des GG, insbesondere also des Eigentums als Grundrecht, sind nach dem historisch geprägten Geltungswillen der Verfassung (ebenso nach der Konvention zum Schutz der Menschenrechte) der Staat und die sonstigen juristischen Personen des öffentlichen Rechts, bei den gemeinschaftsrechtlichen Grundrechten die Europäischen Gemeinschaften. Das Thema der Drittwirkung von Grundrechten[558] betrifft zunächst die Frage, ob die Grundrechte nicht doch auch für das Verhältnis zwischen Privatrechtssubjekten fruchtbar gemacht werden können und müssen (ausgenommen von dieser Frage sind der Staat und die sonstigen Hoheitsträger, wenn sie dadurch Privatrechtssubjekte sind, daß sie die Erfüllung öffentlicher Aufgaben privatrechtlich vollziehen; hier gelten die Grundrechte ohne weiteres). Die Drittwirkung ist abzulehnen, soweit es um die sog. unmittelbare Drittwirkung, d.h. darum geht, der Privatrechtsordnung für das Verhältnis unter Privaten aus der Verfassung Anspruchs- und Rechtsgrundlagen zuzuführen, die der Privatrechtsordnung selbst nicht innewohnen, wie etwa das Recht

nach dessen eigenen, freilich eben durch EG-Recht präjudizierten Haftungsregeln und ist vom EuGH auf Vorlage italienischer Gerichte nach Art. 177 EWGV festgestellt worden.

555 Rs. 83 und 94/76, 4, 15 und 40/77 (HNL u.a./Rat und Kommission), Slg. 1978, S. 1209 ff.

556 A.a.O., S. 1224

557 A.a.O., S. 1225. – Dementsprechend wurde in Rs. 238/78 (Ireks-Arkady/Rat und Kommission), Slg. 1979, S. 2955, 2973, Rs. 261 und 262/78 (Interquell Stärke-Chemie u.a./Rat und Kommission), Slg. 1979, S. 3045, 3064 f. eine hinreichend qualifizierte Verletzung bejaht, weil eine klar begrenzte und umrissene Gruppe von Unternehmern betroffen gewesen sei und der von den Kl. behauptete Schaden über die Grenze der wirtschaftlichen Risiken hinausging, die eine Betätigung in dem betroffenen Wirtschaftszweig mit sich bringe. Anders wird in Rs. 116 und 124/77, (Amylum u.a./Rat und Kommission), Slg. 1979, S. 3497, 3561 die Haftung abgelehnt, weil der Rechtsverstoß nicht so schwerwiegend sei, daß man sagen könne, das Verhalten der Organe grenze an Willkür.

558 Zur Drittwirkung auf Rechtsgeschäfte s. *Flume* II § 1 10 b, S. 20. Allgemein *Canaris*, AcP 184 (1984), 201 ff. (s. nochmals – terminologische Verwirrung zurechtrückend – ders., JZ 1988, 494 f.); *Hager*, JZ 1994, 373; *Diederichsen*, AcP 198 (1998), 171. Gegen die Kritik, daß das BVerfG durch seine Rechtsprechung betr. die Kontrolle von Bürgschaftsverträgen im Hinblick auf die Ausnutzung einer strukturellen Unterlegenheit des Bürgen zur Erlangung einer mit den Einkommens- und Vermögensverhältnissen des Bürgen unvereinbaren Bürgschaftsbelastung (BVerfGE 89, 214) die Privatautonomie verletzt habe, *Ernst*, in: Zimmermann, Rechtsgeschichte und Privatrechtsdogmatik, Karlsruhe, 1999, IV. 5. S. 411.

auf Gleichbehandlung, soweit sich dieses nicht aus den privatrechtlichen Beziehungen selbst – wie etwa unter Gesellschaftern – ergibt.

Eine andere Frage ist die der Beachtung der Grundwertungen der Verfassung durch die staatlichen Organe, insbesondere durch die Gesetzgebung und sodann durch die Gerichtsbarkeit, wenn diese über Konflikte zwischen Privatrechtssubjekten zu entscheiden und dabei vom Gesetz offen gelassene Wertungen zu treffen hat[559]. Auch Gesetzgebung und Rechtsprechung wenden aber zunächst einmal Privatrecht an oder bilden es fort, d.h. das Recht unter Privaten, für die die Grundrechte eben unmittelbar nicht gelten. So ist es z. B. selbstverständlich, daß relative Rechte, obwohl sie unter die Eigentumsgarantie des Art. 14 GG fallen, unter den Privaten relativ bleiben und auch von Gesetzgebung und Rechtsprechung nicht kraft Verfassungsbindung verabsolutiert werden dürfen oder sogar müssen. Eine Erweiterung über die bestehende relative Beziehung hinaus, nur nicht in Hinsicht auf relative oder absolute Wirkung, sondern in Hinsicht auf die Erweiterung des relativen Rechts gegenüber dem Vertragspartner, stellt die Rechtsprechung des BVerfG zum Eigentumsschutz des Mietrechts dar[560]. **271**

An Verfassungsbindung im privatrechtlichen Bereich bleibt übrig die Verpflichtung der staatlichen Organe, bei der Rechtsgestaltung und -anwendung die verfassungsrechtlichen Grundwertungen und Schutzpflichten dort zu beachten, wo es um die gerechte Verteilung der Rechtspositionen unter den Privaten geht[561]. Was hier aber insbesondere die Notwendigkeit anbetrifft, die verschiedenen Eigentumssphären gegeneinander abzugrenzen, ist diese dem Privatrecht schon selbst immanent. Art. 14 GG kann dabei mit seinen allgemeinen Kategorien nicht helfen. Es geht auf beiden Feldern um analoge oder sogar identische Abwägungsprobleme, insofern können Judizbildungen zu Art. 14 GG ebenso fruchtbar für die privatrechtliche Auseinandersetzung heranzuziehen sein wie umgekehrt solche auf dem privatrechtlichen Gebiet für die Betrachtung des Art. 14 GG. So berühren sich etwa die zu Art. 14 GG entwickelte Sozialpflichtigkeit des Eigentums aufgrund der Situationsgebundenheit des Objekts mit der Abgrenzung der Emissionsfreiheit nach der Ortsüblichkeit in § 906. **272**

Gerade die Verfassungsbindung hat freilich für das Eigentum die Abwägungsfrage insoweit bewußt gemacht, als die Beachtung anderer Grundrechte als des Eigentums zur *Einschränkung* des Eigentumsfreiheitsbereichs führen kann. Insbesondere geht es um die Auswirkung der Meinungsfreiheit in den Bereich von Eigentumsrechten hinein[562]. Soweit das Eigentumsrecht am eingerichteten und ausgeübten Gewerbebetrieb[563] beeinträchtigt ist, stellt sich die Frage im Rahmen der offenen Prüfung der Rechtswidrigkeit, die bei diesem unscharf konturierten Recht angewandt wird. Die Abwägung verschiedener betroffener Grundrechte ist hier selbstverständlicher Bestandteil der maßgeblichen Güter- und Interessenabwägung[564]. Ist das sachenrechtliche Eigentum beeinträchtigt – wie bei Benutzung von Wohnungsfenstern durch den Mieter zu politischer[565] oder von Betriebskleidung durch Arbeitnehmer zu gewerkschaftlicher Werbung –, so führt die Involvierung der Meinungsfreiheit zu einer nicht bloß formal auf den Eigentumsraum abgestell- **273**

559 Dazu mit zahlreichen Nachweisen *Hager*, Verkehrsschutz durch redlichen Erwerb, 1990, S. 19 ff.

560 Oben Rz. 209.

561 Vgl. OLG München WM 1993, 1976 zur verfassungskonformen Anwendung der Vorschriften des Zwangsversteigerungsgesetzes im Zwangsversteigerungsverfahren.

562 Vgl. BVerfG NJW 1993, 1252: Abwägung des Eigentumsschutzes des Vermieters gegen das Grundrecht des Mieters auf Informationsfreiheit – Anbringung einer Parabolantenne durch den Mieter.

563 Zur Anerkennung im Rahmen des Art. 14 GG: BVerfGE 13, 225, 229; 45, 142, 173.

564 Übersicht bei Palandt/*Thomas* § 823 Rz. 22, 24, 184 ff.

565 S. BVerfGE 7, 230; LG Hamburg NJW 1986, 320; LG Tübingen NJW 1986, 321.

ten, sondern an den gestörten sachlichen Interessen des Eigentümers, unter Einbeziehung auch seiner negativen Meinungsfreiheit, orientierten Prüfung.

274 Was die Grundfreiheiten nach dem EG-Vertrag betrifft, hat der EuGH in einer neuen Entscheidung betreffend die Freizügigkeit von Arbeitnehmern, die insbesondere durch ein Verbot der Diskriminierung der Angehörigen der Mitgliedstaaten geschützt wird (Art. 39 EG, früher Art. 48 EG-Vertrag), die Anwendbarkeit auf die Bewerbung um einen Arbeitsplatz an einer privaten Bank festgestellt und dabei von der allgemeinen Anwendung des ex-Art. 48 auf Arbeitsverträge unter Privaten gesprochen[566].

D. Auswirkungen der deutschen Wiedervereinigung

I. Anliegen des Einigungsvertrages

275 Am Tage des Wirksamwerdens des Beitritts der DDR zur Bundesrepublik Deutschland gemäß Art. 23 GG i.V.m. dem Einigungsvertrag (EinigungsV)[567], d.h. am 3.10.1990, ist die Eigentumsordnung der Bundesrepublik und damit das Sachenrecht des BGB im Beitrittsgebiet in Kraft getreten[568]. Da die Rechtslage in diesem Bereich in beiden deutschen Staaten grundlegend verschieden war, waren vielfältige Maßnahmen und Überleitungsvorschriften erforderlich, um die bisherige Zuordnungsgestaltung in den fünf neuen Bundesländern überzuleiten.

Die Rechtslage in der DDR ist durch Normen übergeleitet worden, die eine Privatrechtsordnung im Sinne des Grundgesetzes schaffen – insbesondere Art. 21, 22, 41 EinigungsV und die dazugehörenden Ausführungsgesetze –, und weiter durch Normen, die diese Privatrechtsordnung ausgestalten – für das Sachenrecht vornehmlich Art. 8 EinigungsV i.V. mit Art. 233 EGBGB als Anlage I –.

II. Rechtslage in der ehemaligen DDR – Überblick

276 In der DDR wurde Eigentum nicht als Recht von Personen an Sachen angesehen, sondern als „das gesellschaftliche Verhältnis, das die Beziehungen der Menschen untereinander in bezug auf die Produktionsbedingungen beinhaltet“[569]. Das Eigentumsrecht im objektiven Sinn erfaßte alle rechtlichen Regelungen, die das Verhalten der Menschen zu den Produktionsbedingungen betrafen. Im subjektiven Sinn hatte es die dem Eigentümer einer Sache zustehenden (Besitz-, Nutzungs- und Verfügungs-) Befugnisse zum Inhalt[570].

277 Es gab mehrere Arten von Eigentum:

- Der Wirtschaftsordnung zugrunde lag das sozialistische Eigentum (Art. 9 der Verfassung der DDR[571], §§ 17 ff. ZGB[572]), das aus dem Volkseigentum, welches eine Schlüsselfunktion einnahm, dem genossenschaftlichen Gemeineigentum und

[566] Rs. Roman Angonese gegen Cassa di Risparmio di Bolzano SpA, Urteil des EuGH vom 6.06.2000, Slg. 2000, I – 4139. Die Cassa hatte zur Voraussetzung der Bewerbung ein Sprachzeugnis gemacht, welches ausschließlich von der öffentlichen Verwaltung der Provinz Bozen aufgrund einer Prüfung ausgestellt wird, die ausschließlich in der Provinz Bozen abgehalten wird, mit der Folge, daß ein Bewerber, der nicht in der Provinz wohnt, die Bescheinigung kaum zum maßgeblichen Zeitpunkt erhalten kann.

[567] Vom 31.8.1990 (BGBl. II, S. 889).

[568] Art. 8 EinigungsV.

[569] Dazu *Klinkert/Oehler/Rohde*, Eigentumsrecht, 1.1.1, mit Verweis auf *K. Marx* in Fn. 6.

[570] *Klinkert/Oehler/Rohde*, Eigentumsrecht, 1.1.2., S. 16.

[571] Vom 7.10.1974 (GBl I, S. 432).

[572] Zivilgesetzbuch der DDR vom 19.6.1975 (GBl I Nr. 27, S. 465).

Schlüsselfunktion einnahm, dem genossenschaftlichen Gemeineigentum und dem Eigentum gesellschaftlicher Organisationen der Bürger bestand. Das sozialistische Eigentum war besonders privilegiert[573]; an wirtschaftlich bedeutenden Gegenständen konnte kein Privateigentum bestehen (Art. 12 der Verfassung der DDR, § 20 III 1 ZGB)[574].

- Dem gegenüber stand das persönliche Eigentum der Bürger an Konsummitteln (Art. 11 der Verfassung der DDR, §§ 22 ff. ZGB), das primär auf dem Arbeitseinkommen beruhte und der individuellen Bedürfnisbefriedigung diente. Obgleich verfassungsrechtlich abgesichert, entsprach es nicht bundesrepublikanischer Vorstellung vom subjektiven Recht, weil es im Gegensatz zu einem im Kernbereich unantastbaren Recht von der Existenz und der Entwicklung des sozialistischen Eigentums abhängig war[575].
- Schließlich gab es das Privateigentum. Für dieses sahen die §§ 3 EGZGB[576], 23 II ZGB die entsprechende Anwendung des ZGB vor. Dabei handelte es sich um sog. freies Vermögen (Grundstücke, kleine Betriebe), das (noch nicht) in sozialistisches Eigentum überführt worden war[577].

Subjekt des Volkseigentums war der sozialistische Staat als Repräsentant der sozialistischen Gesellschaft[578]. Dieser übertrug die Rechtsträgerschaft für Sachen oder Sachgesamtheiten auf Betriebe oder staatliche Organe, die treuhänderisch Eigentümerbefugnisse wahrnahmen (§§ 18 II, 19 I ZGB). Infolgedessen wurde z.B. in Abteilung I der Grundbücher eingetragen: „Eigentum des Volkes. Rechtsträger: Rat des Kreises Karl-Marx-Stadt". **278**

Wie die §§ 93 ff. BGB ging § 295 I ZGB (i.V. mit § 467 ZGB) von einem einheitlichen Eigentumsrecht an Grundstücken und mit ihnen fest verbundenen baulichen Anlagen aus[579]. § 295 II ZGB begründete unter bestimmten Voraussetzungen die Sonderrechtsfähigkeit von baulichen Anlagen und Anpflanzungen. Es ging um Anlagen, die aufgrund von hier später[580] darzustellenden Nutzungsrechten errichtet wurden. Soweit diese Nutzungsrechte dinglicher Natur waren, entsprach § 295 II ZGB mit der Sonderrechtsfähigkeit der Gebäude der Regelung des § 95 I 2 BGB. Dennoch war die Lage nach DDR-Recht in dreifacher Weise eine besondere: Zunächst sind Anlagen i. S. des § 95 I 2 BGB besonders geregelte und eingepaßte Fälle, während nach DDR-Recht die zu Gebäudeeigentum führenden Nutzungsrechte und aufgrund dieser errichtete Gebäude Grundfälle waren. Sodann war die Art (insbesondere der Begründung) der Nutzungsrechte von der Art derjenigen Rechte verschieden, deren Ausübung nach § 95 I 2 BGB zu Sondereigentum führen kann. Insbesondere kamen auch vertragliche Nutzungsrechte als Grund- **279**

573 Z.B. nach § 20 ZGB – unveräußerlich, unpfändbar, nicht belastbar.

574 So standen mehr als 95 % der gewerblichen Wirtschaft in sozialistischem Eigentum – *Horn*, Das Zivil- und Wirtschaftsrecht im neuen Bundesgebiet, § 11 Rz. 5. Ein Sonderfall war das Eigentum, welches die DDR aus dem von der Sowjetischen Besatzungsmacht enteigneten „Großgrundbesitz", nach DDR-Recht „Bodenreformland", einzelnen Bauern („Neubauern") zugewiesen hat. Es war dingliches Recht ohne jede Verfügungs- und Verpachtungsbefugnis (sog. Arbeitseigentum, ein der marxistisch-leninistischen Arbeitswerttheorie entnommener Begriff), s. BezG Neubrandenburg DtZ 1992, 217, 218.

575 Kommentar zum ZGB § 22 Anm. 1; *Klinkert/Oehler/Rohde*, Eigentumsrecht, 1.1.3.2.

576 Vom 19.6.1975 (GBl I S. 517).

577 *Klumpe-Nastold*, Rechtshandbuch Ost-Immobilien, Rz. 19 f.; zur Problematik der Nichtregelung des Privateigentums – *Westen*, DtZ 1990, 1, 4.

578 Kommentar zum ZGB, § 18 Anm. 2; *Horn*, a.a.O., § 11 Rz. 3 m.w.N.

579 Bei Teilung des Grundstücks durch den Eigentümer erfolgte die Zuordnung des Eigentums gemäß §§ 295 I, 467 II, III ZGB grundsätzlich entsprechend den zu §§ 93, 94 I BGB entwickelten Grundsätzen (BGH WM 1997, 779, 780).

580 Rz. 283 ff.

lage des Sondereigentums an Gebäuden etc. in Betracht, und zwar nicht nur an Gebäuden, die – so der erste Fall des § 95 I BGB – zu einem vorübergehenden Zweck errichtet wurden. Schließlich unterliegen die nach § 95 I BGB in selbständigem Eigentum stehenden Sachen dem Recht der beweglichen Sachen, sofern sie nicht wie nach § 12 ErbbauVO wesentliche Bestandteile des Rechts werden, aufgrund dessen sie errichtet wurden. Gemäß §§ 295 II, 289 II, 293 III ZGB waren dagegen auf das Gebäudeeigentum zum Teil die Vorschriften des Grundstücksrechts anzuwenden und waren insoweit gerade entgegengesetzt zu § 12 ErbbauVO die zugrunde liegenden Nutzungsrechte Bestandteil des Gebäudeeigentums[581].

280 Der Rechtsverkehr war ganz überwiegend nach den Vorgaben der Planwirtschaft gelenkt: Freier Güteraustausch auf privatautonomer Grundlage fand zwar statt, spielte aber eine ganz untergeordnete Rolle[582].

281 Das ZGB lehnte die Trennung von Schuld- und Sachenrecht als „nur juristischen Dogmen geschuldet“[583] ab. Die Ausgestaltung der Eigentumsverhältnisse erfolgte durch alle einschlägigen Normen des ZGB und anderer Gesetze. Insbesondere hatte sich das ZGB für die Veräußerung des Eigentums vom Abstraktionsprinzip grundsätzlich verabschiedet[584], weil man meinte, damit einer „lebensnahen Ausgestaltung gesetzlicher Vorschriften“ zu folgen[585]. Eigentum an beweglichen Sachen ging über durch einen einheitlichen, auf Eigentumsänderung gerichteten Veräußerungsvertrag (z.B. Kauf, Schenkung) und die Übergabe der Sache (§§ 25, 26 I ZGB). Zum Erwerb des Eigentums an Grundstücken war gemäß §§ 26 II, 297 ZGB zunächst ein notariell beurkundeter Vertrag erforderlich; dieser sollte – an sich systemwidrig – zusätzlich eine Erklärung von Erwerber und Veräußerer, daß das Eigentum übergehen soll, enthalten; hinzu kommen mußte, wie nach § 873 I BGB, die Eintragung in das Grundbuch.

282 Ein Erwerb des Eigentums kraft guten Glaubens war außer bei Geld und Inhaberpapieren (§§ 27, 28 ZGB) und bei Zutreffen bestimmter Voraussetzungen im Grundstücksrecht (§§ 7 ff. DDR-GDO[586]) ausgeschlossen[587].

283 Das Grundeigentum war vielfach, vergleichbar der Situation in einem „Lehnssystem“[588], durch sog. Nutzungsrechte überlagert, insbesondere das Recht, Baulichkeiten zu errichten. Die Nutzungsrechte waren nur zum Teil von dinglicher Rechtsnatur. Sie sind dennoch im Rahmen des Sachenrechts umfassend zu behandeln, weil alle Nutzungs-

[581] Zur Sonderrechtsfähigkeit von baulichen Anlagen nach DDR-Recht über § 295 II ZGB hinaus mit der interessanten Erörterung, ob sich die sozialistische, gegen § 94 gerichtete Rechtsauffassung auch auf die Frage der Anwendung des § 95 selbst auswirken konnte, solange das BGB noch in der DDR galt, BGH WM 1998, 1633 ff., 1635.

[582] Dazu *Westen*, DtZ 1990, 1, 3 m.w.N.

[583] *Klinkert/Oehler/Rohde*, Eigentumsrecht, 1.1.4.

[584] Feststellung und heutige Konsequenzen in der Entscheidung BezG Cottbus ZIP 1992, 737; s. auch BGH ZIP 1993, 70, 71.

[585] Kommentar zum ZGB, § 26 Anm. 1.1. Zur Forderung nach Beseitigung des Abstraktionsprinzips in der Rechtslehre der DDR *Kleine*, Die historische Bedingtheit der Abstraktion von der causa, 1954; *Dornberger* in: Das Zivilrecht der Deutschen Demokratischen Republik, 1955, S. 286 ff.

[586] Vom 6.11.1975, Gbl. I, S. 697. Vgl. zum gutgläubigen Grundstückserwerb gemäß § 8 I DDR-GDO LG Magdeburg DtZ 1994, 380 f.

[587] Zum Rückübertragungsanspruch bei unentgeltlich gutgläubigem Grundstückserwerb nach § 8 I 1 DDR-GDO BGH WM 2000, 320 ff.

[588] *Etzbach*, Rechtshandbuch, Systematische Darstellung V, Rz. 1.

rechte Grundlage des vom Grundeigentum unabhängigen Gebäudeeigentums sein konnten[589].

Gemäß §§ 286 I Nr. 1, 287 ff. ZGB i.V.m. dem Gesetz über die Verleihung von Nutzungsrechten an volkseigenen Grundstücken (NutzungsRG)[590] und der Eigenheimverordnung[591] konnte den Bürgern auf volkseigenen Grundstücken ein dingliches Nutzungsrecht verliehen werden. Funktionell unserem Erbbaurecht vergleichbar, berechtigte es – in der Regel unbefristet – zur Errichtung von Eigenheimen zu Wohnzwecken oder von anderen, ebenfalls persönlichen Bedürfnissen dienenden Gebäuden (=„Baulichkeiten“, etwa Garagen, Wochenendhäuser)[592]. Das Nutzungsrecht war gemäß § 4 III NutzungsRG in das Grundbuch des belasteten Grundstücks einzutragen. Diese Eintragung war, weil das Recht außerhalb des Grundbuches durch Verleihung entstand, deklaratorisch[593]. Gemäß § 288 IV ZGB, § 4 IV NutzungsRG wurden in Ausübung des Rechts errichtete Gebäude kraft Gesetzes Eigentum des Nutzungsberechtigten. Auch die Eintragung im Gebäudegrundbuchblatt nach § 4 IV 3 NutzungsRG hatte lediglich deklaratorische Wirkung. Auf das Gebäudeeigentum fanden gemäß § 295 II 2 ZGB die Vorschriften für Grundstücke Anwendung; damit war insbesondere zur Übereignung die konstitutive Eintragung in das Grundbuch erforderlich (§ 297 ZGB). Mit Errichtung eines Gebäudes folgte das Nutzungsrecht dem Recht am Gebäude (§ 289 ZGB, § 5 NutzungsRG). **284**

Eine ähnliche Regelung gab es gemäß §§ 286 I Nr. 2, 291 ff. ZGB i.V.m. der Verordnung über die Bereitstellung von genossenschaftlich genutzten Bodenflächen zur Errichtung von Eigenheimen auf dem Lande (BereitstellungsVO)[594] für genossenschaftlich genutzte Grundstücke[595]. Bemerkenswert ist hierbei, daß das Nutzungsrecht bei bloßer genossenschaftlicher Nutzung bestellt werden konnte; auf die Eigentumsverhältnisse kam es nicht an. **285**

Sodann waren schuldrechtliche Nutzungsrechte als Grundlage von Gebäudeeigentum anerkannt: Gemäß § 286 I Nr. 4 ZGB i.V.m. §§ 312 ff. ZGB konnte mit dem Grundeigentümer (aller Eigentumsformen) ein pachtähnliches, beiderseitig kündbares (§ 314 ZGB)[596] Verhältnis begründet werden, das das Recht zur Erholung und zur kleingärtnerischen Nutzung zum Inhalt hatte. Das Nutzungsrecht war unübertragbar (§ 313 III 2 ZGB); es wurde nicht im Grundbuch eingetragen. Aufgrund des Rechtes errichtete Baulichkeiten wurden gemäß § 296 I 1 ZGB Eigentum des Nutzungsberechtigten[597]. Auf die Baulichkeiten fanden grundsätzlich gemäß §§ 295 II 2, 296 I 2 ZGB die Vorschriften **286**

589 Vgl. auch Art. 231 § 5, Art. 233 §§ 4, 5 EGBGB. In der Praxis kamen auch noch Nutzungsüberlassungen ohne Grundlage in typisierten und mit Gebäudeeigentum verbundenen Nutzungsrechten vor, s. *Leutheusser-Schnarrenberger*, DtZ 1993, 34, 36.

590 Vom 14.12.1970 (GBl I S. 273).

591 Vom 31.8.1978 (GBl I S. 425 geänd. durch ÄndVO vom 25.2.1987, GBl I S. 64)

592 Das Entstehen eines Nutzungsrechts allein aufgrund der sozialen Wirklichkeit in der ehemaligen DDR war nicht möglich, BGH WM 1993, 995, 996.

593 Kommentar zum ZGB, § 287 Anm. 2.

594 Vom 9.9.1976 (GBl I S. 426). Trotz der einschränkenden Bezeichnung in der Verordnung war auch hier ein Nutzungsrecht zur Errichtung von Baulichkeiten möglich.

595 Auch hier entstand das Nutzungsrecht gemäß § 3 I BereitstellungsVO außerhalb des Grundbuches, nämlich durch hier sog. Zuweisung. Einzutragen war hier nicht das Nutzungsrecht selbst, sondern gemäß § 4 II BereitstellungsVO – deklaratorisch – das errichtete Gebäude; – vgl. Kommentar zum ZGB § 291 Anm. 3.

596 Zur Möglichkeit der Beendigung des Nutzungsverhältnisses aufgrund dringenden Eigenbedarfs BezG Potsdam VersR 1993, 971 f.

597 Waren solche Baulichkeiten errichtet, bestanden besondere Anforderungen an eine Beendigung des Nutzungsverhältnisses durch den Grundeigentümer, dazu BezG Potsdam VersR 1993, 971.

über bewegliche Sachen Anwendung. Das Eigentum konnte jedoch nur auf einen anderen Nutzungsberechtigten übertragen werden, der nach Beendigung des ersteren Nutzungsrechtes durch neuen Vertrag nutzungsberechtigt geworden war (§ 296 II ZGB).

287 Soweit volkseigene Betriebe oder staatliche Einrichtungen fremde Grundstücke vertraglich nutzten und dabei Anlagen errichteten, entstand gemäß § 459 I 1 ZGB i.V.m. einer Verordnung aus dem Jahre 1983[598] rechtlich getrenntes Gebäudeeigentum[599]. Soweit vorhandene Bauten erweitert wurden, entstand nach § 459 I 2 ZGB volkseigenes Miteigentum am Grundstück[600]. Die Eintragung im Grundbuch war nach § 459 II ZGB fakultativ und deklaratorisch.

288 Das Gebäudeeigentum war hier, wie sich aus der Stellung des § 459 im 3. Kapitel des ZGB, das die Sicherung von Forderungen zum Gegenstand hatte, ergibt, ein (radikales) Sicherungsmittel für Wertverbesserungen an privaten Grundstücken[601].

289 Gemäß § 459 IV ZGB i.V.m. § 27 des Gesetzes über die landwirtschaftlichen Produktionsgenossenschaften (LPG-Gesetz)[602] entstand genossenschaftliches Eigentum an Anlagen und Anpflanzungen der LPG, soweit sich diese auf genossenschaftlich genutztem Boden befanden, der in Privateigentum stand[603]. Das Eigentum wurde nicht im Grundbuch verlautbart.

290 Anstelle der Grunddienstbarkeiten und persönlichen Dienstbarkeiten des BGB (§§ 1018 ff., 1090 ff.), die das ZGB abgelehnt hat, traten mit Einführung des ZGB Mitbenutzungsrechte nach §§ 321 ff. ZGB. Sie begründeten dauerhaft oder vorübergehend entweder das Recht, bestimmte Handlungen auf einem Grundstück vorzunehmen, oder die Pflicht, bestimmte Handlungen zu unterlassen (§ 321 I 1, 2 ZGB), und entsprachen damit inhaltlich weitgehend §§ 1018 ff., 1090 ff. BGB. Das ZGB unterschied das formlos zwischen den betroffenen Nutzungsberechtigten begründbare, vorübergehende und das einen schriftlichen Vertrag voraussetzende dauernde Mitbenutzungsrecht[604]. Die Zustimmung des belasteten Eigentümers war nur bei dauernder bzw. beeinträchtigender Nutzung erforderlich (§ 321 I ZGB). Im Grundbuch konnten – fakultativ und deklaratorisch – nur Wege- oder Überfahrtsrechte eingetragen werden (§ 322 I 1 ZGB). Ohne Rücksicht auf die Eintragung erloschen die Rechte bei Wegfall der Voraussetzungen für die Begründung oder bei Nichtausübung während eines Zeitraums von mehr als 4 Jahren (§ 322 III ZGB).

291 Das Pfandrecht an beweglichen Sachen entstand als akzessorisches, d.h. mit der gesicherten Forderung verbundenes und von ihr abhängiges Recht durch Vereinbarung und Übergabe (§§ 443 ff. ZGB)[605]. Im Gegensatz zum BGB war gemäß § 448 ZGB zugunsten privilegierter Gläubiger[606] ein besitzloses Pfandrecht möglich.

598 VO v. 7.4.1983 über die Sicherung des Volkseigentums bei Baumaßnahmen von Betrieben auf vertraglich genutzten nicht volkseigenen Grundstücken (GBl I S. 129).

599 Kein selbständiges Gebäudeeigentum entstand hingegen bei der Bebauung volkeigener Grundstücke durch sozialistische Genossenschaften als Rechtsträger (BGH WM 1996, 92).

600 Nach a.A. am Gebäude – vgl. hierzu *Heuer*, Grundzüge des Bodenrechts der DDR, 1991, Rz. 135. Wie hier MünchKomm/*v. Oefele* EinigungsV Rz. 414.

601 *Heuer*, Grundzüge des Bodenrechts der DDR, 1991, Rz. 133. § 459 ZGB wurde durch 2. Zivilrechtsänderungsgesetz vom 22.7.1990 (GBl I S. 903) aufgehoben, so daß ab diesem Zeitpunkt insoweit kein neues Gebäudeeigentum mehr entstehen konnte.

602 Vom 2.7.1982 (GBl I S. 443).

603 Der größte Teil des landwirtschaftlich genutzten Bodens stand in Privateigentum der Bauern – § 19 LPG-Gesetz – und war in die LPG eingebracht.

604 Eine konkludente Vereinbarung genügte, BGH VIZ 1999, 489.

605 Übergabesurrogate (vgl. §§ 1205 f.) existierten nicht – Kommentar zum ZGB, § 453 Anm. 1.

606 Das 1. Zivilrechtsänderungsgesetz vom 28.6.1990 (GBl I S. 524) eröffnete das besitzlose Pfandrecht allen Gläubigern.

Im Gegensatz zum BGB, das drei dingliche Rechte zur Verwertung von Grundstücken kennt: Hypothek (§§ 1113 ff.), Grundschuld (§§ 1191 ff.) und Rentenschuld (§§ 1199), war in der DDR einziges Recht zur Verwertung von Grundstücken die Hypothek (§§ 452 ff. ZGB)[607]. Der sozialistische Staat hatte Vorbehalte gegen Grundstücksbelastungen, die er als Erscheinung von „Ausbeutergesellschaften" ansah[608]. Die Hypothek war als streng akzessorische Hypothek im Sinne der Sicherungshypothek des BGB (§ 1184) ausgestaltet. Eine dem § 1138 BGB entsprechende Erstreckung des öffentlichen Glaubens auf das Bestehen der zu sichernden Forderung war also nicht anerkannt[609]. Im Gegensatz zu § 1163 BGB ging die Hypothek mit Erlöschen der Forderung nicht auf den Eigentümer über, sondern erlosch auch sie (§ 454 II ZGB). **292**

Die mit dem 1. Zivilrechtsänderungsgesetz in § 454 a ZGB geschaffene, dem § 1190 BGB vergleichbare Höchstbetragshypothek wurde praktisch kaum mehr relevant[610]. **293**

Staatliche Kreditinstitute wurden durch die spezielle, gemäß § 456 III ZGB generell vorrangige Aufbauhypothek[611] nach §§ 456 ff. ZGB privilegiert. Insbesondere ordnete § 458 ZGB zur Erhaltung des Grundstücks und seines Ertrags in der Hand des Schuldners zwecks vorrangiger Bedienung der Aufbauhypothek eine gesetzliche Stundung und einen gesetzlichen Kündigungsausschluß für andere Hypotheken an. Die Aufbauhypothek konnte als faktisches Enteignungsmittel[612] verwendet werden, wenn sie zur Absicherung von Forderungen wegen zwangsweise angeordneter Baumaßnahmen gegen den Willen des Eigentümers begründet wurde (§ 457 ZGB)[613]. **294**

Die Wirkungen des Eigentumsvorbehalts nach BGB folgten nach dem ZGB schon aus der (abdingbaren) kaufrechtlichen Regelung des § 139 III ZGB, wonach Eigentum an der Kaufsache erst mit Bezahlung überging. Das Sicherungseigentum war dem ZGB fremd[614]. Es war jedoch weitgehend durch die Möglichkeit des besitzlosen Pfandrechts kompensiert. **295**

III. Die Überleitungsregelungen des Einigungsvertrags und der nachfolgenden Gesetze

1. Wiederherstellung der Privatrechtsordnung

a) Die Mittel der Wiederherstellung

Voraussetzung für eine Privatrechtsordnung im Sinne des Grundgesetzes in den neuen Ländern waren die Beseitigung aller Formen sozialistischen Eigentums sowie die Schaffung der Institution Privateigentum. Dies war das Anliegen der Privatisierung des Vermögens in den fünf neuen Bundesländern. **296**

Davon zu unterscheiden ist die Restitution bestimmter, mit dem Grundgesetz nicht vereinbarer Enteignungen. Die Restitution, die alle Arten von Eigentum, also auch das privatisierte, betreffen kann, führt zum Wechsel der Zuordnung zugunsten des Restituti- **297**

607 Die vor Inkrafttreten des ZGB begründeten Verwertungsrechte des BGB galten nach § 6 EGZGB fort.
608 Vgl. *Klumpe/Nastold*, Rechtshandbuch Ost-Immobilien, Rz. 30 f. m.w.N.
609 Dazu BGH WM 1994, 150 ff.
610 *Eickmann*, Grundstücksrecht in den neuen Bundesländern, Rz. 154; *Horn*, Das Zivil- und Wirtschaftsrecht im neuen Bundesgebiet, § 10 Rz. 30.
611 Beseitigt durch das 1. Zivilrechtsänderungsgesetz (s. Fn. 606). Darstellung der Aufbauhypothek bei *Beckers*, WM 1991, 1701 ff.
612 *Klumpe/Nastold*, Rechtshandbuch Ost-Immobilien, Rz. 12.
613 Zu den Möglichkeiten, der Geltendmachung von Rechten aus diesen Aufbauhypotheken entgegenzutreten, *Wilhelms*, DtZ 1996, 366 f.
614 Vgl. § 7 EGZGB.

onsberechtigten[615]. Soweit in Bezug auf das sozialistische Eigentum die Restitutionstatbestände nicht eingreifen, verbleibt es bei der Umwandlung in privates Eigentum in der Rechtsträgerschaft öffentlicher Institutionen, insbesondere des Fiskus. Für die Zuordnung insbesondere des ehemaligen Volkseigentums an den Fiskus war Voraussetzung, daß nach DDR-Recht wirksam Volkseigentum begründet worden war. An Grundstücken, die als Volkseigentum im Grundbuch eingetragen waren, ohne daß wirksam Volkseigentum begründet gewesen wäre, war nach der Auffassung des V. Zivilsenats des BGH[616] eine Buchersitzung nach § 900 I BGB nicht möglich: zum einen mangels Eintragung eines Prätendenten als Eigentümer im Grundbuch, zum anderen wegen Fehlens des erforderlichen Eigenbesitzes. Als gesamtgesellschaftliches Eigentum habe das Volkseigentum gegen niemand anderen besessen werden können. Die Folgerung war, daß dieses unwirksam in Volkseigentum übergeführte Grundstückseigentum den Alteigentümern zustehe. Diese Folgerung hat der Gesetzgeber mit der Bestandsschutzregelung des Art. 237 § 1 EGBGB erheblich eingeschränkt[617].

b) *Abwicklung des sozialistischen Eigentums*

298 Gemäß Art. 233 § 2 II EGBGB richtet sich die Abwicklung des Volkseigentums nach besonderen Vorschriften, die zum Teil noch von der DDR erlassen wurden, zum Teil mit dem Einigungsvertrag geändert wurden[618], sowie nach Art. 21 ff. EinigungsV[619]. Die großen Schwierigkeiten der Zuordnung im einzelnen haben alsbald zu einer bundesrechtlichen Neuregelung zur Förderung sonst verhinderter Investitionen im neuen Bundesgebiet geführt[620]. Die verfahrensrechtliche Klärung und Verwirklichung der in Art. 21 ff. EinigungsV vorgesehenen Vermögenszuordnung ist im Vermögenszuordnungsgesetz (VZOG)[621] normiert.

299 Die sozialistische Wirtschaft ist nach Maßgabe des Treuhandgesetzes (TreuhG)[622] privatisiert worden. Dabei wurden die volkseigenen Wirtschaftseinheiten i.S. von § 1 IV, V TreuhG entsprechend den Regeln der Umwandlungsverordnung[623] bzw. § 11 TreuhG in

615 Genauere Darstellung der Wiederherstellung der Privatrechtsordnung bei *Horn*, Das Zivil- und Wirtschaftsrecht im neuen Bundesgebiet, § 4 Rz. 18-62, § 5 Rz. 8-18; *Eickmann*, Grundstücksrecht in den neuen Bundesländern, Rz. 1-95.

616 ZIP 1996, 1059, 1063 (Bestätigung von KG ZIP 1994, 1813 ff.); kritisch dazu *Schmidt-Räntsch*, ZIP 1996, 1858, 1859 ff.; *Walter*, DtZ 1996, 226 ff.), sowie ZIP 1997, 1806.

617 Eingefügt durch das WohnraummodernisierungssicherungsG vom 17.7.1997 (BGBl I, 1823), kritisch zu der Regelung *Hagen*, DNotZ 2000, 431, 439 ff. Die Verfassungsmäßigkeit der Regelung für den Fall eines fehlerhaften Grundstücksankaufs hat der V. Zivilsenat des BGH in WM 1998, 81 attestiert (Die Verfassungsbeschwerde wurde nicht angenommen, BVerfG WM 1998, 1631).

618 Überblick bei *Etzbach*, Rechtshandbuch, Rz. 12.

619 Zur Zuordnung und Restitution ehemaligen Volkseigentums nach dem EinigungsV im einzelnen *Weise*, ZIP 1992, 1357. Was die Abwicklung des in Volkseigentum überführten Bodenreformlandes betrifft (zur Bodenreform o. Rz. 277 Fn. 574), ist die Regelung im zweiten VermRÄndG – Gesetz zur Änderung des Vermögensgesetzes und anderer Vorschriften – vom 14.7.1992, BGBl I 1257 ff., enthalten (Art. 8 – Einfügung der §§ 11 ff. in Art. 233 EGBGB –).

620 Gesetz zur Beseitigung von Hemmnissen bei der Privatisierung von Unternehmen und zur Förderung von Investitionen vom 22.3.1991, BGBl. I, S. 766, 784.

621 Art. 7 des Gesetzes vom 22.3.1991 (BGBl I, 766/784 ff.); dazu *Schmidt-Räntsch*, ZIP 1991, 973; *Schmidt-Räntsch/Hiestand*, ZIP 1993, 1749 ff.

622 Vom 17.6.1990 (GBl I S. 300), geändert durch Gesetz zur Beseitigung von Hemmnissen ... (Fn. 620).

623 Vom 1.3.1990 (GBl I S. 107), geändert durch § 12 Nr. 9 ÄndAufhVO vom 28.7.1990 (GBl I S. 509).

Kapitalgesellschaften umgewandelt, deren Anteile die frühere Treuhandanstalt[624] unmittelbar oder mittelbar hielt (§ 1 IV TreuhG)[625]. Gemäß §§ 11 II 2, 23 TreuhG ist das Betriebsvermögen der ehemals staatlichen Einheiten auf die Kapitalgesellschaften übergegangen[626]. Aufgabe der Treuhand war es, die Betriebe wettbewerblich zu strukturieren und zu privatisieren (Art. 25 EinigungsV)[627].

Land- oder forstwirtschaftlich genutztes Vermögen wurde privatisiert durch Verpach- **300**
tung, Verkauf und Verwertung nach dem Landverwertungsgesetz[628], das § 1 VI TreuhG Rechnung tragen sollte[629].

Die Vermögensausstattung der Kommunen vollzog sich nach dem Kommunalvermö- **301**
gensgesetz[630], modifiziert durch Art. 21, 22 EinigungsV. Danach erhielten die Kommunen kostenlos das zu ihrer Aufgabenerfüllung erforderliche Vermögen. Sie wie auch andere Körperschaften haben einen Anspruch nach Art. 21 III EinigungsV auf Rückübertragung von Vermögenswerten, die anderen Körperschaften zur Verfügung gestellt waren[631].

Der Ausstattung kleiner Gewerbetreibender sowie der Vereinigung von Nutzungsrech- **302**
ten mit Grund und Boden diente bis zur Wiedervereinigung das Gesetz über den Verkauf volkseigener Gebäude[632].

Hinsichtlich der Abwicklung des Eigentums der sozialistischen Genossenschaften hat **303**
besondere Bedeutung die Privatisierung der Landwirtschaft[633]: Zuerst stärkten Änderungen des LPG-Gesetzes[634] die Rechte der genossenschaftlich gebundenen Eigentümer. Sodann ermöglichte das Landwirtschaftsanpassungsgesetz[635] u. a. das Ausscheiden aus der LPG (§§ 44 ff.), die Umwandlung der LPG in Personengesellschaften, Genossenschaften (des bundesrepublikanischen Rechts), Kapitalgesellschaften (§§ 23 ff.), weiter die Liquidation (§§ 41 f.) sowie schließlich die Zusammenführung von Gebäude- und Bodeneigentum (§§ 64, 64 a)[636].

Das Vermögen gesellschaftlicher Organisationen, d.h. der DDR-Parteien und der mit **304**
ihnen verbundenen Organisationen, unterstand der Treuhandanstalt, die es den ehemals Berechtigten – den Parteien dann, wenn der Erwerb den Maßstäben des GG entsprach –

[624] Nach der Verordnung vom 20.12.1994, BGBl I, 3913, umbenannt in Bundesanstalt für vereinigungsbedingte Sonderaufgaben.

[625] Zu den Voraussetzungen einer Ausnahme dieser volkseigenen Wirtschaftseinheiten von der gesetzlichen Umwandlung BVerG ZIP 1996, 249 ff.

[626] Vgl. dazu BezG Schwerin ZIP 1992, 736 f; BezG Erfurt ZIP 1993, 876 ff. m. Anm. *Neye*; OLG Dresden ZIP 1994, 399, 401 f.; BVerfG ZIP 1994, 1978 ff.; zur Zuordnung des Grundeigentums der nach § 11 II TreuhG umgewandelten Wirtschaftseinheiten *Mutter/Tobuschat*, DZWir 1994, 300 ff.

[627] Ausführlich dazu *Klumpe-Nastold*, a.a.O., Rz. 91 ff.

[628] Vom 22.7.1990 (GBl I S. 899).

[629] Zur Frage der Passivlegitimation für die Zustimmung zur Grundbuchberichtigung BGH ZIP 1997, 1437 f. Zu den Konsequenzen bei vertraglichem Besitzrecht der LPG an diesen Flächen BGH NJW 1998, 1707 ff.

[630] Vom 6.7.1990 (GBl I S. 660).

[631] Ausführlich zum Ganzen *Lange*, DtZ 1991, 329 ff., *Klumpe-Nastold*, a.a.O., Rz. 135 ff.

[632] Vom 7.3.1990 (GBl I, S. 157), das entgegen seiner Bezeichnung auch den Erwerb von Grundstücken ermöglichte; dazu *Horn*, a.a.O., § 12 Rz. 118 ff.; *Eickmann*, a.a.O., Rz. 51 ff.; *Glantz*, DtZ 1992, 108.

[633] Zur Umwandlung von Produktionsgenossenschaften des Handwerks *Beuthien/Becker*, ZIP 1992, 83 ff.

[634] Durch Gesetz vom 28.6.1990 (GBl I, S. 483) und Gesetz vom 6.3.1990 (GBl I, S. 133).

[635] Vom 20.7.1990 (GBl I, S. 642), neu bekanntgemacht am 3.7.1991 (BGBl. I, S. 1418), geändert durch Gesetz vom 20.12.1991 (BGBl. I, S. 2312).

[636] Dazu *Schweizer*, DtZ 1991, 279 ff.

sowie subsidiär gemeinnützigen Zwecken zuzuführen hatte (§§ 20 a, b PartG-DDR[637] nach Maßgaben des EinigungsV[638]).

c) *Behandlung von Enteignungen*

305 Ein erheblicher Bereich der Eigentumsumwälzung im Gebiet der ehemaligen DDR ist vom Einigungsrecht unangetastet geblieben. Gemäß Art. 41 I, III EinigungsV i.V.m. Anlage III zum EinigungsV[639] sowie Art. 143 III GG werden Maßnahmen deutscher Stellen in der sowjetischen Besatzungszone, die unter sowjetischer Gesamtverantwortung in der Zeit von 1945 bis 1949 getroffen worden sind, insbesondere die den Großgrundbesitz auflösende Bodenreform[640], nicht rückgängig gemacht[641]. Diese Entscheidung, die nach dem Rechtsstandpunkt der Bundesrepublik maßgeblich auf den Einfluß zurückzuführen ist, den die UdSSR und die DDR auf die deutsche Einigung gehabt haben[642], wurde vom BVerfG als nicht an Art. 14 GG zu messendes, von einem fremden Staat herrührendes Kriegsfolgenrecht bestehen gelassen[643]. Das BVerfG verlangte lediglich die Rege-

[637] Vom 21.2.1990 (GBl I, S. 66), zuletzt geändert durch Gesetz vom 22.7.1990 (GBl I, S. 904).

[638] Anlage II, Kapitel II, Sachgebiet A, Abschnitt III, Nr. 1.

[639] Gemeinsame Erklärung der Regierungen der Bundesrepublik Deutschland und der Deutschen Demokratischen Republik zur Regelung offener Vermögensfragen vom 15.6.1990 (BGBl. II, S. 1237).

[640] Überblick bei *Horn*, a.a.O., § 12 Rz. 53 ff. Näher zum Restitutionsansschluß bei im Zuge der Bodenreform erfolgten Enteignungen BVerwG DtZ 1996, 125; DtZ 1996, 122 ff.; ZIP 1996, 249 ff. Problematisch wurde die Zuordnung des Neubauern zugewiesenen Reformlandes in Hinsicht auf die Rechtslage nach dem Tode eines Neubauern. Nach DDR-Recht kam in Frage die Rückführung in den Bodenfonds oder die Vererbung. Ein Modrow-Gesetz hatte alle Beschränkungen des Bodenreformeigentums gestrichen. Fraglich war aber, ob dabei die erbrechtlichen Konsequenzen je nach Stand des Rückführungsverfahrens überblickt worden sind. Der Gesetzgeber hat die Problematik im 2. VermRÄndG (o. Rz. 298 Fn. 619) geregelt. Der BGH hat die Regelung unter erheblichen Korrekturen angewandt. An seiner Rechtsprechung hat er trotz des Nachweises durch *Grün*, daß das Bodenreformland vererblich gewesen ist, festgehalten (Darstellung bei *Hagen*, DNotZ 2000, 431, 433 ff.). Er hat in der durch die Judikatur fortgebildeten Regelung eine entschädigungslos zulässige Eigentumsinhaltsbestimmung gesehen. Nach der Entscheidung des BVerwG, ZIP 1994, 564 ff. stellt die nach DDR-Recht erfolgte Rückführung von Bodenreformland in den staatlichen Bodenfonds nach dem Tode des „DDR-Neubauern", dem das Land zugewiesen war, kein Teilungsunrecht gegenüber den Erben nach § 1 VermG (s.u. Rz. 306 Fn. 647) dar.

[641] Das gilt auch für die Enteignung von Kredit- und Versicherungsinstituten. Deren Forderungen und Sicherungen sind auf die DDR bzw. Rechtsträger in der DDR und von diesen auf die Bundesrepublik oder Rechtsträger in dieser übergegangen. Zur Zuordnung und Verwaltung der Forderungen in der Bundesrepublik s. Rundschreiben des BMinFinanzen vom 10.9.1991 – VI A 6 – 0 1319 BMF -130/91. Zu Bestand und Reichweite der Enteignung auf besatzungsrechtlicher oder besatzungshoheitlicher Grundlage BVerwG NJW 1994, 2777 ff.; BVerwG DZWir 1995, 321 ff.; BGH ZIP 1996, 1397 ff. Durch das Bestehenbleiben der Enteignung ausgeschlossen ist nach BGH NJW 1996, 591 ff. auch die Geltendmachung von Ansprüchen, die sich auf mögliche Mängel der besatzungsrechtlichen bzw. besatzungshoheitlichen Maßnahme stützen, wenn der mögliche rechtliche Defekt aufgrund der hinter ihm stehenden Zielrichtung mit dem Besatzungshandeln zusammenhänge und mithin an der Unkorrigierbarkeit des Besatzungshandelns teilnehme. Ausweitende Tendenz im Sinne der Unumkehrbarkeit auch nach Gründung der DDR wirksam gewordener sowie rein faktischer Enteignungsmaßnahmen in der Rechtsprechung des BVerwG (Nachweise und Darstellung bei *Hagen*, DNotZ 2000, 431, 436 f.). Zum Restitutionsausschluß bei besatzungshoheitlichen Enteignungen *Papier*, ZIP 1993, 806 ff.

[642] Vgl. dazu *Fieberg/Reichenbach*, NJW 1991, 321, 322; *Motsch*, DtZ 1994, 19 f.; BVerfG WM 1996, 955 f., 958 ff.

[643] BVerfGE 84, 90 ff.; dazu *Leisner*, NJW 1991, 1569 ff.; *Wasmut*, DtZ 1993, 334 und DtZ 1994, 142 ff.; erneut bestätigend BVerfG WM 1996, 958; kritisch dazu *Wolf*, NJW 1996,

lung einer Entschädigung, die auf dem Rechts- und Sozialstaatsgedanken beruht[644]. Nach Beschluß der EMRK[645] findet auf diese Grundstücksenteignungen auch Art. 14 EMRK i.V.m. Art. 1 des Protokolls Nr.1 zur EMRK keine Anwendung.

Im übrigen sollen gemäß Art. 41 EinigungsV i.V.m. Anlage III Enteignungen durch die **306**
DDR – nach dem Grundsatz Rückgabe vor Entschädigung – durch Restitution rückgängig gemacht werden, soweit dies möglich ist und soweit weder schutzwürdige Interessen redlicher Erwerber oder Nutzer noch dringende Investitionszwecke entgegenstehen[646]. Diese Ziele werden hauptsächlich im Vermögensgesetz (VermG)[647] und im Investitionsgesetz (BInvG)[648] umgesetzt, seit Erlaß des 2. Vermögensrechtsänderungsgesetzes (2. VermRÄndG)[649] im Investitionsvorranggesetz (InVorG)[650], welches das BInvG und einige Regelungen des VermG ersetzt[651]. Schwierigkeiten der Zuordnung von Grundstücken, die für die Privatisierung des Volkseigentums das VermögenszuordnungsG regelt, sind für den hier interessierenden Bereich im Bodensonderungsgesetz (BoSoG)[652] behandelt.

Um einen sozialverträglichen Interessenausgleich zu ermöglichen, sind nicht alle Ent- **307**
eignungen durch die DDR, sondern nur die in § 1 VermG enumerativ aufgeführten,

2013 ff.; zur Verfassungsmäßigkeit des Restitutionsausschlusses ferner BVerfG WM 1997, 167 ff.; NJW 1997, 449 ff.

644 Die Regelung erfolgte im Gesetz über staatliche Ausgleichsleistungen für Enteignungen auf besatzungsrechtlicher oder besatzungshoheitlicher Grundlage, die nicht mehr rückgängig gemacht werden können (Ausgleichsleistungsgesetz – AusglLeistG) v. 27.9.1994 (BGBl. I, S. 2628).

645 NJW 1996, 2291 f.

646 Parallelproblem aus der Rechtsgeschichte bei Cicero, de officiis, s. *Wiegand*, ZRP 1992, 284.

647 Gesetz zur Regelung offener Vermögensfragen – VermG (Bestandteil des Einigungsvertrags nach Art. 41 EinigungsV; s. a. Art. 143 III GG) – i.d.F. der Bek. v. 18.4.1991, BGBl. I, S. 957, ber. S. 1928); s. insbesondere §§ 4 ff., 16 ff. VermG. Zum VermG s. Kommentierungen durch *Rädler/Raupach/Bezzenberger*, Vermögen in der ehemaligen DDR, Teil 3, Kommentierungen, VermG, 1991; *Fieberg/Reichenbach/Messerschmidt/Neuhaus*, VermG, Bd. I, 1994; *Kimme*, Offene Vermögensfragen, Bd. I, 1993; *Säcker*, VermögensR, 1995. Systematische Betrachtung der Restitutionstatbestände bei *Kleinlein*, DtZ 1997, 178 ff. Zu den in §§ 4 und 5 VermG normierten Fällen der Unmöglichkeit der Rückgabe vgl. BVerwG NJW 1996, 867, 868; zur Verfassungsmäßigkeit des Restitutionsausschlusses wegen redlichen Erwerbs (§ 4 II VermG) BVerfG ZIP 1996, 98 f.; WM 1999, 2471 ff.; zum Begriff der Redlichkeit nach § 4 II, III VermG vgl. BVerwG ZIP 1993, 708 f.; WM 1993, 1289, 1290 f.; ZIP 1994, 488, 490 f.; ZIP 1994, 1811 ff.; DB 1995, 141; ZIP 1995, 415; ZIP 1995, 515 ff.; NJW 1996, 361 f.; ZIP 1996, 723 ff.; ZIP 1996, 2039 ff.; *Göhring*, DtZ 1991, 401 ff., *Fieberg/Reichenbach*, NJW 1991, 321, 327; *Busche*, DZWir 1994, 365 ff.; ausführlich *Höland*, AcP 198 (1998), 539 ff.; zum Redlichkeitsschutz für Unternehmenserwerber BVerwG DtZ 1997, 38 f.

648 Gesetz über besondere Investitionen in den in Art. 3 des Einigungsvertrages genannten Gebieten i.d.F. der Bek. v. 22.4.1991 (BGBl. I, S. 994, ber. S. 1928), aufgehoben durch 2. VermRÄndG (o. Rz 298 Fn. 619).

649 Oben Rz. 298 Fn. 619. Zum Gesetz *Schmidt-Räntsch*, DtZ 1992, 314; *Strobel*, GmbHR 1992, 497; *Uechtritz* BB 1992, 1649; zur Beachtung in der Beratungspraxis *Strohm*, NJW 1992, 2849 ff.

650 Art. 6 2. VermRÄndG.

651 S. Bekanntmachung der Neufassung des VermG v. 3.8.1992, BGBl. I, S. 1446 ff.

652 Vom 20.12.1993, BGBl I, S. 2182. Das Gesetz regelt ein Verfahren zur Sonderung unvermessenen Eigentums, von nicht nachweisbaren dinglichen Nutzungsrechten, die nicht auf dem vollen Umfang des Grundstücks ausgeübt werden dürfen, von dinglichen Rechtsverhältnissen an Grundstücken im räumlichen und funktionellen Zusammenhang mit dem Gegenstand eines Zuordnungsplans nach dem VermögenszuordnungsG, schließlich von dinglichen Rechtsverhältnissen an im Zusammenhang bebauten nicht der Zuordnung unterliegenden Grundstücken. Zum Gesetz *Spieß*, NJW 1998, 2553 ff.

rückgängig zu machen[653]. Rückübertragungsansprüche in anderen Fällen auf der Grundlage anderer Rechtsvorschriften sind damit ausgeschlossen[654]. Weiter enthält das VermG um des sozialverträglichen Interessenausgleichs willen Bestimmungen zum Schutz redlicher Erwerber (§ 4 I 3, II, III VermG).

308 Bei den unter § 1 VermG fallenden Enteignungen handelt es sich zuerst um sog. „spezifisches Teilungsunrecht"[655] (§ 1 I VermG), wozu Verluste zählen, die Deutsche erlitten, weil sie die DDR verlassen hatten, sowie sonstige Diskriminierungen von Deutschen und Ausländern mit Wohnsitz außerhalb der DDR. Neben dem spezifischen Teilungsunrecht sind kalte, d.h. faktische Enteignungen (§ 1 II VermG)[656], Enteignungen unter Verstoß gegen DDR-Recht (§ 1 III VermG)[657], nationalsozialistisches Unrecht (§ 1 VI VermG)[658] und Enteignungen von DDR-Justizopfern (§ 1 VII VermG) rückabzuwickeln[659]. Im Gegensatz dazu sind Enteignungen, die DDR-Bürger und andere gleichermaßen treffen konnten, grundsätzlich nicht rückabzuwickeln, wenn die Maßnahme gemeinnützigen Zwecken diente und im Einklang mit DDR-Recht erfolgte[660]. Dieser gesetzlichen Unterscheidung liegt der Gedanke zugrunde, daß derartige Enteignungen auch im Rechtsstaat möglich sind, mögen die vorgenommenen auch nicht den Anforderungen von Art. 14 GG entsprochen haben. Die Begründung hört sich triftiger an, als sie ist: Von der Restitution ausgeschlossen wurden nach der Unterscheidung auch Grundstücke, die ohne Beteiligung der Eigentümer und gegen eine heutigen Maßstäben nicht entfernt gerecht werdende Entschädigung, von der die Eigentümer nicht einmal etwas gesehen haben, in Volkseigentum überführt worden sind[661].

[653] Soweit die Grundstücke nicht restituiert werden, wird eine Entschädigung nach dem Entschädigungs- und AusgleichsleistungsG v. 27.9.1994 (oben Rz. 305 Fn. 644) gezahlt.

[654] BVerwG ZIP 1994, 1484 ff., zur Verfassungsmäßigkeit BVerfG ZIP 1997, 89 ff., WM 1998, 390 ff. Zur besonderen Behandlung von Mauer- und Grenzgrundstücken vgl. das Mauergrundstücksgesetz v. 15.7.1996, BGBl I 1996, 980 ff.; kritisch dazu *Blumenwitz*, NJW 1996, 3118 ff.; *Wassermann*, NJW 1996, 3134 ff.

[655] Dazu und zum Begriff *Fieberg/Reichenbach*, NJW 1991, 321, 323; vgl. auch BVerwG NJW 1994, 2106, 2107 f.

[656] Zu den Voraussetzungen eines Eigentumsverzichts wegen eingetretener bzw. unmittelbar bevorstehender Überschuldung i.S. des § 1 II VermG BVerwG DB 1993, 1872; DB 1995, 1275 ff.

[657] Dazu BVerwG DB 1993, 1872; NJW 1994, 1487 ff.; NJW 1994, 3308 ff; NJW 1995, 147 ff.; NJW 1995, 608 f.; DtZ 1996, 37 f.; NJW 1999, 513 ff.; BGH NJW 2000, 2419; zur Verfassungsmäßigkeit des Ausschlusses zivilrechtlicher Ansprüche durch § 1 III VermG BVerfG ZIP 1997, 89 ff.

[658] Zur Verfassungsmäßigkeit der Regelung BVerfG WM 1995, 621 f.; WM 1999, 82 ff. mit Anm. *N. Dreier*, WuB 1999, 497.

[659] Keine Maßnahmen i.S. des § 1 VermG stellen hingegen Vermögensverluste dar, die auf Eigentumsverschiebungen innerhalb des staatlichen oder staatlich gelenkten Bereichs beruhen, insbesondere die Umwandlung genossenschaftlichen Eigentums in Volkseigentum, BVerwG ZIP 1996, 357 f. Ferner gewährt das VermG keinen Anspruch auf Herausgabe der bis zur Rückübertragung des Eigentums gezogenen Nutzungen (etwa der Mieteinnahmen), BVerwG DB 1994, 1358.

[660] Nach BVerwG ZIP 1994, 1484, 1485 f. kommt dann eine Rückübertragung von in der DDR enteigneten Grundstücken auch bei einem nachträglichen Wegfall des Enteignungszwecks nicht in Betracht (a.A. *Drobnig*, DtZ 1994, 228 ff.) und zwar unabhängig davon, ob der nachträgliche Wegfall des Enteignungszwecks vor (dazu erneut BGH NJW 1995, 1278 ff.) oder nach dem Beitritt der DDR erfolgte (dazu erneut BGH WM 1998, 92 ff.; BVerfG WM 1998, 392 ff.).

[661] Vom Dresdner Amt zur Regelung offener Vermögensfragen wurde durch Bescheid vom 26.9.1997 – Eisenstuckstr. 8 (Gemark. Altstadt II) 2.4c – ein Rückübertragungsantrag abgelehnt, weil das betreffende Grundstück zu Beginn des Jahres 1971 nach dem DDR-AufbauG i.V. mit dem EntschädigungsG vom Rat der Stadt Dresden in Anspruch genommen und in

Gerichtet ist die Restitution auf die Rückgabe sowohl einzelner Vermögensgegenstände (§ 3 I 1 VermG) als auch ganzer Unternehmen (§ 6 I 1 VermG). Die Unternehmensrestitution ist grundsätzlich vorrangig vor einer Restitution einzelner Gegenstände des Unternehmensvermögens (§ 3 I 3 VermG)[662]. Die Restitution bewirkt nur die Wiedereinsetzung der alten Eigentümer in das Eigentum. An der Nutzung der Grundstücke ändert sich zunächst nichts[663]. 309

Für das die Restitution nach Voraussetzungen, Umfang und Verfahren regelnde VermG ist auch, soweit nach dem Gesetz die Restitution in Betracht kommt, der Vorrang vor der Geltendmachung zivilrechtlicher Ansprüche angenommen worden, soweit diese aus der Unwirksamkeit der Entziehung des Grundstückseigentums nach dem DDR-Recht selbst hergeleitet wurden. So hat der BGH[664] eine Rückforderung, die auf die Anfechtbarkeit oder Unwirksamkeit von Verträgen nach dem ZGB der DDR gestützt war, neben der Rückabwicklung nach dem VermG ausgeschlossen. Abgrenzend hat er in der Entscheidung vom 12.11.1992 seine Aussage auf Fälle der Identität der geltend gemach- 310

Volkseigentum überführt worden ist und eine damals üblichen Preisen entsprechende Entschädigung gewährt worden sei (laut Schreiben des Amtes vom 24.2.1999 war das Grundstück zur Zeit der Inanspruchnahme ein Trümmergrundstück gewesen). Das Grundstück befindet sich in zentraler Lage und gehörte einer Erbengemeinschaft, die aus zwei Geschwistern bestand, von denen der Bruder im Westen lebte, die Schwester ohne Erlaubnis der DDR-Behörden in den Westen übergewechselt war. Die Erben sind am Verfahren nicht beteiligt worden. Die Entschädigungssumme betrug 11.500.-. Sie wurde mit auf dem Grundstück lastenden Hypothekenforderungen einer privaten Gläubigerin verrechnet, die von der Stadtsparkasse der Stadt Dresden verwaltet wurden (nach dem Schreiben des Amtes vom 4.8.1999 liegt ein Restitutionsantrag der Gläubigerin bisher nicht vor). Gegen den Bescheid ist Widerspruch erhoben, die Sache ist am 3.1.2000 an das sächsische Landesamt zur Regelung offener Vermögensfragen – W1-1221/99 – abgegeben worden (Bescheid und Schreiben dem Verf. mitgeteilt von einem der Miterben, aus denen die Erbengemeinschaft inzwischen besteht).

662 Das BVerwG folgert, daß Gegenstände eines Unternehmensvermögens, die nach der Verstaatlichung des Unternehmens ihre Unternehmenszugehörigkeit verloren haben, weder nach den Vorschriften über die Unternehmensrestitution (weil nicht mehr unternehmenszugehörig) noch nach denen über die Restitution einzelner Vermögensgegenstände (weil die Unternehmensrestitution eingreift) zurückübertragen werden. Daß auf ihre Rückgabe verzichtet werden muß, sieht das BVerwG dadurch als gerechtfertigt an, daß nach § 1 I URüV Unternehmen so zurückzugeben sind, „wie sie stehen und liegen“, was bedeutet, daß andererseits vom Unternehmensrestitutionsanspruch auch Vermögensgegenstände erfaßt werden, die dem Unternehmen erst nach Verstaatlichung „zugeschwommen“ sind, BVerwG ZIP 1997, 607 f.

663 War das Grundstück unter Verwaltung gestellt (s.u. Rz. 310 Fn. 668) und vom Verwalter an eine öffentliche Verwaltungsstelle übertragen, bleibt es bei den Maßnahmen, die die öffentliche Stelle nach der Wende, vor der Restitution vorgenommenen hat. Geändert hatte sich nur die Rechtsform der Stelle, etwa war sie aus einer VEB Kommunale Wohnungswirtschaft zu einer GmbH privatisiert worden. Mit Urteil vom 17.12.1996 – 15-S-0500/96 – hat das LG Dresden in einem Fall, in dem der Erbanteil einer unerlaubt in den Westen gegangenen Miterbin unter Verwaltung gestellt und auf eine VEB Kommunale Wohnungswirtschaft übertragen worden war, die vor der Restitution des Erbanteils durch die inzwischen privatisierte VEB vorgenommene unbefristete Vermietung als notwendige Maßregel eines Miterben im Sinne des § 2038 I 2 Hs. 2 eingeordnet und mit unmittelbarer Wirkung gegen die Erbengemeinschaft, die auch über die Restitution des Erbteils hinaus andauere, versehen (Urteil dem Verf. zugänglich gemacht zusammen mit dem ein anderes Grundstück betreffenden Bescheid, s. Rz. 308 Fn. 661).

664 NJW 1992, 1757. (s. auch BGH NJW 1992, 2158 f.). Die Zivilgerichte hatten, solange das Verwaltungsverfahren nach dem VermG noch nicht durchgeführt ist, auch nicht die Möglichkeit zur Verweisung an die Verwaltungsgerichte (erneut BGH WM 1993, 77)

ten Unwirksamkeitsgründe mit spezifischem Teilungsunrecht beschränkt[665]. Später hat der BGH[666] einen Zusammenhang gemäß wertender Betrachtungsweise ausreichen lassen[667] und so auch Fälle einer unwirksamen Vertretung bei einem Zwangsverkauf unter die ausschließliche Geltung des VermG gezogen. Diese Abgrenzung hat der BGH für die sog. Verwaltergeschäfte entwickelt[668].

311 Die Ansprüche nach dem VermG waren bei den Ämtern zur Regelung offener Vermögensfragen (§§ 28 ff. VermG) durch Antrag geltend zu machen (§ 30 VermG). Die Anmeldung nach der Anmeldeverordnung[669] galt als Antrag. Hatte die bisherige Fassung des VermG auf die Anmeldefristen nach der AnmeldeVO hingewiesen, eine verspätete Anmeldung aber unbeschränkt noch zugelassen, so hat die Neufassung jetzt zusätzlich eine Ausschlußfrist gesetzt: In den Hauptfällen, insbesondere dem der Anmeldung des Anspruchs auf Rückerstattung eines Grundstücks, war die Anmeldung nur noch bis zum 31.12.1992 möglich (§ 30 a VermG idF des 2. VermRÄndG).

312 Ist der angemeldete Anspruch auf Rückübertragung nicht unzulässig oder offensichtlich unbegründet[670], hat die Anmeldung nach § 3 III VermG zur Folge, daß der derzeitige Rechtsinhaber grundsätzlich verpflichtet ist, Verfügungen und langfristige Verpflich-

[665] NJW 1993, 388, 389. Die Identität war z.B. dann gegeben, wenn darauf, daß die Genehmigung zur Ausreise aus der DDR von der Übertragung des Grundbesitzes des Ausreisewilligen an den Staat abhängig gemacht worden war, die Anfechtung wegen widerrechtlicher Drohung gestützt wurde. Selbständig sollten dagegen Herausgabe- oder Berichtigungsansprüche unter Berufung auf Wirksamkeitserfordernisse des DDR-Rechts wie Form- oder Vertretungserfordernisse geltend gemacht werden können. Bsp. BezG Potsdam VersR 1992, 1524; zu einem erfolglosen Versuch, zu einem solchen Mangel zu kommen, BezG Dresden ZIP 1992, 1423. Kritisch zur Auffassung des BGH *Grün*, ZIP 1993, 170 ff.; *Sendler*, NJW 1995, 1797 ff.; dem BGH zustimmend *Leipold*, JZ 1993, 703 ff.

[666] NJW 1995, 2707, erneut in der Entscheidung DtZ 1997, 122; parallele Wertung bei der Einordnung einer Enteignung und der möglichen Rechtsfehler dabei in Maßnahmen des Besatzungsrechts, s.o. Rz. 305 Fn. 641. Durch den neuen Standpunkt hat der BGH eine Kontroverse mit dem BVerwG (DB 1994, 1871 f.) entschärft (*Hagen*, DNotZ 2000, 431, 438). Nach Ansicht des BVerwG soll das VermG immer dann anwendbar sein, wenn eine staatliche Stelle den Vermögensgegenstand tatsächlich veräußert und dem Erwerber eine Eigentümerstellung verschafft hat, die gemessen an der Rechtswirklichkeit in der DDR unangreifbar war. Zu einer Vorlage an den Gemeinsamen Senat der obersten Gerichtshöfe hatte sich das BVerwG nicht als verpflichtet angesehen, da seine Entscheidung nur die Frage betraf, unter welchen Voraussetzungen – unbeschadet privatrechtlicher Ansprüche – ein vermögensrechtlicher Anspruch nach dem VermG besteht, nicht aber ob dieser privatrechtliche Ansprüche ausschließt.

[667] Der BGH unterscheidet im Hinblick auf den Gedanken des VermG, für redliche Erwerber einen sozialverträglichen Interessenausgleich zu schaffen, Fälle des staatlichen Unrechts, in dem der Staat ohne Rücksicht auf formelle und Zuständigkeitsschranken zugegriffen hat und die Erwerber, denen das Eigentum zugewiesen wurden, sich während der Dauer der DDR des Erwerbs sicher sein konnten, und Fälle von Erwerbsmängeln, die zum allgemeinen Risiko des Rechtsverkehrs in der DDR gehörten (NJW 1995, 2707, 2708, 2709; bestätigt in NJW 2000, 2419, 2420) .

[668] Bei nach DDR-Recht unerlaubter Ausreise in den Westen wurden die zurückgelassenen Grundstücke unter „Treuhand"-Verwaltung gestellt und im weiteren Verlauf vom „Treuhänder" an staatliche Stellen veräußert. Für die Veräußerung durch den staatlichen Treuhänder hatte der BGH ursprünglich angenommen, daß Ansprüche nach dem VermG (insbesondere nach § 1 I c VermG) die rechtliche Wirksamkeit der vom Verwalter abgeschlossenen Geschäfte voraussetzten. Mängel bei der rechtsgeschäftlichen Veräußerung des verwalteten Vermögenswertes an einen Dritten hätten danach ohne Einschränkung vor den Zivilgerichten geltend gemacht werden können (BGH ZIP 1994, 568, 570; BGH DtZ 1994, 345 ff.). Gerade diese Ansicht hat der BGH in NJW 1995, 2707 aufgegeben.

[669] Fassung vom 11.10.1990 (BGBl. I, S. 2162), geänd. durch Art. 5 des 2. VermRÄndG.

[670] VG Dresden ZIP 1993, 1034, 1035.

tungsgeschäfte über den betroffenen Vermögenswert zu unterlassen[671]. Zweifelhaft war, ob § 3 III VermG über die dort genannten Verfügungen hinaus auch sonstige Maßnahmen des derzeitigen Rechtsinhabers verbietet. Die Gerichte[672] haben zu einer Ausdehnung auf alle tatsächlichen Handlungen geneigt, die den Restitutionsanspruch vereiteln können und über die Notgeschäftsführung hinausgehen. Dies hat das 2. VermRÄndG bestätigt[673].

Das Verfügungsverbot ist schuldrechtlicher Natur[674]. Ihm kommt deshalb weder eine quasi-dingliche Wirkung derart zu, daß es nunmehr den Erwerber mit dem Restitutionsanspruch belastet, noch ist es öffentlich-rechtlicher Natur[675]. Abgesichert wird das Verfügungsverbot dadurch, daß sowohl die Veräußerung eines Grundstücks als auch die Bestellung eines Erbbaurechts (und die zugehörigen Verpflichtungsgeschäfte) gem. § 2 Grundstücksverkehrsordnung (GVO)[676] der Genehmigung bedürfen, die zu versagen ist, wenn ein zulässiger, nicht offenbar unbegründeter und schließlich auch genügend bestimmter Antrag auf Rückerstattung gestellt ist (§ 1 II Satz 1 Ziff. 1, Satz 2, III GVO)[677]. 313

Die Verfahren nach dem VermG haben sich sehr langwierig gestaltet[678]. In der damit verbundenen Fortdauer der Unsicherheit der Eigentumsverhältnisse lag ein spürbares Hindernis für die wirtschaftliche Entwicklung im Osten. Zu seiner Verminderung haben die Vorschriften des BInvG sowie § 3 a VermG („Vorfahrtsregelung“) angeordnet, daß das Veräußerungsverbot entfallen konnte. Voraussetzung dafür war die Verwirklichung investiver Zwecke. Der Berechtigte wurde in Ausnahme zum Grundsatz der Rückgabe 314

671 Für diesen Unterlassungsanspruch ist der ordentliche Rechtsweg gegeben, BGH WM 1994, 213 ff.

672 KG DtZ 1991, 191; BezG Magdeburg, DtZ 1991, 251; BGH WM 1993, 995, 998; WM 1994, 979 ff.

673 S. Neufassung von § 3 III VermG und dazu BT-Drs. 12/2480, S. 41.

674 *Eickmann*, Grundstücksrecht in den neuen Bundesländern, Rz. 61; *Horn*, Das Zivil- und Wirtschaftsrecht im neuen Bundesgebiet, § 13 Rz. 212 f.; *Böhringer*, DtZ 1996, 34; s. auch die amtliche Erläuterung der Bundesregierung zum VermG BT-Drs. 11/7831, S. 5.

675 Für quasi-dingliche Wirkung *Horn*, Das Zivil- und Wirtschaftsrecht im neuen Bundesgebiet, § 13 Rz. 213, dagegen *Eickmann*, Grundstücksrecht in den neuen Bundesländern, Rz. 61. Für öffentlich-rechtliche Natur *Uechtritz*, DB 1992, 1329. Das Rückerstattungsverfahren ist ein Verfahren zur öffentlich-rechtlichen Ordnung des privatrechtlichen Verhältnisses zwischen den Betroffenen. Es wurde das bisherige Eigentum bestehen gelassen und nur die Rückerstattungsmöglichkeit eröffnet, diese aber unter den Vorbehalt des Interessenausgleichs betreffend Voraussetzungen und Durchführung der Rückerstattung im Verwaltungsverfahren gestellt. Der BGH, NJW 1993, 389, gebraucht das – freilich unpassende – Bild aus dem Boxsport: Die Kontrahenten sollten „getrennt gehalten“ werden. Als privatrechtliche Sanktionierung ist in § 3 III VermG die Unterlassungspflicht geregelt. Deren Sicherung übernimmt aber wieder weitgehend die öffentlich-rechtliche Regelung, nämlich die der GVO (s. weiter im Text).

676 I.d.F. des 2. VermRÄndG (zuvor die nach dem EinigungsV bestehen gebliebene GrundstücksverkehrsVO der DDR – GVVO – i.d.F. der Bek. v. 18.4.1991 BGBl. I, S. 999).

677 Zu dieser im wesentlichen schon vor dem 2. VermRÄndG bestehenden Sicherung *Schmidt-Räntsch*, Rechtshandbuch B GVVO, Einf. Rz. 34. Kritisch *Kohler*, NJW 1991, 465, 467.

678 Ende März 1992 waren lediglich 4,4 % der knapp 2,5 Millionen Ansprüche erledigt – Mitteilung des Bundesamtes zur Regelung offener Vermögensfragen (SZ v. 10.6.1992). Zum 30.6.1998 waren von den 2.231.864 beanspruchten Vermögenswerten immerhin noch 338.754 als „unerledigt“ registriert – Statistik des Bundesamtes zur Regelung offener Vermögensfragen (*Rodenbach*, NJW 1999, 1425). Zur Vereinfachung und Beschleunigung der vermögensrechtlichen Verfahren sollen jetzt die Änderungen im VermG durch das Vermögensrechtsbereinigungsgesetz (VermBerG) v. 20.10.1998, BGBl. I, 3180, dienen; dazu *Rodenbach* a.a.O.

auf Entschädigung (§ 3 BInvG, § 3 a VermG) verwiesen[679]. Nach Auftreten schwerwiegender Probleme der Anwendung der Regelung[680] hat der Gesetzgeber den Vorrang investiver Zwecke nunmehr durch das InVorG[681] verfestigt und ausgebaut[682].

2. Die Überleitung sachenrechtlicher Regelungen der DDR

a) Regelungen zum Eigentum

315 Neben der Abwicklung der sozialistischen Eigentumszuordnung mußte das Einigungsrecht die sachenrechtliche Gestaltung des Eigentums und der beschränkten dinglichen Rechte durch das DDR-Recht in das Recht des BGB überleiten. Dazu statuiert zunächst Art. 233 § 2 I EGBGB: Der Inhalt des Eigentums richtet sich nach dem BGB[683].

316 Durch Art. 231 § 5 I EGBGB werden §§ 94 ff. BGB dahingehend modifiziert, daß auf Gebäude, Anlagen und Anpflanzungen, die nach dem Recht der ehemaligen DDR selbständiges Eigentum darstellten, § 94 nicht anwendbar ist[684]. Getrenntes Eigentum konnte sogar neu entstehen, nämlich gemäß Art. 231 § 5 I 2 EGBGB dann, wenn ein Gebäude etc. zwar nach dem 3.10.1990, aber in Ausübung eines schon vorher begründeten Nutzungsrechts errichtet wurde. Neubegründungen von Gebäudeeigentum nach dem für Betriebe und staatliche Einrichtungen geltenden § 459 ZGB schieden freilich aus: Die Vorschrift ist durch das 2. Zivilrechtsänderungsgesetz beseitigt worden, und Art. 233 § 8 EGBGB schützt nur bestehendes Gebäudeeigentum. Dasselbe gilt für § 27 LPG-Gesetz, weil hier kein von Art. 231 § 5 I 2 EGBGB vorausgesetztes Nutzungsrecht

679 Zu dieser Thematik *Horn*, Das Zivil- und Wirtschaftsrecht im neuen Bundesgebiet, § 14 Rz. 5 f.; *Klumpe/Nastold*, Rechtshandbuch Ost-Immobilien, Rz. 182 ff., *Hübner*, DtZ 1991, 161 ff.

680 S. u.a. *Feddersen*, ZGR 1992, 534 ff.

681 S. o. Rz. 306 Fn. 650. Die Antragsfrist zur Einleitung von Verfahren nach dem InVorG wurde durch Verordnung v. 18.12.1998 (BGBl I, 3818) vom 31.12.1998 bis zum 31.12.2000 verlängert. Wird ein restitutionsbelasteter Vermögenswert auf der Grundlage eines Investitions(vorrang)bescheids veräußert, führt dies selbst dann zum Erlöschen von Rückübertragungsansprüchen, wenn der Bescheid erst nach der Veräußerung erlassen wurde, BVerwG DB 1994, 38. Zum Schutz gegen allzu schnelle Vorranggewährung (nämlich bzgl. Unternehmensveräußerung, aufgrund bloß summarischer Prüfung) Beschluß des BVerfG, DB 1993, 264 mit Anm. *Hoffmann*. Zur Neuregelung *Dornberger/Dornberger*, DB 1992, 1613 ff.; *Horn*, DWiR 1992, 309 ff.; *Klumpe/Nastold*, Rechtshandbuch Ost-Immobilien, Rz. 260 ff.; speziell zur Auslegung von § 4 V InVorG *Racky/Jesch*, BB 1994, 151 ff. Übersicht über die bisherige Regelung und ihre Novellierung mit Anwendungsbeispiel bei *Kohler*, JuS 1992, 1004, 1006 f., 1011.

682 Bzgl. des grundbuchrechtlichen Verfahrens wurde der Vorrang investiver Zwecke durch die Grundbuchvorrangverordnung (GBVorV) v. 3.10.1994 (BGBl I, 2796) gewährleistet, die in diesen Fällen eine vorrangige Bearbeitung von Grundbucheintragungsanträgen ermöglicht („Grundbuchvorfahrt"); dazu *Böhringer*, DtZ 1995, 2 ff.

683 Deshalb können z.B. ungeteilte Hofräume, d.h. unvermessene Grundstücke, nicht als Grundstücke im Sinne des BGB anerkannt werden, BezG Erfurt DtZ 1992, 296; die Folgen bespricht *Ufer*, DtZ 1992, 272. Zum Verfahren der Bodensonderung oben Rz. 306. Zum Zusammenhang zwischen Vermessung und Grundstückseigenschaft nach BGB u. Rz. 487.

684 Dies gilt auch für Gebäudeeigentum nach § 459 ZGB, obgleich die Norm schon durch 2. Zivilrechtsänderungsgesetz vom 22.7.1990 (GBl I, S. 903) aufgehoben wurde. Die Aufhebung beseitigte nicht etwa bestehende Rechte – *Eickmann*, a.a.O., Rz. 100; *Etzbach*, Rechtshandbuch, Systematische Darstellung V, 19, Rz. 58 ff.; offen lassend *Welter*, WM 1991, 1189, 1197 m.w.N. Art. 11 § 2 2. VermRÄndG bestätigt den Fortbestand des Gebäudeeigentums, indem sogar die Pflicht zur Eintragung im Grundbuch begründet wird, s. *Dornberger/Dornberger*, DB 1992, 1613, 1616.

zugrundeliegt[685] – zumindest nicht mehr mit Außerkrafttreten des LPG-Gesetzes zum 31.12.1991[686].

Die auf das Gebäudeeigentum anzuwendenden Vorschriften richten sich nach dem Entstehungsgrund: Soweit dem Gebäudeeigentum entweder ein dingliches Nutzungsrecht oder (betreffs schon vor dem 3.10.1990 errichteter Gebäude) § 459 ZGB zugrundeliegen[687], gelten gemäß Art. 233 § 4 I, VII, § 8 S. 2 EGBGB die Vorschriften über unbewegliche Sachen[688], mit Ausnahme der §§ 927 f. BGB. Soweit der Eigentumserwerb auf einem schuldvertraglichen Nutzungsrecht beruht, finden gemäß Art. 233 § 5 I, § 4 VII EGBGB (e contrario) i.V.m. § 296 I 2 ZGB die Vorschriften über bewegliche Sachen Anwendung. **317**

Eine Regelungslücke bestand für Gebäudeeigentum nach § 27 LPG-Gesetz. Da hier kein Gebäudegrundbuchblatt anzulegen war, lag gemäß Art. 233 § 4 VII EGBGB die Anwendbarkeit der Vorschriften über bewegliche Sachen nahe. Dieses Ergebnis war jedoch angesichts der zum Teil massiven Bebauung durch die LPG sachwidrig. Das Landwirtschaftsanpassungsgesetz schließt Verfügungen über genossenschaftliche Bauten nicht aus. Gerade für solche war es sachgerecht, von einer Geltung der Vorschriften über unbewegliche Sachen auszugehen[689]. In diesem Sinne hat inzwischen der Gesetzgeber des 2. VermRÄndG die Streitfrage mittelbar durch die Anordnung entschieden, daß auf das von ihm in § 2 b Art. 233 EGBGB n.F. gewährte Gebäudeeigentum[690] Grundstücksrecht anzuwenden ist (§ 2 b IV, § 4 I)[691]. **318**

Insgesamt ist das Gebäudeeigentum, auch wenn es dem Grundstückseigentum gleichgestellt ist, dem Wesen nach eine Belastung des Grundstückseigentums durch ein anderes Eigentumsrecht[692].

Aus der Sonderrechtsfähigkeit baulicher Anlagen und der Anwendbarkeit unterschiedlicher Vorschriften folgt für die Kreditpraxis: Ein Gebäude, auf das das Grundstücksrecht Anwendung findet, ist selbständig mit Hypotheken, Grundschulden oder Rentenschulden belastbar[693] und fällt folglich nicht in den Haftungsverband des Grundstückes **319**

685 *Eickmann*, Grundstücksrecht in den neuen Ländern, 1991, Rz. 105 ff.

686 Neues Gebäudeeigentum gibt es aber nach dem im Zuge des 2. VermRÄndG neu geschaffenen Art. 233 § 2 b EGBGB. Wohnungsgenossenschaften und landwirtschaftliche Produktionsgenossenschaften, die Gebäude oder Anlagen ohne dingliches Nutzungsrecht benutzen, wird unter bestimmten Voraussetzungen das Eigentum daran eingeräumt.

687 Weitere Beispiele bei *Eickmann*, Grundstücksrecht in den neuen Ländern, 1991, Rz. 98.

688 Dieses gilt auch für die Zwangsvollstreckung, vgl. OLG Jena DtZ 1997, 391, 393 (a.A. bzgl. § 867 II ZPO OLG Brandenburg DtZ 1996, 384, 385). – Strittig ist die Frage, ob sich das Verfahren der Anlegung von Gebäudegrundbuchblättern bei nach dem 3.10.1990 gestellten Anträgen gemäß den §§ 13 ff., 29 GBO (so LG Berlin DtZ 1995, 61 f.) oder den §§ 116 ff. GBO richtet (so OLG Brandenburg DtZ 1994, 284 f.; OLG Rostock Rpfleger 1994, 413).

689 So auch BezG Dresden Rpfl 1991, 493; *Eickmann*, Grundstücksrecht in den neuen Ländern, 1991, Rz. 110, 128; offen lassend *Etzbach*, Rechtshandbuch, Systematische Darstellung V, 19 Rz. 78, 79.

690 Oben Rz. 316 Fn. 686.

691 *Horn*, DWiR 1992, 309, 313. S. auch *Lehmann/Zisowski*, DtZ 1992, 375, 377.

692 Zur Frage, ob das Gebäudeeigentum gemäß §§ 891, 892 BGB durch redlichen Erwerb des Grundstückseigentums erlöschen kann, sogleich u. Rz. 330. Ein gesetzliches Verfahren zur Behebung des Auseinanderfallens von Grund- und Gebäudeeigentum sehen §§ 64, 53 ff. LwAnpG vor (s. o. Rz. 303); daneben trifft jetzt das Sachenrechtsbereinigungsgesetz eine umfassende Regelung zur Bereinigung dieser Rechtsverhältnisse (vgl. u. Rz. 341 ff.). Zur „Negation und Restitution eines Rechtsprinzips im Osten Deutschlands" (des Prinzips superficies solo cedit) aus zeitgeschichtlicher Sicht *Lück*, FS-Rolland (1999) 237 ff.

693 Zu den damit zusammenhängenden Problemen *Welter*, WM 1991, 1189, 1196 f.

nach § 1120. Beides gilt nicht für bauliche Anlagen, die als bewegliche Sachen gelten[694]. Sie können Gegenstand von Sicherungseigentum sein[695].

320 Ein gutgläubiger Erwerb selbständigen Gebäudeeigentums, auf den das Grundstücksrecht Anwendung findet, sowie dinglicher Rechte am Gebäude ist aufgrund der neu eingefügten Art. 233 § 2 c III, § 4 I 2, 3 EGBGB[696] möglich. Voraussetzung ist, daß das Gebäudeeigentum bzw. das dem Gebäudeeigentum zugrundeliegende dingliche Nutzungsrecht im Grundstücksgrundbuch wie eine Belastung eingetragen ist.

321 Wie Sondereigentum an Gebäuden, auf welches Grundstücksrecht anzuwenden ist, aufgehoben werden kann, war unklar. Vorgeschlagen wurde die Anwendung von §§ 875, 876 BGB, §§ 26, 34 ErbbauVO[697] oder die analoge Anwendung von § 890 BGB[698]. Art. 233 § 4 VI EGBGB in der Neufassung durch das 2. VermRÄndG hat sich für die Anwendung von §§ 875, 876 BGB entschieden[699]. Ist das Nutzungsrecht nicht eingetragen, reicht die Einreichung einer notariell beurkundeten Aufgabeerklärung beim Grundbuchamt aus.

322 Nach Art. 231 § 5 III EGBGB erlischt das selbständige Gebäudeeigentum, auf das das Grundstücksrecht Anwendung findet, bei einer Übertragung des Eigentums am Grundstück nach dem 31.12.2000[700], es sei denn, daß das Nutzungsrecht oder das selbständige Gebäudeeigentum nach Art. 233 § 2 b II 3 EGBGB im Grundbuch des veräußerten Grundstücks eingetragen ist oder dem Erwerber bekannt war. Für den Verlust des selbständigen Gebäudeeigentums schafft Art 231 § 5 III 2 Hs. 1 EGBGB zugunsten des ehemaligen Gebäudeeigentümers einen Anspruch gegen den Veräußerer des Grundstücks auf Wertersatz in Höhe des Verkehrswerts des Gebäudeeigentums im Zeitpunkt seines Erlöschens.

323 Durch Gesetz vom 17.7.1997[701] ist unter Einfügung des Art. 237 § 2 EGBGB für alle Fälle, in denen aus der Zeit vor dem 3.10.1990 das Eigentum einer Person oder Volkseigentum an einem Grundstück oder Gebäude im Grundbuch eingetragen war[702], eine Ausschlußfrist zur Geltendmachung der Unrichtigkeit der Eintragung statuiert worden. Sie ist am 30.9.1998 abgelaufen. Weiter ist das VZOG[703] dahin geändert worden, daß auch bei unrichtiger Eintragung von Grundstückseigentum als Volkseigentum der je

[694] *Weimar* DtZ 1991, 50, 51.

[695] Die Bindung gemäß § 296 II ZGB, daß die bauliche Anlage nur an einen anderen Nutzungsberechtigten übertragen werden konnte, ist entfallen: Art. 232 § 4 I EGBGB läßt lediglich das Nutzungsrecht selbst, nicht aber § 296 ZGB fortgelten. Zu einem Folgeproblem der Verwendbarkeit als Sicherungseigentum, verbunden mit dem neuen § 2 b, Art. 233 EGBGB, vgl. § 2 b IV dieses Artikels.

[696] Eingefügt durch Art. 13 Nr. 3 d bzw. Art. 13 Nr. 3 f aa Registerverfahrensbeschleunigungsgesetz (RegVBG) v. 25.12.1993 (BGBl I, 2182).

[697] *Eickmann*, Grundstücksrecht in den neuen Ländern, 1991, Rz. 129.

[698] So wohl *Etzbach*, Rechtshandbuch, Systematische Darstellung, Rz. 79.

[699] Das Gebäudeeigentum erlischt gemäß Art. 233 § 4 VI 3 EGBGB mit Aufhebung des Nutzungsrechts. Zur Aufhebung des nach § 287 ZGB staatlich verliehenen Nutzungsrechts ist die Zustimmung etwaiger Drittberechtigter erforderlich. Zu diesen gehören insbesondere Gläubiger von Grundpfandrechten an dem mit der Aufhebung erlöschenden Gebäudeeigentum, da sich deren Rechte nicht am Grundstück fortsetzen (LG Magdeburg DtZ 1994, 159).

[700] Zweite Verlängerung der Frist durch das 2. EigentumsfristenG vom 20.12.1999, BGBl I, 2493 (erste Verlängerung der bis 31.12.1996 laufenden Frist bis zum 31.12.1999 durch das EigentumsfristenG vom 20.12.1996, BGBl I, S. 2028).

[701] WohnraummodernisierungssicherungsG, BGBl I 1997, 1823.

[702] Für Volkseigentum genügte die Eintragung in dem in § 105 I Nr. 5 der Grundbuchverf. vorgesehenen Bestandsblatt (Art. 237 § 2 II EGBGB).

[703] Oben Rz. 298.

nach Privatisierung Zuständige bis zur Bestandskraft eines Zuordnungsbescheides nach dem VZOG als verfügungsbefugt gilt[704].

b) Regelung des Einigungsvertrags betreffend Nutzungsrechte

Die nach ZGB bestehenden dinglichen Nutzungsrechte bleiben gemäß Art. 233 § 3 I EGBGB vorbehaltlich der weiteren Vorschriften mit dem bisherigen Inhalt und Rang bestehen[705]. Art. 233 § 9 EGBGB erklärt für das Rangverhältnis entweder den Zeitpunkt der Eintragung in das Grundbuch[706] oder – bei nicht eingetragenen Rechten – den Zeitpunkt der Entstehung für maßgeblich. Die Begründung neuer Nutzungsrechte ist seit dem Wirksamwerden des Beitritts der DDR, d.h. seit dem 3.10.1990, ausgeschlossen[707]. Ein bestehen gebliebenes Nutzungsrecht ist, soweit aufgrund seiner Gebäudeeigentum besteht, gemäß Art. 231 § 5 II EGBGB – entgegen der Regelung in § 12 ErbbauVO – wesentlicher Bestandteil des Gebäudeeigentums[708]. **324**

Auf Nutzungsrechte, die ohne Rücksicht auf die Eintragung im Grundbuch wirksam waren und blieben und tatsächlich nicht eingetragen waren[709], kann sich der öffentliche Glaube des Grundbuchs (§§ 891 f. BGB) grundsätzlich nicht beziehen: Er knüpft an die konstitutive Eintragung oder die Eintragungspflichtigkeit an. Anderes ergibt sich auch nicht daraus, daß in einem bestimmten Fall eine Eintragung, nämlich die des Gebäudeeigentums, konstitutiv war, nämlich in dem Fall der Übertragung des Gebäudeeigentums. Auch in diesem Fall blieb es bei der Zuordnung des Nutzungsrechts außerhalb des Grundbuchs: Im Fall der Übertragung des Gebäudeeigentums ging das Nutzungsrecht kraft Gesetzes außerhalb des Grundbuches mit über. **325**

Folglich bleiben an sich die nicht eintragungsbedürftigen und nicht eingetragenen Nutzungsrechte ohne Rücksicht auf die Kenntnis des Erwerbers bestehen, wenn jemand Rechte am Grundstück, insbesondere das Eigentum, erwirbt. Art. 233 § 4 II 1 EGBGB beschränkt diese Wirkung jedoch in zweifacher Hinsicht, in sachlicher und in zeitlicher: Zum einen muß in dem für den öffentlichen Glauben des Grundbuchs maßgebenden Zeitpunkt (§ 892 I, II BGB) ganz oder teilweise aufgrund des Nutzungsrechts ein Eigenheim oder sonstiges Gebäude errichtet sein. Zum anderen muß der dem Erwerb zugrunde liegende Eintragungsantrag vor dem 1.1.2001 gestellt worden sein[710]. Den betroffenen Erwerbern, die keine Kenntnis von der Belastung hatten, räumt Art. 233 § 4 II 2 EGBGB bei besonders schwerer Belastung ein Recht zur Ablösung gegen Ausgleich ein[711]. **326**

704 § 8 VZOG i.d.F. des Gesetzes vom 17.7.1997; kritisch *Hagen*, DNotZ 2000 431, 441.

705 Zur Möglichkeit der Abgrenzung von Nutzungsrechten durch das Bodensonderungsverfahren oben Rz. 306.

706 Damit schließt die Vorschrift an § 879 BGB an. Zur neuen Rangbestimmung *Horn*, DWiR 1992, 309, 312.

707 Art. 233 § 7 II EGBGB betreffend die Neubegründung von Grundstücksrechten, deren Eintragung vor dem 3.10.1990 beantragt war, findet mangels Eintragungspflichtigkeit der Nutzungsrechte keine Anwendung – Palandt/*Bassenge* (52. Aufl.) Art. 233 EGBGB § 7 Rz. 3.

708 Ob daraus geschlossen werden kann, daß das Recht mit Zerstörung des Gebäudes erlischt – so *Eickmann*, a.a.O., vor Rz. 116 – erschien schon bisher fraglich. Für den Fortbestand des Rechts jetzt Art. 233 § 4 III EGBGB n.F.

709 Zum Eintragungserfordernis vgl. o. Rz. 284.

710 2. EigentumsfristenG (oben Rz. 322 Fn. 700).

711 Die Vorschrift sollte auch in den Fällen gelten, in denen nach der Rechtsprechung des BGH (BGHZ 104, 139) nicht eintragungsbedürftige und nicht eingetragene Rechte doch den Vorschriften über den öffentlichen Glauben des Grundbuchs unterfallen, nämlich dann, wenn sie einmal eingetragen waren und inzwischen zu Unrecht gelöscht sind. Art. 233 § 4 II EGBGB macht keinen Unterschied bzgl. der Nichteingetragenheit, und eine Löschung nach DDR-Recht ist einer Löschung unter der Geltung von BGB und GBO nicht gleich zu behandeln.

327 Liegt einem Gebäudeeigentum ein schuldvertragliches Nutzungsrecht zugrunde, so ist darauf Art. 233 § 4 EGBGB nicht anwendbar. Das Nutzungsrecht bleibt wie bisher schuldrechtlicher Natur (Art. 232 § 4 EGBGB)[712]. Entsprechend gehört es nicht zu den Nutzungsrechten, die nach Art. 231 § 5 II EGBGB wesentlicher Bestandteil eines aufgrund ihrer entstandenen Gebäudeeigentums sind.

328 Ob und wie das von § 459 ZGB vorausgesetzte Nutzungsrecht staatlicher oder genossenschaftlicher Einrichtungen fortbesteht, ist fraglich. Ein Erlöschen des Rechts dürfte abzulehnen sein[713]. Nach einer Ansicht[714] soll das Nutzungsrecht zur Sicherung des Gebäudeeigentums mit diesem zusammen Art. 233 § 4 EGBGB unterstehen und damit von dinglicher Rechtsnatur sein. Für eine schuldrechtliche Wirkung sprechen aber der zugrundeliegende Vertrag sowie die Regelung in Art. 233 § 8 S. 2 EGBGB. Dieser verweist lediglich für das Gebäudeeigentum auf Art. 233 § 4 I EGBGB. Zudem nimmt er Art. 233 § 4 II EGBGB, der die dingliche Wirkung von Nutzungsrechten, die nicht eingetragen sind, behandelt, nicht in Bezug.

329 Das Nutzungsrecht der LPG nach § 18 LPG-Gesetz ist durch Aufhebung dieser Norm[715] erloschen. Dies hat ein vom Nutzungsrecht isoliertes Gebäudeeigentum zur Folge[716].

330 Von den Fragen des Bestehens und der Rechtsnatur der Nutzungsrechte sind die dinglichen Wirkungen des Gebäudeeigentums selbst zu unterscheiden. Besondere Bedeutung kommt der Frage zu, ob beim Erwerb eines Grundstücks die §§ 891, 892 BGB anwendbar sind, wenn – wie häufig – das Gebäudeeigentum nach § 459 ZGB, § 27 LPG-Gesetz nicht im Grundbuch eingetragen ist. Auch hier wird die Möglichkeit eröffnet, daß das Gebäudeeigentum durch redlichen Erwerb erlöschen kann[717]. Das Gebäudeeigentum wird wie ein beschränktes dingliches Recht am Grundstück behandelt. Sofern nach dem 31.12.2000[718] das Eigentum am Grundstück übertragen oder ein sonstiges Recht am Grundstück eingeräumt wird, erstrecken die Absätze 3 und 4 des § 5 Art. 231 EGBGB die Bestimmungen über den gutgläubigen Erwerb (§§ 891, 892 BGB) auf das Gebäudeeigentum, so daß dieses aufgrund des gutgläubig lastenfreien Erwerbs des Grundstücks erlischt oder zurücktritt[719]. Voraussetzung für einen gutgläubigen Erwerb ist, daß weder das Gebäudeeigentum selbst noch ein dem selbständigen Gebäudeeigentum zugrundeliegendes Nutzungsrecht im Grundbuch des veräußerten Grundstücks eingetragen und dem

[712] Zur Frage des Bestehenbleibens des Besitzrechts bei vertragswidriger Nutzung BGH WM 1994, 1851 f.

[713] Vgl. o. Rz. 316 Fn. 684.

[714] *Eickmann*, Grundstücksrecht in den neuen Ländern, 1991, Rz. 114.

[715] Durch Gesetz v. 28.6.1990 (GBl I, S. 483).

[716] Damit ist nicht zu verwechseln der Erwerb neuen Gebäudeeigentums bei Nutzung ohne Nutzungsrecht nach dem 2. VermRÄndG (o. Rz. 316 Fn. 686).

[717] Mangels Eintragungsbedürftigkeit des Gebäudeeigentums konnten §§ 891, 892 BGB nicht ohne weiteres gelten. Unzutreffend daher *Böhringer*, DtZ 1994, 51. Allerdings kann man in Fällen eines noch nicht geschützten Erwerbs mit Rücksicht auf die in Art. 233 §§ 4 II 2, 5 II 2 EGBGB zum Ausdruck kommende Interessenbewertung dem Erwerber ein entsprechendes Ablösungsrecht zuerkennen.

[718] 2. EigentumsfristenG (o. Rz. 322 Fn. 700).

[719] Art 231 § 5 III 1 EGBGB findet gemäß dem Rechtsgedanken in § 892 II BGB nur Anwendung, wenn entweder der Antrag auf Eintragung einer rechtsgeschäftlichen Eigentumsänderung am Grundstück nach dem 31.12.2000 beim Grundbuchamt gestellt wurde oder die Einigung nach diesem Stichtag erfolgte, Staudinger/*Rauscher* 1996 Art. 231 § 5 EGBGB Rz. 69 f.; *Böhringer*, DtZ 1994, 50. Die in Art. 233 § 4 II geregelte Einschränkung, daß ein Gebäude zumindest teilweise errichtet sein muß, ist hier irrelevant, weil bei isoliertem Gebäudeeigentum ein Gebäude notwendigerweise vorhanden ist.

Erwerber das Bestehen des nicht eingetragenen Rechts nicht (positiv) bekannt ist[720]. Erlischt das Gebäudeeigentum nach Art 231 § 5 III 1 EGBGB, so gewährt Art 231 § 5 III 2 HS 1 EGBGB einen schuldrechtlichen Wertausgleich.

Mitbenutzungsrechte, deren Begründung der Eigentümer zustimmen mußte[721], gelten gemäß Art. 233 §§ 3 I, 5 I EGBGB mit bisherigem Inhalt und Rang als dingliche Rechte am Grundstück fort. Im Interesse des Rechtsverkehrs wurde durch Art. 233 § 5 III EGBGB die Eintragungsfähigkeit auf alle fortgeltenden Mitbenutzungsrechte erweitert. Damit finden, modifiziert durch Art. 233 § 3 III und § 5 III 2 EGBGB, §§ 873 ff. BGB Anwendung. Sofern diese Mitbenutzungsrechte nicht im Grundbuch eingetragen waren, erlöschen sie jedoch gemäß § 8 I GBBerG i.V.m. § 13 I SachenR-DV mit Ablauf des 31.12.2000, wenn nicht der Eigentümer vorher das Bestehen dieser Rechte in der Form des § 29 GBO anerkennt und die Eintragung bewilligt oder der Berechtigte in zur Verjährungsunterbrechung geeigneter Weise die Abgabe dieser Erklärungen verlangt hat. Soweit der Eigentümer nicht zustimmen mußte, sind die Mitbenutzungsrechte erloschen. **331**

Zweifelhaft war, ob in den ersteren Fällen der Rang sich nach der Rechtsentstehung richtet[722] oder ob Mitbenutzungsrechte entsprechend dem Verständnis des ZGB den Grundstücksverwertungsrechten jedenfalls vorgehen[723]. Die Frage ist jetzt in Art. 233 § 5 III 2, 3 EGBGB grundsätzlich im ersteren Sinne entschieden[724]. **332**

Gemäß Art. 233 § 5 II 1 EGBGB gelten §§ 891, 892 BGB nicht, wenn die Belastung nach ZGB gegen Erwerber ohne Grundbucheintragung wirksam war, was grundsätzlich zutraf (§ 297 II ZGB)[725], und der Eintragungsantrag vom Erwerber vor dem 1.1.2001[726] gestellt wurde. Die Nichtgeltung des öffentlichen Glaubens wird im Gegensatz zur Regelung der nicht eintragungsbedürftigen Nutzungsrechte (Art. 233 § 4 II EGBGB) hier nicht durch die Voraussetzung der Errichtung eines Gebäudes eingeschränkt. Art. 233 § 5 II 2 EGBGB begründet wieder unter besonderen Voraussetzungen ein Ablösungsrecht des Erwerbers. War die Eintragung des Mitbenutzungsrechts nicht bis zum 31.12.2000 beantragt, so folgt aus dem Regelungsziel des Art. 233 § 5 II 1 EGBGB, die vollständige Grundbuchpublizität wieder herzustellen, die Anwendbarkeit der §§ 891, 892 BGB[727]. **333**

Unabhängig von der Frage vorhandener Nutzungsrechte ist Personen, die ein fremdes Grundstück seit DDR-Zeiten tatsächlich nutzen, durch die im Zuge der Verabschiedung des 2. VermRÄndG neu gefaßten Art. 232 § 4 a[728] und 233 § 2 a EGBGB[729] ein Recht zum Besitz gewährt worden. Das Recht zum Besitz hat bis zum Ende der (bis 1994) laufenden Legislaturperiode gedauert (sog. Moratorium)[730]. Danach sind die Nutzungs- **334**

[720] Grob fahrlässige Unkenntnis oder eine unzutreffende rechtliche Beurteilung sind unschädlich. Auch braucht der Erwerber keine Erkundigungen darüber einzuziehen, ob ein Gebäudegrundbuchblatt angelegt ist, vgl. Staudinger/*Rauscher* 1996 Art. 231 § 5 EGBGB Rz. 65; Palandt/*Heinrichs* Art. 231 § 5 EGBGB Rz. 6; *Böhringer*, DtZ 1994, 50.

[721] Vgl. o. Rz. 290.

[722] So *Eickmann*, Grundstücksrecht in den neuen Ländern, 1991 Rz. 134, 163 ff.

[723] So *Welter*, WM 1991, 1189, 1191 m.w.N.

[724] Dazu *Horn*, DWiR 1992, 309, 312.

[725] Kommentar zum ZGB, a.a.O., § 297 Anm. 2.2; *Eickmann*, a.a.O., Rz. 137 zu den Ausnahmen; – dagegen ging das Nutzungsrecht auf den Erwerber des berechtigten Grundstücks gemäß § 322 II ZGB nur bei Grundbucheintragung oder besonderer Vereinbarung über.

[726] Oben Rz. 322 Fn. 700.

[727] Staudinger/*Rauscher* 1996 Art. 233 § 5 EGBGB Rz. 31; *Böhringer*, DtZ 1997, 42; *Limmer*, DNotZ 1999, 946.

[728] Betreffend Nutzung von Bodenflächen zur Erholung (§ 312 ZGB).

[729] Betreffend Nutzung durch Gebäude.

[730] Dazu *Strobel*, GmbHR 1992, 497, 501; vgl. auch OLG Naumburg DtZ 1993, 252 f.; BGH WM 1995, 1589 ff. Nach BVerfG NJW 1998, 3033 ff. ist Art. 233 § 2 a VIII 1 EGBGB

verhältnisse im Sinne des Art. 232 § 4 a in Miet- und Pachtverhältnisse übergeleitet worden[731]. Die später vom SachenrechtsbereinigungsG erfaßten Besitzrechte bestehen gemäß Art. 233 § 2 a I 3 EGBGB bis zur Bereinigung nach dem Sachenrechtsbereinigungsgesetz[732] fort. Da der Anspruch auf Teilnahme an der Sachenrechtsbereinigung sich allein nach dem Sachenrechtsbereinigungsgesetz beurteilt, hängt diese (Fort-)Geltung des Besitzrechts nicht davon ab, ob vor dem 1.1.1995 ein Recht zum Besitz nach der Moratoriumsregelung des Art. 233 § 2 a EGBGB bestand[733].

335 Ziel des Besitzrechts nach Art. 233 § 2 a EGBGB ist es, zugunsten des Nutzers den status quo zu wahren, indem ihm Besitz und Nutzung bis zur Bereinigung der Rechtsverhältnisse an Grundstück und Gebäuden belassen werden. Das Recht zum Besitz aus Art. 233 § 2 a EGBGB begründet daher für denjenigen, der den Besitz bereits verloren hat, keinen Verschaffungsanspruch gegen den Eigentümer des Grundstücks[734].

c) Regelung des Einigungsvertrags betreffend Sicherungsrechte

336 Für bestehende Pfandrechte bleibt grundsätzlich gemäß Art. 233 § 3 I EGBGB das ZGB maßgeblich.

337 Art. 233 § 3 I EGBGB gilt auch für Hypotheken nach §§ 452 ff. ZGB[735]. Dies heißt insbesondere, daß weiterhin mit dem Erlöschen der Forderung auch die Hypothek gegenstandslos wird, mithin nicht in diesem Fall nach §§ 1163 I 2, 1177 BGB eine Eigentümergrundschuld entsteht. Dies wirkt sich in zweierlei Hinsicht auf die Anwendung des § 1179 a BGB aus. Da die ZGB-Hypothek schon von selbst erlischt, ist ihr gegenüber der Löschungsanspruch eines nachrangigen Hypothekengläubigers nach § 1179 a I-III gegenstandslos. Denkbar ist jedoch, daß die ZGB-Hypothek im Range hinter eine, der Umwandlung in eine Eigentümergrundschuld fähige BGB-Hypothek zurücktritt[736]. Für den Fall des Rücktritts einer BGB-Hypothek sieht § 1179a IV einen gesetzlichen Löschungsanspruch zugunsten der zurücktretenden Hypothek vor. Diesen Anspruch hat die ZGB-Hypothek, weil der Anspruch bisher nicht Inhalt des Rechts war, nicht. Um

betreffend die Entgeltspflicht des Nutzers gegenüber dem Grundstückseigentümer verfassungswidrig. Der Gesetzgeber ist nunmehr verpflichtet, eine gesetzliche Regelung über die Entgeltverpflichtung des Nutzers für den Zeitraum vom 22.7.1992 bis zum 31.12.1994 zu schaffen. Anhängige Rechtsstreitigkeiten sind nicht etwa mangels derzeit nicht bezifferbaren Zahlungsanspruchs des Grundstückseigentümers abzuweisen, sondern analog § 148 ZPO auszusetzen, OLG Naumburg, VIZ 1999, 559.- Die Nutzungen ohne Nutzungsrecht wurden in die Sachenrechtsbereinigung einbezogen (u. Rz. 341 ff.).

731 §§ 1, 6 ff. SchuldrechtsanpassungsG (SchuldRAnpG) (in Kraft gesetzt durch Schuldrechtsänderungsgesetz v. 21.9.1994, dieses ist in Kraft getreten am 1.1.1995 – BGBl. 1994 I 2538 -). Unberührt durch das Moratorium waren die Kleingartenpachtanlagen. Für die galt schon mit Beitritt der DDR das KleingartenpachtG der Bundesrepublik (§ 4 III Art. 232 EGBGB). Die Maßgeblichkeit des KleingartenpachtG ist bei der Schuldrechtsanpassung aufrecht erhalten worden (§ 2 III SchuldRAnpG). Das SachenrechtsbereinigungsG (SachenRBerG) enthält keine entsprechende Vorrangbestimmung. Der III. Zivilsenat hat deshalb für die sog. Datschen einen Anspruch auf Sachenrechtsbereinigung bejaht (17.7.1998, III ZR 288/97, WM 1998, 1069 ff.).

732 Dazu u. Rz. 341.

733 BGH WM 1997, 2037, 2038.

734 BGH ZIP 1998, 1733, 1735; Staudinger/*Rauscher* 1996 Art. 233 § 2 a EGBGB Rz. 58.

735 Maßgeblich für die Hypotheken, deren Bestellung und Eintragungsanträge vor dem 3.10.1990 erfolgten, sind gemäß Art. 232 § 1, Art. 233 § 3 I 1 und § 7 II EGBGB allein die zum Zeitpunkt der Bestellung geltenden Regelungen des Rechts der DDR (OLG Brandenburg WM 1998, 283, 287; bestätigt durch BGH WM 1998, 275, 281).

736 Fraglich ist allerdings, ob dies auch für die nach DDR-Recht per se vorrangige Aufbauhypothek (s. o. Rz. 294) gilt. Gegen die Möglichkeit eines Rangrücktritts im Hinblick auf die Aufbauhypothek *Beckers*, WM 1991, 1701, 1708.

eine § 1179 a IV entsprechende Rechtsfolge zu erreichen, muß deshalb bei dem durch den Rücktritt der ZGB-Hypothek begünstigten Recht eine Löschungsvormerkung entsprechend § 1179 eingetragen werden[737].

Eine Sonderregelung trifft Art. 233 § 6 I EGBGB für die Verfügung über Hypotheken. Danach sind grundsätzlich die Vorschriften des BGB über Sicherungshypotheken anzuwenden[738]; der Verzicht auf die Hypothek ist ausgeschlossen. **338**

Aufbauhypotheken behalten gemäß Art. 233 § 9 III 1, 2 EGBGB i.V.m. § 456 III ZGB ihren Rang, soweit sie vor Aufhebung der Regelung[739] begründet wurden[740]. Die Fortgeltung des Privilegs nach § 458 ZGB (Stundung und Kündigungsausschluß bei anderen Hypotheken zwecks vorrangiger Bedienung der Aufbauhypothek) war schon bisher im Hinblick auf Art 14 GG zweifelhaft[741]. Art. 233 § 9 III 3 EGBGB hat die Fortgeltung ausgeschlossen. **339**

Teilweise sind in den Grundbüchern noch Grundstücksverwertungsrechte nach dem BGB eingetragen, die aus der Zeit vor Inkrafttreten des ZGB stammen. Da sie nach § 6 I EGZGB bestehen blieben, gilt nunmehr ohne weiteres BGB[742]. **340**

IV. Das Sachenrechtsbereinigungsgesetz

1. Übersicht

Die sachenrechtlichen Besonderheiten aus dem Recht der DDR – selbständiges Gebäudeeigentum, Nutzungsrechte, Miteigentumsanteile – hat der EinigungsV zwar mit ihrem bisherigen Inhalt und Rang übernommen. Er hat jedoch zugleich Änderungsvorbehalte für die spätere Anpassung und Bereinigung dieser Rechtsverhältnisse eingefügt (Art. 233 §§ 3 II, 8 S. 1 EGBGB a.F.[743]). Mit dem SachenRBerG[744] sind die aus jenen Besonderheiten herrührenden Rechtsverhältnisse im Beitrittsgebiet an das BGB und seine Nebengesetze angepaßt worden[745]. **341**

[737] *Welter*, WM 1991, 1189, 1194; *Eickmann*, a.a.O., Rz. 159.

[738] Fraglich ist, ob eine Höchstbetragshypothek nach § 454 a ZGB im Falle der Übertragung einzelner Forderungen nach § 1190 IV 2 BGB wegen fehlender Eigentümerfähigkeit der Hypothek teilweise erlischt – so *Eickmann*, a.a.O., Rz. 145 –, oder ob die Rechtsnatur der Höchstbetragshypothek insoweit die strenge Akzessorietät durchbricht – vgl. §§ 454 II 2, 454 a III ZGB.

[739] Durch das 1. Zivilrechtsänderungsgesetz vom 28.6.1990 (GBl S. 524).

[740] Eine Eintragung von Aufbauhypotheken hat gemäß Art. 233 § 7 II EGBGB auch noch nach dem Wirksamwerden des Beitritts der DDR zur Bundesrepublik zu erfolgen, wenn der staatliche Eintragungsantrag vor diesem Zeitpunkt gestellt war. Dieses gilt auch, wenn leicht behebbare Antragsmängel erst nach diesem Zeitpunkt beseitigt wurden (BGH WM 1995, 282 ff.).

[741] *Welter*, WM 1991, 1189, 1194; *Eickmann*, a.a.O., Rz. 157.

[742] Vgl. Art. 233 § 6 II EGBGB für die Übertragung; zur Problematik der Rechtsinhaberschaft wegen Enteignungen *Welter*, WM 1991, 1189, 1192 f.

[743] Die Anpassungsvorbehalte wurden geändert durch Art. 2 § 5 Nr. 2 d bb und f SachenRÄndG v. 21. 9. 1994 (BGBl. I S. 2457), dessen Kernstück in Art. 1 das SachenRBerG war.

[744] Vom 21.9.1994, BGBl I, S. 2457. Ergänzende Regelung im BoSoG, s.o. Rz. 306. Darstellung bei *Grün*, NJW 1994, 2641 ff. Hinzugekommen am 1.1.2002 (Geltung ab 26.10.2001) das GrundstücksrechtsbereinigungsG vom 26.10.2001 (BGBl. I, 2716). S. *Matthiessen*, NJW 2002, 114 ff.

[745] Grund ist nicht nur das Streben nach Rechtsvereinheitlichung, sondern auch nach Marktgängigmachung der Gebäude, insbesondere die Ermöglichung ihrer Beleihung, und nach Schaffung der Voraussetzungen für weitere Investitionen auf den Grundstücken (vgl. Begründung zum SachenRÄndG, BT-Drs. 12/5992, S. 50, 59).

342 Regelungsgegenstand sind gemäß § 1 I SachenRBerG die folgenden Problemkreise[746]:

- Nutzung fremder Grundstücke durch den Bau[747] oder Erwerb von Gebäuden einschließlich der hängenden Gebäudekauffälle[748] (§§ 1 I Nr. 1, 3 ff. SachenRBerG);
- Anpassung von Erbbaurechten, die gemäß § 5 II des Einführungsgesetzes zum ZGB der DDR von befristeten in unbefristete Rechte umgewandelt wurden, an das BGB und seine Nebengesetze (§§ 1 I Nr. 2, 112 SachenRBerG);
- Rechtsverhältnisse bei gesetzlich entstandenen Miteigentumsanteilen nach § 459 ZGB (§§ 1 I Nr. 3, 113 ff. SachenRBerG);
- rechtlich nicht abgesicherte Mitbenutzungen (§§ 1 I Nr. 4, 116 ff. SachenRBerG).

343 Das SachenRBerG erfaßt nicht alle Fälle der Nutzung fremder Grundstücke. Nicht anwendbar ist es zunächst auf nach DDR-Recht schuldrechtlich begründete Nutzungen fremder Grundstücke, nämlich Nutzungen zur Erholung, Freizeitgestaltung oder kleingärtnerischen Bewirtschaftung sowie Nutzungen aufgrund von Miet-, Pacht- oder Nutzungsverträgen nach dem Vertragsgesetz der DDR[749] (§§ 2 I 1 Nr.1 und 2, I 2 und 3 SachenRBerG)[750]. Nicht anwendbar ist das SachenRBerG ferner auf Meliorationsanlagen

[746] Regelungsgegenstand sind die in § 1 I SachenRBerG genannten Rechtsverhältnisse jedoch nur dann, wenn die Begründung von Nutzungsrechten bzw. die ohne Nutzungsrechte mit Billigung staatlicher Stellen erfolgte Errichtung von Gebäuden nach dem 8. 5. 1945 stattfand (§ 8 SachenRBerG). Die Nutzungsrechte müssen bis zum Ablauf des 30. 6. 1990 zugewiesen oder bis zum Ablauf des 2. 10. 1990 verliehen worden sein (§ 8 Nr. 1 SachenRBerG). Die ohne Nutzungsrecht mit staatlicher Billigung errichteten Gebäude müssen bis zum Ablauf des 2. 10. 1990 begonnen worden sein (§ 8 Nr. 2 SachenRBerG). Für Flächen, die dem aufgehobenen gesetzlichen Bodennutzungsrecht der landwirtschaftlichen Produktionsgenossenschaften unterlagen, gilt für den Beginn der Errichtung eines Gebäudes der Ablauf des 30. 6. 1990 als Stichtag (§ 8 Nr. 2 SachenRBerG).

[747] Erforderlich ist für die Eröffnung des Anwendungsbereichs des SachenRBerG, daß die Gebäudeerrichtung zu den Stichtagen des § 8 SachenRBerG nicht lediglich begonnen ist, sondern unter Heranziehung der Grundsätze des § 12 I SachenRBerG vollständig ist, BGH NJW 1996, 198.

[748] Gemäß § 121 SachenRBerG wird nach den Grundsätzen der Sachenrechtsbereinigung auch die Abwicklung von mit staatlichen Stellen der DDR geschlossenen Kaufverträgen über solche Grundstücke, Gebäude und bauliche Anlagen geregelt, die nach dem VermG i.d.F. der Bek. v. 2. 12. 1994 (BGBl. I, S. 3610) an die Alteigentümer zurückzuübertragen sind. Der Nutzer, der den Besitz aufgrund eines solchen Kauf- oder eines Miet- oder sonstigen Nutzungsvertrags erlangt oder ausgeübt hat, hat die Rückübertragung nach dem VermG an den Alteigentümer abzuwarten und sodann seine Ansprüche aus der Sachenrechtsbereinigung (Erbbaurechtsbestellung oder Ankauf des Grundstücks, §§ 3, 32, 61 SachenRBerG) geltend zu machen (§ 121 I 1 SachenRBerG). Daß dem nach dem VermG Berechtigten mit der Sachenrechtsbereinigung teilweise wieder entzogen wird, was er durch die Rückübertragung des Grundstücks erlangt hat, begründet der Gesetzgeber mit der Notwendigkeit, für Nutzer restitutionsbelasteter Grundstücke eine Gleichbehandlung mit allen übrigen Nutzern zu erzielen, vgl. Begründung zum SachenRÄndG, BT-Drs. 125992, S. 206. Diese Regelung des § 121 SachenRBerG ist im Hinblick auf das Verhältnis des Nutzers zum Restitutionsberechtigten verfassungskonform und verstößt insbesondere nicht gegen Artt. 14 und 3 GG (so entschieden zu § 121 II SachenRBerG von BGH WM 1999, 1131, 1134 f.).

[749] GBl. 1982 I Nr. 14, S. 293.

[750] Zur Ausklammerung wegen der schuldrechtlichen Natur s. Begründung zum SachenRÄndG, a.a.O., S. 56, weiter BGH NJW 1997, 457, ZIP 1998, 2074; *Schnabel*, DtZ 1997, 376. Die schuldrechtlichen Nutzungsverhältnisse regelt das Schuldrechtsänderungsgesetz v. 1.1.1995 (BGBl. 1994 I, S. 2538), das die folgenden Einzelgesetze umfaßt: (1) In Art. 1 das SchuldrechtsanpassungsG (SchuldRAnpG) für Nutzungen nach §§ 312 ff. ZGB, aufgrund von Überlassungsverträgen oder für Bebauungen aufgrund von Miet-, Pacht- oder anderen Nutzungsverträgen mit Dritten (nicht erfaßt werden gemäß § 2 II SchuldRAnpG Nutzungsverträge nach § 71 VertragsG der DDR; hierbei handelt es sich um Nutzungsverträge, die Wirtschafts-

(§ 2 I 1 Nr. 3 SachenRBerG), auf Bebauungen mit Gebäuden, die öffentlichen Zwecken gewidmet und im Verwaltungsgebrauch verwendet worden sind mit Ausnahme komplexer Überbauungen (§ 2 I 1 Nr. 4 SachenRBerG)[751] sowie auf fortbestehende öffentlich-rechtliche Nutzungsbefugnisse (§ 2 I 1 Nr. 5 SachenRBerG).

2. Bebauung fremder Grundstücke

a) *Die Ansprüche*

Kernstück des SachenRBerG sind die Neuregelung der für den Bau von Gebäuden verliehenen Nutzungsrechte und der Schutz der mit Billigung staatlicher Stellen durchgeführten Bebauungen fremder Grundstücke. Ausgangspunkt sind zwei Grundentscheidungen des Gesetzgebers: Dem Grundstücksnutzer soll grundsätzlich der Vorrang vor dem Bodeneigentümer zukommen. Der Bodenwert soll wirtschaftlich geteilt werden. Zum Erreichen dieser Ziele werden Nutzer und Grundstückseigentümer wechselseitige Ansprüche eingeräumt (sog. Anspruchslösung, §§ 3, 32, 61 SachenRBerG)[752]: Der Nutzer[753] des Grundstücks, kann vom Grundstückseigentümer entweder den Abschluß eines **344**

einheiten der DDR, die staatliche Aufgaben und staatliche Planauflagen zu erfüllen hatten, untereinander schlossen; für diese Verträge ist grundsätzlich das VertragsG weiter anzuwenden, s. Soergel/*Hartmann* Anh. Art. 232 EGBGB Rz. 30). Das SchuldRAnpG sieht in § 1 I Nr. 1-3 besondere Kündigungsschutz- und Investitionsbestimmungen vor. (2) In Art. 2 das Erholungsnutzungsrechtsgesetz, (3) in Art. 3 das Anpflanzungseigentumsgesetz zur Regelung der Entschädigung für den Eigentumsverlust an selbständigen Anpflanzungen, (4) in Art. 4 das Meliorationsanlagengesetz zur Regelung der Rechtsverhältnisse an einschlägigen Anlagen, etwa Anlagen zur Beregnung, Drainagen).

751 Die Regelung dieser Fälle soll einer gesonderten Regelung vorbehalten bleiben, vgl. Beschlußempfehlung und Begründung des Rechtsausschusses, BT-Drs. 12/7425, S. 7, 60 f.

752 Den Beteiligten bleibt es nach § 3 I 2 SachenRBerG unbenommen, übereinstimmend eine abweichende Vereinbarung zu treffen. – Die Ansprüche nach dem SachenRBerG erstrecken sich nach BGH WM 1999, 968 f., auch auf ohne Nutzungsrecht bebaute Flächen, wenn diese in einem engen funktionalen und wirtschaftlichen Zusammenhang mit einem Gebäude stehen, das auf der Grundlage eines dinglichen Nutzungsrechts bebaut wurde.

753 Nutzer sind die in § 9 I, II SachenRBerG genannten natürlichen oder juristischen Personen des privaten oder öffentlichen Rechts oder deren Rechtsnachfolger. Auf die Eigentümer und Nutzungsberechtigte an Gebäuden folgen in S. 1 Nr. 6 Käufer von Gebäudeeigentum; BGH VIZ 2000, 157 rechnet dazu auch Abkäufer der Rechte aus einem Gebäudekaufvertrag, diese sind Rechtsnachfolger von Käufern (§ 9 S. 1 2. Hs.). Weitere Rechtsnachfolger sind nach § 9 II Ziff. 1 solche Käufer, die unter DDR-Recht gekauft hatten, obwohl nach DDR-Recht selbständiges Gebäudeeigentum nicht begründet war; dies war nach DDR-Recht kein Hindernis für die Durchführung des Kaufvertrags. Die Käufer haben aber nur dann einen Anspruch auf Rechtsbereinigung, wenn sie aufgrund des Vertrags den Besitz erlangt oder ausgeübt haben (§ 3 III SachenRBerG). Aufgrund des Kaufvertrags steht ihnen nach Art. 233 § 2 a I S. 1 lit. d, S. 2 EGBGB gegenüber der Bundesrepublik als Nachfolgerin in das Volkseigentum ein Recht zum Besitz zu und zwar bis zum Abschluss der Bereinigung nach SachenRBerG (S. 3), bei Nachfolge in das Recht zum Besitz ist die Unterlassung der in Art. 233 § 2 a II 2 EGBGB verlangten Anzeige von der Übertragung aufgrund der Geltung des SachenRBerG unschädlich (BGH a.a.O.).-. Ausgeschlossen vom Kreis der Nutzer sind Mieter von Gebäuden (vgl. Begründung zum SachenRÄndG, BT-Drs. 12/5992, S. 107). Kommen mehrere Personen als Nutzer in Betracht, wird mittels der in § 9 I 1 SachenRBerG festgelegten Reihenfolge bestimmt, wer als Nutzer i.S.d. SachenRBerG gegenüber dem Grundstückseigentümer anspruchsberechtigt ist (zum Nutzerbegriff des § 9 SachRBerG s. *Wesel*, DtZ 1995, 70, 72 ff.). Im Fall des Streits zwischen mehreren in Betracht kommenden Nutzern kann die Klärung der Anspruchsberechtigung ausschließlich in der streitigen Gerichtsbarkeit erfolgen, §§ 108 III, 103 I 1 SachenRBerG (im Gegensatz zum Verfahren nach FGG, das für notarielle Verfahren der Vermittlung von Vertragsabschlüssen zur Sachenrechtsbereinigung vorgesehen ist, s.u. Rz. 347).

Grundstückskaufvertrags (§§ 3 I, 61 I SachenRBerG)[754] oder eines Erbbaurechtsvertrags (§§ 3 I, 32 SachenRBerG)[755] verlangen[756]. Nur ausnahmsweise, unter den Voraussetzungen des § 81 I SachenRBerG[757], werden diese Ansprüche des Nutzers durch Ansprüche des Grundstückseigentümers verdrängt, der dann das Recht erhält, das Gebäude hinzuzuerwerben bzw. bei Fehlen eines selbständigen Gebäudeeigentums die Rechte des Nutzers abzulösen (§ 15 IV, 81 I SachenRBerG).

Der Nutzer hat bei Ankauf des Grundstücks grundsätzlich lediglich die Hälfte des Verkehrswertes (§§ 68-70 SachenRBerG), bei Abschluß eines Erbbaurechtsvertrags grundsätzlich nur die Hälfte des üblichen Erbbauzinses dem Grundstückseigentümer zu

[754] Der Inhalt des Angebots muß den §§ 65-74 SachenRBerG entsprechen. Das OLG Brandenburg VIZ 1999, 359, 360, hält diesen gesetzlichen Umfang des Kontrahierungszwangs für abschließend und grundsätzlich nicht erweiterbar. Erweiternde, den Eigentümer belastende Regelungen im Kaufvertrag könnten nur einvernehmlich oder durch noch ausstehende gesetzliche Bestimmungen geschaffen werden.

[755] Mit dem Anspruch auf Abschluß eines Erbbaurechtsvertrags ermöglicht der Gesetzgeber Nutzern, die über die erforderlichen finanziellen Mittel nicht bzw. nicht sofort verfügen, den Ankauf oder wenigstens die weitere Nutzung. Inhaltlich muß das Angebot auf Bestellung eines Erbbaurechts den §§ 42-58 SachenRBerG entsprechen. Der gesetzlich zulässige Inhalt des Erbbaurechts ergibt sich dabei nach § 54 I SachenRBerG aus dem Inhalt des Nutzungsrechts oder, falls ein solches Recht nicht bestellt wurde, aus der am 2.10.1990 auf genossenschaftlich genutzten oder anderen Flächen ausgeübten Nutzung (Modifikationen gemäß § 54 II-IV SachenRBerG). Die Dauer des Erbbaurechts bestimmt sich nach der zulässigen oder faktischen Bebauung (§ 53 I SachenRBerG). Der Nutzer kann die Aufnahme eines Ankaufsrechts in den Erbbaurechtsvertrag verlangen, das auf Verlangen des Eigentümers zu befristen ist (§ 57 I SachenRBerG). Zu bestellen ist das Erbbaurecht als erstrangiges Recht (§ 10 ErbbauRVO). Zur Rangbeschaffung enthalten die §§ 33 ff. SachenRBerG eine Rangrücktrittspflicht der am Grundstück dinglich Berechtigten.

[756] Der Nutzer kann sich diese Ansprüche aus der Sachenrechtsbereinigung gemäß Art. 233 § 2 c II EGBGB durch Vermerk sichern lassen (ihm steht aufgrund seines Sachenrechtsbereinigungsanspruchs ein Recht zum Besitz nach dem Moratorium gemäß Art. 233 § 2 a EGBGB zu, s. o. Rz. 334). Voraussetzung für den Anspruch auf Eintragung des Sicherungsvermerks ist, daß der Nutzer nachvollziehbar die Anspruchsvoraussetzungen darlegt und nach summarischer Prüfung die Begründetheit seiner Ansprüche denkbar ist (LG Erfurt VIZ 1999, 497). Der Vermerk ist in Abt. II des Grundstücksgrundbuchs unter Angabe des Besitzberechtigten, des Umfangs und Inhalts des Rechts einzutragen und hat die Wirkung einer Vormerkung. – Eingeschränkt ist das Wahlrecht des Nutzers zwischen den Ansprüchen aus §§ 3, 32, 61 SachenRBerG, wenn wegen der geringen Grundstückswerte (nach § 19 SachenRBerG in Ansatz zu bringender Verkehrswert des Grundstücks beträgt nicht mehr als 100.000 DM bzw. im Falle der Bebauung mit einem Eigenheim nicht mehr als 30.000 DM) die Vereinbarung eines Erbbaurechts nicht sinnvoll ist, und deshalb der Nutzer nur das Grundstück ankaufen kann (§§ 15 II, 61 II SachenRBerG); ferner, wenn der Grundstückseigentümer durch Satzung einem Verkaufsverbot unterliegt und daher ein Ankauf gegen den Willen des Grundstückseigentümers ausgeschlossen wird (§ 15 III SachenRBerG), wie z. B. bei Kircheneigentum. Eine Einschränkung erfährt das Wahlrecht schließlich noch, wenn der Grundstückseigentümer aus agrarstrukturellen Gründen ein vom Nutzer errichtetes oder erworbenes Wirtschaftsgebäude oder eine bauliche Anlage ankaufen kann, soweit kein selbstständiges Gebäudeeigentum besteht (§§ 15 IV, 81 I SachenRBerG).

[757] § 81 I SachRBerG setzt voraus, daß entweder: (1) ein Verfahren nach §§ 53 ff. LwAnpG eingeleitet werden könnte, aber nicht eingeleitet wird (§ 81 I 1 Nr. 1 SachenRBerG); (2) ein nicht mehr genutztes Gebäude gegeben ist (§ 81 I 1 Nr. 2 SachenRBerG); (3) nur eine geringe Restnutzungsdauer für das Gebäude oder die bauliche Anlage besteht (§ 81 I 1 Nr. 3 SachenRBerG); (4) eine unzumutbare Beeinträchtigung des Grundstückseigentümers i.S.d. § 81 I 1 Nr. 4 SachenRBerG vorliegt.

zahlen (§§ 43-51 SachenRBerG)[758]. Zweck dieser gesetzlichen Lösung ist eine interessengerechte Aufteilung der mit Übergang in die Marktwirtschaft erheblich gestiegenen Bodenwerte zwischen Nutzer und Grundstückseigentümer (unter Berücksichtigung von Erschließung und Bebauung der Grundstücke sowie deren Belastung durch die Nutzung)[759].

Das Wahlrecht, ob er einen Kaufvertrag oder einen Erbbaurechtsvertrag schließen will, hat der Nutzer durch schriftliche Erklärung gegenüber dem Grundstückseigentümer auszuüben (§§ 16 I 1, 15 I SachenRBerG)[760]. Nach einer solchen Erklärung kann der Grundstückseigentümer den Abschluß des vom Nutzer gewählten Vertrags verlangen (§§ 61 II Nr. 2, 32 S. 2 Alt. 1 SachenRBerG)[761]. Macht der Nutzer des Grundstücks von seinem Wahlrecht keinen Gebrauch, so kann ihn der Grundstückseigentümer zur Ausübung dieses Wahlrechts auffordern (§ 16 II SachenRBerG). Kommt der Nutzer dieser Aufforderung weder innerhalb einer fünfmonatigen Frist noch einer weiteren angemessenen Nachfrist nach, geht das Wahlrecht auf den Grundstückseigentümer über (§ 16 III SachenRBerG). Letzterer kann bestimmen, ob ein Erbbaurecht bestellt oder das Grundstück angekauft werden soll (§§ 32 S. 2 Alt. 2, 61 II Nr. 3 SachenRBerG). Seinen eigenen Hinzuerwerb des Gebäudes hingegen kann der Grundstückseigentümer (sofern nicht die Voraussetzungen des § 81 I SachenRBerG vorliegen) nur unter den folgenden Voraussetzungen erreichen: Zunächst muß der Grundstückeigentümer den Ankauf des Grundstücks durch den Nutzer wählen und anschließend den Abschluß des entsprechenden Kaufvertrages durchsetzen. Der Nutzer muß dann mit der Kaufpreiszahlung in Verzug geraten, und es muß erfolglos eine Frist i.S. von §§ 281, 323 gesetzt sein. § 80 S. 2 Nr. 2 SachenRBerG ermöglicht dann den Ankauf des Gebäudes. **345**

b) Einreden

Sämtliche Ansprüche der Beteiligten nach §§ 3, 32, 61 SachenRBerG sind gemäß § 28 SachenRBerG gehemmt, wenn für das Gebiet, in dem das Grundstück gelegen ist, ein Bodenneuordnungsverfahren nach dem Bodensonderungsgesetz (BoSoG)[762] eingeleitet worden ist, in dem über einen Ausgleich des Grundstückseigentümers für einen Rechts- **346**

[758] Veränderungen können sich nach §§ 46-48 SachenRBerG durch veränderte Verhältnisse, Nutzungsänderungen oder infolge einer Veräußerung des Erbbaurechts ergeben. Außerdem kann während der Eingangsphase vom Nutzer gemäß § 51 SachenRBerG eine Zinsermäßigung beansprucht werden.

[759] Begründung zum SachenRÄndG, BT-Drs. 12/5992, S. 68 ff. Eine Ausnahme von diesem Grundsatz besteht u.a., soweit es sich um Bebauungen im staatlichen und genossenschaftlichen Wohnungsbau handelt. Hier sieht das Gesetz lediglich einen pauschalen Abzug eines Drittels vom heutigen Bodenwert vor (§ 20 II SachenRBerG). Grund ist die Berücksichtigung der umfangreichen Erschließungs-, Vermessungs- und anderen Maßnahmen. – Kritik an dem Modell der Bodenwertaufteilung üben *Stürner*, JZ 1993, 1074 ff.; *Strobel*, NJW 1993, 2484, 2490; *Eickmann*, DNotZ 1996, 139, 145 f.; von einer Verfassungswidrigkeit gehen *Schulz/Schaeffer*, MDR 1993, 921 ff; *Degenhart*, DVBl., 1994, 553 aus.

[760] Die Ausübung des Wahlrechts ist für den Nutzer grundsätzlich verbindlich (§ 16 I 2 SachenRBerG). Ein nachträglicher Übergang von dem einmal gewählten Ankaufsrecht zum Erbbaurecht ist aber dann möglich, wenn entweder in den Erbbaurechtsvertrag eine Verpflichtung des Grundstückseigentümers aufgenommen wird, das Grundstück an den Erbbauberechtigten zu verkaufen, oder wenn der Grundstückseigentümer zustimmt (Bundesamt zur Regelung offener Vermögensfragen, DtZ 1995, 355 f.).

[761] Die Umkehr der Anspruchsberechtigung verfolgt den Zweck, einem Stillstand des Verfahrens entgegenzuwirken, der durch den Nutzer herbeigeführt werden könnte, wenn dieser sein Wahlrecht ausübt, dann aber kein Vertragsangebot vorlegt (Begründung zum SachenRÄndG, a.a.O., S. 70).

[762] Oben Rz. 306.

verlust entschieden wird, oder in einem Verfahren auf Zusammenführung des Grundstücks- und Gebäudeeigentums nach § 64 Landwirtschaftsanpassungsgesetz (LwAnpG)[763] Anordnungen zur Durchführung eines freiwilligen Landtausches oder eines Bodenordnungsverfahrens ergangen sind[764]. In letzterem Fall sind die Ansprüche dann verfolgbar, wenn das Verfahren ohne einen Landtausch oder eine bestandskräftige Entscheidung zur Feststellung und Neuordnung der Eigentumsverhältnisse beendet worden ist (§ 28 S. 2 SachenRBerG).

Der Grundstückseigentümer kann ferner den Verkauf oder die Erbbaurechtsbestellung ablehnen, wenn entweder das Nutzungsrecht nicht ausgeübt oder das Gebäude nicht genutzt wurde und mit einer Ausnutzung des Rechts oder Nutzung des Gebäudes durch den Nutzer nicht zu rechnen ist oder der Nutzer unredlich ist (§§ 29-31 SachenRBerG)[765].

c) *Verfahren*

347 Der durch das SachenRBerG begründete Kontrahierungszwang gibt nur die essentialia negotii des Geschäfts vor. Hinsichtlich der übrigen Vertragspunkte sind die Beteiligten in der Vertragsgestaltung frei. Um den Abschluß eines Kauf- oder Erbbaurechtsvertrags bzw. die Ablösung aus baulichen Investitionen begründeter Rechte zu erreichen, sieht das SachenRBerG ein notarielles Vermittlungsverfahren vor (§§ 88 ff. SachenRBerG)[766]. Dessen Ziel besteht darin, auf der Grundlage eines notariellen Vertragsentwurfs (Vermittlungsvorschlag, § 98 SachenRBerG) eine vertragliche Einigung herbeizuführen. Zu diesem Zweck unterbreitet der Notar dem Grundstückseigentümer und dem Nutzer Vorschläge zur Vertragsgestaltung (§ 93 III 1 SachenRBerG). Der Notar ist nicht an die von den Beteiligten geäußerten Vorstellungen über den Inhalt des abzuschließenden Vertrags gebunden (§ 93 III 2 SachenRBerG). Zur Sicherung der Ansprüche aus der Sachenrechtsbereinigung während des notariellen Vermittlungsverfahrens hat der Notar das Grundbuchamt um Eintragung eines Vermittlungsvermerks gemäß § 92 V SachenRBerG zu ersuchen[767]. Der Vermerk hat die Wirkung einer Vormerkung (§ 92 VI SachenRBerG).

[763] G. v. 3. 7. 1991, BGBl. I, S. 1418.

[764] Für das Verhältnis der Sachenrechtsbereinigung zum Investitionsvorrangverfahren gilt, daß durch den Investitonsvorrangbescheid kein Rechtsverlust im Sinne der Sachenrechtsbereinigung zulasten des Nutzers eintritt, weil der Nutzer gegenüber jedem Grundstückseigentümer anspruchsberechtigt bleibt, *Schnabel*, NJW 1999, 2465, 2468.

[765] Die Einreden der §§ 29 I, 30 I SachenRBerG können durch den Grundstückseigentümer auch als Gegeneinreden gegen das Überlassungsrecht des Nutzers im Prozeß auf Herausgabe des Grundstücks geltend gemacht werden (BGH WM 1997, 2040, 2041). Das Verfahren nach den §§ 87 ff., 103 ff. SachenRBerG geht einem Herausgabeverlangen des Eigentümers nicht vor. Bestehen die Einreden nach §§ 29 I, 30 I SachenRBerG, kommt die Durchführung eines Bereinigungsverfahrens nicht mehr in Betracht, und das Recht des Nutzers zum Besitz aus dem sog. Moratorium nach Art. 233 § 2a I 3 EGBGB entfällt (dazu oben Rz. 334).

[766] Das Verfahren ist nach § 87 I SachenRBerG Antragsverfahren. Antragsberechtigt ist entweder der Nutzer oder der Grundstückseigentümer, der den Abschluß eines Vertrags geltend machen kann (§ 87 II SachenRBerG). Auf das Verfahren finden die Vorschriften des FGG Anwendung, soweit nicht im SachenRBerG vorrangige Sonderregelungen bestehen (§ 89 I SachenRBerG). Örtlich und sachlich zuständig ist grundsätzlich der Notar, in dessen Bundesland das betroffene Grundstück belegen ist (§ 88 I 1 SachenRBerG). Den Beteiligten bleibt es jedoch unbenommen, durch Vereinbarung die Zuständigkeit eines beliebigen Notars in der Bundesrepublik zu begründen (§ 88 I 2 SachenRBerG).

[767] Die Eintragung des Vermittlungsvermerks hat in Abteilung II des Grundbuchs zu erfolgen, wobei nicht nur die Eröffnung des notariellen Vermittlungsverfahrens nach den §§ 87 ff. SachRBerG einzutragen ist, sondern auch derjenige, der als Berechtigter nach dem SachRBerG in Betracht kommt, OLG Brandenburg VIZ 1999, 740.

Bis zur Durchführung des notariellen Verfahrens ist eine zivilgerichtliche Klage unzulässig (§ 104 SachenRBerG). Für das gerichtliche Verfahren nach Scheitern des notariellen Verfahrens gilt gemäß § 103 I 1 SachenRBerG die ZPO. Der Klageantrag ist nach § 104 I 1 SachenRBerG zu richten auf Feststellung des Vertragsinhalts über die Pflicht zur Bestellung eines Erbbaurechts oder des Inhalts eines Ankaufsrechts nach Maßgabe der §§ 32, 61, 81, 82 SachenRBerG[768]. Das Urteil stellt die Rechte und Pflichten der Parteien fest und erzeugt die gleiche Verbindlichkeit wie ein Vertrag (§ 106 I, II SachenRBerG). Entgegen § 308 ZPO ist das Prozeßgericht nicht streng an den Antrag des Kl. gebunden, sondern kann auch vom Antrag abweichende Rechte feststellen (§ 106 I 1 SachenRBerG). 348

d) *Rechtsbehelfe für Nutzer und Grundstückseigentümer bei Schwierigkeiten, den Vertragsgegner zu ermitteln*

Treten Schwierigkeiten bei der Ermittlung des Grundstückseigentümers oder des Inhabers eines eingetragenen dinglichen Rechts (§ 17 I Nr. 1-5 SachenRBerG) auf, so erhält der Nutzer das Antragsrecht, für den Grundstückseigentümer oder den Inhaber eines eingetragenen dinglichen Rechts einen Pfleger zu bestellen (§ 17 I SachenRBerG). Für die Bestellung des Pflegers gelten die Vorschriften des BGB (§ 17 II SachenRBerG). Ist bereits nach den bisher schon in Kraft getretenen Vorschriften (§ 11 b I VermG oder Art. 233 § 2 III EGBGB) ein Vertreter bestellt, so nimmt dieser auch die Aufgaben des Pflegers wahr (§ 17 III 1 SachenRBerG)[769]. 349

Im Falle von Schwierigkeiten bei der Ermittlung des Nutzers gibt § 18 I SachenRBerG dem Eigentümer die Möglichkeit, im Wege des Aufgebotsverfahrens den Nutzer mit seinen Rechten auszuschließen und auf einen Wertersatzanspruch nach bereicherungsrechtlichen Grundsätzen zu verweisen (§ 18 IV 3 SachenRBerG). Das Aufgebotsverfahren ist nach den Vorschriften der §§ 983 - 986 ZPO einzuleiten und durchzuführen (§ 18 III SachenRBerG). Die Zulässigkeit setzt voraus, daß der Nutzer den Besitz verloren oder 10 Jahre nicht ausgeübt hat, bzw. daß für den Nutzer ein Recht am Grundstück oder selbständigen Gebäude eingetragen worden ist und 10 Jahre seit der letzten, sich auf das Recht des Nutzers beziehenden Eintragung verstrichen sind (§ 18 II SachenRBerG). 350

3. Alte Erbbaurechte

Bestehen gemäß § 5 II EGZGB unbefristete Erbbaurechte aus der Zeit vor dem 1.1.1976, werden diese nach § 112 SachenRBerG wieder in befristete Erbbaurechte umgewandelt[770]. Grundsätzlich werden damit die ursprünglichen Befristungszeitpunkte wiederhergestellt (einverständliche Verlängerung ist möglich)[771], wobei als frühester Zeitpunkt der Beendigung der Erbbaurechte der 31.12.1995 vorgesehen war (§ 112 I 1 SachenRBerG). Der Zeitpunkt verschiebt sich auf den 31.12.2005, wenn aufgrund des 351

[768] Die Erhebung der Feststellungsklage nach § 108 SachenRBerG dahingehend, ob überhaupt Rechte aus dem Gesetz geltend gemacht werden können, setzt die Einleitung des notariellen Vermittlungsverfahrens nicht voraus, BGH VIZ 1999, 40, BGH VIZ 1998, 575, 576.

[769] Der Rechtsbehelf des § 17 SachenRBerG steht in Konkurrenz zu sonstigen Rechtsbehelfen des Nutzers, z.B. nach dem Grundbuchbereinigungsgesetz (GBBerG) v. 20.12.1993 (BGBl. I., S. 2182), insbesondere § 6 GBBerG, und nach dem Grundbuchmaßnahmegesetz (GBMaßnG) v. 20.12.1963 (BGBl. I, S. 986; BGBl. III 315-11-6), vgl. *Herbig/Gaitzsch/Hügel/Weser*, SachenRBerG, 1994, S 68 f.

[770] Davon abweichend werden am 2.10.1990 noch bestehende Erbbaurechte, die an vormals volkseigenen Grundstücken bestellt wurden, verliehenen Nutzungsrechten gleichgestellt (§ 112 III SachenRBerG); zu den Konsequenzen BGH WM 1998, 1072 ff.

[771] Begründung zum SachenRÄndG, BT-Drs. 12/5992, S. 176.

Erbbaurechts ein Wohnhaus errichtet wurde, und der Eigentümer keine Gründe geltend machen kann, die i.S. des § 573 (§564b a.F.) Abs. 2 Nr. 2 und 3 BGB bei Mietwohnungen eine Eigenbedarfskündigung rechtfertigen würden (§ 112 I 2 SachenRBerG). Für den Erbauzins verbleibt es bei den Vereinbarungen im Erbbaurechtsvertrag[772].

352 Hat der Erbbauberechtigte im Vertrauen auf die durch § 5 II EGZGB geschaffene Rechtslage das Grundstück bebaut oder bauliche Maßnahmen nach § 12 SachenRBerG vorgenommen, so verlängert sich das Erbbaurecht gemäß den in § 53 II SachenRBerG bestimmten Maßstäben (§ 112 II 1 SachenRBerG). In diesem Fall hat der Grundstückseigentümer gemäß § 112 II 4 SachenRBerG gegen den Erbbauberechtigten einen Anspruch auf Anpassung des Erbbauzinses entsprechend den §§ 42, 45 bis 48, 51 SachenRBerG.

4. Miteigentumsanteile

353 Für Miteigentumsanteile, die nach § 459 ZGB zur Sicherung baulicher Investitionen auf vertraglich genutzten Grundstücken begründet wurden[773], gewährt das SachenRBerG einen Anspruch auf Berichtigung des Grundbuchs (§ 113 I SachenRBerG)[774]. Erfolgt binnen fünf Jahren nach Inkrafttreten des SachenRBerG keine Grundbuchberichtigung, sieht das Gesetz in § 114 SachenRBerG ein Aufgebotsverfahren vor. Im Fall der Auflösung der Miteigentümergemeinschaft ergibt sich unter den Voraussetzungen des § 115 SachenRBerG für den Miteigentümer ein Anspruch auf Ankauf der übrigen Miteigentumsanteile[775]. Das Ankaufverlangen ist gemäß § 771 ZPO gegenüber einer von den anderen Miteigentümern betriebenen Teilungsversteigerung (§ 180 ZVG) geltend zu machen[776].

5. Mitbenutzungen

354 Die in der ehemaligen DDR begründeten, nicht abgesicherten Mitbenutzungen fremder Grundstücke durch Leitungen, Wege usw. werden für denjenigen, der solche Erschlie-

772 *Vossius*, SachenRBerG, § 112 Rz. 8.

773 Vgl. o. Rz. 287.

774 Gegenüber demjenigen, der durch ein nach dem 31.12.2000 abgeschlossenes Rechtsgeschäft ein Grundstücksrecht erworben hat, kann der Berichtigungsanspruch nur dann geltend gemacht werden, wenn vor dem Antrag auf Eintragung des Erwerbers der Berichtigungsantrag gestellt oder ein Widerspruch eingetragen oder einzutragen beantragt war oder der Rechtserwerber Kenntnis vom Bestehen eines Miteigentumsanteils hatte (§ 113 III SachenRBerG in allerdings fehlerhafter Formulierung bezüglich der maßgeblichen Zeitpunkte).- Ist ein Rechtsstreit um die Eintragung des Miteigentumsanteils anhängig, so kann der Miteigentümer zur Sicherung seines Berichtigungsanspruchs einen Rechtshängigkeitsvermerk (§§ 265, 266, 325 ZPO) eintragen lassen (§ 113 III 2 SachenRBerG). Dieser hat die Wirkung eines Widerspruchs (§ 113 III 3 SachenRBerG). Voraussetzung ist nicht bestehendes Miteigentum, sondern der Streit um solches. In Betracht kommt nur die Verwehrung des Vermerks bei offensichtlicher Unbegründetheit oder Mißbräuchlichkeit (KG VIZ 1999, 618) – Verzichtet hat das SachenRBerG auf eine Korrektur der Miteigentumsanteile nach den Grundsätzen der Sachenrechtsbereinigung (vgl. dazu Begründung zum SachenRÄndG, a.a.O., S. 61 ff.), insbesondere dem Grundsatz, daß die Aufteilung der nach den heutigen Verkehrswerten zu bemessenden Bodenwerte im Verhältnis 50:50 zu erfolgen hat. Obwohl der seinerzeit begründete Miteigentumsanteil eines damaligen Investors am vertraglich genutzten Grundstück nach den heutigen Wertverhältnissen zwischen Bauwerk und Grundstück in der Regel zu groß sein wird, wird die Größe des Miteigentumsanteils als beim Beitritt vorgefunden hingenommen, vgl. Begründung zum SachenRÄndG, a.a.O., S. 65.

775 Für den Ankauf gelten die §§ 433 ff. BGB sowie die §§ 75, 76 SachenRBerG, vgl. *Vossius*, SachenRBerG, § 115 Rz. 8.

776 *Eickmann*, SachenRBerG, § 115 Rz. 7.

ßungs- Versorgungs- oder Entsorgungsleitungen oder -anlagen unterhält[777], durch Ansprüche auf Bestellung einer Grunddienstbarkeit abgesichert (§§ 116-119 SachenRBerG)[778]. Wie für die Bestellung von Erbbaurechten für Gebäude muß auch für die weitere Mitbenutzung in Zukunft ein Entgelt in Form einer Rente entrichtet werden. Diese bestimmt sich nach § 118 SachenRBerG entsprechend den allgemeinen Preisbemessungsgrundsätzen in Höhe der Hälfte der üblichen Sätze[779]. Wirkt die Mitbenutzung sich besonders störend aus, kann der Grundstückseigentümer einen Verzicht oder eine Verlegung verlangen, wenn diese möglich sind und keinen unverhältnismäßigen Aufwand verursachen (§ 117 I SachenRBerG).

Die Ansprüche auf Bestellung einer Dienstbarkeit gehen im Falle eines gutgläubig lastenfreien Erwerbs Dritter unter (§ 116 II 1 SachenRBerG). Letzterer wird verhindert, wenn nach §§ 116 II 2, 113 III 2 SachenRBerG eine Vormerkung oder ein Rechtshängigkeitsvermerk (§§ 265, 266, 325 ZPO)[780] eingetragen oder der Erwerber wegen Kenntnis der einen Anspruch auf Bestellung einer Dienstbarkeit begründenden Tatsachen nicht schutzwürdig ist (§§ 116 II 2, 113 III 1 Nr. 3 SachenRBerG).

E. Anwendbarkeit des deutschen Sachenrechts (internationales Sachenrecht)

I. Einordnung des Internationalen Privatrechts und die Regelung des Internationalen Sachenrechts

Das Internationale Privatrecht (IPR) bestimmt nach der Legaldefinition des Art. 3 I 1 EGBGB in Fällen mit Verbindung zum Recht eines ausländischen Staates, welche Rechtsordnungen anzuwenden sind[781]. Die Vorschriften über die konkreten Rechtsbeziehungen des Einzelfalls nennt Art. 3 I 2 EGBGB Sachvorschriften. Zusammengefaßt spricht man insoweit von Sachrecht[782] und demgegenüber vom Internationalen Privatrecht als Kollisionsrecht. Das Sachenrecht des BGB gehört zum Sachrecht, dem vorgela- **355**

[777] Auch wenn er sie nicht durch eigene Investitionen errichtet hat, BGH VIZ 2000, 366.

[778] Eine Sicherung der Erschließungs- und Versorgungsanlagen durch Erbbaurechte wurde als zu weitgehender Eingriff abgelehnt. Dem Grundstückseigentümer soll die Nutzung belassen bleiben (vgl. Begründung zum SachenRÄndG, BT-Drs. 12/5992, S. 92).– Vorrangig vor der Bestellung einer Dienstbarkeit nach § 116 SachRBerG ist die Möglichkeit der Bestellung einer Dienstbarkeit nach Art. 233 § 5 EGBGB (vgl. o. Rz 59), BGH VIZ 2000, 366.

[779] Keinen Anspruch auf Entgeltzahlung hat der Eigentümer, wenn es sich um ein nach dem 2. 10. 1990 entstandenes und nicht erloschenes Mitbenutzungsrecht handelt oder wenn mit Einverständnis des Eigentümers eine unentgeltliche Mitbenutzung begründet wurde (§ 118 II SachenRBerG).

[780] Bei einem Rechtsstreit um die Eintragung der Dienstbarkeit hat das Grundbuchamt auf Ersuchen des Prozeßgerichts einen Rechtshängigkeitsvermerk einzutragen (§§ 116 II 2, 113 III 2 SachenRBerG).

[781] Die Internationalität des IPR besteht darin, daß es Kollisionen zwischen verschiedenen nationalen Rechtsordnungen entscheidet, *Kegel/Schurig*, § 1 VII 1 a. Ob deutsche Gerichte über Rechtsstreitigkeiten mit Auslandsbezug zu judizieren haben, beantwortet sich nach den Regeln der internationalen Zuständigkeit. Diese kann sich aus völkerrechtlichen Abkommen (*Thomas/Putzo*, ZPO, vor § 1 Anm. II 4) oder mittelbar aus §§ 12 ff. ZPO ergeben. Die deutschen Gerichte haben, wenn sie zuständig sind, nach dem deutschen internationalen Privatrecht das maßgebliche Sachrecht festzustellen und anzuwenden.

[782] Im folgenden ist Sachrecht und Sachenrecht auseinanderzuhalten.

gert ist das internationale Sachenrecht (ISR), das zum Internationalen Privatrecht als Kollisionsrecht gehört.

356 Die Rechtsquellen des IPR sind Art. 3–46 EGBGB, Staatsverträge, Europäisches Recht und Gewohnheitsrecht. Das ISR, das bisher gewohnheitsrechtlich normiert war, ist durch Gesetz vom 21.5.1999[783] in den Artt. 43-46 EGBGB positiviert worden. Der in Art. 3 II EGBGB bestimmte Vorrang völkerrechtlicher Vereinbarungen über IPR ist, was das ISR betrifft, mangels Vereinbarungen in diesem Bereich bisher ohne Bedeutung[784]. Die Feststellung des Art. 3 II 2 EGBGB, daß die Regelungen in Rechtsakten der Europäischen Gemeinschaften unberührt bleiben, ist lediglich eine Erinnerung des Gesetzgebers an den Anwendungsvorrang des europäischen Rechts. Einzelne Regelungen des IPR und ihre Anwendung müssen mit jenen Regelungen vereinbar sein. Auch in dieser Hinsicht sind Auswirkungen für das ISR derzeit nicht erkennbar. Pläne zur Vereinheitlichung des ISR innerhalb der EU bestehen vorerst nicht[785]. Allerdings ist für das Sachenrecht mittelbar, nämlich hinsichtlich der internationalen Zuständigkeit und Vollstreckung, bedeutsam Art. 16 Nr. 1 des EuGVÜ[786]. Er lautet:

„Ohne Rücksicht auf den Wohnsitz sind ausschließlich zuständig: 1. für Klagen, die dingliche Rechte an unbeweglichen Sachen sowie Miete oder Pacht von unbeweglichen Sachen zum Gegenstand haben, die Gerichte des Vertragsstaates, in dem die unbewegliche Sache gelegen ist.“

II. Lösungsschritte bei international-privatrechtlichen Fällen

357 Das IPR verweist je nach Rechtsgebiet, z. B. für Schuldrecht, Sachenrecht, Erbrecht, auf die Rechtsordnungen, die jeweils maßgeblich sein sollen. Dafür muß ermittelt werden, welcher Inbegriff von Rechtssätzen für den Sachverhalt und die in diesem zu entscheidende Rechtsfrage einschlägig ist. Dabei orientiert sich der Anwender zunächst am eigenen Recht, bezieht aber die rechtsvergleichende Betrachtung ein, mit Blick insbesondere schon auf das möglicherweise schließlich anzuwendende Recht. Der so gefundene Inbegriff ist unter denjenigen Systembegriff in den Tatbeständen der maßgeblichen Kollisionsnormen[787] zu subsumieren, der dem Begriffskern des betreffenden Rechtssatzinbegriffs entspricht. Dieses Vorgehen nennt man Qualifikation.

358 Ist etwa nach Folgen einer Grundstücksübereignung gefragt, ist die einschlägige Rechtssatzgruppe über Grundstücksübereignungen unter die Systembegriffe dingliche

[783] BGBl. I, S. 1026. Dem Gesetz liegt ein Referentenentwurf des Bundesministeriums aus dem Jahre 1984 zugrunde (abgedruckt bei *Kegel*, IPR, 6. Aufl., § 20 VII; s. *v. Bar*, IPR II, Rz. 747; *Kropholler*, IPR, Anhang), der bzgl. des Internationalen Sachenrechts von den Vorschlägen des Deutschen Rats für Internationales Privatrecht von 1972 ausgegangen ist (abgedruckt bei *Lauterbach*, Vorschläge und Gutachten zur Reform des deutschen Internationalen Personen- und Sachenrechts, 1972). Die Fassung des Referentenentwurfs wurde am 1.12.1993 überarbeitet (Abdruck bei *Kropholler*, IPR, 1997, S. 575-577), die Neufassung wurde als Regierungsentwurf vom 4.9.1998 (BR-Drs. 759/98, BT-Drs. 14/343 v. 1.2.1999) in das Gesetzgebungsverfahren eingebracht (dazu *Wagner*, IPRax 1998, 429 ff.). Der Entwurf des ISR ist in Artt. 43-46 EGBGB ohne Änderung als Gesetz beschlossen worden.

[784] Es gibt aber Probleme und Vorhaben eines sachenrechtlichen Konventionskollisionsrechts, Übersicht bei *v. Bar*, IPR II, Rz. 749.

[785] BT-Drs. 14/343 S. 6.

[786] Brüsseler EWG-Übereinkommen über die gerichtliche Zuständigkeit und die Vollstreckung gerichtlicher Entscheidungen in Zivil- und Handelssachen vom 27. 9. 1968, BGBl. 1972 II, S. 774; abgedruckt u.a. bei *Thomas/Putzo*, ZPO.

[787] D.h. bei Anwendung durch ein Gericht: der Kollisionsnormen des Gerichts- bzw. Forumstaates, der lex fori.

Rechte oder Sachenrecht einzuordnen und dafür die anwendbare Kollisionsnorm auszuwählen[788].

Ist die anzuwendende Kollisionsnorm gefunden, so enthält diese ein Anknüpfungs- **359** moment wie Staatsangehörigkeit, Parteiwille oder Belegenheit der Sache. Durch dieses wird das anzuwendende Recht bestimmt: Es ist diejenige Rechtsordnung berufen, auf deren persönlichen oder räumlichen Bereich das Anknüpfungsmoment verweist. Ist das Anknüpfungsmoment die Belegenheit der Sache (= lex rei sitae), so ist grundsätzlich die Rechtsordnung desjenigen Staates berufen, auf dessen Gebiet sich die Sache befindet. Das ist aber zunächst das IPR jenes Staates. Verweist dieses auf das inländische Recht zurück (renvoi) gilt das inländische Recht. Sodann kann der Anwendung des ausländischen Rechts der ordre public entgegenstehen.

Die Berufung einer Rechtsordnung ist in zweifacher Weise möglich: zum einen als Ge- **360** samtrechtsverweisung, dann ist die Gesamtheit aller Normen dieser Rechtsordnung berufen, d.h. auch die Kollisionsnormen dieser Rechtsordnung. Da diese über die weitere Anwendung entscheiden, bedeutet Gesamtrechtsverweisung in Wirklichkeit die Verweisung auf das IPR jener Rechtsordnung. Oder es handelt sich um eine bloße Sachrechtsverweisung. Dann gilt Art. 3 I 2 EGBGB: „Verweisungen auf Sachvorschriften beziehen sich auf die Rechtsnormen der maßgebenden Rechtsordnung unter Ausschluß derjenigen des Internationalen Privatrechts".

Wird durch die deutsche Kollisionsnorm auf deutsches Recht verwiesen, so ist dies **361** zwangsläufig eine Verweisung auf deutsches Sachrecht und also die Rechtsfrage nach deutschem Sachrecht, d.h. nach den Bestimmungen des deutschen Zivilrechts ohne IPR[789], zu lösen. Beruft das IPR fremdes Recht, ist nach dem IPR dieser Rechtsordnung zu prüfen, wie diese auf die Verweisung reagiert (Art. 4 I 1 EGBGB). Entsprechen sich fremdes und deutsches IPR, ist das fremde materielle Recht anzuwenden. Verweist das fremde IPR auf deutsches Recht (Rückverweisung; renvoi), ist nach Art. 4 I 2 EGBGB deutsches Sachrecht berufen.

Bei einer Weiterverweisung auf eine dritte Rechtsordnung ist zu unterscheiden, ob die- **362** se wiederum eine Gesamtrechtsverweisung auf das fremde Recht oder eine Verweisung auf das fremde Sachrecht ist. Im ersten Fall kann das fremde IPR eine Rück- oder eine erneute Weiterverweisung ergeben[790].

Ist das anwendbare Sachrecht bestimmt, dann kann die Lösung des Falls nach diesem **363** Recht Schranken unterliegen. Die Rechtsgestaltung des Einzelfalls kann durch Erreichung jenes Sachrechts das Verbot der Gesetzesumgehung verletzen[791]. Weiter kann das Ergebnis den ordre public verletzen (Art. 6 EGBGB). Schließlich kommt in Betracht, daß für das Vermögen einer Person ein Gesamtstatut bezogen ist, für einzelne Gegenstände des Vermögens aber, weil sie sich außerhalb des Staates des Gesamtstatuts befinden, ein Sonderstatut vorrangig ist (Art. 3 III EGBGB)[792].

Das berufene Sachrecht kann sodann im anzuwendenden Tatbestand bestimmte **364** Rechtsbegriffe (z.B. Vaterschaft, Abstammung, Geschäftsfähigkeit) enthalten, die ihrerseits erst mit konkreten Inhalten gefüllt werden müssen und für die es eigenständige Kollisionsnormen gibt (= Vorfragen). Zwei Lösungen kommen in Betracht: Entweder ist

788 Vgl. *Kegel/Schurig*; IPR, § 7, S. 276 ff.

789 Allerdings unter Einschluß des interlokalen Rechts (d.h. des Rechts, welches bei Geltung unterschiedlicher Rechtsnormen in verschiedenen Teilen des Staatsgebiets über das anwendbare lokale Recht entscheidet).

790 Dazu und zum Abbruch der Verweisungsketten wie nach Art. 4 I 2 EGBGB Palandt/*Heldrich* Art. 4 EGBGB Rz. 3.

791 Zum Verbot der Gesetzesumgehung insbesondere im IPR *Schurig*, FS Ferid (1988), 375 ff.

792 Vgl. *Ferid*, IPR, § 3 – 1 und 133 ff.; *Firsching*, Einführung in das IPR, 1987, § 10.

für die Rechtsbegriffe eine neue IPR-Prüfung im deutschen IPR durchzuführen und so das für die Vorfrage anwendbare Recht zu ermitteln (das Verfahren der selbständigen Anknüpfung) oder das für die Vorfrage maßgebliche Recht ist dem IPR des Hauptstatuts, also des für die Hauptfrage bereits ermittelten anwendbaren Rechts zu entnehmen (unselbständige oder abhängige Anknüpfung). Der h.M. entspricht die selbständige Anknüpfung[793].

III. Das Internationale Sachenrecht

1. Qualifikation als Sachenrecht und Anknüpfung für das Sachenrecht

365 Nach Art. 43 I EGBGB unterliegen Rechte an einer Sache dem Recht des Staates, in dem sich die Sache befindet (lex rei sitae). Man spricht von der Situsregel. Nach Abs. 2 dürfen die einmal begründeten Rechte dann, wenn die Sache in einen anderen Staat gelangt, nicht im Widerspruch zu dessen Rechtsordnung ausgeübt werden. Mit der bloßen Ausübungsschranke wird vorausgesetzt, daß die Rechte trotz der Änderung der Belegenheit bestehen bleiben.

366 Zu den Regelungen, die für die sog. Situsregel als Sachenrecht zu qualifizieren sind, gehören eindeutig die Bestimmungen über die Abgrenzung, Publizierung, Übertragung und Aufhebung von Rechten an Sachen. Fraglich ist aber, wie Institute anderer Rechtsordnungen, die unserer Rechtsordnung fremd sind, wie z.B. der englische Trust[794], einzuordnen sind. Zweifel an der Einordnung sind sodann insoweit begründet, als im Sachenrecht geregelte schuldrechtliche Ansprüche, wie die aus §§ 987 ff. BGB, qualifiziert werden müssen. Weiter ist möglich, daß dieselbe Rechtsfrage von verschiedenen Rechtsordnungen unterschiedlich systematisiert wird[795]. Schließlich ist denkbar, daß sich die Rechtsbegriffe des IPR und des materiellen Rechts oder die Zuordnung in beiden Gebieten nicht völlig decken[796]. Etwa kann dieselbe Rechtsfrage hier zum Verfahrensrecht, dort zum materiellen Recht gerechnet werden[797].

367 Nach welchen Grundsätzen zu qualifizieren ist, ist streitig[798]. Nach heute h.M. sind der Qualifikation, unabhängig von der Bedeutung eines Rechtsbegriffes im nationalen Sachrecht, die Systembegriffe des IPR der lex fori zugrundezulegen. Dabei sind die Systembegriffe des IPR so zu verstehen, daß sie diejenigen materiell-rechtlichen Begriffe verschiedener Rechtsordnungen umfassen, deren funktionelle Bedeutungen einander entsprechen[799]. Der Ausgangspunkt in der Auslegung des IPR, aber eben nur dieser, sind allerdings die materiell-rechtlichen Begriffe der lex fori als Begriffskern[800]. Die nicht zum engeren Begriffskern gehörenden Bereiche der eigenen oder fremden Rechtsordnung sind

793 Zum Problem *Schurig*, FS Kegel (1987), 549 ff. *Schurig* entscheidet sich – unter Vorbehalt von Ausnahmen zur Vermeidung möglicher Systemwidrigkeiten – für die selbständige Anknüpfung.

794 Vgl. Staudinger/*Stoll* ISR Rz. 108. Hier ist auf das (von der Bundesrepublik nicht ratifizierte) Haager Abkommen vom 1. 7. 1985 über das auf trusts anzuwendende Recht hinzuweisen (in Kraft nur seit 1.1.1992 für Australien, Italien, das Vereinigte Königreich und seit 1.1.1993 für Kanada); Text u.a. in IPRax 1987, 55; zur Kritik dieses Abkommens und zur Problematik des Konventionskollisionsrechts im Sachenrecht allgemein *v. Bar*, IPR II, Rz. 749.

795 Vgl. RGZ 7, 21; *Ferid*, IPR, 1986, § 4 -2 ff. für Verjährung.

796 *Kegel/Schurig*, IPR, § 7 II 3, S. 510 ff.

797 Beispiel für das deutsche Recht: Aufgebot als materielle Ehevoraussetzung nach deutschem Sachrecht, aber als formelle Voraussetzung nach deutschem IPR.

798 Dazu *Kegel/Schurig*, IPR, § 7 III, S. 286 ff. m.w.N.

799 BGH NJW 1967, 1177.

800 *Kegel/Schurig*, IPR, § 7 III 2 a, S. 287 ff.

sodann unter Berücksichtigung der Ziele des IPR – Parteiinteressen, Verkehrsinteressen, Ordnungsinteressen, Staatsinteressen[801] – den einzelnen Kollisionsnormen zuzuordnen[802].

Für die Qualifikation als Sachenrecht im Sinne des Art. 43 I EGBGB bedeutet dies: **368** Die oben genannten Regeln über absolute Rechte an Sachen, d.h. über die Eigenschaften, Entstehung, Inhalt, Übertragung und Erlöschen dieser Rechte, werden vom Begriffskern der lex fori erfaßt und sind damit auch internationalprivatrechtlich als Sachenrecht zu qualifizieren.

Hinzu kommen grundsätzlich, weil mit diesem Begriffskern untrennbar verbunden, **369** die dinglichen Ansprüche, d.h. die Ansprüche, die zwar gegen eine Person entstehen, aber nur auf die Realisierung der absoluten Rechtsposition an einer Sache gerichtet sind, wie die Ansprüche aus §§ 985, 1004 BGB[803]. Dies war aber schon in der Vergangenheit nicht geklärt für nachbarrechtliche Ansprüche aufgrund von grenzüberschreitenden Immissionen. Zum Teil ordnete man die Ansprüche dem internationalen Deliktsrecht zu[804]. Dieses gewährte dem Geschädigten in der Alternative zwischen der Rechtsordnung am Ort der Störungshandlung und derjenigen am Erfolgsort die jeweils günstigere Rechtsstellung[805]. Dieser Schutz erschien angemessen und notwendig angesichts dessen, daß es nachbarrechtliche Regelungen nicht in allen Rechtsordnungen gibt[806], und weiter angesichts des wachsenden Schutzbedürfnisses gegenüber Umweltbelastungen[807].

Der Streit wurde jetzt durch den neu eingeführten Art. 44 EGBGB zugunsten der Zu- **370** ordnung zum Deliktsrecht entschieden. Auf nachbarrechtliche Ansprüche hinsichtlich grenzüberschreitender Immissionen ist das Deliktsstatut (Art. 40 I EGBGB) entsprechend anwendbar. Maßgeblich ist danach das Recht des Handlungs- oder nach Wahl des Verletzten das des Erfolgsorts[808].

801 *Kegel/Schurig*, IPR, § 2, S. 112 ff.

802 *Kegel/Schurig*, IPR, § 7 III 3 b, S. 296 ff.; *Firsching*, Einführung in das IPR, 1987 § 7 1 e.

803 Ihre Qualifikation als Sachenrecht ist allgemeine Meinung; vgl. MünchKomm/*Kreuzer* Art. 12 EGBGB Anh. I Rz. 31 m.w.N.

804 *Kegel*, IPR, 7. Aufl., § 19 II, S. 571 ff. a.E.; MünchKomm/*Kreuzer* Art. 38 EGBGB Rz. 260 f., n. Art. 38 EGBGB Anh. I Rz. 41; Staudinger/*Stoll* ISR Rz. 235, einschränkend *Stoll*, RabelsZ 37 (1973), 357, 374 ff. Für die Zuordnung zum Internationalen Sachenrecht dagegen *Roßbach*, NJW 1988, 590, 592; BGH DBVl 1979, 226 ff.; *Küpers*, ZRP 1976, 260 ff.; LG Traunstein und OLG München IPRspr. 76 Nr. 29 a, b.

805 *Kegel*, IPR, 7. Aufl., § 18; *Ferid*, IPR, 1986, § 6 – 1 und 141 ff.

806 *Stoll*, RabelsZ 37 (1973), 357, 374; MünchKomm/*Kreuzer* Art. 38 EGBGB Rz. 260.

807 MünchKomm/*Kreuzer* n. Art. 38 EGBGB Anh. I Rz. 42.

808 Damit sind die Probleme aber nicht aus der Welt. Nach alter Version kam man, wenn man die Situsregel anwandte, in das Problem, daß wegen der Beteiligung zweier Grundstücke aus zwei verschiedenen Rechtsordnungen nicht klar war, welche Rechtsordnung welcher der beiden belegenen Sachen maßgeblich sein sollte (dazu die Voraufl. Rz. 306 ff.). Auch nach der Zuordnung zum Deliktsrecht bleibt das Problem, daß die Emission, die nach der Rechtsordnung des emittierenden Grundstücks rechtmäßig ist, nach dem Recht des Erfolgsorts (Immissionsgrundstück) nicht ohne weiteres rechtswidrig sein kann, nur weil der Betroffene die Anwendung dieses Rechts verlangt (Artt. 44, 40 I 2 EGBGB). Mit Recht kritisch *Schurig*, FS Stoll (2001), S. 577, 578. Nach *Picker*, FS Bydlinski (2001), S. 268 ff., 304 ff. vermengt die Verweisung auf das Deliktsstatut unzulässig Deliktsanspruch und actio negatoria. Die sachliche Unrichtigkeit liegt freilich nicht in der Verweisung begründet, sondern in der für das Deliktsstatut aufgestellten Wahlmöglichkeit zwischen Handlungs- und Erfolgsort (Art. 40 I 1, 2; so auch *Picker* a.a.O. S. 304 Fn. 167). Für die Widerrechtlichkeit einer Einwirkung auf ein Grundstück kommt es auf den Inhalt des betroffenen Eigentums an. Dieser richtet sich allerdings nicht nur nach der Regelung dieses Eigentums, sondern auch nach der Regelung des Eigentums benachbarter Grundstücke: Wird dieses beschränkt, so bedeutet diese Beschränkung zugleich eine Erweiterung des Raumes jenes Eigentums. Folglich ist zwar vom Eigentum des betroffenen Grundstücks auszugehen, die Regelung des Eigentums des emittierenden Grund-

371 Die Qualifikation von schuldrechtlichen Nutzungsherausgabe-, Schadensersatz- und Verwendungsersatzansprüchen, die an das Haben einer fremden Sache anknüpfen, werden entgegen einer insbesondere früher vertretenen Meinung, die sie dem Schuldstatut unterstellt hat[809], heute wegen des engen Zusammenhangs der Ansprüche mit dem Inhalt dinglicher Rechte dem Sachenrecht zugeordnet[810]. Im Ergebnis werden sich beide Auffassungen häufig decken, da Schuld- und Sachstatut bei Verwendungen auf Gegenstände dinglicher Rechte und bei Verletzungen von dinglichen Rechten gewöhnlich zusammenfallen[811].

372 Für Eigentumsfortwirkungsansprüche wie die Eingriffskondiktionen aus §§ 812, 816 BGB gilt entsprechendes: Die ganzheitliche Betrachtungsweise unterstellt sie von vornherein dem Sachstatut[812]. Die Gegenauffassung kommt über das Schuldstatut ebenfalls dazu, wenn die Bereicherung allein auf sachenrechtlichen Tatbeständen beruht[813].

373 Demgegenüber gehören deliktische Ansprüche wegen Verletzung dinglicher Rechte zum internationalen Deliktsrecht[814]. Dessen Hauptanknüpfung in Art. 40 I 1 EGBGB[815] stellt auf den Ort der deliktischen Handlung ab (Recht des Handlungsortes). Der Verletzte kann jedoch zu Anfang des Verfahrens das Recht des Erfolgsorts wählen (Art. 40 I 2, 3 EGBGB).

374 Ein einem dinglichen Rechtsgeschäft zugrundeliegendes Kausalverhältnis oder ein mit dinglichen Rechten verbundenes Schuldverhältnis (z.B. die Forderungsbeziehung bei akzessorischen Rechten oder Zurückbehaltungsrechten) richtet sich allein nach dem Schuldstatut.

375 Bei fremden Rechtsgebilden ist im Einzelfall zu prüfen, ob eine dingliche Zuordnung im Vordergrund steht, oder ob die in ihnen zusammengefaßten Rechtsbeziehungen eher schuldrechtlicher Natur sind. So hängt es beispielsweise vom Grad der dinglichen Ausprägung ab, ob „Miete und Pacht" dem Sachenrecht (vgl. das engl. lease) oder dem Schuldrecht zuzuordnen sind[816] (trotz „Verdinglichung" nach § 571 a.F., 566 BGB n.F. liegt der Schwerpunkt der deutschen Miete im Schuldrecht).

stücks aber mit heranzuziehen. Eine Einwirkung, die nach dem Recht des betroffenen Grundstücks keine Verletzung des Eigentums ist, kann dennoch widerrechtlich sein, weil sie nach der Regelung des emittierenden Grundstücks um der Nachbarn willen widerrechtlich ist. Und die für das emittierende Grundstück aufgestellte Norm, die die Emission rechtswidrig macht, wenn die Emission ein Nachbargrundstück im Anwendungsbereich der für das emittierende Grundstück maßgeblichen Rechtsordnung betreffen würde, kann nicht denjenigen Nachbarn schutzlos lassen, der sein Grundstück außerhalb des Geltungsbereichs der Rechtsordnung liegen hat. Das muß für actio negatoria und Deliktsansprüche gleichermaßen gelten. Von einem Wahlrecht kann freilich keine Rede sein.

809 *Frankenstein*, IPR, Bd. 2, 1929, S. 30 ff., *Zitelmann*, IPR Bd. 2, 1912, S. 235 ff., 364 f.

810 Zum Verhältnis zwischen Miteigentümern sowie zum Eigentümer-Besitzer-Verhältnis BGH NJW 1998, 1321 = IPRax 99, 45 mit Aufsatz *Stoll* S. 29-31. Sodann *Kreuzer* a.a.O.; *Ferid*, IPR, 1986, § 6-204; *Kegel/Schurig*, IPR, § 19 II, S. 663.

811 Staudinger/*Stoll* ISR Rz. 362.

812 *Kreuzer*, a.a.O.

813 *Lüderitz*, IPR, 2. Aufl. 1992, Rz. 313; Staudinger/*Stoll* ISR Rz. 150; unklar BGH NJW 1960, 774, 775.

814 Allgemeine Meinung, *Kegel/Schurig*, IPR, § 18 IV 1 a, S. 624 ff.

815 Eingeführt durch das Gesetz zum internationalen Privatrecht für außervertragliche Schuldverhältnisse und für Sachen vom 21.5.1999, vgl. Fn. 783. Zur Kritik soeben Fn. 808 und – allgemeiner – *Schurig*, Gedschrift Lüderitz, 2000, 699 ff.

816 Vgl. Staudinger/*Stoll* ISR Rz. 165; *Magnus*, RabelsZ 38 (1974), 440 ff. für Zurückbehaltungsrechte; Staudinger/*Stoll* ISR Rz. 108 für trust.

Für das Sachenrecht wird am Ort der belegenen Sache angeknüpft (lex rei sitae). Die Kollisionsnorm galt bisher als Gewohnheitsrecht[817]. Sie schwingt in Art. 3 III EGBGB mit und wird in Art. 11 V, 12 S. 2 Alt. 2 EGBGB vorausgesetzt. Durch das Gesetz zum IPR für außervertragliche Schuldverhältnisse und für Sachen[818] wurde sie im neu eingeführten Art. 43 I EGBGB bestätigt. **376**

Während die Situsregel für Grundstücke seit jeher und überall anerkannt ist, war ihre Geltung für bewegliche Sachen bis ins 19. Jahrhundert umstritten. Man knüpfte überwiegend an das Heimatrecht des Berechtigten an (mobilia sequuntur personam). Folgende Gründe führten jedoch auch hier zur Geltung der Situsregel: Die Berufung der lex rei sitae erkennt die Rechtssouveränität des Ortsrechts über in seinem Geltungsbereich befindliche Sachen an. Das Sachenrecht regelt die gegenüber jedermann wirkende Güterzuordnung. Daher ist es in besonderem Maße dem Verkehrsinteresse verpflichtet. Die Situsregel wird dem gerecht, da sich ihr zufolge alle sachenrechtlichen Beziehungen innerhalb des Geltungsbereiches einer Rechtsordnung nach denselben Normen richten.

Die Neuregelung des internationalen Sachenrechts relativiert die Situsregel (und die auf Art. 43 I EGBGB folgenden Regeln) durch Art. 46 EGBGB. Bei einer wesentlich engeren Verbindung zu einem anderen Staat soll das Recht dieses Staates anzuwenden sein. Das ist ein Vorbehalt der kollisionsrechtlichen Interessenabwägung durch die Gerichte. Die Artt. 43 ff. EGBGB gelten grundsätzlich, bei zwingenden Gründen aus der Interessenlage soll anders entschieden werden dürfen[819]. **377**

Obwohl die dinglichen Rechtsgeschäfte ohne weiteres dem an dem Ort der belegenen Sache anzuknüpfenden Sachenrecht zuzuordnen sind, können sich für die Wirksamkeit dieser Geschäfte Vorfragen stellen. Wenn es für diese eigene Kollisionsnormen gibt, wird das für sie geltende Recht selbständig angeknüpft[820]. **378**

Beispiele sind die Fragen der Rechts- und Geschäftsfähigkeit (Art. 7, 12 EGBGB), der gesetzlichen Vertretung (Art. 19 II, 20 II EGBGB) sowie der Vollmacht, für die das Vollmachtsstatut gilt[821]. Demgegenüber folgen Formfragen gemäß Art. 11 V EGBGB dem Sachstatut. Aus praktischen Gründen untersteht auch die Frage der Vollmacht für Verfügungen über Grundstücksrechte dem Sachstatut (lex rei sitae)[822].

2. Grundsätze der Anwendung des Sachenrechts der lex rei sitae

a) Ort der Erfüllung der Tatbestandsmerkmale der lex rei sitae

Nach dem maßgeblichen Belegenheitsrecht sind die Tatbestandsmerkmale zur Veränderung der dinglichen Rechtslage unabhängig davon erfüllt, ob das die Merkmale erfüllende Geschehen im Geltungsbereich der eigenen oder einer anderen Rechtsordnung eingetreten ist. **379**

Beispiel: Ein in Frankreich befindliches Auto wird nach französischem Recht durch den Abschluß eines Kaufvertrages übereignet. Für den Kaufvertrag reicht ein in Deutschland geschlossener Vertrag aus.

817 Staudinger/*Stoll* ISR Rz. 123 m.w.N.

818 Oben Fn. 783.

819 *Schurig*, FS Stoll (2001), S. 579, bezeichnet die gesetzliche Regelung des internationalen Sachenrechts im Hinblick darauf, daß Artt. 43 ff. gegenüber dem bisher gewohnheitsrechtlich Angenommenen nichts Neues bringen und in Art. 46 die schon bisher geübte Entscheidungsfindung aus der kollisionsrechtlichen Interessenlage ausdrücklich fortbestehen lassen, als Ausschmückung des Gesetzes mit „dekorativen“ Normen.

820 S. o. Rz. 364.

821 *Lüderitz*, a.a.O., Rz. 292 ff.

822 So schon RGZ 149, 93. *Kegel/Schurig*, IPR, § 17 V, S. 544 führen das Ordnungsinteresse der Durchsetzbarkeit der Entscheidung (hier über das von der Frage abhängige Geschäft) an.

380 Schwierigkeiten treten auf, wenn das maßgebliche Sachrecht einen Instituts- oder Systembegriff verwendet, wie Ehe, Eigentum und dgl., und die Institution am Ort der anderen Rechtsordnung von dieser Rechtsordnung unterschiedlich geprägt ist. Das maßgebliche Sachrecht bezieht sich insoweit zunächst einmal auf seine eigenen Systembegriffe. Das Problem ist, ob es sich durch Auslegung Inhaltsbestimmungen des fremden Rechts öffnen kann (Problem der Substitution). Dies ist ausgeschlossen, wenn es nach dem Zweck der Norm gerade auf die dem eigenen Sachrecht unterliegende Institution ankommt.

Beispiele: Die Ordnungsfunktion des § 925 BGB verlangt, daß Notar i.S. dieser Vorschrift ein deutscher Notar ist[823]. – Wenn das als Erbstatut berufene ausländische Recht einem Vermächtnis beim Erbfall unmittelbar dingliche Wirkung beilegt (Vindikationslegat), kann ein Vermächtnis, wenn es sich auf ein in Deutschland belegenes Grundstück bezieht, dennoch nur einen schuldrechtlichen Anspruch begründen (Damnationslegat). Die Frage der Begründung eines dinglichen Rechts an einem Grundstück beurteilt sich nach der lex rei sitae und das bedeutet für das in Deutschland belegene Grundstück nach deutschem Sachenrecht. Das deutsche Recht läßt aber einen unmittelbar mit dem Tod des Erblassers eintretenden Erwerb des Eigentums an einem vermachten Grundstück nicht zu. Das Vindikationslegat an einem deutschen Grundstück ist als Damnationslegat gem. § 2174 BGB zu behandeln, das Vermächtnis kann nur durch Übertragung des vermachten Vermögensstücks erfüllt werden[824].

b) Statutenwechsel bei Belegenheitsänderung

381 Wird eine Sache vom Geltungsbereich einer Rechtsordnung in den einer anderen verbracht, so hat dies nach dem Belegenheitsgrundsatz eine Änderung des Sachstatuts, einen sogenannten Statutenwechsel, zur Folge. Nach Art. 43 II EGBGB werden Rechtspositionen, die unter dem früheren Sachstatut entstanden sind, im neuen Belegenheitsstaat nicht berührt, nur "können diese Rechte nicht im Widerspruch zu der Rechtsordnung dieses Staats ausgeübt werden". Die Einschränkung ist nicht zutreffend formuliert. Es geht nicht um eine bloße Ausübungsschranke, vielmehr werden die Rechte an der Sache vollständig in die neue Rechtsordnung integriert, sie behalten unter der neuen Rechtsordnung nur den Gehalt, den sie unter der früheren hatten[825]. Der Inhalt von Rechten und Pflichten aus dem in der früheren Rechtsordnung erworbenen Recht[826] und die Möglichkeit eines Untergangs durch gutgläubigen Erwerb richten sich ganz nach der lex rei sitae[827].

382 Geht es um Rechte, die der Rechtsordnung des Gebietes, in die die Sache gekommen ist, als solche unbekannt sind, können sie dennoch bestehen bleiben, wenn sie mit der Anerkennung von verwandten Rechten durch diese Rechtsordnung vereinbar sind. Nur wenn ein Institut der neuen Rechtsordnung so fremd ist, daß es mit der Ordnung der dinglichen Rechte in dieser Rechtsordnung in Widerspruch steht, muß es mit Statutenwechsel erlöschen[828] oder, nämlich für den Fall, daß das Gut später in den Geltungsbe-

823 *Ferid*, IPR, 1986 § 7-39 ff.

824 BGH NJW 1995, 58 ff.

825 Sog. Transpositionslehre. Die Rede von der Transposition darf aber nicht dazu führen, daß man die im Ausland erworbenen Rechte in inländische Rechte, die vielleicht der ausländischen Rechtsbildung nahe stehen mögen, aber doch anders sind, transponiert.

826 Wird eine Sache aus dem Gebiet eines Rechts, das einen Herausgabeanspruch nicht anerkennt, nach Deutschland verbracht, so ist hier das Eigentum durch den Herausgabeanspruch geschützt (*Schurig*, FS Stoll, (2001) S. 580).

827 *Kreuzer*, a.a.O., Rz. 86; *Lüderitz*, IPR, Rz. 200, 326. Ist in Italien eingetragenes Autoeigentum erworben und das Auto nach Deutschland verbracht, so hat die Eigentumseintragung nunmehr keine Bedeutung, *Schurig*, FS Stoll, (2001), S. 580.

828 So *Kegel/Schurig*, IPR, § 19 III, S. 666 ff.

reich der alten Rechtsordnung zurückkehrt, in der Durchsetzung gehemmt sein, bis das Gut zurückkehrt[829].

Beispiele: Ein nach französischem Recht begründbares und begründetes besitzloses Pfandrecht könnte bei Verbringung des Pfandes nach Deutschland untergehen, weil es nach §§ 1205 f. kein besitzloses Pfand gibt. Das in Frankreich wohl erworbene Recht ist aber mit unserer Rechtsordnung nicht unverträglich, weil das deutsche Recht eine vergleichbare Figur in Gestalt des zur Sicherheit eingeräumten Eigentums kennt. Die Folgerung für die Behandlung des Pfandrechts ist: Weil das deutsche Recht in Gestalt des Pfandrechts ein identisches Recht aufweist (die Sicherungsübereignung zeigt nur, daß das nach französischem Recht mögliche besitzlose Pfandrecht nicht mit der deutschen Rechtsordnung unverträglich ist), gelten für die Verwertung des Pfandes die §§ 1233 ff.[830]. – S. sodann den Fall einer Entscheidung des BGH aus dem Jahre 1991[831]: Ein Ferrari, an dem eine nach italienischem Recht mögliche Autohypothek zugunsten des Kl. wirksam bestellt und eingetragen war, wurde nach Deutschland gebracht und dort verkauft. Gegen den Käufer richtete sich nun die Herausgabeklage. Auch die Autohypothek ist mit der deutschen Sachenrechtsordnung (nämlich im Hinblick auf Pfandrecht oder Sicherungseigentum) nicht unverträglich, deshalb war sie nach dem Statutenwechsel anzuerkennen. Ein identisches Recht nach deutscher Rechtsordnung kam für sie aber nicht in Betracht. Der BGH wandte zum Schutz des anzuerkennenden Rechts einen Anspruch aus dem Institut der Sicherungsübereignung an. Da der Sicherungseigentümer zum Zwecke der Verwertung die Sicherungssache herausverlangen kann, gab der BGH auch der Herausgabeklage des Autohypothekars statt[832].

Von der Frage der Behandlung von erworbenen Rechten nach der neuen Rechtsordnung, wenn sie unter einer ersten Rechtsordnung erworben wurden, ist die Frage zu trennen, wie sich das Hineingelangen in eine neue Rechtsordnung auswirkt, wenn ein Recht nach der ersten Rechtsordnung (noch) nicht erworben oder aber gerade verloren wurde. **383**

Beispiel ist der Strickmaschinen-Fall[833]: Bei Verkauf und Lieferung von Strickmaschinen aus Italien nach Deutschland behält sich der italienische Händler mündlich das Eigentum vor. Nach italienischem Recht geht das Eigentum trotz des Eigentumsvorbehalts spätestens mit der Konkretisierung auf den Käufer über, der mündlich vereinbarte Eigentumsvorbehalt wirkt nicht gegen Dritte[834]. In Deutschland wurden die Strickmaschinen von Dritten gepfändet.

Die Lösung der Sicherung des Verkäufers nach Art des deutschen Eigentumsvorbehalts kann nicht dadurch erreicht werden, daß man zwischen abgeschlossenen Vorgängen (altes Recht ist maßgeblich) und nicht abgeschlossenen Vorgängen unterscheidet und den Eigentumsvorbehalt als im Verhältnis zur vollständigen Eigentumsübertragung unvollendeten Tatbestand begreift[835]. Da die Übereignung nach italienischem Recht aufgrund nur relativer Wirkung des Vorbehalts abgeschlossen ist, der Verkäufer nämlich das Eigentum verloren hat, kann die Übereignung nicht erst – unter Wiederbelebung des Eigentums des Verkäufers – nach Grenzübertritt wirksam werden. Auch nach deutscher **384**

829 Für Hemmung, *Zitelmann*, IPR, Bd. 2, 1912, S. 342 f.; *Siehr*, AWD 1971, 10, 17 m.w.N.; *Stoll*, RabelsZ 37 (1973), 357, 364; RabelsZ 38 (1974), 450, 458 f. Eine solche bloße Hemmung mit Wegfall des Durchsetzungshindernisses nach Rückkehr kann jetzt schon aus Art. 43 II EGBGB gefolgert werden in dem folgenden Fall: Wird in Deutschland sicherungsübereignet, kommt die Sache sodann nach Österreich, wo das Sicherungseigentum nicht anerkannt wird, ist das Sicherungseigentum wieder durchsetzbar, wenn die Sache nach Deutschland zurückkehrt (*Schurig*, FS Stoll (2001), S. 581).

830 BGHZ 39, 174.

831 BGH NJW 1991, 1415 = JuS 1991, 779 (*Hohloch*).

832 Gegen eine Deutung, als hätte der BGH die Autohypothek in Sicherungseigentum umgewandet, *Schurig*, FS Stoll (2001), S. 581 Fn. 29. S. a. *Rakob*, Ausl. Mob.-sicherheiten, 2001.

833 BGHZ 45, 95 ff.

834 Die Rechtsfolge ist ein bloßes Rücknahmerecht des Verkäufers gegenüber dem Käufer. Zum Eigentumsvorbehalt in den EG-Staaten insgesamt *Bernstorff*, RIW 1993, 365 ff.

835 OLG Hamburg, RabelsZ 32 (1968), 535, 536, 540.

Dogmatik, die aus dem Eigentumsvorbehalt ein Anwartschaftsrecht folgert, welches als selbständiges Recht angesehen wird[836], erscheint die Annahme eines unvollendeten Tatbestandes nicht begründbar[837].

385 Der BGH hat sich, wie folgt, aus der Affäre gezogen. Die Vereinbarung sei als Rückübereignung ab Grenzübertritt aufzufassen, wobei das Eigentum auflösend bedingt durch Zahlung des Kaufpreises übertragen werde[838]. Das sind konstruktive Annahmen und kann als Auslegung nicht aufrechterhalten werden.

Nunmehr soll Art. 43 III EGBGB die Lösung im Sinne der Begründung des Eigentumsvorbehalts bieten[839]. Die Vorschrift bestimmt: Ist ein Recht an einer Sache, die in das Inland gelangt, nicht schon vorher erworben worden, so sind für einen solchen Erwerb im Inland Vorgänge in einem anderen Staat wie inländische zu berücksichtigen[840]. Die Formulierung geht viel zu weit. Danach braucht ein Eigentumsinteressent, dessen Erwerb nach der ersten Rechtsordnung gescheitert ist (etwa hat der Erwerber nicht gutgläubig Eigentum erworben), die Sache nur – irgendwann – zu uns zu bringen, nach deren Rechtsordnung der Erwerb möglich gewesen wäre, und könnte jetzt doch noch Eigentümer werden. Abgeschlossene Sachverhalte sollen aber mit der neuen Norm nicht aufrührbar gemacht werden. Art. 43 III meint nur gestreckte Tatbestände wie die Ersitzung, von denen einige, aber noch nicht alle Elemente im Ausland verwirklicht sind. Der Erwerb tritt ein, wenn nach Verbringung der Sache in das Inland die fehlenden Elemente im Inland hinzukommen.

386 Zu fragen ist, was ein abgeschlossener, was ein gestreckter, nicht abgeschlossener, also unter Art. 43 III EGBGB fallender Sachverhalt ist[841]. Abgeschlossen ist zunächst im Rückschluß aus Art. 43 II EGBGB der Sachverhalt, der nach der ersten Rechtsordnung zum Rechtserwerb geführt hat. Gibt die alte Rechtsordnung dagegen den Erwerb nicht, so ist nach Art. 43 III EGBGB nicht allein nach dieser Rechtsordnung zu beurteilen, ob der Sachverhalt abgeschlossen ist. Auch wenn die alte Rechtsordnung den Sachverhalt für abgeschlossen hält, kann nach der Sicht des inländischen Rechts der Sachverhalt noch nicht abgeschlossen sein. Dann ist nach Art. 43 III EGBGB das inländische Recht

[836] S.u. Rz. 2158 ff.

[837] *Lüderitz*, Vorschläge, u. Fn. 848, S. 186, 202.

[838] BGHZ 45, 95, 98 ff.

[839] BT-Drs. 14/343, S. 16.

[840] Beispiel: In Österreich beträgt die Ersitzungsfrist gemäß § 1466 AGBG 3 Jahre; in Deutschland gemäß § 937 10 Jahre. Kommt eine Sache nach 2-jähriger Besitzdauer von Österreich nach Deutschland, wird hier nach weiteren 8 Jahren Eigentum ersessen. Art. 43 III ist einseitig formuliert: Der Aussage, daß, wenn umgekehrt eine Sache nach 5-jährigem Besitz von Deutschland nach Österreich gelangt, für den Eigentumserwerb das österreichische Recht maßgeblich ist, enthält sich die Norm nach ihrem Wortlaut. Der Sache nach gilt es aber. Die Zurückhaltung im Wortlaut ist damit begründet worden, daß man es dem jeweiligen Belegenheitsstaat überlassen müsse, inwieweit er Vorgänge unter dem früheren Recht anerkenne (BT-Drucks. 14/343, S. 16). Darein mischt man sich aber bei allseitiger Geltung der Norm auch nicht. Art. 43 III EGBGB ist ja nicht eine sachrechtliche Norm (über die Einordnung ausländischer Vorgänge in das jeweilige Sachrecht), sondern eine Kollisionsnorm. Bei von dem Geltungsbereich einer Rechtsordnung ausgehenden Bewegungen einer Sache in eine andere Rechtsordnung hinein ist selbstverständlich die andere Rechtsordnung berufen; deren Kollisionsnormen befinden dann darüber, ob die Vorgänge im Ausgangsland nach eigenem Sachrecht zu beurteilen sind. In unserem Beispiel muß die Berufung des österreichischen Rechts für die Beurteilung der Ersitzung einer von Deutschland nach Österreich gelangten Sache nicht heißen, daß wegen der kürzeren Ersitzungsfrist nach österreichischem Sachrecht bei Grenzübertritt der Eigentumserwerb eintritt – das österreichische Kollisionsrecht kann bestimmen, daß nicht das österreichische Sachrecht anwendbar ist – (*Schurig*, FS Stoll – 2001, S. 585, 588).

[841] Zum folgenden *Schurig* FS Stoll (2001), 582 ff..

maßgeblich, wenn die Sache in seinen Geltungsbereich kommt: So ist, wenn die Sache veräußert, aber noch nicht übergeben ist, nach deutschem Recht betreffs der Übereignung der Sachverhalt noch nicht abgeschlossen, auch wenn die ausländische Rechtsordnung auf die bloße Vereinbarung abstellt. Wird ein nach unserem Recht noch fehlendes tatbestandsmäßiges Sachverhaltsstück (im Beispiel die Übergabe der Sache) im Geltungsbereich unseres Rechts realisiert, so ist die Verfügung gemäß Art. 43 III EGBGB vollständig nach unserem Recht zu beurteilen[842].

Art. 43 III EGBGB ist aber nicht nur zu weit geraten und durch das Abgeschlossenheitsmerkmal zu korrigieren, er erfaßt vielmehr nicht einmal den Fall, den der Gesetzgeber lösen wollte. Die Veräußerung in Italien unter Eigentumsvorbehalt ist kein Vorgang, mit dem ein Rechtserwerb beginnt, so daß er in Deutschland für die Beurteilung als Übereignung unter Eigentumsvorbehalt berücksichtigt werden kann. Bei dem deutschen Eigentumsvorbehalt geht es nicht um den Erwerb eines Sicherungsrechts, sondern darum, daß der Verkäufer sein Eigentum noch nicht aus der Hand gibt. Wenn der Verkäufer es aber in Italien verloren hat, weil es dort nur einen schuldrechtlichen Eigentumsvorbehalt gibt, und es in Deutschland darum geht, daß er es gerade noch nicht verloren hat, handelt es sich nicht um einen italienischen Vorgang, der in Deutschland für die Vollendung des Erwerbs eines Rechts berücksichtigt werden kann[843]. Zudem ist Art. 43 III EGBGB nicht zu entnehmen, was für die Zeit gelten soll, in der die Sache sich im alten Statut befindet, und ebenfalls nicht die Voraussetzung, daß das inländische Recht nur maßgeblich sein kann, wenn Sachen bestimmungsgemäß über die Grenze geliefert werden, dagegen nicht, wenn sie nur zufällig einmal in das Geltungsgebiet der inländischen Rechtsordnung gelangen. Nach *Schurig*[844] bleibt nur übrig, die richtige Behandlung[845] unter Ausnutzung des Vorbehalts zu entwickeln, den Art. 46 EGBGB macht, nämlich des Vorbehalts, daß von Normen der Artt. 43-45 EGBGB abzuweichen ist, wenn mit der Rechtsordnung eines Staates eine wesentlich engere Verbindung besteht als mit derjenigen, die nach Artt. 43-45 EGBGB maßgeblich wäre. **387**

3. Abdingbarkeit der lex rei sitae

Die Maßgeblichkeit der lex rei sitae ist zwingend. Im Hinblick auf die, von seltenen Souveränitätswechseln abgesehen, untrennbare Verbundenheit von Grundstücken mit der jeweiligen Rechtsordnung wurde für das Liegenschaftsrecht bereits vor Einfügung der sachenrechtlichen Regeln in das EGBGB fast ausnahmslos angenommen, daß die **388**

[842] Beispiel: Nach italienischem Recht geht Eigentum durch die Kaufabrede über, findet aber ein gutgläubiger Erwerb eines eingetragenen Kraftfahrzeugs durch die Kaufabrede nicht statt. Wenn ein in Italien verkauftes Kraftfahrzeug in Deutschland dem Erwerber übergeben wird, erwirbt dieser gutgläubig nach deutschem Recht, indem der Verkauf nach italienischem Recht Doppelfunktion, d.h. auch die Bedeutung der Einigung über den Eigentumsübergang hat, und der Sachverhalt gemäß Art. 43 III EGBGB unter Berücksichtigung dieser Einigung nach deutschem Recht zu beurteilen ist.

[843] Schlagend *Schurig*, FS Stoll (2001), S. 583. Da es nicht um Rechtserwerb ging, war auch der auf *Lüderitz* zurückgehende, vom Deutschen Rat für IPR früher aufgenommene Vorschlag – *Schurig* S. 587 – nur bei sehr ausdehnender Auslegung – Vorbehalt des Eigentums als Bestellung eines Sicherungsrechts? – hilfreich, wonach vereinbarte Sicherungsrechte des Veräußerers oder Dritter bis zum Eintreffen der Sache im Bestimmungsstaat nach dem Recht des Absendestaates, ab Eintreffen im Bestimmungsstaat nach dem Recht dieses Staates beurteilt werden sollten, auch wenn sich der das Sicherungsrecht begründende Tatbestand vor Eintritt in diesen Staat ereignet hat.

[844] FS Stoll (2001), S. 589

[845] Nämlich gemäß dem Vorschlag von *Lüderitz* (o. Fn. 843) in der erwähnten ausdehnenden Auslegung.

Situsregel zwingend ist[846]. Ihr zwingender Charakter dürfte jetzt im neuen Art. 43 I EGBGB festgeschrieben sein[847].

389 Für bewegliche Sachen dagegen war die Frage der Abdingbarkeit der Situsregel sehr umstritten. Die beweglichen Sachen wechseln u.U. häufig das Sachstatut, dies kann eine umstrittene und z. T. unbefriedigende dingliche Rechtslage zur Folge haben. Das spricht für die Möglichkeit der Festlegung des Sachstatuts durch Parteiabrede. Das Meinungsspektrum reichte vom zwingenden Charakter der Situsregel[848] über die Zulässigkeit der Rechtswahl in einigen Bereichen[849] bis hin zum generellen Vorrang der Parteiautonomie, verbunden mit einer nur subsidiären Geltung der Situsregel[850].

390 Für die Möglichkeit der Rechtswahl scheint das Interesse der Parteien zu sprechen. Gesichtspunkte, die diesen Schluß nahe legen, sind: Die Parteien könnten eine Spaltung von Schuld- und Sachstatut vermeiden[851]. Unliebsame Überschneidungen und Anpassungsschwierigkeiten durch Statutenwechsel könnten vermieden werden[852]. Die Möglichkeit einer Rechtswahl könnte schließlich dem Verkehrsinteresse speziell in dem Fall entgegenkommen, daß der Aufenthalt der betroffenen Sache unklar ist und somit das Sachrecht nach der Situsregel nur schwer ermittelt werden kann.

391 Dennoch ist die Abdingbarkeit der Situsregel abzulehnen[853]: Zum einen gilt der neu eingeführte Art. 43 I EGBGB, dem der zwingende Charakter der Situsregel für Grundstücke zu entnehmen ist, auch für bewegliche Sachen. Zum anderen ist die Abdingbarkeit der Situsregel mit der Eigenart der Sachenrechte nicht vereinbar. Die Gestaltung der Sachenrechte steht nicht zur Disposition der Parteien des Verkehrsgeschäfts. Die Parteien eines Schuldvertrages über den Erwerb absoluter Rechte sind nicht die einzigen von der dinglichen Rechtslage Betroffenen.

392 Schließlich ist die Annahme der Abdingbarkeit nicht interessengerecht: Der Wille der Parteien wird selten ausdrücklich oder auch nur erkennbar geäußert[854]. Man kann auch nicht zwischen ausdrücklicher und hypothetischer Rechtswahl differenzieren[855]. Welche sachenrechtliche Regelungen in den verschiedenen berührten Rechtsordnungen gelten und wie ihre Konsequenzen im einzelnen sind, entzieht sich normalerweise einer genauen Kenntnis der Parteien. Die Abhängigkeit des Dritterwerbs vom Rechtserwerb einer Partei auf dieser unsicheren Grundlage widerspricht der Rechtsklarheit im Sachenrecht. Wie kann sich ein Erwerber vergewissern, ob der Veräußerer überhaupt ein Recht hat, wenn er nicht weiß, nach welchem Recht der Veräußerer dieses erworben haben könnte?[856] Schließlich spricht der Vorteil eines internationalen Entscheidungseinklanges im Sachenrecht für die Unabdingbarkeit der Situsregel[857].

846 Vgl. MünchKomm/*Kreuzer* n. Art. 38 EGBGB Anh. I Rz. 35 m.w.N.

847 *Kegel/Schurig*, IPR, § 19 I, 661 f. a.E.

848 *Lüderitz*, in: Vorschläge und Gutachten zur Reform des internationalen Personen- und Sachenrechts, vorgelegt im Auftrag der 2. Kommission des Deutschen Rates für Internationales Privatrecht, 1972, S. 186, 191.

849 *Stoll*, RabelsZ 38 (1974), 450, 452 ff.; *Drobnig*, FS Kegel (1977), 141, 150 f.; *Weber*, RabelsZ 44 (1980), 510, 525-529.

850 BayObLG IPRspr. 34 Nr. 24, OLG Hamburg, abgedruckt bei *Meyer-Ladewig*, AWD 1963, 261 f. Praktische Argumente für die Geltung der Privatautonomie und rechtsvergleichende Betrachtung bei *Jayme*, FS Serick (1992), 841 ff.

851 OLG Hamburg zitiert von *Meyer-Ladewig*, AWD 1963, 261, 262; *Stoll*, RabelsZ 38 (1974), 450, 452.

852 *Weber*, RobelsZ 44 (1980), 519; *Drobnig*, RabelsZ 32 (1968), 450, 461.

853 *Kegel/Schurig*, IPR, § 19 I, S. 661 f. a.E.

854 *Lüderitz*, Vorschläge, s. Fn. 848, S. 186, 190.

855 *Lüderitz*, Vorschläge, a.a.O., S. 186, 192.

856 *Markianos*, RabelsZ 23 (1958), 21, 35.

857 *Lüderitz*, Vorschläge, a.a.O., S. 186, 192.

4. Res in transitu

Die Belegenheitsregel kann nicht formal strikt angewandt werden bei den sog. res in transitu. Unter res in transitu werden Sachen verstanden, die mehrere Staaten auf dem Weg zu einem Bestimmungsort durchqueren. Die situs-Regel ist zu durchbrechen, weil die Sache reist[858]. Im Hinblick darauf, daß ein Recht sich dort bewähren soll, wo die Sache wieder in Erscheinung tritt, sollte unter der Voraussetzung, daß die Sache dort ankommt, auf den Bestimmungsort abgestellt werden. So werden durch Statutenwechsel notwendige Angleichungsprobleme vermieden. Praktisch relevant ist, daß der Bestimmungsort in aller Regel bekannt ist. **393**

Was insbesondere Reisegepäck und Transportmittel betrifft, gibt es hierzu ausdrückliche Sonderregelungen[859]. Für Luft-, Wasser- und Schienenfahrzeuge bestimmt der neu eingeführte Art. 45 I 1 EGBGB, daß Rechte an diesen Transportmitteln nicht der jeweiligen lex rei sitae unterliegen, sondern dem Recht des Herkunftsstaates[860]. Die Entstehung gesetzlicher Sicherungsrechte richtet sich hingegen nach dem Recht, das auf die zu sichernde Forderung anzuwenden ist (Art. 45 II 1 EGBGB). Dieses wird in der Regel die lex rei sitae sein[861]. **394**

Unterfällt ein Transportmittel nicht den gesetzlichen Regelungen (wie z.B. Reisebus oder LKW), so wurde die Geltung der lex rei sitae zum Teil bezweifelt[862]. Als Anknüpfungspunkt wurde das Recht des Heimatlandes des Inhabers bzw. der gewerbliche Standort eines Transportmittels vorgeschlagen[863]. Jetzt sollte man Art. 45 EGBGB analog anwenden[864]. Damit richten sich Verfügungen, auch wenn sie vor Eintreffen der Sache im Gebiet des Heimatrechts vorgenommen werden, nach Heimatrecht[865]. **395**

IV. Auseinanderfallen von Schuld- und Sachstatut bei akzessorischen Rechten

Hypothek und Pfandrecht sind akzessorische Rechte. D.h. sie dienen nach ihrem Inhalt zur Befriedigung wegen einer Forderung (§§ 1113 I, 1204 I). Die Rechte sind damit zwar sachenrechtlich, sie sind aber bestimmt durch eine schuldrechtliche Rechtsposition. Internationalprivatrechtlich entstehen Schwierigkeiten, wenn Schuld- und Sachstatut auseinanderfallen. **396**

Ist eine Forderung mit ausschließlicher Berührung des Geltungsbereichs des französischen Rechts durch eine Hypothek an einem deutschen Grundstück gesichert worden[866], **397**

[858] *Kegel/Schurig*, IPR, § 19 IV, S. 668 ff.

[859] Genfer Abkommen vom 19.6.1948 über internat. Anerkennung v. Rechten an Luftfahrzeugen und LuftfahrzeugeG für Luftfahrzeuge.

[860] Für Luftfahrzeuge ist dies der Staat ihrer Staatszugehörigkeit (Art. 45 I 2 Nr. 1 EGBGB), für Wasserfahrzeuge der Staat der Registereintragung, sonst des Heimathafens oder des Heimatorts (Art. 45 I 2 Nr. 2 EGBGB) und für Schienenfahrzeuge der Staat der Zulassung (Art. 45 I 2 Nr. 3 EGBGB).

[861] *Kegel/Schurig*, IPR, § 19 VI, S. 672 f.

[862] Ausführlicher Überblick: *Sonnenberger*, AWD 1971, 253, 254 ff.

[863] *Kegel/Schurig*, IPR, § 19 VI; *Müller*, RIW/AWD 1982, 461 ff.; *Drobnig*, FS Kegel (1977), 141, 144.

[864] *Schurig*, FS Stoll (2001), S. 578, ebenfalls sollte dies für Reisegepäck gelten.

[865] Dafür schon in der Vergangenheit, allerdings unter der Voraussetzung, daß die Sachen wieder in das Gebiet des Heimatrechts zurückkehren, *Frankenstein*, IPR, Bd. 2, 1929, S. 53 f.; vgl. auch BGHZ 45, 95, 99 ff.

[866] Zur Frage der Möglichkeit einer Gesamthypothek an im In- und Ausland belegenen Grundstücken s. RGZ 157, 287, 291; *Ferid*, IPR, 1986, § 7-44. Zur Überwindung der internationalrechtlichen Schwierigkeiten für den Raum des EWG-V wird die Schaffung einer für diesen Raum einheitlichen Eurohypothek (die aber wohl nicht akzessorisch werden soll) dis-

so richtet sich die Entstehung der Forderung nach französischem Recht, die hypothekarische Sicherung aber nach den Voraussetzungen der §§ 1113 ff. (Art. 43 I EGBGB). Bei der Übertragung, die sich auf die Forderung bezieht und kraft der Akzessorietät auf das dingliche Recht auswirkt, muß den Anforderungen sowohl des Sach- wie des Schuldstatuts Genüge getan sein. Folgende Konstellationen sind denkbar:

1) Der Übertragungstatbestand des BGB (§ 1154) ist erfüllt, die Zession der Forderung scheitert aber nach französischem Recht, z.B., weil die nach französischem Recht erforderliche Anzeige an den Schuldner fehlt. Dem Grundsatz der Akzessorietät entspräche es, wenn dann auch das dingliche Recht nicht überginge[867]. Andere wollen hingegen den Erwerber entsprechend § 1138 schützen[868]. Dem ist nicht zu folgen. § 1138 schützt gerade nicht das Vertrauen in die Wirksamkeit des Forderungsübergangs, weil dafür keine Rechtsscheinbasis im Grundbuch gegeben ist.
2) Im umgekehrten Fall, daß der Übertragungstatbestand des deutschen Rechts für die hypothekarisch gesicherte Forderung (§ 1154) nicht erfüllt ist, gilt folgendes: Ob die Forderung (entgegen § 1153 II) auch ohne dingliche Verstärkung übergeht, bestimmt sich nach dem Schuldstatut, also nicht nach § 1153 II. Läßt das Schuldstatut den Forderungsübergang zu, so entsteht nach BGB eine Eigentümerhypothek[869]. Ein Übergang der Hypothek auf den Zessionar der Forderung entsprechend §§ 401, 412 scheitert daran, daß die im Hinblick auf die Hypothek unwirksame Zession nicht durch einen gesetzlichen Übergang substituiert werden kann.

398 Soll sich der Gläubiger wegen seiner Forderung aus der Hypothek befriedigen können, muß sich die Möglichkeit der Exekution der Forderung aus dem Schuldstatut ergeben (vgl. § 1137). Was den Inhalt des dinglichen Anspruchs betrifft, ist das Sachstatut maßgeblich (§ 1147).

399 Auch für die akzessorischen Rechte wird aufgrund der Schwierigkeiten um das jeweils anwendbare Recht die Abdingbarkeit des Sachstatuts gefordert[870]. Dem ist wieder die zwingende Natur der Anwendung der lex rei sitae (Art. 43 I EGBGB) entgegenzuhalten. Die Parteien können aber das Sachstatut als Schuldstatut wählen (Art. 27 EGBGB).

kutiert, s. *Wehrens*, WM 1992, 557 ff., *Elmarsberger*, EuZW 1991, 691 ff., *Stöcker*, Die „Eurohypothek", Berlin 1992; s. auch, in historischem Zusammenhang, *Stürner*, FS Serick (1992), 377 ff. Weit. N. u. Rz 1311.

867 So *Ferid*, a.a.O., § 7-48.

868 Staudinger/*Stoll* ISR Rz. 247; MünchKomm/*Kreuzer* Art. 38 EGBGB Anh. I Rz. 47.

869 Entsprechend §§ 1163, 1168. Folge ist nach § 1177 eine Eigentümergrundschuld. S. *Ferid*, IPR, 1986, § 7-49.

870 *Magnus*, RabelsZ 38 (1974), 440, 448 f. für dingliches Zurückbehaltungsrecht.

Zweiter Teil
Die Sachenrechte und der Besitz

A. Der Besitz

I. Regelung und Ursprung

Das BGB regelt zu Beginn seines Buchs über Sachenrecht den Besitz (§§ 854 ff.). In vielfältiger Weise knüpft das BGB an den Besitz Rechtsfolgen[1]: Der Besitzer wird vor Besitz- **400**

[1] Gerade umgekehrt deutet *Ernst*, Eigenbesitz und Mobiliarerwerb, 1992, den Besitz i.S. der §§ 854 ff. aus den Rechtsfolgen gerade nur dieser §§ 854 ff., d.h. aus dem possessorischen Besitzschutz nach §§ 859 ff., und trennt so vom Besitz i.S.d. §§ 854 ff. den Besitz i.S. der Erwerbstatbestände der §§ 929 ff., 1032 ff., 1205 ff., der der Eigenbesitz – unter Einschluß des Besitzes qua Pfandrecht und qua Nießbrauch, *Ernst*, a.a.O., S. 25 f. Fn. 4, 9, 14 – sein soll (a.a.O., S. 29 ff.; zur darin liegenden Wiederanknüpfung an das gemeine Recht s. o. Rz. 101 Fn. 175). Auf S. 33 kommt *Ernst* zu der Aussage, § 854 sei Nominaldefinition, nämlich die Definition »Besitzer ist, wer possessorisch geschützt ist«. Folglich besage z.B. die Aussage des § 855, daß der, der die Gewalt für einen anderen ausübt (der sog. Besitzdiener, dazu u. Rz. 447 f.), nicht Besitzer ist, nur, daß diese Person nicht possessorisch geschützt sei, nicht aber ergebe sich daraus auch etwas für die Frage des gutgläubigen Eigentumserwerbs nach §§ 932 ff.: Insofern, als der gutgläubige Erwerb nach § 935 I durch Abhandenkommen, d.h. unfreiwilligen Besitzverlust, gehindert ist, folge nicht aus § 855, daß die Weggabe durch den Besitzdiener für den Besitzherrn Abhandenkommen bedeute (*Ernst*, a.a.O., S. 33 ff.). *Ernst* verkehrt die Regelung des BGB: § 854 enthält offensichtlich nicht die von *Ernst* formulierte Nominaldefinition. Die Regelung: Besitz ist eine Position i.S. von §§ 854 ff., liegt eine solche vor, so gälten § 854 ff., wäre auch zirkulär. Die Vorschrift des § 854 umschreibt demgegenüber sinnvoll den Tatbestand des Besitzerwerbs, damit wird ein sachliches Verhältnis umschrieben, und daran knüpfen Rechtsfolgen an, nicht gilt das Umgekehrte, und erst recht nicht geht es im Kreis herum. Ebenso enthält § 855 eine Sachaussage über die Zurechnung tatsächlicher Gewalt als Besitz und nicht einen verkürzten Ausdruck für die Einschränkung bestimmter Rechtsfolgen. Die in §§ 854 ff. umschriebenen Positionen sind sodann ebenso offensichtlich, wie § 854 eine Sachaussage und nicht eine Nominaldefinition i.S. *Ernsts* enthält, nicht nur für §§ 854 ff., sondern darüber hinaus maßgeblich. Die Formulierung etwa des § 935 I 2, die nur das Abhandenkommen beim unmittelbaren Besitzer dem beim Eigentümer gleichstellt und damit erstens dem Abhandenkommen die freiwillige Weggabe durch den unmittelbaren Besitzer entgegenstellt und zweitens gerade nur die freiwillige Weggabe durch den unmittelbaren Besitzer, aber nicht die durch den Besitzdiener, entgegenstellt, kann deutlicher nicht an die Unterscheidung von mittelbarem und unmittelbarem Besitz in § 868 einerseits und die des letzteren von bloßer Besitzdienerstellung anknüpfen. Daraus folgt, daß der von *Ernst*, a.a.0., S. 25, 32 zitierte Satz der Protokolle, die Vorschriften der (späteren) §§ 854 ff. seien auf den Besitz als Voraussetzung des Besitzschutzes zu beschränken (Prot., *Mugdan* III, S. 502), nichts über die Abtrennung eines besonderen Besitzes i.S. der Besitzschutzvorschriften von dem i.S. der Erwerbstatbestände nach der Fassung des BGB besagt. Dies kann schon deshalb nicht gelten, weil die zu §§ 854 ff. gehörige Vorschrift des § 872 den Eigenbesitz definiert und die Besonderheit des Eigenbesitzes, wie die Denkschrift sagt (Prot., *Mugdan* III, S. 517), nur außerhalb des Besitzschutzes liegt. Sie ist nämlich gerade für die Erwerbstatbestände relevant (s. etwa § 937). *Ernst* zitiert die Aussage der Denkschrift in seinem Buch, S. 28, ohne daraus die Konsequenz zu ziehen, die sich für die Einordnung der Besitzregelung nach dem BGB ergibt: Eigenbesitz ist nach dem BGB nicht selbständiger

verletzung geschützt (§§ 859 ff.[2]), er hat also Besitzschutzrechte. Er kann andererseits Pflichten unterliegen, etwa zur Herausgabe der Sache (§ 985) oder zu ihrer Sicherung (§ 836). Die Übertragung des Besitzes, die sog. Übergabe, ist Bestandteil der Übereignung beweglicher Sachen (§ 929) und der Bestellung und, soweit möglich (§ 1059 a Ziff. 2), Übertragung der beschränkten dinglichen Rechte an beweglichen Sachen (§§ 1032 S. 1, 1205 I). Dies beruht darauf, daß der Besitz Realisierung des Eigentums und der beiden beschränkten dinglichen Rechte an beweglichen Sachen ist. Der Besitz ist Grundlage des gutgläubigen Erwerbs des Eigentums (§§ 932 ff., 937) und der beschränkten

Oberbegriff, sondern eine besondere Art des Besitzes. Für die Besitzschutzvorschriften kommt es auf den Besitz an, nicht auf den Eigenbesitz, es gibt aber dann noch Vorschriften, für die es auf den Eigenbesitz ankommt. Dieser wird in § 872 aus der Reihe der §§ 854 ff. definiert, und damit ist klar, daß §§ 854 ff. nicht nur für den Besitzschutz gelten. Dieselbe Feststellung, daß die in §§ 854 ff. gegebenen Abgrenzungen sachlicher Verhältnisse zur Anwendung über die §§ 854 ff. hinaus gegeben sind, folgt auch für die Besitzdienerstellung und das Problem des Abhandenkommens bei Weggabe einer Sache durch den Besitzdiener. *Ernst* selbst will (a.a.O., S. 35) für das Abhandenkommen trennen zwischen den Besitzdienern insoweit, als diese im räumlichen Bereich des Besitzherrn mit der Sache umgehen, und insoweit, als sie die Sache über die Grenzen jenes Bereichs hinaus verwenden sollen. Geben die ersteren gegen den Willen des Besitzers die Sache weg, so kommt die Sache auch nach *Ernst* i.S. von § 935 abhanden. Damit nicht doch § 855 mit diesem Ergebnis eine Folgerung für den Mobiliarerwerb begründet, statuiert *Ernst*, insofern bedürfe es nicht des § 855, da die Zugehörigkeit der Sache zur räumlichen Herrschaft des Besitzherrn, nicht aber die Besitzdienerstellung des mit ihr umgehenden Personals entscheide. Aber erstens macht § 855 die Unterscheidung *Ernsts* nicht (insbesondere gilt: auch die im Innenbereich tätigen Besitzdiener können nach § 860 die besitzrechtlichen Gewaltrechte ausüben). Und zweitens hätte die Vorschrift, wenn sie diese Unterscheidung machte, und wenn sie weiter, was die ihr danach verbleibende Anwendung auf über die Raumgrenzen hinaus tätiges Personal betrifft, i.S. *Ernsts* nur Bedeutung für den Besitzschutz hätte, überhaupt keine Bedeutung, für die sich der Aufwand der Regelung lohnen würde: Greift ein Dritter auf die bei jenem Personal befindliche Sache zu, so haben die Besitzdiener zumindest doch die possessorischen Gewaltrechte, nämlich nach § 860. Sie haben Gewaltrechte aber auch darüber hinaus, teils possessorisch, teils nach den allgemeinen Vorschriften (§§ 227 ff.), nämlich kraft ihrer Rechte an der eigenen Person oder an eigenen Sachen, bei denen sie die Sachen des Besitzherrn geborgen haben und auf die die Dritten in der Regel werden einwirken müssen, um an die Sache des Besitzherrn heranzukommen. Und genau diese Rechte haben sie auch dann, wenn der Besitzherr selbst die Sachen gewaltsam an sich bringen will. Hat sodann ein Dritter oder der Besitzherr die Sache genommen, so hilft der Gesichtspunkt des Schadensersatzes dazu, daß die Besitzdiener, sofern sie ein Interesse daran haben, die Sache zunächst wieder zurückbekommen. Zählt man dies alles zusammen, so macht sich § 855, wenn man *Ernst* folgen würde, die Mühe, die Verschärfung der Gewaltrechte beim Besitz durch §§ 859 ff. im Verhältnis zwischen Besitzdiener und Besitzherrn auszuschließen und zum anderen die possessorische Restitution der Sache, wenn Dritte die Sache in ihre Hand bekommen haben, rechtlich (nach §§ 861 ff.) das sein zu lassen, was sie faktisch ohnehin ist, nämlich allein Sache des Besitzherrn. Gegenüber dieser Beschränkung des § 855 durch *Ernst* gilt: Erst wenn man § 855, so wie er formuliert ist, wahrnimmt, d.h. als Sachaussage über Besitzzurechnung, hat er eine Bedeutung, die über bloße Schattierungen hinausgeht, und zwar dann eine Bedeutung, in die einerseits sich die Einschränkung des Besitzschutzes einfügt und die zugleich andererseits gerade mit dieser Einschränkung korrespondiert: § 855 sagt, daß der, der die Sachherrschaft im Rahmen der Organisation eines anderen innehat, den Besitz nicht gegenüber dem Organisationsträger, sondern für ihn ausübt. Daraus folgt zunächst: Der Besitzdiener kann keinen Besitzschutz gegenüber dem Organisationsträger haben; zum weiteren folgt, und zwar gerade mit Rücksicht auf diese Ausschließung des Besitzschutzes: Mit Überlassung der Sache an einen Besitzdiener wird die Gewalt über die Sache und damit die Sache selbst noch nicht freiwillig aus der Hand gegeben, die Sache kann noch i.S. der Erwerbsvorschrift des § 935 abhanden kommen. Das BGB regelt die §§ 854 ff. also gerade auch im Hinblick auf seine Erwerbstatbestände.

2 Und noch allgemeiner: vor Besitzentziehung, s. § 268 I 2.

dinglichen Rechte (Nießbrauch und Pfandrecht) an beweglichen Sachen vom angeblichen Eigentümer (§§ 1032 S. 2, 1207). Der Besitz weist nämlich auf die Innehabung des Eigentums durch den Besitzer hin (§ 1006). Weiter weist der Besitz auf die Berechtigung des Besitzers zum Empfang der der Sache entsprechenden Leistung hin und kann somit gegenüber dem Schuldner zum Empfang der Sache legitimieren (§§ 851, 793 I 1, 2).

Das Besitzrecht des BGB hat Ursprünge im römischen und im mittelalterlichen deutschen Recht. Das römische Recht hat die Rechtsfigur der possessio in den Mittelpunkt gestellt. Possessio ist nach der Darstellung *Savignys*[3], der wir hier folgen, grundsätzlich Beherrschung einer Sache mit dem Willen, sie als eigene zu haben[4]. Possessio kam aber auch den Inhabern eines von *Savigny* sog. abgeleiteten Besitzes[5] zu und solchen Inhabern[6], die die Sache unter Inanspruchnahme mit dem Besitz verbundener beschränkter dinglicher Rechte beherrschten (von *Savigny* sogenannter Rechtsbesitz)[7]. Mieter, Pächter, Entleiher gehörten nicht zu den Inhabern eines abgeleiteten Besitzes. Sie hatten bloße »detentio«, d.h. sie waren wie die Prokuratoren oder Verwalter bloße Inhaber der Sache, während die possessio den Vermietern etc. zukam, sofern sie als Eigentümer besaßen[8]. **401**

Die deutsch-rechtliche Ursprungsfigur des Besitzes des BGB ist die Gewere[9]. Es ist zwischen Liegenschafts- und Fahrnisgewere zu unterscheiden. Zur Liegenschaftsgewere gehörte auch die zur Liegenschaft gehörige Fahrnis. An Liegenschaften drückte sich die Gewere in der Nutzung des Grundstücks und der zu ihm gehörigen Fahrnis aus. Also kam die Gewere auch als mittelbarer Besitz dem Verpächter zu, neben der „lediglichen" Gewere des Pächters. Nach *Philipp Heck* ermöglichte insbesondere das Lehenrecht vielstufige Besitzgebäude, „Wolkenkratzer des Mittelalters"[10]. Die Liegenschaftsgewere war eine zwischen Recht und Faktum schwebende Erscheinung. Sie war nicht bloß tatsächliche Sachherrschaft, sondern tatsächliche Sachherrschaft aufgrund der nicht erfolgreich bestrittenen Behauptung eines Rechts dazu. Mit dem Prozeßverlust endete die Gewere und war die des Siegers festgestellt, obwohl damit die Sachherrschaft der unterlegenen Partei nicht beendet war. Aufgrund der gerichtlichen Zusprechung in diesem Fall, weiter aufgrund der – insbesondere gerichtlichen – Übertragung des Grundstücks und aufgrund einer Erbfolge, wurde die Gewere als ideelle Gewere erworben. Im Fall der rechtswidrigen Besitzentsetzung des Gewereinhabers bestand die Gewere als ideelle Gewere fort. Demgegenüber war die Fahrnisgewere nur als unmittelbare Innehabung denkbar. Die Sachherrschaft konnte sich bei Fahrnis nur im Haben äußern. Auch mit unwillentlichem Besitzverlust endete die Fahrnisgewere. Hier gab es nur als Ausnahmemög- **402**

[3] Das Recht des Besitzes, 1803, 7. Ausgabe, hrsg. von *Rudorff*, 1864, Neudruck 1967.

[4] So auch noch die Ausgangsvorschrift des § 797 im ersten Entwurf zum BGB.

[5] Darunter den Pfandnehmern aufgrund wirksamer oder unwirksamer Pfandbestellung, Das Recht des Besitzes, S. 119, 120 Fn. 1, 167 f.

[6] Vom Pfandnehmer abgesehen (s. vorige Fn.).

[7] Zur possessio grundsätzlich als Eigenbesitz *Savigny*, a.a.O., S. 109 ff., zum abgeleiteten Besitz und zum Rechtsbesitz im Vergleich zur bloßen »Detention« der Mieter etc. S. 119 ff., 129 ff., 167 f., 191 ff.

[8] *Savigny*, a.a.O., S. 129 ff.

[9] Von „wern" = einkleiden (wie Investition); das Wort „gewere" kam also von der Vorstellung der Bekleidung der Person mit der Sache (bei der Einräumung der Herrschaft an der Sache); nach dem Ursprung bestand kein Zusammenhang von wern = einkleiden mit den weiteren beiden Verben „wern", von deren einem sich Wehr = Waffe ableitete (s. z.B. Gewehr) und deren anderes der Gewähr zugrunde liegt (für Garantie); gewere wurde aber mit diesen Worten schon früh in Verbindung gebracht (*Gierke*, Deutsches Privatrecht, 2. Bd., 1905, S. 188 Fn. 3; keine Verbindung läßt *R. Hübner* zu, Grundzüge des deutschen Privatrechts, 1919, S. 164). Zur Gewere s. *E. Huber*, Die Bedeutung der Gewere im deutschen Sachenrecht, Berner Festschrift für Halle, 1894; *Gierke*, Deutsches Privatrecht, 2. Bd., 1905, § 113, S. 187 ff.; *R. Hübner*, Grundzüge des deutschen Privatrechts, § 28, S. 162 ff., §§ 57 ff., S. 351 ff.

[10] Grundriß des Sachenrechts, 1930, Exkurs 2, S. 491.

lichkeit Klagen auf Wiederherstellung, die nicht auf die Gewere gestützt waren, sondern als Rechtsmittel wegen des Bruchs des Rechtsfriedens gewährt wurden. Mit der Weggabe dagegen, auch an einen Entleiher oder Mieter, endete die Gewere des Gebers samt Besitzschutz. Damit hing insbesondere der Grundsatz des „Hand muß Hand wahren“ [11] oder „wo du deinen Glauben gelassen hast, mußt du ihn suchen“ zusammen. Während der Verleiher oder Verpächter eines Grundstücks die Gewere behielt und sie auch gegen einen Dritten durchsetzen konnte, bedeutete die Ausleihung von Fahrnis, daß sich der Verleiher der Gewere als Ausdruck seines Rechts begab. Er mußte sich aufgrund des Rückfallgedings an den Entleiher halten. Vom Dritten bekam er seine Sache nicht zurück.

403 Die römisch-rechtliche Unterscheidung zwischen possessio und bloßer detentio ist, nachdem der erste Entwurf des BGB noch zwischen Besitz und Innehabung unterschied, im zweiten Entwurf durch diejenige zwischen unmittelbarem und mittelbarem Besitz (s. § 868) ersetzt worden. Aber schon nach dem ersten Entwurf kamen, wie es dem Recht der Liegenschaftsgewere entspricht, dem Mieter und Pächter neben Vermieter und Verpächter die Ansprüche wegen verbotener Eigenmacht zu.

II. Begriff, Rechtsnatur und systematische Einordnung des Besitzes

404 Nach § 854 I wird Besitz erworben durch Erlangung der tatsächlichen Gewalt über eine Sache. Damit scheint Besitz definiert als tatsächliche Gewalt über eine Sache und als tatsächliche Position der rechtlichen Herrschaft über Sachen, d.h. den Sachenrechten gegenübergestellt. Nach § 857 geht freilich der Besitz auf den Erben des Besitzers über, d.h. mit dessen Erbewerden, unabhängig von der Ergreifung der tatsächlichen Gewalt durch den Erben. Dieser Übergang gilt im Hinblick auf die mit dem Besitz verbundenen Rechte (s. §§ 861, 862) und Rechtsvorteile (s. etwa §§ 1006, 937). Besitz erscheint so als Rechtsstellung, und sein Verhältnis ebenso zur tatsächlichen Sachherrschaft wie zu den Sachenrechten ist mithin fraglich.

405 In seiner berühmten – hier schon mehrfach zitierten – Schrift, mit der die Schule der geschichtlichen Rechtswissenschaft ihren Anfang genommen hat[12], der Schrift »Das Recht des Besitzes« von 1803[13], hat *Savigny* gemeint: Der Besitz sei »Factum und Recht zugleich«[14]. Seiner ursprünglichen Bedeutung nach sei er Factum. Insofern aber, als sich an dieses Factum Rechte knüpften und sodann diese Rechte in manchen Fällen sogar unabhängig von jenem Factum eintreten könnten, sei der Besitz zugleich Recht[15].

406 Ist festzustellen, daß jene Rechte den Besitz nur »zugleich« zum Recht machen, so sind die Rechte nicht aus dem Besitz als Recht abzuleiten. Ihr Grund ist mithin noch offen. *Savigny* findet ihn gemäß der Art der Störung, die die Besitzrechte auslöst, in Handlungen, die als solche Unrechtshandlungen sind. Aus den römischen Quellen ist eine Trias der Verletzungen überkommen, die zum Besitzschutz führen: nämlich Störung durch Gewalt oder heimlich oder Herausgabeweigerung desjenigen, dem eine Sache auf jederzeitigen Widerruf überlassen worden ist (»vi, clam, precario«). *Savigny* sieht in Gewalttätigkeit und Mißbrauch des guten Willens eines anderen das Unrecht, auf das sich die Besitzschutzansprüche gründen[16]. In einer späteren Auflage[17] qualifiziert er das

[11] „Hand wahre Hand“ hieß: Die Hand, in die man die Gewere gelegt hat, muß die Gewährschaft für die Rückgabe übernehmen, aber nur sie allein, *R. Hübner*, S. 356 f.
[12] S. *H. H. Jakobs*, Tijdschrift voor RGeschiedenis, 1989, S. 241 ff.
[13] Vgl. o. Rz. 401 Fn. 3.
[14] A.a.O., S. 44.
[15] A.a.O., S. 44 f., 47.
[16] A.a.O., S. 35 mit Fn. 1.
[17] Der hier jeweils zitierten.

Unrecht als Verletzung der Person. Aufgrund der Verbindung des Besitzes mit der besitzenden Person sei der Besitz mit gesichert gegen diejenigen Arten der Verletzung, durch welche zugleich die Person berührt werden würde[18]. Aufgrund der Wendung gegen die genannten »maleficia« – ergänzend ist zu berücksichtigen, daß die Besitzschutzansprüche der römischen Quellen (die sog. Interdikte) auch auf Schadensersatz gerichtet waren[19] – ordnete *Savigny* den Besitzschutz in das Obligationen-, speziell das Deliktsrecht ein[20].

Der Qualifizierung des Besitzes durch *Savigny* als Faktum hat in einem seinerzeit berühmten Streit[21] Eduard *Gans* die Einordnung des Besitzes als Recht entgegengesetzt. An *Hegel* anschließend, sah er die Grundlage allen Rechts im freien Willen; war dieser allgemein, d.h. allgemein anerkannt, so war sein Recht absolut; war er dagegen nur der besondere Wille einer einzelnen Person, so brachte er nur relatives Recht hervor. Besitz sei, so *Gans*, Haben einer Sache »bloß nach der Seite des besonderen Willens«. Schon der besondere Habens-Wille einer Person sei zu schützen, indem er nicht dem einzelnen Willen eines anderen, sondern nur dem höheren Allgemeinen zu weichen habe[22]. Der Besitz gehöre an die Spitze der jura in re[23]. **407**

An die Spitze demgegenüber nicht der Sachenrechte, sondern nur des Gebiets des Sachenrechts gehört der Besitz nach *Windscheid*. »Er ist das unmittelbarste und einfachste Rechtsverhältnis zur Sache«[24]. Aber er ist – wie *Windscheid* noch schärfer faßt als *Savigny* – »nichts als eine Thatsache«, eine Tatsache, an die rechtliche Folgen angeknüpft werden[25]. »Der Interdictenschutz ist der Ausdruck der Anerkennung der Thatsache als solcher. Der durch den Willen einer Person begründete und festgehaltene thatsächliche Zustand einer Sache soll geachtet werden«[26]. **408**

Eine öffentlich-rechtliche, nämlich eine Friedensfunktion (Ausschluß der Störung der öffentlichen Ordnung durch Gewalt), wurde dem Schutz des Besitzes durch den Schüler *Savignys*, *Rudorff*, zugewiesen[27]. **409**

In der neueren Zeit schwankt das Urteil über den Charakter des Besitzes nach wie vor[28]. **410**

Für die Einordnung des Besitzes als Recht oder Faktum ist zunächst klarzustellen, daß es um die Einordnung des Besitzes als geschützter Position, d.h. um die Einordnung des Besitzschutzes geht. Daß und inwieweit der Besitz als tatsächliche Herrschaft einer Person über eine Sache rechtliche Schlußfolgerungen (wie z.B. die Eigentumsvermutung) erlaubt, Anknüpfungspunkt für die Formierung von Verfügungstatbeständen sein (s. § 929) und unter bestimmten Voraussetzungen zu rechtlicher Herrschaft umgewandelt werden kann (§§ 937, 965, 973), ist ohne Zusammenhang mit der rechtlichen Einordnung des Besitzes als solchen. **411**

[18] *Savingy*, a.a.O., S. 55 f.
[19] A.a.O., S. 396 f., 408 f., 443.
[20] A.a.O., S. 48 ff., 190.
[21] S. *Braun*, Judentum, Jurisprudenz und Philosophie, 1997, S.91 ff.
[22] System des römischen Civilrechts im Grundrisse, 1827, S. 202 ff. Darstellung bei *Braun*, a.a.O., S. 94 ff.
[23] *Gans*, a.a.O., S. 215, auch S. 28.
[24] Lehrbuch des Pandektenrechts, 8. Aufl., Bd. 1, § 150 4.
[25] A.a.O., § 151'1, 4.
[26] A.a.O., § 148.
[27] Zeitschrift für geschichtliche Rechtswissenschaft, Bd. 7, 1830, S. 90 ff.
[28] Für den Besitz als dingliches Recht *Wolff/Raiser* § 3 II 3, III, S. 19; *E. Wolf*, Sachenrecht, § 2 A II b, c; unklar einschränkend noch *Westermann*, 5. Aufl., § 8 4, 6; verneinend die 7. Aufl., § 8 4, 6, S. 68 f. Gegen die Natur des Besitzes als absolutes Recht *Baur/Stürner* § 9 V 1, S. 88. Den Friedenszweck des Besitzschutzes betonen *Wolff/Raiser* § 17 vor I, S. 52.

Was nun diese Einordnung betrifft, hat sie den Zustand von Sachen im Verhältnis zu Personen unabhängig von irgendeiner rechtlichen Zuordnung der Sache zur Person zu erfassen. Der Besitz des Diebes, und zwar betrachtet sogar aus der Sicht des Eigentümers der Sache, ist grundsätzlich[29] ein ebenso geschützter Besitz wie der Besitz dieses Eigentümers. Der Grund des rechtlichen Schutzes des Besitzes ist danach mit Rücksicht auf die zugespitzte Frage zu klären, weshalb selbst der Eigentümer (ebensowenig der Inhaber von zum Besitz berechtigenden beschränkten dinglichen Rechten an einer Sache) grundsätzlich nicht um seines Rechts willen in den Besitz des an der Sache nicht Berechtigten eingreifen darf. Die Antwort liegt aber ganz so, wie *Savigny* es gesehen hat: nämlich in der Achtung der Rechtsordnung vor der Person. Die Sphäre der Person in Hinsicht auf Sachen, die sie – sei es durch ihren Körper, durch ihre Anwesenheit, die Anwesenheit ihrer Leute oder durch Organisation – tatsächlich unter Ausschluß aller übrigen[30] beherrscht, soll gegen Eingriffe geschützt sein. Die Rechtsordnung achtet diese Herrschaft grundsätzlich insofern, als die Herrschaft nur im rechtlich geordneten Verfahren durch die Organe der Rechtsordnung (in der Situation des Selbsthilferechts – §§ 229 f. – ist dies der nicht besitzende Berechtigte selbst) überwindbar sein, im übrigen aber im Bereich ihrer Herrschaft die Person selbst entscheiden soll. Störung ohne den Willen der Person ist grundsätzlich »verbotene Eigenmacht« (§ 858 I).

412 *Savigny* hatte also durchaus Recht, als er den Besitzschutz von der Person des Besitzers her gerechtfertigt sah. Man darf nur seine Begründung mit der Verletzung der Person nicht als Persönlichkeitsverletzung mißverstehen[31]. *Savigny* richtete sich gegen die Einordnung des Besitzschutzes als sachenrechtlichen, eine rechtliche Zuordnung der Sache selbst ausdrückenden Schutz, und er richtete sich weiterhin gegen die ausschließliche Instrumentalisierung des Besitzschutzes für eine öffentliche Friedensordnung. Stattdessen legte er den Schutz der Person gegen gewaltsames Eindringen in ihre Sachherrschaft und gegen Mißbrauch des guten Willens zugrunde.

413 Dies bedarf noch der Abstrahierung von jenen maleficia gegen die Person, die aus den Quellen überkommen waren: Eine solche ergibt sich nach der Besitzlehre *Savignys* aus zwei Anhaltspunkten: Erstens waren, wie oben gesehen[32], nach den Quellen des römischen Rechts und so auch noch für *Savigny* Mieter, Pächter und Entleiher nicht Besitzer, sondern bloße Detentoren, Inhaber[33]. Besitzer war der Eigentümer bzw. allgemeiner: der mit Eigentümerwillen über die Sache herrschende Verpächter, Vermieter oder Verleiher. Demgemäß muß *Savigny* annehmen, daß eine Gewalt, die die in der Detention des Mieters etc. befindliche Sache betrifft, gegen den Eigentümer etc. gerichtet ist, und die Detentoren nur über die Kontraktsklage gegen den Eigentümer geschützt sind[34]. In dem von *Savigny* angenommenen Grund des Besitzschutzes kann dies dergestalt eingepaßt werden, daß aufgrund der Herrschaftsordnung, die Eigentümer und Mieter zwischen sich bestimmt haben, der Eigentümer die Herrschaft nach außen innehat und diese zugunsten des Mieters wahrzunehmen hat[35].

29 Vorbehaltlich – nach BGB – der Abs. 3 und 4 des § 859.

30 In dem Sinne, daß der Zugang zu den Sachen vom Besitzer – insbesondere im Sinne des Ausschlusses – geregelt und diese Regelung aufgrund der Sachorganisation grundsätzlich spontan anerkannt wird.

31 So *Westermann*, 5. Aufl., § 8 3a; 7. Aufl., § 8 3a, S. 66.

32 Rz. 401.

33 *Savigny*, a.a.O., S. 129 ff., 283.

34 Zu letzterem a.a.O., S. 130 f.

35 S. 109 f. meint *Savigny*, aus der Einordnung der Interdikte als gegen das Unrecht der Gewalttätigkeit gerichtet (so S. 30 f.) folge »sehr natürlich«, daß derjenige, der die Detention in der Absicht innehat, fremdes Eigentum auszuüben, »welches er also eben jetzt anerkennt«, keinen (durch Interdikte geschützten) Besitz hat.

Der zweite Anhaltspunkt ist die Auslegung, die *Savigny* dem Merkmal der Gewalt gibt. Danach muß die Verletzung nicht so »gewaltsam« sein, wie der Ausdruck nahelegt. Es kommt nur darauf an, daß zum einen es an einem anderen oder seinen Sachen liegt, daß die Herrschaft des Besitzers über die Sache ganz oder teilweise aufgehoben wird, und daß zum anderen der Besitzer dem nicht zustimmt[36]. 414

Damit ist der Schutzgegenstand, den *Savigny* mit seinem Ausdruck von der Verletzung der Person meint, in seiner Allgemeinheit wie folgt zu bestimmen: Geschützt ist die Autonomie der Person in den Grenzen des Rechts im Bereich der tatsächlichen Beherrschung von Sachen[37]. 415

Besitz ist danach Faktum in Hinsicht auf die Frage der Sachzuordnung, Recht in Hinsicht auf die Achtung der Person. Das Faktum der tatsächlichen Beherrschung der Sache ist Tatbestandsmerkmal für vielfältige Rechtsfolgen, insbesondere für die Besitzschutzansprüche, aber auch für den Erwerb von Rechten, die die Zuordnung der Sache begründen. Das Recht auf Achtung der Selbstbestimmung der Person in der tatsächlichen Sachbeherrschung ist allgemeine Rechtsgrundlage der Besitzschutzrechte, d.h. die Grundlage für Besitzschutzrechte auch des Diebes und des Räubers. Darüber hinaus sichern die Besitzschutzrechte in den Fällen, in denen aufgrund weiterer Merkmale vorteilhafte Rechtsfolgen mit der tatsächlichen Sachherrschaft sich verbinden, Eintritt, Bestand und Geltendmachung dieser Rechtsfolgen (s. etwa § 940 II). 416

Aufgrund seiner rechtlichen Relevanz für den Eintritt von Rechtsfolgen und als Raum der zu achtenden Herrschaft einer Person über Sachen kann der Besitz auf den Erben als denjenigen, der die Vermögensherrschaft des Besitzers übernimmt, übergehen. 417

Als die einfachste gegen jedermann wirksame Sachbeziehung einerseits und als Ausgangspunkt für vielfältige sachenrechtliche Rechtsfolgen andererseits gehört der Besitz, wie *Windscheid* es gesagt hat, an die Spitze der Darstellung der absoluten Rechte im Hinblick auf Sachen, auch wenn er kein Sachenrecht ist. 418

III. Sachherrschaft und Gewahrsam

1. Erworbene und nicht beendigte Sachherrschaft als Besitz

Wenn soeben vom Besitz als einfachster Sachbeziehung gesprochen worden ist, so bezieht sich das auf die Geringfügigkeit der Voraussetzungen des rechtlichen Schutzes im Hinblick auf eine Sache. Daß die wenigen Voraussetzungen, insbesondere die Hauptvoraussetzung, der Besitz, auch immer einfach festzustellen sind, soll damit nicht gesagt sein. Sie sind es nämlich nicht. 419

Für die Feststellung des Besitzes ist auszugehen vom Grundtatbestand der tatsächlichen Sachherrschaft. Aufgrund seiner Abgrenzung sind später besondere Arten des Besitzes, auch die, die sich von der tatsächlichen Sachherrschaft entfernen, zu bestimmen. 420

[36] »Vis« als Merkmal des Hauptinterdikts gegen Besitzstörung ist Beschränkung des freien Gebrauchs der Sache, »mag dieses auch selbst durch die Sache des Nachbarn geschehen« (*Savigny*, a.a.O., S. 400). »Vis« als Merkmal der Klage gegen Besitzentziehung durch vis muß zwar sogar »atrox vis« sein, d.h. aber dennoch nur so viel, daß die Fortsetzung des Besitzes unmöglich gemacht wird und »der Wille des Besitzers von außen bestimmt wird« (a.a.O., S. 429).

[37] Vgl. *Savigny*, a.a.O., S. 429: Beide Arten der Gewalt (bei Besitzstörung und Besitzentziehung) hätten das miteinander gemein, daß sie »die Freiheit der Person verletzen«. Es ist erkennbar, daß sich der Aspekt der Selbstbestimmung der Person, die nur vom Recht überwunden wird, mit der Einordnung des Besitzes durch *Gans* zumindest als eines relativen Rechts nach der spezifischen Bedeutung, die dieser Begriff bei *Gans* hat (o. Rz. 407), trifft.

Mit dem Besitz als tatsächlicher Sachherrschaft ist der Gewahrsam im Sinne des Strafrechts und im Sinne der ZPO zu vergleichen.

421 Die Schwierigkeit der Besitzbestimmung zeigt § 867 S. 1: Dieser gibt den Fall einer Sache, die aus der Gewalt des Besitzers heraus auf ein im Besitz eines anderen befindliches Grundstück gelangt ist, und unterscheidet danach, ob die Sache noch nicht oder doch schon, insbesondere durch den Grundstücksbesitzer, in Besitz genommen worden ist. Die besitzrechtliche Herrschaft über ein Grundstück umschließt danach nicht notwendig alle auf dem Grundstück befindlichen Sachen[38].

422 Geht es nach diesem ersten Beispiel um die Notwendigkeit der Herrschaftserstreckung gerade auf die konkrete Sache, so sind die Schwierigkeiten der Bestimmung der Beherrschung als solcher durch das klassische Beispiel der Frage zu demonstrieren, wann der Jäger an Wild, welches er jagt und vielleicht schon verwundet hat, Besitz erlangt[39].

423 Zum Problem der Bestimmung des Besitzes befindet *Kegel*: »In den deutschen Lehrbüchern herrscht Verzweiflung«[40]. Er bezieht sich auf die beiden Meinungen, daß sich die Sachherrschaft nach der Verkehrsanschauung[41] oder durch Abwägung der Interessen nach Maßgabe der gesetzlichen Werturteile[42] bestimme. Die Verkehrsanschauung soll dazu dienen, eine Sachbeziehung zu ermitteln, die nach dem Durchschnittsurteil von jedermann als Einwirkungsbereich eines anderen geachtet wird. Der Interessenstandpunkt fragt demgegenüber nach dem den Besitzschutz rechtfertigenden Kontinuitätsinteresse, d.h. danach, ob aufgrund der Einfügung einer Sache in die Interessensphäre einer Person und der Möglichkeit dieser Person zu künftiger Einwirkung auf die Sache es interessegemäß ist, dieser Person den Besitzschutz zu gewähren[43]. *Kegel* erklärt die Verkehrsanschauung für ein Alibi bei in Wirklichkeit vollzogener rechtlicher Wertung, deren Notwendigkeit die zweite Auffassung wenigstens hervorgehoben habe. Durch die wertende Betrachtung zahlreicher Einzelfälle findet *Kegel* seinerseits als Merkmal des Besitzes die überwiegende Wahrscheinlichkeit, den eigenen Willen an einer Sache durchzusetzen[44].

424 Das BGB gibt nicht den Tatbestand des Besitzes, sondern die Tatbestände des Erwerbs und der Beendigung des Besitzes vor. Der Besitz einer Sache wird durch die Erlangung der tatsächlichen Gewalt über die Sache erworben (§ 854 I). Er wird dadurch beendigt, daß der Besitzer die tatsächliche Gewalt über die Sache aufgibt oder in anderer Weise verliert (§ 856 I). Diese Art der Behandlung finden wir schon bei *Savigny*[45]. Besitz ist nach dieser Behandlung der Zustand aufgrund Besitzerwerbs bis zum Verlust des Besitzes. Wie *Kegel* Fälle aus aller Herren Länder zum Zweck der Ableitung allgemeiner Regeln durchmustert, macht *Savigny* die Fälle der römischen Quellen zum Gegenstand der Deduktion und Induktion allgemeiner Regeln.

[38] Die Unterscheidung ist von kardinaler Bedeutung: Wäre mit dem Hineingelangen der Sache auf sein Grundstück der Grundstückseigentümer Besitzer, würde er nach §§ 861, 985 auf Herausgabe der Sache haften. Da er dagegen nicht ohne weiteres Besitzer wird, kommen umgekehrt dingliche Rechte seinerseits in Betracht: Das Liegen der Sache bei ihm kann Beeinträchtigung seines Besitzes und seines Eigentums sein mit der Konsequenz der Beseitigungshaftung des Störers gegenüber dem Eigentümer nach §§ 862, 1004. Auch zur Durchführung dieser Beseitigung gewährt das BGB dem Störer die Verfolgungsrechte aus §§ 867, 1005. S. zu dieser Verschränkung *Picker*, FS Gernhuber (1993), 315 ff.

[39] *Savigny*, a.a.O., S. 227 f.

[40] FS v. Caemmerer (1978), 149 ff.

[41] *Wolff/Raiser* § 5 III vor 1., S. 25; *Westermann*, 5. Aufl., § 9 I 1, 4; 7. Aufl., § 9 I 1, 4, S. 73; *Baur/Stürner* § 7 B II 1 a, S. 58.

[42] *Heck*, Grundriß des Sachenrechts, 1930, S. 21, 26 f.

[43] *Heck*, a.a.O.

[44] FS v. Caemmerer (1978), 149, 178.

[45] A.a.O., 2./3. Abschnitt.

Was zunächst den Besitzerwerb betrifft, ist nach *Savigny* dafür zweierlei erforderlich: Zum ersten muß der Erwerber in eine solche Lage versetzt sein, daß er unmittelbar unter Ausschluß anderer nach Maßgabe der von ihm angenommenen oder usurpierten Rechtsposition auf die Sache einwirken kann. Zum zweiten muß der Erwerber die Sache als eigene oder aufgrund einer anderen Rechtsposition auch innehaben wollen. Corpus und animus sind nach *Savigny* die Grundlagen des Besitzerwerbs[46]. **425**

In der Konkretisierung seiner Kriterien gelangt *Savigny* durch Betrachtung der unterschiedlichen Entscheidungen der römischen Quellen zu einer ähnlichen Unterscheidung, wie *Kegel* sie getroffen hat. Die Fälle seien unterschiedlich je nachdem, ob die Möglichkeit, von der Sache vor deren endgültiger Innehabung doch noch ausgeschlossen zu werden, sehr nahe[47] oder sehr entfernt ist[48]. *Savigny* bleibt aber nicht bei der Wahrscheinlichkeitsrechnung, sondern er prägt die Unterscheidung so aus, daß sie an den Zusammenhang des Besitzschutzes als Personenschutz anknüpft: Maßgeblich sei, ob das Bewußtsein physischer Herrschaft entstehen könne, und dafür müsse die Möglichkeit, auf die Sache nach Willkür zu wirken, von demjenigen, welcher Besitz erwerben wolle, als unmittelbare, gegenwärtige Möglichkeit gedacht werden können[49]. **426**

Was andererseits den Besitzverlust betrifft bzw. – für die Abgrenzung des Besitzes – den Nichteintritt des Verlustes und mithin die Fortdauer des Besitzes, so läßt *Savigny* insoweit den Fortbestand der Möglichkeit genügen, das für den Erwerb erforderliche unmittelbare Verhältnis nach Willkür zu reproduzieren. Die bloße Entfernung von der Sache hebe also den Besitz nicht auf[50]. **427**

Aus dem Besitz als Herrschaft der Person folgt auch die Erforderlichkeit des Besitzwillens, der aus der möglichen die wahrgenommene Herrschaft macht[51]. Zum Erwerb könne den erforderlichen Willen der Wahnsinnige gar nicht und der unter gesetzlicher Vertretung stehende Jugendliche (pupillus) selbständig nur dann haben, wenn er ausgebildet genug sei, den Erwerb zu begreifen und ernstlich zu wollen[52]. Was den Besitzverlust durch bloßen Verlust des Besitzwillens betrifft, stellt *Savigny* zunächst fest, daß die Reproduzierbarkeit des ursprünglichen Willens immer möglich sei, solange (erstens, wie hier vorauszusetzen, die äußere Lage unverändert und zweitens) nicht der Wille, den Besitz aufzugeben, gefaßt sei[53]; zum anderen sei festzustellen, daß der selbständigen Fassung dieses also erforderlichen Besitzaufgabewillens nicht nur Wahnsinn, sondern hier auch ohne Einschränkung Jugendlichkeit entgegenstehe[54]. **428**

Versteht man, wie oben als notwendig erkannt, Besitzschutz als Schutz der Herrschaft der Person über eine Sache um der Selbstbestimmung der Person willen, so sind die Besitzmerkmale *Savignys* zwingend: Die Herrschaft des Besitzers muß wirklich begründet sein, deshalb ist der Erwerb des Besitzes und nicht vage Besitz als solcher zu prüfen. Von der Erlangung einer Herrschaft über eine Sache ist objektiv nur dann zu reden, wenn die unmittelbare, gegenwärtige Einwirkungsmöglichkeit erlangt ist. Die Herrschaft muß weiter ein Ausdruck der Selbstbestimmung sein, deshalb ist der Besitzwille zu fordern als **429**

46 A.a.O, S. 205 f., 210, 246, 282, 473 ff. für die verschiedenen Besitzpositionen, die *Savigny* gemäß den römischen Quellen und damit anders als unser BGB unterscheidet (s. o. Rz. 401).

47 So bei der Wildhetze, solange das Tier noch nicht ergriffen oder getötet ist, s. *Savigny*, a.a.O, S. 222 f.

48 So bei Übergabe eines Grundstücks, in dessen Nähe der Erwerber sich befindet, s. *Savigny*, a.a.O., S. 214, 237.

49 A.a.O., S. 237 f.

50 A.a.O., S. 239.

51 A.a.O., S. 238 f.

52 A.a.O., S. 248 ff.

53 A.a.O., S. 354 f.

54 A.a.O., S. 355.

Element einer bewußten Herrschaft[55]. Der Selbstbestimmungsaspekt betont zusätzlich die Relevanz des Besitzerwerbs als eines Akts der Selbstbestimmung. Wie sehr Verlust und Erwerb des Besitzes von dem Zusammenspiel zwischen Herrschaft(smöglichkeit) und Selbstbestimmung abhängig sind, zeigt aus dem BGB § 854 II: Die Einigung des bisherigen Besitzers und des Erwerbers genügt zum Erwerbe des Besitzes (unter gleichzeitigem Besitzverlust des vorherigen Besitzers), wenn der Erwerber in der Lage ist, die Gewalt über die Sache auszuüben[56].

430 Ist die Herrschaft erst einmal erlangt, der Besitz also erworben, so besteht der Besitz so lange fort, wie die Herrschaft unverändert oder aufgrund zumindest reproduzierbarer Einwirkungsmöglichkeit (s. § 856 II) fortdauert. Ein Fall der Herrschaftsbeendigung muß gemäß dem Autonomiegedanken die Aufgabe des Besitzwillens sein.

431 Demgegenüber hat die von anderen als Besitzkriterium berufene Verkehrsanschauung als solche keine den Besitzschutz rechtfertigende Kraft. Sie kann nur die Herrschaft des Besitzers stützen. Für diese ist nämlich eine Testfrage, ob für eine bestimmte Sache vorauszusetzen ist, daß der »reasonable man« von einer fremden Zuständigkeit zur Einwirkung auf diese Sache ausgehen muß und diese achten wird (so daß der Herrschaft der als Besitzer in Betracht kommenden Person Raum gegeben ist). Bejahendenfalls mag man davon sprechen, daß die Verkehrsanschauung für den Besitz jener Person an der Sache spricht.

432 Gar nicht ist demgegenüber *Heck* in seinem Einsatz des Besitzschutzes gemäß der Abwägung eines auf die Möglichkeit künftiger Einwirkung gerichteten Kontinuitätsinteresses zu folgen. Das läuft auf Sach- statt Personenschutz hinaus. Nicht die Möglichkeit künftiger Einwirkung auf die Sache, sondern daß die Herrschaft erworben ist und fortdauert, ist Grund und Gegenstand des Besitzschutzes[57].

433 Wie wichtig es ist, auf den Erwerb und die Fortdauer des Besitzes abzustellen, zeigt die Entscheidung des BGH im bekannten Großmarkt-Fall[58]:

Der Kunde K eines Metro-Großmarkts[59] entdeckt zwischen Waren, die unter dem Regal stehen, einen 1.000.-€-Schein, gibt ihn an den Betriebsleiter, der den Vorgang in ein sog. Fundbuch einträgt und den Geldschein sodann in die Kasse legt mit der Folge der Vermischung nach § 948 I. Nach Ablauf von 6 Monaten, in denen der Verlierer sich nicht gemeldet hat, verlangt K den Geldschein heraus, weil er als Finder durch Zeitablauf Eigentümer geworden sei oder doch jedenfalls als Hinterleger Rückgabe verlangen könne. Metro weigert sich.

Angesichts der Vermischung ist ein Wertersatzanspruch aus dem Gesichtspunkt der Rückgabepflicht des Verwahrers[60] oder der Besitzkondiktion nach §§ 812 I 2, 818 II zu prüfen. Beides setzt voraus, daß K den Besitz an dem Geldschein auf die Metro aufgrund des Rechtsgrundes übertragen hat, daß Metro den Geldschein verwahren, für den Verlierer in der 6-Monats-Frist bereitstellen und schließlich nach dem ergebnislosen Ablauf der Frist dem K aufgrund seines Erwerbs als

[55] Zur Möglichkeit der Generalisierung u. Rz. 439. Zweifelhaft deshalb das Beispiel aus der Literatur für die Ablehnung des Besitzerwerbs mangels Besitzwillens: einem Schlafenden wird etwas zugesteckt – Zurückführung auf ein Fallbeispiel der Digesten bei *Knütel*, JuS 2001, 215.

[56] Gegenbeispiel OLG Koblenz, NJW-RR 1994, 1351 f.: Kein Mitbesitz einer Ehefrau allein aus der Kenntnis eines Verstecks einer Münzsammlung im ehelichen Schlafzimmer.

[57] *Heck* wählt freilich seine Beispiele wohlweislich so, daß die gegenwärtige Herrschaft herauskommt. Z.B. § 6 Ziff. 4 c (Hinweis darauf S. 22): Ablage eines Geldbriefes bei einem Schlafenden – in dessen eigenem Schlafzimmer –. Man vergleiche dazu *Savigny*, a.a.O., S. 226 f.

[58] BGHZ 101, 186 = NJW 1987, 2812 = JZ 1988, 357 mit Anm. *Ernst*. Vgl. zu diesem Urteil auch *Dubischar*, JuS 1989, 703.

[59] Zur näheren Einzelheit s. Bericht der SZ v. 26.6.1987, S. 44.

[60] Kunde und Metro kam es auf den Geldbetrag und nicht den konkreten Schein an. Deshalb war die Vermischung nicht eine Verletzung des Verwahrungsvertrags. Auch ein Darlehensverhältnis i.S. von § 700 ist nicht anzunehmen. Weiter ist von einem Eventualvertrag zu sprechen: Der Verwahrungsvertrag war für den Fall, daß die Rechtslage Besitz des Kunden ergab, abgeschlossen.

Finder (§ 973) herausgeben sollte. Dieser Rechtsgrund war ausgeschlossen, wenn Metro schon vor der Entdeckung durch K Besitzer des Geldscheins gewesen war und K nach Ansichnahme des Scheins den Besitz an diesem nur der Metro zurückübertragen hatte.

Für diese Frage sind die Sondervorschriften der §§ 978 ff. bedeutsam. Sie gehen nämlich bei in öffentlichen Behörden oder Verkehrsanstalten weggekommenen Sachen von einem Fund (§ 978 I) und d.h. nach der Begründung der Motive: von der Besitzlosigkeit dieser Sachen aus. Die Motive unterscheiden wie folgt[61]: Das Gebiet des gewöhnlichen Findens sei keiner speziellen Aufsicht unterstellt, der dem Verkehre geöffnete Fundort der Sondervorschriften dagegen einer besonderen organisierten Aufsicht; von beiden grenzten sich Privatgebiete und Privaträume dadurch ab, daß »die dort befindlichen Sachen bereits einer gewissen Detention unterstehen und nicht im eigentlichen Sinne gefunden werden können«. Die Umschlossenheit einer weggekommenen Sache von Raum und Organisation einer Behörde oder Verkehrsanstalt begründet danach nicht den Besitz der Behörde oder Anstalt. Bei Umschlossenheit durch Raum und Organisation einer privaten Person, die nicht Träger einer dem öffentlichen Verkehr dienenden Verkehrsanstalt ist, soll dies näherliegen, wenn auch immer noch, wie die Formulierung von einer »gewissen« Detention beweist, Zweifel bestehen.

Der BGH hat diese Zweifel in seinem Fall dahin gelöst, daß er sich für den Besitz des Großmarkts entschieden hat. Faßt man seine Argumentation zusammen, so ergibt sich danach zunächst die Sachherrschaft des Großmarkts, die nach der Verkehrsauffassung zu prüfen sei, aus der Lage des Geldscheins an einer Stelle (nämlich zwischen Waren), die durch die von Metro organisierte Ladenkontrolle und Wiederbeschaffungsorganisation erfaßt ist, und aus der deutlichen Sichtbarkeit des Geldscheins. Was sodann den Besitzerwerbswillen betrifft, soll der Wille des Inhabers zur Obhut über verlorene Sachen im Interesse von Kunden und Mitarbeitern entscheidend sein, wie dieser nach außen in der Anweisung an die Mitarbeiter hervortrete, Fundsachen an den Betriebsleiter abzugeben, und weiter in der Führung des Fundbuchs und der getrennten Verwahrung von Fundsachen. Die übliche Eintragung der Namen der »Finder« im Buch vermerke nur den Überbringer für den Fall von Feststellungsschwierigkeiten oder der Rückgabe zu eigener Entlastung, weise aber nicht auf ihn als Besitzer und Finder im Sinne des Fundrechts hin.

Das Fundament dieser Betrachtung des BGH ist die verbreitete Lehre von der Mög- 434
lichkeit generalisierter Sachherrschaft und eines generalisierten Besitzwillens[62]. In Weiterführung dieser Lehre hat *Westermann* auf den Besitzwillen dort gänzlich verzichtet, wo von der Einfügung der Sache in eine Organisation gesprochen werden kann, und insoweit diese Einfügung für den Besitz des Organisationsträgers ausreichen lassen[63].

Die Lehre von der generalisierten Sachherrschaft ist zu undifferenziert. Allein die Un- 435
terscheidung des § 867 hinsichtlich einer auf das Grundstück eines anderen gelangten Sache dahingehend, daß diese Sache entweder noch nicht oder doch schon in Besitz genommen ist, zeigt dies. Ebenso die angeführten Vorschriften über den Verkehrs- und Behördenfund. Die generelle Herrschaft über eine Sache oder einen Betrieb, auf die oder in den eine (andere) Sache gelangt, ist immer zunächst noch nur Herrschaft über jene Sache oder jenen Betrieb und nicht ohne weiteres Herrschaft über die neu hereingelangte Sache. Es bedarf der Inbesitznahme als eines konkret die persönliche Herrschaft auf die betreffende Sache erstreckenden Erwerbsakts, entsprechend dem der Aneignung. Dieser Erwerbsakt kann – im Rahmen von deren Kompetenz – durch andere Personen, etwa Besitzdiener (s. § 855), vermittelt werden, nicht aber schon durch Sachen oder Sachinbegriffe, in die andere Sachen hineingelangen.

[61] Mot.; *Mugdan* III, S. 215.

[62] *Wolff/Raiser* § 10 II, III; S. 38; *Baur/Stürner* § 7 B II 2 a, S. 60.

[63] 5. Aufl., § 13 I 2; ebenso 7. Aufl., § 13 I 2, S. 93, mit dann freilich überraschender Ablehnung des Ergebnisses des BGH im Großmarkt-Fall.

436 Die Prüfung dieses Besitzerwerbs als eines Herrschaftsergreifungsakts hätte vom BGH im Großmarkt-Fall vorgenommen werden müssen, und nur, weil diese Prüfung fehlt, konnte der BGH zur Annahme des Besitzes des Großmarkts kommen.

437 Allein die fundrechtlichen Konsequenzen der Entscheidung des BGH machen die Entscheidung zweifelhaft: Wenn etwas die fundrechtliche Privilegierung verdiente, so war dies der Akt des Ansichnehmens und Ablieferns an Metro durch den Kunden. Gerade wenn der 1000.-€-Schein gut sichtbar zwischen den Waren lag, bestand die Gefahr des Diebstahls bzw. der Unterschlagung, war es also für den Eigentümer entscheidend, daß der Kunde den Schein barg und ablieferte. Mit der Ablieferung an Metro wahrte er die Sorgfaltspflichten als Finder. Metro war seinen Kunden verpflichtet, für die Aufbewahrung und möglichst Zuführung an den Berechtigten hinsichtlich abhanden gekommener Sachen in seinem Bereich Sorge zu tragen. Fundrechte standen Metro nicht zu.

438 Diese fundrechtliche Überlegung hat das RG im Gastwirtschaftstoiletten-Fall[64] zu der zur Metro-Entscheidung gegenteiligen Entscheidung geführt: Auf der Toilette einer Gastwirtschaft hatte ein Gast eine verschmutzt in der Ecke liegende Kette entdeckt. Das RG hat dem Gast die Rechte des Finders zugesprochen. Die Einstellung einer Aufwartefrau zur Reinigung und Obsorge sei nicht als genügender Ausdruck des Besitzwillens des Gastwirts anzusehen. Erst durch Entdecken, Abschluß eines ergebnislosen Versuchs, die liegengelassene Sache zurückzuerstatten, und Einbehaltung der Sache mache die Aufwartefrau den Gastwirt zum Besitzer[65]. Dem RG ist nach den vorstehend entwickelten Kriterien zu folgen. In seiner Metro-Entscheidung hat der BGH sich von diesen Kriterien des RG zu Unrecht distanziert.

439 Als generalisiert ist der Besitzwille und die persönliche Herrschaft allerdings in Bezug auf solche Räume anzunehmen, die konkreter und abgeschlossener Obhut des Inhabers unterliegen[66]. Läßt mein privater Gast Sachen in meiner Wohnung liegen, so erstreckt sich mein Besitz über die Wohnung auf diese Sachen, sobald der Gast sie aus seinem Besitz verloren hat. In Räumen mit Publikumsverkehr dagegen, d.h. in Räumen mit Zutritt unbestimmter Personen, und ebenso auf Grundstücken, die nicht einer konkreten Beherrschung unterliegen (Wald-, Wiesengrundstück), geht mit Besitzverlust des Berechtigten dessen Besitz nicht automatisch auf den Inhaber dieser Räume oder Grundstücke über. Jedes Herumsuchen und -hantieren in jenen konkreter Obhut unterliegenden abgeschlossenen Räumen ist durch diese Obhut kontrolliert. Dagegen verhindert die Unbe-

[64] RG JW 1925, 784 (mit Anm. *Hedemann*); unvollständiger Abdruck des Urteils in RGZ 108, 259 f. *Hedemann* war mit Bezug auf seinen Aufsatz „Herrenlose Briefe" (Das Recht 1907, 942 ff.) zu der Anmerkung aufgefordert worden. Dort hatte er die Frage behandelt, ob ein Gast, der in einem Blatt des ausgelegten Toilettenpapiers einen wertvollen Autographen entdeckt, das Blatt mit sich nehmen dürfe. In seinem Eingang zur Anmerkung zu RG JW 1925, 784 hat *Hedemann* fernzuhalten versucht, „in den Geruch eines Spezialisten gerade auf diesem Gebiet (zu) kommen". In seiner Stellungnahme führt *Hedemann* mögliche Sichtweisen (einerseits individualistisch, andererseits auf die Betriebssphäre abstellend) auf und neigt, wenn auch schwankend, der letzteren zu (sie entspricht derjenigen des BGH im Metro-Fall). Nicht zutreffend spricht *Hedemann* vom zu besprechenden Urteil des KG (es geht um das Urteil des RG, das KG war die Vorinstanz).

[65] So rechtfertigt sich die Entscheidung des BGH im Platzanweiserin-Fall, BGHZ 8, 130 ff.: Hier hatte den in einem Kino bei der Vorstellung verlorenen Ring die mit Absuchen beauftragte Platzanweiserin „gefunden". In der Auseinandersetzung zwischen Kino-Inhaberin und Platzanweiserin, wer Finder und nach Fundrecht Eigentümer geworden sei, hat der BGH mit Recht die Kino-Inhaberin obsiegen lassen, für die die Platzanweiserin durch die Ansichnahme des Ringes als Besitzdienerin Besitz hergestellt hatte.

[66] *Savigny* gründet – den römischen Quellen folgend – auf die custodia des Bewohners über die von ihm bewohnten Räume die Möglichkeit der zum Besitz erforderlichen Herrschaft. Es müsse nur noch das Wissen um die Lage der Sache hinzukommen. Erst dieses versetze die Sache in meine custodia (a.a.O., S. 226, 227, 228, 229 f. mit Fn. 1, S. 235). Schon dieses zusätzliche Erfordernis ist, von der custodia her gedacht, nicht mehr überzeugend.

stimmtheit des Verkehrs oder der Herrschaft in den anderen Räumen, daß eine verlorene Sache durch die Obhut des Rauminhabers gesichert bzw. von diesem gleichsam angeeignet ist[67]. Im Großmarkt-Fall hat der BGH den Besitzerwerbswillen von Metro überzeugend ausgeführt, es war aber der generelle Wille, Besitz zu erwerben; zu begründen war demgegenüber der Eintritt des Besitzerwerbs.

Für den Besitzerwerb reichen der natürliche Besitzsicherungswille und die natürliche Herrschaftsfähigkeit aus, die auch Kleinkindern schon zuzubilligen sind. **440**

Es sind originärer und derivativer Besitzerwerb zu unterscheiden. Derivativ ist der Besitzerwerb durch Übergabe. Diese setzt – vorbehaltlich der Mitwirkung des ges. Vertreters – Geschäftsfähigkeit des Gebers voraus, andernfalls ist die Sache i.S. des § 935 abhanden gekommen[68]. Damit ist aber nicht notwendig die Konsequenz verbunden, daß der Nehmer auch verbotene Eigenmacht i.S. von § 858 übt. Der Nehmer erwirbt aber jedenfalls originär. Originärer Besitzerwerb erfolgt also bei eigenmächtiger oder, wenn dies nicht gleichfalls zur Annahme von Ei genmacht führt, bei dem Verlierer nicht zurechenbarer Besitzverschiebung. **441**

Im Rahmen des derivativen Besitzerwerbs nennt, wie erwähnt, § 854 II den Fall eines rechtsgeschäftlichen[69] Besitzerwerbs. Dieser ist bedeutsam für die Übereignung durch Stellvertreter. Voraussetzung ist eine gelockerte Besitzbeziehung des Vorbesitzers, so daß diesem die Sache kraft Reproduzierbarkeit der Herrschaft zugerechnet wird. Bei dichter Besitzbeziehung muß eine Übergabe – etwa zur Erfüllung eines Kaufvertrages – durch erkennbare Besitzaufgabe des Veräußerers erfolgen (Veräußerungsmerkmal). **442**

Der Besitz durch Besitzdiener wird begründet oder beendet mit der Besitzdienerstellung hinsichtlich der Sache, insbesondere, indem der Besitzdiener selbst eine Sache als Teil der Organisation des Besitzherrn hereinnimmt oder sie aus dessen Organisationsbereich aussondert. **443**

2. Besitz und Gewahrsam

Gerade durch die zuletzt behandelte Möglichkeit des Besitzes durch Besitzdiener unterscheidet sich der hier betrachtete unmittelbare Besitz vom Gewahrsam im Sinne des Strafrechts. Dieser ist unmittelbare tatsächliche Sachherrschaft, und so kann auch der Besitzdiener Gewahrsam, zumindest Mitgewahrsam haben[70]. Der Gewahrsam i.S. des Vollstreckungsrechts (§§ 808, 809 ZPO) ist unmittelbarer Besitz, abgesehen von dem durch Erbgang erworbenen Besitz i.S. von § 857. **444**

[67] Zutreffend auf den Ausschluß des Einwirkens beliebiger Dritter abstellend OLG Celle NJW 1992, 2576.

[68] S. *Flume* II § 13 11 d, S. 214 zu Recht entgegen der h.M., die zwischen Geschäftsunfähigkeit und beschränkter Geschäftsfähigkeit unterscheiden will.

[69] Sog. longa manu traditio. Für rechtsgeschäftliche Beschaffenheit *Westermann*, 5. Aufl., § 13 III 2; 7. Aufl., § 13 III 2, S. 96 f.; *Wolff/Raiser* § 11 II, S. 40 f.; *Baur/Stürner* § 7 Rz. 10 ff.; für Realakt *E. Wolf*, § 2 E I b 2, S. 83. Die Frage hat Bedeutung hinsichtlich der Möglichkeit der Anfechtung. Der Besitzer kann seine Einigungserklärung nach den allgemeinen Vorschriften anfechten. Tut er dies, bevor der Erwerber sich die Gewalt verschafft hat, und nimmt der Erwerber trotzdem die Sache an sich, ist dies verbotene Eigenmacht und kommt die Sache abhanden. Wenn allerdings der Erwerber die Sache an sich genommen hatte, bevor der frühere Besitzer anficht, kann die Anfechtung weder besitzrechtlich noch im Hinblick auf das Abhandenkommen noch relevant werden (s. eingehend *Ernst*, Eigenbesitz und Mobiliarerwerb, S. 67 ff.).

[70] Im einzelnen streitig, vgl. Schönke-Schröder/*Eser*, StGB, 24. Aufl., § 242 Rz. 32 f.

3. Besitzaufgabe und sonstiger Besitzverlust

445 Das Gesetz unterscheidet für die Beendigung des Besitzes die Aufgabe der tatsächlichen Sachherrschaft und den Verlust derselben in anderer Weise (§ 856 I). Damit wird zum einen die Konsequenz daraus gezogen, daß der Besitz auf zwei Elementen, Herrschaftsmöglichkeit und Willen, beruht. Schon der Verlust des einen Elements, der Herrschaftsmöglichkeit, beendet den Besitz, ohne Rücksicht darauf, ob er mit oder ohne Willen des Besitzers eintritt. Zum anderen weist das Gesetz darauf hin, daß bestimmte gesetzliche Tatbestände den Verlust der Herrschaft ohne den Willen dazu voraussetzen. Dies trifft für § 858 I zu, der die verbotene Eigenmacht, die zum Besitzverlust führt, als Entziehung des Besitzes ohne den Willen des Besitzers definiert. Weiter setzt § 935 I 1 das Abhandenkommen der beweglichen Sache, d.h. wie die Beispielsfälle der Vorschrift (Diebstahl, Verlorengehen) zeigen, den unfreiwilligen Verlust des Besitzes einer beweglichen Sache voraus. Die verbotene Eigenmacht durch Besitzentziehung ist danach ein Fall des Abhandenkommens. Das Gesetz knüpft also in den Vorschriften Rechtsfolgen an den unfreiwilligen Besitzverlust. Für den Besitz kommt es darauf nicht an, für ihn sind Erwerb und Verlust der Sachherrschaft maßgeblich. Die Voraussetzungen des besonderen, nämlich des unfreiwilligen, Besitzverlustes sind je bei den einzelnen Tatbeständen zu klären, die diese Voraussetzung enthalten.

IV. Besondere Arten des Besitzes

1. Übersicht

446 Das BGB behandelt als besondere Fälle des Besitzes den Besitz durch Besitzdiener, den Erbenbesitz, den Teil- und den Mitbesitz, den mittelbaren und den unmittelbaren Besitz und den Eigen- und Fremdbesitz.

2. Besitz durch Besitzdiener

447 Nach § 855 ist, wenn ein sog. Besitzdiener die tatsächliche Gewalt über die Sache ausübt, nur der andere, für den der Besitzdiener die Gewalt ausübt, Besitzer. § 855 steht zwischen den Vorschriften über den Besitzerwerb (§ 854) und den Besitzverlust (§ 856), weil der Besitz durch Besitzdiener erworben werden kann und, solange ein Besitzdiener die Gewalt ausübt, nicht verloren ist. Der Besitzdiener ist nach § 855 z.B. in den Haushalt oder Betrieb des Besitzherrn eingeordnet. Besitzherr kann auch eine juristische Person oder eine Gesamthandsgesellschaft sein[71]. Voraussetzung für die alleinige Sachherrschaft des Besitzherrn ohne eigenen Besitz dessen, der die tatsächliche Gewalt ausübt, ist eine Unterordnung i. S. eines Weisungs- und Weisungsbefolgungsverhältnisses. Der Besitzdiener ist in dem Organisationsbereich einer anderen Person tätig[72]. Für die Besitzdienerstellung entscheidet die faktische Eingliederung, renitentes Verhalten ist unerheblich[73]. Die Besitzdienerbeziehung wird somit geprägt von einem faktischen Eingliederungsverhältnis.

[71] Die Organe der juristischen Person und ebenso die geschäftsführenden Mitglieder der Gesamthandsgemeinschaft sind nicht Besitzdiener. Ihr Besitz wird aber wie der von Besitzdienern der juristischen Person bzw. der Gesamthand zugerechnet. Und zwar auch der Besitz, den sie durch Weisungen an die Besitzdiener der juristischen Person oder Gesamthand ausüben.

[72] Zur Besitzlage bei Tätigkeit aufgrund sog. Bewachungsverträge *Dubischar*, NJW 1989, 3241, 3243 f.

[73] Auch die (etwa durch Verstecken der Sache im Betrieb des Besitzherrn) nach außen erkennbare Änderung des Willens hinsichtlich der Anerkennung der Herrschaft des anderen beendet entgegen der Formulierung von *Baur/Stürner* § 7 3 Rz. 74 die Besitzdienerstellung nicht.

Weil allein der Besitzherr und nicht der Besitzdiener Besitzer ist, ist etwa die Klage aus § 985 allein gegen den Besitzherrn zu richten. Der Besitzdiener darf allerdings die Selbsthilferechte nach § 860 ausüben. Gibt er die Sache ohne Willen des Besitzherrn weg, kommt die Sache abhanden. **448**

3. Erbenbesitz

Der Erbenbesitz[74] wird in § 857 nach der Vorschrift über den Besitzverlust behandelt, weil ein Fall des Besitzverlustes der Tod des Besitzers ist. § 857 läßt den Besitz auf den Erben übergehen. Der Erbenbesitz nach § 857 ist ein rein rechtlicher Besitz, der kraft der rechtlichen Anordnung des § 857 eintritt und unabhängig ist von der tatsächlichen Sachherrschaft. § 857 dehnt zum Schutz des Erben die Gesamtrechtsnachfolge des § 1922 auf den Besitz aus[75]. Bei unmittelbarem Besitz des Erblassers wird der Erbe unmittelbarer Besitzer. Zu unterscheiden ist zwischen dem Übergang des Besitzes als rechtlich relevanter Position nach § 857 vom Erblasser auf den Erben und dem vom Erben tatsächlich ergriffenen Besitz als Sachherrschaft des Erben[76]. **449**

Auch hinsichtlich des § 935 ist der Besitz des Erben relevant. Kommt eine Sache, die im Besitz des Erblassers stand, ohne den Willen des Erben aus ihrer bisherigen Lage weg, so kommt sie dem Erben abhanden. Ergreift aber der zunächst legitimierte Erbe den Besitz und schlägt er später die Erbschaft aus oder wird später die Annahmeerklärung oder das Testament angefochten, so ist die Weggabe durch *ihn* kein Abhandenkommen, obwohl rückwirkend der wirkliche Erbe Besitzer nach § 857 geworden ist. Der Besitzantritt des Pseudoerben, der also niemals wirklich legitimiert war (etwa gibt es ein – nur unbekanntes – Widerrufstestament), ist dagegen verbotene Eigenmacht und Abhandenkommen. Insoweit hilft dem redlichen Erwerber nur § 2366. **450**

Der Unterschied zwischen Erbenbesitz und angetretenem Besitz soll nach *Westermann*[77] auch bezüglich der Bösgläubigkeit nach § 990 gelten: Bösgläubigkeit des Erblassers hafte auch dem Erbenbesitz an. Habe der Erbe den Besitz aber gutgläubig tatsächlich angetreten, so entfalle die Bösgläubigkeit. Im Gegensatz dazu bleibe aber die Fehlerhaftigkeit nach § 858 II bestehen. Ersteres ist nicht überzeugend: Die Haftung aus § 990 setzt eigene Bösgläubigkeit voraus. Allerdings besteht aus der Haftung des Erblassers eine Nachlaßverbindlichkeit. **451**

4. Teil- und Mitbesitz

§ 865 definiert Teilbesitz als Besitz eines räumlich abgegrenzten Teils der Sache (z.B. einer Wohnung). Mitbesitz ist nach § 866 der von mehreren gemeinschaftlich ausgeübte Besitz. Mit- und Teilbesitzern stehen die allgemeinen Besitzschutzansprüche zu, diese entfallen nur im Verhältnis der Mitbesitzer untereinander, soweit nicht Besitzentziehung vorliegt (§ 866). **452**

Maßgeblich ist der Organisationsbereich. Verbleibt die Sache in diesem, bleibt es bei dem Besitz des Besitzherrn. Erst wenn die Sache aus diesem entfernt wird, was auch schon durch Verbringen in Eigenbereiche des Besitzdieners oder seiner Kollegen, die im Rahmen des Bereichs des Herrn bestehen, etwa in einen Spind, geschehen kann, endet der Besitz des Besitzherrn (so auch das Beispiel bei *Baur/Stürner* a.a.O.). Für diese Beendigung kommt es wiederum nicht auf einen entsprechenden Willen des Besitzdieners an. Handelt der Besitzdiener mit dem Willen, die Sache für den Besitzherrn aufzubewahren, begründet er für sich unmittelbaren und für den Besitzherrn mittelbaren Besitz. Der Besitz des Herrn durch den Besitzdiener endet jedenfalls.

[74] Zum Übergang des Besitzes auf den Erben *Ebenroth/Frank*, JuS 1996, 794 ff.

[75] § 857 ist auf andere Fälle der Gesamtrechtsnachfolge analog anzuwenden; *Baur/Stürner* § 8 Rz. 4.

[76] Nur letztere ist Gewahrsam i.S. von § 808 I ZPO; *Baur/Stürner* § 7 Rz. 12.

[77] 5. Aufl., § 32 II 2 d; 7. Aufl., § 32 II 2 d, S. 216.

Wenn nur ein gemeinsamer Zugang zu der in Mitbesitz befindlichen Sache möglich ist (etwa zwei Schlösser, jeder Mitbesitzer hat nur Schlüssel für eins), spricht man irreführend von *gesamthänderischem Mitbesitz*[78]. Gesamthänderischer Besitz ist Besitz der Gesamthand, also etwas ganz anderes. Hinsichtlich des Besitzes bei faktisch nur gemeinsamem Zugang zur Sache kann man von gesteigertem Mitbesitz sprechen. Dieser ist relevant für § 1206. Gleichgestellt ist dort der mittelbare Mitbesitz.

5. Unmittelbarer und mittelbarer Besitz

a) Einordnung des mittelbaren Besitzes

453 Das Gesetz erklärt auch den mittelbaren Besitzer zum Besitzer (§ 868), an anderer Stelle unterscheidet es aber den Besitzer und den mittelbaren Besitzer (s. § 935 I 2). Folglich steht zwar „der mittelbare Besitz grundsätzlich dem unmittelbaren rechtlich gleich (§ 868); das gilt jedoch nicht, wenn der Zweck des Gesetzes etwas anderes gebietet"[79]. Mittelbarer Besitz ist vergeistigte, nämlich durch den Besitzmittlungswillen des unmittelbaren Besitzers im Rahmen eines entsprechenden Rechtsverhältnisses vermittelte Sachherrschaft.

454 Die Definition des mittelbaren Besitzes findet sich in §§ 868, 871 mit Beispielen in § 868[80]. Der mittelbare und der unmittelbare Besitz werden bezüglich des Besitzschutzes (§ 869) und der Kraft, Eigentum anzuzeigen (§ 1006 III, §§ 930, 934), gleichgestellt. Letzteres wird noch[81] als problematisch zu erkennen sein. Was den Schutz nach § 869 betrifft, muß der Angriff auf den Besitz aber gegenüber dem unmittelbaren Besitzer erfolgen. Verbotene Eigenmacht gegen den mittelbaren Besitzer setzt also voraus, daß der unmittelbare Besitz berührt wird; insbesondere gibt es also keine verbotene Eigenmacht durch den unmittelbaren Besitzer (im Gegensatz zu der des mittelbaren Besitzers *gegen* den unmittelbaren Besitzer). Bei Weggabe durch den unmittelbaren Besitzer kommt die Sache auch nicht abhanden.

b) Die Voraussetzungen des mittelbaren Besitzes

455 Nach § 868 und unter Berücksichtigung der Natur des mittelbaren Besitzes als vergeistigter Sachherrschaft sind für den mittelbaren Besitz folgende Voraussetzungen zu machen:

1. Eine aus (zumindest *angenommenem)* Besitzrecht des mittelbaren Besitzers *abgeleitete Besitzposition* dergestalt, daß kraft Gestattung oder im Interesse des mittelbaren Besitzers besessen wird und diesem gegenüber nach Ablauf der Gestattungszeit oder der Zeit der Interessewahrnehmung herauszugeben ist.

[78] *Wolff/Raiser* § 9 II, S. 36 ff.; *Baur/Stürner* § 7 Rz. 79 f.

[79] BGHZ 27, 360, 364. Der BGH interpretiert das Merkmal der Überlassung des Besitzes der Muttersache im Tatbestand des Erwerbs von Erzeugnissen oder sonstigen Bestandteilen kraft Aneignungsgestattung (§ 956 I 1). Die Einräumung des mittelbaren Besitzes reiche zumindest dann nicht aus, wenn der die Aneignung Gestattende selbst unmittelbarer Besitzer bleibe.

[80] Praktisch bedeutsame Beispiele von Besitzmittlungsverhältnissen sind der mittelbare Besitz des Sicherungsnehmers aufgrund der Sicherungsabrede bei der Sicherungsübereignung beweglicher Sachen und der mittelbare Besitz des Verkäufers bis zur vollständigen Zahlung des Kaufpreises aufgrund des Kaufs unter Eigentumsvorbehalt (diesen nimmt mit Recht als Besitzmittlungsverhältnis an *Flume* II § 42 4 d, S. 739). Ein weiteres Beispiel ergibt sich im Rahmen der zwangsweisen Durchsetzung eines Übereignungsanspruchs: Aufgrund der rechtskräftigen Verurteilung wird die Einigungserklärung des Veräußerers ersetzt (§ 894 ZPO). Wenn jetzt der Gerichtsvollzieher dem Veräußerer die Sache wegnimmt (§ 883 ZPO), tut er dies für den Gläubiger und erhält dieser durch die Wegnahme mittelbaren Besitz und Eigentum (§ 897 I ZPO).

[81] U. Rz. 886 ff.

Im Gegensatz dazu steht etwa das Besitzrecht des Verkäufers bis zur Lieferung an den Käufer.

Für die Besitzmittlung ist ein konkretes Mittlungsverhältnis erforderlich, es genügt nicht der allgemeine Willensausdruck, für den anderen zu besitzen. Der Vertrag, aufgrund dessen der unmittelbare, vom Geber abgeleitete Besitz eingeräumt wird, braucht nicht wirksam zu sein; der Herausgabeanspruch aus § 985 oder § 812 reicht für den mittelbaren Besitz aus[82]. Umgekehrt wird der bisherige Besitzer nicht Besitzmittler eines anderen als mittelbaren Besitzers, wenn der Vertrag nicht oder noch nicht wirksam ist[83].

2. *Besitzmittlungswille* des unmittelbaren Besitzers (s. den Gegensatz des § 872). Erforderlich ist, daß nach den äußerlich erkennbaren Umständen der Besitzer in Übereinstimmung mit der Besitzmittlung, also in diesem Sinne für den anderen, besitzen will. Eine lediglich innerlich bleibende Willensabweichung ist für das Recht unmaßgeblich. Wer der andere ist, kann rechtlich entgegen der Vorstellung des unmittelbaren Besitzers zu bestimmen sein; es reicht, daß der Besitzmittler sich auf ein bestimmtes Verhältnis ausrichtet und so zu erwarten ist, daß sein Wille sich nach der rechtlichen Klarstellung des wahren Beteiligten einstellen wird (etwa bei Abtretung i.S. von § 870 oder Ausrichtung der auftraglosen Geschäftswahrnehmung nach § 686).

3. Streitig ist, ob zusätzlich der *Besitzwille des mittelbaren Besitzers* erforderlich ist[84]. Wird auch der mittelbare Besitz als Art der Sachherrschaft verstanden, wäre das Erfordernis an sich zu bejahen. Das Gesetz definiert den mittelbaren Besitz aber durch das Rechtsverhältnis und den Mittlungswillen des Besitzers. Auf den Besitzwillen des mittelbaren Besitzers kommt es also nicht an. Weiß der mittelbare Besitzer nichts von der Besitzmittlung, ist er trotzdem mittelbarer Besitzer. Weiß er davon, will er aber die Stellung als mittelbarer Besitzer aufgeben, mag er das Verhältnis zu dem unmittelbaren Besitzer vertraglich ändern.

Die Frage nach einem Besitzmittlungsverhältnis, obwohl der mittelbare Besitzer davon **456**
nichts weiß, ist in der folgenden Weise relevant: Zunächst geht es um die Klage nach §§ 869 S. 1, 861. Diese setzt voraus, daß der Kl. wenigstens nachträglich von der Besitzmittlung erfahren hat. Wenn er dann die Klage aus §§ 869 S. 1, 861 erhebt, kann diese nicht daran scheitern, daß der Kl. in der Zeit der verbotenen Eigenmacht keinen Besitzwillen hatte.

Weiter ist für den Eigentumserwerb durch Einigung und Besitzmittlung seitens des **457**
Stellvertreters fraglich, ob es dazu eines Besitzwillens des Vertretenen bedarf[85]. Wenn die

[82] *Baur/Stürner* § 7 Rz. 43 ff.; *Westermann*, 5. Aufl., § 17 5, S. 109 ff.; 7. Aufl., § 17 5, S. 109 ff. jeweils m.w.N.; *Wolff/Raiser* § 8 I 2, S. 33 ff.

[83] Zu unterscheiden ist die aufschiebend bedingte Vereinbarung eines Besitzmittlungsverhältnisses von dem gegenwärtigen Besitzmittlungsverhältnis mit aufschiebend bedingtem Herausgabeanspruch: Will der Vorbehaltskäufer sein Anwartschaftsrecht zur Sicherheit übertragen, so kann er dies in entsprechender Anwendung des § 930 tun: Der Sicherungsnehmer wird aufgrund der Sicherungsübertragung mittelbarer Besitzer (und zwar mittelbarer Fremdbesitzer, hinter ihm steht der Vorbehaltsverkäufer als mittelbarer Eigenbesitzer); sein Herausgabeanspruch gegenüber dem Vorbehaltskäufer ist (vorbehaltlich möglicher Situationen, in denen der Sicherungsnehmer die Sache vor Gefährdungen sichern kann) durch die Kaufpreiszahlung aufschiebend bedingt (mit der er zugleich mittelbarer Eigenbesitzer wird, *Flume* II § 42 4, S. 740 Fn. 21).

[84] Das RG hat in dem Verhältnis zwischen Finder und Verlierer kein Besitzmittlungsverhältnis gefunden, auch dann nicht, wenn der Finder den Verlierer kennt (Gruch. Beitr. 69 -1928-, 373, 375). Anders – d.h. ein Besitzmittlungsverhältnis bejahend – dagegen im Fall der Geschäftsführung ohne Auftrag (RGZ 98, 131, 134).

[85] Dagegen MünchKomm/*Joost* § 868 Rz. 21.

Besitzeinräumung noch Veräußerungserfordernis der Übereignung bleiben soll, muß sie in Beziehung zu dem designierten Erwerber stehen. Dazu reicht aber aus, daß der Stellvertreter im Auftrag des Vertretenen handelt. Daß der Vertretene wissen muß, daß der Auftrag (insbesondere durch Stellvertretung) zustandegekommen oder ausgeführt ist, ist nicht erforderlich. Der rechtlich statuierte bzw. zugerechnete und ausgeführte Wille reicht aus.

458 Mittelbaren Mitbesitz haben mehrere Personen, wenn ihnen der Herausgabeanspruch in Bruchteilsberechtigung zusteht oder wenn der unmittelbare Besitzer sich verpflichtet hat, nur an sie zusammen herauszugeben[86].

459 Vom mittelbaren Mitbesitz ist der mehrstufige mittelbare Besitz i.S. von § 871 zu unterscheiden: Bei ihm mittelt der unmittelbare Besitzer einem ersten Oberbesitzer den Besitz und mittelt wiederum dieser einem anderen Oberbesitzer den Besitz u.s.w. Vermietet etwa der Eigentümer einem Mieter und dieser einem Untermieter, so haben wir zweistufigen mittelbaren Besitz vor uns. Dieser geht in erststufigen über, wenn der Untermieter für die Zeit nach dem ersten Mietverhältnis vom Eigentümer mietet und seinen Besitz in dieser Zeit fortsetzt[87]. Ein- und dieselbe Person kann auf verschiedenen Stufen der Besitzleiter stehen, etwa als unmittelbarer Fremdbesitzer den Besitz von einem Oberbesitzer ableiten, der wiederum seinerseits von ihr als mittelbarem Eigenbesitzer den Besitz empfangen hat.

c) *Erwerb und Verlust des mittelbaren Besitzes*

460 Der mittelbare Besitz wird durch Begründung oder Aufhebung seiner Voraussetzungen erworben oder verloren. Die Vereinbarung eines Besitzmittlungsverhältnisses kann vor dem Besitzerwerb des (künftigen) Besitzmittlers von einem Dritten vorweggenommen werden (»antizipiertes Besitzkonstitut«), z.B. im Rahmen eines Auftragsverhältnisses zu einem mittelbaren Stellvertreter. Auf das Erfordernis der Bestimmtheit des Erwerbs ist zu achten.

461 § 870 sieht sodann einen Erwerb durch Abtretung des Herausgabeanspruchs vor. Diese Regelung ist fragwürdig, weil die (mittelbare) Herrschaft des Zessionars fragwürdig ist[88].

462 Verlust tritt insbesondere ein, wenn der Besitzmittlungswille beendet wird, was aber irgendwie manifestiert werden muß (Entfernen des Ausleihstempels etc.). Eine rein innerlich bleibende Willensänderung hebt also den mittelbaren Besitz nicht auf[89].

463 Die Kenntlichmachung nach außen ist entscheidend. Diese ist aber unabhängig davon, ob der bisherige mittelbare Besitzer davon Kenntnis erlangt oder erlangen konnte. Das erstere gilt deshalb, weil das Recht sich nicht an innerlich bleibenden, seelischen Vorgängen orientiert (s. auch § 116). Auf die Erkennbarkeit für den mittelbaren Besitzer kommt es demgegenüber deshalb nicht an, weil der Besitz tatsächliche Sachherrschaft ist, deren Beendigung von objektiven Umständen abhängt. Einen Vertrauensschutz dahingehend, daß der Besitz bestehen bleibt, obwohl die tatsächliche Sachherrschaft aufgehört hat, kann es nicht geben (s. auch § 872).

464 Die Kenntlichmachung nach außen muß noch näher bestimmt werden für die Fälle, daß an den mittelbaren Besitz eine Rechtsänderung anknüpft. Schließt etwa der Lagerhalter L über Sachen, die A bei ihm eingelagert hat, einen Lagervertrag mit B, ohne daß A hinzugezogen wird, so ist

[86] S. § 1206 Alt. 2. Zu den Einzelheiten MünchKomm/*Damrau* § 1206 Rz. 9 f.

[87] Nach BGH WM 1989, 153 ist schon die Überlassung des Untermietbesitzes Überlassung des Besitzes auch aufgrund des zweiten Mietvertrages mit dem Eigentümer (relevant für die Anwendung des § 566 (§ 571 a.F.) bei Veräußerung der Mietsache nach Überlassung der Sache aufgrund des Untermietvertrages).

[88] Zum Besitz als solchen s. o. Rz. 455 sub 3.; zur Anknüpfung daran in §§ 933, 934 s. u. Rz. 886 ff.

[89] S. BGH WM 1979, 771 im Gegensatz zu WM 1955, 340.

fraglich, ob B jetzt statt A mittelbarer Besitzer wird[90], ob A und B Nebenbesitzer werden[91], oder ob weder A noch B Besitzer sind[92]. Ist dies für das Zustandekommen einer Übereignung relevant, so gilt folgendes:

Auszugehen ist von der Selbstverständlichkeit, daß der für Rechte relevante mittelbare Besitz nicht von einer Suche nach irgendwelchen Spuren eines gegenwärtigen Willens des unmittelbaren Besitzers abhängig gemacht werden darf. Werden mit Hilfe des mittelbaren Besitzes Rechtsakte vollzogen, so müssen die Rechtsakte so, wie sie zwischen den daran Beteiligten festgelegt werden, entscheiden. Irgendwelche wechselnden Verhaltensweisen des unmittelbaren Besitzers intern oder Dritten gegenüber sind zufällig und ohne Gewicht. § 930 etwa knüpft an die Vereinbarung zwischen Veräußerer und Erwerber an; abweichende Willensbekundungen des Veräußerers Dritten gegenüber sind irrelevant. Dasselbe muß gelten, wenn der unmittelbare Besitzer in Vollzug der Veräußerung seitens eines anderen die Besitzmittlung auf den Erwerber umstellt. Insofern ist der Rechtsprechung[93] darin Recht zu geben, daß, wenn L den Lagervertrag mit B in Vollzug einer zweiten Veräußerung des früheren Eigentümers an B – nach einer ersten an A – abgeschlossen hat, der B mittelbarer Besitzer wird und der mittelbare Besitz des A aufgehoben wird, selbst wenn diese Aufhebung dem A nicht erklärt wird[94].

Insofern ergibt sich: Es bleibt dabei, daß der mittelbare Besitz vom nach außen hervortretenden **465**
Besitzmittlungswillen abhängig ist. Da aber der mittelbare Besitz Mittel des Vollzugs des Rechtsakts ist, sollte es für seine Feststellung dann, wenn mit Bezug auf ihn Rechtsakte getätigt werden, auf die Erklärung im Rechtsakt ankommen[95]. Eine Änderung des Besitzes, ohne daß Rechtsakte getätigt würden, insbesondere in der Zeit nach bestimmten Rechtsakten, die den Besitz zunächst einmal festgelegt haben, sollte nur noch bei sonstiger eindeutiger, insbesondere dauerhafter Änderung des Umgangs mit der Sache, die etwa auf eine Änderung des Fremdbesitzerwillens in Eigenbesitzerwillen schließen läßt (s. §§ 868, 872), angenommen werden. So z.B. wenn ein Entleiher ein geliehenes Buch mit seinem Namen versieht und in den Bücherschrank einstellt oder wenn zur Verwahrung angenommene Sachen nunmehr als Produktionsmittel des verwahrenden Unternehmens verwendet werden. Ein Doppelspiel i.S. der Lehre vom Nebenbesitz (insbesondere ein Verheimlichungswille nach der Variante von *Medicus*), reicht ebensowenig, wie es nach dem Vorstehenden den im Rechtsakt zum Ausdruck gebrachten neuen Besitz hindert, dafür aus, daß der somit mit dem Rechtsakt zunächst einmal begründete neue Besitz nachträglich wieder zugunsten des alten Besitzers beendet wird.

Eine andere Frage ist es, ob auf den neuen mittelbaren Besitz ein gutgläubiger Erwerb gründen kann[96].

6. Eigen- und Fremdbesitz

Eigen- und Fremdbesitz unterscheiden sich nach § 872 durch die willensmäßige Ausrich- **466**
tung des Besitzes, also danach, als was sich der Besitzer geriert.

Relevant ist die Unterscheidung für §§ 1006, 937, 958, 955, 836 III, 900.

[90] So die Rechtsprechung zu §§ 933, 934; ebenso *Tiedtke*, s. u. Rz. 432; drs. nochmals WM 1987, 157; so nun auch *Westermann*, 7. Aufl., § 19 II 4, S. 120 ff.

[91] So unter der Voraussetzung eines Doppelspiels von L gegenüber A und B die Lehre vom Nebenbesitz, vertreten von *Westermann*, in der 5. Aufl., § 19 III 4, S. 120 ff., *Wolff/Raiser* § 15 II 2 , S. 50 a.E. (näher u. Rz. 896 ff).

[92] Darauf läuft die Variante der Lehre vom Nebenbesitz von *Medicus*, FS Hübner (1984), 611, 619 ff. hinaus, s. u. Rz. 898.

[93] Wie etwa BGH NJW 1979, 2037 im Saulachse-Fall, s. u. Rz. 890.

[94] S. auch *Tiedtke*, WM 1978, 446, 452, dessen Argumentation mit und parallel zu § 116 freilich von *Medicus*, FS Hübner (1984), 611, 618 f., zu Recht angegriffen wird. Statt auf § 116 ist auf die für das Recht relevanten Besitzgrundlagen abzustellen.

[95] Abgrenzungsbeispiel bei *Tiedtke*, WM 1978, 446, 452 li.Sp.

[96] Dazu s. u. Rz. 886 ff.

V. Besitzschutz

1. Sachenrechtlicher Schutz

a) Selbsthilferecht und possessorischer Besitzschutz

aa) Das Selbsthilferecht

467 Zur unmittelbaren Verhinderung von Besitzstörung und -entziehung dienen die Möglichkeiten der Besitzwehr (§ 859 I) und der Besitzkehr (§ 859 II, III). Dabei handelt es sich um Spezialregelungen zu den sonst eingreifenden Notwehr- und Selbsthilferechten nach §§ 227, 229[97].

Gegenstand der Abwehr ist die verbotene Eigenmacht i.S. von §§ 858 I, 869 S. 1. Daran fehlt es, wenn Rechtfertigungsgründe eingreifen; dabei muß es sich um solche handeln, die den Eingriff gestatten, ein Recht auf Herausgabe genügt nicht[98].

bb) Der possessorische Rechtsschutz

468 § 861 gibt einen Herausgabeanspruch bei Besitzentziehung, § 862 einen Beseitigungs- und einen Unterlassungsanspruch bei Besitzstörung. Die Ansprüche verwirklichen den dinglichen Besitzschutz wie die aus §§ 985, 1004 den dinglichen Eigentumsschutz[99].

469 Der Anspruch aus § 861 hat folgende Voraussetzungen:

(1) Anspruchsbegründende Merkmale (deren Erfüllung der Kl. vortragen und notfalls beweisen muß) sind verbotene Eigenmacht und fehlerhafter Besitz.

(a) Verbotene Eigenmacht ist die Entziehung oder Störung des Besitzes ohne den Willen des Besitzers (§ 858 I), d.h. die Minderung oder Aufhebung der Sachherrschaft des Besitzers – bei Bestehen eines Besitzmittlungsverhältnisses: des unmittelbaren Besitzers[100] – durch einen Dritten ohne den Willen des Besitzers. Streitig ist, ob der Wille des Besitzers von seiner Geschäftsfähigkeit abhängt oder ob auf die faktische Willensfähigkeit

[97] Das Selbsthilferecht nach § 859 darf nicht anstelle der Schranken der §§ 227, 229 durch ungeschriebene Schranken eingeschränkt werden: Entgegen AG Frankfurt NJW-RR 1989, 83 (betreffend das Abschleppen eines Kfz) gilt nicht das Verhältnismäßigkeitsprinzip i.S. der Zulässigkeit der Anwendung nur des mildesten Mittels, wobei auch Verzögerungen der Störungsbeseitigung und Beobachtungslasten aufzuerlegen sein könnten. Es gilt nur das Schikaneverbot nach § 226. – Die Spezialregeln zum Schutz des Besitzes sind nicht auf den Schutz des räumlich-gegenständlichen Bereichs der Ehe auszudehnen (entgegen *Smid*, FamRZ 1989, 1144). – Nach zutreffender überwiegender Rechtsprechung gehen bei Streitigkeiten getrennt lebender Ehegatten über die Weg- oder Rückschaffung von Hausratsgegenständen der Regelung der §§ 859 ff. die Vorschriften der HausratsVO i.V.m. § 1361 a vor (BGH FamRZ 1982, 1200; OLG Hamm FamRZ 1987, 463; OLG Düsseldorf – V. Familiensenat – FamRZ 1987, 483; OLG Frankfurt FamRZ 1988, 399; a.A. OLG Düsseldorf – IX. Familiensenat – FamRZ 1987, 484 mit Anm. *Müller*). Zur Auswirkung der Ehe auf Besitz und Eigentum insgesamt *Eichenhofer*, JZ 1988, 326 ff.

[98] Beispiele für Eingriffsrechte: polizeiliches Zugriffsrecht, Notstand gemäß §§ 228, 904, Selbsthilfe gemäß §§ 229 f., 859 II, IV. Verbotene Eigenmacht liegt auch dann nicht vor, wenn der Inhaber eines Leitungsrechts eigenmächtig gegen den Willen des Grundeigentümers eine nach § 57 I TKG zu duldende neue Leitung verlegt, BGH NJW 2000, 3206 ff = BGHZ 145, 16 ff.

[99] Analog § 906 II 2 gibt der BGH dem berechtigten Besitzer eines Grundstücks einen Ausgleichsanspruch, wenn Einwirkungen auf das von ihm besessene Grundstück infolge einer Vertiefung des Nachbargrundstücks nicht verbietbar waren. Der BGH sieht die Unverbietbarkeit im Sinne der Vorschrift schon aufgrund des Eintritts von Schäden als gegeben an, indem die Schädigung bei ihrem Eintritt verbotene Eigenmacht und wegen ihres Eintritts nicht mehr verhinderbar sei (BGH NJW 2001, 1865, dazu unten Rz. 705 ff.).

[100] S. § 869.

oder Willensreife zur Besitzaufgabe abzustellen ist[101]. Dafür kommt es auf die rechtliche Einordnung des Besitzes und der verbotenen Eigenmacht an: Besitz ist die rechtlich geschützte Herrschaft der Person, Besitzschutz ist Schutz der Selbstbestimmung der Person in dieser Herrschaft. Verbotene Eigenmacht ist Hinwegsetzen über diese Selbstbestimmung. Die Fähigkeit zur Selbstbestimmung kommt jedenfalls dem beschränkt Geschäftsfähigen zu. Was andererseits das Merkmal der Geschäftsunfähigkeit betrifft (§§ 104, 105 II), so erscheint eine sinnvolle Abgrenzung zwischen Geschäftsunfähigkeit und trotzdem vorhandener Willensfähigkeit oder -reife nicht sinnvoll durchführbar. Dagegen läßt sich zwar anführen, daß es auch nicht sinnvoll sei, für die Selbstbestimmungsfähigkeit Minderjähriger nach der starren Altersgrenze der §§ 104 Nr. 1, 106 zu unterscheiden. Aber diese Altersgrenze ist vorgegeben, und zwar auch für die Deliktsfähigkeit (§ 828 I), und sie ist auch nicht ohne Sinn. Für die Frage der Selbstbestimmungsfähigkeit ist entscheidend, daß für Geschäftsunfähige, soweit diese sich rechtlich artikulieren sollen, unbeschränkt ein gesetzlicher Vertreter handeln muß.

Die die verbotene Eigenmacht ausschließende Einwilligung in Besitzstörung oder -entziehung kann im Voraus erteilt werden, etwa in AGB zu einem Mietvertrag für Nachsuchungen des Vermieters oder seines Personals. Für eine solche vorherige Zustimmung ist aber volle Geschäftsfähigkeit oder gesetzliche Vertretung zu fordern. Außerdem ist sie jederzeit zurücknehmbar (auch durch Betätigung des Änderungswillens)[102]. Für die Willensänderung kommt es nicht auf Geschäftsfähigkeit an.

Wie durch Geschäftsunfähigkeit kann der Wille, der die verbotene Eigenmacht ausschließen könnte, auch durch Drohung, Gewalt oder sonstiges Aufzwingen eines übermächtigen Willens ausgeschlossen sein. Ob z.B. im Fall BGHZ 4, 10, in dem der aus einer auf öffentliches Recht gestützten Beschlagnahmeverfügung Begünstigte mit dieser Verfügung und in Begleitung eines Polizeibeamten erschien, der Polizeibeamte das beschlagnahmte Fahrzeug wegnahm oder, wie es im Fall geschah, der Eigentümer es aufgrund der durch Dabeisein des Beamten mit Nachdruck versehenen Drohung der Wegnahme herausgegeben hat, macht keinen Unterschied[103].

[101] Für Abstellen auf Willensfähigkeit oder Willensreife zur Besitzaufgabe, die auch bei Geschäftsunfähigkeit vorliegen könne, *Wolff/Raiser* § 17 I 4, S. 55; Planck-*Strecker* § 858 Anm. I a. *Wolff-Raiser* sprechen allerdings an anderer Stelle von verbotener Eigenmacht bei Entziehung des Besitzes eines Geisteskranken (zu § 992, § 85 II 1, S. 332, Fn. 18). Für die Voraussetzung der Geschäftsfähigkeit die Voraufl., ebenso *Baur/Stürner* § 9 Rz. 2 ff. (möglicherweise beschränkt auf den Fall einer vorher erteilten Zustimmung). Die Übergabe durch einen Geschäftsunfähigen bejaht für den Erwerb eines Pfandrechts (aufgrund noch bei Geschäftsfähigkeit vorgenommener antizipierter Einigung) der BGH in NJW 1988, 3262.

[102] *Wolff-Raiser* § 17 I 4, S. 55.

[103] Der BGH hat gleichwohl ein Abhandenkommen i.S. des § 935 abgelehnt. Der natürliche Besitzaufgabewille sei erst dann auszuschließen, wenn „der Wille zur Besitzaufgabe im wesentlichen unter dem Druck unerträglich wirkender Störungen gefaßt wird" (a.a.O. S. 33 ff., 39). Zutreffend für verbotene Eigenmacht LG Kiel MDR 1949, 366 in einem im Juni 1945 spielenden Fall eines Streits um ein Siedlerhäuschen, in dem der Kl. dadurch aus dem Häuschen getrieben worden war, daß der Bekl. unter Berufung auf eine Zuweisung durch das Wohnungsamt und in Begleitung einer von ihm aufgewiegelten größeren Menschenmenge vor dem Häuschen aufgetaucht war. Zutreffend gegen verbotene Eigenmacht hat OLG Freiburg entschieden im Fall JZ 1953, 473: Hier hatte der Bekl. angekündigt, einen nach seiner Meinung ihm zustehenden Rechtsanspruch auf den Besitz gerichtlich und mit Hilfe der Gendarmerie durchzusetzen. Indem der Kl. den Besitz räumte, hat er nur dem nachdrücklich geltend gemachten Rechtsstandpunkt des Bekl. nachgegeben. Eine Fallfrage war die Frage der verbotenen Eigenmacht schließlich in dem Fall RG JW 1928, 497, in dem der Räumung des Besitzes eines Grundstücks Streitereien zwischen den Parteien vorausgegangen waren, wobei insbesondere Störungen der Kl. in ihrem Besitz durch die Bekl. vorgekommen waren (für quaestio facti zutreffend *Raape* in seiner Anmerkung).

Verbotene Eigenmacht ist ausgeschlossen durch Rechtfertigungsgründe. Ein Rechtfertigungsgrund wäre die soeben erwähnte Beschlagnahmeverfügung gewesen, wenn sie wirksam gewesen wäre. Rechtfertigungsgründe sind weiter etwa die erlaubte Selbsthilfe nach § 859 II-IV und die Ermächtigung des Gerichtsvollziehers zum Zugriff in der Zwangsvollstreckung. Das Eigentum des Eigenmacht Übenden oder ein sonstiges Recht zum Besitz sind keine Rechtfertigungsgründe für verbotene Eigenmacht[104].

(b) Fehlerhafter Besitz liegt unter den Voraussetzungen des § 858 II vor.

470 (2) Der Anspruch ist ausgeschlossen, wenn der Kl. selbst fehlerhaft gegenüber dem Bekl. besitzt (§ 861 II).

(3) Auf Rechte auf den Besitz kann sich der Bekl. nach § 863 nicht berufen, auch nicht mit der dolo-agit-Einrede[105]. Bei den Ansprüchen nach §§ 861, 862 handelt es sich um einen rein possessorischen (besitzrechtlichen) Schutz. Möglich ist die Berufung aber bei Zustimmung des Kl. zu der Geltendmachung[106]. Gibt der Kl. sie nicht, so kommt nur eine für den Fall der Wiederinbesitznahme der Sache durch den Kl. zu erhebende Klage auf Herausgabe, z.B. nach § 985, in Betracht. Diese kann aber auch sogleich als Widerklage erhoben werden[107]. Nach Auffassung des BGH ist die Besitzschutzklage, auch wenn ihre Voraussetzungen an sich gegeben wären, abzuweisen, wenn Klage und Widerklage gleichzeitig entscheidungsreif sind, und zwar, wie man wegen der Möglichkeit von Rechtsmitteln für die unteren Instanzen hinzufügen muß, in der Revisionsinstanz[108]. Der Auffassung des BGH ist grundsätzlich nicht zu folgen. So wie in den unteren Instanzen von der Abweisung der Besitzschutzklage wegen gleichzeitiger Entscheidungsreife nicht die Rede sein kann, kann dies auch nicht in der Revisionsinstanz angenommen werden. Grundsätzlich ist bei Erhebung der petitorischen Widerklage über die Besitzschutzklage vorab durch Teilurteil zu entscheiden[109]. Nur wenn ausnahmsweise die Entscheidung über die possessorische Klage schwieriger Feststellungen bedarf und diese im Zusammenhang mit den für die petitorische Klage relevanten Feststellungen zu treffen sind, kann es zu der Situation kommen, daß eine Vorabbefriedung in Hinsicht auf die verbotene Eigenmacht ohne Sinn ist.

(4) Zu beachten ist schließlich die Ausschlußfrist des § 864.

471 Das Merkmal der verbotenen Eigenmacht (1 a) und die Maßgaben zu (3) und (4) gelten auch für den Besitzstörungsanspruch nach § 862, ebenso gilt auch hier der Einwand der Fehlerhaftigkeit des Besitzes des Gestörten selbst bei Erlangung des Besitzes durch diesen im letzten Jahr vor dem jetzt streitigen Eingriff (§ 862 II). Unterschiedlich ist die Voraussetzung der Störung gegenüber derjenigen der Entziehung und sind es demgemäß die daran anknüpfenden Ansprüche. Störung ist verbotene Eigenmacht in deren Variante der bloßen Minderung der Sachherrschaft. Das Merkmal der Störung entspricht damit

[104] S. OGHZ 1, 358; der Fall ist als Fall 1 besprochen bei *Gursky*, Sachenrecht, 2000 S. 1 ff.

[105] Auch dazu OGHZ 1, 358.

[106] Die Ausübung des Anspruchs ist nach dem Wesen jedes subjektiven Rechts Sache des Kl. Wolff/Raiser sprechen § 19 IV, S. 60 a.E. von Abdingbarkeit des § 863.

[107] BGHZ 73, 355. A.A. *Westermann*, 7. Aufl., § 24 II 4. S. 145. Die Klage kann auf vor der Eigenmacht vorhandenes wie auf nach der Eigenmacht begründetes Eigentum gestützt werden (die entwendete Sache ist bei dem i.S. von § 858 II bösgläubigen Bauherrn mit der Folge des § 946 eingebaut worden, Übungs-Fall *Schurig*, Passau SS 2000). Der Widerklage nach § 985 kann der Kl. hier möglicherweise die Replik entgegensetzen, daß er nach §§ 823 I, 831, 249 einen Anspruch auf Wiedereinräumung des Eigentums habe (§ 951 II 1, s. aber § 251).

[108] BGH, a.a.O., unter Berufung darauf, daß ebenso, wie nach § 864 II ein rechtskräftiges petitorisches Urteil dem Besitzschutz vorgeht, insgesamt bei Entscheidungsreife der petitorischen (Wider-)klage eine widersprechende Besitzschutzklage gegenstandslos werden müsse. Ebenso BGH NJW 1999, 425, 427. Zur Problematik demgegenüber schon des § 864 II *J. Hager*, KTS 1989, 515 ff.

[109] So noch BGHZ 53, 166.

dem Merkmal der Beeinträchtigung i.S. von § 1004, nur bezieht es sich auf die Sachherrschaft des Besitzes statt wie die Beeinträchtigung nach § 1004 auf den Inhalt des Eigentums. Störend i.S. von § 862 verhält sich derjenige, der durch sein Verhalten oder die Ausstrahlung seiner Sachen dem Besitzer faktisch ein Stück Sachherrschaft wegnimmt, und er verhält sich so lange, aber auch nur so lange störend, wie er dies gegenwärtig tut[110].

Beispiel[111]: M ist Mieterin einer Wohnung des E. Wegen erheblicher Zahlungsrückstände begehrt E eine einstweilige Verfügung dahingehend, daß er Zutritt zu der Wohnung erhalte, um die dort befindliche Zentralheizungsanlage abstellen zu können. Das AG weist den Antrag ab, da ein dementsprechendes Verhalten eine Besitzstörung i.S. von §§ 862 I 1, 858 I darstelle. M sei Besitzer der Wohnung. Das Abschalten der Heizung stelle verbotene Eigenmacht i.S. von § 858 I dar, gegen die sich M mit der Besitzschutzklage zur Wehr setzen könnte. Das AG bezeichnet es mit Recht als »Zumutung«, an einem solchen Verhalten mitwirken zu sollen. Der Vermieter kann, wenn die Voraussetzungen dafür vorliegen, kündigen und die Räumung erzwingen.

cc) Besitzschutz und petitorischer Schutz nach § 1007

§ 1007 gewährt dem, der eine bewegliche Sache in Besitz gehabt hat, gegen den gegen- **472**
wärtigen Besitzer einen Anspruch auf Herausgabe der Sache zum einen dann, wenn dieser bei dem Erwerbe des Besitzes nicht in gutem Glauben war (Abs. 1), zum anderen – freilich mit mehreren Einschränkungen – auch bei Gutgläubigkeit, wenn die Sache dem früheren Besitzer abhanden gekommen war (Abs. 2). Weil die Vorschriften die Anspruchsberechtigung an den früheren Besitz anknüpfen, werden sie überwiegend ungeachtet ihrer gesetzlichen Einstellung bei den „Ansprüchen aus dem Eigentum"[112] als Besitzschutzregelung, und zwar im Unterschied zur Regelung des possessorischen Schutzes nach §§ 861 f. als Regelung eines petitorischen (d.h. ein Recht verwirklichenden) Besitzschutzes eingeordnet[113]. § 1007 soll nach verbreiteter Meinung im Anschluß an § 1006 das vermutete Recht zum Besitz beweglicher Sachen schützen, indem die Vorschrift dann eingreife, wenn die Stellung des Kl. gegenüber dem Bekl. in Hinsicht auf die Vermutung jener Berechtigung relativ besser sei[114].

§ 1007 schützt, wie die Einordnung im Titel über die Ansprüche aus dem Eigentum **473**
zeigt, eine eigentumsrechtliche Position. Über die Vorschrift ist im Anschluß an den Herausgabeanspruch nach § 985 und seine Nebenfolgen zu handeln.

110 Zum Zusammenhang von § 862 und § 1004 *Picker*, FS Gernhuber (1993), 315 ff., 354 f. Für den Besitzschutz sind wie für den Eigentumsschutz die Beschränkungen insbesondere der §§ 904 ff. zu beachten

111 Nach AG Landau i.d.Pf. ZMR 1984, 246.

112 S. die Zugehörigkeit von § 1007 zu dem 4. Titel des 3. Buchs des BGB. Aufgrund der Einordnung bei den Ansprüchen aus dem Eigentum gehört § 1007 zu den Vorschriften, die § 1065 für den Nießbrauch (an beweglichen Sachen) und § 1227 für das Pfandrecht (an beweglichen Sachen) in Bezug nehmen.

113 S. etwa *Baur/Stürner* § 9 Rz. 27 ff. Weitere Nachweise bei *Stefan Weber*, § 1007 BGB – Prozessuale Regelungen im materiell-rechtlichen Gewand, 1988, S. 41 Fn. 158.

114 *Baur/Stürner* a.a.O. Weitere Nachweise der Auffassung bei *Stefan Weber*, a.a.O., S. 34 Fn. 137. Andere Autoren gehen von der unzutreffenden Auffassung, der Besitz sei ein Recht, aus; nach ihnen schützt § 1007 dieses Recht und wird so in § 1007 nicht das vermutete, sondern das wirkliche bessere Recht, welches eben im Besitz liege, geschützt (so *Wolff/Raiser* § 23 vor I, S. 69), s. *Weber*, a.a.O., S. 36 f. Über die vielfältigen weiteren Versuche der Deutung des § 1007 *Weber*, a.a.O., S. 30 ff.

b) Besonderheiten des Besitzschutzes beim Mitbesitz

474 Nach § 866 werden Mitbesitzer untereinander nicht possessorisch geschützt, was die Grenzen des Gebrauchs betrifft. Hält ein Mitbesitzer aber den anderen vollständig vom Besitz ab, finden §§ 859 ff. Anwendung.

Der verdrängte Besitzer hat einen Anspruch aus § 861 auf Wiederherstellung des Mitbesitzes, analog § 869 S. 2 bei Vorliegen von dessen Voraussetzungen auch auf Herstellung des Alleinbesitzes.

c) Besonderheiten des Besitzschutzes bei mittelbarem Besitz

475 Wie § 869 ergibt[115], findet ein possessorischer Besitzschutz des mittelbaren gegenüber dem unmittelbaren Besitzer nicht statt, wohl aber ein solcher des unmittelbaren gegen den mittelbaren[116]. Wird der unmittelbare Besitz durch Dritte gestört, so hat der mittelbare Besitzer die Befugnis nach § 869. Das Abstellen auf den unmittelbaren Besitz hat die Konsequenz, daß der mittelbare Besitzer immer dann keine Besitzschutzrechte hat, wenn der unmittelbare Besitz nicht verletzt ist, also auch dann nicht, wenn das Einverständnis des unmittelbaren Besitzers die Besitzverletzung ausschließt, selbst wenn dieses Einverständnis die Pflichten des unmittelbaren Besitzers aus dem Besitzmittlungsverhältnis verletzt.

476 An die Formulierung in § 869 S. 1, daß dem mittelbaren Besitzer die in §§ 861, 862 bestimmten Ansprüche zustehen, knüpft sich die Frage, ob mithin die Gewaltrechte des § 859 dem mittelbaren Besitzer nicht zustehen. Zum Teil bejaht die Literatur diesen Gegenschluß[117]. Der mittelbare Besitzer ist danach auf §§ 227 ff. verwiesen. *Wolff/Raiser*[118] wenden dagegen § 869 S. 2 an und geben dem mittelbaren Besitzer das Gewaltrecht, wenn der unmittelbare Besitzer zur Geltendmachung nicht fähig oder willens ist. *Gerhardt*[119] erklärt generell den Eigenmächtigen für schutzunwürdig; ein lückenloser Besitzschutz sei notwendig.

477 Demgegenüber ist festzustellen: Wenn der unmittelbare Besitzer keine Gewalt anwenden will, sollte es wie überhaupt bei der verbotenen Eigenmacht auf ihn ankommen. Der mittelbare Besitzer muß auf den Rechtsweg ausweichen. Ist dagegen der unmittelbare Besitzer nicht in der Lage zur Selbsthilfe, kommen Nothilfe (§ 227 I, II) und Selbsthilfe des mittelbaren Besitzers (§§ 229 f.), letztere hinsichtlich des eigenen Herausgabeanspruchs zugunsten des unmittelbaren Besitzers (§ 869 S. 1, 2), in Betracht. Das genügt wie bei denjenigen Personen, die nur ein rechtliches Band zur Sache haben. Beim mittelbaren Besitz kommt zwar noch die Herrschaft kraft des Mittlungswillens des unmittelbaren Besitzers hinzu. Das ist aber keine durch Gewalt i.S. von § 859 zu verteidigende Position.

478 Mit dem Terminus »Ansprüche« nicht erfaßt ist der Einwand des § 861 II. Beispiel: Der mittelbare Besitzer entzieht dem Eigenmächtigen seinerseits eigenmächtig den Besitz. Dieser klagt gegen ihn aus § 861 I. Das RG gibt den Einwand aus § 861 II. Argument ist, daß § 869 nicht auf § 861 I, sondern auf § 861 verweist[120]. Der mittelbare Besitzer kann sich danach auf § 861 II berufen, wenn auch der unmittelbare dies tun könnte. Aber immerhin hat der mittelbare Besitzer die verbotene Eigenmacht nicht zur Herstellung des früheren unmittelbaren Besitzes, sondern zur Herstellung eigenen unmittelbaren Besitzes eingesetzt. Auch hier könnte man auf den Gedanken kommen, § 869 S. 2 Hs. 2. anzuwenden: Nur wenn der unmittelbare Besitzer den Besitz nicht übernehmen konnte oder wollte, gibt es dann die Berufung auf § 861 II. Diese Einschränkung kann aber schon nicht gelten bezüglich der Verweisung auf § 862, die ebenfalls keinen Unterschied

[115] S. im einzelnen *Harder*, JuS 1988, 718, 720 m.w.N.
[116] S. das Beispiel AG Landau i. d. Pf. ZMR 1984, 246; dazu soeben Rz. 471.
[117] *E. Wolf*, Sachenrecht, § 2 D IV, S. 72 ff.
[118] § 20 I 2, S. 62.
[119] Mobiliarsachenrecht, § 7 3 b a.E., S. 35.
[120] RGZ 69, 197.

macht zwischen § 862 I und II. Dem mittelbaren Besitzer ist einfach die vorläufige Sicherung sanktionsfrei überlassen. Diese kann, wenn der unmittelbare Besitzer sich nicht beteiligen will, nur darauf gehen, zunächst einmal die Sache zu sich zu verbringen, um sich dann mit dem unmittelbaren Besitzer auseinanderzusetzen. Es ist auch die Frage, ob § 869 S. 2 hier seinem Schutzgegenstand nach eingreift: Er bezieht sich doch auf den Schutz des *Bekl.*, der zwei Ansprüchen ausgesetzt ist. In der Situation des § 861 II ist dies aber nicht gegeben. Also ist es interessengerecht, den Besitzmittler und den Oberbesitzer dem Störer gewissermaßen als Einheit gegenüberzustellen.

d) Besitzschutz durch Besitzdiener

Nach § 855 gelten beim Besitzdiener alle Rechte nur zugunsten des Besitzherrn. **479**
Daneben hat der Besitzdiener nach § 860 Mitschutzrechte.

2. Bereicherungs- und deliktsrechtlicher Schutz

Als bereicherungsrechtlichen Besitzschutz gibt es die condictio possessionis aus § 812 I **480**
1. Diese ist richtiger Ansicht nach auf den Fall der Leistung des Besitzes zu beschränken (§ 812 I 1 Alt. 1). Im Fall des rechtsgrundlosen Erwerbs des Besitzes in sonstiger Weise ist der Herausgabeanspruch, soweit es um die Entziehung des Besitzes zu Lasten des bloßen Besitzers geht, in § 861 und, soweit es um die Entziehung des Besitzes zu Lasten des Eigentümers, eines anderen Besitzberechtigten oder eines nach § 1007 Berechtigten geht, in den Vorschriften des § 985, des § 985 etwa i.V. m. § 1065 oder schließlich des § 1007 enthalten.

Für die condictio possessionis ist eine rechtliche Position über das rein tatsächliche Haben hinaus erforderlich. Dafür reicht die Wahrnehmung des Rechts eines hinter dem Kl. stehenden Berechtigten (im Verhältnis zum Bekl.) aus. Bezüglich der Herausgabe des in sonstiger Weise erlangten Besitzes ist der Schutz der Zuweisungspositionen aber in §§ 985, 1007 erschöpfend geregelt.

Bezüglich des deliktischen Schutzes des Besitzes nach § 823 I, II ist fraglich, ob der Be- **481**
sitz oder das Recht zum Besitz ein »sonstiges Recht« ist und ob §§ 858 ff. Schutzgesetze i.S. von § 823 II sind: Der Besitz als solcher ist eine Position ohne vermögensmäßige Zuordnung und deshalb nicht durch Schadenskompensation zu schützen. § 823 I mit § 249 würde auch die Regelung des § 858 mit §§ 861, 864 aus den Angeln heben. In der Tat ergibt sich aufgrund der vermögensmäßigen Neutralität des Besitzes und der detaillierten Schutzregelung der §§ 858 ff., daß ein Schadensersatzanspruch zum Schutz des Besitzes unangemessen wäre. Etwas anderes ist es, wenn ein dinglich Berechtigter Besitzer ist. Dann ist der Besitz Schutzwall des dinglichen Rechts und durch den Besitzschutz das dingliche Recht geschützt. Dies erklärt die Vorschrift des § 992: Danach haftet der unrechtmäßige Besitzer, auch wenn er nicht bösgläubig und der Herausgabeanspruch nicht rechtshängig ist, mithin die Schadensersatzhaftung nach §§ 989, 990 nicht eingreift, jedoch dann nach Deliktsrecht, wenn er sich den Besitz durch verbotene Eigenmacht verschafft hat (gleich steht der Erwerb durch eine Straftat).

Zu dem Ergebnis, daß demgegenüber bei bloßer Besitzverletzung nicht über § 823 II nach De- **482**
liktsrecht gehaftet wird, ist nicht erforderlich, daß man den §§ 858 ff. den Charakter als Schutzgesetz zum Schutz des Besitzers abspricht. Nicht ob das Gesetz schützen will, ist fraglich, sondern wie. Das Gesetz hat, was den bloßen Besitz betrifft, eben nur den spezifischen, auf die provisorische Erhaltung der tatsächlichen Position gerichteten Verwirklichungsschutz der §§ 858 ff. gewährt. Damit ist ein Schadensersatzanspruch nach § 823 aus Besitzverletzung unvereinbar[121].

Zu fragen ist, wie man von diesem Standpunkt aus zu einer anderen Entscheidung bei **483**
berechtigtem Besitz kommen kann; die ganz h.M. faßt diesen nämlich als sonstiges Recht auf[122]. Die Berechtigung ist doch nur relativ gegenüber dem Eigentümer und kann

[121] S. *Picker*, AcP 176 (1976), 28, 40 Fn. 49; ebenso BGH DB 1979, 2033; dagegen *Th. Honsell*, JZ 1983, 531 ff.

[122] *Baur/Stürner* § 9 Rz. 31 ff.; *Westermann*, 7. Aufl., § 8 4, S. 68 ff.; *E. Wolf*, § 2 A II b, S. 43 ff.

damit an sich keinen Rechtsschutz gegenüber dem Eingreifer ergeben. Es muß sich aber nur der Besitz als Personenschutzposition, die die Absolutheit des Schutzes ergibt, mit einer Interessenschutzposition für den Besitzer verbinden, damit die vermögensmäßige Neutralität des Besitzes überwunden wird. Die Interessenschutzposition kann sich einerseits, wie nach § 992, aus einem absoluten Recht des Besitzers selbst ergeben oder aus dem absoluten Schutz eines hinter dem Besitzer stehenden Berechtigten, als dessen vorgeschobener Posten der Besitzer, und so auch ein nicht berechtigter Besitzer, gegenüber dem Dritten fungieren kann.

484 Betreffend Art und Höhe des Schadensersatzes ist zu unterscheiden: Zunächst kommt in Betracht der Ersatz des Nutzungsschadens bei Verletzung eines Besitz- und Nutzungsrechts[123], sodann der Ersatz des Schadens in Gestalt der Haftung des Besitzers wegen mangelnder Fürsorge für die Sache, die er in Besitz hat[124].

Nach *Mertens*[125] soll der Haftungsschaden auch vom nichtberechtigten Besitzer geltend zu machen sein. Nach Obigem ist der Besitzer aber ohnehin *für die Rückgabe an den Eigentümer* jedenfalls als berechtigter Besitzer zu behandeln (er ist Vorposten des Eigentümers).

Schließlich kann Ersatz des Verwendungsschadens verlangt werden, soweit die im Besitz befindliche Sache Gegenstand von Verwendungen ist und somit auch den Verwendungsersatzanspruch sichert, was ebenfalls auch auf den nichtberechtigten Besitzer zutreffen kann.

Unzulässig ist die Berufung darauf, daß bestimmte dieser Schäden vom Besitzer, obwohl von ihm erlitten, nicht geltend gemacht werden dürften, weil insoweit im Innenverhältnis nicht der Besitzer, sondern der Eigentümer in seinen Interessen geschützt sei. Dies ist eine exceptio e iure tertii[126].

B. Das Grundbuch

I. Grundbuch und Besitz

485 Nach dem ersten Abschnitt über den Besitz gibt das 3. Buch des BGB im zweiten Abschnitt (§§ 873 ff.) allgemeine Vorschriften über Rechte an Grundstücken. Die Vorschriften beziehen sich auf das Grundbuch als Register von Eintragungen über die Grundstücksrechte und über Beschränkungen der Befugnis des Berechtigten, über sie zu verfügen. Die Eintragungen im Grundbuch entsprechen in bestimmter Beziehung dem Besitz. Der Besitz am Grundstück begründet den Besitzschutz hinsichtlich des Grundstücks. Diejenige Funktion aber, die der Besitz bei beweglichen Sachen im Hinblick auf Verfügungen und den Rechtsschein für die Rechte an Sachen hat, übernimmt bei den Grundstücken das Grundbuch. §§ 873 ff. beziehen sich auf diese Funktion des Grundbuchs[127]. Die Vorschriften enthalten eine allgemeine Regelung über Grundstücksrechte. Eine solche kann das Besitzrecht für die Rechte an beweglichen Sachen nicht enthalten: Anders als der Besitz kann das Grundbuch als sprachliches Mittel je die differenzierten Rechtsverhältnisse an Grundstücken aussagen[128].

[123] Siehe dazu BGH DB 1998, 307 f.
[124] S. als Beispiel den Fall AG Schorndorf DAR 1987, 123.
[125] MünchKomm/*Mertens* § 823 Rz. 125.
[126] Str.: S. BGH NJW 1984, 2569 und Anm. dazu von *Richter*, NJW 1985, 1450.
[127] S. *Medicus*, Besitz, Grundbuch und Erbschein als Rechtsscheinträger, Jura 2001, 294 ff.
[128] Als von der öffentlichen Hand geführtes Register ist es auch einem Informationsinteresse der Öffentlichkeit zugänglich, Zur Abwägung des Interesses der Grundstücksberechtigten mit dem Informationsinteresse der Presse BVerfG JuS 2001, 697.

Die §§ 873 - 877 enthalten die Grundvorschriften über die Verfügungen über Grundstücksrechte. Die Vorschriften gelten vorbehaltlich besonderer Regeln (s. etwa den Vorbehalt in § 873 I a.E.). § 873 ist die Grundvorschrift für die Übertragungsverfügungen. Als erste Verfügungsart wird in Abs. 1 die Grundstücksübereignung angesprochen. Spezialvorschrift ist hier § 925 über die Auflassung. Als zweite Verfügungsart nennt § 873 I die Belastung des Grundstückseigentums (d.h. die Teilübertragung des Eigentums durch Abspaltung eines beschränkten dinglichen Rechts[129]). Als dritte Verfügungsart folgt die Übertragung eines beschränkten Grundstücksrechts. Sonderregeln sind hier für die Hypothek in §§ 1153 ff. und für die Grundschuld in § 1192 I i.V.m. §§ 1154 ff. zu finden. Die vierte Verfügungsalternative in § 873 I ist die Belastung eines beschränkten Grundstücksrechts, d.h. die Abspaltung eines beschränkten dinglichen Rechts aus einem Grundstücksrecht. Für die hier gemeinten Rechte an Grundstücksrechten gelten die Sondervorschriften der §§ 1068 ff., 1273 ff. Nach §§ 1068, 1069 II, 1273 I, 1274 II können beschränkte dingliche Rechte, sofern sie übertragbar sind, durch Nießbrauch oder Pfandrecht belastet werden. Bewußt spricht § 873 I nur von der Belastung von Grundstücksrechten, nicht von der Übertragung dieser Belastungen. Der Nießbrauch ist nicht übertragbar (§§ 1059, 1068 II), und das Pfandrecht wird nicht übertragen, es folgt, sofern es davon nicht ausgeschlossen wird, der Abtretung der gesicherten Forderung (§§ 1250, 1273 II 1). Eine Belastung von bestimmten Grundstücksrechten kann allerdings auch zu übertragbaren Belastungen führen. Die sog. grundstücksgleichen Rechte (etwa das Erbbaurecht, s. § 11 I ErbbauVO) können wie ein Grundstück belastet werden. Die Bestellung eines Erbbaurechts gehört in die zweite Verfügungsart des § 873 I, die Belastung eines Erbbaurechts in die vierte. Das belastende Recht kann aufgrund der Sondervorschriften über das Erbbaurecht wie ein Grundstücksrecht übertragen werden[130]. Als weitere Verfügungsart regelt § 877 die Änderung von beschränkten Grundstücksrechten. §§ 875 f. regeln schließlich die Aufhebung von Grundstücksrechten[131]. **486**

Das Gesetz normiert in §§ 875 und 877 nur die Aufhebung und Änderung der beschränkten dinglichen Grundstücksrechte, nicht des Eigentums. Die Aufgabe des Eigentums ist in § 928 I besonders geregelt. Eine Änderung des Inhalts des Eigentums kommt nur durch Belastung mit einem beschränkten dinglichen Recht zustande (in Gestalt einer Verminderung der Eigentümerbefugnisse durch Abspaltung des beschränkten Rechts). **487**

Nach §§ 873, 877 und 875 f. bedürfen alle Verfügungen der privatautonomen Erklärung ihrer Vornahme und der Eintragung der durch die Verfügung zu bewirkenden Rechtsänderung in das Grundbuch. **488**

Was den Erklärungsteil der Verfügung betrifft, so bedürfen Verfügungen zur Übertragung (einschließlich der Belastung) von Grundstücksrechten und zur Änderung von Grundstücksrechten der Einigung. Verfügungen zur Aufhebung eines Rechts bedürfen der einseitigen Erklärung, daß der Berechtigte das Recht aufgibt (§ 875 I 1 mit der Ergänzung des § 876 für den Fall, daß ein Recht aufgehoben werden soll, das mit dem **489**

129 Die nach dem numerus clausus möglichen Grundstücksrechte sind im Gesetz nach den denkbaren Möglichkeiten aufgereiht, eine unbewegliche Sache kraft Eigentums zu nutzen, über sie zu verfügen oder sie zu verwerten: Erbbaurecht (früher §§ 1012 ff., jetzt ErbbauVO), Dienstbarkeiten mit Grunddienstbarkeit (§§ 1018 ff.), Nießbrauch (§§ 1030 ff.) und beschränkter persönlicher Dienstbarkeit (§§ 1090 ff.), Vorkaufsrecht (§§ 1094 ff.), Reallast (§§ 1105 ff.), Hypothek (§§ 1113 ff.), Grundschuld (§§ 1191 ff.) und Rentenschuld (§§ 1199 ff.).

130 Eine letzte Möglichkeit eines Rechts am Recht: Mit dem Eigentum verbundene beschränkte dingliche Rechte werden durch Belastung des Eigentums mit belastet (§ 96).

131 Auch hier gilt die Regelung nur, wenn das Gesetz nichts anderes vorschreibt. Besondere Vorschriften etwa in §§ 1071, 1072 sowie §§ 1273 II, 1255. Bei der Hypothek, Grund- und Rentenschuld ist das Rangerhaltungsinteresse des Eigentümers zu beachten (§§ 1183, 1192 I, 1199)

Recht eines Dritten belastet ist[132]). Ebenso nur einer einseitigen Erklärung bedarf die besondere Verfügung der Bewilligung einer Vormerkung (§ 885 I 1)[133]. Die Vormerkung ist in einem selbständigen Kapitel zu behandeln.

490 Die Einigung ist der Vertrag mit dem Inhalt, daß die Rechtsänderung eintreten soll (sollen nicht im Sinne von Verpflichtung, sondern im Sinne von Gewolltsein). Die einseitige Aufhebungs- oder Bewilligungserklärung nach §§ 875 I, 885 I 1 ist, wie § 875 I 2 für die Aufhebungserklärung hervorhebt, dem Grundbuchamt oder demjenigen gegenüber abzugeben, zu dessen Gunsten sie erfolgt. Weil die Aufhebungs- und die Bewilligungserklärung auch dem Grundbuchamt gegenüber abgegeben werden kann, ist es theoretisch denkbar, daß ein Recht aufgehoben oder eine Vormerkung eingetragen wird, ohne daß der davon Begünstigte etwas erfährt[134].

491 Die Eintragung der Rechtsänderung in das Grundbuch ist der Akt, der zur Verfügung als weiterer Verfügungsbestandteil, nämlich als Realisierung und Sichtbarmachung der dinglichen Rechtsänderung hinzukommen muß. Die Eintragung in das Grundbuch dokumentiert die neue Rechtsstellung als Gegenstand und Folge der Verfügung, es handelt sich nicht darum, daß die Verfügung als Rechtsakt eingetragen wird[135]. Deshalb kann die zur Rechtsänderung erforderliche Erklärung der Eintragung auch nachfolgen, wie dies in §§ 879 II, 892 II vorausgesetzt ist. Dabei ist freilich zu unterscheiden, ob im Rahmen einer bestimmten Verfügung die dingliche Erklärung der Eintragung nachfolgt oder ob die Eintragung für eine Verfügung vorgenommen worden ist, die unwirksam oder aufgehoben worden ist. Auch die Eintragung aus einer unwirksamen Verfügung kann für eine neue Verfügung mit inhaltsgleichem Rechtsinhalt genutzt werden, dann aber – entgegen § 879 II – mit Wirkung erst von der neuen Verfügungserklärung an[136].

492 Die Eintragung muß im richtigen inhaltlichen Verhältnis zur Einigung oder einseitigen Erklärung stehen und umgekehrt: Die durch Einigung (etc.) geregelte Rechtsänderung

[132] Rechte Dritter an dem Recht, welches Gegenstand der Verfügung ist, sind auch noch bei Änderungsverfügungen zu beachten (§ 877 mit §§ 873, 876). Bei Übertragung und Belastung von Rechten (§ 873) werden Rechte Dritter nicht berührt: Sie wirken auch gegen den Erwerber des Rechts bzw. sind gegenüber der neuen Belastung vorrangig (falls nicht der öffentliche Glaube des Grundbuchs gegen sie wirkt, §§ 892, 893).

[133] Durch einseitige Willenserklärung (des Eigentümers) und Grundbucheintragung kommt auch die Verfügung der Bestellung eines beschränkten dinglichen Grundstücksrechts zugunsten des Eigentümers selbst zustande (§ 1196 II).

[134] Der Berechtigte kann mit seiner – formlos möglichen – Aufgabeerklärung die – nach § 29 GBO der Form bedürftige – Löschungsbewilligung (§ 19 GBO) und den Löschungsantrag (§ 13 GBO) verbinden, Planck/*Strecker* § 875 3. b) β. Das Grundbuchamt gilt als Empfangsbehörde für den Eigentümer. Bei der Vormerkung kann die einseitige Bewilligungserklärung mit Eintragungsantrag und verfahrensrechtlicher (formeller) Eintragungsbewilligung verbunden werden, Planck/*Strecker* § 885 2. b) mit α, Staudinger/*Gursky*, § 885 Rz. 4, zur Möglichkeit der Erklärung gegenüber dem Grundbuchamt Rz. 9.

[135] Daraus hat die erste Kommission gefolgert, daß eine aufschiebend bedingte Auflassung nicht wirksam vorgenommen werden könne. Da hier das neue Recht noch nicht entstanden sei, könne es in das Grundbuch nicht eingetragen werden. Die auflösende Bedingung wollte die erste Kommission zulassen, weil hier das neue Recht und daneben das Rückfallsrecht des alten Eigentümers eingetragen werden könne (Mot., *Mugdan* III, 176 ff.). Die zweite Kommission hat dies zu Recht als inkonsequent angesehen, weil bei der aufschiebenden Bedingtheit das Anfallsrecht des aufschiebend bedingt Berechtigten eingetragen werden könnte. Die zweite Kommission hat sich für den Ausschluß der Möglichkeit einer bedingten oder betagten Auflassung entschieden, weil das Bedürfnis nach einer bedingten oder betagten Auflassung durch das Institut der Vormerkung zur Sicherung bedingt oder betagt eingeräumter Ansprüche befriedigt werde (Prot., *Mugdan* III, 613 f.).

[136] BGH NJW 2000, 805. Man kann cum grano salis die Parallele zum Fall des § 929 S. 2 (brevi manu traditio) ziehen, in dem der beim Erwerber schon vorhandene Besitz durch Einigung zur Eigentumsgrundlage wird.

muß eingetragen werden, um wirksam werden zu können. Wird etwas anderes eingetragen, so gilt grundsätzlich: Das Eingetragene gilt mangels Einigung nicht, das durch Einigung Geregelte gilt mangels Eintragung nicht. Wird etwa an Stelle des designierten Erwerbers eine andere Person als Erwerber eingetragen, so gilt die Verfügung weder für den eingetragenen noch für den designierten Erwerber. Handeln unter fremdem Namen kann der Wirksamkeit schaden. Nur wenn die gemeinte Person durch objektive Auslegung an Hand der Grundbuchbezeichnung und zulässig in Bezug genommener Urkunden, insbesondere der Eintragungsbewilligung, klärbar ist[137], gilt die Verfügung für sie. Zur Auslegung der Grundbucheintragung kommen aber weder das bloße übereinstimmende Parteienverständnis noch sonstige nicht in der Grundbuchbezeichnung oder den genannten Urkunden selbst angesprochene Erklärungsumstände in Betracht. Da die Maßgeblichkeit des übereinstimmenden Verständnisses nach dem Grundsatz »falsa demonstratio non nocet« sehr wohl für das Rechtsgeschäft der Einigung gilt, nicht aber für die Eintragung, kann es insbesondere dadurch passieren, daß die Einigung (nach dem wirklichen Verständnis) und die Eintragung nicht übereinstimmen und so weder das, worüber die Parteien sich geeinigt haben, noch das Eingetragene gilt[138].

Unwirksamkeit mangels Eintragung tritt nicht ein, wenn die Eintragung im Verhältnis **493**
zur Einigung eine größere Quantität an Recht umfaßt. Das durch Einigung Geregelte ist hier mit eingetragen. Die Eintragung einer Grundschuld über 100.000 € umfaßt die Eintragung der in der Einigung geregelten Grundschuld von 50.000 €. In Höhe von 50.000 € ist das Grundbuch mangels Einigung unrichtig[139]. Im umgekehrten Fall der hinter der Einigung zurückbleibenden Eintragung ist – vorbehaltlich der Trennbarkeit der Teile der Einigung – nach § 139 zu entscheiden.

Die Eintragung qualitativ anderer Rechtsstellungen als derjenigen, die erklärt oder **494**
vereinbart sind, kann nicht zur Wirksamkeit der abweichenden Verfügungserklärung so, wie diese geregelt ist, führen. In Betracht kommt hier die entsprechende Anwendung des § 139 mit dem Ergebnis der Aufrechterhaltung der Verfügung im Sinne der Eintragung, begleitet von schuldrechtlichen (etwa bereicherungsrechtlichen) Ausgleichsforderungen, die auf Herstellung der dem Parteiwillen vollständig entsprechenden Rechtslage gerichtet sind[140].

Auf der Grenze liegt der Fall der Eintragung eines bedingt oder befristet bestellten **495**
Rechts ohne Vermerk der Bedingtheit oder Befristetheit. Ihm nahe kommt der Fall eines mit Rangvorbehalt (§ 881) bestellten Rechts ohne Eintragung des Rangvorbehalts: Das Recht kann hier insofern als bedingt bezeichnet werden, als es von der Ausnutzung des Rangvorbehalts durch den Eigentümer abhängt, ob das Recht hinter einem anderen zurückstehen muß oder ohne diese Beschränkung durchzusetzen ist. § 881 II Hs. 1 verlangt die Eintragung des Rangvorbehalts. Ohne Eintragung ist der Vorbehalt nicht wirksam, das Recht besteht entweder gar nicht oder vorbehaltlos je nachdem, ob man die Einigung entsprechend § 139 als solche über das eingetragene Recht – mit schuldrechtlichem Ausgleichsanspruch – aufrechterhält oder nicht. § 881 II Hs. 1 versteht sich aus dem Erfordernis der Eintragung dafür, daß ein Recht im Rechtsverkehr und in der Zwangsvollstreckung als (nur) bestimmten Inhalts geltend gemacht werden kann. Auch für die Nichteintragung einer Bedingung oder Befristung ist vertreten worden, daß das unbedingt oder unbefristet eingetragene Recht nur als solches aufrechterhalten werden

[137] Beispiel RGZ 113, 230 betreffend die Frage, ob die benannte Person im eigenen oder fremden Namen gehandelt hat.

[138] Beispiel OLG Zweibrücken NJW-RR 1989, 1100 = JuS 1990, 324 (mit Anm. *K. Schmidt*).

[139] S. BGH WM 1993, 117, 119; weitere Beispiele bei Planck/*Strecker* § 873 Anm. 3; MünchKomm/*Wacke* § 873 Rz. 51.

[140] S. Planck/*Strecker* § 873 Anm. 2. Ein Hauptanwendungsfall dieser Problematik ist der Fall der Verfehlung der Rangvereinbarung.

könne unter Reduktion der dinglichen Beschränkung zu einer schuldrechtlichen[141]. Überwiegend[142] wird inzwischen der Fall der unbeschränkten Eintragung eines bedingt oder befristet bestellten Rechts unter den Fall der quantitativen Mehreintragung subsumiert. D.h. es wird angenommen, daß das Recht bedingt oder befristet zustande komme, die Mehreintragung unrichtig sei und auf die Berichtigung im Sinne der Eintragung der Bedingtheit oder Befristetheit der Anspruch aus § 894 bestehe.

496 Trotz der Nähe zum Fall des vereinbarten, aber nicht eingetragenen Rangvorbehalts ist die unterschiedliche Entscheidung zu halten: Der Fall, daß der Eigentümer ein an sich wirksam bestelltes Recht im Rang zurückstufen kann, ist vom Fall, daß ein Recht in zeitlichen Grenzen gar nicht bestehen soll, verschieden. Die dem Recht innewohnende Schwäche, daß es zugunsten eines anderen gemindert werden kann, muß in jedem Fall gegenüber dem Rechtsverkehr und vor allem dem Zwangsvollstreckungsbetrieb durch Eintragung festgelegt werden, andernfalls bleibt sie mit Recht eine Sache der schuldrechtlichen Beziehungen zwischen den Parteien der Rechtsbestellung. Anders steht es mit der für zunächst oder späterhin bestimmten Nichtexistenz eines Rechts, wie dies bei Befristung oder Bedingtheit gegeben ist. Hier gibt es in der Regel nur das Ganz oder Gar-nicht. Eine Aufrechterhaltung des Rechts als unbeschränkt mit einem nur schuldrechtlichen Ausgleich läßt sich kaum jemals als mit dem Parteiwillen vereinbar vertreten. Schon im Interesse der Rechtsnachfolge und der Vollstreckung in das eingetragene Recht ist es hier wenigstens insofern aufrechtzuerhalten, als die Vereinbarung reicht, d.h. ist die Eintragung als die bedingte oder befristete Rechtsstellung umfassend zu deuten. Täte man dies nicht, so wäre das Recht i.d.R. mangels Einigung überhaupt nicht existent; der um die Umstände der Bestellung Wissende könnte es nicht erwerben, die Nutzung zur Vollstreckung käme, da § 892 sich nur auf den rechtsgeschäftlichen Erwerb bezieht, überhaupt nicht in Betracht.

497 Von der Warte des Rechtsverkehrs und des Vollstreckungswesens her ist auch das Problem zu entscheiden, ob unwirksame Verfügungen über Grundstücksrechte nach § 140 umgedeutet werden können. Muß der Rechtsverkehr nach dem Grundbuchinhalt mit bestimmten Rechtsstellungen als vorrangig oder hinderlich rechnen, so ist es angemessen, ihm die Nichtigkeit der Einigung über dieses Recht dann nicht zugute kommen zu lassen, wenn die Einigung sich im Sinne der Begründung einer Rechtsposition aufrechterhalten läßt, die kein größeres Ausmaß an Vorrang oder Ausschließlichkeit besetzt als die eingetragene: So kann die nichtige Bestellung einer Hypothek in die einer Eigentümergrundschuld, die Bestellung eines unzulässigen dinglichen Vorkaufsrechts mit festem Preis in die Begründung einer Vormerkung für ein entsprechendes persönliches Vorkaufsrecht umgedeutet werden[143].

498 Aufgrund der Eintragung der Grundstücksrechte im Grundbuch und der Notwendigkeit, die Rechtsänderung bei Verfügungen über Grundstücksrechte in das Grundbuch einzutragen, bietet das Grundbuch eine Gewähr für die Richtigkeit der in ihm ausgedrückten Rechtslage. Darauf fußt die Vermutungswirkung des Grundbuchs nach § 891. Im Unterschied zum Besitz, der nur das Eigentum vermuten läßt (§ 1006), wirkt das Grundbuch aufgrund seiner differenzierten Aussagefähigkeit viel weiter. An diese vielfältige Vermutungswirkung knüpft der öffentliche Glaube des Grundbuchs nach §§ 892, 893 an. Daraus ergibt sich für die Inhaber von Grundstücksrechten der Druck, das Grundbuch richtig zu halten. Eintragungsfehler des Grundbuchamts, die Unwirksamkeit des dinglichen Vertrages als Grundlage der Rechtsänderung, ein Erbschein für einen falschen Erben können zu Eintragungen führen, die mit der wirklichen Rechtslage nicht übereinstimmen. Wird nicht für die Richtigkeit des Grundbuchs gesorgt, droht der Ver-

[141] MünchKomm/*Wacke*, 1. Aufl., § 873 Rz. 52.
[142] Planck/*Strecker* § 873 Anm. 2; so jetzt auch MünchKomm/*Wacke* § 873 Rz. 52.
[143] MünchKomm/*Wacke* § 873 Rz. 55 m.w.N.

lust eines Rechtsstreits aufgrund der gegen das eigene Recht sprechenden Vermutung (§ 891) oder sogar der Verlust des Rechts aufgrund einer Verfügung, die sich auf den Inhalt des Grundbuchs stützt[144].

II. Gestalt und System des Grundbuchs

1. Die Gestalt des Grundbuchs

a) Rechtsgrundlagen und Muster

Das Grundbuch ist geregelt durch die GBO i.d.F. vom 26. Mai 1994[145]. Es wird vom Amtsgericht als Grundbuchamt geführt, das für die in seinem Bezirk liegenden Grundstücke zuständig ist (§ 1 I 1, 2 GBO). Sachlich ist der mit der Führung des Grundbuchs beauftragte Richter, heute an seiner Stelle der Rechtspfleger zuständig (§ 3 Nr. 1 Buchst. h RPflG)[146]. Die äußere Gestalt ist in der VO zur Durchführung der GBO (GBVfg), derzeit in der Fassung vom 24. 1. 1995, festgelegt. **499**

Anschauungsmaterial ist das am Ende des Buches eingefügte Grundbuchmuster[147]. **500**

Das Grundbuch besteht aus den folgenden Teilen: **501**

Aufschrift: Zuständiges Grundbuchamt, Gebietsbezirk innerhalb des Amtsgerichtsbezirks, Band-Nr., Blatt-Nr.

Bestandsverzeichnis: Bezeichnung des Grundstücks nach Gemarkung, Flur, Flurstück, Wirtschaftsart und Lage, Fläche, sowie mit dem Eigentum verbundene Rechte (etwa Wegerechtsgrunddienstbarkeit).

Die drei Abteilungen:

- Abt. I: Jeweiliger Eigentümer und Erwerbsgrund.
- Abt. II: Alles, was nicht in Abt. I oder Abt. III gehört, z.B. Dienstbarkeiten an dem Grundstück (nicht Berechtigungen des Grundstückseigentümers, die stehen im Bestandsverzeichnis) sowie Verfügungsbeschränkungen, insbesondere der Insolvenzvermerk, der nicht speziell das im Grundbuch eingetragene Eigentum betrifft, es aber als Bestandteil des Vermögens des Gemeinschuldners miterfaßt (§§ 80 f. InsO).
- Abt. III: Grundpfandrechte (Hypotheken, Grundschulden, Rentenschulden).

[144] Schließlich bedürfen Verfügungen über das Recht grundsätzlich der Voreintragung des Berechtigten (§ 39 GBO).

[145] Historischer Überblick bei *Wolff/Raiser* § 26, S. 81 ff. Durch das RegisterverfahrensbeschleunigungsG von 1993 sind die Bestimmungen der §§ 126 ff. GBO über das durch EDV geführte Grundbuch hinzugekommen. Zu den Auswirkungen des Euro auf den Grundbuchverkehr *Böhringer*, DNotZ 1999, 692 ff.; *Volmer*, ZfIR 2000, 512 f.

[146] Wie aus dem Muster (s.u. Rz. 106 ff.) ersichtlich, hat nicht nur der Rechtspfleger, sondern zusätzlich der Urkundsbeamte der Geschäftsstelle die Eintragung zu unterzeichnen (§ 44 I 2 GBO mit Sonderfällen). Vor Unterzeichnung beider ist die Eintragung nicht wirksam.

[147] Nach *Karl-Otto Strauch*, Justizverwaltung Passau. Die GBVfg enthält in Anlage 1 ein amtliches Muster. Nach § 24 VI GBVfg ist bei den Grundakten ein Handblatt zu verwahren, welches dem Grundbuchblatt entspricht und dessen Text wiederholt. Das Grundbuchblatt weist aber noch in der Aufschrift das Grundbuchamt aus: in unserem Beispiel Amtsgericht Passau ZwSt. Vilshofen. Nach der vom Rechtspfleger getroffenen Eintragungsverfügung wird der Text im Grundbuch und im Handblatt eingetragen. Einzelheiten regelt in Bayern die Bayerische Geschäftsanweisung für die Behandlung der Grundbuchsachen vom 7.12.1981, JMBl S. 190, abgedruckt bei *Demharter*, GBO, Anhang 4. Nach § 20 I 3 der Anweisung sind die Blätter im Handblatt weiß, nach § 11 I sind im Grundbuchblatt die Blätter des Bestandsverzeichnisses weiß, die der ersten Abteilung rosa, die der zweiten gelb und die der dritten grün.

502 Das Grundbuch wird traditionell als Papiergrundbuch in Loseblattform (Einzelhefte mit losen Blättern) geführt. So können die einzelnen Blätter herausgenommen und mit Schreibmaschine beschrieben sowie fotokopiert werden. Daneben kann das Grundbuch heute maschinell geführt werden (§§ 126 ff. GBO). In diesem Fall ist das Grundbuch der in den dafür bestimmten Datenspeicher aufgenommene und auf Dauer unverändert in lesbarer Form wiedergabefähige Inhalt des Grundbuchblatts (§ 62 GBVfg).

503 Jede einmal erfolgte Eintragung bleibt bestehen. Auch bei Löschung erfolgt keine Streichung, sondern grundsätzlich die Eintragung eines Löschungsvermerks (§ 46 I GBO), wobei zur Verdeutlichung die bisherige Eintragung rot unterstrichen oder durchgestrichen wird (sog. Rötung, §§ 16, 17 II GBVfg)[148].

b) Grundbuch und Grundstück

504 Unser Grundbuch ist gemäß § 3 I GBO nach dem Realfoliensystem gestaltet. Im Realfoliensystem erhält grundsätzlich jedes Grundstück ein eigenes Grundbuchblatt. Werden Grundstücke aufgeteilt, erfolgt entsprechend eine Anlage neuer Blätter, wodurch die Grundstücke im Rechtssinn entstehen. Zu dem Grundstück als fixem Ausgangspunkt werden die wechselnden Eigentümer eingetragen.

505 Das Personalfolium bezieht sich auf den Eigentümer, so daß mehrere Grundstücke auf einem gemeinschaftlichen Grundbuchblatt erscheinen und ihrerseits wechseln.

506 In bestimmten Fällen werden nach der GBO mehrere Grundstücke in einem Grundbuchblatt erfaßt, d.h. es werden im Bestandsverzeichnis unter mehreren laufenden Nummern als getrennt existierende Grundstücke geführt. Davon sind die Fälle zu unterscheiden, in denen mehrere Grundstücke zu einem vereinigt oder ein Grundstück einem anderen zugeschrieben wird (§ 890 und dazu §§ 5, 6 GBO). Der erste Fall der Erfassung mehrerer Grundstücke in einem Grundbuchblatt ist der des § 3 III GBO. Danach können Miteigentumsanteile an einem Grundstück von geringer wirtschaftlicher Bedeutung unter den folgenden Voraussetzungen bei anderen Grundstücken gebucht werden: Das Grundstück, welches in dem Miteigentum steht, muß den Zwecken mehrerer anderer Grundstücke zu dienen bestimmt sein und in einem entsprechenden räumlichen Zugehörigkeitsverhältnis zu den anderen Grundstücken stehen. Weiter müssen die Miteigentumsanteile den Eigentümern der herrschenden Grundstücke gehören. Schließlich darf von der Zusammenbuchung keine Verwirrung des Rechtsverkehrs ausgehen. Das dienende Grundstück erhält in diesem Fall kein – eigenes – Grundbuchblatt bzw. von dessen Beibehaltung wird abgesehen. Die Summe aller Buchungen der ideellen Anteile bei den herrschenden Grundstücken gilt dann als Grundbuchblatt für das dienende Grundstück im Rechtssinn. Soll allerdings über das Grundstück im Ganzen verfügt werden oder stehen die Miteigentumsanteile nicht mehr sämtlich den Eigentümern der herrschenden Grundstücke zu, muß für das Grundstück ein Grundbuchblatt angelegt werden.

507 Der zweite Fall der Erfassung mehrerer Grundstücke in einem Grundbuchblatt ist der des § 4 GBO: In Abweichung von § 3 I GBO wird – für mehrere Grundstücke eines und desselben Eigentümers – unter bestimmten Voraussetzungen die Führung eines gemeinschaftlichen Grundbuchblattes zugelassen. Die Vorschrift beruht auf der Überlegung,

[148] Maßgeblich ist aber der Löschungsvermerk. Dieser wird bei Übertragung des Grundstücks auf ein anderes Grundbuchblatt ersetzt durch die Nichtmitübertragung der Eintragung (§ 46 II GBO). Bsp. für Vermerk, Nichtmitübertragung (vorausgesetzt, das neue Grundbuchblatt weist die entsprechende Eintragung nicht aus), Rötung s. im Grundbuchmuster. – Die Beibehaltung der gelöschten Eintragung unter Eintragung nur des Löschungsvermerks oder Nichtmitübertragung nebst Rötung gilt auch für einen Zwangsvollstreckungsvermerk. Zur Frage, ob nicht kraft Grundrechts die gänzliche Tilgung eines solchen verlangt werden kann, ablehnend OLG Düsseldorf RPfleger 1987, 459.

daß die strenge Durchführung der Regelung des § 3 I GBO in Gegenden mit zersplittertem Grundbesitz das Verfahren des Grundbuchamtes und die Verfügung des Eigentümers über seinen Grundbesitz zu sehr erschwert.

Ein echtes Personalfoliensystem legt § 4 GBO nicht zugrunde, weil sonst sämtliche Grundstücke desselben Eigentümers auf ein Blatt vorgetragen werden müßten. 508

c) *Historische Entwicklung des Grundbuchs*

Das Grundbuchsystem hat sich in Deutschland gegen die aus dem römischen Recht überkommene Geltung der Tradition auch als Merkmal des Grundstücksverkehrs durchgesetzt[149]. Historischer Ursprung sind die amtliche Urkundenverwahrung und sodann (seit dem 12. Jh.) die Grund- oder Schreinsbücher in den mittelalterlichen Städten (insbesondere Köln). Die Entwicklung geht von chronologischer Führung zur Führung besonderer Bücher für den einzelnen Stadtteil, dann für die einzelne Gasse, dann für das einzelne Haus. Heutiges Ergebnis ist das Realfolium, das Blatt für das einzelne Grundstück. Die Entwicklung geht weiterhin von der Eintragung zu Beweiszwecken über die Herausbildung des öffentlichen Glaubens des Grundbuchs (wer dem Inhalt vertraut, für den gilt er als richtig) bis zur Eintragung als einem konstitutiven Tatbestandsstück für Verfügungen über Grundstücksrechte. Nach der Zeit nur partikularrechtlicher Geltung des Grundbuchsystems neben dem gemeinrechtlichen Traditionsprinzip setzte den Siegeszug des Grundbuchsystems das Preußische Gesetz über den Eigentumserwerb und die dingliche Belastung der Grundstücke vom 5.5.1892 und die preußische Grundbuchordnung vom selben Tag in Gang[150]. Preußen ist mit diesem Schritt unter Beseitigung des Traditionsprinzips zum reinen Grundbuchsystem übergegangen. Daran haben das BGB und die geltende GBO angeknüpft. 509

2. Gegenstand des Grundbuchs

a) *Das Grundstück*

Nach dem Realfoliensystem wird das Grundbuch zu bestimmten Grundstücken geführt. Grundstücke sind räumlich abgegrenzte Teile der Erdoberfläche. Die maßgebliche Einheit des Grundbuchs ist das Grundstück im Rechtssinne (Grundbuchgrundstück). Das Grundbuchgrundstück ist der räumlich abgegrenzte Teil der Erdoberfläche, der auf einem besonderen Grundbuch-Blatt oder auf einem gemeinschaftlichen Grundbuch-Blatt unter einer besonderen Nummer im Verzeichnis der Grundstücke gebucht ist[151]. Das Grundstück besteht aus einem Flurstück oder mehreren Flurstücken. Das Flurstück (oder Katasterparzelle) ist die buchungstechnische Einheit der Vermessung der Grundstücke. Die Vermessung wird in Bayern nach dem Bayer. Vermessungs- und Katastergesetz durch die Staatlichen Vermessungsämter bei den Kreisen und kreisfreien Städten durchgeführt. Die einzelnen Flurstücke werden in das Liegenschaftskataster aufgenommen, d.h. in das Kartenwerk des Katasteramts („amtliches Verzeichnis" i.S. des § 2 II GBO). Die Selbständigkeit oder Zusammengehörigkeit der Flurstücke als Grundstück hängt davon ab, ob eine oder mehrere Parzellen auf einem besonderen Grundbuchblatt oder – bei gemeinschaftlichem Grundbuchblatt – unter einer der mehreren laufenden Nummern geführt werden. Die so geführten Grundflächen sind die Grundbuchgrundstücke. 510

Grundbuch und Kataster greifen wieder zusammen, wenn eine Veräußerung sich nicht auf bestimmte Parzellen bezieht, sondern ein nach der Natur bezeichnetes Grundstück veräußert werden soll, das nur ein Teil einer Parzelle ist oder sich (wenn auch nur zum Teil) aus Teilparzellen zusammensetzt. Verpflichtungsgeschäft und Auflassung sind (bei nötiger Bestimmtheit und Gegebensein der sonstigen Wirksamkeitsvoraussetzungen) in 511

149 Zur Entwicklung *Wolff/Raiser* § 26, S. 81 ff.

150 Nach der Preuß. HypOrdn. von 1783 galt das Pfandbuchsystem: Übereignung durch Tradition, Umschreibung im Grundstücksfolium war aber Voraussetzung der hypothekarischen Belastung, für die auch der öffentliche Glaube des Buchs galt.

151 *Demharter*, GBO, § 2 Rz. 15.

Bezug auf die vereinbarten Grundstücksteile wirksam[152]. Nur die Eintragung kann erst nach amtlicher Vermessung und katastermäßiger Abschreibung[153] und wegen § 4 GBO (Voraussetzung der Identität des Eigentümers für ein gemeinschaftliches Grundbuchblatt) nur unter Abschreibung im Grundbuch[154] vollzogen werden.

512 Von der katastermäßigen Abschreibung ist die Abschreibung von Grundstücksteilen in Umkehrung von § 890 II zu unterscheiden. Sie geschieht aufgrund entsprechender Willenserklärung des Eigentümers, der die Abschreibung gemäß § 3 GBO folgt. Die beschränkten dinglichen Rechte an den einzelnen Teilen bleiben bestehen, Hypotheken, Grundschulden, Reallasten werden Gesamtrechte (§§ 1132, 1107, 1108 II, 1192 II). Bei Dienstbarkeiten werden aber diejenigen Teile frei, die außerhalb des Ausübungsbereichs liegen (§§ 1026, 1029).

513 Soll ein beschränktes dingliches Recht an einem Grundstücksteil begründet werden, wird nach § 7 GBO von Amts wegen abgeschrieben (mit Ausnahmen für Dienstbarkeiten und Reallasten).

514 Als Fall der Realteilung durch Auseinanderbuchung gilt nach § 8 WEG die Teilung des Alleineigentums durch den Eigentümer in mehrere Miteigentumsanteile mit Sondereigentum an Wohnungen etc. Es werden aber jetzt für jeden Anteil Wohnungsgrundbücher angelegt, und das bisherige Buch wird geschlossen.

515 Nach § 890 I, II können mehrere Grundstücke durch Zuschreibung (des einen zum anderen) oder durch Vereinigung (zu einem Grundstück) verbunden werden. Voraussetzung ist die Willenserklärung des Eigentümers, die auch in einer Zustimmung bestehen kann, und die Eintragung (Zusammenbuchung). Bei der Vereinigung werden die einzelnen, bei der Zuschreibung das zugeschriebene Grundstück unwesentliche Bestandteile[155]. Die Rechte an den vereinigten Grundstücken und am zugeschriebenen Grundstück bestehen nur an diesen zu Bestandteilen gewordenen Grundstücken fort. Rechte am Hauptgrundstück, dem ein anderes zugeschrieben wird, erstrecken sich auch auf das zugeschriebene, gehen aber den auf diesem lastenden Rechten nach (§ 1131). Neue Rechte erstrecken sich grundsätzlich auf das ganze (neue) Grundstück. Mit dem Eigentum an den bisherigen Grundstücken verbundene Realrechte werden wesentliche Bestandteile des ganzen neuen Grundstücks. Wird dieses geteilt, so gelten §§ 1025, 1109 auch dann, wenn die Teilung an sich nur den vorherigen Zustand wieder herbeiführt[156].

b) Grundstücksrechte, Verfügungsbeschränkungen und Vermerke

516 Das Grundbuch wird über Rechte an Grundstücken geführt. Grundstücksrechte sind die in einem numerus clausus geregelten privatrechtlichen Rechte *an* Grundstücken. Zu den Rechten an Grundstücken gehören nicht Miet- und Pachtrecht, trotz ihres nach §§ 566 (§ 571 a.F.), 581 II, 593 b gegen Grundstücks- oder Grundstücksrechtserwerber eingeräumten Schutzes. In das Grundbuch gehören auch nicht: öffentliche Lasten, insbesondere nicht das gemeindliche Vorkaufsrecht[157].

[152] Die Teile der das Grundstück ausmachenden Erdoberfläche sind unwesentliche Bestandteile, s. Planck/*Strecker* § 94 Anm. 2, Vorbemerkung vor §§ 873 ff. Anm. I 3 (gemeint sind die Flächenteile; anderes gilt für die Bestandteile des Erdkörpers).

[153] S. MünchKomm/*Kanzleiter* § 925 Rz. 30. Deckt sich hier die Eintragung nicht mit der Einigung, so ist der Satz, daß die Mehreintragung das Weniger enthält, bei Nichtvermessung und Abschreibung des Weniger nicht vollziehbar.

[154] Planck/*Strecker* Vorbemerkung vor §§ 873 ff. Anm. I 3.

[155] *Wolff/Raiser* § 37 II 1 a, b, S. 114 f.; es besteht die Möglichkeit von Rechten am Bestandteil (auch am neuen Bestandteil – § 7 GBO).

[156] *Wolff/Raiser* § 37 II, S. 115 Fn. 9.

[157] §§ 24 ff. BauBG. Trotz der Geltung ohne Eintragung unter Ausschluß eines gutgläubigen lastenfreien Erwerbs nach § 892 kommt grundsätzlich nicht ein Erwerb mit der Belastung

Auch die grundstücksgleichen Rechte, nämlich insbesondere das Wohnungseigentum und das Erbbaurecht, werden in dem Grundbuch desjenigen Grundstücks, an dem sie bestehen, eingetragen. Das Erbbaurecht wird doppelt geführt: Als Belastung auf dem Grundbuchblatt des Grundstücks, an dem das Erbbaurecht besteht, und selbständig im Erbbaugrundbuch (§ 14 I 1 ErbbauVO). Damit kann das Erbbaurecht wie ein Grundstück veräußert und belastet werden. – Das Wohnungseigentum bedeutet Aufsplitterung des Grundstückseigentums. Das Grundbuch des Grundstücks teilt sich in verschiedene Wohnungsgrundbücher je Wohnungseigentum auf (§ 7 WEG). **517**

Zur Ausweisung der Rechtslage bezüglich der Grundstücksrechte gehört weiter, wie sich aus § 892 I 2 ergibt, die Eintragung zugunsten bestimmter Personen bestehender Beschränkungen in der Verfügung über die Grundstücksrechte, insbesondere die Eintragung eines gerichtlichen Veräußerungsverbots nach §§ 136, 135[158]. Gleich stehen die insolvenzrechtlichen Verfügungsbeschränkungen nach §§ 21 II Ziff. 2, 80 I, 81 I 1 InsO[159]. Eine Verfügungsbeschränkung bedeutet nach den Motiven[160] auch die Rechtshängigkeit einer Klage gegen den Grundstückseigentümer oder den Berechtigten eines beschränkten dinglichen Rechts: Der Eigentümer oder Berechtigte kann über das streitbefangene Recht verfügen, das rechtskräftige Urteil wirkt aber nach § 325 ZPO gegen den Rechtsnachfolger. Vorbehalten werden die Vorschriften über den Erwerb vom Nichtberechtigten (§ 325 II ZPO). Demzufolge kann aufgrund einer einschlägigen Klage ein Rechtshängigkeitsvermerk in das Grundbuch eingetragen werden[161]. **518**

durch das Vorkaufsrecht zustande. § 28 I 2 BauBG macht die Nichtausübung des gemeindlichen Vorkaufsrechts zur Voraussetzung der Eintragung des neuen Eigentümers. Zur Nichteintragung des Vorkaufsrechts *Baur/Stürner* § 15 Rz. 35 ff. – Manche Landesbauordnungen sehen vor, daß öffentliche Lasten als Baulasten übernommen werden, die – deklaratorisch – in ein Baulastenverzeichnis eingetragen werden. Insbesondere können Eigentümer des Nachbargrundstücks zu einem Baugrundstück Duldungslasten übernehmen, wenn das Baugrundstück selbst zur Herstellung einer ordnungsgemäßen Gesamtnutzung nicht ausreicht. Nachweise bei Palandt/*Bassenge* Einl. v § 854 Rz. 19. Nach BGHZ 79, 201 handelt ein Nachbar arglistig, der vom anderen das Unterlassen eines Handelns verlangt, welches er aufgrund einer von ihm übernommenen Baulast zu dulden verpflichtet ist (allerdings muß es genau um das zu duldende Verhalten gehen, s. BGHZ 88, 97). Die Durchsetzung der Baulast ist aber Sache der Behörde. Umgekehrt hatte sich der BGH in BGHZ 106, 348 mit dem Verlangen der Behörde nach Sicherung der Zufahrt zur öffentlichen Straße durch eine Baulast des Nachbarn zu befassen, obwohl das Zufahrtsrecht des Eigentümers des Baugrundstücks schon als Inhalt einer Grunddienstbarkeit eingeräumt war. Der BGH geht von der Notwendigkeit einer besonderen öffentlich-rechtlichen Absicherung durch eine Baulast aus. Er räumte aber dem Berechtigten aus dem die Grunddienstbarkeit begleitenden gesetzlichen Schuldverhältnis das Recht ein, vom Nachbarn die Übernahme einer entsprechenden Baulast zu verlangen. – Nicht in das Grundbuch eintragungsfähig ist die Freistellung von der Kostenbelastung, die § 16 III Hs. 2 WEG anordnet (BGHZ 116, 392, 399 f.).

158 Ein Veräußerungsverbot im Sinne von § 136 kann im Rahmen einer einstweiligen Verfügung (§§ 935 ff. ZPO) angeordnet werden. Nach § 941 ZPO kann der Richter bei der einstweiligen Verfügung um die Eintragung in das Grundbuch ersuchen.

159 §§ 6, 7, 106 I 3 der alten KO. Die Verfügungsbeschränkung nach der InsO tritt ohne Rücksicht auf die Eintragung in das Grundbuch ein. Die Eintragung ist aber möglich und erforderlich, um einen gutgläubigen Erwerb entgegen der Verfügungsbeschränkung auszuschließen (§ 892 I 2). Nach § 32 II 1 InsO hat das Insolvenzgericht um die Eintragung zu ersuchen neben der ermessensmäßig auszuübenden Antragsmöglichkeit des Insolvenzverwalters nach § 32 II 2 InsO. Zur Geltung des § 892 s. §§ 23 III, 81 I 2 InsO.

160 Mugdan III, 120.

161 Für den Eintrag des Rechtshängigkeitsvermerks ist keine einstweilige Verfügung erforderlich. Vielmehr kann er durch Berichtigungsantrag erreicht werden, für den es gem. § 22 GBO der Bewilligung nicht bedarf, wenn die Unrichtigkeit nachgewiesen wird, was nach § 29 GBO durch öffentliche Urkunden geschehen kann, OLG München, NJW-RR 2000, 384 f.

519 Eine Belastung, die im Kern eine Verfügungsbeschränkung zugunsten bestimmter Personen, aber eine noch darüber hinaus gehende Rechtsstellung enthält, ist die Vormerkung (§§ 883 ff.). Die Verfügungsbeschränkung greift ein, um die Erfüllung eines vorgemerkten Anspruchs auf Änderung der Grundstücksrechtslage zu gewährleisten (§ 883 II, III)[162]. Die Rechtsstellung des Vormerkungsbegünstigten geht aber über die Begünstigung durch eine Verfügungsbeschränkung hinaus[163]. Auch zwischen der Verfügungsbeschränkung infolge einer Vormerkung und den Verfügungsbeschränkungen im Sinne des § 892 I 2 besteht ein Unterschied: Während die Verfügungsbeschränkung im Sinne des § 892 I 2 nicht erst durch Eintragung in das Grundbuch entsteht, sondern es der Ersichtlichkeit aus dem Grundbuch nur dazu bedarf, damit die an sich existente Verfügungsbeschränkung gegen den Erwerber wirksam ist, bedarf die Vormerkung nach §§ 883, 885 der Eintragung in das Grundbuch zu ihrer Entstehung.

520 Der Vormerkung, die einen Anspruch auf Änderung der Grundstücksrechtslage sichert, steht gegenüber der Widerspruch, der gegen eine Grundbucheintragung in das Grundbuch eingetragen werden kann und den Anspruch auf Berichtigung des Grundbuchs im Sinne der gegenwärtigen Rechtslage sichert (§§ 894, 899).

521 Eine weitere mögliche Eintragung ist der Wirksamkeitsvermerk. Er kommt vor bei Verfügungsbeschränkungen und Vormerkungen: Verfügt ein Berechtigter, der in der Verfügungsmacht durch eine Verfügungsbeschränkung oder eine Vormerkung beschränkt ist, so ist die Verfügung trotzdem wirksam, wenn der Begünstigte oder der zur Wahrnehmung der Verfügungsbeschränkung Zuständige (etwa der Insolvenzverwalter) der Verfügung zustimmt. In diesem Fall erhalten entsprechend § 18 GBVfg sowohl die Verfügungsbeschränkung oder die Vormerkung als auch das durch die Verfügung zustande gekommene Recht den Wirksamkeitsvermerk[164].

3. Verfahren zur Eintragung

a) *Formelles und materielles Grundbuchrecht*

522 Das materielle Grundbuchrecht regelt die Voraussetzungen für die Wirksamkeit dinglicher Rechtsänderungen, also welche Rechtsfolgen eine Eintragung im Grundbuch bzw. ihr Ausbleiben hat. Formelles Grundbuchrecht betrifft die Einrichtung der Grundbücher, der Grundbuchbehörden sowie das bei der Eintragung zu beachtende Verfahren.

Grundsätzlich steht das materielle Grundbuchrecht im BGB, das formelle in der GBO mit Durchführungsverordnungen (Ausnahmen § 1115 BGB, § 3 I 2 GBO).

b) *Die Eintragungsvoraussetzungen*

523 Die *vier* Voraussetzungen für eine Grundbucheintragung sind das Vorliegen eines Antrags, einer Bewilligung, die Voreintragung des Betroffenen sowie ein Nachweis der Eintragungsunterlagen in besonderer Form[165]:

[162] Die Anordnung eines relativen Veräußerungsverbots nach §§ 135, 136 und der Eintragung einer Vormerkung sind also alternativ möglich. Die Vormerkung bedarf zu ihrer Wirksamkeit der Eintragung, das Veräußerungsverbot nicht; bei diesem hängt nur der Ausschluß des Erwerbs kraft des öffentlichen Glaubens des Grundbuchs von der Eintragung ab (§ 892 I 2).

[163] S. §§ 884, 1971, 1990 II, 2016 II BGB, §§ 106, 254 II (im Vergleich zu § 80 II) InsO, § 48 ZVG.

[164] So für die Auflassungsvormerkung unter Hinweis auf die Lage bei den Verfügungsbeschränkungen der BGH DNotZ 1999, 1000 ff. Der Vermerk sei hier sowohl bei dem durch die Verfügung begründeten Recht als auch bei der Auflassungsvormerkung in der Spalte Veränderungen anzubringen.

[165] Auch wenn trotz Vorliegens der vier Voraussetzungen das Grundbuch durch die Eintragung unrichtig werden könnte, muß eingetragen werden, es sei denn, für das Grundbuchamt steht

(1) Das Antragserfordernis ist geregelt in § 13 I GBO[166]. Nach § 13 I 2 GBO sind an- 524
tragsberechtigt sowohl derjenige, dessen Recht von der Eintragung betroffen wird, als auch der, zu dessen Gunsten die Eintragung erfolgen soll. Nach § 15 GBO gilt, wenn die zur Eintragung erforderliche Erklärung von einem Notar beurkundet oder beglaubigt worden ist, der Notar als ermächtigt, im Namen eines Antragsberechtigten die Eintragung zu beantragen. Betroffener und Begünstigter können vereinbaren und demgemäß so verfahren, daß sie gegenüber dem Grundbuchamt auf ihr Antragsrecht verzichten und nur der Notar auf Anweisung des Betroffenen die Eintragung soll beantragen können[167]. Auch ein einseitiger Verzicht des Begünstigten gegenüber dem Grundbuchamt, der nicht zurücknehmbar ist, wenn er dem Betroffenen mitgeteilt wird, dürfte möglich sein.

(2) Nach § 19 GBO gilt der Bewilligungsgrundsatz[168]. Die Bewilligung der Grund- 525
bucheintragung als solcher ist bei der Grundstücksveräußerung der dritte Erklärungsgegenstand nach der schuldrechtlichen Verpflichtung (etwa §§ 433, 311b I [§ 313 a.F.]) und der dinglichen Einigung (§§ 873, 925). Dem Grundbuchbeamten muß grundsätzlich die Eintragungsbewilligung vorliegen; sie genügt ihm aber auch, weil sie den Rückschluß auf den dementsprechenden materiellen Rechtsänderungsakt zuläßt, denn sonst würde der eingetragene Berechtigte nicht bewilligen. Dies führt zum formellen Konsensprinzip des § 19 GBO[169]. Die Eintragungsbewilligung hat damit verfügungsgleiche Wirkung[170].

Eine Ausnahme vom formellen, auf die Grundbucheintragung bezogenen Konsens- 526
prinzip regelt § 20 GBO für die Auflassung des Eigentums und die Bestellung etc. eines Erbbaurechts[171]. Die Vorschrift verlangt das Vorliegen der materiell-rechtlichen Einigung i.S. von §§ 873, 925[172]. § 20 GBO sichert so die besondere Formvorschrift des § 925, die schon die besondere Bedeutung des Eigentums berücksichtigt. Dieses Kriterium ist aber zur Begründung der Ausnahme des § 20 GBO nicht ausreichend, da nach § 11 ErbbauVO die Auflassungsform nicht für das Erbbaurecht gilt. Nach *Horber/Demharter*[173] soll es die öffentlich-rechtliche Bedeutung sein, die sich mit Eigentum und Erbbaurecht an einem Grundstück verbindet, die zu § 20 GBO führt[174].

aufgrund von Tatsachen das Unrichtigwerden bei Eintragung mit Sicherheit fest, s. BayObLG NJW-RR 1992, 1235.

166 Ausnahmen vom Antragserfordernis in §§ 53, 84 ff., 90 ff. GBO, s. aber auch § 32 II InsO.

167 OLG Düsseldorf, NJW 1998, 2225 ff. Ist die Vereinbarung im notariellen Vertrag enthalten, so bedarf eine sie abändernde Vereinbarung ebenfalls der notariellen Beurkundung.

168 Bewilligen muß der Betroffene. Dieser kann aber den Begünstigten zur Abgabe der Eintragungsbewilligung bevollmächtigen und ihm auch nach § 185 die Zustimmung geben, die Eintragungsbewilligung im eigenen Namen zu erklären (OLG Naumburg NJW-RR 1999, 1462 ff.; dieses sieht in der Bevollmächtigung des Grundstückskäufers, schon vor der Übereignung Belastungen des Grundstücks vorzunehmen, für den Fall, daß der Käufer die Bewilligung der Eintragung einer Grundschuld im eigenen Namen vornimmt, zugleich die Ermächtigung nach § 185).- Allgemein zur Eintragungsbewilligung *Wolff/Raiser* § 33, S. 99 ff.

169 *Baur/Stürner* § 16 Rz. 20; *Westermann*, 5. Aufl., § 70 3; 7. Aufl., § 69 II 2, S. 564.

170 S. OLG Naumburg, soeben Fn. 168.

171 *Baur/Stürner* § 22 Rz. 15 sehen in § 20 GBO nur eine Ordnungsvorschrift und damit wohl keine Ausnahme vom Konsensprinzip, siehe aber auch *Baur/Stürner* § 16 Rz. 36: besondere Bedeutung des Eigentumsübergangs, damit genügte eine Bewilligung nicht; zur Ordnungsvorschrift auch *Wolff/Raiser* § 33 VIII 1, S. 102.

172 Zum Umfang der Prüfung des Grundbuchamtes BayObLG NJW-RR 1989, 910 (=JuS 1989, 931 m.Anm. *K. Schmidt*). Zur Auslegungsfähigkeit sowie zur Auslegung und Umdeutung einer Vergleichsvereinbarung i.S. der Auflassung im Grundbuchverfahren BayObLG DNotZ 1998, 752 ff.

173 GBO, 19. Aufl., § 20 Anm. 1 a.

174 Erschwerung betreffend Eigentum und Erbbaurecht nach § 22 II GBO auch, was die Berichtigung des Grundbuchs betrifft.

527 Überwiegender Meinung[175] entspricht seit einer Entscheidung des RG[176], daß § 20 GBO die Wahrung des § 19 GBO entbehrlich macht, da die Auflassung ein Mehr gegenüber der Bewilligung bedeute. Dies trifft jedenfalls dann nicht zu, wenn die Auflassung von einem anderen als dem im Grundbuch als Eigentümer eingetragenen Eigentümer erklärt wird[177]. Eine solche Auflassung kann mit der Eintragung verbunden werden und mit dieser zusammen die Übereignung in zwei Fälle bewirken, zum einen dann, wenn die Verfügung, aufgrund deres der andere eingetragen worden ist, entgegen einer Auflassungsvormerkung und damit relativ unwirksam vorgenommen worden ist (§ 883 II), zum anderen dann, wenn der eingetragene Eigentümer der Übereignung nach § 185 zustimmt. In beiden Fällen muß der eingetragene Eigentümer zusätzlich zu der Auflassung die Eintragung nach § 19 GBO bewilligen. Auf die Bewilligung besteht im Fall der Vormerkung aus § 888 I, im Fall der Ermächtigung aufgrund der zugrunde liegenden schuldrechtlichen Rechtsbeziehungen ein Anspruch. Aber nicht nur in diesen Fällen, auch in den Fällen, in denen die Auflassung vom eingetragenen Eigentümer selbst vorgenommen wird, könnte entgegen der genannten Meinung zusätzlich zu der Auflassung die Eintragungsbewilligung erforderlich sein, nämlich in Parallele zu § 929. Man könnte argumentieren, daß auch nach § 929 die Einigung allein nicht ausreicht, sondern der Vollzug durch einen Publizitätsakt hinzukommen muß, der noch einmal vom Willen des Veräußerers abhängt. §§ 873, 925 scheinen dies nicht anders zu sehen.

D.h. aber nicht etwa, daß die Einigung allein ausreichend und die Eintragung bloßes Wirksamkeitserfordernis, also eine Art Form der Einigung wäre. Eine Formvorschrift enthält nur § 925.

528 Es scheint also auch bei Grundstücken zu der Einigung der vom Veräußerer mitvollzogene Publizitätsakt hinzukommen zu müssen. Durch § 19 GBO wäre so ausgeschlossen, daß nach der Auflassung sich der Begünstigte die Unbedenklichkeitsbescheinigung des Finanzamts geben lassen und sodann mit dieser und einer Ausfertigung der Auflassungsurkunde zum Grundbuchamt gehen, nach § 13 II GBO einen Antrag stellen und so einseitig die Eintragung erreichen kann[178].

529 Diese Argumentation verkennt aber einen Unterschied zwischen § 929 und §§ 873, 925. Die Einigung nach § 929 ist gerade frei widerruflich, die Auflassung dagegen nach § 873 II nicht[179]. Also geht es bei der Eintragung nicht um einen Realakt als Ausdruck der Einigung, sondern nur um ein Wirksamkeitserfordernis, dies zwar nicht im Sinne einer Form, sondern entsprechend dem Erfordernis einer staatlichen Genehmigung etc. Es besteht kein Schutzbedürfnis für den Veräußerer, noch nach der Auflassung eine verfügbare Vorbehaltsposition zu haben. Hat die Eintragungsbewilligung aber nicht diese Funktion, so ist sie tatsächlich ein bloßes grundbuchrechtliches Minus gegenüber der vollen Darlegung der materiell-rechtlichen Einigung. § 20 GBO macht so § 19 GBO überflüssig.

530 Man muß auch folgendes beachten: Hätte die Eintragungsbewilligung die Funktion eines zusätzlichen Mitwirkungserfordernisses, so könnten zwischenzeitlich eintretende Wirksamkeitshindernisse, wie etwa fehlende Geschäftsfähigkeit etc., eine wirksame Eintragung hindern. Dagegen spricht aber schon § 878, der bezüglich Verfügungsbeschränkungen auf den Eintragungsantrag schlechthin abstellt, der aber auch vom Begünstigten

175 S. *Baur/Stürner* § 16 Rz. 36, m.w.N.; *Wolff/Raiser* § 33 VIII 1, S. 102, mit Nachweisen zu h.M. u. a.A. in Fn. 15; ebenso *Westermann*, 5. Aufl., § 77 IV 2; 7. Aufl., § 76 IV 2, S. 602.

176 RGZ 141, 374, 376.

177 Staudinger/*Gursky* § 888 Rz. 16 Fn.*

178 Praktischer Vorteil hiervon ist nach *Kuntze/Ertl/Hermann/Eickmann* Grundbuchrecht, § 20 GBO Rz. 9, daß die Eintragungsbewilligung zur Sicherung der Zug-um-Zug-Leistung benutzt werden könne.

179 Und zwar unabhängig davon, ob beurkundet oder nur protokolliert ist. Der Notar steht an Stelle des Grundbuchamts, bei dem die mündliche Erklärung ebenfalls ausreicht.

kommen kann. Hier ist also gerade das vorgesehen, was nach der Gegenposition verhindert sein soll. Somit muß § 20 GBO für die hier angesprochenen Fälle die Wahrung des § 19 GBO entbehrlich machen.

Anders als die einseitig vom Betroffenen veranlaßte Behinderung des Vollzugs der bindenden Auflassung ist die Aufschiebung durch den Begünstigten, indem dieser auf sein Recht, die Eintragung zu beantragen, verzichtet, möglich. **531**

Nicht – wie durch § 20 GBO – verschärft, sondern umgekehrt in Wegfall gebracht wird das Bewilligungserfordernis in folgenden Fällen: bei Eintragungsersuchen einer Behörde gemäß § 38 GBO (z.B. im Fall des § 32 II InsO) und bei Unrichtigkeitsnachweis gemäß § 22 I GBO (wie z.B. bei der Erbfolge nach § 1922, die durch Erbschein nachweisbar ist, § 35 I 1 GBO, §§ 2353 ff.). **532**

(3) Weiter verlangt § 39 GBO die Voreintragung des Betroffenen. **533**

Fall: V verkauft in der Form des § 311 b I 1 (§ 313 a.F.) ein Grundstück an E und läßt an E auf. E wird als neuer Eigentümer in das Grundbuch eingetragen. Später stellt sich heraus, daß die Auflassung – etwa wegen Geisteskrankheit (§ 105) – nichtig ist. V ist also Eigentümer geblieben. Nun will der inzwischen geheilte V an D übereignen. Auflassung und Eintragungsantrag liegen dem Grundbuchamt vor. Das Grundbuchamt wird dennoch nicht eintragen.

Nach § 39 GBO muß bei unrichtiger Eintragung eines anderen erst der durch die Verfügung betroffene wirkliche Berechtigte eingetragen, die Eintragung des Nichtberechtigten also gelöscht werden. Die Eintragung des Berechtigten kann erfolgen entweder aufgrund einer Berichtigungsbewilligung des nichtberechtigt Eingetragenen (§ 894) oder aufgrund des Nachweises der Unrichtigkeit in öffentlichen Urkunden (§ 22 GBO). § 894 zeigt somit, daß auch in § 19 GBO die Bewilligung des *formell* Berechtigten gemeint ist. **534**

Wenn in unserem Beispiel E nach § 894 zu einer Berichtigungsbewilligung gezwungen werden soll, ist wie folgt zu prüfen: Die Eintragung im Grundbuch und die wirkliche Rechtslage müssen auseinanderfallen, hier möglicherweise bezüglich des Eigentums des E. Die Übereignung an E könnte unwirksam sein. Hier ist schon die erste Voraussetzung, die Auflassung gemäß §§ 873, 925 (*nicht relevant ist der Kaufvertrag*) nach § 105 I nichtig. Das Eigentum ist also nicht übergegangen, das Grundbuch ist unrichtig. V ist aktiv legitimiert, da er Eigentümer, aber fälschlich nicht als Eigentümer eingetragen ist. E ist passiv legitimiert, da sein laut Grundbuch (formell) bestehendes Eigentum in dem Rechtsstreit angegriffen und durch eine mögliche Eintragung des V betroffen wird. E könnte gegen die Berichtigungsklage aus dem u. U. wirksamen Kaufvertrag die Einrede des Zurückbehaltungsrechts (§ 273)[180] oder sogar die exceptio doli zustehen. Nicht dagegen kann § 986 II analog angewendet werden; es gibt kein Recht zum »Besitz« einer unrichtigen Grundbucheintragung. Das Grundbuch ist noch unrichtig. E muß von V die Auflassung erstreiten, andernfalls ist ihm eine Weiterverfügung unmöglich, sofern der Erwerber die Unrichtigkeit positiv kennt (§ 892). **535**

§ 39 GBO dient dem Zwang, das Grundbuch in Übereinstimmung mit der Wirklichkeit zu halten, sowie dazu, die Grundstücksberechtigung auch in ihrer Entwicklung verfolgbar zu machen[181]. Eine Ausnahme gilt gemäß § 40 GBO für den Fall der Erbfolge[182]. Hier entsteht die Unrichtigkeit zwangsläufig, woraus dem Erben keine Kosten entstehen sollen. Die Erbfolge ist vielmehr durch Erbschein oder eine gleichwertige Un- **536**

[180] Zu der Einrede des Zurückbehaltungsrechts (zur Sicherung eines Schadensersatzanspruchs) gegen die Berichtigung durch Löschung einer aufgrund Geschäftsunfähigkeit nicht entstandenen Grundschuld BGH WM 1988, 859, zur Einrede des Zurückbehaltungsrechts eines Gesellschafters (zur Sicherung seines Abfindungsanspruchs) gegen die Berichtigung i.S. des Alleineigentums des das Gesellschaftsvermögen übernehmenden anderen Gesellschafters BGH DB 1990, 417.

[181] S. *Baur/Stürner* § 16 Rz. 39 mit Hinweis auf BGHZ 16, 101; RGZ 133, 279, 283.

[182] Entsprechende Anwendung auf die Rechtsnachfolge nach §§ 5, 44 I, 49 II UmwG (*Horber/Demharter*, GBO, § 40 Anm. 3) und nach § 11 II TreuhandG (BezG Schwerin ZIP 1992, 214 f.).

terlage nachweisbar, § 35 GBO[183]. Eine Einbuße an Sicherheit wird vermieden, indem § 29 GBO diesen Nachweis verlangt.

537 (4) Gemäß § 29 GBO sind die Eintragungsunterlagen durch öffentliche (§ 415 ZPO) oder öffentlich beglaubigte Urkunden (§ 129) nachzuweisen[184]. § 30 GBO enthält eine Ausnahme für Antrag und Antragsvollmacht, die daraus erklärlich ist, daß noch die weiteren Erfordernisse – Eintragungsbewilligung etc. – bestehen.

538 *Gerhardt*[185] weist darauf hin, daß § 29 GBO etwaige schärfere gesetzliche Formvorschriften nicht ausschließt, und führt dazu »über § 925 a« § 313 (jetzt § 311 b I) an. Das ist irreführend, da § 313 (jetzt § 311 b I) nicht etwa für das Grundbuchverfahren einzuhalten ist. Nach § 925 a soll der Notar (nicht das Grundbuchamt) nicht, ohne daß § 313 (jetzt § 311 b I) beachtet ist, eine Auflassung entgegennehmen. § 20 GBO verlangt für das Grundbuchamt aber nur den Nachweis der Auflassung, nicht aber einen Nachweis dafür, daß der Notar § 925 a beachtet hat.

III. Die Vormerkung

539 Durch Eintragung einer Vormerkung nach §§ 883, 885 wird gesichert, daß ein Anspruch auf Änderung der Grundstücksrechtslage vom Verpflichteten erfüllt werden kann. Die Sicherung ist gegen den Verpflichteten gerichtet, sie wirkt zugunsten des Anspruchsberechtigten. Die Vormerkung bewirkt nämlich, daß der Erfüllungsanspruch nicht infolge nachträglicher anderweitiger Verfügungen des Verpflichteten oder gegen ihn gerichteter Vollstreckungsmaßnahmen am Unvermögen des Verpflichteten scheitert (§ 883 II, III[186]). Die Vormerkung wird an späterer Stelle im Zusammenhang mit weiteren Rechtsstellungen, die zwischen einer Anspruchsberechtigung auf Einräumung eines dinglichen Rechts und der Inhaberschaft dieser Rechte selbst angesiedelt sind, behandelt[187].

IV. Der Rang der Grundstücksrechte und seine Vollziehung in der Zwangsversteigerung

1. Rang

a) Die Regelung des Rangs und die Probleme der Regelung

540 § 879 regelt das Rangverhältnis unter mehreren Rechten, mit denen ein Grundstück belastet ist[188]. Abs. 1 enthält die Grundregelung. Diese stellt auf die Reihenfolge oder die Datierung der Eintragungen im Grundbuch ab[189]. Abs. 2 ergänzt, daß die Eintragung auch dann maßgeblich ist, wenn die erforderliche Einigung erst nach der Eintragung zustande kommt. Abs. 3 geht von der Möglichkeit einer von der Grundregelung *abweichenden Bestimmung des Rangverhältnisses* aus und setzt dafür neben der Bestimmung,

183 *Wolff/Raiser* § 34, S. 103 ff.; *Westermann*, 5. Aufl., § 76 II 8; 7. Aufl., § 75 II 8, S. 595. Bei den nach der vorhergehenden Fn. analog zu behandelnden Vorgängen ist die Eintragung in das Handelsregister ausreichende Unterlage.

184 Einzelheiten zu § 29 GBO: *Baur/Stürner* § 16 Rz. 44 ff.

185 Immobiliarsachenrecht, § 2, 3 d, S. 18f.

186 S. weiter §§ 884, 1971, 1990 II, 2016 II BGB, §§ 106, 254 II (im Vergleich zu § 80 II) InsO, § 48 ZVG.

187 Rz. 2044 ff.

188 §§ 879 ff. gelten auch für mehrere Belastungen von Grundstücksrechten (etwa Pfandrechten oder Nießbrauch an übertragbaren Grundstücksrechten). Sondervorschriften über den Rang sind die §§ 914 I 1, 917 II 2 mit § 914 I 1 BGB sowie § 10 ErbbauVO.

189 Rechte, die zu ihrer Entstehung nicht der Eintragung bedürfen (so das Pfandrecht an einer Briefhypothek, §§ 1274 I, 1154 I), erhalten den Rang nach dem Akt, der an die Stelle der Eintragung tritt (beim Pfandrecht an der Briefhypothek die Übergabe des Hypothekenbriefs).

d.h. der Erklärung des oder der Betroffenen, die Eintragung dieser Bestimmung in das Grundbuch voraus (sog. materieller Rangvermerk)[190]. § 880 ermöglicht die nachträgliche Änderung des Ranges (*Rangänderung*) durch Einigung und Eintragung (§ 880 II 1). § 881 räumt dem Eigentümer die Möglichkeit ein, bei der Belastung seines Grundstücks sich den Vorrang für ein später einzutragendes Recht vorzubehalten (*Rangvorbehalt*). Auch dieser bedarf der Eintragung (§ 881 II). Zur Rangregelung gehört, weil sich der Rang in der Zwangsversteigerung des Grundstücks auswirkt, auch noch § 882: Für Rechte, die in der Zwangsversteigerung, sofern sie nicht bestehen bleiben, wertmäßig abgegolten werden[191], kann der Höchstbetrag bestimmt werden, mit dem sie am Versteigerungserlös teilnehmen.

§ 879 I gibt den Rang, wenn nicht eine besondere Rangbestimmung erfolgt, nach der **541**
Reihenfolge der Eintragungen. Die Vorschrift folgt damit dem Prinzip: prior tempore potior iure. Das heißt i.e.: Bei Rechten, die in derselben Abteilung des Grundbuchs eingetragen werden[192], richtet sich der Rang nach der Reihenfolge, in der die Eintragungen räumlich aufeinander folgen (§ 879 I 1 *Locus-Prinzip*). Von Rechten, die in verschiedenen Abteilungen eingetragen werden, hat das unter Angabe eines früheren Tages eingetragene Vorrang; die unter Angabe desselben Tages eingetragenen Rechte haben gleichen Rang (§ 879 I 2 1., 2. Hs.; *Tempus-Prinzip*[193]).

Die GBO sorgt dafür, daß der Grundsatz prior tempore potior iure auch verfahrens- **542**
und grundbuchtechnisch umgesetzt wird. Zunächst wird geregelt, daß bei Eingang mehrerer Eintragungsanträge, die auf dasselbe Recht, insbesondere dasselbe Eigentum, bezogen sind, der frühere Antrag vor dem späteren zu erledigen ist (§ 17 GBO[194]). § 44 I 1 GBO schreibt bei der Eintragung die Angabe des Eintragungstages vor. Nach diesen Vorkehrungen sorgt § 45 GBO unter Berücksichtigung des § 879 I für den richtigen Rang. § 45 I GBO regelt die Eintragungen in derselben Abteilung, auf die § 879 I 1 bezogen ist, § 45 II GBO regelt die Eintragungen in verschiedenen Abteilungen, auf die sich § 879 I 2 bezieht. § 45 I GBO legt bei mehreren Eintragungen in derselben Abteilung die Reihenfolge der Eintragungen gemäß der Reihenfolge der Antragstellung fest, so daß nach dem Locus-Prinzip des § 879 I 1 der bessere Rang desjenigen Rechtes herauskommt, dessen Eintragung früher beantragt worden ist. Die Plazierung der Eintragungen untereinander führt nach dem Locus-Prinzip dann nicht zum richtigen Rang, wenn zwei Eintragungen gleichzeitig beantragt worden sind. Deshalb schreibt für diesen Fall

[190] Es genügt die Eintragung beim nachrangig eingestuften Recht. § 18 GBVfg ordnet aus Gründen der Übersichtlichkeit die Eintragung bei allen betroffenen Rechten an.

[191] Das sind alle Rechte, die nicht auf Kapitalzahlung gerichtet oder durch Zahlung ablösbar sind (§ 92 ZVG), also etwa Dienstbarkeiten, Reallasten, Dauerwohnrechte.

[192] Gleichgültig ist, ob sie in diese Abteilung hineingehören.

[193] Fehlt bei einer Eintragung die Zeitangabe, so daß das Verhältnis zu den Eintragungen der anderen Abteilungen nicht ausgedrückt ist, sagt das Grundbuch über die Zeitfolge nichts aus. §§ 891, 892 können also insoweit nicht eingreifen. Der Berechtigte oder der, der von ihm oder einem eingetragenen Nichtberechtigten erwirbt, muß die wirkliche Eintragungszeit nachweisen, wenn er zu einem Recht aus der anderen Abteilung einen Vorrang in Anspruch nehmen will. Allerdings kommt ihm gegenüber gleichfalls undatierten Rechten in anderen Abteilungen zunächst einmal Gleichrangigkeit zu. Den Inhabern der anderen Rechte kann aber der Nachweis eines Zeitpunkts ihrer Eintragung vor der Eintragung des anderen gelingen.

[194] Der Zeitpunkt der Anträge richtet sich nach der Vorlage beim sog. Präsentatsbeamten, der den Eingangsvermerk (Präsentat) anbringt (nach Tag, Stunde, Minute datiert – s. § 13 I 2 GBO). Einzelheiten in §§ 18 ff. der AV über die geschäftliche Behandlung der Grundbuchsachen vom 25.2.1936 (DJust. 350; abgedruckt noch in Horber/*Demharter*, GBO, 19. Aufl., S. 832 ff.) – Für mehrere gleichzeitig vorgelegte Anträge kann nach § 16 II GBO durch Numerierung die Reihenfolge der Erledigung festgelegt werden, so daß sie als nicht gleichzeitig gelten, s. MünchKomm/*Wacke* § 879 Rz. 10. Der Notar kann dies nur tun, wenn er dazu eine Vollmacht der Beteiligten hat (OLG Frankfurt/M. NJW-RR 1992, 725).

§ 45 I 2. Hs. GBO vor, daß die notgedrungen untereinander eingetragenen Rechte einen *Gleichrangvermerk* erhalten. Es handelt sich um einen sog. technischen Rangvermerk. Das Grundbuchamt nimmt ihn von Amts wegen vor; im Gegensatz zum materiellen Rangvermerk setzt der technische nicht die Bestimmung der Parteien voraus.

543 Für die Eintragungen in verschiedenen Abteilungen kommt nach dem insoweit geltenden Tempus-Prinzip (§ 879 I 2) grundsätzlich dann der richtige Rang heraus, wenn zeitlich nacheinander beantragte Eintragungen entsprechend nacheinander an verschiedenen Tagen vollzogen und mit der Angabe der verschiedenen Tage versehen werden. Im Unterschied zum Fall mehrerer Eintragungen in derselben Abteilung muß die GBO hier auch nicht bei gleichzeitig beantragten Eintragungen für den gleichen Rang sorgen. Denn gerade wenn solche Eintragungen an demselben Tag mit derselben Tagesangabe vollzogen werden, erhalten sie nach § 879 I 2 Hs. 2 den gleichen Rang. Bei Eintragungen in verschiedenen Abteilungen geht es vielmehr umgekehrt als bei Geltung des Locus-Prinzips darum, daß Eintragungen, die wegen desselben Datums gleichen Rang begründen würden, einmal entgegen § 879 I 2 Hs. 2 verschiedenen Rang haben müssen, nämlich dann, wenn sie nicht gleichzeitig beantragt worden sind. § 45 II GBO ordnet deshalb an, daß bei Eintragungen mit derselben Tagesangabe, die zu unterschiedlichen Zeitpunkten beantragt worden sind, ein *Vor- und Nachrangvermerk* anzubringen ist.

544 Vorrangig vor dem Locus- und dem Tempusprinzip nach der Grundvorschrift des § 879 I und vorrangig auch vor der Vorsorge der GBO für die Richtigkeit des aus dieser Vorschrift folgenden Ranges ist die Rangbestimmung der Beteiligten. Bei Bestimmung eines abweichenden Rangverhältnisses (§ 879 III) sind § 45 I und II GBO nicht anzuwenden (§ 45 III GBO).

545 Nicht ausdrücklich geregelt ist im BGB und der GBO der Fall, daß von den Vorschriften der GBO abweichend eingetragen wird, obwohl die Parteien nicht ein davon abweichendes Rangverhältnis bestimmt hatten.

546 Ein Muster-Fall ist folgender Fall des BGH[195]: Beim Grundbuchamt laufen an demselben Tage, nämlich am 26.4.1950, aber zu unterschiedlichen Zeiten (10 Uhr 55 und 10 Uhr 56), zwei Eintragungsanträge betreffend dasselbe Grundstück ein. Zunächst wird die Eintragung eines Wohnungsrechts (beschränkte persönliche Dienstbarkeit nach § 1093) für die Sozialrentnerin D beantragt, sodann die Eintragung zweier Grundschulden für die beklagte Sparkasse. Das Grundbuchamt trägt an demselben Tage, nämlich am 27.5.1950, in Abteilung 2 das Wohnungsrecht und in Abteilung 3 die Grundschulden ein. Bei beiden Eintragungen wird derselbe Tag angegeben. Damit drohte dem Wohnungsrecht, obwohl seine Eintragung früher beantragt war, nach § 879 I 2 Hs. 2 die Gleichrangigkeit mit den Grundschulden der Bekl. Folglich griff § 45 II GBO ein, der in einem solchen Fall dem Grundbuchamt die Eintragung eines Vor- und Nachrangvermerks auferlegt. Die Eintragung des Vermerks war aber unterblieben. In der späteren Zwangsversteigerung ist das Wohnungsrecht zu gleichem Rang mit den Grundschulden der Sparkasse berücksichtigt und infolgedessen nur teilweise abgegolten worden, während es bei Vorrangigkeit aus dem Erlös voll zu befriedigen gewesen wäre. Das Land, zu dem das Grundbuchamt gehörte, hat der D Schadensersatz aus Amtspflichtverletzung gezahlt gegen Abtretung eines Bereicherungsanspruchs, der der D nach der Auffassung des Landes gegen die Bekl. zustand. Das Land verlangt mit der Klage von der Sparkasse den Mehrerlös aufgrund der gleichrangigen Befriedigung aus dem Versteigerungserlös heraus.

Der BGH hat die Klage abgewiesen: Er hat dahingestellt sein lassen, ob überhaupt die Voraussetzung des § 812 I 1 2. Alt. (Anspruch wegen Bereicherung in sonstiger Weise) erfüllt sein konnte, daß die Bekl. den Mehrerlös unter Verletzung eines Rechts der D mit Zuweisungsgehalt erlangt hatte. Jedenfalls habe die Bekl. den Mehrerlös nicht ohne Rechtsgrund erlangt. Das durch § 879 I bestimmte Rangverhältnis rechtfertige die an die

[195] BGHZ 21, 98 ff. = JZ 1956, 665 mit Anm. *Westermann* JZ 1956, 667. Der Fall ist hier etwas vereinfacht. S. weiter *Hoche*, JuS 1962, 60 ff..

Bekl. geflossene Erlösauszahlung. Damit folgt der BGH der Meinung von der formellen Rechtskraft der Grundbucheintragung für den Rang.

Im Anschluß an die Entscheidung des BGH stellen sich die folgenden Fragen: Zunächst: Wie verhält sich die Grundbestimmung über das Rangverhältnis, § 879 I, zum Rang und seiner Rechtfertigung. Für den Fall, daß § 879 I entgegen dem BGH die Rangverteilung nicht endgültig festlegt, kommt als erste Möglichkeit in Betracht, daß der Rang unrichtig eingetragen und ein Berichtigungsanspruch in Bezug auf den Rang begründet ist. Ist dies zu verneinen, so ist stattdessen ein Bereicherungsanspruch zu prüfen. Für diesen Bereicherungsanspruch wiederum ist fraglich, wem er zusteht, dem in der Rangerwartung enttäuschten Berechtigten (im Fall des BGH der Zedentin D) oder dem durch das unerwartet günstig herausgekommene Recht belasteten Eigentümer. Für alle diese Fragen ist grundlegend die Frage: Was ist der Rang? **547**

b) Der Rang i.S. der §§ 879 ff.

Die §§ 879 ff. regeln den Rang von an Grundstücken bestehenden beschränkten dinglichen Rechten. Hinter dieser Rangregelung stehen zwei Prinzipien: Das eine ist die genannte Wertung: prior tempore, potior iure. Das zweite ist logisch-begrifflicher Art: Soweit eine Rechtswirkung ein bestimmtes Eigentum schon beschnitten, beseitigt hat oder auf einen anderen hat übergehen lassen, kann eine danach in Bezug auf dasselbe Eigentum begründete Rechtswirkung entweder nur noch das reduzierte Eigentum oder gar nichts mehr betreffen. Was die Abfolge mehrerer dasselbe Recht betreffender Verfügungen angeht, folgt aus diesem Prinzip der Grundsatz: nemo plus iuris transferre potest quam ipse habet. Das begriffliche Prinzip entscheidet über das Verhältnis zwischen zwei Verfügungen, die zustande gekommen sind. Jene Grundwertung regiert die Regelung des Zustandekommens. Die Vorschrift des § 17 GBO, daß der frühere vor dem späteren Antrag zu erledigen ist, ist Ausfluß des „prior tempore ...“. § 879 I statuiert sodann die Rechtsfolge zustande gekommener Verfügungen nach dem Satz „nemo plus iuris ...“. **548**

Der letztere Grundsatz gilt ebenso für das Verhältnis zwischen den Verfügungen der Übereignung einerseits und der Belastung des Eigentums andererseits wie für das Verhältnis mehrerer Belastungen untereinander. Überträgt der Grundstückseigentümer zunächst sein Eigentum und will er dann ein beschränktes dingliches Recht bestellen, so geht – vorbehaltlich der Möglichkeit eines gutgläubigen Erwerbs vom Nichtberechtigten – die zweite Verfügung ins Leere, weil die erste das zu belastende Recht vollständig weggegeben hat. Bei der umgekehrten Reihenfolge der Verfügungen: erst Belastung, dann Übereignung, ist die zweite Verfügung nicht gegenstandslos, sie trifft aber wegen der Belastungsverfügung auf ein gemindertes Eigentum, also kann sie (wieder vorbehaltlich des Erwerbs vom Nichtberechtigten) nur das geminderte Eigentum weggeben. Das Entsprechende muß dann aber in dem Fall gelten, daß auf eine Belastungsverfügung eine zweite Belastungsverfügung folgt: Die zweite Belastungsverfügung kann nur noch das durch die erste Belastungsverfügung verminderte Recht erfassen[196]. **549**

[196] Dieser Zusammenhang kommt in § 883 zum Ausdruck, wo in Abs. 2 und Abs. 3 die Unwirksamkeit einer widersprechenden Verfügung und die Rangwirkung aufgrund einer Vormerkung nebeneinandergestellt sind. Davon zu unterscheiden ist die Frage, ob die Vormerkung selbst Rang hat: Der BGH bejaht dies (Beschluß vom 25.3.1999 – V ZB 34/98 –, DNotZ 1999, 1000 unter Hinweis u.a. auf RGZ 124, 200, 202). Dafür auch *Wilhelm* JZ 1990, 501 Fn. 2. In seinem Beschluß erklärt sich der BGH freilich in dem Fall, daß mit Zustimmung des Käufers und Inhabers einer Auflassungsvormerkung mit Wirkung gegen ihn ein Grundpfandrecht bestellt wird, dafür, daß nicht eine Rangbestimmung (§ 879 III) oder Rangänderung (§ 880 I), sondern ein Wirksamkeitsvermerk eingetragen wird. Der BGH zieht die Parallele zur Verfügung eines in der Verfügung beschränkten Berechtigten mit Zustimmung des durch die Verfügungsbeschränkung Begünstigten oder zu ihrer Wahrnehmung Zuständigen. Verfügunsbeschränkungen haben aber keinen Rang. Für die Auflassungsvormerkung gilt

550 Dieses Verhältnis zwischen zwei aus demselben Quellrecht, insbesondere demselben Eigentum, abgespaltenen Rechten, bei denen die Verfügung zur Einräumung des zweiten Rechts nur noch das um das erste Recht verminderte Eigentum erfaßt hat, nennen die §§ 879 ff. Rang, und zwar in diesem Fall: Vor- und Nachrang. Werden beide Verfügungen gleichzeitig wirksam, ist keines der beiden Rechte an dem schon durch das andere geminderten Eigentum entstanden, sie sind gleichrangig. Vor- und Nachrang bzw. Gleichrangigkeit gehören zum Inhalt der Rechte. Es handelt sich um eine besondere inhaltliche Dimension: nämlich die relative Ausdehnung je nach vorheriger oder gleichzeitiger Bestellung weiterer Rechte: Das erste am Eigentum bestellte beschränkte dingliche Recht wird aus unbeschränktem Eigentum abgespalten und ist deshalb inhaltlich unbeschränkt, ein danach bestelltes weiteres Recht wird aus dem durch das vorrangige Recht schon verminderten Eigentum abgespalten und hat deshalb keinen Inhalt, soweit das vorrangige Recht wirkt. Bei Gleichrangigkeit bestehen beide Rechte an dem nicht schon vom anderen verminderten Eigentum, der Ertrag aus dem Eigentum steht, soweit sie an der Reihe sind, beiden gleichermaßen und damit verhältnismäßig zu.

551 Weil der Rang den relativ zu anderen Rechten bestehenden Inhalt der Rechte bedeutet, entscheidet über ihn nicht nur die Reihenfolge der auf die Rechte gerichteten Verfügungen, sondern kann über den Rang auch verfügt werden. Die Rangverfügung geht dem Rangverhältnis, das sich aus der Reihenfolge der verschiedenen Verfügungen ergibt, vor. Darüber hinaus kann der Erwerb aufgrund öffentlichen Glaubens des Grundbuchs einen Rang ergeben, der sowohl von der wirklichen Reihenfolge der Verfügungen als auch von der durch Verfügung festgelegten Rangfolge abweichen kann. Rangverfügungen sind die abweichende Rangbestimmung bei der Bestellung der Rechte (§ 879 III), die nachträgliche Änderung des Rangs (§ 880) und der Rangvorbehalt (§ 881)[197]. Eine Rang-

folgendes (zum Streitstand im Anschluß an den Beschluß des BGH *Peter Schubert* DNotZ 1999, 967, 973 ff. sowie Gutachten des DNotI in DNotI-Report 2000, 89 ff. m.w.N.): Als Änderung des Inhalts des Grundstückseigentums zugunsten des Vormerkungsberechtigten ist die Vormerkung eine eingeschränkte Rechtsstellung, die in Konkurrenz mit beschränkten dinglichen Rechten am Grundstück besteht. Insofern hat sie in diesem Verhältnis Rang und ist auf ihr Zustandekommen § 879 anzuwenden. Soweit aber die Wirkung der Vormerkung darin besteht, nachfolgende Verfügungen auszuschließen (§ 883 II), geht es wie bei jeder Verfügung, die andere Verfügungen ausschließt, nicht um einen Vorrang, auch kommt nicht eine Rangänderung oder ein Rangvorbehalt (etwa mit relativem Rang, § 881 IV) in Betracht, sondern möglich ist nur, wie der BGH richtig annimmt, die Aufhebung der Unwirksamkeit durch Zustimmung, so daß die Verfügung wirksam wird. Rangänderung oder -vorbehalt kommen andererseits in Betracht, soweit die Vormerkung dem in Erfüllung des Anspruchs bestellten Recht den Rang sichert (§ 883 III). Weil die Vormerkung selbst, vorbehaltlich ihrer Wirkung nach § 883 II, Rang hat, gilt für das Zustandekommen der Vormerkung die Maßgeblichkeit des Zeitpunktes der Eintragung trotz erst nachfolgender Einigung, die § 879 II für den Rang bestimmt, während § 879 II nicht für die Frage gilt, ob bei einer zweiten Verfügung der Verfügende noch als Berechtigter verfügt hat oder seine Verfügung ausgeschlossen ist. Diesem Unterschied zwischen der Rangbegründung und dem Verhältnis zwischen zwei einander ausschließenden Verfügungen tragen die formalrechtlichen Regelungen der GBO in § 45 I, II einerseits und § 45 III GBO andererseits Rechnung, s. *Wilhelm*, JZ 1990, 501, 503 li.Sp. Zur Eintragung unter Kennzeichnung, welche von zwei nicht (im Sinne eines Rangverhältnisses) miteinander vereinbaren Verfügungen zuerst vollzogen ist, JZ 1990, 505 li., re.Sp.

197 Die zeitliche Abfolge kann dann gar nicht allein über den Rang entscheiden, d.h. es bedarf jedenfalls einer Rangbestimmung, wenn es um Verfügungen geht, die nicht ohne weiteres nach der Art des von ihnen begründeten Rechts andere Rechte verdrängen. So geht die Bestellung einer Grundschuld von 80.000 € für den A der danach dem B bestellten Grundschuld ohne weiteres vor. Nicht ohne weiteres klar ist demgegenüber die Rangfolge der Verfügung des A, von der ihm bestellten Grundschuld einen Teil von 20.000 € an C zu übertragen (zur Teilung von Rechten o. Rz. 170 f.; s. auch § 1151). Man weiß nur den Vorrang auch dieser 20.000 € gegenüber B. Wie sich aber die 20.000 € zu den übrigen 60.000 € des A verhalten,

wirkung aufgrund des öffentlichen Glaubens des Grundbuchs tritt ein, wenn ein Recht in seinem Verhältnis zu anderen Rechten unrichtig eingetragen ist, so daß das Grundbuch einen von seinem wirklichen Rang abweichenden besseren Rang ausweist, und wenn sodann ohne Kenntnis davon das Recht erworben wird (§ 892).

Nur aus demselben Quellrecht abgespaltene Rechte haben untereinander Rang im Sinne der §§ 879 ff., d.h. den speziellen, nach § 880 übertragbaren und nach § 881 durch einen Vorbehalt beschränkbaren Inhalt, aus einem durch andere Rechte weniger oder aber mehr reduzierten Quellrecht zu stammen[198]. Weder § 879 noch die Vorkehrung des § 45 GBO für die richtige Herstellung des Rangs sind deshalb auf die Eintragung anderer Rechtsbeziehungen an Grundstücken anwendbar (so für § 45 I, II ausdrücklich § 45 III GBO). **552**

Der Rang ist also der unterschiedliche Inhalt beschränkter dinglicher Rechte aufgrund der unterschiedlichen Begründung der Rechte aus unvermindertem oder vermindertem Quellrecht. Die unterschiedliche Begründung kann sich aus einer auf das Rangverhältnis gerichteten Verfügung ergeben, sei es in Gestalt einer Rangbestimmung, eines Rangvorbehalts oder einer Rangänderung; die Begründung des Ranges kann aber auch aus einem gutgläubigen Erwerb folgen. Liegen diese besonderen Gründe nicht vor, werden die Rechte in der Reihenfolge ihrer Entstehung, insbesondere des Wirksamwerdens der auf sie gerichteten Verfügungen, begründet und haben daraus ihren Rang: Wird ein Recht nämlich vor einem anderen begründet, ist es – vorbehaltlich einer Rangverfügung oder eines gutgläubigen Erwerbs – vor dem anderen vorrangig, werden die Rechte gleichzeitig (bzw. mit einem entsprechenden Vermerk) konstituiert, sind die Rechte gleichrangig. **553**

Im Hauptfall der Entstehung des beschränkten dinglichen Rechts, demjenigen der rechtsgeschäftlichen Begründung des Rechts durch Verfügung, kommt es nach § 873 I 2. Verfügungsart auf Einigung und Eintragung an. Nach § 879 II ist der Zeitpunkt der Eintragung auch dann maßgeblich, wenn die Einigung der Eintragung nachfolgt[199]. **554**

Gehen wir für ein Grundstück von einem erzielbaren Versteigerungserlös – abzüglich Kosten – von 120 000 € aus, so besteht der Rang zweier Hypotheken[200] in dem Verhältnis der Hypotheken im Hinblick darauf, welcher Hypothekar und in welcher Höhe er den Gehalt des Quellrechts, d.h. hier den Erlös für das Grundstückseigentum, für sich beanspruchen kann. Dies entscheidet sich grundsätzlich nach der Folge der Entstehung **555**

weiß man nicht. Das vorrangige Recht des A betrug 80.000 €. A kann im Rahmen seines Rechts beliebig aufteilen, z.B. entweder in vier gleichberechtigte Teile á 20.000 € oder in vier Teile á 20.000 €, von denen einer Vorrang vor den anderen hat. Bei der Abtretung der 20.000 € an C kann A also durch Einigung mit C bestimmen, ob das abgetretene Recht im Rahmen des Rangs des Gesamtrechts, d.h. im Verhältnis zu den übrigen Teilen, vorrangig oder nachrangig ist. Im Zweifel wird man entsprechend § 742 Gleichrangigkeit der Teilrechte untereinander anzunehmen haben. Im Folgenden lassen wir diesen Sonderfall beiseite.

198 Zum Rangverhältnis zwischen der Surrogatshypothek eines Pfandgläubigers und der Restgeldhypothek des Grundstücksverkäufers *Just*, JZ 1998, 120 ff.

199 Bei bedingter Einigung sind weitere Verfügungen im Fall des Eintritts der Bedingung nach § 161 I 1 unwirksam oder nachrangig, bei genehmigungsbedürftiger Einigung bleiben Zwischenverfügungen nach § 184 II wirksam bzw. sind die durch sie eingeräumten Rechte vorrangig. Bei der Anwendung beider Vorschriften geht es um Verfügungen nach Einigung und Eintragung. Was im Fall einer Einigung erst nach der Eintragung die Zeit zwischen Eintragung und Einigung betrifft, bleibt es bei § 879 II, d.h. ist der Zeitpunkt der Eintragung maßgeblich und braucht § 161 nicht zu helfen bzw. schadet § 184 II nicht.

200 Vorausgesetzt, daß sie nicht bei Zuschlag in der Zwangsversteigerung bestehen bleiben. Zu dieser Möglichkeit und zur Berücksichtigung von anderen Rechten – etwa Nutzungsrechten – in der Zwangsversteigerung u. Rz. 591 ff.

der Hypotheken (§§ 873 I, 879 I, II[201]). Ist zunächst eine Hypothek in Höhe von 100 000 € und sodann eine solche in Höhe von 50 000 € bestellt worden, so sind von dem Erlös von 120 000 € 100 000 € mit der ersten Hypothek weggegeben. Folglich kann die zweite Hypothek, wenn die erste Hypothek nicht anderweitig befriedigt wird oder wegfällt, nur noch den um die erste (d.h. um 100 000 €) verminderten Gehalt des Eigentums, also nur 20 000 € aus dem Erlös erfassen. Dies bedeutet der Rang, hier der Vorrang der ersten vor der zweiten bzw. die Nachrangigkeit der zweiten gegenüber der ersten Hypothek an dem zu 120 000 € verwertbaren Grundstück.

Was nach dem Fall der Vor- und Nachrangigkeit den Fall der Gleichrangigkeit mehrerer Rechte betrifft[202], ist keines der Rechte an dem durch das andere schon geminderten Eigentum bestellt, hat sich also keines das andere vorgehen zu lassen. Folglich kommt der Versteigerungserlös, soweit beiden Rechten gegenüber vorrangige Rechte nicht bestehen oder zwar bestehen, aber befriedigt sind, beiden Rechten gleichermaßen zu. Erreicht der Resterlös den Gesamtbetrag beider Rechte oder geht er darüber hinaus, werden beide Rechte voll befriedigt. Deckt der Resterlös nicht den Gesamtbetrag beider Rechte, so wird er im Verhältnis des Betrags oder des Wertes der beiden Rechte unter den Berechtigten aufgeteilt[203].

c) *Die Rangfolge bei fehlerhaft vorgenommenen oder entgegen der Einigung zustande gekommenen Eintragungen*

556 Der BGH[204] zieht aus den Formulierungen des § 879 I: „Das Rangverhältnis ... bestimmt sich nach der Reihenfolge der Eintragungen" oder das Recht mit der früheren Tagesangabe „hat Vorrang", die Folgerung, daß die Eintragung auch dann maßgeblich ist, wenn dem Grundbuchamt bei der Eintragung Fehler unterlaufen sind. Das Gleiche müßte gelten, wenn die Parteien selbst ihre Anträge in einer Weise stellen, daß gerade bei pflichtmäßiger Erledigung durch das Grundbuchamt die Darstellung eines Rangverhältnisses herauskommt, welches von der Einigung der Parteien abweicht.

557 Der Fall des BGH, in dem die nach § 45 II GBO erforderliche Eintragung eines Vorrangvermerks zugunsten des in Abteilung II eingetragenen Wohnungsrechts unterblieben war, ist um die folgenden Beispiele zu ergänzen: Eine Hypothek wird in Abteilung III neben der auf sie bezogenen (halbspaltig eingetragenen) Vormerkung, d.h. vor den zwischenzeitlich eingetragenen weiteren Rechten, eingetragen. Die Hypothek konnte aber den Rang aufgrund der Vormerkung (§ 883 III) nicht erlangen, weil die Vormerkung erloschen war. Hat die Hypothek trotzdem den Vorrang aufgrund ihrer räumlichen Voreintragung (§ 879 I)?[205] Weiteres Beispiel: Der Eigentümer vereinbart mit der Bank B1 eine erstrangige, mit der Bank B2 eine Hypothek im Rang nach der Hypothek der B1. Der die Eintragungsanträge vorlegende Notar bestimmt irrig für die Hypothek 2, daß der darauf bezogene Eintragungsantrag als erster gelten soll, und für Hypothek 1 Platz 2. So verfährt das Grundbuchamt (§ 16 II GBO).

558 Zu den Fehlerfällen werden drei Auffassungen erörtert[206] bzw. vertreten: Nach der ersten Auffassung, für die die Entscheidung des BGH zu nennen war, soll die Grundbucheintragung über den Rang entscheiden (Lehre von der formellen Rechtskraft der Grundbucheintragung[207]). *Heck*[208] hat dem die Lehre vom Altersvorzug der Rechte entgegenge-

[201] Daß der Erwerb der Briefhypothek nach § 1117 I 1 die Übergabe des Hypothekenbriefs voraussetzt, berührt den Rang nicht: Das Recht entsteht mit Einigung und Eintragung, bis zur Übergabe des Briefs ist das Recht eine Eigentümergrundschuld (§§ 1163 II, 1177 I 1).

[202] S. die Gleichzeitigkeit der Eintragungen nach § 44 S. 2 GBO mit der Folge des § 879 I 2; gleich steht der in § 45 I Hs. 2 GBO geregelte Rangvermerk.

[203] Zur Folge der Gleichrangigkeit von Nutzungsrechten bzgl. der Nutzung §§ 1024, 1060, 1090 II.

[204] Oben Rz. 546.

[205] KG KGJ 41, 223.

[206] Zu Zweifeln, ob es die Auffassung von der formellen Bestandskraft des Grundbuchs überhaupt gibt, *Wilhelm*, JZ 1990, 506.

[207] Nachweise bei *Stadler*, AcP 189 (1989), 424, 439 ff., s. aber Vornote.

setzt: Das Grundbuch sage nur darüber etwas aus, mit welchem Rang die Rechte im Grundbuch stehen. Das Grundbuch könne aber wie immer so auch bzgl. des Ranges unrichtig sein. Rechtlich entscheidend sei der wirkliche Altersvorzug der Rechte. Einmal entstandene Rechte könnten durch spätere falsche Eintragung nicht ihren Rang verlieren. Eine dritte Auffassung teilt die Auffassung *Hecks* von der Möglichkeit der Unrichtigkeit des Grundbuchs betreffend den Rang. Diese Meinung nimmt aber die Unrichtigkeit nicht nur dann an, wenn der sich aus dem Eintragungstext nach § 879 I ergebende Rang der Entstehung der Rechte gemäß ihrer wirklichen Eintragung widerspricht[209], sondern auch dann, wenn der Text den wirklich vorgenommenen Eintragungen entspricht, aber die Parteien sich über einen von den Eintragungen abweichenden Rang geeinigt haben. Werde der aus dem Grundbuch hervorgehende Rang nicht durch die Einigung gedeckt, so sei das Grundbuch unrichtig. Es bestehe ein Anspruch auf Berichtigung des Grundbuchs im Sinne des vereinbarten Rangs: Würden etwa die Anträge auf Eintragung zweier Grundschulden vertauscht und die Grundschulden entgegen der gewollten Reihenfolge eingetragen, so sei die Eintragung der zuerst eingetragenen Grundschuld betreffs des Vorrangs unrichtig und durch Eintragung eines Nachrangvermerks zu berichtigen; aufgrund dieses Vermerks erhalte dann die zweiteingetragene Grundschuld den Vorrang. Gehe man bei der Einigung über eine Hypothek unrichtig von der schon bestehenden Eintragung einer ersten Hypothek aus und werde dann die neue Hypothek als einzige eingetragen, so sei das Grundbuch durch einen Rangvorbehalt (s. § 881) zu berichtigen[210].

Der Lehre *Hecks* vom Altersvorzug der Rechte, allgemeiner: von der Maßgeblichkeit der wirklichen Eintragung entgegen einem von der wirklichen Eintragung abweichenden Text, ist zuzustimmen: Nach dem Grundtatbestand des § 873 I kommen Grundstücksrechte aufgrund von Einigung und Eintragung zustande. Dann kann aber eine einmal vollzogene und durch Einigung gedeckte Eintragung nicht dadurch ihre Wirkung verlieren, daß das Grundbuchamt für diese oder eine andere Eintragung den falschen Platz oder das falsche Datum verwendet. Ist beispielsweise zunächst nur eine Eintragung vorhanden, ist § 879 gar nicht anwendbar. Die Eintragung begründet – vorbehaltlich der kongruenten Einigung – das in ihr bestimmte Recht. Wird später eine andere Eintragung vorangesetzt oder – bei Geltung des Tempus-Prinzips – mit falschem früheren Datum versehen, so kann nicht das bisherige Recht ganz oder teilweise in Wegfall geraten. § 879 hat diese Wirkung nicht. Seine Anweisung, das Grundbuch zu lesen, ergibt in den **559**

[208] § 24 2, S. 92, Exkurs 4, S. 496 ff. *Heck* der Sache nach folgend *Westermann*, 5. Aufl., § 81 I 1 u. II 3, S. 402: Zunächst sagt *Westermann* gegen *Heck*, es sei an den Grundbuchbestand und nicht „in dieser Allgemeinheit" an die Entstehungsfolge anzuknüpfen. Dann entscheidet er doch bei Eintragungen in derselben Abteilung entgegen der räumlichen gemäß der (wirklichen) zeitlichen Abfolge und bei Eintragungen in verschiedenen Abteilungen entgegen der eingetragenen Zeit nach dem wirklichen Zeitpunkt der Eintragung. Die 7. Aufl. entscheidet sich betreffend Eintragungen in derselben Abteilung für die Maßgeblichkeit der räumlichen Reihenfolge (§ 80 II 2 S. 613). *Heck* folgend *Stadler*, a.a.O., S. 443, 444 ff., 447 ff. (Nachweise bei *Wilhelm*, JZ 1990, 506 Fn. 26).

[209] Beispiel zum Locus-Prinzip in derselben Abteilung: Das Grundbuchamt fügt die Eintragung eines neu bestellten Rechts in den Zwischenraum zwischen zwei früheren Eintragungen ein. Beispiel zum Tempus-Prinzip: Das Grundbuchamt trägt zwei Rechte an demselben Tag in zwei verschiedene Abteilungen ein. Bei dem einen Recht verschreibt es sich beim Datum, indem es falsch die Zahl eines früheren Jahres einsetzt.

[210] *Jungwirth*, Der vereinbarte Rang von Grundstücksrechten, 1990, S. 36 ff., 78 ff., 104 f., 108 f. *Jungwirth* kann sich auf dieselbe Entscheidung des zweiten Falles durch *Flume* II § 23 4 d, S. 469, stützen; s. *Flume* erneut in der Besprechung des Buches von *Jungwirth*, JZ 1991, 133 ff.

gedachten Fällen lediglich eine unrichtige Eintragung (mit der Folge der Anwendung von §§ 892, 894[211]).

560 Offenbar richtig ist also die Entscheidung des KG[212], einer halbspaltig neben einer unwirksamen Vormerkung eingetragenen Hypothek den Vorrang gemäß der Eintragung auf der Höhe der Vormerkung zu versagen. Die Auffassung von der konstitutiven Wirkung der (räumlichen) Eintragungsreihenfolge würde dazu führen, daß die wegen der Unwirksamkeit der Vormerkung nicht eintretende Rechtsfolge des § 883 III von § 879 I substituiert würde.

561 Schon die Entscheidung im Sinne des Altersvorzugs könnte gegen die Entscheidung des BGH im Fall BGHZ 21, 98 ff. sprechen: Das Wohnungsrecht könnte hier zeitlich vor den Grundschulden der Sparkasse eingetragen gewesen sein, und die Folgerung scheint dann zu sein, daß das Wohnungsrecht durch die zweite Eintragung an Wirksamkeit nichts verloren haben kann. Der BGH ist dennoch mit Recht von der Gleichzeitigkeit der Eintragung von Wohnrecht und Grundschulden ausgegangen. Bei Eintragungen, die, wie hier gegeben, in verschiedenen Abteilungen vorgenommen werden, kann die Tagesangabe den Gleichrang ausdrücken (§ 879 I 2 Hs. 2). Im Hinblick darauf ist eine Eintragung, und war in casu also die Eintragung des Wohnungsrechts, formal bis zur Beendigung des Tages der Eintragung nicht abgeschlossen. Bis dahin können (konnten) Eintragungen hinzukommen, die als gleichzeitig vorgenommen gelten. Erst wenn der Tag beendet ist, ist die vollzogene Eintragung abgeschlossen. Im Fall des BGH führte also die ohne Vermerk unter Angabe desselben Tages vorgenommene Eintragung des Wohnungsrechts und der Grundschulden zur rechtlichen Gleichzeitigkeit der Eintragungen. Mithin ist gegen den BGH nicht die Lehre *Hecks* vom Altersvorzug eines einmal eingetragenen Rechts anzuführen.

562 Zu fragen ist, ob über die Betonung des Altersvorzugs durch *Heck* hinaus sich ein Rang entgegen der Eintragung aufgrund der Einigung der Parteien ergeben kann.

Hätten sich im Fall BGHZ 21, 28 ff., wie nach dem Fall naheliegt, einerseits der Eigentümer und die Sozialrentnerin D über die Bestellung des Wohnungsrechts mit Vorrang vor weiteren Rechten und andererseits der Eigentümer und die Sparkasse über die Begründung der Grundschulden mit Nachrang gegenüber dem Wohnungsrecht geeinigt gehabt, so käme nach der genannten dritten Lehre in Betracht, der Sparkasse die Gleichrangigkeit mangels darauf gerichteter Einigung zu versagen mit der Folge, daß das Wohnungsrecht vorrangig war und die Sozialrentnerin einen Anspruch auf entsprechende Berichtigung des Grundbuchs hatte[213].

Dieser Lösung ist jedoch nach unserem Grundbuchsystem nicht zu folgen. Sie bedeutet, daß ein Rang gemäß der Einigung durchgesetzt wird, obwohl das dafür benötigte zweite Tatbestandsstück fehlt, die Eintragung der Rangbestimmung. Am klarsten ist dies im Fall der Eintragung einer Hypothek aufgrund einer Einigung, in der eine – in Wirklichkeit nicht bestehende – Vorbelastung vorausgesetzt wird. Die von der hier behandelten Lehre vorgeschlagene Berichtigung des Grundbuchs durch Eintragung eines Rangvorbehalts setzt voraus, daß die Hypothek mit Rangvorbehalt zustande gekommen ist. Nach § 881 II Hs. 1 bedarf der vereinbarte Rangvorbehalt aber der Eintragung, und diese fehlt im hier behandelten Fall. Ebenso bedarf nach § 879 III eine von der Eintragung gemäß § 879 I abweichende Rangbestimmung der Eintragung. Folglich ist nach unserem Gesetz die Verfügung hinsichtlich des Ranges nicht integraler Bestandteil der Gesamtverfügung über die Bestellung eines Rechts. Das Recht kommt aufgrund der

[211] Zur Vorbeugung gegen die Möglichkeit des gutgläubigen Erwerbs ist nach § 53 GBO ein Amtswiderspruch einzutragen, *Baur/Stürner* § 17 Rz. 21 m.w.N.

[212] KGJ 41, 43.

[213] Da im Fall des BGH schon versteigert und der Erlös schon verteilt war, war ein – dem Justizfiskus abgetretener – Bereicherungsanspruch der D nach § 816 I 1 zu prüfen.

Einigung und der Eintragung zustande. Über den Rang braucht nichts bestimmt zu werden, denn dieser besondere Inhalt der Rechte ergibt sich schon aus der Reihenfolge der Verfügungen. Die Parteien können aber ihre Verfügung auch auf den Rang beziehen. Diese Verfügung ist aber entweder irrelevant, weil sie mit dem Rang infolge der Verfügungsreihenfolge übereinstimmt, oder sie weicht vom grundsätzlichen Zustandekommen des relativen Inhalts der Rechte ab und bedarf zu ihrer Wirksamkeit der Eintragung.

Man kann im Fall des fehlenden Rangvorbehalts nicht dadurch über das Eintragungserfordernis nach § 881 II hinwegkommen und zur Unrichtigkeit des Grundbuchs bei nicht eingetragenem Rangvorbehalt gelangen, daß man den Rangvorbehalt als eine Minderung des mit Rangvorbehalt vorgesehenen Rechts betrachtet und wegen der Einigung über diese Minderung die Eintragung des ungeminderten Rechts als unrichtig ansieht mit der Folge eines Berichtigungsanspruchs des Eigentümers auf Eintragung des Rangvorbehalts[214]. Ohne die Eintragung des Vorbehalts ist jedenfalls kein Rangvorbehalt entstanden. Insofern, als der Vorbehalt fehlt, geht nicht das Recht über die Einigung hinaus, die Einigung über die Bestellung des Rechts lag ja vor. Nach unserem Gesetz ist wegen des Fehlens der Eintragung eines Vorbehalts nur eine möglicherweise zustande gekommene weitere Einigung, nämlich die im Sinne eines Vorbehalts, nicht wirksam geworden. Der Rangvorbehalt ist ein Vorbehalt für die Bestimmung des Rangs entgegen der Reihenfolge der auf die Rechte gerichteten Verfügungen. Die Selbständigkeit des Vorbehalts zeigt sich auch dann noch, wenn der Vorbehalt eingetragen ist. Ohne Ausübung des Vorbehalts, ohne also das in Ausübung des Vorbehalts bestellte Recht, gibt es keine Rangbeziehung, in der das vom Vorbehalt betroffene Recht nachrangig wäre. Das Recht ist also noch gar nicht gemindert. Deshalb ist sogar der wirksam eingetragene Rangvorbehalt kein Minus im betroffenen Recht wie das Minus im Fall der Eintragung einer Hypothek von 11 000 €, wenn die Parteien sich über eine solche von 10 000 € geeinigt haben. Der Rangvorbehalt ist eine Befugnis zur Gestaltung der Beziehung der betroffenen Rechte zum Eigentum und untereinander. Als Gestaltungsbefugnis bedarf der Rangvorbehalt nach § 881 II der Eintragung. Dies ist auch mit Rücksicht darauf unumgänglich, daß das Recht, für welches der Vorbehalt begründet sein soll, nach Art und Umfang bezeichnet sein muß. Es gilt: Eine vorhandene Eintragung über 150 000 € kann mangels Einigung (teil)unwirksam sein, dagegen kann nicht aus der Einigung (über die Bestellung eines Rechts oder eines Vorbehalts) die Eintragung gefolgert werden. 563

Das gleiche wie in dem Fall der Annahme eines in Wirklichkeit nicht vorhandenen vorrangigen Rechts gilt in dem Fall, daß ein Recht entgegen der Vereinbarung nicht nach einem anderen eingetragen worden ist. Auch dem vor- oder gleichrangig eingetragenen Recht fehlt nicht die Einigung, es ist nur eine zusätzliche dingliche Bestimmung, nämlich die von der Reihenfolge der Verfügungen abweichende Verfügung über die Rangverteilung, nicht wirksam geworden. Lauteten im Fall BGHZ 21, 98 ff. die Vereinbarungen einerseits zwischen Eigentümer und Sozialrentnerin D und andererseits zwischen Eigentümer und Sparkasse auf den Vorrang des Wohnungsrechts der Sozialrentnerin D, so kann nicht die Unrichtigkeit des die Gleichrangigkeit ausweisenden Grundbuchs damit begründet werden, daß für die Gleichrangigkeit der Grundschulden die Einigung fehlte. Die Grundschulden waren rechtlich gleichzeitig mit dem Wohnungsrecht eingetragen worden, die grundsätzlich eintretende Folge ist nach § 879 I 2 der gleiche Rang[215]. Zwar 564

[214] So gegen *Wilhelm*, JZ 1990, 508 *Flume*, JZ 1991, 133, 134 f. *Flume* will das Erfordernis der Eintragung des Rangvorbehalts nur darauf beziehen, daß der Rangvorbehalt eingetragen sein muß, wenn ein Recht in Ausübung des Vorbehalts vorrangig eingetragen werden soll. Daß diese Voraussetzung erfüllt ist, soll aber der Eigentümer kraft seines Berichtigungsanspruchs erreichen können.

[215] Daß das Grundbuchamt nach § 45 II GBO nicht ohne Rangvermerk eintragen durfte, führt nicht zu einem Fall der Abweichung der wirklich vorgenommenen Eintragung vom äußeren Text der Eintragung. Weil das Grundbuchamt ohne Rangvermerk eingetragen hat, ist die

wollten nach unserem Ausgangspunkt die Parteien den Rang abweichend von der Rangwirkung bestimmen, die sich aus der Reihenfolge der Verfügungen ergab, diese Rangbestimmung bedarf aber der Eintragung in das Grundbuch[216]. Ohne eine solche ist die Rangbestimmung unwirksam. Dann kommen aber nur zwei Folgerungen in Betracht. Entweder kommen die Rechte kraft der darauf gerichteten Bestellungsverfügung ungeachtet der Rangbestimmung nach der Reihenfolge der Verfügungen zustande. Oder sie kommen, weil die Unwirksamkeit der Rangbestimmung auch die übrige Einigung erfaßt, überhaupt nicht zustande. Die Frage löst sich nach § 139 und zwar in aller Regel in dem Sinne, daß wenigstens die Rechte entstanden sind, wenn auch mit vereinbarungswidrigem Rang.

565 Zusammengefaßt ergibt sich: Das Grundbuch wird unrichtig im Hinblick auf den Rang, wenn das Grundbuchamt Eintragungen vornimmt, aber falsch plaziert oder datiert. Liest § 879 I aus der Plazierung oder Datierung einen Rang, der nicht der wirklich vorgenommenen Eintragung entspricht, so weicht das Grundbuch von der Rechtslage ab, die durch Zustandekommen der Verfügung begründet ist. Im Gegensatz dazu ist das Grundbuch nicht unrichtig, wenn der aus der wirklich vorgenommenen Eintragung folgende Rang nicht der Vereinbarung der Parteien entspricht. Die Vereinbarung der Beteiligten über die Vor-, Gleich- oder Nachrangigkeit von Rechten führt nur dann zur Rechtsfolge des Vor-, Gleich- oder Nachrangs, wenn entweder die Verfügungen in der entsprechenden Reihenfolge zustande kommen oder eine von der Verfügungsreihenfolge abweichende Rangbestimmung getroffen und eingetragen wird. Den Verfügungen fehlt in der Regel nicht die Einigung, wenn die in der Reihenfolge begründete Rangwirkung nicht der Einigung entspricht. Nach dem BGB sind die Einigung über die Bestellung des Rechts und die (mögliche) Rangbestimmung im Sinne des § 879 III zu unterscheiden. Kommt aufgrund der Reihenfolge der Verfügungen mangels der Eintragung einer abweichenden Rangbestimmung ein anderer Rang heraus, als die Parteien bestimmt haben, so ist ein Fall der Teilunwirksamkeit im Sinne des § 139 gegeben. In aller Regel entspricht es dem Willen der Parteien, daß die Rechte ungeachtet ihres von der Vereinbarung abweichenden Rangs bestehen bleiben und der Ausgleich des die Vereinbarung überschreitenden Rangs auf schuldrechtlicher Ebene vorgenommen wird. Folglich bleiben die Bestellungseinigungen wirksam[217].

d) Die Bezogenheit der Vereinbarung über die Bestellung eines beschränkten dinglichen Rechts auf den Rang

566 Bei der Bestellung beschränkter dinglicher Rechte beziehen sich sowohl das dingliche Geschäft wie das Kausalgeschäft in aller Regel auch auf den Rang. Soweit das dingliche Geschäft sich aber durch eine Rangbestimmung auf den Rang bezieht, ist diese ohne Eintragung nicht wirksam und die Unwirksamkeit für die Verfügung nach § 139 irrelevant. Dann bleibt es bei der Relevanz für das Kausalgeschäft. Bei der Vereinbarung über die Bestellung einer Hypothek oder Grundschuld gehört der Rang zu den essentialia der

rechtliche Bedeutung der wirklichen Eintragung die einer gleichzeitigen Eintragung mit der Folge der Gleichrangigkeit. Der Fall ist genauso wie der, daß das Grundbuchamt eine Eintragung vor der anderen entgegen der Antragsreihenfolge (§ 17 GBO) vollzieht. Die Fehler ändern nichts an der rechtlichen Bedeutung der wirklich vorgenommenen Eintragungen.

[216] Dies gilt immer sowohl für das vorrangig wie für das nachrangig vorgesehene Recht. Auch wenn zwischen dem Eigentümer und dem Begünstigten gar nichts über den Rang gesagt, vielmehr nur zwischen Eigentümer und Nachrangigem der schlechtere Rang verabredet wird, ist die Vereinbarung in beiderlei Hinsicht eine Rangbestimmung im Sinne von § 879 III, wenn die Verfügungen in einer Reihenfolge zustande kommen, die der Vereinbarung nicht entspricht.

[217] *Wilhelm*, JZ 1990, 508. Ebenso *Baur/Stürner* § 17 Rz. 25 m.w.N. in Fn. 1

Vereinbarung[218]. Kommt der Rang nach der Verfügungsreihenfolge und, weil auch keine abweichende Rangbestimmung eingetragen wird, nicht so zustande, wie er vereinbart wurde, ist das Kausalgeschäft nicht erfüllt, wenn der Erwerber weniger Rang als vereinbart erlangt hat, oder ist die Verfügung ohne causa, wenn der Erwerber zu viel Rang erlangt hat.

Wird einmal – was bei den benutzungsbezogenen Rechten denkbar ist – auf den Rang **567** kein besonderer Bedacht genommen, deckt die Vereinbarung die Eintragung des Rechts mit bereitem Rang.

Die Vereinbarung im Kausalgeschäft ist nach den allgemeinen Grundsätzen auszule- **568** gen; weicht die Auslegung vom Willen der verfügenden Parteien ab, kommt die Irrtumsanfechtung in Betracht:

Bank und Grundstückseigentümer vereinbaren die Bestellung einer Hypothek an bereitem Rang. Beide haben die Vorstellung, Rang 3 nach zwei Grundschulden von G1 und G2 über je 100 000 € sei bereit. Bei Eintragung der Hypothek ist aber die Grundschuld des G2 noch nicht eingetragen. Hier gilt: Die Vereinbarung ist über die Bestellung einer Hypothek mit Rang 3 zustande gekommen[219]. Der Eigentümer darf die Eintragung der Hypothek mit Rangvorbehalt bewilligen; ist die Hypothek vorbehaltlos eingetragen, ist die Bank verpflichtet, die Eintragung des Vorbehalts zu bewilligen.

Fall wie (1), aber der Irrtum ist einseitig. Die Bank ging von der wirklichen Grundbuchlage aus, der Grundstückseigentümer von der Voreintragung beider Grundschulden. Der Eigentümer hat hier in dem Sicherungsvertrag die Bestellung einer nur nach der Grundschuld des G1 nachrangigen Hypothek versprochen, obwohl er eine sowohl nach G1 und nach G2 nachrangige Hypothek zusagen wollte. Er kann den Sicherungsvertrag wegen Erklärungsirrtums anfechten, wenn die Kausalität des Irrtums gegeben war[220]. Ist die versprochene Rangstelle wie hier besser, als dem Willen des Eigentümers entsprach, ist die Kausalität in der Regel zu bejahen. Die Bank kann allerdings die Sicherungsvereinbarung im Sinne des vom Eigentümer wirklich Gemeinten gelten lassen. Dann darf der Eigentümer bzw. muß die Bank wieder den Rangvorbehalt bewilligen.

Die Rangverteilung hängt in den Fällen von der dinglichen Erklärung selbst ab, in denen sie durch Löschung eines Rechts begründet wird. Darum handelte es sich im Fall RGZ 88, 278 ff.: Eine erstrangige Hypothek über 16 000 RM war in Höhe von 15 000 RM unter Quittierung am 1.10.1914 vom Grundstückseigentümer und späteren Kl. bezahlt und zur Eigentümergrundschuld geworden (§§ 1163 I 2, 1177). Der Gläubiger hatte neben der Quittierung die Löschung bewilligt und bezüglich des Restbetrages einer am 28.9. eingetragenen Hypothek der Sparkasse in Höhe von 15 000 RM den Vorrang eingeräumt. In derselben Erklärung war verzeichnet, daß der Eigentümer die Löschung beantrage und der Vorrangeinräumung zustimme (§ 880 II 2). Der Eigentümer hatte mitunterzeichnet. Aufgrund der Erklärung war gelöscht worden. Die Folge war nach dem Grundbuch das Aufrücken einer noch vor der Hypothek der Sparkasse an zweiter Stelle stehenden Hypothek der Erblasserin der Bekl. Das RG hat den Kl. seine der Löschung zugrundeliegende Erklärung wegen Irrtums anfechten lassen. Der Inhalt der Erklärung: Aufhebung der Eigentümergrundschuld – habe nicht dem entsprochen, was der Kl. habe erklären wollen: nämlich das Weichen der erstrangigen Hypothek, soweit diese Eigentümergrundschuld geworden war, gegenüber derjenigen der Sparkasse. Dieser wirkliche Erklärungswille war nach den Umständen der Erklärung sogar durch Auslegung zu entnehmen[221]. Sie war als Erklärung über eine Rangänderung, die der Eigentü-

[218] S. *Flume* II § 23 4 d, S. 468.

[219] *Flume* II § 23 4 d, S. 467 ff., allerdings bezogen auf die dingliche Einigung, während nach dem Text nur das Kausalgeschäft betroffen ist.

[220] So RGZ 89, 29 ff. Das RG hat in seinem Fall die Kausalität verneint.

[221] *Flume* II § 23 4 d, S. 468.

mer als Inhaber der Eigentümergrundschuld abgab (§ 880 II 1), zu werten. Damit fehlte für die Löschung der Eigentümergrundschuld die Aufhebungserklärung des Eigentümers (§ 875); die Eigentümergrundschuld bestand weiter. Die Hypothek der Bekl. blieb zweitrangig. Die Bekl. hatte die Wiedereintragung der Eigentümergrundschuld zu bewilligen; die Verpflichtung des Eigentümers, der Sparkasse den Vorrang einzuräumen, war noch nicht erfüllt.

569 Weder durch Auslegung noch durch ein Anfechtungsrecht ist zu helfen im folgenden Fall: Der Eigentümer beantragt die Löschung einer abbezahlten Hypothek (§ 875). Dabei denkt er nicht an eine zweite Hypothek, die nun aufrückt. Es handelt sich um einen Rechtsfolgenirrtum, der nicht zu einer Anfechtung der Löschungserklärung berechtigt. Allerdings ist ein Anspruch des Eigentümers gegen den aufrückenden Hypothekar aus Bereicherung in sonstiger Weise (§ 812 I 1 Alt. 2) begründet[222]. Als schuldrechtlicher Anspruch richtet er sich nicht gegen einen Zessionar, an den der begünstigte Hypothekar die Hypothek – entgeltlich – abgetreten hat. Der Zessionar ist nicht nur nach § 892 geschützt.

e) *Das Kondiktionsverhältnis bei rechtsgrundlosem Rang*

570 Kommt die Verfügungsreihenfolge entgegen der Rangvereinbarung dadurch zustande, daß das Grundbuchamt Vorschriften verletzt, ist die Staatshaftung nach § 839 BGB i.V.m. Art. 34 GG begründet. Darüber hinaus ist nach einem schuldrechtlichen Ausgleich zwischen den Parteien zu fragen. In der Entscheidung BGHZ 21, 97 ff. hat der BGH einen an den Fiskus abzutretenden Anspruch der benachteiligten Wohnungsrechtsinhaberin D gegenüber der bevorteilten Sparkasse abgelehnt, weil der aus § 879 folgende Rang, hier der Gleichrang der Sparkasse, wegen der Anordnung der Rechtslage durch § 879 I mit Rechtsgrund erlangt sei. Wie gezeigt, sagt § 879 aber nur etwas über das Zustandekommen des Rangs als Folge aus der Reihenfolge der Verfügungen oder aus einer Rangbestimmung. Er ist ein Erwerbstatbestand und sagt wie alle diese Tatbestände nichts über die Rechtfertigung der Rechtsverschiebung. Darüber entscheiden bei rechtsgeschäftlicher Verfügung die vertraglichen Absprachen.

571 Entspricht die Rangwirkung der Verfügung nicht dem zugrunde liegenden Vertrag, so kommt – vorbehaltlich vertraglicher Rückgewähransprüche – der Bereicherungsanspruch nach § 812 I 1 Alt. 1 in Betracht, gerichtet auf Herausgabe des Mehrrangs[223]. Die Rangwirkung bei der Bestellung eines Rechts durch den Eigentümer gehört zur Verschiebung des Eigentumsgehalts auf den Erwerber des beschränkten dinglichen Rechts. Die Kondiktion wegen ohne causa erlangten Mehrranges steht also dem Eigentümer als Leistendem zu. Im Fall, daß neben dem einen zu gut Eingetragenen ein anderer schlechter als verabredet plaziert wird, hat der Benachteiligte den Erfüllungsanspruch gegen den Eigentümer auf Verschaffung des verabredeten Rangs. Diesen Anspruch kann der Eigentümer vermöge seines Bereicherungsanspruchs gegen den zu gut Plazierten erfüllen. Auf die Abtretung des Bereicherungsanspruchs hat der Benachteiligte den Anspruch aus § 285 I (§ 281 a.F.)[224].

572 Es besteht demgegenüber in diesen Fällen kein Kondiktionsverhältnis zwischen den Inhabern des im Rang schlechter und des im Rang besser bestellten Rechts. Der benachteiligte Berechtigte hat sein Recht mit der Eintragung im Grundbuch und damit dem Rang, der sich aus der mit Eintragung zustande gekommenen Verfügung ergibt, erwor-

[222] S. *Flume* II § 23 4 d, S. 467 f.; a.A. zu Unrecht RGZ 88, 278, 287.

[223] Zu vollziehen durch Rangvorbehalt und Rangänderung oder, so im Fall des BGH, Herausgabe des auf den Mehrrang entfallenden Versteigerungserlöses.

[224] Zum Ganzen *Wilhelm*, JZ 1990, 509. Ein direkter Anspruch des Benachteiligten gegen den Bevorteilten ist begründet, wenn zwischen Eigentümer und beiden Beteiligten eine dreiseitige Rangvereinbarung getroffen worden ist.

ben. Er ist nicht in einem gegen den Bevorteilten wirksamen Recht verkürzt[225]. Aus diesem Grunde, nicht wegen einer Rechtfertigung der Rechtslage aus § 879, war mit dem BGH ein an den Fiskus abzutretender Anspruch der wohnberechtigten D gegen die Sparkasse zu verneinen[226].

f) *Anwendung des § 181 auf Rechtsgeschäfte zur Rangveränderung*

Aufgrund der Rechtsverschiebungsbeziehung, die – insbesondere – im Fall der Bestellung **573**
einer Hypothek Eigentümer und Hypothekar verbindet (die Hypothek löst sich als Teilrecht aus dem Eigentum, das Eigentum bleibt – als Auffangrecht – hinter der Hypothek bestehen), rechtfertigt sich die Entscheidung BGHZ 77, 8: Wenn ein Eigentümer im eigenen Namen die Löschung einer Hypothek beantragt und sie zugleich als Vertreter des Hypothekars bewilligt, ist die Bewilligung unwirksam nach § 181. Der Eigentümer will hier unter Ausnutzung seiner Vertretungsmacht den Rückerwerb in der Gegenrichtung der bezeichneten Kondiktionsbeziehung erreichen[227].

Der BGH meint[228], das RG habe[229] dieselbe Auslegungsfrage zu § 181 und zwar abweichend **574**
entschieden. *Flume* hat dem widersprochen[230]. In der Tat hat das RG einen anderen Fall zu entscheiden gehabt. Es ging nicht um die Bestellung von Rechten mit bestimmtem Rang zu Lasten des Eigentums, sondern um die spätere Gestaltung des Rangverhältnisses zu Lasten eines schon bestehenden Rechts.

Das Eigentum des W war belastet mit einer Grundschuld für die I-GmbH. W war Geschäftsführer der GmbH und hat folgende urkundliche Erklärungen abgegeben:

1. Als Eigentümer bewillige und beantrage ich die Eintragung einer Grundschuld für die Stadtsparkasse in B.
2. Als Geschäftsführer der GmbH räume ich der neuen Grundschuld Vorrang ein und bewillige die Rangänderung.
3. Als Eigentümer stimme ich der Rangänderung zu (§ 880 II 2).

W hat die Eintragung der neuen Grundschuld mit Vorrang beantragt. Das Grundbuchamt hat die Eintragung unter Hinweis auf § 181 abgelehnt. Dies hat das RG - und zwar ohne Widerspruch zur späteren Entscheidung des BGH - zurückgewiesen. Es ging um die Ranggestaltung zu Lasten des schon abgespaltenen und zugunsten des neu zu bestellenden Rechts. Diese wird als Rechtsverschiebung zwischen den beteiligten Rechten durch die Inhaber dieser Rechte verfügt. Insoweit hat W bloß auf einer Seite, nämlich als Geschäftsführer der GmbH, im Geschäft mit der Sparkasse gehandelt. Anders ist die Sachlage allerdings im Hinblick darauf, daß der Eigentümer dem Rangrücktritt einer Hypothek oder Grundschuld nach § 880 II 2 zustimmen muß. Diese Zustimmung ist erforderlich, weil hinter der Hypothek oder Grundschuld die Eigentümergrundschuld steht (§§ 1163, 1177, 1192 I) und mit dem Verlust des Vorrangs einer Hypothek oder Grundschuld der Eigentümer auch den Vorrang seiner dahinterstehenden Eigentümergrundschuld verliert. Insoweit ist die Verfügung zur Rangänderung bei Hypothek oder Grundschuld die Verfügung eines zum Teil (nämlich im Hinblick auf die potentielle Eigentümergrundschuld) Nichtberechtigten und ist die Zustimmung des Eigentümers die Zustimmung des Berechtigten zu dieser Verfügung eines Nichtberechtigten. Indem W als Eigentümer die Zustimmung zu der von ihm in Vertretung der GmbH vorgenommenen Verfügung des Rangrücktritts gab, handelte er formal in der nach § 181 verbotenen Doppelstellung. Auf die Ausnutzung der Möglichkeit, die Zustimmung statt des zurücktretenden Berechtigten nach § 880 II 2 dem Grundbuchamt oder dem Begünstigten zu erklä-

[225] Gegen die Argumentation mit einer Anwartschaft des schlechter Plazierten (*Westermann*, 5. Aufl., § 81 II 7, S. 403 ff; anders *Eickmann* in der 7. Aufl., § 80 II 7, S. 615 f.) *Wilhelm*, JZ 1990, S. 510.

[226] *Wilhelm*, a.a.O., 509/510. Einen Bereicherungsanspruch bejahen *Friedrich*, DNotZ 1932, 756; *Heck* § 41 Nr. 7 b, S. 165; *Westermann*, 5. Aufl., § 81 II 7, S. 403 ff. S. auch *Baur/Stürner* § 17 Rz. 27.

[227] Der BGH verweist hinsichtlich der Stellung des Eigentümers als Empfänger der Bewilligungserklärung auf § 875 I 2. Gegen diese Begründung *Kuntze*, JR 1980, 413.

[228] BGHZ 77, 8.

[229] In RGZ 157, 24.

[230] *Flume* II § 48 2, S. 815.

ren, kann es für § 181 nicht ankommen[231]. § 181 war aber im Fall des RG dadurch auszuschalten, daß man die Anwendung der Vorschrift auf das einseitige Geschäft, wenn dieses dem vertretenen Empfänger nicht nachteilig sein kann[232], ablehnt[233]. Diese materielle Restriktion des § 181 liegt der Argumentation zugrunde, § 181 sei auf die Zustimmungserklärung nicht anzuwenden, weil für diese „die Problematik der Interessenkollision nicht" bestanden habe[234].

g) Beweglichkeit des Ranges

aa) Aufrücken nachrangiger Rechte und Löschungsanspruch

575 Die nach dem Prioritätsgrundsatz prior tempore, potior iure[235] zustande kommende Rangordnung ist beweglich. Dies wurde im Vorstehenden schon mehrfach angesprochen. Zunächst gilt: Fällt ein Recht – etwa durch Aufhebung – weg, so greift der Grundsatz ein, daß die anderen aufrücken. Der Wegfall eines Rechts wegen Gegenstandslosigkeit kommt in Betracht, wenn ein Recht an einem fremden Grundstück in die Hand des Eigentümers dieses Grundstücks gelangt. Dies würde aber eine unverdiente Besserstellung der nachrangigen Rechte bedeuten. Deshalb regelt § 889, daß ein Recht an einem fremden Grundstück bestehen bleibt, wenn Recht und Eigentum sich entweder durch Erwerb des Rechts seitens des Eigentümers oder durch Eigentumserwerb seitens des Rechtsinhabers[236] in einer Hand vereinigen – sog. Konsolidation –.

576 Eine unverdiente Besserstellung verhindert auch der folgende allgemeine Grundsatz des Grundschuld- und Hypothekenrechts: Ausgangspunkt ist, daß der Eigentümer mehr Zinsen etc. für den schlechteren Rang zahlt, daß dieser also sich nicht verändern darf. Deshalb entsteht bei Erledigung einer Hypothek eine Eigentümergrundschuld, die das Aufrücken anderer Rechte verhindert (§§ 1163 I, 1177; §§ 1163 II, 1168, 1170 II). In der Praxis besteht allerdings ein Bedürfnis, dementgegen doch das Aufrücken eines nachrangigen Rechts zu sichern. Der Gesetzgeber trägt dem Rechnung mit der Gewährung der Möglichkeit, bei vereinbarter Löschung des Rechts den daraus entstehenden Löschungsanspruch durch Vormerkung zu sichern, weiter durch die Regelung sogar von Gesetzes wegen bestehender Ansprüche auf Löschung, die – ebenfalls von Gesetzes wegen – durch Vormerkungsschutz gesichert sind (§§ 1179 bis 1179 b). Für die Grundschuld gilt nach § 1192 I das Entsprechende.

bb) Rangänderung, Rangvorbehalt, insbesondere relativer Rang

577 Abgesehen von der Beweglichkeit des Ranges, die durch die Möglichkeit des Vorrückens entsteht, wenn vorrangige Gläubiger ausfallen, kann der Rang auch durch besondere Abrede variiert werden (die Eintragung i.S. von § 873 erfolgt in Form eines Rangvermerks): Wie nach § 879 III eine von der Reihenfolge der Verfügungen abweichende Rangbestimmung schon bei Vornahme der Verfügungen getroffen werden kann, kann

[231] *Flume* II § 48 1, S. 810. Dafür eben auch der BGH in BGHZ 77, 8.

[232] Der Nachteil für die vertretene GmbH im Fall des RG war Gegenstand der Rangrücktrittsvereinbarung, nicht der Zustimmung von W als Eigentümer.

[233] Gegen die generelle Einschränkung des § 181 durch den BGH auf die dem Vertretenen nicht lediglich rechtlich vorteilhaften Geschäfte (BGHZ 59, 236 ff.) allerdings *Flume* II § 48 1, S. 812 Fn. 14. S. andererseits die materielle Argumentation *Flumes* zur Anwendung des § 181 auf einseitige Insichgeschäfte (II § 48 1, S. 812 f.).

[234] So *Flume* II § 48 2, S. 815.

[235] Bei Verfügungen im Zusammenhang mit dem Satz: nemo plus iuris transferre potest quam ipse habet.

[236] Beispiel: Der Nießbraucher beerbt den Eigentümer, nachdem dieser nach dem Nießbrauch eine Hypothek bestellt hatte. Der Nießbrauch wird Eigentümernießbrauch mit Vorrang vor der Hypothek.

der Rang auch nachträglich geändert werden: durch eine *Rangänderung* (§ 880)[237]. Zusätzlich räumt das Gesetz die Möglichkeit eines *Rangvorbehalts* ein (§ 881). Die Rangänderung bewirkt einen Rangtausch zwischen den betroffenen Rechten. Genauer: Der Inhalt des vorrangigen Rechts als Recht vor den nachrangigen Rechten wird auf das nachrangige Recht übertragen, so daß dieses vorrangig und das zurücktretende Recht seines Vorrangs entkleidet und nachrangig wird. Zur Rangänderung sind deshalb wie bei jeder (Teil-) Rechtsübertragung die Einigung des zurücktretenden und des vortretenden Berechtigten und die Eintragung der Änderung in das Grundbuch erforderlich[238]. §§ 873 II, 878 und bei Belastung des zurücktretenden Rechts mit dem Recht eines Dritten § 876 finden Anwendung (§ 880 II 1, III). Bei Rücktritt einer Hypothek, Grundschuld oder Rentenschuld muß der Eigentümer zustimmen (§ 880 I 2). Rechte im Rang zwischen vor- und zurücktretendem Recht werden nicht berührt (§ 880 V).

§ 880 IV scheint etwas Selbstverständliches zu regeln: Ist der Rangtausch vollzogen, behält das vorgerückte Recht seinen Rang auch dann, wenn das zurücktretende durch Rechtsgeschäft aufgehoben wird. Diese Regelung ist aber schon im Hinblick auf § 880 V nicht selbstverständlich: Danach bleiben die Zwischenrechte von der Rangänderung unberührt. Die Folge wäre an sich, daß die Zwischenrechte wie immer bei Aufhebung eines vorrangigen Rechts aufrücken. Ist der Vorrang aber auf ein nachrangiges Recht übergegangen, bleibt nach § 880 IV trotz rechtsgeschäftlicher Aufhebung des ehedem vorrangigen Rechts dessen Vorrang beim vorgerückten Recht bestehen und rücken folglich die Zwischenrechte nicht auf. Sie sind insoweit von der Rangänderung also doch berührt. Weiter ist § 880 IV wegen des aus dem Wortlaut zu ziehenden Gegenschlusses nicht selbstverständlich: Fällt das zurücktretende Recht nicht durch rechtsgeschäftliche Aufhebung weg (etwa wegen Eintritts einer auflösenden Bedingung), wirkt sich das auf den Vorrang aus. Den hat das vortretende Recht ja durch Übertragung aus dem zurücktretenden erworben. Mit Wegfall des zurücktretenden Rechts entfällt der aus dem Recht stammende Vorrang. Nur eben kann nicht durch nachträgliche rechtsgeschäftliche Aufhebung die Übertragung des Vorrangs zerstört werden. Auch der Eintritt anderer Erlöschensgründe als der Aufhebung beeinflußt das vortretende Recht nicht, wenn bei der Rangänderung aus dem Grundbuch die Beschränktheit des zurücktretenden Rechts nicht hervorging (§ 892). **578**

Der Rangvorbehalt ist die Befugnis des jeweiligen Eigentümers (§ 881 III)[239], ein anderes Recht mit Vorrang vor dem Recht, das unter Rangvorbehalt steht, eintragen zu lassen (§ 881 I). Der Vorbehalt bedarf der Eintragung bei dem Recht, das zurücktreten soll (§ 881 II)[240]. § 881 IV berücksichtigt den Unterschied zwischen der Ausnutzung eines Rangvorbehalts und der Rangänderung: Die Rangänderung wird bei feststehender Rangfolge, die vom zurücktretenden Recht über die Zwischenrechte bis zum vortretenden Recht reicht, vollzogen. Das zurücktretende Recht gibt seinen vollen Vorrang ab und begnügt sich mit dem Rang, der hinter den Zwischenrechten übrig bleibt. Der Rangvorbehalt dagegen ist ein Vorbehalt für zukünftige ungewisse Verfügungen, die Verkürzung des Rechts wird nur nach dem Maß des Vorbehalts vorbehalten. Dieses Maß darf nicht **579**

237 Unter mehreren Teilrechten ist nicht, weil sie von Natur aus gleichrangig entstünden, für die Bestimmung der Nachrangigkeit eines Teils ein Rangtausch erforderlich, vielmehr entstehen die Rechte von vornherein mit dem im Teilungsrechtsgeschäft bestimmten Rang. § 1151 sagt nichts anderes, die Vorschrift setzt eine Rangänderung voraus, sagt also nichts darüber, wann eine solche erforderlich ist. Zutreffend OLG Hamm WM 1988, 112, dazu *Eickmann*, EWiR § 1151 BGB 1/88, 152.

238 Der Vermerk soll bei beiden betroffenen Rechten erfolgen (§ 18 GBVfg). Ausreichend ist aber der Vermerk beim zurücktretenden Recht (KG HRR 1931 Nr. 1912; KGJ 44, 260).

239 Deshalb nicht pfändbar, auch nicht dadurch verwertbar, daß sich ein Gläubiger unter Ausnutzung des Rangvorbehalts eine Zwangshypothek eintragen läßt (BGHZ 12, 238).

240 Bei Verzinslichkeit muß der Anfang der Verzinsung bestimmt werden. Fehlt er, ist der Eintragungszeitpunkt maßgeblich (BGHZ 129, 1 ff.). Der Vorbehalt wird ausgeübt durch Einigung des Eigentümers mit dem Begünstigten und Eintragung der Ausübung beim begünstigten Recht. Die Ausübung des Vorbehalts ist als Veränderung beim vorbehaltsbelasteten Recht zu vermerken.

durch das Zusammenwirken der Begünstigung des in Ausnutzung des Vorbehalts bestellten Rechts einerseits und des Vorrangs nachträglich eingetragener Zwischenrechte andererseits überschritten werden. Deshalb sagt § 881 IV: Der durch Ausnutzung des Vorbehalts erlangte Vorrang hat insoweit keine Wirkung, als das mit dem Vorbehalt versehene Recht durch die inzwischen eingetretene Belastung eine über den Vorbehalt hinausgehende Beeinträchtigung erleiden würde. Folglich ist der vorbehaltene Vorrang zu kürzen, soweit die Berücksichtigung der Zwischenrechte das vorbehaltsbelastete Recht mehr reduziert, als dem Vorbehalt entspricht.

580 Der Rangvorbehalt führt dadurch, wenn nicht die betroffenen Rechte hintereinander stehen, zu einem unübersichtlichen sog. relativen Rang. Bei der Verteilung des Erlöses wird zunächst das vorbehaltsbelastete Recht unter Abzug des Vorbehalts berücksichtigt. Anschließend wird die Zuordnung des Erlöses an die Zwischenrechte berechnet. Beides, die Errechnung der Summe, die dem vorbehaltsbelasteten Recht unter Abzug des Vorbehalts zusteht, und die Bestimmung des auf die Zwischenrechte entfallenden Erlöses, sind vom Gesamterlös zu vollziehen. Denn im Hinblick auf den Gesamterlös gilt: Das vorbehaltsbelastete Recht braucht sich nur die Summe des Vorbehalts vorgehen zu lassen, und die Zwischenrechte brauchen sich nur den Betrag des vorrangig eingetragenen vorbehaltsbelasteten Rechts vorgehen zu lassen.

581 Beispiel[241]: Im Grundbuch finden sich folgende Eintragungen:

An erster Stelle: Hypothek in Höhe von 100 000 € mit Rangvorbehalt für ein Recht von 100 000 €.

An zweiter Stelle: Hypothek in Höhe von 70 000 €.

An dritter Stelle: Grundschuld in Höhe von 100 000 € unter Ausnutzung des Vorbehalts.

Als Ergebnis der Zwangsversteigerung sei einmal ein Erlös von 100 000 €, einmal ein solcher von 170 000 € zu verteilen:

(1) Erlös von 100 000 €; er wird wie folgt verteilt:

Hypothek I = An sich entfallend 100 000 €, aber unter Abzug des Vorbehalts 0 €.

Hypothek II = Von 100 000 € entfällt, weil I vorgeht, kein €.

Grundschuld III = Die an sich auf I entfallenden 100 000 € entfallen aufgrund des Vorbehalts auf III.

(2) Erlös von 170 000 €; Verteilung:

Hypothek I = 70 000 € (Rest nach Abzug des Vorbehalts von 100 000 €).

Hypothek II = 70 000 € (Rest vom Gesamterlös nach Abzug des vorrangigen Rechts I in Höhe von 100 000 €).

Grundschuld III = 30 000 €.

Das vorbehaltsbegünstigte Recht erhält hier also weniger, wenn der Erlös höher als der Betrag des vorbehaltsbelasteten Rechts ausfällt. Dies liegt daran, daß bei einem das vorbehaltsbelastete Recht übersteigenden Erlös die Relativität des Rangs wirksam wird: In unserem Fall (2) bekommen sowohl das vorbehaltsbelastete Recht, indem dieses sich nur den Vorbehalt anrechnen lassen muß, als auch die Zwischenrechte, indem diese sich nur das vorrangige (vorbehaltsbelastete) Recht vorgehen lassen müssen, einen Teil aus dem Gesamterlös und mindern so beide den auf das vorbehaltsbegünstigte Recht entfallenden Anteil. Wegen dieser Zufallsabhängigkeit ist der Rangvorbehalt weitgehend dadurch abgelöst, daß statt des Vorbehalts mit Zustimmung des dann nachrangig werdenden Berechtigten, etwa eines Hypothekars, eine vor dessen Recht (Hypothek) vorrangige Eigentümergrundschuld eingetragen wird, die bei Bedarf abgetreten wird (mit der Möglichkeit der Umwandlung in eine Hypothek – § 1198)[242]. Dies bringt allerdings die Gefahr mit sich, daß die Eigentümergrundschuld zu anderen Zwecken benutzt wird, als mit

241 Demonstrationsmaterial auch in den Prot., *Mugdan* III, S. 557.

242 *Baur/Stürner* § 17 Rz. 32.

dem Nachrangigen vereinbart ist, oder daß sie gepfändet wird (möglich im Gegensatz zum Rangvorbehalt, der nach § 881 III wesentlicher Bestandteil des Eigentums ist).

Der Rangvorbehalt ist aufhebbar. Streitig ist, ob die Aufhebung entsprechend § 877 durch Einigung und Löschung oder nach § 875 durch einseitige Erklärung des Eigentümers und Löschung geschieht[243]. Da der Vorbehalt eine Gestaltungsbefugnis des Eigentümers ist, verdient die letztere Auffassung den Vorzug. **582**

2. Zwangsversteigerung

a) *Die Zwangsversteigerung als Mittel der Immobiliarzwangsvollstreckung*

Die entscheidende Bedeutung des Ranges der eingetragenen Rechte, vor allem der Grundpfandrechte, wirkt sich in der Zwangsversteigerung aus. Diese ist eines der drei beliebig wählbaren (§ 866 II ZPO), auch kumulierbaren und wegen nur geringfügiger Beträge einzusetzenden Mittel der Vollstreckung wegen Geldforderungen in Grundstücke, also der sog. Immobiliarzwangsvollstreckung (§ 866 I ZPO)[244]: Der zwangsweisen dinglichen Sicherung einer Forderung dient die Judikatshypothek; mit der Zwangsversteigerung befriedigt sich der Gläubiger aus der Substanz, mit der Zwangsverwaltung aus dem Ertrag des Grundstücks. Die Immobiliarzwangsvollstreckung ist in §§ 864 ff. ZPO und im ZVG von 1897 geregelt, auf welches § 869 ZPO verweist. **583**

b) *Gegenstand der Immobiliarzwangsvollstreckung*

Der Immobiliarzwangsvollstreckung unterliegen Grundstücke mit den getrennten Bestandteilen und Erzeugnissen, die zum Hypothekenverband gehören (§ 865 I ZPO i.V. mit §§ 1120 ff.). **584**

Letztere können aber auch im Wege der Mobiliarzwangsvollstreckung ergriffen werden, solange keine Beschlagnahme im Rahmen der Zwangsvollstreckung erfolgt ist. Dies gilt nach § 865 II ZPO nicht für das Zubehör. Soweit dieses der Haftung unterliegt[245], unterliegt es überhaupt nicht der Mobiliarzwangsvollstreckung. Soweit es haftungsfrei ist, besteht keine Konkurrenz zur Immobiliarzwangsvollstreckung. Dies gilt etwa für Zubehör, das nicht im Eigentum des Grundstückseigentümers steht (§ 1120)[246].

c) *Begünstigte der Zwangsversteigerung*

Die Zwangsversteigerung dient nicht nur der Befriedigung des Gläubigers, der die Vollstreckung betreibt, sondern auch anderer Berechtigter, die möglicherweise sogar vorrangig sind. Die Rangordnung legt § 10 ZVG fest; in § 10 I Nr. 4 mit § 11 ZVG findet sich die Verweisung auf die grundstücksrechtliche Rangordnung unter den dinglichen Rechten an Grundstücken. **585**

d) *Verfahren*

Die Anordnung der Zwangsversteigerung erfolgt auf Antrag durch das Vollstreckungsgericht (§ 15 ZVG). Der Antrag setzt die Erfüllung der allgemeinen Vollstreckungsvor- **586**

[243] Für Einigung Baur/Stürner § 17 Rz. 37 m.N. über den Streitstand.

[244] Zur Zwangsvollstreckung wegen Geldforderungen in das unbewegliche Vermögen vgl. die Lehrbücher zum Zwangsvollstreckungsrecht, z.B. *Brox/Walker*, Zwangsvollstreckungsrecht, §§ 27-33. Zur Verwertung der Sicherungsgrundschuld in der Zwangsversteigerung *Geißler*, JuS 1990, 284.

[245] So § 865 II ZPO, der auf Abs. 1 verweist. Die Haftung braucht aber nicht konkret vorzuliegen, es braucht also gar keine Hypothek etc. zu bestehen, Baumbach/Lauterbach/Albers/Hartmann/*Hartmann*, ZPO, § 865 Rz. 5.

[246] *Gerhardt*, Vollstreckungsrecht, 1982, S. 80 f. bezieht dies auch auf den Fall des Erwerbs unter Eigentumsvorbehalt. Dem Haftungsverband zugehörig ist hier aber das Anwartschaftsrecht.

aussetzungen und der besonderen Versteigerungsvoraussetzungen voraus (z.B. § 17 ZVG).

587 Wenn die Voraussetzungen vorliegen, ordnet das Gericht die Zwangsversteigerung an. Wird der Beschluß wirksam, gilt er als Beschlagnahme mit der Wirkung der §§ 20 f. mit § 23 ZVG und §§ 135 f. BGB. Sodann ist das Grundbuchamt um die Eintragung des Versteigerungsvermerks zu ersuchen (§ 19 I ZVG). Dieser schließt einen beschlagnahmefreien Erwerb aus.

588 Danach wird der Versteigerungstermin anberaumt (§ 36 I ZVG). Der Inhalt der Anberaumung ist in § 37 ZVG festgelegt. Wichtig ist vor allem § 37 Nr. 5 ZVG, der die Aufforderung an nicht eingetragene Berechtigte vorsieht, ihr Recht entweder durch Antrag auf Aufhebung der Versteigerung (gemäß § 771 ZPO) oder durch Anmeldung zur Berücksichtigung im geringsten Gebot oder bei der Erlösverteilung geltend zu machen.

589 Soweit das Grundbuch Rechte, die der Versteigerung i.S. von § 771 ZPO entgegenstehen, ersichtlich macht, was auch durch Berichtigung (§ 894) oder Realisierung einer Vormerkung (nicht wirkt schon die Vormerkung als solche[247]) im Laufe des Verfahrens eintreten kann, ist das Recht Dritter von Amts wegen zu berücksichtigen (§ 28 ZVG).

590 Miet- und Pachtverhältnisse, die durch Besitzübergabe realisiert sind, gehen jedenfalls auf den Ersteher über; der Ersteher hat ein besonderes Kündigungsrecht nach §§ 57, 57a ZVG. Der Zwangsversteigerung unterliegen grundsätzlich alle beschlagnahmten Gegenstände (§ 55 ZVG), d.h. die Beschlagnahme i.S. von §§ 20 f. ZVG führt nach § 55 ZVG zur Zwangsversteigerung der beschlagnahmten Gegenstände.

e) *Die Versteigerungsbedingungen*

591 Die Versteigerungsbedingungen sind in §§ 44 ff. ZVG geregelt:

aa) Das geringste Gebot setzt sich aus allen dem betreibenden Gläubiger vorgehenden Rechten und den Kosten des Verfahrens zusammen (§ 44 ZVG). Diese müssen vom Gebot mindestens gedeckt sein, wenn das Verfahren zur Veräußerung führen soll (Deckungsprinzip). Die vorgehenden Grundstücksrechte werden übernommen, sind also nicht bar abzudecken (§ 52 I 1 ZVG: Übernahmeprinzip).

bb) Das Mehrgebot ist der das geringste Gebot überschreitende Betrag des Meistgebots (vgl. § 49 I ZVG). Diese Differenz und die bar abzudeckenden Teile des geringsten Gebots (Kosten sowie etwa Rechte nach § 10 I Nr. 2, 3 ZVG) bilden zusammen das

cc) Bargebot (§ 49 ZVG). Dies ist der bar zu entrichtende Teil des Gebots. Man kann noch unterteilen in bar abzudeckendes geringstes Gebot (= Mindestbargebot) und Mehrgebot.

dd) Das Meistgebot ist das höchste im Versteigerungstermin abgegebene Gebot.

592 Beispiele: Auf dem Grundstück des E lasten vier Hypotheken von je 30 000 € für A, B, C, D. Der Vollstreckungsgläubiger G ist persönlicher Gläubiger. Das *geringste Gebot* beträgt 120 000 € + Kosten (nehmen wir an: 1 000 €) + Rechte nach § 10 I Nr. 1-3 ZVG (angenommen: 2 000 €) = 123 000 €. Das *Mindestbargebot* beträgt 3 000 €; G erhält etwas, soweit das *Meistgebot* über 123 000 € hinausgeht, soweit also *Bargebote* über 3 000 € eingehen.

Betreibt C die Vollstreckung, so beträgt das *geringste Gebot* 63 000 €. Gehen Gebote darüber hinaus, beträgt also auch hier das *Bargebot* mehr als 3 000 €, so wird C daraus befriedigt, und zwar vor D.

[247] BGHZ 46, 124.

Die Konsequenz ist bei Vollstreckung durch den ersten Hypothekar A: Das Meistgebot kann in diesem Fall aus einer Summe bestehen, die nur das Mindestbargebot deckt. Es droht eine Verschleuderung des Grundstücks.

ee) Deshalb ist das Mindestgebot eingeführt worden in Höhe von 7/10 des Grundstückswerts (§§ 74 a, 74 b, 114 a ZVG). Zudem muß die Versteigerung (d.h. Zulassung von Geboten) nach § 73 I 1 ZVG mindestens 30 Minuten dauern. **593**

Das Mindestgebot ist aber eine schwache Schranke, denn der Schuldner selbst darf sich darauf nicht berufen und die Grenze gilt nur im ersten Termin (§§ 74a IV und 85a II 2 ZVG). Als Sicherung wirken also nur das Interesse des versteigernden Gläubigers, wenn dieser das Grundstück nicht selbst erwerben will, und die Interessen der gleich- oder nachrangigen Gläubiger, und dies nur bis zum nächsten Termin. Deshalb gilt jetzt (als Auswirkung der Eigentumsgarantie) § 85 a ZVG. Liegt das Meistgebot unter der Hälfte des Grundstückswerts, ist danach der Zuschlag generell zu versagen. Auch dies gilt aber in einem neuen Termin nicht mehr. Hinzu kommen der Schutz nach § 30 a ZVG (Moratorium) und die Möglichkeit des § 765 a ZPO.

f) Zuschlag mit Rechts- und Verteilungswirkungen

Nach der Versteigerung erfolgt der Zuschlag an den Meistbietenden (§§ 79 ff., 81 ZVG) **594**
durch Beschluß. Er wird wirksam durch Verkündung (§§ 87, 89 ZVG).

Die Wirkung ergibt sich aus § 90 ZVG: Der Ersteher wird Eigentümer aller Gegenstände, auf die sich die Zwangsversteigerung (§ 55 ZVG) und also die Beschlagnahme (§§ 20, 21 ZVG) erstreckt. Der Erwerb erfolgt kraft des Beschlusses[248], ohne Rücksicht auf guten Glauben[249]. Die Eintragung im Grundbuch ist nur eine Berichtigung (§ 130 ZVG). Eine Übergabe der beweglichen Sachen (die im Besitz des Schuldners sein müssen) ist neben dem Beschluß nicht erforderlich. Zugleich gehen die Nutzungen und Lasten sowie die Gefahr über (§ 56 ZVG). Die Vollstreckung auf Herausgabe erfolgt gemäß § 93 ZVG aus dem Zuschlagsbeschluß (Ausnahme bei Vermietung und Verpachtung – § 93 I 2 ZVG))

Gegen den Zuschlagsbeschluß ist die Beschwerde möglich (§ 96 ff. ZVG); wird er **595**
rechtskräftig aufgehoben, gelten seine Wirkungen als nicht eingetreten (§§ 90 I, 91 I ZVG).

Je nach den gesetzlichen Versteigerungsbedingungen und den tatsächlichen Verhält- **596**
nissen erlöschen die Rechte oder gehen auf den Erwerber über (§ 91 I ZVG). Letzteres kann der Ersteher auch mit dem Berechtigten vereinbaren (§ 91 II, III ZVG).

Für die nicht bestehenbleibenden Hypotheken und Grundschulden tritt an die Stelle **597**
des Rechts am Grundstück als Surrogat ein Anspruch auf das Mehrgebot (§§ 117, 118 ZVG). Bei anderen nachrangigen dinglichen Rechten besteht ein Anspruch auf Wertersatz aus dem Mehrgebot (§§ 92 I, 117 f. ZVG). Der Höchstbetrag dieses Ersatzes kann als Inhalt des Rechtes vorweg bestimmt werden. Die Bestimmung bedarf der Eintragung in das Grundbuch (§ 882). Die Ansprüche auf das Mehrgebot richten sich nach der Rangfolge.

Das Verteilungsverfahren ist in §§ 105 ff. ZVG geregelt. Soweit der Ersteher nicht **598**
zahlt, wird die Forderung verteilt, und es werden entsprechende Sicherungshypotheken am Grundstück eingetragen (§§ 118 I, 128 ZVG). Die Verteilung der Forderung gilt als Befriedigung aus dem Grundstück (§ 118 II ZVG). Nur für den Rest haftet der ursprüngliche Schuldner.

[248] Der Zuschlag hat die Bedeutung eines rechtsändernden Richterspruchs, RGZ 138, 125, 127 und BGHZ 53, 47, 50. Er führt zu einem originären Eigentumserwerb.

[249] RGZ 72, 268, 271 und 72, 354, 358.

g) Zusammenfassung

599 Der als Folge von Einigung und Eintragung entstehende Rang der Grundstücksrechte hat Bedeutung vor allem in der Zwangsversteigerung als einer der drei Immobiliarvollstreckungsarten (§§ 864 ff. ZPO). In der Zwangsversteigerung ist nicht nur der vollstreckende Gläubiger zu befriedigen, sondern sind es auch die anderen Berechtigten. Hierfür ist das Rangverhältnis in § 10 ZVG festgelegt, insbesondere in § 10 I Nr. 4 mit § 11 ZVG unter Hinweis auf den grundstücksrechtlichen Rang. Soweit die Rechte dem versteigernden Gläubiger vorgehen, gilt betreffs der dinglichen Rechte das Übernahmeprinzip (daraus bestimmt sich das geringste Gebot). Soweit darüber hinaus geboten wird (Mehrgebot), wird bar bezahlt und der Barerlös bzw. die Barforderung auf die übrigen Rechte verteilt, wieder gemäß dem Rang.

600 Mit Zuschlag wird der Ersteher Eigentümer. Die Forderung gegen ihn wird, wenn er nicht im Versteigerungstermin zahlt, als Surrogat auf die Inhaber der erloschenen Rechte übertragen (§ 118 ZVG). Soweit Rechte nicht auf einen Geldbetrag gerichtet sind (Nießbrauch etc.), tritt ein Anspruch auf Ersatz des Wertes aus dem Erlös an ihre Stelle (§ 92 ZVG). Für den Anspruch kann der Höchstbetrag als Inhalt des Rechts bestimmt werden (§ 882).

h) Praxis des Zwangsversteigerungswesens

601 Eine praktische Anschauung vom Zwangsversteigerungswesen läßt sich aus der folgenden Darstellung von *Kurt Döring*[250] gewinnen:

„Im kleinen Sitzungssaal 2283 des großstädtischen Amtsgerichts sind die vier Reihen harter Holzbänke dicht besetzt. Aus der Verlesung von Eintragungen im Grundbuch des zur Zwangsversteigerung anstehenden Zweifamilienhauses am Rande der Großstadt geht hervor, daß der Besitz schon vor drei Jahren beschlagnahmt worden war. Der Eigentümer, ein gelernter Elektriker, hat es jedoch verstanden, die schon dreimal anberaumte Zwangsversteigerung abzuwenden. Er hat sich mit der an ranghöchster Stelle im Grundbuch eingetragenen Bank immer wieder geeinigt, die Zins- und Tilgungszahlungen für das 180.000-DM-Darlehen wieder aufzunehmen und die rückständigen Verpflichtungen abzutragen. Aber der Schuldenberg wuchs und wuchs. Durch die Ende 1981 einsetzende Hochzins-Phase war außerdem die Zinslast von acht Prozent auf zuletzt zwölf Prozent gestiegen. Allein dadurch erhöhten sich die normalen Zins- und Tilgungsleistungen für das Haus um 600 DM im Monat. Zeitweise hatte sich der Schuldner zu monatlichen Zahlungen an die Bank von 3.000 DM verpflichtet. Dies überstieg auf die Dauer seine Möglichkeiten. Der Mann verlor obendrein zu jener Zeit seinen angestammten Arbeitsplatz und hatte auch familiäre Probleme. Die Eheleute ließen sich scheiden.

Nach Angaben der Deutschen Hypothekenbank ist ein Drittel aller Zwangsversteigerungen auf Ehescheidungen zurückzuführen. Die Westfälische Hypothekenbank AG nennt Arbeitslosigkeit als zweiten wichtigen Grund [...].

Bei diesem Amtsgericht wurden 1985 an die tausend Zwangsversteigerungen abgewickelt. Die Gerichte sind überlastet, so daß sich die Verfahren lange hinziehen, meist dauern sie zwischen anderthalb und zwei Jahren. Dazu ein erfahrener Rechtspfleger: „Früher waren wir am Amtsgericht zu dritt und hatten auch noch anderes zu tun als Zwangsversteigerungen zu erledigen. Heute sind wir zwölf Rechtspfleger, die Tag für Tag nichts anderes mehr machen." Auch die beiden Bankkaufleute in diesem Verfahren sind erst seit zwei Jahren Spezialisten für Zwangsversteigerungen. Insgesamt sind mittlerweile mehr als zehn Experten in dieser Bank ständig dabei, mit säumigen Schuldnern – so oder so – wieder ins reine zu kommen [...].

[250] „Ein Haus unter dem Hammer", FAZ v. 31.5.1986, S. 17; die Reihenfolge des Textes ist etwas geändert, ergänzende Hinweise sind eingefügt.

Acht Interessenten hatten sich schon vor diesem Termin bei der Bank als mögliche Erwerber des Hauses gemeldet; einer wollte es für 205.000 DM ersteigern. Die Bank hatte ihm daraufhin einen sogenannten Ausbietungsvertrag über diese mündliche Vereinbarung zugeschickt. Aber am Tag vor der Versteigerung gab er den Vertrag ohne Unterschrift wieder zurück. Der Besitzer hatte ihm eine Besichtigung verweigert. Das Risiko, ein Haus zu ersteigern, das er von innen noch nicht gesehen hatte, war ihm zu groß.

Die Rechtspflegerin kommt auf das sogenannte „geringste Gebot"[251] zu sprechen. Es setzt sich hier aus verhältnismäßig kleinen Beträgen zusammen, die sich am Ende auf nicht mal 5.000 DM summieren [...].

Im Saal 2283 wird es spannender, als die Rechtspflegerin auf den geschätzten Wert des Hauses zu sprechen kommt. „Der Sachverständige hat den Verkehrswert auf 300.000 DM festgesetzt. Das 7/10-Gebot[252] beträgt demnach 210.000 DM und das 5/10-Gebot[253] 150.000 DM." Das war nun die Meßlatte für die erwarteten Gebote. „Ich eröffne jetzt um 9.11 Uhr die Bietungsstunde[254]. Ich kann diese Stunde verlängern, solange noch Gebote eingehen."

Doch nichts geschieht, keine Hand hebt sich. Gleichwohl erwarten sowohl die Rechtspflegerin als auch die Bankenvertreter, daß Gebote abgegeben werden. Dafür ist schon das Publikum zu zahlreich. Ganz allgemein ist die Resonanz bei Zwangsversteigerungen wieder größer geworden. 1984 waren die Rechtspfleger schon froh, wenn bei einem Termin wenigstens ein Gebot abgegeben wurde. Konnte eine Zwangsversteigerung bereits im ersten Termin abgeschlossen werden, galt das unter Experten als Sensation. Inzwischen hat sich die Lage auf dem Immobilienmarkt wieder so weit normalisiert – wenigstens in den Ballungszentren –, daß auf Zwangsversteigerungen im Durchschnitt bei 70 Prozent des Verkehrswertes der Zuschlag erteilt wird.

Im Saal 2283 gibt es mit dem Verkehrswert Probleme. Das Gutachten des Sachverständigen datiert von Anfang 1984, als die Talfahrt auf dem Immobilienmarkt gerade begonnen hatte. Außerdem enthält es über den inneren Zustand des Hauses, über Substanz und Ausstattung, so gut wie keine brauchbaren Informationen. Der Schuldner hatte nämlich auch dem Sachverständigen den Zutritt ins Haus verwehrt.

Auch hier möchte niemand der erste Bieter sein. Die Rechtspflegerin blickt auf die Uhr und ermuntert. Ein Mann, Mitte Vierzig, steht auf und sagt laut: „Ich biete 160.000 DM". Die Rechtspflegerin fordert ihn auf, nach vorn zu kommen, sich auszuweisen und auch die Sicherheitsleistung in Höhe von zehn Prozent des Gebots nachzuweisen (s. §§ 67, 68 ZVG). „Die Stunde ist abgelaufen. Wird noch mehr geboten?" Im Saal bleibt es still, auch nachdem das vorgelegte einzige Gebot zum zweiten und zum dritten Mal wiederholt wird. „Dann schließe ich jetzt um 10.12 Uhr die Versteigerung".

Doch aus dem Handel wird noch nichts, weil die Bankenvertreter den Zuschlag versagen. „Die Siebenzehntelgrenze des Verkehrswertes ist nicht erreicht"[255].

Einige Zeit danach melden sich bei der Bank abermals Interessenten, vor allem jener Mann, der mit der Bank schon nahezu handelseinig geworden war und der nun erneut 205.000 DM zahlen will, wenn er zuvor wenigstens einen Blick ins Haus tun kann. Dazu ist der Schuldner nun bereit. Er hat erkannt, daß er ernsthaft in Gefahr gerät, nicht nur sein Haus zu verlieren, sondern weiterhin bei der Bank in der Kreide zu stehen, und zwar mit einer Restschuld [...]" (sc. die nur um so höher ist, je weniger für das Grundstück erzielt wird).

[251] S. o. Rz. 591.
[252] O. Rz. 593.
[253] S. § 85a ZVG, o. Rz. 593.
[254] § 73 ZVG a.F., n.F. o. Rz. 593.
[255] S. § 74a ZVG, o. Rz. 593.

V. Vermutungswirkung, Berichtigung und Erwerb kraft der Eintragung im Grundbuch

1. Vermutungswirkung, Widerspruch und Berichtigung

602 § 891 I begründet eine Vermutung für das Zustehen im Grundbuch eingetragener, Abs. 2 eine Vermutung für das Nichtbestehen ehemals eingetragener, inzwischen aber gelöschter Rechte. An die Vermutung des § 891 knüpft die Möglichkeit des Erwerbs kraft des öffentlichen Glaubens des Grundbuchs nach §§ 873 ff., 892 an. Dies macht es für die Grundstücksberechtigten dringlich, für den richtigen Grundbuchinhalt zu sorgen. Ist ein fälschlich Eingetragener einsichtig, bewilligt er die Berichtigung, so daß der Berechtigte nach §§ 13 II, 19 GBO ins Grundbuch eingetragen wird. Fehlt die Einsicht, kann der Weg des Richtigkeitsnachweises nach § 22 GBO offenstehen. Fehlen die nötigen Beweismittel, so muß der Berechtigte klagen. Die Eintragung stört sein Recht wie eine Immission i.S. von § 1004 oder eine Besitzvorenthaltung i.S. von § 985.

603 Der Anspruch auf Beseitigung der Störung durch unrichtigen Grundbuchinhalt ist in § 894 geregelt: Das *Rechtsschutzinteresse* für eine Klage fehlt nur, wenn vollständige und liquide Beweismittel i.S. von § 22 GBO vorliegen. *Drei* materielle Voraussetzungen sind für einen Berichtigungsanspruch nach § 894 zu prüfen:

- Erstens muß der Kl. *aktivlegitimiert* sein, d.h. er muß derjenige sein, bezüglich dessen Rechtsposition das Grundbuch möglicherweise unrichtig ist[256].
- Zweitens muß der Bekl. *passivlegitimiert* sein, d.h. er muß zu Lasten der vom Kl. prätendierten Rechtsposition (insbesondere einer Verfügungsbeschränkung im Sinne von § 892 I 2) als Berechtigter oder als ohne Verfügungsbeschränkung Berechtigter eingetragen oder es muß der Fall des § 895 (Notwendigkeit der Voreintragung des Beklagten) gegeben sein[257] oder es muß schließlich seine Bewilligung zur Klarstellung des Rechts auf die Grundbuchberichtigung erforderlich sein[258].
- Drittens muß das *Grundbuch* im Sinne der ersten Formulierung des § 894 *unrichtig* sein.

604 Problematisch ist die Passivlegitimation des *Erben* des fälschlich Eingetragenen, der selbst (noch) nicht eingetragen ist[259]. Zur Lösung wird auf §§ 1922, 1967 hingewiesen. Eine Störung setzt aber eine *gegenwärtige, eigene* Rechtsanmaßung bzw. gegenwärtiges widerrechtliches Haben voraus[260]. Die Eintragung lautet auf den Erblasser, nicht den

[256] Zu verneinen bei einer Falscheintragung, ohne daß es zu der für den Rechtserwerb des Kl. notwendigen Eintragung des Kl. gekommen ist (s. OLG Zweibrücken NJW-RR 1989, 1100 = JuS 1990, 324 (*K. Schmidt*). Ist unrichtig eine Grundschuld eingetragen und diese außerhalb des Grundbuchs kraft guten Glaubens wirksam an einen Zessionar zediert worden (letzteres möglich bei der Briefgrundschuld, §§ 1192 I, 1154 I 1, 1155), steht der Berichtigungsanspruch hinsichtlich der unrichtig für den Zedenten eingetragenen Grundschuld dem Zessionar, nicht dem Grundstückseigentümer zu (BGH XI. Zivilsenat, NJW 2000, 2021).

[257] Man könnte meinen, daß derjenige, der nicht im Grundbuch eingetragen ist, auch nicht einen wirklich Berechtigten stören kann. Anders ist es aber in den Fällen, daß es um die Eintragung eines Rechts oder Rechtsverhältnisses geht, das ein anderes Recht voraussetzt: So kann die Verfügungsbeschränkung des Vorerben nur dann eingetragen werden, wenn der Vorerbe selbst eingetragen ist, RGZ 61, 232. Die Hypothek zu Lasten eines Miteigentumsanteils kann nur dann nach § 48 GBO eingetragen werden, wenn der Miteigentümer und auch die anderen Miteigentümer mit ihren Anteilen eingetragen sind (RGZ 54, 85).

[258] Erman/*Hagen* § 894 Rz. 8 gibt das Beispiel, daß der Zahler einer hypothekarisch gesicherten Schuld sich auf § 1164 I beruft; Berichtigungsanspruch gegen ihn hält für möglich BGH NJW 1964, 811 = BGHZ 40, 30, 32.

[259] Entgegen *Baur/Stürner* § 18 Rz. 44 ist der Fall, daß der Erbe des »Buchberechtigten« zur Berichtigung herangezogen wird, kein Fall des § 895.

[260] S. u. Rz. 1267 ff.

Erben. Zur Begründung einer gegenwärtigen Position des Erben fehlt es auch an einer Vorschrift wie der des § 857 für den Besitz. Die gegenwärtige Störung gerade durch den Erben erwächst aber doch aus der Möglichkeit, im Vertrauen auf die Eintragung des Erblassers ohne Voreintragung des Erben (§ 40 GBO) von diesem kraft öffentlichen Glaubens zu erwerben, darauf also, daß der Erbe auf der Grundlage des öffentlichen Glaubens veräußern kann.

Anspruchsgegenstand des § 894 ist die Bewilligung der berichtigenden Eintragung **605**
(§ 19 GBO) in der nach § 29 GBO gebotenen Form, im Prozeß wird sie durch Urteil ersetzt (§ 894 ZPO). Zum Berichtigungsanspruch können Hilfsansprüche hinzutreten, dazu kommt es, wenn die im Hinblick auf die Rechtsstellung des Berechtigten unrichtige Eintragung nicht aufgrund der bloßen Bewilligung einer Berichtigungseintragung zu beseitigen ist. Dies ist dann der Fall, wenn entweder die berichtigende Eintragung eine weitere Eintragung voraussetzt, der sie berichtigend hinzugefügt werden kann, nämlich die Voreintragung des Rechts, hinsichtlich dessen die Rechtsstellung des Berichtigungsklägers besteht (§ 895), oder wenn es einer weiteren Grundlage für die Dokumentation der Rechtsstellung bedarf, nämlich der Vorlage des Hypotheken-, Grundschuld- oder Rentenschuldbriefs (§ 896[261]). Nach § 898 unterliegen der Berichtigungsanspruch wie die Hilfsansprüche nicht der Verjährung[262].

Der Anspruch aus § 894 kann auch als Anspruch auf Beseitigung eines Buchbesitzes **606**
verstanden werden. Es ergibt sich einmal das Konkurrenzproblem im Hinblick auf eine Kondiktion des Buchbesitzes nach § 812. Zum anderen stellt sich die Frage nach der analogen Anwendung der Regelung der Nebenfolgen der Vindikation (§§ 987 ff.)[263]. Eine Kondiktion des Buchbesitzes kann es nur als Leistungskondiktion geben[264]. Was die Anwendung der §§ 987 ff. betrifft, wird hier für die Anwendbarkeit in der Tat mit der Einordnung des Berichtigungsanspruchs als Anspruch auf Herausgabe des Buchbesitzes, nämlich der Identität des Grundstücks mit dem Anspruchsgegenstand argumentiert[265]. Maßgebend ist die Regelung der §§ 987 ff. Bei dieser geht es um Nutzungsherausgabe, Schadensersatz und Verwendungsersatz. Einen Buchbesitz, präziser: eine unrichtige Eintragung im Grundbuch, kann man nicht nutzen. Man kann ihn aber schädigen, indem man mit Hilfe des öffentlichen Glaubens des Grundbuchs wirksame Belastungen bestellt. Es kommt auch in Betracht, dass der Gegner schon gegen den Berichtigungsanspruch ein Zurückbehaltungsrecht wegen Verwendungen geltend macht, das freilich mangels körperlichen Besitzes nicht auf § 1000, sondern auf § 273 II zu stützen ist[266]. Schließlich sind die Wertungen des Haftungsausschlusses nach § 993 I Hs. 2 und der Beschränkung der Verzugshaftung nach § 992 II zu berücksichtigen: Diese Wertungen treffen auch im Fall des § 894 zu. Derjenige, der sich kraft der nötigen Rechtsscheinposition als Inhaber der entsprechenden Rechtsposition wähnt, braucht eine Haftung wegen Behaltens und Ausübens der Rechtsposition nicht zu befürchten. Mit Recht hat das OLG Saarbrücken die Beschränkung der Möglichkeit der Verzugshaftung nach § 990 II auf den Fall der Bösgläubigkeit auch dem Berichtigungsschuldner zugute kommen lassen[267].

261 Erforderlich nach §§ 41 f. GBO, s.a. § 62 GBO.

262 Dies gilt auch dann, wenn das Grundstück im Besitz eines Dritten ist und der Herausgabeanspruch gegen den Dritten nach § 197 I Nr. 1 (früher § 195) verjährt (h.M.; a.A. *Finkenauer*, Eigentum und Zeitablauf – das dominium sine re im Grundstücksrecht, 2000, 95 ff.).

263 H.M. für analoge Anwendung; Nachweise bei *Baur/Stürner* § 18 Rz. 34, *Medicus*, Bürgerliches Recht, Rz. 454.

264 Vgl. o. Rz. 480.

265 In den Fällen, in denen es um die fälschliche Eintragung als Eigentümer oder als Inhaber einer Auflassungsvormerkung geht, s. BGHZ 41, 30, 35 ff.

266 S. u. Rz. 1138.

267 OLGZ 1987, 223. Unrichtig hält das Gericht aber im Rahmen der konkurrierenden Kondiktion eine Verzugshaftung schon ab Rechtshängigkeit, nämlich nach §§ 818 IV, 284 ff., für

607 Eine unrichtige Grundbuchlage ist wegen der Möglichkeit des Erwerbs kraft des öffentlichen Glaubens des Grundbuchs so gefährlich, daß die Erstreitung der Berichtigung in einem gewöhnlichen Prozeß zu spät kommen könnte. Das Gesetz sieht deshalb eine vorläufige Sicherung vor. Nach § 899 I, II kann aufgrund einer einstweiligen Verfügung, für die die Glaubhaftmachung der Gefährdung des Rechts des Widersprechenden nicht erforderlich ist, die Eintragung eines Widerspruchs gegen die Richtigkeit des Grundbuchs erlangt werden. Die Eintragung des Widerspruchs schließt nach § 892 I 1, 2 den Erwerb kraft öffentlichen Glaubens des Grundbuchs aus[268]. Nach § 899 II 1 kann ein Widerspruch auch auf die Bewilligung des Eingetragenen hin, dessen Eintragung angezweifelt wird, eingetragen werden[269]. Nach § 895 ZPO kann schließlich bei bloß vorläufiger Vollstreckbarkeit eines Berichtigungsurteils aus § 894 BGB ein Widerspruch eingetragen werden[270].

608 Eine Bewilligung des Eingetragenen kommt insbesondere in Betracht, wenn die Rechtslage zweifelhaft und der Eingetragene loyal ist, aber nicht schon klein beigeben will. Für die einstweilige Verfügung gelten §§ 935 ff. ZPO. Die Eilbedürftigkeit versteht sich angesichts der Möglichkeit eines gutgläubigen Erwerbs nach § 892 zu Lasten des nicht eingetragenen Berechtigten von selbst. Das Gesetz sagt deshalb nicht, daß es auf die Gefährdung des Rechts nicht ankommt, sondern daß die Glaubhaftmachung der Gefährdung nicht erforderlich ist (§ 899 II 2).

denkbar. Die Verzugshaftung wird aber in § 990 und nicht bei der Rechtshängigkeitshaftung in § 989 erwähnt, weil der Schuldner trotz der Klageerhebung gutgläubig sein und dann bis zur Prozeßniederlage auf seinem dem Rechtsschein entsprechenden Recht beharren kann. Diese Unterscheidung der §§ 987 ff. gilt ebenso für die Anwendung der Vorschriften nach §§ 818 IV, 292 und §§ 819, 818 IV.

268 Daneben schließt ein Widerspruch die Tabularersitzung (§ 900 I 2), die Anspruchsverjährung (§ 902 II) und den Eigentumsausschluß durch Aufgebot aus (§ 927 III). Eine Sonderregelung des Widerspruchs findet sich in § 1139.

269 Entgegen überwiegender Ansicht (z.B. Palandt-*Bassenge* § 899 Rz. 5; Planck-*Strecker* § 899 Anm. 2. a β; allerdings seien Verfügungsvorschriften z.T. anwendbar) ist die Bewilligung eines Widerspruchs wie die einer Vormerkung (§ 885) eine Verfügung. Man kann nicht darauf abstellen, daß der Widerspruch, weil er gegen eine Eintragung protestiere, auf der Unrichtigkeit der Eintragung beruhe und die Bewilligung des Widerspruchs somit nicht ein vorhandenes Recht berühre. Der Widerspruch ist ein Sicherungsmittel bei möglicher Unrichtigkeit. Mit der Bewilligung gibt der Eingetragene den öffentlichen Glauben des Grundbuchs für seine möglicherweise bestehende Rechtsposition weg.

270 Der Widerspruch ist auch der Ausweg, wenn der Berichtigungsanspruch wegen eines Zurückbehaltungsrechts nach § 273 I nicht unbeschränkt durchgesetzt werden kann. Zum Zurückbehaltungsrecht gegen einen Berichtigungsanspruch und zu der dazu erforderlichen Konnexität BGH WM 1990, 1429, 1430, s.a. DB 1990 = RPfleger 1990, 158. Das Zurückbehaltungsrecht kann nach Auffassung des BGH aber nicht gegen den Berichtigungsanspruch betreffend eine unrichtig eingetragene Hypothek oder Grundschuld geltend gemacht werden, bei der Sicherungsgrundschuld ebenso wenig gegen den Anspruch auf Rückgewähr der Grundschuld wegen Erledigung des Sicherungszwecks (BGHZ 41, 30, 37; 71, 19, 23; NJW 1988, 3260, 3261; NJW 2000, 2499 f.). Der BGH verweist auf die Verwehrung des Zurückbehaltungsrechts auch gegen das aus §§ 1144, 1192 I folgende Recht auf die löschungsfähige Quittung bei Einlösung der Hypothek oder Grundschuld (RGZ 107, 78, 93 mit einem Ausnahmefall). Weiter verweist der BGH darauf, daß die Zubilligung des Zurückbehaltungsrechts die an bestimmte Forderungen gebundene Sicherung durch die Hypothek oder Grundschuld noch auf andere Ansprüche als die gesicherte Forderung erstrecken würde. Trotz der Unterschiedlichkeit der Sicherung durch Hypothek oder Grundschuld einerseits und der durch ein Zurückbehaltungsrecht andererseits ist dem zu folgen (anders die Voraufl.). Der Fall der Einlösung und der Fall etwa, daß von vornherein die zu sichernde Forderung nicht besteht, sind gleich zu behandeln. Das Zurückbehaltungsrecht verträgt sich nicht mit der Sicherungsabrede bei Hypothek und Grundschuld. Es ergibt sich aus dem Schuldverhältnis „ein anderes“ (§ 273 I).

Der Widerspruch ist von der Figur der Vormerkung nach §§ 883 ff. abzugrenzen. Die Vormerkung sichert den Anspruch auf die *Herbeiführung* einer Rechtsänderung. Der Widerspruch sichert den Berichtigungsanspruch hinsichtlich einer *bestehenden* Rechtslage. Die Vormerkung kündigt die Änderung der Rechtslage an, der Widerspruch behauptet die Unrichtigkeit des Grundbuchs. Deshalb sagt § 899 I: »In den Fällen des § 894« könne ein Widerspruch gegen die Richtigkeit des Grundbuchs eingetragen werden. **609**

Die Rechtsprechung legt § 899 I restriktiv aus: Nur soweit an eine Eintragung der Erwerb kraft öffentlichen Glaubens des Grundbuchs knüpfen kann, wird der Widerspruch zugelassen. Ist eine Vormerkung eingetragen und besteht der vorgemerkte angebliche Anspruch nicht, ist ein gutgläubiger Erwerb nicht möglich. Deshalb wird die Eintragung eines Widerspruchs mit der Begründung, der vorgemerkte Anspruch bestehe nicht, nicht zugelassen[271].

Der Widerspruch wird wirksam, wenn er aufgrund der einstweiligen Verfügung oder der Bewilligung eingetragen wird. Die Eintragung erfolgt grundsätzlich beim betroffenen Recht. Ist dieses aber das Eigentum, wird der Widerspruch in Abt. II eingetragen. **610**

Die Wirkung der Eintragung eines Widerspruchs ist nach § 892 I 1, 2, daß, wenn jemand aufgrund der im Grundbuch verlautbarten bzw. (betreffend eine Verfügungsbeschränkung) nicht verlautbarten Rechtslage etwas erwirbt, obwohl gegen die Verlautbarung oder Nichtverlautbarung aufgrund der dadurch betroffenen Rechtsposition ein Widerspruch eingetragen ist, er auf eigenes Risiko erwirbt. Wenn das Grundbuch dem Widerspruch entsprechend unrichtig ist, erfolgt kein Erwerb kraft öffentlichen Glaubens. Wenn dagegen das Grundbuch entgegen dem Widerspruch richtig ist, ist insoweit ein Erwerb vom Berechtigten und auch ein Erwerb vom Nichtberechtigten möglich. Ein Erwerb vom Nichtberechtigten trotz Eintragung eines Widerspruchs ist deshalb möglich, weil der Widerspruch in Wahrnehmung einer bestimmten Rechtsposition eingetragen wird (§ 899 i.V. mit § 894). Nur diese wird durch den Widerspruch als von der Grundbucheintragung gestört vermerkt. Dadurch macht der Widerspruch die gestörte Rechtsposition im Grundbuch „ersichtlich" (s. § 892 I 2[272]). Stellt sich heraus, daß die durch Widerspruch wahrgenommene Rechtsposition in Wirklichkeit nicht besteht, die Eintragung aber aus anderen Gründen unrichtig ist, so kann von dem als (uneingeschränkter) Rechtsinhaber Eingetragenen kraft öffentlichen Glaubens erworben werden, auch wenn dieser aus jenen anderen Gründen Nichtberechtigter war. **611**

So ist die uneingeschränkte Eintragung eines nicht befreiten Vorerben als Eigentümer unrichtig. Ist aber vom Nacherben N1 die Eintragung eines Widerspruchs veranlaßt worden, während später ein nachträgliches Testament gefunden wird, welches N2 als Nacherben bestimmt, so kann trotz des Widerspruchs vom eingetragenen Eigentümer nach § 2113 III i.V.m. § 892 I 2 voll wirksam erworben werden. Der Widerspruch des N1 stellt hier nicht etwa die Unrichtigkeit des Grundbuchs fest und wirkt so generell. Er ist nur die Geltendmachung eines Nacherbenrechts durch N1, die in dem nachfolgenden Berichtigungsverfahren zu erhärten ist. Dieses Berichtigungsverfahren soll für N1 ohne das Risiko des § 892 durchführbar sein. Mithin ist der Widerspruch wirkungslos, wenn N1 gar keine durch Berichtigungsanspruch wahrzunehmende Rechtsposition hat. Zugunsten von N2 wirkt der Widerspruch nicht. Der Erwerber, der seinen Erwerb auf die Grundbuchrechtslage stützt, erwirbt nur im Hinblick auf die Inanspruchnahme des Nacherbenrechts durch N1 auf eigenes Risiko. Nur insoweit gilt der öffentliche Glaube des Grundbuchs nicht. **612**

Der Widerspruch bewirkt also weder eine Grundbuchsperre (Verfügungen sind weiter möglich, nur eben zum Teil unter Risiko) noch eine Sperre des öffentlichen Glaubens. Der öffentliche Glaube wird nur insoweit eingeschränkt, als der Widerspruch sich als **613**

[271] BGHZ 24, 16, 23 ff; BayObLG, NJW-RR, 1999, 1689 ff.
[272] S.a. § 902 II.

berechtigt erweist, indem das Recht oder das Rechtsverhältnis, bezüglich dessen widersprochen ist, begründet ist.

614 Wie soeben die Erstreckung der Wirkung des Widerspruchs auf der Subjektseite zu prüfen war, war im Fall RGZ 129, 124 die Wirkung des Widerspruchs auf der Seite des Objekts des Widerspruchs fraglich: Zugunsten des unredlichen H1 ist nach einer Bewilligung des Bucheigentümers B im Grundbuch eine Hypothek eingetragen worden. Danach hat der wirkliche Eigentümer E gegen das Eigentum des B Widerspruch eintragen lassen. Kann E sich bei einer Zession von H1 auf H2 gegen den Erwerb des H2 auf den Widerspruch (§ 892 I 1) berufen? Das RG bejaht. Der Widerspruch gegen das eingetragene Eigentum bedeute einen Widerspruch auch gegen jede Verfügung des Bucheigentümers, d.h. insbesondere gegen die Hypothekenbestellung des B zugunsten von H1. – Dagegen spricht, daß der Widerspruch zur Zeit der Verfügung von B an H1 noch gar nicht im Grundbuch eingetragen war. H2 konnte von einem redlichen und damit gültigen Erwerb des H1 ausgehen. Der Widerspruch sichert ein Obsiegen des E im Streit gegen B. Dieser Streit hat keine Wirkung gegen H1; von diesem müßte E zusätzlich eine Berichtigung erstreiten. Also gilt der öffentliche Glaube bezüglich der Hypothek des H1 unbeschränkt. Die Zerstörung des öffentlichen Glaubens bezüglich des Eigentums hat auch keine begrifflich notwendigen Auswirkungen auf die Hypothek, da § 892 gilt. Der gute Glaube des Erwerbers wird durch den Widerspruch ohnehin nicht ausgeschlossen. Wäre der Widerspruch dagegen *vor* der Hypothekeneintragung für H1 eingetragen worden, so hätte das Grundbuch allerdings insoweit sowohl für das Eigentum des B als auch für die Hypothekenbestellung an H1 keinen öffentlichen Glauben bewirken können.

615 Der Widerspruch hindert den Erwerb kraft öffentlichen Glaubens, er ist aber keine Grundlage öffentlichen Glaubens (beim Erwerb vom Widersprechenden). § 894 kann mithin, als gegen die Gefahr des Erwerbs kraft öffentlichen Glaubens gerichtet, eigentlich nicht zur Beseitigung eines unberechtigten Widerspruchs dienen: Das Grundbuch ist auch gar nicht unrichtig (der Widerspruch *ist* ja erhoben). Der Widerspruch stellt aber eine Störung des eingetragenen Rechts dar, weil ein Erwerb nur noch unter Risiko möglich erscheint. Deshalb wird § 894 analog auf die Beseitigung eines unberechtigten Widerspruchs angewandt[273]. Insoweit schließt sich aber nicht etwa § 899 an, ein Widerspruch gegen einen Widerspruch ist sinnlos[274]. Zudem widerspricht die Eintragung des Rechts, gegen die der Widerspruch gerichtet ist, selbst dem Widerspruch.

616 Für die den Erwerb kraft öffentlichen Glaubens hindernde Wirkung des Widerspruchs kommt es auf die Reihenfolge der Eintragungen an.

Beispiel: Ein Scheinerbe veräußert an G. Der wahre Erbe beantragt aufgrund einstweiliger Verfügung die Eintragung eines Widerspruchs. Auch wenn G schon seine Eintragung beantragt hat, es nach § 892 II also für die Kenntnis auf den Zeitpunkt der Antragstellung ankäme, entscheidet für den Widerspruch die Eintragung. Wird erst der Widerspruch, dann das Eigentum des G eingetragen, so erfolgt kein Erwerb kraft öffentlichen Glaubens. Wird jedoch erst G eingetragen, dann der Widerspruch, so ist ein solcher Erwerb möglich. Hat G den Eintragungsantrag gestellt, bevor die Eintragung des Widerspruchs beantragt wurde, so sichert § 17 GBO seinen Erwerb.

273 *Westermann*, 5. Aufl., § 73 III 5, S. 370 f., der auf evtl. Anwendung des § 1004 hinweist (str.), mit Nachweisen zum Streitstand bei der Vormerkung (gleiche Lage wie beim Widerspruch) bei Planck/*Strecker* § 886 Anm. 1 e.
Für eine entsprechende Anwendung des § 894: *Baur/Stürner* § 18 Rz. 26 mit Hinweis auf Streitstand in *Westermann*, 7. Aufl., § 72 V, S. 581 f. und MünchKomm/*Wacke* § 899 Rz. 6.

274 *Baur/Stürner* § 18 Rz. 19 mit Hinweis auf RGZ 117, 346, 352.

2. Der Erwerb vom Nichtberechtigten, insbesondere kraft des öffentlichen Glaubens des Grundbuchs

a) *Erwerb kraft Ermächtigung und kraft des öffentlichen Glaubens des Grundbuchs*

Wie jede Verfügung kann auch die Verfügung über Grundstücksrechte, wenn diese ein Nichtberechtigter vornimmt, durch Zustimmung des Berechtigten wirksam sein oder werden (§ 185 I, II 1). Auch die Zustimmung zur Übereignung eines Grundstücks bedarf nach § 182 II nicht der für die Auflassung in § 925 I 1 bestimmten Form[275]. **617**

Von einem Nichtberechtigten kann sodann nach §§ 892 f. kraft des öffentlichen Glaubens des Grundbuchs erworben und an einen Nichtberechtigten kann nach § 893 wirksam geleistet werden. § 892 I 1 spricht vom Rechtserwerb, unter Beschränkung auf den Erwerb durch Rechtsgeschäft. Mit demErwerb kraft Rechtsgeschäfts meint die Vorschrift aus dem Verfügungsbegriff (Übertragung, Änderung oder Aufhebung von Rechten) die erste Verfügungsart, d.h. die Übertragung von Grundstücksrechten oder Rechten an solchen. Von der Übertragung kann die Vorschrift jedoch nicht sprechen: Zunächst soll mit umfaßt sein die Verfügung der Einräumung beschränkter dinglicher Rechte, diese nennt § 873 I aber Belastung. Sachlich gehört die Belastung freilich mit zur Übertragungsverfügung, nämlich als Übertragung eines Teilrechts, insbesondere aus dem Eigentum. Weiter meint § 892 I 1 auch den lastenfreien Erwerb, wenn ein beschränktes dingliches Recht nicht eingetragen ist. Aber auch insoweit geht es um die mehr oder weniger weit reichende Übertragung. § 892 I 1 faßt also für das Immobiliarsachenrecht die Regeln, die betreffend bewegliche Sachen in §§ 932 ff., 936 und §§ 1032 und 1207 f. verteilt und differenziert gegeben sind, in einer einheitlichen Regelung zusammen. Wegen der Gefahr des Erwerbs kraft des öffentlichen Glaubens des Grundbuchs ist der Verkäufer eines Grundstücks oder eines Grundstücksrechts auch zur Löschung nicht bestehender, aber im Grundbuch eingetragener Lasten verpflichtet, die im Fall des Bestehens das dem Käufer zu beschaffende Recht beeinträchtigen würden (§ 435 S. 2 [§ 435 I a.F.]). **618**

§ 892 I 2 macht sodann den Erwerb durch Übertragung eines Rechts auch insofern kraft des öffentlichen Glaubens des Grundbuchs möglich, als der eingetragene Berechtigte einer Verfügungsbeschränkung zugunsten bestimmter Personen unterliegt, die nicht in das Grundbuch eingetragen sind. So formuliert das Gesetz aber nicht. Es formuliert vielmehr Voraussetzungen dafür, daß die Verfügungsbeschränkung dem Erwerber gegenüber wirksam ist. Damit wird vorausgesetzt, daß die Verfügungsbeschränkung besteht, und werden nur für die Wirksamkeit gegen den Erwerber besondere Voraussetzungen aufgestellt. Dadurch unterscheiden sich die Verfügungsbeschränkungen, auf die sich § 892 I 2 bezieht, von der Verfügungsbeschränkung durch Vormerkung (§ 883 II, III): § 892 I 2 geht vom Bestehen der Verfügungsbeschränkung aus und stellt dafür, daß sie gegen den Erwerber wirkt, die Voraussetzung der Ersichtlichkeit aus dem Grundbuch auf. Der Ersichtlichkeit aus dem Grundbuch wird die Kenntnis des Erwerbers von der Verfügungsbeschränkung gleichgestellt. Die Eintragung in das Grundbuch ist also, was die Existenz der Verfügungsbeschränkung betrifft, nicht konstitutiv, sondern nur deklaratorisch[276]. Demgegenüber wird die Verfügungsbeschränkung in Gestalt der Vormerkung durch die Eintragung in das Grundbuch überhaupt erst begründet. Die bloße Kenntnis von der Bewilligung einer Vormerkung steht dem nicht gleich. Die Vormerkung fällt auch dann nicht unter § 892 I 2, wenn sie wirksam begründet, später aber unrichtig gelöscht worden ist. Man kann entweder sagen, daß entsprechend § 891 II nach § 892 I 1 die Löschung, oder daß nach § 891 I die von der Vormerkung nicht eingeschränkte Eintragung des Rechts gemäß § 892 I 1 als richtig gilt. **619**

[275] BGH NJW 1998, 1482, 1484.

[276] Die Deklaration ist freilich konstitutiv für die Wirkung gegen Dritte (§ 892 I 2).

620 Aufgrund dieser Gegenüberstellung ergibt sich, daß gleich der Vormerkung ebenfalls nicht zu den Verfügungsbeschränkungen im Sinne des § 892 I 2 diejenige Verfügungsbeschränkung gehört, die sich nach §§ 161 I, 163 aus einer aufschiebend oder auflösend bedingten oder befristeten Verfügung ergibt[277]. Die Verfügungsbeschränkung folgt aus der Verfügung, durch die der Berechtigte sein Recht (bedingt oder befristet) abgibt. Da für die Verfügung über das Recht die Eintragung konstitutiv ist, ist sie es auch für die Verfügungsbeschränkung[278].

621 Weil es in § 892 I 2 um die Wirksamkeit einer existenten Verfügungsbeschränkung gegen den Erwerber geht, haben die Merkmale des Grundbuchinhalts und der Kenntnis hier eine andere Funktion als in § 892 I 1. Während dort die Kenntnis des Erwerbers und der Widerspruch alternative Schranken des Erwerbs der im Grundbuch angegebenen, aber nicht bestehenden Rechte sind, sind hier die Ersichtlichkeit aus dem Grundbuch und die Kenntnis des Erwerbers alternative Voraussetzungen für die Wirksamkeit bestehender Verfügungsbeschränkungen gegen den Erwerber. Das ändert nichts daran, daß die Kenntnis auch hier eine Schranke des öffentlichen Glaubens des Grundbuchs (hier betreffend das Nichtbestehen nicht eingetragener Beschränkungen) ist. Mit der Formulierung von der Ersichtlichkeit aus dem Grundbuch wird sodann über die Eintragung der Verfügungsbeschränkung im Grundbuch hinaus auch das zweite Merkmal des § 892 I 1 erfaßt, nämlich der Widerspruch. Der Widerspruch gegen die Nichteintragung einer Verfügungsbeschränkung ist nach §§ 894, 899 I möglich.

622 Die neben der Übertragung von Grundstücksrechten vorkommenden weiteren Arten der Verfügung über Grundstücksrechte – Rechtsänderung und Aufhebung eines Rechts – fallen unter § 893 2. Fall: Dieser dehnt § 892 auf nicht unter § 892 I 1 fallende Rechtsgeschäfte in Ansehung eines eingetragenen Rechts aus, sofern die Rechtsgeschäfte eine Verfügung enthalten.

623 Bei der Bewilligung und Eintragung einer Vormerkung ist umstritten, ob darin eine Übertragungsverfügung liegt und die Einräumung einer Vormerkung deshalb unter § 892 I 1 fällt oder ob die Einräumung einer Vormerkung das Recht, auf das sich der vorgemerkte Anspruch bezieht, durch die von ihr bewirkte Verfügungsbeschränkung in der Verfügungsberechtigung ändert und folglich § 893 2. Fall anzuwenden ist[279].

624 Dingliche Wirkung auf die Zuständigkeit von Grundstücksrechten haben sowohl die Verfügungen nach § 892 I 1 wie die nach § 893 2. Fall. Dagegen gehört § 893 1. Fall an die Seite von Schuldnerschutzvorschriften wie § 407 und § 851: Die Vorschrift bezieht § 892 auf Leistungen an einen im Grundbuch als Berechtigten Eingetragenen mit der Folge der Befreiung des Leistenden vorbehaltlich der in § 892 I 1 bestimmten Beschränkungen.

[277] Sofern diese im Grundstücksverkehr möglich ist: Für die Grundstücksübereignung schließt § 925 II die bedingte oder befristete Verfügung aus. Die allg. Meinung ordnet die Verfügungsbeschränkung nach § 161 als solche im Sinne des § 892 I 2 ein: Planck/*Strecker*, Allg. Vorschriften über Rechte an Grundstücken, Vorbem. VII 2 c S. 120, Palandt/*Bassenge* § 892 Rz. 17, jeweils mit N.

[278] Daß eine bedingte etc. Verfügung auch dann zustande kommt, wenn die Beschränkung entgegen der dinglichen Erklärung nicht eingetragen wird (oben Rz. 495 f.), verschlägt nichts: Es kommt auf die Eintragung an, die für die Beschränkung des Verfügenden (bei der aufschiebenden Bedingung oder Befristung) oder des Erwerbers (bei der auflösenden Bedingung oder Befristung) konstitutiv ist. Soweit die Eintragung die Beschränkung nicht vermerkt, ist in beiden Fällen der Erwerber im Sinne der §§ 892 I 1, 891 I unrichtig eingetragen (bei der aufschiebenden Verfügung, als hätte er schon erworben, bei der auflösenden, als hätte er endgültig erworben). Wird nach einer aufschiebend bedingten Verfügung unrichtig unter Löschung des Erwerbers wieder der Berechtigte als uneingeschränkt Berechtigter eingetragen, ist dieser im Sinne von § 892 I 1 unrichtig eingetragen.

[279] Unten Rz. 2086.

§ 892 II gibt eine nähere Bestimmung über den maßgeblichen Zeitpunkt für die nach § 892 I 1, 2 und § 893 i.V. mit § 892 der Wirkung des öffentlichen Glaubens des Grundbuchs schädliche Kenntnis desjenigen, zugunsten dessen die Wirkung eintreten soll. Ist zur Verfügung die Eintragung erforderlich und wird diese nach der Verfügungserklärung, insbesondere der Einigung, beantragt, so kommt es auf den Zeitpunkt der Antragstellung an. Folgt die Verfügungserklärung der Eintragung, kommt es auf den Zeitpunkt der Verfügungserklärung an. **625**

Im Unterschied zum gutgläubigen Erwerb des Eigentums an beweglichen Sachen ist zu §§ 892 f. nicht in strengem Sinne von einem gutgläubigen Erwerb zu sprechen. § 932 I läßt aufgrund einer Veräußerung nach § 929, die nach §§ 933 f. durch Ersatztatbestände ersetzt werden kann, das Eigentum erwerben, es sei denn der Rechtsschein ist dem Berechtigten nicht zuzurechnen (§ 935 I – Ausnahmen davon in Abs. 2 –) oder der Erwerber ist zum Veräußerungszeitpunkt nicht in gutem Glauben. Die Veräußerungshandlungen vollziehen sich unmittelbar zwischen Veräußerer und Erwerber. § 932 II definiert nicht den guten Glauben, sondern das Nicht-in-gutem-Glauben-Sein (Bösgläubigkeit) und zwar als Kenntnis oder Unkenntnis aus grober Fahrlässigkeit. Der Erwerb ist also ein Erwerb aufgrund der Veranlassung des Rechtsscheins durch den Berechtigten einerseits und des konkreten Vertrauens des Erwerbers auf den Veräußerer und seine Entäußerung an ihn andererseits. **626**

§§ 892 f. weichen für den Grundstücksverkehr aufgrund des Grundbuchs davon ab: Erstens wirken die auf den Veräußerer lautende Grundbucheintragung und die Umschreibung auf den Erwerber unabhängig davon, ob der Berechtigte die unrichtige Eintragung veranlaßt, und ebenso unabhängig davon, ob der Erwerber von Eintragung und Umschreibung konkrete Kenntnis hat und mithin auf sie vertraut – schädlich ist die Kenntnis der Unrichtigkeit, nicht die Unbekümmertheit bei Unkenntnis – . Schließlich endet der öffentliche Glaube des Grundbuchs eben nur bei dieser Kenntnis des Erwerbers von der Unrichtigkeit, nicht schon bei grob fahrlässiger Unkenntnis. In dieser Abweichung ist nicht nur eine Differenz der Anforderungen an die Redlichkeit des Erwerbers zu erkennen, sondern auch eine Differenz in den Schutzgedanken: Im Gegensatz zum Schutz konkreten Vertrauens nach §§ 932 ff. geht es bei §§ 892 f. um einen an das Grundbuch anknüpfenden abstrakten Vertrauensschutz: Für Verfügungen zugunsten von Teilnehmern des Rechtsverkehrs werden im Grundbuch eingetragene Grundstücksrechte, die materiell-rechtlich nicht bestehen, als positiv existent unterstellt (positive Publizität des Grundbuchs); materiell-rechtlich bestehende Verfügungsbeschränkungen gelten als nicht bestehend, wenn sie nicht eingetragen sind (negative Publizität des Grundbuchs). Es geht um den Erwerb kraft des öffentlichen Glaubens des Grundbuchs. **627**

Dementsprechend ist der Erwerb auf Seiten sowohl des Veräußerers wie des Erwerbers an die Grundbucheintragung geknüpft. So wie der Erwerb kraft des öffentlichen Glaubens aufgrund der Grundbucheintragung des Veräußerers bewirkt wird, vollzieht er sich erst mit der Eintragung des Erwerbers. Das ist relevant für den Fall, daß dem Grundbuchamt Tatsachen zur Kenntnis gelangen, die der Berechtigung oder Verfügungsbefugnis des Veräußerers entgegenstehen. Bis zur Eintragung hat das Amt die Kenntnis zu berücksichtigen und die Eintragung zu versagen. Hier gilt kein Schutz des potentiellen Erwerbers, indem auf den Zeitpunkt des Eintragungsantrags abzustellen, eine danach erlangte Kenntnis des Grundbuchamts also außer Acht zu lassen wäre[280]. § 892 II, der die Kenntniserlangung durch den Erwerber nach Stellung des Eintragungsantrags für den Erwerb unschädlich sein läßt, behandelt eine andere Frage. Er behandelt die Frage, ob auf Seiten des Erwerbers eine Kenntnis schadet, die nach einem Zeitpunkt eingetreten ist, in welchem, was an den Beteiligten liegt, der Erwerb schon hätte eingetreten sein können. Im Hinblick demgegenüber auf die etwaigen Kenntnisse des Grund- **628**

280 So aber *Lenenbach*, NJW 1999, 923 ff.

buchamts liegt gerade die Eintragung am Grundbuchamt, und es geht hier um die Frage, ob das Grundbuchamt wissentlich durch Eintragung einen in fremde Rechte eingreifenden Erwerb zustande bringen darf. Bis zur Eintragung hat das Grundbuchamt die Kenntnis einer verfügungshindernden Tatsache zu berücksichtigen, und der Interessent hat kein Recht darauf, daß das Grundbuchamt durch Eintragung einen Erwerb zustande kommen läßt, der dem Recht das wahren Berechtigten oder einem Verfügungsverbot[281] widerspricht. §§ 892 f. ermöglichen im Verkehrsinteresse den Erwerb durch eine rechtswidrige Verfügung, wenn es zu diesem Erwerb kommt; nach Möglichkeit den Erwerb noch fördern wollen sie nicht. Weiß das Grundbuchamt um die Widerrechtlichkeit einer Verfügung, so darf es gerade dann nicht eintragen und damit an der Vollziehung der Verfügung mitwirken, wenn durch die Eintragung kraft des öffentlichen Glaubens des Grundbuchs ein Erwerb zu Lasten des wirklich Berechtigten oder gegen ein Verfügungsverbot zustande kommen würde. Die Folgerung, daß in diesem Fall, wenn eingetragen würde, der Erwerber kraft der Publizität des Grundbuchs trotz der Nichtberechtigung oder Verfügungsbeschränkung des Verfügenden wirksam erwerben würde, führt nicht zur Eintragungspflicht um der Eröffnung dieser Möglichkeit willen, sondern zur Grundbuchsperre, weil der Verfügende sonst mit Wissen des Grundbuchamts gegen das Recht des Berechtigten oder die Verfügungsbeschränkung verstoßen würde[282]. Das hat das RG für die Verfügungsbeschränkung aufgrund der Eröffnung des Konkursverfahrens festgestellt[283], und es gilt darüber hinaus[284].

629 Es kommt auf die Kenntnis des Grundbuchamts an. Das Grundbuchamt hat keine Untersuchungsbefugnis, etwaigen Zweifeln an der Rechtmäßigkeit einer von ihm durch Eintragung zu vollziehenden Verfügung nachzugehen[285]. Auch kommt es auf amtlich

[281] Berührt die Verfügungsbeschränkung die Verfügung nach § 878 nicht, stellt sich das Problem des Erwerbs kraft des öffentlichen Glaubens des Grundbuchs nicht.

[282] Mit der Konsequenz im Fall der Verfügungsbeschränkung, daß die Grundbuchsperre dann nicht besteht, wenn die Verfügungsbeschränkung eingetragen und folglich ein die Verfügungsbeschränkung überwindender Erwerb kraft öffentlichen Glaubens nicht möglich ist. Die durch die Eintragung zustande kommende Verfügung wird in diesem Fall wirksam, soweit die Verfügungsbeschränkung nicht berührt ist.

[283] RGZ 71, 38, 41.

[284] Betreffend Verfügungsbeschränkungen *Demharter*, GBO, § 13 Rz. 12; § 19 Rz. 59; § 22 Rz. 52 m.w.N., insbesondere von BayObLGZ 1954, 98; 1994, 71; betreffend Nichtberechtigung des Verfügenden OLG Karlsruhe NJW-RR 1998, 445, dazu *Lenenbach*, NJW 1999, 923 ff.

[285] Hat das Grundbuchamt die Kenntnis nicht, handelt es amtspflichtwidrig (§ 839 BGB i.V.m. Art. 34 GG), wenn es entgegen der maßgeblichen Reihenfolge der Anträge einträgt und dadurch den Erwerb kraft öffentlichen Glaubens verhindert. In einem Sonderfall hat der BGH die Amts-/Staatshaftung bei Vereitelung eines solchen Erwerbs allerdings verneint (BGH NJW 1986, 1687, dazu *Foerste*, JuS 1988, 261): Hier stand das Grundbuchamt vor der Alternative, erst eine Erbbauberechtigtengrundschuld (»Eigentümergrundschuld« des Erbbauberechtigten) am Erbbaurecht und dann den Erwerb der Grundschuld vom Erbbauberechtigten oder sofort eine Fremdgrundschuld einzutragen. Grundlage der Eintragung war eine Fälschung der (nach dem Inhalt des Erbbaurechts) notwendigen Zustimmung des Eigentümers zur Belastung des Erbbaurechts sowie zum Rangrücktritt seiner Erbbauzinsreallast. Als Konsequenz ergibt sich im Fall der Eintragung zunächst der Berechtigtengrundschuld ein Erwerb des Gläubigers vom Nichtberechtigten, im anderen Fall der Ausschluß des Erwerbs, weil die genannte sachliche Erwerbsvoraussetzung der Zustimmung des Eigentümers fehlte. Beantragt war die erste Reihenfolge, also zunächst die Eintragung der Berechtigtengrundschuld. Der Rechtspfleger hat jedoch in der zweiten Weise eingetragen. Der BGH verneint einen Schadensersatzanspruch wegen Amtspflichtverletzung, weil kein Anspruch auf eine unrichtige Eintragung bestehe. Offen läßt er die Frage, ob ein verletzbarer Anspruch auf Eintragung dann besteht, wenn die Eintragung anders als im entschiedenen Fall *unmittelbar* zu einem Erwerb kraft öffentlichen Glaubens führt und damit selbst richtig ist. Die Frage ist zu bejahen: Kennt das Grundbuchamt die Umstände nicht, so daß es von seiner Seite gegen den Erwerb nichts einwenden kann,

gesicherte Kenntnis und nicht auf ungesicherte private Zuträgerei an. Deshalb sind als praktische Fälle namentlich solche zu nennen, in denen die Kenntnis aus amtlicher Quelle stammt. Als praktisch relevant werden Fälle des Eintritts einer Verfügungsbeschränkung durch ein amtliches Verfahren, wie der Verfügungsbeschränkung durch die Eröffnung des Insolvenzverfahrens (§§ 80 f. InsO) oder im Verfahren betreffend die einstweilige Verfügung (§§ 935 ff., 938 II ZPO i.V.m. §§ 136, 135), erörtert. Weiter kommt die Kenntnis über die Unwirksamkeit des Erwerbs des jetzt weiterverfügenden Veräußerers aufgrund der im Betreuungsverfahren festgestellten Geschäftsunfähigkeit des früheren Veräußerers in Betracht[286]. Trägt das Grundbuchamt trotz Kenntnis ein, kommt zwar der Erwerb kraft öffentlichen Glaubens zustande, der Fiskus haftet aber nach § 839 BGB i.V.m. Art. 34 GG.

Der Erwerb kraft des öffentlichen Glaubens des Grundbuchs bewirkt Rechtssicherheit **630**
inter omnes.[287] Damit ist die Annahme einer Disponibilität des Rechtsscheins des Grundbuchs nicht vereinbar. Der kraft öffentlichen Glaubens Erwerbende hat kein Wahlrecht, auf diesen Schutz zu verzichten[288]. Dies gilt sowohl für den Erwerb kraft öffentlichen Glaubens des Grundbuchs als auch für den gutgläubigen Erwerb des Eigentums an beweglichen Sachen. Wegen der im Unterschied zu §§ 932 ff. abstrakten Ausgestaltung des öffentlichen Glaubens ist die Annahme eines Wahlrechts im Grundstücksrecht aber erst recht zu verwerfen. Der Käufer eines Grundstücks, der vom nichtberechtigten Verkäufer kraft öffentlichen Glaubens des Grundbuchs das Eigentum am gekauften Grundstück erworben hat, kann nicht das Grundstück dem (bisher) Berechtigten zurückgeben und Rechte wegen Nichterfüllung geltend machen. Ein Interesse daran hat er im Regelfall dann, wenn er vom Kaufvertrag zurücktreten will, weil das Geschäft ihn reut, überfordert oder er für seine Planungen inzwischen ein günstigeres Grundstück gefunden hat. Dieses Interesse rechtfertigt schon inter partes nicht die Abwählbarkeit des gutgläubigen Erwerbs. Auf dieses kommt es sodann gar nicht an im Hinblick auf die Notwendigkeit der sachenrechtlichen Rechtssicherheit inter omnes. Die §§ 873 ff., 892 mit Evidenz, nach ihrer Fassung und ihrem Grundgedanken aber ebenso die §§ 932 ff. enthalten zusammen mit § 816 I 2 eine Rechtszuordnung um der Sicherheit des Rechtsverkehrs willen. Sie weisen mit der Anordnung des gutgläubigen Erwerbs die Auseinandersetzung über den Rechtsverlust dem Verhältnis zwischen dem bisher Berechtigten und dem Verfügenden zu, ohne Wahlrecht des Gutgläubigen über den Kopf des Verfügenden hinweg[289]

so besteht eine Amtspflicht zur Eintragung, deren Verletzung eine Schadensersatzpflicht nach sich ziehen kann.

[286] OLG Karlsruhe NJW 1998, 445.

[287] Die Formulierung „Zugunsten desjenigen ...", mit der § 892 I 1 anhebt, weist nicht auf eine in den Willen des Erwerbers gestellte Begünstigung hin. Die Formulierung dient der Abgrenzung, nämlich des rechtsgeschäftlichen Erwerbs vom sonstigen Erwerb. Aus Gründen der Rechtssicherheit, auf die es im Sachenrecht ankommt, hat der Gesetzgeber sich für den Rechtserwerb und gegen eine vom Begünstigten geltend zu machende Einrede entschieden (Mot., *Mugdan* III, S. 119). Ganz im Sinne dieser Entscheidung für den Eigentumserwerb der Wortlaut des § 932 I.

[288] Das Stichwort „Disponibilität des Rechtsscheins" stammt von *Altmeppen*, der die Disponibilität auch im Hinblick auf § 892 und §§ 932 ff. vertritt, vgl. Disponibilität des Rechtsscheins, 1993, §§ 19 , 20, S. 232 ff., 291 ff., besprochen von *v. Olshausen*, ZHR 158 (1994), 518, 523 f. *Altmeppen* zu folgen ist nur hinsichtlich der Liberation nach § 893, wenn an einen als Berechtigten Eingetragenen eine Leistung bewirkt wird. Insoweit handelt es sich nicht um einen Erwerb kraft des öffentlichen Glaubens des Grundbuchs.

[289] *Altmeppen* baut auf seine These von der Disponibilität des Rechtsscheins auch bei § 892 und § 932 ein feinsinniges System der Haftung und Rechte beim Kauf vom nichtberechtigten Verkäufer auf. Zu diesem System ist aber letztlich keine Grundlage vorhanden: Die Grundlagen, die *Altmeppen* hat, sind zum einen die regula aus dem 50. Buch der Digesten (de diversis re-

631 Eine andere Frage ist, ob es bei dem Erwerb kraft des öffentlichen Glaubens des Grundbuchs auch dann bleibt, wenn das Geschäft, das zu dem Erwerb geführt hat, rückgängig gemacht wird und der Erwerber das Recht wieder auf den Nichtberechtigten zurücküberträgt. Die Frage wird unter dem Stichwort des Rückerwerbs des Nichtberechtigten zu § 932 diskutiert[290]. Wie dort zum Erwerb nach § 932 festzustellen ist, so ist auch in dem Fall des § 892 die Herstellung der res integra anzunehmen, wenn das Geschäft, das zu dem Erwerb nach § 892 geführt hat, rückgängig gemacht wird und der Erwerber die Gegenverfügung an den Nichtberechtigten vornimmt. Der Nichtberechtigte

gulis iuris antiqui): invito beneficium non datur, und zum anderen Fälle des Rechtsscheinschutzes, in denen die Disponibilität – jedenfalls überwiegend – anerkannt ist (§ 407, Anscheinsvollmacht, § 15 HGB). Eine allgemeine regula (einen speziellen Beleg zur Disponibilität des Eigentumserwerbs durch usucapio im Vergleich zur praescriptio longi temporis nennt *Altmeppen* nicht) ist keine Grundlage für eine Gesetzeskorrektur. Erst recht reicht sie nicht dazu aus, durch Einführung der Möglichkeit, mittels einseitiger Erklärung einen Eigentumserwerb unwirksam zu machen, die sachenrechtlichen Verfügungstatbestände zu durchbrechen. Ist diese Möglichkeit einerseits mit den Verfügungstatbeständen unvereinbar, besteht andererseits auch kein Anlaß, sich um diese Möglichkeit zu mühen. Selbst wenn der Käufer, der das Grundstück kraft des öffentlichen Glaubens des Grundbuchs erworben hat, das Dispositionsrecht nicht als Reurecht, sondern deshalb benutzen würde, weil ihm das Recht des (ehemals) Berechtigten am Herzen liegt, ist dazu das Dispositionsrecht nicht nötig. Der Käufer ist nach geltendem Recht in keiner Weise gehindert, seinem Bedürfnis nachzukommen. Er kann sein Eigentum in der erforderlichen Weise an den ehemals Berechtigten zurückübertragen. Diese Rückführung braucht er nicht einmal zu eigenen Lasten zu nehmen, d.h. unentgeltlich zu vollziehen. Wenn er dem (ehemals) Berechtigten das Grundstück zum Kauf anbietet, überfordert er ihn nicht. Der ehemals Berechtigte hat ja gegen den Verkäufer den Anspruch aus § 816 I 1 und unter Umständen Schadensersatzansprüche und kann damit den Kaufpreis finanzieren (ist der Verkäufer insolvent, wäre dem Käufer auch bei Anerkennung der Disponibilität kaum zu raten, durch Ausübung eines Dispositionsrechts zur Rechtsmängelhaftung des Verkäufers kommen zu wollen; haftet der Verkäufer dem Berechtigten – etwa nach § 818 III – nicht, widerspräche die Einräumung der Möglichkeit, daß der Käufer die Erfüllung aufhebt und die Rechtsmängelhaftung geltend macht, auch dieser Haftungsfreiheit). Erst recht ist nicht einzusehen, wieso das Gesetz bei einem unentgeltlichen gutgläubigen Erwerb dahin zu korrigieren sein soll, daß der (ehemals) Berechtigte nach dem Willen des Erwerbers statt des Anspruchs aus § 816 I 2 die Vindikation gegen den Erwerber haben soll. – Was die anderen Fälle des Rechtsscheinschutzes betrifft, in denen die Disponibilität von der allgemeinen oder überwiegenden Meinung anerkannt wird, gibt es in diesen durchaus rechtliche Grundlagen für ein Wahlrecht, etwa geht es darum, daß der Geschützte statt des Schutzes einen in der Wirklichkeit gesetzten Verpflichtungstatbestand oder in Wirklichkeit begründete Rechte soll geltend machen können, während es bei § 892 und § 932 nur darum geht, daß der Geschützte ein gesetzlich zugewiesenes Recht in dem nachträglich gefaßten Willen, nichts erworben zu haben, soll zurückweisen können. – Schließlich beruft *Altmeppen* sich zu Unrecht darauf, daß die Disponibilität zu § 892 in einem bestimmten Fall, nämlich im Fall des lastenfreien Erwerbs, durchaus anerkannt sei. Die in § 19, S. 234 Fn. 7 herangezogenen Meinungen betreffen den Sonderfall der relativen Wirkung eines gutgläubigen Erwerbs. Auch diese ist nicht disponibel: Wird eine Belastung zu Unrecht gelöscht und erwirbt sodann ein anderer das Eigentum oder ein beschränktes Recht an dem Grundstück, so sind vom gutgläubigen Erwerb nicht betroffen weitere Berechtigte an dem Grundstück, die mit Rang nach dem zu Unrecht gelöschten Recht eingetragen waren. Diese müssen sich das zu Unrecht gelöschte Recht unverändert vorgehen lassen. Insbesondere *Heck* behandelt an der angeführten Stelle (§ 43 IV 2 b, S. 179 f.) das Problem des relativen Rangs, der sich ergibt, wenn ein Recht gutgläubig mit Vorrang vor einem zu Unrecht gelöschten Recht erworben wird, während die nachrangig bestehenden anderen Rechte zwar den Vorrang vor dem neu eingetragenen haben, ihnen aber die Löschung des vorrangigen Rechts nicht zugute kommt.

290 Rz. 919 ff.

erhält die Eintragung zurück, die er vorher hatte, d.h. die Eintragung als Nichtberechtigter, während das Recht an den zuvor Berechtigten zurückfällt[291].

b) Die vom öffentlichen Glauben erfaßten Eintragungen

Vom öffentlichen Glauben des Grundbuchs erfaßt sind nur die Eintragungen über private Grundstücksrechte und die Nichteintragung relativer Verfügungsbeschränken hinsichtlich dieser Rechte[292]. Die Rechte aus der Miete oder Pacht eines Grundstücks sind keine Grundstücksrechte, d.h. absolute Rechte an Grundstücken. Sie haben allerdings nach der Sonderregelung der §§ 566 (§ 571 a.F.), 581 II, 593 b einen Kontinuitätsschutz bei Verfügungen über das Grundstück und wirken insofern gegen Dritte. Der Kontinuitätsschutz kann aber nicht gutgläubig erworben werden. Die Vermietung oder Verpachtung geschieht ja ganz unabhängig vom Grundbuch. Der Schutz nach § 566 greift dann ein, wenn der Vermieter oder Verpächter wirksam über das Grundstück verfügt, und zwar greift der Schutz dann gegen denjenigen ein, der vom Vermieter oder Verpächter erwirbt. Grundsätzlich muß also der Eigentümer vermietet oder verpachtet haben und dann verfügen. Es gibt allerdings einen Fall, in dem § 566 auch beim Erwerb vom Nichtberechtigten kraft öffentlichen Glaubens des Grundbuchs eingreift. Das ist aber kein Fall des gutgläubigen Erwerbs eines nach § 566 gegen Dritte wirkenden Mietrechts. Der Fall ist der, daß ein Nichtberechtigter im Grundbuch eingetragen ist, vermietet hat und sodann an einen anderen veräußert. Der andere kann nach § 892 erwerben, und aufgrund dieses wirksamen Erwerbs vom Vermieter greift § 566 ein[293]. 632

Angaben des Bestandsverzeichnisses sind keine Eintragungen über Grundstücksrechte oder Verfügungsbeschränkungen, auch nicht die Angaben über subjektiv dingliche Rechte[294]. Das Bestandsverzeichnis gibt einen Überblick über Eigenschaften des Grundstücks, dient aber nicht der Eintragung von Grundstücksrechten und Verfügungsbeschränkungen mit Wirksamkeitsfunktion oder der Funktion öffentlichen Glaubens. Dazu dienen die drei Abteilungen des Grundbuchs. 633

Subjektiv-dingliche Rechte werden durch Einigung und durch die Eintragung auf dem Grundbuchblatt des dienenden Grundstücks bestellt, das letztere folgt daraus, daß es um Belastungen des Grundstücks geht (§ 873 I 2. Verfügungsart); im Bestandsverzeichnis des Grundbuchs des herrschenden Grundstücks werden sie auf Antrag des Eigentümers des herrschenden Grundstücks oder eines nach § 876 I 2 Zustimmungsberechtigten vermerkt – § 9 I 1, 2 GBO[295] –. Die Rechte sind Bestandteile des Grundstücks – § 96 – 634

291 So Planck/*Strecker* § 892 Anm. III 2; zurückhaltend demgegenüber *Wolff/Raiser* § 45 II 2, S. 148 mit Fn. 37. Die abweichende Ansicht der Vorauflage gebe ich auf. Der Erwerber ist jedenfalls geschützt. Er kann an den Nichtberechtigten zurückübertragen. Der Berechtigte kann sich bei Wiedereintragung des Nichtberechtigten durch die Eintragung eines Widerspruchs und auch schon vorher durch Klage aus § 894 gegen den Nichtberechtigten und den Erwerber schützen, die auf Feststellung gerichtet ist, daß, wenn der Erwerber an den Nichtberechtigten zurücküberträgt, er, der Berechtigte einzutragen ist. Die Klage gegen den Erwerber ist entsprechend § 77 ZPO zu behandeln.

292 Zum Schutzbereich von § 892 *Baur/Stürner* § 23 Rz. 6.

293 Staudinger/*Emmerich*, 12. Aufl., (Mietrecht 2. Bearb. 1981), § 571 Rz. 7.

294 RGZ 104, 319; *Westermann*, 5. Aufl., § 85 II 1 a, S. 429 f.; 7. Aufl., § 71 II 2, S. 569.

295 Genauer erfolgt die Eintragung des Rechts, wenn sie auf Antrag im Grundbuch des herrschenden Grundstücks vorgenommen wird, an drei Stellen dieses Grundbuchs: Das Recht als solches wird vermerkt in Spalte 3 des Bestandsverzeichnisses (Bezeichnung der Grundstücke und der mit dem Eigentum verbundenen Rechte), weiter wird das Recht als zu einem bestimmten Datum vermerkt bezeichnet in Spalte 6 des Bestandsverzeichnisses (Bestand und Zuschreibungen), und schließlich wird in Spalte 4 der 1. Abteilung (Grundlage der Eintragung) die Eintragung im Grundbuch des dienenden Grundstücks als Grundlage des Rechts vermerkt (s. Muster eines unübersichtlichen Grundbuchblatts bei *Demharter*, GBO, Anlage 2 a zur GBVfg, S. 1020 ff.; die Unübersichtlichkeit bezieht sich nicht auf die komplizierte Ein-

und zwar wegen der Verbindung mit dem Grundstückseigentum untrennbare[296]. Sie gehen deshalb als Gegenstand der Übereignung des Grundstücks, somit kraft Rechtsgeschäfts, auf den Erwerber über. Dieser erwirbt kraft des öffentlichen Glaubens sowohl, was das Bucheigentum, als auch, was fälschlich eingetragene subjektiv-dingliche Rechte betrifft[297]. Inwieweit der Veräußerer nach § 892 I als berechtigt gilt, richtet sich nach der Eintragung bei dem *belasteten* Grundstück[298]. Das Bestandsverzeichnis des herrschenden begründet weder den öffentlichen Glauben noch zerstört es den des Grundbuchs des belasteten Grundstücks. Allgemein sind Angaben im Grundbuch über Bestandteile des Grundstücks nicht vom öffentlichen Glauben erfaßt[299].

635 Sind Rechte nicht eingetragen, bezieht sich der öffentliche Glaube auf ihr Nichtbestehen. Dies gilt nicht für nicht eingetragene Rechte, die nicht eintragungsbedürftig sind[300]. Der öffentliche Glaube bei Nichteintragung (insbesondere Löschung) eintragungsbedürftiger Rechte gilt nach § 892 I 1 zugunsten desjenigen, der kraft Rechtsgeschäfts das Eigentum oder ein anderes Recht erwirbt. Nicht gilt der öffentliche Glaube zugunsten nachrangiger Berechtigter, die aufgrund des Wegfalls des Rechts im Grundbuch anscheinend vorrücken. Wird das Grundstück übereignet, erwirbt der Erwerber das Grundstück mit den im Grundbuch vermerkten Belastungen. Die gelöschte Last besteht im Verhältnis zum Erwerber nicht. Andererseits nehmen die nach der Grundbuchlage vorgerückten Rechte für den Erwerber des Eigentums die Stelle der gelöschten Last mit ein. Der Erwerber des Eigentums erwirbt also nicht ein Eigentum, das, was die Stelle vor den eingetragenen Lasten betrifft, freies Eigentum ist, sondern ein durch die eingetragenen Rechte und nur nicht um das gelöschte Recht belastetes Eigentum. Weiter ist darauf zu achten, daß die Löschung des vorrangigen Rechts nicht den nachrangigen Berechtigten zugute kommt. Daraus folgt, daß der Erwerber des Eigentums, soweit nachrangige Belastungen an die Stelle der gelöschten Last getreten sind, das gelöschte Recht wiedereinräumen und dazu die Wiedereintragung des gelöschten Rechts mit Rang vor den anscheinend aufgerückten beantragen kann[301]. Die Nichtwirksamkeit des gelöschten Rechts gegen den Erwerber des Eigentums bei Wirksambleiben gegen die bisher nachrangigen Rechte wirkt als Rangvorbehalt zugunsten des neuen Eigentümers. Wird das Eigentum nach der unrichtigen Löschung nicht übertragen, sondern belastet, wird die neue Belastung mit Vorrang vor dem zu Unrecht gelöschten Recht, aber nachrangig hinter den eingetragenen Rechten erworben, die wiederum ihrerseits nachrangig hinter dem zu Unrecht gelöschten bleiben[302].

tragung des subjektiv-dinglichen Rechts: Im neuen Grundbuchblatt erscheint das Recht unverändert in Sp. 3, in Sp. 6 als bei Umschreibung eingetragen und in Sp. 4 der Abt. 1 als ohne Eigentumswechsel eingetragen, *Demharter*, GBO, S. 1031 f.).

296 Palandt/*Heinrichs* § 96 Rz. 1.

297 S. BayObLG NJW-RR 1987, 789 ff. Die Bestandteilszusammengehörigkeit unterscheidet diesen Fall von dem Mitübergang eines Rechts kraft Akzessorietät.

298 *Westermann*, 5. Aufl., § 85 II 1 a, S. 429 f.; 7. Aufl., § 71 III, S. 570.

299 RGZ 61, 188, 193 f.

300 So für die sog. altrechtlichen Dienstbarkeiten Soergel/*Stürner* § 892 Rz. 9. Nach BGHZ 104, 139 greift der öffentliche Glaube des Grundbuchs aber ein, wenn die Rechte, obwohl nicht eintragungsbedürftig, doch eingetragen worden sind, dann aber zu Unrecht gelöscht werden. – Zur Regelung des Einigungsvertrages bzgl. nicht eintragungsbedürftiger Rechtspositionen aus dem Recht der DDR o. Rz. 326.

301 Man darf nicht von bloßer Wiedereintragung sprechen, wie dies MünchKomm*Wacke* § 892 Rz. 76 tut. Staudinger-*Gursky* § 892 Rz. 183 sieht richtig, daß auch hier nicht etwa der Erwerb für den gutgläubigen Erwerber disponibel ist.

302 Es kommt so zu einem relativen Rang, s. *Heck*, § 43 IV 2 b, S. 179 f.: Wiedereintragung des zu Unrecht gelöschten Rechts mit Vorrang vor den zur Zeit der Löschung eingetragenen Rechten mit dem Zusatz: „Das Recht (z.B. die Hypothek) kann nicht zum Nachteil des unter

Verfügungsbeschränkungen, bei deren Nichteintragung § 892 I 2 den öffentlichen Glauben des Nichtbestehens begründet, sind solche „zugunsten einer bestimmten Person"[303]. Der Grund dieser Einschränkung ist, daß es um rechtliche Beschränkungen gehen muß, die im Grundbuch eintragen zu lassen Pflicht oder Obliegenheit bestimmter Personen ist, so daß der öffentliche Glaube eingreifen kann, indem es diesen Personen zur Last fallen kann, wenn die Verfügungsbeschränkung nicht eingetragen ist. Deshalb muß die Wirkung „zugunsten" nicht heißen, daß es um den Schutz der Rechte bestimmter Personen geht. Es reicht aus, daß bestimmte Personen zuständig sind, die Verfügungsbeschränkung durchzusetzen. Deshalb gehört zu den Verfügungsbeschränkungen im Sinne des § 892 I 2 auch die des Erben bei Testamentsvollstreckung (§ 2211), um die sich der Testamentsvollstrecker zu kümmern hat, und die Verfügungsbeschränkung des Insolvenzschuldners nach § 81 InsO, für deren Eintragung insbesondere der Insolvenzverwalter zu sorgen hat (§ 32 II 2 InsO). Die Verfügungsbeschränkung nach § 81 InsO ist nicht deshalb eine Verfügungsbeschränkung gemäß § 892 I 2, weil sie die Insolvenzgläubiger schützt. Die Gesamtheit der Gläubiger ist nicht eine bestimmte Person. Wegen der Zuständigkeit des Insolvenzverwalters formuliert § 81 I 2 InsO richtig, daß die §§ 892 f. „unberührt bleiben", was voraussetzt, daß §§ 892 f. die im Rahmen der Insolvenz eintretende Verfügungsbeschränkung per se erfaßt[304]. 636

Verfügungsbeschränkungen zum Schutz bestimmter Personen sind die aufgrund eines gerichtlichen Veräußerungsverbots im Sinne von §§ 136, 135, die des Vorerben zugunsten des Nacherben (§ 2113) und die Verfügungsbeschränkung des Veräußerers einer streitbefangenen Sache oder eines streitbefangenen Rechts (§ 325 II ZPO). Keine Verfügungsbeschränkung im Sinne des § 892 I 2 ist die des Berechtigten, der über sein Recht aufschiebend bedingt oder befristet verfügt hat, und die des Erwerbers, der auflösend bedingt oder befristet erworben hat (§§ 161 II, 163)[305]. 637

Der öffentliche Glaube des Grundbuchs bezieht sich dagegen nicht auf absolute Verfügungsbeschränkungen wie die Verfügungsbeschränkung von Ehegatten nach § 1365, soweit sie sich als Beschränkung der Verfügung über Grundstücke auswirkt[306]. 638

§ 892 I 2 begründet für die Verfügungsbeschränkungen zugunsten bestimmter Personen nur die negative Publizität des Grundbuchs in dem Sinne, daß eine nicht eingetragene Verfügungsbeschränkung nicht besteht. Damit gibt es keinen Erwerb kraft öffentlichen Glaubens im Hinblick auf das Bestehen einer Verfügungsbeschränkung: 639

Ist z.B. ein Insolvenzvermerk eingetragen und verfügt der Insolvenzverwalter über das Grundstückseigentum oder -recht, obwohl das Insolvenzverfahren schon beendet ist, so schützt hier der öffentliche Glaube nach § 892 I 2 nicht. Ebenso wenig besteht sein Schutz in dem folgenden Fall: Verfügt der im Grundbuch eingetragene Vorerbe und stimmt der im Nacherbenvermerk eingetragene N1 zu, ist aber in Wirklichkeit N2 Nacherbe, so erwirbt der Erwerber nach § 2113 I trotz § 2113 III mit § 892 relativ unwirksam. Der Nacherbenvermerk schließt öffentlichen Glauben nach §§ 2113 III, 892 I 2 aus, § 892 I 2 begründet aber nicht den öffentlichen Glauben in Bezug darauf, 640

lfd. Nr. ... eingetragenen Rechts (d.h. des gutgläubig frei vom Vorgehen dieser Hypothek erworbenen Rechts) geltend gemacht werden".

303 Zur ebenfalls eintragbaren und unter § 892 I 2 fallenden Erwerbsbeschränkung u. Rz. 733 Fn. 476.

304 § 24 I InsO verweist auf § 81 InsO für das Verfügungsverbot, welches vom Insolvenzgericht im Verfahren bis zur Eröffnung des Insolvenzverfahrens erlassen werden kann (§ 21 II Nr. 2 InsO). Auf § 81 InsO verweist auch § 1984 für die Nachlaßverwaltung.

305 S. oben Rz. 620.

306 Weiteres Beispiel die Verfügungsbeschränkung bei Veräußerung landwirtschaftlicher Grundstücke nach dem GrundstücksverkehrsG vom 28.7.1961 (BGBl. I, S. 1091), s. *Baur/Stürner*, § 27 Rz. 4 ff.

daß N1 Nacherbe ist. Die Eintragung der Verfügungsbeschränkung bezeugt das Nichtkönnen des eingetragenen Berechtigten, aber nicht, daß ein bestimmter Dritter geschützt ist.

641 Anders, nämlich den öffentlichen Glauben des Grundbuchs begründend, wirkt dagegen ein Wirksamkeitsvermerk, der bei einer Verfügungsbeschränkung und dem Recht, das durch eine an sich unter die Beschränkung fallende Verfügung erworben wird, eingetragen ist[307]. Er beseitigt ausweislich des Grundbuchs für das erworbene Recht die nach § 892 I 2 begründete Wirksamkeit der Verfügungsbeschränkung bzgl. der Verfügung, die zu dem Recht geführt hat, und begründet dadurch nach § 892 I 1 den öffentlichen Glauben, daß das erworbene Recht besteht.

642 Die Verfügungsbeschränkungen sind wirksam aufgrund ihres Tatbestandes (insbesondere der Erbfolge und einer testamentarischen Anordnung oder des gerichtlichen Anordnungs- oder Eröffnungsbeschlusses). Zu dem Tatbestand gehört nicht die Eintragung in das Grundbuch. Der Eintragung bedarf es also nicht zur Wirksamkeit, sondern zum Ausschluß des Erwerbs trotz Verfügungsbeschränkung. Die Wirksamkeit der auf Anordnung wirksam werdenden Verfügungsbeschränkung schon kraft der Anordnung hat die Konsequenz, daß das Grundbuchamt, auch wenn die Verfügungsbeschränkung noch nicht eingetragen ist, die zu einer verbotswidrigen Verfügung beantragte Eintragung verweigern muß, wenn es von der Verfügungsbeschränkung Kenntnis hat.

643 Öffentlichen Glauben genießen nur wirksame Eintragungen. Das setzt die funktionelle Zuständigkeit des Eintragenden voraus (es gelten die Grundsätze über die Nichtigkeit von Verwaltungsakten, zu vergleichen ist § 44 VwVfG[308]). Dementsprechend führen auch Fälschungen im Grundbuch nicht zur Wirksamkeit des darauf sich stützenden Erwerbs[309].

644 Keinen öffentlichen Glauben begründen widersprüchliche Eintragungen[310]. Sind für ein Grundstück versehentlich zwei Grundbuchblätter angelegt und widersprechen sich die Eintragungen (auf einem ist A, auf dem anderen B als Eigentümer eingetragen), so gibt es keinen öffentlichen Glauben für eine der Eintragungen (wohl aber gilt, daß *entweder* die eine *oder* die andere Eintragung als richtig gilt. Trägt ein Erwerber beiden Eintragungen Rechnung, so ist er dagegen geschützt, daß ein Dritter Berechtigter ist[311]).

Widersprüchlich und deshalb keine Grundlage öffentlichen Glaubens ist die Eintragung von Miteigentümern mit Quoten von insgesamt über 100 %[312].

Widersprüchlichkeit kann sich schließlich durch Bezugnahme auf die Eintragungsbewilligung nach § 874 ergeben. Allerdings ist darauf zu achten, inwieweit nach dieser Vorschrift Bezug genommen und somit der Inhalt des Grundbuchs erweitert werden kann: nur betreffs des Inhalts des Rechts. Betreffs des belasteten Grundstücks selbst ist also allein das Grundbuch maßgeblich. Freilich kann der in der Eintragungsbewilligung, auf die Bezug genommen ist, bezeichnete Inhalt auf dem belasteten Grundstück begrifflich unverifizierbar sein (etwa was Süd- und Nordgrenze des Grundstücks und ihr Verhältnis zu einer zur Beschreibung mitbenutzten Straße betrifft)[313].

307 Zu diesem Vermerk oben Rz. 521.

308 Einzelheiten bei *Demharter*, GBO, § 53 Rz. 1.

309 Beispiel s. u. Rz. 661 Fall 4.

310 *Baur/Stürner* § 23 Rz. 14 mit Hinweis auf RGZ 56, 58 und *Steffen*, Die Verdoppelung von Rechtsscheinträgern, 1967.

311 *Tiedtke*, Gutgläubiger Erwerb 1985, S. 92.

312 *Koller*, JZ 1972, 647 re.Sp.

313 Zum Ganzen s. BayObLG NJW-RR 1987, 789 ff. und dazu *Lüke*, JuS 1988, 524.

c) *Das Erfordernis des rechtsgeschäftlichen Erwerbs, insbesondere eines Verkehrsgeschäfts*

Für den gutgläubigen Erwerb nach § 892 muß zunächst der Verfügungstatbestand (bei der Übereignung derjenige der §§ 873, 925) mit wirksamer Einigung oder sonstiger Erklärung erfüllt sein. Nur die Berechtigung des Veräußerers wird durch § 892 ersetzt. Also setzt der gutgläubige Erwerb einen *rechtsgeschäftlichen* Erwerb voraus[314]. Der Erbe erwirbt nicht kraft öffentlichen Glaubens vom nichtberechtigten Erblasser. Maßgeblich ist die Verfügung; die zugrunde liegende Verpflichtung ist irrelevant (z.B. kommt es bei der Erfüllung eines Vermächtnisses auf das Erfüllungsgeschäft an, es bedarf nicht der Entscheidung, ob der Vermächtnisanspruch rechtsgeschäftlich oder kraft Gesetzes erworben ist). **645**

Weiter gilt nach h.M. die Voraussetzung eines *Verkehrsgeschäfts*[315]. Rechtsprechung und h.M. lehnen ein Verkehrsgeschäft zunächst in den Fällen ab, in denen ein gesetzlicher und damit nicht unter den öffentlichen Glauben des Grundbuchs fallender Rechtsübergang nur formell durch einen rechtsgeschäftlichen ersetzt wird: Dies wird angenommen bei Geschäften in Vorwegnahme der Erbfolge[316]. Weiter prüfen Rechtsprechung und h.M. als Voraussetzung eines Verkehrsgeschäfts, ob beim Übergang vom Veräußerer auf den Erwerber auch wirklich an die Stelle des Veräußerers eine *andere,* hinsichtlich der Schutzbedürftigkeit vom Veräußerer materiell unterschiedene Person tritt: Angeführt wird der Fall der Bestellung einer Eigentümergrundschuld durch einen Buchberechtigten. In diesem Fall könne der Buchberechtigte mangels eines Verkehrsgeschäfts auch bei Unkenntnis seiner Nichtberechtigung nicht die Grundschuld erwerben[317]. Für diesen Fall ist aber schon in § 1196 I alles gesagt: Danach kann eine Grundschuld für den Eigentümer bestellt werden. Eigentümer ist der Buchberechtigte aber nicht, und es geht nicht i.S. des § 892 um den rechtsgeschäftlichen Erwerb einer Fremdgrundschuld durch ihn. Weiter soll ein Verkehrsgeschäft vor allem dann zu verneinen sein, wenn Veräußerer und Erwerber sich nur durch die Rechtsform, aber nicht hinsichtlich der auf beiden Seiten stehenden ***natürlichen*** Personen unterscheiden: Ist Veräußerer der A und Erwerber eine GmbH mit A als alleinigem Gesellschafter oder gilt das Umgekehrte oder erwirbt eine GmbH von einer personengleichen OHG etc., so soll kein Verkehrsgeschäft gegeben sein – und der Schutz nach § 892 ausscheiden. **646**

Die zugehörige Rechtsprechung hat sich im Aufwertungsrecht der zwanziger Jahre des 20. Jahrhunderts entwickelt: Insbesondere die Aufwertung der hypothekarisch gesicherten Darlehensforderungen sollte hinsichtlich der dinglichen Sicherung nicht durch vorgeschobene, materiell gar nicht zur Last fallende Verschiebungen der Grundstücksrechte mit der Folge eines gutgläubigen Erwerbs unterminiert werden können[318]. **647**

[314] Zur rechtsgeschäftlichen Natur des Erwerbs bei Mitübertragung von subjektiv-dinglichen Rechten s. o. Rz. 634. Auch die Mitübertragung von Rechten im Rahmen einer Unternehmensveräußerung ist rechtsgeschäftlich, BayObLG NJW-RR 1989, 907 ff. Zu dem anderen Problem, ob eine gesetzliche – etwa umwandlungrechtlich vorgesehene – Universalsukzession beim Wechsel in der Trägerschaft von Unternehmen einem rechtsgeschäftlichen Erwerb, insbesondere mit der Möglichkeit eines gutgläubigen Erwerbs, gleichgestellt werden kann, *K. Schmidt*, AcP 191 (1991), 496 ff.

[315] *Baur/Stürner* § 23 Rz. 24; Hinweis auf einzelne Fälle bei Soergel/*Baur* § 892 Rz. 21-25; *Lutter*, AcP 164 (1964), 122, 159; *Wolff/Raiser* § 45 I 4, S. 144 Fn. 15 m.w.N.; *Westermann*, 5. Aufl., § 85 III 1 b, S. 436 f.; 7. Aufl., § 84 III 2, S. 655 ff.; MünchKomm/*Wacke* § 892 Rz. 38 m.w.N. in Fn. 105.

[316] RGZ 123, 52; 129, 119, 122; BayObLG DNotZ 1988, 781; BGH NJW 1998, 1482, 1484; Pfälz. OLG Zweibrücken FGPrax 1999, 208.

[317] MünchKomm/*Eickmann* § 1196 Rz. 8; Staudinger/*Scherübl*, 12. Aufl., § 1169 Rz. 9.

[318] S. eingehend *Wilhelm*, Rechtsform und Haftung, S. 260 ff.

648 Die Problematik, daß Veräußerer- und Erwerberseite bei an sich § 892 unterfallenden Umsatzgeschäften nur formell verschieden sind, ist zu unterscheiden von der Problematik des Verkehrsgeschäfts in solchen Fällen, in denen der Erwerber entweder nicht kraft eines rechtsgeschäftlichen Erwerbsakts, an dem er beteiligt ist, oder in denen er zwar rechtsgeschäftlich erwirbt, aber gar nicht selbständiger neuer Inhaber werden, sondern im Innenverhältnis – als Treuhänder etc. – für den Veräußerer tätig sein soll[319]. Fälle der ersteren Art sind die Fälle der Rechtsaufgabe oder der Bewilligung einer Vormerkung, wenn diese nicht dem Begünstigten, sondern dem Grundbuchamt gegenüber erklärt werden. Ist der Begünstigte nicht zumindest im Rahmen einer die Rechtsaufgabe oder die Vormerkung umfassenden Absprache an dem Akt beteiligt, greift der öffentliche Glaube des Grundbuchs nicht ein[320]. Was sodann die Fälle der Treuhandschaft betrifft, so ist auch in diesen, wenn es hier nicht um die Absicherung des Erwerbers auch betreffend andere Ansprüche im Innenverhältnis geht, das Bedürfnis nach einem Gutglaubensschutz nicht involviert. Die Ablehnung des Gutglaubensschutzes entspricht hier der Beschränkung eines Sicherungsnehmers auch im Außenverhältnis auf den Sicherungszweck, obzwar dieser sogar vom Berechtigten erworben hat[321].

649 Überaus fragwürdig ist demgegenüber die Abgrenzung nach formeller und materieller Verschiedenheit der beiden Seiten eines, was den Inhalt betrifft, normalen Umsatzgeschäfts. Dies zeigt allein schon die Einzelabgrenzung, die die h.M. vornimmt: Für den Ausschluß eines Verkehrsgeschäfts ist nach der h.M. maßgeblich, ob alle »Erwerber« auch auf der »Veräußerer«-Seite stehen: Kommt auf der Erwerber-Seite auch nur eine zusätzliche Person hinzu, so nimmt die h.M. grundsätzlich ein Verkehrsgeschäft an. Daß auf der *Veräußerer*seite zusätzliche Personen stehen, soll dagegen nicht zu § 892 führen. Die Begründung für diese Einschränkung des § 892 schwankt zwischen drei Ansätzen: Erstens dem, daß das Grundbuch Erwerbern diene, die den Rechten fern stünden und deshalb auf das Grundbuch angewiesen seien. Die am veräußerten Recht schon Beteiligten seien deshalb nicht schutzwürdig[322]. Zweitens dem Ansatz, daß der am Recht auf der Veräußererseite Beteiligte ebenso wie die anderen Beteiligten dem Berichtigungsanspruch unterliege. Er könne nicht durch Beteiligung am Erwerb desjenigen Rechts, hinsichtlich dessen er berichtigungspflichtig sei, von dieser Pflicht frei werden[323]. Schließlich dem Ansatz, daß § 892 eine wirkliche materielle Rechtsänderung voraussetze, bei nur formaler Änderung der Art der Zuordnung aber nicht eingreifen dürfe[324].

650 Der erste Ansatz ist nicht durchzuhalten: Auch wenn der Erwerber vom Veräußerer vertreten wird, wäre zu sagen, daß der Erwerber auf das Grundbuch nicht angewiesen ist: Der Veräußerer steht dem Recht nahe, sein Wissen ist dem Vertretenen nach § 166 schädlich. Schon das RG[325] hat aber den Erwerb einer AG oder GmbH von ihrem Vorstand oder Geschäftsführer als Nichtberechtigten anerkannt, auch wenn sie dabei vom veräußernden Verwaltungsmitglied selbst vertreten worden sind. Ebenfalls stand in einer Entscheidung des BGH[326], in der ein Testamentsvollstrecker durch Insichgeschäft ein vermeintlich zum Nachlaß gehöriges Bild auf sich übereignet hatte, dem Erwerb nicht ent-

319 Zur Beteiligung als Strohmann RGZ 130, 390.

320 Zutreffend Staudinger/*Gursky* § 885 Rz. 25.

321 S. etwa BGH WM 1987, 539; zutreffend zu dieser Abgrenzung im Rahmen des Problems des Verkehrsgeschäfts, was den gutgläubigen Erwerb im Wechsel- und Scheckrecht betrifft, *Canaris*, ZHR 151 (1987), S. 537 ff.

322 RGZ 117, 257, 265 f.

323 So wohl RG JW 1927, 2521, 2522.

324 *Westermann*, 5. Aufl., § 85 III 1 b, S. 436 f.; 7. Aufl., § 84 III 2, S. 655 ff.

325 RGZ 119, 128.

326 BGH NJW 1981, 1271.

gegen, daß kein Verkehrsgeschäft vorlag[327]. Vielmehr erwarb der Testamentsvollstrecker wegen Bösgläubigkeit nicht[328]. Das Argument vom Nahestehen, nicht-Angewiesensein überspielt zudem, daß dem Erwerb kraft öffentlichen Glaubens des Grundbuchs nur Kenntnis schadet, nicht Kennenmüssen[329].

Der zweite Ansatz ist ebensowenig durchzuhalten: Bilden zwei von drei Buch-Miteigentümern eines Grundstücks zugleich andererseits eine OHG und erwerben sie als OHG die drei Drittel Miteigentum zum einen von sich selbst, zum anderen von dem dritten Miteigentümer, so ist dies nach Meinung des RG[330] kein Verkehrsgeschäft. Eindeutig waren die OHG-Gesellschafter aber nur bezüglich ihrer eigenen zwei Drittel berichtigungspflichtig, nicht bezüglich des dritten Drittels. **651**

Es bleibt somit allein der dritte Ansatz übrig: die bloß formelle Änderung der Zuordnung bei identisch bleibenden materiell Berechtigten[331]. Dieser Ansatz zu einer Restriktion des § 892 wandelt sich zu einer normalen Rechtsanwendungsfrage, wenn man folgendes erkennt: Die juristische Person ist nicht mit ihren Mitgliedern identisch, auch nicht die Einmann-Gesellschaft mit ihrem Alleingesellschafter. Die Selbständigkeit der juristischen Person ist schon um deren Gläubiger willen zu beachten. Insofern gilt im Verhältnis zwischen juristischer Person und Mitglied ohne weiteres § 892[332]. Für die Gesamthand ist zu beachten, daß sie zwar selbständiges Rechtssubjekt ist, die ihr zustehenden Rechte und Pflichten aber den Gesamthandsmitgliedern zuzurechnen sind[333]. Dies gilt nach §§ 105 I, 161 HGB auch für OHG und KG. Soweit sich auf beiden Seiten des Geschäfts an den Anteilen der natürlichen Personen nichts ändert oder die Anteile sogar verringert werden, kommt es nicht zum Erwerb, weil aufgrund der Zurechnung der Rechte an die Gesamthandsmitglieder die Eigentümerstellung identisch bleibt. **652**

Veräußert etwa eine OHG mit A, B und C als gleichberechtigten Gesellschaftern an A, B, C als Miteigentümer zu je 1/3, so bleibt ungeachtet der Übertragung von der OHG auf A, B und C die materielle Berechtigung gleich. § 892 ist insoweit einzuschränken.

Dies trifft aber schon nicht mehr vollständig in dem Fall zu, in dem die h.M. ein Nicht-Verkehrsgeschäft trotz Personenverschiedenheit annimmt, nämlich in dem Fall, daß auf der Erwerberseite nicht alle Personen der Veräußererseite stehen. Lassen wir wieder eine (Pseudo-)Miteigentümer-Gemeinschaft von drei Personen ihre Anteile auf eine OHG mit zwei von den drei Personen übertragen, so gilt das Argument zwar für die zwei Drittel, hinsichtlich deren die auch der OHG angehörenden Personen buchberechtigt sind. Diese erwerben aber das Drittel des Außenstehenden. Miteigentum ist ein ge- **653**

[327] Zutreffend *Tiedtke*, Gutgläubiger Erwerb, 1985, der BGH hat die Frage dahingestellt sein lassen.

[328] S. BGH a.a.O.

[329] S. zutreffend *Koller*, JZ 1972, 648.

[330] RG JW 1927, 2521.

[331] Beziehungsweise bei vorweggenommener Erbfolge (o. Fn. 646): die bloß formelle rechtsgeschäftliche Einkleidung eines gesetzlichen Übergangs.

[332] S. *Wilhelm*, Rechtsform und Haftung, S. 260 ff.; ebenso *Wittkowski*, Die Lehre vom Verkehrsgeschäft, 1990, S. 105 ff. (ablehnende Besprechung durch *Gursky*, AcP 191 (1991), 320 f., unter Berufung auf den verfassungsrechtlichen Eigentumsschutz; zu dieser Argumentationsbasis betreffend den gutgläubigen Erwerb des Eigentums an beweglichen Sachen u. Rz. 825 Fn. 612; das Bemerkte gilt angesichts der Notwendigkeit eines sicheren Grundstücksverkehrs umso mehr); m.E. nicht überzeugend von der auf Klarheit berechneten Regelung der §§ 892, 816 I 2 her die Einschränkung *Flumes* I/2 § 3 II, S. 71. Die Kennzeichnung des Gläubigerschutzes als *Folge* der um der Rechtssicherheit willen statuierten Selbständigkeit der juristischen Person und sodann die Anknüpfung des § 892 an diese, wobei jener nur die Folge ist, leuchtet *K. Schmidt*, AcP 191 (1991), 524 f. nicht ein. *Schmidt* meint, daß man der Lehre vom Verkehrsgeschäft nicht mit Gläubigerschutzaspekten begegnen könne.

[333] O. Rz. 167. Ohne Differenzierung zwischen juristischer Person und Gesamthand *Wittkowski*, a.a.O., S. 97 ff.

nauso selbständiger Verfügungsgegenstand wie Eigentum an einem Teil eines zusammenhängenden Grundes. Es ist auch gar kein Zweifel, daß die OHG das Drittel erwirbt, wenn man den Erwerb auseinanderzieht, also unterstellt, daß die OHG mit dem letzten Buch-Miteigentümer in einem selbständigen Austauschgeschäft handelseins wird. Dann muß aber auch bei einem einheitlichen Erwerb auf den Zuerwerb § 892 Anwendung finden[334].

Fall: A, B, C sind Miteigentümer eines mit einer Hypothek belasteten Grundstücks. Die Hypothek wird fälschlich gelöscht. A, B, C übereignen auf die aus A und B bestehende OHG. Nach dem Gesagten erwirbt die OHG zwei Drittel mit der Hypothek belastetes und ein Drittel unbelastetes Miteigentum (vorausgesetzt, die die OHG vertretenden Gesellschafter – s. § 166 I – haben keine Kenntnis[335]). Im Hinblick auf die unterschiedliche Belastung bleiben die Miteigentumsanteile von zwei Drittel und ein Drittel in der Hand der OHG bestehen (s. § 1114). Zu prüfen ist noch, ob die OHG die Wiederbestellung der Hypothek zu Lasten des lastenfrei gewordenen Miteigentumsanteils nach § 816 I 2 schuldet.

654 Diese hier vertretene Lösung kommt freilich nicht in Betracht, im Ergebnis ist also der h.M. Recht zu geben, wenn die beteiligten Personen nicht bruchteilsberechtigt sind und ihre Bruchteile veräußern (ob i.S. von § 747 S. 1 oder S. 2, darf keinen Unterschied machen), sondern gesamthandsberechtigt sind und als Gesamthand veräußern. Die Verfügung ist dann einheitlich eine solche der Gesamthand[336]. Es fehlt in solchen Fällen also an einer Verfügung eines Nichtberechtigten gerade im Hinblick auf den Anteil des nicht zur Erwerbergemeinschaft gehörenden Beteiligten. Insofern fehlt es in den Fällen am Grunderfordernis eines *rechtsgeschäftlichen* Erwerbs.

655 Entgegen der h.M. ist schon nach den Materialien die Anwendung der Lehre vom Verkehrsgeschäft auf die *vorweggenommene Erbfolge* mit dem Ergebnis, daß Geschäfte in deren Rahmen *keine* Verkehrsgeschäfte wären, ausgeschlossen[337]. In den Materialien wird herausgestellt, daß der Schutz nach § 892 und § 816 I 2, aber nicht im Rahmen von § 892 nach den Kriterien des Verkehrsgeschäfts (und ungeachtet der Frage von Entgeltlichkeit oder Unentgeltlichkeit) abgegrenzt wird[338].

656 Beispiel[339]: Das Grundbuchamt hatte zu Lasten des X eingetragene »Benutzungsrechte« als unzulässig (§ 53 I 2 GBO) gelöscht. X übereignete die Grundstücke durch Auflassung und Eintragung im Wege der vorweggenommenen Erbfolge auf Y. Zu klären war, ob die zu Unrecht gelöschten Dienstbarkeiten wieder einzutragen waren. Bei der Löschung handelte es sich um eine deklaratorische Eintragung; war sie zu Unrecht erfolgt, so bestanden die Dienstbarkeiten fort. Fraglich war, ob Y das Grundstück nach § 892 lastenfrei erwerben konnte, so daß die Dienstbarkeiten erloschen wären. Voraussetzung ist, daß § 892 anwendbar ist, insbesondere daß ein Verkehrsgeschäft vorliegt. Nach ganz h.M. soll bei vorweggenommener Erbfolge der Erwerber nicht besser gestellt werden als bei erbrechtlichem Erwerb, bei dem ein gutgläubiger Erwerb ausscheidet. Die Dienstbarkeiten waren somit wieder einzutragen. So hat das BayObLG entschieden. Nach dem Gesetz ist § 892 und daneben § 816 I 2 anzuwenden.

[334] So der Tendenz nach, aber ohne Mut zur Konsequenz schon *Koller*, JZ 1972, 648.

[335] Nicht gefragt ist nach der Kenntnis der Hypothek, sondern nach der Kenntnis von der Unrichtigkeit der Löschung der Hypothek

[336] S. o. Rz. 157.

[337] S. *Wilhelm*, Rechtsform und Haftung, S. 267.

[338] Mot., *Mugdan* III, S. 212.

[339] BayObLG JuS 1986, 911.

d) *Kenntnis als Schranke des öffentlichen Glaubens*

Im Grundstücksrecht ist nicht wie nach § 932 der Erwerb bei Bösgläubigkeit ausgeschlossen und kann man insofern vom Erwerb des Redlichen sprechen, sondern wirkt der öffentliche Glaube und besteht nur für diese Wirkung die Schranke der Kenntnis der Unrichtigkeit des Grundbuchs. Ob der Erwerber in das Grundbuch geschaut hat und konkret darauf vertraut, ist irrelevant. Der Schutz kraft des öffentlichen Glaubens des Grundbuchs ist kein konkreter, sondern ein abstrakter Schutz kraft Registerrechtsscheins. **657**

Kenntnis der Unrichtigkeit setzt nicht die Kenntnis der wirklichen Rechtslage voraus, es reicht das Wissen darum, daß jedenfalls die im Grundbuch verlautbarte nicht die wirkliche ist[340]. Auch betreffs der Kenntnis i.S. von § 892 ist § 142 II zu beachten.

Die Unkenntnis wird nach § 892 I 1 vermutet. Die positive Kenntnis (einschließlich richtiger rechtlicher Folgerungen)[341], die nach § 892 den Erwerb ausschließt, ist also vom Berechtigten zu beweisen[342]. **658**

Grundsätzlich schadet Kenntniserlangung bis zum Zeitpunkt der Vollendung des Erwerbs (der aber auch ein bedingter sein kann). Das u. U. langwierige Grundbuchverfahren soll aber den Verkehrsschutz nicht hemmen. Dafür sorgt § 892 II, der sich auf den Fall bezieht, daß nur noch die Eintragung aussteht, d.h. nicht noch die Einigung nachfolgt. In diesem Fall soll Kenntniserlangung nach Stellung des Eintragungsantrags nicht schaden[343]. **659**

e) *Das Fehlen einer § 935 entsprechenden Regelung*

§ 892 liegt ein reines Rechtsscheinprinzip zugrunde, eben das Prinzip des öffentlichen Glaubens des Grundbuchs[344]. Im Gegensatz zu §§ 932 ff. kommt es auf die Veranlassung des Rechtsscheins durch den Berechtigten, damit diesem der Rechtsschein zurechenbar ist, nicht an. Eine Regelung wie § 935 fehlt daher. **660**

f) *Fälle*[345]

Fall 1. E veräußert, veranlaßt durch arglistige Täuschung des N, sein Grundstück an N. N veräußert weiter an D. – Fall 2. N fälscht die Ausweispapiere des E und erreicht so, daß aufgrund seiner Erklärungen das Eigentum von E auf F umgeschrieben wird. **661**

Im Fall 1. kann E nach § 123 anfechten. N wird infolge von § 142 I Nichtberechtigter, obwohl er eingetragen ist. D kann jedoch nach § 892 I erwerben. Für das Merkmal der Kenntnis ist § 142 II zu beachten. Im Fall 2. vertraut der F nicht dem Grundbuch (das ist richtig), sondern den falschen Papieren. Dieses Vertrauen wird nicht geschützt. § 892 schützt nicht den guten Glauben an die Identität[346].

Fall 3. Ein Schutz kraft des öffentlichen Glaubens tritt auch dann nicht ein, wenn N im Grundbuch eingetragener Nichtberechtigter ist und X sich bei einer Veräußerung an Y als N ausgibt. Hier ist das Grundbuch *unrichtig*, aber es weist N und nicht X als Berechtigten aus. »Gilt als

340 BayObLG NJW-RR 1987, 790 re.Sp. u.

341 *Baur/Stürner* § 23 IV 1 a Rz. 30: Kenntnis der die Unrichtigkeit begründenden Tatsachen allein reicht nicht; erforderlich ist, daß daraus der Schluß auf die Unrichtigkeit gezogen wird, RGZ 170, 180, 187.

342 *Baur/Stürner* § 23 IV 1 a Rz. 30.

343 Man muß die Regeln der §§ 873 II, 878 und 892 II gut unterscheiden.

344 Wie *Hager*, Verkehrsschutz durch redlichen Erwerb, 1990, an die Stelle der gesetzlichen Merkmale für den gutgläubigen Erwerb von Fahrnis eigene Merkmale, insbesondere das der Besitzverschaffungsmacht setzt (u. Rz. 832 Fn. 622, Rz. 835 Fn. 627), so spricht er hier von der »Eintragungsverschaffungsmacht« als Grundlage für den Erwerb vom Nichtberechtigten (a.a.O., S. 423).

345 Nach *Westermann*, 5. Aufl., § 85 vor I, S. 428; 7. Aufl., § 84 vor I, S. 647.

346 Das Ergebnis ist unterschiedlich zum Fall unten Rz. 852 zu § 932, in dem auf Besitz vertraut wird und die Identitätstäuschung die Gutgläubigkeit begründet.

richtig« in § 892 heißt in unserem Fall, daß N als Eigentümer gilt. Y erwirbt aber von X, und der ist nichtberechtigt und gilt auch nicht als berechtigt. Für ein Handeln für N hat X auch keine Vertretungsmacht.

Fall 4. Ein Erwerb kraft öffentlichen Glaubens tritt auch dann nicht ein, wenn die Grundbucheintragung selbst gefälscht ist, wie es Ende 1986 in München vorgekommen ist[347]. Die Eintragung ist unwirksam und deshalb keine Grundlage öffentlichen Glaubens. Der Erwerber ist nur über eine evtl. Amts-/Staatshaftung geschützt. Die Auffassung, daß die Möglichkeit eines gutgläubigen Erwerbs aufgrund gefälschter Eintragung zu bejahen sei[348], ist in der Minderheit geblieben[349]. Sie ist nicht beifallswert: Der Erwerb kraft öffentlichen Glaubens des Grundbuchs setzt nicht als einziges Kriterium die Unkenntnis der Unrichtigkeit voraus, es kommt schon deshalb nicht darauf an, wie gut die Fälschung gemacht und deshalb erkennbar ist[350]. Die Regelung des Erwerbs nach § 892 I setzt die *objektive* Rechtsscheinbasis voraus. Als solche fungiert wie der Besitz bei §§ 932 ff. die Grundbucheintragung bei § 892. Auch die Eintragung kann also nicht – ebensowenig wie der Besitz – durch Schein ersetzt werden. Die Tatbestandselemente Grundbucheintragung und Unkenntnis der Unrichtigkeit sind mit einer Einzelfallprüfung des Fälschungsergebnisses nicht vereinbar.

Fall 2. Var. a) Hat im Fall 2. zwar der F nicht erworben, so erwirbt aber ein weiterer Erwerber, G, wenn F seinerseits an G weiterübereignet. G wird in diesem Fall nach §§ 873, 892 I Eigentümer ebenso wie D im Fall 1., obwohl nur im Fall 1. der Eigentümer E den Grundbuchstand, an den der Dritte glauben durfte, veranlaßt hat. Die höhere Sicherheit des Grundbuchrechts, verbunden mit der Möglichkeit der Amts-/Staatshaftung betreffend die Tätigkeit des Grundbuchamts, rechtfertigen im Vergleich zum gutgläubigen Erwerb des Eigentums an beweglichen Sachen, der durch § 935 beschränkt ist, die stärkere Zurücksetzung des Interesses des Eigentümers, sein Grundstück zu behalten.

Fälle 1. und 2. Var. a) In beiden Fällen 1. und 2. a) erwerben D bzw. G auch dann, wenn N bzw. F zu ihnen gekommen sind, ihr Eigentum behauptet haben und D und G sich haben übereignen lassen, ohne in das Grundbuch hineingeschaut zu haben. Entscheidend ist allein, daß N bzw. F eingetragen waren. Dies gilt entgegen einem früheren Streit[351] auch dann, wenn der Erwerber sich in dieser Weise mit dem Veräußerer einläßt, ohne daß die Eintragung des Veräußerers schon vollzogen ist, sofern nur zunächst die Eintragung des Veräußerers (N bzw. F) als Eigentümer und dann erst die des Erwerbers (D bzw. G) erfolgt (aufgrund gleichzeitiger Verfügungen des Grundbuchamts). Insofern ist § 892 anders gefaßt als §§ 932 ff.: §§ 932 ff. verlangen den Besitzerwerb vom Veräußerer als Grundlage, also im Gegensatz zu § 892 Kausalität des Rechtsscheins für den Erwerb.

Wie der Erwerber nach § 892 erwerben kann, ohne in das Grundbuch geschaut zu haben, so kann ihm auch nicht der Inhalt des Grundbuchs und eine etwa in Bezug genommene Eintragungsbewilligung ohne weiteres zu seiner Kenntnis zugerechnet werden mit der Folgerung etwa, der Erwerber habe Kenntnis von der sich im Vergleich des Grundbuchs zu den tatsächlichen Geländeverhältnissen ergebenden Undurchführbarkeit eines im Grundbuch eingetragenen Geh- und Fahrtrechts gehabt[352].

347 Ein Makler hatte aber beim wirklichen Berechtigten nachgefragt und so die Fälschung aufgedeckt; s. Süddeutsche Zeitung vom 25.3.1987; ausführlicher Bericht über Fälschungsmöglichkeiten im SPIEGEL Nr. 14/1987, S. 130 ff.

348 Vertreten etwa von *Lutter* in AcP 164 (1964), 152 ff.

349 Nachweise bei Staudinger/*Gursky* § 892 Rz. 18, 19.

350 S. *Lutter*, a.a.O.

351 Nachweise bei Erman-*Hagen*, § 892 Rz. 7.

352 BayObLG NJW-RR 1987, 789 ff.; die Entscheidung gibt der Vorinstanz zu prüfen auf, ob tatsächlich eine derartige Kenntnis bestand. Dagegen ist zu sagen, daß entweder die Voraussetzung des § 1019 fehlte – dazu BGH NJW 1984, 2157 ff. – oder aber eine in jenem Sinne festzustellende Kenntnis nur den Schluß auf eine Merkwürdigkeit der Eintragung, aber nicht auf ihre Unrichtigkeit ergeben hätte.

Fall 2. Var. b) Wenn im Fall 2. G eine GmbH ist, deren Alleingesellschafter F ist, so liegt nach h.M.[353] kein Verkehrsgeschäft vor. Es soll sich nur um eine technische, nicht um eine materielle Rechtsänderung handeln. Dem ist entgegenzutreten.

Fall 2. Var. c) Läßt im Fall 2. F statt der Weiterübereignung an G das Haus von Bauunternehmer U erweitern und vermietet er es dann an M, so kann sich zunächst einmal U nicht an den wirklichen Eigentümer E halten. § 892 schützt nicht bezüglich schuldrechtlicher Rechte. Diese richten sich allein gegen die *Person* des Verpflichteten. Dies gilt auch für den Anspruch des U auf Bestellung einer Sicherungshypothek nach § 648. Der Anspruch richtet sich gegen den Besteller F. Der Mieter M ist ebensowenig gegenüber E geschützt. Auch § 566 (§ 571 a.F.) wirkt nicht gegen E, wohl aber gegen den gutgläubigen Erwerber G im Fall 2. Var a).

3. Erwerb durch Eintragung im Grundbuch

Eigentum und zum Besitz berechtigende beschränkte dingliche Rechte[354] an einem Grundstück können nach § 900 ersessen werden[355]. Voraussetzungen sind Eigenbesitz bzw. dem beschränkten Recht entsprechende Ausübung und die Eintragung im Grundbuch, beides durch die Zeit von 30 Jahren hindurch. Im Hinblick auf die Grundlage im Grundbuch spricht man von Buch- oder Tabularersitzung. Wie nach § 900 das eingetragene Eigentum oder ein eingetragenes beschränktes dingliches Recht kann nach § 901 aufgrund der unbeschränkten Eintragung des Eigentums die Freiheit des Eigentums von belastenden Rechten („Rechten an einem fremden Grundstück") erreicht werden. Voraussetzung ist die unbeschränkte Eintragung des Eigentums, die in zwei Fällen gegeben ist: Einmal kann das belastende Recht zu Unrecht gelöscht sein, zum anderen kann das belastende Recht schon nicht eingetragen worden sein[356]. Wenn in diesen Fällen der Duldungsanspruch gegen den Eigentümer verjährt, erlischt das Recht. Vom Inhaber des belastenden Rechts aus wird diese Rechtsverschiebung Versitzung genannt. **662**

Eine Kontratabularersitzung gibt es nach dem BGB nicht. Einen Anklang daran enthält aber § 927: Hiernach kann, wenn der Eigentümer nicht eingetragen ist, ein Eigenbesitzer das Grundstückseigentum dadurch erlangen, daß er 30 Jahre hindurch den Eigenbesitz inne hat, sodann den Eigentümer gerichtlich ausschließt (durch Aufgebotsverfahren nach §§ 946 ff. ZPO) und sich selbst in das Grundbuch eintragen läßt. War der Eigentümer eingetragen, ist die gerichtliche Ausschließung nicht ausgeschlossen, aber erheblich erschwert (§ 927 I 3). **663**

[353] Gegen Verkehrsgeschäft *Wolff/Raiser* § 45 I 4, S. 144; Nichtanwendung von § 892 *Westermann*, 5. Aufl., § 85 III 1 b, S. 436; 7. Aufl., § 84 III 2, S. 655; *Baur/Stürner* § 23 III 3 d Rz. 24.

[354] Gleichgestellt sind Rechte, deren Ausübung nach den für den Besitz geltenden Vorschriften geschützt sind. Dies trifft z.B. zu für die Grunddienstbarkeit (§ 1029). Praktischer Fall, in dem das Gericht die Ersitzung einer solchen als möglich angesehen hat, Pfälz. OLG Zweibrücken FGPrax 1999, 208.

[355] *Finkenauer*, Eigentum und Zeitablauf – das dominium sine re im Grundstücksrecht, 2000, untersucht die Verjährung grundstücksrechtlicher Ansprüche (nach § 195 a.F. – §§ 195, 197 n.F. – mit den Ausnahmen der §§ 898, 902, 924) und weiter die Ersitzung unter dem Gesichtspunkt der Ermöglichung eines dominium sine re (Grundstücksrecht ohne Sache, d.h. ohne Durchsetzbarkeit des auf Herstellung der Herrschaft an der Sache gerichteten Verwirklichungsanspruchs) einerseits, der Vermeidung des dominium sine re andererseits.

[356] Die Entstehung eines beschränkten Rechts ohne Eintragung kommt nur bei gesetzlichen Entstehungstatbeständen in Betracht, von denen § 901 S. 2 deshalb spricht. Gemeint sind etwa die Entstehung eines Nießbrauchs im Fall des § 1075 I und von Sicherungshypotheken in den Fällen des § 1287 S. 2 und des § 848 II 2 ZPO. Nicht gemeint sind Überbau- und Notwegrenten, weil diese nicht einzutragen sind (§§ 914 II 1, 917 II 2).

C. Eigentum

I. Das Eigentum in seiner verfassungsrechtlichen Gewährleistung

664 Der verfassungsrechtliche Schutz des Eigentums ist in den sachenrechtlichen Darlegungen gewöhnlich Bestandteil der Betrachtung des sachenrechtlichen Eigentums[357]. Der Eigentumsschutz durch das Verfassungsrecht betrifft aber nicht nur das sachenrechtliche Eigentum als das umfassende Herrschaftsrecht an körperlichen Gegenständen (§§ 903, 90), vielmehr jede – zumindest jede private – konkrete Rechtsposition des einzelnen Rechtssubjekts, unter grundsätzlicher Ausklammerung der juristischen Personen des öffentlichen Rechts. Der verfassungsrechtliche Eigentumsschutz ist deshalb als allgemeiner Zuordnungsschutz oben[358] erörtert.

Gleiches gilt für den europarechtlichen Schutz des Eigentums[359].

II. Arten des Eigentums

665 Die besondere Art des Miteigentums, geregelt in §§ 1008 ff., ist ein Einzelfall des mehreren Personen bruchteilsmäßig zustehenden Rechts, also Anwendungsfall der §§ 741 ff. Die Bruchteilsgemeinschaft ist – insbesondere in ihrem Verhältnis zur Gesamthandsgemeinschaft – oben[360] erörtert.

666 Praktisch relevant ist vor allem das Miteigentum an Grundstücken, gesetzlich geregelter Sonderfall ist das Wohnungs- und das Teileigentum nach dem WEG, soweit es über das Sondereigentum an der Wohnung oder Gewerbestätte hinaus an den gemeinsamen Einrichtungen besteht (§ 1 II, III WEG). Was bewegliche Sachen betrifft, ist das Miteigentum nach §§ 947, 948 zu erwähnen. Sodann haben Eheleute (die nicht in Gütergemeinschaft leben) häufig Miteigentum (s. aber die Vermutungen des § 1362). Für den gesetzlichen Güterstand ist § 747 S. 1 durch § 1369 beschränkt.

667 Schließlich ist das Miteigentum vermittels mittelbaren Mitbesitzes nach dem KAGG (§ 6 I) und nach dem DepotG (§§ 6 ff.) das Mittel, Wertpapieranleger trotz weitestgehender Entindividualisierung der Anlageobjekte dinglich abzusichern. Das Sacheigentum i.S. des BGB wird hier zu bestimmten Funktionen so instrumentalisiert und abstrahiert, daß nur noch von begrifflicher, aber nicht mehr von wesensmäßiger Anknüpfung die Rede sein kann.

668 Auf die Übertragung des Miteigentumsanteils (sie ist dem Berechtigten – gemäß § 137 unausschließbar – möglich nach § 747 S. 1) finden die Vorschriften über die Eigentumsübertragung Anwendung. Im Rahmen der §§ 929 ff. kommt es auf die Übertragung des Mitbesitzes an. Ob an einen Mitbesitz des Veräußerers die Möglichkeit gutgläubigen Erwerbs des Eigentums an beweglichen Sachen nach §§ 932 ff. anknüpfen kann, ist zweifelhaft[361].

669 Das Bergwerkseigentum ist kein Eigentum, aber ein grundstücks(eigentums)gleiches Recht.

357 *Westermann*, 5. Aufl., § 28 II 4; 7. Aufl., § 28 III; *Wolff/Raiser* §§ 51, 52, S. 170, 178; *E. Wolf*, § 3 A I, S. 90; *K. Müller*, Sachenrecht, § 2. Besonderes gilt für *Baur/Stürner*: Der Abschnitt § 24 I knüpft den verfassungsrechtlichen Schutz unter dem an sich lediglich systematisch ordnenden Aspekt des Vergleichs des zivilrechtlichen Eigentumsbegriffs mit dem verfassungsrechtlichen Eigentumsbegriff an. In § 13 C I ist der verfassungsrechtliche Schutz schon vorher einmal als Schutz dinglicher Rechte nach öffentlichem Recht behandelt.

358 Rz. 205 ff.

359 Oben Rz. 263 ff.

360 Rz. 122 ff.

361 S. u. Rz. 907 ff.

III. Inhalt und Schranken des Eigentums nach Zivilrecht

1. Ausschließlichkeit nach § 903

§ 903 zieht die beiden Grundfolgerungen aus der absoluten Zuordnung durch das Eigentum als umfassendstes Recht an einer Sache oder einem Tier (§§ 90, 90 a). Aus dem Eigentum folgt zum einen die grundsätzlich uneingeschränkte Befugnis zu willkürlicher Nutzung durch den Eigentümer und zum anderen das Recht, alle anderen von der Nutzung auszuschließen. Nutzung ist dabei wertfrei zu verstehen und setzt keinen positiven Ertrag voraus. **670**

Die das Ausschließungsrecht durchsetzenden Ansprüche sind die Ansprüche aus §§ 985, 1004, 894, ein Recht zur Durchsetzung gibt § 910. Für die Beeinträchtigungstatbestände dieser Schutzvorschriften ist der Inhalt des Eigentums maßgeblich[362].

§ 1004 schützt insbesondere das Eigentum an Grundstücken gegen Emissionen bzw. Immissionen von den Nachbargrundstücken[363]; die Vorschrift setzt die inhaltliche Abgrenzung der Rechte der Beteiligten voraus. Diese findet sich vor allem[364] in § 906. Bei der Anwendung ist von dem möglicherweise beeinträchtigten Grundstück auszugehen (Störer kann jedermann sein, nicht nur ein benachbarter Grundstückseigentümer), d.h. die Beeinträchtigung ist immer vom Inhalt des gestörten Grundstücksrechts her zu bestimmen, bei dieser Bestimmung ist aber die Interessenlage beider konfligierender Rechtsbereiche zu berücksichtigen. Das Eigentum am Grundstück wird abgegrenzt in dem Sinne, daß in bestimmter Hinsicht dem Eigentümer eine Nutzungswillkür, d.h. zugleich ein Ausschließungsrecht, nicht eingeräumt ist. § 906 enthält dabei keine scharfe Grenze zwischen einer Beschränkung des Inhalts des Rechts (mit der Folge der Verneinung einer Beeinträchtigung nach Abs. 1) einerseits und einer Duldungspflicht andererseits (als Duldungspflicht nach Abs. 2 des § 1004). Dies findet schon Ausdruck in der Einbeziehung der nicht beeinträchtigenden Einwirkung in die Duldungslast nach § 906 I. **671**

§ 906 zeigt, daß § 903 mit dem „beliebigen Verfahren" und dem „Ausschließen von jeder Einwirkung" bei Grundstücken nur im Kern Realitätsgehalt hat. Die Nutzung eines Grundstücks ist häufig nicht strikt auf dessen Grenzen zu beschränken. Damit treten die Nutzungsbefugnisse verschiedener Eigentümer in Spannung zueinander. § 906 gibt eine Regelung dieses Spannungsverhältnisses, die grundlegende Bedeutung hat[365]. **672**

2. Die Regelung des § 906

a) Verbot, Duldung, Ausgleichsanspruch

Unmittelbar regelt § 906 die Zuführung von Immissionen. Der Wortlaut (»Zuführung«) zeigt, daß es sich dabei um *positive* Einwirkungen (im Gegensatz zum Entzug von Licht und Luft oder ideellen Störungen) handeln muß. Aus den im Gesetz genannten Beispielen ergibt sich, daß es um *leichtgewichtige* Stoffe[366] geht, wie Rauch, Ruß, Kleinstpflanzliches (insbesondere Laub), Insekten, chemische Rückstände, Singvögel, im Gegensatz zu **673**

362 Zur Beeinflussung des Eigentums von Eheleuten durch die Ehe *Eichenhofer*, JZ 1988, 326 ff.

363 Emission und Immission sind zwei Ausdrücke für denselben Vorgang, daß nämlich von einem Grundstück auf das andere oder auf andere Rechtsgüter eingewirkt wird: Vom Ausgangspunkt aus heißen diese Vorgänge Emissionen, vom betroffenen Rechtsgut aus heißen sie Immissionen (s. gesetzliche Definition in § 3 II, III BImSchG).

364 Zur Begrenzung des Eigentums nach § 905 S. 2 s. OLG Düsseldorf NJW-RR 1989, 1421, LG Landshut NJW-RR 1989, 1420 (dieses insbesondere zum Zusammenwirken von § 905 und Duldungspflichten aus dem öffentlichen Recht). – Zur Duldungspflicht nach § 912 BGH WM 1988, 1756, NJW-RR 1989, 1039.

365 S. z.B. das Kupolofen-Urteil BGHZ 92, 143.

366 Nach *Fritz*, BB 1995, 2122, 2123 f. auch elektromagnetische Felder, die als „ähnliche Einwirkungen" i.S.v. § 906 I 1 anzusehen seien.

Gesteinsbrocken oder Katzen. *Natürliche* Einwirkungen (abfließendes Regenwasser) sind keine *Zuführungen.* Andererseits müssen die künstlich geschaffenen Emissionen, wenn sie in die Abwägung nach § 906 I 2 einbezogen sein sollen, von selbst über Luft, Wasser oder Boden hinüberwirken (s. den Gegensatz des § 906 III[367]).

674 Immissionen werden unterteilt in wesentliche und unwesentliche je nachdem, wie intensiv sie die Benutzung des anderen Grundstücks beeinträchtigen. Über die Wesentlichkeit ist anhand der Einzelumstände und der Sozialverträglichkeit zu entscheiden, z.B. ist geringer Laubfall unwesentlich, Laubanhäufung wesentlich[368]. Beurteilungsmaßstab für die Frage der Wesentlichkeit ist das Empfinden des „verständigen Durchschnittsmenschen"[369]. § 906 I 2, 3 nennt „in der Regel" unwesentlich eine Beeinträchtigung in Fällen, in denen die Einwirkungen nach Rechtsvorschriften mit Grenz- oder Richtwerten oder nach den Stand der Technik wiedergebenden Verwaltungsvorschriften aufgrund des § 48 BImSchG ermittelt und bewertet werden und die in den Vorschriften festgelegten Grenz- oder Richtwerte nicht überschreiten. Die unwesentlichen Immissionen sind erlaubt (und gehören damit insbesondere zum Inhalt des Eigentums am Grundstück, von dem sie ausgehen). Die wesentlichen Einwirkungen werden wiederum unterteilt in ortsübliche und nicht ortsübliche (nicht ortsübliche sind unter dem Vorbehalt des § 242 verboten). Ob die Immissionen ortsüblich sind oder nicht, richtet sich nach den Nutzungsverhältnissen im örtlichen Bereich, wobei es auf das störende Grundstück ankommt. Bebauungspläne stellen dafür nach Ansicht des BGH nur Anhaltspunkte dar, maßgebend ist die tatsächliche Nutzung[370].

675 Ortsübliche Emissionen sind weiter zu unterteilen in solche, die durch wirtschaftlich zumutbare Maßnahmen (z.B. Schalldämpfung) zu verhindern sind und solche, die nicht zu verhindern sind (so ist aufgrund des natürlichen Wachstumsprozesses auftretender Laubfall nicht zu verhindern[371]). Die Zumutbarkeit von Maßnahmen ist nicht für den einzelnen Emittenten zu entscheiden, sondern aufgrund einer generalisierenden Betrachtung (»Benutzern dieser Art« – § 906 II 1). Sind Emissionen zu verhindern, ist die Folge ein Verbot der weiteren Emission. Nicht verhinderbare ortsübliche wesentliche Immissionen hat der beeinträchtigte Eigentümer zu dulden, er hat aber einen Ausgleichsanspruch gemäß § 906 II 2, wenn die wesentliche, ortsübliche Belastung das gestörte Grundstück unzumutbar beeinträchtigt.

676 Aus dem Tatbestand des § 906 I 1 (Gase ... und ähnliche Einwirkungen) kann sowohl eine Abgrenzung zur Verbotenheit hin als auch eine solche zur Erlaubtheit von Einwirkungen hin abgeleitet werden. Die Verbotenheit kann auf den Umkehrschluß gestützt werden, daß die Vorschrift nur bei leichtgewichtigen Stoffen das Verbot beschränkt, also nur derartige Stoffe begünstigt, während z.B. die Zuführung von Gesteinsbrocken oder das Eindringen von Katzen absolut untersagt ist. Die instanzgerichtliche Rechtsprechung zieht diesen Umkehrschluß und arbeitet, damit die Haltung von Katzen wenigstens begrenzt möglich ist, mit einer Duldungspflicht des Nachbarn aufgrund des nachbarlichen Gemeinschaftsverhältnisses[372]. Dazu ist im Zusammenhang mit der Figur des nachbarlichen Gemeinschaftsverhältnisses Stellung zu nehmen.

677 Umgekehrt folgt, wie gesehen, die Erlaubtheit daraus, daß § 906 nur leichtgewichtige Zuführungen vorbehaltlich bestimmter Beschränkungen verbietet. Noch leichtere Immis-

367 Dazu BGHZ 90, 255.
368 Beispielsfall bei *Michalski*, DB 1991, 1365, 1368 f.
369 BGHZ 120, 239, 255 („Froschlärm") und dazu *Vieweg/Röthel*, NJW 1999, 969 ff. S. weiter BGH WM 1999, 554 ff.
370 Dazu *Jauernig*, FS Universität Heidelberg (1986), 99; *J. Hager*, Jura 1991, 303, 305 m.w.N.
371 OLG Karlsruhe NJW 1983, 2886.
372 S. u. Rz. 724 ff.

sionen oder Vorgänge, die gar nicht eindringen, werden nicht erfaßt. Folglich sind negative und immaterielle Einwirkungen unbeschränkt erlaubt.

Der BGH[373] betont dies für negative Einwirkungen, also Einwirkungen im Sinne eines Verstellens oder Vorenthaltens der natürlichen Zufuhr von Luft, des natürlichen Einfalls von Licht und Sonne etc. Die negativen Einwirkungen seien keine Beeinträchtigungen des Eigentums. Man muß allerdings, wie *Picker*[374] gezeigt hat, auf die Rechtslage im Einzelfall achten, zu der nicht alles in § 906 stehen muß. Es kommt auf die rechtliche Bestimmung der Eigentumsgrenzen dafür an, ob Einwirkungen Beeinträchtigungen sind. So sind etwa baurechtlich nachbarschützende Schranken bei der Bebauung des eigenen Grundstücks einzuhalten. Die negative Einwirkung des Fernhaltens von Licht und Luft durch eine unzulässige Bebauung ist hier sehr wohl Beeinträchtigung des Nachbareigentums, welches durch die baurechtlichen Vorschriften entsprechend erweitert ist. **678**

Nur soweit solche abweichenden Grenzziehungen nicht eingreifen, gilt der Gegenschluß, den der BGH aus § 906 I 1 zieht. § 906 I entspricht den §§ 903, 90: Diese beschränken die ausschließliche Zuständigkeit des Eigentümers grundsätzlich auf die Sachsubstanz. Ordnet man die Rechtsprechung in dieser Weise ein, so führt der BGH damit konsequent seine deliktsrechtliche Rechtsprechung in den Stromkabel-Fällen und dem sog. Fleet-Fall fort[375]. In denselben Zusammenhang gehört die Beschränkung der Eingriffskondiktion des Eigentümers auf die Nutzung der körperlichen Sache, die im Eigentum steht[376]. Aus demselben Grunde sind auch sittliche[377] und ästhetische Anstößigkeiten grundsätzlich keine Beeinträchtigungen des Eigentums[378]. **679**

Fall: E ist Eigentümerin eines Grundstücks in München, das am Rande einer öffentlichen Parkanlage mit vielen Birken und in der Nähe von zwei Lindenalleen liegt. Immer im Herbst sammeln sich auf ihrem Grundstück Unmengen von Laub, die Eingangstreppe versinkt geradezu in der Laubmasse. E verlangt von der Stadt die Beseitigung des Laubes oder Geldausgleich. Ein Beseitigungsanspruch könnte sich aus § 1004 ergeben. Voraussetzung ist, daß es sich um eine Störung i.S. von Abs. 1 S. 1 handelt und der Anspruch nicht gemäß Abs. 2 ausgeschlossen ist. Durch das Laub wird das Eigentum der E gestört in anderer Weise als durch Entziehung oder Vorenthaltung des Besitzes. Möglicherweise ergibt sich jedoch eine Duldungspflicht i.S. von § 1004 II aus § 906 I. Dafür müßte es sich bei dem Laub um einen von dieser Vorschrift erfaßten Stoff handeln. Da es sich um eine positive, leichtgewichtige Einwirkung handelt, die nicht auf natürlichem Wege (die **680**

373 BGHZ 88, 344. für die Abschattung von Fernsehwellen durch Hochhäuser, BGH WM 1992, 1669, 1671 für eine Licht- und Luftzufuhr beeinträchtigende Mauer. Ebenso *Olzen*, Jura 1991, 281, 285 m.w.N.

374 Der negatorische Beseitigungsanspruch, 1972, S. 108 ff.; AcP 176 (1976), 44.

375 BGHZ 29, 65 ff. und 41, 123 ff.; BGHZ 55, 153 ff. Dazu *Medicus*, Bürgerliches Recht, Rz. 612 ff. Die Abgrenzung des vom BGH angenommenen Eigentumseingriffs durch Abriegelung ist freilich schwierig. Die Verursachung eines Staus dürfte kein solcher Eingriff in das Eigentum an den zum Stehenbleiben gezwungenen Kfz sein. Aber auch bei der Freiheitsberaubung ist zwischen Einsperren und Aufhalten zu unterscheiden. Es wird auf den Ausschluß des wesensmäßigen Gebrauchs der Sache über das sozialadäquate Risiko hinaus abzustellen sein.

376 U. Rz. 1292 ff.

377 S. BGHZ 95, 307 betreffend Bordellbetrieb = BGH JZ 1986, 165; NJW 1988, 2823.

378 Fall einer unzumutbaren Einwirkung im Sinne des Begriffs von § 906 II 2 aber AG Münster NJW 1983, 2886, das somit zu Recht mit § 1004 geholfen hat. Anders will *Medicus*, JZ 1986, 778 den Fall mit §§ 226, 826 erfassen. Wo ist aber die Schädigung, wenn der Nachbar gar nicht in seinem Recht beeinträchtigt ist? Unter Berücksichtigung des allgemeinen Persönlichkeitsrechtes will *Paschke*, JZ 1986, 147 in begrenzten Fällen den negatorischen Anspruch zulassen; ähnlich *Olzen*, a.a.O., S. 286. – *Just*, BayVBl 1988, 705, 706 bejaht insoweit Beeinträchtigungen, wenn sie zur Wertminderung des Grundstücks führen. – Nach BGH NJW-RR 1989, 464 kann sich ein negatorischer Anspruch unter besonderen Umständen aus dem nachbarlichen Gemeinschaftsverhältnis ergeben.

Bäume wurden angepflanzt) entstanden ist, ist dies der Fall. Jedoch handelt es sich hier um eine wesentliche Beeinträchtigung, da die zugeführte Menge Laub die Benutzung des Grundstücks stark beeinträchtigt. Dennoch ist E nach § 906 II 1 zur Duldung verpflichtet, wenn der Laubfall auf einer ortsüblichen Benutzung des kommunalen Grundstücks beruht und nicht in zumutbarer Weise zu verhindern ist. Ortsüblichkeit ist hier zu bejahen, da der Laubfall durch die für einen Park gewöhnliche Begrünung verursacht wird. Wirtschaftliche Maßnahmen, die diese Folge verhindern konnten, sind nicht ersichtlich. E hat lediglich einen Ausgleichsanspruch gemäß § 906 II 2, weil die Laubverwehung der Treppe eine angemessene Benutzung des Wohngrundstücks unzumutbar beeinträchtigen[379].

b) *Der bürgerlich-rechtliche Aufopferungsanspruch*

681 § 906 II 2 gibt dem Eigentümer bei Immissionen, die er nach § 906 II 1 zu dulden hat, die also ortsüblich, wesentlich und durch zumutbare Maßnahmen nicht zu verhindern sind, unter weiteren Voraussetzungen, die auf seiner Seite vorliegen müssen, einen Anspruch auf angemessenen Ausgleich in Geld. Die Rechtsprechung hat diesen Anspruch zu einem allgemeinen bürgerlich rechtlichen Aufopferungsanspruch erweitert[380]. In allen Fällen, in denen von einer (nicht hoheitlichen) Nutzung eines Grundstücks grundsätzlich abwehrbare Beeinträchtigungen ausgehen, die der Betroffene aus besonderen Gründen[381] abzuwehren gehindert ist, wird ein verschuldensunabhängiger Aufopferungsanspruch gewährt[382].

Der Aufopferungsanspruch ist subsidiär, d.h. er kommt nicht zur Anwendung, wenn eine andere gesetzliche Regelung (etwa § 22 II WHG[383] oder § 823 I[384]) den Fall abschließend regelt. Der Anspruch ist auf eine angemessene Entschädigung in Geld nach den Grundsätzen über die Enteignungsentschädigung gerichtet; voller Schadenersatz wird gewährt, wenn die Einwirkung in einer Substanzschädigung besteht[385]. Der Ausgleichsanspruch verjährt sowohl in direkter, als auch in analoger Anwendung in der regelmäßigen Verjährungsfrist[386].

[379] Die Rechtsprechung wird im Zuge sich verbreitenden Umweltbewußtseins immer großzügiger in der Zumutung an den Nachbarn und läßt in neuerer Zeit sogar Ausgleichspflichten entfallen. S. Bericht von *Müller*, NJW 1988, 2587 ff. So verneint OLG Düsseldorf NJW-RR 1988, 204, 205 die Wesentlichkeit bei Blüten- und Laubfall im Hinblick auf die geänderte Einstellung der Bevölkerung zu den Umweltverhältnissen; Duldungspflicht auch durch landesrechtliche bzw. kommunale Baumschutzverordnung – OLG Düsseldorf MDR 1988, 776 – oder – betreffend ohrenbetäubendes Froschquaken – aufgrund von § 20 f I Nr. 1 BNatSchG, es sei denn, es liegen die Voraussetzungen für eine Verbotsbefreiung nach § 31 BNatSchG vor, s. BGH ZIP 1993, 200 ff., dazu *Hensen*, ZIP 1993, 163; die Abstimmung mit dem öffentlichrechtlichen Befreiungsverfahren ist nach dem Urteil unklar.

[380] Für diesen sind neben § 906 II 2 die §§ 904 S. 2 und 14 S. 2 BImSchG anzuführen.

[381] Die Rechtsprechung sieht als einen solchen auch den bereits geschehenen Schadenseintritt an, unter Berufung darauf, daß hier die Abwehr zu spät kommt. Dazu u. Rz. 705 ff.

[382] BGH NJW 1990, 3195; 1995, 714; NJW-RR 1997, 1374; DB 1999, 2634 f. Der Betroffene ist nach Auffassung des BGH auch dann aus besonderen Gründen gehindert, die Einwirkungen zu unterbinden, wenn er auf Versprechungen des Störers zur Abhilfe und auf die Durchsetzung verwaltungsrechtlich angeordneter Abhilfemaßnahmen vertraut und wenn nicht anzunehmen ist, er werde mit zivilrechtlichen Mitteln schneller die Beeinträchtigung abstellen können, als dies im Verwaltungsverfahren und durch eigene Anstrengungen des Störers möglich ist, vgl. BGH NJW 1995, 714 ff.

[383] BGH NJW 1999, 3633 ff. Zum Verhältnis zu § 114 ff. BBergG s. BGH WM 1999, 554, 555.

[384] Vgl. BGHZ 120, 239, 249.

[385] BGHZ 142, 66 ff.

[386] Nach § 195 a.F. in 30 Jahren, BGH NJW 1995, 714, nach § 195 n.F. in 3 Jahren, beginnend gemäß § 199 n.F.

3. Kausalitätsbeweis für Aufopferungsansprüche und sonstige Ansprüche aufgrund von Emissionen

Sowohl für den Aufopferungsanspruch nach § 906 II 2, der nach der Rechtsprechung aufgrund bloßer Schädigung eingreifen kann[387], als auch für Schadensersatzansprüche aus § 823 I oder Gefährdungshaftungsnormen[388] und schließlich auch für Abwehransprüche gegen rechtswidrige Beeinträchtigungen hat der Betroffene seine Beeinträchtigung, die Emission vom Grundstück des Gegners und die Kausalität zwischen beiden darzulegen und zu beweisen. Diese Darlegung und dieser Beweis sind in der modernen Situation der Umweltbelastung oft äußerst schwierig[389]. Häufig kann eine gefährliche Belastung der Umweltgüter Luft, Wasser, Boden in bestimmten Bereichen festzustellen sein; ob sich die Wirkung allerdings schon zu einer Beeinträchtigung bestimmter geschützter Rechtsgüter (Eigentum, Leben, Körper, Gesundheit) verdichtet hat, ist möglicherweise nicht mit wissenschaftlicher Sicherheit auszumachen. Auch wenn eine Schädigung festgestellt ist, treten weitere schwierige Kausalitätsfragen auf: Fraglich kann sein, ob der Schaden überhaupt durch die Emissionen eines bestimmten Betriebes oder durch andere Faktoren verursacht wurde[390]. Die Schadenskausalität kann nur statistisch, aber nicht auf einen individuellen Geschädigten bezogen, feststellbar sein. Zu denken ist an das mit radioaktiver Belastung verbundene Problem: Man weiß, daß die Krebsrate steigt, aber wer durch Radioaktivität und wer durch „normale“ Krebsursachen an Krebs erkrankt, ist nicht herauszufinden. 682

Höchst typisch und schwierig ist in unserem Bereich die Problematik der summierten Emissionen: Der Gesamtschaden wird durch Zusammenwirken vieler und sehr unterschiedlicher Emittenten verursacht, wobei die Schadensbeiträge des einzelnen kaum oder gar nicht abgrenzbar sind. 683

Summierte Emissionen können in einem örtlich beschränkten, überschaubaren Bereich, sowohl was die Emittenten als auch was die geschädigten Güter betrifft, auftreten. Hinzukommen können aber Fernwirkungen erstens in räumlicher Hinsicht, was die Emittenten betrifft – Beispiel ist die Schädigung von Waldbesitz u.a. aufgrund von Absonderungen weit entfernter Industriereviere –, zweitens in räumlicher Hinsicht, was die Ausbreitung der Schäden betrifft, und drittens in zeitlicher Hinsicht – Beispiel: die Altlasten von Industrie und Mülldeponien.

In dem berühmten Kupolofen-Urteil aus dem Jahre 1984[391] hat der BGH Anhaltspunkte für eine Beweislastumkehr bei Überschreitung von Emissionsrichtwerten gegeben, die weiterzuentwickeln sind. §§ 6 f. des UmwHG von 1990 regeln für die in einem Anhang zum UmwHG genannten Anlagen eine Ursachenvermutung. 684

Im Fall des Kupolofenurteils betrieb die Bekl. eine nach § 4 BImSchG genehmigte Roheisen- und Rohstahl-Schmelzanlage mit Naßentstäubung. Östlich angrenzend lag der Betriebsparkplatz der Firma O. Die Kl., Arbeitnehmer der O, die dort ihre Kraftfahrzeuge abstellten, verlangten

387 Unten Rz. 705 ff.

388 Etwa § 22 WHG, § 1 UmwHG.

389 Schon die Formen der Kausalität sind vielfältig: In Rechtsprechung und Literatur wird die Bildung von Begriffen des Zusammentreffens verschiedener Kausalreihen versucht. Eine einheitliche Begriffsbildung hat sich bisher noch nicht herausgebildet. Für den Fall des Zusammentreffens von Kausalreihen, die jede für sich für den Erfolg ausgereicht hätte, gibt der BGH in der Entscheidung vom 17.3.88, WM 1988, 905, 907 = NJW 1988, 2880, – geradezu persiflierend – die Bezeichnung „sog. alternative, konkurrierende, kumulative oder Doppelkausalität“.

390 Eine Pflanzenschädigung kann chemisch oder klimatisch bedingt sein. Nach OLG Düsseldorf, NJW-RR 1995, 1231 f. hat der Nachbar keinen Ausgleichsanspruch, wenn der schadensursächliche Samenflug nur aufgrund einer Verquickung außergewöhnlicher Umstände stattgefunden hat; kritisch zu dieser Entscheidung *Herrmann*, NJW 1997, 153, 156 f.

391 BGHZ 92, 143.

Schadensersatz für eine Beschädigung ihrer Pkw durch Einwirkung von Eisenoxydstaub aus dem Kupolofen der Bekl.

685 In dem Urteil noch nicht entschieden, aber sich vorbehalten hat der BGH die Erleichterung des Kausalitätsnachweises dahingehend, daß bei feststellbarer Überschreitung der durch Verwaltungsvorschriften festgelegten Emissions- und Immissionswerte ein Anscheinsbeweis oder sogar eine Umkehr der Beweislast für die Kausalität denkbar sei[392]. *Marburger/Herrmann*[393] und *Medicus*[394] haben den Satz des BGH wie folgt konkretisiert: Bei Überschreitung der festgelegten Werte bezüglich bestimmter Stoffe und bei Wahrscheinlichkeit der Schädigung des Kl. durch diese Stoffe wird die Kausalität der Emission für den Schaden vermutet. In Anbetracht der Gefährdungslage, die jedenfalls bei Überschreitung der Richtwerte belegt ist, in Anbetracht weiter der Nähe des Emittenten zum aufzuklärenden Sachverhalt und der Notwendigkeit des Drucks auf ihn, die allein ihm mögliche vorausschauende Kontrolle, insbesondere Folgenkontrolle hinsichtlich der Einhaltung oder der Nichteinhaltung der Richtwerte zu betreiben, ist die Beweislastumkehr gerechtfertigt[395].

686 Man sollte sogar noch einen Schritt weitergehen: Der BGH hat im Bereich der Haftung für Produktfehler die Umkehr der Beweislast für die ursächliche Zurückführung des Schadens auf eine schon im Herstellerbereich aufgetretene Mangelhaftigkeit des Produkts unter zwei Voraussetzungen anerkannt[396]: Zum einen muß es eine typische Möglichkeit der Entstehung des Schadens aus einem schon im Herstellerbereich aufgetretenen Fehler geben[397]. Im Hinblick auf solche erhöhten

[392] Von einer Beweislastumkehr ist dann OLG Hamm NJW 1988, 1031, 1032 ausgegangen. Auch in der Ende 1986 von der Bundesregierung eingesetzten „Interministeriellen Arbeitsgruppe Umwelthaftungs- und Umweltstrafrecht" (vgl. NJW 1987, 2729) wurde diese Vermutung offensichtlich für das geltende Recht inzwischen vorausgesetzt, s. *Geisendörfer*, VersR 1988, 421, 422 Fn. 1.

[393] JuS 1986, 354, 357 f.

[394] JZ 1986, 778, 781.

[395] Gegen Beweiserleichterungen in diesem Fall: *Adams*, ZZP 99 (1986), 129, 148 ff., *Merkisch*, BB 1990, 223, 226, ebenso *Rehbinder*, NuR 1989, 149, 158 de lege lata, da dem Überschreiten bestimmter Grenzwerte keine Indizwirkung für eine Schadenseignung zukomme; Beweiserleichterungen seien nur gerechtfertigt, wenn es sich um individualschützende Emissionswerte (z.B. TA-Luft für krebserzeugende Stoffe) handelt; gegen Beweiserleichterungen, die vom Kl. nur die Darlegung der Voraussetzungen widerlegbarer Vermutungen verlangen, *Geisendörfer*, VersR 1989, 433, 436, da dies dem Bekl. das Risiko wissenschaftlicher Kenntnislücken auferlegen würde.

[396] Entscheidung v. 7.6.1988, NJW 1988, 2611 (mit zustimmender Anm. *Reinelt*) = BGHZ 104, 323 betreffend den Fall, daß ein Kind durch Explosion einer Limonadenflasche bei deren Herausnahme aus dem Kasten schwere Augenschäden erlitten hatte.

[397] *Foerste*, VersR 1988, 958, 959, kommt nicht damit zurecht, daß der BGH einerseits keinen Anscheinsbeweis für die Entstehung des Schadens aus einem im Herstellerbereich aufgetretenen Fehler annimmt, andererseits aber doch einen typischerweise aus dem Herstellerbereich stammenden Mangel, so daß die Beweislast umzukehren sei. Es geht um die Auslösung der Befundssicherungspflicht. Diese ist aber begründet, wenn überhaupt Erfahrungen bestehen, daß im Herstellerbereich begründete Mängel derartige Schäden, wie sie in casu eingetreten sind, hervorrufen können. Wenn dieselben Mängel auch noch an anderer Stelle oder an anderer Stelle noch andere Mängel, die eventuell dieselben Schäden verursachen, auftreten können, dann ist der Anscheinsbeweis beseitigt, aber nicht der Anlaß für die Befundssicherung im Herstellerbereich. – Die Befundssicherung bezieht sich im Limonaden-Beispiel auf die erkannten Schädigungsmöglichkeiten vorbeugende Konstruktion der Flaschen und den Bearbeitungsvorgang und deshalb nicht, wie *Foerste* meint, auf Hunderttausende durchlaufender Flaschen ohne individualisierbaren Fehlerverdacht (a.a.O., S. 960 li.Sp.). Im Vergleich zwischen der mangelhaften Befundssicherung im Hinblick auf eigene Produkte und der mangelhaften Ausstattung einer Arztpraxis, was die Genauigkeit von Meßgeräten betrifft, (*Foerste*, a.a.O.) ist folgendes festzustellen: Lücken in der Befundssicherung des Herstellers legen den Umlauf gefährlicher Produkte nahe, so daß bei Eintritt eines dieser Gefahr entsprechenden Schadens

Verbraucherrisiken ist es dann Pflicht des Herstellers, sich über das Herausgehen der Produkte aus seinem Betrieb in zumutbar gefahrenbereinigtem Zustand zu vergewissern und insofern eine „Befundssicherung“ durchzuführen[398]. Zum anderen muß diese Pflicht verletzt sein. In diesem Fall rechtfertigt sich nach dem BGH die Beweislast des Herstellers daraus, daß die Beweisnot gerade auch aus der von diesem zu verantwortenden Unklarheit des Befundes resultiert, und zugleich als Movens zur Erfüllung der Sicherungspflicht.

Dieselben Grundsätze sind angebracht bei erheblich belastenden Emissionen hinsichtlich der Sicherung des Befundes, daß diese sich im Rahmen der Richtwerte gehalten haben. Im Rahmen dieser Grundsätze kann es also zusätzlich zur Beweislast des Emittenten hinsichtlich der Frage kommen, ob die Richtwerte eingehalten wurden oder nicht[399]. **687**

Weiter müssen die Kausalitätsvermutung und die Beweislast für ihre Grundlagen auch dann gelten, wenn Anhaltspunkte für ein Nichtausreichen der Grenzwerte dargetan sind. Bei Erkennbarkeit der Anhaltspunkte – der Emittent hat sich durch Nachweis der Nichterkennbarkeit zu entlasten – greift die Befundssicherungspflicht dafür ein, daß die Emissionswerte dennoch tragbar sind. Emissionen unter Ausschöpfung zu großzügig bemessener behördlicher Grenzwerte stehen für die Kausalitätsvermutung grenzwertüberschreitenden Emissionen gleich. Dabei ergibt sich die Unrichtigkeit der Grenzwerte dann, wenn der an die Befundssicherungspflicht anknüpfenden Beweislast für das Zutreffen der Grenzwerte nicht genügt wird. Schließlich muß Entsprechendes gelten für erheblich belastende Emissionen in dem Fall, daß behördliche Grenzwerte überhaupt nicht aufgestellt sind[400]. **688**

Entgegen der allgemeinen Akzeptanz der Beweislasterleichterung, die der BGH im Kupolofen-Urteil eingeleitet hat, ist eine weitere Erleichterung, die der BGH im Bereich der Prüfung der Kausalität von Emissionen gewährt hat, sehr umstritten. Sie betrifft das oben dargestellte Problem der summierten Emissionen. Im Fall BGHZ 66, 70 ff. ging es um die Klage von Hauseigentümern auf Ersatz wegen Rißschäden an ihren Häusern. Verklagt war der Betreiber eines benachbarten Steinbruchs, dessen Sprengungen Risse an den Häusern der Kl. hervorgerufen hatten. Die Schwierigkeit des Kausalitätsbeweises bestand darin, daß in der Nachbarschaft ein zweiter Steinbruch gelegen war, in dem ebenfalls mit der Folge von Rißwirkungen gesprengt worden war, und die Rißwirkungen des einen und des anderen Steinbruchs nur äußerst schwer oder sogar überhaupt nicht voneinander abzugrenzen waren. **689**

Der BGH verwies hier in erster Linie auf die freie Handhabung des § 287 ZPO zur Feststellung derjenigen Wirkung, die der eine Steinbruch allein oder doch im Zusammenwirken mit den Sprengungen im anderen Steinbruch verursacht hatte. Er ging sodann auf den Fall ein, daß für einen bestimmten Teil der Schäden die Verursachung des einen oder des anderen Emittenten oder beider im Zusammenwirken auch mit Hilfe des § 287 ZPO nicht feststellbar sei. Seine Lösung ist: „Da in einem solchen ... Fall beide Immittenten durch das Zusammenwirken ihrer Immissionen die Unaufklärbarkeit des **690**

die Beweislastumkehr am Platze ist. Die suboptimale Praxisausstattung legt nur die Gefahr der Nichtfeststellung einer Krankheit, *wenn* diese besteht, nahe. Hier kann also nur bei im Einzelfall festgestellter Erkrankung des Patienten schon vor der ärztlichen Untersuchung die Beweislastumkehr dafür gelten, daß bei optimaler Ausstattung die Krankheit festgestellt worden wäre.

398 Typische Herstellerfehler führen somit zur Befundssicherungspflicht. Letztere ist also keine selbständige Voraussetzung, wie *Pfister*, EWiR § 823 BGB 6/88, 891 meint.

399 Zu beachten ist auch die direkte Anwendbarkeit der Regeln über die Produkthaftung und des ProdukthaftG hinsichtlich der Haftung von Herstellern toxischer Produkte. Dazu ausführlich *J. Hager*, JZ 1990, 397. mit Vorschlägen zur Beweiserleichterung (S. 403 ff.) und einem Vorschlag in Richtung Gefährdungshaftung (de lege ferenda – S. 408).

400 In diesem Sinne auch *Baumann*, JuS 1989, 433, 437 (Kl. muß darlegen: (1) Bekl. hat bestimmte Stoffe emittiert, (2) Geeignetheit der Stoffe, Schäden hervorzurufen, (3) Verletzung ist wahrscheinlich. Bekl. muß anderweitiges Verursachen der Schäden nachweisen.); *v. Bar*, VersR 1987, Beiheft Karlsruher Forum S. 4, 16 mit Vergleichen zum Arztrecht und zur Produkthaftung.

Ursachenverlaufs und damit die Schwierigkeiten der Beweisführung des Kl. herbeiführen, der über das zumutbare Maß hinaus durch andere beeinträchtigte Eigentümer jedoch mit einem angemessenen Geldausgleich entschädigt werden soll, ist es gerechtfertigt, im Verhältnis zwischen den immittierenden Eigentümern und den beeinträchtigten Eigentümern die Folge der Unaufklärbarkeit eines bestimmten Teils des Ursachenverlaufs nicht diesen, sondern jenen beiden aufzuerlegen“[401]. Daraus folgt, soweit der Ursachenverlauf nicht aufklärbar ist, die gesamtschuldnerische Haftung beider Emittenten für die Wirkungen des unaufgeklärten Ursachenverlaufs.

691 In der Literatur[402] wird diese Lösung im Zusammenhang mit § 830 I 2 diskutiert[403] und zum Großteil abgelehnt[404]. Es sei an dem zu § 830 I 2 wohl begründeten Satz festzuhalten, nur derjenige hafte auf den ganzen Schaden, der diesen auch allein verursacht haben könne[405]. Jedenfalls sei eine Lösung, die auch Urheber kleinster Beiträge (z.B. einzelne Autohalter oder Haushaltsvorstände) gesamtschuldnerisch haften lasse, nicht vertretbar[406].

692 Der „wohl begründete Satz“ betreffend § 830 I 2 ist indessen fragwürdig: Zwei Fallgestaltungen aus der Praxis des § 830 I 2 sind zu vergleichen. Für den wohl begründeten Satz werden etwa[407] die obergerichtlich entschiedenen[408] Fälle angeführt, daß mehrere Täter unabhängig voneinander aus Waren- oder Materiallagern gestohlen hatten. Auch wenn die Einzelbeiträge nicht feststellbar seien, könne hier nicht über § 830 I 2 eine gesamtschuldnerische Haftung verhängt werden[409].

Dieses Ergebnis wird sogleich fragwürdig, wenn man Fälle gegenüberstellt, die durchaus als Beleg für die Haftung aus § 830 I 2 fungieren, etwa die Fälle LG Düsseldorf, VersR 1976, 348[410] und OLG Düsseldorf, MDR 1984, 400 f.[411]. Im ersten ging es um das Auffahren mehrerer Kraftfahrzeuge auf das vor einem Hindernis noch rechtzeitig zum Stehen gekommene Fahrzeug des Kl., im zweiten um das Aufwirbeln von getrocknetem Schlamm auf einer Straße durch mehrere Beteiligte mit der Folge der Verschmutzung der Hauswand des Kl. Im Fall des Landgerichts ist aber sicher, daß beim Auffahren des zweiten Kraftfahrzeugs und der weiteren durch dasjenige des bzw. der zuvor Aufgefahrenen bereits Schäden entstanden waren. Im Fall des Oberlandesgerichts ist sicher,

[401] BGHZ 66, 70, 77.

[402] *Köndgen*, UPR 1983, 345, 354. Ihm zustimmend *Medicus*, JZ 1986, 778, 782.

[403] Der BGH hat eine Ausgleichspflicht nach § 906 II 2 angenommen und wohl deshalb § 830 I 2 nicht erwähnt. Inzwischen aber für Anwendung des § 830 I 2 auch bei Zusammentreffen deliktisch handelnder Eingreifer einerseits und unter § 906 II 2 fallender Störer andererseits BGHZ 101, 106 = NJW 1987, 2810 (JuS 1988, 313 (*K. Schmidt*).

[404] Im Ergebnis, aber ohne Begründung für § 830 I 2 bei abgrenzbarem Emittentenkreis *Hübner*, ZfBR 1988, 199, 202; ebenso *J. Hager*, NJW 1991, 134, 140 unter der Voraussetzung, daß der Innenausgleich gesichert ist.

[405] *Medicus*, JZ 1986, 782 li.Sp. mit Fn. 49, 34 unter Berufung u.a. auf MünchKomm/*Mertens* § 830 Rz. 21; *Follmann*, JZ 1987, 81, 83, der auf einen Vortrag von *Marburger* verweist; *v. Bar*, VersR 1987, Beiheft Karlsruher Forum, S. 4, 18.

[406] Die Kritik der Literatur an dem Argument des BGH, daß die Emittenten wegen Verursachung der Unaufklärbarkeit des Ursachenverlaufs mit der Beweislast belastet werden müßten, geht dahin, daß mit diesem Argument die Beweislast im Rahmen von § 823 I vollständig umgekehrt würde, weil jeder Schädiger die Schwierigkeiten des Beweises der tatsächlichen Voraussetzungen der Schadensersatzpflicht verursacht habe. Dazu paßt aber die Entgegnung auf das gleiche in dem Rahmen der Produkthaftungs-Thematik vorgebrachte Argument, die der BGH in dem o. Fn. 396 zitierten Urteil zum Unfall mit der Limonadenflasche vorbringt, s. BGHZ 104, 332 ff.

[407] S. u. a. *Gernhuber*, JZ 1961, 149.

[408] OLG Bamberg NJW 1949, 225 f.; OLG Braunschweig JR 1951, 658; HansOLG Hamburg MDR 1956, 676 f.

[409] S. etwa OLG Bamberg NJW 1949, 225 f.

[410] S. MünchKomm/*Mertens*, a.a.O., (1. Aufl.) Fn. 53.

[411] MünchKomm/*Mertens*, a.a.O., 2. Aufl., Fn. 53. Die Entscheidung des LG Düsseldorf ist in der 2. Aufl. in Rz. 33 eingestellt.

daß die Beteiligten jeweils nur eine Intensivierung der Verschmutzung verursacht hatten. Auch in diesen Fällen stand also (im Fall des Landgerichts für einen Teil der Beteiligten) eine bloße Verursachung von Teilschäden fest. Die Unterschiede zu den vorher genannten, für den „wohl begründeten Satz" angeführten Fällen bestehen nur darin, daß im Fall des Landgerichts gesagt werden konnte, daß jedes Auffahren generell zur Herbeiführung des Gesamtschadens geeignet war und daß im Fall des Oberlandesgerichts die Gesamtverschmutzung das Bild eines einheitlichen Enderfolgs bot, zu dem die mehreren Beteiligten zusammengewirkt hatten. In Hinsicht auf den ersten Unterschied ist aber ohne Fundierung, daß § 830 I 2 den Fall feststehender Teilschadenskausalität grundsätzlich ausklammert, dann aber doch ausnahmsweise bei Beurteilung eines Beitrags von seiner Risikopotenz her als gesamtschadensgeeignet einbeziehen soll. In Hinsicht auf den zweiten Unterschied ist zu fragen, wieso über eine bildlich-gedankliche ex-post-Zusammenfassung der in Wirklichkeit abgestuften Einzeleinwirkungen § 830 I 2 soll erreicht werden können.

Man muß also entweder den „wohl begründeten Satz" aufgeben oder aber auch in Fällen wie denen der Düsseldorfer Gerichte § 830 I 2 (was den Fall des Landgerichts betrifft: für bestimmte Beteiligte) fernhalten. Nach der gesetzlichen Regelung ist das erstere unvermeidlich. Man kann von vornherein nicht, wie dies in der Literatur[412], aber bezüglich des Tatbestands auch in der Rechtsprechung[413], geschieht, zwischen den Fällen der alternativen Kausalität und der Unklarheit der Schadensbeiträge der mehreren Handelnden unterscheiden[414]. Die Unterscheidung beruht nur auf einer besonderen Behandlung des Schadensbegriffs, die aber ohne Grundlage ist. Fälle des Anteils- und des Urheberzweifels sind einander nur dann gegenüberzustellen, wenn man vom angerichteten Gesamtschaden ausgeht. Bleibt man dagegen bei den konkreten Einzelschäden, die Grundlage des Schadensersatzanspruchs sind, so erweist sich jeder Fall des Anteils- als ein Fall des Urheberzweifels. Für die *gesamte* Entleerung des Materiallagers im Fall OLG Bamberg[415] sind zweifellos die mehreren Dorfbewohner *anteilig* ursächlich. Der Verletzte verlangt aber Schadensersatz für jeden einzelnen Materialverlust, und hinsichtlich dieser einzelnen Verluste ist jeweils der eine oder der andere Dorfbewohner und immer also auch möglicherweise der Bekl. ursächlich gewesen. Folglich bestand für jeden Schaden, soweit die Anteile der mehreren Täter unabgrenzbar blieben, Alternativtäterschaft im Sinne des Urheberzweifels und geht so die Variante des Anteilszweifels in der des Urheberzweifels auf. 693

Daraus folgt zunächst einmal, daß sich die Lösung des BGH im Fall der durch Sprengungen in zwei Steinbrüchen aufgetretenen Häuserrisse – vorbehaltlich der Frage der Anwendbarkeit von § 830 I 2 auf die vom BGH hier geprüfte Haftung nach § 906 II 2 – als aus § 830 I 2 sehr wohl begründbar erweist. Der Fall ist ja auch bei näherem Zusehen in der Kausalitätsproblematik identisch mit dem des OLG Düsseldorf betreffend die Verschmutzung der Hauswand durch von mehreren Verursachern aufgewirbelten Dreck, der auch von der Literatur als Fall des § 830 I 2 anerkannt wird. So wie hier für die einzelnen Schmutzflecke und Schmutzschichten so war im Fall des BGH für die einzelnen Häuserrisse nicht zu ermitteln, „wer von mehreren Beteiligten den Schaden durch seine Handlung verursacht hat" (§ 830 I 2). Es konnten für jeden Riß die Sprengung oder mehrere Sprengungen des einen oder solche des anderen oder auch die beider im Zusammenwirken ursächlich sein. Daß nicht die Sprengungen aus dem einen Steinbruch allein die gesamten Rißschäden hervorgerufen haben konnten, verschlägt nach dem geklärten Wortlaut und Sinn des § 830 I 2 nichts[416]. 694

412 S. MünchKomm/*Mertens* § 830 Rz. 21.

413 BGHZ 67, 14, 19.

414 Überzeugend *Weckerle*, Die deliktische Verantwortlichkeit mehrerer, 1973, S. 159 ff., 162 ff.

415 NJW 1949, 225 f. (oben Fn. 408).

416 Die Auslegung des § 830 I 2 trifft sich mit Ergebnissen zu § 22 WHG: Die Fälle der Sprengungen im Bereich von § 830 I 2 und mehrerer schädlicher Abwässer im Bereich von § 22 WHG sind gleichermaßen gekennzeichnet durch die Beteiligung mehrerer an einer sich in einem Gesamtschaden niederschlagenden Rechtsgutsgefährdung, wobei die Einzelbeiträge

695 Was demgegenüber die Fälle betrifft, in denen die Kausalität je für getrennte Teilschäden feststeht bei Unaufklärbarkeit lediglich des Umfangs dieser Teilschäden – die Fälle also gleich denen des OLG Bamberg[417] –, so kann bei der Anwendung des § 830 I 2 auch auf diese Fälle störend sein, daß der zufällig gefaßte Einzeltäter so weit über den Anteil hinaus, den man für ihn *äußerstenfalls vermutet*, haften und auf das völlig unsichere Ausfindigmachen und Inanspruchnehmen weiterer Täter verwiesen werden soll. Diese Irritation führt aber nicht zu einer Reduktion des § 830 I 2 durch Merkmale, die dem Tatbestand der Norm nicht zu entnehmen sind. Vielmehr hat man sich des Grundes der Irritation inne zu werden und ihn dort zu berücksichtigen, wo in der Anwendung des § 830 I 2 Platz für ihn ist. § 830 I 2 setzt die Nichtermittelbarkeit der Schadensbeiträge voraus. In der Ermittlung des Schadens aufgrund des Eingriffs oder – bei § 830 – der Gefährdung ist aber § 287 ZPO anzuwenden mit seiner Freigabe weitesten richterlichen Ermessens. Fälle wie die des OLG Bamberg sind gar nicht anders denkbar als so, daß mit Hilfe des – ja sonst von der Haftung aufs Ganze bedrohten – Bekl. selbst unter Benutzung jenes Ermessensfreiraums derjenige Schadensumfang einschätzbar ist, der jedenfalls die Obergrenze des vom Bekl. bewirkten Schadens darstellt[418].

als möglicherweise auch zur Schadenswirkung sich *ergänzend* ineinander verwoben sind. Die Unaufklärbarkeit der Einzelbeiträge soll jedenfalls in diesen Fällen den Gefährdungsbeteiligten zur Last fallen. Dies ist auch die Konsequenz aus § 22 WHG. Die Vorschrift begründet eine gesetzliche Gefährdungshaftung für Veränderungen von Gewässern durch Einbringung oder Einleiten von Stoffen (I) oder das Hineingelangen von Stoffen in das Wasser aus bestimmten Anlagen (II). Vom Verschuldenserfordernis sieht der Gesetzgeber hier also ab. Zusätzlich erleichtert das Gesetz in § 22 I 2, II 1 Hs. 2 WHG den Kausalitätsnachweis bei summierten Emissionen. Sofern aus mehreren Quellen wassergefährdende Stoffe in ein Gewässer gelangen, haften die mehreren Einleiter oder Anlageninhaber für einen entstandenen Schaden als Gesamtschuldner. In BGHZ 57, 275 hat der BGH die Kausalitätsproblematik und ihre gesetzliche Lösung deutlich gemacht: Ein Fischteich-Pächter machte Schadensersatz wegen Fischsterbens geltend, welches er auf durch starke Regenfälle bedingtes Einschwemmen von Gülle zurückführte, die auf dem Hanggrundstück des Bekl. bei Abfüllung und Abfahren des Güllewagens verschüttet worden war. Das Berufungsgericht hatte die Klage mangels Nachweises der Schadens-Ursächlichkeit abgewiesen, da nicht gemäß § 286 ZPO nachgewiesen werden konnte, daß die Gülle des Bekl. allein oder in Zusammenwirken mit fremden Abwässern den Schaden verursacht hatte. Es sei nämlich auch denkbar, daß allein andere Abwässer ursächlich waren oder daß der Bekl. nur einen abgrenzbaren Teil des Schadens verursacht habe, was zu Ausschluß bzw. Begrenzung seiner Haftung führen würde. Trotz dieser möglichen Konstellationen kommt der BGH zu einer (gesamtschuldnerischen) Haftung des Bekl. § 22 WHG läßt bei summierten Emissionen die Ursächlichkeit im Sinne der Herbeiführung einer nicht völlig unbedeutenden physikalischen, chemischen oder biologischen Verschlechterung der Wasserbeschaffenheit ausreichen; der BGH schränkt dies, um die Zurechnung fremder Tatbeiträge ohne eigene Mitverantwortung zu vermeiden , durch das Erfordernis ein, daß die Gefährdung durch den einzelnen ihrer Art und ihren Umständen nach dazu *geeignet* gewesen sein muß, den Schaden (mit) zu verursachen. Damit führen etwa chemische Veränderungen nicht zur Haftung, wenn der Schaden auf biologischer Veränderung beruht. Ebenso schließt der BGH zeitlich und räumlich außer Zusammenhang stehende Ursachen von der Mitverantwortung nach § 22 WHG aus. Die Haftung aufgrund bloßer Schädigungseignung ist nach der Auffassung des BGH eine Haftung aus vermuteter Schädigung. Die Vermutung kann durch den Nachweis widerlegt werden, daß der eigene Beitrag nicht – auch nicht im Zusammentreffen mit anderen Wirkungen – ursächlich gewesen ist.

417 NJW 1949, 225 f. (o. Fn. 408).

418 Die Entscheidung des OLG Bamberg mit der Totalabweisung der Klage ist nur dadurch zustande gekommen, daß das Gericht nach Ablehnung des § 830 I 2 der Kl. kurzerhand die mangelnde Substantiierung des Teilschadens angelastet hat, der sachgerechten Fallbehandlung also, die entsprechende Hinweise an die Kl. eingeschlossen hätte, unter Berufung auf ein formales Argument ausgewichen ist (s. NJW 1949, 225, 226). Wie weit mit § 287 ZPO zu helfen ist, zeigt die Entscheidung des OLG Neustadt vom 20.12.1957 (VersR 1958, 251) zum

Kann man demgegenüber aber nicht einmal bei freier Schadensschätzung eine Obergrenze des Schadensanteils des einzelnen Bekl. abmessen, dann ist es andererseits auch grundsätzlich richtig, daß zu Lasten des Bekl. § 830 I 2 eingreift.

Es bleibt noch die Argumentation mit der Konsequenz der möglichen Einbeziehung von Kraftfahrzeug-Haltern bzw. -fahrern und der energieverbrauchenden Haushalte in die Haftung für Umweltschäden, wenn man § 830 I 2 nicht durch das Merkmal der Gesamtschadenseignung des Beitrags des einzelnen Bekl. begrenze. **696**

Dazu ist aber schon vorweg zu sagen: Das Merkmal der Geeignetheit für die Gesamtschädigung ist seinerseits ungeeignet, das gewünschte Ergebnis zu erzielen. Die heutige Umweltproblematik ist ja gerade, was die Beteiligung von Kraftfahrt und Haushalten betrifft, dadurch gekennzeichnet, daß diese sehr wohl geeignet sein können, den Gesamtschaden, etwa eine Waldschädigung, herbeizuführen. Es kommt nämlich in Betracht, daß ohne den Abgas- und ohne den Rauchausstoß dieser Masse von Kleinemittenten bestimmte feststellbare Gesundheits- oder Sachschäden gar nicht auftreten würden. Die Kleinemissionen sind dann sehr wohl geeignet, den Gesamtschaden, um den es geht, herbeizuführen, nämlich *mit den anderen Ursachen zusammen* herbeizuführen[419]. Stellte man, um doch die Eingrenzung zu erreichen, darauf ab, daß die einzelne Emissionstätigkeit geeignet sein muß, *allein* den Gesamtschaden herbeizuführen, dann würden mit den Kleinemittenten zusammen auch sehr große Emittenten aus der Verantwortlichkeit herausfallen. Auch hier wieder wird einer Irritation im Rechtsgefühl durch Manipulation am Tatbestand des § 830 I 2 Rechnung getragen. Dies muß zu unrichtigen Ergebnissen führen. **697**

Wendet man § 830 I 2 konsequent an, so ist die Problematik der Beteiligung von Kraftfahrzeugen und Haushalten zunächst dadurch einzugrenzen, daß erste Voraussetzung der Vorschrift eine Rechtsgutsgefährdung durch widerrechtliches Handeln ist. Dabei kann sich freilich die Widerrechtlichkeit nicht aus der Erfolgsverursachung ergeben, denn diese steht gerade nicht fest; maßgeblich ist eine *rechtswidrige Gefährdung* in dem Sinne, daß die Handlung ein weder erlaubtes noch sozial adäquates Risiko im Hinblick auf den dann eingetretenen Erfolg (mit) gesetzt hat[420]. **698**

Fall der ganz oder zum Teil dadurch vernichteten Bienenschwärme, daß die Obstbauern der Gegend vorschriftswidrig während der Blütezeit E 605 verspritzt hatten. Aufgrund der räumlichen Entfernung der Obstbaumgrundstücke zu den Stöcken der betroffenen Bienen, der Größe der Obstbaumfelder und der Fluggewohnheiten der Bienen wurden Schadensanteile der verklagten Obstbauern festgestellt (auch das OLG Neustadt hat § 830 I 2 abgelehnt, wozu es aber wegen seiner Schadensverteilung unter Benutzung des § 287 ZPO gar nicht genötigt war).

419 In dem die Haftung aufgrund Teilnahme an einer gewalttätigen Großdemonstration betreffenden Grohnde-Urteil, auf welches sich *Medicus*, JZ 1986, 782 Fn. 49 für die Einschränkung des § 830 I 2 beruft, ist die Voraussetzung der Eignung des einzelnen Beitrags, die Schädigung herbeizuführen, nur formelhaft miterwähnt und nicht entscheidend (s. BGHZ 89, 383, 400 = JZ 1984, 521, 524 r. Sp.). Die Einschränkung der Haftung hat der BGH dadurch erreicht, daß er dafür, überhaupt als Nebentäter von Gewalttätigkeiten in Betracht zu kommen, die Teilnahme an konkreten gewaltsamen Situationen gefordert hat. Für die Darlegung dieser Beteiligung ist § 830 I 2 nicht hilfreich. Es handelt sich ja um die Darlegung von § 830 I 1, II, wie der BGH nachträglich selbst sieht. Allerdings kann man erhebliche Zweifel haben, ob der BGH mit seiner Einschränkung auf die Möglichkeit der Haftung nach § 830 I 1, II Recht hat. Zutreffend hat *Stürner* auf die Möglichkeit der Fahrlässigkeitshaftung wegen Teilnahme an einer rechtswidrigen Demonstration hingewiesen (JZ 1986, 526; daß freilich der BGH immerhin die richtige Richtung verfolgt, dazu sogleich Rz. 703). Auch in diesem Rahmen würde die Formel von der Eignung des Einzelbeitrags zur Herbeiführung des Gesamtschadens nur in dem Sinne anwendbar sein, daß es ausreicht, wenn der Einzelbeitrag *im Zusammenwirken mit den anderen* zur Schädigung geeignet war.

420 Im Fall BGH LM § 906 BGB Nr. 39, in dem es um summierte Staubemissionen ging, hätte es bei Anwendung des § 830 I 2 ausgereicht, daß der beklagte Betreiber eines Splitwerks nicht ortsüblich emittierte; der Nachweis einer Beeinträchtigung des Eigentums des Kl. gerade durch den Bekl. wäre nicht erforderlich gewesen (nach § 830 I 2 hätte vielmehr der Bekl. umgekehrt den Nachweis der Nichtkausalität führen müssen). Der BGH hat zu der Frage nicht

699 Im hier interessierenden Kleinemissionsbereich kommt also eine Verantwortlichkeit von vornherein nur in Fällen des Betreibens von Haushalten oder Kraftfahrzeugen in einer solchen Weise in Betracht, daß nicht den im Umweltinteresse aufgestellten rechtlichen Ausstattungs- und Betriebsanforderungen entsprochen wird[421].

700 Weiter muß unser derzeitiges Wissen um Umweltgefährdungen und ihre Folgen die Annahme erlauben, daß aufgrund der aufgegriffenen Umweltgefährdung, an der ein Verhalten des oder der Bekl. beteiligt ist, nicht Wasser, Luft und Boden als solche, sondern von ihnen abhängige oder an ihnen bestehende Güterrechte oder auf ihre Erhaltung ausgerichtete Schutzgesetze mit der Folge von Vermögensschäden verletzt worden sind und gerade der Kl. einschlägig betroffen ist.

701 Schließlich läßt § 830 I 2, selbst wenn der Bekl. mit seiner Hausfeuerung oder seinem Kraftfahrzeug an der Gefährdung teilgenommen hat, den Gegenbeweis zu, daß die Emission des Bekl. räumlich oder zeitlich für den geltend gemachten Schaden doch nicht kausal sein konnte[422].

702 Ungeachtet dieser Haftungsschwellen, zu denen im Rahmen des § 830 I 2 auch noch das Verschulden gehört[423] (welches sich allerdings im Fall der Verletzung von Umweltschutzgesetzen nur auf den Gesetzesverstoß, nicht aber die Rechtsgutsverletzung zu beziehen braucht[424]), bleibt aber eine Haftung aufgrund von Kleinstemissionen denkbar,

Stellung genommen, da er die vorinstanzliche Feststellung der Kausalität des Bekl. für eine wesentliche Beeinträchtigung bestätigt hat.

421 A.A. *von Bar*, a.a.O. (o. Fn. 400), S. 4, 17. Auch er verneint zwar grundsätzlich eine Haftung bei normgemäßem Verhalten. Wenn aber im Laufe der Zeit Gefährdungen durch Summierung erkennbar werden, kann nach *v. Bar* eine Pflicht zur Unterlassung und bei Verstoß gegen diese Pflicht Haftung entstehen. Demgegenüber ist in Fällen, die wie der Kleinemissionsbereich durch Unterwerfung unter die Betriebsnormierung bzw. durch deren bloßen Vollzug gekennzeichnet sind (im Gegensatz zu individueller Gefährdung durch Großbetreiber), aus besserer Übersicht nur die Amtspflicht zur Anpassung der Regeln zu folgern.

422 Weiter kommt die Möglichkeit in Betracht, daß an der Schadensverursachung auch – neben dem Bekl. – rechtmäßig oder schuldlos handelnde andere Personen beteiligt sind (etwa Kraftfahrer, die zulässigerweise und mit zulässiger Ausstattung fahren). In diesem Fall greift § 830 I 2 an sich nicht, es fehlt an der Voraussetzung, daß insgesamt die Ersatz*berechtigung* des Kl. feststehen muß. *J. Hager*, NJW 1986, 1961, 1969 will hier mit der aus dem Sozialversicherungsrecht bezogenen Figur der wesentlichen Ursache (s. dazu bei *J. Hager*) helfen. Die Solidarität als versicherungsrechtliches Prinzip greift aber weiter als das Prinzip der schadensrechtlichen Verantwortung. Die Parallele ist mithin unzutreffend. In den Fällen der aus Umweltbelastung entstehenden Schäden sollte aber zu Lasten der für die Haftung in Betracht kommenden Personen (ob dazu überhaupt die Kraftfahrzeughalter gehören, dazu im weiteren) die Vermutung gelten, daß sich ihre Emissionen *im Zusammenwirken* mit anderen schädigend ausgewirkt haben, daß mithin jede der beteiligten Emissionen mitursächlich für den Schaden war (aufgrund einer solchen Vermutung konnte im Fischteich-Fall BGH, Urteil v. 16.5.1983, VersR 1983, 731 mit dem BGH die Haftung der Bekl. unter Anrechnung nur eines Mitverschuldens des Kl. angenommen werden, statt daß wegen Alternativtäterschaft die Haftung nach 830 I 2 zu prüfen, aber wegen Feststellung der Alternativtäterschaft des Geschädigten selbst abzulehnen war). Will der aus §§ 830 I 2, 823 I in Anspruch Genommene der Haftung entkommen, reicht also der Hinweis auf die Beteiligung rechtmäßig oder schuldlos handelnder anderer Personen in den Umweltschadensfällen nicht aus. Der Emittent muß zugleich beweisen, daß seine Emission nicht immerhin diejenige des anderen zur Schadenswirkung verstärkt hat. Insofern ändert sich nichts daran, daß der Emittent nur nachweisen kann, daß er selbst nicht ursächlich war.

423 Zum Problem des Verschuldens: *Diederichsen*, BB 1986, 1723, 1727, insbesondere beim Handeln gemäß behördlicher Genehmigung *Hübner*, ZfBR 1988, 199, 202.

424 § 823 II verlangt aber sehr wohl die Ursächlichkeit des Gesetzesverstoßes für den Schaden, auch in seinem Rahmen kommt es also zur Möglichkeit der Anwendung des § 830; unrichtig deshalb BGH NJW 1988, 1383.

und dies stimmt unbehaglich. Das rechtliche Problem liegt im Kausalitätsbereich und ist bekannt: Es handelt sich um das Problem der sog. minimalen Kausalität[425]. Dies ist zunächst aber kein Sonderproblem des § 830 I 2. Es lassen sich vielmehr auch Fälle feststehender minimaler Kausalität denken, in denen es nur um § 823 geht.

Gerade in Fällen der Umweltverschmutzung wird die Anwendung des § 830 I 2 freilich der Regelfall sein. In diesen Fällen wird häufig nicht feststehen, ob jede Einzelemission dafür erforderlich war, daß der Erfolg – ein durch Wasser-, Luft- oder Bodenverschmutzung hervorgerufener Schaden – eingetreten ist. Häufig können sogar gewisse Quantitäten von Gift hinweggedacht werden, ohne daß der Schadenserfolg entfiele. Man weiß nur nicht, welcher glückliche Emittent hinweggedacht, welcher unglückliche eingerechnet bleiben soll. Auch mit § 287 ZPO ist hier regelmäßig nicht zu helfen, da im allgemeinen, wie die Umweltverschmutzung eines bestimmten Wirkungsgrades selbst, so auch der dadurch entstandene Schaden nicht in von einzelnen Emittenten verursachte Folgenanteile aufteilbar ist.

Die abschreckende Unangemessenheit der Haftung bei minimaler Kausalität verbunden mit der Unabsehbarkeit des Regresses nach § 426 I, II ist sodann, wie sie ja soeben als auf § 830 I 2 gar nicht beschränkt zu erkennen war, ein Problem nicht des § 830 I 2, sondern der Grenzen unseres Deliktsrechts überhaupt[426]. Fälle der massenhaften Mitwirkung an schleichend und fernwirkend über die Verschlechterung der Umweltgüter sich einstellenden Schäden stehen außerhalb des Blickfeldes dieses Regelungsgebietes. Das bürgerlich-rechtliche Deliktsrecht trifft die Auseinandersetzung unter individuellen Schädigungsbeteiligten; damit hat die Abwicklung von Schäden, die aus Umweltbelastungen aufgrund einer Vielfalt von räumlich und zeitlich weit verteilten Ursachen und Verursachern resultieren, nichts zu tun. Mag auch der Beitrag des einzelnen Kleinemittenten aufgrund der inzwischen gesammelten Erfahrungen und Meßverfahren betreffend Umweltgefahren für Rechtsgutsgefährdungen bzw. -schädigungen adäquat kausal sein, so wäre doch seine Haftung aufs Ganze im Verhältnis zu seinem Schadensbeitrag inadäquat. Es ist auch zu sehen, daß die Bannung oder Zähmung von Umweltgefahren, die sich aus den vielerlei Ursachen *bekanntermaßen* langsam aber sicher aufbauen, Gegenstand der Vorsorge durch die Allgemeinheit sein muß. Lassen die Gemeinwesen dennoch die Gefahren tatenlos oder in unwirksamem Tun weiter anwachsen, so ist der nicht besonders herausgehobene Beitrag der Kleinemittenten unwesentlicher Bestandteil einer von der Allgemeinheit zu verantwortenden Weise des Umgangs mit der Umwelt.

Deliktsrechtliche Kategorie zur Abgrenzung zwischen relevanten und irrelevanten Ge- **703**
fährdungsbeiträgen ist die der Verletzungshandlung oder – nach § 830 I 2 – der Beteiligung an einer Verletzungshandlung. Für die Beteiligung an Schädigungen im Rahmen einer gewalttätig verlaufenden Großdemonstration hat der BGH die Haftung sogar auf diejenigen Personen beschränkt, die an der zum Schaden führenden konkreten Gewaltausschreitung als Mittäter, Anstifter oder Gehilfe teilgenommen hatten[427]. Wie er selbst sieht, kommt damit eine Haftung wegen fahrlässiger Täterschaft im Sinne von § 830 I 2

425 Wohl erstmalig erörtert in Bezug auf das Problem der Haftung einzelner Arbeitnehmer für die Beteiligung an rechtswidrigen Streiks durch *Bydlinski*, Probleme der Schadensverursachung nach deutschem und österreichischem Recht, 1964, S. 108.

426 Noch weitergehend *Kinkel*, ZRP 1989, 293, 294, der auch de lege ferenda davon ausgeht, daß Distanz- und Summationsschäden nicht mit dem bürgerlichen Haftungsrecht erfaßbar sind. Wie *Ladeur*, VersR 1993, 257, 263, 265, sich die von ihm de lege ferenda angesprochene Rückkopplung des zivilen Haftungsrechts an das besser zur Risikoabwägung ex ante und der Berücksichtigung von Lerneffekten im Verlauf geeignete öffentliche Recht zu dem Ziel vorstellt, daß das zivile Haftungsrecht besser auf die Bedingungen des organisierten Lernens eingestellt wird, ist unklar: Soll etwa auf Kosten von Geschädigten der brave Lerner haftungsrechtlich prämiert werden?

427 S. bereits o. Fn. 419.

nicht mehr in Betracht. Das Eingrenzungsbestreben des BGH ist verständlich, die Enge der Begrenzung aber nicht haltbar[428]. Man muß für die Handlung bzw. die Beteiligung an ihr stattdessen eine individuelle Beziehung des Verhaltens des einzelnen Täters zur konkreten Schädigung des einzelnen Rechtsguts fordern. Bezogen auf umweltvermittelte Schädigungen verlangt das eine deutliche Anhebung der ohne den hinzutretenden Beitrag bestehenden generell-abstrakten Belastungs- und Gefahrenlage für einzelne Rechtsgüter und weiter Schadensverwirklichungen, die zeitlich und räumlich nicht derart außer Zusammenhang mit diesem Beitrag eintreten dürfen, daß der Beitrag wieder nur noch als Bestandteil der allgemeinen Belastungsentwicklung und der Schaden nur als Folge der allgemeinen Belastungsverhältnisse erscheint. Gesundheitsschäden, die infolge von Smog im räumlichen und zeitlichen Zusammenhang mit Autofahrten mehrerer trotz Fahrverbots nach der Smog-Verordnung auftreten, würden – vorbehaltlich der beschriebenen weiteren Voraussetzungen oder Entlastungsmöglichkeit – zur Haftung der betreffenden Autofahrer nach §§ 823 I, 830 I 2 führen, dagegen nicht jeder Waldschaden zur Haftung jedes Autofahrers, der irgendwann ein Auto ohne die vorgeschriebene Abgasvorsorge gefahren hat.

704 Das Fazit zur zweiten Erleichterung der Kausalitätsprüfung durch die Rechtsprechung ist das folgende: Entgegen der Kritik der Literatur ist diese Erleichterung § 830 I 2, soweit diese Vorschrift anwendbar ist, in der Tat zu entnehmen. Probleme im Hinblick auf diese Erleichterung bestehen in zweierlei Hinsicht: Zum einen führt jene Bedeutung des § 830 I 2 bei der Anwendung der Vorschrift auf Umweltschäden an die Grenzen des Deliktsrechts. Dies ist ausgeführt. Zum anderen hat der BGH den § 830 I 2 entsprechenden Gedanken außerhalb des Deliktsrechts, nämlich auf die Haftung nach § 906 II 2 angewandt[429]. Dies ist im Folgenden zu beurteilen.

4. Die Umdeutung des § 906 II 2 im Sinne einer Verursachungshaftung durch den BGH

705 Die Anwendung des § 830 I 2 im Rahmen des § 906 II 2 durch den BGH[430] gehört zu einer Behandlung des § 906 II 2, die allen methodischen Maßstäben spottet. § 906 II 2 gewährt einen Aufopferungsanspruch im Sinne des „dulde, aber liquidiere". Die Rechtsprechung nutzt ihn dementgegen für eine kategorial andersartige Haftung und sprengt dabei nicht nur den Zusammenhang des Aufopferungsanspruchs, sondern darüber hinaus die Grundsätze betreffend verschuldensabhängige und verschuldensunabhängige Schadenshaftung. Zu jener Haftung kommt die Rechtsprechung im Bereich schädigender Einwirkungen von einem Grundstück auf ein anderes. Für solche Einwirkungen macht sie den Eigentümer des Ausgangsgrundstücks haftbar ohne Rücksicht auf Verschulden und beruft sich dafür auf die entsprechende Anwendung des § 906 II 2[431]. Nach den

[428] In dieser Beurteilung zutreffend *Stürner*, JZ 1984, 525, der seinerseits grundsätzlich jeden an nicht ordnungsgemäßer Demonstration Teilnehmenden in die Verantwortung einbeziehen und dann das Rechtsgefühl dadurch wieder beruhigen will, daß er die Haftung wenigstens auf grobe Sorgfaltswidrigkeit beschränkt (a.a.O., S. 528 re.Sp., s. schon s. 527 li.Sp. e)). Dieses Merkmal ist nicht einzuordnen. Auch der Hinweis *Stürners* auf die Regreßmöglichkeit (a.a.O., S. 528 re.Sp.) kann angesichts der strikten Vollhaftung im Außenverhältnis bei Unabsehbarkeit des Regreßverfahrens nicht beruhigen. Nach der Richtung der Einschränkung ist die Ansicht des BGH vorzuziehen. S. weiter im Text.

[429] BGHZ 101, 106, 111.

[430] Siehe vorstehende Fn.

[431] Nachdem der BGH in BGHZ 66, 70 zum Fall der Mischung ortsüblicher und nicht ortsüblicher Emissionen die Meinung vertreten hatte, in diesem Fall müsse § 906 II 2 ohne Unterscheidung gelten, kam die generelle Erstreckung für Emissionen in BGHZ 90, 255, 262 f. (Fall der regenbedingten Anschwemmung von Unkrautvernichtungsmitteln vom Grundstück des beklagten Landwirts, der herkömmlich wirtschaftete, auf das des benachbarten Bio-

Grundsätzen unseres Deliktsrechts haftet man aber grundsätzlich nur für Verschulden[432]. Soll man unabhängig von Verschulden haften, muß dafür ein Gefährdungshaftungstatbestand erfüllt sein. § 906 II 2 ist ein solcher nicht[433]. Die Rechtsprechung praktiziert in der folgenden geradezu rabulistischen Weise die (zufällige) Schädigung eines Grundstücks durch Einwirkungen von einem anderen Grundstück aus in den Tatbestand des § 906 II 2: Die Schädigung müsse der Betroffene ja dulden, weil der Schaden nun einmal eingetreten sei, und dafür passe die Kompensation einer Duldungslast, die § 906 II 2 gewähre. Nach dieser Argumentation ist jede Schädigung eine zu duldende und folglich zu kompensierende Last. Das Verschuldenserfordernis ist beseitigt. Aber auch für vorsätzliche Straftaten brauchen wir nicht mehr den Schadensersatzanspruch. Es reicht für alles der Aufopferungsanspruch. Damit werden Anspruchskategorien und -tatbestände aufgelöst. § 906 II 2 gewährt für zu duldende, d.h. nicht verbietbare Immissionen unter bestimmten Voraussetzungen eine Entschädigung. Die Entschädigung ist also Ausgleich für entzogene Verbietungsrechte, wobei das traditionelle Verständnis derartige Verbietungsrechte und also auch den Entschädigungsanspruch für den Ausschluß solcher Rechte nur an Grundstückseigentum (so auch nach seinem Wortlaut § 906) und -besitz (§ 862) geknüpft sieht[434]. Der Entschädigungsanspruch aus § 906 II 2 kann von seinem Ausgangspunkt, dem Ausschluß von Verbietungsrechten, nicht gelöst und zur Grundlage einer allgemeinen Verursachungshaftung gemacht werden, indem er auch dann gegeben wird, wenn die eingetretene Schädigung unzulässig und verbietbar war. Die scheinbare Angemessenheit der Entscheidung, die Entschädigung für rechtlich hinzunehmende rechtmäßige Beeinträchtigungen auf faktisch zu duldende rechtswidrige Beeinträchtigun-

Bauern). Dem folgend LG Münster NJW-RR 1986, 947 und die Berufungsentscheidung OLG Hamm NJW 1988, 1031 (Fall der Verseuchung eines landwirtschaftlichen Grundstücks durch Thallium-Ausstoß eines benachbarten Zementwerks). Vor BGHZ 90, 255, 263 hatten schon BGHZ 72, 289, 294 f. und BGHZ 85, 375, 384 über den Emissionstatbestand des § 906 hinaus den Ausgleichsanspruch für Vertiefungsschäden bewilligt. In NJW 2001, 1865 = JuS 2001, 816 (*K. Schmidt*) hat der BGH den Anspruch einem Mieter gegeben mit der Argumentation, die durch Vertiefung des Nachbargrundstücks verursachte Schädigung hätte als verbotene Eigenmacht abgewehrt werden können, die Verbietungsrechte seien durch Eintritt der Schädigung abgeschnitten und analog § 906 II 2 zu kompensieren. S. auch BGH WM 1990, 1426 = VersR 1990, 747 betreffend nicht erkennbare Folgewirkungen (Bodenverseuchung infolge) einer benachbarten Schießanlage, also für rechtswidrige Grobimmissionen, die nicht erkennbar, damit nicht abwehrbar und deshalb faktisch zu dulden gewesen seien. In VersR 1987, 1096, 1097 lehnt der BGH allerdings eine Entschädigungspflicht für Schäden durch Brandstiftung Dritter auf einem Nachbargrundstück ab, weil kein innerer Zusammenhang zwischen Grundstücksnutzung und Schaden bestehe.

432 Das Verschuldenserfordernis heben für die Schadensersatzhaftung bei Schädigungen aufgrund von Vertiefungen des Nachbargrundstücks hervor Mot. Mugdan III, 164.

433 Nach §§ 114 ff. BBergG geht im Bergrecht jetzt – aber eben erst kraft der Neuregelung und nur für deren Bereich – die Duldungskompensation in der allgemeinen Bergschadens-Gefährdungshaftung auf. § 117 I Ziff. 2 BBergG zeigt die Vereinigung: Er beschränkt die Sachschadenshaftung auf die Höhe des gemeinen Wertes der Sache, es sei denn, es werden Schäden am Grundstück, seinen Bestandteilen und Zubehör geltend gemacht. Die Unterscheidung ist nach der Begründung des RegE daraus zu verstehen, daß es in letzterer Hinsicht um die alte Duldungskompensation geht und diese nicht gefährdungshaftungsrechtlich beschränkt werden könne (BT-Drs. VIII/1315, S. 143).

434 S. RGZ 159, 68, 73; dem Grundstückseigentum gleichgestellt sind sonstige ortsgebundene Rechte; die Entscheidung BGHZ 92, 143 (Kupolofen), weist (S. 145) auf die bisherige Rechtsprechung hin, hält aber selbst die Ausdehnung des Verbietungsrechts auf Arbeitnehmer benachbarter Betriebe für denkbar, während die Entschädigungsberechtigung des § 906 II 2 nach ihrem Inhalt grundstücksbezogen und deshalb nicht übertragbar sei.

gen zu erstrecken, erweist sich als unhaltbar[435] schon deshalb, weil diese Erstreckung zur Ungleichbehandlung von Grundstückseigentümern und -besitzern einerseits und Inhabern nicht ortsgebundener Rechte (etwa des Eigentums an beweglichen Sachen) oder Rechtsgüter (etwa Gesundheit) andererseits führt. Jene werden nunmehr hinsichtlich der Grundstückssubstanz und -nutzung umfassend verschuldensunabhängig, diese – vorbehaltlich besonderer Gefährdungshaftungstatbestände – nach Deliktsrecht verschuldensabhängig geschützt[436]. Wenn die Literatur Ansätze bringt, die Rechtsprechung sogar noch über das Nutzungsverhältnis zwischen Eigentümern und Besitzern von Grundstücken hinaus zu erweitern[437], ist unser gesamtes Haftungsrecht demoliert.

706 Nur in einer Hinsicht kann man über die Abhängigkeit des Aufopferungsanspruchs vom Ausschluß des Verbietungsrechts hinausgehen. Dies gilt für den Fall, daß der Verursacher an seiner Einwirkung festhält, obwohl der Betroffene gegen ihn den Abwehranspruch geltend macht. Hier leuchtet nicht ein, dem Betroffenen nur dann unabhängig von Verschulden den Ausgleichsanspruch zuzugestehen, wenn sich in der rechtlichen Prüfung schließlich herausstellt, daß die Immissionen im zu duldenden Bereich lagen. Der Anspruch ist jedenfalls für die Zeit von der Geltendmachung der Emissionsabwehr an bis zu dem Zeitpunkt zu gewähren, in dem entweder der Abwehranspruch durchgesetzt oder festgestellt worden ist, daß die Emission gegen Ausgleich zu dulden ist. Für diese Zeit ist der Ausgleich also auch dann zu gewähren, wenn die Prüfung ergibt, daß die Einwirkungen nicht einmal zu dulden, also verbietbar waren. Andererseits ist auch im zu duldenden Bereich nicht die Ausgleichspflicht nur deshalb zu gewähren, weil sich im Nachhinein herausstellt, daß die Immissionen an sich schon in der Vergangenheit nicht verbietbar waren. Die Folgen aus der Vergangenheit, also der Zeit vor der Auseinandersetzung zwischen den Beteiligten, sind Schadensfolgen und nach Schadensersatzrecht auszugleichen. Für den Aufopferungsanspruch ist mithin nicht zwischen zu duldendem und nicht zu duldendem Bereich, sondern zwischen Vergangenheit und Zukunft zu unterscheiden. Für die bereits eingetretene Schädigung haftet der Verursacher (grundsätzlich) nur bei Verschulden. Für die Zukunft dagegen ist jedenfalls die Ausgleichspflicht, im nicht zu duldenden Bereich bis zur Durchsetzung des Abwehranspruchs, zu gewähren. Duldungs- und Ausgleichspflicht sind zukunftsbezogen. Die Duldungspflicht ist die Zumutung, etwas, was man als störend empfindet und abwehren möchte, hinzunehmen. Das setzt die Abwehr der Einwirkung einerseits und die Zurückweisung des Begehrens, sie einzustellen, andererseits voraus, dies auch deshalb, weil dem Verursacher die Ausgleichspflicht als Kostenfaktor seiner Emissionstätigkeit zu Bewußtsein kommen muß.

5. § 906 und öffentlich-rechtliche Nutzungsregelungen

a) Das problematische Verhältnis

707 Zu § 906 stellt sich das Problem des Verhältnisses des zivilrechtlichen Nachbarschutzes zu öffentlich-rechtlichen Regelungen über die Nutzung von Grundstücken, insbesondere

[435] Dogmatische Zweifel auch bei *J. Hager*, VersR 1987, Beiheft Karlsruher Forum, S. 22, 23, der jedoch die Sachgerechtigkeit des Ergebnisses befürwortet. Ähnliche Zweifel wie hier: *v. Bar*, a.a.O. (o. Fn. 400), S. 4, 9.

[436] S. die Kupolofenentscheidung a.a.O. zum Eigentum an Kraftfahrzeugen (Schutz nach § 823 I). Dies kritisieren auch *Salje*, ZRP 1988, 153, 156, *J. Hager*, Jura 1991, 303, 306 f.

[437] *Gerlach* JZ 1988, 161, 174; *Salje*, DAR 1988, 302, 303 ff. sieht § 906 als Chance zur Bewältigung von Umweltschäden, da individuelle Verschuldenstatbestände nicht zur Abgrenzung von Gefährdungspotentialen und zum Ausgleich wirtschaftlicher Interessen geeignet seien, *Baumann*, JuS 1989, 433, 436; die Ausweitung des § 906 wird auch begrüßt von *Rehbinder*, NuR 1989, 149.

öffentlich-rechtlichen Immissionsregelungen (grundlegend § 14 BImSchG[438]). Zu fragen ist, ob das öffentliche Recht Vorrang vor dem zivilrechtlichen Nachbarschutz hat, soweit es *Tätigkeiten verbietet*, die zivilrechtlich zumindest nicht eindeutig als Beeinträchtigung des Nachbarn einzuordnen sind, oder soweit es umgekehrt *Erlaubnisse zu Tätigkeiten gibt*, die im Sinne des Zivilrechts Störungen absoluter Rechte sein könnten. Ein Vorrang des öffentlichen Rechts gegenüber dem Zivilrecht kommt weiter in der Richtung in Betracht, daß behördlich festgesetzte *Emissionsgrenzwerte* als Richtschnur auch der privatrechtlichen Zulässigkeit von Emissionen anerkannt werden.

b) Präjudizwirkung öffentlich-rechtlicher Verbote

Das öffentliche Recht kann durch Nutzungsbeschränkung den Eigentumsraum des einen Grundstücks beschränken und dadurch den des anderen ausweiten. So kann es zur Abwehrbarkeit negativer Einwirkungen kommen. Soweit das Verwaltungsrecht durch bestimmte Beschränkungen etwa der Bautätigkeit auf einem Grundstück dem Nachbarn Schutz vor Auswirkungen der Nutzung des Nachbargrundstücks gewährt, ist die öffentlich-rechtliche Regelung als Konkretisierung oder sogar Erweiterung der auch zivilrechtlich anerkannten Rechtsgüterzuordnung aufzufassen. Es können deshalb an die Regeln des öffentlichen Rechts die zivilrechtlichen Zuordnungssanktionen anknüpfen[439]. **708**

c) Präjudizwirkung öffentlich-rechtlicher Erlaubnisse insbesondere nach BImSchG

Soweit eine Einrichtung öffentlich-rechtlich betrieben wird, ist der Schutz gegen sie Sache des öffentlichen Rechts und nicht möglicher Gegenstand einer zivilrechtlichen Abwehrklage nach §§ 1004, 906. Darüber hinaus nimmt die Rechtsprechung zugunsten des Betreibers einer schlicht hoheitlich betriebenen Anlage (Kläranlage, Autobahn) eine Pflicht zur Duldung gegen Entschädigung über § 906 hinaus an, wenn der emittierende Betrieb dem Gemeinwohl dient und an seiner Aufrechterhaltung ein überwiegendes öffentliches Interesse besteht[440]. **709**

Dem entspricht es, wenn namentlich Autoren des öffentlichen Rechts vertreten, daß öffentlich-rechtliche Erlaubnisse eine das Zivilrecht präjudizierende Wirkung haben[441]. Nach diesem Standpunkt müssen die Emissionen aller öffentlich-rechtlich, insbesondere baurechtlich genehmigten Anlagen privatrechtlichen Gegenmaßnahmen entzogen sein. Da im Genehmigungsverfahren nach den darauf heute ausdrücklich Bedacht nehmenden **710**

[438] Dazu Regelungen der Länder, insbesondere BayImSchG von 1974. Auf § 14 BImSchG verweisen §§ 7 VI AtomG, 11 LuftVerkG. Sachlich stimmt damit, wenn dort auch der Anspruch auf Schutzvorkehrungen in das öffentliche Recht verlagert wird (als Recht auf entsprechende behördliche Auflagen), § 17 BFStrG i.V.m. § 75 II VwVfG überein. Auch die beiden hier und in § 14 BImSchG aufrechterhaltenen Restansprüche schließt § 11 WHG aus. §§ 110 ff. BBergG vom 13.8.1980 lassen hinsichtlich der Gefährdung durch Bergbaumaßnahmen dem Schadensersatz die Möglichkeit der Sicherung des gefährdeten Grundstücks vorgehen und machen die Sicherung zur eigenen Angelegenheit des Grundstückseigentümers, die der Unternehmer nur veranlassen und auf seine Rechnung nehmen muß.

[439] Dazu *Picker*, AcP 176 (1976), 28; FS H. Lange (1992), 625, 680 ff. Zur Anknüpfung an das Europarecht *Steindorff*, Jura 1992, 561.

[440] BGHZ 48, 98; 54, 384, 388; 91, 20.

[441] Darstellung und Nachweise bei *Gerlach*, JZ 1988, 161, 162 Fn. 8, 174 Fn. 108. Differenzierend danach, ob bei der Erteilung der öffentlich-rechtlichen Erlaubnis auch die Belange des Nachbarn berücksichtigt werden, *Papier*, VersR 1987, Beiheft Karlsruher Forum, S. 20, 22. Für die Berücksichtigung der öffentlich-rechtlichen Zulässigkeit nach Baurecht im Tatbestandsmerkmal „ortsüblich" (§ 906) wegen des mittlerweile erfolgten Ausbaues des öffentlich-rechtlichen Nachbarrechts: *Schapp*, Sachenrecht, 2. Aufl. 1995, § 10, S. 87 ff., *Geiger*, JA 1989, 454. Unklar *Diederichsen*, BB 1986, 1723, 1725. Von de lege ferenda notwendiger Rückkopplung des zivilen Haftungsrechts an das öffentliche Recht spricht *Ladeur*, VersR 1991, 257, 263, 265.

öffentlich-rechtlichen Vorschriften (etwa §§ 4 ff. BImSchG) die Umweltgefahren zu prüfen und schon der öffentlich-rechtliche Nachbarschutz zur Durchsetzung der Schutzbestimmungen im Genehmigungsverfahren durch die Betroffenen selbst eingerichtet ist, wird gefolgert, daß das Privatrecht nicht zur nochmaligen Wiederaufnahme der Verfahren, zur Verdoppelung der Rechtsschutzmöglichkeiten führen dürfe[442].

711 Die Frage nach dem Vorrang der erlaubenden Tätigkeit der öffentlichen Hand ist demgegenüber einfach zu beantworten. Weder das öffentliche Recht noch das Zivilrecht haben *allgemeine* Anwendungsansprüche. Es kommt auf die Anwendung der im Einzelfall einschlägigen Normen an[443]. Weder Investitionsplanungs- noch Umweltschutzpolitik dürfen unter Außerachtlassung der Grenzen zwischen Rechtsanwendung und Gesetzgebung betrieben werden. Exemplarisch ist die immissions- und damit umweltschutzrechtlich grundlegend wichtige Regelung des § 14 BImSchG in ihrem Zusammenspiel mit §§ 1004, 906[444]. § 14 BImSchG modifiziert den zivilrechtlichen Schutz gegen Emissionen bei öffentlich-rechtlich genehmigten Anlagen in bestimmter Weise, ohne ihn gänzlich zu verdrängen. Wer eine allgemeine Vorrangposition des öffentlichen Rechts behauptet, verkennt die Maßgeblichkeit solcher Einzelmodifikationen im Rahmen der öffentlich-rechtlichen Regelung. Eine andere Frage ist wiederum, welche Konsequenzen zu ziehen sind, wenn das öffentliche Recht die Immissionen aus einer öffentlich-rechtlich genehmigten Anlage nicht abschließend regelt, sondern zivilrechtlichen Ansprüchen Platz läßt.

712 § 14 BImSchG modifiziert den zivilrechtlichen Schutz bei öffentlich-rechtlich genehmigten Anlagen in der folgenden Weise:

§ 14 S. 1 Hs. 1 BImSchG schließt Abwehransprüche der Nachbarn auf Stillegung emittierender Gewerbebetriebe oder Anlagen, die nach §§ 4 ff. BImSchG genehmigt sind, aus. Anstelle des Stillegungsanspruchs gibt § 14 S. 1 Hs. 1 BImSchG einen besonderen zivilrechtlichen Anspruch auf Schutzvorkehrungen gegen die nun also nicht mehr mit dem Stillegungsanspruch zu bekämpfenden Beeinträchtigungen. Bei technischer Undurchführbarkeit oder wirtschaftlicher Unvertretbarkeit solcher Schutzvorkehrungen tritt an die Stelle des Schutzvorkehrungsanspruchs ein Schadensersatzanspruch.

Ebenso wie in § 906 werden also Abwehransprüche durch einen Ausgleichsanspruch ersetzt.

713 Umso komplizierter ist das Zusammenspiel zwischen beiden Vorschriften: Mit dem seinerseitigen Ausschluß von Abwehransprüchen unter Ersetzung durch Ansprüche minderer Durchschlagskraft greift § 14 BImSchG in den Bereich ein, in dem § 906 Abwehransprüche bestehen läßt. Soweit schon § 906 Abwehransprüche ausschließt, hat § 14 BImSchG keinen Gegenstand.

714 Also ist zwischen 1. dem Ausschluß von Abwehransprüchen, 2. der Verweisung auf Schutzvorkehrungen und 3. dem Entschädigungsanspruch im Verhältnis zwischen § 906 und § 14 S. 2 BImSchG, wie folgt, zu unterscheiden:

[442] In der Gegenrichtung hat *Gerlach* a.a.O. die allgemeine Notwendigkeit der Mitbestimmung des Privatrechts darzulegen versucht. Dazu hat er öffentliches und privates Recht mit allgemeinen Charakteristika belegt – planend-präventiv, dabei Risiken aufgrund Prognose und Politik generalisierend in Kauf nehmend das öffentliche Recht einerseits, individualschützend aufgrund der Sicht auf die konkrete Betroffenheit in der nachträglichen Entwicklung andererseits das Zivilrecht – und daraus die Notwendigkeit einer „richtig gemischten Gesamtordnung" gefolgert (S. 174 V).

[443] S. die verschiedenen Regelungen Fn. 438. Von der allgemeinen Abgrenzung, die z.B. *Gerlach* zwischen öffentlichem und privatem Recht vollzieht, bleibt danach nichts: §§ 17 BFStrG, 75 II VwVfG zeigen, daß das öffentliche Recht sehr wohl den Individualschutz hinsichtlich der nachträglichen tatsächlichen Entwicklung übernehmen kann. § 11 WHG zeigt, daß es diesen ausschließen kann. Es kommt eben auf die einzelne Regelung an.

[444] *Gerlach* bringt diese Regelung erst im Nachhinein unter der Überschrift „Die weiteren rechtlichen Einzelheiten zur Regelung dieses Systemkonflikts" (a.a.O., S. 171 re.Sp. ff.).

Zu 1.: § 906 schließt – im Bereich wesentlicher Beeinträchtigungen – Abwehransprüche aus bei Ortsüblichkeit der Beeinträchtigung und Nichtexistenz der Möglichkeit von Benutzern dieser Art zumutbaren Verhinderungsmaßnahmen. § 14 BImSchG schließt die danach übrigbleibenden Ansprüche auf Stillegung bei Nicht-Ortsüblichkeit und im Fall, daß die Beeinträchtigung zwar ortsüblich ist, aber jene Verhinderungsmaßnahmen möglich sind, aus.

Zu 2.: Was die Verweisung auf Schutzvorkehrungen betrifft, so gilt sie nach § 906 im ortsüblichen Bereich und bedeutet sie hier bei Denkbarkeit von Schutzvorkehrungen den Fortbestand des Abwehranspruchs, solange solche Maßnahmen nicht getroffen sind. Andererseits verweist § 906 nur auf solche Maßnahmen, die Benutzern *dieser* Art zumutbar sind. – § 14 BImSchG verweist demgegenüber auf Schutzvorkehrungen, indem er einen Anspruch auf sie und nur diesen Anspruch gibt. Diese Anspruchsberechtigung und zugleich -beschränkung durch § 14 BImSchG gilt im nicht ortsüblichen und im ortsüblichen Bereich, im letzteren, soweit § 906 den Abwehranspruch bestehen läßt, also bei Denkbarkeit von Verhinderungsmaßnahmen, die Benutzern dieser Art zumutbar sind. Solange im einschlägigen Fall die Maßnahmen nicht getroffen sind, kann nach § 906 Stillegung verlangt werden, während § 14 BImSchG nur den Anspruch auf Durchführung der Maßnahmen gibt.

Der Anspruch auf Schutzvorkehrungen nach § 14 BImSchG entfällt im nicht ortsüblichen und im ortsüblichen Bereich gleichermaßen dann, wenn die Vorkehrungen technisch nicht durchführbar und wirtschaftlich nicht vertretbar sind (§ 14 S. 2 BImSchG). § 14 S. 2 BImSchG stellt bei dieser Begrenzung nicht auf Benutzer *dieser Art* ab. Im Zusammenhang mit § 906 bedeutet das, daß der Anspruch auf Verhinderungsmaßnahmen im Falle, daß solche Maßnahmen Benutzern *dieser Art* zumutbar sind, gegeben ist (denn dann sind die Maßnahmen auch technisch durchführbar bzw. wirtschaftlich vertretbar), daß aber selbst dann, wenn Verhinderungsmaßnahmen aus der Sicht des Störers technisch durchführbar und wirtschaftlich vertretbar erscheinen, der Anspruch auf sie *nicht gegeben ist*, wenn Verhinderungsmaßnahmen Benutzern *dieser Art* nicht zumutbar sind. Im letzteren Fall schließt § 906 II 1 den Stillegungsanspruch aus und greift § 14 BImSchG somit nicht ein.

Zu 3.: Was schließlich den Entschädigungsanspruch betrifft, so gilt der von § 906 II 2 geregelte dann, wenn die Emission nach § 906 II 1 *nicht* abgewehrt werden kann, d.h. wenn sie ortsüblich ist und nicht durch Benutzern dieser Art zumutbare Maßnahmen verhindert werden kann. Der Schadensersatzanspruch, von dem § 14 S. 2 BImSchG spricht, tritt an die Stelle des Maßnahmeanspruchs der Vorschrift, auf den, wie eben gesehen, der Gestörte dann grundsätzlich beschränkt wird, wenn er nach § 906 I oder II 1 die Beeinträchtigung *abwehren* könnte. Der Schadensersatzanspruch verdrängt nach § 14 S. 2 BImSchG den Maßnahmeanspruch dann, wenn Schutzmaßnahmen nicht durchführbar oder nicht vertretbar sind. D.h., daß der Schadensersatzanspruch nach § 14 S. 2 BImSchG nur für nicht ortsübliche, nicht aber für ortsübliche Emissionen in Betracht kommt. Ortsübliche Emissionen sind nach § 906 II 1 nur dann abzuwehren (mit der Folge der Ersetzung des Abwehranspruchs durch den Maßnahme-, hilfsweise den Schadensersatzanspruch nach BImSchG), wenn Benutzern dieser Art zumutbare Schutzmaßnahmen *denkbar* sind; in diesem Fall sind die Maßnahmen aber auch technisch durchführbar und vertretbar, so daß nach § 14 BImSchG nur der Maßnahmeanspruch, nicht der Schadensersatzanspruch begründet ist. **715**

In diesem Immissionsschutzsystem gleicht an zwei Stellen ein Entschädigungsanspruch die Zumutung der Duldung wesentlicher Beeinträchtigungen aus. Beides – die Zumutung der Duldung und deshalb auch der Entschädigungsanspruch – betrifft denjenigen Personenkreis, der Einwirkungen auf Grundstücke abwehren kann; das sind Eigentümer (§ 1004) und Besitzer von Grundstücken (§ 862). **716**

Gilt mithin hinsichtlich der Frage, ob und inwieweit das öffentliche Recht bei seiner Kontroll- und Erlaubnistätigkeit bezüglich des Tuns von Privaten eine ausschließliche **717**

Geltung für sich in Anspruch nimmt oder aber der zivilrechtliche Schutz in der Beziehung der Privaten untereinander gerade als notwendige Ergänzung hinzutritt, die einfache Feststellung, daß die konkreten rechtlichen Regelungen maßgeblich sind, so ist doch eine grundsätzliche Aussage in dem folgenden Sinne möglich: Grundsätzlich – d.h. vorbehaltlich klarer Sonderregelungen – kommt öffentlich-rechtlichen Regelungen und Akten, die eine bestimmte Art der Eigentumsausübung *erlauben,* eine zivilrechtsgestaltende Wirkung nicht zu[445]. Diese Zulässigkeitsbestimmungen oder Erlaubnisse betreffen in der Regel die planerische, vielerlei Interessen abwägende Gestaltung der Verhältnisse im Sinne der notwendigen Obsorge der staatlichen Verwaltung für eine generell gute und erträgliche Entwicklung. Die konkrete Auseinandersetzung des privaten Begünstigten mit einem Betroffenen nach Maßgabe von dessen tatsächlicher Betroffenheit ist in der Regel nicht erfaßt. Schließlich haben beide Rechtsgebiete unterschiedliche Angriffspunkte: Während das Verwaltungsrecht Vorkehrungen für regelmäßige Schadensfreiheit trifft, ist es Aufgabe des Haftungsrechts, für Ausgleich zu sorgen, wenn dennoch ein Schaden entsteht[446]. Deshalb gibt, wie gesehen, der öffentlich-rechtliche Gesetzgeber, soweit er die zivilrechtliche Auseinandersetzung doch einmal ausschließen will, entsprechende Regelungen. Ohne eine derartige Regelung bleibt aber für die zivilrechtliche Auseinandersetzung Raum.

718 Nimmt man dies zum Ausgangspunkt, so ist gegen die berühmte Tennisplatz-Entscheidung des BGH[447], die so viel Wirbel in Hinsicht auf unsere Frage ausgelöst hat[448], nichts einzuwenden: Die die Kl. so außerordentlich störende (nämlich in einem Abstand von 4 m zu deren Wohnhaus beginnende) Tennisanlage hatte zur rechtlichen Grundlage nur die Zulässigkeit von Sportanlagen in Mischgebieten gemäß der BauNVO. Die Verabredung mit der Stadt[449], die dem Bekl. die Anlage gegen die Verpflichtung, sie zu unterhalten, überlassen hatte, wirkte von vornherein nicht im Verhältnis zu den Nachbarn. Durch die öffentlich-rechtliche Zulässigkeit[450] war die Auseinandersetzung zwischen den Parteien offensichtlich nicht präjudiziert. Eine Regelung des Inhalts, daß die Bauplanung die Auseinandersetzung der jeweils nachbarschaftlich betroffenen privaten Parteien über die Einzelauswirkungen, die die tatsächliche Ausfüllung der planerisch vorgesehenen Nutzungsmöglichkeiten hat, absorbiert, ist der öffentlich-rechtlichen Regelung an keiner Stelle zu entnehmen[451]. Deshalb konnte der BGH so, wie er es getan hat, unbekümmert um die öffentlich-

[445] Besonderes gilt für den Dispens, soweit dieser von den o. Rz. 708 angesprochenen nachbar*schützenden* Vorschriften des öffentlichen Rechts befreit. Diese Befreiung betrifft die zivilrechtswirksame Regelung des öffentlichen Rechts selbst und also die öffentlich-rechtliche *und* die zivilrechtliche Seite dieser Regelung, s. *Picker*, AcP 176 (1976), 28, 44 ff. Der Unterschied zwischen öffentlich-rechtlichen Erlaubnissen, die von eigentums*erweiternden* Normierungen im Rahmen des öffentlichen Rechts *befreien*, und solchen, die eine möglicherweise eigentums*beschränkende* Tätigkeit zulassen, wird von *Gerlach*, JZ 1988, 161, 172 re.Sp. nicht gesehen. Im Ergebnis wie hier *Baumann*, JuS 1989, 433, 438; *Rehbinder*, NuR 1989, 149, 155.

[446] Zutreffend *Rehbinder*, NuR 1989, 149, 152 f.; *v. Bar*, a.a.O. (Fn. 400), S. 4, 14.

[447] NJW 1983, 751.

[448] Nachweise bei *Gerlach*, JZ 1988, 162 Fn. 8, 9.

[449] Von einer Genehmigung der Tennisanlage, von der *Gerlach*, a.a.O., S. 172 Fn. 90 ausgeht, findet sich in der Entscheidung nichts (auch nicht in der von *Gerlach* zitierten Fundstelle WM 1983, 176).

[450] Die freilich durchaus zweifelhaft war (§ 15 BauNVO erzwingt die Berücksichtigung der Belange der Nachbarn bei der Erteilung der Baugenehmigung; eine Baugenehmigung für die Anlage hätte gegen das Rücksichtnahmegebot verstoßen).

[451] *Gerlach* meint, wenn auch nicht der Baugenehmigung (die ja schon nach der baurechtlichen Regelung – s. etwa Art. 72 IV BayBO – unbeschadet der Rechte Dritter ergeht), so doch wenigstens dem Bebauungsplan eine Präjudizwirkung konzedieren zu müssen, weil § 1 VI BauGB gebiete, „die öffentlichen und privaten Belange gegeneinander und untereinander gerecht abzuwägen". Wenn das Privatrecht ganz unabhängig davon über den nachbarlichen Interessenkonflikt entscheiden wolle, negiere es die gesetzliche Aufgabe „gerechter" Abwägung und Gestaltung des öffentlichen Rechts (*Gerlach*, JZ 1988, 161, 173). Der bloße – in seinem Inhalt nahezu *selbstverständliche* – Leitsatz des § 1 VI BauGB ist jedoch als Grundlage be-

rechtliche Grundlage der Tennisanlage die Zulässigkeit der Lärmeinwirkung nach § 906 prüfen und aufgrund der Feststellung der Unzulässigkeit und weiter der gänzlich fehlenden Anpassungsbereitschaft des Bekl. den Anspruch auf Einstellung des ganzen Tennisbetriebs zusprechen[452].

d) *Präjudizwirkung behördlicher Grenzwerte*

Was nach der Frage eines Ausschließlichkeitsanspruchs öffentlich-rechtlicher Nutzungs- und Genehmigungsregelungen die oben angesprochene zweite Frage der Maßgeblichkeit behördlich festgelegter Emissionswerte betrifft, so hat auch hierzu der BGH mit Recht eine vom Sachverhalt, aber nicht – ohne Grundlage dazu – von öffentlich-rechtlichen Vorgaben abhängige zivilrechtliche Prüfung für maßgeblich erklärt. Im Kupolofen-Urteil hat er den Standpunkt vertreten, daß sich die Betreiber emittierender Anlagen zwar grundsätzlich an den Werten etwa der TA-Luft ausrichten könnten, die ja zu dem Zweck aufgestellt werde, schädliche Umweltauswirkungen zu vermeiden. Die Werte seien aber nur ein allgemeiner Richtwert[453], die konkreten Verhältnisse könnten anders liegen. Seien Anhaltspunkte für eine nicht ausreichende Bemessung der Werte der TA-Luft für die konkrete Situation gegeben, so träfen den Betreiber zusätzliche Gefahrenabwendungspflichten, hinsichtlich deren Erfüllung er auch wieder darlegungs- und beweispflichtig sei[454]. Die Immissionsgrenzwerte der TA-Luft wirken somit als präsumtive Höchstwerte. In beiden Richtungen sind Abweichungen möglich. Anhaltspunkte für eine Überschreitbarkeit hat der Emitttent, solche für die Notwendigkeit der Unterschreitung hat der Geschädigte darzulegen, wobei aber bei gelingender Darlegung von Anhaltspunkten der letzteren Art deren Unerkennbarkeit oder aber die Erfüllung der daran anknüpfenden verschärften Verkehrssicherungspflicht vom Emittenten dargelegt und bewiesen werden muß. 719

6. Analoge Anwendung des § 906

§ 906 ist analog anwendbar auf alle ortsgebundenen Rechtsgüter, die Immissionen ausgesetzt sind, wie Besitz am Grundstück, Recht am eingerichteten und ausgeübten Gewerbebetrieb, Position der Geschütztheit durch öffentliche Baurechtsnormen[455]. 720

Die analoge Anwendung der Ausgleichspflicht nach § 906 II 2 i.S. einer allgemeinen verschuldensunabhängigen Schadenshaftung ist abzulehnen. 721

Anders als in Richtung auf eine Verursachungshaftung bei zulässiger oder unzulässiger Immission ist § 906 II 2 nach seinem Gedanken der Duldung unter Gewährung eines Aufopferungsanspruchs erweiterbar. Hält der Verursacher von Immissionen trotz Geltendmachung von Unterlassungs- oder Ausgleichsanspruch an der Emissionstätigkeit fest, ist § 906 II 2 auch dann anzuwenden, wenn die Immissionen unzulässig sind. Weiter ist die Rechtsprechung zur Duldung von Gemeinwohlbetrieben gegen Entschädigung[456] durch eine analoge Anwendung des § 906 gerechtfertigt[457]. 722

sonderer Präjudizwirkung untauglich. Im Rahmen der zivilrechtlichen Überprüfung ist andererseits die öffentlich-rechtliche Gestaltung sicherlich ein wesentliches Datum, welches bei der Anwendung der allgemeinen Begriffe des § 906 zu berücksichtigen ist. – Im übrigen waren im Tennisplatz-Fall die fraglichen Grundstücke nicht einmal als Tennisanlage, sondern nur als Sonderbaufläche im Bebauungsplan ausgewiesen.

452 Eine Präjudizwirkung von BauNVO und Bauplanung ablehnend auch schon BGH LM § 906 BGB Nr. 9.

453 Anschaulich zum Problem von Grenzwerten und der Untätigkeit des Gesetz- und Verordnungsgebers und damit zur Notwendigkeit gerichtlicher Unabhängigkeit *Scheuing*, JuS 1988, 860 zu BVerwGE 77, 285; daraus wird auch ersichtlich, wie wichtig es ist, daß die Zivilgerichte in Haftungsfragen grundsätzlich selbständig entscheiden.

454 BGHZ 92, 143, 152.

455 S. *Picker*, AcP 176 (1976), 28.

456 BGHZ 48, 94: Entschädigungsanspruch bei Autobahnbau.

723 In dem Fall, daß auf ein – auch seinerseits gewerblich genutztes – Grundstück bei Sprengungen Steinbrocken aus einem Gipssteinbruch geschleudert werden, hat der BGH[458] dagegen § 906 nicht anwenden wollen. Er folgert stattdessen aus dem Rechtsgedanken des nachbarlichen Gemeinschaftsverhältnisses, daß die Klage aus § 1004 auf Einstellung des Betriebs wegen der wirtschaftlichen Folgen, insbesondere des drohenden Verlusts der Arbeitsplätze, verwehrt sei (soweit nicht Lebens- oder Gesundheitsgefahr bestehe). An die Stelle des § 1004 müsse aber voller Schadensausgleich treten. Das führt zum Thema des nachbarlichen Gemeinschaftsverhältnisses.

7. Das nachbarliche Gemeinschaftsverhältnis

724 In der Feinabstimmung der nachbarlichen Eigentumsgrenzen arbeitet die Rechtsprechung über die Gesteinsbrocken-Entscheidung des BGH[459] hinaus häufig mit dem Begriff des nachbarlichen Gemeinschaftsverhältnisses i.V. mit § 242. Grundsätzlich sieht sie darin nur eine Schranke für die Rechtsausübung und nicht eine Grundlage für selbständige Ansprüche. Ausnahmsweise gewährt sie aber auch einen Anspruch, nämlich dann, wenn dies aus zwingenden Gründen eines billigen Interessenausgleichs geboten sei[460]. § 242 mit der Formel vom nachbarlichen Gemeinschaftsverhältnis zieht das OLG Frankfurt a.M.[461] in der – bei den heutigen Lebens- und Wohnverhältnissen besonders bewegenden – Katzenproblematik heran, um das in einer anderen Gerichtsentscheidung[462]

[457] Die Kritik an der Rechtsprechung wegen des Gesetzesvorbehalts gemäß Art. 14 I 2 GG (*Papier*, NJW 1974, 1797, 1799; *Köckerbauer-Büllesbach*, JuS 1991, 373, 376; *Olzen*, Jura 1991, 281, 288 f.) ist deshalb nicht berechtigt.

[458] BGHZ 28, 225, wonach der Steinbruch eine von der Überprüfung im Genehmigungsverfahren nach GewO nicht erfaßte Nebenanlage eines genehmigten Kalkofens war.

[459] Soeben Rz. 723.

[460] BGH NJW 1983, 729 = BGHZ 88, 344; BGH WM 2001, 1299, 1301. Eine Einschränkung der vom Nachbarn geplanten Bautätigkeit nimmt aufgrund des nachbarlichen Gemeinschaftsverhältnisses an BGH LM zu § 903 Nr. 2. Da im Fall der Bauherr auf Feststellung der Zulässigkeit der Bebauung geklagt hat, hat der BGH nur die Beschränkung von dessen Eigentumsausübungsrecht, aber nicht den daraus folgenden Abwehranspruch des beklagten Nachbarn feststellen müssen. Weitergehend BGH NJW 1991, 1671, 1672: Ein einem Deponiegrundstück benachbarter Weinberg wurde durch einen von einem Erdaushub verursachten Kaltluftsee geschädigt. Da ein völliger Anspruchsausschluß wegen des Charakters der Immissionen als negativer Immissionen nicht gerechtfertigt sei, erkennt der BGH einen Ausgleichsanspruch – nicht analog § 906 II 2, aber diesem inhaltsgleich – wegen Verletzung des nachbarlichen Gemeinschaftsverhältnisses an. In WM 2001, 1299 ff. hat der BGH es zwar abgelehnt, unter dem Gesichtspunkt des nachbarlichen Gemeinschaftsverhältnisses die Nichtnutzung der eigenen Weinbaufläche im Hinblick auf die dadurch verursachten Folgen für den Nachbarn (auf der nicht genutzten Fläche wurde der Mehltau nicht bekämpft und konnte sich verstärkt auf die Nachbarfläche ausbreiten) als eine rechtswidrige Beeinträchtigung des Nachbargrundstücks (im Sinne einer verkehrspflichtwidrigen Unterlassung) anzusehen (S. 1301 unter c; s. schon DNotZ 2000, 465). Der BGH hält aber aus dem nachbarlichen Gemeinschaftsverhältnis die Pflicht für begründet, den Nachbarn über die geplante Einstellung der Bewirtschaftung der eigenen Fläche zu informieren und zumutbare Abwehrmaßnahmen, die der andere auf der nicht bewirtschafteten Fläche durchführen könnte, zu dulden, und bejaht für den Fall, daß dem Nachbarn die Nichtnutzung nicht ohne weiteres rechtzeitig erkennbar war und er deshalb Schadensabwehrmaßnahmen unterlassen hat, einen Anspruch aus positiver Forderungsverletzung (im vorliegenden Fall sei dieser aber wegen der frühzeitigen Ersichtlichkeit der Nichtbewirtschaftung abzulehnen, S. 1302). – Mit dem nachbarlichen Gemeinschaftsverhältnis arbeitet der BGH in NJW-RR 1989, 464 bei immateriellen Einwirkungen.

[461] NJW 1985, 2138; auf das nachbarliche Gemeinschaftsverhältnis stützen sich auch: LG Augsburg NJW 1985, 499 und OLG Celle NJW-RR 1986, 821.

[462] AG Passau NJW 1983, 2885.

ausgesprochene, in der Bevölkerung auf erhebliche Kritik gestoßene Verbot, daß überhaupt Katzen das Nachbargrundstück betreten, zu vermeiden[463].

Der Begriff des nachbarlichen Gemeinschaftsverhältnisses spricht in aller Regel den Verhältnissen, die in den Fällen herrschen, die mit seiner Hilfe zu lösen sind, Hohn. Es werden die Nachbarn auch in der Regel nicht mit der richterlichen Entscheidung zum Gemeinschaftsverhältnis zurückgeführt. Das Gericht kann nichts anderes tun, als, beschränkt auf den ihm vorgetragenen Konflikt, Zumutungen oder Gefährdungen auszuschließen oder auszugleichen, die aus der Sicht auf die beteiligten Interessen nicht tragbar sind. Hierzu sind die Einschränkung der Rechtsausübung einerseits und die Begründung von Pflichten, deren Verletzung eine Verkehrspflichtverletzung im Sinne von § 823 I oder auch eine positive Forderungsverletzung bedeuten kann, andererseits auseinanderzuhalten: Bei der Einschränkung geht es um die Lösung nachbarlicher Streitigkeiten im Einzelfall an Hand von gerechten Abwägungsmaßstäben und -mitteln nach dem Vorbild, das der Gesetzgeber in § 906 gegeben hat. Die Katzenproblematik ist beispielhaft. Mit der Feststellung, daß § 906 nur auf leichtgewichtige Stoffe und Lebewesen anwendbar ist und auf Katzen nicht, ist nichts gewonnen, auf keinen Fall ein Verbot jeglicher Katzenhaltung. Die Aufgabe, § 906 nach der relativen Größe der die Grundstücksgrenzen überfliegenden oder überschreitenden Lebewesen abzugrenzen, ist nicht sinnvoll zu lösen. Katzenhalten gehört wie Musizieren und Baulärm zur selbstverständlichen Lebensentfaltung. Wird der Richter angesprochen, muß er zu einer weisen Interessen- und Zumutbarkeitsabwägung kommen. Die weiseste Lösung wird häufig sein eine Einschränkung der Ausübung, die die Betätigungsfreiheit nicht erstickt, ergänzt durch einen Geldausgleich i.S. des § 906 II 2, soweit die Ausübung zugemutet wird[464]. Auch im Fall der Gesteinsbrocken-Entscheidung war, wenn es überhaupt nach den Einzelumständen in Betracht kam, daß der Betrieb im Gipssteinbruch nicht gänzlich einzustellen war, die Lösung in § 906 II 1, 2 zu finden. 725

Was die Begründung von Pflichten aus dem nachbarlichen Gemeinschaftsverhältnis angeht, kommt es darauf an, ob im Einzelfall aufgrund einer konkreten Gefährdung von Nachbarn eine Sonderverbindung begründet ist. Insofern ist das Thema nicht die Verletzung allgemeiner Verkehrspflichten nach § 823 I, sondern die positive Forderungsverletzung. Der BGH hat für die Frage des vorsätzlichen oder grob fahrlässigen Überbaus nach § 912 I statuiert, daß im nachbarlichen Gemeinschaftsverhältnis § 278 nicht anzu- 726

463 Eine Pflicht zur Duldung von 2 anstatt 27 Katzen nimmt OLG München NJW-RR 1991, 17 an; gegen Duldungspflicht, wenn das Grundstück für Katzenhaltung objektiv nicht geeignet ist und die Katzen dort wesensfremd gehalten werden, *Just*, BayVBl 1988, 705, 706. Nach OLG Celle VersR 1986, 973 = NJW-RR 1986, 821 muß der Eigentümer eines auf Katzen anziehend wirkenden Feuchtbiotops das Halten einer Katze, aber nicht von zwei Katzen durch den Nachbarn dulden. Nach AG Neu-Ulm NJW-RR 1999, 892 f. ist der Grundstückseigentümer, auf dessen Grundstück – nach seiner Behauptung von seinen Kindern – drei Katzen gehalten werden, die, wie mit Hilfe eines Privatdetektivs bewiesen, im nachbarlichen Garten, insbesondere auf den Spielgeräten der Nachbarskinder, ihre Notdurft zu verrichten gewohnt sind, verpflichtet, dafür zu sorgen, daß auf seinem Grundstück „nicht mehr als eine Katze mit freiem Auslauf über die Grenze dieses Grundstücks hinaus gehalten wird".

464 Auch bei Beschränkung der Katzenhaltung auf eine Katze oder zwei sind die von Katzen hinterlassenen Rückstände dem betroffenen Grundstückseigentümer nicht zumutbar. Hier kommt weder in Betracht, daß der Halter die Haltung doch einstellen muß, noch seine Verpflichtung, auf dem betroffenen Grundstück für Beseitigung zu sorgen (der Streit über die Art der Durchführung der Beseitigung ist absehbar). Die Beseitigung oder das Ertragen durch den Betroffenen ist nicht zu umgehen. Wenn die Parteien überhaupt so weit gehen, das Gericht aufzusuchen, ist ein angemessener Geldausgleich (berechnet etwa nach dem Stundenlohn für einen Gärtner), der dem Halter die Überlegung aufgibt, ob er gegen die entgeltliche Inanspruchnahme des Nachbargrundstücks bei der Katzenhaltung bleiben will, die richtige Lösung.

wenden ist[465]. In einer neueren Entscheidung[466], die die Anwendung des § 254 auf die negatorische Haftung nach § 1004 betraf, hat der BGH Zweifel an seiner bisherigen Ansicht geäußert, konnte die Frage aber dahinstehen lassen, weil es für die Entscheidung auf die Frage nicht ankam[467]. Die bloße Floskel vom nachbarlichen Gemeinschaftsverhältnis kann keinesfalls eine Schadenshaftung unter Anwendung des § 278 ergeben. Besteht freilich aufgrund einer konkreten Gefährdung eine Sonderverbindung, ist auch § 278 anzuwenden.

IV. Erwerb und Verlust des Eigentums

1. Übersicht über die verschiedenen Tatbestände

727 Man kann nach dem BGB derivativ (vom zuvor Berechtigten abgeleitet) oder originär Eigentum erwerben, für beides kommen rechtsgeschäftliche und gesetzliche Erwerbstatbestände in Betracht[468]. Der Hauptfall ist der des derivativen, rechtsgeschäftlichen Erwerbs aufgrund einer Übereignung durch den Berechtigten. Das Gesetz regelt zuerst die Übereignung von Grundstücken, für die mit Modifikationen die allgemeinen Vorschriften über Grundstücksrechte anzuwenden sind (§§ 873 ff., 925 ff.), und dann die Übereignung von beweglichen Sachen (§§ 929 ff.). Eine Zwischenform, nämlich ein Eigentumserwerb an beweglichen Sachen als Nebenfolge des Eigentumserwerbs an Grundstücken, ist der Erwerb des Eigentums an Grundstückszubehör (§ 926 I mit §§ 97 f.). Neben den derivativen Erwerb vom Berechtigten tritt der originäre rechtsgeschäftliche Erwerb des Eigentums vom Nichtberechtigten. Auch hier ist zu unterscheiden zwischen dem Erwerb des Eigentums an Grundstücken (§§ 873 I 1. Verfügungsart, 925, 892) und dem des Eigentums an beweglichen Sachen (§§ 932 ff.) und der Zwischenform des Eigentumserwerbs an Grundstückszubehör (§ 926 II).

728 Originär ist der einseitige rechtsgeschäftliche Erwerb kraft Aneignung eines herrenlosen Grundstücks nach § 928 II[469]. Die Aneignung herrenloser beweglicher Sachen ist bloßer Realakt (§ 958). Das Pendant zur Aneignung ist die Dereliktion, d.h. der Akt, durch den das Eigentum an der Sache aufgegeben und die Sache somit herrenlos wird (§§ 928 I, 959). Dieser ist rechtsgeschäftlich.

Ein derivativer Erwerb des Eigentums kraft Gesetzes tritt ein durch Erbfolge (§ 1922 I) und durch Einverleibung in ein Inventar (§§ 582 a II 2, 1048 I 2, 2111 II: Der Verpächter etc. erwirbt nur Eigentum, wenn auch der Pächter etc. Eigentum hatte).

Als originärer gesetzlicher Erwerb, der sowohl bei Grundstücken wie bei beweglichen Sachen geregelt ist, ist der Erwerb durch Ersitzung zu nennen: Das Eigentum an Grundstücken kann aufgrund der Eintragung im Grundbuch (Tabular- oder Buchersitzung, § 900) ersessen werden. Eine Ersitzung des Grundstückseigentums ohne Eintragung (Kontratabularersitzung) eröffnet das BGB nicht. Es gibt aber aufgrund langjährigen Eigenbesitzes ein Aneignungsrecht, nämlich das Recht, den Eigentümer im Wege des Aufgebotsverfahrens (§§ 946 ff. ZPO) auszuschließen und sich anschließend als Eigentümer in das Grundbuch eintragen zu lassen (§ 927 I, II mit der Einschränkung des Abs. 3). Die Ersitzung des Eigentums an einer beweglichen Sache wird bei langjährigem gutgläubigem Eigenbesitz erreicht (§§ 937 ff.).

465 BGHZ 42, 63, 374.

466 BGHZ 135, 235, 244.

467 Den Tatbestand der positiven Forderungsverletzung, in dessen Rahmen § 278 anzuwenden ist, hält der BGH jetzt in WM 2001, 1299, 1302 bei Pflichtverletzungen im nachbarlichen Gemeinschaftsverhältnis für erfüllt.

468 Zu den Grundlagen einzelner Tatbestände originären Eigentumserwerbs *Knütel*, Rechtsgeschichte und Privatrechtsdogmatik, S. 549 ff.

469 Aber auch § 927 I, II.

Besondere Erwerbstatbestände für bewegliche Sachen sind die folgenden: **729**

- Erwerb des Eigentums an Früchten und Bestandteilen (§§ 954 f.[470]),
- Erwerb des Eigentums an einer Urkunde, in der ein Recht verkörpert ist, wenn die Übertragung des Rechts durch dessen Zession bewirkt wird (§ 952[471]),
- schließlich der Erwerb kraft Einfügung einer Sache als wesentlicher Bestandteil einer anderen (§§ 946, 947 ff. mit §§ 93 ff.), kraft Verarbeitung (§§ 950, 951), kraft Fundes (§§ 973 ff.), insbesondere des Schatzfundes (§ 984).

Zwischen den rechtsgeschäftlichen und den gesetzlichen Erwerb fügt sich, auch wieder betreffend bewegliche Sachen, der Erwerb des Eigentums an beweglich werdenden Sachen kraft Aneignungsgestattung ein, derivativ kraft Aneignungsgestattung des Berechtigten (§ 956), originär kraft Aneignungsgestattung des Nichtberechtigten (§ 957). **730**

2. Rechtsgeschäftlicher Erwerb und Verlust des Eigentums an Grundstücken

a) Überblick

Der Erwerb des Grundstückseigentums vom Berechtigten vollzieht sich nach § 873 I 1. Verfügungsart i.V.m. § 925 I unter folgenden Voraussetzungen[472]: **731**

- *Berechtigung* des Veräußerers,
- Einigung über den Eigentumsübergang in der Form der *Auflassung* und
- *Eintragung* des Erwerbers als Eigentümer in das Grundbuch.

Die *Auflassung* ist die Einigung vor einer zuständigen Stelle bei gleichzeitiger Anwesenheit der Parteien.

Der Erwerb des Grundstückseigentums vom Nichtberechtigten ist wie der des Eigentums an beweglichen Sachen entweder nach § 185 oder nach der Regelung des gutgläubigen Erwerbs möglich. Für den gutgläubigen Erwerb muß der Tatbestand der §§ 873 I, 925 I erfüllt sein, an Stelle der Berechtigung des Veräußerers tritt gemäß § 892 I 1 die Eintragung des Veräußerers im Grundbuch. Der auf dieser Basis grundsätzlich eintretende Erwerb wird ausgeschlossen durch Eintragung eines Widerspruchs gegen die Richtigkeit des Grundbuchs und durch die Bösgläubigkeit des Erwerbers. Für § 892 ist hervorzuheben: Nur Kenntnis des Erwerbers schadet, jede, auch die grob fahrlässige Unkenntnis schadet nicht[473], es sei denn, es ist ein Widerspruch im Grundbuch eingetragen, § 892 I S. 1 Hs. 2. § 892 II macht Kenntniserlangung nach der Stellung des Antrags auf Eintragung unschädlich, wenn nicht die Einigung erst nachfolgt und zu ihrem Zeitpunkt die Kenntnis erworben ist. **732**

b) Die Übereignung von Grundstücken im einzelnen

aa) Erwerb vom Berechtigten

aaa) Vornahme von Kauf und Übereignung

Hauptfall und Paradigma für die Übereignung von Grundstücken ist die Übereignung aufgrund Kaufvertrags. Der *Grundstückskaufvertrag* als Verpflichtungsgeschäft (§ 433) und die *Übereignung des Grundstücks* als Verfügungsgeschäft sind getrennte Geschäfte. **733**

[470] Kein Erwerbstatbestand ist § 953, er läßt das Eigentum fortbestehen.

[471] Nach § 952 gilt der Satz: Das Recht am Papier folgt dem Recht aus dem Papier. Inhaberpapiere (z.B. die Schuldverschreibung auf den Inhaber nach § 793) werden demgegenüber nach §§ 929 ff. übereignet. Bei ihnen gilt: Das Recht aus dem Papier folgt dem Recht am Papier.

[472] Nach *Mainusch,* NJW 1999, 2148, abweichend das Kirchenrecht für die Grundstücksübertragung bei Veränderungen im Bestand kirchlicher Körperschaften.

[473] Kenntnis der die Unrichtigkeit begründenden Tatsachen allein reicht nicht; erforderlich ist, daß daraus der Schluß auf die Unrichtigkeit gezogen wird (RGZ 170, 180, 187).

Der Grundstückskauf unterliegt der Formvorschrift des § 311b I (= § 313 a.F.)[474] mit der Beurkundungsmaßgabe des § 128, so daß also auch gestreckte Beurkundung möglich ist[475]. Nach § 311b I 2 (= § 313 S. 2 a.F.) wird ein Formmangel beim Kaufvertrag durch Auflassung und Eintragung in das Grundbuch geheilt[476].

[474] Allgemein zu § 311b I (= § 313 a.F.): *Baur/Stürner* § 21 A I. Zur Rückabwicklung bei Formnichtigkeit BGHZ 116, 251. Zur Frage der Beurkundungsbedürftigkeit von Verträgen, mit denen ein Grundstückskaufvertrag wieder aufgehoben wird, *Eckhardt*, JZ 1996, 934 ff.

[475] Nur für die Auflassung ist durch das Erfordernis der gleichzeitigen Anwesenheit (§ 925 I 1) die Stufenbeurkundung des § 128 ausgeschlossen.

[476] Dazu *Flume* II § 15 III 3 b, S. 268; § 5 III 4 c ff., S. 276. Wegen § 925 II gibt es hier die Frage der Heilung durch Verzicht auf die Bedingung bei einer bedingten Übertragung nicht. Zur Sicherung der Heilung eines formnichtigen Grundstückskaufs durch Erteilung einer unwiderruflichen Auflassungsvollmacht s. sogleich Rz. 738 Fn. 492. Die Rechtsprechung (etwa RGZ 117, 287, 291 f.; 120, 118) nimmt andererseits für den Verkäufer die Möglichkeit an, die Heilung auch noch nach Auflassung und Stellung des Umschreibungsantrags durch Erwirkung eines dem Veräußerungsverbot i.S. von §§ 136, 888 II entsprechenden Erwerbsverbots gegen den Käufer zu vereiteln. Dagegen *Flume* II § 17 6 e, S. 361. *Flume* ist zuzugeben, daß man nicht weiß, welches mit Wirksamkeit verbundene und deshalb darin einschränkbare Verhalten das Erwerbsverbot – insbesondere nach Stellung des Eintragungsantrags – verbieten soll. Damit ist aber nur eine Analogie zur Veräußerung als Gegenstand des Veräußerungsverbots verneint, nicht eine Analogie zum Veräußerungsverbot als Schutzfigur. Sogar ein Veräußerungsverbot im unmittelbaren Sinne kommt in Betracht, wenn man statt des Schutzes des Verkäufers den des Käufers überlegt: Auch dieser kann daran interessiert sein, die Heilung des Kaufvertrags zu verhindern, und für ihn geht es dann darum, den aufgrund der Auflassung möglichen Eintragungsantrag des Verkäufers und die aufgrund seiner erfolgende Umschreibung auf ihn, den Käufer, zu verhindern. Zu diesem Zweck kommt aber gerade ein Verfügungsverbot in Betracht, wenn auch mit der ungewöhnlichen Richtung, die Verfügung an den Erwerber gerade zum Schutz des Erwerbers zu verbieten. Das Verfügungsverbot hat durchaus Sinn, seine Folge ist die relative Unwirksamkeit der Übereignung an den Käufer zugunsten des Anspruchs des Käufers auf Verhinderung der Eigentumsumschreibung um des Ausschlusses der Heilung willen (dazu weiter u.). Bestehen die Formnichtigkeit und der Anspruch, was aber zweifelhaft sein kann, so tritt erstens die Heilung nicht ein und kann zweitens der Käufer vom Verkäufer dessen Wiedereintragung verlangen. Stellen sich Formnichtigkeit oder Anspruch als nicht gegeben heraus, so entfällt die relative Unwirksamkeit und hat der Verkäufer den gültigen Kaufvertrag erfüllt. Dieselbe Rechtslage ergibt sich, wenn der Käufer auf den Schutz durch die relative Unwirksamkeit verzichtet und dadurch die Heilung des Vertrags eintritt. Ist aber so der Käufer durch die Möglichkeit des Verfügungsverbots geschützt, muß entsprechend für den Verkäufer die Möglichkeit bestehen, die Heilung des Vertrags auf die Initiative des Käufers hin durch ein Erwerbsverbot zu verhindern. Damit sind freilich nur die Figuren des vom Käufer zu erwirkenden Verfügungs- und des vom Verkäufer zu erwirkenden Erwerbsverbots dargetan. Da die Verbote durch einstweilige Verfügung auszusprechen sind, bedarf es noch der Entwicklung eines entsprechenden Verfügungsanspruchs, damit es durch dessen Glaubhaftmachung zur einstweiligen Verfügung kommen kann. Für das Verfügungsverbot zugunsten des Käufers war er schon angesprochen. Was nun die Begründung dieses Anspruchs betrifft, ist zu unterscheiden, ob V dem K und umgekehrt K dem V die Auflassung, aufgrund deren der Eintragungsantrag erst gestellt werden kann, in Kenntnis oder Unkenntnis der Formnichtigkeit gewährt hat. Die Auflassung ist als solche unwiderruflich und Grundlage des von beiden Parteien anbringbaren Eintragungsantrags. Ist sie in Kenntnis der Formnichtigkeit gewährt, so ist an der sich aus ihr ergebenden Rechtsstellung des anderen Teils, also insbesondere der Möglichkeit, durch Eintragungsantrag die Eigentumsumschreibung zu bewirken, nichts mehr zu ändern: Die Auflassungsposition könnte nur nach § 812 I 1 zurückverlangt werden, dies ist aber im Fall der Kenntnis der Rechtsgrundlosigkeit nach § 814 ausgeschlossen (zu beidem RGZ 108, 329, 331 ff.). Andererseits zeigt sich gerade bei dieser Darlegung in dem Fall, daß die Auflassung ohne Kenntnis der Formnichtigkeit erklärt wird, der gesuchte Verfügungsanspruch. Es ist der dann begründete Anspruch aus § 812 I 1 auf Rückgewähr, d.h. Aufhebung der Auflassung. Ist aber dies der Verfügungsanspruch, so ergibt sich ein zweiter Anhaltspunkt für das zum Schutz des Verkäu-

Die Übereignung des Grundstücks ist nach §§ 873, 925 durch Auflassung und mit ihr 734
übereinstimmende Eintragung in das Grundbuch zu vollziehen[477] (und zwar auch zum Übergang des Eigentums von einer BGB-Gesellschaft auf eine personengleiche andere[478]). Die Auflassung ist die Einigung i.S. von § 873, die aber nach § 925 I einer besonderen Form bedarf.

Nach dem 1. Entwurf zum BGB und der Erstfassung des BGB selbst war die Form der 735
Einigung vor dem Grundbuchamt, d.h. vor dem offenen Grundbuch erforderlich. Zweck war die Sicherung der unmittelbar anschließenden Eintragung des Eigentumsübergangs und damit des Ausschlusses mißbräuchlicher Zwischenverfügungen zwischen Auflassung und Eintragung[479]. Die zweite Kommission wollte die Auflassung vor Gericht oder Notar zulassen und die Parteien bezüglich der Mißbrauchsmöglichkeiten auf den Selbstschutz, insbesondere durch Vormerkung, verweisen. Nachdem in der revidierten Fassung des 2. Entwurfs die Beschränkung auf das Grundbuchamt wiederhergestellt war[480], ist heute, in der Fassung des Beurkundungsgesetzes von 1969, grundsätzlich der Notar für zuständig erklärt (§ 925 I 2). Wie die Zuständigkeit des Notars gilt jetzt der Formzweck gemäß der Begründung durch die 2. Kommission. Zweck der Form war nunmehr, »den ernsthaften und überlegten Willen der Parteien, daß das Eigenthum übergehe, sicher festzustellen«[481]. Im Hinblick auf diesen Zweck ist auch das Erfordernis gleichzeitiger Anwesenheit, welches aus dem 1. Entwurf stehengelassen wurde, zu sehen.

Die Auflassung ist ein dinglicher Vertrag ebenso wie die Einigung i.S. von § 929 S. 1, 736
sie unterliegt also wie diese den allgemeinen Vorschriften mit einigen Besonderheiten[482]. Eine spezielle Besonderheit gerade der Auflassung ist, daß sie als statusbegründendes Geschäft bedingungs- und befristungsfeindlich ist (§ 925 II)[483]. Mit dem Formzweck der Auflassung ist richtiger Ansicht nach[484] vereinbar, daß der Satz »falsa demonstratio non

fers vom RG anerkannte Erwerbsverbot: Es ist analog nicht nur der Sicherung des Käufers durch das Verfügungsverbot an den Verkäufer, sondern zusätzlich entspricht das Erwerbsverbot als Sicherung des Anspruchs des Verkäufers auf Rückgewähr der Auflassungsposition der Vormerkung zur Sicherung eines Anspruchs auf Rückübereignung. Mit der Feststellung, daß der Verfügungsanspruch begründet sein muß, dieser aber bei Kenntnis der Formnichtigkeit zu versagen ist, ist schließlich dem Anliegen *Flumes* (II a.a.O.) Rechnung getragen, insbesondere dem Schwarzverkäufer nicht noch nach der Auflassung die Möglichkeit zu geben, das Wirksamwerden des Kaufs zu verhindern.

477 Bei falsa demonstratio in der Auflassung und mit dieser übereinstimmender Eintragung gilt die Auflassung so, wie wirklich gemeint, aber nicht die Eintragung. Hier gilt einmal die Heilung durch Auflassung und Eintragung nach § 311 b I 2 (= § 313 S. 2 a.F.), ohne daß die Übereignung bewirkt ist (überzeugend *Flume* II § 16 2 c, S. 306, Fn. 27). Zu einem weiteren Ausnahmefall *Flume* II § 15 III 4 d, S. 290.

478 S. erneut KG NJW-RR 1987, 1321 und schon o. Rz. 157, Fall (2).

479 S. Mot., *Mugdan* III, S. 174.

480 S. Denkschrift, *Mugdan* III, S. 975. Es wurde aber ein Vorbehalt für das Landesrecht im EGBGB eingefügt (Art. 143 I). Der Vorbehalt wurde weidlich genutzt, s. Planck/*Strecker* § 925 Anm. 3 a). Zu späteren Verordnungen für das Reich (von 1934 und 1940) *Wolff/Raiser* § 61 I 1, S. 211.

481 Prot., *Mugdan* III, S. 611.

482 Zum Nachweis der Auflassung gegenüber dem Grundbuchamt BayObLG NJW-RR 2001, 734. Zu der Frage der Auslegung eines Vergleichs über die Übertragung von Anteilen an Grundstücksgesellschaften als Auflassung oder einer entsprechenden Umdeutung BayObLG DNotZ 1998, 752. Zur Anwendung des § 139 auf die Einigung i.S. von § 873 BGH WM 1985, 878.

483 Zu dieser Begründung s. *Flume* II § 38 5, S. 697. Zu den Erklärungen der Gesetzesverfasser o. Rz. 491 Fn. 135. Zur Bedingungsfeindlichkeit *Baur/Stürner* § 22 II 3 mit Beispielen dazu, wie im Ergebnis doch eine Bedingtheit erreicht werden kann. Weiter *Westermann*, 5. Aufl., § 77 II 2; 7. Aufl., § 76 II 2; *Wolff/Raiser* § 61 I 3, S. 212.

484 S. *Flume* II § 16 2 c, S. 306; MünchKomm/*Kanzleiter* § 925 Rz. 22 m.w.N.

nocet« (d.h. der Satz von der Maßgeblichkeit eines übereinstimmenden Verständnisses der Erklärung durch die Parteien auch dann, wenn dieses von der objektiven Erklärungsbedeutung abweicht) auch für die Auflassung gilt[485]. Die Parteien drücken sich ernsthaft und überlegt auch dann aus, wenn sie eigene – vom landläufigen Verständnis abweichende – Worte, die für sie selbst ihren Willen ausdrücken, verwenden.

737 Die Regelzuständigkeit zur Entgegennahme der Auflassung kommt den Notaren zu. Die Formulierung »unbeschadet der Zuständigkeit weiterer Stellen« bezieht sich insbesondere auf die Entgegennahme der Auflassung durch Konsularbeamte nach dem KonsG[486]. Eine Auflassung kann sodann auch in einem gerichtlichen Vergleich oder in einem Insolvenzplan erklärt werden (§ 925 I 3). Wenn die Erklärungen vor einem Notar abgegeben werden, ist nach von der Literatur hingenommener Praxis[487] wegen §§ 20, 29 GBO eine Beurkundung nicht zu vermeiden, obwohl § 925 dies nicht voraussetzt[488]. Es ist aber höchst fraglich, ob § 29 GBO bewirkt, daß der Notar heute beurkunden muß. Früher war eine Erklärung zu Protokoll des Grundbuchrichters möglich. Jetzt ist der Notar an die Stelle des Grundbuchamts getreten, so daß auch eine Erklärung zu Protokoll des Notars ausreicht[489].

738 Die Auflassung muß nach § 925 I 1 bei gleichzeitiger Anwesenheit des Veräußerers und des Erwerbers erklärt werden (Sonderbestimmung zur Möglichkeit der Stufenbeurkundung nach § 128). Persönliche Anwesenheit ist aber nicht erforderlich[490]. Die Auflas-

[485] Der Grundsatz gilt auch, soweit es um die Begrenzung des Grundstücks geht und das Grundstück nach der katastermäßigen Bezeichnung nicht der gewollten Begrenzung nach der Wirklichkeit entspricht. Grundsätzlich zutreffend deshalb OLG Hamm NJW-RR 1992, 152, daß die Auflassung sich nicht auf einen Grundstücksteil bezieht, der zwar zum katastermäßigen, aber nicht zu dem von den Parteien vorgestellten Grundstück gehört. Unklar aber die weitere Begründung des Gerichts, Auflassung und Kaufvertrag seien mangels bestimmter Angaben in der Urkunde über die vorgestellte Fläche gänzlich nichtig. Es kommt auf die Bestimmtheit der übereinstimmenden Vorstellungen der Parteien an. Die falsa demonstratio der Vorstellung schadet dann weder für die Formwirksamkeit des Kaufs noch für die der Auflassung. Anders allerdings die Formulierung zur Wirksamkeit des Kaufvertrags in dem Urteil des BGH vom 23.4.1999 – V ZR 54/98 –, NJW-RR 1999, 1030; zutreffend die Kritik von *Kanzleiter* NJW 2000, 1919.

[486] Vom 11.9.1974, BGBl. I, S. 2317. Zu anderen – nur eingeschränkt zuständigen – Stellen Staudinger/*Pfeifer* § 925 Rz. 81 ff. Der Vorbehalt in Art. 143 EGBGB für das Landesrecht ist durch das Beurkundungsgesetz aufgehoben worden. Landesrechtliche Besonderheiten für die Zuständigkeit zur Entgegennahme der Auflassung erkennt das BeurkundungsG aber noch in § 61 IV an.

[487] S. etwa *Gerhardt*, Immobiliarsachenrecht, § 2 3 c; s. § 5 1, S. 48. Nach *Westermann*, 5. Aufl., § 77 II 1, S. 390; 7. Aufl., § 76 II 1 ist die Beurkundung sogar durch das formelle Recht vorgeschrieben, wenn sie auch keine materiell-rechtliche Gültigkeitsvoraussetzung sei. *Westermann* nennt dann für das Grundbuchverfahren alternativ neben der Beurkundung in Betracht kommende Beweismittel. Also ist die Beurkundung doch in keiner Weise vorgeschrieben.

[488] S. a. § 925 I 3 trotz § 127 a.

[489] Für die Frage, wie die Praxis sich bei der Auflassung verhält, wird auf die Anwendung des zweiten Abschnitts des BeurkG verwiesen, welcher die Beurkundung von Willenserklärungen regelt (s. Staudinger/*Pfeifer* § 925 Rz. 76). Für die in § 925 an sich vorgesehene Form (s. auch § 20 I, II BNotO) gibt es vom Wortlaut her keine passende Regelung im BeurkG, sinngemäß paßt jedoch der dritte Abschnitt. Der BGH hat in der Zeit der Anordnung der Nichtigkeit eines Geschäfts im Fall der Beurkundung durch einen persönlich beteiligten Notar (§§ 170, 171 FGG a.F., nach BeurkG nur noch Sollvorschriften) die Nichtigkeit einer Auflassung, die ein beteiligter Notar beurkundet hatte, dadurch vermieden, daß er darauf hingewiesen hat, daß § 925 I eine Beurkundung nicht erforderlich macht (BGHZ 22, 312).

[490] *Baur/Stürner* § 22 II 2, *Westermann*, 5. Aufl., § 77 II 1, S. 390; 7. Aufl., § 76 II 1; *Wolff/Raiser* § 61 I 2, S. 211.

sung ist nicht höchstpersönlich wie z.B. die Eheschließung gemäß § 1311 S. 1. Es reicht also für die Anwesenheit der Parteien die Anwesenheit eines Vertreters. Die Vollmacht ist nach § 167 II nicht der für die Auflassung geltenden Form bedürftig. Ein Vertreter kann sogar für beide Parteien die Einigung erklären, wenn er vom Verbot des Selbstkontrahierens nach § 181 befreit ist. Unter dieser Voraussetzung kann auch der Veräußerer als Vertreter des Erwerbers oder der Erwerber für den Veräußerer, schließlich ein Büroangestellter des Notars für beide die Einigung allein erklären[491]. Die Vollmacht und die Gestattung i.S. von § 181 müssen in der Form des § 29 GBO vorliegen (s. auch § 12 BeurkG)[492].

Die Einigung wird nach § 873 II unwiderruflich durch notarielle Beurkundung, Einreichung beim Grundbuchamt oder Abgabe einer § 19 GBO entsprechenden Eintragungsbewilligung. Die Auflassung ist mit Beendigung des notariellen Akts unwiderruflich. Auch wenn sie nicht beurkundet wird, tritt doch an die Stelle der Beurkundung die Protokollierung der Erklärungen der Parteien in einer Niederschrift. Unwiderruflichkeit bedeutet das Bestehenbleiben der Einigung als einer der drei Voraussetzungen des rechtsgeschäftlichen Eigentumserwerbs vom Berechtigten (Berechtigung des Veräußerers, Einigung, Vollzugsakt). Unwiderruflichkeit heißt nicht Verpflichtungswirkung und auch nicht Beschränkung der Verfügungsbefugnis des Veräußerers[493]. **739**

Eine Aufhebung der Auflassung ist nur einverständlich möglich, der Form des § 925 bedarf es nicht[494]. **740**

Zur Auflassung muß nach § 873 I die Eintragung des neuen Eigentümers in das Grundbuch hinzukommen. Unter der Voraussetzung der Voreintragung des Veräußerers können dieser oder der Erwerber die Eintragung gemäß § 13 II GBO beantragen. Die Bewilligung gemäß § 19 GBO wird durch Vorlage der Auflassung (§ 20 GBO) ersetzt. Darauf streicht (rötet) das zuständige Amtsgericht (der Rechtspfleger) den Veräußerer und vermerkt als neuen Eigentümer den Erwerber in Abt. I. Eintragung heißt somit nicht Eintragung der Übereignung, sondern Eintragung des neuen Eigentümers unter Löschung des alten. **741**

Erst mit der Eintragung ist die Verfügung beendet. Vorher ist die Auflassung zwar bindend, aber nur im Sinne einer Unwiderruflichkeit. Zwischenzeitlich können andere **742**

[491] Grundsätzlich das Gleiche trifft nach Auffassung des BGH – XII ZR 278/96 vom 1.4.1998 – JZ 1999, 519 auch auf den nach § 1410 ebenfalls bei gleichzeitiger Anwesenheit zu schließenden Ehevertrag zu. Freilich gilt für diesen wegen der Beurkundungsbedürftigkeit die Formfreiheit der Vollmacht nur bei widerruflicher Erteilung. § 1410, der durch § 56 III BeurkG geändert worden ist, sieht die Erklärung zur Niederschrift eines Notars vor und meint damit die §§ 8 ff. BeurkG. Die Vorschrift spricht nicht von notarieller Beurkundung, weil für diese § 128 gilt. – Kritisch zur Auffassung des BGH *Vollkommer/Vollkommer*, JZ 1999, 522. Die Bedenken betreffen die Auflassung nicht.

[492] Nach BGH WM 1989, 997 kann der Veräußerer durch Erteilung einer unwiderruflichen Auflassungsvollmacht an den Erwerber zusammen mit dem Kaufvertrag die Heilung des der Form ermangelnden Kaufvertrags nach § 313 S. 2 a.F. (= 311b I 2 n.F.) sichern und bei Erteilung der Vollmacht über den Tod hinaus sogar seine Erben binden. Damit wird zunächst einmal der Sinn der Heilungsvorschrift verfehlt. Aber die Unwiderruflichkeit der Vollmacht, ohne daß der Bevollmächtigte ein Recht auf das Geschäft hätte, und sodann die Bindung der Erben ohne Einhaltung der Vorschriften über die erbrechtlichen Verfügungen kann es ohnehin nicht geben (s. *Flume* II § 53, S. 876, § 51 5, S. 847). Kritisch zur Entscheidung des BGH mit Recht *Vollkommer*, EWiR 1989, 857. Nach der Auffassung des BGH reicht eine widerrufliche Vollmacht nicht aus, weil diese entgegen der gerade zur Sicherung der Heilungswirkung erteilten unwiderruflichen Vollmacht nach § 139 von der Formnichtigkeit des Kaufs erfaßt werde (NJW 1990, 1722).

[493] *Baur/Stürner* § 5 III 1 a (Beispielsfall); *Westermann*, 5. Aufl., § 76 I 5; *Wolff/Raiser* § 38 IV, S. 124.

[494] S. *Flume* II § 35 5, S. 608 f.; *Wolff/Raiser* § 38 IV, S. 123.

Verfügungen vorgenommen werden und Verfügungsbeschränkungen (durch Eröffnung des Insolvenzverfahrens usw.) eintreten[495]. Für die Bestandskraft gegen die Möglichkeit von Verfügungsbeschränkungen setzt § 878 neben der bindenden Auflassung einen Eintragungsantrag voraus[496]. Vom Zeitpunkt des Eintragungsantrags an bewirkt § 17 GBO auch einen Schutz vor anderen Verfügungen.

bbb) Verhältnis von Kauf und Übereignung

743 Ist im Rahmen der Prüfung von Ansprüchen nach dem Grundstückseigentum zu fragen (etwa nach dem Eigentum des Verkäufers bei der Prüfung der Erfüllungsmöglichkeit im Rahmen des Anspruchs auf Übereignung eines Grundstücks nach § 433 I 1, nach dem herauszugebenden Eigentum im Rahmen des Anspruchs aus §§ 667 oder 812, schließlich nach dem Eigentum als Grundlage der Ansprüche aus dem Eigentum, etwa der Ansprüche aus §§ 894 oder 985), so ist, wenn das Eigentum fraglich ist, insoweit nur der Eigentumserwerb nach §§ 873, 925 zu prüfen.

744 Der Kaufvertrag ist, selbst wenn er in einer Urkunde mit der Auflassung zusammengefaßt ist, für die Frage, wer Eigentümer ist, nicht zu prüfen. Er kann freilich Anhalt für die Inhaltsbestimmung der Auflassung (Auslegung der Auflassung) sein[497]. Aber auch dann ist er nur zu dieser Frage, auf keinen Fall selbständig anzuführen.

Beispiel: Der Kaufvertrag könnte nichtig sein (bei Formnichtigkeit ist § 311 b I 2 (= § 313 S. 2 a.F.) zu beachten). Dann könnte der Veräußerer Herausgabe des Eigentums gemäß § 812 I 1 verlangen: 1. Voraussetzung: Der Bekl. muß etwas erlangt haben: Das erlangte Etwas muß bei Ansprüchen auf Herausgabe des Eigentums das Eigentum sein. Zu fragen ist, ob der Bekl. Eigentum erlangt hat. Hierfür sind nur §§ 873 I, 925 I zu prüfen! 2. Voraussetzung: Das Etwas muß durch Leistung des Kl. erlangt sein. Das ist hier unter 1. mitbeantwortet. 3. Voraussetzung: Die Leistung muß ohne rechtlichen Grund erbracht worden sein: Der rechtliche Grund ist im Beispiel der Kaufvertrag; die Frage ist, ob dieser wirksam ist. Hier also erst ist der Kaufvertrag zu erwähnen.

745 Gerade aber, damit es zu solchen Kondiktionen nicht kommt, gilt § 925 a[498], der dem Notar Möglichkeiten zur Aufklärung gibt.

746 Ist ein Grundstückskaufvertrag wirksam abgeschlossen, hat der Käufer einen Anspruch aus § 433 I 1 auf Übereignung und Übergabe, und zwar, wenn die Belastungen nicht übernommen werden, frei von beschränkten Grundstücksrechten (§ 433 I 2 (= § 434 a.F.)), ja sogar von nicht bestehenden, aber im Grundbuch eingetragenen Lasten (§ 435 S. 2 (= § 435 a.F.)). Die Übergabe (etwa von Schlüsseln) ist hier – anders als bei § 929 – neben der Übereignung praktisch.

Aufgrund von Unklarheiten, die in Rechtsprechung und Literatur zu der Verpflichtung des Schuldners zur Leistung und zu dem Erfüllungsanspruch des Gläubigers bestehen, wird gesagt, daß, wenn der Verkäufer nach dem feststehenden, insbesondere un-

[495] Nach BayObLG Rpfleger 1983, 249 ist eine vom Eigentümer an einen Dritten erklärte weitere Auflassung vom Grundbuchamt zu vollziehen, auch wenn diesem die erste Auflassung bekannt war.

[496] Näher zu § 878: *Baur/Stürner* § 19 B III 2 d; *Westermann*, 5. Aufl., § 76 III 3 b; 7. Aufl., § 75 III 3 b, S. 596 f.; *Wolff/Raiser* § 38 V, S. 125. Vgl. auch BGH WM 1988, 1388.

[497] Weiter wird die in einer Urkunde mit dem Kaufvertrag erklärte Auflassungsvollmacht grundsätzlich nach § 139 von der Nichtigkeit des Kaufvertrags erfaßt (so BGH WM 1964, 182, 183); anderes – nämlich Selbständigkeit – soll für die vom BGH anerkannte – s. o. Fn 492 – Auflassungsvollmacht zur Sicherung der Heilungsmöglichkeit nach § 313 S. 2 a.F. (= § 311 b I 2 n.F.) gelten, BGH NJW-RR 1988, 348, 351 und WM 1989, 997, 998. In der Tat ist die Auflassungsvollmacht, die zwecks Heilung gegeben wird, von der Formnichtigkeit nicht erfaßt, nur ist sie nicht als unwiderruflich erteilbar (s. o.).

[498] Die Verweisung der Vorschrift ist in § 311 b I 1 zu berichtigen. Zum Charakter des § 925 a als Ordnungsvorschrift: *Wolff/Raiser* § 61 I 4, S. 213; *Baur/Stürner* § 22 III 1.

streitigen Sachverhalt zur Übereignung des Grundstücks unvermögend ist, der Anspruch des Käufers auf Übereignung nicht gegeben ist[499]. Daraus würde folgen, daß eine Auflassung vom Verkäufer nur dann verlangt werden kann, wenn entweder der Verkäufer Eigentümer des Grundstücks und nicht in der Verfügungsmacht beschränkt ist oder als Nichteigentümer über das Eigentum zugunsten des Käufers verfügen kann[500]. Die Auffassung war nach der bisherigen Fassung des BGB nicht begründet[501]. Der Schuldner war nach § 275 II mit Abs. 1 a.F. in der bisherigen Fassung wegen Unvermögens nur dann von seiner Leistungspflicht befreit, wenn er nach Entstehung des Schuldverhältnisses zur Leistung unvermögend geworden war, ohne daß er sein Unvermögen zu vertreten hatte. Was die anfängliche Unmöglichkeit oder das anfängliche Unvermögen betraf, war nur ein auf eine unmögliche Leistung gerichteter Vertrag nichtig (§ 306 a.F., jetzt beseitigt). War der Schuldner also entweder anfänglich unvermögend oder wurde er nachträglich unvermögend, hatte er aber die Umstände, die sein nachträgliches Unvermögen herbeigeführt hatten, zu vertreten, so blieb er zur Leistung verpflichtet. Der Gläubiger erhielt, wenn er darauf bestand, das Erfüllungsurteil und konnte in die Vollstreckung oder nach § 283 a.F. oder auf beiden Wegen nacheinander vorgehen[502].

499 S. wieder BGHZ 141, 179 ff. = ZIP 1999, 790. Der BGH lehnt die Verurteilung zur Auflassung ab, wenn der Schuldner das Grundstück anderweitig veräußert hat und für den Gläubiger keine Auflassungsvormerkung begründet ist. Nach *Ulrich Huber*, Leistungsstörungen, 1999, Bd. II, S. 824 f. mit Fn. 134 q soll allerdings die Umstellung des Anspruchs darauf in Betracht kommen, daß der Verkäufer die Übereignung herbeiführt (sei es durch Rückerwerb vom Dritten, sei es dadurch, daß der Dritte der Übereignung durch den Verkäufer zustimmt). Dazu sei der Verkäufer verpflichtet, wenn er nicht nach § 275 II – § 275 I n.F. – von der Leistungspflicht frei geworden ist. Der Verkäufer ist aber zur Übereignung und nicht zu irgendwelchen Vorbereitungen verpflichtet. Es gibt nur den Weg des § 283 a.F. (§ 281 I n.F.), d.h. den Weg, Frist zu setzen und dann auf Schadensersatz überzugehen. Für § 283 a.F. (nicht mehr für § 281 I n.F.) war das Erfüllungsurteil (hier: Urteil auf Übereignung) die Grundlage. Der Kl. kann freilich, wenn der Schuldner die Erfüllung verweigert, auch sofort auf Schadensersatz übergehen (s. § 281 II n.F.). Die Bemühung *Hubers*, den in Abwandlung der Übereignungsverurteilung des Verkäufers in Betracht kommenden Klageantrag möglichst genau zu fassen, nämlich in dem Sinne, daß der Bekl. verurteilt werde, das Grundstück aufzulassen und die Zustimmung des Eigentümers zur Auflassung herbeizuführen, ist weder notwendig noch begründet – wie der Bekl. die Erfüllung herbeiführt, ist seine Sache. Die Klage auf Beschaffung der Leistung hat wie *Huber* auch der BGH in der Entscheidung vom 2.10.1987 – V ZR 140/86, NJW 1988, 699, zugelassen (Klage auf Beschaffung der Bewilligung der Löschung einer die Übereignung an den Kl. beeinträchtigenden Auflassungsvormerkung durch den vorgemerkten Gläubiger). Allerdings hat er dem Schuldner den Einwand gestattet, daß die Aufwendungen für die Beschaffung unverhältnismäßig seien. Darüber war aber nicht zu entscheiden, denn der Schuldner war nicht zu bestimmten Aufwendungen zu verurteilen, es ging allein um die Eröffnung des Weges über § 283 a.F., dazu war auch nicht zur Beschaffung, sondern zur Löschung zu verurteilen. Die Aufwendigkeit war im Rahmen des Schadensersatzanspruchs im Hinblick auf die Frage relevant, ob der Gläubiger sich die vom Schuldner zu beschaffende Leistung selbst beschaffen und die dafür aufzuwendenden Kosten ersetzt verlangen konnte, statt sein Geldinteresse an dem Leistungsgegenstand zu liquidieren (Gedanke des § 251 II, die n.F. bietet eine Lösung in § 275 II mit § 280 an).

500 Verfügungsmacht hat er bei Zustimmung des Eigentümers oder bei (unrichtiger) Eintragung im Grundbuch unter Vorbehalt der Einschränkungen des § 892 I 1, weiter kann er wirksam zugunsten des Käufers bei Schutz des Käufers durch eine Auflassungsvormerkung verfügen (§§ 883 II, 888).

501 *Wilhelm/Deeg*, JZ 2001, 223 ff.

502 Anders § 275 I n.F. Die Vorschrift gibt eine Einheitslösung für jeden Fall von subjektiver und objektiver Unmöglichkeit und stellt in § 311 a I klar, daß anfängliche Leistungshindernisse der Wirksamkeit eines Vertrags nicht entgegenstehen. Weist der Schuldner Unmöglichkeit irgendwelcher Art nach, ist der Erfüllungsanspruch ausgeschlossen. Bei unverhältnismäßigem Aufwand gibt § 275 II eine Einrede. Die Wohltat, daß der Gläubiger das Erfüllungsurteil er-

747 Mit Rechtskraft des Urteils auf Übereignung (vorher sieht § 895 ZPO eine Sicherung durch Vormerkung vor) wird nach § 894 ZPO die Auflassungserklärung des Verkäufers – und zwar auch was die Form des § 925 betrifft – ersetzt. Der Käufer muß noch seinerseits die Einigung vor dem Notar erklären, damit die Voraussetzungen für den Grundbucheintrag vorliegen[503].

748 Nach der Mindermeinung im Streit um das Verhältnis von § 20 und § 19 GBO[504] ist auch noch auf die Bewilligung nach § 19 GBO zu klagen, die dann auch nach § 894 ZPO ersetzt wird.

749 Die Übergabe wird nach § 885 ZPO vollstreckt.

750 Bisher wurde die Leistung des Verkäufers für sich, ohne Zusammenhang mit der Kaufpreiszahlung, betrachtet, was rechtlich hinsichtlich der Wirksamkeit auch richtig ist. Gerade die abstrakte Natur der Übereignung schafft aber das rechtliche und praktische Problem, wie diese Leistung, wozu § 320 das Recht gibt, abhängig zu machen ist von der Gegenleistung der Kaufpreiszahlung. Dabei ergibt sich häufig die Schwierigkeit, daß der Kaufpreis finanziert wird und Banken aus dem Grundbesitz gesichert sein wollen. Der Kaufpreis steht also nur nach der Sicherung des Kreditgebers zur Verfügung, die ist aber erst möglich, wenn der Kreditschuldner (= Käufer) Eigentümer ist. Der Verkäufer gibt das Eigentum jedoch nicht her, es sei denn Zug um Zug gegen Kaufpreiszahlung.

751 Daher wird häufig der Notar als Treuhandstelle eingeschaltet: Dieser darf den Umschreibungsantrag erst dann stellen und eine Ausfertigung der Auflassungsurkunde an den Käufer erst dann erteilen, wenn die Zahlung des Kaufpreises nachgewiesen wird[505].

hält, wenn der Schuldner nicht dartun kann, daß das Leistungshindernis eine nachträgliche, von ihm nicht zu vertretende Unmöglichkeit oder ein entsprechendes Unvermögen ist, und er in der Zwangsvollstreckung sein Recht suchen (insbesondere bei Ansprüchen auf bewegliche Sachen eine Versicherung an Eides Statt erzwingen) kann, wenn er nicht den Weg des § 283 a.F. beschritt, streicht die n.F. Die aus §§ 275, 306 a.F. folgende Garantiehaftung auf Schadensersatz wegen anfänglichen Unvermögens kommt in der n.F. nicht mehr zum Ausdruck. Kritisch *Wilhelm*, JZ 2001, 866. – Dem Erfüllungsanspruch, aufgrund dessen nach a.F. der Weg des § 283 beschritten werden konnte, stand nicht entgegen, daß bei dem Auflassungsanspruch eine bestimmte Erfüllungswirkung schon durch das rechtskräftige Urteil eintritt (§ 894 ZPO). Die dadurch erlangte Erklärung steht der Erklärung der Auflassung vor dem Notar gleich und setzt nicht voraus, daß der Kl. darlegt und beweist, daß der Bekl. ungeachtet des Eigentums eines Dritten noch übereignen kann (nach § 185 oder aufgrund der Wirksamkeit einer Vormerkung). Es ist eine bloße Erklärung. Erst mit der Einigungserklärung auch des Gläubigers und der daraufhin vollzogenen Eintragung kommt die Verfügung zustande. Erst für die Verfügung sind die Berechtigung oder Verfügungsberechtigung des Schuldners erforderlich. Es galt also nicht das, was der BGH gegenübergestellt hat: Wenn der Gläubiger auf Erfüllung beharre, müsse er darlegen und beweisen, daß der Schuldner das zur Erfüllung notwendige Recht habe oder die Befugnis, darüber zu verfügen. Umgekehrt sei es, wenn der Gläubiger Schadensersatz wegen Unvermögens begehre und der Schuldner stattdessen Erfüllung anbiete, Sache des Schuldners, darzulegen und zu beweisen, daß ihm die Übereignung noch möglich ist (BGH ZIP 1999, 790).

[503] H.M., *Baur/Stürner* § 22 II 2; *Wolff/Raiser* § 61 I 2, S. 211. Zu formal das BayObLG WM 1983, 1118 ff. Danach genügt nicht die umgekehrte Reihenfolge, also erst die eigene Auflassungserklärung des Kl. bei Nachreichen eines rechtskräftigen Urteils. Damit werde das Erfordernis gleichzeitiger Anwesenheit nicht gewahrt. Man sollte sagen, daß das Urteil die Erklärung in jeder Hinsicht ersetzt, also auch die Erklärung in Anwesenheit des Käufers. S. ebenso *Wolff/Raiser* a.a.O.; *Tiedtke*, WM 1987, 158.

[504] S. o. Rz. 527 ff.

[505] Formulierungsvorschlag des Deutschen Anwaltsinstituts – Fachinstitut für Notare –: „Der Notar wird angewiesen, die Eintragung des Eigentumswechsels erst zu veranlassen, wenn ihm die Zahlung des Kaufpreises nachgewiesen ist. Vorher soll er dem Käufer und dem Grundbuchamt keine Ausfertigung oder beglaubigte Abschrift dieser Urkunde erteilen, die die Auflassung enthält". Der Vorschlag ist beurkundungsrechtlich gestützt auf die Ausnahme von der

Der Verkäufer erklärt sich bereit, einer Belastung seines Eigentums mit einem Grundpfandrecht unter der Voraussetzung zuzustimmen, daß die Auszahlung des Darlehens durch die Gläubiger für Rechnung des Käufers an den Verkäufer erfolgt.

Andererseits darf auch der Käufer nicht vorleistungspflichtig sein, er ist seinerseits bezüglich der Gegenleistung sicherungsbedürftig. Das Gesetz schützt ihn zunächst mit § 873 II, wonach die Auflassung stets bindend ist. Dieser läßt aber die Möglichkeit anderweitiger Verfügungen und des Dazwischentretens von Verfügungsbeschränkungen offen[506]. Die Bindung an die Auflassung ist weder eine schuldrechtliche Bindung, noch eine Verfügungsbeschränkung, sondern nur eine Bindung im Sinne einer Unwiderruflichkeit (d.h. daß die *eine* Voraussetzung: Auflassung – nicht einseitig zu beseitigen ist). Andere Verfügungen sind also möglich. Erst § 17 GBO gibt eine weitergehende Sicherung. Nachdem ein Eintragungsantrag gestellt ist, ist eine Eintragung anderer Rechtsänderungen erst nach Erledigung des schon gestellten Antrags zulässig. Soweit diese Vorschrift beachtet wird, sind anderweitige Verfügungen inhibiert. Nach Antragstellung macht § 878 auch das Dazwischentreten von Verfügungsbeschränkungen wirkungslos. Voraussetzung ist aber eben eine Antragstellung, die z.B. nach Obigem gerade erst nach Kaufpreiszahlung erfolgen soll. Außerdem ist § 17 GBO Sollvorschrift; verfährt das Grundbuchamt anders, ist die andere Verfügung wirksam[507]. Zudem kann der Antrag aus formellen Gründen zurückgewiesen werden (s. § 18 GBO). Deshalb ist eine weitere Sicherung erforderlich. Diese hält das Gesetz mit der *Vormerkung* (§§ 883 ff.) bereit. **752**

Der Kaufvertrag wäre etwa wie folgt zu formulieren: **753**

»Der Kaufpreis ist zur Zahlung fällig, wenn

die Auflassungsvormerkung zugunsten des Erwerbers im Grundbuch im Rang vor allen anderen Belastungen – es sei denn, diese werden übernommen oder für sie gilt die Freistellungsvereinbarung – eingetragen wird,

die Freistellung von Belastungen, die der Auflassungsvormerkung im Rang vorgehen und in dieser Urkunde nicht übernommen werden, gewährleistet ist,

u. U. (bei Übertragung von Grundpfandrechten): die Abtretungserklärungen vorliegen.

Der Veräußerer bewilligt die Eintragung einer Vormerkung nach § 883 zur Sicherung des Anspruchs des Erwerbers auf Übertragung des Eigentums am Vertragsbesitz im Grundbuch. Der Erwerber beantragt sie (und zugleich ihre Löschung mit Eintragung des Eigentumsübergangs, vorausgesetzt, daß keine zwischenzeitliche Eintragung ohne Zustimmung des Erwerbers erfolgt[508]).

Die eingetragene Grundschuld (sc. im Rang vor der Vormerkung) kommt zur Löschung oder wird auf Gläubiger des Käufers (nähere Bezeichnung) übertragen. Im Fall

Vorlagepflicht beim Grundbuchamt, wenn etwas anderes verlangt wird (§ 53 BeurkG), die Möglichkeit zu auszugsweiser Erteilung einer beglaubigten Abschrift oder einer Ausfertigung (§§ 42 III, 49 V BeurkG) und des Verzichts auf das Recht zu vollständiger Ausfertigung (§ 51 II BeurkG). Anderer Weg nach *Ertl* MittBayNot 1992, 105: Beurkundung von Kauf und Auflassung ohne Bewilligung und Beantragung der Eintragung im Grundbuch. Erteilung einer Vollmacht an den Notar, durch Eigenurkunde die Eintragung zu bewilligen und zu beantragen, mit der Weisung, hiervon erst nach Zahlung des Kaufpreises Gebrauch zu machen. Der Lösungsvorschlag hängt davon ab, ob neben der Auflassung eine Eintragungsbewilligung überhaupt erforderlich ist.

506 Zu letzterem gehört nicht der Verlust der Geschäftsfähigkeit, wie *Gerhardt*, Immobiliarsachenrecht, § 5 3 a, meint; insoweit gelten §§ 130 II, 153.

507 *Wolff/Raiser* § 48, S. 159, Fn. 21 m. Hinweis auf RGZ 113, 403; *Westermann*, 5. Aufl., § 76 III 3 d; 7. Aufl., § 75 III 3 d.

508 Eine Löschung trotz Zwischeneintragung hebt zwar nicht die relative Unwirksamkeit der Zwischenverfügungen nach § 883 II 1 auf, eröffnet aber die Möglichkeit eines gutgläubigen Erwerbs der zwischenzeitlich begründeten als uneingeschränkt bestehenden Rechte. Zur Haftung des Notars bei Stellung eines vorbehaltlosen Löschungsantrags ohne Vergewisserung darüber, daß keine Zwischeneintragungen vorgenommen sind, BGH VersR 1991, 1028.

der Löschung stimmen die Parteien der abzugebenden Löschungserklärung wegen der eingetragenen Grundschuld zu und beantragen deren Vollzug.

Der Veräußerer stimmt einer Belastung des Vertragsbesitzes mit Grundpfandrechten, die zur Finanzierung des Kaufpreises dienen, zu. Er ermächtigt den Erwerber, das Vertragsobjekt mit beliebigen Grundpfandrechten samt beliebigen Zinsen und Nebenleistungen zu belasten und den Vertragsgegenstand der dinglichen Zwangsvollstreckung zu unterwerfen. Von dieser Vollmacht darf nur Gebrauch gemacht werden, wenn

die Gesamtfinanzierung des Kaufpreises sichergestellt ist,

der Gläubiger angewiesen ist, das Darlehen bis zur vollständigen Kaufpreiszahlung nur zur Kaufpreistilgung zu valutieren.«

ccc) Anwartschaftsrecht aus Auflassung?

754 Herrschend wird als parallele Figur zu dem zu § 449 (= § 455 a.F.) angenommenen Anwartschaftsrecht des Eigentumsvorbehaltskäufers[509] ein Anwartschaftsrecht des Auflassungsempfängers angenommen[510]. Der BGH fordert dafür die Stellung des Eintragungsantrags durch den *Erwerber*, so daß dieser nach § 17 GBO gesichert ist[511]. Praktisch relevant ist diese Auffassung in einem Fall geworden, in dem der BGH[512] den Fiskus obsiegen ließ, der nach § 857 ZPO ohne Zustellung an einen Drittschuldner die Auflassungsposition eines Steuerpflichtigen gepfändet hatte, statt den Weg des § 848 ZPO mit Zustellung an den Veräußerungsverpflichteten (§ 846 i.V.m. § 829 I 1 ZPO) zu wählen. Konsequenz soll weiter die Übertragbarkeit des Anwartschaftsrechts sein. Die Übertragung soll durch Auflassung geschehen[513].

755 Schon mit der ersteren Folgerung des BGH ist die Figur hinfällig: Das Obsiegen des Fiskus ist eine reine Umgehung des gesetzlich angeordneten Weges der Vollstreckung. Sodann ist § 17 GBO keine Grundlage eines Rechts, wie sich schon dadurch zeigt, daß der Antrag auch zurückgewiesen werden kann. Es kann nicht ein Recht vorhanden gewesen sein, das jetzt einfach erlischt. Ebenso kommt nicht in Betracht, daß ein Recht aufgrund des Antrags für den ersten Auflassungsempfänger besteht und dieses Recht durch Auflassung an einen zweiten übertragen werden kann, ohne daß der Antrag auf diesen umgestellt ist.

756 Das Sicherungsinteresse des Vorbehaltskäufers hinsichtlich seines Erwerbs, das beim Kauf unter Eigentumsvorbehalt das Anwartschaftsrecht des Käufers begründet, ist beim Grundstückserwerb gesetzlich berücksichtigt. Dafür sehen §§ 883 ff. die Vormerkung vor[514]. Sodann ist der weitere Zweck, der durch Annahme eines Anwartschaftsrechts erreicht werden soll, nämlich die Ersparnis zweimaliger Eintragung durch Übertragung

[509] Dazu u. Rz. 2158 ff.

[510] *Baur/Stürner* § 19 B I 3. (über den Auflassungsfall hinaus allgemein für die Einigung nach § 873 I); *Wolff/Raiser* § 38 III 1; *Westermann*, 5. Aufl., § 76 I 5 hat das Anwartschaftsrecht zumindest vom Eingang des Antrags an bejaht (offen ist, wessen Antrags). Gegen ein Anwartschaftsrecht (für bloße Anwartschaft) *Eickmann* in der 7. Aufl., § 75 I 6. Gegen das Anwartschaftsrecht des Auflassungsempfängers auch *Habersack*, JuS 2000, 1145 ff.

[511] S. BGHZ 106, 108 = WM 1989, 220, 221 = EWiR § 857 ZPO 1/89, 413 (*Münzberg*). Gleich steht nach BGH die Rechtsstellung des Begünstigten aus einer Auflassungsvormerkung nach §§ 883 ff. S. etwa BGH NJW 1982, 1639 (dazu *Reinicke/Tiedtke* NJW 1982, 2281), und BGHZ 114, 162.

[512] BGHZ 49, 197.

[513] Weitere Konsequenzen: Formbedürftigkeit der Aufhebung eines Grundstückskaufvertrags, wenn der Käufer bisher nur die Anwartschaft (in casu: aufgrund Auflassungsvormerkung) erlangt hat: BGH NJW 1982, 1639; Schadensersatzberechtigung des Anwartschaftsberechtigten aus §§ 909, 823 II: BGHZ 114, 161.

[514] §§ 883 ff. gewähren eine bestimmte gesetzliche Rechtsstellung. Diese ist nicht durch Einordnung als Anwartschaftsrecht zu überhöhen oder sogar zu verändern.

des Anwartschaftsrechts aus Auflassung, auch ohne Anwartschaftsrecht erreichbar. Der Auflassungsempfänger kann ohne Zwischeneintragung seinerseits auflassen und Dritte eintragen lassen, der erste Veräußerer muß dem nur nach § 185 zustimmen (so kam noch das RG zum Ziel)[515].

Schließlich zeigt ein Vergleich zu § 449 (= § 455 a.F.), daß durch Auflassung keine **757** Rechtsposition in Gestalt eines Anwartschaftsrechts begründet werden kann. Es fehlt im Vergleich zu § 449 (= § 455 a.F.) an allem: An der Verknüpfung des Anwartschaftsrechts mit der Gegenleistung (nur unter der Voraussetzung und nach Maßgabe der Erbringung der Gegenleistung kann ein Anwartschaftsrecht bestehen), an der Anknüpfung des Anwartschaftsrechts an einen gesetzlichen Erwerberschutz (wie dieser für den Eigentumsvorbehalts-Fall nach § 161 besteht) und schließlich daran, was § 161 für das Anwartschaftsrecht voraussetzt: § 161 gilt bei zwar bedingter, aber tatbestandsmäßig doch vollendeter Verfügung, wie sie beim Kauf unter Eigentumsvorbehalt durch den Vollzug der (bedingten) Einigung i.S. der §§ 929 ff. – Übergabe etc. – zustandekommt. Das Anwartschaftsrecht aus der Auflassung soll dagegen gerade unabhängig von einem Eintragungsvollzug bestehen, um die Weiterübertragung ohne Zwischeneintragung zu ermöglichen[516].

bb) Erwerb vom Nichtberechtigten

Das Grundstückseigentum kann rechtsgeschäftlich durch Verfügung eines Nichtberech- **758** tigten erworben werden, sei es aufgrund der Zustimmung des Berechtigten (§ 185 I, II), sei es aufgrund des öffentlichen Glaubens des Grundbuchs. Die Zustimmung zur Übereignung eines Grundstücks bedarf nach § 182 II nicht der für die Auflassung in § 925 I 1 bestimmten Form[517]. Der Erwerb des Grundstückseigentums aufgrund des öffentlichen Glaubens des Grundbuchs ist als Anwendungsfall des öffentlichen Glaubens des Grundbuchs geregelt und im allgemeinen Grundstücksrecht behandelt[518].

c) Aufgabe des Eigentums an Grundstücken, Aneignung

Ein Eigentümer, der etwa Verkehrssicherungspflichten, Erschließungskosten oder eine **759** mit dem Grundstück verbundene Steuerpflicht nicht mehr tragen will, kann gemäß § 928 I sein Grundstückseigentum aufgeben. Dazu sind eine Erklärung vor dem Grundbuchamt (analog § 925 II gilt Bedingungsfeindlichkeit) und die Eintragung des Verzichts in das Grundbuch erforderlich.

[515] Etwa RGZ 129, 150, 153. Entgegen dem Zitat in BGHZ 106, 112 nimmt das RG nur für den Regelfall an, daß in einer Auflassung die Ermächtigung des Empfängers zur Weiterveräußerung stecke. Die Einwilligung des Erstveräußerers nimmt an der Unwiderruflichkeit der Auflassung nach § 873 II teil (RGZ a.a.O.).

[516] Entlarvend BGHZ 106, 108, 111, wo gegen die Annahme eines Anwartschaftsrechts schon aufgrund bindender Auflassung argumentiert wird, der Erwerb des Eigentums am Grundstück erfordere gemäß § 873 I 1 Einigung und Eintragung, es sei deshalb nicht möglich, für das Anwartschaftsrecht auf das Vorliegen der Eintragungsvoraussetzungen zu verzichten. Demgegenüber gilt: Es ist nicht möglich, für den Erwerb des Grundstücksrechts auf die Eintragung zu verzichten. Richtig zur Auflassungsanwartschaft *Medicus*, Bürgerliches Recht, Rz. 469, 469a; *Gerhardt*, Immobiliarsachenrecht, § 5, 3 b, *Westermann*, 7. Aufl., a.a.O.

[517] BGH NJW 1998, 1482, 1484. Eine Ausnahme behält der BGH für den Fall vor, daß die Einwilligung das formbedürftige Geschäft vorwegnehme. Dies hält der BGH bei einer bindend erteilten Einwilligung (dazu *Flume* II, S. 897) für möglich. Zu entscheiden brauchte der BGH in seinem Fall nicht, weil hier die Einwilligung nach § 183 frei widerruflich gewesen sei (die Widerruflichkeit nimmt der BGH an bis zu dem Zeitpunkt, in dem die Auflassungserklärung, zu der die Einwilligung erteilt wird, nach § 873 II bindend wird).

[518] Oben Rz. 617 ff.

760 Nach § 928 II hat der Fiskus, d.h. – vorbehaltlich abweichender landesgesetzlicher Regelung (Art. 129 EGBGB) – das Bundesland, in dem das Grundstück liegt, ein Aneignungsrecht (absolutes Recht i.S. von § 823 I). Durch Erklärung vor dem Grundbuchamt und Eintragung wird das Bundesland Eigentümer[519].

761 Die Regelung unterscheidet sich von der des Anfalls eines erbenlosen Nachlasses an den Fiskus: Der Fiskus wird danach automatisch und unvermeidlich Noterbe (§§ 1936, 1942 II, 2346 I 1). Nach § 928 II soll dem Fiskus ein möglicherweise (über)belastetes Grundstück nicht aufgedrängt werden. Die Aufdrängung des sonst erbenlosen Nachlasses wird durch die Möglichkeit des Fiskus erträglich, mit der Wirkung der Haftungsbeschränkung auf den Nachlaß den Nachlaßkonkurs zu beantragen (§ 317 I InsO, § 1975)[520]. Die Nichtaufdrängung des herrenlosen Grundstücks wird durch die Möglichkeit ausgeglichen, daß für die Geltendmachung von Belastungen ein »Vertreter« für das herrenlose Grundstück bestellt werden kann (§§ 58, 787 ZPO).

762 Die Nichtaufdrängung des herrenlosen Grundstücks, d.h. die Begründung nur eines Aneignungsrechts für den Fiskus, hat die in § 928 und den Materialien dazu nicht behandelte Folge, daß es zur Aneignung des herrenlosen Grundstücks durch andere Personen als den Fiskus kommen kann: Weil der Fiskus nur aneignungsberechtigt ist, kann er auch über sein Aneignungsrecht verfügen, er kann es abtreten, und er kann darauf verzichten. Für die Abtretung hat das RG die Anwendung von §§ 398, 413 angenommen[521]. Andere wollen § 925 analog anwenden[522]. Die Form des Verzichts ist ebenfalls streitig. Die Alternative ist: Formlose Erklärung – etwa gegenüber dem Grundbuchamt – oder Verzichtserklärung gegenüber dem Amt und Eintragung des Wegfalls des Aneignungsrechts im Grundbuch. Was zunächst den Verzicht auf das Aneignungsrecht betrifft, so hat der BGH in seinem Urteil vom 7.7.1989[523] den Meinungsstreit angeführt, aber offengelassen. Die Frage ist dahin zu beantworten, daß die Erklärung des Verzichts gegenüber dem Grundbuchamt und die Eintragung des Erlöschens des Aneignungsrechts im Grundbuch erforderlich sind. Zwar wird durch den Verzicht der Inhalt des Grundbuchs (nach der Aufgabe des Eigentums durch den Eigentümer) nicht berührt: Das Grundstück bleibt herrenlos. Immerhin ist aber mit der Rechtslage nach diesem Grundbuchinhalt die gesetzliche Folge des Aneignungsrechts des Fiskus verbunden und ändert sich mithin eine im Grundbuch mittelbar verlautbarte Rechtslage. Zudem gibt es gar keine Alternative: Beim Verzicht auf das Aneignungsrecht gibt es keine Person, die aufgrund der Rechtswirkung des Akts zuständig wäre, die Erklärung zu empfangen. Das Grundbuchamt kann zur Empfangnahme nur durch die Führung des Grundbuchs zuständig sein. Eine Empfangszuständigkeit des Grundbuchamts, ohne daß es um die Eintragung im Grundbuch geht, kann es nicht geben.

763 Ist mithin der Verzicht auf das Aneignungsrecht nach § 875 zu behandeln, so die Übertragung – entgegen dem RG, aber auch der Gegenmeinung, die § 925 anwenden will – nach § 873[524].

764 Ebenso gilt das Prinzip dieser allgemeinen Regeln für die Aneignung durch den Erwerber des Aneignungsrechts oder – im Verzichtsfall[525] – eine beliebige aneignungswillige Person. Das Prinzip der §§ 873, 875, 877 wird ja für die Aneignung in § 928 II 2 bestätigt.

3. Rechtsgeschäftlicher Erwerb und Verlust des Eigentums an beweglichen Sachen

a) *Erwerb vom Berechtigten nach §§ 929 ff.*

aa) *Die fünf Erwerbstatbestände*

765 Für den Erwerb des Eigentums an beweglichen Sachen vom bisherigen Eigentümer sind fünf Erwerbstatbestände zu unterscheiden, vier grundsätzlich geltende Tatbestände und ein Tatbestand für Sonderfälle. Die grundsätzlich geltenden Tatbestände unterscheiden sich je nach örtlicher Befindlichkeit der Sache vor und nach dem Erwerb:

519 Allgemein *Baur/Stürner* § 53 f V; *Westermann*, 7. Aufl. § 86; *Wolff/Raiser* § 63, S. 218.
520 S. Prot., *Mugdan* III, S. 621.
521 RGZ 82, 74.
522 MünchKomm/*Kanzleiter* § 928 Rz. 9. Dagegen Soergel/*Stürner* § 928 Rz. 4.
523 WM 1989, 1899, 1901 l. Sp.
524 Die Übertragung ist auch nicht nach § 925 II bedingungs- und befristungsfeindlich. Für die Verpflichtung zu ihr gilt nicht § 311 b I 1 (= § 313 S. 1 a.F.).
525 BGH a.a.O.

1. Berechtigung des Veräußerers, Übergabe und Einigung, § 929 S. 1; die Sache ist vorher beim Veräußerer, nachher beim Erwerber.
2. Berechtigung und Einigung § 929 S. 1, 2; die Sache bleibt beim Erwerber, sog. brevi manu traditio.
3. Berechtigung, Vereinbarung eines Besitzmittlungsverhältnisses und Einigung, §§ 929 S. 1, 930; die Sache bleibt beim Veräußerer.
4. Berechtigung, Abtretung des Herausgabeanspruchs und Einigung, §§ 929 S. 1, 931; die Sache ist bei einem Dritten.
5. Der in besonderen Fällen geltende Tatbestand: Übereignung durch bloße Einigung. Diesen sieht zunächst § 929 a für nicht im Schiffsregister eingetragene Seeschiffe vor. Voraussetzung ist die Einigung darüber, daß das Eigentum sofort, ohne Übergabe, übergehen soll. Die Regelung ist eine Folge des Übereignungstatbestandes nach dem Schiffsrechtegesetz. Nach § 2 SchRG sind eingetragene Seeschiffe durch bloße Einigung zu übereignen, die Eintragung des neuen Eigentümers im Schiffsregister ist Berichtigung[526]. Die Übereignung durch bloße Einigung ist sodann zuzulassen bei Sachen, die weder im Besitz des Veräußerers noch – nach der Kenntnis der Parteien – im Besitz eines bestimmten Dritten sind, also etwa bei verlorenen oder von Unbekannten gestohlenen oder an Unbekannte weitergegebenen Sachen[527]. Hier kommen die vier grundsätzlich geltenden Tatbestände nicht in Betracht. § 931 über die Übereignung durch Vindikationszession ist nicht sinnvoll anzuwenden, weil die Parteien nicht von einer rechtlichen Beherrschung der Sache durch den Veräußerer aufgrund eines auf die Sache an bestimmter Stelle gerichteten Herausgabeanspruchs ausgehen und folglich diese sinnvollerweise nicht als Veräußerungsmittel einsetzen. Es bleibt hier mangels Anwendbarkeit der Spezialvorschriften bei der Grundregel des § 413[528].

Zur Möglichkeit der Übertragung des Eigentums an beweglichen Sachen in den Formen der §§ 929 ff. kommt hinzu die Übertragung des Eigentums an Grundstückszubehör durch die Übereignung des Grundstücks und die Einigung über die Erstreckung auf das Zubehör (§ 926), weiter die Übereignung beweglicher Sachen mit Hilfe der Übergabe von Traditionspapieren nach §§ 448, 475g HGB.

bb) Typenfixierung

Nach dem Grundsatz der Typenfixierung der sachenrechtlichen Verfügungstatbestände gibt es keine Möglichkeit der Übertragung des Eigentums über die gesetzlichen Übertragungstatbestände hinaus. **766**

Die gesetzliche Regelung bedeutet aber kein sehr strenges Korsett für die Eigentumsübertragung. Wie elastisch die gesetzlichen Tatbestände sind, zeigt ihre Anwendung im Wertpapierrecht. Beim Wertpapier wird ein Recht in einem Papier verkörpert und dadurch dem Sachenrecht zugänglich. Beim Inhaberpapier wird die Übertragung sogar gänzlich nach den Vorschriften des Sachenrechts vorgenommen. Beim Orderpapier ist diese Übertragung ebenfalls möglich, wenn das Papier mit einem Blankoindossament versehen ist[529]. Die sachenrechtliche Regelung ermöglicht in der folgenden einfachen Weise die Übertragung von Massenpapieren („Effekten"), wie z.B. Aktien. Diese werden bei den Wertpapiersammelbanken gesammelt. Die Berechtigten sind Miteigen-

[526] Der Grund liegt in den Verhältnissen der Seeschifffahrt, die – insbesondere im Verkehr mit dem Ausland – möglichst schnelle und einfache Transaktionen erfordern (Erman/*Küchenhoff* § 2 SchiffsRG, Rz. 14).

[527] Die Literatur spricht von besitzlosen Sachen s. *Avenarius,* JZ 1994, 511 m.w.N. Es kommt aber nicht auf die objektive Lage der Besitzlosigkeit an.

[528] Zur Übertragbarkeit durch Einigung in Übereinstimmung mit der h.L. *Avenarius* (Vornote), ohne Anführung des § 413. Entgegen der allgemeinen Regel des § 413 i.V. mit §§ 398 ff. ist ein gutgläubiger Erwerb anzuerkennen, entsprechend §§ 932 a und 934 Alt 2.

[529] Vorbild ist Art. 14 II Nr. 3 WG. Auf diesen verweist etwa § 68 I AktG.

tümer am Sammelbestand aller gleichartigen Papiere bei der Bank. Wird über diesen Sammelbestand eine Sammelurkunde ausgestellt besteht das Miteigentum an dieser Sammelurkunde (§ 9 a DepotG). Die Eigentumsübertragung erfolgt als Übertragung des Miteigentums nach § 929 S. 1. Die Übergabe wird durch Verschaffung des mittelbaren Besitzes bewirkt. Die Bank stellt nämlich auf Anweisung des Veräußerers ihr Besitzmittlungsverhältnis zu diesem auf die Besitzmittlung für den Erwerber um. Zum Ausdruck kommt diese Umstellung durch eine entsprechende Umbuchung der Bank[530].

cc) Berechtigung des Veräußerers

767 Für die Übereignung nach § 929 muß der Veräußerer Eigentümer und befugt sein, über die Sache zu verfügen. Im Normalfall ergibt sich diese Befugnis aus der Eigentümerstellung; die Verfügungsbefugnis kann aber dennoch im Einzelfall fehlen (vgl. z.B. § 80 I InsO, § 161 BGB).

dd) Übergabe und Einigung

aaa) Das Verhältnis zwischen der Übergabe und der Einigung

768 Aus dem Prinzip der Privatautonomie ergibt sich, daß für die Übertragung des Eigentums an beweglichen Sachen jedenfalls eine Einigung erforderlich ist. Dabei handelt es sich um einen Vertrag mit besonderem Inhalt: Du bekommst das Eigentum an dieser Sache von mir, mein Eigentum geht auf Dich über. Unser Recht spricht aber nicht von dieser Einigung als primärem Erfordernis. Vielmehr steht bei im Besitz bestimmter Personen stehenden Sachen[531], wenn wir zunächst vom Sonderfall des § 929 S. 2 (brevi manu traditio) absehen, im Vordergrund nach § 929 S. 1 die Übergabe der Sache, die nach §§ 930, 931 durch Vereinbarung eines Besitzmittlungsverhältnisses oder die Abtretung des Herausgabeanspruchs ersetzt werden kann; es stehen also die Übergabe und, wenn die Übergabe ersetzt wird, die ersetzenden Akte, die Vereinbarung eines Besitzmittlungsverhältnisses oder die Vindikationszession, im Vordergrund. Zur Übereignung ist die Sache zu übergeben, im Hinblick auf sie ein Besitzmittlungsverhältnis zu begründen oder der Herausgabeanspruch zu zedieren, und dabei müssen sich die Parteien darüber einig sein, daß das Eigentum übergehen soll. Der Zusammenhang zwischen Übergabe etc. und Einigsein zeigt sich nicht nur in der Formulierung des § 929 S. 1 (einig sein bei Übergabe), sondern ebenso in der der §§ 933, 934. Diese sprechen von der Veräußerung »nach § 930« bzw. »nach § 931«, obwohl dort nur die äußeren Akte bezeichnet sind. In diesen Akten muß sich die Einigung ausdrücken, dann sind sie die Veräußerung. Daraus erklären sich auch noch die gestreckten Tatbestände des gutgläubigen Erwerbs nach §§ 933, 934 Alt. 2 als Einheitstatbestände. Es rechtfertigt sich zugleich die Rechtsprechung[532], die auch dann, wenn die Parteien eine wirksame Übereignung bereits zustande gebracht zu haben glauben, gleichwohl eine neue Übereignung annimmt und ihre Wirksamkeit nach §§ 929 ff., 932 prüft, wenn noch nachträglich – immer noch in Erfüllung des auf Übereignung gerichteten Kausalgeschäfts – Akte i.S. der Vollzugserfordernisse gemäß §§ 929-931 vorgenommen werden.

530 Bei der Kapitalanlagegesellschaft (Investmentgesellschaft) steht das Sondervermögen der Gesellschaft im treuhänderischen Eigentum oder im Miteigentum der Anteilsinhaber (§ 6 I 2 KAGG). Hier verfügen die Anteilsinhaber aber nicht über ihre Treugeber- oder Miteigentumsposition, sondern ihre Mitberechtigung ist in Anteilsscheinen verbrieft, die Order- oder Inhaberpapiere sein können (§ 18 I KAGG). Mit der Übertragung des Papiers geht auch der Anteil am Sondervermögen über (§ 18 III KAGG).

531 Der Sondertatbestand der Übereignung durch bloße Einigung (§ 929 a und Übereignung besitzloser Sachen) bleibt im folgenden außer Betracht.

532 BGH WM 1968, 145, 146 f.; NJW 1978, 696 f. und dazu *Tiedtke*, WM 1978, 446, 454 sowie *J. Hager*, WM 1980, 666, 670.

Damit folgt das Gesetz bei in Besitz stehenden Sachen dem Traditionsprinzip. Dieses Prinzip wird auch nicht durchbrochen durch den Sonderfall des § 929 S. 2. Nach dieser Vorschrift reicht zwar, wenn der Erwerber im Besitz der Sache ist, zur Übereignung die Einigung. Dadurch wird aber nicht das Traditionsprinzip durchbrochen, sondern nur die unnötige Hin- und Rückgabe der Sache erspart. Sie wird ersetzt dadurch, daß in der Einigung die Aufgabe von Herrschaftsrechten des Veräußerers über die Sache und die Aufrichtung der schon bestehenden Sachherrschaft des Erwerbers zur Rechtsherrschaft liegen, so daß sich aufgrund der Einigung dieselbe Lage ergibt, wie sie das Ergebnis der anderen Veräußerungsfälle ist: Die Bekleidung des Erwerbers mit der Sach- als Rechtsherrschaft. Mit Recht spricht man von einer brevi manu traditio. **769**

Wie die Übertragungsweisen des Besitzkonstituts, der Vindikationszession, der brevi manu traditio sowie schließlich der Einigung bei nicht im Besitz bestimmter Dritter stehender Sachen zeigen, folgt die gesetzliche Regelung damit nur cum grano salis dem Publizitätsprinzip. Versteht man Publizität im Sinne von Offenkundigkeit, so kommt es dem Gesetz auf diese Publizität nicht an. Es geht dem Gesetz vielmehr lediglich darum, daß der Eigentumswechsel nicht nur gewollt, sondern durch die Veräußerung der Sache realiter durchgeführt wird, es sei denn daß die dem neuen Eigentum entsprechende Herrschaft ohnehin schon beim Erwerber ist. Man kann von einem Veräußerungsprinzip sprechen. Die Veräußerung muß, wenn die Herrschaft nicht schon beim Erwerber ist, ihren Ausdruck finden in der Abgabe der (Ober-)Herrschaft über die Sache an den Erwerber (Entäußerung des Veräußerers und Bekleidung des Erwerbers[533] mit der Sachherrschaft). Je nach der Stellung des Veräußerers zur Sache einerseits und der Reichweite der Veräußerung andererseits ergeben sich aus diesem Prinzip verschiedene Anforderungen: Je nach der Stellung des Veräußerers zur Sache besteht nämlich die Veräußerung entweder in der bloßen Einigung (brevi manu traditio, § 929 S. 2) oder in der Abgabe des unmittelbaren Besitzes an den Erwerber, wobei diese durch Einräumung des mittelbaren Besitzes ersetzt werden kann, oder schließlich in der Abgabe der Gläubigerzuständigkeit zu der bei einem Dritten befindlichen Sache an den Erwerber. Abgesehen vom Fall der brevi manu traditio muß die Einigung bei der Übergabe oder dem sie ersetzenden Akt bestehen. Eine Einigung ohne diesen Wechsel in der Beherrschung der Sache ist ohne Bedeutung. **770**

Die Veräußerungsmerkmale sind sodann unterschiedlich nach der Reichweite der Übereignung. Hier ist neben die gewöhnliche Übereignung insbesondere die aufschiebend bedingte Übereignung zu stellen. Paradigma ist der Kauf unter Eigentumsvorbehalt. Nach § 449 I (= § 455 I a.F.) übereignet beim sog. Kauf unter Eigentumsvorbehalt, d.h. bei dem Kauf einer beweglichen Sache, bei dem sich der Verkäufer das Eigentum bis zur Zahlung des Kaufpreises vorbehält, der Verkäufer die bewegliche Sache im Zweifel unter der aufschiebenden Bedingung der vollständigen Kaufpreiszahlung, d.h. der Verkäufer übereignet im Zweifel nicht überhaupt nicht, sondern er übereignet aufschiebend bedingt[534]. Zum Zwecke einer solchen aufschiebend bedingten Übereignung muß der Entäußerungsakt i.S. der §§ 929 ff. aufschiebend bedingt unter aufschiebend bedingter Einigung geschehen. Dazu muß, wenn die aufschiebend bedingte Übereignung durch Übergabe erfolgen soll, sich die Übereignung in einer Weise vollziehen, die zu dem Übereignungsfall des § 930 genau reziprok ist: Während dort der Erwerber mittelbarer Besit- **771**

533 S. o. Rz. 402 die Herkunft der „gewere“ aus dem Wort Einkleidung.

534 Für die aufschiebend bedingte Übereignung beim Vorbehaltskauf muß nicht besonders der Eigentumsvorbehalt vereinbart werden, vielmehr geht es darum, daß der Eigentumsübergang auf den Käufer bis zur Kaufpreiszahlung noch aufgehalten wird. Zahlt der Käufer nicht und erhält er schon die Ware, wird man, wenn der Verkäufer nach dem Kaufvertrag nicht vorleistungspflichtig ist, grundsätzlich vom Kauf unter Eigentumsvorbehalt auszugehen haben, *Schurig*,, IPrax 1994, 27, 31.

zer wird und der Veräußerer unmittelbarer Besitzer bleibt, ist es hier umgekehrt: Der unmittelbare Besitz muß auf den Erwerber übergehen und der Veräußerer bleibt bis zum Eintritt der Bedingung durch ein Besitzmittlungsverhältnis, das durch diese Bedingung auflösend bedingt ist[535], im mittelbaren Besitz[536]. Aufgrund der Übergabe unter auflösend bedingtem Besitzmittlungsverhältnis und aufgrund der aufschiebend bedingten Einigung tritt die Bindungswirkung der §§ 158, 161 I ein.

bbb) Vorweggenommene Einigung und antizipierte Übereignung

772 Die Voraussetzung der Einigung bei der Übergabe oder der Erfüllung des Ersatztatbestandes bedeutet nicht, daß die Einigung erst bei der und durch die Übergabe zustande kommen muß. Die Parteien können sich vorher einigen, insbesondere können sie sich in dem der Übereignung zugrunde liegenden Schuldvertrag einigen und tun dies auch häufig. Auch ist die Einigung über den Eigentumsübergang von Sachen möglich, die der Veräußerer erst noch erwerben wird. Die vorweggenommene Einigung muß noch bei der Übergabe bestehen, d.h. sie darf nicht widerrufen oder aufgehoben sein. Im Fall noch zu erwerbender Sachen wird die Übergabe ersetzt durch ein Besitzmittlungsverhältnis i.S. von § 930, dessen Vereinbarung ebenfalls vorweggenommen wird, dem aber der spätere Erwerber (vom Dritten) und Veräußerer (an den Partner der vorweggenommenen Vereinbarung) die Sachen, die er für die vorweggenommene Übereignung erwirbt, noch erkennbar zuordnen muß. Man spricht insoweit von antizipierter Übereignung.

ccc) Inhalt der Einigung

773 § 929 S. 1 formuliert als Inhalt der Einigung, daß das Eigentum übergehen »soll«. Damit ist nicht ein Sollen im Sinne einer Verpflichtung gemeint. Die Formulierung bezieht sich darauf, daß das Eigentum mit der Übergabe etc. übergeht, weil und wenn die Parteien dies wollen. Die Einigung heißt, und es ist deshalb für sie erforderlich, daß nach dem Willen der Parteien das Eigentum durch Übergabe etc. übergehen »soll«. Es geht um das Einigsein darüber, daß die Übergabe etc. den Übergang des Eigentums ausdrückt. Diese Einigung als mit der Übergabe etc. verbundenes Einigsein über den in der Übergabe zum

[535] Beim Kauf unter Eigentumsvorbehalt ist es die durch Eigentumsvorbehalt und dessen Akzeptation (weil anderenfalls der Käufer überhaupt nichts bekommt) zustande kommende Vereinbarung.

[536] Demgegenüber wird der Kauf unter Eigentumsvorbehalt durch Vereinbarung eines Besitzkonstituts (§ 930) kaum vorkommen. Ohne daß er den Kaufpreis erhält, hat der Verkäufer, wenn er nicht nach dem Vertrag verpflichtet ist, das Eigentum vorzuleisten, keinen Anlaß, sich darauf einzulassen, als unmittelbarer Besitzer dem Käufer den Besitz zu vermitteln. Wenn die Parteien nicht eindeutig ein solches Besitzmittlungsverhältnis unter der aufschiebenden Bedingung der Kaufpreiszahlung vereinbaren, drückt sich in der Aufschiebung der Lieferung der Sache durch den Verkäufer die Aufschiebung der Übereignung und nicht eine bedingte Übereignung durch Vereinbarung eines Besitzmittlungsverhältnisses aus. Kein Argument ist freilich, daß hier ein Anwartschaftsrecht aus bedingter Übereignung deshalb nicht möglich ist, weil der mittelbare Besitz des Käufers vom Besitzmittlungswillen des Verkäufers abhinge, der Verkäufer also die Stellung des Käufers durch Willensänderung zerstören könnte. Nur für den Eigentumsübergang, bei der bedingten Übereignung für den bedingten Eigentumsübergang mit der Rechtsfolge der Stellung aus bedingtem Rechtsgeschäft, ist die Vereinbarung eines Besitzmittlungsverhältnisses erforderlich. Die spätere Änderung des Besitzwillens kann die einmal eingetretene Rechtsposition nicht ändern. Auch die anderweitige Weggabe der Sache durch den Veräußerer ist nicht so aufzufassen, daß mangels Eintritts des mittelbaren Besitzes des Erwerbers bei Bedingungseintritt die bedingte Übereignung nicht wirksam werden kann (so Planck/*Strecker* § 930 Anm. 4). Gibt der Veräußerer einem anderen unmittelbarem Besitz, erhält er mittelbaren Besitz bis zum Eintritt der Bedingung, von diesem Zeitpunkt an der Erwerber. Veräußert der Veräußerer anderweitig, so ist der Erwerber nach § 161 geschützt.

Ausdruck gebrachten Eigentumsübergang ist rechtlich klar zu trennen von dem Verpflichtungsvertrag (z.B. Kauf). Im täglichen Leben ist freilich häufig ein einheitliches Erklärungsverhalten anzutreffen: Die Kaufvereinbarung enthält dann die Einigung über den Eigentumsübergang. Dies ist für die Frage des Konsenses betreffs Kauf und Einigung zu berücksichtigen. An der rechtlichen Trennung beider Verträge hinsichtlich ihrer Wirksamkeit und Rechtsfolgen ändert sich nichts[537].

ddd) Die Sicherungsübereignung und das Bestimmtheitserfordernis

Als Rechtsübertragung an einzelnen Sachen (Spezialitätsgrundsatz) muß die Übereignung **774**
genügend bestimmt sein. Weil es bei der Übereignung um die Bestimmtheit i.S. der Spezialität geht, reicht nicht die für die Abgrenzung der inhaltlichen Reichweite eines Rechts genügende Bestimmbarkeit[538]. Durch das Übereignungsgeschäft muß festgelegt sein, welche einzelnen Sachen übereignet werden sollen. Die einzelnen Sachen müssen veräußert sein. Die Bestimmtheit der Übereignung ist problematisch bei der Sicherungsübereignung. Die Sicherungsübereignung ist ein seit langem anerkanntes Mittel der Sicherung von Forderungen[539]. Der Schuldner überträgt dem Gläubiger zur Sicherung einer Forderung Eigentum an (im Normalfall beweglichen) Sachen, insbesondere an Gegenständen seines Betriebes oder seiner privaten Anschaffung. Diese sollen im Besitz des Schuldners bleiben; deshalb wird die Übereignung nach § 930 vorgenommen. Bei Erledigung des Sicherungszwecks soll der Schuldner das Eigentum zurückerhalten, dazu kommt ein schuldrechtlicher Rückgewähranspruch, theoretisch, allerdings kaum praktisch auch die Vereinbarung einer auflösenden Bedingung in Betracht. Zur Bestimmtheitsproblematik kommt es bei der Übereignung zur Sicherung eines Geschäftskredits: Hier müssen der Sicherungsgeber und der Sicherungsnehmer das Sicherungsinteresse einerseits und das Interesse an der Fortführung des Betriebes andererseits möglichst in Einklang bringen. Dazu wird etwa ein Bestand von Waren oder Betriebsmitteln übereignet, so daß der Schuldner mit den Waren oder Betriebsmitteln wirtschaften kann und der Gläubiger immer am aktuellen Bestand gesichert ist. Dann stellt sich die Frage der Bestimmtheit der Übereignung.

Der BGH verlangt, daß es infolge der Wahl einfacher äußerer Abgrenzungskriterien **775**
für jeden, der die Parteiabreden in dem für den Eigentumsübergang vereinbarten Zeitpunkt kennt, ohne weiteres ersichtlich ist, auf welche individuell bestimmten Sachen sich die Einigung bezieht[540].

Im „Ferkel"-Fall hat der VIII. Senat des BGH einen Sicherungsübereignungsvertrag, der „für" 75 Ferkel abgeschlossen worden war, die in der weiteren Entwicklung des Falles bei einem beauftragten Mäster „eingestallt" wurden[541], für unwirksam erklärt, weil der Sicherungsvertrag auch unter Berücksichtigung möglicher begleitender Absprachen keinen Anhaltspunkt dafür enthalte, daß sich die Vertragspartner eine Vorstellung über die Unterscheidung der 75 Ferkel – insbeson-

[537] Zum Inhalt der Einigung für den Eigentumsvorbehalt beim Kauf unter Eigentumsvorbehalt *Bülow*, Jura 1986, 169 ff., 234 ff.

[538] Dazu o. Rz. 16 f.

[539] Mit Recht spricht *Flume* II § 2 1, S. 23 von der Herausbildung der Sicherungsübereignung als anerkannten Aktstyps unserer Rechtsordnung. Von einer Umgehung der Pfandrechtsregelung des BGB, die für das Pfandrecht den Besitz des Gläubigers an der Pfandsache voraussetzt, während die Sicherungsübereignung den Besitz beim Schuldner läßt, kann, so häufig das Thema erörtert worden ist, nicht gesprochen werden, s. § 216 II (= § 223 II a.F.) und umfassend *Schubert*, ZGR (Germ) 107 (1990), 132.

[540] Urteil des II. Senats vom 13.1.1992 („Handbibliothek Kunst") ZIP 1992, 393, zweites Revisionsurteil in derselben Sache vom 19.9.1994, NJW-RR 1994, 1537.

[541] So genau muß man den Sachverhalt lesen, der irreführen könnte, als wäre der Vertrag über die bei dem Mäster eingestallten Tiere geschlossen worden, in welchem Fall der Vertrag unbedenklich gewesen wäre.

dere über die getrennte Haltung – gemacht und zum Ausdruck gebracht hätten[542]. Im Fall „Handbibliothek Kunst", den der II. Senat zu entscheiden hatte, war eine Sicherungsübereignung zu beurteilen, die mit dem Inhaber eines Kunst- und Buchhandels- sowie Auktionshauses über die sog. Handbibliothek Kunst vereinbart war. Unter diesem Begriff wurden in der Firma alle Nachschlagewerke des Hauses, die zur Einordnung von Kunstgegenständen dienen konnten, zusammengefaßt. Die Übereignung sollte sich zum einen auf alle in einem „Katalograum" gelagerten und zum anderen auf Bücher beziehen, die in zwei weiteren Räumen, hier mit anderen Büchern zusammen, gelagert waren. Was die beiden weiteren Räume betrifft, entnahm der Senat keine ausreichende Bestimmtheit dem Begriff „Handbibliothek Kunst". Insoweit gehe es um die Funktion der Bücher; man müsse sich die Bücher erst ansehen daraufhin, ob sie der Einordnung von Kunstgegenständen und nicht etwa der von Büchern dienten; damit fehle die Abgrenzbarkeit nach einfachen äußeren Kriterien. Ausreichend sei es dagegen, wenn die zur Handbibliothek Kunst gehörigen Bücher von einer Mitarbeiterin schriftlich gekennzeichnet gewesen seien. Eine Kennzeichnung genüge auch für den dritten Raum, in dem es um die Abgrenzung derjenigen Bücher, die im Eigentum des Sicherungsgebers standen, von anderen, etwa unter Eigentumsvorbehalt gekauften, Büchern ging, die von der Sicherungsübereignung nicht erfaßt sein sollten. Der Fall ist bemerkenswert, weil der BGH zwei Mal gegen ein die Klage der Sicherungsnehmerin abweisendes Berufungsurteil angerufen wurde und auch in der zweiten Revision nicht in der Sache entschieden, sondern aufgehoben und zurückverwiesen hat. Mithin ist der Fall bemerkenswert für die Unsicherheit der Kriterien der Rechtsprechung. *Tiedtke* diagnostiziert darüber hinaus eine Abweichung der Entscheidungen im Fall Handbibliothek Kunst von der im Ferkel-Fall, weil der II. Senat in den ersteren Fällen die Abgrenzung mit Hilfe von Merkmalen für möglich erklärt habe, die nicht in die Sicherungsvereinbarung aufgenommen gewesen seien[543].

776 Mit Recht hat *Wieling* darauf hingewiesen, daß das Erfordernis der Bestimmtheit nicht mit dem der Offenkundigkeit gleichgesetzt werden darf[544]. §§ 930 f., die für die Übereignung intern bleibende Vereinbarungen der Parteien genügen lassen, widersprechen der Maßgeblichkeit des Publizitätsprinzips für die Wirksamkeit der Übereignung, und so darf diese auch nicht via Bestimmtheitsgrundsatz unterstellt werden. Darauf, daß ein Dritter ohne weiteres aus dem Übereignungsgeschäft die betroffenen Sachen identifizieren kann, kommt es also nicht an. Das Kriterium ist auch ganz unsicher. Im Fall Handbibliothek Kunst ist Beweis über das Merkmal „Katalograum" erhoben worden. Für die Wirksamkeit der Sicherungsübereignung kann aber nicht entscheidend sein, wie viele Zeugen und welche den einen Raum als „Katalograum" kannten. Ausreichend ist, daß die Parteien einen bestimmten Raum meinten[545].

777 Dies führt zu dem nach dem Gesetz wesentlichen Erfordernis. Für die Übereignung beweglicher Sachen ist eine Veräußerung im Sinne der §§ 929 ff. in Einigkeit über den Eigentumsübergang erforderlich. Zur Veräußerung gehört die Entäußerung der (tatsächlichen oder rechtlichen) Sachherrschaft durch den Veräußerer und die Einsetzung des Erwerbers in die Herrschaft über die Sache. Zwischen den beiden Parteien muß sich diese Veräußerung vollziehen. Zwischen diesen muß also die Herrschaftsverschiebung klar sein. Ob Dritte (leicht) davon Kenntnis nehmen können, ist unmaßgeblich. Zur Veräußerung in diesem Sinne müssen die Parteien diejenige Sache, die übereignet werden soll, als individuellen körperlichen Gegenstand identifizieren und in bezug darauf die Herrschaft verschieben. Schon diese Identifizierung fehlte, was den Zeitpunkt der Sicherungsübereignung betrifft, im Ferkel-Fall. Nach dem Vertrag hatten die Parteien eine Zahl von Ferkeln und nicht bestimmte Ferkel für die Übereignung festgelegt. Allerdings kommt es nicht allein auf den Zeitpunkt der Übereignung an. Die Anerkennung der antizipierten Übereignung zeigt, daß die Übereignung auch bei Unbestimmtheit oder

[542] Urteil des VIII. Senats vom 21.11.1983, WM 1983, 1409.

[543] WiB 1995, 197, 198, 199.

[544] Sachenrecht I, 9 VIII 4 b bb, S. 323 f.

[545] Zutreffend BGH WM 1993, 2161, daß die Übereignung aller gattungsmäßig bestimmten Sachen des Veräußerers (Abfallcontainer bestimmter Volumina) bestimmt genug ist, auch wenn sich die Sachen an verschiedenen und wechselnden Orten befinden.

sogar Nichtexistenz der zu übereignenden Sachen beim Veräußerer vorgenommen werden kann. Die zu übereignenden Sachen können später erworben und, wenn nötig, ausgewählt werden. Sofern die Vereinbarung eines Besitzmittlungsverhältnisses und die Einigung noch fortbestehen und die ausgewählten Sachen bei fortbestehender Einigung erkennbar dem Besitzmittlungsverhältnis unterworfen werden, kommt die Übereignung durch die Auswahl und Separierung zustande. War im Ferkel-Fall, wie nach dem ganzen Fall nahe liegt, die spätere Auswahl und Einstallung der Ferkel vereinbart und sind die 75 Ferkel dementsprechend bei dem Mäster eingestallt worden, so war die Sicherungsübereignung entgegen der Entscheidung des VIII. Senats wirksam[546].

Im Unterschied zum Ferkel-Fall des VIII. Senats war im Handbibliothek-Kunst-Fall **778**
des II. Senats die Identität der übereigneten Bücher von vornherein bestimmt. Aufgrund dieses Unterschieds ist der II. Senat mit seiner der Wirksamkeit der Sicherungsübereignung günstigeren Entscheidung nicht von der Entscheidung des VIII. abgewichen. Es stellt sich nur die Frage, ob die vom II. Senat geforderte äußere Kennzeichnung der Bücher relevant ist, obwohl doch die Identität schon anderweitig abgegrenzt war, nämlich durch die aus den Büchern selbst zu entnehmende Zugehörigkeit zu den Nachschlagewerken über Kunstgegenstände. Der Entscheidung des II. Senats ist aber zu folgen. Über die Bestimmung der Identität der Bücher hinaus muß für die Veräußerung die Sachherrschaft über die Bücher verschoben werden. Im Fall des Besitzkonstituts muß für den Veräußerer eindeutig gekennzeichnet sein, welche Sachen noch ihm gehören und welche Sachen er für den Erwerber verwahrt. Für die Kennzeichnung reicht nicht, daß man durch Nachschlagen in Büchern diese zuordnen kann. Die Bücher müssen äußerlich deutlich für den Erwerber aufbewahrt werden, damit der Veräußerer seine Herrschaft auf den Erwerber verschiebt.

Aufgrund des Veräußerungsmerkmals sind auch die Fälle zu entscheiden, in denen die **779**
Parteien von den übereigneten Sachen einer Gesamtheit ohne Kennzeichnung der einzelnen Sachen diejenigen ausnehmen, die unter Eigentumsvorbehalt stehen. In einem solchen Fall hat der BGH mit Recht die dingliche Einigung für unwirksam erklärt[547]. Die Unwirksamkeit beruht allerdings nicht darauf, wie der BGH gemeint hat, daß zu der Feststellung, was übereignet ist und was nicht, eine Prüfung der Geschäftsunterlagen und der Bücher (im Hinblick darauf, ob der Kaufpreis schon bezahlt ist) erforderlich ist. Gegen die Wirksamkeit der Übereignung spricht aber das Veräußerungserfordernis: Für die unbedingte Übereignung muß die volle Herrschaft abgegeben werden. Werden von der Übereignung einer Sachgesamtheit Sachen ausgenommen für den Fall, daß sie dem Veräußerer nicht gehören, dann steht die Veräußerung bezüglich aller Sachen unter Vorbehalt, die Sicherungsübereignung erfordert aber eine vorbehaltlose Herrschaftszuweisung an den einzelnen Sachen.

546 In ZIP 2000, 1895 = NJW 2000, 2898 hilft der BGH in dem Fall, daß Porzellanmuster einer Mustersammlung aus einem Raum übereignet wurden, in dem auch nicht zur Mustersammlung gehörige Stücke lagerten, mit der Auslegung, daß alle Stücke übereignet wurden mit der schuldrechtlichen Vereinbarung, daß der Erwerber die Rückübereignungspflicht „durch Entnahme ... im Wege der Selbsthilfe erfüllen konnte". An Stelle der merkwürdigen Figur der Selbsthilfeerfüllung ist von antizipierter Rückübereignung der vom Erwerber auszusondernden Stücke auszugehen (nicht berechtigt die Kritik von *Feuerborn*, ZIP 2001, 600 ff.).

547 Urteil des XI. Senats vom 20.3.1986, ZIP 1986, 636 = EWiR § 419 2/86, 457 (*H.-G. Graf Lambsdorff*) = WuB I F 5. Sicherungsübereignung 1.86 (*Möschel*) (die Frage war dort nicht für das mit der Klage verfolgte Eigentum an bestimmten Inventarstücken relevant; soweit sich die Sicherungsübereignung auf diese bezog, war sie eindeutig bestimmt; auf die Gesamtsicherungsübereignung kam es aber für die Einwände der sittenwidrigen Übersicherung und der Haftung des Sicherungsnehmers nach § 419 a.F. an). Ebenfalls nicht bestimmt genug ist die Übereignung aufgelisteter Hausratsgegenstände, soweit diese nicht unpfändbar sind (BGH WM 1988, 346 = EWiR § 929 1/88, 463 (*Gerhardt*).

780 Aus diesem Grunde ist auch der – in einer späteren Entscheidung vom VIII. Senat aufgegebenen[548] – Entscheidung des IV. Senats des BGH zuzustimmen, daß die Übereignung einer Sachgesamtheit mit zum Teil unter Eigentumsvorbehalt stehenden Sachen auch dann unwirksam sei, wenn sich der Übertragungsakt auf alle Sachen der Sachgesamtheit bezieht, indem insoweit, als die Sachen noch nicht im Eigentum des Veräußerers stehen, das Anwartschaftsrecht übertragen werden soll[549]. Das Veräußerungsmerkmal ist für die sicherungshalber vorzunehmende Übertragung des Eigentums wegen deren größerer Reichweite ein anderes als das der Sicherungsübertragung einer Anwartschaft; als Erwerber des Eigentums wird der Sicherungsnehmer mittelbarer Eigenbesitzer, als Anwartschaftserwerber vermittelt er als mittelbarer Fremdbesitzer dem Verkäufer den Besitz[550]. Folglich wird im Fall der Veräußerung einer Sachgesamtheit, zu der auch unter Eigentumsvorbehalt stehende Sachen gehören, die für die Sicherungsübereignung erforderliche Einräumung mittelbaren Eigenbesitzes (§ 930) von den Parteien nicht im Hinblick auf die einzelnen Sachen abgegrenzt. In der neueren Entscheidung, in der der VIII. Senat des BGH die Übertragung für wirksam erklärt hat, hat dieser Senat sich damit beholfen, daß er die Obhut über die Sachen, die der Sicherungsnehmer im Rahmen der Übertragung der Anwartschaft hinsichtlich der unter Eigentumsvorbehalt stehenden Sachen dem Verkäufer schuldet, auf alle Sachen der Sachgesamtheit ausgedehnt hat[551]. Damit hat er eine Sicherungsübereignung ohne die dafür erforderliche Einräumung mittelbaren Eigenbesitzes anerkannt[552].

548 BGHZ 28, 16. Eine Anrufung des großen Senats war nicht nötig, weil auf den VIII. Senat die hier maßgebliche Zuständigkeit des IV. übergegangen war (S. 28 ff.).

549 BGHZ 21, 52.

550 Mit Recht hat der BGH die Übertragung der Anwartschaft durch Einräumung mittelbaren Besitzes anerkannt (BGHZ 28, 27 ff.); *Flume* II § 42 4 d, S. 740 Fn. 21 kritisiert, daß nicht, wie vom Senat angenommen, ein bis zum Verkäufer durchgestufter Besitz bestehe – der Verkäufer werde nicht hinter den Dritten (Sicherungsnehmer) zurückgedrängt –, sondern der Dritte vom Vorbehaltskäufer als unmittelbarem Fremdbesitzer mittelbaren Fremdbesitz ableite. Der Dritte hat aber deshalb nur Fremdbesitz, weil über diesem bis zur Kaufpreiszahlung der Eigenbesitz des Verkäufers steht. Die Durchstufung ist also nicht zu verneinen. Allerdings braucht sich der Verkäufer, wenn er mangels Kaufpreiszahlung seine Sache zurückfordert, in der Tat nicht um ein Besitzrecht des Dritten zu kümmern.

551 Die frühere Entscheidung hat zutreffend für unabdingbar gehalten, daß bestimmt sein muß, inwieweit sich der Sicherungsnehmer an das Vorrecht des Vorbehaltsverkäufers halten muß (BGHZ 21, 58). Die spätere hat das Bedenken dadurch auszuräumen versucht, daß sie dem Sicherungsvertrag entnommen hat, daß die Sicherungsnehmerin allgemein nur von Vorbehaltseigentum habe ausgehen können (BGHZ 28, 24). Damit hält die Entscheidung die Sicherungsübereignung dadurch aufrecht, daß sie sie, was die Pflichtenposition der Sicherungsnehmerin betrifft, einheitlich als Übertragung bloßer Anwartschaftsrechte auffaßt.

552 Mit Recht nimmt *Ernst*, Eigenbesitz und Mobiliarerwerb, 1992, S. 144 ff., solange noch Eigentumsvorbehalte bestehen, die Übereignung als unwirksam an. *Ernst* will sie als Übereignung unter der Bedingung, daß sich im Lager keine unter Eigentumsvorbehalt befindliche Ware mehr befindet, aufrechterhalten. Die Bedingung ist aber weder gewollt (auch sie versetzt den Sicherungsnehmer in die Position eines zunächst vollständigen Fremdbesitzers) noch realistisch: Soll sie eintreten, muß der Sicherungsgeber einerseits noch Ware haben und alles abbezahlt haben und andererseits trotzdem sein Geschäft aufgeben, weil bei Fortführung des Geschäfts und wechselndem Bestand die Sicherungsübereignung nicht auf den Zufall einer vorübergehenden Vorbehaltsfreiheit abgestellt ist. Der Senat verweist für sein Ergebnis neben den dogmatischen Gründen auf wirtschaftspolitische Notwendigkeiten (S. 25). Weshalb aber die Sicherungsübertragung von Warenlagern nicht funktionieren soll, wenn man die getrennte Verwaltung von Ware fordert, die noch nicht im Eigentum des Unternehmens steht, ist nicht einzusehen. Die getrennte Verwaltung entspricht vielmehr zugleich der ordnungsgemäßen Wahrung der Position des Vorbehaltsverkäufers.

Durchaus gewahrt ist das Veräußerungsmerkmal indessen entgegen dem OLG Frankfurt a.M.[553] in dem Fall, daß die Sachen bei einem Dritten eingelagert und hier nur nicht klar von den Sachen anderer Einlagerer getrennt sind. Mit der Übereignung aller seiner eingelagerten Sachen begründet der Veräußerer einen ausreichenden Oberbesitz des Sicherungsnehmers. Der Sicherungsnehmer wird nur dieselben Schwierigkeiten wie der Veräußerer haben, sein Eigentum zu beweisen. Man braucht sich nur in dem gleichen Fall die Vindikationszession vorzustellen, um zu sehen, daß die Schwierigkeiten des Nachweises des Eigentums nicht der Veräußerung entgegenstehen. **781**

eee) Übereignung durch oder an Stellvertreter

Bei der Übereignung als Rechtsgeschäft kann grundsätzlich auf beiden Seiten ein Stellvertreter eingeschaltet werden (§ 164). Die Stellvertretung ist allerdings problematisch, soweit das Übereignungsgeschäft durch Übergabe vorgenommen werden soll. Dies ist bei dem Thema der Übergabe zu erörtern[554]. Die Stellvertretung des Eigentümers ist von der Übereignung eines Nichtberechtigten kraft der Ermächtigung des Eigentümers zu unterscheiden: Der Stellvertreter schließt das Übereignungsgeschäft als Geschäft mit Wirkung für den Eigentümer, so daß es das Übereignungsgeschäft des Eigentümers ist; der Ermächtigte tätigt das Geschäft im eigenen Namen, die Ermächtigung schafft die Voraussetzung der Wirksamkeit des Übereignungsgeschäfts, daß der Übereignende verfügungsberechtigt ist. Stellvertretung ist Handeln im fremden Namen mit Vertretungsmacht (§ 164), Übereignung kraft Ermächtigung ist Handeln im eigenen Namen, die Ermächtigung ist nicht auf eine andere Person, sondern auf ein bestimmtes Recht bezogen. **782**

fff) Die Frage der Bindungswirkung der Einigung

Im Schuldrecht sind grundsätzlich[555] sowohl die vertragliche Einigung als auch schon der Antrag zu einer solchen bindend (§ 145), d.h. der Partner kann sich nicht mehr einseitig von seiner Erklärung lösen. Anders ist es bei der dinglichen Einigung: Sind die etwaigen weiteren Voraussetzungen des Verfügungstatbestandes gegeben, so ist die Rechtsübertragung vollendet, d.h. ein Widerruf undenkbar. Fehlt aber noch der Veräußerungsvorgang (z.B. die Besitzübertragung), so besteht ein gewisser Schwebezustand. Fraglich ist, ob hier die Einigung einseitig widerruflich ist. **783**

Im Grundstücksrecht enthält § 873 II eine Regelung, die die Einigung unter bestimmten Voraussetzungen für bindend erklärt. Aus dem Fehlen einer derartigen Regelung im Mobiliar-Sachenrecht folgt, daß hier bis zur Vollendung des dinglichen Erwerbsvorgangs eine Widerrufsmöglichkeit besteht. Dafür spricht auch der Wortlaut des § 929 (»einig *sind*«). Die Widerrufsmöglichkeit wirkt auch schon einer Bindungswirkung nach § 145 entgegen[556]. Der Ausschluß der Bindung bedeutet aber eben nur Widerruflichkeit. Solange kein Widerruf erklärt ist, bleibt die Einigung bestehen. Dies hat das RG im berühmten Bonifatius-Fall[557] verkannt[558]. **784**

[553] ZIP 1994, 1438 = EWiR § 929 1/94, 975 (*Bydlinski*).

[554] Unten Rz. 807 ff.

[555] Ausnahme etwa beim Auftrag: s. § 671 I.

[556] S. *Flume* II § 35 I 3 b, S. 642 und dazu folgender Fall: V leiht E ein Klavier, dann bietet er dem E brieflich die Schenkung des Instruments an. Vor Eintreffen der Annahmeerklärung des E verkauft und übereignet V das Klavier an D. Danach trifft die Annahmeerklärung des E ein. So wie die Einigung zwischen V und E nach § 929 S. 1 in diesem Fall, in dem es um eine brevi manu traditio nach § 929 S. 2 ging, unwiderruflich gewesen wäre, war auch das Angebot des V an E nach § 145 bindend. Trotzdem hat V an D nach §§ 929 S. 1, 931 wirksam übereignet, weil er bei der Übereignung an D noch Berechtigter war. D hat freilich sein Eigentum an E nach § 932 S. 1, 2 verloren. Er kann aber von E nach § 816 I 2 kondizieren.

[557] RGZ 83, 223.

785 Die Widerruflichkeit der Einigung bedeutet, daß die Einigung als Voraussetzung der Übereignung beseitigt werden kann. Also heißt Unwiderruflichkeit (z.B. bei § 873 II), daß es bei der Erfüllung dieser Voraussetzung bleibt. Unwiderruflichkeit heißt nicht: Bindung im Sinne einer Verpflichtung oder Wegfall der Berechtigung oder Verfügungsberechtigung.

ggg) Trennungs- und Abstraktionsprinzip

786 Der dingliche Vertrag ist insoweit ein normaler Vertrag, als für ihn die Vorschriften und Grundsätze des Allgemeinen Teils über Rechtsgeschäfte gelten. Insbesondere gelten die allgemeinen Auslegungsgrundsätze[559]. Die Vorschriften des Allgemeinen Teils sind nach dem Trennungsprinzip getrennt auf das dingliche und das schuldrechtliche Geschäft anzuwenden[560]. Nach dem Abstraktionsprinzip wirken sich Mängel des schuldrechtlichen Geschäfts nicht als Mängel des dinglichen aus.

787 Die Mängel können im konkreten Fall *beiden* Geschäften anhaften[561], was häufig der Fall ist bei arglistiger Täuschung, Fehlen der Geschäftsfähigkeit[562], Fehlen der Vertretungsmacht. Wird die Einigung in der Kausalvereinbarung mit erklärt, was bei Geschäften über bewegliche Sachen häufig der Fall ist, ist ein Dissens über Entgeltlichkeit oder Unentgeltlichkeit der Übereignung ein Dissens auch betreffs der Einigung[563].

558 S. *Flume* II § 33 4, S. 605 f. Das RG hat die schenkweise Übergabe von Wertpapieren durch einen todkranken Pfarrer an einen Pfarrkuraten, der sie dem Bonifatius-Verein überbringen sollte und nach dem Tod des Pfarrers überbracht hat, zunächst als Fall des § 2301 I angesehen und dann für den Fall, daß auf die Schenkungs- und Übereignungserklärung des Pfarrers § 130 II angewendet werden würde, das Fehlen der Einigung nach § 929 S. 1 angenommen, weil § 929 S. 1 auf das Einigsein bei Übergabe an den Erwerber abstelle, in diesem Zeitpunkt das Eigentum aber bereits auf die Erbin übergegangen gewesen sei. Nach dem Fall hatte der Pfarrer seinen herannahenden Tod, von dem er sicher ausging, zum Anlaß genommen, dem ihn aufsuchenden Kuraten Wertpapiere für den Bonifatius-Verein mitzugeben. Der Bote war nicht angewiesen, bis zum Tode des Pfarrers mit der Zustellung zu warten. Von einem auf den Todesfall aufschiebend befristeten Geschäft im Sinne des § 2301 I konnte nicht die Rede sein. Vielmehr hatte der Pfarrer eine unbefristete Schenkungs- und eine Übereignungsofferte durch Beauftragung des Boten abgegeben. Diese wurden durch die Übergabe der Papiere an den Vertreter des Vereins nach § 130 II i.V. mit § 929 S. 1 und § 518 II trotz des Todes wirksam und konnten nach §§ 153, 151 angenommen werden. Zutreffend *Martinek/Röhrborn*, JuS 1994, 473 ff., 564 ff., die allerdings unklar zunächst eine wirksame Übereignung durch den Pfarrer ablehnen (S. 475), bevor sie nach langwierigen Darlegungen eine der Erbin zurechenbare schenkweise Übereignung (später sogar: Übereignung bzw. Leistung der Erbin) nach §§ 130 II, 153, 151 annehmen (S. 478 f., 564 ff.). Die Erbin hat aber nicht übereignet, sie verliert nur durch die trotz des Todes des Pfarrers wirksam werdende Übereignung des Pfarrers das Eigentum, und zwar cum causa aufgrund der ebenfalls wirksam werdenden Schenkung des Pfarrers. Zum Bonifatius-Fall auch *Otte*, Jura 1993, 643.

559 Zur Auslegung allgemein BGH WM 1990, 847, bei Sicherungsübereignung BGH WM 1991, 88, 89. Wehrt der Käufer die in den AGB des Verkäufers enthaltene Eigentumsvorbehaltsklausel mit einer Klausel in eigenen AGB ab, so muß er immerhin den Willen des Verkäufers zu nur bedingter Übereignung gelten lassen und kommt so die Einigung mit diesem Inhalt zustande (s. BGH ZIP 1986, 1052, 1054; kritisch *Graf v. Westphalen*, ZIP 1987, 1361, 1369).

560 Zum sachlichen Zusammenhang des Trennungs- und Abstraktionsprinzips insbesondere mit dem Veräußerungsprinzip bei der Übereignung oben Rz. 25.

561 Zur Frage der Sittenwidrigkeit der Einigung *Flume* II § 12 III 5 a, b, S. 180, § 18 8, S. 382, 384 ff.

562 Bei beschränkter Geschäftsfähigkeit dann, wenn es um die Verfügung des in der Geschäftsfähigkeit Beschränkten geht.

563 Dazu und zu der – anders zu entscheidenden – Frage der Anfechtbarkeit wegen Eigenschaftsirrtums oben Rz. 27.

Im Hinblick auf die Möglichkeit, daß auch der Einigung Wirksamkeitsmängel anhaften können, ist nicht zutreffend entschieden der folgende Fall bei *Baur/Stürner*[564]: A ist Angestellter des Gebrauchtwagenhändlers V. V beauftragt ihn mit dem Barverkauf eines Pkw. A verkauft und übereignet den Wagen gegen Hereinnahme von 3-Monats-Wechseln, nicht einmal unter Eigentumsvorbehalt. – *Baur/Stürner* meinen, daß die Beschränkung der Vollmacht sich nicht auf die Übereignung beziehen könne, weil diese keinen "schuldrechtlichen" Gehalt habe. Wieso die Vollmacht, nur gegen bar (d.h. sonst nicht) zu übereignen, sich nicht auf die Übereignung bezieht (beziehen kann), ist nicht einzusehen. **788**

Die Parteien können die Gültigkeit des schuldrechtlichen Vertrags als Bedingung des dinglichen Geschäfts vereinbaren. Dafür ist Voraussetzung, daß das dingliche Geschäft nicht bedingungsfeindlich ist. Die Übereignung nach §§ 929 ff. ist im Gegensatz zu der Auflassung (§ 925 II) nicht bedingungsfeindlich. Die Bedingung der Gültigkeit des schuldrechtlichen Vertrags muß aber vereinbart werden. Dies setzt Zweifel der Parteien an der Gültigkeit des Kausalgeschäfts und eine Regelung zu ihrer Berücksichtigung voraus. Kein Beispiel für eine durch die Gültigkeit des Kausalgeschäfts bedingte Übereignung ist der Kauf unter Eigentumsvorbehalt. Bei diesem wird nicht unter der Bedingung der Gültigkeit des Kaufs, sondern unter der aufschiebenden Bedingung der vollständigen Kaufpreiszahlung übereignet (§ 449 I (= § 455 I a.F.). **789**

Nicht möglich ist die Einschränkung des Abstraktionsprinzips durch Anwendung des § 139. Das Abstraktionsprinzip ist durch die gesetzliche Formierung der Verfügungstatbestände als objektiv-rechtlicher Grundsatz der Privatautonomie vorgegeben. Danach handelt es sich bei dem dinglichen um ein eigenständiges Geschäft: Es kann nicht zum »Teil eines Rechtsgeschäfts« gemacht werden. Etwas anderes ist (weil insoweit nicht die Gültigkeit des schuldrechtlichen Geschäfts in Frage steht), daß bei beiderseitigen Bargeschäften die Einigung auf Seiten des Veräußerers davon abhängig zu sehen ist, daß dieser die Gegenleistung tatsächlich in die Hand bekommt. Den Unterschied der beiden Konstellationen zeigt folgendes Beispiel: Kauft ein Minderjähriger ohne Zustimmung gemäß § 107 eine Sache, so wird er Eigentümer der Kaufsache mit Hingabe des Geldes, auch wenn der Kaufvertrag und die Geldübereignung unwirksam sind. Er wird dagegen nicht Eigentümer, wenn er nur die Sache bekommt und dann wegläuft[565]. **790**

bbb) Die Übereignung durch oder an Minderjährige

Paradigmatisch für die Anwendung des Trennungsprinzips ist die Veräußerung einer Sache an oder durch den (über 7 Jahre alten) Minderjährigen. Das schuldrechtliche Geschäft ist jedenfalls, sofern es entgeltlich ist[566], nicht lediglich rechtlich vorteilhaft i.S. des § 107, es ist also nur bei Zustimmung des gesetzlichen Vertreters wirksam. Die Übereignung ist davon unabhängig zu prüfen. Wird an den Minderjährigen übereignet, so ist, wenn der Eigentumserwerb die einzige Folge dieses Geschäfts ist, die Übereignung nach **791**

[564] § 51 G I 3 (5).

[565] *Flume* II § 12 III 4, S. 179.

[566] Zur Schenkung an Minderjährige *Flume* II § 13 7 b, S. 191 ff. Gegenstand eines Schenkungsversprechens ist der Anspruch auf den Schenkgegenstand. Das Versprechen ist also für den Minderjährigen als Beschenkten lediglich rechtlich vorteilhaft und wirksam. Daran kann sich allerdings nicht uneingeschränkt § 181 letzter Hs. (kein Verbot des Insichgeschäfts bei Erfüllung einer Verbindlichkeit) anschließen, s. sogleich Rz. 796. Sodann ist die Erfüllungsfolge des Erlöschens des Anspruchs aus dem Schenkungsversprechen (§ 362 I) bei Leistung auf ein wirksames Schenkungsversprechen an einen Minderjährigen rechtlich nachteilig, dazu *Flume* II § 13 7 b, S. 193.

§ 107 wirksam[567]. Den Ausgleich bei Unwirksamkeit des Kausalgeschäfts schafft der Bereicherungsanspruch.

792 Übereignet der Minderjährige, so ist zu unterscheiden: Ist der Minderjährige Eigentümer, so ist die Übereignung nachteilig, also ohne Zustimmung des gesetzlichen Vertreters nicht wirksam. Ist der Minderjährige nicht Eigentümer, kommt der Erwerb von ihm als Nichtberechtigtem in Betracht. Kraft der Einwilligung des Berechtigten kann der Minderjährige ebenso verfügen wie kraft Vollmacht im Namen des Berechtigten (s. § 165). Ebenso wie durch Einwilligung wird die Verfügung des Minderjährigen durch die Genehmigung des Berechtigten wirksam (§ 185 II 1 1. Fall)[568], wenn sie nicht schon nach §§ 932 ff. wirksam wird[569].

793 Der gutgläubige Erwerb von einem Minderjährigen nach §§ 932 ff. ist umstritten: Die h.M. hält ihn für möglich aufgrund der Lehre vom sog. indifferenten Geschäft. Aus der Übereignung kann der Minderjährige selbst keinen Nachteil erleiden, soweit er Nichtberechtigter ist. Damit ist das Geschäft zwar noch nicht vorteilhaft für ihn, wie § 107 formuliert. Für die h. L. steht dem lediglich rechtlich vorteilhaften Geschäft aber das sog. indifferente Geschäft, d.h. das Geschäft, welches wenigstens keinen Nachteil für den Minderjährigen enthält, gleich. Beleg aus dem Gesetz ist der eben schon genannte § 165.

[567] Dies muß auch für eine Übereignung an den Minderjährigen nach § 930 gelten. Der Eigentumserwerb des Minderjährigen, der diesen etwa nach eigener Zahlung hinsichtlich der Rückabwicklung des ohne Zustimmung des gesetzlichen Vertreters abgeschlossenen und deshalb unwirksamen Kausalgeschäfts sichert, darf nicht daran scheitern, daß die in § 930 vorausgesetzte Vereinbarung eines Besitzmittlungsverhältnisses, etwa einer Leihe mit dem Minderjährigen als Verleiher, nach §§ 107 ff. unwirksam ist. Zumindest der für die Besitzmittlung erforderliche Herausgabeanspruch des Minderjährigen muß – notfalls unter Anwendung der Figur des negotium claudicans (s. *Flume* II § 13 7 b, S. 193) – angenommen werden.

[568] *v. Olshausen,* AcP 189 (1989), 223, 235. Nach *Flume* II § 13 7 b, S. 194 scheidet bei der Verfügung eines nichtberechtigten Minderjährigen § 185 II 1 vollständig aus. Dies trifft aber nur für die beiden weiteren Fälle des § 185 II 1 (Fälle 2, 3), nicht für den der Genehmigung (Fall 1) zu: In den Fällen 2 und 3 (nachträglicher Erwerb des Verfügenden, Beerbung des Verfügenden durch den Berechtigten mit dessen unbeschränkter Haftung) geht es um das Wirksamwerden zu Lasten des Minderjährigen (zu Lasten seines nachträglichen Erwerbs oder zu Lasten der von ihm ausgehenden Erbfolge). Zu Fall 3 (Erbnachfolge des Berechtigten) könnte allerdings dann möglicherweise anders zu entscheiden sein, wenn § 185 II 1 3. Fall eine Heilung kraft Haftung (des Berechtigten) bedeuten würde. So Staudinger/*Gursky* § 185 Rz. 74 f. Zwar ist bei Verfügung eines nichtberechtigten Minderjährigen in der Regel auch keine Haftung des Minderjährigen gegeben. Man könnte aber die Haftungszurechnung zu einer Verantwortlichkeitszurechnung erweitern und dem Erben die Verfügung des minderjährigen Erblassers als solche zurechnen wollen. Aber die ganze Deutung i.S. einer Heilung kraft Haftung trifft nicht zu. Die Vorschrift macht die Verfügung unabhängig davon wirksam, ob eine Verpflichtung zu ihr besteht. Wie in seinem 2. Fall rechnet § 185 II 1 auch im 3. Fall nicht die Verfügung des Nichtberechtigten einem anderen zu, sondern läßt sie wirksam werden, wenn das zur Wirksamkeit fehlende Stück (die Berechtigung des Verfügenden) hinzutritt. Im Beerbungsfall tritt dies deshalb ein, weil und wenn der Berechtigte vermögensmäßig mit dem Verfügenden zu identifizieren ist. Dies ist zu bejahen, wenn er Erbe des Verfügenden wird und aufgrund der unbeschränkten Haftung keine Trennung des Nachlasses von dem übrigen Erbenvermögen eintreten kann. In dieser Nachfolge würde der Erbe durch die Verfügung des minderjährigen Erblassers belastet und mit ihm die vom Minderjährigen ausgehende Erbfolge. Schon dies ist mit der Stellung bei beschränkter Geschäftsfähigkeit nicht vereinbar.

[569] Zum Vorrang der §§ 932 ff. vor der Genehmigung u. Rz. 824. Auf § 185 II käme es an, wenn der gutgläubige Erwerb bei Minderjährigkeit des Verfügenden nicht anzuerkennen wäre (s. im folgenden) oder eine seiner Tatbestandsvoraussetzungen neben der, abgesehen von der Nichtberechtigung, wirksamen Verfügung nicht vorläge, z.B. bei Abhandenkommen (§ 935).

Damit hält die h.M. den gutgläubigen Erwerb vom Minderjährigen – die sonstigen Erfordernisse des gutgläubigen Erwerbs unterstellt – für wirksam[570].

Medicus[571] hält dem entgegen, der gutgläubige Erwerber werde durch den Schutz seines guten Glaubens so gestellt, wie wenn der Veräußerer Eigentümer wäre. Wäre der Minderjährige Eigentümer, würde der Erwerber aber ohne Zustimmung des gesetzlichen Vertreters nicht erwerben. Also sei auch der gutgläubige Erwerb zu verneinen. *Medicus* ist nicht zu folgen: § 932 macht nicht guten Glauben wahr, sondern schließt den Erwerb bei bösem Glauben aus. Hält der Erwerber den Minderjährigen für den Eigentümer, ist er nicht bösgläubig. Weiter schützen die §§ 107 f. den Minderjährigen, aber nicht den Eigentümer, über dessen Sache der Minderjährige verfügt. Es kann auch grundsätzlich nicht dem gesetzlichen Vertreter überlassen sein, durch die Zustimmung zu der Veräußerung den Eigentümer um sein Eigentum zu bringen. Allerdings ist der Erwerber nicht schutzwürdig, wenn er die Minderjährigkeit erkennt oder sie sich ihm aufdrängt und er deshalb nicht von der Wirksamkeit seines Erwerbs ausgeht. In diesem Fall ist er nur zu schützen, wenn der gesetzliche Vertreter zustimmt, und nur in diesem Fall kann es auf die Zustimmung des gesetzlichen Vertreters ankommen. § 932 schützt nur das Vertrauen auf ein wirksames Geschäft. **794**

Hat der Minderjährige aufgrund eines wirksamen Kaufs unter Eigentumsvorbehalt erworben, ist der Minderjährige bezüglich der Position des aufschiebend bedingten Eigentums (s. § 449 I (= § 455 I a.F.), d.h. des Anwartschaftsrechts, Berechtigter und bezüglich der Position des Verkäufers als auflösend bedingten Eigentümers Nichtberechtigter. Übereignet er die Sache weiter, so ist seine Übereignung, weil sie zu Lasten seines Anwartschaftsrechts gehen würde, nicht lediglich rechtlich vorteilhaft und deshalb vorbehaltlich der Zustimmung des gesetzlichen Vertreters unwirksam. Eine Trennung der Veräußerung in einen den Minderjährigen betreffenden unwirksamen und einen den Verkäufer betreffenden wirksamen Teil kommt bei der Einheitlichkeit der Übereignung nicht in Betracht. **795**

Eine Ausnahme vom Trennungs- und Abstraktionsprinzip vertritt der BGH für den Fall von Schenkungen des gesetzlichen Vertreters an den von ihm vertretenen über 7 Jahre alten Minderjährigen: Wenn ein Gegenstand geschenkt werde, dessen Einräumung an den Minderjährigen rechtliche Nachteile impliziert[572], seien Schenkung und Verfügung im Hinblick auf die Frage, ob das Geschäft i.S. des § 107 lediglich rechtlich vorteilhaft sei, als rechtliche Einheit aufzufassen[573]. Damit schließt der BGH aus, daß das schuldrechtliche Geschäft als lediglich rechtlich vorteilhaft vom Minderjährigen allein abgeschlossen und sodann die rechtlich nachteilige Verfügung vom gesetzlichen Vertreter nach § 181 letzter Hs. selbständig in Erfüllung der Verbindlichkeit vorgenommen werden kann. Entgegen dem BGH geht es nicht um eine Einschränkung, sondern um die Inkraftsetzung des Trennungsprinzips. Das Prinzip ist vom Gesetz in § 181 letzter Hs. eingeschränkt dadurch, daß das Gesetz das in § 181 bestimmte Verbot des Insichgeschäfts auf das Verfügungsgeschäft dann nicht anwendet, wenn die Verfügung in Erfüllung einer Verbindlichkeit **796**

570 S. *Flume* II, a.a.O. Weitere Nachweise bei *Medicus*, Bürgerliches Recht, Rz. 542.

571 A.a.O., Vornote. Als Fall entsprechend der Problematik der „Rosinentheorie" zu § 15 HGB ordnet *Altmeppen* den Fall ein, und er entscheidet in diesem Fall gegen den gutgläubigen Erwerb, wie ebenso die Rosinentheorie abzulehnen sei, Disponibilität des Rechtsscheins, 1993, S. 165, 168. Mit den Fällen der Rosinentheorie, in denen die Rechtsscheinbasis (Handelsregister) selbst ein der geltendgemachten Rechtsfolge hinderliches Verhältnis angibt, ist unser Fall aber nicht kommensurabel.

572 So die Einräumung von Wohnungseigentum, weil sie mit aus der Eigentümergemeinschaft folgenden Pflichten verbunden ist, BGHZ 78, 28. Gleiches muß bei Übertragung eines geschenkten Grundstücks gelten, an dem eine Reallast besteht, bei der die Haftung nach § 1108 nicht ausgeschlossen ist.

573 BGHZ 78, 35. Im Fall der Grundstücksschenkung noch für die getrennte Betrachtung und die Durchführbarkeit der Verfügung durch den gesetzlichen Vertreter nach § 181 letzter Hs. (freilich in dem Fall eines nicht belasteten Grundstücks), BGHZ 15, 168.

erfolgt. Dem liegt der Gedanke zugrunde, daß die Beschränkung der Vertretungsmacht nicht angezeigt ist, wenn der Vertreter mit der Verfügung nur das durchführt, was ihm durch eine wirksame Verpflichtung aufgegeben ist. Dieser Gedanke trifft indessen nicht zu im Bereich einer Wirksamkeitskontrolle, die eine Geschäftspartei grundsätzlich schützt, von dem Schutz aber absieht, wenn das Geschäft für die Partei lediglich rechtlich vorteilhaft ist, also für die Wirksamkeitskontrolle des § 107[574]. In diesem Bereich funktioniert der Gedanke des § 181 letzter Hs. nicht, wenn das Verfügungsgeschäft für die geschützte Partei Nachteile hat, die auf der Ebene des Verpflichtungsgeschäfts, indem dieses nur den Vorteil des Anspruchs begründet, noch nicht spürbar werden. Folglich muß hier § 181 letzter Hs. zurück- und das Trennungsprinzip wieder in Kraft treten, d.h. das Verfügungsgeschäft ist für sich § 181 zu unterwerfen und also unwirksam, wenn es nicht wie das Verpflichtungsgeschäft lediglich rechtlich vorteilhaft ist. Im Fall der Schenkung an den Minderjährigen kann der Minderjährige die Schenkung nach § 107 wirksam kontrahieren. Die Übertragung des nicht lediglich vorteilhaften Rechts kann der gesetzliche Vertreter aber nicht nach § 181 letzter Hs. selbständig vornehmen. Es bedarf der Zuziehung eines Ergänzungspflegers[575].

iii) Die Ersetzung von Einigung und Übergabe in der Zwangsvollstreckung

797 Schuldet der Verkäufer nach § 433 I 1 die Übereignung einer bestimmten Sache, so kann der Käufer auf Übereignung klagen. Das die Klage zusprechende rechtskräftige Urteil[576] ersetzt nach § 894 I ZPO die seitens des Verkäufers erforderliche Willenserklärung zur Übereignung, d.h. im Fall des § 929 S. 1 seine Einigungserklärung. Befindet sich die Sache beim Verkäufer, so nimmt nach §§ 883 I, 897 I ZPO der Gerichtsvollzieher dem Verkäufer die Sache weg und begründet damit mittelbaren Besitz des Käufers (s. §§ 753 f. ZPO). Dadurch wird der Übereignungstatbestand des § 929 S. 1 erfüllt. Nach § 898 ZPO kann der Käufer auch dann erwerben, wenn der Verkäufer Nichtberechtigter ist, nämlich in Anwendung der §§ 932, 935. Ist die Sache bei einem Dritten, so kann der Käufer auf Übereignung nach § 931 klagen und ersetzt das Urteil die Abtretungs- und die Einigungserklärung des Verkäufers. Steht diese Lage nicht fest oder ergibt sich der Gewahrsam des Dritten erst nach der Verurteilung, so kann der Gläubiger sich den Anspruch des Verkäufers gegen den Dritten zur Einziehung überweisen lassen (§ 886 ZPO). Aufgrund der Übereignungsverurteilung ist das die Abtretung, durch die der Käufer bei Berechtigung des Verkäufers nach § 931 das Eigentum erwirbt.

ee) Die Übergabe

aaa) Übergabe zu unmittelbarem und zu mittelbarem Besitz

798 Nach § 929 S. 1 muß zur Übereignung die Sache dem Erwerber übergeben werden. Im Kernfall heißt dies, daß der besitzende Veräußerer seinen Besitz willentlich auf den Erwerber überträgt. Besitzt der Veräußerer durch einen Besitzdiener (§ 855), muß er diesen zur Übergabe an den Erwerber veranlassen. Der Erwerber seinerseits kann den Besitz durch seinen Besitzdiener erwerben.

Die Übergabe muß nach § 929 S. 1 erfolgen im Einigsein der Parteien darüber, daß das Eigentum auf den Erwerber übergeht. Dadurch wird nicht etwa die Übergabe – ebenso wenig wie die Eintragung im Grundbuch nach § 873 – Formerfordernis i.S. des § 125. Sie ist nicht Dokumentation der außerhalb ihrer stehenden Einigung. Vielmehr müssen die Parteien in ihr den Übergang des Rechts des Veräußerers auf den Erwerber

[574] Gleiches gilt, wenn man mit der Rechtsprechung das Verbot des Insichgeschäfts bei für den Vertretenen lediglich rechtlich vorteilhaften Geschäften nicht anwendet, BGHZ 59, 240, 94, 233, 235; anders noch das RG, RGZ 157, 31.

[575] Zu weit geht der BGH, indem er aufgrund seiner Einheitsbetrachtung die ganze Veräußerung, also Schenkung und Erfüllung, als nicht lediglich rechtlich vorteilhaft ansieht und deshalb nicht zu einer wirksamen Verbindlichkeit i.S. von § 181 letzter Hs. kommt.

[576] Das in der Regel schlicht auf Herausgabe der Sache lautet, dann aber den doppelten Inhalt der Verurteilung zur Übereignungserklärung und Übergabe hat.

ausdrücken. Bei der Grundstücksübereignung geht es sogar um die Auswechselung der Rechtsstellung. Bei ihr wird der neue Eigentümer, nicht die Auflassung, in das Grundbuch eingetragen[577]. Im Fall einer aufschiebend bedingten Übereignung, die im Gegensatz zum Grundstücksverkehr (§ 925 II) bei beweglichen Sachen möglich ist, drückt die Übergabe nicht aus, daß der Erwerber an die Stelle des Veräußerers getreten ist, sondern daß er unter der gesetzten Bedingung in Zukunft die Stelle einnehmen wird. Deshalb entäußert sich der aufschiebend bedingt übereignende Veräußerer auch noch nicht voll seiner Besitzstellung, er behält durch den Herausgabeanspruch für den Fall des Nichteintritts der Bedingung mittelbaren Besitz.

Fall[578]: E will F sein Fahrrad schenken, es aber weiter benutzen dürfen. Deshalb behält **799**
er einen Fahrradschlüssel. F soll das Fahrrad in dem für beide zugänglichen Vorkeller abstellen. Geht hier das Eigentum auf F über? § 929 S. 1 ist zu prüfen. Bei der unbedingten Übereignung erfordert die Übergabe als Ausdruck der Ersetzung des Rechts des Veräußerers durch das des Erwerbers die vollständige Besitzabgabe i.S. von § 854 I. Im vorliegenden Fall wird nur schlichter Mitbesitz i.S. von § 866 begründet. Damit ist nicht die Eigentumsvermutungsposition (§ 1006) von E auf F übergegangen. Vielmehr werden beide als Eigentümer vermutet. Ein Auseinanderfallen von Eigentum und Vermutungsposition will das Übergabeerfordernis des § 929 S. 1 gerade verhindern. Entsprechend unserem Ausgangssatz von der Unterschiedlichkeit der Veräußerung je nach Stellung des Veräußerers zur Sache und nach Reichweite der Veräußerung[579] genügt dagegen die Einräumung von Mitbesitz, wenn sie der gewollten Rechtsübertragung entspricht, d.h. bei der Einräumung von Miteigentum. Im behandelten Fall kann man aber die Übereignung nicht umdeuten in die Übertragung des Miteigentums (§ 140). §§ 741 ff. entsprechen nicht dem Willen von E und F.

Für § 929 S. 1 kann der Erwerb mittelbaren Besitzes ausreichen[580]. Dies gilt dann, **800**
wenn der Veräußerer dem Erwerber mittelbaren Besitz dadurch verschafft, daß er die Sache einem Dritten übergibt, der dem Erwerber den Besitz mittelt. Wird das Eigentum aufschiebend bedingt übertragen, bleibt der Veräußerer wieder für die Zeit bis zum Bedingungseintritt mittelbarer Besitzer, allerdings aufgrund eines Besitzmittlungsverhältnisses zum Erwerber, während der Dritte als unmittelbarer Besitzer sein Besitzrecht vom Erwerber ableiten muß. So übergibt etwa ein Vorbehaltsverkäufer die Kaufsache an den Käufer auch dadurch, daß er mit dem Willen des Käufers die Sache an einen Beauftrag-

[577] Richtig gegen den Formcharakter der Eintragung *Flume* II § 15 I 4, S. 249. Für die im Grundstücksrecht selbstverständliche Möglichkeit, daß die Eintragung der Einigung auch vorgehen kann (s. §§ 879 II, 892 II), ist auf § 929 S. 2 als Parallele zu verweisen. Für den Vollzug durch Übergabe reicht auch ein Hin- und Herschieben in Vollzug zweier Einigungen. A.A. *Tiedtke*, BB 1988, 947 unter Berufung auf eine unstreitige Meinung. Von den dafür angeführten Belegen betrifft RGZ 75, 221, 223 einen Fall, in dem nicht die Übergabe, sondern die Übergabe in Vollzug der Rechtsstellung des Erwerbers fraglich war. OLG München NJW 1970, 667 betrifft die Abgrenzung zwischen Nichterwerb und Erwerb nach §§ 930, 933 und damit ein Wertungsproblem betreffend die Anerkennung eines gutgläubigen Erwerbs. Nicht nur schon die Übergabe als solche (dazu o. Rz. 441), sondern erst recht die Übergabe als Vollzug der Einigung hindert der Mangel der vollen Geschäftsfähigkeit des Veräußerers bei dem Besitzwechsel, so daß eine bei voller Geschäftsfähigkeit vereinbarte antizipierte Einigung durch einen solchen Besitzwechsel nicht wirksam werden kann. A.A. BGH NJW 1988, 3262. Der BGH weicht damit von der Betonung der Übergabe als Vollzugsakt der Einigung in BGHZ 67, 207 ab. Zu dieser letzteren Entscheidung *Musielak*, JuS 1992, 713, 718. Zum Problem weiter BGH NJW 1979, 714.

[578] *Gerhardt*, Mobiliarsachenrecht, § 11 2, Fall 56, S. 92.

[579] Oben Rz. 771.

[580] So ist es bei der Vollstreckung eines Übereignungsanspruchs, wenn die Sache sich beim Schuldner befindet, s. oben Rz. 797.

ten des Käufers ausliefert (der Käufer wird erststufiger, der Verkäufer aufgrund des Eigentumsvorbehalts zweitstufiger mittelbarer Besitzer)[581].

801 Die Übergabe zu mittelbarem Besitz des Erwerbers setzt nicht voraus, daß der Veräußerer unmittelbarer Besitzer ist. Ist der Veräußerer mittelbarer Besitzer, so übergibt er dem Erwerber auch dadurch, daß er seinen unmittelbaren Besitzer veranlaßt, daß dieser jetzt mit dem Erwerber ein Besitzkonstitut abschließt, und sodann der Besitzer und der Erwerber ein entsprechendes Rechtsverhältnis vereinbaren[582].

802 Auf dieser Übergabe durch Umstellung der Besitzmittlung beruht die Anerkennung der Übergabe einer Sache durch Übergabe eines sog. Traditionspapiers. Traditionspapiere sind Ladeschein, Orderlagerschein und Konnossement (§§ 448, 475 g, 650 HGB). Sie verbriefen den Anspruch auf Herausgabe der zu transportierenden oder der eingelagerten Sache gegenüber dem Frachtführer, dem Lagerhalter oder dem Verfrachter. Nach §§ 448, 475 g, 650 HGB hat die Übergabe des Traditionspapiers an den aus dem Papier Legitimierten für den Erwerb von Rechten an dem Gut dieselben Wirkungen wie die Übergabe des Gutes. Dies beruht darauf, daß mit der Übergabe des Traditionspapiers der Frachtführer, Lagerhalter oder Verfrachter das Gut an denjenigen herausgeben wird, der nach dem Papier legitimiert ist, den Anspruch auf Herausgabe der Sache geltend zu machen. Der Legitimation des Empfängers aus dem Papier entspricht in der Regel der Übergang des den mittelbaren Besitz begründenden Anspruchs aus dem Besitzmittlungsverhältnis auf ihn. Wenn der Legitimierte einmal nicht der Berechtigte ist, wird der Schuldner doch an ihn herausgeben. Die Bestimmungen über die Traditionspapiere besagen, daß in der Übergabe des Traditionspapiers mehr liegt als die Abtretung des Anspruchs nach §§ 931, 870. Die Aushändigung des Papiers bewirkt die Umstellung der Besitzmittlung auf den legitimierten Empfänger des Papiers und ist so Übergabe des Gutes[583].

803 Keine Besitzverschaffung nach § 929 S. 1 ist es, wenn der Veräußerer seinen eigenen mittelbaren Besitz auf den Erwerber überträgt (§ 870). Dies ist ein Fall des § 931: Hat etwa L von V ein Buch geliehen und übereignet V jetzt an E unter Abtretung des Anspruchs aus § 604 I, so ist das selbst dann nicht eine Übergabe durch Einräumung des mittelbaren Besitzes, wenn V die Abtretung dem L anzeigt und L damit sein Einverständnis erklärt. Es ist eine Übereignung gemäß § 931 (und § 934).

[581] OLG Hamm NJW-RR 1987, 245.

[582] Für diesen Fall wird die Übergabe i.S. des § 929 S. 1 in der Literatur zum Teil verneint. So wieder von *Martinek*, AcP 188 (1988), 573, 587 m. w. N. in Fn. 39. *Martinek* sieht § 929 S. 1 als Ausdruck des Traditionsprinzips und hält bei fortbestehendem unmittelbaren Besitz ein- und derselben Person den Erwerb für nicht genügend offenkundig im Sinne des Prinzips. Dies ist schon deshalb nicht überzeugend, weil *Martinek* die Übergabe durch bloße Umstellung des Verhältnisses zum Besitzdiener, wobei dieser die Sache ebenfalls in der Hand behält, anerkennt (a.a.O., S. 583 f., 586). Es ist aber auch gar nicht so, daß § 929 S. 1 im Sinne eines Traditionsprinzips streng auszulegen ist und ansonsten nur noch die Tatbestände der §§ 930, 931 in Betracht kommen. §§ 929-931 geben insgesamt das Entäußerungsprinzip bei der Übereignung an. Sie enthalten nach dem Gesetz gleichwertige Entäußerungsmittel. Im Einzelfall geht es lediglich um die Zuordnung zum einschlägigen Veräußerungstatbestand. Tritt bei mittelbarem Besitz des Veräußerers der Veräußerer nicht seinen Herausgabeanspruch ab, sondern weist er den unmittelbaren Besitzer zur Umstellung des Besitzmittlungsverhältnisses auf den Erwerber an und kommt der Besitzer dem nach, so ist das keine Umgehung des § 931 (so *Martinek*, a.a.O., S. 587 f.), sondern eine klare Veräußerung durch Besitzverschaffung, und diese Besitzverschaffung ist der Übergabe gleichwertig, also eine solche i.S. des § 929 S. 1.

[583] Die Einordnung der Traditionswirkung der Traditionspapiere ist streitig, s. *Karsten Schmidt*, Handelsrecht, § 24 III 2, S. 696 ff.

bbb) Geheißübergabe

Die Anwendung des § 929 S. 1 auf die Begründung des mittelbaren Besitzes für den Erwerber durch Veranlassung des Eigentümers ist nur ein Beispiel dafür, daß für § 929 S. 1 allgemein der sog. Geheißerwerb anzuerkennen ist. Aufgrund dieses Gedankens kann der Besitz sogar ganz ohne die Voraussetzung einer Besitzdienerstellung oder eines mittelbaren Besitzes übertragen werden. Zu unterscheiden sind die Übergabe eines Dritten auf Geheiß des Veräußerers an den Erwerber und die Übergabe des Veräußerers an einen Dritten auf Geheiß des Erwerbers. Weist der Veräußerer einen Dritten, der im Besitz der Sache ist, an, die Sache an den Erwerber zu übergeben, und folgt der Dritte diesem Geheiß, so erwirbt der Erwerber durch diese Übergabe rechtlich den Besitz vom Veräußerer. Übergibt der Veräußerer auf Geheiß des Erwerbers die Sache an einen Dritten, so erwirbt der Erwerber rechtlich den Besitz vom Veräußerer durch dessen Übergabe an den Dritten auf sein Geheiß[584]. Durch beide Übertragungsformen wird der Tatbestand des § 929 S. 1 realisiert, weil das Handeln auf Geheiß die Sache der Herrschaft des Heißenden unterwirft. **804**

Im sog. Streckengeschäft sind beide Varianten vereinigt: Wenn ein Großhändler auf Bestellung eines Einzelhändlers die bestellte Ware an einen Kunden des Einzelhändlers ausliefert, so kommen i.d.R. nicht nur zwei Kaufverträge, einerseits zwischen GH und EH, und andererseits zwischen EH und K zustande, sondern auch zwei Übereignungen: GH übereignet an EH, und EH übereignet an K. Dabei übergibt GH als Veräußerer dem EH, indem er auf das Geheiß des EH dem K ausliefert. EH übergibt durch diese Befolgung seines Geheißes zugleich als Veräußerer dem K. Er erwirbt rechtlich den Besitz und gibt ihn weiter dadurch, daß GH seinem Geheiß folgend nicht ihm, sondern K ausliefert. **805**

Der Zwischenerwerb von EH ist erforderlich, weil der Großhändler (ebenso bei einer Bestellung beim Hersteller dieser) nicht weiß, ob K kauft, entleiht, mietet, einlagert und – wenn er kauft – bar oder unter Eigentumsvorbehalt kauft. Ob K Eigentum und sofort Eigentum erwerben soll, ist dem Großhändler nicht bekannt, das ist Sache der Vereinbarung zwischen EH und K, also Sache der Übereignung zwischen diesen beiden, die ihrerseits einen Erwerb des EH von GH voraussetzt. Weiter trägt GH zwar das Risiko der Unwirksamkeit der Übereignung an EH; ob die Veräußerung des EH an K wirksam ist, betrifft ihn dagegen richtiger Weise nicht. Deshalb ist beim Streckengeschäft in der Regel der Durchgangserwerb vermittels der Figur des Geheißerwerbs gewollt.

Die Anweisung an die Geheißperson, den Besitz zu übertragen, ist auch durch einen Stellvertreter möglich, es handelt sich bei ihr um eine geschäftsähnliche Handlung. Der Vertreter könnte sogar dazu anweisen, daß an ihn selbst ausgeliefert wird. Hat er die Vollmacht zur Anweisung, so wird im letzteren Fall die Anweisung nicht durch § 181 gehindert. Die Anweisung ist an den Lieferanten gerichtet und damit kein Insichgeschäft **806**

[584] Im Fall BGH II ZR 144/97 v. 9.11.1998, WM 1998, 2532, hat der Hersteller von 10 Hubarbeitsbühnen diese auf Geheiß eines Leasingunternehmens, der Kl, an einen mit „Baumaschinenvermietung“ firmierenden Unternehmer geliefert. Ursprünglich hatte dieser Unternehmer die Maschinen beim Hersteller gekauft, den Kaufvertrag hatte sodann die Kl. übernommen und statt dessen mit dem Unternehmer einen Leasingvertrag abgeschlossen. Hinsichtlich der Übereignung des Herstellers an die Kl. konnte der BGH offen lassen, ob der Unternehmer der Kl. den Besitz vermittelt hatte oder nicht. Jedenfalls war, der Übergabe an die Kl. gleichwertig, auf Geheiß der Kl. an den Unternehmer ausgeliefert worden. Zum Geheißerwerb weiter BGH NJW 1982, 2371 = JuS 1982, 858 f. (*K. Schmidt*) – Klassisch *Savigny*, Recht des Besitzes, 6. Aufl., Neudruck 1967, S. 223 ff.: Meiner Herrschaft über die Sache stehe gleich, wenn ich einen Dritten die Sache übergeben lasse. Die Überlassung der Bestimmung über die Sache an mich mache mich zum Herrn, und ich übe meine Herrschaft durch den Übergabeauftrag aus. *Savigny* folgert daraus meine possessio an der Sache. Gegen solche Gleichstellungsfolgerungen und -konstruktionen *Flume*, Rechtsakt und Rechtsverhältnis, 1990, S. 64 ff., und schon vorher in FS E. Wolf (1985), 61.

(es besteht die gleiche Konstellation wie bei der Bürgschaftserklärung des Vertreters im Namen des Vertretenen für die eigene Schuld[585]).

ccc) Übereignung durch Stellvertretung

807 Der Möglichkeiten, das Übergabeerfordernis auf verschiedene Weise zu erfüllen, scheint es zu bedürfen bei der Übereignung durch oder an Stellvertreter: Stellt man auf die körperliche Besitzübergabe an den Erwerber ab, so scheint eine Übergabe an den Vertreter, so daß dadurch die Übergabe an den Vertretenen als Erwerber zustande kommt, nicht in Betracht zu kommen. Folglich scheint etwa in den Fällen, daß der Vertreter auf der Erwerberseite steht, die Übereignung wie folgt zustande gebracht werden zu müssen:

a) Übergabe durch Übergabe an den Vertreter als Besitzdiener des Erwerbers[586];
b) Übergabe durch Rechtsgeschäft: Durch Rechtsgeschäft wird Besitz erworben im Fall des § 854 II (sog. longa manu traditio). Beispiel ist die Holzauktion im Grunewald: K erhält vom Waldeigentümer den Zuschlag, das ist der Kaufvertrag; gegen Zahlung des Kaufpreises bekommt er den Holzzettel, das ist die Einigung i.S. von § 929 S. 1; am Ende der Auktion erhält er die Abfuhrgenehmigung: Das ist Übergabe nach § 854 II.
c) Übergabe an den Vertreter als Besitzmittler. Wenn der Freund A mit dem Kauf eines Buches für B beauftragt ist und A das Buch zunächst selbst lesen möchte, kann er in der folgenden Weise das Eigentum für B erwerben. Er muß beim Buchkauf im Namen des B auftreten. Übergibt der Veräußerer an ihn, so erwirbt er unmittelbaren und B aufgrund des Auftragsverhältnisses mittelbaren Besitz. Aufgrund des Handelns im Namen des B und der Vertretungsmacht des A kommt die sich in der Übergabe ausdrückende Einigung i.S. von § 164 I mit Wirkung für den Auftraggeber B zustande.

808 In Wirklichkeit bedarf es dieser genauen Konstruktionen eines Besitzerwerbs des Vertretenen durch die Übergabe nicht: Auch die Übereignung nach § 929 S. 1 ist Rechtsgeschäft, und sie ist ein Rechtsgeschäft in Gestalt der Übergabe im Einigsein über den Eigentumsübergang auf den Erwerber. Es bedarf der Übergabe als Ausdruck der Übereignung. Nimmt der Vertreter, sei es auf der Veräußerer-, sei es auf der Erwerberseite, im Namen und mit Vertretungsmacht die Übereignung für den Vertretenen vor, so ist, wenn er auf der Veräußererseite steht, seine Übergabe an den Erwerber die Übergabe, die die für den Vertretenen vorgenommene Übereignung ausdrückt, und, wenn er auf der Erwerberseite steht, die Übergabe an ihn die Übergabe, die die Übereignung an den Vertre-

[585] S. *Flume* II § 48 5, S. 819.

[586] Die Besitzdienerstellung eines Helfers bei der Übereignung kann nur im Rahmen offener Stellvertretung für den Besitzherrn bei der Übereignung genutzt werden. Nicht möglich ist die verdeckte Vertretung mit Hilfe der Stellung als Besitzdiener. Der Besitzdiener als solcher bringt weder, wenn er im Auftrag seines Arbeitgebers auszusonderndes Arbeitsmaterial verkauft, noch, wenn er benötigtes Material einkauft, eine Übereignung des Geschäftspartners im Verhältnis zu seinem Arbeitgeber zustande. Daß er auf Geheiß des Arbeitgebers handelt, ändert nichts. Dieses kann bei der Übereignung die Übergabe, aber nicht die Einigung ersetzen. Da der Handelnde bei verdeckter Vertretung nach außen im eigenen Namen auftritt, geht es um seine Einigung mit dem Geschäftspartner und damit um dessen Übereignung an ihn oder um seine Übereinung an diesen. Weil diese Übereignung erforderlich ist, kann das Geheiß des Arbeitgebers nicht helfen. Auch die Besitzdienerstellung kann nicht helfen: Die erforderliche Übereignung durch oder an den Arbeitnehmer bedarf auch der Übergabe durch ihn oder an ihn. Damit wird er selbst Besitzer, im Veräußerungsfall tritt er aus seiner Besitzdienerstellung hinaus, im Erwerbsfall erwirbt er selbst Besitz. Im Erwerbsfall geschieht die Weiterübereignung auf den Arbeitgeber durch antizipierte Übereignung mit Hilfe des Auftrags als Besitzmittlungsverhältnis (§ 930). Im Veräußerungsfall übereignet der Arbeitnehmer die Sache des Arbeitgebers mit Verfügungsmacht (§ 185 I, II 1).

tenen ausdrückt. Das Innenverhältnis zwischen Vertreter und Vertretenem, durch das bei Besitzdienerstellung des Vertreters der unmittelbare Besitz des Vertretenen, bei Besitzmittlung der mittelbare Besitz begründet oder aufgegeben, schließlich bei Geheißausführung die Geheißübergabe begründet wird, ist aufgrund der Wirksamkeit der Übereignung durch Stellvertretung zu bestimmen, aber nicht für die Übereignung relevant. So wird auch eine Übereignung nach § 929 S. 1 durch Genehmigung nach § 177 wirksam, wenn ein Vertreter ohne Vertretungsmacht gehandelt hat.

ff) Die Ersetzung der Übergabe nach § 929 S. 2

§ 929 S. 2 behandelt den Fall, daß die zu übereignende Sache schon im Besitz des Er- **809**
werbers ist. In diesem Fall genügt zur Übereignung die Einigung. Die Übereignung, die den Erwerber im Besitze der Sache als Eigentümer beläßt, nennt man Übergabe kurzer Hand = brevi manu traditio. Beispiel ist etwa die Übereignung an den Entleiher oder – mittelbarer Besitz genügt auch hier – an den Vermieter eines Dritten.

Davon zu unterscheiden ist die Übereignung eines Firmenwagens durch den Prinzipal **810**
an den reisenden Angestellten: A ist hier zunächst Besitzdiener, der Prinzipal Besitzer. Hier wird A durch Besitzübertragungseinigung nach § 854 II Besitzer und drückt sich darin die Einigung aus. Das ist ein Fall des § 929 S. 1. § 929 S. 1, nicht S. 2, trifft auch im umgekehrten Fall zu: A, der bisher seinen eigenen Wagen benutzt hat, veräußert diesen an den Prinzipal. A wird jetzt durch Erstreckung des dienstvertraglichen Verhältnisses auf den Wagen, die wieder in dem nach § 929 S. 1 erforderlichen Einigsein erfolgt, Besitzdiener, also ist auch hier eine Besitzübertragung, nämlich an den Prinzipal, zustande gekommen. Dasselbe gilt, wenn der Prinzipal sein Geschäft an E veräußert und den mit dem Firmenwagen auf Reisen befindlichen A davon in Kenntnis setzt, daß dieser künftig die Weisungen des E zu befolgen hat (§ 613 a). Der Prinzipal übergibt dadurch den von A gefahrenen Firmenwagen an E.

gg) Die Ersetzung der Übergabe nach § 930

§ 930 regelt die Möglichkeit der Übereignung derart, daß der Veräußerer im Besitz der **811**
Sache bleibt. Es geht um die Übereignung nach § 929 S. 1 i.V.m. § 930. Die Übergabe wird ersetzt dadurch, daß Veräußerer und Erwerber ein Rechtsverhältnis vereinbaren, vermöge dessen der Erwerber den mittelbaren Besitz erlangt. Hauptbeispiel ist die Sicherungsubereignung. Besitzmittlungsverhältnis ist bei ihr der Sicherungsvertrag[587] mit der Abrede, daß der Sicherungsgeber vorläufig, bis der Sicherungsfall eingetreten ist, für den Sicherungsnehmer besitzt und ihm im Sicherungsfall herausgabepflichtig ist. Ist der Sicherungszweck erledigt, ist das Eigentum durch brevi manu traditio (§ 929 S. 2 mit S. 1) zurückzuübereignen.

Weiteres Beispiel der Vereinbarung eines Besitzmittlungsverhältnisses nach § 930 ist **812**
etwa, daß der Verkäufer die Kaufsache (z.B. einen antiken Schrank) noch ausbessert, der Käufer aber schon bezahlt hat (was ein Indiz dafür ist, daß der Verkäufer aufgrund einer auftragsähnlichen Nebenabrede des Kaufs für den Käufer besitzen soll und die Parteien damit über den Eigentumsübergang einig sind). Neben der Neuvereinbarung eines Besitzmittlungsverhältnisses ist die Vereinbarung möglich, daß ein zwischen den Parteien bestehendes gesetzliches Verhältnis, das als Besitzmittlungsverhältnis fungieren kann,

[587] Anders das RG, welches herkömmliche Besitzmittlungsverhältnisse wie Leihe oder Verwahrung verlangt hat, mit der Folge von ganz unnötigen und bedeutungslosen Formulierungen des Besitzmittlungsverhältnisses in den Sicherungsvertragsbedingungen. Zum Sicherungsvertrag als Grundlage des Besitzmittlungsverhältnisses aufgeschlossener die Rechtsprechung des BGH. Nachweise bei Soergel/*Mühl* § 930 Rz. 32. Zur Bestimmtheit der Sicherungsübereignung durch Besitzkonstitut oben Rz. 774 ff.

nunmehr dem Besitz des Veräußerers als einem den mittelbaren Besitz des Erwerbers vermittelnden Besitz zugrunde liegt[588].

813 In der Literatur wird darüber gestritten, ob für § 930 ein sog. konkretes Besitzmittlungsverhältnis erforderlich ist oder ob ein abstraktes ausreicht[589]. Unter konkreten Verhältnissen werden die im Sinne des § 868 verstanden. Diejenigen, die ein konkretes Besitzmittlungsverhältnis verlangen, fordern, daß ein besonderes Besitzmittlungsverhältnis vereinbart wird, wenn das vertragliche auch unwirksam sein könne. Das abstrakte Besitzmittlungsverhältnis wäre demgegenüber die ohne Rücksicht auf eine causa getroffene bloße Vereinbarung, daß der Veräußerer jetzt für den Erwerber besitzen werde. Das Richtige ist von *Ernst*[590] getroffen: Der bloße Konsens, daß der Erwerber statt des Veräußerers Eigentümer sein soll, reicht nicht. Wie in § 929 S. 1 die Übergabe ist nach § 930 die Vereinbarung eines Rechtsverhältnisses, vermöge dessen der Erwerber den mittelbaren Besitz erlangt, der primäre Vorgang, der den Willen zum Eigentumswechsel ausdrücken muß. Der primäre Vorgang besteht in der Vereinbarung eines Grundes, aus dem heraus der Veräußerer nunmehr für den Erwerber besitzt. Das Gesetz stellt aber keinerlei Anforderungen an den Inhalt des Grundes oder die Wirksamkeit der Vereinbarung des Rechtsverhältnisses. Nach § 930 ist ein Rechtsverhältnis zu vereinbaren, vermöge dessen (nach der gesetzlichen Regel des § 868) der Erwerber mittelbarer Besitzer wird. „Man werde", so heißt es in Wiedergabe der Mehrheitsmeinung der 2. Kommission[591], „...ein Rechtsverhältnis zu verlangen (haben), auf Grund dessen der Veräußerer die veräußerte Sache zunächst noch zu behalten und demnächst herauszugeben habe". Nach der Formulierung des BGH kommt es darauf an, „ob vernünftigerweise und nach den Grundsätzen von Treu und Glauben aus dem Verhalten der Parteien die stillschweigende Begründung eines bestimmten Verpflichtungsgrundes als Vertragswille gefolgert werden kann"[592]. Dafür ist das Kausalverhältnis zwischen den Parteien heranzuziehen[593]. Hat die als Erwerber in Betracht kommende Partei keinen (zumindest putativen) fälligen, einredefreien Anspruch auf die Übereignung, ist ein Verpflichtungsgrund, für diese Partei zu besitzen, nicht annehmbar. Hat indessen etwa ein Käufer die für ihn bereit gestellte Kaufsache schon bezahlt, aber noch beim Verkäufer belassen, so entspricht ihrem Verhältnis die Annahme der Verpflichtung des Verkäufers, die Sache für den Käufer aufzubewahren und bereit zu halten. Darin drückt sich das Einigsein über den Eigentumsübergang aus[594].

814 Das die Übergabe ersetzende Erfordernis des § 930 kann, weil es einen rechtsgeschäftlichen Tatbestand darstellt, ohne weiteres durch Stellvertretung erfüllt werden[595]. Dazu ist folgendes Beispiel[596] zu geben:

588 So für das Verhältnis der elterlichen Vermögensfürsorge zwischen Eltern und Kind BGH WM 1989, 1393, 1395.

589 S. MünchKomm/*Quack* § 930 Rz. 13, 20; Staudinger/*Wiegand* § 930 Rz. 14 ff.

590 Eigenbesitz und Mobiliarerwerb, 1992, 133 ff. Zum Meinungsstand dort S. 131 ff.

591 Prot., Mugdan III, S. 625.

592 NJW 1979, 2308, 2309.

593 Nach BGH JuS 1999, 500 (*K. Schmidt*) kann es genügen, daß mit dem unmittelbaren Besitzer die Übernahme der laufenden Kosten, bei Tieren z.B. der Unterbringungs- und Fütterungskosten, vereinbart wird.

594 *Ernst*, a. a. O. (Fn. 590), S. 138 ff.

595 In dem Rz. 812 Fn. 588 genannten Fall können die Eltern nach der Rechtsprechung, die § 181 bei lediglich rechtlich vorteilhaften Geschäften nicht anwendet, dem Kind schenkweise übereignen, indem sie dem Kind durch In-sich-Geschäft schenken und nach § 930 durch Nutzung des gesetzlichen Vermögensfürsorgeverhältnisses als Besitzmittlungsverhältnis übereignen, s. BGH a.a.O.

596 *Gerhardt*, Mobiliarsachenrecht, § 11 3, Fall 59, S. 94.

G beauftragt den Kunsthändler K damit, für ihn auf einer Teppichauktion alte Brücken im Wert von ca. 10 000 € zu erstehen. K ersteigert 7 Stück und schafft sie in sein Lager, wo er sie verwahren soll, bis G sie abholt. Zu prüfen ist, ob G Eigentümer geworden ist. (a) Erste Möglichkeit ist, daß G durch Erwerb bei der Auktion vom Vor-Eigentümer das Eigentum erworben hat. Dafür setzt § 929 S. 1 eine Einigung mit Wirkung für G voraus. Nach § 164 I ist für die Einigung mit Wirkung für G das Handeln des K im Namen des G und mit Vertretungsmacht für ihn erforderlich. In dieser Beziehung sind Kauf und Erwerbsgeschäft einheitlich, also auch einheitlich auszulegen. K ist bei beiden Geschäften nicht für G aufgetreten, also ist sein Auftreten ein Handeln im eigenen Namen. (Anderes, d.h. die Vermutung für Handeln im fremden Namen, gilt nur bei einem Handeln im Rahmen einer Organisation, etwa im Rahmen eines Unternehmens.) Möglicherweise ist aber ein Geschäft für den, den es angeht, anzunehmen. Diese Figur kommt jedoch, wenn man sie überhaupt als mit dem Offenkundigkeitsprinzip vereinbar akzeptiert, nur bei Bargeschäften des täglichen Lebens in Betracht, in casu mithin nicht. Es fehlt also an der ersten Voraussetzung des § 164 I. Eine Einigung mit Wirkung für G ist bei der Auktionsbeteiligung des K nicht zustande gekommen. G hat das Eigentum nicht vom Voreigentümer, für den versteigert wurde, erworben. - (b) Der Eigentumserwerb des G ist zweitens möglich durch Erwerb von K. Nach § 929 S. 1 muß K zunächst Berechtigter geworden sein. Zu prüfen ist, ob K selbst Eigentum erworben hat. Da K im eigenen Namen gehandelt hat, ist eine Einigung entweder zwischen ihm und dem Voreigentümer, dieser vertreten durch den Auktionator, oder zwischen ihm und dem Auktionator, der mit Ermächtigung des Voreigentümers gehandelt hat, zustande gekommen. Der Auktionator hat auch mit Willen des Voreigentümers an K übergeben. Die Übereignung an K ist mithin entweder nach § 164 I oder nach § 185 I als solche i.S. von § 929 S. 1 wirksam geworden. K ist somit Eigentümer geworden. Eine Übergabe an G ist allerdings nicht erfolgt. Ein Eigentumserwerb nach § 929 S. 1 scheidet somit aus. Es kommt sodann die Übereignung nach §§ 929 S. 1, 930 in Betracht: Voraussetzung ist die Vereinbarung eines Besitzkonstituts zwischen K und G in Einigsein über den Eigentumsübergang. Diese Vereinbarung ist in zweierlei Arten denkbar: Zum einen kann sie von den Parteien antizipiert werden. Zum anderen kann das Besitzmittlungsverhältnis nach § 181 durch Insichgeschäft vereinbart werden. K würde insoweit in Erfüllung einer Verbindlichkeit handeln, d.h. in Gestalt eines zulässigen Insichgeschäfts. Voraussetzung für die Wirksamkeit der Übereignung durch Insichgeschäft ist aber die Kenntlichmachung des Übertragungswillens durch irgendwelche äußeren Anzeichen. Wenn G die Ersteigerung durch K bevorschußt hat und K mit Hilfe des Vorschusses ersteigert, ist von dem hierin sich ausdrückenden Willen von G und K auszugehen, daß K für G erwirbt. Darin liegt die antizipierte Begründung des Besitzkonstituts in der ebenso antizipierten Einigung über den Eigentumsübergang mit dem Erwerb der Sache durch K[597]. Wenn dagegen der G etwa bei einer laufenden Geschäftsbeziehung erst nach dem Erwerb eine genügende Zahlung an K entrichtet (vielleicht im Kontokorrent-Verhältnis), so kommt der Eigentumserwerb des G nach §§ 929 S. 1, 930 durch Insichgeschäft des K unter der Voraussetzung zustande, daß K die Teppiche als für G bestimmt kennzeichnet oder entsprechende Buchungen tätigt etc.

Bei der antizipierten Übereignung nach §§ 929 S. 1, 930 ist fraglich, ob bis zum Be- **815**
sitzerwerb (und dadurch Eigentumserwerb) des mittelbaren Vertreters dieser noch seinen Willen zur Übereignung an den Vertretenen aufgeben und dadurch den Übergang des Eigentums auf den Vertretenen ausschließen kann. Was die Einigung betrifft, bedarf es für deren Beseitigung des Widerrufs und dazu der Erklärung gegenüber dem Vertretenen. Ohne eine solche bleibt die Einigung bis zum Besitzerwerb des Vertreters wirksam.

[597] S. *K. Schmidt*, Handelsrecht, § 31 V 3 a, S. 894; entgegen *Schmidt* konstruiert *Flume* II § 48 1, S. 810 nicht anders, sondern stellt beide Konstruktionen nebeneinander.

Anders soll es betreffs des Besitzmittlungsverhältnisses sein. Da der mittelbare Besitz vom – faktischen – Besitzmittlungswillen abhänge, sei die Änderung des Eigentumserwerbs des Vertretenen durch eine nur irgendwie äußerlich erkennbare Änderung des Willens des Vertreters unvermeidlich[598]. Diese Auffassung ist schon zum Fall der aufschiebend bedingten Übereignung durch Besitzkonstitut zurückzuweisen, weil sie dem bedingten Rechtserwerb widerspricht. Bei der bloß antizipierten Vereinbarung eines Besitzkonstituts ist nicht anders zu entscheiden. Zwar ist hier eine schon eingetretene Rechtsposition nicht zu berücksichtigen. Ein abweichender Wille hindert aber auch hier den Erwerb nicht[599]. Das wesentliche Veräußerungsmerkmal des § 930, daß der Veräußerer die Sache für den Erwerber in der Hand hat, ist schon dann erfüllt, wenn der Vertreter die Sache entsprechend dem antizipierten Veräußerungsgeschäft erwirbt[600]. Wenn nach dem Erwerb innerbetriebliche Maßnahmen gegen die künftige Aufbewahrung für den Vertretenen getroffen werden, wird der Erwerb nicht wieder aufgehoben. Vorherige innerbetriebliche Maßnahmen sind ebenfalls irrelevant, denn sie ändern nichts daran, daß sich der Erwerb in Übereinstimmung mit dem antizipierten Geschäft vollzieht. Der Vertreter muß dem Vertretenen gegenüber die Einigung widerrufen, wenn der Erwerb nicht ein Vollzug dieser Einigung sein soll. Oder er muß mit einer anderen Person eine gleiche antizipierte Übereignung vereinbaren, um auszuschließen, daß schon der Erwerb Durchführung einer bestimmten Vereinbarung ist. Schließlich ist der Erwerb des Hintermanns dann davon abhängig, daß die Sachen für ihn in besondere Verwahrung genommen werden, wenn der Vertreter nicht gerade die vom Hintermann in Auftrag gegebenen Sachen, sondern eine darüber hinausgehende Mehrheit gleicher Sachen erwirbt. Hier kann nämlich der Hintermann erst dann erwerben, wenn dem Auftrag entsprechende Sachen für ihn abgetrennt und verwahrt werden.

816 In dem von *Westermann* gebildeten Fall, daß der Vertreter die auftragsgemäß erworbene Sache in ein Lager schafft, aus dem alle Sachen an einen Dritten sicherungsübereignet sind, wird die antizipierte Übereignung dadurch vollendet, daß der mittelbare Stellvertreter (oder seine Leute) die bestimmte Sache vor der Einräumung in jenes Lager zu Besitz annimmt (annehmen). Wenn dann erst angeordnet wird, daß sie in das Lager mit den sicherungsübereigneten Sachen kommt, ist dies eine falsche Lagerung, die den Eigentumsübergang auf den Hintermann nicht aufhebt. Auch vorherige innerbetriebliche Maßnahmen (Eintragung in ein Geschäftsjournal, Information eines Angestellten etc.) sind nicht relevant.

817 Bei dem Erwerb des Hintermanns im Fall mittelbarer Stellvertretung durch antizipiertes Besitzkonstitut oder Insichgeschäft handelt es sich um einen Durchgangserwerb. Wohnt etwa der mittelbare Stellvertreter zur Miete und werden ihm die für den Hintermann gekauften Sachen in die Mieträume gebracht, so werden die Sachen vom Vermieterpfandrecht nach § 562 (= § 559 a.F.) erfaßt, wenn der Vertreter erst durch Insichgeschäft weiterübereignet. Beim antizipierten Besitzkonstitut fällt die Sache dann unter das Vermieterpfandrecht, wenn die Übergabe an den Vertreter in den Mieträumen erfolgt.

818 Der mittelbar vertretene Auftraggeber ist nach manchen Autoren[601], was sein Verhältnis zu dem mittelbaren Vertreter und dessen Gläubigern betrifft, schon kraft Gesetzes, ohne Rücksicht auf die Weiterübereignung an ihn, als Eigentümer bei der Einkaufskommission zu behandeln. Diese Autoren wenden § 392 II HGB, wonach Forderungen

[598] So etwa *Westermann*, 5. Aufl., § 40 III, S. 194 f.; 7. Aufl., § 41 III 2; *Erman/Hefermehl*, § 950 Rz. 7 a.E.

[599] *Flume* II § 33 4, S. 606; zustimmend *J. Hager*, WM 1980, 671.

[600] *Ernst*, Eigenbesitz und Mobiliarerwerb, 1992, S. 176 ff., 182 ff. Nicht zu folgen ist *Ernst* in der Verneinung des Durchgangserwerbs des Vertreters, wobei *Ernst* trotzdem zwei hintereinander geschaltete Übereigungsgeschäfte annehmen will.

[601] Etwa *K. Schmidt*, Handelsrecht, § 31 V 4 c, S. 903 ff. m.w.N.

aus dem Ausführungsgeschäft im Verhältnis zwischen dem Kommittenten und dem Kommissionär oder dessen Gläubigern als Forderungen des Kommittenten gelten, auch auf das Surrogat der Forderung an, d.h. auf das in Erfüllung der Forderung geleistete Eigentum. Der Kommittent ist dann gegen Gläubiger des Kommissionärs schon aufgrund von § 392 II HGB nach §§ 771 ZPO, 47 InsO geschützt. Dem ist nicht zu folgen. § 392 II HGB beschränkt die Veränderung der Zuordnung entgegen dem Verfügungstatbestand auf die Forderung, für deren Abtretung das Vertragsprinzip gilt (§ 398). Auf die Übereignung, für die das Veräußerungsmerkmal nach §§ 929 ff. gilt, ist die Veränderung nicht zu erstrecken. Die Zuordnungsbeschränkung, die die Praxis bei der Sicherungsübereignung vertritt[602], ist als Einschränkung der Wirkung einer Sicherungsübereignung zugunsten des sicherungsweise übereignenden Sicherungsgebers damit, daß dem Erwerb des Kommissionärs vom Dritten Wirksamkeit zugunsten des Kommittenten zukommen soll, nicht kommensurabel.

hh) Die Ersetzung der Übergabe nach § 931

§ 931 begründet die Möglichkeit der Übereignung bei Besitz eines Dritten. Es geht um die Übereignung nach § 929 S. 1 i.V.m. § 931. Es ist also auch hier wieder zuerst der an die Stelle der Übergabe tretende Vorgang, den § 931 verlangt, und sodann zu prüfen, ob dieser Vorgang in Einigsein über den Eigentumsübergang erfolgt. Der an die Stelle der Übergabe tretende Vorgang ist die Abtretung (§ 398) des Herausgabeanspruchs, der dem Veräußerer gegen den Dritten zusteht, durch den Veräußerer an den Erwerber. Wir sprechen von der Übereignung durch Vindikationszession. **819**

Ist die Sache im Besitz eines Dritten, so kommt in Betracht: a) Anweisung des Eigentümers an den Dritten, dem Erwerber zu übergeben, Befolgung dieser Anweisung. Gleich, ob der Dritte dem Veräußerer den Besitz mittelt oder aber nicht, kommt so eine Übergabe nach § 929 S. 1 zustande. Die Übergabe kommt auch zustande, wenn der Dritte unmittelbarer, der Veräußerer mittelbarer Besitzer ist und der Dritte auf Anweisung des Veräußerers ein neues Besitzmittlungsverhältnis zum Erwerber begründet. Wenn demgegenüber aber der dem Veräußerer zur Herausgabe verpflichtete Dritte nicht selbst tätig wird, sondern wenn nur der Veräußerer seinen Anspruch an den Erwerber abtritt, so kommt, gleich ob der Veräußerer mittelbarer Besitzer war und der Erwerber deshalb auch mittelbarer Besitzer wird oder aber nicht, eine Übereignung nicht nach § 929 S. 1 allein, sondern nach § 929 S. 1 i.V.m. § 931 zustande. **820**

§ 931 umfaßt, was zur dogmatischen Durchdringung, aber auch praktisch für § 934 wichtig ist, drei Fälle des Besitzes eines Dritten (gleich, ob dieser Besitz selbst mittelbarer oder unmittelbarer Besitz ist): **821**

a) Der Dritte ist Besitzmittler für den Veräußerer (aufgrund von Leihe, Verwahrung, Auftrag etc.). Nach § 870 ist die Abtretung des Herausgabeanspruchs gegen den Dritten die Übertragung des mittelbaren Besitzes. Diese Art der Besitzübertragung fällt also nicht unter § 929 S. 1, sondern unter § 931. Der Dritte wird gemäß § 986 II geschützt.
   Neben § 931 kommt in der hier behandelten Fallkonstellation: Veräußerer ist mittelbarer Besitzer – auch eine Übereignung nach §§ 929 S. 1, 930 in Betracht: Der Erwerber kann mittelbarer Besitzer zweiter Stufe werden, s. § 871.
   Beispiel: Der Veräußerer, der eine Maschine vermietet hat, mietet sie seinerseits vom Erwerber, so daß der erste Mieter nunmehr Untermieter wird.

b) Ein Dritter hat die Sache des Veräußerers gestohlen. Er ist Eigenbesitzer (§ 872). Der Veräußerer ist hier nicht mittelbarer Besitzer. Er hat einen Herausgabean-

[602] S. u. Rz. 2253 ff.

spruch u. a. aus §§ 823 I, 249. Diesen Anspruch kann er abtreten, es geht dann wiederum das Eigentum durch Einigung und Abtretung über.

c) Ein Dieb der Sache hat die Sache an einen gutgläubigen Dritten, X, weiterveräußert. X erwirbt nicht (§ 935). Gegen X hat der Eigentümer, der jetzt an einen bestimmten Erwerber veräußern will, nur den Herausgabeanspruch aus § 985[603]. Dieser Anspruch ist ein Anspruch aus dem Eigentum. Es entsteht für die Übereignung die folgende Schwierigkeit: Mit der Übereignung geht das Eigentum auf den Erwerber über, diesem steht damit der Eigentumsanspruch aus § 985 von selbst zu. Eine unterstellte Abtretung des Anspruchs wird durch die Übereignung gerade gegenstandslos, also könnte man sagen, daß die Abtretung hier nicht das Vollzugsmittel der Übereignung sein kann. So sagt in der Tat die h.M., sie folgert: Insoweit lasse das Gesetz in §§ 929, 931 die Übereignung durch bloße Einigung zu.

822 Diese Auslegung verletzt das Gesetz. Sie geht auch daran vorbei, daß der Fall des § 931 traditionell als Fall der Übereignung durch Vindikationszession bezeichnet wird. § 931 hat mithin gerade die Abtretung des Anspruchs aus § 985 im Auge. Man ist nicht nur in einem Nebenfall auf die Abtretung der Vindikation angewiesen. Das Gesetz geht von der Übereignung durch Übergabe aus und läßt die Übergabe durch andere Vorgänge ersetzen, u.a. den der Vindikationszession. Immer geht es darum, daß der Berechtigte sich der Sache durch Abgabe seiner Herrschaft unter Übertragung auf den Erwerber entäußern muß und die Parteien dabei einig sein müssen darüber, daß dadurch das Eigentum übergehen soll. Ist – so der Fall des § 931 – ein Dritter im Besitz der Sache, hat der Eigentümer die Herrschaft über die Sache durch seinen Herausgabeanspruch gegen den Dritten. § 931 verlangt, daß der Eigentümer unter Aufdeckung der Lage, daß sich die Sache bei einem Dritten befindet, dem Erwerber seine Gläubigerstellung gegenüber dem Dritten überträgt. Die Parteien müssen also die Stellung in bezug auf den Dritten zum Gegenstand der Vereinbarung machen. Dann kommt es weiter darauf an, ob sie darüber einig sind, daß dabei das Eigentum auf den Erwerber übergehen soll. So verstanden, ist die Abtretung als Ausdruck des unmittelbar zugleich mit ihr erfolgenden Eigentumsübergangs wirksam. Wegen dieses Zusammenhangs besteht auch nicht das Problem einer vom Eigentum abspaltenden Abtretung des Herausgabeanspruchs[604].

823 Der Abtretung des Herausgabeanspruchs ist gleichzustellen die Abtretung des Anspruchs des Mieters/Pächters nach §§ 539 II, 552 (bzw. §§ 581 II, 539 II, 552) auf Duldung der Wegnahme einer Einrichtung (sofern diese im Eigentum des Mieters/Pächters geblieben ist)[605].

[603] Nach h.M. soll hier bloße Einigung genügen (*Baur/Stürner* § 51 F Rz 36 f.). Noch dünner ist die abtretbare Position, die für § 931 von dem zu übertragenden Eigentum zu scheiden ist, in dem Fall, daß ein Käufer bzgl. der gekauften Sache, die bisher noch nicht übereignet ist, gegenüber dem Verkäufer ein Veräußerungsverbot gemäß §§ 135, 136 erwirkt hat und der Verkäufer dennoch verbotswidrig an einen bösgläubigen (s. § 135 II) Dritten übereignet. Wenn der Verkäufer jetzt an den Käufer übereignen will oder seine dazu nötige Willenserklärung nach § 894 ZPO ersetzt werden soll, stellt sich wieder die Frage nach dem gemäß § 931 abtretbaren Anspruch. Abtretbar ist auch hier der Anspruch des Veräußerers gegen den Dritten aus § 985; dieser Anspruch besteht hier aber nur zugunsten des K; er folgt nämlich daraus, daß die Übereignung des V an D im Verhältnis zu K und folglich auch für die Möglichkeit der Übereignung an ihn nach §§ 136, 135 I 1 unwirksam ist. Dem relativ zugunsten des K bestehenden Eigentum des V kann D auch nicht ein Recht zum Besitz aus seiner Beziehung zu V (etwa Kaufvertrag) entgegensetzen, welches den Anspruch aus § 985 und damit die Übereignung an K hindern könnte. Zutreffend *Kohler*, Jura 1991, 349 gegen BGHZ 111, 364, 369, der eine Übereignung durch Zuwendung der dem V verbliebenen Rechtsmacht konstruiert (?).

[604] Dazu u. Rz. 1083.

[605] Zu der Erweiterung des § 931 anhand des Falls RGZ 109, 128 Rz. 1117.

b) Erwerb vom Nichtberechtigten

aa) Zwei Möglichkeiten des Erwerbs vom Nichtberechtigten

Ein Erwerb des Eigentums vom Nichtberechtigten kann gemäß § 185 mit Zustimmung des Berechtigten[606] zustande kommen, d.h. entweder mit Einwilligung (§ 185 I) oder durch Genehmigung (§ 185 II)[607]. Der Genehmigung stehen – mit Ausnahme der Rückwirkung – gleich die beiden anderen in § 185 II genannten Fälle der Konvaleszenz. Wenn eine Einwilligung nicht erteilt ist, kommt, logisch betrachtet, nicht sogleich die Konvaleszenz, insbesondere durch Genehmigung, in Frage. Vielmehr kann der Erwerber bereits kraft guten Glaubens nach §§ 932 ff. erworben haben und die Verfügung also bereits nach diesen Vorschriften wirksam sein. Begrifflich kann nur die Übereignung, die auch nach diesen Vorschriften nicht wirksam ist, nach § 185 II »wirksam werden« (konvaleszieren). Dies gilt auch für die Erteilung der Genehmigung. Diese wirkt zwar nach § 184 I grundsätzlich auf den Zeitpunkt der Vornahme des Geschäfts zurück. Aber zum einen ist in diesem Zeitpunkt das Geschäft auch schon nach § 932 wirksam geworden. Zum anderen ändert die Rückwirkung nichts daran, daß die Wirksamkeit erst mit der Genehmigung eintritt. Sachlich wird man dennoch die Wirksamkeit gegen den Berechtigten, die die §§ 932 ff. um des Verkehrsschutzes willen bestimmen, nicht vorrangig sehen gegenüber der Möglichkeit, daß der Erwerb regulär aus dem Recht des Berechtigten, möglicherweise also auch durch Konvaleszenz, folgt. Man kann von einem Fall der Doppelwirkung im Recht[608] sprechen[609]. Bei unsicherer Prozeßlage sind beide Möglichkeiten nebeneinander zu erwägen. Wenn der Erwerber sich seines gutgläubigen Erwerbs nicht sicher ist, kommt auch in Betracht, daß er ungeachtet dieser Möglichkeit beim Berechtigten um Genehmigung nachsucht (in entsprechender Anwendung des § 177 II[610]). **824**

Andererseits ist der Erwerb nach §§ 932 ff. wie der nach §§ 873 ff., 892 ein voll gültiger Erwerb, nicht nur ein Notbehelf, auf den der Erwerber auch mit der Wirkung ver- **825**

606 Die Berechtigung muß im Zeitpunkt der Zustimmung bestehen, BGH NJW 1989, 2049, 2050.

607 Zur Rückabwicklung der Verfügung eines Nichtberechtigten nach § 185 BGB bei Fehlen der causa *Braun*, ZIP 1998, 1469 ff.

608 *Kipp*, Über Doppelwirkungen im Recht, insbesondere über die Konkurrenz von Nichtigkeit und Anfechtbarkeit, FS Martitz (1911), 211, 224 ff.

609 Beispiel, in dem die Doppelwirkung relevant wird: Erwirbt der Nichtberechtigte das Eigentum zurück, weil das Geschäft mit dem gutgläubigen Erwerber rückgängig gemacht wird, kommt die Wiederaufhebung des § 932 mit der Folge des Rückerwerbs des vordem Berechtigten in Betracht. Wenn dieser allerdings die Veräußerung inzwischen genehmigt hatte, erwirbt der Nichtberechtigte das Eigentum (unten Rz. 919 ff).

610 Für die entsprechende Anwendung des § 177 II im Rahmen des § 185 – das gleiche muß für § 178 gelten – *Flume* II § 56, S. 901. Für die Anwendung insbesondere des § 178 spricht folgendes: Zwar ist im Rahmen der Beratungen des BGB der Vorschlag eines einseitigen Rücktrittsrechts desjenigen, der vom Nichtberechtigten eine Forderung zediert bekommen hat, zurückgewiesen worden (s. *Jakobs/Schubert*, Die Beratung des BGB, 2. Teilband, 1985, zu § 185 S. 959, 973). Die Zurückweisung geschah aber in den Beratungen des 1. Entwurfs, der auch in den anderen Fällen schwebender Unwirksamkeit noch nicht das Widerrufsrecht des Geschäftspartners vorsah. Die 2. Kommission hat es eingeführt (Prot., *Mugdan* I, S. 675, 748 f.). Sodann hat sie aus den in E I enthaltenen Einzelvorschriften des Erwerbs vom Nichtberechtigten die allgemeine Vorschrift des heutigen § 185 II gemacht. Der Problematik der Schwebelage wurde dabei nicht gedacht (Prot., *Mugdan* I, S. 762). – Die analoge Anwendung der §§ 177, 178 kommt für den Fall des Nichtzustandekommens des gutgläubigen Erwerbs – so allgemein bei Forderungen, sodann beim Eigentum an beweglichen Sachen im Fall des Abhandenkommens, s. § 935, – in Betracht.

zichten könnte, daß der Erwerb gar nicht eingetreten ist[611]. Die Regelung des Erwerbs vom Nichtberechtigten ist verfassungsrechtlich nicht zu beanstanden[612].

bb) Der Erwerb nach §§ 932 ff. BGB und § 366 HGB[613]

aaa) Die Voraussetzungen und der Regelungsgedanke im Überblick

826 (1) § 932 I 1 knüpft an eine nach § 929 erfolgte Veräußerung an und läßt den Erwerber einer solchen Veräußerung grundsätzlich auch dann erwerben, wenn die Sache nicht dem Veräußerer gehört. Im zweiten Halbsatz wird der Erwerb ausgeschlossen, wenn der Erwerber nicht in gutem Glauben ist. Nach § 932 II ist der Erwerber dann nicht in gutem Glauben, wenn ihm bekannt oder infolge grober Fahrlässigkeit unbekannt ist, daß die Sache nicht dem Veräußerer gehört. § 935 fügt einen weiteren Ausschlußtatbestand hinzu. § 932 braucht nicht einzugreifen, wenn die Sache zwar nicht dem Veräußerer gehört, er aber mit Verfügungsmacht (§ 185) über die fremde Sache verfügt. Hat der Veräußerer keine Verfügungsmacht, erwirbt der Erwerber unter den Voraussetzungen und Ausschlußgründen der §§ 932 ff., wozu insbesondere der Ausschluß des Erwerbs bei Kenntnis des Nichteigentums oder grob fahrlässiger Unkenntnis davon zählt. Selbst wenn aber diese Kenntnis oder grob fahrlässige Unkenntnis feststehen, kommt der Erwerb vom Nichtberechtigten trotzdem noch in Betracht: § 366 I HGB schützt bei Veräußerungen, die ein Kaufmann im Betrieb seines Handelsgewerbes vornimmt, den Erwerber auch dann, wenn dieser weiß oder aus grober Fahrlässigkeit nicht weiß, daß der Veräußerer nicht Eigentümer ist, er aber in gutem Glauben an die Verfügungsbefugnis des Veräußerers ist[614].

827 Zu §§ 932 ff. wird vom gutgläubigen Erwerb des Eigentums an beweglichen Sachen gesprochen, so als ob der gute Glaube Voraussetzung des Erwerbs wäre[615]. § 932 wird deshalb von § 366 I HGB in der Weise abgegrenzt, daß § 932 den guten Glauben an das

611 S. o. Rz. 630.

612 Zur Vereinbarkeit der §§ 932 ff. mit Art. 14 GG *J. Hager*, Verkehrsschutz durch redlichen Erwerb, 1990, S. 46. Die in §§ 932 ff. wohl abgewogene und vom Gesetzgeber sorgfältig austarierte Anwendung des alten Satzes »Wo du deinen Glauben gelassen hast, da sollst du ihn suchen«, mit der Regelung des Erfordernisses des Besitzes als objektiver Rechtsscheinbasis für den gutgläubigen Erwerb, des Abhandenkommens als Erwerbshindernis (§ 935) und der Verweisung des Eigentümers bei Nichtabhandenkommen grundsätzlich an den, der die ihm anvertraute Sache weggegeben hat (§ 816 I 1, 2), muß sich eine in neuerer Zeit im Zivilrecht ausgebrochene Grundgesetz-Hysterie gefallen lassen. Neben der Überprüfung durch *J. Hager* siehe die Abhandlung von *Peters*, Der Entzug des Eigentums an beweglichen Sachen durch gutgläubigen Erwerb, 1991. *Peters* meint, unter Berufung auf das GG und das Prinzip verfassungskonformer Auslegung das BGB neu schreiben zu sollen (statt Rechtsscheinerfordernis und Abhandenkommen Einführung des Verschuldensmaßstabs, *Peters*, a.a.O., §§ 3, 4, sodann statt § 816 I 1, 2 Ablehnung eines unentgeltlichen gutgläubigen Erwerbs, *Peters*, a.a.O., § 3 III 1 – möglicherweise anders § 4 VI 1 – und Annahme eines Lösungsrechts des Eigentümers beim entgeltlichen Erwerb, *Peters*, a.a.O., § 5 II 1). Dies kommt schon per se nicht in Betracht. Zudem ist dort, wo die Regelung des BGB korrekturbedürftig ist, das BGB aus sich heraus korrekturfähig (s. zu §§ 933, 934 u. Rz. 886 ff.).

613 Überblick bei *Musielak*, JuS 1992, 713. – Besonderes gilt für den Erwerb nicht wirksam verpfändeter Sachen oder in der Zwangsvollstreckung gepfändeter schuldnerfremder Sachen in der Versteigerung dieser Sachen; hier geht es um die Ersetzung nicht des fehlenden Eigentums, sondern der fehlenden pfandrechtlichen Verwertungsberechtigung auf der Veräußererseite durch den guten Glauben; s. das umfassend diskutierende Urteil BGH NJW 1992, 2570, dazu *Braun*, WuB VI E § 825 ZPO 1.92.

614 § 366 I HGB bezieht sich des weiteren auf Verpfändungen und ergänzt insoweit §§ 1207 f. BGB, § 366 II HGB läßt die Rechtsfolgen der §§ 936 und 1208 auch bei gutem Glauben an die uneingeschränkte Verfügungsbefugnis eingreifen. § 366 III HGB betrifft die Begründung gesetzlicher Pfandrechte.

615 So auch noch die Vorauflage.

Eigentum schütze und dafür der gute Glaube an die Verfügungsbefugnis nicht ausreiche, während § 366 I HGB den Schutz des guten Glaubens auf den guten Glauben an die Verfügungsbefugnis ausdehne. Demgegenüber macht § 932 den Erwerb nicht von einem guten Glauben (an das Eigentum) abhängig, vielmehr läßt die Vorschrift den Erwerb grundsätzlich eintreten und schließt ihn ausnahmsweise bei Kenntnis oder grob fahrlässiger Unkenntnis vom Nichteigentum des Veräußerers aus. Nicht ist der gute Glaube Voraussetzung des Erwerbs, sondern unter der Voraussetzung des bösen Glaubens wird der Erwerb ausgeschlossen. Im Unterschied dazu war der gute Glaube an das Eigentum noch als Voraussetzung des Erwerbs vom Nichtberechtigten formuliert in der Vorläufervorschrift zu § 932, nämlich in Art. 306 ADHGB:

Wenn Waaren oder andere bewegliche Sachen von einem Kaufmann in dessen Handelsbetriebe veräußert und übergeben worden sind, so erlangt der redliche Erwerber das Eigenthum, auch wenn der Veräußerer nicht Eigenthümer war...

Schon bei der Anwendung der alten Vorschrift stand aber fest, daß für die Redlichkeit **828**
(den guten Glauben) „regelmäßig die Unbekanntschaft des Erwerbers mit dem Nichteigenthum des Veräußerers" genüge; dabei wurde ein auf grobem Verschulden beruhendes Nichtwissen gleichgestellt[616]. Da Redlichkeit auch gegeben war bei gutem Glauben an die Verfügungsbefugnis des Veräußerers[617], muß die Formulierung dem Sinne nach erweitert werden darauf, daß es auf die Unbekanntschaft des Erwerbers damit ankam, daß der Veräußerer weder Eigentümer war noch die Verfügungsbefugnis hatte.

§ 932 formuliert jetzt im Gegensatz zu Art. 306 ADHGB das Merkmal des guten **829**
Glaubens exakt so, wie es festzustellen ist, nämlich in dem Sinne, daß es um den Ausschluss des Erwerbs bei Bösgläubigkeit geht. Darüber hinaus verallgemeinert die Vorschrift den gutgläubigen Erwerb einerseits über den Bereich des Erwerbs von Kaufleuten hinaus, beschränkt ihn aber andererseits auf den guten Glauben daran, worauf der Besitz als Rechtsscheintatbestand hinweist: D.h. auf den guten Glauben an das Eigentum (§ 1006). Der weitere Gehalt der alten Vorschrift, der Schutz des guten Glaubens an die Verfügungsmacht beim Erwerb von Kaufleuten, ist in § 366 HGB erhalten geblieben, und hier ist auch die positive Formulierung der Voraussetzung der Redlichkeit noch zu finden.

§§ 932 ff. und § 366 I, II HGB sind im Zusammenhang zu sehen. § 366 HGB ver- **830**
weist auf die §§ 932 ff. und erweitert deren Anwendung auf den Fall des guten Glaubens an die Verfügungsbefugnis des Veräußerers beim Erwerb von Kaufleuten. Es ist schädlich, nur auf §§ 932 ff. zu sehen und davon zu sprechen, daß nur der gute Glaube an das Eigentum geschützt ist, und irgendwo ergänzend auf § 366 HGB als Besonderheit hinzuweisen. Das war schon unter dem HGB vor dem HRefG schädlich. Das HRefG hat jetzt den Kaufmannsbegriff noch erheblich erweitert, erweitert ist so auch die Anwendbarkeit des § 366 HGB. Nunmehr kann bei jedem Erwerb von einem gewerblich Tätigen, wenn dieser im Rahmen seines Gewerbes veräußert, § 366 HGB mit anwendbar sein[618]. Nur bei Veräußerung unter Privaten ist noch die Beschränkung auf § 932 richtig.

(2) § 932, auf den § 366 HGB verweist, knüpft an den Grundtatbestand des § 929 an, **831**
d.h. das Erfordernis der Entäußerung in Einigkeit über den Eigentumsübergang. Bei dem

616 *L. Goldschmidt*, Handbuch des Handelsrechts Teil C, 1868-1883, Neudruck 1973, S. 826 f.

617 Entwurf eines HGB nebst Denkschrift, Amtl. Ausgabe, 1896, S. 207.

618 Weiter ist § 366 HGB anwendbar auf den nicht kaufmännischen Kommissionär. § 383 II HGB n.F. soll für den Kommissionär auffangen, daß dieser von der früheren Regelung auch als Minderkaufmann erfaßt war, die Figur des Minderkaufmanns in der Neufassung aber weggefallen ist. Nach der Willensrichtung des Gesetzes ist in § 383 II HGB auch die Fortgeltung des § 366 HGB gemeint (trotz der irreführenden Formulierung, dazu *v. Olshausen*, JZ 1998, 720). Zur Frage der Anwendung des § 366 HGB auch im Fall einer Scheinkaufmannsstellung u. Rz. 862.

Merkmal der Übergabe als Ausgangsmerkmal bleibt es auch für den gutgläubigen Erwerb. Die Ersatztatbestände der §§ 929 S. 2, 930, 931 werden aber in §§ 932 ff. erschwert unter dem Gesichtspunkt, daß in der Person des Veräußerers ein ausreichender Rechtsscheintatbestand vorliegen und die Rechtsscheingrundlage auf den Erwerber übergehen muß[619]. Die Entbehrlichkeit des Entäußerungsmerkmals bei der brevi manu traditio (§ 929 S. 2) wird in § 932 I 2 eingeschränkt, das Entäußerungsmerkmal des § 930 wird in § 933 und das des § 931 in § 934 erschwert. Zudem muß der Erwerber den Besitz „aufgrund der Veräußerung" (s. § 936 I 3), d.h. in Vollzug des Veräußerungsgeschäfts, erlangen. Dem liegt das Prinzip zugrunde: Der Veräußerer muß über eine Besitzbeziehung verfügen, er muß sie sodann abgeben[620], und dies in Vollzug des Veräußerungsgeschäfts.

832 (3) § 932 I setzt i.V. mit § 929 voraus, daß sich der Veräußerer in Einigkeit mit dem Erwerber über den Eigentumsübergang der Sache entäußert[621]. Damit wird für den gut-

619 Gegen eine Rechtsscheinlehre zu §§ 932 ff., darüber hinaus aber überhaupt gegen die Erklärung der §§ 932 ff. mit Rechtsscheinerwägungen polemisiert *Ernst*, FS Gernhuber (1993), 95. Entgegen *Ernst* (S. 99) geht es nicht um ein „zwischen" gesetzlichem Tatbestand und rechtspolitischer Wertung angesiedeltes Erklärungsprinzip, sondern um das teleologische Verständnis der gesetzlichen Regelung selbst. Dem gesetzlichen Übergabeerfordernis wird durch die Einordnung in das Rechtsscheinmerkmal nichts hinzugefügt (*Ernst*, S. 112), es wird teleologisch erklärt, damit werden Abgrenzungsfragen zum Erwerb vom Nichtberechtigten entscheidbar (dies gegen *Ernst*, S. 113, die Einordnung trage zur Erfassung des Übergabeerfordernisses nichts bei). Zu denken ist insbesondere an die Abgrenzung des gutgläubigen Erwerbs nach § 934; *Ernst* verweist dazu S. 120 auf seine Schrift Eigenbesitz und Mobiliarerwerb, 1992, S. 228. Zur Frage u. Rz. 886 ff. Das allzu positivistische Genügenlassen des Merkmals des Besitzwechsels, FS Gernhuber, S. 114 sub IV., nimmt *Ernst* im weiteren selbst nicht ernst, indem auch er nach Sachgründen des Erwerbs sucht. Wenn er dann freilich als das entscheidende vertrauensbegründende Element den eigenen Besitzerwerb und Erwerbswillen des Erwerbers bezeichnet, geht dies am Gesetz, welches *Ernst* so positivistisch hoch hält, vorbei (S. 115 f., nicht anders S. 119, wo von der vollständigen Besitzverdrängung des Eigentümers, nicht der des Veräußerers gesprochen wird; allerdings verdrängt der eigene Besitzerwerb jedweden Besitz jedes beliebigen anderen, fraglich ist nur, ob man sich bei der eigenen Herrschaft, gleich wie sie erlangt sei, beruhigen kann). Erst der objektive Vertrauenstatbestand auf der Veräußererseite und seine Verschiebung auf den Erwerber rechtfertigen nach dem Gesetz die vorzugswürdige Schutzwürdigkeit des Erwerbers. Was das Merkmal der objektiven Vertrauensgrundlage des Veräußererbesitzes betrifft, bestreitet *Ernst* S. 98 zu Unrecht die Korrespondenz zwischen der Vermutungswirkung des Besitzes (§ 1006) und der Möglichkeit des gutgläubigen Erwerbs. Das Gesetz zieht allerdings die Vermutungswirkung des Besitzes prozessual weiter als beim gutgläubigen Erwerb: § 1006 ist auch für die Berufung auf Nießbrauch und Pfandrecht nutzbar (§§ 1065, 1227), während, was den gutgläubigen Erwerb betrifft, der Besitz nur Grundlage für den guten Glauben an das Eigentum ist, indem, wenn ein Besitzer nicht der Eigentümer, sondern etwa ein Nießbraucher oder Pfandgläubiger zu sein behauptet, einerseits die genügende Vertrauensgrundlage für den Erwerb des Eigentums zerstört und andererseits vom Gesetz auch der Erwerb der anderen Rechte nicht ermöglicht ist. Die Korrespondenz zwischen Vermutungs- und Gutglaubensmerkmal setzt nicht voraus, daß für beide Bereiche (Prozeß und gutgläubiger Erwerb) die Vermutungswirkung des Besitzes gleich ist. Die Unterschiedlichkeit der Vermutungswirkung ändert nichts an der Wirksamkeit der Vermutungswirkung. Merkwürdig verständnislos für die Austarierung des Gesetzes schließlich, wie *Ernst* dem Merkmal des Abhandenkommens begegnet (S. 118).

620 Und zwar i. S. einer ernsthaften, nicht von vornherein auf sofortige Rückgängigmachung berechneten Trennung, s. OLG München NJW 1970, 667.

621 Fraglich ist, ob die Begründung der Einigung im Rahmen von § 932 betreffend Grundstückszubehör durch die Auslegungsregel des § 926 I 2 erleichtert wird. § 926 I 1 setzt Zubehör des Veräußerers voraus; das LG Saarbrücken beschränkt auch die Auslegungsregel des Satzes 2 auf diesen Fall, NJW-RR 1987, 11. – Zum Problem der Wirksamkeit der Einigung mit einem Minderjährigen als Nichtberechtigten o. Rz. 791 ff.

gläubigen Erwerb ein rechtsgeschäftlicher Erwerb vorausgesetzt[622]. Nach h.M. ist daran das Erfordernis eines sog. Verkehrsgeschäfts anzuknüpfen[623]. Die Problematik des Verkehrsgeschäfts wird, historisch begründet, in aller Regel bei der Behandlung des § 892 erörtert, darauf sei hinsichtlich der Einzelheiten verwiesen[624]. Das Problem des Verkehrsgeschäfts stellt sich aber bei allen Anwendungsfällen eines gutgläubigen Erwerbs. Auch im Falle der §§ 932 ff. ist also das Erfordernis eines Verkehrsgeschäfts noch neben der Voraussetzung der Einigung zu bedenken.

(4) Nach § 932 I erwirbt der Erwerber durch Einigung und Besitzüberlassung i.S. von **833** § 929 das Eigentum, es sei denn, daß er nicht in gutem Glauben ist. Nach § 932 II ist der Erwerber nicht in gutem Glauben, wenn ihm bekannt oder infolge grober Fahrlässigkeit unbekannt ist, daß die Sache nicht dem Veräußerer gehört. D.h. der Erwerber erwirbt, wenn er nur nicht weiß und auch nicht aus grober Fahrlässigkeit nicht weiß, daß der Veräußerer nicht der Eigentümer ist. Auf das Wissen vom Nichteigentum oder das Nichtwissen aus grober Fahrlässigkeit kommt es an. Wovon demgegenüber der Erwerber positiv ausgegangen ist, ist an und für sich irrelevant. Auch wenn er sich keine besonderen Vorstellungen darüber gemacht hat, auf welcher Grundlage ihm der Veräußerer das Eigentum verschafft, kann er nach der Formulierung des § 932 erwerben[625]. Nimmt der Erwerber den Erwerb an, weil der Veräußerer irgendwie berechtigt oder verfügungsberechtigt sei, ohne positiv vom Nichteigentum des Veräußerers auszugehen, so geht es nicht etwa um einen Erwerb kraft guten Glaubens an die Verfügungsmacht, der nur im Rahmen von Sondervorschriften wie derjenigen des § 366 HGB geschützt ist. Wenn die Unbestimmtheit der Vorstellungen dem Erwerber nicht nach den Einzelumständen als grobe Fahrlässigkeit im Nichtwissen vom Nichteigentum des Veräußerers anzurechnen ist, bewirkt § 932 den Erwerb und kommt es auf Sondertatbestände wie § 366 HGB nicht an.

(5) Neben den Ausschlußgrund der Bösgläubigkeit setzt § 935 I den weiteren des Ab- **834** handenkommens der Sache. Mit Ausnahme des Erwerbs von Geld oder Inhaberpapieren und des Erwerbs in öffentlicher Versteigerung (§ 935 II) können Sachen dann nicht gut-

622 Zu Unrecht an der grundsätzlichen Bedeutung dieses Merkmals zweifelnd *J. Hager*, a.a.O. (Fn. 612), S. 96 f. Es muß in Betätigung der Rechtsscheinposition (bei §§ 932 ff.: des Besitzes) verfügt werden, wenn nach der gesetzlichen Regelung des gutgläubigen Erwerbs der Erwerber schutzwürdiger sein soll als der Berechtigte. Automatischer Übergang kraft Gesetzes oder Zwangseingriff über den Kopf des Inhabers der Rechtsscheinposition hinweg sind kein Anknüpfungspunkt für gutgläubigen Erwerb. Etwas anderes gilt für einen gesetzlichen Erwerb in Anknüpfung an eine Betätigung der Rechtsscheinposition: Die Übergabe, an die ein gesetzliches Pfandrecht anknüpft, ist einer Verfügung gleichzuachten (s. u. Rz. 1698 ff.). Die Entgeltlichkeit des Erwerbs ist entgegen *Hager* nicht entscheidende Grundlage des gutgläubigen Erwerbs, vielmehr ist nach § 816 I 2 Unentgeltlichkeit Grundlage der ausnahmsweisen Aufhebung des Erwerbs kraft Schuldrechts. D.h. die Ebenen des sachenrechtlichen Erwerbstatbestandes (der einen rechtsgeschäftlichen Erwerb voraussetzt) und des schuldrechtlichen Wiederaufhebungsanspruchs sind auseinanderzuhalten. Die Regelung des Gesetzes hat gute Gründe: Die Frage der Entgeltlichkeit ist von der Klärung der Geschäftsabreden im einzelnen Fall abhängig und kann so nicht die sachenrechtliche Lage inter omnes bestimmen. Klar gesetzeswidrig ist es, wenn *J. Hager*, S. 118 ff., 147 ff., 168 ff. den Ansprüchen aus §§ 812 I 1 Alt. 2 und 816 I 2 dingliche Wirkung beimißt.

623 Auch die Problematik des Verkehrsgeschäfts ist nicht durch das Merkmal der Entgeltlichkeit verdrängt (so aber *J. Hager*, S. 118 ff., 147 ff., 168 ff., s. Vornote).

624 Oben Rz. 646 ff.

625 Eine solche Unbestimmtheit der Vorstellungen kommt insbesondere bei Erwerb von Geld oder Inhaberpapieren in Betracht. Daß § 932 trotzdem zum Eigentumserwerb führt, rechtfertigt es, daß es keine allgemeine Vorschrift über den Schutz des guten Glaubens an die Verfügungsbefugnis hinsichtlich von Geld oder Inhaberpapieren gibt.

gläubig erworben werden, wenn sie abhanden gekommen sind (§ 935 I)[626]. Abhandenkommen setzt zweierlei voraus: Verlust des unmittelbaren Besitzes (s. § 935 I 2) und die Unfreiwilligkeit dieses Verlusts. Bei wem in der Kette der Vorbesitzer die Sache abhanden gekommen ist, ist gleichgültig. Eine einmal abhanden gekommene Sache bleibt abhanden gekommen.

835 (6) Nach ihrem Grundgedanken enthalten die §§ 932 ff. mit § 366 I HGB einen Kompromiß zwischen Erhaltungs- und Verkehrsinteresse. Nur bei Bestehen folgender Grundlagen kommt der gutgläubige Erwerb zustande: (1) ein ausreichender Rechtsscheintatbestand; nach § 1006 ist der Besitz Rechtsscheingrundlage für das Eigentum; deshalb schaden nach § 932 I, II die Kenntnis und die grob fahrlässige Unkenntnis hinsichtlich des Eigentums des Veräußerers; ist der Veräußerer Kaufmann und veräußert er in seinem Handelsgewerbe, so ist dies nach § 366 I HGB ein ausreichender Rechtsschein auch für das Bestehen einer Verfügungsmacht; – (2) Nutzung des Rechtsscheintatbestands durch den Veräußerer, der sich rechtsgeschäftlich als Eigentümer (oder – nach § 366 HGB – als verfügungsmächtig) gerieren muß; – (3) Übergang der Legitimationsgrundlage für das Eigentum auf den Erwerber, so daß sich dieser als vermutlicher Eigentümer fühlen kann; – (4) der frühere Eigentümer muß grundsätzlich (Ausnahmen in § 935 II) seinen Besitz selbst in Verkehr gegeben (§ 935 I) und damit einerseits selbst die Rechtsscheinposition gesetzt, andererseits sich selbst die Enttäuschung seines Vertrauens durch den Besitzerwerber zuzuschreiben haben[627].

bbb) Das Ausgangsmerkmal der Übergabe

836 Die Übergabevoraussetzung (§ 932 i.V.m. § 929 S. 1, §§ 933, 934 Alt. 1) entspricht der Notwendigkeit, daß objektiv eine Rechtsscheinbasis vorhanden sein und zum Erwerber hinbewegt werden muß. Für die Übergabe kommen grundsätzlich alle oben[628] erörterten Gestaltungsformen in Betracht. In Anbetracht des Grundgedankens der §§ 932 ff. kann sich jedoch ein Problem bei der Übergabe zu mittelbarem Besitz des Erwerbers stellen: Hier kann zweifelhaft sein, ob der unmittelbare Besitzer genügend eindeutig als Vermittler neuer Sachherrschaft des Erwerbers fungiert. Das Problem ist identisch mit dem der Reichweite des gutgläubigen Erwerbs nach § 934 Alt. 1 und 2. Auf die Erörterung dazu[629] ist zu verweisen.

837 Veräußert eine Person als Nichtberechtigte mit Zustimmung einer anderen, die aber in Wirklichkeit ebenfalls Nichtberechtigte ist, so darf der Erwerber gemäß § 932 II hinsichtlich des Eigentums des letzteren nicht bösgläubig sein (und zwar bei Einwilligung im Zeitpunkt der Vollendung des Verfügungstatbestands, bei Genehmigung im Zeitpunkt der Genehmigung[630]). Was die Rechtsscheinposition und ihre Betätigung zugunsten des Erwerbers betrifft, ist zu sehen, daß bei der Verfügung eines Nichtberechtigten Nichtberechtigter *und* Zustimmender verfügen[631]. Zunächst muß die Rechtsscheingrundlage für das angebliche Eigentum des Zustimmenden gegeben sein. Das ist sie aber auch dann, wenn der als nichtberechtigt Verfügende Besitzer ist, indem dieser ja den Besitz zur Grundlage der Verfügung aus dem Eigentum des Zustimmenden macht. Sodann muß die

[626] Besonders bedeutsam bei Kunstwerken. Zur Entwendung von Kunstwerken *Müller-Katzenburg*, NJW 1999, 2551 ff.; ferner FAZ Nr. 204 v. 4./5. 9. 1993, S. 15.

[627] Abweichend von dieser Position des Gesetzes *J. Hager*, a.a.O. Anstatt Besitz sei die Besitzverschaffungsmacht Grundlage gutgläubigen Erwerbs, weil derjenige, der Besitz erhält, auf den ordnungsgemäßen Ablauf der Verfügung müsse vertrauen können (S. 239 ff., 245 ff., 251). Das führt insbesondere zu einer besonderen Behandlung des gutgläubigen Erwerbs bei Besitz eines Dritten (S. 261 ff., 267 ff., 277).

[628] Rz. 798 ff.

[629] Rz. 886 ff.

[630] S. *Flume* II § 57 3 b, S. 911.

[631] *Flume* II § 54 6 f, S. 894; *Plambeck*, JuS 1987, 793, 796.

Rechtsscheinposition in der erforderlichen Weise auf den Erwerber übergehen. Hat oder erhält der Erwerber nur mittelbaren Besitz, so darf nach § 933 weder der Verfügende noch der Zustimmende Besitzmittler bleiben. Für die technische Anwendung der §§ 932 ff. bedeutet dies, daß der nichtberechtigt Verfügende nach § 932 i.V.m. §§ 929 ff. verfügen muß und sodann die Vollzugserschwerungen nach §§ 932 I 2, 933, 934 unter Berücksichtigung der *beiden* Verfügungen zu prüfen sind. D.h., sie gelten für die Veräußerer*seite*, die aus beiden Verfügenden besteht; besteht in der Person eines der beiden Verfügenden nach den Tatbeständen der §§ 932 ff. ein Hindernis für die ausreichende Verfestigung der Erwerberposition, tritt der gutgläubige Erwerb nicht ein[632].

Auch für den gutgläubigen Erwerb kann die Übergabe durch Geheißübergabe ersetzt werden. Zur Problematik des gutgläubigen Geheißerwerbs ist der *Hemden-Fall*[633] zu erörtern: **838**

Hemdenfabrikant E gerät in Schwierigkeiten. Sein Bekannter M will Sanierungsversuche anstellen. M verhandelt mit B, der zusagt, einen großen Posten Hemden zu übernehmen. Dies teilt der M dem E mit. Nunmehr erscheint B bei E und verlangt den gekauften Posten Hemden heraus. E gibt ihm die Hemden. B zahlt den Kaufpreis an M. Er veräußert sodann die Hemden an einen Dritten, X. Es stellt sich heraus, daß M B gegenüber im eigenen Namen aufgetreten ist; E ist dagegen selbstverständlich von einem Handeln des M in seinem, des E, Namen ausgegangen. E klagt gegen B auf Herausgabe des durch Veräußerung an X erlangten Erlöses.

Der BGH prüft zunächst eine Leistungskondiktion des E aus § 812 I 1 1. Alt. gegen B und hierzu die Frage, ob der „eventuelle“ Eigentumserwerb des B auf einer Leistung des E oder des M beruhe[634]. Aufgrund des Satzes der Rechtsprechung, daß die Leistung aus der Sicht des Empfängers zu beurteilen sei, kommt er zur Verneinung des Anspruchs. Der Prüfungsaufbau ist systematisch verfehlt. Zu prüfen ist zunächst (nach der Möglichkeit eines vertraglichen Anspruchs) der Anspruch, für den es auf die Feststellung des Eigentumserwerbs des B ankommt (d.h. je nachdem, ob die eingebüßte Sache noch da ist oder weiterveräußert wurde, § 985 oder § 816 I 1) , nicht dagegen eine Leistungskondiktion betreffs des eventuellen Eigentumserwerbs. Das Vorziehen der Prüfung der Leistungskondiktion ist auch sachlich verfehlt, weil die Fixierung auf die Sicht des Empfängers bei der Leistungskondiktion die Prüfung des Eigentumserwerbs unrichtig präjudizieren kann[635].

E könnte von B nach § 816 I 1 Herausgabe des Erlöses verlangen. Dazu muß B als Nichtberechtigter verfügt haben. Die Verfügung liegt in der Veräußerung an X. Zu fragen ist, ob B als Nichtberechtigter verfügt hat. Dies war der Fall, wenn B weder von E noch von M durch die Übergabe der Hemden Eigentum daran erworben hat. Zu prüfen ist zunächst die Möglichkeit einer Übereignung nach § 929 S. 1 durch E an B: Die Übergabe von E an B ist zustande gekommen. Fraglich ist die Einigung. Die Erklärungen (das Erklärungsverhalten) von E und B müßten i.S. eines Einigungsvertrags über die Hemden auszulegen sein. Dazu kommt es nach § 133, wenn die Parteien sich nicht tatsächlich verstanden haben, darauf an, wie das Verhalten aus der Sicht eines verständigen Empfängers unter Berücksichtigung der Erklärungsumstände zu verstehen ist. Die Parteien hier haben sich nicht tatsächlich verstanden: E ist von einem in seinem Namen mit der Wirkung des § 164 abgeschlossenen Kauf ausgegangen, wollte also in dessen Erfüllung übereignen und somit eine Einigungserklärung abgeben. B ist von einem Kaufvertrag mit

632 Beispielsfall BGHZ 56, 123.

633 BGH NJW 1974, 1132. S. auch den Kohlen-Fall BGHZ 36, 30. Anders jetzt in einem anderen, aber vergleichbaren Zusammenhang das Urteil BGH WM 1993, 285.

634 NJW 1974, 1132.

635 In gleicher Weise auf die Prüfung der Bereicherung im Dreiecksverhältnis fixiert BGH 4.2.1999 – III ZR 56/98 NJW 1999, 1393 = JZ 2000, 53 (mit Besprechung von *Jakobs*, JZ 2000, 28). Die Entscheidung geht geradezu fahrlässig mit der Prüfung des Eigentumsübergangs um.

M ausgegangen und demgemäß von einer Einigung mit M, die E nur als Geheißperson des M vollziehen sollte. B ist von einem bloß faktischen Übergabevollzug ausgegangen. Zu prüfen ist das Verständnis des Verhaltens des E durch B, dieser als verständiger Erklärungsempfänger unterstellt. B konnte das Verhalten des E nicht als Einigung verstehen; der Umstand, auf dem das Mißverständnis beruht, die Täuschung des M, ist auch nicht im Verhältnis zwischen E und B dem B zuzurechnen[636]. Die Täuschung ist beiden nicht zurechenbar, und so ist das Verhalten des E für beide Teile nicht eindeutig deutbar, es ist mehrdeutig in der besonderen Gestaltung, daß nicht mehrere Deutungen einer Erklärung, sondern die zweifache Deutung eines Verhaltens als Erklärungs- oder als faktisches Verhalten in Betracht kommen. Ungeachtet der Besonderheit besteht Dissens, weil die Parteien sich nicht verstanden haben. Eine Einigung zwischen E und B ist nicht zustande gekommen; B hat das Eigentum nicht durch Übereignung seitens des E erworben.

Weiter ist zu prüfen eine Übereignung an B durch M, die nach § 932 I 1 wirksam sein könnte: Zwischen M und B ist im Rahmen der Kaufabrede mit der Abholungsvereinbarung eine Einigung zustande gekommen. Die Übergabe ist nur als Geheißübergabe (durch E als Geheißperson auf der Veräußererseite) denkbar. Aus der Warte des B hat E in der Tat als Geheißperson gehandelt. Aus der eigenen Warte des E dagegen lag ein Handeln des E in Erfüllung eines eigenen Kaufvertrags vor. Aus dieser Warte kann von einem Handeln auf Geheiß nicht die Rede sein. Der BGH läßt den objektiven, durch den Eigentümer E mitveranlaßten Rechtsschein eines Handelns auf Geheiß für den Geheißerwerb genügen und bejaht so den gutgläubigen Erwerb des B nach § 932 I 1. Er kommt so zu einer Bestätigung des Schutzes des B in dessen Vertrauen auf die Leistung des M, den er zuvor im Rahmen der Leistungskondiktion gewährt hat. Betrachtet man die Systematik der §§ 932 ff. unter Berücksichtigung der darin sich ausdrückenden Kompromißwertung, so ergibt sich etwas anderes: Der gutgläubige Erwerb setzt objektiv die Rechtsscheinbasis des Besitzes oder eine gleichwertige Rechtsscheinbasis voraus.

Zum Beleg ist auf den berühmten Weinberg-Fall hinzuweisen[637]: In diesem Fall rastet ein einem würdigen Winzer gleich sehender Dorfbewohner am Rande eines Weinbergs, zu Witzen aufgelegt. Es tritt eine durstende Wanderergruppe auf, die den Rastenden für den Winzer hält. Einer aus der Gruppe fragt den Mann, ob die Wanderer von den reifen Trauben essen dürften. Großzügig stellt der Mann die Selbstbedienung anheim. Der aufgeregt herbeieilende Winzer verlangt Herausgabe oder Ersatz. Zu fragen ist, ob die Wanderer gutgläubig an den Trauben Eigentum erworben haben (ob nach § 932 oder aber nach § 957, mag hier dahinstehen). – Der rastende Dorfbewohner war keinesfalls Besitzer des Weinbergs und somit der Weintrauben, somit fehlt es an der nach dem Gesetz erforderlichen Rechtsscheinbasis. Der gute Glaube der Wanderer an die Besitzposition des Veräußerers ersetzt diese objektive Voraussetzung nicht. Es wird aufgrund Vorliegens der objektiven Voraussetzung der gute Glaube an das Eigentum geschützt, nicht

[636] A.A. *Flume*, FS E. Wolf (1985), 61, 70 Fn. 33.

[637] Erfunden zum Problem des gutgläubigen Erwerbs aufgrund Aneignungsgestattung nach § 957 von *Cosack*, Lehrbuch des Dtsch. bürg. Rechts auf der Grundlage des bürg. Gesetzbuchs, Bd. 2, Jena 1904, S. 146 (Beispiel IV). Schon *Cosack* entscheidet gegen gutgläubigen Erwerb. *Heck* hat das Beispiel, auf Äpfel umgestellt, im Jahre 1927 in der Vorlesungsstunde gebracht, die *Flume*, zum Studium alter Geschichte und Sprachen, insbesondere bei dem berühmten *J. Haller*, nach Tübingen gekommen, gastweise gehört hat, woraufhin in Anbetracht des fulminanten Vortrags von *Heck* im Kopf des Studenten feststand: »Genau das werde ich auch machen«. Der Weinberg-Fall wird von *Heck* übereinstimmend mit *Cosack* und einer inzwischen ergangenen Entscheidung des RG (RGZ 108, 271) entschieden: Gutgläubiger Erwerb sei »natürlich nicht annehmbar« (*Heck* § 63 7). S. den Fall wieder etwa bei *Schwab-Prütting*, Sachenrecht, 1999, § 41 V 2 b.

aber schon dient der gute Glaube zur Ersetzung der objektiven Voraussetzung des Besitzes[638].

Im Hemden-Fall hatte auch der M nicht Besitz, der Besitz könnte nur ersetzt sein durch die Geheißposition, diese muß dann aber wie der Besitz selbst objektiv vorliegen. Der gute Glaube des B daran, daß die besitzgleiche Position vorliegt, hilft ebensowenig wie im Weinberg-Fall. Die Auffassung des BGH führt demgegenüber dazu, daß der gute Glaube des Erwerbers nicht nur das Eigentum des Veräußerers, sondern auch den Besitz des Veräußerers ersetzt. Gegen die Meinung des BGH spricht zusätzlich, daß gutgläubiger Erwerb nur eintreten soll, wenn der Eigentümer die Rechtsscheinposition durch sein Vertrauen veranlaßt hat und der Erwerber nicht mindestens im gleichen Maße vertrauensselig und rechtsscheinveranlassend handelt wie der Eigentümer. Im Hemden-Fall fallen aber sowohl der E als auch der B gleichermaßen auf die Täuschung durch M herein. Schließlich ist auf § 934 mit § 936 I 3 zu verweisen. Für den gutgläubigen Erwerb ist objektiv der Besitzerwerb »auf Grund der Veräußerung« notwendig. Im Hemden-Fall vollzieht dagegen E einen eigenen (angenommenen) Kaufvertrag und nicht die Veräußerung des M[639].

B hat, wenn man demzufolge anders als der BGH entscheidet, als Nichtberechtigter verfügt. E kann also nach § 816 I 1 die Herausgabe des von X an B gezahlten Kaufpreises verlangen[640].

Im Fall der Entscheidung des BGH vom 4.2.1999[641] war die Prüfung des Eigentumsübergangs vom Kl. auf die Bekl. komplizierter. Es ging um das Miteigentum an in Sammelverwahrung (§ 6 I 1 DepotG) verwahrten Inhaberpapieren. Der Vater des Miteigentümers hatte Depotvollmacht für seinen Sohn. Mit Hilfe dieser Vollmacht hatte er die streitigen Anteile vom Depot des Sohnes auf ein Depot seiner Tochter übertragen lassen. Die Tochter berief sich auf die Ankündigung einer Schenkung durch den Vater. Der BGH hat eine wirksame Übereignung nach § 929 S. 1 angenommen, ohne die Voraussetzung der Vorschrift zu prüfen, daß der Eigentümer (oder ein Vertreter nach § 164 I 1 wirksam für ihn) überträgt[642]. An späterer Stelle, nämlich zu § 816 I 2, geht er dann davon aus, daß keine Verfügung eines Nichtberechtigten vorgelegen habe, sondern die Verfügung des Berechtigten, indem der Vater als Vertreter mit Vertretungsmacht übereignet habe[643]. Dies beruht aber nicht auf einer genauen Prüfung, vielmehr begnügt sich der BGH damit, dem Berufungsgericht darin Recht zu geben, daß nach dem eigenen Vortrag des Kl. der Vater als Vertreter gehandelt habe. Zudem berichtet der BGH andererseits, wieder an im Weiteren folgender Stelle, nämlich zum Bereicherungsanspruch aus § 812 I 1, von dem Standpunkt des Berufungsgerichts, daß der Vortrag der Bekl., der Vater habe eine Schenkung vollzogen, nicht widerlegt sei bzw. daß der Kl. das Auftreten des Vaters als Vertreter nicht bewiesen habe. Der BGH kommt auch jetzt nicht auf die Frage der Übereignung, sondern argumentiert im Bereich der Leistungskategorie, nämlich zur Frage, wem die Zuwendung der Wertpapiere als Leistung zuzu- 839

638 Zusätzlich bringt der Dorfbewohner dem Winzer die Trauben abhanden, so daß auch § 935 I dem Erwerb entgegensteht. Für den gutgläubigen Erwerb spricht sich aufgrund seiner These von der Maßgeblichkeit der Besitzverschaffungsmacht *Hager* aus, a.a.O. (Fn. 612), S. 306 f.

639 An den Voraussetzungen des objektiven Vorhandenseins einer Rechtsscheinbasis und deren Einsatzes gerade für die Veräußerung, aufgrund deren der Gutgläubige zu erwerben meint, geht *Musielak*, JuS 1992, 713, 716 ff. vorbei. Seine Argumentation mit den Voraussetzungen des Abhandenkommens betrifft das Merkmal der Veranlassung des Rechtsscheins, während es hier um die erforderliche Rechtsscheinposition selbst geht. Das Erfordernis der Übergabe gerade im Zuge der Veräußerung hat der BGH zutreffend hervorgehoben betreffend Übergabe eines Grundschuldbriefs als Grundlage des gutgläubigen Erwerbs einer Briefgrundschuld, WM 1993, 284.

640 Die Problematik ist sehr streitig: Wie hier *v. Caemmerer* (zum Kohlen-Fall), JZ 1963, 586; *Picker*, NJW 1974, 1790; a.A. – neben *Musielak* (s. Vornote) – insbesondere *Hager*, a.a.O. (Fn. 612), S. 288, 294 Fn. 361. S. a. *Flume*, FS E. Wolf (1985), 61 sowie *Martinek*, AcP 188 (1988), 573, 621 ff.

641 JZ 2000, 53 = NJW 1999, 1393.

642 JZ 2000, 54 l.Sp.

643 S. 54 l./r. Sp.

rechnen sei. In der Ausführung des Berufungsgerichts fehle die Feststellung einer positiven Willensübereinstimmung zwischen dem Vater und der Bekl. über eine Leistung des Vaters[644]. Letztlich entscheidet der BGH die Zurechnungsfrage dahin, daß nach der in §§ 816 I 2, 822 zum Ausdruck kommenden Wertung der geringeren Schutzwürdigkeit des unentgeltlichen Erwerbs kein Erwerb der Bekl. vom Vater, also keine mit Rechtsgrund (schenkweise) erfolgte Leistung des Vaters anzunehmen sei, wenn das Berufungsgericht nicht noch andere Feststellungen treffe, nämlich entweder, daß es sich bei den Wertpapieren nur um Treuhandeigentum des Sohnes für den Vater gehandelt habe (so hatte die Bekl. vorgetragen) oder die Zuwendung an die Tochter durch eine spätere Zuwendung an den Sohn ausgeglichen worden sei[645]. Weil der BGH zur Anwendung der Gesichtspunkte der Bereicherung im Dreiecksverhältnis drängt, wird der Vorgang der Übereignung nicht wirklich geklärt. Dies hat zur Folge, daß die Grundlage der zu prüfenden Leistung, die Verfügung über das Eigentum, nicht klargestellt, insbesondere die Möglichkeit nicht ausgeräumt ist, daß gar kein Eigentum übergegangen ist und also der Anspruch aus § 985 besteht. Hatte der Vater im eigenen Namen verfügt, so war zunächst eine Übereignung nach §§ 929, 185 zu prüfen. Diese war zu verneinen, wenn der Vater keine Treugeberposition und der Sohn nicht im Rahmen einer nachfolgenden Ausgleichsvereinbarung die Verfügung des Vaters genehmigt hatte. Grundsätzlich enthält die Depotvollmacht nicht die Zustimmung zu Verfügungen im eigenen Namen. Auch ein Erwerb der Bekl. nach § 932 I 1 scheidet aus. Der Vater hat die Wertpapiere nicht übergeben. Dazu fehlte es an dem mittelbaren Mitbesitz des Vaters. Daß der Vater die Bank per Depotvollmacht zur Umstellung des mittelbaren Besitzes veranlassen konnte, bedeutete die Macht, in Vertretung des Sohnes und Eigentümers dessen mittelbaren Besitz zu übertragen. § 932 setzt die Übertragung des eigenen Besitzes des Verfügenden voraus. Dem steht freilich gleich, wenn der Besitzer dem Geheiß des Verfügenden folgt. Dazu aber, daß der Vater dem einerseits im eigenen Namen ausgesprochenen Geheiß andererseits als Vertreter des Sohnes folgte, hatte er wieder keine Vertretungsmacht. Für den Fall also, daß der Vater im eigenen Namen verfügt hatte, hatte der Sohn – vorbehaltlich der Treugeberposition des Vaters und der Möglichkeit nachfolgender Genehmigung – den Anspruch aus § 985. Hatte der Vater demgegenüber als Vertreter des Sohnes das Miteigentum übertragen, so lag darin eine kraft der Depotvollmacht wirksame Übereignung vom Sohn auf die Tochter. Diese im Namen des Sohnes vorgenommene Übereignung war aber – immer vorbehaltlich der Treugeberposition des Vaters und der Möglichkeit nachfolgenden Geltenlassens – grundsätzlich die Leistung des Sohnes an die Tochter. Blieb es dabei, war der Rechtsgrund dieser Leistung zu prüfen. Dieser konnte entsprechend § 267 darin bestehen, daß der Vater im Namen des Sohnes dessen Leistung auf seine, des Vaters, Schenkungsabrede bezogen hatte. Für eine solche Tilgungsbestimmung hatte der Vater aber keine Vertretungsmacht. Die Depotvollmacht über ein Wertpapierdepot ist eine Vollmacht für Geschäfte des Wertpapiereigentümers[646]. Man kann auch noch – entsprechend dem soeben angeführten Gedanken eines Geheißerwerbs – die Konstruktion erwägen, daß die im Namen des Sohnes vorgenommene Verfügung deshalb doch eine Leistung des Vaters an die Tochter gewesen ist, weil der Vater die Übertragung als Angewiesener für sich selbst, den schenkenden Vater als den Anweisenden, getätigt hat. Die Anweisung an sich selbst als Vertreter unterfällt § 181. Aber schon der Depotvollmacht wohnt die Vertretungsmacht, die Wertpapiere des Vertretenen als Anweisungsleistung für das eigene, des Vertreters, Geschäft zur Verfügung zu stellen, nicht inne. Damit war – vorbehaltlich der Treugeberposition des Vaters und nachfolgenden Geltenlassens – entweder die Übertragung der Wertpapiere unwirksam oder es fehlte an der Grundlage, die Übertragung der Wertpapiere des Sohnes dem Vater zuzurechnen. Auf die Unentgeltlichkeit des Erwerbs der Tochter vom Vater kam es nicht an.

ccc) Der Ausschluß des gutgläubigen Erwerbs bei Bösgläubigkeit

(1) Die Bösgläubigkeit im Sinne des § 932

840 Für den Gutglaubensschutz ist nach § 932 die Unkenntnis des Erwerbers vom Nichteigentum des Veräußerers erforderlich. Diese darf auch nicht auf grober Fahrlässigkeit

[644] S. 55 l. Sp. unter (2) und (a).

[645] S. 55 f.

[646] Anders ist zu entscheiden bei Kontovollmachten, etwa über ein Konto des einen Ehepartners an den anderen. Damit wird dem Bevollmächtigten Geld verfügbar gemacht. Dieses kann er auch zur Bezahlung von ihm getätigter Geschäfte einsetzen. Die Grenze liegt in den Grundsätzen vom Mißbrauch der Vertretungsmacht.

beruhen. Darüber hinaus schützt § 366 HGB in seinen Fällen auch den Erwerb bei Kenntnis oder grob fahrlässiger Unkenntnis vom Nichteigentum, wenn der Erwerber von der Verfügungsmacht des Veräußerers ausgeht.

§ 932 II definiert für den ganzen Bereich des BGB (s. aber eben auch § 366 HGB) die Voraussetzung »nicht in gutem Glauben«. Er definiert sie als Kenntnis oder grob fahrlässige Unkenntnis. Der Gegenstand der Kenntnis bzw. Unkenntnis wechselt: Geht es in § 932 II um Kenntnis oder Unkenntnis des Mangels des Eigentums des Veräußerers, in § 366 I HGB um diejenige des Mangels von Eigentum *und* Verfügungsmacht, so meint § 990 I 1 die Kenntnis oder Unkenntnis des Mangels des Erwerbs eines eigenen Besitzrechts durch den Besitzerwerb. Ebenso ist dies der Gegenstand des guten oder bösen Glaubens bei § 1007. **841**

Eine besondere Prüfung hat im Rahmen des § 932 II zu erfolgen, wenn der Mangel des Eigentums des Veräußerers sich aus einer nachträglichen, nach § 142 I zurückwirkenden Anfechtung der Übereignung an ihn ergibt. **842**

Beispiel ist BGH ZIP 1987, 1258: Sch. hatte sich das Eigentum am Pkw des Kl. zu einem Preis weit unter dem Marktwert erschlichen und am nächsten Tag, einem Sonntag, zu einem höheren, aber immer noch erheblich unter dem Marktwert liegenden Preis an den Händler T.S. veräußert, der es noch an demselben Tage für einen Preis, den der Kl. für immer noch unter Wert erklärte, an den beklagten Händler weitergab. Im Kfz-Brief war weiterhin der Kl. als Eigentümer eingetragen. Der Kl. ficht nach § 123 die Übereignung an Sch. an und verlangt vom Bekl., der den Wagen inzwischen seinerseits weiterveräußert hat, Schadensersatz. Anspruchsgrundlage ist § 990 I 1 i.V.m. § 989. Erste Voraussetzung ist die Vindikationslage: Nach § 985 muß der Kl. Eigentümer (hier zur Zeit der Veräußerung durch den Bekl.) gewesen sein. Der Kl. könnte das Eigentum nach § 929 S. 1 durch Veräußerung an Sch. verloren haben. Einigung und Übergabe sind gegeben. Aber die Einigungserklärung ist mit der Wirkung des § 142 I angefochten. Wegen der nach § 142 I rückwirkenden Anfechtung war Sch. bei der Veräußerung an T.S. nicht Eigentümer. Der Kl. könnte das Eigentum gleichwohl nach § 932 I 1 durch Veräußerung des Sch. als Nichtberechtigtem an T.S. verloren haben. Der Tatbestand des § 929 S. 1, auf den § 932 verweist, ist erfüllt, § 935 greift nicht ein. Entscheidend ist, ob T.S. bösgläubig war. Die Bösgläubigkeit, von der § 932 II spricht, d.h. die Kenntnis oder grobfahrlässige Unkenntnis davon, daß der Veräußerer nicht Eigentümer war, ist für den maßgeblichen Zeitpunkt der Übereignung an T.S. nicht ohne weiteres begründbar: In diesem Zeitpunkt war Sch. noch Eigentümer, da die Anfechtung erst danach erfolgt ist. § 142 II verhilft hier aber zur Möglichkeit der Begründung des bösen Glaubens. Die Vorschrift stellt die Kenntnis oder das Kennenmüssen (§ 121 II) der Anfechtbarkeit (d.h. der Umstände, aus denen diese folgt) für den Fall, daß die Anfechtung erfolgt, der Kenntnis etc. der Nichtigkeit gleich. Mithin stellt § 142 II in dem Fall, daß ein Veräußerer selbst aus einer anfechtbaren Übereignung erworben hat, die Kenntnis oder fahrlässige Unkenntnis des Erwerbers von dieser Anfechtbarkeit der Kenntnis oder fahrlässigen Unkenntnis vom Mangel des Eigentums des Veräußerers gleich. Was den Fahrlässigkeitsmaßstab betrifft, folgt aber aus § 142 II mit § 121 II nicht die Schädlichkeit jeder Fahrlässigkeit. § 142 II stellt für § 932 II nur den maßgeblichen Gegenstand der Kenntnis etc. her[647]. Der Maßstab des guten Glaubens ist dann aber der des § 932 II (erst grobe Fahrlässigkeit schadet), nicht reicht Kennenmüssen i.S. von § 122 II (gegeben schon bei einfacher Fahrlässigkeit). § 142 II stellt ja zur Prüfung der Bösgläubigkeit nach § 932 II nur den Gegenstand der Bösgläubigkeit her (Bösgläubigkeit im Hinblick auf die Nichtberechtigung des Veräußerers), regelt aber nicht den Maßstab der Bösgläubigkeit. Im Fall des BGH kam es also auf die grob fahrlässige Unkenntnis der die Anfechtbarkeit begründenden Umstände auf Seiten des T.S. an[648]. War sie zu bejahen, hat der Kl. sein Eigentum durch die Veräußerung an T.S. nicht verloren. In diesem Fall könnte der Kl. aber sein Eigentum nach § 932 I 1 durch Veräußerung des T.S. an den Bekl. verloren haben. In diese Prüfung ist § 366 I HGB einzubeziehen[649]. War die Bösgläubigkeit sowohl von T.S. als auch des Bekl. zu bejahen, so ist der Kl. Eigentümer geblieben und sind nur noch die weiteren Voraussetzungen des § 990 I 1, nämlich die Unmöglichkeit der **843**

[647] Im 1. Entwurf war die § 142 entsprechende Vorschrift noch als Ergänzung der Definition des Gutgläubigkeitsmerkmals in die § 932 entsprechende Vorschrift – § 877 E I – eingestellt.

[648] Zur Prüfung der Bösgläubigkeit in unserem Fall s. u. Rz. 849.

[649] Auch zur Bösgläubigkeit des Beklagten u. Rz. 849.

Herausgabe, Verschulden und der Schaden zu prüfen. Neben dem Anspruch aus §§ 989, 990 ist ein Anspruch nach § 823 I nicht zu erörtern.

844 Was die für die Bösgläubigkeit maßgebliche Zeit betrifft, so ist der Zeitpunkt der Vollendung des Erwerbstatbestands maßgeblich[650]. Dies gilt auch bei aufschiebend bedingter Übereignung gemäß § 929: Aufgrund der aufschiebend bedingten Übereignung erwirbt der Erwerber schon die Anwartschaftsrechtsposition i.S. von § 161, also schadet Bösgläubigkeit nach Vollendung des Erwerbstatbestands nicht. Dem entspricht die Formulierung des § 932 von der Bösgläubigkeit »zu der Zeit, in der er *nach diesen Vorschriften* (also § 929 u. ff. mit den Erfordernissen nur von Einigung und Übergabe etc.) Eigentum erwerben würde«[651]. Diese Feststellung ist wichtig für den Kauf unter Eigentumsvorbehalt: Wird der Käufer vor Zahlung der letzten Rate hinsichtlich der Nichtberechtigung des Verkäufers bösgläubig, so geht trotzdem mit Zahlung der letzten Rate das Eigentum auf ihn über[652].

845 Der für die Bösgläubigkeit maßgebende Zeitpunkt wird aber im Fall des § 930 durch die Vorschrift des § 933 sowie im Fall des § 931 durch die Vorschrift des § 934 Alt. 2 hinausgeschoben. Die Bösgläubigkeit darf hier auch im Zeitpunkt der Übergabe noch nicht eingetreten sein. Der Gedanke ist, daß der Erwerber nur dann schutzwürdig ist, wenn sein Vertrauen auf derjenigen Basis beruht, die die nötige Festigung der Besitzlage bedeutet, so daß der Erwerber sein Erwerbsinteresse gerade besser sichert als der Eigentümer sein Erhaltungsinteresse.

846 Von den Voraussetzungen der Bösgläubigkeit nach § 932 II bedarf die der grobfahrlässigen Unkenntnis näherer Darlegung. Grobe Fahrlässigkeit heißt nach der Rechtsprechung[653], daß bei dem Erwerber die erforderliche Sorgfalt nach den gesamten Umständen in ungewöhnlich großem Maße verletzt und dasjenige unbeachtet geblieben ist, was gegebenenfalls jedem hätte einleuchten müssen. Die Definition entspricht zwar der Begriffsbestimmung der Fahrlässigkeit in § 276 II, ist aber ebenso wie diese zu sehr am Fall der Pflicht- oder Obliegenheitsverletzung orientiert. In Hinsicht auf § 932 II geht es demgegenüber um die Schutzwürdigkeit oder Schutzunwürdigkeit des Erwerbs. Der Erwerb ist nicht schutzwürdig, wenn die Grundlagen des Erwerbs ersichtlich in einer Weise lückenhaft oder die Umstände des Erwerbs ersichtlich in einer Weise verdächtig

650 Anders § 892 II.

651 Ungeachtet der Formulierung ist ausnahmsweise anders zu entscheiden, wenn die Verfügung nicht von einer außerhalb ihrer selbst bestehenden Bedingung, z.B. der Kaufpreiszahlung, sondern von einer auf sie selbst bezogenen Wollensbedingung abhängig gemacht ist, s. *Flume* II § 38 2 d, S. 687.

652 Für die Maßgeblichkeit der Nichtbösgläubigkeit bei Zustandekommen der bedingten Übereignung die ganz h.M. (Nachweise bei *J. Hager*, Verkehrsschutz durch redlichen Erwerb, 1990, S. 128). *J. Hager* wendet sich gegen die h.M. aufgrund seiner Orientierung an dem von ihm in bestimmter Weise gedeuteten Merkmal der Entgeltlichkeit bzw. Unentgeltlichkeit (s. bereits o. Rz. 832 Fn. 622 sowie u. Rz. 930 Fn. 780 und Rz. 1454 Fn. 1473). Erforderlich (und genügend) für den gutgläubigen Erwerb soll eine beliebige Teilleistung auf eine wertausgleichende Vergütung sein, und zwar bei betragsmäßig aufteilbarem Recht für den Erwerb eines entsprechenden Teilrechts, bei nicht so aufteilbarem Recht für den Erwerb des ganzen Rechts. Da es beim Kauf unter Eigentumsvorbehalt um das nicht betragsmäßig aufteilbare Eigentum geht, müßte es nach *Hager* wohl auf das Fehlen der Bösgläubigkeit bei der Anzahlung auf den Kaufpreis ankommen, das ist ein ganz willkürlicher Zeitpunkt. Da der Erwerb des Eigentums nach *J. Hager* schon durch Teilleistung entgeltlich wird, ist die Folgerung, daß nach Teilleistung nur noch die Haftung des Nichtberechtigten nach § 816 I 1 in Betracht kommt. Diese will *J. Hager* auch bei Gutgläubigkeit des Nichtberechtigten auf den vollen Wertausgleich richten (zum Ganzen S. 127, 130 f., 135, 136, 91 f., 93 f.). Die Lösung *Hagers* ist weder mit dem gesetzlichen Schutz des Rechtsverkehrs noch mit dem des gutgläubigen Bereicherungsschuldners vereinbar.

653 S. BGHZ 10, 16.

sind, daß ein redlicher Geschäftspartner sich auf den Erwerb nicht einlassen würde. Sind Zweifel an der Schutzwürdigkeit des Erwerbs begründet, weil der Erwerber ersichtlich verdächtigen Angaben des Veräußerers ohne weiteres Glauben geschenkt oder sich sonst trotz ersichtlich verdächtiger Umstände auf den Erwerb eingelassen hat, so ist es kein relevanter Einwand, daß auch bei näherer Nachprüfung die Nichtberechtigung des Veräußerers nicht zutage getreten wäre. Wegen der Unterlassung, sich eines ordnungsgemäßen Erwerbs zu vergewissern, ist der Erwerber nicht schutzwürdig[654].

Das Kriterium der Verdächtigkeit des Erwerbs hängt mit der objektiven Grundlage des gutgläubigen Erwerbs, der Rechtsscheinposition des Besitzes, zusammen. Ist zwar aufgrund des Besitzes das Eigentum zu vermuten, so kann doch nicht im Einzelfall aus jedem Besitz auf die Berechtigung des Veräußerers geschlossen werden. Rechtsscheinposition und guter Glaube sind zwei Faktoren in einem beweglichen System, beweglich, was das Merkmal der Bösgläubigkeit betrifft, derart, daß, je weniger Rechtsschein vom bloßen Besitz ausgeht, um so eher die Bösgläubigkeit zu bejahen ist, und umgekehrt. **847**

Schwachen Rechtsscheinwert hat der Besitz als solcher dann, wenn im speziellen Sachverkehr über den Besitz hinaus zusätzliche andere Grundlagen für die Ordnungsgemäßheit der Innehabung der Sache eingerichtet sind. Fehlen dann diese Grundlagen oder sind sie lückenhaft, so ist Bösgläubigkeit anzunehmen. Genauer besehen, fehlt der genügende Rechtsschein für die Berechtigung des Veräußerers. Dies erklärt die Rechtsprechung, die bei der Veräußerung von Kraftfahrzeugen das Fehlen des bösen Glaubens vom Kraftfahrzeugbrief (s. §§ 20 III, 25 ff. StVZO) abhängig macht. Wer sich den Kraftfahrzeugbrief erst gar nicht vorlegen läßt, ist bösgläubig[655]. Bösgläubig kann aber auch der sein, dem der Veräußerer den Kraftfahrzeugbrief vorlegt und (zumindest) in mittelbaren Besitz gibt, nämlich dann, wenn der Veräußerer nicht im Brief als derjenige eingetragen ist, für den das Fahrzeug zugelassen ist. **848**

Was die Fälle der Eintragung eines Halters im Brief, aber Nichtübereinstimmung des Veräußerers mit diesem Halter betrifft, faßt der BGH seine Rechtsprechung zum Gebrauchtwagenkauf in der Entscheidung zu unserem Fall mit Sch. und T.S.[656] zusammen: Angesichts der auf dem Gebrauchtwagenmarkt nicht selten vorkommenden Unregelmäßigkeiten liege die Annahme einer Nachprüfungspflicht für die Erwerber hier besonders nahe. Erwerbe der Käufer vom Privatmann und stimme dessen Name nicht mit dem im Kfz-Brief eingetragenen Namen überein, müsse der Käufer bei dem Träger des eingetragenen Namens nachfragen. Dies gelte im vorliegenden Fall umso mehr, als der Pkw zu einem Preis unter Marktpreis veräußert worden sei. Anders sei es beim Erwerb vom Gebrauchtwagenhändler, für den nach § 366 I HGB auch der Schutz des guten Glaubens an eine bloße Verfügungsbefugnis gilt. Immerhin müsse hier aber der Brief mit übergeben werden[657]. Zudem könnten hier andere Umstände zusammen mit der Divergenz zwischen Brief und Verkäufer zum Erfordernis näherer Nachprüfung führen. In unserem **849**

[654] Zutreffend für die Irrelevanz der Frage, ob die Unterlassung der Nachprüfung für den Fortbestand der Unkenntnis kausal war, RGZ 143, 18, 19; 147, 321, 331. Zweifel an der Relevanz der Frage in BGHZ 74, 274, 279.

[655] BGH WM 1959, 138, 139; WM 1966, 678; WM 1975, 362, 363; s.a. BGH NJW 1991, 1415 betr. ausländische Kfz-Papiere bei Erwerb eines im Ausland zugelassenen Kfz.

[656] Oben Rz. 843.

[657] Der BGH hat in BGH, NJW 1996, 2226 f., klargestellt, daß auch bei Geschäften unter Kraftfahrzeughändlern, die mit gebrauchten, aus beendeten Leasingverträgen stammenden Kfz handeln, die Regel gilt, daß die Unfähigkeit des verkaufenden Händlers zur Vorlage des Kfz-Briefs ein deutliches Indiz gegen seine Verfügungsberechtigung bildet. Auch der Umstand, daß der erwerbende Händler schon längere Zeit gleichartige Geschäfte mit dem Veräußernden geschlossen hat und dabei trotz unterbliebener Vorlage der Kraftfahrzeugpapiere nie Schwierigkeiten aufgetreten waren, könne den erwerbenden Händler nicht von der Obliegenheit zur Einsichtnahme in die Kraftfahrzeugpapiere entbinden.

Fall[658] war als solcher besonderer Umstand ein Verkauf unter Listenpreis (d.h. in casu nicht nur unter Wert, sondern zusätzlich ohne Gewinnaufschlag für den veräußernden Händler) behauptet; hinzu kam der Umstand des Verkaufs am Sonntag. Der erstere Umstand führt nach der Ansicht des BGH, wenn er zutrifft, zusammen mit der Nichteintragung des Veräußerers im Kfz-Brief zu einer Nachprüfungspflicht, deren Versäumung grobe Fahrlässigkeit bedeute. Der zweite (Verkauf am Sonntag) verstärke dies, könne aber trotz der Nichteintragung im Kfz-Brief nicht allein grobe Fahrlässigkeit begründen. – Zutreffend ist, daß der BGH den guten Glauben des Veräußerers T.S. für gegeben hält, wenn dieser, wie behauptet, beim Kl. nachgefragt und die Auskunft erhalten gehabt hätte, der Kl. habe den Wagen veräußert und also mit ihm nichts mehr zu tun. Eine andere Auskunft konnte nun freilich auch der Bekl. selbst am Sonntag, an dem der Kl. von dem Schwindel, auf den er hereingefallen war, noch nichts wußte, gar nicht erhalten. Das beachtet der BGH bei seiner Beantwortung der Frage, was der Bekl. bei Nachprüfung in Erfahrung gebracht hätte, nicht. Das Ergebnis ist aber richtig: Es kommt auf diese Frage, d.h. die Frage der Kausalität der Unterlassung der Prüfung für die Unkenntnis, entgegen der Prüfung des BGH nicht an.

850 Vom bisher behandelten Fall der Nichtidentität von Veräußerer und eingetragenem Halter ist der Fall zu trennen, daß der Brief überhaupt keine Haltereintragung aufweist. Nur beim Kauf von Neu- oder auch Vorführwagen begründet dieser Umstand noch nicht ohne weiteres die Bösgläubigkeit. Allerdings ist auch hier noch zu unterscheiden: Beim Kauf von einem autorisierten Händler ist es durchaus üblich, daß der Käufer als erster Halter eingetragen wird. Anders ist es aber beim Kauf von Privat. Hier ist auch der Erwerb eines Neuwagens von einem im Kfz-Brief nicht eingetragenen Verkäufer bedenklich[659].

851 Nach einer Entscheidung des *OLG Düsseldorf*[660] kommt es gar nicht erst zur Frage der Gutgläubigkeit, wenn sich der Verkäufer als der im Kfz-Brief und Kfz-Schein eingetragene Eigentümer ausgibt. Hier handele der Verkäufer unter fremdem Namen mit Bezug auf den Namensträger. Der Erwerber irre über die Identität, aber nicht über das Eigentum des Veräußerers und werde deshalb nicht geschützt. Der Veräußerer habe »nicht die Sache sich, sondern sich der Sache zugeordnet«.

852 Mit Recht hat sich die Literatur[661] kritisch gegen diese Verwendung der Grundsätze vom Handeln unter fremdem Namen gerade zum Nachteil des Erwerbers als Geschäftspartners geäußert[662]. Das OLG Düsseldorf hat verkannt, daß es gar nicht auf das Irren über etwas, d.h. die Gutgläubigkeit ankommt, sondern auf die Bösgläubigkeit, und daß diese die Kenntnis oder grob fahrlässige Unkenntnis davon bedeutet, daß der Veräußerer nicht Eigentümer ist. Will der Erwerber, wie im Fall des OLG Düsseldorf gegeben, mit dem *besitzenden* Veräußerer kontrahieren und kennt er wegen der Identitätstäuschung ohne grobe Fahrlässigkeit nicht dessen Nichteigentum, so sind die Voraussetzungen seines Erwerbs gegeben. Es ist zu unterscheiden: Das Vertrauen auf die Identität als Eigentumsgrundlage (dieses wird nicht geschützt) und das Vertrauen auf den Besitz als Eigentumsgrundlage, wobei die Identitätsvorstellung nur die Bösgläubigkeit i.S. von § 932 verhindert. Zwar korrespondiert die Gut- oder Bösgläubigkeit mit der Stärke oder Schwäche des Besitzes als Rechtsscheingrundlage. Dennoch muß nach dem Gesetz nur der Besitz als Grundlage objektiv gegeben sein, die weiteren Grundlagen zur Verstär-

658 Oben Rz. 843.

659 BGH 30.10.1995 – NJW 1996, 314. Im Fall sprachen weitere Umstände für die Bedenklichkeit des Erwerbs.

660 NJW 1985, 2484.

661 *Giegerich*, NJW 1986, 1975 sowie *Mittenzwei*, NJW 1986, 2472, 2479.

662 Abkehr von der Auffassung des OLG (22. Senat) richtigerweise der 11. Senat des OLG, NJW 1989, 906.

kung des Rechtsscheins beeinflussen die Gut- oder Bösgläubigkeit, für sie kommt es also darauf an, was der Erwerber aufgrund der dargebotenen Grundlagen annehmen konnte.

Zutreffend prüft deshalb das *OLG Schleswig*[663] in dem Fall, daß der Veräußerer sich als der im Kfz-Brief vermerkte Eigentümer ausgibt, den gutgläubigen Erwerb nach § 932 und hier die Bösgläubigkeit des Erwerbers. Allerdings ist diese Prüfung wiederum in sich fragwürdig: Ist im Brief die M.O.-GmbH vermerkt und gibt sich der Veräußerer als Inhaber der Firma aus, so kommt es entgegen dem OLG für § 932 nicht darauf an, ob der Erwerber davon ausgehen kann, daß der Handelnde vertretungsberechtigt ist. Der Glaube an die Vertretungsmacht wird allenfalls nach § 366 HGB geschützt, was aber auch hier sehr problematisch ist. Die Bösgläubigkeit i.S. von § 932 abzulehnen, kam im Fall des OLG Schleswig also nur dann in Betracht, wenn der Erwerber keine Rechtskenntnis über die GmbH als juristische Person hatte, welche Kenntnis für ihn ausgeschlossen hätte, daß der Handelnde Inhaber der GmbH-Firma sein konnte. Fehlte jene Rechtskenntnis tatsächlich, dann blieb aber immer noch grobe Fahrlässigkeit übrig, für die auch die vom OLG geprüften weiteren Einzelumstände sprechen. **853**

Im Gegensatz zum gutgläubigen Erwerb des Eigentums an Kraftfahrzeugen ist der gutgläubige Erwerb eines Vertrags-Pfandrechts für Werkunternehmer auch ohne Vorlegung des Kfz-Briefs denkbar[664]. **854**

Das System zur Feststellung der Schutzwürdigkeit ist danach beweglich im Hinblick auf die Anforderungen an den guten Glauben, nicht beweglich im Hinblick auf die Unterscheidung, daß der Besitz objektiv gegeben sein muß, während die weiteren Rechtsscheinelemente, die über die Gutgläubigkeit mit entscheiden, auch nur nach der Annahme des Erwerbers bestehen können. Ebenso maßstäblich und nicht beweglich ist die Risikoverteilung des Gesetzes zwischen wirklichem Eigentümer und Erwerber in der Weise, daß der Eigentümer, der einem anderen den Besitz seiner Sache anvertraut und sich der Kontrolle und Aufdeckung seines Rechts nicht vergewissert, den Rechtsverlust riskiert, wenn der Besitzer die Sache dem Erwerber veräußert und der Erwerber auf diese Veräußerung durch den Besitzer vertraut. Diese Risikoverteilung verträgt keine allgemeinen Schutzüberlegungen für im Verkehr gebräuchliche Sicherungen durch das Eigentum an beweglichen Sachen. Wer immer seine Sache im Wirtschaftsverkehr unter Kreditgewährung einem anderen überläßt, muß Maßnahmen treffen, die ihn vor unberechtigter Weitergabe der Sachen ausreichend sichern. Lücken in seinem Vertrauens- und Kontrollsystem sind sein Risiko. Der Erwerber braucht sich, gerade weil es an dem Sacheigentümer ist, hier für Sicherung zu sorgen, um etwaige Möglichkeiten, die nach allgemeiner Verkehrsübung in Betracht kommen, nicht zu kümmern. Nur im Einzelfall begründete Verdachtsmomente gegen die Redlichkeit dieses konkreten Veräußerers können hier die Bösgläubigkeit ergeben. **855**

Danach ist der Meinung nicht zuzustimmen, daß wegen der Üblichkeit des Eigentumsvorbehalts beim Erwerb wertvoller Güter und Investitionsgegenstände die Pflicht zur Nachprüfung begründet sei, ob eine solche Sicherungslage bestehe[665]. Die Rechtsprechung ist unsicher. Es gibt Entscheidungen, die zutreffend auf den Einzelfall abstellen unter Hinweis darauf, daß durchaus auch nicht unter Eigentumsvorbehalt stehende Maschinen etc. eingesetzt werden und daß außerdem der Kaufpreis gezahlt sein könnte[666]. Danach müssen Indizien vorliegen, aufgrund deren die Annahme eines noch beste- **856**

663 DAR 1985, 26.

664 BGH NJW 1981, 226 (»Autotelefon«).

665 *T. Weyer*, NJW 1966, 959. Rechnenmüssen mit einem verlängerten Eigentumsvorbehalt mit der Konsequenz einer Erkundigungspflicht nehmen an bei Waren, deren Rohstoffe von einem Vorlieferanten erworben wurden, *Serick* IV § 54 IV 2 a und *U. Huber*, NJW 1968, 1905, 1906 f.

666 S. etwa BGH NJW 1975, 735, 736 sub II c.

henden Sicherungsvorbehalts naheliegt. Andernfalls wäre die an den Besitz geknüpfte Vermutung des § 1006 zu weit ausgehöhlt.

Beispielhaft ist die Prüfung des gutgläubigen Erwerbs – allerdings nicht des Eigentums, sondern eines Pfandrechts – in *BGH NJW 1983, 1114:* Es ging um einen 8 Jahre alten Turmdrehkran, der von einem Bauunternehmen verpfändet wurde. Bei einer solchen Situation besteht nach der Auffassung des BGH keine allgemeine Nachprüfungspflicht bezüglich evtl. noch bestehenden Sicherungseigentums. Nur bei konkreten Anhaltspunkten (vielleicht ist ein solcher, was der BGH aber nicht endgültig entscheidet, die Kenntnis von Zahlungsschwierigkeiten des Bauunternehmens) besteht eine Nachprüfungspflicht. *Allgemeine* Konjunktur- und Liquiditätsschwächen der Bauwirtschaft reichen als Indiz, aus dem eine Nachprüfungspflicht zu schließen wäre, demgegenüber nicht aus.

857 Andererseits hat sich der BGH[667] der genannten Meinung der Literatur für eine bestimmte Fallgestaltung angeschlossen:

Wer im kaufmännischen Verkehr Ware nicht vom Hersteller, sondern vom Verarbeiter beziehe[668], müsse jedenfalls mit einem Eigentumsvorbehalt und einem verlängerten Eigentumsvorbehalt rechnen. Der Fall des BGH war freilich dadurch besonders geprägt, daß der vom Verarbeiter beziehende Erwerber in seinen AGB ein Abtretungsverbot aufgestellt hatte, welches vor der Einführung des § 354a HGB allgemein wirksam und nach h.M.[669] mit absoluter Wirksamkeit ausgestattet war. Dadurch wurde der verlängerte Eigentumsvorbehalt des Herstellers, der gemäß der Typik eines solchen Vorbehalts die Ermächtigung zur Weiterveräußerung gegen Abtretung der Kundenforderungen enthielt, durchkreuzt. Ungeachtet dessen war zu sagen, daß sich der Schuldner seinerzeit eines Abtretungsverbots bedienen und der Vorbehaltseigentümer gerade im Hinblick auf diese Möglichkeit sein Eigentum bzw. seine Kaufpreisforderung sichern mußte und dieses Risiko also nicht dem Erwerber zuschieben konnte. In einer Entscheidung aus dem Jahre 1991[670] hat der BGH seine frühere Entscheidung auf den Fall des Erwerbs vom Verarbeiter beschränkt gesehen und für den Fall des Erwerbs von Baumaterialien von einem Bauunternehmer, dem die Materialien unter verlängertem Eigentumsvorbehalt geliefert waren, trotz des vom Bauherrn aufgestellten Abtretungsverbots zutreffend Bösgläubigkeit grundsätzlich verneint, es sei denn, es bestünden Anhaltspunkte dafür, daß der Bauunternehmer häufig oder ab und zu vorbehaltswidrig einbaut[671]. In einer späteren Entscheidung hat freilich der BGH den Standpunkt von BGHZ 77, 274, 278, und zwar ohne daß es um einen Erwerb vom Verarbeiter ging, in einer von zwei gegebenen Begründungsreihen erneuert[672]. Im Fall der Entscheidung hatte allerdings der Berechtigte

[667] In BGHZ 77, 274, 278.

[668] Der BGH sagt nicht, wieso der Verarbeiter in seinem Fall trotz Verarbeitung Nichtberechtigter und der Stofflieferant kraft Eigentumsvorbehalts (der bestehen blieb, weil die Vorausabtretung der Weiterveräußerungsforderung wegen eines Abtretungsverbots nicht zustande kam und der Verarbeiter deshalb zur Weiterveräußerung nicht ermächtigt war) Berechtigter war. Man muß annehmen, daß entweder die Verarbeitung gegenüber dem Stoff i.S. des § 950 geringwertig war oder eine Verarbeitungsklausel griff.

[669] Anders *Jakobs,* JuS 1973, 156.

[670] ZIP 1991, 176.

[671] A.a.O., S. 178.

[672] BGH II ZR 144/97 vom 9.11.1998, WM 1998, 2532. Die Entscheidung gibt zwei Begründungsreihen, weil sie unsystematisch ist. Sie prüft den gutgläubigen Erwerb nach § 366 HGB. Dazu spricht sie vom grundsätzlich gerechtfertigten Vertrauen in die Verfügungsbefugnis eines im Handel tätigen Kaufmanns, bejaht freilich für den vorliegenden Fall grobe Fahrlässigkeit des Erwerbers, weil dieser vom Berechtigten auf die Nichtberechtigung des Veräußerers hingewiesen war. Sodann nimmt sie die Prüfung des guten Glaubens an die Verfügungsmacht nochmals unter dem Gesichtspunkt auf, ob der Erwerber von einem verlängerten Eigentumsvorbehalt und in dessen Rahmen von einer Weiterveräußerungsermächtigung seines Veräuße-

(das klagende Leasingunternehmen) genau das getan, was man zur Sicherung der eigenen Berechtigung bei Wissen um die Weitergabe an Dritte tun muß, um einen gutgläubigen Erwerb dieser Dritten auszuschließen. Das Leasingunternehmen hatte sich die Ansprüche aus einem vermeintlichen Untermietvertrag des Leasingnehmers gegenüber dem Dritten (einem Energieversorgungsunternehmen) abtreten lassen und die Abtretung dem EVU mitgeteilt.

(2) Die Erweiterung des gutgläubigen Erwerbs nach § 366 I HGB

In § 366 HGB wird der Häufigkeit der Erscheinung im kaufmännischen Verkehr Rechnung getragen, daß Kaufleute nicht über eigene, sondern über fremde bewegliche Sachen[673] zu verfügen pflegen, sei es kraft Inanspruchnahme einer Verfügungsmacht bei der Verfügung im eigenen Namen, sei es kraft Inanspruchnahme einer Vertretungsmacht bei Verfügung in fremdem Namen. **858**

Beispiele sind der Verkaufskommissionär und der Handelsvertreter. Hinzu kommen die Fälle, daß ein Vorbehalts-Käufer oder ein Händler, der sein Warenlager zur Sicherheit übereignet hatte, die Vorbehaltsware oder die sicherungsübereignete Ware veräußert, obwohl der Vorbehalts-Verkäufer oder der Kreditgeber die Ermächtigung zur Weiterveräußerung wegen Zahlungssäumnis widerrufen hat[674].

Erwirbt jemand von einem Kaufmann im Betriebe des Handelsgewerbes des Kaufmanns das Eigentum an einer beweglichen Sache, so ist er weitergehend als nach §§ 932 ff. geschützt: Er kann auch dann erwerben, wenn er weiß oder infolge grober Fahrlässigkeit nicht weiß, daß der Kaufmann nicht Eigentümer ist, sofern er nur wenigstens ohne grobe Fahrlässigkeit an dessen Verfügungsbefugnis geglaubt hat (§ 366 I HGB). § 366 I HGB erweitert den zu schützenden Glauben, genauer gesagt: Er schränkt die Bösgläubigkeit als Merkmal des Ausschlusses des Erwerbs ein. **859**

Bei der Prüfung des Einzelfalls ist zunächst § 932 anzuwenden und zu fragen, ob der Erwerber entweder wußte oder nur aus grober Fahrlässigkeit nicht wußte, daß der Veräußerer nicht Eigentümer war. Die Ansicht, es sei auf die pauschale Annahme des Erwerbers, es werde alles in Ordnung sein, abzustellen, §§ 932 BGB, 366 I HGB seien insoweit in eine Gesamtbetrachtung einzubeziehen[675], ist zu undifferenziert. § 932 II **860**

rers habe ausgehen können. Der gute Glaube an die Weiterveräußerungsermächtigung sei aufgrund des Abtretungsausschlusses in den Einkaufsbedingungen nicht gerechtfertigt. Demgegenüber war zunächst § 932 und dafür zu prüfen, ob der Erwerber den Mangel des Eigentums des Veräußerers kannte oder aus grober Fahrlässigkeit nicht kannte. Dem Erwerber war aber wegen des Hinweises des Berechtigten zumindest grobe Fahrlässigkeit zu attestieren. Dafür, daß wenigstens noch der gute Glaube an die Verfügungsbefugnis in Betracht kam und insofern jetzt § 366 HGB anzuwenden war, war nach der Art des Hinweises des Berechtigten kein Raum.

673 Früher sagte das HGB „Ware" dazu (in § 1 II Ziff. 1 HGB a.F. als bewegliche Sache definiert).

674 Weiterer Fall, der aber aufgrund der Neufassung des § 354a HGB nicht mehr vorkommen kann: Ausschluß der Ermächtigung zur Weiterveräußerung, weil die Abtretung der Forderungen aus dem Weiterveräußerungsgeschäft an einem Abtretungsverbot gemäß den Einkaufsbedingungen des Erwerbers im Rahmen der Weiterveräußerung scheitert. Verwendet der Erwerber AGB, ist davon auszugehen, daß ein beiderseitiges Handelsgeschäft gegeben und § 354a HGB anwendbar ist. Dann hindert aber wegen der Beschränkung der Wirkung des Abtretungsverbots durch § 354a HGB dieses Verbot nicht die Weiterveräußerungsermächtigung (vorausgesetzt, man schränkt die Ermächtigung zur Zahlung des Schuldners an den Zedenten nach § 354a S. 2 HGB auf den Fall ein, daß die Zession noch nicht offengelegt ist, so überzeugend *K. Schmidt*, NJW 1999, 400).

675 So die Vorauflage. Die Ansicht kam ohnehin nur in Betracht, was die Alternative Eigentum oder Verfügungsbefugnis betrifft. Grundlagen des guten Glaubens, die für beide Alternativen gegeben sein müssen (z.B der Kfz-Brief als Nachweis des Eigentums entweder des Verfügen-

stellt ja nicht auf positive Annahmen des Erwerbers ab, sondern nach § 932 I, II reicht es für den gutgläubigen Erwerb aus, daß der Erwerber etwas nicht wußte und auch nicht aus grober Fahrlässigkeit nicht wußte. Wenn der Erwerber das Nichteigentum des Veräußerers nicht kannte und auch nicht aus grober Fahrlässigkeit nicht kannte, erwirbt er, ohne daß es zur Prüfung des § 366 HGB kommt. Erst wenn feststeht oder der Erwerber einräumt, daß er von der Nichtberechtigung des Veräußerers gewußt oder sein Nichtwissen auf grober Fahrlässigkeit beruht hat, kommt es nach § 366 I HGB darauf an, ob er zusätzlich entweder wußte oder dies nur aus grober Fahrlässigkeit nicht wußte, daß der Veräußerer auch keine Verfügungsbefugnis hatte. § 366 I HGB ist also etwa in dem Fall zu prüfen, daß der Veräußerer gegenüber dem Erwerber erklärt, er verfüge über eine ihm nicht gehörige Sache. Weiter kommt der Fall in Betracht, daß der Berechtigte dem Erwerber zwar keine positive Kenntnis vom Nichteigentum nachweisen kann, aber grob fahrlässige Unkenntnis geltend macht, weil die Grundlagen für die Eigentumsstellung des Veräußerers zu lückenhaft waren. Hier ist der Mangel der Klarstellung der Grundlagen dem Erwerber dann nicht vorzuwerfen, wenn § 366 I HGB anzuwenden ist und der Erwerber immerhin für die Annahme der Verfügungsbefugnis ausreichende Grundlagen sehen konnte[676].

861 Folgende Reihenfolge ist also bei der Prüfung des Eigentumserwerbs einzuhalten:
1. Veräußerung einer beweglichen Sache[677].
2. Feststellung der Nichtberechtigung des Veräußerers (ergibt sie sich nicht ohne weiteres, ist vor dem gutgläubigen Erwerb der Erwerb vom Berechtigten nach § 929 und hier die Voraussetzung zu prüfen, daß ein Berechtigter veräußert hat).
3. Wenn der Veräußerer Nichtberechtigter ist, kann noch ein Erwerb nach § 929 i.V.m. § 185 in Betracht kommen.
4. Wenn bei dem 2. und 3. Punkt sich ein negatives Ergebnis herausstellt, ist der Erwerb nach § 932 (mit § 929 und §§ 933, 934, 935!) zu prüfen. Der Erwerb ist nach § 932 nicht eingetreten bei Bösgläubigkeit i.S.d. § 932 II. In diesem Fall ist die Möglichkeit des § 366 I HGB einzubeziehen. Danach ist der Erwerb dann doch eingetreten, wenn der Erwerber nicht wußte und es ihm auch nicht als grobe Fahrlässigkeit anzurechnen ist, nicht zu wissen, daß der Veräußerer auch keine Verfügungsbefugnis inne hatte.

862 Die Merkmale des § 366 I HGB (die also bei Anwendung der Vorschrift im Rahmen der Prüfung des § 932 I Hs. 1, II zu untersuchen sind):

a) Der Veräußerer muß Kaufmann sein. Das ist wie der Besitz in § 932 ein objektives Merkmal. Kaufmannseigenschaft (und Abschluß im Rahmen des Handelsge-

den oder des ihn Ermächtigenden), müssen jedenfalls vorhanden sein. Insoweit reicht die pauschale Annahme, es werde alles in Ordnung sein, keinesfalls aus, s. BGH NJW 1992, 2571, 2575.

[676] Im Fall BGH II 144/97 vom 9.11.1998, NJW 1999, 425 (dazu *K. Schmidt,* NJW 1999, 400) prüft der BGH sogleich § 366 I HGB bezüglich des guten Glaubens an die Verfügungsbefugnis des Veräußerers, vorausgesetzt, daß der Veräußerer – was nach HGB a.F. zweifelhaft war – Kaufmann war. Zunächst fragt der BGH, ob die Bekl. ohne grobe Fahrlässigkeit von einer Verfügungsbefugnis des Veräußerers in seinem Handelsgeschäft (unterstellt, ein solches war wegen Kaufmannseigenschaft gegeben) ausgehen konnte, sodann ob sie zwar von einem verlängerten Eigentumsvorbehalt ausgehen mußte, insoweit aber eine Weiterveräußerungsermächtigung annehmen konnte. Entgegen dem BGH war der Fall ausschließlich nach § 932 zu lösen. Aufgrund eines Hinweises, den die Bekl. von der Kl. als wirklich Berechtigter erhalten hatte, kam sogar die Kenntnis von der Stellung des Veräußerers als Nichtberechtigtem in Betracht, die auch keineswegs die eines Käufers unter Eigentumsvorbehalt war. Zumindest war dem Erwerber grobe Fahrlässigkeit vorzuwerfen.

[677] Dazu gehören auch Inhaberpapiere (s. §§ 793, 935 II). Für Orderpapiere gelten Sondervorschriften wie etwa § 365 HGB i.V.m. Art. 16 II WechselG.

werbes) gehören zum objektiv vorausgesetzten, gesetzlich abgegrenzten Rechtsscheintatbestand. Anzuwenden sind §§ 1 ff. HGB.

Die Erweiterung des Kaufmannsbegriffs durch *K. Schmidt*[678] auf alle Unternehmen ist gerade für § 366 HGB, der eine positivistische Vorschrift über die Abwägung des Erhaltungsinteresses des Berechtigten und des Erwerbsinteresses der Verkehrsteilnehmer ist und zudem gegenüber § 932 i.V.m. § 1006 eine Ausnahmevorschrift bedeutet, nicht zustimmungswürdig. § 366 HGB verträgt auch keine Ausdehnung durch die Anwendung der Lehre vom Scheinkaufmann[679].

b) Die Zugehörigkeit des Geschäfts zum Handelsgewerbe des Veräußerers als Kaufmann. Maßgeblich sind insoweit §§ 343, 344 HGB.

c) Anwendung der Vorschriften der §§ 932 ff. auch bei gutem Glauben an die Verfügungsbefugnis: Dies bedeutet entgegen der häufig anzutreffenden Redeweise[680] nicht, daß der gute Glaube an die Verfügungsbefugnis erforderlich ist. Es sind ja die Vorschriften der §§ 932 ff. entsprechend anzuwenden und die verlangen ihrerseits nicht den guten Glauben an das Eigentum. Nach § 932 I 1, II in entsprechender Anwendung betreffend die Verfügungsbefugnis geht es vielmehr um die Bösgläubigkeit des Erwerbers. Der Erwerber ist dann bösgläubig, wenn er wußte oder aus grober Fahrlässigkeit nicht wußte, daß der Veräußerer weder Eigentum noch eine Verfügungsbefugnis inne hatte[681].

Fraglich ist, ob, wenn in Betracht kommt, daß sich der Erwerber zwar nicht auf eine **863**
Verfügungsbefugnis, aber auf die Vertretungsmacht des anderen Teils verlassen hat (das setzt voraus, daß der andere entsprechend aufgetreten ist), es für den Schutz nach § 366 I HGB ausreicht, daß der Erwerber den Mangel der Vertretungsmacht des in fremdem Namen auftretenden Veräußerers nicht kannte und dies auch nicht auf grober Fahrlässigkeit beruhte[682]. Die Denkschrift zum HGB spricht vom Schutz des guten Glaubens an die Befugnis, im eigenen oder fremden Namen zu verfügen. Auch der Wortlaut des § 366 I HGB mit dem Ausdruck der "Befugnis", über die Sache für den Eigentümer zu verfügen, kann beide Arten der Verfügung umfassen[683].

[678] Handelsrecht, insbesondere § 3, S. 47.

[679] *Bülow* AcP 186 (1986), 576, 588; OLG Düsseldorf DB 1999, 89 (= JuS 1999, 921 (*K. Schmidt*)). Das Argument des OLG Düsseldorf, die Scheinkaufmannsstellung wirke gegen den als Kaufmann Auftretenden, aber nicht zu Lasten des Berechtigten, indem aufgrund der Scheinkaufmannsstellung ein Erwerb vom Scheinkaufmann als Nichtberechtigtem anzuerkennen sei, steht auch einer Anwendung des § 15 HGB im Rahmen des § 366 HGB entgegen: Der Rechtsschein des Handelsregisters wirkt gegen den, der die Eintragung in das Handelsregister und/oder die Bekanntmachung versäumt (§ 15 I HGB), oder gegen den, über den zu Unrecht eine Eintragung im Handelsregister bekanntgemacht wird (§ 15 III HGB). Die Wirkung statt gegen diesen gegen den Berechtigten, wenn der durch den Registerschein Betroffene verfügt, ist aus § 15 HGB nicht herzuleiten (str., a.A. etwa *K. Schmidt*, Handelsrecht, § 23 II 1, S. 675).

[680] Etwa *K. Schmidt*, Handelsrecht, § 23 II 1 f, S. 678.

[681] Sonderfall der Bösgläubigkeit in § 367 HGB. Zur Frage, wann den Erwerber bezüglich der Verfügungsbefugnis des Veräußerers eine Nachforschungspflicht trifft, deren Verletzung grob fahrlässig sein kann, OLG Düsseldorf, DB 1999, 89 f.

[682] Wir konzentrieren uns im folgenden auf den Fall, daß der Kaufmann gerade im Namen des Berechtigten auftritt und der Erwerber an die Vertretungsmacht, für den Berechtigten zu handeln, glaubt. Das Gesagte gilt aber mutatis mutandis genauso in anderen Fallkonstellationen (die Sache gehört etwa einem Dritten, der Kaufmann tritt im Namen eines angeblichen Verkaufskommissionärs auf etc.).

[683] Allerdings sprechen nicht die §§ 49, 54, 56, 125 HGB dafür, daß das HGB nicht scharf unterscheidet (so *K. Schmidt*, Handelsrecht, § 23 III 1 a und die Voraufl.). Alle Vorschriften betreffen ausschließlich die Vertretungsmacht und die ist sicher, wie die Vorschriften sagen, eine „Ermächtigung".

864 Bei dem Geschäft im fremden Namen ist aber zu sehen, daß § 366 I HGB nur das dingliche Geschäft mit Wirkung gegen den Berechtigten zustandekommen läßt. Für das schuldrechtliche Geschäft gelten die Vorschriften und Grundsätze über die Vertretungsmacht. Selbst wenn man mit der Rechtsprechung eine Anscheinsvollmacht anerkennt, sind hier jene Vorschriften und Grundsätze anders als der Gutglaubensschutz. Sie ersetzen ja auch nicht die Frage nach einem Schutz des guten Glaubens an die Vertretungsmacht nach § 366 HGB. Bejaht man den Gutglaubensschutz, so kommt es zu der Rechtslage, daß das schuldrechtliche Geschäft unwirksam sein kann und nur das dingliche Geschäft nach §§ 932 ff. BGB, § 366 I HGB wirksam ist. § 366 I HGB würde dann bewirken, daß der Erwerber statt sachenrechtlich (§ 985) schuldrechtlich (§ 812 I 1) zur Herausgabe verpflichtet ist.

865 *K. Schmidt*[684] will deshalb den Schutz des § 366 I HGB dergestalt bejahen, daß er § 366 I HGB auch auf die Kondiktionsfreiheit des Erwerbs erstreckt.

Genauer: Schmidt will nicht etwa kraft guten Glaubens den Schuldvertrag mit dem Berechtigten zustande kommen lassen (so daß der Berechtigte etwa auch etwaigen Mängelansprüchen des Erwerbers ausgesetzt wäre), sondern nur kraft guten Glaubens einen Rechtsgrund für den Erwerb gegenüber dem Berechtigten. Der Schuldvertrag wirke im übrigen gegen den Vertreter als falsus procurator.

866 Der Einwand gegen diese Lösung liegt auf der Hand: Der Erwerber hat mit dem vertretenen Berechtigten, nicht mit dem Vertreter kontrahiert. Bei Wirksamkeit des Erwerbs nach § 366 I HGB wäre der Erwerb ein Erwerb vom Berechtigten (kraft der um des guten Glaubens willen anzunehmenden Vertretungsmacht). Für diesen Erwerb vom Berechtigten besteht aber mangels Wirksamkeit des zugrunde liegenden schuldrechtlichen Geschäfts kein Rechtsgrund. § 366 I kann dies, weil es um die Leistung des Berechtigten geht, nicht ersetzen. Der Erwerb wäre also herauszugeben. Die Anwendung des § 366 I HGB würde mithin gar nicht zum Schutz des Erwerbers führen, sondern nur zum Schutz der Gläubiger des Erwerbers, die in das nach § 366 I HGB zustande kommende Eigentum vollstrecken könnten. Das hat § 366 I HGB offensichtlich nicht im Sinn. Auch wenn der Erwerber das Recht aus § 179 ausübt, vom vollmachtlosen Vertreter Erfüllung zu verlangen, kann nicht gesagt werden, daß diese Ausübung mit dem Schutz nach § 366 I HGB auszustatten ist. § 179 läßt den Vertreter für sein Wort einstehen, mit dem eigenen Vermögen. Die Anwendung des § 366 I HGB würde bedeuten, daß der Vertreter nach § 179 für sein Wort mit dem Vermögen des Vertretenen einstehen könnte[685].

Schließlich ist auch die Schutzbedürftigkeit gar nicht zu sehen, von der im Anschluß an die Denkschrift gesprochen wird: Es ist nicht so, daß § 366 I HGB auf die Vertretungsmacht ausgedehnt werden müsste, weil häufig das Verhalten des Veräußerers ganz unklar zwischen einer Verfügung im eigenen und einer solchen im fremden Namen in der Schwebe bleibe. Im Zweifel handelt ja schon nach allgemeinen Auslegungsgrundsätzen der Verkehrsteilnehmer im eigenen Namen (s. nur § 164 II). Handeln im fremden Namen ist also nur gegeben, wenn dies klar hervortritt. Wenn aber klar in fremdem

[684] Handelsrecht, § 22 III 2, S. 653, *ders.*, JuS 1987, 936; dazu siehe auch *Bosch*, JuS 1988, 439.

[685] Die Feststellung, daß § 366 HGB keinen Rechtsgrund für den Erwerb vom Berechtigten geben kann, ist keine „unangemessene zivilistische Akribie" (*K. Schmidt* a.a.O.). Vielmehr ist die Annahme *K. Schmidts*, § 366 HGB gewähre einen Rechtsgrund, so wie *Schmidt* sie durchführen muß, zivilrechtlich nicht einzuordnen: Aus der Annahme *K. Schmidts* kommt heraus eine Leistung des Berechtigten (durch den Vertreter in seinem Namen), die erstens als Leistung des Berechtigten kraft Gesetzes cum causa ist, die aber zweitens, wenn an den Vertreter das Erfüllungsverlangen nach § 179 gestellt wird, die Erfüllung seitens des Vertreters (im Verhältnis zu diesem cum causa) bedeutet und die drittens, wenn weder der Vertretene das Geschäft genehmigt noch der Geschäftspartner nach § 179 Erfüllung verlangt, gänzlich ohne Zusammenhang mit einem Kausalverhältnis besteht.

Namen gehandelt wird, ist nicht einzusehen, weshalb betreffs der Vertretungsmacht die allgemeinen Vertretungsgrundsätze, die allgemein beim Handeln in fremdem Namen angemessen sind, zwar für den Schuldvertrag, nicht aber für die Erfüllung des Schuldvertrags gelten sollen. Die Anwendung des § 366 I HGB auf den Fall, daß der Kaufmann im fremden Namen handelt und der Erwerber an die Vertretungsmacht glaubt, ist also abzulehnen[686].

§ 366 HGB erweitert nicht nur den geschützten Glauben bei der Übereignung beweglicher Sachen, er gibt also nicht nur in Abs. 1 eine Modifikation zu § 932. Abs. 1 selbst erweitert zusätzlich den gutgläubigen Erwerb bei Verpfändung. Abs. 2 gibt eine Ergänzung zu § 936 und Abs. 3 eine Sonderregelung für den Erwerb *gesetzlicher* Pfandrechte. Darauf ist bei der Behandlung des § 936 und des Pfandrechts einzugehen. **867**

ddd) Der Ausschlußtatbestand des Abhandenkommens

Grundsätzlich gibt es keinen gutgläubigen Erwerb an abhanden gekommenen Sachen, genauer nach dem Gesetz: An Sachen, die dem Eigentümer als Besitzer oder bei mittelbarem Besitz desselben dem unmittelbaren Besitzer abhanden gekommen sind (§ 935 I 1, 2). **868**

Von der Beschränkung des gutgläubigen Erwerbs, daß er nicht stattfindet an Sachen, die dem Eigentümer als Besitzer oder – bei mittelbarem Besitz des Eigentümers – dem unmittelbaren Besitzer abhanden gekommen sind, nimmt das Gesetz in § 935 II Geld und Inhaberpapiere[687] aus, und weiter bewegliche Sachen, sofern sie in öffentlicher Versteigerung veräußert werden. Gleich Inhaberpapieren können auch abhanden gekommene Orderpapiere gutgläubig erworben werden nach den Sondervorschriften des Wertpapierrechts (Art. 16 WG, 21 ScheckG, § 365 I HGB, § 68 I AktG). Auf beide Gruppen von Papieren bezieht sich § 367 HGB, der für bestimmte Erwerber bei Publikation des Abhandenkommens im Bundesanzeiger den guten Glauben ausschließt. **869**

Mit dem Begriff der öffentlichen Versteigerung nimmt § 935 II auf die Definition der öffentlichen Versteigerung in § 383 III Bezug[688]. Der Gesetzgeber setzt also für den erweiterten Gutglaubensschutz sowohl die Öffentlichkeit der Versteigerung als auch die besondere Vertrauenswürdigkeit voraus, die mit der amtlichen oder öffentlichen (nach § 34b V GewO vorzunehmenden[689]) Bestellung der Versteigerungsperson verbunden ist. Das erste Merkmal betrifft die Möglichkeit des Berechtigten, von der Veräußerung seiner Sache Kenntnis zu erlangen, und gehört im Hinblick auf die Nichtwahrnehmung der Möglichkeit in das Kriterium der Veranlassung der Veräußerungsmöglichkeit durch den Berechtigten; das zweite Merkmal ist vom Kriterium der objektiven Vertrauensbasis für den Erwerber her zu verstehen. Die Bezugnahme des § 935 II auf § 383 III ist im Rahmen der positivistischen Abwägung, die der Gesetzgeber in §§ 932 ff. zwischen Erhaltungs- und Verkehrsinteresse trifft, zwingend vorgegeben. Im Hinblick darauf, daß auch **870**

686 S. ebenso *M. Reinicke*, AcP 189 (1989), 79. Damit hilft § 366 I HGB auch nicht bei der Veräußerung von Wechseln im fremden Namen, wie *Zöllner*, Wertpapierrecht, 14. Aufl., S. 95 meint. Daß hier – entgegen *Hueck-Canaris*, Recht der Wertpapiere, 12. Aufl., 1986, S. 90, – Art. 16 II WG nicht hilft, ist *Zöllner* freilich zuzugeben. Es paßt weder die eine noch die andere Vorschrift bei Fehlen der Vertretungsmacht für die Veräußerung im fremden Namen.

687 Inhaberpapiere sind Wertpapiere, bei denen das Recht aus dem Papier durch Übereignung des Papiers übertragen wird (s. die Schuldverschreibung auf den Inhaber, für die § 793 I 1 von der Berechtigung zur Verfügung über das Papier spricht; auch § 935 setzt, indem er den gutgläubigen Erwerb des Eigentums auch an abhandengekommenen Inhaberpapieren begründet, die Übertragung des Rechts aus dem Inhaberpapier durch Übereignung voraus). – Zum Erwerb von Geld LG Köln NJW-RR 1991, 868 = JuS 1991, 855 (*K. Schmidt*).

688 S. den Siegeltypar-Fall BGH NJW 1990, 899, 900.

689 Dazu BGH a.a.O.

das private Gewerbe sich öffentlich bestellter Versteigerer bedienen kann[690], ist die Ausnahme der öffentlichen Versteigerung i.S. von §§ 935 II, 383 III nicht zu eng gefaßt.

871 Was andererseits bei Schädlichkeit des Abhandenkommens für den gutgläubigen Erwerb das Merkmal des Abhandenkommens betrifft, so ist dieses als unfreiwilliger Verlust des – bei Existenz einer Besitzmittlung unmittelbaren – Besitzes zu definieren. Man muß hinzufügen: Rechtlos unfreiwillig muß der Verlust sein. Wegnahme durch den Vermieter im Rahmen von § 562b I 2 und durch den Gerichtsvollzieher im Rahmen der Zwangsvollstreckung begründet kein Abhandenkommen.

872 Eine einmal dem Eigentümer oder dem ihm den Besitz mittelnden Besitzer abhanden gekommene Sache bleibt abhanden gekommen. Das bedeutet nicht, daß das Abhandenkommen nicht aufhebbar ist. Die Sache kann zurückkehren. Der Besitzer kann dem Verlust zustimmen. Der Satz bedeutet vielmehr folgendes: Auch wenn die abhanden gekommene Sache durch mehrere Hände geht und bei einer späteren Veräußerung durch Übergabe übereignet wird, erwirbt der Erwerber – vorbehaltlich des § 935 II – kein Eigentum.

873 § 935 I 2 rechnet nur die Besitzaufgabe durch den unmittelbaren Besitzer dem Eigentümer als freiwillige, das Abhandenkommen ausschließende Art des Besitzverlustes zu. Dagegen kommt die vom Besitzdiener ohne Willen des Besitzherrn weggegebene Sache ungeachtet der Freiwilligkeit auf Seiten des Besitzdieners abhanden. Dies entspricht der Definition des Abhandenkommens als unfreiwilligen Verlusts des unmittelbaren Besitzes. Weil bei Ausübung der Herrschaft durch einen Besitzdiener nur der Besitzherr Besitzer ist (§ 855), ist die Weggabe durch den Besitzdiener, ungeachtet ihrer Freiwilligkeit auf Seiten des Besitzdieners, ein unfreiwilliger Besitzverlust des Besitzherrn, wenn dieser seinerseits der Weggabe nicht zugestimmt hatte[691]. Nur seine Freiwilligkeit, nicht die des Besitzdieners steht dem Abhandenkommen entgegen.

874 *Harry Westermann* hat diese Folgerung nicht anerkennen wollen[692]: Der nach außen als Besitzdiener nicht erkennbare und dem Einfluß des Besitzherrn tatsächlich entzogene Besitzdiener stehe „für § 935 dem Besitzmittler gleich“[693]. Habe etwa der Reisende eines Versandbuchhändlers Musterexemplare von Büchern im eigenen Namen an einen Antiquar veräußert, so müsse dieser bei Gutgläubigkeit erwerben. Ebenso hatte *Westermann* erhebliche Zweifel an der Annahme eines Abhandenkommens durch das RG im Fall RGZ 71, 252[694], der die Anwendung der §§ 932 ff. bei der Verpfändung (§ 1207) betraf. Der Sachverhalt ist ein Roman: Ein Schauspieler veräußert einer Wiener Juwelierin Schmuck und spiegelt ihr dann vor, den Schmuck seiner Schwester in Nürnberg zeigen zu wollen, die daraus vielleicht etwas kaufen werde. Die Juwelierin schickt ihre Tochter, die bei ihr wohnt und mitarbeitet, mit dem Schmuck in Begleitung des Schauspielers nach Nürnberg. Die Tochter weicht dort von den mütterlichen Weisungen ab und gibt den Schmuck dem Schauspieler zur Aufbewahrung. Dieser verpfändet den Schmuck an den Bekl. und flieht.

[690] Im Fall BGH a.a.O. ging es um eine Ersteigerung bei einer Auktion, die ein Kunsthaus mittels eines öffentlich bestellten Auktionators durchgeführt hatte.

[691] So auch die h.M., s. *Wolff/Raiser* § 6 I, S. 27; § 15 I 2, S. 48; *Baur/Stürner* § 52 E II 1b.

[692] Zur anderen Gegenmeinung von *Ernst*, Eigenbesitz und Mobiliarerwerb, 1992, S. 34 ff. (dort noch weitere Nachweise), o. Rz. 400 Fn. 1. S. a. *Witt*, AcP 2001, 169 ff.

[693] 5. Aufl., § 49 I 6; wie die h.M. die 7. Aufl., § 49 I 6. Für die Gleichstellung von Besitzhalter und Besitzmittler schon *Crome*, System des Deutschen Bürgerlichen Rechts III, 1905, § 380 Fn. 28; § 382 Fn. 31.

[694] S. diesen Fall und weitere Fälle aus der Rechtsprechung bei *Karsten Schmidt*, in: Rechtsgeschichte und Privatrechtsdogmatik, hrsg. von Zimmermann in Verbindung mit Knütel und Meincke, 1999, 579, 581 ff.

Für seine Korrektur des Gesetzes hat *Westermann* zwei Argumente angeführt: Zum einen gehe der Rechtsschein von der tatsächlichen Gewalt und nicht vom rechtlichen Begriff des Besitzes aus. Zum anderen stehe der Eigentümer dem Besitzdiener so nahe, daß er die Gefahr für die Unredlichkeiten des Besitzdieners tragen müsse, zumal er sich durch sorgfältige Auswahl und Beaufsichtigung des Besitzdieners leichter vor Schaden schützen könne als der Erwerber vor der Gefahr, bei Nichterwerb seine Leistung vergeblich erbracht zu haben. *Westermann* hat also mit allgemeinen Rechtsscheinerwägungen gearbeitet[695].

Maßgeblich ist demgegenüber das Gesetz. Zunächst ist das Anwendungsproblem genau herauszuarbeiten: Dazu ist vom Fall des RG auszugehen. Es ist der Fall des Erwerbs nicht vom Besitzdiener selbst, sondern von einem nichtberechtigten Besitzer (im Fall dem Schauspieler), der seinerseits die Sache vom Besitzdiener zur Aufbewahrung bekommen hat. In diesem Fall ist die Rechtsscheinposition kein Problem: Der Erwerb stützt sich auf den Besitz des verfügenden Schauspielers. Die tatsächliche Gewalt der Besitzdienerin, die die Sache an den Schauspieler gegeben hat, ist für das Erscheinungsbild, welches sich dem Erwerber bietet, ohne Bedeutung. In allen Fällen, in denen ein nichtberechtigter Besitzer über eine Sache verfügt, die vorher durch Weggabe eines Besitzdieners abhanden gekommen sein könnte, steht der Rechtsschein für das Eigentum des Veräußerers fest. § 935 I verwehrt den Erwerb, obwohl dieser Rechtsschein besteht. Die Vorschrift wird also durch Argumente dazu, woraus sich der Rechtsschein ergibt, gar nicht betroffen. Was nun den anderen Fall betrifft, daß ein Besitzdiener selbst als Nichtberechtigter verfügt, so ist dies dort vielfach, sieht man näher zu, ganz ebenso: Verbringt der Besitzdiener die Sache für die Verfügung als Nichtberechtigter aus dem Herrschaftsbereich des Besitzherrn, so ergreift ja der Besitzdiener damit Besitz (Eigenbesitz), auch er hat somit ohne weiteres – und zwar nach dem gesetzlichen Begriff – die Rechtsscheinposition des Besitzes[696]. **875**

Das Problem ist also nicht die Rechtsscheinposition, sondern die Zurechnung dieser Rechtsscheinposition an den Berechtigten mit der Folge, daß zu dessen Lasten (nämlich mit der Folge der Möglichkeit eines ihn enteignenden gutgläubigen Erwerbs) das Abhandenkommen abzulehnen ist. Für diese Zurechnung ist das Gesetz maßgeblich. Eine freie Abwägung außerhalb der »Begriffe« des Gesetzes ist unzulässig: Würde man, gesetzesfrei, eine »Veranlassung« des Rechtsscheins durch den Eigentümer, ein »Näher-daran-Sein« des Eigentümers, wie *Westermann* sich ausdrückt, für maßgeblich halten, so wäre dieses ohne weiteres immer schon dann darzutun, wenn der Eigentümer überhaupt Besitzdiener an seine Sache heranläßt, auch wenn er diesen nicht die Sache zu selbständiger und räumlich von ihm entfernter Sachwaltung in die Hand gibt. Zwar hat *Westermann* gemeint, in dieser Konstellation fehle der nötige Rechtsschein. Darauf kommt es aber nicht an, weil, gleich ob die Besitzdiener nach Wegschaffung der Sache zum Zweck der Verfügung selbst verfügen oder ein anderer verfügt, der die Sache vom Besitzdiener bekommen hat, der Rechtsschein des Besitzes des Verfügenden immer gegeben ist. Modifiziert man aber § 935 im Sinne der Zurechnung an den Eigentümer nach den Umständen des Einzelfalls, insbesondere weil der Eigentümer sich durch Kontrolle helfen könne, während der Erwerber keine Schutzmöglichkeiten habe, so ist die Sache in keinem Fall der Weggabe durch einen Besitzdiener abhanden gekommen. Ja selbst Diebstähle müßten nicht ohne weiteres die gestohlene Sache abhanden bringen.

695 Mit der These von der Maßgeblichkeit der Besitzverschaffungsmacht arbeitet *Hager*, Besitzschutz durch redlichen Erwerb, 1990, S. 405; die Besitzverschaffungsmacht des Besitzdieners sei ausreichend, wenn der Eigentümer sie zurechenbar verursacht habe.

696 Nach der Argumentation *Westermanns* ginge es i. ü. gar nicht um eine Auslegung oder Korrektur des § 935, sondern um eine solche des § 932. Dieser setzt i.V.m. § 929 den Besitz des nicht berechtigten Veräußerers voraus.

Die Begründung des § 855 durch die Mehrheitsmeinung der 2. Kommission zeigt klar, daß solche Abwägungen unzulässig sind[697]: Die Besitzregelung des BGB dient der im Sachenrecht so dringlichen Rechtssicherheit. Sie kann nicht durch freie Abwägung abgelöst werden. Zugleich zeigt die Begründung, daß § 855 und die an ihn anschließende Regelung des § 935 einen guten Sinn haben: In Wiedergabe der Mehrheitsmeinung heißt es in den Protokollen[698]: »Als Grundsatz sei festzuhalten, daß man seinen Besitz nicht nur durch eigene Handlungen, sondern auch, indem man einen Anderen als Werkzeug benutzt, derart, daß der Andere den Anweisungen des Besitzherrn unbedingt Folge zu leisten habe, ausüben könne«. Dies sei auch so möglich, »daß Jemand vollständig und allein die thatsächliche Gewalt für den Besitzherrn erwerbe, wie z.B. der Dienstbote, der für die Herrschaft Einkäufe in einem Laden mache. Entscheidend für das fragliche Verhältniß sei, daß demjenigen, der den Besitz für den Anderen ausübe, ein civilrechtlicher Anspruch auf Behalten des Besitzes, insbesondere auch ein Retentionsrecht, dem Besitzherrn gegenüber nicht zustehe[699]. Allerdings ermögliche es der § 797a (= § 855 BGB), indem er auf das Rechtsverhältniß abstelle, in dem sich der Inhaber zum Besitzherrn befinde, in den Besitzprozeß die Rechtsfrage hineinzuziehen... Indessen biete andererseits diese Regelung den großen Gewinn, daß sie ein einfaches und regelmäßig leicht und sicher festzustellendes Kriterium schaffe.«

In der Herausstellung des rechtssicheren Kriteriums liegt die Wendung gegen alle unsichere Selbstwahrnehmung der Abgrenzungsaufgabe durch den Rechtsanwender. In der Ermöglichung, den eigenen Besitz durch Werkzeuge auszuüben, liegt der Sinn der Regelung[700]. Wollte man in dem Einsatz von Besitzdienern immer oder doch häufig ein Aus-der-Hand-Geben der Sache sehen, womit das Risiko eines gutgläubigen Erwerbs eingegangen wird, würde man den sorgfältigen pater familias mit übermäßigen Selbstwahr-

[697] Nach *K. Schmidt* (o. Fn. 694), S. 590, 596, besagt § 855 über die Frage des Abhandenkommens bei Weggabe von Besitzdienern nichts, eine vor dem systematischen Zusammenhang der Besitz- und Eigentumsregelung des BGB und vor § 935 I 2 nicht zu rechtfertigende Aussage. *Karsten Schmidt* meint, § 935 allein sei maßgeblich und dieser sei aus seiner Herkunft aus Art. 306 IV ADHGB auszulegen. Aus der Darstellung *Schmidts* selbst folgt aber: Schon zu dieser Vorläufervorschrift hat die Rechtsprechung das dem gutgläubigen Erwerb schädliche Merkmal darin gefunden, daß jemand ohne seinen Willen den Besitz an der Sache verloren hat (RGZ 1, 415, 418) – *Schmidt* S. 594 –; auch die rechtswissenschaftliche Interpretation ist nach *Schmidt* zu dem Begriff des Besitzverlustes wider oder ohne Willen gekommen, *Schmidt* S. 595. Dieser Begriff ist also als solcher des Abhandenkommens i.S. von § 935 I gerade dann gesichert, wenn man die Abkunft der Vorschrift aus dem ADHGB berücksichtigt. Durch Verwendung des auf den Besitz rekurrierenden Begriffs des Abhandenkommens knüpft das BGB an §§ 854 ff. an. Wenn *Schmidt* S. 595 f. Meinungen aus der Geltung des ADHGB anführt, nach denen bei Weggabe durch Personen, die nach dem späteren § 855 als Besitzdiener einzuordnen wären, gutgläubiger Erwerb möglich war, so sind diese unter dem BGB nicht maßgeblich.

[698] Prot., *Mugdan* III, S. 504.

[699] In den Materialien zum HGB wird umgekehrt aus der Besitzdienerstellung des Handlungsgehilfen (§§ 59 ff. HGB) unter Einschluß des Handlungsreisenden gefolgert, daß diesem kein Zurückbehaltungsrecht an in seiner Hand befindlichen Betriebsmitteln zustehe, weil er Besitzdiener sei (Denkschrift zum HGB S. 56, *Hahn-Mugdan* Materialien zum HGB, 1897, S. 235). Ebenso die Folgerung des OLG Düsseldorf NJW 1986, 2513. Richtig ist aber die Folgerung der Besitzdienerstellung aus der (existentiellen!) Unterwerfung unter die Betriebsleitung. Mit dieser ist ein Zurückbehaltungsrecht gemäß dem »sofern«-Satz des § 273 I nicht vereinbar. Zutreffend Staub/*Bondi*, HGB, 12. u. 13. Aufl., § 59 Rz. 45.

[700] Zu kurz und selbstgewiß *Ernst*, Eigenbesitz und Mobiliarerwerb, 1992, S. 33, es fehle an jedem einleuchtenden Grunde für die unterschiedliche Behandlung des Veruntreuungsrisikos bei Besitzdiener und Besitzmittler. Für berechtigt hält diese Grundsatzkritik *Karsten Schmidt*, (oben Fn. 694), S. 581. Die Meinungen sehen zu sehr auf den Erwerber und zu wenig das Problem der Enteignung des Eigentümers.

nehmungs- oder Vorsorgeobliegenheiten belasten. Das ist mit einer praktischen Besitzausübung unvereinbar.

§§ 855, 932, 935 I enthalten die folgende durchaus sinnvolle Abgrenzung. Hat man den (Mit-)Gewalthaber betreffs der eigenen Sache kraft eines Weisungsverhältnisses[701] und unter Ausschluß eigener Gegenrechte des anderen in der Hand, so hat man die Sache selbst in der Hand. Es muß die Möglichkeit eines in dieser Weise organisierten und trotzdem rechtlich gesicherten Besitzes geben. Nur wenn man die Sache in Vollzug einer Abrede, die auf die Begründung eines Besitzrechts des anderen gerichtet ist (sei es Kauf, sei es eine Abrede i.S. von § 868), aus der Hand gibt, vertraut man wirklich hinsichtlich der Zurückgewinnung der Sache[702] auf den anderen. Man hat hier nur den schuldrechtlichen Anspruch auf Rückgabe der Sache gegen den anderen. Ob es zur Erfüllung kommt, ist Risiko des Gläubigers, der sich diesen Schuldner ausgesucht hat. Insofern gilt wirklich das deutsch-rechtliche Prinzip des »Hand wahre Hand« oder des »Wo du deinen Glauben gelassen hast, da sollst du ihn suchen«[703]. Dieses Prinzip belastet den Berechtigten mit dem Risiko, daß der Herausgabeschuldner nicht erfüllt und stattdessen die Sache unberechtigt weitergibt, insbesondere an einen Gutgläubigen veräußert. Die Weitergabe an den Erwerber soll im Verhältnis zwischen dem Berechtigten und dem Erwerber als Enttäuschung des Erfüllungsvertrauens dem Berechtigten zur Last fallen. Es ist nun aber sicher z.B. keine Enttäuschung des Vertrauens in diesem Sinne, wenn der Herausgabeschuldner die Sache gerade an den Berechtigten zurückgeben will und dazu einen Besitzdiener einsetzt. Es muß auch diese Möglichkeit, d.h. die Möglichkeit, sich in dieser Weise bei der Herausgabe an die Hand gehen zu lassen, geben. Es ist also richtig, daß nach dem Gesetz in diesem Fall der Besitzdiener, wenn er die Sache unterschlägt, sie dem Besitzherrn, d.h. hier dem unmittelbaren Besitzer, abhandenbringt und die Sache nach § 935 I 2 abhanden kommt, so daß das Risiko des Rechtsverlusts an einen gutgläubigen Erwerber dem Berechtigten nicht entsteht.

Insbesondere im Unternehmen, gleich ob dies einer natürlichen oder juristischen Person gehört, muß es den Besitz vermittels Besitzdienern geben. Und dieser Besitz darf auch nicht künstlich an den Betriebsgrundstücksgrenzen enden. Die Aussendung von Arbeitnehmern als Besitzdienern muß möglich sein, selbst wenn diese dadurch räumlich der Betriebssteuerung fernrücken und nach außen mit der Sache allein umgehen zu können scheinen. Die betriebliche Tätigkeit als organisierte und durch Direktion realisierte Tätigkeit ist ein gedanklich-organisatorischer und kein räumlicher Begriff. Mit Recht stellt das Gesetz »auf das Rechtsverhältniß« ab.

Das mit seinen Arbeitnehmern als Besitzdienern arbeitende Unternehmen und der mit **876**
Angestellten arbeitende Haushalt (diesen nennt § 855 zuerst) sind durch Einräumung der Möglichkeit, den eigenen Besitz durch Mitarbeiter auszuüben, nur insofern geschützt, als an Stelle des Wegkommens aus der eigenen Hand einer besitzenden natürlichen Person das Wegkommen aus der Organisation treten kann. Für die Abgrenzung des Abhandenkommens bei Besitz von Unternehmen und Haushalten wird deshalb die Frage entscheidend, wann die Organisation weggibt und wann ihr die Sache wegkommt. Nicht in Betracht kommt hier ein Zurechnungsdenken, wonach sich der Unternehmensträger den Willen von Besitzdienern, die er zu „Obhutsgehilfen" macht, zurechnen lassen muß[704]. Kann man – gleich ob im Haushalt oder im Unternehmen – den eigenen Besitz mit Besitzdienern organisieren, so gibt es den Bruch des Besitzes durch den Besitzdiener, und dieser ist, wenn der Besitzdiener die Sache zu Eigenbesitz nimmt, Verlust des Besit-

701 Dessen Geltung dadurch gesichert ist, daß seine Verletzung existenzbedrohende Folgen auslösen kann.

702 Im Fall des Kaufs bei Unwirksamkeit desselben und Fehlen oder Unwirksamkeit der Einigung i.S. von § 929.

703 S. Mot., *Mugdan* III, S. 193, *Wolff/Raiser* § 68 I 2, S. 247 m. w. N.

704 So *Karsten Schmidt* (oben Fn. 694) S. 597 f.

zes ohne Willen des Besitzers. Klarster Fall des Wegkommens aus der Organisation ist also der, daß der Besitzdiener sich zum Eigenbesitzer aufschwingt und die Sache für eigene Zwecke verwendet. Das RG hat in RGZ 71, 252 einen Fall hinzugefügt, in welchem der Besitzdiener (die Tochter) weisungswidrig die Sache einem anderen (dem Schauspieler) zur Aufbewahrung gegeben hat.

877 Nach Auffassung von *Harry Westermann*[705] ist eine vom Besitzdiener irrtümlich falsch ausgelieferte Sache[706], wie schon der Gedanke des § 120 zeige, keinesfalls abhandengekommen. *Baur/Stürner*[707] schließen bei mit Übergabe betrauten Besitzdienern das Abhandenkommen in jedem Fall weisungswidriger Übergabe aus, gleich ob der Besitzdiener bewußt oder unbewußt gegen die Weisung[708] verstoße.

878 Als für die Besitzer-Organisation jedenfalls Übergabebeauftragter gilt der Besitzdiener dann, wenn er Vertretungsmacht für das Geschäft hatte, welches die Übergabe umfaßte. Übereignet ein Handlungsgehilfe im Rahmen seiner Vertretungsmacht, also derjenigen nach §§ 49 f. oder 54 f. oder 56 HGB, so ist wirksam übereignet. Es fehlt nicht wegen Abhandenkommens an der Übergabe.

879 Ist demgegenüber der Besitzdiener nur mit der Übergabe beauftragt, so ist bei bewußter Abweichung von der auf die Besitzweitergabe bezogenen Weisung Abhandenkommen anzunehmen. Was andererseits das irrtümliche Ausliefern durch den Besitzdiener betrifft, so ist richtig, daß solches Handeln des Besitzdieners irrtümliches Handeln im Rahmen der Organisation und damit der Organisation selbst ist. Folglich ist die Sache grundsätzlich nicht abhanden gekommen. Anders muß dann entschieden werden, wenn der Besitzerwerber den Irrtum erkennt. In diesem Fall nimmt er durch den Besitzdiener als unvorsätzlich handelndes Werkzeug die Sache der Organisation weg. Daß der Besitzer selbst auch sich irren oder getäuscht werden kann, ist nicht einzuwenden. Abgesehen davon, daß er im Einzelfall eine andere Übersicht haben kann als der Besitzdiener, kommt er generell nicht als Mittel der Wegnahme in Betracht. Für Abhandenkommen ist ebenso zu entscheiden, wenn auf der Seite des Besitzers der ausliefernde Besitzdiener von anderen Gehilfen als Werkzeug benutzt wird: Mit Recht hat das RG Abhandenkommen in dem Fall bejaht, daß Arbeitnehmer durch Fälschung der Begleitpapiere eine Automatik der Falschauslieferung durch andere Besitzgehilfen in Gang gesetzt hatten[709].

880 Ebenso wird – jetzt wieder durch den Erwerber – dem Besitzer die Sache auch dann weggenommen, wenn ein mit der Übergabe beauftragter Besitzdiener bestimmte Weisungen hat – etwa: Auslieferung nur gegen Geld – und der Erwerber ihn darüber täuscht, daß die Weisung inzwischen aufgehoben sei.

881 Jedenfalls abhanden gekommen ist schließlich die Sache dann, wenn Besitzdiener und Erwerber sich kollusiv über die Weisung hinwegsetzen. Gleichzustellen ist der Fall, daß der Erwerber um die Weisung an den Besitzdiener weiß und ihn überredet, die Sache weisungswidrig zu übergeben. Der Schauspieler im Fall RGZ 71, 252 brachte dadurch, daß er die Tochter hinsichtlich der Weisungen der Mutter vom Pfad der Tugend abbrachte, den Schmuck abhanden. Aber es genügt, wie gesagt, schon das Sich-Hinwegsetzen des Besitzdieners über die Weisung betreffs der Besitzübertragung. *Baur/Stürner*[710] ist in ihrer Meinung, daß eine Übergabe durch den Übergabegehilfen jedenfalls zustande kommt, auch wenn der Übergabegehilfe weisungswidrig handelt, nicht zu folgen.

[705] 5. Aufl., § 49 I 6; a.A. 7. Aufl., § 49 I 6.
[706] Beispiel: Brotfahrer liefert an falscher Adresse an.
[707] § 52 E II 1 b.
[708] Etwa die Weisung: Auslieferung der Ware nur gegen Geld.
[709] RGZ 106, 4.
[710] § 52 E II 1 b.

Wie die Ausübung der tatsächlichen Gewalt über eine Sache durch den Besitzdiener wird auch die durch das Handlungsorgan der juristischen Person oder durch den geschäftsführungsbefugten Gesamthänder einem anderen, nämlich der juristischen Person oder der Gesamthandsgemeinschaft als Besitz zugerechnet. Die Zurechnung ist aber gesteigert in dem Sinne, daß jene Personen an Stelle der juristischen Person oder Gesamthandsgemeinschaft handeln und also den Besitz ausüben. Die Weggabe durch sie ist also richtigerweise[711] gleich, ob sie im Rahmen eines Geschäfts in Vertretung der juristischen Person oder Personengemeinschaft oder eines Geschäfts im eigenen Namen geschieht, kein Abhandenkommen. **882**

Bei *mittelbarem Besitz* des Eigentümers ist nach § 935 I 2 unfreiwilliger Besitzverlust beim unmittelbaren Besitzer erforderlich. Aber folgendes ist zu beachten: Der unmittelbare Besitzer muß, damit die Sache dem Eigentümer abhanden kommt, im Zeitpunkt des bei ihm eintretenden unfreiwilligen Verlustes noch den Besitz mitteln. Wenn der Besitzer selbst schon die Herrschaft des Eigentümers beendet hat (durch Aufschwingen zum Eigenbesitzer etc.), so kommt nicht – auch nicht mittelbar – die Sache dem Eigentümer abhanden. Zu der Herrschaftsbeendigung sind freilich Tathandlungen erforderlich, aus denen sich der Eigenbesitzwille zu erkennen gibt. **883**

Beispiel: Ein Kfz-Mieter bringt das Fahrzeug auf einen Gebrauchtwagenmarkt und stellt es dort zum Verkauf, das Fahrzeug wird gestohlen, bevor es zu einem Verkauf kommt. Erwirbt jetzt jemand von dem Dieb, so steht § 935 dem Erwerb nicht entgegen.

Diese Unterscheidung löst auch die Frage, ob der unfreiwillige Verlust beim Besitzer auch dann den gutgläubigen Erwerb verhindert, wenn der Besitzer nicht dem Eigentümer den Besitz mittelt, sondern aufgrund nichtiger Veräußerung besitzt. Ist sich der Besitzer der Unwirksamkeit der Veräußerung bewußt und zur Rückgabe bereit, so ist das Abhandenkommen bei ihm dem beim unmittelbaren Besitzer gleichzustellen. Ist sich der Besitzer der Unwirksamkeit nicht bewußt oder hat er sich trotz der Kenntnis zum Eigenbesitzer aufgeschwungen, so bringt das Abhandenkommen bei ihm die Sache nicht dem Eigentümer abhanden[712]. **884**

Die Eigenschaft, abhanden gekommen zu sein, haftet der Sache (vorbehaltlich von sie aufhebenden Verfügungen des Berechtigten) endgültig an. Das gilt auch bei Verbindung der Sache zu einer neuen Einheit: Wird eine abhanden gekommene Sache mit einer anderen gemäß §§ 947 f. zu Miteigentum verbunden, so gilt die neue Sache im Hinblick auf das Miteigentum des Berechtigten an der abhanden gekommenen Sache wiederum als abhanden gekommen. D.h. der Erwerber, dem der Besitzer der neuen Sache als jedenfalls hinsichtlich des Miteigentums des Berechtigten der abhanden gekommenen Sache Nicht- **885**

[711] Dafür *Flume* I/1 § 6 III, S. 83. I. E. ebenso *Hager*, Besitzschutz durch redlichen Erwerb, 1990, S. 399.

[712] Anders will *Braun*, JZ 1993, 391, 396 jedes Abhandenkommen beim Erwerber dem gutgläubigen Erwerb entgegenstellen. Dem liegt der Schluß zugrunde, daß der unwirksam veräußernde Eigentümer nicht schlechter stehen dürfe, als wenn er wirksam, aber rechtsgrundlos veräußert hätte. Im letzteren Fall ist in den gedachten Fällen der Erwerber Eigentümer und kommt deshalb die Sache ihm als besitzendem Eigentümer abhanden, folglich kann die Sache nicht gutgläubig erworben werden und der ursprüngliche Eigentümer kann mit Hilfe der Kondiktion an das dem Erwerber verbliebene Eigentum herankommen. § 935 wägt aber das Verkehrsinteresse gegen das des Eigentümers nicht im Hinblick auf dadurch begünstigte Herausgabegläubiger. Eine Schutzwürdigkeit des Eigentümers e iure tertii gibt es nicht. Wenn in dem einen Fall der Eigentümer durch Höherbewertung seines Erhaltungsinteresses das Eigentum behält und mithin in der Lage ist, den Bereicherungsanspruch des Herausgabegläubigers zu erfüllen, ist dieses eine zufällige Folge der Abwägung und heißt nicht, daß das Interesse des Eigentümers um dieses Dritten willen höher bewertet wird. Also kann diese Folge auch nicht für den Dritten ausschlagen, wenn dieser selbst der Eigentümer ist.

berechtigter die Sache veräußert, kann nach § 935 I dieses Miteigentum nicht gutgläubig erwerben[713].

eee) §§ 933, 934, insbesondere bei Eigentumsvorbehalt und Sicherungsübereignung

886 Übereignet ein Mieter eines Kraftfahrzeugs das Kraftfahrzeug an den gutgläubigen E, will er aber trotz der Unterschlagung Mieter bleiben und übereignet er deshalb nach § 930, so wird E nach § 933 vorläufig noch nicht Eigentümer. – Hat dagegen derselbe Mieter des Kraftfahrzeugs ein Nutzungsinteresse nicht am Fahren des Autos, sondern am Vermieten des Kraftfahrzeugs und will er nur deshalb weiterhin Mieter bleiben, so funktioniert der gutgläubige Erwerb: Der Mieter kann untervermieten und dann seinen Anspruch aus § 546 I an E abtreten. Hier wird nach § 931 unter Übertragung des mittelbaren Besitzes (§ 870) übereignet. Nach § 934 Alt. 1 erwirbt E mit Abtretung des Herausgabeanspruchs sofort (das Gegebensein der weiteren Voraussetzungen unterstellt) das Eigentum. Man empfindet es allgemein als unheilbaren Widerspruch, daß im ersteren Fall der Erwerb des mittelbaren Besitzes als Vertrauensbasis für den gutgläubigen Erwerb zu schwach ist, während er im zweiten Fall für den gutgläubigen Erwerb ausreichen soll[714].

887 Dasselbe Problem taucht aber auch zu § 934 Alt. 2, weiter auch im Rahmen von § 932 I 1 und schließlich sogar im Rahmen von § 933 auf: Für § 934 Alt. 2 genügt es aufgrund der Gleichstellung von mittelbarem und unmittelbarem Besitz, daß der Dritte dem Erwerber mittelbaren Besitz verschafft. Auch hier ist der gutgläubige Erwerb problematisch, wenn der Dritte bisher dem Berechtigten den Besitz mittelt und nunmehr dem Erwerber gegenüber ein Besitzmittlungsverhältnis eingeht. Was § 932 I 1 betrifft, so ist im Rahmen des hier herangezogenen § 929 S. 1 der Erwerb durch Umstellung der Besitzmittlung auf den Erwerber in Vollzug der Übereignung des Veräußerers anerkannt. Wieder ist der gutgläubige Erwerb problematisch, wenn sich für den Berechtigten an dem Besitz des unmittelbaren Besitzers, dem er die Sache anvertraut hat, nichts ändert.

888 Schul-Fälle sind BGHZ 50, 45 *(Fräsmaschinen-Fall)*, RGZ 135, 75 *(Zucker-Fall)* sowie BGH NJW 1979, 2037 (*Saulachse-Fall*). Im Fräsmaschinen-Fall hatte V eine Fräsmaschine unter Eigentumsvorbehalt an K übereignet. K übereignet die Maschine zur Sicherheit an die Bank B. B übereignet ihrerseits, ebenfalls zur Sicherheit, an eine dritte Bank D und tritt D die Rechte aus dem Besitzmittlungsverhältnis zu K ab. Als Eigentumsvorbehalts-Käufer übereignet K als Nichtberechtigter (betreffs des Eigentums; das Anwartschaftsrecht könnte von K als Berechtigtem übertragen werden; mit der Übertragung des Anwartschaftsrechts ist dem Interesse von B und D aber nicht gedient). K übereignet an B unter Vorbehalt der eigenen Sachnutzung (die Sicherungsabrede oder ein besonderer Leih-etc.-Vertrag wirken als Besitzmittlungsverhältnis i.S. von § 868). K übereignet also nach §§ 929 S. 1, 930. B erwirbt gemäß § 933 nicht. Folglich hat B ebenfalls als Nichtberechtigte an D übereignet. Hier könnte aber die Konstellation der §§ 931 und 870 gegeben sein. Nach § 934 Alt. 1 scheint D zu erwerben. Der BGH hat dies bejaht.

889 Im *Zucker-Fall* des RG[715] hatte V an K unter Eigentumsvorbehalt Zucker verkauft, der bei L eingelagert war. Der Eigentumsübergang und die Abtretung des Herausgabeanspruchs (§ 931) an K sind also auf die Bedingung der Kaufpreiszahlung gestellt. K veräußert vor der Kaufpreiszahlung den Zucker gemäß § 931 an den gutgläubigen D. L

[713] S. *Tiedtke*, Gutgläubiger Erwerb, 1985, 1. Teil, 1. Kapitel, 1. Abschnitt, IX 5, S. 58 m.w.N.

[714] S. umfassend *Kindl*, Rechtsscheintatbestände und ihre rückwirkende Beseitigung, 1999, S. 331 ff.; AcP 201 (2001), 391 ff. (dort der hiesigen Auffassung zuneigend; ein falsches Licht wirft freilich die Aussage, die hiesige Auffassung bleibe von den Ergebnissen her bei der Lehre vom Nebenbesitz stehen, AcP S. 409 Fn. 91).

[715] RGZ 135, 75.

stellt D einen Namenslagerschein aus. D erwirbt hier nicht nach § 934 Alt. 1. K stand ja noch kein Herausgabeanspruch gegen L zu. Aber es kommt § 934 Alt. 2 in Betracht. L könnte D auf dessen Verlangen mittelbaren Besitz verschafft haben. Das RG hat den Erwerb bejaht.

Im *Saulachse-Fall*[716] hatte B bei L Saulachse eingelagert. Es wurde vereinbart, daß es zur Abtretung des Herausgabeanspruchs einer schriftlichen Erklärung auf dem (hier Namens-)Lagerschein bedarf (auf den Lagerschein kommt es hier, abgesehen von dieser Beschränkung der Abtretbarkeit des Herausgabeanspruchs i.S. des § 399, weiter nicht an)[717]. B veräußert – insoweit formgerecht – nach §§ 929, 931 zur Sicherheit an die Bank X. Die X läßt L mitunterzeichnen und gibt den Lagerschein dem L zur Aufbewahrung. Später verkauft und übereignet B an Y. Er teilt diese Disposition dem L mit, woraufhin L mit Y einen Lagervertrag abschließt, Y an B zahlt und L B auffordert, jetzt unverzüglich die Sache mit der Bank in Ordnung zu bringen; dies geschieht nicht. – Der BGH wendet auf die Übereignung an Y §§ 929, 931, 934 Alt. 2 an, verneint aber einen gutgläubigen Erwerb des Y. Dies deshalb, weil die Abtretung an Y auch bei Berechtigung des B wegen Formmangels der Abtretung unwirksam gewesen wäre und nicht etwa ein guter Glaube an die Wirksamkeit der Abtretung geschützt würde. Mit Recht hält *Tiedtke*[718] auch die Anwendung des § 932 I 1 für möglich: Statt einer Veräußerung an Y nach §§ 929, 931 mit nachfolgender Verschaffung des mittelbaren Besitzes durch L an Y i.S. von § 934 Alt. 2 liegt hier die Version nahe, daß B durch Anweisung zur Besitzumstellung an L und dadurch, daß L die Anweisung befolgte, also nach § 929 S. 1 an Y übereignet hat. Wie das RG im Zucker-Fall bejaht *Tiedtke* auch im Saulachse-Fall den gutgläubigen Erwerb, und zwar bei beiden Versionen[719]. Die Verschaffung des mittelbaren Besitzes reiche aus. Die Abtretungsbeschränkung sei durch die Anweisung und Weisungsbefolgung zwischen B und L aufgehoben worden. Sogar für Irrelevanz von Lagerschein *und* Formbestimmung erklärt sich *Hager*[720], weil unabhängig davon aus dem neuen Lagervertrag mittelbarer Besitz entstehen könne und, *wenn* neuer mittelbarer Besitz zu bejahen sei, dies für § 934 Alt. 2 ausreiche[721]. *Hager*[722] verneint aber entgegen *Tiedtke* den gutgläubigen Erwerb deshalb, weil eine Ablösung des bisherigen Besitzes der X ohne eine entsprechende Erklärung des L dieser gegenüber nicht akzeptabel sei. Auf den mittelbaren Besitz bezogen, ist diese Auffassung *Hagers* abzulehnen[723]. Was demgegenüber die Frage des gutgläubigen Erwerbs betrifft, bestätigt sie das Problem der Fragwürdigkeit des Erwerbs mittelbaren Besitzes als Grundlage des Gutglaubensschutzes. 890

Neben § 934 Alt. 1, 2 und § 932 kann sodann, wie gesagt, auch § 933 zu derselben Frage führen: Der unmittelbare Besitzer, dem der Berechtigte die Sache anvertraut hat, kann seine Besitzmittlung auf einen Nichtberechtigten umstellen. Wenn dann dieser nach § 930 (durch Einräumung zweitstufigen mittelbaren Besitzes) an den Erwerber übereignet, verlangt § 933 zwar für den gutgläubigen Erwerb, daß der Veräußerer dem Erwerber übergibt. Dies kann aber jedenfalls wie im Rahmen von § 929 S. 1 durch Anweisung an den unmittelbaren Besitzer zur Umstellung der Besitzmittlung auf den Erwerber und

[716] BGH NJW 1979, 2037. Saulachs ist nicht nur – jedenfalls in Bayern – ein Schimpfwort, sondern auch das gute Stück des vom Knochen gelösten Fleischs des Schweinekoteletts.

[717] Zur wertpapierrechtlichen Lage und ihrer Auswirkung auf §§ 929 ff. s. die Darstellung bei *K. Schmidt*, Handelsrecht, § 24 III 4, S. 701.

[718] WM 1979, 1144, 1148 ff., Gutgläubiger Erwerb, 1985, 1. Teil, 1. Kapitel, 1. Abschnitt, V 3 e, S. 36 f.

[719] Sachlich ebenso schon WM 1978, 448 ff.

[720] WM 1980, 666.

[721] S. auch Großkommentar HGB/*Koller*, 4. Aufl., § 424 Rz. 28.

[722] A.a.O., S. 670 f.

[723] S. o. Rz. 464.

die Befolgung dieser Anweisung geschehen[724]. Ob § 933 tatsächlich diese Konsequenz enthält, ist genau so fraglich wie zu §§ 932, 934.

891 Was im Rahmen der Gesamtproblematik zunächst das Verhältnis zwischen § 933 einerseits und § 934 Alt. 1 andererseits betrifft, so sieht der BGH im Fräsmaschinen-Fall zwar den Wertungswiderspruch zwischen beiden Vorschriften (im Fräsmaschinen-Fall haben weder B noch D sich eine verfestigte Besitzlage gesichert, beide vertrauen den Besitz dem im Besitz bleibenden K an, dem auch schon der Vorbehaltsverkäufer vertraut hat, dennoch läßt § 934 Alt. 1 D erwerben, obwohl § 933 den Erwerb der B ausschließt); der BGH will den Widerspruch aber wie folgt auflösen: Im Fall des § 933 behalte der Veräußerer den Besitz, während er sich im Fall des § 934 Alt. 1 immerhin von seinem eigenen Besitz löse. Das Gesetz halte eben das Vertrauen auf den mittelbaren Besitz für ebenso schutzwürdig wie das auf den unmittelbaren Besitz, vorausgesetzt nur, daß der Veräußerer sich völlig von seinem Besitz trenne. Diese Unterscheidung des Gesetzes sei nicht willkürlich, der Richter habe sie aufgrund seiner Bindung an das Gesetz hinzunehmen.

892 Das Gesetz ist dennoch fehlerhaft: Es geht um die Rechtfertigung des Erwerbs entgegen dem Recht des Eigentümers. Im Verhältnis zu *diesem* reicht der Hinweis darauf, was der *Veräußerer* tut, nicht aus. Der Erwerber muß schutzwürdiger sein als der Eigentümer. § 934 Alt. 1 ermöglicht den Erwerb aber auch dann, wenn der Erwerber dem unmittelbaren Besitzer *genau so* vertraut wie der bisherige Eigentümer. Daß es nach § 934 Alt. 1 zu diesem widersprüchlichen Ergebnis kommt, liegt daran, daß § 934 an die in § 870 getroffene Regelung anknüpft: Nach § 870 bedeutet die bloße Abtretung des Herausgabeanspruchs die Übertragung des mittelbaren Besitzes. Das ist für den gutgläubigen Erwerb ohne weiteres übernommen worden; die zweite Kommission hat die Übertragung einer Sachherrschaft mit Abtretung des Herausgabeanspruchs einfach vorausgesetzt, ohne diese Grundlage des gutgläubigen Erwerbs näher zu prüfen; zudem hat sie nicht die Frage gestellt, ob der Erwerber eine im Vergleich zum Berechtigten stärkere Position zur Sache eingeräumt bekommt, die seine *Bevorzugung* gegenüber dem Berechtigten rechtfertigt[725].

893 § 870 überzeugt zwar in der Wertung, daß es für das Besitzmittlungsverhältnis nicht eines Personen-gerichteten Willens bedarf (s. ebenso § 686). Die Frage also, ob *überhaupt* ein Besitzmittlungsverhältnis vorliegt, ist in der Tat nicht personenabhängig. § 870 überzeugt sodann auch noch in der Frage, wem im Verhältnis zwischen Zedent und Zessionar die Besitzschutzansprüche des § 869 zustehen. *Ob* diese begründet sind, hängt davon ab, ob überhaupt ein Besitzmittlungsverhältnis vorliegt (das ist die vorstehende Frage). *Wem* die Ansprüche zustehen, *wenn* sie begründet sind, kann durch Aufdecken der Zession entschieden werden. Insofern ist § 870 stimmig, er funktioniert mit anderen Worten für die Problematik des § 869, auf den § 870 ja auch folgt.

894 § 870 funktioniert aber nicht mehr, wenn es an der ganz anderen Stelle des § 934 um das ganz andere Verhältnis zwischen Zessionar und wahrem Eigentümer geht. Hier taucht neu die Problematik auf, daß ein gutgläubiger Erwerb nur auf einer für den Erwerber ausreichend gesicherten Rechtsscheinbasis und auf der Grundlage, daß der Erwerber schutzwürdiger sein muß als der bisherige Eigentümer, statthaben kann. Beides kann sich aber nicht aus einer bloßen Abrede zwischen einem Nichtberechtigten und dem Erwerber ergeben, aus bloßen Worten des Nichtberechtigten also. § 870 reicht hier nicht, und die Anknüpfung des § 934 Alt. 1 an diese Vorschrift ist unrichtig.

724 Ob auch, wie *Tiedtke*, WM 1978, 450 1. Sp. meint, durch bloße Abtretung des Herausgabeanspruchs, erscheint schon nach dem Wortlaut des § 933 fraglich.

725 Prot., *Mugdan* III, S. 632 f.

Damit stellt sich die Frage der Restriktion des gutgläubigen Erwerbs nach dieser Vorschrift auf Fälle einer ausreichenden Verfestigung der Erwerberposition, so daß im Vergleich von Bestandsschutzinteresse des Berechtigten und Erwerbsinteresse des Erwerbers dem letzteren der Vorzug gegeben werden kann, so wie eine solche Verfestigung auch in § 933 vorausgesetzt ist. Dasselbe Problem ist betreffs §§ 934 Alt. 2 und 932 I 1 sowie hinsichtlich der Anwendung des § 933 bei mittelbarem Besitz des Veräußerers zu lösen: Auch hier kann bei gleichem Vertrauen von Berechtigtem und Erwerber auf denselben Besitzmittler in dem bloßen Wort des Mittlers zugunsten des Erwerbers schwerlich die Grundlage der Benachteiligung des Berechtigten gefunden werden. **895**

In der Literatur wird als Ansatz zur Lösung des mit §§ 933, 934 verbundenen Problems die Lehre vom Nebenbesitz vertreten[726]: Der unmittelbare Besitzer könne zwei Personen den Besitz mitteln; wenn diese nichts voneinander wüßten, hätten sie *nebeneinander* Besitz, d.h. jedem Dritten gegenüber hätten sie mittelbaren Besitz, im Verhältnis untereinander hätten sie aber überhaupt keinen Besitz, weil jeder den anderen in dessen Sachherrschaft neutralisiere. Damit wird der gutgläubige Erwerb kraft neuen mittelbaren Besitzes zu Lasten eines alten Oberbesitzers verhindert. Vom mittelbaren Mitbesitz unterscheidet sich der Nebenbesitz dadurch, daß die Sache nicht an die Besitzer gemeinsam herauszugeben ist. Voraussetzung des Nebenbesitzes ist nach *Medicus*[727], daß der unmittelbare Besitzer dem alten Oberbesitzer den neuen Oberbesitz verheimlichen will. Andere sprechen von einem Doppelspiel des unmittelbaren Besitzers, das je nach konkretem Einzelverhalten des Besitzers abwechselnd bejaht werden und wieder zu verneinen sein kann. **896**

Der Lehre vom Nebenbesitz ist nicht zu folgen[728]: Der Besitz ist als tatsächliche Sachherrschaft auf mehrere Personen aufspaltbar (Mitbesitz, unmittelbarer und mittelbarer Besitz), aber nicht auf zwei Personen verdoppelbar. Erst recht ist nicht verdoppelbar das nach § 937 aus dem Besitz folgende Eigentum. – Der Besitzer, der einen Kredit aufnimmt und die Sache zur Sicherung übereignet, will damit endgültig die Herausgabenotwendigkeit gegenüber einem etwaigen Vorbehalts-Verkäufer beenden. Schon mit der Sicherungsübereignung als solcher ist unmißverständlich § 872 erfüllt: Der Besitzer geriert sich als Eigentümer. Insoweit liegt in der Sicherungsübereignung nicht die Begründung von Nebenbesitz, sondern die Beendigung des mittelbaren Besitzes des Vorbehalts-Verkäufers. – Nebenbesitz heißt Besitz nur nach außen, nicht nach innen. Es geht also um eine Relativierung, diese ist nur bezüglich einer Rechtsstellung denkbar, nicht aber bezüglich des Besitzes als eines Faktums. - Insgesamt geht es der Lehre vom Nebenbesitz um den rechtlichen Schutz des Eigentümers vor der ihm nicht offengelegten Beendigung seines Besitzes. Es geht um rechtlichen Vertrauensschutz. Besitz ist aber ein Objektivum, er ist von der Vorstellung darüber, ob man Besitz (noch) hat, gerade unabhängig. Die Lehre verletzt also die Besitzregelung. An den Besitz als tatsächliche Sachherrschaft sind die Rechtsfolgen geknüpft. Die Lehre vom Nebenbesitz erfindet dagegen umgekehrt um bestimmter Rechtsfolgen willen eine bestimmte Besitzposition. **897**

Medicus hat die folgende Variante der Lehre vom Nebenbesitz entwickelt[729]: Er will den Nebenbesitz nicht als Grundlage von Besitzfolgen betrachtet sehen, sondern als Grundlage des Ausschlusses von Besitzfolgen, insbesondere als Grundlage des Ausschlusses von § 934 und etwa auch noch § 1006 III. Nach *Medicus* neutralisiert der Nebenbesitz des einen den des anderen und umgekehrt. Indem bei dem Willen des un- **898**

[726] In der Sache von *M. Wolff* erdacht, s. das Zitat seines Gutachtens in RGZ 135, 75, 79; mit dem Ausdruck versehen von *Dölle*, JW 1932, 1212 (s.a. *denselben* JW 1932, 3763).

[727] FS Hübner (1984), 611, 617 f.

[728] S. *Picker*, AcP 188 (1988), 511, 533 ff.; *Hager*, Verkehrsschutz durch redlichen Erwerb, 1990, S. 360, 362.

[729] FS Hübner, a.a.O.

mittelbaren Besitzers zur Verheimlichung des neuen Oberbesitzes gegenüber dem alten Oberbesitzer das für den mittelbaren Besitz erforderliche faktische Moment des Besitzmittlungswillens (für das § 116 wegen der Faktizität nicht gelte) sowohl dem einen wie dem anderen Oberbesitzer gegenüber erfüllt werde, begrenzten sich die beiden Besitzpositionen gegenseitig.

Es wird deutlich, daß durch Leugnung jeder positiven Besitzfolge die Grundlage, d.h. der Besitz selbst, geleugnet wird. Gegenseitige Neutralisierung der Sachherrschaft heißt Nichtexistenz von Sachherrschaft. Es ist nicht von Nebenbesitz zu sprechen, sondern davon, daß keiner der angeblichen Oberbesitzer besitzt. Auch das würde freilich eine Eingrenzung des § 934 und ebenso des § 932 I 2 in den problematischen Fällen bedeuten. Gerade in den problematischen Fällen ist indessen entgegen *Medicus* hinsichtlich der Frage des mittelbaren Besitzes der Rechtsprechung zu folgen[730]. Außerdem ist mit der Eingrenzung des Erwerbs des mittelbaren Besitzes das Problem nicht erledigt. Die Eingrenzung des gutgläubigen Erwerbs kann nämlich nicht von der diffizilen Prüfung abhängen, ob der unmittelbare Besitzer – äußerlich erkennbar! – ein Doppelspiel betreibt oder nicht, ob er verheimlichen will oder nicht. Die Lehre vom Nebenbesitz führt, gleich in welcher Variante vertreten, nicht zu dem richtigen Kriterium betreffs der Problematik des Gutglaubenserwerbs.

899 Zu einem anderen Kriterium führt der Lösungsversuch *Pickers*[731]. *Picker* fragt nach dem für den gutgläubigen Erwerb erforderlichen objektiven Maßstab, an dem die Schutzwürdigkeit des Eigentümers einerseits und des Erwerbers andererseits als eine unterschiedliche zu messen sei. Dieser Maßstab könne nur die Beziehung zur Sache sein, die einerseits der Eigentümer habe und die andererseits der Erwerber für sich gewinne. Die objektiv bessere Vertrauensgrundlage sei diejenige Sachbeziehung, aufgrund deren das Eigentum vermutet würde. Würde entgegen dem Erwerber gerade der Eigentümer als Eigentümer vermutet, so könne es keinen Erwerb gegen diesen Eigentümer geben. Gelte umgekehrt die Vermutung für den Erwerber, so sei dieser im Vergleich zum Eigentümer schutzwürdiger. Als Kriterium und Voraussetzung des gutgläubigen Erwerbs habe daher die Frage zu gelten, ob der Erwerber in eine solche Position gekommen sei, daß er nach § 1006 als Eigentümer vermutet werde. Nach § 1006 III scheint freilich gerade eine Harmonie dieser Vorschrift zu § 934 Alt. 1 zu bestehen: Der Erwerber wird, wenn er nur mittelbaren Besitz erworben hat, als Eigentümer vermutet. Nach *Picker* ist aber gerade auch § 1006 III erkennbar unrichtig: Der mittelbare Besitz hänge ja vom Besitzwillen des Besitzers ab, es könne aber die Vermutung für den mittelbaren Besitzer nicht enden, wenn nur der unmittelbare Besitzer seinen Besitzwillen aufgebe. Gerade im Streit zwischen beiden böte § 1006 III sonst keinen Schutz.

Die Unrichtigkeit zeige sich im Fall des BGH[732], in welchem es um den Beweis der Ratenzahlung des Vorbehalts-Käufers gegangen sei als Voraussetzung dafür, daß der nach § 933 nicht erwerbende Sicherungsnehmer später nach § 185 II 1 Alt. 2 erworben habe. Auch hier sei der BGH bei dem mittelbaren Besitz des Sicherungsnehmers stehen geblieben und habe den Nehmer gegen den Verkäufer nach § 1006 III geschützt. Dabei sei es klar, daß der Käufer und deshalb auch der von ihm sein Recht ableitende Sicherungsnehmer die Erfüllung der Kaufpreisschuld zu beweisen habe und nicht etwa der Verkäufer die Nichterfüllung. Für das Eigentum spreche beim mittelbaren Besitz offensichtlich nicht die vom Besitzwillen abhängige Position des mittelbaren Besitzes, sondern etwas anderes: die Tatsache nämlich der bloß temporären Überlassung der Sache mit der Konsequenz eines Herausgabeanspruchs. § 1006 III sei mithin dahin zu berichtigen, daß

[730] S. soeben Rz. 890 Fn. 723 und o. Rz. 464.

[731] Bonner Antrittsvorlesung, 1979. Publiziert AcP 188 (1988), 511.

[732] BGH JZ 1969, 433. Zur Vermutungswirkung des § 1006 allgemein BGH NJW-RR 1989, 501.

dieser Herausgabeanspruch Vermutungsgrundlage sei. Im Verhältnis zwischen Vorbehalts-Verkäufer und Sicherungsnehmer sei festzustellen, daß zuerst der Herausgabeanspruch des ersteren entstanden sei und daß dieser auch noch fortdauere. Damit müsse der Sicherungsnehmer das Erlöschen des Anspruchs beweisen, wenn er den für das Eigentum des Vorbehalts-Verkäufers sprechenden Vermutungseffekt tilgen wolle. Solange er das nicht könne, bleibe es bei der Eigentumsvermutung für den Verkäufer.

Damit habe auch im Fall des § 934 gerade der Verkäufer diejenige Sachbeziehung, die das Eigentum vermuten lasse. Gegen sie könne es den gutgläubigen Erwerb des Sicherungsnehmers nicht geben. § 934 sei dahin zu korrigieren, daß auch hier nicht der mittelbare Besitz Grundlage der Rechtsfolge sein könne. Bleibe trotz des Übergangs des mittelbaren Besitzes der Herausgabeanspruch als Vermutungsgrundlage für das Eigentum beim Eigentümer, so scheide ein gutgläubiger Erwerb aus. In dieser Weise sei § 934 zugunsten des sachlich überzeugenden § 933 zu harmonisieren. Der Warenkreditgeber, der sorgfältig darauf achte, daß die Sache an Ort und Stelle bleibt, werde in seiner Sorgfalt belohnt und nicht durch die Möglichkeit eines heimlichen gutgläubigen Erwerbs bedroht.

So überzeugend die Lehre *Pickers* in ihrem kritischen Ansatz ist, so kritisch ist sie in **900**
ihrem eigenen Lösungsansatz zu sehen: *Picker* hebt § 934 Alt. 1 als an den Besitz anknüpfende Vorschrift geradezu auf. *Picker* selbst nennt auch keine Ersatzkriterien, die an die Stelle der Kriterien des § 934 Alt. 1 treten sollen. Das Gesetz wird so in einer Weise korrigiert, daß einfach eine Entscheidung des Gesetzgebers negiert wird. Insofern ist Zurückhaltung geboten. Dies um so mehr, als nicht nur durch die 2. Kommission § 934 Alt. 1 geschaffen worden ist, sondern schon im 1. Entwurf der gutgläubige Erwerb durch bloße Umstellung des mittelbaren Besitzes auf den Erwerber, also die hier gleichfalls in Frage gestellten Fälle des gutgläubigen Erwerbs auf der Grundlage mittelbaren Besitzes nach §§ 932 I 1, 934 Alt. 2 anerkannt worden sind: § 879 E I schloß wie § 933 zwar gutgläubigen Erwerb durch bloßes Besitzkonstitut (§ 805 E I) aus, nicht aber einen solchen durch Besitzübergang nach § 804 E I: In dieser Vorschrift war vorgesehen, daß auch durch Anweisung zur Umstellung der Besitzmittlung auf den Erwerber, Hinnahme der Anweisung durch den Mittler (damals »Inhaber«) und Erklärung des Besitzwillens durch den Erwerber (möglich gegenüber dem Veräußerer[733]) Besitz übergehen könnte. Der Erwerb des von der 2. Kommission sog. mittelbaren Besitzes sollte also jedenfalls gleich dem unmittelbaren Besitz Grundlage eines gutgläubigen Erwerbs sein können. Die anscheinend so vorbildliche Vorschrift des § 933 enthält, wie gesehen, diese Möglichkeit sogar selbst.

Für die notwendige teleologische Restriktion der Regeln von §§ 934 Alt. 1, 2, 932 I 1, **901**
933 (der letzteren drei, soweit sie durch mittelbaren Besitz erfüllbar sind) ist am besten von dem Grundgedanken derjenigen Vorschrift auszugehen, die wenigstens für ihren Hauptanwendungs-Fall die hier wesentliche Beschränkung des gutgläubigen Erwerbs selbst enthält: Auszugehen ist von § 933. Mit dem Erfordernis der Besitzabtrennung vom Veräußerer sagt § 933: Kein heimlicher, äußerlich, was die Besitzlage betrifft, unmerklicher gutgläubiger Erwerb. Er sagt weiter: Ist der Erwerber ebenso vertrauensselig bezüglich der Person des Veräußerers wie der Berechtigte, so ist er nicht schutzwürdiger als der Berechtigte. In den Worten der Motive: »Eine Unbilligkeit gegen den gutgläubigen Erwerber liegt (sc. in der Verweigerung des Erwerbs bei bloßem Besitzkonstitut) nicht vor, da in dem Belassen der Sache in den Händen des Veräußerers eine Vertrauenserweisung liegt, deren Gefahr ohne Unbilligkeit den Vertrauenden trifft«[734].

[733] Mot., Mugdan III, S. 53.

[734] Mot., Mugdan III, S. 192; darauf nimmt auch *J. Hager*, Verkehrsschutz durch redlichen Erwerb, 1990, S. 342 mit ähnlichen Konsequenzen wie hier Bezug.

Der Kern dieses Gedankens liegt darin, daß eine Bevorzugung des Erwerbers vor dem Berechtigten nicht gerechtfertigt ist, wenn auch der Erwerber die Sache in der Hand derselben Person beläßt, der sie schon der Berechtigte anvertraut hat[735]. Ersichtlich besteht in Anbetracht dieses Gedankens zunächst einmal kein Unterschied im Fräsmaschinen-Fall zwischen dem ersten und dem zweiten Sicherungsnehmer: Beide lassen die Sache beim Käufer, also der Person, die die Sache veräußert hat.

902 Nach dem Gedanken des § 933 darf sodann der gutgläubige Erwerb aber nicht nur dann nicht eintreten, wenn der Erwerber die Sache beim Veräußerer läßt, sondern ebensowenig dann, wenn er sie bei einem Dritten läßt, dem wiederum auch schon der Berechtigte die Sache anvertraut hatte. Damit ist nicht jeder mittelbare Besitz, aber es sind doch die kritischen Fälle eines solchen aus dem Bereich des gutgläubigen Erwerbs ausgeschlossen: Hinsichtlich der relevanten Unterscheidung ist zunächst der Fall zu behandeln, der in der Literatur, aber auch von *Picker*[736] geradezu als Schreckfall für § 934 bezeichnet wird: Der Nichtberechtigte selbst könne wegen § 933 nicht veräußern, ohne den Besitz auf den Erwerber zu übertragen; gebe er demgegenüber die Sache an einen Spediteur, Lagerhalter etc. weg, so könne er doch nach § 934 Alt. 1 veräußern. Dieser Fallvergleich schreckt in Wirklichkeit aber nicht: Zwar darf keinesfalls § 870 einfach angewandt werden. Wenn aber der unmittelbare Besitzer, an den der *Veräußerer* den Besitz gegeben hat, also etwa dessen Spediteur, Lagerhalter, vom Veräußerer über die Abtretung unterrichtet wird und nunmehr seine Rechtsbeziehung voll auf den Erwerber umstellt mit entsprechendem Besitzwillen, der eine Rückanbindung an den Veräußerer ausschließt, so kommt hier § 934 Alt. 1 durchaus sinnvoll zur Anwendung. Die Übertragung des mittelbaren Besitzes in diesem Fall steht in der Tat der Übertragung des unmittelbaren Besitzes wirklich gleich. Der Veräußerer gibt hier eine eigene Besitzbeziehung, und zwar äußerlich wirksam, weg; der Erwerber hat vermittels des voll auf ihn umgestellten Rechtsverhältnisses zum Spediteur etc. die Sache gleichsam in der Hand[737]. Es hat auch nicht der Erwerber ebenso wie der Berechtigte demselben unmittelbaren Besitzer vertraut, denn im gedachten Fall hat der unmittelbare Besitzer den Besitz vom nichtberechtigten Veräußerer erhalten. Der Berechtigte hat dem Veräußerer oder dessen Besitz-Vorgänger die Sache anvertraut. Diese haben aber den anvertrauten Besitz weggegeben[738]. Daran knüpfen

[735] Zustimmend *Musielak*, JuS 1992, 713, 722.

[736] A.a.O., S. 547 m.w.N.

[737] Daß diese Besitzumstellung dem Eigentümer bei ihrem Vollzug oder nachher verheimlicht werden kann, ändert nichts an der der Übergabe gleichkommenden Besitzverschaffung an den Erwerber. Die Verheimlichung gegenüber dem Eigentümer ist Unrecht des Verheimlichers gegenüber diesem, für den Erwerber kommt es auf die Besitzverschaffung an. Wie bei Veräußerung durch einen nichtberechtigten unmittelbaren Besitzer der Eigentümer sein Eigentum auch dann verliert, wenn er sich gerade in dem Augenblick telefonisch etc. der Obhut des Besitzers versichert, in welchem die Sache von den Leuten des Besitzers auf dessen Anweisung an den Erwerber abgegeben wird, so verliert er bei Veräußerung durch einen beim unmittelbaren Besitzer einlagernden Nichtberechtigten sein Eigentum auch dann, wenn er die Sache bei diesem Besitzer gerade in dem Augenblick inspiziert, in welchem im Nebenzimmer der Vertreter des Besitzers gemäß der Veräußerung durch den Nichtberechtigten den Lagervertrag mit alleiniger Hinterlegungsposition des Erwerbers schließt. Das augenblicksweise Inspizieren der Sache im Bereich eines anderen hat keine besondere Besitzschutzqualität, die einen vermehrten Schutz vor Verheimlichen rechtfertigt.

[738] Nicht in einer Weise weggegeben, die die Zurücksetzung des Eigentümers rechtfertigt, ist der Besitz dann, wenn nach § 930 veräußert und der unmittelbare Besitz auch in der nachfolgenden Zeit behalten wird. Der Besitz bleibt bei dem Veräußerer und ist mithin ein nicht weggegebener auch dann, wenn der Erwerber einer nach § 930 erfolgten Veräußerung seinerseits veräußert und dazu seinen mittelbaren Besitz überträgt.

§§ 932 ff. zu Lasten des Berechtigten an[739].

Anders ist es dagegen in den neuralgischen Fällen, daß (Fräsmaschinen-Fall[740]) der Vorbehaltskäufer oder (Zucker- u. Saulachse-Fall[741]) der Lagerhalter, bei dem der Eigentümer die Sache verwahren läßt, als Besitzmittler doppeltes Spiel treibt (wobei hier nicht das doppelte Spiel i.S. der merkwürdigen Abgrenzungsnotwendigkeit gemeint ist, zu der die Lehre vom Nebenbesitz führt): Hier muß die Wertung des § 933 zur Einschränkung des § 934 (und ggf. des § 932 I 1 sowie des § 933 selbst) führen. Nach dieser Wertung gibt es keinen gutgläubigen Erwerb, wenn gerade diejenige Person, der auch der Berechtigte vertraut, unverändert den Besitz behält und so beide Inhaber der hier konfligierenden Interessen in gleicher Weise an die Stelle von Besitzsicherung Vertrauensgewährung setzen. Die Zurücksetzung dessen, der immerhin Rechtsinhaber ist und etwa im Fall des Konflikts von Vorbehalts- und Sicherungseigentum ein genauso berechtigtes Geschäfts-Verkehrsinteresse hat wie der Erwerber, ist hier nicht gerechtfertigt. Sowohl im Zucker- wie im Fräsmaschinen- wie im Saulachse-Fall war also gegen den gutgläubigen Erwerb zu entscheiden.

Zum Saulachse-Fall wäre die gegenteilige Auffassung *Tiedtkes*[742] nur dann berechtigt, wenn die X-Bank (die Berechtigte aus der 1. Veräußerung) durch bloße Abtretung seitens B, also ohne die Einbeziehung des L in diesen Vorgang, das Eigentum übertragen bekommen hätte: In diesem Fall hätte X allein dem B vertraut, der Besitz des L wäre – sachherrschaftlich gedacht – nach wie vor aus dem unmittelbaren Besitz des gegenüber Y nichtberechtigt verfügenden B abgeleitet gewesen (§ 870 ändert daran für §§ 932 ff. auch insoweit nichts). Hätte L in diesem Fall auf Anweisung des B die Besitzmittlung auf Y umgestellt, hätte es sich um eine Besitz*verschiebung* von Seiten des Veräußerers an den Erwerber, nicht dagegen um die Beibehaltung des Besitzes gerade durch die Person gehandelt, der schon der Berechtigte den Besitz anvertraut hatte.

Die hier vertretene Lösung setzt sich dem Einwand aus, daß sie für den Erwerber nicht **903** absehbare, zufällige Ergebnisse herbeiführt. Zusätzlich scheint die rationelle Möglichkeit, die erworbene Sache einfach bei demselben Lagerhalter zu lassen, durch die Unsicherheit des Erwerbs dann, wenn man nur einen neuen Lagervertrag von demselben Lagerhalter erhält, gefährdet. Beide Einwände schlagen nicht durch:

Die Zufälligkeit entsteht aus dem Vergleich der vom Berechtigten einerseits und dem Erwerber andererseits eingeräumten Vertrauens- bzw. Rechtsscheinpositionen. Dieser Vergleich ist aber notwendig. Das Gesetz trifft ihn ebenso hinsichtlich des Abhandenkommens. Wie hinsichtlich dieser Frage, so gibt es auch dann, wenn der Erwerber die Sache einem Dritten anvertraut läßt, keine für den Erwerber sichere Entscheidung. Was sodann die rationelle Einlagerungsmöglichkeit betrifft, ist auch deren Anführung gegen die Berücksichtigung des Interesses des Berechtigten einseitig. Und dies schon deshalb, weil der einseitige Schutz des Erwerberinteresses durch Anerkennung eines bloßen Vertragsschlusses als Erwerbsgrundlage jene Möglichkeit genauso gefährden würde: Dies zeigt der Saulachse-Fall. Dort hat die Berechtigte (X) als Erwerberin die Sache eingelagert gelassen. Bei Anerkennung des gutgläubigen Erwerbs der Zweiterwerberin (Y) hätte die Erwerberin X ihr Eigentum verloren. So also wie die *Verwehrung* des gutgläubigen Erwerbs zum Wechsel des Lagers deshalb drängen kann, weil man sonst möglicherweise nicht erwirbt, führt die *Anerkennung* des gutgläubigen Erwerbs zum Lagerwechsel des-

[739] Konsequenz ist die Anerkennung des gutgläubigen Erwerbs eines Pfandrechts, wenn der Verpfänder die Sache einem Dritten überläßt und der Dritte sich i.S. des § 1206 Alt. 2 verpflichtet, nur an Verpfänder und Pfandgläubiger gemeinsam herauszugeben. Dies führt zum gutgläubigen Erwerb nach §§ 1207, 934 Alt. 1 in den Fällen BGH NJW 1983, 1114, 1123. Zu den Entscheidungen o. Rz. 188, 193.

[740] BGHZ 50, 45; dazu o. Rz. 888.

[741] RGZ 135, 75 bzw. BGH NJW 1979, 2037; zu beiden Fällen s. o. Rz. 888 ff.

[742] WM 1979, 1144, 1148 ff.

halb, weil man sonst den Verlust des Eigentums an wieder einen anderen Erwerber befürchten muß.

Will man die Sache bei demselben Lagerhalter belassen und trotzdem sicher gehen, so muß man entweder dessen Solvenz prüfen, damit man sich wenigstens eines voll ausgleichenden Schadensersatzanspruchs bei Nichteintritt oder Verlust des Erwerbs sicher sein kann. Oder man muß sehen, daß man Sachen erwirbt, über die ein Orderlagerschein ausgegeben wird (§ 475c i.V.m. § 363 HGB, s.a. § 475f HGB). In diesem Fall sichert der Orderlagerschein den Erwerb, weil er Traditionspapier ist und also seine Übergabe die des Gutes ersetzt (§ 475g HGB). Möglicherweise sichert sich der Erwerber des Orderlagerscheines sogar darüber hinaus vor Verlust des Eigentums, indem zusätzliche Verfügungen über das Gut, wenn dieses beim Lagerhalter bleibt, der Übergabe des Orderlagerscheines bedürfen. Für Verfügungen nach § 931 wird vertreten, daß eine Scheinübergabe erforderlich ist[743]. Dazu gibt es aber Gegenstimmen[744]. Zudem ist auch der Schutz betreffs Verfügungen nach § 931 nicht vollständig. So erkennt etwa *Koller* die Wirksamkeit einer Übereignung ohne Übergabe des Orderlagerscheins dann an, wenn sie durch Anweisung zur Begründung eines Besitzkonstituts erfolgt. Das sind gerade unsere kritischen Fälle. Nach *Koller* hängt der Schutz des Orderlagerschein-Inhabers – zweifelhaft[745] – davon ab, ob der Nichtberechtigte noch zusätzlich die Abtretung des Herausgabeanspruchs erklärt oder nur zur Umstellung der Besitzmittlung veranlaßt.

904 Erklärt man sich nach dem Vorstehenden entgegen *Picker* für die weitere Verwendung des mittelbaren Besitzes als Grundlage des gutgläubigen Erwerbs, wenn auch in restriktivem Umfang, so ist dies noch gegenüber der Beweisführung zu rechtfertigen, die *Picker* im Hinblick auf § 1006 vorgetragen hat. Aber auch für § 1006 gilt: Die Gleichstellung des mittelbaren Besitzes mit dem unmittelbaren ist nicht grundsätzlich zu verwerfen:

Der mittelbare Besitz kann durchaus ebenso wie der unmittelbare Besitz vermutungsbegründend wirken[746]. Die Vermutung wird nur sogleich erschüttert, wenn weitere Indizien aufgedeckt werden, insbesondere geltende oder noch geltende Anspruchsbeziehungen. Diese wirken aber gerade auch gegen den unmittelbaren Besitzer (§ 1006 I). Insofern gilt nichts anderes als dann, wenn ein Abhandenkommen bewiesen wird (§ 1006 I 2). Ist also etwa dargetan, daß K nach Sicherungsübereignung an S aufgrund des Herausgabeanspruchs des S und des Besitzmittlungswillens des K Besitzmittler des S ist, dann gilt die Vermutung erst einmal für den Sicherungsnehmer (§ 1006 III), jedenfalls im Prozeß gegen einen Dritten und *auch* im Prozeß gegen K (dessen etwaige Willensänderung nach § 1006 II wirkungslos ist). Kommt es jetzt zum Prozeß mit einer Person, die dem K die Sache unter Eigentumsvorbehalt verkauft haben will, so muß diese ihren früheren Herausgabeanspruch gegen K nachweisen. Gelingt ihr dies, so streitet jetzt für sie die Vermutung des früheren Rechts. Jetzt muß erklärt werden, wieso es zu einem Rechtswechsel gekommen sein soll. Je nach näherer Darlegung kann die Vermutung nach § 1006 III gelten oder aber nicht. Im Fall des BGH zu § 1006 III[747] konnte die Vermutung nicht gelten: Die Vermutung des § 1006 III deckt ja nicht die Zahlung der Kaufpreisraten, auf die es in dem Fall des BGH ankam. Die Vermutung wird überhaupt nie die *Einzelheit* ergeben können, die für den Eigentumswechsel angeführt wird. § 1006 kann so nur eingreifen, wenn eine Besitzruhelage von außen angegriffen wird, nicht aber dann, wenn bestimmte Vorgänge in für sich ersichtlichen Rechtsverhältnissen aufzuklä-

[743] Etwa Großkommentar HGB/*Koller*, 4. Aufl., § 424 Rz. 18 m.w.N.

[744] S. *Koller*, a.a.O.

[745] Kritisch *J. Hager*, Verkehrsschutz durch redlichen Erwerb, 1990, S. 380.

[746] Die Zufallsabhängigkeit ist kein durchschlagendes Argument. Auch der unmittelbare Besitz ist zufallsabhängig: Zur Zufallsabhängigkeit auch des unmittelbaren Besitzes s. den Diebesbesitz, der die Tatsache, daß die Vermutungslage Zufälligkeiten ausgesetzt ist, generell zeigt.

[747] BGH JZ 1969, 899; dazu o. Rz. 899 Fn. 732.

ren sind[748]. Auch im Fall des BGH heißt das: Der Vorbehalts-Verkäufer obsiegt nicht deshalb, weil die Vermutung für ihn streitet. Es kommt wieder auf die streitige Einzelheit an, hier die Zahlung der Raten. Wer diese zu beweisen hat, davon hängt die Fall-Entscheidung ab. Hinsichtlich der Ratenzahlung kann sich der Sicherungsnehmer allein auf das Wort des K berufen. Dann ist aber entscheidend, daß im Verhältnis des K zu V der K und nicht der V die Ratenzahlung zu beweisen hat. Man denke sich einen Fall des § 363: Schon muß in diesem Fall der Verkäufer verlieren. § 1006 hilft ihm also nicht mehr. Der Sicherungsnehmer muß von K dessen Position, die für K aus § 363 folgt, wenn die dort geregelte Vermutung nicht widerlegt wird, also das Eigentum des K erwerben können.

Daraus folgt, daß entgegen *Picker* § 1006 nicht zu korrigieren und in der korrigierten Fassung als Unterscheidungskriterium für den gutgläubigen Erwerb einzusetzen ist: Es kommt nicht auf die Eigentumsvermutung im konkreten Fall an: Auch in der soeben erwähnten Konstellation des § 363 darf es keinen gutgläubigen Erwerb in den erwähnten Fallgestaltungen geben. Die Vermutungsgrundlage in generellem Sinne, d.h. eben für den Fall, daß bei gegebener Besitzlage plötzlich jemand von außen auftaucht und sein Eigentum reklamiert, ist entscheidend. Als solche fungiert aber auch der mittelbare Besitz. Die Unterscheidung zwischen genereller und konkreter Geltung der auf den Besitz gründenden Vermutung und die Maßgeblichkeit der generellen Geltung für § 1006 treffen auch für den unmittelbaren Besitz zu: Nehmen wir im Fall des sicherungsübereignenden Vorbehalts-Käufers an, daß die Sache dem Erwerber übergeben wird, so ist der gutgläubige Erwerb sogar nach § 933 eindeutig. Es ist aber nicht etwa so, daß der Erwerber hier die bessere Vermutungsgrundlage für sich hätte: Auch hier gilt, daß der Vorbehalts-Verkäufer die ältere Besitzbeziehung durch seinen Herausgabeanspruch hat. Auch hier berührt die bloße Übergabe an einen anderen nicht die aus der temporären Besitzüberlassung an den Käufer folgende Vermutungswirkung. Nur eben sagt das Gesetz hier, daß in diesem Fall das Eigentum durch den gutgläubigen Erwerb beendet werden kann. Dieses neue Eigentum wird dann auch aufgrund des neuen unmittelbaren Besitzes vermutet. Gäbe es aber den gutgläubigen Erwerb nach dem Gesetz nicht und könnte für einen Eigentumswechsel oder für eine ursprüngliche Berechtigung gerade desjenigen, dem die Sache temporär überlassen ist, nichts angeführt werden, so bliebe es bei der Eigentumsvermutung für den Sachüberlasser. Es gilt also gerade umgekehrt: Die Möglichkeit des Gutglaubenserwerbs ist Voraussetzung für das Eingreifen der sich auf den unmittelbaren Besitz gründenden Vermutung; nicht hängt jene Möglichkeit vom•Gegebensein dieser Vermutung ab. **905**

Zum endgültigen Schlusse bedarf es noch einer Klarstellung: Unrichtig wendet *Roussos*[749] die Restriktion des gutgläubigen Erwerbs gemäß § 933 auch noch auf den Fall der Übereignung nach § 929 S. 2 bei mittelbarem Besitz des Erwerbers an: Zu unterscheiden seien zwei Fälle: 1.) Nichtberechtigter V verleiht an L, der an L1 weiterverleiht und übergibt. Dann übereignet V an L nach § 929 S. 2; dies sei bei gutem Glauben des L wirksam. 2.) Gleicher Fall, nur übergibt L nicht an L1, sondern verwahrt vorerst noch für ihn. V übereignet nach § 929 S. 2 nicht an L, sondern an L1. L1 erwerbe nicht, weil eine rein vergeistigte Besitzübertragung an den Erwerber nach dem **906**

[748] Deshalb wird die Vermutungswirkung des Besitzes nach § 1006 überwunden durch den Grundsatz »donatio non praesumitur«; zu dieser Überwindung *Wacke*, AcP 192 (1992), 1. Auch der merkwürdige Fall, daß die Prozeßparteien nicht je eigenes Eigentum, sondern gerade das Eigentum je der Gegenseite geltend machen (so geschehen im Streit zwischen öffentlicher Hand und einem Künstler um die Unterbringung eines Kunstwerks dieses Künstlers, s. LG Berlin NJW 1992, 1327, dazu *Krampe*, NJW 1992, 1264), ist nicht mit allgemeinen Vermutungen, nicht einmal der eben zitierten Vermutung gegen Schenkung, sondern mit Schlüssen aufgrund der Einzelrechtsverhältnisse zu klären. – Zum Verhältnis der Eigentumsvermutung nach § 1006 zu den familienrechtlichen Eigentumsvermutungen bei Eheleuten in § 1362 siehe die neue Entscheidung BGH NJW 1992, 1162 = JuS 1992, 698 (*K.Schmidt*).

[749] Jura 1987, 403, 409, 410.

Gedanken des § 933 nicht ausreiche. Das ist zwar sachlich richtig, das Ergebnis folgt hier aber bereits aus § 932 I 2. – In dem von *Roussos* besprochenen Fall[750] war hinwiederum in der Tat § 933 anzuwenden, aber nicht als Grundlage einer teleologischen Restriktion, sondern aufgrund richtiger Einordnung der gegebenen Übereignungskonstruktion. Der BGH selbst hat hier die Anwendung bejaht: Im Fall hatte Vorbehaltskäufer K sein Anwartschaftsrecht aus der bedingten Übereignung (s. § 449 I (= § 455 I a.F.) und § 161) an A übertragen und sodann einen Sicherungsvertrag über die Kaufsache mit der Bank B geschlossen, die den Kaufpreis an den Verkäufer zahlte gegen dessen Eigentumsfreigabe an sie. Der BGH nimmt Übereignung durch V an B an; diese Übereignung war eine solche eines Nichtberechtigten mit Zustimmung des K als vermeintlich durch Kaufpreisrestzahlung (= Eintritt der Bedingung) Berechtigten (in Wirklichkeit war A Berechtigter geworden). V übereignete zwar gemäß § 929 S. 2 (die Bank war mit Kaufpreiszahlung erst- und letztstufige mittelbare Besitzerin aus dem Sicherungsvertrag), die Rechtsscheinerfordernisse müssen aber im Fall der Verfügung mit Zustimmung des (angeblich) Berechtigten unter Berücksichtigung beider Verfügender, also sowohl der Person des nichtberechtigt Verfügenden wie der des Zustimmenden, angewandt werden[751]. Im Fall des BGH war also auch K Veräußerer i.S. des § 933 und greift so die Bestimmung der Rechtsscheinerfordernisse durch diese Vorschrift unmittelbar ein. Der BGH sagt mit Recht, daß die Erfordernisse des § 933 nicht dadurch umgangen werden können, daß der unmittelbare Besitzer anstelle der eigenen Übereignung einen anderen als Nichtberechtigten mit seiner Zustimmung übereignen läßt.

fff) Gutgläubiger Erwerb des Miteigentums

907 Wie sich die Übertragung des Miteigentums nach den Vorschriften über die Übereignung richtet[752], sind auf den gutgläubigen Erwerb des Miteigentums an beweglichen Sachen §§ 932 ff. anzuwenden. Ohne weiteres ist danach der Erwerb vom Alleinbesitzer, der als Alleineigentümer verfügt, möglich. Für den Fall aber, daß der Veräußerer nur Mitbesitz hat und als Miteigentümer verfügt, wird die Möglichkeit eines gutgläubigen Erwerbs heute überwiegend verneint[753]. Nach *Koller* (ihm folgend *Schmidt*) kann ein Gutgläubiger jedoch dann erwerben, wenn die anderen Mitbesitzer der Übertragung zustimmen. Beidem ist nicht zu folgen.

908 Was zunächst die Verfügung des veräußernden Mitbesitzers betrifft, ist das Problem ja nur die Ableitung der Quote für den Erwerber. Zu Lasten mitbesitzender Miteigentümer ist sie in der Tat nicht möglich. Hier kollidiert die Miteigentumsvermutung zugunsten des Veräußerers mit der zugunsten der Mitbesitzer. Eine quotenmäßige Aufteilung der Vermutungswirkung und also der Rechtsscheinbasis kann es nicht geben. Anders ist es, wenn ein Miteigentümer nicht im Mitbesitz ist. Hat etwa der Miteigentümer C seinen Anteil unter Übertragung seines Mitbesitzes auf X übertragen und war diese Übereignung unwirksam, so kommt hier die Ableitung der Quote für einen Erwerber, auf den X überträgt, in Betracht. Jetzt werden nämlich X und dann der Erwerber zu Lasten des nicht besitzenden C als Miteigentümer vermutet und kann der Erwerber so im Rahmen der Quote von C erwerben. Die erworbene Quote bestimmt sich in diesem Rahmen nach dem Übereignungsgeschäft. Das heißt aber nicht, daß doch der gute Glaube an die Berechtigung des Veräußerers (X) hinsichtlich der Quote des übertragenen Anteils geschützt würde. Vielmehr wirkt die Gegenstandsbestimmung im Veräußerungsgeschäft nur als Schranke des Erwerbs im Rahmen der verfügbaren Quote; sie beschränkt also den erworbenen Anteil, wenn die Quote des Berechtigten darüber hinausgeht.

909 Was sodann die Zustimmung der anderen Mitbesitzer betrifft, so hat *Koller* diese als Mittel der Erweiterung der Rechtsscheinbasis erfunden, und sie ist Erfindung: Überträgt

[750] BGHZ 56, 123.
[751] S. o. Rz. 837.
[752] Oben Rz. 668.
[753] *Koller*, JZ 1972, 648; MünchKomm/*K. Schmidt* § 747 Rz. 1; Großkommentar HGB/*Canaris*, 3. Aufl., Bd. III/3 (2. Bearb.) – Bankvertragsrecht, 1991, Rz. 2026; differenzierend *J. Hager*, Verkehrsschutz durch redlichen Erwerb, 1990, S. 320, 324.

ein angeblicher Miteigentümer seinen angeblichen Anteil, so verfügt er als vermeintlich Berechtigter über sein angebliches Recht. Zu dieser Verfügung sind die anderen Mitbesitzer nicht zuständig. *Koller* meint, der Verfügende könne u. U. sein Recht zu Lasten der Mitbesitzer überschreiten. Dann enthalte die Zustimmung der anderen die potentielle Ermächtigung für diesen Eingriff in das Recht der anderen. Aber erstens kann eine solche Zustimmung dann eben nur Bedeutung für die Verfügung haben, die zu Lasten der von den anderen für sich angenommenen Anteile geht, und dann nur in der entsprechenden Höhe. Was aber hier zunächst den Anteil des anstelle des Verfügenden wirklich Berechtigten betrifft, steht den anderen fern zu meinen, daß der ihnen gehöre. Und was sodann die als eigene angenommenen Anteile betrifft, steht den anderen ebenso fern, eine solche Zustimmung zu erklären. Und zweitens glaubt auch der Erwerber selbst nicht wie im Fall der Verfügung mit Zustimmung des angeblich Berechtigten daran, daß die Zustimmenden die Berechtigten des ihm übertragenen Anteils seien[754]. Hinzu kommt, daß sich die hier Zustimmenden gar nicht ihres Besitzes begeben, wie es für den Erwerb kraft Zustimmung eines angeblich Berechtigten erforderlich ist[755].

Die Miteigentumseinräumung aus dem Gesamteigentum, für die die Einräumung von **910**
Mitbesitz ausreicht, liegt ja nicht vor. Sie läge nur vor, wenn der Veräußerer nicht über seinen angeblichen Anteil verfügen, sondern aus dem Gesamteigentum nach § 747 S. 2 einen Miteigentumsanteil abspalten würde. Dazu bedürfte er in der Tat der Zustimmung der anderen. Diese Verfügung wäre aber etwas ganz anderes als die Veräußerung eines angeblichen eigenen Anteils: Die Veräußerung (Abspaltung) eines Anteils, die der Verfügende aus dem Gesamteigentum vornehmen würde, würde zu Lasten aller gehen auch dann, wenn der Verfügende einen Anteil im Betrage des Anteils, von dem er für sich ausgeht, veräußern würde. Der aus dem Gesamteigentum abgespaltene Anteil würde sich aus Bruchteilen zusammensetzen, die sowohl von dem Anteil, dessen der Verfügende sich berühmt, als auch von den Anteilen der anderen abgespalten wären.

Bleibt es dagegen bei der Veräußerung des angeblichen eigenen Anteils, so liegt in ei- **911**
ner Zustimmung der anderen Besitzer lediglich die bloße deklaratorische Bestätigung der Behauptung des Veräußerers, er sei anteilig berechtigt. Aufgrund einer sachenrechtlich irrelevanten Zustimmungserklärung greifen die §§ 932 ff. aber nicht ein.

Die These der Unmöglichkeit gutgläubigen Erwerbs des Miteigentums an beweglichen **912**
Sachen durch bloße Übertragung seitens eines als Miteigentümer Verfügenden hat zur Annahme einer Rechtsfortbildung des Rechts des gutgläubigen Erwerbs im Effektengiroverkehr geführt: Es geht um die Verwahrung vertretbarer Wertpapiere (Anleihen, Aktien) im Sammeldepot einer Wertpapiersammelbank (WSB). Die Hinterleger sind gemäß oder analog § 6 I DepotG Miteigentümer des Sammelbestandes; haben sie den – nach DepotG allerdings ausschließbaren – Herausgabeanspruch, so sind sie mittelbare Mitbesitzer. Bei Anteilsübertragung bucht die WSB eine entsprechende Quote auf den Erwerber um. Darin wird überwiegend eine Übereignung nach § 929 S. 1, d.h. durch Umstellung des Besitzmittlungsverhältnisses auf die Erwerberseite auf die Anweisung der Veräußererseite hin gesehen[756]. Nach der These der Unmöglichkeit des gutgläubigen Erwerbs des Miteigentums an beweglichen Sachen vom als Miteigentümer Verfügenden kann durch die Umbuchung nicht nach § 932 von einem Nichtberechtigten erworben werden. Dadurch würde die Rationalisierung, die der stückelose Effekten(giro)verkehr in dem auf Umlauffähigkeit angewiesenen Wertpapierverkehr bewirken soll, ins Gegenteil verkehrt. Um dieses unhaltbare Ergebnis zu vermeiden, wird rechtsfortbildend der gut-

[754] Zutreffend *Tiedtke*, Gutgläubiger Erwerb, 1985, 1. Teil, 1. Kapitel, 1. Abschnitt, IX 5, S. 57.
[755] S. die soeben in Rz. 906 zu BGHZ 56, 123 gemachten Ausführungen.
[756] Näher *Koller*, DB 1972, 1905; Großkommentar HGB/*Canaris*, 3. Aufl., Bd III/3 (2. Bearb.) – Bankvertragsrecht, 1991, Rz. 2016 ff.

gläubige Erwerb an den Buchungsakt der WSB geknüpft[757]. Wenn dazu auf die besondere Kontrolle verwiesen wird, unter der die Buchungen der WSB stehen, klingt das nach Kreierung einer Grundlage öffentlichen Glaubens noch neben der des Grundbuchs. Die neue Figur ist dementgegen aber als neue Rechtsscheingrundlage den §§ 932 ff. einzuordnen. Die WSB handelt ja auf der Annahmeseite als Stellvertreterin des Erwerbers. Deshalb ist, wenn sie bei der Buchung grob fahrlässig handelt, nach § 166 I kein gutgläubiger Erwerb des Erwerbers gegeben[758].

913 Die ganze Frage bekommt ein anderes Aussehen, nachdem die These der Unmöglichkeit des gutgläubigen Miteigentumserwerbs vom als Miteigentümer Verfügenden in Frage gestellt ist. Es ist darauf hinzuweisen, daß die WSB, wenn sie auf Anweisung eines Nichtberechtigten die Besitzmittlung auf den Erwerber umstellt, in demselben Akt rechtlich zunächst die Besitzmittlung auf den Anweisenden und für diesen auf den Erwerber verändert. Damit erwirbt letzterer dann zu Lasten eines nicht besitzenden Berechtigten, wenn die Umbuchung den ganzen einem bestimmten Miteigentümer zustehenden Anteil betrifft. Damit ist nach dem Ausgeführten hier gutgläubiger Erwerb möglich, was die Miteigentumsfrage betrifft. Hinderlich ist hier demgegenüber aber die oben[759] zu §§ 933, 934 entwickelte Restriktion des gutgläubigen Erwerbs bei unverändertem Besitz der Person, der schon der Berechtigte die Sache anvertraut hat. Für die WSB kann man aber sagen, daß sie keine mit dem Berechtigten individuell verbundene Vertrauensperson ist. Sie ist technische Buchungsstelle, und so kann man hier die Umbuchung als ausreichende Abtrennung der Beziehung des Berechtigten zum Sammelbestand ansehen. Für eine echte Rechtsfortbildung bleiben dennoch die Fälle der Verfügung über die Höhe des eigenen Anteils hinaus[760] und die Fälle übrig, in denen der Herausgabeanspruch abbedungen und also sogar kein mittelbarer Besitz gegeben ist. Für die letzteren ist aber sogar die Qualität des Rechts der Hinterleger als sachenrechtliches Eigentum in Frage zu stellen. Es scheint doch eher ein aus dem Sammelbestand als Vorrat zu erfüllender Gattungsanspruch, der nur mit Vorzugsrechten in Zwangsvollstreckung und Konkurs ausgestattet ist, vorzuliegen. Die Rechtsfortbildung würde hier die Überwindung des Ausschlusses eines gutgläubigen Forderungserwerbs durch Übertragung des für Wertpapiere anerkannten Verkehrsschutzes auf bestimmte *Ansprüche auf* Wertpapiere bedeuten.

ggg) Der gutgläubig lastenfreie Erwerb

914 § 936 läßt das Recht eines Dritten an einer beweglichen Sache erlöschen, wenn an der Sache Eigentum erworben wird und die zusätzlichen Besitzerfordernisse erfüllt sind, die die §§ 932 ff. je nach Erwerbsform für den gutgläubigen Erwerb des Eigentums vorsehen (§ 936 I 2, 3), es sei denn der Erwerber ist zu dem je nach diesen Erfordernissen maßgeblichen Zeitpunkt nicht in gutem Glauben (§ 936 II)[761]. § 936 ist anwendbar sowohl, wenn der Eigentümer belastetes Eigentum[762], als auch dann, wenn ein vollständig

[757] *Koller*, DB 1972, 1905, 1908; *Canaris*, a.a.O., Rz. 2027.

[758] S. *Canaris*, a.a.O., Rz. 2029, der allerdings von der Zurechnung der Bösgläubigkeit spricht, dazu u. Rz. 1147 ff, 1190.

[759] Rz. 901 ff.

[760] S. Großkommentar HGB/*Canaris*, 3. Aufl., Bd. III/3 (2. Bearb.) – Bankvertragsrecht, 1991, Rz. 2030; hier ist kein bestimmter nicht besitzender Hinterleger, sondern sind alle Berechtigten betroffen, die aber im Mitbesitz sind.

[761] Die Bösgläubigkeit schränkt § 366 II HGB wieder für den Erwerb vom Kaufmann dergestalt ein, daß auch der gute Glaube daran geschützt ist, daß der Veräußerer ohne Rücksicht auf ein beschränktes dingliches Recht verfügen könne.

[762] Zur Miete wohnender Student veräußert eigene, in die Mietwohnung eingebrachte Bücher, an denen das Vermieterpfandrecht gemäß § 562 besteht. Nach einem in der Beratung der zweiten Kommission gestellten Antrag sollte das Pfandrecht bestehen bleiben, solange die veräußerte Sache nicht vom Grundstück weggeschafft ist. Die Mehrheitsmeinung lehnte dies ab. In

(also auch bezüglich des Eigentums) Nichtberechtigter die Sache veräußert[763]. Die Hervorhebung der Besitzerfordernisse in den Fällen der §§ 929 S. 2, 930, 931 ist, genau betrachtet, nur für die Fälle des Erwerbs vom Eigentümer sinnvoll. Im Falle des Erwerbs vom Nichteigentümer hindern schon die §§ 932 ff., wenn die Besitzerfordernisse nicht erfüllt sind, den Eigentumserwerb und kann somit kein Erlöschen des Drittrechts „mit dem Erwerb des Eigentums" (§ 936 I 1) eintreten.

Der gutgläubige Erwerb der Lastenfreiheit nach § 936 unterliegt genau so wie der des Eigentums der Schranke des § 935[764]. **915**

Nach § 936 III gilt: Wer im Besitz bleibt, braucht einen Rechtsverlust nicht zu befürchten. Überträgt bei Pfandbesitz eines Dritten der Eigentümer oder ein Nichtberechtigter die Sache nach § 931, so könnte nach § 934 Alt. 1 der Erwerber gutgläubig lastenfreies Eigentum erwerben. § 936 III verhindert, daß der Inhaber des beschränkten dinglichen Rechts, obwohl er im Besitz der Sache verbleibt, sein Recht verliert. **916**

§ 936 III ist über die Fälle eines beschränkten dinglichen Rechts eines Dritten hinaus heranzuziehen. Beispiel[765]: N hat bei E unter Eigentumsvorbehalt Mehl gekauft, das Mehl bleibt bei E, der es getrennt lagert und auf Verlangen des N herausgeben soll, der es gegen Abtretung der Ansprüche aus der Weiterveräußerung weiterveräußern darf. N übereignet das Mehl mittels Abtretung des Herausgabeanspruchs gegen E zur Sicherheit an G, der jetzt nach § 985 gegen E vorgeht. N ist erststufiger mittelbarer Besitzer. Zwar kann sich über dem Eigentum kein mittelbarer Besitz erheben, das tut er aber auch in diesem Falle nicht: E ist nicht nur unmittelbarer Besitzer, sondern zugleich als Vorbehaltseigentümer zweitstufiger mittelbarer Besitzer. N hat also mittelbaren Besitz (erster Stufe), es könnte § 934 Alt. 1 eingreifen. Aber aus § 936 III und ebenso § 986 II ist zu entnehmen, daß der im unmittelbaren Besitz befindliche Berechtigte nicht zu befürchten braucht, durch gutgläubigen Erwerb um sein Recht zu kommen. Das muß, wenn es für jedes beschränkte dingliche Recht und ebenso für schuldrechtliche Berechtigungen gilt, erst recht für das Eigentum gelten. Ist ein anderer im Besitz und ändert sich daran nichts, so muß man beim Besitzer nachfragen, ob der Erwerb in Ordnung geht. Tut man dies nicht, so vertraut man nicht dem Besitz, sondern dem *Wort* des Verfügenden. **917**

§ 936 III kann aber auch gerade den Vorbehalts-Käufer schützen: So wenn die Sache in seinem unmittelbaren Besitz ist und der Verkäufer nach § 931 übereignet. Der Dritte wird zunächst Ei- **918**

der Regel sei in der gedachten Fallgestaltung aus den Umständen die Bösgläubigkeit des Erwerbers leicht zu entnehmen (Prot., Mugdan III, S. 635; s. dementsprechend die Prüfung in RG JW 1907, 672 und dazu *Wolff/Raiser* § 70 I 2, S. 259 Fn. 2).

763 Beispiel: E hat ein kostbares Buch P, dem Inhaber eines Pfandhauses, verpfändet. P gibt das Buch dem S mit zu einem Vergleich verschiedener Ausgaben. S veräußert das Buch an den Antiquar A. A erwirbt nach § 932 das Eigentum und nach § 936 die Freiheit vom Pfandrecht des P. – Zum gutgläubigen lastenfreien Erwerb des Eigentums an einem Pkw, der mit einer – nach deutschem Recht aufrechtzuerhaltenden (s.o. Rz. 382) – Autohypothek italienischen Rechts belastet ist, BGH NJW 1991, 1415 = JuS 1991, 779 (*Hohloch*).

764 Dies ist wieder selbstverständlich in dem Fall, daß der Veräußerer schon im Hinblick auf das Eigentum, und sodann auch im Hinblick auf das Recht eines Dritten Nichtberechtigter ist (mangels gutgläubigen Eigentumserwerbs kein Erwerb der Lastenfreiheit „mit dem Erwerb des Eigentums"). Relevant wird § 935 dann, wenn die mit dem Recht des Dritten belastete Sache vom Eigentümer veräußert wird. Nimmt E seine an das Pfandhaus verpfändete Sache heimlich wieder mit und veräußert er sie, so steht § 935 I dem gutgläubigen Erwerb der Pfandrechtsfreiheit entgegen. Daß § 935 in § 936 nicht erwähnt ist, beruht auf einem Redaktionsversehen. Im E I war die § 936 entsprechende Vorschrift vor der Regelung über das Abhandenkommen eingestellt und bezog sich die letztere auch auf die § 936 entsprechende Vorschrift. Prot., Mugdan III, S. 636 bejahen die Möglichkeit des vom Vermieterpfandrecht freien Erwerbs von Sachen, die aus den gemieteten Räumen fortgeschafft werden, weil kein Abhandenkommen nach der dem heutigen § 935 I 2 entsprechenden Regelung gegeben sei.

765 Fall von *Westermann*, 5. Aufl., § 50 3, hier mit einer Ergänzung.

gentümer (er erwirbt vom Berechtigten). Zahlt nun der Käufer, so wird er nach § 161 I 1 Eigentümer, es sei denn, der Dritte erwirbt auch in dieser Hinsicht gutgläubig (§ 161 III). Auf den Erwerb des Dritten ist insoweit § 934 anzuwenden. Auch hier wieder könnte man sagen: Der Dritte hat vom Verkäufer den mittelbaren Besitz erlangt, also erwerbe er nach § 161 III i.V.m. § 934 Alt. 1 unter Ausschluß des Käufers. Dagegen spricht aber wieder die Wertung des § 936 III.

hhh) Der Rückerwerb des Nichtberechtigten

919 Wer nach §§ 932 ff. erwirbt, erwirbt vollgültig Eigentum. Veräußert er weiter, erwirbt der nächste vom *Berechtigten*, also ohne Rücksicht auf guten oder bösen Glauben. Der gutgläubige Erwerber erwirbt nicht rechtsmangelhaft, er kann also nicht zugunsten des Berechtigten auf seinen Schutz verzichten und die Sache wegen Rechtsmangels an den Nichtberechtigten oder den Berechtigten herausgeben.

920 Nach überwiegender Meinung[766] wird die Wirkung des § 932 allerdings bei dem sog. Rückerwerb des Nichtberechtigten aufgehoben. Es geht um den Fall, daß das Geschäft, aufgrund dessen der Erwerber gutgläubig erworben hat, rückabgewickelt und die Sache dem Nichtberechtigten zurückgegeben wird. Hier soll nicht der Nichtberechtigte vom gutgläubigen Erwerber als Berechtigtem erwerben, vielmehr werde die Wirkung des § 932 aufgehoben, der Berechtigte erwerbe das Eigentum zurück. Anders sei es dann, wenn der Nichtberechtigte später aufgrund eines anderen Geschäfts vom Erwerber die Sache zurückerwirbt, dies auch dann, wenn er sie etwa zurückkauft, um sie dem Berechtigten zurückzuerstatten. Der Rückfall an den Berechtigten soll aber dann eintreten, wenn der bösgläubige Nichtberechtigte diesen Rückerwerb von vornherein geplant hat[767]. Diese h.M. wird von der Gegenmeinung[768] vor allem für nicht vereinbar mit dem Abstraktionsprinzip erklärt insofern, als sie den Eigentumserwerb des Nichtberechtigten deshalb verneine, weil diesem das Eigentum schuldrechtlich nicht zustehe[769].

921 Der h.M. ist zuzustimmen: § 932 verleiht um des gutgläubigen Erwerbers willen dem nichtberechtigt Verfügenden die Macht, über fremdes Eigentum zu verfügen. Kraft dieser Macht erwirbt der Gutgläubige. Darüber hinaus besteht sein Schutz, d.h. der Verkehrsschutz noch darin, daß er (der Gutgläubige), wenn nicht der Fall eines unentgeltlichen Erwerbs gemäß § 816 I 2 gegeben ist, auch im Fall der Rückgängigmachung des Geschäfts nur mit seinem Partner, dem Nichtberechtigten, abzurechnen braucht[770]. Der Schutz hat aber keinen Gegenstand insoweit, als der Erwerber an den Nichtberechtigten zurücküberträgt und damit die nach § 932 zu seinen Gunsten wirksame Verfügung rückgängig macht. Den beiden Gesichtspunkten: Aufhebung des § 932 bei Rückgängigmachung der Verfügung des Nichtberechtigten einerseits, Schutz des Erwerbers noch

[766] *Wolff/Raiser* § 69 IV, S. 257; *v. Caemmerer*, FS Boehmer (1954), 158; *Westermann*, § 47 II 3; *Baur/Stürner* § 52 D II 2 a m.w.N.; *Wieling*, Sachenrecht I, § 10 VI. 2. S. 397 f. S. vor allem die Monographie von *Nüßgens*, Der Rückerwerb des Nichtberechtigten, 1939.

[767] *Wieling* a.a.O. *Westermann* spricht a.a.O. vom mittelbar bösgläubigen Erwerb.

[768] Im Anschluß an *Wiegand*, JuS 1971, 62 zunehmend die Kommentarliteratur: RGRK/*Pikart*, § 932 Rz. 34, 25; MünchKomm/*Quack* § 932 Rz. 62 ff.; Palandt/*Bassenge* § 932 Rz. 17; zustimmend auch *Westermann*, 7. Aufl., § 47 II 3.

[769] So *Wiegand*, a.a.O., S. 66, 67. Freilich will *Wiegand* selbst die Konsequenz nicht gelten lassen, die sich aus seiner Annahme ergibt, daß das Abstraktionsprinzip den Erwerb des Nichtberechtigten gebietet, nämlich die Konsequenz, daß das Eigentum des Nichtberechtigten dem Vollstreckungszugriff der Gläubiger des Nichtberechtigten zur Verfügung steht; *Wiegand* will trotz Annahme eines nur schuldrechtlichen Übereignungsanspruchs des Berechtigten den Vollstreckungszugriff der Gläubiger des Nichtberechtigten als interessewidrig und ungerecht verwehren, S. 65. Dieses Ergebnis ist aber nur durch die Auslegung des § 932 zu erreichen, die *Wiegand* bekämpft. .

[770] Die Lehre von der sog. Einheitskondiktion des Berechtigten ist abzulehnen, s. *Wilhelm*, Rechtsverletzung und Vermögensentscheidung, S. 120 Fn. 210 m.w.N., 120 ff., 128, 138; MünchKomm/*Lieb* § 816 Rz. 45 m.N.

insoweit, als er nur mit dem Nichtberechtigten zu tun haben darf, andererseits – ist durch die folgende Konstruktion Rechnung zu tragen: Wie bei der Durchführung des Geschäfts § 932 den verfügenden Nichtberechtigten um des Erwerbers willen mit *Verfügungsmacht* versieht, so ist der Nichtberechtigte bei der Rückgängigmachung kraft Gesetzes mit *Erwerbsmacht*, d.h. mit der Macht versehen, für den Berechtigten zu erwerben. Das bedeutet: Die Rechtslage des § 932 führt in der Umkehrung des Erwerbsgeschäfts zu der Macht des Nichtberechtigten, im eigenen Namen, aber bei der Rückübereignung mit Wirkung für den ursprünglich Berechtigten, mit dem Erwerber abzurechnen. Hat etwa der Nichtberechtigte an den Gutgläubigen sine causa geleistet (z.B. im Fall der Anfechtung des Kaufvertrags), so steht, vorbehaltlich des § 816 I 2, nur ihm die Leistungskondiktion gegen den Erwerber zu (im Beispiel nach § 812 I 2 Alt. 1); der Erwerber kann so dagegen insbesondere die seinerseits erbrachte Gegenleistung geltend machen. Die Rückübereignung durch den Erwerber führt aber als Aufhebung der nach § 932 zum Schutz des Erwerbers wirksamen Verfügung zum Rückerwerb des vordem Berechtigten[771].

Voraussetzung dafür ist aber eine Rückabwicklung des Geschäfts, weil nur sie zu der Rückgängigmachung der nach § 932 wirksamen Verfügung führt. Die Rückabwicklung kann auch aufgrund der Erledigung des Geschäfts erfolgen: so bei der Rückübereignung eines nach §§ 932, 933, 934 unbedingt übereigneten Sicherungsguts auf den (nichtberechtigten) Geber nach Erledigung des Sicherungszwecks, auf den die Hingabe von vornherein beschränkt war; ebenso im Fall der uneigennützigen Verwaltungstreuhand[772]. Ein Rückfall des Eigentums an den ehedem Berechtigten tritt dagegen grundsätzlich dann nicht ein, wenn der Nichtberechtigte die Sache im Rahmen eines selbständigen Veräußerungsgeschäfts erwirbt, das der gutgläubige Erwerber mit dem Nichtberechtigten wie mit einem Dritten schließt. In diesem Fall wird das Erwerbsinteresse des gutgläubigen Erwerbers nicht aufgehoben, sondern in dem neuen Zuwendungsakt gerade realisiert. Ausnahme ist freilich der Fall des vom bösgläubigen Nichtberechtigten bei der Veräußerung an den Gutgläubigen geplanten Wiedererwerbs. Hier begeht der Nichtberechtigte furtum, sein Eigentumserwerb ist zu verneinen[773], folglich fällt, weil der Erwerber sein Eigentum an den Nichtberechtigten abgibt, das Eigentum wieder dem (vor dem gutgläubigen Erwerb) Berechtigten zu. **922**

Die Wiederaufhebung des gutgläubigen Erwerbs, wenn die nach § 932 wirksame Verfügung rückgängig gemacht wird oder der Nichtberechtigte den Wiedererwerb geplant hatte, steht dem Abstraktionsprinzip nicht entgegen. Dieses betrifft bei dem Rückerwerb des Nichtberechtigten das Verhältnis zwischen dem dinglichen Geschäft und der schuldrechtlichen Grundlage. Für wen das dingliche Geschäft wirkt, hat damit nichts zu tun. Insoweit geht es um die Reichweite des § 932. Die Frage ist, ob § 932 die Enteignung **923**

[771] Nach *Kohler*, JuS 1990, 530, 532 soll der Rückfall des Rechts beim Rückerwerb eines Nichtberechtigten (im Fall *Kohlers* der Rückfall des Eigentums an den Verkäufer eines Eigentumsvorbehaltskaufs bei Wiederentstehen eines bloßen Anwartschaftsrechts des rückerwerbenden Käufers) ebenso eintreten, wenn das Eigentum nach § 946 durch Einbau erworben, sodann die Verbindung mit dem Grundstück wieder gelöst und die Sache dann rückübereignet wurde. Dem ist entgegen der Voraufl. nicht zu folgen. Der Rückfall des Rechts im Fall des § 932 beruht darauf, daß hier die Rückübereignung den Gutglaubensschutz rückgängig macht. Demgegenüber ist der Erwerb nach § 946 endgültig, die Lösung der Verbindung hebt nicht die Eigentumszuordnung wieder auf (§ 953). Übereignet der Grundstückseigentümer zurück, so macht er nicht eine nur zu seinen Gunsten wirksam gemachte Verfügung rückgängig und damit die Wirksamkeitsanordnung gegenstandslos, sondern er überträgt das nach § 946 ihm zugeordnete Eigentum.

[772] Soergel/*Schultze-v.Lasaulx*, vor § 164 Rz. 74; a.A. Soergel/*Mühl*, § 932 Rz. 5.

[773] Entsprechend der Annahme im Fall der wissentlichen Annahme eines indebitum, *Flume* II § 12 3 5 b), S. 180.

des Berechtigten so weit treibt, daß er bei Wiederherstellung des status quo ante den Eigentumserwerb des Nichtberechtigten will. Die Frage stellen heißt sie zu verneinen. Es bleibt aber dabei, daß die Rückübereignung an den Nichtberechtigten abstrahiert ist von der causa, aufgrund deren der gutgläubige Erwerber seinen Erwerb wieder zurückgibt. Auch wenn der gutgläubige Erwerber auf eine gar nicht bestehende Rückgabepflicht geleistet hat (etwa haben die Parteien den Kauf aufgehoben und hat der Käufer den Aufhebungsvertrag angefochten), ist die Rückübereignung zustande gekommen.

924 Auch daß die Wirkung der Übereignung an den Nichtberechtigten für den Berechtigten insofern von der causa der Übereignung abhängt, als eine Übereignung nur bei Rückgabezweck, nicht aber bei Erfüllung eines selbständigen Geschäfts eine Rückübereignung ist, ist keine Verletzung des Abstraktionsprinzips. Es geht um die genaue Bezeichnung des Falls der Rückgängigmachung der nach § 932 wirksamen Verfügung.

925 Besteht bei der Entziehung des Eigentums durch § 932 die Notwendigkeit, die Aufhebung des Erwerbs des Gutgläubigen als Aufhebung der gesetzlichen Eigentumsentziehung zu werten, so haben wir keine Grundlage für eine derartige Behandlung einer Rückübereignung, wenn ein Nichtberechtigter mit Zustimmung des Berechtigten verfügt hat. Diese Verfügung ist eine gemeinsame Verfügung von Nichtberechtigtem und Berechtigtem. An der durch sie hergestellten Sachenrechtslage muß sich der Berechtigte festhalten lassen. Behandelte man hier den Nichtberechtigten beim Rückerwerb als Erwerbsermächtigten, so wäre dies eine Erwerbsermächtigung durch den Berechtigten. Eine rechtsgeschäftliche Erwerbsermächtigung ist aber nach unserem Recht nicht zugelassen. Sie ist mit dem sachenrechtlichen Typenzwang (hier bezogen auf die Typen der sachenrechtlichen Verfügungen) nicht vereinbar. Man müßte auch unterscheiden, ob der Berechtigte an den Nichtberechtigten veräußert hat und nur die Übereignung an diesen erspart worden ist oder ob der Nichtberechtigte keinesfalls das Eigentum in die Hand bekommen sollte. Von dieser Motivforschung kann aber erst recht nicht die Eigentumszuständigkeit bei der Rückübereignung der vom Nichtberechtigten veräußerten Sache an den vordem Nichtberechtigten abhängen[774].

926 Mit der Unterscheidung zwischen dem gesetzlichen Verlust des Eigentums nach § 932, der um des berechtigten Verlierers willen zu restringieren ist, und der rechtsgeschäftlichen Weggabe des Eigentums durch den Berechtigten ist zugleich die angeblich unhaltbare Konsequenz entkräftet, die *Wiegand*[775] noch zusätzlich gegen die h.M. angeführt hat. Es ist keinesfalls „konsequent", die Fälle der Verfügung des Nichtberechtigten mit Zustimmung des Berechtigten und die der Verfügung des Nichtberechtigten nach § 932 gleichzustellen und deshalb auch in den ersteren Fällen bei Rückübereignung an den Nichtberechtigten das Recht des Berechtigten wieder aufleben zu lassen. Nur die gesetzliche Enteignung um des gutgläubigen Erwerbers willen ist zu restringieren, wenn der Erwerber selbst das gutgläubig erworbene Eigentum wieder zurückgibt[776].

[774] Die von *M. Wolff* für den Rückfall des Eigentums an den Berechtigten berufene Digestenstelle D 20, 6, 10 1. Paul. 3 quaest. (s. *Wolff/Raiser* § 69 IV, S. 257) bezieht sich auf den Fall der Verfügung eines Nichtberechtigten mit Zustimmung des Berechtigten. Zudem geht es um den Fall der Veräußerung eines Pfandes, sei es durch den Pfandgläubiger oder den Schuldner der gesicherten Schuld. Für das Pfandrecht gelten auch im geltenden Recht besondere Regeln (s. etwa § 1287). Die Stelle ist deshalb kein tauglicher Beleg für den Rückfall des Eigentums an den vordem Berechtigten bei Rückerwerb des Nichtberechtigten im Fall des § 932.

[775] Jus 1971, 66.

[776] Der weitere Fall, den *Wiegand* a.a.O. zusammen mit dem Fall der Verfügung des Nichtberechtigten mit Zustimmung des Berechtigten behandelt, ist mit diesem ungenau zusammengestellt: Veräußert ein Elektrohändler aus einem zur Sicherheit übereigneten Warenlager ein Fernsehgerät und nimmt er es später aufgrund eines vereinbarten Rücktrittsrechts zurück, so muß nach *Wiegand* zufolge der h.M. der Altberechtigte erwerben (S. 65/66), und zwar, wie *Wiegand* geradezu als argumentum ad absurdum anführt, auch dann, wenn die Sicherungs-

Rechtsprechung ist zu dem Problem des Rückerwerbs des Nichtberechtigten nur bedingt anführbar: 927

RGZ 67, 20, 22 ist inkonsequent: Das RG nimmt bei der Konkursanfechtung (heute Insolvenzanfechtung) einer vom Gemeinschuldner als Nichtberechtigtem vorgenommenen Veräußerung den Rückerwerb des Berechtigten an, wenn die Anfechtung zur Rückübereignung führen würde, läßt dann aber dennoch den Konkursverwalter des Nichtberechtigten anfechten, weil die Anfechtung nur auf Duldung der Verwertung für die Konkursmasse gerichtet sei. Die Inkonsequenz löst sich auf, wenn man die vom RG zuvor herausgearbeitete Position des Gemeinschuldners als Vorbehaltskäufer sieht und die Anfechtung als Entscheidung des Verwalters für die Erfüllung des Kaufvertrages (s. § 17 KO = § 103 InsO) wertet. – BGH WM 1969, 659 geht auf das Problem überhaupt nicht ein. Der BGH hatte die Klage eines in Wirklichkeit nichtberechtigten Veräußerers aus § 985 gegen den Berechtigten zu beurteilen, die der Kl. u.a. auch auf die Möglichkeit gestützt hatte, daß er vom Erwerber Eigentum zurückübertragen bekommen habe. Der BGH weist die Berufung auf diese Möglichkeit kurzerhand schon mit der Einrede der Arglist (dolo petit ...) zurück. – Im Wertpapierrecht hat der BGH[777] freilich, sowohl was Art. 17 als auch was Art. 16 WG betrifft, den Gutglaubensschutz bei Rücklauf des Wechsels zum Nichtberechtigten unwirksam sein lassen. Die rein wertpapierrechtliche Begründung, die *Pikart*[778] sieht, ist in den Urteilen nicht so recht zu entdecken.

iii) Sachenrecht und Schuldrecht beim gutgläubigen Erwerb

§§ 932 ff. entscheiden wie alle sachenrechtlich zuordnenden Regeln zunächst nur die absolute Zugehörigkeit (das Gehören) des Gutes. Eine andere Frage ist, ob das Gut auch behalten werden darf oder ob es relativ einem anderen zugeordnet ist. Hat ein Gutgläubiger vom Nichtberechtigten erworben, ist zu fragen, ob der Berechtigte sich das Eigentum kraft eines schuldrechtlichen Anspruchs (§ 812 I 1 2. Alt.) zurückholen kann Es liegt nahe, daß der Erwerb vom Nichtberechtigten in dem Schutz des Erwerbers durch §§ 932 ff. auch eine causa gegenüber dem Berechtigten hat und also in diesem Verhältnis nicht nur sachenrechtlich eintritt, sondern auch schuldrechtlich endgültig ist. Dieselbe Frage stellt sich in besonderer Gestalt, wenn es darum geht, wem die Rückübereignung geschuldet ist, wenn der Erwerb im Verhältnis zu dem Nichtberechtigten ohne causa ist. Im Verhältnis zum Berechtigten deutet § 932 mit der Enteignung des Berechtigten zugunsten des Gutgläubigen darauf hin, daß der Erwerber auch in diesem Fall das Gut nicht kraft Schuldrechts an den Berechtigten herauszugeben hat. Genauer und mit einer Differenzierung zeigt die Abschirmung des Erwerbers vor dem Anspruch des Berechtigten § 816 I 1 mit dem Gegensatz zu § 816 I 2. Nur gegen den unentgeltlichen Erwerber hat der Berechtigte einen Anspruch auf Herausgabe des gutgläubig erworbe- 928

übereignung inzwischen durch Kredittilgung beendet gewesen sei (S. 66 l./r.Sp.). Betrachtet man den Fall genauer, so ergibt sich: Handelt, wie wirtschaftlich allein sinnvoll, der Fernsehhändler mit Zustimmung des Kreditgebers (unter Vorausabtretung der Weiterveräußerungsforderung), haben wir den Fall der Verfügung mit Zustimmung des Berechtigten vor uns, in welchem ein Rückfall des Eigentums an den Berechtigten nicht in Betracht kommt. Unterstellen wir dagegen eine Veräußerung ohne Zustimmung des Kreditgebers und Sicherungseigentümers, so ist es keine unhaltbare Konsequenz, sondern sachgerecht, daß bei Rückübereignung der Kreditgeber zurückerwirbt, und zwar auch dann, wenn inzwischen der Kredit getilgt ist. Anders ist es nur dann, wenn die Sicherungsübereignung auflösend bedingt war oder, wenn sie dies nicht war (so der Regelfall), der Kreditgeber das Sicherungseigentum inzwischen zurückübertragen hatte. In diesen Fällen wird die Verfügung des Elektrohändlers nach § 185 II 1 Alt. 2 nachträglich wirksam und kommt deshalb bei Rückübereignung an den Elektrohändler ein Rückfall des Eigentums an den Kreditgeber nicht zustande.

777 WM 1971, 376; 1975, 50.

778 RGRK/*Pikart*, § 932 Rz. 35.

nen Eigentums. Beim entgeltlichen Erwerb dagegen ist der Berechtigte auf den Anspruch gegen den nichtberechtigt Verfügenden auf Herausgabe des von diesem durch die Verfügung Erlangten beschränkt[779]. Der entgeltliche Erwerb des Eigentums durch den Gutgläubigen vom Nichtberechtigten ist also im Verhältnis zum Berechtigten endgültig. Insofern ergibt sich, daß hier der Erwerb (wohl gemerkt: nur im Verhältnis zum Berechtigten) den Rechtsgrund in sich trägt; oder besser, daß §§ 932 ff. i.V.m. § 816 I 1, 2 den Rechtsgrund für den gutgläubigen Erwerb gegenüber dem Berechtigten darstellen. Noch besser kann man sagen: §§ 932 ff., 816 I 1, 2 machen aus dem Veräußerer zugunsten des entgeltlich erwerbenden Gutgläubigen den Berechtigten, sie geben ihm Verfügungsmacht, im eigenen Namen über das fremde Recht zu verfügen. Damit erwirbt der Erwerber rechtlich im Verhältnis zwischen ihm und dem leistenden Nichtberechtigten gar nicht i.S. des § 812 I 1 aus dem Vermögen des wahren Berechtigten. Ebensowenig begeht er eine Eigentumsverletzung i.S. von § 823 I bei nur leichter Fahrlässigkeit.

929 Aufgrund der Feststellung, daß der Erwerber beim entgeltlichen Erwerb vom Nichtberechtigten so anzusehen ist, als würde er aus dem Vermögen des Nichtberechtigten erwerben, ist die erwähnte Spezialfrage betreffend den Fall der Kausalosigkeit im Verhältnis zum Nichtberechtigten dahin zu lösen, daß die Kondiktion gegen den Erwerber dem Nichtberechtigten zusteht, weil der Erwerber rechtlich aus dem Vermögen des Nichtberechtigten erworben hat. Dies präjudiziert das Ergebnis, welches eintritt, wenn der Erwerber an den Nichtberechtigten zurückgewährt. So wie der Nichtberechtigte für die Verfügung an den Erwerber verfügungsmächtig war, ist er jetzt für den Rückerwerb erwerbsmächtig. Wenn der Erwerber aufgrund der Kondiktion an den Nichtberechtigten übereignet, erwirbt der Nichtberechtigte das Eigentum für den Berechtigten zurück.

930 Nur bei Unentgeltlichkeit gewährt § 816 I 2 dem Berechtigten den schuldrechtlichen Herausgabeanspruch gegen den Erwerber[780]. Ist der unentgeltliche Erwerb im Verhältnis zum Nichtberechtigten ohne causa, so kann neben dem Anspruch des Berechtigten aus § 816 I 2 der Nichtberechtigte seine Kondiktion mit dem Inhalt der Klage auf Leistung an den Berechtigten geltend machen.

[779] Zur hoch umstrittenen Frage, worin das Erlangte besteht, ob in der Gegenleistung oder im Wert der Befreiung des Verfügenden von der eigenen Leistungspflicht, ob, wenn in den im Austausch für die Leistung erlangten Vorteilen, dann auch unter Einschluß eines Mehrerlöses über den Wert der Sache hinaus, oder nicht, s. nur Palandt/*Sprau* § 816 Rz. 24.

[780] Zum Merkmal der Unentgeltlichkeit *J. Hager*, Verkehrsschutz durch redlichen Erwerb, 1990, S. 88 f. Entgegen *J. Hager*, a.a.O., S. 89, 127 ist Unentgeltlichkeit nicht Unausgeglichenheit, und zwar nach objektiven Wertmaßstäben, es kommt vielmehr auf die Vereinbarung der Unentgeltlichkeit an. Im Fall der Vereinbarung einer objektiv geringerwertigen Gegenleistung ist diese Geringerwertigkeit nur Indiz für die Art der Vereinbarung, so wie dies in der Entscheidung BGH NJW-RR 1986, 1135 praktiziert wird. Bei gemischter Schenkung ist je nach Überwiegen des entgeltlichen oder unentgeltlichen Teils dem Berechtigten aus § 816 I 2 nur ein Wertvergütungsanspruch zu geben (den der Erwerber durch Herausgabe des Rechts gegen Rückgewähr seiner Leistung an den Nichtberechtigten ablösen kann) oder ein Anspruch auf Herausgabe des Verfügungsgegenstands gegen Rückgewähr der Leistung an den Nichtberechtigten (für Ausschluß eines Anspruchs bei jeder gemischten Schenkung dagegen *J. Hager*, S. 92). Gegen den gutgläubigen Nichtberechtigten besteht nach § 816 I 1 i.V.m. § 818 III nicht ein Anspruch auf Ersatz des objektiven Werts (so *J. Hager*, S. 93 ff.), sondern ein Anspruch auf Herausgabe des Erlangten, sofern der Nichtberechtigte nicht an dem Einsatz eines höherwertigen Gegenwerts zur Erlangung der Position, über die er als Nichtberechtigter verfügt hat, festgehalten werden kann (s. *Flume*, FS Niedermeyer (1953), 154; *Wilhelm*, Rechtsverletzung und Vermögensentscheidung, S. 62 ff.).

c) *Mitübereignung von Bestandteilen und Zubehör*

Die Verfügung über das Eigentum an einer Sache erfaßt ohne weiteres die Bestandteile als Teile der Sache[781]. Bei wesentlichen Bestandteilen folgt dies schon aus deren Sonderrechtsunfähigkeit (§ 93)[782]. Bei nicht wesentlichen Bestandteilen folgt dies daraus, daß sie Teile der (insbesondere) übereigneten Sache sind. Sie können aber von der Übereignung ausgenommen werden. Zubehör wird im Zweifel so wie vom Verpflichtungsgeschäft bezüglich einer Sache (s. § 311c (= § 314 a.F.) auch von einer Übereignung erfaßt. § 926 I 2 sagt dies für Grundstückszubehör. Die Auslegung ist aber nicht auf den Fall des § 926 beschränkt. Sie wird aus dem Grunde im Rahmen der Regelung über die Grundstücksübereignung gemacht, weil es hier zunächst einmal darum geht, die grundstücksrechtliche Übereignung durch Auflassung und Eintragung des Erwerbs im Grundbuch (§§ 873, 925) auf das Zubehör zu erstrecken, obwohl dies zu den beweglichen Sachen gehört. Für die zu regelnde Erstreckung ist Voraussetzung, daß sich die Einigung der Parteien auf die Mitübereignung des Zubehörs bezieht (§ 926 I 1). Im Anschluß an diese Voraussetzung hat das Gesetz hervorgehoben, daß von dieser Erstreckung der Einigung auf das Zubehör im Zweifel auszugehen ist. Folglich bestand bei § 926 nur besonderer Anlaß, diese Auslegung hervorzuheben, gilt diese Auslegung aber allgemein. **931**

Für den Fall der Nichtberechtigung des Veräußerers hinsichtlich des Zubehörs mußte der Miterwerbstatbestand den Vorschriften über den gutgläubigen Erwerb des Eigentums an beweglichen Sachen angepaßt werden. Dies tut § 926 II. Gleich ist zu entscheiden, wenn einmal nicht wesentliche Bestandteile nicht dem Veräußerer gehören. **932**

d) *Erwerb durch Aneignung, Verlust durch Eigentumsaufgabe*

aa) *Herrenlosigkeit, insbesondere aufgrund von Dereliktion*

Herrenlos sind Sachen, an denen kein Eigentum besteht. D.h. nicht, daß die Sachen ohne Berechtigung an ihnen sein müssen. Herrenlos sind auch Sachen, hinsichtlich deren ein Aneignungsrecht besteht (§ 958 II) oder an denen nur beschränkte dingliche Rechte bestehen[783]. Hier behandelt wird die Herrenlosigkeit beweglicher Sachen aufgrund der Aufgabe des Eigentums (Dereliktion)[784]. Das Gegenstück ist die Aneignung (Okkupation). Nach § 959 werden bewegliche Sachen herrenlos dadurch, daß der Eigentümer den Besitz an ihnen aufgibt in der Absicht, auf das Eigentum zu verzichten. **933**

Wird der Besitz durch andere (Mittler, Diener) gehalten, kann der Besitz entweder durch die anderen oder durch die einverständliche Aufhebung der Besitzbeziehung bezüglich der Sache aufgegeben werden. **934**

Die Besitzaufgabe muß in der Absicht des Eigentümers geschehen, auf das Eigentum zu verzichten. Das ist durch Auslegung zu ermitteln. Besitzaufgabe durch Wegwerfen auf der Flucht ist häufig keine Dereliktion. Vorsicht ist auch bei der Weggabe in den Müll und Aufstellung des Mülls zur Abfuhr geboten. Konsequenz der Dereliktion ist ja die Okkupierbarkeit durch jedermann, und eine solche Freigabe liegt häufig nicht in der Absicht des Eigentümers. **935**

Das LG Regensburg[785] hat mit Recht keine Dereliktion in dem Fall angenommen, daß ein Maler seine selbst gemalten Bilder zum Sperrmüll gibt: Hier ist nur ein Übereignungsangebot an das Abfuhr-Unternehmen zur Vernichtung zu sehen. Das LG weist

[781] Zum Bestandteilsbegriff Planck/*Strecker* § 93 Anm. 2.

[782] Bei Rechten i.S. des § 96 kann die Eigenschaft als wesentliche Bestandteile aus der Natur der Rechte folgen: Die subjektiv-dinglichen Rechte etwa sind Rechte des jeweiligen Eigentümers am Grundstück und damit sonderrechtsunfähig – s. Palandt/*Heinrichs* § 96 Rz. 1. Sie gehen als Gegenstand der Übereignung durch Auflassung und Eintragung über.

[783] Zu dieser Möglichkeit o. Rz. 115.

[784] Weitere Fälle s. §§ 960 f.

[785] NJW 1987, 3142.

weiter auf öffentlich-rechtliche Abfallbeseitigungsbestimmungen von Ländern und Gemeinden hin, die aus umweltschutzrechtlichen Gründen als gesetzliches Verbot (§ 134) einer Dereliktion entgegenstehen könnten. Dies ist indessen zweifelhaft[786]. Allgemein ist beim Sperrmüll schon zweifelhaft, ob der Aufsteller wirklich den Besitz aufgibt. Er behält jedenfalls die Zugriffs- und Abwehrmöglichkeit. Man wird hinsichtlich der zum Abtransport freigegebenen Sachen besser von einer Erlaubnis zur Aneignung sprechen, die so lange widerruflich ist, wie der Sperrmüllinteressent die Sache noch nicht angenommen hat (danach sollte noch weitgehend die Möglichkeit zur Beseitigung der Unentgeltlichkeits-causa angenommen werden). Die Aneignung basiert nach dieser Vorstellung nicht auf der Herrenlosigkeit der Sache, sondern auf einer Aneignungsgestattung (s. zu dieser Figur § 956).

936 Eine Eigentumsaufgabe, um dafür Beispiele zu nennen, erfolgt dagegen, wenn ein Zugreisender bei seinem Aussteigen seine ausgelesene Zeitung im Zug liegen läßt. Darauf, ob liegengelassene Sachen allgemein in den Besitz der Bahn gelangen oder nicht, kommt es nicht an. § 959 verlangt nur die Besitzaufgabe durch den Eigentümer. Auch für die Okkupation durch einen anderen Reisenden kommt es nicht darauf an, ob die Bahn Besitz hat. Jedenfalls ist sie mit der Benutzung einverstanden, und so kann kein Fall von verbotener Eigenmacht (§§ 858, 958 II) vorliegen.

937 Die Eigentumsaufgabe ist eine einseitige, nicht empfangsbedürftige Willenserklärung. Nach h.M. unterliegt sie den allgemeinen Vorschriften (etwa §§ 104 ff., 185), insbesondere den Vorschriften über die Irrtumsanfechtung[787].

938 Im letzteren Punkte ist aber zu differenzieren. Solange die derelinquierte Sache noch nicht okkupiert ist, geht es nicht um Anfechtung gegenüber irgendeinem Anfechtungsgegner. Es geht vielmehr um die Rücknahme des Verzichtswillens. Diese sollte aber in der Phase bis zu der eventuellen Aneignung mangels entgegenstehenden Verkehrsinteresses sogar dann möglich sein, wenn der Verzichtswille anfangs sogar irrtumsfrei bestanden hatte, d.h. der Derelinquent ist nicht auf seinerseitige Okkupation der Sache angewiesen. Erst wenn neues Eigentum begründet ist, bedarf es der Anfechtung gegenüber dem neuen Eigentümer. Da der Aneignende unentgeltlich an das Eigentum kommt, sollte, wie dies zu Recht für die Schenkung vorgeschlagen wird[788], dem Derelinquenten auch im Fall eines Motivirrtums (Beispiel: das preisgegebene Bild ist in Wirklichkeit ein Familienerbstück) die Anfechtung möglich sein. Die Anfechtung kann hier aber nicht die Eigentumslage, sondern nur die in dem Eigentumsverzicht mit enthaltene Setzung eines Rechtsgrunds für den Eigentumserwerb des Okkupanten aufheben. Die Kosten der Ansichnahme durch den Okkupanten sind nach §§ 122 und 818 III zu berücksichtigen. Die Anfechtung der Dereliktion beseitigt nicht die Besitzaufgabe. Es wird also nicht etwa die Sache zu einer abhanden gekommenen

bb) Aneignung

939 Die Aneignung (Okkupation) einer herrenlosen Sache erfolgt, sofern sie nicht verboten ist oder ein Aneignungsrecht besteht (s. § 958 II, Beispiel etwa die Jagdberechtigung), durch Übernahme der herrenlosen Sache in Eigenbesitz (§ 958 I). Während die Dereliktion Rechtsgeschäft ist, handelt es sich bei der Okkupation um einen Realakt. Auch derjenige, der meint, er würde einen Fund unterschlagen, wird Eigentümer. Auf die Entdeckung der Sache und die Art und Weise der Okkupation (möglicherweise gewaltsam gegenüber Konkurrenten) kommt es nicht an.

[786] S. *Wieling*, Sachenrecht I, § 11 IV 4 b, S. 473.

[787] S. etwa *Wieling*, a.a.O., S. 471 f., m.w.N. in Fn. 71.

[788] S. *Flume* II § 21 8, S. 426; § 23 4 b, S. 458.

Fraglich ist, ob Eigentum des Berechtigten entsteht, wenn eine Sache in Eigenbesitz **940**
übernommen wird, die einem Aneignungsrecht unterfällt. Die Problematik ist relevant für das Strafrecht: Es ist fraglich, ob an der in Besitz genommenen Sache ein Diebstahl oder eine Unterschlagung einerseits oder andererseits Wilderei begangen werden kann. Nach der h.M. bleibt die Sache herrenlos. Es wird nur das Aneignungsrecht als absolutes Recht i.S. von § 823 I verletzt. Folglich ist die Entwendung des Hasen aus der Küche des Wilderers nicht Diebstahl, sondern Wilderei. Nach *Heck* und *Harry Westermann*[789] dagegen gilt: Wenn die Sache überhaupt in Besitz genommen wird, so wird der *Berechtigte* Eigentümer. *Heck* und *Westermann* lassen deshalb einen Dritten, vorbehaltlich von dessen Bösgläubigkeit, nach § 932 erwerben, während die h.M. § 932 nur analog anwendet. Für die Mindermeinung spricht, daß ein Aneignungsrecht statt des Eigentums nur mit Rücksicht auf die mangelnde Bestimmtheit und die mangelnde Beherrschbarkeit der Sachen statuiert wird, letztere Umstände aber mit der Inbesitznahme entfallen.

e) *Erwerb von Erzeugnissen und Bestandteilen*

Die §§ 953 ff. regeln das Eigentum, das an Erzeugnissen und sonstigen Bestandteilen **941**
einer Sache besteht oder entsteht, wenn Erzeugnisse oder sonstige Bestandteile von der Sache getrennt werden. Die Vorschriften sagen, wem das Eigentum grundsätzlich zusteht unter dem Vorbehalt einer anderen in den Vorschriften geregelten Eigentumszuständigkeit, die wiederum ihrerseits unter dem Vorbehalt einer anderen Zuständigkeit begründet wird. Als Gruppe von Geltungsanordnungen mit jeweils vorrangigen Geltungsanordnungen sind der § 953 als erste, die §§ 954 f. als zweite und die §§ 956 f. als dritte Anordnungsgruppe hintereinander geordnet. Auf der ersten Stufe wird festgestellt, daß die Erzeugnisse und Bestandteile grundsätzlich im Eigentum desjenigen bleiben, dem die Sache mit den ungetrennten Erzeugnissen oder Bestandteilen gehört. Auf der zweiten Stufe wird festgestellt, daß dem Behalten des Eigentums durch den Eigentümer ein gesetzlicher Erwerbsgrund oder der Erwerb kraft gutgläubiger Annahme eines solchen vorgeht. Auf der dritten Stufe geht sowohl der ersteren wie der zweiten Gruppe von Feststellungen ein rechtsgeschäftlicher Erwerb vor, der durch Verfügung eines Berechtigten oder eines Nichtberechtigten eintreten kann.

Ausgangspunkt der Regelung ist die Eigentumszuständigkeit an Erzeugnissen und Be- **942**
standteilen vor der Trennung: Die Erzeugnisse oder sonstigen Bestandteile einer Sache sind, solange sie mit dem Boden zusammenhängen, nach §§ 93, 94 I 1 letzter Hs. als wesentliche Bestandteile sonderrechtsunfähig und werden sonderrechtsfähig mit der Trennung. Sonstige Bestandteile einer Sache[790] sind sonderrechtsfähig auch schon vor der Trennung. Auf sie erstreckt sich aber, vorbehaltlich einer besonderen Verfügung über sie oder einer auf andere Weise begründeten besonderen Rechtszuständigkeit, das Eigentum an der Gesamtsache.

Für beide Arten von Bestandteilen sagt § 953: Der Eigentümer der Hauptsache bleibt **943**
Eigentümer der abgetrennten Bestandteile auch nach der Trennung, soweit sich nicht aus den §§ 954 - 957 ein anderes ergibt.

Nach § 954 geht dem Eigentümer vor der Inhaber eines Rechts „an einer Sache", das **944**
die Befugnis gewährt, sich Erzeugnisse oder sonstige Bestandteile anzueignen. Der Inhaber erwirbt aufgrund des gesetzlichen Inhalts des entsprechenden Rechts. Mit dem Recht „an" einer Sache ist der dinglich Nutzungsberechtigte gemeint, also etwa der Nießbrau-

[789] *Heck* § 64, 6, S. 269; *Westermann*, 5. Aufl., § 58 IV; anders die 7. Aufl., § 58 IV.

[790] Insbesondere die Bestandteile des Erdkörpers wie z.B. Erde, Sand, Steine etc. (s. Planck/*Strecker* § 93 Anm. 3). Besonderes gilt für Bodenschätze, s. u. Rz. 2020 ff. Sonderrechtsfähige Bestandteile des Grundstücks sind auch die Flächeneinheiten des Grundstücks. Sie bleiben aber mit der Trennung unbewegliche Sachen und fallen nicht unter §§ 953 ff.

cher oder der Inhaber eines Nutzungspfandrechts (§§ 1030, 1213). Diese erwerben vorbehaltlich der §§ 955 - 957.

945 Beiden, Eigentümer und dinglich Nutzungsberechtigtem, gehen – vorbehaltlich der §§ 956, 957 (§ 955 I 1) – nach § 955 I und II im Hinblick auf die zu den Früchten gehörigen Bestandteile (§ 99 I[791]) der Eigenbesitzer und der ein Nutzungsrecht annehmende Besitzer der Gesamtsache vor, wenn nicht folgende Tatbestände den Erwerb ausschließen: Im Fall des Eigenbesitzes ist der Erwerb ausgeschlossen, wenn dem Eigenbesitzer das Recht zum Eigenbesitz fehlt oder ein Dritter Nutzungsberechtigter ist[792] und der Eigenbesitzer bei dem Erwerb des Eigenbesitzes nicht in gutem Glauben ist oder vor der Trennung der Früchte den Rechtsmangel erfährt. Im Fall des Besitzes aufgrund der Annahme eines Nutzungsrechts ist der Erwerb ausgeschlossen, wenn dem Besitzer das Nutzungsrecht fehlt und der Besitzer entweder bei dem Erwerb des Nutzungsrechtsbesitzes nicht in gutem Glauben ist oder vor der Trennung den Rechtsmangel erfährt. § 955 begründet mithin den gutgläubigen Erwerb des Eigentums an Früchten aufgrund Besitzes und der Annahme des Eigentums oder eines dinglichen Nutzungsrechts, also von Rechten, mit denen der gesetzliche Fortbestand (§ 953) oder Erwerb des Eigentums an den Früchten (§ 954) verbunden ist.

946 Nach §§ 956, 957 geht dem Eigentums-Fortbestand oder -Erwerb nach §§ 953-955 der rechtsgeschäftliche Erwerb kraft Aneignungsgestattung vor. Hauptbeispiel der Aneignungsgestattung ist die in einem Pachtvertrag erklärte Gestattung. § 956 regelt den Erwerb kraft Aneignungsgestattung eines Berechtigten, d.h. einer Person, der die Erzeugnisse oder Bestandteile nach der Trennung gehören (§ 956 II). § 957 normiert den gutgläubigen Erwerb kraft Aneignungsgestattung eines Nichtberechtigten, hier entgegen § 955 nicht beschränkt auf die zu den Bestandteilen gehörenden Früchte. Auch dem Begünstigten aus einer Aneignungsgestattung kann noch ein Erwerber vorgehen, nämlich der Begünstigte aus einer Aneignungsgestattung, die entweder der aus einer Aneignungsgestattung Begünstigte selbst oder ein Nichtberechtigter ausgesprochen hat. Etwa kann der Pächter eines Landguts einem Dritten die Aneignung bestimmter Früchte gestatten. Der Pächter ist der aus einer Aneignungsgestattung Begünstigte, der Erwerb tritt aber ein bei dem Dritten, dem der Pächter seinerseits die Aneignung gestattet hat. Dies ist ein Erwerb vom Berechtigten, weil auch der durch eine Aneignungsgestattung begünstigte Pächter ein Berechtigter ist. § 956 II stellt dem Eigentümer der Sache alle diejenigen gleich, denen die Erzeugnisse oder sonstigen Bestandteile nach der Trennung gehören. Dem durch Aneignungsgestattung begünstigten Pächter gehören die Erzeugnisse oder Bestandteile nach § 956 I. Zufolge des § 956 II kommt sogar in Fällen, in denen der Erwerber eine Gestattung erhält von einer Person, die entweder kein Recht an der Sache hat oder der die Aneignung von einem Nichtberechtigten gestattet worden ist, ein Erwerb kraft der Aneignungsgestattung eines Berechtigten (§ 956) in Betracht. Wenn der

[791] Zum Begriff der Früchte s. die Kommentare zum Allg. Teil. Zu einer aus den Digesten stammenden Abgrenzung (Fleisch und Häute toten Viehs sind nicht der Bestimmung des Viehs gemäß gewonnen, also nicht dessen Früchte) *Knütel*, JuS 2001, 209, 210 f.

[792] Mit der Formulierung, daß der Eigenbesitzer grundsätzlich erwirbt und für den Ausschluß des Erwerbs das Fehlen des Rechts zum Eigenbesitz oder das Nutzungsrecht eines Dritten erforderlich ist, ist in § 955 I nochmals das gesagt, was schon § 953 mit § 954 sagt, daß nämlich der Eigenbesitzer das Eigentum erwirbt (bzw. behält), wenn er Eigentümer der Gesamtsache und kein Dritter Nutzungsberechtigter ist. Diese Verdoppelung ist Konsequenz der Formulierung des Merkmals der Gutgläubigkeit: Dieses wird nicht positiv vorausgesetzt, vielmehr schließt, negativ, der böse Glaube hinsichtlich der Nichtberechtigung den Erwerb aus. Für diese negative Formulierung mußte für den bösen Glauben (hinsichtlich der Nichtberechtigung) als begriffliche Voraussetzung die Voraussetzung der Nichtberechtigung eingefügt werden, womit nochmals – wie in § 953 – der Erwerb bei Berechtigung ausgedrückt ist.

Gestattende selbst entweder nach § 955 oder nach § 957 erwerben würde, ist er nach § 956 II für eine von ihm ausgesprochene Aneignungsgestattung Berechtigter.

Für den Erwerb kraft Aneignungsgestattung unterscheiden die Vorschriften der §§ 956, 957 die beiden Fälle, daß entweder dem Gestattungsempfänger der Besitz der Gesamtsache überlassen wird oder dies nicht geschieht. Bei Besitzüberlassung an der Muttersache erwirbt der Begünstigte im Fall der Aneignungsgestattung eines Berechtigten mit der Trennung (§ 956 I 1 Alt. 1), zudem kann der Berechtigte, wenn er zu der Aneignungsgestattung verpflichtet ist, seine Gestattung während der Dauer des überlassenen Besitzes nicht widerrufen (§ 956 I 2). Im Fall der Aneignungsgestattung eines Nichtberechtigten erwirbt der Begünstigte ebenfalls bei Überlassung des Besitzes an der Muttersache mit der Trennung, es sei denn, er ist zur Zeit der Besitzüberlassung bösgläubig oder erfährt den Rechtsmangel vor der Trennung (§ 957 Alt. 1, 3). Ohne Besitzüberlassung an der Muttersache erwirbt der Begünstigte im Fall der Aneignungsgestattung eines Berechtigten das Eigentum an den getrennten Erzeugnissen oder sonstigen Bestandteilen mit der Besitzergreifung, d.h. mit der Ergreifung des Besitzes an den Erzeugnissen oder Bestandteilen (§ 956 I 1 Alt. 2). Dies gilt ebenfalls bei Gestattung eines Nichtberechtigten ohne Überlassung des Besitzes der Muttersache, es sei denn der Begünstigte ist bei der Ergreifung des Besitzes nicht in gutem Glauben (§ 957 Alt. 2). **947**

Aufgrund der Gegenüberstellung der Fälle der Überlassung des Besitzes der Muttersache und der Ergreifung des Besitzes (an den Erzeugnissen oder Bestandteilen), wenn der Besitz der Muttersache nicht überlassen ist, reicht für die Überlassung des Besitzes der Muttersache die Einräumung mittelbaren Besitzes, wenn der Gestattende selbst den unmittelbaren Besitz behält, nicht aus[793]. **948**

Beispielsfälle: **949**

(1) V verpachtet P seinen Kalksteinbruch mit Ausbeutungserlaubnis und überläßt ihn dem M zu Besitz. Später kündigt V und übereignet den Steinbruch an K. K beansprucht das Eigentum auch an den vor der Kündigung gebrochenen, im Steinbruch lagernden Kalksteinen. Z. Zt. des Abbrechens war K noch nicht Eigentümer. Er kann nur nach §§ 929 ff., nicht nach § 953 Eigentum erworben haben. Zu prüfen ist, ob er von V als Berechtigtem erworben hat. V ist nach § 953 Eigentümer der Steine geblieben, wenn nicht ein anderer ihm vorgeht. Es könnte ihm der Pächter vorgehen nach § 956 I 1. Die Gestattung, die V erklärt hat, ist, solange V kraft des Pachtvertrags zur Gestattung verpflichtet war, also bis zur Kündigung, unwiderruflich (§ 956 I 2). Als Besitzer hat P mit der Trennung das Eigentum an den gebrochenen Steinen erworben. Folglich kann K nur nach §§ 932 ff. von V erworben haben. Dazu fehlt es aber an der Übergabe der Steine. - (2) E verpachtet und übergibt seinen Garten mit Apfelbäumen an P. P gestattet dem D, einen der Apfelbäume für sich abzuernten. Fraglich soll sein, ob und wie D Eigentum an von ihm geernteten Äpfeln erwerben kann. Der Erwerb richtet sich nach § 956 I 1. Die Berechtigung des P zur Aneignungsgestattung ergibt sich aus § 956 II i.V. mit § 956 I 1. Die Aneignungsgestattung des P muß dem Bestimmtheitsgrundsatz genügen. Dieser ist aber auch dann noch gewahrt, wenn die Gestattung auf die vom Berechtigten ausgesonderten Früchte bezogen ist. Hier ist die Gestattung auf einen von D abgeernteten Baum, d.h. in dem Fall, daß D mehrere Bäume aberntet, auf die Äpfel eines Baums, die D für

[793] BGHZ 27, 360, 363f. Der BGH sagt, die Gleichstellung mittelbaren Besitzes im Rahmen des § 956 I 1 sei „mindestens" in dem Fall ausgeschlossen, daß der Gestattende selbst im unmittelbaren Besitz der Muttersache bleibt. In der Tat ist der mittelbare Besitz nicht in jedem Fall untauglich dafür, daß durch seine Einräumung der Besitz der Muttersache überlassen ist. Ist ein Dritter im unmittelbaren Besitz, der Gestattende mittelbarer Besitzer und stellt der Dritte auf die Anweisung des Gestattenden seinen Besitz auf den Gestattungsbegünstigten als neuen mittelbaren Besitzer um, so ist der Besitz der Muttersache dem Begünstigten i.S. des § 956 I 1 überlassen.

sich separiert, bezogen. Da D der Besitz am Obstgarten nicht überlassen ist, ist zu seinem Eigentumserwerb weiter die Ergreifung des Besitzes an den Äpfeln eines Baumes, den D für sich ausgesucht hat, d.h. die Trennung der Äpfel unter Begründung der eigenen Obhut nötig. Holt sich ein Dieb einen Eimer voll Obst von dem Baum, den D sich ausgesucht hatte, so wird P, nicht D Eigentümer.

950 Mit dem Eigentumserwerb aufgrund einer Aneignungsgestattung behandeln die §§ 956, 957 einen rechtsgeschäftlichen Erwerb, d.h. einen Erwerb durch Verfügung. Die Einordnung des Verfügungstatbestands des § 956 I, an den auch § 957 anknüpft, ist umstritten. § 956 ist mit § 929 verwandt wie § 957 mit § 932. Nach dem Sinn der Verfügung, dem Begünstigten das Eigentum zu verschaffen, und dem Sinn der weiteren Merkmale, die die Notwendigkeit der Mitwirkung des Begünstigten anzeigen, ist für die Gestattung ein Vertrag zu fordern, d.h. reicht nicht die einseitige Gestattungserklärung, sondern bedarf es der Annahme durch den Begünstigten[794]. Dies ist aber nicht, wie manche[795] meinen, in dem Sinne zu verstehen, daß § 956 geradezu eine Anwendung der allgemeinen Übereignungsregeln und dort, wo er abweichen sollte, zu ignorieren ist. Der Tatbestand – Gestattungsvertrag einerseits, Aussäen, Bewirtschaften, Abernten andererseits – ist ein eigener Übereignungstatbestand. Ist er erfüllt, braucht nicht eine Übereignung nach §§ 929 ff. konstruiert zu werden. Er kann auch dann erfüllt sein, wenn die Voraussetzungen der §§ 929 ff. ersichtlich nicht vorliegen. Dies ist dann der Fall, wenn der Gestattende vor Eintritt der weiteren Merkmale des Verfügungstatbestands sein Recht verloren hat, der Erwerber des Rechts aber an die Pflichten aus dem Schuldverhältnis, auf dem die Gestattung beruht, gebunden ist[796]. Ist andererseits der Tatbestand des § 956 nicht erfüllt, so ist zu prüfen, ob nicht stattdessen der Eigentumserwerb nach den allgemeinen Übereignungstatbeständen eingetreten ist[797]. Die §§ 956 ff. schließen die Anwendung der §§ 929 ff. nicht aus[798]. § 956 selbst ist danach nicht im Sinne der *Übertragungs-*, sondern der *Anwartschaftstheorie*[799] einzuordnen, nach der durch Rechtsgeschäft eine Erwerbsanwartschaft, nämlich eine *Anfallberechtigung* begründet wird, ohne daß die allgemeinen Übereignungsvorschriften verdrängt würden.

951 Auch als Anwartschaftstatbestand ist § 956 der Tatbestand einer Verfügung, die Eigentum überträgt. Genauer betrachtet, handelt es sich um ein Verfügungsgeschäft, zu dem, weil es das Eigentum verschaffen soll, zusätzlich zu der Einigung über die *Aneignungsgestattung* ein *Vollzugsmerkmal* gehört. Die Gestattung führt mit Trennung und Besitz zusammen zum Eigentumserwerb. Die Gegenthese[800], schon die *Gestattung als solche* bedeute die *Verfügung*, und zwar die Verfügung über das eigene Fruchtziehungsrecht, ist nicht haltbar: Sie setzt die Abspaltung dieses Rechts von der eigenen Fruchtziehungsberechtigung des Gestattenden voraus, wovon das Gesetz insbesondere beim Nießbrauch nichts weiß und wofür es auch an einem Verfügungstatbestand fehlen würde, der der notwendigen Entäußerung im Hinblick auf den bestimmten Verfügungsgegenstand entspricht. Das Gesetz verlangt regelgerecht die Durchführung der Verfü-

[794] Staudinger/*Gursky* (1995) § 956 Rz 9. Zur Frage der Widerruflichkeit der Gestattungseinigung vor Eintritt der weiteren Verfügungsmerkmale s. § 956 I 2.

[795] Siehe z.B. *Heck*, § 63, 5. *Wieling*, Sachenrecht, 4. Aufl., § 11 III 4 a, S. 147 ff.

[796] So in den Fällen des § 581 II mit § 566 und entsprechender Vorschriften, *Fritz Schulz*, Festgabe Zitelmann, 1923, 83, 88 f..

[797] So im Fall von *Heck* a.a.O.: Übereignung einer wurzelgeschädigten und deshalb vor der Fällung stehenden Eiche an einen Holzhändler. Ein Sturm fällt die Eiche. Der Gläubiger des Grundstückseigentümers läßt den gefällten Baum pfänden. Der Holzhändler kann widersprechen, weil er schon mit Trennung Eigentum erworben hat, zwar mangels Besitzergreifung nicht nach § 956, wohl aber nach §§ 868, 930 (antizipiertes Konstitut).

[798] *Fritz Schulz*, Festgabe Zitelmann, 1923, 83 f.

[799] Nach *v. Tuhr*, Der allgemeine Teil des Deutschen Bürgerlichen Rechts, Bd. I, § 8 II 3 Fn. 6.

[800] *Westermann*, 5. Aufl., § 57 III 2 c; 7. Aufl., § 57 III 2 b.

gung im Hinblick auf das Eigentum an den zu erwerbenden Sachen, nämlich wie immer, daß der Erwerber den Besitz erlangt, entweder den an der Muttersache, die die zu erwerbenden Sachen umfasst, oder den Besitz an den zu erwerbenden Sachen selbst. Der Verfügungstatbestand ist also auf das Eigentum an den Erzeugnissen oder sonstigen Bestandteilen gerichtet[801].

Eine Folgerung daraus zieht der BGH[802] für den Fall, daß dem Gestattungsempfänger der Besitz an der Muttersache nicht überlassen ist. Zum Erwerb des Begünstigten muß der Gestattende bis zur Besitzergreifung an den Früchten oder Bestandteilen durch den Begünstigten verfügungsbefugt bleiben. Der BGH sagt dies für den Fall, daß über das Vermögen einer Person, die einer anderen die Aneignung gestattet hat, vor der Besitzergreifung durch den Gestattungsempfänger der Konkurs (jetzt: das Insolvenzverfahren) eröffnet wird. Ein Pächter hatte seiner Bank zur Sicherung eines Kredits die Aneignung der nächsten Ernte gestattet, war aber vor der Ernte in Konkurs gefallen. Aufgrund des Verfügungsverbots in der Insolvenz (§ 7 KO, jetzt § 81 InsO) kann der Gestattungsempfänger nicht mehr aufgrund der Aneignungsgestattung das Eigentum erwerben. In diesem Fall gibt es auch keinen gutgläubigen Erwerb nach § 957 (Gegenschluß aus § 7 I 2. Hs. KO, jetzt § 81 I 2 InsO). Verliert der Gestattende die Verfügungsbefugnis nicht durch Eröffnung des Insolvenzverfahrens, sondern deshalb, weil das Eigentum an der Muttersache auf einen Dritten übergeht, so kann der Gestattungsempfänger nach § 957 erwerben. **952**

Was die Auswirkung nachträglicher Geschäftsunfähigkeit des Gestattenden anbelangt (gleich steht nachträglich eintretende Beschränkung der Geschäftsfähigkeit)[803], kommt es darauf an, ob sich das noch ausstehende Teilstück des Verfügungstatbestands mit oder ohne Willen des Gestattenden vollzieht: Hat der Gestattende zurechenbar den Besitz überlassen, ist die Verfügung auf seiner Seite perfekt, der Eintritt von Mängeln der Geschäftsfähigkeit in der Zeit bis zur Trennung schadet nicht. Hat er nicht oder nicht zurechenbar überlassen, so kommt es auf die Besitzergreifung an. Eine Willensabhängigkeit kommt hier nur in Betracht, sofern der Gestattende noch konkret den Zugang zur Besitzergreifung eröffnen muß[804]. Ist der Zugang frei, so genügt die in der Gestattung vor Ein- **953**

801 Zum Verfügungs- als Erwerbstatbestand gehört bei Besitzüberlassung an der Muttersache auch noch die Trennung. Nach § 957 letzter Hs. hindert den gutgläubigen Erwerb der Eintritt der Bösgläubigkeit vor der Trennung. *Fritz Schulz*, Festgabe Zitelmann, 1923, 83 ff., 93 ff. hat gezeigt, daß der Verlust der Verfügungsbefugnis des Eigentümers nach der Besitzüberlassung, vor der Trennung, (vorbehaltlich der Möglichkeiten der Gebundenheit des neuen Berechtigten nach § 571 a.F., § 566 n.F., etc. und des gutgläubigen Erwerbs) dem Eigentumserwerb des Gestattungsempfängers schädlich ist. Dies gilt auch, wenn der Gestattende sein Recht durch Zwischenverfügungen verliert. Die Annahme eines Anwartschaftsrechtes des Gestattungsempfängers und analoger Anwendung des § 161 ist abzulehnen: So wie derjenige, der durch Zwischenverfügung erworben hat, vor der Trennung vom Gestattungsempfänger den Besitz herausverlangen und damit den Eigentumserwerb aufgrund Besitzes und Trennung verhindern kann, muß er mit den gemachten Vorbehalten durch die Trennung Eigentümer werden und den Besitz herausverlangen können. Eindeutig ergibt sich die Voraussetzung der Verfügungsbefugnis des Gestattenden noch im Zeitpunkt der Trennung aus den Materialien für die dort behandelte Verpfändung von Früchten und Bestandteilen vor der Trennung, auf die nach dem BGB § 956 entsprechend anzuwenden ist (*Fritz Schulz* S. 113 ff.). Der Fall ist nicht zu verwechseln mit dem der Verpfändung der Muttersache, woraus das Pfandrecht des Gläubigers an den getrennten Erzeugnissen folgt (§ 1212).

802 BGHZ 27, 360; dazu *Denck*, JZ 1981, 331.

803 Auf die Geschäftsfähigkeit des Begünstigten kommt es nur bei der Annahme der Gestattung an.

804 In dem von *Martinek*, JuS 1988, L 3 ff. gebildeten Fall, daß der ohne Überlassung des Besitzes an der Muttersache Gestattende nach der Gestattung geschäftsunfähig wird und dann dem Begünstigten, der sich den Besitz an den Früchten verschaffen will, den Weg vertritt, ist

tritt der Geschäftsunfähigkeit liegende Bewilligung der Besitzergreifung. Bei mittelbarem Besitz des Gestattenden genügt auch bei Notwendigkeit der konkreten Zutrittsgewährung die Bewilligung durch den unmittelbaren Besitzer.

954 Sowohl § 955 als auch § 957 begründen einen gutgläubigen Eigentumserwerb[805]. Die Fälle sind aber ganz unterschiedlich. Zunächst begründet § 955 nur den Erwerb von zu den Erzeugnissen gehörenden Früchten, § 957 den Erwerb aller Erzeugnisse und auch sonstiger Bestandteile. Im weiteren Unterschied begründet § 955 den Erwerb durch einen bezüglich der Muttersache Nichtberechtigten, § 957 den Erwerb von einem Nichtberechtigten. Bei § 955 ist *Eigenbesitz* oder Besitz in gutem Glauben an ein *eigenes Nutzungsrecht* die Grundlage des gutgläubigen Erwerbs, bei § 957 der Besitz und der gute Glaube an das *Gestattungsrecht des Gestattenden.* § 957 behandelt den Fall eines rechtsgeschäftlichen Erwerbs vom Nichtberechtigten.

955 Das führt zu den folgenden Unterschieden zwischen § 957 einerseits und § 955 andererseits. Der erste Unterschied ergibt sich daraus, daß der gutgläubige Erwerb nach § 957 eben ein rechtsgeschäftlicher Erwerb vom Nichtberechtigten ist und damit die wirksame Verfügung eines nichtberechtigten Veräußerers, nämlich die wirksame Aneignungsgestattung eines Nichtberechtigten, voraussetzt. Bei nichtiger Einräumung eines Nießbrauchs durch einen Berechtigten oder einen Nichtberechtigten ist der gutgläubige Erwerb möglich nach § 955. Bei einer nichtigen Erwerbsgestattung durch einen Berechtigten oder Nichtberechtigten führt § 957 nicht zum Erwerb.

956 Ein weiterer Unterschied besteht hinsichtlich des Erfordernisses der Rechtsscheinbasis: § 955 ordnet – grundsätzlich parallel zu § 993 – dem gutgläubigen Besitzer der Muttersache *als solchem* die Früchte zu. Für den Erwerb aufgrund Gestattung eines Nichtberechtigten nach § 957 ist demgegenüber nicht nur eigener Besitz des Gestattungsempfängers für den gutgläubigen Erwerb erforderlich, sondern darüber hinaus als Rechtsscheinbasis für den gutgläubigen Erwerb vom Nichtberechtigten der *Besitz des gestattenden Nichtberechtigten* an der Muttersache. Eine Gestattung ohne diese Rechtsscheinbasis wirksam zu machen, wäre ein Verstoß gegen Grundprinzipien der §§ 932 ff.

957 Ausnahmsweise genügt als Rechtsscheinbasis hier der Besitz, auch wenn die Muttersache ein Grundstück ist. Daß im Grundstücksrecht grundsätzlich das Grundbuch die Rechtsscheinbasis ist, ist hier ohne Belang: Für eine Nutzungsgestattungserklärung ist das Grundbuch nicht die passende Rechtsscheinbasis; zudem geht es ja um die Übereignung der Trennstücke als beweglicher Sachen.

958 Exemplarisch ist der schon oben[806] behandelte *Weinberg-Fall*: Der Erwerb von Früchten kraft der Aneignungsgestattung eines Nichtberechtigten ist ein dem Erwerb nach § 932 verwandter Fall. Wie bei diesem bedarf es des Rechtsscheintatbestandes, d.h. des Besitzes des Gestattenden[807].

gegen den Erwerb des Begünstigten, der hier verbotene Eigenmacht übt, zu entscheiden. Die These vom Verfügungstatbestand durch die bloße Gestattungserklärung führt hier dazu, daß nur noch ein Widerruf i.S. des § 956 I 2 geprüft werden kann, der aber mangels Geschäftsfähigkeit unwirksam ist (so *Martinek*).

805 Wird das Fruchtziehungs*recht* selbst gutgläubig erworben (im Grundbuch eingetragener Bucheigentümer bestellt einen Nießbrauch – wirksam nach § 892), so ist der Erwerb der von diesem Recht erfaßten Früchte durch den gutgläubigen Erwerber weder ein Erwerb durch einen Nichtberechtigten (§ 955) noch ein Erwerb von einem Nichtberechtigten (§ 957), sondern ein Erwerb eines Berechtigten nach § 954.

806 Rz. 838 zu Fn. 637.

807 Unrichtig zum Fall *Gerhardt,* Mobiliarsachenrecht, § 13, Fall 84, S. 136 f., der meint, der Gestattende müsse sich nur in das Grundstück (im von *Gerhardt* gebildeten Fall die Obstplantage) hineinbegeben, dann erwürben die Passanten, vorbehaltlich der Bösgläubigkeit. Durch verbotenes Eindringen in ein fremdes Grundstück wird man nicht der Besitzer des Grundstücks. Daß die Gestattungsempfänger an den Besitz des Gestattenden im abgewandel-

Der Unterschied, der sich somit zwischen den Tatbeständen des § 955 einerseits und des § 957 andererseits ergibt und der zur unterschiedlichen Behandlung beispielsweise der Einräumung eines Nießbrauchs durch einen Nichtberechtigten einerseits – hier § 955 – und der Einräumung des Pachtrechts durch einen nicht besitzenden Nichtberechtigten andererseits führt – hier ist § 957 einschlägig, fehlt aber die erforderliche Rechtsscheinvoraussetzung –, dieser Unterschied vermag nicht ohne weiteres einzuleuchten. Bezogen auf konkrete Fälle, mindert sich aber die Anstößigkeit der Unterscheidung: Für § 955 sind praktisch nur Fälle mit Grundstücken als Muttersache. In diesen Fällen ist ein gutgläubiger Eigenbesitz oder Nutzungsrechtsbesitz nur denkbar entweder aufgrund der Vornahme eines entsprechenden Erwerbsgeschäfts und mithin unter Eintragung des (angeblich) erworbenen Rechts in das Grundbuch oder aufgrund Erbfolge von einem im Grundbuch eingetragenen Erblasser. Insoweit ist durch den Buchbesitz doch die Rechtsscheingrundlage gegeben. **959**

Die Unterschiedlichkeit der Tatbestände des gutgläubigen Erwerbs nach § 955 einerseits und § 957 andererseits ist schließlich bei der Beachtung des Gedankens des § 935 zu berücksichtigen. Allerdings ergibt sich eine besondere Lage insofern, als hier der Gedanke des § 955 für § 957 einmal mit zu nutzen ist und sich so ergibt, daß die Grenzlinie nicht zwischen § 955 und § 957, sondern zwischen § 955 und bestimmten Fällen des § 957 einerseits und anderen Fällen des § 957 andererseits verläuft: Nach § 935 hindert Abhandenkommen grundsätzlich den gutgläubigen Erwerb. Unstreitig hindert § 935 auch den gutgläubigen Erwerb im Fall des § 957, wenn sich der unfreiwillige Besitzverlust gerade auf die zu erwerbenden Erzeugnisse und sonstigen Bestandteile als solche bezieht. Das ist der Fall bei der Aneignungsgestattung durch einen Nichtbesitzer, ohne daß dieser den Besitz an der Muttersache einräumt, in dem Fall also, daß die Besitzergreifung im Sinne von § 956 I Alt. 2 die Erzeugnisse oder Bestandteile abhanden bringt[808]. Umstritten ist dagegen, ob bei Abhandenkommen der Muttersache selbst ein solches auch betreffs der Früchte und Bestandteile anzunehmen ist. Richtiger Ansicht nach gilt § 935 insoweit nicht im Rahmen von § 955, wohl aber teilweise im Rahmen von § 957. Es ist nämlich zu unterscheiden zwischen Früchten, auf die sich § 955 beschränkt, und sonstigen Bestandteilen, auf die § 957 neben den Früchten auch anwendbar ist: Wird eine Kuh gestohlen und an einen gutgläubigen Erwerber übereignet, kalbt sodann die Kuh oder gibt sie Milch, haben wir einen Fall des Fruchterwerbs vor uns: Hier kommt § 955 zur Anwendung, der keinen Unterschied bezüglich der Art der Besitzableitung macht. Dies trifft sich im Ergebnis mit der Regelung des § 993, der auch schuldrechtlich die *Früchte* dem gutgläubigen Besitzer zuweist. Hier zwischen schuldrechtlicher und sachenrechtlicher Lage gegensätzlich zu entscheiden, ist ohne Rechtfertigung. **960**

Wenn demgegenüber z.B. eine Maschine abhanden gekommen ist und ein wesentlicher Bestandteil der Maschine abgetrennt wird, so ist ein Erwerb nur möglich nach § 957, da § 955 sich lediglich auf Früchte bezieht. Im Rahmen von § 957 gilt aber bei Abhandenkommen der Muttersache bezüglich der Bestandteile § 935: Die Bestandteile gehören zur Substanz der Muttersache und kommen also dem Eigentümer der Muttersache mit abhanden. Dogmatisch ergibt sich die Berücksichtigung des § 935 im Rahmen des § 957 für die Bestandteile wie folgt: Die Wertung des § 955 mit § 993 steht einer Berücksichtigung des § 935 für Früchte entgegen, also bleibt nur die Berücksichtigung für die Bestandteile übrig. Was diese betrifft, so ist sie für § 957 geboten, weil § 957 mit dem Merkmal der Aneignungsgestattung an den Tatbestand des § 929 anschließt. Die **961**

ten wie im Ausgangsfall *glauben*, ist für § 932 und ebenso § 957 gerade nicht ausreichend. Im Fall (und zwar auch bei Hineinbegeben) fehlt nicht nur die Rechtsscheinbasis. Darüber hinaus kommen die getrennten Früchte dem Eigentümer abhanden (§ 935 I).

808 Beispiel ist der Weinberg-Fall, o. Rz. 838.

Unterscheidung, die sich so zwischen Bestandteilen und Früchten ergibt, ist auch einleuchtend: Die Bestandteile gehören zur Substanz der Muttersache und kommen mit dieser abhanden; die Früchte wachsen aus der Muttersache hervor und sind Gegenstand wiederkehrender Nutzungen, als solche stehen sie dem gutgläubig nutzenden Besitzer zu.

962 Entgegengesetzt wollen *Wolff/Raiser*[809] und andere danach unterscheiden, ob Früchte ebenso wie Bestandteile *tatsächlich mit* abhanden gekommen sind oder nicht, ob sie also bei Abhandenkommen der Muttersache schon existierten oder nicht. Dem steht aber, abgesehen von den schon gebrachten Argumenten, die Unmöglichkeit entgegen, bezüglich der Früchte klar den Zeitpunkt abzugrenzen, wann sie entstehen, d.h. den Zeitpunkt, der nach jener Lehre für das Abhandenkommen maßgeblich sein soll: Wann entsteht z.B. das Ei im Huhn oder die Milch in der Kuh?

963 Im Gegensatz zu den festgestellten Unterschieden gilt für § 955 und § 957 die folgende Gemeinsamkeit: Wie immer beim gutgläubigen Erwerb sind die dingliche und die schuldrechtliche Rechtslage auseinanderzuhalten. Auf § 957 als Fall des gutgläubigen Erwerbs vom Nichtberechtigten ist § 816 I anwendbar. Weiter kann der nach §§ 955, 957 gutgläubig Erwerbende gemäß §§ 987 ff. und § 101 schuldrechtlich herauszugeben haben: Nach § 993 I Hs. 1 trifft dies für Übermaßfrüchte zu, nach § 988 bei unentgeltlichem Besitzerwerb (in Parallele zu § 816 I 2).

964 Es kann umgekehrt die schuldrechtliche Herausgabehaftung als Nebenfolge der Vindikation der Muttersache gemäß § 993 I Hs. 2 entfallen, obwohl der Besitzer nicht Eigentümer geworden ist. Der Besitzer ist dann nur der Vindikation der Frucht etc. selbst ausgesetzt. – Etwa wird dem B von dem Eigentümer, der geschäftsunfähig ist, die Nutzung eines Ackers gestattet. B ist gutgläubig i.S. von §§ 987 ff. Aber er ist weder Eigenbesitzer i.S. von § 955 I, noch glaubt er an ein Nutzungsrecht i.S. von § 955 II, vielmehr glaubt er an eine Gestattung i.S. von § 956. Es könnte also nur § 957 zum Eigentumserwerb verhelfen, § 957 kann aber bei Unwirksamkeit der Gestattung nicht eingreifen. Ein Schutz des guten Glaubens an die Geschäftsfähigkeit des Veräußerers findet in § 957 ebensowenig statt wie in § 932[810].

965 Kein Beispiel ist dasjenige von *Medicus*[811]: Ein unredlicher Pächter zieht Früchte. Der (nichtberechtigte) Verpächter ist redlich. *Medicus* verneint den Eigentumserwerb des Pächters, hält aber seine Herausgabepflicht nach § 991 I für ausgeschlossen. Wenn der Pächter kein Eigentum erwirbt, würde die Vindikation betreffs der Früchte etc. gelten und nicht durch § 991 I ausgeschlossen sein. Der Pächter erwirbt aber wegen der Gutgläubigkeit seines Verpächters nach § 956 II Eigentum: Der Verpächter ist nach § 955 I, II oder § 957 geschützt und so nach § 956 II zur (Unter-)Gestattung in der Lage. Nach Planck/*Brodmann*[812] ist der Schutz des mittelbaren Besitzers in Übereinstimmung mit § 991 I der Zweck des § 956 II.

966 Fall zur Anwendung der §§ 953 ff.:

E gibt sein altes Auto dem Schrotthändler und Kleinwerkstattbesitzer U zur Vornahme einiger Reparaturen, um das Fahrzeug noch über den TÜV zu bringen. U hält nach einigen Versuchen die Sache für aussichtslos. Er beschließt, das Fahrzeug für sich auszuschlachten, und entnimmt schon einmal den Motor. Einige Zeit später kommt der Kleingarten-Eigentümer G auf den Werkstatt- und Schrottplatz. Er sucht Autofensterscheiben für sein Schreberschlößchen. Auf dem Lagerplatz für die alten Autos trifft er den Angestellten A des U. Dieser behauptet, ihm gehöre der Laden, und gestattet dem G gegen ein geringes Entgelt, zwei Scheiben aus dem Auto des E zu montieren. E kommt alsbald hinter die Sache und zwingt den U, zunächst den Motor wieder einzubauen. Er

809 § 77 III 4, S. 283.
810 *Westermann*, 5. Aufl., § 57 III 4 a; 7. Aufl., § 57 III 4 a.
811 Rz. 603.
812 § 991 Anm. 2 b; zustimmend Staudinger/*Gursky* § 991 Rz. 5.

fordert ihn auf, auch die Scheiben wieder zurückzuholen und einzubauen. E ermächtigt U zur Ausübung des Anspruchs aus § 985. – Zu prüfen ist der Anspruch gegen G auf Herausgabe der Fensterscheiben nach § 985, zu dessen Ausübung der U nach § 185 ermächtigt ist: G ist Besitzer; zu prüfen ist das Eigentum des E. E war Eigentümer der ungetrennten Sache, d.h. des Autos und seiner Bestandteile. E könnte aber durch die Trennung der Fensterscheiben sein Eigentum verloren haben. Nach § 953 bleibt grundsätzlich der Eigentümer der ungetrennten Sache Eigentümer der Bestandteile auch nach der Trennung. Aus §§ 954 - 957 könnte sich aber ein anderes ergeben. Da G weder dinglich Nutzungsberechtigter (§ 954) noch Eigen- oder Nutzungsrechtsbesitzer (§ 955 I, II) des *Kraftfahrzeugs* war, kommt ein Eigentumsverlust des E nur nach §§ 956 f. in Betracht. Da der gestattende A Nichtberechtigter hinsichtlich des Kraftfahrzeugs war, ist § 957 anzuwenden. Zusätzlich zur Gestattung (bei § 957 durch einen Nichtberechtigten) erfordert § 957 unter Hinweis auf § 956 I entweder den Besitz der Gesamtsache und die Trennung der Bestandteile oder die Besitzergreifung an den Bestandteilen. G hat hier die Scheiben getrennt und in Besitz genommen. Nach § 957 ist der Erwerb des Gestattungsempfängers ausgeschlossen, wenn er – in unserem Fall des Erwerbs durch Besitzergreifung – im Zeitpunkt der Besitzergreifung hinsichtlich der Gestattungsberechtigung des Gestattenden in bösem Glauben war. Der Sachverhalt enthält dafür keine Anzeichen. Nach dem Wortlaut des § 957 ist folglich der Erwerb des G eingetreten. In Betracht kommt aber, daß aufgrund systematischer Auslegung § 957 sich als nicht erschöpfend formuliert herausstellt und durch ein weiteres Merkmal zu ergänzen ist. § 957 begründet einen Tatbestand des gutgläubigen Erwerbs, in der Literatur wird sogar vertreten, daß §§ 956, 957 Sondertatbestände der §§ 929, 932 seien. Aber auch nach der anderen Meinung, die §§ 956, 957 als Tatbestände der Begründung eines Erwerbsrechts ansehen, sind die Vorschriften der §§ 932 ff. in ihren Grundwertungen heranzuziehen. Nach den allgemeinen Grundsätzen könnte dem Erwerb des G § 935 entgegenstehen. § 935 ist nach allgemeiner Auffassung anwendbar. Nur in Beziehung darauf, ob das Abhandenkommen der Muttersache als Abhandenkommen auch der Früchte und Bestandteile gilt, ist seine Anwendbarkeit streitig. Hier geht es um das Abhandenkommen gerade der Bestandteile, diese für sich genommen. Abhandenkommen setzt unfreiwilligen Verlust des Besitzes beim unmittelbaren Besitzer voraus. Dem könnte hier entgegen stehen, daß A dem G die Mitnahme gestattet hat. A ist aber Besitzdiener, seine Einwilligung in die Trennung der Fensterscheiben durch G macht den Besitzverlust nicht freiwillig, sondern begründet grundsätzlich ein Abhandenkommen beim Besitzherrn. Zu beachten ist aber § 935 I 2: Für das Abhandenkommen ist, wenn der Eigentümer (also E) nicht im unmittelbaren, sondern nur im mittelbaren Besitz ist, darauf abzustellen, ob die Sache dem unmittelbaren Besitzer (also U) abhanden gekommen ist. Dies ist hier an sich zu bejahen. Das Abhandenkommen beim unmittelbaren Besitzer reicht aber nur dann aus, wenn bei der Besitzweggabe der Eigentümer noch mittelbaren Besitz hatte. Für den mittelbaren Besitz des E sind nach § 868 Besitzmittlungsverhältnis und Besitzmittlungswille erforderlich. Hier hatte U aber schon vor der Weggabe der Fensterscheiben Eigenbesitz an dem Kraftfahrzeug i.S. von § 872 begründet, und zwar – wegen der Herausnahme des Motors – äußerlich erkennbar. Damit hatte schon vor der Besitzweggabe durch den Besitzdiener A E den mittelbaren Besitz verloren, die Sache war zwar dem U abhanden gekommen, dies ist aber nach § 935 I 2 kein für den Eigentümer wirkendes Abhandenkommen. Der Erwerb des G ist also durch § 935 nicht gehindert. Scheitert so der Erwerb des G auch nicht an § 935, so könnte doch eine andere Voraussetzung für den gutgläubigen Erwerb, die §§ 932 ff. zu entnehmen ist, fehlen. Es geht um die Rechtsscheinposition des Gestattenden: Dieser muß Besitzer sein, damit für den gutgläubigen Erwerb ebenso wie nach § 932 auch in § 957 die Rechtsscheinbasis geschaffen ist (s. auch § 1006). Der hier gestattende A ist aber nur Besitzdiener. G glaubt zwar an die Besitzerstellung des A, der gute Glaube genügt aber nicht, da die Rechtsscheinposition objektiv vorhanden sein muß und Gutgläubigkeit nur hinsichtlich des fehlenden Rechts geschützt wird[813].

E ist noch Eigentümer. E, und kraft seiner Ermächtigung der U, können die Fensterscheiben von G nach § 985 herausverlangen.

4. Gesetzlicher Erwerb und Verlust des Eigentums

a) Gesetzlicher Erwerb und Verlust des Eigentums an Grundstücken

967 Das Sachenrecht regelt einen gesetzlichen Erwerb des Eigentums an Grundstücken in den allgemeinen Vorschriften über Grundstücksrechte (§§ 873 ff.) und einen zweiten im speziell das Grundstückseigentum betreffenden Kapitel über den Erwerb und Verlust des Eigentums an Grundstücken (§§ 925 ff.). Der erste Fall ist in den allgemeinen Vorschriften geregelt, weil er nur ein Fall der weiter greifenden allgemeinen Regelung ist (§ 900 II dehnt die Regelung auf andere zum Besitz berechtigende oder in der Ausübung nach Besitzrecht geschützte Rechte aus). Es geht um die Wirkung des öffentlichen Glaubens des Grundbuchs, gegenüber dem derjenige Berechtigte sein Recht verwirkt, der nicht für die Berichtigung des Grundbuchs und nicht einmal für eine seinem Recht entsprechende Besitzlage sorgt. Ist jemand im Grundbuch als Eigentümer eingetragen, so ersitzt er das Eigentum, wenn er das Grundstück 30 Jahre im Eigenbesitz gehabt hat (§ 900 I). Böser Glaube schadet nicht. Voraussetzung für den Eigentumserwerb ist die Grundbucheintragung, nicht die fälschliche: Ob das Eigentum erworben war oder nicht, ist unter den Voraussetzungen des § 900 I für die Eigentümerstellung gleichgültig. Entweder hat der Eingetragene das Eigentum schon ehemals erlangt oder aufgrund des § 900 I.

968 Nur für das Eigentum an Grundstücken sieht das Gesetz sodann eine Art Ersitzungserwerb auch in dem Falle vor, daß der Erwerber nicht oder nicht schon 30 Jahre lang als Eigentümer im Grundbuch eingetragen ist. Das Grundstück muß 30 Jahre im Eigenbesitz einer bestimmten Person gestanden haben. Wie das Gesetz sagt, kann dann der Eigentümer mit seinem Recht ausgeschlossen werden, allerdings nur unter weiteren Voraussetzungen in dem Fall, daß der Eigentümer im Grundbuch eingetragen ist, in diesem Fall nämlich nur dann, wenn der Eigentümer gestorben oder verschollen ist und seit 30 Jahren keine Eintragung mehr, die seiner Zustimmung bedurfte, vorgenommen worden ist. Der Ausschluß erfolgt durch Aufgebotsverfahren (§ 927 I 1 BGB, §§ 946 ff. ZPO). Das Eigentum erlangt gemäß § 927 II derjenige, der das Ausschlußurteil erwirkt hat, wenn er sich als Eigentümer in das Grundbuch eintragen läßt. Ist der Aneignungsberechtigte schon eingetragen, bedarf es nur aufgrund des Ausschlußurteils eines Klarstellungsvermerks[814].

§ 927 II ist so formuliert, als wenn bei 30 Jahren Eigenbesitz einer Person jeder beliebige das Ausschlußurteil erwirken und sich dann als Eigentümer eintragen lassen kann. Gemeint ist das nicht. Antragsberechtigt im Aufgebotsverfahren und aneignungsberechtigt ist der Eigenbesitzer. Sein Aneignungsrecht kann er aber abtreten, es kann gepfändet werden, und zwar auch schon vor dem Aufgebotsverfahren. Dann ist antragsberechtigt und aneignungsberechtigt der Zessionar oder der Gläubiger. Auf die Übertragung soll § 925 analog anzuwenden sein[815]. Nach §§ 413, 398 muß Zessionsrecht gelten.

[813] Hätte A im Namen des U gehandelt (dafür hätte ein Auftreten für das Unternehmen als fremdes genügt), so hätte er – die Vertretungsmacht hätte sich aus § 56 HGB ergeben – eine nach § 164 für U wirksame Gestattung erklärt. Aufgrund des Besitzes des U wäre dann der Erwerb des G nach § 957 möglich gewesen.

[814] Staudinger/*Pfeifer* (1995) § 927 Rz. 26.

[815] Staudinger/*Pfeifer* (1995) § 927 Rz. 20.

b) Gesetzlicher Erwerb und Verlust des Eigentums an beweglichen Sachen
aa) Verbindung, Vermischung/Vermengung, Verarbeitung
aaa) Übersicht

Werden mehrere Sachen zu einer neuen Einheit verbunden oder wird aus einer Sache oder mehreren Sachen durch Umgestaltung eine neue Einheit gemacht, so ist fraglich, wie sich die Neugestaltung auf die Eigentumsverhältnisse auswirkt. Fraglich ist dies allerdings nur dann, wenn an der Verbindung die Rechte mehrerer beteiligt sind. Zwar spricht § 946 von der Erstreckung des Eigentums am Grundstück auf die mit dem Grundstück verbundene Sache und ist so vom Wortlaut auch erfaßt der Fall, daß sowohl das Grundstück als auch die bewegliche Sache demselben Eigentümer gehören. Ziel der Regelung ist aber die Auflösung der Kollision bei Beteiligung mehrerer Berechtigter, und so spricht § 947 I, II bei Verbindung beweglicher Sachen miteinander nur vom Miteigentum oder dem Eigentum des Eigentümers der Hauptsache. Der Fall, daß alle Sachen demselben Eigentümer gehören, ist hier vom Wortlaut nicht erfaßt. Ebenso wenig erfaßt § 950, indem er davon spricht, daß der Verarbeiter eines Stoffes oder mehrerer Stoffe das Eigentum an der neuen Sache „erwirbt", den Fall, daß der Verarbeiter ausschließlich eigene Stoffe verarbeitet. **969**

§ 950 regelt die Werteschaffung durch Verarbeitung fremder Sachen. Im Fall der Verarbeitung oder Umgestaltung von (fremden) Sachen zu einer neuen beweglichen Sache ordnet § 950 das Eigentum dem Hersteller zu, sofern nicht der Wert der Verarbeitung oder der Umbildung erheblich geringer ist als der Wert des Stoffes. § 950 enthält vier Voraussetzungen und einen Ausnahmetatbestand für den Eigentumserwerb: Aus einer Sache oder mehreren Sachen, wobei die eine oder mindestens eine von den mehreren Sachen fremd sein muß, muß durch zweckgerichtete Einwirkung (Umbildung oder Verarbeitung) eine neue Sache hergestellt werden. Die Neuheit der Sache setzt die Veränderung des Wesens der verarbeiteten Stoffe nach wirtschaftlicher Betrachtung und Verkehrsauffassung voraus. Bei Verarbeitung mehrerer Stoffe ist der Tatbestand des § 950 durch die Voraussetzung „eine neue Sache" mit dem Tatbestand der Verbindung nach § 947 verwandt. Wie im Fall des § 947 müssen auch die Stoffe des § 950 zu wesentlichen Bestandteilen der neuen Sache verarbeitet werden. Unter diesen Voraussetzungen erwirbt – dies ist eine weitere Voraussetzung – der Hersteller das Eigentum. Der Eigentumserwerb tritt nicht ein, sofern der Wert der Verarbeitung oder der Umbildung (d.h. die Differenz zwischen dem Wert der neuen Sache und dem der verarbeiteten Stoffe) erheblich geringer ist als der Wert des Stoffes. Nach Auffassung des BGH[816] trifft dies zu bei einem Verhältnis von 60 : 100. **970**

§ 950 behandelt ein uraltes, in einer Kontroverse zwischen Prokulianern und Sabinianern schon die Römer beschäftigendes[817], Problem. Bei den modernen Produktionsverhältnissen ist es besonders wichtig zu beachten, daß als Hersteller der Träger der für die Produktion zuständigen Unternehmensorganisation anzusehen ist, wenn diese nicht sogar noch in fremdem Auftrag herstellt, so daß der Auftraggeber Hersteller ist[818]. Das war schon immer so, ist aber bei den modernen Produktionsverhältnissen mit ihren großen Unternehmenseinheiten eine besonders ernüchternde Absage an jede Art von **971**

816 BGHZ 56, 88

817 Zusammenfassend Inst 2.1.25 (Text und Übersetzung des Corpus Iuris Civilis, *Behrends*, *Knütel*, *Kupisch*, *Seiler*, Bd. 1 Institutionen, 1990), weiter D. 41, 1, 7, 7; Gaius 2, 79. Beispiele der Institutionen sind (nach der angeführten Übersetzung): Herstellung von Wein oder Öl aus (jedenfalls z.T.) fremden Trauben oder Oliven, von Gefäßen aus fremdem Gold oder Kupfer, von Heilpflastern oder Salben aus fremden Arzneimitteln, von Schränken oder Schiffen aus fremden Brettern, von Kleidern aus fremder Wolle.

818 Verarbeitet der Unternehmer aufgrund eines Werkvertrags den Stoff des Bestellers, so ist der Besteller der Hersteller (BGHZ 14, 114; OLG Frankfurt/Main OLGZ 89, 198).

Sozialromantik in der Richtung, als wolle der Gesetzgeber hier den Wert der Arbeit gegen das Kapital hochhalten. § 950 begünstigt den Verarbeitungsinvestor bzw. dessen Gläubiger.

972 Soweit mehrere Sachen zu einer Einheit verbunden werden und der Wert der Verarbeitung oder Umbildung relativ geringfügig ist, kommt statt der Anerkennung der Verarbeitungsinvestition als Erwerbsgrund der Gedanke der wirtschaftlichen Einheit zum Tragen, entweder in der Hand des Eigentümers der Hauptsache oder, fehlt eine Hauptsache, in Miteigentum. Das Gesetz regelt dies bei Verbindung als wesentlicher Bestandteil (§§ 93 ff.) mit einem Grundstück. In diesem Fall ist das Grundstück die Hauptsache und erstreckt sich das Eigentum am Grundstück auf das am Bestandteil (§ 946), nach dem Satz „superficies solo cedit". Bei Verbindung beweglicher Sachen zu wesentlichen Bestandteilen einer einheitlichen Sache kommt es darauf an, ob eine Sache als Hauptsache anzusehen ist (§ 947 II) oder nicht. Der Eigentümer der Hauptsache wird Alleineigentümer. Ist keine Sache als Hauptsache anzusehen, werden die Eigentümer der Bestandteile nach § 947 I Miteigentümer mit Anteilen gemäß dem Verhältnis des Wertes der Bestandteile. Dieser Fall ist vorangestellt, folglich betrachtet das Gesetz den Fall, daß eine der Sachen als Hauptsache anzusehen ist, als den Ausnahmefall.

Geht es bei §§ 946 f. um die Eigentumszuordnung einer aus mehreren Sachen gebildeten einheitlichen Sache, so regelt § 948 die einheitliche Zuordnung des Eigentums an einzelnen unwesentlichen Bestandteilen oder einzelnen körperlich getrennt bleibenden Sachen. Hier führt die tatsächliche Unmöglichkeit getrennter Zuordnung[819] zur einheitlichen Eigentumszuordnung. § 948 unterscheidet die Vermischung (die vermischten Sachen verlieren ihre körperliche Abgrenzung[820]) und die Vermengung (die körperliche Abgrenzung bleibt, die Sachen lassen sich aber nicht mehr unterscheiden[821]).

Nicht erst mit der Vermischung, sondern bereits mit der Einlagerung vertretbarer Sachen entsteht Miteigentum der Einlagerer bei Sammelverwahrung von Wertpapieren (§ 6 DepotG) und bei Sammellagerung vertretbarer Sachen (§ 469 HGB)[822].

bbb) Charakter der Erwerbsgründe und die Möglichkeit von Verarbeitungsklauseln

973 §§ 946 - 950 regeln die sachenrechtliche Zuordnung bei Veränderung von Sachen, orientiert allein an der Art der Veränderung und unbeschadet der Problematik der vermögensmäßigen Verteilung (s. § 951)[823]. Dazu im Gegensatz steht § 984, der nicht sach-, sondern interessenorientiert ist und deshalb die endgültige Zuweisung begründet.

974 Damit ist durch §§ 946 ff. nur die unmittelbare Zuordnung mit Wirkung gegen alle betroffen. Gelöst wird nicht nur ein inter-partes-Konflikt, sondern auch die Rechtssi-

[819] Gleich steht, daß die Trennung nur mit unverhältnismäßigen Kosten möglich ist (§ 948 II).

[820] Die Begriffe der Vermischung und Vermengung stammen aus dem gemeinen Recht (für confusio und commixtio), s. *Wolff/Raiser* § 72 III, S. 268, Fn. 16; die Motive geben für die Unterscheidung der confusio und der commixtio auch die Unterscheidung dessen, was durch Vermischung oder Vermengung entsteht, nämlich die Unterscheidung zwischen „Mischung" und „Gemenge" (Mugdan III, S. 200). Beispiel für die Vermischung ist die Vermischung von Flüssigkeiten.

[821] Beispiel die Vermengung von Geld, Getreide, Herdentieren.

[822] Dazu *K. Schmidt*, GS Helm, 2001, 849 ff.

[823] Die sachenrechtliche Zuordnung gilt aber unbedingt, sie ist nicht etwa bei §§ 946 f. abhängig von der Fortdauer der Verbindung. Löst der Erwerber die Verbindung, bleibt er dennoch Eigentümer. Auch wenn der Erwerber den Besitz der mit seiner eigenen im Anschluß daran verbundenen Sache von einem Nichtberechtigten erworben hat und die Sache nach Aufhebung der Verbindung aufgrund einer Rückabwicklung des Geschäfts mit dem Nichtberechtigten an diesen zurückgibt, erwirbt nicht der vormalige Berechtigte das Eigentum (so aber *Kohler*, JuS 1990, 530, 532 f.).

cherheit, insbesondere die Gläubigersicherheit stehen auf dem Spiel[824]. Folglich gilt die Regelung objektiv, unabhängig von Parteivereinbarungen. Für die Verarbeitungsvorschrift des § 950 wird dies zum Teil nicht akzeptiert. Im Zentrum steht die Frage, ob der Lieferant von Sachen, die der Erwerber verarbeiten will, sich bis zur Zahlung des Kaufpreises durch eine Verlängerung seines Eigentumsvorbehalts dahingehend sichern kann, daß der Erwerber für ihn verarbeitet und so auch das Eigentum an der neuen Sache ihm, dem Lieferanten, zusteht (verlängerter Eigentumsvorbehalt mit Verarbeitungsklausel). *Flume*, dem *Baur* folgt, erkennt die Wirksamkeit der Klausel an. Er hält § 950 für abdingbar, weil es sich um eine gesetzliche Konfliktlösung handele, die dann nicht anwendbar sei, wenn aufgrund einer Vereinbarung ein Konflikt nicht bestehe[825]. Dieser Auffassung hat sich der BGH angenähert: Nach seiner Rechtsprechung kommt es für die Bestimmung des Herstellers i.S. des § 950 zwar auf den objektiven Betrachter an, aber auf einen mit den Verhältnissen vertrauten Betrachter. Für einen solchen sei die Vereinbarung zwischen dem Vorbehaltslieferanten und dem verarbeitenden Vorbehaltskäufer zu berücksichtigen, mithin sei auf der Grundlage der Verarbeitungsklausel grundsätzlich der Lieferant als Hersteller anzunehmen. Anders sei es, wenn der Vorbehaltskäufer von der vereinbarten Art und Weise der Verarbeitung abweiche[826].

Die Versuche, die Interessen des Vorbehaltslieferanten mit der sachenrechtlichen Zu- **975**
ordnungsvorschrift des § 950 zu vereinbaren, sind nicht überzeugend. § 950 ordnet wie §§ 946 ff. das Eigentum aufgrund der Feststellung neuer Sacheinheiten objektiv zu[827]. Anders, als der BGH es will, kann man auch nicht die unternehmerisch selbständige Verarbeitung durch den Vorbehaltskäufer nur deshalb, weil der Lieferant wegen seines Kaufpreises gesichert sein will, als objektiv fremdbezogene Verarbeitung auffassen. Der Vorbehaltslieferant hat das auf den Sachumsatz beschränkte Interesse, seine Sache um der Kaufpreiszahlung willen zurückzuhalten. Die unternehmerische Planung und das unternehmerische Risiko betreffs der Produktion liegt beim verarbeitenden Vorbehaltskäufer. Was die Frage betrifft, welche Sache Hauptsache i.S. des § 947 II sei, ist noch niemand auf die Idee gekommen, auf Vereinbarungen über die Eigentumszuordnung Rücksicht zu nehmen. Also ist solches auch nicht für § 950 zu akzeptieren[828].

Beispiel: Möbelfabrikant M stellt Polstermöbel her aus Holz, das H liefert, und Pol- **976**
sterstoff, den P liefert. H und P liefern unter Eigentumsvorbehalt (§ 449 I (= § 455 I a.F.)), verlängert um die Verarbeitungsklausel, die M erlaubt, zu verarbeiten, unter Vorbehalt des anteiligen Eigentums auch an den *neu* hergestellten Möbeln für die Rohstofflieferanten im Verhältnis des Werts der Materialien zum Wert der neu hergestellten Sache. M fällt in das Insolvenzverfahren. H und P wollen aussondern (§ 47 InsO).

[824] *Westermann* 5. Aufl. § 53 II, S. 256 ff., 7. Aufl. § 53 III 2 d, S. 437 ff..

[825] *Flume,* NJW 1950, 841; *Baur/Stürner* § 53 Rz. 22.

[826] BGHZ 20, 159 (163 f.); 46, 117 ff.; s. dazu im einzelnen *Wagner*, AcP 184 (1984), 14 ff.

[827] Mit dem Gesetz unvereinbar der Versuch von *Dolezalek*, AcP 195 (1995), 393 ff., 412 f., 435 ff., die Eigentumszuordnung aufgrund von § 950 von der Richtung des Herstellerwillens des Einbauenden abhängig zu machen und § 950 I 1 nur eine Vermutung der Herstellung für sich selbst zu unterlegen, die durch die vertragliche Vereinbarung der Fremdherstellung, aufgrund deren der Fremdherstellungswille zu vermuten sei (so z.B. bei Vorbehaltskauf), entkräftet werden könne vorbehaltlich der Möglichkeit, die letztere Vermutung im Einzelfall zu widerlegen.

[828] Die Regelung des Werkvertrags, die nur beim Werklieferungsvertrag eine Übereignungspflicht des Unternehmers vorsieht (§ 651 i.V. mit § 433 I 1), beim Werkvertrag aber mit dem Werkunternehmerpfandrecht (§ 647) vom Eigentum des Werkbestellers ausgeht, beweist nicht eine Abhängigkeit des § 950 von der Vereinbarung, sondern beruht auf der Möglichkeit fremdbezogener Verarbeitung, die zutrifft, wenn der Besteller eigene Stoffe vom Werkunternehmer bearbeiten läßt.

Mit der Verarbeitung wird nach § 950 I, wenn man diesen als objektive Zuordnungsnorm versteht, der M Eigentümer. Die Eigentumsvorbehalte von H und von P nach § 449 I (= § 455 I a.F.) gehen aufgrund des originären Erwerbs nach § 950 I unter. Möglich ist aber eine Rückübereignung.

Dementgegen ist nach der Meinung von *Flume* § 950 abdingbar durch eine vereinbarte Konfliktlösung entsprechend der Lösung i.S. von Miteigentum, wie diese § 947 I vorsieht. Dieser Meinung zufolge werden P und H Miteigentümer im Verhältnis des Wertes ihrer Stoffe zum Wert des Endprodukts. Zum verbleibenden Anteil wird M Miteigentümer. *Baur/Stürner* vertreten, nicht verständlich, die Beteiligung des Verarbeiters nur bei einem einzigen Stofflieferanten (Miteigentum im Verhältnis des Wertes des Endproduktes zum Wert des gelieferten Stoffs entsprechend § 947), während sie bei Verarbeitungsklauseln mehrerer Stofflieferanten Miteigentum der Zulieferer annehmen, weil § 950 durch vertragliche Abmachung ausgeschlossen sei und § 947 an seine Stelle trete[829]. Hinzu kommt in jedem Fall, daß das Anwartschaftsrecht, welches M schon an den Stoffen hatte, wegfällt (s. § 950 II). Deshalb versucht *Nierwetberg*[830] eine antizipierte aufschiebend bedingte Übereignung des Endprodukts vom Lieferanten auf den Verarbeiter zu konstruieren. Sie soll auch dann anzunehmen sein, wenn sich hierfür im Wortlaut der Vereinbarung zwischen Lieferant und Produzent kein Anhaltspunkt ergibt. Das Ergebnis hat bereits ohne konstruktive Stütze *Flume* im Rahmen seines Ansatzes einer Konfliktlösung vertreten.

Nach der Auffassung des BGH soll die Herstellereigenschaft der P und H wirksam vereinbart werden können. Nur wenn M äußerlich erkennbar von der vereinbarten Herstellung abweicht, schlägt nach dieser Lösung die Vereinbarung nicht durch. Die Vorstellung einer Bruchteils-Hersteller-Eigenschaft ist besonders wenig überzeugend. Der BGH erkennt aber auch die Vereinbarung der vollen Herstellereigenschaft des Lieferanten unter Ausschluß des Miteigentums des Verarbeiters an. Auch andere Maßstäbe akzeptiert er, solange der Bestimmtheitsgrundsatz beachtet sei.

Das ist alles Unterwerfung des Sachenrechts unter die Sicherungsinteressen des Rechtsverkehrs. Richtig ist das Umgekehrte. § 950 ist, weil er eine sachenrechtliche Regelung ist, eine Rechtssicherheit inter omnes herstellende und damit nicht dispositive Regelung. Diese Regelung ist überdies sachlich gerechtfertigt durch die Herstellung einer neuen Sache mit den Wert der Bestandteile überwiegendem Herstellungswert. Auch bei dieser Lösung gibt es die Möglichkeit der Sicherung durch die Verarbeitungsklausel: Die Klausel ist in dem Sinne zu deuten, daß den Zulieferern die neue Sache rückübereignet wird durch antizipierte auflösend bedingte Einigung und antizipiertes auflösend bedingtes Besitzkonstitut (Bedingung ist die Restkaufpreiszahlung). So kann auch mehreren Lieferern Miteigentum eingeräumt werden. Mit dieser Konstruktion verbunden ist freilich das Durchgangseigentum des Verarbeiters bei Verarbeitung[831]. Sind die Sachen des Verarbeiters einem Vermieterpfandrecht unterworfen, so entsteht auch an der verarbeiteten Sache mit dem Eigentumserwerb des Verarbeiters das Pfandrecht. Ebenso kann ein Pfändungspfandrecht entstehen, wenn man mit der h.M., die insofern § 185 II 1 anwendet[832], das Wirksamwerden vorher angebrachter Pfändungen (§ 808 ZPO) mit dem Eigentumserwerb des Vollstreckungsschuldners

[829] § 53 Rz. 22 unter a) und b).

[830] NJW 1983, 2235 f.

[831] Die Meinung, die eine zusätzliche Schwäche der Sicherung nach dieser gesetzlichen Regelung darin sieht, daß der Eigentumserwerb, weil er vom Erwerb des mittelbaren (Mit-)Besitzes abhänge, bei erkennbarer Aufgabe des Besitzmittlungswillens durch den Verarbeiter während der Verarbeitung gehindert ist (etwa Erman/*Hefermehl* § 950 Rz. 7 a. E.), ist auch hier abzulehnen (s. bereits oben Rz. 815). Wenn überhaupt durch den Käufer verarbeitet wird, ist dieser Vorgang das Objektivum, das den Besitz an den Eigentumsvorbehalt mit Verarbeitungsklausel knüpft. Maßnahmen nach Abschluß der Verarbeitung hindern das mit diesem Abschluß eintretende Wirksamwerden der Rückübereignung nicht mehr. Alle anderen denkbaren Anzeichen einer Willensänderung sind, sofern nicht ein Widerruf gegenüber dem Lieferanten erklärt wird, als Grundlagen sachenrechtlicher Rechtsfolgen nicht geeignet.

[832] S. *Flume* II § 58, S. 917 mit eigener abweichender Ansicht.

anerkennt. Schließlich fällt das Verarbeitungseigentum in die Insolvenzmasse, wenn vor Abschluß der Verarbeitung der Unternehmer in das Insolvenzverfahren gerät und die Verarbeitung jetzt erst abgeschlossen wird. In unserem Beispiel können also H und P, wenn man von § 950 als objektiver Zuordnungsnorm ausgeht und in der Verarbeitungsklausel eine auflösend bedingte Rückübereignung sieht, nur dann aussondern, wenn M nach Abschluß der Verarbeitung in das Insolvenzverfahren geraten ist.

Beispiel zu §§ 929 ff., 946 ff. mit § 950 ist der Fall „Beuys-Fettecke"[833]: Johannes S, Meisterschüler und Mitarbeiter von Joseph Beuys, klagt nach dem Tode von Beuys gegen das Land Nordrhein-Westfalen auf Schadensersatz wegen Vernichtung einer von Beuys gestalteten Fettecke, die Beuys ihm, dem S, zugedacht gehabt habe. Beuys hat mehrere Fettecken geschaffen, d.h. aus Fett (Butter und dgl.) in Raumecken eingefügte Skulpturen, die von den Wänden, an denen sie angebracht waren, abgenommen werden konnten. Hintergrund der Fettecken ist das Lebensschicksal von Joseph Beuys. Dieser ist als Pilot des 2. Weltkriegs über Rußland abgeschossen worden und, schwer verwundet, von Tartaren gerettet worden, indem diese ihn in Filzdecken eingewickelt und seine Wunden mit Fettumschlägen versorgt haben[834]. Als Beuys Professor an der Kunstakademie Düsseldorf war, war er aufgrund seiner unkonventionellen Lehrmethoden mit dem Land NRW in einen Rechtsstreit gekommen, der mit einem Vergleich geendet hatte. Beuys war die Nutzung eines Raums der Akademie als Atelier bis zu seinem 65. Lebensjahr zugestanden worden. Mit Sitz in diesem Raum gründeten Beuys und S die „Freie Internationale Universität" (FIU). S übernahm die Geschäftsführung und hielt im Rahmen der FIU Seminare ab. Die Beuys von der Akademie überlassenen Schlüssel (zum Haus und zum Atelierraum) hatte dieser dem S ausgehändigt. In dem Raum waren viele, auch persönliche, Gegenstände von Beuys. Beuys nutzte den Raum auch selbst weiter, wenn auch nicht regelmäßig. Die streitgegenständliche Fettecke hat Beuys nach dem Vortrag des Kl. mit den Worten angebracht: „Johannes, jetzt mache ich Dir endlich Deine Fettecke". Die Fettecke hatte eine Höhe von 25 cm. Beuys brachte sie an einer Ecke des Raumes in 5 m Höhe an, wobei Fett in den Putz eindrang. Nach dem Tode von Beuys sollte der Raum wieder dem Akademiebetrieb zugänglich gemacht werden. Die FIU sollte noch für 1 1/2 Jahre ein Nutzungsrecht erhalten. Bei Herrichtungsarbeiten hat ein Arbeiter die Fettecke zerstört. S klagt unter Berufung auf §§ 990 I, 989 auf Schadensersatz. Das LG hat die Klage abgewiesen. In einem vor dem OLG geschlossenen Vergleich hat sich das Land NRW verpflichtet, an S Schadensersatz in Höhe von 40.000.- € zu zahlen[835]. 977

Der Anspruch aus §§ 990 I 1, 989 setzt zunächst das Eigentum des S an der Fettecke und den unberechtigten Besitz des Landes NRW voraus. Das LG Düsseldorf prüft als erstes, ob das Land nach § 946 Eigentum an der Fettecke erworben habe. Zu prüfen ist demgegenüber ein Tatbestand, aus dem das für den Anspruch erforderliche Eigentum des S folgen könnte. Dies ist nach der Diskussion, die zu dem Fettecke-Fall geführt worden ist[836], zunächst § 950, den das LG gar nicht in Erwägung gezogen hat. *Richard/Junker* sprechen sich für den Fall, daß die Bemerkung von Beuys festgestellt werde („Johannes, jetzt mache ich dir endlich deine Fettecke") für den Eigentumserwerb des S nach § 950 aus. Sie berufen sich dafür auf die Rechtsprechung des BGH zu der Möglichkeit, durch Vereinbarung die Herstellereigenschaft zu bestimmen. Dem widerspricht zu Recht *Schäfer*. § 950 regelt den Konflikt, der entsteht, wenn fremde Stoffe verarbeitet werden. Die Vorschrift behandelt deshalb die Rechtsfolge des *Erwerbs* des Eigentums (an dem fremden Stoff). Die Verarbeitung eigener Stoffe (wie hier der eigenen Butter durch Beuys) ist nicht Gegenstand der Vorschrift. Die Meinung, die § 950 auch auf die Verarbeitung eigener Stoffe bezieht und hier die Vereinbarung der Herstellereigenschaft eines anderen zuläßt, macht die Übereignung durch bloße mündliche Erklärung möglich. Dies ist mit dem in §§ 929 ff. auf die Übergabe oder einen Ersatztatbestand abstellenden Gesetz nicht vereinbar. Für den Eigentumserwerb des S kommt eine Übereignung durch Beuys nach § 929 S. 1 in Betracht. Hierfür ist zunächst die Frage zu untersuchen, die das LG und *Richard/Junker* zu dem möglichen Eigentumserwerb des Landes (nach § 946) erörtert haben, nämlich, ob die Fettecke wesentlicher Bestandteil des Akademiegebäudes geworden ist. Die Frage stellt sich nicht zum Eigentumserwerb des Landes, sondern zu dem hier allein in

833 LG Düsseldorf NJW 1988, 345; dazu *Richard/Junker*, JuS 1988, 686 ff. sowie *Schäfer*, JuS 1989, 443 ff.

834 *J. Braun*, Kunstprozesse von Menzel bis Beuys, 1995, S. 52 f. (*Braun* behandelt den Fettecke-Fall nicht).

835 SZ Nr. 22 v. 27.1.1989, S. 48.

836 *Richard/Junker*, JuS 1988, 686, *Schäfer*, JuS 1989, 443.

Frage stehenden Eigentumserwerb des S; sie ist für den Tatbestand des § 929 S. 1 relevant. Die Frage ist, ob an der Fettecke überhaupt selbständiges Eigentum erworben werden konnte, d.h. ob sie eine sonderrechtsfähige bewegliche Sache war. Dafür sind die §§ 93 ff. zu prüfen. Aufgrund der Abnehmbarkeit der Fettecke und der vorgesehenen Herausnahme in dem Zeitpunkt, in dem die Nutzung des Atelierraums durch die FIU endete, war nach § 95 die Eigenschaft der Fettecke als wesentlicher Bestandteil des Akademiegebäudes zu verneinen. Die Fettecke konnte also nach § 929 S. 1 übereignet werden. Beuys war sodann Eigentümer der Butter auch nach deren Verarbeitung zur Fettecke. Die Einigung wäre ebenfalls zu bejahen, wenn Beuys die behauptete Erklärung abgegeben hätte. Das LG Düsseldorf hat die Relevanz der behaupteten Erklärung verneint, weil die Übergabe der Fettecke an S nicht zustande gekommen sei. Beuys habe noch Mitbesitz an dem Atelierraum behalten[837]. Weil damit das Eigentum des S zu verneinen (und mangels Schenkungsvollzuges auch nicht eine Schenkung wirksam geworden) sei, hat das LG den Anspruch aus §§ 990, 989 und weitere in Betracht kommende Ansprüche (aus Amtshaftung, § 831 und culpa in contrahendo) verneint. Die Prüfung des LG ist nicht überzeugend, weil das Gericht zu wenig auf die Zweckbestimmung des Atelierraumes für die FIU eingeht. In der Gründung der FIU, die von Beuys und S durchaus ernst gemeint war und durch die Veranstaltung von Seminaren auch ein selbständiges Leben führte, ist die Gründung einer BGB-Gesellschaft mit idealem Zweck zu sehen. Mit der Einsetzung des S zum Geschäftsführer und der Überlassung der Schlüssel an ihn ist der Besitz an dem Atelierraum auf diese BGB-Gesellschaft übertragen worden. Ebenso hat Beuys den Besitz an der Fettecke mit der Anbringung in dem im Besitz der FIU befindlichen Raum auf die FIU übertragen. Wenn Beuys die behauptete Erklärung abgegeben hat, sollte nicht die FIU, sondern S das Eigentum an der Fettecke erhalten. Die FIU bekam wie auch an dem Atelierraum an der Fettecke die schuldrechtliche Nutzungsbefugnis. Aufgrund der Erklärung schuldete die FIU bei Beendigung der Nutzung die Herausgabe an S. Beuys hat alsò sehr wohl die Fettecke an S übergeben, nämlich an eine Besitzerin, die dem S den Besitz vermittelte. S war, wenn die Erklärung von Beuys zu beweisen war, Eigentümer. Auch die weiteren Voraussetzungen der §§ 990, 989 sind erfüllt[838]. Mit Recht hat das OLG Düsseldorf auf einen Vergleich über eine Schadensersatzzahlung des Landes NRW an S hingewirkt.

ccc) Der schuldrechtliche Ausgleich (§ 951)

(1) Die Regelung

978 § 951 I 1 gibt dem nach §§ 946 ff. Enteigneten statt seines Eigentums einen Anspruch auf Vergütung in Geld nach den Vorschriften über die Herausgabe einer ungerechtfertigten Bereicherung. Dadurch ist festgestellt, daß der in §§ 946 ff. geregelte Eigentumserwerb vermögensmäßig ohne Rechtfertigung ist. Der Eigentumserwerb ist freilich grundsätzlich endgültig. § 951 I 2 schließt das Verlangen nach Wiederherstellung des früheren Zustands aus. § 951 II 1 behält einen Schadensersatzanspruch aus unerlaubter Handlung vor, der nach § 249 grundsätzlich auf Wiederherstellung in Natur gerichtet ist. Weiter wird in § 951 II 1 ein nach anderen Vorschriften bestehendes Wegnahmerecht vorbehalten. Für die Fälle der §§ 946, 947 erweitert § 951 II 2 das nach den Vorschriften über das Eigentümer-Besitzer-Verhältnis begründete Wegnahmerecht auf den Fall, daß die Verbindung nicht vom Besitzer der Hauptsache bewirkt worden ist.

(2) Rechtsgrund- oder Rechtsfolgenverweisung

979 Die Verweisung in § 951 I 1 auf die Vorschriften über die Herausgabe einer ungerechtfertigten Bereicherung wird vielfach, insbesondere in der Rechtsprechung, so gedeutet, als sei § 951 eine Rechtsgrund-, nicht eine bloße Rechtsfolgenverweisung. Zusätzlich zu dem Rechtsverlust nach §§ 946 ff. müßten die weiteren Voraussetzungen des § 812 I 1 geprüft werden, insbesondere müsse der zu § 812 I 1 anerkannte Vorrang der Abwicklung im Leistungsverhältnis vor der Kondiktion einer in sonstiger Weise eingetretenen Bereicherung beachtet werden. In der Entscheidung BGHZ 10, 171 ff. hat der BGH

[837] *Richard/Junker,* a.a.O., folgen dem im Ergebnis und ergänzen, daß, auch wenn Beuys noch mittelbaren Besitz behalten habe, dies der Übergabe hinderlich sei, S. 688.

[838] S. *Richard/Junker,* a.a.O., 689 f.

§ 951 sogar im Rahmen der §§ 812 ff. angewandt, indem er ihm nur die Bedeutung zugemessen hat, daß er für § 812 in den Fällen der §§ 946 ff. die Rechtsgrundlosigkeit klarstelle. In BGHZ 41, 157 hat der BGH formuliert, daß der Vergütungsanspruch nach § 951 nur unter den in § 812 I angegebenen Voraussetzungen entstehe[839]. Mit dem Satz vom Vorrang der Abwicklung im Leistungsverhältnis verbunden ist das Dogma, daß die Frage, wer an den Empfänger geleistet hat, aus der Sicht des Empfängers, dieser als verständig unterstellt, zu beurteilen sei, wenn auch jeder Fall nach seinen Besonderheiten, d.h. nicht in schematischer Anwendung des Dogmas, zu beurteilen sein soll[840]. Vorrang und Dogma verbinden sich zu dem Resultat, daß der Empfänger sich auf die Maßgeblichkeit des so festgelegten Leistungsverhältnisses verlassen können darf, also die Kondiktion einer anderen Person, weil er aus deren Vermögen in sonstiger Weise bereichert sein könnte, insbesondere also die Kondiktion nach § 951 I 1, nicht zu befürchten braucht.

Werden die Voraussetzungen des § 951 I 1 genau untersucht, so ergibt sich, daß man **980**
die Frage, ob Rechtsgrund- oder Rechtsfolgenverweisung, nur stellen und zur Antwort: Rechtsgrundverweisung, nur kommen kann, weil man eine Vorfrage übergeht, nämlich die, ob nach dem Tatbestand der Vorschrift ihre Anwendung in Leistungsverhältnissen überhaupt in Betracht kommt. Die erste Voraussetzung des § 951 I 1 grenzt die Vorschrift klar von der Leistungskondiktion nach § 812 I 1 1. Alt. ab. Sie lautet: „Wer infolge der Vorschriften der §§ 946 bis 950 einen Rechtsverlust erleidet, ...". D.h. es muß der Rechtsverlust gerade durch die Vorschriften über den gesetzlichen Eigentumsübergang zugefügt sein, als gesetzliche Enteignung aufgrund der §§ 946 ff. Ist der Verlust aus anderen Gründen als aufgrund der Regelungen dieser Vorschriften eingetreten, greift § 951 I 1 als Bestimmung des Ausgleichs der gesetzlichen Enteignung nach §§ 946 ff. nicht ein. Folglich ist § 951 I 1 auf den Erwerb durch eine Leistung des Eigentümers, ebenso aber auch auf den Erwerb durch eine gegenüber dem Eigentümer wirksame Leistung eines Dritten nicht anwendbar, gleich ob die Leistung nach § 929 oder § 932 oder, der Übereignung nach beiden Vorschriften gleichwertig, willentlich unter Eingreifen der §§ 946 ff. als Instrument des Rechtsübergangs, vollzogen wurde. Der leistende Eigentümer ist nicht durch §§ 946 ff. enteignet und hat somit keinen Anspruch aus § 951 I 1. Leistet ein Dritter und greift gegen den Eigentümer § 932 ein, so ist der Eigentümer ebenfalls nicht durch §§ 946 ff., vielmehr durch § 932 enteignet.

Was zunächst die Maßgeblichkeit des vom Eigentümer selbst begründeten Leistungs- **981**
verhältnisses betrifft, ist der Leistungstatbestand sachgerecht abzugrenzen: Insbesondere wird eine Leistung nicht durch den Verwendungscharakter einer Maßnahme ausgeschlossen, d.h. den Zweck der Maßnahme, einer Sache zugute zu kommen: Mit Recht erkennt *Medicus* Fälle an, in denen die Verwendung auf eine fremde Sache eine Leistung ist und dafür die Leistungskondiktion eingreift[841].

Um eine solche Leistungskondiktion ging es etwa in dem Fall BGH NJW 1985, 313 ff.[842]: In diesem hatte ein Ehepaar mit Kindern unentgeltlich eine Wohnung im Hause der Mutter der Ehefrau bezogen, die Wohnung ausgebaut mit der Erklärung gegenüber der Mutter, daß ein Aufwendungsersatz nicht begehrt werde, dann aber doch Ersatz verlangt. Der Ausbau war einerseits eine Verwendung i.S. von § 601 II 1, für die das Ehepaar aber nach dieser Vorschrift i.V.m. § 685 I keinen Ersatz verlangen konnte. Mit Recht erwägt der BGH zusätzlich die Leistungskondiktion für den Fall, daß das Wohnrecht der Eheleute vorzeitig beendet wurde (der BGH nimmt Beendigung der Leihe als Rechtsgrund und deshalb einen Fall des § 812 I 2 2. Alt. an; demgegenüber ist das aus

839 BGH a.a.O., 159.
840 BGH NJW 1999, 1393, 1394.
841 Bürgerliches Recht, Rz. 894, 898.
842 Anm. *Reuter* EWiR § 812 5/90, 1082.

der Leihe folgende dauernde Gebrauchsrecht Gegenwert und damit Zweck der Verwendungsleistung i.S. von § 812 I 2 2. Alt. Auch nach dieser Alternative geht es freilich um den Wegfall des Rechtsgrundes, weil die Zweckbestimmung bis zur Zweckvereitelung der Leistung den Rechtsgrund gibt).

Der Einbau war bewußt und unter Beteiligung der Eigentümerin im Hinblick auf einen Dauerzweck vollzogen worden. Damit war der nach § 946 eingetretene Übergang des Eigentums an den eingebauten Sachen von beiden Seiten aufgrund privatautonomer Regelung vollzogen worden. Die für den Erwerber erkennbare Bezogenheit der Leistung auf einen Gegenwert (hier das langfristige Wohnrecht) ergibt, wenn der Erwerber die so bezogene Bereicherung geschehen läßt, die Zweckbestimmung i.S. von § 812 I 2. Alt. Wenn der Zweck nicht eintritt, hat der Einbauende die Leistungskondiktion.

982 Eine Leistung des Einbauenden ist zu verneinen, wenn der Einbauende zwar willentlich über einen vorübergehenden Zweck i.S. des § 95 hinaus Sachen mit einer fremden Hauptsache oder einem fremden Grundstück verbindet, dies aber tut, ohne daß er von der Fremdheit der Sache, in die er einbaut, weiß oder ohne daß deren Eigentümer beteiligt ist oder daß er dem Einbau im Hinblick auf einen Rechtsgrund zustimmt. In diesen Fällen gilt § 951. Weiß der Einbauende von der Fremdheit der Sache, ist aber der Eigentümer entweder gar nicht beteiligt oder hat er dem Einbau nicht im Hinblick auf einen Rechtsgrund zugestimmt, so ist trotz des willentlichen Einbaus insofern eine Enteignung kraft Gesetzes gegeben, als der Einbauende die Sache herausgeben muß und dadurch den Vorteil verliert. Wenn sich aufgrund dieser Abgrenzung zu § 812 I 1 1. Alt., I 2 ergibt, daß nicht diese, sondern die Regelung des § 951 einschlägig ist, so ist eine weitere Konkurrenzfrage, ob § 951 immer noch insoweit verdrängt ist, als eine Spezialregelung über Verwendungen auf fremde Sachen eingreift, insbesondere die der §§ 994 ff. über Verwendungen des nicht berechtigten Besitzers auf die Sache des Eigentümers.

983 Was nach der Möglichkeit der Leistung des Eigentümers die der Leistung Dritter betrifft, so geht es auch insoweit nicht um die Einordnung des § 951 als Rechtsgrundverweisung. Vielmehr ist zu fragen, ob das Drittleistungsverhältnis aufgrund sachgerechter Anwendung des § 932 gegen den Eigentümer und damit unter Ausschluß eines Anspruchs des Eigentümers nach § 951 wirksam ist. Exemplarisch sind hier der Jungbullen- und der Universität-Saarbrücken-Fall:

Jungbullen-Fall[843]: Ein Dieb stahl dem klagenden Landwirt zwei Jungbullen und verkaufte sie an den gutgläubigen Bekl. Dieser verarbeitete die Tiere in seiner Fleischwarenfabrik.

Universität-Saarbrücken-Fall[844]: Ein Bauunternehmer hatte bei Bauarbeiten für die Universität Saarbrücken (Bekl.) Materialien verwendet, die ihm von der Kl. unter verlängertem Eigentumsvorbehalt geliefert worden waren. Die Abtretung der Bauforderung des Bauunternehmers gegen die Universität scheiterte jedoch (§ 354a HGB galt noch nicht) an einem in dem Bauvertrag vereinbarten Abtretungsverbot. Die Kl. verlangt nun Ersatz für ihr durch den Einbau verlorenes Eigentum.

984 In diesen Fällen verliert der Eigentümer seine Sache dadurch, daß nicht er, sondern ein anderer durch Einbau oder Besitzübergabe leistet. Der BGH tendiert dahin, den Erwerber in seinem Vertrauen darauf zu schützen, nur mit seinem Leistungspartner abzurechnen. Es gelte der Vorrang des Leistungsverhältnisses, darauf müsse bei der Anwendung des § 951 Bedacht genommen werden, der deshalb nur Rechtsgrundverweisung sein könne. Zunächst kam der BGH zu der Formulierung: Wer durch Leistung erwirbt, haftet nicht aus Bereicherung in sonstiger Weise, also auch nicht aus § 951[845].

[843] BGHZ 55, 176 ff.

[844] BGHZ 56, 228 ff.

[845] BGHZ 56, 240 sowie schon vorher BGHZ 40, 272. Ebenso *Esser*, Schuldrecht, 2. Aufl., § 190,4, § 195,5)

Der Jungbullen-Fall zeigt die Unrichtigkeit dieser Ansicht: Dem Eigentümer waren die Jungbullen i.S. von § 935 abhanden gekommen. Damit war ein gutgläubiger Erwerb des Verarbeiters ausgeschlossen. Bis zur Verarbeitung war der Fabrikant dem Herausgabeanspruch aus § 985 ausgesetzt. Die Verarbeitung führte zwar dazu, daß das Eigentum vom Bestohlenen auf den Fabrikanten überging. § 951 stellt aber unmißverständlich klar, daß der diesen Übergang bestimmenden Vorschrift des § 950 keinerlei rechtfertigende Wirkung zukommt. Also muß an die Stelle der Haftung aus § 985 die aus § 951 treten. Das hat auch der BGH anerkannt. Der Frage nach dem Verhältnis der Entscheidung zu der Ansicht vom Vorrang des Leistungsverhältnisses ist er ausgewichen dadurch, daß er nicht auf der Ebene der möglicherweise vorrangigen Leistung eines Dritten, sondern auf der Ebene der Rechtsgrundlosigkeit argumentiert hat. Maßgeblich sei die Lösung des Interessenkonflikts durch §§ 932 ff. mit § 935. Wenn das nach § 935 nicht erworbene Eigentum durch § 950 erworben werde, so werde dieser Erwerb nicht durch das Veräußerungsgeschäft mit dem Dieb gerechtfertigt. Daß der BGH nicht um die Leistung des Diebes gestritten hat, ist verständlich, denn sonst hätte er sich mit seiner oben zitierten Formulierung auseinandersetzen müssen. Betreffend die Frage nach der Leistung des Diebes kann man zwar sagen, daß der Fabrikant durch diese nur den Besitz und erst durch § 950 das Eigentum erworben hat. Immerhin hat der Fabrikant aber durch die Leistung des Diebes die zu § 950 hinführende Verarbeitungsmöglichkeit erlangt.

Anders als im Jungbullen-Fall, in dem § 935 eingriff, lag es im Universität-Saarbrücken-Fall, in welchem der Eigentümer immerhin seinerseits die Materialien an den Einbauenden übergeben hatte, ihm die Sachen also nicht abhanden gekommen waren. Im Universität Saarbrücken-Fall hat der BGH den Anspruch aus § 951 verwehrt.

In der Literatur hat das zur Umstellung der Formel von der Subsidiarität der Eingriffskondiktion gegenüber der Abwicklung im Leistungsverhältnis geführt: Die Kondiktion einer Bereicherung in sonstiger Weise könne nur dann gegeben sein, wenn der Entreicherte das Gut nicht durch Leistung, auch nicht durch Leistung an einen anderen als den endgültig Bereicherten, verloren habe[846]. **985**

Diese vom Ergebnis und vagen Vertrauensschutzerwägungen her konzipierte Subsidiarität der Eingriffskondiktion ist im Grundsätzlichen verfehlt. Es gilt § 951 I 1, wonach der enteignete Eigentümer Ersatz bekommt. Eine Weggabe an Dritte schließt den Ersatz zunächst nur dann aus, wenn die Weggabe Übereignung ist oder die Zustimmung zu einer solchen enthält, denn dann wird der Eigentümer später nicht enteignet. So wie der Eigentümer einer Übereignung zustimmen kann, die ihm das Eigentum nimmt, kann er auch einem Vorgang i.S. der §§ 946 ff. zustimmen, der ihm ebenfalls sein Eigentum nimmt. Leistet ein Dritter die Sache des Eigentümers mit dessen Zustimmung, indem er sie einbaut, so ist § 951 im Verhältnis zum Dritten ausgeschlossen, weil dieser leistet. Aber auch im Verhältnis zum Eigentümer ist § 951 ausgeschlossen. Der Eigentümer wird nicht enteignet. Der Dritte verschafft hier das Eigentum mit Hilfe der §§ 946 ff., die Zustimmung des Eigentümers bewirkt wie sonst den wirksamen Eigentumsübergang hier den Eigentumsübergang ohne Enteignungsentschädigung des Eigentümers nach § 951. Wir haben das Phänomen eines Eigentumserwerbs vom Nichtberechtigten, der sich mit Hilfe der §§ 946 ff., aber unter Ausschluß des § 951 vollzieht, festzustellen. Es ist ein Eigentumserwerb analog § 185 I, II 1. Alt. **986**

Daran schließt sich folgerichtig der gutgläubige Erwerb vom Nichtberechtigten, ebenfalls mit Hilfe der §§ 946 ff. unter Ausschluß des Restbestandes des Eigentums des Berechtigten, den § 951 darstellt. Ebenso wie der gutgläubige Erwerb durch Übereignung **987**

[846] So die Formulierung von *Esser,* Schuldrecht 4. A., § 104 vor 1. Die Formulierungen werden bei *Esser-Weyers,* Schuldrecht II, 6. A., S. 413 f. nur noch als Erinnerungsposten geführt. I.S.d. neueren Formulierung jetzt noch Palandt/*Bassenge* § 951 Rz. 7 ff.

eintreten kann, kann er eintreten, indem der Besitzer zugunsten eines Gutgläubigen mit Hilfe der §§ 946 ff. Eigentum übergehen läßt. Verschafft der gute Glaube im ersteren Fall das Eigentum vom Nichtberechtigten, so im letzteren Fall die Freiheit von der Enteignungsentschädigung nach § 951. Ob §§ 946 ff. oder §§ 929 ff. erfüllt sind, hängt von bloßen Nuancen ab[847]. Wieder tritt der Rechtsverlust nicht infolge der §§ 946 ff. ein. Vielmehr wird hier der Berechtigte durch ein anderes Gesetz enteignet, nämlich durch § 932, und diese Enteignungsvorschrift enthält – im Gegensatz zu denjenigen der §§ 946 ff. – eine Rechtfertigung des Erwerbs gegenüber dem Berechtigten[848].

988 Damit können §§ 932, 816 I 1, 2 wie bei der Übereignung so auch beim Einbau die Bereicherung rechtfertigen. Das unterscheidet den Universität-Saarbrücken- und den Jungbullen-Fall: Im ersten hat der Bauunternehmer nicht abhanden gekommene Sachen an den vielleicht gutgläubigen Bauherrn übereignet. § 932 kommt in Betracht. Im zweiten Fall dagegen ist gemäß § 935 gutgläubiger Erwerb ausgeschlossen.

Allerdings ist an die Entscheidung des BGH zur Frage der Gutgläubigkeit bei Abtretungsausschluß zu erinnern[849]. Danach wäre auch im Fall Universität Saarbrücken ein endgültiger Erwerb nach § 932 wegen Bösgläubigkeit des Erwerbers ausgeschlossen gewesen. Der BGH hat aber später gerade für den Fall des Erwerbs des Bauherrn vom Bauunternehmer auch bei einem Abtretungsverbot des Bauherrn grundsätzlich dessen Gutgläubigkeit angenommen[850]. Offen geblieben war in der neueren Entscheidung freilich die von § 932 vorausgesetzte Rechtsscheingrundlage: Der Vorbehaltsverkäufer hatte im Fall der neueren Entscheidung auf die Baustelle geliefert, es war also fraglich, ob hier der (durch Einbau) weiter veräußernde Bauunternehmer Besitzer war. Selbst wenn dies aber zu verneinen gewesen sein sollte, hatte der Bauunternehmer doch nach den Regeln des Geheißerwerbs eine besitzgleiche Durchgangsstellung erworben. § 932 konnte also im alten wie im neueren Fall zur Rechtfertigung des Erwerbs nach § 946 eingreifen[851].

Besser – und zwar auch gegenüber der neueren Linie des BGH – war allerdings die von *Jakobs* entwickelte Lösung, daß ein Abtretungsverbot nur zu relativer Unwirksamkeit führt und so in den Fällen des BGH der Zession gar nicht im Wege stand[852]. Die Wirkung des Abtretungsverbots ist

[847] Die Annahme, daß im Fall des Einbaus für eine logische Sekunde Erwerb durch Übereignung eintrete und so §§ 932 ff. sogar direkt anwendbar seien (*Lorenz*, FS Serick (1992), 255, 268), ist unnötige Konstruktionsjurisprudenz.

[848] Zur Frage des gutgläubigen Erwerbs, wenn gestohlene oder sonst abhanden gekommene Sachen verbunden oder vermengt werden und die neue Sacheinheit veräußert wird, *Gehrlein*, MDR 1995, 16 f.

[849] BGHZ 77, 274 ff. s. o. Rz. 857.

[850] BGH ZIP 1991, 176. S. o. a.a.O.

[851] Überzeugend BGH a.a.O, (Vornote) S. 178. Mit dieser Argumentation – entgegen dem Zitat des BGH – übereinstimmend *Wilhelm*, Rechtsverletzung und Vermögensentscheidung, S. 153 f. Entgegen den Zweifeln des BGH (S. 177) ist für die Frage des Schadensersatzanspruchs gegen den Bauherrn die Regelung der §§ 987 ff. nicht durch den Eigentumserwerb nach § 946 ausgeschlossen, wohl aber durch seine Rechtfertigung nach § 932. Zur Prüfung des § 990 (so der BGH) kommt es nicht mehr.

[852] *Jakobs*, JuS 1973, 156 f.; ebenso *Canaris*, FS Serick (1992), 9 ff. Entgegen *Bülow* Rz. 995 ff. ergibt sich die absolute Wirkung des Abtretungsverbots auch nicht aus den Materialien zum BGB. *Bülow* verwechselt die relative mit der bloß schuldrechtlichen Wirkung. Nach den von ihm zitierten Materialien (Mot. II, S. 122 f. = *Mugdan* II, S. 67 – § 399 entsprach § 295 des Entwurfs –) war zunächst eine § 137 entsprechende Regelung vorgeschlagen worden, wonach der Ausschluß der Forderungszession nur schuldrechtlich wirkte. Der abredewidrig zedierende Gläubiger wäre also ggf. zum Schadensersatz verpflichtet, die Zession wäre aber dennoch auch gegenüber dem Schuldner wirksam gewesen. Die Vorkommission des Reichsjustizamtes hat dann eine Änderung dahingehend vorgeschlagen, daß das pactum de non cedendo auch Dritten gegenüber wirksam sein soll (Protokolle II S. 771 ff. = *Mugdan* II, S. 573). Ob die daraus folgende Unwirksamkeit der abredewidrigen Abtretung absolut oder nur relativ gedacht war, geht aus den Materialien nicht hervor. – Die Annahme nur relativer Unwirksam-

dann nämlich, daß zwar gegenüber dem Bauherrn weiter der Unternehmer als Gläubiger auftreten und abrechnen muß, daß aber ansonsten, also vor allem gegenüber den Gläubigern des Unternehmers, der Lieferant Forderungsberechtigter ist. Damit sind die Interessen beider Beteiligter konkordant gewahrt, was immer die beste Lösung eines Interessenkonflikts ist. Genau diese Lösung hat der Gesetzgeber inzwischen für beiderseitige Handelsgeschäfte und für Forderungen gegenüber juristischen Personen des öffentlichen Rechts als Schuldnern in § 354a HGB eingeführt[853]. Wäre man von dieser Lösung schon im Fall der Universität Saarbrücken ausgegangen, so hätte die Weiterveräußerungs- und Einbauermächtigung der Eigentumsvorbehaltsregelung gelten können. Der Bauherr hätte deshalb mit dem Willen des Lieferanten vom Unternehmer, insofern also von diesem als Verfügungsberechtigtem, nicht aber vom Lieferanten, insbesondere nicht durch dessen Enteignung nach § 946, erlangt gehabt.

Jedenfalls sind das alles die maßgeblichen rechtlichen Gesichtspunkte für eine Entscheidung und nicht etwa frei erfundene Subsidiaritätserwägungen.

Die zu § 951 I 1 entwickelten Grundsätze seien an Hand des Falls Universität Saar- **989**
brücken[854] angewandt: Hier klagte also der Vorbehaltslieferant V, der Sachen auf die Baustelle geliefert hatte, wo sie durch den Bauunternehmer U eingebaut worden sind, gegen die Universität auf Wertersatz. Anspruchsgrundlage ist § 951 I 1. (1) Die Sonderregelungen der §§ 987 ff. greifen nicht ein. Der Einbau der gelieferten Sachen war keine Verwendung auf eine im Besitz des Verbindenden befindliche Hauptsache oder Immobilie. (2) § 951 ist keine Rechtsgrundverweisung auf §§ 812 ff. Die Vorschrift gibt für die gesetzliche Enteignung nach §§ 946 ff. den Ausgleich. Sie bedarf keiner weiteren Begründung und verträgt keine Einschränkung. (3) Der Rechtsverlust muß gerade durch §§ 946 ff. zugefügt worden sein. a) Das Eigentum des V ist gemäß § 946 mit §§ 93 f. auf die Universität übergegangen. b) In dem Übergang des Eigentums liegt dann kein Rechtsverlust infolge der §§ 946 ff., wenn der Einbau bewußt unter Eingreifen der §§ 946 ff. vorgenommen worden ist und dies als Verfügung mit Wirkung gegen den Eigentümer zu werten ist. Die Verfügungswirkung besteht dann statt des Verlusts des Eigentums in dem Verlust des Eigentumssurrogats, welches der Anspruch aus § 951 darstellt. Ein verfügungsgleicher Einbau mit Wirkung gegen den Eigentümer könnte zunächst aufgrund der Zustimmung des Eigentümers zum Einbau zustande gekommen sein. Die Zustimmung des V zum Einbau, die dem Unternehmer den Übergang des Eigentums durch Einbau auf den Bauherrn und insofern das Eigentum selbst gewährte, galt aber nur bei Vorausabtretung. Diese war im Fall nach § 399 (§ 354a HGB galt noch nicht) ausgeschlossen[855]. Weiter könnte ein Einbau mit Wirkung gegen den Eigentümer analog § 932 zustande gekommen sein. § 932 ist analog anwendbar: Der erfolgte Ein-

keit hat abgesehen von der Wirksamkeit einer verbotswidrigen Abtretung nach außen, d.h. insb. gegenüber den Gläubigern des Zedenten im Konkurs und in der Einzelzwangsvollstreckung, weitere überzeugende Konsequenzen: Die Frage, ob ein Abtretungsverbot, insb. ein solches in AGB, als unangemessen einzuschränken oder für unzulässig zu erklären ist, ist bei Annahme nur relativer Unwirksamkeit verbotswidriger Abtretungen weitgehend gegenstandslos. Zudem folgt aus der relativen Unwirksamkeit ohne weiteres die Möglichkeit, daß die verbotene Abtretung durch Zustimmung des geschützten Schuldners (im Beispiel die Universität Saarbrücken) wirksam werden kann, während die Annahme der absoluten Unwirksamkeit diese Möglichkeit an sich nicht zuläßt. Schließlich ergibt die Annahme relativer Unwirksamkeit, daß der Schuldner sich bei Ausübung dieser Zustimmungsmöglichkeit im Fall mehrerer verbotswidriger Verfügungen entgegen der Meinung von der absoluten Wirkung des Abtretungsverbots nicht aussuchen kann, welche Verfügung er genehmigt. Da die Verbotswidrigkeit einer Verfügung die Wirksamkeit der Verfügung im Außenverhältnis nicht berührt, verdrängt die erste verbotswidrige Verfügung die späteren in diesem Verhältnis. Der Schuldner kann nur mit der Wirkung, daß die erste Verfügung voll wirksam wird, genehmigen.

[853] Zur Dogmatik der Vorschrift *Hager*, GS Helm, 2001, 697 ff. Zur zeitlichen Abgrenzung der Geltung der Vorschrift BGH NJW 2001, 1724.

[854] BGHZ 56, 228 ff.

[855] A. A. *H. H. Jakobs*, JuS 1973, 156 f.

bau ist Einigung und Übergabe gleichzustellen, da Nuancen des Vollzugs nicht über den Schutz bei Gutgläubigkeit entscheiden können. Der Tatbestand des § 929 muß durch die Übereignung des Nichtberechtigten an den Erwerber erfüllt sein: Hier ist willentlich eine bewegliche Sache von einem Besitzenden oder kraft Ausführung seines Geheißes mit dem wesentlichen Bestandteil eines Grundstücks (Gebäude) so verbunden worden, daß auch sie wesentlicher Bestandteil des Gebäudes und damit des Grundstücks geworden ist, §§ 946, 94, 93. Hierdurch hat die Universität auch den Besitz erlangt, die Rechtsscheingrundlage ist in Gestalt des Besitzes des U bzw. dadurch gegeben, daß V das Geheiß des U, auf die Baustelle der Universität zu liefern, ausgeführt hat. Der Erwerb darf nicht durch Bösgläubigkeit ausgeschlossen sein: Die Vertreter der Universität handelten möglicherweise dadurch grob fahrlässig, daß sie mit Hilfe eines Abtretungsausschlusses Vorkehrungen gerade gegen den verlängerten Eigentumsvorbehalt getroffen hatten und sich dann nicht auf Gutgläubigkeit hinsichtlich eines solchen berufen konnten[856]. Ein Erwerb nach § 932 wäre damit nicht gegeben. Demgegenüber ist der Besitz als Grundlage der Eigentumsvermutung aufrechtzuerhalten. Deshalb kann Bösgläubigkeit nur bei Anhaltspunkten dafür angenommen werden, daß der Bauunternehmer gegen verlängerte Eigentumsvorbehalte verstößt[857]. Da nichts auf einen Verstoß ihres Vertragspartners U gegen einen verlängerten Eigentumsvorbehalt hindeutete, war die Universität Saarbrücken gutgläubig und damit § 932 in entsprechender Anwendung erfüllt. § 935 I steht dem gutgläubigen Erwerb nicht entgegen. V hat keinen Anspruch gegen die Universität Saarbrücken aus § 951 I 1.

990 Für die Voraussetzung des § 951 I 1, daß ein Rechtsverlust gerade durch §§ 946 ff. eingetreten sein muß, ergibt sich: Es gibt Verbindungen, die Leistungen sind. Für sie gilt: Der mit ihnen verbundene Rechtsverlust tritt kraft autonomer Regelung der Parteien, die bei der Leistung eines Dritten analog § 932 gegen den Eigentümer wirksam sein kann, und damit nicht kraft der gesetzlichen Regelung der §§ 946 ff. ein. Zudem haben die Leistungen nicht nur wie die §§ 946 ff. einen Übergang des Eigentums an Sachen zum Gegenstand, sondern umfassen auch Arbeitsleistungen etc. Die Regelung für ihre Rechtfertigung oder ihren Ausgleich ist gleichfalls umfassend, während § 951 nur den Eigentumsverlust ausgleicht.

991 Was schließlich die Frage betrifft, ob § 951 I 1 eine Rechtsgrund- oder eine Rechtsfolgenverweisung darstellt, ist nach allem festzustellen, daß § 951 in seinem Tatbestand vollständig und insoweit nicht aus dem Rechtsgrund des § 812 zu ergänzen ist. § 951 ist eine Rechtsfolgenverweisung.

(3) Die Anwendung des § 951 bei Verwendungen

(a) Die Lösung des Gesetzes

992 Höchst umstritten ist das Verhältnis des § 951 zu der Regelung über den Ersatz von Verwendungen. Das Verhältnis ist aber klar, wenn man berücksichtigt, daß § 951 I 1 einen Bereicherungsanspruch gewährt und die Verwendungsersatzregelung insbesondere darin besteht, im Interesse des Eigentümers vor aufgedrängter Bereicherung Ersatzansprüche auszuschließen oder zu beschränken (s. §§ 994 II, 996, §§ 1000 ff.). § 951 kann dann nicht dazu führen, daß dieser Ausschluß und diese Beschränkung nicht gelten. Dem entspricht § 951 II 1: Nach diesem Satz bleiben von § 951 die Vorschriften über den Ersatz von Verwendungen unberührt. Ist mithin ein Vorgang i.S. der §§ 946 ff. z.B. die Maßnahme eines nicht berechtigten Besitzers einer Sache und kommt die Maßnahme der im Besitz befindlichen Sache zugute, so entscheiden über den Ersatz die Verwendungsersatzvorschriften der §§ 994 ff. und nicht § 951.

[856] So die Argumentation von BGHZ 77, 274 ff.
[857] So mit Recht BGH ZIP 1991, 176, 178.

Die Literatur will diese klare Entscheidung vielfach nicht akzeptieren. Nach *Medicus* etwa ist § 951 II 1 „offenbar" dahin zu verstehen, daß § 951 neben jenen Vorschriften anwendbar sein soll[858]. Dann wären aber gerade etwa die §§ 994 ff. von § 951 I doch berührt. Die Motive bestätigen denn auch das Gegenteil[859]. Das Sachargument von *Medicus* für die Anwendung des § 951 neben den §§ 994 ff., sonst stünde der besitzende Verwender schlechter da als der nicht besitzende, kann den im Gesetz festgestellten Vorrang der §§ 994 ff. nicht beseitigen. Soweit ein Nichtbesitzer Verwendungen im Leistungsverhältnis vornimmt, gilt das Recht der Leistungskondiktion. Fälle, daß jemand außerhalb eines Leistungsverhältnisses Verbindungen i.S. des §§ 946 ff. vornimmt, ohne Besitzer zu sein, sind selten[860]. *Medicus* ist einzuräumen, daß Fälle des Besitzes und des Nichtbesitzes nicht unterschiedlich behandelt werden dürfen. Dies führt aber nicht zu einer Ausweitung des § 951 auf den besitzenden Verwender unter Entkräftung der Verwendungsersatzregelung, sondern umgekehrt zur analogen Anwendung der Verwendungsersatzregelung auf den nicht besitzenden Verwender[861] unter Verdrängung des § 951 I 1. **993**

Um den Widerspruch der Anwendung des § 951 zu der Regelung des Verwendungsersatzes zu entkräften, muß *Medicus* die Haftung aus § 951 verändern. Die mit dem Ausschluß von Ansprüchen nach der Verwendungsersatzregelung unvereinbare Wertersatzhaftung nach § 951 wird durch die Möglichkeit des Eigentümers entschärft, den Verwender auf die Wegnahme des Verwendungserfolges zu verweisen. *Medicus* folgt damit *H. H. Jakobs*, der sich als erster gegen die strenge Ausschließlichkeit der Verwendungsersatzregelung im Verhältnis zu § 951 gewandt hat[862]. Er kehrt nur in der Lösung von *Jakobs*, in der ebenfalls schon Wegnahme und Wertersatz alternieren, die Lösung von *Jakobs* um. *Jakobs* hat durch historische und rechtsvergleichende Fundierung eine Gestalt des Bereicherungsanspruchs entwickelt, mit der § 951 neben §§ 994 ff. bestehen könne: Soweit die Verwendungsersatzregelung dem bösgläubigen Besitzer[863] Ersatzansprüche versage, beruhe das auf der Wertung, daß niemand einem anderen gegen Entgelt eine Leistung aufdrängen könne. Diese Wertung will *Jakobs* anerkennen[864]. Dann ist aber an sich mit der Verwendungsersatzregelung die Gewährung eines Anspruchs nach § 951 nicht vereinbar. *Jakobs* entscheidet sich dennoch für die Anwendung des § 951, und zwar in Fällen, in denen der Verwendungserfolg als abtrennbarer Bestandteil der Sache existiert. Gebe man hier dem Verwender ein bloßes gegenständliches Rücknahmerecht, sei die genannte Wertung der Verwendungsersatzregelung nicht verletzt. § 951 könne Grundlage dieses mit §§ 994 ff. vereinbaren Rücknahmerechts sein. Nach *Jakobs* besteht also das Rücknahmerecht, nicht der Wertersatz primär; statt der Verweisung gegenüber dem Wertersatzverlangen auf die Wegnahme, wie *Medicus* sie vertritt, kann nach *Jakobs* umgekehrt der Eigentümer die Rücknahme durch Wertersatz abwenden[865]. **994**

Mit einer solchen nur eingeschränkten Anwendung ist aber nicht die Anwendbarkeit des § 951, sondern die Ausschließlichkeit der Verwendungsersatzregelung bestätigt. Das Rücknahmerecht ist in seinem Hauptgegenstand nichts anderes als das Wegnahmerecht, **995**

858 Bürgerliches Recht, Rz. 897.
859 *Mugdan* III, S. 201.
860 S. *Jakobs* AcP 167 (1967), 350 ff., 379 Fn. 82, der allerdings den Fall OLG Neustadt, MDR 1953, 230 anführt.
861 Für die Wertung i.S. der Verwendungsersatzregelung *Jakobs*, AcP 167 (1967), 350 ff. im Fall des OLG Neustadt.
862 AcP 167 (1967), 350 ff.
863 Gleichgestellt ist der Rechtshängigkeitsbesitzer und der Besitzer i.S. der Verwendungsersatzregelung des Mietrechts etc., der sich darauf einstellen muß, daß er die Sache herauszugeben haben wird oder wird herauszugeben haben können.
864 AcP 167 (1967), 373.
865 AcP 167 (1967), 378.

das die Verwendungsersatzregelungen selbst vorbehalten. Kann der Eigentümer dem Wertersatz durch Verweisung auf die Rücknahme bzw., so ausdrücklich *Medicus,* auf die Wegnahme entgehen, ist er eben nur zur Duldung der Wegnahme gezwungen, wie dies die Verwendungsersatzregelung auch bestimmt. Allerdings gibt das Gesetz in § 997 II 3. Alt. noch dem Eigentümer das Recht, das Wegnahmerecht abzuwenden durch Ersatz des Wertes dessen, was der Verwender nach der Abtrennung haben würde. Nur durch diese Möglichkeit ist das Wegnahmerecht von dem von *Jakobs*[866] vertretenen Rücknahmeanspruch verschieden. Diesen Rücknahmeanspruch soll der Eigentümer nur durch vollen Wertersatz abwenden können. Damit besteht die These vom Rücknahmeanspruch nur darin, dem gesetzlichen Wegnahmerecht die gesetzliche Abgeltungsmöglichkeit abzuschneiden und durch eine andere zu ersetzen. Das ist keine Korrektur des gesetzlichen Verhältnisses von §§ 994 ff. und § 951, sondern eine Korrektur der gesetzlichen Regelung des Wegnahmerechts. Die gesetzliche Regelung ist aber maßgeblich, außerdem fragt es sich, wieso es grundsätzlich[867] unangemessen ist, daß der Besitzer genau mit demjenigen Geldwert abgefunden werden kann, den er als vermögensmäßiges Ergebnis der Wegnahme erwarten kann. Jedenfalls bleibt es dabei, daß, soweit die Verwendungsersatzregelung Ersatzansprüche ausschließt, nur das Wegnahmerecht übrig bleibt. Dies bestimmt die Verwendungsersatzregelung. Damit bleibt es bei § 951 II 1: Die Vorschriften über den Verwendungsersatz werden durch § 951 nicht berührt.

996 Der BGH hat zum Verhältnis des § 951 zur Verwendungsersatzregelung mit dem Begriff der Verwendungen operiert. Er hat den Begriff eng gefaßt und damit die Spezialregeln über den Verwendungsersatz, insbesondere die der §§ 994 ff. über den Verwendungsersatz des nicht berechtigten Besitzers, zurückgedrängt. Seine Folgerungen, was die Anwendbarkeit des § 951 betrifft, sind widersprüchlich. Zunächst hat er aufgrund der Restriktion der Verwendungsersatzregelung dem § 951 Raum geschaffen, später hat er trotz restringierten Verwendungsbegriffs § 951 neben der Verwendungsersatzregelung ausgeschlossen.

997 Der Verwendungsbegriff ist entwickelt worden in der Entscheidung BGHZ 10, 171 ff.:

Das Land Berlin hatte als Nachfolger oder Verwalter des Deutschen Reichs der Bekl. ein Gelände zur Benutzung für einen Tischlerei- und Holzbearbeitungsbetrieb gegen Entgelt, also zur Miete, zur Verfügung gestellt „unter Vorbehalt jederzeitigen Widerrufs". Die Bekl. hatte ein Fabrikgebäude errichtet in der Erwartung, daß ihr ein langfristiger Mietvertrag gewährt und in diesem eine Vergütung für das Gebäude im Fall der Beendigung des Vertrags vereinbart werden würde. Zu beidem kam es nicht, vielmehr ließ das Land nach einem Jahr das Gelände räumen. Das Land klagte auf Mietnachzahlung, die Bekl. erhob Widerklage auf Zahlung einer Vergütung für das Fabrikgebäude.

Der BGH prüfte die Verwendungsersatzregelung des § 547 I a.F. (536a II n.F.) und den Bereicherungsanspruch nach § 951. Den Eigentumsübergang nach §§ 946, 93, 94 bejahte er unter Ablehnung der Möglichkeit des § 95. Ein bloß vorübergehender Zweck i.S. der Vorschrift sei allerdings dann zu bejahen, wenn die Bekl. zur Entfernung des Gebäudes nach Beendigung der Mietzeit verpflichtet gewesen wäre. Eine solche Verpflichtung sei aber wegen des Vorbehalts vorzeitigen Widerrufs auszuschließen: „Es liegt auf der Hand und war für ... (die Behörde) erkennbar, daß sie (die Bekl.) für diesen Betrieb Bauten auf dem Grundstück errichten mußte, und daß sie das Risiko, diese Bau-

[866] AcP 167 (1967), 381 f.

[867] Ist ein besonderes Interesse an dem abtrennbaren Bestandteil zu erkennen, das durch Wertersatz nicht zu befriedigen ist, wird man § 997 II restringieren. Weiter kommt im Fall der Rechtshängigkeit ohne Bestehen von Bösgläubigkeit noch in Betracht, die weichere Abgeltungsvorschrift des § 552 I heranzuziehen.

ten bei 'Widerruf' der Überlassung des Grundstücks, also vielleicht schon nach kurzer Zeit, entfernen zu müssen, zu übernehmen nicht willens war."

Ein Anspruch wegen des Baus der Fabrikhalle auf Verwendungsersatz war nach § 547 I a.F. (536 a II n.F.) ausgeschlossen, weil es sich bei dem Bau nicht um eine notwendige Verwendung gehandelt hatte. Der BGH hat den Bau nicht einmal als Verwendung angesehen. Verwendungen seien nur solche Aufwendungen, die das Grundstück in seinem Bestand erhalten oder verbessern, aber nicht solche, die den Zustand des Grundstücks so verändern, daß es fortan für einen Zweck benutzt werde, welchem es bis dahin nicht gedient habe[868]. Weil deshalb die Verwendungsersatzregelung nicht eingreife, hat der BGH gefolgert, daß der Bereicherungsanspruch aus §§ 812 ff., für den § 951 die Rechtsgrundlosigkeit klarstelle[869], zum Zuge komme. Das Judiz des BGH ist klar: Die Stadt Berlin hatte den Bekl. auf dem Grundstück arbeiten und bauen lassen. Es erschien dann zumindest als angemessen, daß die Stadt dem Bekl. nach Entziehung des Grundstücks die Gebäude vergütete. **998**

Beachtet man die Begründung des BGH dafür, daß § 95 nicht eingreife, kommt es aber weder zum Verwendungsersatz noch zu § 951. Vielmehr ist die Leistungskondiktion wegen Zweckverfehlung anzuwenden. Dem Land Berlin war die auf Seiten der Bekl. bestehende Erwartung langfristiger Nutzung, d.h. der Gelegenheit zur Amortisierung der Aufwendungen für das Fabrikgebäude erkennbar, somit hat sie den Bau im Hinblick auf diese Zwecksetzung hingenommen. Damit haben wir wieder einen Fall vor uns, daß der Bau eine zweckbestimmte Leistung i.S. des § 812 I 2 2. Alt. war. Entgegen dem BGH war diese Vorschrift und nicht § 951 I 1 anzuwenden. **999**

Den restriktiven Verwendungsbegriff legt der BGH in BGHZ 41, 157 ff. erneut zugrunde, zieht aber hier genau die entgegengesetzte Folgerung im Vergleich zur älteren Entscheidung. Wieder war das Judiz entscheidend. In diesem Fall sprach nämlich alles dafür, gerade umgekehrt den betroffenen Grundstückseigentümer möglichst zu schonen: **1000**

Hier waren schon die sozialen Rollen verkehrt: Gebaut hatte hier eine zu 100 % in städtischem Anteilsbesitz stehende gemeinnützige Siedlungs-AG, die die Bekl. war. Betroffene Grundstückseigentümerin und Kl. war eine Privatperson. Es ging um die Errichtung eines 76 m breiten achtgeschossigen Wohn-Hochhauses zu einem 20 m breiten Teilstück über die Grenze zu den Grundstücken der Kl. hin[870]. Der BGH nahm einen unentschuldigten Überbau seitens der Bekl. an und für diesen in Anwendung der §§ 93, 94 I, 946 lotrechte Teilung des Eigentums an dem Wohnblock auf der Grundstücksgrenze, d.h. Eigentum der Kl. an Grund *und* aufstehendem 20 m breiten Teilstück des Wohnblocks. Die Wohnblock und bedeckten Grund besitzende Bekl. war somit insoweit unrechtmäßige Fremdbesitzerin i.S. der §§ 987 ff. Der BGH bejaht den Herausgabeanspruch der Kl. und prüft ein Zurückbehaltungsrecht der Bekl. wegen eines Gegenanspruchs auf Wertersatz für den herauszugebenden Gebäudeteil.

Gemäß der früheren Entscheidung[871] verneint der BGH eine Verwendung und somit Verwendungsersatzansprüche nach §§ 994 ff. Die Folgerung betreffend § 951 kehrt er jetzt um: Weil die Verwendungsersatzregelung ausschließlicher Natur sei, schließe sie § 951 aus und zwar auch gerade für den Fall, daß keine Verwendung gegeben sei. §§ 994 ff. seien ausschließlicher Natur auch insoweit, als sie im Eigentümer-Besitzer-Verhältnis *nur* bei Verwendungen Ansprüche des Besitzers geben, d.h. bei Nichtvorliegen von Verwendungen Ansprüche des Besitzers ausschließen würden. **1001**

Der BGH beschränkt die Bekl. auf das Wegnahmerecht des § 997[872]. Er kommt aber mit Rücksicht auf dieses doch zu einem Ausgleichsanspruch: Die Wegnahme, d.h. der

[868] BGHZ 10, 178.

[869] So BGHZ 10, 179.

[870] Zur Sachverhaltsergänzung s. das Urteil BGHZ 27, 204 ff. in derselben Sache.

[871] BGHZ 10, 171.

[872] *Jakobs* AcP 167 (1967), 350 ff., 354 hält dies für einen Widerspruch der Entscheidung in sich, weil § 997 eine Verwendung voraussetze, die der BGH aufgrund des engen Verwen-

Abbruch des Wohngebäudeteils, war nämlich aufgrund öffentlich-rechtlichen Wohnraumbewirtschaftungsrechts ausgeschlossen. Der BGH gibt einen Anspruch auf Wertausgleich (bemessen nach dem Vermögenswert des Rechts aus § 997) in Anwendung von § 242, § 906 II 2 (bzw. § 906 a.F.).

1002 Die Begründung des BGH für seine Kehrtwendung ist die folgende: Wende man § 951 auf Maßnahmen an, die (nach der Begriffsbestimmung des BGH) keine Verwendungen sind, so erhalte der bösgläubige Besitzer für weitergehende, nämlich zweckändernde Eingriffe Ersatz, während bei sacherhaltenden Maßnahmen, wenn diese nur nützlich seien, § 996 einen Anspruch ausschließe.

1003 Das Gesetz kennt aber die Einschränkung des Verwendungsbegriffs nicht[873]. Also gibt es auch nicht den Gegensatz, daß umgestaltende Maßnahmen des bösgläubigen Besitzers über § 951 vergütet werden, während § 996 bei sacherhaltenden Maßnahmen den Verwendungsersatz ausschließt. § 996 schließt in beiden Fällen den Verwendungsersatz aus. Und gerade diese Bestimmung zum Verwendungsersatz bleibt nach § 951 II 1 unberührt.

1004 Weder die Entscheidung BGHZ 10, 171 noch die Entscheidung BGHZ 41, 157 ist durch Einschränkung des Verwendungsbegriffs zu begründen. Im zweiten Fall hat der BGH den eingeschränkten Begriff angewandt und den Ausschluß des § 951 hinzugefügt, weil die Bekl. den Überbau i.S. des § 912 unentschuldigt, d.h., was die Überschreitung der Grundstücksgrenze durch den Bau betrifft, zumindest grob fahrlässig vorgenommen hat, wenn sie auch möglicherweise, wie der BGH vorbehält, aber dahinstehen läßt[874], im guten Glauben an ein Recht zum Besitz des Grundstücks gehandelt hatte. Stand die Bösgläubigkeit hinsichtlich des Besitzrechts nicht fest, so konnte der Ausschluß des Verwendungsersatzes nach § 996 nicht sicher eingreifen. Dem war aber nicht mit der Restriktion des Verwendungsbegriffs beizukommen. Es ging vielmehr um die Behandlung des Überbaus. Ist dieser nur bei Fehlen von Vorsatz und grober Fahrlässigkeit zu dulden, so war er hier nicht zu dulden. Also war er zu beseitigen[875] mit der Folgefrage der Unmöglichkeit der Beseitigung aufgrund des Wohnraumbewirtschaftungsgesetzes.

1005 Was den ersten Fall, BGHZ 10, 171, betrifft, war hier der Bekl. bei der Baumaßnahme sogar berechtigter Besitzer mit einem Besitzrecht, welches diese Baumaßnahme umfaßte. Auch hier war nicht mit dem Verwendungsbegriff zu arbeiten, sodann aber mit § 951 gerade zu helfen. Der Bekl. hatte den Bau, bezogen auf den Zweck langer Dauer des Gebrauchsrechts und sogar möglichen künftigen Eigentumserwerbs, vorgenommen, also als zweckbestimmte Leistung i.S. des § 812 I 2. Wegen Nichteintritts des Erfolges stand ihm die Leistungskondiktion zu.

(b) Anwendung eines subjektiven Bereicherungsbegriffs

1006 Soweit aus § 951 I oder § 812 I 2 2. Alt oder schließlich aus den Vorschriften über den Verwendungsersatz (s. hier etwa § 994 II i.V.m. § 684 S. 1 sowie § 996) der Eigentümer auf Wertersatz haftet, ist die Frage, ob dem Eigentümer die Zahlung in Höhe des objektiven Wertes aufzuerlegen ist. Regelmäßig wird dem Eigentümer die Bereicherung aufgedrängt sein. D.h. der Eigentümer hat entweder von der Wertsteigerung seiner Sache nach

dungsbegriffs in seinem Fall gerade abgelehnt habe. In der Tat bezieht sich § 997 auf Verwendungen, nämlich nach dem uneingeschränkten Verwendungsbegriff. Die Vorschrift verwendet den Verwendungsbegriff aber nicht, und so meinte der BGH, ungeachtet seiner Restriktion des Begriffs die Vorschrift anwenden zu können.

[873] *Jakobs* AcP 167 (1967), 350 ff.

[874] BGHZ 41, 161; *Jakobs*, a.a.O., 353 Fn. 10, folgert aus der Entscheidung BGHZ 27, 204, die denselben Fall betraf, daß der BGH wie dort für die Nutzungsherausgabe so auch hier von redlichem Besitz ausgegangen sei.

[875] Zur Beseitigung, weil der Überbau im Eigentum des Überbauenden steht und damit das Grundstückseigentum des Überbauten stört, u. Rz. 1026.

seiner Verwendungsplanung überhaupt keinen Nutzen oder er hat keinen liquiden Nutzen, aus dem er den Wertausgleich finanzieren kann. Als Lösung dieses Konflikts wird weitgehend die Anwendung eines sog. subjektiven Bereicherungsbegriffs vertreten[876]. Dafür wird § 818 II i.S. eines subjektiven Wertbegriffs oder § 818 III angeführt. Aus der letzteren Vorschrift wird gefolgert, daß der Eigentümer, wenn er nach seiner Verwendungsplanung keinen Nutzen aus der Wertsteigerung hat (etwa das durch Reparaturmaßnahmen in seinem Wert wiederhergestellte Haus abreißen will), nicht bereichert ist und daß er, wenn er zunächst keinen liquiden Nutzen hat, nur nach Maßgabe eines evtl. erst später noch aus der Wertsteigerung (etwa durch Mieteinnahmen, Veräußerungserlös etc.) konkret gezogenen Ertrags haftet.

Für die Frage nach einer Subjektivierung des Bereicherungsbegriffs ist nach dem Gesetz zu unterscheiden zwischen verschiedenen Fällen des Wertersatzes einerseits und verschiedenen Ansätzen zur Subjektivierung andererseits. Als Fälle des Wertersatzes stehen sich die vermögensbezogene Bereicherungshaftung und eine sachbezogene Wertersatzhaftung wie etwa in § 996 gegenüber. Haftet der Schuldner nach Bereicherungsrecht, so begründet zwar, sofern der Empfang nicht in natura herauszugeben ist, § 818 II die Haftung auf den Ersatz des objektiven Wertes. Davon entlastet § 818 III aber insoweit, als der Empfang oder sein Gegenwert im Vermögen des Bereicherten nicht (mehr) vorhanden ist. Insofern kommt es nun auf die zweite Unterscheidung, diejenige zwischen verschiedenen Ansätzen der Subjektivierung, an. Zu unterscheiden ist insoweit zwischen der Berücksichtigung von Vermögensdispositionen des Schuldners, aufgrund deren der Empfang in seinem Vermögen keinen Wert hat oder ihn verlieren wird, und der Berücksichtigung der Frage, ob die Bereicherung, obzwar vorhanden, für den Schuldner nicht liquide vorhanden ist, so daß er sich für den Wertersatz finanziell belasten müßte. Der erste Ansatz ist zutreffend, der zweite nicht. Weil die Bereicherungshaftung auf das Vermögen des Schuldners bezogen ist, kommt es auch auf die Vermögensdispositionen des Schuldners an. Auf diese kommt es an für die Frage, ob dem Schuldner durch den Bereicherungsvorgang Aufwendungen erspart sind; ebenso kann aufgrund der Disposition, etwa für die Ersetzung der zunächst im Wert gesteigerten Sache durch eine Neuinvestition, die Bereicherung entfallen. Von der Berücksichtigung der Liquidität der Bereicherung dagegen steht in § 818 II, III nichts[877]. Die Subjektivierung des Bereicherungsbegriffs in dem Sinne, daß nur liquide Erträge herauszugeben sind, ist auch schon praktisch gar nicht durchführbar. Der Schuldner müßte seine Vermögensgestaltung in der weiteren Zeit verfolgen lassen im Hinblick darauf, ob nicht irgendwann doch ein liquider Nutzen aus der früheren Wertsteigerung abfällt. Damit der Gläubiger hinsichtlich einer zukünftigen Ertragsmöglichkeit und eines daran ansetzenden Anspruchs gesichert ist, müßte man an ein Sicherungsrecht an der Sache des Schuldners für eine künftig etwa doch entstehende Bereicherungsforderung denken. Man würde also die Auseinandersetzung zwischen Gläubiger und Schuldner perpetuieren mit äußerst unerfreulichen Streitmöglichkeiten. Das Gesetz will diese Perpetuierung nicht. **1007**

Ist folglich im Rahmen der bereicherungsrechtlichen Lösung die Subjektivierung des Bereicherungsbegriffs zwar zu beschränken, aber immerhin doch eingeschränkt anzuerkennen, so gilt auch diese eingeschränkte Subjektivierung damit doch nur für die Fälle, **1008**

[876] So auch die Vorauflage Rz. 550; sodann *Medicus*, Bürgerliches Recht, Rz. 897; dieser ebenso in MünchKomm, § 994 Rz. 19; MünchKomm/*Lieb* § 812 Rz. 262; *Larenz/Canaris*, § 72 IV 3 a; Palandt/*Bassenge* § 951 Rz. 21; s. auch *Hager*, JuS 1987, 887, 880. Im Sinne des subjektiven Bereicherungsbegriffs entscheidet der BGH in WM 1969, 296 und sodann in dem Fall des Wohnungsausbaus durch den unentgeltlichen Wohnungsnutzer, NJW 1985, 315, s. auch WM 1990, 1580 ff.

[877] S. *Flume*, Gedächtnisschrift Knobbe-Keuk (1997), 111, 132. § 818 II, III ist keine Grundlage für die Annahme, das Gesetz wolle vermeiden, daß „der Schuldner zu einem Griff in die eigene Tasche gezwungen“ werde (MünchKomm/*Lieb*, 2. Aufl., § 812 Rz. 262).

in denen das Gesetz Bereicherungsrecht zur Anwendung bringt. Im Rahmen z.B. des § 996 tut das Gesetz dies nicht. Dort wird auf die Wertsteigerung der Sache und nicht auf die Bereicherung des Empfängers abgestellt. Auch insoweit ist versucht worden, die Wertersatzhaftung von Fall zu Fall zu mildern, entweder nach Maßgabe eines subjektiven Bereicherungsbegriffs[878] oder nach Maßgabe des Interesses des Eigentümers[879].

1009 § 996 gibt aber dem redlichen, nicht verklagten Besitzer ein vom Interesse des Eigentümers unabhängiges Recht auf Ersatz der Wertsteigerung der Sache. Dieses Recht wird konkretisiert und damit in seiner von der Person des Eigentümers unabhängigen Bedeutung sichtbar durch die §§ 1000 ff. Diese Vorschriften sind wie § 996 an der Sache orientiert. Sie gehen davon aus, daß an dem Objekt der Verwendung beide Parteien, die eine durch ihr Eigentum, die andere durch ihre in gutem Glauben an das eigene Recht getätigte Aufwendung, beteiligt sind. Ihre Konsequenz ist die Alternative, daß entweder der Eigentümer die Sache gegen Ausgleich der Wertsteigerung zurücknimmt bzw. die Verwendungen genehmigt (§ 1001) oder daß der Besitzer die Wertsteigerung aus der Sache durch deren Verwertung herausholen kann (§ 1003).

(c) Fazit

1010 Insgesamt ist zum Problem der Anwendung des § 951 bei Verwendungen das Folgende festzustellen. Soweit Verwendungen Leistungen sind, d.h. vom Verwender im Einverständnis mit dem Eigentümer im Hinblick auf einen Rechtsgrund vollzogen werden, gilt über etwaige Verwendungsersatzregelungen hinaus die Leistungskondiktion. Insbesondere kommt in Betracht die Leistungskondiktion nach § 812 I 2 Alt. 2 Bei der Bereicherung durch Leistung kann die Bereicherung insofern aufgedrängt sein, als der Schuldner für den Ausgleich eigenes Vermögen einsetzen muß. Davon kann die Anwendung eines subjektiven Bereicherungsbegriffs nicht entheben, vielmehr muß derjenige, der sich die Leistung hat erbringen lassen und in dessen Vermögen die objektive Wertsteigerung erhalten ist, nach § 818 II Wertersatz leisten. In Leistungsverhältnissen gilt aber nicht § 951.

1011 Soweit Maßnahmen in Verbindung mit fremdem Eigentum keine Leistungen sind, sind sie dann Verwendungen, wenn sie der in fremdem Eigentum stehenden Sache zugute kommen, wenn also bei Verbindung von Sachen das Eigentum an der einen auf den Eigentümer der anderen Sache übergeht. Handelt es sich um Verwendungen, die keine Leistung sind, gilt ausschließlich die Verwendungsersatzregelung, § 951 II 1 stellt dies klar, Manipulationen am Verwendungsbegriff, die je nach Einzelfalljudiz mit der Anwendung oder Nichtanwendung des § 951 ergänzt und so zu gegensätzlichen Folgerungen aus dem Gesetz geführt werden, sind zu verwerfen. Auch soweit die Verwendungsersatzregelung Ansprüche gibt oder ausschließt, ist das Gesetz nicht durch den subjektiven Bereicherungsbegriff zu korrigieren.

(4) Rechtsfolgen des § 951

1012 Für die Rechtsfolgen verweist § 951 I 1, vorbehaltlich des S. 2, auf die Vorschriften über die Herausgabe einer ungerechtfertigten Bereicherung. Diese Vorschriften bestimmen die folgenden Rechtsfolgen: § 812 verpflichtet zur Herausgabe des Erlangten. Diese Haftung bedingt § 951 I 2 ab, der das Verlangen nach Wiederherstellung des früheren Zustands ausschließt. § 818 I-III fügt zur Herausgabehaftung die Haftung auf Nutzungen und Surrogate hinzu und bestimmt bei Unmöglichkeit der Herausgabe die Haftung auf Wertersatz und schließlich die Begrenzung der gesamten Haftung auf die vorhandene Bereicherung. Diese Rechtsfolgen werden von § 951 I 2 nicht berührt. §§ 818 IV, 819 setzen

[878] So die Vorauflage.

[879] *Jakobs* AcP 167 (1967), 355 ff. *Jakobs* stellt auf das objektive Interesse ab, für das „Extravaganzen" des Eigentümers nicht zu berücksichtigen seien (S. 360).

neben die Bereicherungshaftung eine verschärfte Haftung bei Rechtshängigkeit oder Bösgläubigkeit für Ereignisse, die in der Zeit von der Rechtshängigkeit oder der Bösgläubigkeit des Schuldners an passieren. Da die Haftung aus § 951 I nach S. 2 auf die Wertvergütung beschränkt ist, kann es auf die Haftung wegen Rechtshängigkeit oder Bösgläubigkeit nur als Gegengewicht gegen die Berufung auf den Wegfall der Bereicherung ankommen. Von vornherein nicht möglich ist die Berufung des Schuldners darauf, daß seine Bereicherung durch Erbringung einer Gegenleistung gemindert oder aufgehoben ist. Bis zum Eigentumsübergang auf ihn nach §§ 946 ff. war gegen ihn der Herausgabeanspruch des früheren Eigentümers nach § 985 begründet. So wie die Gegenleistung diesem Herausgabeanspruch nicht entgegengehalten werden konnte, kann sie nicht dem Bereicherungsanspruch aus § 951 I 1 entgegengehalten werden, der an die Stelle des § 985 tritt[880].

Gemäß § 951 II 1 bleiben neben dem Bereicherungsanspruch andere Rechte unberührt, die auch auf gegenständliche Rückabwicklung gerichtet sein können (Wegnahmerechte und Schadensersatzansprüche aus unerlaubter Handlung[881]). Die Verbindung oder Verarbeitung kann eine unerlaubte Handlung darstellen. Insoweit stellt sich die Frage, ob darauf die allgemeine Vorschrift des § 823 (mit § 249) unmittelbar anzuwenden ist oder ob die Sonderregelung der §§ 987 ff. ungeachtet dessen gilt, daß durch den Eigentumsübergang nach §§ 946 ff. die von jenen Sondervorschriften vorausgesetzte Vindikationslage (= Herausgabepflicht des Besitzers gegenüber dem Eigentümer nach § 985) erlischt oder ausgeschlossen wird[882]. Folge der Geltung der §§ 987 ff. wäre die Anwendung des § 823 nur über § 992, daneben aber die Geltung der Haftung nach §§ 989, 990, auf die der Vorbehalt des § 951 II 1 gleichfalls zu beziehen wäre. Im Fall, daß der Erwerber erst Besitz und dann erst durch Verbindung etc. Eigentum nach §§ 946 ff. erwirbt, ist die Regelung der §§ 987 ff. ohne weiteres einschlägig. Die Verbindung, die das Eigentum übergehen und die Vindikationslage erlöschen läßt, ist als den Eigentümer beeinträchtigender Akt unter §§ 989, 990 zu subsumieren. Wenn kein Besitz des Erwerbers dazwischen steht, dürfen die §§ 987 ff. nicht entfallen: Es ändert sich nur insoweit etwas, als mit dem Besitz sogleich der Eigentumserwerb eintritt. Der Eigentumserwerb nach §§ 946 ff. ist aber gerade kein den Besitz vermögensmäßig rechtfertigender Erwerb. Die Lage des Erwerbers ist unrechtmäßig (s. § 951), nur wird aus Gründen dinglicher Ordnung das Eigentum in seiner Person zusammengeführt. Andererseits muß dem Erwerber, der sogar Eigentum erwirbt, ebenso wie dem Nur-Besitzer die Privilegierung, die §§ 987 ff. mit § 993 I letzter Hs. enthalten, zugute kommen. Schließlich verweist § 951 selbst bzgl. der Rechtsfolgen auf das Bereicherungsrecht, dessen §§ 818 IV, 819 über § 292 auf §§ 987 ff. verweisen. Das stellt den Erwerber bzgl. der Herausgabe der eingetretenen Bereicherung ohnehin mit der Vindikationslage gleich. Die Anwendung der §§ 987 ff. von vornherein bedeutet nur, daß auch bezüglich des Erwerbs der Bereicherung §§ 987 ff. gelten, also insbesondere § 992 und sodann die Haftung nach § 990 I 1 schon bei Bösgläubigkeit und nicht wie nach § 819 erst bei Kenntnis. 1013

Hat ein Mieter oder Entleiher eine Sache mit der Miet- oder Leihsache verbunden, steht ihm das Wegnahmerecht nach § 539 II oder § 601 II 2 zu. 1014

Ein Wegnahmerecht hat auch ein unrechtmäßiger Besitzer nach § 997. Diese Regelung wird in § 951 II 2 auf den Fall erstreckt, daß „die Verbindung nicht von dem Besitzer der Hauptsache bewirkt worden ist". Dazu gibt es zwei Lesarten: Der BGH[883] faßt die Formulierung eng: Es gehe weiterhin um das Wegnahmerecht des unrechtmäßigen Besitzers eines Grundstücks oder einer beweglichen Hauptsache (s. § 947 II). Für diesen 1015

880 BGHZ 55, 176 ff., 179 f. (Jungbullen-Fall).
881 Zu dem Vorbehalt betreffs der Verwendungsersatzregelung s. o. Rz. 992 ff.
882 Offen gelassen in BGH ZIP 1991, 176, 177 m.N.
883 BGHZ 40, 272 ff.

würde in § 951 II 2 davon abgesehen, daß er nach § 997 die Verbindung selbst vorgenommen haben muß. § 951 II 2 nimmt sich danach des nur bei einiger Phantasie denkbaren Falls an, daß in der Lage, daß jemand unrechtmäßig ein Grundstück oder eine bewegliche Hauptsache besitzt, ein Dritter, ohne Auftrag zu haben, rechtswidrig, insbesondere unter verbotener Eigenmacht, Sachen einbaut, die dem Besitzer der Hauptsache gehören.

1016 Die Ansicht des BGH ist nur aus der Fallentscheidung heraus zu verstehen: Im Fall ging es um den Bereicherungsausgleich im Dreiecksverhältnis: E war Eigentümer eines Grundstücks und Bauherr. G liefert Herde an den von E beauftragten Bauunternehmer auf das Baugrundstück, wo sie von dem Bauunternehmer eingebaut wurden. G wollte dabei keinen Vertrag mit dem Bauunternehmer, sondern wollte sich an E halten. Der BGH kam zunächst mit dem oben[884] zu § 951 erwähnten Dogma vom Vorrang der Abwicklung im Leistungsverhältnis, wobei dieses aus der Sicht des Empfängers festzulegen sei, zur Ablehnung eines Bereicherungsanspruchs des G nach § 951 I 1. Dem vollständigen Schutz des E vor einer Inanspruchnahme durch G hätte nur noch das Wegnahmerecht des G nach §§ 951 II 2, 997 entgegenstehen können. Um auch dieses auszuschließen, hat der BGH zu der engen Interpretation des § 951 II 2 gegriffen: Nach dieser schied, da G nicht Besitzer des Grundstücks war, das Wegnahmerecht von vornherein aus.

1017 Mit Recht folgt die h.M. der Interpretation des BGH nicht: Nach ihr umfaßt die Formulierung des § 951 II 2 „wenn die Verbindung nicht von dem Besitzer der Hauptsache bewirkt worden ist" gerade den für § 951 ganz typischen Fall, daß der Eigentümer der Nebensache seine Sache mit der Hauptsache verbunden hat, ohne Besitzer der Hauptsache zu sein. Das Wegnahmerecht greift also in allen Verbindungsfällen des § 951 ein. Und das ist auch ganz richtig: Das Wegnahmerecht ist das Minimum an Rechtsschutz für den ohne seinen Willen Entreicherten, das auch dann verbleiben muß, wenn die Verwendungsersatzregelung den Verwendungsersatz nicht gewährt. Es kann jedenfalls gewährt werden, weil seine Durchführung keine Belastung für den Bereicherten bedeutet und insofern das Problem der aufgedrängten Bereicherung nicht besteht.

1018 Das Wegnahmerecht konterkariert auch nicht den Ausschluß der Wiederherstellung des früheren Zustands, der in § 951 I 2 angeordnet ist. Das Wegnahmerecht ist von dieser Wiederherstellung unterschieden: Kraft der Wiederherstellungspflicht muß der Bereicherte selbst wiederherstellen und damit auch die Kosten der Trennung tragen (fraglich ist freilich, ob das überhaupt mit § 818 III vereinbar ist; ist es dies nicht, so kommt § 951 I 2 insoweit nur klarstellende Funktion zu), im Fall eines Wegnahmerechts dagegen kann der Entreicherte trennen, muß aber selbst die Kosten tragen (§ 258 S. 2).

1019 Das Wegnahmerecht nach § 951 II 2 besteht freilich nur als Mindestfolge eines ungerechtfertigten Rechtsverlusts i.S. des § 951 I 1. Ob dieser gegeben war, das war im Fall des BGH fraglich:

Im Fall hatte der Bauherr durch Einbau seitens des nichtberechtigten Bauunternehmers und damit, wenn man nicht sogar eine Ermächtigung zum Einbau annahm[885], nach dem entsprechend anzuwendenden § 932 mit Wirkung gegen den Eigentümer erworben, d.h. dieser hatte sein Recht nicht „infolge der Vorschriften der §§ 946 bis 950" verloren. Der Tatbestand des § 951 I 1 war nicht erfüllt, deshalb war das Wegnahmerecht nicht begründet. Die Interpretation des BGH ist als unnötiger Kunstgriff zur Rechtfertigung eines anderweitig folgenden Ergebnisses unmaßgeblich.

[884] Rz. 984.

[885] So *Wilhelm*, Rechtsverletzung und Vermögensentscheidung, S. 149, 150.

Nur ein ungerechtfertigter Rechtsverlust, entgegen *Jakobs*[886] aber nicht das Bestehen einer Wertersatzpflicht, ist Voraussetzung des Wegnahmerechts. Das Wegnahmerecht ist jedenfalls zu gewähren, weil es den Schutz vor aufgedrängter Bereicherung nicht berührt. Gerade dies sagt auch die Begründung der Motive[887], auf die *Jakobs*[888] sich stützt: Nach dieser Begründung soll das Wegnahmerecht gerade auch für die Fälle, in denen der bereicherte Eigentümer nach der Verwendungsersatzregelung zum Wertersatz *nicht* verpflichtet ist (Beispiel eben § 996 bei Bösgläubigkeit oder Rechtshängigkeit), als Beschränkung der enteignenden Wirkung eingerichtet werden. *Mindestens* soll *jedenfalls* der Verbinder oder der, der die Verbindung erleidet, seine Sache wegnehmen dürfen und der Eigentümer der Hauptsache ihm dieses Recht nur um den Preis *mindestens* des Wertes der Sache unter Abzug der Abtrennkosten entwinden können. **1020**

ddd) Sonderfall Überbau

Baut ein Grundstückseigentümer über die Grenze, so stellen sich die Fragen: 1. Muß der Nachbar dies dulden, und 2. wer ist Eigentümer des Gebäudes? **1021**

ad 1. §§ 912 ff. schaffen unter bestimmten Voraussetzungen (beim sog. entschuldigten Überbau) eine Duldungspflicht des Eigentümers des überbauten Grundstücks. Die Duldungspflicht bedeutet, daß der überbaute Eigentümer weder einen Beseitigungsanspruch aus § 1004 noch einen Herausgabeanspruch bezüglich der überbauten Grundstücksfläche aus § 985 hat. Die Voraussetzungen der Duldungspflicht sind: Der überbauende Eigentümer muß darlegen und notfalls beweisen, daß er weder vorsätzlich noch grob fahrlässig gehandelt hat. Der Überbaute kann einwenden, daß er entweder vor oder sofort nach der Grenzüberschreitung Widerspruch erhoben hat. Als Ausgleich der Duldungspflicht hat der jeweilige Eigentümer des überbauten Grundstücks einen Anspruch auf Zahlung einer Geldrente gegen den jeweiligen Eigentümer des Grundstücks, von dem aus überbaut worden ist (§§ 912 II, 913 I). Stattdessen kann der Rentenberechtigte nach § 915 wählen, daß ihm der überbaute Grund abgekauft wird. **1022**

Für den Überbau kommt es auf die Größenverhältnisse zwischen den überbauten Flächen des Ausgangs- und des überbauten Grundstücks nicht an, nur darf nicht vollständig auf dem Nachbargrundstück gebaut sein. **1023**

§§ 912 ff. gelten auch, wenn der Rechtsvorgänger des Eigentümers des überbauten Grundstücks dem Überbau zugestimmt hat[889]. **1024**

Fraglich ist, ob dem Bauherrn der Vorsatz oder die grobe Fahrlässigkeit der mit dem Bau Beauftragten zuzurechnen sind. Der BGH hat dem Bauherrn Vorsatz und Fahrlässigkeit des Architekten als seines Repräsentanten analog § 166 zugerechnet, auf den Bauunternehmer hat er weder § 278 noch § 831 angewandt[890]. § 166 hat der BGH auch auf die Frage der Kenntnis oder grob fahrlässigen Unkenntnis nach § 990[891] angewandt. Für die Haftungsfrage paßt das nicht. Bei der Frage aber, ob durch Überbau eine Duldungspflicht zu erlangen ist oder nicht, handelt es sich nicht um eine Verschuldens- und **1025**

886 AcP 167 (1967), 387 ff. Für *Jakobs* geht es allerdings nur um das Wegnahmerecht mit der Abgeltungsmöglichkeit des § 997 II 3. Alt. Uneingeschränkt anwendbar ist das von ihm vertretene Rücknahmerecht, das nach *Jakobs* nur durch vollen Wertersatz abgewandt werden kann (s. o. Rz. 995).

887 Mot., *Mugdan* III, S. 648.

888 A.a.O., S. 389, 390.

889 BGH NJW 1983, 1112.

890 BGHZ 42, 63, 69; BGH NJW 1977, 375.

891 U. Rz. 1149.

Verantwortungsfrage[892], sondern um die Erlangung einer Rechtsposition analog dem gutgläubigen Erwerb. Darauf paßt § 166 ohne weiteres.

1026 ad 2. Hinsichtlich des Eigentums am Überbau ist zwischen entschuldigtem und unentschuldigtem Überbau zu unterscheiden: a) Bei entschuldigtem Überbau entspricht der Duldungspflicht des Überbauten, daß das Eigentum an dem überragenden Gebäudeteil nicht in das Eigentum des überbauten Eigentümers übergeht[893]. Insofern gelten §§ 94, 946 nicht. Die Lage ist der des § 95 vergleichbar. Es tritt Verbindung mit dem Stammgrundstück ein (insoweit gelten also §§ 94, 946), so daß das Eigentum an dem Stammgrundstück auch das Eigentum an dem überragenden Teil einschließt, freilich unter Ausschluß des überbauten Teils des Nachbargrundstücks[894]. b) Bei unentschuldigtem Überbau wendet die Rechtsprechung §§ 94, 946 mit dem Ergebnis lotrechter Teilung auf der Grundstücksgrenze an[895]. Dennoch soll mangels Duldungspflicht – neben dem Herausgabeanspruch – ein Beseitigungsanspruch aus § 1004 bestehen. Der Beseitigungsanspruch ist selbstverständlich, weil der unentschuldigte Überbau eben nicht zu dulden ist. Nicht selbstverständlich ist dagegen, einen Anspruch aus § 1004 bezüglich eines Gebäudeteils zu gewähren, der im eigenen Eigentum des Kl. steht. § 912 regelt einheitlich das hinüberragende Gebäude des Nachbarn mit der Unterscheidung, ob es zu dulden oder nicht zu dulden ist. Die Eigentumszuweisung an den überbauten Eigentümer, sofern der Überbau nicht zu dulden ist, tritt aus dem Regelungszusammenhang heraus. Es ist auch unangemessen, die Nachbarn in eine Eigentumsaufteilung mit der Konsequenz einer Nutzungsgemeinschaft für ein einheitliches Gebäude zu pressen.

1027 Gerade weil demgegenüber der Überbau im Eigentum des Überbauenden steht und der Überbauende damit das Grundstückseigentum des Überbauten stört, ist der Beseitigungsanspruch des letzteren aus § 1004 begründet. Konstruktiv gelangt man dorthin – abgesehen von der Folgerung aus § 912 – über die Annahme einer Kollision zwischen § 94 I, der zugunsten des überbauten Nachbargrundstücks wirkt, und §§ 93, 94 II zugunsten des Stammgrundstücks. In diesem Fall muß die wirtschaftliche Zusammengehörigkeit des Gebäudes den Ausschlag geben, wie es auch dem Grundgedanken der §§ 946, 947 II entspricht. Die gegenteilige Folgerung[896], wonach es sich bei erlaubtem Überbau um die Ausübung eines Rechts handelt, so daß § 95 I 2 gilt, bei nicht erlaubtem dagegen nicht, ist nicht zwingend. Wenn die Voraussetzungen des § 95 nicht vorliegen, heißt das nur, daß § 95 nicht gilt. Was dann gilt, ist erst noch zu entscheiden.

1028 § 1004 führt hier zu einer kurzfristigen Lösung: Auf das Verlangen des Überbauten hat der Überbauende abzureißen. Eine Begrenzung durch analoge Anwendung des § 251 II ist nicht begründbar[897]. Der Überbauende kann stattdessen versuchen, den Überbauten zum Verkauf zu bewegen.

1029 Schon mit dem Beseitigungsanspruch kann der überbaute Eigentümer ein Verwendungsersatzbegehren entkräften, das der Überbauende wegen des Überbaus dem Anspruch des Überbauten auf Herausgabe des überbauten Grundstücksteils entgegensetzen wollte[898]. Auch insoweit ist aber die Annahme einheitlichen Eigentums am Gebäude

[892] Betreffend § 831 sagt der BGH (BGHZ 42, 69), § 912 sei vom Sachverhalt der unerlaubten Handlung gelöst.

[893] Der Überbaute hat andererseits kein Recht darauf, daß der Überbau erhalten wird, BGH WM 1988, 1756 = JuS 1989, 326 (*K. Schmidt*).

[894] S. auch BGH WM 1988, 543 = EwiR § 912 BGB 1/88, 461.

[895] BGHZ 27, 204; dies voraussetzend auch BGHZ 41, 157, indem die Entscheidung von dem Herausgabeanspruch des Überbauten hinsichtlich des Überbaus ausgeht.

[896] *Westermann*, 5. Aufl., § 64 V, S. 322; 7. Aufl., § 63 III 2, S. 523 ff.

[897] *Picker*, AcP 176 (1976), 52 ff.; nach ihm besteht nur die Grenze der Unzumutbarkeit, S. 64 ff.

[898] So die Problematik in der o. bei Rz. 1000 f. behandelten Entscheidung BGHZ 41, 157. Der BGH hat den Verwendungsersatz mit den Annahmen ausgeschlossen, im Fall des Baus auf

entscheidend und richtig: Wegen des Eigentums des Überbauenden kommt der Überbau dem Grundstück des Überbauten gar nicht zugute. Ist, wie im Fall BGHZ 41, 157[899], die Beseitigung des Überbaus durch ein öffentlich-rechtliches Veränderungsverbot ausgeschlossen, so bedeutet dies eine Duldungspflicht im öffentlichen Interesse, die durch einen privatrechtlichen Aufopferungsanspruch[900] zu kompensieren ist.

bb) Ersitzung

aaa) Ersitzung und Verjährung

Geht planwidrig das Eigentum an einer beweglichen Sache nicht über (z.B. ist die Einigung nichtig oder die Sache einem Voreigentümer abhanden gekommen), so wird der Erwerber Eigentümer, wenn er die Sache 10 Jahre gutgläubig (§ 937 II) im Eigenbesitz gemäß § 872 gehabt hat[901]. Der Lauf der Ersitzungsfrist kann gehemmt sein (§ 939[902]). Die Ersitzung kann unterbrochen werden (§ 940 I). Es ist zu unterscheiden zwischen einer nicht erheblichen Unterbrechung (§ 940 II) und einer Unterbrechung im Sinne der Verjährungsregelung (§ 941 f.[903]). **1030**

Liegen die Voraussetzungen der Ersitzung, insbesondere wegen Bösgläubigkeit, nicht vor, so kann der Besitzer noch durch Verjährung des Anspruchs des Eigentümers auf Herausgabe der Sache geschützt sein: Der Anspruch aus § 985 verjährt in 30 Jahren (§ 197 I Ziff. 1). Die Verjährung begründet aber nur eine Einrede gegen den Anspruch (§ 214 I), das Eigentum bleibt beim Eigentümer. Bei der Ersitzung geht dagegen das Eigentum über. **1031**

bbb) Schuldrechtlicher Ausgleich

§ 937 regelt die dingliche Rechtslage, läßt also einen schuldrechtlichen Ausgleich zu. Hat ein Besitzer den Besitz aufgrund einer unwirksamen Übereignung von einem Dritten erworben und dann das Eigentum ersessen, begründet § 937 ebenso wie § 932 gegenüber dem Eigentümer grundsätzlich nicht nur einen wirksamen, sondern auch einen endgültigen Erwerb. Nur bei Erwerb aufgrund einer unentgeltlichen Verfügung ist der Eigentümer gegenüber dem Ersitzungserwerber geschützt, nämlich aufgrund des § 816 I 2. Durch die Ersitzung wird die Veräußerung an den Besitzer i.S. des § 816 I 1, 2 wirksam. Insoweit besteht kein Unterschied je nachdem, ob die Übereignung durch einen Nichtberechtigten wirksam ist oder – etwa wegen § 935 – nicht. **1032**

Hat der Besitzer unwirksam vom Eigentümer selbst erworben und dann ersessen, ist die Frage, ob sich, wenn im Verhältnis zum Eigentümer auch der rechtsgeschäftliche Rechtsgrund unwirksam ist und deshalb die Leistungskondiktion des Eigentümers gegen den Besitzer begründet sein könnte, die Ersitzung auf die Leistungskondiktion auswirkt. Dazu ist der berühmte Fall RGZ 130, 69 zu behandeln: Die geistesschwache Nichte des Malers Adolf von Menzel hatte der Münchener Pinakothek 66 Bilder Menzels geschenkt, die sie von ihrer Mutter, einer Schwester des Malers, geerbt hatte. Unterstellt man fehlende Geschäftsfähigkeit der Schenkerin (§§ 104 Nr. 2, 105 I), sind Schenkung und Übereignung nichtig. Zu fragen ist, ob die Nichte gegen den Träger der Pinakothek **1033**

fremdem Boden seien §§ 994 ff. wegen eines eng zu fassenden Verwendungsbegriffs und § 951 wegen Exklusivität der §§ 994 ff. ausgeschlossen.

[899] BGHZ 41, 157, 164 ff.

[900] Dazu o. Rz. 44.

[901] Aufgrund des § 857 zählt für den Erben die Zeit vom Erbfall an. Die Bösgläubigkeit des Erblassers wird dem Erben nicht zugerechnet. Dafür besteht in der Ersitzungsregelung keine Grundlage. Anders *Krämer*, NJW 1997, 2580 f. Gegen diesen überzeugend *Finkenauer*, NJW 1998, 960 ff.

[902] Jetzt n.F.

[903] § 941 in n.F.

einen Anspruch auf Herausgabe der Bilder hat. Gegen § 985 kann sich die Pinakothek auf 10-jährigen Eigenbesitz berufen (§ 937). Fraglich ist, ob damit auch ein Rechtsgrund gesetzt ist, der die Leistungskondiktion gemäß § 812 I 1 1. Alt. ausschließt. Auf die Frage kam es im Ergebnis an, wenn sich die Pinakothek trotz der verstrichenen Zeit gegen einen Bereicherungsanspruch nicht auf Verjährung berufen konnte. Nach früherer Fassung des BGB traf dies in der Tat zu, weil der Bereicherungsanspruch nach § 195 erst in 30 Jahren verjährte[904].

Das RG hat gegen den Ausschluß der Leistungskondiktion durch die Ersitzung entschieden: Wie der Besitz selbst rechtsgrundlos erlangt sei, sei auch die aufgrund des Besitzes erlangte Ersitzungsposition rechtsgrundlos gewesen. Das RG beruft sich auf den Anspruch des Eigentümers aus § 816 I 2, wenn ein Dritter die Sache des Eigentümers verschenkt und wirksam übereignet. Bei unwirksamer Übereignung könne nichts anderes gelten. § 816 betrifft aber das Verhältnis zu einem Eigentümer, der nicht der Veräußerer ist. Insoweit gilt die Parallele des Ersitzungserwerbs zu § 932. Im Fall des RG ging es dagegen um die rechtsgrundlose Veräußerung durch den Eigentümer selbst.

Dem RG ist aber deshalb zuzustimmen, weil im Fall der Wirksamkeit der Leistung wegen der Rechtsgrundlosigkeit der Bereicherungsanspruch gegolten hätte. Darauf, daß die Leistung mangels Geschäftsfähigkeit des Veräußerers unwirksam war, durfte es nicht ankommen; sonst würde die Geschäftsunfähigkeit zum Verlust des weitergehenden Schutzes nach §§ 812, 818 führen. Entscheidend ist die Abhängigkeit der Vermögensbewegung vom Rechtsgrund. Diese gilt auch dann, wenn die Übereignung unwirksam und erst durch Ersitzung Eigentumserwerb eingetreten ist. War die Nichte bei der Schenkung – denkbar sind aber auch Fälle eines Kaufs – geschäftsunfähig, hatte dagegen bei der Übereignung ihre Einsichtsfähigkeit wieder eingesetzt (ohne daß aber das Bewußtsein der Nichtigkeit des schuldrechtlichen Geschäfts und damit die Lage des § 814 vorhanden gewesen wäre), so hätte von vornherein nur § 812 I 1 gegolten. Dieser muß demzufolge auch gelten, wenn der Eigentumserwerb nach zunächst unwirksamer Übereignung gemäß § 937 eingetreten ist. In beiden Fällen richtet sich die Leistungskondiktion auf das Eigentum.

1034 Anders votiert zum Teil die Literatur: § 937 sei als Sonderregelung gegenüber dem (nach früherer Regelung) in 30 Jahren verjährenden Bereicherungsanspruch anzusehen. Um den Gleichklang der Entscheidung zu erreichen, gleich ob die Übereignung wirksam oder unwirksam und dann das Eigentum ersessen ist, will man § 937 auch bei *wirksamer* Übereignung, hier analog, anwenden[905]. Damit würde man aber die Frist des § 937 an die Stelle der für die Leistungskondiktion bestimmten Verjährung setzen.

1035 Umgekehrt kann § 937 auch einmal, wie er bei schuldrechtlich nicht gerechtfertigter Leistung nicht hilft, bei schuldrechtlich gerechtfertigter helfen: Erfolgte die Leistung cum causa, ist die Übereignung aber unwirksam, so kann der Veräußerer die Leistung nicht nach § 812 I 1 Alt. 1 zurückverlangen, gegen seinen Anspruch aus § 985 hilft dem Empfänger das Recht zum Besitz aus dem Kausalgeschäft. Damit fallen Eigentum und Besitzrecht dauernd auseinander. Diesen Zustand kann der Besitzer beenden, indem er aus dem Kausalgeschäft die Übereignung erzwingt. Weiß der Besitzer von der Unwirksamkeit der Übereignung nichts und beruht seine Unkenntnis auch nicht auf grober Fahrlässigkeit, so beendet § 937 den Zustand des Auseinanderfallens von Eigentum und Besitzrecht.

[904] Nach n.F. verjährt der Bereicherungsanspruch spätestens in 10 Jahren (§§ 195, 199 IV), ist die Frage nach der Leistungskondiktion also nur noch insofern relevant, als dann, wenn die Ersitzung kein Rechtsgrund ist, der Ersitzungseigentümer die Einrede der Verjährung erheben müßte.

[905] *Heck*, § 61, 5, S. 258; Erman/*Hefermehl* § 937 Rz. 6; *Esser*, Schuldrecht Bd. II, (1971) § 100 III 1 c.

cc) Erwerb von Erzeugnissen oder sonstigen Bestandteilen

In Bezug auf den Erwerb kraft Erwerbsgestattung gehört die Behandlung des Erwerbs von Erzeugnissen (§ 99 I) und sonstigen Bestandteilen einer Sache in das Kapitel über den rechtsgeschäftlichen Erwerb des Eigentums an beweglichen Sachen. Der Erwerb von Erzeugnissen und sonstigen Bestandteilen ist deshalb oben[906] – und dort vollständig, d.h. auch in Bezug auf den gesetzlichen Erwerb – dargestellt. **1036**

dd) Erwerb des Finders

aaa) Fund

Fund ist nach § 965 I das Finden und Ansichnehmen einer verlorenen Sache. § 965 steht im Titel über den Erwerb und Verlust des Eigentums an beweglichen Sachen und meint deshalb nur bewegliche Sachen[907]. Selbstverständlich ist dies, wie leicht zu bildende Beispiele mit Grundstücken aus den Verhältnissen nach der deutschen Wiedervereinigung beweisen, nicht. **1037**

Der Wortlaut des § 965 ist mit Unklarheiten behaftet. Es verwundert nicht, daß das Institut des Fundes nicht römisch- und gemeinrechtlich vorgebildet ist[908]. **1038**

§ 965 I spricht von verlorenen (beweglichen) Sachen und erinnert damit an die Trias der gestohlenen, verlorengegangenen oder sonst abhandengekommenen Sachen in §§ 935 I 1, 1006 I 2, 1007 II 1. Die gestohlene Sache scheint in § 965 I sinnvoll weggelassen, weil sie jedenfalls zunächst im Besitz des Diebes ist und deshalb nicht gefunden werden kann. Der Dieb kann sie freilich wegwerfen, und dann stimmt die Ausklammerung der gestohlenen Sache in § 965 I nicht mehr. Der erste Entwurf zum BGB formulierte umfassender, daß verlorene oder sonst abhanden gekommene Sachen Gegenstand des Fundes sind. Auch dieser Wortlaut paßte freilich insofern nicht, als danach die gestohlene Sache abhanden gekommen und damit vom Wortlaut auch für die Zeit mit erfaßt war, in der sie noch in der Hand des Diebes ist. **1039**

Der Begriff „verloren" in § 965 I muß erstens fundrechtlich selbständig und zweitens nach den Zielen des Fundrechts ausgelegt werden. Im Fundrecht geht es um die Sicherung und Zurückbringung von weggekommenen Sachen für den Berechtigten einerseits und um die Regelung eines Eigentumserwerbs des Finders, wenn kein Berechtigter erreichbar ist, andererseits. Der Begriff „verloren" ist danach weit auszulegen. Die vom Dieb oder Vermieter (nach Ausziehen des Mieters) der Besitzlosigkeit preisgegebene Sache ist dem Eigentümer verloren. Aber selbst die vom Eigentümer selbst weggeworfene Sache ist möglicherweise verloren. Selbst wenn in der Besitzaufgabe die Eigentumsaufgabe liegt, kann der Eigentümer re integra den Verzichtswillen zurücknehmen[909] und hat dann das Zurückbringungsinteresse. Nach allem hat grundsätzlich mit Recht und heute allgemein akzeptiert *M. Wolff* gefolgert, für das Verlorensein komme es auf die Besitzlosigkeit und nicht auf deren Gründe an[910]. **1040**

Daran, daß verlorene Sachen besitzlos sein müssen, sind freilich Einschränkungen zu machen. Eine erste ergibt sich daraus, daß nicht immer klar ist, ob an einer Sache in Wirklichkeit noch Besitz besteht oder nicht. Die Sache kann vergessen, sie kann aber auch nur vorübergehend liegen gelassen sein. Je nachdem ist ausschließlich Fundrecht **1041**

906 Rz. 941 ff.

907 Gehen Wertpapiere verloren, gibt es die Möglichkeit der Kraftloserklärung nach §§ 946 ff. ZPO mit der Legitimation des Antragsstellers aus dem Ausschlußurteil (§ 1018 I ZPO). Damit verträgt sich der Eigentumserwerb des Finders nicht. Dieser ist ohnehin nur für die durch bloße Übereignung zu übertragenden Inhaberpapiere denkbar.

908 *Wieling*, Sachenrecht I, § 11 V, S. 484 m.w.N.

909 O. Rz. 938.

910 S. *Wolff/Raiser* § 82 I, S. 305. Weiter etwa *Wieling*, Sachenrecht I, § 11 V 1 a, S. 485 ff.; *Westermann*, 5. Aufl., § 59 I 2, S. 285; 7. Aufl., § 59 I 2, S. 475.

anzuwenden oder verletzt der Passant, wenn er die Sache an sich nimmt, fremden Besitz und wird er insofern nach §§ 861, 1007 herausgabepflichtig. Will der Passant letzterenfalls wenigstens von Verschulden und Schadensersatz frei sein, muß er nicht nur in der Besitzprüfung schuldlos sein, sondern auch die Sache wenigstens den fundrechtlichen Pflichten gemäß behandeln. Insofern ist die Sache, obwohl nicht besitzlos, doch als verloren anzusehen.

Die zweite Einschränkung ergibt sich aus der Regelung des Behörden- und Verkehrsfundes in §§ 978 ff. Im Besitzkapitel war bereits zitiert[911], daß die Motive zwischen öffentlichen Stellen ohne Beaufsichtigung, den Räumen der Behörden und Verkehrsanstalten als öffentlichen Stellen unter Aufsicht und schließlich drittens Privatgebieten und -räumen als Lokalitäten, in denen verlorene Sachen einer gewissen Detention unterstehen, unterschieden haben. Die „gewisse Detention“, die den letzteren Lokalitäten zugesprochen wird, kann aber ebenso den Behörden- und Verkehrsanstaltsräumen zukommen, und so wird denn auch in der Literatur gefragt, ob nicht an in Behörden oder Verkehrsanstalten verlorenen Sachen Besitz der Träger der Behörden oder Anstalten begründet sein kann[912]. Davon unabhängig muß aber die Regelung der §§ 978 ff. gelten. Bester Beweis dafür ist § 983, der für unanbringbare Sachen im Besitz von Behörden auf das Recht des Behörden- und Verkehrsfundes verweist. Deshalb sind nach § 978 I gefundene, d.h. verlorene Sachen auch solche, an denen möglicherweise Besitz der Behörde oder der Verkehrsanstalt besteht. Besser gesagt: Wie nach unserer ersten Einschränkung ist auch hier zu sagen, daß die Regeln des Fundrechts – hier die der §§ 978 ff. – unabhängig davon eingreifen können, ob die Sache besitzlos ist. Es kommt darauf an, daß die Sache weggekommen ist und geborgen werden muß. Dies ist immer der Fall, wenn die Sache dem Passieren und Zugriff einer unbestimmten Zahl von Personen preisgegeben ist[913].

1042 Die ganz entsprechende Lage wie beim Behörden- oder Verkehrsfund besteht beim Fund in Räumen eines Privatbetriebes, die, ohne zu den Verkehrsanstalten zu gehören, der Benutzung durch unbestimmt viele Menschen zugänglich sind (Warenhaus, Bank etc.). Die Frage wird sich stellen, ob auf Funde in diesen Räumen §§ 978 ff. analog oder welche sonstigen Regeln anzuwenden sind. Auch für diese noch zu findenden Regeln darf es aber jedenfalls nicht darauf ankommen, ob man aufgrund der Sachherrschaft des Betriebsinhabers über das Betriebsganze schon von seinem Besitz an im Betrieb verlorenen Sachen sprechen kann oder nicht.

1043 *Wolffs* weitere[914], ebenfalls allgemein akzeptierte Feststellung ist, daß die verlorene Sache besitzlos sein muß, aber andererseits nicht herrenlos sein darf. Die wirksame und aufrechterhaltene Eigentumsaufgabe schließt danach aus, daß die Sache verloren ist. Auch dies ist indessen einzuschränken. Zunächst ist die Einschränkung nötig, daß die Aufgabe des Eigentums an der Sache, an der beschränkte dingliche Rechte bestehen, diese Rechte unberührt läßt und die Sache dann zwar herrenlos ist, aber dennoch verloren sein kann. Das gleiche gilt, wenn an einer Sache zwar kein Eigentum, aber ein Aneignungsrecht besteht[915]. Ebenso kann die Sache bei Eigentumsaufgabe einem Mieter

911 O. Rz. 433.

912 *Westermann*, 5. Aufl., § 59 III 1, S. 289 f.; anders 7. Aufl., § 59 III 1, S. 481 f.

913 Für ausdehnende Anwendung der §§ 978 ff. auch die Lit.; s. die Nachweise des BGH in der Großmarkt-Entsch. BGHZ 101, 186, 192.

914 *Wolff/Raiser* § 82 I, S. 305.

915 Nimmt man freilich bei Inbesitznahme von Wild durch einen Wilderer Umwandlung des Aneignungsrechts in Eigentum an (s.o. Rz. 940), ist bei Besitzverlust des Wilderers der Normalfall einer verlorenen, in fremdem Eigentum stehenden Sache gegeben.

verloren gehen[916]. Der Finder darf sich auf die fundrechtliche Stellung beschränken und hat nicht etwa nur die Option der Aneignung der Sache; dies muß schon deshalb gelten, weil der Finder in der Regel die Herrenlosigkeit der Sache gar nicht erkennen kann.

Diese Möglichkeit der Fehleinschätzung der Rechtslage durch den Finder ist auch dann zu berücksichtigen, wenn keinerlei Rechte an der Sache bestehen. Hält der Finder die herrenlose Sache nicht für herrenlos und behandelt er sie als Finder, so hat er, bis sich die Herrenlosigkeit herausstellt und er sich auf Eigenbesitz umstellt, mangels Eigenbesitzes nach § 958 I kein Eigentum erworben. Ihm müssen, vorbehaltlich der Aufklärung der Herrenlosigkeit, das Recht zum Besitz als Finder[917] und auch der fundrechtliche Eigentumserwerb zugute kommen. **1044**

Die zweite Voraussetzung dafür, daß eine Sache verloren ist, ist mithin nicht, daß die Sache nicht herrenlos ist. Auch wenn die Sache herrenlos ist, ist sie verloren, wenn immerhin beschränkte Rechte an ihr bestehen oder wenn der Finder sie zugunsten wirklicher oder angenommener Rechte an der Sache als eine verlorene behandelt. Fundrecht ist dann je nach Sachlage ganz oder teilweise anwendbar. **1045**

In das fundrechtliche Verhältnis hinsichtlich der nach dieser Prüfung verlorenen Sache tritt der Finder. Eine erste Abgrenzung zu der Frage, wer der Finder ist, ergibt sich aus der Regelung der Rechtsstellung des Finders. Diese geht von der objektivierten Geschäftsführungsleistung aus, die darin besteht, die Sache dem Berechtigten zugänglich zu machen. Alle an der Sache Berechtigten selbst können damit, ganz unabhängig davon, ob sie die Sache als Gegenstand ihrer Berechtigung erkennen oder nicht, nicht Finder sein. **1046**

Mit dieser Einschränkung macht § 965 I zum Finder denjenigen, der findet und an sich nimmt. Dafür, daß dies der Finder sein sollte, war im Lauf der Entstehungsgeschichte mehrfach eine Klarstellung durch Klammerzusatz vorgesehen[918]. Folglich ist nicht jeder Finder im Wortsinn der Finder i.S. der §§ 965 ff., sondern nur derjenige, der findet und an sich nimmt. **1047**

Zusätzlich verwirrt, daß es nach Rechtsprechung und Lehre entgegen dem Wortlaut des § 965 I überhaupt nicht auf das Finden, sondern nur auf das An-sich-Nehmen ankommen soll[919]. Finden soll Wahrnehmen heißen und in jedem An-sich-Nehmen selbstverständlich enthalten sein. Gesetzlicher Finder soll sodann auch derjenige sein, der, wenn ein anderer die Sache gefunden hat und ihm diesen Fund mitteilt, dem anderen in der An-sich-Nahme zuvorkommt. Nach *Wolff/Raiser* soll freilich dieses Zuvorkommen ohne weiteres sittenwidrige Schädigung i.S. des § 826 sein[920], andere halten die Anwendbarkeit des § 826 nur nach den Einzelumständen für möglich[921]. Setzt sich der vom Fund Informierte mit Gewalt gegen den Finder durch, ist § 823 I, II anwendbar. Der Schadensersatz soll aber mangels Rechtswidrigkeitszusammenhangs nicht den entgangenen Finderlohn umfassen[922]. **1048**

916 In allen diesen Fällen bezieht sich der fundrechtliche Erwerb des Finders zumindest nach § 973 I 2 auf die Freiheit von den beschränkten Rechten an der Sache und im Mietfall von § 1007 II, der hier die Aneignungsmöglichkeit durch den Mieter schützt.

917 Zutreffend *Wieling*, Sachenrecht I, § 11 V 1 a dd, S. 488, freilich ohne Folgerung für den Begriff der verlorenen Sache.

918 Zuletzt Antrag in der RT-Kommission, s. *Mugdan* III, S. 1001.

919 BGHZ 8, 130 (133 – obiter dictum); *Wolff/Raiser* § 82 II, S. 306; *Wieling*, Sachenrecht I, § 11 V 1 b, S. 488 ff.

920 A.a.O., Fn. 5. *Heck*, § 65 1 hält die Anwendbarkeit des § 687 II für möglich.

921 *Westermann*, 5. Aufl., § 59 I 3, S. 285; 7. Aufl., § 59 I 3, S. 476. Gegen die generelle Anwendung des § 826 insbesondere *Wieling*, a.a.O.

922 Planck/*Brodmann*, § 965 Anm. 1 b; *Wieling*, a.a.O.

1049 Wenn *Wieling*[923] zu dieser Zurücksetzung des Finders (im Wortsinne) sagt: Dura lex, sed lex, so fragt sich, was mit dem Wortlaut des § 965 I ist, der auf Finden und An-sich-Nehmen abstellt. Weiter ist der Sinn des Fundrechts anzuführen, nach dem es darum geht, im Interesse der Berechtigten die Leistung des Finders zu sichern, insbesondere durch Belohnung anzureizen. Und die erste Leistung, die zu belohnen ist, stellt sicher das Finden dar.

1050 Der gezeigte Meinungsstand ist beeinflußt[924] durch die Streichung eines Antrags in der Entstehungsgeschichte des BGB. Dieser wollte dem ersten Entdecker die Finderrechte einräumen[925]. Mit dem Hinweis auf diese Streichung ist die Frage jedoch aus zwei Gründen nicht erledigt: Zunächst umfaßte der Antrag seinem Wortlaut nach in erster Linie den Fall, daß mehrere die Sache entdecken. Eine Priorität des ersten Entdeckers gegenüber einem späteren ist – anders als im Patentrecht – in der Tat nicht gerechtfertigt. Nicht berührt ist davon aber der Fall, daß der An-sich-Nehmer überhaupt nicht gefunden hat. Sodann verweist die Begründung der Streichung auf das entsprechende Vorgehen der Gesetzesverfasser bei der Aneignung. Fund als Leistung gegenüber den Berechtigten und Aneignung als Zugriff auf eine freie Sache sind jedoch zu verschieden, als daß der Aneignungstatbestand für den Fund vorbildlich sein könnte. Bezeichnenderweise ist der Gesetzgeber für den Fund bei der Hervorhebung des Findens geblieben.

1051 Wer findet, hat auch ein Recht, an sich zu nehmen und damit die Finderrechte und -pflichten für sich zu begründen. Mit diesem Recht geht er demjenigen vor, der mangels Findens durch An-sich-Nehmen nicht die Finderrechte begründen kann. Der Finder braucht sich nicht beiseite stoßen und den Gewalttäter mit der Sache davonziehen zu lassen. Er kann von diesem die Sache herausverlangen und hat sie dann auch an sich genommen. Läßt er andererseits die Angelegenheit auf sich beruhen und beläßt er die Sache dem anderen, so überläßt er seine Finderposition dem anderen und hat dann der andere gefunden und an sich genommen. Es gibt also zwar in der Tat den Finder aufgrund bloßen An-sich-Nehmens. Rechtlich kommt aber auch für diesen Finder das Finden hinzu. Er rückt nämlich in den Fund ein, den ein anderer getätigt hat, ohne ihn zur An-sich-Nahme fortzuführen.

1052 Ebenfalls durch andere Personen findet man, und man nimmt dann zugleich die Sache durch die anderen an sich in dem Fall, daß die Personen als Besitzdiener mit Suchauftrag, der hier im Gegensatz zum Schatzfund[926] allgemein gefaßt sein kann, für den Auftraggeber handeln[927]. Nimmt der Besitzdiener, statt das für den Besitzherrn Entdeckte diesem abzuliefern, den Fund für sich in Anspruch, so bringt er die Sache dem Besitzherrn abhanden. Überträgt er später das fälschlich ihm zugesprochene Findereigentum (§ 973) an einen Gutgläubigen, so ist § 935 I 1 anzuwenden: Die Sache war dem Eigentümer verloren gegangen, und das Abhandenkommen setzt sich bei dem Besitzherrn, der dem Eigentümer als der wahre Finder in das Eigentum folgt, fort.

1053 Finden mehrere die Sache und handeln sie bei der Ansichnahme zusammen, so werden sie hinsichtlich der Finderpflichten Gesamtschuldner, hinsichtlich der Finderrechte zu gleichen Anteilen, also kopfteilig, Bruchteilsberechtigte. Es kommt aber auch der Abschluß eines Vertrages zu einem gemeinsamen Zweck i.S. des § 705 in Betracht. Ist dieser nicht nur auf den Zweck der Durchführung der Ansichnahme (etwa die Bergung

923 A.a.O.
924 S. *Wieling*, a.a.O.
925 Mot., *Mugdan* III, S. 213; *Jakobs/Schubert*, Die Beratung des BGB, Sachenrecht I, 1985, S. 740.
926 S. sogleich Rz. 1061.
927 So im Platzanweiserin-Fall BGHZ 8, 130, o. Rz. 438 Fn. 65. Gleich steht die Besitzmittlung. Ohne Problem ist, daß man die selbst gefundene Sache durch einen Besitzdiener oder -mittler an sich nehmen kann (OLG Hamm NJW 1979, 725 und *Gottwald*, JuS 1979, 247 ff.).

einer schwierig zu bergenden Sache), sondern auf die Gesamtdurchführung des Fundes gerichtet, so ist die Gesellschaft Finderin und sind die Finderrechte Gesellschaftsvermögen.

Macht nach den obigen Feststellungen die Behandlung der Sache als Fund eine im Besitz stehende oder herrenlose zu einer verlorenen Sache und damit (ganz oder teilweise) Fundrecht anwendbar, so ist andererseits zu fragen, ob die Einschätzung einer besitzlosen Sache als im Besitz stehend oder die Behandlung der Sache als eigene den Finder zum Nicht-Finder und Fundrecht unanwendbar macht. Die letztere Variante ist dann gegeben, wenn der Finder die in Wirklichkeit nicht herrenlose Sache als herrenlos einschätzt und sich aneignet oder wenn er die verlorene Sache unterschlägt. **1054**

§§ 965 ff. stellen insofern auf die Warte des Finders nicht ab. In §§ 971 II, 973 II 2 wird insbesondere der unehrliche Finder ausdrücklich berücksichtigt. Die Pflichten nach §§ 965 ff. greifen also mit dem objektiv gegebenen Fund ein. Im Fall der verlorenen, vom Finder aber als noch oder möglicherweise im Besitz stehend eingeschätzten Sache ist die Erfüllung dieser Pflichten deckungsgleich mit dem, was der Finder auch bei Besitz an der Sache sinnvollerweise tun müßte, wenn er schon die Sache an sich nimmt. Nimmt der Finder andererseits Herrenlosigkeit an und meint er also, die Sache sich aneignen zu können, so ist dies zwar Nichterfüllung der Finderpflichten, der Irrtum des Finders aber bei der Verschuldensprüfung nach § 968 zu berücksichtigen. Mit Recht stellt die h.M. den Finder nach den objektiven Merkmalen des § 965 fest[928]. **1055**

bbb) Fund in öffentlichen Behörden oder Verkehrsanstalten

Besonders behandelt ist in §§ 978 ff.[929] der Fund in öffentlichen Behörden oder dem öffentlichen Verkehr dienenden Verkehrsanstalten. § 978 nimmt den Fund in öffentlichen Behörden oder öffentlichen Verkehrsanstalten vom allgemeinen Fundrecht, insbesondere der dort begründeten Aussicht des Finders auf Eigentumserwerb an der verlorenen Sache aus. Seit der Neufassung von 1976 hat der Finder aber immerhin das Recht auf einen – freilich geminderten – Finderlohn. Der Finder hat die Sache unverzüglich an die Behörde oder Verkehrsanstalt abzuliefern (§ 978 I). Diese hat den Fund bekanntzumachen und die Berechtigten zur Geltendmachung ihrer Rechte binnen Frist aufzufordern (§ 980)[930]. Sodann kann sie den Fund versteigern lassen (§ 979) und nach Ablauf von 3 Jahren den Versteigerungserlös behalten (§ 981). **1056**

Als ratio der Sonderregelung konnte gelten, daß bei Bestehen einer Aufsicht gefundene Sachen der Aufsicht zuzuführen sind und darin nicht die normale, nach allgemeinen Regeln zu entgeltende Finderleistung gesehen werden kann. Diese Gründe wären auch beim Fund in anderen einem Publikumsverkehr zugänglichen Betrieben als den öffentlichen Behörden und Verkehrsanstalten gegeben. Daraus würde sich die analoge Anwendung der §§ 978 ff. auf den Fund in Warenhäusern, Banken etc. ableiten[931]. Die nähere Betrachtung der Rechtsstellung von Behörden und Verkehrsanstalten nach §§ 978 ff. schließt dies jedoch aus: **1057**

928 A. A. *Wieling*, Sachenrecht I, § 11 V 1 c, S. 491 f. m.w.N., der insbesondere meint, die Privilegierungen des Finders durch das Fundrecht seien für den unehrlichen Finder nicht passend. *Wieling* zeigt nicht, wann solche Privilegierungen zu einer Besserstellung des unehrlichen Finders führen sollen. Entgegen *Wieling* setzt sodann § 968 bei der Aufnahme der gefundenen Sache an. Schon diese Behandlung der Sache ist gemeint. § 968 steht nicht unter dem Vorbehalt, daß der Finder an die Erfüllung der Finderpflichten geht.

929 Die in §§ 979 ff. getroffene Regelung der Versteigerung bezieht sich nur auf den Fund nach § 978. Die Versteigerung durch die Fundbehörden (s. etwa § 975 S. 2) ist als das öffentliche Recht berührend dem Landesrecht überlassen worden.

930 Vorbehaltlich des § 980 II, s. in dessen Fall aber § 981 II.

931 Für die analoge Anwendung *Wolff/Raiser* § 82 IX, S. 315; *Rother*, BB 1965, 247.

Die Rechtsstellung der Behörden oder Verkehrsanstalten besteht in der unbedingten Empfangszuständigkeit, der Verwaltung des Fundes in Gestalt von Bekanntmachung und Versteigerung und schließlich in der Erlösberechtigung. Diese Rechtsstellung ist zugeschnitten auf ein besonderes Vertrauen des Publikums in die Beaufsichtigung von Sachen, mit denen man sich in bestimmte Räumlichkeiten begibt, und deren ordnungsgemäße Betreuung im Verlustfalle einerseits[932] und auf die Notwendigkeit für bestimmte Raumträger andererseits, sich von Sachen, die bei ihnen verloren gegangen sind, selbständig entlasten zu können[933]. Dieses Vertrauen und diese Notwendigkeit sind bei den amtlichen Stellen und darüber hinaus bei den immerhin in die öffentliche Verkehrsvorsorge eingebundenen, also halbamtlichen Verkehrsanstalten begründet, für die auch namentlich die besondere Sach-Aufsicht hinsichtlich von Sachen, mit denen sich das transportierte Publikum in den Bereich der Verkehrsanstalt begibt, charakteristisch ist. Der Ausdehnung auf nicht amtliche Stellen ist die Regelung der §§ 978 ff. also nicht fähig[934].

1058 Auf Sachen, die in nicht amtlichen Räumen mit Publikumsverkehr verloren werden, sind also §§ 978 ff. nicht anwendbar. Es gilt allgemeines Fundrecht[935]. Die Erwägung, daß nie auszuschließen ist, daß der Berechtigte sich seines Verlusts erinnert und bei dem Träger des Raumes, den besucht zu haben er sich erinnert, nachfragt, ist durch die Zumessung der Pflichten des Finders zu berücksichtigen. Dieser hat eine in solchen Räumen gefundene Sache an den Raumträger abzugeben (entsprechend § 978 I 1). Die Abgabe an die Fundbehörde (§ 965 II) ist hier unsachgemäß. Der Raumträger schuldet und leistet die Obhut über die in seine Räumlichkeit mit eingebrachten ebenso wie die bei ihm verlorenen Gegenstände. Damit können aber dem Raumträger weder die der öffentlichen Behörde und Vekehrsanstalt zustehenden Rechte (auf Veräußerung und Behalten des Erlöses) noch die allgemeinen Finderrechte zustehen. Derjenige, der die Sache entdeckt und birgt (sowie dem Raumträger aushändigt), hat entgegen der Annahme des BGH im Großmarkt-Fall[936] die Finderrechte.

ccc) Schatzfund

1059 Der Schatzfund nach § 984 betrifft den Schatz, d.h. lange verborgene Sachen[937], deren Eigentümer deshalb nicht zu ermitteln ist. Ein Schatz liegt nicht vor, wenn es sich um Bestandteile des Grundstücks handelt wie z.B. Edelsteine als Bodenschatz. Ebenso sind (noch) kein Schatz zu Beginn des 2. Weltkriegs vergrabene Schmuckstücke und Münzen, solange keine Versuche unternommen worden sind, Namensträger oder Erben zu ermitteln[938].

932 S. Gesetzesmaterialien bei *Jakobs/Schubert*, Die Beratung des BGB, Sachenrecht I, 1985, S. 748.

933 *Jakobs/Schubert*, a.a.O., S. 749.

934 Zum Amtsbezug ausdrücklich Mot., *Mugdan* III, S. 217 zu der § 983 entsprechenden Vorschrift. Dementsprechend zutreffend wie hier gegen die ausdehnende Anwendung die h.M. S. insbesondere RGZ 108, 259 f. und in seiner Anmerkung zu dem Urteil *Hedemann* JW 1925, 784, 785 (beide allerdings in einer Zeit, als dem Finder in öffentlichen Behörden und Verkehrsanstalten noch überhaupt kein Finderlohn zustand; mildernd jetzt, damit aber die Gründe für die Einordnung des § 978 als Sonderregelung nicht aufhebend, § 978 II, III n.F.).

935 So insbesondere der BGH im Platzanweiserin-Fall o. Rz. 438 Fn. 65 sowie *Ernst* in der Anm. zur Großmarkt-Entscheidung, JZ 1988, 359. Anders die Voraufl.

936 O. Rz. 433.

937 Keine Verborgenheit bei offenem Daliegen auf einem Dachboden, auch wenn dieser nur schwer zugänglich ist und selten betreten wird, so zutreffend OLG Köln VersR 1991, 1258 (die Entscheidung überzeugt schon deshalb, weil die Schatzprätendenten durch Beobachtung einer den Dachboden betretenden und dort hantierenden Person darauf gekommen waren, einmal selbst nachzuschauen).

938 OLG Hamburg MDR 1982, 409 – danach auch kein Fund i.S. der §§ 965 ff.

Beim Schatzfund geht es nur um die Zuordnung des Eigentums am Schatz aufgrund der Entdeckung aus der Verborgenheit. § 984 knüpft deshalb an die Leistung (bzw. das Glückhaben) des Entdeckers an[939]. Es muß nur infolge der Entdeckung Besitz erlangt sein, die Person des Besitzerwerbers ist gleichgültig. Findet A einen Schatz, kennzeichnet er ihn und geht er fort, um Hebewerkzeug zu holen, wird dann durch die Kennzeichnung B aufmerksam und nimmt er den Schatz in Besitz, so haftet B auf Herausgabe nach § 985. Auch im Rahmen des § 984 ist aber nicht der erste Entdecker privilegiert. Kennzeichnet im gebildeten Fall A den Schatz nicht und entdeckt B ihn später zufällig und nimmt ihn in Besitz, dann ist B Entdecker i.S. von § 984. **1060**

Auch die Entdeckung kann durch andere Personen geschehen: Wenn Arbeitnehmer oder Beauftragte im Rahmen eines Suchauftrags arbeiten und entdecken, entdecken sie für den Prinzipal oder Auftraggeber. Da es hier um den Entdeckungs-, insbesondere Glücksgewinn geht, bedarf es aber eines speziell auf bestimmte, konkret vermutete Schätze gerichteten Suchauftrags[940]. **1061**

Besonders geregelt ist schließlich der Fund von Strandgut[941]. **1062**

ddd) Gesetzliches Schuldverhältnis beim Fund

Zwischen dem Finder verlorener Sachen und dem Empfangsberechtigten[942] entsteht ein gesetzliches Schuldverhältnis. Den Finder[943] treffen Pflichten, deren Erfüllung die gefundene Sache dem Berechtigten wieder zugänglich machen soll (§ 965 ff., 978 I). Nach § 968 gilt ein gemildeter Verschuldensmaßstab[944]. Im Gegenzug hat der Finder[945] Rechte auf Aufwendungsersatz (§ 970) und Finderlohn (§§ 971, 978 II), die hinsichtlich ihrer Geltendmachung den Beschränkungen des Verwendungsersatzanspruches des Besitzers gegenüber dem Eigentümer unterliegen (§§ 972, 978 II 4)[946]. Das fundrechtliche Schuldverhältnis ist demnach Spezialregelung einer Geschäftsführung ohne Auftrag. Sind Lücken bemerkbar, können die §§ 677 ff. ergänzend herangezogen werden[947]. **1063**

eee) Eigentumserwerb des Finders

Der Finder erwirbt nach allgemeinem Fundrecht bei ordnungsgemäßer Behandlung des Fundes in bestimmten Fristen unbelastetes Eigentum an der Fundsache (§§ 973, 974) oder im Fall ihrer Versteigerung am Erlös (§ 975). Er hat auf diesen Erwerb ein Recht (s. § 976 I), d.h. ein – nach §§ 929 ff. übertragbares[948] – Anwartschaftsrecht. Durch Ver- **1064**

939 Auch ein Geschäftsunfähiger kann die Leistung erbringen bzw. Glück haben.

940 Zur Abgrenzung und deren Problematik im einzelnen BGHZ 103, 101, 107 f. Dazu Anm. *Gerhardt*, EWiR 1988, 363.

941 S. MünchKomm/*Quack* § 965 Rz. 12.

942 Dazu *Wolff/Raiser* § 82 IV, S. 307 f. Empfangsberechtigt ist insbesondere ein Finder, der die Sache verloren hat, *Wieling*, Sachenrecht I, § 11 V 3 d aa, S. 499. – Der Finder kann sich nach § 969 an den Verlierer als zum Empfang Legitimierten halten (vorbehaltlich der Evidenz von dessen Unredlichkeit für den Finder).

943 Wenn er voll geschäftsfähig ist. Für den nicht voll geschäftsfähigen Finder gilt § 682.

944 Das AG Düsseldorf VersR 1986, 874 wendet § 968 auch auf die nachwirkende Obhutspflicht der Fluggesellschaft bei liegengelassenen Sachen – hier Kameraausrüstung – des Fluggastes an. Rücksendung per Post als einfaches Paket ohne Wertangabe und ohne vorherige Benachrichtigung des Passagiers sei keine grobe Fahrlässigkeit.

945 Auch der nicht voll geschäftsfähige, s. Planck/*Brodmann* § 965 Anm. 1 b.

946 An die Stelle des Befriedigungsrechts nach § 1003 tritt die Möglichkeit des Eigentumserwerbs nach § 974 bzw. der Anspruch nach § 978 III 1.

947 S. *Wolff/Raiser* § 82 III, S. 307. Hinsichtlich der §§ 677 ff. kommt es selbstverständlich darauf an, ob ein ehrlicher oder unehrlicher Finder oder ein Finder, der die Sache für herrenlos hält und sich aneignet, auftritt (§§ 677, 687 II, 687 I).

948 Nachweise bei *Wieling*, Sachenrecht I, § 11 V 3 d aa, S. 498 Fn. 26.

zicht oder Fristversäumung verliert der Finder sein Recht auf Eigentum oder sein Eigentum an die Gemeinde (§ 976).

1065 Beim Fund in öffentlichen Behörden oder dem öffentlichen Verkehr dienenden Verkehrsanstalten ist der Eigentumserwerb des Finders ausgeschlossen (§ 978 I S. 2). Stattdessen erwirbt die Behörde oder die Verkehrsanstalt nach bestimmter Frist Eigentum am Versteigerungserlös oder am gefundenen Geld (§ 981).

1066 Beim Normalfund gibt § 977 in den Fällen des Rechtsverlustes an den Finder oder die Gemeinde nach § 973 und § 976[949] dem vom Verlust Betroffenen, also vor allem dem bisherigen Eigentümer, einen schuldrechtlichen Herausgabeanspruch mit Präklusion durch Ablauf einer 3-Jahres-Frist. Mit dem lastenfreien Eigentumserwerb des Finders wird diesem also zunächst nur ein Schutz vor Strafbarkeit (wegen Fundunterschlagung, § 246 StGB) gewährt. Hinzu kommt nach h.M. die Beendigung der Haftung des Finders.

1067 In der Tat endet die Haftung nach §§ 966, 968. Fraglich ist aber, ob der Finder nicht nach §§ 977, 819, 818 IV; 987 ff. (in deren Rahmen wieder nach § 968) wegen Kenntnis der Rechtsgrundlosigkeit haften muß. Nach *Quack*[950] soll dies deshalb nicht gelten, weil das Fundrecht einen Rechtsgrund für den Eigentumserwerb begründe. Dies ist gerade wegen § 977 abzulehnen. § 977 ist zu § 951 parallel, er gewährt nicht eine condictio ob causam finitam bei Auftauchen des Verlierers. Den Finder schützt also nur Unkenntnis hinsichtlich der Rechtsgrundlosigkeit. Diese besteht auch nicht etwa schon dann, wenn der Finder keinen Empfangsberechtigten kennt[951].

1068 Beim Behörden- oder Verkehrsfund gibt es die bereicherungsrechtliche Nachhaftung nicht.

1069 Beim Schatzfund wird der Schatz – ebenfalls ohne bereicherungsrechtliche Nachhaftung – zur Hälfte Eigentum des Entdeckers und des Eigentümers der Sache, in der der Schatz verborgen war (§ 984)[952]. So werden z.B. der pflügende Knecht und sein Bauer Miteigentümer des beim Pflügen entdeckten Schatzes, es sei denn, der Bauer hätte einen speziellen Schatzsuchauftrag gegeben; dann wird er ganz Eigentümer[953].

1070 Die Verteilung des Miteigentums nach § 984 ist durch Vereinbarung dinglich wirksam abdingbar. Wenn der Eigentümer die Schatzsuche erlaubt und zwei Drittel verlangt, was der Schatzsucher bewilligt, tritt Miteigentum mit dieser Quote ein. Im Gegensatz zu §§ 946 ff. ist § 984 nicht an die Sachbeschaffenheit geknüpft, sondern beinhaltet ausschließlich eine Interessenbewertung.

1071 Nach Art. 109 EGBGB bleiben landesrechtliche Vorschriften über die Entziehung des Eigentums im öffentlichen Interesse unberührt. Deshalb gehen dem § 984 die landesrechtlichen Denkmalschutzgesetze, soweit sie Ablieferungspflichten zugunsten der Allgemeinheit begründen, vor (in Bayern DSchG 1973). Eine gesetzliche Ablieferungspflicht für Altertumsfunde ist aber u. U. enteignend und deshalb nur zulässig, wenn sie dem Wohl der Allgemeinheit dient, d.h. wenn das öffentliche Interesse gerade am Besitz besteht und nicht ein wissenschaftliches ist, welches schon mit Bereitstellung zur Untersuchung und zur Inventarisierung befriedigt ist[954]. Neben der denkmalschützerischen Rich-

[949] Die Einbeziehung auch des § 974 in § 977 ist sinnlos und beruht auf einem Redaktionsversehen, s. *Wieling*, Sachenrecht I, § 11 V 3 d bb, S. 500.

[950] MünchKomm, § 977 Rz. 4.

[951] So aber *Wieling*, Sachenrecht I, § 11 V 3 d bb, S. 500 m.w.N.

[952] Nicht des von dieser Sache bei Bauarbeiten abgelösten Bestandteils, in welchem der Schatz bei denselben Arbeiten entdeckt wird; BGHZ 103, 101, 111 f.

[953] Vgl. RGZ 70, 308 (310).

[954] BVerwG NJW 1965, 1932. Dem entspricht das bayerische Denkmalschutzgesetz in Artt. 8, 18 ff.

tung enthalten einige Landesgesetze auch Schatzregale, die in Art. 73 EGBGB vorbehalten sind. Das BVerfG hält sie mit Art. 14 GG für vereinbar[955].

ee) Eigentum an Schuldurkunden und Wertpapieren

Nach § 952 gilt hinsichtlich von Schuldscheinen (§ 371) und von Wertpapieren, soweit bei diesen nicht das verbriefte Recht durch Übereignung des Papiers übertragen wird, der Satz: Das Eigentum am Papier steht dem Inhaber des verbrieften Rechts zu (das Recht am Papier folgt dem Recht aus dem Papier). Für Wertpapiere, bei denen das verbriefte Recht durch Übereignung des Papiers übertragen wird, gilt umgekehrt: Das Recht aus dem Papier folgt dem Recht am Papier[956]. **1072**

Die Abgrenzung und Wirkung des § 952 behandelt betreffend ein Sparbuch das OLG Frankfurt in der Entscheidung NJW 1986, 64. Ein praktisch wichtiger Fall analoger Anwendung des § 952 ist der Kfz-Brief. Dazu ist exemplarisch das Urteil des LG Frankfurt JuS 1987, 237 f. **1073**

V. Schutz des Eigentums

1. Schutz des Eigentums durch die dinglichen Ansprüche

a) Die dinglichen Ansprüche

Das Eigentum ist zunächst durch die dinglichen Ansprüche auf Herausgabe (§ 985), Beseitigung von Störungen (§§ 1004 I 1, 894) und auf Unterlassung weiterer (§ 1004 I 2) bzw. zukünftiger Störungen (vorbeugende Unterlassungsklage) geschützt. Die Klärung der Rechtsnatur der dinglichen Ansprüche ist *Picker* zu verdanken[957]. Diese dinglichen Ansprüche sind als negatorische Ansprüche im Hinblick auf dingliche Rechte durch ihr besonderes Ziel gekennzeichnet: Sie sollen den dem dinglichen Recht entsprechenden Zustand in Bezug auf die Sache als Rechtsobjekt verwirklichen. Es geht darum, daß ein anderer gegenwärtig statt des absolut Berechtigten ganz oder teilweise Inhaber der Sache ist. Die Ansprüche beruhen auf dem gegenwärtigen widerrechtlichen Haben eines anderen. **1074**

Damit sind die Ansprüche, abgesehen von dem besonderen Inhalt der Herausgabe oder Beseitigung durch den Störer, elementare, selbstverständliche Folgerungen aus der sachenrechtlichen Zuordnung. Es geht um die Korrektur des Rechtskreises des Gegners, weil dieser die Sache des Eigentümers ohne ein Recht dazu hat oder auf sie einwirkt. Die **1075**

[955] JZ 1988, 919; dagegen *Schroeder*, JZ 1989, 676 ff.

[956] So bei Inhaberpapieren (§ 793 I 1 setzt die Übertragung durch Papierübereignung mit der Formulierung von der Berechtigung des Papierinhabers voraus, s.a. § 935 II). Bei Orderpapieren ist streitig, ob sie neben der Möglichkeit der Zession des Rechts aus dem Papier, bei der § 952 gilt, durch Übereignung des Papiers mit Indossament übertragen werden können. Für den Wechsel spricht Art. 11 I WG dagegen: Danach kann der Wechsel durch Indossament übertragen werden. Die Übertragungswirkung ist also mit dem Indossament verbunden. Zum Skripturakt muß allerdings nach allgemeinen wertpapierrechtlichen Grundsätzen die Begebung des Papiers hinzukommen. Folgerung ist, daß der Wechsel entweder durch Zession des verbrieften Rechts oder durch Indossament und Übergabe übertragen werden kann. Zur Übertragung von Orderpapieren a.A. *Hueck/Canaris*, Recht der Wertpapiere, 1986, § 8 I 1, S. 81 ff., wie hier *Zöllner*, Wertpapierrecht, 14. Aufl., § 2 II 1 b, S. 10. Nur für Inhaberpapiere gilt also nicht § 952, sondern der diesem entgegengesetzte Satz: Das Recht aus dem Papier folgt dem Recht am Papier.

[957] *Picker*, Der negatorische Beseitigungsanspruch, 1972, S. 49 ff., 158 ff., Festgabe BGH I (2000), 693 ff., FS Bydlinski, 2001, 267 ff. (S. 310 mit der Konsequenz, der Begriff des „dinglichen Anspruchs“ sei als irreführend zu verabschieden; dieser ist aber eingebürgert und, klargestellt, weiter zu verwenden).

Ansprüche haben keine zusätzlichen Voraussetzungen. Die Korrektur könnte nun allerdings - und insofern ist zu dem Inhalt der Ansprüche ein Vorbehalt gemacht – auch darin bestehen, daß der Eigentümer selbst die Korrektur vornimmt, etwa sich die Sache zurückholt, und der Störer dies nur zu dulden hat. Diese Form der Korrektur ist in § 1005 i.V. mit § 867 für den Sonderfall geregelt, daß die Sache auf ein in fremdem Besitz befindliches Grundstück geraten ist, ohne daß sich der Besitz des Grundstücksbesitzers auf die Sache erstreckt. Wieso das Gesetz dem Störer grundsätzlich darüber hinausgehend die Herausgabe oder die Beseitigung auferlegt, bedarf der Rechtfertigung[958]. Der dingliche Anspruch beruht ja ausschließlich auf der Tatsache des widerrechtlichen Habens. Wie es dazu gekommen ist, ob durch den Störer, dessen schuldhaftes oder nicht schuldhaftes Handeln, ob durch Naturereignisse, ob durch den Berechtigten selbst, ist ohne Relevanz. Also folgt aus der Grundlage der dinglichen Ansprüche als solcher keinerlei Leistungspflicht des Störers. Dem entspricht § 1005, ebenso § 910. Die Rechtfertigung dafür, mit Ausnahme von Fällen wie § 1005 und § 910 doch den Störer mit der Herausgabe oder Beseitigung zu belasten, liegt in einer Zweckmäßigkeitsentscheidung. Es würde zu Unzuträglichkeiten führen, wenn der Eigentümer in den Rechtskreis des Gegners eindringen und dort für Remedur sorgen dürfte. Der Störer selbst hat die Korrektur vorzunehmen. Im Interesse einer friedlichen Beilegung ist ihm die Korrektur auferlegt. Weil im Fall des § 1005 die Sache im Besitz ihres Eigentümers verblieben und die Rückholung keine besondere Belastung für den Grundstücksbesitzer ist, kann das Gesetz in diesem Fall anders entscheiden.

1076 Es besteht ein klarer Gegensatz zwischen den dinglichen Ansprüchen und den Ansprüchen aus Vertrag, Vertragsverletzung, Delikts- und Gefährdungshaftung auf Erfüllung oder Schadensersatz: Bei diesen geht es darum, daß der Schuldner originär eigenes Vermögen nimmt, um seine in der Vergangenheit begründete Pflicht zu erfüllen, das Vermögen des anderen zu erweitern, insbesondere ein beim anderen eingetretenes Vermögensminus auszugleichen. Dafür, daß dazu eine Verpflichtung entsteht, bedarf es der Zurechnung; diese ist begründet aufgrund eines in der Vergangenheit liegenden Versprechens bzw. bei zum Schadensersatz verpflichtenden Handlungen aufgrund des Verschuldens oder der Zurechnung einer Gefahr bei der in der Vergangenheit liegenden Handlung. Die dinglichen Ansprüche beruhen demgegenüber schlicht darauf, daß der eine gegenwärtig etwas hat, was dem anderen gehört.

Mit diesem Grund stehen die dinglichen Ansprüche parallel zu den Ansprüchen aus ungerechtfertigter Bereicherung: Auch diese sind Ansprüche wegen gegenwärtigen widerrechtlichen Habens mit dem Unterschied, daß bei ihnen ein Vermögensstück, vom Vermögen des Gläubigers ausgehend, wirksam in das des Schuldners übergegangen ist, also dem Schuldner gehört und die Widerrechtlichkeit nur wegen Rechtsgrundlosigkeit inter partes besteht. Daß der Zuerwerb, der aus fremdem Vermögen stammt, in das andere Vermögen zurück muß, wenn kein Rechtsgrund für diesen Zuerwerb besteht, ist wieder selbstverständlich.

b) Vermutung des Eigentums

1077 Für die dinglichen Ansprüche aus dem Eigentum, darüber hinaus aber für alle Ansprüche aus dem Eigentum können Vermutungen für das Eigentum eingreifen, d.h. die Anspruchsvoraussetzung des Eigentums begründen, sofern sie nicht widerlegt werden. Allgemeine Vermutungen enthalten § 891 betreffend das Eigentum an Grundstücken und § 1006 betreffend das Eigentum an bewegli-

[958] Die Leistung zur Erfüllung eines dinglichen Anspruchs kann das Vermögen des Schuldners belasten. Die Kosten der Herausgabe (§ 985) oder der Beseitigung (§ 1004) trägt der Schuldner. Zur Kostentragung bei § 985 BGH JuS 1989, 1019; Palandt/*Bassenge* § 985 Rz. 5; *Wieling*, Sachenrecht I, § 12 I 2 b, S. 522.

chen Sachen[959]. Die Vermutungen stehen mit der Möglichkeit des gutgläubigen Erwerbs des Eigentums in Zusammenhang. Einerseits knüpft diese Möglichkeit an jene Vermutungen an, andererseits können jene Vermutungen wegen dieser Möglichkeit gelten. Deshalb korrespondieren § 891 und § 892 und § 1006 und §§ 932, 935 miteinander.

Betreffend das Eigentum an Grundstücken gilt für denjenigen, der als Eigentümer eines Grundstücks in das Grundbuch eingetragen ist, die Vermutung des § 891 I, daß ihm das Eigentum zustehe. Für das Eigentum an beweglichen Sachen gilt die entsprechende Vermutung nach § 1006 I 1 grundsätzlich zugunsten des Besitzers der Sache. Ausnahme ist gemäß § 1006 I 2 grundsätzlich der Fall, daß dem Gegner die Sache abhanden gekommen ist. Als Ausnahme von dieser Ausnahme gilt die Vermutung auch einem solchen Gegner gegenüber bei dem Besitz von Geld oder Inhaberpapieren (§ 1006 I 2 a.E.[960]). Hatte der Anspruchsprätendent früher Besitz, gilt die Vermutung für sein Eigentum während der früheren Besitzzeit (§ 1006 II). Im Fall eines mittelbaren Besitzes streitet die Vermutung für den mittelbaren Besitzer (§ 1006 III[961]). Zu erwähnen sind schließlich die eherechtlichen Vermutungen des § 1362 I und II[962].

c) *Verjährung dinglicher Ansprüche*

Dingliche Ansprüche unterliegen mit den Ausnahmen der nicht verjährbaren Ansprüche **1078**
der Verjährung (§ 194 I)[963]. Nicht verjährbar sind nach § 898 der auch zu den dinglichen Ansprüchen gehörende Grundbuchberichtigungsanspruch aus § 894 mit seinen Hilfsansprüchen aus §§ 895 f.[964], weiter nach § 902 I 1, II die Ansprüche aus im Grundbuch eingetragenen Rechten und nach § 924 bestimmte nachbarrechtliche Ansprüche. Soweit die dinglichen Ansprüche der Verjährung unterliegen, verjährten sie nach früherer Regelung in 30 Jahren (§ 195 a.F.). Ohne Gefühl für die Wesensgleichheit der Vindikation (§ 985) und der actio negatoria (§ 1004)[965] unterwirft die n.F. die beiden Ansprüche einer unterschiedlichen Verjährung. Die Vindikation soll wie bisher in 30 Jahren (§ 197 I Nr. 1), die actio negatoria dagegen nach § 195 in 3 Jahren, beginnend mit Kenntnis oder grob fahrlässiger Unkenntnis der Umstände der Anspruchsbegründung und der Person des Schuldners, ohne Rücksicht auf Kenntnis etc. in 10 Jahren ab Fälligkeit (= Entstehung der actio) verjähren (§ 199 I, IV). Die Verjährung der dinglichen Ansprüche ist für den Fall einer Rechtsnachfolge besonders geregelt in § 198 (= § 221 a.F.).

Die Ausnahmevorschriften betreffend Unverjährbarkeit und die besondere Vorschrift betreffend Rechtsnachfolge haben mit der Rechtsnatur der dinglichen Ansprüche als Ansprüchen aus gegenwärtigem widerrechtlichen Haben zu tun. Der Grundbuchberichtigungsanspruch verjährt nach § 898 nicht, weil die Möglichkeit seiner Geltendmachung bestehen soll, solange das Recht selbst noch besteht. Das bestehende Recht soll auch eingetragen sein. Erst mit der Beendigung des Rechts erlischt auch der Berichtigungsanspruch. Ein nicht eingetragenes Recht endet nach § 900 durch die Tabularersitzung des eingetragenen Nichtberechtigten. Das Eigentum am Grundstück kann nach § 927 durch Aufgebot ausgeschlossen werden. Im Grundbuch zu Unrecht gelöschte beschränkte ding-

[959] § 1006 hilft zusammen mit §§ 1065, 1227 auch als Vermutung eines Nießbrauchs oder Pfandrechts für Klagen aus diesen Rechten.

[960] Zur Fortwirkung dieser Vermutungswirkung für ins Ausland verbrachte Inhaberaktien siehe BGH ZIP 1994, 371 ff. = ZEV 1994 113 ff. mit Anm. *Ebenroth/Lorz*.

[961] Näher o. Rz. 904. Die Vermutung des § 1006 I greift zusammen mit Abs. 3 ein, wenn der Mitbesitzer einer Sache den Nachweis erbringt, daß alle anderen Mitbesitzer Fremdbesitzer sind, OLG Düsseldorf NJW-RR 1994, 866.

[962] Zur Vermutung nach Abs. 2 OLG Nürnberg JuS 2001, 186 (*Hohloch*).

[963] Zur Verjährung der Vindikation s. *B. Plambeck*, Die Verjährung der Vindikation, 1996.

[964] Folge: Bei nicht eingetragenem Eigentum im Besitz eines Nichtberechtigten ist der Berichtigungsanspruch auch dann durchsetzbar, wenn der Herausgabeanspruch aus § 985 verjährt ist, *Wieling*, Sachenrecht, 4. Aufl., § 20 II 1 cc, S. 287.

[965] S. die Kritik von *Ernst*, ZRP 2001, 4 f., *Picker*, FS Bydlinski, S. 299, *Zimmermann*, *Leenen*, *Mansel*, *Ernst*, JZ 2001, 684, 694 l.Sp.

liche Rechte erlöschen nach § 901 mit der Verjährung der dinglichen Rechtsverwirklichungsansprüche gegen den Eigentümer[966].

1079 Als zweite Ausnahme von der allgemeinen Möglichkeit der Verjährung dinglicher Ansprüche sind nach § 902 I 1 Rechtsverwirklichungsansprüche aus eingetragenen Rechten unverjährbar. Sie sollen nicht verjähren können, wie jene Rechte nicht erlöschen können. § 902 I 2 stellt den unverjährbaren Ansprüchen die Ansprüche auf Rückstände wiederkehrender Leistungen und Schadensersatzansprüche entgegen. Damit werden klar die dinglichen Ansprüche aus gegenwärtigem widerrechtlichem Haben von Leistungsansprüchen aus in der Vergangenheit liegenden Grundlagen abgegrenzt. Die Unverjährbarkeit der dinglichen Ansprüche nach § 902 I 1 aufgrund dieser Abgrenzung wird in der Literatur anerkannt für die rei vindicatio nach § 985[967]; die Rechtsprechung erkennt sie demgegenüber nicht an für die actio negatoria nach § 1004[968]. Die Begründung, der Anspruch selbst sei wie die in § 902 I 2 genannten Ansprüche nicht eingetragen, verfehlt die Norm, die von Ansprüchen aus einem eingetragenen Recht, aber nicht von eingetragenen Ansprüchen spricht. Weiter stellt § 1004 die actio negatoria der Vindikation gleich. Er bezieht die Vorschrift nämlich auf die weiteren Beeinträchtigungen des Eigentums, die nach der von § 985 erfaßten noch übrig bleiben. Ebenso eindeutig gehört der Anspruch aus § 1004 nicht zu den aus der Vergangenheit herrührenden und deshalb verjährenden Leistungsansprüchen i.S. von § 902 I 2. Der Rechtsprechung ist also nicht zu folgen[969]. Die actio negatoria aus eingetragenem Recht kann allerdings verwirkt werden. Auch für die Verwirkung kommt aber nicht in Betracht, daß ohne grundbuchrechtliche Eintragung die Verwirkung in der Person des Rechtsvorgängers den Rechtsnachfolger belastet[970].

1080 Als dritte Ausnahme zur allgemeinen Möglichkeit der Verjährung dinglicher Ansprüche macht § 924 nachbarrechtliche Ansprüche unverjährbar, die zwar nicht zu den dinglichen der §§ 985, 1004 gehören, sich aber aus in der Gegenwart anhaltenden Gefahrenlagen oder Klarstellungsbedürfnissen im Nachbarschaftsverhältnis ergeben.

1081 Schließlich behandelt im Hinblick auf die allgemeine, von den genannten Vorschriften nicht ausgeschlossene Verjährung dinglicher Ansprüche die besondere Regelung des § 198 (= § 221 a.F.) den Fall, daß jemand an einer Sache, auf die sich ein dinglicher Anspruch bezieht, durch Rechtsnachfolge den Besitz erwirbt. Nach der Regelung soll ihm die zuvor verstrichene Verjährungszeit zugute kommen. Das Gesetz beachtet, daß das widerrechtliche Haben jeder Person als gegenwärtiges einen neuen Anspruch des Rechtsinhabers begründet. Weil aber, wenn der Anspruch gegen den Besitzvorgänger bereits verjährt ist, die Einrede der Verjährung als rechtlicher Vorteil der Besitzstellung auch demjenigen zugute kommt, der den Besitz durch Rechtsnachfolge, d.h. Besitzübertragung oder gesetzlichen Besitzübergang, erwirbt (s. § 413 mit § 412), soll das Entsprechende gelten für den Vorteil der vor der Verjährung abgelaufenen Verjährungszeit[971].

966 Mit dem Anspruch des Berechtigten gegen den Eigentümer meint § 901 Unterlassungs-, Duldungs- und Herausgabeansprüche; nicht gemeint ist der nach § 898 nicht verjährende Berichtigungsanspruch. Mit der unterschiedlichen Verjährung von Herausgabe- und Unterlassungsansprüchen nach §§ 197 I Nr. 1 und §§ 195, 198 rechnen unter § 901 nur noch Herausgabeansprüche, denen man Duldungsansprüche wird gleichbehandeln müssen.

967 Staudinger/*Gursky* (1999) § 985 Rz. 70; Palandt/*Bassenge* § 902 Rz. 2.

968 BGHZ 60, 235; 125, 56.

969 *Picker,* JuS 1974, 357 ff.; *Volmer,* ZfIR 1999, 86 ff. Die n.F. des BGB stützt die unzutreffende Rechtsprechung durch die unterschiedliche Verjährung von vindicatio und actio negatoria.

970 Gegen die auch dies annehmende Rechtsprechung zutreffend *Volmer,* ZfIR 1999, 86, 89.

971 Entsprechend wirkt die abgelaufene Verjährungszeit zu Lasten eines Rechtsnachfolgers in das Recht, aus dem der Anspruch begründet ist. Hier geht das Recht als durch den Ablauf der Verjährungszeit schon geschwächtes über. Folglich tritt durch die Rechtsnachfolge keine Unterbrechung der Verjährung ein. Der BGH wendet in dieser Weise § 221 a.F. (= § 198 n.F.)

d) Die Anwendung der Vorschriften aus dem allgemeinen Schuldrecht

1082 Aus der Rechtsnatur der dinglichen Ansprüche als Ansprüche aus widerrechtlichem Haben beantwortet sich die viel behandelte Frage nach der Anwendung schuldrechtlicher Vorschriften auf die Rechtsbeziehungen zwischen Inhaber und Gegner eines dinglichen Anspruchs. Insbesondere ist erörtert worden die Anwendung des § 398, des § 275, des § 281 a.F. (§ 285 n.F.), des § 283 a.F. (entsprechende Vorschrift n.F.: § 281 I[972]) und der Verzugshaftung auf den Herausgabeanspruch gemäß § 985[973].

1083 Die Möglichkeit einer selbständigen Abtretung des Anspruchs aus § 985 nach § 398 wird von der h.M.[974] abgelehnt. Daran ist soviel richtig, daß der Eigentümer, wenn und weil er kraft seines Eigentums das Recht, die Sache zu besitzen, hat, nicht einerseits das Eigentum mit diesem Recht, die Sache zu besitzen, behalten und andererseits den Anspruch aus § 985 abtreten kann. Das wäre ein Widerspruch in sich. Kein Widerspruch besteht aber dann, wenn auch das Recht, die Sache zu besitzen, einem anderen eingeräumt wird. So wird in § 931 die Abtretung des Anspruchs aus § 985 als Voraussetzung der Übertragung des Eigentums selbst vorausgesetzt. Ebenso sollte der Eigentümer bei der Begründung eines Besitzrechts dem Besitzberechtigten den Herausgabeanspruch abtreten können. Die h.M. hilft insoweit mit einer Einziehungsermächtigung und Prozeßstandschaft[975].

1084 Die gegebene Rechtfertigung der Abtretbarkeit kommt übrigens bei dem sonst parallelen Anspruch aus § 894 nicht in Betracht[976].

1085 Zu den weiteren angeführten Vorschriften ist zu sagen[977]: Was zunächst die §§ 275, 281 a.F. (§ 285 n.F.), 283 a.F. (dem § 281 n.F. entspricht) betrifft, regeln diese bestimmte Rechtsfolgen wegen Unmöglichkeit der Leistung (nach § 280 n.F.: Pflichtverletzung). Es geht darum, daß man eine Leistung zu erbringen, insbesondere zu verschaffen versprochen hat oder dies schuldig ist. Dieses heißt zweierlei: Zunächst zeigt die Alternativität von Erfüllungs- und Schadensersatzanspruch, daß der Schuldner aufgrund der Leis-

entsprechend an in BGHZ 60, 235, 239 ff. auf den Unterlassungsanspruch aus einem eingetragenen Recht, den er trotz § 902 I 1 für verjährbar hält. § 902 macht solche Ansprüche aber unverjährbar. Dem BGH ist indessen zu folgen für die verjährbaren Beseitigungsansprüche aus nicht eingetragenen Rechten, *Picker*, JuS 1974, 357, 359, Staudinger/*Gursky* (1999) § 1004 Rz. 90.

972 In § 283 BGB a.F. setzte aber die Setzung einer Frist, nach deren Ablauf Schadensersatz wegen Nichterfüllung verlangt werden konnte, die rechtskräftige Verurteilung des Schuldners zur Leistung voraus. § 281 I n.F. verlangt das nicht. Dies entspricht der Entscheidung in § 275 I n.F., entgegen der bisherigen Regelung bei jeder Unmöglichkeit, auch wenn diese in anfänglichem Unvermögen besteht oder nachträglich eingetreten ist, aber ohne daß der Schuldner darlegt und beweist, daß er dies nicht zu vertreten hat, den Erfüllungsanspruch auszuschließen, dem Gläubiger also das Erfüllungsurteil zu verweigern.

973 BGHZ 79, 211 wendet auf die Herausgabepflicht des Besitzers nach § 985 die Vorschrift des § 269 über den Erfüllungsort an. Wenn der Besitzer bösgläubig oder die Herausgabeklage rechtshängig sei, sei nach den besonderen Umständen, insbesondere der Natur des Schuldverhältnisses der Erfüllungsort dort anzunehmen, wo sich die Sache früher, dem Eigentümer näher, im Zeitpunkt des Besitzerwerbs unter Bestehen von Bösgläubigkeit oder Rechtshängigkeit befunden habe. Der Hinweis auf § 269 führt schon deshalb nicht weiter, weil die Vorschrift auf die Natur des Schuldverhältnisses abstellt und deshalb, auch wenn man ihn anwenden würde, sich alles aus § 985 zu entscheiden hätte, *Picker*, Festschr. zum 50-jährigen Bestehen des Bundesgerichtshofs, 2000, S. 731 f. Zur Frage nach dem Ort der Herausgabe unten Rz. 1100.

974 BGH, WM 1995, 1848, 1855; *Wolff/Raiser* § 2 I, S. 8 ;§ 84 VI 3, S. 328; Sammlung der Argumente bei *Werner*, JuS 1987, 856 ff.

975 *Werner*, a.a.O.

976 Richtig zu diesem i.S. der h.M. zu § 985 BGH WM 1987, 1406.

977 Vollständig klärend *Picker*, Festgabe BGH I (2000), 719 ff.

tungspflicht verpflichtet ist, dem Gläubiger das Interesse an der Leistung zu erbringen, primär in Form der Erfüllung, sekundär in Form des Schadensersatzes. Sodann beruht insbesondere die Schadensersatzpflicht darauf, daß der Schuldner sich bei Nichterfüllung der Pflicht verantworten muß. Von beidem kann bei den dinglichen Ansprüchen nicht die Rede sein: Bei dem Schuldner ist hier nur sein widerrechtliches Haben zu beenden. Hat der Besitzer die Sache nicht mehr inne, ist nicht etwa Unmöglichkeit gegeben, sondern entfällt die *Grundlage* des dinglichen Anspruchs. Ob der Besitzer sich die Sache wiederholen und insofern ein Unvermögen zu verneinen sein könnte, ist irrelevant. Es kommen nur noch Ansprüche gegen ihn in Betracht, die darauf beruhen, daß er in fremdes Eigentum eingegriffen hat oder daß er wußte, daß er fremdes Gut in Händen hielt. Das sind keine Ansprüche wegen Unmöglichkeit der Erfüllung des dinglichen Anspruchs, sie entfallen auch nicht unter dem Aspekt, daß die Sache vielleicht zurückholbar und deshalb kein Unvermögen gegeben ist. Vielmehr beruhen die Ansprüche auf ganz eigenständiger Grundlage. Für § 275 ist die Unanwendbarkeit auf § 985 inzwischen allgemein anerkannt[978]. Auch die Anwendbarkeit des § 281 a.F. (§ 285 n.F.) schließt die ganz h.M. aus[979]: Der Besitzer hat die Sache herauszugeben. Wenn nicht mehr er, sondern ein anderer sie hat, dann hat der Eigentümer den Herausgabeanspruch gegen den anderen und gegen den früheren Besitzer nur noch unter den dort geregelten Voraussetzungen die Ansprüche nach §§ 987 ff. Mit beidem ist ein Erfüllungssurrogatanspruch gegen den früheren Besitzer nicht vereinbar, ganz abgesehen davon, daß ein Surrogat, das Ersatz gerade für den verlorenen Besitz ist, kaum denkbar ist.

1086 Für § 283 a.F. (dem § 281 I n.F. entspricht) vertreten dagegen der BGH und die überwiegende Meinung die Anwendbarkeit im Rahmen des § 985[980]. Dem ist nicht zu folgen. § 283 entlastete von der Bindung an den Erfüllungsanspruch. Die Vorschrift ging von einer grundsätzlich bestehenden Leistungspflicht aus und begründete einen Schadensersatzanspruch wegen Ausbleibens der Leistung, weil dem Gläubiger weiteres Warten auf die Erfüllung nicht mehr zugemutet wurde. Die Verantwortlichkeit im Rahmen einer Leistungspflicht enthält dagegen § 985 von vornherein nicht. Der Anspruch nach der Vorschrift beruht auf und entfällt mit dem Besitz. Hat ein anderer den Besitz, besteht der Anspruch gegen den anderen, die Haftung des einen nach § 283 war damit unvereinbar.

1087 Ausgangspunkt für die Bejahung der Anwendbarkeit des § 283 ist das Kegelbahn-Urteil des VIII. Senats[981]: E verpachtet sein Hotel an O, der von V unter Eigentumsvorbehalt eine Kegelbahnanlage kauft, ohne zu bezahlen. Nach Auszug des O verpachtet E das Hotel mit der Kegelbahn an P für 5 Jahre.

Der BGH zieht, obwohl E nur mittelbarer Besitzer ist, in Betracht, den E schlechthin zur Herausgabe der Kegelbahnanlage an V zu verurteilen. Er meint allerdings, es sei zu berücksichtigen, daß V aufgrund des Herausgabeurteils über § 283 zu einer Schadensersatzforderung gelangen könne, und dies auch für den Fall, daß § 993 die Haftung des E ausschließe. Die Folgerung des BGH ist: Die Herausgabe-Verurteilung sei nur zulässig, wenn E bösgläubig gewesen sei (§ 990) oder nach Rechtshängigkeit verpachtet gehabt habe (§ 989). Sei E dagegen gutgläubig gewesen und die Verpachtung vor Rechtshängigkeit erfolgt, so könne nur zur Abtretung des Herausgabeanspruchs (s. § 870) verurteilt werden.

[978] *Medicus*, Bürgerliches Recht, Rz. 447.

[979] S. m.N. Westermann, 7. Aufl., § 31 V. 3 a, S. 209 f. entgegen der Vorauflage. Im Fall der Veräußerung durch die Besitzer greift § 816 I 1 ein.

[980] BGHZ 53, 29 ff., Palandt/*Bassenge*, § 985 Rz. 16, MünchKomm/*Emmerich* § 283 Rz. 8 ff. Gegen die Anwendbarkeit Staudinger/*Gursky* § 985 Rz. 72 f. (dort zahlreiche w.N.).

[981] BGHZ 53, 29 ff.

Entsprechend hat der V. Senat des BGH in seinem Urteil vom 26.11.1999[982] für den ebenso auf widerrechtlichem Haben des Schuldners beruhenden Bereicherungsanspruch entschieden. Wieder ging es um einen Fall, in dem der Herausgabegegenstand bei einem Dritten war. Der BGH statuiert: Wenn nicht feststehe, daß der Schuldner erfüllen könne, komme die Herausgabeverurteilung mit der Anwendung des § 283 nur in Betracht, wenn der Schuldner der besonderen Haftung nach §§ 818 IV, 819 unterliege.

Im Kegelbahn-Fall hat *Kühne*[983], dem *Medicus* gefolgt ist[984], entgegen dem BGH die Verurteilung zur Herausgabe jedenfalls für notwendig erklärt, damit V nach §§ 883, 886 ZPO vollstrecken könne. Das Bedenken des BGH gegen die auf die Herausgabeverurteilung folgende Anwendung des § 283 sei dergestalt zu berücksichtigen, daß die Voraussetzungen der Schadensersatzpflicht nach § 283 den §§ 989 ff. angepaßt würden. Wenn der Eigentümer nach Ablauf der nach § 283 gestellten Frist den Anspruch auf Schadensersatz erhebe, müsse er die Unredlichkeit des Besitzers bei Herbeiführung der Unmöglichkeit beweisen. Der Schuldner könne einwenden, daß er die Unmöglichkeit der Herausgabe nicht zu vertreten habe[985]. Im Unterschied zur Normallage des § 283 könne wegen der schlechthin, nämlich im Hinblick auf §§ 883, 886 ZPO, erforderlichen Verurteilung im Herausgabe-Prozeß der Schuldner die entsprechenden Tatsachen nicht vorbringen. Andererseits müsse dem Eigentümer der herauszugebenden Sache geholfen werden: Werde sein Schadensersatzbegehren abgewiesen, weil er die Unredlichkeit nicht beweisen könne, dürfe nicht der Verlust des Herausgabeanspruchs mit Ablauf der Frist (§ 283 I 2 Hs. 2 a.F.) gelten. Der Eigentümer müsse den Verzicht auf den Herausgabeanspruch wegen Wegfalls der Geschäftsgrundlage widerrufen können[986].

Man sieht, daß § 283 a.F. (ebenso § 281 I n.F.) auf den Herausgabeanspruch schlechterdings nicht paßt. Mit Recht sagt *Kühne*, daß die Herausgabeverurteilung nicht unter die Voraussetzungen der §§ 989 ff. gestellt werden kann. Andererseits läßt die Verlagerung der Voraussetzungen mit *Kühne* in § 283 hinein von der Vorschrift nichts übrig. Die Vorschrift des § 283 paßt auf den Herausgabeanspruch zunächst nicht in ihrem Haftungstatbestand. Der zur Herausgabe verpflichtete Besitzer schuldet dem Eigentümer nicht das Interesse an der Sache. In Betracht kommt die Interesseschuld beim bösgläubigen oder verklagten Besitzer. Dieser schuldet aber nach §§ 989, 990 ohnehin Schadensersatz, für ihn geht es nicht um die Alternative zwischen Erfüllung und Schadensersatz. Weiter entbindet § 283 a.F. (§ 281 n.F.) von der Bindung an die Erfüllung durch Feststellung, wann das Interesse daran rechtlich nicht mehr in Betracht kommt. Für den Anspruch aus § 985 kommt die Ausschließung des Erfüllungsinteresses nicht in Frage. Der Anspruch beruht auf dem Eigentum und entfällt nur durch Eigentumsaufgabe oder Übereignung. 1088

Demzufolge paßt § 283 auch in den Rechtsfolgen nicht. Wenn die gesetzte Frist abläuft, kann der Herausgabeanspruch nicht, wie es § 283 I 2 Hs. 2 bestimmte, erlöschen. Der Gläubiger ist ja noch Eigentümer. Man hätte § 283 erneut verändern und Schadensersatz nur gegen die Übereignung der Sache gewähren müssen. Diese Veränderung kam aber nicht in Betracht: Der Gläubiger muß Schadensersatz verlangen können aufgrund der Lage, daß die Sache nicht zurückkommt. Für den Fall, daß die Sache doch auftaucht, muß er aber sein Eigentum geltend machen können. Statt der Gewährung von Schadens-

982 ZIP 2000, 460 ff.

983 JZ 1970, 189 ff.

984 Bürgerliches Recht Rz. 448, mit mehr Zweifeln in MünchKomm § 985 Rz. 11.

985 *Kühne* hält zusätzlich den Einwand für denkbar, daß der Besitzer im Zeitpunkt der Herbeiführung der Unmöglichkeit rechtmäßiger Besitzer gewesen sei. Dies ist aber schon bei der Frage der Unredlichkeit (im Zeitpunkt des die Unmöglichkeit herbeiführenden Ereignisses), also nicht erst aufgrund eines Einwandes des Besitzers, zu prüfen. Die Unredlichkeit setzt Unrechtmäßigkeit des Besitzes voraus.

986 *Kühne*, a.a.O., S. 191.

ersatz gegen Übereignung muß umgekehrt gelten, daß der Eigentümer Schadensersatz erhält und dann, wenn die Sache doch auftaucht, er sie herausverlangen kann gegen Rückgabe des vom Besitzer empfangenen Schadensersatzes.

1089 Schließlich bedarf es der Anwendung der §§ 283 a.F., 281 n.F. bei Bösgläubigkeit oder Rechtshängigkeit auch nicht. Der Eigentümer hat genügend Rechte aus §§ 985, 989 f. Gibt der Besitzer nicht heraus, kann der Eigentümer nach diesen Vorschriften sogleich Schadensersatz verlangen, wenn die Voraussetzungen der Vorschriften genügend belegt sind. Dazu ist die Darlegungs- und Beweislast richtig zu verteilen. Die Voraussetzungen der Rechtshängigkeit oder Unredlichkeit muß der Eigentümer beweisen. Was sodann den Verlust der Sache und das Verschulden des Besitzers betrifft, wird in Bezug auf den ersteren die Darlegungslast dem Eigentümer und in Bezug auf das Verschulden nach § 282 a.F. (§ 280 I 2 n.F.) die Last dem Besitzer auferlegt[987]. Die Darlegungslast des Eigentümers im Hinblick auf den Verlust der Sache kann aber nicht unbeschränkt angenommen werden. Aufgrund seiner Unredlichkeit oder der Rechtshängigkeit ist der Besitzer verpflichtet, die Sache für den Eigentümer aufzubewahren. Das heißt, er ist rechenschaftspflichtig darüber, was mit der Sache geschehen ist[988]. Folglich muß das Schicksal der Sache in die Darlegungslast des Besitzers mit einbezogen werden. Der Besitzer, dessen Unredlichkeit der Eigentümer bewiesen hat, kann der Haftung nur dadurch entkommen, daß er entweder vorträgt und beweist, daß die Sache ohne sein Verschulden verloren ist oder daß er die Sache herausgibt.

1090 Im Kegelbahn-Fall hatte der BGH zur Herausgabe zu verurteilen. Das Problem des § 283 a.F. (281 n.F.) stellte sich nicht[989].

1091 Die Anwendung schließlich des § 281 (§ 285 n.F.) wird ganz überwiegend abgelehnt[990] Man sieht allgemein, daß im Rahmen des Anspruchs aus § 985 ein Besitzverlust nicht bedeutet, daß es dem Besitzer unmöglich wird zu erfüllen mit der Möglichkeit, daß er anstelle des geschuldeten Gegenstands Surrogate erlangt hat, die er nunmehr ersatzweise schuldet, sondern daß mit Besitzverlust die Vindikationslage gegen den Besitzer wegfällt und damit die Grundlage des Anspruchs. Eine Erfüllungs-, nämlich Aufbewahrungs- und Bereitstellungspflicht, trifft allerdings den unredlichen Besitzer und den Besitzer nach Rechtshängigkeit. Insoweit mangelt es aber für § 281 a.F. (§ 285 n.F.) am Gegenstand, für den Surrogate denkbar wären[991]. Hat der Besitzer entgeltlich verfügt, so ist das Entgelt, wenn es dem Besitzer verbleibt, d.h. bei Wirksamkeit der Veräußerung,

[987] Staudinger-*Gursky* (1999) § 989 Rz. 35. Zur Anwendung des § 282 a.F. BGH NJW 1993, 626.

[988] Richtig nimmt Palandt/*Bassenge,* § 989 Rz. 8 m.N. an, daß, was den Verbleib der Sache betrifft, der Besitzer auskunftspflichtig ist.

[989] In der Entscheidung ZIP 1987, 842 hat der BGH § 283 a.F. zutreffend auf die Herausgabepflicht nach § 556 a.F. (§ 546) angewandt und ist so zu der Folgerung gekommen, daß es sinnvoll ist, die (auch die ausgeschiedenen) persönlich haftenden Gesellschafter einer KG für die Herausgabehaftung der Gesellschaft nach § 556 a.F. mithaften zu lassen. Für eine Herausgabehaftung der Gesellschaft nach § 985 konnte man dagegen das Argument des § 283 a.F. nicht verwenden und kommt die Mithaftung der Gesellschafter, weil die Haftung auf eigenem Besitz beruht und die Gesellschafter keinen Besitz haben, nicht in Betracht.

[990] RGZ 157, 44; *Wieling*, Sachenrecht I, § 12 I 2 e, S. 526; Staudinger/*Gursky* § 985 Rz. 145 m.w.N.

[991] Anderes gilt im Fall der bereicherungsrechtlichen Pflicht zur Herausgabe des Eigentums an einer Sache. Hier ist im Rahmen der den §§ 989 f. entsprechenden Haftung nach §§ 818 IV, 819 die Vorschrift des § 281 a.F. (§ 285 n.F.) anzuwenden (BGHZ 75, 203). Auf die Haftung nach den Sondervorschriften kommt es sodann überhaupt nicht an im Rahmen der Haftung aufgrund Rücktritts vom Vertrage. Hier gibt es den Gegensatz zwischen der Habenshaftung nach §§ 985, 812 und der Verantwortlichkeit nach den besonderen Vorschriften nicht. § 281 a.F. (§ 285 n.F.) gilt also unter der Voraussetzung von Leistungssurrogaten jedenfalls. Die Hervorhebung des vertraglichen Rücktrittsrechts (mit der Folge der Geltung der Sondervorschriften nach dem früheren § 347 vom Empfang der Leistung an) durch BGH NJW 1983, 929 war also unnötig und irreführend (*Knütel,* JR 1983, 355).

kein Ersatz für seinen Besitz, sondern für das Eigentum. Der Eigentümer hat insoweit die Kondiktion nach § 816 I 1, die von der Wirksamkeit der Verfügung abhängt. Ist die Verfügung nicht nach § 932 wirksam, kann der Eigentümer die Kondiktion Zug um Zug gegen die Genehmigung der Verfügung geltendmachen[992].

Ebenso widersprüchlich wie die Anwendung des § 283 (entsprechend § 281 I n.F.) auf den Anspruch aus § 985 ist die allgemein bejahte Anwendung des § 275 auf die Ansprüche aus § 1004[993]. **1092**

Im Fall BGH NJW 1968, 246 ging es darum, daß ein Eigentümer nur ein Durchfahrtsrecht über das Nachbargrundstück hatte. Er verpachtete sein Grundstück an einen Kaufhausbetrieb mit Kundenparkplatz, der über das Nachbargrundstück angefahren wurde. Der BGH betrachtete ihn jedenfalls dann als Störer, wenn er die Möglichkeit hatte, auf den Pächter einzuwirken. - Im Fall BGH NJW 1982, 440 hat das Gericht den Inhaber einer Kaffee-Großrösterei zur Unterlassung im Hinblick darauf verpflichtet, daß die anliefernden Fahrzeuge der Speditionsfirmen mit laufendem Motor vor dem Nachbargrundstück zu halten pflegten. Ihn treffe die Darlegungslast dafür, daß keine Mittel vorhanden seien, die den Widerstand der Fahrer brechen könnten (Einwirkung auf Speditionsfirma per Vertragsstrafe etc.).

Die Literatur ordnet die beiden Fälle als Anwendung des § 275 ein, der die Befreiung des Schuldners nur bei nachgewiesener Unmöglichkeit einräume[994]. **1093**

Schon das war indessen nach der früheren Fassung des § 275 nicht überzeugend: Der Schuldner mußte nach § 275 nicht nur die Unmöglichkeit beweisen, sondern auch, daß er diese nicht zu vertreten hatte. Insofern war die Rechtsprechung des BGH gar nicht mit § 275 a.F. zu vereinbaren.

Weiterhin wird durch Anwendung des § 275 auf die Ansprüche aus § 1004 ein Widerspruch zwischen § 1004 und § 985 begründet: § 1004 selbst knüpft aber an § 985 an und ergänzt diesen nur, indem er wie dieser eine Habenshaftung, nämlich in anderen Fällen als dem des von § 985 erfaßten widerrechtlichen Habens des Besitzes, begründet. Wie § 985 begründet also § 1004 nur eine Haftung auf Beseitigung des Habens. Dafür gilt, wie gesagt: *Hat* man nicht mehr, ist Folge nicht Unmöglichkeit, sondern Wegfall der Haftungsgrundlage. **1094**

In den Fällen der Vermietung und Verpachtung sowie sonstiger Gestattung ist nach dem rechtswidrigen Haben zu fragen: Geht der Eigentümer schon mit dem Umfang seiner Vermietung etc. über den Eigentumsinhalt hinaus, hält sich der unmittelbare Besitzer also mit dem vom Nachbarn als Störung empfundenen Tun im Rahmen des so vereinbarten Besitzrechts, so kann der Eigentümer schon dadurch stören, daß er diese Vermietung aufrechterhält. Sofern das dementsprechende Besitzausübungsrecht nicht endgültig (unkündbar) auf den Besitzberechtigten übertragen ist (dann Wegfall des Habens), haftet der Eigentümer auf Beseitigung, d.h. nach seiner Wahl auf Kündigung etc. Hält sich die Gestattung durch den Eigentümer hingegen innerhalb der Eigentumsgrenzen, geht nur der unmittelbare Besitzer über sein Besitzrecht hinaus, so ist allein der Besitzer Störer. Es gibt keine Fürsorgepflicht des Vermieters für Mieter, wie die des Vormunds für sein Mündel. Im Fall der Großrösterei schließlich ging es um die Einhaltung der Eigentumsgrenzen durch Ergreifen zumutbarer Maßnahmen gegen störende Ausstrahlung der eigenen Eigentumsausübung. **1095**

Aus einem anderen Grunde als die Regelung über die Unmöglichkeit sind im Rahmen der dinglichen Haftung nach § 985 nicht anwendbar die Regeln über den Schuldnerverzug. An sich könnte auch die aus Zweckmäßigkeitsgründen dem Besitzer auferlegte **1096**

992 Im Fall RGZ 157, 44 (45) hatte das RG davon auszugehen, daß der klagende Eigentümer die Genehmigung trotz seines Verlangens nach Erlösherausgabe nicht erteilt hatte (S. 45).

993 *Medicus*, Bürgerliches Recht, Rz. 447. Ebensowenig sind entgegen zahlreichen Stimmen auf die Haftung aus § 1004 die schadensersatzrechtlichen Vorschriften der §§ 251, 254 anzuwenden, *Picker*, FS H. Lange (1992), 625 ff.

994 *Medicus*, a.a.O.

Herausgabehaftung verzögert werden. Der Anwendung der Verzugsvorschriften schon im Rahmen des § 985 steht aber die Sonderregelung der §§ 987 ff. entgegen. Nach dieser gilt: Der redliche Besitzer, und dieser auch noch dann, wenn der Herausgabeanspruch rechtshängig geworden ist, darf auf seiner Annahme, daß ihm ein Besitzrecht zusteht, beharren. Über die Sachzuordnung muß im Prozeß entschieden werden. Nach § 990 II kann nur der bösgläubige Besitzer wegen Verzugs haften. Der Besitz begründet eine privilegierte Position. Erst bei Bösgläubigkeit gibt es keinen Grund mehr für dieses Privileg. Für die Verzugshaftung des bösgläubigen Besitzers ist neben der Bösgläubigkeit nach § 286 I (= § 284 I a.F.) zusätzlich eine Mahnung erforderlich[995].

1097 Weder der Tatbestand noch die Rechtsfolgen sind ausgeschlossen, was die Regelung des Annahmeverzugs betrifft. Der Tatbestand kommt in Betracht, sofern der Eigentümer bei der Erfüllung des dinglichen Anspruchs mitwirken muß, so insbesondere bei der Herausgabe einer Sache in Fällen, in denen der Besitzer sich nur durch Aushändigung an den Eigentümer seiner Haftung schadensersatzfrei entledigen kann. Die Rechtsfolgen sodann in Gestalt der Haftungserleichterungen nach §§ 300 I, 302 passen dann, wenn der Besitzer nach §§ 989 ff. verantwortlich ist. § 304 ist auch auf den nach § 985 Herausgabepflichtigen anzuwenden, und § 303 schließlich betrifft sogar speziell die Herausgabe insbesondere von Grundstücken, also auch die nach § 985.

2. Die rei vindicatio

a) Die Herausgabepflicht

1098 § 985 enthält mit § 986 I 1 den simpelsten Anspruch des ganzen BGB: (1) Dem einen gehört die Sache (dabei genügt zunächst – vorbehaltlich der Widerlegungsmöglichkeit – die Darlegung der Voraussetzungen der Eigentumsvermutung nach § 1006), (2) der andere hat sie in seinem Besitz[996], (3) das hat der eine nicht zu dulden (§ 986 I 1). Der Besitzer hat die Sache herauszugeben.

1099 Die Herausgabepflicht bedeutet eine Belastung des Besitzers. Da die Herausgabepflicht allein auf der Tatsache des Besitzes des Schuldners beruht, ohne daß es auf irgendeine Verantwortlichkeit des Schuldners für diesen Störungszustand ankommt, ist die Belastung des Besitzers keineswegs selbstverständlich. Es käme auch die Selbsthilfe des Eigentümers unter bloßer Duldungspflicht des Besitzers in Betracht, wie dies in dem Sonderfall des § 1005 angeordnet ist. Der grundsätzlichen Belastung des Besitzers liegt die reine Zweckmäßigkeitsentscheidung zugrunde, daß der Besitzer selbst am besten dafür in Betracht kommt, in seinem Bereich für Ordnung zu sorgen. Bei dem Herausgabeanspruch des Eigentümers gegen den Besitzer geht es aber jedenfalls nur darum, daß der Besitzer in seinem Rechtskreis für Ordnung sorgt. Deshalb spricht § 985 mit Recht nur von der Verpflichtung zur Herausgabe, nicht von der zur Herausgabe an den Eigentümer. Kann sich der Besitzer ohne Beteiligung des Eigentümers des Besitzes der fremden Sache entledigen, ohne daß er dadurch den Eigentümer schlechter als vor der Erlangung des Besitzes stellt, so genügt er damit der Herausgabepflicht[997].

1100 Der Besitzer hat seiner Herausgabepflicht an dem Standort zu genügen, an dem sich die Sache befindet. Hat der Besitzer den Standort verändert, hat er an dem neuen Ort

995 *Wilhelm*, AcP 183 (1983), 9 Fn. 25; 13 Fn. 31; ebenso *Wieling*, Sachenrecht I, § 12 I 2 e, S. 525.

996 Ist, etwa bei Lagerung von Material auf einem fremden Grundstück, zweifelhaft, ob damit schon Besitz an der Grundstücksfläche ergriffen ist, konnte bisher aus § 985 oder § 1004 verurteilt werden. In Zukunft gilt dies aufgrund der unterschiedlichen Verjährungsregeln (§§ 197 I Nr. 1, 195, 199) nur noch eingeschränkt. Droht die Besitzentziehung nur, ist jedenfalls der Anspruch aus § 1004 einschlägig.

997 Etwa setzt der Besitzer den ihm zugelaufenen (etwa seiner Hündin gefolgten) Hund wieder ins Freie.

herauszugeben. Der Besitzer kann nur wegen der Veränderung der Lage unter den Voraussetzungen der §§ 989, 990 oder als Deliktsbesitzer schadensersatzpflichtig sein. Dann hat der Besitzer nach § 249 S. 1 die Sache zum alten Standort zu bringen und dort herauszugeben. Oder es stehen nebeneinander die Herausgabepflicht und die Schadensersatzpflicht in Geld, etwa wegen der Kosten, die dem Eigentümer durch die Rückführung der Sache erwachsen. Die Schadensersatzpflicht ist insoweit begründet, als die Kosten durch die Verlagerung der Sache seitens des Besitzers bedingt sind[998].

§ 985 ist ein relativer Anspruch zwischen Eigentümer und Besitzer und nicht etwa stärker als ein anderer Anspruch, der auf Herausgabe der Sache gegen den Besitzer etwa aufgrund Vertrages geltend gemacht werden kann.[999] **1101**

b) Recht zum Besitz

§ 986 I 1 entspricht mit der Möglichkeit des Besitzers, gegen den Anspruch ein Recht zum Besitz geltend zu machen, der Vorschrift des § 1004 II über die Pflicht des Eigentümers, eine Störung zu dulden. Wie diese Pflicht schließt das Recht zum Besitz den Anspruch aus und gibt im Prozeß eine Einwendung, sie begründet nicht nur eine Einrede[1000]. Die Formulierung des § 986 I 1 vom Herausgabeverweigerungsrecht ist mithin irreführend. Ist ein Recht zum Besitz eingeräumt und hat der Beklagte als der Gegner des möglichen Anspruchs aus § 985 aus diesem Recht heraus Besitz, so ist das Recht des Beklagten zum Besitz im Erfüllungszustand und das für § 985 darzulegende Eigentum insoweit eingeschränkt[1001]. Es besteht nicht das Verhältnis, daß der Kläger noch ein Recht hätte, gegen das der Beklagte sein Gegenrecht erst einredeweise geltend machen müßte. **1102**

Als Rechte zum Besitz kommen schuldrechtliche Rechte (etwa das des Käufers aus dem Kaufvertrag nach Übergabe der Kaufsache, die sog. exceptio rei venditae et tradi- **1103**

[998] Hat nach der Verlagerung der Sache ein Eigentumswechsel stattgefunden, so steht dem neuen Eigentümer aus seinem Eigentum nur der Herausgabeanspruch zu. Der Schadensersatzanspruch wegen der Verlagerung steht dem alten Eigentümer zu, in dessen Eigentum der Besitzer durch die Verlagerung der Sache eingegriffen hat. Ob der alte Eigentümer den Anspruch an den neuen Eigentümer zediert hat, ist Auslegungsfrage. Hat der alte Eigentümer die Sache gerade wegen der ungünstigen Lagerung zu einem geringeren Preis veräußert oder ist nichts Gegenteiliges festgestellt, so ist davon auszugehen, daß der Schaden bei ihm geblieben ist; wenn jetzt nicht eindeutige Anhaltspunkte für eine Zession zu finden sind, ist eine Zession des Schadensersatzanspruchs nicht anzunehmen; so treffend *Picker*, Festgabe BGH I (2000), S. 729 ff. gegen die nicht einzuordnende Konstruktion des BGH in BGHZ 79, 211, die Herausgabepflicht des Besitzers nach § 985 (sic) sei bei Bösgläubigkeit des Besitzers oder Rechtshängigkeit im Zeitpunkt der Verlegung der Sache gemäß § 269 am früheren Standort zu erfüllen, also stehe dem Rechtsnachfolger in das Eigentum der Herausgabeanspruch einschließlich der Rückführung der Sache zu.

[999] Erörterung der Problematik oben Rz. 59 ff. Für den Vorrang des § 985 Staudinger/*Gursky* § 989 Rz. 18.

[1000] Zutreffend BGH NJW 1999, 3716, 3717, allerdings mit der irreführenden Formulierung von einem „absoluten Besitzrecht". Im Fall war das Besitzrecht allerdings ein Pfandrecht und damit in der Tat ein absolutes Recht. Aber auch ein schuldrechtliches Recht zum Besitz schränkt das Eigentum ein und begründet eine Einwendung.

[1001] Als Teil des Eigentums, durch dessen Herausnahme das Eigentum beschränkt ist, unterliegt das Besitzrecht der relativen Unwirksamkeit einer nach §§ 135, 136 verbotswidrigen Übereignung, d.h. wie das Eigentum so ist auch ein Besitzrecht des Erwerbers insoweit nicht wirksam, als es die Konsequenz der relativen Unwirksamkeit hindert, daß der Veräußerer zugunsten des Verbotsgeschützten noch Eigentümer bleibt und das Eigentum auf den Verbotsgeschützten übertragen kann. Dem Herausgabeanspruch des Veräußerers nach § 985 kann der Erwerber also weder sein Eigentum noch nach § 986 I, II ein Besitzrecht entgegen setzen, wenn der Veräußerer nunmehr gemäß § 931 auf den Verbotsgeschützten übereignen will.

tae)[1002] oder dingliche Rechte (etwa das Pfandrecht[1003]) in Betracht. Ein neues, höchst zweifelhaftes Recht zum Besitz hat der Gesetzgeber des Fernabsatzgesetzes[1004], mit dem die Richtlinie 97/7/EG umgesetzt worden ist, durch Einfügung des § 241a in das BGB eingeräumt[1005]. Bei Lieferung unbestellter Sachen durch einen Unternehmer (§ 14) an einen Verbraucher (§ 13) soll der Verbraucher die Sache behalten dürfen, also zwar nicht das Eigentum, aber ein dauerndes gesetzliches Besitzrecht erhalten. Dies wird durch die Formulierung „wird ein Anspruch gegen diesen nicht begründet" in Abs. 1 ausgedrückt, wie die Fortführung in Abs. 2 „gesetzliche Ansprüche sind (in bestimmten Fällen) nicht ausgeschlossen" und die Begründung im Regierungsentwurf[1006] deutlich machen. Die Neuregelung betrifft Fälle, in denen Waren übersandt werden, die nur bei Kauf sollen behalten werden können, bei Nichtzustandekommen eines Kaufs also nicht übereignet werden sollen. Nach dem Regierungsentwurf hat der Gesetzgeber selbst gesehen, daß zu der Gewaltsamkeit eines Besitzrechts ohne Belassungswillen des Eigentümers die Richtlinie keinen Anlaß gegeben hat. Der Richtlinie ging es nur um den Ausschluß einer Gegenleistungspflicht bei Zusendung unbestellter Waren. Mit der weitergehenden deutschen Regelung wird eine Sanktion des Wettbewerbsverstoßes beabsichtigt, der in der unbestellten Zusendung liege. Der Gesetzgeber schließt sich mit der Anordnung des Behaltendürfens, „was im Ergebnis auf eine Schenkung hinausläuft", an das portugiesische Recht an. Die Sanktion, daß das in unlauterer Weise Angebotene als geschenkt zu gelten hat, ist neuartig. Sie verstößt in Fällen, in denen eine Rückholung der Sache ohne jede Belastung für den „Verbraucher" möglich ist, gegen Art. 14 GG[1007]. Erst recht ist § 241a II verfassungswidrig, in dem die Sanktion auf Fälle irrtümlicher Zusendung erstreckt wird, nämlich dann, wenn der Empfänger dies nicht erkennen konnte[1008].

1104 Weil es bei § 986 um ein Recht zum Besitz geht, welches nicht nur einredeweise geltend zu machen ist, ist dem BGH nicht darin zu folgen, daß er die Einrede des Zurückbehaltungsrechts i.S. von § 273 als Recht zum Besitz anerkennt[1009]. Die Zurückbehal-

[1002] Ein schuldrechtliches Recht zum Besitz bei Besitzübertragung trotz Kenntnis der Unwirksamkeit eines formnichtigen Kaufvertrags oder Kaufvorvertrags, welches zumindest bis zur Rückforderung des Besitzes gelte, nimmt unter Berufung auf eine Willenseinigung der Parteien, die aus den Gesamtumständen des Falles zu entnehmen sei, der BGH an in ZIP 1995, 1356 = JZ 1996, 151 (m. Anm. *Medicus*).

[1003] So das gesetzliche Pfandrecht des Lagerhalters (§ 475b n.F., § 421 a.F. HGB) im Fall BGH NJW 1999, 3716 f. Auf die kraft Gesetzes entstandenen Pfandrechte sind die Vorschriften über das rechtsgeschäftlich bestellte Pfandrecht anwendbar (§ 1257). Das Pfandrecht und mit ihm das Recht zum Besitz erlischt mit der Befriedigung des Pfandgläubigers (§ 1252). Nach § 1223 II kann der Verpfänder, wenn er als Schuldner oder wenn der Schuldner zur Befriedigung berechtigt ist, die Pfandsache gegen Befriedigung herausverlangen (BGH a.a.O., *Peters*, JZ 1995, 390 ff.).

[1004] Gesetz vom 27.6.2000 (BGBl. I, S. 897).

[1005] Nach *Schwarz*, NJW 2001, 1449 ff. „ein Störfall für die Zivilrechtsdogmatik". Zur methodischen Bewältigung *Schwarz/Pohlmann*, Jura 2001, 3 ff.

[1006] BR-Drs. 25/2000, S. 124 f.

[1007] Zutreffend *Wieling*, Sachenrecht, 4. Aufl., § 12 I 3 a, S. 166. – *Flume*, ZIP 2000, 1427, 1429, tritt dafür ein, die ganze Vorschrift zu streichen und in der Zwischenzeit pro non scripta zu behandeln.

[1008] Nicht nur der Gesetzgeber geht mit Rechten zum Besitz freigebig um. Nach LG Braunschweig ZMR 1988, 339, 340 ist ein Recht zum Besitz aus Treu und Glauben begründbar. Dies bedeutet sogar eine Enteignung ohne gesetzliche Grundlage. Allenfalls kann man bei verfestigten Verhältnissen analog der Überbauregelung an die Gewährung eines dinglichen Nutzungsrechts gegen Entschädigung denken.

[1009] BGH NJW-RR 1986, 282; erneut BGH, ZIP 1995, 1356 = JZ 1996, 151. Dies ist schon deshalb unrichtig, weil das Zurückbehaltungsrecht aus § 1000, welches ein solches i.S. von § 273 ist, ein Recht aufgrund der Vindikationslage ist und also nicht nach § 986 I die Vindikation ausschließen kann. Auch die Einrede des nicht erfüllten Vertrages gem. § 320 ist als

tungsrechte nach § 273 I[1010], II, aber auch dasjenige nach § 1000, sind in Inhalt und Folgen ausschließlich und abschließend in §§ 273 III, 274 geregelt[1011]. Ohne Geltendmachung werden sie im Prozeß nicht berücksichtigt, so daß nach § 331 ZPO bei Vorliegen der entsprechenden Voraussetzungen ein Versäumnisurteil gegen den Besitzer ergehen muß.

Ein Zurückbehaltungsrecht beseitigt auch nicht die Vindikationslage, schließt also **1105** nicht die in §§ 987 ff. geregelten Nebenfolgen derselben aus. Das ergibt sich zwar nicht daraus, daß es sich um eine Einrede handelt[1012], denn bei erhobener Einrede könnte der Eigentümer den Besitz zu dulden haben. Es ergibt sich aber aus der beschränkten Rechtsfolge: Der Besitzer muß trotz eines Zurückbehaltungsrechts herausgeben, nur darf er auf Zug-um-Zug-Leistung bestehen gemäß § 274.

c) Beschränkungen des Wegnahmerechts des Mieters als Recht zum Besitz?

Unklarheit betreffend das Verhältnis von Einrede und Recht zum Besitz herrscht in der **1106** Rechtsprechung auch, was die Regelung eines Wegnahmerechts in § 258 S. 2 betrifft, und zwar insoweit, als sich das Recht auf im Eigentum des Wegnahmeberechtigten stehende Sachen richtet, also in Konkurrenz zu dem dann auch möglichen Herausgabeanspruch nach § 985 tritt[1013].

Eine Rolle gespielt hat hier insbesondere das Wegnahmerecht des Mieters oder Päch- **1107** ters hinsichtlich von ihm in die Miet- oder Pachtsache eingefügter Einrichtungen nach § 547a a.F. (§ 539 II n.F.) bzw. §§ 581 II, 547a a.F. (§ 539 II n.F.). Nach Rückgabe der Miet- oder Pachtsache hat das Wegnahmerecht nach § 258 S. 2 die Bedeutung, daß der Vermieter oder Verpächter dem Mieter oder Pächter die Wegnahme zu gestatten hat. Sind bei der Grundstücks- oder Wohnungsmiete oder -pacht die Einrichtungen – wie häufig – nur zu den eigenen Zwecken des Mieters oder Pächters, d.h. für die Dauer der Miet- oder Pachtzeit eingebaut, so werden sie nach § 95 I 1, 2 nicht wesentliche Bestandteile des Grundstücks und bleiben mithin im Eigentum des Mieters oder Pächters. Deshalb könnte dieser den Herausgabeanspruch nach § 985 gegen den Vermieter oder Verpächter haben[1014]. Zu fragen ist, wie die Beschränkung nach § 258 S. 2, daß der Vermieter oder Verpächter nur auf Verlangen des Mieters oder Pächters die Wegnahme zu gestatten hat, sich auf den Herausgabeanspruch nach § 985 auswirkt. Wieder ist fraglich, ob hier ein Einrederecht als Recht zum Besitz in Betracht kommt. Für die Frage

solche kein Recht zum Besitz (a.A. *Seidel*, JZ 1993, 180, 184 f.). Hat etwa der Verkäufer an den Käufer vor dessen Zahlung übereignet, diesem aber noch nicht übergeben, so hat er zwar in der Regel in der Tat ein Recht zum Besitz, dies folgt aber ebensowenig, wie wenn er noch nicht übereignet hat, aus § 320. Wie er in diesem letzteren Fall aufgrund seines Eigentums berechtigt besitzt, so in jenem Fall, weil und auch nur sofern er nach den Parteivereinbarungen sein Eigentum noch nicht vollständig, sondern unter Vorbehalt noch seines – wie bisher – berechtigten Besitzes weggegeben hat.

1010 Zur Frage eines Zurückbehaltungsrechts der Nolde-Stiftung bzgl. ihr eingereichter Bilder, die sie als Fälschung erkennt und bzgl. deren sie den postmortalen Persönlichkeitsschutz für Nolde geltend macht, BGHZ 107, 384 ff.

1011 Das Befriedigungsrecht des Besitzers nach § 1003 ist ein selbständiges Recht, es ist nicht wie das Befriedigungsrecht des Kaufmanns nach § 371 HGB „kraft des Zurückbehaltungsrechts“ begründet.

1012 So aber *Wieling*, Sachenrecht I, § 12 I 3 a, S. 529.

1013 Das Wegnahmerecht des § 997 setzt demgegenüber voraus, daß die wegzunehmenden Sachen wesentliche Bestandteile der Sache des Gegners des Wegnahmeberechtigten, also gerade dessen Eigentum, geworden sind.

1014 Ist der Einrichtungsgegenstand wesentlicher Bestandteil des Grundstücks des Vermieters oder Verpächters geworden, bedeutet das Wegnahmerecht ein Recht zur Duldung der Wegnahme, in der dann die (Wieder-)Aneignung durch den Mieter oder Pächter liegt (s. BGHZ 81, 146, 150). Diese Variante interessiert hier nicht.

sind vier Modalitäten des Wegnahmerechts zu unterscheiden: Zunächst braucht der Vermieter oder Verpächter die Wegnahme erst zu gestatten, wenn der Mieter oder Pächter sie verlangt. Sodann braucht zweitens der Vermieter oder Verpächter mit Stellung des Verlangens nur die Wegnahme zu gestatten (d.h. zu dulden), er muß aber nicht selbst die Sache abtrennen und herausgeben. Weiter hat er drittens auch noch gegenüber dieser bloßen Gestattungspflicht die Einrede, daß er die Gestattung verweigern kann, bis ihm für den mit der Wegnahme verbundenen Schaden Sicherheit geleistet wird (§ 258 S. 2 Hs. 2). Schließlich viertens unterliegt der Wegnahmeanspruch der kurzfristigen Verjährung nach § 558 a.F. (§ 548).

1108 Das RG hatte den Fall zu behandeln[1015], daß dem Kläger Einrichtungsgegenstände eines Mieters vom Konkursverwalter im Konkurs des Mieters verkauft worden waren und er nun vom beklagten Vermieter Herausgabe verlangte. Im Vertrag mit dem Konkursverwalter war schematisch von einer Übergabe der Sachen unter Eigentumsvorbehalt die Rede. Erst in der Revision war die Abtretung des Herausgabeanspruchs nach § 931 behauptet worden. Das RG hat streng den Herausgabeanspruch gemäß § 985 und das schuldrechtliche Wegnahmerecht nach § 547a a.F.(z.Zt. der Entscheidung: § 547 II 2) unterschieden. Durch die Regelung des Wegnahmerechts sei ein Recht zum Besitz „bis zur Ausübung des Wegnahmerechts" begründet[1016]. Dieses schuldrechtliche Recht sei aber nur eine Einrede, die den rechtlichen Bestand des Herausgabeanspruchs nicht beeinträchtige. Folglich sei ungeachtet des Rechts zum Besitz die Übereignung durch Abtretung des Herausgabeanspruchs nach §§ 929 S. 1, 931 möglich gewesen, wenn auch die behauptete Tatsache der Abtretung in den Tatsacheninstanzen erst noch festzustellen sei. Sei so der Kläger zwar (möglicherweise) Eigentümer der Einrichtungsgegenstände geworden, könnte der Beklagte aber doch dem Herausgabeverlangen des Klägers als des neuen Eigentümers nach § 986 II die Einrede des Besitzrechts entgegenhalten. Wolle der Kläger diese überwinden, müsse er das Wegnahmerecht nach § 547 II 2 (a.F.) ausüben, und dies setze voraus, daß er neben dem Herausgabeanspruch auch dieses Recht erworben habe.

So wie das RG den Herausgabeanspruch nach § 985 und das schuldrechtliche Verhältnis nach § 547 II 2 (a.F.) im Hinblick auf das Recht zum Besitz und seine Beendigung durch Ausübung des Wegnahmerechts trennt, vollzieht es dieselbe Trennung auch hinsichtlich der vom Beklagten erhobenen Einrede, die Wegnahme nur gegen Sicherheitsleistung gestatten zu müssen (§ 258 S. 2 Hs. 2). Diese Einrede stehe dem Beklagten nicht gegen den Anspruch aus § 985, sondern gegen das schuldrechtliche Wegnahmerecht zu. Erst wenn der Kläger zur Beendigung des Besitzrechts des Beklagten das Wegnahmerecht ausüben könne und ausübe, komme es auf jene Sicherungseinrede des Beklagten an[1017].

Damit sieht das RG in einem schuldrechtlichen Recht zum Besitz eine Einrede und entnimmt der Vorschrift des § 258 eine schuldrechtliche Einrede als Recht zum Besitz. Diese Einrede soll sich in Gestalt der Beschränkung ergeben, bis zur Ausübung des Wegnahmerechts besitzen zu dürfen. Mit dieser Ausdehnung wird auch die Möglichkeit der Verjährung des Wegnahmerechts erfaßt. Bei Verjährung des Wegnahmerechts ist das Gegenrecht zum Besitz „bis zur Ausübung des Wegnahmerechts" endgültig. Ebenso ist die Einrede der Sicherung eine Erweiterung des Rechts zum Besitz „bis zur Ausübung des Wegnahmerechts". Offen ist nach dem RG nur, ob die das Besitzrecht beendende „Ausübung des Wegnahmerechts", soweit sie möglich ist, schon in der (berechtigten) Erklärung des Mieters liegt, daß er die Wegnahmegestattung verlange, oder erst in der vom Vermieter geduldeten Wegnahme selbst. Offen ist also im Hinblick auf die zweite der oben[1018] unterschiedenen vier Modalitäten des Wegnahmerechts die Frage, ob sich auch die Beschränkung der Pflicht des Vermieters, nur die Wegnahme dulden zu müssen, noch als Recht zum Besitz i.S. des § 986 I auswirkt.

[1015] RGZ 109, 128 ff.
[1016] RGZ 109, 128 ff. (131).
[1017] RGZ 109, 128 ff. (131).
[1018] Rz. 1107.

Zu dieser letzten Frage hat der BGH inzwischen mit der Entscheidung vom 13.5.1987[1019] wie folgt, Stellung genommen: „Bestünde ein Anspruch auf Duldung der Wegnahme, so könnte die Beklagte nicht als rechtmäßige Besitzerin der Einrichtungen gelten und wäre mithin gemäß §§ 987 ff. einem Anspruch auf Nutzungsentschädigung ausgesetzt“[1020]. Dies sagt der BGH im Hinblick auf die Behauptung der Klägerin, sie habe die Gestattung der Wegnahme der eingebrachten Sachen verlangt. Durch dieses Verlangen also kann nach Ansicht des BGH[1021] das Besitzrecht der Vermieterin wegfallen. Könne sich freilich die Vermieterin gegen das Verlangen auf Verjährung berufen, dann sei, so meint auch der BGH, ihr Besitzrecht endgültig[1022]. 1109

Aus den Entscheidungen des RG und des BGH folgt im Hinblick auf die oben[1023] genannten vier Modalitäten des Wegnahmerechts nach § 547a I a.F. (§ 539 II) die folgende Berechtigung des Vermieters oder Verpächters zum Besitz der Einrichtungen: Bis zum Verlangen nach Wegnahmegestattung besteht ein vorläufiges Besitzrecht des Vermieters oder Verpächters. Erst mit Stellung des Verlangens fällt das Besitzrecht weg. Daß der Mieter nur die Duldung der Herausgabe verlangen kann, ergibt keine Besitzberechtigung. Was sodann die Verjährung des Wegnahmerechts anbelangt, macht diese nach der Rechtsprechung das Besitzrecht endgültig. Schließlich ist die Einrede der Duldung der Wegnahme nur gegen Sicherung (§ 258 I 2 Hs. 2) wie ein Zurückbehaltungsrecht, das, wie gezeigt, nach der Rechtsprechung ebenfalls zum Besitz berechtigt, ein Recht zum Besitz. 1110

Das bis zum Verlangen der Wegnahme vorläufige, von der Verjährung des Wegnahmerechts an endgültige Besitzrecht, welches nach Ansicht des BGH aus der Regelung des Wegnahmerechts in §§ 547a I, 558 a.F. (539 II, 548) zu entnehmen ist, kommt nach der Entscheidung BGHZ 81, 146 ff. gemäß den §§ 986 I 1 2. Alt., 991 I auch einem Besitznachfolger des Vermieters oder Verpächters[1024] zugute. Wie also nach der Entscheidung des RG sich ein Rechtsnachfolger des Mieters oder Pächters nach § 986 II das Besitzrecht entgegenhalten lassen muß, kommt es nach der Entscheidung des BGH einem Nachfolger auf der Gegenseite zugute. 1111

Die ganze – vom RG so scharf durchgeführte, vom BGH weitergeführte – Entgegensetzung von Herausgabeanspruch und schuldrechtlichem Recht zum Besitz, welches selbst eine Einrede sei und mithin auch in Gestalt von Einreden – etwa der Verjährungseinrede – bestehen könne, ist nicht überzeugend. In der Entscheidung BGHZ 81, 146 hat der BGH selbst den richtigen Hinweis gegeben, ohne allerdings die Konsequenz zu be- 1112

1019 NJW 1987, 2861 ff.

1020 A.a.O., S. 2861 r. Sp.

1021 S. schon BGHZ 81, 146, 151 und Leitsatz b. Nur durch die Annahme, daß der BGH in der Stellung des Duldungsverlangens die Ausübung des Wegnahmerechts sieht und mit ihr den Anspruch auf Duldung beginnen läßt, läßt sich der Widerspruch vermeiden, der sonst zwischen der Annahme eines Rechts zum Besitz „bis zur Ausübung des Wegnahmerechts“ und dem Satz in NJW 1987, 2861 f. bestehen würde, daß, bestünde ein Anspruch auf Duldung der Wegnahme, die Beklagte nicht rechtmäßige Besitzerin sei.

1022 NJW 1987, 2861 f. Der BGH prüft, ob der Verjährung in casu entgegenstehen könnte, daß die Vermieterin an den Einrichtungsgegenständen möglicherweise ein Vermieterpfandrecht (§ 559 a.F., § 562 n.F.) geltend gemacht hat. Die Frage war, ob die Verjährung dadurch nach § 202 I a.F. (= § 205 n.F.) gehemmt gewesen sein konnte. Der BGH verneint: Die Geltendmachung des Pfandrechts stehe der Einrede des nicht erfüllten Vertrages gleich, die nach § 202 II a.F. (in § 205 n.F. dem Wortlaut nach ebenso) von der Hemmungswirkung ausgenommen sei. § 202 II sei auf die Geltendmachung des Pfandrechts entsprechend anzuwenden.

1023 Rz. 1107.

1024 Im Fall hatte der Verpächter die vom ersten Pächter mit Einrichtungen (Gewerberäumen, befestigter Zufahrt etc.) zurückgegebene Pachtsache (ein Lagergrundstück) einem zweiten Pächter verpachtet. Der erste verlangte vom zweiten Entschädigung wegen der Nutzung der Einrichtungen.

denken: Er hat dort den Anspruch auf Gestattung der Wegnahme als Anspruch dinglicher Natur bezeichnet und dies für den Fall, daß der Mieter oder Pächter Eigentum an den Einrichtungsgegenständen behält, damit begründet, daß die dingliche Natur in „der Beschränkung des Eigentumsherausgabeanspruchs gemäß § 986 in seinen Voraussetzungen und Wirkungen" zum Ausdruck komme[1025]. Damit ist aber zu sagen: Im Verhältnis zwischen Mieter oder Pächter einerseits und Vermieter oder Verpächter andererseits steht nicht dem dinglichen Herausgabeanspruch des einen ein schuldrechtliches Recht zum Besitz des anderen aus §§ 547a I a.F. (539 II n.F.), 258 als Einrede entgegen. Vielmehr ist in diesem Verhältnis zwischen Herausgabeanspruch und schuldrechtlicher Beziehung überhaupt nicht zu unterscheiden. Hat der besitzende Gegner ein schuldrechtliches Recht zu seinem Besitz, so ist der Herausgabeanspruch, wie hier gesagt wurde, ausgeschlossen. Was nun die Beschränkung des Herausgabeanspruchs des Mieters oder Pächters durch §§ 547a I a.F. (539 II n.F.), 258 betrifft, so besteht der Herausgabeanspruch nicht etwa fort und ihm eine Einrede aus §§ 547a a.F. (539 II n.F.), 258, 558 a.F. (548 I n.F.) entgegen, vielmehr wird der Anspruch des Mieters oder Pächters selbst aus einem Herausgabeanspruch in einen bloßen Wegnahmeanspruch nach §§ 547a, 558 a.F. (539 II, 548 n.F.), 258 verwandelt. Mehr Recht als das Wegnahmerecht hat der Mieter oder Pächter gegenüber dem Vermieter oder Verpächter nicht. Die Konstruktion, die aus der Berechtigung des Mieters oder Pächters insgesamt ein Gegenrecht des Vermieters oder Verpächters macht, ist eine Verkehrung. §§ 547a I a.F. (539 II n.F.), 258 bedeuten vielmehr, daß der Mieter oder Pächter diese Rechte, aber auch nur diese Rechte hat. Sein Eigentum ist insoweit, wie der BGH richtig sagt, eingeschränkt.

1113 Es ist demnach nicht die ganze schuldrechtliche Position nach §§ 547a a.F. (539 II n.F.), 258, 558 a.F. (548 n.F.) in ein Gegenrecht zum Besitz gegen den an sich bestehenden Herausgabeanspruch des Mieters oder Pächters umzudeuten, vielmehr ist zur Prüfung eines Rechts zum Besitz zu fragen, wie weit die Regelung inhaltlich ein Recht des Vermieters oder Verpächters zum Besitz enthält, wie weit also dieser nach der Regelung rechtmäßig und damit ohne die Nebenfolgen aus §§ 987 ff. besitzt. Im Rahmen eines solchen Besitzrechts ist aber wieder andererseits der Herausgabeanspruch qua Eigentum ausgeschlossen und nicht nur einredebehaftet.

1114 Die Ansicht des BGH überzeugt, daß es nach Rückgabe der Miet- oder Pachtsache einschließlich der Einrichtungen Sache des Mieters oder Pächters ist, mit dem Wegnahmeduldungsverlangen klarzustellen, daß er die Trennung der bisherigen Einheit aus Miet- bzw. Pachtsache und Einrichtungen, d.h. die Auseinandersetzung darüber (Wegnahme gegen Sicherung und Schadensbeseitigung) wolle, daß mithin andererseits bis zu dieser Klarstellung der Vermieter oder Verpächter berechtigter Besitzer der Einrichtungen ist. Insoweit enthält § 547a I a.F. (§ 539 II n.F.) mit § 258 in der Tat ein Recht zum Besitz[1026].

1115 Was die weiteren Modalitäten des Wegnahmerechts betrifft, sind es aber Modalitäten der Durchführung der Wegnahme einerseits und eine Verjährungseinrede andererseits. Insoweit bleibt es beim unrechtmäßigen Besitz des Vermieters oder Verpächters, und ist nur der Herausgabeanspruch inhaltlich modifiziert und unter Einrederechte gestellt. Die Einreden der Sicherung und der Verjährung sind mithin als solche und nicht als Grundlage von Besitzrechten gegen den Anspruch des Pächters oder Mieters bezüglich seiner Einrichtungen zu erheben. Z.B. muß sich der Vermieter oder Verpächter auf die Einrede

[1025] BGHZ 81, 146, 150, 151.

[1026] Freilich nur im Rahmen des Bestehenbleibens der zurückgegebenen Einheit. Der Vermieter oder Verpächter darf nicht etwa die Einrichtungsgegenstände daraus lösen, etwa verbrauchen oder veräußern etc. Er muß sich für die Möglichkeit, daß der Mieter das Verlangen stellt, bereit halten. Diese Abgrenzung betrifft aber die Grenze seines Besitzrechts und nicht die Existenz eines solchen.

der Verjährung als solche berufen, damit sie wirkt; die Rede des BGH davon, daß schon aus dem Eintritt der Verjährung ein (endgültiges) Recht zum Besitz folge, ist irreführend[1027], wenn auch insofern nicht schädlich, als der BGH ja das Recht zum Besitz selbst als Einrede ansieht mit der Folge, daß es nur im Fall seiner Geltendmachung wirkt. Wenn sich freilich der Vermieter oder Verpächter auf die Einrede der Verjährung beruft, wirkt diese nicht nur gegen den Hauptanspruch (hier das Wegnahmerecht), sondern auch gegen die Nebenfolgen desselben, d.h. die Ansprüche aus §§ 987 ff. betreffend Nutzungsentschädigung etc[1028].

Die hier gezeigte Prägung des Eigentumsrechts inter partes durch die schuldrechtliche Beziehung zwischen den Parteien wird problematisch zum einen hinsichtlich der vom RG erst aus dem Einredecharakter des Rechts zum Besitz aus § 547 II 2 (in der Fassung zur Zeit der Entscheidung des RG) gefolgerten Möglichkeit der Übereignung nach §§ 929 S. 1, 931 und zum anderen hinsichtlich der Fälle der Rechtsnachfolge auf Seiten beider Parteien. In ersterer Hinsicht ist es dem RG auf den rechtlichen Bestand des Herausgabeanspruchs nach § 985 angekommen, der trotz des Rechts zum Besitz zu bejahen sei, weil dieses eben bloßes Einrederecht sei. In letzterer Hinsicht ist problematisch, ob und inwiefern die schuldrechtliche Beschränkung des Eigentums inter partes für oder gegen Rechtsnachfolger einer Partei wirken kann. **1116**

Was zunächst das Bestehen des Herausgabeanspruchs für § 931 betrifft, so ist das Problem dahin zu lösen, daß nicht etwa künstlich dieses Bestehen zu konstruieren, sondern einfach zu sagen ist, daß ebenso wie die Abtretung des Herausgabeanspruchs auch die Abtretung der geminderten Position aus §§ 547a I a.F. (539 II), 258 für die Übereignung nach §§ 929, 931 genügend ist[1029]. Daraus folgt zugleich die Beschränkung des Eigentums auch in der Hand eines Rechtsnachfolgers des Mieters oder Pächters. § 986 II muß entsprechend gelten. Was schließlich die Besitznachfolge auf Seiten des Verpächters oder Vermieters betrifft, so kann der Verpächter oder Vermieter seine schuldrechtliche, das Eigentum des Mieters bzw. Pächters beschränkende Rechtsposition – einschließlich der Einreden der Sicherung oder der Verjährung – an den Nachfolger abtreten oder ihn zu ihrer Geltendmachung ermächtigen oder sie schließlich selbst zugunsten des Nachfolgers geltend machen[1030]. **1117**

[1027] Von der Frage, ob die Einrede der Verjährung ein Recht zum Besitz ist (weiter der in Fn. 1022 angesprochenen Frage, ob die Verjährung des Herausgaberechts auch dann weiterläuft, wenn der Gegner die Herausgabe kraft Vermieterpfandrechts verweigern kann), ist die Frage zu unterscheiden, ob ein Recht zum Besitz trotz Verjährung des auf Übereignung der Sache bestehenden Anspruchs bestehen kann. Beispiel ist das Recht zum Besitz, das dem Käufer nach Übergabe der Kaufsache aus dem Kaufvertrag zusteht; dieses kann der Käufer der Vindikation des Verkäufers auch dann entgegenhalten, wenn der Übereignungsanspruch aus dem Kaufvertrag verjährt ist. Veräußert der Verkäufer freilich das Eigentum, was bei Grundstücken ohne weiteres nach §§ 873, 925, bei beweglichen Sachen nach § 931 durch Abtretung der Restposition bzgl. der Sache aus dem Kaufvertrag (etwa künftige Rückabwicklungsmöglichkeiten etc.) möglich ist, so gilt das kaufvertragliche Recht zum Besitz nicht gegenüber der Vindikation des Erwerbers. Der BGH hat in BGHZ 90, 269 das Recht zum Besitz aber gegen den Erwerber erstreckt, wenn dieser das Eigentum im Rahmen einer Vermögensübernahme i.S. von § 419 a.F. erworben hat. – Von den beiden angesprochenen Fragen unter den Stichworten Recht zum Besitz und Verjährung ist sodann die dritte Frage zu trennen, ob ein Recht zum Besitz gegenüber dem Verkäufer eines Kaufs unter Eigentumsvorbehalt besteht, wenn dessen Kaufpreisforderung verjährt ist.

[1028] Insoweit übt zu Unrecht Kritik am BGH *Eckert*, MDR 1989, 135, 137.

[1029] S. bereits o. Rz. 823.

[1030] S. u. Rz. 1604 mit 1509 betreffend die Einreden gegen eine Sicherungsgrundschuld.

d) Herausgabeanspruch bei mittelbarem Besitz

1118 Nach § 985 herausgabepflichtig ist auch – und zwar wegen §§ 883, 886 ZPO unbeschränkt – der bloße mittelbare Besitzer[1031].

1119 Will ein auf Herausgabe verklagter unmittelbarer Besitzer die Klage mit einem von einem Dritten abgeleiteten Besitzrecht abwehren, so hat er dafür nach § 986 I 1, 2 drei Voraussetzungen darzulegen: (1) Den unmittelbaren, d.h. zu dem Dritten als mittelbarem Besitzer im Verhältnis stehenden Besitz, (2) das Besitzrecht des mittelbaren Besitzers im Verhältnis zum Eigentümer, (3) die Besitzüberlassungsbefugnis des mittelbaren Besitzers aufgrund seines Verhältnisses zum Eigentümer.

1120 Fehlt dem mittelbaren Besitzer die Besitzüberlassungsbefugnis, so hat der Eigentümer ein Recht nur auf Herausgabe an den mittelbaren Besitzer, es sei denn, dieser wäre zur Rücknahme entweder nicht in der Lage oder nicht willens (§ 986 I 2). Trotz der Ähnlichkeit der Regelungen sind die Gedanken von § 986 I 2 und § 869 S. 2 unterschiedlich: § 869 S. 2 behandelt den Fall, daß ein Dritter den Besitz beim unmittelbaren Besitzer verletzt. Dadurch wird zwar auch der Besitz des mittelbaren Besitzers, in erster Linie aber der Besitz des unmittelbaren Besitzers verletzt. Es besteht keine Rechtfertigung, daß der mittelbare Besitzer ohne Rücksicht auf den gleichfalls verletzten unmittelbaren Besitzer Herausgabe an sich verlangt. Anders hat im Fall des § 986 I 2 der mittelbare Besitzer selbst durch unbefugte Überlassung der Sache das Recht des Eigentümers verletzt. Es bedarf hier also der Rechtfertigung, wieso der Eigentümer ebenso wie im Fall des § 869 S. 2 der mittelbare Besitzer die Sache nicht ohne weiteres an sich selbst herauszuverlangen berechtigt ist. Die Rechtfertigung liegt darin, daß einerseits der Besitzer, dem die Sache überlassen ist, den Oberbesitz des überlassenden mittelbaren Besitzers achten muß und andererseits der mittelbare Besitzer seine vom Eigentümer abgeleitete Besitzstellung behalten hat.

1121 Der unmittelbare Besitzer braucht kein gegenwärtiges Besitzrecht gegenüber seinem mittelbaren Besitzer zu haben. Die Formulierung des Gesetzes, die das zu verlangen scheint, ist eine formelhafte Übernahme von § 868. Ist das Besitzrecht beendet oder besteht nur ein Bereicherungsanspruch wegen Unwirksamkeit des Besitzrechtsverhältnisses, so hat der Besitzer an seinen mittelbaren Besitzer und nicht nach §§ 985, 986 I 1 an den Eigentümer herauszugeben[1032].

1122 Aufgrund entsprechender Anwendung des § 986 I 1, 2 ist die Möglichkeit, ein Recht zum Besitz von einem Zwischenmann abzuleiten, auch in dem Fall anzuerkennen, daß der Besitzer den Besitz nicht dem Zwischenmann vermittelt, sondern über diesen vom Eigentümer ein Eigenbesitzrecht ableitet.

Gerhardt[1033] gibt den Beispielsfall zweier Vorbehaltskäufe über dieselbe Sache, nämlich des Verkaufs unter Eigentumsvorbehalt durch V an K1 und sodann unter Wahrung dieses Eigentumsvorbehalts durch K1 an K2. Entgegen *Gerhardt* ist in diesem Fall aber ein Besitzmittlungsverhältnis jeweils zwischen Käufer und Verkäufer anzunehmen und § 986 I 1, 2 also direkt anwendbar. Daß der Besitz aufgrund eines Vorbehaltskaufs auf einen endgültigen Erwerb durch den Käufer hinauslaufen soll, ändert nichts an der zwischenzeitlichen, durch den Sicherungszweck des Eigentumsvorbehalts bedingten Herausgabepflicht gegenüber dem (ersten wie dem zweiten) Verkäufer. Ein Beispielsfall für die entsprechende Anwendung des § 986 I 1 zur Ableitung eines Eigenbesitzrechts von einem Zwischenmann ist demgegenüber der Fall, daß eine Sache wirksam verkauft und weiterverkauft wird mit jeweils nichtiger Übereignung oder – bei Grundstücken – mit

[1031] Über die möglichen Arten des Besitzes i.S. von § 985 *Wieling*, Sachenrecht I, § 12 I 1 b, c, S. 517 ff.

[1032] Zutreffend *Wieling*, Sachenrecht I, § 12 I 3 a, bb, S. 532 f.

[1033] Mobiliarsachenrecht, § 9 2 c, Fall 37, S. 58.

Übergabe noch ohne Übereignung. Ob der Zwischenmann selbst Besitz bekommen oder der erste Veräußerer direkt an den Zweitkäufer übergeben hat, ist gleichgültig.

Fraglich ist, ob ebenso wie das Besitzrecht einer über einen Zwischenmann mit dem **1123** Eigentümer verbundenen Person auch die Beschränkung des Herausgabeanspruchs nach § 986 I 2 von dem Bestehen eines Besitzmittlungsverhältnisses des Besitzers zu der die Ableitung vom Eigentümer vermittelnden Person unabhängig ist. Dazu folgender Fall: M hat vom Eigentümer gemietet und dann die Sache an K verkauft und – allerdings unwirksam – übereignet. Zu fragen ist, ob der Eigentümer von K Herausgabe an sich verlangen kann oder ob er durch § 986 I 2 beschränkt ist.

Medicus[1034] bejaht die analoge Anwendung des § 986 I 2. Das ist zweifelhaft. Die Begründung damit, daß das Besitzrecht des M zu wahren sei, genügt nicht. Der Beklagte K macht damit eine exceptio de iure tertii geltend; das ist grundsätzlich ausgeschlossen. § 986 I 2 gewährt zwar ausnahmsweise eine solche exceptio, aber sinnvoll beschränkt auf den Fall, daß einerseits der Beklagte die Oberposition seines mittelbaren Besitzers und andererseits der mittelbare Besitzer die Ableitung des Besitzrechts vom Eigentümer nicht aufgehoben hat. Hat die Zwischenperson dagegen, wie in unserem Fall der M, die Sache aus der Oberherrschaft des Eigentümers weggegeben, so besteht weder ein Grund, den *Beklagten* zur Einwendung des Rechts des Dritten zu berechtigen, noch auch ein Grund dafür, daß der *Eigentümer* vom Beklagten die Herausgabe an den Dritten zu verlangen berechtigt sein soll. Nach diesen Erwägungen kommt es auf den mittelbaren Besitz i.S. von § 986 I 2 nur insoweit nicht an, als es ausreicht, daß ein Besitzmittlungsverhältnis zwischen Beklagtem und Drittem besteht, während der Besitzmittlungswille des Beklagten fehlen kann.

e) *Wirkung des Besitzrechts gegen den Erwerber des Eigentums*

Im Gegensatz zu § 986 I 1, 2, der nur die Geltendmachung des Besitzrechts des mittelba- **1124** ren Besitzers gegenüber dem Eigentümer durch den unmittelbaren für den mittelbaren Besitzer regelt (analog auch das Recht auf die Sache für den Vormann, wenn dieser nicht mittelbarer Besitzer ist), bekommt nach § 986 II eine schuldrechtliche Position dingliche Wirkung: Bei beweglichen Sachen soll keine Verschlechterung der Lage des Besitzers bei einer Veräußerung nach § 931 eintreten.

Dies leitet sich nach den Materialien[1035] wie folgt her: Der E I folgte noch strenger dem Traditionsprinzip und verlangte bei Besitz eines Dritten für die Übereignung eine Umstellung des Willens des Dritten auf die Besitzmittlung nunmehr für den Erwerber. Hinsichtlich seiner Einwendungen war der Dritte dadurch geschützt, daß er wegen der Einwendungen seine Mitwirkung versagen konnte oder seine Mitwirkung von deren Berücksichtigung abhängig machen konnte. Die 2. Kommission wollte nun einerseits die Möglichkeit einer von der Mitwirkung des Dritten unabhängigen Übereignung schaffen, andererseits aber den durch das Traditionsprinzip gewährleisteten Schutz des Dritten nicht vereiteln. Damit stand sie vor derselben Schwierigkeit, wie sie die Rechtsentwicklung zur Möglichkeit der Abtretung einer Forderung hin entgegen deren Eigenart als eines bloßen iuris vinculum inter personas kennzeichnete: Die Rechtsentwicklung tendierte zur Verkehrsfähigkeit der Forderung, andererseits durfte der Schutz des Schuldners dadurch, daß die Forderung zu seinem relativen Verhältnis zum Gläubiger gehörte, nicht vereitelt werden. Die Lösung des Problems hinsichtlich der Forderung steht in § 398 und § 404: Verkehrsfähigkeit der Forderung unter Aufrechterhaltung der Einwendungen des Schuldners gegenüber dem Zessionar. Genau dieser Lösung entspricht der Schritt des Gesetzgebers in § 986 II: Von der Mitwirkung des Dritten unabhängige

[1034] MünchKomm § 986 Rz. 23; so auch *Wieling*, Sachenrecht I, § 12 I 3 a cc, S. 532 ff.
[1035] Prot., *Mugdan* III, S. 627 f.

Übereignungsmöglichkeit, aber Ersatz des sonst durch das Traditionsprinzip gewährleisteten Schutzes durch die Drittwirkung der Einwendungen gegen den Erwerber.

1125 Aus dieser Erklärung des § 986 II folgen zwei Auslegungsergebnisse zu § 986 II, die beide in einem vom OLG Düsseldorf[1036] entschiedenen Fall relevant geworden sind: Hier stellte sich zunächst die Frage, ob der Besitzer auch ein Zurückbehaltungsrecht gegen den Erwerber nach § 986 II geltend machen kann. Das Recht begründet eine Einrede, keine Einwendung i.e.S. Die Parallele zu § 404 zeigt aber, daß auch § 986 II das Wort Einwendungen in dem die Einreden umfassenden weiteren Sinne gebraucht. Sodann kam im Fall in Betracht, daß die Sache nicht nach § 931, sondern nach § 930 (durch Einräumung eines zweitstufigen mittelbaren Besitzes) an den Erwerber übereignet worden war. Mit Recht wendet das Gericht § 986 II mit der h.M. auch auf den Fall der Übereignung nach § 930 (analog) an[1037].

1126 Entgegen der Kritik von *Roussos*[1038] ist nicht auf die Erkennbarkeit des Drittbesitzes für den Erwerber abzustellen. Grundlage des § 986 II ist nicht eine Risikoübernahme durch den Erwerber. Dieser kann, wenn er den Besitz des Dritten kennt, immer noch davon ausgehen, daß er kraft des erworbenen Eigentums die Sache sofort und unbeschränkt vom Dritten herausverlangen kann. Dann übernimmt er nicht das Risiko der Einwendungen des Dritten. Unabhängig davon, was der Erwerber denkt, sich erzählen läßt etc., entscheidet nach § 986 II das Objektivum des Drittbesitzes. Die Drittwirkung der Einwendung des Drittbesitzers ist ja der Ersatz für die nach dem Traditionsprinzip erforderliche Mitwirkung des Dritten an der Übereignung. Allgemein also insoweit, als der Eigentümer ohne diese Mitwirkung übereignen kann, muß dieser Ersatz eingreifen. Mithin gilt § 986 II gleich, ob der Eigentümer ohne Mitwirkung des Dritten nach § 931 oder nach § 930 übereignet. Die 2. Kommission hat sogar der Möglichkeit des § 930 gedacht, sie hat sie ohne weiteres der des § 931 gleichgestellt und die Berücksichtigung in der Gesetzesfassung der Redaktionskommission überlassen[1039].

f) Beendigung des Besitzrechts und einstweilige Verfügung

1127 Endet ein Besitzrecht i.S. von § 986 I 1, besteht der Herausgabeanspruch. Jede nachteilige Einwirkung des Besitzers auf die Sache ist jetzt Grund für eine einstweilige Verfügung i.S. von § 935 ZPO[1040].

[1036] OLG Düsseldorf NJW 1986, 2513.

[1037] Ebenso BGHZ 111, 142, 164; zustimmend *Krüger*, JuS 1993, 12, 13 f.

[1038] JuS 1987, 610 f.

[1039] Prot., *Mugdan* III, S. 629. Aus dem Sinn des § 986 II folgt seine Anwendung auch auf den Grundschuldbrief ungeachtet dessen, daß dieser nur Mittel zur Übertragung der Grundschuld ist, während das Eigentum an ihm selbst dem Übergang der Grundschuld kraft Gesetzes – § 952 II – folgt: Wird die Grundschuld gem. §§ 1192 I, 1154 I 1 Hs. 2, 1117 I 2 durch Zession des Anspruchs auf Herausgabe des Briefs übertragen, müssen dem Besitzer des Briefes nach § 986 II die Einwendungen gegen den Herausgabeanspruch erhalten bleiben (a.A. *Heinen*, JA 1993, 49, 53 f. m.w.N. Im Fall *Heinens* war freilich die Einrede des Zurückbehaltungsrechts, die der Besitzer erheben wollte, nach den sie stützenden Gründen inzwischen erloschen).

[1040] Die Einwirkung, die jetzt im Gegensatz zur Zeit des Besitzrechts das Eigentum beeinträchtigt, ist eine Änderung des Zustands i.S. des § 935 ZPO. Unrichtig OLG Dresden WM 1998, 1678, das es ablehnt, der – jedenfalls nachteiligen – Weiternutzung sicherungsübereigneter Kraftfahrzeuge im Straßenverkehr durch den Sicherungsgeber trotz Kündigung des Kredits und Herausgabeverlangens des Sicherungsnehmers mit einer einstweiligen Verfügung zuvorzukommen. Auch zu einer Interessenabwägung (so *Bornhorst*, WM 1998, 1668, 1672 f.) ist hier kein Platz. In dem Fall KG NJW 1993, 1480 prüfte das Gericht eine einstweilige Verfügung gegen den unmittelbaren Besitzer nach Beendigung des Besitzrechts nicht deshalb, weil der Besitzer die Herausgabe verweigerte, sondern weil er herausgeben wollte, nämlich an den Verleiher, dessen Eigentum der Verfügungskläger unter Prätention eigenen Rechts bestritt.

3. Rei vindicatio und actio Publiciana

Der Anspruch aus § 985 dient der Verwirklichung des Eigentums und setzt neben dem Besitz des Beklagten die Darlegung und – im Bestreitensfall – den Beweis der das Eigentum des Klägers ergebenden Tatsachen voraus. Dabei hilft zunächst, daß nicht etwa der Erwerb des Klägers vom Eigentümer und dazu wiederum der des Veräußerers, von dem der Kläger erworben hat, seinerseits von einem Eigentümer usw. bis zurück in lange zurückliegende Zeiten erforderlich ist. Für den Fall, daß der Kläger von einem Nichtberechtigten erworben hat, hilft die Möglichkeit des gutgläubigen Erwerbs vom Nichtberechtigten nach §§ 932 ff. oder § 892. Weiter können dem Kläger die – allerdings widerleglichen – Eigentumsvermutungen nach §§ 1006, 891 zugute kommen. **1128**

Schließlich macht, wenn es um eine bewegliche Sache geht, unter ihren Voraussetzungen (und mit ihren Einschränkungen) die Vorschrift des § 1007 die Prüfung des Eigentums ganz entbehrlich. Der Kläger, der eine bewegliche Sache im Besitz hatte und sie vom Beklagten zurückerhalten will, kann statt des Eigentums gemäß § 1007 seinen (früheren) Besitz in gutem Glauben (§ 1007 III 1) geltend machen und erhält einschließlich der Nebenfolgen der §§ 987 ff. (s. § 1007 III 2) den gleichen Schutz wie der Eigentümer aus § 985. Der Schutz aus § 1007, in dem die actio Publiciana des römischen Rechts erhalten geblieben ist, wird nach Ausführung der Nebenfolgen der Vindikation, die auch für die actio Publiciana gelten (§ 1007 III 2)[1041], erörtert[1042]. **1129**

4. Nebenfolgen der Vindikation: Einordnung und Grundmerkmale

a) *Leges speciales*

§§ 987 ff.[1043] behandeln die besondere Lage, die besteht, wenn jemand eine fremde Sache in Händen hält, gleich ob als Eigen- oder Fremdbesitzer (s. § 991), die Sache benutzt oder bewirtschaftet und dies nicht auf einer Zuweisung des Besitzes an ihn mit Wirkung gegenüber dem Eigentümer beruht[1044]. Zu ordnen ist die Verpflichtung des Besitzers zur **1130**

Der Veranstalter einer Gemäldeausstellung (eine Gesellschaft, deren Anteile von der Bundesrepublik und vom Land Berlin gehalten werden) hatte das streitige Gemälde von der Trägerin des Lenbachhauses in München für die Ausstellung überlassen bekommen, die sich gemeinsam mit einer Stiftung als Eigentümerin des Gemäldes betrachtete. Der Verfügungskläger, der das Eigentum für sich in Anspruch nahm, beantragte nach Ausstellungsende eine einstweilige Verfügung auf Herausgabe statt an die Leihgeberin an einen Gerichtsvollzieher bzw. Sequester. Das KG hat die Verfügung mangels Verfügungsgrundes i.S. von § 935 ZPO abgelehnt, weil keine Gefahr bestehe, daß das Lenbachhaus das Gemälde veräußern oder daß das Gemälde im Lenbachhaus eine Beeinträchtigung erleiden würde. Nach der Satzung des Lenbachhauses war die Veräußerung ausgeschlossen und eine museale Verwahrung gewährleistet.

1041 Relevant für die Haftung einer Bank wegen der Einlösung abhanden gekommener Inhaberschecks, wenn nicht der Absender, sondern der Empfänger der Schecks, bei dem die Schecks vor Annahme des Übereignungsangebots entwendet worden sind, auf Schadensersatz klagt. Dessen Anspruch kann nach § 1007 III 2 i.V.m. § 990 begründet sein, so im Fall BGH ZIP 1998, 330, in dem ein Postangestellter des Empfängers die Schecks unterschlagen und bei der Bank zur Einlösung auf ein eigenes Konto eingereicht hatte.

1042 Unten Rz. 1237 ff.

1043 Grundfälle zum Eigentümer-Besitzer-Verhältnis bei *Roth* JuS 1997, 518 (1. Teil), 710 (2. Teil), 897 (3. Teil) und 1087 (4. Teil).

1044 Gemäß ihren Grundgedanken sind die §§ 987 ff. ganz oder teilweise entsprechend anwendbar nach dem Gesetz auf die Haftung des Herausgabeschuldners von der Rechtshängigkeit an (§ 292), die Haftung des Schuldners aus ungerechtfertigter Bereicherung von der Rechtshängigkeit (§ 818 IV) oder der Bösgläubigkeit an (§ 819), auf die actio Publiciana (§ 1007 III 2) und auf das Verhältnis zwischen Erben bzw. Vorvermächtnisnehmer und (Nach)-Vermächtnisnehmer (§ 2185, dazu BGHZ 114, 16 ff.). Eine den §§ 987 ff. entsprechende Regelung enthalten die §§ 2018 ff. zum Erbschaftsherausgabeanspruch. Nach früherer Regelung

Herausgabe oder Vergütung von Nutzungen (§§ 987 f. mit §§ 991 und 993) sowie seine Haftung auf Schadensersatz (§§ 989 f. mit §§ 991 f. und 993) und andererseits die Berechtigung des Besitzers zu Verwendungsersatz und Wegnahme (§§ 994 ff.). Die Haftung des Besitzers gehört in die allgemeine Bereicherungs-, Vergütungs- und Schadensersatzhaftung zum Schutze fremden Rechts hinein, ist aber im Hinblick auf das besondere Verhältnis der Vindikation besonders geregelt. Die Berechtigung des Besitzers ist einerseits ebenfalls aus der allgemeinen Bereicherungshaftung, jetzt zum Schutz der vom Besitzer aufgewendeten Güter, zu erklären, andererseits eine Berechtigung wegen negotiorum gestio, wobei das negotium der fremden Sache zuzurechnen ist. Die Aufgabe der Spezialregelung ist insofern, die Frage zu klären, inwieweit der Eigentümer mit dem seiner Sache, aber nicht ohne weiteres ihm persönlich zuzurechnenden Aufwand zu belasten ist[1045].

b) Grundgedanken der Haftung im Eigentümer-Besitzer-Verhältnis

1131 Zum Verständnis der Sonderregelung dienen drei Schlüssel: Zunächst kann der Besitzer in gutem Glauben sein, dazu berechtigt zu sein, die Sache in Händen zu halten. Unter dieser Voraussetzung schützt das Gesetz seinen guten Glauben. D.h. eine Bewirtschaftung wird insoweit, als sie zum Nutzen der Sache führt, kraft seines guten Glaubens dem Besitzer zugewiesen; nur der Substanz und dem zukünftigen Ertrag nach gehört die Sache zurück zum Eigentümer; auch insofern werden dem Besitzer aber noch seine notwendigen und seine wertsteigernden Aufwendungen auf die Sache vergütet. Andererseits soll eine Schädigung wie die Schädigung einer eigenen oder einer gemieteten etc. Sache (bzgl. letzterer ist die dem angenommenen Besitzrecht entsprechende Abnutzung gemeint) nicht haftbar machen, der Besitzer soll stehen „quasi suam rem neglexit"[1046]. Dieser Grundsatz findet sich in § 993 I 2. Hs. In Abstimmung mit dieser Begünstigung sind die Gegenrechte des Besitzers wegen seiner Verwendungen geregelt.

1132 Ausgangspunkt der Sonderbehandlung des gutgläubigen Besitzers ist, daß derjenige, der mit dem Besitz eine Rechtsscheinposition innehat, die bei Eigenbesitz für sein Eigentum und bei Fremdbesitz für das Eigentum der Person spricht, von der er sein Besitzrecht ableitet, dem Eigentümer nicht soll haften müssen, wenn er im Vertrauen auf sein Recht seine Position behält und ausübt. Die 1. Kommission hat den Schutz des Redlichen noch als derartige bloße Haftungseinschränkung angesehen. Als Konsequenz für die Nutzungsherausgabe hat sie betont, daß der auch damals schon bestimmte Ausschluß der Nutzungsherausgabe nur der bereicherungsrechtlichen Herausgabehaftung gelte, während eine Vindikation der Früchte, die nach der Fruchterwerbsregelung (§§ 953 ff.) nicht in das Eigentum des Besitzers fallen[1047], keineswegs berührt werde[1048]. Die 2. Kommission hat die Regelung des jetzigen § 988 hinzugefügt und damit den Schutz nach § 993 in einen Zusammenhang gerückt, der ihm eine auch *positive* Bedeutung verleiht: § 988 steht zu § 816 I 2 parallel und so § 993 I 2. Hs. zu § 932 etc. § 993 I Hs. 2 läuft so auf die Anerkennung des gutgläubigen Erwerbs eines Habens- und Nut-

galten die §§ 987 ff. auch für die Haftung bei vertraglichem Rücktrittsrecht (§ 347), ebenso bei Wandelung des Kaufs (§§ 467, 347). Die n.F. hat dies aufgegeben. – Zur Frage der analogen Anwendung der §§ 987 ff. auf der Vindikationslage ähnliche Verhältnisse unten Rz. 1138. – Zur Schadensersatz- und Nutzungsherausgabehaftung nach DDR-Recht BGH ZIP 1993, 70, 73.

1045 Zu wenig das Positivum der Sachverwendung und möglichen Bereicherung des Eigentümers beachtend die Einordnung durch den BGH, es gehe statt um einen Bereicherungsausgleich um eine Verlustabwälzung auf den Eigentümer (BGHZ 131, 220, 223 im Anschluß an Staudinger/*Gursky* Vorbem. §§ 994 ff. Rz. 22).

1046 D 5, 3, 31, 3 für die hereditatis petitio.

1047 Beispiel o. Rz. 964.

1048 Mot., *Mugdan* III, S. 203.

zungsrechts hinaus. Das ändert allerdings nichts an dem Vorrang der §§ 953 ff. Aber bezüglich aller derjenigen Nutzungen, bezüglich deren nicht das Eigentum des Eigentümers der Muttersache infolge der §§ 953 ff. gilt oder gelten kann, insbesondere also bezüglich aller nicht gegenständlichen Nutzungen, wirkt § 993 I Hs. 2 nicht nur haftungsbeschränkend, sondern auch rechtszuweisend.

§ 993 I 2. Hs. enthält eine Haftungseinschränkung und einen Erwerb kraft guten **1133**
Glaubens zugleich; hinzukommt, was die Verwendungen betrifft, die Berechtigung hinsichtlich der notwendigen und der wertsteigernden Verwendungen (§§ 994, 996); zusammenfassend kann man sagen: Die Sonderregelung konstituiert den gutgläubigen Erwerb einer privilegierten Position.

Der zweite Schlüssel dient dem Verständnis der Haftung wegen Bösgläubigkeit oder **1134**
Rechtshängigkeit (§§ 990, 987, 989). Der bösgläubige Besitzer weiß oder es ist ihm offensichtlich, daß die Sache zu einem anderen gehört. Die Folgerung ist, daß er sie auch behandeln, bewahren und schützen muß für den anderen. Er haftet gleich einem Geschäftsbesorger oder Verwahrer. Dieser Grundsatz ist in § 990, für die Verwendungen in §§ 994 II, 996 ausgedrückt[1049]. Die Haftung begreift aber nicht in sich auch den Herausgabeanspruch bei Geschäftsbesorgung oder Verwahrung. Für den Herausgabeanspruch bleibt es bei § 985, der Haftung, die auf nichts weiter als einem dem Eigentum widersprechenden Haben beruht. Dieser Haftung unterliegt auch der bösgläubige Besitzer. Auch bei ihm geht es darum, daß er eine Sache entgegen dem fremden Eigentum im Besitz hat. Die Haftung wandelt sich bei ihm also nicht zu einer vertraglichen oder vertragsähnlichen Herausgabehaftung. Die Geschäftsbesorgungs- oder Verwahrungsanalogie bezieht sich nur auf die Situation, daß der Besitzer die fremde Sache in seinem Besitz hat. Weil er weiß, daß es eine fremde ist, muß er sie aufbewahren, d.h. darf weder er selbst Verschlechterungen oder Verlust verursachen noch darf er es sorgfaltswidrig dazu kommen lassen, daß eine Verschlechterung oder der Verlust der Sache eintritt. Treten Verschlechterungen oder nachteilige Verlagerungen der Sache ein, die der Besitzer zu verantworten hat, ist die Sache aber noch in seinem Besitz verblieben, so tritt die Schadensersatzpflicht neben die Herausgabepflicht.

Weil die Haftung des bösgläubigen Besitzers derjenigen eines Geschäftsführers oder Verwahrers gleicht, aber keine Erfüllungspflicht zur Herausgabe der Sache besteht, ist die Regelung der Haftung durch zwei prinzipielle Beschränkungen gekennzeichnet: Der bösgläubige Besitzer haftet als solcher zum einen nicht für den bloßen Vorenthaltungsschaden, zum anderen nicht für Zufallsschäden. Bezüglich der letzteren gilt wie auch sonst im Geschäftsführungs- oder Verwahrerverhältnis: Casum sentit dominus. Eine Haftung wegen Vorenthaltung oder Zufall kann den bösgläubigen Besitzer nur aufgrund Verzugs mit der Herausgabe treffen (§ 990 II).

Daß der gutgläubige Besitzer dem bösgläubigen vom Zeitpunkt der Rechtshängigkeit **1135**
der Klage an – mit Ausnahme der Möglichkeit der Verzugshaftung, die hier nicht gilt, s. §§ 989, 990 II – gleichgestellt ist, versteht sich ohne weiteres. Auch der Besitzer, der an sein Besitzrecht glaubt und beim Besitzerwerb nicht grob fahrlässig war, muß die Sache als fremde behandeln, wenn der Herausgabeanspruch gegen ihn rechtshängig ist, d.h. wenn er durch Zustellung der Klage (§§ 261 I, 253 I ZPO) weiß, daß er die Sache bei Prozeßverlust herauszugeben hat.

Andererseits kommt es aber auf den Prozeßverlust an, vorher kann der Besitzer noch durchaus **1136**
gutgläubig auf seinem Recht beharren. Dies erklärt, weshalb die Lage ab Rechtshängigkeit mit der bei Bösgläubigkeit nicht auch im Hinblick auf die Möglichkeit der Verzugshaftung gleichgestellt ist. Nur § 990 Abs. 2 behält diese vor[1050].

[1049] S. *Wilhelm*, AcP 183 (1983), 7 ff.

[1050] Die Haftungsfreiheit bei Gutgläubigkeit, solange keine Herausgabeklage rechtshängig ist, und die Geschäftsführerhaftung bei Bösgläubigkeit (hier vorbehaltlich des Verzuges) oder bei

c) *Der Grundgedanke der Verwendungsersatzregelung*

1137 Ein dritter Schlüssel zum Verständnis der Spezialregelung des Eigentümer-Besitzer-Verhältnisses betrifft die Verwendungsersatzregelung. Zum einen geht es um die Frage, warum die Regelung der §§ 994 ff. über die Verwendungen des Besitzers in der Weise, wie sie es tut, zwischen gutgläubigem Besitzer einerseits und bösgläubigem Besitzer sowie Rechtshängigkeitsbesitzer andererseits differenziert. Zum anderen geht es um die Frage, warum bei Begründetheit von Verwendungsersatz dieser durch die §§ 1000 ff. in der Durchsetzung besonders geregelt ist. Die Verwendungsersatzregelung hat zwei Seiten, zum einen dient sie dem Schutz des Besitzers, zum anderen dem des Eigentümers.

Rechtshängigkeit führen bei richtigem Verständnis zu zwei Abgrenzungen hinsichtlich der Haftung bei Rückabwicklung gegenseitiger Verträge: Die Haftungsfreiheit im ersteren Sinne ist Freiheit von derjenigen Schadensersatzhaftung, die wegen des Habens und Behandelns der Sache als fremder begründet ist. Der gutgläubige Besitzer wird eben behandelt quasi suam rem neglexit. Damit gerade vereinbar ist die Bereicherungshaftung auf den Wert der Sache nach Maßgabe des Einsatzes eigenen Vermögens dafür, die Sache als eigene zu haben, s. im Anschluß an *Flume Wilhelm*, Rechtsverletzung und Vermögensentscheidung, S. 62 ff., insb. S. 63 Fn. 9, sodann S. 184 f. (noch ohne Einordnung der Haftung nach §§ 989 f. als Geschäftsführerhaftung). Hat etwa K eine Sache für 10.000 € gekauft und unwirksam übereignet erhalten, so ändert die Haftungsfreistellung nach § 993 I 2. Hs. nichts daran, daß K, wenn die Sache untergeht, bereicherungsrechtlich auf den Wert der Sache bis zur Höhe von 10.000 € haftet, dies deshalb, weil K die Sache in dieser Höhe als eigene auf eigenes Risiko gehabt hat. Problematisch ist dann, ob sich an dieser Bereicherungshaftung etwas ändert, wenn K hinsichtlich seines Nichtrechts bösgläubig oder die Herausgabeklage rechtshängig ist. Zu fragen ist, unter welcher Voraussetzung K jetzt hinsichtlich des Untergangs oder der Beschädigung der Sache nur bei Verschulden haftet, wie §§ 989, 990 es bestimmen. Die Entscheidung ergibt sich unter Berücksichtigung des Charakters der in §§ 989 f. geregelten Haftung als Geschäftsführerhaftung. Sobald K aus der bisher als eigene Sache gehaltenen Sache eine für den fremden Berechtigten zu verwaltende macht, haftet er nur noch für Verschulden. K muß dafür aber, das gebietet die Geschäftsführerposition, bei Bösgläubigkeit die Sache dem Berechtigten zur Verfügung stellen (s. *Wilhelm*, AcP 183 (1983), S. 9 Fn. 25) und darf sie nur noch mit dessen Einverständnis behalten oder verwahren (lassen). Bei Rechtshängigkeit darf der Besitzer, wenn er gutgläubig ist, seine eigene Rechtsprätention wahren, er muß hier die Sache nicht sogleich dem Gegner zur Verfügung stellen, er muß aber, wenn er nicht mehr das Risiko der Sache tragen will, die Sache an sicherer und versicherter Stelle hinterlegen. (Die Geschäftsführerposition erlaubt und gebietet wie in dem in dieser Fn. sogleich zu behandelnden Fall der Beachtung zweier konkurrierender Rechtsprätentionen anderer Personen nur, aber immerhin die Beachtung der eigenen Rechtsprätention). Behält der Besitzer die Sache im Widerspruch zum Willen des Gegners und, ohne sie aufgrund der eigenen Rechtsprätention zu hinterlegen, so beharrt er insoweit auf der Eigenposition und bleibt seine daran anknüpfende Risikohaftung bestehen. Die Verschuldenshaftung gilt dann nur subsidiär. – Die zweite Abgrenzung, die aus den beiden Schlüsseln zu §§ 987 ff. folgt, betrifft die Frage, ob der bösgläubige Käufer einer dem E gehörenden Sache dem E haftet, wenn er bei Rückabwicklung des Kaufvertrages mit V (aufgrund Unwirksamkeit i.V.m. Bereicherungsrecht oder aufgrund Rücktritts wegen Pflichtverletzung) die Kaufsache dem V herausgibt. (Die Frage kann man umgekehrt nach der Haftung gegenüber V stellen, wenn K an E herausgibt). Nach § 990 gilt die Geschäftsführerhaftung, die Herausgabe an einen Dritten ist danach nicht erlaubt. Auch als Geschäftsführer des E darf K aber seine Rückgewährpflicht aus dem Kaufvertrag mit V berücksichtigen (soweit er nicht aufgrund von Anfang an bestehender Bösgläubigkeit diese Doppelstellung selbst zu verantworten hat), umgekehrt gilt gegenüber V nach §§ 819, 818 IV, 989 f. oder – nach früherer Regelung, nur noch Spurenelemente in § 346 n.F. – § 347 i.V.m. §§ 989 f. die Geschäftsführerhaftung des K gegenüber V mit derselben Notwendigkeit der Berücksichtigung der Interessen des E. Der sorgsame Geschäftsführer hinterlegt in einem solchen Fall die Sache, damit die beiden Prätendenten untereinander ausstreiten, wer die Sache zu bekommen hat, s. *Picker*, FS Flume (1978), Bd. I, 649, 654 ff., sodann *Müller-Laube*, AcP 183 (1983), S. 215, 240 f.

Zum Schutz des Besitzers begründet sie Wertersatz- oder Aufwendungsersatzansprüche. Zum Schutz des Eigentümers wird der Ausgleich der Verwendungen beschränkt. Dies geschieht zum einen dem Grunde nach, nämlich zu Lasten des bösgläubigen Besitzers oder bei Verwendungen nach Rechtshängigkeit. Zum zweiten geschieht dies aber auch nach der Art der Durchsetzung des Verwendungsersatzes, also insoweit, als der Besitzer, insbesondere auch der gutgläubige Besitzer, der Verwendungen vor Rechtshängigkeit vornimmt, Verwendungsersatz verlangen kann. Diese Beschränkung des Verwendungsersatzes findet sich in den §§ 1000 ff. Der Ausschluß oder die Einschränkung des Verwendungsersatzes dem Grunde nach und die Einschränkung in der Art und Weise der Durchsetzung dienen dem Schutz vor aufgedrängter Bereicherung[1051].

d) *Die entsprechende Anwendung der §§ 987 ff.*

Nach den bezeichneten Grundgedanken der Sonderregelung der §§ 987 ff. ist die Rege- **1138**
lung entsprechend anwendbar auf weitere Verhältnisse, in denen ein Berechtigter eine Sache dem Besitzer der Sache entziehen kann. Auch der Anspruch eines Grundstücksberechtigten gegen den Buchbesitzer im Falle des § 894 kommt in Betracht. Für die Anwendung ist aber je nach Lage des Falls und geltend gemachter Nebenfolge zu differenzieren. So kommt der Anspruch auf Nutzungsherausgabe im Fall des Buchbesitzes selbstverständlich nicht in Betracht[1052]. Für die Gegenrechte wegen Verwendungen ist nicht § 1000, sondern § 273 II anzuwenden, dieser aber in Verbindung mit §§ 994 ff.[1053]. Gegen den Sachbesitzer ist Voraussetzung des Nutzungsherausgabeanspruchs, dass der dinglichen Berechtigung gegen den Besitzer eine hinsichtlich der Nutzungen unbeschränkte materielle Rechtsposition an der Sache zugrunde liegt. Nur unter dieser Voraussetzung stehen die Nutzungsansprüche nach §§ 987 f., 990 I 1 analog dem Berechtigten einer Vormerkung gegen den Eigentümer und Besitzer zu, der aufgrund einer nach § 883 II relativ unwirksamen Übereignung Eigentum und Besitz erworben hat und nach § 888 II der Eintragung des Vormerkungsberechtigten zustimmen muss. Im Fall eines Grundstückskaufs mit Auflassungsvormerkung hat dies folgende Konsequenz: Verlangt der vormerkungsberechtigte Käufer vom Dritten die Herausgabe der von diesem vor Übereignung und Übergabe an den Käufer gezogenen Nutzungen, ist zu beachten, dass der vormerkungsberechtigte Käufer hinsichtlich der Nutzungen noch nicht ohne weiteres die unbeschränkte Rechtsposition hat: Nach § 446 S. 2 (= § 446 I 2 a.F.) kommen ihm nämlich im Rahmen seines durch die Vormerkung durchsetzbaren Übereignungsanspruchs die Nutzungen erst mit der Übergabe des Grundstücks zu. Macht der Käufer aber seinen Übereignungsanspruch gegen den Verkäufer rechtshängig, so stehen ihm nach §§ 292, 987 ff. schon von diesem Zeitpunkt an gegenüber dem Verkäufer die Nutzungen zu und ist die gegen den Dritten durchsetzbare Rechtsposition also insoweit

1051 Anschauliches Beispiel aus der Literatur, das nach *Knütel*, JuS 2001, 209, 210 f., auf die Digesten zurückgeht (dort entsprechend mit Sklaven gebildet ist): Ausbildung eines Hof- oder Blindenhundes zum sehr viel wertvolleren Jagdhund, dessen neue Eigenschaft für den Eigentümer aber unbrauchbar ist.

1052 Dagegen führt die entsprechende Anwendung der §§ 987 ff. auf das Verhältnis nach § 894 zu einem Schadensersatzanspruch nach §§ 989, 990 im Fall einer nach § 892 wirksamen Belastung des Grundstücks durch den Buchbesitzer (RGZ 121, 335), aber auch zur Beschränkung der Schadensersatzansprüche gegen den Buchbesitzer aufgrund des § 993 I 2. Hs., folglich insbesondere – betreffend die Verzugshaftung – zur Beschränkung des Schadensersatzanspruchs nach § 990 II auf den Fall der Bösgläubigkeit (zur letzteren OLG Saarbrücken OLGZ 1987, 223).

1053 RGZ 114, 266; 115, 35; 163, 62; auf die Geltendmachung gegen Berichtigungsansprüche hinsichtlich des Grundstückseigentums beschränkend BGHZ 41, 30, 36 f.

unbeschränkt[1054]. Der Rechtshängigkeit steht die Lage gleich, dass der Verkäufer seine Übereignungspflicht freiwillig erfüllen will und den Dritten zu Zustimmung und Übergabe auffordert.

1139 Unter der erwähnten Voraussetzung sind die §§ 987 ff. ebenso auf den Zustimmungsanspruch des Inhabers eines dinglichen Vorkaufsrechts nach § 1098 II i.V. mit § 888 anzuwenden[1055].

1140 Die entsprechende Anwendung in den Fällen der Vormerkung und des dinglichen Vorkaufsrechts ist nichts anderes als eine sinnvolle Ausdehnung der §§ 987 ff. auf eine Lage, in der der Herausgabeanspruch gegen den Besitzer nicht unmittelbar geltend gemacht, sondern durch einen auf das Recht an der Sache gerichteten Anspruch vorbereitet wird. Dies gilt ohne weiteres im Fall des dinglichen Vorkaufsrechts und ebenso im Fall der Vormerkung für ein schuldrechtliches Vorkaufsrecht. Ein besonderes Problem ist hier nur, ob der (durch relativ unwirksame Verfügung) Eigentümer gewordene Besitzer schon vor dem Zeitpunkt des Eintritts des Vorkaufsfalls und der Ausübung des Vorkaufsrechts bösgläubig sein kann. Die Frage ist zunächst dahin zu verdeutlichen, daß es nicht um den Zeitpunkt, sondern um den Gegenstand des bösen Glaubens des Besitzers geht, d.h. darum, ob der böse Glaube hinsichtlich der dinglichen Berechtigung als solcher ausreicht oder ob darüber hinaus der Vorkaufsfall eingetreten, das Vorkaufsrecht ausgeübt sein und der Besitzer im Hinblick darauf bösgläubig sein muß. Sodann geht es nicht um die Bösgläubigkeit des Besitzers in dem Sinne, dass er die Herausgabeberechtigung eines anderen kennt oder kennen muß. Bis zum Eintritt des Vorkaufsfalls und zu der Ausübung des Vorkaufsrechts kann der Besitzer ja von seinem – ihm verbleibenden – Eigentum ausgehen. Aber er muß aufgrund seiner Kenntnis oder grob fahrlässigen Unkenntnis von der gegen ihn wirksamen dinglichen Berechtigung damit rechnen, daß die Berechtigung gegen ihn durchgesetzt werden und er Eigentum und Besitz verlieren wird. Die richtige Wertung stand in § 347 a.F.[1056], der den vergleichbaren Fall der Herausgabepflicht aufgrund der Ausübung eines vertraglich bedungenen Rücktrittsrechts durch Verweisung auf die Haftung des Besitzers nach Rechtshängigkeit des Herausgabeanspruchs regelt. Der Besitzer, der davon weiß oder nur aus grober Fahrlässigkeit nicht weiß, daß ihm gegenüber ein Vorkaufsrecht kraft Vormerkung oder dinglicher Vorkaufsberechtigung durchgesetzt werden kann, steht wie der Empfänger einer vertraglichen Leistung bei Vereinbarung eines Rücktrittsrechts dem Besitzer bei Rechtshängigkeit

[1054] Für die Lage nach Rechtshängigkeit des Übereignungsanspruchs hat der BGH den Nutzungsherausgabeanspruch (sowie den Anspruch auf Ersatz der erzielbaren Nutzungen – § 987 II –) gegen den vormerkungswidrigen Erwerber in DNotZ 2001, 320 ff. = BGHZ 144, 323 ff. zugesprochen, nachdem er den Nutzungsherausgabeanspruch dem durch § 1098 II i.V. mit § 888 geschützten dinglich Vorkaufsberechtigten in BGHZ 87, 296, 301 noch unbeschränkt gewährt hatte (kritisch zu dieser Entscheidung Staudinger/*Gursky*, § 888 Rz. 60; *Kohler* NJW 1984, 2849, 2857). In BGHZ 75, 288 ff. hatte der BGH auf das Verhältnis des vormerkungsberechtigten Wiederkäufers zu dem Erwerber, der aufgrund des durch Vormerkung geschützten Wiederkaufsrechts der Eintragung des Vormerkungsberechtigten zuzustimmen hatte, die §§ 994 ff. analog angewandt (S. 293 hat der BGH allerdings nicht § 1000 angewandt, sondern § 273 II, hat aber auf den von der Vorschrift vorausgesetzten fälligen Gegenanspruch verzichtet). Entgegen der Erwägung des BGH in DNotZ 2001, 320, 324 läuft die Frist des § 1002 nicht von der Zustimmung des Betroffenen, sondern, wie § 1002 es bestimmt, von der Herausgabe des Grundstücks an. Erst mit beidem, Zustimmung und Erzwingung der Herausgabe aufgrund des vom Vormerkungsberechtigten erworbenen Eigentums, kommt es zur Auseinandersetzung über die Veränderungen der Sache. Zu der Entscheidung BGH DNotZ 2001, 320 ff. s. Anm. *Hager* S. 325 ff.

[1055] BGHZ 87, 296, 301 (s. Vornote).

[1056] Parallele Wertung auch in § 142 II. Die n.F. verdeckt diesen Zusammenhang, indem sie die Verweisung des Rücktrittsrechts auf das Eigentümer-Besitzer-Verhältnis streicht.

der Herausgabeklage gleich[1057]. Allerdings ist bei Vorkauf hinsichtlich der Nutzungen wieder § 446 S. 2 (= § 446 I 2 a.F.) zu beachten.

e) Haftungsfreiheit vorbehaltlich der besonderen Haftungstatbestände

Das Gesetz unterscheidet entgegen verbreiteter Redeweise[1058] nicht den redlichen und den unredlichen Besitzer, sondern den Rechtshängigkeitsbesitzer (§§ 987, 989), den unentgeltlich erworben habenden Besitzer (§ 988), den bösgläubigen Besitzer (§ 990) und den Deliktsbesitzer (§ 992) einerseits und den Besitzer, auf den diese Tatbestände nicht zutreffen, andererseits: §§ 987-992 bestimmen Tatbestände der Haftung des Besitzers. Ausgangsfall ist nach §§ 987, 989 der Fall des Besitzes bei Rechtshängigkeit der Herausgabeklage gegen den Besitzer (s. §§ 261 I, II, 253 ZPO). Diesem Fall wird der Fall der Bösgläubigkeit des Besitzers gleichgestellt (§ 990). § 992 verweist sodann für den Besitzer, der sich die Sache durch verbotene Eigenmacht oder durch Straftat verschafft hat (Deliktsbesitzer), auf die Vorschriften über den Schadensersatz wegen unerlaubter Handlungen[1059]. Schließlich fügt § 993 I 1. Hs. noch einen weiteren Haftungsfall hinzu. Der 2. Hs. des § 993 I stellt nach allem in Bezug auf die Haftung lediglich klar, daß der Besitzer, wenn alle diese Tatbestände nicht eingreifen, auch wirklich nicht haftet. § 993 I 2. Hs. ist folglich insoweit eine bloße Verständnis- und Klarstellungsnorm, nicht eine Norm, die eine Rechtsfolge anordnet. 1141

§§ 987 ff. mit der Klarstellung in § 993 I Hs. 2 ergeben also insgesamt die Privilegierung des gutgläubigen Besitzers, § 993 I Hs. 2 ordnet aber nicht bezüglich der Haftung die Privilegierung des gutgläubigen Besitzers an. Das kann das Gesetz schon deshalb nicht tun, weil u. U. auch ein gutgläubiger Besitzer haftet, dann nämlich, wenn der Sinn des Privilegs überschritten ist: Zunächst gilt das Privileg nicht für den – durchaus möglicherweise hinsichtlich seines Besitzrechts gutgläubigen – Besitzer, der sich die Sache deliktisch verschafft (§ 992). Sodann muß sich der – auch der durchaus gutgläubige – Besitzer mit Rechtshängigkeit der Herausgabeklage gegen ihn darauf einstellen, daß er bei Unterliegen im Prozeß die Sache wird herausgeben müssen. Ein Haftungsprivileg gilt für ihn nicht. Schließlich kann der redliche Besitzer, wenn er sich so verhält, daß er auch gegenüber demjenigen, dem er den Besitz mittelt, haften würde, nicht dem Eigentümer gegenüber haftungsfrei sein (§ 991 II). Hinzu kommen die Abwägungen des Redlich- 1142

[1057] Zutreffende Anwendung dieses Gedankens durch BGH DNotZ 2001, 320, 325 auch auf den Fall eines Grundstückserwerbers, der gemäß dem Vertrag mit dem Veräußerer für den Fall, dass er das Grundstück weiterveräußert oder belastet, unter Sicherung durch eine Rückauflassungsvormerkung verpflichtet ist, das Grundstück auf den Veräußerer zurückzuübereignen: Veräußert der Erwerber weiter oder belastet er das Grundstück und muss er folglich zurückübereignen, so gilt nach zutreffender Auffassung des BGH im Verhältnis zu dem Veräußerer für die Verwendungen des Erwerbers § 347 S. 2 a.F. in entsprechender Anwendung, der i.V. mit § 994 II den Ersatz für notwendige Verwendungen ab Rechtshängigkeit beschränkt und i.V. mit § 996 den Ersatz für nützliche Verwendungen ab Rechtshängigkeit ausschließt. Folge ist in dem Fall, dass weiterübereignet wird und die für diesen Fall bestimmte Vormerkung eingreift: Der aufgrund der Vormerkung zustimmungs- und dann herausgabepflichtige Zweiterwerber kann, weil er im Hinblick auf die Vormerkung bösgläubig ist, nicht für eigene, aber auch nicht nach § 999 I für Verwendungen des Ersterwerbers Ersatz verlangen, wenn die Verwendungen nur nützlich oder nicht in berechtigter Geschäftsführung ohne Auftrag vorgenommen sind.

[1058] S. etwa *Baur/Stürner* § 11 A II 2 Rz. 5; *Medicus*, Bürgerliches Recht, Rz. 575.

[1059] Ist der Besitzer zusätzlich bösgläubig oder verklagt, tritt die quasi-vertragliche Haftung nach §§ 989, 990 *neben* die deliktische. Bedeutung hatte dies bislang für die Verjährung – es galt für die quasi-vertragliche Haftung die 30-jährige Frist nach § 195 entgegen § 852 (in der n.F. ist einheitlich die 3-jährige Frist nach § 195 mit Beginn nach § 199 bestimmt) –. Bedeutsam bleibt es für die Gehilfenhaftung – es gilt für die quasi-vertragliche Haftung § 278 entgegen § 831.

keitsschutzes gegen den Eigentumsschutz nach § 988 und § 993 I 1. Hs. in bezug auf die Nutzungsherausgabe.

1143 Das Gesetz ordnet aber schon deshalb nicht in § 993 I Hs. 2 die haftungsrechtliche Privilegierung des gutgläubigen Besitzers an, weil es ja sogar dort, wo es den gutgläubigen Erwerb regelt, etwa in § 932 I, II, nicht den Erwerb des Gutgläubigen regelt, sondern den Erwerb des Besitzers, von dem bestimmte Fälle, insbesondere der der Bösgläubigkeit, ausgenommen werden. Wie nach der Erwerbsregelung der §§ 932 ff. grundsätzlich erworben wird, vorbehaltlich bestimmter Fälle des Nichterwerbs (Bösgläubigkeit, Abhandenkommen), ist der Besitzer nach §§ 987 ff., 993 I haftungsfrei, vorbehaltlich bestimmter Fälle, in denen er haftet (Bösgläubigkeit, Rechtshängigkeit etc.). Sind diese Fälle nicht verwirklicht, ist der Besitzer haftungsfrei.

f) Die Bösgläubigkeit

aa) „Nicht in gutem Glauben"

1144 Für die Bösgläubigkeit nimmt der Tatbestand der Haftung des bösgläubigen Besitzers nach § 990 auf das Kriterium des in § 932 I, II bestimmten Ausschlusses des Erwerbs vom Nichtberechtigten Bezug. Nach § 990 I 1 muß der Besitzer, wenn er nach dieser Vorschrift haften soll, beim Besitzerwerb „nicht in gutem Glauben" gewesen sein, d.h. ihm muß in diesem Zeitpunkt „bekannt oder infolge grober Fahrlässigkeit unbekannt" gewesen sein (so die Definition des § 932 II), „daß er zum Besitze nicht berechtigt ist" (s. § 990 I 2)[1060]. Nach § 990 I 2 ist der anfangs gutgläubige Besitzer von dem Zeitpunkt an bösgläubig, in dem er vom Mangel der Besitzberechtigung erfährt (Fall der „scientia superveniens").

bb) Grobe Fahrlässigkeit

1145 Die grobe Fahrlässigkeit i.S. von § 990 I 1 i.V.m. § 932 II ist mit Hilfe des oben genannten zweiten Schlüssels, dem der Geschäftsführer- oder Verwahrerhaftung bei Bösgläubigkeit, zu deuten: Am Anfang des Gesetzgebungsverfahrens war Kenntnis Voraussetzung, später wurde grobe Fahrlässigkeit hinzugefügt, ohne daß sich am Grund der Haftung wegen Bösgläubigkeit etwas änderte: d.h. am Haftungsgrund der Verwalterpflichten bei Einsicht in die Zugehörigkeit der Sache zu einem anderen. Folglich muß das Merkmal der groben Fahrlässigkeit i.S. dieser Einsicht gedeutet werden. Keinen sinnvollen Stellenwert im Tatbestand des § 990 hat das Merkmal mithin, wenn man es i.S. einer Haftung für (grobes) Verschulden deutet. Das war schon oben zur allgemeinen Definitionsnorm des § 932 II zu sehen[1061]. Was § 990 betrifft, konstituieren Kenntnis oder grob fahrlässige Unkenntnis erst das Haftungsverhältnis des Besitzers gegenüber dem Eigentümer. Die Kenntnis des Mangels des Besitzrechts konstituiert das Haftungsverhältnis deshalb, weil der Besitzer jetzt darum weiß, daß er eine Sache hat, die zu einem anderen gehört, und er deshalb als Verwahrer der Sache einem anderen verantwortlich ist. Grobe Fahrlässigkeit ist der Kenntnis von der Fremdheit der Sache gleichgestellt und bedeutet danach, daß dem Besitzerwerber, wenn er auch den Mangel seines Besitzrechts nicht positiv kennt, doch die Fragwürdigkeit seines Besitztitels evident ist, indem sich ihm

[1060] Hinsichtlich der Frage der Besitzberechtigung ist bei Ableitung des Besitzes von einem anderen als dem Eigentümer zu beachten, daß die Bösgläubigkeit ebenso wie der Mangel der Besitzberechtigung gegenüber dem Eigentümer voraussetzt, daß der Dritte gegenüber dem Eigentümer entweder kein Besitzrecht hat oder nicht überlassungsbefugt ist (s. o. Rz. 1119). Leitet der unmittelbare Besitzer sein Besitzrecht nicht vom Eigentümer, sondern von einem Dritten ab, hat er Kenntnis im Sinne des § 990 I 2 erst dann erlangt, wenn er weiß, daß der Dritte gegenüber dem Eigentümer nicht besitzberechtigt ist, OLG Naumburg, NJW-RR 1999, 233 f., oder nicht überlassungsbefugt ist.

[1061] Rz. 846.

Umstände aufdrängen, die den Erwerb offenkundig fragwürdig machen. Nur wenn man das Merkmal nicht als Verschuldensmerkmal deutet, ist die Regelung des Gesetzes verständlich, daß das Merkmal der grob fahrlässigen Unkenntnis einerseits den gutgläubigen Erwerb verhindert (§ 932 II) und andererseits die besondere Haftung des Besitzers nach § 990 konstituiert.

In der Einzelanwendung ergeben sich freilich kaum Unterschiede je nachdem, ob man **1146**
die grobe Fahrlässigkeit als Verschuldens- oder als Evidenzmerkmal deutet. Die Rechtsprechung benutzt zwar den Begriff „Pflichten", aber ihre nähere Ausführung der groben Fahrlässigkeit entspricht dem Merkmal der evidenten Fragwürdigkeit des Erwerbs. Besonders häufig hat sich die Rechtsprechung mit der Haftung von Kreditinstituten aus §§ 990, 989 oder § 1007 III 2 i.V.m. §§ 990, 989 befassen müssen, wenn diese entweder als Inkassobank oder als bezogene Bank Inhaberschecks zu Einzug oder Einlösung hereinnehmen und gutschreiben, die beim Empfänger abhanden gekommen sind. In der Fallprüfung[1062] fragt sie, ob eine Pflicht des Kreditinstituts zur Überprüfung der Berechtigung des Einreichers begründet war. Nach der Formulierung des BGH besteht diese Pflicht erst dann, „wenn ganz besondere Umstände vor allem in der Person des Einreichers oder der Ungewöhnlichkeit des Geschäfts nach der Lebenserfahrung den Verdacht nahelegen, der Scheck könne abhanden gekommen sein."[1063] Die Formulierung trifft der

1062 Diese geht von der Entwertung des Schecks, nachdem auf ihn gezahlt worden ist, aus. Ein Interesse an der Herausgabe des Schecks i.S. von § 985 kommt also nicht mehr in Betracht. Was den Schadensersatzanspruch nach §§ 990, 989 betrifft, ist zunächst die Möglichkeit eines gutgläubigen Erwerbs der Bank vom Nichtberechtigten zu prüfen, der die Vindikationslage ausschließen würde. Die bezogene und daraufhin einlösende Bank erwirbt bei Gutgläubigkeit Eigentum in entsprechender Anwendung des Art. 40 III WG i.V.m. dem dazu ebenfalls entsprechend anzuwendenden § 952 II. Auch eine Bank, die den Scheck nur zum Inkasso hereingenommen hatte (zur Unterscheidung zwischen Einziehung und Einlösung BGH NJW 1991, 598 f.), erwirbt, wenn sie nicht bösgläubig ist; sie nimmt nämlich den Scheck zu Eigentum (Sicherungseigentum) herein und erwirbt nach Art. 21 ScheckG (*Wilhelm* Anm. zu OLG Karlsruhe WuB I D 3. - 3.95). Erwirbt die Bank wegen bösen Glaubens nicht, ist grundsätzlich zugleich die Bösgläubigkeit der Bank i.S. von § 990 begründet. Entgegen *Canaris*, Bankvertragsrecht, 4. Aufl., Rz. 792, *Schnauder* WM 1998, 1901, *Haertlein*, ZBB 2001, 7 ff. ist die Rechtsprechung nicht deswegen zu kritisieren, weil sie zu §§ 990, 989 die Feststellung eines Schadens des Scheckberechtigten unterlasse. Geht der Scheck beim Empfänger verloren und begehrt dieser Schadensersatz, so liegt sein Schaden jedenfalls darin, daß er nicht mittels des Schecks die Zahlung erhält; ein möglicherweise fortbestehender Anspruch gegen den Aussteller im Valutaverhältnis steht der Zahlung auf den Anspruch nicht gleich (er wäre nach § 255 gegen die Schadensersatzzahlung abzutreten). Sogar der Aussteller kann Schadensersatz verlangen, wenn der Scheck ihm, insbesondere auf dem Weg zum Empfänger, abhanden kommt. Sein Schaden liegt darin, daß er nicht mittels des Schecks die Zahlung an den Empfänger bewirkt. Auch wenn die Bank wegen Bösgläubigkeit sein Konto nicht mit der Zahlung auf den Scheck belasten darf (gemäß analoger Anwendung des Art. 40 III 1 WG), besteht ein Schaden, nämlich in Gestalt des Ausbleibens der Zahlung an den Empfänger. Der Aussteller kann von der bösgläubigen Bank Schadensersatz durch Auszahlung der Schecksumme an den Empfänger verlangen.

1063 BGH WM 1993, 736 mit Nachweisen aus der Rechtsprechung. In diesem Sinne – auch unter Berücksichtigung des Scheckverkehrs als Massenverkehr – verdächtig machende Umstände, die aber immer in eine Gesamtbetrachtung einbezogen werden müssen, sind nach der Rechtsprechung: Ungewöhnlich hoher Scheckbetrag, gemessen an den Verhältnissen des Einreichers (BGH ZIP 1993, 763, 737, OLG Frankfurt/M. WM 1992, 1976, 1977); Gutschrift auf dem privaten Sparkonto bei Herkunft des Schecks aus dem kaufmännischen Verkehr (OLG Frankfurt/M. a.a.O.); Eröffnung des Kontos, auf dem ein Scheck gutgeschrieben werden soll, erst in unmittelbarem Zusammenhang mit der Einreichung des Schecks, sofern dieser ein nach Art. 39 I ScheckG nicht bar auszuzahlender (= „Verrechnungs"-)Scheck ist (KG NJW-RR 1996, 495, 496); anders bei Inhaberschuldverschreibungen, für die das scheckrechtliche Barauszahlungsverbot nicht bestehen kann (BGH ZIP 1994, 1012 entgegen der Berufungsinstanz KG

Sache nach zu, wenn auch nicht in der Verwendung des Begriffs der Pflicht. Die besonderen Umstände müssen den Erwerb offenkundig fragwürdig machen. Unter dieser Voraussetzung bleibt es bei der Fragwürdigkeit, wenn die Bank sich nicht über die Herkunft vom Berechtigten näher vergewissert. Entgegen der Rede von der Pflicht kommt es nicht darauf an, ob die Unterlassung ursächlich war, d.h. ob die Bank, wenn sie Nachforschungen angestellt hätte, von der Nichtberechtigung des Einreichers erfahren hätte[1064].

cc) Die Zurechnung von Bösgläubigkeit in einer Organisation

1147 Wenn, wie vorstehend, von der Bösgläubigkeit eines Kreditinstituts gesprochen wird, kann dies nur in übertragenem Sinne geschehen. Banken sind (in aller Regel) juristische Personen und können als solche nicht bösgläubig sein. Aber sie können Besitzer sein. Es ist die Frage zu stellen, ob ein Besitzer bösgläubig sein kann, wenn nicht er selbst, aber Hilfspersonen um den Mangel des Besitzrechts wissen oder dieser Mangel für Hilfspersonen evident ist[1065]. Dafür ist die Bedeutung der Merkmale der Kenntnis und der grob fahrlässigen Unkenntnis als Merkmale, die das Haftungsverhältnis konstituieren und damit nicht Verschuldensmerkmale sind, zu berücksichtigen.

1148 Als erste Folgerung ergibt sich, daß die auf Hilfspersonen bezogenen Tatbestände des BGB, die auf Verschulden abstellen, für unsere Frage nicht hilfreich sind. Weder kann man sich auf die Zurechnung des Verschuldens von Erfüllungsgehilfen nach § 278 berufen[1066]. Noch hat die Haftung für vermutetes eigenes Verschulden nach der Vorschrift des § 831, die der BGH einmal herangezogen hat[1067], mit der Zurechnung von Bösgläubigkeit etwas zu tun.

ZIP 1994, 123); Minderjährigkeit des Einreichers (OLG Celle WM 1995, 1912; anders das Alter von 19 Jahren, wenn ein gültiger Reisepaß Person und Anschrift des Einreichers ergibt, ZIP 1994, 1012, 1014); Eigenschaft des Einreichers als Ausländer ohne bekannten inländischen Wohnsitz und mit unqualifizierter Berufsangabe („selbständig", s. KG NJW-RR 1996, 496); Bezahlung einer Münzsammlung durch angeblichen Geschäftsführer mit einem Scheck, der zu Geschäftszwecken an eine Computer-GmbH ausgestellt ist (KG NJW-RR 1994, 1391). Im Übermaß die Erfordernisse des Massengeschäfts betonend OLG Frankfurt/M. WM 1992, 1976 mit der Ansicht, daß die hereinnehmende Bank nicht allgemein Vermerke auf der Rückseite des Schecks in Augenschein nehmen muß. Im Fluß ist die Bewertung der sog. Disparität von im kaufmännischen Verkehr begebenen Inhaberverrechnungsschecks, d.h. der Verschiedenheit der Person des Einreichers von der im Scheck (vor der Überbringerklausel) vermerkten Person des Zahlungsempfängers: Kein verdachtsbegründender Umstand nach BGH ZIP 1988, 1170, 1171, OLG Frankfurt/M. a.a.O. S. 1977; nur mit anderen Umständen zusammen verdachtsbegründend nach BGH ZIP 1993, 736, 737 f. In der Literatur ist die Ansicht geäußert worden, daß Inhaberverrechnungsschecks im kaufmännischen Verkehr so gut wie nie weitergegeben werden, ihr Abhandenkommen bei Einreichung durch eine vom benannten Zahlungsempfänger verschiedene Person sich also aufdrängt (*Aden*, NJW 1994, 413, 416). Dies wird vom BGH in neueren Entscheidungen dahinstehen gelassen (NJW 1997, 1917, 1918, ZIP 1998, 330, 331): Jedenfalls errege eine Einziehung von an Arbeitgeber ausgestellten Schecks durch Arbeitnehmer über privates Girokonto genügend Verdacht (BGH a.a.O.). Eine Beweisaufnahme über die Üblichkeit oder Unüblichkeit der Weitergabe von Orderverrechnungsschecks im kaufmännischen Verkehr hält auch dann für erforderlich, wenn die Schecks blanko indossiert sind, BGH WM 2000, 812. Zum Mitverschulden, wenn die Schadensersatzpflicht begründet ist, BGH ZIP 1998, 1351, OLG Frankfurt a.M. WM 1999, 1318

[1064] Zutreffend KG ZIP 1994, 123, 124 r. Sp.

[1065] Zur Wissenszurechnung bei juristischen Personen s. besonders *Schilken*, Wissenszurechnung, 1983, S. 127 ff., s. auch *Altmeppen*, BB 1999, 749 ff. Es kommt nur die Zurechnung an den Organisationsträger, insbesondere die juristische Person, in Betracht, nicht an dessen (deren) Organe, BGH ZIP 2001, 26.

[1066] So aber KG in NJW-RR 1994, 1391; ZIP 1994, 123; anders dann (Zurechnung nach § 166) KG NJW-RR 1996, 495.

[1067] BGHZ 32, 53, 58.

Der BGH[1068] hat sodann in der analogen Anwendung des § 166 eine Grundlage für die Zurechnung von Bösgläubigkeit gesehen. § 166 sei mit dem Gedanken anzuwenden, daß unter der Voraussetzung der Zuweisung eines Handlungsbereichs zu selbständiger Wahrnehmung an den Besitzdiener dieser den Besitzherrn quasi in der Bösgläubigkeit vertreten könne. Darüber hinaus würden § 166 und § 831 zusammen die Zurechnung ergeben, wenn der Besitzherr den Besitzdiener mangelhaft überwacht habe[1069]. Beides ist nicht herleitbar. § 831 hat mit Bösgläubigkeit nichts zu tun und § 166 nichts mit der Zurechnung von Bösgläubigkeit. § 166 enthält die Folgerung, daß für das Vertretergeschäft, weil es der Vertreter abschließt, die subjektiven Tatbestandselemente in der Person des Vertreters maßgeblich sind (und – wenn der Vertretene einwirkt – auch die des Vertretenen, § 166 II). Das Geschäft kommt unter Berücksichtigung dieser Elemente zustande. Daß die subjektiven Elemente dem Vertretenen zugerechnet werden, steht in der Vorschrift bei weitestem Verständnis nicht. 1149

Das Gesetz enthält also keine Aussagen zu der Frage der Zurechnung fremder Bösgläubigkeit. Aus diesem Schweigen des Gesetzes ist aber nicht zu folgern, daß es einer gesetzlichen Neuregelung bedarf[1070]. „Wissenschaft und Praxis" sind hier berufen[1071]. Es bedarf der Weiterentwicklung der dem Gesetz zugrunde liegenden Gedanken. 1150

Inzwischen hat der BGH das Zurechnungsproblem mit Recht in der Weise erweitert, daß es um das allgemeine Problem der Zurechnung von Kenntnissen, die bei Organisationsmitgliedern oder im Organisationsspeicher- oder -aktenstand vorhanden sind, an die Organisation geht. Er begründet diese Zurechnung[1072], wie folgt: Die Organisation dürfe nicht besser, aber auch nicht schlechter stehen als eine natürliche Person, die, vorbehaltlich des Vergessens, immer über die ihr zugekommenen Kenntnisse verfügt (Gleichstellungsargument[1073]). Deshalb dürfe der Organisation die Aufspaltung des Wissens mit der Folge, daß die konkret für sie handelnde Person selbst das etwa haftungsbegründende Wissen nicht habe, nicht zugute kommen. Es müsse die Verfügbarkeit derjenigen Informationen ausreichen, die typischerweise aktenmäßig festgehalten würden. Um des normativen Verkehrsschutzes willen sei für die Organisation die Verpflichtung begründet, die Verfügbarkeit zu organisieren. Zu der Verpflichtung gehörten eine Informationsweiterleitungspflicht (für andere Glieder der Organisation erkennbar relevante Informationen müßten an diese weitergegeben werden) und eine Informationsabfragepflicht (Pflicht zur Nachfrage nach erkennbar an anderen Stellen vorhandenen und für den eigenen Bereich wesentlichen Informationen). Schließlich seien persönliche und zeitliche Grenzen des zuzurechnenden Wissens zu setzen. Es müsse eine reale Möglichkeit, aber auch ein Anlaß bestehen, sich das Wissen aus dem eigenen Gedächtnis, aus Speichern oder von anderen Menschen zu beschaffen. Zu fragen sei, ob die Information, beurteilt nach dem Zeitpunkt der Wahrnehmung, überhaupt gespeichert werden mußte und sodann, ob ein besonderer Anlaß besteht, sich des Speicherinhalts in der konkreten Situation (noch) zu vergewissern[1074]. In einer späteren Entscheidung macht der BGH aus diesen kumulativen 1151

[1068] A.a.O., zuvor schon BGHZ 16, 259 ff.

[1069] A.a.O., S. 58.

[1070] So das Fazit von *Waltermann*, NJW 1993, 889 ff., 895, s. schon AcP 192 (1992), 181 ff.

[1071] *Flume*, AcP 197 (1997), 441, 444 Fn. 5 in Verwendung der Formel aus den Beratungen des BGB.

[1072] Der BGH gibt in seinem Fall dem Berufungsgericht den Prüfungsmaßstab vor für die erneute Prüfung des arglistigen Verschweigens der Tatsache durch eine GmbH & Co. KG, daß sich im Boden des von ihr an die Bekl. verkauften Grundstücks verunreinigtes Material befand.

[1073] Aufgestellt von *Canaris*, Bankvertragsrecht 4. Aufl., Rz. 499, 800, 800a. Aufgenommen von *Waltermann*, AcP 192 (1992), 181, 207 f.

[1074] BGHZ 132, 30, 36 ff. im Anschluß an *Medicus*, Karlsruher Forum 1994, Beilage zum „Versicherungsrecht" S. 4 ff., 11 ff. und *Taupitz*, ebendort S. 16 ff., 28 ff.; s. auch *Drexl*, ZHR 161 (1997), 491 ff.

Merkmalen alternative Merkmale: Nur solches Wissen sei dem, auf den es ankommt, zuzurechnen, welches ihm verfügbar gewesen sei oder bezüglich dessen konkreter Anlaß bestanden habe, sich dieses Wissen zu beschaffen[1075].

1152 Entgegen dem BGH geht es nicht um die Gleichstellung mit einer natürlichen Person. Auch natürliche Personen organisieren sich, insbesondere wenn sie ein Unternehmen innehaben. Die Organisationszurechnung muß auch diese natürlichen Personen erfassen, also kann sie nicht aus der Gleichstellung mit natürlichen Personen gefolgert werden. Womit der BGH in Wirklichkeit gleichstellt, ist die isoliert und (ohne Akten und Speicherung) unorganisiert handelnde Einzelperson. Unser Recht, auch das BGB, legt eine solche Einzelerscheinung nicht zugrunde. Deshalb sind auch nicht Organisationen mit isoliert und unorganisiert handelnden Einzelpersonen gleichzustellen[1076]. Es ist eine wirtschaftliche Selbstverständlichkeit, und es war dies auch schon zur Zeit der Entstehung des BGB, daß wirtschaftliches Handeln arbeitsteilig zu organisieren ist. Das trifft auf den Einzelunternehmer wie die juristische Person oder die Gesamthand als Unternehmensträgerin zu. Im Gegensatz zur verfehlten Gleichstellung mit isoliert handelnden Einzelpersonen geht es a priori um das Problem der Zurechnung von Kenntnissen etc. an die Organisation.

1153 Sodann sind die Rechtsfolgen, die der BGH mit Stimmen der Literatur aus dem Gleichstellungsargument zieht, verfehlt. Der BGH spricht von Organisationspflichten und will aus deren Verletzung Kenntnisse etc. ableiten[1077]. Aus der Verletzung folgt aber Fahrlässigkeit und nicht Kenntnis. Insbesondere folgt aus ihr nicht eine Arglist i.S. der §§ 463, 638 a.F. (nach n.F. in der allgemeinen Verschuldenshaftung aufgehend)[1078]. Der BGH müßte mit seinem Ansatz bei der Organisationspflicht auch über das hinausgehen, was er bisher aus der Organisationspflicht folgert: Der BGH spricht von der Pflicht zur Speicherung, Weitergabe und Heranziehung aufgenommener Informationen. Den Fall, daß eine vielleicht später einmal wesentlich werdende Information gar nicht erst eingeholt wird, erfaßt er damit nicht. Würde er das tun, würde er Organisationspflichten in einem weiten Vorfeld zu überlegen haben, das mit dem späteren Vorgang, für den es auf die Kenntnis ankommt, noch gar nichts zu tun hat. Die Prüfung der Kenntnis, Bösgläubigkeit etc. würde so nicht nur in eine Sorgfaltsprüfung umgemünzt. Sie würde darüber hinaus allgemein, ohne Tatbestand an ordnungsgemäßes Verhalten anknüpfen.

1154 Obwohl die Gleichstellungsthese des BGH mithin in der konkret vertretenen Gestalt verfehlt ist, enthält sie doch einen berechtigten Kern. Der Kern ist, daß es nicht in Betracht kommt, daß nur die isoliert handelnde Einzelperson arglistig, in Kenntnis oder

1075 BGH ZIP 1996, 1667, 1670 = BGHZ 133, 36.

1076 *Flume*, AcP 197 (1997), 441, 453; *Wilhelm*, Anm. OLG Karlsruhe WM 1995, 378, WuB I D 3. - 3.95. Grundlegende Kritik am Gleichstellungsargument durch *Koller*, JZ 1998, 75 ff. *Koller* geht mit allen Mitteln der ökonomischen Analyse gegen die These vor, daß keine Vorteile daraus gezogen werden dürfen, daß man sich arbeitsteilig organisiert. Es ist aber von vornherein verfehlt anzunehmen, daß unser Recht von der isoliert handelnden Einzelperson ausgeht und daran die arbeitsteilig organisierten Unternehmen zu messen sind. Entgegen *Koller* ist, was § 990 betrifft, die Kritik nicht auf den Kenntnistatbestand zu beschränken. Die grob fahrlässige Unkenntnis ist der Kenntnis gleichgestellt und kein Verschuldensmerkmal.

1077 BGHZ 132, 30, 36 in Zitat von BGHZ 117, 104. Zur Frage der Kenntnis in der GbR vom Erlaß eines Veräußerungsverbots s. BGHZ 140, 54 ff. = NJW 1999, 284 ff., dazu *Aden*, NJW 1999, 3098 f. Nach Ansicht des BGH ist der GbR das Wissen eines anderen als des konkret handelnden, vertretungsbefugten Gesellschafters jedenfalls dann zuzurechnen, wenn die unterlassene Weitergabe dieses Wissens an den handelnden Gesellschafter eine Verletzung der der Gesellschaft obliegenden Organisationspflichten darstellt.

1078 *Flume* a.a.O. Mit Recht sagt *Flume* S. 453 gegen *Lang*, FS Odersky (1996), 583 ff.: In Wirklichkeit gibt es für die Gleichsetzung von Prüfungs-Organisationsmängeln und Arglist keine dogmatische Begründung.

bösgläubig sein und wegen dieser Elemente haften kann. Es muß die Kenntnis, Bösgläubigkeit, Arglist etc. von Organisationsträgern und die Haftung der Organisationsträger wegen dieser Elemente geben.

Diese Kenntnis, Arglist etc. der Organisation wird zunächst durch die Kenntnis etc. **1155**
von Personen vermittelt, die in der Organisation tätig sind. Im Einzelfall muß der tatbestandsmäßige Zustand, die tatbestandsmäßige Handlung, insbesondere das relevante Rechtsgeschäft, bei denen es um jene subjektiven Elemente geht, zusammen mit dem funktional oder final mit diesem Zustand, dieser Handlung, diesem Geschäft zusammenhängenden Gesamtvorgang innerhalb der Organisation überprüft werden. Haben dabei Organpersonen mitgewirkt, die in den finalen oder funktionalen Gesamtvorgang mit selbständiger Kompetenz eingeschaltet waren und mit bewußter Sicht auf den Verlauf und Endzweck des Vorgangs Arglist, Kenntnis (oder Unkenntnis aus grober Fahrlässigkeit)[1079] gehabt haben, so hat die Organisation arglistig gehandelt[1080] oder war sie bösgläubig. Tritt eine Organisationseinheit statt einer individuellen für sich handelnden Einzelperson im Rechtsverkehr auf, so ist die Haftung des Trägers der Organisationseinheit wegen Bösgläubigkeit nach §§ 990, 989 zu bejahen, wenn solche in der Organisation tätigen Personen bösgläubig sind, die in selbständiger Wahrnehmung einer Zuständigkeit unmittelbar oder mittelbar an der Entscheidung über den Besitzerwerb oder die Aufrechterhaltung des Besitzes beteiligt sind.

Damit ist die Möglichkeit des Wissens etc. von Organisationen aber noch nicht er- **1156**
schöpft. Organisationen bestehen nicht nur in Personen, also geht es nicht nur um die Wissensvermittlung durch für sie handelnde Personen. Mit Recht hat der BGH das gespeicherte Wissen von Organisationen für möglicherweise relevant erklärt, gleich ob die zufällig im Einzelfall gerade handelnden Angestellten davon Kenntnis haben oder nicht. Auch insoweit ist auf den konkreten Zustand, die konkrete Handlung oder das konkrete Geschäft und den damit funktional oder final zusammenhängenden Gesamtvorgang

1079 Zur Kenntnis i.S. von § 819 BGHZ 133, 246 ff. Zur Unterschiedlichkeit, daß anders als nach § 990 nach § 819 nur Kenntnis schadet, *Wilhelm*, Rechtsverletzung und Vermögensentscheidung, S. 188 Fn. 421.

1080 Es wäre etwa unangemessen, daß der Betreiber eines Autohauses wegen Arglist nach § 463 a.F. nur dann zu haften gehabt hätte, wenn entweder ein arglistiger Vertreter den Kauf abschließt oder der Vertretene selbst oder sein gesetzlicher Vertreter arglistig handelt oder handeln läßt. Haben die für den Autoverkauf oder seine Vorbereitung selbständig zuständigen Personen das nötige Wissen, so ist dies das Wissen der Organisation und damit des Verkäufers auch dann, wenn die wissende Person nicht als Vertreter an dem Kauf teilnimmt. Wenn diese Person trotz ihres Wissens und der Übersicht über den Endzweck des Geschäftsabschlusses den Prozeß weiterlaufen und so den Kunden hereinfallen läßt, so ist dies Arglist und liegt hierin Arglist der Organisation. Wenn in einem Maschinenbau-Unternehmen Personen der Produktionsabteilung, die mit der selbständigen Wahrnehmung einer Betreuungs- und Aufsichtsfunktion betraut sind, von einer Bruchstelle und Verschweißung der verkauften Maschine wußten und das Wissen an die Verkaufsabteilung nicht weitergegeben haben, geschieht der Verkauf der Maschine arglistig, auch wenn der Verkaufsangestellte, der das Unternehmen beim Kauf vertritt, ohne Kenntnis handelt (zutreffend BGH DB 1968, 1119; entgegen dem BGH war die Arglisthaftung aber nicht über § 278 zu erreichen; es ging um die *Begründung* der vollen Vertragshaftung, nicht die Verletzung einer Pflicht, auch nicht einer vorvertraglichen Pflicht, denn es war die Haftung auf das positive Interesse zu begründen. Als Grundlage der vollen Vertragshaftung und nicht als Sanktion einer Pflichtverletzung war die Arglist auch beim Gattungskauf zu verstehen, obwohl sie hier erst bei der Lieferung gegeben sein mußte). Zur Fortentwicklung der Rspr. betreffend die Zurechnung von Arglist BGHZ 117, 104 und BGHZ 132, 30. – Zur Arglisthaftung aufgrund der Arglist von Hilfspersonen LG München ZIP 1988, 924 f. mit unzutreffender Anführung des § 166 II 1 und zu oberflächlicher Prüfung. S. kritisch *Reinking/Kippels*, ZIP 1988, 892, 895. Das von diesen geforderte Wissen um die Relevanz des Verschweigens für einen Kaufabschluß ist bei einem Unternehmen, welches seine Produkte verkauft, immer gegeben.

abzustellen. Verfügt die Organisation in den für den Gesamtvorgang zuständigen Abteilungen über eine für das Geschäft wesentliche Information, so gehört auch diese zum Wissen der Organisation bei dem Geschäft. Beispielhaft ist die Rechtsprechung des XI. Senats des BGH zur Bösgläubigkeit einer Bank bei Hereinnahme eines von einem ungetreuen Arbeitnehmer des Scheckadressaten unterschlagenen disparischen[1081] Inhaberschecks. Wird der Scheck in einer bestimmten Filiale über das auch für die Lohnzahlungen an den Arbeitnehmer gebrauchte Girokonto des Arbeitnehmers eingelöst und hat die Bankfiliale die Information darüber, daß der Einreicher Arbeitnehmer des Scheckbegünstigten ist, so wird der Bank die Kenntnis davon auch dann zugerechnet, wenn die zufällig bei der Scheckhereinnahme handelnden Angestellten der Filiale selbst die Information nicht kannten[1082].

1157 Die Grenze ist freilich bei den zum relevanten Vorgang verfügbaren Informationen zu ziehen. Aus Sorgfaltswidrigkeiten bei der Aufnahme von Informationen, die rückblickend etwa für einen Besitzerwerb i.S. von § 990 hätten relevant werden können, ist eine Bösgläubigkeit nicht abzuleiten. Die Argumentation des OLG Celle, die Bösgläubigkeit der Bank bei Einreichung eines unterschlagenen Schecks durch einen Minderjährigen ergebe sich (u.a.) daraus, daß bei der Kontoeröffnung durch einen Minderjährigen ein Warnvermerk hinsichtlich der Minderjährigkeit hätte aufgenommen werden müssen[1083], geht fehl. Die Nichtaufnahme des Warnvermerks ist allenfalls ein Verstoß gegen die bankmäßige Sorgfalt bei der Begründung eines Kontoverhältnisses. Aus einem Sorgfaltsverstoß in früherer Zeit kann nicht die Bösgläubigkeit bei einem späteren Erwerb gefolgert werden.

dd) Zurechnung fremder Bösgläubigkeit bei der natürlichen Person

1158 Aufgrund der Möglichkeit der Zurechnung der Bösgläubigkeit an Organisationen schlechthin ist ebenso wie bei den juristischen Personen eine Bösgläubigkeitshaftung auch für nicht (voll) handlungsfähige natürliche Personen begründbar. Sind sie Träger einer Organisation und wird im Einzelfall für diese gehandelt, so gelten die Grundsätze über die Zurechnung von Wissen an Organisationen und deren Träger. Soweit es um natürliche Personen als Einzelpersonen geht, ist ihnen die Bösgläubigkeit ihres gesetzlichen Vertreters zuzurechnen[1084].

g) Zurechnung fremden Verschuldens im Rahmen der Haftung wegen Rechtshängigkeit oder Bösgläubigkeit

1159 Ging es im Vorstehenden betreffend die Haftung wegen Bösgläubigkeit um die Begründung der Bösgläubigkeit und dazu um die schwierige Frage der Zurechnung fremder Bösgläubigkeit, so ist das Zurechnungsproblem einfach, *wenn* die Haftung nach §§ 990, 989 begründet ist, weil der Besitzer bösgläubig oder die Herausgabeklage gegen ihn rechtshängig ist. In diesem Fall ist bei schuldhaftem Verhalten von Besitzdienern ohne

[1081] S. o. Fn 1063.

[1082] BGH NJW 1997, 1917 f., BGH ZIP 1998, 330. Zu beachten ist aber immer der besondere Tatbestand, in dem es auf die Kenntnis ankommt. Das bei der Organisation vorhandene Aktenwissen konnte nicht etwa Arglist i.S. von § 463 a.F. ergeben. Die Arglist ist konkretes Wissen darum, daß der getäuschte Partner bei Aufklärung den Vertrag nicht abschließen würde. Sie muß deshalb bei den an dem Geschäft mit diesem Partner unmittelbar oder mittelbar beteiligten Personen gegeben sein.

[1083] WM 1995, 1912, 1913 r.Sp.

[1084] Zur Zurechnung der Bösgläubigkeit des gesetzlichen Vertreters einer natürlichen Person *Wilhelm*, AcP a.a.O. (o.Fn. 1049), S. 28, 29.

weiteres § 278 anzuwenden und nicht (nur) § 831[1085]. Die Haftung wegen Rechtshängigkeit oder Bösgläubigkeit ist eine quasivertragliche Haftung.

5. Nebenfolgen der Vindikation: Die Voraussetzung des Vindikationsverhältnisses

Die §§ 987 ff. schließen an §§ 985, 986 an und meinen also den nach diesen Vorschriften zur Herausgabe verpflichteten Besitzer. Dies folgt auch aus der Fassung der §§ 987 ff.: Das Merkmal der Rechtshängigkeit in §§ 987, 989 heißt Rechtshängigkeit des – schließlich als begründet erkannten – Herausgabeanspruchs. Die Bösgläubigkeit i.S. von § 989 ist Bösgläubigkeit hinsichtlich des Fehlens des Besitzrechts (s. § 990 I 2). Auch hier wird also die Herausgabepflicht zwar nicht noch eigens gefordert, aber selbstverständlich vorausgesetzt. Mit Recht wird deshalb allgemein bei jedem Anspruch aus §§ 987 ff. als erstes das Bestehen der Vindikationslage geprüft. Oben[1086] waren sodann vergleichbare Rechtsverhältnisse genannt, auf die die §§ 987 ff. kraft Verweisung oder entsprechend anzuwenden sind. **1160**

Für die Feststellung der Vindikationslage ist zu beachten, daß diese auch dann zu bejahen ist, wenn der Herausgabeanspruch nicht als solcher besteht, sondern modifiziert ist, etwa im Sinne eines bloßen Wegnahmerechts[1087]. Aufschiebende Sicherungseinreden wie ein Zurückbehaltungsrecht oder ein Sicherungsrecht nach § 258 S. 2 Hs. 2 sind bloße Modifikationen in diesem Sinne, aber keine das Vindikationsverhältnis ausschließenden Besitzrechte[1088]. Die Verjährung des Herausgabe- und ebenso eines bloßen Wegnahmeanspruchs begründet nicht ein Recht zum Besitz, sondern bleibt Verjährung mit der Folge der Verjährungseinrede. Diese Einrede ist freilich ebenso wie dem Grundanspruch auch aus §§ 987 ff. abgeleiteten Nebenansprüchen entgegenzuhalten[1089]. **1161**

Für die Voraussetzung der Vindikationslage ist unerheblich, ob der Besitzer *Eigen- oder Fremdbesitzer* ist (s. § 991). **1162**

Was den Zeitpunkt betrifft, für den die Vindikationslage zu prüfen ist, gilt: Die Vindikationslage muß schon im Zeitpunkt des für die Haftung oder – im Fall der §§ 994 ff. – für die Berechtigung relevanten Verhaltens begründet sein. Für die Ansprüche aus § 990 I 1 und § 990 I 2, jeweils i.V.m. § 989, bedeutet dies, daß die Vindikationslage *und* die Bösgläubigkeit schon im Zeitpunkt desjenigen Verhaltens gegeben gewesen sein müssen, welches dem Besitzer als schuldhaftes Verhalten i.S. von § 989 vorgeworfen wird. **1163**

Mit dieser Frage ist nicht zu verwechseln diejenige, die sich der BGH in der berühmten Feldbahnlokomotiven-Entscheidung[1090] gestellt hat: Der BGH fragte nicht nach dem für das Vindikationsverhältnis maßgebenden Zeitpunkt, sondern danach, ob bei Eintritt des Vindikationsverhältnisses während der Dauer des Besitzes ein Besitzerwerb i.S. von § 990 I 1 angenommen werden kann, genauer danach, ob aufgrund des Wechsels des Willens des Besitzers vom Willen zum Fremdbesitz zum Eigenbesitzwillen mit der Folge der Beendigung des Besitzrechts und des Eintritts der Vindikationslage ein Besitzerwerb anzunehmen war, so daß für die Bösgläubigkeit nach § 990 I 1 entgegen § 990 I 2 schon die grobe Fahrlässigkeit ausreichte. **1164**

[1085] Entgegen der Annahme von *Baur/Stürner* § 5 II 1 c bb (2).
[1086] Rz. 1130 Fn. 1044.
[1087] O. Rz. 1115. Das geht bis zur Modifikation i. S. eines bloßen Wertersatzanspruchs, d.h. bei formellem Ausschluß des Eigentums des Herausgabeberechtigten: So bei §§ 946 ff., 951 (s. o. Rz. 992, 1013).
[1088] Ebendort (Rz. 1115).
[1089] Ebendort.
[1090] BGHZ 31, 129 ff.

1165 Gerade der für die Vindikationslage maßgebliche Zeitpunkt ist freilich problematisch bei der Prüfung des Verwendungsersatzanspruchs eines Werkunternehmers, der die Sache im Auftrag eines anderen als des Eigentümers repariert.

Praktisch bedeutsam ist vor allem der Fall, daß eine zur Sicherung an einen Kreditgeber übereignete Sache, insbesondere das von einer Bank finanzierte Auto, vom Sicherungsgeber in Reparatur gegeben wird. Der Sicherungsgeber ist dazu in aller Regel aufgrund des Sicherungsvertrages berechtigt, wenn nicht sogar verpflichtet. Bei der Vornahme der Reparatur ist der Werkunternehmer mithin nach § 986 I 1, 2 berechtigter Besitzer. Erst wenn der Sicherungsnehmer, weil der Kredit notleidend geworden ist, das Besitzrecht des Sicherungsgebers beendet, entsteht die Vindikationslage zum Sicherungsgeber und zum Werkunternehmer. Werden Rechte des letzteren gegenüber dem die Herausgabe verlangenden Kreditgeber nach §§ 994 ff., 1000 ff. geprüft, so ist für die Frage nach der ersten Voraussetzung, d.h. nach der Vindikationslage, problematisch, ob dieselbe erst bei Herausgabeverlangen oder schon bei Vornahme der geltend gemachten Verwendungen bestanden haben muß.

Eine erste Möglichkeit ist hier, die Frage dahinstehen zu lassen, weil gar keine Verwendungen des Werkunternehmers in Betracht kommen. Nach *Medicus*[1091] ist die Reparatur im Auftrag eines anderen dessen Verwendung und nicht die Verwendung des Beauftragten. Dies ist aber abzulehnen: Ist der Werkvertrag nichtig, so ändert das an der Tatsache, daß für einen anderen repariert worden ist, nichts; dennoch hat hier der Unternehmer Verwendungen erbracht, wenn diese auch zugleich Leistungen und über die Leistungskondiktion auszugleichen sind. Gegenüber dem Auftraggeber ist der Unternehmer also Verwender. Man müßte also den Gedanken von *Medicus* so entwickeln, daß das, was im Verhältnis zu A Verwendung ist, im Verhältnis zu B keine Verwendung ist. Die Grundlage eines solchen relativen Verwendungsbegriffs wäre erst noch zu zeigen. Sie kann nur in der Wertung liegen, daß der Beauftragte sich hinsichtlich seiner Verwendungen allein an den Auftraggeber als seinen Vertragspartner soll halten können, während nach außen allein der letztere Träger der Verwendung ist. Diese Wertung wäre aber nur gerechtfertigt, wenn der Beauftragte das Risiko der Solvenz des Auftraggebers voll auf sich genommen hätte. Dies ist aber erst dann zu bejahen, wenn der Werkunternehmer die reparierte Sache an den Auftraggeber herausgibt, ohne auf Zahlung des Lohns zu bestehen. Dadurch erst gibt er die Sache mit Verwendung an den Auftraggeber und nimmt das Risiko, diesem zu kreditieren, auf sich. Solange demgegenüber der Unternehmer die Sache in Händen hat, ist er zumindest durch sein Zurückbehaltungsrecht[1092] gesichert. Im Hinblick auf dieses Zurückbehalten-Können der Sache ist die typische Situation des Verwendungsersatzes gegeben, daß auf die in eigener Hand befindliche Sache Verwendungen gemacht werden und das Herausgabeverlangen des Berechtigten dem Verwender die Sache mit der durch die Verwendung hergestellten Bereicherung zu entwinden droht. Damit ist der Werkunternehmer Verwender auch im Verhältnis zum Kreditgeber, wenn dieser die durch Verwendung verbesserte Sache bei ihm herausverlangt.

Mit Recht hat der BGH den Unternehmer aber dann nicht für verwendungsersatzberechtigt gehalten, wenn er die Sache inzwischen auf Kredit an den Besteller herausgegeben und dieser sie nur wieder für eine erneute Reparatur dem Unternehmer ausgehändigt hatte[1093]: In diesem Fall ist wegen der Auslieferung der verbesserten Sache an den Besteller im Verhältnis zum Berechtigten allein der Besteller als Verwender anzusehen, während der Unternehmer auf sein Kreditverhältnis zum Besteller beschränkt ist. Daran kann sich auch nicht etwa dadurch etwas ändern, daß der Besteller die Sache ganz

[1091] Rz. 591.
[1092] § 273 II. Dieses ergibt im Insolvenzverfahren ein Absonderungsrecht (§ 51 Ziff. 2 InsO). Zur Frage eines Werkunternehmerpfandrechts an bestellerfremder Sache s. sogleich Rz. 1167.
[1093] BGHZ 51, 250.

schnell noch wieder dem Unternehmer zurückgibt, wenn das Herausgabeverlangen des Berechtigten droht. Nur wenn zwischenzeitlich – ohne Zusammenhang mit dem Herausgabeverlangen eines dritten Berechtigten – die kreditierende Herausgabe der Sache durch den Unternehmer an den Besteller *rückgängig* gemacht wird, ist die Verwendungsersatzberechtigung des Unternehmers wiederhergestellt. Man darf nicht den insolventen Besteller durch Herausgabe an den einen oder anderen darüber bestimmen lassen, wen das Risiko seiner Insolvenz trifft[1094].

Abgesehen von den zuletzt genannten Ausnahmefällen ist aber der Unternehmer, dem der Sicherungseigentümer die Sache entwindet, Verwender i.S. der §§ 994 ff. Die Frage nach dem für die Vindikationslage maßgeblichen Zeitpunkt ist mithin insoweit zu entscheiden.

Der BGH[1095] läßt in seinem Fall, in dem das die Besitzberechtigung begründende **1166**
Rechtsverhältnis den Verwendungsersatz nicht abweichend regelte[1096], für die Anwendung der §§ 994 ff. die Vindikationslage bei Herausgabe an den Eigentümer genügen. Dem kann das Folgende entgegengehalten werden: Die Regelung der §§ 994 ff. behandelt den Besitzer je nach Gut- oder Bösgläubigkeit unterschiedlich. Insbesondere die Verwehrung von Verwendungsersatz an bösgläubige Besitzer scheint nur dann gerechtfertigt zu sein, wenn die Bösgläubigkeit bei der Verwendung gegeben ist. Da weiterhin der böse Glaube hier die Bösgläubigkeit hinsichtlich der Vindikationslage bedeutet, müßte es auch auf die Vindikationslage im Zeitpunkt der Verwendung ankommen. Dennoch ist dem BGH zu folgen: Bösgläubigkeit und Rechtshängigkeit sind bei der Frage des Verwendungsersatzes nicht Haftungsgrund, sondern Gründe dafür, eine wegen Verwendungen auf eine Sache, die der Eigentümer dem Besitzer entwindet, prinzipiell bestehende Ausgleichsberechtigung einzuschränken. Der (bei Vornahme der Verwendung) berechtigte Besitzer ist nicht wegen seines Besitzrechts, mit dem eine spezielle Verwendungsersatzregelung nicht verbunden ist, von der Verwendungsersatzregelung auszunehmen, sondern gerade wegen dieses seines Besitzrechts besteht kein Grund, seine prinzipielle Berechtigung einzuschränken. Andererseits besteht in der Person des jetzt Herausgabe begehrenden Eigentümers das Problem der aufgedrängten Bereicherung, dem §§ 994 ff., 1000 ff. mit der Einschränkung des Verwendungsersatzes Rechnung tragen. Der zur Zeit der Verwendung berechtigte Besitzer ist also dem redlichen Besitzer gleichzubehandeln. Dafür spricht auch folgendes: Würde man §§ 994 ff. auf den ehedem besitzberechtigten Werkunternehmer nicht anwenden, so würde man die Verwendungsersatzregelung je nachdem eingreifen lassen, ob im Verhältnis des Bestellers zum Eigentümer (an welchem der Unternehmer nicht beteiligt ist) die Überlassungsbefugnis i.S. von § 986 I 2 gegeben war oder gefehlt hat. Das leuchtet nicht ein[1097].

[1094] S. zutreffend *Jakobs*, Jura 1970, 697 ff., 698.

[1095] BGHZ 34, 122.

[1096] Zu dieser Einschränkung BGHZ 131, 220, 222; BGH NJW-RR 2000, 895 f.

[1097] Auch das Argument, die Verwendungsersatzberechtigung des Werkunternehmers störe die sich aus einer Kette wirksamer Vertragsbeziehungen (zwischen Eigentümer und Besteller sowie Besteller und Unternehmer) ergebende Lastenverteilung (Staudinger/*Gursky*, Vorbem. zu §§ 994-1003 Rz. 31), leuchtet nicht ein, wenn damit die Zurücksetzung des Werkunternehmers, indem diesem die Herausgabe der Sache unter Verlust seiner Werklohnsicherung auferlegt wird, gerechtfertigt werden soll. Der Verwendungsersatz wirkt sich in der Kette aus wie in jedem Fall, in dem der Eigentümer gegen einen mittelbaren und einen unmittelbaren Besitzer vorgehen kann und die Verwendung von dem mittelbaren Besitzer in Auftrag gegeben ist. In diesen Fällen sind beide Besitzer Verwender und als solche Gesamtgläubiger, soweit für beide Verwendungsersatzrechte begründet sind. Der vom Eigentümer gezahlte oder durch Befriedigung nach § 1003 erlangte Verwendungsersatz ist unter den beiden Besitzern nach deren Innenverhältnis ausgleichspflichtig. Insbesondere hat der Werkunternehmer den von ihm erlangten Verwendungsersatz an den Besteller herauszugeben, soweit dieser einmal im Fall des § 996 den Werklohn übersteigen sollte.

1167 Entscheidet man sich mit dem BGH für die Anwendung der §§ 994 ff. auch auf den bei Verwendung berechtigten Besitzer, so ist damit nicht etwa die Frage verneint, ob der Unternehmer kraft Ermächtigung oder aber gutgläubig ein Pfandrecht an bestellerfremden Sachen erwerben kann. Entgegen dem BGH[1098] ist beides zu bejahen[1099]. Pfand- und verwendungsersatzrechtlicher Schutz sind also alternativ. Hat der Unternehmer das Pfandrecht, so ist er zum Besitz auch jetzt noch berechtigt und fehlt es also für den Verwendungsersatz an der zumindest erforderlichen gegenwärtigen Vindikationslage. Das Pfandrecht geht häufig über die Verwendungsersatzberechtigung hinaus. Es sichert den Werklohnanspruch des Unternehmers ohne Rücksicht auf den Wert der Verwendung. Die Verwendungsersatzberechtigung ist aber nicht bedeutungslos: Sie hilft z.B. bei abhanden gekommenen Sachen.

1168 Die Verwendungsersatzberechtigung des Werkunternehmers im Falle der Herausgabeklage gegen ihn muß unter Vorbehalt der Pfandrechtsprüfung bestehen, gleich ob die reparierte Sache noch da ist und vindiziert wird oder ob sie – etwa im Wege der Zwangsvollstreckung – veräußert worden ist und anstelle der Vindikation die Kondiktion des Erlöses als des Surrogats der Sache (s. § 1247) geltend gemacht wird[1100].

6. Nebenfolgen der Vindikation: Nutzungsherausgabe

a) Haftung des Rechtshängigkeitsbesitzers, des bösgläubigen und des unentgeltlichen Besitzers sowie bei Substanzverzehr

1169 Für die Haftung des Besitzers auf Nutzungsherausgabe sind die allgemeinen Begriffe der §§ 99 ff. zu beachten: Nach § 100 sind Nutzungen die Früchte einer Sache oder eines Rechtes (§ 99) sowie die Vorteile, welche der Gebrauch der Sache oder des Rechtes gewährt. Im Fall des Gebrauchs einer vermietbaren Sache sind die Gebrauchsvorteile mit dem objektiven Mietwert, einschließlich der Mehrwertsteuer, anzusetzen[1101].

1170 Was nun die Haftung des Besitzers auf Nutzungsherausgabe betrifft, begründet § 987 I zunächst eine Haftung auf Herausgabe von Nutzungen, die der Besitzer nach Eintritt der Rechtshängigkeit der Herausgabeklage gezogen hat. Der Besitzer hat diese Nutzungen herauszugeben, sofern er auf die Herausgabeklage hin schließlich zur Herausgabe verurteilt wird. Die Herausgabehaftung ist eine Erfüllungshaftung, bei Nichterfüllung gelten die allgemeinen Vorschriften (§§ 275 ff.). § 818 III findet, wie ein argumentum e contrario aus § 988 zeigt, keine Anwendung. Die Schadensersatz- und Surrogathaftung nach den allgemeinen Vorschriften gilt für gegenständliche Nutzungen. Gezogene Gebrauchsvorteile hat der Besitzer entsprechend § 346 S. 2 a.F. (346 II Nr. 1 n.F.) zu vergüten.

1171 Hat der Besitzer Nutzungen, die nach den Regeln einer ordnungsmäßigen Wirtschaft gezogen werden könnten, nach Eintritt der Rechtshängigkeit schuldhaft nicht gezogen, so ist er nach § 987 II dem Eigentümer schadensersatzpflichtig. Die Vorschrift zeigt besonders deutlich die Verwaltungspflicht bei Rechtshängigkeit.

1172 Nach § 990 I 1 hat der unredliche Besitzer die Nutzungen wie der Rechtshängigkeitsbesitzer herauszugeben, also nach § 987 I. Ebenso gilt die Schadensersatzpflicht für nicht gezogene Nutzungen nach § 987 II.

[1098] BGHZ 34, 153.

[1099] S. u. Rz. 1694 ff.

[1100] An die Stelle der Befriedigung des Besitzers nach § 1003 tritt die Teilnahme des Besitzers am Veräußerungserlös durch einen entsprechenden Zahlungsanspruch. Abzulehnen die gegenteilige Entscheidung BGH WM 1987, 539; s. die berechtigte Kritik durch *Reinicke/Tiedtke*, DB 1987, 2447.

[1101] BGH WM 1998, 609 ff.

Folglich haftet der redliche Besitzer grundsätzlich nicht auf Herausgabe der Nutzungen. Er ist nach §§ 987 ff., 993 I Hs. 2 privilegiert. § 993 I Hs. 2 bestätigt, daß der Besitzer, sofern er die Nutzungen nicht nach den vorstehenden Vorschriften (wegen Rechtshängigkeit oder Bösgläubigkeit) herausgeben muß, grundsätzlich zum Behalten der Nutzungen berechtigt ist. Davon macht aber § 988 noch eine Ausnahme. Der Besitzer, der den Besitz unentgeltlich erlangt hat, muß die vor der Rechtshängigkeit der Herausgabeklage gezogenen Nutzungen nach den Vorschriften über die ungerechtfertigte Bereicherung herausgeben. § 993 I Hs. 2 und § 988 gehören zusammen: Die Privilegierung des redlichen Besitzers gilt nicht bei unentgeltlichem Erwerb. Nach §§ 988, 818 III kann sich aber der Besitzer auf den Wegfall der Bereicherung berufen[1102]. Die Regelung der §§ 993, 987, 990, 988 bedeutet im Zusammenhang: Mit der bereicherungsrechtlichen Herausgabehaftung des redlichen Besitzers bei unentgeltlichem Besitzerwerb entsprechen §§ 993, 990, 988 der Regelung des gutgläubigen Erwerbs des Eigentums nach §§ 932, 816 I 2. 1173

Die Privilegierung des redlichen Besitzers wird in § 993 I Hs. 1 nach dem Maß des Ertrages beschränkt, der nach den Regeln einer ordnungsgemäßen Wirtschaft zu ziehen ist. Früchte, die über dieses Maß hinausgehen, bedeuten einen Substanzverzehr und gebühren deshalb nach § 993 I Hs. 1 jedenfalls dem Eigentümer. Ein Beispiel ist im Übermaß geschlagenes Holz. 1174

Im Verhältnis zu §§ 953 ff. ist § 993 I Hs. 2 nachrangig[1103]. § 993 I Hs. 2 betrifft nur die Nebenfolgen der Vindikation der Muttersache, dagegen nicht die Vindikation einer Frucht oder eines Bestandteils etc. selbst. Wird also nach §§ 953 ff. der Eigentümer der Muttersache Eigentümer der Erzeugnisse etc., so kann er sie trotz § 993 I Hs. 2 vindizieren. § 993 I Hs. 2 führt nicht zu einem dauernden Auseinanderfallen von Besitz und Eigentum[1104]. Entgegen *Gursky*[1105] wird andererseits, wenn sich aus §§ 987 ff. ein Nutzungsherausgabeanspruch ergibt, dieser nicht durch die Vindikation der nach §§ 953 ff. ins Eigentum des Eigentümers der Muttersache gefallenen Frucht verdrängt: Für seine Klage braucht der Eigentümer nicht mit sich darüber streiten zu lassen, ob er Eigentümer der Frucht geworden ist und insoweit der Anspruch aus § 987 zugunsten der Vindikation ausgeschlossen ist. 1175

b) *Unentgeltlicher und rechtsgrundloser Erwerb*

Die Nutzungsberechtigung des redlichen, entgeltlichen Besitzerwerbers vor Rechtshängigkeit nach §§ 993 I Hs. 2, 987, 990, 988 wird problematisch im Vergleich zum rechtsgrundlosen Erwerb von Besitz oder von Eigentum[1106]: Wird aufgrund nichtigen Kaufvertrags wirksam übereignet, erfolgt eine Rückabwicklung nach § 812 I 1 Alt. 1 Nach § 818 I sind uneingeschränkt die Nutzungen herauszugeben. Ist auch die Übereig- 1176

[1102] Insbesondere kann der Besitzer seine Aufwendungen, sofern sie den Nutzungen zuzurechnen sind, nach § 818 III bereicherungsmindernd geltend machen, s. – allerdings ohne die Beschränkung – BGH ZIP 1998, 292 ff. = LM Nr. 10 zu § 988 BGB, zur Beschränkung Anm. *Wilhelm* LM a.a.O.; mit § 988 unvereinbar die Annahme der unterschiedslosen Maßgeblichkeit der Beschränkungen nach §§ 994 , 1000 ff. bei *Reischl*, Anm. zu dem o.a. Urteil des BGH, JR 1999, 25. *Reischl* verwechselt die Prüfung der Bereicherung als Beschränkung des ausnahmsweise gewährten Nutzungsherausgabeanspruchs gegen den redlichen Besitzer mit der Beschränkung des Besitzers hinsichtlich des Verwendungsersatzes bei der Sachherausgabe. Durch die Beschränkung des Eigentümers auf die Bereicherung in Gestalt der Nutzungen abzüglich der dafür erbrachten Aufwendungen wird der Eigentümer nicht „faktisch zur Zahlung“ gezwungen (*Reischl* S. 26).

[1103] A.A. *Medicus*, Bürgerliches Recht, Rz. 603.

[1104] S. bereits o. Rz. 964, 1132. A. A. *Wieling*, Sachenrecht I, § 12 IV 8, S. 572.

[1105] Staudinger/*Gursky*, Vorbem. zu §§ 987-993 Rz. 5.

[1106] Vgl. zu diesen Konstellationen *Schildt*, JuS 1995, 953, 955 f.

nung unwirksam, so sind §§ 985, 987, 990, 988, 993 I Hs. 1 anzuwenden. Wegen der Entgeltlichkeit des Erwerbs scheint die Herausgabe der Nutzungen nicht verlangt werden zu können. In einer berühmten Entscheidung des Großen Senats des RG[1107] hat das RG den rechtsgrundlosen dem unentgeltlichen Erwerb gleichgestellt und so auch bei unwirksamer Übereignung zur uneingeschränkten Nutzungsherausgabe (nämlich entsprechend § 988) verurteilt. Das RG ist auf diesen Ausweg verfallen, weil es einerseits den Widerspruch zwischen der Lage bei wirksamer und der bei unwirksamer Übereignung nicht hinnehmen, andererseits aber nicht von dem Grundsatz der Ausschließlichkeit der Geltung der §§ 987 ff. im Eigentümer-Besitzer-Verhältnis abweichen wollte.

1177 Die Anwendung des § 988 auf den rechtsgrundlosen Erwerb ungeachtet dessen, daß dieser gegen Entgelt erfolgen kann, führt zu einer Schutzlücke in dem folgenden Fall: Ein Gutgläubiger erwirbt eine fremde Sache gegen Entgelt von einem Dieb, wobei der Kaufvertrag mit dem Dieb unwirksam ist. Der Erwerb ist rechtsgrundlos, müßte also mit dem RG dem unentgeltlichen gleichzusetzen sein. Der Eigentümer könnte somit vom gutgläubigen Besitzer die Sache mit den Nutzungen herausverlangen. Der Besitzer kann den dem Dieb gezahlten Preis aber nur dem Dieb nach § 818 III (gemäß der Saldotheorie oder anderen Ansätzen), nicht dem Eigentümer entgegenhalten. Dies würde gelten, obwohl der Eigentümer hier nicht anführen kann, daß der Besitzer die Nutzungen genau so herausgeben muß, wie wenn er wirksam erworben hätte. Hätte der Besitzer wirksam erworben, hätte er sich nur mit dem Veräußerer auseinanderzusetzen. Der Eigentümer könnte von ihm gar nichts verlangen.

1178 Zur richtigen Lösung kommt man nicht durch Manipulationen am Begriff der Unentgeltlichkeit in § 988, sondern durch genaue Analyse der Ausschließlichkeitswirkung der §§ 987 ff. gegenüber den allgemeinen Regeln[1108]. Im Ergebnis darf jedenfalls zwischen der Lage bei wirksamer und der bei unwirksamer Übereignung kein Unterschied bestehen, die für den Fall der wirksamen Übereignung geltende Regelung muß auch bei unwirksamer Übereignung gelten. Wie bei der Ersitzung[1109] geht auch beim gutgläubigen Nutzungserwerb nach §§ 993, 990 die Abwicklung nach §§ 812 ff. im Leistungsverhältnis zum Eigentümer vor. So ergibt sich auch keine Schutzlücke: Erwirbt der Besitzer den Besitz von einem Dritten, so ist § 993 I Hs. 2 i.V.m. § 990 ebenso wie §§ 932, 937 im Verhältnis zum Eigentümer Rechtsgrund für das Behalten der Nutzungen – wie diese aber vorbehaltlich eines unentgeltlichen Erwerbs vom Dritten (§ 988 entspricht § 816 I 2) –.

c) *Nutzungsherausgabe bei Besitzmittlung*

1179 Der unmittelbare Besitzer haftet nach § 991 für die Herausgabe der Nutzungen gemäß § 990 nur dann, wenn die Voraussetzungen des § 990 auch beim mittelbaren Besitzer vorliegen oder diesem gegenüber die Rechtshängigkeit eingetreten ist. Zusammengefaßt kommt nach § 991 I „in Ansehung der Nutzungen" die Gutgläubigkeit und Unverklagtheit des mittelbaren Besitzers dem unmittelbaren Besitzer zugute. Der Grund ist, daß der gutgläubige und nicht verklagte Besitzer auch im Wege eines Besitzmittlungsverhältnisses nutzungsbefugt ist.

d) *Wechsel zwischen Nutzungsberechtigung des Eigentümers und des Besitzers*

1180 Die Nutzungen gebühren dem Besitzer, der die Sache entgeltlich erlangt hat, für die Zeit seiner Redlichkeit, solange die Klage auf Herausgabe der Sache nicht rechtshängig ge-

[1107] RGZ 163, 357; der BGH hat die Rechtsprechung beibehalten; s. wieder BGH ZIP 1993, 70, 73.
[1108] Dazu unten Rz. 1231 ff.
[1109] S. o. Rz. 1033.

worden ist. Für den Wechsel zwischen Nutzungsberechtigung des Besitzers und des Eigentümers verweist § 993 II auf die Verteilungsregel des § 101.

e) Nutzungsherausgabe bei Verzug und Deliktsbesitz

Verzug führt zum Schadensersatz (auch wegen entgangener Nutzungen) und berührt das Thema der Nutzungsherausgabe nicht. **1181**

Das Gleiche scheint nach § 992 für den Deliktsbesitz zu gelten. Die Regelung des Deliktsbesitzes ist freilich zunächst immerhin noch Gegengewicht gegen die Nutzungsberechtigung des redlichen Besitzers: Der Deliktsbesitzer kann sich gegenüber dem Schadensersatzverlangen des Eigentümers nicht auf eine Nutzungsberechtigung nach § 993 I Hs. 2 berufen. Darüber hinaus wird vertreten, daß der in § 992 geregelte Deliktsbesitzer als solcher auch zur Nutzungsherausgabe verpflichtet sein müsse: Wer nach Deliktsrecht hafte, könne nicht besser stehen, als wer auf die Bereicherung hafte[1110]. Der Schluß ist so auf das Gesetz nicht zu stützen. Auf die Bereicherung haftet man nach den allgemeinen Vorschriften. Nach § 993 I Hs. 2 ist die Haftung nach den allgemeinen Vorschriften im Bereich der §§ 987 ff. aber gerade vorbehaltlich nur der Ansprüche aus §§ 987 ff. ausgeschlossen. Allerdings eröffnet § 992 für den Deliktsbesitzer durch Verweisung auf die Vorschriften über die unerlaubten Handlungen eine Bereicherungshaftung: § 852 III a.F. hat nämlich den Bereicherungsanspruch im Fall einer aus Delikt erlangten Bereicherung vor der kurzen Verjährung des Deliktsanspruchs nach a.F. geschützt. § 852 n.F. schützt vor der kurzen Verjährung unter Statuierung einer besonders bemessenen längeren Verjährung. § 992 i.V. mit § 852 eröffnet also einen Bereicherungsanspruch gegen den Deliktsbesitzer im Eigentümer-Besitzer-Verhältnis. **1182**

Dem Verzug kommt nicht einmal die Bedeutung eines Gegengewichts zur Nutzungsberechtigung zu. Er setzt ja die Bösgläubigkeit des Besitzers voraus (§ 990 II mit I), und der bösgläubige Besitzer ist schon als solcher nach §§ 990 I, 987 I zur Herausgabe der Nutzungen verpflichtet. Insofern hat der Verzug ausschließlich Relevanz für die Schadensersatzhaftung[1111]. Insbesondere die §§ 287 S. 2, 848 betreffen den Untergang oder die Verschlechterung des Gegenstands der Herausgabepflicht, also eine Haftung grundsätzlich nur bezüglich der fremden Sache. Sie betreffen aber nicht eine Zufallshaftung hinsichtlich der Nutzungen, es sei denn, der Besitzer ist mit der Herausgabe einer Nutzung in Verzug geraten. Zwar ist der gesamte aus Verzug oder Entziehung der Sache entstehende Schaden zu ersetzen, also auch der kausal davon abhängige Nutzungsentgang. Das folgt aber aus der Haftung für den durch Verschulden in Gang gesetzten Kausalverlauf, nicht aus §§ 287, 848. **1183**

7. Nebenfolgen der Vindikation: Schadensersatzhaftung

a) Schadensersatzhaftung des Rechtshängigkeitsbesitzers

Von der Rechtshängigkeit der Herausgabeklage an haftet der Besitzer, wenn er schließlich verurteilt wird, dem Eigentümer unter den Voraussetzungen des § 989 sowie des § 987 II auf Schadensersatz. § 989 spricht von den Fällen der Verschlechterung, des Untergangs oder der aus einem anderen Grunde bestehenden Unfähigkeit des Besitzers, die Sache herauszugeben. Gleichzustellen ist die Verlegung der Sache, so daß dem Eigentümer durch den Rücktransport nach der Herausgabe der Sache Kosten entstehen[1112]. Die Haftung wegen Eintritts sonstiger Unfähigkeit zur Herausgabe der Sache kommt auch insoweit in Betracht, als der Besitzer die Sache nicht mehr an einem dem Eigentümer näheren Ort herausgeben kann. § 987 II gibt noch einen Schadensersatzanspruch **1184**

[1110] *Wolff/Raiser* § 85 II 4, S. 333.
[1111] Irreführend *Gerhardt*, Mobiliarsachenrecht, § 10, 3, S. 69 ff.
[1112] Oben Rz. 1100.

wegen schuldhaft nicht gezogener Nutzungen, die nach den Regeln ordnungsmäßiger Wirtschaft hätten gezogen werden können.

b) Schadensersatzhaftung des unredlichen Besitzers

1185 § 990 I, der auf die Haftung, die von der Rechtshängigkeit an besteht (§§ 989, 987 II), verweist, enthält zwei Schadensersatzansprüche, nämlich zum ersten die Haftung des unrechtmäßigen Besitzers nach § 990 I 1 i.V.m. §§ 989, 987 II bei Bösgläubigkeit i.S. von § 932 II im Zeitpunkt des Besitzerwerbs und zum zweiten die Haftung des unrechtmäßigen Besitzers nach § 990 I 2 i.V.m. §§ 990 I 1, 989, 987 II bei Gutgläubigkeit des Besitzers im Zeitpunkt des Besitzerwerbs, wenn aber der Besitzer später vom Mangel des Besitzrechts erfährt, d.h. bei scientia superveniens.

1186 Die Abgrenzung zwischen den beiden Fällen ist im Feldbahnlokomotiven-Fall[1113] problematisch geworden. Im Fall waren Feldbahnlokomotiven des Klägers im Jahre 1944 vor den heranrückenden Russen bewahrt worden dadurch, daß zunächst eine – nicht näher qualifizierte – Arbeitsgemeinschaft die Lokomotiven in Geschäftsführung ohne Auftrag zur Verladung durch die Reichsbahn brachte und diese die Lokomotiven – offenbar in Fortsetzung der Geschäftsführung ihrerseits[1114] – unter Ausstellung einer auf den Kläger als Eigentümer lautenden Versandanzeige in den Westen transportierte. Ein Teil des Zuges landete in Essen. Die dortigen Beamten gingen davon aus, daß die Lokomotiven der Reichsbahn gehörten, und veräußerten sie. Der Kläger verlangt von der Deutschen Bundesbahn Schadensersatz. Der BGH hat das Recht der Geschäftsführung ohne Auftrag hinsichtlich der Veräußerung geprüft und so Ansprüche aus seiner Anwendung nach § 687 I abgelehnt. Die Haftung wegen unerlaubter Handlung unter Überschreitung des Besitzrechts aus berechtigter Geschäftsführung ohne Auftrag stieß auf die Einrede der Verjährung gemäß § 852 a.F.. Der BGH hielt stattdessen – vorbehaltlich weiterer Prüfung der Vorinstanz – die Haftung aus §§ 990 I 1, 989 für möglich, für die nach früherer Regelung die 30-jährige Verjährung nach § 195 galt.

In der Prüfung war vom Anspruch nach §§ 990 I 1, 989 auszugehen und zunächst die Vindikationslage im maßgeblichen Zeitpunkt (dem der Veräußerung der Lokomotiven) zu prüfen. Die Vindikationslage ist jedenfalls rechtzeitig vor der Veräußerung eingetreten. Durch erkennbare Ersetzung des Geschäftsführerwillens durch den Eigenbesitzwillen ist die (berechtigte) Geschäftsführung und mit ihr die Besitzberechtigung beendet worden. Für die Bösgläubigkeit der besitzenden Bahn (unter Zurechnung der Bösgläubigkeit der handelnden Beamten[1115]) kam entweder § 990 I 1 oder § 990 I 2 in Betracht, je nachdem war ein unterschiedlicher *Grad von Bösgläubigkeit* erforderlich. Grob fahrlässige Unkenntnis reicht nach § 990 I 1 im Zeitpunkt des Besitzerwerbs aus, während für die Zeit nach Besitzerwerb gemäß § 990 I 2 nur Kenntnis schadet. Der BGH hat als Besitzerwerb i.S. von § 990 I 1 auch die Umstellung des Besitzes von Fremdbesitz auf Eigenbesitz angesehen. In der Weggabe der Sache hat er einen Besitzerwerb gefunden! Man muß schon einen Besitzerwerb eine logische Sekunde vor der Weggabe konstruieren, damit das nachvollziehbar wird. Aber die Begründung des BGH überzeugt auch sonst nicht: Das Gesetz schützt nicht nur den gutgläubigen Eigen-, sondern auch den gutgläubigen Fremdbesitzer (wenn auch den letzteren nur im Rahmen seines angenommenen Besitzrechts). Deshalb ist entgegen dem BGH[1116] nicht zu sagen, daß das Gesetz eigentlich auf den Eigenbesitz ausgerichtet und deshalb die Erlangung des Eigenbesitzes als Besitzerwerb i.S. von § 990 I 1 anzusehen ist. Auch die Begründung von *Medicus*[1117],

[1113] BGHZ 31, 134 ff.
[1114] S. die Folgerungen *Gurskys,* Sachenrecht, 2000, Fall 13, S. 125, m.w.N.
[1115] Rz. 1147 ff.
[1116] BGHZ 31, 134 f.
[1117] MünchKomm/*Medicus* § 990 Rz. 7.

welcher *Gursky*[1118] folgt, paßt im Fall des BGH nicht: § 990 I 2 erspare dem Besitzer eine erneute Überprüfung seines Besitzrechts bei *fortdauerndem* Besitz. Ein solcher Schutz sei nicht gerechtfertigt für den Besitzer, der seinem Besitz einen neuen Grund geben wolle. Die Begründung paßt für einen Besitzer, der sich der Neuheit des Grundes bewußt ist, also etwa denjenigen, der statt seines Vermieters später einen anderen als Eigentümer anerkennt und nunmehr von diesem mietet. Hier ***beläßt*** der neue Gewährsmann den Besitz, das ist Besitzerwerb i.S. von § 990 I 1. Im Fall des BGH dagegen war der besitzenden Reichsbahn das Bewußtsein des Fremdbesitzes abhanden gekommen. Organisationsfehler hatten zu einer Außer-Acht-Lassung der Fremdbesitzer-Stellung geführt. Damit wird aber nicht ein Erwerbstatbestand gesetzt, hinsichtlich dessen die Evidenzprüfung im Hinblick auf sich aufdrängende Umstände, die die Fragwürdigkeit des Erwerbs offenkundig machen, denkbar ist. Die Haftung nach § 990 als Haftung deswegen, weil man weiß oder weil es evident ist, daß die Sache einem anderen zukommt und man deshalb die Sache für den anderen verwalten muß, kann nicht eingreifen[1119].

Es blieb im Fall des BGH mithin auf Seiten der Reichsbahn lediglich eine Haftung wegen schuldhafter Pflichtverletzung *im Rahmen der Fremdbesitzbeziehung* übrig. Die Prüfung der Veräußerung und die Anwendung des § 687 I auf sie durch den BGH ist hier zu dürftig. Die Bahn schuldete nach §§ 681 S. 2, 667 die Herausgabe der Lokomotiven. Die Herausgabehaftung aus dem quasivertraglichen Schuldverhältnis der Geschäftsführung ohne Auftrag wird von der Sonderregelung der §§ 987 ff., die an die Herausgabehaftung nach § 985 anknüpfen, nicht verdrängt. Die Herausgabe hat die Bahn sich i.S. von § 280 a.F. (§§ 283, 280, 275 I, III n.F.) unmöglich gemacht. Das Verschulden der Beamten ist der Bahn nach § 278 zuzurechnen. Auch der Schadensersatzanspruch des Geschäftsherrn nach § 280 a.F. verjährte nach der früheren Regelung in 30 Jahren. Die kurzfristige Verjährung nach § 852 a.F. war durch ihn ebenso wie durch die vom BGH konstruierte Haftung nach § 990 überwunden.

Nur für den unredlichen Besitzer ist neben den Nebenfolgen der Vindikation eine **1187**
Verzugshaftung denkbar (§ 990 II)[1120]. Für die Haftung von der Rechtshängigkeit an gilt dies deshalb nicht, weil Rechtshängigkeit nur heißt, daß der Besitzer sich auf eine für ihn nachteilige Entscheidung einstellen muß, der gutgläubige Besitzer aber bis zur Entscheidung noch auf dem angenommenen Besitzrecht beharren kann. Bedeutsam ist § 284 I a.F.) die Verzugshaftung des Bösgläubigen für die Zufallshaftung nach § 287 und für Vorenthaltungsschäden[1121]. Der Verzug des Bösgläubigen setzt nach § 286 I (= § 284 I a.F.) eine Mahnung voraus[1122].

Angesichts der umfassenden Haftung des Besitzers bei Bösgläubigkeit stellt sich die **1188**
Frage, welche Bedeutung daneben der Haftung des Deliktsbesitzers nach § 992 zukommt (die Frage also nach den zusätzlichen Funktionen des § 992 neben seiner Funktion der Begrenzung des Haftungsprivilegs bei Gutgläubigkeit). Nach *Medicus*[1123] verschärft § 992 die Haftung des Bösgläubigen in dreifacher Richtung: Allgemeine Verschuldenshaftung, Ersatz auch des Vorenthaltungsschadens, Anwendung des § 848. Das ist nicht zutreffend: §§ 989, 990 enthalten eine Pauschallösung des Haftungsproblems bei Bösgläubigkeit und Rechtshängigkeit. Es erfolgt keine Nachprüfung, ob im Einzelfall

1118 Sachenrecht, 2000, Fall 13, S. 123.

1119 Im Ergebnis ebenso *Baur/Stürner* § 11 B I 1 a.E. Rz. 26.

1120 Zutreffend BGH ZIP 1993, 70, 73.

1121 S. OLG Saarbrücken OLGZ 1987, 221, 223. Entgegen dem OLG S. 224 f. gilt die Beschränkung der Möglichkeit der Verzugshaftung auf den bösgläubigen Schuldner nach §§ 818 IV, 292, 987, 989 mit argumentum e contrario aus § 990 II sowie nach §§ 819, 818 IV auch für die Schuld des Bereicherungsschuldners.

1122 Zur a.F. *Wilhelm*, AcP 183 (1983), 1 ff., 9 Fn. 25, 13 Fn. 31. § 286 III ist auf Geldschulden beschränkt. Differenzierungen gegenüber dem Mahnungserfordernis enthält § 286 II.

1123 MünchKomm/*Medicus*, § 992 Rz. 9 ff.

ein Deliktstatbestand erfüllt ist (die deliktische Schädigung ist fraglich insofern, als der Besitzerwerb durch den Bösgläubigen für den – ohnehin nicht im Besitz befindlichen – Eigentümer keinen Schaden bedeuten muß). Vielmehr wird die Sache dem Eigentümer dadurch wieder näher gebracht, daß der Bösgläubige zum Geschäftsverwalter für den Eigentümer gemacht wird. Hinsichtlich der Haftung für Hilfspersonen bedeutet dies sogar eine schärfere Haftung nach §§ 989, 990 im Vergleich zur Deliktshaftung nach § 992: Im Rahmen von §§ 989, 990 gilt § 278.

1189 Im Vergleich zur Bösgläubigkeitshaftung tritt die Deliktshaftung nach § 992 also als zweite Haftung hinzu, ebenso wie sie neben eine vertragliche Haftung in demselben Verhältnis zwischen zwei Personen treten kann, nämlich mit zum Teil ergänzenden Rechtsfolgen, und dafür sind hier in der Tat die Haftung für bloße Vorenthaltungsschäden[1124] und die Haftung nach Maßgabe des § 848 zu nennen[1125].

1190 Mit seiner Verweisung auf die allgemeine Deliktshaftung, einerseits in Ergänzung der Haftung wegen Bösgläubigkeit und andererseits in Einschränkung der Privilegierung kraft Gutgläubigkeit, ist § 992 richtungweisend für die Behandlung des durch Besitzdiener Besitz erwerbenden Besitzherrn[1126]. Der bösgläubige Besitzdiener kann mangels Besitzes nicht in die Verwalterhaftung kraft Bösgläubigkeit einrücken, andererseits ist der Besitzherr, wenn ihm nach der Stellung des Besitzdieners dessen Bösgläubigkeit nicht zuzurechnen sein sollte, doch immerhin entsprechend § 166 I nicht gutgläubig, wenn er durch einen bösgläubigen Besitzdiener erwirbt. Er ist deshalb zumindest nicht als gutgläubiger Besitzer privilegiert. Daraus folgt entsprechend der aus § 992 zu ziehenden Schlußfolgerung, daß, wenn die Bösgläubigkeit des Besitzdieners dem Besitzherrn nicht zurechenbar ist, das Deliktsrecht eingreift, d.h. daß für das Handeln des Besitzdieners § 823 I und für die Haftung des Besitzherrn § 831 gilt.

1191 Keine Ergänzungsfunktion können die Deliktsvorschriften entwickeln im Fall der Unterschlagung der Sache durch den bisherigen Fremdbesitzer. § 992 hierauf analog anzuwenden[1127], ist daher ohne Sinn: Der Unterschlagungsschaden ist der Unterschied in der Vermögenslage aufgrund der Nichtfortdauer des bisher bestehenden Fremdbesitzes, der Schaden kann also kein Vorenthaltungsschaden sein. § 848 paßt nicht, da ebensowenig eine Herausgabepflicht aus unerlaubter Handlung besteht. Es gilt demgegenüber bei bisher bestehendem Besitzrecht die Haftung aus der Besitzrechtsbeziehung, bei nur (redlich) angenommenem Besitzrecht dieselbe Haftung unter dem Gesichtspunkt des Fremdbesitzerexzesses und bei Nichtbestehen eines Besitzrechts und Bösgläubigkeit die Haftung aus §§ 989, 990, zu der, wie gesagt, § 992 hier nichts Ergänzendes beitragen kann.

c) *Schadensersatzhaftung des Deliktsbesitzers (§ 992)*

1192 Die Bedeutung des § 992 im Verhältnis zur Haftung des unredlichen Besitzers ist soeben[1128] dargelegt worden. Vor allem schränkt § 992 aber die Haftungsfreiheit des Besitzers ein, der nicht nach §§ 987-991 haftet, vulgo: des redlichen Besitzers vor dem Eintritt der Rechtshängigkeit.

1193 § 992 ist eine Rechtsgrundverweisung auf die Deliktsvorschriften. Aus dem Tatbestand (Rechtsgrund) der Deliktshaftung tritt noch die Voraussetzung des Verschuldens hinzu. Trotz der Merkmale der verbotenen Eigenmacht oder der strafbaren Handlung ist

[1124] Als Vorenthaltungsschäden kommen etwa ein Mietaufwand des Eigentümers für eine Ersatzsache oder entgangene Nutzungen, die gerade der Eigentümer aufgrund seiner besonderen Sachkunde erzielt hätte, in Betracht.

[1125] Beide Rechtsfolgen treten, wenn sie nicht nach § 992 begründet sind, aufgrund der Verzugshaftung nach § 990 II vom Zeitpunkt des Verzuges des Bösgläubigen an ein.

[1126] S. *Wilhelm*, AcP 183 (1983), 26 f.

[1127] So MünchKomm/*Medicus* § 992 Rz. 7.

[1128] Rz. 1188 ff.

die Verschuldensprüfung nicht entbehrlich. Insbesondere verbotene Eigenmacht ist ohne Verschulden denkbar[1129], führt aber nicht ohne Rücksicht auf Verschulden zur Haftung. Das folgt daraus, was die Vorschrift will. Die Vorschrift will zwei Begrenzungen: Zum einen die der Haftungsfreiheit des redlichen Besitzers (§ 993 I Hs. 2), indem sie auch einen redlichen Besitzer wegen unerlaubter Handlung haften läßt. Zum anderen aber die Begrenzung dieser Haftung aus unerlaubter Handlung. „Der Besitz ... ist jedoch dem Eigenthümer gegenüber nur dann widerrechtlich, wenn der Besitzer durch den Erwerb des Besitzes gegen die Vorschrift des ... (heute § 858) oder gegen ein den Schutz des Eigenthums bezweckendes Gesetz verstoßen hat“[1130]. § 992 definiert den rechtswidrigen Eingriff in fremdes Eigentum, für den ein Besitzer, auch dann, wenn er redlich ist, nach den Vorschriften des Deliktsrechts haften muß. Ob er dann haftet, beantworten diese Vorschriften. Erforderlich für die Schadensersatzhaftung ist nach § 823 I, daß die Rechtsverletzung verschuldet ist.

Zu fragen ist, worauf sich das Verschulden beziehen muß. In Betracht kommt, daß es nur auf die schuldhaft begangene verbotene Eigenmacht oder Straftat ankommt[1131]. Die Alternative ist, daß es auf die schuldhaft begangene Eigentumsverletzung ankommt[1132]. Nimmt man das letztere an, so kann das Verschulden trotz schuldhaft begangener Eigenmacht zu verneinen sein, so bei Wegnahme in dem nicht sorgfaltswidrigen Glauben, man wäre Eigentümer. Das Verschulden kann freilich noch nachträglich einsetzen. Bei fehlendem Verschulden im Zeitpunkt der Eigenmacht kann die künftige Eigentumsverletzung schuldhaft sein – was dann aufgrund der Annahme, daß sich das Verschulden auf das Eigentum beziehen muß, das Einsetzen der Schuldhaftigkeit der Unkenntnis des fremden Eigentums voraussetzt –. Die Eigenmacht selbst muß dann nicht schuldhaft sein[1133]. Diese Bezugnahme der Verschuldensprüfung auf das Eigentum überzeugt nicht. Hat der Besitzer sich den Besitz durch schuldhaft begangene verbotene Eigenmacht verschafft, so hat er, wenn der Verletzte der Eigentümer ist, schuldhaft in den Schutz des Eigentümers eingegriffen, den der Besitz für den besitzenden Eigentümer bedeutet. Würde man dem Besitzer Eigenmacht durchgehen lassen, weil er sich mit guten Gründen für den Eigentümer hält, würde man dem Besitzer die Selbsthilfe gestatten. Es geht bei § 992 um die Begrenzung des Privilegs der Haftungsfreiheit nach § 993 I Hs. 2. Dieses Privileg ist auf den ordnungsgemäßen Besitzerwerb beschränkt; damit tritt kein Widerspruch im Verhältnis zweier „Haftungsverschärfungsgründe“ ein[1134]. **1194**

Die verbotene Eigenmacht eines Besitzdieners wird nach den oben[1135] entwickelten Kriterien dem Besitzherrn zugerechnet. Sind die Zurechnungsvoraussetzungen nicht erfüllt, liegt aber bei verbotener Eigenmacht des Besitzdieners nicht der Besitzerwerb vor, den § 993 privilegiert[1136]. Also ist § 992 anzuwenden, wobei für das Handeln des Besitzdieners § 831 erfüllt sein muß. Ist der Besitzherr von Anfang an selbst (oder durch den Besitzdiener) bösgläubig oder wird er es später, so tritt neben die Haftung aus §§ 992, 831 die nach §§ 989, 990. **1195**

d) Redlicher Besitz und Fremdbesitzerexzeß

§ 993 I Hs. 2 bestätigt die Folgerung der Haftungsfreiheit in dem Fall, daß keiner der Haftungstatbestände von § 987 II bis § 992 verwirklicht ist, d.h. unter dieser Vorausset- **1196**

1129 Einrücken in den Besitz von Sachen, die zu einem Nachlaß gehören, aufgrund eines von anderen gefälschten Testaments etc. Besitzerwerb von einem unerkennbar Geisteskranken.

1130 S. aus der Beratung der 2. Kommission *Jakobs/Schubert*, Die Beratung des BGB, Sachenrecht, 1985, §§ 987-993, S. 804.

1131 *Wolff/Raiser* § 85 II 4 mit Fn. 18, III 4, S. 332 f., 334 f.

1132 So BGH WM 1960, 1148 ff. und die Voraufl.

1133 So richtig MünchKomm/*Medicus* § 992 Rz. 5; Staudinger/*Gursky* § 992 Rz. 8.

1134 So aber *Gurksy*, a.a.O., unter Bezugnahme auf Straftat und Eigenmacht.

1135 Rz. 1147 ff.

1136 Oben Rz. 1190.

zung die Nichthaftung des Besitzers so, als wenn er seine eigene Sache unsorgfältig behandelt hätte („quasi suam rem neglexit“[1137]).

1197 Vorbehaltlich also der Haftung nach §§ 987 II, 989, 991 II, 992 wird der gutgläubige Besitzer (s. § 990) durch die gesetzliche Regelung *privilegiert.*

1198 Die Privilegierung nach § 993 I Hs. 2 gilt im Rahmen ihres Sinnes, daß, wer im Besitz ist und hinsichtlich seines Besitzrechts gutgläubig, behandelt wird, als wenn das Besitzrecht bestünde. Daraus folgt, daß die Haftungsfreiheit des Besitzers, quasi suam rem neglexit, nicht gelten kann für den gutgläubigen Fremdbesitzer: Dieser behandelt die Sache nicht als eigene, sondern hat sie aufgrund der Annahme eines Mietrechts etc. als fremde. Der gutgläubige Fremdbesitzer ist mithin, was die Schadensersatzhaftung betrifft, wie bei Bestehen des angenommenen Fremdbesitzrechts zu behandeln. Besteht aber etwa ein Mietrecht, so ist der Besitzer nur bei vertragsgemäßem Gebrauch haftungsfrei; überschreitet er sein Gebrauchsrecht, so haftet er aus positiver Vertragsverletzung (§§ 280, 241 II) und unerlaubter Handlung. Eben dieselbe Haftung muß den sein angebliches Gebrauchsrecht überschreitenden nichtberechtigten Fremdbesitzer treffen. § 993 I Hs. 2 entbindet davon nicht.

1199 Die Frage wird unter dem Schlagwort des Fremdbesitzerexzesses behandelt. Die h.M.[1138] kommt hier zur Anwendung der §§ 823 ff. Nach ihr ist die Haftung bei Fremdbesitzerexzeß eine Haftung entgegen dem Haftungsausschluß, der sich aus §§ 987 ff. ergeben könnte, nämlich eine Deliktshaftung des nichtberechtigten Fremdbesitzers, die eingreife, obwohl der Besitzer gutgläubig ist und den Besitz ohne Eigenmacht oder strafbare Handlung erworben hat (s. § 992). Stellt man konsequent auf die Haftung im Rahmen der angenommenen Besitzrechtsbeziehung ab, so kommen demgegenüber auch, wie gesehen, vertragliche Haftungsgrundsätze, insbesondere neben § 831 die Vertragshaftung mit § 278, in Betracht.

1200 Die Figur des Fremdbesitzerexzesses als außerhalb des Gesetzes entwickelte Haftungsfigur beruht auf einer Verkennung der gesetzlichen Regelung. Nach dieser gibt es die grundsätzliche Haftungsfreiheit des redlichen Besitzers, der gegenüber die Figur des Fremdbesitzerexzesses zu entwickeln wäre, nicht. Der Besitzer ist haftungsfrei, wenn die Haftungstatbestände der §§ 987 II ff. nicht verwirklicht sind. Zu den Haftungstatbeständen gehört aber § 991 II, und dieser begründet die Haftung des sein Besitzrecht überschreitenden Fremdbesitzers.

Nach § 991 II haftet der Besitzer trotz Gutgläubigkeit dem Eigentümer, und zwar dann, wenn er seinen Besitz von einem mittelbaren Besitzer ableitet und für einen Schaden i.S. des § 989 dem mittelbaren Besitzer verantwortlich ist. Er haftet dann dem Eigentümer nach Art und Maß seiner Verantwortlichkeit gegenüber dem mittelbaren Besitzer. § 991 II enthält den allgemeinen Rechtsgedanken, der auch den Fremdbesitzerexzeß umfaßt. Daß § 991 II nur das dreigliedrige Verhältnis Eigentümer – mittelbarer Besitzer – unmittelbarer Besitzer mit wirksamem Vertrag zwischen letzteren beiden herausgreift, hindert entgegen *Gursky*[1139] seine allgemeine Anwendbarkeit nicht. Die Wirksamkeit des Vertrages des unmittelbaren Besitzers mit dem mittelbaren Besitzer ist im Verhältnis zum Eigentümer ohne Belang. Wenn sich der Besitzer überhaupt vom Eigentümer das Vertragsverhältnis zu einem Dritten vorhalten lassen muß, dann kann das nicht an diesem Vertrag liegen, sondern muß darauf beruhen, daß die Freistellung des Besitzers nach § 993 I Hs. 2 nicht weitergehen kann, als der Besitzer selbst sich haftungsfrei glaubt. Auch im Zweier-Verhältnis Eigentümer-Besitzer kann es übrigens des § 991 II als eines allgemeinen Rechtsgedankens bedürfen: Dann nämlich, wenn der Ei-

[1137] O. Rz. 1131.

[1138] S. Staudinger/*Gursky* Vorbem. zu §§ 987-993 Rz. 14.; Beispiel a. d. Rechtsprechung LG Hamburg JuS 1989, 408 = NJW-RR 1988, 1433.

[1139] A.a.O.

gentümer den Besitz geleistet hat. Ist ein Besitzrechtsverhältnis (etwa Miete) wirksam als Rechtsgrund vereinbart, ergibt sich die Haftung neben § 823 aus diesem Verhältnis. Ist kein wirksames Besitzrechtsverhältnis vorhanden, haftet der Besitzer aus der Regelung der Leistungskondiktion und nicht aus §§ 987 ff. Auch hier muß den redlichen Besitzer neben der Bereicherungshaftung aus §§ 812, 818 III entsprechend § 991 II die Haftung wie bei wirksamem Rechtsgrundverhältnis treffen[1140]. Die Privilegierung, daß auch der Bereicherungsschuldner nur dann unabhängig von der noch vorhandenen Bereicherung auf Schadensersatz haftet, wenn er bösgläubig (§§ 819 I, 818 IV) oder der Anspruch rechtshängig ist (§ 818 IV, §§ 292, 987 ff.), heißt nur, daß lediglich unter diesen Voraussetzungen der Schuldner möglicherweise auch dann haftet, wenn sein Verhalten bei wirksamem Besitzrechtsverhältnis gedeckt gewesen wäre.

Die Haftungsprivilegierung des gutgläubigen Besitzers wird begrenzt durch § 992: Die **1201**
Vorschrift läßt die allgemeine Deliktshaftung trotz Redlichkeit bezüglich des Besitzrechts bestehen, wenn der spätere Besitzer sich – in gutem Glauben an ein Besitzrecht – den Besitz gewaltsam oder strafbar verschafft. Insoweit gilt also: Das Haftungsfreistellungsprivileg bei redlichem Besitz wird eingeschränkt. Es gilt die Verschuldenshaftung nach §§ 823 ff. mit § 848.

8. Nebenfolgen der Vindikation: Verwendungsersatz sowie Wegnahmerecht

a) Begriff der Verwendungen

Verwendungen sind Aufwendungen (d.h. freiwillige Vermögensopfer[1141]), die einer Sa- **1202**
che[1142] i.S. der Erhaltung, Wiederherstellung oder Verbesserung der Sache zugute kommen. Maßgebliches Kriterium ist also die Sach- im Gegensatz zur Personenbezogenheit. Mithin ist auf die in der Hand des Besitzers befindliche Sache als solche abzustellen, etwaige Pläne, die der Eigentümer vielleicht mit der Sache hat, entscheiden über den Verwendungscharakter nicht[1143]. Werden einer Sache, insbesondere einem Grundstück, andere Sachen hinzugefügt, so kommen sie der Sache unter der Voraussetzung zugute, daß sie wesentliche Bestandteile der Sache werden (§§ 93 f.)[1144]. Ob alle Aufwendungen, die einer Sache zugute kommen, Verwendungen sind, wird sogleich erörtert.

Zuvor ist im Anschluß an die oben[1145] erörterte Problematik der Verwendungsersatz- **1203**
berechtigung des Werkunternehmers der Begriff der Verwendung im Hinblick auf die Person des Verwenders klarzustellen. Dabei geht es um den Fall eines Dreiecks-Verhältnisses mit mehreren möglichen Verwendern. Nach dem oben Festgestellten ist Verwender zunächst derjenige, der auf die in eigener Hand befindliche Sache etwas aufwendet. Gibt er dann aber die verbesserte Sache ohne Abgeltung der Verwendung heraus, so kann er Ansprüche nur noch gegen den Empfänger haben, weil er diesem kreditiert hat. Ist ein Dritter Eigentümer, so ist diesem gegenüber der Empfänger Verwender.

Was den genauen Inhalt des Begriffs der Verwendungen betrifft, gibt es den extensiven **1204**
und den restriktiven Verwendungsbegriff. Der erstere wird überwiegend in der Literatur

[1140] S. auch *Wieling*, Sachenrecht I, § 12 III 4 b, S. 558.

[1141] Nicht erforderlich ist, daß sie im Interesse eines anderen erbracht werden (so aber Palandt/*Heinrichs* § 256 Rz. 1 unter Berufung auf den BGH). Das zeigt gerade die Verwendung, die ein Unterfall der Aufwendung ist. S. auch § 670, in dem die Bezogenheit auf den anderen ein zusätzliches Merkmal ist. – Auch eigene Arbeitsleistungen des Verwenders oder einer von ihm eingesetzten Person, denen ein Marktwert zukommt, können Verwendungen sein, BGHZ 131, 220, 225 = NJW 1996, 921 (str.).

[1142] Oder einer Vermögensmasse, so die Verwendungen im Sinne der §§ 2022, 2125, 2381.

[1143] *Medicus*, Bürgerliches Recht, Rz. 879, MünchKomm § 994 Rz. 15.

[1144] Planck/*Brodmann* v. §§ 994 – 1003, Anm. 1 a. E.; a.A., aber schon in sich widersprüchlich, *Gerhardt*, Mobiliarsachenrecht, § 10, 5 c, S. 77 f.

[1145] Rz. 1165 ff.

vertreten[1146]. Verwendung ist danach jede der Sache zugute kommende Aufwendung, auch wenn sie die Sache durch Umgestaltung in ihrem Wert verbessert. Der restriktive Begriff ist vom BGH kreiert worden. Nach ihm sind Umgestaltungen oder Zweckveränderungen einer Sache nicht erfaßt. Der Bau eines Hauses auf einem bisher unbebauten Grundstück ist nach dem Begriff des BGH keine Verwendung auf das Grundstück[1147]. Offengelassen hat der BGH[1148] die Frage, ob die Errichtung eines Stallgebäudes auf einem landwirtschaftlichen oder eines Kesselhauses auf einem industriell genutzten Grundstück Verwendungen sind.

1205 Hatte der BGH noch in BGHZ 10, 171 die Beschränkung der §§ 994 ff. infolge des engen Verwendungsbegriffs durch Anwendung des § 951 ausgeglichen, sofern eine Baumaßnahme keine Verwendung war, so hat der BGH in BGHZ 41, 157 die Vorschrift des § 951 durch Annahme der ausschließlichen Geltung der §§ 994 ff. im Eigentümer-Besitzer-Verhältnis verdrängt[1149]. Gerade wenn nach dem engen Begriff keine Verwendung vorliegt, soll so ein Ersatzanspruch vollkommen ausgeschlossen sein, lediglich das – allerdings ersichtlich nicht ausgleichende – Wegnahmerecht nach § 997 wird zugestanden. Der BGH gewährt so einen weitgehenden Schutz des Eigentümers vor aufgedrängter Bereicherung.

1206 Für seinen Verwendungsbegriff hat der BGH keine Grundlage[1150]. Das Gesetz unterscheidet notwendige (§ 994) und andere als notwendige Verwendungen (§ 996). In die Ersatzberechtigung bei den letzteren bezieht das Gesetz alle Maßnahmen ein, durch die die Sache in ihrem Wert erhöht wird (§ 996). Der Begriff der Verwendung ist somit, soweit die notwendigen Verwendungen überschritten sind, auf den Wert und nicht auf das bisherige Wesen der Sache bezogen. Damit ist eine Begrenzung der Ersatzfähigkeit nach dem Maß der Umgestaltung der Sache nicht vereinbar.

1207 Dem über die notwendigen Verwendungen hinaus allein wertbezogenen Verwendungsbegriff trägt das Gesetz mit seiner Abwägung dem Grunde und den Folgen nach Rechnung: Was die Begründung des Verwendungsersatzes betrifft, zeigt ein eigenes Argument des BGH die Angemessenheit der §§ 994 ff. gerade bei dem weiten Verwendungsbegriff. Der BGH hält seiner alten Entscheidung, die bei Nichtzutreffen des Verwendungsbegriffs § 951 angewandt hat, entgegen, daß es nicht angehe, daß dem bösgläubigen Besitzer bei Verwendungen, die die Sache nicht umgestalteten, der Verwendungsersatz nach § 996 verwehrt werde, während er für sachumgestaltende Baumaß-

[1146] S. nur *Wieling*, Sachenrecht I, § 12 V 3 c, S. 580.

[1147] BGHZ 10, 178.

[1148] BGHZ 41, 160.

[1149] BGHZ 41, 160 ff.; bestätigt durch BGH, WM 1995, 2109 ff. unter Präzisierung, daß auch in dem Fall ausschließlich die §§ 994 ff. gelten, daß werterhaltende oder werterhöhende Baumaßnahmen auf fremdem Grund und Boden in der begründeten Erwartung späteren Eigentumserwerbs getätigt werden.

[1150] *Waltjen*, AcP 175 (1975), 109, 135 ff. führt für den engen Verwendungsbegriff § 2381 an, der zwischen Verwendungen (Abs. 1) und Aufwendungen (Abs. 2) unterscheide. Ganz im Gegensatz aber zu einem engen Verwendungsbegriff bezieht das Erbrecht sogar Aufwendungen in den Verwendungsbegriff mit ein (§§ 2022, 2124 f.). § 2381 unterscheidet denn auch nicht zwischen Verwendungen und Aufwendungen, sondern zwischen notwendigen Verwendungen und anderen Aufwendungen. Der besondere erbrechtliche Verwendungsbegriff hat auch nichts mit der Unterscheidung zwischen erhaltenden und umgestaltenden Maßnahmen zu tun. Die unterschiedliche Regelung der §§ 994 ff. einerseits und des Erbrechts andererseits beruht darauf, daß die ersteren den Ausgleich von Maßnahmen regeln, die auf eine Sache bezogen sind, und das Erbrecht den Ausgleich von Maßnahmen, die auf eine Vermögensgesamtheit bezogen sind. Zu den Aufwendungen für die Erbschaft gehören neben gegenstandsbezogenen auch auf das Vermögen als Gesamtheit bezogene Maßnahmen, wie z.B. die Tilgung von Verbindlichkeiten (etwa die Zahlung der Erbschaftsteuer).

nahmen nach § 951 Ersatz erhalte[1151]. In der Tat geht das nicht an. Deshalb ist der Ausschluß nach § 996 auf beide Arten von Maßnahmen anzuwenden. Es gilt der wertbezogene Verwendungsbegriff.

Was die Rechtsfolgen betrifft, so wird entweder der Verwendungsersatzanspruch aus- **1208**
geschlossen oder, wenn er zugebilligt wird, noch zwischen Aufwendungsersatz (§ 994 I, II i.V.m. § 683), Bereicherungsherausgabe (§ 994 II i.V.m. § 684 S. 1) und Ersatz der Wertsteigerung der Sache (§ 996) differenziert. Sodann erhält der Besitzer einen Verwendungsersatzanspruch nur dann, wenn der Eigentümer die Verwendung genehmigt oder er den Besitz der Sache zurückerhält und nicht an den Besitzer zurückgibt (§ 1001 S. 1-3). Auch wenn also der Anspruch zugebilligt wird, wird er nur gegeben, wenn der Eigentümer die Sache mit den Verwendungen akzeptiert. Der Eigentümer hat auch nicht zu befürchten, daß, wenn er nicht akzeptiert, die Sache nunmehr dem Besitzer verbleibt. Vielmehr statuiert das Gesetz die Rechtslage mit Rücksicht auf die beiderseitigen berechtigten Interessen: Beide Beteiligte haben an der Sache Anteil, können sich aber über eine Nutzung der Sache durch den einen mit Wertausgleich für den anderen nicht einigen. Das Gesetz zieht die Konsequenz, die jetzt verbleibt: Der Besitzer kann sich aus der Sache befriedigen (§ 1003). D.h. die Sache wird liquidiert und beide Beteiligten erhalten einen Anteil aus dem Erlös nach ihrem Wertanteil an der Sache. Diese Lösung gilt in den Fällen, in denen das Gesetz den Ersatzanspruch zubilligt. Das tut das Gesetz über die Fälle notwendiger Verwendungen hinaus nur dann, wenn ein gutgläubiger Besitzer in der Zeit vor der Rechtshängigkeit Verwendungen vorgenommen hat und wenn durch sie der Wert der Sache noch zur Zeit der Wiedererlangung der Sache durch den Eigentümer (bzw. in den nach §§ 1000, 1003 gleichstehenden Zeitpunkten) erhöht ist. In diesen Fällen ist jene Lösung bei umgestaltenden Baumaßnahmen nicht weniger sachgerecht als bei Aufwendungen, die die Sache nur ergänzen.

Weil Verwendungen entgegen dem BGH auch sachumgestaltende Baumaßnahmen **1209**
umfassen, verweist § 951 II 1 statt des Wertausgleichs nach dieser Vorschrift auf die Regelung über den Verwendungsersatz. Nach § 951 II 1 bleiben die Vorschriften über den Ersatz von Verwendungen von der Regelung des § 951 I unberührt. Nach § 951 I hat derjenige, der infolge der §§ 946-950 einen Rechtsverlust erleidet, einen Vergütungsanspruch nach den Vorschriften über die Herausgabe einer ungerechtfertigten Bereicherung. Die „Unberührtheit" der Vorschriften über den Verwendungsersatz bedeutet, daß dann, wenn zu einem Rechtsverlust i.S. der §§ 946-950 eine Verwendung geführt hat, ein Ausgleich nicht über das hinaus zu leisten ist, was die Verwendungsersatzregelung ergibt[1152].

Die Entscheidung BGHZ 41, 157 ff. ist nicht nur in ihrem Verhältnis zu §§ 994 ff. **1210**
fragwürdig. Ganz unklar ist nach dem in BGHZ abgedruckten Text der Entscheidung das Verhältnis der Entscheidung zur Regelung des Überbaus (§§ 912 f.). Im Leitsatz wird von einem unentschuldigten Überbau gesprochen, später läßt der BGH die Frage dahingestellt, ob die Beklagte sich bei Errichtung des Hochhauses hinsichtlich ihrer Berechtigung zum Besitz im guten Glauben befunden habe[1153]. Man muß sich das dahin zusammenreimen, daß die Beklagte zwar grob fahrlässig über die Grundstücksgrenze gebaut hat (§ 912 I), dabei aber möglicherweise ein Recht zum Besitz an dem überbauten Grundstücksteil angenommen hat. Wenn der BGH den engen Verwendungsbegriff und die Ausschließlichkeit der §§ 994 ff. zugrundegelegt hat, um der Konsequenz zu entgehen, daß die Beklagte andernfalls möglicherweise trotz bösgläubigen Überbaus als gutgläubige Besitzerin nach § 996 verwendungsersatzberechtigt gewesen wäre, so wendet er auch die Überbauregelung nicht richtig an: Schließt die Überbauregelung bei bös-

[1151] BGHZ 41, 162 f.
[1152] S. o. Rz. 992.
[1153] S. 161.

gläubigem Überbau die Pflicht des Nachbarn zur Duldung (gegen Rentenzahlung) aus, so heißt das, daß der Überbau nicht zu dulden und damit zu beseitigen ist. Der Überbau kommt gar nicht als Verwendung dem im Eigentum des Überbauten stehenden Grundstück zugute. Auf den Überbau erstreckt sich nicht das Eigentum am überbauten Grundstück, sondern das Eigentum am Gebäude. Folglich hat der Überbauende nichts auf das Nachbargrundstück verwendet, sondern beeinträchtigt er mit seinem Gebäude das Nachbargrundstück i.S. des § 1004[1154].

1211 Für den Verwendungsbegriff ergibt sich in sachlicher Hinsicht: Jede Aufwendung (= freiwilliges Vermögensopfer), welche einer Sache (mithin von dieser aus objektiv gesehen) i.S. der Erhaltung, Wiederherstellung oder wertmäßigen Verbesserung zugute kommt, ist Verwendung auf die Sache. Besteht die Maßnahme in der Verbindung eigener Sachen mit der fremden, so ist Voraussetzung dafür, daß eine Verwendung auf die fremde Sache anzunehmen ist, daß das Eigentum an der verbundenen auf den Eigentümer der fremden Sache übergeht.

b) *Verwendungsersatz und Nutzungsherausgabe*

1212 Der Verwendungsersatz steht im Zusammenhang mit der Nutzungsherausgabe. Soweit dem Besitzer die Nutzungen verbleiben, kann er nicht Ersatz für die gewöhnlichen Erhaltungskosten und die Lasten verlangen, die gewöhnlich und nicht als auf den Stammwert der Sache gelegt anzusehen sind (§§ 994 I 2, 995 I 2). Auch dann, wenn der Besitzer die Nutzungen herauszugeben hat, kann es zum Ausschluß des Verwendungsersatzes kommen: Haftet nämlich der Besitzer nach § 988 auf die Nutzungsbereicherung und macht er die Verwendungen als Minderung der Nutzungsbereicherung geltend, entfällt insoweit der Verwendungsersatz[1155]. Keine Bedeutung hat dagegen umgekehrt die Verwendungsersatzregelung für die Nutzungsherausgabe[1156]. Zwar könnte § 1001 bedeuten, daß dem Besitzer die Sache unter Einschluß der Nutzungen verbleibt, weil die Vorschrift dem Eigentümer die Möglichkeit gibt, den Verwendungsersatz durch Zurückweisung der Sache abzuwehren. Die Zurückweisung heißt aber nicht die Zuweisung der Sache an den Besitzer. Dieser kann nur nach § 1003 die Sache zur Befriedigung wegen der Verwendungen verwerten. Abgesehen vom Verwendungsersatz steht die Sache dem Eigentümer zu, und damit stehen diesem auch – nach den Vorschriften über die Nutzungsherausgabe – die Nutzungen zu.

c) *Die Unterscheidung nach notwendigen und anderen als notwendigen Verwendungen*

1213 Im Anschluß an den Sprachgebrauch der Digesten[1157] unterscheidet man notwendige (§ 994), nützliche (§ 996) und Luxusverwendungen. Das Gesetz unterscheidet anders: Es unterscheidet notwendige und andere als notwendige Verwendungen (s. §§ 994, 996). Danach geht es nur um die Bestimmung der notwendigen Verwendungen. Notwendige Verwendungen sind Maßnahmen, die der Verhütung des Untergangs oder einer Verschlechterung der Sache, andererseits der Sicherung der gewöhnlichen Nutzungsfähigkeit der Sache und der Hervorbringung von Früchten im Rahmen dieser Nutzungsfähigkeit dienen[1158]. Ob die Verwendung in diesem Sinne der Sache zugute kommt, hängt wie

[1154] O. Rz. 1026.

[1155] *Wilhelm*, Anm. zu BGH LM § 988 BGB Nr. 10.

[1156] Nicht zutreffend *Wilhelm* a.a.O.

[1157] D 50, 16, 79, 1 unterscheidet impensae necessariae, utiles, voluptariae.

[1158] Als Ergänzung zum heutigen § 994 hat die 2. Kommission die Vorschrift des heutigen § 998 betreffend Kosten, die auf die im laufenden Wirtschaftsjahr zu trennenden Früchte landwirtschaftlicher Grundstücke verwendet werden, eingefügt, und zwar noch mit einem zusätzlichen ersten Absatz, der sich auf die Kosten für die Hervorbringung und Ziehung der Nutzun-

überhaupt der Verwendungsbegriff vom Zustand und der wirtschaftlichen Zweckbestimmung der Sache ab, wie sie sich in der Hand des Besitzers befindet. Eine möglicherweise schon zur Zeit der Verwendung vorhandene Änderungsplanung des Eigentümers ist insofern unerheblich[1159]. Der Tatbestand der notwendigen Verwendung umfaßt ja auch die Verwendungen eines gutgläubigen Besitzers, der von seinem Recht an der Sache ausgehen kann. Die Perspektive des Eigentümers wird durch die Differenzierung zwischen redlichem, unredlichem und Rechtshängigkeitsbesitz einerseits und zwischen den Rechtsfolgen der §§ 994, 996 andererseits gewahrt.

Zu den notwendigen Verwendungen gehört auch die Tragung der Lasten der Sache **1214**
(§ 995 S. 1). Für die Zeit, für welche dem Besitzer nach §§ 987 ff. mit 993 I Hs. 2 die Nutzungen verbleiben, kann er nur Aufwendungen für solche außerordentlichen Lasten als notwendige Verwendung geltendmachen, die auf den Stammwert der Sache entfallen („als auf den Stammwert der Sache gelegt anzusehen sind", § 995 S. 2)[1160].

Die Verwendungsersatzberechtigung ist je nach Redlichkeit, Unredlichkeit oder Ver- **1215**
klagtheit des Besitzers einerseits und Notwendigkeit oder Nichtnotwendigkeit der Verwendung andererseits unterschiedlich geregelt[1161]. Der Zeitpunkt der Verwendung ist dafür entscheidend, ob es sich um die Verwendung eines redlichen, bösgläubigen oder verklagten Besitzers handelt (s. §§ 994 II, 996). Die Kriterien der Redlichkeit, Unredlichkeit und Rechtshängigkeit schließen die Voraussetzung des Bestehens der Vindikationslage ein. Zu berücksichtigen ist aber, daß der Besitzer, der die Verwendung zur Zeit eines bestehenden und danach erst beendeten Besitzrechts vorgenommen hat, einem redlichen Besitzer gleichzustellen ist[1162].

§ 999 erstreckt die Ersatzberechtigung auf den Rechtsnachfolger im Besitz (Abs. 1) **1216**
und gegen den Rechtsnachfolger im Eigentum (Abs. 2).

d) Die Ersatzberechtigung

aa) Die Rechtsfolgengestaltung im Grundsätzlichen

Das Gesetz spricht in §§ 994 ff. davon, daß der Besitzer je unter den Voraussetzungen **1217**
des einzelnen Tatbestandes Ersatz für Verwendungen verlangen kann. Der Besitzer hat dementgegen aber zunächst nur ein Zurückbehaltungsrecht[1163] und auch dies nicht einmal, wenn er die Sache durch vorsätzlich begangene unerlaubte Handlung erlangt hat (§ 1000). Erst wenn der Eigentümer die Verwendung genehmigt oder die Sache zurückerhält, ohne, wozu er aber berechtigt ist, wieder zurückzugeben, entsteht für den Besitzer ein Verwendungsersatzanspruch (§ 1001 S. 1-3). Genehmigt der Eigentümer nicht oder

gen allgemein bezog, wenn der Besitzer zur Herausgabe der Nutzungen verpflichtet war (Prot., *Mugdan* III, 685). Dieser Abs. ist nicht geblieben. Damit fallen die Fruchthervorbringungs- und -ziehungskosten allgemein – vorbehaltlich nur des § 998 – unter § 994, sind also bei Notwendigkeit (abhängig von der bisherigen Bewirtschaftung) entweder gemäß Abs. 1 oder Abs. 2 des § 994 zu ersetzen.

1159 Etwa wenn der Eigentümer das Haus, in dem Verwendungen vorgenommen worden sind, zum Abbruch bestimmt hat, zutreffend MünchKomm/*Medicus* § 994 Rz. 15; unentschieden BGHZ 131, 220, 223 f.

1160 Außerordentlich heißt: nicht regelmäßig wiederkehrend; als auf den Stammwert gelegt anzusehen, heißt: typischerweise nicht aus den Erträgnissen zu bestreiten (Staudinger/*Gursky* § 995 Rz. 4). Zu den auf den Stammwert gelegten Lasten gehören etwa die Ablösung einer Reallast, die Rückzahlung des Hypothekenkapitals, Erschließungsbeiträge.

1161 Der Schutz des redlichen Besitzers darf nicht über das hinausgehen, was für den Besitzer dann gelten würde, wenn das von ihm angenommene Besitzrecht wirklich bestehen würde. Nimmt etwa der Besitzer gutgläubig ein Pfandrecht an, ist seine Verwendungsersatzberechtigung im Rahmen der §§ 994, 996 nach Maßgabe des § 1216 beschränkt.

1162 Rz. 1166.

1163 Im Ansatz ebenso die Regelung des § 255.

gibt er die Sache zurück, so hat der Besitzer wegen seiner Verwendungen ein Befriedigungsrecht gleich einem Pfand- oder Grundschuldgläubiger (§ 1003[1164]). Wie der Versteigerungserlös aus der Sache bei der Grundschuld auf Grundschuldgläubiger und Eigentümer zu verteilen ist, wird hier der Erlös auf Besitzer und Eigentümer verteilt[1165].

1218 Die rechtsdogmatische Einordnung der Position des Besitzers, solange der Eigentümer die Verwendung weder genehmigt noch – ohne sie zurückzugeben – zurückerhalten hat, ist umstritten[1166]. Überwiegend wird vertreten, daß es sich um einen entstandenen, aber mangels Eintritts von Rechtsbedingungen noch nicht fälligen (und deshalb nicht aufrechenbaren) Anspruch handelt[1167]. Die sog. Rechtsbedingungen gehören aber so sehr zur materiellen Rechtfertigung des Anspruchs, daß die Auffassung schwerlich einleuchtet. Insbesondere würde sich die Folgerung ergeben, daß der Eigentümer, wenn er die ihm angebotene Sache zurückweist, weil er die Verwendungen nicht zahlen will, nach § 298 in Annahmeverzug gerät[1168]. Der Eigentümer braucht aber die ihm aufgedrängten Verwendungen nicht zu bezahlen, und so handelt er berechtigt, wenn er die Sache nicht annimmt. Der Besitzer ist auf das Befriedigungsrecht nach § 1003 verwiesen. Im Hinblick darauf behält er die Sache im eigenen Interesse, und so sind für ihn die Haftungsmilderungen der §§ 300 ff. durchaus unangemessen. Bleibt man beim Gesetz, so ist das Verwendungsersatzrecht des Besitzers ein Zurückbehaltungs- und Befriedigungsrecht, das sich unter bestimmten Bedingungen zu einem Anspruch verstärkt.

1219 Die Verwendungsersatzregelung nach §§ 994 ff. ist damit charakteristisch unterschieden von dem Fall, daß eine Verwendung als zweckbestimmte Leistung, etwa in der vom Eigentümer akzeptierten Aussicht auf langfristige Nutzung der Sache oder deren künftigen Erwerb, erbracht wird. Für solche Leistungen paßt die Regelung der §§ 994 ff., 1000 ff., die auf die kurzfristige Auseinandersetzung zwischen ungewollt aufeinander treffenden nicht berechtigten Besitzern einerseits und Eigentümern andererseits bedacht ist, nicht. Es gilt die Leistungskondiktion mit ihren Rechtsfolgen nach §§ 818 ff.[1169]. Im zufällig zustande kommenden Eigentümer-Besitzer-Verhältnis ist dagegen die Verwendungsersatzberechtigung einzuschränken, u.U. bleibt nur das Wegnahmerecht (§ 997 mit § 258). Wenn die Ersatzberechtigung begründet ist, sorgen die an kurze Fristen gebundenen Rechtsfolgen der §§ 1000 ff. dafür, daß Eigentümer und Besitzer möglichst zügig auseinander kommen, ohne daß der eine oder der andere seinen Wertanteil an der Sache aufgeben muß.

bb) Die Tatbestände des Verwendungsersatzes

1220 Nimmt der Besitzer als redlicher Besitzer vor Eintritt der Rechtshängigkeit Verwendungen vor, so kann er nach § 994 I 1 die notwendigen Verwendungen ersetzt verlangen, abgesehen von den gewöhnlichen Erhaltungskosten und Lasten (§ 995), die in die Zeit fallen, während derer er auch die Nutzungen behalten darf (§§ 994 I 2, 995 S. 2).

1221 Nach § 996 kann der Besitzer andere als notwendige Verwendungen, die er bei Redlichkeit und vor Eintritt der Rechtshängigkeit vornimmt, insoweit ersetzt verlangen, als

1164 Bei beweglichen Sachen Recht zum Verkauf nach §§ 1234 ff., bei Grundstücken Möglichkeit der Klage auf Duldung der Zwangsvollstreckung mit anschließender Zwangsversteigerung oder Zwangsverwaltung (nicht aber § 867 ZPO).

1165 Aus dem Befriedigungsrecht wird ein Anspruch auf einen Teil des Veräußerungserlöses, wenn die Sache für den Eigentümer veräußert ist und dieser den Erlös in Händen hat. Nicht zutr. BGH WM 1987, 539.

1166 S. Staudinger/*Gursky* Vorbem. zu §§ 994-1003 Rz. 51.

1167 Staudinger/*Gursky* a.a.O.

1168 So in der Tat Planck/*Brodmann* § 1003 Anm. 4.

1169 Zur Frage der Anwendung eines subjektiven Bereicherungsbegriffs s. o. Rz. 1006. Im Fall der auf einen vereinbarten Zweck bezogenen Verwendung ist § 820 zu beachten.

der Wert der Sache durch sie noch in dem Zeitpunkt erhöht ist, in dem der Eigentümer die Sache zurückerlangt. Hält der Besitzer die Sache nach § 1000 zurück, muß die Werterhöhung während der Zurückhaltung andauern, sonst verliert der Besitzer das Herausgabeverweigerungsrecht. Auch die Aufforderung zur Genehmigung und das Befriedigungsrecht des Besitzers nach § 1003 setzen voraus, daß die Wertsteigerung andauert. Vorbehaltlich der Wiedererlangung der Sache durch den Eigentümer trägt der Besitzer die Gefahr des Wertverlusts.

Nimmt der Besitzer als bösgläubiger Besitzer oder nach dem Eintritt der Rechtshängigkeit Verwendungen vor, so kann er nur die notwendigen Verwendungen ersetzt verlangen, und dies – vorbehaltlich des § 998 – nach Maßgabe der Vorschriften über die Geschäftsführung ohne Auftrag (§ 994 II). Andere als notwendige Verwendungen kann er nicht ersetzt verlangen (§ 996). Bei der Anwendung der Vorschriften der §§ 677 ff. auf die notwendigen Verwendungen wird das Erfordernis des Geschäftsführerwillens durch den Tatbestand des § 994 II ersetzt, wie sich daran zeigt, daß dieser auch dem Eigenbesitzer Verwendungsersatz gibt. **1222**

Ein voller Ersatzanspruch besteht nach § 683 nur, wenn die Maßnahme interessen- und willensgemäß war. Das Risiko der Einschätzung des Willens trägt der Besitzer. Nur wenn eine Willensbildung beim Eigentümer fehlt, gilt der mutmaßliche Wille[1170]. Fehlt es an den Voraussetzungen des § 683 und genehmigt der Eigentümer nicht (§ 684 S. 2), bleibt der Bereicherungsausgleich nach § 684 S. 1. Die Bereicherung bemißt sich nach § 818 II, III, d.h. nicht nach einem liquiditätsabhängigen Bereicherungsbegriff[1171]. Nur im Fall des § 687 II hat der Eigentümer die Wahl zwischen der Inanspruchnahme des Besitzers als Geschäftsführers unter Inkaufnahme der Bereicherungshaftung einerseits und der Nichtwahrnehmung der Geschäftsführerbeziehung andererseits. **1223**

Es gibt keine Verwendungsersatzregelung für Deliktsbesitzer. Der Deliktsbesitzer unterfällt auch nicht als solcher der Verwendungsersatzregelung bei Bösgläubigkeit und Rechtshängigkeit[1172]. Deliktsbesitz führt nach § 992 zum Schadensersatzanspruch des Eigentümers. §§ 994 II, 996 geben eine Verwendungsersatzregelung für Verwendungen bei Bösgläubigkeit oder Rechtshängigkeit. Macht der Deliktsbesitzer gutgläubig und unverklagt Verwendungen, so steht der Schadensersatzanspruch des Eigentümers gegen einen Verwendungsersatzanspruch des Besitzers, der über den Anspruch aus § 994 II hinausgehen kann. Über den Schadensersatz wird der Eigentümer im Ergebnis schadlos gehalten. Bereichert werden darf er dadurch aber nicht. **1224**

§ 998 gibt unabhängig von der Notwendigkeit oder Nichtnotwendigkeit der Aufwendung und ohne Rücksicht auf die Bös- oder Gutgläubigkeit des Besitzers dem Besitzer, der ein landwirtschaftliches Grundstück herauszugeben hat, eine Ersatzberechtigung für die Kosten, die er auf die Früchte verwendet hat, die bei Herausgabe des Grundstücks noch nicht getrennt, aber nach den Regeln einer ordnungsmäßigen Wirtschaft im Laufe des Wirtschaftsjahres, das bei der Herausgabe läuft, zu trennen sind. Die Kosten werden insoweit berücksichtigt, als sie einer ordnungsmäßigen Wirtschaft entsprechen und den Wert der Früchte nicht übersteigen. So wie nach § 994 II i.V.m. § 687 II bei wissentlichem Handeln des Besitzers dem Eigentümer ein Wahlrecht zusteht, die Maßnahme des Besitzers in Anspruch zu nehmen und dann nach § 684 Ersatz zu leisten oder die Maßnahme zurückzuweisen, kann er auch die Früchte i.S. des § 998 zurückweisen, statt die auf sie verwandten Kosten zu ersetzen. **1225**

[1170] Beispiel für den mutmaßlichen Willen ist die mutmaßliche Fortdauer des auf die Verwendungen gerichteten Willens aus der Zeit des Besitzrechts der Beklagten trotz Rechtshängigwerdens der Herausgabeklage in BGHZ 131, 220, 227.

[1171] S. o. Rz. 1007.

[1172] So aber *Gerhardt*, Mobiliarsachenrecht, § 10, 5 b, S. 76 f.

cc) Die Geltendmachung der Verwendungsersatzberechtigung

1226 Nach § 1000 S. 1 hat der Besitzer wegen der ihm zu ersetzenden Verwendungen zunächst nur ein Zurückbehaltungsrecht (§ 273) gegen den Anspruch aus § 985. Die Sonderregelung des § 1000 gegenüber § 273 besteht darin, daß ein Zurückbehaltungsrecht ohne fälligen Anspruch besteht. Hinsichtlich der Wirkung gilt § 274[1173]. Ist die Sache durch vorsätzlich begangene unerlaubte Handlung erlangt, so besteht kein Zurückbehaltungsrecht. Dies entspricht dem Ausschluß der Aufrechnung durch § 393.

1227 Als Anspruch kann die Berechtigung zum Verwendungsersatz in zwei Fällen geltend gemacht werden, erstens wenn der Eigentümer die Verwendung genehmigt (§ 1001 S. 1 2. Fall, Auslegungsvorschrift in S. 3), zweitens, wenn der Eigentümer die Sache wiedererlangt (§ 1001 S. 1 1. Fall). Im Fall der Wiedererlangung kann sich der Eigentümer wieder befreien, indem er die wiedererlangte Sache zurückgibt (§ 1001 S. 2). Für den Verwendungsersatzanspruch aufgrund der Wiedererlangung der Sache durch den Eigentümer bestehen von der Herausgabe der Sache an Ausschlußfristen von einem Monat bei beweglichen Sachen und sechs Monaten bei Grundstücken (§ 1002). Der Ausschluß tritt nicht ein bei Genehmigung und wenn der Besitzer aufgrund der Wiedererlangung durch den Eigentümer Klage erhebt. Erhebt er Klage, ohne daß die Genehmigung erklärt ist, kann sich der Eigentümer durch Rückgabe der Sache befreien (§ 1001 S. 2).

1228 Hat der Besitzer die Sache (aufgrund seines Zurückbehaltungsrechts oder weil der Eigentümer die Sache nicht zurückverlangt), so kann er nach § 1003 den Eigentümer zur Erklärung über die Genehmigung in bestimmter Frist auffordern. Erklärt sich der Eigentümer in der Frist nicht, so hat der Besitzer ein Befriedigungsrecht nach den Vorschriften über den Pfandverkauf oder – bei Grundstücken – im Wege der Zwangsvollstreckung (§ 1003 I 2)[1174]. Bestreitet der Eigentümer den Anspruch in der Frist, so ist die Frist für die Erklärung gewahrt. Nach Abs. 2 muß der Besitzer jetzt den Verwendungsbetrag rechtskräftig feststellen lassen und dann erneut eine Frist zur Erklärung setzen. Wieder ist jetzt die Alternative, daß entweder der Eigentümer genehmigt und dadurch der durchsetzbare Anspruch entsteht oder der Eigentümer nichts erklärt oder die Genehmigung ablehnt. In diesem letzteren Fall hat der Besitzer das Befriedigungsrecht.

Eine Lücke enthält das Gesetz insofern, als nicht bestimmt ist, wie der Eigentümer zu seiner Sache oder zu dem die Verwendungen übersteigenden Erlös nach § 1003 kommt, wenn der Besitzer zwar das Befriedigungsrecht nach § 1003 hat, aber es nicht ausübt. Daß der Besitzer dem Eigentümer die Sache auf Dauer entziehen kann, kommt nicht in Betracht. Es ist nach einer Lösung zu suchen, die dem Sinn der §§ 1000 ff., d.h. dem Zweck der kurzfristigen Auseinandersetzung zwischen den ohne ihren Willen über die Sache verbundenen Parteien entspricht. Denkbar ist einerseits, die in § 1002 für den Verwendungsersatzanspruch nach Rückgabe der Sache bestimmten Fristen auf den Verwendungsersatz durch Ausübung des Befriedigungsrechts zu erstrecken. Oder man betrachtet die Verpflichtung des Besitzers, entweder die Sache oder nach Ausübung des Befriedigungsrechts den Erlös, soweit er den Verwendungsersatz übersteigt, herauszugeben, als Wahlschuld. Auf Grund der Annahme einer Wahlschuld hat der Eigentümer entsprechend § 264 I die Möglichkeit, wegen der Herausgabe der Sache in die Zwangs-

[1173] Das Zurückbehaltungsrecht wirkt in der Insolvenz bis zur Höhe des noch vorhandenen Vorteils als Absonderungsrecht (§ 51 Nr. 2 InsO). Gegen den Ersteher in der Zwangsversteigerung wirkt es betreffend vor dem Zuschlag gemachte Verwendungen nicht (§ 93 II ZVG).

[1174] Die nachgesetzte Formulierung „wenn nicht die Genehmigung rechtzeitig erfolgt" erweckt den Anschein, als ob auch nach Ablauf der Frist noch „rechtzeitig", etwa vor Beginn des Pfandverkaufs oder der Zwangsvollstreckung, genehmigt werden könnte. Der Gesetzgeber formuliert aber nur ganz genau: Nach dem Ablaufe der Frist besteht das Befriedigungsrecht, wenn nicht rechtzeitig (also in der Frist) genehmigt worden ist.

vollstreckung zu gehen[1175]. Vorzubehalten ist die Möglichkeit des Besitzers, sich durch Ausübung des Befriedigungsrechts und Erlösherausgabe zu befreien.

e) *Wegnahmerecht*

In den Grenzen des § 997 II besteht jedenfalls ein Wegnahmerecht, wenn auch nicht zusätzlich, sondern alternativ zum Verwendungsersatz. Es wird also relevant, wenn ein Ersatzanspruch nicht besteht oder der Besitzer einen solchen nicht geltend machen will. Im Hinblick auf die letztere Möglichkeit ist ein Wahlrecht des Besitzers festzustellen. Die Durchführung der Wegnahme richtet sich nach §§ 997 I 2, 258. **1229**

§ 997 spricht nur von wesentlichen Bestandteilen, weil nur insoweit §§ 93, 946 ff. gelten, also eine Vindikationslage auch hinsichtlich der verbundenen Sachen besteht[1176]. Für bewegliche Sachen ist noch erforderlich, daß die Sache, auf die sich die Vindikation bezieht, Hauptsache ist. Sonst würde der Besitzer Eigentümer der Gesamtsache oder es würden §§ 1008 ff., 741 ff. gelten. Für den ersteren Fall gibt § 951 II 2 ein Wegnahmerecht gerade umgekehrt dem (bisherigen) Eigentümer[1177]. **1230**

9. Die Anwendung der bereicherungs- und der deliktsrechtlichen Vorschriften im Eigentümer-Besitzer-Verhältnis

a) *Regelung der Vindikationslage als Sonderregelung*

Das Verhältnis der §§ 987 ff. zu den allgemeinen Vorschriften ist insbesondere in der berühmten Entscheidung des großen Senats des RG behandelt worden, in der das RG den rechtsgrundlos erworbenen Besitz dem unentgeltlichen Besitz i.S. von § 988 gleichgestellt hat[1178]. Das RG hat diese Gleichstellung gewählt aufgrund dreier Ausgangspunkte: Erstens könne nicht der rechtsgrundlose Empfänger einer Sachleistung, der sogar das Eigentum erwerbe und dann nach §§ 812, 818 I auf Herausgabe der Nutzungen hafte, schlechter stehen als derjenige, der nur Besitzer werde, indem für den letzteren der Haftungsausschluß nach § 993 I Hs. 2 gelte. Zweitens sei bisher in der Rechtsprechung einheitlich angenommen worden, daß §§ 987 ff. eine abschließende Sonderregelung des Eigentümer-Besitzer-Verhältnisses seien. Drittens sei diese Sonderregelung schon bisher in einzelnen Punkten zu ergänzen oder (erweiternd) auszulegen gewesen. Deshalb entscheidet sich der Große Senat, wie folgt: Der rechtsgrundlose Besitzer muß die Nutzungen herausgeben, soweit er darum bereichert ist. An der ausschließlichen Geltung der §§ 987 ff. wird aber festgehalten. Die Nutzungsherausgabe wird aus der Sonderregelung hergeleitet, indem der Begriff „unentgeltlich" in § 988 so ausgelegt wird, daß er auch den rechtsgrundlosen Besitzerwerb umschließt. **1231**

Die Fragen, in denen das RG die Sonderregelung als korrekturbedürftig bezeichnet hat, führen nicht dazu, daß man sich mit dem RG auf die Sonderregelung geradezu fixiert, sie führen vielmehr zur Aufdeckung des Verhältnisses der §§ 987 ff. zu den allgemeinen Vorschriften. Die erste Frage betraf den Fremdbesitzerexzeß. Insoweit meinte das RG, daß die allgemeinen Vorschriften der §§ 823 ff. heranzuziehen seien. **1232**

[1175] Die Wahl der zweiten Leistung, Herausgabe des Erlöses, steht dem Eigentümer nicht offen, weil sie von der Ausübung des Befriedigungsrechts durch den Besitzer abhängt.

[1176] Die Frage, die o. Rz. 1107 betreffend § 547a a.F. erörtert wurde, nämlich die, ob der Anspruchsgegner gegen das Eigentum des Wegnahmeberechtigten ein Recht zum Besitz aus der Wegnahmeregelung geltend machen kann, kann sich nach § 997 also nicht stellen. § 997 regelt nur das Wegnahmerecht bezüglich im Eigentum des Gegners des Wegnahmerechts stehender Sachen.

[1177] Zu § 951 o. Rz. 1015 ff.

[1178] RGZ 163, 348 ff., dazu schon o. Rz. 1176; ebenso BGH NJW 1995, 454 = JZ 1995, 572, 573 m. Anm. *Wilhelm*.

Wie oben[1179] zu sehen war, ist hier sogar bei der Sonderregelung zu bleiben. Der Fremdbesitzerexzeß ist in § 991 II geregelt. § 991 II ist i.S. eines generellen Gegenschlusses zu der Privilegierung nach § 993 I Hs. 2 anzuwenden. Hinsichtlich eines zweiten Problems spricht das RG die Formulierung des § 988 an, in der nur von dem Nutzungsrecht an der Sache gesprochen wird, mithin der Besitzer, der in Ausübung eines angenommenen schuldrechtlichen Besitzrechts besitzt (z.B. hat ein Nichtberechtigter ihm die Sache verliehen), nicht erwähnt ist. Das RG zeigt insoweit zurecht, daß das auf der Unterlassungssünde der 2. Kommission beruht, die einerseits die dem § 988 entsprechende Vorschrift und andererseits in die Früchteerwerbsregelung (jetzt §§ 953 ff.) den Fall der schuldrechtlichen Aneignungsgestattung (§§ 956, 957) eingefügt hat, bei der Einfügung des § 988 aber den Fall des schuldrechtlichen Besitzrechts zu berücksichtigen versäumt hat. Auch insoweit ist – hier mit dem RG – einfach die Sonderregelung sinngemäß erweiternd anzuwenden. Die dritte Frage, die das RG zum Beleg nimmt, führt uns schließlich unumgänglich zu dem Verhältnis der §§ 987 ff. zu den allgemeinen Vorschriften, die bei der ersten Frage, der zum Fremdbesitzerexzeß, noch nicht gestellt zu werden brauchte. Das RG hebt hervor, daß die Fälle der Veräußerung und des Verbrauchs der Sache zwar im Hinblick auf den Schadensersatz, aber nicht im Hinblick auf die Bereicherung des Besitzers daraus geregelt ist. Wie beim Fremdbesitzerexzeß mit den Ansprüchen aus unerlaubter Handlung müsse hier mit dem allgemeinen Bereicherungsrecht geholfen werden.

1233 Die Fälle der Veräußerung und des Verbrauchs der Sache zeigen, worum es in der Bestimmung des Verhältnisses der §§ 987 ff. zu den allgemeinen Vorschriften geht, es ist eine Trivialität: §§ 987 ff. sind eine Sonderregelung, und sie regeln nur das besonders, was sie besonders regeln. Genau ausgedrückt ist diese Sonderregelung in § 993 I Hs. 2, der die Haftungsfreiheit des Besitzers, soweit dieser nicht einen Tatbestand der Haftung nach §§ 987 ff. erfüllt, klarstellt: „Im übrigen", so heißt es da, „ist er weder zur Herausgabe von Nutzungen noch zum Schadensersatze verpflichtet". § 993 bezieht sich damit ausschließlich auf die einzelnen, zuvor geregelten Haftungstatbestände. Diese betreffen nach ihrem Ausgangspunkt und Grund die Haftung eines Besitzers in der Vindikationslage. D.h. es geht um die besonderen hier geregelten Schutzansprüche des Eigentümers kraft seines Eigentums. Hinzu kommen in der Regelung der Vindikationslage die Gegenrechte des Besitzers, dem die Sache entwunden werden soll, auf die er Verwendungen gemacht hat. Die allgemeinen Vorschriften über die unerlaubte Handlung und die ungerechtfertigte Bereicherung werden durch die Sonderregelung der §§ 987 ff. verdrängt. Die Verdrängung reicht aber nur so weit, wie die besonderen Regeln nach ihrem Grund und nach ihrem Gegenstand reichen. Nach dem Grund der Sonderregelung ist von dieser nicht betroffen eine Haftung des Besitzers im Rahmen eines auf besonderer schuldrechtlicher Beziehung beruhenden Herausgabeanspruchs. Nach ihrem Gegenstand ist nicht betroffen eine Haftung des Besitzers betreffend den Wert der herauszugebenden Sache.

1234 Daraus folgt schließlich, was die vom RG zu entscheidende Frage betrifft, die richtige Begründung der Nutzungsherausgabehaftung des rechtsgrundlosen Besitzers: Nicht die Begründung, die der große Senat in Fixierung auf die §§ 987 ff. gewählt hat, nämlich die Subsumtion der Rechtsgrundlosigkeit unter den Begriff der Unentgeltlichkeit in § 988 ist die Begründung. Die Subsumtion ist sogar offenbar begriffswidrig. Die richtige Begründung liegt in dem Ausweg, den in dem Rechtsstreit, der vor den großen Senat gebracht worden war, das Berufungsgericht als zweite Lösungsmöglichkeit in Erwägung gezogen hatte: der Anwendung der allgemeinen Vorschriften der §§ 812 ff. Die Leistungskondiktion stellt eine Haftung in einem besonderen Schuldverhältnis dar. Die Rückabwicklung der Leistung vollzieht sich nach §§ 812 ff., die Sonderregelung, die den Eigentümer schützt, wenn schlicht der Fall gegeben ist, daß ein anderer den Besitz hat, ist nicht an-

[1179] Rz. 1200.

zuwenden. Dies gilt auch dann, wenn auf einer der beiden Seiten der willentlichen Vermögensverschiebung ein Mangel der Geschäftsfähigkeit obwaltet. Im Fall des RG war der Veräußerer geschäftsunfähig. Die volle Anwendung der Bereicherungshaftung des Erwerbers, der von einer wirksamen Leistung ausgegangen war, schützt den geschäftsunfähigen Veräußerer, während ihn die Anwendung des § 993 I Hs. 2 zugunsten des Erwerbers benachteiligen würde. Aber auch die Leistung an einen Geschäftsunfähigen oder in der Geschäftsfähigkeit Beschränkten (etwa die Überlassung einer Sache zur Miete) ist nach den §§ 812 ff. abzuwickeln. Hier ist der Leistende nach den allgemeinen Regeln der Leistungskondiktion zu behandeln. Soweit der Empfänger nur auf die noch vorhandene Bereicherung haftet, widerfährt ihm kein Nachteil. Die Bösgläubigkeitshaftung trifft ihn nur, wenn der gesetzliche Vertreter bösgläubig war.

b) Die Anwendung der §§ 823 ff.

Die Regelung der §§ 987 ff. sperrt im Vindikationsverhältnis die Anwendung des allgemeinen Deliktsrechts. Nur über § 991 II und § 992 ist die Anwendung zu erreichen. Im Verhältnis zwischen Geber und Empfänger einer rechtsgrundlosen Leistung gilt über §§ 819, 818 IV das Gleiche. **1235**

c) Die Anwendung des Bereicherungsrechts

Nach der Rechtsprechung[1180] ist die Anwendung des allgemeinen Bereicherungsrechts im Eigentümer-Besitzer-Verhältnis grundsätzlich ausgeschlossen. Dem ist, wie ausgeführt, nicht zu folgen: Zunächst behandeln die §§ 987 ff. nur Nutzungen, Schadensersatz und Verwendungen in der Vindikationslage. Damit sind von vornherein nicht geregelt und also auch nicht ausgeschlossen die Bereicherungsansprüche des *Eigentümers* bezüglich des Verlusts der Sache selbst bei Verbrauch der Sache, ihrer Veräußerung (§ 816 I) oder ihrer Verarbeitung (§ 951[1181]). Wird die Sache allerdings als wesentlicher Bestandteil mit einem Grundstück oder einer Hauptsache verbunden, ist der Vorrang der Verwendungsersatzregelung zu beachten (§ 951 II 1, 2). **1236**

Weiter hat sich ergeben, daß §§ 987 ff. nicht zu einer unterschiedlichen Lage im Leistungsverhältnis führen dürfen je nachdem, ob die Übereignung einer Sache gültig ist oder nicht. Im letzteren Fall kann zwar der Eigentümer seine Leistung sowohl nach § 812 I 1 Alt. 1 als auch nach § 985 zurückfordern; für die Nebenfolgen gilt aber das Recht der Leistungskondiktion, insbesondere gilt, was die Voraussetzungen für die Bösgläubigkeit betrifft, § 819 und nicht § 990[1182].

10. Die Herausgabeansprüche nach § 1007

a) Problematik der Einordnung

§ 1007 ist eine geheimnisvolle Vorschrift. Er gibt Ansprüche auf Herausgabe beweglicher Sachen und entsprechend den Nebenfolgen der Vindikation (§§ 987 ff.) Nebenfolgen dieser Ansprüche (§1007 III 2 i.V.m. §§ 987 ff.). Zu § 1007 wird von einem petitorischen Besitzschutz, vom Schutz eines besseren Rechts zum Besitz oder vom Schutz vermuteten Eigentums gesprochen[1183]. An diesen Deutungen ist alles rätselhaft: Soweit an den Besitz als solchen ein Schutz anknüpfen soll, kann es sich nach der Natur des Besitzes nur um den hier schon behandelten possessorischen Schutz nach §§ 861 f. handeln. Die gesetzliche Einordnung des § 1007 unter die Ansprüche aus dem Eigentum unterstreicht, daß ein solcher Besitzschutz nicht gemeint sein kann. Wird sodann **1237**

[1180] So wieder BGH DB 1986, 1564.

[1181] BGHZ 55, 176 ff. (Jungbullen-Fall).

[1182] S. *Wilhelm*, Rechtsverletzung und Vermögensentscheidung, Fn. 428. Was Verwendungen des Sachleistungsempfängers bei nichtigen gegenseitigen Verträgen betrifft, wendet *Flume*, Gedächtnisschrift Knobbe-Keuk (1997), 111, zu Recht die bereicherungsrechtliche Risikoverteilung auch bei Nichtigkeit der Übereignung an (S. 117 ff., 118).

[1183] Nachweise oben Rz. 472 mit Fn. 114.

zur Abhebung der Ansprüche aus § 1007 von diesem possessorischen Schutz ein vermutetes Recht zum Besitz angeführt, fragt sich erstens, wie es sein kann, daß ein vermutetes Recht nicht nur zu vermuten, sondern ohne die Möglichkeit eines Gegenbeweises als wirkliches durchsetzbar sein soll, und zweitens, welches Recht denn vermutet werden soll, das die Kraft hat, gegen den Bekl. zu wirken, ganz abgesehen drittens von der Frage, was das vermutete Recht bei den Ansprüchen aus dem Eigentum zu suchen haben soll.

Die Ansprüche aus § 1007 gelten gleich, ob der Kl. als Eigenbesitzer oder als Fremdbesitzer die Herausgabe begehrt und letzterenfalls, ob er ein dingliches Recht zum Besitz (Nießbrauch oder Pfandrecht) oder ein obligatorisches Recht (Miete, Leihe) reklamiert. Hinsichtlich des klagenden Eigenbesitzers kann nach § 1006 die Vermutung des Eigentums eingreifen, es stellt sich aber, wie gesagt, die Frage, wieso das vermutete als wirkliches Eigentum des Kl. gelten soll. Hinsichtlich sodann des als Nießbraucher oder Pfandgläubiger klagenden Besitzers gilt im Hinblick auf die Anwendbarkeit der §§ 1006, 1007 gemäß §§ 1065, 1227 Entsprechendes. Was aber schließlich einen als obligatorisch berechtigt klagenden Fremdbesitzer betrifft, stellen sich alle bezeichneten Fragen und noch mehr: Es stellen sich nämlich die Fragen erstens, wieso das obligatorische Besitzrecht überhaupt zu vermuten, sodann zweitens, wieso das vermutete Recht als wirklich gelten, weiter drittens, wieso es die Kraft haben soll, gegen den außerhalb der Obligation stehenden gegenwärtigen Besitzer zu wirken, und schließlich viertens, wieso die Klage des sich auf ein obligatorisches Recht stützenden Fremdbesitzers als Klage aus dem Eigentum geführt wird.

b) Systematische Ordnung und Deutung der Anspruchsmerkmale

1238 Zur Erkenntnis des Klagegrundes für die Ansprüche aus § 1007 sind die Merkmale der Vorschriften zusammenzustellen und in eine systematische Ordnung zu bringen. Die Ansprüche sind gegeben alternativ bei Bösgläubigkeit des Bekl. (Abs. 1) oder – ausgenommen sind insoweit Geld- und Inhaberpapiere (Abs. 2 S. 2) – bei Abhandenkommen auf Seiten des Kl. (Abs. 2 S. 1 Hs. 1[1184]). Gegen den Anspruch aus Abhandenkommen kann der Bekl. sein Eigentum[1185] oder das Abhandenkommen bei ihm vor der Besitzzeit des Kl. einwenden (Abs. 2 S. 1 Hs. 2). Gegen beide Ansprüche kann eingewendet werden, daß der Kl. seinerseits bösgläubig gewesen sei (§ 1007 III 1 Alt. 1) oder daß der Kl. den Besitz der Sache aufgegeben habe (§ 1007 III 1 Alt. 2)[1186].

1239 Zur Deutung ist an die gesetzliche Einordnung des § 1007 unter die Ansprüche aus dem Eigentum anzuknüpfen und deshalb zunächst von dem Fall auszugehen, daß der Kl. als Eigenbesitzer besessen hat und klagt. Dementsprechend wird hier auch auf der Seite des Bekl. zunächst Eigenbesitz vorausgesetzt. Der besondere Gehalt des § 1007 ergibt sich aus der Kombination der vom Bekl. einzuwendenden Abwehrgründe. Aus ihr folgen nämlich die Rechtspositionen, die für den Bekl. zu schützen sind; entsprechend dazu ergibt sich die Position, aus der der Kl. nach § 1007 vorgehen kann. Nach § 1007 I schadet dem Bekl. Bösgläubigkeit, ohne daß er Eigentum oder früheres Abhandenkommen bei ihm selbst einwenden könnte, nach § 1007 II kann er beides einwenden, wenn er als Gutgläubiger aufgrund Abhandenkommens in Anspruch genommen wird[1187].

[1184] Über die Möglichkeit einer zwischenzeitlichen Beendigung des Abhandenkommens ist nicht nachzudenken. Die Einwendungen gegen den Anspruch aus Abhandenkommen stehen in § 1007 II und III. Über die dort geregelten Fälle hinaus könnte man an eine Beendigung des Abhandenkommens noch im Hinblick darauf denken, daß in der Zwischenzeit ein Dritter Eigentümer der Sache geworden sein könnte. Das wäre aber eine exceptio e iure tertii, § 1007 II, III läßt eine solche nicht zu.

[1185] Der Eigentumseinwand ist sinnvoll und nicht aus einem Redaktionsversehen eingefügt (letzteres nimmt an Staudinger/*Gursky* § 1007 Rz. 36 m.w.N.).

[1186] Klagt ein Mitbesitzer aus § 1007 (Anspruchsausgestaltung entsprechend §§ 1011, 432 I 2, s. *Westermann*, 5. Aufl., § 25, 3, S. 106 und § 35 I 2 b, S. 172; 7. Aufl., § 25, 3, S. 150 und § 35 I 2 b, S. 253), so schadet die Bösgläubigkeit eines Mitbesitzers, aber nicht die Aufgabe durch den einen ohne den Willen der anderen.

[1187] Für die Möglichkeit auch des nach § 1007 I verklagten bösgl. Besitzers, sich auf früheres Abhandenkommen der Sache bei ihm zu berufen, *Weber*, § 1007 BGB – Proz. Regelungen im

Vorab zu klären ist, worauf sich der böse oder der gute Glaube beziehen muß, also der Gegenstand des bösen oder guten Glaubens. Der Maßstab für den bösen oder den guten Glauben ergibt sich sodann aus § 932 II. Der Gegenstand des bösen oder guten Glaubens erhellt aus § 1007 II 1: Danach gibt es einen Fall des gutgläubigen Besitzers, der sein Eigentum einwendet. Also muß sich weder der gute bzw. böse Glaube auf das Eigentum des Vorbesitzers beziehen, von dem der Besitzer sein Recht erworben haben will, noch ist bei Eigentum des Besitzers guter oder böser Glaube mit der Begründung auszuschließen, daß der Besitzer dann doch Berechtigter sei und als solcher nicht gut- oder bösgläubig sein könne. Der Gegenstand des guten oder bösen Glaubens besteht vielmehr in der Frage, ob der Besitzer gerade durch den Erwerb seines Besitzes ein Recht zum Besitz erworben hat. **1240**

Beispiel: Der wirkliche Eigentümer hat seine Sache verliehen, der Entleiher hat sie vermietet, beim Mieter ist die Sache gestohlen worden. Ohne dies zunächst zu bemerken, hat der Eigentümer die Sache vom Dieb erworben. Für den Mieter kommt der Anspruch aus § 1007 II 1 gegen den Eigentümer in Betracht. Der Eigentümer hat nicht durch den Erwerb vom Dieb ein Besitzrecht erworben, er war aber insofern gutgläubig. Gegen die Klage des Mieters kann der Bekl. nach § 1007 II 1 Hs. 2 sein Eigentum einwenden. Entsprechend ist es, wenn der Eigentümer hinsichtlich seines Besitzrechtserwerbs bösgläubig war. Gegen die dann in Betracht kommende Klage aus § 1007 I kann der Bekl. nach § 1007 III 2 i.V.m. § 986 sein Eigentum einwenden.

Der Sinn der Regelung liegt in der Verteilung der Darlegungs- und Beweislast: Sind die anspruchsbegründenden Merkmale von § 1007 I, II im Hinblick auf die Frage, ob der Bekl. beim Besitzerwerb ein Besitzrecht erworben hat oder aber nicht, gegeben, so ist es Sache des Bekl., gegen den Anspruch die sein Eigentum begründenden Tatsachen darzulegen und im Bestreitensfall zu beweisen. **1241**

Wenn wir die Merkmale des § 1007 aufgrund des Verständnisses der Gut- oder Bösgläubigkeit als solcher im Hinblick auf den Besitzrechtserwerb bei Besitzerwerb analysieren, so geht es beim Bekl. als Eigenbesitzer zunächst einmal um den Schutz derjenigen Rechtspositionen, die sich bei Gutgläubigkeit des Bekl. ergeben können. Das sind die des gutgläubigen Erwerbs des Eigentums nach §§ 932 ff. und weiter die der Möglichkeit der Ersitzung nach §§ 937 ff. Insbesondere geht es dabei um diejenige Position, die bei Gutgläubigkeit sogar unter Überwindung des Abhandenkommens auf Seiten des Kl. entstehen kann. Das ist der Eigentumserwerb durch Ersitzung. Nach § 937 führt 10-jähriger Eigenbesitz zum Erwerb des Eigentums an beweglichen Sachen. Wie der Eigenbesitz erworben wurde, ob durch Rechtsgeschäft oder kraft Gesetzes, ob, wenn aufgrund Rechtsgeschäfts, dann aufgrund wirksamen oder unwirksamen Rechtsgeschäfts, ist gleichgültig. Ebenfalls ist gleichgültig, ob die Sache abhanden gekommen ist. Alles dies sind Merkmale des gutgläubigen Erwerbs des Eigentums vom Nichtberechtigten (§§ 932 ff., 935). Für die Ersitzung spielen sie keine Rolle. Hier kommt es nur auf Eigenbesitz, Besitzdauer und Gutgläubigkeit an (§ 937 I, II). Das nach § 1007 II 1 vom gutgläubigen Bekl. trotz Abhandenkommens beim Kl. einzuwendende Eigentum ist also **1242**

mat.-rechtl. Gewand, 1988, S. 54. Es ist aber gerade aus der unterschiedlichen Fassung von § 1007 I und II die Bedeutung der Vorschrift zu folgern, s. weiter im Text. *Westermann*, 5. Aufl., § 35 I 3, S. 172; 7. Aufl., § 35 I 3, S. 253 will den Einwand des früheren Abhandenkommens dadurch auf den Fall des § 1007 I übertragen, daß er das Recht aus § 1007 II 1 als Recht zum Besitz i.S. von §§ 1007 III 2, 986 qualifiziert: Dem Bekl., dem die Sache früher abhanden gekommen sei, stünde, wenn der Kl. noch Besitzer wäre, das Recht aus § 1007 II 1 zu, und so könne er das Abhandenkommen bei ihm über § 1007 III 2, § 986 auch im Fall seiner Bösgläubigkeit (§ 1007 I) dem Kl. entgegenhalten. Ist aber der Bekl., wie § 1007 I voraussetzt, bösgläubig, so ist für ihn auch nicht gegenwärtig noch das Recht aus § 1007 II 1 konstruierbar (s. den auch gegen dieses Recht geltenden Einwand der Bösgläubigkeit nach § 1007 III 1).

insbesondere das durch Ersitzung erworbene Eigentum[1188]. Und die vom Bekl. nach § 1007 II alternativ einzuwendende Position des früheren Besitzes, aus dem die Sache dem Bekl. selbst vor der Besitzzeit des Kl. abhanden gekommen war, ist insbesondere die Position des Ersitzungsbesitzes, d.h. desjenigen Besitzes, der unter den Voraussetzungen des § 937 in späterer Zeit zum Eigentumserwerb führt. Auch diese Position ist dem Bekl. zu schützen, denn er hat aufgrund seines gegenwärtigen (wiedergewonnenen) Besitzes die Chance, nach § 940 II ohne Unterbrechung oder, wennzwar mit Unterbrechung, dann doch nach § 942 mit neuem Fristbeginn das Eigentum zu ersitzen.

1243 Sehen wir nun auf die Seite des Kl., der als früherer Eigenbesitzer klagt, so ergibt sich als Grund seiner Klage ebenso die Ersitzungsposition: Auch der Kl. muß gutgläubig sein, wenn diese Voraussetzung auch wie immer (s. § 932 I 1, § 937 II) in die Gestalt des Einwands der Bösgläubigkeit von Seiten des Gegners gekleidet ist (§ 1007 III 1). Weiter ist der Kl. nicht klageberechtigt, wenn er den Besitz der Sache aufgegeben hat (§ 1007 III 1). In der Besitzaufgabe durch den Kl. kann, wenn der Kl. schon Eigentümer gewesen war, die Eigentumsaufgabe nach § 959 liegen. Der Kl. kann demgegenüber nur noch darauf hinweisen, daß ihm der Eigentumsverzichtswille, den § 959 zusätzlich zur Besitzaufgabe verlangt, gefehlt habe. Trotz dieser Möglichkeit hält ihn das Gesetz aber schon wegen der Besitzaufgabe nicht mehr für nach § 1007 schutzwürdig[1189]. Der Kl. mag insgesamt sein Eigentum nachweisen und aus § 985 vorgehen. War der Kl. andererseits noch nicht Eigentümer gewesen, hatte er vielmehr nur den unter den gesetzlichen Voraussetzungen zur Ersitzung führenden Besitz, dann ist er jedenfalls schon dann, wenn er den Besitz selbst aufgibt, nicht mehr im Sinne einer Herausgabeberechtigung zur Wahrung seiner Ersitzungsanwartschaft schutzwürdig.

1244 Daraus, daß § 1007 auch für den Kl. die Ersitzungsanwartschaft schützt, erklärt sich auch die Beschränkung des Bekl. nach § 1007 II darauf, eigenes Eigentum oder das frühere Abhandenkommen bei ihm selbst einzuwenden. § 1007 entscheidet, ob der Bekl. oder der Kl. Besitz haben soll. D.h. sofern, wie dies hier bisher vorausgesetzt ist, beide Parteien Eigenbesitz reklamieren, geht es um die Möglichkeit (wenn nicht schon Eigentum erworben ist), daß eine dieser beiden Parteien das Eigentum ersitzt. Das Eigentum eines Dritten oder das Abhandenkommen bei ihm sind als solche irrelevant, weil beide Umstände nicht die Anwartschaft des Kl. auf die Ersitzung des Eigentums im Fall seines

[1188] Geht der frühere Besitzer, der sich auf sein inzwischen erworbenes Eigentum beruft, selbst gegen einen Besitzer vor, dem die Sache vor dem jetzigen Besitzer abhanden gekommen war und der sie inzwischen, ohne in Hinsicht auf den Eigentumserwerb des Kl. bösgläubig zu sein, wiedererlangt hat, so hilft dem Kl. für die eigene Klage § 1007 nicht, er muß vielmehr aus § 985 vorgehen: D stiehlt dem Eigentümer E ein Bild. Er veräußert es an X, der das Bild 10 Jahre in Eigenbesitz hält. Dann stiehlt D das Bild dem X und bietet es dem E an, der es zunächst nicht wiedererkennt und erwirbt. Wenn X aus § 1007 II 1 gegen E auf Herausgabe klagt, so kann E, wenn er sein Bild jetzt doch wiedererkennt, einwenden, ihm sei das Bild vor der Besitzzeit des X abhanden gekommen (§ 1007 II 1 Var. 2). Seinen Eigentumserwerb durch Ersitzung muß X hier durch Klage aus § 985 geltend machen. – Für den Einwand des Eigentums durch den Bekl. nach § 1007 II 1 Var. 1 gegen die Klage aus § 1007 ergibt sich neben dem Fall der Ersitzung aus dem systematischen Zusammenhang des § 1007 mit §§ 932 ff., 937 ff. ein weiterer Fall: Es ist der Fall des Erwerbs in öffentlicher Versteigerung. Dieser ist wie der Ersitzungserwerb auch an abhanden gekommenen Sachen möglich (§ 935 II) und nicht wie der Erwerb von Geld oder Inhaberpapieren vom Anspruch, den § 1007 II 1 bei Abhandenkommen der Sache einräumt, ausgenommen (§ 1007 II 2). Also kann der Bekl., wenn er aus § 1007 II in Anspruch genommen wird, auch sein Eigentum aufgrund des Erwerbs in öffentlicher Versteigerung einwenden. Hiergegen kann der Kl. darlegen, daß der Erwerb des Bekl. wegen dessen Bösgläubigkeit ausgeschlossen war, und hat sodann den Anspruch aus § 1007 I.

[1189] Entgegen *Weber*, a.a.O., S. 57 ist die Besitzaufgabe i.S. von § 1007 III 1 nicht als Eigentumsaufgabe umzudeuten.

(Eigen-)Besitzes hindern. Diese ist nach § 937 nur bei Bösgläubigkeit des Kl. gehindert, und Bösgläubigkeit kann deshalb der Bekl. allerdings nach § 1007 III 1 uneingeschränkt – gerade auch im Hinblick auf die Berechtigung eines Dritten – gegen die Klage einwenden[1190].

Wird davon gesprochen, daß § 1007 die Ersitzungsanwartschaft schützt, so ist in einer bestimmten Beziehung das Bestehen der Ersitzungsanwartschaft doch nicht etwa Voraussetzung des Anspruchs. Kein möglicher Einwand gegen den Anspruch aus § 1007 ist es nämlich, daß der Kl. deshalb gar nicht eine bloße Ersitzungsanwartschaft geltend machen könne, weil er in Wirklichkeit schon Eigentümer der Sache sei und den Herausgabeanspruch aus § 985 habe. Auch derjenige Kl., der (möglicherweise) Eigentümer ist, kann sich damit begnügen, die Voraussetzungen des § 1007 darzulegen und aus dieser Vorschrift vorzugehen. Der Schutz des § 1007, der um des möglichen Eigentumserwerbs durch Ersitzung angeordnet ist, gilt erst recht für den, der (u. U.) schon Eigentümer ist. Nur wenn das Eigentum des Kl. nicht bestritten ist oder werden kann, geht § 985 den Ansprüchen aus § 1007 vor. 1245

Mit dem Schutz des früheren Besitzes um des möglichen Eigentumserwerbs durch Ersitzung willen führt § 1007 die actio Publiciana des römischen Rechts fort, d.h. die Klage, die insbesondere zum Schutz des Ersitzungsbesitzers die rei vindicatio kraft Eigentums (dem entspricht heute die Klage aus § 985) ergänzt hat[1191]. 1246

Offen ist jetzt nur noch die Einordnung der Klage eines Fremdbesitzers oder gegen einen Fremdbesitzer aus § 1007. Ist aber erst einmal erkannt, daß es im Ausgangspunkt um den Schutz der Ersitzungsanwartschaft (alternativ zum wirklich bestehenden dinglichen Recht) geht, so ist dieser Schutz auch bei der Auseinandersetzung unter oder mit Fremdbesitzern nach § 1007 maßgeblich. Soweit es eine Ersitzung von Fremdbesitzrechten gibt – nach § 1033 ist dies beim Nießbrauch der Fall –, kann es um die Anwartschaft auf die Ersitzung eines solchen Fremdbesitzrechts gehen. Soweit es eine solche nicht gibt – es gibt sie nicht beim Pfandrecht und vor allen Dingen nicht bei allen obligatorischen Fremdbesitzrechten –, muß es um den Schutz des hinter dem Fremdbesitzer stehenden Eigen- (oder Nießbrauchs-)Besitzers und dessen entweder wirklich bestehendes Recht oder dessen Ersitzungsanwartschaft gehen. Für den Bekl. als Fremdbesitzer sorgt § 1007 III 2 mit der Verweisung auf § 986 I 1 und 2 dafür, daß die Ableitung seines Besitzes aus 1247

1190 Freilich nur Bösgläubigkeit, nicht die nach § 937 II Alt. 2 der Ersitzung ebenfalls schädliche scientia superveniens. Daß der Kl. erst nach seinem Besitzerwerb von seiner Nichtberechtigung erfährt und deshalb nicht ersitzen kann, soll allein zwischen dem Kl. und dem dritten Eigentümer ausgestritten werden, aber nicht für den Bekl., der jedenfalls selbst nicht ersitzen kann, einen Berufungsgrund abgeben.

1191 Zu dem Zusammenhang *Weber*, a.a.O., S. 44 f., 45 ff., 48 ff. Darstellung der actio Publiciana bei *Weber*, a.a.O., S. 16 ff., Darstellung der Entstehungsgeschichte des BGB zu § 1007 bei *Weber*, a.a.O., S. 12 ff. Entgegen *Weber* (a.a.O., S. 45 ff., mit Konsequenzen daraus aber nur de lege ferenda, S. 66, 70; wohl weitergehend *Jakobs* in seinem Vorwort zu der Schrift von Weber, a.a.O., S. 8) hat § 1007 seinen Gehalt als selbständige Anspruchsgrundlage nicht verloren, ist die Vorschrift nicht auf die prozessuale Bedeutung im Rahmen der Klage aus § 985 beschränkt oder zu beschränken, dem Bekl. die exceptio de iure tertii abzuschneiden. § 1007 bringt dem gutgläubigen Kl. seinen unter den Voraussetzungen des § 937 auch zu Lasten eines dritten Eigentümers wirkenden Besitz zurück. Für die Klage aus § 1007 ist dementsprechend die Gutgläubigkeit des Kl. relevant, und zur Darlegung der Bösgläubigkeit des Kl. (§ 1007 III 1) kann der Bekl. sehr wohl das Recht eines Dritten anführen. Es geht also entgegen *Weber* nicht (bloß) darum, für die Eigentumsklage die exceptio de iure tertii abzuschneiden. Das über die Klage aus § 1007 ergehende Urteil hat so auch keine Rechtskraft in Bezug auf das Eigentum. Sowohl – im Abweisungsfall – der Kl., als auch – im Verurteilungsfall – der Bekl. können noch aus § 985 vorgehen, d.h. unter vollem Beweis ihres Eigentums.

einem Oberbesitz beachtet wird[1192]. Klagt andererseits der Kl. aus § 1007 als Fremdbesitzer, so kann er dies nur tun, weil er damit das dingliche Recht oder die Ersitzungsanwartschaft seines Hintermanns schützt, von dem er seinen Besitz (zumindest gutgläubig – s. § 1007 III 1 –) ableitet[1193]. § 1007 ist insoweit ein Anwendungsfall des Gedankens, daß ein aufgrund obligatorischen Rechts Besitzender ungeachtet der Relativität dieses Rechts gegen einen mit ihm nicht obligatorisch verbundenen Störer vorgehen kann, indem er in gesetzlicher Prozeßstandschaft für den hinter ihm stehenden dinglich Berechtigten klagt[1194].

1248 Als Schutz der (zur wirklichen dinglichen Berechtigung alternativen) Anwartschaft zur Ersitzung des Eigentums (oder Nießbrauchs) an beweglichen Sachen betrifft § 1007 nur bewegliche Sachen[1195].

c) Anwendungsbereich des § 1007

1249 Praktische Bedeutung hat die Regelung des § 1007 für den, der nicht Eigentümer ist oder sein Eigentum nicht ohne weiteres beweisen kann, wenn der Besitz des Bekl. nicht durch verbotene Eigenmacht erlangt und auch sonst nicht fehlerhaft ist oder wenn die Ausschlußfrist nach § 864 abgelaufen ist, wenn also dem Kl. auch der possessorische Schutz nicht hilft.

1250 In Fällen unstreitigen Eigentums geht der Anspruch aus § 985 dem aus § 1007 vor. In Fällen streitigen Eigentums steht § 1007 in Anspruchskonkurrenz mit den Ansprüchen aus §§ 985, 861, 812.

1251 Nach seinem Grundgedanken kann § 1007 nicht als Klagegrund auch für die Ansprüche aus § 1004 herangezogen werden[1196]. § 1007 ist auf die Wiedergewinnung des Besitzes als Erwerbsgrundlage gerichtet, auch die Merkmale der Gut- oder Bösgläubigkeit und des Abhandenkommens grenzen Erwerbsinteressen ab und passen nicht für die Störungsabwehr, um die es in § 1004 geht. Es ist nicht von ungefähr, daß die Verweisung in § 1007 III 2 bei § 1003 endet.

1252 Fälle, in denen § 1007 relevant ist[1197]:

E verleiht ein Buch an B, dieser weiter an C. C veräußert oder verleiht an D, der das Nichtrecht des C (gegenüber dem Eigentümer) kennt. Will B sich das Buch zur Rückgabe an E verschaffen, kann er nicht aus § 985 klagen, auch nicht aus § 861 und ebenso nicht aus Vertrag. § 1007 I hilft ihm, letztlich zum Schutz des E, dem gegenüber für D weder ein gutgläubiger Erwerb noch eine Ersitzungsanwartschaft eingreift.

B läuft ein kranker Hund zu, den er gesund pflegt. Der Eigentümer ist nicht zu ermitteln. D stiehlt den Hund und veräußert ihn an den gutgläubigen C. B kann nur aus

[1192] § 1007 enthält mit der Verweisung auf § 986 (s. dort) einen weiteren Fall einer zulässigen exceptio de iure tertii.

[1193] Deshalb kann der Kl. gegen einen Bekl., den er als Eigentümer oder besser Berechtigten anerkennt, nicht nach § 1007 I oder II unter Berufung auf einen Mietvertrag mit dem Bekl. vorgehen (darüber Gedanken bei Staudinger/*Gursky* § 1007 Rz. 36 a.E.: Der Kl. obsiege gegen den Bekl. aus § 1007 I oder II; wenn der aus § 1007 II Bekl. sich auf sein Eigentum berufe, könne sich der Kl. gemäß § 1007 III 2 i.V. mit § 986 auf sein relativ stärkeres Recht zum Besitz berufen. Das ist schon deshalb nicht zutreffend, weil § 1007 III 2 i.V. mit § 986 eine Klage abwehren, aber nicht begründen kann).

[1194] Zutreffend *Weber*, a.a.O., S. 64 ff., 72; zum allgemeinen Gedanken bereits o. Rz. 57 f.

[1195] Über den Gesetzeswortlaut hinausgehend hat der BGH in einer vereinzelten Entscheidung § 1007 auf Grundstücke angewandt (BGHZ 7, 208, 215 ff.). Für Grundstücke sind aber die an das Grundbuch anknüpfende Vermutung und Erwerbsmöglichkeit (s. § 891, §§ 873, 900, 927) maßgebend, grundsätzlich (Ausnahme bei § 927) nicht der Besitz. Gegen den BGH mit Recht die Literatur (s. m. N. *Weber*, a.a.O., S. 76).

[1196] So aber *Weber*, a.a.O., S. 75.

[1197] Nach *Westermann*, 5. Aufl., § 35 I 1, S. 171; 7. Aufl., § 35 I 1, S. 251.

§ 1007 klagen. C kann nicht gutgläubig erwerben (§ 935). § 1007 II 1 verhilft B somit zur Herausgabe.

Fälle zur Abgrenzung der Alternativen des § 1007: 1253

Nach *Gerhardt*[1198]: E wird ein Fahrrad gestohlen. Der Dieb verleiht es an X. E entreißt dem X das Rad. Kann X von E Herausgabe verlangen? § 1007 I oder II? War E wegen seines Eigentums gut- oder war er bösgläubig oder beides nicht, weil er als Eigentümer Berechtigter war[1199]? E war bösgläubig, da dies nur voraussetzt, daß der Bekl. im Verhältnis zum Kl. gerade hinsichtlich eines Besitzrechts aus dem Besitzerwerb nichtberechtigt war und dies wußte oder nur infolge grober Fahrlässigkeit nicht wußte. Daß E nicht durch sein Wegreißen ein Besitzrecht erwarb, war ihm aber bewußt. Jedoch kann E nach § 1007 III 2 i.V.m. § 986 sein Eigentum einwenden und dadurch die Klage abwehren.

Fall (1) ist dahin umzubilden, daß E dem D das Buch nachträglich verleiht. Gegen den Anspruch aus § 1007 I (D war ja zum Zeitpunkt des Besitzerwerbs bösgläubig) kann D ein sich vom Eigentümer herleitendes Recht zum Besitz einwenden, das also auch gegen B wirkt (§ 1007 III 2 mit § 986).

Fraglich ist, ob der Schutz des mittelbaren Besitzers nach § 1007 gemäß § 869 S. 2 zu 1254
beschränken ist[1200] oder nicht[1201]. Für die Unbeschränktheit wird angeführt, daß § 1007 das relativ bessere Recht schützt, dieses aber nach § 1006 III dem mittelbaren Besitzer zustehe[1202]. § 1007 ist demgegenüber ein den § 985 ergänzender Schutz und die Frage der Besitzberechtigung des Bekl. und von Zwischenbesitzern ist durch Verweisung des § 1007 III 2 auf § 986 entschieden.

Es ist noch aus dem Vergleich von § 1007 II 1 und § 1007 III 1 eine Konsequenz für 1255
den mittelbaren Besitzer zu ziehen: § 1007 II 1 spricht von Abhandenkommen (also von unfreiwilligem Besitzverlust), Abs. 3 S. 1 von Besitzaufgabe (also freiwilligem Besitzverlust). Dazwischen liegt der Fall der Aufgabe durch den Besitzmittler, in dem weder ein Abhandenkommen vorliegt (s. § 935 I 2) noch eine Besitzaufgabe insoweit, als es um den mittelbaren Besitz geht. Hier ist kein Anspruch des mittelbaren Besitzers aus Abs. 2 S. 1 möglich, wohl aber ein solcher aus § 1007 I, welcher dann nicht durch § 1007 III 1 Alt. 2 ausgeschlossen wird.

11. Die actio negatoria

a) *Die drei Ansprüche*

Mit der actio negatoria kann der Eigentümer *(1. Vorauss.)* andere *(3. Vorauss.)* Beein- 1256
trächtigungen *(2. Vorauss.)*, die nicht zu dulden sind (§ 1004 II, *4. Vorauss.*) gegen den Störer *(5. Vorauss.)* abwehren. Gegenwärtige Störungen sind durch Beseitigungs-, weitere *(6. Vorauss.*: Wiederholungsgefahr, § 1004 I 2) durch Unterlassungs-, künftige (alternative *6. Vorauss.*: Begehungsgefahr) durch vorbeugende Unterlassungsklage geltend zu machen. Im Fall des § 907 wählt das Gesetz die Beseitigung der mit Sicherheit in Zukunft störenden Anlage.

b) *Der Störerbegriff als entscheidendes Kriterium nach Rechtsprechung und h.M.*

Für die h.M. und Rechtsprechung ist Dreh- und Angelpunkt des Tatbestands der Störer- 1257
begriff. Sie unterscheiden zwischen Handlungs- und Zustandsstörer. Handlungsstörer ist

[1198] Mobiliarsachenrecht, § 6, 1 und 2, S. 24 ff., Fälle 16, 17.

[1199] So die Vorauflage Rz. 355.

[1200] So noch in der 11. Aufl. Staudinger/*Berg*, § 1007 Rz. 2; anders – für die Anwendung von § 986 I 2 – Staudinger/*Gursky* § 1007 Rz. 27.

[1201] So *Westermann* 5. Aufl., § 35 I 2 b, S. 172; anders – für die Anwendung des § 986 I 2 – 7. Aufl., § 35 I 2 b, S. 253.

[1202] *Westermann*, a.a.O.

der unmittelbare Verursacher einer nachteiligen Veränderung des Zustands der im Eigentum befindlichen Sache (gegenüber dem durch §§ 903, 906 umschriebenen Zustand). Zustandsstörer ist derjenige, der durch den Zustand einer Sache stört, etwa durch ein Grundstück, von dem Gesteinsbrocken auf das Nachbargrundstück fallen.

1258 Die Verantwortlichkeit der als Störer in Anspruch zu nehmenden Person soll voraussetzen, daß der störende Zustand unmittelbar oder mittelbar auf den Willen der Person zurückgeht und die Beseitigung in ihrer Einflußsphäre liegt[1203].

Danach ist z.B. der Schiffseigner Störer hinsichtlich eines vom Schiff in einen Kanal herabfallenden Ankers, der Grundstückseigentümer Störer hinsichtlich von seinem bebauten Grundstück fallender Mauerteile. – Dagegen soll keine vom Eigentümer des Ausgangsgrundstücks zu verantwortende Störung vorliegen bei vom Felsgrundstück herabfallenden Felsbrocken[1204] (anders wieder, wenn der Eigentümer durch Veränderung des Grundstücks den Felssturz irgendwie mitverursacht hat[1205]). – Wenn ein Landwirt seine Schafe durch einen Sennhirten auf einer Wiese weiden läßt im Austausch gegen ein Milchverwertungsrecht des Sennhirten und die Schafe auf das Nachbargrundstück ausbrechen, so ist der Sennhirt, der seine Obhutspflicht verletzt, Handlungsstörer (durch Unterlassen), der Landwirt Zustandstörer[1206].

Der Störerbegriff der h.M. ist geprägt von dem Bemühen, eine Art Zurechnung von Handlungen oder Zuständen zu einer Person zu erreichen.

c) *Die Einwendung der Duldungspflicht (§ 1004 II)*

1259 Die Ansprüche aus § 1004 S. 1, 2 sind nach § 1004 II ausgeschlossen, wenn der Eigentümer zur Duldung verpflichtet ist. Diese Duldungspflicht ist als Einwendung geltend zu

[1203] Positives Tun, pflichtwidriges Unterlassen oder Halten des Grundstücks in gefahrenträchtigem Zustand, von dem die Beeinträchtigung ausgeht (BGH NJW-RR 2001, 232). Nach der Rechtsprechung (BGHZ 129, 329, 335; 144, 200, 204 = WM 2000, 1957 ff.) scheitert die Störereigenschaft des Eigentümers eines Grundstücks nicht an entgegenstehenden mietvertraglichen Bindungen, sondern nur dann, wenn der Kläger den zuerkannten Beseitigungsanspruch unter keinen Umständen durchzusetzen vermag.

[1204] BGH NJW 1985, 1773. Keine Störung liegt auch im Fall des Eindringens von Ungeziefer, das den Baum des Nachbarn befallen hat, vor, siehe zu diesem Fall und ähnlichen Fällen BGH BB 1995, 1927 f. Ein weiteres Beispiel, in dem der BGH mangels Störereigenschaft keine Störung angenommen hat, ist JA 1993, 340, 341: Zwei gesunde und von dem Bekl. ordnungsgemäß gepflegte Kiefern waren infolge eines Sturms auf das Nachbargrundstück des Kl. gestürzt und hatten dort Schäden angerichtet. Der BGH verneint eine Haftung aus § 1004 I, weil die Beeinträchtigung auch nicht mittelbar auf den Willen des Bekl. zurückgehe. Das bloße „Anpflanzen und Aufziehen von widerstandsfähigen Bäumen" genüge für die Schaffung oder Duldung einer Gefahrenlage, auf welche die Störereigenschaft gestützt (bzw. aus welcher der mittelbare Wille des Störers gefolgert) werden könne, regelmäßig nicht. Wiederum eine Störung bejaht hat der BGH in dem Fall, daß ein Haus infolge eines unaufklärbaren technischen Defektes an elektrischen Leitungen oder Geräten in Brand gerät und das Nachbargrundstück beschädigt, BGHZ 142, 66 ff. Entscheidend sei, ob es Sachgründe dafür gebe, in einem solchen Fall die Verantwortung dem Eigentümer des Grundstücks aufzuerlegen, von dem die Beeinträchtigungen ausgehen. Diese Sachgründe sieht der BGH darin, daß der Brand auf Umständen beruht habe, auf die nur der Eigentümer habe Einfluß nehmen können, „wenn konkret auch kein Anlaß für ein vorbeugendes Tätigwerden bestanden haben mag".

[1205] BGH NJW-RR 1996, 659 = VersR 1996, 1238.

[1206] Fall 40 bei *Gerhardt*, Mobiliarsachenrecht, § 9, 3 c, S. 62. Handlungsstörung bei Leitung von Abwasser durch eine unter dem Nachbargrundstück (dazu § 905) verlegte Leitung, möge diese auch vom Voreigentümer des Grundstücks, von dem das Abwasser ausgeht, im Eigentum errichtet worden sein, nimmt OLG Düsseldorf NJW-RR 1991, 403, 404 an.

machen, die Darlegungs- und Beweislast liegt also beim Störer[1207]. Duldungspflichten ergeben sich aus dem Gesetz (§§ 227, 229, 906 II, 904)[1208] oder aus einer Gestattung[1209].

Nach der Rechtsprechung des BGH ist der Abwehranspruch auch dann ausgeschlossen, wenn die störenden Einwirkungen der Erfüllung von Aufgaben dienen, die im Allgemeininteresse liegen und von öffentlich-rechtlichen Trägern oder unmittelbar dem öffentlichen Interesse verpflichteten gemeinwichtigen Einrichtungen ausgehen[1210]. Weil dadurch der gestörte Eigentümer seinen Abwehranspruch im öffentlichen Interesse aufzuopfern gezwungen ist, steht ihm dafür ein Ausgleich in Geld nach den Grundsätzen der Enteignungsentschädigung zu[1211]. Diese Rechtsprechung ist problematisch, weil die Verwehrung eines Abwehranspruchs in den einzelnen Fällen jeweils eine enteignende Inhalts- und Schrankenbestimmung des Eigentums im Sinne von Art. 14 I 2, III GG bedeutet, ohne daß für den Eingriff eine konkrete gesetzliche Grundlage besteht. Der BGH orientiert sich ersatzweise an der gesetzlichen Regelung, in deren Rahmen einschlägige Einrichtungen notwendig zu planen sind[1212], und meint, daß in der Durchsetzung des Abwehranspruchs aus § 1004 gegen den störenden Eigentümer die Grundsätze der Verhältnismäßigkeit und des Mindesteingriffs zu wahren seien[1213].

Für § 1004 I und II gilt: Die Rechtswidrigkeit ist indiziert, sie kann durch Rechtfertigungsgründe ausgeschlossen sein.

d) § 1004 als Verursachungshaftung?

aa) Widerspruch zu § 985 und § 823 I

Die Anwendung des § 1004 nach Rechtsprechung und h. L. scheint einfach zu sein. Sie **1260** enthält aber eine ganz erhebliche Problematik. Diese hat zwei Teilprobleme, das eine hat mit dem anderen zu tun. Das erste scheint formaler Art: § 1004 I 1 setzt eine andere Art der Beeinträchtigung als die Entziehung oder Vorenthaltung des Besitzes voraus. Diese letztere Art ist in § 985 geregelt. Die Vorschrift gibt dem Eigentümer das zurück, was

[1207] Bestätigung dieser Rechtslage auch unter Berücksichtigung eines auf den Vorbehalt in Art. 124 EGBGB gestützten Landesgesetzes bei BGH NJW 1989, 1032 (2. Kanalwurzel-Urteil).

[1208] Es kann aber nicht scharf zwischen § 906 II als Duldungspflicht und § 906 I als Inhaltsbestimmung unterschieden werden. Für beide Einwirkungsbefugnisse liegt die Beweislast beim Störer. Anders BGHZ 92, 149 für die Anwendung des § 906 I auf Nicht-Immobiliarberechtigte. – Erörterung öffentlich-rechtlicher Duldungspflichten im 1. Kanalwurzel-Urteil (BGHZ 97, 231). – Keine Duldungspflicht aus Nachbarunterschrift auf Lageplan und Bauzeichnungen als Unterlagen eines Antrags auf Baugenehmigung, BayObLG NJW-RR 1991, 19, 20.

[1209] Die Gestattung wirkt aber nur relativ. Wird einem Nachbareigentümer eine Störung gestattet und veräußert er sein Eigentum, so kann sich der Erwerber nicht auf die Gestattung berufen. Veräußert der Gestörte, so kann sich der Nachbar nicht auf die ihm erteilte Gestattung des Vorgängers berufen. Will der störende Eigentümer die Möglichkeit der Einwirkung auf das fremde Eigentum für sich und für Erwerber seines Grundstücks sichern, muß er sich eine Grunddienstbarkeit eintragen lassen. Will der störende Eigentümer nur zusätzlich selbst gegen Eigentumsnachfolger auf der Gegenseite geschützt sein, genügt eine persönliche Dienstbarkeit.

[1210] So zuletzt BGHZ 144, 200 ff. für den Betrieb eines Drogenhilfezentrums. Als weitere Beispiele, in denen eine Duldungspflicht angenommen worden ist, sind zu nennen Autobahnen (BGHZ 29, 314, 317 und 48, 98, 104), Hochspannungsleitungen (BGHZ 60, 119, 133 f.) und Kläranlagen (91, 20, 23).

[1211] BGHZ 144, 208 f.

[1212] BGHZ 144, 206 mit S. 206 f. unter aa).

[1213] BGHZ 144, 206 mit S. 207 unter bb). Die Wahrung dieser Grundsätze ist freilich Zulässigkeitsvoraussetzung des hoheitlichen Eingriffs in privates Eigentum, es hat sich daran aber nicht der private Eigentümer bei seinem Abwehranspruch gegen einen Störer zu halten.

ein anderer entgegen seinem Eigentum in Händen hat. Diese Regelung ist Ausgleich gegenwärtigen widerrechtlichen Habens, dieser Ausgleich ist selbstverständlich. § 1004 müßte nach seiner Formulierung eine andere Art des gegenwärtigen widerrechtlichen Habens ausgleichen. Davon kommt in der h.M. nichts vor.

1261 Das andere Teilproblem ist: Obwohl § 1004 ein Verschulden nicht voraussetzt, hat nach der h.M. der „Störer" für nachteilige Veränderungen beim Eigentümer einzustehen. Zu fragen ist, wieso der Störer für den Zufall haften soll, der den beeinträchtigten Eigentümer trifft. Wenden wir die Kriterien aus unserem Anspruchskatalog[1214] an, so setzt die Pflicht zur Kompensation von Nachteilen beim Geschädigten, wenn nicht durch Gesetz eine Gefährdungshaftung angeordnet ist oder Nachteile aus einer Aufopferung in Frage stehen, die vom Staat oder von dazu vom Staat ermächtigten Unternehmen etc. in Anspruch genommen wurde, die schuldhafte Schadensverursachung voraus. Für den nicht aufgrund Verschuldens, gesetzlicher Gefährdungsverantwortung oder in Anspruch genommener Aufopferung zu tragenden Schaden gilt aber: casum sentit dominus, d.h. in der Situation des § 1004: Der beeinträchtigte Eigentümer trägt den Nachteil selbst. Auch wenn man umgekehrt von § 823 I ausgeht, stellt sich dieselbe Frage: Dort ist für die Haftung aus Eigentumsverletzung Verschulden vorausgesetzt, unerklärlich ist, wieso man nach § 1004 auch ohne Verschulden haften soll.

1262 Das zweite der genannten Teilprobleme aufgrund des herrschenden Verständnisses des § 1004 ist mit dem ersten verbunden: Die Haftung aus § 985 ist verschuldensunabhängig, es ist ja die selbstverständliche Haftung auf den Ausgleich widerrechtlichen Habens. Da die h.M. § 1004 aber nicht parallel zu § 985 versteht, kommt sie zu einer nicht erklärten Schadenshaftung ohne Rücksicht auf Verschulden.

bb) Der Versuch der Abgrenzung zwischen Schaden und Beeinträchtigung durch die h.M.

1263 Die h. L. grenzt § 823 und § 1004 nach der Nachteils*folge* ab: Schaden i.S. von § 823 sei die abgeschlossene Verminderung eines Rechtsguts. Beeinträchtigung sei ein besonderer Schaden, nämlich ein solcher, der fortdauernde Quelle weiterer Nachteile ist[1215].

1264 Beispiel aus der Rechtsprechung[1216]: Eine Voreigentümerin des später vom Kl. erworbenen Grundstücks hatte das Grundstück auf 10 Jahre an Tischlermeister B verpachtet mit der Verpflichtung, bei Beendigung des Pachtvertrags das Grundstück im alten Zustand zurückzugeben. B errichtet mit Zustimmung der Verpächterin ein massives Wohn- und Werkstattgebäude und nimmt dazu einen Kredit von der Bekl. auf. Das Gebäude wird sicherungsübereignet (ohne Grundstück, § 95 I 2). Nach einer – wenn auch nicht vollzogenen – Kündigung des Pachtvertrags setzt B das Gebäude in Brand, mit der Folge, daß eine baufällige Hausruine übrig bleibt. B kommt in Haft. Die Bekl. hat eine Restforderung von 5 000 €. Der Kl. verlangt von der Bekl. Abriß der Ruine, sonst würde er diese selbst abreißen. Der Anwalt der Bekl. entgegnet, daß Selbsthilfe verbotene Eigenmacht wäre, und stellt einen Schadensersatzanspruch in Aussicht. Der Kl. klagt auf Beseitigung, hilfsweise darauf, eine Beseitigung zu dulden. Bezüglich des Hilfsantrags erkennt die Bekl. an. Unter Abweisung der Klage im weiteren hat der BGH nach diesem Anerkenntnis verurteilt.

Ein Beseitigungsanspruch könnte sich aus § 1004 I 1 ergeben. 1. Der Kl. ist Eigentümer des Grundstücks. 2. Die Ruine stellt eine nachteilige Veränderung des Grundstücks gegenüber dem durch §§ 903, 906 umschriebenen Zustand dar. 3. Es handelt sich um eine andere Beeinträchtigung als einen Besitzentzug i.S. von § 985. 4. Rechtswidrigkeit: Die Gestattung war begrenzt und ist jetzt weggefallen.

5. Fraglich ist, ob die Bekl. Störer war. Der BGH verneint: Der Zustand der Sache sei vom Willen des B, nicht von dem der Bekl. abhängig gewesen, diese habe nicht im Verhältnis zu B der

[1214] Oben Rz. 42 ff.

[1215] MünchKomm/*Medicus* § 1004 Rz. 22; *Baur/Stürner* § 12 Rz. 7; *Stickelbrock*, AcP 197 (1997), 456 ff., 496.

[1216] BGHZ 41, 393 ff.

Beseitigung widersprochen. B habe gebaut und müsse nach dem Pachtvertrag abreißen, was die Bekl. zu dulden gehabt hätte (unter Beschränkung ihrer Rechte auf das Material). B könne auch nicht durch seine Besitzaufgabe die einmal eingetretene Beseitigungspflicht aufheben. – Als Beeinträchtigung seitens der Bekl. könne nur angesehen werden, daß die Bekl. die Beseitigung unterlassen und Rechtsansichten geäußert habe. Eine Unterlassung sei aber nur tatbestandsmäßig, wenn eine Rechtspflicht zum Handeln bestehe. Eine solche sei nicht erkennbar. Als Reaktion auf die Rechtsansicht der Bekl. könne der Kl. nur auf Duldung klagen. Der BGH prüft schließlich noch, ob die Bekl. gestört habe, indem sie eine Kredithilfe als Ursache für die Störung gegeben habe. Da sich aber die Kredithilfe auf einen von der Voreigentümerin gestatteten Bau bezogen habe, liege keine (ursächliche) Störung vor.

Nur indem er die Verantwortlichkeit auf B schiebt und die Gestattung des Baus durch den Eigentümer hervorhebt, kommt der BGH daran vorbei, die fortdauernde Störungsquelle in Gestalt der Ruine nicht schon kraft bloßer Ursächlichkeit der Bekl. zuzurechnen. Andererseits besteht keine Möglichkeit, die Haftung der Bekl. aufgrund der Rechtsnachfolge in das Gebäudeeigentum zu begründen.

Für den Gegensatz zwischen Schaden und Beeinträchtigung, wie er nach h.M. besteht, sind folgende weitere Beispiele zu bilden: Hinübergefallene Steinbrocken stellen dauernde Beeinträchtigungen[1217], die Zerstörung eines Dachs einen abgeschlossenen Schadenszustand dar. Läuft ein Öltankwagen aus und ist das Öl im Boden, so ist § 1004 anwendbar[1218]. Läuft ein Säuretankwagen aus, ist nur § 823 I anwendbar, wenn die Säure unter Hinterlassung von Zerstörungen verdampft.

Daß diese Abgrenzung auch in sich unklar ist, zeigt die Entscheidung RGZ 127, 35: Ein Haldenbrand greift auf einen Bahndamm über. Das RG verpflichtete die Zeche zur Eindämmung des Feuers und zur Wiederherstellung des Bahndamms. Weil es sich um einen fortdauernden Haldenbrand handelt, kommt es zu der vom RG angenommenen Pflicht, den beschädigten Bahndamm wiederherzustellen, ohne Rücksicht auf Verschulden. In Fällen mithin, in denen die Störung fortdauert, kann nicht nur Beseitigung der Quelle verlangt werden, sondern auch Naturalrestitution. Auch dies ist freilich in der h. L. umstritten[1219], abgesehen davon, daß man in jedem Schaden eine fortdauernde Wirkung entdecken kann.

Die verschuldensgelöste Verursachungshaftung, zu der § 1004 nach h.M. führt, zeigt sich klar in der Entscheidung des BGH im Fall seiner 1. Kanalwurzel-Entscheidung[1220]: In diesem Fall waren Baumwurzeln so in das Nachbargrundstück der Kl. hinübergewachsen, daß dort eine Abwasserleitung eingedrückt wurde. Nach der Entscheidung des BGH haftet der Baumeigentümer, der die Bäume gepflanzt hat (hier die Gemeinde, die Kastanien auf einem Gehweg gepflanzt hat[1221]), auf Aufgraben und Neuverlegung der zerstörten Leitung, und darüber hinaus sogar für die Kosten des fehlgeschlagenen Reinigungsversuchs und der Untersuchung der Verstopfungsursache seitens der Kl.[1222]. Der BGH hat die Haftung nach § 1004 bejaht, obwohl § 910 auch ein Selbsthilferecht der Kl. vorsah, von dem diese Gebrauch gemacht hat. § 910 und § 1004 sollen nebeneinander bestehen[1223].

1217 So in der Tat BGH NJW-RR 1996, 659 = VersR 1996, 1238.

1218 So *Baur*, AcP 175 (1975), 1177, 1179 f.; dazu *Picker*, AcP 176 (1976), 28, 50 Fn. 69.

1219 Gegen das RG für Beschränkung der Beseitigung auf die Eindämmung des Haldenbrands MünchKomm/*Medicus* § 1004 Rz. 60, 61; dem RG zustimmend Soergel-*Mühl* § 1004 Rz. 113.

1220 BGHZ 97, 231 = NJW 1986, 2640; 2., mit der 1. übereinstimmende Entscheidung des BGH in NJW 1989, 1032.

1221 Zur Haftung, wenn die Bäume mehrerer Baumeigentümer als eindringend und schädigend in Betracht kommen, LG Köln NJW-RR 1990, 865, welches im Rahmen des § 1004 § 830 I 2 analog anwendet.

1222 Ebenso OLG Düsseldorf VersR 1997, 628 (unter Berufung auf BGH NJW 1986, 2640).

1223 Die Unsicherheit der Verursachungs- und Schadensargumentation der h.M. führt in dem Beschluß KG NJW-RR 1991, 1421 zu einer ganz merkwürdigen Argumentation. Der Beschluß betrifft die Pflicht zur Wiedererrichtung einer Zwischenwand, die im Gemeinschaftseigentum von Wohnungseigentümern gestanden hatte und die der Vorgänger der mit ihrer Wohnung an die Zwischenwand angrenzenden Eigentümerin hatte beseitigen lassen mit der Folge, daß sich die Decke (d.h. andererseits der Boden anderer Wohnungen) abgesenkt hatte. Das KG sieht in der Beseitigung der Zwischenwand zu Recht einen einmaligen abgeschlosse-

cc) Rechtsnachfolge in das Eigentum an der störenden Sache und Dereliktion

1265 Nach dem von der h.M. vertretenen Prinzip der Verursachungshaftung müßten die Eigentumsverhältnisse an der störenden Sache irrelevant sein. Damit stimmt die Entscheidung des BGH überein, daß der Störer auch durch die Sicherungsübereignung der störenden Anlage seine Störereigenschaft nicht verliert[1224]. Sogar wenn der gestörte Eigentümer selbst Eigentümer auch der störenden Anlage wird, soll er seinen Beseitigungsanspruch gegen den Verursacher behalten[1225]. Schließlich hält der BGH die Dereliktion der störenden Sache für irrelevant[1226].

1266 Mit dem Prinzip der Verursachungshaftung läßt sich demgegenüber nicht vereinbaren die Entscheidung des BGH[1227], wonach die Rechtsnachfolge in störendes Eigentum die Haftung gerade des Rechtsnachfolgers begründen kann. Der Nachfolger ist als solcher nicht Verursacher. Der BGH bejaht die Störungshaftung des Nachfolgers im Fall des § 909: Im Fall, daß die Rechtsvorgänger entgegen § 909 dem Nachbargrundstück durch Abgraben den Halt entzogen und nur eine ungenügende Stützmauer errichtet haben, soll der Rechtsnachfolger haften. Die Störung i.S. von § 1004 soll darin liegen, daß der neue Eigentümer gegenüber dem Gefahrenzustand entgegen § 909 untätig geblieben ist. Das führt zu dem Kriterium *Baurs*[1228], daß das *Halten* einer Anlage, die störe, Störereigenschaft begründe[1229].

e) § 1004 als Habenshaftung

1267 Der Widerspruch zwischen dem Verschuldensprinzip, dem insbesondere § 823 I folgt, und einer Verursacherhaftung nach § 1004 ist unüberbrückbar.

Geradezu frappant ist das Beispiel des LG des Regensburg[1230]: Durch einen Rohrbruch auf dem Nachbargrundstück dringt Wasser ein mit der Folge von Wasserschäden. Das LG bejaht als Ersatz für den Anspruch aus § 1004, der auch nach h.M. die in der Vergangenheit eingetretenen Schäden nicht erreicht, einen verschuldensunabhängigen Ausgleich nach § 906 II 2. Es ergibt sich das Problem, daß einerseits bei Verschulden § 823 I eingreift mit der kurzen Verjährung, nach der früheren Regelung des § 852, andererseits verschuldensunabhängig § 1004 bzw. nach der Rechtsprechung § 906 II 2 mit der früher

nen Akt, d.h. nach h.M. an sich einen Schaden. Für den soll der Vorgänger, nicht aber die Nachfolgerin als Handlungsstörerin haften müssen (insoweit also doch Beeinträchtigung und nicht nur Schaden?). Das KG kommt schließlich doch zu einer Beseitigungspflicht nach § 1004, nämlich zur Pflicht des *Geschädigten* (!). Das KG gründet nämlich auf die Berechtigung der Eigentümergemeinschaft, für die Beseitigung der Zwischenwand Ersatz etc. zu verlangen, die Haftung der Eigentümergemeinschaft, für die Restitution auch zu sorgen. Der Beschluß des KG gründet nicht in § 1004 (mit § 15 III WEG), sondern in dem Judiz, daß sich mit denjenigen, die in die gemeinschaftlich zustehende Wand eingegriffen hatten, die Eigentümergemeinschaft auseinandersetzen und diese dann den durch Absenkung des Bodens beeinträchtigten Eigentümern für die Maßnahme haften solle. Dieses Judiz hat nichts mit einer Störerverantwortlichkeit der Gemeinschaft nach § 1004 zu tun, es geht vielmehr um die ordnungsgemäße Verwaltung der Gemeinschaft und den Anspruch der einzelnen Gemeinschafter hierauf.

[1224] BGHZ 41, 393, 396.

[1225] BGHZ 40, 22 in einem Rechtsstreit einer Gemeinde gegen den Nachfolger des Reiches betreffs eines eingestürzten Luftschutzstollens.

[1226] S. BGHZ 41, 397 und zuvor OGHZ 2, 170, 173; BGH NJW 1964, 1365.

[1227] In NJW 1968, 1327.

[1228] Aufrechterhalten in *Baur/Stürner* § 12 III Rz. 14.

[1229] Zu der sich an diese Möglichkeit knüpfenden Frage, ob die störende Anlage oder das Grundstück mit der störenden Anlage i.S. des § 265 ZPO streitbefangen sein kann (mit den Rechtsfolgen der §§ 325, 727 ZPO), *Foerste,* GRUR 1998, 450. Gar nicht einzuordnen der eine Rechtsnachfolge betreffende Beschluß KG NJW-RR 1991, 1421 (soeben Fn. 1223).

[1230] NJW 1986, 2768.

geltenden 30-jährigen regelmäßigen Verjährung nach § 195 gilt, was die Folge hatte, daß bei Verschulden die Regelung des § 852 ins Leere zu gehen drohte und bei Fehlen von Verschulden eine längere Frist galt, als § 852 sie für den Fall des Verschuldens statuierte. Als Ausweg hat das LG § 852 auch auf die verschuldensunabhängige Haftung analog angewendet. Damit wurde diese endgültig eine Deliktshaftung unter Kupierung des Verschuldenserfordernisses[1231].

Die Unrichtigkeit der h.M. ist überzeugend von *Picker*[1232] aufgedeckt worden. *Picker* **1268**
hat insbesondere gezeigt, daß die Abgrenzung der h.M. zwischen Schaden und Beeinträchtigung nicht möglich ist. In der Tat kann es nicht einleuchten, Verschuldens- und Beseitigungshaftung nur nach der besonderen Form des Schadens abzugrenzen; nämlich danach, ob die Schädigung bereits abgeschlossen ist oder nicht. Das Loch im Boden als Schaden unter § 823 I zu fassen, also nur bei Verschulden zuzurechnen, während der angeschwemmte Erdhügel Beeinträchtigung sein soll; das Säureloch in der Hose als Schaden, den Ölfleck auf derselben als Beeinträchtigung zu fassen und je nachdem haften zu lassen oder nicht, ist schlechterdings nicht einzusehen. Konkave oder konvexe Form der Wirkung, Schädigung mit Rückstand oder ohne Rückstand des schädigenden Stoffes, das kann nicht Haftung oder Nichthaftung heißen[1233]. Gibt es kein Verschulden und greifen auch die erwähnten Haftungsgründe der Gefährdung oder der Inanspruchnahme einer Aufopferung nicht ein, so sind die Beteiligten durch nicht zurechenbaren Zufall betroffen, durch Unglück, und dafür gilt: casum sentit dominus.

Die Deutung der Haftung nach § 1004 als Verursachungshaftung kommt nicht nur aus dem Mangel jeder Zurechnung der Ursächlichkeit nicht in Betracht. Vielmehr schließt sie auch die folgende Feststellung aus: Würde der Störer nach § 1004 wegen Verursachung haften, so würde die Duldung oder Erlaubnis des Eigentümers die Verursachung rechtmäßig machen und infolgedessen die Haftung auch dann ausschließen, wenn der Eigentümer danach sein Eigentum auf einen anderen übertragen und nun der Rechtsnachfolger doch den Beseitigungs- oder Unterlassungsanspruch geltend machen würde. Der Anspruch des Rechtsnachfolgers aus § 1004 ist aber durch die bloße Erlaubnis oder Duldung des früheren Eigentümers nicht ausgeschlossen. Wollte ein Störer dieses erreichen, müßte er sich ein das Eigentum beschränkendes Recht auf die Störung, etwa eine Dienstbarkeit, beschaffen. Nur ein solches absolut wirkendes Sachenrecht hätte auch der Rechtsnachfolger sich entgegenhalten zu lassen[1234].

Die Bedeutung des § 1004 ergibt sich aus der Einordnung der Vorschrift in die dingli- **1269**
chen Ansprüche. Damit rückt § 1004 an die Seite des § 985, so wie das Gesetz die beiden Vorschriften ja auch ordnet. Der Widerspruch in der Behandlung von § 985 einerseits und § 1004 andererseits in der h.M. entfällt. Den Ansprüchen aus § 1004 und aus § 985 liegt das Grundprinzip der *dinglichen* Haftung zugrunde, daß es nämlich eine

[1231] Gegen LG Regensburg für die 30-jährige Frist entscheidet OLG Hamm NJW 1988, 1031, 1033, aber ohne Sinn für die Problematik. Die Ansprüche aus § 1004 und der sie ersetzende Anspruch aus § 906 II 2 verjährten nach dem früheren § 195 in 30 Jahren. Unzutreffend deshalb auch LG Tübingen NJW-RR 1990, 338, welches, weil § 1004 eine gegenwärtige Störung voraussetze, Verjährung nicht, sondern nur Verwirkung für denkbar hält. Bei einheitlicher Störung lief wie bei der Vorenthaltung des Besitzes i.S. von § 985 die Verjährung vom Beginn der Störung an. Die lange Verjährung nach § 195 konnte ausnahmsweise dann nicht gelten, wenn eine spezielle Regelung galt: So erfaßt die kurze Verjährung nach § 558 a.F. (MietrechtsreformG: § 548) den Streit zwischen Vermieter und Mieter auch, soweit er um § 1004 geführt wird, s. BGH VersR 1987, 73, 75, ihm folgend *Peters*, JZ 1987, 198.

[1232] Der negatorische Beseitigungsanspruch, 1972. Nochmals, in Auseinandersetzung mit neueren Versuchen zugunsten der h.M., FS Gernhuber (1993), 315 ff.

[1233] Beispiele für die widersprüchlichen Folgerungen der Rechtsprechung aus der herrschenden Abgrenzung *Picker*, FS Bydlinski, 2001, S. 277 Fn. 53.

[1234] BGH NJW 1973, 508 f.; *Picker*, JuS 1974, 359 m.w.N.; Staudinger/*Gursky* § 1004 Rz. 182.

Habenshaftung wegen gegenwärtigen widerrechtlichen Habens und keine Verantwortlichkeits- bzw. Zurechnungshaftung aus einem vergangenen, die Zurechnung begründenden Akt ist. Es geht um die Entziehung eines Vorteils auf Seiten des Bekl., der nach dem Recht des Kl. – im Fall der Rechtsnachfolge: nach dem Recht des klagenden Rechtsnachfolgers – diesem zusteht. Dagegen geht es nicht um den Ausgleich eines Nachteils, eines Vermögensminus, auf Seiten des Kl. Der Vorteil besteht in der Ausübung einer faktischen Herrschaft durch den Bekl. über das Rechtsobjekt des Kl. Die faktische Herrschaft übt der Störer durch die eigene Person (etwa geht er über das Grundstück des Kl.) oder durch Sachen aus, an denen ihm ein Recht zusteht (etwa lagern solche Sachen auf dem Grundstück des Kl.). Der Kl. ist dadurch in der ihm zustehenden Herrschaft verkürzt, weil er die Rechte des Störers in bezug auf dessen Person oder Sache respektieren muß. Diese Herrschaftsverschiebung muß – und zwar ohne jede weitere Voraussetzung – beseitigt werden, wenn das von der Rechtsordnung dem Kl. zugeteilte Recht nicht durchkreuzt werden soll[1235].

1270 Der selbstverständliche, nämlich einzig in Betracht kommende Gegner des Anspruchs ist derjenige, der die tatsächliche Herrschaft ausübt. Beeinträchtigung und Störung sind eins: Der Beeinträchtiger ist der Störer. Demgegenüber kann einen Schaden auf Seiten des Kl. jeder Beliebige aus seinem Vermögen ausgleichen. Der mit dem Ausgleich zu Belastende muß also besonders, nämlich durch seine Schadensverantwortlichkeit, bestimmt werden.

1271 Nur aufgrund der Qualifizierung der Haftung nach § 1004 als Haftung allein wegen gegenwärtigen widerrechtlichen Habens steht § 1004 in der von ihm selbst festgelegten Nachbarschaft zu § 985, geht es in ihm um eine andere Art der Beeinträchtigung als durch den von § 985 erfaßten Besitz der fremden Sache.

1272 Die gegenwärtige Ausübung der dem Berechtigten vorbehaltenen Position ist in zweifacher Weise möglich: Zum einen durch eine dem Berechtigten vorbehaltene Handlung, aber nur solange diese Handlung *andauert*, also gegenwärtig ist. Zum anderen durch die Überlagerung des fremden Rechtskreises durch den Zustand der im eigenen Recht, insbesondere dem Eigentum des Störers stehenden Sache, indem man für die – insbesondere eigene – Sache den Raum des fremden Rechts als Lagerort etc. nutzt. Auch diese Beeinträchtigung ist abhängig von der gegenwärtigen Rechtsausübung, dauert also nur so lange, wie diese Ausübung fremden Rechts dauert. Betoniert der Nachbar seinen Vorplatz, so ist das Gehen über den frischen Beton Beeinträchtigung, die nach Verlassen des Grundstücks hinterlassenen Fußspuren sind Schaden. Betreibt ein Grundstückseigentümer auf seinem Grundstück eine unzulässige Immissionen bewirkende Anlage, so ist die Immissionsgefährdung Beeinträchtigung, der Anlagenbetreiber geht mit seiner Grundstücksnutzung über die Grenzen seines Grundstücks hinaus; im Fall des § 907 kann sogar die Beseitigung der Anlage verlangt werden; der hinübergelangte und abgelagerte Stoff (Staub, Ruß etc. auf dem Nachbargrundstück) ist Schaden. – Die Einsturzdrohung, die i.S. von § 908 von einem Gebäude ausgeht, ist Beeinträchtigung, der Einsturz begründet einen Schaden und wird mit Recht im Deliktsrecht (§§ 836 ff.) geregelt.

[1235] So auch *Buchholz/Radke* Jura 1997, 454, 460. Die Nähe der Ansprüche aus § 985 und § 1004 zeigt sich an folgenden Beispielen: Hat der Gegner Besitz an meiner Sache, habe ich den Anspruch aus § 985, droht die Besitzentziehung durch den Gegner nur, ist mein Anspruch aus § 1004 begründet. Das Verfolgungsrecht gemäß § 1005 ist ein Recht in Abwandlung des Anspruchs aus § 1004, nicht des § 985, weil der Grundstücksbesitzer an einer auf sein Grundstück gelangten Sache nicht ohne weiteres Besitz hat, aber durch seinen Grundstücksbesitz den Zugang zu der Sache hindert. Würde der Grundstücksbesitzer Besitz an der Sache ergreifen, wäre der Anspruch aus § 985 begründet. Der Grundstücksbesitzer seinerseits hat gegen mich den Anspruch aus § 1004 wegen der Lagerung meiner Sache auf seinem Grundstück. Ist durch die Art der Lagerung und meinen Herrschaftswillen mein Besitz am Grundstück(steil) begründet, hat der andere den Herausgabeanspruch.

Aus der Beendigung der Beeinträchtigung mit der Beendigung der Herrschaftsanmaßung des Störers folgt unmittelbar die Ablehnung der h.M. zum Fall der Dereliktion der störenden Sache durch deren Eigentümer: Aufgrund der Dereliktion hört die Rechtsbeziehung der störenden Sache zum bisherigen Eigentümer auf. Übrig bleibt nur noch die schädigende Wirkung in Gestalt der unerwünschten *Belagerung* der Sache des betroffenen Eigentümers durch eine andere Sache. Der derelinquierende Eigentümer nimmt aber nicht mehr für *seine* Sache fremdes Recht in Anspruch. Für den Schaden, der übrig bleibt oder durch tatsächlich auf die Sache einwirkende Handlungen vor oder nach der Eigentumsaufgabe entsteht[1236], ist der frühere Eigentümer nur bei *schuldhafter* Verursachung – oder Eingreifen der erwähnten anderen Haftungsgründe – verantwortlich. Die zum Teil geradezu mit Empörung zurückgewiesene Möglichkeit, die Beseitigungshaftung durch Dereliktion zu beenden, erweist sich als selbstverständlich, wenn man auf § 985 sieht: Auch der Besitzer beendet die Herausgabehaftung durch Aufgabe des Besitzes. Übrig bleibt nur die Möglichkeit der besonderen Haftung auf Schadensersatz etc. nach §§ 987 ff. **1273**

Wie im Fall der Dereliktion wird die Beseitigungshaftung auch dann gegenstandslos, wenn – wie bei Anschwemmung etc. – das Eigentum an den lästigen Bestandteilen nach §§ 93 ff., 946 ff. auf den nachteilig berührten Eigentümer übergeht. **1274**

Gerade im Gegensatz zum Fall der Dereliktion steht der Fall der Veränderung einer im Eigentum des Bekl. stehenden Sache durch Eingriff eines Dritten, wenn der Bekl. sein Eigentum nicht aufgibt – so der Fall BGHZ 41, 393 betreffend die im Sicherungseigentum der beklagten Bank stehende Hausruine[1237]. Dem Problem dieses Falls steht gleich das Problem der Haftung desjenigen, der als Rechtsnachfolger in das Eigentum an einer störenden Sache nachfolgt und dieses trotz der Störung behält: Indem im Fall BGHZ 41, 393 die beklagte Bank weiter ihr Eigentum an der Ruine geltend machte, nahm sie das Grundstück des Kl. als Lagerplatz in Anspruch (bis zur Verwertung des Abbruchmaterials, auf das die Sicherungsübereignung von vornherein hinauslief). Deshalb liegt ganz unabhängig von der Verursachung durch den Dritten eine eigene Störung durch den Eigentümer der störenden Sache vor in dem klassischen Sinn der Servitutenanmaßung. Der Kl. konnte mit seinem Eigentum nicht mehr nach Belieben verfahren. **1275**

Demgegenüber kann der Ansatz bei der Verursachungshaftung schon in sich nicht widerspruchsfrei funktionieren: Der BGH entscheidet ganz widersprüchlich in der Einordnung einer eventuellen Verschiebung des Besitzes an der störenden Sache auf deren Eigentümer: Bei Besitzergreifung durch die beklagte Bank hätte diese auch nach Ansicht des BGH beseitigen müssen, weil der Kl. gegen den Tischler dann nicht mehr hätte vorgehen können[1238]. Da die Haftung nach Rechtsprechung und h.M. auf Verursachung beruht, ist diese Haftungsverlagerung nicht zu erklären. Der Tischlermeister hätte auch nach wie vor mit Duldung durch die Bekl. beseitigen können; er hätte verpflichtet bleiben können, die Kosten zu tragen. So wenig wie die Besitzbeendigung zur Beendigung der Haftung führen kann, wenn diese eine Verursachungshaftung ist, kann auch die Besitznachfolge die Begründung der Haftung als Verursachungshaftung erklären (ebenso gilt dies für den Eigentumswechsel). Der Nachfolger tut nichts im Hinblick auf die Störung. Nichtstun bei unveränderter Sachlage ist für eine Verursachungshaftung irrelevant. **1276**

1236 S. den Fall des im Hafen durch Bomben zerstörten Schiffes, dessen Eigentümer den hinteren, noch schwimmfähigen Teil abtrennen läßt, den Vorderteil derelinquiert und als Schrott zurückläßt, OGH Brit. Zone OGHZ 2, 170 ff. Entgegen dem OGH war eine Haftung aus § 1004 mangels gegenwärtiger Störung durch den Bekl. nicht begründet. Der Bekl. haftete aber für die Erhöhung der Beseitigungskosten durch die Abtrennung, dieser Teil des Schadens war von ihm vorsätzlich herbeigeführt, s. *Picker*, FS Gernhuber (1993), 315 ff., 339.

1237 O. Rz. 1264.

1238 BGHZ 41, 393, 396 f.

1277 Zum Vergleich ist auch hier wieder § 985 anzuführen: Im Fall des § 985 haftet der Besitznachfolger, weil er den Besitz *hat*, nicht aber deshalb, weil er dem Eigentümer die Möglichkeit genommen hat, gegen den Vorbesitzer vorzugehen. Ebenso ist es in unserem Fall des § 1004 mit dem Sicherungsnehmer, und zwar hier unabhängig von der Besitzergreifung: Haftungsgrundlage ist hier die gegenwärtige Anmaßung des Sicherungsnehmers, eine einem anderen zustehende Rechtsposition, die Nutzung des fremden Grundstücks als Lagerplatz, auszuüben.

f) Die Einordnung der Rechtsfolge des § 1004 I 1

1278 Ergibt sich die Haftung des Störers aus § 1004 aus der bloßen Tatsache widerrechtlichen Habens, so ist die in § 1004 I 1 angeordnete Beseitigungspflicht des Störers ebensowenig wie die Herausgabepflicht des Besitzers nach § 985 eine Leistungspflicht kraft Zurechnung des störenden Ereignisses. Das Gesetz hat vielmehr die Last der Beseitigung aus bloßen Zweckmäßigkeitsgründen grundsätzlich dem Störer auferlegt: Es sollte die Auseinandersetzung vermieden werden, die unweigerlich droht, wenn der Gestörte in Sachen des Störers eingreift. Der Gestörte wird wenig Rücksicht auf die Integrität der fremden Sachen nehmen, um Kosten zu sparen. Das ist nicht im Sinne des Störers und deshalb besteht grundsätzlich die Beseitigungspflicht des Störers.

1279 Im Fall BGHZ 41, 393 hat der BGH aus der Anmaßung des fremden Eigentums durch die Bank als Lagerort für ihre Trümmer die Folgerung gezogen, daß die Bank die Beseitigung zu dulden habe. Die Zweckmäßigkeitsentscheidung des Gesetzes liegt aber gerade darin, daß grundsätzlich nicht der Usurpator die Beseitigung seiner Sachen nur dulden muß. Dies würde zu einer endlosen Streiterei darüber führen, ob die Beseitigung angemessen durchgeführt ist, also über die nötige Sorgfalt bei Beseitigung und Unterbringung. Vielmehr muß der Usurpator selbst korrigieren. Entsprechend muß die Verurteilung des Störers unbestimmt auf Beseitigung gerichtet sein, weil der Störer die Mittel der Beseitigung selbst soll finden können. Nur wenn der Störer sein Wahlrecht bis zur Zwangsvollstreckung versäumt hat (§ 264 I), kann in der Zwangsvollstreckung nach §§ 887, 888 ZPO die Beseitigungsmaßnahme spezifiziert werden. Etwas anderes gilt nur, wenn die zur Beseitigung zu treffende Maßnahme eindeutig und singulär[1239] oder der Bekl. mit einer bestimmten Maßnahme einverstanden ist.

1280 Daß es bei der Bestimmung der Rechtsfolge aus der gegenwärtigen Störung des Eigentums um eine bloße Zweckmäßigkeitsentscheidung geht, zeigt die Variabilität der Rechtsfolgengestaltung. § 910 ordnet in einem besonderen Fall statt der Beseitigungspflicht des Störers das Selbsthilferecht des gestörten Eigentümers an (vgl. auch die weitere Variation des § 897). Zwischen der Beseitigungspflicht des Störers (§ 1004 I 1) und der Selbsthilfe des gestörten Eigentümers (§ 910) entscheidet die Schwere der Beeinträchtigung im Hinblick auf die Notwendigkeit, zu ihrer Beseitigung in die Sachen des Störers einzugreifen. Bei insoweit schwerwiegenden Beeinträchtigungen gilt § 1004 I 1. Bei minder gewichtigen Eingriffen fällt die Entscheidung bezüglich der Zweckmäßigkeit anders aus: Es steht dem Gestörten die Selbsthilfe nach § 910 zu.

1281 Die Folgerung ist entgegen der ersten *Kanalwurzel-Entscheidung des BGH*[1240]: § 910 ist nicht neben, sondern statt § 1004 anzuwenden[1241]. Die Kosten fallen dem Gestörten

[1239] *Picker*, a.a.O., S. 170; Beispiel die Tennisplatzentscheidung BGH NJW 1983, 751 (o. Rz. 718).

[1240] BGHZ 97, 231 = NJW 1986, 2640.

[1241] Anders, für Alternativität wie der BGH (s. diesen schon BGHZ 60, 235, 242), noch *Picker* JuS 1974, 359 ff. *Picker* zeigt freilich schon hier (s. besonders klar jetzt Festgabe BGH I (2000), 693 ff.), daß die Selbsthilfe das alternative Mittel ist, eine keinem der beiden Beteiligten zuzurechnende Störung zu beseitigen, und deshalb auf Kosten des Selbsthelfers geht. Gerade wenn es aber darum geht, die Störung in der zweckmäßigsten Weise zu beheben und § 910 es in geringfügigen, klaren und im Fall des § 910 I 2 an die Fristsetzung gebundenen Fällen für nicht erforderlich erachtet, daß der Störer selbst beseitigt, so ist nicht einzusehen, wieso der Eigentümer die für den Störer aufwendigere Lösung dem Störer soll aufdrängen

selbst zur Last. Mit der Verurteilung demgegenüber des Baumeigentümers nach § 1004 begründet der BGH in Wahrheit eine allgemeine Gefährdungshaftung für Sachen. Die gibt es bisher nicht. Sie müßte zudem auf die dingliche Haftung der Sache selbst beschränkt werden. Außerdem stellt sich das Problem der Mit-Gefahrverursachung durch die betroffene Sache gemäß § 254. Im Fall des BGH könnte gefragt werden: Wieso liegt der Kanal so, daß die Bäume hineinwachsen? Der Eigentümer des Kanals wird mit Recht darauf verweisen, daß er sein Grundstück frei nutzen darf. § 254 kommt aber ins Spiel, weil der Eigentümer den Nachbarn wegen dessen Grundstücksnutzung in Anspruch nehmen will. Man fragt sich, wie die Mitverursachungsanteile für Grundstücksnutzung zu bestimmen sein sollen. Statt einer Mitverantwortlichkeit für Eigentumsveränderungen nach § 254 muß die Abgrenzung der Eigentumsgrenzen gelten[1242]. – Im Fall der Kanalwurzel-Entscheidung konnte für die Wegebepflanzung durch das Gartenbauamt der Stadt noch geprüft werden, ob die Gefahr des Eindringens der Wurzeln in das Nachbargrundstück verschuldet war. Allerdings löst das Gesetz die Kollision hinsichtlich des ja immer absehbaren Hinüberwachsens von nahe der Grenze gesetzten Bäumen und Sträuchern vorbehaltlich von Sonderregelungen dadurch, daß es das Verlangen nach Beseitigung verwehrt (§ 907 II) und durch die Befugnis des gestörten Eigentümers zum Freischneiden seines Grundstücks ersetzt (§ 910). Dazu paßt ein Schadensersatzanspruch wegen Pflanzens von möglicherweise herüberwachsenden Bäumen nicht.

Wie richtig die grundsätzliche Zweckmäßigkeitsentscheidung in § 1004 I 1 ist, zeigt **1282**
gerade der Fall der Hausruine im Sicherungseigentum der beklagten Bank[1243]: Was soll der gestörte Grundstückseigentümer denn machen? Auf Weisung der Bekl. bei dieser ab-

können. Daß er sie vorschlagen und der Störer sich darauf einlassen kann, ist in § 910 I 2 vorausgesetzt, man wird auch die Pflicht des Eigentümers, diese Gelegenheit zu geben, erwägen müssen. Erzwingen kann der Eigentümer die aufwendigere Maßnahme, wie die 2. Kommission richtig entschieden hat (Nachweise bei *Picker* a.a.O.), nicht. – Auf das Selbsthilferecht (nämlich ein Verfolgungsrecht) beschränkt ist der Besitzer einer Sache auch in den Fällen der §§ 867, 1005, d.h. wenn seine Sache auf fremden Grund, aber nicht in fremden Besitz gelangt ist. Andererseits kann hier der Grundstücksbesitzer gegen ihn die Beseitigungsansprüche aus §§ 862, 1004 geltend machen.

1242 Für die Anwendung des § 254 aber tatsächlich der BGH in BGHZ 110, 313 ff. (ebenso wieder BGHZ 135, 235 = ZIP 1997, 1196). In BGHZ 110, 313 hatte der BGH den Fall zu entscheiden, daß eine GmbH in von der Kl. gemieteten Räumen aufgrund Vertrages mit der Bekl. Milchpulver der Bekl. gelagert hatte. Das Pulver war durch einen von keinem Beteiligten verschuldeten Brand unbrauchbar geworden und – mit Löschmitteln vermischt – in Kellerräume, Zisternen und Erdreich gelangt. Die Bekl. erklärte, daß sie ihr Eigentum an den Pulverresten derelinquiere. Der BGH hat die Bekl., weil das Feuer von den Hallenanlagen der Kl. seinen Ausgang genommen habe, unter Berücksichtigung eines überwiegenden Mitverursachungsanteils der Kl. in den Teil der Beseitigungskosten verurteilt, der auf den Abtransport des noch verbliebenen, wenn auch unbrauchbar gewordenen Pulvers entfiel. S. gegen den BGH die überzeugende Kritik von *Picker*, FS Gernhuber (1993), 315 ff. Das Ergebnis des BGH folgte statt aus §§ 1004, 254 daraus, daß wegen der vertraglichen Rücknahmepflicht der Bekl., was das noch als Pulver vorhandene Milchpulver betraf, der Abtransport insoweit ein Geschäft für die Bekl. gewesen war (*Picker* S. 319 f.). Der Meinung *Pickers*, die Bekl. habe sich sogar in Höhe der Kosten zu beteiligen gehabt, die sie für den Abtransport ihres Gutes, wenn alles gut gegangen wäre, gehabt hätte, ist nicht zu folgen. Ein an die Kl. abzutretender Anspruch der GmbH nach § 323 III a.F., den *Picker* anführt, war nicht konstruierbar. Die GmbH hatte nicht eine Gegenleistung für den nun unmöglich gewordenen Abtransport des Pulvers erbracht, die sie wegen der Unmöglichkeit des Abtransports kondizieren konnte. Aufgrund des Brandes war die Verschmutzung der Lagerhalle zu beseitigen. Wieso sich der Einlagerer, der immerhin sein Lagergut eingebüßt hatte, über den Abtransport des vorhandenen, wenn auch unbrauchbaren Pulvers hinaus auch noch an den Reinigungskosten beteiligen sollte, ist nicht einzusehen.

1243 BGHZ 41, 393, o. Rz. 1264 a.A.

lagern? Wenn die Bekl. keinen Lagerplatz nennt, mühsam eine Lagerhalle suchen, bezahlen und hinterher um die Kosten und die Richtigkeit der Lagerung streiten? Dann wäre es günstiger, alles so zu lassen wie es ist, d.h. aber: Die Bekl. hätte auf fremdem Eigentum einen Lagerplatz, ohne daß der Eigentümer zugestimmt hätte. Und dies, nachdem der eigene Kreditnehmer und Sicherungsgeber statt ordnungsgemäßer Herausgabe des Sicherungsgutes dieses angezündet hat und verschwunden ist. Entgegen dem BGH sind beide Parteien vom Tischlermeister B betrogen worden, also kann man nicht dem einen mehr, dem anderen weniger zurechnen. Entscheiden müssen die Eigentumsgrenzen.

1283 Die Beseitigungspflicht nach § 1004 I 1 ist eine Abschöpfungshaftung, die nur in der zweckmäßigen Ausgestaltung mittelbar, reflexartig zu einer Vermögensbelastung für den Störer führen kann[1244]. Hinzu kommt analog §§ 867 S. 2, 1005 die Pflicht zum Ausgleich der Schäden, die die Durchführung der Beseitigungsmaßnahme beim gestörten Eigentümer herbeiführt. Der durch seine Sache Störende kann jedoch die störende Sache immer preisgeben, so daß er nichts mehr mit der Sache zu tun hat (vorbehaltlich der Haftung nach § 823 I bei Verschulden).

g) Beeinträchtigung

1284 Entscheidende Voraussetzung der Ansprüche aus § 1004 ist die (gegenwärtige bzw. künftige) Beeinträchtigung des Eigentums. Sie ist die Anmaßung von Befugnissen, die kraft seines Eigentums dem Eigentümer zustehen[1245]. „Sie ist“, so *Picker*[1246], „zu begreifen als die – im weitesten Sinne gemeinte – gegenwärtige tatsächliche Inanspruchnahme

[1244] Diese kann freilich, insbesondere bei unberechtigten und nicht zu duldenden Bauwerken, sehr empfindlich sein. In ihrer Unbedingtheit ist die Beseitigungspflicht sogar schärfer als die Schadensersatzhaftung, für die § 251 II gilt. Gegen die Tendenz insbesondere der Rechtsprechung, § 251 II auf den Beseitigungsanspruch auszudehnen, *Picker*, AcP 176 (1976), 53 ff., FS H. Lange (1992), 625 ff. Mit Geld statt Beseitigung würde dem Störer die Nutzung des fremden Rechts zugewiesen, was zur Spekulation auf die Überschreitung der eigenen Rechtsgrenzen anreizt und – im nachhinein, bei gewährter Abgeltung – ständigen Streit über die Grenzen der bezahlten Grenzausweitung provoziert. Weiter kann die Geldzahlung weder die Haftung aufgrund der fortdauernden Störung gegenüber einem Rechtsnachfolger des Gestörten noch die Haftung eines Rechtsnachfolgers des Störers ausschließen. Statt § 251 II greift nicht etwa die Vorschrift des § 912 betreffend den Überbau ein: Die Vorschrift ist nicht auf andere Beeinträchtigungsfälle auszudehnen. Sie beruht auf der alsbaldigen Evidenz und Abwehrbarkeit des Eingriffs und wägt in ihrem Fall nur Boden- und Bauwert, nicht die mit dem allgemeinen Eigentumsschutz auch gewährleisteten immateriellen Interessen ab (*Picker*, AcP 176 (1976), 56 ff., FS H. Lange (1992), 694). *Picker* behält äußerste Fälle vor, in denen die Beseitigung durch Geldkompensation abgelöst werden müsse, wobei im Hinblick auf die Eventualität der Rechtsnachfolge die Kompensation nach dem Muster der Rechtsfolge des § 912 auszugestalten sei (AcP 176 (1976), 63 ff.; FS Lange (1992), 644, 692 ff.). *Picker* nennt dazu aber keine Beispiele (solche fehlen auch bei Staudinger/*Gursky* § 1004 Rz. 144, der *Picker* folgt). Die Fallgestaltung könnte – freilich ebenfalls nur abstrakt – in bezug auf Grundstücke in Orientierung an §§ 906 II 1 und 917 I wie folgt näher umschrieben werden: Es muß sich um eine Beeinträchtigung des anderen Grundstücks handeln, die nach Abwägung der beteiligten Eigentumsinteressen, unter Berücksichtigung auch der Funktion des Eigentums für die immateriellen Interessen, dem beeinträchtigten Eigentümer insofern zuzumuten ist, als nach Entstehungsweise und Lage der Dinge die Beeinträchtigung im Großen und Ganzen noch der Ausübung des Eigentums, von dem die Störung ausgeht, einzuordnen und der Verzicht auf diese „Ausübung“ dem Störer unzumutbar ist.

[1245] Wird zu Lasten des Grundstückseigentums einem redlichen Erwerber durch einen Bucheigentümer eine Grundschuld bestellt, so ist das Eigentum durch die wirksame Abspaltung der Grundschuld teilweise aufgehoben. Die Grundschuld ist nicht eine Beeinträchtigung noch bestehenden Eigentums (BGH WM 2001, 415).

[1246] AcP 176 (1976), 50.

des Eigentums durch einen Dritten. Sie liegt deshalb vor, wenn ein Dritter durch sein Handeln oder durch den Zustand der ihm gehörenden Sachen sein eigenes Recht überschreitet und deshalb die Ausübung des betroffenen fremden Rechts faktisch beschränkt, indem er gleichsam selbst dieses Recht ausübt". Die Besitzschutztatbestände der §§ 861, 862 sind folglich mit den Tatbeständen der §§ 985, 1004 insoweit identisch, als der Eigentümer bei jedem fehlerhaften Besitz seiner Sache i.S. von § 861 zugleich die Vindikation des § 985 geltendmachen kann und jede Besitzstörung i.S. von § 862 eine Beeinträchtigung seines Eigentums i.S. von § 1004 ist[1247].

Der Ausdruck der gegenwärtigen Inanspruchnahme grenzt nicht den Unterlassungsan- **1285**
spruch aus, der gegen die künftige Beeinträchtigung gerichtet ist. Der Ausdruck umfaßt auch die in Zukunft gegenwärtig sein werdende Beeinträchtigung. Mit dem Ausdruck ist gemeint, daß die Beeinträchtigung nur so lange besteht, wie die Inanspruchnahme gegenwärtig ist[1248].

Nicht nur durch den Zustand von Sachen, die in meinem Eigentum stehen[1249], kann **1286**
ich fremde Rechte in Anspruch nehmen, sondern auch durch den Zustand von Sachen, an denen mir irgendwelche sonstigen, dem Gestörten gegenüber wirksamen Rechte (Mietbesitz, Hypothek etc.) zustehen[1250]. Rechten steht der Besitz an einer störenden Sache insoweit gleich, als durch diesen nicht der Besitz an der gestörten (teilweise) entzogen wird und deshalb an Stelle der §§ 862, 1004 die §§ 861, 985 treten[1251].

Für die Inanspruchnahme des fremden Eigentums ist die Abgrenzung des Eigentums- **1287**
inhalts maßgebend. Für diese Abgrenzung ist zunächst die gesetzliche Regelung zu beachten. §§ 904 ff., insbesondere § 906 geben Eigentumsinhaltsbestimmungen (neben

[1247] *Picker*, FS Gernhuber (1993), 315 ff., 354 ff.

[1248] Beim unerwünschten Einwurf von Handzetteln in meinen Briefkasten (Eigentums- und Besitzstörung nach OLG Frankfurt NJW 1988, 1854, mit allerdings unzutreffender Abwägung – dazu *Gilles*, EWiR § 1004 BGB 1/88) ist nur das Einwerfen Beeinträchtigung, künftiges also mit dem Unterlassungsanspruch abwehrbar. Der eingeworfene Zettel ist dagegen Schaden, keine zu beseitigende Beeinträchtigung.

[1249] Bei Miteigentum haften die Miteigentümer gemeinschaftlich auf Beseitigung (*Picker*, Der negatorische Beseitigungsanspruch, 1972, S. 136 Fn. 28).

[1250] S. dazu, auch was die Notwendigkeit betrifft, je nach Art des Rechts den Beseitigungsanspruch u. U. zu einem bloßen Duldungsanspruch abzuwandeln, *Picker*, Der negatorische Beseitigungsanspruch, 1972, S. 141 f.

[1251] Die Störung durch Besitz an einer störenden Sache kann durch Inbesitznahme der störenden Sache durch den Gestörten und die Herausgabehaftung des bisher Gestörten abgelöst werden. Die willentliche Inbesitznahme beendet bei Eigentum des bisherigen Störers die Störung auch im Hinblick auf das Eigentum. S. das Beispiel bei *Picker*, FS Gernhuber (1993), 315 ff., 349 ff.: Auf das Grundstück des G ist das Fahrzeug des F gelangt. Negatorisch kommt es auf die Ursache dafür nicht an. Zunächst wird der G nicht Besitzer des Fahrzeugs. Vielmehr hat der F die Verfolgungsrechte aus §§ 867 und 1005 und kann G von ihm Beseitigung verlangen. Ergreift G Besitz, endet die Lage der §§ 867, 1005, 1004. Es haftet jetzt umgekehrt der G dem F auf Herausgabe des Fahrzeugs nach § 985. Durch Besitzaufgabe (hier reicht die Aufgabe des Besitzwillens, die auch darin liegen kann, daß G Beseitigung verlangt) kann G die Lage der §§ 867, 1005, 1004 wiederherstellen. *Picker* erörtert daneben noch den Fall der Selbsthilfe durch G, in welchem G bei Nichtbestehen oder Überschreiten des Selbsthilferechts seinerseits das Recht des F störe (a.a.O., 350). Dies ist zutreffend, soweit eine Selbsthilfe ohne Besitzergreifung denkbar ist. Kommt es zur Besitzergreifung und zur Haftung des G nach § 985, kommt das Selbsthilferecht als Recht zum Besitz in Betracht. – Ebenso wie im Ausgangsfall der auf das eigene Grundstück gelangenden Sache, die im Besitz eines anderen steht, ist die actio negatoria gegen einen Besitzer begründet in den Fällen des Besitzes einer störenden Anlage. Die Einschränkung des Kreises der haftenden Besitzer, die § 908 i.V.m. §§ 836 I, 837 f. bestimmt, beruht auf den in dem Sonderfall der Vorschrift zu leistenden weitergehenden Maßnahmen.

Duldungspflichten i.S. von § 1004 II)[1252]. Aber auch öffentlich-rechtliche Vorschriften über die Eigentumsausübung, insbesondere durch Bebauung, können das Eigentum des einen beschränken und zugleich das des Nachbarn ausweiten[1253]. Im übrigen muß die Abgrenzung im Einzelfall wertend vollzogen werden. Dabei ist Grundsatz nach § 903, daß das ausschließliche Recht des Eigentümers auf die Sache als körperlichen Gegenstand (§ 90) bezogen ist, also – neben der alleinigen Zuständigkeit des Rechts – eine ausschließliche Zuständigkeit des Eigentümers nur hinsichtlich der Sachsubstanz besteht[1254].

h) actio negatoria und § 1007

1288 Oben[1255] ist gezeigt, daß die Ansprüche aus § 1004 nicht, wie dies in der Literatur zum Teil vertreten wird, an die Klageberechtigung aus § 1007 angeknüpft werden können. Die Beschränkung des § 1007 auf den Herausgabeanspruch, der der Verweisung in § 1007 III 2 auf die Vorschriften der §§ 986 bis 1003 (also nicht § 1004) entspricht, ist maßgeblich.

i) Die Verjährung der actio negatoria

1289 Zum Anspruch aus § 1004 ist umstritten, ob die in § 902 bestimmte Unverjährbarkeit der Ansprüche aus im Grundbuch eingetragenen Rechten auch für ihn gilt. Die Rechtsprechung verneint dies und verschärft die Verjährbarkeit im Fall der Übertragung des eingetragenen Rechts noch durch die Anwendung der Vorschrift des § 221 a.F. (198 n.F.), daß der Erwerber die während der Zeit seines Rechtsvorgängers abgelaufene Verjährungszeit gegen sich gelten lassen muß[1256]. Die Rechtsprechung verkennt die Abgrenzung in § 902 I 1 und S. 2 zwischen dinglichen Ansprüchen, zu denen der aus § 1004 gehört, und Ansprüchen auf eine geschuldete Leistung.

12. Der bereicherungs- und deliktsrechtliche Schutz des Eigentums

1290 Oben[1257] ist behandelt, inwieweit im Eigentümer-Besitzer-Verhältnis die Spezialvorschriften der §§ 987 ff. den allgemeinen Schutz des Eigentümers nach Delikts- und Bereicherungsrecht ausschließen. Soweit dies nicht der Fall ist und weiter über das Eigentümer-Besitzer-Verhältnis hinaus, wenn es also um den Schutz gegen einen Nichtbesitzer

[1252] Zur Einordnung der §§ 904 ff. als kasuistisch gefaßte und akribisch beschreibende, d.h. grundsätzlich nicht analogiefähige Eigentumsinhaltsbestimmungen *Picker*, FS Gernhuber (1993), 315 ff., 326 ff., dort insbesondere zum Verhältnis des negatorischen § 908 (Einsturzgefahr) und der Schadensnorm des § 836 (geschehener Einsturz). – Zur Duldungspflicht kraft Gemeingebrauchs, Sondernutzungsrechts oder kraft der Wertung der Grundrechte OLG Köln NJW 1998, 1405.

[1253] Der durch baurechtliche Normen geschützte Nachbar kann gegen baurechtswidriges Bauen aus § 1004 vorgehen. Entgegen der Rechtsprechung geht es nicht um eine Abwehrklage aus der Verletzung von Schutzgesetzen gemäß § 823 II (von manchen sog. quasinegatoria). Auch hier geht es also nicht in deliktsrechtlicher Orientierung um a) Kausalhaftung, b) mit Anwendung des § 251 II, insbesondere unter Abwägung von Art und Grad des Verschuldens, und schließlich nach a.F. c) mit der kurzen Verjährung nach § 852 a.F., s. mit Nachweisen *Picker,* AcP 176 (1976) 29 ff. sowie FS H. Lange (1992), 625 ff., 670 ff.

[1254] Folge: Keine actio negatoria gegen negative oder ästhetische Einwirkungen. Zum Konflikt des auf die Sachsubstanz bezogenen Eigentums mit Rechten, die auf die geistige Gestalt der Sache bezogen sind, und der wertend zu vollziehenden Abgrenzung der Rechtsinhaltsgrenzen siehe den Nolde-Fall BGHZ 107, 384.

[1255] Rz. 1251.

[1256] BGHZ 60, 235, 125, 56, NJW 1990, 2555.

[1257] Rz. 1231 ff.

geht[1258], ist der Eigentümer gegen schädigende Eingriffe in das Eigentum nach § 823 I i.V.m. § 249[1259] und bei ungerechtfertigtem Erwerb oder ungerechtfertigter Nutzung seines Eigentums nach § 812 I 1 Alt. 1 und Alt. 2[1260], § 816 I 1 (Sonderregelung für rechtsgeschäftliche Verfügungen, insbesondere über fremdes Eigentum), § 951 und § 687 II geschützt.

Der Schutz durch den deliktischen Schadensersatzanspruch ergänzt den Schutz durch 1291
den negatorischen Anspruch aus § 1004, er darf ihn aber nicht konterkarieren: Der negatorische Anspruch *verwirklicht* das Recht, und die *Durchführung* der rechtlichen Güterverteilung ist grundsätzlich unabdingbar. Dies würde durch die schadensersatzrechtliche Lösung konterkariert werden, wenn der negatorische Schutz durch Geldzahlung, etwa unter Berufung auf § 251 II, abgelöst würde. Eine Geldzahlung kann das Problem des Widerspruchs der tatsächlichen Lage zum Recht nicht lösen. Deshalb kann der Schadensersatzanspruch nur *parallel* oder auf Nachteile, die der negatorische Schutz *nicht* erfaßt, ausgerichtet werden[1261].

Für die bereicherungs- wie die deliktsrechtlichen Vorschriften ist ebenso wie für den 1292
Anspruch aus § 1004 der Inhalt des Eigentums maßgeblich[1262]. Das ist insbesondere für den Anspruch wegen in sonstiger Weise eingetretener Bereicherung nach § 812 I 1 2. Alt. zu beachten: § 903 mit § 90 macht klar, daß das Eigentum an der körperlichen Sache besteht. Deshalb ist der geistige Gehalt und das Bild der Sache dem Eigentümer nicht zugewiesen. Das Eigentum ist kein Urheberrecht[1263].

Dennoch hat der BGH in der Schloß-Tegel-Entscheidung[1264] dem Eigentümer des Schlosses das 1293
Recht aus § 1004 gegeben, einem Verlag die Verbreitung von Aufnahmen des Schlosses zu verbieten, die dieser sich von einem Fotografen im Schloßpark entgegen einem ausdrücklichen Fotografierverbot hatte anfertigen lassen. Der BGH hat argumentiert, es liege nahe, die gewerbliche Nutzung einer Sache in jeder Hinsicht, also auch was die bildnerische Darstellung betrifft, dem Eigentümer vorzubehalten. Jedenfalls aber gegen Fotografien, die nur vom Grundstück des Eigentümers aus herzustellen seien und dann entgegen einem Fotografierverbot hergestellt würden, müsse das Ausschließungsrecht des Eigentümers gelten, es sei denn ein überwiegendes öffentliches Interesse an der Verbreitung der Fotografie rechtfertige im Rahmen der Sozialbindung des Eigentums den

1258 Nach h.M. ist die Sonderregelung ausgeschlossen, d.h. sind die allgemeinen Regeln anzuwenden auf das Verhältnis zwischen Eigentümer und Vollstreckungsgläubiger bei einer Zwangsvollstreckung in schuldnerfremde Sachen. Mit der Vindikation seien auch deren Nebenfolgen durch die vollstreckungsrechtliche Spezialregelung des § 771 ZPO verdrängt, s. Fallbeispiel bei *Musielak*, JuS 1999, 881, 884, dort weitere N.

1259 Hinzukommt § 823 II i.V. mit den strafrechtlichen Eigentumsdeliktstatbeständen. Die Rechtsprechung wendet § 823 II auch i.V. mit § 1004 an (BGH WM 2001, 1299, 1300). Das ist sinnlos: Das Eigentum ist betreffend dieselben Einwirkungen über § 1004 negatorisch und über § 823 I mit Schadensersatz bewehrt, aber nicht nochmals über § 1004 mit Schadensersatz. Die Prüfung BGH WM a.a.O. zeigt, daß es sich um eine Verdoppelung derselben Prüfung handelt.

1260 Bezüglich § 812 I 1 2. Alt. ist nicht von Eingriffskondiktion zu reden; richtig ist: Anspruch wegen Bereicherung in sonstiger Weise.

1261 S. *Picker*, AcP 176 (1976), 28, 74 ff. S. auch FS H. Lange (1992), 625 ff.

1262 Gutes Beispiel die Prüfung in BGH WM 2001, 1299 ff., ob die landwirtschaftliche Nutzung (im Fall die Nichtnutzung einer Fläche für den Weinanbau mit der Folge, daß hier Mehltau nicht bekämpft wurde und sich demzufolge verstärkt auf den Nachbarweinberg ausbreitete) eine rechtmäßige Ausübung des Eigentums und damit keine rechtswidrige Beeinträchtigung des Nachbargrundstücks bedeutete (vom BGH für die Nichtnutzung angenommen, vorbehaltlich der Pflicht, den Nachbarn, wenn dieser ohne Kenntnis ist, zu informieren und zumutbare Maßnahmen zu dulden, die von diesem auf dem nicht genutzten Grundstück veranlaßt werden konnten).

1263 S. die Entscheidung „Apfel-Madonna“ BGHZ 44, 288, 293 f.

1264 BGH NJW 1975, 778.

Zwang zur Fotografiererlaubnis. In der Literatur zu dem Urteil[1265] wird zum Teil die Anwendung des Unterlassungsanspruchs kritisiert, dafür aber ein Anspruch auf Vergütung wegen Bereicherung in sonstiger Weise (§ 812 I 1 2. Alt.) für möglich gehalten.

1294 An der Argumentation des BGH ist zweierlei zu kritisieren: Zunächst wird unbegründet vorausgesetzt, daß die bildnerische Darstellung eine Nutzung der abgebildeten Sache sei. Sodann wird die Sozialbindung für die Möglichkeit berufen, daß der Eigentümer eines Grundstücks Fotografieren auf seinem Grundstück zu erlauben habe. Ersteres verkennt, daß bei dem Sacheigentum als Eigentum an einer körperlichen Sache nur die Einwirkung auf die Sachsubstanz als Eigentumseingriff ausgemacht ist, während für Verhaltensweisen, die die Sachsubstanz unberührt lassen, höchst sorgfältig zu prüfen, aber keineswegs einfach vorauszusetzen ist, ob bzw. daß sie Nutzungen des Eigentumsobjekts sind. Die zweite Erwägung des BGH verkennt, daß die Öffnung einer Sache für das allgemeine Informationsinteresse zwar bei öffentlich-rechtlicher Widmung der Sache oder auch noch aufgrund einer öffentlich-rechtlichen Bindung, wenn die öffentliche Hand Eigentümerin ist, in Betracht kommt, ansonsten aber immer noch der Eigentümer bestimmen kann, was auf seinem Grundstück geschieht.

Für die Lösung des Schloß-Tegel-Falls ist wie folgt zu unterscheiden: Jedenfalls rechtswidrig ist das Einschleichen des Fotografen, der das Fotografierverbot nicht beachten will, und das Fotografieren selbst auf dem Grundstück, ebenso die Teilnahme daran durch den Verlag. Dies sind verbotene tatsächliche Verhaltensweisen auf dem Grundstück und somit Eigentumseingriffe schon nach traditioneller Abgrenzung des Eigentums. Auf die Abbildung des Bauwerks als möglichen Eingriff in dieses kommt es nicht an[1266]. Die Beeinträchtigung durch Einschleichen und Fotografieren ist aber mit letzterem beendet. Aus der gesetzlich-traditionellen Abgrenzung des Eigentums als Recht an einem körperlichen Gegenstand kann mithin eine Unterlassungsklage nicht mehr gefolgert werden.

Damit sind aber auch im Rahmen der traditionellen Abgrenzung des Eigentums noch nicht alle Rechte des Eigentümers wegen des rechtswidrigen Eingriffs ausgeschlossen. Zunächst kommt der Bereicherungsanspruch nach § 812 I 1 Alt. 2 in Betracht: Beide Täter haben mit dem Akt eine Nutzung vorgenommen, die nach seinem Recht dem Schloß-Eigentümer vorbehalten war. Sie haften deshalb nach § 812 I 1 2. Alt. auf Herausgabe des Nutzungserfolges. Zu fragen ist, ob dieser in den Fotografien und dem Verwertungserlös daraus besteht. Bei der Prüfung ist darauf zu achten, daß nicht letztlich doch die Abbildung der fremden Sache als Nutzung der Sache aufgefaßt wird. Bisher ist als Nutzung nur festgestellt, daß eine bestimmte Abbildung vom Boden des fremden Grundstücks aus herzustellen war. Nur der Gebrauch des Bodens zur Abbildung eines Grundstücksbestandteils ist die Nutzung. Als Nutzungsergebnis daraus kommt zunächst einmal eine Ausgabenersparnis in Betracht: Wenn ohne verbotenes Eindringen die Fotografiererlaubnis gegen eine Vergütung erreicht worden wäre, ist die Ersparnis der Vergütung das Nutzungsergebnis. Wäre die Erlaubnis dagegen nicht erteilt worden, kommen die Fotografien selbst als Nutzungsergebnis in Betracht. Sie sind es aber nur in dem Falle, daß sie der unerlaubten Bodennutzung zuzurechnen, d.h. daß diese oder gleichwertige Fotografien gerade nur von dem Boden des Eigentümers aus herzustellen waren. In diesem Fall hätte die Abbildungsmöglichkeit vom Grundstück des Kl. aus auch die Hauptbedeutung für die Fotografien. Nach dem Rechtsgedanken des § 947 II i.V.m. § 951 I wäre der Anspruch des Kl. auf Herausgabe der Fotografien gegen Wertvergütung des Filmmaterials und der Fotografierleistung zu richten[1267]. Wegen der – nach dem

[1265] S. Darstellung und Kritik bei *Kübler*, FS *Baur* (1981), 52 ff.

[1266] Nicht zutreffend deshalb *Gerauer*, GRUR 1988, 672, 673.

[1267] Zum Ganzen s. *Jakobs*, Eingriffserwerb und Vermögensverschiebung, 1964, S. 128 ff., 132 f. Anders der Fall einer unter Hausrechtsverletzung zustandekommenden Fernsehberichterstattung über den Aufenthalt von Kunden des klagenden Reiseunternehmens in einer Apparte-

Sachverhalt anzunehmenden – Wissentlichkeit des Eingriffs hat der Schloßeigentümer sodann nach § 687 II einen Anspruch auf Herausgabe des technischen und wirtschaftlichen Eingriffserwerbs (Fotografien, Verwertungserlös abzgl. Herstellungskosten), ohne daß der Eingreifer einwenden könnte, er habe nur Ausgaben erspart[1268]. Daneben kann er aber auch nach dem Rechtsgedanken der §§ 987, 819, 818 IV, 292, 987 sowie § 346 I, II Nr. 1 (= § 346 S. 2 a.F.) eine bereicherungsunabhängige Vergütung verlangen[1269].

An den schuldrechtlichen Anspruch auf Herausgabe der Fotografien, nach dem tradi- 1295
tionellen Verständnis aber erst an diesen, schließt sich sodann auch die Möglichkeit eines Unterlassungsanspruchs an: Der negatorische Schutz gilt auch für die mittelbare Zuordnung in der relativen Beziehung eines Schuldverhältnisses. Gegen die drohende Verletzung des Herausgabeanspruchs durch Weitergabe der herauszugebenden Fotografien an Dritte kann sich der Schloß-Eigentümer mit einer Unterlassungsklage zum Schutz seines Herausgabeanspruchs wehren.

Dies alles gilt aufgrund der Verletzung des Eigentums durch Eingriff in die Sachsub- 1296
stanz. Zu fragen ist, ob man gemäß der Argumentation des BGH über diesen Eingriffsbereich hinausgehen und dem Eigentümer auch die Nutzung des Bildes seiner Sache vorbehalten sollte. Die Frage wird relevant etwa für den Fall der Abbildung eines Bauwerks von der öffentlichen Straße aus. So hat eine Ende der achtziger Jahre zu größerer Bekanntheit gekommene Politikerin von einem Fotografen und Verleger verlangt, die Verbreitung eines von öffentlicher Straße aus aufgenommenen Fotos ihres Sylter Ferienhauses im Rahmen einer Postkartenserie „Ferienhäuser auf Sylt" zu unterlassen[1270].

Nach dem Bericht von *Gerauer*[1271] ist in einem nicht veröffentlichten Urteil das OLG 1297
München von dem erweiterten Nutzungsmonopol des Eigentümers ausgegangen, hat dieses aber sogleich durch den Gedanken der Sozialbindung eingeschränkt: Wenn ein allgemeines Interesse am Kennenlernen des Bauwerks bestehe und das Fotografieren dessen Befriedigung diene – beides soll wegfallen, wenn der Eigentümer selbst schon durch eigene gewerbliche Verwertung der Ansicht seines Gebäudes für das Interesse vorsorge –, dann sei das Fotografieren von öffentlicher Straße aus frei. Der Gedanke der Sozialbindung ist eine Ausflucht. Es geht um die Zuordnungsfrage. Zu fragen ist, ob und inwieweit dem Eigentümer die Nutzung des Bildes seiner Sache zugeordnet ist, nicht dagegen um die Frage, ob eine bereits vorzufindende Zuordnung qua Sozialbindung einzuschränken ist. Wenn man überhaupt an eine Zuordnung des Sachbildes an den Eigentümer denkt, muß man sich um die Grenzen bemühen. Bei der Zuordnung der Sachsubstanz sind sie einigermaßen klar. Dem entspricht, daß das OLG München im Fall des Fotografierens vom Grundstück des Eigentümers aus an eine Beschränkung durch Sozialbindung nicht denkt. Die Zuordnung des Bildes wäre demgegenüber, wie das Recht am Bild der eigenen Person zeigt[1272], sehr differenziert und schwierig zu bestimmen.

Die Zuordnung des Bildes an den Eigentümer ist aber nicht nur schwierig zu bestim- 1298
men, sie ist letztlich zu verneinen[1273]. Der Eigentümer ist nicht Urheber des Bildes seiner Sache, und kraft seines Eigentums gehört ihm der Anblick seiner Sache nur insoweit, als er über diesen Anblick kraft seiner Sachherrschaft verfügen kann. Demzufolge gilt: So-

mentanlage, BGH WRP 1998, 768 ff. Hier ist die Hausrechtsverletzung ohne relevanten Wertanteil an dem Nutzungsergebnis. Der Kl. kam es auch nicht auf die Fernsehbilder als Nutzung, sondern als Eingriff in ihre Interessen an.

1268 S. *Wilhelm*, Rechtsverletzung und Vermögensentscheidung, S. 76 mit Fn. 59.

1269 *Wilhelm*, a.a.O., S. 187 f.; AcP 182 (1982), 11 f.

1270 Der Spiegel Nr. 38/1988, S. 268.

1271 GRUR 1988, 672 ff.

1272 §§ 22 ff. KunstUrhG vom 9.1.1907.

1273 Zutreffend OLG Bremen NJW 1987, 1420 f.

weit seine Sache von öffentlichen Straßen aus ein- und ansehbar ist, ist seine Sache öffentlich, gehört ihr Anblick zur Nutzung der öffentlichen Straße etc.[1274]. Ebenso gehört ihr Anblick zur Nutzung eines privaten Nachbargrundstücks, wenn die Sache von dort aus einsehbar ist. Weder dem Passanten auf öffentlicher Straße noch den sich auf dem Nachbargrundstück aufhaltenden Personen kann der Eigentümer den Anblick seiner Sache verbieten. Ebensowenig hat er, wenn dies nicht zu einer persönlichen Belästigung ausartet, gegen den gewerblichen Transport von Schaulustigen durch die Straße, von der aus man sein Bauwerk (etwa das als „Schwarzwaldklinik" in der gleichnamigen Fernsehserie benutzte Gebäude) sehen kann, oder schließlich auch gegen das Fotografieren seiner Sache ein Verbietungsrecht. Will der Eigentümer eine nicht in dieser Weise öffentliche Sache haben, muß er sie tatsächlich oder rechtlich umfrieden, d.h. er muß einen Sichtschutz errichten oder hinsichtlich der Nutzung der Nachbargrundstücke einschränkende Dispositionen oder Rechte vom Nachbareigentümer erkaufen. Läßt er die Sache öffentlich oder kann er sie ihrer öffentlichen Ausrichtung nicht entkleiden, so muß er dies als Beschaffenheit seiner Sache hinnehmen, d.h. er hat den Vorteil, den eine Sache unzweifelhaft gerade wegen ihrer Wirkung auf die Umgebung hat, andererseits aber den Nachteil, daß er diese Wirkung nicht ausschließen und ebensowenig nur im Einzelfall und dann gegen Entgelt an andere freigeben kann.

1299 Man kann freilich fragen, was denn der Unterschied zwischen der Nutzung des Bildes einer ästhetisch gelungenen oder berühmten Sache und der Nutzung des Bildes eines Rolls-Royce für ein Werbefoto sei. Letztere hat der BGH für das Rolls-Royce-Unternehmen monopolisiert[1275]. Oben war dies als Beleg für die Feststellung der Offenheit der Entwicklung betreffs der Zuordnungsfrage angeführt worden[1276]. Der Unterschied liegt darin, daß es im Rolls-Royce-Fall nicht auf den bestimmten abgebildeten Rolls-Royce-Wagen ankam, sondern auf das Bild „eines" Rolls-Royce. D.h. die Gesamtleistung, der Ruf, das Image, welche in der Produkt*gattung* der *Rolls-Royce*-Wagen zum Ausdruck kommen: der Inbegriff quasi des Produkts von Rolls-Royce wurde zur Werbung benützt. Dieser Inbegriff als Inbegriff eines Rolls-Royce-Wagens ist aber vollständig von dem Rolls-Royce-Unternehmen geschaffen und so auch in dem Bereich, in dem er geschaffen ist und wirkt, d.h. im wirtschaftlichen Bereich, jenem Unternehmen zu eigen. Insbesondere hat das Unternehmen im wirtschaftlichen Bereich allein die Bestimmung darüber zu treffen, in welchem Zusammenhang dieser Produktinbegriff auftreten

[1274] Diese Öffentlichkeit muß in Grenzen sogar der Urheber der Sache hinnehmen. Nach § 59 UrhG ist es zulässig, Werke, die sich bleibend an öffentlichen Straßen befinden, abzulichten. Für den Urheber ist dies eine Einschränkung seines Rechts. Sie war deshalb besonders zu rechtfertigen. Der Gesetzgeber sieht in der Aufstellung an öffentlichen Straßen etc. eine Widmung des Werks für die Öffentlichkeit (s. *Haertel-Schiefler*, Urheberrechtsgesetz und Gesetz über die Wahrnehmung von Urheberrechten und verwandten Schutzrechten, 1967, Materialien, S. 263; keine derartige Widmung bei nicht „bleibend" aufgestellten Werken, so im Fall des verhüllten Reichstags; dessen Ablichtung zur Weiterverbreitung von Postkarten war unzulässig, KG NJW 1997, 1160 ff.). Die Abwägung betreffend das Urheberrecht ist beim Sacheigentümer gegenstandslos: Entgegen dem Urheber hat der Eigentümer einer zur Öffentlichkeit gewandten Sache nur ein Recht an der so beschaffenen Sache als solcher. Der Ausschluß des Verbietungsrechts ist keine besonders zu rechtfertigende und zu begrenzende Einschränkung.

[1275] BGH GRUR 1983, 297. Inzwischen ist der Schutz im Markengesetz positiviert (§§ 9 I Nr. 3, 14 II Nr. 3, 15 III MarkenG), so daß der Schutz nach MarkenG an die Stelle des bisherigen von der Rechtsprechung entwickelten Schutzes getreten ist (BGH „Big Mac versus Mac Dog", NJW 1998, 3781). Zur Abwehr nicht genehmigter Filmaufnahmen unter dem Blickpunkt des Rechts am eingerichteten und ausgeübten Gewerbebetrieb siehe die Entscheidung „Appartement-Hotelanlage", BGHZ 138, 311 ff., dazu *Beater*, JZ 1998, 1101.

[1276] Rz. 196 ff.

soll. Darin trifft sich das Recht am Produktinbegriff mit dem Recht an der eigenen Person, welches nur über den wirtschaftlichen Bereich noch hinausgeht.

Der Eigentümer einer Sache ist demgegenüber Herr über die Sache als körperlichen Gegenstand, aber nicht Schöpfer der Sache oder des Inbegriffs der Sache. Wird ein Landhaus mit Park als beliebiges Landhaus mit Park abgebildet, so ist dem Eigentümer nicht die Landhaus-mit-Park-Gattung zuzuschreiben. Ist das Interesse auf das einzelne, bestimmte Bauwerk gerichtet, so liegt dies entweder an dessen ästhetischer Gestalt, diese stammt vom Urheber des Bauwerks, oder es ist in den Personen begründet, die das Bauwerk bewohnten oder bewohnen, das ist Angelegenheit des Persönlichkeits-, nicht des Eigentumsschutzes, oder es beruht auf Geschehnissen außerpersönlicher Art wie der Vermutung von Gespenstern etc., das entzieht sich erst recht einer rechtlichen Ein- bzw. Zuordnung. **1300**

D. Hypothek, Grundschuld an Grundstücken und Pfandrecht an beweglichen Sachen und an Rechten

I. Hypothek und Grundschuld

1. Grundpfandrechte

Bei den Hypotheken und den Grundschulden sowie den Rentenschulden als besonderen Grundschulden handelt es sich nach der Definition des Inhalts in §§ 1113, 1191, 1199 um Rechte, kraft deren eine bestimmte Geldsumme aus dem Grundstück zu zahlen ist[1277]. Insofern als die Geldsumme aus dem Grundstück zu erbringen ist (notfalls durch Zwangsversteigerung), handelt es sich bei allen drei Formen um Realobligationen[1278]. Im deutschen Recht schief, weil hier das Pfandrecht auf die Sicherung einer Forderung bezogen ist und dies nur für die Hypothek zutrifft, spricht man einheitlich von Grundpfandrechten. Die Rentenschuld ist eine besondere Art der Grundschuld. Sie ist darauf gerichtet, daß eine bestimmte Geldsumme zu regelmäßig wiederkehrenden Terminen aus dem Grundstück zu zahlen ist (§ 1199). **1301**

Die Hypothek ist durch die Besonderheit gekennzeichnet, daß sie die Befriedigung wegen einer Geldforderung sichert – bei der Höchstbetragshypothek (§ 1190 I) die Befriedigung wegen einer Forderung, deren Feststellung im Rahmen eines Höchstbetrags aus einem Kreis von bestehenden und künftigen Forderungen aufgeschoben wird. Der Sicherung der Forderung dient die Hypothek, indem nach ihrem Inhalt der Berechtigte eine Geldforderung im Falle ihrer Nichterfüllung aus dem belasteten Grundstück im Wege der Zwangsvollstreckung beitreiben kann (§§ 1113, 1147). Diese Abhängigkeit der Hypothek von der Forderung nennt man Akzessorietät. Nur die Hypothek ist mithin ein akzessorisches Recht. Sie verknüpft in ihrem Inhalt schuldrechtliches und sachenrechtliches Recht: Die Forderung richtet sich nur gegen den Schuldner, erfaßt aber sein gesamtes Vermögen (sie ist persönlich beschränkt, gegenständlich unbeschränkt). Die Hypo- **1302**

[1277] Angabe in inländischer Währung (§ 28 S. 2 GBO), d.h. in Euro. Nach § 2 der VO vom 30.10.1997 (BGBl. I, S. 2683, Grundlage § 28 S. 2 Hs. 2 GBO) können die Beträge auch in der Währung der Schweiz und der USA angegeben werden. § 3 der VO erstreckt die Vorschriften auf Reallasten.

[1278] So der Ausdruck etwa in der Entstehungsgeschichte des BGB, z.B. *Mugdan* III, S. 793. Der Ausdruck heißt übersetzt nichts anderes als Grundschuld. In der deutschen Version bezeichnet er technisch das in § 1191 geregelte Recht, in der lateinischen kann er als Oberbegriff dienen, wie man ja auch sagen könnte, daß die Hypothek eine Grundschuld mit dem besonderen Inhalt ist, daß sie zur Sicherung einer Forderung dient.

thek richtet die Forderung gegen jeden Eigentümer des Grundstücks, erfaßt aber nur dieses Grundstück (die Hypothek ist persönlich nicht beschränkt, gegenständlich beschränkt).

1303 Grundschuld und Rentenschuld sind demgegenüber von einer Forderung unabhängig, sie sind nicht akzessorisch. In den Protokollen ist der Gegensatz in Wiedergabe der Mehrheitsmeinung der 2. Kommission, wie folgt, ausgedrückt: Die Bestellung einer Grundschuld sei Vermögenszuwendung, die Bestellung einer Hypothek Vermögenssicherung[1279].

Beispiel dafür, daß die Grundschuld Vermögenszuwendung ist, ist die Schenkung einer Grundschuld[1280]. Auch die etwaige Forderung aus dem Schenkungsvertrag (wenn dieser in der Form des § 518 abgeschlossen ist) ist hier nicht durch das dingliche Recht gesichert. Die Forderung geht nicht auf Zahlung, sondern auf Bestellung der Grundschuld. Ist die Grundschuld bestellt, ist die Forderung aus dem Schenkungsvertrag nach § 362 I erloschen.

1304 Die Gegenüberstellung der Mehrheitsmeinung der 2. Kommission ist insofern präzisierungsbedürftig, als auch die Grundschuld zur Sicherung einer Forderung eingesetzt werden kann. Die Grundschuld zur Sicherung einer Forderung, die sog. Sicherungsgrundschuld, ist sogar der häufigste Fall der Grundschuld. Der Gegensatz zur Hypothek besteht dennoch insofern, als der Sicherungszweck bei der Grundschuld mit schuldrechtlicher Wirkung vereinbart wird, während bei der Hypothek der Sicherungszweck zum Inhalt des dinglichen Rechts gehört (s. § 1113 I). Auch als Sicherungsgrundschuld ist die Grundschuld Vermögenszuwendung, nur wird hier ein Vermögensstück als Sicherheit zugewendet. Die Grundschuld kann an den Sicherungszweck gebunden werden so wie das Eigentum beim Sicherungseigentum und die Forderung bei der Sicherungszession: Ein, für sich genommen, inhaltlich unbeschränktes Recht wird zugewandt. Mit schuldrechtlicher Wirkung wird vereinbart, daß das Recht nur zu bestimmten Zwecken einzusetzen ist. Auch wenn das Recht unter auflösender Bedingung eingeräumt ist (dies ist aber unüblich), wird nicht der Inhalt des Rechts, sondern die Dauer seiner Zuwendung beschränkt.

1305 So wie mit einer Hypothek und einer Sicherungsgrundschuld der identische Zweck der Sicherung einer Forderung (oder auch eines Forderungskreises[1281]) verfolgt wird, liegt auch beiden einheitlich ein Sicherungsvertrag als causa zugrunde. Durch den Sicherungsvertrag verpflichtet sich der Sicherungsgeber zur Bestellung einer Hypothek oder einer Sicherungsgrundschuld. Weiter bildet der Sicherungsvertrag für die bestellte Hypothek oder Grundschuld den Rechtsgrund. Im einzelnen bestimmt der Sicherungsvertrag darüber, unter welchen Voraussetzungen und mit welchen Beschränkungen von dem Sicherungsrecht Gebrauch gemacht werden kann und in welchem Fall das Recht oder Beweisgrundlagen für das Recht dem Sicherungsnehmer nicht mehr zustehen. In diesem letzteren Fall ergibt sich entweder aus dem Sicherungsvertrag selbst oder aus ungerechtfertigter Bereicherung der Herausgabeanspruch des Sicherungsbestellers. Die Bindung an den Sicherungszweck wird allerdings bei der Hypothek weitgehend schon durch die dingliche Akzessorietät der Hypothek zur gesicherten Forderung gewährleistet. Der Sicherungsvertrag muß also hinsichtlich der Rückkehr der dinglichen Last zum Eigentümer weniger leisten als bei der Sicherungsgrundschuld. Bei der Sicherungsgrundschuld bestimmt aus-

[1279] *Mugdan* III, S. 793.
[1280] Z.B. BGH NJW-RR 1986, 1135 f.
[1281] Bei der Sicherungsgrundschuld selbstverständlich möglich, weil der Sicherungsvertrag entscheidet; aber auch bei der Hypothek durch die sog. Höchstbetragshypothek (§ 1190).

schließlich der Sicherungsvertrag, und zwar schuldrechtlich zwischen den Vertragspartnern[1282], die Bindung an den Sicherungszweck.

Es besteht ein Widerspruch zwischen der gesetzlichen Regelung und der Bedeutung und praktischen Anwendung von Hypothek und Grundschuld: In der Praxis hat zunächst die Sonderform der Grundschuld, die Rentenschuld, neben der Reallast kaum mehr Bedeutung[1283]. Dies beruht auf steuerlichen Gründen: Die Reallast führt wegen der persönlichen Haftung des Eigentümers (§ 1108) zu absetzbaren Betriebsausgaben. Sodann ist die vom Gesetz in erster Linie geregelte Hypothek praktisch weitgehend von der Sicherungsgrundschuld verdrängt[1284]. **1306**

Es war aber schon in der Entstehungsgeschichte des BGB eine offene Frage, ob als Grundform, auf deren Regelung für die andere Form unter Beschränkung hier auf die Regelung von Besonderheiten zu verweisen war, die Hypothek oder ob als Grundform die Grundschuld normiert werden sollte. Die Redaktionskommission zur Vorbereitung der Arbeiten der 2. Kommission hatte einen Entwurf mit der Hypothek an der Spitze und einen zweiten Entwurf mit der Grundschuld an der Spitze aufgestellt[1285]. Die Mehrheit der 2. Kommission entschied sich für den ersteren Entwurf aus historischen[1286] und psychologischen Erwägungen[1287]. Präferenzen des Gesetzgebers, als wäre die Hypothek voranzustellen, weil sie die grundsätzlich angemessene Rechtsfigur sei, waren damit nicht verbunden. Man überschätze, heißt es in Wiedergabe der Mehrheitsmeinung, die Tragweite der Frage der gesetzlichen Ordnung, „wenn man annehme, daß die formelle Gestaltung des Gesetzes irgendwie im Stande sei, die thatsächliche Entwickelung des Verkehres zu beeinflussen. Falls dieser die erweiterte Anwendung der Grundschuld und der Rentenschuld fordern sollte, so würde einer solchen Entwickelung daraus, daß das Gesetz diese Institute theilweise durch Verweisung auf die Vorschriften über die Hypothek regele, keine Schwierigkeit erwachsen"[1288]. **1307**

[1282] Beispiel BGH NJW 1981, 1505: Der beklagten Bank war eine erstrangige Grundschuld mit 15% Jahreszins bestellt, Kläger war ein nachrangiger Grundschuldgläubiger. In der Zwangsversteigerung hatte die Bank die Grundschuld samt der eingetragenen Zinsen geltend gemacht, obwohl ihr nach dem gesicherten Kreditvertrag nur ein Restbetrag unterhalb des die 15% Zinsen einschließenden Erlöses zustand. Der BGH hat die Klage auf den Übererlös abgewiesen. Die 15% Zinsen standen der Bank aus der Grundschuld zu. Die Bank war lediglich aufgrund des Sicherungsvertrages dem Schuldner gegenüber (der auch der Eigentümer war) zur Auskehrung des Übererlöses verpflichtet. Eine Zession von dessen Anspruch an den Kl. war nicht festgestellt.

[1283] *Baur/Stürner*, § 47 Rz. 5.

[1284] *Baur/Stürner*, § 44 Rz. 5. Hinweise auf die Praxis siehe im übrigen bei *Baur/Stürner* § 36 Rz. 13 ff.

[1285] Bezeichnet durch die 2. Kommission als Entwürfe A und B, *Mugdan* III, S. 793. Abdruck des Entwurfs B bei Planck/*Strecker*, § 1192 Anm. 3.

[1286] Rechtsgeschichtlich spätere Entwicklung der Grundschuld als abstrakter aus der zunächst entwickelten Hypothek als kausaler Realobligation, weitere Verbreitung der Hypothek in der Landesgesetzgebung vor dem BGB. Zur historischen Entwicklung von der Hypothek zur abstrakten (besser: nicht akzessorischen) Grundschuld mit Ausblick auf die europäische Zukunft *Stürner*, FS Serick (1992), 377 ff.

[1287] Verbreitung der Hypothek in der Kreditpraxis bei Krediten für kleinere Schuldner, während die Grundschuld im großkapitalistischen Verkehr vorkomme, der mit der Verweisungstechnik des Entwurfs A zurechtkomme, *Mugdan* III, S. 793 f.

[1288] Mugdan III, S. 794. Weil der Entwurf B sich nur gesetzestechnisch von Entwurf A unterscheidet, ist er wertvoll für die Auslegung der heutigen Verweisungsvorschrift des § 1192 I im Hinblick auf die Frage, welche hypothekenrechtliche Vorschrift auf die Grundschuld paßt und für welche sich daraus ein anderes ergibt, daß die Grundschuld nicht eine Forderung voraussetzt. Diese Nutzung für die Interpretation findet sich etwa in RGZ 78, 60, 68, dazu *Wilhelm*, ZBB 1989, 184, 185 ff.

1308 Ein besonderes Anwendungsfeld der Grundpfandrechte ist das Pfandbriefwesen[1289]. Es gibt Pfandbriefe öffentlich-rechtlicher Kreditanstalten, Pfandbriefe oder auch Hypothekenpfandbriefe der privaten Hypothekenbanken und sog. öffentliche Pfandbriefe der Hypothekenbanken. Nach § 1 des Gesetzes über die Pfandbriefe und verwandten Schuldverschreibungen öffentlich-rechtlicher Kreditanstalten[1290] müssen Schuldverschreibungen (§ 793), die von einer öffentlich-rechtlichen Kreditanstalt unter der Bezeichnung „Pfandbrief" ausgegeben werden, nach Maßgabe des § 2 durch Hypotheken gedeckt sein, d.h. es muß der Nominalbetrag der Hypothekenforderungen dem Gesamtnennbetrag der Pfandbriefe entsprechen. Das Gesetz enthält keine allgemeinen Angaben über die Wertigkeit der Hypothekenforderungen[1291]. Die Hypotheken sind in ein Hypothekenregister einzutragen (§ 3). Die Kreditanstalt darf über sie nicht verfügen, die Einzelzwangsvollstreckung in sie ist nur wegen der Ansprüche aus den Pfandbriefen zulässig, und in der Insolvenz der Kreditanstalt dienen sie nur der Befriedigung der Pfandbriefgläubiger (§§ 4 - 6). § 9 stellt den Hypotheken Grundschulden gleich. Nach § 5 a des HypothekenbankG[1292] dürfen privatrechtliche Kreditinstitute Schuldverschreibungen unter der Bezeichnung „Pfandbrief" (nach § 1: „Hypothekenpfandbrief") nur ausgeben, wenn sie Hypothekenbanken sind. § 1 des Gesetzes definiert Hypothekenbanken als privatrechtliche Kreditinstitute, deren Geschäftsbetrieb (neben darüber hinaus nach § 5 zulässigen Geschäften) darauf gerichtet ist, 1. inländische Grundstücke[1293] zu beleihen und auf Grund der erworbenen Hypotheken Schuldverschreibungen (Hypothekenpfandbriefe) auszugeben, 2. Darlehen an inländische Körperschaften und Anstalten des öffentlichen Rechts oder gegen Übernahme der vollen Gewährleistung durch eine solche Körperschaft oder Anstalt zu gewähren (Kommunaldarlehen) und auf Grund der erworbenen Forderungen Schuldverschreibungen (Kommunalschuldverschreibungen) auszugeben[1294]. Die Erforderlichkeit der Deckung der Pfandbriefe durch Hypotheken regelt § 6 HypBankG. Im Unterschied zum Gesetz über Pfandbriefe öffentlich-rechtlicher Kreditanstalten regeln §§ 10 - 13 HypBankG die Beleihungsgrenze und den Beleihungswert der Grundstücke[1295]. § 22 HypBankG behandelt das Deckungsregister, in §§ 34 a, 35 HypBankG findet sich die Bindung der Deckungsmasse in Einzelzwangsvollstreckung und Insolvenz. § 40 I HypBankG stellt den Hypotheken die Grundschulden gleich. Nach § 41 S. 3 HypBankG dürfen Kommunalschuldverschreibungen auch unter der Bezeichnung „öffentlicher Pfandbrief" ausgegeben werden.

1309 Was die verschiedenen rechtlichen und praktischen Arten der Hypothek betrifft, sind hervorzuheben die Restkaufgeldhypothek, die Hypotheken bei Aufnahme eines Bankkredits und die Höchstbetragshypothek. Zur sog. Restkaufgeldhypothek kommt es in den praktischen Fällen, daß V an K ein Grundstück verkauft und übereignet, der K aber nur einen Teil des Kaufpreises bezahlt und für die verbleibende Kaufpreisforderung eine Hypothek an seinem Grundstück bestellt[1296]. Im Hinblick auf die Hypotheken für Bank-

[1289] Von erheblicher Bedeutung im europäischen Kapitalmarkt. Auch andere europäische Staaten kennen Pfandbriefe (etwa Spanien, Frankreich).

[1290] I.d.F. der Bek. v. 9.9.1998, BGBl. I, S. 2772, berichtigt in BGBl. 2000 I, S. 440.

[1291] Geregelt ist der Fall der Hypothek an einem Grundstück, welches das Institut zur Verhütung eines Verlustes an der Hypothek erworben hat. Eine solche Hypothek darf höchstens mit der Hälfte des Betrages, mit dem sie vor dem Erwerb als Deckung in Ansatz gebracht war, angesetzt werden (§ 2 II). Allgemein muß aus dem Erfordernis der Deckung gefolgert werden, daß die zur Deckung herangezogenen Hypotheken nach Rang und Grundstückswert den vollen Betrag, zu dem sie herangezogen werden, repräsentieren.

[1292] I.d.F. der Bek. v. 9.9.1998, BGBl. I, S. 2674.

[1293] § 5 I Ziff. 2a fügt Grundstücke in Mitgliedstaaten der EU, Vertragsstaaten des EWR und in der Schweiz hinzu.

[1294] Kommunaldarlehen und Kommunalschuldverschreibungen kommen nach § 8 des Gesetzes über Pfandbriefe etc. auch zur Gewährung bzw. Ausgabe durch öffentlichrechtliche Kreditanstalten in Betracht.

[1295] § 6 III HypBankG entspricht der Vorschrift des § 2 II Gesetz über Pfandbriefe etc. (s. Fn 1291).

[1296] Die Restkaufgeldhypotheken ersetzen den Kauf unter Eigentumsvorbehalt, der wegen der Bedingungsfeindlichkeit der Grundstücksübereignung nicht möglich ist (§ 925 II). Umstritten ist, ob der Verkäufer vor der Übereignung an den Käufer die Hypothek noch selbst an seinem Grundstück bestellen kann, so daß diese als Eigentümerhypothek entsteht und mit Übereig-

kredite sind insbesondere die Kündigungs- und die Amortisationshypothek zu unterscheiden: Bei der Kündigungshypothek tritt die Fälligkeit der Rückzahlungspflicht und das Befriedigungsrecht aus der Hypothek durch Kündigung ein (§§ 488 II, 489 I Ziff. 2 = §§ 609, 609a I Ziff. 2 a.F., mit § 1141). Bei der Amortisations- oder auch Abzahlungshypothek wird die Hypothekenforderung abgezahlt (vom Gläubiger aus betrachtet geht das ausstehende Kapital zurück, wird „amortisiert"). Dafür besteht ein fester Tilgungsplan. Dieser kann gleichbleibende Annuitäten (jährliche Summe aus Zins- und Tilgungsleistungen) vorsehen. D.h. die jährliche Zahlung bleibt gleich, obwohl wegen der Tilgung das Kapital abnimmt und folglich die Zinsbeträge kleiner werden. Mithin steigt der Tilgungsanteil[1297]. Soll dieser stattdessen gleichbleiben, sind abnehmende Annuitäten zu vereinbaren[1298].

Die in § 1190 geregelte Höchstbetragshypothek, die auch Kautionshypothek genannt **1310**
wird, dient der Sicherung von Forderungen, die sich bei periodischem oder endgültigem Abschluß von länger währenden Rechtsverhältnissen ergeben, etwa Forderungen gegen einen Verwalter aufgrund der Abrechnung mit diesem oder Forderungen gegen einen Kreditnehmer aufgrund Rechnungsstellung in einem laufenden Kreditverhältnis bzw. zum Ende desselben[1299]. § 1190 bezieht sich darauf, daß diese Forderungen erst noch festgestellt werden müssen. In den Motiven wird wie folgt abgegrenzt: „Die normale Hypothek findet nur statt, wenn die Forderung nicht bloß dem Grunde, sondern auch dem Betrage nach als eine bestimmte angegeben wird, gleichviel ob sie schon besteht oder nicht. Wird dagegen die Feststellung des Betrages der Forderung auf eine spätere Zeit vertagt, so kann nur eine Kautionshypothek eingetragen werden"[1300].

nung zur Fremdhypothek wird. Konstruktiv ist dies möglich, indem der Verkäufer zunächst eine Eigentümergrundschuld bestellt (§ 1196 I, II) und diese dann in eine Eigentümerhypothek umwandelt (§ 1198). In einem umfangreich begründeten Beschluß hat das KG diese Möglichkeit abgelehnt (KG JFG 7 (1930), 356 ff.). Die Begründung, daß es für die Umwandlung grundsätzlich einer Einigung bedürfe (§§ 877, 873 I) und folglich, wenn das Gesetz nicht Ausnahmen zulasse, die einseitige Erklärung des Eigentümers nicht ausreiche (KG a.a.O., 359), ist nur begrifflich: Wie gerade in Erweiterung des § 1196 zu folgern ist, bildet der Willensentschluß des Eigentümers eine ausreichende sachliche Grundlage für die Umwandlung der Eigentümergrundschuld in eine für die Forderung des Eigentümers bestehende Hypothek. Der Berufungsgrund des KG, daß auch die Belastung eines von zwei in der Hand desselben Eigentümers befindlichen Grundstücken mit einer Grunddienstbarkeit zugunsten des anderen Grundstücks nicht zulässig sei (a.a.O., 361), ist inzwischen weggefallen: Heute entscheidet man anders (o. Rz. 89, u. Rz. 1808). Folglich ist ebensowenig die Auffassung des KG zur Eigentümerhypothek aufrechtzuerhalten (für die Zulassung der Umwandlung der Eigentümergrundschuld in eine Eigentümerhypothek zutreffend MünchKomm/*Eickmann* § 1198 Rz. 4, Staudinger/*Wolfsteiner* § 1198 Rz. 9, Palandt/*Bassenge* § 1198 Rz. 4). Nicht einmal des konstruktiven Umwegs über die Umwandlung sollte es für die Eigentümerhypothek bedürfen. Auch die Bestellung einer Eigentümerhypothek ist zuzulassen. Daneben besteht die Möglichkeit der Bestellung einer Eigentümergrundschuld unter schuldrechtlicher Vereinbarung mit dem Käufer, daß die Grundschuld nach der Übereignung an den Käufer (mit der sie als Fremdgrundschuld beim Verkäufer bleibt) zur Sicherung der Kaufpreisforderung des Verkäufers dient.

1297 Einzelheiten unter Berücksichtigung der Rechtsprechung bei *Bruchner*, WM 1988, 1873 ff.

1298 Schwierigkeiten macht die Berücksichtigung der Zahlungsbeiträge verschiedener Eigentümer bei zwischenzeitlichem Eigentümerwechsel. Es entstehen unterschiedliche Eigentümergrundschulden (§§ 1163 I 2, 1177 I 1). Aufgefangen wird dies durch einen Tilgungsfonds, der erst bei voller Abtragung auf die Forderung verrechnet wird, so daß nur der letzte Grundeigentümer eine Eigentümergrundschuld erhält.

1299 Beispiele aus Mot., *Mugdan* III, S. 645. Die Hypothek wird also wie eine Kaution eingeräumt, deshalb die Bezeichnung Kautionshypothek.

1300 Mot., *Mugdan* III, S. 346.

2. Europäische Entwicklung

1311 Unter dem Gesichtspunkt der Erleichterung des Kapitalverkehrs in Europa, insbesondere, was das Geschäft der Hypothekenbanken betrifft, sind Bestrebungen im Gange, für die grundpfandrechtliche Kreditsicherung europa-einheitliches Recht zu schaffen. Der erste Vorschlag kam 1966 von einer Sachverständigengruppe, die durch die EG-Kommission zur Untersuchung von Fragen des Aufbaus eines Europäischen Kapitalmarkts eingesetzt war, unter Leitung des Vertreters der Kommission, *Claudio Segré*. Der sog. *Segré*-Bericht hat empfohlen, in allen Mitgliedstaaten eine der deutschen Brief-Grundschuld vergleichbare Sicherheit einzuführen[1301]. Am 22.5.1987 ist hinzugekommen ein Vorschlag, den die Internationale Union des Lateinischen Notariats[1302] an den Ministerrat gerichtet hat[1303]. Dieser hat zum Inhalt, daß neben die unterschiedlichen Grundpfandrechte der einzelnen nationalstaatlichen Rechtsordnungen die „Eurohypothek" als einheitlich geltendes Grundpfandrecht gesetzt und dieses nach dem Vorbild des Schweizer Schuldbriefs gestaltet werden soll[1304]. Sie soll wie die deutsche Grundschuld nicht akzessorisch sein. Über den Schuldbrief sind aber zumindest in der deutschen Literatur erhebliche Fehlvorstellungen im Umlauf[1305]. Beide Figuren, deutsche Briefgrundschuld und Schweizer Schuldbrief, sind zum Ausgangspunkt eines Gesetzesvorschlags über die Schaffung eines einheitlichen Grundpfandrechts genommen worden, den eine vom Verband der deutschen Hypothekenbanken initiierte Arbeitsgruppe insbesondere für die

[1301] Der Aufbau eines Europäischen Kapitalmarkts, 1966, 7. Kapitel Ziff. 16 S. 159, Zusammenfassung Kapitel 7 Nr. 5 S. 24. Der Kommission gehörten um *Segré* herum an und ihr haben zugearbeitet fast ausschließlich Bankenvertreter, daneben einige Vertreter der Wirtschaftswissenschaften. Ob der auch angehörige Vertreter einer Pariser Fakultät für Rechts- und Wirtschaftswissenschaften (*Tabatoni*) Jurist war, ist nicht gekennzeichnet.

[1302] Durch ihre Commission des Affaires de la Communauté Européenne.

[1303] Commission des Affaires de la Communauté Européenne/Union Internationale du Notariat Latin, La Cédule hypothécaire suisse et de la dette foncière allemande – Etude comparative, Base d'une future Eurohypothèque, 1988; L'Eurohypothèque, 2. Aufl., 1994.

[1304] Zum Vorschlag einer Eurohypothek und zur Rechtsvergleichung (Darstellung des französischen, spanischen, schweizerischen Rechts) *Stöcker*, Die „Eurohypothek", 1992 (dazu *Reithmann*, WM 1992, 1756 und *Dumoulin*, RabelsZ 58 (1994), 367) und *v. Bernstorff*, RIW 1997, 181, 182 ff. (Darstellung des Hypothekenrechts in den einzelnen EU-Staaten); zur Eurohypothek *Wehrens* (Vorsitzender der Kommission für europäische Angelegenheiten der Internationalen Union des Lateinischen Notariats und Leiter der deutschen Delegation), WM 1992, 557 ff., *Elmarsberger*, EuZW 1991, 691 ff., *Wachter*, WM 1999, 49 ff.

[1305] Nach *Wachter*, WM 1999, 49, 56 soll der Schuldbrief mit der dinglichen die persönliche Haftung des Schuldners verbinden und durch die Möglichkeit von der deutschen Grundschuld geschieden sein, daß der Schuldbrief als Wertpapier verkörpert ist. Den ersten Unterschied hebe im deutschen Recht die verbreitete Praxis auf, in der der Grundschuldbesteller – wie die Rechtsprechung anerkennt: formularmäßig – durch abstraktes Schuldversprechen auch die persönliche Haftung übernehme. Nichts davon ist richtig: Der Schuldbrief begründet nur dann die persönliche Haftung, wenn der Eigentümer der Schuldner der zu sichernden Forderung ist (Art. 842, 845 Schweizerisches ZGB). In diesem Fall tritt die Forderung aus dem Schuldbrief novierend an die Stelle der ursprünglichen Forderung (Art. 855 ZGB). Ist der Eigentümer nicht der persönliche Schuldner, hat der Schuldbrief nur die Wirkung einer Grundpfandverschreibung, also nur dingliche Wirkung, und zwar akzessorische (Art. 845 mit Art. 827 ZGB). Über den Schuldbrief wird zwar ein „Pfandtitel" als Wertpapier ausgestellt (Art. 856 ZGB), dies ist aber bei der deutschen Grundschuld, über die grundsätzlich der Brief ausgestellt wird (§§ 1116 I, 1160 mit § 1192 I), genauso. Einzig besteht der Unterschied, daß der Schuldbrief auf den Inhaber ausgestellt und dann durch bloße Übergabe übertragen werden kann (Art. 869 ZGB, unter dem Schutz des öffentlichen Glaubens, Art. 865, 866 ZGB); demgegenüber ist der Grundschuldbrief Rektapapier (§§ 1154 I, 1155, 1192 I mit § 952). Aber auch die Übertragung der Grundschuld geschieht mit Hilfe des Briefs und unter dem Schutz des öffentlichen Glaubens (§§ 1192 I, 1154 I 1, 1155).

Gesetzgebung der mittel- und osteuropäischen Reformländer vorgelegt hat[1306]. Der Tendenz zur Einrichtung einer nicht akzessorischen Eurohypothek treten Stimmen entgegen, die für die akzessorische Gestaltung der „Eurohypothek" eintreten[1307]. Die Diskussion ist bedenklich, wenn sie auf mangelhafter Grundlage hinsichtlich der Kenntnis der einzelnen Rechtsordnungen geführt wird. Sie ist darüber hinaus insofern verfehlt, als für die akzessorische oder aber die nicht akzessorische Form ein Monopol angesteuert wird. Die Parteien sollten wie im deutschen bürgerlichen Recht zwischen zwei unterschiedlichen Grundpfandrechten wählen können. Wird auf europäischer Ebene ausschließlich ein nicht akzessorisches Grundpfandrecht geschaffen, brauchten sich die Banken im grenzüberschreitenden Verkehr mit der akzessorischen Alternative nicht einmal mehr zu befassen. Wird ausschließlich ein akzessorisches Grundpfandrecht geschaffen, kommt die in der deutschen Rechtsentwicklung so außerordentlich praktische Alternative der Sicherungsgrundschuld für transnationale Kredite nicht mehr in Betracht. Beides ist ohne Rechtfertigung.

3. Grundpfandrechte und Verbraucherschutzrecht

Für den Abschluß des Sicherungsvertrags, dagegen nicht für die abstrakte dingliche Eini- **1312**
gung über die Bestellung eines Grundpfandrechts[1308] können auf Seiten des Sicherungsgebers verbraucherschutzrechtliche Gewährleistungen in Betracht kommen wie das jetzt in § 312 BGB aufgenommene Widerrufsrecht nach dem HaustürWG und die in §§ 491 ff. BGB aufgenommenen Schutzbestimmungen des VerbrKrG[1309]. Die Frage, ob die Regelungen auf den Vertrag über die Hingabe einer Sicherheit anzuwenden sind, stellt sich für den Sicherungsvertrag isoliert, wenn dieser nicht als Teil des eigenen Kreditvertrags, sondern zur Sicherung des einem anderen gewährten Kredits abgeschlossen wird. Das Problem ist betreffend Bürgschaftsverträge als Auslegungsfrage zu den europäischen Richtlinien entschieden worden, auf denen jene Gesetze beruhten oder mit denen sie zusammengehangen haben. Was die Haustürwiderrufs-Richtlinie betrifft, hat der EuGH entschieden, daß ein Bürgschaftsvertrag nur dann unter die Richtlinie falle, wenn sowohl das Geschäft auf Seiten des Hauptschuldners als auch die Bürgschaftserklärung selbst in der besonderen Situation zustande kommen, durch die der Verbraucherschutz nach der Richtlinie ausgelöst wird[1310]. Sodann hat der EuGH mit Entscheidung vom 23.3.2000[1311] festgestellt, daß die dem VerbrKrG zugrunde liegende Richtlinie auf einen Bürgschaftsvertrag zur Sicherung der Rückzahlung eines Kredits überhaupt nicht anzuwenden ist. Beides hat entsprechend für den Sicherungsvertrag über die Bestellung einer Hypothek oder Grundschuld zur Sicherung des einem anderen zu gewährenden Kredits zu gelten[1312].

1306 Abdruck mit Einführung durch zwei Mitglieder der Arbeitsgruppe, *Wolfsteiner* und *Stöcker*, in ZBB 1998, 264 ff. sowie DNotZ 1999, 451 ff.

1307 *Stürner*, FS Serick (1992), 377 ff.; *Habersack*, JZ 1997, 857, 861 f.; *Wachter*, WM 1999, 49, 60 ff.

1308 Richtig betr. das HaustürWG OLG München NJW-RR 1999, 1178.

1309 Ohne weiteres anwendbar auf Sicherungsverträge war bei Verwendung von AGB in diesen Verträgen das AGBG (jetzt §§ 305 ff. BGB).

1310 EuGH NJW 1998, 1295 f. (*Bayer. Hypo/Edgar Dietzinger*). Die Entscheidung wird, weil der EuGH in ihrer Begründung mit dem Begriff der Akzessorietät arbeitet, unten Rz. 1316 bei diesem Begriff analysiert. Zur Entscheidung des EuGH und der an sie anschließenden Rechtsprechung des BGH (BGZ 139, 21 = ZIP 1998, 1144 = NJW 1998, 2356) *Drexl*, JZ 1998, 1046 und *Lorenz*, NJW 1998, 2937; zusammenfassend zu Bürgschaft und Verbraucherschutz *Medicus*, JuS 1999, 833, 836 f.

1311 JZ 2000, 780 f., mit Anm. *Ulmer*.

1312 Zur Möglichkeit, einzelne Schutzerwägungen des früheren VerbrKrG bei Sicherungsverträgen zu berücksichtigen, *Ulmer* JZ 2000, 782 betreffend die Bürgschaft.

Die ausdrückliche Erwähnung der Grundpfandrechte in § 491 III Nr. 1 BGB (früher § 3 II Nr. 2 VerbrKrG) betrifft nicht die Bestellung von Grundpfandrechten durch einen Dritten und den darüber abzuschließenden Sicherungsvertrag, sondern den Kreditvertrag mit dem Kreditnehmer, aufgrund dessen der Kredit unter Sicherung durch Grundpfandrechte gewährt wird, d.h. den sog. Realkreditvertrag. Nach § 491 III Nr. 1 BGB finden bestimmte Vorschriften des Gesetzes auf einen durch Grundpfandrechte zu sichernden Kredit keine Anwendung, wenn der Kredit zu Bedingungen gewährt wird, die für einen durch Grundpfandrechte gesicherten Kredit üblich sind. Insbesondere finden auf diese Kreditverträge keine Anwendung die Regelung des § 358 (früher § 9 VerbrKrG) über die Verbundenheit des Kreditvertrags mit einem durch den Kredit zu finanzierenden Kaufvertrag[1313] und die Regelung des § 495 (früher § 7 VerbrKrG) über das Widerrufsrecht[1314].

4. Rechtsnatur der Grundpfandrechte als Sachenrechte

1313 Zur Rechtsnatur der Grundpfandrechte herrscht heute die Theorie vom dinglichen Verwertungsrecht vor[1315]. Dazu ist auf §§ 1147, 1192 I hinzuweisen. Daraus ergibt sich: Wenn es auch nach dem ganzen Geschäft um *Zahlungen* des Schuldners oder des Eigentümers geht, wenn der Eigentümer der Verwertung seines Grundstücks entgehen will, kann es doch im Ernstfall immer nur zu einer vollstreckungsrechtlichen Verwertung des Grundstücks kommen.

1314 Von einer Realobligation in dem Sinne, daß der Eigentümer zwar die Geldsumme schuldet, aber nur mit dem Grundstück haftet, oder von einer dinglichen Schuld derart, daß primär mit dem Grundstück gehaftet wird, dem aber eine – wenn auch nicht erzwingbare – persönliche Schuld entspricht, ist nicht zu reden. Anschaulich und deshalb hilfreich ist aber der Ausdruck der Realobligation, wenn man ihn im folgenden Sinn verwendet: Mit Realobligation=Verpflichtung des Grundstücks ist die Belastung des Grundstücks zu bezeichnen, die dergestalt besteht, daß, wenn der Eigentümer die in der Hypothek oder Grundschuld bezeichneten Zahlungen nicht freiwillig erbringt, das Grundstück zwangsverwertet werden kann und dem Erlös daraus die Zahlungen entnommen werden können.

1315 Für die Bestellung, die Übertragung[1316] und den Rang gelten die allgemeinen Grundsätze, also §§ 873 ff., unter Vorbehalt von Besonderheiten. Die wichtigste folgt aus der Akzessorietät der Hypothek: Weil diese der Forderung folgt, geht es bei der Hypothek nicht um die Übertragung der Hypothek, sondern um die der Forderung unter Berücksichtigung von deren hypothekarischer Sicherung (§§ 1153 ff.). Weil die Vorschrift des § 1154 über die Übertragung der hypothekarisch gesicherten Forderung unter Berück-

[1313] Zur Verdrängung des Einwendungsdurchgriffs nach § 9 III (§ 359 BGB n.F) durch § 3 II Nr. 2 VerbrKrG (§ 491 III Nr. 1 BGB) s. BGH NJW 2000, 2352 ff.

[1314] Bei dem Ausschluß des Widerrufsrechts verbleibt es nach Ansicht des BGH auch dann, wenn der Realkreditvertrag als Haustürgeschäft zustande gekommen ist. Dies folge aus der Bestimmung des Vorrangs für das VerbrKrG im früheren § 5 II HaustürWG. Der BGH hat den EuGH zur Vorabentscheidung angerufen. Mit Beschluß WM 2000, 26 hat er die Fragen vorgelegt, ob die Haustürgeschäfterichtlinie auch Realkreditverträge umfaßt mit Vorrang des dort vorgesehenen Widerrufsrechts vor der Verbraucherkreditrichtlinie, und ob gegebenenfalls der nationale Gesetzgeber durch die Haustürgeschäfterichtlinie gehindert ist, die in § 7 II 3 VerbrKrG geregelte Befristung des Widerrufsrechts auch im Fall eines Haustürgeschäfts, bei dem die Belehrung über das Widerrufsrecht unterlassen wurde, anzuwenden (s. *Habersack*, WM 2000, 981 ff.). Der EuGH hat gegen den BGH den Ausschluss des Widerrufsrechts beim Haustürgeschäft als europarechtswidrig angesehen (ZIP 2002, 31).

[1315] Ausführlich zum Theorienstreit: *Westermann*, 5. Aufl., § 94 II, S. 467 ff.; s. auch 7. Aufl., § 93, S. 685 f. m.w.N.; *Schapp*, Gießener Rechtswiss. Abhandlungen, Bd. 6, 1990, S. 477 ff.

[1316] Auch Verpfändung und Bestellung eines Nießbrauchs (§§ 1274, 1069).

sichtigung der Hypothek gestaltet ist, ist sie hinwiederum auch auf die Grundschuld anwendbar, indem hier anstelle der Forderung die Grundschuld tritt (§ 1192 I). Bei der Bestellung kann an die Stelle der Forderung der Betrag der Grundschuld treten. Die Regelung der Grundpfandrechte ist von den allgemeinen sachenrechtlichen Grundsätzen bestimmt: etwa den Grundsätzen der Bestimmtheit[1317], der Publizität[1318] und dem Prioritätsprinzip[1319].

5. Die Unterscheidung von Hypothek und Grundschuld

a) *Akzessorietät der Hypothek und Nichtakzessorietät der Grundschuld*

aa) *Akzessorietät*

Der Unterschied zwischen Hypothek und Grundschuld besteht darin, daß die Hypothek **1316**
akzessorisch ist (wie Bürgschaft, Pfandrecht; die h.L.[1320] spricht auch von Akzessorietät der Vormerkung) und die Grundschuld nicht. Der Begriff der Akzessorietät ist schillernd. Wenn im deutschen Recht von der Bürgschaft(sforderung), der Hypothek und dem Pfandrecht als akzessorischen Rechten gesprochen wird, meint man die Abhängigkeit der Bürgschaftsforderung, der Hypothek und des Pfandrechts als Rechten, die zur Sicherung einer Forderung dienen, von dieser Forderung. Einen ganz anderen Begriff der Akzessorietät verwendet der EuGH in seiner Entscheidung zu der Frage, ob die Bürgschaft unter die Verbraucherschutzrichtlinie betreffend Haustürgeschäfte fällt[1321]. Aufgrund von Zweifeln, ob das frühere HaustürWG richtlinienkonform dahin auszulegen ist, daß es auch Bürgschaften umfaßt, hat der IX. Zivilsenat des BGH dem EuGH die Frage über die Auslegung der Richtlinie vorgelegt. Der EuGH ist zu dem Ergebnis gekommen, daß die Bürgschaft dann nicht unter die Richtlinie fällt, wenn auch das Geschäft über die Hauptschuld (insbesondere das Kreditgeschäft mit der Bank) nicht unter die Richtlinie fällt, d.h. insbesondere wenn das Geschäft über die Hauptschuld von einem Gewerbetreibenden abgeschlossen worden ist. Für den Fall, daß das Geschäft über die Hauptschuld unter die Richtlinie fällt, falle auch die Bürgschaft unter die Richtlinie, wenn nicht für den Bürgen die Kriterien zuträfen, aufgrund deren ein Geschäft von der Geltung des Verbraucherschutzes nach der Richtlinie ausgenommen worden ist. Für diese Auslegung beruft sich der EuGH insbesondere auf den akzessorischen Charakter der Bürgschaft. Damit kann die Abhängigkeit der Bürgschaftsforderung vom Bestehen der Hauptschuld nicht gemeint sein. Es werden ja, wenn das Hauptgeschäft und die Bürgschaft unter die Richtlinie fallen, je selbständig der Hauptschuldner und der Bürge nach der Richtlinie geschützt. D.h. es entfällt zwar die Bürgschaftsforderung, wenn der Hauptschuldner durch Ausübung seines Widerrufsrechts die Hauptschuld zum Wegfall bringt, umgekehrt kann aber der Bürge, auch wenn die Hauptschuld mangels Ausübung des Widerrufsrechts bestehen bleibt, die Bürgschaftsforderung noch zum Wegfall bringen. Mit Akzessorietät meint der EuGH vielmehr, daß die Bürgschaft durch den Charakter des Geschäfts über die Hauptschuld bestimmt wird, sei es, daß dieses ein Haustürgeschäft mit einem Verbraucher, sei es daß es ein Geschäft mit einem Gewerbetreibenden oder ein Nicht-Haustürgeschäft ist. D.h. es geht um die Bestimmung des Bürgschaftsgeschäfts durch den Geschäftscharakter des Geschäfts über die Hauptschuld, aber nicht die

[1317] Bei der Höchstbetragshypothek (§ 1190) müssen bestimmt sein der Höchstbetrag und der Kreis der gesicherten Forderungen. Beispiele Kontokorrentkredit, Sicherung aller gegenwärtigen und künftigen Forderungen aus einer bestimmten Geschäftsbeziehung (etwa zu einer Bank).

[1318] Ausnahmen: § 1287 S. 2 BGB, § 848 II 2 ZPO.

[1319] Ausnahme: vorrangige Steuer-, Land- und Leute-Rechte nach § 10 Nr. 2, 3 ZVG.

[1320] Vgl. nur *Baur/Stürner* § 20 Rz. 50.

[1321] NJW 1998, 1295 f., Bayer. Hypo/Edgar Dietzinger auf Vorlage des BGH NJW 1996, 930; Folgeentscheidung des BGH WM 1998, 1388. Kritisch dazu *St. Lorenz* NJW 1998, 2937 ff.

Bestimmtheit der Bürgschaftsforderung bzw. -schuld durch die Forderung aus dem Geschäft über die Hauptschuld.

1317 Bemerkenswert ist, daß *Flume* gerade zur Frage der Akzessorietät der Bürgschaftsforderung in seiner Untersuchung über das klassische Römische Recht[1322] feststellt, daß das Römische Recht ein Akzessorietätsprinzip, wie der Begriff im geltenden deutschen Recht verwendet wird, nicht gekannt hat. Vielmehr ergebe sich die Abhängigkeit der Bürgschaftsforderung von dem Geschäft über die Hauptschuld[1323] oder von der Hauptschuld selbst aus dem Tatbestand des Bürgschaftsversprechens. Nach *Flume* hat es im klassischen Römischen Recht zwei Arten von Bürgschaftsversprechen gegeben, die in ihrem Tatbestand unterschiedlich waren: Das eine waren die sponsio oder die fidepromissio, das andere war die fideiussio. Bei der sponsio oder der fidepromissio versprach der Versprechende, dasselbe, was im Rechtsakt über die Hauptschuld versprochen war, zu leisten. Aufgrund dieses nochmaligen Versprechens desselben Leistungsgegenstands war die Haftung aus der sponsio oder fidepromissio auch dann denkbar, wenn der Hauptschuldner selbst nicht verpflichtet war. Die sponsio oder fidepromissio waren nur abhängig von dem Rechtsakt des Versprechens über die Hauptschuld. Anders übernahm der Versprechende bei der fideiussio die Haftung für die Schuld des Hauptschuldners. Daraus ergab sich auch die Abhängigkeit der Haftung des Bürgen von der Hauptschuld. *Flume* hat gezeigt, wie die römischen Juristen aus den je nach Versprechenstatbestand unterschiedlichen Figuren die unterschiedlichen Rechtsfolgen abgeleitet haben. Genau darum geht es auch bei der Frage nach der Akzessorietät im geltenden Recht, dem des BGB und dem der, jetzt auch in das BGB übernommenen, Normen des HaustürWG.

1318 Nach der Regelung der Haustürgeschäftswiderrufs-Richtlinie, wie der EuGH diese deutet, geht es um den Tatbestand der Richtlinie, daß ein Gewerbetreibender mit einem Verbraucher außerhalb der Geschäftsräume des Gewerbetreibenden Geschäfte schließt. Für die Frage, ob die Bürgschaft in die Richtlinie einzubeziehen ist, geht es um die Einordnung der Bürgschaft in diesen Geschäftsschluß. Der EuGH sieht darauf, daß die Bürgschaft von dem Hauptschuldner als Sicherungsmittel für seine Hauptschuld beigebracht wird. Damit erweist sich die Bürgschaft als ein Mittel im Rahmen des Geschäfts des Hauptschuldners. Daraus ergibt sich die Konsequenz des EuGH, daß der Charakter des Geschäfts über die Hauptschuld als eines Verbraucherhaustürgeschäfts oder eines nicht unter die Richtlinie fallenden Geschäfts zunächst einmal auch für die Bürgschaft maßgeblich ist und diese dann nur noch im Fall der persönlichen Nichtschutzwürdigkeit des Bürgen herausfällt[1324].

1319 Nach dem BGB sind für Bürgschaft, Hypothek und Pfandrecht die Tatbestände der Sicherung einer Hauptschuld, so wie *Flume* dies für die fideiussio gezeigt hat, im Sinne der Abhängigkeit des sichernden Rechts von der Hauptschuld gestaltet. So wie sich durch den Bürgschaftsvertrag der Bürge gegenüber dem Gläubiger eines Dritten verpflichtet, „für die Erfüllung der Verbindlichkeit des Dritten einzustehen" (§ 765), ist die Hypothek nach ihrem in § 1113 I bestimmten *Inhalt* das Recht, daß aus dem belasteten Grundstück eine Geldsumme zur Befriedigung wegen einer bestimmten Forderung zu zahlen ist (§ 1113 I), und ist schließlich das Pfandrecht nach § 1204 I als Recht „zur Sicherung einer Forderung" gestaltet, wonach „der Gläubiger berechtigt ist, Befriedigung (wegen der Forderung) aus der Sache zu suchen".

1320 Das, was § 1113 I als Inhalt der Hypothek bestimmt, was sich also aus dem Tatbestand der Bestellung der Hypothek als Rechtsfolge ergibt, drücken wir mit der Akzessorietät der Hypothek aus. Hat etwa der Käufer dem Verkäufer eine Restkaufgeldhypo-

[1322] ZRG 113 (1996), 88 ff.

[1323] Freilich in einem anderen Sinne als dem des EuGH: Es geht um die Abhängigkeit der Bürgschaft von dem Rechtsakt des Hauptgeschäfts (*Flume* ZRG 113, S. 101).

[1324] Ohne Verständnis („gänzlich ungereimte Ergebnisse") *Lorenz*, NJW 1998, 2938.

thek bestellt, so ist die Kaufpreisforderung als schuldrechtliches Recht aus § 433 II mit dem dinglichen Recht der Hypothek verbunden, welches zum Inhalt hat, daß der Verkäufer wegen der Kaufpreisforderung Befriedigung aus dem Grundstück suchen kann. Die Forderung ist personell beschränkt, gegenständlich (was das Vermögen des Schuldners betrifft) aber unbeschränkt, während das dingliche Recht personell unbeschränkt[1325], gegenständlich aber beschränkt ist.

bb) Die Akzessorietät der Hypothek

aaa) Die Geltendmachung der Hypothek als Einziehung der Forderung

In der Kurzfassung des Sprachgebrauchs des juristischen Alltags pflegt man die Akzessorietät der Hypothek zur Forderung als Abhängigkeit des dinglichen Rechts vom persönlichen Recht zu erfassen[1326]. Die Akzessorietät der Hypothek ist aber nach unserem Gesetz schärfer zu bestimmen. Aufschlußreich ist hier eine auf Anhieb entlegen erscheinende Regelung, nämlich die Regelung über das Pfandrecht an Rechten, speziell an einer Forderung, für die eine Hypothek besteht: **1321**

Denken wir uns, daß im Fall einer Restkaufgeldhypothek der V bei seiner Bank B einen Kredit aufnimmt und zur Sicherung der Darlehensrückzahlungsforderung der B seine Restkaufpreisforderung, die ihm gegenüber K zusteht, verpfändet. Die Verpfändung geschieht nach § 1274 I 1 gemäß den Vorschriften über die Übertragung des Rechts. Zum Übergang der Hypothek auf den Erwerber wird der Akzessorietät entsprechend die Forderung abgetreten; mit der Forderung geht die Hypothek über (§ 1153); wegen dieses Mitübergangs der Hypothek ist die Forderungsabtretung sachenrechtlich abgewandelt (§ 1154). Aufgrund der Verweisung des § 1274 ist für die Verpfändung der hypothekarisch gesicherten Forderung diese nach § 1154 zu verpfänden; nach § 1153 wird die Hypothek vom Pfandrecht miterfaßt. In unserem Fall entsteht auf diese Weise ein Pfandrecht der B an Forderung *und* Hypothek des V.

Die genaue Akzessorietätsvorstellung des Gesetzes ergibt sich, wenn man die Rechte der B aus ihrer Pfandrechtsposition durchgeht. Hier sind drei Beziehungen auseinanderzuhalten: Beziehung I ist die zu K als Schuldner der Kaufpreisforderung, Beziehung II ist die zum Eigentümer des belasteten Grundstücks (gegenwärtig ebenfalls der K), Beziehung III ist die zum Gläubiger der verpfändeten Forderung, der zugleich (wegen der Akzessorietät notwendigerweise) der Hypothekengläubiger ist (gegenwärtig ist dies der V).

In Beziehung I gelten §§ 1281, 1282 I 1, 2: B kann danach die verpfändete Kaufpreisforderung beim Schuldner gemeinsam mit V (§ 1281) oder allein (§ 1282 I 1, 2) einziehen. § 1282 I 3 setzt neben das Alleineinziehungsrecht ein Recht auf Abtretung der verpfändeten Forderung. Das ist ein Recht in Beziehung III, gegenüber dem Gläubiger jener Forderung. Ein weiteres Recht in dieser Beziehung fügen die Vorschriften der §§ 1282 II Hs. 2, 1277 hinzu: Nach § 1282 II Hs. 2 bleibt das Recht der B, gemäß § 1277 Befriedigung aus der verpfändeten Forderung zu suchen, unberührt. § 1277 gibt die Möglichkeit, aufgrund eines vollstreckbaren Titels[1327] Befriedigung aus der Forderung im Wege der Zwangsvollstreckung zu suchen. § 1277 steht parallel zu § 1147. So wie nach § 1147 der Hypothekar das seiner Hypothek unterworfene Eigentum am Grundstück im Wege der Zwangsvollstreckung verwerten kann, kann der Pfandgläubiger nach §§ 1282

[1325] Die Übereignung des Grundstücks durch K an einen anderen ändert an der dinglichen Befriedigungsmöglichkeit des V nur das eine, daß jetzt der neue Eigentümer nach §§ 1113 I, 1147 auf Duldung der Zwangsvollstreckung in Anspruch genommen werden kann.

[1326] *Baur/Stürner* § 36 Rz. 75 bezeichnen die Hypothek als ein Anhängsel der Forderung.

[1327] Ein solcher kann schon vorliegen – etwa nach § 794 I 1 Nr. 5 ZPO (KG JW 1938, 2494) – oder man kann ihn durch Klage auf Duldung der Zwangsvollstreckung in die Forderung erreichen.

II Hs. 2, 1277 das seinem Pfandrecht unterworfene Recht im Wege der Zwangsvollstreckung verwerten. Wie die Hypothek sich nach §§ 1113 I, 1147 gegen den Eigentümer richtet, richtet sich das Pfandrecht an einer Forderung nach §§ 1282 II Hs. 2, 1277 gegen den Gläubiger der Forderung, in unserem Fall richtet sich das Pfandrecht der B gegen den V (Beziehung III).

Dieses Recht der B muß noch verdeutlicht werden: Es geht um die Befriedigung im Wege der Zwangsvollstreckung in die dem Pfandrecht unterworfene Forderung, also die Forderung des V aus § 433 II gegenüber dem K. Die Zwangsvollstreckung in Geldforderungen vollzieht sich nach §§ 828 ff. ZPO. Zu beachten ist in unserem Fall, daß die verpfändete Forderung hypothekarisch gesichert ist und das Pfandrecht an Forderung *und* Hypothek besteht. Dadurch entsteht jedoch nicht die Notwendigkeit einer doppelten Zwangsvollstreckung. Kraft der Akzessorietät ist auch die Zwangsvollstreckung einheitlich auf die Forderung als hypothekarisch gesicherte Forderung ausgerichtet. Die Zwangsvollstreckung geschieht durch Pfändung, und nach § 830 ZPO geht es so wie bei der Verpfändung der hypothekarisch gesicherten Forderung auch bei der Pfändung derselben um die Pfändung der Forderung mit sachenrechtlicher Modifikation, weil für die Forderung eine Hypothek besteht (s. § 830 I 1, 3 ZPO). Aufgrund der Pfändung wird sodann die Forderung überwiesen (§ 835 ZPO). Bei der Hypothekenforderung wird die Forderung mit der Hypothek überwiesen (vgl. § 837 ZPO). Aufgrund der Überweisung kann der Gläubiger – d.h. unsere B – die überwiesenen Rechte als eigene oder als fremde einziehen (§ 835 I ZPO). Weil bei der hypothekarisch gesicherten Forderung die Hypothek mit überwiesen wird, kann der Gläubiger nicht nur die Forderung, sondern auch die Hypothek „einziehen". Über die Ausübung des Rechts nach §§ 1282 II Hs. 2, 1277 in der Beziehung III – zu V – kommt die B also zunächst zu einer weiteren Einziehungsgrundlage für die Kaufpreisforderung in der Beziehung I – zu K –. Und jetzt hat sie zusätzlich eine erste Berechtigung in der Beziehung II – zum Grundstückseigentümer –. Sie kann aus §§ 1113 I 1, 1147 aus der Hypothek gegen den Grundstückseigentümer vorgehen.

Fassen wir das bisher Gesagte zusammen: Die Pfandgläubigerin B hat aufgrund ihres Pfandrechts an der hypothekarisch gesicherten Forderung, die dem V gegenüber K zusteht, folgende Rechtspositionen: 1. sofort ein Einziehungsrecht bzgl. dieser Forderung gegen K, 2. ein Recht gegenüber V auf Abtretung der Forderung, 3. ein Recht gegenüber V auf Duldung der Zwangsvollstreckung in die Forderung, aus der sich 4. ein weiteres Einziehungsrecht bzgl. der Forderung gegenüber K und schließlich 5. auch ein Einziehungsrecht für die Hypothek im Verhältnis zum Grundstückseigentümer ergibt.

Es stellen sich zwei Fragen: Zunächst nach dem Sinn *zweier* Grundlagen für das Recht zur Einziehung der Forderung gegenüber K. Sodann, falls beide Grundlagen sinnvoll sein sollten, die weitere Frage: Hat B nicht auch bezüglich der Hypothek ein sofortiges, die Zwangsvollstreckung im Verhältnis zum Gläubiger der verpfändeten Forderung nicht voraussetzendes Einziehungsrecht?

Auf die erste Frage ist zu antworten: Beide Einziehungsgrundlagen sind sinnvoll. Die Einziehungsbefugnis nach §§ 1281, 1282 hat ihre Grundlage im Pfandrecht des Pfandgläubigers. Dieser muß für die Einziehung der verpfändeten Forderung beim Schuldner also nicht nur diese Forderung, sondern zusätzlich sein Pfandrecht, für die alleinige Einziehung nach § 1282 obendrein die Befriedigungsvoraussetzungen dartun. Da auch das Pfandrecht akzessorisch ist, d.h. von der durch das Pfandrecht gesicherten Forderung (des Pfandgläubigers im Verhältnis zum Verpfänder) abhängt, kann der Schuldner mithin über Einreden und Einwendungen gegen die ihn treffende verpfändete Forderung hinaus auch Einreden und Einwendungen gegen die gesicherte Forderung (des Pfandgläubigers) vorbringen. Gerade dieses letztere wird nun abgeschnitten durch das Vorgehen im Rahmen der Zwangsvollstreckung. Hat der Pfandgläubiger hier im Verhältnis zum Verpfänder den Pfändungs- und Überweisungsbeschluß bezüglich der verpfändeten

Forderung erreicht, so ist dieser die Grundlage zum Vorgehen gegen den Schuldner dieser Forderung.

Sind beide Einziehungsmöglichkeiten sinnvoll – die sofortige, weil sie den Weg über die Titelerwirkung und Zwangsvollstreckung erspart, die Einziehung im Rahmen der Zwangsvollstreckung, weil sie die Darlegung von Pfandrecht und Pfandreife im Verhältnis zum Schuldner der verpfändeten Forderung erspart –, so fragt sich, wo die Möglichkeit der sofortigen Einziehung der Hypothek bleibt, ob der Gesetzgeber diese vergessen hat. Das kann aus zwei Gründen nicht sein: Erstens muß, wie das Einziehungsrecht nach der ZPO selbstverständlich nicht nur die Forderung, sondern auch die – ja mitverpfändete – Hypothek erfaßt, ebenso das Einziehungsrecht nach BGB mit der Forderung auch die Hypothek erfassen. Zweitens bestimmt das BGB in § 1291 i.V.m. §§ 1281, 1282 das Recht des Pfandgläubigers zur Einziehung des dinglichen Rechts bei Verpfändung einer Grund- oder Rentenschuld. Wenn der Gesetzgeber hier die Hypothek nicht erwähnt, kann das nicht heißen, daß das Pfandrecht an der Hypothek, welches bei Verpfändung einer Hypothekenforderung entsteht, nicht zur Einziehung der Hypothek berechtigt. Es kann nur heißen, daß das Recht des Pfandgläubigers zur Einziehung der verpfändeten Hypothek sich anderweitig ohnehin aus dem Gesetz ergibt. Als Grundlage dieses Einziehungsrechts kommen dann nur §§ 1281, 1282 in direkter Anwendung in Betracht. Danach ist hier aber die Vorstellung des Gesetzes: Die Geltendmachung der Hypothek ist Realisierung der hypothekarisch gesicherten Forderung. Deshalb, weil die Einziehung der Hypothek die Einziehung der Forderung selbst ist, deshalb sind §§ 1281, 1282 bei Verpfändung einer Hypothekenforderung auch auf die Hypothek bezogen[1328].

bbb) Hypothek für künftige Forderungen

Die Folgerung für die nach dem Gesetz geschärfte Fassung der Akzessorietät könnte sein: Akzessorietät der Hypothek bedeutet, daß die Hypothek eine Erweiterung der Forderungsberechtigung selbst ist. In dem Sinne geradezu eines Aufgehens der Hypothek in dem Recht der Forderung darf die Akzessorietät dennoch nicht verstanden werden. Das wäre schon mit der relativen, schuldrechtlichen Identität der Forderung unvereinbar. **1322**

Die Vorstellung von der Hypothek als Erweiterung der Forderungsberechtigung ist auch mit der Hypothek für eine bedingte oder künftige Forderung (§ 1113 II) und der Höchstbetragshypothek nach § 1190 unvereinbar. In beiden Fällen besteht die zu sichernde Forderung als solche gegenwärtig noch nicht. Das Gesetz kennt somit Hypotheken ohne existierendes Forderungsrecht. Die heute h.M. sieht dies allerdings anders: Auf die Hypothek für eine künftige oder bedingte Forderung wird bis zum Entstehen der Forderung § 1163 I 1 mit der Folge angewandt, daß bis dahin eine Eigentümergrundschuld besteht (§ 1177 S. 2). Ebenso soll die Höchstbetragshypothek, solange und soweit sie durch gegenwärtige Forderungen nicht belegt ist, Eigentümergrundschuld sein[1329]. Im Fall der Hypothekenbestellung für ein künftig (etwa nach Baufortschritt) auszuzahlendes Darlehen wird diese zwischenzeitliche Eigentümergrundschuld sogar zur Zwischenfinanzierung benutzt: Es geht darum, daß ein Zwischenkreditgeber zu seiner Sicherung mit Wirkung bis zu der – an ihn zu vollziehenden – Auszahlung des hypothekarisch gesicherten Darlehens die Eigentümergrundschuld abgetreten bekommt[1330]. **1323**

Es dürfte überraschen, daß einerseits das Gesetz in § 1113 II sagt, die Hypothek könne auch für eine künftige oder bedingte Forderung bestellt werden, daß es andererseits aber nach der dargestellten Auffassung dieses gar nicht meinen soll: Es soll ja vielmehr in Wirklichkeit in diesem Fall zunächst nur eine Eigentümergrundschuld bestellt werden **1324**

1328 Gemäß der Gleichstellung in § 592 S. 2 (sowie in der früheren Fassung d. § 794 I 1 Nr. 5 S. 2 ZPO) ist der Grundstückseigentümer auch „Schuldner" im Sinne der Vorschriften.

1329 MünchKomm/*Eickmann* § 1190 Rz. 9.

1330 S. *Rimmelspacher*, JuS 1971, 14 ff.; MünchKomm/*Eickmann* § 1163 Rz. 44 ff.

können. Diese Folgerung ist aber nur eine doktrinäre Folgerung aus einem überzogenen Verständnis der Akzessorietät. Für das Pfandrecht hat das Gesetz klargestellt, daß die Anerkennung eines Pfandrechts für künftige oder bedingte Forderungen die Entstehung des Rechts mit dem Verfügungstatbestand und nicht erst mit dem Entstehen der Forderung bedeute (§§ 1208, 1209)[1331]. § 1113 II formuliert ebenso eindeutig, daß für eine künftige oder bedingte Forderung eine Hypothek bestellt werden kann, und d. h. eben sicher nicht, daß ein unrichtiger Grundbuchinhalt mit dem Gläubiger als Hypothekar hergestellt werden kann, obwohl in Wirklichkeit eine Eigentümergrundschuld besteht[1332].

1325 § 1113 II wird auch nicht in §§ 1163 I 1, 1177 wieder zurückgenommen: Für die 1. und 2. Kommission gab es nur die beiden Fälle der § 1163 I 1 entsprechenden Entwurfsvorschrift, daß erstens eine Forderung von Anfang an nicht bestanden hat und daß zweitens die Forderung später erloschen ist. Der Fall der künftigen Forderung ist kein Fall der von Anfang an nicht bestanden habenden Forderung. Vielmehr ist nur der Fall, daß die künftige Forderung in der Zukunft nicht entsteht, dem ersteren der beiden Grundfälle zuzuordnen. Entsprechend formulieren die Protokolle: „Für den Fall, daß die Forderung, zu deren Sicherung die Hypothek bestellt ist, (sc. von Anfang an) nicht besteht oder (sc. bei Bestellung für künftige Forderungen) nicht zur Entstehung gelangt ist, bestimmen die Anträge ..., daß der Eigenthümer ... die Hypothek als Eigenthümerhypothek erwirbt“[1333]. Ebenso ist das Gesetz unter Ausklammerung des Falls der noch künftigen Forderung formuliert: Nach § 1163 I 1 geht es um den besonders zu behandelnden Fall, daß „die Forderung ... nicht zur Entstehung gelangt (ist)“. D.h. daß es um den Fall geht, daß die Forderung planwidrig nicht zur Entstehung gelangt ist, nicht aber um den Fall, daß die Forderung künftig entstehen soll und dafür nach § 1113 II zulässigerweise die Hypothek bestellt ist.

1326 Ein weiterer Beleg dafür ist § 1179 a.F., der in der Neufassung des Gesetzes vom 22.6.1977[1334] nur insoweit abgeändert ist, als die nach § 1179a der Neufassung jetzt schon gesetzlich geschützten Grundpfandberechtigten herausgenommen worden sind. In § 1179 geht es um das Interesse nachrangiger Berechtigter, im Rang vorzurücken, wenn die vorrangige Berechtigung erledigt ist. Bei der vorrangigen Hypothek stößt sich dieses Interesse daran, daß die Hypothek bei Erledigung nicht wegfällt, sondern zur Eigentümergrundschuld wird. § 1179 gibt die Möglichkeit, die Vereinbarung einer Aufhebung der künftigen Eigentümergrundschuld, damit das nachrangige Recht doch vorrücken kann, durch Löschungsvormerkung zu sichern. Die einfache Vormerkung nach §§ 883 ff. reicht dafür nicht aus, weil sie nur gegenwärtige Grundstücksrechte betreffen kann. Den nach § 1179 vorzumerkenden Anspruch hat das Gesetz dahin formuliert, daß er besteht, wenn die Hypothek sich mit dem Eigentum in einer Person vereinigt. Es ist aber sicher so, daß der Anspruch sich nicht auf die Hypothek für eine noch nicht entstandene Forderung bezieht. Die Formulierung „wenn sie sich mit dem Eigentum vereinigt“ kann wieder nur die zwei Fälle meinen: planwidrige Nichtentstehung oder nachträgliche Erledigung der hypothekarisch gesicherten Forderung.

1327 Völlig eindeutig ist die Lage sodann hinsichtlich der Höchstbetragshypothek. Daß der Gesetzgeber des BGB diese Figur nicht mit der Vorstellung eines Hin- und Herzuckens des Rechts etwa zwischen einem Kreditgeber und dem Eigentümer je nach Entwicklung des Kreditverhältnisses eingerichtet hat, steht außer Frage. In den Protokollen findet man die folgende Wiedergabe der Mehrheitsmeinung: „Sei die Kautionshypothek für alle Forderungen bestellt, die aus einem gewissen Rechtsverhältnisse entstehen, und werde der Gläubiger wegen einer dieser Forderungen vor dem Abschlusse des Rechtsverhältnisses vom Eigenthümer befriedigt, so bleibe die Entscheidung, ob und zu welchem Betrage durch die Theilbefriedigung eine Eigenthümerhypothek entstehe, so lange in der Schwe-

[1331] S. dazu Mot., *Mugdan* III, S. 449 f. Zutreffend BGH NJW 1983, 1114, 1116 unter 5 a; NJW 1983, 1123, 1125 unter b aa.

[1332] S. auch Motive dazu, *Mugdan* III, S. 356.

[1333] Mot., *Mugdan* III, S. 844.

[1334] BGBl. I, S. 998.

be, bis nach der Beendigung des Verhältnisses feststeht, ob die aus demselben entstandenen Forderungen den Höchstbetrag der Hypothek erreichen oder nicht ... Gegen die sachliche Richtigkeit dieser Ausführungen wurden von keiner Seite Einwendungen erhoben"[1335].

Bemerkenswert ist, daß hier von vornherein nur der Fall des Erlöschens einer Forde- **1328**
rung aus dem Rechtsverhältnis erwogen wird. An eine Eigentümerhypothek wegen Noch-nicht-Entstehens den Höchstbetrag deckender Forderungen ist nicht einmal im Ansatz gedacht worden. Selbst wo die § 1163 I 1 entsprechende Regelung in Sicht kommt, wird sie wegen der denkbaren künftigen Forderungen „in der Schwebe gehalten", d.h. nicht zur Anwendung gebracht.

Es ist allerdings nicht zu verkennen, daß der Gesetzgeber des Gesetzes vom 22.6.1977, **1329**
welches § 1179 eingeschränkt und den gesetzlichen Löschungsschutz nach § 1179a, b eingeführt hat, von der herrschenden Auffassung zur Eigentümergrundschuld bei noch nicht entstandener Forderung ausgegangen ist. § 1179a II erklärt das Löschungsverlangen betreffend eine nach § 1163 I 1 mit dem Eigentum vereinigte Hypothek erst dann für berechtigt, wenn sich ergibt, daß die zu sichernde Forderung nicht mehr entstehen wird. § 1179a III gibt den Löschungsanspruch dem eingetragenen Hypothekar oder seinem Rechtsnachfolger auch dann, wenn gerade die auf den Hypothekar eingetragene Hypothek selbst nach § 1163 mit dem Eigentum vereinigt ist. Das Gesetz meint hier den Fall der für eine noch nicht entstandene Forderung eingetragenen Hypothek. Schließlich gibt § 1179a II den Löschungsanspruch bezüglich einer Hypothek, bei der die Forderung endgültig nicht mehr entstehen kann, auch „wegen der vorher bestehenden Vereinigungen" (Abs. 2 S. 1 2. Hs.). Damit ist sogar die h.M. von der mit Zwischentilgung partiell zur Eigentümergrundschuld werdenden Höchstbetragshypothek zugrunde gelegt.

Wenn aber auch § 1179a auf der herrschenden Dogmatik betreffend die Hypothek für noch nicht entstandene Forderungen beruht, so schreibt das Gesetz doch diese Dogmatik wie immer nicht vor. Und die sachliche Regelung des Gesetzes ist gerade dann erst einleuchtend, wenn man die Hypothek für künftige Forderungen anerkennt. Sie ist also mit dieser Erkenntnis auch vereinbar: Weil der Hypothekar einer für künftige Forderungen bestellten Hypothek die Hypothek innehat, deshalb kann es nicht in Frage kommen, daß sich gegen dieses Recht ein Löschungsanspruch richtet. Und ebenso muß, weil er hypothekenberechtigt ist, der Hypothekar seinerseits den Löschungsanspruch bezüglich vorrangiger Rechte haben[1336].

Weiter darf aber das Löschungsrecht aus § 1179a III auch gar nicht gehen. Ist der Hypothekar wegen seiner Forderung befriedigt oder kann diese Forderung gar nicht entstehen, so ist das Grundbuch schlicht auf die Eigentümergrundschuld des Eigentümers zu berichtigen. Es kann der nichtberechtigte Buchhypothekar keine Löschungsansprüche gegen den Eigentümer haben. § 1179a III muß den wirklichen Gläubiger meinen, also ist entgegen der falschen Folgerung aus § 1163 I 1 der Inhaber einer Hypothek für künftige Forderungen wirklicher Gläubiger.

In § 1179a II, III ist nichts anderes als die zum Teil ungeschickte Klarstellung dessen **1330**
enthalten, daß aus der Anwendung des § 1163 I 1 durch die h.M. auf die Hypothek für künftige Forderungen nicht die Folgerung gezogen werden darf, daß der Inhaber dieser Hypothek als Nichtberechtigter zu behandeln ist. Die dogmatische Folgerung gerade aus dieser Klarstellung ist aber erneut: Es besteht nicht das Paradox einer Hypothek für

[1335] Mot., *Mugdan* III, S. 891.
[1336] Nicht zutreffend MünchKomm/*Eickmann* § 1179 a Rz. 15 ff., 18, der dem § 1179 a III entgegen seinem klaren Wortlaut kein eigenes Recht des Hypothekars bei noch nicht entstandener Forderung entnimmt, sondern nur den Ausschluß von schädigenden Verfügungen eines eigentlich berechtigten Zwischenfinanziers.

künftige Forderungen trotz „an sich" existierender Eigentümergrundschuld, vielmehr ist nicht einmal „an sich" eine Eigentümergrundschuld gegeben.

1331 Das Fazit ist: So wie §§ 1179 und 1179a den Inhaber der Hypothek bei noch nicht entstandener Forderung in Wirklichkeit als Berechtigten einer Hypothek behandeln, so muß es überhaupt sein: Der Gläubiger hat nicht bloßen Buchbesitz, er ist als Berechtigter im Grundbuch eingetragen. Und es müssen ihm wie der Löschungsanspruch nach § 1179a III ebenso die Ansprüche etwa aus § 1134 zustehen. Von einer in Wirklichkeit bestehenden Eigentümergrundschuld ist nicht zu reden.

ccc) Drei Merkmale der Akzessorietät der Hypothek

1332 Das Gesetz kennt Hypotheken ohne gegenwärtige Forderung. Dies muß im Verständnis der Akzessorietät berücksichtigt werden. Die Hypothek kann somit keinesfalls als Teil der Forderung verstanden werden. Andererseits ist aber für die Vorschriften der §§ 1281, 1282 die Einziehung der Hypothek zugleich Einziehung der Forderung. Das paßt nur zusammen, wenn man den sachlichen Gehalt der Forderung, d. h. dasjenige, was der Gläubiger aufgrund der Forderung verlangen kann, von dem Recht der Forderung selbst unterscheidet. Die Hypothek ist danach das zur Forderung hinzutretende Recht des Gläubigers, dasjenige, was er aufgrund der Forderung verlangen kann, aus dem Grundstück zu erheben. Juristisch plastischer wird die Konfiguration, wenn man die Passivseite betrachtet. Sieht man insoweit die Hypothek als dingliche Haftung, so haben wir eine Gesamthaftung von Forderungsschuldner und Grundstück vor uns, wie bei der Haftung aus einer Gesamtschuld, wobei hier nur die eine – dingliche – Haftung sich aus der anderen bestimmt, nämlich zur Realisierung der anderen bestimmt ist.

1333 Die selbstverständliche Anwendbarkeit der §§ 1281, 1282 auch auf die Hypothek beim Pfandrecht an einer hypothekarisch gesicherten Forderung erklärt sich somit daraus, daß der Gläubiger mit der Realisierung der Hypothek nach deren Inhalt das erstrebt und erlangt, was er aufgrund der Forderung verlangen kann. Dieser Forderungsbezug der Hypothekenrealisierung kraft des Hypothekeninhalts ist die erste Konsequenz der Akzessorietät. Weil sodann der Gläubiger dasjenige aus der Hypothek erheben kann, was er aus der Forderung zu verlangen berechtigt ist, wirkt sich die Nichtentstehung (abgesehen vom Fall der Hypothek für eine noch nicht entstandene Forderung) und jede Änderung der Forderung auf die Hypothek aus, gibt es insbesondere nur die Abtretung der Forderung (§ 1154), der die Hypothek folgt (§ 1153 I), nicht aber die Abtretung der Hypothek. Der Bezug der Rechtsveränderungen auf die Forderung, wobei sich die Veränderungen der Forderung auf die Hypothek auswirken, ist die zweite Konsequenz der Akzessorietät.

1334 Drittens ist aber eine Hypothek für noch nicht entstandene Forderungen denkbar: So wie ein Gesellschafter durch seinen Beitritt die Mithaftung für künftige Gesellschaftsverbindlichkeiten übernimmt, kann der Grundstückseigentümer gegenwärtig die Haftung für eine künftige Forderung übernehmen; indem er es sodann gegenüber einem bestimmten Gläubiger tut, korrespondiert mit der Haftung ein Recht. Die Hypothek für eine künftige Forderung ist ohne weiteres denkbar als gegenwärtige Rechtsposition, die dem Gläubiger bereits jetzt das Grundstück für die künftig entstehende Forderung in Beschlag gibt.

ddd) Gläubiger- und Schuldnerwechsel bei der hypothekarisch gesicherten Forderung

1335 Aufgrund der Erklärung der Akzessorietät der Hypothek ist insbesondere der zu den Haupt-Akzessorietätsvorschriften zählende § 1153 einzuordnen, sodann als Gegenkonstellation § 418 I 2: Nach § 1153 I geht mit der Übertragung der Forderung die Hypothek auf den neuen Gläubiger über. Nach Abs. 2 kann die Forderung nicht ohne die

Hypothek[1337], die Hypothek nicht ohne die Forderung übertragen werden. Abs. 1 ist eine selbstverständliche Folgerung aus der Akzessorietät: Ist die Hypothek das Recht des Gläubigers, dasjenige aus dem Grundstück zu erheben, was er aus der Forderung verlangen kann (§ 1113 I), so ist selbstverständlich, daß die Hypothek grundsätzlich bei Übertragung der Forderung mit übergeht. Ebenso selbstverständliche Konsequenz der Akzessorietät ist, daß die Hypothek nicht ohne die Forderung übertragen werden kann (§ 1153 II 2. Hs.).

Nicht selbstverständlich ist allerdings die erste Aussage des § 1153 II, daß die Forderung nicht ohne die Hypothek übertragen werden kann. Selbstverständlich ausgeschlossen ist zwar noch die Übertragung der Forderung unter Abtrennung und Fortbestehen der Hypothek in der Hand eines anderen Gläubigers[1338]. Nicht selbstverständlich ist dagegen der Ausschluß der Möglichkeit, daß die Forderung unter *Erlöschen* der Hypothek, also als nicht hypothekarisch gesicherte Forderung übertragen wird. § 1250 II erkennt diese Möglichkeit für das gleichfalls akzessorische Pfandrecht durchaus an. Mangels einer § 1153 II entsprechenden Vorschrift ist sie auch für den Bürgschaftsfall und die Vormerkung anerkannt[1339]. § 1153 II bestimmt insoweit eine Besonderheit für die Hypothek. Der Grund besteht darin, daß nach §§ 1113, 1115 die Forderung als hypothekarisch gesicherte im Grundbuch steht. Deshalb wird sie auch grundstücksrechtlich modifiziert übertragen (§ 1154). Diese sachenrechtlich ausgestattete, verlautbarte und zu übertragende Forderung soll nur durch die sachenrechtlichen Vorgänge der Aufhebung der Hypothek oder des Verzichts auf sie (§§ 875, 1183, 1168, 1177) oder der Änderung der Hypothek in eine Grundschuld zu einer nicht hypothekengesicherten Forderung werden können[1340]. **1336**

Weiter ist zu erklären, weshalb § 1153 nur von der Übertragung spricht. Der Grund dafür ist, daß der gesetzliche Übergang der Forderung schon in § 412 i.V.m. § 401 geregelt ist[1341]. Z.B. normiert § 412 mit § 401 den Fall des § 1143 I 1: Befriedigt der mit dem Schuldner nicht identische Eigentümer den Gläubiger, so geht die Forderung auf ihn über. Nach §§ 412, 401 erwirbt der Eigentümer mit der Forderung auch die Hypothek. Es entsteht eine Eigentümer*hypothek* im Gegensatz zur Eigentümergrundschuld, die in den Fällen der §§ 1163, 1177 I entsteht. **1337**

Die genau entgegengesetzte Konstellation zu § 1153 I, II stellt § 418 I 2 mit Satz 3 dar: Im Gegensatz zum Wechsel auf der Aktivseite der Forderung, der in § 1153 geregelt ist, betreffen die Vorschriften den Wechsel auf der Passivseite, d.h. die privative Schuldübernahme. Die Konsequenz der Akzessorietät ist hier statt des Übergangs der Hypothek **1338**

[1337] Ausnahme § 1190 IV 1, 2.

[1338] § 1190 IV 2, der den Übergang der Hypothek ausschließt, wenn von der Möglichkeit bei der Höchstbetragshypothek Gebrauch gemacht wird, die Forderung nach § 398 zu übertragen (§ 1190 IV 1), ist keine Ausnahme. Es kommt kein Fall zustande, in dem die Forderung dem Zessionar und die auf dieselbe Forderung bezogene Hypothek dem Zedenten zusteht. Zwar kann die Höchstbetragshypothek dem Zedenten verbleiben, dann aber für die übrigen Forderungen aus dem gesicherten Rechtsverhältnis, die abgetretene Forderung ist nicht mehr gesichert. Wenn demgegenüber beim Zedenten kein Forderungspotential mehr verbleibt, dann geht die Hypothek auf den Eigentümer über. In diesem Fall wirkt die Zession der Forderung nach § 398 als Verzicht auf die Hypothek (§ 1168), s. Planck/*Strecker* § 1190 Rz. 5 a mit Nachweisen aus der Rechtsprechung des RG.

[1339] RGZ 85, 364; Palandt/*Heinrichs* § 401 Rz. 2 wendet § 1250 II analog an.

[1340] Die Folgerichtigkeit des Gesetzes zeigt sich, wenn für die Höchstbetragshypothek die Abtretung der Forderung nach § 398 vorgesehen wird, dann ohne Übergang der Hypothek.

[1341] Palandt/*Bassenge*, 61. Aufl., § 1250 Rz. 1; § 1153 Rz. 1 a bezieht § 1250 und § 1153 auch auf den gesetzlichen Übergang des (Grund-)Pfandrechts; ebenso MünchKomm/*Eickmann* § 1153 Rz. 1 sowie MünchKomm/*Damrau* § 1250 Rz. 1. Die Erweiterung entgegen dem Wortlaut („Übertragung") ist wegen §§ 412, 401 unnötig.

beim Gläubigerwechsel der Verlust der Hypothek: Da die Person und das Vermögen des Schuldners das Recht der Forderung wesentlich konstituiert, verzichtet der Gläubiger mit der Zustimmung zur Schuldübernahme auf eine wesentliche Grundlage seines rechtlichen Interesses. Die Konsequenz der Akzessorietät ist, daß er damit grundsätzlich auch auf die Hypothek verzichtet, die auf das ursprüngliche Forderungsinteresse bezogen ist. Diese Konsequenz bestimmt § 418 I 2 (mit § 1168). Wie bei § 1153 II geht es sodann um die Möglichkeit, ob von der grundsätzlichen Konsequenz abgewichen werden kann. Im genauen Gegensatz zur Abweichung von § 1153 II (nämlich der Übertragung der Forderung unter Verzicht auf die Hypothek) besteht die Abweichung von § 418 I 2 in dem Fortbestand der Hypothek unter Ausschluß der grundsätzlichen Konsequenz des Verzichts. Und im weiteren Gegensatz zu § 1153 II ermöglicht § 418 I 3 die Abweichung in seinem Fall. Dies ist begründet, weil mit dem ursprünglichen Schuldner das Befriedigungsinteresse des Gläubigers aus seiner Forderung ja nicht gänzlich weggefallen, die Hypothek (als Gläubigerrecht) also trotz der Änderung des Schuldners noch fortbestehen kann. Das Gesetz ermöglicht diesen Fortbestand unter der Voraussetzung, daß der Eigentümer mit dem Schuldnerwechsel einverstanden ist. Das Einverständnis muß aber schon die Schuldübernahme mitbestimmen, nur dann kann die Hypothek die Forderung auch bei Veränderung des Schuldners umfassen. Deshalb verlangt das Gesetz für den Fortbestand der Hypothek als Gläubigerrecht die Einwilligung desjenigen, der zur Zeit der Schuldübernahme der Eigentümer des Grundstücks ist. So erklärt sich die Regelung des § 418 I 2, 3: Bei der Schuldübernahme ist grundsätzlich von einem Verzicht des Gläubigers auf die Hypothek auszugehen, es sei denn daß derjenige, welchem der verhaftete Gegenstand zur Zeit der Schuldübernahme gehört, in diese einwilligt (§ 183)[1342].

cc) Die Nichtakzessorietät der Grundschuld

aaa) Der Gegensatz zu den drei Merkmalen der Akzessorietät der Hypothek

1339 Nach der genauen Herausarbeitung des akzessorischen Inhalts der Hypothek ist nun ebenso genau zu sagen, welches der Inhalt der nicht akzessorischen Grundschuld ist. Nach §§ 1191 I, 1192 I setzt die Grundschuld keine Forderung voraus. Sie ist nicht das Recht, den aus einer Forderung zu verlangenden Geldbetrag aus dem Grundstück zu erheben, sondern das Recht, einen bestimmten Geldbetrag zu erheben[1343]. Sie ist nicht ein zusätzliches Recht auf ein Forderungsinteresse bzw. eine Gesamthaftung des Grundstücks für ein Forderungsinteresse, sondern sie ist Recht und Haftung schlicht auf einen bestimmten Geldbetrag. Cum grano salis zu Recht wurde in §§ 794 I Nr. 5 S. 2 a.F. und wird in § 592 S. 2 ZPO der haftende Grundstückseigentümer wie der Schuldner einer Forderung „Schuldner" genannt. Wenn wir diesen Ausdruck fortdenken, ist die Grundschuld gleichsam eine selbständige dingliche Forderung auf Zahlung aus einem Grundstück. D.h. sie lastet auf dem Grundstück und ist aus dem Grundstück zu erheben, d.h. sie trifft den jeweiligen Eigentümer und ist dadurch zu erheben, daß der jeweilige Eigentümer die Zwangsvollstreckung in das Grundstück dulden muß (§§ 1192 I, 1147).

1340 Dies gilt auch für die Sicherungsgrundschuld. Man ist gewöhnt, Hypothek und Sicherungsgrundschuld gegeneinander zu stellen[1344]. Das ist schief: Die Hypothek ist nur Akzessorium einer Forderung, die Grundschuld steht mit der Forderung auf einer Stufe. Daraus folgt für die Sicherungsgrundschuld: Sie entspricht einer sicherungshalber zedier-

[1342] Die Einwilligung i.S. des § 418 I 3 ist insbesondere in dem Fall gegeben, den § 416 I 1 behandelt, d.h. in dem Fall, daß der bisherige Schuldner der Eigentümer des Grundstücks ist, sein Grundstück veräußert und selbst mit dem Erwerber vereinbart, daß dieser die Schuld übernimmt.

[1343] Möglich ist auch, die Belastung auf Zinsen sowie andere Nebenleistungen zu erstrecken, § 1191 II.

[1344] S. etwa *Baur/Stürner* § 36 Rz. 73 ff.

ten Forderung oder auch dem Sicherungseigentum. Dies gilt ohne weiteres bei Abtretung einer dem Zedenten gehörenden Grundschuld zur Sicherung einer Forderung. Sicherungsrechtlich ist aber auch die Bestellung einer Grundschuld zur Sicherung einer Forderung das gleiche wie die Übertragung von Eigentum, Forderung oder Grundschuld zu Sicherungszwecken. Hier wie dort wird ein bestimmtes Recht voll eingeräumt, wobei nur eine Vereinbarung, die in aller Regel[1345] nur schuldrechtlich wirkt, den Erwerber in der Ausübung des erworbenen Rechts an den Sicherungszweck bindet. Kraft dieser Beschränkung ist die Sicherungsgrundschuld, gleich ob sie zur Sicherung übertragen oder bestellt wird, wie das Sicherungseigentum oder die sicherungszedierte Forderung dem Berechtigten zu treuen Händen eingeräumt. Die Sicherungsgrundschuld ist Sicherungstreuhand.

Zwischen der Bestellung einer Sicherungsgrundschuld und der Sicherungübertragung von Eigentum, Forderung oder Grundschuld besteht freilich ein Unterschied: Der Besteller der Grundschuld ist zugleich „Schuldner" und Sicherungsvertragspartner[1346]. Der „Schuldner" selbst nimmt die Grundschuld unter der Beschränkung des Gläubigers auf den Sicherungszweck auf sich. Demgegenüber hat der Schuldner der sicherungszedierten Forderung oder der Grundstückseigentümer bei der sicherungszedierten Grundschuld, wenn nicht besondere Rechtsgeschäfte hinzukommen, mit dem Sicherungsgeschäft nichts zu tun. Aus der Verknüpfung von Schuldbegründung und Sicherungsvereinbarung im Fall der Bestellung einer Grundschuld zur Sicherung einer Forderung ergibt sich als besonderes Problem der Sicherungsgrundschuld die Möglichkeit der Einreden des „Schuldners" aus der Bindung der Grundschuld an den Sicherungszweck. Wird die Grundschuld zur Sicherung übertragen, stehen die Rechte aus der Sicherungsvereinbarung dagegen dem zedierenden Grundschuldgläubiger als Partner der Sicherungsvereinbarung zu und nicht dem Grundstückseigentümer, sofern nicht der Zedent seine Rechte dem Eigentümer abtritt[1347]. **1341**

Aus der Nichtakzessorietät der Grundschuld ergeben sich bei der Sicherungsgrundschuld in Anbetracht der aus der Akzessorietät der Hypothek zu folgernden drei Einzelmerkmale die drei entgegengesetzten Folgerungen aus der Nichtakzessorietät: Realisierung der Grundschuld ist nach dem Inhalt der Grundschuld nichts weiter als Realisierung der Grundschuld. Erst der Sicherungsvertrag regelt, daß diese Grundschuld nur zur Befriedigung wegen einer Forderung geltendgemacht werden kann und das Ergebnis der Geltendmachung, wenn nichts anderes vereinbart wird, auf die Forderung anzurechnen ist. **1342**

[1345] Die Vornahme des Bestellungsakts unter einer Bedingung ist denkbar, aber, weil sie zu einer unklaren Rechtslage führt, nicht praktisch.

[1346] Er muß ebenso wenig wie bei der Hypothek zusätzlich Schuldner der gesicherten Forderung sein. Zur Vertragsgestaltung bei der Bestellung von Grundpfandrechten zur Sicherung von Verbindlichkeiten Dritter *Lettl*, ZBB 2001, 37 ff.

[1347] Der Unterschied zwischen Bestellung und Übertragung einer Grundschuld zur Sicherheit ist auch relevant im Fall der Sicherung eines Kredits durch Bruchteilsberechtigte: Bestellen Miteigentümer eines Grundstücks eine Sicherungsgrundschuld an ihren Miteigentumsanteilen, so entsteht eine Gesamtgrundschuld zu Lasten der Miteigentumsanteile (§§ 1192 I, 1114, 1132, 1173, letztere beiden in entsprechender Anwendung, s. Planck/*Strecker* § 1132 Anm. 7, § 1192 Anm. 4 c). Die Folgen der Befriedigung wegen der Kreditschuld und der Grundschuld sind aus dem Verhältnis der Miteigentümer als gesamthaftende und, wenn sie zusätzlich die Kreditschuldner sind, als Gesamtschuldner zu entwickeln. Der BGH hat dagegen auf das Verhältnis der Miteigentümer auch hinsichtlich des Anspruchs auf Rückgewähr der Grundschuld bei Erledigung des Sicherungszwecks das Recht der Bruchteilsgemeinschaft angewandt, ZIP 1986, 900 ff. Bruchteilsgemeinschaft besteht aber hinsichtlich des Rückgewähranspruchs nur dann, wenn eine Grundschuld mehreren in Bruchteilsgemeinschaft zustand und diese dann die Grundschuld zur Sicherung übertragen hatten.

1343 Nichtentstehen und Änderungen einer Forderung wirken sich auf die Sicherungsgrundschuld nicht aus. Es kann der Rechtsgrund für die Sicherungsgrundschuld fehlen, trotzdem besteht die Grundschuld, sie ist dann aus ungerechtfertigter Bereicherung zurückzufordern. Auch wenn die gesicherte Forderung getilgt ist, bleibt die Grundschuld als Fremdgrundschuld bestehen. Sie kann in diesem Fall nach dem Sicherungsvertrag zurückgefordert werden. Ist, wie in der Regel, der Eigentümer der Sicherungsgeber und steht also ihm der Rückgewähranspruch zu oder ist ihm der Rückgewähranspruch zediert worden, so kann er gegenüber der Geltendmachung der Sicherungsgrundschuld durch den Gläubiger die Einrede des „dolo agit qui petit quod statim redditurus est" erheben[1348].

1344 Aus der dauernden Einrede folgert das Gesetz in §§ 1169, 1192 I einen Anspruch des Eigentümers gegen den Gläubiger darauf, daß dieser nach § 1168 (mit der Rechtsfolge der §§ 1192 I, 1177 I 1) auf die Grundschuld verzichtet. Weiter folgt aus dem Anspruch des Eigentümers aus ungerechtfertigter Bereicherung oder aus dem Sicherungsvertrag, daß der Gläubiger – mangels besonderer Vereinbarung nach Wahl des Eigentümers (dessen Interessen entscheiden entgegen der Regelung, die § 262 für den Zweifelsfall gibt) – entweder auf die Grundschuld verzichtet, sie auf den Eigentümer zurücküberträgt (in der in §§ 1192 I, 1154 geregelten Art und Weise) oder die Grundschuld nach §§ 1192 I, 1183, 875 aufhebt[1349]. Die Ansprüche sind nur schuldrechtlich, also relativ. Sie stehen dem aus § 812 Berechtigten oder dem Sicherungsvertragspartner oder einem Zessionar des Anspruchs zu und richten sich gegen den Bereicherungsschuldner oder den anderen Sicherungsvertragspartner. Das Gleiche gilt für die auf dem Anspruch beruhende Einrede.

1345 Was schließlich die Möglichkeit der Sicherung künftiger Forderungen betrifft, die das Gesetz bei der akzessorischen Hypothek eigens klarstellen muß, ist diese bei der Grundschuld wegen der Schuldvertragsfreiheit kein Problem. Es kommen bei der Grundschuld die Anforderungen, die betreffs der Sicherbarkeit künftiger Ansprüche durch eine Hypothek erörtert werden, nicht einmal in Betracht[1350].

bbb) Gläubiger- und Schuldnerwechsel bei der Sicherungsgrundschuld

1346 Die Folgerungen aus Akzessorietät und Nichtakzessorietät sind insbesondere, was den Übergang der gesicherten Forderung auf einen neuen Gläubiger und die Schuldübernahme hinsichtlich der Forderung betrifft, einander gegenüberzustellen. Was zunächst den Übergang der Forderung anbelangt, geht das akzessorische Recht, weil es nach seinem Inhalt auf die Forderung ausgerichtet ist, kraft seines Inhalts bei Übergang der Forderung auf den neuen Gläubiger mit über (§ 1153 und §§ 401, 412). Das nicht akzessorische Recht ist selbständig, es geht nicht von selbst auf den neuen Gläubiger mit über, der Gläubiger der gesicherten Forderung muß und kann es zusätzlich an den neuen Gläubiger abtreten. Der Sicherungsvertrag entscheidet darüber, ob der Gläubiger zu dieser Abtretung befugt ist. Der Gläubiger kann sogar die Forderung an den einen (ZF) und die Grundschuld an einen anderen Zessionar (ZG) abtreten. Nehmen wir an, der Schuldner der Forderung, S, ist auch der Grundstückseigentümer (S=E). Der Gläubiger kann die Forderung an ZF, die Grundschuld an ZG abtreten. Wenn ZF klagt, kann S=E die Einrede aus dem Sicherungsvertrag erheben, daß er nur Zug um Zug – nach seiner Wahl – entweder gegen Löschung (§§ 875, 1192 I, 1183), gegen Übertragung der Grundschuld (§§ 1192 I, 1154 f.) oder gegen Verzicht auf die Grundschuld (§§ 1192 I, 1168 – s. § 1169) leisten muß. Zwar sind die Einreden aus dem Sicherungsvertrag mit dem alten Gläubiger begründet. Nach § 404 wirken sie aber auch gegen ZF. Wenn ZG klagt, kommen auch gegen diese Klage die Einreden des S=E aus dem Sicherungs-

[1348] S. § 478 a.F. (in § 438 IV 2, V n.F. nur nach Restbestand), § 821, die zu der Einrede etwas Besonderes regeln bzw. regelten. In den Vorschriften ist (war) die Einrede also nicht begründet, sondern als selbstverständlich vorausgesetzt.

[1349] BGHZ 108, 237, 243.

[1350] S. u. Rz. 1445.

vertrag in Betracht. Ob diese auch bei der Grundschuld gegen ZG wirken, ist das Thema der §§ 1157, 1192 I und noch zu behandeln.

Was andererseits die Schuldübernahme hinsichtlich der gesicherten Forderung betrifft, so bezieht das Gesetz in § 418 in die Auswirkung der Schuldübernahme auf das Sicherungsrecht mit Recht nur akzessorische Rechte ein. Eine automatische Auswirkung der Schuldübernahme kommt bei der Sicherungsgrundschuld nicht in Betracht. Der BGH und die h.M. vertreten freilich die analoge Anwendbarkeit des § 418 auf die Sicherungsgrundschuld[1351]. Bei Abtretung des Anspruchs auf Rückgewähr der Sicherungsgrundschuld kommen sie in die Schwierigkeit der Frage, wer nach § 418 I 3 zustimmen muß: der Eigentümer des belasteten Grundstücks oder der Zessionar des Rückgewähranspruchs[1352]. Entgegen der Ansicht des BGH und der h.M. regelt sich alles statt aus § 418 aus der Sicherungsabrede. Dient nach dieser die Grundschuld nur der Sicherung einer bestimmten Forderung, so ist dies die Forderung gegen den ursprünglichen Schuldner, folglich entfällt durch Schuldübernahme der Sicherungszweck und ist die Grundschuld zurückzugewähren. Dazu, daß dementgegen der Sicherungszweck auf den neuen Schuldner erweitert wird, bedarf es der Änderung der Sicherungsabrede oder einer neuen; die Änderung müssen die Parteien des Sicherungsvertrags, die Neuvereinbarung kann der Zessionar vornehmen. Ändern die Vertragsparteien den Vertrag, nachdem der Anspruch auf Rückgewähr zediert worden ist, ist die Änderung nur nach § 407 I gegen den Zessionar wirksam[1353]. **1347**

dd) Akzessorietät und Eigentümergrundpfandrecht

Eine Konsequenz aus der Nichtakzessorietät der Grundschuld ist: Die Grundschuld ist in der Lage, als Eigentümergrundschuld lediglich zur Rangreservierung zu dienen (§§ 1177, 1196). Da die Grundschuld wie jedes beschränkte Grundstücksrecht ein abgespaltener Teil des Eigentums ist und lediglich auf einen bestimmten Geldbetrag (möglich auch auf Zinsen und Nebenleistungen) gerichtet ist, kann der Grundstückseigentümer ohne weiteres selbst eine Grundschuld aus seinem Eigentum verselbständigen. Aber auch die Hypothek kommt als Eigentümergrundpfandrecht in Betracht. Sie setzt freilich eine Forderung voraus, auf die sie sich beziehen muß, und eine solche kann der Eigentümer nicht gegen sich selbst begründen. Die Eigentümerhypothek kommt deshalb nur zur Sicherung einer Forderung in Betracht, die dem Eigentümer gegen einen Dritten zusteht (oder zustehen wird). Ein praktischer Fall einer Eigentümerhypothek ist der Fall des § 1143 I (Übergang der Forderung und damit auch der Hypothek auf den mit dem Schuldner nicht identischen Eigentümer, wenn dieser den Gläubiger befriedigt). Es ist aber auch die Bestellung einer Restkaufgeldhypothek durch den Verkäufer, solange dieser noch Eigentümer ist, zuzulassen. **1348**

b) Akzessorietät und Kausalität

Akzessorietät der Hypothek und Nichtakzessorietät der Grundschuld können, gerade weil die Sicherungsgrundschuld der sicherungshalber zedierten Forderung gleichsteht, an Hand einer Entscheidung des BGH zur Sicherungszession[1354] demonstriert werden. Dafür **1349**

1351 BGH JZ 1992, 583 ff. m.w.N., zust. Anm. *H. Weber,* a.a.O., 584.

1352 Nach BGH a.a.O.: der Eigentümer.

1353 Nicht zu folgen ist OLG München WM 1999, 1276, 1278, daß Eigentümer und Grundschuldgläubiger den Sicherungszweck auch dann noch mit Wirkung für den Rückgewähranspruch erweitern können, wenn dieser abgetreten ist. Mit der Abtretung geht die relative Zuordnung der Grundschuld, und zwar zu den Bedingungen des Sicherungsvertrags, wie dieser bei Abtretung steht, auf den Zessionar über. Damit hat der Eigentümer keine Zuständigkeit mehr zur Grundschuld. Es gilt nur noch zum Schutze des Grundschuldgäubigers als Schuldners des Rückgewähranspruchs § 407. Die Rede des Gerichts von einem nach § 137 unveräußerlichen Recht des Sicherungsvertragspartners zur Vertragsänderung beruht auf einer Verwechselung von Regelungsmöglichkeit und subjektivem Recht. Zutreffend zum Problem *Gaberdiel,* Kreditsicherung durch Grundschulden, 1985, Rz. 9.31 und Anm. zu BGH EWiR § 1191 BGB 1/89, 156.

1354 BGH NJW 1982, 275; dazu *Jauernig,* NJW 1982, 268, *Tiedtke,* DB 1982, 1709.

sind die Akzessorietät und Nichtakzessorietät dem Begriffspaar Kausalität und Abstraktheit gegenüberzustellen Der BGH hatte einen Forderungsprätendentenstreit zu entscheiden. Zwei Sicherungsnehmer stritten sich um ein- und dieselbe Forderung, die zunächst dem einen, sodann dem anderen zur Sicherheit abgetreten worden war. Der BGH hat den zweiten Zessionar obsiegen lassen, weil mangels gesicherter Forderung die Erstzession unwirksam gewesen sei. In seiner Begründung hat der BGH Akzessorietät und Abstraktheit vermengt. Die Erstzession sei deshalb unwirksam, weil die grundsätzliche Abstraktheit der Zession von der zugrundeliegenden Forderung durch Vereinbarung überwunden werden könne. Hier sei eine Vereinbarung zustande gekommen, durch die die zedierte Forderung ebenso akzessorisch zu der gesicherten Forderung geworden sei wie ein Pfandrecht. Dies ist zu überprüfen, indem Abstraktheit und Kausalität auf der einen und Nichtakzessorietät und Akzessorietät auf anderen Seite einander gegenübergestellt werden. Weil es um die Forderungsinhaberschaft der Erstzessionarin mit Wirkung gegenüber der Zweitzessionarin als Dritter ging, kann die Frage nicht unter Hinweis darauf dahingestellt bleiben, daß es im Verhältnis inter partes substantiell weder auf Kausalität oder Abstraktheit noch auf Akzessorietät oder Nichtakzessorietät ankommt[1355].

1350 Das Gegensatzpaar Abstraktheit und Kausalität bezieht sich auf den Zusammenhang zweier Rechtsgeschäfte, des Rechtsgrundgeschäfts und des Zuwendungsgeschäfts. Das Gegensatzpaar Nichtakzessorietät und Akzessorietät bezieht sich auf den Zusammenhang zweier Rechte, des gesicherten und des sichernden Rechts. Der Zusammenhang im Hinblick auf Akzessorietät oder Nichtakzessorietät ist unterschiedlich nach dem Inhalt des sichernden Rechts[1356]. Daß Abstraktheit und Nichtakzessorietät nicht vermengt werden dürfen, zeigt das Geschäft der Bestellung eines akzessorischen Rechts, etwa der Bestellung einer Hypothek: Das Rechtsgeschäft der Bestellung oder, wie das Gesetz sich ausdrückt, der Belastung des Grundstücks mit der Hypothek geschieht nach § 873 i.V.m. §§ 1115 ff. Das Rechtsgeschäft ist abstrakt. Gerichtet ist es aber auf das Recht der Hypothek, und dieses Recht ist akzessorisch zu der gesicherten Forderung[1357]. Das akzessorische Recht wird abstrakt eingeräumt. Es ist nicht der Gegensatz zum akzessorischen das abstrakte Recht.

1351 Zu fragen ist noch, *wovon* die Bestellung der Hypothek abstrahiert ist. Sie ist nicht etwa von der zu sichernden Forderung abstrahiert, denn Abstraktion heißt Unabhängigkeit von einem Rechtsgrundgeschäft. Abstrahiert ist die Bestellung sodann auch nicht einmal von dem Vertrag bzw. Vertragsteil, aus dem die Forderung entsteht, dem Darlehen. Abstrahiert ist die Bestellung vielmehr von der Vertragsabrede über die Sicherung der Kreditforderung durch eine Hypothek. Durch die abstrakte Bestellung der Hypothek wird als Rechtsgrundgeschäft die Sicherungsvereinbarung erfüllt. Folglich ergibt sich bemerkenswerter Weise: Hypothek und Sicherungsgrundschuld werden nicht nur gleichermaßen abstrakt bestellt, sie haben sogar dieselbe Rechtsgrundlage, nämlich die Sicherungsabrede. Sie sind also nicht im Hinblick auf Abstraktheit und Rechtsgrund unterschieden. Sie sind nur durch ihren Inhalt unterschieden, den bestehenden oder den fehlenden Bezug ihres Inhalts auf die zu sichernde Forderung.

1355 Oben Rz. 69.

1356 So auch *Wolff/Raiser* § 132 II, S. 532 ff., die die Ausdrucksweise, die im Hinblick auf das Verhältnis zu der zu sichernden Forderung die Grundschuld als abstrakt, die Hypothek als kausale Belastung des Grundstücks bezeichnet, als irreführend kritisieren.

1357 Mit welcher Genauigkeit zu unterscheiden ist, zeigt die Analyse der Gewohnheit, für die Nichtakzessorietät der Grundschuld anzuführen, daß die Erledigung des Sicherungszwecks bei der Grundschuld nicht zu dem Erlöschen, sondern zu einem Anspruch auf Rückgewähr der Grundschuld aus dem Sicherungsvertrag führt. Der Sicherungsvertrag ist aber die Grundlage der Rechtsbestellung oder -übertragung und hat mit der Akzessorietät oder Nichtakzessorietät, die den Inhalt des Rechts betreffen, nichts zu tun.

Infolge dieses inhaltlichen Unterschieds muß allerdings die Sicherungsabrede für die nicht akzessorische Grundschuld mehr leisten als für die akzessorische Hypothek. Indem z. B. die Hypothek nach ihrem Inhalt von der zu sichernden Forderung abhängig ist, verliert sie der Gläubiger automatisch mit Erlöschen der Forderung. Die Grundschuld muß der Eigentümer dagegen aufgrund der Sicherungsabrede zurückfordern, wenn die zu sichernde Forderung erloschen ist, und er ist dazu nur berechtigt, wenn er selbst die Sicherungsabrede vereinbart hat oder die Forderung daraus an ihn abgetreten ist. **1352**

Auch bei den akzessorischen Rechten bleibt für die Sicherungsabrede als Rechtsgrund aber durchaus noch Bedeutung für die Rückabwicklung. Ist die Sicherungsabrede unwirksam, teilt sich dies auch der akzessorischen Hypothek nicht automatisch mit (die gesicherte Forderung kann ja bestehen). Vielmehr muß in diesem Fall auch die Hypothek nach § 812 I 1 Alt. 1 zurückverlangt werden. Weiter ist der Fall der akzessorischen Bürgschaft anzuführen, den der BGH entschieden hat[1358]. In diesem hatte der Schuldner einer Forderung die Bürgschaft eines anderen zu beschaffen und auch beschafft. Er machte geltend, daß sich der Sicherungszweck erledigt hatte. Der BGH hatte den Anspruch des Schuldners auf Rückgewähr der Bürgschaft oder zumindest der Bürgschaftsurkunde an den Bürgen zu prüfen. **1353**

Im Ausgangsfall der Sicherungszession einer Forderung, in dem der BGH mit der Möglichkeit der Überwindung der Abstraktheit der Zession durch die Vereinbarung der Akzessorietät gearbeitet hat, bestanden für den BGH zwei Prüfungsmöglichkeiten: Entweder wollte er die zur Sicherung zedierte Forderung von der zu sichernden Forderung abhängig machen. Dann ging es um die Vereinbarung einer akzessorischen Forderung. Die Akzessorietät gehört aber zum Rechtsinhalt. Stellt man auf den Rechtsinhalt der Forderung ab, so wird dieser zwischen Gläubiger und Schuldner vereinbart; durch Vereinbarung mit dem Zessionar kann der Gläubiger hierauf nicht einwirken. Verfügbar ist Zedent und Zessionar freilich das Zessionsgeschäft, dies ist aber als Übertragungsgeschäft festgelegt. Wollen die Parteien davon abweichen, gibt es nur die Alternative der Verpfändung der Forderung. Es gilt der numerus clausus sachenrechtlicher Verfügungen oder auch – vom Gegenstand der Verfügung her gesehen, wenn man nunmehr auf die unterschiedlichen Berechtigungen aus der Forderung (Inhaberschaft, Pfandrecht an der Forderung) abstellt – der numerus clausus der absolut zuordnenden Rechte. **1354**

Die zweite Möglichkeit für den BGH bestand darin, statt der Abhängigkeit der Rechte eine solche der Geschäfte zu prüfen. Insoweit kam aber nur die Beschränkung der abstrakten Zession durch die Vereinbarung einer Bedingung in Betracht. Das setzt den Zweifel der Parteien hinsichtlich des Bestehens der Forderung voraus und ihren Entschluß, aufgrund der Zweifel eine Bedingung hinzuzufügen. Dafür hatte der BGH keinen Anhalt[1359], ganz abgesehen von der weitgehenden Einheitlichkeit der Sicherungs- **1355**

1358 BGH NJW 1989, 1482; s. erneut BGH DB 1992, 1721. Ein ähnlicher Fall ist für die Hypothek denkbar: Hat etwa ein Sohn mit Zustimmung der Eltern (§ 185 I) an dem elterlichen Grundstück eine Hypothek bestellt und die gesicherte Forderung getilgt, so erwerben zwar kraft der Akzessorietät die Eltern die Hypothek zurück (§§ 1163 I, 1177 I), sie haben insofern den Berichtigungsanspruch nach § 894 und bei der Briefhypothek aufgrund des Eigentumserwerbs nach § 952 II den Herausgabeanspruch nach § 985. Der Sohn kann ihnen die Auseinandersetzung mit dem Gläubiger aber abnehmen. Er hat aus dem Sicherungsvertrag einen Anspruch darauf, daß der Gläubiger den Brief an die Eltern herausgibt und die Eintragung der Eltern als Inhaber der Hypothek bewilligt. Insofern steht ihm darüber hinaus schon hinsichtlich seiner Leistung ein Zurückbehaltungsrecht zu. Auch wenn der Eigentümer selbst der Sicherungsvertragspartner ist, stehen ihm die Ansprüche aus dem Sicherungsvertrag oder aus ungerechtfertigter Bereicherung zu, neben den Rechten aus §§ 894, 985, 1144.

1359 Deshalb ist entgegen *Tiedtke*, DB 1982, 1709 ff. das Ergebnis des BGH auch nicht durch Annahme einer bedingten Abtretung zu rechtfertigen.

praxis, die Sicherungszession unbedingt, mit nur schuldrechtlich wirkender Beschränkung auf den Sicherungszweck, vorzunehmen.

6. Gesetzliche Abweichungen von der Akzessorietät der Hypothek

a) *Zession der Hypothek*

1356 Obwohl § 1153 im Vergleich zur Grundschuld nur Konsequenzen aus der Akzessorietät zu ziehen scheint, sagt er auch etwas, was sich nicht zwingend aus der Akzessorietät ergibt, und schließlich etwas Akzessorietätswidriges. Über die der Akzessorietät entsprechende Aussage des § 1153 I hinaus, daß mit der Abtretung der Forderung die Hypothek auf den neuen Gläubiger übergeht, sagt die Vorschrift in Abs. 2 zum einen, daß die Forderung nicht ohne die Hypothek übertragen werden kann[1360]. Zum anderen wird sogar eine Übertragung hypostasiert, in der die Hypothek führend ist, wenn gesagt wird, daß die Hypothek nicht ohne die Forderung übertragen werden kann. § 1153 leitet zu § 1154 über, der für die Art des Übertragungsgeschäfts Forderung und Hypothek als Einheit unterstellt. Zwar bleibt die Vorschrift bei der Übertragung durch Abtretung der Forderung. Die Abtretung wird aber mit Rücksicht auf die Hypothek grundstücksrechtlich ausgestaltet, wobei der grundsätzlich aufgrund der Eintragung der Hypothek auszugebende Hypothekenbrief (§ 1116) als wertpapierförmiger Anhang des Grundbuchs zu betrachten ist[1361]. Für die Übertragung durch Abtretung verweist § 1154 III hinsichtlich der Buchhypothek auf § 873 I, d.h. die Regelung der Übertragung eines Grundstücksrechts (§ 873 I), und verlangt § 1154 I hinsichtlich der Briefhypothek die schriftliche Abtretungserklärung und die Übergabe des Hypothekenbriefs. § 1153 II macht mit § 1154 für die Übertragung aus Forderung und Hypothek eine einheitliche und zwar grundstücksrechtliche Rechtsposition, die hypothekarisch gesicherte Forderung.

1357 Aus der Gestaltung der Abtretung der hypothekarisch gesicherten Forderung als Übertragung einer grundstücksrechtlichen Rechtsposition folgt die Anwendbarkeit des § 1154 nach § 1192 I auf die nicht akzessorische Grundschuld. Bei der Grundschuld ist die Übertragung zwar ausschließlich die Übertragung eines Grundstücksrechts. Weil § 1154 aber die Abtretung der Hypothekenforderung als solche einer grundstücksrechtlichen Position regelt, ist die Vorschrift auch auf die Grundschuld anwendbar.

b) *Gutgläubiger Erwerb der Hypothek*

1358 Aus der Gestaltung der Abtretung der Hypothekenforderung als grundstücksrechtlichen Rechtsgeschäfts folgt weiter die Entscheidung eines heftigen Streits um einen Fall des gutgläubigen Erwerbs der Hypothek durch Übertragung der Hypothekenforderung. Umstritten ist, ob in dem Fall, daß der im Grundbuch eingetragene Hypothekar die Forderung deshalb nicht hat, weil sie einem anderen zusteht, der gutgläubige Zessionar der angeblichen Forderung nur die Hypothek erwirbt oder ob der Erwerb der Hypothek, wie die Befürworter sagen, den Erwerb der Forderung nach sich zieht.

Die Streitfrage knüpft an die zweite Abweichung des Gesetzes von der Akzessorietät an. Diese findet sich in § 1138[1362]: Danach gilt der öffentliche Glaube des Grundbuchs für die Hypothek auch in Ansehung der Forderung und der gegen sie bestehenden Einreden. Darin liegt eine doppelte Abweichung. Erstens wird wenigstens „in Ansehung der Forderung" etwas begründet, was es bei der Forderung grundsätzlich nicht gibt – der Schutz des Vertrauens in einen Rechtsschein für die Forderung –, und es wird dieser Schutz begründet aus der Tatsache der hypothekarischen Sicherung. Und zweitens geht

[1360] Anders beim Pfandrecht, § 1250 II.

[1361] Der Zusammenhang zwischen § 1153 II und der grundstücksrechtlichen Übertragungsform tritt in der Regelung der Höchstbetragshypothek hervor. Hier gibt es auch die einfache Abtretung, aber nur ohne die Hypothek, § 1190 IV 1, 2.

[1362] Eine weitere Durchbrechung der Akzessorietät regelt § 1156, dazu u. Rz. 1437, 1490 f.

der dadurch begründete Schutz bei Forderung und Hypothek auseinander: Nur „für die Hypothek" wird der Rechtsschein begründet, wenn auch „in Ansehung der Forderung".

Zur Interpretation des § 1138 und zur Entwicklung jener Streitfrage sind beide, die Vorschrift und die Streitfrage, in die vollständigen Grundsätze vom gutgläubigen Erwerb einer Hypothek einzuordnen: Zu unterscheiden sind zwei Fallpaare, also insgesamt vier Fälle. Der vierte Fall ist noch in zwei grundlegend verschiedene Unterfälle aufzuspalten. Der erwähnte Streit bezieht sich auf den zweiten Unterfall (2 b bb):

(1) Der im Grundbuch unrichtig als Eigentümer eingetragene NE bestellt dem G eine Hypothek.
(a) Dem G steht gegen den NE die durch die Hypothek zu sichernde Forderung zu.
(b) Dem G steht die Forderung nicht zu.
(2) Der im Grundbuch unrichtig als Hypothekar eingetragene NH überträgt die hypothekarisch gesicherte Forderung an den Zessionar Z.
(a) Dem NH steht die durch die angebliche Hypothek gesicherte Forderung zu.
(b) Dem NH steht die angeblich durch die Hypothek gesicherte Forderung nicht zu.
(aa) Die Forderung existiert nicht.
(bb) Die Forderung gehört einem Dritten.

Bestellt ein Nichtberechtigter dem Gläubiger, der gegen ihn die Forderung innehat, die Hypothek (Fall 1 a), so ist der gutgläubige Erwerb der Hypothek noch kein Problem. Insofern geht es ausschließlich um die Belastung des Eigentums mit einer Hypothek für eine bestehende Forderung (§ 873 I) und damit einen gewöhnlichen Fall des § 892 I 1. In dem anderen Fall, daß dem Nichtberechtigten die Forderung nicht zusteht (Fall 1 b), gibt es ebenso unfraglich keinen gutgläubigen Erwerb der Hypothek. Ohne die Forderung kann die Hypothek nicht erworben werden. Die Forderung kann aber nicht durch Bestellung der Hypothek gutgläubig erworben werden, auf sie bezieht sich weder die Bestellungsverfügung noch der öffentliche Glaube des Grundbuchs. Über die Forderung steht vor der Bestellung der Hypothek im Grundbuch nichts; bei der Bestellung ist sie Voraussetzung, aber nicht Gegenstand der wirksamen Bestellung der Hypothek (§§ 1113 I, 1163 I 1). § 1138 erstreckt zwar den öffentlichen Glauben des Grundbuchs „für die Hypothek" auch auf die Forderung, dies aber nur dann, wenn über die Forderung etwas im Grundbuch steht, und das ergibt sich erst durch die Eintragung der Hypothek (§ 1115 I). Besteht bei der Bestellung der Hypothek die zu sichernde Forderung nicht oder besteht sie zwar, steht sie aber nicht demjenigen zu, für den die Hypothek bestellt werden soll, so kann die Hypothek nicht durch Bestellung begründet werden. Eine trotzdem eingetragene Hypothek steht nach § 1163 I 1 dem Eigentümer zu. **1359**

Von den Fällen sodann der Übertragung der hypothekarisch gesicherten Forderung (Fälle unter 2) ist noch unproblematisch der Fall, daß der Zedent zwar nicht die Hypothek, aber die Forderung hat (Fall 2 a)[1363]. Weil er die Forderung erwirbt und die Abtretung der Forderung nach § 1154 in bezug auf die Hypothek grundstücksrechtlich geordnet ist, erwirbt der Zessionar ungeachtet dessen, daß ihm die Forderung abgetreten wird, mit der Forderung nach § 892 i.V. mit §§ 1154 f. kraft guten Glaubens auch die Hypothek. Für die Briefhypothek wird dies in §§ 1154 I, 1155 S. 1 gesagt, für die Buchhypothek ergibt es sich durch die Verweisung auf die §§ 873, 878 in § 1154 III[1364]. **1360**

Problematisch ist der gutgläubige Erwerb durch Zession, wenn die Forderung dem Zedenten nicht zusteht (Fall 2 b). Ob er in diesem Fall bezüglich der Hypothek gerade **1361**

[1363] Etwa ist dem Schein-Hypothekar die Hypothek vom Nichtberechtigten bestellt worden und war er bösgläubig oder das Geschäft der Bestellung der Hypothek, gleich ob durch einen Berechtigten oder Nichtberechtigten, litt an Mängeln.

[1364] Auf § 1138 kommt es hier noch nicht an, denn es geht nicht um den in der Vorschrift bestimmten öffentlichen Glauben des Grundbuchs für die Forderung. Diese besteht ja in Fall 2 a (Rz. 1358).

deshalb Nichtberechtigter ist, weil ihm die Forderung fehlt[1365], oder auch die Hypothek noch an selbständigen Mängeln leidet, ist gleichgültig. Für diesen Fall bezieht § 1138 den öffentlichen Glauben des Grundbuchs „für die Hypothek" auch auf das Bestehen der Forderung. Der nichtberechtigte Zedent kann folglich durch Abtretung der angeblichen Forderung nach §§ 1154, 1155 dem gutgläubigen Zessionar jedenfalls die Hypothek verschaffen.

1362 Allerdings stellt das Gesetz den Parteien auch eine streng akzessorische Form der Hypothek zur Verfügung. Für diese richtet sich die Berechtigung aus der Hypothek nur nach der Forderung und gilt die Erstreckung des öffentlichen Glaubens auf die Forderung nicht (§ 1184 I). Insbesondere gilt nicht § 1138 (§ 1185 II). Es handelt sich um die Sicherungshypothek (§ 1184 I). Insbesondere die nach § 1190 bestellte Höchstbetragshypothek ist Sicherungshypothek (§ 1190 III)[1366]. Eine Sicherungshypothek entsteht, wenn die Parteien eine Höchstbetragshypothek bestellen (§ 1190 III) oder über die Bestellung einer Sicherungshypothek einig sind und die Hypothek als solche eingetragen ist (§ 1184 I, II). Wenn eine Hypothek bestellt wird, die keine Höchstbetragshypothek ist und bei der auch die Eintragung als Sicherungshypothek fehlt, entsteht nach dem Gesetz die Grundform der Hypothek, bei der sich der öffentliche Glaube des Grundbuchs auf die Forderung erstreckt. Da diese Erstreckung der Verkehrsfähigkeit der Hypothek dient, nennt man die Hypothek, wenn sie nicht Sicherungshypothek ist, Verkehrshypothek.

1363 Die Regelung des § 1138, mit der das Gesetz, wenn die Hypothek keine Sicherungshypothek ist, den öffentlichen Glauben des Grundbuchs (§§ 891 ff.) auf das Bestehen der Forderung erstreckt, gilt für die Übertragung der Verkehrs-Buchhypothek ohne weiteres, weil diese gemäß der Verweisungsregelung des § 1154 III nach § 873 I erfolgt. An § 873 I knüpft § 892 an und dieser wird durch § 1138 erweitert. Für die Zession der Briefhypothek gilt § 1138, indem § 1155 die §§ 891 ff. auf die Übertragung mit Hilfe des Briefes und öffentlich beglaubigter Abtretungserklärungen zur Anwendung bringt und § 1138 die zur Anwendung gebrachten Vorschriften auf das Bestehen der Forderung ausdehnt.

1364 Aus § 1138 haben wir bisher gefolgert, daß, wenn der Zedent die Forderung nicht hat (Fall 2 b), zumindest die Hypothek erworben werden kann. Mehr geht aus der Vorschrift auch nicht hervor. Die Bestimmung, daß „für die Hypothek in Ansehung der Forderung" die §§ 891 ff. gelten, bedeutet nur, daß sich der öffentliche Glaube des Grundbuchs darauf erstreckt, daß für die Hypothek die Voraussetzung erfüllt ist, daß der Zedent die Forderung innehat. Daraus ergibt sich die Möglichkeit des Erwerbs der Hypothek bei Fehlen der Forderung. Nicht ergibt sich daraus die Möglichkeit des gutgläubigen Erwerbs auch der dem Zedenten fehlenden Forderung. Vielmehr bestimmt § 1138 die Anwendung der §§ 891 ff. nur „für die Hypothek", also nicht für die Forderung, für die die Hypothek eingetragen ist. Ein Erwerb der Forderung kraft öffentlichen Glaubens des Grundbuchs scheint ausgeschlossen.

1365 Hier kommt es zur Unterscheidung der beiden Unterfälle 2 b aa und bb und zur Streitfrage im letzteren Fall. Die h.M. läßt aus Gründen der Akzessorietät doch mit der Hypothek auch die Forderung erwerben in dem Fall 2 b bb, d.h. in dem Fall, daß die Forderung, für die im Grundbuch eine Hypothek eingetragen ist, *nicht überhaupt nicht besteht*, sondern sehr wohl *besteht*, nur nicht dem Zedenten, sondern *einem anderen zu-*

[1365] Das Geschäft über die Forderung ist unwirksam (und es hat auch keine Auszahlung stattgefunden) oder die Zession der Forderung an den Zedenten ist unwirksam.

[1366] Nach RGZ 60, 243 ff. kann eine Höchstbetragshypothek „verdeckt" als Verkehrshypothek bestellt werden. Dem ist nicht zu folgen. Wollen die Parteien eine Verkehrshypothek über eine mögliche Forderung aus ihrer Geschäftsverbindung, müssen sie sich dafür entscheiden, eine bestimmte künftige Forderung aus der Geschäftsverbindung anzunehmen und zu sichern.

steht. Dies letztere ist etwa bei nichtiger Zession der bestehenden Hypothekenforderung durch Hypothekar H_1 an H_2 mit Eintragung des H_2 im Grundbuch und Weiterzession des nur buchberechtigten H_2 an H_3 der Fall[1367]. In diesem Fall soll der gutgläubige Zweitzessionar H_3 zunächst wieder nach §§ 1138, 1155 i.V.m. § 892 I die Hypothek erwerben. Da diese aber eine Berechtigung sei, sich wegen der (in der Person des H_1 ja bestehenden) Forderung zu befriedigen, müsse hier *der Erwerb der Hypothek den der Forderung nach sich ziehen*[1368].

Die Fallunterscheidung der h.M. ist zutreffend, sie folgt sogar direkt aus dem Gesetz. **1366**
In dem Fall, daß die Forderung, für die dem Zedenten eine Hypothek eingetragen ist, gar nicht besteht (Fall 2 b aa), würde der gutgläubige Erwerb die Forderung erst schaffen. Die Begründung einer Forderung durch gutgläubigen Erwerb ist zwar denkbar; es gibt sie im Wechselrecht nach den dort geltenden Grundsätzen vom Einwendungsausschluß. Diese Grundsätze gelten aber mit Rücksicht darauf, daß das Wertpapier gerade die Forderung verkörpert und damit Rechtsscheinträger für die Entstehung der Forderung ist. Bei der Hypothek ist das nicht so. Die Eintragung der Hypothek im Grundbuch und auch der Hypothekenbrief verkörpern die Hypothek, aber nicht die Forderung. Und § 1138 – § 1140 bezieht den Brief ein – beläßt es „in Ansehung der Forderung" beim öffentlichen Glauben des Grundbuchs „für die Hypothek". Besteht mithin die Forderung überhaupt nicht, bleibt es im Fall der Zession einer im Grundbuch für den Zedenten eingetragenen Hypothek beim gutgläubigen Erwerb einer – forderungslosen – Hypothek.

Anders ist es aber in dem Fall, daß die Forderung besteht und nur nicht dem Zedenten **1367**
zusteht (Fall 2 b bb). Eben dies folgt aus der grundstücksrechtlichen Gestaltung der Abtretung einer Hypothekenforderung durch §§ 1153 ff.[1369]: Zunächst wird hier die Umkehrung des Akzessorietätssatzes bedeutsam, den § 1153 enthält. § 1153 II bestimmt die Umkehrung, daß die Hypothek nicht ohne die Forderung übertragen werden kann. Erwirbt also jemand kraft des öffentlichen Glaubens des Grundbuchs (mit §§ 1138, 1155) die Hypothek, so muß dem die bestehende Forderung folgen. Der Erwerb der Hypothek heißt nämlich, daß der Erwerber unbeschränkt berechtigt ist, dasjenige, was aus der Forderung zu begehren ist, über das Grundstück einzuziehen. Damit ist nicht vereinbar, daß ein Dritter die Forderung innehat und z.B. Befriedigung erlangt mit der Folge, daß der Erwerber die Hypothek nach § 1163 I verliert. Man kann auch nicht, um die ausschließliche Berechtigung des Erwerbers aus der Hypothek zu wahren, sagen, daß

[1367] Gleich steht der Fall, daß die Forderung besteht und sogar dem Zedenten zusteht, Forderung und Hypothek aber deshalb auseinanderfallen, weil die Forderung für den Zedenten unter Ausschluß der Abtretbarkeit begründet ist (§ 399 BGB; § 354 a HGB sei nicht gegeben), bei der Abtretung an den gutgläubigen Zessionar die Unabtretbarkeit aber aus dem Grundbuch oder (§ 1140) dem Hypothekenbrief nicht hervorgeht (Fall von *Petersen/Rothenfußer*, WM 2000, 657, 658).

[1368] *Wolff/Raiser* § 137 II d, S. 565; *Westermann*, 5. Aufl., § 106 III 4, S. 527 f.; 7. Aufl., § 105 III 4, S. 750 f.; *Baur/Stürner* § 38 Rz. 28, *Karper*, JuS 1989, 33 f. mit genauer Darstellung des Meinungsstands und zutreffender Erweiterung des Ergebnisses auf den Fall der Verpfändung einer hypothekarisch gesicherten Forderung an einen Gutgläubigen (Verpfändung ist ja Teilabtretung). So auch die Voraufl. Rz. 719, ebenso *Reischl* JuS 1998, 220, 222. Nach a.A. verbleibt es bei der Trennung von Hypothek und Forderung: MünchKomm/*Eickmann* § 1153 Rz. 13; *Heck*, § 96 7 a, b Fall 2 mit § 89 8.; *Lange*, Sachenrecht des BGB, § 40 III 3 c; *Jahr-Kropf*, JuS 1963, 356; *Petersen/Rothenfußer*, WM 2000, 657.

[1369] Entgegen *Petersen/Rothenfußer*, WM 2000, 657, 658 f. schließt § 1153 II nicht nur entgegen § 401 die Dispositivität des Mitübergangs der Forderung aus (dann bliebe, wie bei § 1250 I 2, II immer noch die Möglichkeit der Abtretung unter Erlöschen der Hypothek übrig), sondern schweißt gemäß dem Zessionstatbestand (§ 1154) Forderung und Hypothek für die Abtretung zusammen.

der Eigentümer mit seinem Grundstück haftet, obwohl ein Dritter als Forderungsinhaber Befriedigung erlangt hat. Das läßt die Forderungsabhängigkeit der Hypothek nicht zu[1370].

Aber nicht nur § 1153 II ergibt den gutgläubigen Zessionserwerb der Hypothek zusammen mit der bei einem Dritten bestehenden Forderung. Auch der Abtretungstatbestand des § 1154 ergibt diesen Erwerb: Wenn § 1154 ein Grundstücksgeschäft regelt, dieses aber weiterhin die Abtretung der Forderung bleibt, dann kommt hier der gewöhnliche rechtliche Vorgang des gutgläubigen Erwerbs, gerade bezogen auf die Forderung, zur Wirkung: Der Verfügende verfügt mit Rechtsmacht über das fremde Recht, hier die Forderung. Mit Recht entscheidet deshalb die h.M., daß der gutgläubige Erwerb der Hypothek den der Forderung, wenn diese bei einem Dritten besteht, nach sich zieht[1371].

1368 Beide Möglichkeiten des gutgläubigen Erwerbs, die des forderungslosen Erwerbs der Hypothek bei Nichtbestehen der Forderung und die des Erwerbs der einem Dritten zustehenden Forderung mit der Hypothek, gelten bei Sicherungshypotheken, insbesondere Höchstbetragshypotheken, nicht. § 1184 I formuliert exakt: Bei der Sicherungshypothek bestimmt sich das Recht des Gläubigers nur nach der Forderung, der Gläubiger kann sich zum Beweise der Forderung nicht auf die Eintragung berufen. § 1138 gilt deshalb nach § 1185 I für die Sicherungshypothek nicht. Nur wenn und soweit die Forderung des Zedenten dargetan ist, tritt die Sicherung durch die Sicherungshypothek hinzu. Das Grundbuch schafft keine Vermutung und keinen öffentlichen Glauben dafür, daß und inwieweit die für die Hypothek vorauszusetzende Forderung besteht[1372].

1370 Gegen das Argument, daß die doppelte Inanspruchnahme aus Hypothek und Forderung nicht angeht, kann nicht angeführt werden (so *Wieling*, Sachenrecht, 3. Aufl., § 27 II 4 b bb, S. 393, der dann aber im Ergebnis mit der h.M. entscheidet), daß für den Eigentümer keine Gefahr bestehe: Er brauche dem Gläubiger der Forderung nur gegen Vorlegung des Hypothekenbriefs zu leisten (§ 1161), den G nicht habe, zudem habe er nach der Sicherungsabrede nur gegen Herausgabe der Hypothek zu zahlen. Zum einen muß der Eigentümer nicht der Schuldner sein; der mit dem Eigentümer nicht identische Schuldner, der in der Regel auch nicht den Sicherungsvertrag abgeschlossen hat, hat die genannten Einreden nicht. Zum anderen geht es nicht um den Bann von Gefahren aus Rechtsstellungen mit Hilfe von Einreden, sondern um die Rechtsstellungen selbst. Die Rechtsstellung aus dem Erwerb der akzessorischen Hypothek ist aber mit dem Verbleib der Forderung bei einem anderen Gläubiger unvereinbar. Dies verkennen insbesondere *Petersen/Rothenfußer*, WM 2000, 659 ff., 691 f. Darüber hinaus verkennen sie bei ihrem Versuch, Mängel und Inkonsequenzen der von ihnen sog. Einheitstheorie aufzuzeigen (691 f.), daß der Eigentümer-Schuldner jedenfalls für die Zahlung mit dem Grundstück und dem gesamten Vermögen haften und daß jeder mit einer Hypothek belastete Eigentümer, wenn er leistet, für die Berichtigung des Grundbuchs sorgen muß.

1371 Aber nur die Forderung, für die die Hypothek bestellt ist und die also abgetreten wird. Ein nur möglicherweise inhaltlich identisches Recht wird nicht erfaßt. Bei dem Erwerb einer Hypothek kraft öffentlichen Glaubens des Grundbuchs wird keinesfalls eine Forderung erworben, die gar nicht abgetreten ist. Dies ist relevant in dem folgenden Fall: Hat der Schuldner die Forderung erfüllt und geht die Hypothek nach § 1164 auf ihn über, so ist die ursprüngliche hypothekarisch gesicherte Forderung erloschen (§ 362) und sichert die Hypothek jetzt die Regreßforderung des Schuldners gegen den Eigentümer. Bleibt das Grundbuch unverändert und tritt der ursprüngliche Gläubiger an einen gutgläubigen Erwerber ab, so erwirbt dieser nur die Hypothek, nicht den Ersatzanspruch des Schuldners. Der Gläubiger hat die angeblich noch bestehende hypothekarisch gesicherte Forderung, nicht aber den Ersatzanspruch des Schuldners abgetreten. Wir haben also auch hier einen Fall des Nichtbestehens der hypothekarisch gesicherten Forderung vor uns, in dem der gutgläubige Erwerb der Hypothek nicht den der Forderung nach sich zieht. Der Schuldner verliert nur mit dem gutgläubigen Erwerb des Dritten die Sicherung seiner Regreßforderung.

1372 § 1155 ist nicht anwendbar, weil die Sicherungshypothek nicht als Briefhypothek bestellt werden kann (§ 1185 I).

Es wirkt freilich auch für die Sicherungshypothek die grundstücksrechtliche Ausgestaltung der Übertragung der Forderung (§§ 1153, 1154 f.) insoweit, als dem Zedenten die Forderung zusteht. § 892 gilt also, wenn der Zedent nur im Hinblick auf die Hypothek Nichtberechtigter ist[1373]. Hier erwirbt der gutgläubige Zessionar mit der Forderung kraft guten Glaubens die Hypothek. Nur wenn der Zedent nicht Inhaber der Forderung ist, kommt, weil sich der Gläubiger nicht zum Beweise seiner Forderung auf das Grundbuch berufen kann und demgemäß auch § 1138 ausgeschlossen ist (§§ 1184 I, 1185 II), ein Erwerb vom Nichtberechtigten nicht in Betracht. **1369**

Auf die Grundschuld als nicht akzessorisches Recht ist § 892 sowohl für die Bestellung als auch für die Übertragung unbeschränkt anwendbar. Im Gegensatz zur Hypothek hat bei der Grundschuld auch die Übertragung das dingliche Recht selbst zum Gegenstand. Man spricht zwar hinsichtlich der Grundschuld, durch die Forderungen gesichert werden, von Sicherungsgrundschuld. Im Gegensatz zur Sicherungshypothek macht die Sicherungsabrede aber die Sicherungsgrundschuld nicht zum akzessorischen Recht. **1370**

7. Arten der Hypothek und Grundschuld

An die Fragen der Akzessorietät und ihrer Durchbrechung im Hinblick auf die Verfügung über Hypothek und Grundschuld schließt sich an die Frage der mehr oder weniger großen Erleichterung dieser Verfügung, also die Frage der Einzelgestaltung des Verfügungstatbestands. Diese hängt von der Gestaltung des Bestellungstatbestands ab: Das Gesetz unterscheidet Buch- und Briefhypothek sowie Buch- und Briefgrundschuld. Die Bestellung der Hypothek als Buch- oder Briefrecht ist in § 873 I 2. Verfügungsart i.V. mit §§ 1115 - 1117, die Übertragung in § 1154 I - III geregelt, die Bestellung und die Übertragung der Grundschuld sind in § 873 und § 1192 I i.V.m. den Vorschriften des Hypothekenrechts geregelt. **1371**

Der Ausdruck Briefrecht bedeutet, daß zur Bestellung nicht die Eintragung im Grundbuch ausreicht, sondern die Erteilung einer Urkunde über das Recht, des sog. Hypotheken- oder Grundschuldbriefs, hinzukommen muß (§§ 1116 I, 1192 I). Das Recht wird dadurch umlauffähig mittels des Briefs, d.h. außerhalb des Grundbuchs (§§ 1154 I, II, 1192 I). Für die Grundschuld ist das ohne Problem. Bei der Hypothek muß die Akzessorietät beachtet werden. Das Briefrecht kommt hier nur bei derjenigen Hypothek in Betracht, die zum Umlauf bestimmt ist und bei der um der Umlauffähigkeit willen die Akzessorietät im Hinblick auf die Möglichkeit eines gutgläubigen Erwerbs durchbrochen wird, also bei der Verkehrshypothek. Zu der Sicherungshypothek, die nur der Sicherung dient, paßt die Verbriefung nicht. Die Sicherungshypothek ist also notwendig Buchhypothek (§ 1185 I). **1372**

Bei Bestellung einer Hypothek geht das Gesetz grundsätzlich von der Verkehrsbriefhypothek aus. Die Parteien können sie abwählen (§ 1116 II 1). Insbesondere können sie eine Sicherungshypothek wählen (§ 1185 II). Wählen sie unter Aufschiebung der Feststellung der Forderung eine Höchstbetragshypothek, so ist dies kraft Gesetzes eine Sicherungshypothek (§ 1190 III). Wird eine Sicherungshypothek bestellt, ergibt sich als Rechtsfolge, daß eine Buchhypothek entsteht (§ 1185 I). Aus der Fassung des § 1116 II, daß es für die Buchhypothek des Ausschlusses des Briefs (durch Einigung über den Ausschluß und dessen Eintragung, insbesondere durch Bestellung einer Sicherungshypo- **1373**

[1373] Das kann für den ersten Hypothekar zutreffen, indem dieser die Forderung innehaben, die Bestellung der Hypothek an ihn aber unwirksam sein kann. Bei der Übertragung kann es dagegen die Beschränkung der Unwirksamkeit auf die Hypothek nicht geben, weil hier die Abtretung der Forderung mit der Hypothek verbunden ist.

thek) bedarf, folgt, daß grundsätzlich eine Briefhypothek zustande kommt, auch dann, wenn es an einer besonderen Einigung darüber oder Eintragung fehlt[1374].

1374 Bei der Grundschuld hat die Alternative zwischen Buch- und Briefrecht mit der Akzessorietät nichts zu tun. Es geht nur um unterschiedliche Arten der Bestellung und der Übertragung. Bestellt der Eigentümer eine Eigentümerbriefgrundschuld, kann er sie mit Hilfe des Briefs zur Sicherheit an einen Gläubiger übertragen. Diese Zession vollzieht sich außerhalb des Grundbuchs. So ist gewährleistet daß die Kreditaufnahme trotz Sicherung durch ein Grundstücksrecht anonym bleibt.

1375 Die Grundschuld erreicht die höchste Zirkulationsfähigkeit durch Ausgestaltung als Inhaberbriefgrundschuld (§ 1195). Bei dieser geht im Gegensatz zum grundsätzlich geltenden Übertragungsmodus der §§ 1154 f. das Recht aus dem Papier (Grundschuld) durch die nach §§ 929 ff. erfolgende Übertragung des Eigentums am Papier über.

1376 Überraschenderweise kann auch die Hypothek, und zwar gerade die Sicherungshypothek, in gleicher Weise zirkulationsfähig gemacht werden wie die Inhaberbriefgrundschuld. Sie kann nämlich mit einer Forderung verknüpft werden, die durch Verkörperung in einem Inhaberpapier durch Papierübereignung umlauffähig ist. § 1187 sieht die Sicherungshypothek für Inhaberpapiere vor. Die Forderungen aus den Inhaberpapieren werden wie die Inhaberbriefgrundschuld durch Übereignung des Papiers übertragen, die Hypothek folgt nach §§ 401, 1153[1375].

8. Umwandlung von der einen in die andere Form eines Grundpfandrechts

1377 Eine Umwandlung der zunächst begründeten Art des Grundpfandrechts in eine andere ist durch Einigung und Eintragung möglich, sowohl was Buch- und Briefrecht als auch was Sicherungs- und Verkehrshypothek, als auch schließlich was Hypothek und Grundschuld betrifft (§ 1116 II 2, III mit II sowie § 1192 II, § 1186[1376], § 1198 – §§ 1186, 1198 jeweils mit § 877 –). Während dazu die Zustimmung etwa des Berechtigten eines Pfandrechts an der Hypothek oder an der Grundschuld erforderlich ist (§ 1116 III mit II 3 i.V.m. § 876, weiter § 877 mit § 876), ist die Zustimmung gleich- oder nachrangiger Grundstücksberechtigter nicht erforderlich (so ausdrücklich §§ 1186 S. 2, 1198 S. 2[1377]).

9. Eigentümergrundpfandrecht

a) *Begriff und Fälle*

1378 Eine Hypothek und eine Grundschuld können dem Eigentümer des Grundstücks selbst zustehen. Insbesondere kann sich der Eigentümer die Eigentümerhypothek oder -grundschuld selbst bestellen, der Eigentümer kann aber auch die an seinem Grundstück bestehende Grundschuld oder Hypothek eines anderen Gläubigers erwerben, und es wird dadurch aus einer Fremd- eine Eigentümergrundschuld oder -hypothek. Insbesondere erwirbt der Eigentümer eine fremde Hypothek kraft Gesetzes in den Fällen der §§ 1143 und 1163 I 2. Je nachdem, ob er auch die Forderung erwirbt oder nicht, bleibt das Recht eine Hypothek oder verwandelt es sich in eine Eigentümergrundschuld

[1374] Näher zu etwaigen Fällen der Divergenz zwischen Einigung und Eintragung u. Rz. 1440 ff. bei der Frage der Bestellung der Hypothek.

[1375] Die Hypothekenbanken arbeiten bei der Ausgabe der Pfandbriefe nicht mit §§ 1187 ff. Die Hypotheken werden ja von den Kreditnehmern der Bank für die von der Bank gegebenen Darlehen gegeben, die hypothekengesicherten Darlehensforderungen sind Deckungsmasse für die Einlagen der Pfandbriefgläubiger; nicht etwa haben die Pfandbriefgläubiger für ihre Einlagenforderungen Hypotheken an Grundstücken der Bank.

[1376] Beispielsfall OLG Hamm EWiR § 1186 1/91, 1077 (*Hintzen*).

[1377] Für die Umwandlung des Briefrechts in ein Buchrecht ist dies selbstverständlich. Auf der Sicht, daß sich für die Konkurrenten durch die Umwandlung der vorgehende oder gleichrangige Haftungsumfang nicht ändert, beruhen auch §§ 1163, 1177.

(§ 1177 I 2, II). Eine Eigentümerhypothek entsteht somit insbesondere im Fall des § 1143 I 1 mit §§ 412, 401. Schließlich kommt eine Eigentümerhypothek dadurch zustande, daß der Gläubiger sie behält, aber das Eigentum am Grundstück erwirbt (§ 889).

b) *Bestellung einer Eigentümergrundschuld oder einer Eigentümerhypothek*

Nach § 1196 kann eine Eigentümergrundschuld[1378] bestellt werden. Erforderlich ist eine einseitige Erklärung des Eigentümers, die zugleich die Bewilligung i.S. von § 19 GBO enthält. Wird sie beglaubigt (§ 29 GBO) und dem Grundbuchamt zugeleitet, ist darin zugleich der Antrag (§ 13 GBO) zu sehen. Die Eigentümergrundschuld bietet die Möglichkeit der späteren Verwendung als Sicherungsgrundschuld oder Hypothek. Für die Verwendung der Eigentümergrundschuld als Hypothek ist die Umwandlung nach §§ 1198, 877, 873 erforderlich. Anzuerkennen ist, daß schon der Eigentümer selbst diese Umwandlung zur Sicherung einer eigenen Forderung (etwa Restkaufpreisforderung) vornimmt und darüber hinaus, daß er für die eigene Forderung eine Eigentümerhypothek bestellt. **1379**

Die Annahme einer Eigentümergrundschuld kommt als Mindestposition in Betracht, wenn die Bestellung von Fremdrechten scheitert. Wenn E von G ein Darlehen erhält, für den G eine Buchhypothek eingetragen wird, aber auf Seiten des G die Einigung fehlt oder unwirksam ist, ist die Eintragung als solche einer Eigentümergrundschuld für E aufrechtzuerhalten. Nimmt man an, daß kein Grundpfandrecht entsteht, könnten als nachrangig eingetragene Hypothekare von G Löschung nach § 894 verlangen. Wird demgegenüber die Bestellung der Hypothek als eine solche nach § 1196 aufrechterhalten, kann von G nur der E Berichtigung verlangen. E kann die Eigentümergrundschuld aber auch unter Umwandlung in eine Hypothek (§ 1198) auf G zedieren. **1380**

c) *Die Eigentümergrundschuld hinter der Hypothek*

Nach h.M. kommt nach §§ 1163 I 1, 1177 I eine Eigentümergrundschuld zustande, wenn das Darlehen noch nicht ausgezahlt ist. Nach hier vertretener Auffassung handelt es sich in diesem Fall um eine Hypothek für eine künftige Forderung[1379]. § 1163 I 1, der bei Nichtentstehung der Forderung die Hypothek dem Eigentümer zuweist (mit der Folge nach § 1177 I, daß sie sich in eine Eigentümergrundschuld verwandelt), gilt für die Fälle, daß die Forderung wegen Nichtzustandekommens oder Unwirksamkeit des Vertrages nicht entstanden ist oder – bei einer Hypothek für bedingte oder künftige Forderungen – aus denselben Gründen nicht entstehen kann[1380]. § 1163 I 2 läßt i.V. mit § 1177 I eine Eigentümergrundschuld bei Erlöschen der Forderung zustande kommen. **1381**

Eine andere Rechtslage als die der Eigentümergrundschuld kommt in Betracht, wenn zwar der Darlehensvertrag nichtig ist, das Darlehen aber gezahlt worden ist. In diesem Fall hat der Zahler die Leistungskondiktion nach § 812 I 1 Alt. 1. Richtiger Weise ist anzunehmen, daß eine Hypothek besteht, die den Bereicherungsanspruch sichert[1381]. **1382**

Nach §§ 1163 II, 1177 I erwirbt zunächst der Eigentümer eine Eigentümergrundschuld, wenn bei Bestellung einer Fremdhypothek oder -grundschuld (ohne Ausschluß des Briefs) der Brief, wie nach § 1117 notwendig, noch nicht an den Gläubiger übergeben ist. **1383**

[1378] Grundschuld für den Eigentümer. Also keine Bestellung durch Bucheigentümer mit Wirkung für diesen.

[1379] Oben Rz. 1322 ff.

[1380] Die Hypothek erwirbt der Eigentümer, auch dann, wenn ein Bucheigentümer die Hypothek wirksam einem Gutgläubigen bestellt hatte.

[1381] Unten Rz. 1447 f.

1384 Schließlich erwirbt der Eigentümer das Grundpfandrecht nach § 1168 i.V. mit § 1177 I bzw. §§ 1192 I, 1168 i.V. mit § 1177 I als Eigentümergrundschuld, wenn der Gläubiger auf die Hypothek oder die Grundschuld in der Form des § 1168 II verzichtet.

1385 Bei Vereinigung einer Hypothek oder Grundschuld mit dem Eigentum, obwohl die Hypothek oder Grundschuld einem anderen zustehen sollte oder nachdem sie einem anderen zugestanden hatte, entsteht die Eigentümerhypothek oder -grundschuld u.U. nur vorläufig. Gleich- oder nachrangige Gläubiger einer Hypothek oder Grundschuld haben einen gesetzlichen Löschungsanspruch und für diesen Anspruch den Schutz wie bei einer Löschungsvormerkung (§§ 1179a I 1, 3, 1192 I, 1196 III).

1386 Vom Verzicht auf die Hypothek oder die Grundschuld und weiter dem Erlaß der hypothekarisch gesicherten Forderung, für den § 1163 I 2 gilt, ist zu unterscheiden die Aufhebung der Hypothek oder Grundschuld gemäß §§ 875, 1183, 1192 I. Diese ist wegen des Rangverlusts nur mit Zustimmung des Eigentümers möglich. Zum Erlöschen der Hypothek und der Grundschuld führt auch die Befriedigung des Gläubigers aus dem Grundstück (§ 1181 I bzw. §§ 1192 I, 1181 I). Die Konsequenz ist das Nachrücken der nachrangigen Gläubiger unter Vorbehalt der Regelung des ZVG (vgl. § 52 I 2 ZVG für den Fall der Zwangsversteigerung).

d) Rechtsnatur und Inhalt des Eigentümergrundpfandrechts

1387 Das Eigentümergrundpfandrecht ist ein persönliches, kein subjektiv-dingliches Recht[1382]. Es steht demjenigen zu, der bei Vollendung des Entstehungstatbestands Grundstückseigentümer ist. Geht das Eigentum nachher auf einen anderen über, so wandelt sich das Eigentümergrundpfandrecht zu einem *Fremd*grundpfandrecht des bisherigen Eigentümers. Besser gesagt: Es *bleibt* Grundpfandrecht des bisherigen Eigentümers und ist, weil dieser nicht mehr Eigentümer ist, nunmehr Fremdgrundpfandrecht. Der Erwerber hat allenfalls schuldrechtliche Ansprüche auf Aufhebung oder Verzicht bzw. Übertragung.

1388 Beispiel: E_1 ist Eigentümer eines Grundstücks im Wert von 100 000 €. Er nimmt bei der Bank B einen Kredit in Höhe von 40 000 € auf und bestellt der B eine Hypothek. Daraufhin zahlt er 5 000 € an B zurück. Anschließend übereignet er an E_2 gegen einen Kaufpreis von 100 000 €. Davon sind 65 000 € bar zu zahlen, im übrigen soll die Hypothek angerechnet werden. Rechtslage: Wegen der Zahlung von 5 000 € steht die Hypothek nur noch in Höhe von 35 000 € der B zu. In Höhe von 5 000 € ist nach §§ 1163 I 2, 1177 I, II eine Eigentümergrundschuld des E_1 entstanden. Durch die Übereignung an E_2 erhält dieser das Eigentum an einem Grundstück, das mit einer (jetzt Fremd-)Grundschuld des E_1 in Höhe von 5 000 € und einer Hypothek der B in Höhe von 35 000 € belastet ist. Also hat er einen Wert von 60 000 € erhalten. Er hat aber 65 000 € gezahlt; es ist auch nur die Hypothek, nicht die Grundschuld auf den Kaufpreis angerechnet worden. Nach dem Sinn des Kaufvertrages hat E_2 also einen Anspruch gegen E_1 – nach seiner Wahl – auf Übertragung, Aufhebung der Grundschuld oder Verzicht auf sie (§§ 1192 I, 1154 bzw. §§ 1192 I, 1168, 1177 I bzw. §§ 875, 1192 I, 1183)[1383].

[1382] Vgl. *Baur/Stürner* § 36 Rz. 120.

[1383] Genauer: Mit Zahlung von 5 000 € geht in dieser Höhe die Hypothek nach §§ 1163 I 2, 1177 als Eigentümergrundschuld auf E_1 über. Wenn es sich um eine Briefhypothek handelt, so erhält E_1 gemäß § 952 Miteigentum am Hypothekenbrief (§ 1008). Ihm steht ein Anspruch auf Aufhebung der Gemeinschaft (§§ 749 I, 752) und ein Anspruch auf Vorlage des Briefes zum Zwecke der Bildung eines Teilbriefes (§ 1145 I, dazu § 61 GBO) sowie der Anspruch auf Aushändigung dieses Teilbriefes zu. Daneben kann er verlangen, daß das Grundbuch berichtigt wird (§§ 1145 I 2, 894). Die Übereignung des Grundstücks an E_2 ändert insoweit nichts. E_1 bleibt Inhaber der Grundschuld und der anderen Ansprüche. Die Grundschuld ändert nur ihren Namen: Aus einer Eigentümer- wird eine Fremdgrundschuld, ohne daß das Recht sich ändert. Nicht etwa hat E_2 einen Berichtigungsanspruch gegen den Hypothekengläubiger oder E_1; das Grundbuch ist zwar unrichtig, aber nicht bezüglich von Rechten des E_2. Nur aus dem Kaufvertrag kann E_1 von E_2 insbesondere die Abtretung der Grundschuld verlangen. Die Abtretung geschieht nach §§ 1192 I, 1154 durch schriftliche Abtretungserklärung und Brief-

Das Eigentümergrundpfandrecht ist *zweifach beschränkt:* nach § 1197 I – § 1177 II verweist darauf für die Eigentümerhypothek – und nach § 1197 II. Nach § 1197 I kann der Eigentümer nicht die Zwangsvollstreckung zum Zwecke seiner Befriedigung betreiben. Die Regelung ist sinnvoll, weil der Eigentümer sich sonst die Regelung des ZVG über das Erlöschen nachrangiger Rechte[1384] gerade im Zeitpunkt niedriger Grundstückswerte zunutze machen könnte, so daß er u.U. sogar selbst günstig an das Grundstück wieder herankommen könnte. Trotz § 1197 I kann sich der Eigentümer aber bei der Bestellung der Eigentümergrundschuld der sofortigen Zwangsvollstreckung unterwerfen (§§ 794 I Nr. 5, 800 ZPO), nämlich für den Fall der Abtretung der Eigentümergrundschuld[1385]. **1389**

In einer zweiten Beschränkung gesteht § 1197 II dem Eigentümer die Zinsberechtigung nur für den Fall und die Dauer einer von einem anderen beantragten Zwangsverwaltung zu. Der Eigentümer hat außerhalb einer Zwangsverwaltung bis zur Zwangsversteigerung die Nutzungen des Grundstücks. Er kann also in der Zwangsversteigerung nicht unabgegoltene Nutzungsansprüche geltend machen. **1390**

Bei § 1197 I und II handelt es sich um Beschränkungen, die auf die Person des Eigentümers bezogen sind, die erstere auf den gegenwärtigen Eigentümer, die letztere auf den nutzenden Eigentümer. Im Gegensatz zur ersten betrifft also die zweite Beschränkung auch das in der Vergangenheit mit der Grundschuld verbundene Eigentum. Dies hat die Folge, daß die erstere Beschränkung nie einem Drittgläubiger entgegenwirken kann, auch wenn dieser nur die Eigentümergrundschuld zur Einziehung hat pfänden lassen[1386], während die zweite Beschränkung insofern gegen einen Dritten wirken kann, als die Eigentümergrundschuld nicht etwa mit rückwirkender Zinsberechtigung an einen Drittgläubiger abgetreten werden kann[1387]. **1391**

§ 1197 II hat in einem Fall[1388] eine Rolle gespielt, der das Akzessorietätsproblem demonstriert: S ist Eigentümer zweier Eigentumswohnungen. Er bestellt erstrangige, mit 15 % verzinsliche Grundschulden zugunsten der V-Bank. Im April 1974 bestellt S zugunsten der Bekl. eine Gesamtgrundschuld im Rang hinter V an beiden Wohnungen in Höhe von 100 000 €. S tritt der Bekl. die Ansprüche bezüglich vorrangiger Grundschulden „auf Rückübertragung, Erteilung einer Löschungsbewilligung oder einer Verzichtserklärung" ab. Der Kl. läßt die Ansprüche des S gegen die V-Bank auf Auszahlung des Überschusses aus der Verwertung von Sicherheiten pfänden und sich zur Einziehung überweisen. Sodann betreiben nachrangige Gläubiger die Zwangsversteigerung der Wohnungen. Die V-Bank (Rang 1) erhält als Teil des Bargebots[1389] rückständige Zinsen für die Grundschuld. Nach ihrer Abrechnung machte das einen Übererlös für die Zinsen von 15 001,02 € aus. Sie hinterlegt unter Rücknahmeverzicht zugunsten der Parteien. Der Kl. klagt auf Freigabe (§ 812 I 1 Alt. 2). Zu prüfen ist, wer von den Parteien das bessere Recht hat. **1392**

Aufgrund der Grundschuld konnte die V-Bank die Zinsen in der Zwangsversteigerung geltend machen. Soweit sie die Darlehenszinsschuld überschritten, war die Bank aufgrund des Sicherungsvertrages mit S zur Abführung verpflichtet. Diesen Anspruch des S

übergabe. Zu letzterer muß E_1 seine hier soeben beschriebenen Rechte gegen den Gläubiger geltend machen oder dazu E_2 ermächtigen. – Zu den aus dieser Rechtslage sich ergebenden technischen Schwierigkeiten bei der Pfändung einer Eigentümergrundschuld *Brox/Walker*, Zwangsvollstreckungsrecht, Rz. 737; RGZ 58, 313, 318.

1384 § 52 I 2 ZVG.

1385 BGH NJW 1975, 1356; Palandt/*Bassenge* § 1196 Rz. 2.

1386 BGH NJW 1988, 1026 ff., 1027.

1387 Zutreffend *Bayer*, AcP 189 (1989), 470, 475 f. gegen OLG Köln WM 1984, 1475; BayObLG Rpfleger 1987, 364.

1388 BGH NJW 1981, 1505.

1389 Zum Begriff s. o. Rz. 591.

hat der Kl. mit der Pfändung erfaßt. Möglicherweise kann die Bekl. einwenden, daß der Anspruch des S gegen die V-Bank an sie abgetreten worden ist, bevor der Kl. ihn erwerben konnte. Nach Ansicht des BGH erfaßt die Abtretung aber nur die Grundstückslasten selbst, wenn sie nicht mehr gebraucht werden, nicht dagegen Ansprüche aus der Verwertung der Lasten: Der Vorrang sollte beseitigt werden, aber nicht das Ergebnis des bestehenden Vorrangs erfaßt werden. Dies müßten sich jedenfalls die Beteiligten als geschäftserfahrene Vertragsformulierer entgegenhalten lassen. Eine ergänzende Vertragsauslegung zugunsten der Bekl. komme nicht in Betracht.

1393 Der BGH verwirft schließlich die Argumentation mit einem Rechtsmißbrauch und aus § 1197 II: Die Anmeldung nicht benötigter Zinsansprüche sei nach beiden Gesichtspunkten nicht ausgeschlossen. Die Grundschuld sei in vollem Umfang für die Zwangsversteigerung maßgeblich. Die schuldrechtliche Bindung im Innenverhältnis ergebe auch nur Ansprüche im Innenverhältnis und könne nicht die Rechte aus der Grundschuld im Außenverhältnis (insbesondere zu anderen Gläubigern) beschränken. Daß der Eigentümer nach dem Sicherungsvertrag die Zinsen herausverlangen könne, mache diese nicht zu Eigentümerzinsen i.S. von § 1197 II. Nur bei einer Vereinigung von Eigentum und Grundschuld gelte der Zinsausschluß. Für den Gläubiger als Fremdgrundschuldinhaber gelte § 1197 II dagegen nicht. Daß von diesem der Eigentümer die Zinsen herausverlangen könne, habe nichts mit einem unberechtigten Zinsanspruch des Eigentümers zu tun und könne als interne Vereinbarungsfolge auch nicht den Drittgläubigern zugute kommen.

1394 Die gegenteilige Wertung zu § 1197 II findet sich in der Entscheidung des OLG München[1390] zu dem Fall, daß die Gläubigerin einer Sicherungsgrundschuld nach dem Zuschlag in der Zwangsversteigerung den von ihr angemeldeten Betrag um die Zinsen ermäßigt, so daß der Erlös insoweit einer nachrangigen Sparkasse zugute kommt, und sie deshalb vom Zessionar des auch hier wieder zuvor vom Eigentümer abgetretenen Rückübertragungsanspruchs auf Schadensersatz wegen positiver Vertragsverletzung (§§ 280, 241 II) in Anspruch genommen wird. Das OLG hat die Klage unter Berufung auf § 1197 II abgewiesen und diese Vorschrift so entgegen dem BGH auch zu Lasten eines Gläubigers, dem der Anspruch abgetreten oder für den er gepfändet ist, wirken lassen (ob überhaupt – was der BGH verneint – die Abtretung des Rückübertragungsanspruchs die des Anspruchs auf Erlösherausgabe umfaßt, brauchte das OLG danach nicht zu entscheiden). Dem OLG München hat *Vollkommer*[1391] zugestimmt: Der aus der Sicherungsgrundschuld nur formell berechtigte Gläubiger dürfe sein Recht nicht zugunsten des materiell nichtberechtigten Eigentümers unter Benachteiligung der rangnächsten Grundpfandgläubiger ausüben. Das sei unzulässige Rechtsausübung[1392].

1395 Dem BGH ist zu folgen: § 1197 II ist nur eine Beschränkung des Eigentümers bei Vereinigung des Grundpfandrechts mit dem Eigentum. Mit Abtretung oder Pfändung des Grundpfandrechts selbst wird dieses ein normales – zinsberechtigendes – Fremdgrundpfandrecht. Die nachrangigen Gläubiger müssen sich diese Berechtigung vorgehen lassen. Dabei muß es auch insoweit bleiben, als der Sicherungszweck die Fremdgrundschuld nicht abdeckt und so ein Teil derselben für den Eigentümer verfügbar ist. Nutzt der Eigentümer das Bestehen der Fremdgrundschuld durch Abtretung der Rückgewähransprüche oder des Erlösherausgabeanspruchs an einen anderen Gläubiger aus, so sind die Fremdgrundschuld oder ihr Surrogat dem anderen Gläubiger als solche übertragen. Die Lage ist so, als hätte der Eigentümer im Verhältnis zum ersten Gläubiger den Sicherungszweck erweitert. Wenn *Vollkommer* sagt, ebenso wie für die Rückübertragung der

[1390] NJW 1980, 1051.
[1391] NJW 1980, 1052.
[1392] Ebenso *v. Blumenthal* in einer ablehnenden Anmerkung zum Urteil des LG Ansbach BB 1987, 2049, welches wie der BGH entscheidet (a.a.O., S. 2050 f.).

Grundschuld auf den Eigentümer müßten §§ 1178, 1192, 1197 II auch für die Auskehrung des Erlöses an den Eigentümer gelten, so ist dem entgegenzuhalten, daß bei Sicherungszession der Ansprüche an einen Gläubiger keine Rückgewähr an den Eigentümer erfolgt.

Sodann ist § 1178 nicht einschlägig (was zugleich bedeutet, daß *Vollkommer* nicht **1396**
etwa mit § 1178 I 2 begegnet werden kann). Die Vorschrift behandelt bestehende *Dritt*ansprüche auf Zinsrückstände und verhindert (u.a.) den Übergang der Hypothek zur Sicherung dieser Ansprüche auf den die Ansprüche *tilgenden* Eigentümer (§ 1143 I 1). Es sollen (häufig unsichtbare) Eigentümerhypotheken bzw. -grundschulden wegen der Zinsrückstände zum Nachteil nachrangiger Grundpfandgläubiger verhindert werden (die mit dem Vorrang verzinslicher Hypotheken rechnen, nicht aber mit dem Vorrang von Hypotheken, die hinsichtlich der Zinsen – in welcher Höhe? – rückständig sind). Mit dem Ausschluß des Eigentümers während seiner Grundstücksnutzung von Zinszahlungen aus der eigenen Grundschuld hat die Vorschrift nichts zu tun.

10. Die wichtigsten Vorschriften des Hypotheken- und Grundschuldrechts in der Gegenüberstellung

Inhalt: Inhalt der Hypothek gemäß *§ 1113 I, II*, der Grundschuld gemäß *§ 1191 I, II*. **1397**
Die Vorschriften *und* der Rechtsinhalt selbst sind zugleich die Anspruchsgrundlage für die Befriedigung aus dem Recht (Art der Befriedigung: *§ 1147* bzw. *§ 1192 I* mit *§ 1147*).

Bestellung: Bestellung der Hypothek nach *§§ 1115-1117* – *§ 1115 I* gilt, bezogen auf den Inhalt der Grundschuld, nach *§ 1192 I* auch für die Grundschuld, *§§ 1116, 1117* gelten nach *§ 1192 I* auch für die Grundschuld.

Gegenstand der Haftung: *§§ 1120 ff.* – *§§ 1120 ff.* gelten gemäß *§ 1192 I* auch für die Grundschuld.

Gesamthypothek: *§ 1132* (die Vorschrift gilt nach *§ 1192 I* auch bei der Grundschuld, es gibt also die Gesamtgrundschuld).

Aus der Regelung der Geltendmachung: *§ 1134* enthält die actio negatoria (auch für die Grundschuld); *§ 1137* betrifft Einreden gegen die Forderung (gilt nicht für die Grundschuld); *§ 1138* betrifft den öffentlichen Glauben des Grundbuchs hinsichtlich der Voraussetzung, daß die Forderung besteht, und hinsichtlich der in *§ 1137* behandelten Einreden gegen die Forderung (gilt nicht für die Grundschuld); *§ 1157* behandelt die Möglichkeit von Einreden gegen die Hypothek (gilt auch für Einreden gegen die Grundschuld); die Vorschrift gehört zur Regelung der Übertragung der Rechte; *§ 1140* regelt den öffentlichen Glauben im Hinblick auf den Hypothekenbrief (gilt auch für die Briefgrundschuld); *§ 1143 I 1* läßt die Forderung auf den Eigentümer übergehen (die Hypothek folgt nach *§§ 412, 401*)[1393], nach *§ 1164* geht die Hypothek bei Ausgleichsberechtigung des Schuldners auf diesen über[1394]; *§ 1147* betrifft die Art der Befriedigung wegen der Hypothek (sie erfolgt durch Zwangsvollstreckung, die Vorschrift gilt auch für die Grundschuld). Die Anspruchsgrundlage ist der Rechtsinhalt nach *§§ 1113 I, 1191 I;* die Anspruchsrealisierung erfolgt nach *§ 1147*; dem Gläubiger einer Hypothek oder einer Grundschuld steht also der Anspruch auf Duldung der Zwangsvollstreckung nach *§§ 1113 I, 1147* bzw. *§§ 1191 I, 1192 I, 1147* zu.

Aus der Regelung der Übertragung: *§§ 1153, 1154* betreffen die Art und Weise der Übertragung (die Vorschrift des § 1154 gilt auch für die Grundschuld); *§§ 1155, 1140*

[1393] Bei der Sicherungsgrundschuld gibt es nach h.M. nur einen Anspruch des (mit dem Schuldner nicht identischen) Eigentümers auf Abtretung der Forderung; § 1143 ist aber für den Übergang der Forderung ex lege auf den Eigentümer, der nicht der Schuldner ist, aber zahlt, heranzuziehen, s.u. Rz. 1631 f.

[1394] Zur Frage der Anwendung des § 1164 auf die Grundschuld s. u. Rz. 1624 ff.

betreffen den öffentlichen Glauben bei der Briefhypothek (gelten auch für die Briefgrundschuld); *§ 1157* regelt die Wirkung von Einreden, die gegen die Hypothek gerichtet sind, gegen den Erwerber (die Vorschrift gilt nach § 1192 I auch für die Grundschuld).

Aus der Regelung der Beendigung der Hypothek und der Grundschuld: Zu unterscheiden sind die Beendigung des Rechts beim Gläubiger, die Beendigung der Hypothek als Hypothek und schließlich die vollständige Beendigung des Rechts, je nachdem, ob das Recht nur dem Gläubiger entzogen wird, aber in der Person eines anderen, insbesondere der des Eigentümers, fortbesteht, ob weiter in diesem letzteren Fall die Hypothek beim Eigentümer Hypothek bleibt oder Eigentümergrundschuld wird und ob schließlich Hypothek und Grundschuld gänzlich erlöschen. Bei Erfüllung der Forderung durch einen Schuldner, der gegenüber dem Eigentümer ersatzberechtigt ist, geht die Hypothek zur Sicherung der Ersatzforderung auf den Schuldner über (*§ 1164 I*). Im Fall der Befriedigung des Gläubigers durch den Eigentümer, der nicht der Schuldner ist, geht die Forderung und mit ihr die Hypothek auf den Eigentümer über (*§§ 1143 I 1, 401, 412*). *§§ 1163 I 2, 1177* regeln den Übergang der Hypothek auf den Eigentümer bei Erlöschen, insbesondere Erfüllung der Forderung durch den Schuldner, sofern nicht nach § 1164 die Hypothek auf den Schuldner übergeht. § 1163 bezieht Fälle der Hinderung des Entstehens des Fremdrechts mit ein. In diesen Fällen steht die Hypothek von vornherein dem Eigentümer zu: so bei Ausstehen des Briefs im Fall der Briefhypothek (*§ 1163 II*) und bei Nichtentstehen der Forderung (*§ 1163 I 1*).

Jedenfalls *§ 1163 II* gilt auch für die Grundschuld. Aber auch *§ 1163 I 2* (Übergang bei Erlöschen der Forderung) könnte in der Weise auf die Grundschuld anwendbar sein, daß an Stelle der Erledigung der Forderung die Grundschuld als Recht des Gläubigers erledigt sein und dann auf den Eigentümer übergehen könnte[1395].

§ 1168 regelt den Verzicht auf die Hypothek. Die Folge ist der Übergang der Hypothek als Eigentümergrundschuld auf den Eigentümer (*§§ 1168 I, 1177*). Die Vorschriften gelten auch für die Grundschuld. *§ 1181* regelt die Befriedigung wegen, *§ 1183* die Aufhebung der Hypothek (die Vorschriften gelten auch für die Grundschuld).

Die Sicherungshypothek: *§§ 1184 f.* (ohne Pendant bei der Grundschuld).

Die Höchstbetragshypothek: *§ 1190* (keine Entsprechung bei der Grundschuld).

Die Grundschuld: Begriff gemäß *§ 1191*; nach *§ 1192 I* entspr. Anwendung der Vorschriften über die Hypothek auf die Grundschuld, soweit diese Vorschriften nicht auf der Akzessorietät der Hypothek beruhen (in § 1192 I bzgl. Grundschuld negativ gesagt); *§§ 1196 f.* regeln Bestellung und den Inhalt einer Eigentümergrundschuld.

II. Die Hypothek

1. Inhalt der Hypothek

1398 Nach § 1113 I ist die Hypothek das Recht, aus dem belasteten Grundstück eine bestimmte Geldsumme zur Befriedigung wegen einer dem Gläubiger zustehenden Forderung zu erheben[1396]. Der Begriff ist so definiert, daß er auch die Möglichkeiten umfaßt, die das Gesetz in § 1113 II und § 1190 gibt, nämlich die Hypothek für bedingte oder künftige Forderungen und die Höchstbetragshypothek, d.h. die Hypothek über einen Haftungshöchstbetrag, bei der „im übrigen die Feststellung der Forderung vorbehalten wird“[1397]. In beiden Fällen kann der Gläubiger aufgrund der Hypothek Befriedigung

[1395] Dazu u. Rz. 1662 ff.

[1396] Der Befriedigungszweck ist das Typusmerkmal des dinglichen Rechts Hypothek. Zum Sicherungsvertrag als schuldrechtlicher Grundlage der Hypothek oben Rz. 1351.

[1397] Zum Gegensatz zwischen einer Hypothek für eine bestimmte Forderung und einer Höchstbetragshypothek *Wilhelm*, Festgabe BGH I (2000), 897, 910 ff.

wegen einer ihm im Zeitpunkt der Befriedigung zustehenden Forderung erheben. Für die Hypothek ist nicht erforderlich, daß die Forderung schon bei Bestellung der Hypothek besteht.

Das RG ist davon ausgegangen, daß die Parteien eine Verkehrshypothek für eine Darlehensforderung bestellen und dabei vereinbaren können, daß keine Darlehensvaluta ausgezahlt wird, sondern die Hypothek nach Art einer Höchstbetragshypothek bis zum Höchstbetrage des Kapitals für Ansprüche aus dem Kontokorrentverkehr zwischen Hypothekar und Eigentümer haften soll. Das Gericht hat daraus gefolgert, daß ein Gläubiger, dem eine entsprechende Höchstbetragshypothek bestellt ist, diese im Zusammenwirken mit dem Eigentümer in eine fünfprozentige Darlehenshypothek umwandeln kann[1398]. Der Effekt ist, daß statt der für die Höchstbetragshypothek bestimmten Einrechnung der Zinsen in den Höchstbetrag (§ 1190 II) die Zinsen zu dem Kapital hinzutreten. Bei Bestimmung eines Zinssatzes von nicht mehr als 5 % müssen die gleich- oder nachrangigen Gläubiger nach Ansicht des RG diese Veränderung ebenso hinnehmen, wie sie nach § 1119 I die Erweiterung einer nicht oder unter 5 % verzinslichen Hypothek auf bis zu 5 % Zinsen hinnehmen müssen. Betreffend die vom RG zugelassene Gestaltungsform wird von einer verdeckten Höchstbetragshypothek gesprochen[1399]. Ganz überwiegend wird dem RG gefolgt[1400]. Die Auffassung ist aber mit dem Gesetz nicht vereinbar: Das Gesetz läßt die Alternativen der Hypothek für eine gegenwärtige, eine künftige und eine erst noch festzustellende Forderung zu. Es läßt aber nicht zu, daß unter dem Deckmantel der Hypothek für die eine Forderung (im Beispiel des RG: aus Darlehen) eine Hypothek für eine andere (die künftige Forderung aus der Kündigung eines Kontokorrentverhältnisses) bestellt wird. § 1113 definiert die Hypothek als Befriedigungsrecht wegen einer dem Gläubiger zustehenden Forderung. Nach § 1115 I gehört zur Eintragung der Hypothek die Eintragung der gesicherten Forderung und kann nur zur näheren Bezeichnung auf die Eintragungsbewilligung Bezug genommen werden. Entsteht die Forderung nicht, für welche die Hypothek bestellt ist, erwirbt der Eigentümer die Hypothek (§ 1163 I). Wollen die Parteien an die Stelle einer bisher durch die Hypothek gesicherten Forderung eine andere setzen, bedarf es dazu der förmlichen Auswechselung nach § 1180. Daraus folgt, daß die Parteien nicht eine Darlehenshypothek zustande bringen können, wenn gar kein Darlehen ausgezahlt, sondern eine künftige Kontokorrentforderung gesichert werden soll. Die Annahme einer solchen Möglichkeit einer verdeckten Höchstbetragshypothek war auch zur Entscheidung des RG nicht erforderlich. Die Veränderung der bestehenden Höchstbetragshypothek in eine zu 5 % verzinsliche Verkehrshypothek war als Rechtsänderung der Höchstbetragshypothek in eine Hypothek für dieselbe Forderung, nur jetzt nicht als noch festzustellende, sondern als im Betrag zwischen den Parteien festgestellte künftige Forderung aus dem Kontokorrent möglich. Die dadurch verursachte Veränderung für die gleich- oder nachrangigen Gläubiger hinsichtlich der Zinslast war im Rahmen von § 1119 ohne deren Zustimmung möglich. **1399**

Mangels des Bezuges auf eine zu befriedigende Geldforderung hat das BayObLG mit Recht die Eintragung einer Hypothek zur Sicherung eines Baudarlehens abgelehnt, die unter Bezugnahme auf eine Schuldurkunde eingetragen werden sollte, die weitere Schuldgegenstände wie die Herstellung und Erhaltung des Baues, die Gewährleistung der Feuerversicherung u.a.m. enthielt. Das BayObLG hat nicht ausreichen lassen, daß die **1400**

[1398] RGZ 60, 243, 247.

[1399] Planck/*Strecker* § 1113 Anm. 5 f; Staudinger/*Wolfsteiner* § 1113 Rdnr. 19. Nur berichtend *Baur/Stürner* § 42 Rdnr. 2. Gegen das RG *Westermann/Eickmann* § 110 I. 3. S. 790.

[1400] Staudinger/*Wolfsteiner* § 1113 Rdnr. 20.

Nebenpflichten, die mit gesichert werden sollten, zur Erhaltung des Grundstücks und damit der Sicherheit der Hypothek dienten[1401].

1401 Anders als beim Pfandrecht, für das es nach §§ 1204 I, 1228 II 2 ausreicht, wenn die gesicherte Forderung in eine Geldforderung übergehen kann, muß für die Hypothek nach §§ 1113, 1115 I der Geldbetrag der zu sichernden Forderung angegeben werden. Für Forderungen, die in eine Geldforderung übergehen können, kommt aber eine Hypothek für die künftige oder bedingte Geldforderung nach § 1113 II in Betracht. Deshalb kann auch der künftige Anspruch auf Schadensersatz statt der Leistung (früher Schadensersatz wegen Nichterfüllung) hypothekarisch gesichert werden.

Als künftige Forderungen, für die eine Hypothek bestellt werden können, kommt weiter die Darlehensforderung aus einem erst noch auszuzahlenden Darlehen oder die erst noch durch Zession zu erwerbende Geldforderung in Betracht.

1402 Die Hypothek ist nur zulässig für bestimmte Forderungen und folglich grundsätzlich nur zugunsten eines Gläubigers; mehrere Gläubiger können nur dann gesichert werden, wenn ihnen die zu sichernde Forderung in Bruchteilsgemeinschaft zusteht. Unzulässig ist die Bestellung einer Hypothek mit Berechtigung mehrerer Gläubiger aus mehreren Forderungen nach deren Wahl (sog. *Alternativsicherung*) oder für den einen oder einen anderen Regreßgläubiger, je nachdem, auf wen die Forderung übergeht (etwa Mitbürgen oder Wechselschuldner; sog. *Alternativberechtigung*). Zulässig ist die sog. *Sukzessivberechtigung*, d.h. eine für den einen Gläubiger auflösend, für den anderen Gläubiger durch dasselbe Ereignis aufschiebend bedingte Bestellung[1402].

Nur hinsichtlich der Aktivlegitimation sind Forderung und Hypothek notwendig verbunden, nicht aber hinsichtlich der Passivlegitimation. Durchaus denkbar ist die Hypothek für eine Forderung gegen einen Schuldner, der nicht der Eigentümer ist.

1403 Für dieselbe Forderung kann an einem Grundstück nur eine Hypothek bestellt werden. Zum Teil wird insoweit von einem Verbot der Doppelsicherung gesprochen[1403]. Ein solches Verbot gibt es nicht. Stattdessen gilt: Kann ein Grundstück nach dem Inhalt einer Hypothek zur Befriedigung wegen einer bestimmten Forderung herangezogen werden, so hat eine weitere Hypothek an demselben Grundstück für dieselbe Forderung keinen Gegenstand. Allerdings kann ein Interesse an der Verbesserung des Rangs der vorhandenen Hypothek bestehen. Dazu ist aber die Rangänderung da.

2. Gegenstand der Haftung

a) *Der Gegenstand allgemein*

1404 Der Verwertung nach § 1147, insbesondere durch Zwangsversteigerung, unterliegen das Grundstück mit seinen wesentlichen Bestandteilen (§§ 93, 94) und der sog. Haftungsverband nach §§ 1120 ff.

b) *Grundstück oder grundstücksgleiche Rechte*

1405 Neben dem Eigentum am Grundstück und den wesentlichen Bestandteilen des Grundstücks (§§ 93, 94) können ebenso die grundstücksgleichen Rechte, Erbbaurecht[1404] und

[1401] BayObLG NJW 1967, 1373 f.

[1402] MünchKomm/*Eickmann* § 1113 Rz. 22 ff.

[1403] OLG Köln WM 1996, 151; *Baur/Stürner*, § 37 II 1 (soweit diese sich auf die Belastung mehrerer Grundstücke für dieselbe Forderung beziehen, geht es um die Gestaltung der Gesamthypothek (§ 1132)). Mangels dinglichen Bezuges auf die Befriedigung derselben Forderung sind nebeneinander an demselben Grundstück durchaus denkbar eine Hypothek und eine Grundschuld, auch wenn die letztere Sicherungsgrundschuld für dieselbe Forderung ist. Zu Unrecht einschränkend OLG Köln a.a.O., dazu Anm. *Wilhelm* WuB VI E. § 867 ZPO 1.96.

[1404] § 11 ErbbauVO.

Wohnungseigentum[1405], mit einer Hypothek belastet werden. Bruchteilseigentum am Grundstück kann außer in den Spezialfällen, in denen nach § 3 VI GBO Miteigentum gebildet wird, nur dann mit einer Hypothek belastet werden, wenn dieses in dem Anteil eines Miteigentümers an einem Grundstück besteht (§ 1114). Damit werden die Fälle des Gesamthandseigentums[1406] und der Fall ausgeschlossen, daß das Grundstück in Alleineigentum steht[1407]. Vom Bruchteilseigentum ist das Eigentum an einer Teilfläche des Grundstücks zu unterscheiden. Dieses kann auch bei Alleineigentum am Grundstück belastet werden, weil insoweit ein unwesentlicher Bestandteil gegeben ist. Aber es gilt die Ordnungsvorschrift des § 7 GBO. Zuvor muß der Teil abgeschrieben werden.

§ 12 ErbbauVO macht bei Belastung des Grundstücks mit einem Erbbaurecht die **1406** kraft des Erbbaurechts errichteten (§ 95 I 2), darüber hinaus aber auch die bei Begründung des Erbbaurechts schon bestehenden Gebäude zu wesentlichen Bestandteilen des Erbbaurechts. Letzteres folgt aus dem Inhalt des Erbbaurechts, wenn dieses an einem bebauten Grundstück bestellt wird. Der insoweit eintretende Eigentumsübergang ist auf seinen Rechtsgrund in dem Vertrag, der der Bestellung des Erbbaurechts zugrunde liegt, zu überprüfen. Aus der Bestandteilszurechnung nach § 12 ErbbauVO folgt, daß die Gebäude den zu Lasten des Erbbaurechts bestellten Grundpfandrechten haften, aber nicht den zu Lasten des Eigentums am Grundstück bestellten Grundpfandrechten[1408].

Gebäude, die Scheinbestandteile i.S. von § 95 I sind, sind nicht der Hypothekenhaf- **1407** tung unterworfen[1409]. Dies folgt nicht daraus, daß Scheinbestandteile nicht im Eigentum des Grundstückseigentümers stehen könnten[1410]. Der Grundstückseigentümer kann durchaus Eigentümer der Scheinbestandteile sein. Er kann sie selbst hinzugefügt haben; hat sie ein anderer hinzugefügt, können sie nach §§ 929 ff. auf den Eigentümer des Grundstücks übereignet worden sein. In dem Fall, daß sie dauerhaft mit dem Grundstück verbunden sind oder nach der Zweckbestimmung des Eigentümers nunmehr dauerhaft verbunden sein sollen, werden sie dadurch allerdings wesentliche Bestandteile des Grundstücks. Andernfalls bleibt es aber bei der Eigenschaft als Scheinbestandteil, d.h. dabei, daß sie nach § 95 keine Bestandteile sind. Und weil (und soweit) sie keine Bestandteile (und auch kein Zubehör) des Grundstücks sind, können sie (insoweit) nicht unter die Hypothekenhaftung fallen. Dies ergibt sich aus der Haftung des Grundstücks und seiner wesentlichen Bestandteile unter Einbeziehung nur des Haftungsverbandes der Hypothek, der im Folgenden zu behandeln ist.

c) *Der Haftungsverband*

§ 1120 erstreckt die Hypothekenhaftung über das Grundstück und seine wesentlichen **1408** Bestandteile hinaus auf den sog. Haftungsverband, das sind die von dem Grundstück

[1405] § 1 WEG.

[1406] Nach der Konstruktion des BGB. Zumindest zum Eigentum bei der Gesamthandsgesellschaft anders die heutige überwiegende Auffassung (oben Rz. 145 ff.).

[1407] Veräußert einer von zwei Miteigentümern sein Miteigentum an den anderen, so kommt nach OLG Zweibrücken NJW-RR 1990, 147 die Belastung des veräußerten Miteigentums mit einer Kaufpreisrestgeldhypothek nicht in Betracht: Vor der Veräußerung würde der Hypothekar selbst Eigentümer sein, was nicht möglich sei, nach Veräußerung sei der Erwerber Volleigentümer und es bestehe also kein Miteigentum. Das veräußerte Miteigentum sei auch nicht für die Belastung als selbständig aufrechtzuerhalten. Dafür bestehe (anders etwa als bei unter Vor- und Nacherbfolge stehendem Miteigentum) kein Bedürfnis. Es könne eine Hypothek am Volleigentum des Erwerbers bestellt werden. Die Auffassung, es könne für die eigene Forderung nicht am eigenen (sodann zu übertragenden) Eigentum eine Hypothek bestellt werden, hat sich o. Rz. 1309 Fn. 1296 als nicht überzeugend erwiesen.

[1408] Vgl. *Ingenstau*, ErbbauVO, § 12 Rz. 20 ff.

[1409] *Baur/Stürner* § 39 III 1 Rz. 24.

[1410] So *Baur/Stürner* § 3 A II 3 Rz. 15.

getrennten Erzeugnisse und sonstigen Bestandteile i.S. der §§ 953 ff. sowie das Zubehör des Grundstücks. Voraussetzung der Haftung der ersteren ist, daß sie nicht nach §§ 954-957 in das Eigentum eines anderen als des Eigentümers oder des Eigenbesitzers des Grundstücks gelangt sind. Die Erzeugnisse oder Bestandteile des Eigenbesitzers sind in die Haftung einbezogen, weil der Eigenbesitzer sie nur kraft guten Glaubens erwerben könnte, der gute Glaube aber auf die Berechtigung an einem mit der Hypothek belasteten Grundstück bezogen ist[1411]. Zubehörstücke werden von der Haftung ausgenommen, sofern sie nicht in das Eigentum des Grundstückseigentümers gelangt sind.

1409 Bei Verpachtung des Grundstücks wird nicht der Eigentümer des Grundstücks, sondern der Pächter Eigentümer der Erzeugnisse und der bestimmungsgemäß gewonnen Bestandteile (§ 956 mit §§ 581, 99 I). An Stelle der getrennten Erzeugnisse haftet aber die Pachtforderung dem Hypothekar (§ 1123 I)[1412]. Nach derselben Vorschrift fällt bei Vermietung des Grundstücks die Mietforderung in den Hypothekenverband.

1410 Selbst wenn Sachen oder Forderungen in die Hypothekenhaftung gefallen sind, können sie davon nach §§ 1121, 1122, 1124 wieder befreit werden. Deshalb sind, wenn es um die Unterwerfung unter eine Hypothek geht, zwei Fragen zu prüfen: 1. Hineinfallen in den Hypothekenverband. Die Voraussetzungen sind soeben erörtert. 2. Möglichkeit der Enthaftung.

1411 *Zu Frage 2*: Von der Haftung nach § 1120 gibt es die Möglichkeit der Enthaftung: Der Eigentümer kann sich von der Haftung, was bewegliche Sachen betrifft, nach §§ 1121 f. ohne weiteres wieder befreien, sofern nicht die Beschlagnahme aufgrund der Hypothek erfolgt. Unter demselben Vorbehalt – mit Detailregelung in § 1124 II – kann der Eigentümer die in den Haftungsverband fallenden Miet- und Pachtforderungen für sich einziehen oder mit der Folge der Haftungsfreiheit abtreten[1413].

Dies könnte erstaunen in Anbetracht dessen, daß mit der Hypothekenhaftung eine dingliche Belastung begründet ist. Von dem Verhältnis zwischen Hypothekar und Eigentümer her gesehen, wird die gesetzliche Regelung aber ohne weiteres einsehbar: Die Hypothek sichert eine Forderung gegen den Eigentümer oder einen Dritten. Insbesondere kann die Forderung aus der Finanzierung eines Betriebes des Eigentümers auf dem Grundstück stammen. In diesem Fall soll die Betriebsführung, nicht die Betriebslähmung mit dem Kredit ermöglicht werden. Letzteres wäre aber der Fall, wenn jede Bewegung und Verwertung hinsichtlich von Erzeugnissen, Bestandteilen, Zubehör oder Forderungen der Zustimmung des Hypothekengläubigers bedürfte. Allgemein, über den Fall der Finanzierung eines Betriebes des Eigentümers auf dem Grundstück hinaus, gilt bei der Hypothek: Solange die gesicherte Forderung ordnungsgemäß getilgt wird, hat der Hypothekar kein Recht an dem, was auf dem Grundstück geschieht. Ihm stehen nur die Kontrollrechte der §§ 1134, 1135 zu. Erst wenn die Forderung notleidend wird, kann der Gläubiger das Grundstück für sich in Anspruch nehmen. Durch die Beschlagnahme im Rahmen der Geltendmachung der Hypothek greift der Gläubiger auf das Grundstück samt Haftungsverband zu. Die Geltendmachung erfolgt nach § 1147 durch Zwangsvollstreckung. Die Zwangsvollstreckung setzt einen Titel voraus, dieser

[1411] Da der Eigenbesitzer das Grundstück als ihm gehörend besitzt, § 872, und bei Gutgläubigkeit Erzeugnisse und Bestandteile wie der Eigentümer erwirbt, § 955, muß er sich auch hinsichtlich der Hypothekenhaftung wie der Eigentümer behandeln lassen. Der Eigenbesitzer soll nicht besser stehen, als wenn er sogar Eigentümer wäre, vgl. MünchKomm/*Eickmann* § 1120 Rz. 21.

[1412] Die Wirkung der Einziehung der Pachtforderung gegenüber dem Hypothekar richtet sich nach § 1124. Dazu OLG Hamm WM 1989, 895 und LG Braunschweig ZIP 1996, 193.

[1413] Mit Recht (wenn man der Rechtsprechung zur eigenkapitalersetzenden Nutzungsüberlassung folgt) hat der BGH die §§ 1123, 1124 auf die Frage angewandt, inwieweit im Fall der Vermietung eines mit einem Grundpfandrecht belasteten Grundstücks durch einen Gesellschafter an eine GmbH die Gesellschaft oder ihr Insolvenzverwalter das Grundstück unter dem Gesichtspunkt der eigenkapitalersetzenden Nutzungsüberlassung auch im Verhältnis zum Grundpfandgläubiger unentgeltlich weiternutzen darf. Maßgeblich sind die Beschlagnahme und die Regelung des § 1124 II, BGH DStR 1999, 35 mit Anm. *Goette*, WM 2000, 525.

kann in Gestalt der sofortigen Unterwerfung des Eigentümers unter die Zwangsvollstreckung schon vorliegen – §§ 794 I Ziff. 5, 800 ZPO –. Aufgrund des Titels kann in die Gegenstände der Hypothekenhaftung vollstreckt werden, und zwar entweder in das Grundstück (§§ 866 I, 869 ZPO) – hier erfolgt die Beschlagnahme im Rahmen der Zwangsversteigerung oder der Zwangsverwaltung nach dem ZVG – oder nach §§ 803, 808 ff., 827 ff ZPO in einzelne der Hypothekenhaftung unterworfene bewegliche Sachen oder Forderungen mit Beschlagnahme durch Pfändung. Nach § 865 I ZPO erfaßt die Zwangsvollstreckung in das Grundstück auch die Gegenstände des Haftungsverbands. Nach § 865 II 1, 2 ZPO kann die Mobiliarvollstreckung in einzelne Gegenstände des Haftungsverbands betrieben werden, sofern diese nicht Zubehör sind, das zwingend in die Immobiliarvollstreckung einbezogen ist (§ 865 II 1 ZPO), und sofern sie noch nicht im Wege einer in das Grundstück betriebenen Zwangsvollstreckung beschlagnahmt worden sind (§ 865 II 2 ZPO).

Für die Befreiung beweglicher Sachen von der Hypothekenhaftung sind nach §§ 1121, **1412**
1122 zu unterscheiden: 1. Die Enthaftung durch Veräußerung und Entfernung vom Grundstück (§ 1121 I); 2. die Enthaftung durch Entfernung ohne Veräußerung (§ 1122 I) und 3. die Enthaftung ohne Entfernung und ohne Rücksicht auf Veräußerung (§ 1122 II).

Zur Enthaftung nach § 1121 I: Aufgrund einer Veräußerung (*1. Voraussetzung*) tritt **1413**
Haftungsbefreiung ein, wenn die Sache entfernt wird (*2. Voraussetzung*) vor der Beschlagnahme (*3. Voraussetzung*). Die Veräußerung als solche befreit nicht; nur die erste Voraussetzung ist, daß der Erwerber das Eigentum wirksam erworben hat (nach §§ 929, 930)[1414]. Die Frage ist dann, ob er es lastenfrei erwirbt, d.h. ohne Hypothekenhaftung. Der lastenfreie Erwerb vom Berechtigten scheidet nach § 1121 I aus, wenn nicht Veräußerung *und* Entfernung vor der Beschlagnahme erfolgt sind.

Es kommt aber der lastenfreie Erwerb kraft guten Glaubens in Betracht. Grundvor- **1414**
schrift ist hier § 936. Aber schon § 936 III zeigt, daß ein Gutglaubenserwerb ohne Besitzveränderung nicht zugelassen wird. § 1121 II 1 sagt dasselbe für die Frage des hypothekenfreien Erwerbs. Im Zusammenhang der beiden Absätze verlangt § 1121 I für die Haftungsbefreiung Veräußerung *und* Entfernung *vor* Beschlagnahme, § 1121 II 1 sagt sodann, daß die zusätzliche Voraussetzung der Entfernung nicht durch den Mangel der Kenntnis und grob fahrlässigen Unkenntnis, was die Freiheit von der Hypothekenhaftung angeht, überwunden werden kann.

Offen bleibt die Frage, was gilt, wenn die zweite Voraussetzung – die Entfernung – **1415**
nachgeholt wird, aber unter Verletzung der dritten Voraussetzung, nämlich erst nach der Beschlagnahme. Hier tritt eine den Erwerb vollziehende Besitzveränderung ein, hier gibt es den Gutglaubensschutz, nämlich gemäß § 1121 II 2.

Die drei Voraussetzungen der Enthaftung nach § 1121 I sind genauer, wie folgt, zu **1416**
bestimmen: *Veräußerung* heißt Eigentumsübertragung. Verpfändung und Nießbrauchsbestellung reichen also nicht aus[1415]. Diese sind mit der Hypothekenhaftung vereinbar: Pfandrecht und Nießbrauch entstehen nachrangig nach der Hypothekenhaftung[1416], es sei denn, es tritt Enthaftung nach § 1122 ein (Enthaftung ohne Veräußerung). – *Entfernung* heißt endgültige Wegschaffung aufgrund der Veräußerung[1417]. Ist zur Sicherung übereignet und wird dann auf Antrag des Sicherungsnehmers durch einstweilige Verfügung die Sache vorübergehend zu Sicherungszwecken weggenommen, so ist dies keine Entfernung. – *Beschlagnahme* ist die Beschlagnahme aufgrund der Hypothek. Sie vollzieht sich nach § 20 I ZVG im Verfahren der Zwangsversteigerung, nach § 146 I i.V.m. § 20 I ZVG im Verfahren der Zwangsverwaltung und nach §§ 808, 865 ZPO für die Vollstreckung in bewegliche Sachen des Haftungsverbands, sofern diese der Zwangsvollstre-

1414 *Wolff/Raiser* § 135 II 1, S. 549.
1415 RGZ 143, 246; MünchKomm/*Eickmann* § 1121 Rz. 13.
1416 *Westermann*, 5. Aufl., § 98 III 3, S. 491; 7. Aufl., § 97 III 3, S. 711.
1417 *Westermann*, 5. Aufl., § 98 III 3, S. 491; 7. Aufl., § 97 III 3, S. 711.

ckung in das bewegliche Vermögen unterliegen[1418]. Im Insolvenzverfahren gibt es nur noch die abgesonderte Befriedigung wegen der Hypothek im Verfahren nach dem ZVG (§ 49 InsO)[1419].

1417 Für die Wirkung der Beschlagnahme ist im Rahmen der §§ 1121 f. die Regelung des ZVG zu beachten: Z.B. tritt die Beschlagnahme in unterschiedlichem Umfang ein, je nachdem, ob Zwangsversteigerung oder Zwangsverwaltung betrieben wird (§§ 21, 23 ZVG einerseits, §§ 146 ff., 148 ZVG andererseits). Gutgläubiger Erwerb nach § 1121 II 2 ist nur zu prüfen, soweit die Beschlagnahme nach ZVG wirksam ist. Das ZVG regelt in § 23 II den Gutglaubensschutz bei Verfügungen trotz Beschlagnahme. Die Regelung nimmt § 135 II in Bezug und ergänzt ihn. § 1121 II 2 regelt demgegenüber die Veräußerung vor der Beschlagnahme und den Gutglaubensschutz hinsichtlich der nach Beschlagnahme erfolgenden Entfernung als tatsächlicher Maßnahme.

1418 Nach § 1122 I besteht die zweite Enthaftungsmöglichkeit im Fall der Entfernung ohne Veräußerung: Hier sind fünf Voraussetzungen zu beachten: Zunächst muß es sich um Erzeugnisse oder Bestandteile handeln (§ 1121 enthält diese Beschränkung nicht). Diese müssen entfernt werden, vor der Beschlagnahme, im Rahmen ordnungsgemäßer Wirtschaft, nicht nur zu einem vorübergehenden Zweck.

1419 Im Gegensatz zum Veräußerungsfall, in dem die Entfernung aufgrund der Veräußerung grundsätzlich als endgültig erscheint, ist ohne Veräußerung eine nur vorübergehende Entfernung naheliegend. Deshalb stellt der Gesetzgeber hier die Endgültigkeit als weitere Voraussetzung heraus, gibt aber mit dem Wortlaut „es sei denn, daß ..." eine Vermutung für die Endgültigkeit.

1420 Beispiel für die Enthaftung nach § 1122 I: Die auf dem Grundstück X erzeugten Erzeugnisse werden zwecks Veräußerung in den Lagerraum der Vertriebsabteilung gebracht, die sich auf dem Grundstück Y befindet. Die Hypothekengläubiger sind in solchen Fällen gut beraten, wenn sie auf einer Gesamthypothek an beiden Grundstücken (§ 1132) bestehen.

1421 § 1122 II gibt schließlich eine dritte Enthaftungsmöglichkeit unter vier Voraussetzungen. Es muß um Zubehörstücke gehen. Die Zubehöreigenschaft muß aufgehoben werden, und zwar vor der Beschlagnahme, im Rahmen ordnungsgemäßer Wirtschaft.

1422 Auch die Vermietung – etwa eines bisher betrieblich eingesetzten LKW – mit der Erlaubnis für die Mieter, die Sache (den LKW) weiter auf dem Betriebsgrundstück abzustellen, hebt die Zubehöreigenschaft und – wenn im Rahmen ordnungsgemäßer Wirtschaft liegend – die Haftung auf[1420]. Insoweit tritt auch nicht eine Surrogation der Sachhaftung durch eine Haftung der Mietforderung ein (s. § 1123). Nicht ausreichend für die Aufhebung der Zubehöreigenschaft gemäß § 1122 II ist eine Stillegung des auf dem Grundstück unterhaltenen Betriebs. Nach der Betriebsstillegung besteht das durch die §§ 1121 f. geschützte Interesse des Eigentümers an einer sachgemäßen Nut-

[1418] Also auch die Pfändung im Wege der Mobiliarzwangsvollstreckung bewirkt eine Beschlagnahme i.S. der §§ 1121, 1122 dann, wenn sie wegen des dinglichen Anspruchs eines Hypothekengläubigers erfolgt. Nach § 865 II 1 ZPO gibt es aber für das Zubehör nur die Immobiliarzwangsvollstreckung. Auch die übrigen Sachen des Haftungsverbands werden nach § 865 I ZPO von der Zwangsvollstreckung in das unbewegliche Vermögen erfaßt, nach § 865 II 2 ZPO unterliegen sie aber der Zwangsvollstreckung in das bewegliche Vermögen, solange nicht ihre Beschlagnahme im Wege der Zwangsvollstreckung in das unbewegliche Vermögen erfolgt ist.

[1419] § 165 InsO gibt dem Verwalter das Recht, ungeachtet des Bestehens eines Absonderungsrechts selbst die Zwangsversteigerung zu betreiben. Unter die Pfandrechte und gleichstehenden Rechte, für die §§ 50 f. InsO i.V.m. den Sondervorschriften der §§ 166 ff. InsO die abgesonderte Befriedigung regelt, fällt die Hypothekenhaftung nicht. Zu den alten Vorschriften der §§ 4 II, 47 KO LG Waldshut-Tiengen BB 1987, 2333.

[1420] Zur Aufhebung der Zubehöreigenschaft s. weiter MünchKomm/*Eickmann* § 1122 Rz. 14.

zung und erfolgreichen Bewirtschaftung seines Grundstücks nicht mehr. Eine Maßnahme, welche die Wirtschaft (den Betrieb) beendet, gehört deshalb nicht zur ordnungmäßigen Wirtschaft[1421].

Zur Anwendung der §§ 1120 f. der folgende vom BGH entschiedene Fall[1422]: K be- **1423**
treibt auf einem Grundstück, das mit Grundschulden (nach § 1192 I gelten §§ 1120 ff.) für die Hausbank belastet ist, ein Fahrzeugwerk. Er kauft 3 LKW für sein Werk unter Eigentumsvorbehalt von V. Die LKW werden geliefert und in Betrieb genommen. Die Zahlung finanziert die X-Bank, indem sie V entsprechende Schecks unter dem Vorbehalt gibt, daß er ihr zur Sicherheit sein Eigentum an den LKW übertrage. V übereignet mit Zustimmung von K und löst mit Zustimmung der X die Schecks in Anrechnung auf seine Restkaufpreisforderung ein. K fällt in Konkurs. Der Konkursverwalter gibt die LKW für X frei. X veräußert sie, die Erwerber holen die LKW ab. Die Hausbank klagt gegen X auf Herausgabe des Verwertungserlöses.

Erste Anspruchsgrundlage ist § 816 I 1: Es stellt sich die Frage, ob die X als Nichtberechtigte hinsichtlich des Rechts der Hausbank verfügt hat. X könnte nichtberechtigt gewesen sein, weil die LKW zum Haftungsverband der Grundschuld nach §§ 1192 I, 1120 ff. gehört haben könnten. Dazu müssen die LKW in die Haftung nach § 1120 hineingefallen sein. Die LKW können nach §§ 97, 98 Nr. 1 *Zubehör* sein. Voraussetzung dafür ist, daß das bebaute Grundstück für den Betrieb des Fahrzeugwerks dauernd eingerichtet ist[1423] und die LKW dem Betriebe (etwa auch dem Vertrieb der hergestellten Waren) dienen. Der BGH hat die Zubehöreigenschaft für seine Prüfung unterstellt. Von der Zubehöreigenschaft sei auch hier ausgegangen. Für die Zugehörigkeit zum Haftungsverband erforderlich ist sodann das *Eigentum* des Grundstückseigentümers K an den LKW. K hatte unter Eigentumsvorbehalt erworben, war also vor Bedingungseintritt durch Kaufpreiszahlung noch nicht Eigentümer (§§ 929 S. 1, 158 I). Das Eigentum könnte aber durch Kaufpreiszahlung seitens der X-Bank auf K übergegangen sein (§ 158 I). Die X-Bank hatte zwar unter Vorbehalt auf die Kaufpreisschuld des K gezahlt. Durch die Übereignungshandlung des V betreffs des Eigentums an den LKW war die X aber veranlaßt worden, der Verrechnung der Schecks zuzustimmen. So war der Vorbehalt beseitigt.

Der Eigentumsübergang auf K wäre jedoch gehindert, wenn durch jene Übereignungshandlung X Eigentum an den LKW erlangt hätte. Zu fragen ist zunächst, ob die Übereignung von V an X zustandegekommen ist. Nach § 929 S. 1 sind dazu Berechtigung des V, Einigung und Übergabe erforderlich. V war noch Eigentümer, er hat sich auch mit X geeinigt. Die Übergabe ist hier durch Einräumung des mittelbaren Besitzes durch K an X (im Rahmen der Sicherungsabrede) auf Vereinbarung mit V erfolgt (Übergabe durch Übertragung des mittelbaren Besitzes, ohne daß hier § 930 oder § 931 eingreifen würden). Die zweite Frage ist, ob die Übereignung wirksam geworden und geblieben ist: Sie könnte nach § 161 I (Abs. 3 scheidet wegen Kenntnis der X von der bedingten Veräußerung an K aus) mit Kaufpreiszahlung unwirksam geworden sein. Dies setzt voraus, daß die bedingte Verfügung zugunsten von K bestehengeblieben ist. Das Anwartschaftsrecht aus der aufschiebend bedingten Übereignung kann durch Vertrag zwischen Käufer und Verkäufer aufgehoben werden.[1424] Eine solche Aufhebung haben K und V hier vereinbart, als der LKW auf X übertragen worden ist.

Zu prüfen ist die Wirksamkeit der Aufhebung des Anwartschaftsrechts. Ihr könnte entgegenstehen, daß K nicht uneingeschränkt Berechtigter hinsichtlich des Anwartschaftsrechts war, als er darauf verzichtete. Wenn die LKW auch nicht kraft Eigentums des K nach § 1120 in den Haftungsverband der Grundschuld fielen, könnte doch das Anwartschaftsrecht des K aus der bedingten Übereigung in den Haftungsverband gefallen sein. Die Behandlung eines Anwartschaftsrechts an Sachen, die der Art nach in den Hypothekenverband fallen, und die Frage der Aufhebung des Anwartschaftsrechts waren die zentralen Fragen der Entscheidung. Auf sie ist im folgenden einzugehen.

Werden Zubehörstücke für das Grundstück vom Grundstückseigentümer durch Kauf **1424**
unter Eigentumsvorbehalt angeschafft, so ist anerkannt, daß wie das Eigentum an Zube-

[1421] BGH ZIP 1996, 223, 224.
[1422] BGHZ 92, 280 = BGH NJW 1985, 376.
[1423] Näher BGHZ 62, 52.
[1424] Vgl. BGHZ 75, 221, 224; 42, 53, 58; 92, 280.

hörstücken auch das Anwartschaftsrecht des Vorbehaltskäufers als Vorstufe zum Eigentum für die Hypothek bzw. die Grundschuld haftet[1425].

1425 In unserem Fall BGHZ 92, 280 verzichtete K also auf ein Anwartschaftsrecht, das mit der Grundschuld der Hausbank belastet war. Es drängt sich auf, daß K insoweit teilweise Nichtberechtigter war und deshalb für die volle Aufhebung entweder nach § 185 oder speziell nach § 1276 (in analoger Anwendung) der Zustimmung der Hausbank bedurfte. Der BGH hat den K „grundsätzlich" als Berechtigten des Anwartschaftsrechts, soweit es um § 185 geht, angesehen und die analoge Anwendung des § 1276 auf die Aufhebung der grundschuldbelasteten Anwartschaft abgelehnt.

1426 Wirkt der Grundstückseigentümer an der Aufhebung eines Anwartschaftsrechts mit, welches nach § 1120 zum Hypothekenverband gehört, so will die überwiegende Literatur entgegen dem BGH § 1276 entsprechend anwenden, d.h. die Aufhebung unwirksam sein lassen, wenn der Hypothekar nicht zustimmt[1426]. Dies ist mit der analogen Anwendung der §§ 1120 ff. auf die Begründung eines Anwartschaftsrechts an einem Zubehörstück nicht vereinbar. Diese Anwendung beruht auf dem Analogieschluß, daß die Begründung des Anwartschaftsrechts an einer Kaufsache der Übereignung der Sache gleichgestellt wird. Wird die Begründung des Anwartschaftsrechts der Übereignung gleichgestellt und das Anwartschaftsrecht so nach §§ 1120 ff. dem Haftungsverband der Hypothek unterworfen, so muß auch die Befreiung möglich sein, die §§ 1121 f. regeln. § 1121 I setzt eine Veräußerung voraus. Es muß also die Veräußerung, und zwar wie an jeden Dritten, so auch an den Verkäufer selbst möglich sein. Gerade eine Veräußerung an den Verkäufer, nämlich die Rückveräußerung an ihn, ist aber die Aufhebung des Anwartschaftsrechts. Ist nämlich die Begründung des Anwartschaftsrechts für den Grundstückseigentümer der Übereignung an den Grundstückseigentümer gleichzustellen, so ist die Aufhebung des Anwartschaftsrechts der Rückveräußerung an den Verkäufer gleichzustellen. Ist die Aufhebung aber eine Veräußerung i.S. des § 1121 I, so ist sie wirksam und entzieht die Entfernung der Sache aufgrund der Veräußerung dem Grundschuldgläubiger die Haftung der Sache, wenn er nicht mit der Beschlagnahme dazwi-

[1425] Zur Demonstration s. den von *Medicus*, Bürgerliches Recht, Rz. 484 gebrachten Fall (ähnlich BGHZ 35, 85): E kauft bei V Betten unter Eigentumsvorbehalt und richtet damit ein Hotel auf seinem Grundstück ein. An dem Grundstück hat H eine Hypothek. Noch vor Zahlung des Restkaufpreises an V nimmt E ein Darlehen auf und überträgt dem Gläubiger D zur Sicherung sein Anwartschaftsrecht an den Betten (§ 930). Endlich zahlt E den Rest an V. H betreibt jetzt die Zwangsversteigerung in das Grundstück (§ 1147). D verlangt die Freigabe der ihm übereigneten Betten. D kann durch einen Antrag nach § 37 Ziff. 5 ZVG sein Sicherungseigentum geltend machen, wenn die Betten nicht in den Haftungsverband der Hypothek des H fallen. § 1120 bejaht dies für Zubehör im *Eigentum* des Grundstückseigentümers. Nach § 97 I sind Betten Zubehör des Hotelgrundstücks. Hatte der Grundstückseigentümer E Eigentum? Evtl. hat E durch Zahlung des Kaufpreisrests Eigentum erlangt, womit die Betten in die Haftung fallen. Dies setzt Durchgangserwerb des E voraus. Der Erwerber eines Anwartschaftsrechts erwirbt aber nach heute allgemeiner Meinung unmittelbar das Volleigentum (Anwartschaftsrecht erstarkt zum Vollrecht). Denkbar ist hier jedoch, daß das von D erworbene Anwartschaftsrecht selbst in die Hypothekenhaftung fiel und so von D nur mit der Haftung belastet erworben worden ist. In der Tat ist seit BGHZ 35, 85 ff. (dazu *Flume* II § 42 4 h, S. 746 ff.) anerkannt, daß schon das Anwartschaftsrecht des Grundstückseigentümers an Zubehör in den Hypothekenverband fällt. Ein gutgläubiger lastenfreier Erwerb des D ist nach § 1121 II 1 ausgeschlossen (auf die Frage der Anwendung des § 936 auf die Übertragung des Anwartschaftsrechts durch den Anwartschaftsberechtigten kommt es hier also nicht an – s. auch § 936 I 3 –). D hat kein Recht i.S. des § 37 Ziff. 5 1. Alt. ZVG. Wird dem X der Zuschlag erteilt, so erwirbt dieser nach §§ 90 II, 55 I (nicht II), 20 II ZVG, 1120, 97 I BGB (berühmte Paragraphenkette).

[1426] Nachweise zu den vertretenen Ansichten bei *Wilhelm*, NJW 1987, 1785 ff., der selbst dem BGH zustimmt. Tendenziell zustimmend (begrüßenswerte Abschwächung der Bedeutung von Anwartschaften) *Medicus*, Bürgerliches Recht, Rz. 484.

schen kommt. § 1276, der die Aufhebung ohne Zustimmung des Grundschuldgläubigers unwirksam macht, ist demgegenüber nicht anwendbar.

1427 Entgegen *Tiedtke*[1427] ist gegen den Charakter der Aufhebung des Anwartschaftsrechts als Veräußerung nicht einzuwenden, die Beteiligten hätten das Anwartschaftsrecht nicht übertragen, sondern um des unbelasteten Eigentums des Verkäufers willen ersatzlos beseitigen wollen. Die Aufhebung bedeutet *rechtlich* die Wiederauffüllung der Rechtsstellung des Verkäufers um die zuvor an den Käufer abgespaltene Position. Die Alternative ist, ob wegen der der Position inzwischen anhaftenden Grundschuld § 1276 oder § 1121 anzuwenden ist. § 1276 regelt die Erweiterung des Rechtskreises eines durch ein Recht Betroffenen durch Aufhebung des Rechts in dem Fall, daß an dem Recht das Pfandrecht eines Dritten besteht. § 1276 stellt in diesem Fall die Aufhebung unter das Erfordernis der Zustimmung des Pfandgläubigers. Geht es aber nicht um die Belastung eines Rechts durch ein Pfandrecht, sondern um die Belastung des dem Eigentum gleichzustellenden Anwartschaftsrechts an einer Sache durch eine Hypothek oder Grundschuld und ist die Aufhebung des Rechts gleich der Rückveräußerung an den Verkäufer, so ist im Verhältnis zu § 1276 die Vorschrift des § 1121 die speziell zutreffende Norm. Sie ermöglicht die Befreiung haftenden Zubehörs im Rahmen der Bewirtschaftung des Grundstücks, indem sie zunächst einmal von einer wirksamen Veräußerung ausgeht.

1428 Es ist sodann nicht nur der Verzicht des Käufers auf das Anwartschaftsrecht als Veräußerung i.S. des § 1121 I zu erkennen, vielmehr ist auch darzustellen, daß und wie dem Grundschuldgläubiger die Haftung der Sache verbleibt, solange die Befreiung nach § 1121 I noch nicht eingetreten ist, d.h. die Aufhebung des Anwartschaftsrechts als Veräußerung wirksam, aber die Sache noch nicht vom Grundstück entfernt worden ist[1428]. Der Grundschuld haftet eben die vom Käufer zum Verkäufer zurückfließende Rechtsposition. Nun kann die Grundschuld zwar sicher nicht als gegenwärtige am Eigentum des Verkäufers bestehen. Ihr Belastungsgegenstand ist aus der Anwartschaftsposition als Position aufgrund der aufschiebend bedingten Übereignung zu entwickeln. Vor der Aufhebung des Anwartschaftsrechts bedeutet die Grundschuld an demselben, daß im Fall des Eintritts der Bedingung die Grundschuld sich in eine solche am Zubehöreigentum verwandeln würde. Im Normalfall heißt das: Die Grundschuld wird am Eigentum des Käufers und Grundstückseigentümers bestehen. Verzichtet der Käufer nun auf seine Anwartschaft, so kann diese Folge nicht mehr eintreten. Aber auch nur diese Folge zugunsten des Käufers kann nicht mehr eintreten. Die gesicherte Position des Grundschuldinhabers können Käufer und Verkäufer demgegenüber nicht beeinträchtigen. Es bleibt bei der bedingten Grundschuld am Zubehöreigentum. Jetzt wird diese nur mit Bedingungseintritt an dem dann beim Verkäufer *bleibenden* Eigentum entstehen. Vorher ist zu Lasten des Eigentums des Verkäufers aufschiebend bedingt eine Grundschuld begründet.

1429 Wenn wir in der Lösung des Falles des BGH fortfahren, ergibt sich: Die Aufhebung des Anwartschaftsrechts durch K und V war nicht nach § 1276 unwirksam, sondern – eben nur vorbehaltlich der Grundschuldbelastung – wirksam. K ist nicht durch die Kaufpreiszahlung Eigentümer geworden. X könnte aber dennoch Nichtberechtigte im Hinblick auf die Grundschuldhaftung sein, wenn sie von V ein durch aufschiebend bedingt eintretende Grundschuldhaftung belastetes Eigentum an den LKW erworben hätte und die Bedingung inzwischen eingetreten wäre mit der Kaufpreiszahlung durch X.

Zu prüfen ist der Erwerb eines *grundschuldbelasteten Eigentums* der X von V. Der Erwerb wäre grundschuldfrei, wenn das Anwartschaftsrecht nach §§ 1121 f. enthaftet wäre. In Betracht kommt die Enthaftung aufgrund Veräußerung gemäß § 1121 I. Hier gilt das zur Anwendung des § 1121 statt des § 1276 Ausgeführte: Fällt das Anwartschaftsrecht überhaupt in den Haftungsverband, so muß es auch durch Veräußerung enthaftet werden können. Die rechtsabgebenden Verfügungen betreffs des Anwartschaftsrechts, eingeschlossen die Aufhebung zugunsten des Verkäufers,

[1427] NJW 1988, 28 f. Entsprechendes gilt von der These *Ludwigs*, NJW 1989, 1458, 1459, 1462, das Anwartschaftsrecht sei durch Änderung der Bedingung (kein Eigentumserwerb bei Zahlung von dritter Seite gegen Sicherungsübereignung an diese) weggefallen.

[1428] *Bayer*, WM 1986, 1543, 1544 f. vermißt das Objekt der Grundschuldbelastung.

sind also „Veräußerung" i.S. des § 1121 I. Durch die Aufhebung des Anwartschaftsrechts ist somit die Veräußerung eines Zubehörstücks i.S. von § 1121 I zustande gekommen.

Hinzukommen muß die Entfernung vor der Beschlagnahme. Eine Beschlagnahme ist hier nicht erfolgt, die Eröffnung des Konkursverfahrens begründet nicht die Beschlagnahme im Sinne des Hypotheken- und Grundschuldrechts. Diese ist die Beschlagnahme im Rahmen der Immobiliar- oder Mobiliarvollstreckung. Die Entfernung unter Mitwirkung des Konkursverwalters steht der Entfernung unter Mitwirkung des Grundstückseigentümers gleich. Wie der Grundstückseigentümer selbst war zur Zeit des Falles auch nicht der Konkursverwalter und wäre auch nach geltendem Recht nicht der Insolvenzverwalter in der Lage, die Durchführung einer wirksamen Veräußerung von Gut, das für die Grundschuld haftet, zu hindern[1429]. Nur der Grundpfandgläubiger kann dem durch Beschlagnahme Einhalt gebieten. Da dieses eben nicht geschehen ist, liegen alle Voraussetzungen der Enthaftung nach § 1121 I vor. Durch die Entfernung ist die Grundschuldhaftung der LKW beendet worden. X hat mithin nicht als Nichtberechtigte über die LKW verfügt. Ein Anspruch aus § 816 I 1 scheidet aus.

Weiter kommt eine Haftung der X auf Schadensersatz nach §§ 1135, 1134, 823 I in Betracht. Mit Recht schließt der BGH auch eine solche im Hinblick auf das Dispositionsermessen des Grundstückseigentümers aus. Die weite Fassung des § 1121 I dient gerade auch dem Schutz des Erwerbers vor dem unvermuteten Durchgreifen der Grundpfandrechtshaftung gegen ihn. Dieser Schutz darf nicht konterkariert werden durch eine rigide Anwendung der §§ 1135, 1134. Ordnungsgemäßes Wirtschaften ist insofern weit zu verstehen. Jede Disposition, die nicht aus dem Ermessen des Betreibers eines lebenden Unternehmens herausfällt, ist danach ordnungsgemäß. Die Benutzung der gekauften Sache als Sicherheit, insbesondere für den zur Finanzierung des Kaufpreises aufgenommenen Kredit[1430], ist damit ordnungsgemäß i.S. von § 1134. X haftet auch nicht auf Schadensersatz.

3. Bestellung der Hypothek

a) *Grundtatbestand*

1430 Die Bestellung der Hypothek ist eine Belastung des Grundstücks i.S. des § 873 I 2. Verfügungsart. Voraussetzungen der wirksamen Bestellung sind danach zunächst einmal — vorbehaltlich der zusätzlichen Erfordernisse betreffend Buch-, Briefhypothek und Sicherungshypothek — die Berechtigung des Bestellers (andernfalls muß zur Prüfung des Erwerbs vom Nichtberechtigten übergegangen werden), die Einigung und die Eintragung in das Grundbuch. Die Einigung muß sich in der nötigen Bestimmtheit[1431] auf das Recht beziehen, sich wegen einer eigenen Geldforderung aus dem Grundstück dieses Grundbuchs zu befriedigen, und sie muß die zu sichernde Geldforderung (des Gläubigers der zu bestellenden Hypothek) nach Schuldner (der ein anderer als der Eigentümer sein kann), Betrag und Identität (unter mehreren Forderungen) bestimmen. Die Einigung kann auch bedingt erfolgen[1432]; davon zu unterscheiden ist der Fall der unbedingten Bestellung der Hypothek für eine bedingte Forderung (§ 1113 II).

[1429] RGZ 99, 210.

[1430] Wird in das Anwartschaftsrecht des Vorbehaltskäufers vollstreckt, so muß unter mehreren Vollstreckungsgläubigern ohne Rücksicht auf die Pfändungsreihenfolge derjenige, der den Restkaufpreis zahlt, im Hinblick auf die Zahlung den Vorrang haben. Deshalb ist der Übergang des vorbehaltenen Eigentums auf ihn zusammen mit der Restkaufpreisforderung des Verkäufers analog §§ 268 III, 401, 412 anzunehmen. Schon diese Wertung rechtfertigt auch hier das Ergebnis des BGH. Die Dispositionsfreiheit des Grundstückseigentümers nach §§ 1121 ff. geht aber noch darüber hinaus.

[1431] Die Auslegung ist aber unbeschränkt möglich. Das bei der Bürgschaft bestehende Problem der genügenden Bezeichnung der gesicherten Forderung – s. BGH WM 1989, 559 mit freilich zutreffender Kritik von *Tiedtke*, WM 1989, 838 – ist hier nicht gegeben. Erst die Eintragung muß hinreichend (s. § 1115) genau sein.

[1432] Im Gegensatz zu § 925 II.

Bei Unwirksamkeit der Einigung ist zu prüfen, ob nicht wenigstens eine gültige einseitige Bestellung durch den Eigentümer aufrechtzuerhalten ist, so daß eine Eigentümergrundschuld entsteht.[1433] **1431**

Ein Prokurist kann trotz § 49 II HGB als Vertreter des Erwerbers eine Restkaufpreishypothek bestellen[1434]. Dies führt zu demselben Ergebnis wie das andere mögliche Vorgehen, daß der Veräußerer noch eine Eigentümergrundschuld bestellt und erst dann das Grundstück überträgt, so daß eine Fremdgrundschuld daraus wird. **1432**

Für das Eintragungsverfahren gelten wieder §§ 13, 19, 39 GBO; nach § 29 I GBO sind für die Eintragungsunterlagen öffentliche Urkunden (§ 415 ZPO) oder die öffentliche Beglaubigung (§ 129) erforderlich. Der Inhalt der Eintragung ist in § 1115 I festgelegt[1435]. Es soll Klarheit für Nachrangige bestehen, und der Gutglaubensschutz hinsichtlich der Forderung (§ 1138) muß daran anknüpfen können. **1433**

b) Brief- und Buchhypothek

In den Alternativen zwischen einer Sicherungshypothek, die als solche Buchhypothek ist (§ 1185 I), und sodann einer Verkehrshypothek und bei dieser zwischen Buchhypothek (§ 1116 II 1) und Briefhypothek (§ 1116 I) stuft das Gesetz, wie folgt: Wird nichts Besonderes bestimmt, handelt es sich um eine Verkehrs-Briefhypothek. Eine Verkehrs-Buchhypothek entsteht, wenn der Brief ausgeschlossen und der Ausschluß im Grundbuch eingetragen wird (§ 1116 II 1, 3). Eine Sicherungs- und damit Buchhypothek entsteht, wenn eine solche oder der Inhalt gemäß § 1184 I bestimmt und die Hypothek im Grundbuch als Sicherungshypothek bezeichnet wird (§ 1184 II). **1434**

Zur Entstehung einer Briefhypothek, um die es also geht, wenn nichts Besonderes bestimmt ist, sind neben dem Tatbestand der §§ 873, 1115 noch die Erteilung des Hypothekenbriefs und dessen Übergabe an den Gläubiger erforderlich (§ 1117). Der Brief wird durch das Grundbuchamt erteilt[1436] und grundsätzlich an den Eigentümer ausgehändigt (§ 1117 I 1, § 60 GBO). Bis zur Übergabe des Briefs an den Gläubiger (mit den aus §§ 929 f. bekannten Ersatzformen, § 1117 I 2[1437]) steht die durch Einigung und Eintragung zustande gekommene Hypothek nach §§ 1163 II, 1177 I 1 noch als Eigentümergrundschuld dem Eigentümer zu. Bis dahin ist auch kein gutgläubiger Erwerb vom Gläubiger möglich, weil es dazu nach § 1154 I 1 der Übergabe des Briefes bedürfte. Der Brief ist so Mittel perfekter Sicherung der Zug-um-Zug-Leistung, andererseits dient er der gesteigerten Zirkulationsfähigkeit der Briefhypothek. Der Gläubiger erwirbt die Hypothek schon ohne Brieferteilung und -übergabe, wenn die Übergabe durch die Vereinbarung ersetzt ist, daß der Gläubiger berechtigt sein soll, sich den Brief von dem Grundbuchamt aushändigen zu lassen (§ 1117 II). Erreicht der Gläubiger ohne diese Vereinbarung die Aushändigung durch das Grundbuchamt, erwirbt er die Briefhypothek nicht. Nach §§ 1163 II, 1177 I existiert eine Eigentümergrundschuld. Aufgrund des Briefbesitzes des Gläubigers wird nur vermutet, daß die Übergabe erfolgt sei (§ 1117 III) und er mithin die Hypothek erworben habe (§ 1117 I 1). **1435**

1433 Zu dieser Streitfrage u. Rz. 1449 ff.

1434 Vgl. *Baumbach/Hopt*, HGB, 30. Aufl., § 49 Anm. 2. Dabei handelt es sich um eine bloße Erwerbsmodalität, nicht aber die Belastung eines bereits dem Kaufmann gehörenden Grundstücks.

1435 Näher BGHZ 47, 41, 44 sowie *Böttcher*, Rpfleger 1980, 81 ff.

1436 Dazu und zum notwendigen Inhalt § 56 GBO.

1437 Die Übergabe wird auch dadurch ersetzt, daß das Grundbuchamt den Brief auf Geheiß des Eigentümers dem Gläubiger aushändigt (§ 1117 I mit § 929; s. § 60 II GBO). Das Grundbuchamt ist hier Geheißperson bei der Übergabe nach § 1117 I 1. Der Fall des § 1117 II, in dem der Gläubiger schon durch die Vereinbarung erwirbt (s. im folgenden), ist nicht gegeben, vgl. *Baur/Stürner* § 37 III 3 d Rz. 33.

1436 Das Eigentum am Hypothekenbrief steht kraft seiner Stellung als Gläubiger der hypothekarisch gesicherten Forderung dem Hypothekengläubiger zu (§ 952 II mit I[1438]). Folglich bezieht sich eine Verfügung immer auf die Hypothekenforderung, wenn sie auch mit Hilfe des Briefes erfolgt (§§ 1154 I, 1153 II). Das Eigentum an dem Brief folgt dann der Hypothek (§ 952 II). Es gilt der Merksatz: Das Recht am Papier folgt dem Recht aus dem Papier. Es ist ein Merksatz zur Unterscheidung von Wertpapieren. Er gilt bei den sog. Rektapapieren. Der Hypothekenbrief ist Wertpapier, und zwar Rektapapier. Wertpapier ist eine Urkunde, in der ein privates Recht in der Weise verbrieft ist, daß zur Geltendmachung des Rechts die Innehabung und Vorlegung der Urkunde erforderlich sind. Rektapapiere sind Papiere, in denen ein bestimmter Berechtigter („direkt") bezeichnet ist.

1437 Was die Wertpapiereigenschaft des Hypothekenbriefs betrifft, ist darauf zu achten, daß der Brief nur bezüglich der Hypothek, nicht hinsichtlich der Forderung Wertpapier ist. § 1161, der für den Fall, daß Schuldner und Eigentümer eine Person sind, die Bestimmung des § 1160, daß der Eigentümer bei Geltendmachung der Hypothek die Vorlegung des Hypothekenbriefs verlangen kann[1439], auf die Forderung ausdehnt, spricht nicht dagegen: In diesem Fall ist die Rechtsbeziehung nicht nur durch die Abhängigkeit der Hypothek von der Forderung, sondern durch Forderung und Hypothek zusammen geprägt.

In § 1160, an den § 1161 anknüpft, regelt das Gesetz nicht, daß der Hypothekar zur Geltendmachung der Hypothek den Brief vorlegen muß, sondern nur, daß der Eigentümer der Geltendmachung der Hypothek widersprechen kann, wenn der Gläubiger den Brief nicht vorlegt. Die Vorlegung des Hypothekenbriefs ist mithin nicht Anspruchsvoraussetzung, sondern Gegenstand einer Einrede. Aber immerhin „widerspricht" nach § 1160 der Grundstückseigentümer aufgrund seiner Einrede der Hypothek, wenn nicht der Brief vorgelegt wird. D.h. mit dem Widerspruch macht er, wie es dem Wertpapiercharakter entspricht, das Recht des Gläubigers von der Vorlage des Hypothekenbriefs abhängig. Die Folge ist charakteristisch unterschieden von der Einrede des Zurückbehaltungsrechts, die wegen des Anspruchs nach § 371 S. 1 auf Rückgabe eines Schuldscheins begründet ist, der nur Beweisurkunde, aber kein Wertpapier ist: Legt der Gläubiger den Brief auf den Widerspruch des Schuldners hin nicht vor, so wird er mit der Klage abgewiesen[1440]. Nur so ist der Zweck der Briefvorlage zu erreichen, daß der Schuldner Gelegenheit zur Einsicht in den Brief bekommt in Hinsicht darauf, wer der Berechtigte ist und ob aus dem Brief Einreden ersichtlich sind[1441]. Demgegenüber wird der Schuldner aufgrund der Einrede des § 273 zur Leistung Zug um Zug verurteilt (§ 274 I).

Aus dem Wertpapiercharakter des Hypothekenbriefs folgt weiter, daß bei Verlust des Briefs, eben weil dieser die Grundlage der Berechtigung des Gläubigers ist, das Aufgebotsverfahren angestrengt werden kann (§ 1162)[1442]. Will der Gläubiger das Recht geltendmachen, muß er das Verfahren auch anstrengen[1443]. Nach § 1018 I ZPO wird die Legitimation durch den Brief durch das im Aufgebotsverfahren zu erlangende Ausschlußurteil ersetzt[1444].

Die Folge der Wertpapiereigenschaft ist grundsätzlich, daß der Gutglaubensschutz des Schuldners nach § 407 unanwendbar ist[1445]. Den Ausschluß des Schutzes bei der Hypothekenforderung

1438 Nach § 952 II i.V.m. I 2 erstreckt sich ein Pfandrecht an der hypothekarisch gesicherten Forderung auf den Brief.

1439 Neben dem Hypothekenbrief müssen, wenn der Gläubiger nicht im Grundbuch eingetragen ist, die in § 1155 geregelten Urkunden vorgelegt werden. Nur wenn der Gläubiger durch eine bis zu ihm reichende Kette öffentlich beglaubigter Abtretungserklärungen legitimiert ist, wird dem Eigentümer etwa nach § 1143 I die Leistung an den angeblichen Gläubiger auch dann angerechnet, wenn dieser Nichtberechtigter ist (§ 1155 i.V. mit § 893).

1440 Planck/*Strecker* § 1160 Anm. 5 b.

1441 Planck/*Strecker* a.a.O.

1442 Das in § 1162 vorgesehene Aufgebotsverfahren ist in §§ 946 ff. ZPO geregelt.

1443 Demgegenüber kann ein abhanden gekommener Schuldschein ohne weiteres durch öffentlich beglaubigtes Anerkenntnis des Gläubigers ersetzt werden (§ 371 S. 2).

1444 Nach §§ 67, 68 GBO kann der Gläubiger vom Grundbuchamt die Erteilung eines neuen Briefs begehren.

1445 *Canaris*, Recht der Wertpapiere, 1986, S. 5 unter 5. a) sowie S. 10 f. unter bb).

bestimmt in der Tat § 1156, aber wieder nur in Ansehung der Hypothek, nicht in Ansehung der hypothekarisch gesicherten Forderung[1446].

Was die Wertpapierart des Hypothekenbriefs betrifft, stehen dem Hypothekenbrief als Rektapapier (mit der Eigenschaft des § 952, daß das Recht am Papier dem Recht aus dem Papier folgt) die Inhaberpapiere (mit der Eigenschaft, daß das Recht durch Übereignung des Papiers übergeht, mithin das Recht aus dem Papier dem Recht am Papier folgt) und schließlich die Orderpapiere gegenüber (mit der Eigenschaft, daß das Recht durch Übergabe des Papiers unter Ordervermerk auf dem Papier – dem sogenannten Indossament – übertragen wird). Das Orderpapier weist nach seinem Inhalt an, an den Empfänger oder an eine vor diesem – per „Order" – bestimmte Person zu leisten. Zur Übertragung ist die Empfängeradresse umzustellen. Dies geschieht durch Indossament[1447]. Die Art der Übertragung von Inhaber- und Orderpapieren hat wichtige Folgen: Wird das Recht – so beim Inhaberpapier – durch Übertragung des Eigentums am Papier übertragen oder – so nach richtiger Auffassung beim Orderpapier[1448] – durch Indossament und Übergabe des indossierten Papiers, so knüpfen daran an erstens der gutgläubige Erwerb aufgrund des Papierbesitzes des Veräußerers, wozu beim Orderpapier die Legitimation durch die Indossamentenkette hinzutreten muß (s. Art. 16 I, II WG), und zweitens der Ausschluß von Einwendungen gegen das Recht aufgrund des gutgläubigen Erwerbs. Dies ist eine Abweichung von der Grundregelung der §§ 398 ff., 413 (bzw. für Anweisungen in §§ 783 ff., 792). Diese Abweichung muß besonders bestimmt sein. Ohne besondere Bestimmung werden die verbrieften Forderungen übertragen und folgt der Forderung das Eigentum am Papier. Ohne besondere Bestimmung sind Wertpapiere mithin Rektapapiere und gelten dafür grundsätzlich die Vorschriften über die Abtretung einer Forderung. Eine besondere Bestimmung geben das BGB in § 793 für Inhaberschuldverschreibungen (s. a. § 935 II) und das HGB in § 363 für die kaufmännischen Orderpapiere, daneben sind Sonderregelungen in WG und ScheckG enthalten. Für die Hypothek bleibt es zunächst bei dem Grundtatbestand: Es bedarf der Übertragung der Forderung, auf die sich der Hypothekenbrief bezieht (§ 1154). Mit der Übertragung der Forderung geht die Hypothek (§ 1153) und mit ihr das Eigentum am Hypothekenbrief über (§ 952 II, I). Als Sonderbestimmungen gelten aber die Regeln über den gutgäubigen Erwerb der Hypothek. **1438**

Aus den gesetzlich geregelten Voraussetzungen der Bestellung einer Hypothek folgt für jede Art der Hypothek ein fünfgliedriger Entstehungstatbestand: **1439**

Für die Briefhypothek sind erforderlich: Berechtigung des Bestellers (vorbehaltlich des Erwerbs vom Nichtberechtigten) – Einigung – Eintragung – Entstehung der Forderung oder künftige/bedingte Forderung – Übergabe des Briefes oder Ersatzformen (§ 1117 I 2) oder Vereinbarung nach § 1117 II.

[1446] Statt des Schutzes durch §§ 406 ff. verweisen die §§ 1160, 1155 den Eigentümer für die Briefhypothek auf die Vertrauensgrundlage von Brief und öffentlich beglaubigten Abtretungserklärungen. Auf den Schutz nach §§ 406 ff. ist er also nicht angewiesen. Der Ausschluß des Schutzes durch §§ 406 ff. gilt aber nicht nur für die Brief-, sondern auch für die Buchhypothek. Bei dieser kann sich der Eigentümer nach der Eintragung im Grundbuch richten (§ 893). § 1156 gilt aber nicht bei der Sicherungshypothek (§ 1185 II).

[1447] Z.B. „Für uns oder mich (bisher Berechtigte) an X-AG, Unterschrift des oder für den Berechtigten" oder abgekürzt „an Y-GmbH, Unterschrift des Berechtigten" oder „blanko": bloße Unterschrift des oder für den Berechtigten.

[1448] Dies folgt aus den Vorschriften über die Übertragung „durch Indossament" (s. etwa Art. 11 I WG) unter Berücksichtigung des Begebungserfordernisses. Die Rechtsprechung und die h.M. wenden allerdings auf die Orderpapiere wie auf die Inhaberpapiere §§ 929 ff. an, bei Orderpapieren nur mit der Besonderheit des Erfordernisses des Indossaments (s. *Baumbach/Hefermehl*, WG und ScheckG, Art. 14 WG Rz. 2).

Für die Buch(verkehrs)hypothek sind erforderlich: Berechtigung des Bestellers (vorbehaltlich des Erwerbs vom Nichtberechtigten) – Einigung – Eintragung – Entstehung der Forderung oder künftige/bedingte Forderung – Ausschluß des Briefes, Eintragung des Ausschlusses.

Für die Sicherungshypothek: Berechtigung des Bestellers (vorbehaltlich des Erwerbs vom Nichtberechtigten) – Einigung – Eintragung – Entstehung der Forderung oder künftige/bedingte Forderung – Vereinbarung und Eintragung der Hypothek als Sicherungshypothek.

1440 Zu fragen ist, ob ein und ggf. welches Recht entsteht, wenn der Wille der Parteien und das, was im Grundbuch verlautbart wird, im Hinblick auf Brief- oder Buch-, insbesondere Sicherungshypothek nicht übereinstimmen. Wenn die Parteien eine Sicherungshypothek oder eine Buchhypothek bestellen wollten und entweder die Sicherungshypothek oder der Ausschluß des Briefs nicht eingetragen wird, kommt gemäß der Grundregelung des Gesetzes wegen Fehlens der formellen Voraussetzung des Abweichens von der Grundregelung eine Verkehrsbriefhypothek zustande. Dies ist sinnvoll: Der Gläubiger ist an der Entstehung des Rechts interessiert, und der Eigentümer wird nicht benachteiligt. Zur Entstehung der Hypothek bedarf es noch der Briefübergabe oder diese ersetzender Maßnahmen (§ 1117 I 1, 2, II). Bis zu diesen Akten besteht eine Eigentümergrundschuld (§§ 1163, 1177). Entschließt sich der Eigentümer insbesondere zur Übergabe an den Gläubiger, akzeptiert er die Briefhypothek. Will er sie nicht akzeptieren, kann er den Brief zurückhalten. War die Sicherungsvereinbarung auf eine Sicherungs- oder eine Buchhypothek gerichtet, kann der Eigentümer vom Gläubiger die nachträgliche Eintragung einer Sicherungshypothek (§ 1186) oder des Briefausschlusses (§ 1116 II 2) verlangen.

1441 Das Gesetz verlangt für die Abweichung von der Grundregelung nicht nur die Eintragung der Abweichung, sondern auch die Einigung darüber. Wird eine Abweichung eingetragen, ohne daß die Parteien sich darüber einig waren, ist ebenfalls die Grundregelung (über die Verkehrs-Brief-Hypothek) anzuwenden.

1442 Deshalb gilt für die Fälle der Divergenz, was Einigung und Eintragung über Buch- oder Briefrecht betrifft:[1449]

Erfolgt eine Einigung über ein Buchrecht, wird der Briefausschluß aber nicht eingetragen, so würde man das Interesse des Gläubigers verletzen, ohne daß dies durch den Schutz des Eigentümers erfordert würde, wenn man die Bestellung der Hypothek nach § 139 nichtig sein lassen würde. Es geht auch nicht an, mit *Westermann*[1450] die Einigung über eine Buchhypothek in eine Einigung über eine Briefhypothek mit Aushändigungsvereinbarung nach § 1117 II umzudeuten. Es gilt die Lösung des Gesetzes: Es entsteht ohne weiteres ein Briefrecht. Der Brief ist dem Eigentümer auszuhändigen.

Will eine Partei eine Buchhypothek, kommt aber eine diesbezügliche Einigung entgegen der Meinung dieser Partei nicht zustande, so entsteht eine Briefhypothek; es handelt sich um einen bloßen Rechtsfolgenirrtum.

Einigen sich die Parteien über eine Briefhypothek, wird aber ein Ausschluß eingetragen, so ist nur die diesbezügliche Eintragung unwirksam. Es entsteht eine Briefhypothek; §§ 891, 892 gelten, werden aber kaum relevant.

Wird entsprechend der Einigung der Parteien ein Buchrecht, insbesondere eine Sicherungshypothek, eingetragen, aber dennoch ein Hypothekenbrief erteilt, so ist dieser aufgrund des Widerspruchs zum Grundbuch ohne rechtliche Bedeutung[1451].

[1449] Zu den Divergenzfällen s. auch *Westermann*, a.a.O.; *Baur/Stürner* § 37 IV 1 Rz. 38; *Wolff/Raiser* § 133 V 2; zu Divergenzen betreffend Sicherungshypothek zutreffend MünchKomm/*Eickmann* § 1184 Rz. 14.

[1450] 5. Aufl., § 96 B 3; 7. Aufl., § 95 B 3, S. 701.

[1451] Zutreffend MünchKomm/*Eickmann* § 1185 Rz. 4.

c) *Die Voraussetzung des Bestehens der Forderung*

1443 Aus der Akzessorietät der Hypothek folgt als Voraussetzung für das Entstehen einer Hypothek, daß bei Einigung über die Sicherung einer bestehenden Forderung die Forderung entstanden, bei Einigung über die Sicherung einer bedingten oder künftigen Forderung die Entstehung der Forderung noch möglich ist (§§ 1113 I, 1163 I 1)[1452].

1444 Wenn nach § 1113 II die Hypothek auch für eine künftige oder bedingte Forderung bestellt werden kann, so widerspricht diesem Wortlaut und zusätzlich der parallelen Regelung des § 1204 II die h.M., daß auch dann, wenn die Entstehung der bedingten oder künftigen Forderung noch möglich ist, zunächst nach § 1163 I 1 ein Eigentümergrundpfandrecht entsteht. Nach hiesiger Auffassung entsteht wie nach § 1204 II so auch nach dem ebenso klaren § 1113 II ein gegenwärtiges Gläubigerrecht[1453].

1445 Eine Hypothek für eine künftige Forderung setzt entgegen der Auslegung der entsprechenden Formulierung bei der Vormerkung nicht voraus, daß für die Forderung ein gegenwärtiger Rechtsboden besteht[1454]. Anders als bei der Vormerkung geht es nicht um eine Sicherung im Hinblick auf künftige Verfügungen, sondern um die gegenwärtige Einräumung eines Grundstücksrechts. Die Möglichkeiten der Höchstbetragshypothek und der forderungsunabhängigen Grundschuld zeigen, daß es den Parteien freigestellt ist, wie weit das Befriedigungsrecht aus dem Grundstück von einer Forderung abhängig sein soll.

1446 Weil die Hypothek unter einer Bedingung bestellt werden kann, gibt es die aufschiebend bedingte Hypothek für eine bedingte oder künftige Forderung. Für das Befriedigungsrecht des Gläubigers sind hier selbständig die Wirksamkeit der Bestellung der Hypothek und die Entstehung der Forderung zu prüfen. Vor Eintritt der aufschiebenden Bedingung für die Hypothek[1455] (und nach Eintritt einer auflösenden) gibt es weder eine wirksame Hypothek noch eine Eigentümergrundschuld[1456].

1447 Ist ein hypothekarisch gesichertes Darlehen ausgezahlt, besteht aber die Darlehensrückzahlungsforderung aus § 488 I 2 (§ 607 I a.F.) wegen Nichtigkeit des Darlehensgeschäfts nicht, kann die Bestellung dahin ausgelegt werden, daß die Hypothek sich auf den Bereicherungsanspruch des Kreditgebers bezieht[1457]. Die Rechtsprechung unterscheidet danach, ob als Forderung allgemein der Rückzahlungsanspruch wegen Geldhingabe angegeben ist oder nur der durch Fälligkeit und Zinsen konkretisierte Vertragsanspruch[1458]. Überzeugend ist die abweichende Meinung *Rimmelspacher*s[1459]: Gesichert ist

[1452] Folgt das Nichtbestehen der Forderung aus der Nichtigkeit nach § 138 II, so ist auch schon der dingliche Bestellungsakt nach § 138 II nichtig. Die Frage ist, ob eine Eigentümergrundschuld i.S. von § 1196 bestehen bleibt, s. sogleich zu BGHZ 36, 84 ff. Rz. 1450.

[1453] Oben Rz. 1322 ff.

[1454] A.M. Voraufl. Rz. 783; Staudinger/*Wolfsteiner* § 1113 Rz. 46 spricht davon, daß bei der künftigen Forderung auch schon zur Zeit der Eintragung der Hypothek die vorhandene Rechtslage eine gewisse Gewähr dafür bieten müsse, daß aus ihr in der Zukunft eine Forderung entstehen werde. Damit ist nichts anzufangen. Wie die Voraufl. zieht auch MünchKomm/*Eickmann* § 1113 Rz. 49 unter Berufung auf den gleichen Wortlaut der Absätze 2 von § 883 und § 1113 die Grundsätze zur Vormerkung künftiger Ansprüche heran. Nach beiden Normen könne eine „ewige" Grundstücksbelastung aufgrund eines bloß gedachten (denkbaren) Anspruchs nicht zugelassen werden.

[1455] Dann entsteht diese mit dem Rang der Eintragung (§ 161 I 1).

[1456] Die Bedingtheit des Rechts wird eingetragen. Eine Aufrechterhaltung als unbedingte Eigentümergrundschuld zu Lasten späterer Eintragungen kommt hier von vornherein nicht in Betracht. *Wolff/Raiser* § 134 I a. E., S. 543; Soergel/*Baur* § 1113 Rz. 5.

[1457] *Gerhardt*, Immobiliarsachenrecht, § 8 3 c, S. 103; *Baur/Stürner* § 37 V 2 a, Rz. 47; *Westermann*, 5. Aufl., § 96 A II 3, S. 478; 7. Aufl., § 95 A II 3, S. 695; *Heck*, § 84 II 4; anders wohl *Wolff/Raiser* § 132 I 1.

[1458] Nachweise bei *Schwerdtner*, Jura 1986, 262 Fn. 32.

der bestimmte, auf konkret-faktisch spezifizierte Leistung gerichtete Anspruch, nicht dessen besondere Begründung. Also ist der Bereicherungsanspruch – aber nach den Bedingungen der Darlehensrückzahlung – gesichert. Bezeichnend ist, daß die condictio im Römischen Recht ihren Anfang als Darlehensrückzahlungsklage genommen hat. Die Gegenmeinung, die die Identität zwischen Darlehens- und Bereicherungsanspruch leugnet, ist schon deshalb nicht haltbar, weil sie selbst die Erstreckung der Hypothek anerkennt, wenn dazu hinreichender Anhalt im erklärten Parteiwillen bestehe. Damit wird, wenn man die Forderungsidentität leugnet, eine Hypothek für zwei verschiedene Forderungen kreiert.

1448 Im Fall, daß der Darlehensvertrag, der die künftige Auszahlung vorsieht, nichtig ist, sollte die Hypothek bis zur Kenntnisnahme des Gläubigers von der Nichtigkeit als Hypothek zur Sicherung der durch künftige Auszahlung entstehenden künftigen Bereicherungsforderung aufrechterhalten werden.

d) Eigentümergrundschuld bei Fehlen der Wirksamkeitsvoraussetzungen für die Hypothek?

1449 Fehlt es an Wirksamkeitsvoraussetzungen für eine Hypothek, kann immerhin auf Seiten des Eigentümers eine wirksame Bewilligungserklärung gegeben sein. Zu fragen ist dann, ob die unwirksam bestellte, aber eingetragene Hypothek als Eigentümergrundschuld aufrechterhalten werden kann. Fälle sind das Nichtzustandekommen der nach § 873 I erforderlichen Einigung mit dem Gläubiger oder die Unwirksamkeit der Einigungserklärung auf Seiten des Gläubigers, sei es über die Bestellung der Hypothek, sei es über die zu sichernde Forderung. Nicht hierher gehört der Fall, daß die Parteien sich über eine Hypothek einig sind und ihre Einigung sich auch auf eine bestimmte Forderung bezieht, jedoch diese Forderung nicht entstanden ist oder entsteht. In diesem Fall kommt – vorbehaltlich der Problematik der Sicherung des Bereicherungsanspruchs bei unwirksamem Valutageschäft – nach §§ 1163 I 1, 1177 I 1 eine Eigentümergrundschuld zustande. Wird in den Fällen der unwirksamen Bestellung die vollständige Unwirksamkeit des Akts, ohne Aufrechterhaltung der Hypothek als Eigentümergrundschuld, angenommen, so käme dies nachträglich eingetragenen Grundstücksrechten oder den Gläubigern in der Zwangsversteigerung des Grundstücks zugute. Diese hätten besseren Rang als bei Wirksamkeit der Hypothek, obwohl sie nach dem Grundbuchstand mit einer vorrangigen Last zu rechnen hatten. Es spricht viel für die Meinung insbesondere von *Heck*, daß diese Begünstigung unverdient und ihr mit der Annahme einer Eigentümergrundschuld zuvorzukommen sei[1460]. Dabei handelt es sich aber um Billigkeitsjurisprudenz. Das RG hat einen Fall unter Ablehnung der anscheinend der Billigkeitsjurisprudenz entsprechenden Folgerung entschieden[1461], und dieser Fall zeigt, daß die Folgerung durchaus unbillig sein kann.

Im Fall hatte der Kläger nach seinem Vortrag seinen minderjährigen Kindern, den Beklagten, unter Vorgabe eines von diesen erhaltenen Darlehens eine Hypothek bestellt, dann das Grundstück seiner Ehefrau geschenkt, die es weiterveräußert hatte. Mit der Klage verlangte der Kläger von den Kindern die Rückgewähr der in eine Eigentümergrundschuld umgewandelten Hypothek. Genauer wäre der Antrag auf Bewilligung der Berichtigung des Grundbuchs zu richten gewesen. Mit Recht hat das RG die mangels wirksamer Einigung unwirksam bestellte Hypothek nicht als Eigentümergrundschuld aufrechterhalten. Die eindeutige und auch so gewollte Erklärung des

[1459] Kreditsicherungsrecht, 2. Aufl., § 11 Rz. 714.

[1460] *Heck*, § 84 I läßt bei Nichtigkeit des eingetragenen Fremdgrundpfandrechtes ein Eigentümergrundpfandrecht immer dann entstehen, wenn nachrangige Rechte eingetragen werden, da ein Aufrücken dieser Rechte verhindert werden müsse. Für Eigentümergrundschuld bei Wirksamkeit der Erklärung auf Seiten des Eigentümers auch *Wolff/Raiser*, § 145 I 3, S. 602; *Baur/Stürner* § 36 V 4 b cc, *Westermann*, 5. Aufl., § 117 I 4 und meine Voraufl.

[1461] RGZ 70, 353 ff. Ebenso RGZ 106, 139.

Klägers über die Bestellung einer Hypothek konnte nicht in die Erklärung über die Bestellung einer Eigentümergrundschuld nach § 1196 II umgedeutet werden. Nach der Lehre von der Aufrechterhaltung einer nichtig bestellten Hypothek als Eigentümergrundschuld wäre dem Plan des Klägers, „sich dem Andrängen seiner Gläubiger gegenüber durch Schaffung der zunächst unanfechtbaren Hypothek einen Vermögensvorteil für sich selbst zu erhalten"[1462], Erfolg beschieden gewesen.

Mit dem RG ist zu sagen, daß die rechtsgeschäftlichen Voraussetzungen der Bestellung dinglicher Rechte und die allgemeinen Vorschriften über Rechtsgeschäfte gelten[1463].

Die allgemeinen Vorschriften über Rechtsgeschäfte hat der BGH verfehlt, als er in dem Fall einer forderungslos bestellten Hypothek die eingetragene Hypothek als Eigentümergrundschuld aufrechterhalten und diese sogar nachträglich noch zur Hypothek hat werden lassen[1464]: Im Fall hatte ein Vater seinem Sohn für eine Scheinforderung – in Wirklichkeit sollte der Rang der Hypothek für einen zu erwartenden Kredit der Bausparkasse gesichert werden – eine Sicherungshypothek bestellt. Nach Bestellung einer weiteren Hypothek für die spätere Klägerin hat der Sohn einen Teil der Sicherungshypothek mit Zustimmung des Vaters an die beklagte Bauunternehmerin abgetreten. **1450**

Der BGH hält die Bestellung der Hypothek für eine Scheinforderung als Bestellung einer Eigentümergrundschuld aufrecht. Weiter meint er, daß die Beklagte durch die Abtretung eine Hypothek mit Vorrang vor der Hypothek der Klägerin erworben habe: Zwischen dem Eigentümer und einem zunächst mangels Forderung fälschlich eingetragenen Hypothekar sei eine Einigung über eine nachträgliche Valutierung möglich, mit der sich die zunächst entstandene Grundschuld ohne Umwandlung (§§ 1180, 1198) in eine Fremdhypothek verwandle. Eine entsprechende Einigung könne auch auf die Abtretung der Position durch den Scheinhypothekar und die Valutierung durch den Zessionar gerichtet sein. Eine solche Einigung sei hier nachträglich zugunsten der Beklagten durch die Abtretung des Sohnes an diese mit Zustimmung des Vaters zustande gekommen.

Mit der Entscheidung gewährt der BGH das, was das RG durch genaue Anwendung der Erfordernisse der dinglichen Rechtsgeschäfte verhindert hat, nämlich die Möglichkeit, daß der Grundstückseigentümer seine Vermögensverhältnisse verschleiert. Solange die Hypothek für eine Scheinforderung eingetragen ist, ist sie nach der Annahme des BGH Eigentümergrundschuld, aber durch die Eintragung als Fremdrecht verdeckt. Dies erschwert insbesondere eine Zwangsvollstreckung oder ein etwaiges Insolvenzverfahren gegen den Eigentümer.

Die Entscheidung des BGH ist allein von den begrifflichen Erfordernissen der Hypothek und den Grundlagen des Vorrangs eines Grundstücksrechts vor anderen Belastungen her gedacht: Was diese Erfordernisse und Grundlagen betrifft, ist die Folgerung des BGH konsequent, daß, weil im Falle forderungsloser Eintragung einer Hypothek eine Eigentümergrundschuld angenommen werden kann, die Eintragung nachträglich für den Gläubiger (auch einen Zessionar) mit einer passenden Forderung unterlegt werden und dadurch die Eigentümergrundschuld zur Hypothek werden kann. Alle Voraussetzungen für eine mit Rang von der Eintragung an geltende Hypothek scheinen dann erfüllt: Einigung, Eintragung und Forderung, ausgestattet mit dem Vorrang von der Eintragung an, weil von diesem Zeitpunkt an die Eigentümergrundschuld angenommen wird.

Übergangen wird freilich die genaue Prüfung der rechtsgeschäftlichen Erfordernisse der Bestellung einer Hypothek oder aber Eigentümergrundschuld. Bei Unwirksamkeit der Bestellung einer Hypothek kommt zwar die Aufrechterhaltung als Eigentümergrundschuld in Betracht, dies aber nur dann, wenn in dem Bestellungsakt auf Seiten des Eigentümers die wirksame Bestellung einer Eigentümergrundschuld (§ 1196 II) gesehen werden kann. Im Fall des BGH war die Bestellung der Hypothek aber als Scheingeschäft nach § 117 I nichtig, die Aufrechterhaltung als Eigentümergrundschuld nach § 117 II war mangels Eintragung einer Eigentümergrundschuld (§ 1196 II)

[1462] So der Klagevortrag, RGZ 70, 354. Zur Unlauterkeit S. 359.

[1463] Dem RG folgend *E. Wolf*, Sachenrecht, § 11 D III n, S. 468; *Schwab-Prütting*, Sachenrecht, 23. A. 1991, § 62 I A 1, S. 295; MünchKomm/*Eickmann* § 1196 Rz. 3 sowie *Eickmann* in der 7. Aufl. des Lehrbuchs von *Westermann*, § 119 I 4, S. 827.

[1464] BGHZ 36, 84.

ausgeschlossen[1465]. Der Erwerb einer vor dem Recht der Klägerin vorrangigen Hypothek durch die Beklagte war zu verneinen[1466].

1451 Wie der BGH hat auch das RG[1467] in dem folgenden Fall unter zu starker Fixierung auf die Hypothekenregelung argumentiert, statt die allgemeine Regelung der Rechtsgeschäfte (hier über die Schenkung) zu beachten: Ein Ehegatte hatte in einer Urkunde bekannt, von seiner Frau ein Darlehen erhalten zu haben, und für dieses Darlehen eine Hypothek bestellt. Dies hatte er auf Anforderung seiner Bank getan, die an der Hypothek ein Pfandrecht als Sicherung eines dem Ehemann gewährten Kredits erhalten wollte. An der Verpfändung hatte die Ehefrau mitgewirkt. Nach Erledigung des Sicherungszwecks klagte der Ehemann gegen die Ehefrau auf Löschung der Hypothek. Die Ehefrau ist der Klage mit der Begründung entgegengetreten, ihr stehe die Hypothek zu, die Forderung ergebe sich daraus, daß der Ehemann ihr die Zahlung entweder als Entgelt für geleistete Dienste oder schenkweise versprochen habe. Für den Fall der Schenkung hat das RG die wirksame Bestellung einer Hypothek verneint, verweist aber zurück zur Prüfung der anderen Forderungsunterlage. Ein Schenkungsversprechen wäre formunwirksam und deshalb würde in diesem Fall die Forderung als Voraussetzung der Hypothek nicht entstanden sein. Es würde auch keine Heilung durch Bewirkung der versprochenen Leistung (§ 518 II) eingetreten sein. Die versprochene Leistung wäre die Zahlung von Kapital und Zinsen gewesen, nicht aber die Hypothek. Diese hätte die Forderung aus dem etwaigen Schenkungsversprechen nur sichern sollen. Die Forderung wäre aber eben nicht entstanden gewesen. Mit Recht nehmen *Baur/Stürner*[1468] an, daß nach dem Sinn des § 518 II ein Unterschied zwischen der Schenkung einer Hypothek und einer Grundschuld nicht gemacht werden dürfe.

e) *Anwartschaftsrecht des Hypothekars bei noch nicht entstandener Forderung?*

1452 Die Literatur geht davon aus, daß bei der Hypothek für eine künftige Forderung (etwa steht die Darlehensauszahlung noch aus) dem Hypothekar in der Zeit bis zur Valutierung der Hypothek ein Anwartschaftsrecht zusteht[1469]. Das Problem des Anwartschaftsrechts besteht freilich nicht für die Frage der Übertragbarkeit der Rechtsstellung: Der Hypothekar kann ohne weiteres verfügen, nämlich die künftige Forderung nach §§ 1154 f. abtreten[1470].

1453 Relevant ist die Frage auch nicht im Hinblick auf den Schutz des Hypothekars durch einen gutgläubigen Erwerb des Anwartschaftsrechts:

Mit dem Anwartschaftsrecht wird operiert etwa in dem Fall, daß der Bucheigentümer B dem gutgläubigen G vor Darlehensauszahlung eine, nehmen wir an, Buchhypothek bestellt und G das Darlehen auszahlt, obwohl er inzwischen bösgläubig geworden ist. Nach *Raiser*[1471] erwirbt G die Hypothek, weil mit Bestellung der Hypothek für ihn schon eine Anwartschaft entstanden sei. Hiergegen wendet sich z.B. *Medicus*[1472]: Die Begründung mit der Anwartschaft setze das zu Begründende gerade voraus. Nach dem Gesetz müsse es für den guten oder bösen Glauben auf den Zeitpunkt der Entstehung des An-

[1465] Dies übergeht die Voraufl. Rz. 784, deren Kritik an der Entscheidung daher nicht überzeugen kann.

[1466] Kritisch auch *Baur/Stürner* § 37 II 3 Rz. 20: Die Einigung der Beteiligten müsse sich stets auf eine bestimmte Forderung beziehen (*Westermann*, JZ 1962, 302), woran es hier aber fehle.

[1467] RGZ 88, 366.

[1468] § 37 V 2 a.

[1469] *Baur/Stürner* § 46 III 1 Rz. 20; *Wolff/Raiser* § 2 II 3 c; *Westermann*, 5. Aufl., § 96 A II 3; 7. Aufl., § 95 A I 4, S. 692.

[1470] MünchKomm/*Eickmann* § 1163 Rz. 41 läßt den Gläubiger über das Anwartschaftsrecht wie über das Vollrecht gemäß § 1154 verfügen. *Baur/Stürner* § 46 III 1 c Rz. 27 und Staudinger/*Wolfsteiner* § 1163 Rz. 32 schreiben, der Gläubiger könne über seine Anwartschaft wie über das Vollrecht durch Abtretung der künftigen Forderung in der Form des § 1154 verfügen.

[1471] Dingliche Anwartschaften, 1961, S. 35.

[1472] Bürgerliches Recht, Rz. 477.

spruchs ankommen, da dies erst der letzte Teil des Tatbestands der Entstehung der Hypothek sei.

Beiden Meinungen ist nicht zuzustimmen. Das Gesetz erkennt die Hypothek für künftige Ansprüche und die Höchstbetragshypothek an. Diese entstehen durch Bestellung, für diese wiederum gilt die Maßgeblichkeit der Kenntnis im Zeitpunkt der Eintragung oder Einigung gemäß § 892 II. *Raiser* hat also recht, dies aber nicht auf der Grundlage einer Anwartschaft. Das gilt unabhängig von dem besonderen Fall, daß der Gläubiger vor Entstehung der Forderung bösgläubig wird. Auch der gutgläubig bleibende Gläubiger kann nur erwerben, weil es die Hypothek für eine künftige Forderung gibt. Wäre die Hypothek zunächst Eigentümergrundschuld, so würde sie der Eigentümer und nicht etwa der Buchberechtigte erwerben. Mit Entstehung der Forderung ginge das Recht dann auf den Gläubiger über, der Übergang vollzöge sich aber nicht, wie § 892 I voraussetzt, durch Rechtsgeschäft. Auch wenn also der Gläubiger bis zur Entstehung der Forderung gutgläubig bleibt, erwirbt er nur deshalb, weil er die Hypothek für die künftige Forderung erwirbt. An diesem Erwerb ändert sich nichts, wenn er vor der Entstehung der Forderung bösgläubig wird.

Die Unschädlichkeit des vor Entstehung der Forderung einsetzenden bösen Glaubens ist auch **1454**
sachlich zu rechtfertigen. Etwa hat bei der Sicherung der künftigen Rückzahlungsforderung aus einem Konsensualdarlehen der Kreditgeber schon vor der Auszahlung des Darlehens einen wirksamen Darlehensvertrag in der Hand. Diesen darf er realisieren. Wenn *Medicus*[1473] den Kreditgeber darauf verweist, daß er bei Kenntniserlangung nicht mehr auszahlen solle, sieht er nur auf das Interesse, den Rückzahlungsanspruch zu sichern. Nur dieses wird allerdings durch Nichtauszahlung gegenstandslos. Man muß aber an das Kreditgeschäft insgesamt, also an den Gewinn daraus für den Kreditgeber denken. Zur Realisierung des Gewinns muß der Kreditgeber auszahlen können, und daß er dies gesichert tun kann, dafür ermöglicht das Gesetz die Hypothek für künftige Forderungen. Das Sachenrecht entsteht hier, obwohl die Forderung noch nicht besteht. Wenn der Gläubiger nach der Bestellung der Hypothek von der Nichtberechtigung des Bestellers erfährt, handelt es sich nicht um eine nachträgliche Kenntniserlangung, die sich noch irgendwie auf die Entstehung des Rechts auswirken könnte. Genau so gilt dies für den Erwerb einer Höchstbetragshypothek zur Sicherung künftig festzustellender Forderungen aus einer Geschäftsbeziehung. Und schließlich gilt das Entsprechende für eine Sicherungsgrundschuld: Auch diese kann zur Sicherung künftiger Forderungen bestellt werden. Auf die Idee, daß der Gläubiger bei gutgläubigem Erwerb der Sicherungsgrundschuld im Fall nachträglicher Kenntnis von der Nichtberechtigung des Sicherungsgebers die gesicherte Geschäftsbeziehung entweder auf der Grundlage anderer Sicherheiten führen oder abbrechen muß, kann man, wenn man die Regelung des gutgläubigen Erwerbs ernst nimmt, nicht kommen.

Ist in dem Fall der Hypothek für ein Darlehen mit künftiger Auszahlung der Darle- **1455**
hensvertrag nichtig, so ist zwischen der nachträglichen Kenntnisnahme von dieser Nichtigkeit und der von der Nichtberechtigung des Bestellers zu unterscheiden. Letztere schadet nicht, solange erstere nicht eingetreten ist, der Gläubiger also noch zur Realisierung eines vermeintlich wirksamen Geschäfts auszahlt.

Der gutgläubige Erwerb des bloßen Anwartschaftsrechts vom Pseudo-Anwartschafts- **1456**
berechtigten ist nach *Medicus*[1474] gleichfalls nicht möglich. Der Gläubiger, der eröffne, daß er anwartschaftsberechtigt sei, zerstöre selbst den Rechtsschein, den er habe, nämlich den Rechtsschein für das Bestehen einer Hypothek.

Beispielsfall nach *Medicus*: Der unerkennbar geisteskranke E bestellt G eine Hypothek für eine künftige Forderung. G tritt diese Forderung nach §§ 1154 f. an H ab. H zahlt das Darlehen an E aus. Nach *Medicus* hat H keine Anwartschaft; nicht einmal die Forderung sei entstanden, also könne H auch keinesfalls die Hypothek erworben haben.

[1473] Rz. 477; ebenso *J. Hager*, Verkehrsschutz durch redlichen Erwerb, 1990, S. 123, 126 f.; *Hager* sieht den Erwerb vor Auszahlung nicht als entgeltlich an. Zutreffend gegen *Medicus* schon *Canaris*, ZHR 151 (1987), 543 Fn. 58.

[1474] Bürgerliches Recht, Rz. 478.

Die Frage ist aber unrichtig gestellt: Es geht hier nicht um den Erwerb einer Anwartschaft. Es wird vielmehr die künftige Forderung übertragen. Es geht also auch hier um den Erwerb einer Hypothek für eine künftige Forderung. Dieser Erwerb ist möglich. Also kann auch eine Hypothek für eine künftige Forderung vom Nichtberechtigten erworben werden. Das Problem in dem Fall von *Medicus* ist dann nur noch das Entstehen der Forderung. Dafür reicht das Entstehen des Bereicherungsanspruchs aus.

f) Die Möglichkeit der Zwischenfinanzierung

1457 Die nach der h.M. im Fall der Bestellung einer Hypothek für bedingte oder künftige Forderungen nach §§ 1163 I 1, 1177 entstehende Eigentümergrundschuld wird in der Praxis zur Zwischenfinanzierung bei hypothekarisch gesicherten Darlehen, die erst in der Zukunft auszuzahlen sind, verwendet. Bei der Bestellung einer Buchhypothek ist diese Möglichkeit allerdings auch vom Boden der h.M. aus sehr problematisch: Soll die – anzunehmende – Eigentümer-Buchgrundschuld nach §§ 1192 I, 1154 III, 873 I auf den Zwischenkreditgeber übertragen werden, muß der Eigentümer nach § 39 GBO voreingetragen werden. Dazu müßte der als Hypothekengläubiger Eingetragene die Bewilligung nach §§ 19, 22 GBO erteilen, wenn nicht in nötiger Form (§ 29 GBO) der Nachweis der – angeblichen – Unrichtigkeit des Grundbuchs erbracht wird. Wird der Hypothekar um seine Bewilligung gebeten, wird er diese aufgrund seiner Rechtsstellung jedenfalls verweigern dürfen. Selbst wenn er sich bereitwillig zeigte, wird er nach seiner eigenen Sicherung im Fall der Auszahlung des von ihm zugesagten Darlehens fragen, und die ist bei Übertragung des Rechts auf den Zwischenfinanzier nur noch kompliziert zu bewerkstelligen[1475].

1458 Als Ersatzlösung wird folgendes erörtert[1476]: Dem Zwischenfinanzier soll ein Anspruch auf Abtretung des Eigentümerrechts für den Fall eingeräumt werden, daß die Auszahlung des hypothekarisch gesicherten Darlehens endgültig scheitert. Dieser Anspruch soll durch Vormerkung gesichert werden. Das BayObLG hat die Eintragung einer solchen Vormerkung abgelehnt[1477]. Es handele sich um eine Vormerkung betreffend ein künftig erst eintragbares Recht, und diese sei nur ausnahmsweise als Löschungsvormerkung (§§ 1179 ff.) zugelassen. Abgesehen von dieser Ausnahmeregelung gälten § 883, der einen Anspruch hinsichtlich eines gegenwärtigen Rechts voraussetze, und § 39 GBO, der die Voreintragung des Verfügenden verlange. Dem wird entgegengehalten, im Zwischenfinanzierungs-Fall handele es sich gerade um ein gegenwärtiges Eigentümerrecht; zudem sei die Vormerkung nur vorläufig; bei der endgültigen vormerkungsgemäßen Verfügung müsse ohnehin § 39 GBO gewahrt werden, und das reiche für die mit der Vorschrift bezweckte Darstellung des Zusammenhangs des Erwerbs mit dem Recht des Verfügenden aus[1478].

1459 Schon das RG[1479] hat aber argumentiert, daß das Gesetz, indem es die Bestellung einer Hypothek für eine künftige Forderung vorsehe und mit der Eintragung des Vermerks dieser Hypothek eine durch die Entstehung der Forderung auflösend bedingte Eigentümergrundschuld ins Leben treten lasse, zugleich zum Ausdruck bringe, daß während des Schwebens der Bedingung die Eigentümergrundschuld im Grundbuch nicht zur Darstellung zu kommen habe und daß daraus – i.V.m. (dem heutigen) § 39 GBO – die Nichteintragbarkeit einer dinglichen Verfügung über das Eigentümerrecht folge.

Der Hinweis auf das Bestehen eines gegenwärtigen Eigentümerrechts verschlägt also nach der Rechtsprechung nichts. Und darin ist der Rechtsprechung auch Recht zu geben. Die Rechtsprechung ist allerdings, was sie selbst nicht wahrhaben will, bester Beweis dafür, daß die Hypothek für künftige Forderungen der Eintragung einer Eigentümergrundschuld deshalb entgegensteht, weil sie eben doch eine gegenwärtige Rechtsposition des Gläubigers bedeutet, die im Grundbuch richtig eingetragen ist. Folglich hat das BayObLG zu Recht gesehen, daß die dem Zwischenfinanzier bewilligte Vormerkung als Vormerkung zur Sicherung eines Anspruchs bezüglich künftiger Grundstücksrechte unzulässig ist[1480].

[1475] MünchKomm/*Eickmann* § 1163 Rz. 48.
[1476] *Eickmann* a.a.O., Rz. 49.
[1477] WM 1970, 48.
[1478] MünchKomm/*Eickmann* § 1163 Rz. 49.
[1479] RGZ 75, 245, 251.
[1480] S. ebenso RGZ 61, 374 ff.

Es bleibt dann nach h.M. die Möglichkeit der Sicherung des Zwischenkreditgebers im Fall eines Briefrechts. Kraft der Eigentümergrundschuld gehöre der Brief nach § 952 dem Eigentümer. Dieser könne die Grundschuld nach §§ 1154, 1192 I abtreten und die Übergabe des Briefes durch die Abtretung des Herausgabeanspruchs ersetzen (§ 1154 I 1 2. Hs. i.V.m. §§ 1117 I 2, 931, 1192 I)[1481]. Gerade hier ist aber der Konstruktion der Eigentümergrundschuld bei Bestellung einer Hypothek für eine noch nicht entstandene Forderung zu widersprechen. Das Liegenschaftsrecht sorgt dafür, daß jedes Recht in seiner Entstehung aus dem Grundbuch ersichtlich wird. Im Fall der Hypothek für eine künftige Forderung ist nur die Hypothek ersichtlich. Trotzdem besteht nach der h.M. kein Verlaß darauf, daß nur mit dieser Hypothek zu rechnen ist. Die Folge daraus ist insbesondere, daß spätere Erwerber von Grundpfandrechten ihres Löschungsschutzes nach § 1179a für den Fall, daß das Darlehen endgültig nicht ausgezahlt wird, keineswegs sicher sein können. Es kann vor ihrer Eintragung, hinter der Hypothek verborgen, die angebliche Eigentümergrundschuld an einen Fremdgläubiger übertragen worden sein, so daß erst nach deren Erledigung das Hochrücken im Rang gesichert ist. Was für die Grundpfandgläubiger hinsichtlich des gesetzlichen Löschungsschutzes gilt, gilt für andere Berechtigte dann, wenn sie sich eine Löschungsvormerkung nach § 1179 haben eintragen lassen. Was andererseits den Gehalt der angeblichen Grundschuld in der Hand des Erwerbers betrifft, so besteht dieser nicht einmal in einem Verwertungsrecht, solange die Hypothekenforderung noch entstehen kann. 1460

Für den Fall der Bestellung einer Hypothek zur Sicherung noch nicht entstandener Forderungen muß dasjenige gelten, was immer für die Hergabe beschränkter dinglicher Rechte gilt: Dasjenige, aber auch nur dasjenige, was der Eigentümer durch die Verfügung aus seinem Eigentum weggegeben hat, steht für spätere Verfügungen nicht mehr zur Verfügung. Und weitere Verfügungen können (vorbehaltlich von § 892) nur dasjenige ergreifen, was der Eigentümer noch nicht weggegeben hat. Mit der Bestellung einer Hypothek für künftige Forderungen gibt der Eigentümer das Verwertungsrecht für die künftige Forderung aus der Hand, und nur dieses, der Eigentümer bestellt nicht zusätzlich eine Eigentümergrundschuld. Allerdings kann sich die Hypothek bei endgültiger Nichtentstehung oder bei Wegfall der Forderung in eine Eigentümergrundschuld verwandeln. Damit haben nachrangige Berechtigte zu rechnen, mit mehr aber nicht. Der Zwischenfinanzier hat sich genauso an den Eigentumsrest zu halten, der nach Abspaltung des Verwertungsrechts für eine künftige Forderung noch übrig ist, wie weitere potentielle Erwerber beschränkter dinglicher Rechte auch. Es kommt also nach Verwirklichung der in § 1113 II vorgesehenen Möglichkeit de lege artis für die Zwischenfinanzierung nur die Bestellung eines weiteren Grundpfandrechts[1482] oder die Abtretung der hypothekarisch gesicherten (künftigen) Darlehnsrückzahlungsforderung durch den ersten Hypothekar in Betracht. Letztere müßte unter die Bedingung gestellt werden, daß das Darlehen vom ersten Hypothekar endgültig nicht ausgezahlt wird, und für diesen Fall müßte vereinbart werden, daß die Auszahlung des Zwischenfinanziers als Auszahlung des Hypothekendarlehens gilt. 1461

Zu beachten ist freilich, daß der Rechtsverkehr sich gegenwärtig an die h.M. hält und die von dieser anerkannte Möglichkeit der Sicherung durch die verdeckte Eigentümergrundschuld nutzt. Die Korrektur, die zur gesetzlichen Anerkennung der Hypothek für noch nicht entstandene Forderungen zurückführt, ist nur für die Zukunft und nach hinreichender Ankündigung in der Rechtspraxis zu verwirklichen. Bis dahin müssen wir mit dem Doppelwesen einer Hypothek, die zugleich Eigentümergrundschuld ist, leben. Die Zession der verdeckten Briefgrundschuld ist deshalb vorläufig als Sondertatbestand der Bestellung eines beschränkten dinglichen Rechts hinzunehmen, eines Rechts mit den Beträgen und dem Rang der Hypothek, der Hypothek allerdings weichend, wenn die Hypothekenforderung entsteht, und schon von Anfang an nicht ausnutzbar, soweit die möglicherweise verdrängende Hypothek beeinträchtigt werden könnte. 1462

1481 MünchKomm/*Eickmann* § 1163 Rz. 50. Baur/*Stürner* § 37 V Rz. 41 ff.; § 46 III Rz. 22 f. – Ist der Eigentümer noch im Besitz des Briefes, ist der Fall unproblematisch: Hier ist die Bestellung der Hypothek noch gar nicht vollendet, §§ 1117, 1163 II. Der Zwischenkreditgeber kann den Brief bekommen; er wird diesen nur dann zur Vollendung der Hypothek an den Hypothekar herausgeben, wenn das Darlehen zu seiner Befriedigung benutzt wird.

1482 Diese wäre, wenn weitere Grundpfandrechte nicht noch um einen zusätzlichen Platz zurücktreten sollen, unter die auflösende Bedingung der Auszahlung des hypothekarisch gesicherten Darlehens zu stellen, wobei der Darlehensauszahlungsanspruch an den Zwischenkreditgeber abzutreten wäre.

4. Entstehung der Hypothek auf andere Weise als durch Rechtsgeschäft

1463 Eine Hypothek kann statt durch Rechtsgeschäft im Wege der Zwangsvollstreckung nach §§ 866 I, 867 ZPO sowie im Wege der Arrestvollziehung (§ 932 ZPO) begründet werden. Weiter entsteht eine Hypothek als gesetzliche Folge der Erfüllung einer ver- oder gepfändeten Forderung auf Übereignung eines Grundstücks (§ 1287 S. 2 BGB, § 848 II 2 ZPO). Der Werkunternehmer eines Bauwerks hat – anders als der Unternehmer eines Werks hinsichtlich einer beweglichen Sache (§ 647) – nicht kraft Gesetzes eine dingliche Sicherung, beim Bauwerk in Gestalt einer Hypothek, sondern nach § 648 nur einen gesetzlichen Anspruch auf Bestellung einer Sicherungshypothek.

5. Übertragung der hypothekarisch gesicherten Forderung

1464 Die Hypothek wird nicht übertragen, sie geht mit auf den Erwerber über, wenn die Forderung übertragen wird (§ 1153 I, II). Die Grundregelung für den Übergang der Hypothek kraft Rechtsgeschäfts ist nicht § 873, sondern § 398.

1465 Das Gesetz macht aber in §§ 1154 f. die Forderungsabtretung zur Abtretung einer hypothekarisch gesicherten Forderung. Das hat, wie schon herausgestellt[1483], erhebliche Bedeutung. Weil die Vorschrift mit auf die Hypothek als Sachenrecht bezogen ist, ist § 1154 nach § 1192 I auch auf die nicht an eine Forderung gebundene Grundschuld anwendbar. Weiter wird durch die grundstücksrechtliche Ausgestaltung der Übertragung das Grundmerkmal des Erwerbs vom Nichtberechtigten hergestellt, daß ein rechtsgeschäftlicher Erwerb des dinglichen Rechts gegeben sein muß (s. § 892)[1484]. Schließlich knüpft die Regelung der Übertragung an die Rechtsscheingrundlage an. Diese ist durch die Eintragung der Hypothek im Grundbuch errichtet. Bei der Briefhypothek wird sie durch den Hypothekenbrief und die öffentlich beglaubigte Abtretungserklärung fortgeführt (§§ 1154 I, 1155). Transferiert wird die Rechtsscheinposition bei der Buchhypothek durch die Eintragung des Erwerbers in das Grundbuch (§ 1154 III), bei der Briefhypothek durch Übergabe des Hypothekenbriefs an den Erwerber. Durch die Rechtsscheingrundlage, den rechtsgeschäftlichen Erwerb und den Übergang der Rechtsscheinposition auf den Erwerber ist ein Erwerb der Hypothek vom Nichtberechtigten kraft des öffentlichen Glaubens des Grundbuchs möglich. Vorbehaltlich der Sicherungshypothek (§ 1184 I) ist der öffentliche Glaube für die Berechtigung des Hypothekars auch insoweit begründet, als die Hypothek eine Forderung voraussetzt. Für die Hypothek wird die Forderung im Grundbuch verlautbart (§ 1115). Abgesehen von der Sicherungshypothek (§ 1185 II) ist so über den Fall der Nichtberechtigung hinsichtlich der Hypothek hinaus auch im Fall der Nichtberechtigung hinsichtlich der Forderung ein gutgläubiger Erwerb möglich (§ 1138).

1466 Nach § 1154 sind die Voraussetzungen für die Übertragung einer durch Briefhypothek gesicherten Forderung: 1. die Berechtigung des Zedenten (vorbehaltlich eines Erwerbs vom Nichtberechtigten), 2. die Abtretung der Forderung (§ 398), wobei die Abtretungserklärung des Zedenten in schriftlicher Form erfolgen muß[1485], wenn nicht – was

[1483] Oben Rz. 1357 ff.

[1484] Daß das Gesetz das Merkmal des rechtsgeschäftlichen Erwerbs gerade durch Umgestaltung der Abtretung im Hinblick auf die Hypothek herstellt, ergibt einen Gegenschluß für den Fall, daß eine dingliche Rechtsstellung durch bloße Abtretung gemäß § 398 als gesetzliches Anhängsel der Forderung übergeht. So ist es bei der Vormerkung. Für diese wird mit Recht überwiegend gerade e contrario zu § 1154 ein gutgläubiger Erwerb durch Abtretung ausgeschlossen (s. u. Rz. 2114 ff.).

[1485] Zur Notwendigkeit der Bestimmtheit der Abtretungserklärung im Hinblick auf die Person des Zessionars für die Wirksamkeit der Abtretung mit der Möglichkeit eines Anspruchs auf Ergänzung der Urkunde aus der schuldrechtlichen Grundvereinbarung BGH WM 1989, 995. Möglich aber auch Blankoabtretung mit Ausfüllungsermächtigung des designierten Erwer-

aber unpraktisch ist – die Abtretung in das Grundbuch eingetragen wird (§ 1154 II), 3. die Übergabe des Briefes. Die Übergabe ist wie die Übergabe nach § 929 S. 1 ersetzbar durch die Ersatzformen der §§ 929 (S. 2) bis 931 (§§ 1154 I 1 Hs. 2, 1117 I 2).

Das Eigentum am Brief folgt dem Übergang der Hypothek (§ 952 II, I). Die Übergabe **1467**
des Briefes ist nur Mittel der Übertragung der hypothekarisch gesicherten Forderung. Dies ist für die Frage zu berücksichtigen, welche Bedeutung der Hypothekenbrief für den öffentlichen Glauben des Grundbuchs hat. Da nicht das Eigentum am Brief übertragen wird, sondern der Brief das Mittel der Übertragung der Hypothek ist, konstituiert der Brief nicht den öffentlichen Glauben. Er kann den öffentlichen Glauben zerstören (§ 1140), und sein Besitz ist zur Überleitung des öffentlichen Glaubens auf einen Erwerber nötig (§ 1155).

Nach § 1154 I 2 kann der Erwerber einer Briefhypothek, wenn er nicht nach **1468**
§ 1154 II im Grundbuch eingetragen wird, vom bisherigen Gläubiger verlangen, daß die Erklärung der Abtretung an ihn auf Kosten des bisherigen Gläubigers öffentlich beglaubigt wird[1486]. Dies ist begründet zunächst im Hinblick auf den Fall, daß der Erwerber weiterüberträgt. Ein zukünftiger Zessionar wird nicht ohne die Möglichkeit eines Erwerbs kraft öffentlichen Glaubens und damit nicht ohne die dafür nach § 1155 S. 1 erforderliche öffentliche Beglaubigung der Erklärung, daß an seinen Zedenten abgetreten ist, erwerben wollen. Der Erwerber benötigt die öffentliche Beglaubigung aber auch zur Geltendmachung der Hypothek[1487], weil der Eigentümer der Geltendmachung widersprechen kann, wenn der Gläubiger, der nicht im Grundbuch eingetragen ist, nicht außer dem Brief auch die ihn legitimierenden öffentlich beglaubigten Abtretungserklärungen vorlegt (§ 1160 I Hs. 2). Briefbesitz und öffentlich beglaubigte Abtretungserklärungen im Sinne des § 1155 S. 1 ersetzen die Grundbucheintragung[1488]. Weil die Legitimation zur vollen Rechtsstellung gehört, die der Zedent einräumt, hat hier entgegen § 403 der Zedent die Kosten zu tragen. Die zur Abtretungskette i.S. der §§ 1155, 1160 I Hs. 2 gehörigen Abtretungserklärungen früherer Zessionen hat jeder Zedent seinem Zessionar nach § 402 herauszugeben.

Auch für die Übertragung im Fall der durch Buchhypothek gesicherten Forderung **1469**
bleibt das Gesetz konsequent bei der Übertragung durch Abtretung der Forderung. Auf diese wendet es grundsätzlich die Vorschriften der §§ 873, 878 entsprechend an (§ 1154 III). Dies gilt insbesondere für die Sicherungshypothek (§ 1185 I). Bei der Höchstbetragshypothek als Sicherungshypothek (§ 1190 III) ist die Abtretung von Forderungen, die in den Kreis der durch die Hypothek gesicherten Forderungen fallen, nach § 1154 III i.V. mit §§ 873, 878 möglich. In diesem Fall vermindert sich der Höchstbetrag, für den die Hypothek bestellt ist. Es können solche Forderungen aber auch nach § 398 abgetreten werden, in diesem Fall ist der Übergang der Hypothek ausgeschlossen, der Höchstbe-

bers; Wirksamkeit, Briefübergabe vorausgesetzt, mit Ausfüllung, auf die Vertretungsrecht anzuwenden ist – BGHZ 22, 128, 132, BGH WM 1977, 457 –; von der Übergabe unter Ausfüllungsermächtigung an hat das RG den Schutz des Empfängers nach §§ 1134, 1135, 823 II aufgrund einer Erwerbsanwartschaft angenommen (RG JW 1936, 3234). Dem RG folgend Erman/*Räfle* § 1154 Rz. 4, Staudinger/*Wolfsteiner* § 1154 Rz. 35. Mangels Wirksamkeit des Erwerbs vor der Ausfüllung des Blanketts wird man aber nur eine Prozeßstandschaft des Inhabers von Brief und Blankoerklärung aufgrund der Ermächtigung des Zedenten, daß der Empfänger das Recht des Zedenten im eigenen Namen geltend machen kann, anzunehmen haben (zum umfassenden Ermächtigungsgehalt der Überlassung von Brief und Blankourkunde RG HRR 1930 Nr. 783).

1486 Zur prozessualen Durchsetzung Staudinger/*Wolfsteiner* § 1158 Rdnr. 37.

1487 Und bei Identität von Eigentümer und Schuldner auch für die Geltendmachung der Forderung (§ 1161).

1488 Auch im Hinblick auf das Erfordernis der Voreintragung des Betroffenen nach § 39 GBO (§ 39 II GBO).

trag bleibt für den Forderungskreis, insbesondere die gesicherte Geschäftsbeziehung, erhalten (§ 1190 IV 1, 2).

6. Erwerb vom Nichtberechtigten

1470 Was den Erwerb einer Hypothek kraft öffentlichen Glaubens des Grundbuchs betrifft, sind die oben zum Thema der Akzessorietät getroffenen Feststellungen[1489], wie folgt, zusammenzufassen und zu konkretisieren: Zu unterscheiden ist der Erwerb durch Bestellung und der Erwerb durch Übertragung. Für die Bestellung einer Hypothek gilt § 892, ohne Ergänzung durch eine spezielle Vorschrift, für Verkehrs- und Sicherungshypothek gleichermaßen. Der öffentliche Glaube des Grundbuchs erstreckt sich nur auf die Berechtigung des Bestellers der Hypothek als in der Verfügungsmacht nicht beschränkter Eigentümer des Grundstücks. Die Voraussetzung, daß der Erwerber die für die Hypothek nötige Forderung innehat, wird nicht durch öffentlichen Glauben ersetzt. Bei der Bestellung gibt es für die Forderung keine Grundlage in einer Grundbucheintragung.

1471 Der vorgesehene Hypothekar G muß also Inhaber etwa einer Darlehensforderung gegen den Bucheigentümer B sein (z.B. den Pseudo-Erben, der nach § 22 I 1 GBO mit Hilfe eines Erbscheins seine Eintragung erreicht hat), wenn ihm B nach §§ 873, 1117, 892 I wirksam eine Hypothek soll bestellen können. Im Fall der Bestellung erwirbt G kraft des öffentlichen Glaubens des Grundbuchs die Hypothek mit der Folge, daß der Schuldner aus der Forderung (B) einerseits und der mit der Hypothek belastete (wirkliche) Eigentümer andererseits auseinanderfallen. Nach § 891 wird aber auch für die Klage des G aus §§ 1113 I, 1147 der Eingetragene als Eigentümer vermutet.

1472 Bestellt der Buchberechtigte eine Hypothek für eine künftige oder bedingte Forderung, so entsteht nach h.M. zunächst eine Eigentümergrundschuld, die dem wahren Eigentümer, nicht dem Buchberechtigten zusteht. Nach hier vertretener Auffassung erwirbt demgegenüber der Hypothekar bereits jetzt eine Hypothek für die künftige oder bedingte Forderung[1490].

1473 Ist die Einigung zwischen Buchberechtigtem und Hypothekar mangelhaft, so kommt hier nicht in Betracht, die Bestellung als solche einer Eigentümergrundschuld aufrechtzuerhalten: Es ist keine Bestellung für den Eigentümer gegeben. Der Eigentümer kann sich die Rangstelle aber durch Genehmigung nach § 185 erhalten. Damit wird die Verfügung des Buchberechtigten zu dessen eigenen Gunsten, also mit der Wirkung einer Fremdgrundschuld des Buchberechtigten, wirksam.

1474 Was den Erwerb durch Übertragung betrifft, kann es hier sehr leicht zum Problem des Erwerbs vom Nichtberechtigten kommen. Aufgrund der Akzessorietät ist es besonders leicht denkbar, daß der im Grundbuch eingetragene Hypothekar Nichtberechtigter ist: Ist der Eigentümer nicht der persönliche Schuldner, so bewirken Leistungen und die Aufrechnung des Schuldners nach §§ 362 I, 389 das Erlöschen der gesicherten Forderung mit der Folge des gesetzlichen Übergangs der Hypothek auf den Eigentümer (§ 1163 I 2). Dabei ist nicht gesichert, daß dem Gläubiger die Legitimation bezüglich der Hypothek entzogen wird. Der Schuldner hat freilich, wenn er dem Eigentümer zur Freistellung verpflichtet ist, ein rechtliches Interesse an der Berichtigung des Grundbuchs und infolgedessen nach § 1167 i.V. mit §§ 1144 f. das Recht, bei voller Befriedigung des Gläubigers gegen Aushändigung der Urkunden und bei teilweiser Befriedigung gegen Vermerk auf dem Brief und Vorlage des Hypothekenbriefs zum Zweck der Grundbuchberichtigung zu leisten. Macht er davon aber nicht Gebrauch und unterrichtet er auch nicht den Eigentümer, bleibt es bei der Legitimation des Gläubigers und der Möglichkeit des Erwerbs kraft öffentlichen Glaubens.

[1489] Rz. 1358 ff.
[1490] Oben Rz. 1452 ff.

Das Gesetz läßt den Erwerb bei Übertragung durch einen Nichtberechtigten zu, obwohl die Übertragung sich auf die Forderung bezieht und es grundsätzlich keinen gutgläubigen Erwerb von Forderungen gibt und weiter obwohl die Hypothek kraft Gesetzes der Forderung folgt, es sich also bezüglich der Hypothek um einen gesetzlichen Erwerb handelt: Weil § 1154 die Übertragung zu einer grundstücksrechtlichen Übertragung der hypothekarisch gesicherten Forderung als einheitlicher Position macht, geht es auch hinsichtlich der Hypothek um einen rechtsgeschäftlichen Erwerb. Für die Sicherungshypothek bleibt es bei der Möglichkeit des gutgläubigen Erwerbs der Hypothek im Fall, daß dem Zedenten die Forderung uneingeschränkt zusteht. Bei der Verkehrshypothek kommt noch der öffentliche Glaube des Grundbuchs hinzu, daß die Forderung als Voraussetzung der Hypothek existiert und dem eingetragenen Zedenten zusteht (§ 1138 mit der Abgrenzung des § 1185 II). Besteht die Forderung, gehört sie aber einem anderen, ergeben bei der Verkehrshypothek die §§ 1154, 1153 II den gutgläubigen Erwerb auch der Forderung. **1475**

Der dem gutgläubigen Erwerb zugrundeliegende öffentliche Glaube des Grundbuchs muß für die Verkehrshypothek, wenn sie Briefhypothek ist – also nicht bei der Sicherungshypothek, die notwendig Buchhypothek ist (§ 1185 I) – durch besondere Regelungen im Hinblick auf die Fortführung des Grundbuchs durch den Hypothekenbrief modifiziert werden: 1. Nach § 1140 kann der Inhalt des Briefes die Rechtsscheinwirkung des Grundbuchs im Rahmen von §§ 892, 893, 1138 entkräften. – 2. Nach § 1155 ist für den öffentlichen Glauben des Grundbuchs zwar der Besitz des Briefes erforderlich, aber nicht genügend. Dafür, daß der Besitz des Briefs in genügendem Zusammenhang mit dem Grundbuch steht, muß der Zedent über den Besitz des Briefes hinaus durch eine Reihe von Abtretungserklärungen legitimiert sein, die öffentlich beglaubigt sind (§ 129)[1491] und auf einen im Grundbuch eingetragenen Gläubiger zurückgehen. §§ 1140, 1154 I, 1155 ergeben im Zusammenhang: Der Besitz des Briefes begründet nicht den öffentlichen Glauben (§ 1155), seine Übergabe ist aber notwendig zur Überleitung desselben (§§ 1154 I[1492], 1155) und der Brief kann den öffentlichen Glauben zerstören (§ 1140). **1476**

[1491] Damit der Zessionar für die Weiterübertragung die nach § 1155 erforderliche Legitimation hat, gibt § 1154 I 2 bei der Abtretung nach § 1154 I dem Zessionar das Recht, vom Zedenten die öffentliche Beglaubigung der Abtretungserklärung zu verlangen. Dazu oben Rz. 1468.

[1492] § 1154 1 verweist auf § 1117 und damit auf die Ersatztatbestände für die Übergabe nach §§ 929 S. 2, 930 f. Da die Übergabe des Hypothekenbriefs wie die der beweglichen Sache bei der Übereignung einer beweglichen Sache die Funktion hat, den Erwerber in eine gesicherte und dadurch schutzwürdige Rechtsscheinposition zu versetzen, müssen auf die Übertragung der Hypothek nach §§ 1154, 1117 I 2 beim Erwerb vom Nichtberechtigten die §§ 932 I 2, 933 f. entsprechend angewandt werden, obwohl § 1154 I auf § 1117 verweist und dieser nicht auf §§ 932 I 2, 933 f. Die bloße Abtretungserklärung an den Zessionar kann in keinem Fall den Rechtsschein durch Verschaffung des Briefbesitzes seitens des Veräußerers ersetzen. Dies gilt auch für den Fall, daß die Abtretung auf dem Brief vermerkt wird. Denn der Brief zerstört, begründet aber nicht den öffentlichen Glauben (§ 1140). Was die Fassung des Gesetzes betrifft, kommen zwei Möglichkeiten in Betracht: Entweder hat der Gesetzgeber bei der Verweisung in § 1154 I auf § 1117 nicht beachtet, daß § 1117 die Vorschriften über den Erwerb vom Berechtigten zitiert, §§ 1154, 1155 aber auch den Fall der Übertragung durch einen Nichtberechtigten betreffen, in welchem Fall die Vorschriften über den Erwerb vom Berechtigten durch §§ 932 I 2, 933, 934 modifiziert sind. Dann hat man das Gesetz entsprechend zu ergänzen. Man kann die Verweisung aber auch als vollständig lesen. Man kann nämlich der Formulierung der §§ 932, 933, 934 entnehmen, daß sie die §§ 929 ff. für den Erwerb vom Nichtberechtigten abwandeln und folglich auch für die Anwendung der §§ 929 S. 2, 930, 931 im Rahmen des § 1117 I 2 gelten. Jedenfalls ist die Möglichkeit, daß der Zedent mehrfach nach § 1154 I durch Vereinbarung eines Besitzkonstituts zediert und bei der ersten Abtretung der Erstzessionar ohne Erwerb des Briefbesitzes die Hypothek gutgläubig

1477 Zur Demonstration des § 1155 sei folgende Bestellungs- und Abtretungskette angenommen: Eigentümer E bestellt für eine Darlehensforderung in Höhe von 500.000 € dem H_1 eine Hypothek nach § 873 I 2. Verfügungsart mit § 1115 und Übergabe des Hypothekenbriefs (§ 1117 I 1). H_1 tritt die Forderung nach § 1154 I unter öffentlicher Beglaubigung seiner Abtretungserklärung (§ 1154 I 2) an H_2 ab, dieser ebenfalls in dieser Form an H_3, dieser ohne Beglaubigung an H_4 und der H_4 schließlich, wieder ohne Beglaubigung, an H_5. Wenn in diesem Beispiel die Abtretung von H_1 an H_2 unwirksam war, erwarb H_3 von H_2 nach §§ 1154 I 1, 1155 I 1, 892, 1138, sofern nicht im Grundbuch ein Widerspruch eingetragen war oder die Unrichtigkeit aus dem Brief hervorging – § 1140 – oder H_3 Kenntnis hatte (schieden diese Gegengründe aus, so bedurfte es zu dem Erwerb des H_3 nicht einmal der öffentlichen Beglaubigung der an ihn gerichteten Abtretungserklärung des H_2 – § 1155 I 1 –). Nach § 1153 II erwarb H_3 mit der Hypothek auch die zunächst bei H_1 verbliebene Forderung. H_4 und H_5 erwarben dann ohne weiteres wirksam, nämlich vom Berechtigten. War H_3 dagegen bösgläubig und traf dies auch für H_4 zu, so daß dieser nicht erwarb, so hat H_5, auch wenn er gutgläubig war, nichts erworben: H_4 war nicht durch eine entsprechende Abtretungskette legitimiert.

§ 1155 verlangt nicht die öffentlich beglaubigte Abtretung auch noch auf den gutgläubigen Erwerber. Es geht um die Legitimation des Veräußerers durch den Besitz des Briefs und eine kontinuierliche Reihe von beglaubigten Abtretungen. Für diese Legitimation reicht *eine* Abtretung vom ersten (notwendig im Grundbuch eingetragenen) Hypothekar mit öffentlich beglaubigter Abtretungserklärung. Dann kann vom Zessionar dieser Abtretung kraft öffentlichen Glaubens erworben werden.

Baur/Stürner[1493] meinen entgegen dem RG[1494], § 1155 knüpfe nur an die echte Erklärung, die öffentlich beglaubigt ist, den öffentlichen Glauben des Grundbuchs an. Eine Fälschung stehe dem öffentlichen Glauben entgegen, und zwar auch dann, wenn nicht zusätzlich der Brief abhanden gekommen ist[1495]. Das Gesetz sieht in § 1155 einen Ersatz für die Grundbucheintragung vor; das für den gutgläubigen Erwerb im Fahrnisrecht relevante Merkmal des Abhandenkommens hat insofern hier nichts zu suchen. Andererseits reicht wie bei der Grundbucheintragung die Tatsache der öffentlichen Dokumentation aus. Ob sie für eine gefälschte Erklärung erschlichen ist, ist nach dem Gesetz irrelevant. Die öffentliche Beglaubigung selbst muß aber echt, d.h. von einer funktionell zuständigen Beglaubigungsstelle vorgenommen sein[1496].

Eine Unterbrechung der Kette der beglaubigten Abtretungserklärungen schadet nicht, wenn die Legitimation eines Vorgängers durch wirksamen Übergang (kraft Erbfolge oder rechtsgeschäftlich wirksamer Zession) auf denjenigen gekommen ist, der die Kette fortsetzt oder von dem erworben wird[1497].

erwirbt, er seinerseits aber wieder durch eine zweite Zession zugunsten des Zweitzessionars enteignet wird (so *Mülbert*, AcP 197 (1997) 335, 387 Fn. 145), mit den Grundsätzen des gutgläubigen Erwerbs unvereinbar. Nicht in die Anwendung der §§ 1154 I, 1117 übertragbar ist freilich § 935: Die Legitimation des Veräußerers durch die Abtretungskette (§ 1155) ist grundstücksrechtlicher Art. Bei §§ 892 f. findet § 935 aber keine Entsprechung. § 935 gehört zur Legitimation des Veräußerers; die ist im Grundstücksrecht ausschließlich durch das Grundbuch (und – bei der Briefhypothek – die Fortführung des Grundbuchs durch Hypothekenbrief und öffentlich beglaubigte Abtretungserklärungen) begründet. Anders betreffen die §§ 932 I 2, 933, 934 die Notwendigkeit des Übergangs der Rechtsscheinposition vom Veräußerer auf den Erwerber. Diese gilt auch für das Grundstücksrecht. – Zum Erfordernis der Übergabe des Briefs bei der Briefgrundschuld BGH WM 1993, 285 ff., s.u. Rz. 1596 Fn. 1646.

1493 § 38 Rz. 34.

1494 RGZ 85, 58; 86, 263; 93, 41.

1495 Für diesen Fall räumte *Westermann*, 5. Aufl., § 106 IV 2 b, S. 530 ein, den gutgläubigen Erwerb bei Fälschung nicht anzuerkennen. Ohne diese Konzession 7. Aufl., § 95 IV 2, S. 752.

1496 S. zum Problem der Fälschung bei der Grundbucheintragung o. Rz. 643. Mit dem dort abgelehnten Erfordernis der Unerkennbarkeit der Fälschung arbeitet hier Staudinger/*Wolfsteiner* § 1155 Rz. 11.

1497 *Westermann*, 5./7. Aufl., a.a.O. Entgegen dem RG, das betreffend den gutgläubigen Erwerb eines Wechsels aufgrund Indossamentenkette (Art. 16 II WG) das Indossament nach einer

7. Geltendmachung der Hypothek

a) Geltendmachung durch Erlangung eines Duldungstitels und Zwangsvollstreckung

Gemäß § 1147 ist der mit einer Hypothek belastete Eigentümer zur Duldung der Zwangsvollstreckung verpflichtet[1498]. Die Zwangsvollstreckung setzt die Erfüllung der allgemeinen Vollstreckungsvoraussetzungen (§§ 704 ff. ZPO) voraus, insbesondere einen Vollstreckungstitel. Dieser kann in notarieller Unterwerfung unter die sofortige Zwangsvollstreckung (§ 794 I Nr. 5 ZPO[1499]) bestehen oder durch (hier: Duldungs-) Klage mit dem Antrag erlangt werden, den Beklagten zu verurteilen, „wegen der Forderung von ... die Zwangsvollstreckung in ... zu dulden"[1500]. § 1147 kann freilich abbedungen werden. Unzulässig ist jedoch eine Verfallsabrede derart, daß der Eigentümer dem Gläubiger statt der Zwangsvollstreckung das Grundstück zu überlassen hat, wenn die Abrede in einer Zeit getroffen ist, die vor der Fälligkeit der Forderung gegenüber dem Eigentümer liegt (§ 1149)[1501]. **1478**

Als Mittel der Zwangsvollstreckung in das Grundstück[1502] stehen die Zwangsversteigerung und die Zwangsverwaltung zur Verfügung. Die Judikatshypothek (§§ 866, 867 ZPO) scheidet als sinnlose Maßnahme (nochmalige Sicherung mit Nachrang gegenüber der schon bestehenden Hypothek) aus. Sie wäre bei der Zwangsvollstreckung aus **1479**

Unterbrechung der Kette – z.B. durch eine bloße Zession (statt durch ein mit gutgläubigem Erwerb verbundenes Indossament) oder durch Erbfolge – für nichtig erklärt hat (RGZ 114, 367 f.), hält die h.M. die Lücke durch den Nachweis der außerwechselmäßigen Rechtsnachfolge für überwindbar (Baumbach/*Hefermehl,* WG und ScheckG, Art. 16 WG Rz. 13 m.w.N.). Die h.M. stellt auf die sachliche Berechtigung aufgrund Zession oder Erbfolge ab. Das ist zutreffend. Man kann nicht schon dann, wenn der Zedent oder Erblasser nicht materiell berechtigt, sondern nur förmlich aus dem Wechsel legitimiert ist und folglich der Zessionar oder Erbe die Wechselrechte nicht erworben hat, für die Legitimation des Zessionars oder Erben bei der Weiterveräußerung das Zessionsgeschäft oder den Eintritt der Erbfolge in den Besitz des Erblassers ausreichen lassen. In den Fällen bloßer Zession und Erbfolge fehlt es an dem Übergang der Legitimationsposition auf den Erwerber, der später weiterübertragen will. Dies ist nur dann unschädlich, wenn der spätere Veräußerer das Recht wirksam erworben hat. Auch zu § 1155 ersetzen, was die Legitimation des Veräußerers betrifft, seine Erbnachfolge in den Briefbesitz (oder – bei Lücke in der Beglaubigung der Abtretungskette an früherer Stelle – die Erbfolge des Vorgängers) und ebenso die rechtsgeschäftlich einwandfreie, aber mangels Rechts des Vormanns gegenstandlose Abtretung an den Veräußerer (oder einen Vorgänger) die öffentliche Beglaubigung der Abtretung an den Veräußerer (oder den Vorgänger) nicht.

1498 Der Hypothekar hat aber einer anderen Art der Verwertung zuzustimmen, wenn sich daraus ein höherer Erlös erzielen läßt als im Wege der Zwangsversteigerung, OLG Köln WM 1995, 1801 unter Berufung auf § 242; vgl. aber auch § 1246 für das Pfandrecht.

1499 Nach § 800 ZPO kann sich der Eigentümer mit der Wirkung unterwerfen, daß die Unterwerfung gegen den jeweiligen Eigentümer des Grundstücks wirkt. Damit die Wirkung eintritt, muß die Unterwerfung in das Grundbuch eingetragen werden.

1500 Zur Formulierung des Titels s. *Baur/Stürner* § 40 IV Rz. 33 ff.; *Wolff/Raiser* § 139 I, S. 572 f.

1501 Gesichtspunkt der abstrakten Gefährlichkeit, dazu BGHZ 130, 101 ff., *Siol,* WM 1996, 2217 f.; *Baur/Stürner* § 40 Rz. 24 ff. Nach BayObLG DNotZ 1997, 727, 729 m. Anm. *Eickmann* gilt § 1149 (mit § 1192 I) nicht in dem Fall, daß dem Darlehensgläubiger für den Fall der nicht fristgemäßen Rückzahlung ein bedingtes und befristetes Kaufvertragsangebot abgegeben wird, sofern das Darlehen nicht durch Bestellung einer Grundschuld zugunsten des Darlehensgebers selbst, sondern zugunsten eines Dritten (einer Bank) gesichert wird. Die in dem Kaufvertragsangebot liegende Verfallsabrede stehe in keinem inneren Zusammenhang mit der Grundschuldbestellung. Man kann sich schwer vorstellen, wie das Darlehen durch die Grundschuld gesichert wird, ohne daß ein innerer Zusammenhang zwischen beidem besteht. Abl. zu Recht *Eickmann*, DNotZ 1997, 729, 730.

1502 Zur Möglichkeit der Einzelzwangsvollstreckung in die beweglichen Sachen des Haftungsverbands (§§1120 ff.) s. § 865 ZPO.

einer Hypothek sogar unzulässig[1503]. Es gibt nicht zwei Hypotheken an einem Grundstück für dieselbe Forderung.

b) Das Nebeneinander von Hypothek und Forderung

1480 Neben der Hypothek kann auch die persönliche Forderung geltend gemacht, die Zwangsvollstreckung kann wegen der Hypothek und wegen der Forderung betrieben werden[1504]. Zahlt der Eigentümer und ist er der Schuldner, so ist die Zahlung jedenfalls zugleich Zahlung auf die Forderung. Die Forderung erlischt und die Hypothek geht nach §§ 1163 I, 1177 auf den Eigentümer über. Dem Eigentümer steht gegen die Inanspruchnahme aus der Hypothek die Einrede zu, nur gegen Aushändigung des Briefs (bei der Briefhypothek) und der sonstigen Urkunden zu leisten, die zur Berichtigung des Grundbuchs oder zur Löschung der Hypothek erforderlich sind (§§ 1144 f.)[1505]. Die Urkunden sind entweder die Berichtigungsbewilligung oder die Löschungsbewilligung (§ 19 GBO) oder die sog. löschungsfähige Quittung[1506] (Unrichtigkeitsnachweis i.S. des § 22 I 1 GBO). Der Eigentümer kann wählen, ob er das Grundbuch i.S. der Eigentümergrundschuld (§§ 1163, 1177) berichtigen oder die Hypothek löschen läßt. Er wird sie insbesondere löschen lassen, um einem Löschungsanspruch eines nachrangigen Berechtigten nachzukommen. §§ 1179 a, b sowie beide Vorschriften mit § 1192 I sehen sogar gesetzliche Löschungsansprüche vor[1507]. Die Berichtigung wählt der Eigentümer, wenn er die Hypothek auf einen neuen Kreditgeber übertragen will (s. § 1180). Ist aber ein gesetzlicher Löschungsanspruch einschlägig und ist dieser nicht ausgeschlossen (§ 1179 a V), so ist er wie bei Eintragung einer Vormerkung geschützt (§§ 1179 a I 3, 1179 b II i.V.m. § 1179 a I 3 sowie § 1192 II mit beiden Vorschriften).

Ist der Eigentümer nicht der Schuldner, so wird seine Zahlung nicht auf die Forderung angerechnet, vielmehr geht nach § 1143 die Forderung auf den Eigentümer über. Da dem nach §§ 412, 401 die Hypothek folgt, gelten auch in diesem Fall die §§ 1144 f.

[1503] *Wolff/Raiser* § 140 I 1, S. 576 f.

[1504] Auch eine gemeinsame Geltendmachung von Forderung und Hypothek durch Klageverbindung ist möglich: Antrag, den Beklagten zu verurteilen, „10 000 € zu zahlen und wegen dieses Betrages die Zwangsvollstreckung in ... zu dulden". Zum Gerichtsstand s. §§ 24, 25 ZPO.

[1505] § 1144 geht über die Rechte nach § 894 und §§ 402 f., 412, 413 dadurch hinaus, daß die Vorschrift schon vor Befriedigung des Gläubigers wegen der Hypothek ein Recht auf die einschlägigen Unterlagen gibt mit der Folge, daß der Eigentümer gegen die Inanspruchnahme aus der Hypothek die Einrede des Zurückbehaltungsrechts geltend machen kann (Planck/*Strecker* § 1144 Anm. 3). Der Gläubiger kann gegen das Verlangen der Aushändigung der Unterlagen nicht seinerseits die Einrede des Zurückbehaltungsrechts wegen anderer Ansprüche als des durch die Hypothek gesicherten Anspruchs geltend machen. S. o. Rz. 607 Fußn. 270. §§ 1144 f. sind zwingend. Sollte durch AGB versucht werden, den Eigentümer zur Nichtgeltendmachung der Einrede zu verpflichten (zur Möglichkeit einer solchen Abrede RGZ 132, 15), steht dem für Eigentümer, die nicht von § 310 I (früher § 24 AGBG) erfaßt sind, § 309 Nr. 2 b (früher § 11 Nr. 2 b AGBG) entgegen. Eine Banken-AGB, wonach für die Ausstellung der Löschungsbewilligung eine Vergütung vorgesehen ist, ist unwirksam, BGH EWiR § 9 AGBG 14/91, 735 (*Heinrichs*).

[1506] Die löschungsfähige Quittung ist eine Quittung besonderer Art i.S. von § 368 S. 2 in der Form des § 29 GBO. Sie enthält die Quittung i.S. von § 368, umfaßt weiter die Bewilligung sowohl der Löschung der Hypothek wie der Grundbuchberichtigung i.S. der Eintragung einer Eigentümergrundschuld und dazu ein öffentlich beglaubigtes Anerkenntnis über den Rückübergang des Grundpfandrechts nach § 1155 S. 2. Begleitet wird sie von der Übergabe des Hypothekenbriefs. Text einer solchen Quittung bei *Baur/Stürner* § 40 Rz. 23 „...Ich bekenne hiermit, wegen der vorbezeichneten Hypothek von dem Grundstückseigentümer befriedigt zu sein, erkenne den kraft Gesetzes erfolgten Übergang der Hypothek auf den Eigentümer an und bewillige die Löschung der Hypothek im Grundbuch."

[1507] Dazu u. Rz. 1528 ff.

Befriedigt sich der Gläubiger wegen der Hypothek aus dem Duldungstitel durch Zwangsvollstreckung entweder in das Grundstück oder die nach §§ 1120 ff. mithaftenden Gegenstände, so erlischt die Hypothek nach § 1181 I, III[1508]. Je nachdem ob der Eigentümer auch der Schuldner ist oder nicht, ist der Befriedigungserlös auf die Forderung anzurechnen oder geht nach § 1143 die Forderung – in diesem Fall ohne die Hypothek – auf den Eigentümer über[1509]. Der Gläubiger kann sich aber, wenn er einen Zahlungstitel wegen der Forderung hat und der Eigentümer der Schuldner ist, auch aus dem Zahlungstitel durch Zwangsvollstreckung in das Grundstück befriedigen. In diesem Fall ist die Hypothek wie die eines anderen Gläubigers zu berücksichtigen. Bleibt sie in der Zwangsversteigerung bestehen und wird der aus dem Zahlungstitel vollstreckende Gläubiger aus dem Erlös befriedigt, geht die Hypothek grundsätzlich nach §§ 1163, 1177 auf den neuen Eigentümer über. Der persönlich schuldende alte Eigentümer steht zu der Hypothek nach dem Übergang des Grundstücks auf den neuen Eigentümer wie der Schuldner einer durch Hypothek an dem Grundstück eines anderen gesicherten Forderung. Wenn man sich den Fall denkt, daß der alte Eigentümer einen Regreßanspruch gegen den Ersteher des Grundstücks hat, kommt § 1164 zur Anwendung. **1481**

c) Einwendungen und Einreden gegen die Geltendmachung

aa) Begriff von Einwendungen und Einreden

Gegen die hypothekarisch gesicherte Forderung und gegen die Hypothek kommen Einreden und Einwendungen in Betracht. Die Akzessorietät der Hypothek hat zur Folge, daß Einwendungen gegen die Forderung zugleich die Hypothek betreffen, und daß zu fragen ist, ob Einreden, die der Schuldner gegen die Forderung erheben kann, ebenso, und zwar auch von einem Eigentümer, der nicht der Schuldner ist, gegen die Hypothek erhoben werden können. Zur Klärung ist darzulegen, was Einwendungen und Einreden sind[1510]. **1482**

Nach §§ 404 und 986 II[1511] umfaßt der Begriff der Einwendungen die Einwendungen i.e.S. und die Einreden. Einwendung im umfassenden Sinne ist alles Vorbringen gegen die Geltendmachung von Ansprüchen oder Rechten, welches nicht in der bloßen Leugnung einer anspruchs- oder rechtsbegründenden Tatsache besteht, sondern auf eine Gegennorm gestützt ist. Solche Gegennormen können zunächst die Entstehung eines Rechts hindern oder ein entstandenes Recht vernichten. Dann begründen sie als rechtshindernde oder rechtsvernichtende Einwendungen sog. Einwendungen i.e.S. Beispiele sind die Normen über Geschäftsunfähigkeit, das Erlöschen der Vertretungsmacht oder über den Untergang des Anspruchs wegen Erfüllung (§ 362 I) oder durch Anfechtung der Willenserklärung, die das den Anspruch begründende Rechtsgeschäft (mit)konstituiert. Der Begriff der Einwendung umfaßt andererseits die Berufung auf Normen, die das fragliche Recht an sich bestehen lassen, aber ein Gegenrecht begründen, nämlich das Recht, die Befriedigung wegen des fraglichen Rechts zu verweigern. Insofern als sie das Befriedigungsverweigerungsrecht auf ein bestimmtes Recht beziehen, tangieren sie dieses Recht. Die Befriedigungsverweigerungsrechte sind die Einreden. Beispiele sind die Verjährungseinrede, die in § 214 I als Leistungsverweigerungsrecht definiert ist, und die Einrede der Mangelhaftigkeit der Kaufsache nach §§ 478, 479 a.F. (in der n.F. beseitigt, etwas Entsprechendes zu § 478 gilt nach § 438 IV 2, **1483**

1508 Der Haftungsgegenstand ist damit verwertet, die Hypothek kann nicht mehr für den Eigentümer fortbestehen. Auch für den Fall der Zwangsversteigerung gilt § 1181. Zwar erlöschen durch den Zuschlag die Rechte am Grundstück nach § 91 ZVG, sie setzen sich aber nach dem Surrogationsprinzip am Erlös fort. Erst durch die Befriedigung aus dem Erlös erlischt die Hypothek gänzlich, nämlich nach § 1181.

1509 Befriedigung durch den Eigentümer i.S. des § 1143 ist auch die Befriedigung im Wege der Zwangsvollstreckung gegen den Eigentümer. Der Unterschied ist nur, daß in diesem Fall die Hypothek nicht mit der Forderung auf den Eigentümer übergeht, sondern nach § 1181 erlischt.

1510 Dazu Larenz/*Wolf*, § 18 Rz. 44 ff. Die in der ZPO verwendeten Begriffe der Einreden und Einwendungen (s. § 282 I ZPO und §§ 323 II, 598 ZPO und dazu *Musielak*, Grundkurs ZPO, 5. Aufl. 2000, Rdnr. 386) lassen wir hier beiseite.

1511 S. o. Rz. 1125.

V n.F.). Zwischen den Normen, die Einwendungen i.e.S. begründen, und Normen, die Einreden begründen, stehen die Normen, die ein Recht begründen, zur Einwendung i.e.S. zu kommen, etwa die Rechte der Anfechtung oder der Aufrechnung. Diese Normen begründen Gestaltungsrechte[1512].

1484 Der Begriff der Einwendungen i.e.S. spielt materiellrechtlich für die Anspruchsprüfung insoweit keine Rolle, als Normen mit den Anspruch hindernden oder vernichtenden Rechtsfolgen in der Anspruchsprüfung ohne weiteres mit zu untersuchen sind. Von der Geltendmachung von Einwendungen spricht das BGB unter Einbeziehung der Einwendungen i.e.S. dann, wenn ein Personenwechsel hinsichtlich des Rechts stattgefunden hat und festzustellen ist, ob auch der neuen Person oder gegen sie die Berufung auf rechtshindernde oder -vernichtende Normen zusteht (§§ 404, 417). Weiter hat die Geltendmachung solcher Normen als Einwendung prozessuale Bedeutung. Wer sich auf eine Gegennorm beruft, hat die von der Norm vorausgesetzten Tatsachen darzulegen und zu beweisen.

1485 Die Einrede als Recht, die Befriedigung wegen eines bestehenden Anspruchs oder eines bestehenden Rechts zu verweigern, macht das betroffene Recht einredebehaftet. Die Einrede ist darüber hinaus aber selbst ein subjektives, und zwar persönliches, Recht. Sie steht einer bestimmten Person zu; berücksichtigt wird sie, wenn der Berechtigte sie geltendmacht. Der Berechtigte kann auf die Einrede (auch wenn er sie schon ausgeübt hatte) verzichten. Als subjektive Rechte gehören die Einreden materiellrechtlich nicht in die Prüfung des Tatbestands des einredebehafteten Anspruchs oder Rechts. Vielmehr sind sie im Anschluß an die Feststellung des Rechts, nämlich, wenn sie erhoben sind, als Durchsetzungshindernis, wenn sie noch nicht erhoben sind, als mögliches Gegenrecht zu dem festgestellten Recht zu prüfen. Im Prozeß führt die Erhebung der Einrede, die auch schon vor Prozeß geschehen sein kann, zur Abweisung der Klage ohne Rücksicht auf das Bestehen des Anspruchs oder des Rechts, wenn nicht ein Interesse des Beklagten an der Entscheidung über das Bestehen des Anspruchs oder daran, daß er sein Gegenrecht nur eventualiter geltend macht, begründet ist.

1486 Mit der Einrede hat das auf die Anspruchsveränderung oder -vernichtung gerichtete (bei Ausübung zur Einwendung i.e.S. führende) Gestaltungsrecht gemeinsam, daß erst seine Ausübung zur Wirksamkeit führt. Im Unterschied zur Einrede beseitigt oder verändert die Ausübung des Gestaltungsrechts aber die Anspruchsvoraussetzungen, damit verändert einerseits – systematisch gesehen – die geschehene Ausübung eines Gestaltungsrechts die Tatbestandsvoraussetzungen des Anspruchs, andererseits ist sie – in der Wirkung – endgültig. Die Ausübung der Einrede läßt demgegenüber den Anspruch in seinem Tatbestand unberührt; daß der Anspruch jetzt nicht durchsetzbar ist, ist Folge des Einrederechts, nicht Folge einer Veränderung im Hinblick auf den Anspruchstatbestand. Das Einrederecht ist so auch nach Ausübung noch verzichtbar.

bb) Einwendungen und Einreden bei der Zession

1487 Spricht das BGB in § 404 von der Geltendmachung von Einwendungen auch gegenüber dem neuen Gläubiger, so ist dies bezüglich von Einwendungen i.e.S. geradezu selbstverständlich. Sind diese Einwendungen begründet, so besteht die Forderung nicht (oder nicht so), mangels gutgläubigen Erwerbs einer Forderung kann der Zessionar nichts (oder das Vorgestellte nicht) erworben haben. Nicht selbstverständlich ist der in § 404 geregelte Übergang von Einwendungen (i.w.S.) dagegen im Hinblick auf die Einreden. Diese entstehen aus dem relativen Verhältnis zwischen Gläubiger und Schuldner. Insbesondere sind sie Kehrseite von Ansprüchen des Schuldners gegenüber dem Gläubiger, wie die Einrede der Mangelhaftigkeit (s. § 478 a.F., nach n.F. Restbestand in § 438 IV 2, V) oder die Einrede, daß der Gläubiger die Forderung vom Schuldner ohne Rechtsgrund erlangt hat (s. § 821). Insoweit ist es der Feststellung durchaus bedürftig, daß diese relativen Einrederechte nach Abtretung auch gegenüber dem Zessionar als Drittem wirken. Das Gesetz ordnet dies an, weil die Einreden ja Rechte sind, die Leistung auf diese Forderung zu verweigern. Wegen dieser Bezogenheit der Einrede auf ein bestimmtes Recht, anders gesagt: der Einredebehaftetheit der Forderung, bedeutet die Einrede eine Beschränkung des Rechts. Deshalb bestimmt das Gesetz die Wirkung auch gegenüber dem Zessionar der Forderung.

1488 Was die Gestaltungsrechte betrifft, führt ihre Ausübung zu Einwendungen i.e.S. Nach § 404 wirken diese gegen den Zessionar, wenn sie zur Zeit der Abtretung gegenüber dem bisherigen Gläubiger begründet waren. Bei Einwendungen aus der Ausübung von Gestaltungsrechten genügt

[1512] Bestimmte Gestaltungsrechte des Gläubigers und des Schuldners der gesicherten Forderung sind für den akzessorisch Haftenden Grundlagen von Einreden (§§ 770, 1137).

es grundsätzlich, daß zur Zeit der Abtretung das Gestaltungsrecht bestand[1513]. Das Gleiche gilt auch für das Aufrechnungsrecht, allerdings nicht als Konsequenz schon aus § 404. Beim Aufrechnungsrecht wird nicht eine Schwäche der zedierten Forderung i.S. von § 404 geltend gemacht, sondern der Schuldner will von der Forderung des Zessionars freiwerden durch Aufrechnung mit einer Forderung, die gegenüber dem alten Gläubiger besteht. Dies gewährt ihm erst die Schuldnerschutzvorschrift des § 406, indem sie bestimmt, daß Forderungen gegen den Altgläubiger, die zur Zeit der Abtretung schon bestanden und fällig waren, dem neuen Gläubiger gegenüber aufgerechnet werden können. § 406 dehnt das Recht unter bestimmten Voraussetzungen noch auf Forderungen aus, die erst nach der Abtretung entstehen oder fällig werden. Über die Schutzvorschrift des § 407 kann der Schuldner zu weiteren Einwendungen kommen (insbesondere der Einwendung der Erfüllung), die zur Zeit der Abtretung noch nicht begründet waren. § 408 gibt diese Möglichkeit für Einwendungen aufgrund von Zahlungen oder Rechtsgeschäften, die nicht gegenüber dem Altgläubiger, sondern bei mehrfacher Abtretung gegenüber dem Zessionar aus der unwirksamen Zweitzession vorgenommen worden sind.

cc) Wirkung von Einwendungen i.e.S. gegen die Hypothek

Die Frage, ob der Eigentümer gegen die Hypothek Einwendungen vorbringen kann, die **1489** gegen die Forderung bestehen, ist wegen der Akzessorietät hinsichtlich der Einwendungen i.e.S. (d.h. der rechtshindernden oder rechtsvernichtenden Einwendungen) – unter Vorbehalt des Gutglaubensschutzes – insoweit selbstverständlich zu bejahen, als entweder überhaupt noch kein Gläubigerwechsel stattgefunden hat oder, wenn ein Gläubigerwechsel stattgefunden hat, die Einwendungen gegen den bisherigen Gläubiger begründet waren. Wegen dieser Selbstverständlichkeit erwähnt § 1137 bei den Einwendungen gegen die Forderung, die gegen die Hypothek zu erheben sind, die Einwendungen i.e.S. nicht, sondern nur die Einreden. Besteht eine Einwendung i.e.S. gegen die Forderung, so existiert die Forderung nicht, und das Fehlen der Forderung bedeutet wiederum aufgrund der Akzessorietät das Fehlen einer Tatbestandsvoraussetzung der Hypothek. Dies hat sich – unter Vorbehalt des Gutglaubensschutzes – nach § 404 (§§ 412, 404) auch ein neuer Gläubiger entgegenhalten zu lassen, wenn die Einwendungen zur Zeit der Abtretung gegen den bisherigen Gläubiger begründet waren.

Einwendungen gegen den neuen Gläubiger kommen sodann auch aufgrund von **1490** Rechtsakten in Betracht, die gegen den alten Gläubiger in der Zeit nach der Abtretung gesetzt worden sind. Bei der Forderungsabtretung gelten die Schuldnerschutzvorschriften der §§ 406 - 408. § 1156 S. 1 bestimmt, daß diese Vorschriften auf das Rechtsverhältnis zwischen dem Eigentümer und dem neuen Gläubiger in Ansehung der Hypothek keine Anwendung finden[1514]. Der Grund für diesen Ausschluß der Schuldnerschutzvorschriften ist, daß sich der Eigentümer hinsichtlich der Hypothek an der Eintragung im Grundbuch oder an dem Hypothekenbrief nebst den öffentlich beglaubigten Abtretungserklärungen gemäß 1155 orientieren kann und auch muß. In der Literatur wird die Vorschrift des § 1156 S. 1 auf Akte des Eigentümers gegenüber dem Gläubiger hinsichtlich der Hypothek bezogen, etwa die Zahlung auf die Hypothek, die Befriedigung des Gläubigers wegen des dinglichen Anspruchs aus der Hypothek durch Aufrechnung, auf sonstige Ge-

[1513] Zur Frage, ob es dem Zedenten oder dem Zessionar gegenüber auszuüben ist, s. MünchKomm/*Roth* § 404 Rz. 6.

[1514] Der Ausnahmefall des § 1156 S. 2 betrifft keine Einwendung, sondern die Herstellung der Fälligkeit und damit des Befriedigungsrechts nach § 1142 I durch die Kündigung des Eigentümers (s. 1141 I 1 Hs. 2). Die Kündigung des Eigentümers gegenüber dem bisherigen Gläubiger ist wirksam, es sei denn, daß die Abtretung dem Eigentümer bekannt oder im Grundbuch eingetragen ist. Der Fall der Unkenntnis und Nichteintragung kann zutreffen im Fall der Abtretung einer Briefhypothek durch Erklärung und Briefübergabe (§ 1154 I 1). Da § 1156 aber nach § 412 auch auf den Übergang der hypothekarisch gesicherten Forderung kraft Gesetzes (Fälle etwa §§ 268 III, 426 II, 774 I, 1225, 1249) anzuwenden ist, kann S. 2 Bedeutung auch für die Buchhypothek erlangen.

schäfte bezüglich der Hypothek oder auf ein rechtskräftiges Urteil hinsichtlich der Hypothek (s. § 407 II)[1515]. Was Rechtsakte im Hinblick auf die Hypothek betrifft, gelten aber die Vorschriften der §§ 1155, 893 ohne weiteres[1516]. Die auf die Forderungsabtretung bezogenen §§ 406 ff. kommen für das dingliche Recht von vornherein nicht in Betracht. § 1156 muß sich also wie die §§ 406 - 408, deren Anwendung er ausschließt, auf die Forderung beziehen, d.h. auf Rechtsakte hinsichtlich der Forderung. Dies bestätigt § 1185 II: Dieser schließt § 1156 bei der Sicherungshypothek aus. Die Sicherungshypothek ist dadurch gekennzeichnet, daß sich die Hypothek ausschließlich nach der Forderung richtet (§ 1184 I). Also muß sich auch die Geltung der §§ 406 - 408, die § 1185 II durch Ausschließung des § 1156 in Kraft setzt, auf die Forderung beziehen. Daraus folgt, daß der Eigentümer auch bei der Sicherungshypothek betreffend die Leistung auf die Hypothek nur nach § 893 geschützt ist.

1491 Wenn § 1156 sich mit dem Ausschluß der §§ 406 ff. auf die Forderung bezieht, so kann die Vorschrift nur den Fall meinen, daß Eigentümer und Schuldner identisch sind. Nur in diesem Fall ist es gerechtfertigt, die Maßgeblichkeit des Buch- und Briefbestands hinsichtlich der Hypothek auch für die Forderung entscheiden zu lassen. Auch hier noch beschränkt das Gesetz den Ausschluß der §§ 406 - 408 auf die Hypothek. D.h. wenn der Eigentümer der Schuldner ist, wird ihm der Schuldnerschutz nur für die Hypothek, aber nicht für die Forderung entzogen. Wird aufgrund der Geltung der §§ 406 ff. für die Forderung der Eigentümer durch Leistung auf die Forderung befreit, erlischt die Forderung, bleibt aber die Hypothek als forderungslose Hypothek übrig.

Nicht erfaßt sein von der Vorschrift des § 1156 kann der Fall, daß Eigentümer und Schuldner nicht identisch sind. Der Schuldnerschutz ist dann für den Schuldner nicht ausgeschlossen. Veränderungen oder Tilgungen der Forderung, die durch Vorgänge zwischen Schuldner und Putativgläubiger eintreten, müssen sich kraft der Akzessorietät auch auf die gegen den Eigentümer gerichtete Hypothek auswirken. Da hier der Schuldner selbständig handelt, greift die Rechtfertigung des Ausschlusses des Schuldnerschutzes, daß sich der Eigentümer bei Leistungen auf die Forderung etc. auf Grundbuch und Brief verlassen kann, nicht ein.

dd) Geltendmachung von Einreden gegen die Hypothek

1492 Was sodann die Einreden betrifft, so führt ihr besonderer Charakter zu verschiedenen Fragen hinsichtlich der Geltendmachung von Einreden gegen die Hypothek. Die Einreden sind ihrer Natur nach in dreifacher Hinsicht beschränkt. Sie stehen bestimmten Berechtigten zu, sie stehen gegen bestimmte Betroffene zu, und sie beziehen sich auf ein bestimmtes Recht. Drei Fragenkomplexe ergeben sich: Erstens Fragen im Hinblick auf das den Bezugspunkt der Einreden bildende Recht und die durch das Recht betroffene Person des Einredeberechtigten, zweitens Fragen im Hinblick auf den Gegner der Einreden und drittens nochmals Fragen im Hinblick auf die Person des Einredeberechtigten:

1. Zunächst ist zu fragen, ob Einreden aus dem Schuldverhältnis, d.h. gegen die Forderung, die folglich dem durch die Forderung betroffenen Schuldner zustehen, vom Eigentümer, insbesondere dem, der nicht der persönliche Schuldner ist, gegen die Hypothek erhoben werden können. Fraglich ist hier eine *gegenständliche Drittwirkung* (über die Forderung hinaus auf die Hypothek), mit der eine *persönliche Drittwirkung auf der*

[1515] Staudinger/*Wolfsteiner* § 1156 Rz. 2 ff., MünchKomm/*Eickmann* § 1156 Rz. 8 ff.

[1516] Bei Zahlungen des Eigentümers an den bisherigen Hypothekar gilt § 893 bezüglich der Briefhypothek mit der Einschränkung, daß, weil nach § 1140 der Brief für die Legitimation mit maßgeblich ist und nach § 1160 der Eigentümer bei einer Briefhypothek nur gegen Aushändigung des Hypothekenbriefes zu zahlen braucht, eine Berufung auf § 893 nur möglich ist, wenn gegen Vorlage des Hypothekenbriefes gezahlt worden ist, RGZ 150, 356.

Aktivseite der Einrede verbunden ist (über den Schuldner der Forderung hinaus auf den Eigentümer des hypothekenbelasteten Grundstücks).

2. Weiter ist fraglich, ob Einreden des Eigentümers nach der Übertragung der Hypothek gegen den neuen Hypothekar erhoben werden können. Hier geht es um eine *persönliche Drittwirkung auf der Passivseite der Einrede* (über den ersten Gläubiger der Forderung hinaus auf den Zessionar).

3. Schließlich ist zu klären, ob Einreden, die bisher dem Eigentümer zustanden, im Fall der Übertragung des Grundstücks auf einen neuen Eigentümer dem Hypothekar auch vom neuen Eigentümer entgegengehalten werden können. Es geht um eine weitere *persönliche Drittwirkung auf der Aktivseite der Einrede.*

Nicht dagegen gibt es die Möglichkeit der Verschiedenheit des Gläubigers der Forde- **1493** rung von der Person des Hypothekars. Auf der Aktivseite der Hypothek besteht kraft der Akzessorietät notwendigerweise Identität.

Die erste Frage, die der Erstreckung der gegen die persönliche Schuld begründeten **1494** Einreden auf die Hypothek, beantwortet § 1137. In der Vorschrift werden die Einreden gegen die Forderung auch dem Eigentümer gegen die Hypothek gegeben. § 1137 schließt an § 404 an: § 404 erstreckt die Einreden des Schuldners gegen den Zessionar. Damit setzt § 404 voraus, daß die Einredebehaftetheit einer Forderung der inhaltlichen Beschränkung der Forderung gleichzustellen ist, so daß der Zessionar nicht mehr als die einredebehaftete Forderung erwerben kann. Aus der Wirkung der Einreden wie eine inhaltliche Beschränkung zieht § 1137 die Folgerung gemäß der Akzessorietät. Die Beschränkung der Forderung durch eine Einrede wirkt auch auf die Hypothek. Eine Ausnahme bildet nach § 216 I (§ 223 I a.F.) die Verjährungseinrede, wie ebenso nach § 1137 I 2 die beschränkte Haftung des Erben des Schuldners dem mit der Hypothek belasteten Eigentümer nicht zugute kommt. Gerade umgekehrt kann der Eigentümer die Einreden gegen die Hypothek auch dann geltend machen, wenn der Schuldner dies nicht mehr kann, weil er auf sie verzichtet hat (§ 1137 II)[1517].

Zu der Erstreckung der Einreden gegen die Forderung auf die Hypothek kommt es **1495** nicht, wenn die Einreden schon als solche gegen die Hypothek begründet sind. Dies kann zutreffen, wenn der Schuldner selbst der Eigentümer ist. Ist dann die Einrede gegen die Forderung aus dem Rechtsverhältnis zwischen Gläubiger und Schuldner begründet (wird etwa zwischen Gläubiger und Schuldner die Stundung der Forderung vereinbart), so ist diese Begründung der Einrede ohne weiteres über die Forderung hinaus auf die Hypothek zu beziehen. Vielfach geht es dann nicht um die Erstreckung der Einrede gegen die Forderung auf die Hypothek kraft Akzessorietät, sondern um eine Einrede, die als solche schon eine Einrede gegen das dingliche Recht ist. Dies ist für die Abgrenzung von § 1138 und § 1157 bedeutsam.

Ein Beispiel für § 1137 war die Einrede der Mangelhaftigkeit der Kaufsache (§ 478 **1496** a.F., s. jetzt noch § 438 IV 2, V): Nehmen wir an, es sei eine Restkaufgeldhypothek bestellt. Wenn das Grundstück mangelhaft ist, hatte K die in § 478 vorausgesetzte dolo-petit-Einrede, die im Fall der Rechte aus Sachmängeln die Einrede der Mangelhaftigkeit genannt wird. Hatte K dem V vor Ablauf der in § 477 a.F. bestimmten Verjährungsfrist die Mängel angezeigt, bestand die Einrede auch dann fort, wenn die Sachmängelrechte verjährt waren (§ 478 a.F.; ohne Rücksicht auf eine Mängelanzeige die entsprechende

[1517] Dementsprechend entfaltet ein Urteil, das gegen den persönlichen Schuldner erwirkt wird, keine Bindungswirkung gegen den Eigentümer. Darauf kann sich der Eigentümer aber nicht berufen, wenn er unter Bezugnahme auf ein bereits vorliegendes Urteil erklärt hat, für die darin zugesprochenen Forderungen aufzukommen, vgl. OLG Karlsruhe WM 1998, 1992 zu der dem § 1137 II entsprechenden Vorschrift des § 768 II.

Regelung in § 438 IV 2, V n.F.). Die Einrede richtet sich gegen die Kaufpreisschuld und, wegen der Akzessorietät, auch gegen die Hypothek (§ 1137)[1518].

1497 Zusätzlich zu den Einreden gegen die Forderungen kann der Eigentümer gemäß § 1137 I 1 die nach § 770 dem Bürgen zustehenden Einreden geltend machen, daß sich der Schuldner von der Schuld durch Anfechtung befreien[1519] oder sich der Gläubiger durch Aufrechnung befriedigen kann.

1498 Die Klarstellung der Folge der Akzessorietät, daß Einreden gegen die Forderung auch gegen die Hypothek geltend gemacht werden können (gegenständliche und damit verbundene persönliche Drittwirkung der Einreden auf der Aktivseite), ist die erste Funktion des § 1137.

1499 An § 1137 schließt sich sodann § 1138 an: Indem Einreden gegen die Forderung Beschränkungen der Forderung sind und somit auch als Beschränkungen der Hypothek wirken, bezieht sich der öffentliche Glaube des Grundbuchs auch auf das Bestehen oder Nichtbestehen von Einreden gegen die Forderung. Das bedeutet, daß die Einreden – nach § 1185 II vorbehaltlich der Sicherungshypothek – in das Grundbuch eintragbar sind[1520]. Die Einreden entstehen freilich ohne Rücksicht auf die Eintragung. Sind sie aber nicht oder nicht mehr eingetragen, besteht bei der Verkehrshypothek die Vermutung für das insoweit einredefreie Bestehen der Hypothek (§ 891 I, II). Sind sie eingetragen, streitet § 891 I für ihr Bestehen. Beides gilt nach § 1138 nur für die Hypothek, nicht für die Geltendmachung der Forderung.

1500 Die Feststellung, daß Einreden gegen die Forderung Beschränkungen zugleich der Hypothek und damit in das Grundbuch eintragbar sind und dem öffentlichen Glauben des

[1518] Weiteres Beispiel die Einrede wegen der Verjährung der gesicherten Forderung. Dazu ist heranzuziehen die Entscheidung BGH WM 1998, 1766 betr. die Einrede des Bürgen gemäß § 768 I 1, der dem § 1137 I 1 Alt. 1 entspricht: Bürge wie Eigentümer konnten sich nach a.F. auf die Verjährung der gesicherten Forderung auch dann berufen, wenn die Verjährung durch Klage gegen sie unterbrochen wurde, die Verjährung der gesicherten Forderung aber mangels Klage gegen den Schuldner dieser Forderung nicht unterbrochen war und sich sodann vollendete (nach n.F. gilt Entspr. für die Hemmung). Die Rspr. des BGH, derzufolge ein persönlich haftender Gesellschafter einer handelsrechtlichen Personengesellschaft sich nicht darauf berufen kann, daß die Verjährung gegen die Gesellschaft nicht unterbrochen wurde, ist auf die Bürgschaft – und damit auch auf die Hypothek – nicht übertragbar. Denn während Bürgschaft und Hypothek nur sicherstellen, daß der Gläubiger das bekommt, was er vom Haupt- bzw. vom persönlichen Schuldner zu bekommen hat, haftet der Gesellschafter selbständig aus der Gesellschaftsschuld, vgl. BGH a.a.O., S. 1767 l.Sp.

[1519] Nach *Westermann*, 5. Aufl., § 102 II 2, S. 506; 7. Aufl., § 101 II 2, S. 727 muß dies für alle Gestaltungsrechte gelten. Dies ist auch zu bejahen für die Widerrufsrechte nach dem früheren HaustürWG und nach dem früheren VerbrKrG (jetzt §§ 312, 495). Zwischen der Geltung von Einreden des Schuldners für die Hypothek und den Einreden des Eigentümers aufgrund des Bestehens eines Anfechtungsrechts des Schuldners besteht der Unterschied, daß ein Verzicht des Schuldners auf die ersteren den vom Schuldner verschiedenen mit der Hypothek belasteten Eigentümer nicht betrifft (§ 1137 II), während der Verzicht des Schuldners auf sein Anfechtungsrecht der Einrede der Anfechtbarkeit die Grundlage entzieht (Planck/*Strecker* § 1137 Anm. 5.).

[1520] *Baur/Stürner* § 38 Rz. 72 ff. Die Eintragung erfolgt bei der Hypothek in der Spalte „Veränderungen“. Nicht zu folgen ist der These von Staudinger/*Peters* § 648 Rz. 33, der Bauunternehmer könne auch bei Geltendmachung von nachzubessernden Mängeln eine Sicherungshypothek in voller Höhe (nach Maßgabe des § 648) verlangen, wenn nur die Einrede des Zurückbehaltungsrechts des Bestellers im Grundbuch eingetragen werde. Wegen des Ausschlusses der Vermutungswirkung des § 891 in § 1185 II ist die Eintragung der Einrede unnütz und abzulehnen. *Peters* ist allerdings in der Ablehnung der Rechtsprechung Recht zu geben, die die Sicherungshypothek nur für einen gekürzten Betrag geben will. Der verdiente Werklohn und die Einrede stehen sich selbständig gegenüber.

Grundbuchs unterliegen, ist die zweite Funktion des § 1137, die dieser zusammen mit § 1138 hat.

Mit dem Schutz durch den öffentlichen Glauben des Grundbuchs leitet § 1138 über zur zweiten Frage, nämlich der, ob Einreden aus der Zeit vor der Übertragung der Hypothek auch gegen den Zessionar der Hypothek erhoben werden können (Drittwirkung auf der Passivseite der Einrede). § 404 macht Einreden zu Beschränkungen der Forderung und läßt sie folglich gegen den Zessionar wirken. § 1137 erstreckt auch diese Drittwirkung auf die Hypothek und den Eigentümer. Die Drittwirkung der gegen die Forderung begründeten Einreden gegen den Zessionar der Hypothek ist die dritte Funktion des § 1137. Daran schließt § 1138 den Schutz des öffentlichen Glaubens des Grundbuchs: Nach § 1138 gelten – vorbehaltlich der Sicherungshypothek (§ 1185 II) – die Vorschriften der §§ 891 - 899 für die Hypothek auch in Ansehung der dem Eigentümer nach § 1137 zustehenden Einreden. Folglich kann sich der Zessionar bezüglich der Einreden auf den öffentlichen Glauben des Grundbuchs berufen. Da der öffentliche Glaube bezüglich der Einreden aber nur für die Hypothek gilt, wird nur die Hypothek nach §§ 1138, 892[1521] einredefrei erworben, wenn die Einrede nicht eingetragen ist und der Erwerber auch keine Kenntnis von ihr hat. Genauer: Zediert wird die Forderung (§ 1154), die Einrede wirkt nach § 404 gegen den Zessionar, nach § 1137 kann sie auch der Eigentümer gegen die auf den Zessionar übergegangene Hypothek geltend machen, sofern nicht der Zessionar nach §§ 1138, 892, 1140 die Hypothek einredefrei erwirbt. **1501**

Von den auf die Hypothek erstreckten Einreden gegen die Forderung sind die Einreden zu unterscheiden, die unmittelbar gegen die Hypothek selbst begründet sind. Diese werden in § 1157 behandelt. Solche Einreden ergeben sich insbesondere aus Vereinbarungen zwischen Hypothekar und Eigentümer über Beschränkungen der Geltendmachung der Hypothek. Beispielsweise kann die Hypothek gestundet sein oder der Gläubiger versprochen haben, daß er die Hypothek erst nach vergeblicher Klage und Vollstreckung gegen den Schuldner der Forderung geltend macht. Während in § 1138 für die auf die Hypothek erstreckten Einreden gegen die Forderung der öffentliche Glaube des Grundbuchs generell herangezogen wird, bezieht sich § 1157 für die Einreden des Eigentümers gegen die Hypothek nur auf §§ 892, 894 - 899, 1144; die Vorschrift läßt mithin §§ 891 und 893 unerwähnt. Rechtsprechung und h.M. folgern insoweit einen Gegensatz zwischen der Behandlung der Einreden gegen die Forderung und der Einreden gegen die Hypothek[1522]. Dem ist zu widersprechen. Die h.M. übersieht, daß § 1157 eine Vorschrift aus der Regelung der Übertragung der Hypothek und § 1137 eine allgemeine Regelung zur Geltendmachung der Hypothek ist und das seinen Sinn hat: **1502**

Das Gesetz regelt, wie vom BGB von 1896 gewohnt, das, was zu regeln nötig ist. Betreffs der Einreden gegen die Forderung ist die Erstreckung auf den Eigentümer als Einreden gegen die Hypothek zu regeln nötig. Diese Erstreckung ist unabhängig davon zu regeln nötig, ob die Hypothek übertragen wird oder nicht. Weiter ist, weil es um Einreden gegen die *Forderung* geht, in § 1138 die uneingeschränkte Verweisung darauf nötig, daß sich der öffentliche Glaube des Grundbuchs für die Hypothek auch auf die Forderung und die Einreden gegen sie bezieht. Auch dies gilt unabhängig von der Übertragung, die erst in § 1154 geregelt ist. **1503**

Einreden demgegenüber im Sinne von § 1157, d.h. speziell gegen die Hypothek, betreffen die *Hypothek per se*; die Erstreckung des öffentlichen Glaubens des Grundbuchs auf sie erschien dem Gesetzgeber selbstverständlich. Regelungsbedürftig schien hier nur der Übertragungsfall, nämlich mit Rücksicht darauf, daß Einreden, die im persönlichen Verhältnis zwischen bisherigem Hypothekar und Eigentümer begründet sind, **1504**

[1521] Zu ergänzen ist für die Briefhypothek § 1140 (vollständiger insoweit das Zitat in § 1157).

[1522] BGH WM 1996, 2197, 2199 m.w.N., WuB I F 3. 1.97 (*Wilhelm*); Planck/*Strecker* § 1157 Anm. 3c; Soergel/*Konzen* § 1157 Rz. 6; MünchKomm/*Eickmann* § 1157 Rz. 17, 18.

relative Rechte sind, die grundsätzlich nicht gegen Dritte, insbesondere also nicht im Übertragungsfall gegen den Erwerber der Hypothek wirken. Angesichts dessen, daß die Einreden auf die Hypothek bezogen sind und dieser damit anhaften, läßt § 1157 sie doch gegen den Erwerber wirken. Auch insoweit wird der Schluß gezogen, der in § 404 vorausgesetzt ist: Die Einredebehaftetheit des Rechts steht der inhaltlichen Beschränktheit gleich. Gerade aufgrund dieser Gleichstellung wird aber sodann die Wirkung der Einreden gegen den Erwerber unter den Vorbehalt des öffentlichen Glaubens des Grundbuchs gestellt. Beides ist gerade auf den Übertragungsfall bezogen. § 1157 schließt sich deshalb der Regelung der Übertragung in § 1154 an.

1505 Betreffs der Einreden gegen die Forderung und der Einreden gegen die Hypothek stehen sich § 1138 und § 1157 wie folgt gegenüber: Hinsichtlich der in § 1138 geregelten Einreden gegen die Forderung ist der Übertragungsfall nur Teilaspekt der Regelung, daß die Einreden gegen die Forderung auf die Hypothek zu erstrecken sind. Die Drittwirkung im Fall der Übertragung der Hypothek ergibt sich als Teil dieser Erstreckung: Die Einreden haften der Forderung bei deren Übergang nach § 404 an, die damit begründete Wirkung gegen den Zessionar wird in § 1137 auf die Hypothek erstreckt. Hinsichtlich der Einreden gegen die Hypothek geht es demgegenüber nicht um die Wirkung gegen die Hypothek, die besteht per se. Es geht vielmehr um die Wirkung der Einreden als eigentlich relativer Rechte auch gegen einen Erwerber und deshalb gerade und nur um den Übertragungsfall. Deshalb also, weil hier das Problem der Wirkung der Einreden im Übertragungsfall zu regeln war, spricht § 1157 im Gegensatz zu § 1138 die Vorschriften über den öffentlichen Glauben des Grundbuchs nur insoweit an, als sie den gutgläubigen Erwerb durch Übertragung regeln. Im übrigen ergibt sich die Wirkung des öffentlichen Glaubens des Grundbuchs für Einreden gegen die Hypothek von selbst, nämlich aufgrund von deren Eigenschaft, gleich der inhaltlichen Beschränktheit Beschränkungen des Grundstücksrechts selbst zu sein.

1506 Das unterschiedliche Zitat der Vorschriften über den öffentlichen Glauben des Grundbuchs in § 1138 einerseits und § 1157 andererseits erklärt sich mithin, wie folgt: Im Hinblick auf Einreden gegen die Forderung eröffnet § 1137 überhaupt erst den Zugang zum Grundbuchrecht durch Erstreckung der Einreden auf die Hypothek, damit wird die Anwendbarkeit der gesamten §§ 891 ff. eröffnet (§ 1138). Die den Glauben des Grundbuchs zerstörende Kraft des Hypothekenbriefs wird in § 1140 hinzugefügt. Für Einreden gegen die Hypothek dagegen gelten die §§ 891 ff. ohnehin; § 1157 regelt hier nur die Drittwirkung der Einreden gegen den Erwerber im Übertragungsfall, insoweit ist auf §§ 892, 894 ff. und § 1140 zu verweisen (§ 1157).

1507 Für die Einreden gegen die Hypothek gilt das Gleiche wie für die auf die Hypothek erstreckten Einreden gegen die Forderung. Sie stehen inhaltlichen Beschränkungen der Hypothek gleich und gelten deshalb nach § 1157 – vorbehaltlich des öffentlichen Glaubens des Grundbuchs – auch gegen Dritte. Deshalb sind sie im Grundbuch eintragbar. Da sie aber als subjektive Rechte selbständig aus ihrem besonderen Rechtsgrunde, etwa durch Vereinbarung, entstehen, bedürfen sie der Eintragung nicht. Auch für sie gelten aber die Vermutungen des Bestehens bei Eintragung, des Nicht(mehr)bestehens bei Nichteintragung oder Löschung (§§ 891 I, II, 1140). Nach § 1157 kann der Zessionar der Hypothek die Hypothek einredefrei erwerben nach §§ 892, 1140, 1155. Wie über das Zitat des § 1157 hinaus die Vorschrift des § 891 ist auch die des § 893 anwendbar, soweit ein Fall rechtsgeschäftlichen, einredefreien Erwerbs nach dieser Vorschrift denkbar ist[1523].

1508 Was schließlich unsere dritte Frage, die nach der Wirkung der Einreden nach der Übertragung des Eigentums zugunsten des neuen Eigentümers, betrifft, ist zu beachten, daß die Einreden subjektive Rechte sind, die darauf gerichtet sind, die Befriedigung wegen eines Rechts zu verweigern. Diese Einrederechte werden zwar nach § 404 und § 1157 als dem Recht selbst, gegen das sie sich richten, anhaftend vorgestellt. §§ 404

[1523] Zur Frage der Lage bei §§ 1150, 268 III für den Fall der Sicherungs-Gesamtschuld (auf die Grundschuld ist § 1157 anwendbar, s.u. Rz. 1603 ff.) s. BGH NJW 1986, 1487 und dazu u. Rz. 1674 ff.

und 1157 beziehen sich aber auf den Übergang der einredebehafteten Rechte und unterwerfen den Zessionar den Einreden. D.h. sie beziehen sich auf die Passivseite der Einreden. Die umgekehrte Frage nach der Aktivseite, d.h. danach, wer die Einrede geltend machen kann, ist durch §§ 404, 1157 nicht betroffen.

Für diese Frage ist, was die gegen die Hypothek vorzubringenden Einreden betrifft, **1509**
zwischen § 1157 und § 1137 zu unterscheiden: Die in § 1157 angesprochenen Einreden gerade gegen die Hypothek (etwa die genannte Einrede der Vorausklage, die Einrede der Stundung des dinglichen Rechts, die Einrede aus ungerechtfertigter Bereicherung des Hypothekars durch die Hypothek – s. § 821 –) stehen demjenigen Eigentümer zu, in dessen Person sie gegen das dingliche Recht entstanden sind. Soll die Einrede nach der Übertragung des Eigentums dem Erwerber zugute kommen, muß sie nach §§ 413, 398 auf den Erwerber übertragen werden. Oder es wird der Anspruch abgetreten, aus dem die Einrede sich begründet. Möglich ist auch eine Ermächtigung zur Geltendmachung der Einrede oder des Anspruchs i.S. von § 185[1524].

Anderes gilt dagegen von den Einreden i.S. des § 1137: Sie stehen ja dem Eigentümer **1510**
kraft Akzessorietät zu, damit stehen sie dem jeweiligen Eigentümer zu.

8. Rechtsfolgen der Befriedigung des Hypothekars

a) Befriedigung aus Forderung oder Hypothek bei Identität von Schuldner und Eigentümer

Oben[1525] sind die Rechtsfolgen der Befriedigung des Gläubigers aus Forderung oder Hy- **1511**
pothek schon aus der Perspektive der Geltendmachung der Rechte durch den Gläubiger angesprochen worden. Hier sind sie aus der Perspektive geschehener Befriedigung des Gläubigers im einzelnen auszuführen: Zunächst ist näher auszuführen der Fall, daß der belastete Eigentümer auch der Schuldner ist (S=E). Leistet S=E, so wird die Forderung erfüllt und erlischt sie (§ 362 I). Für die Hypothek gelten die Vorschriften der §§ 1163 I 2, 1177 I: Aufgrund des Erlöschens der Forderung geht die Hypothek auf den Eigentümer über und wird bei diesem zur Eigentümergrundschuld. Bei Teilbefriedigung geht eine Teilhypothek über, diese kann vom Eigentümer nicht zum Nachteil der beim Gläubiger verbleibenden Hypothek geltend gemacht werden (§ 1176).

Von der Befriedigung wegen der Forderung mit der Folge des Erlöschens der Forde- **1512**
rung und des Übergangs der Hypothek auf den Eigentümer ist zu unterscheiden die Befriedigung des Hypothekars wegen der Hypothek aus dem Grundstück. Diese geschieht gemäß § 1147 durch Zwangsvollstreckung. Ihre Folge ist das Erlöschen der Hypothek (§ 1181 I). Die Befriedigung aus dem Grundstück des S=E tilgt zugleich die Forderung. Weiter erlischt die Hypothek durch Aufhebung, die neben der Erklärung des Hypothekars der Zustimmung des Eigentümers bedarf, weil sie nicht nur die Hypothek, sondern auch die dahinter stehende Eigentümergrundschuld beseitigt (§§ 875, 1183). Ist S=E zur Leistung bereit, kann er nach seiner Wahl verlangen, daß der Gläubiger gegen die Leistung – bei der Briefhypothek nebst Herausgabe des Briefs – entweder wegen des Übergangs der Hypothek die Berichtigung des Grundbuchs oder zum Zwecke der Aufhebung der Hypothek deren Löschung bewilligt (§ 1144). Vom Erlöschen der Hypothek durch Aufhebung oder Befriedigung ist der Verzicht des Gläubigers auf die Hypothek als

[1524] *Westermann*, 5. Aufl., § 102 III 2, S. 507 verlangt eine Abtretung der Gegenrechte, und zwar zutreffend auch dann, wenn diese im Grundbuch eingetragen sind; anders die 6. Aufl., § 118 III 3, S. 241, die danach differenziert, ob die Grundlage der Einrede ein Anspruch des Eigentümers bildet (dann Abtretung erforderlich, weil nur der Anspruchsinhaber berechtigt sei) oder ob die Einreden aus einer das Gläubigerrecht beschränkenden Vereinbarung folgen (dann keine Abtretung, weil die Geltendmachung stets mit der Stellung als dinglicher Schuldner verknüpft sei).

[1525] Rz. 1480 f.

einseitige Erklärung des Gläubigers zu unterscheiden. Dieser ist in §§ 1168, 1177 geregelt und bewirkt wie das Erlöschen der Forderung, sofern dieses nicht durch Befriedigung des Gläubigers aus dem Grundstück eintritt, den Übergang der Hypothek auf den Eigentümer (§§ 1168 I, 1177).

b) Befriedigung aus Forderung oder Hypothek bei Nichtidentität von Schuldner und Eigentümer

aa) Leistung des mit dem Schuldner nicht identischen Eigentümers

1513 Ist der Eigentümer nicht der Schuldner, so hat er ein Befriedigungsrecht nach § 1142 I (entgegen § 267 II). Soweit er zahlt, geht die Forderung nach § 1143 I 1 auf ihn über, die Hypothek folgt nach §§ 412, 401. Der Eigentümer hat die Einrede der Leistung gegen Herausgabe der Berichtigungs- oder Löschungsurkunden (§ 1144). Bei Übergang der Hypothek bleibt die Hypothek als solche bestehen, da auch die Forderung gegen den Schuldner auf den Eigentümer übergeht. Nach § 1177 II gelten aber für die Dauer der Verbindung der Hypothek mit dem Eigentum die Vorschriften über die Eigentümergrundschuld.

1514 Die Forderung wird auch getilgt durch die Befriedigung des Gläubigers wegen der Hypothek aus dem Grundstück. In diesem Fall kann aber, wenn der Eigentümer nicht der Schuldner der Forderung ist, nach § 1143 I nur die Forderung auf den Eigentümer übergehen; die Hypothek erlischt im Fall der Befriedigung aus dem Grundstück nach § 1181 I. Daß in diesem Fall wenigstens nach § 1143 I die Forderung übergeht, wird mit Recht ganz überwiegend angenommen[1526].

1515 Hinsichtlich des Forderungsübergangs auf den Eigentümer nach § 1143 I stellt sich die Frage, ob § 1143 auf die Fälle zu restringieren ist, in denen der Eigentümer gegenüber dem Schuldner aufwendungsersatzberechtigt ist. Nach verbreiteter Meinung soll die Norm im Hinblick auf ihr Telos einzuschränken sein. Das Telos soll sein: Die Hypothek diene als Sicherung einer Forderung, dies könne hier nur die Rückgriffsforderung gegen den eigentlich tilgungsverpflichteten Schuldner sein. § 1143 sei folglich dann nicht anwendbar, wenn im Innenverhältnis der Eigentümer zur Tilgung verpflichtet ist[1527]. In diesem Fall gehe die Forderung nicht auf den Eigentümer über, sondern sie erlösche mit der Folge der §§ 1163 I 2, 1177.

1516 Die andere Möglichkeit ist, daß § 1143 I zwar angewendet wird, bei Geltendmachung der Forderung gegen den Schuldner aber der dolo-petit-Einwand erhoben werden kann[1528]. Diese Lösung des generellen Rechtsübergangs bei Verweisung für Geltendmachungsbeschränkungen auf das Innenverhältnis ist die gesetzliche. Dies zeigt zum einen die Verweisung des § 1143 I 2 auf § 774 I 3, der dem Schuldner die Einwendungen aus einem zwischen ihm und dem Bürgen (im Fall des § 1143: dem Eigentümer) bestehenden Rechtsverhältnis erhält[1529], zum anderen der Gegenschluß aus §§ 1164 I 1, 1173 I, II, die – anders als § 1143 – den Übergang der Hypothek vom Bestehen eines Ausgleichsanspruchs abhängig machen. Die Überlegung des Gesetzes in § 1143 ist die, daß bei Ablösung der hypothekarisch gesicherten Forderung durch den Eigentümer sich die Hypothek jedenfalls mit dem Eigentum als Mutterrecht wieder verbindet. Anders ist die Lösung, wenn der Schuldner zahlt, der nicht Eigentümer ist (§ 1164), oder einer von meh-

[1526] S. schon Planck/*Strecker* § 1143 Anm. 2. c, § 1181 Anm. 4. m.w.N.; Palandt/*Bassenge* § 1181 Rz. 5.

[1527] So *Baur/Stürner* § 40 Rz. 17.

[1528] *Wolff/Raiser* § 140 V 1, S. 579 ff., und *Westermann*, 5. Aufl., § 103 III 2, S. 511; 6. Aufl., § 119 III 2, S. 245 f. (genauer 7. Aufl.).

[1529] Dazu Mot., *Mugdan* II, S. 377. Gegen die hier angenommene Bedeutung der Verweisung *Reinicke/Tiedtke*, WM 1987, 485, 488 f.

reren belasteten Eigentümern und es um die Hypothek am Grundstück eines anderen Eigentümers geht (§ 1173).

Praktischer Fall: Verkauf und Übereignung des belasteten Grundstücks unter Anrechnung der Hypothek auf den Kaufpreis. Die zusätzlich geplante Schuldübernahme scheitert daran, daß der Hypothekar die Zustimmung verweigert. Der Erwerber ist nach § 415 III zur Tilgung verpflichtet. Zahlt er als Dritter auf die fremde Schuld, so gelten §§ 1163 I 2, 1177. Löst er als Eigentümer die Hypothek ab, so gilt § 1143, wenn dieser nicht mit der h.M. zu restringieren ist.

bb) Leistung des mit dem Eigentümer nicht identischen Schuldners

Den Fall der Nichtidentität von Schuldner und Eigentümer, in dem nicht der Eigentü- **1517**
mer, sondern der Schuldner leistet, behandelt § 1164 I. Die Hypothek geht insoweit auf den Schuldner über, als dieser vom Eigentümer Ersatz verlangen kann. Ein Beispielsfall für eine Leistung des Schuldners, für die dieser Ersatz verlangen kann, ist der Fall der Schuldübernahme, mit der der Gläubiger nicht einverstanden ist (§ 415 III). *Gerhardt*[1530] meint, daß es sich bei § 1164 I um eine gesetzliche Forderungsauswechslung handele[1531], durch die die Akzessorietät erhalten werde. Dies ist aber nicht zwingend, die Befriedigung des Gläubigers kann auch eine cessio legis auslösen (vgl. §§ 774, 426). Das Gesetz spricht aber in der Tat im Gegensatz zu § 1143 nur vom Übergang der Hypothek. Das ist auch treffend, da die Schuld ja gegen den Schuldner, der gezahlt hat, selbst gerichtet war.

Jedenfalls ist die Regelung des § 1164 I sachlich berechtigt. Im Fall etwa des Kaufs unter Anrechnung einer Hypothek muß der Verkäufer, wenn er die hypothekarisch gesicherte Schuld erfüllt, angesichts der Kaufpreisminderung jetzt die Hypothek erhalten. Beispiel: Ein Grundstück hat einen Wert von 500 000 €. Darauf angerechnet wird ein hypothekarisch gesichertes Darlehen von 100 000 €, so daß der Barkaufpreis 400 000 € beträgt. Wenn der Verkäufer 100 000 € an den Gläubiger zahlt, hat er nur 300 000 € erhalten. Also muß er die Hypothek in Höhe von 100 000 € bekommen. Dann hat er, wie es dem Vertrag entspricht, den Grundstückswert abzüglich der Hypothek.

c) Hypothek und Bürgschaft für eine fremde Schuld

Fraglich – wieder in Hinsicht auf die Leistung des mit dem Schuldner nicht identischen **1518**
Eigentümers – ist die Anwendung des § 1143 dann, wenn für die hypothekarisch gesicherte Forderung zusätzlich eine Bürgschaft besteht[1532]. Nach dem Gesetz scheint je nach dem Zufall, welcher von beiden Sicherungsgebern zahlt bzw. in Anspruch genommen wird, dieser den Vorrang zu haben. Zahlt der Bürge, geht nach § 774 I die Hauptforderung auf ihn über und nach §§ 412, 401 mit ihr zusammen die Hypothek. Der Bürge kann danach neben dem Hauptschuldner voll den Eigentümer in Anspruch nehmen. Zahlt dagegen der Eigentümer, gilt nach §§ 1143 I 1, 412, 401 das Entsprechende gerade umgekehrt für ihn gegenüber dem Bürgen. Der Zufall der Inanspruchnahme oder Zahlung kann aber nicht über den Vorrang entscheiden. Es trifft nicht etwa zu, daß derjenige, der sich ohne besondere Ausgleichsvereinbarungen mit einer Bürgschaft oder einer Hypothek belastet hat, mit Recht belastet bleibt, wenn er aus einer Reihe von Mitbelasteten gemäß der Belastung in Anspruch genommen wird. Dem steht schon das Gesetz mit der Vorschrift des § 769 entgegen, wonach Mitbürgen als Gesamtschuldner,

[1530] Immobiliarsachenrecht, § 10 2 b, S. 107.

[1531] So auch *Baur/Stürner* § 38 IX 2.

[1532] Dazu *Steinbach/Lang*, WM 1987, 1237; *Bayer/Wandt*, JuS 1987, 271; *Mertens/Schröder*, Jura 1992, 305.

d. h. mit dem gesetzlichen Ausgleich nach § 426, auch dann zu behandeln sind, wenn sie die Bürgschaft nicht gemeinschaftlich übernehmen[1533].

1519 Eine Lösung des Problems der Konkurrenz zwischen Bürgen und hypothekenbelastetem Eigentümer liegt auch nicht darin, daß man auf den Fortgang der Regreßkonsequenzen nach § 774 einerseits und § 1143 andererseits verweist, indem man sagt[1534]: Habe der Bürge gezahlt, gehe die Hauptforderung nebst Hypothek auf ihn über, es erlösche aber die Bürgschaftsforderung; zahle nunmehr, von dem Bürgen in Anspruch genommen, der Eigentümer, so könne jetzt auf diesen nur die Hauptforderung gegenüber dem Schuldner übergehen, nicht aber die Bürgschaftsforderung. Anders bei Zahlung des Eigentümers: Auf diesen gehe die Hauptforderung nebst Bürgschaft, nach §§ 412, 401 aber auch die Hypothek (als Eigentümerhypothek) über. Zahle nun, von ihm in Anspruch genommen, der Bürge, so erhalte dieser nach §§ 774, 412, 401 Hauptforderung und Hypothek. Mit dem Übergang der Hypothek statt ihres Erlöschens wie bei der Bürgschaft will der Gesetzgeber den Eigentümer vor dem Rangverlust durch Aufrücken nachrangiger Gläubiger schützen. Es wäre zu diesem *Schutz* konträr, würde daraus eine Schlechterstellung (im Verhältnis zum Bürgen) folgen[1535].

1520 Manche nehmen einen aus dem Bürgschaftsrecht folgenden Vorrang des Bürgen an[1536]. Vor allem wird § 776 herangezogen[1537]. Dieser läßt den Bürgen insoweit, als er nach § 774 aus dem aufgegebenen Recht hätte Ersatz verlangen können, frei werden, wenn der Gläubiger insbesondere eine für die Hauptschuld bestehende Hypothek aufgibt. § 776 sichert damit den Regreß des Bürgen im Zusammenhang mit § 774, setzt also die Berechtigung des Bürgen zum Regreß voraus. Inwieweit der Bürge – im Verhältnis etwa zum hypothekarisch belasteten Eigentümer – zum Regreß berechtigt ist, regelt er nicht[1538].

1521 Vielfach vertreten wurde die Ansicht, daß zwischen zwei Sicherungsgebern wie zwischen zwei Gesamtschuldnern § 426 gilt[1539]. Dieser Ansicht hat sich – nach einigem Tasten[1540] – der BGH

[1533] Für das Zufallsprinzip ist auch nicht das Prioritätsprinzip anzuführen, wie dies *Mertens/Schröder*, Jura 1992, 305, 308 ff. tun. Das Prioritätsprinzip ergibt sich aus der Reihenfolge (insbesondere) von Verfügungen über Rechte des Verfügenden und zieht die Konsequenz aus diesen Verfügungen zu Lasten des Verfügenden, hier geht es dagegen darum, ob die Zahlung an den Gläubiger zu Lasten Dritter (nämlich in Gestalt der Alleinbelastung anderer Sicherungsgeber im Innenverhältnis zum Zahlenden) wirkt.

[1534] Nachweise zu einer solchen Argumentation bei *Steinbach/Lang*, WM 1987, 1237, Fn. 74.

[1535] Zutreffend *Steinbach/Lang*, WM 1987, 1237.

[1536] Insbesondere *Tiedtke*, BB 1984, 19 f.; *Baur/Stürner* § 38 Rz. 100 ff.

[1537] Zu anderen Grundlagen *Bayer/Wandt*, JuS 1987, 271, 273.

[1538] BGH WM 1992, 1893, 1894: Regelung des Verhältnisses des Bürgen zum Gläubiger, aber nicht des Rangs verschiedener Sicherungsgeber untereinander.

[1539] S. *Wolff/Raiser* § 140 V 1, S. 580 m.w.N. in Fn. 19. Ebenso wieder *Bayer/Wandt* und *Steinbach/Lang*, a.a.O.

[1540] Die Entscheidungen des BGH betreffen das Verhältnis von Sicherungsgrundschuld und Bürgschaft. Das Problem des Verhältnisses der dinglichen Haftung des Sicherungsgebers eines Grundpfandrechts zu der Haftung des Bürgen ist aber dasselbe. In BGHZ 108, 179 ff. hatte der BGH den Grundsatz des § 426 noch nur aufgrund einer besonderen Fallkonstellation für anwendbar gehalten (bestätigt in BGH NJW-RR 1991, 682 f.). Der Fall des BGH wies die Besonderheit auf, daß der Bürge nach den Bürgschaftsbedingungen im Fall seiner Zahlung ein Recht auf Abtretung nicht kraft Gesetzes übergehender Rechte (gemeint war die Grundschuld, die im Fall der Zahlung beim Gläubiger verbleibt und nur kraft des Sicherungsvertrags zurückzugewähren ist) nur dann hatte, wenn ihm der Anspruch auf Rückgewähr eines solchen Rechts (bei der Grundschuld: derjenige des Grundstückseigentümers) abgetreten war oder der Besteller (Grundstückseigentümer) der Abtretung des Rechts auf den Bürgen zustimmte. Der BGH hielt die Bedingung für wirksam und folgerte aus ihr, daß der Bürge im Verhältnis zu Bestellern von Grundschulden auf seinen Vorrang verzichtet hatte und insoweit das Verhältnis gleichrangiger Sicherheiten bestand (a.a.O., 183). Nur auf dieses Verhältnis wandte er § 426 an. Die Argumentation zum angeblichen Vorrang des Bürgen, wenn dieser nicht durch die Klausel auf seinen Vorrang verzichtet, ist unrichtig. Allerdings war die Ent-

angeschlossen[1541]. Die Anwendung des § 426 scheint sich an der Gesetzeslage zu stoßen: Für Mitbürgen wird freilich in § 774 II ausdrücklich auf die Gesamtschuldbestimmung des § 426 verwiesen, § 1143 I nimmt aber ebenso ausdrücklich nur § 774 I in Bezug. Im Widerspruch dazu scheint wiederum die Regelung des Verhältnisses mehrerer Verpfänder verschiedener Sachen für dieselbe Forderung zu stehen: § 1225 S. 2 verweist auf § 774 in dessen vollem Umfang. Im Kommentar von Planck[1542] meint *Strecker*, die Ausklammerung der Gesamtschuldbestimmung des § 774 II in § 1143 ergebe sich daraus, daß § 1143 II für die Haftung mehrerer Eigentümer aus einer Gesamthypothek auf die Vorschrift über die Gesamthypothek verweise (§ 1173). Für diese gelte aber die Regreßlosigkeit der Gesamthypothek. Die Folgerung sei, daß, wie für die Gesamthypothek die Regreßlosigkeit gelte, dies auch für die Hypothek bei Zahlung des mit dem Schuldner nicht identischen Eigentümers beachtet werden müsse. Auf diese Weise ergebe sich der Vorrang des Bürgen. Wie bei der Gesamthypothek (§ 1173 II 1) könne auch hier der zahlende Eigentümer den Bürgen nur dann in Regreß nehmen, wenn er aufgrund besonderer Vereinbarungen einen Ausgleichsanspruch gegen diesen habe.

Die sog. Regreßlosigkeit der Gesamthypothek, d. h. die Abhängigkeit des Regresses eines der mit der Gesamthypothek belasteten Eigentümers von besonderen Vereinbarungen, statt daß wie nach § 426 hilfsweise ein gesetzlicher Regreß eingreift, wird allgemein aus § 1173 entnommen[1543]. Nach § 1173 I 1 geht bei Zahlung eines der belasteten Eigentümer nur die Hypothek an seinem Grundstück über, die an den übrigen erlischt, sofern der Zahlende nicht einen Ersatzanspruch gegen einen anderen Eigentümer hat; die Hypothek an dessen Grundstück geht in Höhe des Ersatzanspruchs auf ihn über. Danach scheint es im Verhältnis zwischen mehreren mit einer Gesamthypothek belasteten Eigentümern mangels besonderer Ausgleichsvereinbarungen doch auf den Zufall der Inanspruchnahme anzukommen. **1522**

Es ist aber die ganze Diskussion um § 774 II und seine unterschiedliche Inbezugnahme durch das Gesetz ebenso verfehlt wie die Annahme der Regreßlosigkeit der Gesamthypothek. § 774 II ist nicht die Norm des Bürgschaftsrechts, aus der sich die Anwendbarkeit der Regreßvorschrift des § 426 ergibt. § 769 erklärt die Mitbürgen zu Gesamtschuldnern. Daraus ergibt sich die Anwendbarkeit von § 426. Diese wird in § 774 II nur vorausgesetzt und, was § 774 II tut, ist, daß er die vorausgesetzte Regreßbestimmung im Verhältnis der Mitbürgen untereinander für maßgeblich erklärt, auch was den in § 774 I mit § 401 geregelten Übergang der Forderung zusammen mit der Haftung der Mitbürgen betrifft. Aus § 774 II folgt also die Beschränkung des Übergangs der Mitbürgenhaftung auf die Höhe der Ausgleichsberechtigung, wie diese § 426 bestimmt. **1523**

Es bestehen also nicht Unterschiede bezüglich der ausdrücklichen Bezugnahme über § 774 II auf § 426. Vielmehr greift § 426 schon bei der Mitbürgschaft nicht aufgrund des § 774 II, sondern als selbstverständliche Folgerung aus dem Verhältnis der Mitbür- **1524**

scheidung schon ein Fortschritt: In der Entscheidung BGH NJW 1982, 2308, auf die sich der BGH a.a.O., 183 beruft, hatte der BGH aus der Klausel noch gefolgert, daß der Bürge überhaupt kein Ausgleichsverhältnis zu dem zahlenden Grundschuldbesteller geltend machen konnte und diesem aufgrund der Abtretung des Hauptanspruchs mit Übergang der Bürgschaftsforderung (§ 401) voll haftete. *Tiedtke* sieht mit Recht, daß der BGH damals aus der Klausel eine vorrangige Haftung des Bürgen gefolgert hat (BGH EWiR § 426 BGB 2/89, 864; nochmals BGH WM 1990, 1270 ff.); er hielt die dazu führende Klausel für eine unangemessene AGB (BGH BB 1984, 19, 23 f.). Der BGH hat in der neueren Entscheidung wenigstens aus der Klausel die Gleichstufigkeit der Haftungen gefolgert, die für § 426 erforderlich ist. War die Klausel nicht vereinbart, bestand für den BGH aber noch der Grundsatz des Vorrangs des Bürgenregresses vor dem Regreß des mit der Hypothek oder Grundschuld belasteten Eigentümers.

1541 BGH WM 1992, 1893, wieder betreffend die Grundschuld.

1542 § 1143 Anm. 3 d.

1543 *Wolff/Raiser* § 148; *Westermann*, 5. Aufl., § 109 IV 4, S. 549; 7. Aufl., § 108 V 4, S. 781 f.; *Mertens/Schröder*, s. Fn. 1532, S. 309; *Schanbacher*, WM 1998, 1806. A.A. *F. Schulz*, Rückgriff und Weitergriff, 1907, S. 71.

gen als Gesamtschuldner ein. Die entsprechende Folgerung ergibt sich folglich bei Gesamtpfandrechten und Gesamthypothek aus denjenigen Bestimmungen, die so, wie § 769 das Verhältnis der Mitbürgen als Gesamtschuldverhältnis bestimmt, auch mehrere dingliche Belastungen analog der Gesamtschuld gestalten, d. h. für das Pfandrecht aus § 1222, für die Gesamthypothek aus § 1132 I[1544].

Die Vorschrift des § 1173 widerspricht dem nicht. Denn sie regelt den Regreß aufgrund der dinglichen Haftung mehrerer gar nicht. Die Vorschrift betrifft das Problem des § 1163, d.h. den Übergang der Hypothek wegen der Tilgung der Forderung auf den Eigentümer, unter Ergänzung durch das Problem des § 1164, was mit der Hypothek wird, wenn ein anderer als der Eigentümer zahlt, im Innenverhältnis aber der Eigentümer ausgleichspflichtig ist. § 1173 faßt im Fall der Zahlung eines mit der Gesamthypothek belasteten Eigentümers beide Antworten zusammen: Hinsichtlich der Hypothek am eigenen Grundstück gilt die Antwort des § 1163, d.h. die Hypothek geht auf den Eigentümer über, hinsichtlich der Hypothek an den Grundstücken der anderen Eigentümer gilt die Antwort des § 1164, d.h. die Hypothek geht auf den Zahlenden über, soweit er einen Ausgleichsanspruch hat. Die Anordnung des § 1173 I 1, daß die Hypothek an den übrigen Grundstücken erlischt, wenn sie nicht wegen des Ausgleichsanspruchs auf den zahlenden Eigentümer übergeht, betrifft lediglich das Verhältnis der Eigentümer zu dem bisherigen Gläubiger der Hypothek. Sie verneint den Übergang der Hypothek vom Gläubiger auf die anderen Eigentümer nach § 1163. Welche Folge die Zahlung des einen Eigentümers aufgrund der Gesamtbelastung im Innenverhältnis hat, wird nicht berührt.

Der Anwendung des allgemeinen Ausgleichsgrundsatzes, wie er in § 426 zum Ausdruck kommt, auch im Rahmen des § 1132 steht mithin nichts im Wege. Allerdings muß die Regreßfolge bei den dinglichen Mitbelastungen anders als bei der Gesamtschuld gestaltet sein, und deshalb ist der Hinweis auf unterschiedliche Verweisungen des Gesetzes über § 774 II auf § 426 ganz abwegig. § 426 hat als Regelung des schuldrechtlichen Regresses unter Gesamtschuldnern hier nichts zu suchen. Nur das Prinzip ist anwendbar, das § 426 zugrunde liegt und bei der Gesamtschuld zum schuldrechtlichen Ausgleich unter den Gesamtschuldnern führt. Nach diesem Prinzip führt die dingliche Mitbelastung nur zu einem dinglichen Ausgleich, d. h. der Regreß gegen den dinglich Mithaftenden ist auf die haftende Sache beschränkt. Wie in dieser Weise die dingliche Mitbelastung aber einerseits gegenüber der schuldrechtlichen Regreßhaftung auf die Sache beschränkt ist, ist sie andererseits als dingliche Mithaftung der Sache vorteilhaft.

Wie sich der Regreß gegenüber dinglich Mitbelasteten gestaltet, so daß er die dingliche Haftung, aber auch nur sie, erfaßt, ist im Gesetz nicht zum Ausdruck gebracht. Er ist im Anschluß an die Regelung der Mitsicherung durch Bürgen zu entwickeln. Nach § 769 sind Mitbürgen Gesamtschuldner, d. h. ihr Regreß untereinander wird u. a. nach §§ 426 II 1, 774 I, 401 mit § 774 II durch Übergang der Bürgschaftsforderung selbst begründet. Dementsprechend muß bei dinglicher Mithaftung der Regreß durch Übergang des dinglichen Sicherungsrechts auf den zahlenden Mitsicherer gemäß seiner Ausgleichsberechtigung – die im Zweifel, wie § 426 I 1 sagt, zu gleichen Anteilen besteht – begründet werden. Dieser Übergang des dinglichen Rechts hat mit der Akzessorietät nichts zu tun, § 1173 II sorgt bei der akzessorischen Hypothek nur dafür, daß, wenn eine zusätzliche schuldrechtliche Ausgleichsberechtigung besteht, die Hypothek sich mit ihr verbindet. Ohne schuldrechtliche Ausgleichsberechtigung gegenüber dem Eigentümer und bei der von vorn-

[1544] Die Motive zeigen, daß die Gestaltung der Gesamthypothek im Verhältnis zum Gläubiger entsprechend der Gesamtschuld durchgesetzt worden ist (Mot., *Mugdan* III, S. 381 ff.). Mit ihrer Folgerung aus der dort S. 383 berichteten Argumentation, daß durch sie die Regreßlosigkeit der Gesamthypothek begründet werde, verkennen *Reinicke/Tiedtke*, Gesamtschuld und Schuldsicherung, 1981, S. 196 den Bezug der Motive auf das Verhältnis zum Gläubiger.

herein nicht akzessorischen Grundschuld tritt ausschließlich der Übergang des dinglichen Rechts als Regreßgrundlage ein[1545].

Die Fortdauer der Last des dinglich Mitsichernden für den Regreß im Innenverhältnis beruht auf der Einräumung des Sicherungsrechts neben anderen Sicherungsrechten an den Gläubiger. Hebt dieser einzelne dieser Mitsicherungsrechte auf, so fällt die Grundlage einer Inanspruchnahme der Mitbelasteten vermittels Übergangs des Rechts auf den zahlenden Mitsicherer weg. Daraus folgert § 776 für den Bürgen dessen Freiwerden, soweit er aus dem aufgegebenen Recht hätte Ersatz verlangen können. Was die Geber von dinglichen Sicherungsrechten betrifft, muß diesen § 776 in entsprechender Anwendung zugute kommen: Ihnen muß bei Aufgabe einer Mitsicherung durch den Gläubiger gegen die dingliche Haftung eine Einrede zustehen, soweit die alleinige Grundlage des Regresses gegen andere Belastete das von diesen eingeräumte und nunmehr vom Gläubiger aufgegebene Sicherungsrecht ist[1546].

Gilt danach der hinter § 426 stehende Regreßgedanken allgemein, so ist nur noch für **1525**
die Bürgschaft zu fragen, ob ihre Eigenart eine Sonderstellung des Bürgen derart erfordert, daß dieser wegen dieser Eigenart im Verhältnis zu dinglich haftenden „Schuldnern" nachrangig haftet. Häufig wird insoweit auf die Stellung des Bürgen verwiesen, mit seinem ganzen Vermögen haftbar zu sein, während der Pfandrechtsbelastete nur mit seiner Sache hafte[1547]. Für den Ausgleich zwischen Bürgen und Eigentümer kommt es aber darauf nicht an. Denn für diesen Ausgleich kommt es nicht darauf an, was dem „Schuldner" alles droht, sondern darauf, welche Belastung bei ihm realisiert ist. Der allgemeine Regreßgedanke will das Vermögensopfer aufgrund der Haftung ausgleichen, nicht die Haftung als solche. Die besondere Art der Haftung bestimmt die Rechte des Gläubigers und die Art der Haftung im Innenverhältnis, aber nicht, ob im Innenverhältnis ein Ausgleich stattzufinden hat oder nicht. Die *Zahlung* des Bürgen oder die *Zwangsvollstreckung* in sein Vermögen ist nicht härter als die entsprechende *Zahlung* oder der entsprechende *Wertverlust* eines pfandrechtsbelasteten Eigentümers.

Folglich geht auf den zahlenden bzw. vollstreckungsbelasteten Bürgen mangels beson- **1526**
derer Regreßgrundlagen die Hypothek gegen den Eigentümer ebenso zur Hälfte über, wie umgekehrt dieser, wenn er zahlt, beim Bürgen zur Hälfte Regreß nehmen kann[1548]. Der Regreß insbesondere des Bürgen auf die Hälfte (analog § 426 I, vorbehaltlich also besonderer Vereinbarungen) folgt daraus, daß nicht aus §§ 774 I, 412, 401 schematisch der volle Übergang der Hypothek zu folgern ist, sondern entsprechend den §§ 426 II, 774 II, 1225 S. 2 mit § 774 II der Übergang der Hypothek nur insoweit eintritt, als der Bürge Regreß verlangen kann, mangels anderer Bestimmungen nach § 426 I 1 in Höhe der Hälfte seiner Zahlung auf die Hauptforderung.

d) *Leistung durch Dritte*

Für die Leistung eines Dritten auf die hypothekarisch gesicherte Schuld gilt zunächst **1527**
§ 267. Das Widerspruchsrecht des Schuldners nach § 267 II wird überwunden, wenn dem Dritten ein Ablösungsrecht nach § 268 zusteht. Das Ablösungsrecht steht Inhabern

[1545] Der Regreß gegen den dinglichen Sicherungsgeber kann nur dinglich sein (§ 426 II 1 in entsprechender Anwendung auf das dingliche Sicherungsrecht; zutreffend Staudinger/*Wiegand*, § 1225 Rz. 23 f.). § 426 I ist für die Höhe heranzuziehen.

[1546] Für die Natur des § 776 als Sondervorschrift des Bürgschaftsrechts allerdings BGH NJW-RR 1991, 499.

[1547] Vgl. die Nachweise bei *Westermann*, 5. Aufl., § 103 III 5, S. 511 f.; 7. Aufl., § 119 III 5, S. 732 f.

[1548] Wegen der Maßgeblichkeit des allgemeinen Regreßgedankens, wie er in § 426 zum Ausdruck kommt, ist unnötig die bereicherungsrechtliche Einkleidung des entsprechenden Ergebnisses bei *Schanbacher*, AcP 191 (1991), S. 87, 96 ff. und erneut *ders.*, WM 1998, 1807, 1807 Fn. 10. (Gegen ihn mit Recht *Mertens/Schröder*, Jura 1992, 305, 307 f.).

von Rechten an einem Gegenstand des Schuldners zu, wenn ein Gläubiger in den Gegenstand die Zwangsvollstreckung betreibt und der Berechtigte in der Zwangsvollstreckung sein Recht verlieren könnte. § 1150 gibt das Ablösungsrecht auch gegen den Hypothekar, wenn dieser aus der Hypothek vorgeht. Als Besonderheit verlegt die Vorschrift den nach § 268 maßgeblichen Zeitpunkt für das Ablösungsrecht vor. Schon wenn der Gläubiger Befriedigung aus dem Grundstück verlangt, ist das Ablösungsrecht begründet. Zahlt der Dritte aufgrund seines Ablösungsrechts, so geht die Forderung nach §§ 268 II, 1150 auf ihn über; nach §§ 412, 401 geht die Hypothek mit über, und § 952 sorgt für den Übergang des Eigentums am Brief. Gegen Zahlung kann die Aushändigung des Briefes verlangt werden (§§ 1150, 1144). Dessen bedarf der Dritte, weil er die auf ihn übergegangene Hypothek nur unter Vorlegung des Briefes geltend machen kann (§ 1160). Neben §§ 1150, 268 ist nicht noch § 1164 analog anwendbar[1549].

e) Löschungsvormerkung und Löschungsanspruch bei Übergang der Hypothek auf den Eigentümer

1528 Der Übergang der Hypothek auf den zahlenden Eigentümer mit der Folge, daß die nachrangigen Rechte nachrangig bleiben, entsprach seit jeher häufig nicht der Interessenlage hinsichtlich nachrangiger Rechte. Statt daß die Zinsen für die nachrangige Post um die volle Risikoprämie erhöht wurden, wurde häufig vereinbart, daß im Fall der Vereinigung des vor- oder gleichrangigen Rechts mit dem Eigentum das Recht gelöscht (besser: aufgehoben) werden solle. Der Löschungsanspruch konnte durch eine Löschungsvormerkung, eingetragen bei der betroffenen Hypothek, gesichert werden. Die Möglichkeit der Löschungsvormerkung war in § 1179 a.F. umfassend vorgesehen, in § 1179 n.F. ist sie, wie noch zu zeigen ist, beschränkt. Nach § 1192 II gilt § 1179 auch für die Grundschuld im Hinblick auf Fälle, in denen diese auf den Eigentümer zurückübertragen wird. Der Sondervorschrift des § 1079 a.F. bedurfte, der des § 1179 n.F. bedarf es, weil hier die Vormerkung auf einen Anspruch bezüglich eines künftigen Rechts (des künftigen Eigentümer-Grundpfandrechts) bezogen war bzw. ist. Dies stand und steht im Gegensatz zu der in § 883 I 2 gegebenen Möglichkeit, künftige Ansprüche bezüglich gegenwärtiger Grundstücksrechte zu sichern[1550]. § 1179 erweitert die Vormerkungsmöglichkeit im Hinblick darauf, daß das künftige Eigentümer-Grundpfandrecht als aus dem Eigentum hervorgehend und in das Eigentum zurückkehrend, insofern also doch im weiteren Sinn als gegenwärtige Rechtsposition des Eigentümers angesehen wird. Allgemein bleibt es bei der Nichtvormerkbarkeit von Ansprüchen, bezogen auf künftige Rechte. § 1179 eröffnete (und eröffnet, soweit er noch gilt) deshalb nur die Möglichkeit, die Löschungsverpflichtung bei Vereinigung des Grundpfandrechts mit dem Eigentum durch Vormerkung zu sichern, nicht dagegen die Sicherung einer Löschungsverpflichtung, die mit dem gegenwärtigen Eigentümer auch für den Fall vereinbart wird, daß dieser das Eigentum veräußert und das Grundpfandrecht auf ihn nach § 1164 als Schuldner übergeht.

1529 Bei der nach § 1179 zulässigen Löschungsvormerkung geht es um die Sicherung des Anspruchs auf die Aufhebung des künftigen eigenen Rechts des jetzigen Eigentümers, der sich zur Löschung verpflichtet, gemäß §§ 883 II, 888. Danach ist der Anspruch

[1549] So aber in einem obiter dictum der BGH in BGHZ 40, 30 = NJW 1964, 811. Im Fall kam es auf die Frage nicht an, weil der Zahler doch selbst Schuldner und § 1164 direkt anwendbar war.

[1550] Nach § 883 ist die Verdinglichung einer auf künftige Rechte bezogenen schuldrechtlichen Vereinbarung nicht möglich, weil dort der Schuldner des Anspruchs – wenn er die Vormerkung nicht mit Zustimmung des Berechtigten einräumen kann – zugleich der gegenwärtige Inhaber des betroffenen Rechts sein muß. Auch der Voreintragungsgrundsatz des § 39 GBO steht der Eintragung einer solchen Vormerkung entgegen, vgl. MünchKomm/*Eickmann* § 1179, Rz. 2.

gegen die folgenden zwei zu unterscheidenden Verfügungen des verpflichteten Eigentümers bzw. im Rahmen der Zwangsvollstreckung gegen ihn gesichert: Zum einen gegen Verfügungen hinsichtlich des Grundpfandrechts, soweit dieses sich mit dem Eigentum des Löschungsverpflichteten vereinigt hat[1551]. Zum anderen gegen die Übertragung des Eigentums durch den Löschungsverpflichteten (oder in der Zwangsvollstreckung gegen ihn), indem diese die Folge hat, daß sich das Grundpfandrecht in den entsprechenden Fallkonstellationen, z.B. bei Zahlungen des neuen Eigentümers, mit dem Eigentum in der Hand des neuen Eigentümers vereinigt[1552]. Diese zweite Sicherung wirkt auch wieder gegen Weiterverfügungen des (neuen) Eigentümers über das mit seinem Eigentum vereinigte Grundpfandrecht.

Die Praxis der Vereinbarung der Löschungsverpflichtung unter Eintragung einer Lö- **1530**
schungsvormerkung war so verbreitet, daß im Grundbuch zahllose Löschungsvormerkungen eingetragen waren[1553]. Weiterhin bestanden Schwierigkeiten betreffs des Vermerks auf dem Brief des betroffenen Grundpfandrechts. Dem Mißstand hilft eine Regelung mit Wirkung vom 1.1.1978 ab[1554]: Diese läßt zwar unberührt, daß eine Hypothek bei Erlöschen der Forderung auf den Eigentümer übergeht (§§ 1163, 1177) und daß eine Sicherungsgrundschuld bei Erledigung des Sicherungszwecks auf den Eigentümer zurückzuübertragen ist. Nicht mehr ist hingegen von der grundsätzlichen Berechtigung des Eigentümers hinsichtlich des Eigentümergrundpfandrechts auszugehen, so daß es für den Anspruch auf die Aufhebung des Rechts einer Löschungsvereinbarung bedarf. Vielmehr begründet jetzt umgekehrt § 1179a (nach § 1192 I auch für die Grundschuld) einen *gesetzlichen* Löschungsanspruch, der seinerseits durch Einigung und Eintragung abdingbar ist (§ 1179a V). Der gesetzliche Löschungsanspruch bedarf auch nicht zu seiner Sicherung der Eintragung einer Löschungsvormerkung. Vielmehr tritt auch die Vormerkung kraft Gesetzes ein: Gemäß § 1179a I 3 gilt der Löschungsanspruch als vorgemerkt. Der Anspruch steht Inhabern von (nachrangigen) Hypotheken sowie von Grund- und Rentenschulden (§§ 1192 I, 1199) zu[1555]. Er bezieht sich auf ebensolche Rechte, wenn diese sich mit dem Eigentum in einer Person vereinigen.

Das Gesetz nimmt folgende Vereinigungs-Fälle vom gesetzlichen Löschungsanspruch **1531**
aus: den Fall, daß eine Hypothek für eine noch nicht entstandene Forderung eingetragen ist (§ 1179a II S. 1)[1556], weiter den Fall, daß ein Briefrecht eingetragen, aber der Brief

1551 Davon streng zu unterscheiden ist die Mitwirkung des Eigentümers daran, daß das Recht sich nicht mit seinem Eigentum vereinigt, sondern Fremdrecht bleibt: Vereinbart der mit einer Hypothek belastete Eigentümer statt der bloßen Rückzahlung des Kredits, womit die Hypothek nach § 1163 I 2 auf ihn übergehen würde, mit dem Hypothekar eine Forderungsauswechselung (§ 1180) – etwa im Rahmen der Bestellung der Hypothek für einen neuen Gläubiger (§ 1180 II) –, so greift der Löschungsanspruch der nachrangigen Gläubiger nicht ein. Entsprechend kann der mit einer Sicherungsgrundschuld belastete Eigentümer nach Rückzahlung des Kredits den Gläubiger anweisen, die Grundschuld, statt sie auf ihn zu übertragen oder auf sie mit der Folge der §§ 1192 I, 1168 I zu verzichten, auf einen Dritten zu übertragen (*Wilhelm*, JZ 1998, 18, 20).

1552 Zur letzteren Wirkung Planck/*Strecker* § 1179 Anm. 4 b a.E.

1553 Im Jahre 1970 über eine Million, so Staatssekretär de With in der ersten Lesung des Änderungsgesetzes v. 29.6.1977 (vgl. den Bericht in DRiZ 1977, 186).

1554 Dazu *Kollhosser*, JA 1979, 176; *Schapp*, JuS 1979, 544; *Hadding/Welter*, JR 1980, 89.

1555 Nach LG Ansbach WM 1998, 811, 812 fehlt ein Rechtsschutzbedürfnis des Anspruchsberechtigten bzw. ist der Anspruch durch das Schikaneverbot des § 226 ausgeschlossen, wenn „aufgrund des Grundstückswertes feststeht, daß die zu löschende Eigentümergrundschuld die Grundstücksversteigerung und Gläubigerbefriedigung nicht behindert“, dies treffe bei einem unterstellten Grundstückswert von DM 100.000,–, einer Hypothek von DM 10.000,– und einer Eigentümergrundschuld von DM 20.000,– zu. Dem ist nicht zu folgen.

1556 In Wirklichkeit ist hier entgegen der auf der h.M. beruhenden Formulierung des Gesetzes gar kein Vereinigungs-Fall gegeben. Der Hypothekar ist Inhaber einer Hypothek für eine künftige

noch nicht erteilt ist (§ 1179a III S. 2 mit § 1163 II, §§ 1192 I, 1199). Schließlich ist der Fall ausgenommen, daß eine Eigentümergrundschuld rechtsgeschäftlich begründet ist und noch nicht an einen Fremdgläubiger übertragen war (§ 1196 III). Diese Ausnahme gewährleistet dem Eigentümer die Möglichkeit, die für ihn eingetragene Eigentümergrundschuld wenigstens einmal zu Kreditzwecken zu benutzen[1557]. Diese Ausnahme könnte der Eigentümer auch bei Hypotheken oder Grundschulden erreichen, die auf ihn nach den gesetzlichen Vorschriften übergegangen sind, bevor nachrangige Rechte eingetragen sind: Er könnte die Hypothek oder Grundschuld löschen und sogleich wieder als Eigentümergrundschuld eintragen lassen. Daß es auf diesen Umweg ankommen sollte, leuchtet nicht ein. Deshalb wird § 1196 III dahin ausgeweitet, daß übergegangene Rechte dann vom Löschungsanspruch nachrangiger Grundpfandrechtsgläubiger frei sind, wenn sie auf den Eigentümer umgeschrieben sind, bevor das nachrangige Recht eingetragen worden ist. In diesem Fall entnimmt der Gläubiger vor seiner Eintragung den Vorrang der Eigentümergrundschuld und muß sich diesen wie im Ursprungsfall des § 1196 III entgegenhalten lassen[1558].

1532 Auch wenn der gesetzliche Löschungsanspruch eingreifen könnte, kann der Eigentümer dem Löschungsanspruch ausweichen, und zwar sowohl bei der Grundschuld wie bei der Hypothek: Bei der Hypothek besteht die Möglichkeit, die Forderung auszuwechseln (§ 1180) und dadurch die Vereinigung der Hypothek mit dem Eigentum zu verhindern. Bei der Sicherungsgrundschuld kommt es schon aufgrund der Nichtakzessorietät des Rechts nicht zur automatischen Vereinigung mit dem Eigentum, wenn die Forderung getilgt wird. Der Eigentümer kann hier schon seinen Anspruch auf Rückübertragung der Grundschuld zu neuer Sicherung abtreten[1559].

1533 Der gesetzliche Löschungsanspruch im Fall der Vereinigung von Grundpfandrechten mit dem Eigentum gilt nur zugunsten der Gläubiger von Grundpfandrechten. Sofern man zugunsten der Inhaber anderer Rechte im Fall der Vereinigung von Grundpfandrechten mit dem Eigentum das Vorrücken erreichen will, gilt weiterhin der alte § 1179, d.h. muß sich der Eigentümer dem Berechtigten gegenüber zur Löschung des mit dem Eigentum vereinigten Grundpfandrechts verpflichten und kann diese durch Eintragung einer Löschungsvormerkung gesichert werden (§ 1179 n.F.). Dieses gilt sodann auch noch für den Inhaber eines *Anspruchs* auf ein derartiges anderes Recht oder auf die Übertragung des Eigentums.

1534 Insbesondere also der Käufer eines mit einer Hypothek belasteten Grundstücks kann durch Löschungsvormerkung davor geschützt werden, daß der Verkäufer zwar die Hypothek ablöst, dann aber, statt sie löschen zu lassen, die Eigentümergrundschuld auf einen anderen überträgt, oder daß diese bei ihm gepfändet wird.

1535 Auch für die Löschungsvormerkung nach § 1179 ist aber nicht mehr die Eintragung im Brief vorgesehen (§§ 57 I 3, 62 I 2 GBO).

1536 Der gesetzliche Löschungsanspruch nach § 1179a zur Sicherung des Vorrückens von Grundpfandrechten (genauer: zur Sicherung der Löschung von mit dem Eigentum vereinigten Grundpfandrechten, wobei die Löschung die Folge hat, daß das Grundpfandrecht

Forderung. Deshalb steht ihm sogar seinerseits für andere Vereinigungsfälle der Löschungsanspruch zu (§ 1179 a III). S. zur Hypothek für künftige Forderungen o. Rz. 1322 ff.

1557 Begründung des Gesetzentwurfs, BT-Drucks. 8/89 S. 14.

1558 BGHZ 136, 246=NJW 1997, 2597, 2598. Im Fall des BGH, in welchem der Eigentümer bis zur Abtretung an die streitenden Banken als Inhaber aller eingetragenen Grundschulden im Grundbuch eingetragen gewesen war und sodann die nachrangigen Grundschulden an die Klägerin, die erstrangige an die Beklagte abgetreten hatte, schloß die Anwendung des § 1196 III die Konsequenz aus, daß nach der Abtretung der nachrangigen Grundschulden der Zessionar den Löschungsanspruch bezüglich der vorrangigen Grundschuld hatte.

1559 S.o. Fn. 1551.

des Anspruchsinhabers vorrückt) funktioniert wie die Vormerkung: Er begründet die Sicherungswirkung, die Rangwirkung und in Zwangsversteigerung und Insolvenzverfahren die Vollwirkung[1560]. Er kann durch eine im Grundbuch einzutragende Vereinbarung ausgeschlossen werden (§ 1179a V), so daß dem zahlenden Eigentümer das Eigentümergrundpfandrecht verbleibt und das Recht erneut zur Kreditaufnahme verwendet werden kann[1561].

Einen merkwürdigen zusätzlichen Löschungsanspruch mit Vormerkungswirkung gibt § 1179 b (Abs. 2 verweist auf die Vormerkungswirkung nach § 1179a I 3). Danach hat den Anspruch, wenn dieser nicht ausgeschlossen ist (§ 1179 b II i.V.m. § 1179a V), auch der bisherige Inhaber des jetzt mit dem Eigentum zusammenfallenden Rechts selbst. Der ehemalige Grundpfandgläubiger hat den Anspruch gegen den Eigentümer, der das Grundpfandrecht bestellt hat. Nach § 1179 b II i.V.m. § 1179a I 2 kann er Zustimmung zur Löschung aber auch von einem etwaigen neuen Eigentümer verlangen. Kraft der Vormerkungswirkung kann er sodann Zustimmung auch von solchen Personen verlangen, auf die das Grundpfandrecht nach seiner Vereinigung mit dem Eigentum übertragen worden ist (§ 1179 b II mit §§ 1179a I 3, 888 I). Zu § 1179 b hat die Praxis der Tilgungshypothek geführt: Hier bestand für den Kreditgläubiger die Schwierigkeit zu prüfen, wer bei Kreditrückzahlung der Berechtigte hinsichtlich der Hypothek war, wem er also die sog. „löschungsfähige Quittung"[1562] erteilen sollte und – bei Vermeidung von Schadensersatzansprüchen – erteilen durfte und was zum Ausweis der Rechtsstellung des Empfängers in die Quittung einzutragen war. 1537

An Schwierigkeiten sind, was die Person des Berechtigten betrifft, die folgenden zu sehen: Die Hypothek kann statt auf den Eigentümer auf einen ablösungsberechtigten Dritten, welcher zahlt, übergehen (§§ 1150, 268 III, 412, 401) oder auch auf den vom Eigentümer verschiedenen Schuldner, wenn dieser zahlt und – etwa nach § 415 III – vom Eigentümer Ersatz verlangen kann (§ 1164). Sodann kann die Hypothek auf den Eigentümer als Eigentümergrundschuld, aber auch, wenn er nicht der Schuldner ist, als Eigentümerhypothek übergehen (§ 1143 I). Schließlich kann obendrein das Eigentum auch noch gewechselt haben und können so verschiedene Eigentümer an der Rückzahlung beteiligt sein. Was sodann, wenn der Berechtigte festgestellt ist, den Inhalt der Quittung betrifft, muß dieser ergeben, wer wann den Gläubiger befriedigt hat und ob der oder die Eigentümer auch Schuldner ist oder sind oder war bzw. waren. 1538

Die Praxis hat diese Schwierigkeiten dadurch vermindert, daß sie aus § 1179 a.F. die dingliche Sicherung eines Löschungsanspruchs bzgl. der eigenen Hypothek des Gläubi- 1539

1560 Zu den Wirkungen u. Rz. 2061 ff. Die Trennung von § 1179 a I 2 und I 3, mit der selbständig ein Anspruch gegen den neuen Eigentümer und die Vormerkungswirkung, was den Nachfolger in das Eigentümerpfandrecht betrifft, geregelt wird, ist unnötig: die Vormerkungswirkung erfaßt auch die Verfügung über das Eigentum.

1561 Zu unterscheiden sind die Löschungsansprüche der Inhaber gegenwärtiger nachrangiger Rechte hinsichtlich künftig aus Fremdrechten sich entwickelnder Eigentümergrundpfandrechte und der Ausschluß dieser Ansprüche auf der einen Seite (diese sind gesetzlich geregelt) und andererseits der Löschungsanspruch für Inhaber künftiger Rechte und sein Ausschluß (diesen vorzumerken bzw. einzutragen ist unzulässig). Zu den Löschungsansprüchen der Inhaber gegenwärtiger Rechte gehört der Löschungsanspruch des Eigentümers als Inhabers einer von ihm bestellten Eigentümergrundschuld. Dieser Anspruch ist ebenso wie sein Ausschluß von der gesetzlichen Regelung umfaßt. Allerdings ist der Anspruch, soweit die Eigentümergrundschuld noch nicht an einen Fremdgläubiger abgetreten ist, gegenstandslos, weil er ein Anspruch des Eigentümers gegen sich selbst (bezüglich anderer auf ihn übergegangener Rechte) wäre. Sinnvoll ist aber die Möglichkeit des Ausschlusses des Anspruchs und seiner Eintragung (so daß der Ausschluß bei Zession und Weiterzession gegen die Erwerber wirkt), s. BayObLG NJW-RR 1992, 306.

1562 S. o. Rz. 1480.

gers durch Löschungsvormerkung entwickelt hat. Die in der Vorschrift eingeräumte Möglichkeit, durch Vormerkung die Verpflichtung des Eigentümers zu sichern, „die Hypothek löschen zu lassen, wenn sie sich mit dem Eigentum in einer Person vereinigt," wurde auf die Verpflichtung bezogen, die der Eigentümer dem Gläubiger der Hypothek selbst gegenüber einging[1563]. Aufgrund dessen mußte der Kreditgeber nur noch feststellen, inwieweit gerade Eigentümer gezahlt haben. In der Höhe der Zahlung konnte er dem letzten Eigentümer die Löschungsbewilligung erteilen und war zu mehr nicht verpflichtet, weil er ja insoweit gegen den ursprünglichen Eigentümer, mit dem die Löschung vereinbart war, den Löschungsanspruch hatte und der jetzige Inhaber der Grundschuld der Löschung zustimmen mußte (§ 888). Diese Praxis hat der Gesetzgeber in § 1179 b über den Anlaß der Tilgungshypothek hinaus gesetzlich verankert.

1540 Entgegen *Kollhosser*[1564] ist nicht von dem Sonderfall des Löschungsanspruchs eines bloß Buchberechtigten zu sprechen. Es ist nicht etwa von einer Art Berichtigungsanspruch zu reden, der merkwürdigerweise gerade dem falsch Eingetragenen zusteht. Der Eigentümer kann sich zur Aufhebung seines Rechts gegenüber jedermann verpflichten, also auch dem Hypothekar gegenüber für die Zeit, in der dieser seine Hypothek verloren hat. Das bleibt ein Anspruch auf Rechtsänderung. Dieser ist vormerkungsfähig, wenn Ansprüche bzgl. künftiger Rechte vormerkungsfähig sind. Im Rahmen von §§ 1179 ff. sind sie es.

9. Die Sicherungshypothek

a) Fälle

1541 Eine Hypothek kann als Sicherungshypothek bestellt werden. Dann muß nach § 1184 II die Hypothek im Grundbuch als Sicherungshypothek bezeichnet werden. Kraft Gesetzes entsteht eine Hypothek als Sicherungshypothek, wenn sie für Forderungen aus Inhaber- oder Orderpapieren, insbesondere für Inhaberschuldverschreibungen, (Wertpapierhypothek, § 1187 S. 1, 2) oder wenn sie als Höchstbetragshypothek bestellt wird (§ 1190 III).

1542 Kraft der ZPO entsteht eine Sicherungshypothek, wenn bei Pfändung eines Anspruchs auf Übereignung eines Grundstücks der Drittschuldner auf die Anordnung des Gerichts an den Sequester als Vertreter des Vollstreckungsschuldners leistet (§ 848 II 2 ZPO). Als Höchstbetragshypothek entsteht nach §§ 932 I, 923 ZPO die Arresthypothek.

1543 Einen gesetzlichen Anspruch auf Bestellung einer Sicherungshypothek am Baugrundstück hat das BGB dem Bauunternehmer zur Sicherung seiner Werklohnforderung in

[1563] In der Entscheidung eines vor der Neuregelung liegenden Falls (NJW 1980, 228) hat der BGH gegenüber dem Berufungsgericht die Bedeutung der damals üblichen Vereinbarung der Banken mit einem durch eine Tilgungshypothek belasteten Eigentümer klargestellt. Entgegen dem Berufungsgericht habe eine solche Vereinbarung nicht dazu gedient, der Bank nach Tilgungsleistungen des Eigentümers den Vorrang der ihr verbleibenden Resthypothek zu sichern (diesen Vorrang haben die Banken schon kraft Gesetzes – § 1176 –). Grund seien vielmehr die Schwierigkeiten, die entstehen würden, wenn von der Bank die Umschreibung in eine Grundschuld verlangt werde. Der BGH nennt die folgenden Schwierigkeiten: Die Ermittlung des Berechtigten könne rechtlich und tatsächlich schwierig sein, weil die Grundschuldberechtigung zusammen mit einem Eigentumswechsel oder durch Abtretung der Grundschuld durch den Eigentümer oder infolge von Zwangsvollstreckungsmaßnahmen gewechselt haben könne. Nach dem Fall der Entscheidung ging es allerdings entgegen dem BGH doch um den Vorrang eines in der Hand der Klägerin befindlichen Rechts, nur nicht um das Aufrücken der nach Zahlung verbliebenen Resthypothek, sondern um das Aufrücken einer Grundschuld, die trotz der Zwangsversteigerung des Grundstücks aufgrund einer nach § 91 II ZVG möglichen Einigung in der Hand der Kl. bestehengeblieben war.

[1564] JA 1979, 178 f.

§ 648 eingeräumt[1565]. Diese Sicherung wurde bald als nicht ausreichend empfunden. Eine umfassendere, insbesondere nicht von der privaten Durchsetzung eines schuldrechtlichen Anspruchs abhängige Sicherung ist im Gesetz über die Sicherung von Bauforderungen vom 1. Juni 1909[1566] versucht worden. Vorgesehen war eine Sicherung durch einen Bauvermerk, von dessen Eintragung die Baugenehmigung abhängen und der wie eine Vormerkung des Anspruchs aus § 648 wirken sollte. Die Regelung ist aber mangels Erlasses der für erforderlich erklärten landesrechtlichen Bestimmungen nicht wirksam geworden. Jetzt hat der Bundesgesetzgeber die Sicherung der Bauforderungen reformiert und ist dazu den Weg anders gearteter Sicherungsmittel nach dem jetzigen § 648a gegangen. Nach § 648 a I kann der Bauunternehmer vom Besteller Sicherheit nach den Vorschriften der §§ 232 ff. über die Sicherheitsleistung verlangen. In § 648 a II sind die in den allgemeinen Vorschriften bestimmten Sicherheitsleistungen für die Sicherheitsleistung an den Bauunternehmer noch ergänzt worden. Nach § 648a IV ist der in § 648 geregelte Anspruch auf Bestellung einer Hypothek ausgeschlossen, soweit der Unternehmer Sicherheiten nach § 648a I und II erlangt hat.

Wenn der Anspruch des Bauunternehmers auf Bestellung einer Sicherungshypothek **1544**
begründet ist[1567], muß er, sofern der Bauherr nicht freiwillig leistet, durch Klage auf Bestellung einer Hypothek (mit Vollstreckungswirkung des Urteils nach §§ 894, 895 ZPO) durchgesetzt werden. Der Anspruch kann durch einstweilige Verfügung gesichert werden. Zur Sicherung ist aber nicht eine Hypothek einzutragen, das wäre Befriedigung. Vielmehr ist das Sicherungsmittel die Vormerkung (§ 885 I)[1568].

b) *Besonderheiten der Sicherungshypothek*

Nach § 1185 I ist die Sicherungshypothek immer Buchhypothek. Sodann ist die Siche- **1545**
rungshypothek streng akzessorisch, d.h. ihr Schicksal bestimmt sich nur nach dem Recht der Forderung, das Grundbuch hilft nicht (§ 1184 I). Als Konsequenz ergibt sich, daß nach § 1185 II die §§ 1138, 1139, 1141, 1156 unanwendbar sind. Bei nicht bestehender Forderung (etwa endgültig nicht ausgezahltem Darlehen) ist also ein gutgläubiger Erwerb ausgeschlossen. Dementsprechend wird die Eintragung eines Widerspruchs nicht nach § 1139 erleichtert. Bei der Zession ist nicht, wie nach § 1156, allein der Grundbuchinhalt maßgeblich anstelle des Schuldnerschutzes nach §§ 406 ff., was – insbesondere – die Wirksamkeit der Zahlung des Eigentümers auf die Hypothek betrifft. Es gilt vielmehr nur dieser Schuldnerschutz.

Umgekehrt wird der Schuldner nicht nach § 893 geschützt, wenn er an den Zessionar **1546**
zahlt, etwa wenn die gemäß § 1154 III vorgenommene Zession unwirksam ist. Das Grundbuch schafft keine Legitimation betreffs der Forderung. Also bleiben (vorbehaltlich § 409) Forderung und Hypothek bestehen[1569].

1565 Vgl. nur Palandt/*Sprau* § 648 Rz. 2 ff. m.w.N. Der Anspruch setzt voraus, daß der Werkbesteller Grundstückseigentümer ist. Bei Verteilung der Position des Vertragspartners einerseits und des Eigentums andererseits auf verbundene Unternehmen neigt der BGH zur Überspielung des Erfordernisses, daß der Besteller der Eigentümer ist, mit § 242, s. BGHZ 102, 94. Für Konsequenz *Wilhelm*, NJW 1975, 2322; ders., Rechtsform und Haftung, S. 369 ff. Gegen den BGH *Slapnicar*, BB 1993, 230 ff.

1566 RGBl. I S. 449.

1567 Zu den Einzelheiten bei Errichtung eines Bauwerks auf mehreren Grundstücken, von denen möglicherweise nicht alle dem Bauherrn gehören, BGHZ 144, 138 ff. Bei Bestellung einer Vormerkung für eine Gesamthypothek, während nur der Anspruch auf Bestellung einer Einzelhypothek an einem der belasteten Grundstücke begründet ist, wendet der BGH den Satz: in maiore inest minus – an, BGHZ 144, 145.

1568 Zur Sicherung des Anspruchs aus § 648 durch einstweilige Verfügung *Siegburg*, BauR 1990, 290 ff.

1569 Vgl. auch das Beispiel bei *Baur/Stürner* § 42 Rz. 16 f.

1547 §§ 892, 893 gelten aber selbstverständlich für die Hypothek, soweit es nicht um Auswirkungen der Forderung geht. Von Bedeutung ist dies z. B. in dem Fall, daß die Darlehensforderung besteht, aber die Bestellung der Hypothek unwirksam war.

c) *Höchstbetragshypothek*

1548 Für die Bestellung der Höchstbetragshypothek ist die Einigung über den Höchstbetrag, den Kreis der Forderungen, die im Rahmen des Höchstbetrags gesichert sein sollen, und die Art der Feststellung der unter das Befriedigungsrecht aus der Hypothek fallenden Forderungen notwendig. Die Feststellungsart kann sich aus ergänzender Auslegung ergeben: Bestellt der Eigentümer die Höchstbetragshypothek für eine Bank, ist die Einigung auf das Rechtsverhältnis des Eigentümers zur Bank und die Geltendmachung der Hypothek für fällige und nicht befriedigte Forderungen durch die Bank bezogen. Mit Eintragung des Höchstbetrags unter Angabe des Kreises der gesicherten Forderungen (§ 1115 mit § 1190 I 2) wird die Hypothek als Sicherungshypothek wirksam (§ 1190 III). Bei Bestellung einer Höchstbetragshypothek für eine Bank ist, wenn nicht das Rechtsverhältnis zu einem Dritten als maßgeblich bezeichnet wird, auch die Eintragung auf das Rechtsverhältnis des Eigentümers zur Bank bezogen.

1549 Nach h.M. kann der Eigentümer sich nicht der sofortigen Zwangsvollstreckung aus einer Höchstbetragshypothek unterwerfen. Dies ist zweifelhaft geworden, weil nach der n.F. des § 794 I Nr. 5 ZPO die Unterwerfung nicht mehr einen Anspruch auf eine *bestimmte Geldsumme* aus einem *bestimmten Schuldgrund* voraussetzt[1570].

1550 Für die Höchstbetragshypothek gilt die Besonderheit des § 1190 IV: Die Forderung kann nach § 398 übertragen werden, die Hypothek geht dann nicht mit über. Es soll eine einzelne Forderung abtretbar sein, ohne daß sich durch Mitübergehen des entsprechenden Teilbetrags der Hypothek die Sicherung des Zedenten in seinem Rechtsverhältnis zum Eigentümer mindert. Für die Abtretung nach § 398 ist zu unterscheiden: Soweit beim Zedenten aus dem Rechtsverhältnis, auf das die Hypothek bezogen ist, noch Forderungen oder die Möglichkeit künftiger Forderungen übrig bleiben, behält der Zedent die Hypothek. Gibt es solche Forderungen nicht mehr und können dem Zedenten auch solche nicht mehr erwachsen, ist die Lage so zu behandeln, als habe er auf die Hypothek verzichtet (§ 1168)[1571]. Die durch Höchstbetragshypothek gesicherten Forderungen können aber auch nach § 1154, d.h. mit der Hypothek, übertragen werden. In diesem Fall ist zu unterscheiden: Erschöpfen die abgetretenen Forderungen den Höchstbetrag, hat der Zedent für weitere Forderungen aus dem Sicherungsrechtsverhältnis keine Hypothek als Sicherung mehr. Soweit nach der Abtretung ein Teilbetrag übrigbleibt, geht die Hypothek mit der abgetretenen Forderung in deren Höhe über und verbleibt ihr Rest als Sicherung beim Zedenten. Immer bleibt es aber dabei, daß die Höchstbetragshypothek nur die Forderungen sichert, die aus dem Rechtsverhältnis zum bisherigen Gläubiger entstehen.

10. Die Gesamthypothek

a) *Begriff und wirtschaftliche Bedeutung*

1551 Die Gesamthypothek ist die hypothekarische Belastung mehrerer Grundstücke. Die dingliche Haftung aufgrund der Gesamthypothek entspricht der persönlichen Gesamtschuld i.S. von § 421. Wie die Gesamtschuldner für dieselbe Forderung mit ihren Vermögen haften, haften die durch eine Gesamthypothek belasteten Eigentümer mit ihren Grundstücken für dieselbe Forderung. D.h. jedes Grundstück haftet für die gesamte

[1570] Darstellung mit Nachweisen zur bisherigen Fassung bei *Hornung*, NJW 1991, 1649, für weitgehende Zulassung der Unterwerfung Staudinger/*Wolfsteiner* § 1190 Rdnr. 43.

[1571] Planck/*Strecker* § 1190 Anm. 5. a) m.w.N.

Forderung, der Forderungsbetrag ist aber insgesamt nur einmal aufzubringen (§ 1132). Der Gläubiger kann willkürlich auf die einzelnen Grundstücke zugreifen mit der Folge, daß der Kredit aller beteiligten Grundstücke entwertet ist, nach h.M. auch deshalb, weil nach ihr kein Regreßverhältnis der belasteten Grundstücke untereinander besteht.

Wegen dieser Entwertung für weitere Kredite schließt die ZPO die Gesamthypothek als Zwangshypothek in § 867 II ZPO aus[1572]. Gegebenenfalls muß ein vollstreckender Gläubiger die Forderung aufteilen. **1552**

Vom Fall der Gesamthypothek zu unterscheiden ist der Fall, daß der Bürge einer hypothekarisch gesicherten Forderung für die Bürgschaftsforderung seinerseits eine Hypothek bestellt. In diesem Fall liegen zwei unabhängige Hypotheken vor. **1553**

b) Fälle der Gesamthypothek

Eine Gesamthypothek wird man anstreben bei Splitterbesitz und wenn der Schuldner mehrere Grundstücke mit ganz ungewisser und unterschiedlicher Wertentwicklungserwartung hat. Wird in diesen Fällen für ein und dieselbe Forderung an den verschiedenen Grundstücken eine Hypothek eingetragen, so ist das nach dem Begriff des Gesetzes eine Gesamthypothek[1573]. **1554**

Notwendig zustande kommt eine Gesamthypothek, wenn sich das belastete Grundstück in Miteigentum befindet und nicht nur ein Bruchteil mit der Hypothek belastet ist (§ 1114), wenn also die Miteigentümer das gesamte Grundstück belasten oder ein in Alleineigentum stehendes Grundstück in Miteigentum mehrer übergeht[1574] oder in Wohnungs- oder Teileigentum aufgeteilt wird. Ebenso kommt eine Gesamthypothek zustande bei Realteilung eines belasteten Grundstücks[1575] oder bei zusätzlicher Belastung eines weiteren Grundstücks mit einer schon bestehenden Hypothek. **1555**

Sind mehrere Grundstücke mit einer Gesamthypothek belastet, so ist nach § 48 GBO von Amts wegen auf dem Blatte jedes Grundstücks ein deklaratorischer Mithaftvermerk über die Mitbelastung der übrigen Grundstücke einzutragen[1576]. Der Mithaftvermerk ist **1556**

1572 Erörterung einzelner Varianten und Abgrenzungsfälle durch *Hintzen*, Anmerkung zu OLG Düsseldorf, EWiR § 867 ZPO 1/90, 201.

1573 Das RG hält in RGZ 98, 110 den Fall für möglich, daß an zwei verschiedenen Grundstücken zwei verschiedene Hypotheken für ein und dieselbe Forderung zustande kommen; es könne nämlich dann, wenn an dem einen Grundstück eine Verkehrshypothek bestehe, an dem anderen Grundstück noch eine – selbständige – Zwangshypothek nach §§ 866 I, 867 ZPO bestellt werden. Das RG will dem Gläubiger die zusätzliche Sicherung gewähren und steht dabei vor folgendem Dilemma: In RGZ 70, 245 hatte es Gesamthypotheken mit unterschiedlicher Gestaltung der Belastungen der verschiedenen Grundstücke ausgeschlossen. Eine solche unterschiedliche Belastung würde die Zulassung der Judikats-Sicherungshypothek (§ 866 I ZPO) neben einer Verkehrshypothek bedeuten. Nach Planck/*Strecker* § 1132 Anm. 2. d ist der Ausweg, daß der Gläubiger teilweise auf seine Verkehrshypothek verzichtet, was schon nach § 867 II ZPO geboten sei. Dem RG erschien dieser Ausweg mit Recht nicht zumutbar. Indem das RG zwei selbständige Hypotheken annahm, hat es seinen früher aufgestellten Grundsatz gewahrt, ohne den Gläubiger in seinen Rechten zu verkürzen. Bei Lichte besehen, hat das RG aber doch in seinem Sonderfall den Grundsatz von der einheitlichen Gestaltung der Grundstücksbelastungen bei der Gesamthypothek verlassen. Die Annahme der zwei Hypotheken ist nur vordergründig. Die Grundstücke haften hypothekarisch für dieselbe Forderung. Das ist Gesamthypothek.

1574 Umstritten. Für Gesamthypothek RGZ 146, 365.

1575 Ein selbständig gewordener Teil kann durch Aufhebung der Hypothek aus der Mithaft entlassen werden (§§ 1183, 875). Wird die Hypothek bei Anlegung eines neuen Grundbuchblatts nicht mit übertragen, so gilt sie nach § 46 II GBO als gelöscht. Das ist aber nur eine Vermutung (und für §§ 891 ff. bedeutsam). Eine Aufhebungswirkung hat die Nichtmitübertragung nicht.

1576 Formulierung des amtlichen Musters bei *Baur/Stürner* § 43 Rz. 16.

deklaratorisch, weil schon die Begründung mehrerer hypothekarischer Belastungen für eine Forderung als solche zur Gesamthypothek führt[1577]. Der Vermerk verhindert den gutgläubigen Erwerb der Belastung des einzelnen Grundstücks als Einzelhypothek.

c) Bestellung der Gesamthypothek

1557 Die Gesamthypothek wird wie eine Einzelhypothek bestellt. Nach h.M. muß die Belastung aller Grundstücke einheitlich sein, nämlich entweder einheitlich Buch- oder Brief-, Verkehrs- oder Sicherungshypothek[1578]. Den Grund hat das RG darin gesehen, daß bei uneinheitlicher Gestaltung erhebliche Verwicklungen im Rechtsverkehr drohten[1579]. Folgt man der h.M., ist die Eintragung, wenn gegen den Grundsatz der einheitlichen Gestaltung der Belastung verstoßen wird, unzulässig (§ 53 GBO); das Recht entsteht nicht. Wird eine Briefgesamthypothek bestellt, soll nur ein Hypothekenbrief erteilt werden (§ 59 I GBO), bei Führung der Grundbücher von verschiedenen Ämtern sollen besondere Briefe erteilt werden, die verschiedenen Briefe sind miteinander zu verbinden (§ 59 II GBO). An der Briefübergabe müssen alle Eigentümer mitwirken[1580].

d) Probleme der Gesamthypothek

1558 Bei der Gesamthypothek tauchen drei Probleme auf: 1. Stellung des Gläubigers zu den einzelnen Grundstücken, 2. Verfügung unter Berücksichtigung der zwingenden Einheitlichkeit, 3. Übergang des Rechts und Ausgleich unter den belasteten Eigentümern bei Zahlung, Befriedigung, Verzicht.

1559 1. Nach § 1132 I 2 ist der Gläubiger der Gesamthypothek grundsätzlich entsprechend dem Gläubiger bei der Gesamtschuld gestellt. Besonders ist aber sein Aufteilungsrecht nach § 1132 II, das er durch einseitige Erklärung nach § 875 ausüben kann. Mit der Eintragung erlischt die gemeinsame Haftung, der Mithaftvermerk ist zu berichtigen (§ 48 II GBO). Entsprechend kann der Gläubiger verzichten (§ 1175 I 2), ohne daß ein anderer Eigentümer die Einwendung nach § 1165 hätte[1581]. Nach anderer Ansicht[1582] ist § 1165 entsprechend anwendbar: Man brauche das ohnehin zur Korruption auszunutzende Wahlrecht des Gesamthypothekars nicht noch zu verstärken. Ob es aber Korruption ist, wenn der Gesamthypothekar zugunsten nachrangiger Berechtigter an einem Grundstück sein Wahlrecht ausübt, ist zweifelhaft; der Gläubiger hat nun einmal diese Belastungen in der Hand[1583].

1560 2. Verfügen kann der Gläubiger grundsätzlich nur über die Hypothek insgesamt. Eine Ausnahme gilt, wie oben gesehen, nach § 1175 I 2 für den Verzicht. Ebenso kann der Gläubiger die Hypothek bezüglich eines der Grundstücke nach §§ 1183, 875 aufheben. Schließlich ist es möglich, daß selbständige Einreden begründet werden (mit der Folge des § 1157)[1584].

[1577] Für konstitutive Wirkung des Mithaftvermerks Staudinger/*Wolfsteiner* § 1132 Rdnr. 9

[1578] Staudinger/*Wolfsteiner* § 1132 Rdnr. 33 m.N.

[1579] RGZ 70, 246 f. Was schwierig ist, ist allerdings nicht unzulässig, wenn das Gesetz nicht die Gestaltung ausschließt. Im Fall der Bestellung einer Judikatshypothek neben einer für dieselbe Forderung an einem anderen Grundstück schon bestehenden Verkehrshypothek hat das RG auch seinen Grundsatz der Sache nach verlassen (oben Fn. 1573).

[1580] So *Westermann*, 5. Aufl., § 109 III 1, S. 584; 7. Aufl., § 108 III, S. 778; nach *Baur/Stürner* § 43 Rz. 8 ff. besteht eine Einzelhypothek, wenn hinsichtlich eines Grundstücks die Bestellungsvoraussetzungen erfüllt sind.

[1581] S. BGHZ 52, 93.

[1582] *Baur/Stürner* § 43 Rz. 33.

[1583] So auch *Westermann*, 5. Aufl., § 109 V 7, S. 554; s. auch 7. Aufl., § 108 V 7, S. 784 mit dem Hinweis auf die mögliche Pflicht aus dem Kausalverhältnis, den Verzicht zu unterlassen (Fall BGHZ 52, 93). Damit wird im Ergebnis eine § 1165 entsprechende Situation erreicht.

[1584] Für unterschiedliche Fälligkeitsabreden vgl. *Baur/Stürner* § 43 Rz. 36 f.

3. Bei Zahlung eines Eigentümers, Befriedigung des Gläubigers aus einem der Grundstücke oder Verzicht des Gläubigers auf die Belastung eines der Grundstücke bzw. Aufhebung der Belastung wird im Verhältnis der Eigentümer untereinander ein gesetzlicher, d.h. aus der bloßen Lage der Gesamthypothek folgender Regreß allgemein ausgeschlossen (sog. Regreßlosigkeit der Gesamthypothek)[1585]. Ein Ausgleich sei ausreichend durch die schuldrechtlichen Verhältnisse begründet. Ein dinglicher Regreß wäre unter Berücksichtigung der nachstehend Berechtigten zu kompliziert. Die angebliche Regreßlosigkeit der Gesamthypothek wurde oben[1586] als nicht begründet dargetan. Allein der Fall der Umwandlung einer Einzelhypothek in eine Gesamthypothek, wenn das bisher in Alleineigentum befindliche Grundstück in Miteigentum mehrerer übergeht, belehrt darüber, daß es bei der Alleinbelastung desjenigen, gegen den der Gläubiger mit seiner Hypothek zufällig vorgeht, nicht bleiben kann. Was die Kompliziertheit des Regresses betrifft, so ist sie nicht auf den gesetzlichen Regreß beschränkt. **1561**

Der gesetzliche Übergang der Gesamthypothek auf den Eigentümer bei Zahlung, Befriedigung oder Verzicht des Gläubigers ist durch zwei *Besonderheiten* gekennzeichnet: Der Übergang darf nicht zur Vervielfältigung des Grundpfandrechts (insbesondere: zur Begründung mehrerer Eigentümergrundschulden statt der bisherigen einen Gesamthypothek) führen, und der Eigentümer erlangt nur insoweit ein vorrangiges Recht, als er das Opfer für den Übergang erbracht hat[1587]. Ist kein Opfer erbracht worden, sondern ein sonstiger Übergangstatbestand verwirklicht (etwa endgültige Nichtvalutierung), so erwerben die Eigentümer die Gesamthypothek als solche gemeinsam nach §§ 1172, 1163. Sie erwerben sie in Bruchteilsgemeinschaft mit Anteilen entsprechend dem Wertverhältnis der belasteten Grundstücke (Einzelheiten in § 1172). Dazu gehören auch die Fälle, daß der persönliche Schuldner den Gläubiger befriedigt, ohne einen Regreßanspruch zu haben[1588], oder der Gläubiger verzichtet[1589]. **1562**

Zahlt einer der Eigentümer, und zwar ein solcher, der im Innenverhältnis von Regreßansprüchen ausgeschlossen ist, so erwirbt er eine Eigentümergrundschuld an seinem Grundstück und erlischt die Gesamthypothek im übrigen (§ 1173 I 1). **1563**

Der BGH[1590] will davon abweichend den Fall behandeln, daß Miteigentümer hälftig zahlen. Darauf sei nicht § 1173, sondern seien einfach §§ 1163, 1177 anzuwenden mit der Folge, daß die Miteigentümer Bruchteilsberechtigte an einer Eigentümergrundschuld werden. Im Ergebnis läßt der BGH hier § 1172 dem § 1173 vorgehen. Die Folge ist eine Mitberechtigung nach § 1172 I, II statt der per se-Aufteilung nach § 1173. **1564**

Zahlt ein Eigentümer, der im Innenverhältnis einen Regreßanspruch hat, so bekommt er das gesamte Recht am eigenen Grundstück neben dem Recht an den Grundstücken der regreßbelasteten Eigentümer. Das Recht an den anderen Grundstücken besteht in Höhe des Ersatzanspruchs fort (§ 1173 II). Ist der zahlende Eigentümer nicht der Schuldner, geht nach § 1143 I die Forderung mit Hypothek (§§ 412, 401) auf ihn über. Nach § 1143 II gilt für die Gesamthypothek § 1173. D. h. mit über geht zunächst die Hypothek am eigenen Grundstück des zahlenden Eigentümers (§ 1173 I), sie wird Eigentümerhypothek. Zusätzlich geht die Hypothek an den anderen Grundstücken mit über, aber nach § 1173 II nur insoweit, als der zahlende Eigentümer regreßberechtigt ist. Die übergehenden Hypotheken bleiben nach § 1173 II Hs. 2 Gesamthypothek zur Sicherung der Forderung, auf die der fragliche Eigentümer gezahlt hat und die nach § 1143 I auf ihn übergegangen ist. **1565**

[1585] *Westermann*, 5. Aufl., § 109 IV 4, S. 549 und 7. Aufl., § 108 IV 4, S. 779.
[1586] Rz. 1522 ff.
[1587] *Westermann*, 5. Aufl., § 109 V 1, S. 549; 7. Aufl., § 108 V 1, S. 780.
[1588] Vgl. *Baur/Stürner* § 43 Rz. 29 ff.
[1589] Dazu *Baur/Stürner* § 43 Rz. 20 f.
[1590] BGH WM 1986, 106; s. *Schwerdtner*, Jura 1986, 370 f.

1566 Ist der zahlende Eigentümer der Schuldner (aber dennoch regreßberechtigt), so ergibt sich aus § 1173 das folgende: Der Eigentümer erwirbt von der Hypothek am eigenen Grundstück den Teil, der über den Betrag seines Ersatzanspruchs gegen den anderen Eigentümer hinausgeht, als Eigentümergrundschuld, den anderen Teil erwirbt er als Gesamthypothek zusammen mit der Hypothek am Grundstück des anderen Eigentümers; die Gesamthypothek sichert den Ersatzanspruch[1591].

1567 Offen ist noch die Frage nach der Rechtslage in dem Fall, daß der regreßberechtigte Schuldner, der nicht Eigentümer ist (sonst gilt § 1173), zahlt. § 1174 paßt insoweit den § 1164 für den Fall an, daß der Schuldner nicht von allen Eigentümern, sondern nur von einem Ersatz verlangen kann. In diesem Fall geht die Hypothek am Grundstück des ersatzverpflichteten Eigentümers über, in Hinsicht auf die anderen Grundstücke erlischt sie. Bei Ersatzberechtigung des Schuldners nur in Höhe eines Teils der Forderung geht die Hypothek am Grundstück des ersatzverpflichteten Eigentümers zu diesem Teil über. Bei der Verteilung der im übrigen bestehenden gemeinschaftlichen Eigentümergrundschuld (§ 1172 I) nach § 1172 II ist der Betrag, zu dem das Recht auf den Schuldner übergegangen ist, anzurechnen (§ 1174 II).

1568 Verzichtet der Gläubiger auf die Gesamthypothek, gelten nach § 1175 I 1 die Vorschriften des § 1172. Bei Verzicht des Gläubigers auf die hypothekarische Belastung eines der Grundstücke erlischt insoweit die Hypothek ohne Rücksicht auf die Zustimmung des Eigentümers (§ 1175 I 2 im Gegensatz zu § 1183).

1569 Bei Befriedigung des Gläubigers im Rahmen der Zwangsvollstreckung geht die Hypothek nicht über, vielmehr erlischt sie an allen Grundstücken (§ 1181 II). Nachrangige Gläubiger hatten nur das Risiko einmaliger Befriedigung aus irgendeinem Grundstück. Hat der vollstreckungsbelastete Eigentümer einen Ersatzanspruch, geht insoweit die Hypothek über, aber nachrangig (§ 1182; anders als bei freiwilliger Zahlung: § 1173 II).

III. Die Grundschuld

1. Rechtsnatur und Regelung

1570 Eine Grundschuld ist nach § 1191 I nichts als eine dingliche Last, d.h., vom Gläubiger aus gesehen, ein „Anspruch" auf eine Geldsumme, der nur aus dem Grundstück zu befriedigen ist, vom Eigentümer aus gesehen, eine Realobligation (zu deutsch: eben Grundschuld) auf Geld. Einen solchen „Anspruch" kann man endgültig zuwenden[1592], etwa als Gegenstand eines Schenkungsversprechens (das mit Eintragung der Grundschuld erfüllt ist, dann also nicht der Form des § 518 bedarf)[1593]. Weiter kommt die Grundschuld als Gegenstand einer Sacheinlage in eine GmbH in Betracht[1594]. Im ersteren Fall ist die Schenkungsabrede, im zweiten die Übernahme der entsprechenden Einlage durch den Gesellschafter der Rechtsgrund für die Zuwendung der Grundschuld.

1571 Bei der Grundschuld als Realobligation, deren Zuwendung einen Rechtsgrund voraussetzt, bleibt es auch, wenn die Grundschuld Sicherungsgrundschuld ist, d.h. zur Sicherung einer Forderung oder mehrerer Forderungen eingeräumt wird. Die Grundschuld

[1591] Mir unverständliche Schwierigkeiten mit § 1173 hat *Westermann*, 5. Aufl., § 109 V 4, S. 551 ff. Die Ausführungen sind in die 6. Aufl., § 125 V 4, S. 299 f. unverändert übernommen (anders 7. Aufl.).

[1592] Man spricht dann von „isolierter Grundschuld", vgl. *Westermann*, 5. Aufl., § 114 I 1; 7. Aufl., § 114 I 1; *Baur/Stürner* § 44 I 2; *Wolff/Raiser* § 132 I 2 und § 154 I vermeiden den Begriff.

[1593] Anwendungsfall aus der Rechtsprechung: BGH NJW-RR 1986, 1135 f.

[1594] Beispiel: LG Koblenz GmbHR 1987, 482.

wird dann aus dem besonderen Rechtsgrund der Sicherungsvereinbarung[1595] zugewandt wie Sicherungseigentum oder die zedierte Forderung bei der Sicherungszession wie aber auch die Hypothek.

Der Begriff der Sicherungsgrundschuld hat keine Parallele zu dem Begriff der Sicherungshypothek (§ 1184). Der Begriff der Sicherungsgrundschuld geht von der Rechtsnatur der Grundschuld als nicht akzessorischen Rechts aus und bezeichnet den mit schuldrechtlicher Wirkung vereinbarten Zweck bestimmter Grundschulden. Der Begriff der Sicherungshypothek geht von der Hypothek als akzessorischem Recht aus und bezeichnet die strenge Akzessorietät bestimmter Hypotheken. Strenge Akzessorietät muß nicht geringe Verkehrsfähigkeit bedeuten. Die Akzessorietät richtet ja die Hypothek auf die Forderung aus, und die gesicherte Forderung kann höchst umlauffähig sein. Dann ist es die Hypothek mit ihr. So kann es dazu kommen, daß die Sicherungshypothek – obwohl strengst akzessorische Form der Hypothek – in der Praxis die verkehrsgünstigste Form der Grundschuld verdrängt, nämlich die Inhabergrundschuld (§ 1195). In der Praxis tritt § 1195 hinter der Möglichkeit einer Sicherungshypothek für eine Inhaberschuldverschreibung (§§ 1187 f.) zurück. Ist zwar bei der Inhabergrundschuld die Umlauffähigkeit Inhalt des dinglichen Rechts, so begründet doch bei der Sicherungshypothek für eine Inhaberschuldverschreibung die Akzessorietät, weil sie die frei zirkulierende Forderung aus der Inhaberschuldverschreibung maßgeblich macht, höchste Beweglichkeit der Sicherungshypothek. Die Abhängigkeit von der Forderung bedeutet bei Umlauffähigkeit der Forderung die größte Freizügigkeit. **1572**

In seiner Regelung der Grundschuld gibt das BGB neben der Verweisung in § 1192 I auf die Vorschriften über die Hypothek[1596] nur wenige besondere Vorschriften für die Grundschuld. Zum einen werden die besonderen Arten der Inhabergrundschuld (§ 1195) und der auch für das Hypothekenrecht wichtigen Eigentümergrundschuld (§§ 1196 f.) geregelt. Die Inhabergrundschuld steht im Gegensatz zur Hypothek, weil diese nicht als Inhaberhypothek, sondern nur als Hypothek für eine Forderung aus einem Wertpapier, insbesondere, wie eben erwähnt, aus einer Inhaberschuldverschreibung in Betracht kommt (§§ 1187 f.). Was sodann das Eigentümergrundpfandrecht betrifft, so ist die Eigentümerhypothek wie die Eigentümergrundschuld denkbar, allerdings nur in Ausnahmesituationen, so daß die allgemeine Möglichkeit eines Eigentümergrundpfandrechts bei der Grundschuld zu normieren war. Weiter regelt das Gesetz die In- **1573**

[1595] Vom Sicherungsvertrag als vertraglicher Regelung, daß die Grundschuld als eine vom Vertragspartner hinzugebende Sicherheit bestellt werde (mag sie auch – etwa mit Ermächtigung des Eigentümers – an einem fremden Grundstück bestellt werden), ist zu unterscheiden die Abrede zwischen Schuldner und Gläubiger, daß der Schuldner die Sicherstellung durch einen anderen zu beschaffen hat. Neben die zwischen Gläubiger und Schuldner getroffene Sicherheitenbeschaffungsabrede tritt, wenn der Schuldner erfolgreich beschafft, zusätzlich der Sicherungsvertrag des Gläubigers mit demjenigen, der die Sicherheit gibt. Der Schuldner kann die Abrede über die Beschaffung einer Sicherungsgrundschuld aber auch durch Bestellung einer Sicherheit im eigenen Namen mit Ermächtigung des Eigentümers oder durch Übertragung einer ihm bestellten Grundschuld erfüllen. In diesen beiden Fällen kommt die Abrede darüber, daß der Eigentümer sein Grundstück zur Verfügung stellt, zwischen Schuldner und Eigentümer zustande. Je nachdem kann der Schuldner aufgrund des Sicherheitenbeschaffungsvertrags bei Erledigung des Sicherungszwecks vom Gläubiger die Rückgewähr der Grundschuld an sich selbst oder aber nur an den Dritten verlangen. Wir lassen im folgenden die Komplikationen durch einen möglichen Sicherheitenbeschaffungsvertrag außer Betracht. – Entgegen *M. Wolf*, Sachenrecht, Rz. 688 kommt eine Trennung der Bestellabrede von der Zweckbestimmungserklärung mit der Folge, daß trotz Unwirksamkeit der Zweckbestimmungserklärung die Zuwendung einer isolierten Grundschuld cum causa zustande kommen kann (*M. Wolf* behält die Prüfung des § 139 vor), nicht in Betracht.

[1596] Zur Anwendung des Hypothekenrechts auf die Grundschuld s. *Goertz/Roloff*, JuS 2000, 762 ff.

haltsänderungsmöglichkeiten von einer Hypothek in eine Grundschuld und umgekehrt (§ 1198). Die Regelung ist an der späten Stelle plaziert, weil erst die Grundschuld vorgestellt werden mußte, bevor die Änderungsmöglichkeit zu regeln war. Betreffend Inhalt und Geltendmachung der Grundschuld gibt das Gesetz die Sondervorschrift des § 1193 betreffs der Kündigung und die des § 1194 zum Zahlungsort. Diese Vorschriften kommen bei der Hypothek nicht vor, weil bei ihr der Inhalt des die Forderung begründenden Schuldverhältnisses entscheidet. So ist es aber auch bei der Sicherungsgrundschuld aufgrund des Sicherungsvertrages. Als schuldrechtlich wirkende Vereinbarung führt der Sicherungsvertrag zur Möglichkeit von Einreden, wenn die Grundschuld nach ihrem sachenrechtlichen Inhalt und den dafür gegebenen Vorschriften geltend gemacht wird.

1574 Für die Regelung der Grundschuld im übrigen verweist § 1192 I auf die Vorschriften über die Hypothek, soweit sich nicht daraus ein anderes ergibt, daß die Grundschuld nicht eine Forderung voraussetzt[1597]. Das Gesetz unterscheidet damit nicht etwa forderungs- und nicht forderungsbezogene Vorschriften des Hypothekenrechts, sondern akzessorietätsbezogene und nicht akzessorietätsbezogene Vorschriften. Hypothekenrechtliche Vorschriften sind also dann und insoweit nicht anwendbar, wenn und soweit sie rechtliche Folgerungen daraus ziehen, daß die Hypothek nach ihrem Inhalt der Sicherung einer Forderung dient, wenn und soweit ihnen also der Schluß zugrunde liegt, daß für die Hypothek ein Vorgang deshalb wirkt, weil er sich auf die Forderung ausgewirkt hat[1598]. Beispielhaft für eine akzessorietätsbedingte Vorschrift ist § 1163 I[1599]. Auf die Grundschuld anwendbar sind dagegen Vorschriften, die Rechtsfolgen für die Hypothek regeln, die nicht von der Forderung abgeleitet sind, so etwa die Vorschrift des § 1157 über Einreden gegen die Hypothek. Nicht akzessorietätsbedingt, also grundsätzlich anwendbar sind aber auch hypothekenrechtliche Vorschriften, die etwas nur über die Forderung regeln. Entweder können sie auch auf eine Forderung angewandt werden, die durch eine Grundschuld gesichert ist; dies kommt in Betracht für § 1143. Oder sie werden angewandt, indem das, was sie über die von der Hypothek gesicherte Forderung sagen, auf die Grundschuld selbst angewandt wird, mithin bei der Anwendung anstelle der Forderung die Grundschuld gesetzt wird. Beispiel hierfür sind die Vorschriften über die Bestellung (§ 1115) und die Übertragung (§ 1154).

2. Die vertragliche Beschränkung der Sicherungsgrundschuld

1575 Soweit der Betrag der Grundschuld sich nach der Sicherungsabrede mit der gesicherten Forderung deckt, ist die Grundschuld, wie man sagt, valutiert. Ist die zur Sicherung hingegebene Grundschuld verzinslich (§ 1191 II), so dient sie mit Haupt- *und* Zinsbetrag der gesicherten Forderung. Es geht also um die Valutierung der Grundschuld in Hinsicht auf den Hauptbetrag und die Zinsen der Grundschuld durch die gesicherte Forderung oder die mit dieser verbundenen Zinsansprüche. Der Zinsbetrag der Sicherungsgrundschuld ist mithin scharf von dem Zinsbetrag der gesicherten Forderung zu trennen. Die Zinshöhe bei beiden Rechten kann auch ganz unterschiedlich sein. Der Sicherungsvertrag als Rechtsgrund der Sicherungsgrundschuld bestimmt über den Sicherungszweck der Grundschuld auch hinsichtlich der Grundschuldzinsen[1600].

[1597] Kurze Übersicht schon o. Rz. 1397 ff.

[1598] Umfassend zur Akzessorietät o. Rz. 1316 ff.

[1599] Nicht nur für den Schluß von der Forderung auf die Hypothek gemäß der Akzessorietät, sondern auch dafür, daß die Vorschriften nur insoweit nicht auf die Grundschuld anwendbar sind, als sie akzessorietätsbedingt sind. Dazu, daß § 1163 I 2 in Bezug auf eine Teilrechtsfolge sehr wohl auf die Grundschuld anwendbar ist, u. Rz. 1662 ff.

[1600] Aus dem Sicherungszweck folgt hinsichtlich der Grundschuldzinsen, daß das Recht auf diese entsprechend § 197 a.F. (nach n.F. in der regelmäßigen Frist nach § 195) auch dann verjährt, wenn die Grundschuld nach dem Sicherungsvertrag noch nicht geltend gemacht werden kann, ihr also die Einrede der Nichterfüllung des Sicherungszwecks entgegensteht Die Hemmung

Ist die Sicherungsvereinbarung zwischen Gläubiger und Eigentümer zustande gekommen, so verpflichtet sie den Eigentümer zur Bestellung der Grundschuld, gibt sie seiner Zuwendung der Grundschuld den Rechtsgrund und begrenzt und bestimmt sie einerseits die Rechte des Gläubigers zum Behalten, zur Geltendmachung und zur Verwertung der Grundschuld[1601] und andererseits die Rechte des Eigentümers, der Verwertung zu widersprechen und letztlich die Grundschuld zurückzuerhalten. Sind die Voraussetzungen, unter denen nach dem Sicherungsvertrag die Geltendmachung der Grundschuld steht, nicht erfüllt, so ist gegen die Geltendmachung der Grundschuld die Einrede der Nichterfüllung des Sicherungszwecks begründet. Soweit der Fall, daß die Grundschuld geltend gemacht werden darf, nicht mehr eintreten kann (etwa der gesicherte Kredit ganz oder teilweise zurückgezahlt ist), hat der Eigentümer – wenn die Grundschuld nicht, was kaum vorkommt[1602], bedingt bestellt war und automatisch zurückfällt – den Anspruch auf Rückgewähr der Grundschuld[1603]. Aufgrund dieses Anspruchs ist schon die Geltendmachung der Grundschuld beschränkt: Gegen die Grundschuld besteht die Einrede des „dolo facit qui petit quod statim redditurus est". 1576

Die Einreden sind damit aus dem Sicherungsvertrag begründet. § 320 paßt entgegen *Baur*[1604] weder als Grundlage einer Einrede gegen den Anspruch des Gläubigers auf die Bestellung der Grundschuld noch als solche gegen sein Recht zur Geltendmachung der Grundschuld. Der Sicherungszweck ist nicht ein Austauschzweck der Grundschuld. Im Gegenseitigkeitsverhältnis stehen auch nicht die Sicherung und die zu sichernde Forderung, sondern die Gegenleistungen aus dem gegenseitigen Vertrag, dem die zu sichernde

der Verjährung entsprechend § 202 I a.F. (§ 205 n.F.) greift nicht ein (BGH XI, 28.9.1999, BGHZ 142, 332 = ZIP 1999, 1883 = WM 1999, 2253, unter Aufgabe der bisherigen Rechsprechung des IX. Senats insbesondere *Blaschczok* folgend, s. diesen WuB I F 3.-6.93). Dies folgt freilich nicht, wie der Senat meint, aus dem Vergleich der Sicherungsgrundschuld mit einer isolierten Grundschuld oder einer Hypothek. Die „isolierte" Grundschuld kann durchgesetzt werden, wenn keine schuldrechtlichen Beschränkungen bestehen. Das Gleiche gilt für die Hypothek, wenn der Hypothekenforderung keine Einrede entgegensteht. Im Gegensatz dazu kann aus der Sicherungsgrundschuld einschließlich des Rechts auf Zinsen, soweit der Sicherungszweck nicht erfüllt ist, nicht Befriedigung verlangt werden. § 202 I a.F. (§ 205 n.F.) begründet die Hemmung aber grundsätzlich schon dann, wenn wegen einer Einrede die Leistungsklage nicht möglich ist. Das Ergebnis des BGH ist jedoch aus dem Sicherungsvertrag gerechtfertigt. Dieser verpflichtet den Gläubiger, das ihm anvertraute Sicherungsgut klar abzugrenzen. Damit ist die stille Aufhäufung rückständiger Zinsen, die das Sicherungsgut ausweiten, nicht vereinbar. Allerdings kann es keine Verjährung geben, wenn sie der Gläubiger nicht unterbrechen (nach n.F. nicht die Hemmung der Verjährung durch Rechtsverfolgung bewirken) kann. Die Einrede der Nichterfüllung des Sicherungszwecks steht aber nur der Unterbrechung (Hemmung) der Verjährung durch Leistungsklage entgegen, aber nicht den Mitteln, durch Feststellungsklage die Verjährung zu unterbrechen (§ 209 I, bzw. nach § 204 I Nr. 1 n.F. zu hemmen) oder durch Anerkenntnis zu unterbrechen (§ 208; nach n.F. führt das Anerkenntnis zum Neubeginn der Verjährung, § 212 I Nr. 1 n.F.). Es entspricht dem Treuhandcharakter des Sicherungsvertrags, daß der Gläubiger in der Verjährungsfrist des § 197 a.F. (§ 195 n.F.) die anstehenden Grundschuldzinsen feststellt, vom Eigentümer anerkennen läßt oder notfalls auf Feststellung klagt.

1601 Zur Verwertung der Sicherungsgrundschuld in der Zwangsversteigerung *Geißler*, JuS 1990, 284.

1602 Entgegen den Bedenken von *Baur/Stürner* § 45 II 3 b ist eine bedingte Bestellung wie bei jeder Sicherungsübertragung möglich, wenn sie auch – insofern zutreffend *Baur/Stürner* a.a.O. – ganz unüblich ist – s. *Lamb*, JA 1987, 3 unter 5, *Boemke/Albrecht* JuS 1991, 309, 311.

1603 Ein Zurückbehaltungsrecht des Gläubigers wegen anderer als der gesicherten Forderungen ist ausgeschlossen (s.o. Rz. 607 Fn. 270).

1604 15. Aufl. 1989, § 45 II 2, S. 409; einschränkend, aber letztlich offenlassend als „konstruktive Frage mit kaum praktischer Auswirkung" *Baur/Stürner* § 45 II 2 b, S. 454/455.

Forderung entspringt (beim Darlehen: Geldgebrauch und Zinszahlung)[1605]. Indem aus dem Sicherungsvertrag die Einreden des Eigentümers gegen die Geltendmachung der Sicherungsgrundschuld begründet sind, nähert der Sicherungsvertrag die Rechtsstellung des Gläubigers bei der Sicherungsgrundschuld weitgehend schuldrechtlich dem an, was bei der Hypothek die Akzessorietät mit dinglicher Wirkung erreicht. Insofern besteht der Unterschied zwischen Hypothek und Grundschuld nur im Verhältnis zu Dritten, während inter partes (Sicherungsgeber und -nehmer) grundsätzlich kein Unterschied besteht. Es ist allerdings darauf zu achten, daß die autonome Regelung des Sicherungsvertrags und nicht die gesetzliche Regelung der Akzessorietät für die Zweckbestimmung und relative Zuordnung der Grundschuld maßgeblich ist.

1577 Gehen wir über den Fall, daß die Sicherungsvereinbarung zwischen Gläubiger und Eigentümer[1606] zustande kommt, hinaus, so ist festzustellen, daß der Eigentümer oder der sonstige Sicherungsgeber den Rückgewähranspruch hat, soweit der Sicherungszweck der Grundschuld erledigt ist. Der Eigentümer hat den Anspruch also nur dann, wenn er der Sicherungsgeber ist. Der Anspruch ist begründet entweder aus der Sicherungsabrede[1607] oder – bei Nicht-Zustandekommen oder Nichtigkeit der Abrede[1608] – aus § 812 I 1 Alt. 1[1609]. Aufgrund des Sicherungsvertrags ist der Anspruch in der Regel erst bei vollständiger Befriedigung[1610] oder endgültigem Ausfall des Sicherungszwecks[1611] geltend zu

[1605] *Eickmann* in *Westermann*, 7. Aufl., § 115 II 1 und MünchKomm/*Eickmann* § 1191 Rz. 14 versteht den Sicherungsvertrag als „unvollkommen zweiseitig verpflichtenden Vertrag atypischer Art". Die Frage nach dem Wesen des Sicherungsvertrages kann dahinstehen, wenn man sich nur Klarheit über die verschiedenen Rechtsbeziehungen verschafft, s. dazu *Westermann*, 7. Aufl., § 115 I (Schaubild).

[1606] Nach BGH ZIP 1986, 900 steht bei Kreditbelastung zweier Miteigentümer und Bestellung einer Grundschuld zur Sicherung des Kredits an den Miteigentumsteilen der Rückgewähranspruch den beiden Miteigentümern in Bruchteilsgemeinschaft zu.

[1607] Bei Fehlen einer direkten Regelung: kraft ergänzender Auslegung, s. *Buchholz* ZIP 1987, 891 ff.

[1608] Gleich steht das Fehlen der Vereinbarung eines Sicherungszwecks, etwa wenn nur ein Teil der Grundschuld valutiert wird (s. BGHZ 108, 237, 243).

[1609] Zur Darlegung der Rechtsgrundlosigkeit gehört, wenn der Bekl. sich auf das Bestehen einer anderen Sicherungsabrede beruft, daß nicht statt der einen Sicherungsabrede, deren Unwirksamkeit geltend gemacht wird, eine wirksame andere getroffen ist, BGH WM 1989, 1862, 1863. Ob der Rückgewähranspruch aus ungerechtfertigter Bereicherung oder dem Sicherungsvertrag begründet ist, richtet sich danach, ob entweder über die Grundschuld oder einen Teil von ihr kein oder ein unwirksamer Sicherungsvertrag zustande gekommen ist oder ob ein wirksamer Sicherungsvertrag den Sicherungszweck bestimmt, danach aber der Sicherungszweck entweder gar nicht realisiert wird oder sich erledigt. Eine dritte Möglichkeit, daß sich nämlich ein Rückgewähranspruch aus dem Wegfall der Geschäftsgrundlage ergibt, kann nicht praktisch werden. Für die Anwendung dieser Möglichkeit aber OLG Düsseldorf WM 1997, 960: Die Ehefrau des Geschäftsführers einer GmbH bestellt zugunsten einer der GmbH kreditierenden Bank eine Grundschuld an ihrem Privatgrundstück in der Erwartung der Weiterfinanzierung eines von der GmbH bereits begonnenen Projekts durch die Bank; die Bank kommt dieser Erwartung nicht nach und vollstreckt aus der Grundschuld in das Privatgrundstück der Ehefrau, wogegen diese mit einer Vollstreckungsabwehrklage erfolgreich vorgeht. Entgegen dem OLG Düsseldorf ging es in dem Fall offenbar um die Auslegung der Sicherungsvereinbarung und nicht den Wegfall der Geschäftsgrundlage.

[1610] Diese muß der Eigentümer, der die Löschung der Grundschuld begehrt, darlegen und beweisen, BGH DB 2000, 1072 = JuS 2000, 712 (*K. Schmidt*), und zwar auch dann, wenn er nicht zugleich der persönliche Schuldner ist. Beweiserleichterungen, wie sie die Rspr. für sog. „Negativtatsachen" entwickelt hat, kommen nicht in Betracht, weil die Behauptung, die gesicherte Forderung sei erloschen, auf bestimmte tatsächliche Ereignisse zu stützen ist, die einem Beweis zugänglich sind. Wenn der Beweis dem Eigentümer, der nicht zugleich der persönliche Schuldner ist, schwerfällt, dann muß er zum Erlöschen der Forderung wenigstens schlüssig

machen. Seinem Inhalt nach ist der Anspruch grundsätzlich auf die Rückübertragung der Grundschuld gerichtet, der Sicherungsgeber kann aber auch die Aufhebung der Grundschuld oder den Verzicht des Gläubigers auf sie wählen[1612]. Die Einrede des dolo facit qui petit quod statim redditurus est steht dem Eigentümer zu, wenn er der Sicherungsgeber

vortragen, bevor der Sicherungsnehmer eigene Darlegungen zum Fortbestand der zu sichernden Forderung machen muß.

1611 So bei Kreditkündigung im Zustand nicht vollständiger Valutierung der Grundschuld, BGH ZIP 1986, 900, 903 unter 2, dazu *Gaberdiel* EWiR § 1191 3/86, 573. Zum Ausfall des Sicherungszwecks bei Abtretung der Grundschuld durch den Gläubiger BGH WM 1991, 86.

1612 Der BGH fügt BGHZ 108, 237, 244 die Wahlmöglichkeit hinzu, die Übertragung auf einen Dritten zu verlangen, und zitiert zum Ganzen § 262 aus der Regelung der Wahlschuld (nach dem sich hier aber entgegen dem, was die Vorschrift als im Zweifel geltend bestimmt, nicht das Wahlrecht des Schuldners ergebe). Wenn man von Wahlschuld spricht, muß man beachten, daß, wenn der Eigentümer der Sicherungsgeber ist und die Wahlmöglichkeiten ausüben kann, die Wahlmöglichkeiten die Besonderheit aufweisen, daß sie alle einen identischen Kern haben: Dieser liegt in der Bewirkung des Übergangs der Grundschuld auf den Eigentümer (bei Verzicht – §§ 1192 I, 1168 I, Anspruch des Eigentümers darauf nach §§ 1192 I, 1169 – und Übertragung geht die Grundschuld auf den Eigentümer über; die Aufhebung bedeutet den Wegfall der Belastung des Eigentums und damit die Wiederauffüllung des Eigentums um den in Gestalt der Grundschuld abgespaltenen Teil; mit der Veranlassung der Weiterübertragung an einen Dritten schließlich verfügt der Eigentümer über die Grundschuld als eigene). Folglich bedeutet der Verzicht des Grundschuldgläubigers auf die Grundschuld, den dieser einseitig, ohne die Wahl des Eigentümers abzuwarten, vornehmen kann (§§ 875 I, 1168 I), nicht etwa, daß bei Wahlberechtigung des Eigentümers nunmehr die anderen vom Eigentümer wählbaren Leistungen unmöglich sind. Sie sind alle ganz oder zum Teil ausgeführt. – Anderes gilt in dem Fall, den der BGH in der Entscheidung BGH WM 1989, 490 zu behandeln hatte. Hier war das Eigentum versteigert und kam es für den bisherigen Eigentümer sehr wohl darauf an, ob die Grundschuld an ihn zurückübertragen wurde oder aufgrund eines Verzichts oder der Aufhebung dem Ersteigerer zugute kam. Wie der BGH zu Recht entscheidet, ist der Ausschluß der Übertragung der Grundschuld in AGB unwirksam, wenn in ihm nicht der Fall des Eigentumswechsels durch Zwangsversteigerung ausgenommen ist. Der bisherige Eigentümer kann allerdings der Leistung durch Verzicht oder Aufhebung zustimmen. Hat der Grundschuldgläubiger ohne Einwilligung des bisherigen Eigentümers zusammen mit dem Ersteher die Aufhebung der Grundschuld bewirkt, so kann der Eigentümer die Leistung an den Nichtberechtigten genehmigen und, wenn eine Wiedereintragung der Grundschuld nicht mehr in Betracht kommt, vom Ersteher nach § 816 II Wertersatz verlangen. Bedenken gegen die Annahme des BGH, daß die Ersteherin die Befreiung durch Leistung der Grundschuldgläubigerin (einer Bank) erlangt habe, bei *Köndgen* BGH EWiR § 9 AGBG 7/89, 417; die Bedenken sind angesichts der Tatsache, daß die Bank es bei der eingetretenen Lage belassen hatte, nicht berechtigt. – Aus der Wahlmöglichkeit des rückgewährberechtigten Eigentümers, die Übertragung an einen Dritten zu verlangen, folgt die Pfändbarkeit des Rückgewähranspruchs ungeachtet eines für einen nachrangigen Gläubiger bestehenden Löschungsanspruchs (*Wilhelm*, JZ 1998, 18, 20). Durch die Pfändung des Anspruchs kann der Sicherungsnehmer seine Verpflichtung wirksam nur noch durch Leistung an den Pfandgläubiger erfüllen; die anderen Wahlmöglichkeiten des Eigentümers fallen weg (§§ 829 I 1, 857 I ZPO). Das bedeutet aber nur eine Beschränkung des Erfüllungswerts der Leistung in dem Sinne, daß nur mit einer dem Pfandrecht entsprechenden Leistung der gepfändete Anspruch erfüllt werden kann. Der Sicherungsnehmer ist dagegen nicht gehindert, über die Grundschuld unter Verletzung seiner schuldrechtlichen (zugunsten des Pfändungsgläubigers festgelegten) Leistungspflicht zu verfügen, diese etwa einem anderen als dem Pfändungsgläubiger, auch dem Eigentümer selbst, abzutreten; die ihm gehörende Grundschuld selbst ist von der Pfändung des Anspruchs auf Rückgewähr der Grundschuld nicht erfaßt, OLG Hamburg NJW-RR 1999, 600, *Wilhelm* a.a.O. S. 21; von vornherein hindert die Pfändung nicht eine Abtretung der Grundschuld, die sogar dem Sicherungszweck entspricht, nämlich die Abtretung der Grundschuld an einen das gesicherte Darlehen ablösenden Dritten; dies ist eine Verwertung der Grundschuld, der Anspruch auf Rückgewähr entsteht hier noch gar nicht, OLG Schleswig WM 1997, 965.

ist. Ist der Sicherungsgeber, gleich ob der Eigentümer oder ein anderer, auch der Schuldner, so kann er gegen die Inanspruchnahme aus der Forderung die Einrede des Zurückbehaltungsrechts hinsichtlich des Anspruchs auf Rückgewähr der Grundschuld erheben.

1578 Ist das Grundstück versteigert, so richtet sich der Rückgewähranspruch auf den Teil des auf die Grundschuld entfallenden Erlöses, der die gesicherte Forderung übersteigt[1613].

1579 Der Rückgewähranspruch ist tauglicher Gegenstand einer Verfügung, und zwar schon von der Bestellung der Grundschuld an[1614]. Nach Auffassung des BGH[1615] handelt es sich dabei um einen bedingten, nach *Baur/Stürner*[1616] um einen künftigen Anspruch. Dagegen kann über die künftige, aus dem künftigen Übergang auf den Eigentümer resultierende Eigentümergrundschuld mit der einzigen Ausnahme der Einräumung einer Löschungsvormerkung (§ 1179) nicht verfügt werden[1617].

1580 Mit dem Anspruch auf Rückgewähr der Grundschuld hat der Sicherungsgeber, der Eigentümer also dann, wenn er der Sicherungsgeber ist, neben der Sicherungsmöglichkeit durch die Grundschuld ein weiteres, auf die Zukunft bezogenes Sicherungsmittel in der Hand. Über dieses kann er in eigenem Interesse verfügen. Damit ist unvereinbar die Annahme einer Pflicht des – neutralen – Notars, einen Partner des Eigentümers auf die zusätzliche Sicherungsmöglichkeit hinzuweisen[1618].

3. Sicherungsvertrag und AGB bei der Sicherungsgrundschuld

1581 Zur Gestaltung des Sicherungsvertrages und des in ihm zu bestimmenden Sicherungszwecks der Grundschuld verwenden die Banken Formulare, auf die, auch wenn sie wegen der Unterwerfung unter die sofortige Zwangsvollstreckung vom Notar beurkundet werden (§ 794 I Nr. 5 ZPO), nach § 305 (früher § 1 AGBG) die §§ 305 ff. (früher das Gesetz über die Allgemeinen Geschäftsbedingungen) anzuwenden sind. In üblichen Formularen[1619] wird der Sicherungszweck auf alle gegenwärtigen und künftigen Forderungen aus der Beziehung des Kunden zur Bank, u.U. unter Einbeziehung weiterer Bankkunden, ausgeweitet. Die Rechtsprechung hatte sich damit zu befassen, ob solche Formularbestimmungen der Kontrolle nach dem AGBG standhalten.

[1613] OLG Hamm WM 1989, 463 f.; BGH NJW 1992, 1620 (auch zur Darlegungs- und Beweislast); OLG Köln WM 1998, 1924, 1925 f. (der Anspruch auf Auskehrung des die gesicherte Forderung übersteigenden Erlöses hat, weil er auf dem Sicherungsvertrag beruht, mit der Rangordnung der dinglichen Rechte – § 10 I Nr. 4, § 11 ZVG – nichts zu tun; für ihn gilt, wenn er abgetreten wird, das Prioritätsprinzip, d.h. maßgeblich ist die zeitliche Reihenfolge der Abtretungen, OLG Köln a.a.O. S. 1926 m.N.).

[1614] Ebenso ist der Anspruch Gegenstand der Pfändung; verlangt der pfändende Gläubiger die Rückübertragung, verzichtet aber stattdessen der Grundschuldinhaber auf die Grundschuld, so setzt sich das Pfandrecht zwar nicht an der Eigentümergrundschuld fort, der Pfändungspfandgläubiger hat aber einen Schadensersatzanspruch gegen den Grundschuldgläubiger wegen Unmöglichkeit der Erfüllung des durch Ausübung des Wahlrechts im Sinne der Übertragung der Grundschuld festgelegten Rückgewähranspruchs; BGHZ 108, 237 mit zust. Anm. *Clemente* EWiR § 1191 BGH 4/89, 881; Analyse mit Kritik im Ergebnis *Wilhelm*, JZ 1998, 18.

[1615] NJW 1977, 247.

[1616] § 45 V 1 b, S. 467.

[1617] RGZ 145, 303: grundbuchrechtliche Schwierigkeiten. Der Anspruch auf Rückübertragung der Grundschuld ist durch Vormerkung sicherbar, also auch der zedierte Anspruch für den Zessionar; dagegen ist – mit der Ausnahme des § 1179 – nicht vormerkbar ein Anspruch auf Übertragung der künftigen Eigentümergrundschuld. S. zu den Möglichkeiten – auch im Vergleich zur Hypothek – OLG Hamm NJW-RR 1990, 272.

[1618] BGH WM 1988, 722, dazu *Geimer*, EWiR § 17 BeurkG 1/88, 539.

[1619] Muster bei *Baur/Stürner*, Anh. 4 a.

Der zunächst zuständige V. Zivilsenat des BGH hat in seiner ersten Entscheidung zum Problem der AGB-Kontrolle[1620] eine Sicherungsklausel in einem Vertrag zu beurteilen gehabt, der noch vor Inkrafttreten des AGBG abgeschlossen worden war. Im Fall der Entscheidung hatte der Eigentümer eines an seinen Bruder verpachteten Hofgrundstücks zur Sicherung eines Kredits, den die beklagte Sparkasse dem Pächter und dessen Ehefrau gewährt hatte, eine Grundschuld bestellt, für den Eingang des Grundschuldbetrags auch die persönliche Haftung übernommen und sich in der Urkunde der sofortigen Zwangsvollstreckung unterworfen. Das gesicherte Darlehen war vollständig zurückgezahlt worden. Die Sparkasse wollte den Eigentümer aus weiteren Krediten der Eheleute in Anspruch nehmen aufgrund der Klausel in der notariellen Urkunde, daß die Grundschuld als Sicherheit für alle gegenwärtigen und zukünftigen Ansprüche aus der Geschäftsverbindung der Sparkasse mit den Eheleuten oder dem Grundstückseigentümer selbst diene. Der Eigentümer hat Vollstreckungsgegenklage erhoben. Der BGH hat der Klausel nach § 242 die Wirksamkeit versagt: Mit der Ausweitung des Sicherungszwecks einer Grundschuld auf alle zukünftigen Forderungen aus laufender Geschäftsverbindung brauche derjenige, der die Grundschuld an seinem Grundstück zur Sicherung eines fremden Darlehens bestelle, billigerweise nicht zu rechnen. Die Bekl. habe sich hier, ohne daß der Kl. davon einen Vorteil gehabt hätte, auf seine Kosten eine Sicherheit für vom Kl. nicht steuerbare und für ihn unabschätzbare Forderungen aus dem künftigen Verlauf einer Geschäftsbeziehung mit Dritten verschaffen wollen. Das bloße Verlesen des Vertragstextes einschließlich der Klausel durch den Notar helfe der Bekl. nicht. Die Erteilung eines besonderen Hinweises auf die weitergehende Sicherungsabrede mit Belehrung über die damit verbundenen Gefahren habe die Bekl. nicht vorgetragen.

Die Grundsätze der zu § 242 ergangenen Entscheidung hat der BGH im Hinblick auf Verträge, die unter das AGBG fielen, fortgeführt. Er hat dazu die gegen Überrumpelung in Schutz nehmende Bestimmung des früheren § 3 AGBG (jetzt § 305 c I BGB) angewandt[1621]. In Abgrenzung zu der in der Ausgangsentscheidung behandelten Sicherung fremder Verbindlichkeiten hat der BGH in der Entscheidung vom 8.5.1987[1622] die formularmäßige Ausweitung, soweit es um die Sicherung eigener Verbindlichkeiten geht, für zulässig erklärt. In Bezug auf die eigene Bankbeziehung sei die in der Ausgangsentscheidung kritisch gesehene Unabsehbarkeit des Risikos nicht gegeben[1623]. Die Unüberschaubarkeit und die daraus folgende Unwirksamkeit will der BGH nach einer Formulierung aus der Entscheidung des V. Senats vom 9.7.1991[1624] auch dann verneinen, wenn die Grundschuld durch ein mit Kreditgeschäften vertrautes Unternehmen bestellt wird. **1582**

1620 BGHZ 83, 56 ff.

1621 BGHZ 99, 203 = EWiR § 1191 BGB 2/87, 593 (*Clemente*), BGH BGHZ 102, 152, BGH JR 1989, 104 mit Anm. *Buchholz*.

1622 WM 1987, 802. S. auch BGH ZIP 1989, 85 ff. = EWiR § 1191 BGB 1/89, 156 (*Gaberdiel*), Anm. *Schelter* MittBayNot 1989, 83 ff.

1623 Der XI. Senat, WM 2000, 1328 = ZIP 2000, 1202 = NJW 2000, 2675, dehnt die Rechtsprechung über die Ausweitung des Sicherungszwecks einer Grundschuld auf die Ausweitung der persönlichen Mithaftung einer Ehefrau gemäß dem Betrag einer Grundschuld am Grundstück ihres Mannes aus. Die Grundschuld und mit ihr die Mithaftung der Ehefrau waren formularmäßig auf alle gegenwärtigen und künftigen Verbindlichkeiten erstreckt, die beiden Eheleuten gemeinsam waren. Die Übernahme der persönlichen Haftung ist ein abstraktes Schuldversprechen i.S. von § 780, BGH WM 1999, 1616 f. Im Fall der Eheleute sollten Grundschuld und Haftung bestimmte Kredite sichern, die zur Eröffnung und zum Betrieb eines Geschäfts eingeräumt worden waren, von dem streitig war, inwieweit die Ehefrau an ihm beteiligt gewesen ist. Später haben die Eheleute ein Formular mit der Bezeichnung „Zweckerklärung für Grundschulden" unterzeichnet. In dem Formular war bestimmt, daß die in Bezug genommenen Grundschulden der Sicherung aller bestehenden und künftigen Forderungen dienten, die gegen beide Eheleute gemeinsam oder auch nur gegen einen begründet sind. In dem Formular war unter anderem auf die ursprünglich bestellte Grundschuld Bezug genommen. Die beklagte Sparkasse vollstreckte, nachdem jene Geschäftskredite vollständig zurückgeführt waren, gegen die Ehefrau wegen offener Darlehensforderungen, die sich gegen beide Eheleute richteten. Die Ehefrau hat Vollstreckungsgegenklage erhoben.

1624 NJW 1991, 3141, 3142 = WM 1991, 1748 m. Anm. *Obermüller*.

In seiner Entscheidung vom 18.2.1992[1625] erklärt der V. Senat die persönliche und wirtschaftliche Verbundenheit zwischen Eigentümer und Schuldner für maßgeblich; diese müsse so eng sein, daß das Risiko künftiger von der Grundschuldhaftung erfaßter Verbindlichkeiten für den Sicherungsgeber berechenbar und vermeidbar sei. Für das Verhältnis zwischen Eheleuten sei die erforderliche Verbundenheit zu verneinen[1626].

1583 Auch die anderen Merkmale, die der V. Senat in seiner Ausgangsentscheidung herausgearbeitet hatte, sind in der darauf folgenden Rechtsprechung angewandt oder ergänzt worden: Die Entscheidung vom 28.11.1986[1627] grenzt sich von der Ausgangsentscheidung im Hinblick auf das Merkmal der Ausweitung des Sicherungszwecks gegenüber einem konkret veranlaßten Sicherungszweck ab: Sie hält die Grundstückseigentümerin an der weiten Zweckerklärung fest, die von vornherein den Kredit- und Sicherungsvereinbarungen zugrunde lag und die sie selbst mit unterzeichnet hatte[1628].

1584 Streng gefaßt hat der BGH das weitere Kriterium, daß die nach § 3 AGBG (jetzt § 305 c I BGB) drohende Unwirksamkeit der Einbeziehung von Drittverhältnissen durch die Gestaltung des Formulars oder durch individuelle Belehrung ausgeschlossen werden kann[1629]. In der Entscheidung vom 29. 1.1982[1630] hat der BGH nicht einmal einen Belehrungsvermerk in einer notariellen Urkunde ausreichen lassen. Seine Begründung ist, daß damit die individuelle Belehrung nicht nachgewiesen und daß sie auch nicht zu vermuten sei. Erst in der neueren Rechtsprechung hat die Folgerung, daß durch einen eingehenden Hinweis auch ein Drittverhältnis einbezogen werden kann, zunehmende praktische Bedeutung erlangt[1631].

1585 Angesichts der Beschränktheit des Schutzes nach § 3 AGBG (§ 305 c I BGB) bedurfte die Frage der Entscheidung, ob, wenn § 3 AGBGB ausgeschaltet ist, die Angemessenheitskontrolle nach § 9 AGBG (§ 307 BGB) anzuwenden ist. Der XI. Zivilsenat hat sich darauf festgelegt, daß § 9 AGBG auf die formularmäßige Sicherungsabrede bei der Grundschuld nicht anzuwenden sei[1632]. Inhalt und Umfang der schuldrechtlichen Zweckbindung von Grundschulden seien gesetzlich nicht festgelegt, sondern unterlägen freier Vereinbarung. Im Gegensatz zur Bürgschaft, für die § 767 I 3 BGB Rechtsgeschäfte des Hauptschuldners nach Übernahme der Bürgschaft auf die Bürgschaft für ohne Einfluß

[1625] NJW 1992, 1822, 1823.

[1626] Ebenso für das Verwandtschaftsverhältnis zwischen Sicherungsgeber und den Geschäftsführern der kreditnehmenden GmbH OLG Hamm WM 1999, 2065.

[1627] V. Zivilsenat ZIP 1987, 245 = WM 1987, 584 ff.

[1628] Ebenso der später zuständige XI. Zivilsenat betreffend eine letzte von drei Zweckerklärungen, die als solche maßgeblich sei, ZIP 1995, 727 ff. Abschwächung der Bedeutung des ursprünglichen konkreten Anlasses, je größer der zeitliche Abstand zwischen ursprünglicher Absicherung und der neuen formularmäßigen Zweckerklärung ist, nach BGH XI. Zivilsenat NJW 2001, 1417.

[1629] BGHZ 99, 203: Hinweis in 1 1/2 Seiten Text reicht trotz unterschiedlicher Drucktypen nicht. BGH ZIP 1989, 85, 88: maschinenschriftliche Einfügung von Worten, die auf die weitere Sicherungsbeziehung hinweisen, nicht ausreichend. BGH WM 1995, 2133 = NJW 1996, 191: Einbeziehung eines Drittverhältnisses nicht wirksam, wenn in zusätzlicher vorformulierter Erklärung enthalten und kein individueller Hinweis erfolgt.

[1630] WM 1982, 290.

[1631] Die Entscheidung BGH WM 1992, 1648 läßt das Ber.Ger. die Behauptung ausreichender individueller Belehrung nachprüfen, das Urteil BGH WM 1997, 1615 f. = NJW 1997, 2677 f. läßt die Annahme einer solchen Belehrung durch die Vorinstanz unbeanstandet.

[1632] BGH ZIP 1995, 727, 728 f. (betreffend den Fall einer generellen, nicht auf ein bestimmtes Darlehen bezogenen Zweckerklärung), ZIP 1997, 1229, 1231 = WM 1997, 1280 (Anm. *Wenzel* WuB I F 3. 8.97; *Joswig* EwiR § 3 AGBG 1/97), die Klage war hier unter Berufung auf das Debet eines Oder-Kontos insoweit erhoben, als das Debet auf Verfügungen der beklagten Ehefrau und Grundstückseigentümerin beruhte.

erkläre und so ein Verbot der Fremddisposition statuiere[1633], sei der Sicherungszweck der Grundschuld nicht nach gesetzlichen Grundgedanken beschränkt. Im Gegensatz zur Bürgschaft und auch zum Schuldbeitritt, auf den das Verbot der Fremddisposition analog anzuwenden sei[1634], betreffe die Grundschuld nur das Grundstück, das häufig nur einen Bruchteil des Vermögens des Bestellers der Grundschuld ausmache[1635].

In dem Ausschluß der Anwendung des § 9 AGBG (§ 307 BGB) auf den weiten Zweck bei der Sicherungsgrundschuld ist dem XI. Senat zuzustimmen. Auch der Begründung, daß der Sicherungszweck frei vereinbart werden kann, ist zuzustimmen. Nicht ist dem Senat freilich darin zuzustimmen, daß dies bei der Bürgschaft wegen § 767 I 3 BGB anders sei[1636]. § 767 I 3 BGB ergibt keine inhaltliche Schranke für eine Angemessenheitsprüfung. Gerade aus demselben Grund, aus dem § 767 I 3 keinen Angemessenheitsmaßstab enthält, gibt es auch keine Angemessenheitskontrolle für die Vereinbarung des weiten Sicherungszwecks bei der Grundschuld. § 767 I 3 betrifft die Bürgschaft für eine bestimmte Hauptverbindlichkeit und das Problem, ob Änderungen dieser Hauptverbindlichkeit den Bürgen betreffen. Während nach S. 2 Änderungen durch Verschulden oder Verzug des Hauptschuldners vom Bürgen zu tragen sind, wird die Verpflichtung des Bürgen nach S. 3 durch ein nachträgliches Rechtsgeschäft des Hauptschuldners nicht erweitert. § 767 gilt damit für die Bürgschaft, die eine bestimmte Forderung sichert. Sichert die Bürgschaft dagegen die künftigen Forderungen aus der Geschäftsbeziehung des Hauptschuldners[1637], hat § 767 keinen Ansatzpunkt. Die Bürgschaft sichert in diesem Fall die Forderungen je nach ihrem Stand, also sind nachträgliche Veränderungen gerade nicht ausgeschlossen. Folglich ist es unrichtig, § 767 I 3 doch für die Angemessenheitskontrolle heranziehen zu wollen[1638]. Daraus folgt für die Sicherungsgrundschuld: Nicht, 1586

[1633] Zum Verbot der Fremddisposition und § 9 AGBG bei der Bürgschaft BGHZ 142, 213 = ZIP 1999, 1480 = NJW 1999, 3195 m.N.; Erweiterung dieser Rechtsprechung dahin, daß die Klausel in einem Bürgschaftsformular, die die Haftung des Bürgen auf alle bestehenden Ansprüche des Gläubigers gegen den Hauptschuldner erstreckt, ohne die verbürgten Forderungen näher zu bezeichnen, grundsätzlich gemäß § 9 I AGBG unwirksam ist, auch wenn die Verbindlichkeiten zur Zeit der Abgabe der Bürgschaftserklärungen bereits bestanden haben (also keine nachträgliche Fremddisposition vorliegt): BGH NJW 2000, 658, 659.

[1634] Wie ja auch der Bestimmtheitsgrundsatz für die selbstschuldnerische Bürgschaft wie für den Schuldbeitritt gelte. Ob das Verbot der Fremddisposition lediglich eine besondere Ausprägung des Bestimmtheitsgrundsatzes in seiner den Bürgen schützenden Funktion darstelle, läßt der Senat dahingestellt.

[1635] BGH WM 1997, 1615 f., zu der Entscheidung *Wenzel* WuB I F 3. – 11.97. Mit Recht hält *Tiedtke* ZIP 1997, 1949, 1952 f. dem die Rechtsprechung des IX. Zivilsenats entgegen, nach der § 767 I S. 3 auf die Höchstbetragsbürgschaft sehr wohl anzuwenden ist (BGH ZIP 1996, 702, 704, EWiR § 767 BGB 1/96, 451 – *Bülow* –).

[1636] Konsequent tritt *Ernst,* was die Gewährung von Sicherheiten für fremde Verbindlichkeiten betrifft, für die Behandlung von Bürgschaft, Hypothek und Sicherungsgrundschuld nach einheitlichen Grundsätzen der „Interzession" ein, wenn er auch die Kontrollansätze der Rechtsprechung über die früheren §§ 3 und 9 AGBG übernimmt; s. *Ernst* in: Zimmermann, Rechtsgeschichte und Privatrechtsdogmatik, Karlsruhe, 1999, S. 395, 418 ff.

[1637] *Tiedtke* ZIP 1997, 1949, 1951; Palandt/*Sprau* § 765 Rz. 7 m.N.

[1638] Für die Interpretation des § 767 I 3 im Sinne eines erweiterungsfähigen Schutzes vor Fremddisposition, der als Kern sämtlicher Sicherungsrechte mit Treuhandbindung anzusehen sei, *R. Weber* ZfIR 1999, 8. *Weber* sieht dann selbst, daß das Gesetz die Einbeziehung Dritter in den Sicherungszweck nicht ausschließt. Die Annahme eines Treuhandgrundsatzes des Schutzes vor Fremddisposition ist damit unvereinbar. Mit dieser wiederum ist unvereinbar die Ausnahme von der Unangemessenheit nach dem früheren § 9 AGBG, die *Weber* S. 9 für Gemeinschaftskonten machen will. Seine Begründung ist, daß der Kontomitinhaber für die Verbindlichkeiten gesamtschuldnerisch mit hafte, diese Verbindlichkeiten folglich eigene des Mitinhabers seien. Verbindlichkeiten aus fremder Kontoverfügung sind Verbindlichkeiten in Unterwerfung unter die Fremddisposition.

weil es bei der Grundschuld zur Sicherung künftiger Forderungen anders ist als bei der Bürgschaft mit entsprechend weitem Sicherungszweck, sondern weil in beiden Fällen eine § 767 I 3 entsprechende Regelung nicht eingreift, hat der BGH zur Grundschuld damit Recht, daß eine Grundschuld mit weitem Sicherungszweck frei vereinbart werden kann. Man kann dies so tun, wie man ebenso eine Höchstbetragshypothek oder eine Bürgschaft für die Schulden aus einer künftigen Geschäftsbeziehung begründen kann. Es handelt sich um die Vereinbarung einer besonderen Rechtsposition. Vereinbart man sie, so kann § 767 I 3 (solange die zu sichernde Geschäftsbeziehung dauert) nicht gelten.

1587 Ist die Angemessenheitskontrolle deshalb nicht anwendbar, weil die Vereinbarung eines weiten Sicherungszwecks bei der Grundschuld wie die Vereinbarung einer Höchstbetragshypothek die Vereinbarung eines Sicherungsrechts eigenen Typs ist, so folgt daraus, daß nicht nur die Anwendung des § 9 AGBG (§ 307 BGB) auf diese Vereinbarung, sondern auch die Anwendung des § 3 AGBG (§ 305 c I BGB) verfehlt ist. So verdienstlich es ist, daß der BGH in seiner Ur-Entscheidung im 83. Band[1639] vor den AGB der Sparkasse nach § 242 Schutz gewährt hat, so hat er doch bei dem von ihm gewährten Schutz nicht richtig angesetzt. Der BGH hat ohne weiteres akzeptiert, daß der weite Sicherungszweck durch AGB geregelt werden kann. Aufgrund dieser Annahme hat er die AGB-Kontrolle nach §§ 3, 9 AGBG angewandt. Dieser Kontrolle vorgelagert ist aber eine andere Frage und diese zu stellen, hat der BGH versäumt. Die Frage ist, ob nicht die Ausweitung des Sicherungszwecks einer Grundschuld durch AGB überhaupt ausgeschlossen ist, so daß weder ein Schutz vor Überraschung (§ 3 ABGB, § 305 c I BGB) noch vor Unangemessenheit (§ 9 AGBG, § 307 BGB) in Betracht kommt.

1588 Diese Frage ist zu bejahen, soweit die Parteien die Bestellung der Grundschuld zur Sicherung einer bestimmten Forderung oder auch einer bestimmten Kreditbeziehung vereinbart haben. Dann ist die Sicherungsvereinbarung als Individualvereinbarung getroffen. Diese geht nach § 4 AGBG (§ 305 b BGB) der Regelung durch AGB vor. Im Fall der Ausgangsentscheidung des BGH hatten die Parteien eine Sicherung für das bestimmte Darlehen vereinbart, welches die Sparkasse dem Bruder und der Schwägerin des Eigentümers gewährt hatte. Ist aber die Sicherung eines bestimmten Darlehens vereinbart, so gibt es keine formularmäßige Ausgestaltung dieser Vereinbarung in dem Sinne von etwas ganz anderem, nämlich im Sinne der Sicherung der Forderungen aus einer ganzen Geschäftsbeziehung. Die Individualvereinbarung einer Sicherung für eine bestimmte Forderung schließt die Sicherung der Forderungen aus einer Geschäftsbeziehung aus. Der V. Senat hat also, indem er den Ausschluß mit § 242 begründet hat, eine unpassende Grundlage angewandt. Die Vereinbarung der Parteien war nicht im Hinblick auf Fairness zu prüfen. Die Individualvereinbarung über den konkreten Sicherungszweck schloß die Hinzufügung anderer, weiterer Zwecke durch AGB aus.

1589 Weil die privatautonome Vereinbarung über Grundschuld und Sicherungszweck maßgeblich ist, hatte der BGH bei seiner ganzen „Anlaßrechtsprechung"[1640] zum weiten Sicherungszweck bei der Grundschuld nicht zu prüfen, ob und inwieweit es dem Eigentümer zumutbar ist, daß der Sicherungszweck einer Grundschuld, die aus Anlaß eines bestimmten Kredits eingeräumt wird, über den Anlaßkredit hinaus erweitert wird. Es war neben der Sache, daß der BGH die Unterscheidung zwischen der überschaubaren und steuerbaren eigenen Geschäftsbeziehung und der nicht überschaubaren und nicht steuerbaren Geschäftsbeziehung eines Dritten eingeführt hat. In den Fällen, in denen die Grundschuld aus Anlaß eines bestimmten Kredits gewährt wurde, bestand Anlaß zu prüfen, ob sie nicht eben nur zur Sicherung dieses bestimmten Kredits gewährt wurde. Wenn dies aber zutraf, war dies die maßgebliche Individualvereinbarung und konnte eine formularmäßige Ausweitung auf eine ganze Geschäftsbeziehung, sei es die eigene

[1639] Oben Fn. 1620.
[1640] Ausdruck von *Tiedtke* ZIP 1997, 1949.

oder die eines Dritten, wegen Abweichung von der Individualvereinbarung nicht wirksam sein (§ 4 AGBG, § 305 b BGB n.F.)[1641].

4. Der Gegenstand der Haftung bei der Grundschuld

Eine Grundschuld kann nach § 1191 I und den Vorschriften über die Behandlung von Rechten wie Grundstücke (s. etwa § 11 I ErbbauVO) ebenso wie die Hypothek an Grundstücken und grundstücksgleichen Rechten bestellt werden. Es können auch der Anteil eines Miteigentümers am Grundstück (§§ 1192 I, 1114) und mehrere Grundstücke oder Miteigentumsanteile daran belastet werden (Gesamtgrundschuld, §§ 1192 I, 1132). In den Haftungsverband fallen wie bei der Hypothek Erzeugnisse, Bestandteile und Zubehör. §§ 1120 ff. sind nach § 1192 I auf die Grundschuld anwendbar, weil sie nur etwas für die Hypothek regeln. **1590**

5. Bestellung der Grundschuld

Die Grundschuld wird mit Ausnahme der Eigentümergrundschuld nach § 873 I 2. Verfügungsart i.V. mit §§ 1192 I, 1116 und 1117 als Brief- oder Buchrecht bestellt. Für den Betrag und die Zinsen der Grundschuld gilt nach § 1192 II die Vorschrift des § 1115 I, die sich auf den Betrag der Forderung und der Zinsen bei der Hypothek bezieht[1642]. Die Eigentümergrundschuld wird nach § 1196 II durch eine entsprechende Erklärung des Eigentümers gegenüber dem Grundbuchamt und durch Eintragung bestellt. Zwar gilt für die Eigentümergrundschuld nach § 1192 I die Vorschrift des § 1116, daß, wenn dies nicht ausgeschlossen wird, über die Grundschuld ein Brief erteilt wird. Anders als nach § 1117 I die Fremdgrundschuld entsteht aber die Eigentümergrundschuld nach § 1196 II nicht erst mit Übergabe des Briefes, sondern schon durch Erklärung und Eintragung[1643]. **1591**

Die Grundschuld entsteht unabhängig vom Bestehen einer Forderung. Zu einer Eigentümergrundschuld aufgrund nicht vollendeter Entstehung kommt es nur dann, wenn bei Bestellung einer Fremdgrundschuld die Erteilung des Grundschuldbriefs nicht ausgeschlossen und der Brief noch nicht übergeben ist (§§ 1192 I, 1117 I 1, 1163 II). Die als Eigentümergrundschuld bestellte Grundschuld kommt schon nach § 1196 II unabhängig von der Übergabe des Briefes zustande, der Umweg über §§ 1192 I, 1117 I, 1163 II wäre sinnlos. **1592**

Die Folge davon, daß nach § 1192 I die akzessorietätsbedingte Vorschrift des § 1163 I nicht gilt, ist, daß im Fall der Bestellung einer Grundschuld auch bei endgültiger Nichtvalutierung nicht kraft Gesetzes die Grundschuld dem Eigentümer und folglich nach §§ 1192 I, 1179 a einem gleich- oder nachrangigen Hypothekar oder Grundschuldgläubiger der Löschungsanspruch zusteht. Vielmehr hat der Sicherungsgeber einen Rückgewähranspruch. Nur wenn der Sicherungsgeber die Rückübertragung auf den Eigentümer oder den Verzicht des Gläubigers auf die Grundschuld wählt, vereinigt sich die Grundschuld mit dem Eigentum (s. für den Verzicht §§ 1192 I, 1168 I) und entsteht der Löschungsanspruch. **1593**

[1641] Näher *Wilhelm*, Festgabe BGH I (2000), 897. Im Fall BGH WM 2000, 1328 (oben Fn. 1623) hatte die Ehefrau die Mithaftung für den Grundschuldbetrag durch Individualvertrag zur Sicherung der ursprünglichen Geschäftskredite übernommen. Zu der Formularerklärung war zu fragen, ob durch deren Unterzeichnung die Änderung jener Individualvereinbarung zustande gekommen war. Dazu mußte sie nach § 1 II AGBG (§ 305 I 2 BGB n.F.) im Einzelnen ausgehandelt sein.

[1642] § 1115 II ist dagegen auf die Hypothek beschränkt.

[1643] Dies kann auch nicht anders sein. Ist bei der Fremdgrundschuld der Brief nicht übergeben, besteht ja auch hier eine Eigentümergrundschuld (§§ 1192 I, 1163 II).

1594 Die Grundschuld hat, was die Bestellung zu Sicherungszwecken betrifft, den Vorteil, daß der Eigentümer zu der Sicherung zunächst eine Eigentümergrundschuld als Briefrecht bestellen (§§ 1196 II, 1192 I, 1116 I) und dann diese mit Hilfe des Briefs (§§ 1192 I, 1154 I) zur Sicherheit abtreten kann; der Gläubiger erscheint nicht im Grundbuch und kann so vor der „Konkurrenz" geheimgehalten werden[1644].

6. Entstehung der Grundschuld auf andere Weise als durch Rechtsgeschäft

1595 Eine Grundschuld, und zwar eine Eigentümergrundschuld, entsteht kraft Gesetzes in den Fällen, in denen eine Hypothek auf den Eigentümer übergeht, ohne daß diesem die gesicherte Forderung zusteht (§§ 1163, 1168, 1177 I).

7. Übertragung der Grundschuld

1596 Auf die Übertragung der Grundschuld sind nach § 1192 I die §§ 1154, 1155 anzuwenden. Die Vorschriften sprechen zwar von der Abtretung der Forderung, sie sind aber ebensowenig wie § 1115 I akzessorietätsbedingt, weil sie wie diese Vorschrift nur die Forderung regeln und nicht eine Folgerung daraus für die Hypothek. Die Folgerung aus der Abtretung der Forderung steht vielmehr in § 1153, dies ist eine akzessorietätsabhängige Vorschrift i.S. des § 1192 I. Was §§ 1154 f. betrifft, sind diese in dem Sinn auf die Grundschuld anwendbar, daß es bei der Grundschuld statt um die Abtretung der Forderung um die Übertragung der Grundschuld selbst geht. Bei der Grundschuld ist § 1154 eine besondere Vorschrift i.S. des § 873 I (3. Verfügungsart). Die Grundschuld wird also übertragen nach § 873 I i.V. mit § 1154. Nach § 873 I ist, wenn man es genau nimmt, nicht von der Abtretung, sondern von der Einigung über die Übertragung der Grundschuld zu sprechen[1645]. Bei der Briefgrundschuld ist die Einigungserklärung des Veräußerers in schriftlicher Form erforderlich, sofern nicht die Eintragung gewählt wird (§ 1154 II). Daneben ist Voraussetzung der Übertragung die Übergabe des Grundschuldbriefs[1646]. Wenn auch die schriftliche Einigungserklärung des Zedenten zur Übertragung reicht, kann der Erwerber doch – im Hinblick auf § 1155 – die öffentliche Beglaubigung verlangen (§ 1154 I 2).

1597 Die Buchgrundschuld wird durch Einigung und Eintragung nach den allgemeinen Vorschriften übertragen (§§ 1192 I, 1154 III, 873).

8. Erwerb der Grundschuld vom Nichtberechtigten

1598 Für den Erwerb der Grundschuld kraft öffentlichen Glaubens gilt bei der Bestellung einer Grundschuld § 892. Bei der Übertragung der Briefgrundschuld ist § 892 nach § 1192 I zusammen mit den §§ 1140, 1155 anzuwenden[1647]. Beim Buchrecht gilt § 892 allein. § 1138 hat bei der Grundschuld keinen Gegenstand.

[1644] *Baur/Stürner* § 44 I 2.

[1645] Zu den inhaltlichen Erfordernissen und der Auslegung der Einigung BGH WM 1991, 1872.

[1646] § 1154 I 1 2. Hs. verweist auf § 1117 und über diesen auf die Übergabesurrogate der §§ 929 S. 2, 930, 931. Der BGH hebt in dem Urteil WM 1993, 285 zutreffend das Erfordernis hervor, daß die Übergabe durch oder für den Abtretenden geschehen muß. Dazu reicht aber entgegen der Formulierung des BGH von der Vertretung durch einen Dritten eine Übergabe durch einen Dritten in Vollzug eines Geheißes des Abtretenden aus. Zu einem Fall mit Ersetzung der Übergabe durch Vindikationszession nach § 931 *Heinen*, JA 1993, 49.

[1647] Zum Erfordernis der Übergabe des Briefs nach § 1154 I BGH a.a.O. (vorst. Fn). Für den gutgläubigen Erwerb fordert der BGH unmittelbaren oder mittelbaren Besitz des Zedenten am Brief. Wieder ist zusätzlich auf die Möglichkeit der Geheißübergabe durch einen Dritten hinzuweisen. – Was sodann die Maßgeblichkeit des öffentlichen Glaubens des Grundbuchs betrifft (§§ 1155, 892), erlaubt das Sachenrecht wegen seiner Form- und Typenstrenge nicht, die Vorschriften über den öffentlichen Glauben quasi zur Verhandlungsmasse bei der Ent-

So einfach sich damit die Anwendung der Vorschriften über den öffentlichen Glauben des Grundbuchs auf die Grundschuld im Ansatz ausnimmt, so problematisch wird der Schutz bei der Sicherungsgrundschuld. Hier geht es weniger um die Frage, wer als Inhaber der Grundschuld zu vermuten ist, sondern um die Frage, ob der Inhaber unbeschränkt oder beschränkt aus der Grundschuld berechtigt ist. Durch den Sicherungsvertrag wird die Sicherungsgrundschuld auf den Sicherungszweck beschränkt. Diese Beschränkung ist der Grundschuld durch die Einreden aus dem Sicherungsvertrag entgegenzuhalten. Es handelt sich um Einreden gegen das dingliche Recht. Damit ist für die Problematik des Erwerbs der Grundschuld vom Nichtberechtigten zentral die Frage nach dem öffentlichen Glauben von Grundbuch und Brief im Hinblick auf die Einreden gegen die Grundschuld. Diese Frage ist in §§ 1192 I, 1157 geregelt. Sie ist in dem hier folgenden Kapitel über die Geltendmachung der Sicherungsgrundschuld zu behandeln.

9. Die Geltendmachung der Sicherungsgrundschuld

a) Dingliches Recht und Forderung bei der Sicherungsgrundschuld

Wie bei der Hypothek ist auch bei der Sicherungsgrundschuld der Gläubiger einer durch Grundschuld gesicherten Forderung berechtigt, bei Fälligkeit der Forderung aus der Grundschuld vorzugehen. Dem Eigentümer steht nicht die Einrede der Vorausklage zu. Im Unterschied zur Hypothek sind bei der Sicherungsgrundschuld vielfältige Möglichkeiten hinsichtlich der Anrechnung von Leistungen des Schuldners oder des Eigentümers und vielfältige Probleme hinsichtlich des Schutzes des Eigentümers vor einer den Sicherungszweck überschreitenden Geltendmachung der Grundschuld begründet. **1599**

Bei der Hypothek sind aufgrund der Akzessorietät Forderung und dingliches Recht notwendig in einer Hand. Vorbehaltlich des § 1138 kann der Gläubiger nur nach Maßgabe der Forderung aus der Hypothek vorgehen. Leistungen auf die Forderung wirken sich automatisch auf die Hypothek und Leistungen auf die Hypothek automatisch auf die Forderung aus. Bei der Grundschuld können demgegenüber nicht nur Schuldner und Eigentümer, sondern auch der Gläubiger der Forderung und der Gläubiger des dinglichen Rechts auseinanderfallen. Insbesondere können Grundschuld und gesicherte Forderung selbständig voneinander abgetreten werden. Weiter ist der Eigentümer mit der Grundschuld auch dann noch belastet, wenn die Forderung erfüllt ist. Auch die Befriedigung wegen der Grundschuld hat keinen aus dem Inhalt des Rechts folgenden Bezug zur Forderung. Nur über den Sicherungsvertrag ist die Grundschuld mit der Forderung verbunden. Der Sicherungsvertrag hat also sehr viel mehr zu leisten als bei der Hypothek. Da er nur relativ zwischen den Parteien wirkt, die ihn abgeschlossen haben, ist immer das Problem, ob und wie seine Beschränkungen und sein Schutz denjenigen erreichen, der je nach dem Schicksal, das Forderung und Grundschuld in der Zwischenzeit erlebt haben, von der Geltendmachung der Forderung oder der Geltendmachung der Grundschuld betroffen wird. **1600**

Wegen der Selbständigkeit der Forderung einerseits und der Grundschuld andererseits – insbesondere der Möglichkeit isolierter Abtretung der Forderung oder aber der Grund- **1601**

wicklung nicht vorgesehener Rechtsausübungserleichterungen zu machen: Die Grundschuldformulare der gewerblichen Kreditinstitute sehen häufig beim Briefrecht vor, daß der Eigentümer auf die Vorlage des Grundschuldbriefs als Voraussetzung der Geltendmachung des Grundpfandrechts (§§ 1160, 1161) verzichtet. *Wolfsteiner* folgert in *Kersten/Bühling*, Formularbuch und Praxis der Freiwilligen Gerichtsbarkeit, 19. Aufl. 1987, Rz. 553, daß aufgrund des Verzichts die Vorschriften über den öffentlichen Glauben des Grundbuchs einschließlich ihrer Ergänzung in §§ 1140, 1155, 1156 nicht anwendbar sind. Es gilt aber umgekehrt: Die Briefalternative ist zur besseren Verkehrsfähigkeit der Grundschuld gewährt, unter anderem mit Hilfe der eben genannten Gutglaubensvorschriften. Ein Verzicht, der den Wegfall dieser Vorschriften zur Konsequenz hat (oder haben muß), ist nicht zulässig.

schuld – und weiter unter Berücksichtigung der Möglichkeit, daß das grundschuldbelastete Eigentum weiterübertragen sein kann, kommen theoretisch die folgenden Fallgestaltungen in Betracht, in denen zu durchdenken ist, wie gewährleistet wird, daß die Grundschuld nur für die gesicherte Forderung verwendet wird[1648]: (1) Gläubiger identisch/Schuldner identisch, die Forderung wird geltend gemacht, (2) Gläubiger identisch/Schuldner identisch, die *Grundschuld* wird geltend gemacht, (3) Gläubiger identisch, *Schuldner verschieden*, der Eigentümer ist der Sicherungsvertragspartner, der Gläubiger geht gegen den persönlichen Schuldner vor, (4) Gläubiger identisch, Schuldner verschieden, Eigentümer ist Sicherungsvertragspartner, der Gläubiger geht *gegen den Eigentümer* vor, (5) Gläubiger identisch, Schuldner verschieden, *der persönliche Schuldner ist Vertragspartner*, der Gläubiger geht gegen ihn vor, (6) Gläubiger identisch, Schuldner verschieden, persönlicher Schuldner Vertragspartner, Gläubiger geht *gegen Eigentümer* vor, (7) Schuldner identisch, *Gläubiger verschieden*, dinglicher Gläubiger ist Vertragspartner, er geht gegen den Schuldner=Eigentümer vor, (8) Schuldner identisch, Gläubiger verschieden, dinglicher Gläubiger Vertragspartner, *Gläubiger der Forderung* geht gegen Schuldner=Eigentümer vor, (9) Schuldner identisch, Gläubiger verschieden, *Gläubiger der Forderung ist Partner des Sicherungsvertrages*, er geht gegen den Schuldner=Eigentümer vor, (10) Schuldner identisch, Gläubiger verschieden, Gläubiger der Forderung Vertragspartner, der *dingliche Gläubiger* geht gegen Schuldner=Eigentümer vor, (11) Schuldner identisch, Gläubiger verschieden, *keiner der beiden ist Sicherungsvertragspartner*, (12) *Gläubiger und Schuldner verschieden*, dinglicher Gläubiger und persönlicher Schuldner sind Vertragspartner, dinglicher Gläubiger geht gegen Eigentümer vor, (13) Gläubiger und Schuldner verschieden, dinglicher Gläubiger und persönlicher Schuldner Vertragspartner, *Gläubiger der Forderung geht gegen den Schuldner* der Forderung vor, (14) Gläubiger und Schuldner verschieden, *dinglicher Gläubiger und Eigentümer sind Vertragspartner*, dinglicher Gläubiger geht gegen Eigentümer vor, (15) Gläubiger und Schuldner verschieden, dinglicher Gläubiger und Eigentümer Vertragspartner, *Gläubiger der Forderung geht gegen den Schuldner der Forderung* vor, (16) Gläubiger und Schuldner verschieden, *Forderungsgläubiger und Schuldner der Forderung Sicherungsvertragspartner*, Forderungsgläubiger geht gegen seinen Schuldner vor, (17) Gläubiger und Schuldner verschieden, Forderungsgläubiger und Schuldner der Forderung Sicherungsvertragspartner, *dinglicher Gläubiger geht gegen Eigentümer* vor, (18) Gläubiger und Schuldner verschieden, *Forderungsgläubiger und Eigentümer Sicherungsvertragspartner*, Forderungsgläubiger geht gegen seinen Schuldner vor, (19) Gläubiger und Schuldner verschieden, Forderungsgläubiger und Eigentümer Sicherungsvertragspartner, *dinglicher Gläubiger geht gegen Eigentümer* vor, (20) Gläubiger und Schuldner verschieden, *keiner der beiden Gläubiger ist Sicherungsvertragspartner.*

1602 Von entscheidender Bedeutung für die Beschränkung der Geltendmachung der Grundschuld ist die Einrede der Beschränkung der Grundschuld auf den Sicherungszweck, von entscheidender Bedeutung für den Schutz des Eigentümers durch diese Einrede auch in Fällen der Zession der Grundschuld und des Erwerbs des grundschuldbelasteten Eigentums ist die Geltung der Einrede auch dann, wenn die Grundschuld oder das Eigentum nicht mehr in der Hand des Sicherungsvertragspartners sind. Dazu sind die Einwendungen und Einreden gegen die Sicherungsgrundschuld zu erörtern.

[1648] Der Einfachheit halber wird im folgenden zum Teil zusammenfassend von „Gläubigern“ – des dinglichen und des schuldrechtlichen Rechts – sowie von „Schuldnern“ – Schuldner der Forderung, Eigentümer als dinglicher Schuldner – gesprochen.

b) *Einreden gegen die Sicherungsgrundschuld*

aa) *Einrede des Eigentümers aus dem Sicherungsvertrag*

Hinsichtlich der Einreden bei der Grundschuld, insbesondere der Einreden aus dem Sicherungsvertrag bei der Sicherungsgrundschuld, kommen aus dem Hypothekenrecht die Vorschriften der §§ 1137 und 1157 in Betracht. § 1137 bezieht Einreden gegen die Forderung auf die Hypothek und gibt dem mit der Hypothek belasteten Eigentümer darüber hinaus die Einreden, die nach § 770 dem Bürgen zustehen und die darauf beruhen, daß der Gläubiger sich durch Aufrechnung befriedigen oder der Hauptschuldner sich durch Anfechtung von der gesicherten Forderung befreien kann. Damit ist § 1137 eine akzessorietätsbedingte Vorschrift und nach § 1192 I auf die Grundschuld nicht anwendbar. Dagegen hat § 1157 mit der Forderungsabhängigkeit der Hypothek nichts zu tun und gilt deshalb nach § 1192 I auch für die Grundschuld. § 1157 behandelt Einreden, die dem Eigentümer auf Grund eines zwischen ihm und dem Gläubiger bestehenden Rechtsverhältnisses gegen die Hypothek zustehen. Von §§ 1192 I, 1157 erfaßt ist damit die wichtigste Einrede bei der Sicherungsgrundschuld, d.h. die Einrede der Beschränkung der Grundschuld auf den Sicherungszweck, vorausgesetzt, sie steht dem Eigentümer zu. Der Eigentümer hat die Einrede zunächst dann, wenn er selbst den Sicherungsvertrag mit dem Gläubiger geschlossen hat. Aber auch wenn ein Kreditnehmer, der nicht Eigentümer ist, mit dem Gläubiger den Sicherungsvertrag geschlossen und der Eigentümer auf seinen Wunsch dem Gläubiger die Grundschuld zur Sicherung bestellt hat, kann der Eigentümer einredeberechtigt sein. Zum einen kann ein zusätzlicher Sicherungsvertrag zwischen Eigentümer und Gläubiger hinzugekommen sein. Zum anderen kann der Schuldner seinen Sicherungsvertrag hinsichtlich der Einrede als Vertrag zugunsten Dritter, nämlich zugunsten (auch) des Eigentümers als Dritten geschlossen haben[1649]. **1603**

Nicht ohne weiteres ist der Eigentümer dagegen zur Erhebung der Einrede dann berechtigt, wenn er weder selbst den Sicherungsvertrag abgeschlossen hat noch in dessen Schutzbereich einbezogen, sondern erst nach Abschluß des Sicherungsvertrags durch Erwerb des mit der Grundschuld belasteten Grundstücks in die Haftung für die Grundschuld hineingeraten ist. Auch in diesen Fällen kann der neue Eigentümer aber in die Lage kommen, die Einrede der Beschränkung auf den Sicherungszweck zu erheben. Ist der Veräußerer einredeberechtigt, kann er dem Erwerber die Einrede übertragen. Als subjektives Recht ist die Einrede nach §§ 413, 398 übertragbar. Weiter kann der Einredeberechtigte den neuen Eigentümer nach § 185 dazu ermächtigen, die Einrede geltend zu machen[1650]. **1604**

bb) *Wirkung der Einreden gegen den Zessionar der Grundschuld*

§ 1157 S. 1 läßt die Einreden gegen die Grundschuld auch dem Erwerber der Grundschuld entgegensetzen. Nach S. 2 sind die Vorschriften der §§ 892, 894 - 899, 1140 über die Eintragung in Grundbuch und Grundschuldbrief und den öffentlichen Glauben des Grundbuchs, vorbehaltlich des Briefs, auf die Einreden gegen die Grundschuld anwendbar. Wie oben betreffend die Hypothek festgestellt[1651], stellt das Gesetz die Einrede gegen das dingliche Recht wie schon in § 404 die Einrede gegen eine Forderung einer inhaltlichen Beschränkung des Rechts gleich. Damit wirkt die Einrede grundsätzlich gegen einen Erwerber des Rechts. Ebenso folgt, daß sie im Grundbuch eintragbar ist. Daran knüpfen der Berichtigungsanspruch nach § 894, die Widerspruchsmöglichkeit **1605**

[1649] Vgl. *Ahrens*, AcP 200 (2000), 123, 135 ff.

[1650] Zu konkludenter Übertragung bei Eintreten des Erwerbers auch in das Kreditverhältnis BGH ZIP 1986, 900, dazu *Gaberdiel* EWiR § 1191 BGB 3/86, 573. S. auch *Ahrens*, AcP 200 (2000), 123, 140 ff.

[1651] Rz. 1494.

nach § 899 und der Schutz kraft des öffentlichen Glaubens des Grundbuchs, vorbehaltlich des Briefs, gemäß §§ 892, 1140 an.

1606 Genauer betrachtet, bedeutet § 1157 (für die Grundschuld: mit § 1192 I), daß der Erwerber *nur* nach §§ 892, 1140 geschützt ist, d.h. daß insbesondere schon seine bloße Kenntnis von der Einrede schadet[1652]. Gäbe es § 1157 nicht oder fielen Einreden nicht unter die Vorschrift, so wäre der Erwerber den Einreden *weniger* ausgesetzt. Die Einreden, insbesondere diejenigen des Bestellers der Grundschuld aus seinem Rechtsverhältnis zum Gläubiger, sind relative Gegenrechte. Als solche würden sie gegen den Gläubiger nur nach Maßgabe des § 826 durchzusetzen sein, wenn § 1157 sie nicht inhaltlichen Beschränkungen des dinglichen Rechts gleichstellen würde[1653].

1607 Weil die Eintragbarkeit der Einrede zugleich die Möglichkeit bedeutet, einen Widerspruch eintragen zu lassen (§§ 892, 899, 1140 S. 2), kann der Eigentümer, wenn er Sicherungsvertragspartner ist, im Fall seiner Tilgung der Forderung wählen, ob er den Anspruch auf Rückübertragung der Grundschuld vormerken oder hinsichtlich der Einrede aus diesem Anspruch einen Widerspruch eintragen läßt.

1608 Aus §§ 1157, 1192 I folgt, daß insbesondere die Einrede der Beschränkung der Grundschuld auf den Sicherungszweck[1654] eintragbar ist. Folglich ist ein gutgläubiger einredefreier Erwerb ausgeschlossen, wenn die Einrede eingetragen ist. Dem sind nach § 892 die Fälle gleichgestellt, daß gegen die Richtigkeit des Grundbuchs, das die Einrede nicht ausweist, ein Widerspruch eingetragen ist oder der Erwerber die Unrichtigkeit des Grundbuchs kennt. Der Erwerber kennt aber die Einrede der Beschränkung auf den Sicherungszweck, wenn er den Sicherungszweck der Grundschuld kennt. In diesem Fall könnte der Erwerber nur auf den zwischenzeitlichen Eintritt der Voraussetzungen für die Verwertung der Grundschuld vertrauen, für ein solches Vertrauen gibt es aber keine Rechtsscheingrundlage im Grundbuch. Ein solches Vertrauen ist also nicht geschützt[1655].

1609 Dementgegen erkennen der BGH[1656] und die h.M.[1657] nur in beschränktem Umfang die Eintragbarkeit von Einreden hinsichtlich des Sicherungszwecks an: Einreden gegen die

[1652] Selbstverständlich wirken die Einreden von vornherein nicht gegen denjenigen, der von einem nach §§ 892, 1140 Geschützten erwirbt, BGH WM 2001, 453.

[1653] Zum Umschwung, den § 1157 gegenüber der noch von der 1. Kommission vertretenen Geltung nur der exceptio doli bedeutet, auf der auch das Preuß. EigentumserwerbsG von 1872 beruht hat, *Wilhelm* JZ 1980, 630 f. Der Vorwurf der Ungenauigkeit dieser Darstellung bei *U. Huber*, FS Serick (1992), 195, 214 Fn. 48 geht sowohl über die Darstellung der Wirkungsgeschichte der gesetzlichen Regelung in JZ a.a.O. als auch über den Unterschied zwischen der Kenntnis, wenn sie Merkmal der exceptio doli ist, und der Kenntnis als Merkmal des Systems des öffentlichen Glaubens des Grundbuchs hinweg. – Entgegen OLG Hamm WM 1989, 462, 463 ist der Erwerber einer Sicherungsgrundschuld nicht etwa schon deshalb und dann den Beschränkungen des Sicherungsvertrags unterworfen, wenn und weil er zusätzlich die gesicherte Forderung sich hat abtreten lassen, s. BGH WM 1984, 1078.

[1654] Was an diesem Ausdruck nach seiner näheren Bestimmung (Recht zur Verweigerung der Grundschuldrealisierung, solange nicht die gesicherte Forderung fällig ist und nicht erfüllt wird) „mehrdeutig" sein soll (*U. Huber*, FS Serick (1992), 211 ff.), ist nicht verständlich. Die Lähmung der Grundschuld durch Einrede besteht von Anfang an, die von *Huber* a.a.O. gegenübergestellte Aufteilung in zwei Einreden, für die dann unterschiedliche Tatsachen anzuführen sind (Nichtfälligkeit, Erlöschen der Forderung), ist ein bloßer Trick, um für die Eintragbarkeit der Einrede und bei Nichteingetragenheit für die Bösgläubigkeit des Erwerbers zu zusätzlichen Anforderungen zu kommen. Es geht aber um die Lähmung der Grundschuld überhaupt, nicht um die begriffliche Unterscheidbarkeit von Lähmungsphasen. – Den Versuch von *Buchholz* AcP 187 (1987), 108 ff., Einreden gegen die Sicherungsgrundschuld überhaupt aus § 1157 herauszunehmen, lehnt mit überzeugenden Gründen auch *Huber* S. 203 ff. ab.

[1655] Für diese Konsequenz schon eine alte Entscheidung des RG, RGZ 91, 218.

[1656] BGHZ 59, 1; BGH WM 1984, 1078.

Grundschuld i.S. des § 1157 seien bei Ausbleiben forderungsbegründender Tatsachen (etwa dem Ausbleiben der Valutierung) oder bei Eintritt forderungshemmender (etwa einer Stundung) oder forderungsvernichtender Tatsachen (etwa der Erfüllung der Forderung) begründet. Als eintragbar sehen der BGH und die h.M. danach an die Einrede der Nichtvalutierung, die Einrede der Stundung und die Einrede der Nichtmehr-Valutierung. Nur betreffs dieser Einreden könne es die Bösgläubigkeit des Erwerbers geben; die Bösgläubigkeit des Erwerbers i. S. von §§ 1157, 892, 1140 setzt also nach BGH und h.M. die konkrete Kenntnis des Ausbleibens bzw. des Eintritts der genannten Tatsachen voraus[1658]. Das entscheidende Argument der h.M.[1659] ist, daß der Zessionar der Grundschuld nicht schlechter gestellt sein dürfe als der Zessionar einer Verkehrshypothek.

Die Argumentation der h.M. ist lückenhaft und auch im Ergebnis nicht überzeugend: **1610**
Sie geht mit ihrer Wahrnehmung nur bestimmter Einreden darüber hinweg, daß die Sicherungsgrundschuld *jedenfalls* zunächst einredebehaftet ist. Eine Sicherungsgrundschuld darf nicht sofort geltend gemacht werden, sondern erst bei Fälligkeit der gesicherten Forderung und Nichtbefriedigung des Gläubigers[1660]. Damit besteht von Anfang an eine Einrede gegen die Grundschuld, nämlich die Einrede der Beschränkung der Grundschuld auf den Sicherungszweck. Nach §§ 1157, 1192 I ist diese Einrede in das Grundbuch eintragbar. Wenn ein Erwerber der Grundschuld Kenntnis vom Sicherungscharakter der Grundschuld hat, hat er die Kenntnis jener jedenfalls zunächst bestehenden Einrede, diese seine Kenntnis ersetzt im Verhältnis zu ihm die Eintragung der Einrede (§ 892 I).

Worauf der Erwerber der Grundschuld, der den Sicherungscharakter kennt, vertrauen **1611**
kann, ist nicht, daß die Grundschuld einredefrei war und ist, sondern daß die, wie er weiß, von Anfang an begründete Einrede inzwischen weggefallen ist, nämlich daß der Fall des Verwertungsrechts (auch des Rechts zur Verwertung durch Abtretung) inzwischen eingetreten ist. Insoweit vertraut der Erwerber aber nicht auf das Grundbuch, sondern auf das Verhalten oder das Wort des Zedenten. Ein guter Glaube auf dieser Grundlage wird nicht geschützt.

Der Hinweis auf die Verkehrshypothek ist schon deshalb nicht durchschlagend, weil **1612**
er die Regelung der §§ 1157, 1192 I und der von ihnen in Bezug genommenen Vorschriften nicht berührt.

Von dieser Regelung aus gesehen, ist die zum Teil bessere Verkehrsfähigkeit der Ver- **1613**
kehrshypothek eine zwangsläufige Konsequenz des Gesetzes. Die Verkehrsfähigkeit der Verkehrshypothek folgt aus §§ 1115, 1138, 1156 im klaren, anschaulichen Gegensatz zu § 1184 I: Für die Verkehrshypothek gibt es einen Schutz des guten Glaubens an die Forderung, weil das Gesetz bei der Hypothek die Forderung in das Grundbuch aufnehmen läßt und so den öffentlichen Glauben des Grundbuchs für den Erwerb der Hypothek auf die Forderung beziehen kann. Schon die Aufnahme der Forderung in das Grundbuch gibt es bei der Sicherungsgrundschuld nicht, deshalb gibt es hier auch keinen Gutglaubensschutz betreffs der Forderung[1661]. Die Folge davon ist eine eingeschränkte

[1657] *Baur/Stürner* § 45 III; *Westermann*, 7. Aufl., § 116 IV 2; *Reinicke/Tiedtke*, Gesamtschuld und Schuldsicherung, 1991, S. 210 ff; *U. Huber*, FS Serick (1992), S. 208 ff. unter Ausklammerung des Falls der Sicherung einer künftigen Forderung (insbes. Schuldsaldos beim Kontokorrentkredit), S. 223 ff., S. 237 ff.

[1658] Beispiele für die Bösgläubigkeit hinsichtlich der Nicht-mehr-Valutierung LG Düsseldorf EWiR § 1169 BGB 1/91, 149 (*Hartl*); BGH WM 1989, 305.

[1659] S. *Baur/Stürner* § 45 III 1 c; *Wolff/Raiser* § 154 VI 2, S. 642 Fn. 15.

[1660] *Baur/Stürner* § 45 III 1 b.

[1661] Wenn in der Gegenüberstellung zur Verkehrshypothek bei der Sicherungsgrundschuld vom Gutglaubensschutz hinsichtlich der Forderung gesprochen wird, ist dem nicht entgegenzuhal-

Umlauffähigkeit der Grundschuld. Dies ergibt sich aus §§ 1192 I, 1157. Wenn man sagt, die Sicherungsgrundschuld dürfe aber nicht weniger verkehrsfähig sein als die Verkehrshypothek, so ist das eine petitio principii; man statuiert eigene Annahmen in dem Vergleich von akzessorischem und nicht akzessorischem Recht. Für die Lösung ist demgegenüber die gesetzliche Regelung maßgeblich.

1614 Die gesetzliche Regelung der Einrede der Beschränkung auf den Sicherungszweck ist schließlich auch sachgerecht: Es geht um den Schutz des Sicherungsgebers in Hinsicht auf die treuhänderische Bindung des Sicherungsguts an den Sicherungszweck. Dieser Schutz darf zwar den Sicherungsnehmer in der Verfolgung des Sicherungszwecks nicht hindern. Soweit aber der Sicherungszweck gewährleistet ist, ist es weder nötig noch angemessen, daß der Sicherungsnehmer noch darüber hinaus das Sicherungsgut zum Gegenstand von – treuwidrigen – Verkehrsgeschäften macht[1662]. Nur bei der Verkehrshypothek ist der Erwerb kraft des öffentlichen Glaubens des Grundbuchs hinsichtlich des Stands der Forderung sachgerecht. Der erforderliche Schutz des Sicherungsgebers wird hier durch die Akzessorietät erreicht. Forderung und Hypothek bleiben zusammen, der Eigentümer kann nur im Rahmen der Forderung in Anspruch genommen werden, es sei denn, für die Berechtigung des Gläubigers streitet die grundbuchrechtliche Legitimation durch den Vermerk der Forderung, obwohl diese nicht mehr (voll) besteht. Davor muß sich der Eigentümer schützen, indem er dafür sorgt, daß das Grundbuch (bzw. der Brief) mit dem wirklichen Forderungsstand übereinstimmt. Oder er schließt den öffentlichen Glauben von Grundbuch oder Brief hinsichtlich der Forderung durch Eintragung einer Sicherungshypothek gänzlich aus. Auch dann aber noch, wenn der Eigentümer diese Mittel nicht gebraucht und es zum Erwerb der Hypothek kraft des öffentlichen Glaubens kommt, ist der Eigentümer geschützt, weil die Verfügung des Nichtberechtigten der Forderung zusammen mit der Hypothek gelten muß und bei Bestehen der Forderung der gutgläubige Erwerb der Hypothek den der Forderung nach sich zieht[1663].

1615 Gerade in schwankenden Kreditverhältnissen, für die nach dem Hypothekenrecht die Höchstbetragshypothek anzuwenden wäre, die kraft Gesetzes Sicherungshypothek ist (§ 1190 III), ist, wenn die Grundschuld verwendet wird, die Gefahr zu sehen, daß der Schutz des Eigentümers zu kurz kommen kann. Gegenüber treuwidrigen Zessionen der Grundschuld durch den Sicherungsnehmer bietet die h.M. keinen Schutz[1664]. Weshalb man aber Zessionen außerhalb des Sicherungszwecks fördern soll, ist nicht einzusehen, auch um des Erwerbers willen nicht. Wer den Sicherungscharakter der Grundschuld kennt, weiß, daß nur unter der Voraussetzung des Sicherungsfalls verfügt werden kann. Daß dieser Sicherungsfall vorliege, darauf kann sich der Erwerber nur dann verlassen, wenn er nicht nur bei seinem Zedenten, sondern auch beim Eigentümer nachgefragt hat. Tut er das nicht, weiß er um die Fragwürdigkeit seines Erwerbs. Welche Notwendigkeit

ten, daß es bei der Sicherungsgrundschuld dieses Gutglaubensschutzes nicht bedürfe, weil die Sicherungsgrundschuld ja nicht akzessorisch sei (so *Tiedtke*, WM 1987, 157 ff.). Es geht zwar bei der Sicherungsgrundschuld in der Tat nicht um den Schutz bezüglich der Forderung, wohl aber um den Schutz bezüglich der Einreden (§ 1157). Der gute Glaube daran, daß die Einrede der Nichterfüllung des Sicherungszwecks inzwischen weggefallen sei, ist nach dem Gesetz entgegen dem guten Glauben bei der Hypothek an die Forderung nicht geschützt.

[1662] Geradezu anstößig die Konsequenz des gutgläubigen Erwerbs einer Sparkasse im Fall BGH WM 1996, 2197 (WuB I F 3. – 1.97 –*Wilhelm)*.

[1663] Oben Rz. 1365 f.

[1664] *U. Huber* hat wenigstens für die Sicherung künftiger Forderungen und damit insbes. der Forderung auf den Saldo aus Kontokorrentkreditverhältnissen eingelenkt, FS Serick (1992), 195, 223 ff., 238.

besteht, solche fragwürdigen Geschäfte zu fördern, ist schlechterdings nicht einzusehen. Die gesetzliche Regelung ist deshalb überzeugend[1665].

Abschließend ist zu der Argumentation der h.M. gegen die Eintragbarkeit der Einrede der Beschränkung auf den Sicherungszweck und die Behandlung der Kenntnis des Erwerbers vom Sicherungszweck der Grundschuld als Kenntnis der Einrede i.S. von §§ 1192 I, 1157, 892 zu sagen: Die h.M. will der Annäherung der Sicherungsgrundschuld an die Hypothek als akzessorisches Recht wehren. Sie meint, eine Gleichbehandlung sei unzulässig. Damit folgert sie aus der Nichtakzessorietät der Grundschuld ein *Verbot*, zu Ergebnissen zu kommen, die sich ähnlich auch bei Akzessorietät ergeben. Akzessorische und nicht akzessorische Rechte sind aber nur inhaltlich verschiedene Rechte. Aus dem Inhalt sind die Folgerungen zu ziehen. Ähneln sie sich, insbesondere auf der Grundlage der Möglichkeit, Einreden gegen das nicht akzessorische Recht zu begründen, und der Behandlung der Einreden im Gesetz (im BGB nach §§ 1192 I, 1157), so ist dem nicht mit dem Akzessorietätsbegriff als Fetisch zu begegnen. **1616**

c) Die Einrede bei Zusammentreffen der Gläubigerrechte und der Haftung aus Forderung und Grundschuld je in einer Person

Für die Konstellation, daß die Gläubiger (von Grundschuld und Forderung) und auf der anderen Seite auch die Schuldner (der Schuldner der Forderung und der Eigentümer als „Schuldner" der Grundschuld) identisch sind, sei folgender Beispielsfall gegeben: E ist Eigentümer eines Grundstücks. Er nimmt einen Kredit von 100 000 € bei der Bank B auf und bestellt zur Sicherheit eine Grundschuld über 100 000 €. B klagt auf Kreditrückzahlung. **1617**

E muß zumindest, wenn er nicht sogar auf die Grundschuld zahlen kann, an die Möglichkeit denken, daß ihm im Falle seiner Zahlung aus dem Sicherungsvertrag ein Anspruch auf Rückübertragung der Grundschuld[1666] zusteht. Ob der Anspruch schon aufgrund dieser von B eingeklagten Zahlung entsteht, hängt von dem vereinbarten Sicherungszweck ab. Dieser ist häufig auf weitere, auch künftige Forderungen aus der Geschäftsverbindung bezogen. Entsteht nach dem Sicherungsvertrag aufgrund der Zahlung der Anspruch auf Rückübertragung, so hat der zahlende Eigentümer wegen des Anspruchs die Einrede des Zurückbehaltungsrechts nach § 273, d.h. bei Erhebung der Einrede ist nach § 274 I zur Leistung Zug um Zug zu verurteilen.

Es kommt weiter die Möglichkeit in Betracht, daß der Eigentümer auf Grundschuld *und* Forderung zahlt. Zu dem Erlöschen der Forderung nach § 362 I[1667] tritt die Befriedigung wegen der Grundschuld hinzu. Rechtsfolge dieser Befriedigung ist, wie im Ergebnis allgemein anerkannt ist[1668], daß die Grundschuld auf den Eigentümer übergeht. Im Hinblick darauf kommt statt der soeben erwähnten Einrede aufgrund eines Anspruchs auf Rückübertragung der Grundschuld die Einrede nach §§ 1192 I, 1144 f. wegen des Anspruchs auf Ausstellung der für eine Grundbuchberichtigung oder die Löschung der Grundschuld im Grundbuch erforderlichen Unterlagen in Betracht. **1618**

[1665] Näher *Wilhelm*, JZ 1980, 625 und NJW 1983, 2917. Falldarstellung und h.M. bei *Schwerdtner*, Jura 1986, 376 f., Fall 19. Den Argumenten von *Verf.* hat sich angeschlossen MünchKomm/*Eickmann* § 1191 Rz. 51; für die h.M. aber *ders.* in Westermann, 6. Aufl., § 132 III 2, S. 334 (anders 7. Aufl.).

[1666] Oder Aufhebung der Grundschuld oder Verzicht auf die Grundschuld.

[1667] Wenn der Eigentümer bei bestehender Möglichkeit dazu nur auf die Grundschuld zahlt, ist kraft des Sicherungsvertrags diese Befriedigung wegen der Forderung aus der Grundschuld ohne weiteres als Tilgung auch der Forderung anzusehen; s. BGH NJW 1980, 2198.

[1668] Dazu und zum Streit um die gesetzliche Grundlage des Ergebnisses Rz. 1662 ff.

1619 Üblicherweise ist aber im Sicherungsvertrag vereinbart, daß Zahlungen des Schuldner-Eigentümers nur auf die Forderung anzurechnen sind[1669]. In diesem Fall ist das Bestimmungsrecht, welches dem Eigentümer entsprechend § 366 zusteht, vertraglich eingeschränkt. Es bleibt dann, weil bei abweichender Bestimmung der Gläubiger die Leistung des Eigentümers nicht anzunehmen braucht, nur die Zurückbehaltung der Leistung auf die Forderung aufgrund der Einrede nach § 273 wegen des Anspruchs auf Rückübertragung der Grundschuld übrig.

1620 Geht B gegen E aus der Grundschuld vor (gemäß §§ 1191, 1192 I, 1147), so ist zu unterscheiden: Möglicherweise sind die sicherungsvertraglichen Voraussetzungen der Geltendmachung der Grundschuld (Fälligkeit der gesicherten Forderung und Nichtbefriedigung des Gläubigers wegen der Forderung) noch nicht erfüllt. Dann hat der Eigentümer die Einrede der Beschränkung der Grundschuld auf den Sicherungszweck, die hier die Einrede ist, daß der Gläubiger die Grundschuld wegen der Nichterfüllung der sicherungsvertraglichen Voraussetzungen nicht geltend machen darf.

1621 Ist dagegen der Sicherungsfall eingetreten, dann kann der Eigentümer jetzt noch zur Abwendung der Zwangsvollstreckung zahlen; insoweit geht es wieder um die soeben behandelten Einreden des Zurückbehaltungsrechts oder der Überlassung der erforderlichen Berichtigungs- bzw. Löschungsunterlagen.

d) Die Einrede bei Trennung der Haftung aus der Forderung und aus der Grundschuld

aa) Abschluß des Sicherungsvertrags durch den Eigentümer

1622 Sind der Schuldner der gesicherten Forderung und der mit der Grundschuld belastete Eigentümer verschiedene Personen, so ist danach zu unterscheiden, wer von den beiden den Sicherungsvertrag abgeschlossen hat. Zunächst kann der Eigentümer der Partner des Sicherungsvertrages sein. Etwa nimmt S bei B einen Kredit über 100.000 € auf. E schließt auf die Bitte des S oder, weil er diesem dazu verpflichtet ist, mit der B einen Sicherungsvertrag über die Bestellung einer Grundschuld zur Sicherung der Rückzahlungsforderung der B gegen S und bestellt der B an seinem Grundstück die Grundschuld.

1623 Klagt jetzt die B gegen S auf Kreditrückzahlung, so stehen dem S die Einreden aus dem Anspruch auf Rückübertragung der Grundschuld oder aufgrund der Rechte aus §§ 1192 I, 1144 f. nicht zu. Diese stehen allein dem Eigentümer zu, die Einreden aus Rechten nach §§ 1144 f. stehen dem Eigentümer überdies nach § 1192 I nicht bei Zahlung auf die Forderung, sondern nur bei Inanspruchnahme aus der Grundschuld zu. Die Einrede aus dem Anspruch auf Rückübertragung der Grundschuld kann freilich gerade bei Zahlung auf die Forderung zustande kommen. Was diese Einrede betrifft, kommt in Betracht, daß der Eigentümer seine Rechtsposition dem Schuldner überläßt.

1624 Als eigene Einrede des S kommt aber die Einrede wegen der Ansprüche aus § 1167 i.V. mit §§ 1144 f. in Betracht. Nach § 1167 stehen, wenn bei Befriedigung des Gläubigers durch den Schuldner nach § 1164 die Hypothek auf den Schuldner übergeht, die Rechte aus §§ 1144 f. dem Schuldner zu. § 1164 läßt die Hypothek insoweit auf den Schuldner übergehen, als der Schuldner vom Eigentümer oder einem Rechtsvorgänger des Eigentümers Ersatz verlangen kann. Hat in unserem Fall etwa der S den Kredit für Rechnung des E aufgenommen mit der Konsequenz eines Ausgleichsanspruchs nach § 670 (etwa mit § 675), so ist die Anwendung der §§ 1167, 1144 f. zugunsten des S zu prüfen. Voraussetzung der Anwendung ist, daß §§ 1164 I, 1167 nach § 1192 I für die Grundschuld gelten, d.h. daß die Vorschriften akzessorietätsunabhängig sind. Nach § 1164 I 1 wirkt sich die Zahlung des Schuldners auf die Forderung automatisch auf die

[1669] S. die Beispiele bei *Baur/Stürner* § 45 II 4 b aa und u. Rz. 1666.

Hypothek aus. Die Vorschrift ist akzessorietätsbedingt und deshalb nicht auf die Grundschuld anzuwenden.

Denkbar ist noch, § 1164 für die Sicherungsgrundschuld die abgewandelte Rechtsfolge zu entnehmen, daß der Schuldner statt des automatischen Übergangs des Grundpfandrechts gegen den Gläubiger ein Recht auf Abtretung der Grundschuld insoweit hat, als er dem Eigentümer gegenüber ersatzberechtigt ist[1670]. Nimmt man dies an, so hätte der Schuldner S in unserem Fall die Einrede des § 273 wegen dieses Abtretungsanspruchs in dem Fall, daß er gegenüber E ersatzberechtigt ist. **1625**

Dieser Abtretungsanspruch und diese Einrede im Anschluß an § 1164 I 1 sind aber abzulehnen. Der Sicherungsvertrag und nicht die gesetzliche Akzessorietätsregelung entscheidet über Widmung und Zuordnung der Grundschuld. Den Sicherungsvertragspartnern (hier Gläubiger und Eigentümer) liegt aber fern, einen Dritten mit einem Recht gegen den Gläubiger auszustatten, das sich zudem nach dem Innenverhältnis des Dritten zum Eigentümer richtet, das den Gläubiger nichts angeht. **1626**

Auch die für die Hypothek geltenden §§ 1164, 1167 beziehen den Gläubiger nicht in die Innenbeziehung zwischen Schuldner und Eigentümer ein. Nach § 1164 löst sich mit der Zahlung das dingliche Recht automatisch vom Gläubiger ab, es steht nur noch die Frage der Verteilung auf Eigentümer oder Schuldner an. Der Gläubiger ist nur von dem Anspruch nach §§ 1167, 1144 f. betroffen. Dieser richtet sich in seinem Gegenstand nach der Befriedigung des Gläubigers, nicht nach dem Ausgleichsanspruch des Schuldners. Um die Ansprüche können sich allerdings Schuldner und Eigentümer als Prätendenten streiten. In diesem Fall kann aber der Gläubiger die Urkunden hinterlegen (§ 372 S. 2). Würde man dagegen für die Grundschuld analog § 1164 einen Anspruch des Schuldners auf Abtretung der Grundschuld folgern, so hätte der Gläubiger diesen auf dem Weg der §§ 1192 I, 1154 nach dem Maß der Ersatzberechtigung des Schuldners gegenüber dem Eigentümer zu erfüllen. **1627**

S hat sich folglich hinsichtlich eines möglichen Ausgleichsanspruchs gegenüber E auf das Innenverhältnis zu E verweisen zu lassen. In diesem Innenverhältnis ist es aber möglich, daß S einen Anspruch darauf hat, daß E ihm seinen sicherungsvertraglichen Anspruch auf Rückübertragung der Grundschuld abtritt, wenn er ihn denn hat. S kann in diesem Fall seinen Anspruch gegen E durchsetzen und dann auf den zedierten Anspruch gegenüber dem Gläubiger die Einrede des § 273 stützen[1671]. Weiter kann E den S zur Geltendmachung des Anspruchs (insbesondere durch Einrede) ermächtigen: S hätte dann die Einrede, nur Zug um Zug gegen Rückübertragung der Grundschuld an E (!) zahlen zu müssen[1672]. **1628**

Geht bei Gläubigeridentität, Verschiedenheit der Schuldner und Sicherungsvertragsschluß durch den Eigentümer der Gläubiger gegen den Eigentümer vor, so hat der Eigentümer je nachdem, ob für die Grundschuld der Sicherungsfall eingetreten ist, die folgenden Verteidigungspositionen: Ist der Sicherungsfall noch nicht eingetreten (zahlt etwa der Schuldner ordnungsgemäß), so hat der Eigentümer aus dem Sicherungsvertrag die Einrede der Nichterfüllung des Sicherungszwecks. Zahlt der Schuldner seine Raten nicht, kann der Eigentümer nach § 267 auf die Schuld zahlen. Ob er dazu nach §§ 1192 I, 1142 sogar berechtigt ist, ist sogleich im Zusammenhang mit § 1143 zu klären. Durch seine Zahlung kann der Eigentümer verhindern, daß der Sicherungsfall ein- **1629**

[1670] Dafür *Dieckmann* WM 1990, 1481, 1486.

[1671] S. *Baur/Stürner* § 45 IV 4.

[1672] Eine bloße Ermächtigung des S durch E i. S. von § 362 II i.V. mit §§ 185 I, II 1, 182 I, die Erfüllung des Anspruchs des E auf Rückübertragung der Grundschuld anzunehmen, begründet nur eine Empfangszuständigkeit des S, aber kein Recht gegenüber dem Gläubiger. Der Gläubiger kann trotz einer solchen Ermächtigung an E leisten wollen, eine Einrede des S ihm gegenüber besteht dann nicht.

tritt. Hat der Schuldner voll gezahlt[1673] oder zahlt der Eigentümer voll nach § 267, so kann der Eigentümer, wenn der Sicherungszweck der Grundschuld auf die getilgte Forderung beschränkt war, zum Gegenangriff übergehen und Rückübertragung der Grundschuld verlangen.

1630 Ist der Sicherungsfall eingetreten und will der Eigentümer, aus der Grundschuld in Anspruch genommen, zur Abwendung der Zwangsvollstreckung zahlen, so muß er folgendes beachten: Zunächst steht ihm die Einrede aus §§ 1192 I, 1144 f. zu, wenn die Zahlung auf die Grundschuld erfolgt mit der Folge des Übergangs der Grundschuld auf den Eigentümer. Voraussetzung ist, daß nicht im Sicherungsvertrag Zahlung ausschließlich auf die Forderung bedungen ist. Steht die Sicherungsabrede der Zahlung auf die Grundschuld nicht entgegen, so ist bei Zahlung des mit dem persönlichen Schuldner nicht identischen Eigentümers im Zweifel von einer Zahlung nur auf die Grundschuld auszugehen. Nach konstanter Rechtsprechung des BGH[1674] bleibt die Forderung unberührt. Sie kann an den Eigentümer abgetreten werden. Macht der Gläubiger selbst sie gegen den Schuldner geltend, soll der Einwand treuwidriger doppelter Befriedigung nach § 242 zu prüfen sein.

1631 Der BGH erklärt sich damit gegen die Anwendung des § 1143 I 1, nach dem bei der Hypothek die Forderung auf den zahlenden Eigentümer übergeht[1675]. Die h.M. entnimmt nur aus dem Sicherungsvertrag zwischen Eigentümer und Gläubiger, nach dem der Eigentümer nur hilfsweise haften will und der Schuldner der Erstverpflichtete ist, in ergänzender Auslegung einen Anspruch des Eigentümers gegen den Gläubiger, daß dieser ihm die Forderung abtritt[1676]. Unter Berücksichtigung dieser h.M. muß der in Anspruch genommene Eigentümer die Einrede erheben, nur gegen Abtretung der gegen den persönlichen Schuldner gerichteten Forderung zu zahlen bzw. nur gegen diese Abtretung die Zwangsvollstreckung zu dulden.

1632 Der h.M. ist aber nicht zu folgen, der Eigentümer ist nach §§ 1192 I, 1143 geschützt. § 1143 knüpft an § 1142 und dieser wiederum an § 1141 an: § 1142 begründet bei der Hypothek das Recht des Eigentümers, bei Fälligkeit der Forderung dem Eigentümer gegenüber oder bei Leistungsberechtigung des Schuldners den Gläubiger zu befriedigen. Mit der Formulierung von der Fälligkeit dem Eigentümer gegenüber bezieht sich § 1142 auf § 1141, der den Fall regelt, daß die Fälligkeit der Forderung von einer Kündigung abhängt. In diesem Fall erklärt § 1141 für die Fälligkeit gegenüber dem Eigentümer dessen Kündigung oder die Kündigung diesem gegenüber für erforderlich. § 1141 ist, soweit er die Fälligkeit der Forderung für die Fälligkeit der Hypothek gegenüber dem Eigentümer regelt, durch die Verbindung von Forderung und Hypothek bedingt und deshalb insoweit nicht auf die Sicherungsgrundschuld anwendbar[1677]. § 1142 berücksichtigt § 1141 aber nur insoweit, als er von der Fälligkeit der Forderung gegenüber dem Eigentümer spricht. Soweit es, davon abgesehen, um das Recht des Eigentümers geht,

[1673] Zur Frage, ob der Grundschuldgläubiger bei der Verwertung anderer, insbesondere vom Schuldner gewährter Sicherheiten (deren Verwertung ist Ersatzbefriedigung wegen der Forderung) Sorgfaltspflichten gegenüber dem Eigentümer in Richtung darauf hat, daß er aus dieser Verwertung möglichst vollständige Befriedigung erlangt, BGH ZIP 1987, 764, dazu *Gaberdiel* EWiR § 242 BGB 9/87, 757.

[1674] BGH NJW 1982, 2308; BGHZ 80, 228, 230 f.; BGH NJW 1988, 2730 = WM 1988, 1259.

[1675] Und zwar vollständig, nicht etwa nur nach dem Maß des internen Regreßanspruchs des Eigentümers, s. o. Rz. 1515 ff.

[1676] S. grundlegend RGZ 150, 371 ff.; *Baur/Stürner* § 45 IV 3.

[1677] Planck/*Strecker* § 1141 Anm. 7 (dort wird die Vorschrift zwar auf die Grundschuld für anwendbar erklärt, aber unter Hinweis auf § 1192 Anm. 3, wo die Vorschrift nach der Entwurfsfassung zitiert wird, in der als Grundfall die Grundschuld geregelt war; nach dieser Fassung bezog sie sich ausschließlich auf die Fälligkeit der Grundschuld). Zu weit gegen die Anwendung des § 1141 auf die Grundschuld überhaupt Palandt/*Bassenge* § 1141 Rz. 4

den Gläubiger wegen der gesicherten Forderung zu befriedigen, ist die Vorschrift von der Akzessorietät unabhängig. Die h.M. erkennt die Akzessorietätsunabhängigkeit des § 1142 demgegenüber zu Unrecht nur für das Befriedigungsrecht bei Fälligkeit der Grundschuld, nicht für das Befriedigungsrecht bei Fälligkeit der gesicherten Forderung an[1678]. Auch das Recht des Eigentümers, sich von der dinglichen Haftung zu befreien, wenn die gesicherte Schuld fällig ist oder auch nur der Schuldner dem Gläubiger die Leistung anbieten könnte (§ 271 I, II), ist aber akzessorietätsunabhängig. Rechtfertigungsgrund ist nämlich der Sicherungszweck der Übernahme der dinglichen Haftung überhaupt; die Besonderheit der akzessorischen Haftung aus der Hypothek hat mit der Rechtfertigung des Ablösungsrechts keinen Zusammenhang. Allerdings können Gläubiger und Eigentümer die Vorschrift des § 1142 im Sicherungsvertrag abbedingen. Auch insoweit besteht aber kein Unterschied zur Hypothek.

Ist somit § 1142 zur Gänze, d.h. auch betreffend das Befriedigungsrecht bei Fälligkeit **1633**
der gesicherten Forderung, akzessorietätsunabhängig, wäre überraschend, wenn für die an § 1142 anschließende Vorschrift des § 1143 etwas anderes gelten und sie nach § 1192 I nicht auf die Grundschuld anwendbar sein würde. Akzessorietät bedeutet, daß das akzessorische Recht ein Recht zur Geltendmachung einer Forderung ist und daß sich somit alle Bewegungen hinsichtlich der Forderung auf das akzessorische Recht auswirken und daß weiter die Leistung auf das dingliche Recht zugleich auf die Forderung, die das Recht nach seinem Inhalt sichert, bezogen ist. Von einer Auswirkung im ersteren Sinne spricht § 1143 nicht; von einem Bezug im letzteren Sinne ist die Vorschrift unabhängig. Was zunächst die Akzessorietät im Sinne der Auswirkung von Forderungsbewegungen auf das dingliche Recht betrifft, bestimmt § 1143 I den Übergang der Forderung, die Vorschrift bestimmt also etwas für die Forderung, aber nicht die Auswirkung einer Bewegung hinsichtlich der Forderung auf das dingliche Recht. Eine solche Auswirkung schließt sich zwar an § 1143 an, indem nach §§ 412, 401 mit der Forderung die Hypothek übergeht. Aber das ist nicht der Regelungsgehalt des § 1143, diese Anschlußfolge ergibt sich vielmehr aus den anderen Vorschriften. Sofern, wie bei Befriedigung des Gläubigers aus der Hypothek, diese erlischt (§ 1181), verbleibt es auch bei dem Übergang der Forderung auf den Eigentümer nach § 1143.

Was sodann den Bezug der zur Ablösung des dinglichen Rechts erbrachten Leistung **1634**
auf die gesicherte Forderung betrifft, so folgt dieser Bezug zwar aus der Akzessorietät, wenn ein akzessorisches Recht gegeben ist. Das heißt aber nicht, daß der Bezug nicht auch anderweitig, also akzessorietätsunabhängig begründet sein kann. Genau dieser, von der Akzessorietät unabhängige, Bezug der Leistung, die auf das dingliche Recht erbracht wird, zugleich auf die Forderung ist aber bei der Sicherungsgrundschuld begründet. Leistung auf die Grundschuld bedeutet hier, daß dem Gläubiger anstelle der Leistung des Schuldners etwas aus dem für seine Forderung bestellten Sicherungsgut zufließt. Nach dem Sinn der Sicherung wird der Gläubiger auch auf diese Weise wegen seiner Forderung befriedigt. Die Forderung darf deshalb bei der Hypothek wie bei der Grundschuld auch *nur noch um des mit dem Schuldner nicht identischen Eigentümers willen* aufrechterhalten werden; wegen und nach dem Maß der Befriedigung des Gläubigers erlischt sie vorbehaltlich des Übergangs auf den mit dem Schuldner nicht identischen Eigentümer.

Es besteht also keinerlei Unterschied zwischen Hypothek und Sicherungsgrundschuld **1635**
im Hinblick darauf, daß die Befriedigung aus dem dinglichen Recht Befriedigung wegen

[1678] Palandt/*Bassenge* § 1142 Rz. 4; Planck/*Strecker* § 1142 Anm. 8 (die dort angeführten Nachw. aus der Rspr. ergeben die Bejahung des Befriedigungsrechts nur bei Fälligkeit der Grundschuld). Befriedigungsrecht bei Fälligkeit der Grundschuld oder Eintritt des Sicherungsfalls, Leistung des Eigentümers dann im Zweifel auf die Grundschuld, nach *Baur/Stürner* § 45 IV 2 b.

der gesicherten Forderung ist. Ein Unterschied ist nur insoweit gegeben, als die bezogene Forderung bei der Hypothek eine bestimmte im Grundbuch gekennzeichnete und nur durch förmliche Verlautbarung auswechselbare (§ 1180) ist, während bei der Grundschuld die Sicherungsvereinbarung und etwa noch eine Bestimmung in entsprechender Anwendung des § 366 entscheidet.

1636 § 1143 enthält somit keine ausschließlich auf die Akzessorietät bezogene Folge. Die Folgerung nach § 1192 I scheint zu sein: Die Vorschrift ist auf die Grundschuld anwendbar. Aber auch das wäre ein Kurzschluß. Das BGB regelt nicht die Sicherungsgrundschuld, sondern die Grundschuld. Ob § 1143 auf die Sicherungsgrundschuld anzuwenden ist, ist nicht aus § 1192 I, sondern aus dem Sinn des § 1143 zu entscheiden, wie dies soeben schon für das Ablösungsrecht nach § 1142 geschehen ist: Was § 1143 I betrifft, entspricht dieser den Vorschriften der §§ 774 I und 1225, und alle drei Vorschriften betreffen die Frage, welche Folge bei Leistung eines Sicherungs-„Schuldners" zum Schutz des Regresses dieses Sicherungsschuldners eintreten muß.

1637 Früher gab es zu diesem Schutz bei der Bürgschaft das beneficium cedendarum actionum, also den Anspruch des Bürgen auf Abtretung der Hauptforderung[1679]. Daraus hat der Gesetzgeber um der auch gegen Dritte und insbesondere in der Insolvenz des Gläubigers wirkenden Rechtsposition des Bürgen und ebenso des hypothekarisch oder durch ein Pfandrecht belasteten Eigentümers willen eine cessio legis gemacht (§§ 774 I, 1143 I, 1225)[1680]. Denselben Übergang gewährt das Gesetz in allen Fällen der Ablösung der Forderung durch einen sein dingliches Recht verteidigenden Dritten (§ 268 III, §§ 1150, 268 III). Es gibt keinen Grund, es für den der Sicherungsgrundschuld unterworfenen Eigentümer bei einem lediglich schuldrechtlichen Rechtsschutz zu belassen. Wenn der BGH dafür hält, daß § 1143 I auf dem untrennbaren Zusammenhang zwischen Forderung und Hypothek beruhe und deshalb nicht auf die Grundschuld anwendbar sei[1681], macht er aus der bloßen Forderungsbezogenheit hypothekenrechtlicher Vorschriften Akzessorietätsbedingtheit[1682].

1638 Für die nach h.M. bestehende Einrede, nur gegen Abtretung der Forderung zu zahlen bzw. nur gegen diese Abtretung die Zwangsvollstreckung in das Grundstück zu dulden, ist zu fragen, ob der Abtretungsanspruch und die auf ihn zu stützende Einrede uneingeschränkt oder nur unter der Voraussetzung und nach dem Maß einer Ausgleichsberechtigung des Eigentümers gegenüber dem Schuldner besteht[1683]. Nach der hier angenommenen Rechtslage der Anwendbarkeit des § 1143 ist die Antwort schon oben, betreffend

1679 *Jörs/Kunkel/Wenger*, Römisches Recht, 4. Aufl. 1987, bearbeitet von *H. Honsell, Mayer-Maly, Selb*, S. 286, 292.

1680 Dazu Mot., *Mugdan* II, S. 376 (betreffend Bürgschaft), III, 406 f. (betreffend Hypothek).

1681 WM 1988, 1259 ff., 1260.

1682 Die Anwendung des § 1143 ablehnend *Schanbacher*, AcP 191 (1991), 87, 88 Fn. 6. *Schanbacher* vermißt die Lücke für die entsprechende Anwendung des § 1143 auf die Sicherungsgrundschuld. Nach § 1192 I, der auf nicht akzessorietätsbedingte Vorschriften des Hypothekenrechts verweist, bedarf es keines Analogieschlusses und somit keiner Lücke. Außerdem ist die Lücke, die ohne die Anwendung des § 1143 über § 1192 I bestehen würde, offensichtlich: Die Frage, ob wie allgemein für die Sicherungsgrundschuld vom beneficium cedendarum actionum zur cessio legis überzugehen ist, wäre nicht geregelt. Nach dem allgemeinen Grundsatz, wie er in §§ 774, 1143, 1225 – aber auch in § 268 III – zum Ausdruck kommt, wäre der Schritt zumindest in analoger Anwendung des § 1143 auch für die Sicherungsgrundschuld zu vollziehen. Dementsprechend wird die cessio legis auch über die Fälle der §§ 1143 I, 1225 hinaus auf den Fall der Befriedigung des Gläubigers aus dem Pfandgegenstand zu Lasten des – nicht schuldenden – Eigentümers erstreckt (betreffend § 1181 s. o. Rz. 1514, betreffend § 1247 u. Rz. 1714).

1683 So RGZ 150, 371, 373; ebenso insbesondere *Reinicke/Tiedtke*, WM 1987, 488 ff.

die Hypothek, gegeben[1684]. Der Übergang der Forderung tritt ohne Rücksicht auf das Innenverhältnis zwischen Eigentümer und Schuldner ein. Dies sollte erst recht für den Abtretungsanspruch gelten, den die h.M. annimmt. Der Gläubiger, der hier noch abtreten muß, ist andernfalls gehalten, die Innenbeziehung zwischen Eigentümer und Schuldner im Hinblick auf die Frage zu untersuchen, inwieweit er an den Eigentümer abtreten muß. Er sollte also, wenn man der h.M. folgt, jedenfalls abzutreten haben. Seine Einwendung, der Eigentümer sei gar nicht ausgleichsberechtigt, sollte als exceptio e jure tertii zurückgewiesen werden können. Im Innenverhältnis kann der Schuldner gegen den Eigentümer die Einrede der Arglist erheben, soweit der Eigentümer gegen den Schuldner aus der Forderung vorgeht, obwohl er die Last zu tragen hat.

Zusammengefaßt ergibt sich: Wird der Eigentümer, der den Sicherungsvertrag abge- **1639** schlossen hat, ohne der Schuldner zu sein, nach Eintritt des Sicherungsfalls vom Forderungs- und Grundschuldgläubiger in Anspruch genommenen, steht ihm neben der Einrede nach § 273 wegen des Anspruchs aus §§ 1192 I, 1144 f. zusätzlich auf dem Boden der h.M., die sich gegen die Anwendbarkeit des § 1143 I entscheidet, die Einrede des § 273 im Hinblick auf seinen Anspruch auf Abtretung der Forderung gegen den Schuldner zu. Bessere Gründe sprechen für den automatischen Übergang der Forderung auf den Eigentümer nach §§ 1192 I, 1143.

bb) Abschluß des Sicherungsvertrags durch den persönlichen Schuldner

Sind bei Identität von Forderungs- und Grundschuldgläubiger der Schuldner und der **1640** Eigentümer verschiedene Personen, so kommt es etwa in folgenden Fallgestaltungen dazu, daß der persönliche Schuldner den Sicherungsvertrag abgeschlossen hat: Zunächst ist an die Fälle zu denken, daß der Schuldner Inhaber einer Grundschuld an einem fremden Grundstück ist und diese zur Sicherheit abtritt. Sodann kann etwa der ursprüngliche Eigentümer S eines Grundstücks unter Sicherung durch eine Grundschuld Kredit bei der Bank B aufgenommen und dann das Grundstück unter Anrechnung der Kreditschuld und der Grundschuld auf den Kaufpreis an den Käufer E verkauft und übereignet, der Gläubiger jedoch der Schuldübernahme durch E nicht zugestimmt haben (s. § 415 III)[1685].

Schließlich kann sich aus der Gestaltung der Kaufpreisfinanzierung selbst der Fall er- **1641** geben, daß Eigentümer und Schuldner verschieden und der Schuldner Sicherungsvertragspartner ist. Häufig wird die Gestaltung gewählt, daß die den Kaufpreis finanzieren de Bank durch eine Grundschuld gesichert wird, die der Käufer als Kreditschuldner mit

[1684] Rz. 1515 ff.

[1685] Ist die Schuldübernahme dagegen als privative wirksam, so haben wir den Fall der Identität auf der Gläubiger- und auf der Schuldnerseite vor uns. Im Fall des Kaufs mit Anrechnung des übernommenen Kredits auf den Kaufpreis besteht allerdings noch die Besonderheit, daß immer noch eine weitere Person beteiligt sein könnte, nämlich der Verkäufer, der ehemalige Schuldner, Rechte als Sicherungsvertragspartner haben könnte. In diesem Fall nimmt die Rechtsprechung jedoch die im Kaufvertrag stillschweigend vorgenommene Abtretung des Anspruchs auf Rückgewähr der Grundschuld an den Käufer an, so daß wenigstens hinsichtlich dieses Anspruchs (und der aus diesem folgenden Einrede) auch die Sicherungsvertragsbeziehung beim jetzigen Schuldner und Eigentümer ist. Die Annahme der stillschweigenden Abtretung findet sich bei BGH ZIP 1991, 434, 435; zur Entscheidung *Dieckmann*, WM 1992, 1257 ff., *Eickmann*, EWiR § 404 2/91, S. 771, *Sundermann*, JuS 1992, 733. Den Übergang des Rückgewähranspruchs im Zuge der Übernahme des gesamten Kreditverhältnisses (=Vertragsübernahme) dann, wenn der Kreditnehmer sein grundschuldbelastetes Grundstück unter Übernahme des Kredits durch den Erwerber an diesen schenkt, hat angenommen der BGH in ZIP 1986, 900 ff., mit der Besonderheit, daß zwei Söhne zu Miteigentum erwarben und ihnen, wie der BGH folgert (dazu o. Rz. 1341 Fn. 1347), auch der Rückgewähranspruch (und die daraus folgende Einrede) in Rechtsgemeinschaft zukam.

Einwilligung des Verkäufers an dem noch im Eigentum des Verkäufers stehenden Grundstück bestellt. Freilich ist in diesem Fall bei ordnungsgemäßem Verlauf in der Zeit, in der es um die Zahlung der Kreditschuld geht, die Verschiedenheit von Schuldner und Eigentümer aufgehoben: Die Bank zahlt den Kredit entweder auf Notar-Anderkonto oder (nach vorgängiger Eintragung einer Auflassungsvormerkung) direkt an den Verkäufer aus, so daß der Käufer und Kreditschuldner als Eigentümer eingetragen werden kann[1686].

1642 Geht bei fortbestehender Verschiedenheit auf der Schuldnerseite der Gläubiger gegen den persönlichen Schuldner vor, so hat dieser als Partner des Sicherungsvertrags die Einrede des Zurückbehaltungsrechts wegen seines Anspruchs auf Rückübertragung der Grundschuld. Weil der Schuldner in unseren Fällen die Grundschuld als eigene Sicherheit und nicht nur die Beschaffung der Stellung der Sicherheit durch einen Dritten geleistet hat, ist der Rückübertragungsanspruch auf die Leistung an den persönlichen Schuldner selbst gerichtet[1687]. Dies ist in dem Fall, daß der Schuldner ursprünglich Eigentümer war und das Eigentum unter Anrechnung der Kredit- und Grundschuld auf den Kaufpreis übertragen hat, auch im Innenverhältnis zwischen Schuldner und Eigentümer richtig. Ist dagegen der persönliche Schuldner im Innenverhältnis zum Eigentümer zur Zahlung verpflichtet, so folgt daraus der Anspruch des Eigentümers, daß ihm der Anspruch auf Rückübertragung der Grundschuld bzw., wenn die Rückübertragung schon erfolgt ist, die Grundschuld selbst abgetreten wird[1688].

1643 Geht der Gläubiger aus der Grundschuld gegen den Eigentümer vor, so sind für die Verteidigungsposition des Eigentümers die Unterschiede herauszuarbeiten, die sich daraus ergeben, daß der Eigentümer im Gegensatz zu der Fallgestaltung, für die im Vorangegangenen seine Verteidigungsposition entwickelt worden ist, nicht der Sicherungsvertragspartner ist. Wenn der Eigentümer nicht Partner des Sicherungsvertrages ist, steht nicht ihm, sondern dem Schuldner als Partner des Sicherungsvertrags die Einrede der Beschränkung auf den Sicherungszweck zu. Folglich muß der Eigentümer, wenn der Sicherungsfall noch nicht eingetreten ist, sich die Einrede des Schuldners nach §§ 413, 398 abtreten oder sich vom Schuldner zu ihrer Ausübung ermächtigen lassen, wenn er sie dem Gläubiger will entgegenhalten können.

1644 Was die Einreden des Eigentümers im Fall des Eintritts des Verwertungsfalls betrifft (Einrede des Zurückbehaltungsrechts wegen des Anspruchs aus §§ 1192 I, 1144 f. sowie die Einrede nach h.M. wegen des Anspruchs auf Abtretung der Forderung), ist die erste-

[1686] Im Fall BGH WM 1988, 1849 (= ZIP 1989, 12, EWiR § 185 BGB 1/89, 123 – (*Köndgen*) hatte der Käufer die Grundschuld entgegen der Abrede mit einem Sicherungszweck bestellt, der über den Kredit für die Kaufpreisfinanzierung hinausging, und die Bank hatte weder eine Kreditauszahlung auf Notaranderkonto noch eine solche an den Verkäufer getätigt. Obwohl die Bank aus der Grundschuld gegen den Verkäufer nur in Höhe der im Rahmen der Kaufpreisfinanzierung an K ausgezahlten Summe vorging, hat der BGH ihr die Grundschuld abgesprochen und dem Verkäufer, der die geltend gemachte Grundschuld abgelöst hatte, den Rückzahlungsanspruch aus § 812 I 2 Alt. 2 zuerkannt. Der Käufer habe durch die Bestellung mit dem weiten Sicherungszweck die Ermächtigung des Verkäufers (§ 185 I) überschritten, diese sei auch nicht nach § 139 unter Beschränkung auf den Kaufpreiskredit aufrechtzuerhalten. Entscheidend war demgegenüber, daß der Käufer die Ermächtigung des Verkäufers nur insoweit erhalten hatte, daß er die Grundschuld zur Sicherung eines auf Notaranderkonto oder an den Verkäufer auszuzahlenden Kredits bestellte (ausführliche Fallösung in der Vorauflage Rz. 911).

[1687] *Baur/Stürner* § 45 IV 4. Verzichtet in diesem Fall der Gläubiger ohne Einwilligung des Schuldners auf die Grundschuld, macht er sich gegenüber dem Schuldner schadensersatzpflichtig, BGH WM 1989, 210.

[1688] Dadurch wird die Rechtslage an die bei der Hypothek nach § 1163 bestehende angepaßt. Vgl. *Reinicke-Tiedtke*, WM 1987, 487 r. Sp.

re eine solche aus der Grundschuldbeziehung und steht sie also dem Eigentümer ohne Rücksicht auf den Sicherungsvertrag zu. Für die zweite Einrede, die (nach h.M.) wegen des Anspruchs auf Abtretung der Forderung in Betracht kommt, bestehen wegen der fehlenden Beteiligung des Eigentümers am Sicherungsvertrag Begründungsschwierigkeiten[1689]. Grundlage soll hier die entsprechende Anwendung des § 1143 I 1 auf die Grundschuld sein. Dies spricht dafür, wie hier vertreten, § 1143 I 1 mit der Rechtsfolge des gesetzlichen Übergangs der Forderung unmittelbar anzuwenden.

Der BGH hat den Schutz des zahlenden Eigentümers, dem der Gläubiger aufgrund des **1645** von der h.M. angenommenen Abtretungsanspruchs die gesicherte Forderung abgetreten hatte, in dem folgenden Fall verkürzt: Für die gesicherte Forderung hafteten zwei Gesamtschuldner (G1 und G2). Der Eigentümer klagt aus der ihm abgetretenen Forderung gegen G1. Der Gläubiger hatte die Grundschuld von G2 erhalten. G2 hatte sie ihm nämlich übertragen, nachdem der Eigentümer sie ihm zu Refinanzierungszwecken bestellt hatte[1690]. Der BGH gibt dem beklagten Gesamtschuldner (G1) eine Einrede, die er wie folgt begründet: Im Fall, daß in entsprechenden Fällen ein Gesamtschuldner an den Gläubiger zahle, gehe auf ihn gemäß § 426 II 1 nach Maßgabe des unter den Gesamtschuldnern bestehenden Innenverhältnisses die Forderung über. Zusätzlich stehe dem Gesamtschuldner gegen den Gläubiger ein Anspruch auf Übertragung der Grundschuld zu, und zwar entsprechend § 401. Mangels Akzessorietät könne zwar die Grundschuld der übergehenden Forderung nicht nach § 401 automatisch folgen. Nach dem Rechtsgedanken der Vorschrift müsse aber ein Anspruch auf Übertragung gewährt werden. Folglich habe der Gesamtschuldner, wenn er vom Gläubiger in Anspruch genommen werde, gegenüber dem Gläubiger die Einrede, nur gegen Übertragung der Grundschuld (nach dem Maß der Ausgleichsberechtigung unter den Gesamtschuldnern) zu zahlen. Die Einrede könne er nach § 404 dem Eigentümer entgegenhalten, wenn nach der Abtretung der Forderung der Eigentümer gegen ihn vorgehe. Diese Einrede stehe dem beklagten G1 gegen den klagenden Eigentümer zu.

Diese Konstruktion überzeugt nicht: Schon der Gedanke, daß der Gläubiger oder der Eigentümer als Zessionar nach Maßgabe des Innenverhältnisses unter den Gesamtschuldnern Teile der Grundschuld zu übertragen haben sollen[1691], zeigt, daß die Konstruktion verfehlt ist. Dem die Grundschuld ablösenden Eigentümer kommt jedenfalls die Grundschuld zu. Inwieweit er sich an der Last der gesicherten Forderung zu beteiligen hat, ist im Innenverhältnis zu den Gesamtschuldnern zu klären. In dem Fall, daß der Eigentümer die Grundschuld einem der Gesamtschuldner zu Refinanzierungszwecken zur Verfügung gestellt hat, wird zwischen ihm und diesem Gesamtschuldner die über die Lastenverteilung entscheidende Abrede getroffen sein. Zumindest hinsichtlich der Grundschuld hat der an der Hingabe der Grundschuld und ihrer Ablösung nicht beteiligte Gesamtschuldner keinerlei Zuständigkeit. Wieder ist die gesetzliche Lösung richtig: Nach §§ 1192 I, 1143 geht die Forderung auf den zahlenden Eigentümer über, dieser kann gegen beide Gesamtschuldner vorgehen[1692]. Soweit im Verhältnis zu dem einen der

[1689] Gleichwohl für diese Ableitung (aufgrund der Annahme einer entsprechenden Vertragsabsprache zugunsten Dritter) *Reinicke/Tiedtke*, WM 1987, 491.

[1690] BGHZ 80, 228 = NJW 1981, 1554 (Besprechungsaufsatz von *Reinicke-Tiedtke*, NJW 1981, 2145 ff.); paralleler Fall in WM 1987, 202 ff. (Aufsatz *Reinicke/Tiedtke*, WM 1987, 485 ff.). Ausführliche Fallösung Vorauflage Rz. 914.

[1691] Der BGH folgert sogar eine Neubegründungspflicht, wenn die Grundschuld inzwischen gelöscht sein sollte.

[1692] War der Sicherungszweck auf die Sicherung der Schuld nur eines der Gesamtschuldner beschränkt, geht die Forderung gegen diesen nach § 1143 I, die Forderung gegen den anderen Gesamtschuldner nach § 401 über. Es tritt insoweit also dieselbe Lage ein wie bei der Sicherung der Gesamtschuld insgesamt (also bei Sicherung der Forderung gegen beide Gesamtschuldner in dem Fall, daß eine Gesamtschuld mit zwei Gesamtschuldnern besteht). Dies ist

Schuldner der Eigentümer die Last zu tragen hat, steht dem betreffenden Gesamtschuldner gegen seine Inanspruchnahme die Arglisteinrede zu. Soweit ein Gesamtschuldner belastet bleibt, hat er den Ausgleich unter den Gesamtschuldnern im Innenverhältnis zu suchen[1693].

e) Die Einrede bei Trennung von Grundschuld und Forderung

1646 Fallgestaltungen mit Identität auf der Schuldnerseite (S=E), aber Personenverschiedenheit auf der Gläubigerseite können sich daraus ergeben, daß der Gläubiger entweder die Forderung oder die Grundschuld isoliert abgetreten oder sogar beide Rechte auf verschiedene Zessionare übertragen hat. In einer solchen Abtretung kann eine Verletzung des Sicherungsvertrags liegen. Was die isolierte Abtretung der Grundschuld zum Zweck der Verwertung betrifft, ist der Gläubiger dazu nur bei Eintritt des Verwertungsfalls berechtigt[1694]. Analog § 1234 muß er dem Eigentümer die Abtretung überdies vorher androhen. Ist aber der Verwertungsfall noch nicht eingetreten, verstößt der Gläubiger mit der isolierten Abtretung der Grundschuld, wenn der Vertragspartner nicht zustimmt, gegen den Sicherungsvertrag. Er begeht eine positive Vertragsverletzung (§§ 280 I, 241 II n.F.) und haftet auf Schadensersatz[1695]. Nach dem Sicherungsvertrag dient die Grundschuld zur Sicherung der im Sicherungsvertrag bestimmten Forderungen. Eine Trennung von Forderung und Grundschuld bedeutet die Gefahr der Geltendmachung der Grundschuld außerhalb des Sicherungszwecks, insbesondere die Gefahr doppelter

gerechtfertigt: Der Sicherungsgeber haftet auch dann, wenn die Grundschuld zur Sicherung der Forderung gegen einen der Gesamtschuldner hingegeben ist, – vorbehaltlich besonderer Abreden – ohne die Möglichkeit, auf den zweiten Gesamtschuldner verweisen zu können: Auch in diesem Fall steht es dem Gläubiger nämlich grundsätzlich frei, zunächst und allein denjenigen Gesamtschuldner in Anspruch zu nehmen, für den die Sicherung gegeben ist, und bei Nichtbefriedigung durch diesen auf die Sicherung zuzugreifen. Noch in der weiteren Hinsicht haftet der Sicherungsgeber, der die Schuld eines der Gesamtschuldner sichert, wie bei Sicherung der Schulden beider Schuldner: Wenn der Schuldner der ungesicherten Schuld nicht zahlt, kann der Gläubiger auf den anderen Schuldner und dann auf die dort gegebene Sicherheit zugreifen, in diesem Fall wird der Eigentümer als Sicherungsgeber also wegen der Nichtzahlung beider Gesamtschuldner in Anspruch genommen. Die Alternative der Sicherung beider oder nur einer Forderung(en) gegen zwei Gesamtschuldner ist insoweit mithin nicht bezüglich der Wirkung für eine oder beide Schulden, sondern nur bezüglich von Erweiterungen oder Beschränkungen einer der beiden Schulden nach § 425 II relevant. – Für den Übergang der Forderung gegen den zweiten Gesamtschuldner bei Sicherung nur der Forderung gegen den ersten nach § 401 im Fall der Bürgschaft zutreffend RGZ 65, 164, 169 ff.; anders BGHZ 46, 14 ff. Diskussion bei *Medicus*, Bürgerliches Recht, Rz. 942 ff.

1693 Hat im Einzelfall im Innenverhältnis zwischen zahlendem Eigentümer und einem der Gesamtschuldner der Eigentümer ganz oder teilweise die Last zu tragen, ändert das nichts am Übergang der Forderung auf den zahlenden Eigentümer: Nimmt dieser nunmehr den Gesamtschuldner in Anspruch, dem er zur (Teil-)Lastentragung verpflichtet ist, hat dieser gegen den Anspruch die Einrede des dolo facit qui petit quod statim redditurus est (§§ 1143 I, II, 774 I 3). Nimmt der Eigentümer den anderen Gesamtschuldner in Anspruch mit der Konsequenz, daß dieser nach § 426 gegen den ersteren vorgehen wird, so kann der erstere nach dem Maß seiner Ausgleichsberechtigung gegenüber dem Eigentümer dem Eigentümer entweder das Vorgehen verbieten oder dem anderen Gesamtschuldner seine Einrede abtreten. – Im Fall des BGH (s. im Text mit Fn. 1690) gehen *Reinicke/Tiedtke* a.a.O. noch über die Lösung des BGH hinaus und geben den Kl. statt der einredebehafteten vollen Forderung sogar die Forderung selbst schon nur insoweit, als die Bekl. im Innenverhältnis der Gesamtschuldner belastet waren. Die Relativität der Schuldverhältnisse wird hier noch krasser verletzt, als der BGH es tut.

1694 Vgl. *Westermann*, 7. Aufl., § 118 II; *Baur/Stürner* § 45 III 1 b.

1695 Zu beachten ist die Möglichkeit der Aufrechnung mit dem Schadensersatzanspruch mit Wirkung auch gegenüber dem Zessionar der Forderung nach § 406; s. *Schwerdtner*, Jura 1986, 378 m.w.N.

Inanspruchnahme des Schuldners bzw. von Schuldner und Eigentümer. Diese Gefahr darf der Gläubiger nicht herbeiführen; führt er sie herbei, hat er alle Schäden aus der Verwirklichung der Gefahr auszugleichen. Ebenso wie bei isolierter Abtretung der Grundschuld, ohne daß der Verwertungsfall eingetreten ist und der Gläubiger die Abtretung angedroht hat, verletzt der Gläubiger den Sicherungsvertrag durch isolierte Abtretung der Forderung oder durch Abtretung beider Rechte an verschiedene Gläubiger[1696].

Die Beschränkung der Abtretung auf die kombinierte Abtretung von Forderung und Grundschuld könnte als inhaltliche Beschränkung der Forderung (§ 399) und ebenso der Grundschuld (§§ 413, 399) vereinbart werden. Für die Grundschuld müßte die Inhaltsbeschränkung im Grundbuch eingetragen werden, die bloße Einigung reicht nicht[1697]. Eine solche Eintragung wird in der Praxis nie vorgenommen. Schon wegen der Möglichkeit der isolierten Abtretung der Grundschuld im Verwertungsfall kommt sie nicht in Betracht. Es bleibt bei der schuldrechtlichen Bindung des Gläubigers. **1647**

Über den schadensersatzrechtlichen Schutz bei vertragswidriger Abtretung hinaus ist der Schutz zu überlegen, der S=E zukommt, wenn er in Fällen isolierter Abtretung aus den beiden Rechten in Anspruch genommen wird. Hat der Gläubiger, der der Partner des Sicherungsvertrags ist, die Forderung abgetreten, ist er also nur noch Grundschuldgläubiger, und geht er aus dieser gegen S=E vor, so hat S=E die Einrede der Beschränkung auf den Sicherungszweck. **1648**

Geht der Zessionar der Forderung gegen S=E vor, so braucht S=E nur gegen Rückübertragung der Grundschuld (oder Aufhebung oder Verzicht) zu zahlen. Diese Einrede des Zurückbehaltungsrechts wirkt nach § 404 gegen den Zessionar. **1649**

Hat S=E die Grundschuld abgelöst, so ist nach *Reinicke/Tiedtke*[1698] die Ablösungszahlung auf die Forderung zu verrechnen und wirkt das Erlöschen der Forderung nach § 404 gegen den Zessionar. Das ist nicht zutreffend: In der Tat ist die Ablösung der Grundschuld durch S=E in seinem Verhältnis zum Partner des Sicherungsvertrags zugleich Tilgung der Forderung. Hatte S=E schon vor der Abtretung der Forderung abgelöst, ist die Forderung erloschen und war die Abtretung an den Zessionar also gegenstandslos. Löst S=E aber erst nach der Abtretung ab, so ist diese Befriedigung des Altgläubigers nur nach § 407 gegen den Zessionar wirksam. **1650**

Hat der Gläubiger die ihm gewährte Sicherungsgrundschuld abgetreten, ist er also nur noch Forderungsgläubiger und geht er aus der Forderung vor, so hat S=E gegen ihn die Einrede des Zurückbehaltungsrechts wegen des Anspruchs auf Rückübertragung der Grundschuld (etc). Geht der neue Grundschuldgläubiger aus der Grundschuld vor, obwohl nach dem Sicherungsvertrag mit dem Altgläubiger die Verwertungsvoraussetzungen nicht erfüllt sind, so ist das Fortbestehen der Einrede der Beschränkung der Grundschuld auf den Sicherungszweck zu prüfen, die S=E aus dem Sicherungsvertrag gegen den Altgläubiger zustand. Nach §§ 1192 I, 1157 gilt die Einrede auch gegen den Erwer- **1651**

[1696] Die nach dem Sicherungsvertrag geltende Beschränkung der Abtretung vor Verwertungsreife auf die kombinierte Abtretung von Forderung *und* Grundschuld, vorbehaltlich der Zustimmung des Kunden, war in den früheren Bankbedingungen (Ziff. 21 III 2 AGB Banken) ausdrücklich zugesichert. In den AGB-Private Kreditinstitute vom 1.1.1998 ist die Bestimmung nicht mehr enthalten. Ihrer bedarf es auch nicht.

[1697] Hat man sich auf die Inhaltsbeschränkung geeinigt, ist aber unbeschränkt eingetragen worden, so ist mangels Eintragung keine inhaltlich beschränkte Grundschuld entstanden. Ob andererseits mangels Einigung in jenem Punkt überhaupt keine Grundschuld entstanden ist, ist wieder entsprechend § 139 zu entscheiden (zu einem anderen Fall der Anwendung des § 139 o. Rz. 565).

[1698] WM 1987, 486 l. Sp.

ber, es sei denn es waren weder sie noch ein Widerspruch im Grundbuch eingetragen und der Erwerber hatte keine Kenntnis von der Einrede[1699].

1652 Hat der Gläubiger beide Rechte an verschiedene Zessionare abgetreten, so liegen die Fälle der Abtretung der Forderung und der Abtretung der Grundschuld kombiniert vor. Es sind also die Überlegungen zu beiden Fällen nebeneinander anzuwenden.

f) Die Einreden bei Trennung sowohl auf der Aktiv- als auch auf der Passivseite

1653 Der Vollständigkeit halber seien die noch komplizierteren Fälle angesprochen, daß sowohl auf der Schuldner- als auch auf der Gläubigerseite Personenverschiedenheit besteht. Zunächst gilt der Schadensersatzschutz des Sicherungsgebers bei Verletzung des Sicherungsvertrags durch isolierte Abtretung von Forderung oder Grundschuld auch hier. Sodann gilt weiter: Hat der Gläubiger die Forderung abgetreten und geht er als Grundschuldgläubiger gegen den Eigentümer vor, so ist zu unterscheiden, ob der Eigentümer oder der persönliche Schuldner Partner des Sicherungsvertrags ist. Ist der persönliche Schuldner Sicherungsvertragspartner, so hat der Eigentümer die Einreden aus dem Sicherungsvertrag nur bei Abtretung oder Ermächtigung. Ist der Eigentümer der Sicherungsvertragspartner, so hat er die Einrede der Beschränkung der Grundschuld auf den Zweck der Sicherung der Forderung.

1654 Geht im Fall der Zession der Forderung der neue Gläubiger der Forderung gegen den persönlichen Schuldner vor, so hat dieser, wenn er der Partner des Sicherungsvertrags ist, die Einrede der Zahlung nur gegen Rückübertragung der Grundschuld und wirkt diese nach § 404 auch gegen den neuen Gläubiger. War der Eigentümer Sicherungsvertragspartner, kann der Schuldner dessen Rechte aus dem Sicherungsvertrag dann gegen den Zessionar geltend machen, wenn der Eigentümer vor der Zession ihm die Rechte abgetreten oder ihn zu ihrer Ausübung ermächtigt hat.

1655 Hat andererseits der Gläubiger die Grundschuld abgetreten und geht der alte Gläubiger aus der Forderung gegen den persönlichen Schuldner vor, so hat, wenn der Schuldner Partner des Sicherungsvertrags ist, er die Einrede der Zahlung gegen Rückübertragung der Grundschuld. Ist der Eigentümer Sicherungsvertragspartner, kann der Schuldner nur bei Abtretung und Ermächtigung Einreden aus dem Sicherungsvertrag erheben.

1656 Geht im Fall der Abtretung der Grundschuld der neue Grundschuldgläubiger gegen den Eigentümer vor, so hat dieser, wenn nicht er, sondern der persönliche Schuldner Partner des Sicherungsvertrags ist, Einreden aus dem Sicherungsvertrag nur unter folgenden Voraussetzungen: Der persönliche Schuldner muß ihm die Rechte vor der Zession der Grundschuld übertragen oder ihn zu ihrer Ausübung ermächtigt haben. In diesem Fall gelten die Einreden gegen den neuen Gläubiger im Rahmen der §§ 1192 I, 1157. Ist der Eigentümer selbst Sicherungsvertragspartner, kann er die eigene Einrede der Beschränkung der Grundschuld auf den Sicherungszweck im Rahmen der §§ 1192 I, 1157 erheben.

1657 Hat der ursprüngliche Gläubiger Forderung und Grundschuld an verschiedene Zessionare abgetreten, so sind die zum Fall der Abtretung der Forderung als auch die zu dem der Abtretung der Grundschuld angestellten Überlegungen zusammen anzuwenden.

g) Anwendungsfälle aus der Rechtsprechung

1658 1. Fall[1700]: Die Bank B gewährt dem Bekl. Kredit über 100.000 DM. Der Bekl. tritt zur Sicherheit zwei am 1.1.1978 bestellte Grundschulden über den Gesamtbetrag von 80.000 DM nebst Zinsen

[1699] Zum Meinungsstreit in diesem Punkte oben Rz. 1605 ff. Nach hiesiger Auffassung sind §§ 1192 I, 1157 auf die Einrede der Beschränkung der Grundschuld auf den Sicherungszweck anzuwenden. Wie festgestellt, hatte der Erwerber Kenntnis von der Einrede, wenn er den Sicherungscharakter der Grundschuld kannte.

von 15 % zu Lasten des Grundstücks des E (Bruders des Kl.) ab. Er gerät in Verzug. Daraufhin tritt B die Darlehensforderung an den Kl. und in dessen Auftrag die Grundschulden an die W-Bank ab, die dafür der B den bei dieser offenen Betrag der Darlehensschuld des Bekl. überweist. Der Kl. klagt 1980 gegen den Bekl. auf Zahlung von 20.000 DM.

Im Fall sind die Gläubiger (Kl. und W-Bank) und Schuldner und Eigentümer (Bekl. und E) verschieden. Der ursprüngliche Gläubiger (B) hat Forderung *und* Grundschuld an verschiedene Gläubiger abgetreten, kein Gläubiger ist also Sicherungsvertragspartner. Auf der Schuldnerseite ist der persönliche Schuldner Sicherungsvertragspartner. Der Forderungsgläubiger geht gegen den persönlichen Schuldner vor.

Zu prüfen ist, ob die Darlehensforderung der B wirksam auf den Kl. übergegangen und auch nicht in der Zwischenzeit erloschen ist, sodann, ob der Bekl. Einreden gegen die Forderung erheben kann. Die Abtretung könnte wegen der Bedingung in den AGB der Banken unwirksam sein[1701], die zum Inhalt hat, daß Forderung und Grundschuld nicht ohne Zustimmung des Verpflichteten getrennt abgetreten werden. Voraussetzung für die Unwirksamkeit ist, daß diese Bedingung eine Inhaltsbeschränkung im Sinne von § 399 BGB begründet. Eine solche komplizierte Selbstbeschränkung sogar hinsichtlich der Wirksamkeit von Verfügungen über ihre Rechte ist aber bei Banken nicht anzunehmen. Die Bankbedingung hat nur schuldrechtliche Wirkung[1702].

Die Forderung könnte sodann durch Befriedigung des Gläubigers (der B) aus der Grundschuld untergegangen sein. Hier hat B aber nicht die Grundschuld zur Befriedigung wegen der Darlehensforderung abgetreten, sondern das ganze Kreditverhältnis abgegeben: Die Forderung war auf den Kl. übergegangen, die Grundschuld hätte als Sicherung der Forderung fortbestehen können; daß der Kl. den Forderungserwerb durch Kredit der W finanziert hat und die Grundschuld zur Sicherung der Forderung der W aus dieser Finanzierung auf die W hat übertragen lassen[1703], macht nur aus dem bisher einstufigen ein zweistufiges Kreditverhältnis. In diesem wäre eine spätere Verwertung der Grundschuld durch W dem erststufigen Gläubiger (dem Kl.) zuzurechnen. Aber erst diese wäre Verwertung, vorher ist es noch nicht zur Verwertung gekommen. Die an den Kl. abgetretene Forderung ist also nicht durch Verwertung der Grundschuld erloschen. Weitere Erlöschensgründe sind nicht ersichtlich. Die Forderung besteht also.

Gegen die Forderung könnte der Bekl. eine Einrede erheben. Eine Einrede könnte im Verhältnis zu B begründet worden sein und nach § 404 im Verhältnis zum Kl. fortbestehen. Im Verhältnis zu B kam für den Bekl. (als Sicherungsvertragspartner) die Einrede des Zurückbehaltungsrechts wegen seines Anspruchs auf Rückübertragung der Grundschuld in Betracht. Voraussetzung ist, daß der Bekl. bei Zahlung auf die Forderung die Grundschuld zurückverlangen könnte. Ein solcher Anspruch besteht bei Tilgung der gesicherten Forderung. Der Kl. verlangt freilich nur die vom Hauptbetrag der Grundschulden nicht gedeckten 20.000 DM aus der Kreditsumme. Es könnte deshalb trotz der Zahlung des Kl. noch die gesicherte Kreditforderung in Höhe von 80.000 DM zurückbleiben. Die Grundschulden sichern aber nicht wegen ihres Betrags von 80.000 DM nur eine Kreditsumme von 80.000 DM. Vielmehr sind die Grundschuldzinsen ebenfalls Sicherungsbetrag für den Kredit. Nach über zwei Jahren Laufzeit der Grundschuld betragen die Zinsen mindestens 24.000 DM, so daß der ganze Kreditbetrag gedeckt ist. Die mit der Klage begehrte Zahlung des Bekl. würde also einen Teil der gesicherten Forderung tilgen.

Zu fragen ist, ob schon bei Teilrückzahlung der gesicherten Forderung ein Anspruch auf Rückgewähr der Grundschuld besteht. In Betracht kommt die Rückgewähr eines Teils der Grundschuld. In den Sicherungsbedingungen wird dies aber in der Regel, wie es auch in casu zutraf, ausgeschlossen. Andererseits ist zu sehen, daß der Kl. nicht durch Erhebung einer Teilklage den Bekl. um seine Einrede bringen kann. Der BGH behält dem Bekl. vor, volle Zahlung anzubieten. In diesem Fall dürfe der Kl. nur ein Urteil auf Leistung Zug um Zug bekommen (§ 274 I). Der Kl. sei durch ein solches Urteil über einen Teilbetrag, gegen den er die gesamte Sicherheit herausgeben

1700 BGH NJW 1982, 2768 (Zahlen des Sachverhalts abgeändert).

1701 Oben Rz. 1646 Fn. 1696. Zur Zeit des Falles gab es die Bedingung noch.

1702 Der BGH verweist dafür in unserer Entscheidung auf BGH NJW 1972, 1463, 1464, wo aber auch schon ohne weitere Begründung von der bloß schuldrechtlichen Bedeutung der Vereinbarung ausgegangen wird.

1703 Der BGH meint, der Kl. sei dazu im Verhältnis zum Bekl. nicht berechtigt gewesen. Der Sicherungsvertrag mit der Bankbedingung bindet den Kl. aber nicht. Der Kl. ist nur nach §§ 404 ff. den Wirkungen aus dem Verhältnis des Bekl. zu B ausgesetzt.

muß, nicht benachteiligt; er brauche daraus ja nicht zu vollstrecken, sondern könne mit der Vollstreckung bis zur Titulierung der Gesamtforderung warten.

Die Annahme, die Einrede des Bekl. hänge davon ab, daß er die gesamte Zahlung anbietet, ist problematisch. Bietet der Bekl. nicht die Gesamtzahlung an – ist er etwa dazu noch gar nicht in der Lage – und würde er sodann ohne Einschränkung zur Teilzahlung verurteilt, so könnte er, da der Kl. nicht über die Grundschuld verfügt, nicht sicher sein, daß er letztlich, wenn er schließlich zur Restzahlung imstande sein wird, die Grundschuld erhält. In diesem Fall könnte der Kl. zwar die Restzahlung nicht ohne Übertragung der Grundschuld erreichen, die erste Zahlung hätte er aber bereits vereinnahmt. Dem Bekl. muß deshalb, auch wenn er nicht die Gesamtzahlung anbietet, eine Einrede gegeben werden, und zwar die Einrede, nur gegen Sicherstellung zu leisten, daß bei Restzahlung die W-Bank die Grundschulden an ihn übertragen wird. Zu dieser Sicherstellung muß der Kl. erreichen, daß sich W dem Bekl. gegenüber entsprechend verpflichtet und daß zur Sicherung dieses Anspruchs eine Vormerkung eingetragen wird.

Der Kl. hat also je nachdem, ob der Bekl. aufgrund des Angebots der Gesamtzahlung die Einrede der Zurückbehaltung wegen des Anspruchs auf Rückgewähr der Grundschulden oder ohne dieses Angebot die Einrede des Anspruchs auf Sicherstellung wegen der Rückgewähr der Grundschulden bei Restzahlung erhebt, einen Anspruch auf Zahlung von 20.000 DM Zug um Zug gegen die eine oder die andere Leistung.

1659 2. Fall[1704]: A.P. lebte in vorprozessualen Zeiten einmal in nichtehelicher Lebensgemeinschaft mit der späteren Bekl. zusammen. Diese bestellt ihm 1973 eine Grundschuld über 178.000 DM. 1974 tritt A.P. diese an die R.P. ab. 1975 erklärt die Bekl. dem A.P. in einem abstrakten Schuldanerkenntnis, daß sie ihm den Betrag von 185.000 DM schulde. 1976 tritt A.P. seine (Rest)-Forderung an die spätere Kl. ab. Diese bekommt 1979 die Grundschuld hinzu. R.P. zediert ihr nämlich 1979 die Grundschuld. Im Urteil ist von Zahlungen an A.P. in Höhe von 36.000 DM auf die Schuld aus dem Schuldanerkenntnis die Rede, für die eine unterschiedliche Streit- und Prozeßlage besteht. Wir wollen von einer unstreitigen Zahlung der Bekl. an A.P. in Höhe von 36.000 DM auf das Schuldanerkenntnis ausgehen. Die Kl. heiratet A.P. Während des Prozesses ist die Kl. verstorben. A.P. hat sie beerbt und führt den Prozeß fort. Geklagt wird aus der Grundschuld auf Duldung der Zwangsvollstreckung zur Erhebung einer Geldsumme von 178.000 DM.

Die Bekl. ist Eigentümerin und Schuldnerin. Aufgrund der beiden Abtretungen durch A.P. waren die Gläubiger zunächst nicht identisch (Kl., R.P.) und kein Gläubiger war Sicherungsvertragspartner. Erst im Nachhinein ist die Forderung zur Grundschuldgläubigerin gekommen, die sodann von dem ursprünglichen Gläubiger A.P. beerbt worden ist. Dieser geht gegen die Bekl. aus der Grundschuld vor.

Die Klage ist begründet, wenn und soweit die Grundschuld zugunsten der Kl. bestand und damit auf A.P. als Erben der Kl. übergegangen (§ 1922 I) und wenn sie darüber hinaus einredefrei ist. Zunächst muß die Grundschuld wirksam bestellt und auf die Kl. übertragen worden sein. Die erforderlichen Bestellungs- und Zessionsakte bis hin zur Kl. sind nach dem Sachverhalt zustandegekommen. Für eine Beschränkung der Abtretbarkeit der Grundschuld im Sinne von §§ 413, 399 fehlt die Eintragung. Für die Einschränkung der Einigung, aufgrund deren die unbeschränkte Eintragung unrichtig und damit die Grundschuld möglicherweise nicht wirksam bestellt worden sein könnte, fehlt der eindeutige Anhaltspunkt, der angesichts der durchgehend die Beschränkung der Abtretbarkeit vermeidenden Praxis erforderlich wäre. Die Kl. (und von ihr nach § 1922 I A.P.) hat die Grundschuld also erworben.

Der Kl. bzw. A.P. könnte aber wegen der Zahlung von 36.000 DM die Grundschuld nicht in voller Höhe zustehen. Von den gezahlten 36.000 DM kommt allerdings nur der Betrag von 29.000 DM für eine Anrechnung auf die Grundschuld in Betracht. Nach § 366 II ist mangels ersichtlicher Bestimmung seitens der Bekl. die Zahlung zunächst auf den ungesicherten Teil der Forderung anzurechnen; der Grundschuldbetrag von 178.000 DM läßt von der Schuld in Höhe von 185.000 DM einen Betrag von 7.000 DM ungedeckt, aus der Zahlung von 36.000 DM entfällt also ein Betrag von 7.000 DM auf diesen ungedeckten Teil. Für die Anrechnung auf die Grundschuld kommt nur der Restbetrag in Höhe von 29.000 DM in Betracht.

In Höhe von 29.000 DM hätte die Zahlung die Berechtigung der Kl. hinsichtlich der Grundschuld dann gemindert (wäre nämlich die Grundschuld dann auf die Bekl. übergegangen), wenn sie eine Zahlung auf die Grundschuld und als solche gegenüber der Grundschuldgläubigerin wirksam war. Ersteres ist zweifelhaft: Häufig wird Zahlung, insbesondere Teilzahlung, nur auf die

[1704] Der Grundschuld-Kreislauf-Fall: BGH WM 1986, 1386.

Forderung vereinbart. Die Frage kann hier aber dahinstehen: Die Zahlung ist an A.P. erfolgt. Selbst wenn sie Zahlung auf die Grundschuld war, war sie doch immerhin keine wirksame Zahlung. Nach §§ 1192 I, 1156 gilt die Empfangsberechtigung des eingetragenen Gläubigers, und das war zur Zeit der Zahlung R.P. Ob die Kl. von der Zahlung gewußt hat, ist unerheblich, da sie von R.P. als Berechtigter erworben hat.

Der Kl. (und nach § 1922 I nach ihr dem A.P.) stand mithin die Grundschuld in voller Höhe zu.

Die Bekl. könnte gegen die Grundschuld aber die Einrede der Nichtvalutierung in Höhe von 29.000 DM erheben. Die §§ 1192 I, 1157 setzen dafür voraus, daß die Einrede vor der Abtretung der Grundschuld entstanden war. Die Zahlung war aber erfolgt, nachdem A.P. die Grundschuld an R.P. zediert hatte, folglich war R.P. die Einrede nicht entgegenzuhalten. Was die Kl. betrifft, kommt es auch hier auf deren etwaige Kenntnis von der Zahlung nicht an, da sie von R.P. als auch insoweit Berechtigter erworben hat.

Bei dieser Prüfung einer Einrede der Nichtvalutierung läßt es der BGH bewenden. Er erkennt ja nach seiner Rechtsprechung nur die Einreden aufgrund bestimmter Vorgänge und Tatsachen bezüglich der Grundschuld, insbesondere die Einreden der Nichtvalutierung an[1705]. Nach dem oben[1706] Ausgeführten ist aber die von Anfang an bestehende Einrede der Nichterfüllung des Sicherungszwecks zu beachten. Diese war schon vor der Abtretung an R.P. begründet und R.P. kannte sie schon dann, wenn sie den Charakter der Grundschuld als Sicherungsgrundschuld kannte. Daß in Höhe des gesamten Betrags, insbesondere also in Hinsicht auf die streitigen 29.000 DM, der Sicherungsfall eingetreten war, konnte sie bzw. konnten ihre Rechtsnachfolger (für die das gleiche gilt, wenn sie den Charakter der Grundschuld als Sicherungsgrundschuld kannten) nur *glauben*, den öffentlichen Glauben des Grundbuchs hatten sie dafür nicht.

Der Meinungsstreit und in dem Falle, daß man der hier vertretenen Meinung folgt, die Frage der Kenntnis des Charakters der Grundschuld als Sicherungsgrundschuld auf Seiten der R.P. und der Kl. könnten dahingestellt bleiben, wenn der Klage die entsprechende Einrede auf anderer Grundlage entgegenzuhalten wäre. Möglicherweise muß sich A.P., der den Prozeß fortführt, schon als ursprünglicher Grundschuldgläubiger die Einrede entgegenhalten lassen. Wäre er Grundschuldgläubiger geblieben, würde die Einrede gegen ihn gelten. Zu fragen ist, ob er sich so behandeln lassen muß, als wäre die Grundschuld in seiner Hand geblieben. Grundlage dafür könnte ein Schadensersatzanspruch aus positiver Verletzung des Sicherungsvertrags (§§ 280 I, 241 II n.F.) sein. Nach diesem durfte A.P. die Grundschuld nicht – mit der Gefahr doppelter Inanspruchnahme des Schuldners – isoliert abtreten. Diese Pflicht hat er verletzt. Mit der vollen Geltendmachung der Grundschuld auch in Höhe des schon einmal gezahlten Betrags von 29.000 DM ist die Gefahr verwirklicht. Im Wege des Schadensersatzes hat A.P. diese Folge auszugleichen. D.h. ihm ist die Einrede so entgegenzuhalten, wie wenn er sich vertragsgemäß verhalten hätte. Der Klage ist mithin nur in Höhe des Grundschuldbetrages abzüglich von 29.000 DM (d.h. in Höhe von 149.000 DM) stattzugeben.

3. Fall[1707]: Für einen Kredit hafteten Eheleute als Gesamtschuldner. Der Kredit war bei einer Sparkasse für das Friseurgeschäft der Ehefrau aufgenommen worden. Zur Sicherung war eine Grundschuld an einem Nachlaß-Grundstück von einer Erbengemeinschaft bestellt, die aus der Ehefrau und ihrem Vater bestand. Nach den Sicherungsbedingungen diente die Grundschuld zur Sicherung aller gegenwärtigen und künftigen Forderungen aus der Geschäftsverbindung mit den Eheleuten. Angehängt war die Formulierung, daß, wenn Kreditnehmer eine Personenmehrheit sei, auch die Forderungen gegen jede Einzelperson einbezogen seien. **1660**

Die Erbengemeinschaft hat das Grundstück veräußert und den Kaufpreis zur Ablösung der Grundschuld an die Sparkasse gezahlt. Diese verrechnet die Zahlung aber nicht auf die Gesamtschuld, sondern auf einen Überziehungskredit, der bei der Ehefrau zusätzlich entstanden war. Hinsichtlich der aus dem Gesamtschuldkredit offenen Summe erwirkt sie gegen die Ehefrau einen Vollstreckungsbescheid (diese hatte den Mahnbescheid also ohne Widerspruch hingenommen[1708]) und klagt sodann zusätzlich gegen den Ehemann als Gesamtschuldner.

Es handelt sich danach um die Fallgestaltung mit Gläubigeridentität (Kl.), Personenverschiedenheit auf der Schuldnerseite (Erbengemeinschaft, Eheleute) und Sicherungsvertragsschluß durch

1705 Oben Rz. 1605 ff.

1706 Eben dort.

1707 BGH NJW 1988, 2730 ff., dazu *Tiedtke*, EWiR § 1191 BGB 4/88, 1087 f. sowie nochmals JZ 1988, 1006 ff.

1708 § 699 ZPO.

die Erbengemeinschaft als Eigentümer. Die Erbengemeinschaft hatte gezahlt, die Gläubigerin geht gegen den beklagten Ehemann als einen der persönlichen Schuldner vor.

Der BGH verneint die Tilgungswirkung der Zahlung der Erbengemeinschaft auf die Forderung. Die Forderung sei auch nicht nach § 1143 oder § 426 II[1709] auf die Erbengemeinschaft übergegangen. Die Kl. sei also noch Inhaberin der Forderung.

Zu prüfen sei bei Vorgehen aus der Forderung trotz Befriedigung aus der Grundschuld der Einwand treuwidriger Doppelbefriedigung. Dieser sei unbegründet, wenn die Sparkasse die Zahlung der Erbengemeinschaft statt auf den Gesamtschuldkredit auf den Überziehungskredit der Ehefrau habe anrechnen dürfen. Ob dies schon aus dem weit gefaßten Sicherungszweck gerechtfertigt sei, sei – im Hinblick auf Zweifel an dessen Vereinbarkeit mit dem AGB-Gesetz[1710] – fraglich. Aber die Parteien des Sicherungsvertrags hätten noch nachträglich die zusätzliche Anrechnungsmöglichkeit bestimmen können. Der entsprechenden Anrechnung durch die Sparkasse habe die Erbengemeinschaft nicht widersprochen, im Gegenteil habe die Ehefrau als zweite Gesamtschuldnerin es hingenommen, daß ungeachtet der Grundschuldverwertung gegen sie noch aus dem Gesamtschuldkredit vorgegangen wurde. Einen gegen die Anrechnung seitens der Sparkasse gerichteten Willen der Erbengemeinschaft habe der Bekl. somit nicht dargetan. Wenn sich nicht die Behauptung des Bekl. noch als richtig erweisen sollte, daß die Sparkasse sich ihm gegenüber zur Anrechnung auf den Gesamtschuldkredit verpflichtet gehabt habe, müsse der Bekl. als Gesamtschuldner verurteilt werden.

Mit Recht hat *Tiedtke*[1711] gegen die Lösung des BGH eingewandt, daß die Änderung des Sicherungszwecks Vertragsänderung ist und deshalb einen Vertrag voraussetzt. Dies erfordert die Erklärung eines Änderungswillens auf beiden Vertragsseiten. Da aber sowohl die Verrechnung durch die Sparkasse als auch deren Hinnahme durch die Erbengemeinschaft aufgrund des weit gefaßten Sicherungszwecks geschehen sein konnten, der, wenn er wirksam war, eine Änderung entbehrlich machte, hat der BGH solche Änderungserklärungen in Wirklichkeit nicht festgestellt.

Auch *Tiedtke* hält freilich für möglich, daß überhaupt nach dem Ansatz des BGH noch nachträglich der Sicherungszweck über den Kopf des verklagten Gesamtschuldners hinweg geändert werden konnte. *Tiedtke* geht zutreffend davon aus, daß die Befriedigung aus der Grundschuld entgegen dem Ansatz des BGH die Forderung tilgt, vorbehaltlich des Übergangs der Forderung auf den ausgleichsberechtigten Eigentümer, hier die Erbengemeinschaft. *Tiedtke* meint aber, daß, weil hier die Forderung an die Erbengemeinschaft abgetreten werden konnte, diese die Forderung sogleich wieder – und zwar als frei geltendzumachende – auf den Gläubiger hätte zurückabtreten können. Die Änderung der Anrechnungsvereinbarung ersetze nur diese Rückabtretung und sei deshalb möglich.

Man muß demgegenüber bedenken, daß nach dem Sachverhalt der Ehemann den Kredit für das Friseurgeschäft seiner Ehefrau mit aufgenommen hatte und für den Kredit eine Sicherheit an einem Grundstück bestellt war, welches der Ehefrau immerhin gesamthänderisch mitgehörte. Alles dies – auch das erstere, wie aus der Praxis von Bankkreditverhandlungen zu unterstellen ist – war der Sparkasse bekannt. Damit war der Ehemann in einen Kredit zugunsten seiner Ehefrau in der Erwartung mit eingetreten, daß der Kredit von Seiten seiner Ehefrau abgesichert war, d.h. daß bei Geltendmachung der Grundschuld er sich nur mit Vater und Ehefrau auseinanderzusetzen hatte und daß bei dieser Auseinandersetzung die Letztbelastung der Ehefrau mit dem Kredit berücksichtigt werden würde.

Die Änderung der Sicherungsbedingungen mit der Folge, daß die Grundschuld nicht mehr notwendig zu dem Kredit gehörte, für den der Ehemann mit geradezustehen hatte, betraf danach ein einheitliches Vertragsverhältnis, in das die Sicherung, als den Ehemann mitbetreffend, mit hineingehörte. Eine solche Änderung konnte – entgegen dem BGH und *Tiedtke* – nicht ohne Zustimmung des Ehemanns vereinbart werden. Richtiger Ansicht nach war die Zahlung der Erbengemeinschaft auf den Gesamtschuldkredit zu beziehen (und die Forderung gegen die Gesamtschuldner nach § 1143 I auf die Erbengemeinschaft übergegangen).

[1709] Zur Frage des Bestehens eines Gesamtschuldverhältnisses zwischen persönlichem Schuldner und Eigentümer bei der Sicherungsgrundschuld u. Rz. 1668 Fn. 1721.

[1710] Dazu o. Rz. 1581 ff.

[1711] EWiR a.a.O.

10. Rechtsfolgen der Befriedigung des Gläubigers

a) Zusammenhang mit dem Thema der Geltendmachung

Rechtsfolgen der Befriedigung des Gläubigers sind, soweit sie Grundlagen von Einreden oder (was § 1143 betrifft) von solchen abzugrenzen sind, schon im vorigen Abschnitt über die Geltendmachung der Rechte mit behandelt worden. Im folgenden wird eine Zusammenfassung mit einzelnen Ergänzungen gegeben. **1661**

b) Befriedigung bei Identität von Schuldner und Eigentümer

Leistet der Schuldner, der auch der Eigentümer ist (S=E), auf die Forderung, ergeben sich die Rechte aus dem Sicherungsvertrag des S=E mit dem Grundschuldgläubiger. Ist mit der Leistung der Sicherungszweck erledigt, ist der Gläubiger verpflichtet, die Grundschuld auf den Eigentümer zurückzuübertragen oder auf sie zu verzichten, es sei denn, S=E verlangt die Aufhebung der Grundschuld. Leistet S=E auf die Grundschuld, so wirkt dies ebenfalls als Tilgung der Forderung: Es erfolgt ja die Befriedigung des Gläubigers aus dem Sicherungsgut, das dem Leistenden selbst gehört. **1662**

Im Gesetz nicht eindeutig geregelt ist, was bei Zahlung des Eigentümers auf die Grundschuld mit der Grundschuld geschieht. Es besteht darüber Einigkeit, daß die Grundschuld auf den Eigentümer übergeht. Streitig ist die Grundlage des Rechtsübergangs. *Westermann*[1712] wendet § 1163 I 2 an, das RG[1713] die §§ 1142, 1143 analog und *Wolff*/Raiser[1714] – wieder analog – §§ 1168, 1170. **1663**

Das RG hat sich auf die Regelung der Grundschuld in demjenigen der beiden Entwürfe zum Hypothekenrecht des BGB gestützt, in dem die Grundschuld durchgeregelt und für die Hypothek auf die Regelung der Grundschuld verwiesen worden ist[1715]. Das RG stützte sich auf § 1139 b des Entwurfs: In dieser Vorschrift war das Befriedigungsrecht des mit der Grundschuld belasteten Eigentümers und als Folge der Befriedigung geregelt, daß die Grundschuld auf den Eigentümer übergeht. Das RG meint, § 1139 b entspreche §§ 1142 f. BGB und § 1143 BGB sei auf die Grundschuld so anzuwenden, wie § 1139 b des Entwurfs B es gesagt habe: Anstelle des Forderungsübergangs sei bei der entsprechenden Anwendung des § 1143 auf die Grundschuld der Grundschuldübergang zu setzen. Den Grundschuldübergang enthalte folglich § 1143 in entsprechender Anwendung. **1664**

Bei dieser Herleitung muß auffallen, daß § 1139 b des Entwurfs B den Übergang der Grundschuld auf *jeden* zahlenden Eigentümer geregelt hat, und dies deshalb, weil es um die Zahlung auf die Grundschuld ging. § 1143 I BGB betrifft demgegenüber sowohl die Zahlung des Eigentümers auf die Forderung als auch die Befriedigung des Gläubigers wegen der Forderung aus dem Grundstück in dem Fall, daß der Eigentümer nicht der Schuldner ist. § 1143 regelt den Übergang der Forderung auf denjenigen Eigentümer, der mit dem Schuldner nicht identisch ist, und zwar auch bei dessen Zahlung auf die Forderung.

Das RG verkennt, daß die Redaktionskommission zu den Vorschriften des Entwurfs jeweils die entsprechenden Vorschriften aus dem 1. Entwurf[1716] hinzugesetzt hat. Zu § 1139 b des Entwurfs B war § 1094 E I genannt. In § 1094 E I waren sowohl

1712 5. Aufl., § 115 II 2 b; anders die 6. Aufl., § 133 III in der Bearbeitung von *Eickmann*, der sich für die Anwendung der §§ 1142, 1143 ausspricht, ohne sich mit dem Argument in der 5. Aufl. auseinanderzusetzen, § 1143 betreffe die Ablösung der Forderung und die Folge aus § 1143 solle gerade für die Grundschuld nicht gelten.

1713 RGZ 78, 60, 67 f.

1714 § 156, S. 647 Fn. 11.

1715 Entwurf B, Prot. IV, S. 497 ff., dazu o. Rz. 1307.

1716 Gemeint ist der Ausgangsentwurf E I, der Grundlage für die Gesetzesarbeit beider Kommissionen war, nicht einer der Entwürfe A oder B für die Grundschuld.

der Übergang der *Hypothek* auf den selbst schuldenden wie der Übergang der *Forderung mit Hypothek* auf denjenigen Eigentümer geregelt, der mit dem Schuldner nicht identisch ist. § 1143 BGB entspricht dem zweiten Fall. Der Grundschuldübergang nach § 1139 b des Entwurfs B entspricht dem ersten Fall. Aus der Regelung des ersten Falls in § 1094 E I ist im BGB § 1163 I 2 BGB geworden, soweit dieser die Hypothek auf den Eigentümer übergehen läßt, wenn die Forderung durch die Leistung des mit dem Schuldner identischen Eigentümers erlischt. Also entspricht die Regelung des Grundschuldübergangs in dem die Grundschuld voranstellenden Entwurf B der Vorschrift des § 1163 I 2 BGB.

1665 Aus der Entstehungsgeschichte ergibt sich also klar die Richtigkeit der Auffassung, daß der Grundschuldübergang aus der entsprechenden Anwendung des § 1163 I 2 folgt. Die Vorschrift enthält zwei Aussagen: Erstens: Bei Befriedigung des Gläubigers wegen der Forderung erledigt sich auch die Hypothek. Zweitens: Als Folge ihrer Erledigung geht die Hypothek auf den Eigentümer über. Nur der erste Satz ist akzessorietätsbedingt. Der zweite ist es nicht. Im Hinblick auf seine zweite Aussage ist § 1163 I 2 nach § 1192 I auf die Grundschuld anwendbar.

1666 Die Frage, ob nur auf die Forderung oder auf Forderung *und* Grundschuld geleistet ist, ist nach § 366 zu entscheiden[1717]. In Darlehnsbedingungen wird in der Regel die Leistung auf die Forderung vereinbart[1718]. Eine gegenteilige Bestimmung bei der Zahlung ist dann demzufolge vereinbarungswidrig, der Gläubiger braucht die Zahlung nicht anzunehmen[1719]. Das hat den Sinn, daß bei Unklarheiten hinsichtlich des Tilgungsstands

[1717] Ebenso die Frage, für welche von zwei durch die Grundschuld gesicherten Forderungen die Überweisung des durch Veräußerung des Grundstücks erlangten Kaufpreises Erfüllungswirkung haben soll, BGH WM 1989, 1208; WM 1997, 1012, 1013. Für die Anrechnung der Zahlung, wenn die Zahlung als solche auf die Grundschuld bestimmt ist, als Befriedigung wegen der einen oder der anderen Forderung will *Gaberdiel*, EWiR § 366 BGB 2/89, 1181 f. das Bestimmungsrecht des § 366 I nicht anwenden. M. E. zu Unrecht.

[1718] S. o. Rz. 1609, 1619 Fn. 1669.

[1719] Aber er kann sie annehmen. Es kann sich auch aufgrund der Auslegung nach den Umständen der Erklärung ergeben, daß die Tilgungsbestimmung des Eigentümers, obwohl dieser selbst sie auf die Forderung beziehen wollte, trotzdem auf die Grundschuld zu beziehen ist. Dies traf zu im Fall der Entscheidung BGH WM 1997, 1012: Die Bekl. hatten einer Bank zur Sicherung persönlicher Darlehensverbindlichkeiten und von Verbindlichkeiten einer GmbH, deren Alleingesellschafter die Bekl. zu 2 war, eine Grundschuld bestellt. In der Sicherungszweckerklärung war wie gewöhnlich vereinbart, daß Zahlungen grundsätzlich nur auf die Forderungen, nicht auf die Grundschuld angerechnet werden. Weiter war bestimmt, daß im Fall einer nicht ausreichenden Befriedigung aus der Grundschuld und ebenso einer Zahlung auf die Grundschuld die Bank die Zahlung nach billigem Ermessen verrechnen dürfe. Die Bekl. verkauften und übereigneten das Grundstück und veranlaßten die Käufer, den Kaufpreis auf ein Sonderkonto der Bekl. bei der Bank zu zahlen. Die Bank hatte von dieser Zahlung die Erteilung der Löschungsbewilligung für die Grundschuld abhängig gemacht. Die Bekl. schrieben der Bank, daß die Zahlung auf ihre persönlichen Darlehensforderungen verrechnet werden solle. Die Käufer haben Zug um Zug gegen Erteilung der Löschungsbewilligung gezahlt. Die Bank verrechnete die Zahlungen auf ihre Forderung gegen die GmbH und verlangte von den Bekl. weiter die Erfüllung von deren persönlichen Darlehensverbindlichkeiten. Der BGH hat die Klage abgewiesen, weil die Bank kein Recht zur Verrechnung auf die Forderungen gegen die GmbH gehabt habe, indem nach der gemäß § 366 I maßgeblichen und auch vertragsgemäßen Tilgungsbestimmung die Bekl. nicht auf die Grundschuld, sondern auf ihre persönlichen Darlehensverbindlichkeiten geleistet hätten. Der BGH hat nicht genügend beachtet, daß die Bank gegen die Zahlung der Käufer diesen die Löschungsbewilligung erteilt hat, was bei Anrechnung auf die persönlichen Forderungen der Bekl. noch nicht in Betracht gekommen wäre. Damit war die Zahlung eindeutig auf die Grundschuld bezogen. Die Bestimmung der Bekl., daß die Zahlung auf ihre persönlichen Forderungen anzurechnen sei, konnte nur die Bedeutung haben, daß auf die ermessensmäßige Verrechnung, zu der die Bank

die Grundschuld zunächst der Bank verbleibt, weiter aber auch, daß bei Bedarf ohne weiteres ein weiterer Sicherungszweck vereinbart werden kann. Bei laufender Verbindung können weitere Forderungen auch nach dem Sicherungsvertrag per se darunter fallen. Insoweit ist die Grundschuld an die Stelle der Höchstbetragshypothek getreten.

Auch bei Vereinbarung der Zahlung auf die Forderung unter Weiterverwendung der **1667** Grundschuld im Rahmen der gesamten Kreditbeziehung kann sich die Bank auf eine andere Bestimmung des zahlenden Eigentümers einlassen. Ist ausdrücklich überhaupt nichts vereinbart, so soll bei Ratenzahlung im Zweifel die Leistung nur auf die Forderung, bei Zahlung des Gesamtbetrages im Zweifel die Leistung auch auf die Grundschuld gelten[1720].

c) Befriedigung bei Nichtidentität von Schuldner und Eigentümer

Leistet der mit dem Schuldner nicht identische Eigentümer, so ist über den Übergang der **1668** Grundschuld nach §§ 1192 I, 1163 I 2 hinaus die Wirkung hinsichtlich der Forderung zu erörtern. Die Leistung läßt die Forderung erlöschen vorbehaltlich des Übergangs der Forderung auf den mit dem Schuldner nicht identischen Eigentümer durch cessio legis nach §§ 1192 I, 1143 I[1721] oder – so die h.M. – durch Abtretung, auf die der zahlende Eigentümer Anspruch hat.

In Bezug auf den Übergang der Forderung auf den Eigentümer kann sich wieder das **1669** Problem der Kollision zwischen Eigentümer- und Bürgen-Regreß stellen[1722]. Zahlt der Eigentümer, geht mit Übergang der Forderung nach § 401 auch eine etwaige Bürgschaftsforderung auf ihn über. Um den Bürgen zumindest in die gleiche Ausgangsposition wie den Eigentümer zu versetzen, will man dem Bürgen für den Fall seiner Zahlung einen Anspruch auf Übertragung der Grundschuld analog § 401 geben[1723]. Die Anwendung der akzessorietätsbedingten Vorschrift auf die Grundschuld ist verfehlt. Sie ist auch unnötig. Schon aufgrund der dinglichen Mithaftung des Eigentümers für die Forderung geht bei Zahlung des Bürgen, wie oben[1724] gezeigt, die Grundschuld auf den Bürgen über. Der Übergang tritt entsprechend § 426 II 1 ex lege ein, und zwar nach dem Maß der Regreßberechtigung – nach § 426 I 1 i. Zw. zur Hälfte des Zahlungsbetrags. Bei Zahlung des grundschuldbelasteten Eigentümers geht nach § 1143 I die Forderung und nach § 401 die Bürgschaftsforderung auf ihn über – entsprechend §§ 769, 774 II, 426 gemäß der nach § 426 I festzustellenden Regreßberechtigung. Weil der Eigentümer nach § 1143 I die Hauptforderung erhält, bleibt dem Bürgen die Einrede der Vorausklage (§ 771) auch gegenüber dem Eigentümer erhalten.

Leistet bei Verschiedenheit von Schuldner und Eigentümer der Schuldner, so kann **1670** § 1164 nicht angewendet werden, da er akzessorietätsabhängig ist. Auch ein Anspruch gegen den Gläubiger auf Abtretung der Grundschuld in entsprechender Anwendung des § 1164 ist richtiger Ansicht nach zu verneinen[1725]. Hat der Schuldner aber selbst den Sicherungsvertrag geschlossen und die Grundschuld bestellt, so kann er nach dem Siche-

berechtigt war, eingewirkt werden sollte. An dem Zweck der Zahlung der Käufer und dem Recht der Bank zur Verrechnung änderte sich dadurch nichts.

1720 *Lamb*, JA 1987, 3.

1721 O. Rz. 1714. Dies gilt unabhängig von der Lastenverteilung zwischen Schuldner und Eigentümer im Innenverhältnis (insoweit zutreffend *Matschl*, NJW 1962, 2134). Unrichtig zur Gänze deshalb *Heck*, § 100 5 b, S. 413 und, diesem folgend, *Küchler*, Sicherungsgrundschuld, 1939, S. 31 ff., 51, die den auf das Innenverhältnis abstellenden § 426 II 1 anwenden. Die Gesamtschuld, die Gleichstufigkeit der Schulden voraussetzt, ist mit dem Verhältnis von Haupt- und Sicherungsschuldner nicht parallel.

1722 S. o. Rz. 1515 ff.

1723 Palandt/*Sprau* § 774 Rz. 9 m.w.N.

1724 Rz. 1525 f.

1725 Oben Rz. 1624 ff.

rungsvertrag vom Gläubiger die Abtretung des Sicherungsrechts verlangen. Hat der Eigentümer den Sicherungsvertrag geschlossen und die Grundschuld bestellt, kommt aufgrund des Innenverhältnisses zwischen Schuldner und Eigentümer ein Anspruch des Schuldners gegen den Eigentümer auf Abtretung des Rückübertragungsanspruchs in Betracht, der dem Eigentümer aus dem Sicherungsvertrag zusteht, bzw., wenn der Anspruch vom Gläubiger schon erfüllt worden ist, ein Anspruch auf Abtretung der Grundschuld.

d) Der Löschungsanspruch

1671 Wird die Grundschuld auf den Eigentümer übertragen oder geht sie entsprechend § 1163 I 2 auf den Eigentümer über, so greift nach § 1192 I die Regelung der §§ 1179 a, b über den gesetzlichen Löschungsanspruch ein. Der Eigentümer unterliegt den Löschungsansprüchen wie bei der Hypothek auch hinsichtlich einer auf ihn übergegangenen Grundschuld. Ebenso stehen die Löschungsansprüche wie den Hypothekaren auch den Inhabern von Grundschulden zu.

1672 Der gesetzliche Löschungsanspruch der gleich- oder nachrangigen Hypotheken- oder Grundschuldgläubiger nach § 1179 a bzw. §§ 1192 I, 1179 a muß bei der Sicherungsgrundschuld durch vertragliche Vorkehrungen ergänzt werden. Die Sicherungsgrundschuld vereinigt sich bei Tilgung der Forderung durch den Schuldner, auch wenn dieser selbst der Eigentümer ist, aber nur auf die Schuld zahlt, nicht automatisch mit dem Eigentum. Folglich entsteht auch nicht automatisch der Löschungsanspruch. Die Sicherungsgrundschuld vereinigt sich vielmehr mit dem Eigentum erst dann, wenn sie auf den Eigentümer zurückübertragen wird[1726] oder der Gläubiger auf sie verzichtet[1727]. Zwar hat der Eigentümer, wenn er den Sicherungsvertrag mit dem Gläubiger geschlossen hat, den Rückübertragungsanspruch. Der Löschungsanspruch des Gleich- oder Nachrangigen greift aber nicht ein, wenn der Eigentümer den Rückübertragungsanspruch nicht geltend macht. Der Eigentümer kann etwa die Grundschuld im Verhältnis zum bisherigen Gläubiger neu valutieren lassen; er kann ein Sicherungsverhältnis zu einem Dritten begründen und entweder seinen Rückübertragungsanspruch dem Dritten abtreten oder den bisherigen Gläubiger anweisen, die Grundschuld an den Dritten abzutreten[1728]. In diesen Fällen kommt es nicht zum Löschungsanspruch der Gleich- oder Nachrangigen. Um dem vorzubeugen, muß ein gleich- oder nachrangiger Grundpfandrechtsgläubiger sich zusätzlich zu seinem gleich- oder nachrangigen Recht den (nach der Rechtsprechung[1729]: bedingten) Anspruch auf Rückübertragung der (gleich- oder vorrangigen) Grundschuld abtreten

[1726] Im Fall der Rückübertragung entsteht der Löschungsanspruch unabhängig davon, ob die Grundschuld zwischenzeitlich valutiert war oder nicht, OLG Celle Rpfleger 1986, 398, BGH NJW 1987, 2087 (EWiR § 1179a BGB 1/87, 471 – *Kollhosser* = DNotZ 1987, 514 m. Anm. *Schelter*).

[1727] Die dritte Variante der Erfüllung des Rückübertragungsanspruchs, die Aufhebung der Grundschuld, ist die Löschung i.S. des Löschungsanspruchs.

[1728] BGHZ 108, 237, 245 m.N. Die Möglichkeit entspricht derjenigen der Forderungsauswechselung bei der Hypothek (§ 1180). Der Freiheit des Eigentümers hinsichtlich seines Rückgewähranspruchs entspricht freilich die Freiheit des Grundschuldgläubigers, über die Grundschuld zu verfügen. Im Fall des BGH war die Gläubigerin der nicht valutierten Grundschuld zusätzlich Inhaberin einer nachrangigen Grundschuld. Um aus dieser löschungsberechtigt zu sein, hat sie auf die vorrangige, nicht valutierte Grundschuld verzichtet mit der Folge des Übergangs auf die Eigentümerin und des Löschungsanspruchs der verzichtenden Gläubigerin selbst aus ihrem zusätzlichen nachrangigen Recht. Allerdings kommt in solchen Fällen ein Schadensersatzanspruch des Eigentümers wegen Unmöglichkeit der von ihm zu wählenden anderen Rückgewährleistung in Betracht. Der BGH meinte, den Anspruch in seinem Fall, in dem es um den Widerspruch gegen den Teilungsplan nach der Zwangsversteigerung des Grundstücks ging, nicht prüfen zu müssen (S. 247 f.). Kritisch dazu *Wilhelm*, JZ 1998, 18.

[1729] BGH NJW 1977, 247.

und den Anspruch durch Vormerkung sichern lassen, die der Gläubiger dieser Grundschuld bewilligen muß[1730].

Zu § 1179 b, der auch demjenigen den Löschungsanspruch gibt, der als Gläubiger des mit dem Eigentümer vereinigten Rechts im Grundbuch eingetragen ist, stellt sich ein Problem wegen des nicht automatischen Übergangs der Sicherungsgrundschuld auf den Eigentümer nicht. Der Inhaber der Grundschuld selbst ist genügend geschützt, ohne daß es zusätzlicher vertraglicher Absicherung im Hinblick auf die Möglichkeit der Abtretung des Rückübertragungsanspruchs bedarf. Auch wenn der Eigentümer den Rückübertragungsanspruch abtritt, verbleibt es bei dem Löschungsanspruch, soweit sich die Grundschuld in Zukunft mit dem Eigentum vereinigen wird. Soweit es darum geht, daß der Grundschuldgläubiger die Grundschuld aufgrund des Rückübertragungsanspruchs an den wahren Gläubiger des Rückübertragungsanspruchs überträgt, ist er durch §§ 407 ff. geschützt. **1673**

[1730] *Baur/Stürner* § 46 IV 4 a) Rdnr. 48 f.. – Ob der nachrangige Gläubiger aufgrund des ihm zedierten Übertragungsanpruchs die Grundschuld auf den Eigentümer (mit der Folge des Löschungsschutzes des nachrangigen Gläubigers) oder auf sich selbst übertragen läßt, steht ihm frei. Ist damit der Zessionar des Rückübertragungsanspruchs gesichert, so müssen die wiederum diesem gegenüber nachrangigen Gläubiger sich vor der Möglichkeit in Acht nehmen, daß aufgrund des zedierten Rückübertragungsanspruchs die vorrangige Grundschuld an den Zessionar des Anspruchs übertragen und von diesem durch Absprache mit dem Eigentümer neuerlich valutiert und somit weiter verwendet wird – s. den Fall BGH NJW 1988, 1665 = ZIP 1988, 633 = WM 1988, 564 = EWiR § 1191 BGB 2/88, 563 (*Gaberdiel*) –. Auch wenn die Zession des Rückübertragungsanspruchs nur den Zweck hatte, das Aufrücken der nachrangigen Grundschuld des Zessionars zu sichern, ist der zedierte Anspruch kein Nebenrecht der nachrangigen Grundschuld und geht er also auch nicht nach §§ 412, 401 auf einen Gläubiger mit noch schlechterem Rang über, der die Grundschuld des Zessionars nach §§ 1192 I, 1150, 268 ablöst (BGH a.a.O.). Der gegenüber dem Zessionar nachrangige Grundschuldgläubiger muß folgendes überlegen (aufgrund der Unterscheidung von Grundschuld I, um deren Übertragung auf den Eigentümer es geht, Grundschuld II in der Hand des Gläubigers II, dem der Eigentümer zur Sicherung des Löschungsanspruchs die Forderung auf Rückübertragung der Grundschuld I zediert hat, und schließlich von Grundschuld III des Gläubigers III, der sich die Ablösung der Grundschuld II und seine Sicherung dabei überlegt. Gläubiger III kann sich nicht dadurch sichern, daß er sich gegen die Ablösung der Grundschuld II den dem Gläubiger II zedierten Anspruch auf Rückübertragung der Grundschuld I weiterzedieren läßt. Löst er nämlich dann die Grundschuld des Gläubigers II ab, fällt der Zweck der Erstzession des Anspruchs auf Rückübertragung der Grundschuld I durch den Eigentümer auf den Gläubiger II (Sicherung des Löschungsanspruchs des Gläubigers II) weg. Daraus folgt ein Anspruch des Eigentümers gegen den Gläubiger II auf Rückabwicklung der Erstzession, d.h. auf Rückgewähr des an Gläubiger II zedierten Anspruchs auf Rückübertragung der Grundschuld I. Der Gläubiger III muß sich deshalb, wenn er sicher gehen will, vor der Ablösung der Grundschuld II vom Eigentümer dessen Anspruch gegen Gläubiger II auf Rückgewähr des Anspruchs auf Rückübertragung der Grundschuld I vorausabtreten lassen. Aufgrund der Vorauszession des Eigentümers an ihn (Gläubiger III) entsteht der Anspruch auf Rückgewähr des Anspruchs auf Rückübertragung der Grundschuld I in seiner Person. Er muß davon aber noch den Gläubiger des Rückübertragungsanspruchs (Gläubiger II) in Kenntnis setzen, weil dieser sonst mit dem Eigentümer die Neuvalutierung der Grundschuld I vereinbaren und sich dann die Grundschuld als valutierte Grundschuld übertragen lassen könnte. Dadurch entfiele der Anspruch auf Rückübertragung der Grundschuld I wegen Erledigung des Sicherungszwecks. Folglich könnte der Gläubiger II auch nicht mehr einen solchen Anspruch an den Gläubiger III, d.h. den Zessionar des Anspruchs auf Rückgewähr des Rückübertragungsanspruchs, abtreten. Ihm wäre ohne sein Verschulden (die Mitwirkung des Eigentümers an der Neuvalutierung käme ihm nach § 407 zugute) unmöglich geworden, den Anspruch auf Rückübertragung der Grundschuld I aufgrund der Zession des Rückgewähranspruchs an Gläubiger III zurückzugewähren (s. BGH a.a.O.).

e) *Leistung durch Dritte*

1674 §§ 1192 I, 1150 geben i.V. mit § 268 einem Dritten, der bei Befriedigung des Grundschuldgläubigers ein Recht am Grundstück zu verlieren droht, das Recht, die Grundschuld abzulösen, wenn der Gläubiger Befriedigung aus ihr verlangt. Nach §§ 1192 I, 1150, 268 III geht nach dem Maß der Befriedigung des Gläubigers die Grundschuld auf den Dritten über.

1675 Hat der Dritte kein Ablösungsrecht, so sollte er nicht nach § 267 auf die Forderung leisten, da dann die Forderung erlischt und der Sicherungsvertragspartner den Anspruch auf Rückgewähr der Grundschuld hat. Der Dritte kann aber die Forderung und die Grundschuld vom Gläubiger gegen Zahlung in Höhe der Forderung kaufen, so daß der Gläubiger nach § 433 I 2 verpflichtet ist, die Forderung nach § 398 und die Grundschuld nach § 1154 zu übertragen.

1676 Der BGH[1731] hat die Frage zu behandeln gehabt, ob bei bestehendem Ablösungsrecht der ablösende Dritte die Grundschuld auch dann erwirbt, wenn der eingetragene „Grundschuldgläubiger", an den er zahlt, in Wirklichkeit Nichtberechtigter ist.

Eheleute waren hälftige Miteigentümer eines Grundstücks. Am Anteil des Mannes wurde der X-Bank eine Grundschuld über 350.000 DM nebst Zinsen eingeräumt, später übernahm die Ehefrau die Mithaftung ihres Anteils i. S. von § 1132 unter Vereinbarung vorrangiger Befriedigung der X aus dem Anteil des Mannes. An diesem Anteil war sodann für die Bekl. eine nachrangige Arresthypothek über 67.000 DM eingetragen worden. Als X in Bezug auf beide Eigentumsanteile die Zwangsversteigerung betreibt, löst die Bekl. durch Zahlung von ca. 450.000 DM ab. X bestätigt, befriedigt zu sein. Die Bekl. läßt wegen ihrer Arresthypothek und der nach Ansicht der Beteiligten auf sie übergegangenen Grundschuld der X die Zwangsversteigerung fortsetzen. Das Grundstück wird für 550.000 DM zugeschlagen. Die Bekl. soll 275.000 DM für die Grundschuld am Anteil der Ehefrau erhalten und nur den Rest des mit 490.000 DM valutierten Grundschuldbetrags (490.000 DM abzgl. 275.000 DM = 215.000 DM) aus dem Anteil des Mannes. Folglich käme ihr auch noch wegen der Arresthypothek am Anteil des Mannes der Resterlös von 60.000 DM zu. Dem widerspricht die Ehefrau. Sie erhebt die Einrede der vorrangigen Befriedigung aus dem Anteil des Mannes auch gegen die Bekl. und beansprucht den Resterlös von 60.000 DM folglich für sich: Da der volle Erlös für den Anteil des Mannes (275.000 DM) für die Grundschuld verbraucht werden müsse, falle die Arresthypothek aus. Aus dem Erlös von 275.000 DM für ihren Anteil sei der noch nicht befriedigte Grundschuldrest (490.000 DM abzüglich 275.000 DM = 215.000 DM) zu zahlen, der übrig bleibende Teil von 60.000 DM sei frei und gebühre mithin ihr.

Der BGH hält – gerade wegen des der Bekl. drohenden Ausfalls der Arresthypothek zu Recht[1732] – die Bekl. für ablösungsberechtigt nach §§ 1192 I, 1150. Auf die demgemäß nach § 268 III 1 auf sie übergegangene Grundschuld wendet er §§ 1157, 1192 I an. Danach könne die Ehefrau ihre Einrede auch gegen die Bekl. erheben. Der in § 1157 S. 2 vorbehaltene Schutz wegen des öffentlichen Glaubens des Grundbuchs greife zugunsten der Bekl. nicht ein: § 268 III 1 begründe entgegen dem Erfordernis des § 892 I 1 einen gesetzlichen Erwerb[1733].

1677 Dagegen wenden sich zu Recht kritische Stimmen in der Literatur[1734]. Sie weisen auf den folgenden anerkannten Fall eines gutgläubigen Erwerbs nach § 268 III 1 hin: Ist

[1731] BGH NJW 1986, 1487 = JuS 1986, 733 (*K. Schmidt*).
[1732] S. *Reinicke-Tiedtke*, WM 1986, 813 ff. gegen RGZ 146, 317, 324, wonach nur zur Abwendung, nicht zur Fortsetzung der Zwangsvollstreckung abgelöst werden kann.
[1733] S. erneut BGH WM 1996, 2197 = WuB I F 3. - 1.97 (*Wilhelm*) = JuS 1997, 270 (*K. Schmidt*).
[1734] *Canaris*, NJW 1986, 1488 ff. sowie *Rimmelspacher*, WM 1986, 809 ff.; *Reinicke/Tiedtke*, a.a.O. Es geht freilich um die Auslegung der gesetzlichen Ausgestaltung des öffentlichen Glaubens des Grundbuchs in § 1157 und § 893; die Berufung auf die Entgeltlichkeit des Ab-

nämlich ein Nichtberechtigter als Inhaber einer (nach *Reinicke/Tiedtke*[1735] einem anderen zustehenden) Grundschuld eingetragen und zahlt der Ablösungsberechtigte an ihn, so wird dieser hier nach § 893 und zwar mit der Wirkung geschützt, daß die Grundschuld auf ihn übergeht, wie wenn diese, wie eingetragen, dem Buchberechtigten gehörte. Nach *Baur/Stürner*[1736] tritt „überall dort, wo der Voraussetzungstatbestand des gesetzlichen Rechtsübergangs unter den Schutz des Erwerbs vom Nichtberechtigten fällt, ... auch der als Folge daran geknüpfte gesetzliche Rechtsübergang" ein.

Konsequent führt dann aber § 1157 zu demselben Ergebnis im Fall des einredebehaf- **1678**
teten Bestehens der Grundschuld: Nach dem oben[1737] Ausgeführten ist ja § 1157 S. 1 der gesetzliche Ausdruck dafür, daß Einreden gegen die Grundschuld das Recht dinglich beschränken und also der Eintragung im Grundbuch ebenso fähig wie bedürftig sind. Folglich ist der Inhaber einer einredebehafteten Grundschuld teilweise Nichtberechtigter i. S. von §§ 892 f. § 1157 S. 2 zieht daraus die Konsequenz für den Erwerb der Grundschuld. Ebenso ist aber für die Zahlung auf die Grundschuld § 893 anzuwenden, wenn Fälle auftreten, in denen der Zahlungsempfangsberechtigung des Gläubigers Einreden entgegenstehen[1738].

Die Frage ist, ob die Ablösung einer mit der Einrede der nachrangigen Befriedigung **1679**
behafteten Grundschuld ein Fall der Zahlung trotz entgegenstehender Einrede ist. Die Zahlung des Ablösenden ist auf den Übergang der Grundschuld ausgerichtet. Legitimation zu ihrer Annahme heißt Berechtigung hinsichtlich der Grundschuld für deren Übergang auf den Ablösenden. Insofern bedeutet die dinglich einschränkende Einrede hier in der Tat die Nichtberechtigung des Gläubigers hinsichtlich der Ablösungszahlung. Es gilt folglich auch insoweit § 893. Die Vorschrift macht den Gläubiger zugunsten des Ablösenden, der keine Kenntnis von der Einrede hat, zum uneingeschränkt Berechtigten mit der Wirkung, daß nach § 268 III 1 die Grundschuld uneingeschränkt übergeht.

Reinicke und *Tiedtke*[1739] kommen dagegen trotz ihres Ansatzes bei § 893 zum Ergebnis des BGH: Schon für den Fall der Zahlung eines Ablösungsberechtigten an einen fälschlich als Inhaber der Grundschuld Eingetragenen unterscheiden sie danach, ob die Grundschuld einem anderen zusteht oder aber dem Eigentümer selbst oder überhaupt nicht existiert. Ihrer Meinung nach setzt der Schutz des Ablösungsberechtigten voraus, daß überhaupt ein Gläubiger durch die Ablösung befriedigt und so der Eigentümer befreit werden kann. § 268 III 1 sei eine Befreiungsfolge. § 893 fingiere aber nicht eine Grundschuld, damit diese abgelöst werden und übergehen könne. Wie in den Fällen nicht existierender oder dem Eigentümer zustehender Grundschulden sei aber auch bei einredebehafteter Grundschuld nicht der Fall gegeben, daß ein Dritter wahrer Berechtigter und die Grundschuld mit ihn treffender Wirkung ablösbar sei.

lösungsvorgangs (so *J. Hager*, Verkehrsschutz durch redlichen Erwerb, 1990, S. 138 ff., 139) sagt dazu nichts. Es ist nicht Entgeltlichkeit die Voraussetzung des sachenrechtlichen Erwerbs, vielmehr Unentgeltlichkeit nach § 816 I 2 einschränkendes Merkmal der Bestandsfestigkeit des Erwerbs.

1735 A.a.O.

1736 § 38 IX 4.

1737 Rz. 1606.

1738 Die Anwendung des § 893 wird nicht dadurch ausgeschlossen, daß die Vorschrift nicht in der Verweisung des § 1157 S. 2 aufgeführt wird. Zum Grund für das eingeschränkte Zitat o. Rz. 1506 f. Der Schutz kraft des öffentlichen Glaubens des Grundbuchs muß im Fall der Zahlung kraft Ablösungsrechts ebenso wie in dem Fall gelten, daß ein Mit-Sicherungsgeber für die gesicherte Forderung vom buchberechtigten Gläubiger in Anspruch genommen wird und der Gläubiger an ihn gegen Zahlung die Grundschuld überträgt (etwa aufgrund der analog §§ 774, 412, 401 angenommenen Verpflichtung), dazu *Boemke/Albrecht*, JuS 1991, 309, 312.

1739 A.a.O.

Diese Unterscheidung überzeugt nicht: § 893 macht den Buchberechtigten zugunsten des Ablösungsberechtigten einziehungsberechtigt. Steht die Grundschuld einem Dritten zu, trifft diesen die Last des öffentlichen Glaubens des Grundbuchs. Wieso dann, wenn wegen Nichtbestehens der Grundschuld oder Bestehens einer Eigentümergrundschuld das Grundbuch unrichtig eine Fremdgrundschuld zu Lasten des Eigentümers ausweist, nicht diesen die Last des öffentlichen Glaubens treffen soll, ist nicht einzusehen. Es ist auch gar kein Unterschied in der Rechtsstellung je nachdem, ob ein anderer oder der Eigentümer wirklich Berechtigter ist. Die Grundschuld ist Teilrecht des Eigentums. Die auf sie zu erwirkende Zahlung steht dem Fremdgläubiger zu, wenn der Eigentümer das Teilrecht übertragen hat. Steht es dem Eigentümer zu, ist dieser einziehungsberechtigt. § 893 schafft öffentlichen Glauben zu Lasten des einen wie des anderen Einziehungsberechtigten.

11. Verzicht, Aufhebung, Befriedigung durch Zwangsvollstreckung

1680 Verzichtet der Gläubiger auf die Grundschuld, geht diese nach §§ 1192 I, 1168 auf den Eigentümer über[1740]. Nach §§ 875 f., 1192 I, 1183 kann die Grundschuld gänzlich aufgehoben werden. Auch im Fall der Befriedigung durch Zwangsvollstreckung erlischt die Grundschuld (§§ 1192 I, 1181).

IV. Pfandrecht

1. Wesen und Regelung

1681 Das Pfandrecht[1741] ist wie die Hypothek die Belastung eines Rechts mit der Berechtigung des Gläubigers einer Forderung, Befriedigung wegen seiner Forderung aus dem Gegenstand des Rechts zu suchen. Während die Hypothek für eine Geldforderung oder einen Höchstbetrag bestellt werden muß, genügt es für das Pfandrecht, daß die gesicherte Forderung in eine Geldforderung übergehen kann (§ 1228 II 2). Anders als die Hypothek kann das Pfandrecht zugleich als Nutzungsrecht bestellt werden (§ 1213, bei Pfandrecht an Rechten § 1273 II 1, 2). Während die Hypothek ausschließlich an Grundstücken bestellt werden kann, kann das Pfandrecht sowohl an einer beweglichen Sache (§ 1204 I) als auch an einem Recht (§ 1273), insbesondere an einer Forderung (§ 1279) und an einer Grund- oder Rentenschuld (§ 1291) bestellt werden. Wie die Bürgschaftsforderung (§ 765 I) und die Hypothek (§ 1113 I) ist auch das Pfandrecht *akzessorisch*.

1682 Wegen der Gemeinsamkeit, akzessorisches Verwertungsrecht zu sein, können Hypothek und Pfandrecht sinnvoll in ihrer Regelung einander gegenübergestellt werden: Im Zusammenhang mit den oben[1742] aufgeführten wichtigsten Vorschriften des Hypothekenrechts sind folgende Vorschriften des Pfandrechts anzuführen:

Inhalt des Rechts und Art der Befriedigung: §§ 1204, 1228 (bei Pfandrechten an Rechten Inhalt nach § 1273, Befriedigung nach § 1277, bei Pfandrechten an Forderungen gelten §§ 1281, 1282 I, 1282 II 2. Hs., 1277).

Bestellung: §§ 1205-1208 (Bezugnahme auf die Übereignung beweglicher Sachen); für das Pfandrecht an Rechten nehmen §§ 1274, 1280 Bezug auf die Übertragung der Rechte, insbesondere die Abtretung von Forderungen.

Pfandrecht an mehreren Sachen: § 1222.

[1740] Ein Verzichtsfall wäre § 418 I 2, wenn dieser auf die Sicherungsgrundschuld anwendbar wäre. Dafür BGH BB 1966, 601; *Baur/Stürner* § 44 VI 3 a. Dagegen o. Rz. 1347.

[1741] Übersicht bei *Knütel*, Ergänzbares Lexikon des Rechts, Stand 2000, Stichworte Pfandrecht an Sachen, Pfandrecht an Rechten.

[1742] Rz. 1397.

Gegenstand der Haftung: §§ 1210-1221. Für Pfandrechte an Rechten § 1273 I, II, an Forderungen § 1289.

Aus der Regelung der Geltendmachung (auch für Pfandrechte an Rechten geltend, wenn nichts anderes gesagt ist, § 1273 II 1):

§ 1227: actio negatoria des Pfandgläubigers; § 1211 betreffend Einreden gegen die gesicherte Forderung; kein öffentlicher Glaube betreffend bestehende Forderung und Einreden gegen sie (s. sogleich zur Übertragung); Forderungübergang auf einlösenden Verpfänder nach § 1225 mit §§ 401, 412 für das Pfandrecht; ein Übergang auf den befriedigenden Schuldner, wie dieses § 1164 bei der Hypothek bestimmt, ist nicht vorgesehen; Befriedigung aus der Sache wie nach § 1147 durch Duldungsklage und Vollstreckung (s. § 1233 II) oder ohne eine solche durch Pfandverkauf, für das Pfandrecht an Rechten nur durch Duldungsklage (§ 1277), vorbehaltlich des Pfandrechts an Forderungen, dessen Befriedigung nach § 1277 (s. § 1282 II), aber auch nach §§ 1281, 1282 erfolgen kann.

Aus der Regelung der Übertragung: § 1250 (die Forderung wird abgetreten, dieser folgt das Pfandrecht; Folge: kein gutgläubiger Erwerb).

Aus der Regelung der Beendigung (nach § 1273 II 1 auch für das Pfandrecht an Rechten geltend, wenn nichts anderes gesagt):

Grundsätzlich kein Eigentümer-Pfandrecht (§ 1257); Erlöschen des Pfandrechts mit Erlöschen der Forderung (§ 1252, insbesondere durch Erfüllung, § 362 I); weiteres Erlöschen des Pfandrechts durch Rückgabe der Sache (§§ 1253, 1278), sodann durch Übertragung der Forderung unter Ausschluß des Pfandrechts (§ 1250 II); schließlich Wegfall des Pfandrechts durch Aufhebung des verpfändeten Rechts (§ 1276).

2. Pfandrecht an Sachen

a) *Arten, Bedeutung*

Das Pfandrecht an Sachen kann an beweglichen Sachen (§ 1204), auch an mehreren **1683**
(§ 1222) bestehen. Es kann wie die Hypothek auf Verwertung der Sache zur Sicherung einer Forderung gerichtet sein oder – als Nutzungspfand – auf diese Verwertung *und* die Nutzung des Pfandgegenstands gerichtet sein (§ 1213)[1743]. Bedeutsame Anwendungsfälle der Pfandrechtsregeln des BGB sind die gesetzlichen Pfandrechte von Vermieter, Landverpächter, Werkunternehmer, Gastwirt und Kaufleuten (§ 562 = § 559 a.F., §§ 592, 647, 704 BGB, §§ 397, 404, 441 f., 464 f., 475 b HGB[1744]). Dazu sind die Vorschriften der §§ 1257 BGB, 366 III HGB zu beachten.

Durch (wirksame) Pfändung im Rahmen der Zwangsvollstreckung erwirbt der Gläu- **1684**
biger das sog. Pfändungspfandrecht (§ 804 I ZPO). Dieses unterliegt nach der ZPO und in Anknüpfung an die öffentlich-rechtliche Natur der Vollstreckung weitgehend Sonderregeln. Die Pfandrechtsvorschriften des BGB kommen nur lückenfüllend zur Anwendung, z. B. trifft dies für § 1247 zu[1745].

[1743] Zu den Arten des Pfandrechts *Wolff/Raiser* § 160, § 175 IV. – Nichts mit dem zur Sicherung einer Forderung dienenden Pfandrecht hat das sog. Flaschenpfand als Anreiz zur Rückgabe von Behältnissen für die gekaufte Ware zu tun; zum Flaschenpfand und den sonstigen Rechtsverhältnissen bzgl. des Leerguts *Martinek*, JuS 1987, 514, 1989, 268.

[1744] S. *Altmeppen*, ZHR 157 (1993), 543 ff. Zur Neufassung des TransportrechtsreformG *Ruhwedel*, GS Helm, 2001, 232 ff. Ges. PfandR auch nach G.z. Sicherung d. Düngemittel- u. Saatgutversorgung v. 19.1.1949 (BGBl. III 403-11).

[1745] Welche Vorschriften im einzelnen anwendbar sind, ist vom Streit um die Pfändungspfandrechtstheorien abhängig. Dieser bezieht sich insb. auf die Frage, unter welchen Voraussetzungen bei der Pfändung schuldnerfremder Sachen in der Versteigerung das Eigentum erworben werden kann; dazu jetzt vor allem BGH NJW 1992, 2570 mit geradezu lehrbuchartiger Abhandlung (dies zu Recht kritisierend *Braun*, WuB VI E § 825 ZPO 1.92), sodann *Musielak*, Grundkurs ZPO, 5. Aufl. 2000, Rdnr. 611 ff., *Werner*, JR 1971, 278. – Unterschiede bzgl.

1685 Das rechtsgeschäftlich (durch *Ver*pfändung) bestellte Pfandrecht an Sachen ist wegen der Notwendigkeit, daß sich der Verpfänder zumindest vom alleinigen unmittelbaren Besitz des Pfandes zugunsten des Pfandgläubigers trennt (§§ 1205, 1206), als Kreditsicherheit weitgehend ersetzt durch das Sicherungseigentum[1746]. Praktisch bedeutsam ist aber das Pfandrecht der Banken und Sparkassen zur Sicherung aller Ansprüche gegen den Kunden aus dem Geschäftsverkehr der Institute mit ihm: Ein solches kann an Wertpapieren der Kunden, die die Bank für ihn verwaltet, bestellt werden. Befinden sich die Wertpapiere in Sammelverwahrung, hat der Kunde Miteigentum und vermittelt die Bank als mittelbare Mitbesitzerin erster Stufe dem Kunden mittelbaren Besitz zweiter Stufe. Der Kunde kann folglich der Bank das Pfandrecht nach § 1205 I 2 durch bloße Einigung bestellen[1747]. Dies geschieht schon durch die zwischen Bank und Kunden vereinbarten AGB. Außer der Verpfändung von im Besitz der Bank befindlichen oder in diesen hineingelangenden Sachen oder Wertpapieren des Kunden erfassen die Pfandrechtsklauseln in den AGB auch die Verpfändung von Forderungen des Kunden gegen die Bank[1748]. Neben dieser bedeutsamen Rolle des Pfandrechts gibt es noch die – bei Schriftstellern des 19. Jahrhunderts so beliebten – Geschäfte der Pfandleiher[1749] (Kaufleute nach § 1 HGB, wenn nicht die Vermutung des Abs. 2 widerlegt ist, oder nach § 2 HGB).

1686 Das rechtsgeschäftliche Pfandrecht hat sodann in neuerer Zeit eine sowohl praktisch wie dogmatisch wichtige Rolle gespielt einmal bei der Aufstellung von AGB für das Kraftfahrzeugreparaturgewerbe, hier als Ersatz für das gesetzliche Unternehmerpfandrecht, welches nach der Rechtsprechung nicht gutgläubig erworben werden kann[1750], und sodann im Rahmen des Sicherungsbedürfnisses der Gesellschafter von Bau-Arbeitsgemeinschaften hinsichtlich von Forderungen gegen ihre Mitgesellschafter[1751]. In beiden Themenkreisen steht die Frage im Vordergrund, *ob* eine Sicherung durch Pfandrecht (nämlich kraft guten Glaubens) entstehen und in der Auseinandersetzung mit weiteren Sicherungsinteressenten geltend gemacht werden kann. In einer neueren Entscheidung des BGH ist aber auch das kompliziert geregelte *Wie* insbesondere der Pfandverwertung auf den Prüfstand geraten[1752].

der Pfändbarkeit und *Ver*pfändbarkeit bestehen hinsichtlich von Sachen, die Zubehör oder wesentliche Bestandteile sind; vgl. *Baur/Stürner* § 55 B II 1 a und *Wolff/Raiser* § 161.

1746 Die Verpfändung von Forderungen wegen § 1280 durch die Sicherungszession. In §§ 1205, 1206 kommt das sog. Faustpfandprinzip zum Ausdruck. Viel behandelt ist die Frage, ob in der Anerkennung der nach § 930 vollzogenen Sicherungsübereignung eine Umgehung der gesetzlichen Regelung i.S. des Faustpfandprinzips liegt. Dazu *Schubert*, ZGR(Germ) 107 (1990), 132 ff. Zur Entwicklung des Faustpfandprinzips im 18. und 19. Jh. s. die gleichnamige Schrift von *Hromadka*, 1971.

1747 Beispielsfall BGH NJW 1997, 2110 = LM Nr. 2 zu § 1287 mit Anm. *Wilhelm*.

1748 Art. 14 I, II AGB-Banken, Nr. 21 I 1-3, III AGB-Sparkassen (Abdruck der AGB bei Baumbach/*Hefermehl*, Wechselgesetz und Scheckgesetz, 22. Aufl., S. 703 ff., 734 ff.). Die Unwirksamkeit einer formularmäßigen Sicherungsübereignung hat dabei nicht auch die Unwirksamkeit eines Pfandrechts zur Folge, vgl. BGH WM 1995, 375 ff.; zur Entscheidung kritisch *Tiedtke*, WiB 1995 582 ff. Zur Möglichkeit von Pfandrechten an Forderungen gegen den Pfandgläubiger selbst s.o. Rz. 98 Fn. 167. Von der Pfandklausel nimmt die Rechtsprechung (BGH DB 1988, 391, OLG Düsseldorf BB 1988, 1695) kraft stillschweigender Beschränkungsvereinbarung solche Vermögenswerte aus, die für die Bank erkennbar dem Kunden nur vorübergehend zur Aufbewahrung anvertraut sind oder von ihm als Treuhänder gehalten werden oder die der Bank für einen besonderen Auftrag gegeben werden, den die Bank wegen Zahlungseinstellung des Kunden nicht mehr durchführt.

1749 Dazu BGHZ 96, 214 ff. und BGH WM 1987, 185 ff.

1750 Dazu unten Rz. 1698 ff.

1751 BGHZ 86, 300 und 340.

1752 BGH WM 1987, 185 ff. Die Entscheidung BGH NJW 1997, 2110 = LM 9/1997 § 1287 Nr. 2 mit Anm. *Wilhelm* behandelt eine Sonderfrage hinsichtlich des Ob eines Pfandrechts, nämlich den Fortbestand des Rechts bei Änderungen hinsichtlich des verpfändeten Gegenstands (Ein-

b) *Rechtsbeziehungen bei Verpfändung und Versteigerung*

Scharf zu unterscheiden sind die schuldvertragliche Beziehung des Pfandgläubigers, der auch der Gläubiger der gesicherten Forderung ist, zum Schuldner der gesicherten Forderung, der nicht der Verpfänder sein muß, weiter zum Verpfänder, der nicht der Eigentümer sein muß[1753], weiter die schuldrechtliche Beziehung des Pfandgläubigers zum Eigentümer (auch wenn dieser nicht der Verpfänder ist) und zu sonstigen dinglich Berechtigten und schließlich die kaufvertragliche Beziehung des Pfandgläubigers zum Ersteigerer. **1687**

Der *Kaufvertrag* mit dem Ersteigerer kommt zwischen beiden nach § 156[1754] und, was die Rolle des Auktionators betrifft (s. §§ 1235 I, 383 III), durch Stellvertretung nach § 164 I zustande[1755]. Auch bei der Übereignung, die nach §§ 929 ff. erfolgt, vertritt der Versteigerer den Pfandgläubiger. Der Pfandgläubiger ist kraft der zu seinem Pfandrecht gegebenen gesetzlichen Regelung der §§ 1235 ff. zur Übereignung verfügungsbefugt. **1688**

Von den schuldrechtlichen Rechtsverhältnissen sind wiederum scharf die dinglichen Rechtsvorgänge zu trennen. Die schuldrechtliche Beziehung zwischen Pfandgläubiger und Verpfänder wird in den §§ 1214 ff., aber auch §§ 1233 ff. immer wieder berührt, zum Teil auch unmittelbar geregelt. §§ 1233 ff., insbesondere § 1243 II i.V.m. § 823 I, regeln (auch) die Beziehung zum Eigentümer, der nicht Verpfänder ist[1756], und zu den sonstigen dinglich Berechtigten. Die schuldrechtliche Beziehung zwischen Pfandgläubiger und Ersteigerer bemißt sich schließlich allein nach Kaufrecht (also nicht etwa nach § 1242 I, der den sachenrechtlichen Erwerb des Ersteigerers betrifft). §§ 1204 ff., 1250 regeln die dingliche Seite betreffend Bestellung und Übergang des Pfandrechts, §§ 1242 ff. regeln die dingliche Seite betreffend die Pfandveräußerung. Die letztere Regelung ist freilich für die Erfüllung der Übereignungspflicht bzw. die Haftung des Pfandgläubigers als Verkäufers wegen Nichterfüllung (Rechtsmängeln) maßgeblich. Die Haftung des Verkäufers wegen Sachmängeln schloß § 461 a.F. aus, wenn die Sache aufgrund eines Pfandrechts in öffentlicher Versteigerung als Pfand verkauft wurde[1757]. § 445 n.F. beschränkt die Haftung. **1689**

c) *Bestellung und Übertragung*

Das BGB sieht nur das sog. Faustpfandrecht vor, das vom Besitz des Gläubigers abhängig ist. D.h. der Verpfänder muß sich zumindest vom alleinigen unmittelbaren Besitz des **1690**

lösung der verpfändeten Wertpapiere unter Gutschrift auf ein Konto bei der Pfandgläubigerin).

1753 Auf der Passivseite können wie bei der Hypothek mehrere beteiligt sein; s. nur die Möglichkeiten der §§ 185, 1207; Beispiele bei *Baur/Stürner* § 55 B I Rz. 9.

1754 Zur Versteigerung im Internet *Hager*, JZ 2001, 786 ff.

1755 § 450 II mit I (§ 457 a.F.) verbietet dem Auktionator den Kauf in der Versteigerung für sich oder andere, ebenso den Gehilfen des Auktionators und dem Protokollführer – vorbehaltlich der Genehmigung der am möglichst günstigen Verkauf Interessierten (§ 451 = § 458 a.F.) –. Der Pfandgläubiger und der Eigentümer (§ 1239) und ebenso der Verpfänder, wenn er nicht der Eigentümer ist, und der Schuldner der gesicherten Forderung können bei der Versteigerung mitbieten. § 451 über die Genehmigungsmöglichkeit zeigt, daß das Beteiligungsverbot für Versteigerer, Gehilfen und Protokollführer sowohl den Kauf als auch die Übereignung betrifft.

1756 *Westermann*, 7. Aufl., § 129 I 2 b sieht in Anlehnung an *Heck*, § 105 I, in der nur geringen Sicherung der Rechte des Eigentümers einen historisch begründeten Fehlgriff des BGB. Dazu *Wolff/Raiser* § 159 Fn. 4.

1757 Dazu BGHZ 96, 214 ff. mit – nach dem Sinn des § 461 a.F. unrichtiger – Kritik durch *Köhler*, JR 1986, 458.

Pfandes trennen (§§ 1205 f.)[1758]. Die Übergabesurrogate werden deshalb in §§ 1205 II, 1206 im Vergleich zu §§ 930, 931 erschwert[1759]. Bei Rückgabe der Sache erlischt das Pfandrecht (§ 1253 I). Vom Besitz unabhängig ist allerdings der Übergang des Pfandrechts auf einen Erwerber. Infolge der Akzessorietät des Pfandrechts wird die gesicherte Forderung zediert, ihr folgt das Pfandrecht kraft Gesetzes (§ 1250). Der Erwerber kann nach § 1251 I Herausgabe des Pfandes verlangen. Wegen der Faustpfandregelung für die Bestellung des Pfandrechts hat sich die Ersatzfigur des Sicherungseigentums (§ 930) verbreitet.

1691 Ein Pfandrecht kann auch für künftige Forderungen, d.h. zur Sicherung künftiger Forderungen, bestellt werden (§ 1204 II)[1760]; wie bei der Höchstbetragshypothek (§ 1190) können die Forderungen aus einer bestehenden Sonderverbindung gesichert werden. Dies ist bedeutsam für die Bankverbindung, aber auch für die Sicherung von Forderungen der Gesellschafter von BGB-Gesellschaften gegen ihre Mitgesellschafter[1761]. Im Gegensatz zur herrschenden Deutung des § 1163 I 1[1762] entsteht das Pfandrecht für künftige Forderungen, wenn nichts anderes bestimmt ist, sofort[1763].

1692 Die Zulässigkeit der Doppelverpfändung ist in § 1209 vorausgesetzt. Sie ist möglich mit Hilfe des Mitbesitzes (§§ 1205 f. gelten) und bei Wegnahme des Pfandes beim ersten Pfandgläubiger (gegen die allerdings die Vermutung des § 1253 II spricht).

d) Gutgläubiger Erwerb

aa) Gutgläubiger Erwerb bei Bestellung und Übertragung

1693 Nach § 1207 kann ein Pfandrecht gutgläubig kraft Bestellung seitens eines angeblichen Eigentümers erworben werden. Einen gutgläubigen Erwerb des Pfandrechts aufgrund der Übertragung durch einen angeblichen Pfandgläubiger gibt es dagegen nicht. Zwar begründet § 1227 mit § 1006 eine Vermutung auch für ein Pfandrecht, die Übertragung ist aber eine Zession der Forderung, die vom Pfandrecht nur kraft Gesetzes begleitet

[1758] Besitzloses rechtsgeschäftliches Pfandrecht nach PachtkreditG v. 5.8.1961 (BGBl. I, 494). – Wesentliche Bestandteile können verpfändet werden nach §§ 1205 f., aber auch nach § 956 in entsprechender Anwendung (*F. Schulz*, FS Zitelmann (1923), 89, 111 f.). Unterscheide die Verpfändung der Muttersache mit der Folge des § 1212, daß sich das Pfandrecht an den getrennten Erzeugnissen fortsetzt. Der Verlust der Berechtigung des Inhabers der Muttersache oder seiner Verfügungsbefugnis vor der Trennung wirkt sich im ersten Fall auf den Pfandrechtserwerb aus, im letzteren Fall – vorbehaltlich eines gutgläubigen Erwerbs – nicht. Steht einem Landverpächter das ges. Pfandrecht nach § 592 zu, so geht dieses der Aneignungsgestattung des Pächters zugunsten eines Unterpächters oder eines Fruchtkäufers vor (*Schulz* S. 116 f.), der Landverpächter verliert aber sein Pfandrecht, wenn sein Recht, aus dem er die Früchte erwerben könnte, und das Nutzungsrecht des Pächters wegfallen (der Verpächter verliert den Nießbrauch oder das Eigentum, die Pacht wird gekündigt, etwa in Gemäßheit des § 1056, *Schulz* S. 117 f.). § 810 ZPO mit der Pfändbarkeit von Früchten vor der Erntereife bedeutet im Gegensatz zur Verpfändung wesentlicher Bestandteile die Behandlung der Früchte als Mobilien (relative Mobilisierung, relativ wie es ebenso entgegengesetzt eine relative Immobilisierung gibt, nämlich eine solche des Zubehörs nach §§ 926, 1031, 1120 BGB, 865 II ZPO; *Schulz*, S. 151 ff., 159). Folge: Der nachträgliche Wegfall der Berechtigung des Grundstückseigentümers berührt das Pfändungspfandrecht nicht.

[1759] Vgl. im einzelnen *Westermann*, § 128 II, sowie zum Anzeigeerfordernis bei § 1205 II *Wolff/Raiser* § 163 I 1 b. Ist der Eigentümer mittelbarer Besitzer, so ist trotzdem nicht § 1205 II, sondern § 1205 I 2 anzuwenden, wenn der Pfandgläubiger selbst Besitzer, insbesondere mittelbarer Besitzer erster Stufe ist (*Rittner*, JZ 1965, 274 f.; *Wilhelm* Anm. BGH LM H.9/1997 § 1287 Nr. 2 Bl. 4).

[1760] Zum Pfandrecht *an* künftigen Forderungen u. Rz. 1723.

[1761] S. die Fälle BGHZ 86, 300 ff., 340 ff.

[1762] S. o. Rz. 1322 ff.

[1763] BGHZ 86, 340; NJW 1983, 1619; *Westermann*, § 128 III 2.

wird (§ 1250). Einen gutgläubigen Erwerb einer Forderung durch Zession gibt es nicht[1764].

Ist die Sache mit einem Pfandrecht belastet, kann pfandfreies Eigentum gutgläubig erworben werden: durch Erwerb vom Eigentümer nach § 936, vom Nichteigentümer nach §§ 932, 936. Ebenso wie nach § 1207 gilt auch für § 936 die Schranke des § 935. Schließlich ist ein gutgläubiger Erwerb des Vorrangs möglich (§ 1208). Dabei ist wiederum § 935 zu beachten. Hat der Verpfänder das Pfand weggenommen und neu verpfändet, so hat der zweite Pfandgläubiger ein nachrangiges Pfandrecht.

bb) Gutgläubiger Erwerb eines gesetzlichen Pfandrechts

§ 1257 macht die Pfandrechtsvorschriften anwendbar auf gesetzlich *entstandene* Pfandrechte. Daraus zieht der BGH[1765] für das Pfandrecht des Werkunternehmers nach § 647 den Gegenschluß, daß die Vorschrift des § 1207 über die Entstehung des Pfandrechts nicht anwendbar ist. Der Werkunternehmer erwirbt so nicht kraft guten Glaubens das Unternehmerpfandrecht. **1694**

Der BGH hilft mit der Anwendung der §§ 994 ff. über den Fall der Verwendung bei bestehender Vindikationslage hinaus[1766]. *Jakobs*[1767] erachtet das für eine begrüßenswerte Rechtsfortbildung. Es sei ein Pfandrecht geschaffen, welches nicht den vertraglichen Werklohnanspruch des Unternehmers sichert, sondern auf die Sicherung einer Vergütung in der Höhe des Wertes beschränkt ist, um den der Unternehmer durch seine Arbeit die fremde Sache tatsächlich verbessert hat. **1695**

Der BGH[1768] hat weiter dem Umgehungstrick des Kraftfahrzeugreparaturgewerbes nachgegeben, in AGB formularmäßig die Vereinbarung eines Pfandrechts an dem in Reparatur gegebenen Kraftfahrzeug festzulegen. Auf diese Weise soll es, wenn der Auftraggeber nicht Eigentümer des Autos ist, zum gutgläubigen Erwerb eines Pfandrechts kraft Rechtsgeschäfts (§ 1207) kommen. Der gute Glaube solle nicht von der Vorlage des Kfz-Briefes durch den Auftraggeber abhängen[1769]. Nur wenn Anhaltspunkte bestünden, daß der Auftraggeber nichtberechtigt sei, könne der gute Glaube ausgeschlossen sein. **1696**

Diese Lösung[1770] hat *Picker*[1771] als sittenwidrige Aufforderung zu rechtswidrigem, u. U. sogar strafbarem Verhalten gekennzeichnet. In der Tat kann sich, da dem Unternehmer nach § 647 ohnehin das Pfandrecht an bestellereigenen Sachen zukommt, die AGB-Klausel nur auf die Verpfändung im Hinblick auf den Fall der Nichtberechtigung des Bestellers beziehen. Sie will also gerade speziell in fremdes Eigentum eingreifen. **1697**

Tiedtke[1772] führt gegen den BGH den Unterschied an, daß in einer individuellen Verpfändungserklärung der Verpfänder erkläre, die Sache gehöre ihm. Das sei die Grundlage des Gutglaubensschutzes nach § 1207. An einer solchen Erklärung fehle es bei Bestimmung des Pfandrechts in Allgemeinen Geschäftsbedingungen. Mit dieser Einengung des Gutglaubenserwerbs wäre allerdings auch dem gutgläubigen Erwerb eines Pfandrechts kraft Verpfändung von Maschinen, die im Rahmen einer Bau-Arbeitsgemeinschaft, d.h. einer BGB-Gesellschaft zum Zwecke der gemeinsamen Durchführung eines Bauauftrags, eingesetzt werden, durch die Geschäftsbedingungen des

1764 A.A. *Wieling*, Sachenrecht, 4. Aufl., § 15 IV 1 b, S. 226.
1765 BGHZ 100, 95 m. Anm. *Serick* in EWiR 1987, 569.
1766 S. o. Rz. 1165 ff.
1767 Jura 1970, 697 ff.
1768 BGHZ 68, 323 ff.; nochmals NJW 1981, 226 f.
1769 Anders bei der Übereignung; s. o. Rz. 854.
1770 Die wenig überzeugende Art ihrer Anknüpfung wird schon deutlich im (heute allerdings seltenen) Fall, in dem die Vereinbarung der Verpfändung fehlt. S. BGH JR 1988, 17 mit krit. Anm. *Waldner*.
1771 NJW 1978, 1417 f.
1772 WM 1987, 160.

Bau-ArGe-Vertrags der Boden entzogen. Für den Pfandrechtserwerb tritt aber auch insoweit der BGH ein[1773]. Dem BGH ist gegen das Argument von *Tiedtke* zu folgen: Die Geltung der AGB mit der Pfandrechtsregelung ist den Vertragsbeteiligten unter den Voraussetzungen des AGBG (§§ 305 ff. BGB n.F.) zuzurechnen. Die Einbringung von Sachen quoad usum in die BGB-Gesellschaft hat dann die Qualität einer Verpfändungserklärung.

1698 Der Streit betreffend das Unternehmerpfandrecht erledigt sich sodann, wenn man die Regelung des HGB berücksichtigt: Entgegen dem Rückschluß, den der BGH aus § 1257 zieht, statuiert § 366 III HGB die Möglichkeit des gutgläubigen Erwerbs des Pfandrechts des Kommissionärs, Frachtführers, Spediteurs und des Lagerhalters, obwohl dieses jeweils kraft Gesetzes erworben wird (§§ 397, 404, 410, 441, 464, 475 b HGB).

1699 Insgesamt enthält § 366 III HGB in der Gleichstellung des gesetzlichen Pfandrechts mit dem vertraglichen drei Aussagen:

1. Die erste Aussage ist, daß die Hingabe eine Sache an einen Unternehmer, dem ein gsetziches Pfandrecht zusteht, einer Verfügung gleichsteht. Diese Aussage ergibt sich aus dem Zusammenhang des § 366 HGB über §§ 932, 1207 mit den Übereignungs- und Verpfändungstatbeständen des BGB: Aufgrund dieses Zusammenhangs geht § 366 I HGB von Verfügungen aus, die bei Verfügungsbefugnis, insbesondere aufgrund der Zustimmung des Berechtigten (§ 185), wirksam werden. Er bestimmt für die Verfügungen die Wirksamkeit aufgrund guten Glaubens an die Verfügungsbefugnis, wie wenn der Verfügende Verfügungsbefugnis hätte. § 366 I HGB geht also von der Verfügung eines Verfügungsbefugten aus und stellt ihr den Fall des guten Glaubens an die Verfügungsbefugnis gleich. Mit der Anknüpfung an Abs. 1 setzt sodann auch Abs. 3 voraus, daß es um Verfügungen geht, die kraft Verfügungsbefugnis oder kraft guten Glaubens an die Verfügungsbefugnis wirksam werden können. Also geht das HGB davon aus, daß auch die Einräumung eines gesetzlichen Pfandrechts Verfügung und bei wirklicher Verfügungsbefugnis wirksam ist. § 366 III HGB deutet mithin die Einlagerung oder Hingabe an den Kommissionär oder Frachtführer angesichts des damit verbundenen gesetzlichen Pfandrechts als Verfügung und die Erteilung der Befugnis dazu als Verfügungsermächtigung analog § 185.

Auch die Begründung eines Werkunternehmerpfandrechts mit dem Rechtsgedanken des § 185 hat der BGH[1774] aber abgelehnt mit dem Argument, es gebe keine Verpflichtungsermächtigung. § 366 III HGB zeigt demgegenüber, daß es um die Begründung der Rechtsfolge eines Pfandrechts geht, also um eine Art von Verfügung und Verfügungsermächtigung.

2. Die zweite Aussage des § 366 III HGB ist, daß ein gesetzliches Pfandrecht i.S. des HGB durch Hereingabe einer Sache durch einen angeblichen Eigentümer erworben werden kann. Diese zweite Aussage ergibt sich aus dem Zusammenhang von § 366 I HGB mit den Vorschriften des BGB über den Erwerb kraft guten Glaubens an das Eigentum des Verfügenden. § 366 erweitert diesen Erwerb auf den Fall des guten Glaubens an die Verfügungsbefugnis des Verfügenden. Indem § 366 III mit I HGB den gutgläubigen Erwerb auf den Fall des guten Glaubens an die Verfügungsbefugnis ausdehnt, setzt er den Erwerb aufgrund des guten Glaubens an das Eigentum voraus. Mithin setzt § 366 III das voraus, was der BGH durch § 1257 für ausgeschlossen ansieht: Den gutgläubigen Erwerb eines gesetzlichen Pfandrechts kraft des guten Glaubens an das Eigentum des Einlagerers etc.

3. Schließlich bestimmt § 366 III HGB in seiner direkten Aussage die Ausdehnung auf den gutgläubigen Erwerb kraft guten Glaubens an die Verfügungsbefugnis.

1700 Es fragt sich, ob die in § 366 III HGB vorausgesetzten, also für selbstverständlich gehaltenen, Aussagen 1 und 2, also daß die Hereingabe an einen nach dem HGB pfandrechtsberechtigten Unternehmer eine Verfügung ist und dazu nach § 185 ermächtigt

[1773] BGHZ 86, 300 und 86, 340 (s. o. Rz. 188 ff.).
[1774] BGHZ 34, 122, 125.

werden kann (Aussage 1) und daß ein gesetzliches Unternehmerpfandrecht kraft guten Glaubens vom angeblichen Eigentümer erworben werden kann (Aussage 2), nicht doch den gutgläubigen Erwerb auch des Werkunternehmerpfandrechts ergeben[1775]. Dabei ist zu bedenken, daß zumindest insoweit schon deshalb keine handelsrechtliche Sondervorschrift zu erkennen ist, weil einerseits der Werkunternehmer nicht minder schutzwürdig ist als der Lagerhalter, Kommissionär oder Frachtführer (der ja sogar Werkunternehmer ist) und andererseits § 366 III HGB im Gegensatz zu Abs. 1 nicht die Kaufmannseigenschaft des „Verfügenden", also des Einlagerers etc., voraussetzt. Insoweit könnte sogar die Aussage 3 des § 366 III HGB von allgemeiner Bedeutung sein.

Die Entstehungsgeschichte des BGB zeigt, daß der Erwerb kraft Ermächtigung und ebenso der gutgläubige Erwerb, den § 366 III HGB bestimmt, auf besitzverbundene Pfandrechte, insbesondere dasjenige des Werkunternehmers (anders die Pfandrechte des Vermieters oder Gastwirts), ohne Unterschied anzuwenden ist. §§ 366 HGB und 932 ff. BGB haben ihre gemeinsame Wurzel im ADHGB (Art. 306 f.). Die Regelung des ADHGB ist bezüglich des Erwerbs kraft guten Glaubens an das Eigentum in das BGB, bezüglich des Erwerbs kraft guten Glaubens an die Verfügungsbefugnis in § 366 I, III HGB[1776] aufgenommen worden. Die Weiterführung der gemeinsamen Wurzel in beiden Gesetzen ist jedoch bei Schaffung des BGB nicht abgestimmt worden. **1701**

Dies schon deshalb nicht, weil das BGB die Wurzel für die Regelung des gesetzlichen Pfandrechts nicht im ADHGB gesehen hat. § 647 ist eine Erweiterung der Bestimmung der früheren Konkursordnung (§ 41 Nr. 6) auf die Einzelzwangsvollstreckung[1777]. Die Formulierung „Sache des Bestellers" rührt in der Vorschrift einfach daher, daß es im Konkurs um die Konkurrenz der Gläubiger des Bestellers ging. Die Zugehörigkeit der Sachen zum Besteller war Voraussetzung der Konkurszugehörigkeit. Diese formelle Voraussetzung dafür, daß die Konkursregelung eingreifen konnte, wurde nicht überdacht, als es um die allgemeine Anerkennung des Werkunternehmerpfandrechts ging. **1702**

Auch das ADHGB enthielt noch eine derartige formale Voraussetzung seines Anwendungsbereichs, nämlich die Kaufmannseigenschaft des Verpfänders und auch des Einlagerers etc. (Art. 306 III ADHGB[1778]). Das HGB seinerseits hat dies überdacht und die formale Voraussetzung fallenlassen[1779], so daß § 366 III HGB das allgemeine Eingreifen des Gutglaubensschutzes bestimmt. **1703**

Daß im BGB dagegen die Problematik der Voraussetzung der dem Besteller gehörenden Sache nicht genügend überdacht wurde, zeigt der Werdegang zu §§ 1257, 647: Die § 1257 entsprechende Vorschrift ist – ohne nähere Erläuterung – von der zweiten Kommission eingefügt worden. Es fehlen also zu ihr Erwägungen, wie es bei Bestellerfremdheit der Sache zu halten ist. In den Motiven zum 1. Entwurf[1780] ist zunächst ausdrücklich der Erwerb des Pfandrechts des Vermieters an mieterfremden Sachen abgelehnt worden, hier noch unter Hinweis auf die Fassung des ersten Entwurfs, die nur vom rechtsgeschäftlich bestellten Pfandrecht sprach. Weiter enthalten die Motive einen einleitenden Passus zur Erörterung des Pfandrechts[1781], in dem eine allgemeine Regelung des gesetzlichen Pfandrechts für unangebracht gehalten und auf die besonderen Gesetze über gesetz- **1704**

1775 So die h.M. in der Lit.: vgl. *Wolff/Raiser* § 163 III 2 (mit klarer Unterscheidung des Werkunternehmerpfandrechts als besitzgebundenen und etwa des Vermieterpfandrechts als nicht besitzgebundenen gesetzlichen Pfandrechts, dazu im weiteren Text), sodann *Canaris*, Handelsrecht 23. Aufl. 2000, § 29 II S. 509 ff.; weitere Nachweise bei *Baur/Stürner* § 55 C II 2 a Rz. 40.

1776 S. Denkschrift Entwurf HGB zu § 338 des Entwurfs.

1777 Mot., *Mugdan* II, S. 276.

1778 Dazu *Anschütz/Völderndorff*, Komm HGB 3. Bd. 1874, S. 155; *Thöl*, Das Handelsrecht, 1. Bd., 1875, S. 136, 137.

1779 S. Denkschrift zu § 338 a.E.

1780 Mot., *Mugdan* II, S. 226.

1781 Mot., *Mugdan* III, S. 797.

liche Pfandrechte verwiesen wird. Sieht man daraufhin in die Materialien zu der Bestimmung über das gesetzliche Unternehmerpfandrecht (§ 647), so findet man dort aber keinerlei überdachte Abgrenzung des Schutzes.

1705 Daraus ergibt sich, daß § 1257 keine Grundlage eines argumentum e contrario gegen den gutgläubigen Erwerb des Werkunternehmerpfandrechts ist. Der Wortlaut des § 647 („Sachen des Bestellers") ist ebenfalls kein Anhalt, weil er in nicht überdachter Anlehnung an eine Konkursregelung zustande gekommen ist. Ausdrücklich abgelehnt worden ist allerdings der gutgläubige Erwerb des nicht besitzverbundenen Vermieterpfandrechts. Für das Werkunternehmerpfandrecht bleibt es dabei, daß die Regelung des § 1257 die Frage offenläßt. Sieht man dazu aber die Weiterentwicklung des Gutglaubensschutzes durch das HGB als materiell abgewogene und nicht mehr auf Besonderheiten des Handelsrechts abstellende Regelung, so ist von Gesetzes wegen klar, wie diese zu § 647 vom BGB her offene Frage zu beantworten ist: Der gutgläubige Erwerb des gesetzlichen Unternehmerpfandrechts ist gesetzlich begründet.

1706 Aus der 1. Aussage, die § 366 III HGB zu entnehmen war, folgt aber, wann der gutgläubige Erwerb erst eingreift: Erst dann, wenn keine Zustimmung des Berechtigten zu einer Hingabe der Sache zur Kommission, zur Einlagerung und eben auch zur Reparatur bei einem Werkunternehmer vorliegt, womit die Begründung eines gesetzlichen Pfandrechts verbunden ist. Diese Zustimmung ist als Zustimmung zu einer verfügungsgleichen Handlung, damit analog § 185, zu behandeln. Liegt sie vor, kommt es auf den guten Glauben des Unternehmers nicht an. Er erwirbt das Pfandrecht vom Besteller als Verfügungsberechtigtem.

e) Verwertung des Pfandes

1707 Die Befriedigung aus dem Pfand erfolgt nach § 1228 I durch Verkauf. Für das Pfändungspfandrecht gelten die Vorschriften der §§ 813 ff. ZPO über die Zwangsvollstreckung. Der Inhaber eines rechtsgeschäftlich bestellten Pfandrechts an einer Sache kann aber statt der Befriedigung durch Verkauf auch aus seinem Pfandrecht gegen den Eigentümer auf Duldung der Zwangsvollstreckung klagen (s. § 1204 I). Dann kann er den Verkauf auch nach den Vorschriften über die Zwangsvollstreckung bewirken lassen (§ 1233 II). Beim Pfandrecht an einem Recht außer dem an einer Forderung steht dem Pfandgläubiger nur die Möglichkeit der Klage zur Verfügung (§ 1277). Für das Pfandrecht an Forderungen kommt neben dieser Möglichkeit (§§ 1277, 1282 II 2. Hs.) die Möglichkeit der Einziehung der Forderung in Betracht (§§ 1281 f.). Die Unterschiede zwischen der Verwertung von Sach-, Rechts- und Forderungspfand beruhen auf der Unterschiedlichkeit der Verwertungs- bzw. Realisierungsmöglichkeiten bei den einzelnen Pfandobjekten.

1708 Eine Verfallsabrede, d.h. eine Abrede, wonach dem Gläubiger das Eigentum am Pfand zufallen soll, ist dann, wenn sie *vor* Pfandreife getroffen wird, wie bei der Hypothek (§ 1149) unwirksam (§ 1229)[1782]; *nach* Pfandreife ist eine solche Vereinbarung in den Grenzen der §§ 138, 242 zulässig.

[1782] Das Gesetz verbietet die Verfallsabrede wegen der abstrakten Gefährlichkeit für den Schuldner, der, um Kredit zu erhalten, in den Verlust der meist wertvolleren Pfandsache für den in der Zukunft liegenden und von ihm nicht ernstgenommenen Fall der Zahlungsschwierigkeiten in der Hoffnung einwilligt, er werde das Pfand einlösen können. Das pauschale Verbot der Verfallsabrede ist aber beschränkt auf die Fälle der §§ 1149, 1229 und auf Gläubiger, die anders als durch Hypothek oder Pfandrecht gesichert sind, nicht übertragbar, BGHZ 130, 101 = ZIP 1995, 1322 ff. Anders *Tiedtke* ZIP 1996, 57.

Der Verkauf des Pfandes erfolgt grundsätzlich[1783] durch Versteigerung (§§ 1235 I, 383 III). Der Ersteigerer erwirbt das Eigentum nach § 1242 bei gesetzmäßiger – das Gesetz spricht von rechtmäßiger – Versteigerung eines Pfandes[1784]. Das Gesetz meint damit die gesetzliche Art und Weise der Verwertung des Pfandes. Als Grundlage dieser Verwertung muß zusätzlich das Pfandrecht des Gläubigers bestehen (siehe auch § 1244)[1785]. **1709**

Nach § 1244 ist bezüglich erstens des Fehlens des Pfandrechts und zweitens der Nichterfüllung der Voraussetzungen der Rechtmäßigkeit der Versteigerung (insoweit aber mit Einschränkungen am Ende der Vorschrift) ein gutgläubiger Erwerb durch den Ersteigerer möglich, d.h. ein Erwerb entsprechend §§ 932 ff. aufgrund guten Glaubens an das Bestehen des Pfandrechts, was den ersteren Mangel betrifft, und, was den zweiten betrifft, an die Erfüllung der Rechtmäßigkeitsvoraussetzungen. § 935 gilt nicht. **1710**

Das Gesetz gibt eine komplizierte Regelung darüber, was zur Gesetz- bzw. Rechtmäßigkeit der Versteigerung gehört – § 1243 – und was, obwohl es dazu gehört, wenigstens durch gutgläubigen Erwerb[1786] überwunden werden kann. Das letztere steht in § 1244, der insbesondere einen Gegensatz zwischen § 1237 (öffentliche Bekanntmachung) und § 1235 (öffentliche Versteigerung) macht. **1711**

Bezüglich der Auswirkung der Gesetzesverstöße sind folgende Rechtsfolgen zu unterscheiden: **1712**

Nur Schadensersatz, d.h. Schadensersatz nach § 1243 II. (Die Vorschrift heißt aber nicht, daß nur bei den dort erwähnten milden Verstößen Schadensersatz zu gewähren ist; es gilt ansonsten § 823 I bzw. die Haftung aus dem Verpfändungsvertrag).
Keine Erfüllungswirkung des Erlöses (§ 1247 S. 1 im Vergleich zu S. 2).
Kein Eigentumserwerb unter Vorbehalt der Frage eines gutgläubigen Erwerbs.
Ausschluß auch des Erwerbs kraft guten Glaubens.

Durch Zahlung an den Versteigerer, der als Vertreter des Pfandgläubigers unter Besitzmittlung für diesen in Empfang nimmt, werden sowohl der durch Zuschlag zustande gekommene Kaufvertrag als auch die gesicherte Forderung erfüllt, soweit das Pfandrecht besteht und Gesetzmäßigkeit gewahrt ist (§ 1247 S. 1). Im übrigen tritt die Surrogation der Sache durch den Erlös ein (§ 1247 S. 2)[1787]. **1713**

D.h. im einzelnen: Ist die Gesetzmäßigkeit gewahrt, erhält der Ersteher Eigentum an der Sache und der Pfandgläubiger Eigentum am Erlös in Höhe seiner Forderung. Ist der Eigentümer des Pfandes nicht der Schuldner der gesicherten Forderung, so geht die Forderung analog § 1225 auf ihn über[1788]. Erfaßt die Forderung den Erlös nicht ganz, wer- **1714**

1783 Zu anderen Verwertungsformen vgl. *Baur/Stürner* § 55 B IV 3 Rz. 30 und *Wolff/Raiser* §§ 167, 168. Ist die Pfandverwertung unter Verstoß gegen §§ 1234, 1235 durchgeführt worden, ist dieser Mangel dann unbeachtlich, wenn die Verwertung vom Eigentümer genehmigt wird. Diese Genehmigung hat ähnliche Rechtsfolgen wie die vorherige Vereinbarung einer abweichenden Art der Pfandverwertung gem. § 1245 I, vgl. BGH ZIP 1995, 572 ff.

1784 Zur Übereignung an den Ersteigerer oben Fn. 1688.

1785 Ausführlich zu den Voraussetzungen: *Wolff/Raiser* § 166 III; vgl. auch den Beispielsfall BGH WM 1987, 185 – s. u. Rz. 1718.

1786 Zur Frage der Gutgläubigkeit *Wolff/Raiser* § 166 IV. 1.

1787 Nach *E. Wolf*, Sachenrecht, § 8 C II c 3 tritt am *gesamten* Erlös Surrogation ein. Dazu mit Recht ablehnend Staudinger/*Wiegand* § 1247 Rz. 3 ff.

1788 Zutreffend Palandt/*Bassenge* § 1247 Rz. 1. Beim Pfandrecht ist also zu unterscheiden: Erstens Bezahlung der Forderung durch den Verpfänder (der nicht immer der Eigentümer der Pfandsache ist). Ist der Verpfänder nicht der Schuldner, geht die Forderung nach § 1225 auf ihn über. Zweitens Zahlung des mit dem Verpfänder nicht identischen Eigentümers (der, wie dann selbstverständlich, auch nicht der Schuldner ist): dieser kann nach § 1249 zahlen, und für ihn gilt dann die cessio legis der Forderung nach § 268 III (§ 1249 S. 2). Schließlich drittens der Fall des Textes: Statt der Zahlung an den Gläubiger Befriedigung des Gläubigers aus der Pfandsache. – Mit dem Übergang der Forderung geht grundsätzlich das Pfandrecht mit

den der Pfandgläubiger und – nach § 1247 S. 2 – der Pfandeigentümer Miteigentümer des Erlöses. Der Gläubiger hat ein Teilungsrecht[1789]. Teilt er auf, so entsteht Alleineigentum an beiden Teilen (mit schuldrechtlichen Ausgleichsforderungen, wenn nicht richtig aufgeteilt ist). Ist die Gesetzmäßigkeit nicht gewahrt und erhält der Ersteher kein Eigentum an der Pfandsache, so bleibt die Pfandsache im pfandrechtsbelasteten Eigentum des Pfandeigentümers. § 1247 greift nicht ein.

1715 Hat der Ersteher trotz Verletzung der Gesetzmäßigkeit Eigentum erlangt, so gebührt der Erlös dem Pfandgläubiger nicht. Es gilt nicht § 1247 S. 1, sondern allein § 1247 S. 2, d.h. der Pfandeigentümer erhält das Eigentum und der Gläubiger nur das Pfandrecht am Erlös[1790]. Der Gläubiger kann hier aufgrund einer Teilungsabrede ein Teilungsrecht haben. § 1229 gilt nicht mehr.

1716 § 1247 ändert nichts daran, daß der Ersteher allein mit dem Pfandgläubiger abzurechnen hat. Die Vorschrift bewirkt lediglich eine Abkürzung des Erwerbs des Pfandeigentümers aus dem Vermögen des Pfandgläubigers, an den der Ersteher gezahlt, d.h. Eigentum am Geld übertragen oder durch Überweisung eine Guthabenforderung begründet hat. Was den Tatbestand des § 812 I 1 betrifft, fehlt es also im Verhältnis zwischen Ersteher und Eigentümer an einem Erwerb des letzteren aus dem Vermögen des ersteren.

1717 Will man keinen Durchgangserwerb beim Pfandgläubiger, muß man diesen als für den Eigentümer erwerbsermächtigt ansehen. Dann liegt der Gegenfall zur Veräußerung durch einen mittelbaren Stellvertreter vor[1791]. Die h. L. zu § 812 erreicht dasselbe Ergebnis über das Leistungsmerkmal und die Annahme der Subsidiarität der Kondiktion wegen Bereicherung in sonstiger Weise gegenüber der Abwicklung in den Leistungsverhältnissen.

1718 Die folgende Entscheidung des BGH[1792] demonstriert die Vorschriften über die Pfandverwertung:

Antiquitätenhändler A nimmt bei der gewerblichen[1793] Pfandleiherin P ein Darlehen auf und verpfändet dafür Teppiche und Schmuck. Die Pfandscheine legt er regelmäßig bei Fälligkeit vor, zahlt Zinsen und Kosten, woraufhin das Darlehen unter Ausgabe neuer Pfandscheine mit neuem Verfalltag verlängert wird. Die Pfandscheine weisen auf der Vorderseite auf AGB hin, die auf der Rückseite abgedruckt sind. Danach sollen die Androhung der Versteigerung, eine Fristbestimmung dafür und die Mitteilung über das Versteigerungsergebnis untunlich sein.

Im Jahre 1982 erhält A eine Verlängerung der anstehenden Darlehen bis zum 15.6. Zu dieser Zeit erscheint A nicht. P sendet am 15.7. an die Anschrift des A ein Schreiben mit dem Hinweis auf die Versteigerung am 21.7. und gibt Frist für die Einlösung bis zum 16.7. Am 21.7. kommt das Schreiben unzugestellt zurück, weil A ohne Hinterlassung eines Nachsendeantrags verzogen ist. Die – in der Woche zwischen dem 7. und 14.7. – in der Zeitung angekündigte Versteigerung wird durchgeführt. Der amtlich bestellte Versteigerer setzt für jedes Pfandstück als Mindestaufruf 7.500 € fest. Mangels anderer Angebote erhält die P die Stücke zum Mindestgebot. Als A später zur Einlösung erscheint, erfährt er von der Versteigerung. Er hält sie für rechtswidrig und verlangt Herausgabe der Pfandsachen oder des für sie erzielten Erlöses, hilfsweise Schadensersatz. Die Stücke seien bei weitem unter Preis versteigert worden. Ein Gläubiger des A (G) pfändet die angeblichen Ansprüche des A gegen die P in der Zwangsvollstreckung. G klagt auf Herausgabe und Zahlung an einen Sequester und weiter auf Feststellung, daß die P ihm zum Schadensersatz verpflichtet sei.

über (Folge der Akzessorietät). Bei Übergang der Forderung auf den Eigentümer (also im zweiten und im Fall des Textes) gilt aber § 1256.

[1789] Vgl. im einzelnen Staudinger/*Wiegand* § 1247 Rz. 8 ff.

[1790] *Wolff/Raiser* § 166 VII. 1.

[1791] Dazu *Wilhelm*, Rechtsverletzung und Vermögensentscheidung, S. 168 Fn. 363.

[1792] BGH WM 1987, 185.

[1793] Das Pfandleihgewerbe ist geregelt durch die PfandleiherVO vom 1.7.1976 – BGBl. I, S. 1335 – auf der Grundlage von § 34 II GewO.

Ansprüche auf Herausgabe der Sachen (soweit noch bei P befindlich) oder des aus ihrer Veräußerung erzielten Erlöses können sich aus §§ 985, 816 I 1, §§ 823 I, 249 S. 1 sowie § 687 II ergeben (Ansprüche aus §§ 987 ff. entfallen mangels Vindikationslage: P war berechtigte Besitzerin, ihr eventueller „Exzeß" ist nach h.M. als unerlaubte Handlung gemäß § 823 zu beurteilen[1794]). Alle diese Ansprüche setzen voraus, daß A Eigentümer der Sachen ist oder – soweit P sie veräußert hat – zur Zeit dieser Veräußerung Eigentümer war. Gemäß § 1242 I könnte aber P als Ersteigerin Eigentum an den Pfandsachen erlangt haben. Voraussetzung ist die Rechtmäßigkeit des Pfandverkaufs. Rechtmäßig ist er, wenn zugunsten des Betreibers der Versteigerung ein Pfandrecht besteht und bei der Veräußerung in Übereinstimmung mit den in § 1243 I genannten Vorschriften gehandelt wird.

Als Rechtmäßigkeitsschranken neben dem Bestehen eines Pfandrechts sind nach § 1228 I i.V.m. § 1243 I beachtlich: § 1228 II 1: Fälligkeit der Forderung (Pfandreife); § 1230 S. 2: Keine Versteigerung im Übermaß; § 1235 I: Öffentliche Versteigerung; § 1237 S. 1: Ordnungsgemäße öffentliche Bekanntmachung derselben; § 1240: Einhaltung des Metallwerts bei Gold- und Silbersachen.

Die Revision hatte insoweit nur gerügt, daß die Versteigerung vor der Pfandreife und deshalb nicht nach § 1237 S. 1 ordnungsgemäß angekündigt worden sei. In § 1237 S. 1 ist allerdings von einer Ankündigung zu bestimmter Zeit nicht die Rede. Nur die Androhung i. S. von § 1234 kann nach § 1234 I 2 erst nach dem Eintritt der Verkaufsberechtigung erfolgen. § 1234 enthält aber keine Rechtmäßigkeitsvoraussetzung i. S. von § 1242 (s. § 1243 I 1). Auch § 1245 II, der erst für die Zeit nach Pfandreife das Erfordernis der Ankündigung der Versteigerung verzichtbar macht, gibt keine zeitliche Schranke für den Fall, daß die Ankündigung *durchgeführt* wird. Der BGH läßt die Frage der Auslegung des § 1237 übrigens dahingestellt, weil die Ankündigung der Versteigerung im Fall (7.-14.7.) durchaus erst nach Eintritt der Verkaufsberechtigung geschehen sei (Eintritt der Pfandreife nach § 1228 II am 15.6.[1795]). Somit hat P nach § 1242 I Eigentum an den Pfandsachen erworben; Herausgabeansprüche bestehen nicht.

Ein Schadensersatzanspruch – zunächst des A, den G dann aufgrund der Pfändung und Überweisung zur Einziehung nach § 835 ZPO einzuziehen berechtigt wäre – könnte aus § 1243 II folgen. Als i.S. dieser Vorschrift verletzte Bestimmungen kommen hier in Betracht: § 1234 I und II betreffend Androhung des Verkaufs und Wartepflicht; § 1237 S. 2: Besondere Benachrichtigung insbesondere des Eigentümers über Zeit und Ort der Versteigerung.

Das Berufungsgericht hat angenommen, daß die Bestimmungen nicht verletzt seien. Es hat dies – allerdings nur für die Monatsfrist des § 1234 II 1 – aus den AGB der P gefolgert. Die AGB der P waren in der Tat jedenfalls im übrigen unbeachtlich nach § 9 AGBG (§ 307 BGB n.F.). Aber auch die vom Berufungsgericht anerkannte Abweichung von der Monatsfrist ist nach dieser Vorschrift fragwürdig: §§ 1234, 1237 S. 2 enthalten Schutzbestimmungen für den Eigentümer, die diesem die letzte Möglichkeit geben, den Verlust der Sache abzuwenden und für den Pfandgläubiger grundsätzlich leicht einzuhalten sind. Kommt es im Einzelfall zu Schwierigkeiten, so hilft schon das Gesetz ab mit dem Vorbehalt der Untunlichkeit (§ 1234 I 2 Hs. 2, II 2, § 1237 S. 2), für die mit Recht der Pfandgläubiger die Darlegungslast trägt. Die generelle Abbedingung der Schutzvorschriften durch AGB ist eine einseitige Abweichung von einem gesetzlichen Gerechtigkeitsgedanken (s. § 9 II Nr. 1 AGBG = 307 II Nr. 1 BGB n.F., der nach § 24 I Nr. 1 AGBGB = § 310 I BGB n.F. auch auf A als Kaufmann i. S. von § 1 II Nr. 1 HGB anzuwenden ist).

Das Berufungsgericht hat aber eine ordnungsgemäße Benachrichtigung durch das Schreiben vom 15.7.82 bejaht. A müsse wegen treuwidriger Zugangsverhinderung sich das Schreiben als zugegangen zurechnen lassen. Diese Annahme ist abzulehnen. Abgesehen von Fällen der Arglist führt Zugangserschwerung nur dazu, daß der Empfänger sich nicht auf mangelnde Rechtzeitigkeit des Zugangs berufen kann. Der Zugang muß aber noch bewirkt werden. D.h.: Es fehlt bis zum tatsächlichen Empfang am Zugang der Erklärung. Der Erklärende kann aber die Zustellung un-

[1794] Dazu o. Rz. 1699.

[1795] Die PfandleiherVO sagt hierzu nichts anderes; sie enthält neben Fristen für die Ankündigung der Versteigerung (die hier eingehalten sind) nur eine zu § 1234 II 1 parallele Schutzfrist. § 1234 II sagt aber nichts betreffs Pfandreife – s. § 1234 II 1 im Vergleich zu § 1234 I 2.

verzüglich nachholen; wenn die Erklärung dann zugeht, gilt dies als rechtzeitig[1796]. Für unseren Fall, d.h. für §§ 1234, 1237, kommt es aber nicht auf Rechtzeitigkeit i.S. der Wahrung einer Frist an, sondern auf die tatsächliche Bewirkung des Zugangs vor der Versteigerung. Diese ist hier jedenfalls nicht geschehen. Es wäre danach zu prüfen gewesen, ob die Benachrichtigung nach den Umständen des Einzelfalls untunlich gewesen ist (§§ 1234 I 2 Hs. 2, II 2, § 1237 S. 2). Dazu kam es darauf an, wie leicht A auffindbar gewesen wäre (einige Nachforschungen waren der P in Anbetracht der langwährenden Geschäftsbeziehung durchaus zumutbar) und wie zeitlich dringlich der Pfandverkauf war, beurteilt nach Marktchancen einerseits und geschäftlicher Notwendigkeit bei P andererseits.

Der BGH hat die Frage aus prozessualen Gründen dahinstehen lassen: G habe den falschen Antrag gestellt: Einziehung heiße Geltendmachung der Forderung als solcher des Schuldners. G habe also auf Feststellung dieser Forderung klagen müssen, die Klage auf Feststellung eines eigenen Schadensersatzanspruchs sei unbegründet. – Dies ist angesichts des aus der Überweisung zur Einziehung folgenden Rechts des Vollstreckungsgläubigers, Leistung an sich zu verlangen, eine geradezu rabulistische Ablehnung des Klagebegehrens, die überdies nach dem bisherigen Prozeßverlauf die überraschende Einführung eines neuen rechtlichen Gesichtspunkts bedeutete (vgl. § 139 II 1 ZPO, § 278 a.F.).

1719 Der Fall macht klar, wie das Gesetz (§ 1243 I, II) bezüglich der Rechtswidrigkeit im Hinblick darauf unterscheidet, ob sie Hindernis des Rechtserwerbs (§ 1242 I, II) oder Grundlage bloßer Haftung (§ 1243 II) ist. Die im Vorstehenden zuerst aufgelisteten Erfordernisse sind Grundvoraussetzungen einer ordnungsgemäßen Pfandverwertung. Die zweite Gruppe betrifft demgegenüber Loyalitäts- und Schutzpflichten, insbesondere gegenüber dem Eigentümer. Rechtsschranken und Verhaltenspflichten stehen sich also gegenüber. § 1244 macht sodann auch die Rechtsschranken überwindbar, nämlich durch den guten Glauben des Erwerbers – und zwar auch bei Abhandenkommen –, wenn nur ein Verkauf durch öffentliche Versteigerung (§§ 1233 I, II, 1235), bei Gold- und Silbersachen nicht unter Gold- oder Silberwert (§ 1240 I) oder ein Verkauf nach den alternativen Möglichkeiten der §§ 1235 II, 1240 II durchgeführt wird.

f) *Erlöschen des Pfandrechts*

1720 Das Pfandrecht erlischt durch Tilgung der Forderung (§ 1252 und insbesondere § 1247 S. 1), vorbehaltlich des Übergangs der Forderung auf den Leistenden, wenn dieser nicht der Schuldner ist[1797], weiter erlischt es durch Rückgabe (§ 1253 I), durch pfandrechtsentkleidete Zession (§ 1250 II) sowie durch einseitige, empfangsbedürftige Verzichtserklärung (§ 1255 im Gegensatz zu § 397).

3. Pfandrecht an Rechten

1721 Ein rechtsgeschäftliches[1798] Pfandrecht an Rechten ist möglich nach §§ 1273 I, 1274 II, wenn das Recht übertragbar ist[1799]. Zu seinem Wesen ist oben[1800] Stellung genommen worden. Die allgemeinen Pfandrechtsvorschriften sind mit Ausnahmen nach § 1273 II und vorbehaltlich der §§ 1274 ff. anwendbar.

1722 § 1274 verweist für die Bestellung auf die für die Übertragung des Rechts geltenden Vorschriften. Für die Bestellung des Pfandrechts an einer Forderung ist also § 398 an-

1796 S. *Flume* II § 14 3 e, S. 238 ff., 235.

1797 S. o. Rz. 1714.

1798 Zum Pfändungspfandrecht s. §§ 829 ff. BGB, § 857 ZPO und dazu *Baur/Stürner* § 62 C Rz. 38 m.w.N.

1799 Eine Abweichung vom Erfordernis der Übertragbarkeit bestimmt für die Pfändbarkeit eines Rechts § 851 II ZPO; – vgl. im einzelnen *Westermann*, 7. Aufl., § 136 I. 1.

1800 Rz. 96 ff. Zum Pfandrecht an Gesellschaftsanteilen *Flume* I/1 I 1, S. 120 ff., 367 ff., BGH WM 1992, 1655.

zuwenden. § 398 ist aber durch § 1280 modifiziert[1801]. Wegen der Erschwerung der Verpfändung durch § 1280 wird das Pfandrecht an Forderungen häufig durch Sicherungsübertragung der Forderung ersetzt. Setzt die Übertragung des Rechts eine Übergabe voraus (z. B. § 1154 I 1), ist diese nach §§ 1205 f. modifiziert (§ 1274 I 2).

Auch an künftigen Forderungen können Pfandrechte begründet werden[1802]. Die Verpfändung ist ja Teilabtretung und so wie die Vorausabtretung die Vorausverpfändung möglich[1803]. Das Pfandrecht entsteht mit dem Entstehen der verpfändeten Forderung. Die Kollision zwischen Vorausverpfändung und Vorausabtretung entspricht der zwischen zwei Vorausabtretungen. Es gilt das Prioritätsprinzip[1804]. Danach erwirbt der Zessionar einer im voraus (wirksam) verpfändeten Forderung nur die mit dem Pfandrecht belastete Forderung[1805]. **1723**

Bei der Verpfändung eines Rechts kann der Pfandgläubiger seine Befriedigung aus dem Recht, vorbehaltlich besonderer Bestimmungen, nur aufgrund eines vollstreckbaren Titels nach den Vorschriften über die Zwangsvollstreckung suchen (§ 1277). **1724**

Diese Möglichkeit gilt auch für das Pfandrecht an Forderungen (§§ 1277, 1282 II 2. Hs.), welches besonders geregelt ist[1806]. Auch der Pfandgläubiger eines solchen Pfandrechts ist also *nach Pfandreife*, die mit Fälligkeit der *gesicherten* Forderung eintritt (§ 1282 I 1 mit § 1228 II), berechtigt, Befriedigung aus der Forderung durch Klage gegen den Inhaber der Forderung auf Duldung der Zwangsvollstreckung und durch die Befriedigung nach den Vorschriften über die Zwangsvollstreckung (§§ 835 ff. ZPO) zu suchen. Hinzu kommt aber folgendes: Zunächst ist der Gläubiger eines Pfandrechts an einer Forderung *vor Pfandreife* dadurch gesichert, daß der Schuldner nur an Pfandgläubiger und Gläubiger gemeinsam leisten kann, § 1281[1807]. Sodann ist er *von dem Eintritt* **1725**

[1801] Für die Verpfändung einer Forderung, die durch Hypothek gesichert ist, gelten nach § 1274 I nicht §§ 398, 1280, sondern §§ 398, 1153, 1154. Der nach §§ 1138, 1274 I mögliche gutgläubige Erwerb eines Pfandrechts im Hinblick auf die Hypothek zieht wie bei gutgläubigem Erwerb der Hypothek die Forderung nach sich, d.h. hier: verbindet sich mit einem Pfandrecht an der Forderung.

[1802] Ein Pfandrecht auch an künftigen Forderungen begründet z.B. die umfassende Formulierung der o. Rz. 1685 zitierten AGB -Banken/Sparkassen.

[1803] Auch die nach § 1280 für eine Verpfändung erforderliche Anzeige ist bei Verpfändung künftiger Forderungen möglich: der künftige Schuldner muß ja schon identifizierbar sein.

[1804] Zum Verhältnis von Vorauszession und Vorausverpfändung OLG Köln ZIP 1987, 907 = EWiR § 404 BGB 1987, 971 (*Johlke*).

[1805] Einer entsprechenden Anwendung des § 404 zugunsten des Pfandgläubigers – so OLG Köln a.a.O. – bedarf es dazu nicht.

[1806] Die Vorschriften über das Pfandrecht an Forderungen gelten auch für das Pfandrecht an Grund- und Rentenschulden (§ 1291). Für das Pfandrecht an Rechten, die in Inhaberpapieren verbrieft sind, gilt die Regelung über das Pfandrecht an beweglichen Sachen (§ 1293). Besondere Vorschriften gelten für Bestellung und Verwertung des Pfandrechts an Rechten, die in indossablen Orderpapieren verbrieft sind (§§ 1292, 1295).

[1807] Eine Klage auf Leistung an den Kl. allein unterbrach aber nach a.F. die Verjährung (jeder der Einziehungsberechtigten ist Berechtigter i.S. des § 209 I, und es wird gemäß der Vorschrift auf Befriedigung des Anspruchs geklagt). Dies gilt auch für die Hemmungsvorschrift des § 204 I 1 n.F. – Aus dem Recht zu gemeinsamer Einziehung nach § 1291 folgert LG Augsburg Rpfleger 1984, 263 f. im Anschluß an BayObLGZ 1987, 294 ff. bei Verpfändung eines Auflassungsanspruchs, daß bei einer Verpfändung vor der Auflassung zur Auflassung die Zustimmung des Pfandgläubigers erforderlich sei, während dieses Erfordernis bei Verpfändung nach vollzogener Auflassung entfalle. Dies ist für die Verpfändung eines nicht durch Vormerkung gesicherten Auflassungsanspruchs nicht zutreffend. Die ohne Zustimmung des Pfandgläubigers vollzogene Auflassung ist jedenfalls wirksam, die Zuständigkeit des Pfandgläubigers beschränkt sich auf die Forderung. Die ohne Zustimmung des Pfandgläubigers vollzogene Auflassung ist dem Pfandgläubiger gegenüber nicht Erfüllung der Forderung und hat auch nicht den Effekt des § 1287. Dies gilt für Verpfändungen des Auflassungsanspruchs vor und

der Pfandreife an zur alleinigen Einziehung der Forderung berechtigt (§ 1282 I 1). Gegen die Änderung der Einziehungsberechtigung sowohl vor wie nach Pfandreife ist der Schuldner nach §§ 1275, 407 geschützt.

1726 Leistet der Schuldner in Gemäßheit der §§ 1281, 1282 auf die verpfändete Forderung, so tritt grundsätzlich Surrogation nach § 1287 ein[1808]. Vor Pfandreife geleistetes Geld ist nach § 1288 I anzulegen. Zur Surrogation kommt es nicht bei Einziehung von Geldforderungen nach Pfandreife. Der Pfandgläubiger kann hier nur das zu seiner Befriedigung Erforderliche verlangen (§ 1282 I 2). Leistet der Schuldner, gilt die Forderung des Pfandgläubigers als von dem Gläubiger der verpfändeten Forderung berichtigt (§ 1288 II).

1727 Es ist also ein Unterschied betreffs der Rechtslage nach Pfandreife zwischen dem Pfandrecht an Geldforderungen einerseits und dem Sachpfand und dem Pfandrecht an Forderungen auf anderes als Geld andererseits zu bemerken: Soweit beim Sachpfand und dem Pfandrecht an nicht auf Geld gerichteten Forderungen der Erlös die gesicherte Forderung übersteigt, surrogiert er nach §§ 1247 S. 2, 1287. Soweit dagegen beim Pfandrecht an einer Geldforderung der Schuldner der verpfändeten Forderung über die gesicherte Forderung, d.h. auch das Pfandrecht, hinaus zahlt, zahlt er an den falschen Gläubiger (s. § 1282 I 2).

1728 Der Pfandgläubiger des Pfandrechts an einer Geldforderung hat nach Eintritt der Pfandreife nicht nur neben der Möglichkeit der Befriedigung im Wege der Zwangsvollstreckung in die verpfändete Forderung (§ 1282 II Hs. 2, 1277) das Einziehungsrecht (§ 1282 I 1, 2), sondern er hat zusätzlich noch das Recht, die Abtretung der verpfändeten Forderung an Zahlungs Statt zu verlangen (§ 1282 I 3)[1809].

nach vollzogener Auflassung gleichermaßen. Ist dagegen für den Auflassungsanspruch eine Vormerkung eingetragen und der vorgemerkte Anspruch verpfändet, so bedarf es im Hinblick auf die Erstreckung der Vormerkungswirkung auf die Mitzuständigkeit des Pfandgläubigers für den vorgemerkten Anspruch zur voll wirksamen Übereignung der Mitwirkung des Pfandgläubigers bei der Eigentumsumschreibung jedenfalls dann, wenn nicht gleichzeitig für den Pfandgläubiger die Sicherungshypothek nach § 1287 eingetragen wird. Dies gilt wieder unabhängig davon, ob der Anspruch vor oder nach der Auflassung gepfändet worden ist; BayObLG Rpfleger 1987, 299 mit Anm. *Ludwig*, S. 495. Entgegen dem Leitsatz der Entscheidung kommt es für die Wirksamkeit der Mitsicherung des Pfandgläubigers durch die Vormerkung auf die Eintragung des Pfandrechts bei der Vormerkung nicht an. Die Erstreckung der Vormerkungswirkung auf die Mitzuständigkeit des Pfandgläubigers ergibt sich aus §§ 1274 I 1, 401 bei Verpfändung eines schon vorgemerkten Anspruchs und bei Verpfändung eines noch nicht vorgemerkten Anspruchs, der nach Verpfändung vorgemerkt werden soll, durch Erklärung der Bewilligung der Vormerkung gegenüber dem Gläubiger des vorgemerkten Anspruchs und dem Pfandgläubiger, wobei der eine für den anderen als mit empfangszuständig gelten kann.

1808 Die Leistung ist vor Pfandreife an beide (wobei jeder den anderen zum Empfang ermächtigen kann), nach Pfandreife an den Pfandgläubiger allein zu erbringen, der hier jedenfalls als für den Gläubiger der verpfändeten Forderung erwerbsmächtig handelt. Bei Verpfändung des Anspruchs auf Übereignung eines Grundstücks kann der Pfandgläubiger nach Pfandreife die Auflassung an sich für den Gläubiger der verpfändeten Forderung erklären lassen und die Eintragung des Gläubigers als neuen Eigentümers beantragen mit der Folge bei Eintragung, daß der Gläubiger des Übereignungsanspruchs das Eigentum, der Pfandgläubiger nach § 1287 S. 2 eine Sicherungshypothek erwirbt. Auch jetzt ist es nicht so, daß, weil der Pfandgläubiger sich in dieser Weise leisten lassen *kann*, die Übereignung an den Gläubiger des Übereignungsanspruchs ohne Mitwirkung des Pfandgläubigers nicht wirksam wäre (s. die Vornote).

1809 Zur Ausstattung des Pfandrechts an einer hypothekarisch gesicherten Forderung s. o. Rz. 1321.

Zur Demonstration der Regelung des Pfandrechts an Rechten, insbesondere des Pfandrechts an einer hypothekarisch gesicherten Forderung, sei folgender Fall angeführt[1810]: 1729

S schuldet G aus Darlehen mit Fälligkeit am 30.12.1963 10.000.- DM. Zur Sicherheit verpfändet er dem G eine fällige Werklohnforderung, die ihm gegen X in Höhe von 15.000.- DM zusteht und für die E an seinem Grundstück eine Buchhypothek bestellt hat. Die Verpfändung wird im Grundbuch eingetragen. Danach tritt G seine Forderung gegen S mündlich an A ab. Von einer Übertragung des Pfandrechts ist dabei nicht die Rede. Im Grundbuch erfolgt keine Eintragung. Später tritt G die Forderung gegen S erneut ab, dieses Mal an B. G läßt das Pfandrecht an der Hypothek im Grundbuch auf B umschreiben. B ist die frühere Abtretung an A unbekannt. Da G sich 1964 als völlig mittellos erweist, möchte A wissen, welche Rechte er gegenüber E, S und X hat.

Von S könnte A Zahlung des Darlehens von 10.000.- DM verlangen. Dazu müßte die Darlehensforderung zunächst wirksam an A abgetreten worden sein. Zu fragen ist, ob die Übertragung nach § 398 oder § 1154 zu beurteilen ist. § 1154 wäre anzuwenden, wenn das Pfandrecht an einer hypothekarisch gesicherten Forderung bestand und ein solches Pfandrecht, was die Übertragung betrifft, einer Hypothek gleichzustellen wäre. S hat dem G seine hypothekarisch gesicherte Werklohnforderung verpfändet. Für die Verpfändung gilt nach § 1274 I die Regelung der Übertragung, betreffend eine hypothekarisch gesicherte Forderung also § 1154. Durch Einigung und die Eintragung des G im Grundbuch ist die Forderung des S dem G nach §§ 1274 I 1, 1154 III wirksam verpfändet worden. Damit hat G ein Pfandrecht an der Werklohnforderung und zugleich (§ 1153 – Verpfändung ist Teilübertragung[1811]) an der Hypothek für die Werklohnforderung erworben. Zu fragen ist weiter, ob die somit durch Pfandrecht an einer hypothekarisch gesicherten Forderung gesicherte Darlehensforderung des G nach § 398 oder wie eine Hypothek nach § 1154 zu übertragen war. Nach § 1273 II finden auf Pfandrechte an Rechten vorbehaltlich der §§ 1274 ff. die Vorschriften über das Sachpfandrecht Anwendung. Danach gilt für den Übergang des Pfandrechts vorbehaltlich der §§ 1274 ff. die Vorschrift des § 1250. Diese geht davon aus, daß die pfandrechtsgesicherte Forderung nach § 398 abgetreten wird und dem das Pfandrecht als akzessorisches Recht kraft Gesetzes folgt. § 1274 sagt etwas Besonderes nur, wie soeben gesehen, für die *Bestellung* des Pfandrechts. Für die Übertragung der durch das Pfandrecht gesicherten Forderung verbleibt es demgegenüber bei § 398. Auch § 1280 ergibt nichts anderes: Auch er sagt etwas für die Bestellung des Pfandrechts und beläßt es für die Übertragung der pfandrechtsgesicherten Forderung bei der Geltung der §§ 1250, 398. Das Gesetz unterscheidet also hinsichtlich des Pfandrechts an einer hypothekarisch gesicherten Forderung wie folgt: Die Verpfändung der Forderung ist Teilübertragung der Forderung mit der Hypothek und deshalb nach § 1274 I wie die Übertragung der Hypothek, also nach § 1154, vorzunehmen. Besteht aufgrund dieser Verpfändung aber das Pfandrecht an der hypothekarisch gesicherten Forderung, so ist die Übertragung der so entstandenen Rechtsposition Verfügung über die gesicherte Forderung, nicht mehr Verfügung über die sichernde Hypothekenforderung. Für diese Übertragung kommt es auf die Abtretung nach § 398 an. Für die Abtretung der Forderung durch G an A gilt danach § 398. Der nach dieser Vorschrift erforderliche Abtretungsvertrag ist nach dem Sachverhalt zustande gekommen. A hat die Darlehensforderung gegen S erworben.

[1810] Der Fall ist Verf. bekannt geworden aus einer Klausur, die der frühere Vorsitzende Richter am BGH *Karl Nüßgens* (zu diesem s. NJW 1999, 549) im Jahre 1964 in einem Klausurenkurs im Bürgerlichen Recht an der Universität Bonn gestellt hat. Der Fall ist – ohne Bezug auf *Nüßgens* – besprochen von *Schwintowski*, JuS 1990, 47; *Wolff*, JuS 1990, 994. Habent sua fata nicht nur libelli. Die DM-Einheit ist belassen.

[1811] Oben Rz. 95 ff.

Weiter darf A die Forderung nicht durch die spätere Zession des G an B verloren haben. Dies setzt voraus, daß B die Forderung wirksam von G als Nichtberechtigtem erworben hat. Ein gutgläubiger Forderungserwerb vom Nichtberechtigten ist grundsätzlich ausgeschlossen. Zu fragen ist, ob B durch die Umschreibung des Pfandrechts im Grundbuch die Forderung nach § 892 erworben hat. § 892 verlangt einen (vermittels des Grundbuchs zustande gekommenen) Erwerb von Grundstücksrechten. Die Übertragung der Darlehensforderung an B war aber, wie gesehen, bloße Abtretung der Forderung. Die Verfügung bezog sich also nicht auf ein Grundstücksrecht, die Umschreibung des B im Grundbuch konnte nur der Berichtigung des Grundbuchs unter der Voraussetzung eines wirksamen Erwerbs des B dienen, aber nicht selbst Grundlage eines gutgläubigen Erwerbs des B sein.

Es kommt noch die Möglichkeit in Betracht, daß B das die Darlehensforderung sichernde Pfandrecht an der Werklohnforderung und insbesondere an der Hypothek für diese Forderung gutgläubig erworben hat und entsprechend der Erkenntnis zu § 1138[1812] der Erwerb des Pfandrechts an der Hypothek den der durch dieses Pfandrecht gesicherten Forderung (also der Darlehensforderung gegenüber S) nach sich gezogen hat. B könnte das Pfandrecht an der Werklohnforderung nebst Hypothek nach § 892 erworben haben.

§ 892 I verlangt den rechtsgeschäftlichen Erwerb eines Rechts an einem Grundstück oder den Erwerb eines Rechts an einem solchen Recht. Das Pfandrecht des G an einer hypothekarisch gesicherten Forderung des S war nach § 1153 zusätzlich Pfandrecht an der Hypothek, also Recht an einem Grundstücksrecht im Sinne von § 892 I. Das Grundbuch war auch im Sinne des § 892 I unrichtig, da nicht mehr der eingetragene G, sondern A Inhaber des Pfandrechts war[1813]. Das Gesetz verlangt aber weiter einen rechtsgeschäftlichen Erwerb. Daran fehlt es hier. Die Abtretung an B war allein auf die Forderung gegen S gerichtet. Das für die Forderung bestellte Pfandrecht war nicht Gegenstand der Abtretung, vielmehr geht mit der wirksamen Abretung einer durch Pfandrecht gesicherten Forderung das Pfandrecht nach § 1250, also kraft Gesetzes, mit über. Ein gutgläubiger Erwerb des Pfandrechts durch B, und zwar sowohl, was das Pfandrecht an der Werklohnforderung, als auch, was das Pfandrecht an der Hypothek betrifft, ist also ausgeschlossen.

Den Ausschluß des gutgläubigen Erwerbs auf die gesetzliche Natur des Erwerbs eines Pfandrechts vom Pfandrechtsgläubiger zu gründen, ist nicht formalistisch. In dieser Feststellung drückt sich aus, daß die Sicherung einer Forderung durch ein Pfandrecht die Forderung in ihrer Verkehrsfähigkeit nach § 398 nicht berührt, es also bei der Abtretbarkeit und Abtretung der Forderung durch mündliche Abrede bleibt. Weil es für die Übertragung der pfandrechtsgesicherten Forderung nicht wie nach § 1154 für die der Hypothek eines auf das Grundbuch gestützen Rechtsgeschäfts bedarf, kann es auch keinen grundbuchrechtlichen Rechtsschein für die Zuständigkeit der gesicherten Forderung geben, von der das Pfandrecht abhängt. Dementsprechend gibt es für das Pfandrecht an einer hypothekarisch gesicherten Forderung nicht eine § 1138 entsprechende Vorschrift, die den öffentlichen Glauben des Grundbuchs auf das Bestehen (und Zustehen) der Forderung bezieht[1814].

[1812] S. oben Rz. 1365 ff. und entsprechend für die Verpfändung soeben Rz. 1722 Fn. 1801.

[1813] S. für die Abtretung einer hypothekarisch gesicherten Forderung, für die ein Pfändungspfandrecht besteht, OLG München NJW-RR 1988, 981.

[1814] Das OLG Königsberg, OLGZ 29, 379 f., verneint auch den gutgläubigen Erwerb des Pfandrechts an einer Briefhypothek durch Bestellung eines solchen Pfandrechts: § 1274 I 2 verweise nur auf §§ 1205, 1206, nicht dagegen auf § 1207, was die Übergabe des Hypothekenbriefs betreffe. – Eine weitergehende Ausdehnung des gutgläubigen Erwerbs in unserem Bereich vertritt *Heck*, Sachenrecht, § 105 Ziff. 5.

B hat das Pfandrecht an der Werklohnforderung und der Hypothek nicht gutgläubig erworben. Damit kann zugleich auch nicht an einen solchen Erwerb der Erwerb der gesicherten Darlehensforderung gegenüber S anknüpfen. A hat durch die Zession des G an B weder die Darlehensforderung gegen S noch das Pfandrecht an der Forderung gegen X noch das Pfandrecht an der Hypothek verloren.

Es ergeben sich folgende Rechte des A: Zunächst kann A von S, da die Darlehensforderung am 31.12.1964 fällig geworden ist, Zahlung der 10.000.- DM verlangen. Weiter kann A von S nach § 1277 S. 1 (s. § 1282 II) Duldung der Zwangsvollstreckung in die dem S gegen X zustehende Forderung als eine durch Hypothek am Grundstück des E gesicherte Forderung, d.h. Duldung der Zwangsvollstreckung in diese Forderung nach §§ 830, 837 ZPO verlangen. Das Pfandrecht des G ist als Pfandrecht an Werklohnforderung *und* Hypothek gemäß § 1250 mit der Abtretung der gesicherten Darlehensforderung auf A übergegangen und nicht an B verloren gegangen. Da die nach § 1277 i.V. mit § 1228 II erforderliche Fälligkeit der gesicherten Forderung gegeben ist, kann A von S auch Duldung der Zwangsvollstreckung in die gepfändete Forderung als hypothekarisch gesicherte Forderung (d.h. nach §§ 830, 837 ZPO) verlangen. Schließlich kann A von S nach § 1282 I 3 Abtretung der Forderung des S gegen X an Zahlungs Statt verlangen. Von X kann A auch direkt nach § 1282 I 1, 2 Zahlung auf die Werklohnforderung in Höhe von 10.000.- DM an sich selbst verlangen. Schließlich ist A gegenüber E nach § 1282 I 1, 2 i.V.m. §§ 1113, 1147 berechtigt, in Höhe von 10.000.- DM Duldung der Zwangsvollstreckung in das Grundstück des E wegen der an ihn, A, verpfändeten, durch die Hypothek am Grundstück des E gesicherten Werklohnforderung zu verlangen[1815]. Die Fälligkeit der durch Verpfändung der Werklohnforderung gesicherten Forderung (ein Erfordernis, welches sich a fortiori aus §§ 1273 II 1, 1211 I 1 ergibt) und die Fälligkeit der sichernden, selbst durch Hypothek gesicherte Werklohnforderung (Erfordernis, welches a fortiori aus § 1137 folgt) sind gegeben.

V. Schutz der Gläubiger von Grundpfandrechten und Pfandrechten gegen Beeinträchtigungen und Schutz gegen Beeinträchtigungen durch solche Gläubiger

1. Schutz gegen den Eigentümer und des Eigentümers gegen den Pfandgläubiger

Wirkt bei der Hypothek der Eigentümer des belasteten Grundstücks auf das Grundstück nachteilig ein, so hat der Gläubiger die Rechte aus den Spezialvorschriften der §§ 1133, 1134 sowie nach den allgemeinen Vorschriften der §§ 823 I, 816, 894. **1730**

Bei der Grundschuld gelten §§ 1192 I i.V.m. §§ 1133, 1134 und sodann die allgemeinen Vorschriften[1816]. **1731**

Für das Pfandrecht findet sich der Schutz in §§ 1219, 1227 (i.V.m. §§ 985, 1004, 823 I). **1732**

Da beim Sachpfandrecht die Sache beim Pfandgläubiger ist, stellt sich hier auch das umgekehrte Problem des Schutzes des Eigentümers gegen den Pfandgläubiger. Die §§ 1214 ff., 1243 II enthalten dazu Sonderregeln. **1733**

§ 1243 II setzt einen Schadensersatzanspruch gegen den Pfandgläubiger als selbstverständliche Folge voraus und hat nur die Bedeutung, daß er die Rechtsfolge der Verlet- **1734**

1815 Zur Einziehungsbefugnis aus § 1282 in Bezug auf die die verpfändete Forderung sichernde Hypothek o. Rz. 1321 ff. Dort auch zum Sinn der drei Möglichkeiten des Pfandgläubigers, aus § 1277 (Duldung der Zwangsvollstreckung in die verpfändete Forderung als hypothekarisch gesicherte Forderung), § 1282 I 3 (Befriedigung durch Abtretung der Forderung) und § 1282 (Einziehung der Hypothek) vorzugehen.

1816 Zur Schadensersatzhaftung nach § 823 I i.V. mit §§ 1192, 1134, 1135 bei Entfernung von Zubehörstücken vom Grundstück BGH WM 1991, 92 ff. = JuS 1991, 331 (*K. Schmidt*, dieser mit nicht zutreffendem Hinweis zusätzlich auf § 823 II; §§ 1134 f. sind Bestimmungen bezüglich des Inhalts der Grundpfandrechte, daran knüpft § 823 I).

zung von Verwertungsvorschriften auf diese selbstverständliche Schadensersatzpflicht beschränkt.

2. Schutz gegen Dritte

1735 Gegen Dritte ist der Hypothekar negatorisch nach § 1134 geschützt, der Grundschuldgläubiger nach dieser Vorschrift i.V.m. § 1192 I. Für das Pfandrecht gilt § 1227 i. V. mit §§ 985, 1004. Als absolute Rechte sind die Rechte auch schadensersatz- und bereicherungsrechtlich gegen Dritte geschützt. Bei Eingriffen Dritter in die Sache ergibt sich aber das Problem, daß sowohl der Eigentümer als auch der Pfand- oder Grundschuldgläubiger verletzt sind und das Verhältnis des Schutzes des einen zu dem des anderen zu klären ist. Weiter können mehrere beschränkte Rechte an der Sache bestehen und geht es dann um das Verhältnis der Berechtigten dieser mehreren Rechte. Die Lösung ist darin zu finden[1817], daß sich die Rechte, soweit der Schadensersatzanspruch etc. der Sache zuzurechnen ist, an dem Anspruch fortsetzen; d.h. dem Eigentümer steht der Anspruch, dem Pfand- oder Hypothekengläubiger steht ein Pfandrecht am Anspruch zu. Auch eine Grundschuld an der Rechtsfortsetzungsforderung ist denkbar, wie die Grundschuld an der Versicherungsforderung nach §§ 1192 I i.V. mit § 1127 zeigt.

3. Schutz Dritter gegen Grundpfandrechtsgläubiger

1736 Werden Dritte, etwa Eigentümer von Nachbargrundstücken, durch Störungen beeinträchtigt, die von einem Grundstück ausgehen, an welchem ein Grundpfandrecht besteht, so kommen negatorische Ansprüche auch gegen die Grundpfandrechtsgläubiger in Betracht. Dazu ist auf die eingehende Behandlung durch *Picker* zu verweisen[1818].

E. Nießbrauch, sonstige Dienstbarkeiten und Reallast

I. Begriffe und Regelung der Dienstbarkeiten

1737 Das BGB regelt im 4. Abschnitt des dritten Buches in den §§ 1018-1093 einzelne Erscheinungsformen der Dienstbarkeit (nach dem Vorbild des römischen Rechts auch Servitut genannt). Dienstbarkeiten sind nach dem BGB die Grunddienstbarkeit (§§ 1018-1029, nach dem aus dem römischen Recht entlehnten Sprachgebrauch: Prädialservitut), der Nießbrauch (§§ 1030 f., im römischen Recht: usus fructus) und die beschränkte persönliche Dienstbarkeit (§§ 1090-1093). Nießbrauch und beschränkte persönliche Dienstbarkeit stehen einer bestimmten Person zu, sie sind Personalservituten. Bei den Dienstbarkeiten[1819] handelt es sich um beschränkte dingliche Rechte, die als Abspaltungen aus einem Ursprungsrecht einzelne Befugnisse enthalten, das Objekt des Ursprungsrechts im weitesten Sinne, insbesondere im Hinblick auf seinen Ertrag, zu nutzen.

1738 Neben den im BGB geregelten gibt es aus dem Recht vor Inkrafttreten des BGB fortbestehende (sog. altrechtliche) Dienstbarkeiten und zum weiteren den Dienstbarkeiten ähnliche landesrechtliche „Gerechtigkeiten“, z.B. Wassernutzungsrechte[1820]. Dienstbarkeiten sind ihrem Wesen nach auch das Bergwerkseigentum und das Erbbaurecht. Diese

[1817] S. *Habermeier* AcP 1993, 365, 374 ff., 377, 387 ff.
[1818] Der negatorische Beseitigungsanspruch, S. 141 ff.
[1819] Vereinzelt finden sich gemeinsame Vorschriften für alle Dienstbarkeiten. Vgl. § 916 BGB, Art. 113 ff., 128 EGBGB, §§ 7, 49 GBO.
[1820] MünchKomm/*Falckenberg* vor § 1018 Rz. 2, 3; Staudinger/*Ring* vor §§ 1018 ff. Rz. 3.

sind aber als grundstückseigentumsgleiche Rechte ausgestaltet und werden deshalb im Kapitel über die grundstücksgleichen Rechte behandelt.

Wichtig ist die Abgrenzung der Dienstbarkeiten zu bloß schuldrechtlichen Nutzungsrechten, z.B. aufgrund eines Pachtvertrags. Von den Dienstbarkeiten ist als weiteres Sachenrecht abzugrenzen die Reallast (§ 1105). Sie ist auf wiederkehrende Leistungen verschiedenster Art aus dem Grundstück gerichtet, also nicht auf die eigene Einwirkung des Berechtigten auf das Rechtsobjekt. Sie enthält ein Recht zur Verwertung des Grundstücks, um an die dem Inhalt des Rechts entsprechende Leistung oder deren Wert heranzukommen. Die Reallast ist insofern Übergangserscheinung zwischen Dienstbarkeit und Hypothek bzw. Grundschuld und deshalb im 6. Abschnitt vor dem 7. Abschnitt über Hypothek, Grundschuld, Rentenschuld geregelt. **1739**

II. Nießbrauch

1. Begriff und Regelung

Der Nießbrauch ist in § 1030 I definiert als das Recht, die Nutzungen einer Sache[1821] zu ziehen, und zwar grundsätzlich alle Nutzungen (arg. e contrario aus § 1030 II). Der Nießbrauch ist höchstpersönliches, d.h. grundsätzlich unübertragbares (§§ 1059 ff.) und unvererbliches (§ 1061) beschränktes dingliches Recht. Die Höchstpersönlichkeit soll die dauernde Aufspaltung des Eigentums in Stammwert und Nutzungen verhindern. Anstelle der Übertragung des Nießbrauchs kann einem Dritten ein Recht zur Ausübung des Nießbrauchs eingeräumt werden (§ 1059 S. 2). Das heißt, dem Dritten kann schuldrechtlich das Recht zur Ausübung des Nießbrauchs eingeräumt werden; in Erfüllung der Forderung übt der Dritte anstelle des Nießbrauchers den Nießbrauch aus. Die Qualität des Nießbrauchs als umfassendes Nutzungsrecht unterscheidet den Nießbrauch von den anderen Dienstbarkeiten, die auf bestimmte einzelne Nutzungen oder Einwirkungen gerichtet sind. **1740**

Die gesetzliche Regelung des Nießbrauchs hebt bei dem Nießbrauch an Sachen an (§§ 1030-1067); auf die darüber gegebenen Vorschriften verweisen die §§ 1068 II, 1085 S. 2 für den Nießbrauch an Rechten und für den Nießbrauch an einem Vermögen, soweit sie nicht durch Sondervorschriften geregelt sind. Diese Regelungsweise entspricht der beim Pfandrecht. **1741**

2. Erscheinungsformen und Bedeutung

Der Nießbrauch hat praktische Bedeutung insbesondere dann, wenn es um die schenkweise oder erbrechtliche Verteilung von Vermögen (insbesondere an Familienangehörige) geht. Namentlich wird die Zuwendung eines Nießbrauchs oder aber eines Gegenstands unter Vorbehalt des Nießbrauchs daran (entweder für den Zuwendenden selbst oder für eine ihm nahestehende Person, insbesondere den Ehegatten) um steuerlicher Vorteile willen gewählt[1822]. Es geht aber über die steuerlichen Zwecke hinaus insbeson- **1742**

[1821] Zum Begriff § 100.

[1822] Es gibt Monographien über den Nießbrauch, die sich vor allem mit dem Steuerrecht beschäftigen; s. insbesondere *R. Jansen/M. Jansen*, Der Nießbrauch in Zivil- und Steuerrecht, 6. Aufl. 2001. Weiter *Richter*, Nießbrauch, 8. Aufl. 1985; *Reiff*, Die Dogmatik der Schenkung unter Nießbrauchsvorbehalt und ihre Auswirkungen auf die Ergänzung des Pflichtteils und die Schenkungsteuer, 1989. Rein zivilrechtlich ist die Schrift von *Schön*, Der Nießbrauch an Sachen, 1992. – Steuerlich interessant ist die Zuwendung eines Nießbrauchs oder eines Gegenstands unter Nießbrauchsvorbehalt insbesondere im Hinblick darauf, daß durch die Aufteilung der Einkünfte die Auswirkungen der progressiven Besteuerung gemildert werden können. Gemäß § 2 I EStG sind Einkünfte steuerrechtlich demjenigen zuzurechnen, der sie erzielt. Ei-

dere um den sog. Versorgungsnießbrauch[1823]. Eine besondere Rolle spielt in allen diesen Beziehungen der Nießbrauch an Gesellschaftsanteilen[1824]. Entgegen §§ 1114, 1192 I, nach denen Hypotheken und Grundschulden nur an bestehenden Miteigentumsanteilen an einem Grundstück bestellt werden können, kann ein Nießbrauch, beschränkt auf einen Miteigentumsanteil, auch dann bestellt werden, wenn das Grundstück in Alleineigentum steht. Dies folgt aus dem unterschiedlichen Wortlaut von § 1066 und § 1114 und daraus, daß sich eine bruchteilige Nutzungsgemeinschaft mit dem Alleineigentümer ohne weiteres denken läßt[1825].

1743 Zwei Beispiele für die praktische Bedeutung des Nießbrauchs: Der ins höhere Alter aufgerückte Landwirt will seinen Hof bereits zu Lebzeiten an den Sohn übergeben, sich aber für sein Alter versorgt wissen. Er kann den Hof dem Sohn unter Nießbrauchsvorbehalt schenken, d.h. eine Schenkung vereinbaren, die darauf gerichtet ist, den Hof zu übereignen bei gleichzeitiger Bestellung des Nießbrauchs durch den Erwerber an den Schenker. Ebenso kann ein Erblasser seinen Sohn als Alleinerben einsetzen unter Versorgung seiner Ehefrau durch das Vermächtnis eines Nießbrauchs an einem Nachlaßgrundstück oder auch am gesamten Nachlaß[1826].

1744 Eine weitere Erscheinungsform des Nießbrauchs ist der sog. Sicherungsnießbrauch, d.h. ein Nießbrauch, der zur Sicherung einer Forderung bestellt wird. Zum Beispiel kann der Grundstückseigentümer zur Sicherung einer schon durch Hypothek an seinem Grundstück gesicherten Forderung dem Hypothekengläubiger zusätzlich zu seiner Sicherung den Nießbrauch am Grundstück bestellen. Die Wirkung der gesamten Rechtsstel-

ne Zession der Ansprüche auf die Einkünfte ändert daran nichts. Durch sie wird nur das Einkommen in bestimmter Weise verwendet. Anders ist es dagegen grundsätzlich bei der Bestellung eines Nießbrauchs an dem Recht, aus dem die Einkünfte fließen. Dem Nießbraucher stehen die Erträge originär zu. Es ist nur darauf zu achten, daß nicht nur deklaratorisch, sondern auch wirtschaftlich der Nießbraucher als Berechtigter hinsichtlich des genutzten Gegenstands eingesetzt wird (zu beachten ist § 39 AO 1977). – Neben der Einkommensteuer hat die Zuwendung eines Nießbrauchs oder eines Gegenstands unter Nießbrauchsvorbehalt Bedeutung als Vorsorge für die Schenkungs- oder Erbschaftsbesteuerung. Zur Besteuerung einer Zuwendung unter Nießbrauchsvorbehalt zugunsten des Schenkers oder seines Ehegatten s. neben den oben angeführten Monographien *Knobbe-Keuk*, Bilanz- und Unternehmenssteuerrecht, 9. Aufl. 1993, S. 994 ff. Zur Berechnung der Pflichtteilsergänzung bei Schenkung unter Nießbrauchsvorbehalt nach § 2325 II 2 vgl. die Urteile des BGH NJW 1992, 2887 f. und 2888 sowie *Reiff*, NJW 1992, 2857 ff.

1823 Dazu *Baur/Stürner* § 32 I 3 a Rz. 5.

1824 Dazu *Schön*, StBJB 1997, 45 ff. Zum Nießbrauch an einem gesamten Unternehmen *v. Godin*, Nutzungsrecht am Unternehmen, 1949; *Bökelmann*, Nutzungen und Gewinn beim Unternehmensnießbrauch, 1971, dazu *Grunsky* BB 1972, 585. – Zum Nießbrauch an der Mitgliedschaft in einer Personengesellschaft *Flume* I/1 § 17 VI, an dem Anteil an einer Kapitalgesellschaft *Flume* I/2 § 7 II, S. 203. S. auch OLG Koblenz DB 1992, 1468.

1825 Für die Zulässigkeit KG JW 1936, 2747. Folglich kann ein Nießbraucher am Grundstück auch nachträglich nach § 875 I auf den Nießbrauch bezüglich eines Bruchteils verzichten (DNotI-Report 12/2001, 98 f.).

1826 Die Rechtsstellung aufgrund der Bestellung eines Nießbrauchs am Nachlaß gleicht weitgehend der Vorerbschaft (§ 2100). Der Nießbraucher kann jedoch, anders als der Vorerbe, der grundsätzlich verfügungsbefugt ist (vgl. § 2112), über dem Nießbrauch unterliegende Gegenstände nicht verfügen. Ein die Verfügungsbefugnis einschließender Nießbrauch (sog. Dispositionsnießbrauch) kann nicht bestellt werden, *Westermann*, 5. Aufl., § 121 III 3; 7. Aufl., § 121 III 3. *Baur*, 15. Aufl. 1989, § 32 II 1 b, S. 285 hielt auch die rechtsgeschäftlich dem Nießbraucher eingeräumte Verfügungsbefugnis für eine bedenkliche Typenvermischung. Anders *Baur/Stürner* in der 17. Aufl. 1999, § 32 II 1 b Rz. 12. Der Nießbraucher kann aber zusätzlich als Testamentsvollstrecker bestellt werden und so verfügungsbefugt sein. Zum Verhältnis des Vermächtnisses eines Nießbrauchs am Hof zur Erbfolge kraft Höferechts BGH WM 1992, 1540 f.

lung des Gläubigers entspricht dann der des Nutzungspfandrechts (der sog. Antichrese[1827]), welches für unbewegliche Sachen im Gesetz nicht zugelassen ist[1828].

3. Der Nießbrauch an Sachen

a) *Entstehung*

Zur Bestellung des Nießbrauchs an beweglichen Sachen bedarf es wie bei der Übereignung der Einigung und der Übergabe bzw. der in § 929 ff. genannten Übergabesurrogate. § 1032 nimmt in Satz 1 und 2 auf die §§ 929 ff. Bezug, und zwar auch für die Bestellung des Nießbrauchs durch einen Nichtberechtigten. **1745**

Bei Grundstücken bedarf es für die Nießbrauchsbestellung der formlosen Einigung und der Eintragung (§ 873)[1829]. Der Gutglaubensschutz bestimmt sich hier nach § 892. **1746**

Die Nießbrauchsbestellung an einen Minderjährigen ist wegen des gesetzlichen Schuldverhältnisses zwischen Eigentümer und Nießbraucher[1830] für den Minderjährigen grundsätzlich[1831] rechtlich nachteilig. Es kann also weder der Minderjährige selbständig an der Bestellung mitwirken (§ 107) noch kann es der gesetzliche Vertreter auf Seiten des Minderjährigen dann, wenn er selbst dem Minderjährigen den Nießbrauch bestellen will (§ 181). Im letzteren Fall ist ein Ergänzungspfleger zu bestellen. Von dieser Frage ist der Vollzug einer Schenkung an einen Minderjährigen unter Nießbrauchsvorbehalt zu unterscheiden. Diese Zuwendung ist lediglich rechtlich vorteilhaft. Zwar wird der Nießbrauch vom Minderjährigen bestellt, die Bestellung ist aber als bloße Minderung des Vorteils der Zuwendung des Schenkgegenstands einzuordnen[1832]. **1747**

Der Nießbrauch kann kraft Gesetzes durch Ersitzung erworben werden: Für die Ersitzung des Nießbrauchs an beweglichen Sachen gelten §§ 1033, 937 ff., für die des Nießbrauchs an Grundstücken gilt § 900 II. **1748**

Ein Nießbrauch an der eigenen Sache (Eigentümernießbrauch) ist im Fall der Vereinigung von Eigentum und Nießbrauch beim Nießbrauch an Grundstücken immer (§ 889) und beim Nießbrauch an beweglichen Sachen im Fall des Bestehens eines rechtlichen Interesses am Fortbestehen des Nießbrauchs zugelassen (§ 1063 II). Beispiel dieses rechtlichen Interesses ist das Interesse des Nießbrauchers, der nachträglich auch das Eigentum an der Sache erwirbt, an der Wahrung des Rangs seines Nießbrauchs gegenüber weiteren Rechten an der Sache (etwa einem weiteren Nießbrauch oder Pfandrechten). Zu dem Zweck der Rangsicherung ist auch die Bestellung eines Eigentümernießbrauchs an Grundstücken zuzulassen[1833]. Bei der Bestellung eines Eigentümernießbrauchs an Grundstücken ist ein Vollzugsakt, der die Bestellung sichtbar macht, nämlich die Eintragung in das Grundbuch, möglich. **1749**

[1827] Vgl. RGZ 67, 378, 379: ein Nießbrauch wurde als Mittel zur Tilgung persönlicher Schulden bestellt und so einem „antichretischen Zwecke dienstbar gemacht". Dies sei, so das RG, zulässig, weil dies mit dem Wesen des Nießbrauchs vereinbar sei und nicht vom Gesetz mißbilligt werde.

[1828] Für bewegliche Sachen s. § 1213. – Zum Sicherungsnießbrauch in der im Text genannten Form *Westermann*, 5. Aufl., § 121 III 4; 7. Aufl., § 121 III 4.

[1829] In Sonderfällen ist eine behördliche Genehmigung erforderlich, vgl. z.B. § 2 I, II Nr. 3 GrdStVG, § 51 I Nr. 1 BauGB.

[1830] S. u. Rz. 1757 ff.

[1831] Umstritten ist die Nachteiligkeit des sog. Bruttonießbrauchs, s. MünchKomm/*Petzoldt* vor § 1030 Rz. 26, Staudinger/*Frank* vor §§ 1030 ff. Rz. 30.

[1832] MünchKomm/*Petzoldt* vor § 1030 Rz. 26 f.

[1833] S. o. Rz. 89; sodann *Wolff/Raiser* § 118 II 3.; MünchKomm/*Petzoldt* § 1030 Rz. 21; Soergel/*Stürner* § 1030 Rz. 3.

1750 Schließlich kann ein Nießbrauch an einer Sache durch Surrogation entstehen: Der Nießbrauch an einer Forderung auf Leistung einer (nicht verbrauchbaren) Sache setzt sich bei Erfüllung an der geleisteten Sache fort (§ 1075 I, II).

b) Rechte des Nießbrauchers

1751 Die Rechte wie auch die Pflichten des Nießbrauchers bestimmen sich zunächst nach dem unmittelbaren Inhalt des Rechts und sodann in Ermangelung besonderer Abreden[1834] nach dem gesetzlichen Schuldverhältnis zwischen Nießbraucher und Eigentümer. Zugunsten des Nießbrauchers gilt der Besteller als der Eigentümer, es sei denn, daß der Nießbraucher weiß, daß der Besteller nicht der Eigentümer ist (§ 1058)[1835].

Hauptinhalt des Nießbrauch ist das Recht, umfassend die Nutzungen der Sache zu ziehen. Beschränkungen sind nur hinsichtlich einzelner Nutzungen zulässig (§ 1030 II)[1836]. Zum Zweck seiner Nutzung hat der Nießbraucher das Recht zum Besitz (§ 1036 I). Er erwirbt alle Früchte einschließlich der Übermaßfrüchte (§§ 954, 1039 I 1). Einen Schatz erwirbt er jedoch nicht (§ 1040). Der Nießbraucher kann nur über die Nutzungen, nicht über das Eigentum an der Sache verfügen[1837]. Beim Nießbrauch an einem Grundstück unterliegt freilich das Inventar der Verfügungsbefugnis des Nießbrauchers, § 1048.

1752 Der Nießbraucher hat grundsätzlich kein Recht, die Sache umzugestalten oder wesentlich zu verändern (§ 1037 I)[1838]. § 1037 II sieht aber entsprechend der Ausnahmemöglichkeit, über Inventar zu verfügen, auch die Befugnis des Nießbrauchers vor, ein im Nießbrauch stehendes Grundstück umzugestalten, soweit die wirtschaftliche Bestimmung des Grundstücks nicht wesentlich verändert wird.

1753 Macht der Nießbraucher Verwendungen auf die Sache, zu denen er nicht verpflichtet ist, so kann er nach den Vorschriften über die Geschäftsführung ohne Auftrag Verwendungsersatz verlangen (§ 1049). Ein Recht dazu, daß der Eigentümer außergewöhnliche Erhaltungsmaßnahmen vornimmt, hat der Nießbraucher nicht[1839].

1754 Der Nießbraucher hat die Befugnis, die Sache zu vermieten oder zu verpachten. Hat er ein Grundstück vermietet oder verpachtet, so ist der Mieter oder Pächter des Nießbrauchers für die Zeit der Beendigung des Nießbrauchs nach §§ 1056, 566 (§ 571 a.F.) geschützt mit der in § 1056 II vorgesehenen besonderen Kündigungsmöglichkeit des Eigentümers[1840].

1755 Von der Vermietung oder Verpachtung der im Nießbrauch stehenden Sache ist die Überlassung des Nießbrauchs zu unterscheiden, die gemäß § 1059 S. 2 im Gegensatz zur Übertragung des Nießbrauchs zulässig ist. Aus dieser Regelung folgt, daß der Nießbrauch, und zwar das Recht selbst und nicht nur der obligatorische Anspruch auf seine

[1834] Dazu, inwieweit solche und ob sie ggf. mit dinglicher Wirkung, insbesondere gegenüber einem Erwerber des Eigentums, getroffen werden können, vgl. MünchKomm/*Petzoldt* vor § 1030 Rz. 14 ff.

[1835] Es entsteht also kraft Gesetzes ein Schuldverhältnis zwischen Nießbraucher und Eigentümer, s. *Baur/Stürner* § 32 III Rz. 20.

[1836] Gemeint ist die Ausklammerung einer einzelnen Nutzungsart. Nicht etwa kann bei einem Nießbrauch an einem Grundstück eine Wohnung ausgenommen werden, BayObLG MDR 1980, 229.

[1837] Zum Ausschluß der Erweiterung des Nießbrauchs auf einen Dispositionsnießbrauch o. Rz. 1743 Fn. 1826. Ein Sonderfall ist § 1067.

[1838] Der Grundsatz der Substanzerhaltung verbietet eine Abbedingung dieser Beschränkung mit dinglicher Wirkung, BayObLG MDR 1977, 844.

[1839] BGHZ 52, 234, 237; anders jedoch bei entsprechender schuldrechtlicher Verpflichtung des Eigentümers, vgl. BGH WM 1991, 546, 549.

[1840] Der Pächter oder Mieter des Eigentümers ist gegenüber der Einräumung des Nießbrauchsrechts nach § 577 a.F. (§§ 567, 578 n.F.) geschützt.

Ausübung, gepfändet werden kann[1841]. § 1059 S. 2 ist freilich abdingbar, und zwar beim Grundstücksnießbrauch, bei dem das Mittel der Eintragung in das Grundbuch zur Verfügung steht, auch mit dinglicher Wirkung[1842]. Nach § 857 I, III i.V. mit § 851 II ZPO steht aber auch der dingliche Ausschluß der Überlassungsbefugnis der Pfändbarkeit nicht im Wege[1843].

Von dem Satz, daß der Nießbrauch als solcher nicht übertragbar ist, werden in den **1756**
§§ 1059 a ff. Einschränkungen gemacht für den Nießbrauch juristischer Personen und rechtsfähiger Personengesellschaften[1844].

c) *Pflichten des Nießbrauchers*

Im Rahmen seines Schuldverhältnisses zum Eigentümer[1845] treffen den Nießbraucher die **1757**
folgenden Pflichten: Der Nießbraucher muß bei der Nutzung im Rahmen der wirtschaftlichen Bestimmung der Sache bleiben (§ 1036 II), und er muß – anders als ein Pächter – die Sache im gewöhnlichen Maß erhalten, dazu auch versichern (§ 1045). Die normale Abnutzung der Sache fällt ihm aber nicht zur Last (§§ 1041, 1050). Betreffend Veränderungen der Sache und die über das Gewöhnliche hinausgehende Notwendigkeit von Erhaltungsaufwand treffen den Nießbraucher Anzeigepflichten (§ 1042) und Duldungspflichten (§ 1044).

Weiter muß der Nießbraucher die aus dem Ertrag der Sache zu finanzierenden öffent- **1758**
lich- oder privatrechtlichen Lasten tragen wie insbesondere Hypothekenzinsen (§ 1047)[1846]. Nach Beendigung des Nießbrauchs muß der Nießbraucher die Sache zurückgeben (§ 1055)[1847].

d) *Der Schutz des Eigentümers*

Während der Dauer des Nießbrauchs muß der Eigentümer sich vor Gefährdungen seines **1759**
Eigentums, die die Art der Nutzung durch den Nießbraucher mit sich bringt, schützen können. § 1051 gibt ihm dazu bei Besorgnis erheblicher Verletzungen seiner Rechte gegen den Nießbraucher einen Anspruch auf Sicherheitsleistung[1848], an deren Stelle nach § 1052 die Anordnung gerichtlicher Verwaltung des Nießbrauchsgegenstands treten kann.

Bei jedem unbefugten Gebrauch der Sache durch den Nießbraucher könnte der Eigen- **1760**
tümer an sich die actio negatoria des § 1004 geltend machen. § 1053 trifft aber für das Verhältnis zwischen Eigentümer und Nießbraucher eine Spezialregelung. Die Unterlassungsklage des Eigentümers ist danach von der Fortsetzung des unbefugten Gebrauchs trotz einer Abmahnung des Eigentümers abhängig.

1841 BayObLG, DNotZ 1998, 302, BGHZ 62, 133, 136.
1842 BGHZ 95, 99, 100 f.
1843 BGHZ 95, 99, 101 f..
1844 Mit dem Begriff der rechtsfähigen Personengesellschaften bezieht sich § 1059a II auf § 14 II. An sich gibt es die Ausstattung der Personengesellschaft mit Rechtsfähigkeit nicht, von der § 14 II spricht (oben Rz. 150, 152). § 1059a II muß als Verweisung auf diejenigen Personengesellschaften verstanden werden, für die gesetzlich hervorgehoben ist, daß sie fähig sind, Rechte zu erwerben, d.h. auf OHG, KG, Partnerschaftsgesellschaft und EWIV (§§ 124 I, 161 II HGB, 7 II PartGG, Art. 1II VO – EWG – Nr. 2137/85 vom 25.7.1985 über die EWIV).
1845 Oben Rz. 1751.
1846 Im Verhältnis zum Dritten bleibt der Eigentümer aber Schuldner.
1847 § 1055 I tritt neben § 985, *Westermann*, 5. Aufl., § 121 IV 2 e; 7. Aufl., § 121 IV 2 e.
1848 Dieses Recht des Eigentümers ist mit dinglicher Wirkung abdingbar, BayObLG MDR 1977, 844.

e) Pflichten des Eigentümers

1761 Der Eigentümer hat nur die Nutzung der Sache durch den Nießbraucher zu dulden, d.h. er darf diese nicht stören. Er muß die Sache aber nicht in einem nutzungsfähigen Zustand erhalten oder einen solchen herstellen. Etwas anderes kann sich aus der schuldrechtlichen Abrede zwischen Eigentümer und Nießbraucher ergeben[1849].

f) Der Schutz des Nießbrauchers

1762 Gemäß § 1065 kann der Nießbraucher, und zwar auch gegenüber dem Eigentümer und, wenn dieser eine weitere Person ist, gegenüber dem Besteller die Rechte aus §§ 985, 987 ff. und §§ 1004 f. geltend machen. Daneben stehen ihm, wenn er Besitzer ist oder war, die Ansprüche aus den §§ 861, 862, 1007 zu. Hinzu kommen die Rechte aus dem vertraglichen und gesetzlichen Schuldverhältnis. Sie modifizieren die Regelung der §§ 987 ff. (in Verbindung mit § 1065). Zusammen mit dieser Regelung verdrängen sie wie beim Eigentümer-Besitzer-Verhältnis die Ansprüche aus allgemeinen Delikts- und Bereicherungsvorschriften.

g) Erlöschen des Nießbrauchs

1763 Als unvererbliches Recht endet der Nießbrauch mit dem Tod des Nießbrauchers, wenn dieser eine natürliche Person ist (§ 1061 S. 1). Steht der Nießbrauch einer juristischen Person oder einer rechtsfähigen Personengesellschaft[1850] zu, erlischt er mit dieser (§ 1061 S. 2).

1764 Die rechtsgeschäftliche Aufhebung des Nießbrauchs erfolgt bei beweglichen Sachen gemäß § 1064 durch einseitige Erklärung gegenüber dem Eigentümer oder dem Besteller und bei Grundstücken gemäß § 875 durch Erklärung und Löschung im Grundbuch. Der Verzicht auf den Grundstücksnießbrauch erfaßt im Zweifel auch den Nießbrauch an Zubehör (§ 1062).

1765 Treffen Eigentum und Nießbrauch bei beweglichen Sachen in einer Person zusammen, so erlischt der Nießbrauch nach § 1063 I (sog. Vereinigung[1851]), vorbehaltlich eines rechtlichen Interesses an dem Fortbestehen des Nießbrauchs (etwa bei weiteren nachrangigen Rechten an der Sache oder bei auflösender Bedingtheit des Eigentumserwerbs). Bei Grundstücken schließt § 889 das Erlöschen des Nießbrauchs im Fall seiner Vereinigung mit dem Eigentum (sog. Konsolidation) generell aus.

h) Uneigentlicher Nießbrauch (§ 1067)

1766 Uneigentlicher Nießbrauch ist der Nießbrauch an verbrauchbaren Sachen (§ 92) nach der Regelung des § 1067. Uneigentlich ist dieser Nießbrauch deshalb, weil die im Nießbrauch stehende Sache durch die dem Nießbrauch entsprechende Nutzung verbraucht und damit beseitigt wird. Dem trägt § 1067 Rechnung: Der Nießbraucher wird durch Bestellung des Nießbrauchs Eigentümer der Sache; dem Nießbrauch als beschränktem dinglichen Recht entspricht nur die Abwicklung: Nach Beendigung des Nießbrauchs ist der Nießbraucher dem Besteller zum Wertersatz verpflichtet. Hier besteht also ausnahmsweise ein gesetzliches Schuldverhältnis zum Besteller[1852].

[1849] Vgl. als Beispiel BGH WM 1991, 546: außergewöhnliche Erhaltungskosten für das Schloß Arolsen.

[1850] Zum Begriff oben Rz. 1756 Fn. 1844.

[1851] Spezialfall der Vereinigung (= Zusammentreffen der Inhaberschaft am Ursprungsrecht mit der am daraus abgespaltenen beschränkten Recht) ist die Konsolidation, die sich auf Eigentum und beschränkte dingliche Rechte an Grundstücken bezieht. Konfusion ist das Zusammentreffen von Gläubiger- und Schuldnerstellung hinsichtlich einer Forderung.

[1852] Vgl. *Westermann*, 5. Aufl., § 139 III; 7. Aufl., § 139 3; Palandt/*Bassenge* § 1067 Rz. 2.

4. Nießbrauch an Rechten

a) *Begriff und Regelung*

Gegenstand des Nießbrauchs kann auch ein übertragbares Recht sein (§§ 1068 I, 1069 II). Wie das Pfandrecht an Rechten bedeutet der Nießbrauch an einem Recht eine Abspaltung aus dem Recht selbst; je nach der Natur des Ursprungsrechts ist der Nießbrauch am Recht ein dingliches oder schuldrechtliches Recht[1853]. Nutzungen beim Nießbrauch an Rechten sind z.B. die Dividende beim Nießbrauch an Aktien oder die Zinsen beim Nießbrauch an einer Darlehensforderung. **1767**

Die Technik der Regelung des Nießbrauchs an Rechten entspricht der der Regelung des Pfandrechts an Rechten (§§ 1273 ff.). § 1068 II verweist für den Nießbrauch an Rechten vorbehaltlich besonderer Vorschriften auf die Regelung des Nießbrauchs an Sachen. Die besonderen Vorschriften (§§ 1069 ff.) sind einerseits allgemein, andererseits besondere für den Nießbrauch an Forderungen (§§ 1074 ff.) mit spezieller Behandlung verzinslicher Forderungen (§§ 1076 ff.). **1768**

Bei unverzinslichen Forderungen, die als solche keine Nutzungen erbringen, kann der Nießbraucher die Forderung einziehen und gegebenenfalls vorher kündigen (§ 1074)[1854]. Die Leistung erfolgt an den Nießbraucher. Besteht sie in der Übereignung einer Sache, so wird – mit Ausnahme verbrauchbarer Sachen (§ 1075 II) – der Gläubiger der Forderung, auch wenn er nicht der Nießbrauchsbesteller ist[1855], Eigentümer und der Nießbraucher der Forderung Nießbraucher der Sache (§ 1075). Die Übereignung wird vollzogen durch Einigung oder Auflassung, die der Nießbraucher kraft Ermächtigung, für den Gläubiger zu erwerben, vornehmen kann, sowie durch Übergabe an den Nießbraucher bzw. Eintragung des Gläubigers, die der Nießbraucher beantragen kann[1856]. Hat etwa G gegen S einen Anspruch auf Übereignung eines Grundstücks und N an diesem Anspruch den Nießbrauch, so wird mit der Auflassung an N für den G und der Eintragung des G der G Eigentümer und erhält ex lege N den Nießbrauch am Grundstück. In Hinsicht auf den Nießbrauch muß das Grundbuch nur noch berichtigt werden. **1769**

Bei verzinslichen Forderungen erhält der Nießbraucher als Nutzungen die Zinsen. Seines einseitigen Einziehungsrechts bedarf es hier nicht. Andererseits kann aber der Gläubiger nur gemeinsam mit dem Nießbraucher die Forderung kündigen und einziehen (§§ 1076 ff.). **1770**

Auf die Regelung des Nießbrauchs an Forderungen wird auch für den Nießbrauch an Grund- und Rentenschulden verwiesen (§ 1080)[1857]. **1771**

Unter den Nießbrauch an Rechten ist, wie dies entsprechend beim Pfandrecht geregelt ist (§§ 1292 ff.), auch der Nießbrauch an Inhaber- oder Orderpapieren eingeordnet (§ 1081). Es geht bei diesem Nießbrauch um den Nießbrauch an einem Recht mit der Besonderheit, daß das Recht in einem Papier verkörpert ist. Nach § 1069 I wird der Nießbrauch an Rechten nach Art der Übertragung des Rechts bestellt. Bei Orderpapieren geschieht die Übertragung entweder durch Zession des Rechts aus dem Papier oder durch Indossament und Übergabe (s. Art. 11 I WG). Dabei folgt das Recht am Papier dem Recht aus dem Papier (§ 952)[1858]. Die Inhaberpapiere werden demgegenüber durch Übereignung übertragen. Zunächst dieses letztere modifiziert § 1081 II für die Bestellung **1772**

[1853] Dies wird näher diskutiert bei *Wolff/Raiser* § 120 I.

[1854] Zu anderen Verfügungen wie Erlaß oder Vergleich ist der Nießbraucher nicht berechtigt, § 1074 S. 3.

[1855] *Westermann*, 5. Aufl., § 140 4 a; 7. Aufl., § 140 4 a.

[1856] Staudinger/*Frank* § 1075 Rz. 4.

[1857] Entsprechende Verweisung beim Pfandrecht in § 1291.

[1858] Anders die h. M., die eine Übereignung der Orderpapiere annimmt, wenn bei diesen die Übertragung nicht durch Zession erfolgt. S. oben Rz. 1438.

des Nießbrauchs an einem Inhaberpapier: Es genügt die Einräumung des Mitbesitzes. Gleiches wird in der Vorschrift sodann vom blankoindossierten Orderpapier gesagt, welches ebenfalls durch Übereignung übertragen werden kann (s. etwa Art. 14 II Nr. 3 WG), auf den § 365 I HGB verweist und der trotz Aussparung der Vorschrift in § 68 I AktG auch für die Namensaktie gilt[1859].

1773 Der Gegner des mit dem Nießbrauch belasteten Rechts, insbesondere der Schuldner der nießbrauchsbelasteten Forderung, soll durch die Nießbrauchsabspaltung nicht beschwert werden. Deshalb verweist § 1070 I auf die Schutzvorschriften betreffend die Übertragung des Rechts, insbesondere die hinsichtlich der Forderungsübertragung (§§ 401 ff.).

b) Entstehen und Erlöschen

1774 Für die Bestellung des Nießbrauchs an einem Recht gelten gemäß § 1069 I wie nach § 1274 I für das Pfandrecht an Rechten grundsätzlich die für die Übertragung des Rechtes geltenden Vorschriften. Für Rechte an einem Grundstück verweist § 1069 I mithin auf § 873 bzw. §§ 1154, 1192.

1775 Auch der Nießbrauch an Rechten erlischt durch den Tod des Berechtigten, die Vereinigung des belasteten Rechts mit dem Nießbrauch (vorbehaltlich eines Interesses am Fortbestehen des Nießbrauchs) und durch Aufhebung. § 1072 verweist für Vereinigung und Aufhebung generell auf die Regelung über den Nießbrauch an beweglichen Sachen. Für den Nießbrauch an Grundstücksrechten ist dies an sich inkonsequent. Der Verzicht auf die Eintragung in das Grundbuch erklärt sich aus der grundsätzlichen Unübertragbarkeit des Nießbrauchs mit der Folge, daß sich das Problem des gutgläubigen Erwerbs nicht stellt. Durch die neu eingefügte Sondervorschrift des § 1059 a Nr. 2 ist freilich die Übertragbarkeit in einem Sonderfall eröffnet, aber nicht die Möglichkeit eines gutgläubigen Erwerbs in diesem Sonderfall[1860].

1776 Kein Beendigungsgrund für den Nießbrauch an Rechten ist der Wegfall des belasteten Rechts. Was die Aufhebung des belasteten Rechtes betrifft, ist sie sogar nur möglich, wenn der Nießbraucher zustimmt (§ 1071). Gleiches gilt für die Änderung des belasteten Rechts.

5. Der Nießbrauch an einem Vermögen

1777 Der Nießbrauch an einem Vermögen ist kraft des Spezialitätsprinzips Nießbrauch an den einzelnen zum Vermögen gehörenden Gegenständen. An diesen muß er bestellt werden (§ 1085 S. 1). Das Gesetz berücksichtigt aber den Fall, daß die Bestellung eines Nießbrauchs an einzelnen Gegenständen Bestandteil der Nießbrauchsunterwerfung eines ganzen Vermögens ist. Obwohl die Vorschrift des § 419 a.F. über die Haftung des Erwerbers bei Übertragung eines Vermögens für die Schulden des Veräußerers aufgehoben ist, gewährt das Gesetz in §§ 1086 ff. für den Fall der Bestellung eines Nießbrauchs an einem Vermögen weiterhin Gläubigerschutz[1861]. Hinsichtlich von Forderungen, die vor

[1859] *Geißler/Hefermehl/Kropff*, Kom. AktG, 1984, § 68 Rdnr. 13.

[1860] Zutreffend Staudinger/*Frank* § 1072 Rz. 7 mit Hinweis auf § 1059 c I 2.

[1861] Gleiches wie für den Nießbrauch an einem Vermögen gilt für den Nießbrauch an einer Erbschaft (§ 1089). Praktisch ist sodann der Nießbrauch an einem Unternehmen. Zu unterscheiden ist die hier interessierende Behandlung des Nießbrauchs im Hinblick auf ein Unternehmen als Objekt von der Behandlung eines an einem beliebigen Objekt bestehenden Nießbrauchs im Hinblick auf einen Unternehmensträger als Subjekt in §§ 1059 a ff. (Nießbrauch als Bestandteil eines Unternehmens). Bei dem im Hinblick auf das Unternehmen als Objekt bestehenden Unternehmensnießbrauch ergibt sich aus der wirtschaftlichen Einheit der Nießbrauchsrechte an den einzelnen Gegenständen als Unternehmensnießbrauch die Berechtigung des Nießbrauchers auch hinsichtlich der Nutzung des good will des Unternehmens, h.M., s.

der Bestellung des Nießbrauchs entstanden sind, haben die Gläubiger nach § 1086 das Erfüllungsrecht ungeachtet des nunmehr bestellten Nießbrauchs. Der Besteller kann nach § 1087 vom Nießbraucher die Rückgewähr des dem Nießbrauch unterworfenen Leistungsgegenstands verlangen, so daß er zur Erfüllung an den Gläubiger in die Lage versetzt wird. Unmittelbar haftet der Nießbraucher den Gläubigern für Zinsen und wiederkehrende Leistungen (§ 1088).

III. Die Grunddienstbarkeit (§§ 1018 – 1029)

1. Begriff und Regelung

Unter einer Grunddienstbarkeit ist die Belastung eines Grundstücks (des „dienenden Grundstücks") zugunsten des jeweiligen Eigentümers eines anderen Grundstücks (des „herrschenden Grundstücks") mit dem Recht zu verstehen, das dienende Grundstück in einzelnen Beziehungen zu benutzen oder einzelne Handlungen auf dem dienenden Grundstück zu verbieten oder die Ausübung von Rechten kraft des Eigentums am dienenden gegenüber dem herrschenden Grundstück zu untersagen. Die Grunddienstbarkeit ist also ein beschränktes dingliches, und zwar subjektiv-dingliches Recht an einem Grundstück (oder auch an einem grundstücksgleichen Recht)[1862]. Dem Eigentümer und sonstigen (hinter der Grunddienstbarkeit nachrangigen) Berechtigten des dienenden Grundstücks werden, soweit die Belastung durch die Grunddienstbarkeit reicht, einzelne Teilbefugnisse aus dem Eigentum genommen. Der Berechtigte der Grunddienstbarkeit hat das Recht, die Teilbefugnisse seinerseits auszuüben. Durch den Bezug auf einzelne Ausübungsbefugnisse unterscheidet sich die Grunddienstbarkeit vom Nießbrauch, der auf Gesamtnutzung, wobei nur einzelne Nutzungen ausgenommen werden können (§ 1030 II), bezogen ist[1863]. **1778**

In Hinsicht auf die einzelnen Ausübungsbefugnisse, die zum Inhalt der Dienstbarkeit gemacht werden, greift der Bestimmtheitsgrundsatz ein. Dieser ist nach § 1018 auf die sachliche Bestimmtheit beschränkt, die rechtsgeschäftliche Bestimmung der räumlichen Beschränkung behandelt das Gesetz in § 1023 I 2 nur als Möglichkeit, setzt sie aber nicht voraus. Es gilt sogar, daß, selbst wenn die räumliche Beschränkung rechtsgeschäftlich festgelegt ist, sie dem Verlegungsrecht des Eigentümers nach § 1023 I 1 weichen **1779**

BGH DB 1975, 146 und Nachweise bei Staudinger/*Frank* Anh. zu §§ 1068, 1069 Rz. 29, sodann der Schutz des Nießbrauchers nach § 823 I vor Eingriffen in den eingerichteten und ausgeübten Gewerbebetrieb. Betreffend das Umlaufvermögen wird der Unternehmensnießbraucher Eigentümer (§ 1067), auf den Unternehmensnießbrauch ist weiter § 1048 über den Nießbrauch an Grundstücken mit Inventar entsprechend anzuwenden. Für die Unternehmensforderungen sind die §§ 1074, 1076 im Zweifel als abbedungen anzusehen. Der Nießbraucher ist allein für die Forderungsverwaltung zuständig. Bei kaufmännischen Unternehmen gilt für die Firmenfortführung § 22 HGB, für die Haftung des Nießbrauchers für die Unternehmensschulden § 25 HGB, der dann, wenn das Unternehmen (fast) das ganze Vermögen des Bestellers ausmacht, neben die §§ 1085-1088 (s. im folgenden) tritt.

1862 Zu den subjektiv-dinglichen im Gegensatz den subjektiv-persönlichen Rechten o. Rz. 87 f. Eine beschränkte persönliche Dienstbarkeit kann nicht in eine Grunddienstbarkeit desselben Inhalts umgewandelt werden, KG JW 1923, 760 mit Anm. *Oberneck*. Zur Möglichkeit einer Dienstbarkeit an einem grundstücksgleichen Recht, wie z.B. an einem Erbbaurecht, *Wolff/Raiser* § 108 I 3.

1863 Durch weites Verständnis des § 1018 einerseits und des § 1030 II andererseits können die Rechte einander angenähert werden. Für ein Wahlrecht in Grenzfällen MünchKomm/*Falckenberg* vor § 1018 Rz. 6; für die Notwendigkeit der objektiven Abgrenzung beider Rechte Soergel/*Baur* § 1018 Rz. 12. Jedenfalls gegen die Figur eines Mischrechts aus Dienstbarkeit und Nießbrauch BayObLG DNotZ 1982, 438. Zur Problematik *Schöner*, DNotZ 1982, 416 ff.

muß. Ist die Lozierung weder durch Rechtsgeschäft noch durch die Ausübungspraxis festgelegt, entscheidet über sie der Grundsatz der schonenden Ausübung (§ 1020). Aus der elastischen Handhabung der Dienstbarkeit durch §§ 1020, 1023, wenn nur ihr Inhalt sachlich bestimmt genug festgelegt ist, folgt, daß die sachliche Bestimmung in der Eintragung der Grunddienstbarkeit sich gegen eine räumlich widersprüchliche Konkretisierung in der Eintragungsbewilligung durchsetzen muß[1864].

1780 Die Grunddienstbarkeit gilt gemäß § 96 als Bestandteil des herrschenden Grundstücks. Die hypothekarische Haftung des herrschenden Grundstücks erstreckt sich auf die Grunddienstbarkeit. Andererseits erstrecken sich auch alle Rechte am herrschenden Grundstück auf die Grunddienstbarkeit[1865].

1781 Die Regelung der Grunddienstbarkeit ist nach dem Vorbild des römischen Rechts konzipiert. Von dort stammt die Unterscheidung von Praedialservituten (Grunddienstbarkeiten) und Personalservituten (Nießbrauch und beschränkte persönliche Dienstbarkeit)[1866].

2. Inhalt und Grenzen der Grunddienstbarkeit

a) Die möglichen Arten des Inhalts

aa) Duldungsinhalt

1782 Die in § 1018 aufgeführten Möglichkeiten des Inhalts einer Grunddienstbarkeit bestimmen sich i. e. wie folgt:

Die Dienstbarkeit kann den Inhalt haben, daß der Berechtigte das dienende Grundstück in einzelnen Beziehungen benutzen darf. Diese sog. Duldungsdienstbarkeit ist in moderner Zeit insbesondere für Leitungsrechte (Rechte auf Durch- oder Überführung von Elektrizitäts-, Gas-, Fernwärmeleitungen[1867]) bedeutsam. Bei ihr hat der Eigentümer des dienenden Grundstücks die Nutzung durch den Berechtigen am Eigentum des herrschenden Grundstücks zu dulden, er kann sie nicht verbieten. Die Duldungsdienstbarkeit (servitus in patiendo) ist im Hinblick auf das Nutzungsrecht des Eigentümers am herrschenden Grundstück, wie man sagt, affirmative, besser: positive Servitut[1868].

Beispiele sind neben den genannten Leitungsrechten Wegerechte, Weiderechte, Holz- und Streugewinnungsberechtigungen, Rechte zur Benutzung einer Tiefgarage[1869] etc.[1870]. Unter Benutzung ist bei den Gewinnungsrechten auch die Ausnutzung des Bodens durch wiederkehrende Entnahme von Bestandteilen wie Kies, Steinen, Sand, Torf, Mineralien und Wasser zu verstehen.

1783 Ist die zu duldende Benutzung wie bei einem Wegerecht unbestimmt, so ist mit dem Gedanken zu helfen, daß der herrschende Eigentümer vermöge der Grunddienstbarkeit sein Eigentum erweitert und so Eigentum plus Grunddienstbarkeit in Nachbarschaft

[1864] *Wilhelm* WuB IV A. § 1018 BGB 1.99 gegen BGH WM 1999, 27 ff.

[1865] Vgl. *Westermann*, 5. Aufl., § 122 IV 2; 7. Aufl., § 122 IV 2.

[1866] Zum Einfluß des römischen Rechts i. e. vgl. *Wolff/Raiser* § 105 II, III.

[1867] Im römischen Recht ging es in entsprechender Weise um Dienstbarkeiten zur Überführung eines Aquädukts.

[1868] *Wolff/Raiser* § 106 II 1.

[1869] Dazu BGH DNotZ 1976, 18.

[1870] Als Nebenpflicht aus dem durch eine bebauungssichernde Grunddienstbarkeit geschaffenen gesetzlichen Schuldverhältnis kann sich die Verpflichtung ergeben, eine Baulast nach der jeweiligen LBauO zu übernehmen (d. i. eine freiwillige öffentlich-rechtliche, nach VGH Mannheim NJW 1993, 678 unter § 883 II 1 in entsprechender Anwendung fallende Verpflichtung des Eigentümers eines Grundstücks gegenüber der Baubehörde zu einem bestimmten das Grundstück betreffenden Verhalten, s. die Nachweise bei Palandt/*Bassenge* Einl v § 854 Rz. 19). Vgl. BGH WM 1992, 1784 ff. In Bayern ist eine Baulast nicht vorgesehen, dazu und zu Ersatzkonstruktionen s. *Meendermann/Lassek*, NJW 1993, 424 ff.

zum dienenden Grundstück ausgeübt werden. Die nähere Bestimmung der Ausübungsgrenzen kann demzufolge § 906 entnommen werden[1871].

bb) Untersagungsinhalt

Bei der Grunddienstbarkeit mit dem Inhalt, daß auf dem dienenden Grundstück bestimmte Handlungen nicht vorgenommen werden dürfen (Untersagungsdienstbarkeit), hat der Eigentümer des dienenden Grundstücks die bestimmten Handlungen, die er kraft seines Eigentums vornehmen dürfte, zu unterlassen, und der Berechtigte kann sie ihm verbieten. Wegen des Verbietungsrechts, welches aus der Grunddienstbarkeit folgt, hat die Grunddienstbarkeit hier nicht einen positiven, sondern einen negativen Inhalt[1872]. **1784**

Beispiele sind: Bauverbote, Aussichtsgerechtigkeiten[1873], Verbot der Errichtung bestimmter Betriebe auf dem Grundstück[1874]. Ob die Dienstbarkeit als Mittel der Wettbewerbsbeschränkung verwendet werden kann, ist unten[1875] zu erörtern.

Das Untersagungsrecht kann den Eigentümer des dienenden Grundstücks aber nur in der Benutzung des Grundstücks einschränken. Die Beschränkung der Freiheit zu rechtsgeschäftlicher Verfügung über das Eigentum läßt sich nicht zum Untersagungsinhalt machen. Unzulässig sind darum Dienstbarkeiten des Inhalts, daß sich der Eigentümer des dienenden Grundstücks verpflichtet, dasselbe nicht an bestimmte Personen zu veräußern oder nicht mit anderen dinglichen Rechten, insbesondere sonstigen Dienstbarkeiten, zu belasten oder nicht zu teilen[1876]. **1785**

cc) Inhalt des Ausschlusses der Rechtsausübung

Schließlich erwähnt das Gesetz die Belastung, durch die die Ausübung eines Rechts ausgeschlossen wird, das sich sonst aus dem Eigentum am dienenden Grundstück gegenüber dem herrschenden ergibt (Inhalt des Rechtsausschlusses). Hauptanwendungsfälle dieser Inhaltsart sind Immissionsrechte. Sie begegnen in zweierlei Richtung: Zum einen kann einem Eigentümer auf Emissionen von seinem Grundstück aus, die ihm der Eigentümer des Nachbargrundstücks an sich nach §§ 1004, 906 f. und den weiteren gesetzlichen Regelungen verbieten könnte, durch Ausschließung des Verbietungsrechts ein Recht eingeräumt, dem Eigentümer des Nachbargrundstücks mithin eine erweiterte Duldungslast auferlegt werden. Das Grundstück des Emittenten wird herrschendes, das des Duldungsbelasteten dienendes. In der umgekehrten Richtung kann der durch Immissionen beeinträchtigte Eigentümer mit dem Emittenten vereinbaren, daß bestimmte Immissionen ausgeschlossen sind, obwohl der Eigentümer des betroffenen Grundstücks sie nach dem Gesetz zu dulden hätte. In diesem Fall wird das beeinträchtigte zum herrschenden Grundstück, das des Emittenten zum dienenden.

Die Grunddienstbarkeiten im Sinne des Ausschlusses der Rechtsausübung sind je nachdem affirmativ (so das Recht auf Duldung von Immissionen über die gesetzliche Duldungslast hinaus) oder negativ (so das Recht auf Verbietung nach dem Gesetz zu duldender Immissionen). **1786**

1871 *Wilhelm* WuB IV A. § 1018 BGB 1.99.

1872 *Wolff/Raiser* § 106 II 2.

1873 Z.B. des Inhalts, daß ein auf dem dienenden Grundstück errichtetes Gebäude 15 m Firsthöhe nicht überschreiten darf; vgl. BGH DB 1967, 726.

1874 Zur sog. Fremdenverkehrsdienstbarkeit vgl. BayObLG NJW 1985, 2485.

1875 Rz. 1810 ff.

1876 Staudinger/*Ring* § 1018 Rz. 47; *Wolff/Raiser* § 106 II 2; *Eichler*, Institutionen des Sachenrechts, 1960, 2. Bd. 2. HbBd., 3. Kapitel C III 1, S. 589.

b) Der Grundsatz servitus in faciendo consistere nequit

1787 Inhalt einer Grunddienstbarkeit kann, wie die drei Alternativen des § 1018 zeigen, grundsätzlich nur ein Recht auf Dulden oder Unterlassen sein, aber kein Anspruch darauf, daß der Eigentümer des dienenden Grundstücks positiv etwas tut, insbesondere aus dem dienenden Grundstück Geld- oder Dienstleistungen erbringt. Grundsatz ist: servitus in faciendo consistere nequit. Soll ein Recht auf positives Tun oder Verwertung eingeräumt werden, so kommt dazu nicht eine Dienstbarkeit in Betracht, sondern es muß eine Reallast oder eine Grund- oder Rentenschuld bestellt werden. Die letzteren sind jedoch auf Verwertung zur Erlangung eines Geldbetrages gerichtet und können nicht subjektiv-dinglich bestellt werden, die erstere, die Reallast, ist auf bestimmte wiederkehrende Leistungen gerichtet[1877].

1788 Der Satz „servitus in faciendo consistere nequit" betrifft den Hauptinhalt der Grunddienstbarkeit. Das Recht auf ein positives Tun kann demgegenüber Nebeninhalt der Dienstbarkeit sein. §§ 1021, 1022 bestimmen bzw. ermöglichen, daß dann, wenn zur Ausübung der Dienstbarkeit das Halten einer Anlage auf dem dienenden Grundstück gehört, der Eigentümer des dienenden Grundstücks Unterhaltspflichten trägt oder übernimmt. Im Fall der Übernahme der Unterhaltungspflicht bedarf es dazu, daß die Unterhaltungspflicht zum Inhalt der Grunddienstbarkeit gehört und damit auch gegen Dritte, nämlich Erwerber des Eigentums am dienenden Grundstück, wirkt, der Eintragung im Grundbuch auf dem Blatt des dienenden Grundstücks[1878].

1789 Auf die vereinbarte Unterhaltungspflicht des Eigentümers des dienenden Grundstücks finden gemäß § 1021 II die Vorschriften über die Reallast entsprechende Anwendung. Das Recht bleibt aber ungeachtet der Unterhaltungspflicht Dienstbarkeit[1879].

c) Die Vorteilsregel

1790 Voraussetzung der Grunddienstbarkeit ist nach § 1019 S. 1, daß das eine Grundstück dem anderen in der Weise dient, daß es durch seine dauernde Beschaffenheit dem herrschenden Grundstück (und nicht nur dessen derzeitigem Eigentümer) nützlich ist (servitus praedio utilis esse debet, Vorteilsregel). Über das Maß der Nützlichkeit kann der Inhalt der Grunddienstbarkeit nicht hinausgehen (§ 1019 S. 2). Nach dem Gesetz kommt es darauf an, daß der Vorteil nach der Beschaffenheit des herrschenden Grundstücks besteht. Dienstbarkeiten, die nur den persönlichen Bedürfnissen eines bestimmten Eigentümers dienen, scheiden als Grunddienstbarkeit aus. Sie können unter Umständen als beschränkte persönliche Dienstbarkeit bestellt werden. Demnach ist eine Grunddienstbarkeit mit dem Inhalt, daß der Eigentümer des belasteten Grundstücks ein bestimmtes Gewerbe nicht betreiben darf, dann, wenn der Berechtigte sich damit hinsichtlich seiner unternehmerischen Aktivitäten, auf die hin das Grundstück nicht speziell

[1877] *Baur/Stürner* § 33 II 6 Rz. 29 mit Beispielen.

[1878] BayObLGZ 1965, 267, 272, 273 m.w.N.; *Westermann*, 5. Aufl., § 122 II 2; 7. Aufl., § 122 II 2; *Eichler*, a.a.O., S. 595; MünchKomm/*Falckenberg* § 1021 Rz. 1; Soergel/*Baur* § 1021 Rz. 1; *Wolff/Raiser* § 106 VI 1. Es kann andererseits, wenn außer dem Servitutsberechtigten der Eigentümer des belasteten Grundstücks ein Mitbenutzungsrecht an der Anlage hat, eine Unterhaltungspflicht des Berechtigten vereinbart werden, soweit es jenes Mitbenutzungsrecht erfordert, § 1021 I 2. Beispiel: B hat als Dienstbarkeitsberechtigter auf dem Grundstück des A photovoltaische Solarzellen errichtet, die ihm Strom für seinen Betrieb liefern; A bezieht daraus ebenfalls seinen Strom. Durch dingliche Vereinbarung kann B verpflichtet werden, die Solarzellen allein zu unterhalten. Auch diese Leistungspflicht des Eigentümers des herrschenden Grundstücks ist zu ihrer dinglichen Wirksamkeit auf dem Blatt des dienenden Grundstücks einzutragen, da sie als dingliche zum Inhalt der Servitut selbst gehört. Hingegen ist die Übernahme der Verkehrssicherungspflicht für das Grundstück durch den Dienstbarkeitsberechtigten nicht als Inhalt der Dienstbarkeit eintragungsfähig, OLG Köln Rpfleger 1990, 409.

[1879] Staudinger/*Ring* § 1021 Rz. 6; MünchKomm/*Falckenberg* § 1021 Rz. 2 m.w.N.

gestaltet ist, den Wettbewerb des Nachbarn vom Leibe halten will, grundsätzlich ausgeschlossen. Ein solches Recht dient nur den persönlichen Bedürfnissen des Berechtigten[1880].

Der Inhalt der Grunddienstbarkeit gemäß §§ 1018, 1019 ist nach dem Prinzip des **1791**
numerus clausus der Sachenrechte abschließend und unabdingbar festgelegt. Einen anderen als den angegebenen Inhalt kann eine Grunddienstbarkeit nicht haben. Die Bestellung einer Grunddienstbarkeit mit einem Inhalt, der insbesondere gegen die Vorteilsregel des § 1019 verstößt, ist nichtig. Auch ihre Umdeutung in eine persönliche Dienstbarkeit nach § 140 ist nicht möglich. Die beiden Rechtsarten entsprechen einander weder in dem Punkt der im gedachten Fall gewollten Berechtigung noch in ihren inhaltlichen Voraussetzungen[1881].

d) Änderungen der tatsächlichen oder rechtlichen Verhältnisse

Fraglich ist, ob und ggf. wie sich Änderungen der tatsächlichen oder rechtlichen Ver- **1792**
hältnisse bei dem herrschenden und dem dienenden Grundstück auf die Dienstbarkeit auswirken[1882]. Zunächst sind für die Beurteilung des Umfangs der Ausübung von Grunddienstbarkeiten die zur Zeit der Begründung des Rechts bestehenden Verhältnisse des herrschenden Grundstücks maßgebend[1883]. Das sich danach ergebende Maß der Benutzung ist grundsätzlich die Obergrenze des Benutzungsrechts[1884].

Ändern sich die tatsächlichen Verhältnisse auf dem herrschenden Grundstück, so daß **1793**
sich Erschwerungen hieraus für das belastete Grundstück ergeben[1885], so bestehen folgende Ansätze für eine Anpassung: Hat der Eigentümer des belasteten Grundstücks die erhöhte Inanspruchnahme seines Grundstücks geraume Zeit widerspruchslos hingenommen, so kann dieser Umstand dafür sprechen, daß die Bedarfssteigerung dem Willen der Beteiligten entspricht[1886]. Weiter hat der belastete Eigentümer Erschwerungen, die durch die allgemeine Verkehrsentwicklung oder Modernisierung eingetreten sind (Bsp.: der Fuhrbetrieb mit seinen damals sechs Pferden hat sich zu einer Spedition mit sechs Lastzügen umgewandelt), im Rahmen der Zumutbarkeit nach Treu und Glauben mit Rücksicht auf die Verkehrssitte (§ 242) zu dulden[1887]. Jedoch bleiben die im Grundbuch oder in der Eintragungsbewilligung enthaltenen konkreten Beschränkungen (z.B. „Durchgangsrecht mit Handkarren“) stets maßgebend[1888].

1880 Ein Vorteil des herrschenden Grundstücks selbst liegt allerdings dann vor, wenn seine besonderen Einrichtungen die Dauer des auf ihm derzeit betriebenen gewerblichen Unternehmens objektiv gewährleisten, Staudinger/*Ring* § 1019 Rz. 6. Unter diesem Gesichtspunkt haltbar BGH NJW-RR 1992, 593.

1881 BayObLG JW 1928, 1513; OLG München NJW 1957, 1765, 1766; Palandt/*Bassenge* § 1019 Rz. 1; Staudinger/*Ring* § 1019 Rz. 18; MünchKomm/*Falckenberg* § 1019 Rz. 7; a.A.: *Schwab-Prütting*, Sachenrecht, 28. Aufl., § 77 II 3; unentschieden: *Soergel/Baur* § 1019 Rz. 8.

1882 Dazu *Ricken*, WM 2001, 979 ff.

1883 *Wolff/Raiser* § 106 III 2; Staudinger/*Ring* § 1019 Rz. 19; *Schwab*, § 74 II 3; *Eichler*, a.a.O., S. 598.

1884 Nach OLG Karlsruhe NJW-RR 1990, 663 ist für die Bestimmung von Inhalt und Umfang einer Grunddienstbarkeit entscheidend, wie diese infolge des rechtlich wirksamen Inhalts der Grundbucheintragung hätte ausgeübt werden können, nicht jedoch, wie tatsächlich von ihr Gebrauch gemacht worden ist.

1885 Beispiel aus der Rechtsprechung: BGHZ 92, 351.

1886 Soergel/*Baur* § 1018 Rz. 9; BGH NJW 1960, 673. Nachweise zur Abgrenzung bei Planck/*Strecker* § 1019 Anm. 4; *Wolff/Raiser* § 106 II 2; Staudinger/*Ring* § 1019 Rz. 20; *Eichler*, a.a.O.; BGH NJW 1959, 2059.

1887 *Eichler*, a.a.O., mit Nachweisen.

1888 *Baur/Stürner* § 33 II 5 b Rz. 23; Soergel/*Baur* § 1018 Rz. 9.

1794 Wird das dienende Grundstück geteilt, so wird der Inhalt der Grunddienstbarkeit nicht beeinträchtigt. Die Grunddienstbarkeit besteht nunmehr grundsätzlich auf jedem der neu gebildeten Grundstücke fort[1889]. Gemäß § 1026 wird jedoch der von der Ausübung der Dienstbarkeit nicht berührte Teil des Grundstücks kraft Gesetzes frei.

1795 Was die Teilung des herrschenden Grundstücks betrifft, darf diese nicht zu einer Lastenmehrung des dienenden Grundstücks führen. Die Dienstbarkeit besteht als einheitliches Recht für alle neu gebildeten Grundstücke fort, § 1025 S. 1[1890]. Für das Verhältnis der Teilgrundstückseigentümer bezüglich der Dienstbarkeit gilt das Recht der Gemeinschaft[1891]. Nach § 1025 S. 2 tritt, wenn die Grunddienstbarkeit nicht allen Teilen zum Vorteil dient, Erlöschen der Grunddienstbarkeit für diejenigen Teile ein, zu deren Vorteil sie nicht dient.

e) Verhältnis zwischen Rechtsinhaber und Eigentümer

aa) Schonende Ausübung

1796 Als Grundstücksbelastung geht die Grunddienstbarkeit dem Eigentum am dienenden Grundstück vor. Dieser Vorrang ist aber zum einen durch die Vorteilsregel des § 1019 begrenzt, der Berechtigte hat ihn zum anderen unter tunlichster Schonung des Interesses des Eigentümers am dienenden Grundstück auszuüben (§ 1020 S. 1). Diese Schonpflicht ist Hauptinhalt eines gesetzlichen Schuldverhältnisses zwischen den Parteien des dinglichen Rechts, auf welches § 278 anzuwenden ist[1892]. Der Einordnung des § 1020 als Normierung eines gesetzlichen Schuldverhältnisses steht nicht entgegen, daß die Vorschrift den Inhalt des dinglichen Rechts bestimmt. Nach den Motiven wird „das Recht des Dienstbarkeitsberechtigten...durch die Auferlegung einer Legalobligation begrenzt"[1893]. Die Schonungspflicht richtet sich nach dem Einzelfall. Beispielsweise muß bei einem Wegerecht der Berechtigte die durch die Benutzung des Weges verursachten Verunreinigungen unverzüglich beseitigen[1894], und er muß als Unbequemlichkeit hinnehmen, daß ein bisher offener Weg durch Anbringung eines Tores verschlossen wird, wenn er nur die erforderliche Anzahl von Schlüsseln erhält[1895].

1797 Eine Verletzung der Schonungspflicht führt zu einem Anspruch des Eigentümers des dienenden Grundstücks aus § 1004, bei schuldhafter Verletzung ist der Berechtigte nach den Grundsätzen der positiven Forderungsverletzung (§§ 280 I, 241 II) in Verbindung mit §§ 276, 278, § 280 I 2 sowie nach §§ 823 I, 831 zum Schadensersatz verpflichtet.

bb) Verlegungsrecht

1798 Ein Ausfluß der Schonungspflicht ist das Verlegungsrecht des Eigentümers des dienenden Grundstücks. Dieses wird in § 1023 I gewährt, welcher nicht abdingbar ist (§ 1023 II), bei einer Grunddienstbarkeit, deren Ausübung sich auf einen Teil des Grundstücks beschränkt. Bei ihr hat der Eigentümer des belasteten Grundstücks einen Anspruch darauf,

[1889] *Westermann*, 7. Aufl., § 122 III 4 a; noch ungenau die 5. Aufl., § 122 III 4 a; vgl. auch Palandt/*Bassenge* § 1026 Rz. 1; BayObLG Rpfleger 1983, 143.

[1890] Vgl. dazu *Reuter*, ZRP 1988, 199 ff., der eine wachsende Behinderung des Grundstücksverkehrs durch diese Vorschrift erkennt.

[1891] *Westermann*, 5. Aufl., § 122 III 4 b; 7. Aufl., § 122 III 4 b m.w.N.

[1892] BGH NJW 1985, 2944 unter Aufgabe der bisherigen Rechtsprechung; Staudinger/*Ring* § 1020 Rz. 1, 3; Erman/*Ronke* vor § 1020 Rz. 1; MünchKomm/*Falckenberg* § 1020 Rz. 2; Soergel/*Baur* § 1020 Rz. 1; Palandt/*Bassenge* § 1020 Rz. 1; *Westermann*, 5. Aufl., § 122 IV 3; 7. Aufl., § 122 IV 3.

[1893] Mot., *Mugdan* III, S. 483.

[1894] OLG Hamm OLGE 18, 147, 148.

[1895] BGH DNotZ 1959, 240, 241.

daß die Ausübung der Grunddienstbarkeit auf einen anderen Teil desselben Grundstücks (nicht etwa: auf ein anderes Grundstück desselben Eigentümers[1896]) verlegt wird.

3. Entstehen und Erlöschen der Grunddienstbarkeit

a) *Entstehen*

Die Grunddienstbarkeit entsteht rechtsgeschäftlich nach der allgemeinen Vorschrift des § 873 durch Einigung[1897] und Eintragung; die Eintragung erfolgt auf dem Blatt des belasteten Grundstücks in Abt. II. Als Bestandteil des herrschenden Grundstücks kann sie zusätzlich auf dem Blatt dieses Grundstücks, und zwar im Bestandsverzeichnis, vermerkt werden (§ 9 GBO). Die Grunddienstbarkeit kann bedingt bestellt werden[1898]. Sowohl ein Grundstück als auch ein Grundstücksteil können mit dem Recht belastet werden, grundsätzlich nicht jedoch ein Miteigentumsanteil[1899]. Eine Dienstbarkeit zugunsten mehrerer Grundstücke gibt es nicht. Bei Teilung des herrschenden Grundstücks, für das eine Dienstbarkeit besteht, entsteht, wie gesagt[1900], eine Rechtsgemeinschaft der Eigentümer an der Dienstbarkeit vorbehaltlich des § 1025. Der Eigentümer zweier Grundstücke kann an einem Grundstück zugunsten des anderen eine sog. Eigentümergrunddienstbarkeit bestellen[1901]. **1799**

Als sonstige Entstehungsgründe kommen Buchersitzung (§ 900 II i.V. mit § 1029) sowie die Entstehung im Wege der Enteignung in Betracht[1902]. **1800**

b) *Erlöschen*

Für die rechtsgeschäftliche Aufhebung einer Grunddienstbarkeit gelten die allgemeinen Bestimmungen, §§ 875, 876. Die Zustimmung des Eigentümers des belasteten Grundstücks ist zur Aufhebung nicht erforderlich. Ist die Dienstbarkeit unter einer Bedingung oder Befristung bestellt, erlischt sie mit Eintritt der auflösenden Bedingung oder des Endtermins gemäß §§ 158 II, 163. **1801**

Kraft Gesetzes erlischt die Grunddienstbarkeit, wie das Beispiel des § 1022 zeigt, auch dann, wenn ihr Vorteil für das herrschende Grundstück (§ 1019 S. 1) dauernd wegfällt, etwa wenn die Ausübung der Grunddienstbarkeit aus tatsächlichen oder rechtlichen Gründen dauernd unmöglich wird[1903]. Kraft Gesetzes erlischt die Grunddienstbarkeit **1802**

[1896] Streitig: Manche plädieren für eine entsprechende Anwendung des § 1023 unter Heranziehung von § 242; Darstellung der Meinungen mit umfangreichen Nachweisen bei MünchKomm/*Falckenberg* § 1023 Rz. 6.

[1897] Diese ist abstrakt; die Grunddienstbarkeit ist weiter nicht akzessorisch. Folglich ist die Grunddienstbarkeit in ihrem Bestand unabhängig von der zugrundeliegenden schuldrechtlichen Vereinbarung, s. BGH NJW-RR 1989, 519. Vgl. dazu auch die Vorinstanz OLG Karlsruhe DNotZ 1988, 579. Möglich ist freilich eine Sicherungsabrede mit der Folge, daß der Grundstückseigentümer bei Unwirksamkeit oder Beendigung der schuldrechtlichen Vereinbarung (z.B. einer Bezugsverpflichtung) Rückgewähr, d.h. Löschung der Dienstbarkeit, verlangen kann; vgl. BGH WM 1992, 591, 594.

[1898] Gegenschluß aus § 925 II. S. MünchKomm/*Falckenberg* § 1018 Rz. 57 m.w.N.

[1899] Allg.M., vgl. MünchKomm/*Falckenberg* § 1018 Rz. 21 m. N. Möglich ist freilich die Belastung durch Ausschluß einer Rechtsausübung (§ 1018 3. Alt.), indem der Ausschluß auf eine teilbare Geldforderung aus dem Eigentum – etwa die Forderung auf Bergschadensersatz nach BBergG – gerichtet wird.

[1900] Rz. 1794.

[1901] Entspr. § 1196. A.A. Planck/*Strecker* vor § 1018 Anm. 4 a.

[1902] Ermächtigungsgrundlagen sind die speziellen Enteignungsgesetze des Bundes und der Länder, z.B. §§ 85 ff. BauGB, 19 FStrG, 31 PBefG, 37 BundesbahnG, 19 II WHG.

[1903] Beispiele: Eine Gebäudeservitut geht unter durch Zerstörung des zur Benutzung dienenden Gebäudes, wenn feststeht, daß dem ursprünglichen Zustand entsprechende Benutzungsbedingungen nicht wieder geschaffen werden; eine Dienstbarkeit für einen Bahnübergang geht bei

ferner durch Buchversitzung (Tabularverschweigung) gemäß § 901. Eine Sonderregelung trifft § 1028 I: Danach erlischt eine Grunddienstbarkeit auch dann, wenn eine die Ausübung des Rechts beeinträchtigende Anlage 30 Jahre bestanden hat. Wegen der Ersichtlichkeit der Anlage ist nach § 1028 II der Gutglaubensschutz für Erwerber ausgeschlossen.

1803 Schließlich erlischt die Grunddienstbarkeit durch Zwangsversteigerung des dienenden Grundstücks mit dem Zuschlag, wenn sie nicht bei der Feststellung des geringsten Gebots berücksichtigt worden ist (§§ 44 I, 52 I, 91 I ZVG).

1804 Kein Erlöschensgrund ist es, daß das Eigentum am herrschenden und das am dienenden Grundstück zusammenfallen, § 889; auch bei Vereinigung bzw. Zuschreibung von Grundstücken gemäß § 890 besteht die Grunddienstbarkeit fort[1904].

4. Schutz der Grunddienstbarkeit

1805 Gegen eine Beeinträchtigung der Grunddienstbarkeit hat der Berechtigte (Eigentümer des herrschenden Grundstücks oder ein sonstiger Berechtigter an diesem Grundstück) die actio negatoria (§§ 1027, 1004). Sie richtet sich gegen den Störer, der auch der Eigentümer oder ein Mieter oder Pächter des dienenden Grundstücks sein kann. Beispiele einer Beeinträchtigung sind die Errichtung eines Gebäudes entgegen einer Baubeschränkung[1905], die Verengung einer Durchfahrt unter Verletzung des Wegerechts[1906], das Drohen der Pachtausübung durch Abschluß eines Pachtvertrags mit Befugnis zur Eisgewinnung bei Bestehen eines Wassernutzungsrechts[1907].

1806 Wird ein Bau auf dem belasteten Grundstück über den Ausübungsbereich einer Grunddienstbarkeit hinweg ausgeführt, so sind die §§ 912-916 entsprechend anzuwenden[1908].

1807 Bei schuldhafter Beeinträchtigung der Dienstbarkeit ergibt sich eine Schadensersatzpflicht aus § 823 I oder unter dem Gesichtspunkt der positiven Forderungsverletzung (§§ 280 I, 241 II n.F.) im Hinblick auf Forderungen aus dem gesetzlichen Schuldverhältnis zwischen dem Berechtigten und dem Belasteten.

1808 Die Beeinträchtigung der Grunddienstbarkeit durch Besitzvorenthaltung kommt nach dem Inhalt der Grunddienstbarkeit nicht in Betracht. § 1027 verweist deshalb nicht auf die §§ 985 ff. Die Vorschrift des § 1029 schützt aber den sog. Rechtsbesitz des Servitutsinhabers[1909].

Beispiel aus der Rechtsprechung des BGH[1910]: Zwei Nachbargrundstücke gehörten früher einem einzigen Eigentümer und stehen jetzt im Eigentum von Eigentümergemeinschaften. Das eine Grundstück ist mit einem Seniorenheim, an dem Wohnungseigentum der Bekl. besteht, bebaut, das andere mit einer Tiefgarage mit Teileigentum. An einer zur Grenze des ersteren Grundstücks gelegenen Halle in der Tiefgarage hat der Kl. Teileigentum. Vor der Veräußerung seiner Grundstücke hat der frühere Eigentümer an jedem der Grundstücke zugunsten jedes anderen Grundstücks Grunddienstbarkeiten mit dem Inhalt von Geh- und Fahrrechten bestellt. In der notariellen Bestellungsurkunde sind Angaben über die anzulegenden Wege enthalten, die allen Grundstücken die Verbindung zur öffentlichen Straße gewährleisten sollten. Die Wege sind als oberirdisch verlaufend angegeben. Nach den Angaben in der Bestellungsurkunde hatte nur das

Stillegung der Bahnstrecke unter; s. BGHZ 44, 171, 173; BGH NJW 1980, 179; OLG Köln Rpfleger 1980, 389; BGH WM 1988, 1595.

1904 Vgl. *Wolff/Raiser* § 108 II 3; MünchKomm/*Falckenberg* § 1018 Rz. 68 m.N.

1905 BGH WM 1967, 582.

1906 BGHZ 42, 63 = NJW 1964, 2016.

1907 RG Recht 1910 Nr. 518.

1908 *Schwab-Prütting*, Sachenrecht, 28. Aufl., § 77 IV 1; Soergel/*Baur* § 1027 Rz. 5; BGH JZ 1963, 444.

1909 Dazu o. Rz. 100 ff.

1910 WM 1999, 27.

später der Eigentümergemeinschaft des Kl. gehörige Grundstück eine Verbindung zur öffentlichen Straße, während für das später den Bekl. gehörige Grundstück ein auf seiner Fläche verlaufender Weg vorgesehen war, der mit dem Zugangsweg über das klägerische Grundstück zur öffentlichen Straße zu verbinden war. Die dafür geplanten oberirdischen Wege zwischen den Gebäuden waren nicht mehr möglich, nachdem ein bei der Bestellung nicht vorgesehenes Zwischengebäude errichtet worden war. Die Halle des Kl. konnte früher unmittelbar durch die Tiefgarage hindurch erreicht werden, bis diese Zufahrt zur Gewinnung weiterer Tiefgaragenplätze zugemauert wurde. Jetzt nimmt der Hallenverkehr seinen Weg über eine Lieferantenzufahrt für das Seniorenheim, neben der sich Speisesaal und Aufenthaltsräume und über der sich die Pflegestation des Seniorenheims befinden. Die Bekl. benutzten für die Zufahrt zum Seniorenheim von der öffentlichen Straße aus die Tiefgaragenabfahrt auf dem Grundstück der Teileigentümergemeinschaft, zu der der Kl. gehörte. Nachdem die Bekl. gegen den Mieter der Halle des Kl. wegen verstärkten Lkw-Verkehrs ein rechtskräftiges Unterlassungsurteil erwirkt hatten, verlangte der Kl. von den Bekl. aufgrund der Grunddienstbarkeit die Duldung der Benutzung des Fahrtweges auf dem Grundstück der Bekl., hilfsweise die Unterlassung der Benutzung der Tiefgaragenabfahrt durch die Bekl.

Nachdem beide Vorinstanzen die Klage nach dem Hauptantrag für begründet erklärt hatten, hat der BGH die Klage abgewiesen. Zu prüfen war der Abwehranspruch aus § 1027 i.V. mit § 1004. Diesen kann bei mit einer Grunddienstbarkeit verbundenem Miteigentum jeder der Miteigentümer geltend machen. Für den Inhalt der Grunddienstbarkeit zieht der BGH die in der Eintragungsbewilligung in Bezug genommene notarielle Bestellungsurkunde heran. Ob nach der die oberirdischen Wege ausschließenden Zwischenbebauung die Ausübung der Grunddienstbarkeit überhaupt noch möglich sei, könne dahinstehen. Jedenfalls könne die Benutzung der Lieferantenzufahrt nicht begehrt werden, nachdem die Eigentümergemeinschaft des Kl. den Bedarf dafür selbst geschaffen habe, indem sie die vorher mögliche unmittelbare Zufahrt zugemauert habe. Damit handele es sich bei der begehrten Benutzung um eine zur Zeit der Dienstbarkeitsbestellung nicht vorhersehbare, willkürliche Benutzungsänderung, die vom Inhalt der Dienstbarkeit nicht mehr gedeckt sei. - Der BGH hat die im Fall begründete Beiderseitigkeit von Begünstigung und Belastung der Nachbargrundstücke durch ein Wegerecht mißachtet. Das Ergebnis seiner Klageabweisung ist, daß ausschließlich die Bekl. das Grundstück der Klägerseite, aber nicht mehr diese das Grundstück der Bekl. benutzen konnten. Dies war allerdings schon nach der ursprünglichen Wegeplanung in der notariellen Urkunde der Fall. Diese Planung mußte aber hinter der Bestellung beiderseitiger Wegerechte, aufgrund deren auch die Klägerseite das Recht zur Benutzung des Grundstücks der Bekl. hatte, zurücktreten. Die mit der Beiderseitigkeit der Grunddienstbarkeiten unvereinbare Wegeplanung in der Urkunde hinderte die Entstehung beiderseitiger Grunddienstbarkeiten nicht. § 1018 läßt Grunddienstbarkeiten ohne räumliche Festlegung der Ausübungsmöglichkeit zu. Nach § 1023 I 2 ist es möglich, daß die Ausübung erst durch Rechtsgeschäft beschränkt wird. § 1023 I 1 erklärt sodann – dies gilt nach S. 2 auch für den Fall der rechtsgeschäftlichen Festlegung – ein Verlangen des belasteten Eigentümers, daß die Ausübung der Grunddienstbarkeit verlegt wird, für möglicherweise berechtigt. Auf der Seite des begünstigten Eigentümers gilt die Beschränkung auf die schonende Ausübung nach § 1020. Wie es der Entstehung einer Grunddienstbarkeit zu Lasten ihres Grundstücks wie zu Lasten des Nachbargrundstücks entsprach, hatten die Bekl. auch ursprünglich die Benutzung ihrer Lieferantenzufahrt durch den Kl. geduldet. Erst wegen der verstärkten Immissionen durch den Lkw-Verkehr hatten sie sich gegen die Benutzung gewehrt. Das richtige Ergebnis wäre die teilweise Zusprechung der Klage, nämlich unter Beschränkung der Immissionen in entsprechender Anwendung des § 906, gewesen[1911].

[1911] *Wilhelm*, WuB IV A. § 1018 BGB 1.99.

5. Die altrechtlichen Grunddienstbarkeiten

1809 Für Grunddienstbarkeiten, die vor dem 1.1.1900 entstanden sind (sog. alt-rechtliche Grunddienstbarkeiten), gilt das bisherige Recht fort, Art. 184 EGBGB. Die §§ 1020-1028 finden aber auch auf diese altrechtlichen Grunddienstbarkeiten Anwendung[1912]. Für Dienstbarkeiten, die vor der Anlegung des Grundbuchs ohne Eintragung entstanden sind, bestimmt Art. 187 I EGBGB, daß sie auch nach der Anlegung des Grundbuchs nicht eingetragen werden mußten. Es kann nur eine deklaratorische Eintragung in das Grundbuch verlangt werden. Daraus folgt eine Durchbrechung des Publizitätsgrundsatzes des § 892: Wer ein Grundstück erwirbt, ohne von einer darauf lastenden, nach altem Recht ohne Eintragung im Grundbuch entstandenen und nicht eingetragenen Grunddienstbarkeit Kenntnis zu haben, kann sich nicht auf den öffentlichen Glauben des § 892 berufen.

6. Die Dienstbarkeit als Mittel der Wettbewerbsbeschränkung

1810 In zunehmendem Maße werden Dienstbarkeiten, und zwar Grunddienstbarkeiten und beschränkte persönliche Dienstbarkeiten[1913], als Mittel der Wettbewerbsbeschränkung eingesetzt. Die Gründe liegen insbesondere darin, daß eine dingliche Belastung zeitlich unbegrenzt eingeräumt werden kann und gegenüber jedermann wirkt. Der Inhaber der Dienstbarkeit könnte also, wenn diese sachenrechtlich zulässig wäre, die Beachtung von Wettbewerbsverboten oder Ausschließlichkeitsbindungen auf dem belasteten Grundstück in den Grenzen des Wettbewerbsrechts[1914] auf Dauer und auch gegen andere Personen als seinen Vertragspartner nach §§ 1027, 1004 durchsetzen. Aktuelle Formen dieser Dienstbarkeiten sind Bierbezugsdienstbarkeiten, Tankstellendienstbarkeiten und Fernwärmedienstbarkeiten.

1811 Betreffend ihre sachenrechtliche Würdigung ist festzustellen, daß diese nicht mit Vorbehalten vermischt werden darf, die die Wettbewerbsordnung betreffen. Dafür ist das Wettbewerbsrecht zuständig, das seinerseits (u.U. mit Hilfe zusätzlicher Sanktionen nach allgemeinem Recht, etwa § 134) insoweit, als die Dienstbarkeitskonstruktion sachenrechtlich in Betracht kommt, Grenzen setzt und Kontrollen der Rechtspositionen eröffnet. Eine Dienstbarkeit des Inhalts, daß ein bestimmter Betrieb auf dem dienenden Grundstück überhaupt nicht betrieben werden darf, war oben[1915] auch bei Wettbewerbsmotivation nur an der Vorteilsregel gemessen und unter bestimmten Voraussetzungen sachenrechtlich für zulässig erklärt worden. Soweit sie sachenrechtlich zulässig ist, ist zusätzlich selbständig die Wettbewerbsproblematik zu prüfen. Im vorliegenden Zusammenhang interessieren Dienstbarkeiten, die den Betroffenen zwingen, in der Abnahme oder dem Vertrieb von Waren auf seinem Grundstück sich an den Berechtigten

[1912] Art. 184 S. 3 EGBGB. Auch das Nutzungsrecht an einem Keller unter fremdem Grund und Boden, das seinen Ursprung im Gemeinen Recht hat, kann nach Inkrafttreten des BGB fortbestehen, nämlich in Gestalt einer Grunddienstbarkeit oder einer beschränkten persönlichen Dienstbarkeit; vgl. dazu BGH NJW-RR 1991, 1426, 1427.

[1913] Für die Grunddienstbarkeit kann die Vorteilhaftigkeit für das herrschende Grundstück nach dem oben Rz. 1790 Fn. 1880 genannten Merkmal erreicht werden. In der Regel reicht aber eine unternehmensbezogene (s. §§ 1092 II, 1059 a ff.) beschränkte persönliche Dienstbarkeit.

[1914] Zur Kontrolle solcher Bindungen nach GWB (insb. § 18 a.F., § 16 n.F.) *Wilhelm*, ZHR 150 (1986), 349 ff., 460 Fn. 88, sodann die Kommentare zu §§ 1, 16 GWB. Früher waren relevant die Freistellungsvorschriften für Versorgungsunternehmen in §§ 103, 103a a.F.; zum Freistellungsende nach § 103 a GWB a.F. BGH ZIP 1992, 1410 ff. Zur Kontrolle nach Art. 81, 82 EGV vgl. die Kommentare zum EGV, insbesondere *Grabitz/Koch*, Artt. 81, 82, sowie *Daubner*, JA 1993, 19 ff.

[1915] Rz. 1790 mit Fn. 1880.

zu binden. Auch für diese ist hier wieder nur die sachenrechtliche Beurteilung zu überlegen.

Die mit der Konstruktion solcher Dienstbarkeiten im Hinblick auf das geltende Sachenrecht befaßten Kautelarjuristen mußten insbesondere mit der Schranke des Grundsatzes „servitus in faciendo consistere nequit“[1916] fertigwerden. Dienstbarkeiten, gerichtet auf ein bestimmtes Bezugs- oder Vertriebsverhalten des Eigentümers des dienenden Grundstücks (etwa Bezug bestimmter Waren nur beim Berechtigten), sind danach nicht denkbar. Die Kautelarjuristen haben sich zwei Versionen einfallen lassen, in der eine formal mit jenem Grundsatz vereinbare Rechtsposition mit einer schuldrechtlichen Ergänzung, in welcher der Berechtigte eine beschränkte Erlaubnis, von der Position abzuweichen, erteilt, so kombiniert wird, daß der belastete Grundstückseigentümer doch im Effekt zu dem angestrebten Wettbewerbsverhalten gezwungen ist. Zum einen wurde eine Dienstbarkeit des (negativen) Inhalts vereinbart, daß auf dem belasteten Grundstück überhaupt keine Waren bestimmter Art (Mineralöle, Biere) vertrieben werden dürfen, unter Kombination mit der schuldrechtlichen Erlaubnis und Verpflichtung, die einschlägigen Waren, soweit sie vom Dienstbarkeitsberechtigten angeboten werden, zu beziehen und zu vertreiben. Zum anderen konstruierte man eine Dienstbarkeit des positiven Inhalts, daß nur der Berechtigte Waren bestimmter Art auf dem dienenden Grundstück vertreiben darf, unter schuldrechtlicher Vereinbarung mit dem Eigentümer des dienenden Grundstücks, daß er den Vertrieb zu übernehmen und die Waren des Herrschenden abzunehmen hatte. Der BGH hat den sachenrechtlichen Teil beider Versionen als Dienstbarkeit und so beide Konstruktionen gelten lassen[1917]. 1812

Dem ist nicht zu folgen. Das in die Form einer Dienstbarkeit gekleidete Vertriebsverbot oder Vertriebsrecht hat, wie aus den schuldrechtlichen Vereinbarungen folgt, allein den Sinn, den Verpflichteten zur Deckung seines Bedarfs bei dem Berechtigten zu zwingen, es ist also auf eine positive Abnahmehandlung gerichtet. Dieser Kontrahierungszwang zugunsten eines bestimmten Lieferanten stellt aber keine Einschränkung des Eigentumsrechts am dienenden Grundstück gemäß § 1018 oder § 1090 dar, vielmehr wird die gewerbliche Freiheit des Eigentümers des dienenden Grundstücks beschränkt. Mit der Formulierung der Ausschließlichkeitsbindung als Dienstbarkeit wird das Gesetz umgangen, und dies, nicht aber eine sachenrechtlich sinnvolle und vorteilhafte Position des Berechtigten, ist der Sinn derartiger Dienstbarkeiten. Das BayObLG hat entschieden, daß Dienstbarkeiten, die das Verbot zum Inhalt haben, Heizungs-, Warmwasser- und Antennenenergie aus anderen Quellen als der zentralen Versorgungsanlage zu beziehen, eine nach § 1018 nicht zulässige Verpflichtung zum Energiebezug aus dieser Anlage, also 1813

[1916] S. o. Rz. 1787 f.

[1917] Zur ersteren BGH NJW 1979, 2149; NJW 1985, 2474; WM 1984, 820; DB 1988, 2298; WM 1992, 951, 958; ebenso OLG Karlsruhe NJW 1986, 3212; zur zweiten Version BGH WM 1975, 307, 308; WM 1984, 820. Immerhin kann die schuldrechtliche Bezugsbindung – hier immer abgesehen von der wettbewerbsrechtlichen Beurteilung – nach AbzG bzw. VerbrKreditG (§§ 491 ff., 501 ff. BGB n.F.) widerruflich sein (BGH NJW-RR 1992, 593, 595), bei einer Dauer über 15 Jahre hinaus (ausnahmsweise gelten 20 Jahre) ist sie nach der Rechtsprechung grundsätzlich sittenwidrig (Nachweise bei Palandt/*Bassenge* § 1018 Rz. 25). Treten diese Unwirksamkeitsgründe ein, ist die Dienstbarkeit, die nur der Sicherung der (unwirksamen) Bezugsbindung dient, zurückzugewähren (Abgrenzungsfall ist BGH a.a.O.). Auf die daraus folgende Einrede kann § 1157 entsprechend angewandt werden. Zur Frage, ob bei Sittenwidrigkeit der Bezugsbindung auch die Dienstbarkeit nach § 138 BGB unwirksam ist oder wird, vgl. BGH BB 1988, 1281; OLG Karlsruhe BB 1989, 942. Zum Problem der Eintragung solcher Dienstbarkeiten vgl. BayObLG DB 1985, 2347.

zum positiven Tun, enthalten[1918]. Dem ist zuzustimmen, denn der Belastete ist – will er sein Grundstück überhaupt noch sinnvoll nutzen – zum Energiebezug von dem Berechtigten, der die zentrale Anlage betreibt, gezwungen. Tankstellen- und Bierbezugsdienstbarkeiten, die dem Verpflichteten untersagen, ohne Zustimmung des Berechtigten Öle, Schmierstoffe, Biere etc. zu vertreiben, unter Vorbehalt der Erlaubnis des Berechtigten, der diese dann ausschließlich für die eigenen Angebote erteilt, sind nicht anders zu behandeln. Das Prinzip der Trennung zwischen Schuld- und Sachenrecht dient nicht der willkürlichen Aufteilung einer einheitlichen Rechtsposition[1919].

IV. Beschränkte persönliche Dienstbarkeiten (§§ 1090 – 1093)

1. Begriff und Regelung

1814 Neben der Grunddienstbarkeit als subjektiv-dinglichem Recht ist in § 1090 die beschränkte persönliche Dienstbarkeit als subjektiv-persönliches Recht, d.h. als Recht zugunsten einer bestimmten natürlichen oder juristischen Person, zugelassen. Die beschränkte persönliche Dienstbarkeit steht zwischen der Grunddienstbarkeit einerseits und dem Nießbrauch andererseits: Mit dem letzteren hat sie die Bindung an eine bestimmte Person gemeinsam; sie ist unvererblich und unveräußerlich (§§ 1090 II, 1061, 1092). Mit der Grunddienstbarkeit hat die beschränkte persönliche Dienstbarkeit den Inhalt gemeinsam, der als Unterlassungs-, Benutzungs- oder Rechtsbeschränkungsinhalt das Eigentum am belasteten Grundstück in einzelner Hinsicht, aber nicht in Hinsicht auf jede Nutzung ausschließen kann[1920].

[1918] BayObLGZ 1976, 218, 222; BayObLG MittBayNot 1978, 213; MDR 1980, 579; MDR 1982, 71; MDR 1982, 936, 937; zustimmend *Joost*, JZ 1979, 467 ff.; *ders.*, NJW 1981, 308, 313; Palandt/*Bassenge* § 1018 Rz. 5; Staudinger/*Ring* § 1018 Rz. 51, 64.

[1919] Im Ergebnis ebenso OLG Karlsruhe DB 1978, 631, *Joost*, NJW 1981, 308, MünchKomm/*Falckenberg* § 1018 Rz. 45, *Westermann*, 7. Aufl., § 123 1, die zum Teil mit § 117 argumentieren. Die Rechtsprechung spricht von Sicherungsdienstbarkeit (s. etwa BGH NJW-RR 1992, 593 f.) und meint damit, ihre Figur in herkömmliche Sicherungsgeschäfte einordnen zu können. In Wirklichkeit wird durch den Begriff unterstrichen, daß die Rechtsprechung einen Mißbrauch der Dienstbarkeit durch die Praxis toleriert: Sicherndes Recht (Verbot) und gesichertes Recht (Lieferungsanspruch) haben nur den einen Zusammenhang, daß mit dem ersten der letztere erzwungen werden kann (auch die Bedingungen der Lieferung können mit dem Androhen der Realisierung des Verbots erzwungen werden). Man sollte von Nötigungsdienstbarkeit sprechen. Da das Verbot als Brechstange für jedwede Wettbewerbseinschränkung taugt, tritt das Bedenken der Unbestimmtheit der Gesamtrechtsposition hinzu. Einklang zwischen Verbot und Vertragsziel besteht freilich bei einer Wettbewerbsunterlassungsdienstbarkeit, wenn diese zum Schutz des Wettbewerbs des Berechtigten vor der Konkurrenz auf dem dienenden Grundstück eingetragen wird (Beispiel BGH NJW-RR a.a.O.). In deren Rahmen kann die Zulassung des Wettbewerbs mit Bezug beim Berechtigten als Milderung völliger Wettbewerbsunterlassung erscheinen mit der Folge, daß die dingliche Position nicht im Widerspruch zu dem Gesamtvertragsziel vereinbart ist. Auch in diesem Fall besteht freilich das Bedenken der Möglichkeit einseitiger Aufoktroyierung der Vertragsbedingungen. Ihm ist hier mit richterlicher Angemessenheitskontrolle Rechnung zu tragen.

[1920] Eine beschränkte persönliche Dienstbarkeit, die den Eigentümer von jeder wirtschaftlich sinnvollen Nutzung des Grundstücks ausschließt, ist nach § 1090 unzulässig, OLG Köln DNotZ 1982, 442. – Bsp. einer zulässigen beschränkten persönlichen Dienstbarkeit BayObLG DNotZ 1998, 122: Das Gericht hatte gegen das Recht, ein Grundstück zum ausschließlichen Verkauf von Weißbier (d.h. bayerischem Hefeweizenbier) zu nutzen und den Verkauf von Weißbieren durch den Eigentümer auf dem Grundstück zu untersagen, keine durchgreifenden (sachenrechtlichen) Bedenken.

2. Inhalt

Dem Charakter der beschränkten persönlichen Dienstbarkeit entsprechend konnte sich das Gesetz weitgehend auf die Verweisung auf das Recht des Nießbrauchs (§§ 1090 II, 1092 II) und das Recht der Grunddienstbarkeit (§ 1090 II) beschränken. Im Hinblick auf den möglichen Inhalt ist das Recht der Grunddienstbarkeit maßgeblich. Nur ist die Verbindung mit dem Eigentum am herrschenden Grundstück durch die Berechtigung einer bestimmten Person ersetzt. Was die Zugehörigkeit der Grunddienstbarkeit zum Eigentum am herrschenden Grundstück betrifft, wird diese durch die Vorteilsregel des § 1019 ergänzt, wonach der Inhalt der Grunddienstbarkeit für die Benutzung des herrschenden Grundstücks einen Vorteil bieten muß. Diese Vorschrift ist selbstverständlich in der Verweisungsnorm für die beschränkte persönliche Dienstbarkeit (§ 1090 II) ausgeklammert. Es findet sich aber auch keine besondere, entsprechend § 1019 auf die Person des Berechtigten bezogene Vorteilsregel. Nach § 1091 richtet sich der Umfang der Dienstbarkeit nur „im Zweifel" nach dem persönlichen Bedürfnis des Berechtigten. Dieser Bezug ist damit nicht Voraussetzung für die Zulässigkeit des Inhalts der beschränkten persönlichen Dienstbarkeit. Daraus hat der BGH mit Recht geschlossen, daß eine beschränkte persönliche Dienstbarkeit nicht dem Berechtigten zum Vorteil dienen muß, sondern auch zum Vorteil anderer Personen bestellt werden kann[1921]. § 1091 greift als Auslegungsvorschrift ein, wenn die Dienstbarkeit nach Grundbuch und Bewilligung nicht vollständig konkretisiert ist[1922]. **1815**

3. Berechtigter

Eine beschränkte persönliche Dienstbarkeit kann auch für den Eigentümer des belasteten Grundstücks eingetragen werden (Eigentümerdienstbarkeit)[1923]. Die beschränkte persönliche Dienstbarkeit ist grundsätzlich nicht übertragbar (§ 1092 I 1). Steht die Dienstbarkeit aber einer juristischen Person oder einer solchen Personengesellschaft zu, für die wie nach § 124 HGB die Rechtsfähigkeit bestimmt ist, ist sie nach § 1092 II i.V. mit §§ 1059 a-d oder nach § 1092 III i.V. mit §§ 1059 b-d übertragbar. Die Geltung der grundsätzlichen Unübertragbarkeit ist fraglich für die Eigentümerdienstbarkeit. Der Sinn der Unübertragbarkeit trifft bei ihr nicht zu. Jedenfalls darf die Unübertragbarkeit nicht die Vollstreckung gegen den Eigentümer in seinen Grundbesitz behindern[1924]. **1816**

Auch bei Unübertragbarkeit kann der Berechtigte gemäß § 1092 I 2, sofern es ihm besonders gestattet ist, die Ausübung der Dienstbarkeit einem anderen überlassen. Die Überlassungsvereinbarung erfolgt durch formlosen, schuldrechtlichen Vertrag zwischen dem Berechtigten und dem Dritten, die Überlassung selbst durch faktische Einräumung des Dienstbarkeitsgebrauchs. Der Begünstigte hat gegenüber dem Eigentümer des dienenden Grundstücks eine Einwendung gegen dessen Störungsabwehrklage aus §§ 1004 I, 1027 (§§ 1004 II, 1027, jeweils i.V. mit § 1090 II). Die Gestattung der Überlassung durch den Eigentümer des dienenden Grundstücks bedarf, wenn sie Inhalt der Dienstbarkeit werden und damit Wirkung gegenüber einem Einzelrechtsnachfolger in das Eigentum am dienenden Grundstück haben soll, der Einigung und der Eintragung im Grundbuch nach §§ 873, 877[1925]. **1817**

[1921] BGH NJW 1964, 1226.

[1922] Unter „persönlichem Bedürfnis" im Sinne der Vorschrift sind auch Bedürfnisse des Geschäftsbetriebs oder Haushalts zu verstehen, Mot., *Mugdan* III, S. 567.

[1923] BGHZ 41, 209 ff.

[1924] Der BGH nimmt an, daß der Eigentümer sich selbst die Erlaubnis zur Überlassung der Ausübung der Dienstbarkeit erteile, als Voraussetzung der Pfändbarkeit nach § 857 III ZPO, NJW 1964, 1226 – insoweit in BGHZ 41, 209 ff. nicht abgedruckt –.

[1925] Palandt/*Bassenge* § 1092 Rz. 8.

1818 Wie mit der Überlassungsmöglichkeit die Unübertragbarkeit der beschränkten persönlichen Dienstbarkeit gemildert ist, soll nach herrschender Meinung auch die Unvererblichkeit der beschränkten persönlichen Dienstbarkeit schuldrechtlich gemildert werden können. Der Eigentümer des dienenden Grundstücks könne sich dem Berechtigten gegenüber verpflichten, dessen Erben bei Tod des Berechtigten eine neue beschränkte persönliche Dienstbarkeit mit demselben Inhalt zu bestellen; durch die Eintragung einer Vormerkung soll dieser Anspruch sofort gesichert werden können[1926].

1819 Der Grundsatz der Unübertragbarkeit hat zur Folge, daß die persönliche Dienstbarkeit weder verpfändet (§ 1274 II) noch gemäß §§ 857 I, 851 I ZPO gepfändet werden kann. Sofern jedoch die Überlassung an einen Dritten zur Ausübung gestattet ist, ist eine Pfändung gemäß § 857 III ZPO möglich.

1820 Die beschränkte persönliche Dienstbarkeit kann für mehrere Berechtigte als Gesamtberechtigte im Sinne von § 428 bestellt werden. Den häufigsten Fall dafür bildet das Wohnungsrecht für mehrere.

4. Entstehen und Erlöschen, Schutz

1821 Für Entstehung, Erlöschen und Schutz der beschränkten persönlichen Dienstbarkeit sind neben den allgemeinen Vorschriften die Vorschriften über die Grunddienstbarkeit entsprechend anzuwenden (§ 1090 II).

5. Das Wohnungsrecht

1822 Als besondere Art der beschränkten persönlichen Dienstbarkeit ist in § 1093 das Wohnungsrecht geregelt, d.h. das Recht, durch das ein Gebäude oder ein Gebäudeteil[1927] dem Berechtigten zur ausschließlichen Bewohnung überlassen wird. Als Nebenzweck kann eine weitere Benutzung als zusätzlicher Inhalt des Wohnrechts vereinbart werden[1928]. Für andere Nutzungszwecke sind einfache beschränkte persönliche Dienstbarkeiten zu bestellen.

1823 Das Wohnungsrecht kommt wegen seines weiten Umfangs dem Nießbrauch nahe; dieser umfaßt jedoch nicht nur das Bewohnen, sondern grundsätzlich alle Nutzungen einer Sache (auch Vermietung und Verpachtung)[1929].

1824 Wegen der Nähe zum Nießbrauch verweist § 1093 I 2 auf zusätzliche Vorschriften des Nießbrauchsrechts, die in der Verweisung auf die Nießbrauchsregelung, die für die beschränkte persönliche Dienstbarkeit gilt (§§ 1090 II, 1092 II), nicht genannt sind, so

[1926] *Baur/Stürner* § 34 II Rz. 12 mit Hinweis auf BGHZ 28, 99. Das ist bedenklich, weil jedenfalls dann, wenn das dienende Grundstück mit der Vormerkung belastet ist, die Grenze zur Grunddienstbarkeit überschritten scheint, ohne daß die Voraussetzung der Grunddienstbarkeit, die Vorteilhaftigkeit für das herrschende Grundstück, erfüllt ist; und wenn die Vorteilhaftigkeit gegeben wäre, wäre eine Grunddienstbarkeit immer noch deshalb unzulässig, da die Berechtigung nach jener Konstruktion nicht jedem Eigentümer des herrschenden Grundstücks, sondern nur dem ersten Eigentümer und seinem Erben zukommen sollte. Es wird mit der Konstruktion also, wenn sie auf die Vormerkung erstreckt wird, entgegen dem numerus clausus der Sachenrechte eine dritte Form neben Grunddienstbarkeit und beschränkter persönlicher Dienstbarkeit kreiert.

[1927] Ist das Wohnungsrecht auf einen Teil des Gebäudes beschränkt, darf der Berechtigte nach § 1093 III zum gemeinschaftlichen Gebrauch bestimmte Anlagen und Einrichtungen mitbenutzen. Aus § 1093 III ergibt sich jedoch keine Verpflichtung des Eigentümers, vorhandene Anlagen und Einrichtungen unverändert beizubehalten, vgl. KG NJW-RR 2000, 607 f.

[1928] MünchKomm/*Joost* § 1093 Rz. 4 m.w.N.

[1929] Dies spricht nach *Wolff/Raiser* § 113 II dafür, daß im Zweifel eine beschränkte persönliche Dienstbarkeit in Gestalt des dinglichen Wohnungsrechts gemeint sein wird.

auf Vorschriften hinsichtlich der Unterhaltungslast[1930]. Ansonsten finden die Vorschriften für die beschränkten persönlichen Dienstbarkeiten Anwendung mit der Modifikation, daß sich der Umfang des Wohnungsrechts im Zweifel statt nach dem persönlichen Bedürfnis des Berechtigten (§ 1091) nach den Bedürfnissen des Berechtigten und seiner Familie richtet (§ 1093 II)[1931].

Das Wohnungsrecht erlischt nach den allgemeinen Erlöschungsgründen und weiter **1825** durch Zerstörung des Gebäudes, auf das es sich bezieht. Weil der Eigentümer dem Berechtigten gegenüber nicht zum Wiederaufbau des Gebäudes verpflichtet ist[1932], lebt es auch nach einem solchen Wiederaufbau nicht wieder auf. Ansonsten gelten keine Besonderheiten gegenüber der sonstigen beschränkten persönlichen Dienstbarkeit.

Das Wohnungsrecht hat durch das im WEG eingeführte Wohnungseigentum und das **1826** dort gleichfalls (in §§ 31 ff.) geregelte Dauerwohnrecht an Bedeutung verloren. Das Dauerwohnrecht ist nicht wie das Wohnungsrecht höchstpersönlich, es ist dem Erbbaurecht ähnlich ausgestaltet[1933]. Die heutige Bedeutung des Wohnungsrechts nach § 1093 BGB liegt vor allem bei sogenannten Altenteilsverträgen.

V. Reallasten (§§ 1105 – 1112)

1. Inhalt und Bedeutung

Gemäß § 1105 I ist die Reallast eine Grundstücksbelastung des Inhalts, daß aus dem **1827** Grundstück an den Berechtigten bestimmte wiederkehrende Leistungen zu entrichten sind. Gemäß § 1105 II ist die Bestellung auch zugunsten des jeweiligen Eigentümers eines anderen Grundstücks möglich, die Reallast kann also subjektiv-dinglich und subjektiv-persönlich bestellt werden.

Auch grundstücksgleiche Rechte, wie z.B. das Erbbaurecht, können belastet wer- **1828** den[1934]. Soll ein Grundstücksbruchteil belastet werden, ist nach § 1106 Voraussetzung, daß es sich um einen Miteigentumsanteil handelt.

Im Unterschied zur Rentenschuld, § 1199 I, brauchen die „aus dem Grundstück" zu **1829** entrichtenden wiederkehrenden Leistungen nicht in Geld zu bestehen. Naturalien oder Dienstleistungen sind möglicher Gegenstand, einmalige Leistungspflichten und Unterlassungspflichten hingegen nicht. Die Leistungen brauchen aber nicht *regelmäßig* wiederzukehren. Sie können zeitlich unbeschränkt oder auf gewisse Zeit (z.B. Lebenszeit des Berechtigten bei Altenteilsverträgen) festgelegt sein[1935]. Jedoch ist die Eintragung einer Reallast wegen der mit ihr verbundenen Haftung des Grundstücks nur dann zulässig, wenn der Geldwert der aus dem Grundstück zu entrichtenden wiederkehrenden Leistungen bestimmt oder doch bestimmbar ist, wobei auch außerhalb der Grundbucheintra-

1930 § 1093 I 2 i.V.m. § 1041 (dazu LG Kassel WoM 1975, 77, 78 sowie MünchKomm/*Joost* § 1093 Rz. 12). Die Vereinbarung, daß der Wohnungsberechtigte die Hälfte sämtlicher Grundstückslasten zu tragen hat, weicht so weit von der gesetzlichen Ausgestaltung des Wohnungsrechts ab (§ 1093 I 2 verweist nicht auf § 1047), daß sie nicht zum dinglichen Inhalt eines Wohnungsrechts gemacht werden kann, s. BayObLG MDR 1989, 66; mit schuldrechtlicher Wirkung ist eine solche Vereinbarung freilich zulässig.

1931 Ungeachtet des Bezuges auf den Berechtigten und seine Familie kann das Wohnungsrecht auch zugunsten einer juristischen Person bestellt werden, nämlich zur Ausübung durch deren Angestellte, BGHZ 46, 253, 257. Zum Benutzungsrecht des Wohnungsberechtigten s. auch § 1093 III, dazu LG Koblenz ZMR 1963, 11.

1932 Ständige Rechtsprechung, BGHZ 7, 268, 272; 8, 58, 63.

1933 Freilich ist – entgegen § 9 I ErbbauVO, der die Erbbauzinsreallast konstituiert – der Anspruch auf das Entgelt für das Dauerwohnrecht ohne dingliche Sicherung.

1934 *Wolff/Raiser* § 127 I 1.

1935 Vgl. etwa BayObLG NJW-RR 1988, 464.

gung und der Eintragungsbewilligung liegende Umstände zur Bestimmung des Leistungsumfangs herangezogen werden können[1936].

1830 Im Gegensatz zu den Dienstbarkeiten kann die Reallast auch auf positive Leistungen des belasteten Eigentümers gerichtet sein; sie gewährt kein Nutzungsrecht, d.h. ein Recht zu Nutzungen durch den Berechtigten. Vielmehr haftet das belastete Grundstück für die Entrichtung der Leistungen durch seinen Eigentümer.

1831 § 1105 I spricht davon, daß die wiederkehrenden Leistungen „aus dem Grundstück" zu bewirken sind. Diese Formulierung ist jedoch nicht wörtlich in dem Sinne gemeint, als müßte die Leistung aus der Substanz des Grundstücks schöpfbar sein. Der Ausdruck meint die dingliche Haftung des Grundstücks, d.h. die Möglichkeit, daß der Berechtigte sich wegen des Werts der Leistungen im Wege der Zwangsvollstreckung in das Grundstück befriedigen kann[1937]. § 1147 erklärt den Begriff „aus dem Grundstück".

1832 Die Bedeutung der Reallasten war bis zum Anfang des vorigen Jahrhunderts sehr groß. Reallasten traten im ländlichen Bereich als „Frohnden", „Hand- und Spanndienste", „Zehnten", „Grundrenten", „Ewiggeld" etc., in den Städten als „Rentenkauf" auf. Heutzutage liegt ihr Anwendungsbereich vor allem bei Altenteilsverträgen und Rentenreallasten, so im Rahmen einer Grundstücksveräußerung gegen wiederkehrende Leistungen[1938]. Seit längerem gewinnen die Reallasten in Form von sog. „Industrielasten"[1939] im technischen Bereich, beispielsweise als Recht auf Strombezug[1940], immer größere Bedeutung. Auch das Recht auf den Erbbauzins ist nach § 9 I ErbbauVO als gesetzliche Reallast geregelt.

2. Berechtigter

1833 Die Reallast kann einer Person zustehendes Recht (subjektiv-persönlich, § 1105 I) oder Realrecht (subjektiv-dinglich, § 1105 II) sein. Die subjektiv-persönliche Reallast kann für jede natürliche oder juristische Person bestellt werden, auch mehreren Personen gemeinschaftlich kann sie zustehen[1941]. Die subjektiv-persönliche Reallast ist, vorbehaltlich des Falls, daß sie inhaltlich auf bestimmte Personen beschränkt ist (vgl. § 1111 II), vererblich und übertragbar.

1834 Die subjektiv-dingliche Reallast ist Bestandteil des Grundstücks (§ 96) und kann vom Eigentum daran nicht getrennt werden (§ 1110). Bei Teilung des herrschenden Grundstücks besteht die Reallast gemäß § 1109 I für die einzelnen Teile fort, mit Ausnahmen nach Absätzen 2 und 3.

1835 Die Umwandlung der subjektiv-persönlichen Reallast in eine subjektiv-dingliche ist ebenso wie die umgekehrte Umwandlung gemäß § 1111 I ausgeschlossen.

[1936] Dieser Bestimmtheitsgrundsatz gilt auch für Anpassungsklauseln. Diese müssen die einzelnen Umstände ergeben, bei deren wesentlicher Änderung die Neufestsetzung der Leistung gemäß § 323 ZPO verlangt werden kann. Dazu OLG Oldenburg NJW-RR 1991, 1174, wo es um die Sicherung des „standesgemäßen Unterhalts" durch die Geldrente als Bestimmungs- und Änderungsmaßstab ging. Der BGH hat in der Entscheidung WM 1995, 2033 die Übernahme einer Pflegepflicht, „soweit sie den Übernehmern unter Berücksichtigung ihrer beruflichen und familiären Verhältnisse, insbesondere unter Berücksichtigung der Betreuung von Kindern der Übernehmer, und nach deren körperlichen Fähigkeiten und deren Vermögen zur Pflege nach ihrer Ausbildung und ihren Kenntnissen zumutbar ist", als für § 1105 ausreichend bestimmt angesehen.

[1937] Mot., *Mugdan* III, S. 734.

[1938] Zulässiger Inhalt einer Rentenreallast kann auch eine Wertsicherungsklausel sein, wenn der Leistungsumfang hinreichend bestimmt ist, vgl. BGH BB 1990, 1585.

[1939] S. *Heck*, § 108 4, S. 437.

[1940] Im näheren *Beyerle*, JZ 1955, 257.

[1941] BGHZ 46, 253, 255.

3. Bestellung und Übertragung der Reallast

Die Bestellung der Reallast erfolgt als abstraktes Rechtsgeschäft nach den allgemeinen Vorschriften. Causa kann auch ein Sicherungsvertrag sein (Sicherungsreallast)[1942]. Die Bestellung von Reallasten zugunsten Dritter ist nicht möglich. § 873 verlangt die Einigung zwischen bisher Berechtigtem und Erwerber[1943]. **1836**

Die subjektiv-persönliche Reallast kann, vorbehaltlich der Möglichkeit ihrer inhaltlichen Beschränkung, als ganze durch Einigung und Eintragung auf einen anderen übertragen werden[1944]. Das Recht auf eine fällig gewordene Einzelleistung wird entsprechend den Grundsätzen der Abtretung (§§ 398 ff.) gemäß §§ 1107, 1159 durch einfachen Vertrag übertragen. **1837**

4. Erlöschen der Reallast

Die Reallast erlischt zunächst durch Erschöpfung ihres Inhalts, wenn dieser, etwa auf bestimmte Personen beschränkt, eingeräumt ist. Sodann wird sie durch Aufgabeerklärung und Löschung aufgehoben, § 875. Weiter erlischt sie durch Zuschlag des Grundstücks in der Zwangsversteigerung gemäß § 92 ZVG. Aufgrund landesrechtlicher Regelung[1945] (für Bayern gemäß Art. 63, 64 AGBGB) ist jederzeit die Ablösung, i.d.R. gegen Kapitalentschädigung, möglich[1946]. Schließlich kann bei subjektiv-persönlicher Reallast (s. § 1104 II) gemäß § 1112 der Berechtigte, wenn er unbekannt ist, im Aufgebotsverfahren ausgeschlossen werden. Das Ausschlußurteil bewirkt das Erlöschen der Reallast[1947]. **1838**

5. Haftung für die Reallast

a) *Haftung des Grundstücks*

Die Haftung des belasteten Grundstücks für die Reallast als ganze zeigt sich, wenn der Berechtigte den Ersatz des Wertes der Reallast verlangen kann, nämlich in der Zwangsversteigerung (§ 92 ZVG) oder bei Fälligkeit der Ablösungssumme nach Maßgabe der landesrechtlichen Ablösungsregelung[1948]. **1839**

Die Ansprüche auf die einzelnen Leistungen gemäß der Reallast werden im Wege der Zwangsvollstreckung in das Grundstück wie bei Zinsen der Hypothek durchgesetzt, § 1107. **1840**

b) *Persönliche Leistungspflicht des Eigentümers*

§ 1108 bestimmt neben der Haftung des Grundstücks auch die persönliche Haftung des Eigentümers für die während der Dauer seines Eigentums fällig werdenden Leistungen. Damit wird dem Berechtigten die Vollstreckung in das gesamte Vermögen des Eigentümers und zwar auch noch nach dem Verlust des Eigentums am Grundstück eröffnet. Diese Verpflichtung kann durch Vertrag eingeschränkt oder ausgeschlossen werden; zur Wirksamkeit gegenüber Dritten bedarf diese Einschränkung aber der Eintragung in das Grundbuch (§§ 873, 874, 877)[1949]. **1841**

[1942] *Wolff/Raiser* § 128 I.
[1943] S. BGH DNotZ 1965, 612.
[1944] *Wolff/Raiser* § 128 III.
[1945] Vorbehalten in Art. 113 EGBGB.
[1946] Auflistung der Bestimmungen in den einzelnen Bundsländern bei MünchKomm/*Joost* § 1105 Rz. 49.
[1947] MünchKomm/*Joost* § 1112 Rz. 2 m.w.N.
[1948] Siehe soeben Rz. 1838.
[1949] Vgl. Palandt/*Bassenge* § 1108 Rz. 1.

1842 Bei der Naturalteilung des belasteten Grundstücks haften die Eigentümer der einzelnen Teile gemäß § 1108 II als Gesamtschuldner. Dies gilt entsprechend im Fall der ideellen Grundstücksteilung für die Miteigentümer[1950].

1843 Im Falle einer Grundstücksveräußerung kann, wenn noch Leistungen aus der Vergangenheit ausstehen, eine doppelte Haftung eintreten, nämlich die dingliche Haftung des neuen Eigentümers (beschränkt auf das Grundstück) und die persönliche Haftung des früheren Eigentümers. Beide Eigentümer sind in direktem oder übertragenem Sinne Schuldner, das macht die Regeln über die Gesamtschuld anwendbar, wobei die nur dingliche Haftung des gegenwärtigen Eigentümers berücksichtigt werden muß[1951]. Da zudem die beiden „Schuldner" in einem ähnlichen Verhältnis stehen wie bei der Hypothek der Eigentümer des belasteten Grundstücks und der persönliche Schuldner, ist in ihrem Verhältnis zueinander als Spezialnorm auch § 1143 entsprechend anzuwenden mit der Folge, daß auf den jetzigen Eigentümer, der den Gläubiger wegen einer früheren Schuld befriedigt, die Forderung übergeht[1952].

c) *Verpflichtung aus dem Schuldverhältnis*

1844 Schließlich können sich noch aus dem der Reallast zugrundeliegenden Schuldverhältnis Ansprüche ergeben. Diese richten sich gegen den Vertragspartner.

F. Die grundstücksgleichen Rechte

I. Übersicht

1845 Zwischen dem Grundstückseigentum einerseits und seinen Belastungen andererseits stehen die sog. grundstücksgleichen Rechte. Von diesen werden hier erörtert das Wohnungs- und das Teileigentum, das Erbbaurecht und das Bergwerkseigentum[1953].

[1950] *Wolff/Raiser* § 128 II 2 b; Planck/*Strecker* § 1107 Anm. 6; Palandt/*Bassenge* § 1108 Rz. 3; Soergel/*Baur* § 1108 Rz. 2; MünchKomm/*Joost* § 1108 Rz. 11; *Westermann*, 5. Aufl., § 124 III 3; 7. Aufl., § 124 III 3.

[1951] Ein Gesamtschuldverhältnis hinsichtlich zukünftiger Leistungen zwischen dem Grundstückserwerber (aus § 1108) einerseits und dem bisherigen Eigentümer, der auf der Grundlage des Kausalvertrags weiterhaftet, andererseits nimmt BGH WM 1991, 1734, 1735 f. an.

[1952] So *Wolff/Raiser* § 128 II 2 c; zust. *Westermann*, 5. Aufl., § 124 III 3 a.E.; 7. Aufl., § 124 III 3 a.E.; MünchKomm/*Joost* § 1108 Rz. 9.

[1953] Weitere grundstücksgleiche Rechte bei *Wolff/Raiser* § 28 II. – Aufgrund seiner zum Grundstückseigentum teilweise parallelen Regelung ist hier auch das Schiffseigentum und das Eigentum an Schiffsbauwerken (d.h. im Bau befindlichen Schiffen) und Schwimmdocks zu erwähnen. Es wird in selbständigen Registern geführt (s. die SchiffsRegO i.d.F. vom 26.5.1951 – BGBl. I, S. 359 –, zuletzt geändert durch Gesetz v. 4.7.1980 – BGBl. I, S. 833. Davon zu unterscheiden ist das Internationale Seeschiffahrtsregister gemäß §§ 13a, 21 IV des Flaggenrechtsgesetzes, eingefügt durch Gesetz v. 23.3.1989, BGBl. I, S. 550, betreffend das Recht zur Führung der Bundesflagge, ohne daß deutsches Arbeitsrecht gilt). Das Gesetz über Rechte an eingetragenen Schiffen und Schiffsbauwerken (SchiffsRG) v. 15.11.1940 (abgedruckt bei Erman/*Küchenhoff* Bd. II S. 2139 ff.) gilt nach seinem § 1 für im Schiffsregister eingetragene Schiffe, nach seinen §§ 76 ff., 78, 81 a für die Bestellung von Schiffshypotheken an Schiffsbauwerken und Schwimmdocks sowie aufgrund der Eintragung einer solchen Hypothek auch für das Schiffsbauwerk und Schwimmdock selbst. Eintragungszwang besteht nur für Schiffe bestimmter Eigenschaften und Größenordnung (§ 10 I, II SchiffsRegO). Bei anderen Schiffen bestimmter Eigenschaften und Größenordnung ist die Eintragung fakultativ (§ 3 I, II SchiffsRegO), bei Schiffsbauwerken und Schwimmdocks ist sie sodann – abgesehen von auch hier geltenden sachlichen Voraussetzungen – nur möglich, wenn zugleich eine Schiffshypothek eingetragen wird oder die Zwangsversteigerung beantragt ist (§§ 76 II, S. 1, 2, 81a S. 2

Alle vier Rechte sind grundstücksgleiche Rechte deshalb, weil auf sie die für Grundstücke geltenden Vorschriften anzuwenden sind. Nach § 11 I 1 ErbbauVO finden auf das Erbbaurecht, vorbehaltlich der Sonderregelung, die für Grundstücke geltenden Vorschriften entsprechende Anwendung. Das Gleiche gilt nach § 9 I Hs. 1 BBergG für das Bergwerkseigentum. Das Wohnungs- und das Teileigentum sind sogar Formen von Grundstückseigentum (§ 1 I, II, V WEG). Die Vorschriften über Grundstücke sind hier, vorbehaltlich der Sonderregelung, direkt anzuwenden. Über die Rechte werden besondere Grundbücher geführt, das Wohnungs-, das Teileigentumsgrundbuch, das Erbbaugrundbuch und das Berggrundbuch (§§ 7 I 1, 6 WEG, § 14 I 1 ErbbauVO sowie die nach § 176 BBergG in Kraft gebliebenen landesrechtlichen Vorschriften über die Führung von Berggrundbüchern[1954]). Der Charakter des Wohnungs- und des Teileigentums als besonderen Grundstückseigentums kommt darin zum Ausdruck, daß für diese Rechte das Wohnungs- und Teileigentumsgrundbuch an die Stelle des allgemeinen Grund- 1846

SchiffsRG, §§ 66, 73a, 73b SchiffsRegO). Für nicht eingetragene Schiffe oder Schiffsbauwerke gilt Fahrnisrecht – mit Modifikationen für Seeschiffe, s. §§ 929a, 932a BGB –. Für eingetragene gelten liegenschaftsrechtliche Grundsätze, mit derselben Modifikation für Seeschiffe: Wie nach § 929a ist die Übereignung auch der eingetragenen Seeschiffe durch bloße mündliche Einigung zu vollziehen (§ 2 I SchiffsRG; Eintragung des neuen Eigentümers ist Berichtigung des Registers, die aber zum Ausschluß des gutgläubigen Erwerbs dringend zu empfehlen ist, und wegen dieser Rechtsfolge für den Rechtsverkehr einschneidend wirken kann, s. BGHZ 112, 4). Weiter gibt es als Belastungen auch bei eingetragenen Schiffen nur den Nießbrauch – diesen aber nur eingeschränkt und bei Schiffsbauwerken und Schwimmdocks überhaupt nicht – und das Pfandrecht (die sog. Schiffshypothek), §§ 8 ff., 24 ff., 82 ff. SchiffsRG. Die Schiffshypothek ist nur als Sicherungshypothek möglich. Anstelle der verdeckten Eigentümergrundschuld steht die Möglichkeit des Eigentümers, eine erloschene, aber noch nicht gelöschte Hypothek durch eine neue zu ersetzen (§ 57 III SchiffsRG). Hinzu kommen sachenrechtliche Vorschriften betreffend Seeschiffe im HGB (§§ 491 ff. über die Partenreederei als gemeinsames Betreiben eines Seeschiffs, ob zu Mit- oder Gesamthandseigentum, ist umstritten, s. *K. Schmidt*, Gesellschaftsrecht, S. 1892 ff.; §§ 755 ff. HGB über das gesetzliche Pfandrecht der Schiffsgläubiger – mit Vorrang vor jeder Schiffshypothek, § 776 HGB –. Die §§ 679 ff. HGB über die Bodmerei als Kreditaufnahme durch den Schiffer außerhalb des Heimathafens unter Verpfändung des Schiffs, der Fracht und der Ladung durch Vertrag und Ausstellung eines Bodmereibriefs sind wegen Fehlens praktischer Bedeutung durch Art. 1 Ziff. 26 SRÄG vom 21.6.1972, BGBl. I, S. 966, aufgehoben worden). Zum Ganzen s. auch *Prause*, Das Recht des Schiffskredits, 3. Aufl. 1979.– Den grundstücksgleichen Rechten dagegen nicht nahestehend das Eigentum an Luftfahrzeugen: Es wird zwar bei Eintragung des Luftfahrzeugs in der Luftfahrzeugrolle (§ 2 LuftVG sowie zugehörige RVO, BGBl. I, 1981, S. 61 ff.) vermerkt, die Eintragung hat aber keine sachenrechtliche Bedeutung (höchstens wie die im Kfz-Brief für den gutgläubigen Erwerb nach § 932, s. *Wendt*, MDR 1963, 448, 449). Sachenrechtliche Bedeutung hat die Eintragung in das Register für Pfandrechte an Luftfahrzeugen nach §§ 78 ff. des Gesetzes über Rechte an Luftfahrzeugen – LuftFRG – vom 26.2.1959 – BGBl. I, S. 57 ff., geändert durch Gesetz vom 3.12.1976 – BGBl. I, S. 3281 – , aber nur die Bedeutung, daß an in der Luftfahrzeugrolle eingetragenen Fahrzeugen durch Eintragung in dem Register ein besitzloses Registerpfandrecht bestellt werden kann (§§ 1 ff. LuftFRG), welches der Sicherungshypothek an Schiffen ähnlich (aber ohne die Wiederverwendungsmöglichkeit eines erloschenen Pfandrechts) geregelt ist. Nur betreffs des Pfandrechts begründet das Register öffentlichen Glauben, nur insoweit also auch öffentlichen Glauben hinsichtlich des Eigentums. Das Registerpfandrecht steht ausschließlich zur Verfügung, die rechtsgeschäftliche Begründung von Besitzpfandrechten und auch noch das Unternehmerpfandrecht nach § 647 sind ausgeschlossen – § 9 LuftFRG –. Zum Rang des Registerpfandrechts im Verhältnis zu nicht ausgeschlossenen gesetzlichen Pfandrechten *Wendt*, a.a.O., S. 450 f. Zur – immobiliarrechtlichen – Zwangsvollstreckung *Wendt*, a.a.O. S. 451. Darstellung der Rechte an Luftfahrzeugen bei Erman/*Küchenhoff* Einl. § 1204 Rz. 19 ff. sowie *Schölermann/Schmid-Burgk*, WM 1990, 1137 ff.

1954 Nachweise bei *Boldt/Weller*, BBergG, § 17 Rz. 6.

buchs tritt (§ 7 I 1, 3 WEG), während etwa das Erbbaurecht zunächst einmal im allgemeinen Grundbuch als Belastung des Grundstückseigentums und nur daneben für seine eigene Existenz im besonderen Erbbaugrundbuch dokumentiert wird (§ 14 I-III ErbbauVO).

1847 Folglich ist erklärungsbedürftig, weshalb Wohnungs- und Teileigentum überhaupt als grundstücksgleiche Rechte bezeichnet werden[1955]. Die Einordnung rechtfertigt sich zunächst schon aus der Besonderheit, daß sie, wie die anderen grundstücksgleichen Rechte auch, nicht im allgemeinen, sondern in einem selbständigen Grundbuch geführt werden. In dem selbständigen Grundbuch werden sie publiziert wie das Grundstück im allgemeinen Grundbuch. Daraus folgt wie bei allen grundstücksgleichen Rechten, daß über sie, vorbehaltlich der Sonderregelung, wie über Grundstückseigentum verfügt werden kann, daß sie insbesondere wie Grundstückseigentum belastet werden können[1956]. Da das allgemeine Grundbuch der Dokumentation von Grundstückseigentum und den daraus abgespaltenen Rechten dient, sind die sog. grundstücksgleichen Rechte, genau betrachtet, dem Eigentum an Grundstücken gleichstehende Rechte.

1848 Ein weiterer Grund dafür, auch betreffs des Wohnungs- und des Teileigentums nur von grundstücks-, besser grundstückseigentums*gleichen* Rechten zu sprechen (und diese auch besonders zu publizieren), besteht in der Besonderheit des Wohnungs- und Teileigentums, daß zu ihnen das Sondereigentum an Grundstücksbestandteilen gehört, die nach den allgemeinen Grundsätzen des Rechts der Grundstücke sonderrechtsunfähig sind. Sie sind also hinsichtlich ihrer Publikation und hinsichtlich ihres Gegenstands nur grundstücks(eigentums)gleich.

1849 Für das Erbbaurecht steht die Besonderheit des Gegenstands außer Frage, weil es sich ausschließlich auf (das Errichten und) das Haben eines Bauwerks bezieht. Indem freilich das Bauwerk wesentlicher Bestandteil des Erbbaurechts und somit Eigentum des Erbbauberechtigten wird (§ 12 I 1 ErbbauVO), stehen Wohnungs-, Teileigentum und Erbbaurecht doch in ihrer sachenrechtlichen Besonderheit einander nahe.

1850 Das Erbbaurecht ist dennoch klar ein vom Grundstückseigentum abgespaltenes beschränktes dingliches Recht. Es wird nur wie ein Grundstück, besser: wie Grundstückseigentum behandelt. Die Vorschriften über Grundstückseigentum finden *entsprechende* Anwendung (§ 11 I 1 ErbbauVO).

1851 Das Bergwerkseigentum schließlich ist ein kraft hoheitlicher Verleihung begründetes Recht hinsichtlich eines Gegenstands (der Bodenschätze), der von vornherein nicht zum Grundstückseigentum gehört. Es ist also kein beschränktes dingliches Recht. Es ist aber als Nutzungsrecht auch kein umfassendes Herrschaftsrecht, also kein Eigentum. Es wird nur wie das Wohnungs- und das Teileigentum einerseits und das beschränkte dingliche Erbbaurecht andererseits dem Grundstückseigentum gleichgestellt. D.h. auch auf das Bergwerkseigentum sind die Vorschriften über Grundstückseigentum entsprechend anzuwenden.

1852 Exemplarisch für die Behandlung der grundstücksgleichen Rechte wie Grundstückseigentum ist die Anwendung des § 890: Danach können mehrere Grundstücke eines Eigentümers zu einem vereinigt, kann ein Grundstück dem anderen als (nicht wesentlicher)

[1955] Gegen diese Bezeichnung BayObLGZ 1993, 297, offenbar zustimmend zitiert von *Weitnauer*, vor § 1 Rz. 28.

[1956] Belastet werden kann zwar auch das Miteigentum an einem Grundstück (s. § 1114). Der Unterschied ist, daß die anderen Miteigentümer tangiert sind bzw. daß man selbst von der Belastung des anderen Miteigentums tangiert ist: Der Gläubiger kann nämlich nach § 751 S. 2 die Aufhebung der Gemeinschaft verlangen, die durch Teilungsversteigerung des Grundstücks nach § 753 I 1 geschieht. Diese Gefahr droht den Wohnungs- oder Teileigentümern als Inhabern selbständiger grundstücksgleicher und deshalb wie Grundstückseigentum selbständig belastbarer Eigentumsrechte nicht.

Bestandteil zugeschrieben werden. Der Eigentümer kann dadurch der wirtschaftlichen Zusammengehörigkeit seiner Grundstücke (etwa als Bau-, Betriebs-, landwirtschaftlich genutzte Grundstücke) Rechnung tragen. Die Sicherung von Betriebskrediten wird nunmehr zu Lasten des einheitlichen Rechts vorgenommen. Eben dies kommt auch bei den grundstücksgleichen Rechten in Betracht. Soweit die Anwendung des § 890 nicht in der Regelung über das betreffende Recht ausgeschlossen wird oder sachlich mit ihr unvereinbar ist, können auch die grundstücksgleichen Rechte untereinander vereinigt oder das eine dem andern zugeschrieben werden. Darüber hinaus kommt auch die Vereinigung eines grundstücksgleichen Rechts mit dem Eigentum an einem Grundstück oder verschiedener grundstücksgleicher Rechte in Betracht. Entsprechendes gilt von der Zuschreibung.

Durch die Regelung des besonderen Rechts ausgeschlossen ist die Vereinigungsmöglichkeit im Verhältnis von Bergwerkseigentum und Grundstückseigentum (§ 9 II BBergG). Nach der Begründung muß dasselbe gelten im Verhältnis von Bergwerkseigentum und Erbbaurecht: Nach ihr[1957] soll nämlich ausgeschlossen sein, daß statt des nach § 1 I GBO oder Landesrecht für Bergwerkseigentum zuständigen Amtsgerichts durch Bestimmung nach § 5 S. 2 GBO i.V. mit § 5 FGG ein für das Grundstückseigentum zuständiges Grundbuchamt zugleich für das Bergwerkseigentum zuständig wird. Diese Begründung leuchtet ein wegen der notwendigen Zusammenarbeit von Bergwerksgrundbuchamt und Bergbehörde. Sie gilt betreffs des Erbbaurechts ebenso. Die Vereinigung mehrfachen Bergwerkseigentums ist dagegen möglich, sie ist aber in §§ 24 ff. BBergG speziell geregelt. **1853**

Mit dem sachlichen Gehalt der Regelung des betreffenden Rechts unvereinbar sollen nach einer Meinung aus der Kommentarliteratur[1958] die Vereinigung von Grundstücken und Erbbaurechten und die Zuschreibung eines zum anderen sein (insbesondere die Zuschreibung des Erbbaugrundstücks zum Erbbaurecht an diesem Grundstück). Das unterschiedliche Wesen von Grundstückseigentum und Erbbaurecht verhindere das, worum es in § 890 gehe: die auf Dauer ausgerichtete Schaffung einer Rechtseinheit. Das Erbbaurecht ist in der Tat zunächst ein beschränktes dingliches Recht und wird auch hinsichtlich Entstehung, Übertragung, Änderung und Erlöschen so behandelt. Es ist sodann individueller inhaltlicher Gestaltung fähig. Das hindert eine Vereinigung und Zuschreibung aber nur insoweit, als die Vorschriften betreffs des einen Rechts in Bezug auf dieselbe Verfügungsart mehr Verfügungserfordernisse und Beschränkungen der Verfügungsmöglichkeit aufweisen als diejenigen betreffs des anderen Rechts. Danach ist in der Tat die Zuschreibung von Grundstücken zu Erbbaurechten auszuschließen: Es würde entweder § 925 hinsichtlich der Auflassungsform und der Bedingungs- und Befristungsfeindlichkeit umgangen oder § 925 würde auch auf das einheitliche Recht anzuwenden, dann aber in Wirklichkeit kein Erbbaurecht vorhanden sein. Zulässig ist dagegen die Zuschreibung in der entgegengesetzten Richtung, d.h. von Erbbaurechten zu Grundstücken. Ebenso ist zulässig die Vereinigung beider zu einem neuen Grundstückseigentums- und Erbbaurecht. Die unterschiedliche inhaltliche Gestaltung betreffs des Gegenstands des einen und des anderen Rechts ist ebenso hinzunehmen wie eine unterschiedliche Belastung der mehreren Grundstücke im Grundfall des § 890[1959]. Deshalb ist ebenso ohne Rücksicht auf den unterschiedlichen Rechtsinhalt möglich die Vereinigung von Erbbaurechten an verschiedenen Grundstücken zu einem Gesamterbbaurecht. **1854**

1957 BT-Drs. 8/1315, S. 86, 175; 8/3965, S. 133.

1958 MünchKomm/*v. Oefele* § 11 ErbbauVO Rz. 33.

1959 Dazu, insbesondere gegen eine zu leichtfertige Annahme, daß in solchen Fällen i.S. der §§ 4, 5, 6 GBO Verwirrung zu besorgen ist, *Wendt*, Rpfleger 1983, 192 ff.; KG NJW-RR 1989, 1360 f.

1855 Wohnungs- und Teileigentumsrechte können vereinigt und das eine dem anderen zugeschrieben werden[1960]. Diese Rechte können auch Grundstücken zugeschrieben werden[1961]. Umgekehrt kann Grundstücksalleineigentum Wohnungseigentum zugeschrieben werden. Grundstücksmiteigentum kann dem in Wohnungseigentum stehenden Grundstück zugeschrieben werden, wenn die Miteigentumszuständigkeit – auch betreffs der Größe der Anteile – an beiden Rechten identisch ist. Dagegen kann nicht ein Miteigentumsanteil an einem Grundstück einem Wohnungs- oder Teileigentum an einem anderen Grundstück zugeschrieben werden. Jener ist Eigentum am ersteren Grundstück und nur mit den anderen Miteigentumsanteilen an diesem Grundstück zusammen einzutragen. Anders ausgedrückt: Das erstere Grundstück ist nur einmal im Grundbuch einzutragen, weder über den einen Miteigentumsanteil noch zusätzlich zusammen mit einem anderen Grundstück.

1856 Die besonderen Rechte des Wohnungseigentums und des Erbbaurechts sind (das Erbbaurecht neben anderen Zwecken) zur Förderung des Wohnungswesens eingerichtet. Für sie ist charakteristisch die Entstehungszeit der ErbbauVO unmittelbar nach dem Ersten und des WEG unmittelbar nach dem Zweiten Weltkrieg. Hinsichtlich beider Rechte geht es um die sachenrechtliche Sonderzuordnung von Wohnungen oder Wohngebäuden abweichend vom Grundsatz des BGB, daß – vorbehaltlich des § 95 I – Gebäude und Gebäudeteile als wesentliche Bestandteile des Grundstücks (§ 94) nicht Gegenstand besonderer Rechte sein können (§ 93) und bei ihrer Errichtung in das Eigentum des Grundstückseigentümers fallen (§ 946). Das Erbbaurecht macht das zugehörige Bauwerk, das Wohnungseigentum die Wohnung zum Eigentum des Erbbauberechtigten bzw. Wohnungseigentümers (§ 12 I 1 ErbbauVO, §§ 1 I, 5 I, 13 I WEG).

1857 Das Wohnungseigentum hat einen Vorläufer in dem landesrechtlich begründbaren Stockwerkseigentum aus der Zeit vor dem BGB. Nach Art. 182 EGBGB blieb damals begründetes Stockwerkseigentum bestehen, die Begründung neuen Stockwerkseigentums war aber nach Art. 189 I 3 EGBGB ausgeschlossen. Art. 131 EGBGB hat lediglich dem Landesrecht vorbehalten, sog. uneigentliches Stockwerkseigentum (unauflösliche Miteigentümergemeinschaft mit dinglicher Nutzungsregelung i. S. von § 1010) zu schaffen[1962].

1858 Das BGB enthält nur die Möglichkeit eines dinglichen Wohnrechts als beschränkter persönlicher Dienstbarkeit (§ 1093). Das Recht ist unveräußerlich und unvererblich (§§ 1092 I 1, 1090 II i.V. mit § 1061), damit auch nicht belastbar. In allen diesen Punkten geht das WEG über das BGB hinaus. Zusätzlich schafft das WEG auch noch ein weitergehendes Dauerwohnrecht (§§ 31 ff. WEG)[1963]. Schließlich stehen nach dem WEG mit Teileigentum (§ 1 II WEG) und Dauernutzungsrecht (§ 31 II WEG) Sonderrechte für

1960 Den Flurstücken, aus denen sich das im Eigentum befindliche Grundstück zusammensetzt, entsprechen die Wohnungs- oder Teileigentumseinheiten nach dem Aufteilungsplan, KG NJW-RR 1989, 1360 f. Zu beachten ist das Soll-Erfordernis der Abgeschlossenheit der Räume oder Wohnungen (§ 3 II WEG). Dies ist seinem Sinne nach schon bei Vereinigung von Wohnungseigentum bzgl. mehrerer abgeschlossener Wohnungen erfüllt. Es braucht nicht die neue Gesamtheit abgeschlossen zu sein, *Bärmann/Pick/Merle*, WEG, § 3 Rz. 48; KG NJW-RR 1989, 1360.

1961 *Bärmann/Pick/Merle*, WEG, § 3 Rz. 49 mit Nachweisen der Gegenmeinung, etwa OLG Düsseldorf JMinBlNRW 1963, 189. Die Begründung des OLG, die Zuschreibung scheide deshalb aus, weil das Wohnungseigentum kein grundstücksgleiches Recht sei, geht fehl.

1962 Darstellung und Nachweise der Vorläufer des Wohnungseigentums bei *Weitnauer*, WEG, v. § 1 Rz. 2 ff.

1963 Zur Möglichkeit, Teilzeitnutzungsrechte (time-sharing) an Wohngebäuden als dingliche Nutzungsrechte zu gestalten *Tonner/Tonner* WM 1998, 313 ff. Verträge über schuldrechtliche oder dingliche Teilzeitnutzungsrechte fallen, wenn zwischen gewerblichem Anbieter und privatem Nutzer geschlossen, unter das Gesetz über die Veräußerung von Teilzeitnutzungsrechten an Wohngebäuden (TzWrG) vom 20.12.1996, BGBl. I, 2154 (§§ 481 ff. BGB n.F.).

anderen als Wohnbedarf, insbesondere gewerblichen Bedarf zur Verfügung. Mit der Einrichtung von übertragbaren und belastbaren Eigentumsberechtigungen an Gebäudebestandteilen zu jedem Nutzungszweck vollzieht das WEG diejenigen Regelungsziele für Gebäudeteile, die das BGB, verstärkt aber dann die ErbbauVO, für ganze Bauwerke verwirklicht haben.

Die Abtrennung von Sonderrechten an Gebäuden stellt die ErbbauVO und das WEG **1859**
in Gegensatz zum *Heimstättenrecht*. Dem RHeimstG[1964] geht es um die Gewährung und Bindung in seinem Gegenstand nicht modifizierten Grundeigentums in die Hand von sog. Heimstättern. Sog. Ausgeber, d.h. insbesondere Bund und Länder, übereignen die Heimstätte an den Heimstätter. Das Eigentum an der Heimstätte unterliegt Beschränkungen hinsichtlich von Verfügungen und Vererbung[1965].

Lediglich einzelne Modifikationen und Beschränkungen hinsichtlich von Veräußerung **1860**
und Vererbung von landwirtschaftlich genutzten Grundstücken nehmen sodann zur Wahrung dieser Nutzung das GrdstVG[1966] und die Höfeordnung[1967] vor.

Mit der Ermöglichung der Landbeschaffung zu Siedlungszwecken (Enteignung; Ver- **1861**
wandlung des Eigentums in Heimstätteneigentum durch Vertrag zwischen Eigentümer und Ausgeber, sog. Austragung) fügt sich das RHeimstG in das der Landbeschaffung und -verteilung dienende Siedlungsrecht des ReichssiedlungsG, des BundesvertriebenenG und der BodenreformG der Länder ein.[1968]

II. Wohnungseigentum und Teileigentum

1. Begriff und Rechtsnatur

Nach § 1 I WEG kann nach Maßgabe des WEG an (möglicherweise erst noch zu errich- **1862**
tenden)[1969] Wohnungen das Wohnungseigentum, an nicht zu Wohnungszwecken dienenden Räumen eines (unter Umständen erst noch zu errichtenden) Gebäudes das Teileigentum begründet werden. Wohnungseigentum ist das Sondereigentum an einer Wohnung in Verbindung mit dem Miteigentumsanteil an dem gemeinschaftlichen Eigentum (am Grundstück, zu dem die Wohnung gehört, § 1 II WEG). Teileigentum ist das Sondereigentum an nicht zu Wohnzwecken dienenden Räumen eines Gebäudes in Verbindung mit dem Miteigentumsanteil an dem gemeinschaftlichen Eigentum, zu dem es gehört (§ 1 III WEG). Mit der Gegenüberstellung von Wohnungen und nicht zu Wohnzwecken dienenden Räumen eines Gebäudes schließt § 1 WEG nicht aus, daß an einem Gebäude nebeneinander Wohnungs- und Teileigentum bestehen können. Sogar mit einem und demselben Miteigentumsanteil kann Sondereigentum an einer Wohnung und an nicht zu Wohnzwecken dienenden Räumen verbunden sein.

Darauf bezieht sich § 2 S. 2 der Wohnungsgrundbuchverfügung (WGV) vom **1863**
1.8.1951[1970]: „Ist mit dem Miteigentumsanteil Sondereigentum sowohl an einer Woh-

[1964] Reichsheimstättengesetz vom 10.5.1920 i.d.F. v. 25.11.1937.

[1965] S. näher *Wolff/Raiser* § 93.

[1966] Grundstücksverkehrsgesetz v. 28.7.1961, BGBl. I, S. 1091, 1652, 2000. Daneben steht mit gleicher Zielsetzung, was Verpachtungen betrifft, das LandpachtverkehrsG vom 8.11.1985, BGBl. I, S. 2075.

[1967] Ehemals für die Britische Zone erlassen, sodann bundesrechtlich novelliert durch Gesetze v. 24.8.1964 und v. 29.3.1976. – Darstellung und Nachweise zum Grundstücksverkehrs-, Landpachtverkehrs- und Höferecht bei *Baur/Stürner* § 27 I, II Rz. 1ff.

[1968] S. Nachweise bei *Wolff/Raiser* § 92; *Baur/Stürner* § 27 III Rz. 25 ff., auch zur Bodenreform in den neuen Bundesländern.

[1969] S. §§ 3 I, 8 I WEG.

[1970] BAnz. 1951 Nr. 152, abgedruckt mit Änderungen bei *Bärmann/Pick/Merle*, WEG, Anhang II 1. S. 1800 ff.

nung als auch an nicht zu Wohnzwecken dienenden Räumen verbunden und überwiegt nicht einer dieser Zwecke offensichtlich, so ist das Grundbuchblatt (sc. betreffs des Miteigentumsanteils) als 'Wohnungs- und Teileigentumsgrundbuch' zu bezeichnen."

1864 Die Vorschriften über das Wohnungseigentum gelten für das Teileigentum entsprechend (§ 1 VI WEG). Relevanz hat die Unterscheidung zwischen Wohnungs- und Teileigentum nur für die Voraussetzungen der Begründung von Eigentum mit dieser oder jener Bezeichnung[1971], aus der sich dann die dingliche Festlegung der Nutzungsrichtung ergibt[1972]. Wir können uns im folgenden auf die Darstellung des Wohnungseigentums beschränken.

1865 Indem das Wohnungseigentum eine das Sondereigentum an Gebäudeteilen umfassende Rechtsposition ist, weicht es von den Grundsätzen der §§ 93 ff., 946 ab. Das Sondereigentum ist – nach § 6 I WEG untrennbar – mit einem Miteigentumsanteil am Grundstückseigentum verbunden. Das Gesetz unterscheidet Wohnungs- bzw. Teileigentum, Sondereigentum und den Miteigentumsanteil am Grundstück. Wohnungs- oder Teileigentum ist die umfassende Rechtsposition; diese verbindet das Sondereigentum an den zugeteilten Räumen mit dem Miteigentumsanteil am Grundstück.

1866 Nach der Konstruktion des Gesetzes ist das eigene Raumeigentum eines Miteigentümers ein zu seinem Miteigentum gehörendes Recht, das Sondereigentum der anderen Miteigentümer beschränkt das Miteigentum des einen Miteigentümers. Diese Rechtsposition ist im Wohnungsgrundbuch zu vermerken (§ 7 I 1 mit §§ 3 I, 8 II WEG). Dementsprechend besteht die eine Weise der Begründung von Wohnungseigentum, die sog. Begründung durch vertragliche Einräumung (§ 2 WEG), darin, daß die Miteigentümer eines Grundstücks ihr Miteigentum durch vertragliche Einräumung von Sondereigentum an jeden einzelnen Miteigentümer beschränken (§ 3 I WEG). Die zweite Weise der Begründung, die sog. Begründung durch Teilung (§§ 2, 8 WEG), besteht in einem einheitlichen Akt des oder der Eigentümer, der beides, Aufteilung in mit Sondereigentum verbundenes Miteigentum und Einräumung von Sondereigentum als zu jedem neu entstandenen Miteigentumsanteil gehörendes Recht, in sich zusammenfaßt.

1867 Indem das Sondereigentum der anderen Miteigentümer den Miteigentumsanteil des einen beschränkt, scheinen wir die paradoxe Erscheinung eines Eigentums, welches zugleich beschränktes dingliches Recht ist, vor uns zu haben. In Wirklichkeit besteht ein Verbund von Eigentum, welches im Zustand ideeller Teilung belassen und als solches begrifflich Miteigentum ist, und von Eigentum, welches aus dem Zustand ideeller Teilung, diesen damit reduzierend, in den Zustand realer Teilung des Gegenstands überführt und als solches begrifflich nicht Miteigentum ist. Weil es um ein mehr oder weniger aufgeteiltes Eigentum geht und jedenfalls das aus realer Teilung entspringende Eigentum an das – ideelle – Miteigentum am Gesamtgrundstück gebunden ist, könnte auch von einer einheitlichen – eben in der einen Hinsicht mehr, in der anderen weniger aufgeteilten – Eigentumsposition zu sprechen sein. Das Gesetz unterscheidet aber zwei Rechte und drückt die Einheit nur in dem Verbund der Rechte und der Gesamtbezeichnung des Verbundes als Wohnungs- oder Teileigentum aus.

1868 Im Näheren ist das Wohnungseigentum ein Verbund im Sinne eines teilweise durch Realteilung durchgeführten Miteigentums. Das Sondereigentum ist an die Mitzuständigkeit kraft Miteigentums angebunden, so daß verfügbar nur das Sondereigentum mit dem Miteigentumsanteil zusammen ist (§ 6 II WEG) und Rechte am Miteigentum sich auf das

[1971] Entweder muß der Gegenstand eine abgeschlossene „Wohnung" oder es müssen abgeschlossene „nicht zu Wohnzwecken bestimmte Räume" sein, § 3 II 1 WEG.

[1972] Die Entscheidung über Zulässigkeit oder Unzulässigkeit der Nutzung ist aber nicht begrifflich, sondern letztlich nach der Störungsintensität zu treffen. So darf in Wohnräumen ein freier Beruf oder eine Versicherungsvertretung ausgeübt werden (*Bärmann/Pick/Merle*, WEG, § 13 Rz. 46), aber nicht eine Musik- oder Volkshochschule (BayObLG WuM 1995, 552).

Sondereigentum erstrecken (§ 6 II WEG). Bei der näheren Regelung der Gemeinschaft der Wohnungseigentümer geht es um die Modifikation der im übrigen anwendbar bleibenden Vorschriften über die Rechtsgemeinschaft (§§ 741 ff.) und ihre besondere Ausprägung im Miteigentum (§§ 1008 ff.). Der Hinweis darauf findet sich in § 10 I 1 WEG.

2. Gegenstand und Inhalt des Sondereigentums

Beim Wohnungseigentum ist vom Miteigentum am Grundstück das Sondereigentum als den (u.U. künftigen[1973]) Gegenstand real aufteilendes *Eigentum* abgespalten. Das Sondereigentum ist nicht nur durch seine Bezeichnung, sondern auch durch die § 903 entsprechende Inhaltsbestimmung des § 13 I WEG als Eigentum gekennzeichnet. **1869**

An welchen Grundstücks- und Gebäudeteilen real geteiltes Eigentum, an welchen Miteigentum besteht, bestimmt sich nach den Akten der Begründung des Wohnungseigentums, d.h. nach Einigung und Eintragung im Grundbuch bei der Begründung durch vertragliche Einräumung von Sondereigentum (§§ 5, 3, 4 WEG), nach Erklärung und Inhalt des auf sie hin anzulegenden Wohnungsgrundbuchs bei der Begründung durch Teilung (§§ 8, 5 WEG). Vertrag bzw. Teilungserklärung und Grundbucheintragung können Bezug nehmen und nehmen in der Regel Bezug auf einen Aufteilungsplan. Das Gesetz setzt der Verfügung Grenzen und gibt Richtlinien: Zum Gegenstand des Sondereigentums können nur eine bestimmte Wohnung oder bestimmte nicht zu Wohnzwecken dienende Räume gemacht werden. Mit jedem Miteigentumsanteil muß Sondereigentum verbunden werden (§§ 3 I, 8 I WEG). **1870**

Nach der Entscheidung des BGH vom 3.11.1989[1974] ist dieses Letztere eine Anforderung an den *Inhalt* der rechtsgeschäftlichen Regelung: Die Regelung ist ohne weiteres unwirksam, wenn sie nicht nach ihrem Inhalt auf die Verbindung jedes Miteigentumsanteils mit Sondereigentum gerichtet ist. Die Regelung braucht nach der Entscheidung aber nicht im Hinblick auf jeden Anteil ***gültig*** zu sein. Ist sie im Hinblick auf einen Miteigentümer ungültig (im Fall: wegen Zuweisung nach § 5 II WEG zwingend gemeinschaftlichen Eigentums zu Sondereigentum), soll § 139 anwendbar und danach möglicherweise die Vereinbarung im übrigen aufrechtzuerhalten sein mit der Folge, daß neben Wohnungs- oder Teileigentumsrechten der einen ein isolierter Miteigentumsanteil eines anderen steht. Aus dem Gemeinschaftsverhältnis soll die Verpflichtung aller Miteigentümer ableitbar sein, den Gründungsakt so zu ändern, daß kein isolierter Miteigentumsanteil mehr fortbesteht. **1871**

Der BGH meint[1975], zwischen rechtsgeschäftlicher und gesetzlicher Begründung trennen zu können und will den Fall der gesetzlichen Teilungültigkeit der Vereinbarung von Wohnungseigentum als einen solchen gesetzlicher Schaffung isolierten Miteigentums auffassen. Der gesetzliche Unwirksamkeitsgrund macht aber nur die rechtsgeschäftliche Begründung von Wohnungs- und Teileigentum unwirksam, begründet aber kein isoliertes Miteigentum. Die rechtsgeschäftliche Begründung setzt die Verbindung jedes Miteigentumsanteils mit Sondereigentum durch das Rechtsgeschäft voraus. Nach § 7 I WEG ist Wohnungseigentum (entsprechend: Teileigentum) die Erweiterung jedes Anteils um Sondereigentum unter gleichzeitiger Beschränkung des Anteils zugunsten des Sondereigentums aller anderen. Wird die Erweiterung nicht gewährt, tritt die Beschränkung nicht ein, daraus folgt die Abhängigkeit jeder rechtsgeschäftlichen Einräumung von Sondereigentum von der Einräumung von Sondereigentum an alle anderen Miteigentümer. Das

[1973] §§ 3 I, 8 I WEG.

[1974] NJW 1990, 447, 448 = WM 1990, 30, 32 = BGHZ 109, 179.

[1975] Im Anschluß an die Meinung von *Röll* (Nachweise im Urteil). Entgegen *Reithmann* BGH EWiR § 3 WEG 1/90, 195 ist der Fall nicht zustande gekommenen Sondereigentums nicht mit dem des Sondereigentums an noch zu errichtenden Gebäudeteilen in Zusammenhang zu bringen.

Erfordernis rechtsgeschäftlicher Gesamtzuteilung von Sondereigentum an alle Miteigentümer ist aber nicht erfüllt, gleich, ob der Inhalt des Rechtsgeschäfts nicht ausreicht oder die rechtsgeschäftliche Regelung teilunwirksam ist. Ganz mysteriös ist die Folgerung der gemeinschaftsrechtlichen Verpflichtung aller Miteigentümer, den Gründungsakt so zu ändern, daß kein isoliertes Miteigentum bestehen bleibt. Sie soll aus einer dinglichen Verstrickung folgen. Wieso ein Miteigentümer, der nicht wirksam Sondereigentum erhalten hat, dinglich verstrickt sein soll, ist nicht zu sehen. Es kann bei Unwirksamkeit der dinglichen Transaktion nur schuldrechtliche Verpflichtungen aus dem Grundgeschäft geben. Diese bestimmen aber nicht die dingliche Rechtslage, also auch nicht die wirksame Begründung von Wohnungseigentum neben isoliertem Miteigentum oder eine dingliche Verstrickung der Miteigentumsanteile in Richtung auf Sondereigentum. Eine gesetzliche Begründung isolierten Miteigentums kann es nicht geben, das Miteigentum ist ja der Ausgangspunkt. Es ginge um die gesetzliche Begründung von Wohnungseigentum neben bestehen bleibendem Miteigentum. Ein solcher Fall ist der Fall gutgläubigen Erwerbs von Wohnungseigentum, nachdem die rechtsgeschäftliche Begründung von Wohnungseigentum an einem gesetzlichen Hindernis gescheitert ist. Der gesetzliche Grund dieses Scheiterns kann aber nicht Wohnungseigentum gerade begründen.

1872 Vorbehaltlich der Möglichkeit gutgläubigen Erwerbs gilt: Solange nicht der letzte Miteigentumsanteil in Wohnungseigentum umgewandelt ist, ist die Begründung von Wohnungseigentum durch Vertrag (§ 3 WEG) oder Teilung (§ 8 WEG) unwirksam[1976].

1873 Eine andere Frage ist es, ob ein Miteigentumsanteil mit dem diesem zugehörigen Sondereigentum mehreren Personen in Rechtsgemeinschaft gehören kann. Dies ist in zweierlei Weise denkbar: Entweder so, daß der Miteigentumsanteil selbst seinerseits in Bruchteilsgemeinschaft zugeordnet ist (von drei Miteigentumsanteilen zu je 1/3, jeweils mit Sondereigentum an einer Wohnung, wird ein Anteil an ein Ehepaar zu hälftiger Berechtigung übertragen) oder so, daß das Sondereigentum an einer Wohnung selbst mehreren Grundstücksmiteigentümern zugeteilt, d.h. daß hier das Sondereigentum in Miteigentum aufgeteilt wird (die drei Miteigentümer A, B, C eines Grundstücks vereinbaren, daß A eine Wohnung allein und B und C zusammen eine Wohnung erhalten). Was die erste Möglichkeit betrifft, so gilt an sich: Miteigentum an Miteigentum gibt es nicht. Die Übertragung eines Anteils in Höhe von 1/2 auf zwei Personen je zur Hälfte ergibt Miteigentum der Erwerber in Höhe von 1/4, aber nicht hälftige Berechtigung der Erwerber an einem unverändert 1/2 betragenden Anteil. Etwas anderes gilt aber bei Wohnungseigentum als mit Sondereigentum verbundenem Miteigentum. Hier ergibt die Beibehaltung des Miteigentumsanteils unter bruchteilsmäßiger Zuordnung an mehrere Personen einen Sinn in Hinsicht auf das Sondereigentum und d.h. auf die Gesamtrechtsposition „Wohnungseigentum". Die Möglichkeit einheitlich bruchteilsmäßiger Zuordnung von Sonder- und Miteigentum kommt auch in § 25 II 2 WEG zum Ausdruck, der mehrere Inhaber eines Wohnungseigentums nur gemeinschaftlich abstimmen läßt und damit die gemeinsame Zuständigkeit von Wohnungseigentum voraussetzt.

1874 Die h.M. hält nur diese Konstruktion von Mit-Wohnungseigentum für akzeptabel, nicht dagegen die soeben an zweiter Stelle genannte Aufteilung nur des Sondereigentums zu Mit-Sondereigentum mehrerer Grundstücksmiteigentümer. Die h.M. sieht die Verbindung von Sondereigentum mit einem einzigen, primär bestehenden Miteigentumsanteil für zwingend an. Als Folge hält sie zur Begründung von weniger Wohnungseigentumsrechten, als Miteigentumsanteile bestehen, die Vereinigung mehrerer Miteigentums-

[1976] In ergänzender Auslegung des Vertrages unter den Miteigentümern (dessen Formwirksamkeit nach §§ 4 III WEG, 311 b I n.F. [§ 313 a.F.] vorausgesetzt) ist zu entscheiden, ob wirksam Wohnungseigentum zu begründen ist. Dazu ist, insoweit ist dem BGH zu folgen, keine neue Gesamteinräumung in der Form des § 925 nötig, sondern nur die Ergänzung des schon Beurkundeten.

anteile zu einem einzigen für nötig[1977]. Den Grundstücksmiteigentümern zu je 1/4, A und B, soll nicht ein gemeinsames Mit-Sondereigentum zustehen können, vielmehr sollen sie zwecks gemeinschaftlicher Zuständigkeit vor oder gleichzeitig mit der Begründung von Wohnungseigentum ihre Anteile am Grundstück zu einem solchen von 1/2 vereinigen müssen, der ihnen zu je 1/2 zusteht. Die Auffassung der h.M. ist mit dem Gesetz nicht vereinbar: Ist nach §§ 3, 8 WEG Sondereigentum zu begründen möglich, so umfaßt dies nach der grundsätzlichen Gleichstellung von Eigentum und Miteigentum auch die Möglichkeit der Begründung von Mit-Sondereigentum. Wenn § 3 WEG davon ausgeht, daß zu primär bestehendem Miteigentum Sondereigentum hinzutritt, heißt dies mangels gegenteiliger Anhaltspunkte, daß zu primär bestehendem Miteigentum auch Mit-Sondereigentum hinzutreten kann.

Fraglich kann nur sein, ob die Mitberechtigung am Miteigentumsanteil am Grundstückseigentum als *zusätzliche* Möglichkeit neben der Aufteilung des Sondereigentums besteht. Auch dies ist angesichts der Zusammenfassung von Sonder- und Miteigentum zum Verbundrecht des Wohnungseigentums zu bejahen. Relevanz hat die Unterscheidung für § 25 II 2 WEG: Grundstücksmiteigentum, welches mit dem Mit-Sondereigentum an einer Wohnung verbunden ist, ist Wohnungseigentum mit zugehöriger Stimmberechtigung. Die Zusammenfassung zu einem Stimmrecht nach § 25 II 2 WEG gilt nur für das mehreren zustehende Wohnungseigentum, d.h. das mehreren zustehende Miteigentum am Grundstück mit Sondereigentum. **1875**

Ohne Grundlage und deshalb abzulehnen ist nach Vorstehendem die Meinung des BayObLG[1978], es könne nicht an einzelnen Räumen, die zwischen mehreren Wohnungen liegen (in casu: an einem Flur), den Eigentümern der an den betreffenden Raum angrenzenden Wohnungen als Sondergemeinschaft Miteigentum zustehen dergestalt, daß etwa von 20 Wohnungseigentümern nur etwa vier Eigentümern anteilig das Eigentum an einem bestimmten Raum zusteht, genauer: mit vier Miteigentumsanteilen am Grundstück nicht nur das Sondereigentum an je einer Wohnung, sondern darüber hinaus das Mit-Sondereigentum an dem bestimmten Raum verbunden ist[1979]. Das BayObLG befürchtet überkomplizierte Verhältnisse. *Weitnauer*[1980] verweist darauf, daß diejenigen unklaren Verhältnisse entstehen würden, die das Stockwerkseigentum in Verruf gebracht hätten. Rechtlich klare Verhältnisse zu sichern, ist jedoch § 3 II 1 WEG da, wonach nur an in sich abgeschlossenen Wohnungen und Räumen Sondereigentum eingeräumt werden soll. Dies ist freilich für die Begründung auch von Mit-Sondereigentum an bestimmten Räumen zu beachten, hindert aber nicht dessen Möglichkeit. § 3 II 1 WEG ist zudem Sollvorschrift, und im Fall des BayObLG war eingetragen worden. Damit konnte jedenfalls wirksam Mit-Sondereigentum entstanden sein[1981]. **1876**

Werden einem Miteigentumsanteil am Grundstück mehrere Wohnungen zugeteilt, so umfaßt ein einheitliches Sondereigentum dieses Miteigentümers die mehreren Wohnungen. Der Miteigentümer kann aber die Teilung erklären, so daß er mehrere Miteigentumsanteile mit Sondereigentum an je einer Wohnung hat[1982]. **1877**

1977 BGHZ 86, 393, 397 f.; *Bärmann/Pick/Merle*, WEG, § 1 Rz. 17 f., § 3 Rz. 8 m.N.

1978 Rpfleger 1988, 102 ff.

1979 Richtig für die Möglichkeit von Mit-Sondereigentum benachbarter Wohnungseigentümer an einer nicht tragenden und deshalb nicht zum gemeinschaftlichen Eigentum aller Mit-Grundstückseigentümer gehörenden Trennwand OLG Zweibrücken ZMR 1987, 102. *Weitnauer*, WEG, § 3 Rz. 32, erkennt die Möglichkeit eines Mit-Sondereigentums nicht an. Für die Möglichkeit dagegen *Bärmann/Pick/Merle*, WEG, § 5 Rz. 66.

1980 WEG § 3 Rz. 32

1981 Es kam als Möglichkeit der Deutung der Eintragung, die das BayObLG zu untersuchen hatte, in Betracht.

1982 BGHZ 49, 250; für Anwendung des § 7 *Weitnauer*, WEG, § 8 Rz. 3. Auch eine ursprünglich einheitliche Wohnung kann geteilt, d.h. das entsprechende Wohnungseigentum kann geteilt werden, wenn die Teile zu abgeschlossenen Wohnungen umgestaltet werden. Siehe dazu auch BayObLG DNotZ 1999, S. 210 sowie S. 674 m.w.N. Gehen die baulichen Veränderungen

1878 So wie Wohnungseigentum zu Miteigentum zustehen kann, kann es – bei Erbgang, Gründung einer Personengesellschaft – zu gesamthänderischem Eigentum zustehen. Es gehören dann Sonder- und Miteigentum zum Gesamthandsvermögen. Zu beachten ist: Am Grundstück muß Miteigentum bestehen. Ein Miteigentumsanteil kann aber einer Gesamthandsgemeinschaft, insbesondere einer BGB-Gesellschaft, z.B. einer solchen mit dem Zweck der Vermögensverwaltung, gehören.

1879 Eine Sonderzuordnung des Sondereigentums zu einer Gesamthand, während die Grundstücksberechtigung bloßes Miteigentum der einzelnen Gesamthänder bleibt, kann es wegen der notwendigen Verbindung von Miteigentum und Sondereigentum nicht geben. Es würde sich auch (bei der Einbringung nur des Sondereigentumsanteils in die Gemeinschaft) um eine selbständige Veräußerung von Sondereigentum handeln, die nach § 6 I WEG ausgeschlossen ist.

1880 Nach § 3 II 1 WEG (§ 8 II 1 WEG verweist hierauf) sollen die im Sondereigentum stehenden Raumeinheiten in sich abgeschlossen sein. Dies dient der Herstellung klarer Rechtsgrenzen und Benutzungsverhältnisse und damit der Funktionsfähigkeit der Wohnungseigentümergemeinschaft[1983]. Die Sollvorschrift bedeutet, daß bei abweichender Gestaltung die Eintragung abzulehnen ist, eine gleichwohl vorgenommene Eintragung jedoch Wohnungseigentum entstehen läßt. Die Beachtung der Vorschriften bei der Eintragung sichert § 7 IV 1 Ziff. 2 WEG: Danach ist der Eintragungsbewilligung eine Bescheinigung der Baubehörde beizufügen, daß die Voraussetzungen des § 3 II 2 WEG vorliegen.

1881 Hierüber ist aufgrund des § 59 WEG eine Verwaltungsvorschrift vom 19.3.1974[1984] ergangen, die Vorstellungen über Wohnungen und sonstige Räume und deren Abgeschlossenheit entwickelt: Wohnung ist danach die Summe der Räume, welche die Führung eines Haushalts ermöglichen (stets mit Küche bzw. Raum mit Kochgelegenheit, Wasserversorgung, Ausguß, WC). Abgeschlossen ist sie, wenn sie baulich vollkommen von fremden Wohnungen und Räumen abgeschlossen ist. Dies wird näher ausgeführt[1985].

über das nach § 22 I 2 i.V. mit § 14 Nrn. 1, 2 WEG ohne weiteres zulässige Maß hinaus, müssen die betroffenen Wohnungseigentümer zustimmen (BGHZ 73, 196 = NJW 1979, 817). Zustimmungsfrei ist die innere Umgestaltung der eigenen Wohnung etwa durch Schaffung eines Vorflurs mit zwei Wohnungstüren hinter der zur ursprünglich einheitlichen Wohnung gehörigen Eingangstür (BGHZ 73, 140 = WM 1979, 333 ff.), dagegen nicht die Anbringung einer zweiten Eingangstür (OLG Hamm Beschluß v. 14.11.1989, verkürzt abgedruckt DB 1990, 273). Die Stimmverhältnisse der anderen Eigentümer können sich durch die Teilung nicht ändern, es sei denn, eine solche Änderung ist schon vorher für den Teilungsfall vereinbart oder wird es jetzt (BayObLG NJW-RR 1991, 910).

[1983] KG NJW-RR 1989, 1360, 1361; BVerfG NJW 1990, 825.

[1984] BAnz Nr. 58, abgedruckt als Anhang II 2 bei *Bärmann/Pick/Merle*, WEG, S. 1818 ff.. S. etwa BayVGH NJW-RR 1990, 27 ff.

[1985] Nach einer – vom BVerfG für verfassungsgemäß erklärten (NJW 1990, 825) – verwaltungsgerichtlichen Rechtsprechung (zuletzt BVerwG NJW 1990, 848) erforderte die Abgeschlossenheit von Wohnungen (für die Erteilung der Bescheinigung darüber nach § 7 IV 1 Ziff. 2 WEG), daß Trennwände und Decken den heutigen bauordnungsrechtlichen Anforderungen hinsichtlich des Brand-, Schall- und Wärmeschutzes entsprechen. Die Folge war, daß Altbauten für Wohnungseigentum kaum noch in Betracht kamen, womit die Mieter gegen die spekulative Umwandlung des Hauseigentums in Wohnungseigentum (zum Nachteil der Mieter, weil häufig der Wohnungseigentümer über kurz oder lang wegen Eigenbedarfs kündigen konnte, mit Einschränkung nur nach § 564 b II Nr. 2 S. 2 a.F., § 573 II Nr. 2 n.F.) geschützt waren. Ersatzweise sind Miteigentumsmodelle entwickelt worden, in denen durch sorgfältige Nutzungs- und Aufhebungsbeschränkungsregeln (s. §§ 745 f., 749 ff., 1010) sowie durch Absprachen mit den Kreditgebern dergestalt, daß die Finanzierung bei jedem Miteigentümer zweckgebunden und voraussichtlich auch durchführbar war und die Miteigentümer nicht gesamtschuldnerisch hafteten, eine Annäherung an die Anlage in Wohnungseigentum erreicht wurde. Die besondere Gefahr der Teilungsversteigerung bei

Besteht Sondereigentum an mehreren Wohnungen oder sonstigen Räumen oder aber an Wohnungen und sonstigen Räumen, so müssen diese nicht als Gesamtheit abgeschlossen sein. Bei Garagenplätzen genügt für die Abgeschlossenheit eine dauerhafte Markierung (§§ 3 II 2, 8 II 1 WEG[1986]). **1882**

Für die Abgrenzung (und damit die Begründbarkeit) von Wohnungs- oder Teileigentum kommt es auf die Inhaltsbestimmung, zunächst bei Begründung der Eigentumsrechte, an[1987]. Die Inhaltsbestimmung wird dadurch getroffen, daß in der Vereinbarung oder der Teilungserklärung das Verhältnis der Wohnungseigentümer untereinander nach näherer Regelung des Gesetzes bestimmt und durch Eintragung in das Wohnungsgrundbuch zum Inhalt des Sondereigentums gemacht wird (§§ 5 IV, 8 II 1, 10 II WEG, siehe insbesondere § 15 WEG)[1988]. **1883**

wurde. Die besondere Gefahr der Teilungsversteigerung bei Insolvenz eines Miteigentümers wurde durch die Vereinbarung, daß der Eigentümergemeinschaft das Recht eingeräumt wurde, den notleidenden Anteil unter Übernahme der Lasten zu erwerben, und die Sicherung des Anspruchs durch Auflassungsvormerkung, gemildert (kritisch zu der Konstruktion *Pause*, NJW 1990, 807 ff. unter Hinweis insbesondere – S. 809/810 – auf die unbeschränkbare Möglichkeit des Aufhebungsverlangens aus wichtigem Grund, § 749 II 3; entgegen *Pause* kann aber auch für den Fall eines solchen Verlangens das Erwerbsrecht der übrigen Miteigentümer vereinbart werden, wenn dabei nur dem lösungsberechtigten Miteigentümer der Anteil am vollen Verkehrswert des Grundstücks gesichert wird. *Pause* ist auch nicht zuzustimmen, wenn er auf S. 810 meint, daß auf die Miteigentumskonstruktion § 564 b II Nr. 2 Satz 2 a.F. (§ 573 II Nr. 2 n.F.) nicht entsprechend anzuwenden sei). – Neben der Konstruktion über die Bruchteilsgemeinschaft wurde eine solche versucht über Teileigentum an abgeschlossenen Neben-, insbes. Kellerräumen, verbunden mit einem Sondernutzungsrecht an einer bestimmten Wohnung nach § 10 II WEG (sog. Kellereigentum). Die Konstruktion hat LG Braunschweig Rpfleger 1991, 201 für unzulässig gehalten, zulässig ist sie demgegenüber nach BayObLG NJW 1992, 700. Zum ganzen s. auch *Spiegelberger* in *Reithmann/Meichssner/von Heymann*, Kauf vom Bauträger, 6. Aufl., S. 266 Rz. 17 ff.; *H. Müller*, Praktische Fragen des Wohnungseigentums, 3. Aufl., Rz. 8. – Dem Problem, Ersatzkonstruktionen zu finden, ist inzwischen die Wurzel gezogen worden durch die Entscheidung des gemeinsamen Senats der obersten Gerichtshöfe des Bundes, Beschluß v. 30.06.1992, GemS-OGB 1/91 NJW 1992, 3290, der sich der Auffassung des vorlegenden BGH angeschlossen hat, daß die Sollvorschrift des § 3 II 1 WEG – unabhängig von baurechtlichen Vorschriften – nur sicherstelle, daß die Wohnungen oder Teileigentumsräume von festen Wänden und Decken umschlossen seien (Entscheidung des BGH in NJW 1991, 1611). Der BGH hatte zu seiner Entscheidung in Abweichung von der des BVerwG Gelegenheit, weil in seinem Fall Abgeschlossenheitsbescheinigungen nach § 7 IV 1 Nr. 2 WEG erteilt waren, allerdings unter Hinweis auf die Nichterfülltheit der Schallschutz- etc. -erfordernisse der BauO, woraufhin das Grundbuchamt die Eintragung abgelehnt hatte, was im Zivilrechtsweg angegriffen wurde. So wie das BVerwG dem Anliegen der Westgemeinden – insbes. Münchens – gefolgt ist, die spekulative Umwandlung von Altbauten in Wohnungseigentum einzudämmen, hat der BGH den gerade darin liegenden Anreiz für die private Investition in Wohnungsraum in den fünf neuen Bundesländern im Auge (a.a.O., S. 1613). Diesem Anliegen folgend, hat der Gesetzgeber durch eine auf die neuen Bundesländer beschränkte und bis zum 31.12.1996 befristete Regelung (§ 3 III WEG) klargestellt, daß jedenfalls in diesem Rahmen die von den Verwaltungsgerichten aufgestellten Erfordernisse ausgeschlossen sind. Wegen der Klarstellungsfunktion bedeutet § 3 III WEG keine Wendung gegen die Entscheidung des Gemeinsamen Senats. Der Schutz der Mieter gegen spekulative Umwandlung von vermietetem Wohnraum in Wohnungseigentum ist durch die Mieterschutzbestimmung des § 564 b II Nr. 2 S. 2 a.F., § 573 II Nr. 2 n.F. festgelegt. Ergänzend gelten Sondervorschriften für bestimmte Gebiete (s. Palandt/*Weidenkaff* § 578a Rz. 6).

1986 Auch dazu Näheres in der Verwaltungsvorschrift.

1987 Bei der Vereinbarung und deren Eintragung ist der Bestimmtheitsgrundsatz zu beachten (BayObLG DNotZ 1994, 244).

1988 Die einseitig gesetzte Teilungserklärung unterliegt der Inhaltskontrolle nach § 242 BGB – BayObLGZ 1988, 287 = DB 1988, 2454. – Ist die Angabe betreffend Nutzung im Vertrag

1884 Daß es sich bei dem Verhältnis zwischen Mit- und Sondereigentum um den Übergang von ideeller zu realer Teilung handelt[1989], wird durch folgende Möglichkeit der Inhaltsbestimmung bestätigt: Durch Vereinbarung kann ein im Miteigentum stehender Raum einem der Eigentümer zu alleiniger Nutzung zugewiesen werden. Die Eintragung im Wohnungsgrundbuch macht dann dieses Nutzungsrecht zum Inhalt des Sondereigentums[1990].

1885 Eine tatsächliche Nutzungsänderung in der Zeit nach der Vereinbarung oder Teilung ändert an der inhaltlichen Bestimmung der Eigentumsposition nichts. Die Wohnungseigentümergemeinschaft kann gegen diese der Eigentumsfestlegung widersprechende Nutzung vorgehen. Soll nachträglich der Inhalt der Eigentumsrechte verändert werden, bedarf es dazu einer Inhaltsänderung durch Vereinbarung[1991] und Eintragung in das Wohnungsgrundbuch (§ 5 IV WEG).

1886 Als Inhalt des Sondereigentums kann vereinbart und durch Eintragung wirksam werden die Änderung von Wohnungs- in Teileigentum und die umgekehrte Änderung, weiter die Zustimmungsbedürftigkeit der Veräußerung von Mit- und Wohnungseigentum (§ 12 WEG)[1992], die Verteilung der Stimmrechte in der Wohnungseigentümerversammlung anders als nach Köpfen[1993], schließlich Gebrauchsregelungen (§§ 15, 5 IV WEG).

1887 Gegenstand des so festgelegten Sondereigentums sind die bestimmten Räume einschließlich derjenigen raumbestimmenden Gebäudeteile, die geändert werden können, ohne daß die anderen Berechtigten über das nach § 14 WEG zulässige Maß hinaus beeinträchtigt werden und ohne daß die äußere Gebäudegestaltung geändert wird. Ausgenommen sind die bestands- und sicherheitswichtigen Gebäudeteile und die dem gemeinschaftlichen Gebrauch dienenden Einrichtungen (§ 5 I 1 und II WEG)[1994].

oder in der Teilungserklärung allgemeiner als die in dem in Bezug genommenen Aufteilungsplan („Gewerberaum" im Gegensatz zu „Laden"), erklären BayObLG WuM 1985, 238 und OLG Stuttgart (Vorlegungsbeschluß, s. den die Vorlage für unstatthaft erklärenden Beschluß des BGH NJW-RR 1990, 81) den Vertrag bzw. die Teilungserklärung für maßgeblich (Folge im Fall des OLG Stuttgart: Zulässigkeit der Einrichtung einer Gaststätte und eines Billardsalons).

1989 Wobei freilich, wie gesehen, die reale Teilung eine wiederum in sich beschränkte sein kann: Z.B. kann ein Raum zwischen 20 Eigentümern derart zugewiesen sein, daß er unter Ausschluß von 16 Personen (insoweit Realteilung) vier Personen zum Miteigentum zusteht.

1990 Das Sondernutzungsrecht ist gemeinschaftsverträglich auszuüben, KG WE 1990, 90; OLG Düsseldorf NJW-RR 1994, 1167.

1991 Erforderlich ist die Mitwirkung aller Wohnungs- und Teileigentümer. Die Mitwirkung von Sondernachfolgern ist jedoch entbehrlich, wenn sie durch Vereinbarung oder vereinbarungsersetzende Regelung i.S. der §§ 5 IV, 8 II, 10 I 2, II WEG ausgeschlossen worden ist, BayObLG DNotZ 1998, 379.

1992 § 12 WEG ist § 5 ErbbauVO nachgebildet. Nach BGHZ 49, 250 kann auch die Teilung von Wohnungseigentum, welches an mehreren Wohnungen besteht, zustimmungsbedürftig gemacht werden. Dagegen mit Recht *Weitnauer*, WEG, § 5 Rz. 33, § 10 Rz. 35, § 12 Rz. 2. Es können auch andere Zustimmungserfordernisse (etwa betreffend Vermietung oder Verpachtung der in Sondereigentum stehenden Räume) oder Veräußerungseinschränkungen zugunsten der anderen Wohnungseigentümer (z.B. schuldrechtliches Vorkaufsrecht zugunsten anderer Wohnungseigentümer) vereinbart werden (§ 10 I WEG). Diese können nach § 10 II WEG gegen Sondernachfolger wirksam gemacht werden. Das heißt aber nur, daß die Rechte und Pflichten aus den Vereinbarungen auch einen Sondernachfolger betreffen. Die dingliche Wirkung der schwebenden Unwirksamkeit des ohne Zustimmung abgeschlossenen Geschäfts hat nur die Veräußerungsbeschränkung nach § 12 WEG.

1993 Ist nichts vereinbart, hat jeder Kopf eine Stimme, § 25 II 1 WEG.

1994 Dem gemeinsamen Gebrauch dient etwa eine Heizungsanlage, jedenfalls dann, wenn sie nur die zur Wohnanlage gehörenden Wohnungen und Räume mit Wärme versorgt – BGHZ 73, 302, anderer Fall und andere Entscheidung LG Frankfurt a.M. ZMR 1989, 300 f. Zur Rechtslage, wenn, dagegen verstoßend, einem Miteigentümer das Sondereigentum am Heiz-

3. Die Entstehung von Wohnungseigentum

Da Wohnungseigentum der Verbund von real und ideell aufgeteiltem Eigentum ist, wobei das real aufgeteilte Recht aus der ideellen Teilhabung entwickelt und in sie eingebunden ist, entsteht Wohnungseigentum durch Begründung von Sondereigentum im Rahmen bestehender Miteigentumsanteile. Wohnungseigentum kann nach §§ 3 I, 8 I WEG auch an noch zu errichtenden Gebäuden begründet werden. Deshalb gibt es gegenstandsloses Sondereigentum[1995]. **1888**

Für die Entstehung ist zu unterscheiden, ob schon Miteigentum am Grundstück oder Alleineigentum besteht. Besteht Miteigentum, so kann das Sondereigentum als intensivierte Teilungsposition aus dem Miteigentum entwickelt werden. Dies führt zur ersten Art der Entstehung von Wohnungseigentum, seiner Begründung durch vertragliche Einräumung von Sondereigentum im Verhältnis von Grundstücksmiteigentümern untereinander (§§ 2, 3 WEG). Das Gesetz hält sich bei der Beschreibung dieses Vorgangs daran, daß das zunächst am ganzen Grundstück bestehende Miteigentum aller um das nunmehr einzuräumende Sondereigentum verkürzt wird. Nach § 3 I WEG kann das Miteigentum durch Einräumung von Sondereigentum „beschränkt werden". Dies ist aber nur die eine Seite des Vorgangs, die andere ist die Erweiterung der Rechtsposition jedes Miteigentümers durch Sondereigentum. Als einräumende Beschränkung bzw. beschränkende Einräumung versteht das Gesetz zwar etwas verwirrend, aber den Vorgang betreffs des entstehenden Rechtsverbundes genau treffend, die Begründung von Wohnungseigentum unter Miteigentümern am Grundstück. Durch Vereinbarung können die Miteigentümer eine Gemeinschaftsordnung zum Inhalt des Sondereigentums machen (§§ 5 IV, 10 II WEG). **1889**

Steht das Grundstück im Alleineigentum, so muß erst Miteigentum, aus dem Sondereigentum entwickelt werden kann, geschaffen werden. Dies kann durch Übereignung des gesamten Eigentums oder von Miteigentumsanteilen am Grundstück auf Miteigentümer erreicht werden. Das Gesetz ermöglicht aber schon vor und unabhängig von einer solchen Veräußerung dem Alleineigentümer (etwa einem Bauträger) die Begründung von Wohnungseigentum. Er kann sein Eigentum einseitig durch sog. Teilung in Miteigentumsanteile, verbunden mit Sondereigentum, d.h. in Wohnungseigentum aufteilen (§§ 2, 8 I WEG). **1890**

Das Gesetz gibt die Aufteilungsmöglichkeit dem Eigentümer. Das muß nicht ein Alleineigentümer sein. Haben mehrere das Grundstück in Miteigentum, so gilt die Teilungsmöglichkeit für sie als Eigentümer. D.h. neben der Möglichkeit, Wohnungseigentum durch Einräumung von Sondereigentum untereinander zu begründen, besteht für sie die Möglichkeit, durch gemeinsame Erklärung ihr Eigentum in Wohnungseigentum aufzuteilen. Jedes entstehende Wohnungseigentum steht dann ihnen zu den Anteilen ihres Miteigentums zu, d.h. an die Stelle der Rechtsgemeinschaft betreffs des Grundstückseigentums treten Untergemeinschaften betreffs jedes durch Teilung geschaffenen Wohnungseigentums. **1891**

werk, also Teileigentum, bestehend aus Miteigentum am Grundstück und diesem Sondereigentum, eingeräumt wird, BGH, NJW 1990, 447 ff. = BGHZ 109, 179. Bzgl. der Räume und Zugänge für Gemeinschaftsanlagen vgl. BGH NJW 1991, 2909 und OLG Hamm NJW-RR 1992, 1296. – Steht nach der Abgrenzung zwischen Sondereigentum und gemeinschaftlichem Eigentum eine einen Wohnungsraum begrenzende Fensterwand im gemeinschaftlichen Eigentum, so gehört dennoch das Recht, das Fenster zu öffnen, zum Sondereigentum des Wohnungseigentümers. Eine Dienstbarkeit, daß das Fenster geschlossen zu halten ist, ist als Belastung allein dieses Wohnungseigentums zu begründen; BGH WM 1989, 1066 ff.

[1995] S. auch § 9 I Ziff. 2 WEG. Nach BGH NJW 1990, 1111 ff. (EWiR 1990, 305 f. – Anm. *Kohler*) kann Sondereigentum auch entstehen, wenn die spätere Bebauung durch öffentlichrechtliches Bauverbot ausgeschlossen ist.

1892 Ebenso kann ein Wohnungseigentümer, der Sondereigentum an mehreren Wohnungen hat, eine Teilungserklärung abgeben.

1893 Die vertragliche Einräumung von Sondereigentum (§ 3 I 1 WEG) geschieht, den allgemeinen Grundsätzen betreffend Grundstücksrechte entsprechend, durch dingliche Erklärung und Eintragung. Die vertragliche Einräumung versteht das Gesetz als Änderung des Miteigentums und verlangt für sie die Einigung der Beteiligten und die Eintragung in das Grundbuch (§ 4 I WEG, entsprechend §§ 877, 873). Andererseits geht es um die Einräumung von (Sonder-) Eigentum, deshalb bedarf nach § 4 II 1 WEG die Einigung der für die Auflassung, d.h. der in § 925 I vorgeschriebenen Form. Bedingungs- und Befristungsfeindlichkeit (§ 925 II) gilt auch hier (§ 4 II 2 WEG). Weiter ist parallel zum Recht der Grundstücksübereignung so, wie dort für den Vertrag über die Verpflichtung zur Übereignung oder zum Erwerb (§ 311b I [§ 313 a.F.]), hier für den Vertrag über die Verpflichtung zur Einräumung, zum Erwerb und zur Aufhebung von Sondereigentum das Erfordernis notarieller Beurkundung bestimmt (§ 4 III WEG i.V. mit § 311 b I [§ 313 a.F.]). Schließlich ist im Fall besonderer Vereinbarungen über eine Gemeinschaftsordnung die Vereinbarung gegenüber Sondernachfolgern nur wirksam, wenn sie im Grundbuch eingetragen ist (§§ 5 IV, 10 II WEG).

1894 Die Eintragung des Wohnungs- oder Teileigentums in das Grundbuch ist nach § 7 WEG[1996] dadurch zu vollziehen, daß – vorbehaltlich des Abs. 2 – für jeden Miteigentumsanteil ein besonderes Grundbuchblatt, das sog. Wohnungs- (bzw. Teil-)eigentumsgrundbuch, angelegt und dort die Änderung des Miteigentumsanteils vermerkt wird: Als Änderung werden eingetragen das hinzukommende Sondereigentum dieses Miteigentümers einerseits und die Einräumung des Sondereigentums an die anderen Miteigentümer als Beschränkung dieses Miteigentumsanteils andererseits[1997]. Das Grundbuchblatt des Grundstücks wird von Amts wegen geschlossen[1998].

1895 Die Teilung wird durch Erklärung gegenüber dem Grundbuchamt und die Eintragung in anzulegende Wohnungsgrundbücher wirksam (§ 8 I, II 2 WEG). In die Teilungserklärung kann der Eigentümer diejenigen Bestimmungen aufnehmen, die auch durch Vereinbarung der Miteigentümer zum Inhalt des Sondereigentums gemacht werden können (§ 8 II mit §§ 5 IV, 10 II WEG). Durch Eintragung werden sie gegen Sondernachfolger wirksam. Der Eigentümer kann so das künftige Verhältnis der Wohnungseigentümer untereinander, insbesondere zu ihm selbst, wenn er Wohnungseigentum behalten will, gestalten und damit auch den Verkaufswert des Wohnungseigentums beeinflussen.

1896 Belastungen des Grundstücks werden durch die Aufteilung des Eigentums in Wohnungseigentum Belastungen aller Wohnungseigentumsrechte (Hypotheken, Grund- und Rentenschulden mit dem Inhalt der §§ 1132, 1172 ff., 1192 I), sofern sie sich nicht wie die Dienstbarkeiten nach § 1026 (oder § 1093 i.V. mit § 1026) bei Grundstücksteilung auf das Eigentum an dem durch die Ausübung betroffenen Grundstücksteil beschränken[1999]. Die Belastung eines Miteigentumsanteils macht die Begründung von Wohnungs-

[1996] Zu den erforderlichen Bau-Unterlagen § 7 IV WEG und dazu o. Rz. 1880; zum Telos des § 7 IV WEG BayObLG NJW-RR 1993, 1040.

[1997] Das Nähere regelt die Wohnungsgrundbuchverfügung vom 1.8.1951, BAnz. 1952 Nr. 152, abgedr. mit Änderungen bei *Bärmann/Pick/Merle*, WEG, Anhang II 1 S. 1800 ff. Dort auch Muster.

[1998] Anders als beim Erbbaurecht, bei dem Grundstücksgrundbuch und Erbbaugrundbuch nebeneinander geführt werden.

[1999] Diese Beschränkung entspricht dem Inhalt des Rechts und deshalb wird nicht ihretwegen die Begründung von Wohnungseigentum nach §§ 876, 877 zustimmungspflichtig, s. OLG Oldenburg NJW-RR 1989, 273 betreffend ein dingliches Wohnrecht. Zur Abgrenzung, ob sich das Recht nach der Aufteilung des Grundstücks in Wohnungseigentum wirklich auf den Bereich bestimmter Eigentumsrechte beschränkt und deshalb an den anderen Wohnungseigentumsrechten gelöscht werden kann OLG Hamm NJW-RR 2000, 1403.

eigentum, weil diese nach § 3 I WEG eine Beschränkung des Miteigentums bedeutet, nach §§ 877, 876 zustimmungsbedürftig. Anderes gilt wie bei Belastungen des Grundstücks für zu Lasten aller Miteigentumsanteile bestehende Rechte[2000].

An die Eintragung des Wohnungseigentums und die Möglichkeit der Eintragung be- **1897**
sonderer Vereinbarungen über die Gemeinschaftsordnung schließt sich die Anwendung des allgemeinen Grundstücksrechts an: Der Anspruch auf Einräumung von Wohnungs- oder Teileigentum kann vorgemerkt werden. Werden danach Vereinbarungen i.S. von §§ 5 IV, 8, 10 II WEG eingetragen, erlangen sie gegen den Vorgemerkten, wenn dessen Eigentum eingetragen wird, keine Wirkung, sofern er ihnen nicht zustimmt[2001].

Weiter ist ein gutgläubiger Erwerb nach §§ 873, 925, 892 denkbar. Ist etwa die Ver- **1898**
einbarung über die Einräumung von Sondereigentum (§ 3 WEG) wegen Mangels der in § 4 I WEG, § 925 vorgeschriebenen Form oder aufgrund von Willensmängeln etc. in der Person eines oder mehrerer Miteigentümer nichtig, so kann aufgrund der Veräußerung oder der Belastung des vermeintlich entstandenen Wohnungseigentums gutgläubig Wohnungseigentum oder ein beschränktes dingliches Recht, dessen Inhalt sich aus dem eingetragenen Wohnungseigentum ableitet[2002], erworben werden. Wird Wohnungseigentum gutgläubig erworben, so entsteht die Frage, welches Gemeinschaftsverhältnis eintritt, das der schlichten Gemeinschaft nach Bruchteilen (§§ 741 ff., 1008 ff.) oder das der Wohnungseigentümer nach §§ 10 ff. WEG. Im Hinblick auf die nicht veräußernden Miteigentümer müßte das erstere, im Hinblick auf den (oder die) gutgläubigen Erwerber von Wohnungseigentum das letztere gelten[2003]. Der gutgläubige Erwerb kann aber nur die dingliche Rechtsposition des Veräußerers verschaffen, nicht eine Gemeinschaftsordnung zu Lasten Dritter. Erst recht kann der Erwerb eines sich aus Wohnungseigentum ableitenden beschränkten dinglichen Rechts nicht eine Wohnungseigentümergemeinschaft schaffen[2004].

Zur Frage der Entstehung einer Wohnungseigentümergemeinschaft oder Mitglied- **1899**
schaft daran, ohne daß (schon) wirksam Sondereigentum begründet ist, ist bei der Behandlung der Gemeinschaft der Wohnungseigentümer Stellung zu nehmen[2005].

2000 *Weitnauer*, WEG, § 3 Rz. 74 ff.

2001 BayObLG DNotZ 1999, 667, 669 nimmt absolute Unwirksamkeit mangels Zustimmung des Vorgemerkten und folglich Unrichtigkeit des Grundbuchs an. Der Vorgemerkte selbst habe aber keinen Berichtigungsanspruch. Das paßt nicht zusammen. Vielmehr gilt: Weil dem Vorgemerkten nur die durch nachträgliche Sondervereinbarungen nicht beeinträchtigte Erfüllung seines schuldrechtlichen Anspruchs gesichert ist, kann diese Sicherung nur in der relativen Unwirksamkeit nach § 883 II bestehen. Deshalb ist bei Eintragung einer Sondervereinbarung weder der Berichtigungsanspruch noch die Unrichtigkeit des Grundbuchs begründet.

2002 Das Quellrecht gilt als bestehend, d.h. aber nur, daß sein Inhalt den Inhalt des beschränkten dinglichen Rechts bestimmt, während dieses auf dem wirklich bestehenden Recht lastet, hier also, was die Berechtigung am Miteigentum betrifft, auf dem Miteigentum, über das verfügt wurde, und was die Berechtigung am Sondereigentum betrifft, auf dem Miteigentum aller Eigentümer. Das belastende Recht kann dem wirklichen Wohnungseigentümer das Wohnungseigentum wegnehmen: Z. B. kann der gutgläubige Erwerber einer Hypothek das als bestehend geltende Wohnungseigentum versteigern lassen mit der Folge, daß der Ersteher Wohnungseigentümer wird.

2003 Dafür MünchKomm/*Röll* § 3 WEG Rz. 34; *Röll* zu bedenkenlos folgend der BGH NJW 1990, 447, 448. Nicht in Betracht kommt die Auffassung, wegen Undurchführbarkeit eines Gemeinschaftsverhältnisses einen gutgläubigen Erwerb zu versagen, Nachweise bei *Röll* a.a.O.

2004 A.A. auch insoweit *Röll*, a.a.O. Rz. 37.

2005 Unten Rz. 1941 ff.

4. Übertragung, Belastung, Inhaltsänderung, Aufhebung und sonstiges Erlöschen des Wohnungseigentums

1900 Das Wohnungseigentum wird als Eigentum (Sondereigentum mit – nach § 747 S. 1 verfügbarem – Miteigentum) gemäß §§ 873, 925 übertragen. Die Umschreibung erfolgt im Wohnungsgrundbuch. Eine getrennte Übertragung nur des Sondereigentums ist ausgeschlossen (§ 6 I WEG); umgekehrt kann auch das Miteigentum nicht ohne seinen Annex, das Sondereigentum, übertragen werden. Das Sondereigentum kann allerdings aufgehoben (d.h. in nur ideell geteiltes Miteigentum zurückgeführt) werden (§ 4 I WEG). Dies setzt aber die Aufhebung des gesamten Sondereigentums am Grundstück durch Einigung aller Beteiligten und Eintragung voraus. Einzutragen ist in die Wohnungsgrundbücher. Die Folge ist deren Schließung und die Anlegung eines Grundbuchblatts für das Grundstück, § 9 I Nr. 1, III WEG. Wohnungseigentum am Grundstück gibt es nur mit Sondereigentum *aller* Miteigentümer. Ein Miteigentümer ohne Sondereigentum steht der Existenz von Wohnungseigentum überhaupt entgegen (§ 3 I WEG).

1901 Die Übertragbarkeitsrestriktion des § 6 WEG will den Verbund von Mit- und Sondereigentum wahren, sie setzt andererseits diesen Verbund als zusammengehörige Rechtsposition voraus. Daraus folgt, daß § 6 WEG nicht Änderungen der Sondereigentumsverhältnisse der Wohnungseigentümer untereinander und ebensowenig in diesem Verhältnis die Änderung der Miteigentumsanteile betrifft. Obwohl hierbei Sonder- und Miteigentum vom einen auf den anderen übergehen, handelt es sich doch – betreffs des Rechtsverbundes – um Inhaltsänderung. Sondereigentum an einem Raum kann also vom einen auf den anderen Wohnungseigentümer übertragen werden, ohne daß das Miteigentum geändert wird, alle Wohnungseigentümer zusammen können – ebenfalls ohne Miteigentumsanteilsübertragung – aus gemeinschaftlichem Eigentum weiteres Sondereigentum zuweisen, und schließlich können andererseits die Miteigentumsanteile ohne Veränderung des Sondereigentums verändert werden. Immer bedarf es freilich der Auflassung seitens des verlierenden Teils an den gewinnenden Teil und der Eintragung[2006].

1902 Neben der Möglichkeit der Übertragung des einzelnen Wohnungseigentums (auch – nach Teilung gemäß § 8 WEG – des Wohnungseigentums an einer von bisher mehreren im Sondereigentum des Veräußerers stehenden Wohnungen[2007]) steht die Möglichkeit der Übereignung des Grundstücks oder von Miteigentum am Grundstück (welches aber mit Sondereigentum versehen werden muß[2008]) durch alle Wohnungseigentümer zusammen (§ 747 S. 2).

1903 Desgleichen sind die Belastung des einzelnen Wohnungseigentums durch dessen Inhaber und die Belastung des Grundstückseigentums durch gemeinschaftliche Verfügung aller Wohnungseigentümer zu unterscheiden[2009]. Wohnungseigentum kann insbesondere mit einer Dienstbarkeit, auch zugunsten eines anderen Wohnungseigentums als herrschenden Grundstücks i. S. von § 1018 belastet werden (etwa betreffend Musikausübung, Hundehaltung etc.[2010]). Mit einem Miteigentumsanteil als ideellem Bruchteil ist

[2006] S. *Bärmann/Pick/Merle*, WEG, § 6 Rz. 4, 7, § 3 Rz. 35.

[2007] Daß hierbei eine Vermehrung der Stimmrechte eintritt, ist unerheblich – *Weitnauer*, WEG, § 8 Rz. 3 m. N. Nur durch Veräußerungsbeschränkung nach § 12 WEG kann vorgebeugt werden.

[2008] Andernfalls ist, wenn am Grundstück bestehendes Wohnungseigentum eingetragen ist, auch ein gutgläubiger Erwerb nach § 892 nicht möglich, da der Erwerb von bloßem Miteigentum mit der Eintragung von Wohnungseigentum nicht vereinbar ist.

[2009] Auch zugunsten der Miteigentümer selbst, §§ 10 I 1 WEG, 1009. Die Belastung durch Hypothek, Grund- oder Rentenschuld hat den gefährlichen Inhalt gemäß §§ 1132, 1172 ff., 1192 I.

[2010] S. BGH WM 1989, 1066 betreffend das Recht, daß ein Fenster ständig geschlossen zu halten ist.

dies grundsätzlich nicht vollziehbar[2011], durchaus aber mit Wohnungseigentum als hinsichtlich des Sondereigentums real geteiltem Recht.

Ist das Wohnungseigentum durch Verfügung des einzelnen Eigentümers[2012] belastet, **1904**
können die vorerwähnten Verschiebungen des Sonder- oder Miteigentums im Verhältnis der Wohnungseigentümer untereinander, soweit sie das belastete Eigentum betreffen, nur mit Zustimmung der Inhaber der beschränkten dinglichen Rechte vorgenommen werden (§§ 877, 876)[2013].

Die Möglichkeit, als Inhalt des Sondereigentums zu vereinbaren, daß die Veräußerung **1905**
des Wohnungseigentums[2014] der Zustimmung anderer Wohnungseigentümer oder eines Dritten (etwa des Verwalters[2015]) bedarf (§ 12 WEG), ist als Ausnahme von § 137 S. 1 eng zu interpretieren. Da es um das Fernhalten unerwünschter Gemeinschaftsmitglieder geht, ist freilich die Belastung mit einem Dauerwohnrecht der Veräußerung gleichzustellen[2016]. Die Belastung mit Hypotheken oder Grundschulden ist sodann dadurch mittelbar erfaßt, daß Veräußerungen im Wege der Zwangsvollstreckung der rechtsgeschäftlichen Veräußerung gleichstehen (§ 12 III 2 WEG). Gerade weil die Veräußerungsbeschränkung – wenn nichts anderes bestimmt ist – auch – und zwar über die dinglichen Gläubiger hinaus – die Gläubiger der Wohnungseigentümer betrifft, bestimmt § 12 II 1 WEG, daß die Zustimmung nur aus einem wichtigen Grund versagt werden darf. Das Recht auf Zustimmung[2017] steht als von Einzelzwangsvollstreckung oder Insolvenzverfahren erfaßter Teil des Wohnungseigentums dem vollstreckenden Gläubiger zu[2018]. Dinglich – d.h. ohne weiteres gegen Rechtsnachfolger in das Wohnungseigentum – wirkt die Veräußerungsbeschränkung nur, wenn sie nicht nur vereinbart, sondern auch eingetragen ist (§ 5 IV WEG)[2019].

Gerade hinsichtlich einer als Inhalt des Sondereigentums vereinbarten oder nach **1906**
§ 8 WEG erklärten Gestaltung des Verhältnisses der Wohnungseigentümer untereinander (§§ 5 IV, 10 II, 15 I WEG) gibt es beim Wohnungseigentum eine Inhaltsänderung. Entgegen der Grundregelung in §§ 877, 873 bedarf es nicht der Einigung bzw. Teilungs-

[2011] Bei Rechtsgemeinschaft ist die Belastung ausnahmsweise als eine solche i.S. von § 1018 3. Alt. möglich, nämlich indem die Belastung auf den Ausschluß einer teilbaren Geldforderung aus dem Eigentum – etwa auf den Verzicht auf Bergschadensersatz nach dem BBergG – gerichtet ist. Zur entsprechenden Belastung von Wohnungseigentum *Weitnauer*, WEG, § 3 Rz. 116 m.w.N.

[2012] S. auch § 9 II WEG. Anders bei Belastung aller Miteigentumsanteile, *Weitnauer*, WEG, § 3 Rz. 78.

[2013] Besteht ein dingliches Vorkaufsrecht – aus der Zeit vor der Teilung oder aufgrund gemeinschaftlicher Verfügung aller Miteigentümer – am Grundstück, ist nur jede Veräußerung von Wohnungseigentum an Dritte, nicht aber eine Inhaltsverschiebung im Verhältnis der Wohnungseigentümer untereinander ein Verkaufsfall. Besteht das Vorkaufsrecht am einzelnen Wohnungseigentum, gelten für die Inhaltsverschiebung §§ 876, 877.

[2014] Auch wenn sie an andere Wohnungseigentümer geschieht, BayObLGZ 77, 40, 42; KG Rpfleger 1978, 382.

[2015] Ob auch eines Hypothekengläubigers, ist wegen § 1136 umstritten und mit *Weitnauer*, WEG, § 12 Rz. 14 zu verneinen.

[2016] So der BGH in BGHZ 43, 203; 49, 250, kritisch *Weitnauer*, WEG, § 12 Rz. 3.

[2017] Durchsetzbar bei Zustimmungszuständigkeit der Wohnungseigentümer oder des Verwalters im Verfahren nach § 43 WEG.

[2018] *Bärmann/Pick/Merle*, WEG, § 12 Rz. 51.

[2019] Ist sie nicht eingetragen, wirkt sie gegen Erwerber nicht. Es handelt sich nicht um einen Fall des § 892. Kenntnis des Erwerbers schadet also nicht, freilich vorbehaltlich der §§ 242, 826, des ersteren insoweit, als der Erwerber einer der Wohnungseigentümer selbst ist. Hinsichtlich der Wirkung geht es zunächst um die Unwirksamkeit des Erwerbs ohne Zustimmung nach § 12 III 1 WEG und weiter um die Geltung der Veräußerungsbeschränkung für die Weiterveräußerung durch den Erwerber.

änderungserklärung und der Eintragung. Vielmehr verweisen §§ 5 IV, 8 II 1 WEG auf die Möglichkeiten von Vereinbarungen und Beschlüssen nach dem zweiten und dritten Abschnitt des WEG. Nach § 23 I WEG können Angelegenheiten durch Beschluß der Wohnungseigentümerversammlung nur geregelt werden, sofern dies durch das Gesetz oder eine Vereinbarung bestimmt ist. Im Rahmen dieser Kompetenz kann das Verhältnis der Wohnungseigentümer geändert werden, ohne daß es zu einer Eintragung in das Wohnungsgrundbuch kommt. Vereinbarungen können in Abweichung oder Ergänzung des Gesetzes vorgenommen werden, es sei denn, daß das Gesetz ausdrücklich etwas anderes bestimmt (§ 10 I WEG). Diese Vereinbarungen sind als solche ebenfalls ohne Eintragung gültig. Nur für ihre Wirksamkeit gegen Sonderrechtsnachfolger ist die Eintragung der Vereinbarung als Inhalt des Sondereigentums erforderlich (§ 10 II WEG). Der Auflassung und Eintragung bedarf eine Vereinbarung, wenn die Inhaltsänderung zugleich Eigentumsverschiebung ist (§§ 4 II 1 WEG, 925).

1907 Wenn zwar eine Vereinbarung gegen den Sonderrechtsnachfolger nur bei Eintragung wirksam ist, konnte sich ein Erwerber nach der früheren Rechtsprechung nicht darauf verlassen, daß ohne solche Eintragung keine Nutzungsregelung gegen ihn wirksam war, zu der es an sich einer Vereinbarung bedurft hätte. Auch die einer Vereinbarung bedürftige Änderung der Nutzungsverhältnisse durch einen nicht eingetragenen Mehrheitsbeschluß mußte ein Sonderrechtsnachfolger gegen sich gelten lassen, wenn der Beschluß nicht wegen Fehlens der Ermächtigung zu dem Mehrheitsbeschluß nach § 23 IV WEG wirksam angefochten worden war[2020]. Abweichend von seiner früheren Rechtsprechung hat der BGH im Jahre 2000 entschieden, daß Beschlüsse über eine Nutzungsrechtsverteilung, zu der es einer Vereinbarung bedarf, nicht nur vorbehaltlich einer Anfechtung bestandskräftig, sondern nichtig sind[2021]. Die Trennung zwischen Nutzungsregelung durch Vereinbarung (§ 15 I WEG) und durch Beschluß (§ 15 II WEG) ist freilich nicht derart klar, daß man in der Abgrenzung eines Falls der offenkundigen Fehlerhaftigkeit und damit Nichtigkeit eines gegen das Erfordernis der Vereinbarung verstoßenden Beschlusses unbedenklich sein könnte[2022].

Zur neuen Meinung des BGH zwingt dennoch folgendes: Die frühere Meinung war nicht haltbar insofern, als sich Sonderrechtsnachfolger vereinbarungsersetzende Beschlüsse entgegenhalten lassen mußten, ohne daß sie, wie es § 10 II WEG anordnet, durch Grundbucheintragung gewarnt wurden[2023]. Man könnte nun die Gründe für die Annahme der Bestandskraft auch eines Beschlusses, der eine Vereinbarung ersetzt, und den Schutz des Sonderrechtsnachfolgers dadurch miteinander vereinbaren, daß man vereinbarungsersetzende Beschlüsse, wenn sie in der Frist nicht angefochten sind, entsprechend § 10 II WEG eintragungsfähig macht und nur bei Eintragung gegen den Sonderrechtsnachfolger wirksam sein läßt. Das hinwiederum würde aber bedeuten, daß im Grundbuchverfahren entschieden werden müßte, ob ein Beschluß vereinbarungsersetzend und deshalb nach § 10 II WEG analog eintragungsfähig ist oder ob er dies nicht ist und deshalb nach § 10 III WEG nicht eintragungsfähig. Dazu ist das Grundbuchverfah-

[2020] Bis zur endgültigen Bestandskraft durch Ablauf der Anfechtungsfristen nach § 23 IV 2 WEG mußten die Initiatoren des Beschlusses noch zittern, wehalb man von „Zitterbeschlüssen" sprach (s. etwa *Volmer*, ZfIR 2000, 931 ff.). Für die Bestandskraft auch von vereinbarungsersetzenden Mehrheitsbeschlüssen BGHZ 54, 65, 66; für die Wirksamkeit der (nicht eingetragenen) Mehrheitsbeschlüsse auch gegen Sonderrechtsnachfolger BGH NJW 1994, 3230; 1995, 2036.

[2021] BGH Beschluß vom 20.9.2000 ZfIR 2000, 877 zum Fall der Einräumung eines Sondernutzungsrechts an gemeinschaftlichem Eigentum durch nicht angefochtenen Mehrheitsbeschluß, obwohl für die Einräumung nach § 15 I WEG eine Vereinbarung erforderlich ist. Zur neuen Entscheidung *Volmer*, ZfIR 2000, 931.

[2022] Zutreffend *Volmer*, ZfIR 2000, 931, 935 f.

[2023] *Volmer*, S. 937.

ren nicht da. Man muß es also bei der Nichteintragungsfähigkeit von Mehrheitsbeschlüssen nach § 10 III WEG belassen.

Dann kann man sie aber, wenn sie vereinbarungsersetzend sind, nicht gegen Sonderrechtsnachfolger wirken lassen. Die Konsequenz ist, daß man auch nicht ihre Wirksamkeit in der Zeit vor dem Eintritt einer Sonderrechtsnachfolge, also gegen die gegenwärtigen Wohnungseigentümer annehmen kann[2024]: Eine Wirksamkeit, die der Wohnungseigentümer durch Übertragung oder Belastung seines Wohnungsrechts außer Kraft setzen kann, ist ebenso wenig annehmbar wie die Auseinandersetzung erst mit einem Sonderrechtsnachfolger darüber, ob ein vereinbarungsersetzender (und deshalb ohne Eintragung gegen ihn nicht wirksamer) oder ein nicht eine Vereinbarung ersetzender Beschluß anzunehmen ist. Dies sollte unter den gegenwärtigen Wohnungseigentümern ausgestritten werden können.

Ist eine unwirksame Vereinbarung eingetragen, kann Wohnungseigentum mit dem Inhalt dieser Vereinbarung kraft öffentlichen Glaubens erworben werden[2025]. **1908**

Wohnungseigentum wird aufgehoben durch Einigung aller Miteigentümer in der Form der Auflassung und die Eintragung der Rechtsänderung in das Wohnungsgrundbuch (§ 4 I WEG)[2026]. Als Folge wird von Amts wegen das Wohnungsgrundbuch geschlossen (§ 9 I Ziff. 10 WEG). Wird die Gemeinschaft nunmehr nach §§ 749 ff. aufgehoben, so bestimmt sich der Anteil der Miteigentümer nach dem Verhältnis des Wertes ihrer Wohnungseigentumsrechte zur Zeit der Aufhebung der Gemeinschaft (§ 17 WEG). Vor der Aufhebung des Wohnungseigentums besteht ein Anspruch auf Aufhebung der Gemeinschaft nach § 749 I grundsätzlich (vorbehaltlich der Regelungsmöglichkeit nach § 11 I 3 WEG und überhaupt vertraglicher Aufhebungsverpflichtungen, die nach §§ 4 III, 10 WEG möglich sind) nicht, und zwar auch nicht für Gläubiger, die in das Wohnungseigentum hinein – nach §§ 864 ff. ZPO – vollstrecken (§ 11 I, II WEG)[2027]. Man wird sich aber Fälle der Unzumutbarkeit der Fortsetzung der Wohnungseigentümergemeinschaft denken können, in denen den Eigentümern nach den allgemeinen Grundsätzen über Dauerrechtsverhältnisse ein Lösungsrecht, hier in Gestalt eines Aufhebungsrechts, gewährt werden muß. **1909**

Vereinigen sich alle Anteile in einer Hand (etwa durch Erwerb im Rahmen der Versteigerung durch einen am gesamten Grundstück berechtigten Gläubiger), so kann der Inhaber das Wohnungseigentum zum Erlöschen bringen: Er kann die Schließung der Wohnungsgrundbücher beantragen (§ 9 I Ziff. 3 WEG)[2028]. Im Zuge der Schließung ist ein Grundbuch für das Grundstück anzulegen. Mit dessen Anlegung unter Nichtübertragung der Rechte ist, Wirksamkeit des Erwerbs des Antragstellers und seines Antrags vorausgesetzt (andernfalls tritt Unrichtigkeit des Grundbuchs ein), das Wohnungseigentum erloschen. **1910**

Das Wohnungsgrundbuch ist ebenfalls zu schließen in dem Fall, daß alle Wohnungseigentümer wegen völliger Zerstörung des Gebäudes die Schließung der Wohnungsgrundbücher beantragen (§ 9 I Ziff. 2 WEG)[2029]. Im Hinblick auf die Wiederaufbaumöglichkeit und das Fortbestehen der besonderen Gemeinschaft nach §§ 10 ff. WEG bedeutet auch die völlige Zerstörung des Gebäudes nur ein vorläufiges Gegenstandsloswerden, aber nicht ein Erlöschen des Sondereigentums. Ein Anspruch auf die Antragstellung kann sich aus einer Vereinbarung gemäß § 11 I 3 WEG ergeben. **1911**

[2024] Dafür *Volmer*, S. 939 f.

[2025] OLG Köln WE 1995, 240.

[2026] Der zugrundeliegende schuldrechtliche Vertrag ist nach § 311b I (§ 313 a.F.) formbedürftig – § 4 III WEG –.

[2027] Zur Bedeutung der Verweisung in § 11 II WEG auf § 751 *Weitnauer*, WEG, § 11 Rz. 3.

[2028] Der Antrag bedarf der Form des § 29 GBO; *Weitnauer*, WEG, § 9 Rz. 3, 5.

[2029] Der Fall teilweiser Zerstörung des Gebäudes ist in §§ 11 I 3, 22 II WEG (mit) erfaßt.

1912 In allen drei Fällen des § 9 WEG ist die Möglichkeit zu beachten, daß das Erfordernis der Zustimmung von Inhabern dinglicher Rechte am Wohnungseigentum bestehen kann (§§ 876, 877). Das Erfordernis gilt nach § 9 II WEG wie bei dem umgekehrten Vorgang der Veränderung von Mit- in Wohnungseigentum, wenn ein einzelner Miteigentumsanteil selbständig belastet ist[2030].

1913 Schließlich kann das Wohnungseigentum durch Entziehung nach §§ 18 f. WEG verloren werden. Dadurch erlischt es nicht, sondern es wird, wenn der Betroffene nicht freiwillig veräußert, versteigert. Eine Aufgabe des Wohnungseigentums nach § 928 I ist ausgeschlossen[2031].

5. Schutz des Wohnungseigentums

1914 Die Wohnungseigentümer sind Mit- und Sondereigentümer und haben bei Verletzung ihres Eigentums die Ansprüche, die allgemein die Güterzuordnung sanktionieren[2032]. Soweit das Miteigentum betroffen ist, gilt grundsätzlich das oben[2033] zur Bruchteilsgemeinschaft Gesagte. Zwar kann sich die gemeinsame Verwaltung auf die Geltendmachung der gemeinsamen Ansprüche beziehen, dies betrifft aber nur das Innenverhältnis der Wohnungseigentümer untereinander. Ausschließlich das Innenverhältnis ist dann betroffen, wenn ein Wohnungseigentümer der Verletzer ist. In diesem Fall ist der Anspruch des einzelnen im Verfahren nach §§ 43 ff. WEG (§ 43 I Nr. 1, III Nr. 1 WEG) mit Rechtskrafterstreckung nach § 45 II 2 WEG geltend zu machen.

1915 Für die Rechte aus dem Sondereigentum sind als Schranken i.S. des § 13 I WEG insbesondere die sich aus §§ 14, 15 WEG ergebenden zu beachten, namentlich eine nach § 15 WEG zulässige Gebrauchsregelung der Gemeinschaft. Sind Wohnungseigentümer Verletzer (insbesondere alle anderen zusammen bei Störungen, die von der im gemeinschaftlichen Eigentum stehenden Sache ausgehen[2034]), so steht wieder das Verfahren der §§ 43 ff. WEG zur Verfügung. Hier tritt häufig neben die Eigentumsverletzung die Verletzung der Pflichten aus dem gesetzlichen Schuldverhältnis, für die § 278 gilt[2035].

[2030] S. *Weitnauer*, WEG, § 9 Rz. 6.

[2031] Oben Rz. 136 ff.

[2032] Oben Rz. 42 ff. Ist eine bauliche Veränderung vorgenommen worden, die nach § 22 I WEG genehmigungspflichtig war, aber nicht genehmigt ist, so kann jeder Wohnungseigentümer im Verfahren nach §§ 43 ff. WEG vom Störer die Beseitigung (§ 1004), vom schuldhaft handelnden Verursacher Schadensersatz verlangen (§§ 823 I, 249 ff.). Zur Verwirkung von Beseitigungsansprüchen OLG Karlsruhe WuM 1999, 594. Entgegen OLG Hamm DB 1990, 273 kommen nach Veräußerung des störenden Wohnungseigentums gegen den Veräußerer nur noch die Ansprüche aus Verletzung der Gemeinschaftspflichten und aus unerlaubter Handlung, nicht mehr die aus § 1004 in Betracht. Im Hinblick darauf, daß zur Restitution in das veräußerte Eigentum eingegriffen werden müßte, sind – wieder entgegen OLG Hamm – statt der allgemeinen Grundsätze betreffs Unmöglichkeit die des § 251 anzuwenden. Im Ergebnis hat das OLG freilich richtig entschieden.- Zur Möglichkeit eines Aufopferungsanspruchs bei Beschädigungen der Wohnung aus Anlaß von Arbeiten an den im gemeinschaftlichen Eigentum stehenden Sachen *Weitnauer*, WEG, § 13 Rz. 6.

[2033] Rz. 124 ff.

[2034] Die Verletzung durch die Gemeinschaft kann in der Unterlassung bestehen, den Verwalter zu den schadensverhütenden Maßnahmen zu veranlassen. OLG Köln WE 1997, 198 (199) rechnet den daraus begründeten Schadensersatzanspruch zu den Kosten der Verwaltung im Sinne von § 16 II WEG, so daß sich der betroffene Wohnungseigentümer nach seinem Anteil beteiligen müsse. Dies trifft nicht zu, sofern der Betroffene das seinerseits Zumutbare getan hat und die anderen das Vorgehen torpediert haben.

[2035] Beruht eine Reparaturmaßnahme auf der die Gemeinschaft insgesamt treffenden Instandhaltungspflicht, so hat zwar der die Maßnahme in Auftrag gebende Eigentümer nach § 278 für das Verschulden des Beauftragten einzustehen, bei Schadenseintritt an den Räumen eines an-

6. Das Verhältnis der Wohnungseigentümer zueinander

a) *Rechte und Pflichten*

Die Rechte und Pflichten der Wohnungseigentümer bestimmen sich zunächst nach ihren Eigentumsrechten. Diese sind durch Begründungsakt (§§ 4, 8 mit §§ 5 IV, 10 I 2, II WEG)[2036], durch Gesetz[2037], weiter durch inhaltsbestimmende Vereinbarungen und schließlich durch Entscheidungen im Verfahren der freiwilligen Gerichtsbarkeit nach §§ 43 ff. WEG (s. § 45 II WEG) festgelegt. Vom Gesetz abweichende Vereinbarungen (bzw. bei der Begründung des Wohnungseigentums durch Teilung: eine vom Gesetz abweichende Teilungserklärung) sind zulässig, soweit im Gesetz nicht ausdrücklich etwas anderes angeordnet ist (§ 10 I 2 WEG)[2038]. Soweit Gesetz oder Vereinbarung dies vorsehen (§§ 10 III, 23 I WEG), wird auf die Rechtsstellung der Wohnungseigentümer weiter durch Beschlüsse der Wohnungseigentümerversammlung eingewirkt. **1916**

Vereinbarungen bedürfen des Konsenses aller Wohnungseigentümer, soweit nicht bestehende Vereinbarungen (oder bei der Begründung von Wohnungseigentum durch Teilung: die Teilungserklärung) für Angelegenheiten, die durch Vereinbarung regelbar sind, insbesondere für die Änderung von Vereinbarungen, die Mehrheitsentscheidung zulassen. Insoweit gelten Schranken und Kontrollen, die denjenigen bei Änderung der Gesellschaftsverträge von Personengesellschaften verwandt sind[2039]. **1917**

Über Zustandekommen und Wirksamkeit von Beschlüssen, insbesondere wenn diese rechtswidrig Vereinbarungen ändern oder Rechte begründen, die der Vereinbarung bedürfen, ist bei der Organisation der Wohnungseigentümergemeinschaft zu handeln[2040]. **1918**

deren Eigentümers hat dieser aber den Schaden nach §§ 254, 278 mitzutragen, BGH NJW 1999, 2108.

2036 Die Rechte aus dem Begründungsakt können aber durch Herstellung und Duldung einer abweichenden Baugestaltung verwirkt werden. Bringt allerdings ein Wohnungseigentümer eine Tür zum Treppenhaus gemäß dem Aufteilungsplan an, nachdem er zunächst an anderer Stelle eine Tür gelassen hatte, und zwar als zusätzliche Tür zum Zwecke der Teilung seines Eigentums in zwei Wohnungen, ohne also die erste Tür zu beseitigen – so der Fall OLG Hamm DB 1990, 273 –, so ist dies, da die Maßnahme schon wegen der Vermehrung der Nutzung durch eine zusätzliche Wohnung unter Eingriff in das Gemeinschaftseigentum das Maß zustimmungsfreier Veränderung gemäß § 22 I 2 i.V. mit § 14 Nrn. 1, 2 WEG überschreitet, entgegen dem OLG Hamm nicht wegen Verwirkung, sondern deshalb rechtswidrig, weil der Wohnungseigentümer auch nach dem Aufteilungsplan kein Recht auf zwei Türen (zu zwei Wohnungen) hat.

2037 S. die Statuierung von Pflichten betr. Instandhaltung in § 14 WEG, die Sicherung aber von Rechten, was darüber hinausgehende bauliche Veränderungen betrifft, in § 22 WEG (zur Abgrenzung *Jennißen* NJW 2000, 2318, 2322); lückenfüllend treten §§ 741 ff., 1008 ff. hinzu, s. § 10 I 1 WEG.

2038 Ungeachtet dieser Formulierung des Gesetzes gibt es hinsichtlich einzelner Gesetzesvorschriften Streit über die Frage, ob das Gesetz zwingende Geltung beansprucht, so z.B. betreffend das Einstimmigkeitserfordernis des § 23 III WEG für Beschlüsse ohne Versammlung, s. *Bärmann/Pick/Merle*, WEG, § 23 Rz. 99 f. Für das Erfordernis der Zustimmung aller zu einem ohne Versammlung gefaßten Beschluß wird, obwohl hier § 10 I 2 WEG der Regelung für den Verein in §§ 32 II, 40 BGB entspricht, die Praxis durch die Annahme der Rechtsprechung bestimmt, daß es sich um ein zwingendes Erfordernis handelt (Darstellung bei *Bärmann/Pick/Merle*, WEG, a.a.O.).

2039 S. etwa die Anwendung der richterlichen Inhaltskontrolle auf solche Mehrheitsentscheidungen durch BGHZ 95, 137. Gleiches gilt für abweichend von § 22 I WEG zugelassene Mehrheitsentscheidungen, BayObLG NJW-RR 1990, 209 f.

2040 Rz. 1925 ff.

1919 Richterliche Entscheidungen nach §§ 43 ff. WEG ergehen auf Antrag, der in nahezu allen das gemeinschaftliche Wohnen betreffenden streitigen Angelegenheiten[2041] von Wohnungseigentümern[2042] oder dem Verwalter gestellt werden kann, im Verfahren der freiwilligen Gerichtsbarkeit[2043]. Mit der Verweisung auf Rechte und Pflichten stellt § 43 I Ziff. 1 und 2 WEG klar, daß nicht etwa in § 43 WEG eine selbständige Antragsbefugnis begründet wird[2044]. Antragsberechtigt ist ein Wohnungseigentümer, bei Streit um die Verwalterrechte und -pflichten auch der Verwalter, wenn es um eigene Ansprüche oder Pflichten geht. Wenn ein gemeinschaftlicher Anspruch geltend gemacht werden soll[2045], kann ein Wohnungseigentümer dazu durch Beschluß ermächtigt werden[2046]. Wird ein Ermächtigungsbeschluß nicht getroffen, kann der einzelne Wohnungseigentümer gegen die anderen den Antrag auf Feststellung treffen, daß sie nach § 21 IV WEG verpflichtet sind, der Geltendmachung des Rechts zuzustimmen; äußerstenfalls kann er die alleinige Antragsbefugnis auf die Notwendigkeit des Antrags zur Schadensabwendung, d.h. auf § 21 II WEG, stützen. Die richterliche Entscheidung, die bei Feststellung einer Zustimmungsverpflichtung auch die Wirkung der Feststellung der Regelung hat, der zugestimmt werden muß[2047], wird bei Rechtskraft nach § 45 II WEG für und gegen alle Wohnungseigentümer bindend.

1920 Die Bindungswirkung von rechtskräftigen Entscheidungen erstreckt sich auf Sondernachfolger in Wohnungseigentum (§ 10 III WEG).

1921 Anderes gilt für Vereinbarungen; sie gelten gegen Sondernachfolger nur dann, wenn sie im Grundbuch eingetragen sind (§ 10 II WEG). Die Verbindlichkeit ohne Eintragungserfordernis galt dagegen nach früherer Rechtsprechung für Beschlüsse der Wohnungseigentümer (§ 10 III WEG). Das hatte die merkwürdige Konsequenz, daß Wohnungseigentümer dasjenige, was an sich vereinbart werden muß, durch Beschluß festlegen konnten, damit es ohne Rücksicht auf die Grundbucheintragung gegen Sondernachfolger wirkte. Der Beschluß war trotz Fehlens der Grundlage grundsätzlich nur anfechtbar (§ 23 IV WEG) und wurde nach Ablauf der Anfechtungsfrist endgültig wirksam[2048]. Der BGH hat diese Rechtsprechung aufgegeben[2049].

1922 Nach Maßgabe von Eigentumsrecht, Gesetz, Vereinbarung (oder Teilungserklärung), Beschlüssen[2050] und richterlichen Entscheidungen hat jeder Wohnungseigentümer das

2041 Nicht streitig ist nach LG Köln NJW-RR 1989, 1292 das Mahnverfahren bei Einforderung von Wohngeld, welches deshalb durch §§ 43 ff. WEG nicht ausgeschlossen sein soll.

2042 Sehr umstritten ist, ob bei Nießbrauch am Wohnungseigentum das Antragsrecht dem Wohnungseigentümer, dem Nießbraucher oder beiden zusammen zusteht; für die Antragsberechtigung allein des Wohnungseigentümers BayObLG DNotZ 1999, 585 mit reichen N.

2043 Veräußert ein Wohnungseigentümer während des von ihm oder gegen ihn betriebenen Verfahrens sein Wohnungseigentum, so setzt er das Verfahren in Verfahrensstandschaft für den Erwerber fort (BayObLG DWE 1995, 84).

2044 BGH NJW 1985, 912.

2045 Um einen Individualanspruch jedes Wohnungseigentümers geht es bei dem Anspruch darauf, daß der Verwalter die Jahresabrechnung aufstellt, BayObLG WE 1997, 274.

2046 Grundsätzlich auch der Verwalter, insbesondere zur Einziehung rückständiger Wohngelder (näher *Jennißen* NJW 1998, 2253, 2259). Problematisch ist aber die Ermächtigung des Verwalters durch Mehrheitsbeschluß dahin, die Mehrheit in einem Anfechtungsverfahren zu vertreten, welches ein Wohnungseigentümer gegen einen Beschluß derselben Mehrheit in anderer Sache anstrengt; für die Zulässigkeit der Ermächtigung BayObLG NJWE-MietR 1997, 182; berechtigte Bedenken bei *Jennißen*, NJW 1998, 2254.

2047 BGH NJW 1985, 912 f. unter 3.

2048 MünchKomm/*Röll*, § 23 WEG Rz. 13 ff.

2049 Oben Rz. 1907.

2050 Beschlüsse betreffend den Gebrauch des im Sondereigentum stehenden Gebäudeteils sind selbstverständlich nur beschränkt möglich (§ 15 II WEG). Beispiel OLG Hamm NJW-RR 1986, 500 betreffs Beschränkung des Musizierens.

Recht, die im gemeinschaftlichen und die in seinem Sondereigentum stehenden Grundstücks- und Gebäudeteile zu gebrauchen (§§ 13, 14 Ziff. 1 und 2, 15 III WEG), hat er andererseits die Pflicht, einen rechtmäßigen Gebrauch der anderen zu dulden oder zu gestatten (§ 14 Ziff. 3, 4 mit § 15 WEG), und hat er schließlich das Recht, einen rechtswidrigen Gebrauch der anderen zu unterbinden (§ 15 III WEG)[2051]. Von sonstigen Nutzungen der im gemeinschaftlichen Eigentum stehenden Sache (etwa aus Vermietung oder Verpachtung) kann jeder Wohnungseigentümer einen seinem Miteigentumsanteil so, wie dieser sich aus der Eintragung nach § 47 GBO ergibt[2052], entsprechenden Anteil verlangen (§ 16 WEG). Ausgenommen ist der Fall, daß der Wohnungseigentümer der zugrunde liegenden Maßnahme als einer außerordentlichen, ihn aber nicht erheblich beeinträchtigenden Maßnahme i.S. von § 22 I 2 WEG nicht zuzustimmen brauchte und nicht zugestimmt hat (§ 16 III WEG)[2053]. Nach dem maßgeblichen Verteilungsschlüssel hat er auch Lasten und Kosten betreffs des gemeinschaftlichen Eigentums zu tragen. Der Verteilungsschlüssel ist grundsätzlich der dem Miteigentum des einzelnen Wohnungseigentümers entsprechende Anteil (§ 16 II WEG) – wieder mit dem schon zur Nutzungsbeteiligung angebrachten Vorbehalt in § 16 III WEG –. Von diesem Verteilungsschlüssel kann durch Vereinbarung abgewichen werden. Ein Mehrheitsbeschluß reicht nicht, auch dann nicht, wenn ein solcher nicht innerhalb der Frist des § 23 IV WEG angefochten wird[2054]. Bei grober Unbilligkeit kann im Verfahren nach § 43 WEG die Änderung des Verteilungsschlüssels verlangt werden[2055].

Der Anspruch auf einen Nutzungsanteil richtet sich gegen die Gesamtheit der Woh- **1923**
nungseigentümer einschließlich des Verwalters und ist im Verfahren nach § 43 I Nr. 1 WEG geltend zu machen[2056]. Der Anspruch auf Kosten- und Lastenzuschuß (das sog.

2051 S. BGHZ 116, 392, 394 f. – Zur Praxis s. AG Hamburg-Harburg JZ 1988, 1032; HansOLG JZ 1988, 1033; OLG Köln NJW-RR 1998, 1625. Nach BVerwG UPR 1998, 349 schließt die Nutzungsordnung der Wohnungseigentümer und ihr negatorischer Schutz einen öffentlich-rechtlichen Nachbarschutz aus (auch bei baulichen Nutzungen eines Dritten – hier des Käufers von Teileigentum – auf dem Grundstück). Zur Möglichkeit der Verwirkung von Unterlassungsansprüchen OLG Köln NJW-RR 1995, 851. Zum Entscheidungsspielraum betr. die Ausstattung mit Parabolantennen siehe u.a. OLG Hamm NJW 1993, 1276; OLG Frankfurt a.M. NJW 1993, 2817, OLG Düsseldorf NJW 1994, 1163 sowie BVerfG NJW 1995, 1665 (in WM 1996, 1783 erklärt das Gericht es für unbedenklich, daß der Mieter einer Eigentumswohnung sich wegen der Anbringung einer Antenne an seinen Vermieter statt direkt an die Eigentümergemeinschaft halten muß).

2052 Ist diese falsch und erreicht der Benachteiligte die Berichtigung, entscheidet von Beginn der jetzt richtig vermerkten Rechtslage an diese. – § 16 I 2 WEG gibt nur für den Fall fehlender Vereinbarung einen Verteilungsschlüssel. Weichen Miteigentumsanteile und der Anteil in Gestalt von Sondereigentum krass voneinander ab, kann – wie auch bei sonst unbilliger Verteilungsregelung – ein Anspruch auf Zustimmung zu einer angemessenen Regelung bestehen (*Weitnauer*, WEG, § 16 Rz. 4, § 10 Rz. 52). Im Verfahren nach §§ 43 ff. WEG wird aufgrund der Ersetzung der Zustimmung durch die rechtskräftige Entscheidung der neue Verteilungsschlüssel wirksam.

2053 Zu § 16 III i.V. mit § 22 I WEG s. BayObLG NJW-RR 1990, 210; BGHZ 116, 396 ff.

2054 O. Rz. 1907. Anders noch BGH WM 1994, 1183. Die Feststellung, daß ein derartiger Beschluß nicht nichtig, sondern lediglich anfechtbar ist, hatte der BGH in WM 1994, 1986 bekräftigt. Zur Frage der Bindung durch Mehrheitsbeschluß auch KG NJW-RR 1994, 207 sowie BayObLG DNotZ 1997, 958.

2055 S. BayObLG WE 1997, 37. Weitere N. bei *Jennißen* NJW 2000, 2318, 2320 Fn. 42.

2056 Dazu, wem der die Nutzung selbst darstellende Anspruch aus Miet- oder Pachtvertrag gegenüber dem Mieter oder Pächter zusteht, u. Rz. 1931 f. Wurde nach Vermietung einer Wohnung und Überlassung an den Mieter die Wohnung in Wohnungseigentum umgewandelt und dann veräußert, so ist der Erwerber alleiniger Vermieter auch dann, wenn ein mitvermieteter Kellerraum Gemeinschaftseigentum ist, BGH JZ 2000, 258 (mit grundsätzlich zustimmender Anmerkung von *P. Derleder*, S. 260).

Wohn- oder Hausgeld) ist ein solcher dieser Gesamtheit, der sich gegen den einzelnen Wohnungseigentümer richtet. Auch dieser Anspruch ist im Verfahren des § 43 WEG durchzusetzen.

1924 Fraglich ist aber, *wer* den Anspruch auf Lasten- oder Kostenbeteiligung geltend machen kann[2057]. Vertreten wird die lediglich unter dem theoretischen Vorbehalt des Eingreifens des Notgeschäftsführungsrechts der Wohnungseigentümer nach § 21 II WEG stehende alleinige Zuständigkeit des Verwalters nach § 27 II Nrn. 1, 5 WEG[2058], aber auch die Anspruchsberechtigung jedes Wohnungseigentümers nach § 432 BGB[2059]. Richtig ist, mit dem BGH[2060] auf die Grundlagen der Abrechnung und Verteilung und das Verfahren zu ihrer Herstellung abzustellen. Über Lasten und Kosten etc. hat der Verwalter einen Wirtschaftsplan und Jahresabrechnungen[2061] aufzustellen (§ 28 I, III, IV WEG). Darüber beschließen die Wohnungseigentümer (§ 28 V WEG). Erst hierdurch kommt auf der Grundlage des Verteilungsschlüssels die maßgebliche Kosten- und Lastenbeteiligung zustande. Das Recht des einzelnen Wohnungseigentümers ist darauf beschränkt, nach § 21 IV i.V. mit § 21 V WEG sowie i. V. mit § 27 II Ziff. 2 und § 28 III WEG die ordnungsgemäße Aufstellung des Wirtschaftsplans, die ordnungsgemäße Einziehung der aus dem Wirtschaftsplan sich ergebenden Posten sowie eine ordnungsgemäße Abrechnung darüber zu verlangen. Erst wenn die Wohnungseigentümergemeinschaft darauf gerichtete Anträge ablehnt, kann der Wohnungseigentümer auf bestimmte Maßnahmen klagen[2062]. Auf die Mitwirkung an der ordnungsgemäßen Verwaltung (§ 28 V WEG) muß auch der Antrag des einen Wohnungseigentümers gegen andere Wohnungseigentümer im Verfahren nach §§ 43 ff. WEG bezüglich des Wohngeldes gerichtet werden. Nur so kann die gerichtliche Feststellung der Abrechnung[2063], wie es nottut, für sämtliche Wohnungseigentümer nach § 45 II WEG verbindlich werden. Damit ist der Zahlungsanspruch Gemeinschaftssache und nicht – es sei denn kraft Ermächtigung der Gemeinschaft – vom einzelnen Wohnungseigentümer geltend zu machen[2064].

b) Die Gemeinschaft der Wohnungseigentümer

1925 Die Wohnungseigentümergemeinschaft ist eine schon durch die gesetzliche Regelung, insbesondere die Einrichtung der gesetzlichen Organe (Versammlung und Verwalter, §§ 20, 23 WEG) verfaßte Verwaltungsgemeinschaft individueller Interessenträger. Sie ist kein selbständiges Rechtssubjekt, d.h. keine juristische Person. Die Willensbildung für ein solches Rechtssubjekt scheidet aus. Die Folge ist, daß es keine Einmann-

[2057] Davon zu unterscheiden ist der persönliche Anspruch auf anteiligen Ausgleich, der dem einzelnen Wohnungseigentümer zusteht, wenn er aus einer Verpflichtung gegenüber Dritten über seinen Anteil hinaus belastet ist oder in Anspruch genommen worden ist (zu diesem Anspruch bei der Bruchteilsgemeinschaft aufgrund des § 748 RGZ 109, 167, 171; MünchKomm/*K. Schmidt* § 748 Rz. 11). Dieser geht auf Befreiung von der Verbindlichkeit oder auf Zahlung an die eigene Person, der im Text behandelte Anspruch ist auf Zahlung an die Gemeinschaft (d.h. an den Verwalter – § 27 II Ziff. 2 WEG –) gerichtet.

[2058] *Bärmann/Pick/Merle*, WEG, § 16 Rz. 100.

[2059] *Weitnauer*, WEG, § 16 Rz. 27, 31; *ders.*, JZ 1992, 1054, 1056.

[2060] BGH NJW 1985, 912 f.

[2061] Muster bei *Deckert*, NJW 1989, 1064 ff.

[2062] OLG Hamburg NJW-RR 1994, 783.

[2063] Im Verfahren nach §§ 43 ff. WEG als einem Verfahren der freiwilligen Gerichtsbarkeit ist die gerichtliche Ersetzung eines Beschlusses der Wohnungseigentümer durch richterliche Entscheidung möglich (BGH NJW 1985, 912 f. unter 3.).

[2064] BGHZ 111, 148 = JZ 1991, 249 (mit abl. Anm. *Ehmann*). Auch bezüglich der Einziehung des festgestellten Lastenbeitrags hat der einzelne Wohnungseigentümer das Recht auf ordnungsgemäße Verwaltung, d.h. bei Untätigkeit der Gemeinschaft oder sachwidriger Ablehnung der Rechtsverfolgung die Möglichkeit, eine gerichtliche Entscheidung herbeizuführen, BGH JZ a.a.O. S. 251.

Wohnungseigentümergemeinschaft und also auch keine Beschlüsse bei Vereinigung sämtlicher Wohnungseigentumsanteile in einer Hand gibt[2065]. Von der Personengesellschaft unterscheidet sich die Wohnungseigentümergemeinschaft durch das Fehlen eines gemeinsamen Zwecks.

Auch wenn die Eigentümergemeinschaft aufgrund der Existenz von mindestens zwei Wohnungseigentümern besteht, hat sie nicht notwendig schon damit ihre volle Verfaßtheit: Der Verwalter ist zwar nicht – wie der Verwaltungsbeirat, §§ 20 I, 29 WEG – fakultatives, er ist aber auch nicht gesetzlich zwingend notwendiges Organ, seine Bestellung kann nach § 20 II WEG nur nicht ausgeschlossen werden. Ob und wann ein Verwalter bestellt wird, ist – abgesehen vom Dringlichkeitsfall des § 26 III WEG und vorbehaltlich anderer Vereinbarung oder Teilungserklärung – Sache der Beschlußfassung der Wohnungseigentümer (§ 26 I 1 WEG). Jeder Wohnungseigentümer hat aber nach § 21 IV WEG ein Recht darauf, daß, wenn dies zur ordentlichen Verwaltung erforderlich ist, ein Verwalter bestellt wird. Ein dies ablehnender Beschluß ist dann gesetzeswidrig mit der Folge, daß er im Verfahren nach § 43 I Nr. 4 i.V. mit § 23 IV WEG aufzuheben und durch die Feststellung, daß ein Verwalter zu bestellen ist, zu ersetzen ist. **1926**

Da weder der in Grenzen von der Willkür der Eigentümer abhängige Grad der Verfaßtheit noch seine von den fließenden Verhältnissen des Einzelfalls abhängige Notwendigkeit über die Haftungsordnung entscheiden können, ist schon die Zusammenfassung der Wohnungseigentümer zu der – wie dicht auch immer – verfaßten Verwaltungsgemeinschaft als solche ausreichend dafür, auf das Handeln der gesetzlichen Organe, d.h. nach § 20 WEG: der Eigentümergemeinschaft (zu ihrer Vertretungsbefugnis sogleich) und des Verwalters[2066], § 31 WEG entsprechend anzuwenden. Man muß nur die sich neuerdings durchsetzende Erkenntnis beherzigen, daß die Haftung nach § 31 WEG nicht nur bei der juristischen Person auf das gemeinschaftlich verwaltete Vermögen beschränkt ist[2067]. **1927**

Die Wohnungseigentümer sind zur Grundregelung für die gemeinsamen Angelegenheiten und zur Regelung der Angelegenheiten aufgrund dieser Grundregelung zuständig. Die Grundregelung wird durch Teilungserklärung oder Vereinbarung getroffen nach §§ 3, 8, 5 IV, 10 I 2, 15 I, 18 WEG. Eine solche bedarf – zumindest zur Wirksamkeit gegen einen Sondernachfolger (§ 10 II WEG) – der Eintragung in das Grundbuch. Die Verwaltung der laufenden Angelegenheiten wird vorbehaltlich eines Notgeschäftsführungsrechts (§ 21 II WEG) nach §§ 20, 21 ff. WEG durch Beschluß der Wohnungseigentümerversammlung geregelt. Über Einberufung[2068], Beschlußfähigkeit[2069], Stimmrecht[2070], **1928**

2065 Zutreffend LG Frankfurt ZMR 1989, 351. Für die Möglichkeit von Beschlüssen des Alleineigentümers MünchKomm/*Röll*, § 26 WEG Rz. 5 a. Der Alleineigentümer kann das, was die Eigentümergemeinschaft durch Beschlußfassung regeln kann, durch Teilungserklärung oder eine Vereinbarung nach § 10 II WEG regeln, soweit bestimmte Angelegenheiten nicht – wie die Bestellung einer bestimmten Person zum Verwalter – notwendig Sache der Beschlußfassung der späteren Eigentümergemeinschaft ist.

2066 Der fakultative Verwaltungsbeirat hat nach dem, allerdings nur hilfsweise, mangels anderer Vereinbarung, geltenden Gesetz nur unterstützende Funktion – § 29 WEG –.

2067 Weiter trägt der Gedanke des § 31 WEG bzw. der ihm zugrundeliegende Gedanke nicht. S. *Flume* I/1 § 16 IV 6, S. 343 f.

2068 Werden einzelne Wohnungseigentümer nicht nach § 24 I WEG geladen, sind die in der Versammlung gefaßten Beschlüsse nach § 43 I Nr. 4 WEG anfechtbar, OLG Düsseldorf NJW-RR 1995, 464. Wechselt in der Frist zwischen Einladung und Versammlung das Wohnungseigentum, so ist die Einladung wirksam, wenn sie wirksam an den Veräußerer ergangen ist. Auch wenn der Erwerber dem Verwalter den Eigentümerwechsel zur Kenntnis bringt, braucht der ihn nicht einzuladen. Selbst wenn der Verwalter ihn nicht einmal in Kenntnis setzt, führt das nicht zur Fehlerhaftigkeit von in der Versammlung gefaßten Beschlüssen (KG NJW-RR 1997, 1033 f.). Für die Einladung kommt es auf den Zugang an, es sei denn, es ist die Einla-

Mehrheitserfordernis[2071], Beschlußfassung und Niederschrift, Ungültigkeit oder Anfechtbarkeit der Beschlüsse hält das Gesetz in §§ 23 bis 25 WEG eine eingehende – grundsätzlich abdingbare – Regelung bereit. Wirksame Beschlüsse sind Ermächtigungsgrundlage für aufgrund ihrer vorgenommene Rechtshandlungen mit der Konsequenz, daß die Rechtshandlungen auch für und gegen diejenigen Wohnungseigentümer wirken, die gegen den Beschluß gestimmt oder an der Beschlußfassung nicht mitgewirkt haben (§ 10 IV WEG). Aufgrund dieser Regelung ist die Eigentümerversammlung Organ wie der Verwalter. Die Bindungswirkung von Beschlüssen bedarf zur Wirksamkeit gegen Sondernachfolger in Wohnungseigentum nicht der Eintragung in das Grundbuch (§ 10 III WEG).

§ 23 IV WEG macht mit der Feststellung, daß fehlerhafte Beschlüsse grundsätzlich nur anfechtbar sind, nicht etwa Beschlüsse gültig, die ihrem Inhalt nach gegen zwingendes Recht verstoßen – trotz der mißverständlich nur auf die Frist bezogenen Formulierung des § 23 IV 2 WEG –[2072]. Der Beschlußkompetenz vollständig entzogen mit der Folge, daß der etwaige Beschluß nicht vorbehaltlich einer Anfechtung wirksam ist, sind auch solche Angelegenheiten, zu deren Regelung es einer Vereinbarung bedarf. So kann nicht in Abweichung von der Teilungserklärung ein Sondernutzungsrecht beschlossen und vorbehaltlich nur der Anfechtung des Beschlusses wirksam sein[2073].

dung durch eingeschriebenen Brief vorgesehen (wie nach § 51 I 1 GmbHG, für den ein Zugang nicht verlangt wird, *Roth/Altmeppen*, § 51 Rz. 5), so *Bärmann/Pick/Merle*, WEG, § 24 Rdnr. 30.

2069 § 25 III WEG betreffend die sog. erste Versammlung. Bei Beschlußunfähigkeit wird eine Wiederholungsversammlung erforderlich, für die die Beschlußfähigkeitsschranke nicht gilt (§ 25 IV WEG). Wenn die Teilungserklärung das vorsieht, kann die Wiederholungsversammlung im Einberufungsschreiben für den Fall der Beschlußunfähigkeit der ersten Versammlung eine halbe Stunde nach dieser angesetzt werden (OLG Köln WuM 1999, 297). Nach BayObLG NJW-RR 1996, 524 ist in der Wiederholungsversammlung die Beschlußfassung durch den einzigen anwesenden Wohnungseigentümer möglich. Für die Beschlußfähigkeit zählen anwesende Eigentümer mit, auch wenn sie bezüglich bestimmter Beschlußgegenstände nach § 25 V WEG vom Stimmrecht ausgeschlossen sind (KG NJW-RR 1994, 659).

2070 Nach § 25 II 1 WEG hat jeder Wohnungseigentümer eine Stimme. Davon kann durch Vereinbarung abgewichen werden, etwa kann die Stimmberechtigung nach der Höhe der Anteile oder der Zahl der dem einzelnen Eigentümer gehörenden Wohnungen etc. verteilt werden.- Vom Stimmrecht ausgeschlossen ist ein Wohnungseigentümer bei einer Interessenkollision, die § 25 V WEG definiert. Nicht erfaßt wird die Abstimmung eines Wohnungseigentümers über seine eigene Bestellung zum Verwalter (Nachw. *Jennißen* NJW 2000, 2318) und die Abstimmung eines Eigentümers, der zugleich Verwalter ist, über die von ihm erstellte Jahresabrechnung (BayObLG, unveröffentlichter Beschluß, zit. bei *Jennißen* NJW 1996, 701). Der Stimmrechtsausschluß wegen Interessenkollision ist zwar entgegen *Bärmann/Pick/Merle*, WEG, § 25 Rz. 141 nur für den Fall der Beschlußfassung über Rechtsgeschäfte mit einem Wohnungseigentümer verzichtbar (auch insoweit allerdings nur durch Gestattung seitens der anderen für den einzelnen Fall – so zutreffend für Verein und Gesellschaften *Flume* I/2 § 7 V, S. 226 –). Der Stimmrechtsausschluß macht aber nicht (notwendig) den Inhalt des Beschlusses unzulässig. Seine Voraussetzungen und die Ursächlichkeit der Abstimmung des Ausgeschlossenen für den Beschluß müssen im Anfechtungsverfahren festgestellt werden.

2071 Die Mehrheit ist nur nach Ja- und Neinstimmen zu berechnen. Enthaltungen sind nicht mitzuzählen – BGH DB 1989, 523 f. = BGHZ 106, 169.

2072 BGHZ 107, 268; *Bärmann/Pick/Merle*, WEG, § 23 Rz. 107. Zur Begrenzung der Bestandskraft nicht angefochtener Beschlüsse wendet OLG Düsseldorf DWE 1995, 124 sowie NZM 1998, 969 analog der gesellschaftsrechtlichen Lehre von dem durch Mehrheitsbeschluß nicht antastbaren Kernbereich der Rechte eines Gesellschafters das Kriterium des dinglichen Kernbereichs des Wohnungseigentums an.

2073 BGH ZfIR 2000, 877, dazu oben Rz. 1907.

Der Verwalter hat aufgrund seiner Bestellung[2074] die in §§ 24, 27, 28 WEG umschriebenen Verwaltungsrechte und -pflichten; insbesondere hat er die Wohnungseigentümerversammlung einzuberufen und deren Beschlüsse durchzuführen (§§ 24, 27 I Ziff. 1 WEG)[2075], für den ordnungsgemäßen Zustand der im gemeinschaftlichen Eigentum befindlichen Sachen zu sorgen (§ 27 I Ziff. 2, 3 WEG), gemeinschaftliche Gelder zu verwalten (§ 27 I Nr. 4 WEG) und bestimmte gemeinsame Einnahmen und Ausgaben zu besorgen (§ 27 II Nrn. 1, 2 WEG). Schließlich hat er die Pflicht zur Aufstellung eines Wirtschaftsplans und zur Jahresrechnungslegung (§ 28 WEG). Der Verwalter steht in einem Geschäftsbesorgungsverhältnis zur Gemeinschaft der Eigentümer nach § 675[2076]. **1929**

Zur Wahrnehmung der Aufgaben aus § 27 I und II WEG durch Abschluß von Rechtsgeschäften im Namen der Wohnungseigentümer hat der Verwalter die gesetzliche, nicht einschränkbare Vertretungsmacht (§ 27 II, III WEG). Was allerdings die Kompetenz betrifft, Rechtsgeschäfte in Durchführung von Beschlüssen zu tätigen, besteht die Vertretungsmacht nur, soweit sie der Beschluß ausdrücklich oder sinngemäß begründet[2077]. **1930**

Aus den in ihrem Namen und mit Vertretungsmacht abgeschlossenen Geschäften werden die Wohnungseigentümer nach Meinung der einen[2078] in schlichter Rechtsgemeinschaft berechtigt – diese sei von der in §§ 10 ff. WEG besonders geregelten Gemeinschaft betreffs des Wohnungseigentums zu trennen –, nach Meinung der anderen als BGB-Gesamthandsgesellschaft[2079]. **1931**

Die Auffassung von der bloßen Rechtsgemeinschaft tut alles, um die Zweckwidmung des Verwaltungsvermögens gegenüber den aus den Rechtsgemeinschaftsgrundsätzen **1932**

2074 Zur Bestellung (insbesondere der gerichtlichen Bestellung eines Notverwalters) und Abberufung § 26 WEG. Die Vorschrift kann nicht durch Einführung des Erfordernisses einer 3/4-Mehrheit abbedungen werden (Verstoß gegen § 26 I 4 WEG, BayObLG WuM 1996, 497). Keine mißbräuchlich einseitige Durchsetzung eines Verwalters (BayObLG WuM 1996, 648). Durch die Bestellung wird das Organverhältnis begründet. Was den schuldrechtlichen Verwaltervertrag betrifft, nimmt das OLG Hamm mangels ausdrücklichen Vertragsschlusses den konkludenten Abschluß eines schuldrechtlichen Verwaltervertrages an, NJWE-MietR 1997, 65.

2075 Ist ein Beschluß anfechtbar, hat der Verwalter das Anfechtungsrecht (§ 43 I Nr. 4 WEG), sein Rechtsschutzbedürfnis ergibt sich schon aus der Frage, ob er den Beschluß auszuführen hat. Hinsichtlich der Fragen, ob ein Beschluß anfechtbar ist und ggf. ob er, weil noch nicht angefochten wurde, ausgeführt oder angefochten werden soll, trifft den Verwalter die Verantwortung als Geschäftsbesorger (§§ 675, 276).

2076 Aus dem Geschäftsbesorgungsverhältnis bestimmen sich seine Befreiungs- und Rückzahlungsansprüche gegenüber der Wohnungseigentümergemeinschaft, wenn er vollmachtlos, aber zu deren Gunsten gehandelt hat (§ 27 I, Nrn. 2, 3 WEG) – s. z.B. BGH WM 1994, 161. OLG Düsseldorf NJW-RR 1996, 913 hat dem Verwalter Aufwendungsersatz aus GoA gewährt, weil er eine werterhaltende Maßnahme, die zu dem Zeitpunkt ihrer Vornahme § 27 I WEG (noch) nicht unterfiel, entgegen einem Eigentümerbeschluß getroffen hatte. Für Rechtsstreitigkeiten der gegenwärtigen und ehemaligen Wohnungseigentümer mit dem Verwalter ist das Wohnungseigentumsgericht zuständig – BayObLG NJW-RR 1994, 856.

2077 Einzelheiten über die Vertretungsmacht, die sich für den Verwalter aus der Beschlußfassung etwa über den Wirtschaftsplan ergeben kann, bei *Jennißen* NJW 1998, 2253; 2000, 2318 f.

2078 *Weitnauer*, WEG, vor § 1 Rz. 30 ff., § 10 Rz. 10

2079 *Merle*, Das Wohnungseigentum im System des bürgerlichen Rechts, 1979, S. 131; s. vorher – allerdings ohne Bezug auf das Wohnungseigentum, nämlich generell für den Abschluß von Geschäften für eine Bruchteilsgemeinschaft – *Flume* I/1, 4, 8, 117 ff.; für die Einbindung der Rechte in eine dreigliedrige Einheit aus Mit-, Sondereigentum und Mitgliedschaft an der Eigentümergemeinschaft als einem dem nicht rechtsfähigen Verein gleichzuordnenden teilrechtsfähigen Subjekt, dem das Verwaltungsvermögen gehört, *Bärmann*, Die Wohnungseigentümergemeinschaft – ein Beitrag zur Lehre von den Personenverbänden, 1986, S. 327 ff., erneut NJW 1989, 1057 ff., 1062.

folgenden Konsequenzen durch Annahme stillschweigender Abreden etc. zu wahren. Natürlicher ist es dann, die Zweckwidmung in einer gesamthänderischen Bindung des Verwaltungsvermögens zu perfizieren[2080]. Auch dies nur führt zu einer der Verwaltungsgemeinschaft angemessenen Art der Einziehung der Forderungen. Sie muß wie die der Einziehung der Forderung auf Kostenbeitrag gegenüber den Wohnungseigentümern Verwaltungsangelegenheit sein[2081]. Im Verhältnis zu Dritten ist dies nicht aus dem Schuldverhältnis der Wohnungseigentümer untereinander herleitbar, das wäre Einwendung des Dritten gegen die Klage gemäß § 432 e jure tertii. Die Konsequenz ist aber ohne weiteres begründet bei gesamthänderischer Zuständigkeit.

1933 Unabhängig von der Auffassung der Berechtigung als bruchteilsmäßiger oder gesamthänderischer Rechtszuständigkeit kommen die Verpflichtungen aus den Verträgen im Zweifel zu Lasten aller Wohnungseigentümer als Gesamtschuldner zustande (§ 427)[2082] mit dem Verwalter als Erfüllungsgehilfen (§ 278)[2083].

1934 Aus dem Gesichtspunkt der unerlaubten Handlung[2084] haftet der Verwalter für schuldhafte Verletzung der Verkehrssicherungspflicht, die ihn im Rahmen seiner Verwalteraufgaben trifft (§ 27 I Ziff. 2 WEG), persönlich; die Wohnungseigentümer haften für die zum Schadensersatz verpflichtenden Handlungen, die der Verwalter im Rahmen seines Aufgabenkreises begeht, entsprechend § 31, beschränkt auf das gemeinschaftliche Vermögen. Daneben kommt ihre Haftung aus eigenem Verschulden nach §§ 823, 836 in Betracht. Die Wahrnehmung ihrer Sicherungspflichten können sie aber im Rahmen ordnungsgemäßer Verwaltung auf verläßliche Dritte (namentlich den Verwalter), die sie aber zu überwachen haben, übertragen[2085]. Daneben kann die Gefährdungshaftung aus § 22 WHG eingreifen[2086].

c) *Beginn und Ende der Wohnungseigentümergemeinschaft*

1935 Die Wohnungseigentümergemeinschaft entsteht, wenn mindestens zwei Miteigentümer wirksam Wohnungseigentum erwerben. Sie endet mit der Aufhebung der Sondereigentumsrechte, ihrer Vereinigung in einer Hand oder der Schließung der Wohnungsgrund-

[2080] Ob die Figur der BGB-Gesellschaft anwendbar ist, ist freilich zweifelhaft.

[2081] Nach BGHZ 106, 222 = NJW 1989, 1091 (betreffend Ansprüche gegen den Verwalter) und OLG Düsseldorf NJW-RR 1989, 978 (betreffend Ansprüche wegen Baumängeln, die ihren Grund nicht im Vertrag über den Erwerb des Wohnungseigentums vom Bauträger, sondern in davon selbständigen Verträgen haben – zur Berechtigung betreffs der ersteren s. Darstellung der Rechtsprechung bei *Jagenburg*, NJW 1990, 292, 300 und insbesondere BGHZ 111, 148 = NJW 1989, 2524 = JZ 1990, 143 mit Anm. *Weitnauer*, JZ 1991, 249 ff. mit Anm. *Ehmann*) setzt die Geltendmachung von Ansprüchen der Gemeinschaft gegen Dritte einen Beschluß des Inhalts voraus, daß der Anspruch geltend gemacht werden soll. Gegen die Rechtsprechung *Ehmann*, JZ 1991, 222 ff. Differenzierend BGH JZ 1992, 1075 ff.; dazu *Weitnauer*, JZ 1992, 1054 ff. Zu Gewährleistungen des Bauträgers vgl. *Pause*, NJW 1993, 553.

[2082] BGHZ 67, 334; BGHZ 76, 86 = NJW 1980, 992; KG NJW-RR 1990, 153, 154 betreffend Verwaltervergütung. Zur Bezeichnung der Partei in der Klage gegen die Wohnungseigentümer genügt es, die Klage gegen die Wohnungseigentümergemeinschaft etwa „X-Straße Nr…“ zu richten; *Weitnauer*, WEG, § 10 Rz. 14 m.N.

[2083] Wenn es nicht gerade um Pflichten gegenüber dem Verwalter geht.

[2084] Auch nach §§ 836, 838, OLG Düsseldorf NJW-RR 1992, 1244 f.; DWE 1996, 186.

[2085] BGH NJW 1985, 484 betreffend die Streupflicht. § 14 Nr. 2 WEG ist nicht einschlägig; er betrifft das Gemeinschaftsverhältnis der Wohnungseigentümer untereinander als gesetzliches Schuldverhältnis. Zu beachten ist, daß auch Wohnungseigentümer oder Mieter der Wohnung Dritte, nämlich durch Verletzung der Verkehrssicherungspflicht geschädigt sein können, s. BGH a.a.O. – Zur Verantwortlichkeit des Wohnungseigentümers für seine Mieter s. *Kirchhoff*, ZMR 1989, 323 ff.

[2086] Insbesondere bei Öltanklecks; s. *Weitnauer*, WEG, § 27 Rz. 46.

bücher, wenn wegen der Zerstörung des Gebäudes alle Wohnungseigentümer einen entsprechenden Antrag stellen (§ 9 WEG). Abgesehen von diesen Möglichkeiten ist die Eigentümergemeinschaft unauflöslich (§ 11 WEG).

Der Wohnungseigentümergemeinschaft wird der einzelne zugehörig durch Erwerb von Wohnungseigentum, die Zugehörigkeit endet mit dem Verlust desselben, insbesondere durch Übertragung auf einen Sondernachfolger oder durch Entziehung, d.h. Durchsetzung eines Veräußerungs- (d.h. nach §§ 19, 53 ff. WEG Versteigerungs-)anspruchs[2087] wegen schwerer Verfehlung nach §§ 18 f. WEG[2088]. **1936**

Darüber, ob diese Veräußerung verlangt werden soll, wird – nach erfolgloser Abmahnung – durch Beschluß, bei dem der Abgemahnte nicht stimmberechtigt ist – § 25 V WEG – entschieden, der wie jeder Beschluß im Verfahren nach §§ 43 ff. WEG angreifbar ist. In dem Verfahren wird aber nicht über die sachliche Berechtigung, d.h. das Bestehen eines Anspruchs verhandelt, sondern nur über das wirksame Zustandekommen des Beschlusses darüber, daß der Entziehungsanspruch geltend gemacht werden soll. Über den Anspruch auf Entziehung entscheidet, wenn der betroffene Wohnungseigentümer nach einem entsprechenden Beschluß nicht freiwillig veräußert, das Prozeßgericht, als welches in erster Instanz das Amtsgericht zuständig ist (§ 51 WEG). Klageberechtigt sind die anderen Wohnungseigentümer[2089]. Der Entziehungsanspruch ist zwingend (§ 18 IV WEG)[2090]. **1937**

Die Feststellung der Zugehörigkeit kraft Erwerbs des Wohnungseigentums bis zu dessen Verlust läßt Fragen offen: Es können Personen faktisch eine Wohnungseigentümergemeinschaft bilden oder ihr zugehören, obwohl ihr Erwerb noch nicht vollendet oder aber unwirksam ist. Bei Absicherung eines künftigen Erwerbs aufgrund einer Vormerkung liegt die Gleichstellung des Besitzers mit einem Wohnungseigentümer besonders nahe. Hinsichtlich einer wirksam zustandegekommenen Veräußerung des Wohnungseigentums ist zu fragen, inwieweit die Rechtsstellung des ehemaligen Eigentümers auf den neuen überzuleiten ist. **1938**

2087 Auch sog. Abmeierungsanspruch (Ausdruck aus dem früheren Erbhofrecht, *Hubernagl*, WEG, 1952 § 51 Anm. 1). Zu vergleichen sind §§ 23 GmbHG, 65 II AktG.

2088 Möglich insbesondere bei erheblichem Rückstand mit Wohngeld, Nachw. bei *Jennißen*, NJW 1996, 696, 699 f. Kontrolle anhand des Art. 14 GG durch BVerfG WM 1993, 1813.

2089 Nicht der Verwalter gemäß § 27 II Nr. 5 WEG. Es handelt sich nicht um eine Verwaltungsangelegenheit, sondern die Auflösung des Grundverhältnisses. Der Verwalter kann allerdings durch die klageberechtigten Wohnungseigentümer bevollmächtigt werden. Der mit Stimmenmehrheit ergehende Beschluß begründet die Legitimation jedes das Verlangen nach § 18 I WEG anbringenden Wohnungseigentümers zur Klage mit Wirkung gegen alle Wohnungseigentümer – § 10 IV WEG – (streitig, s. *Weitnauer*, WEG, § 18 Rz. 9, *Bärmann/Pick/Merle*, WEG, § 18 Rz. 43 ff.). Wird der Beschluß auf Anfechtung hin im Verfahren nach § 43 WEG für unwirksam erklärt, entfällt diese Legitimation. Die Klage nach § 51 WEG kann dann nur begründet sein, wenn alle verletzten Wohnungseigentümer mitwirken. Dazu kann aufgrund des Gemeinschaftsverhältnisses eine Verpflichtung bestehen. Ein Wohnungseigentümer, der die Ausschließung eines anderen betreibt, kann dann die Klage gegen die übrigen auf Mitwirkung mit der Klage nach § 51 WEG verbinden (s. für die Ausschließung eines Gesellschafters der OHG Baumbach/*Hopt*, HGB, 20. Aufl. 2000, § 140 Rz. 20.

2090 Genauer gesagt, das Recht des verletzten Wohnungseigentümers nach § 18 I WEG, die Veräußerung zu verlangen, d.h. ein solches Verlangen an den Verletzer zu stellen und dadurch zur Sache der Eigentümergemeinschaft zu machen. Das Erfordernis eines positiven Beschlusses über das Verlangen kann aber gegenüber dem Gesetz durch das Erfordernis einer qualifizierten Mehrheit verschärft werden (OLG Celle DNotZ 1955, 320 mit Anm. Weitnauer; *Bärmann/Pick/Merle*, WEG, § 18 Rz. 51). Die Eigentümer müssen sich nur der Sache annehmen; wie sie das tun, das ist ihre Sache. Ebenso ist aber auch eine Beseitigung des Beschlußerfordernisses durch Vereinbarung möglich (§ 10 I 2 WEG). Nach § 10 II WEG können solche Vereinbarungen den Sondernachfolger treffende Wirkung haben.

1939 Zum ersteren Fragenkreis hat sich in Rechtsprechung und h.M. die Lehre von der faktischen oder werdenden Wohnungseigentümergemeinschaft – analog zu den gesellschaftsrechtlichen Figuren der fehlerhaften Gesellschaft und der werdenden juristischen Person – herausgebildet[2091]. Es soll das Recht der fertigen Wohnungseigentümergemeinschaft ungeachtet dessen anwendbar sein, daß Wohnungseigentum (noch) nicht wirksam erworben wurde[2092].

1940 Zum Fragenkreis hinsichtlich der Lage bei Veräußerung des Wohnungseigentums ist die Zuordnung des Verwaltungsvermögens einerseits und die Haftung des Erwerbers für die aus der Zeit des Vorgängers offenen Pflichten zu erörtern. Das Problem ist, wie weit das Verwaltungsvermögen, d.h. die der gemeinsamen Bestreitung von Kosten und Lasten dienenden und die durch Verträge mit Dritten erworbenen gemeinsamen Rechte, wie weit aber auch die zur gemeinsamen Aufbringung dienenden Pflichten der Wohnungseigentümer auf diejenigen Personen ausgerichtet werden können, die gegenwärtig zusammen wohnen.

1941 Was die Frage nach der faktischen Eigentümergemeinschaft betrifft, ist die Unterscheidung zu beachten, die zur Lösung der Problematik der fehlerhaften Personengesellschaft führt[2093]: Es ist die Unterscheidung zwischen der rechtlichen Existenz einer Gemeinschaft nach außen und für das Verhältnis der Mitglieder zur Gemeinschaft einerseits und den Beziehungen der Gemeinschafter untereinander andererseits. In der ersteren Hinsicht gilt, daß, wenn aufgrund eines nicht gesetz- oder sittenwidrigen Gesellschaftsvertrags die Gesellschaft vollzogen ist, die Personengesellschaft als Personengemeinschaft existiert, auch wenn die Grundlagen der Personengesellschaft, insbesondere der Beitritt zu ihr, fehlerhaft ist. Diese Existenz bestimmt aber nicht die Beziehungen der Gesellschafter untereinander. Diese sind schuldrechtlich einzuordnen. Was im Vergleich dazu die Gemeinschaft der Wohnungseigentümer betrifft, kommt für diese eine rechtliche Existenz aufgrund des Vollzuges eines Gemeinschaftsvertrages nicht in Betracht. Die Wohnungseigentümergemeinschaft baut ausschließlich auf der Eigentümerposition der Wohnungseigentümer als mit Sondereigentum verbundenem Miteigentum auf. Menschen, die zusammen wohnen oder wohnen wollen und dazu Wohnungseigentum ins

2091 Darstellung und Nachweise von Rechtsprechung und Literatur bei *Weitnauer*, WEG, Anh. zu § 10. Bayerische Leitentscheidung ist BayObLGZ 1990, 101 ff., fortgeführt u.a. in BayObLG NJW-RR 1992, 597 (werdende Gemeinschaft nur nach Teilung durch den Eigentümer im Sinne von § 8 WEG, nicht nach Teilungsvereinbarung von Miteigentümern im Sinne von § 3 WEG). Nach *Weitnauer*, 7. Aufl., Anh. zu § 10, ebenso 8. Aufl., ist der Lehre von der faktischen Eigentümergemeinschaft zu folgen für das Anlaufstadium einer Eigentümergemeinschaft (etwa beim Erwerb vom Bauträger), allerdings unter der Voraussetzung eines gültigen Erwerbsvertrags (*Weitnauer* meint: eines noch nicht weggefallenen, d.h. – bei Anfechtungs- oder Auflösungsgründen – noch nicht stornierten Vertrags; was bei nichtigen Verträgen gelten soll, bleibt offen), unter Voraussetzung weiter der Besitzübergabe und schließlich der Eintragung einer Vormerkung. Der Lehre sei dagegen nicht zu folgen hinsichtlich des Zweiterwerbs des Wohnungseigentums von einem Mitglied einer schon durchgeführten Wohnungseigentümergemeinschaft. Wie *Weitnauer* auch *Coester*, NJW 1990, 3184. OLG Köln NJW-RR 1999, 959 läßt die Annahme einer faktischen Gemeinschaft offen; jedenfalls ende die möglicherweise bestehende faktische Wohnungseigentümergemeinschaft dann, wenn ein Wohnungsgrundbuch angelegt werde und mindestens zwei Wohnungseigentümer darin eingetragen würden. Die nicht zur in Vollzug gesetzten Gemeinschaft gehörenden „werdenden" Wohnungseigentümer hafteten nicht für Verbindlichkeiten, die von der in Vollzug gesetzten Wohnungseigentümergemeinschaft begründet worden und fällig geworden seien.

2092 Schon bei Eindeutigkeit von Ansprüchen auf Eigentumsübertragung will das AG Greifswald NJW-RR 2001, 591 eine faktische Eigentümergemeinschaft annehmen. Aufgrund des erhöhten Arbeitsanfalls in den Grundbuchämtern der neuen Bundesländer bestehe ein besonders dringendes Bedürfnis nach schneller Anwendbarkeit der Regeln des WEG.

2093 *Flume*, I 1 § 2 III S. 13 ff.

Auge fassen, gründen nicht privatautonom eine Gesellschaft oder einen Verein zu einem gemeinsamen Zweck, sie können vielmehr Eigentum erwerben, und die Gemeinschaftsordnung kommt dann als sinnvolle Regelung dieser Mitzuständigkeit mehrerer Eigentümer desselben Grundstücks hinzu. Daraus folgt: Die rechtliche Existenz einer Wohnungseigentümergemeinschaft ohne wirksam begründetes Wohnungseigentum gibt es nicht. Auch die Vormerkung betreffs des Anspruchs auf Übertragung von Wohnungseigentum macht den Begünstigten nicht zum Wohnungseigentümer, sie beläßt den Veräußerer in der Wohnungseigentümerstellung und verstärkt nur den schuldrechtlichen Anspruch gegenüber dem Veräußerer als weiterhin zuständig bleibendem Eigentümer. Damit bleibt allein die Problematik der richtigen Behandlung der Beziehungen von Menschen, die im Hinblick auf Wohnungseigentum zusammen wohnen, untereinander. Soweit eine Gemeinschaft „gelebt" wurde, sind für die Abwicklung wie im Verhältnis von Gesellschaftern einer fehlerhaften Gesellschaft untereinander die der bisherigen Koexistenz „angemessenen" Lösungen des Einzelfalls zu finden, angemessen durch Abwandlung der Rückwirkung von Anfechtung und Nichtigkeit unter Berücksichtigung der Besonderheiten des Einzelfalls.

Die Idee der Existenz einer Wohnungseigentümergemeinschaft ohne Wohnungseigentum ist zu verwerfen ohne Unterscheidung zwischen anlaufender Wohnungseigentümergemeinschaft und Zweiterwerb. Ist der Veräußerer ein Bauträger und hat er nach § 8 WEG die Teilungserklärung abgegeben, so besteht vor der Übereignung der ersten Wohnung noch überhaupt keine und nach der ersten Übereignung eine Wohnungseigentümergemeinschaft zwischen dem Bauträger, soweit dieser noch Eigentümer ist, und den ersten Erwerbern einer Wohnung. Der Erwerb vom Bauträger ist also Erwerb vom Wohnungseigentümer. Erst recht kann im Fall des Bauherrenmodells, in welchem die späteren Wohnungseigentümer als Miteigentümer zusammen bauen, nicht für die Zeit vor Begründung des Sondereigentums statt der Miteigentumsordnung die Ordnung des WEG gelten. Das Verhalten wie Wohnungseigentümer begründet keine Kompetenz als Wohnungseigentümer. Nur eine vertragliche Heranziehung von Organisationsregeln des WEG, soweit diese vertraglich vereinbart werden können (also nicht etwa der Zuständigkeitsregelung der §§ 43 ff. WEG), ist denkbar[2094]. **1942**

Was zum anderen das Problem der Ausrichtung von Vermögen und Lasten auf die jeweils in Wohnungseigentum nachgefolgten Personen betrifft, ist zunächst die in §§ 16, 21 ff. WEG geregelte Pflicht zur Wohngeldzahlung zu behandeln. Auch diese Pflicht besteht aufgrund des Wohnungseigentums, d.h. grundsätzlich nur zu Lasten derjenigen Person, die Eigentümer war, als die fragliche Pflicht begründet worden ist[2095]. Eine Haftung des Erwerbers für aus der Zeit des Eigentums des Veräußerers rückständige Zahlungen aufgrund gesetzlichen Pflichtenübergangs gibt es nicht, auch ein – für sich genommen ja außerrechtlicher – Gemeinschaftsgedanke[2096] kann hierzu nicht verhelfen. Allerdings können die Wohnungseigentümer oder der teilende Eigentümer durch eine in das Wohnungsgrundbuch einzutragende und dadurch gegen den Erwerber wirksame Vereinbarung die Haftung eines Erwerbers für die aus der Zeit des Veräußerers rückständigen Lasten begründen (§§ 5 IV, 8 I, 10 I, II WEG)[2097]. **1943**

[2094] Damit kommen ja auch die Miteigentümergemeinschaften in den Fällen zurecht, daß Wohnungseigentum mangels Erreichung aller Voraussetzungen der Abgeschlossenheit der Wohnung rechtlich ausgeschlossen ist.

[2095] BGH WM 1996, 407. Nach BGH NJW 1994, 3352 haftet der (noch) im Grundbuch eingetragene Wohnungseigentümer nicht entsprechend § 16 II WEG für Verbindlichkeiten, die nach seiner Eintragung entstanden sind, wenn er den Erwerb nach § 123 wirksam angefochten hat. § 16 II WEG beziehe sich nicht auf die Buchberechtigung, sondern auf die wirksame Zugehörigkeit zur Wohnungseigentumsgemeinschaft.

[2096] Dafür *Bärmann/Pick/Merle*, WEG, § 16 Rdnr 104.

[2097] Diese Möglichkeit zur Gestaltung des Wohnungseigentums selbst nimmt zutreffend an BGH NJW 1994, 2950 = WM 1994, 1300. BGH NJW 1987, 1638 = BGHZ 99, 358 hat davon die Belastung des Ersteheers im Rahmen der Zwangsversteigerung ausgeklammert (§ 56 S. 2 ZVG

1944 Im Hinblick sodann andererseits auf das Verwaltungsvermögen ist der Anteil am eingezahlten und sonst erwirtschafteten Verwaltungsvermögen ein Anteil an einem zu einem gemeinsamen Zweck gehaltenen Vermögen. Da die Wohnungseigentümer sich aber nicht etwa schon bei Begründung oder Erwerb von Wohnungseigentum durch einen Vertrag zu einem gemeinsamen Zweck zusammenschließen, ist die Figur der BGB-Gesellschaft grundsätzlich – d.h. unter Vorbehalt von Sonderfällen, in denen ein Gesellschaftsvertrag geschlossen wird, – nicht anwendbar. Die Elemente des Zusammenwirkens zur gemeinsamen Verwaltung mit einem dieser gewidmeten und aus dieser entstehenden Vermögen sind aber der Existenz einer BGB-Gesellschaft so entsprechend, daß wie bei dieser von einer gesamthänderischen Zuständigkeit des dem gemeinsamen Zweck gewidmeten und aus seiner Verfolgung entspringenden Vermögens auszugehen ist: Vorbild ist die Zufallsgemeinschaft von Miterben. Das Verwaltungsvermögen der Wohnungseigentümergemeinschaft ist mithin wie bei der Erbengemeinschaft als ein dieser Gemeinschaft zustehendes Vermögen zu behandeln. Die Wohnungseigentümer sind aufgrund und für die Zeit ihres Eigentums Teilnehmer an der Eigentümergemeinschaft, der das Verwaltungsvermögen als Gesamthandsvermögen gehört. Die sich ergebenden Konsequenzen bestätigen, daß die Wohnungseigentümer im Hinblick auf die gemeinsame Verwaltung als Gesamthand einzuordnen sind: Das Verwaltungsvermögen muß gemeinsam verwaltet, Rechte aus dem Vermögen müssen durch die gemeinsame Verwaltung geltend gemacht werden. Dies institutionalisiert das WEG, und es gibt dem einzelnen Wohnungseigentümer nur den Anspruch auf ordnungsgemäße Verwaltung. Veräußert ein Wohnungseigentümer sein Eigentum, so kann es kein Verbleiben von Anteilsrechten oder etwa Abfindungsabsprüchen betreffs des Verwaltungsvermögens bei

mache eine Vereinbarung, soweit sie jenen erfasse, nach § 134 unwirksam, ebenso OLG Düsseldorf DWE 1996, 33). Mit der Bejahung der Gestaltungsmöglichkeit löst der BGH angemessen den Konflikt um die Schwierigkeit, aus der Gemeinschaft ausgeschiedenen Eigentümern wegen rückständiger Zahlungen hinterher laufen zu müssen. Das ist an sich weder dem Erwerber noch der Eigentümergemeinschaft zuzumuten. Wird der Gemeinschaft die Möglichkeit der im Wohnungsgrundbuch einzutragenden Vereinbarung der Lastentragung des jeweiligen Eigentümers eröffnet, kann sie die Schwierigkeit abwälzen, nimmt dafür allerdings eine Erschwerung der Veräußerung des Wohnungseigentums in Kauf. Der Erwerber hat bei Existenz einer entsprechenden Vereinbarung die Schwierigkeit, kann aber, durch das Grundbuch aufgeklärt, sich bei dem Erwerbsgeschäft nach Kräften absichern. Zweifelhaft ist, ob die Haftung des Erwerbers auch durch einen an sich rechtswidrigen, aber nicht angefochtenen Mehrheitsbeschluß begründet werden kann (so OLG Köln WE 1997, 431; OLG Düsseldorf NJW-RR 1997, 715). Weil es um die dingliche Gestaltung des Wohnungseigentums geht, ist dies zu verneinen (ebenso BGH NZM 1999, 1101). Zum Ganzen auch *Rapp*, DNotZ 2000, 185.- Hinsichtlich der Frage, für welche Verpflichtung bei Bestehen einer die Haftung des Erwerbers begründenden Vereinbarung neben dem Erwerber auch der Vorgänger oder bei Nichtbestehen einer Vereinbarung nur der Vorgänger haftet, ist entscheidend, wann die Verpflichtungen entstehen. Die Frage ist weiter bedeutsam für die Abgrenzung von normalen Schulden und Masseverbindlichkeiten in der Insolvenz. Zu dieser Frage hat sich der BGH zum einen dafür ausgesprochen, nicht auf die Entstehung von Kosten und Lasten, sondern auf die verbindliche Beschlußfassung nach § 28 V WEG über den Wirtschaftsplan (in diesem können Kostenvorschüsse angeordnet werden) oder über die Jahresabrechnung als Entstehungsgrund abzustellen – BGH NJW 1988, 1910 ff. = BGHZ 104, 197. Dies ist schon deshalb richtig, weil die Kostenvorschußverpflichtung vom Anfallen der Kosten getrennt ist. Zum anderen hat der BGH den schuldbegründenden Charakter der Beschlußfassung über die Jahresabrechnung auf die Abrechnungsspitze (Übersteigung der im Wirtschaftsplan beschlossenen Sollvorschüsse durch die tatsächlich angefallenen Kosten) beschränkt, während die rückständigen, insbesondere die rückständigen vorschüssigen Wohngeldverpflichtungen durch Beschlußfassung über die Jahresabrechnung nicht originär begründet würden, NJW 1994, 1866. Bestätigung der Rechtsprechung in NZM 1999, 1101.

ihm geben[2098]. Der Anteil des Veräußerers am Verwaltungsvermögen geht mit dem Eigentum, auf dem er beruht, auf den Erwerber über. Der Veräußerer kann rechtsgrundlos zu viel an die Gemeinschaft geleistet haben, dann steht ihm der Rückzahlungsanspruch zu, der genausowenig wie noch offene Verpflichtungen des Veräußerers gegenüber der Gemeinschaft auf den Erwerber übergeht. Soweit der Veräußerer cum causa in die Gemeinschaftskasse geleistet hat, ist das Geleistete verwaltungszweckgebunden, es kann nicht zurückgefordert werden.

Wer Teilnehmer der Eigentümergemeinschaft ist und an wen sie sich betreffs der Er- **1945**
füllung der Verpflichtungen zu halten hat, erfahren die Wohnungseigentümer durch die Benachrichtigung über die Grundbucheintragung nach § 55 GBO. Sind die Eintragungen – was allerdings praktisch selten vorkommt – unrichtig, geht man mithin von der falschen Person als Wohnungseigentümer aus, so ist über § 893 ein § 16 II GmbHG entsprechender Schutz der Eigentümergemeinschaft zu entwickeln. Für Lehren von faktischen Gemeinschaften und für Lehren über die Sondernachfolge in Rechte und Pflichten aus der Gemeinschaftsstellung, nach welchen beiden für Befugnisse, Nutzungen und Lasten die Gemeinschaft sich unabhängig von Grundbuchinhalt und Redlichkeit an gegenwärtig greifbare Mitwohnende soll halten können, ist kein Raum[2099].

[2098] Anders bedarf es nach BayObLGZ 1984, 198 für den Übergang des Anteils des Veräußerers am Verwaltungsvermögen einer besonderen Übertragung (immerhin geht das Gericht vom Anteil am Vermögen als Gesamtheit aus). Berechtigte Kritik daran bei *Bärmann*, NJW 1989, 1057, 1058 li.Sp., der aber zu Unrecht die Entscheidung als konsequent ansieht, wenn man der Meinung folge, daß auch die Verpflichtungen, zur Verwaltung beizutragen, nicht übergehen (1060 li.Sp.). Die Vermögenszweckgemeinschaft ändert nichts an der Radizierung der Wohngeldpflichten im Wohnungseigentum. Und konsequent ist nur, daß die offenen Verpflichtungen des Veräußerers ebensowenig ex lege übergehen, wie etwaige Ansprüche des Veräußerers gegenüber der Eigentümergemeinschaft, s. den folgenden Text. Entgegen dem BayObLG richtig KG NJW-RR 1988, 844: Keine Auszahlung des Anteils an der Instandhaltungsrückstellung (§ 21 V Ziff. 4 WEG) an den Veräußerer von Wohnungseigentum, vielmehr gesetzlicher Übergang auf den Erwerber. Verbleib eines Schadensersatzanspruchs aus fehlerhafter Verwaltung bei der Gemeinschaft nach OLG Köln WE 1998, 235.

[2099] Beifall verdient die Entscheidung des BGH in NJW 1989, 1087 = BGHZ 106, 113: kein Stimmrecht des Erwerbers einer Eigentumswohnung vor der Umschreibung auf ihn, auch dann nicht, wenn der Übereignungsanspruch durch Vormerkung gesichert ist (dafür aber Anfechtungsrecht des Erwerbers, wenn er innerhalb der Frist des § 23 IV WEG Eigentümer wird, OLG Frankfurt a.M. NJW-RR 1992, 1170). Ebenso ist zu folgen der Entscheidung BGH NJW 1989, 2697 (übereinstimmend BayObLG NJW-RR 1990, 81): Keine Haftung des werdenden Wohnungseigentümers entsprechend § 16 II WEG für Verbindlichkeiten, die noch vor seinem Eigentumserwerb durch Beschluß begründet und fällig geworden sind. Richtig auch die Entscheidung des KG NJW-RR 1987, 841, daß das Verfahren nach §§ 43 ff. WEG nicht für oder gegen Personen gilt, die noch nicht Wohnungseigentümer geworden sind (entgegen *Jagenburg*, NJW 1990, 301, der auch das KG unrichtig zitiert, hat der BGH in NJW-RR 1987, 1096 zur Frage nicht Stellung genommen). Zur praktischen Bewältigung der neueren, die Ideen von einer faktischen Wohnungseigentümergemeinschaft in Frage stellenden Rechtsprechung *Röll*, NJW 1989, 1070 ff; vgl. auch *Coester*, NJW 1990, 3184. Entgegen möglichen Folgerungen aus der Lehre von der faktischen Eigentümergemeinschaft ist das Verfahren nach § 43 WEG nicht in Anspruch zu nehmen gegen Personen, die vor Rechtshängigkeit durch Veräußerung ihres Eigentums aus der Gemeinschaft ausgeschieden sind (BGH NJW 1989, 714). Hat ein Veräußerer mehrere Wohnungseigentumsanteile innegehabt und nicht alle veräußert, so ist das Verfahren zulässig, wenn der geltendgemachte Anspruch aus der Stellung als Wohnungseigentümer schlechthin folgt (so bei Eingriffen in die Rechte der anderen), OLG Hamm DB 1990, 273. Dies ist entgegen OLG Hamm RPfleger 1981, 440 ff. ebenso anzunehmen hinsichtlich von Zahlungsansprüchen, die aus dem veräußerten Anteil berechnet werden. Auch diese treffen den Schuldner als Person und damit als Wohnungseigentümer, der er noch ist. Der Zweck des Verfahrens nach § 43 WEG, das gedeihliche Zu-

III. Das Erbbaurecht

1. Rechtsnatur und Regelung

a) *Beziehung zum Bauwerk*

1946 Nach § 1 I ErbbauVO ist das Erbbaurecht das auf einem Grundstück lastende, also beschränkte dingliche und näher: veräußerliche und vererbliche Recht, auf dem Grundstück oder unter der Oberfläche des Grundstücks ein Bauwerk zu haben[2100]. Aufgrund der Einrichtung des Wohnungs- und des Teileigentums hat das WEG neben das Erbbaurecht die mit Sondereigentum an einer Wohnung oder an sonstigen Räumen verbundenen Erbbaurechte, das sog. Wohnungserbbaurecht und das sog. Teilerbbaurecht, gestellt (§ 30 WEG).

1947 Das in Ausübung des Erbbaurechts errichtete Bauwerk muß im Erbbaurechtsvertrag nicht detailliert festgelegt werden, zulässig ist auch der Inhalt, daß der Berechtigte jede baurechtlich zulässige Art von Bauwerken errichten darf[2101]. Das Bauwerk wird mit seiner Errichtung nicht ein Bestandteil des Grundstücks (§ 95 I 2). Daraus könnte folgen, daß es im Eigentum des Erbbauberechtigten steht. Anders bestimmt aber § 12 I 1 ErbbauVO, daß das Gebäude als wesentlicher Bestandteil des Erbbaurechts gilt. Ein bei Bestellung des Erbbaurechts bestehendes Gebäude geht, wenn sich das Erbbaurecht darauf bezieht, mit der Bestellung in das Recht des Erbbauberechtigten über (§ 12 I 2 ErbbauVO). Das Gebäude scheidet als Zugriffsobjekt für schon bestehende Belastungen des Grundstücks aus (§ 12 I 3 ErbbauVO). Dies ist möglich, weil das Erbbaurecht nur zu ausschließlich erstem Rang eingetragen werden kann (§ 10 I ErbbauVO). Mit Beendigung des Erbbaurechts wird das Gebäude Bestandteil des Grundstücks (§ 12 III ErbbauVO) und zwar nach § 94 I 1 wesentlicher Bestandteil. Damit fällt das Recht am Erbbauwerk in das Eigentum des Grundstückseigentümers[2102].

1948 Die Abspaltung des Erbbaurechts ist, was den vom Erbbauwerk bedeckten Boden betrifft, eine Aufteilung des Eigentums nach dessen vollem Gehalt. Der Grundstückseigentümer behält nur noch die Kapitalnutzung (Erbbauzins) und den Wertzuwachs seines Grundstücks. Entsprechend reduziert ist die Möglichkeit, das Grundstück als Sicherungsobjekt zu nutzen.

b) *Wirtschaftliche Bedeutung*

1949 Besondere Bedeutung erhielt das Erbbaurecht durch die bedrängte Wohnungssituation infolge des Ersten Weltkriegs. Deshalb wurde es durch die ErbbauVO vom 15.1.1919[2103] unter Aufhebung der §§ 1012 ff. für vom 22.1.1919 ab entstehende Erbbaurechte (§§ 35, 38 ErbbauVO) neu geregelt. Das Erbbaurecht hilft beim Wiederaufbau dadurch, daß der Bauwillige bei einem Bau aufgrund Erbbaurechts Kapital nur für das Gebäude und nicht auch für den Erwerb des Grundstücks aufbringen muß (insoweit trifft ihn nur

sammenleben der Wohnungseigentümer trotz Klärung von Streitigkeiten nach Möglichkeit zu gewährleisten, gilt auch in diesem Fall.

2100 Darstellung mit praktischem Hintergrund bei *Winkler*, NJW 1992, 2514 ff. Zur Rechtsprechung des BGH im Überblick *M. Klein*, WM 1998, 1049. Zur Beleihung von Erbbaurechten *Wenzel*, ZBB 1995, 357. Zur ErbbauVO, zu Problemen der Wiedervereinigung und zum Sachenrechtsänderungsgesetz *Eike Maaß/Holthausen-Dux*, DStR 1995, 1230, 1273. Zum Problem von vor dem 01.01.1976 in der DDR bestellten Erbbaurechten *Flik*, DtZ 1997, 146.

2101 BGH WM 1994, 1220.

2102 Zur Eigentumsfolge der Bestandteilseigenschaft Planck/*Strecker* § 12 ErbbauVO, Anm. 3 a, 4.

2103 § 35 S. 1 ErbbauVO sagt: „Diese Verordnung hat Gesetzeskraft". Die ErbbauVO gehört zu den Revolutionsverordnungen der Nachkriegszeit. Jedenfalls durch Übergangsgesetz vom 4.3.1919 ist aber die gesetzliche Grundlage geschaffen worden (s. Planck/*Strecker* Vorbem. 1 vor § 1012).

der Erbbauzins) und daß er dennoch für das aufzubringende Kapital im Erbbaurecht eine Kreditgrundlage hat. Der Vorteil für den Grundstückseigentümer besteht insbesondere darin, daß er neben dem Erbbauzins auch den etwaigen Wertzuwachs des Grundstücks erhält und somit gegen Inflationsgefahr geschützt ist. Bau- und Grundstücksspekulation sind gehindert. Die öffentliche Hand als Grundstückseigentümer kann auf Baugestaltung (Städteplanung) und Verwendung des Bauwerks (Wohnungsbau) Einfluß nehmen, indem eine besondere Gestalt als Inhalt des Erbbaurechts vereinbart werden kann (§ 2 ErbbauVO).

c) Das Erbbaurecht als grundstücksgleiches Recht

Das Erbbaurecht ist in seiner gesetzlichen Ausgestaltung dem Grundstückseigentum angenähert: Es erhält ein eigenes Grundbuchblatt (Erbbaugrundbuch; § 14 I 1 ErbbauVO). Das Erbbaurecht kann wie das Grundstückseigentum belastet werden (§ 11 I 1, s. z. B. § 18 ErbbauVO betreffend die Erbbauhypothek). Es wird wie Eigentum geschützt nach §§ 985 ff., 1004 (§ 11 I 1 ErbbauVO). Das Erbaurecht ist folglich ein grundstücksgleiches Recht. **1950**

Auf die Zugehörigkeit von Bestandteilen finden §§ 94, 95 entsprechende Anwendung (§ 12 II ErbbauVO). Fraglich ist, ob wegen der Belastbarkeit des Erbbaurechts als grundstücksgleichen Rechts an einem Erbbaurecht auch ein dieses belastendes Erbbaurecht (sog. Untererbbaurecht) bestellt werden kann[2104]. Teilweise wird die Möglichkeit eines derartigen Untererbbaurechts abgelehnt, da das Gebäude gemäß § 12 I ErbbauVO als wesentlicher Bestandteil dieses Untererbbaurechts gelten würde und damit das (Ober)Erbbaurecht inhaltsleer wäre. Schon die Möglichkeit der unterschiedlichen Inhaltsbestimmung von Ober- und Untererbbaurecht lehrt das Gegenteil. **1951**

Als grundstücksgleiches Recht kann das Erbbaurecht nicht subjektiv-dingliches Recht sein[2105]. Zur streitigen Frage, ob es nach § 890 einem dem Erbbauberechtigten gehörenden Grundstück zugeschrieben werden kann, ist oben[2106] Stellung genommen. **1952**

d) Vom BGB zur ErbbauVO

Die ErbbauVO hat die Regelung des BGB in folgenden Richtungen ergänzt: Nach §§ 1017 a.F., 94 I 2, 95 galt ein Bauwerk nur dann als wesentlicher Bestandteil des Erbbaurechts, wenn das Erbbaurecht vor der Errichtung des Bauwerks in das Grundbuch eingetragen wurde. Nach § 12 I ErbbauVO kann dagegen ein Erbbaurecht auch für ein schon existentes Bauwerk bestellt werden. Nach dem BGB konnten weitere Vereinbarungen nicht Inhalt des dinglichen Rechts werden. § 2 ErbbauVO ermöglicht dies. **1953**

Wohl wichtigstes Anliegen der Neuordnung war die Verbesserung der Funktion des Erbbaurechts als Kreditsicherheit: Dem dient zunächst die Regelung der §§ 18 ff., 21 ErbbauVO über die mündelsichere Gestaltung von Hypotheken an Erbbaurechten und die Möglichkeit der Verwendung von Hypotheken an Erbbaurechten durch Hypothekenbanken und Versicherungsunternehmen. Weiter dient der besseren Tauglichkeit des Erbbaurechts als Kreditsicherheit die Regelung, daß das Erbbaurecht nur im ersten Rang wirksam werden kann (§ 10 I 1 ErbbauVO). Dies bedeutet, daß das Erbbaurecht bei zwangsweiser Verwertung des Grundstücks schon nach der Regelung des ZVG grundsätzlich bestehen bleibt (§§ 52 I 1, 44 I ZVG). § 25 ErbbauVO sichert dies endgültig ab. **1954**

[2104] Dafür BGHZ 62, 179 ff., weitere Nachweise bei *Ingenstau*, ErbbauVO, § 11 Rz. 14 ff.

[2105] Will man ein solches Recht zum Bauen auf fremdem Grund, muß man eine Dienstbarkeit nach § 1018 bestellen, hat dabei aber die Voraussetzung des § 1019 zu beachten.

[2106] Rz.1852 ff.

2. Entstehung, Inhalt, Übertragung, Erlöschen des Erbbaurechts

a) *Entstehung*

aa) *Einigung und Eintragung und Verpflichtungsgeschäft*

1955 Da das Erbbaurecht eine dingliche Belastung des Grundstücks ist, gelten für seine Entstehung grundsätzlich die für Grundstücksrechte geltenden Vorschriften des BGB, insbesondere § 873 I. In Anbetracht der Behandlung des Erbbaurechts als grundstücksgleiches Recht müßte eigentlich für die Einigung § 925 gelten. Dennoch ist die Einigung formlos möglich. § 11 I 1 ErbbauVO erklärt § 925 für unanwendbar[2107].

1956 Damit sind auch entgegen § 925 II bei der Bestellung (im Gegensatz zur Übertragung, § 11 I 2 ErbbauVO) Bedingungen und Befristungen möglich. Gewöhnlich wird das Erbbaurecht langfristig (etwa auf 66 oder 99 Jahre) bestellt.

1957 Im Interesse der Beleihbarkeit schließt § 1 IV ErbbauVO allerdings auflösende Bedingungen aus. Diesen gleichzustellen sind auflösende Befristungen, wenn sie auf einen ungewissen Endtermin gestellt sind, wie bei der Bestellung auf Lebenszeit[2108]. Zu einer Zwangslage würde den Berechtigten, der das Erbbaurecht als Kreditgrundlage verwendet, die Abrede bringen, bei Eintreten bestimmter Voraussetzungen das Erbbaurecht aufzugeben. Er müßte sich dazu um die Zustimmung der Grundpfandgläubiger bemühen (§ 876 I 1), so daß auch diese tangiert wären. § 1 IV 2 ErbbauVO verwehrt deshalb dem Eigentümer das Recht, sich auf solche Abreden zu berufen[2109].

1958 Ersatzmittel für auflösende Bedingungen und Aufhebungsabreden ist die Vereinbarung eines Heimfallrechts nach § 2 Nr. 4 ErbbauVO, d.h. des Rechts des Eigentümers, daß der Erbbauberechtigte unter bestimmten Voraussetzungen[2110] das Erbbaurecht auf ihn überträgt (unter Fortbestand desselben nach § 889).

1959 Das Recht kann als Eigentümer-Erbbaurecht auch durch einseitige Willenserklärung des Eigentümers und Eintragung begründet werden. Bedeutung erlangt diese Gestaltungsmöglichkeit, wenn der Eigentümer Eigentumswohnungen oder sonstige Gebrauchseinheiten errichten will und eine Teilung in Wohnungs- oder Teilerbbaurechte gemäß §§ 30 II, 8 WEG vornimmt[2111].

1960 Gemäß § 14 I ErbbauVO wird mit der Eintragung des Erbbaurechts in das Grundbuch des belasteten Grundstücks (Abteilung II) ein Erbbaugrundbuch angelegt. Das Recht entsteht mit der Eintragung in das Grundbuch des Grundstücks.

1961 Die Eintragungen im Erbbaugrundbuch haben konstitutive Bedeutung für den näheren Inhalt, die Übertragung und die Belastung des Erbbaurechts, insbesondere also für diejenigen Vereinbarungen, die nach §§ 2 und 5 ErbbauVO zum Inhalt des Erbbaurechts

[2107] Die erst durch die ErbbauVO eingeführte Formfreiheit bzgl. der Einigung ist aber im Hinblick auf §§ 20, 29 I 1 GBO praktisch bedeutungslos.

[2108] BGHZ 52, 269, 272; Erman/*Hagen* § 1 ErbbauVO Rz. 20.

[2109] Eine solche Abrede ist auch die eines Rücktrittsrechts. Ist das Erbbaurecht bestellt, wird gefolgert, daß es auch kein gesetzliches Rücktrittsrecht des Grundstückseigentümers und des Erbbauberechtigten mit der Ausübungsfolge geben kann, daß das Recht zu löschen ist. Die Einbeziehung des Rücktrittsrechts des Erbbauberechtigten folgt aus dem Interesse des Grundstückseigentümers am Bestehenbleiben des Erbbaurechts (s. § 26 ErbbauVO). Da für Eigentümer, Berechtigten und Gläubiger nur dieses Interesse schutzwürdig ist, sollte an Stelle des Rücktrittsrechts auf Aufhebung ein Rücktrittsrecht auf Heimfall i. S. von § 2 Nr. 4 ErbbauVO treten. Zum Ganzen m. N. MünchKomm/*v. Oefele* § 1 Rz. 83, 84.

[2110] Dies kann auch der Tod des Berechtigten sein. Die nach § 1 I ErbbauVO zwingende Vererblichkeit ist nicht verletzt: Vererbt wird die mit dem Heimfallrecht belastete Position; ob der Eigentümer das Recht ausübt, ist nicht sicher, s. Erman/*Hagen* § 1 ErbbauVO Rz. 22, § 2 ErbbauVO Rz. 6. Kritisch *Westermann*, 5. Aufl., § 67 I 2, S. 334 unter Anführung von OLG Celle Rpfleger 1964, 213.

[2111] S. dazu instruktiv BGH NJW 1982, 2381.

gemacht werden können. Für Entstehung, Rang, Dauer, Änderung der Dauer, ersten Berechtigten und die Löschung des Rechts ist das Grundstücksblatt maßgeblich.

Der Verpflichtungsvertrag über die Bestellung oder den Erwerb eines Erbbaurechts ist nach § 311b I 1 (§ 313 a.F.) formbedürftig. § 11 II ErbbauVO schließt § 311b I 1 (§ 313 a.F.) nicht so wie § 925 von der Anwendung der Grundstücksvorschriften aus. **1962**

bb) Erfordernis des ersten Rangs

Das BGB sah vor, daß das Erbbaurecht das Grundstück an beliebiger Rangstelle belasten konnte. Um die Unsicherheit der Gläubiger mit diesem noch recht unbekannten Recht zu verringern, wurde mit Einführung der ErbbauVO die Entstehung des Erbbaurechts nur im ersten Rang zugelassen, § 10 I 1 ErbbauVO. Ein Verstoß gegen § 10 I 1 ErbbauVO führt zur Nichtigkeit der Bestellung. Das dennoch eingetragene Erbbaurecht muß gemäß § 53 I 2 GBO von Amts wegen gelöscht werden. Ist der erste Rang nicht frei, kann das Erbbaurecht nur bestellt werden, wenn die vorrangig Eingetragenen in entsprechende Rangvereinbarungen willigen. **1963**

Ein dingliches Vorkaufsrecht am Grundstück zugunsten des jeweiligen Erbbauberechtigten beeinträchtigt die Berechtigung des Erbbaurechtsinhabers nicht und kann deshalb vor- oder gleichrangig neben dem Erbbaurecht bestellt werden[2112]. Eine Vormerkung des Anspruchs auf Bestellung des Erbbaurechts ist unabhängig vom Rang zulässig, wenn der Anspruch nur selbst auf erstrangige Eintragung des Erbbaurechts gerichtet ist. **1964**

Ist das wirksam bestellte Erbbaurecht zu Unrecht gelöscht, kann ein gutgläubiger Grundpfandrechtsgläubiger sein Recht ohne Vorrang des Erbbaurechts erwerben und so das wieder einzutragende Erbbaurecht von der ersten Rangstelle verdrängen. Das liegt an der *gesetzlichen* Wirkung des gutgläubigen Erwerbs[2113]. **1965**

Für Rechte, die keiner Eintragung bedürfen, gilt § 10 I ErbbauVO nicht. Dies trifft z.B. für Notweg-, Überbaurenten (§§ 914 II 1, 917 II 2), öffentliche Vorkaufsrechte gemäß §§ 24 ff. BauGB zu. Der *Vermerk* i.S. von § 64 VI BauGB ist keine Eintragung[2114]. **1966**

Umstritten ist, ob ein Nacherbenvermerk die Eintragung des Erbbaurechts hindert, wenn die Nacherben der Bestellung nicht zustimmen. Bejaht wurde dies früher vom OLG Hamm[2115]. Das Hans. OLG Hamburg ist hingegen der Auffassung, daß zwischen Nacherbenvermerk und Erbbaurecht kein Rangverhältnis besteht, somit der Nacherbenvermerk die Eintragung nicht sperrt[2116]. In der Tat besteht ein derartiges Rangverhältnis nicht. Problematisch ist vielmehr, ob das Erbbaurecht vom Vorerben bestellt werden kann ungeachtet der aus § 2113 drohenden Unwirksamkeit bei Eintritt des Nacherbfalls. Mit Recht hat der BGH auf die Unzulässigkeit der auflösenden Bedingung nach § 1 IV ErbbauVO abgestellt[2117]. Nicht die Eintragung des Nacherbenvermerks stört, sondern die rechtliche Beschränkung des Vorerben. Soweit sie besteht (bei nicht befreiter Vorerbschaft generell nach § 2113 I, bei von dieser Beschränkung nach § 2136 befreiter Vorerbschaft im Fall unentgeltlicher Bestellung eines Erbbaurechts – §§ 2113 II, 2136), ist die Bestellung ohne Zustimmung des Nacherben in entsprechender Anwendung des § 1 IV ErbbauVO unwirksam. **1967**

2112 BGH Rpfleger 1973, 355 = BGHZ 61, 209.

2113 BGHZ 51, 50, 53.

2114 *Ingenstau*, ErbbauVO, § 10 Rz. 37 m.w.N.

2115 DNotZ 1966, 102 = NJW 1965, 1489. Anders jetzt NJW-RR 1989, 717.

2116 Hans. OLG Hamburg DNotZ 1967, 373.

2117 BGHZ 52, 269, 272 f. Zutreffend auch die Differenzierung S. 271 f. im Vergleich mit der Nichtanwendung des § 925 II bei einer Grundstücksveräußerung durch den Vorerben: § 1 IV ErbbauVO hat das besondere Telos der Sicherung der Beleihbarkeit des Erbbaurechts.

cc) Erfordernis der Bezogenheit auf ein Bauwerk

1968 Das Erbbaurecht muß als ein Recht, ein Bauwerk zu haben, bestellt werden. Als *Bauwerk* wird[2118] jede unbewegliche, durch Verwendung von Arbeit und Material in Verbindung mit dem Erdboden hergestellte Sache bezeichnet.

1969 Gräber sind demnach Bauwerke nur, wenn sie steinerne Denkmäler haben; Kinderspielplätze, wenn die Geräte fest im Boden verankert sind; Anpflanzungen, wenn ein Bauwerk als Hauptsache anzusehen ist (§ 1 II ErbbauVO); Gleisanlagen, wenn eine mechanische Verbindung mit dem Boden hergestellt ist; Brunnen, soweit sie ausgemauert sind[2119].

1970 Das Bauwerk muß *bestimmt* sein, d.h. es ist nicht möglich, allgemein an einem Grundstück ein Erbbaurecht zu bestellen. Die dingliche Einigung und die Eintragungsbewilligung müssen bezeichnen, wie die Bebauung ungefähr beschaffen sein und ob es sich um eines oder mehrere Bauwerke handeln soll[2120]. Im Fall der nach § 1 II ErbbauVO möglichen Erstreckung des Erbbaurechts auf einen für das Bauwerk nicht erforderlichen Grundstücksteil muß festgestellt werden können, ob das Bauwerk, wie § 1 II ErbbauVO dies voraussetzt, im Verhältnis zu dem in das Erbbaurecht zusätzlich einbezogenen Grundstücksteil die Hauptsache bleibt[2121].

1971 Voraussetzung der Entstehung des Erbbaurechts ist, daß das Grundstück in dem bestimmten Rahmen, was Gegenstand und Zeit betrifft, jedenfalls möglicherweise bebaubar sein wird[2122].

b) Inhalt des Erbbaurechts

1972 Festgestellt ist bereits, daß das Erbbaurecht nur als *persönliches Recht* bestellt werden kann und, bezogen auf ein *Bauwerk,* bestellt werden muß.

1973 Nach § 1 I ErbbauVO kann das Erbbaurecht nur veräußerlich bestellt werden. Die Veräußerung kann allerdings wirksam von der Zustimmung des Grundstückseigentümers abhängig gemacht werden, §§ 5 I, 15 ErbbauVO.

1974 Umstritten ist die Frage, ob die nach § 137 S. 2 mögliche Verpflichtung des Erbbauberechtigten, sein Erbbaurecht nicht zu veräußern, vormerkungsfähig ist. Weil der Veräußerungsunterlassungsanspruch nicht auf eine Rechtsänderung gerichtet ist (s. § 883 I), ist dies zu verneinen[2123]. Vormerkungsfähig ist aber die (bedingte) Verpflichtung des Erbbauberechtigten, im Falle des Verstoßes gegen das Veräußerungsverbot das Erbbaurecht auf irgendeine namentlich benannte Person, insbesondere den Grundstückseigentümer, zu übertragen[2124]. Die Verpflichtung kann auch mit dinglicher Wirkung gemäß § 2 Ziff. 4, § 3 Hs. 2 ErbbauVO vereinbart werden.

1975 Auch die *Vererblichkeit* kann nach § 1 I ErbbauVO nicht ausgeschlossen werden. Die Steuerungsmöglichkeit betreffs der Veräußerung durch die Möglichkeit des Zustimmungserfordernisses nach § 5 ErbbauVO gilt für die Vererbung nicht. Nur die Verein-

[2118] Seit RGZ 56, 41, 43.

[2119] Beispiele aus *Ingenstau*, ErbbauVO, § 1 Rz. 63. Bezüglich einer Golfanlage s. BGH NJW 1992, 1681; *Winkler* NJW 1992, 2514, 2516.

[2120] Nach BGHZ 101, 143, 146 ist zulässig die Bestimmung, daß das Recht für Gebäude aller Art in Übereinstimmung mit dem zu erstellenden Bebauungsplan bestellt wird.

[2121] BGHZ 47, 190, 191 f.

[2122] S. u. Rz. 2008.

[2123] Zutreffend MünchKomm/*v. Oefele* § 1 ErbbauVO Rz. 67; Staudinger/*Ring* § 1 ErbbauVO Rz. 26 m.w.N. A.A. Erman/*Hagen* vor § 1012 Rz. 7 m.w.N.

[2124] BayObLG DNotZ 1979, 27, 29, 30 unter Hinweis auf BayObLGZ 77, 268 = DNotZ 1978, 159 = NJW 1978, 700.

barung eines Heimfallrechts für den Tod des Berechtigten (§ 2 Nr. 4 ErbbauVO) kommt in Betracht[2125].

1976 Die Beteiligten können die in § 2 ErbbauVO aufgezählten Vereinbarungen zum Inhalt des Erbbaurechts machen. § 2 ErbbauVO ist im Gegensatz zu §§ 5, 27 I 2 ErbbauVO sogar dahin formuliert, daß entsprechende Vereinbarungen Rechtsinhalt *sind*. Das bedeutet aber nur, daß sie *im Zweifel* als Inhalt der dinglichen Einigung aufzufassen sind. Es ist dagegen nicht ausgeschlossen, daß sie als rein schuldrechtliche vereinbart werden. Wenn sie als Rechtsinhalt gemeint sind, müssen sie noch eingetragen werden (§ 11 I ErbbauVO, §§ 873 f., 877)[2126].

1977 Die Verdinglichung der Vereinbarungen bedeutet, daß die Vereinbarungen zwischen dem jeweiligen Grundstückseigentümer und dem jeweiligen Erbbauberechtigten gelten. Es kann aber weder ein Dritter sich auf die Vereinbarung berufen (z.B. der Gläubiger einer am Grundstück bestellten Hypothek Zinsansprüche gegen den Erbbauberechtigten geltend machen, wenn dieser durch Vereinbarung gemäß § 2 Ziff. 3 ErbbauVO die Last übernommen hat) noch ist die Haftung des Erbbauberechtigten gegenüber dem Eigentümer oder umgekehrt eine dingliche wie etwa bei einer Reallast: Die jeweiligen Rechtsinhaber haften persönlich und nur für die Zeit ihrer Rechtsinhaberschaft (nicht für aus der Zeit des Vormanns aufgelaufene Posten)[2127].

1978 Nach allgemeinen Grundsätzen können die zum Inhalt des Erbbaurechts gewordenen Vereinbarungen, wenn am Erbbaurecht ein beschränktes dingliches Recht, z. B. eine Erbbauhypothek bestellt ist, nicht ohne Zustimmung des Inhabers des beschränkten Rechts, z. B. des Hypothekengläubigers, aufgehoben oder geändert werden, § 876 I 1. Entsprechendes gilt nach Maßgabe des § 876 I 2 für Änderungen von Berechtigungen des Eigentümers, was die Inhaber beschränkter dinglicher Rechte am Grundstück betrifft (§§ 876, 877).

1979 Als Vereinbarung über den Inhalt des Erbbaurechts kommt nach § 2 Ziff. 4 ErbbauVO (mit Beschränkung durch §§ 6 II, 9 III ErbbauVO) insbesondere die Vereinbarung der Verpflichtung des Erbbaurechtsinhabers in Betracht, das Erbbaurecht beim Eintritt bestimmter Voraussetzungen an den Grundstücksinhaber zurückzuübertragen (Heimfallrecht)[2128]. Das Erbbaurecht ist an den Eigentümer zu übertragen, wenn der Eigentümer nicht die Übertragung an einen Dritten verlangt (§ 3 Hs. 2 ErbbauVO). Durch die Übertragung an den Eigentümer wird das Erbbaurecht zum Eigentümer-Erbbaurecht (§ 889). Das Nähere ist in §§ 32 f. ErbbauVO geregelt.

1980 Im Fall BGH NJW 1984, 2213 war als Nutzung des Gebäudes die „Restauration mit Discothek" vereinbart und an etwaige Vertragsverletzungen ein Heimfallrecht geknüpft. Der Erbbauberechtigte hatte in dem Gebäude ein „Cabaret" mit einem auf Erwartungen sexueller Art ausgerichteten Amüsierbetrieb unterhalten. Der BGH hat die Vertragsverletzung als Voraussetzung für das Heimfallrecht bejaht[2129].

2125 Zutreffend Erman/*Hagen* § 1 ErbbauVO Rz. 15; widersprüchlich MünchKomm/*v. Oefele* § 2 ErbbauVO Rz. 1, § 5 ErbbauVO Rz. 6 im Verhältnis zu § 1 ErbbauVO Rz. 68.

2126 *Wolff/Raiser* § 104 Fn. 16, S. 423; Planck/*Strecker* § 2 ErbbauVO Anm. 2 unter Anführung der Begründung der ErbbauVO.

2127 Erman/*Hagen* § 2 ErbbauVO Rz. 1; *Ingenstau*, ErbbauVO, § 2 Rz. 5. Zur Haftung aus einem nach § 2 Nr. 5 ErbbauVO verdinglichten Vertragsstrafeversprechen kommt es darüber hinaus nur dann, wenn den Erbbauberechtigten auch die strafbewehrte Hauptpflicht trifft. Ist diese nicht nach dem Katalog des § 2 ErbbauVO zu verdinglichen oder ist sie im Einzelfall nicht verdinglicht, so nützt die Verdinglichung des Vertragsstrafeversprechens gegen den Erbbauechtserwerber nur dann, wenn er die Hauptverpflichtung übernommen hat, s. BGH NJW 1990, 832.

2128 Ob auch für den Fall des Todes des Erbbauberechtigten, ist streitig, s. o. Rz. 1958 Fn. 2110.

2129 Zur Bestimmung der Heimfallvoraussetzungen allgemein BGH, a.a.O., S. 2214 a.E.

1981 Nach § 3 Hs. 1 ErbbauVO kann der Heimfallanspruch nicht vom Grundstückseigentum getrennt werden, er gilt als dessen Bestandteil[2130].

1982 Nach § 5 I und II ErbbauVO kann – unter Beachtung von §§ 11 I 1 ErbbauVO, 873 f., 877 – mit dinglicher Wirkung (§ 137 S. 1 gilt nicht) und Wirkung in der Vollstreckung (§ 8 ErbbauVO) als Inhalt des Erbbaurechts vereinbart werden, daß die Veräußerung des Erbbaurechts sowie seine Belastung mit Hypotheken-, Grund-, Rentenschulden oder Reallasten der Zustimmung des Grundstückseigentümers bedürfen[2131]. Auf die Zustimmung besteht unter den Voraussetzungen des § 7 ErbbauVO ein Anspruch[2132]. § 7 II ErbbauVO trägt insbesondere dem Finanzierungsbedürfnis des Erbbauberechtigten Rechnung.

1983 Folge des Verstoßes gegen die Verfügungsbeschränkung ist die schwebende Unwirksamkeit des Verfügungsgeschäfts *und des Kausalgeschäfts* (siehe § 6 I ErbbauVO). Nach § 15 ErbbauVO darf erst bei Nachweis der Zustimmung die Rechtsänderung eingetragen werden. Die Wirkung der Verfügungsbeschränkung ist also von der einer Vormerkung charakteristisch verschieden.

1984 Gestritten wird darüber, ob sich der Dritte den Anspruch auf Veräußerung bzw. Belastung durch Vormerkung sichern lassen kann, wenn das Kausalgeschäft noch schwebend unwirksam ist. Aus dem Sicherungscharakter der Vormerkung und aus der Tatsache, daß die Vormerkung zwar in § 33 I 2 ErbbauVO, hingegen nicht in § 5 I ErbbauVO erwähnt ist, schließt die h.M., daß hierfür eine Zustimmung nicht erforderlich ist[2133]. Dem ist zuzustimmen.

1985 Nicht zum Inhalt des Erbbaurechts können Vereinbarungen über den Erbbauzins gemacht werden. Der Zins ist die Gegenleistung für das Recht, der Anspruch auf ihn gehört nicht zum Inhalt des Rechts, als dessen Vergütung er zu leisten ist; er kann nur durch eine Reallast am Erbbaurecht abgesichert werden[2134].

1986 Dies hatte schwerwiegende Folgen im Fall der Entscheidung BGH NJW 1982, 234: Für den Grundstückseigentümer war eine erstrangige Erbbauzins-Reallast an dem Erbbaurecht eingetragen. Die zur Finanzierung des Gebäudes ausersehene Gläubigerin verlangte vom Erbbauberechtigten, die erste Rangstelle für eine Grundschuld freizumachen. Der Eigentümer stimmte dem Rangrücktritt seiner Reallast zu gegen die Zusicherung der Gläubigerin, daß gegen die Grundschuld Kreditmittel für die Erbbaumaßnahmen gezahlt würden. Diese Zusage wurde nicht erfüllt, vielmehr trat die Gläubigerin die Grundschuld an einen Dritten ab, dieser betrieb die Zwangsvollstreckung in das Erbbaurecht des zwischenzeitlich zahlungsunfähig gewordenen Erbbauberechtigten. Durch Zuschlag an den Dritten erlosch die Erbbauzins-Reallast, weil sie nicht in das geringste Gebot fiel (§ 44 I ZVG). Der Grundstückseigentümer erhielt wegen des Ausfalls der dinglichen Sicherung und der Zahlungsunfähigkeit seines Schuldners für die Restlaufzeit des Erbbaurechts keinen Erbbauzins mehr. Andererseits erhielt der Ersteher ein erbbauzinsfreies Erbbaurecht. Dies alles folgt daraus, daß die Erbbauzinsverpflichtung nicht als Inhalt des Erbbaurechts vereinbart werden kann.

[2130] § 3 Hs. 1 ErbbauVO erweitert die Sonderrechtsunfähigkeit, die dem Heimfallrecht vor seiner Ausübung als Bestandteil der Regelung des dinglichen Inhalts zukommt, auf den nach Ausübung entstandenen Heimfallanspruch, MünchKomm/*v. Oefele* § 3 ErbbauVO Rz. 2 unter Hinweis auf BGH, WM 1980, 938.

[2131] Die Bestimmung ist auch bei einem Eigentümererbbaurecht möglich, BayObLG NJW-RR 1996, 975.

[2132] Den auch ein die Zwangsversteigerung betreibender Gläubiger geltend machen kann, s. BGH NJW 1987, 1942 = BGHZ 100, 107. Nach LG Köln muß die Zustimmung auch für die Sicherung einer nicht der Finanzierung dienenden privaten Schuld des Erbbauberechtigten erteilt werden, wenn die Schuld in Beziehung zur beruflichen Existenz des Erbbauberechtigten steht, NJW-RR 2000, 682.

[2133] *Ingenstau*, ErbbauVO, § 6 Rz. 9 ff. m.w.N.

[2134] S. u. Rz. 2009.

Es gibt Stimmen, die in dieser Hinsicht eine Gesetzesänderung für nötig halten[2135]. Der Eigentümer hat sich aber nur zu sorglos verhalten. Er hätte sich einen Rückübertragungsanspruch bzgl. des ersten Rangs für den Fall der Nichtvalutierung bzw. Weiterübertragung des Grundpfandrechts ausbedingen und diesen durch Vormerkung sichern lassen müssen.

c) *Sonderformen des Erbbaurechts*

aa) *Gesamterbbaurecht*

Ein Gesamterbbaurecht ist ein *einziges* Erbbaurecht, das auf mehreren benachbarten Grundstücken lastet. Für diese Form besteht ein praktisches Bedürfnis allein aufgrund der Größe mancher Bauwerke (man denke nur an Staudämme o.ä.). Dennoch ist diese Sonderform nicht allgemein anerkannt, weil gemäß § 1 I ErbbauVO ein Erbbaurecht nur an einem Grundstück bestellt werden könne und weil bei einem Gesamterbbaurecht das beim jeweiligen Grundstück eingetragene Recht regelmäßig auf einen Teil des Bauwerks beschränkt sei, was gegen § 1 III ErbbauVO verstoße[2136]. **1987**

Dem wird entgegengehalten, daß bei einem mit einem Erbbaurecht bereits belasteten Grundstück eine nachträgliche Grundstücksteilung möglich sei, folglich müsse ein Gesamterbbaurecht auch von vornherein begründbar sein[2137]. Dem ist zu folgen: Zu inhibieren ist die auf verschiedene Personen real aufgeteilte Berechtigung am Gebäude. Kraft der Bestandteilszugehörigkeit nach § 12 I 1 ErbbauVO ist das Gebäude beim Gesamterbbaurecht aber in einer Hand. **1988**

bb) *Erbbaurecht an einem Gebäudeteil*

Was die Möglichkeit von Erbbaurechten an Teilen des Gebäudes betrifft, schließt § 1 III ErbbauVO die horizontale Teilung des Gebäudes im Erbbaurecht aus. **1989**

Problematisch ist, ob § 1 III ErbbauVO jegliche vertikale Teilung verbietet. Der BGH hält eine vertikale Teilung für zulässig, wenn ein Teil des Gebäudes auf dem mit dem Erbbaurecht belasteten Grundstück, der andere Teil auf einem Grundstück im Eigentum des Erbbauberechtigten steht. Dies würde aber die Gefahr einer zu inhibierenden Realaufteilung der Berechtigung am Gebäude auf verschiedene Personen begründen. Eigentum und Erbbaurecht können in verschiedene Hände kommen. Schon nach der Ansicht des BGH soll die vertikale Teilung dann unzulässig sein, wenn diese Art der Bebauung z. Zt. des Abschlusses des Erbbaurechtsbestellungsvertrages beabsichtigt gewesen ist[2138]. Besser ist die von subjektiven Elementen freie Lösung, daß der Erbbauberechtigte sich zusätzlich ein Eigentümererbbaurecht für das eigene Grundstück bestellen muß, welches mit dem anderen Erbbaurecht ein Gesamterbbaurecht bildet. **1990**

Diese Lösung ist auch dann anzuwenden, wenn ein Erbbaurecht zur Legalisierung eines Überbaus bestellt werden soll. **1991**

[2135] *Weirich*, Grundstücksrecht, 1985, S. 442 f.

[2136] *Rothoeft*, NJW 1974, 665; differenzierend Staudinger/*Ring* § 1 ErbbauVO Rz. 22 und § 11 ErbbauVO Rz. 16; die Zulässigkeit wird bejaht von BGHZ 65, 345, 346.

[2137] So BGHZ 65, 346 und ganz überwiegende Meinung, s. MünchKomm/*v. Oefele* § 1 ErbbauVO Rz. 79 m.w.N.

[2138] DNotZ 1973, 609; s. auch Staudinger/*Ring* § 1 ErbbauVO Rz. 34, der die vertikale Teilung für zulässig hält, wenn die „vom Erbbaurecht betroffenen Gebäudeteile hinreichend bestimmbar sind". Das sei beim Überbau durch die Abmarkung der Grundstücksgrenzen der Fall.

cc) Wohnungs- und Teilerbbaurecht

1992 Unter Wohnungserbbaurecht wird die Verbindung von Bruchteilsberechtigung[2139] am Erbbaurecht mit Sondereigentum an einer Wohnung, in dem vom Erbbaurecht erfaßten Bauwerk, unter Teilerbbaurecht die Verbindung zwischen einer derartigen Bruchteilsberechtigung mit Sondereigentum an gewerblichen Räumen im Bauwerk des Erbbaurechts verstanden (§ 30 I WEG). Das Wohnungs- oder Teilerbbaurecht bedeutet die Erweiterung des Anteilsrechts des einzelnen am Erbbaurecht durch das Sondereigentum bezüglich einer Wohnung oder von sonstigen Räumen und zugleich die Beschränkung jedes Anteilsrechts am Erbbaurecht durch das Sondereigentum aller anderen Berechtigten.

1993 Diese Form des Erbbaurechts widerspricht nicht dem Ausschluß von Erbbaurechten an Gebäudeteilen gemäß § 1 III ErbbauVO, da sich die Erbbauberechtigung nicht auf Gebäudeteile bezieht, sondern jeder Berechtigte Miterbbauberechtigter nach Bruchteilen am gesamten Gebäude ist.

1994 Das Wohnungserbbaurecht verbindet die Vorteile des Wohnungseigentums (Investition nur zum Erwerb eines Miteigentumsanteils am Gesamtobjekt) mit denen des Erbbaurechts (Investition nur in das Gebäude als Gesamtobjekt).

dd) Unter-Erbbaurecht

1995 Ein Unter-Erbbaurecht ist ein Erbbaurecht an einem anderen, dem sog. Ober-Erbbaurecht. Ein Bedürfnis für diese Konstruktion ergibt sich typischerweise bei Errichtung von Baukomplexen aufgrund eines am gesamten Grundstück bestellten Erbbaurechts. Der Bauträger bestellt für die einzelnen Gebäudeeinheiten dann separate Erbbaurechte an seinem eigenen Erbbaurecht. So muß sich der Grundstückseigentümer nur mit dem Bauträger als dem Ober-Erbbauberechtigten auseinandersetzen, nicht aber mit der Vielzahl der Unter-Erbbauberechtigten.

1996 Teilweise wird die Bestellung eines Unter-Erbbaurechts für unzulässig gehalten[2140]. Dem (Ober-)Erbbaurecht fehle die Standortqualität, d.h. die Berechtigung, auf dem Grundstück ein Bauwerk zu haben[2141]. Die Meinung verkennt den Charakter des beschränkten dinglichen Rechts als Abspaltung aus dem belasteten Recht[2142]. Die Zulässigkeit wird weiter deshalb angezweifelt, weil das Unter-Erbbaurecht gemäß § 33 I 3 ErbbauVO erlöschen könne, wenn für das Ober-Erbbaurecht ein Heimfallrecht gemäß § 2 Ziff. 4 ErbbauVO vereinbart ist. Diese Unsicherheit im Bestand sei nicht hinnehmbar.

1997 Diese Gefahr wird allgemein erkannt und insbesondere für die Beleihbarkeit des Unter-Erbbaurechts als hemmend bezeichnet. Eine Unzulässigkeit folgt daraus jedoch nicht. Zur Umgehung der mißlichen Rechtsfolge wird eine analoge Anwendung des § 33 I 1 ErbbauVO, wonach Hypotheken, Grund-, Rentenschulden und Reallasten bestehen bleiben, unter gleichzeitiger teleologischer Reduktion des S. 3 in Erwägung gezogen mit der Folge, daß das Unter-Erbbaurecht beim Heimfall des Ober-Erbbaurechts ebenfalls bestehen bleibt[2143]. So weit darf man nicht gehen. § 33 ErbbauVO unterscheidet zwischen dem Einsatz des Erbbaurechts für den Realkredit und anderen Belastungen des Erbbaurechts. Daraus folgt, daß § 33 I 1 ErbbauVO nur auf die am Untererbbaurecht bestellten Hypotheken etc. anzuwenden, d.h. nur im Hinblick auf sie das Untererbbaurecht aufrechtzuerhalten ist.

[2139] Nicht: Gesamthandsberechtigung, s. *Ingenstau*, ErbbauVO, § 1 Rz. 88 f.; s. auch *Weitnauer*, DNotZ 1958, 413, 415; anders wohl BayObLG DNotZ 1958, 409, 412. Eine erbbauberechtige Gesamthand kann teilen (§§ 30 II, 8 WEG).

[2140] S. schon o. Rz. 1951.

[2141] Ausführlich dazu *Schneider*, DNotZ 1955, 70; *Groß*, JurBüro 1957, 11, 16 ff.

[2142] Zur Zulässigkeit *Knothe*, Erbbaurecht, 1987, S. 194 m.w.N.

[2143] Zum gesamten Problemkomplex s. *Knothe*, a.a.O., S. 193 ff.

d) *Übertragung des Erbbaurechts*

1998 Das Erbbaurecht wird aufgrund formbedürftigen Verpflichtungsvertrages (§ 11 II ErbbauVO i.V. mit § 311 b I 1 (§ 313 S. 1 a.F.)) durch formlose Einigung und durch Eintragung in das Erbbaugrundbuch (§ 873; §§ 11 I, 14 III ErbbauVO) übertragen. § 11 I 2 ErbbauVO erklärt dabei (im Gegensatz zur Bestellung) Bedingungen und Zeitbestimmungen für unzulässig. Also kann etwa ein auf 80 Jahre bestelltes Recht nicht auf 40 Jahre übertragen werden.

e) *Erlöschen des Erbbaurechts*

1999 Das Erbbaurecht kann durch Erklärung und Eintragung gemäß § 875 (§ 928 gilt nicht, § 11 I 1 ErbbauVO) nur mit Zustimmung des Grundstückseigentümers aufgehoben werden (§ 26 ErbbauVO). § 26 ErbbauVO entspricht § 1183. Hat ein Dritter ein Recht an dem Erbbaurecht, so ist zur Aufhebung auch dessen Zustimmung erforderlich, § 876 S. 1.

2000 Das Erbbaurecht erlischt mit Ablauf der Zeit, für die es bestellt ist. Das Grundbuch wird damit unrichtig. Die auf dem Erbbaurecht lastenden Rechte gehen mit unter. Die Rechte der Gläubiger von Grundpfandrechten und Reallasten setzen sich allerdings gemäß § 29 ErbbauVO an dem Entschädigungsanspruch des Erbbauberechtigten nach § 27 ErbbauVO fort.

2001 Dieser Entschädigungsanspruch ist ein Anspruch auf Wertersatz für das Bauwerk, § 27 I 1 ErbbauVO. Er ist in bestimmten Grenzen zwingend, wenn das Erbbaurecht „zur Befriedigung des Wohnbedürfnisses minderbemittelter[2144] Bevölkerungskreise bestellt" war (§ 27 II ErbbauVO). Für den Anspruch haftet zusätzlich das Grundstück wie bei einer Grundschuld (§ 28 ErbbauVO).

2002 Eine Vereinbarung mit einem über § 27 I 2 ErbbauVO hinausgehenden Inhalt ist nur mit schuldrechtlicher Wirkung (je nach Inhalt: vormerkungsfähig[2145]) möglich. *Beispiel:* Die Vereinbarung des Rechts zum Ankauf des Grundstücks für den Fall, daß der Grundstückseigentümer die Entschädigung nach § 27 ErbbauVO nicht zahlen kann oder will[2146].

2003 Als Inhalt des Erbbaurechts kann auch ein Vorrecht des Erbbauberechtigten auf Erneuerung des Erbbaurechts vereinbart werden (§§ 2 Nr. 6, 31 ErbbauVO).

2004 Der Grundstückseigentümer seinerseits kann, wenn es zum Erlöschen des Erbbaurechts kommt, die Verpflichtung zur Entschädigung des Bauwerks durch Verlängerung des Erbbaurechts für die voraussichtliche Standdauer des Bauwerks abwenden, § 27 III 1 ErbbauVO.

2005 Neben dem Ablauf der für das Erbbaurecht bestimmten Frist führt der Zeitablauf i.S. des § 901 zum Erlöschen.

2006 Es gibt nicht den Erlöschensgrund des Heimfalls. Das Heimfallrecht ist ein Recht auf Übertragung des Erbbaurechts (§ 2 Nr. 4 ErbbauVO).

f) *Wegfall des Bauwerks; Ausschluß der Bebaubarkeit*

2007 Das Bauwerk ist keine Voraussetzung des Erbbaurechts, sein Untergang deshalb kein Erlöschensgrund, § 13 ErbbauVO.

2008 Nach Ansicht des BGH[2147] soll auch der öffentlich-rechtliche Ausschluß der Bebaubarkeit kein Grund für den Untergang eines – an Bauerwartungsland bestellten – Erbbau-

[2144] So der Ausdruck in § 27 II 1 ErbbauVO.
[2145] S. *Ingenstau*, ErbbauVO, § 27 Rz. 5.
[2146] OLG Hamm MDR 74, 315.
[2147] BGHZ 101, 143, 148 f. Anders für die Entstehung des Erbbaurechts BGHZ 96, 385, 388.

rechts sein. Der BGH beruft sich formaljuristisch auf die Gleichstellung des Erbbaurechts als grundstücksgleichen Rechts mit dem Grundstückeigentum. Wenn aber die Bebaubarkeit im Rahmen des Erbbaurechts wirklich endgültig ausgeschlossen ist, ist das Erbbaurecht gegenstandslos und kann so weder entstehen noch fortbestehen. Nur wird die Endgültigkeit häufig zweifelhaft und deshalb der Untergang zu verneinen, wie dann aber auch die Entstehung möglich sein.

3. Erbbauzins

a) *Überblick*

2009 Der Erbbauzins ist das in wiederkehrenden Leistungen bestehende Entgelt für die Bestellung des Erbbaurechts (§ 9 I ErbbauVO) und damit die Nutzung des Grundstücks als Baugrund[2148]. Das Entgelt kann auch in einmaliger Abfindung bestehen. Es kann Gegenstand einer schuldrechtlichen Verpflichtung und einer dinglichen Last sein. § 9 I ErbbauVO erklärt auf den Erbbauzins die Vorschriften über die Reallast für anwendbar. Damit macht die Vorschrift die entsprechende Verpflichtung nicht per se zur Reallast, sondern sie eröffnet nur die Möglichkeit, die Zahlungslast als Reallast zu gestalten[2149]. Die Reallast ist eine dingliche und – im Zweifel – auch persönliche Zahlungslast (§ 1108 I 1), im Rahmen der entsprechenden Anwendung wird sie als Belastung des Erbbaurechts bestellt; was die persönliche Zahlungslast entsprechend § 1108 I 1 betrifft, geht es also um die Zahlungslast des Erbbauberechtigten. Nach § 1105 II kann die Reallast auch als subjektiv-dingliches Recht bestellt werden. § 9 II 2 ErbbauVO macht dies für nicht fällige Leistungen zur ausschließlich geltenden Gestaltung[2150].

b) *Erbbauzins-Reallast*

2010 Zur Entstehung der Erbbauzins-Reallast bedarf es gemäß § 11 I 1 ErbbauVO i.V. mit § 873 der Einigung und der Eintragung in das Erbbaugrundbuch (dort Abt. II)[2151]. In der Einigung über die Bestellung eines Erbbaurechts gegen Vergütung durch einen Erbbauzins liegt, wenn nicht eindeutig nur eine schuldrechtliche Verpflichtung gemeint ist, die Einigung über die Bestellung des Erbbaurechts und zugleich über die der Erbbauzinsreallast am Erbbaurecht.

2011 Die zu sichernden Leistungen müssen Erbbauzins, also wiederkehrend sein (§ 9 I 1 ErbbauVO; s. auch § 1105 I). Sie brauchen allerdings nicht in Geld zu bestehen, auch die Gebrauchsüberlassung einer Wohnung, Roggenlieferungen u.s.w. können als Erbbauzins vereinbart werden[2152]. Der Zins muß nach § 9 I 1 ErbbauVO i.V. mit § 1105 I 1 bestimmbar sein. Nach § 9 I 1 ErbbauVO i. V. mit § 1105 I 2 kann ein gleitender Erbbauzins Inhalt der Reallast sein.

2012 Für Wertsicherungsklauseln ist das Preisangaben- und PreisklauselG vom 15.6.1998[2153] zu beachten. Dieses ist an die Stelle des aufgehobenen § 3 WährG getreten. Nach § 2 I Preisangaben-

[2148] Der Vertrag über die verzinsliche Gewährung eines Erbbaurechts liegt deshalb zwischen Kauf und Miete. Die Vorschriften über die beiden Verträge helfen nicht unmittelbar, führen sogar, wie die Entscheidung BGHZ 96, 385 ff. mit der Anwendung von Kaufrecht auf den Fall der Unbebaubarkeit des Grundstücks zeigt, in die Irre. Entscheidend für diesen Fall ist die vertragliche Leistungsvereinbarung und ob es an dem Erwerber bzw. in dem von ihm übernommenen Risikobereich liegt, daß es zur Unbebaubarkeit kommt. S. besser BGHZ 101, 143 ff.

[2149] Der Erbbauzins kann weder als Inhalt des Erbbaurechts begründet werden, noch gilt für die Einigung über die Erbbauzinsreallast das, was für die Einigung betreffend besondere Inhalte des Erbbaurechts gemäß § 2 ErbbauVO gilt (Planck/*Strecker* § 9 ErbbauVO Anm. 2 a).

[2150] Für die nur schuldrechtliche Zinsberechtigung gilt § 9 II 2 ErbbauVO nicht. A.A. *Wolff/Raiser* § 104 V, S. 426 Fn. 31.

[2151] Zur Rangfrage siehe § 9 III ErbbauVO sowie *Kümpel*, WM 1998, 1057.

[2152] S. *Ingenstau*, ErbbauVO, § 9 Rz. 16.

[2153] BGBl. I, 1253.

und PreisklauselG darf der Betrag von Geldschulden nicht unmittelbar und selbsttätig durch den Preis oder Wert von anderen Gütern oder Leistungen bestimmt werden, die mit den vereinbarten Gütern oder Leistungen nicht vergleichbar sind. Nach Abs. 1 S. 2 kann das Bundesministerium für Wirtschaft auf Antrag Ausnahmen genehmigen, wenn Zahlungen langfristig zu erbringen sind oder besondere Gründe des Wettbewerbs eine Wertsicherung rechtfertigen und die Preisklausel nicht eine der Vertragsparteien unangemessen benachteiligt. S. 3 und 4 in Abs. 1 bringen Ausnahmebereiche, in denen das Preisindexierungsverbot nicht gilt. In Abs. 2 wird die Bundesregierung ermächtigt, durch Rechtsverordnung ohne Zustimmung des Bundesrates nähere Bestimmungen zu treffen, insbesondere (Ziff. 1) die Voraussetzungen näher zu bestimmen, unter denen Ausnahmen vom Preisklauselverbot nach Abs. 1 S. 2 einzeln oder allgemein genehmigt werden können, oder solche Ausnahmen festzulegen. Die Bundesregierung hat von der Ermächtigung in der Preisklauselverordnung (PrKV) vom 23.9.1998[2154] Gebrauch gemacht. Die restringierende Regelung der Preisklauseln soll der Verstärkung der Inflationsgefahr durch die ihrerseits inflationierende Aufblähung der Geldschulden steuern. Sie ist als Einschränkung der Vertragsfreiheit eng auszulegen. Schon nach § 3 WährG waren genehmigungsfrei: *Spannungsklauseln*, nach denen eine Geldschuld sich nach dem Entgelt für solche Leistungen oder dem Ertrag solcher Wirtschaftsgüter anpaßt, die der Gegenleistung, zu deren Abgeltung die Geldschuld besteht, gleichartig sind (etwa die Koppelung von Ruhegeldbezügen an Gehaltstarife, einer Leibrente oder des Erbbauzinses an den Ertragswert des insbesondere landwirtschaftlichen Grundstücks[2155]). Der Grund für die Genehmigungsfreiheit der Spannungsklauseln ist, daß es bei ihnen um die Erhaltung der Äquivalenz statt der Festsetzung einer beliebigen Geldwertschuld geht[2156]. Sodann sind genehmigungsfrei *Leistungsvorbehalte*, die im Gegensatz zu den *Gleitklauseln* keine automatische Anpassung, sondern eine ermessensmäßig zu bestimmende oder auszuhandelnde Erhöhung bestimmen, z.B. die Klausel, daß der Zins zu erhöhen ist, wenn sich die allgemeinen wirtschaftlichen Verhältnisse derart nachhaltig ändern, daß der bisherige Zins dem Eigentümer nach Treu und Glauben nicht mehr zumutbar ist[2157]. Schließlich ist genehmigungsfrei die Bestimmung von *Ersetzungsbefugnissen* (Geld ist geschuldet, stattdessen kann Roggen verlangt werden, oder umgekehrt). Die PrKV stellt jetzt in ihrem § 1 ausdrücklich klar, daß Leistungsvorbehalte und Spannungsklauseln nach § 2 I 1 Preisangaben- und PreisklauselG genehmigungsfrei sind. Zusätzlich sind nach § 1 Ziff. 3 PrKV genehmigungsfrei *Kostenelementeklauseln* (Bestimmung des Preises nach der Preisentwicklung von Gütern oder Leistungen, die die Gegenleistung des Geldgläubigers beeinflussen) und nach Ziff. 4 *Klauseln in Erbbaurechtsbestellungsverträgen und Erbbauzinsreallasten* mit einer Laufzeit von mindestens 30 Jahren. § 2 PrKV bestimmt allgemeine Voraussetzungen für die Genehmigung genehmigungsbedürftiger Klauseln, § 3 sagt Näheres über die Genehmigungsfähigkeit von Preisklauseln bei langfristigen Zahlungen (zu § 2 I 2 Preisangaben- und PreisklauselG). Sind die Klauseln genehmigungsbedürftig und nach der PrKV nicht genehmigungsfähig, kommt die Pflicht zur Zustimmung in eine geänderte Klausel in Betracht[2158].

Nach der Regelung bestehen gegen Spannungs- und Kostenelementeklauseln, die den Erbbauzins nach § 9 I 1 ErbbauVO i.V. mit § 1105 I 2 gleitend festlegen, keine Bedenken. Darüber hinaus sind bei über 30 Jahre laufenden Erbbaurechten alle auf Wertsicherung und Anpassung an die wirtschaftlichen Verhältnisse gerichteten Vereinbarungen über den Erbbauzins freigestellt.

Für die Vereinbarung einer Wertsicherungsklausel fehlt es bei der Bestellung eines Ei- **2013**
gentümer-Erbbaurechts an einem Partner. Der Eigentümer kann aber eine Klausel in den Bestellungsakt aufnehmen und in den AGB des Vertrags über die Übertragung des Erbbaurechts darauf Bezug nehmen[2159].

[2154] BGBl. I, 3043.
[2155] Gegensatz: Bodenwert, s. BGH NJW 1979, 1546.
[2156] Staudinger/*K. Schmidt*, vor § 244 Rz. D 240.
[2157] Dazu BGH BB 1992, 1238.
[2158] BGH NJW 1979, 1545.
[2159] BGH NJW 1982, 2381 f.

c) *Der Anspruch auf Anpassung des Erbbauzinses an die Veränderung der Umstände*

2014 Über die Anpassung des Erbbauzinses können die Parteien Vereinbarungen treffen[2160]. Handelt es sich bei dem Bauwerk um ein Wohnzwecken dienendes Gebäude, so zieht solchen Anpassungsvereinbarungen neben den §§ 305 ff. (früher §§ 1 ff. AGBG) die Vorschrift des § 9 a ErbbauVO Schranken.

2015 Fehlt eine Anpassungsklausel, können nach der Rechtsprechung die Grundsätze über den Wegfall der Geschäftsgrundlage eine Erhöhung des Erbbauzinses ergeben[2161]. Diese Folge trete aber nur in Ausnahmefällen ein. Grundsätzlich könnten die Parteien, weil das Erbbaurecht auf ex ante in ihrer Entwicklung nicht absehbare Zeiten bestellt werde, nicht von dauerhafter Äquivalenz von Leistung und Gegenleistung ausgehen. Der Erbbaurechtsbesteller nehme also mit der Zinsbemessung ohne Vereinbarung einer Anpassungsklausel ein erhebliches Risiko der Wertänderung des Zinses auf sich. Auch diese weitgehende Risikoübernahme habe aber Grenzen. Es gehe hierbei um Entwicklungen, aufgrund deren der Besteller in der getroffenen Vereinbarung sein Interesse nicht mehr auch nur annähernd noch gewahrt sehen könne[2162].

2016 Das Kriterium, an dem die Entwicklung zu messen sein soll, ist die Erhöhung der Lebenshaltungskosten nach den offiziellen Statistiken. Hierin spiegele sich der Kaufkraftschwund[2163]. Steigerungen von 52 %[2164] und von 75 %[2165], ja sogar von 133,47 %[2166] sind vom BGH noch als innerhalb des übernommenen Risikos liegend aufgefaßt worden. Steigerungen um 150,3 % (= Geldwertschwund um 3/5)[2167] und 158,9 % (= Geldwertschwund um 61,37 %)[2168] sollen dagegen die Anpassungsnotwendigkeit auslösen, falls nicht besondere Umstände des Einzelfalls die noch bestehende Zumutbarkeit ergeben[2169]. Besteht nach diesen Voraussetzungen die Anpassungsnotwendigkeit, erhöht der BGH nicht etwa entsprechend der Steigerung der Lebenshaltungskosten, sondern in Anpassung an die wirtschaftlichen Verhältnisse. Zu diesen gehöre auch eine in den Einkommensverhältnissen sich ausdrückende Erhöhung des Lebensstandards. Es sei folglich als Erhöhungsquote der Durchschnittsbetrag aus der Erhöhung der Lebenshaltungskosten (EL) und der Erhöhung der Arbeitnehmereinkommen (EA), d.h. der Betrag: (EL+EA):2 zu nehmen[2170]. Es ist

[2160] Nach § 9 II 2, 3 ErbbauVO in der durch Neuregelung mit Wirkung vom 9.6.1998 abgeschafften Fassung auch als Inhalt der Reallast möglich. Aus der Zeit vor dem 9.6.1998 gibt es also Erbbauzinsreallasten mit dinglichem Anpassungsanspruch.

[2161] S. BGHZ 81, 135, 143 zum Verhältnis der ergänzenden Vertragsauslegung zum Wegfall der Geschäftsgrundlage.

[2162] BGHZ 77, 194, 198 unter Hervorhebung des Gegensatzes zu Dauerleistungen mit Versorgungscharakter; BGHZ 90, 227, 228; 91, 32, 35.

[2163] BGHZ 86, 167, 170; 91, 32, 34.

[2164] WM 1976, 429.

[2165] WM 1976, 1034.

[2166] BGHZ 86, 167, 171.

[2167] BGHZ 90, 227, 229. Für den Anpassungsanspruch (insb. den Anspruch auf Zustimmung zur Änderung der Erbbauzinsreallast, s. zum Inhalt dieses Anspruchs BGH BB 1992, 1239) soll dagegen jedenfalls eine Veränderung um 20 % genügen bei Vereinbarung einer Gleitklausel, BGH BB 1992, 1240. Ausgangspunkt sei grundsätzlich die Veränderung seit der letzten Erhöhung, auch dann, wenn diese von den Parteien zu hoch vorgenommen worden sei. Der Richter könne hier nicht korrigieren. § 9a ErbbauVO bestimmt nur für Erbbaurechte zu Wohnzwecken etwas anderes (hier ist die Veränderung seit Vertragsschluß die Obergrenze).

[2168] BGHZ 91, 32, 34, 36.

[2169] So z.B. der Umstand, daß die schlechte Beschaffenheit des Grundstücks besondere Aufwendungen zur Bebauung erforderlich macht, vorausgesetzt, der Umstand war bei der ursprünglichen Preisbemessung nicht berücksichtigt (vgl. BGHZ 90, 227, 230 f.).

[2170] BGHZ 77, 194, 200 ff.; 90, 227, 231. Die Anpassung wird der Höhe nach beschränkt durch die Entwicklung des Bodenwertes, wenn dieser hinter der Entwicklung der wirtschaftlichen Verhältnisse zurückbleibt BGH Urteil v. 18.9.1992, WM 1992, 2067 f. Auf diesen Erhöhungsbetrag ist zu klagen. Für eine Klage auf Zustimmung zur Vertragsänderung fehlt wegen dieser Möglichkeit das Rechtsschutzbedürfnis – BGHZ 91, 32, 36 f.

offensichtlich, daß die Rechtsprechung hier die bei Änderungen der Sozialexistenz an sich notwendige Arbeit des Gesetzgebers substituiert[2171].

IV. Das Bergwerkseigentum

1. Historische Entwicklung des Bergrechts[2172]

Im ältesten deutschen Recht[2173] zunächst partes fundi und damit Gegenstand des Grundeigentums, werden die Mineralien seit dem 10. Jahrhundert kraft Bergregals vom Landesherrn in Anspruch genommen mit der Folge, daß sie als herrenlose Sachen erscheinen. Die Regalherren haben das Aufsuchen (Schürfen) und den Abbau der Mineralien zunehmend freigegeben. Darauf beruhte die Bergbaufreiheit. Der Grundeigentümer hatte das Aufsuchen und den Abbau gegen Vergütung zu dulden. In der weiteren Entwicklung erwarb nach verschiedenen Rechtsordnungen der Finder einen Anspruch gegen den Regalherren auf Verleihung des Bergwerks (s. in der Neuzeit noch Th. II. Tit. XVI. § 154 PrALR). Der Regalherr bleibt aber Eigentümer oder Obereigentümer des Bergwerks und behält – im Zeichen von Absolutismus und merkantilistischer Wirtschaftsordnung – die „Direktion" (Leitung; Recht, Arbeiter anzustellen; Preisfestsetzung). Im 19. Jahrhundert bleibt das Bergregal zwar noch gemeines Recht, die Partikularrechte geben aber, französischem Vorbild folgend, Bergregal und Direktionsrecht auf zugunsten staatlicher Berghoheit bei grundsätzlich anerkannter Bergbaufreiheit, d.h. im Rahmen staatlicher Aufsicht bestehender allgemeiner Befugnis zur Aufsuchung von Mineralien mit dem Recht auf Verleihung des Abbaurechts (des Bergwerkeigentums) in dem Fall, daß der einzelne fündig wird. Dieses System wird im preußischen Allgemeinen Berggesetz vom 24.6.1865 durchgeführt[2174]. Die preußische Regelung ist in fast allen deutschen Ländern übernommen oder nachgebildet worden. **2017**

Die aufgrund der Bergbaufreiheit an sich bestehende Wettbewerbsfreiheit ist im Laufe der Zeit infolge der Knappheit der Bodenschätze, der Aufwendigkeit der Förderung und der gesamtwirtschaftlichen Bedeutung der Rohstoffversorgung in zweifacher Richtung stark eingeengt worden: Eine starke Konzentration in Verbindung mit Wettbewerbsregulierung durch Kartelle einerseits war die wettbewerbseinengende Bewegung, die aus der Wirtschaft selbst hervorging. Hinzutrat andererseits eine starke staatliche Beteiligung an der Bergbauwirtschaft und ihrer Regelung. Insbesondere verbreitete sich seit dem Beginn des 20. Jahrhunderts die Praxis des sog. Staatsvorbehalts, einer Regelung, nach der das Gewinnungsrecht für wirtschaftlich besonders wichtige Bodenschätze nur noch dem Staat verliehen war oder verliehen werden konnte, der es dann anderen zur Ausübung überlassen konnte. **2018**

Heute ist im BBergG[2175] anstelle des Staatsvorbehalts das System des Verbots mit Erlaubnisvorbehalt getreten. Der BBergG regelt auch die aufgrund der Ausübung der Erlaubnis zustande kommenden privat-rechtlichen Rechtsverhältnisse – weitgehend in Fortführung der preußischen Regelung –. **2019**

[2171] S. *Flume* II § 26 6, S. 518 ff. Keine „Arbeit" bedeutet § 313 n.F.

[2172] *Wolff/Raiser* § 95 m. N.; *Boldt/Weller*, BBergG, S. 95 ff. m. N.

[2173] Das Bergrecht ist deutschrechtlichen Ursprungs.

[2174] Zugrunde lagen hauptsächlich die Arbeiten des späteren Bonner Berghauptmanns Hermann *Brassert*. Entwurf mit Motiven in ZfB 6, 1 ff.

[2175] V. 13.8.1980, BGBl. I, S. 1310 ff., zuletzt geändert durch Gesetz v. 5.9.2001 BGBl. I, S. 2350 ff. (Umsetzung der EG-Richtlinie über die Umweltverträglichkeitsprüfung vom 27.6.1986); Kompetenzgrundlage: Art. 74 I Ziff. 11 GG.

2. Bergbauberechtigung und Grundeigentum

2020 Die Bergbauberechtigungen, von denen das Bergwerkseigentum eine ist, beziehen sich auf Bodenschätze, d.h. nach § 3 I 1 BBergG mineralische Rohstoffe und Gase in natürlichen Ablagerungen oder Ansammlungen. Das Gesetz unterscheidet grundeigene und bergfreie Bodenschätze (§ 3 II BBergG), nur erstere stehen im Eigentum des Grundeigentümers, letztere sind bis zu ihrer Aneignung durch einen Gewinnungsberechtigten oder dem gutgläubigen Erwerb von einem ohne Gewinnungsrecht Hebenden herrenlos[2176]. Parallel zum Jagdrecht geht es darum, daß Güter, die selbst oder deren Nutzung volkswirtschaftlich wichtig sind, zunächst einmal überhaupt genutzt und sodann in geordneter Weise genutzt werden. Welches Mineral oder Gas zu den grundeigenen, welches zu den bergfreien Bodenschätzen gehört, wird in § 3 BBergG im einzelnen bezeichnet. Grob kann man sagen, daß – abgesehen von der Sonderzuordnung der Bodenschätze im Bereich der Küstengewässer und des Festlandsockels sowie der Erdwärme – die wichtigsten Wirtschafts-, insbesondere Industrie- und Energierohstoffe[2177] zu den bergfreien, also den nicht zum Grundeigentum gehörenden Bodenschätzen zählen[2178]. Nicht etwa alle anderen, sondern nur bestimmte andere Bodenschätze werden nach Bergrecht den grundeigenen Bodenschätzen zugeordnet. Abgrabungen zur Gewinnung von Steinen und Erden (Kies, Sand etc.) sind nicht bergrechtlich geregelt, sondern gehören zum Eigentum, vorbehaltlich anderer Regelungen des öffentlichen Rechts[2179].

2021 Die Befugnis zur Gewinnung grundeigener Bodenschätze ist eine speziell normierte Befugnis aus dem Grundeigentum. In § 34 geht das BBergG auf die Befugnis des Grundeigentümers ein, bei der Aufsuchung und Gewinnung grundeigener Bodenschätze nach Maßgabe seiner Regelung, also der Regelung des BBergG, *andere* Bodenschätze mitzugewinnen, Hilfsbaue anzulegen und fremde Grubenbaue zu benutzen. Die Berechtigung des Grundeigentümers betreffs grundeigener Bodenschätze wird im BBergG aber nicht nur in dieser Weise ergänzt, sondern auch hinsichtlich ihrer eigenen Ausübung geregelt:

Die Verpflichtung zum Ersatz von Bergschäden trifft auch den grundeigene Bodenschätze gewinnenden Grundeigentümer. Der Bergschadensbegriff (§ 114 BBergG) und der Begriff des Bergbaubetriebs (§ 2 III 1 Nr. 3 BBergG), dessen Betreiber haftet (§ 115 BBergG), ist nicht auf die Gewinnung bergfreier Bodenschätze beschränkt. Ebenso ist die vorbeugende Anpassungsregelung (§§ 110 ff. BBergG) auf Gewinnungsbetriebe einschließlich der grundeigene Bodenschätze fördernden Gewinnungsbetriebe (§ 4 VIII BBergG) anzuwenden. Gleiches gilt für die Regelung der Betriebsplanzulassung (§§ 55 ff. BBergG)[2180]. Schließlich kann der Grundeigentümer zur Aufsuchung grundeigener Bodenschätze nach §§ 39, 40 BBergG die Zustimmung zur Benutzung fremder Grundstücke erhalten[2181] oder erstreiten, und er kann sich für den Abbau weitere Felder „zulegen" (§§ 35 ff. i.V. mit § 4 VI BBergG) und weiteren Grund abtreten lassen (§ 77 i.V. mit §§ 2 und 4 BBergG).

[2176] BT-Drs. 8/1315, S. 77, 84, 85.

[2177] Eisen, Kohle, Kohlenwasserstoffe (also insbesondere Erdöl), Bauxit (für Aluminium), Gold etc.

[2178] Soweit das BBergG Bodenschätze, die früher grundeigen waren, für bergfrei erklärt (z.B. tut es dies bzgl. Flußspat und Schwerspat), liegt eine entschädigungslos hinzunehmende Inhaltsbestimmung des Grundeigentums insoweit vor, als die Bodenschätze noch nicht konkret wertbestimmend für das Grundeigentum geworden sind; s. BGH vom 2.12.1955, BGHZ 19, 209; BVerwG v. 7.11.1959, ZfB 101, 89 (93); s. zum Vergleich auch die Naßauskiesungs-Entscheidung des BVerfG, o. Rz. 218, 243. – Für den letzteren Fall hält § 149 III BBergG die Verfügungsbefugnis des Grundeigentümers aufrecht.

[2179] Wasserrecht, Naturschutzrecht, Baurecht.

[2180] S. BVerwG, Urt. vom 16.3.1989, NVwZ 1989, 1162.

[2181] Die Vorschriften des 3. Teiles des BBergG – §§ 39 bis 64 – sind auf die grundeigenen Bodenschätze anwendbar, soweit sich aus den Bestimmungen keine Einschränkung ergibt; BT-Drs. 8/1315, S. 99.

3. Die Arten der Bergbauberechtigungen

Bergbauberechtigungen sind die Erlaubnis, die Bewilligung und das Bergwerkseigentum bezüglich bergfreier Bodenschätze und das Grundstückseigentum bezüglich grundeigener Bodenschätze (§§ 6 ff., 34 BBergG). Die Erlaubnis berechtigt dazu, bergfreie Bodenschätze aufzusuchen und dabei notwendig zu fördernde Bodenschätze zu gewinnen und – sofern sie zu den aufzusuchenden gehören oder bergfrei sind und keinem Aneignungsrecht unterliegen[2182] – sich anzueignen. Will man ein Recht gerade darauf haben, solche Bodenschätze zu gewinnen, bedarf man der Bewilligung oder des Bergwerkseigentums. Die Berechtigungen schließen das Recht zur Aufstellung der notwendigen Betriebsvorrichtungen ein. Sie sind absolut[2183]. Die Berechtigungen können nach § 6 S. 2 BBergG an natürliche und juristische Personen und an Personenhandelsgesellschaften[2184] erteilt bzw. verliehen werden. Nach der Begründung sollen damit BGB-Gesellschaften und nicht rechtsfähige Vereine ausgeschlossen sein[2185]. Andererseits können aber nach § 22 BBergG an Erlaubnissen und Bewilligungen mit Zustimmung der Behörde Dritte beteiligt werden, und es kann nach § 23 I BBergG das Bergwerkseigentum zu Miteigentum veräußert werden. Die Bestimmung des § 6 S. 2 BBergG ist so zu verstehen, daß die Erteilung bzw. Bewilligung an damals als nicht rechtsfähig angesehene Gruppierungen mit selbständiger, nicht auf die Bergbauberechtigung beschränkter Existenz mit der Ausnahme von Personenhandelsgesellschaften ausgeschlossen ist. Die Erteilung an mehrere Personen, die gerade die Ausübung dieser Bergbauberechtigung als gemeinsamen Zweck verfolgen, ist aber ebensowenig ausgeschlossen wie die Erteilung zu Mitberechtigung[2186]. **2022**

Das Bergwerkseigentum baut auf der Bewilligung auf, indem es nur Inhabern von Bewilligungen hinsichtlich desselben Gegenstands verliehen werden darf (§ 13 Nr. 1 BBergG) und mit der Verleihung des Bergwerkseigentums die zugrundeliegende Bewilligung erlischt (§ 17 I 3 BBergG). Indem wiederum bei Anträgen auf Erteilung einer Bewilligung dem Inhaber einer für dasselbe Feld erteilten Erlaubnis Mitteilung zu machen ist und ihm der Vorrang gebührt, wenn er seinerseits die Bewilligung beantragt (§ 14 BBergG), ist eine Entwicklung von der Erlaubnis bis zum Bergwerkseigentum vorgezeichnet. Daß der Aufspürer von Bodenschätzen einen Anspruch auf Bewilligung und Eigentum hat, entspricht dem Anspruch des technischen Erfinders auf Erteilung eines Patents. **2023**

Das Bergwerkseigentum unterscheidet sich von der Bewilligung nicht durch den Inhalt, sondern durch die Art: Es ist grundstücksgleiches Recht (§ 9 I Hs. 2 BBergG). D.h. es ist grundbuchfähig und nach den Vorschriften über die Grundstücksrechte – allerdings nur mit Zustimmung der Behörde, § 23 BBergG (insofern gilt grundsätzlich das **2024**

[2182] Mitgewonnene Bodenschätze, die einem Aneignungsrecht unterliegen oder grundeigen sind, sind an den Berechtigten gegen Kostenerstattung abzugeben, §§ 41 f. BBergG.

[2183] Nach § 8 II BBergG finden auf die Bewilligung vorbehaltlich besonderer Regelung die für Ansprüche aus dem Eigentum geltenden Vorschriften Anwendung. § 9 I Hs. 2 BBergG erklärt auf das Bergwerkseigentum die für Grundstücke geltenden Vorschriften für anwendbar. Betreffs der Erlaubnis bewendet es bei der Bezeichnung als ausschließliches Recht, § 7 I BBergG. Nach *Wolff/Raiser* (zum preußischen Recht, nach dem die Erlaubnis vom Grundeigentümer als privatrechtliches Vertragsrecht oder ersatzweise durch die Behörde zu erteilen war) schafft der mit der Ausübung der Erlaubnis verbundene Besitz die die Grundbucheintragung ersetzende Publizität (§ 96 I 1). *Wolff/Raiser* lassen die Dinglichkeit auch erst mit Ausübung beginnen, anders § 7 I BBergG. Zur Ausschließlichkeit der Erlaubnis nach dieser Vorschrift s. *Piens-Schulte-Graf-Vitztum*, BBergG, 1983, § 7 Rz. 4, 15 ff.

[2184] In Betracht kommen die allgemeinen Rechtsformen. Die besondere Rechtsform der bergrechtlichen Gewerkschaft ist nach dem BBergG entfallen. Bestehende Gewerkschaften sind nach § 163 BBergG am Ende des 1.1.1986 aufgelöst.

[2185] BT-Drs. 8/1315, S. 85

[2186] Wohl ebenso *Boldt/Weller*, BBergG, § 6 Rz. 16.

Gleiche wie bei Erlaubnis und Bewilligung, § 22 BBergG) – übertragbar, und es ist belastbar. Entstehung und Untergang richten sich nach Bergrecht. Sie unterliegen ebenfalls behördlicher Verfügung (§ 928 ist nicht anwendbar). Nach § 9 II BBergG ist weiter im Verhältnis von Grundstücks- und Bergwerkseigentum § 890 nicht anwendbar.

2025 Der Inhaber einer Erlaubnis zur Aufsuchung zu gewerblichen Zwecken hat jährlich eine Feldesabgabe, der Inhaber einer Bewilligung oder von Bergwerkseigentum jährlich eine Förderabgabe (Anteil am Marktwert der Fördermenge) an das Land zu entrichten (§§ 30 ff. BBergG).

2026 Auf bergfreie Bodenschätze stoßen kann auch jemand, der keine Bergbauberechtigung dazu hat. Er braucht auch nicht das Erfordernis einer Erlaubnis nach § 6 BBergG zu verletzen. Dies tut er dann nicht, wenn er zufällig, etwa bei Bauarbeiten, fündig wird und die Bodenschätze nicht zu einer bekannten Lagerstätte gehören. In diesem Fall muß er seine Entdeckung unverzüglich der zuständigen Behörde anzeigen (§ 33 BBergG). Er hat dann einen Anspruch auf Aufwendungsersatz gegen denjenigen, der aufgrund der Anzeige eine Bewilligung für den Bodenschatz erhält.

2027 Die Bewilligung und das Bergwerkseigentum schließen das Recht ein, Grundabtretung zu verlangen (§§ 8 I 1 Nr. 4, 9 I Hs. 1 BBergG). Das zeigt, daß sie sich als solche nur auf den Abbau unterhalb des Grundstücksbereichs beziehen, der nach § 905 S. 1, 2 dem Grundstückseigentümer (bzw. Inhabern aus dem Eigentum abgeleiteter Rechte) vorbehalten ist. Nebenfolgen eines solchen Abbaus für diesen Grundstücksbereich werden haftungsrechtlich, nämlich durch die Bergschadensregelung der §§ 110 ff. BBergG, erfaßt[2187]. Wird aufgrund ordnungsgemäßer Betriebsplanung (§ 51 BBergG) die Benutzung des in fremdem Eigentum stehenden Grundstücksbereichs erforderlich[2188], so muß der Unternehmer entsprechende Nutzungsrechte oder die Übertragung des Eigentums erstreben. Kommt es nicht zur freiwilligen Transaktion, hat der Unternehmer das Recht, nach näherer Regelung der §§ 77 ff. BBergG Grundabtretung, d.h. Einräumung der erforderlichen Rechtsposition zu verlangen. Ist die verlangte Grundabtretung auf ein geringeres Recht als Eigentum oder auf ein bestimmtes beschränktes Objekt gerichtet, so kann der betroffene Eigentümer unter den Voraussetzungen des § 82 BBergG verlangen, daß die Abtretung auf die Eigentumsübertragung oder ein größeres Objekt oder noch andere Objekte (etwa Zubehörteile) ausgedehnt wird.

2028 Das Recht, Grundabtretung zu verlangen, ist nicht Inhalt der Erlaubnis als Aufsuchungsrecht und d.h. auch nicht Inhalt des zur Bewilligung und zum Bergwerkseigentum (nach §§ 8 I Nr. 1, 9 I Hs. 1 BBergG) gehörenden Aufsuchungsrechts. Den Zugang zu fremden Grundstücken behufs Aufsuchens von Bodenschätzen regeln §§ 39 ff. BBergG. Erforderlich ist zunächst die Zustimmung des Grundstückseigentümers, sie kann aber im öffentlichen Interesse durch behördliche Entscheidung, die auf Antrag auch die Festsetzung der Entschädigung umfaßt, substituiert werden (§ 40 BBergG). Nach § 39 I 2 BBergG bleibt § 905 S. 2 unberührt, d.h. für die Benutzung des nach dieser Vorschrift vom Eigentum ausgeklammerten Bereichs bedarf es der Zustimmung bzw. ihrer behördlichen Ersetzung nicht. Dies zeigt erneut, daß die bergrechtlichen Berechtigungen nicht die Befugnis enthalten, in fremdem Recht stehende Grundstücke zu benutzen; insoweit sind sie auf Vertrags- und hilfsweise Enteignungsmöglichkeiten beschränkt.

[2187] Die Haftung für Bergschäden in den neuen Bundesländern richtet sich, soweit die Schäden nicht ausschließlich nach dem 02.10.1990 entstanden sind, nach dem Berggesetz der DDR – so BGH VIZ 1999, 620.

[2188] Daraus ist das Kriterium, das zwischen nur haftungsrechtlich erfaßter Beeinträchtigung und abtretungsrechtlich erfaßter „Benutzung" entscheidet, abzuleiten: Beabsichtigte Einwirkungen (insbesondere betriebsplanmäßige Einwirkungen) sind Benutzung, nicht beabsichtigte Einwirkungen sind Beeinträchtigung, selbst dann, wenn sie nach gewöhnlichem Lauf der Dinge zwangsläufig sind, s. *Boldt/Weller*, BBergG, § 8 Rz. 19 m.N.

Der Zweck der Gewinnung von Bodenschätzen hat möglicherweise Vorrang vor den Grenzen des Grundstückseigentums. Soweit der geplante Bergbaubetrieb selbst sich auf fremden Grund erstreckt, kann durch Enteignungsmaßnahmen geholfen werden. Was sodann beeinträchtigende und schädigende Auswirkungen des auf eigenem Grund (einschließlich der durch Vertrag oder Enteignung dazugewonnenen Fläche) stattfindenden Betriebs betrifft, wird seit je eine Duldungslast des benachbarten Grundstückseigentümers gegen Schadensersatz angenommen[2189]. Der Begünstigung des Bergbaubetriebs durch die Duldungspflicht entspricht, was die Anwendung bergbaubeschränkender Vorschriften durch die Behörden betrifft, der Grundsatz des § 48 I 2 BBergG: Bei der Anwendung bergbaubeschränkender Vorschriften sollen die Aufsuchung und Gewinnung so wenig wie möglich beeinträchtigt werden (sog. Rohstoff-Sicherungsklausel). **2029**

4. Entstehung, Übergang, Erlöschen von Erlaubnis, Bewilligung und Bergwerkseigentum, Belastung des Bergwerkseigentums

Erlaubnis, Bewilligung und Bergwerkseigentum stehen im System des präventiven Verbots mit Erlaubnisvorbehalt: Es besteht also Bergbaufreiheit; liegen die bestimmten Voraussetzungen der Versagung (§§ 11-13 BBergG) nicht vor, müssen Erlaubnis und Bewilligung (bei mehreren Anträgen nach der Rangbestimmung des § 14 BBergG) erteilt, das Bergwerkseigentum verliehen werden[2190]. **2030**

[2189] Zur Duldungspflicht für das alte Recht RGZ 30, 228, 231; 139, 29, 33; BGHZ 27, 149, 155 ff.; BGH ZfB 116, 242; BGHZ 53, 226. Für das BBergG BT-Drs. 8/1315, S. 86. Darstellung und Nachweise bei *Boldt/Weller*, BBergG, § 8 Rz. 7 ff. Einschränkend allerdings das BVerwG in den beiden Entscheidungen vom 16.3.1989 NVwZ 1989, 1157 = JZ 1990, 133 mit Anm. von *Kühne* und Besprechung von *Schulte* (letzterer in NVwZ 1989, 1138 ff.) sowie NVwZ 1989, 1162 f. Das BVerwG erkennt die öffentlich-rechtliche Nachbarklage des vom Bergbaubetrieb bedrohten Grundstückseigentümers gegen die Betriebsplanzulassung und auf nachträgliches behördliches Eingreifen an. § 48 II BBergG (wonach die Behörde eine Bodenschatzgewinnung einschränken oder untersagen kann, soweit überwiegende öffentliche Interessen entgegenstehen) sei verfassungskonform dahin auszulegen, daß Eigentümer Gefahren für ihr Eigentum „von einigem Gewicht" und einer „gewissen Wahrscheinlichkeit" im Zulassungsverfahren vorbringen und auch später die Einschränkung oder Aufhebung der Zulassung wegen Verletzung der Verhältnismäßigkeit verlangen könnten. Die Auferlegung der Duldung gegen bloße Liquidation sei möglicherweise unverhältnismäßig bei Voraussehbarkeit schwerwiegender Beeinträchtigungen des Oberflächeneigentums, die im Vergleich zum möglichen Gewinnungsvorteil des Unternehmers unverhältnismäßig seien. Gegen das BVerwG ist einzuwenden, daß der Nachbarschutz, der nach der eigenen Ansicht des Gerichts aus der Zulassungs- und Kontrollverfahrensregelung des BBergG nicht entnommen werden kann, nicht auf die allgemeine Vorschrift des § 48 II BBergG betreffs der Berücksichtigung öffentlicher Interessen zu stützen ist. Grundlage ist vielmehr die aus Art. 14 GG entwickelte Substanzgarantie mittels Verfahrensschutzes. – Der Eigentümer des denkmalgeschützten Schlosses Cappenberg im Ruhrgebiet (mit mittelalterlicher Stiftskirche) hat versucht, gegen die Zulassung des Steinkohle-Untertageabbaus in der Nähe des Schlosses vorzugehen. Der Steinkohleabbau gefährde Schloß und Kirche. Die Verwaltungsgerichte haben das Begehren nach vorläufigem Rechtsschutz zurückgewiesen. Daraufhin hat der Eigentümer eine einstweilige Anordnung des BVerfG nach § 32 I BVerfGG beantragt. Auch damit ist er gescheitert (BVerfG NVwZ 1989, 1151). Er hat daraufhin den Antrag im Hauptverfahren zurückgezogen.

[2190] Nach den Gesetzesmaterialien eindeutig. Der Unterschied zu §§ 22, 23 BBergG („darf nur versagt werden") und die Parallelität zu § 6 WHG, für den das Nichtbestehen eines Rechtsanspruchs vertreten wird, darf nicht irritieren, s. *Boldt/Weller*, BBergG, § 11 Rz. 1. Durch den Einigungsvertrag ist die Übertragung von Bergwerkseigentum an die Treuhandanstalt aufrechterhalten worden, BVerwG JZ 1994, 197 (dazu Anm. von *Kühne* und *Beddies* S. 201). Generell zum Bergwerkseigentum aufgrund der Wiedervereinigung BVerwG DtZ 1996, 283 sowie *Hoffmann*, BB 1996, 1450.

2031 Erteilung und Verleihung erfolgen auf schriftlichen Antrag, der bei der zuständigen Behörde zu stellen ist (§ 10 BBergG). Örtlich zuständig ist die Behörde, in deren Bezirk das Feld der beantragten Berechtigung liegt (§ 3 I Nr. 1 VwVfG, welches nach § 5 BBergG vorbehaltlich von Sonderbestimmungen anwendbar ist). Sachlich zuständig ist nach den landesrechtlichen Regelungen überwiegend die Landesoberbehörde des Bergwesens[2191]. In Bayern erteilt Erlaubnisse und Bewilligungen das Staatsministerium für Wirtschaft und Verkehr, das Bergwerkseigentum wird vom Oberbergamt verliehen[2192].

2032 Erlaubnis und Bewilligung sind durch schriftlichen Bescheid befristet[2193] zu erteilen (§ 16 BBergG).

2033 Das Bergwerkseigentum entsteht originär mit der Zustellung der „Berechtsamsurkunde“, die nach Unanfechtbarwerden der Entscheidung über die – befristete[2194] – Verleihung des Bergwerkseigentums (§ 16 BBergG) zulässig ist (§ 17 BBergG). Die Verleihung setzt voraus, daß der Antragsteller Inhaber einer inhaltsgleichen Bewilligung ist (§ 13 Nr. 1 BBergG). Daneben gibt es die Entstehung veränderter Einheiten von Bergwerkseigentum durch Vereinigung von Bergwerkseigentum mit Bergwerkseigentum, deren Zulässigkeit voraussetzt, daß die Felder aneinander angrenzen und die Bergwerkseigentumsrechte auf die gleichen Bodenschätze gerichtet sind (§§ 24-27 BBergG), durch Teilung von Bergwerksfeldern (§ 28 i.V. mit §§ 25-27 BBergG) und schließlich durch den Austausch von Feldesteilen (§ 29 i.V. mit §§ 25-27 BBergG); auch in diesen Fällen entsteht das neue Bergwerkseigentum mit Zustellung der Berechtsamsurkunde. Weil das neue Bergwerkseigentum das alte fortsetzt, müssen Rechte an den alten Feldern übergehen. Im Fall der Teilung ist dies unproblematisch. Im Fall der Vereinigung und des Austauschs dinglich belasteter Felder ist nach § 25 Ziff. 3 BBergG (§ 29 S. 2 i.V. mit § 25 BBergG) Voraussetzung der Änderung eine notariell beurkundete Vereinbarung zwischen den Berechtigten und den Bergwerkseigentümern darüber, ob und wie die Belastungen übergehen sollen. Mit der Zustellung der Berechtsamsurkunde entsteht das neue Bergwerkseigentum mit den vereinbarten Belastungen (§§ 27 I, 29 S. 2 BBergG).

2034 Das Bergwerkseigentum erlischt zunächst ebenso wie Erlaubnis und Bewilligung durch Ablauf der Verleihungsfrist, sofern nicht verlängert wird. Sodann erlöschen Bergwerkseigentum, Erlaubnis und Bewilligung durch Aufhebung seitens der zuständigen Behörde auf Antrag des Berechtigten (§§ 19, 20 I BBergG). Die Inhaber dinglicher Belastungen des Bergwerkseigentums können ihr Recht durch Zwangsversteigerung des Bergwerkseigentums wahren (§ 20 II bis IV BBergG). Weiter gelten für Erlaubnis, Bewilligung und das Bergwerkseigentum die allgemeinen Möglichkeiten der Rücknahme und des Widerrufs von Verwaltungsakten (§§ 48, 49 VwVfG i.V. mit § 5 BBergG). § 18 IV BBergG enthält für das Bergwerkseigentum einen besonderen Widerrufsgrund, nämlich den, daß grundlos mehr als 10 Jahre lang die regelmäßige Gewinnung unterbrochen gewesen ist. Die Inhaber von Belastungen sind am Verwaltungsverfahren nach allgemeinen Grundsätzen zu beteiligen (§ 41 VwVfG, § 18 IV 3 BBergG)[2195].

[2191] In Baden-Württemberg Landesbergamt, in Bayern Oberbergamt, in Nordrhein-Westfalen Landesoberbergamt genannt.

[2192] Zuständigkeitsregelungen bei *Boldt/Weller*, BBergG, Anh. III.

[2193] Verlängerung ist möglich. Die Befristung der Bewilligung ist wie die des Bergwerkseigentums geregelt (s. folgende Fn.).

[2194] Auf mehr als 50 Jahre nur unter besonderen Voraussetzungen. Verlängerung ist möglich; § 16 V BBergG.

[2195] Die analoge Anwendung der Versteigerungsmöglichkeit, die im Aufhebungsfall nach § 20 II – IV BBergG besteht, ist entgegen *Dabbrich-Römermann*, BBergG, § 18 Rz. 10 im Fall des § 18 IV BBergG nicht begründet. Die mehr als 10-jährige Unterbrechung der Gewinnung ist auch den Belastungsinhabern zuzurechnen.

Entstehung und Erlöschen des Bergwerkseigentums werden im Grundbuch – deklaratorisch – eingetragen. Um die entsprechenden Eintragungen hat die Behörde das Grundbuchamt nach Zustellung der Berechtsamsurkunde und bei Wirksamkeit des Widerrufs und bei der Aufhebung zu ersuchen (§§ 17 III, 18 IV 3, 20 V BBergG)[2196]. Für das Bergwerkseigentum sind nach landesrechtlichen Vorschriften[2197] Berggrundbücher zu führen. Neben der grundbuchrechtlichen Publizität wird eine Übersicht zur Orientierung über Bergunternehmungen hergestellt durch Eintragung von Erlaubnissen, Bewilligungen und Bergwerkseigentum in das sog. Berechtsamsbuch mit der Berechtsamskarte über die Bergbaufelder (§§ 75 f. BBergG). **2035**

Erlaubnis und Bewilligung können nach §§ 413, 398, 1069 mit (gebundener) Zustimmung der Behörde übertragen und auch zur Nutzung überlassen werden (§ 22 I BBergG). Sie können nach Maßgabe des § 22 II BBergG durch Universalsukzession, insbesondere Erbfolge, übergehen. **2036**

Die Übertragung des Bergwerkseigentums, insbesondere zu Miteigentum, ist nach §§ 873, 925 zu vollziehen (§ 9 I Hs. 1 BBergG). Verträge über Veräußerungs- und Erwerbsverpflichtungen sind nach § 311 b I 1 (§ 313 S. 1 a.F.) formbedürftig. Auch die Veräußerung des Bergwerkseigentums ist – schuldrechtlich wie dinglich – nach § 23 BBergG von der (gebundenen) Zustimmung der Behörde abhängig[2198]. **2037**

Neben der Übertragung ist die Belastung des Bergwerkseigentums mit beschränkten dinglichen Rechten hinsichtlich des Bergwerks möglich[2199] (s. etwa ausdrücklich § 1038 II). Die Belastung bedarf nicht der behördlichen Zustimmung. Bestandteile und Zubehör, auf die sich eine am Bergwerkseigentum begründete Hypothek erstreckt (§ 1120), sind wie bei einem Grundstück denkbar. **2038**

Als Bestandteil des Bergwerks – und gemäß § 95 I 1 nicht des fremden Grundstücks – und damit nicht einer Hypothek am Grundstück unterliegend, hat das RG eine auf einem fremden Grundstück errichtete, mit dem untertägigen Bergwerk in fester Verbindung stehende Wasserhaltungsanlage[2200] angesehen[2201]. Zubehör sind die beweglichen Betriebsmittel des Bergbaubetriebes wie Maschinen und Werkzeuge etc.

5. Behördliche Aufsicht und bergrechtliches Nachbarrecht (Bergschadensrecht)

Die Ausübung des mit Erlaubnis, Bewilligung und Bergwerkseigentum verbundenen Rechts, zum Zwecke des Bergbaus die nach dem Gesetz vorgesehenen Maßnahmen zu treffen, ist kaum denkbar ohne Auswirkungen auf fremdes Grundeigentum. Das gleiche gilt für die Ausübung des aus dem Grundeigentum folgenden Rechts, grundeigene Bodenschätze zu heben. Ein betroffener Grundeigentümer (ebenso der Besitzer eines betroffenen Grundstücks) hat die Auswirkungen des Bergbaubetriebs im Prinzip zu dulden. **2039**

2196 Die Ersuchenspflicht ist auch für den Widerruf und die Rücknahme nach VwVfG anzunehmen. Bei Fristablauf löscht das Grundbuchamt nach § 84 GBO. Hier hat die Behörde rechtzeitig gegenteilig Stellung zu nehmen, wenn sie verlängern will (*Boldt/Weller*, BBergG, § 17 Rz. 7).

2197 Nachweise bei *Boldt/Weller*, BBergG, § 17 Rz. 6.

2198 Nach *Boldt/Weller*, BBergG, § 23 Rz. 3 gilt dies nicht für die Übertragung zu Miteigentum. Auch dies ist aber an sich Veräußerung von Eigentum. *Boldt/Weller* berufen sich auf die besondere Hervorhebung der Miteigentumsübertragung im Grundstücksverkehrsgesetz. Da zudem an Bergwerkseigentum ohne weiteres ein Nießbrauch bestellt werden kann, ist *Boldt/Weller* zu folgen.

2199 Ebenso auch die Bestellung subjektiv-dinglicher Rechte zugunsten des Bergwerkseigentums als herrschenden „Grundstücks“. Beispiel ist die Grunddienstbarkeit auf Ausschluß von Ersatzansprüchen betreffs Bergschäden an Nachbargrundstücken auf der Grundlage von § 1018 Alt. 3 BGB (*Wolff/Raiser* § 97 IV Fn. 40; *Boldt/Weller*, BBergG, § 114 Rz. 104).

2200 Anlage zur Fernhaltung und Ableitung von Grund- und Oberflächenwasser (s. *Boldt/Weller*, BBergG, § 8 Rz. 2).

2201 RGZ 61, 188, 192 f. Nach § 46 BBergG ist der Hilfsbau wesentlicher Bestandteil des Bergwerkseigentums.

Die Auswirkungen können erheblich sein. Der Untertagebau kann ohne weiteres in den nach § 905 S. 2 dem Grundeigentümer nicht vorbehaltenen Raum vorgetrieben werden, aufgrund entsprechender Grundabtretung kann auch der vorbehaltene Raum benutzt werden. Diese unterirdischen Einwirkungen, ebenso aber auch unterirdische und ebenerdige Maßnahmen auf benachbarten Grundstücken, haben erhebliche Schadenspotentiale: Absenkung der Erdoberfläche, Rißbildung durch Erschütterungen, Ableitung des Grund- und Quellwassers sind Beispiele möglicher Folgen. Solche sind in der Regel absehbar.

2040 Zur Eindämmung der Gefahren, die mit einem Bergbaubetrieb für die Sicherheit von Personen allgemein, für die Sicherheit von Sachgütern im Betrieb sowie für den öffentlichen Verkehr verbunden sein können, sowie zur Abwehr gemeinschädlicher Auswirkungen[2202] ist der Bergbaubetrieb anzeige- und betriebsplanpflichtig (§§ 50 ff. BBergG), es muß ein Rißwerk angefertigt werden (§§ 63 f. BBergG), die Oberfläche ist durch Messungen zu beobachten (§ 125 BBergG), und der Betrieb unterliegt über die behördliche Eingangsprüfung betreffend den Betriebsplan hinaus einer laufenden behördlichen Aufsicht (§§ 69 ff. BBergG). Zu alledem sorgt das Gesetz für klare Verantwortlichkeiten im Unternehmen (§§ 58 ff. BBergG).

2041 Eine auch noch so genaue Kontrolle vermag aber die bergbautypischen Gefahren nicht auszuschließen. Sie bleiben akut, und dennoch ist der Bergbaubetrieb vom betroffenen Grundstückseigentümer grundsätzlich, unter Vorbehalt des Verhältnismäßigkeitsprinzip, zu dulden. Aber es ist seit je ein Dulden nach dem Aufopferungsgedanken. Im Gegenzug hat schon das preußische Bergrecht den Anspruch auf Ersatz des Schadens gewährt, der infolge des Bergbaubetriebs am betroffenen Grundstück und Grundstückszubehör eintritt.

2042 Der Schadensersatzanspruch war verschuldensunabhängig, es war nicht der allgemeine, sondern ein besonderer Anspruch, eben ein Ausgleich der Duldung, d.h. der Unterwerfung des Grundstücks unter den fremden Betrieb. Deshalb war er auch auf Schäden am unterworfenen Grundstück, dieses allerdings im Sinne einer Wirtschaftseinheit mit Bestandteilen und Zubehör verstanden, und auf Grundstückseigentümer oder -besitzer beschränkt. Zudem richtete er sich nach seiner ursprünglichen Fassung gegen den Inhaber des Bergwerkseigentums im Zeitpunkt des Schadenseintritts, nicht gegen den Verursacher[2203].

2043 Erst das BBergG hat diesem Aufopferungsanspruch eine Gefährdungshaftung hinsichtlich aller weiteren aus dem Bergbaubetrieb an welchen Gütern auch immer eintretenden Schadensfolgen hinzugefügt (§§ 114 ff., 117 BBergG)[2204]. Der Schadensersatzanspruch steht unter dem Vorbehalt, daß eine mögliche schadensvorbeugende Anpassung der Bebauung versäumt (§§ 110 ff. BBergG) oder eine erteilte Warnung, nicht zu bauen, nicht beachtet worden ist (§ 113 I-III BBergG). Der BGH[2205] hat eine subsidiäre Haftung des Staates bei Unzulänglichkeit der Haftung der Bergwerksunternehmer angenommen. Im Hinblick darauf ist durch das BBergG eine Bergschadensausfallkasse vorgesehen worden (§§ 122, 123 BBergG).

2202 D.h. gemeinwohlschädlicher Auswirkungen. Dagegen hier nicht gemeint: der Schutz des Nachbar-Grundstückseigentums, BVerwG NVwZ 1989, 1157, 1159 (= JZ 1990, 133, 134 f.). Er ist, was diese Regelung betrifft, aber mittelbare Folge. Das BVerwG folgert freilich, auch für die Verfahren nach §§ 54 f. BBergG (Zulassung) und § 71 BBergG (Anordnung von Aufsichtsmaßnahmen) den Nachbarschutz aus der allgemeinen Vorschrift des § 48 II BBergG.

2203 *Wolff/Raiser* § 97 IV m. N. Hessen, Niedersachsen, Nordrhein-Westfalen, Rheinland-Pfalz hatten aber bereits die gesamtschuldnerische Haftung des verursachenden Unternehmers hinzugefügt. *Boldt/Weller*, BBergG, vor § 114 Rz. 3.

2204 Für Grundpfandgläubiger bleibt es aber beim bisherigen Pfandrecht an den Schadensersatzansprüchen des Eigentümers (Artt. 52, 53 EGBGB, § 117 III BBergG). Ihr eigener Anspruch ist im BBergG deshalb nicht eigens ausgeschlossen worden, weil der Gesetzgeber für ersatzfähig nur unmittelbare Sach- oder Personenschäden gehalten, die Schädigung von Grundpfandrechtsgläubigern aber als mittelbar eingestuft hat (BT-Drs. 8/1315, S. 143; *Boldt/Weller*, BBergG, § 114 Rz. 14 f., § 117 Rz. 41).

2205 BGHZ 53, 226 ff.

Dritter Teil

Dingliche Positionen zwischen schuldrechtlichem Anspruch und dinglichem Recht

A. Vormerkung

I. Grundlegung

Die Vormerkung wird verständlich aus dem Gegensatz zu dem in § 899 geregelten Widerspruch: Der in § 892 I 1 angesprochene und in § 899 normierte *Widerspruch* dient zur Sicherung bestehender, aber nicht eingetragener dinglicher Positionen, d.h. als Sicherung des Berichtigungsanspruchs nach § 894. Die Eintragung eines Widerspruchs bedeutet die Eintragung der Behauptung, das Grundbuch sei *gegenwärtig* bezüglich eines bestimmten Rechts in bestimmter Weise (zu Ungunsten des Widersprechenden) *unrichtig.* Die Sicherung durch den Widerspruch besteht darin, daß die Eintragung des Widerspruchs für den Fall der Unrichtigkeit des Grundbuchs verhindert, daß aufgrund des öffentlichen Glaubens des Grundbuchs gemäß der (unrichtigen) Eintragung nach § 892 vom Nichtberechtigten erworben werden kann. 2044

Bei dem Gebrauch der *Vormerkung* gehen die Parteien dagegen vom gegebenen Grundbuchstand als richtig aus. Im Unterschied zur Sicherung eines Berichtigungsanspruchs für den Fall der *Unrichtigkeit der Eintragung der gegenwärtigen Lage der Grundstücksrechte* dient die Vormerkung zur Sicherung eines Anspruchs für den Fall der Verfügung in Erfüllung des vorgemerkten Anspruchs, d.h. es geht um die Sicherung eines Anspruchs auf *künftige Änderung, Übertragung oder Aufhebung* von im Grundbuch eingetragenen und von den Parteien als *richtig eingetragen* vorausgesetzten Rechten (§ 883 I 1). Die Sicherung besteht darin, daß fur den Fall, daß gemäß dem vorgemerkten Anspruch verfügt wird, zwischenzeitliche anderweitige Verfügungen des (nach dem Stand, den die Parteien zugrunde legen) Berechtigten gegenüber der Verfügung an den vorgemerkten Gläubiger zurücktreten (nachrangig oder dem Gläubiger gegenüber unwirksam sind). Die Sicherung gilt auch gegenüber Zwischenverfügungen im Wege der Zwangsvollstreckung, Arrestvollziehung oder durch den Insolvenzverwalter (§ 883 II 2). 2045

Ein Beispiel ist die sog. Auflassungsvormerkung: K hat Anspruch auf Übereignung eines Grundstücks, etwa aus formgültig geschlossenem Kaufvertrag (§§ 433 I 1, 311b I 1 = § 313 S. 1 a.F.). Der Anspruch ist darauf gerichtet, daß V übereignet. V muß also an der Auflassung mitwirken (§ 925 I); seine Eintragungsbewilligung ist dann in der Auflassung enthalten. Bis es sodann zu der nach § 873 I erforderlichen Eintragung kommt, vergeht häufig noch Zeit (die Finanzierung des Kaufpreises bedarf noch letzter Festlegung; Rechte, die die Finanzierung des Kaufpreises absichern, müssen noch umgeschrieben werden; steuerliche Vorgänge schieben sich dazwischen; bauplanungsrechtliche Klärungen sind notwendig). In Hinsicht darauf – wie aber auch schon vor der Auflassung – gibt es die Sicherung durch Vormerkung. 2046

Zur Abgrenzung von Vormerkung und Widerspruch stelle man sich vor, daß V schon übereignet hat, nunmehr aber (mit Recht) wegen arglistiger Täuschung anficht. Ficht er nur den Kaufvertrag an, so ist K dennoch Eigentümer, das Grundbuch ist richtig. V hat aber einen Anspruch aus § 812 I 1. Alt. auf Rückübertragung des Eigentums. Dieser kann durch Vormerkung gesichert werden. Hat V auch die Auflassung angefochten, so 2047 ist K nicht Eigentümer geworden, das Grundbuch ist unrichtig. V hat den Berichtigungsanspruch nach § 894. Dieser kann durch Widerspruch gesichert werden.

2048 Bei Unklarheit über den Gegenstand der Anfechtung eines Grundstücksgeschäfts hat das RG die Vormerkung notfalls zugleich als Widerspruch behandelt[1].

2049 Es gibt einen Fall, in welchem Vormerkung und Widerspruch nebeneinander möglich und eintragbar sind[2]: den der dauernden Einrede gegen eine Hypothek (§§ 1137, 1157) oder gegen eine Grundschuld (§§ 1192 I, 1157). Sie mindert den dinglichen Gehalt des Rechts; wenn das Grundbuch sie nicht ausweist, ist es also unrichtig (s. §§ 1138, 1157 S. 2, §§ 1192 I, 1157 S.2). Zur Sicherung des Berichtigungsanspruchs kann ein Widerspruch eingetragen werden. Zugleich besteht nach § 1169 (§§ 1192 I, 1169) ein Anspruch des Eigentümers auf Verzicht des Gläubigers auf die Hypothek oder Grundschuld. Dieser kann durch Vormerkung gesichert werden.

2050 Die Vormerkung ist eine grundstücksrechtliche Rechtsfigur. Sie ist mit Rücksicht auf die häufige Situation geschaffen worden, daß ein schuldrechtlicher Anspruch auf Übertragung, Änderung oder Aufhebung von Grundstücksrechten zwar besteht oder jedenfalls möglich erscheint, die dem Anspruch entsprechende Verfügung aber noch nicht durchgeführt wird: Entweder hängt die Realisierung des Anspruchs noch von Bedingungen ab (Aufbringung der Gegenleistung etc.) oder es muß erst noch (insbesondere im Prozeß) Streit darüber beseitigt werden, ob der Anspruch besteht. In diesen Fällen soll dem Gläubiger die Verfügung in Erfüllung des Anspruchs gesichert werden. Andererseits soll der Schuldner weiterhin Rechtsinhaber bleiben und auch über sein Recht verfügen können. Denn ob er den Anspruch zu erfüllen hat, ist ja noch ungewiß. Es soll nur, wenn es zur Erfüllung kommt, der Anspruch des Gläubigers gesichert sein. D.h. wenn der Anspruch besteht und durchgesetzt wird, haben etwaige anderweitige Zwischenverfügungen des Schuldners (und die Rechtsstellung der Erwerber daraus) zurückzustehen. Wenn es dagegen nicht zur Feststellung und Durchsetzung des Anspruchs kommt, bleiben die Zwischenverfügungen endgültig wirksam.

Die Vormerkung kann durch rechtsgeschäftliche Verfügung oder durch einstweilige Verfügung zustande kommen. Beide bedürfen der Eintragung in das Grundbuch (§§ 883 I, 885 I 1). Die Vormerkung ist aber nicht wie das dingliche Vorkaufsrecht[3] ein beschränktes dingliches Recht an einem Grundstück, sie ist auch nicht wie die Hypothek ein auf Verwertung eines Grundstücks für eine Forderung gerichtetes Befriedigungsrecht. Die Einordnung der Vormerkung ist in drei Schritten zu vollziehen: Zunächst heißt Vormerkung im Wortsinne, daß ein Anspruch bzw. eine Verpflichtung zur Rechtsänderung vorgemerkt wird. Damit wird die dem Anspruch bzw. der Verpflichtung entsprechende Verfügung abgesichert; sie wird nicht vorgenommen, der Verpflichtete gibt das der Verpflichtung entsprechende Recht nicht schon ab, aber die Vormerkung sichert die Verfügung zur Erfüllung des Anspruchs, indem sie das Recht, auf das sich der Anspruch richtet, für die Erfüllung verfügbar hält. Anderweitige Verfügungen kann der Berechtigte nur eingeschränkt vornehmen, nämlich unter dem Vorbehalt, daß sie entweder unwirksam sind, soweit sie den vorgemerkten Anspruch beeinträchtigen (§ 883 II), oder hinter dem in Erfüllung des Anspruchs eingeräumten Recht im Rang zurücktreten (§ 883 III). Dadurch sichert die Vormerkung gegen Unvermögendwerden des Schuldners[4].

[1] RGZ 134, 353, 355.

[2] *Wolff/Raiser* § 144 I 1, S. 594 unter Anführung von *Biermann*, Widerspruch und Vormerkung, 1901, S. 141.

[3] Das dingliche Vorkaufsrecht wirkt wie eine Vormerkung (§§ 1094, 1098 II).

[4] Unverständlich, auch was den von *Mülbert* erörterten Vormerkungserwerb vom Nichtberechtigten betrifft, die Problematisierung des Unvermögens beim vorgemerkten Anspruch durch *Mülbert*, AcP 197 (1997), 337, 364 ff. Wenn eine Vormerkung wirksam, insbesondere redlich vom Nichtberechtigten, erworben wird, schließt sie ein Unvermögen des Schuldners, sei es durch Zwischenverfügungen, sei es durch die Nichtberechtigung des Schuldners, aus.

Weiter ist das Rechtsgeschäft der Bewilligung und Eintragung der Vormerkung, indem die Vormerkung das betroffene Recht für die vorgemerkte Verfügung unter Einschränkung der Freiheit zu anderen Verfügungen festlegt, selbst eine Verfügung. Die Vormerkung ändert das betroffene Recht im Hinblick auf die zu dem Recht gehörende Verfügungsmacht. **2051**

Schließlich drittens erschöpft sich die Vormerkung nicht in dem Negativum der Beschränkung des betroffenen Rechts[5]. Auf der Seite des Gläubigers begründet die Vormerkung die auch gegen Dritte wirkende Rechtsstellung (§§ 883 II, III, 888), die zur Erfüllung seines Anspruchs erforderliche Verfügung erzwingen zu können. Diese Rechtsstellung wird durch Verfügung über das von der Vormerkung betroffene Recht (Bewilligung und Eintragung oder einstweilige Verfügung und Eintragung) eingeräumt. Indem die Vormerkung eine durch Verfügung über das betroffene Recht eingeräumte Rechtsstellung mit absoluter Wirkung ist, ist sie eine Sicherungsfigur, die einem Recht im Sinne des § 891 gleichzustellen ist[6]. Deshalb hat die Vormerkung auch Rang[7]. **2052**

[5] Wie dies für ein Veräußerungsverbot zutrifft. Bei diesem ist zwar auch der Anspruch aus § 888 begründet (s. Abs. 2 der Vorschrift). Der Anspruch ist hier aber nur technisches Sanktionsmittel des Verbots, aber nicht Folgerung aus einer durch Verfügung eingeräumten grundstücksrechtlichen Rechtsposition.

[6] Für Anwendung des § 891, obwohl die Vormerkung kein echtes dingliches Recht, sondern ein Sicherungsmittel eigener Art sei (Hinweis auf BGHZ 25, 16, 23; 60, 46, 49), Staudinger/*Gursky* § 891 Rz. 11. In § 883 Rz. 209 wird demgegenüber die Vormerkung als ein zum gesicherten Anspruch hinzutretendes subjektives Recht bezeichnet. *Wolff/Raiser*, § 48 VII 2, S. 164 sprechen von einem negativen Herrschaftsrecht, indem parallel zum Anspruch, der deshalb ein Recht sei, weil der Gegner etwas tun solle, bei der Vormerkung der Gegner etwas nicht tun könne. Es ist aber im Gegensatz zum Sollen, dem ein Anspruch entspricht, in dem Nicht-tun-Können nur ein Negativum zu sehen, dem noch nicht ein Recht entspricht. Die Rechtsstellung liegt in dem Erzwingenkönnen auch im Verhältnis zu Dritten (§§ 883 II, III, 888). Man sollte dazu nicht vom vorgemerkten Anspruch als „absolutem Forderungsrecht" sprechen (*Assmann*, Die Vormerkung (§ 883 BGB), 1998, S. 323 ff.). Die Forderung bleibt schuldrechtlich-relativ, nur sorgt die dingliche Rechtsstellung der Vormerkung dafür, daß der Gegenstand des Anspruchs für die Erfüllung des Anspruchs durch den Schuldner verfügbar bleibt.

[7] Unter Einschluß der Auflassungsvormerkung: RGZ 55, 270, 272 ff.; 124, 200, 202 f., BGHZ 96, 157; BayObLGZ 1990, 318; *Wilhelm*, JZ 1990, 501 Fn. 2; a.A. *Bauer* in *Bauer/v.Oefele*, GBO, 1999, AT I Rn. 119; *Stadler*, AcP 189 (1989), 425, 434 ff.; betr. Auflassungsvormerkung Staudinger/*Gursky* § 883 Rn. 178. Aufgrund der Anerkennung eines Wirksamkeitsvermerks durch Beschluß des BGH vom 25.3.1999, DNotZ 1999, 1000, meint *Schubert*, DNotZ 1999, 976, 971 ff., es bestehe das bisherige praktische Bedürfnis für einen Rangvorbehalt bei einer Auflassungsvormerkung oder einen Rangrücktritt zugunsten einer Finanzierungsgrundschuld nicht mehr, die „Fiktion" des Rangs einer Auflassungsvormerkung sei damit erledigt, die Eintragung von Rangvorbehalt oder Rangrücktritt hinfort unzulässig. *Schubert* verkennt damit die Eigenart der Vormerkung, die einerseits Sicherungsfigur, andererseits in der Ausgestaltung der Sicherungswirkung einem Recht gleichgestellt ist. Aus dieser Doppelnatur folgt, daß es beides, Wirksamkeitsvermerk und Rangrücktritt, gibt. Der vorgemerkte Gläubiger kann seine Sicherung zurücknehmen, indem er der nachträglich vorgenommenen Verfügung, was seine Vormerkung betrifft, die Wirksamkeit zuspricht. Er kann aber auch, weil die Vormerkung einem Recht gleichgestellt ist, mit dem nachträglich einzutragenden Gläubiger einen Rangrücktritt vereinbaren. Mit Recht spricht der BGH in NJW 2000, 805 unverändert vom Rang der Auflassungsvormerkung. Schon wegen des umgekehrten Falls, daß ein vor Eintragung der Auflassungsvormerkung eingetragenes Recht hinter die Auflassungsvormerkung zurücktritt, kommt der Auflassungsvormerkung Rang zu. Es kann hier keinen dem Wirksamkeitsvermerk entsprechenden Unwirksamkeitsvermerk geben. Vielmehr muß hier ein Rang (Vorrang) der Auflassungsvormerkung bestehen, der dadurch realisiert wird, daß auf das Recht § 883 II entsprechend angewandt wird und der Auflassungsberechtigte vom Inhaber

2053 Die Möglichkeit einer durch einstweilige Verfügung angeordneten Vormerkung steht neben der Sicherung eines grundstücksbezogenen Anspruchs durch ein Veräußerungsverbot (s. § 888 II). Die Vormerkung unterscheidet sich vom Veräußerungsverbot, indem sie nicht durch Vorgänge außerhalb des Grundbuchs (insbesondere Zustellung eines gerichtlichen Beschlusses) zustande kommt, sondern durch gerichtliche oder rechtsgeschäftliche Verfügung, die das vom Anspruch betroffene Grundstücksrecht an den Anspruch bindet und deshalb der Eintragung in das Grundbuch bedarf[8]. Zur rechtsgeschäftlichen Beendigung der Vormerkung als solcher, d.h. wenn nicht der Anspruch zum Erlöschen gebracht wird, den sie sichert, bedarf es der Aufhebung (§ 875)[9]. Die Wirksamkeit der Vormerkung gegen die Haftungsbeschränkungseinrede des Schuldner-Erben (§ 884) und – entgegen dem hier wirkungslosen Veräußerungsverbot (§ 80 II InsO[10]) – im Insolvenzverfahren (§ 106 InsO) zeigt, daß die Vormerkung nur in ihrem Kern den Unterworfenen in seiner Verfügung beschränkt (§ 883 II, III), aber über eine Verfügungsbeschränkung hinaus eine grundstücksrechtliche Rechtsposition ist, indem sie das Recht, auf das sich der vorgemerkte Anspruch richtet, für die Erfüllung des Anspruchs verfügbar hält.

2054 Die h.M., insbesondere der BGH, sieht nur bei Identität zwischen dem Schuldner des Anspruchs und dem betroffenen Grundstücksberechtigten die Vormerkung als zulässig an (sog. Identitätsgebot)[11]. Der BGH räumt ein, daß das Identitätsgebot im Gesetz nicht zum Ausdruck komme[12]. Es ist auch nicht voll zutreffend. Zutreffend ist, daß grundsätzlich (Ausnahme ist § 1179) nur im Hinblick auf ein gegenwärtiges Grundstücksrecht eine Vormerkung eingetragen werden, daß also der Schuldner grundsätzlich nicht eine Verpflichtung betreffend ein von ihm erst noch zu erwerbendes Recht durch Vormerkung sichern kann. Das Identitätserfordernis geht aber nicht so weit, daß der Schuldner, der das Recht nicht inne hat, den gegen ihn gerichteten Anspruch überhaupt nicht durch Vormerkung sichern kann. Wie immer gibt es die Möglichkeit der Verfügung mit Zustimmung des Rechtsinhabers (§ 185 I, II). Nach § 885 I 1 erfolgt die Eintragung der Vormerkung insbesondere auf Grund der Bewilligung desjenigen, dessen Grundstück oder dessen Recht von der Vormerkung betroffen wird. Das Gesetz sagt nicht, daß der Bewilligende auch der Schuldner sein muß. Ermächtigt der Betroffene den Schuldner nach § 185 zur Bewilligung der Vormerkung, so schließt dies die Bedeutung der Ermächtigung zur vorgemerkten Verfügung ein. Die Ermächtigung bezieht sich zugleich auf die vom Schuldner später gemäß der Vormerkung vorzunehmende Verfügung. Die Vormerkungswirkung betrifft hier als erstes den möglichen Widerruf der Verfügungsermächtigung durch den im Grundstücksrecht Betroffenen gegenüber dem Schuldner. Dieser Widerruf ist, wenn die Vormerkung kraft der Ermächtigung eingetragen ist, nach

des Rechts nach § 888 die Bewilligung der Löschung verlangen kann (BayObLGZ 1990, 318; a.A. auch hier Staudinger/*Gursky* § 883 Rn. 103).

8 Die Vormerkung ist weder Veräußerungsverbot noch sonstige Verfügungsbeschränkung i.S. des § 878 (RGZ 113, 403 ff.).

9 BGHZ 60, 46, 49 ff.

10 Wirksamkeit nur in der Einzelzwangsvollstreckung, was Vollstreckungseingriffe von Gläubigern betrifft: §§ 135 I 2, 136 beziehen die Vollstreckungsmaßnahmen in die relative Unwirksamkeit verbotswidriger Verfügungen mit ein, im Hinblick auf die dadurch begründete Behinderung der Versteigerung ist § 772 ZPO (Sollvorschift, Einräumung der Widerspruchsklage an den Verbotsgeschützten) geschaffen worden (*Jürgen Kohler*, Das Verfügungsverbot gemäß § 938 Abs. 2 ZPO im Liegenschaftsrecht, 1984, S. 70). Allerdings wirkt die Zuweisung des Eigentums durch den Zuschlag in der Zwangsversteigerung (§ 90 I ZVG, ebenso § 817 ZPO) nach h.M. konstitutiv, auch gegen ein Veräußerungsverbot. Wegen dieser Gefahr kommt es um so mehr auf die Widerspruchsklage an.

11 BGHZ 12, 115, 120; *Amann*, DNotZ 1995, 253; Staudinger/*Gursky* § 883 Rz. 46 mit umfassenden Nachweisen.

12 BGH ZIP 1997, 422, 423.

§ 883 II gegenüber dem Gläubiger des durch die Vormerkung gesicherten Anspruchs unwirksam[13]. Auch bei Bewilligung durch den eingetragenen Nichtberechtigten zugunsten eines Gutgläubigen kommt die Vormerkung zu Lasten des wirklich Berechtigten zustande.

Kein Fall der Vormerkung zu Lasten eines fremden Grundstücks ist allerdings § 884, **2055** der dem Erben des durch den vorgemerkten Anspruch Verpflichteten verwehrt, sich gegenüber der Vormerkung auf die Beschränkung seiner Haftung zu berufen. Hat der Erblasser eine Vormerkung zu Lasten des ihm fremden Grundstücks des (künftigen) Erben mit der Vormerkung beschwert, ist er etwa fälschlich im Grundbuch eingetragen, der Vorgemerkte aber bösgläubig, so macht § 884 nicht aufgrund der Haftung des Erben für die Nachlaßverbindlichkeiten die bisher unwirksame Vormerkung wirksam. Wirksam wird die Verfügung allein nach § 185 II 1 3. Alt., und dies setzt die unbeschränkte Erbenhaftung voraus. Wenn der Erbe sich auf die Haftungsbeschränkung berufen kann und beruft, bleibt es bei der Unwirksamkeit der Vormerkung. § 884 hat insofern überhaupt keine Bedeutung. Er betrifft den Fall, daß das Grundstück zum Nachlaß gehört. Mit diesem haftet der Erbe aber gerade auch dann, wenn er sich auf die Haftungsbeschränkung beruft[14].

Da die Vormerkung ihrem Wesen nach die Rechtstellung ist, die den Gegenstand eines **2056** grundstücksrechtlichen Anspruchs für die Erfüllung des Anspruchs verfügbar hält, gibt es nicht die Übertragung der Vormerkung an sich, sondern nur die Abtretung des Anspruchs (§ 398), der durch Vormerkung erfüllungsgesichert ist[15].

Die h. L. spricht von Akzessorietät der Vormerkung. Die Vormerkung begründet aber **2057** nur die dingliche Anbindung des von der Vormerkung betroffenen Rechts an den vorgemerkten Anspruch. Sie ist nicht selbst so wie die akzessorische Hypothek ein in sich sinnvolles Recht des Gläubigers zur Herrschaft über ein Grundstück zwecks Befriedigung wegen der gesicherten Forderung. § 401 redet mit Recht nicht vom Übergang der Vormerkung. Daß die Vormerkung als Bindung des Anspruchsgegenstands an die Erfüllung des Anspruchs mit diesem übergeht, ist selbstverständlich (es sei denn, auf die Vormerkungssicherung wird verzichtet, etwa durch Abtretung des Anspruchs als eines nicht vorgemerkten). Trotzdem wendet die h. L. auf die Abtretung des vorgemerkten Anspruchs hinsichtlich der Vormerkung § 401 an. Im Ergebnis ist das unschädlich, es ist aber nicht genau genug gedacht.

[13] Nach § 888 II in entsprechender Anwendung kann der Vorgemerkte vom Berechtigten die Zustimmung zur Eintragung verlangen.

[14] Zu dem, was an Sinn verbleibt, Staudinger/*Gursky* (1996) § 884 Rz. 1, 2 mit dem Fazit Rz. 3: Die Bedeutung sei doch sehr gering. § 884 faßt Erblasser und Erben, soweit der letztere (auch nur beschränkt) für die Nachlaßverbindlichkeiten haftet, betreffs der Vormerkung zu einer Einheit zusammen. Richtig hat das Identitätsgebot als nicht verletzt angesehen der BGH, NJW 1997, 861 ff. = JZ 1997, 516 ff mit Anm. *Berger*, in dem Fall, daß der Schuldner sich und seine Erben verpflichtet: Eltern hatten zwei Töchtern im Wege der vorweggenommenen Erbfolge je einen Miteigentumsanteil an einem Grundstück übertragen. Die Töchter verpflichteten sich – auch für ihre Rechtsnachfolger –, zu Lebzeiten der Eltern nicht ohne deren Zustimmung über den Anteil zu verfügen. Für den Fall der Zuwiderhandlung waren die Eltern zum Rücktritt berechtigt und konnten die Rückübertragung verlangen. Der BGH hat die Verpflichtung der Töchter als auch gegen deren Erben gerichtet ausgelegt und die Rückübertragungsverpflichtung als Nachlaßverpflichtung gem. § 1967 II Alt. 1 eingeordnet. Zur Entscheidung siehe *Stadler*, Jura 1998, 189 ff. und *Preuß*, DNotZ 1998, 602 ff.

[15] Die Abtretung ist bis zur Erfüllung des Anspruchs möglich, also beim Übereignungsanspruch auch dann noch, wenn die Auflassung schon erklärt ist, s. BGH NJW 1994, 2947, 2948 m.w.N.

2058 Die Bewilligung der Vormerkung[16] steht der Belastungsverfügung nach § 873 I gleich. Eine nach Bindendwerden der Bewilligung und Stellung des Eintragungsantrags beim Grundbuchamt wirksam werdende Verfügungsbeschränkung berührt die daraufhin eingetragene Vormerkung nach § 878 nicht[17]. Die Frage, wann die Bewilligung bindend wird, ist entsprechend § 875 II zu beantworten[18].

2059 Für die Vormerkung aufgrund einstweiliger Verfügung kommt es auf die allgemein für die einstweilige Verfügung geltende Voraussetzung, daß eine Gefährdung des zu sichernden Anspruchs glaubhaft gemacht wird (§ 935 ZPO, § 936 i.V.m. § 920 II ZPO), nach § 885 I 2 nicht an. Das Gleiche gilt für den Widerspruch (§ 899 II 2). Die Begründung ist aber unterschiedlich. Der Widerspruch macht geltend, daß die eingetragenen Rechtspositionen nicht bestehen und andererseits bestehende Rechte nicht eingetragen sind. In diesem Fall begründet die vor Eintragung des Widerspruchs bestehende Möglichkeit von Verfügungen mit Hilfe des öffentlichen Glaubens des Grundbuchs per se eine relevante Gefährdung der Rechte. Bei der Vormerkung geht es dagegen um die noch ausstehende Erfüllung eines relativ gegen den Schuldner gerichteten Anspruchs. D.h. es stellt sich das allgemeine Problem, daß der Schuldner vor der Erfüllung unvermögend werden kann, sei es durch eigene pflichtwidrige Handlung, sei es durch Zwangsvollstreckung gegen ihn oder sein Hineinfallen in die Insolvenz. Das Gesetz sieht im Grundbuch die Möglichkeit, daß diesen Möglichkeiten vorgebeugt werden kann, indem das geschuldete Recht für die Erfüllung dinglich festgelegt wird. Da es diese Möglichkeit hier gibt, soll sie auch umfassend angewandt werden können[19].

2060 Für die Art und Weise der Eintragung der Vormerkung sind maßgeblich die §§ 12, 19 GBVfg. Die Auflassungsvormerkung wird in Abt. II eingetragen. Die Vormerkung des Anspruchs auf Einräumung eines beschränkten dinglichen Rechts wird durch halbspaltigen Vermerk in der Abteilung vorgenommen, zu der das Recht gehört[20].

In die andere Hälfte der Spalte, also rechts neben die Vormerkung, wird das Recht, auf welches der vorgemerkte Anspruch gerichtet ist, eingetragen, wenn es zur Erfüllung des Anspruchs kommt. Wenn also das Recht – selbst – nun eingeräumt wird (etwa Bestellung der vorgemerkten Hypothek nach §§ 873, 1116, 1117), dann wird der freigelassene Platz ausgenutzt.

2061 Der Grund für diese halbspaltige Eintragung hat mit der Wirkung des § 883 III zu tun, der Rangfunktion der Vormerkung, bei der es im Unterschied zu dem Rang der Vormerkung selbst um die Funktion der Vormerkung für den Rang des Rechts geht, das gemäß der Vormerkung eingetragen wird: Das in Erfüllung des vorgemerkten Anspruchs

[16] Die Bewilligung ist wie die eines Widerspruchs (§ 899 II) Verfügung und von der grundbuchrechtlichen Eintragungsbewilligung (§ 19 GBO) zu unterscheiden. Ein Anspruch auf Bewilligung folgt nicht schon aus dem Anspruch auf die Leistung des Rechts oder der Rechtsänderung (zutr. *Assmann*, Die Vormerkung (§ 883 BGB), 1998, S. 329 f.; für die Folgerung etwa MünchKomm/*Wacke* § 885 Rz. 3).

[17] BGHZ 28, 182, 185 (die zusätzliche Prüfung eines gutgläubigen Erwerbs der Auflassungsvormerkung im Hinblick auf die Kenntnisnahme von der Verfügungsbeschränkung – im Fall einem Veräußerungsverbot –, den der BGH unter Anwendung von § 892 II bejaht, war unnötig).

[18] Staudinger/*Gursky* § 897 Rz. 34.

[19] Prot., Mugdan III, S. 565 f. Bedingte oder künftige Ansprüche sind unter der Voraussetzung des § 916 II i.V. mit § 936 ZPO durch einstweilige Verfügung sicherbar, s. zutreffend Staudinger/*Gursky* § 885 Rz. 23.

[20] Beispiel s. Grundbuchauszug im Anhang, Abt. II.

eingeräumte Recht erhält den Rang aus der Eintragung der Vormerkung (§ 883 III). Nach Eintragung der Vormerkung eingetragene Rechte sind mithin nachrangig[21].

Die zweite Wirkung der Vormerkung ist die des § 883 II, die Sicherungsfunktion: Soweit die spätere Erfüllung des vorgemerkten Anspruchs nicht schon durch die Rangfunktion gesichert ist, d.h. dadurch, daß Rechte aus Verfügungen, die der Schuldner in der Zwischenzeit vornimmt, nachrangig zustande kommen, müssen solche Zwischenverfügungen, soweit sie den Anspruch vereiteln oder beeinträchtigen würden, unwirksam sein. Die Rangfunktion nach Abs. 3 und die Sicherungsfunktion nach Abs. 2 entsprechen den zwei Folgerungen aus demselben Satz „nemo plus iuris transferre potest quam ipse habet", wonach eine zweite Verfügung über dasselbe Recht nicht mehr das erfassen kann, was durch die erste schon weggegeben ist[22]: Soweit es um mehrere Rechte am Eigentum geht, wird die Verdrängung der zweiten durch die erste Verfügung durch Vor- und Nachrang bewirkt. Soweit es um mehrere Verfügungen geht, die miteinander nicht durch Rangwirkung verträglich sind, macht die erstere die letztere unwirksam. Die Vormerkung gibt von ihrer eigenen Eintragung an der Verfügung, die in Erfüllung des vorgemerkten Anspruchs vorgenommen wird, entweder die Wirkung der Vorrangigkeit vor dem Erwerb aus Zwischenverfügungen oder die Wirkung der relativen Unwirksamkeit eines solchen Erwerbs. Die eine oder die andere Wirkung tritt ein je nachdem, ob die Zwischenverfügung sich mit der Erfüllungsverfügung im Sinne des Nachranges verträgt oder ob sie mit ihr unvereinbar ist. **2062**

Beide Wirkungen (Nachrangigkeit oder Unwirksamkeit) treten nicht ein, wenn der vorgemerkte Gläubiger der späteren Verfügung zustimmt. Bei Aufhebung der Unwirksamkeitsfolge durch die Zustimmung ist entweder die Vormerkung als gegenstandslos zu löschen oder für die Verfügung, der zugestimmt worden ist, ein Wirksamkeitsvermerk einzutragen[23].

Soweit mangels Zustimmung die Unwirksamkeit des Erwerbs nach § 883 II eintritt, kann der Gläubiger des vorgemerkten Anspruchs von dem Erwerber die Zustimmung zu der Eintragung oder der Löschung verlangen, die zur Verwirklichung des durch die Vormerkung gesicherten Anspruchs erforderlich ist (§ 888 I)[24]. **2063**

Beispiel: V verkauft K formgültig (§ 311 b I 1 = § 313 S. 1 a.F.) sein Grundstück. Er läßt es in derselben Urkunde auf. Zur Sicherung des Übereignungsanspruchs des K wird in Abt. II eine Auflassungsvormerkung eingetragen. Damit ist noch nicht K, sondern weiterhin V Eigentümer. V verkauft nunmehr an D. Auch hier erfolgt die Auflassung. D will eingetragen werden. Wird das Grundbuchamt eintragen? – Ja. Alle Eintragungsvoraussetzungen liegen vor, die Vormerkung bewirkt keine Grundbuchsperre. D wird Eigentümer. **2064**

21 Zum Anspruch auf Herausgabe der vom nachrangigen Grundschuldgläubiger nach §§ 1127 I, 1128 III eingezogenen Feuerversicherungssumme: BGH NJW 1987, 1631 = WM 1987, 469; dazu *K. Schmidt*, JuS 1987, 988 und *Medicus*, EWiR § 812 BGB 3/87, 465.

22 Die Sicherungsfunktion tritt nicht nur gegenüber Verfügungen des Schuldners, sondern auch gegenüber dem Eintritt von Verfügungsbeschränkungen in seiner Person ein, Soergel/*Stürner* § 883 Rz. 32, § 888 Rz. 6. Da die Beschränkung durch das Insolvenzverfahren schon durch § 106 InsO erfaßt ist, geht es etwa um die Verfügungsbeschränkung durch ein Veräußerungsverbot (s. den Beispielsfall BGH JZ 1966, 526).

23 S.o. Rz. 521, 2052 Fn. 7.

24 Nach BGHZ 49, 263 sind auf den Anspruch die Verzugsvorschriften nicht anzuwenden. Mehr als die allgemeine Erwägung, daß bei der Übertragung allgemeiner Vorschriften des Schuldrechts auf dingliche Ansprüche Vorsicht zu üben sei, und weiter die Verweisung des Berechtigten auf die Haftung des aus dem vorgemerkten Anspruch Verpflichteten kommen zur Begründung nicht. Wenn aber der nach § 888 Verpflichtete die Eintragung des Berechtigten verzögert, haftet er, zumindest unter der Voraussetzung seiner Bösgläubigkeit (entsprechend § 990 II).

2065 Es gilt aber § 883 II: Gegenüber dem K ist die Verfügung *insoweit* unwirksam, *als* K seinen Anspruch durchsetzen will und durchzusetzen berechtigt ist, darin aber durch die Verfügung zugunsten des D behindert wird. Um zu seinem Eigentum zu kommen, muß K seinen Übereignungsanspruch durchsetzen; dies ist der Anspruch aus dem Kaufvertrag mit V. Der Anspruch richtet sich also gegen V, nicht gegen D. V muß die Übereignung an K vornehmen. Dazu ist er auch in der Lage, weil die Verfügung zugunsten des D im Verhältnis zu dem Anspruch des K unwirksam, V also, soweit es um die Übereignung an K aufgrund des Übereignungsanspruchs geht, noch Eigentümer ist[25]. Gegen V, nicht gegen D muß K auf Übereignung klagen[26]. Die erste Voraussetzung der Übereignung, die der Auflassung, ist in unserem Beispiel schon erfüllt. Es muß jetzt noch der Eintragungsantrag gestellt werden. Dazu ist K nach § 13 II GBO selbst in der Lage; er kann freilich die Antragstellung auch von V verlangen. Bedeutsam ist die Durchsetzung des Übereignungsanspruchs in den Fällen, in denen die Auflassung noch fehlt: Hier ist V auf Abgabe der Auflassungserklärung zu verklagen (und zusätzlich, wenn K will, auf Abgabe des Eintragungsantrags). Diese wird nach § 894 ZPO ersetzt durch das rechtskräftige Urteil. Wenn K diese Erklärung vor einem Notar annimmt, ist die Auflassung zustande gekommen. Beantragt nun K (oder auf Ks Verlangen V) aufgrund vollzogener Auflassung die Eintragung, wird das Grundbuchamt nicht eintragen, weil noch die Bewilligung des durch die Eintragung Betroffenen i.S. des § 19 GBO fehlt. Betroffener ist die im Grundbuch als Berechtigter stehende Person, deren Recht durch die Eintragung gelöscht oder verändert wird. Betroffener ist hier also der als Eigentümer eingetragene D. Verweigert dieser die Bewilligung, dann kann nach § 888 I gegen D auf Bewilligung der Eintragung nach § 19 GBO geklagt werden[27]. Die Bewilligung ist die „erforderliche" Zustimmung i.S. des § 888 I[28].

2066 Über den Zustimmungsanspruch nach § 888 I gegen den Erwerber aus einer Zwischenverfügung hinaus kommt die analoge Anwendung des § 888 I in Betracht, nämlich im Fall des gutgläubigen Erwerbs der Vormerkung[29]. Schließlich ist der Vormerkungsberechtigte geschützt durch den Berichtigungsanspruch nach § 894, wenn eine nach dem Grundbuch vor der Vormerkung vorrangige Eintragung unrichtig ist[30].

2067 Auch bei einem Veräußerungsverbot betreffend ein Grundstück nach §§ 135, 136 – etwa im Wege einer einstweiligen Verfügung[31] – gilt im Falle einer verbotswidrigen Veräußerung oder sonstigen Verfügung – vorbehaltlich eines gutgläubigen Erwerbs des Dritten (§ 135 II) – die relative Unwirksamkeit der Verfügung (§ 135 I 2). Entsprechend der Rechtslage bei vormerkungswidriger Verfügung fügt § 888 II den Hilfsanspruch des § 888 I hinzu[32]. Da auch die Eintragung einer Vormerkung durch einstweilige Verfügung

25 V ist nicht nur nach § 883 II zur Verfügung ermächtigt (so Staudinger/*Gursky* § 888 Rz. 16).

26 Der Übereignungsanspruch ist auch dann gegen den Verkäufer durchsetzbar, wenn dieser eine inzwischen gelöschte GmbH ist, s. BGH WM 1988, 1750.

27 In der Regel wird K den V und den D gleichzeitig verklagen. Die Klage gegen D ist aber nach BGH WM 1988, 1422 auch schon vor Durchsetzung des Anspruchs gegen den Schuldner (V) möglich.

28 Zutreffend Staudinger/*Gursky* § 888 Rz. 16. Die Bewilligung ist aber nur grundbuchverfahrensrechtlich relevant. Trägt das Grundbuchamt (verfahrensrechtlich fehlerhaft) den K ohne Bewilligung des D ein, wird K trotzdem Eigentümer: Alle materiellen Voraussetzungen der Übereignung liegen vor (Staudinger/*Gursky* a.a.O.).

29 Dazu unten Rz. 2088.

30 S. etwa den Fall BGH NJW 2000, 1033 f., in welchem die als Gläubiger eines Anspruchs vorgemerkten Kläger durch Löschungsklage die Unwirksamkeit der vor ihrer Vormerkung eingetragenen Vormerkung des Bekl. geltend machten.

31 §§ 938 II, 941 ZPO. Nach § 938 II ZPO kann jede beeinträchtigende Verfügung verboten werden. Die Rechtsprechung hat dem die nach ihrer Ansicht analoge Figur eines Erwerbsverbots beigesellt, o. Rz. 733 Fn. 476.

32 Zu vergleichen ist die Durchsetzung eines vorgemerkten oder durch Veräußerungsverbot gesicherten Übereignungsanspruchs betreffend ein Grundstück mit der Durchsetzung des Anspruchs des Käufers einer beweglichen Sache, der dem Verkäufer V die Veräußerung durch einstweilige Verfügung hat gerichtlich verbieten lassen. Veräußert V in diesem Fall an D, so tritt vorbehaltlich des gutgläubigen Erwerbs relative Unwirksamkeit der Übereignung ein.

erreicht werden kann, stellt sich die Frage nach den Unterschieden zwischen Verfügungsschutz durch Vormerkung und dem durch gerichtliches Veräußerungsverbot[33]. Ein erster Unterschied ist, daß das Veräußerungsverbot nicht durch rechtsgeschäftliche Bewilligung erreicht werden kann. Dafür kann es über die Sicherung schuldrechtlicher hinaus auch zu der dinglicher Rechtspositionen dienen. Was den Schutz im Verfahren der einstweiligen Verfügung betrifft, ist der Schutz durch Vormerkung erleichtert (§ 885 I 2), die Erleichterung fehlt für das Veräußerungsverbot. Vielfach wird die analoge Anwendung vertreten[34]. Gegen die Analogie ist jedenfalls nicht anzuführen, daß wegen der Möglichkeit des Schutzes durch die Vormerkung keine Gesetzeslücke bestehe. Vormerkung und Veräußerungsverbot sind unabhängig von § 885 I 2 verschieden: Die Vormerkung wird erst mit Eintragung im Grundbuch wirksam, das gerichtliche Verbot wird schon mit der gerichtlichen Entscheidung selbst wirksam. Der Eintragung des Verbots bedarf es nur, um den gutgläubig verbotsfreien Erwerb (§ 892 I 2) auszuschließen[35]. Weiter unterscheidet sich das Verfügungsverbot von der Vormerkung durch den Schutzinhalt: Die Vormerkung gewährt eine auch gegenüber dem Erben (§ 884) und im Insolvenzverfahren (§ 106 InsO) durchsetzbare Sicherungsposition. Das Veräußerungsverbot verbietet nur, ohne eine solche Position zuzuwenden, und es ist deshalb im Insolvenzverfahren wirkungslos (§ 80 II InsO). Mit dem Verbotsausspruch ist auch eine Rangwirkung nicht vereinbar. Das Verbot untersagt das Recht des Geschützten beeinträchtigende Verfügungen schlechthin. Die nach dem Eintritt seiner Wirksamkeit vorgenommenen beeinträchtigenden Verfügungen sind also relativ unwirksam, wie auch das Verbot selbst relativ unwirksam ist, wenn ihm ein Verfügungsverbot zugunsten einer anderen Person zuvorgekommen ist. Die Konkordanz durch Rangwirkung, die § 883 III als Alternative zur relativen Unwirksamkeit für die Vormerkung vorsieht, gibt es also für das Verfügungsverbot nicht[36]. Schließlich kann die Abtretung des vorgemerkten Anspruchs im Grundbuch eingetragen werden, die Abtretung eines durch Veräußerungsverbot geschützten Anspruchs auch dann nicht, wenn das Veräußerungsverbot im Grundbuch eingetragen ist. Die Vormerkung ist Sicherung des Rechts für den bestimmten Gläubiger, das Veräußerungsverbot verbietet dem Schuldner die Veräußerung zugunsten des jeweiligen Gläubigers.

Neben die Rang- und Sicherungsfunktion der Vormerkung tritt schließlich die Voll- **2068**
wirkung der Vormerkung im Insolvenzverfahren (§ 106 I InsO)[37]. Die Vollwirkung be-

Auch hier klagt K gegen V auf Übereignung. Eines Hilfsanspruchs gegen D bedarf es hier (anders als nach § 888 I u. II) nicht: Im Verhältnis zu K gilt V noch als Eigentümer und hat also auch einen Herausgabeanspruch gegen D aus § 985 (auch ein mögliches Besitzrecht des D aus seinem Verhältnis zu V gilt nicht, soweit V sein Eigentum zur Übereignung an K geltend macht). V kann insoweit nach §§ 929, 931 übereignen. Die Verurteilung des V lautet auf Abgabe der Erklärung über die Abtretung des Herausgabeanspruchs und der Einigungserklärung. Die Rechtskraft des Urteils ersetzt beides (§ 894 ZPO). K ist ohnehin einig, wird also mit Rechtskraft des Urteils unmittelbar Eigentümer. Den Besitz der Sache verlangt er von D nach § 985, er kann dazu V ermächtigen.

33 S. umfassend *Kohler*, Das Verfügungsverbot gem. § 938 Abs. 2 ZPO im Liegenschaftsrecht, 1984; s.a. *Rüffert*, JuS 1992, 664.

34 Nachweise Staudinger/*Gursky* § 888 Rz. 65.

35 Das Gericht kann um die Eintragung ersuchen, § 941 ZPO.

36 Staudinger/*Gursky* § 888 Rz. 68 f.

37 Ausgenommen nach § 88 InsO eine durch Zwangsvollstreckung (insbesondere die Vollstreckung einer einstweiligen Verfügung) erlangte Vormerkung, wenn diese im letzten Monat vor dem Antrag auf Eröffnung des Insolvenzverfahrens oder in der Zeit danach erreicht worden ist. – Die grundsätzlich geltende Vollwirkung bezieht § 106 I 2 InsO ebenso wie § 24 S. 2 KO auch auf den Fall, daß der Schuldner neben der vorgemerkten Verpflichtung weitere Pflichten gegenüber dem Gläubiger übernommen hat und diese noch nicht vollständig erfüllt sind. Damit soll insbesondere für den Bauträgervertrag abgewendet werden, daß der Insolvenzver-

steht darin, daß der Gläubiger des vorgemerkten Anspruchs nicht wie gewöhnlich Erfüllung vom Schuldner verlangen kann und zu deren Realisierung die Wirkung von Zwischenverfügungen zurücktritt, sondern daß der Gläubiger aus der beschlagnahmten und vom Insolvenzverwalter verwalteten Insolvenzmasse für seinen Anspruch Befriedigung verlangen kann. Eine Vollwirkung anderer Art tritt im Verfahren der Zwangsversteigerung ein. Für das geringste Gebot und die Versteigerungsbedingungen wird der vorgemerkte Anspruch so behandelt, als wäre das Recht, auf das sich der vorgemerkte Anspruch richtet, bereits eingetragen (§ 48 ZVG)[38]. Aufgrund der Gleichstellung nach § 48

walter wegen der teilweisen Nichterfüllung das Wahlrecht des § 103 I InsO (§ 17 KO) in der Weise ausübt, daß er die gesamte Erfüllung und so auch die des vorgemerkten Anspruchs ablehnt und mithin Anspruch und Vormerkung hinfällig macht. Der BGH grenzt den Fall ab, daß der Verkäufer sich nicht nur zur Übereignung, sondern auch zu lastenfreier Übereignung verpflichtet hat. Im Hinblick auf diesen nicht gesicherten Anspruch könne der Verwalter das Wahlrecht der Nichterfüllung ausüben und dann wegen Erfüllungsverweigerung nach § 281 II, III, entspr. § 326 a.F.) den vorgemerkten Anspruch hinfällig machen (BGH ZIP 1994, 1705). Man fragt sich, ob der BGH die Verweigerung des Käufers meint, gegen das belastete Grundstück den gesamten Kaufpreis zu zahlen. Die Unterscheidung zwischen der Anwendung des § 24 S. 2 KO im Hinblick auf die weitere Leistung eines Bauträgers und der der lastenfreien Übertragung leuchtet nicht ein. Man muß zwischen gesichertem und ungesichertem Anspruch unterscheiden. Auch im Fall des Bauträgervertrags ist die weitere Leistung ungesichert und kann sie abgelehnt werden. Hier kommt aber die Aufteilung des Preises auf Grundstück einerseits und Bauleistung andererseits in Betracht. § 106 I 2 InsO sichert, daß der Gläubiger das Grundstück zum Grundstückspreis aus der Insolvenzmasse bekommt. Diese Lösung kam im Fall des BGH nicht in Betracht. Hintergrund und kritische Würdigung der Änderung der KO durch § 24 S. 2 bei *Jakobs*, DB 1977, 757 ff. – Die Vollwirkung der Vormerkung in der Insolvenz bezieht sich nicht auf das Anfechtungsrecht des Insolvenzverwalters. Nach der zur KO ergangenen Entscheidung BGH ZIP 1988, 585 ist die Erfüllung eines Schenkungsanspruchs in der Frist des § 32 Nr. 1 KO (jetzt Verlängerung der Frist in § 134 I InsO) auch dann anfechtbar, wenn der Anspruch vor der Frist vorgemerkt worden ist. Dazu *Gerhardt*, ZIP 1988, 749.

38 Vorbehaltl. d. Wirkung d. Beschlagnahme (§ 23 ZVG). Bei Eintragung der Vormerkung vor Eintragung des „Vollstreckungsvermerks" ist der vorgemerkte Gläubiger Beteiligter nach § 9 Ziff. 1 ZVG. Mit dem Vollstreckungsvermerk meint das – hier begrifflich unklare – ZVG den Versteigerungsvermerk gemäß § 19 I ZVG, der nach § 20 I zugunsten des die Zwangsversteigerung beantragenden Vollstreckungsgläubigers (§§ 866 I, II, 869 ZPO) als Beschlagnahme wirkt. – Nach der Lit. soll § 48 ZVG nur Vormerkungen von Ansprüchen auf Übereignung oder auf zusätzliche Belastungen des Grundstücks meinen, aber nicht Ansprüche betreffend bestehende Rechte an Grundstücken (Staudinger/*Gursky* § 883 Rz. 186 m.w.N.). Da beschränkte Rechte an Grundstücken Abspaltungen aus dem Grundstückseigentum sind und folglich alle Verfügungen letztlich die Berechtigung am Grundstück betreffen, leuchtet die Unterscheidung nicht ohne weiteres ein. Der BGH hat auch nur die Vormerkungen von Ansprüchen auf die Aufhebung, Rangänderung oder Übertragung eines beschränkten Grundstücksrechts von § 48 ZVG ausgenommen (BGHZ 53, 47, 49). Dies ist nach dem Sinn des § 48 ZVG zutreffend: Die Vorschrift behandelt die Konkurrenz um das zu versteigernde Eigentum (gemäß der Rangordnung des § 10 ZVG, die sich insbesondere nach der Entstehung vor oder nach der Beschlagnahme bemißt). Die genannten Verfügungen (Aufhebung, Rangänderung, Übertragung von beschränkten Grundstücksrechten) bedeuten nur die Verminderung oder die In-sich-Verschiebung der vorhandenen Konkurrenz, aber nicht den Eintritt eines bisher nicht Berechtigten in die Konkurrenz oder die Zunahme des Rechts eines bisher nicht so weitgehend Berechtigten. Anders ist es aber bei der Vormerkung auf Einräumung eines Rechtes an einem Grundstücksrecht. Sie paßt unter § 48 ZVG. – Droht dem Berechtigten aus einer Auflassungsvormerkung in der von einem Grundschuldgläubiger betriebenen Zwangsversteigerung nach den Versteigerungsbedingungen das Erlöschen seiner Vormerkung, hat er ein Ablösungsrecht nach §§ 1150, 268, BGH ZIP 1994, 633 f.

ZVG sind die vormerkungsgesicherten Ansprüche wie (aufschiebend) bedingte Rechte zu behandeln[39].

II. Entstehung und Bestehen der Vormerkung

1. Prüfungsübersicht

Das Leistungsvermögen des Schuldners eines Anspruchs auf Änderung der grundstücksrechtlichen Lage mit Hilfe des Anspruchs aus § 888 I sowie dieser Anspruch aus § 888 I selbst setzen voraus, daß der gegen den Schuldner gerichtete Anspruch wirksam vorgemerkt ist. Dazu ist zu prüfen: 1. Die Eintragung der Vormerkung des Anspruchs in das Grundbuch (unerheblich ist eine zwischenzeitliche Löschung, wenn sie ohne Rechtsgrundlage ist). 2. Anspruch *des Klägers*, unter Umständen aufgrund einer Zession. 3. Vormerkbarer Anspruch *der Art nach* (§ 883 I 1). 4. Nach h.M. erforderlich: Anspruch *gegen einen im Grundbuch als Berechtigten Eingetragenen*[40]. 5. *Bestehen des Anspruchs* bei Eintragung der Vormerkung oder Sicherung eines *bedingten* oder *künftigen* Anspruchs (§ 883 I 2). 6. Die Bewilligung des Betroffenen nach § 885 S. 1 (falls nicht aufgrund einstweiliger Verfügung vorgemerkt ist): a) Die Rechtsinhaberschaft und Rechtsmacht des Bewilligenden (§ 885) oder die Rechtsmacht, für den Rechtsinhaber zu bewilligen, b) die rechtsgeschäftliche Wirksamkeit der Bewilligung. 7. Die Vormerkung darf nicht erloschen, insbesondere darf der vorgemerkte Anspruch nicht untergegangen, der bedingte oder künftige Anspruch nicht ausgefallen sein. 8. Bei Vormerkung eines aufschiebend bedingten oder künftigen Anspruchs muß die Bedingung eingetreten oder der künftige Anspruch inzwischen entstanden sein. 9. Geht der Vormerkungsberechtigte aus § 888 I vor, ist als weitere Voraussetzung eine Verfügung i.S. des § 883 II 1 zugunsten des Bekl. zu prüfen: a) Betroffenheit der Eintragung des Dritten von der Vormerkung (insbesondere kein gutgläubig vormerkungsfreier Erwerb des Dritten), b) Unwirksamkeit der Verfügung an den Dritten nach § 883 II 1, 2 (bei Nachrangigkeit des Rechts des Dritten nach § 883 III bedarf es des Anspruchs aus § 888 I nicht). **2069**

2. Eintragungserfordernis

Nach dem Gesetz wird „zur Sicherung des Anspruchs ..." die Vormerkung eingetragen[41]. Nach dem Wesen der Vormerkung wird mit der Eintragung der Vormerkung das Recht, auf das der zu sichernde Anspruch gerichtet ist, für die Erfüllung des Anspruchs fixiert. Die Vormerkung bezieht sich also auf den zu sichernden Anspruch. Ist dieser nicht entstanden, geht die Vormerkung ins Leere[42]. Auch wenn später ein inhaltsgleicher neuer Anspruch begründet wird, kommt die frühere Vormerkung nicht zur Wirkung. Der neue Anspruch selbst muß vorgemerkt, eine Vormerkung für den neuen Anspruch muß also eingetragen sein. Als Eintragung für die Vormerkung eines neuen Anspruchs kann freilich eine frühere Eintragung verwendet werden, wenn sie inhaltsgleich ist mit dem neuen Anspruch. Wie in §§ 879 II, 892 II vorausgesetzt, kann die materielle Erklärung der Eintragung nachfolgen. Dies ist auch in den Fällen nutzbar, in denen der früheren Eintragung eine wirksame Rechtsstellung nicht entspricht, weil das maßgebliche **2070**

39 Also nach §§ 50, 51, 119 f., 124 f. ZVG.

40 S. sogleich Rz. 2071.

41 Zur Art der Eintragung o. Rz. 2060. Eine abweichende Art der Eintragung ist aber für die Wirksamkeit unschädlich.

42 Grundsätzlich geht das Grundbuchamt aber vom Bestehen des Anspruchs, für den eine Vormerkung eingetragen werden soll, aus und trägt die Vormerkung ein. Nur bei Kenntnis von Gründen, die der Möglichkeit des Entstehens entgegenstehen, wird nachgeprüft und ggf. die Eintragung abgelehnt, BayObLG DNotZ 1995, 63, 64.

Geschäft (dies ist bei der Vormerkung, weil diese vom Anspruch abhängt, auch das Geschäft, aus dem der Anspruch entstehen soll) unwirksam oder aufgehoben ist. Wegen der Unwirksamkeit der seinerzeit eingetragenen Rechtsposition ist in diesen Fällen allerdings – entgegen § 879 II – der für die neue Rechtsposition maßgebende Zeitpunkt der Zeitpunkt der wirksamen Neueinigung, bei der Vormerkung der Zeitpunkt der der neuen Bewilligung[43]. Ist der Anspruch aus einem Schwarzkauf vorgemerkt, so kann die Vormerkung nicht mit Rückwirkung, und zwar weder durch die Heilung der Formnichtigkeit noch durch formwirksame Neuvornahme des Kaufs, wirksam werden[44]. Anders ist es, wenn die Parteien über das Bestehen des Anspruchs streiten und den Streit vergleichsweise beilegen, ohne daß der Annahme, daß der vorgemerkte Anspruch bisher schon bestanden hat, zwingende Gründe des objektiven Rechts entgegengestanden haben.

3. Vormerkbarer Anspruch

2071 Was die Voraussetzung des vormerkbaren Anspruchs und dazu zunächst die Schuldnerseite betrifft, ist nach h.M. das *Identitätsgebot* zu beachten[45]: Danach muß sich der Anspruch gegen den Inhaber des durch die Vormerkung betroffenen Rechts richten. Zulässig ist, daß der Inhaber des Rechts die Verpflichtung für sich und für seinen Gesamt-

[43] BGH 26.11.1999 – V ZR 432/98, NJW 2000, 804 ff. = DNotZ 2000, 639 mit zustimmender Anm. *Wacke*, kritisch *Volmer*, ZfIR 2000, 206 f., *Zimmer*, NJW 2000, 2978 ff. Die Vormerkung bestimmt bei der Auflassungsvormerkung, also über § 883 III hinaus, den Rang (*Wilhelm*, JZ 1990, 501 Fn. 2). Im Verhältnis zweier Auflassungsvormerkungen geht es darum, ob für die zuerst eingetragene Vormerkung der gesicherte Anspruch besteht. Eine Vormerkungseintragung, der kein Anspruch entspricht, kann nicht rangrückwirkend für eine ganz neue Forderung benutzt werden.

[44] Denken wir uns einen Schwarzkauf zwischen A und B. Für B wird eine Auflassungsvormerkung erteilt. Danach erhält D eine Vormerkung für eine Dienstbarkeit. Dann wird B als Eigentümer des Grundstücks eingetragen. D klagt gegen B auf Zustimmung zur Eintragung seiner Dienstbarkeit. § 888 I ist dann gegeben, wenn die Vormerkung des D wirksam, d.h. hier speziell entgegen der Vormerkung des B wirksam ist. Die Vormerkung des B muß also zur Zeit der Eintragung des D unwirksam gewesen sein. Dies wäre zu verneinen, wenn zur Zeit der Eintragung des D für die Vormerkung des B ein sicherbarer Anspruch des B begründet war. Bei Eintragung der Vormerkung war ein sicherbarer Anspruch aufgrund Scheingeschäfts (§ 117) und der Verletzung der Formvorschrift des § 311 b I 1 = § 313 a.F. durch das gewollte Geschäft nach § 125 S. 1 nicht gegeben. Allerdings ist der Kaufvertrag nachträglich durch Eintragung des B als Eigentümer (nicht schon durch Eintragung der Vormerkung, die nur gesichert, aber nicht erfüllt hat) geheilt worden. Die Heilung wirkt aber nur inter partes zurück. Im Zeitpunkt der Vormerkung bestand der Anspruch nicht, er konnte nur mit Heilung entstehen. Die Heilung liegt in der Zukunft und hat keinen gegenwärtigen Rechtsboden. Ein künftiger Anspruch, der nach § 883 I 2 durch Vormerkung gesichert werden könnte, muß einen gegenwärtigen Rechtsboden haben und ist in unserem Fall also zu verneinen, so zutreffend BGH NJW 1983, 1543 = JuS 1983, 877 (*K. Schmidt*); *Espenhain*, JuS 1981, 438, 442, 443; Staudinger/*Gursky* § 883 Rz. 38 m.w.N. Für die Vormerkbarkeit des künftigen, durch Heilung entstehenden Anspruchs dagegen *Wieling*, Sachenrecht, 3. Aufl., § 22 II c bb aufgrund der Ansicht, daß künftige Ansprüche ohne Rücksicht auf einen gegenwärtigen Rechtsboden sicherbar seien. – Was sodann den Fall des formwirksamen Neuabschlusses betrifft, wird in diesem nach § 141 der Vertragsschluß unter Neubegründung eines mit dem alten Anspruch inhaltsgleichen Anspruchs neu vorgenommen; soll für den Anspruch aus der Neuvornahme eine Vormerkung begründet werden, ist eine neue Vormerkung zu bewilligen, für die nur die schon bestehende Eintragung genutzt werden kann, *Wacke*, DNotZ 1995, 507, 508, a.A. Staudinger/*Gursky* § 883 Rz. 39. In unserem Fall ergibt sich: Die Vormerkung des B ist nicht gegen diejenige des D wirksam gewesen. Dem D steht der Anspruch aus § 888 I gegen B zu.

[45] S.o. Rz. 2054.

rechtsnachfolger begründet[46]. Dafür ist ausreichend, daß der Rechtsinhaber den Verpflichtungsgrund vereinbart, wenn auch die Verpflichtung selbst erst bei seinem Rechtsnachfolger entstehen soll[47]. Das Identitätsgebot ist maßgeblich, soweit es um Vormerkungen betreffend Rechte geht, die der Schuldner erst noch erwerben will. Solche Vormerkungen sind unzulässig. Dagegen ist das Identitätsgebot insoweit nicht zutreffend, als es die Möglichkeiten nicht erfaßt, daß der Schuldner nicht der betroffene Berechtigte ist, der Berechtigte aber die Vormerkung des gegen den anderen gerichteten Anspruchs bewilligt und dadurch dem Schuldner die Ermächtigung zur Verfügung in Erfüllung des Anspruchs erteilt oder den Schuldner mit derselben Konsequenz nach § 185 zu dessen Bewilligung der Vormerkung ermächtigt.

Was sodann die Gläubigerseite des Anspruchs betrifft, kann es sich um einen gegen- **2072**
wärtigen, einen aufschiebend bedingten (der auflösend bedingte ist ein gegenwärtiger) oder einen künftigen Anspruch handeln (§ 883 I 1, 2)[48]. Das RG hat auch die Vormerkung eines Anspruchs zugunsten des jeweiligen Inhabers eines bestimmten Liegenschaftsrechts (sog. Sukzessivberechtigung) zugelassen. In dieser Lage entstehe der Anspruch als vormerkbarer Anspruch zunächst zugunsten des jetzigen Inhabers, künftig stehe er, ohne seine Identität zu wechseln, aufgrund Drittwirkung des ihn begründenden Vertrages den künftigen Inhabern zu[49]. Ungeachtet der Konstruktion eines identischen Anspruchs ist eine solche Vormerkung zuzulassen. Für den Fall des Anspruchs auf Einräumung eines subjektiv-dinglichen Rechts muß ebenso wie das dem jeweiligen Rechtsinhaber zustehende Recht auch die Vormerkung des Anspruchs auf ein solches Recht zulässig sein[50]. Dann ist die Erweiterung des RG auf andere Fälle, in denen der Gläubiger ohne weiteres dem Grundbuch entnommen werden kann, aber sachgerecht.

Ein künftiger Anspruch ist aber nur dann vormerkbar, wenn er einen gegenwärtigen **2073**
Rechtsboden hat, d.h. wenn der Schuldner sich nicht mehr einseitig der Entstehung des Anspruchs entziehen kann[51]. Zu weit geht dagegen die Formulierung der Rechtsprechung[52], erforderlich sei, daß es allein an dem künftig Berechtigten sein müsse, den Anspruch zur Entstehung zu bringen. Vormerkbar ist auch der Anspruch des Schenkers auf Rückgewähr im Fall der Ausübung eines der Schenkung beigefügten Widerrufsvorbehalts, der an objektive Umstände geknüpft ist[53].

Zur Abgrenzung dient ein Fall des OLG Oldenburg[54]: **2074**

M mietet ein Grundstück mit baulichen Anlagen von V. V macht M ein notarielles Angebot zum Kauf des Grundstücks für den Fall des Ablaufs des Mietvertrags nach der

46 BGH DNotZ 1997, 720.

47 OLG Düsseldorf MittRhNotK 1996, 231; Staudinger/*Gursky* § 883 Rn. 52.

48 Möglich auch doppelte Bedingtheit, s. den Fall BGH NJW 1997, 861 ff., in welchem der Rückübertragungsanspruch zum einen durch die Zuwiderhandlung der erwerbenden Töchter gegen das Zustimmungserfordernis bei Weiterveräußerung und zum zweiten durch den Rücktritt der Eltern bedingt war.

49 RGZ 128, 246, 248. Anders hat das BayObLG DNotZ 1991, 892 zwei selbständige Ansprüche angenommen, deren Vormerkung und evtl. Erlöschen je für sich zu prüfen sei, in dem freilich besonders gelagerten Fall, daß ein Anspruch zunächst einem Ehepaar in Gütergemeinschaft und nach Versterben des einen Teils dem überlebenden Ehegatten zustehen sollte.

50 Zutreffend Staudinger/*Gursky* § 883 Rn. 58.

51 Ist der Anspruch als Schutz bei einem bestimmten Verhalten des Schuldners begründet (z.B. bei der Veräußerung des Rechts), so hindert es die Vormerkung nicht, wenn der Schuldner darin frei ist, ob er sich so verhält. BGH ZIP 1997, 421 f. sub 2. a) und c). Die Vormerkung schützt gegen dieses Verhalten des Schuldners. Anders ist es, wenn der Schuldner darin frei ist, ob dem Vorgemerkten überhaupt eine geschützte Position zukommt, s. die Entscheidung des OLG Oldenburg DNotZ 1987, 369 (dazu f. Rz).

52 RGZ 151, 75, 77; BGH NJW 1954, 633, 634; BayObLG DNotZ 1990, 297, 298.

53 S. MünchKomm/*Wacke* § 883 Rz. 24.

54 DNotZ 1987, 369.

vorgesehenen Vertragsdauer von 29 Jahren. V bewilligt die Eintragung einer Auflassungsvormerkung. – Voraussetzung der Eintragung (bzw. wenn schon eingetragen ist: der Wirksamkeit) der Vormerkung ist ein künftiger Anspruch i.S. des § 883 I 2. Nach BGH[55] kommt der Anspruch, der bei Annahme eines (insbesondere bedingten) Kaufangebots entstehen wird, als solcher in Betracht. Der Vormerkbarkeit steht nicht entgegen, daß sich der Offerent den Widerruf vorbehält für den Fall, daß der Begünstigte mit in der Zwischenzeit geschuldeten Pachtzinszahlungen in Verzug gerät[56]. Nicht vormerkbar ist der künftige Anspruch aber dann, wenn der Offerent frei widerrufen kann. Dies hat das OLG Oldenburg angenommen unter Hinweis auf das Recht des V zur Kündigung des Mietvertrages, von dessen vollständiger Dauer das Angebot abhängen sollte.

Steht bei einem schwebend unwirksamen Vertrag die Genehmigung aus, kommt es darauf an, ob der Schuldner des künftigen Anspruchs gebunden ist: Das KG[57] hat mit Recht die Vormerkbarkeit eines Anspruchs aus einem ohne Vertretungsmacht geschlossenen Vertrag bejaht: Es war hier nämlich der *Käufer* eines Grundstücks vertreten worden. Zusätzlich mußte allerdings § 178 geprüft werden[58].

2075 Unzweifelhaft nicht vormerkbar sind in der Zeit *vor* dem Erbfall Ansprüche aus erbrechtlichen Verfügungen[59].

2076 Die Einschränkung der Vormerkbarkeit künftiger Ansprüche ist gerechtfertigt, obwohl § 883 I 2 wie die hypothekenrechtliche Regelung des § 1113 II formuliert und im Hypothekenrecht eine Einschränkung der Sicherbarkeit künftiger Ansprüche nicht anzunehmen ist. Vormerkung und Hypothek sind inkommensurabel. Die Hypothek ist eine gegenwärtige Grundstücksbelastung. Wie die Grundschuld gänzlich unabhängig von einer Forderung bestellt werden kann, ist die Hypothek für Forderungen denkbar, für die es noch keinen Rechtsboden gibt. Indem das Gesetz mit der Höchstbetragshypothek sogar eine Hypothek für in der Zukunft erst noch festzustellende Forderungen ermöglicht, ist, was § 1113 II betrifft, keine Beschränkung für die Parteien ableitbar, eine Hypothek zur Befriedigung wegen einer künftigen Forderung zu vereinbaren. Die Vormerkung ist demgegenüber ein Sicherungsmittel für die Erfüllung eines sonst durch die Eventualität nachträglichen Unvermögens des Schuldners gefährdeten Anspruchs. Das Sicherungsmittel setzt das Interesse an der Sicherung voraus, daß eine vereinbarte, aber noch nicht zum Abschluß gekommene Transaktion durchgeführt wird[60]. Daraus ergibt sich die folgende Unterscheidung betreffend die Hypothek für eine künftige Forderung: Die Eintragung der Hypothek selbst setzt keinen gegenwärtigen Rechtsboden für die künftige Forderung voraus. Soll aber ein künftiger Anspruch auf Einräumung einer Hypothek für eine künftige Forderung vorgemerkt werden, muß wenigstens für den Anspruch auf eine solche Hypothek ein gegenwärtiger Rechtsboden bestehen.

2077 Die Einschränkung der Vormerkbarkeit gilt in gleicher Weise betreffs der (aufschiebend) bedingten Ansprüche: Ist die Wirksamkeit des Geschäfts von einer Potestativ- oder

[55] BGH NJW 1981, 446.

[56] BGH NJW 1981, 446, 447.

[57] KG NJW 1971, 1319, 1320; unrichtig die zu allgemeine Formulierung in KG NJW 1973, 428 unter Bezugnahme auf diese Entscheidung.

[58] Ebenso BayObLG DNotZ 1990, 297.

[59] Zum Problem *Buchholz*, Jura 1989, 393.

[60] In der Literatur wird die Einschränkung der Vormerkbarkeit demgegenüber mit den Nachteilen der Vormerkung für andere Gläubiger in der Zwangsvollstreckung (§ 883 II 2, III) begründet, denen ein wirklich schutzwürdiges Interesse des Vormerkungsgläubigers gegenüberstehen müsse, Staudinger/*Gursky* § 883 Rn. 123. Entsprechende Nachteile müssen die anderen Gläubiger aber auch bei einer vorrangigen Höchstbetragshypothek hinnehmen. Entscheidend ist der Charakter der Vormerkung als Sicherungsmittel.

einer Wollensbedingung[61] auf Seiten des bedingt Verpflichteten abhängig, so ist dieser bedingte Anspruch nicht vormerkbar[62].

Vom künftigen Anspruch (bzgl. gegenwärtiger Grundstücksrechte, auch gegenwärtiger Grundstücksrechte, die sich auf künftige Forderungen beziehen) ist der Anspruch bzgl. künftiger Grundstücksrechte zu unterscheiden. Gerade insoweit gilt *das Identitätserfordernis.* Ein Anspruch bezüglich künftiger Grundstücksrechte oder auch bezüglich künftig einzunehmender Rangstellungen ist grundsätzlich nicht vormerkbar, da das Grundbuch die gegenwärtige Rechtslage ausweisen soll und um der Rechtsklarheit willen darauf zu beschränken ist. Deshalb ist ein Anspruch auf Abtretung einer noch nicht entstandenen Eigentümergrundschuld nicht vormerkbar[63]. Anders kann freilich der Anspruch auf Rückübertragung einer Sicherungsgrundschuld, wenn der gesicherte Gläubiger wegen der gesicherten Forderung befriedigt wird, abgetreten und dann für den Zessionar durch Vormerkung gesichert werden[64]. Ebenfalls sicherbar ist der Anspruch auf Grundstücksübereignung, den der Eigentümer seiner Tochter gegenüber in einem Erbvertrag für den Fall übernimmt, daß er gegen die Verpflichtung, über das Eigentum nicht anderweitig zu verfügen, verstößt, und zwar auch im Hinblick auf die Verpflichtung der Ehefrau als künftiger Erbin[65]. **2078**

Ausnahmen vom Grundsatz der Nichtvormerkbarkeit von Ansprüchen betreffend künftige Rechte sind in §§ 1179 ff. geregelt[66]. **2079**

Dem Inhalt nach sind alle Ansprüche sicherbar, deren Vollzug eine – zulässige[67] – Einwirkung auf die dingliche Rechtslage enthält. Alle Ansprüche, zu deren Erfüllung es der Eintragung im Grundbuch bedarf, außer dem Berichtigungsanspruch, sind durch Vormerkung sicherbar. Nicht vormerkbar sind danach, obwohl dies umstritten ist[68], Ansprüche auf Unterlassung von Verfügungen[69]. Würde ihre Vormerkung zugelassen, so hätten wir eine Dienstbarkeit mit der Rechtsfolge einer Vormerkung vor uns. Dieses Institut hat im numerus clausus der Sachenrechte keinen Platz. Es ist auch mit § 137 **2080**

61 Zum Unterschied s. *Flume* II § 38 2 c und d, S. 683 ff.

62 Die Abhängigkeit der Wirksamkeit des Geschäfts vom Willen des Verpflichteten schadet, nicht die Abhängigkeit des Anspruchs aus dem Geschäft von einem Verhalten, das vom Willen des Verpflichteten abhängt. Entscheidend ist, daß die Vertragspartei bei Abschluß des Rechtsgeschäfts ihre spätere Bindung für den Fall ihres künftigen Verhaltens gewollt hat, BGH NJW 1997, 861, 862.

63 Eingehend und überzeugend RGZ 61, 374 ff.; sodann RGZ 72, 274, 276 f.; 75, 245, 251. Ebensowenig ist bei bestehender Eigentümergrundschuld der Rückübertragungsanspruch vormerkbar, der in dem Fall entstehen wird, wenn, wie vorgesehen, die Grundschuld als Sicherungsgrundschuld abgetreten wird (Staudinger/*Gursky* § 883 Rz. 101 mit N. zu Gegenstimmen, das Zitat von Staudinger/*Scherübl* muß lauten: 12. A., § 1191 Rz. 63).

64 Zur Vormerkung des Rückgewähranspruchs nach seiner Abtretung Staudinger/*Gursky* § 883 Rz. 101.

65 Gegen die Zulässigkeit der Vormerkung in diesem Fall zu Unrecht OLG Hamm DNotZ 1995, 315 ff. Das Gericht hat sich durch die Formulierung des Erbvertrags irreführen lassen; an dem Vertrag hatte die Vertragserbin mitgewirkt und die Unterlassungs-/Übereignungsverpflichtung als Rechtsnachfolgerin mit übernommen. Damit ging es aber nicht (nur) um eine eigene Verpflichtung der Vertragserbin, vielmehr um eine eigene Pflicht des Erblassers und Grundstückseigentümers, die nach §§ 1967, 884 auf die Erbin übergehen würde. Zutreffend *Amann*, DNotZ 1995, 252 ff. Entgegen dem OLG Hamm hat dann in einem entsprechenden Fall auf Vorlage des BayObLG der BGH entschieden, ZIP 1997, 422 f. = JZ 1997, 516 ff. mit Anm. *Berger*.

66 Dazu o. Rz. 1526 ff.

67 Keine Vormerkung etwa zur Sicherung des Anspruchs auf ein zweitrangiges Erbbaurecht (das Erbbaurecht kann nur zu erstem Rang bestellt werden, § 10 I 1 ErbbauVO).

68 S. etwa Erman/*Ronke*, vor § 1012 Rz. 7.

69 BGH FamRZ 1967, 470.

nicht vereinbar. Man muß deshalb den Verfügungsunterlassungsanspruch mit einem durch den Verstoß gegen ihn bedingten Anspruch auf eine Verfügung zugunsten dessen, der begünstigt werden soll, verbinden und kann dann den letzteren vormerken lassen[70].

2081 Der Anspruch muß schließlich, abgesehen von der Besonderheit bedingter oder künftiger Ansprüche, *wirksam entstanden* sein.

4. Die Bewilligung des Betroffenen oder die einstweilige Verfügung (§ 885)

2082 Die Eintragung der Vormerkung kann auf Grund einer einstweiligen Verfügung oder aufgrund der Bewilligung desjenigen, dessen Grundstück oder dessen Recht von der Vormerkung betroffen wird, erfolgen (§ 885 I). Für die einstweilige Verfügung bedarf es nicht der Glaubhaftmachung der Gefährdung des zu sichernden Anspruchs (§ 885 I 2). Nicht zutreffend wird in Rechtsprechung und Literatur angenommen, daß das Gesetz damit nur eine Vermutung für die Gefährdung aufstelle, die im Einzelfall widerlegt werden könne[71]. Das Gesetz gibt wie beim Widerspruch die vorbehaltlose Möglichkeit, das Grundbuch für die Absicherung des Anspruchs zu nutzen[72]. Wie ein Anspruchsinhaber unmittelbar nach der Begründung oder Feststellung eines einschlägigen Anspruchs auf den Gedanken kommen kann, sich die grundbuchrechtliche Sicherung zu holen, so kann ihm der Gedanke auch später kommen. Wie in dem einen sind auch in dem anderen Zeitpunkt nach dem Gesetz keine Überlegungen darüber anzustellen, ob der Schuldner oder der sonstige Sachstand Anlaß geben, Gefährdungen des Anspruchs durch die Vormerkung vorzubeugen. Nach dem Gesetz entfällt sowohl die Notwendigkeit der Darlegung, daß der Anspruch gefährdet ist, als auch die der Glaubhaftmachung dieser Gefährdung.

2083 Was sodann die Eintragung der Vormerkung aufgrund der Bewilligung des in seinem Eigentum oder sonstigen Recht Betroffenen angeht, so kann die Bewilligung entsprechend § 875 I 2 dem Grundbuchamt oder dem Begünstigten gegenüber erklärt werden. Zustandekommen und Wirksamkeit der Bewilligung als empfangsbedürftiges Geschäft richten sich nach den Grundsätzen über Rechtsgeschäfte. Unter den Voraussetzungen des entsprechend anzuwendenden § 875 II wird die Bewilligung bindend im Sinne der Regelung des § 878. Die Bewilligung nach § 885 ist von der Eintragungsbewilligung i.S. von § 19 GBO zu unterscheiden, wird diese aber in aller Regel enthalten.

5. Rechtsinhaberschaft und/oder Rechtsmacht des Bewilligenden

a) *Rechtsmacht des Berechtigten oder kraft seiner Ermächtigung*

2084 Zunächst ist der Inhaber der Rechtsposition, die zur Erfüllung des vorgemerkten Anspruchs verwendet werden muß, zur Bewilligung befugt, wenn er nicht in der Verfügungsmacht beschränkt ist. Wenn eine zunächst bestehende Verfügungsmacht des Berechtigten wegfällt, gilt als Sondervorschrift § 878 (i.V. mit der Bindungswirkung analog § 875 II).

2085 Umgekehrt kann der Bewilligende auch einmal Nichtberechtigter sein, aber Rechtsmacht haben. Rechtsgeschäftlich ist ihm Rechtsmacht erteilt, wenn seiner Bewilligung

[70] So zum Schutz der Schlußerben gegen Verfügungen des überlebenden Ehegatten die Lösung bei *Langenfeld*, NJW 1987, 1577 ff., 1580. Angewendet wurde die Lösung im Fall des OLG Hamm (soeben Fn. 65).

[71] So betreffend die Vormerkung zur Sicherung des Anspruchs auf Bestellung einer Bauhandwerkersicherungshypothek (§ 648) OLG Düsseldorf NJW-RR 2000, 825 f. unter Hinweis auf *Zöller/Vollkommer*, ZPO, 21. Aufl., § 940 Rz. 8, MünchKomm/*Heinze*, ZPO, § 935 Rz. 29; *Werner/Pastor*, Der Bauprozeß, 9. Aufl., Rdnr. 277 sowie das KG in OLG-Report 1994, 105, 106.

[72] So der eindeutige Wortlaut und ebenso die Begründung in den Materialien (Prot. Mugdan III, S. 566).

der Vormerkung der Berechtigte nach § 185 zustimmt. Der Berechtigte kann statt der Zustimmung zur Bewilligung der Vormerkung durch den Nichtberechtigten auch selbst zur Vormerkung des Anspruchs gegen den Nichtberechtigten die Bewilligung im Sinne von § 885 erteilen[73].

b) Rechtsmacht kraft öffentlichen Glaubens des Grundbuchs

aa) Grundlage des gutgläubigen Erwerbs bei der Vormerkung

Kraft Gesetzes kommt für die Bewilligung einer Vormerkung die Rechtsmacht infolge des § 892 I 1 oder die nach § 893 Alt. 2 in Betracht. Für die erstere Vorschrift müßte die Einräumung der Vormerkung eine Verfügung sein, durch die ein Recht am Grundstück erworben wird. Für § 893 Alt. 2 müßte die Einräumung der Vormerkung eine andere Verfügung über ein Grundstücksrecht, also, da sie keinesfalls ein Recht aufhebt, die Änderung eines solchen Rechts sein. Die Rechtsprechung wendet auf den Fall der Bewilligung der Vormerkung durch einen Nichtberechtigten § 893 Alt. 2 an[74]. Die Vormerkung ist aber eine dingliche Rechtsposition, die den Rechten i.S. von § 891 gleichsteht. Deshalb ergibt sich der Erwerb der Vormerkung durch Bewilligung eines Nichtberechtigten aus § 892 I 1. **2086**

Fall: Bucheigentümer B verkauft ein Grundstück formgültig an den gutgläubigen K. Der Übereignungsanspruch wird vorgemerkt. Danach verkauft und übereignet B das Grundstück an D. Oder er bestellt dem H eine Hypothek. Zu beachten ist die Fallgestaltung: Der Buchberechtigte *bewilligt die Vormerkung* für einen gegen ihn oder einen anderen gerichteten *bestehenden* Anspruch betreffend das Buchrecht. In diesem Fall ist der Schutz kraft des öffentlichen Glaubens des Grundbuchs anerkannt. Richtig folgt er aus § 892 I 1. Zu beachten ist, daß die Vormerkung gegenüber dem Grundbuchamt bewilligt werden, theoretisch also auch ohne Kenntnis des Begünstigten zustande kommen kann. Der Schutz kraft des öffentlichen Glaubens des Grundbuchs setzt voraus, daß der Begünstigte zumindest im Rahmen des kausalen Geschäfts an dem Erwerb der Vormerkung beteiligt war.

bb) Wirkung der gutgläubig erworbenen Vormerkung, insbesondere gegen den Berechtigten

Die Wirkung einer wirksam vom Nichtberechtigten erworbenen Vormerkung ist zunächst der Schutz des Vorgemerkten nach § 883 II vor Verfügungen des Nichtberechtigten, die das vorgemerkte Recht beeinträchtigen. Denken wir uns, daß der Bucheigentümer (B) dem von der Nichtberechtigung des B nicht wissenden H eine Hypothek bestellt hat, nachdem B für den gleichfalls redlichen Käufer (K) eine Auflassungsvormerkung bewilligt hatte und die Vormerkung für K eingetragen worden war. Überträgt nun der B das Eigentum auf K, so erwirbt K das Eigentum nach § 892 I 1, wenn er immer noch keine Kenntnis von der Nichtberechtigung des B und der wirkliche Eigentümer auch nicht zwischenzeitlich die Eintragung eines Widerspruchs erreicht hat. Die Vormerkung bewirkt hier, daß zugunsten des K die Bestellung der Hypothek für H nach § 883 II 1 relativ unwirksam ist. Dieser Verfügungsschutz ist, nach einem Argument von *Medicus*[75], deshalb zwingend, weil andernfalls H bei dem Erwerb vom Nichtberechtigten B besser stünde, als wenn er vom Berechtigten erworben hätte. **2087**

Über den Verfügungsschutz des § 883 II hinaus wirkt die Vormerkung aber auch gegen den Berechtigten. Wenn der Vorgemerkte das Recht, worauf sich der vorgemerkte **2088**

[73] S. o. Rz. 2071.

[74] BGHZ 25, 16, 23; 28, 182, 187; 57, 341. In BGHZ 25, 16, 23 und 60, 46, 49 verneint der BGH die Rechtsnatur der Vormerkung als dingliches Recht (sie sei dingliche Sicherung eigener Art).

[75] AcP 163 (1963), 4.

Anspruch richtet, erwerben will, sichert die gutgläubig erworbene Vormerkung diesen Erwerb. D.h. der Vorgemerkte kann die Verfügung zu seinen Gunsten auch dann erzwingen, wenn er inzwischen von der Unrichtigkeit des Grundbuchs weiß oder der Berechtigte die Berichtigung des Grundbuchs durch Eintragung seines Rechts oder wenn der Berechtigte die Eintragung eines Widerspruchs erreicht hat. Im Fall, daß der Berechtigte wieder in das Grundbuch eingetragen worden ist, aber auch in dem Fall, daß sein Recht dem Grundbuchamt amtlich bekannt geworden ist, steht dem vorgemerkten Gläubiger gegen den Berechtigten in entsprechender Anwendung des § 888 ein Anspruch auf Zustimmung zu seiner Eintragung zu[76]. Diese Wirkung des gutgläubigen Erwerbs einer Vormerkung durch Bewilligung der Vormerkung durch einen Nichtberechtigten steht in der Rechtsprechung seit der Rechtsprechung des RG fest[77]. *Die Konsequenz der Sicherungswirkung der Vormerkung ist der Vollerwerbsschutz. Er besteht für die Verfügung über das betroffene Recht, sofern diese in Erfüllung des wirksam vorgemerkten Anspruchs vorgenommen wird.*

2089 Dieser Schutz folgt aus einem dogmatischen und einem systematisch-teleologischen Argument: Das erste betrifft die dogmatische Einordnung der Rechtsfolge der §§ 892, 893. Die Vorschriften schaffen für den Verfügenden Verfügungsmacht, wie dies eine Ermächtigung des Berechtigten tut. Aus der Vormerkungsfigur so, wie diese gesetzlich geregelt ist, ist die Konsequenz zu ziehen, daß die Vormerkung auch für die Verfügung eines Schuldners als Nichtberechtigten bewilligt oder der Schuldner nach § 185 zur Bewilligung der Vormerkung ermächtigt werden kann. Bewilligt der Berechtigte aber die Vormerkung für die fremde Verfügung oder ermächtigt er den Schuldner zur Einräumung einer solchen Vormerkung, so ist diese Bewilligung oder Ermächtigung selbstverständlich auf den Erwerb des Rechts des Ermächtigenden durch die der Vormerkung gemäße Verfügung des Nichtberechtigten bezogen. Diesen Bezug hat dann ebenso die Ermächtigung durch den öffentlichen Glauben des Grundbuchs. Die Verfügungsmacht des Nichtberechtigten bei der Bestellung der Vormerkung bewirkt somit, daß aufgrund der Vormerkung für die endgültige Verfügung zugunsten des Vorgemerkten der Buchberechtigte als Berechtigter gilt.

[76] Selbstverständlich kann der Berechtigte sich in dem Prozeß, in dem er auf Bewilligung in Anspruch genommen wird, darauf berufen, daß der Gläubiger die Vormerkung nicht redlich erworben habe (anders *Mülbert*, AcP 197, 335, 347 f.).

[77] RGZ 118, 230, 234; 121, 44 ff. (mit Anwendung des § 888 gegen den Berechtigten S. 47). Wie das RG der BGH in den Fn. 74 angeführten Entscheidungen sowie BGH NJW 1981, 447, 448, NJW 1994, 2947. Vorübergehend irritierend gewirkt hat die Stellungnahme von *Goetzke/Habermann*, die den Schutz des vorgemerkten Gläubigers auf § 883 II, III beschränkt gesehen und darin einige Gefolgschaft gefunden haben (JuS 1975, 82 f., JR 1982 61). Zu diesem Gegenstandpunkt ausführlich die Voraufl. Nicht befolgenswert ist die Ableitung des gutgläubigen Erwerbs der Vormerkung unter Berufung auf den Erwerb bei bedingter Verfügung (so im Anschluß an *Kupisch*, JZ 1977, 486, *Mülbert*, AcP 197 (1997), 335, 337, 341 und öfter). Die Vormerkung ist eine selbständige, allgemeine (s. § 883 I) Rechtsfigur und nicht nur Substitut der nach § 925 II ausgeschlossenen bedingten Übereignung eines Grundstücks. Umgekehrt gilt: Nicht weil die 2. Kommission die bedingte Übereignung ausgeschlossen hat, hat sie als Ersatz die Vormerkung geschaffen. Sondern weil die 2. Kommission die Vormerkung eingeführt hatte, war dies ein Berufungsgrund für sie, den im ersten Entwurf bestimmten Ausschluß der aufschiebend bedingten Übereignung zum Ausschluß der bedingten Übereignung überhaupt zu verallgemeinern (Prot., Mugdan III, S. 614). Zwar ist in der Begründung der Regelung der Vormerkung die Parallele der Wirkung der Vormerkung zur Wirkung einer bedingten Verfügung gezogen worden (Prot., S. 564), wie diese Parallele auch heute besteht (§ 161 im Vergleich zu § 883 II). Aber neben dem Vergleich mit der bedingten Verfügung steht der der Vormerkung mit dem relativen Veräußerungsverbot (s. heute §§ 136, 135). Und die Veranschaulichung der Wirkung der Vormerkung durch die Wirkung anderer Rechtsfiguren heißt nicht, daß die Vormerkung Substitut der anderen Rechtsfiguren ist.

Das weitere, systematisch-teleologische Argument bezieht sich auf die gesetzliche Ausstattung des Vormerkungsschutzes insgesamt und die mit ihr verbundene Schutzrichtung: Schon der im Gesetz ausdrücklich angeordnete Schutz soll den vorgemerkten Gläubiger hinsichtlich seines Anspruchs sicherstellen mit der Folge einer Vertrauensposition, die es ermöglicht, schon in diesem Vorstadium voll oder teilweise den Preis zu zahlen. Insbesondere der Vorrang der Vormerkung vor nachträglicher Zwangsvollstreckung und nachträglichem Insolvenzverfahren (dort unter Ausschluß des Wahlrechts des Insolvenzverwalters nach § 103 InsO gemäß § 106 InsO), also der Schutz des Vorgemerkten vor konkurrierenden Gläubigern hat diese Stoßrichtung. Demgemäß wird auch in der Praxis tatsächlich gegen Vormerkung gezahlt. Der Gesetzgeber hat gerade dies noch zur Zeit der Geltung der KO zum Anlaß genommen, den Schutz der Auflassungsvormerkung im Konkurs, den er bei Einbettung der Übereignungsleistung in eine Gesamtleistung, nämlich im Fall des Vertrags über ein vom Schuldner zu bebauendes Grundstück, bedroht sah, nochmals zu erweitern[78]. Die Gewährung des Schutzes im Hinblick auf die Praxis wäre aber brüchig, wenn dem Vorgemerkten drohen würde, daß sich noch nach Empfang der Vormerkung nicht eingetragene wahre Berechtigte, Eigentümer oder beschränkt dinglich Berechtigte, insbesondere Hypothekengläubiger, melden könnten und der Vormerkungsschutz dann versagte. Die Veranlassung der Vormerkungs-Praxis durch den Gesetzgeber erfordert zwingend den vollen Schutz des Vorgemerkten durch den öffentlichen Glauben des Grundbuchs schon aufgrund der Bestellung der Vormerkung. **2090**

Beispielsfall des BGH[79]: Zu Lasten eines Grundbesitzes bestand **seit 1907** zugunsten des jeweiligen Eigentümers des Nachbargrundstücks ein Wegerecht. Aus dem Grundbesitz werden die Flurstücke 32/2 und 33/4 auf ein neues Grundbuchblatt umgeschrieben. Das Wegerecht wird nur zu Lasten von 32/2 mitübertragen und gilt folglich, was 33/4 betrifft, nach § 46 II GBO als gelöscht, obwohl es gerade auf diesem Grundstücksteil auszuüben war. Die beiden Flurstücke werden im **Sommer 1984** von einer Erbengemeinschaft an den späteren Bekl. zu 1 verkauft und aufgelassen. Im **Dezember 1984** wird zugunsten des Bekl. zu 1 eine Auflassungsvormerkung eingetragen. Im **Mai 1985** hat das Grundbuchamt von Amts wegen die Umschreibung der Flurstücke durch den Vermerk der Mithaftung des Flurstücks 33/4 für das Wegerecht ergänzt, daraufhin hat der Eigentümer des begünstigten Nachbargrundstücks die Entlassung des Flurstücks 32/2 aus der Mitbelastung durch das Wegerecht erklärt. Im **Dezember 1985** hat der Bekl. zu 1 vor dem Bekl. zu 2 als Notar den Kl. die Flurstücke 32/2 und 33/4 verkauft und die Auflassungsvormerkung abgetreten. Die Kl. hatten die Löschung der Vormerkung bewilligt „für den Zeitpunkt der vertragsgerechten Eigentumsumschreibung, vorausgesetzt, daß bis dahin keine beeinträchtigenden Zwischeneintragungen vorgenommen oder beantragt sind". Im **März 1987** sind die Flurstücke 32/2 und 33/4 auf den Bekl. zu 1 als Eigentümer und sodann unter Umschreibung auf ein neues Grundbuchblatt auf die Kl. als Eigentümer eingetragen worden. Das Grundbuchamt des beklagten Landes (Bekl. zu 3) hat das Wegerecht zu Lasten von 32/2 und die Auflassungsvormerkung gelöscht. Zu Lasten des Flurstücks 33/4 wurde das Wegerecht übertragen. **Zwei Tage später** ist aufgrund einer Veräußerung, mit der der Nachbar das Nachbargrundstück in die W-Gesellschaft einbrachte, und eines Eintragungsantrags vom Dezember 1986 die W als neue Eigentümerin des Nachbargrundstücks eingetragen worden. **1988** hat das OLG einen Amtswiderspruch gegen die Löschung der Auflassungsvormerkung angeordnet, vorbehaltlich eines zwischenzeitlichen gutgläubigen Erwerbs. Im Jahre **1989** erwirkt W gegen die Kl. ein rechtskräftiges Urteil, das ihnen die das Wegerecht störende Bebauung des Flurstücks 33/4 untersagt. Die Kl. nehmen die Bekl. zu 1-3 auf Schadensersatz in Anspruch, nach **2091**

[78] § 24 S. 2 KO, jetzt § 106 I 2 InsO.
[79] NJW 1994, 2947.

Abweisung der Klage gegen die Bekl. zu 2 und 3 als zur Zeit unberechtigt hatte der BGH über den Anspruch gegen den Bekl. zu 1 zu entscheiden.

Zu prüfen war zunächst ein Schadensersatzanspruch nach §§ 440 I, 434, 325 I 1 a.F. (n.F.: §§ 433 I 2, 435 S. 1, 280 I, III, 275 I, 283, 325) wegen anfänglichen Unvermögens zur lastenfreien Eigentumsverschaffung (§ 434 a.F., n.F.: §§ 433 I 2, 435 S. 1). Im Zeitpunkt des Kaufs zwischen Kl. und Bekl. zu 1 konnte das Eigentum belastet gewesen sein durch die Wegerechts-Grunddienstbarkeit zu Lasten des Flurstücks 33/4. Diese galt zwar aufgrund der Nichtmitübertragung nach § 46 II GBO als erloschen, hatte aber mangels eines materiellen Erlöschensgrundes zunächst fortbestanden. Ein Erlöschensgrund konnte dann aber in Gestalt des gutgläubig lastenfreien Eigentumserwerbs durch den Bekl. zu 1, von dem die Kl. erworben haben, eingetreten sein. Bei Eigentumserwerb des Bekl. zu 1 im Jahre 1987 war die Grunddienstbarkeit freilich wieder eingetragen gewesen. In Betracht kommt aber, daß der Bekl. zu 1 aufgrund gutgläubig lastenfreien Erwerbs der Auflassungsvormerkung nicht nur diese, sondern auch später das Eigentum lastenfrei erworben hat. Der BGH bejaht mit Recht den gutgläubig lastenfreien Erwerb der Auflassungsvormerkung mit der Konsequenz, daß sich der Schutz kraft öffentlichen Glaubens des Grundbuchs auch bei dem Erwerb in Erfüllung des vorgemerkten Anspruchs fortsetzt. Zu prüfen ist, ob der Bekl. zu 1 aufgrund des vorgemerkten Auflassungsanspruchs und damit lastenfrei Eigentum erworben und dieses Eigentum an die Kläger weitergegeben hat. Ob der Bekl. zu 1 in Erfüllung des vorgemerkten Anspruchs erworben hat, ist zweifelhaft, weil der Bekl. zu 1 den Übereignungsanspruch zusammen mit der Vormerkung (entsprechend § 401) an die Kl. abgetreten hatte. Trotz geschehener Auflassung an den Bekl. zu 1 bestand der Anspruch noch und war an die Kl. abzutreten gewesen. Mit Rücksicht auf diese Abtretung konnte der Bekl. zu 1 nur dann aufgrund des vorgemerkten Auflassungsanspruchs erworben haben, wenn die Kl. ihn zum Empfang der Leistung ermächtigt hatten (§§ 185, 362 II). Diese Ermächtigung hat der BGH dem Kaufvertrag zwischen dem Bekl. zu 1 und den Kl. entnommen. Folglich hat der Bekl. zu 1 und haben von ihm die Kl. lastenfrei erworben. Insoweit bestand kein Rechtsmangel, der zu anfänglichem Unvermögen führte.

Anfängliches Unvermögen konnte weiterhin insofern bestehen, als der Bekl. zu 1 nach § 435 I a.F. (§ 435 S. 2 n.F.) zur Löschung der mithin kraft gutgläubigen Erwerbs nicht mehr bestehenden Grunddienstbarkeit verpflichtet und u.U. dazu nicht vermögend war. Aufgrund des gutgläubigen Erwerbs der Vormerkung konnte der Bekl. aber zum Zeitpunkt des Kaufvertrags vom Eigentümer des Nachbargrundstücks entsprechend § 888 I die Zustimmung zur Löschung der Grunddienstbarkeit verlangen. Ein anfängliches Unvermögen bestand auch insoweit nicht.

Es könnte aber nachträglich ein Unvermögen des Bekl. zu 1 eingetreten sein. Durch die Übereignung an die Kl. hatte der Bekl. zu 1 noch nicht erfüllt. Weil das Wegerecht bei Flurstück 33/4 noch eingetragen war, hatte der Bekl. es nach § 435 I a.F. (§ 435 S. 2 n.F.) noch zur Löschung zu bringen. Der BGH prüft, ob Unvermögen hinsichtlich der nach § 435 geschuldeten Löschung eingetreten ist dadurch, daß W das Wegerecht gutgläubig erworben hat. Mit dem gutgläubigen Erwerb wäre das Wegerecht aber nicht mehr, wie § 435 voraussetzt, ein nicht bestehendes Recht gewesen. Vielmehr ergäbe sich, daß die, abgesehen von § 435, zunächst eingetretene Erfüllung der Rechtsverschaffungspflicht gerade wegen § 435 nur vorläufig war, danach aber wieder aufgehoben und die Leistungspflicht wieder in Kraft getreten ist. Zu prüfen war also ein Anspruch aus §§ 440 I, 434 i.V.m. § 325 I 1 a.F. (n.F.: §§ 433 I 1, 435 I 1, 280 I, III, 275 I, 283, 325) wegen nachträglichen Unvermögens zu der nach § 434 a.F. (§§ 433 I 2, 435 S. 1 n.F.) zu erbringenden Leistung. Der BGH hat das Unvermögen des Bekl. zu 1 aufgrund eines gutgläubigen Erwerbs des Wegerechts durch die W bejaht. W habe durch die Übereignung das Eigentum am Nachbargrundstück mit der Grunddienstbarkeit als Bestandteil (§ 96) kraft guten Glaubens unbelastet von der Auflassungsvormerkung erworben. Aufgrund der Löschung der Auflassungsvormerkung, die das Grundbuchamt entgegen der Einschränkung der Löschungsbewilligung durch die Kl. durchgeführt hatte, habe die W bei ihrem Eigentumserwerb die Grunddienstbarkeit ohne Beschränkung durch die Auflassungsvormerkung erworben[80]. Damit war zu folgern, daß die Auflassungsvormerkung und der Anspruch aus § 888 I gegen die Grunddienstbarkeit nicht mehr wirksam und der Bekl. zu 1 nachträglich zu der Leistung gemäß § 434 a.F. unvermögend geworden war. Zu prüfen war sodann, ob der Bekl. zu 1 sein nachträgliches Unvermögen zu vertreten hatte. Dies hat der BGH nach den Einzelumständen verneint. Weil zu dem bestandsfesten Erwerb der Grunddienstbarkeit die pflichtwidrige Löschung der Auflassungsvormerkung durch das Grundbuchamt geführt hatte, war ein anderes Ergebnis kaum denkbar. Der BGH hat sodann noch eine Haftung des Bekl. zu 1 aus culpa in contrahendo geprüft und ebenfalls abgelehnt.

cc) Der maßgebliche Zeitpunkt für Kenntnis und Widerspruch bei dem gutgläubigen Erwerb einer Vormerkung für bedingte oder künftige Ansprüche

Es besteht sodann weiter heftiger Streit um den gutgläubigen Erwerb der Vormerkung **2092**
bei Bewilligung durch einen bloßen Buchberechtigten, wenn ein künftiger oder aufschiebend bedingter Anspruch vorgemerkt wird.

Gehen wir von folgendem Fall aus: Der im Grundbuch als Eigentümer eines Grund- **2093**
stücks eingetragene V vermietet das Grundstück für 10 Jahre an M. Zur Kündigung soll V ausschließlich bei Zahlungsverzug des M berechtigt sein. V macht dem M ein notarielles Angebot zum Kauf des Grundstücks nach Ablauf der Mietzeit. Hier ist der Anspruch aus dem künftigen Grundstückskauf vormerkbar. V bewilligt die Vormerkung, sie wird eingetragen. Später stellt sich heraus, daß V nicht Eigentümer ist. Nach 5 Mietvertragsjahren taucht der wahre Eigentümer E auf und erzwingt gegen V die Berichtigung des Grundbuchs auf ihn, E. E beläßt es aber bei dem Mietvertrag zwischen V und M, indem er das Grundstück seinerseits V mit der Erlaubnis der Untervermietung an M vermietet. Freilich verlangt er von M die Löschung der Vormerkung. Trotz der Fortdauer des Mietverhältnisses könne M nicht durch Annahme des Kaufangebots nach 10 Jahren

80 Den Mangel der Kenntnis der W hätte man gerne näher ausgeführt gesehen: Die Stellung des früheren Nachbarn, der das Nachbargrundstück als Gesellschafter in die W eingebracht hat, in dieser Gesellschaft könnte relevant sein. Was die Kenntnis des Nachbarn betrifft, hatte der Bekl. zu 1 mit diesem seit längerer Zeit über die Frage des Wegerechts verhandelt. Dabei war der Bekl. zu 1, wie der BGH angenommen hat, entsprechend der Nichteintragung des Wegerechts bei dem Flurstück 33/4 (auch noch im Zeitpunkt der Eintragung der Auflassungsvormerkung für ihn) vom Nichtbestehen eines Wegerechts zu Lasten von 33/4 ausgegangen, er hatte nämlich nur die Einbeziehung des Flurstücks in die Festlegung einer öffentlichen Straße nach einem Bebauungsplan von 1984 vorausgesetzt. Weiter ist zu bemerken, daß zur Zeit des Antrags auf Eintragung der W als neuer Eigentümerin die Auflassungsvormerkung noch im Grundbuch stand. Zwar kommt es für den Erwerb kraft öffentlichen Glaubens auf die Nichteintragung des hinderlichen Rechts im Zeitpunkt der Eintragung des Erwerbers und nur für die Kenntnis des Erwerbers auf die Stellung des Antrags an (§ 892 II 1. Alt.) und genügt weiterhin zum Ausschluss dieser Kenntnis die bloße Unkenntnis zum Zeitpunkt der Antragstellung, diese Unkenntnis der den Eintragungsantrag stellenden W war aber zweifelhaft. Freilich wird insoweit nichts vorgetragen gewesen sein: Die Kläger waren aufgrund des Wegerechts der W rechtskräftig verurteilt, sie mußten also vom gutgläubigen Erwerb der W ausgehen. Gerade darauf gründeten sie ihre Schadensersatzklage. Im Schadensersatzprozeß hätte also der Bekl. zu 1 die Kenntnis der W zu behaupten gehabt, diesem genügte es aber, daß er den durch den Fehler des Grundbuchamts (Löschung der Auflassungsvormerkung) – vorbehaltlich der Kenntnis der W – ermöglichten Erwerb des Wegerechts nicht zu vertreten hatte. Konnte so auch das Urteil auf die Schadensersatzklage gegen den Bekl. zu 1 die Rechtslage nicht vollständig klären, so konnten doch im weiteren Prozeß, insbesondere gegen die Bekl. zu 3, die näheren Einzelheiten noch berücksichtigt werden.

gutgläubiger Erwerber einer Vormerkung für einen dann entstandenen Anspruch auf Übereignung werden. Das verhindere die inzwischen eingetretene Kenntnis des M von der Unrichtigkeit des Grundbuchs.

2094 Die Frage ist, ob die nach Eintragung der Vormerkung eines künftigen Anspruchs erlangte Kenntnis (gleich steht ein nachträglich eingetragener Widerspruch) für den Erwerb der *Vormerkung* schädlich ist. Dazu müßte es auf Kenntis bzw. Widerspruch im Zeitpunkt der Entstehung des Anspruchs ankommen. Der BGH nimmt demgegenüber an, daß es für die Kenntnis auf den Zeitpunkt der Bestellung der Vormerkung ankommt (d.h. nach § 892 I 1, II oder nach § 893 i.V.m. § 892 den Zeitpunkt der Antragstellung, wenn nicht die Bewilligung der Vormerkung der Eintragung erst nachgefolgt ist – für den Widerspruch ist stattdessen der Zeitpunkt der Eintragung maßgeblich –[81]).

2095 Die Lösung des BGH folgt aus dem Gesetz: § 883 I 2 macht künftige Ansprüche vormerkbar, daran knüpfen § 883 III den Rang und § 892 oder § 893 den gutgläubigen Erwerb nach Maßgabe der Bestellung der Vormerkung. Diese Anknüpfung an die sachenrechtlichen Bestellungsvoraussetzungen ist entgegen *Hepting*[82] im Gesetz einheitlich. Für den gutgläubigen Erwerb des Eigentums bei der bedingten Übereignung kommt es hinsichtlich des guten Glaubens auf den sachenrechtlichen Verfügungstatbestand und nicht den Bedingungseintritt an. Das Gleiche muß für die Vormerkung betreffend künftige und bedingte Ansprüche gelten: Die Möglichkeit der Vormerkung ist ja ein Grund, aus dem der Gesetzgeber im Interesse der Rechtsklarheit in § 925 II die Möglichkeit einer bedingten Auflassung ausschließen konnte. Sie dient also auch dem Bedürfnis nach bedingter Übereignung[83]. Für das Pfandrecht hat das Gesetz ausdrücklich klar gemacht, daß die Einschränkung der Akzessorietät, die die Zulassung auch des Pfandrechts für künftige Ansprüche (§ 1204 II) bedeutet, Konsequenzen auch für den gutgläubigen Erwerb hat (§§ 1208, 1209)[84].

2096 *Hepting* beruft sich darauf, daß demgegenüber für die Hypothek gerade die Maßgeblichkeit des Zeitpunkts der Entstehung der Forderung gelte. Im Vergleich zwischen Pfandrecht und Hypothek müsse aber letztere für die Vormerkung vorbildlich sein: Das Pfandrecht sei auf das hinsichtlich der Forderung undifferenzierte Rechtsscheinmittel des Besitzes angewiesen, Hypothek und Vormerkung beruhten demgegenüber auf dem genauer dokumentierenden Grundbuch[85]. Die Abhängigkeit des gutgläubigen Erwerbs der Hypothek von der Gutgläubigkeit noch im Zeitpunkt der Entstehung der Forderung hat sich indessen oben[86] als Fehlschluß herausgestellt.

2097 Es ist danach die Regelung des Gesetzes einheitlich und somit insbesondere für die Vormerkung in dem Sinne zu akzeptieren, daß Kenntniserlangung nach Besitzerlangung (§§ 932, 1207, 1209) oder nach Eintragungsantrag oder nachfolgender materieller Erklärung (§ 892 II) nicht schadet, auch wenn der Anspruch erst später entsteht.

2098 Im Vergleich zu Hypothek und Pfandrecht gilt für die Vormerkung erst recht, daß diese Folgerung auch sachlich überzeugend ist. Es besteht bei ihr ja das Erfordernis, daß künftige Ansprüche nur bei gegenwärtigem Rechtsboden sicherbar sind: Ist, wie dieses

[81] NJW 1981, 446 f.: Andernfalls sei die Sicherungsmöglichkeit für den künftigen Anspruch, die § 883 I 2 ausdrücklich gewähre, ohne Sinn. Dagegen für die Maßgeblichkeit des Zeitpunkts der Entstehung des Anspruchs *Rimmelspacher*, Kreditsicherungsrecht, Rz. 620, 624 und *Hepting*, NJW 1987, 865 ff. Für den Schutz des Vormerkungserwerbers nur bei – zumindest partieller – Gegenleistung *Hager*, Verkehrsschutz durch redlichen Erwerb, 1990, S. 135.

[82] NJW 1987, 865 ff.

[83] Prot., *Mugdan* III, S. 614; MünchKomm/*Wacke* § 883 Rz. 2.

[84] Dazu Mot., *Mugdan* III, S. 449 f.; s. zutreffend BGH NJW 1983, 1114 ff., 1116 unter 5. a); 1123, 1125 b) aa)

[85] *Hepting*, NJW 1987, 865 ff., 869.

[86] Oben Rz. 1453 ff.

Erfordernis verlangt, der künftige Schuldner schon gebunden, so hat der Begünstigte schon eine gegenwärtige Rechtsposition. Die Vormerkung sichert – mit dem Vorbehalt des § 816 I 2 – diese gegenwärtige Rechtsposition.

Als Beispiel diene insbesondere der künftige Anspruch aus einem Vorkaufsrecht oder einer einseitig bindenden Offerte. In diesem Fall geht es gar nicht um die Sicherung des künftigen Anspruchs (dieser entsteht ja auch z.B. bei der Zession des Gestaltungsrechts gar nicht in der Person des Erwerbers der Vormerkung = Zedenten des Gestaltungsrechts, sondern in der Person des Zessionars selbst), sondern es geht um die Sicherung des Gestaltungsrechts, aus dem der Anspruch entspringt. Dieses Recht ist aber ein gegenwärtiges Recht, und sein Schutz muß aus der gegenwärtigen Unkenntnis des derzeitigen Rechtsinhabers folgen. Wenn dieses gegenwärtige Recht zediert wird, dann kann weder eine nachträgliche Kenntnis des Erwerbers der Vormerkung = Zedenten des Gestaltungsrechts dem Zessionar das Recht aus der Hand schlagen, noch kann die nachträgliche Kenntniserlangung des Zessionars den Zedenten in seiner früheren Rechtsposition und den daraus sich ableitenden gegenwärtigen Rechtsfolgen beeinträchtigen.

6. Erlöschen der Vormerkung

Die Vormerkung kann zunächst durch sie selbst betreffende Gründe erlöschen: Die **2099** Vormerkung kann aufgehoben werden (§ 875)[87] oder eine der Vormerkung gesetzte aufschiebende Bedingung kann ausfallen bzw. eine ihr gesetzte auflösende Bedingung kann eintreten[88] oder eine ihr gesetzte Frist kann ablaufen. Weiter kann die Vormerkung durch Zustimmung des vorgemerkten Gläubigers zu einer Verfügung i.S. des § 883 II erlöschen. Voraussetzung ist, daß der vorgemerkte Anspruch nach der Verfügung auch nicht eingeschränkt mehr erfüllbar ist. Eine im Grundbuch irrtümlich gelöschte Vormerkung erlischt durch Erwerb eines Dritten kraft öffentlichen Glaubens des Grundbuchs (§ 892 I 1), soweit dieser Erwerb die vorgemerkte Rechtsstellung ausschließt. Die Vormerkung erlischt dagegen nicht dadurch, daß die der Vormerkung zugrunde liegende einstweilige Verfügung durch eine vollstreckbare Entscheidung aufgehoben wird. Ist die Entscheidung auf Löschung der Vormerkung gerichtet, bedarf sie noch der Vollstreckung, §§ 775 Nr. 1, 776 ZPO.

Sodann kann die Vormerkung durch Gründe betreffs des gesicherten Anspruchs entfallen: In erster Linie ist hier zu nennen das Erlöschen des Anspruchs; diese Möglichkeit ist sogleich besonders zu behandeln. Weiter erlischt die Vormerkung, wenn der gesicherte Anspruch ohne das Recht aus der Vormerkung übertragen wird. Beabsichtigt sodann der Schuldner, entgegen dem Anspruch zu verfügen, und stimmt der Vormerkungsberechtigte dem zu, so wird dadurch der Anspruch unter Einschränkung oder Wegfall der Vormerkung geändert oder aufgehoben[89]. **2100**

Von der h.M. wird auch der Erlöschensgrund des § 418 I 1 entsprechend angewandt[90]. Hier ist **2101** zu unterscheiden: § 418 hat die Fälle im Auge, daß eine aus dem Vermögen des Schuldners zu erfüllende Schuld (insbesondere Geldschuld) durch personale oder dingliche Sicherheiten verstärkt ist. In diesen Fällen würde der Fortbestand der Sicherheiten trotz Schuldübergangs bedeuten, daß sie für einen anderen Schuldner und die ganz anderen Vermögensverhältnisse beim neuen Schuldner gelten würden. Da dies mit den Sicherheiten als solchen nicht vereinbar ist, schließt § 418 dies aus, behält aber die Einwilligung des Sicherungsgebers vor (§ 418 I 3) aus. Diese Regelung ist auch auf die Vormerkung anwendbar, soweit sie einen Anspruch gerade auf Bestellung solcher

87 BGHZ 60, 47, 49 ff. Die relative Unwirksamkeit etwaiger vormerkungswidriger Verfügungen nach § 883 II 1 wird durch die Aufhebung entspr. § 185 II 1 Alt. 2 geheilt.

88 Zum Fall einer auflösend bedingten Vormerkung BGH NJW 1992, 1683, 1684.

89 Staudinger/*Gursky* § 883 Rz. 165. Zur Genehmigung der vormerkungswidrigen Verfügung durch den Vormerkungsberechtigten s. u. Rz. 2108.

90 So die Voraufl., weiter *Hoche*, NJW 1960, 462 ff., 464 (gegen *Granderath* ebenfalls NJW 1960, 462); Staudinger/*Gursky* § 883 Rz. 54 m.w.N.

Sicherheiten sichert, von denen § 418 I 2 spricht, also auf Bestellung einer Hypothek oder Grundschuld. Freilich liegt in dem Fall, daß der Übernehmer der Schuld zuvor auch das Grundstückseigentum erworben hat, in dem Übernahmevertrag auch seine Einwilligung i.S. des § 418 I 3. Ebenso liegt in dem Übernahmevertrag die Einwilligung, sofern der Altschuldner mit der Vormerkung belastet war und der Altschuldner den Schuldübernahmevertrag nach § 415 selbst abschließt[91].

2102 Von diesen Fällen der Vormerkung eines Anspruchs auf Bestellung einer Sicherheit für eine Geldschuld sind die Fälle zu unterscheiden, daß die Vormerkung einen Speziesanspruch sichert, also insbesondere die Fälle der Auflassungsvormerkung. Im Fall, daß der Schuldner die Vormerkung an seinem Grundstück bestellt hat, kommt eine Schuldübernahme mit der Konsequenz des Verlusts der Vormerkung nicht in Betracht. Würde nämlich hier die Vormerkung durch Schuldübernahme erlöschen und hat der Altschuldner noch das Eigentum, so würde der Gläubiger aufgrund der Schuldübernahme mit der Vormerkung die dingliche Sicherung der Erfüllung seiner Speziesforderung und mit dem Altschuldner den Schuldner verlieren, der über das Grundstücksrecht verfügt. Übernimmt der neue Schuldner nicht nur die Schuld, sondern erwirbt er auch das Eigentum, so ist wieder in seiner Beteiligung an der Schuldübernahme die Einwilligung i.S. des § 418 I 3 zu sehen[92]. Ein Fall, in dem der Gläubiger einer durch Vormerkung seitens des Schuldners gesicherten Schuld einer Schuldübernahme mit der Konsequenz des Verlusts der Vormerkung zustimmt, ist also nicht denkbar. Vom Fall der Bestellung der Vormerkung durch den Schuldner ist der Fall zu unterscheiden, daß ein Dritter für die fremde Schuld die Vormerkung bestellt oder der Bestellung zustimmt. Fälle, in denen zugunsten des Dritten § 418 I 1 angewandt werden muß, sind denkbar. Man könnte zwar meinen, daß es im Gegensatz zu den Sicherheiten, die § 418 I behandelt, für die Festlegung im Hinblick auf die Leistung eines bestimmten Grundstücksrechts keinen Unterschied macht, ob der alte oder ein neuer Schuldner zu der Erfüllung verpflichtet ist. Auch die Durchsetzung der Speziesleistung kann aber von Faktoren im Schuldverhältnis abhängig sein, für die es auf die Person des Schuldners ankommt. Die Maßgeblichkeit der Einwilligung des Dritten nach § 418 I 3 ist auch hier richtig.

2103 Die Vormerkung erlischt, wenn der Anspruch vor der Erfüllung oder durch Erfüllung untergeht[93]. Ein vertraglicher Anspruch ging insbesondere durch Ausschluß der Erfüllung nach § 326 I 2 1. und 2. Hs. a.F. unter. Nach n.F. bedarf es noch des Rücktritts des anderen Teils (§ 323 I). Nach § 326 a.F. ging der vorgemerkte Anspruch aus einem gegenseitigen Vertrag unter, wenn der Gläubiger des vorgemerkten Anspruchs mit der seinerseits geschuldeten Gegenleistung in Verzug kam, der andere Teil nach § 326 I 1 a.F. (§ 281 I 1 n.F.) Frist mit Ablehnungsandrohung setzte und die Frist verstrich. Dadurch wurde die Möglichkeit des Gläubigers des vorgemerkten Anspruchs ausgeschlossen, die eigene Gegenleistung zu erbringen, und folglich auch der eigene, vorgemerkte Anspruch. Daran änderte sich nichts, wenn sich die Parteien während des nachträglichen

[91] Zu beiden Fällen Staudinger/*Kaduk*, 12. Bearb., § 418 Rz. 25, 26.

[92] In dem von *Granderath* behandelten Fall, daß der Erwerber von Wohnungseigentum die vormerkungsgesicherte Wiederkaufsverpflichtung des Vorgängers gegenüber der Wohnungsbaugenossenschaft übernimmt, ist aber nicht von Schuldübernahme mit Einwilligung des Übernehmers zu reden; nach den Einzelheiten der Verpflichtung war eine neue eigene Pflicht begründet, für die auch eine neue Vormerkung bestellt werden mußte (zutr. *Hoche,* a.a.O.).

[93] Keine Erfüllung bei der sog. Auflassungsvormerkung, wenn nur die Auflassung, aber noch nicht die Eintragung des Gläubigers vorgenommen ist; der Übereignungsanspruch besteht noch und ist mit der Vormerkung zusammen abtretbar (BGH NJW 1994, 2947, 2948). Auch bei Bestehen von vormerkungswidrigen Verfügungen ist der Anspruch nicht erfüllt: Beispielsweise ist der vorgemerkte Übereignungsanspruch des K nicht schon durch Übereignung erfüllt, wenn in der Zwischenzeit dem G an dem Grundstück eine Grundschuld bestellt wurde. Mithin besteht die Vormerkung des K fort und bleibt die Grundschuldbestellung nach § 883 II 1 relativ unwirksam. Wird die Vormerkung jetzt gelöscht, so wird das Grundbuch unrichtig, aber gutgläubiger Erwerb der Grundschuld als uneingeschränkter möglich. Zu einem Fall, in dem der Notar ohne Absicherung vorbehaltlose Löschungserklärungen abgegeben hat, o. Rz. 2091.

Schadensersatzprozesses durch Vergleich wieder auf die Erfüllung des Vertrages einigten[94].

Nach der in zwei Entscheidungen zugrunde gelegten Auffassung des V. Senats des BGH[95] erlischt die Vormerkung in dem Fall, daß der vormerkungsberechtigte Gläubiger den Schuldner beerbt. Im ersten Fall hat der Senat das Erlöschen der Vormerkung wegen Konfusion beim vormerkungsgesicherten Anspruch, im zweiten Fall schon wegen Nichtentstehens des durch die Vormerkung gesicherten bedingten Anspruchs angenommen: **2104**

Im Fall der ersten Entscheidung hatte die im Grundbuch als Eigentümerin eingetragene Putativerbin des früheren Eigentümers, die B, das Grundstück an die Kl. verkauft und dieser eine Auflassungsvormerkung eintragen lassen. Wirklicher Erbe war K, dieser war verstorben und von der Bekl. beerbt worden. Die Bekl. war als Eigentümerin in das Grundbuch eingetragen worden. Die Putativerbin und Verkäuferin B war inzwischen ebenfalls verstorben und durch die Kl. beerbt worden. Die Kl. klagt gegen die Bekl. auf Zustimmung zu ihrer Eintragung als Eigentümerin. Grundlage könnte § 888 I in entsprechender Anwendung sein. Wenn die Kl. die Vormerkung von der Putativerbin gutgläubig erworben hat und die Vormerkung noch besteht, kann die Vormerkung gegen den eingetragenen Berechtigten analog § 888 durchgesetzt werden. Nach § 893 oder § 892 I hat die Kl. die Vormerkung wirksam gutgläubig erworben. Die Vormerkung könnte aber

94 Zutr. LG Lübeck NJW-RR 1996, 914. Man kann nicht sagen, daß es sich um zwischen den Parteien interne Durchführungsschwierigkeiten handele, von denen die Parteien absehen könnten, und daß sich auf den aus dem Erfüllungsausschluß nach § 326 I 2 2. Hs. a.F. (§ 323 I, 281 IV, 346 I n.F.) folgenden Ausschluß auch des vorgemerkten Anspruchs nicht ein Dritter dürfe berufen können, der aus einer vormerkungswidrigen Verfügung erworben hat. Es darf umgekehrt nicht in die Hand des vormerkungswidrig Verfügenden gelegt sein, ob er die Konsequenz seiner Erfüllungsablehnung (betreffs der Gegenleistung, woraus der Ausschluß seiner eigenen Leistung folgt) akzeptiert und damit seine Verfügung an den Dritten vollständig wirksam werden läßt oder ob er dem Gläubiger die Rückkehr zur Vertragserfüllung anbietet, so daß dieser wieder aus der Vormerkung gegen den Dritten vorgehen kann. In beiden Verhältnissen – zum Gläubiger des vorgemerkten Anspruchs wie zum Dritten – geht es um das Risiko, daß der Schuldner zur Leistung des Grundstücksrechts unvermögend wird. Im Verhältnis zum Dritten bedeutet die Wirksamkeit der Vormerkung zugunsten des vorgemerkten Gläubigers, daß der Schuldner zur Leistung an den Dritten unvermögend werden kann. Im Verhältnis zum vorgemerkten Gläubiger bedeutet die Vormerkung, daß dieser Gläubiger seinerseits gegen das Unvermögendwerden des Schuldners gesichert ist. Hat, wie im Fall des LG Lübeck, der Schuldner nachträglich auch dem Dritten eine Vormerkung erteilt, so geht es um das Verhältnis zweier Sicherungen gegen Unvermögen. Mit dem von ihm nach § 326 I a.F. (§ 323 I, 281 IV, 346 I n.F.) herbeigeführten Erfüllungsausschluß hat der Schuldner seine Verfügung zugunsten des Dritten, insbesondere die Bestellung der Vormerkung, von der Beeinträchtigung durch die erste Vormerkung befreit, ist also insoweit für den Dritten das Unvermögensrisiko weggefallen. Hingegen hat der Gläubiger des zuerst vorgemerkten Anspruchs seine Sicherung gegen das Unvermögen des Schuldners, was Verfügung oder Vormerkung zugunsten des Dritten betrifft, verloren. Im Fall des LG Lübeck mit den zwei Vormerkungen wirkte die zweite gegen nachträgliche Verfügungen, auch solche, die nunmehr an den ersten Gläubiger vorgenommen worden waren (im Fall des LG Lübeck hatte der Schuldner an den ersten Gläubiger übereignet), und nicht die erste gegen Vormerkung und weitere Verfügungen an den zweiten Gläubiger (richtig hat das LG Lübeck die Eintragung eines Amtswiderspruchs gegen die vom Grundbuchamt vorgenommene Löschung der zweiten Vormerkung nach § 53 I 1 GBO angeordnet; wegen der Wirkung der zweiten Vormerkung als Sicherung gegen Unvermögen, auch was nachträgliche Verfügungen an den ersten Gläubiger betrifft, kam es allerdings auf die vom LG erörterten weiteren Fragen nicht an: weder auf die Frage des Bestehenbleibens einer Forderung bei Unvermögen noch auf die Frage, ob eine erloschene Vormerkung mit Wirkung ab Wiederbegründung des Anspruchs wieder als Vormerkung in Wirksamkeit gesetzt werden kann).

95 NJW 1981, 446 f. sowie NJW 2000, 1033 f.=JZ 2000, 679 f. Zu der früheren Entscheidung *Wacke*, NJW 1981, 1577 ff. und *Ebel*, NJW 1982, 724 ff., zu der neueren *Flume*, JZ 2000, 1159 f., *v. Olshausen*, NotBZ 2000, 205 ff., NJW 2000, 2872 und *Gebauer/Haubold*, JZ 2000, 680 ff.

erloschen sein, weil der Auflassungsanspruch inzwischen erloschen sein könnte. Erlöschensgrund könnte hier die Beerbung der B durch die Kl. sein. Der Auflassungsanspruch stand der Kl. gegen die B zu, durch Beerbung der B könnte der Anspruch durch Konfusion erloschen sein. Der BGH bejaht das Erlöschen von Anspruch und Vormerkung und weist die Klage ab. Eine Fiktion des Fortbestands entgegen der grundsätzlich eintretenden Konfusion komme allenfalls im Interesse Dritter, aber nicht im Interesse des Erben in Betracht.

2105 Im zweiten Fall hatte die Eigentümerin den Kl. ihr Grundstück, befristet bis zum 31.12.1996, zum Kauf angeboten. Zuvor hatte die Eigentümerin dem Bekl. ein schuldrechtliches Vorkaufsrecht eingeräumt und zur Sicherung des bedingten Anspruchs daraus eine Auflassungsvormerkung eintragen lassen. Die Eigentümerin verstarb während des Laufs der Frist für das Angebot an die Kl. Erbe ist der Bekl. Die Kl. haben das Angebot fristgemäß im Dezember 1996 angenommen[96]. Am 21. Januar 1997 sind der Bekl. als Eigentümer und für die Kläger eine Auflassungsvormerkung eingetragen worden. Mit Schreiben vom 17.1.1997 hatte der Bekl. dem Notar und den Kl. erklärt, daß er sein Vorkaufsrecht ausübe. Die Kl. verlangen vom Bekl., der Bekl. widerklagend von den Kl. die Löschung der jeweils für den Gegner eingetragenen Auflassungsvormerkung. Der BGH hat auch in dem neuen Fall das Erlöschen der für den späteren Erben eingetragenen Vormerkung durch die Erbfolge nach dem Schuldner des vorgemerkten Anspruchs angenommen. Seine Begründung ist hier nicht das Erlöschen durch Konfusion, sondern die Nichtentstehung des durch Ausübung des Vorkaufsrechts bedingten Anspruchs. Aufgrund der Erbfolge habe es an einem Vertragspartner gefehlt, mit Wirkung gegen den das Vorkaufsrecht hätte ausgeübt werden können[97].

Die Annahme des Erlöschens der Vormerkung wegen der Beerbung des Schuldners des vorgemerkten Anspruchs durch den Gläubiger greift zu kurz. Der Erbe ist vermögensmäßig und haftungsrechtlich nur dann eine Einheit mit dem Erblasser, wenn er nicht durch wirksame Geltendmachung der Haftungsbeschränkung die Trennung von Nachlaß und Erbenvermögen herbeiführt. Zunächst steht die Konfusion von Ansprüchen des Erben gegen den Erblasser unter diesem Vorbehalt. In §§ 1976, 1991 II wird die Konfusion durch Erbfolge vorausgesetzt, andererseits aber unter den Vorbehalt der Herbeiführung der Haftungsbeschränkung des Erben gestellt. Die bei Erbfall erloschene Forderung kann danach mit der Wirkung wieder aufleben, daß die Konfusion als nicht eingetreten gilt. Das gleiche gilt dann für die Vormerkung im ersten Fall des BGH: Die Klägerin konnte Anspruch und Vormerkung durch Herbeiführung von Nachlaßkonkurs oder -verwaltung oder die Geltendmachung der Erschöpfungseinrede wiedergewinnen. Im Hinblick auf diese Möglichkeit war die Vormerkung in der Zwischenzeit auch nicht etwa weggefallen, sondern hatte als Vormerkung eines künftigen oder bedingten Anspruchs fortbestanden. Der BGH verkennt mit seiner Interessenabwägung, daß nicht die Fiktion des Fortbestands, sondern gerade der Untergang durch Konfusion der Rechtfertigung bedarf. Diese Rechtfertigung besteht darin, daß der Erbe für die Nachlaßverbindlichkeiten unbeschränkt haftet[98]. Führt der Erbe demgegenüber die Haftungsbeschrän-

[96] Nach dem Sachverhalt in notarieller Urkunde. Für die Wirksamkeit gegen den Erben muß man voraussetzen, daß der Notar aufgrund einer über den Tod hinaus wirkenden Vollmacht der Erblasserin gehandelt hat.

[97] Der BGH hat dennoch nicht die Klage zugesprochen und die Widerklage abgewiesen. Vielmehr hat er die Sache zurückverwiesen zur Prüfung der vom Bekl. geltendgemachten Sittenwidrigkeit des Kaufvertrags mit den Kl. Angesichts der Merkwürdigkeit, daß die Erblasserin trotz Vorkaufsrechts und Erbenstellung des Bekl. noch kurz vor dem Tode ein Verkaufsangebot an die Kläger gemacht hatte, war auch aller Anlaß für eine Nachprüfung der Umstände dieses Angebots (und der Beteiligung des Notars daran) gegeben.

[98] § 185 II 1 Alt. 3 ist ein Hinweis darauf, daß der Erwerb dann, aber auch nur dann vom Erben nicht geltend gemacht werden kann, wenn dieser für die Schulden des Erblassers unbeschränkt haftet. Was die Parallele zu § 185 II 1 Alt. 3 insoweit betrifft, als die Geltendmachung der Vormerkung durch den Erben bei dessen unbeschränkter Haftung ausgeschlossen

kung herbei, so trennen sich Nachlaß und Erbenvermögen, die Forderungen des Erbenvermögens sind wie die der anderen Gläubiger des Erblassers gegen den Nachlaß durchzusetzen. Daß die Aufrechterhaltung der Forderung im ersteren Fall des BGH die Konsequenz hatte, daß auch die Vormerkung bestehen blieb, die gegen die Beklagte und nicht gegen den Nachlaß wirkte, ist die Folge des gutgläubigen Erwerbs.

Auch in seinem zweiten Fall hatte der BGH den Vorbehalt der Herbeiführung der Haftungsbeschränkung zu beachten. Dies führte aber im neuen Fall nicht zu einem anderen Ergebnis als demjenigen des Urteils: Die Ausübung des Vorkaufsrechts mit der Folge des Zustandekommens eines Kaufvertrages mit dem vom Vorkaufsberechtigten getrennten Nachlaß setzte die Trennung voraus. Der Erbe hätte also, wenn er das Vorkaufsrecht wirksam ausüben wollte, Nachlaßverwaltung erreichen und die Ausübung des Vorkaufsrechts gegenüber dem Verwalter erklären müssen. Dies hatte der Bekl. in der Frist des § 510 II 1 a.F. (§ 469 II 1 n.F.) nicht getan. Wegen des Ablaufs der Frist war ihm jetzt die Ausübung nicht mehr möglich[99].

7. Die Voraussetzung der Entstehung des (aufschiebend) bedingten oder künftigen Anspruchs

Für die Durchsetzung der Vormerkung ist, wenn sie nach der im Vorstehenden beschriebenen Prüfung besteht, im Falle eines künftigen Anspruchs weiter Voraussetzung, daß der künftige Anspruch entstanden ist. Mit Entstehung des Anspruchs wirkt aber die Vormerkung zurück auf den Bestellungszeitpunkt (arg. § 883 II). Bei Einräumung einer Vormerkung durch einen im Grundbuch eingetragenen Nichtberechtigten schaden dem Gläubiger die zwischenzeitliche Erlangung der Kenntnis von der Nichtberechtigung seines Schuldners und die Eintragung eines Widerspruchs nicht. **2106**

8. Einreden gegen den vorgemerkten Anspruch

Auf Einreden gegen den vorgemerkten Anspruch kann sich der von der Vormerkung Betroffene nicht ohne weiteres berufen[100]. Die Vormerkung sichert die Erfüllung des Anspruchs. Wenn der Anspruch zu erfüllen ist, wirkt sie. Einreden sind Gegenrechte gegen den Anspruch, die dem Schuldner zustehen. Macht der Schuldner sie nicht geltend, kommt es zur Erfüllung des Anspruchs und muß die Vormerkung wirken. Nur wenn der Schuldner die Einrede geltend macht und deshalb nicht zu erfüllen braucht, wirkt auch die Vormerkung nicht. Für die akzessorischen Rechte, den Anspruch gegen den Bürgen, die Hypothek und das Pfandrecht, ist allerdings bestimmt, daß der Belastete sich auf die Einreden des Schuldners berufen kann (§§ 768, 1137, 1211). Diese Rechte sind aber Rechte zur ersatzweisen Befriedigung wegen der Forderung, wenn der Schuldner der Forderung nicht genügt. Anders ist die Vormerkung Sicherung, wenn es zur Erfüllung gegen den Schuldner kommt. **2107**

sein muß, so ist darauf zu verweisen, daß der Erbe nicht aufgrund der Vormerkung die Umschreibung auf sich darf erreichen können, weil er umgekehrt als Erbe dafür haftet, daß die vom Erblasser als Nichtberechtigtem angerichtete Störung oder Veräußerung des fremden Eigentums wieder beseitigt bzw. rückgängig gemacht werden muß.

99 Zutreffend weist auf die Möglichkeit der Nachlaßverwaltung *Flume* hin in der Anm. zu der Entscheidung des BGH, JZ 2000, 1159 f. Nach *Flume* kann der Erbe noch nachträglich die Nachlaßverwaltung beantragen und wäre dann die Folge der rückwirkenden Wiederherstellung erloschener Rechtsverhältnisse nach § 1976, daß die seinerzeitige Ausübungserklärung des Erben wirksam wird. Die Rückwirkung hebt aber nur eine zunächst eingetretene Rechtsfolge auf, sie ändert dagegen nicht die vergangene Wirklichkeit, folglich stellt sie auch nicht eine bisher fehlende Ausübungserklärung gegenüber einer zum Empfang zuständigen Person in der vergangenen Frist her.

100 Zutreffend *Mülbert*, AcP 197, 335, 361 f. in einem Exkurs, nachdem er S. 360 f. etwas anderes gesagt hat.

9. Vormerkungswidrige Verfügung zugunsten des Bekl.

2108 Der Anspruch aus § 888 I setzt eine vormerkungswidrige Verfügung i.S. des § 883 II voraus, d.h. eine Verfügung, die im Falle ihrer Wirksamkeit den durch die Vormerkung gesicherten Anspruch beeinträchtigen würde. Stimmt der Vormerkungsberechtigte der Verfügung zu, beeinträchtigt diese den Anspruch des Vormerkungsberechtigten nicht[101]. Eine Verfügung kann den Anspruch des Vormerkungsberechtigten auch dann beeinträchtigen, wenn sie nicht wirksam ist. Es genügt die Eintragung des Erwerbers der vormerkungswidrigen Verfügung.

2109 Der an die vormerkungswidrige Verfügung anknüpfende § 888 I richtet sich bei Bestellung einer Vormerkung durch einen Buchberechtigten auch gegen den wieder eingetragenen Berechtigten. Der Anspruch richtet sich auf die Bewilligung der Eintragung des Gläubigers der Vormerkung. Dagegen ist eine Zustimmung des Berechtigten i.S. von § 185 weder nötig noch kann sie verlangt werden[102].

2110 Wie die Eintragung des Berechtigten könnte auch die Eintragung eines Widerspruchs durch den Berechtigten als vormerkungswidrige Verfügung anzusehen sein. Aber die Eintragung des Widerspruchs ist dem Erwerb des Vorgemerkten ebenso wenig hinderlich wie die nachträgliche Erlangung der Kenntnis von der Nichtberechtigung desjenigen, der die Vormerkung eingeräumt hat. Nach seinem Erwerb kann der Vorgemerkte aber wegen der zumindest bestehenden unklaren Rechtslage analog § 894 Löschung des Widerspruchs verlangen.

2111 Was die Verfügungen über Rechte i.S. des § 883 II 1 betrifft, stellt sich die Frage, ob hierunter auch Vermietung und Verpachtung fallen. Die Frage wird relevant im Fall der Vermietung und Besitzüberlassung an den Mieter nach Eintragung einer Auflassungsvormerkung. Gleich steht der Fall, daß zwar vor Eintragung der Vormerkung vermietet, aber erst nachher der Besitz überlassen worden ist. Wird dann der Vorgemerkte als Eigentümer eingetragen, so fragt sich, ob der Mieter gegen den Erwerber den Schutz nach §§ 566, 578 (§ 571 a.F.) hat[103] oder ob gerade wegen dieses Schutzes die Vermietung unter die relative Unwirksamkeit nach § 883 II fällt[104]. Der BGH hat § 883 II nicht angewandt, weil die Vermietung keine Verfügung sei und § 883 II als sachenrechtliche Vorschrift nicht ausdehnend angewandt werden dürfe. Mieter und Vormerkungsberechtigter seien Inhaber schuldrechtlicher Ansprüche. Der Vormerkungsberechtigte würde durch den Besitz des Mieters darauf hingewiesen, daß er mit dem Bestehen eines Mietverhältnisses rechnen müsse. Was andererseits den Mieter betreffe, miete dieser außer-

[101] Staudinger/*Gursky* § 883 Rz. 165, wendet § 185 II 1 Var. 1 analog an. In der vorherigen Zustimmung sieht *Gursky* eine Offerte zum vollständigen oder teilweisen Erlaß der gesicherten Schuld. Das muß nicht sein. Der Gläubiger kann sich mit Schadensersatz oder anderen Leistungen begnügen. Die Einwilligung nimmt wie die Genehmigung nur die Vormerkungswidrigkeit.

[102] Anders *Jürgen F. Baur*, JZ 1967, 437. Dagegen die Voraufl. Rz. 1198.

[103] BGHZ 13, 1 ff.; dem zustimmend, weil der Sozialschutz nach §§ 566, 578 (= § 571 a.F.) vorgehe, *Baur/Stürner* § 20 Rz. 40 f.; ebenso *Wertheimer*, Jura 1991, 206, 207. Nichts zu tun mit dem Problem hat die Frage von BGH NJW 1989, 451, ob die Wirkung des § 571 a.F., wenn sie unzweifelhaft eingreift, weil die Auflassungsvormerkung erst nach Vermietung und Besitzüberlassung eingetragen worden ist, schon vom Zeitpunkt der Eintragung der Vormerkung an oder erst mit der späteren Eigentumsübertragung eintritt, ob insbesondere der Erwerber Mietvertragsansprüche geltend machen kann, die in der Zeit zwischen Vormerkung und Eigentumserwerb entstanden und fällig geworden sind. Zu Recht verneinend der BGH, die Vormerkung sichert die Übereignung, aber überträgt das Eigentum noch nicht; unnötig freilich das Eingehen der Entscheidung auf die Argumentation der Revision mit der Gegenmeinung zu BGHZ 13, 1 ff.; die Revision hatte das Thema verfehlt.

[104] Staudinger/*Gursky* § 883 Rz. 139 m.w.N.

halb des Grundbuchs und somit ohne Hinweis auf die Vormerkung[105]. Der BGH verkennt, daß sowohl der Vormerkungsberechtigte wegen des Vormerkungsschutzes nach § 883 II als auch der Mieter wegen des Mieterschutzes nach § 571 a.F. (§§ 566, 578 n.F.) nicht bloß schuldrechtlich Berechtigte sind. Beides sind verdinglichte Positionen, deshalb ist unter ihnen der Rang festzustellen. Der Rang folgt aus der Reihenfolge der Verfügungen. Gerade weil der Mieter nach § 571 a.F. (§§ 566, 578 n.F.) auch gegen den Erwerber und damit dinglich geschützt wird, ist die Vermietung unter Besitzüberlassung einer Verfügung gleichzuachten. Die der Vormerkung entsprechende Verfügung wird wirksam mit der Eintragung in das Grundbuch (§ 883 II), die Verfügung der Vermietung und Besitzüberlassung an den Mieter mit der Besitzüberlassung (§§ 571 I a.F., 566, 578 n.F.). Wird einem Mieter nach Eintragung der Vormerkung vermietet und der Besitz überlassen oder aufgrund vorheriger Vermietung jetzt der Besitz überlassen, so wirkt die Vormerkung gegen den Mieter. Die Sicherungswirkung der Vormerkung geht dahin, daß der Berechtigte sicher sein kann, das volle Recht, zu dessen Leistung der Schuldner sich verpflichtet hat, zu erhalten. Die volle Berechtigung wird aber durch die mit der Wirkung des § 571 a.F. (§§ 566, 578 n.F.) ausgestattete Vermietung und Besitzüberlassung ebenso beeinträchtigt wie durch andere Verfügungen. Also greift auch der Vormerkungsschutz ein. Die Argumentation des BGH, mit der Ersichtlichkeit des Besitzes des Mieters einerseits und der Nichtersichtlichkeit der Vormerkung für den Mieter andererseits, ist verfehlt. Es geht um den Schutz der Vormerkung, wenn nach deren Eintragung vermietet und der Besitz überlassen oder aufgrund vorheriger Vermietung der Besitz überlassen wird. Von einem bei Eintragung ersichtlichen Mietbesitz kann also nicht die Rede sein[106]. Sodann ist der Schutz des Mieters nach § 571 I a.F. (§§ 566, 578 n.F.) von der wirklichen Eigentumslage abhängig, ungeachtet dessen, daß die Miete außerhalb des Grundbuchs zustande kommt. Der Schutz hängt davon ab, daß dem Mieter das Grundstück durch den Eigentümer vermietet und zu Besitz überlassen worden ist, bevor der Vermieter das Grundstück veräußert. Hat der frühere Eigentümer dagegen vor der Vermietung oder der Besitzüberlassung das Eigentum veräußert, entfällt der Schutz des § 571 a.F. (§§ 566, 578 n.F.). Dementsprechend tritt aufgrund des § 883 II die relative Unwirksamkeit der Vermietung und des durch § 571 I a.F. (§§ 566, 578 n.F.) begründeten Drittschutzes ein, wenn vor Besitzüberlassung eine Auflassungsvormerkung eingetragen worden ist. Es gibt nicht den gutgläubigen Erwerb eines nach § 571 a.F. (§§ 566, 578) gegen Dritte schützenden Mietrechts vom Nichtberechtigten, weder dann, wenn der Vermieter zu Unrecht als Eigentümer im Grundbuch eingetragen ist, noch erst recht dann, wenn der Vermieter nicht einmal eingetragen ist, und ebenso also nicht dann, wenn zu Lasten des Vermieters eine Vormerkung eingetragen ist. Was für die Vermietung gilt, trifft ebenso auf das Verhältnis einer Vormerkung zum Drittschutz des Pächters nach §§ 581 II, 593b i.V. mit § 571 a.F. (§§ 566, 578 n.F.) zu.

10. Erwerb durch Zession, insbesondere vom Nichtberechtigten

a) *Zession des Berechtigten*

Ein vorgemerkter Anspruch kann durch Zession erworben werden: Dazu muß erstens die Zession als rechtsgeschäftliche Grundlage wirksam, insbesondere darf die Abtretung nicht ausgeschlossen sein (§ 399). Zweitens muß der Zedent Inhaber des Anspruchs oder verfügungsmächtig sein. **2112**

[105] BGHZ 13, 4 f.

[106] Der BGH ist zu der Argumentation gekommen, weil in seinem Fall der Mieter schon zuvor Mieter gewesen war und es um die Ausweitung der Miete auf andere Räume des Hauses ging. Aber auch in diesem Fall ist der Besitz hinsichtlich der neu angemieteten Räume erst nach Eintragung der Vormerkung überlassen worden.

2113 Die Übertragung vollzieht sich als Übertragung des Anspruchs gemäß § 398, dem nach h.M.[107] gemäß § 401 die Vormerkung folgt[108]. Wenn bei der Abtretung des Anspruchs der Übergang der Vormerkung ausgeschlossen wird, so erlischt die Vormerkung.

Der BGH[109] hat auf die Aufhebung eines vorgemerkten Auflassungsanspruchs § 313 a.F. (§ 311b I n.F.) angewandt. Dies bedeutet jedoch nicht, daß, was die Übertragung der vormerkungsgesicherten Position betrifft, § 398 durch §§ 873, 925 ersetzt würde. Zwar hat der BGH in der angeführten Entscheidung § 313 a.F. auf jeden Vertrag über die Veräußerung eines vorgemerkten Auflassungsanspruchs für anwendbar erklärt. Diese Auffassung betrifft aber nur das schuldrechtliche, nicht das dingliche Geschäft. Auch soweit der BGH die Übertragung eines bloßen Anwartschaftsrechts aus Auflassung anerkennt[110] und darauf § 925 anwendet, hat er daraus bisher nicht eine Erstreckung dieser Vorschrift auch auf die Übertragung eines vormerkungsgesicherten Anspruchs gefolgert. Dies stünde auch im Widerspruch zu den abschließend geregelten dinglichen Verfügungsformen.

Die Frage, ob die Abtretung des vorgemerkten Anspruchs im Grundbuch eingetragen werden kann, ist zu beantworten, wenn entschieden ist, ob die Vormerkung durch Zession kraft des öffentlichen Glaubens des Grundbuchs erworben werden kann.

b) Zession kraft öffentlichen Glaubens des Grundbuchs?

2114 Zur Frage des Erwerbs einer Vormerkung kraft des öffentlichen Glaubens des Grundbuchs sind drei Fälle zu unterscheiden. Der erste ist hier bereits behandelt: Der Buchberechtigte eines Grundstücksrechts *bestellt die Vormerkung* für einen gegen ihn oder einen anderen gerichteten *bestehenden* Anspruch betreffend das Buchrecht.

2115 Die beiden weiteren Fälle sind Zessionsfälle. Erste Fallgestaltung: Der unrichtig im Grundbuch Vorgemerkte zediert den vermeintlichen Anspruch mit Vormerkung. Der Anspruch besteht in Wirklichkeit nicht. Zweite Fallgestaltung: Der vorgemerkte Anspruch besteht, die Vormerkung aber nicht. Der unrichtig Vorgemerkte zediert einen bestehenden Anspruch.

2116 Beispiel zur ersten Fallgestaltung.: B ist Bucheigentümer und geisteskrank oder vorübergehend in der Geistestätigkeit gestört (§§ 104 Nr. 2, 105 I). Er verkauft an K und bestellt diesem eine Auflassungsvormerkung. K verkauft seinen vermeintlichen Übereignungsanspruch an den gutgläubigen D und tritt den Anspruch ab. D läßt die Vormerkung umschreiben. Der wirkliche Eigentümer E verlangt von D nach § 894 Löschung der Vormerkung.

Das Grundbuch wäre unrichtig, wenn D nicht wirksam vorgemerkt wäre. D könnte die Vormerkungsposition durch Zession seitens K erlangt haben. Die Zession ist erfolgt, nach § 401 könnte die Vormerkung mit übergegangen sein. Voraussetzung der Zession ist aber der zu zedierende Anspruch. Wegen der Nichtigkeit des Kaufs nach §§ 104 Nr. 2, 105 II existiert er hier nicht. Er wird auch nicht durch den guten Glauben des D ersetzt. Mangels einer Rechtsscheingrundlage gibt es keinen gutgläubigen Erwerb von

[107] S. o. Rz. 2057.

[108] Aus dem Übergang der Vormerkung folgt die Anspruchsberechtigung des Zessionars aus § 888. Hat ein Verkäufer nach Bestellung der Auflassungsvormerkung das Grundstück belastet oder ist es durch Zwangsvollstreckung gegen ihn belastet worden, so muß, wenn der Käufer als Eigentümer eingetragen ist und weiterverkaufen will, nicht noch der Käufer selbst mit Hilfe seines Anspruchs aus § 888 die Löschung des Zwischenrechts bewirken. Er kann im Kaufvertrag seinen (hinsichtlich der Belastung noch nicht erfüllten, also fortbestehenden) Erfüllungsanspruch gegen den Verkäufer abtreten mit der Folge, daß die Vormerkung auf den Abkäufer übergeht und dieser den Anspruch aus § 888 hat.

[109] BGH NJW 1982, 1639.

[110] BGHZ 49, 197, 202.

Forderungen, schon gar nicht, wenn die Forderung überhaupt nicht existiert. Mangels der Forderung gibt es auch keine vorgemerkte Forderung, also auch keine Vormerkungsposition. Die Vormerkung sichert nur eine angebliche Forderung, sie schafft keine Rechtsscheinbasis für diese. Bei Nichtentstehen der Forderung ist nichts da, was vorgemerkt ist. Damit entfällt nach allgemeiner Meinung auch die Vormerkungssicherung. Ergebnis im Fall: E kann von D Berichtigung verlangen. Ein Erwerb kraft öffentlichen Glaubens des Grundbuchs ist für die erste Fallgestaltung der Zession zu verneinen.

Die Folge des Ausschlusses von § 892 in diesem Fall ist, daß ein Widerspruch gegen die Eintragung einer Vormerkung trotz nicht bestehenden Anspruchs nicht möglich ist; der Widerspruch wäre gegenstandslos, weil sein einziger Sinn, § 892 auszuschalten, nicht praktisch ist[111].

Beispiele zur zweiten Fallgestaltung des Zessionserwerbs kraft des öffentlichen Glaubens des Grundbuchs (die zedierte Forderung existiert, aber die Vormerkung ist unwirksam): B ist buchberechtigt, aber gesund. Er verkauft an K und bestellt ihm eine Vormerkung. K ist (bei dem nachfolgenden Eintragungsantrag) bösgläubig. K verkauft und zediert seinen Übereignungsanspruch an D, der die Vormerkung umschreiben läßt. D verlangt vom Eigentümer E nach § 888 I die Zustimmung zur Eintragung. Weiteres Beispiel: B hat die Bewilligung der Vormerkung wegen arglistiger Täuschung durch K, aufgrund deren er die Bewilligung erklärt hatte, wirksam angefochten. Weiterverkauf und Zession an D wie im vorigen Fall. Wieder verlangt D von E nach § 888 I die Zustimmung zur Eintragung. **2117**

Der Anspruch aus § 888 I setzt eine wirksame Vormerkung voraus. Der vorgemerkte Anspruch besteht, er ist nach § 398 auf D übergegangen. Fraglich ist, ob auch die Vormerkungsposition zugunsten des D besteht. Sie könnte nach § 401 mit dem Anspruch auf D übergegangen sein. Das setzt voraus, daß sie in der Person des K bestanden hat oder dort gesetzlich unterstellt wird. K hat die Vormerkung vom Buchberechtigten erworben. §§ 892, 893 verwehren diesen Erwerb bei Kenntnis. K war im maßgeblichen Zeitpunkt bösgläubig. Die Vormerkung bestand in seiner Person nicht. In Frage kommt, daß für die Zession des vorgemerkten Anspruchs an D der K nach § 892 I 1 als vorgemerkt zu gelten hat und so D die Vormerkung kraft öffentlichen Glaubens des Grundbuchs erworben hat.

Diese Frage des gutgläubigen Erwerbs der Vormerkung vom fälschlich im Grundbuch Vorgemerkten bei bestehender Forderung ist lebhaft umstritten[112]. Der BGH hat, allerdings in einem obiter dictum, ohne weiteres § 893 angewandt[113].

Dagegen hat sich *Medicus*[114] mit dem Zweifel gewandt, ob überhaupt ein Bedürfnis für die Förderung der Verkehrsfähigkeit von Übereignungsansprüchen durch Anerkennung des gutgläubigen Erwerbs bestehe. Dies sei im Unterschied zu Geldforderungen, die durch Sicherungshypothek gesichert sind und bei denen die Hypothek gutgläubig durch Zession erworben werden kann, zu verneinen. Diese Argumentation ist nicht durchschlagend: Es gibt nicht nur die Vormerkung von Übereignungsansprüchen. Zudem hat das Gesetz zwar den Erwerb kraft des öffentlichen Glaubens des Grundbuchs im Hin- **2118**

[111] Staudinger/*Gursky*, § 899 Rn. 24 m.w.N. Nicht zutreffend LG Köln NJW-RR 2001, 306, welches für die Zulassung des Widerspruchs nicht einmal zwischen den Fällen, daß wenigstens der vorgemerkte Anspruch besteht oder daß nicht einmal dieser besteht, unterscheidet.

[112] Umfassende Nachw. bei Staudinger/*Gursky* § 892 Rdnr. 46.

[113] BGHZ 25, 16, 23 f. Zu entscheiden hatte der BGH die Frage, ob ein Widerspruch im Hinblick darauf eintragbar ist, daß der vorgemerkte Anspruch nicht bestehe. Dies hat der BGH abgelehnt, weil bei Nichtbestehen des Anspruchs die Vormerkung nicht gutgläubig erworben werden könne. Dem stellt er Fälle gegenüber, in denen der gutgläubige Erwerb möglich sei, insbesondere den Fall der Zession bei bestehendem Anspruch. Für den gutgläubigen Zessionserwerb bei bestehendem Anspruch *Rimmelspacher*, Kreditsicherungsrecht, 2. Aufl., Rz. 633; *Wunner*, NJW 1969, 116 ff.; MünchKom/*Wacke* § 883 Rz. 66; *Mülbert*, AcP 197 (1997), 335, 385 ff.

[114] Bürgerliches Recht, Rz. 557.

blick auf die Bedürfnisse des Verkehrs eingerichtet, aufgrund dieser Einrichtung bestimmt aber jetzt das Gesetz über die Verkehrsfähigkeit und nicht die Abwägung des Verkehrsbedürfnisses über das Gesetz.

2119 Was die gesetzliche Regelung der §§ 892, 893 betrifft, so ist der Zessionserwerb einer Vormerkung kraft öffentlichen Glaubens des Grundbuchs auch bei Bestehen des zedierten Anspruchs deshalb zu verneinen, weil die Abtretung des vorgemerkten Anspruchs keine rechtsgeschäftliche Verfügung über ein Grundstücksrecht im Sinne der §§ 892, 893 ist. Sie ist die Verfügung über einen Anspruch, und zwar durch bloßen mündlichen Abtretungsvertrag (§ 398), wobei die Vormerkung, wenn sie bestehen würde, dem Anspruch anhaftete und folgen würde. Wird die Vormerkung aufgrund der Abtretung auf den Zessionar umgeschrieben, so ist dies eine Berichtigung des Grundbuchs wegen des Übergangs der Rechtsposition, der außerhalb des Grundbuchs stattgefunden hat.

2120 Damit fehlt es an der Grundvoraussetzung für den gutgläubigen Erwerb im Grundstücksrecht, nämlich an einer rechtsgeschäftlichen Verfügung mit Hilfe des Grundbuchs. Nur für solche Verfügungen erzeugt das Grundbuch öffentlichen Glauben. Die dem BGH folgende Meinung wendet ein, auch der Erwerb der Hypothek erfolge über die Zession der Forderung, die die Hypothek nur als Anhängsel mit sich ziehe (s. § 1153). Trotzdem könne man gutgläubig sogar eine Sicherungshypothek erwerben (das Bestehen der Forderung natürlich vorausgesetzt).

2121 Diesen Verteidigungsversuch hat *Canaris*[115] durch den Hinweis auf die Vorschriften über die Abtretung der Hypothek, insbesondere von einem Nichtberechtigten (§§ 1154, 1155) entkräftet. Der Hinweis ist durchschlagend: Der Gesetzgeber wollte die Verkehrsfähigkeit der Hypothek, und sogar eine leichte Verkehrsfähigkeit bei der in einem Wertpapier verkörperten Briefhypothek. Deshalb hat er den gutgläubigen Erwerb vom Nichtberechtigten zugelassen, obwohl auch die Hypothek nicht für sich übertragen wird, sondern durch Abtretung der Forderung mit übergeht. Um aber in dem System des öffentlichen Glaubens des Grundbuchs und gleichwertiger Rechtsscheingrundlagen des Sachenrechts zu bleiben, hat er die Forderungsabtretung sachenrechtlich ausgestaltet[116]. Bei der Buchhypothek geschieht sie durch Einigung und Eintragung (§ 1154 III), bei der Briefhypothek durch schriftliche Abtretung und Übergabe des Hypothekenbriefs, wobei für den gutgläubigen Erwerb noch die Anknüpfung des für den Zedenten sprechenden Rechtsscheins an das Grundbuch durch eine Kette öffentlich beglaubigter Abtretungserklärungen hinzukommen muß (§ 1155). Eine solche sachenrechtliche Übertragungsgrundlage fehlt bei der Abtretung des vormerkungsgesicherten Anspruchs. Wollte man hier trotzdem den gutgläubigen Erwerb der Vormerkung zulassen, so würde man den Bemühungen des Gesetzgebers um eine systemkonforme Ausgestaltung der Zession des hypothekarisch gesicherten Anspruchs geradezu Hohn sprechen. Diese Bemühungen wären unverständlich, weil man es auch mit mündlicher Abtretung machen kann. Es gilt aber umgekehrt: Weil der Gesetzgeber den gutgläubigen Erwerb der Hypothek nur unter der Voraussetzung einer sachenrechtlich ausgestalteten Verfügung zugelassen hat, besteht für den gutgläubigen Erwerb einer Vormerkung durch bloße Abtretung keine gesetzliche Grundlage. Die Anerkennung eines solchen gutgläubigen Erwerbs würde die Enteignung des Berechtigten ohne gesetzliche Rechtfertigung bedeuten.

2122 Entgegen *Wunner*[117] kommt es auf die sachenrechtliche Verfügungsform, d.h. die Aktivierung und Überleitung der Rechtsscheinbasis, und nicht nur auf die sachenrechtliche

[115] FS Flume (1978) I, 389.

[116] Nur bei der Höchstbetragshypothek ist eine Abtretung nach § 398 zugelassen, dann aber ohne Hypothek (§ 1190 IV) und ohne Eingreifen des öffentlichen Glaubens des Grundbuchs. Die Möglichkeit gilt nicht nur, wenn noch gesicherte Forderungen beim Zedenten übrig bleiben, sondern auch, wenn der Zedent die gesamte gesicherte Forderung abtritt.

[117] NJW 1969, 116 ff.; ihm folgend *Rimmelspacher*, Kreditsicherungsrecht, Rz. 633.

Legitimation des Verfügenden an[118]. Daß der Schuldner einer hypothekarisch gesicherten Forderung, obwohl sich die Einziehung einer Forderung nicht sachenrechtlich gestaltet, nach § 893 geschützt wird, liegt daran, daß es hier nicht um die Übertragung einer Rechtsposition auf den Schuldner geht, sondern um den Schutz des guten Glaubens des Schuldners allein an die Legitimation des Gläubigers und wie zu § 407 hier die Legitimation als solche ausreicht. Geht es aber um die Übertragung, reicht die Rechtsscheinbasis nicht aus, wenn sie nicht bei der Verfügung betätigt wird, d.h. wenn der vermeintlich Berechtigte sich nicht aufgrund seines Rechtsscheins als der Berechtigte geriert und/oder die Rechtsscheingrundlage nicht auf den Erwerber übergeht, so daß dieser bezüglich der Rechtsscheinposition besser gesichert ist als der wirklich Berechtigte[119]. Die Erfordernisse einer Rechtsscheinbasis und der Betätigung der Rechtsscheinbasis sowie ihres Übergangs auf den Erwerber sind in §§ 1153 ff. gewahrt[120].

Bei der Verfügung über einen vormerkungsgesicherten Anspruch haben wir es mit ei- **2123**
ner Verfügung zu tun, die nach ihrer Formierung in § 398 nur auf den Anspruch, ungeachtet dessen sachenrechtlicher Sicherung, gerichtet ist, in die die Rechtsscheinposition bezüglich der Vormerkung also nicht einbezogen ist. Es geht auch nicht als Bestandteil der Verfügung die vorhandene Rechtsscheinposition unter Begründung einer gesicherten Rechtsscheinposition für den Erwerber auf den Erwerber über. Damit ist der Erwerb einer Vormerkung kraft öffentlichen Glaubens des Grundbuchs auch in dem Fall, daß die Forderung besteht, die Vormerkung aber nicht existiert, auszuschließen[121]. Im Ergebnis wird diese Folgerung bestätigt durch das Argument von *Medicus*[122]: §§ 1153 ff. dienen der Verkehrsfähigkeit der Hypothek; der Kredit wird leichter bewilligt, wenn der Kreditgeber die Chance der Abgabe der Kreditgeberposition durch rechtssichere Übertragungsmöglichkeit hat. Ein solches Interesse an gesteigerter Verkehrsfähigkeit ist für den vormerkungsgesicherten Anspruch nicht in dem gleichen Maße zu sehen.

Die gleichen Gründe, wie sie dem gutgläubigen Erwerb einer Vormerkung vom vermeintlich Vormerkungsberechtigten entgegenstehen, schließen auch den gutgläubigen

118 Natürlich sind sowohl die Rechtsscheinbasis *als auch* die sachenrechtliche Verfügungsform erforderlich. Aus diesem Grund ist kein Argument gegen die Maßgeblichkeit der sachenrechtlichen Verfügungsform das Argument *Wunners*, daß im Fall des § 1155 bei Unterbrechung der Kette durch ein privatschriftliches Glied die sachenrechtliche Verfügungsform nicht ausreicht.

119 Auch die Vorschrift des § 2366 über die Legitimation kraft eines Erbscheins ist nicht dafür anzuführen, daß allein die Legitimationsbasis ausreiche (so *Rimmelspacher*, a.a.O.). §§ 2366 f. verknüpfen nur die Person des als Erben Ausgewiesenen mit dem Erblasser, so daß in Fortsetzung der Vermögensinhaberschaft des Erblassers verfügt werden kann. § 2366 regelt dagegen nicht den gutgläubigen Erwerb eines Sachenrechts kraft der für die Inhaberschaft dieses speziellen Rechts gegebenen Rechtsscheinbasis. Gerade für die Vormerkung läßt sich dies durch die folgenden beiden Beispiele veranschaulichen: Ist der Erblasser Eigentümer und bestellt der Pseudoerbe eine Vormerkung, so erwirbt der Gläubiger nach § 2366 oder (wenn man die Vormerkung nicht als einem Grundstücksrecht gleichstehend ansieht) nach § 2367 kraft der Legitimation des Vormerkenden als Erben, BGHZ 57, 341 ff. Ist der Erblasser nicht Eigentümer, so genügt hier nicht die Legitimation als Erbe, es muß der Erblasser im Grundbuch eingetragen sein, also die nach §§ 892, 893 erforderliche Rechtsscheinposition speziell bzgl. des Eigentums bestehen und ausgeübt werden.

120 *Mülbert*, AcP 197 (1997), 386 sieht dies für die Briefhypothek anders, verkennt aber die Bedeutung des Besitzes des Wertpapiers für die Verfügung mit Hilfe des Wertpapiers (für den gutgläubigen Erwerb mit Hilfe der Übergabe des Hypothekenbriefs sind entgegen *Mülbert*, a.a.O., 387 Fn. 145 im Rahmen der §§ 1154 I, 1117 auch §§ 933, 934 anzuwenden; die Folgerung, die *Mülbert* aus der dies ablehnenden Auffassung zieht, kommt nicht als sinnvoll in Betracht).

121 Für den gutgläubigen Erwerb der Vormerkung bei einer Gegenleistung des Erwerbers *J. Hager*, Verkehrsschutz durch redlichen Erwerb, 1990, S. 115 f., 138.

122 Bürgerliches Recht, Rz. 556 f.

Erwerb eines Pfandrechts vom vermeintlich Pfandrechtsberechtigten aus. Auch insoweit geht es um die Abtretung der gesicherten Forderung nur nach Abtretungsrecht gemäß §§ 398 ff. (§ 1250)[123].

2124 Da es auch dann keinen Erwerb der Vormerkung kraft des öffentlichen Glaubens des Grundbuchs gibt, wenn der vorgemerkte Anspruch besteht, ist gegen die Eintragung einer Vormerkung ein Widerspruch überhaupt nicht zulässig[124].

c) Die Eintragungsfähigkeit der Zession des vorgemerkten Anspruchs

2125 Da es keinen gutgläubigen Erwerb der Vormerkung durch Zession des (angeblichen) vorgemerkten Anspruchs gibt, so ist die Zession nicht deshalb in das Grundbuch einzutragen, weil bei Verfügungen über den vorgemerkten Anspruch der öffentliche Glaube des Grundbuchs wirksam sein kann. Die Abtretung des Anspruchs vollzieht sich außerhalb des Grundbuchs und unbeeinflußt von diesem. Dennoch ist die Zession grundbuchmäßig relevant und deshalb eintragungsfähig[125]. Bei Zession des vorgemerkten Anspruchs ist das Grundbuch durch Eintragung des Zessionars als Inhabers des vorgemerkten Anspruchs zu berichtigen[126]. Die grundbuchmäßige Bedeutung der Zession folgt schon daraus, daß Verfügungen nicht nur über den vorgemerkten Anspruch, sondern auch über die Vormerkung als solche möglich sind, z.B. deren Aufhebung, die entsprechend § 875 I geschieht. Zu diesen Verfügungen erzeugt das Grundbuch öffentlichen Glauben hinsichtlich der Inhaberschaft der Vormerkung. Die Konsequenz aus der Eintragung des bestimmten Berechtigten eines Anspruchs, für den eine Vormerkung eingetragen ist, ist die entsprechende Anwendung des § 893 auf die Vormerkung insofern, als es um Rechtsgeschäfte mit dem eingetragenen Gläubiger hinsichtlich der Vormerkung geht. Erklärt der unrichtig als Gläubiger des vorgemerkten Anspruchs Eingetragene die Aufhebung der Vormerkung oder seine Zustimmung zu einer den vorgemerkten Anspruch beeinträchtigenden Verfügung, erlischt die Vormerkung ganz oder teilweise, wenn der Begünstigte nicht die Unrichtigkeit des Grundbuchs kennt.

Weiter ist die Eintragung des Zessionars des vorgemerkten Anspruchs im Hinblick darauf zulässig, daß der Zusammenhang der Erfüllung des vorgemerkten Anspruchs (durch Leistung an den Zessionar) mit der Vormerkung aus dem Grundbuch ersichtlich werden muß. Dadurch wird dem Zessionar ein möglicherweise schwieriger Nachweis der Abtretung (zum Zwecke der Wahrnehmung des Schutzes nach § 883 II, III) erspart. Schließlich ist die Vormerkung deshalb auf den Zessionar umzuschreiben, weil an die Eintragung beim Zedenten in der folgenden Hinsicht der öffentliche Glaube des Grundbuchs anknüpft: Leistet der Schuldner das geschuldete beschränkte dingliche Recht an den Zedenten, so geht aus dem Grundbuch aufgrund der Eintragung der Vormerkung beim Zedenten der Rang des Rechts gemäß der Vormerkung hervor (§ 883 III)[127]. Leistet

[123] Zutreffend *Tiedtke*, WM 1987, 160.

[124] Staudinger/*Gursky*, § 899 Rn 24 m.w.N. Neuerlich a.A. mit unklarer Begründung LG Köln NJW-RR 2001, 306.

[125] Dazu *Reichel*, Die Umschreibung der Vormerkung, 1905. Für die Abtretung des Anspruchs ist dies relevant, weil sich durch die Eintragung die Kenntnis des Schuldners des vorgemerkten Anspruchs nach § 407 ergeben kann.

[126] Zur Berichtigung bedarf es nur der Bewilligung des Zedenten, es sei denn es ist die Nichtabtretbarkeit des vorgemerkten Anspruchs eingetragen (BayObLG NJW-RR 1999, 309 f.). Die Nichtabtretbarkeit ist ebenso eintragbar wie die Abtretung, nämlich deshalb, damit der zur Verfügung über die vorgemerkte Forderung Zuständige aus dem Grundbuch ersichtlich wird.

[127] S. *Reichel*, a.a.O., S. 13 ff. Entgegen *Reichel* S. 16, 19 ist die Eintragung des an den Zedenten geleisteten Rechts, wenn sie den Rang gemäß der dem Zedenten nicht mehr zustehenden Vormerkung erhält, unrichtig. Dem Zessionar steht also schon im Hinblick auf die Gefahr dieser Unrichtigkeit der auf die Vormerkung bezogenen Eintragung gegen die Eintragung der Vormerkung beim Zedenten der Berichtigungsanspruch und auch die Möglichkeit zu, einen

der Schuldner die schuldgemäße Verfügung, obwohl die mit dem vorgemerkten Anspruch, der jetzt dem Zessionar zusteht, unvereinbar ist, an den Zedenten, so geht aus dem Grundbuch entgegen § 883 II der Zedent als voll wirksamer Erwerber hervor. Derjenige, der vom Zedenten erwirbt, erwirbt nach § 892 I 1, vorbehaltlich seiner Kenntnis, wirksam bzw. vorrangig.

III. Schutz gegen den Dritten bei tatsächlicher Einwirkung auf das Grundstück

Gegen die tatsächliche Einwirkung des Dritten auf das Grundstück kann sich der Vorgemerkte nicht wehren, bevor er nicht mit Hilfe der Vormerkung ein den Einwirkungen widersprechendes Recht erworben hat[128]. Wird das Recht auf Herausgabe gerichtet sein, kommen, wenn der Gläubiger den vorgemerkten Anspruch durchsetzt, im Verhältnis zum Besitzer hinsichtlich inzwischen eingetretener Schäden, erlangter Nutzungen oder vorgenommener Verwendungen die §§ 987 ff. in Betracht. Diese sind dann entsprechend heranzuziehen schon auf den Zustimmungsanspruch aus § 888 I als Anspruch, der zu dem Recht und dem Herausgabeanspruch führen wird. Auch sind die Einwirkungen, die der Dritte schon vor der Inanspruchnahme durchgeführt hat, nach §§ 987 ff. analog zu beurteilen[129]. Aufgrund der Eintragung der Vormerkung hat der Dritte entweder Kenntnis von der Vormerkung oder ist ihm grundsätzlich grob fahrlässige Unkenntnis zuzurechnen. Aufgrund dieser Lage ist der Dritte wie ein Besitzer nach Rechtshängigkeit zu behandeln. Mehr als diese der Rechtshängigkeit gleichzubehandelnde Kenntnis oder grob fahrlässige Unkenntnis der Vormerkung setzt die Haftung des Dritten wegen Verzuges mit der Erklärung der Zustimmung voraus: Hierfür ist nämlich obendrein die Kenntnis oder grob fahrlässige Unkenntnis davon zu verlangen, daß der vorgemerkte Anspruch fällig und mit Hilfe des Zustimmungsanspruchs sofort durchsetzbar ist. Der Gedanke des § 990 II, der die Verzugshaftung unter die Voraussetzung der Bösgläubigkeit hinsichtlich der Herausgabepflicht stellt, ist auf den Anspruch aus § 888 I über den Fall hinaus anzuwenden, daß die Vormerkung ein mit dem Besitz verbundenes Recht betrifft[130]. 2126

Widerspruch gegen die Eintragung des vorgemerkten Anspruchs für den Zedenten eintragen zu lassen. Die Möglichkeit, die *Reichel* S. 20 sieht, nämlich die der Erreichung der Eintragung ohne Rücksicht auf die Bewilligung des vorgemerkten Zedenten durch den Nachweis der Abtretung (entsprechend § 26 II GBO), besteht zusätzlich und kann im Einzelfall das Rechtsschutzbedürfnis für die Berichtigungsklage ausschließen.

128 Auch der Herausgabeanspruch nach § 985 folgt erst aus dem Eigentum des Vormerkungsgeschützten, wenn an diesen übereignet worden ist (nicht aber schon vorher, wie der BGH in BGHZ 75, 288, 293 annimmt).

129 Der Berechtigte aus der Vormerkung eines Rückübereignungsanspruchs kann nach BGHZ 144, 323 ff. (= NJW 2000, 1119 ff.) von dem, dessen Eigentumserwerb ihm gegenüber nach § 883 II unwirksam ist, Herausgabe von Nutzungen in entsprechender Anwendung des § 987 verlangen, wenn ihm auch dem Rückübereignungsschuldner gegenüber Nutzungsherausgabeansprüche nach § 292 zustehen. Der Rückübereignungsschuldner hat Verwendungsersatzansprüche nur nach §§ 347 S. 2, 994 II (deren Gedanke auch im Rahmen des BGB n.F. aufrechtzuerhalten ist).

130 Der BGH lehnt BGHZ 49, 263 ff. die Anwendung der Verzugsregelung auf den Anspruch gegen den Dritten aus § 888 I wegen der unselbständigen Hilfsnatur des Anspruchs mit nur verfahrensrechtlicher Bedeutung überhaupt ab. Demgegenüber sogar für die unbeschränkte Anwendung der Verzugshaftung auf Schadensersatz *Medicus*, Bürgerliches Recht, Rz. 451 in Gefolgschaft von *Reinicke*, NJW 1968, 788 f. Fehl geht das Argument, der Dritte müsse haften, weil sonst möglicherweise keiner hafte: Die Haftung des Schuldners des vorgemerkten Anspruchs könne ausfallen, weil dieser ja nicht allein erfüllen könne. Hat der Schuldner die Lage zu vertreten, daß die vorgemerkte Rechtsstellung erst über die Mitwirkung eines Dritten zu erreichen ist, haftet er bei Gegebensein der weiteren Voraussetzungen wegen Verzuges.

B. Vorkaufsrecht

I. Rechtsnatur

1. Schuldrechtliches und dingliches Vorkaufsrecht

2127 Das dingliche Vorkaufsrecht ist ein Recht auf den Erwerb eines Grundstücks, vermittelt durch die Beschränkung des, über sein Eigentum zugunsten anderer als des Vorkaufsberechtigten zu verfügen. Wenn der Eigentümer veräußert, ist er gebunden, an den Berechtigten zu veräußern, wenn dieser es will. Das dingliche Vorkaufsrecht ist damit ein die Eigentumsposition durch relative Verfügungsbeschränkung partiell übertragendes Recht. Das Rechtsverhältnis zwischen Eigentümer und dinglich Vorkaufsberechtigtem bestimmt sich gemäß § 1098 I 1 nach den Vorschriften über das schuldrechtliche Vorkaufsrecht (§§ 463-473 = §§ 504-514 a.F.).

2128 In § 464 (=§ 505 a.F.) ist das durch den Vorkauf (Vorkaufsvertrag) begründete schuldrechtliche Vorkaufsrecht als bedingtes Gestaltungsrecht derart ausgestaltet, daß im Fall eines Verkaufs durch den Vorkaufsverpflichteten (Erstvertrag) der Vorkaufsberechtigte durch einseitige Erklärung gegenüber dem Verpflichteten einen zweiten Kaufvertrag (Zweitvertrag) zwischen beiden zu den Bedingungen des Erstkaufs zustandebringen kann. Es existieren dann also zwei Kaufverträge. Der i.S. der §§ 463 ff. (= §§ 504 ff. a.F.) Vorkaufsberechtigte hat nur eine schuldrechtlich relative Berechtigung. Es gilt wie für alle Forderungen auf Rechte an einer Sache: Nur über die Person zur Sache. Hat der Verpflichtete die Sache nicht, erfüllt er insbesondere den ersten Kaufvertrag mit dem Dritten, so bleiben dem Vorkaufsberechtigten, wenn der Dritte nicht herausgabebereit ist, nur Schadensersatz und die anderen Nichterfüllungsfolgen (§§ 325, 275, 280 ff. = § 325 a.F.).

2129 Läßt sich der Kaufinteressent dagegen ein dingliches Vorkaufsrecht i.S. der §§ 1094 ff. einräumen, kehrt sich die Beziehung um: Über die Sache zur Person. Das dingliche Vorkaufsrecht wird nach § 873 durch Einigung und Eintragung vom Eigentum am Grundstück abgespalten, als ein das Grundstück unmittelbar dem Vorkaufsberechtigten zuordnendes beschränktes Sachenrecht[131]. Demzufolge können Dritte derart in die Sache eingreifen, daß der Vorkaufsberechtigte den Abwehranspruch auch gegen sie hat. Allerdings ist der Eingriff des Dritten und die Abwehr des Berechtigten ungewöhnlich gestaltet. Es geht hier nicht um ein positives, aktuelles Herrschaftsrecht, sondern um ein Erwerbsrecht. Die Durchführung betrifft also nur die Sicherung des Erwerbs, auf den man Anspruch hat. Damit ist die Durchführung wie die Sicherung eines Anspruchs bei der Vormerkung gestaltet, auf deren Regelung deshalb § 1098 II verweist.

2. Vorkaufsfall und Umgehung des dinglichen Vorkaufsrechts

2130 Das schuldrechtliche Vorkaufsrecht kann, obwohl § 463 (= § 504 a.F.) vom Vorkauf und bezüglich des Erstvertrags von dem Kaufvertrag zwischen Verpflichtetem und Drittem spricht, frei gestaltet werden. Das inter partes vereinbarte bedingte Gestaltungsrecht braucht nicht an einen Kaufvertrag geknüpft zu sein. Auch andere Veräußerungsverträge können einbezogen sein. Das Problem, ob Vertragsgestaltungen des Verpflichteten mit Dritten das Gestaltungsrecht des Berechtigten (zur Hervorbringung des Zweitvertrags) auslösen oder das Recht zu vermeiden geeignet sind, ist folglich ein Problem der Vertragsauslegung. Demgegenüber gilt für das dingliche Vorkaufsrecht der numerus clausus der Sachenrechte. Das dingliche Vorkaufsrecht ist auf das in § 1098 geregelte Recht zum Vorkauf fixiert, und der Vorkauf knüpft, wie auch § 463 (= § 504 a.F.) sagt, an einen Kaufvertrag an. Wenn § 1098 I 1 bestimmt, das Rechtsverhältnis zwischen dem Berech-

131 S. *Schurig*, Das Vorkaufsrecht im Privatrecht, 1975, S. 98 ff.

tigten und dem Verpflichteten bestimme sich nach §§ 463-473 (= §§ 504-514 a.F.), so ist die Anwendung der Vorschriften auf den Vorkauf gemeint.

Ein Vorkaufsfall, den die Ausübung des dinglichen Vorkaufsrechts voraussetzt, auf den das Vorkaufsrecht aber kein Recht begründet, wird vermieden, „wenn der Verpflichtete durch einen Anderen, nicht als Kaufvertrag anzusehenden Vertrag veräußert hat“[132]. Als Beispiele sind hier die Fälle der Einbringung in eine Gesellschaft, einer Schenkung[133], eines Tausches[134] oder Ringtausches[135] zu nennen. Da das BGB bewußt auf die Aufnahme von „Interpretationsregeln“[136] dazu, wann es sich um einen nicht als Kaufvertrag anzusehenden Vertrag handelt, verzichtet hat, verwundert es nicht, daß „eine einfallsreiche Kautelarpraxis seit jeher Versuche unternommen (hat), Vorkaufsrechte zu unterlaufen“[137]. 2131

Damit stellt sich das Problem der Umgehung eines Vorkaufsrechts. Auf die kautelarjuristischen Vermeidungskonstruktionen hat die Rechtsprechung mit unterschiedlichen Ansätzen reagiert. Zunächst wurden Verträge zur Vereitelung eines Vorkaufsrechtes als möglicherweise sittenwidrig und damit nach § 138 nichtig angesehen. Sittenwidrig sollten solche Vereinbarungen sein, „die durch ihren Gesamtcharakter oder die Art und Weise ihres Zustandekommens das Gepräge der Sittenwidrigkeit erhalten, sei es daß sie auf verwerflichen Beweggründen oder der Anwendung unlauterer Mittel beruhen oder ausschließlich zu dem Zweck abgeschlossen werden, dem Vorkaufsberechtigten Schaden zuzufügen“[138]. Auf den Gesamtcharakter des Vertrages war deswegen abzustellen, weil es um die sittenwidrige Gestaltung durch beide Vertragspartner gegenüber dem Vorkaufsberechtigten als Drittem geht. Ein weiterer Ansatz war die Annahme eines Scheingeschäfts i.S. von § 117[139]. Sowohl die Anwendung des § 138 als auch die des § 117 schießen über das Ziel hinaus, weil die Konsequenz der Nichtigkeit des Geschäfts zugleich den Vorkaufsfall vereitelt. Damit kommt der Vorkaufsberechtigte nicht zum Erwerb des Vorkaufsgegenstands[140]. 2132

Ein weiterer Ansatz der Rechtsprechung war die Abgrenzung von Elementen des Erstvertrags, die zum Kauf gehören und nach § 464 II (= § 505 II a.F.) gegen den Berechtigten wirksam sind, und anderen Elementen, auf die das nicht zutrifft. Der BGH hat for- 2133

132 Mot., *Mugdan* II, S. 192.

133 Vgl. BGH WM 1957, 1164.

134 BGH NJW 1964, 540. Muß der eine Vertragspartner wegen Wertungleichheit der Tauschgegenstände zusätzlich einen Betrag in bar aufbringen, so beseitigt das den Tauschcharakter des Vertrages nicht.

135 BGH NJW 1968, 104.

136 Mot., *Mugdan* II, S. 192. „Weitere positive Bestimmungen, auch Interpretationsregeln wären überflüssig oder bedenklich“. Im Gegensatz dazu bestimmte etwa ALR I 20 § 575: „Das Vorkaufsrecht kann in der Regel nur bei wirklichen Verkäufen, nicht aber bei andern Arten der Veräußerung, ausgeübt werden“. § 1130 des sächsischen Gesetzbuches bestimmte: „Das Vorkaufsrecht kann bei dem Tausche nicht ausgeübt werden“. Schließlich bestimmte § 482 des Dresdner Entwurfes: „Das Vorkaufsrecht kann nicht ausgeübt werden, wenn der neue Käufer sich zu Nebenvortheilen erboten hat, welche eine Schätzung nicht zulassen, oder wenn der Kaufgegenstand vertauscht wird“.

137 BGHZ 115, 335, 339 = NJW 1992, 236 ff.

138 BGH WM 1964, 231, 232 m.w.N.

139 WM 1980, 938 ff. Der BGH hat eine Abrede zwischen dem Vorkaufsverpflichteten und dem Partner des neuen Vertrages als Scheingeschäft angesehen, nach der der Partner für den Fall der Nichtausübung des Vorkaufsrechtes zum Abzug einer bestimmten – in ihrer Höhe nicht näher nachzuweisenden – Summe für „Aufwendungen in dieser Grundsstücksangelegenheit“ berechtigt und für den Fall der Ausübung des Vorkaufsrechtes der mangels Abziehung „überzahlte“ Teil des Kaufpreises zwischen Verpflichtetem und Partner zu teilen sein sollte. Vgl. weiter OLG Hamburg NJW-RR 1992, 1496.

140 Vgl. BGH NJW 1992, 236. Insoweit nicht abgedruckt in BGHZ 115, 335 ff.

muliert, den Berechtigten verpflichteten „solche Bestimmungen des Erstvertrages nicht, die wesensgemäß nicht zum Kaufvertrag gehören und sich darin als Fremdkörper darstellen“. Dies sei in der Regel bei einer solchen Gestaltung der Fall, die „völlig außerhalb des Abhängigkeitsverhältnisses zwischen Leistung und Gegenleistung des Kaufs liegt“, nur für den Vorkaufsfall getroffen wurde und den Beteiligten keine Vorteile bringt[141]. Entgegen dem BGH handelt es sich insoweit aber nicht um eine Abgrenzung im Rahmen des § 464 II (= § 505 II a.F.), sondern um die in § 466 (= § 507 a.F.) vom Gesetz getroffene Abgrenzung. § 466 (= § 507 a.F.) grenzt Haupt- und Nebenleistungen ab. Nebenleistungen, die der Vorkaufsberechtigte selbst nicht erbringen kann, hindern die Ausübung des Vorkaufsrechts nicht, wenn sie in Geld abschätzbar sind. Sie sind dann in Geld zu vergüten. Wenn sie nicht in Geld abschätzbar sind, hindern sie die Ausübung des Vorkaufsrechts dann nicht, wenn der Erstvertrag auch ohne sie abschlossen worden sein würde. Nur wenn die Nebenleistung geringe Bedeutung hat, wird dem Verpflichteten nach § 466 S. 2 2. Hs. (= § 507 S. 2 2. Hs. a.F.) im Interesse des Berechtigten zugemutet, daß durch Ausübung des Vorkaufsrechts der Zweitvertrag ohne die Nebenleistung zustande kommt[142].

2134 Abgesehen von der Frage nach Nebenleistungen geht es nicht um die Abspaltung „der den Vorkaufsberechtigten verpflichtenden Bestimmungen des Kaufvertrages vom anderen Inhalt des Erstvertrages“, sondern allein um die Auslegung, ob es sich bei den zwischen Verpflichtetem und Drittem getroffenen Abreden insgesamt um eine als „Kaufvertrag anzusehende“ Abrede handelt. Der Begriff des Kaufs ist kein formaler Begriff. Es geht um die materiellen Positionen des Austauschs der Sachveräußerung gegen ein potentiell von jedermann zu erbringendes Entgelt. Dieser Austausch ist die Bedingung, von der das Vorkaufsrecht abhängt[143].

2135 Der Sache nach um diese Abgrenzung geht es jetzt auch dem BGH. Er hält „nunmehr für eine sachgerechtere Lösung der Umgehungsproblematik, den Begriff des Kaufvertrages im Sinne von § 504 (§ 463 n.F.) vorsichtig auf kaufähnliche Verträge auszudehnen, die einem Kaufvertrag nahezu gleichkommen und in die der Vorkaufsberechtigte zur Wahrung seiner Erwerbs- und Abwehrinteressen ‘eintreten’ kann, ohne die vom Verpflichteten ausgehandelten Konditionen der Veräußerung zu beeinträchtigen“[144]. In Wirklichkeit geht es nicht um die Einbeziehung kaufähnlicher Verträge, sondern um die Abgrenzung von Kaufverträgen und anderen „nicht als Kaufverträgen anzusehenden“ Verträgen. Die neue Entscheidung betraf das dingliche Vorkaufsrecht eines Miteigentümers an einem Grundstück mit Wohnungseigentum. Der Belastete hatte in der Wohnung eine Arztpraxis eingerichtet und wollte verständlicher Weise Wohnung und Arztpraxis zusammen an einen Arzt verkaufen. Um das Vorkaufsrecht auszuschalten, wählten die Parteien allerlei Gestaltungen, die auf die Vermeidung der Verkäufer- und der Käuferleistung berechnet waren. Wie der BGH zutreffend ausführt, waren ungeachtet der trickreichen Konstruktionen die materiellen Positionen eines Kaufs erfüllt und griff deshalb das Vorkaufsrecht ein. Dies mußte gelten, obwohl der Berechtigte kein Arzt war und auch nicht angeboten hatte, die Arztpraxis mit zu kaufen. Nach § 508 S. 2 (= § 467 S. 2 n.F.) ist lediglich in Betracht zu ziehen, daß der Verpflichtete die Ausdehnung des Vor-

[141] BGHZ 77, 359 ff. = NJW 1980, 2304 ff. unter Berufung auf BGH MDR 1963, 303 ff.

[142] MünchKomm/*Westermann* § 507 Rz. 3.

[143] Vgl. *Flume* II § 40 1 f., S. 721 Fn. 17. Da das Vorkaufsrecht von einer Willkürbedingung abhängt, ist nicht mit einer Verpflichtung zu kaufen oder mit § 162 I zu arbeiten (so *Schermaier*, AcP 196 (1996), 256 ff., 259, 262 ff., 266 ff., 271). Gegen die Anwendung des § 162 auf Willkürbedingungen *Flume*, a.a.O.

[144] BGHZ 115, 335, 339 f.

kaufs auf die mitverkaufte Arztpraxis verlangen konnte. Dies war aber im Fall nicht geschehen[145].

Die Zusammengehörigkeit des Erstvertrags in seinen auf Wohnung und Praxis bezogenen Absprachen hindert nicht etwa nach § 139 die Ausübung des Vorkaufsrechts für die Wohnung. Das Vorkaufsrecht setzt den wirksamen Verkauf der vorkaufsbelasteten Sache voraus. Ein solcher ist auch dann gegeben, wenn die Sache mit anderen Gegenständen zusammen verkauft wird. Übt der Berechtigte sein Vorkaufsrecht aus, kommt neben dem Erstvertrag, der noch andere Teile als den Kauf des dem Vorkaufsrecht unterliegenden Gegenstands enthält, der Kaufvertrag über den vorgekauften Gegenstand mit dem Vorkaufsberechtigten zustande. Übereignet aufgrund der Ausübung des Vorkaufsrechts der Verpflichtete die Sache dem Vorkaufsberechtigten, so wird der Erstvertrag nicht mangels des Kaufteils unwirksam, sondern es tritt im Rahmen des gesamten Erstvertrages nachträglich teilweises Unvermögen des Verpflichteten ein[146].

Bei der Frage, ob ein materiell dem Kauf der Sache entsprechendes Erstgeschäft zustande gekommen ist, ist zu beachten, daß das Eigentum an der Sache auch in Teilen an einen Dritten veräußert werden kann. Dies geschieht durch Übertragung von Sachteilen oder Eigentumsbruchteilen. An sich könnten auch Verträge über die Einräumung beschränkter dinglicher Rechte, wenn diese in die Gesamtveräußerung der Sache einmünden, in Betracht kommen. Im Ergebnis ist diese Möglichkeit auszuschließen: Wird ein weiteres Vorkaufsrecht eingeräumt, bringt die Ausübung des bestehenden Vorkaufsrechts nichts hinzu. Geht es um Rechte, das Grundstück durch Zwangsveräußerung zu verwerten, lösen die Verträge darüber das Vorkaufsrecht nicht aus, da sie andere Zwecke als den der Sachveräußerung haben. **2136**

3. Dingliches Vorkaufsrecht und Vormerkung

Trotz der Vormerkungswirkung des dinglichen Vorkaufsrechts (§ 1098 II) bestehen charakteristische Unterschiede zwischen dem Vorkaufsrecht und der Vormerkung. Die Unterschiedlichkeit ergibt, daß ein dingliches Vorkaufsrecht ohne weiteres § 892 I 1 unterfällt[147], während für die Vormerkung die Anwendung von § 892 oder § 893 problematisch ist. **2137**

Das dingliche Vorkaufsrecht ist nach § 1094 eine Belastung des Eigentums am Grundstück. Es belastet den Eigentümer mit einer Verfügungsbeschränkung. Grundsätzlich trifft jedweden Eigentümer die Verfügungsbeschränkung. Ausgenommen ist der Erwerber, der das Eigentum aufgrund eines Kaufs erworben hat, in dem Fall, daß das Vorkaufsrecht nur für einen Verkaufsfall bestellt worden ist. Das Vorkaufsrecht kann aber auch für mehrere oder alle Verkaufsfälle bestellt werden (§ 1097). Ist das Vorkaufsrecht nur für einen Verkaufsfall bestellt, so belastet es den Käufer, dem aufgrund des Erstver- **2138**

[145] Die Ausweitungsmöglichkeit ist trotz des Wortlauts des § 508 a.F. = § 467 n.F., der in S. 1 von Gegenständen, in S. 2 von Sachen spricht, auch – und dies auch bei Sachvorkauf – auf mitverkaufte Gegenstände zu beziehen; die Formulierung in S. 1 knüpft an die Definition von § 504 = § 463 n.F. an, S. 2 wird davon nicht bewußt abgesetzt. Die Beschränkung ist auch bei Verkauf etwa mehrerer Gesellschaftsanteile mit Vorkaufsberechtigung hinsichtlich eines von ihnen nicht sinnvoll.

[146] Mit Recht behält der BGH die Möglichkeit einer Abrede vor, daß das Vorkaufsrecht bei Verkauf der Wohnung zusammen mit der Praxis nicht gelten solle (BGHZ 115, 335, 345). Diese Abrede würde eine Einrede gegen das Vorkaufsrecht begründen. Auf solche Einreden ist § 1157 analog anzuwenden.

[147] Das Vorkaufsrecht selbst wird gutgläubig erworben. Es richtet sich gegen den wirklichen Eigentümer (§ 1094 I), nicht gegen den Eingetragenen. Verkauft und veräußert aber dieser wirksam an einen gutgläubigen Dritten, so muß der Eigentümer die Veräußerung gegen sich gelten lassen (mit der Folge seines Anspruchs aus § 816 I 1); in dem Verkauf ist dann ein Vorkaufs-Fall zu sehen. S. *Schurig*, Das Vorkaufsrecht im Privatrecht, 1975, S. 150, 151.

trags Eigentum übertragen worden ist, nicht als Vorkaufsrecht, vielmehr ist der Käufer unter der Voraussetzung, daß der Berechtigte sein Vorkaufsrecht ausübt, mit der Drittwirkung des Vorkaufsrechts nach § 1098 II belastet. Übt der Berechtigte nicht aus, ist der Käufer überhaupt nicht belastet.

Die Drittwirkung der Ausübung des Vorkaufsrechts ist unter Bezugnahme auf die Vormerkung ausgestaltet, bei der es darum geht, einen persönlichen Anspruch gegen einen persönlichen Schuldner dinglich abzusichern. Das Wesen des Vorkaufsrechts selbst ist von der Vormerkung geschieden. Dafür sind Parallelen zur Dienstbarkeit zu ziehen. Wird Grundstückseigentum, welches mit einem für alle Verkaufsfälle bestellten Vorkaufsrecht belastet ist, übertragen, haftet bei Verkauf seitens des neuen Eigentümers und Ausübung des Vorkaufsrechts der neue Eigentümer dem Berechtigten auf Erfüllung. Demgegenüber haftet bei einem durch Vormerkung gesicherten Anspruch der Schuldner auf Erfüllung[148].

2139 Deshalb sind zu unterscheiden:

Schuldrechtliches Vorkaufsrecht, aus dessen Ausübung ein schuldrechtlicher Anspruch gegenüber dem persönlich Verpflichteten entsteht.

Dingliches Vorkaufsrecht, durch dessen Ausübung ein schuldrechtlicher Anspruch gegen den Eigentümer entsteht (§ 1098 I 1). Dieses kann auch subjektiv-dinglich, d.h. zugunsten des jeweiligen Eigentümers eines anderen Grundstücks bestellt werden (§ 1094 II).

Der vorgemerkte Anspruch aus der Ausübung des schuldrechtlichen Vorkaufsrechts. Hier wird der Anspruch gegen den persönlichen Schuldner auf Übereignung dinglich abgesichert. Auch die Sicherung des künftigen Anspruchs aufgrund des gegenwärtigen Vorkaufsrechts ist möglich (§ 883 I 2)[149].

Schließlich ist zu unterscheiden der schuldrechtliche Vertrag mit dem Gegenstand der Bestellung eines dinglichen Vorkaufsrechts. Die Bestellung ist Erfüllung des darüber geschlossenen schuldrechtlichen Vertrages. Die Vereinbarung und Bestellung eines dinglichen Vorkaufsrechts ist eine Alternative zur Vereinbarung eines schuldrechtlichen Vorkaufsrechts, es ist nicht etwa ein schuldrechtliches Vorkaufsrecht causa der Bestellung eines dinglichen Vorkaufsrechts. Die Vereinbarung und die Bestellung eines dinglichen Vorkaufsrechts kommen freilich für die Realisierung eines schuldrechtlichen Vorkaufsrechts wie folgt in Betracht: Ist durch Ausübung des schuldrechtlichen Vorkaufsrechts ein Kauf zustandegekommen, so kann an Erfüllungs Statt an Stelle der Übereignung die Bestellung eines dinglichen Vorkaufsrechts gesetzt werden. – Wie das schuldrechtliche Vorkaufsrecht hinsichtlich des künftigen Anspruchs auf Übereignung kann der Anspruch auf Bestellung des dinglichen Vorkaufsrechts durch Vormerkung gesichert werden.

4. Die Entstehung und Ausübung des dinglichen Vorkaufsrechts

2140 Ein dingliches Vorkaufsrecht kann kraft Gesetzes begründet sein. Beispiele sind das Vorkaufsrecht nach der früheren Regelung der §§ 4 ff. ReichssiedlungsG vom 11.8.1919 betreffend landwirtschaftliche Grundstücke[150] und die Vorkaufsrechte der Gemeinden

[148] Zum Unterschied im einzelnen zwischen der Vormerkung als Sicherung eines schuldrechtlichen Anspruchs (insbesondere möglicherweise des aus der Ausübung eines schuldrechtlichen Vorkaufsrechts folgenden) und dem dinglichen Vorkaufsrecht *Schurig*, Das Vorkaufsrecht im Privatrecht, 1975, S. 101 ff.

[149] Beispiel (mit Auslegungsschwierigkeiten) BGH WM 1993, 117 ff.

[150] Das Gesetz gilt jetzt in der Fassung vom 28.7.1961 (BGBl I 1091). Danach ist das Vorkaufsrecht nicht mehr ein dingliches. Es wird nur noch auf §§ 504 ff. (muß jetzt heißen: §§ 463 ff.) verwiesen. Dies reicht aus, weil das Vorkaufsrecht durch die Genehmigungsbedürftigkeit der Veräußerung und die Einschaltung des Unternehmens in das Genehmigungsverfahren gesichert ist.

nach §§ 24 ff. BauGB[151]. Rechtsgeschäftlich wird das dingliche Vorkaufsrecht durch Einigung und Eintragung nach § 873 I begründet. Der Vertrag über die Verpflichtung zur Bestellung eines dinglichen Vorkaufsrechts ist analog § § 311b I 1 (= § 313 a.F.) formbedürftig[152]. Die Ausübung der gesetzlichen Vorkaufsrechte erfolgt gemäß der gesetzlichen Regelung. Die aus §§ 24 ff. BauGB werden durch Verwaltungsakt der Gemeinden ausgeübt. Die Ausübung des rechtsgeschäftlich bestellten Vorkaufsrechts erfolgt gemäß der Verweisung in § 1098 I 1 auf §§ 464 I (= § 505 I a.F.) durch Erklärung gegenüber dem Verpflichteten[153]. Nach §§ 1098 I 1, § 464 I 2 (= § 505 I 2 a.F.) bedarf die Erklärung nicht der für den Kauf vorgeschriebenen Form[154].

II. Die Vormerkungswirkung und die Abwicklung der beiden Kaufverträge

Nach § 1098 II hat das Vorkaufsrecht Dritten gegenüber die Wirkung einer Vormerkung zur Sicherung des durch die Ausübung des Rechts entstehenden Anspruchs auf Übertragung des Eigentums. Für diese Wirkung ist zu unterscheiden[155]: Im Verhältnis zur Übereignung an den Erstkäufer entfaltet das Vorkaufsrecht Rangwirkung von seiner Entstehung an[156]. Überträgt der Eigentümer das Grundstück an den Erstkäufer, bevor er es ihm verkauft und damit das Vorkaufsrecht auslöst, wirkt das Vorkaufsrecht trotzdem 2141

151 Es geht um eine Eigentumsbeschränkung derart, daß man zwar den jetzigen Eigentümer in seiner Nutzung unbeeinträchtigt läßt, aber die Zuordnungsveränderung kontrollieren will, die bei einer Änderung des Eigentums droht, nämlich in der Richtung, ob die Nutzung des Grundstücks mit der öffentlichen Planung übereinstimmt. Früher war im BauGB kraft Gesetzes – ohne Rücksicht auf Eintragung – ein dingliches Vorkaufsrecht statuiert. Das Gesetz verwies auf § 1098 II. Heute kann die Gemeinde die Eintragung einer Vormerkung verlangen. Gegen den vorherigen Erwerb des Erstkäufers ist sie durch die Bestimmung gesichert, daß der Dritte nur eingetragen werden darf, wenn nachgewiesen ist, daß ein Vorkaufsrecht nicht besteht und nicht ausgeübt wird (§ 28 I 2 BauGB).

152 Unrichtig beziehen Erman/*Küchenhoff/Grziwotz* § 1094 Rz. 4, das Erfordernis notarieller Beurkundung auch auf die Einigung. In der Entscheidung BGH NJW-RR 91, 205, auf die die Autoren verweisen, wird allerdings mißverständlich formuliert. Die Zitate des BGH stellen aber klar, daß das Urteil nur das Verpflichtungsgeschäft über das dingliche Vorkaufsrecht für formbedürftig hält. Keineswegs ist damit, wie die Autoren bei Erman meinen, die Gegenmeinung „h.M.“. Nach den vom BGH herangezogenen Kommentaren ist die Vereinbarung eines schuldrechtlichen Vorkaufsrechts formbedürftig und, was das dingliche Vorkaufsrecht betrifft, die Vereinbarung über die Verpflichtung zur Bestellung des dinglichen Vorkaufsrechts (MünchKomm/*Kanzleiter* § 313 Rz. 27, Palandt/*Heinrichs* § 313 Rz. 11 mit Zit. von RGZ 110, 333 und BGH NJW-RR 1991, 206). Der Mangel der Form des Verpflichtungsgeschäfts wird entsprechend § 311b I 2 (= § 313 S. 2 a.F.) geheilt, wenn das Vorkaufsrecht aufgrund – formfreier – dinglicher Einigung eingetragen wird (*Schurig*, Das Vorkaufsrecht im Privatrecht, 1975, S. 116 ff).

153 Der Berechtigte kann bei einem Vertrag über ein landwirtschaftliches Grundstück sein Vorkaufsrecht schon vor der Erteilung der grundstücksverkehrsrechtlichen Genehmigung mit Wirkung auf den Genehmigungszeitpunkt ausüben, BGH ZIP 1998, 1228 ff.

154 Der von Staudinger/*Mayer-Maly/Peter Mader* § 1094 Rz. 33, befürworteten Ansicht, infolge der Einbeziehung der Erwerbsverpflichtung in den § 313 S. 1 (§ 311b I 1 n.F.) sei § 505 I 2 (§ 464 I 2 n.F.) "materiell derogiert", ist angesichts des Grundsatzes der Formfreiheit und auch unter dem Gesichtspunkt des Schutzbedürfnisses nicht zu folgen. Gegen Ansätze, die Ausübung des schuldrechtlichen Vorkaufsrechts nach § 570b a.F. (§ 577 n.F.) von der notariellen Form abhängig zu machen, hat der BGH in NJW 2000, 2665 sich für die entsprechende Anwendung des § 505 I 2 (§ 464 I 2 n.F.) entschieden.

155 S. dazu BGHZ 60, 275.

156 Zur Durchsetzung des Rechts wie bei der Vormerkung BGH WM 1985, 77 (unter II 1). Dort auch zur Frage einer unzulässigen Rechtsausübung (§ 242).

gegen den Erstkäufer. Die Vorrangwirkung von der Entstehung des Vorkaufsrechts an gilt auch gegenüber der Bestellung weiterer Vorkaufsrechte an demselben Grundstück[157].

2142 Gegenüber einer Belastung des mit dem Vorkaufsrecht belasteten Eigentums durch andere beschränkte dingliche Rechte als Vorkaufsrechte tritt die Vormerkungswirkung dagegen erst mit dem Zeitpunkt ein, in dem durch einen wirksamen Erstkauf die Vorkaufs*lage* entsteht. Das Vorkaufsrecht sichert den Berechtigten nur im Fall eines Erstverkaufs und hier mit Vorrang schon des Rechts selbst vor nachrangigen Vorkaufsrechten. Abgesehen von der Möglichkeit eines Verkaufs steht das Grundstück im Volleigentum des Belasteten und ist sowohl von diesem wirksam belastbar wie der Zwangsvollstreckung gegen ihn zugänglich.

2143 Ist dem Erstkäufer das Eigentum übertragen und kann der Vorkaufsberechtigte kraft der Vormerkungswirkung ihm gegenüber das Vorkaufsrecht durchsetzen, so sind zwei schuldrechtliche Rechtsverhältnisse abzuwickeln: Der Kaufvertrag zwischen dem Vorkaufsberechtigten und dem (früheren) Eigentümer ist zu erfüllen, d.h. Eigentum und Kaufpreis sind auszutauschen. Sodann ist der erste Kauf, der zwischen (früherem) Eigentümer und Erstkäufer, durch Mitwirkung an der Übertragung des Eigentums an den Vorkaufsberechtigten einerseits und Befreiung des Erstkäufers von der Kaufpreisschuld oder Rückzahlung des Kaufpreises andererseits rückabzuwickeln. Das Gesetz konzentriert, wenn der Erstkäufer Eigentümer geworden ist und somit die Vormerkungswirkung eingreift, beide Abwicklungen auf das Verhältnis, in dem das Vorkaufsrecht letztlich durchgesetzt wird, d.h. auf das Verhältnis zwischen Vorkaufsberechtigtem und im Eigentum befindlichem Erstkäufer (oder seinen Rechtsnachfolgern). Das Gesetz gibt dafür zunächst dem Erstkäufer und neuen Eigentümer Gegenrechte gegen den Vorkaufsberechtigten (§ 1100). Dabei unterscheidet das Gesetz in § 1100 S. 1 und S. 2 wie im Verhältnis zwischen Verkäufer und Käufer die Lage vor und nach Erfüllung. Gegenüber dem Anspruch des Vorkaufsberechtigten auf Zustimmung zur Eintragung und auf Herausgabe des Grundstücks (gleichsam dem Erfüllungsanspruch) kann der Erstkäufer die Leistung verweigern, bis ihm der zuvor schon berichtigte Kaufpreis erstattet wird. Hat der Berechtigte die Eintragung als Eigentümer erlangt (ist gleichsam erfüllt), steht dem Erstkäufer (oder seinem Rechtsnachfolger) gegen den Vorkaufsberechtigten ein Anspruch auf Erstattung des berichtigten Kaufpreises gegen Herausgabe des Grundstücks zu.

Die Konzentration auf das Verhältnis zwischen Vorkaufsberechtigtem und Erstkäufer wird dadurch erreicht, daß die Gegenrechte durch Konsequenzen in den beiden Kaufverhältnissen flankiert werden. Was den Kauf zwischen (früherem) Eigentümer und Vorkaufsberechtigtem betrifft, wird der Vorkaufsberechtigte durch die Erstattung des Kaufpreises an den Erstkäufer von seiner Kaufpreiszahlungspflicht im Verhältnis zum früheren Eigentümer frei (§ 1101). Was sodann das Verhältnis des Erstkäufers zum früheren Eigentümer betrifft, ist zu unterscheiden zwischen dem Fall, daß der Erstkäufer noch nicht gezahlt hat, und dem Fall, daß er schon gezahlt hat. Im ersteren Fall wird der Erstkäufer, wenn er sein Eigentum an den Vorkaufsberechtigten verliert, dem früheren Eigentümer gegenüber von seiner Zahlungspflicht frei (§ 1102 Hs. 1). Im Fall, daß er schon gezahlt hatte, ist er bei Verlust seines Eigentums an den Vorkaufsberechtigten auf die Erstattung durch den Vorkaufsberechtigten (§ 1100) beschränkt. Gegen den früheren Eigentümer hat er keinen Anspruch auf Erstattung (§ 1102 Hs. 2).

2144 Die h.M. ergänzt die Vormerkungswirkung des dinglichen Vorkaufsrechts durch einen Herausgabeanspruch des Vorkaufsberechtigten, wenn dieser sein Vorkaufsrecht ausgeübt hat, gegen den Erstkäufer, dem das Grundstück schon übereignet oder auch nur – dies ist in der h.M. aber bestritten – übergeben ist[158]. Sie meint, der Anspruch werde in

[157] Zum Rang der Vorkaufsrechte s. u. Rz. 2150 Fn. 169.
[158] Soergel/*Stürner* § 1100 Rz. 2, 3, BGHZ 115, 335, 344 f., jew. m.w.N.

§ 1100 stillschweigend vorausgesetzt. § 1100 handelt aber in der Abfolge der Durchsetzung des Vorkaufsrechts von der Zustimmung zur Eintragung des Vorkaufsberechtigten und der Herausgabe an ihn. Der Herausgabeanspruch ist also der aus der Eigentumseintragung des Vorkaufsberechtigten folgende Anspruch aus § 985. Entsprechend gehört er auch nicht mehr zur „Erfüllungswirkung", nach der § 1100 S. 1 und S. 2 unterscheidet. Vielmehr steht dem Erstkäufer schon bei Eintragung des Vorkaufsberechtigten statt der Einrede nach § 1100 S. 1 der Gegenanspruch nach § 1100 S. 2 zu. § 1100 S. 1, der die Einrede gegen Zustimmungs- und Herausgabeanspruch gewährt, ist nur ein Ausdruck dafür, daß der Herausgabeanspruch schon mit dem den Eigentumserwerb herbeiführenden Zustimmungsanspruch verbunden werden kann. Aus der Zusammengehörigkeit von Zustimmungs- und Herausgabeanspruch folgt, daß der Herausgabeanspruch zu Recht abgelehnt wird, wenn dem Erstkäufer das Grundstück nur übergeben ist[159]. Hier unterliegt der Erstkäufer nicht der Drittwirkung des Vorkaufsrechts und – als deren Bestandteil – dem Herausgabeanspruch des Vorkaufsberechtigten. Ebenso stehen dem bloßen Besitzer nicht die Gegenrechte aus § 1100 zu[160].

Auf das Herausgabeverhältnis des Vorkaufsberechtigten zum Erstkäufer wendet der BGH die §§ 987 ff. entsprechend an[161]. Die §§ 987 ff. kommen aber schon unmittelbar als Nebenfolgen des Anspruchs des Vorkaufsberechtigten aus § 985, der sich mit dem Zustimmungsanspruch verbindet, zur Anwendung. Entsprechend sind sie schon auf das Verhältnis betreffs des Zustimmungsanspruchs des Berechtigten aus §§ 1098 II, 888 I zu erstrecken. Ist der Erstkäufer in Hinsicht auf das Vorkaufsrecht bösgläubig, so behandelt ihn der BGH betreffend Nutzungsherausgabe und Verwendungsersatz auch schon für die Zeit als bösgläubig, in der die Frist für die Ausübung des Vorkaufsrechts (§ 1098 I 1 i.V.m. § 469 II 1 = § 510 II 1 a.F.) noch läuft[162]. Dem ist, abgesehen von der Einordnung in den Begriff der Bösgläubigkeit hinsichtlich der Verwendungen zu folgen. Der Erstkäufer muß sich schon während der Frist auf die Herausgabe an den Vorkaufsberechtigten einstellen. Er steht dem Besitzer bei Rechtshängigkeit der Herausgabeklage gleich, wie § 347 a.F. hinsichtlich des vertraglichen Rücktrittsrechts zu Recht bestimmt hat (im Rücktrittsrecht n.F. ist der Gedanke nicht mehr ausgedrückt). Anderes gilt für die Nutzungen: Nach § 446 a.F. gebührten dem Käufer, also auch dem Vorkaufsberechtigten, der das Vorkaufsrecht ausübte, die Nutzungen erst von der Übergabe der Kaufsache bzw. von der Eintragung als Eigentümer an (nach § 445 S. 2 n.F. von der Übergabe an). Die Nutzungen des Erstkäufers gehen folglich auf Kosten des Verkäufers und sind diesem zu erstatten, wenn der Erstkauf wegen des Vorrangs des Vorkaufsrechts (unter Beachtung der §§ 1100, 1102) rückabzuwickeln ist. Wegen Verbleibs der Nutzungen im Verhältnis zum Vorkaufsberechtigten gilt hier § 994 I 2. 2145

III. Gestaltungen des Vorkaufsrechts

Der typische Fall für die Vereinbarung eines Vorkaufsrechts ist, daß der eigene Grundbesitz arrondiert werden soll, der Eigentümer eines der Abrundung dienenden Grundstücks sein Eigentum aber nicht hergeben will. Hier kann gesagt werden: *Wenn Du* verkaufst (oder *Deine* Erben, § 1097, im Zweifel aber nicht bei Verkauf *an* einen gesetzli- 2146

[159] *Gursky*, JR 1984, 3, 6.
[160] Dies gibt der BGH in BGHZ 115, 335, 344 für die erneute Prüfung durch das Berufungsgericht vor; dagegen zu Recht Staudinger/*Mayer-Maly/Mader* (1994) § 1100 Rz. 5.
[161] BGHZ 87, 296 ff. = JZ 1983, 707 ff. Dazu *Armbruster*, JuS 1991, 488.
[162] S. Vornote. Nach dem Sachverhalt waren aber nur Nutzungen vom Zeitpunkt der Erklärung des Vorkaufs ab geltend gemacht.

chen Erben, § 1098 I 1 i.V.m. § 470 = § 511 a.F.[163]), *dann* habe ich (aber im Zweifel nicht *meine Erben* – §§ 1098 I 1 i.V.m. § 473 = § 514 a.F.[164]) das Recht, daß der Kauf mit mir zustande kommt.

2147 Insbesondere in dem Arrondierungs-Fall kann es sinnvoll sein, das Vorkaufsrecht subjektiv-dinglich, d.h. zugunsten des jeweiligen Eigentümers eines Grundstücks zu bestellen. Dies läßt das Gesetz zu (§ 1094 II). Das subjektiv-dingliche Vorkaufsrecht ist Bestandteil des herrschenden Grundstücks (§ 96). Eine Inhaltsänderung vom subjektiv-dinglichen zum subjektiv-persönlichen Vorkaufsrecht und umgekehrt ist nicht möglich (§ 1103). Es kommen nur Aufhebung (dann ist § 876 S. 2 zu beachten) und Neubegründung in Betracht.

2148 Das subjektiv-persönliche Vorkaufsrecht kann zugunsten mehrerer Personen bestellt werden. Dann gilt nach § 1098 I 1 i.V.m. § 472 (= § 513 a.F.), daß das Recht nur einheitlich ausgeübt werden kann, das Erlöschen des Rechts bei einem Berechtigten oder die Nichtausübung durch ihn aber die Gesamtausübung durch die übrigen nicht hindert. Soll ein subjektiv-persönlich bestelltes Vorkaufsrecht auf einen anderen übertragen werden können, muß die Übertragbarkeit nach § 1098 I 1 i.V.m. § 473 S. 1 (= § 514 S. 1 a.F.) besonders vereinbart werden, d.h. Einigung und Eintragung müssen eine entsprechende Bestimmung enthalten. Anders ist es, wenn das Vorkaufsrecht „einer juristischen Person oder einer rechtsfähigen Personengesellschaft" zusteht (§ 1098 III i.V.m. §§ 1059 a ff.)[165].

2149 Beispielsfall[166]: Ein Gut war vererbt worden, die Miterben teilten das Eigentum unter sich zu Miteigentum auf. Sie räumten sich (unter Bezeichnung ihrer Personen) und ihren Rechtsnachfolgern ein dingliches Vorkaufsrecht an den Anteilen ein. Für die Zeit der Geltung gesetzlicher Preisbeschränkungen für landwirtschaftliche Gebäude sollte von dem Vorkaufsrecht kein Gebrauch gemacht werden. Ein Miterbe starb. Sein Miteigentum hatte er seinem Neffen vermacht, dieser war im Grundbuch als Miteigentümer eingetragen worden. Als eine andere Miterbin ihren Anteil verkaufte, übten zwei der Miteigentümer (die Kl.), darunter der Neffe, das Vorkaufsrecht aus und verlangten von der Verkäuferin die Auflassung und vom Testamentsvollstrecker der inzwischen als Miteigentümerin eingetragenen und danach verstorbenen Käuferin die Zustimmung zu ihrer Eintragung als Inhaber des verkauften Anteils im Grundbuch. Zur Zeit der Ausübung des Vorkaufsrechts galten die Preisbeschränkungen noch. Nach der Ausübungserklärung des genannten Neffen war auf diesen das Vorkaufsrecht des Onkels umgeschrieben worden. Das OLG hatte der Klage stattgegeben.

Nach dem bisherigen Sachverhalt hat der BGH die Klage zu Recht nicht als begründet angesehen: Für die Ausübung des Vorkaufsrechts nach §§ 1098 I 1, 504 f. a.F. (= 463 f. n.F.), 513 S. 2 a.F. (= 472 S. 2 n.F.) und den Anspruch auf Auflassung aus §§ 1098 I 1, 505 II a.F. (= 464 II n.F.), 433 I 1[167] war der mit klagende Neffe noch gar nicht aktivlegitimiert. Er hatte das zu Lasten des Miteigentums (§ 1095) begründete Vorkaufsrecht nicht zusammen mit dem Erwerb des Miteigentums erworben. Das Vorkaufsrecht war vielmehr ein persönliches, das nur gemäß der Einigung und der Eintragung bzw. der Eintragungsbewilligung (§ 874) entgegen §§ 1098 I 1, 514 S. 1 a.F. (= 473 S. 1 n.F.) übertragbar war. Auf diese Übertragung, die nach § 873 I 3. Verfügungsart vorzunehmen war, hatte der Neffe zwar nach der Auslegung des Vermächtnisses einen Anspruch (§ 2174), die Übertragung war auch vorgenommen worden, aber erst nach der Ausübungserklärung. § 185 II 1 machte die Erklärung zur Ausübung des Vorkaufsrechts als einseitige Verfügung und mangels Rückwirkung nicht wirksam. Der Auflassungsanspruch war sodann auch in der Person des anderen Kl. nicht begründet. Ihm stand der Einwand der unzulässigen Rechtsausübung

[163] Der Erbe, der vor dem Erbfall das Grundstück durch einen vorkaufsfreien Verkauf nach § 470 (= § 511 a.F.) erlangt hat, ist dem Sinne nach bei Bestellung des Vorkaufsrechts nur für einen Verkaufsfall selbst noch nach § 1097 belastet, Soergel/*Huber*, 12. Bearb. § 511 Rz. 4.

[164] Die Unvererblichkeit ist abdingbar durch Vereinbarung und Eintragung.

[165] Zu den Vorschriften aus dem Nießbrauchsrecht o. Rz. 1756.

[166] BGHZ 37, 147 ff. = NJW 1962, 1344 f., mit Anm. *Rothe* LM § 1094 BGB Nr. 5.

[167] Zum Zweck der Übereignung zu Bruchteilseigentum nach §§ 1098 I 1, 513 a.F. (= 472 n.F.), 432.

entgegen. Die Geltendmachung des Anspruchs verstieß gegen die von den Miterben übernommene Pflicht, die Ausübung des Vorkaufsrechts in der Zeit der Geltung der Preisbeschränkungen zu unterlassen. Die Unterlassungspflicht war nicht, wie das OLG angenommen hatte, durch die Ausübung des Vorkaufsrechts in eine Schadensersatzpflicht in Geld umgewandelt worden, sie war vielmehr noch erfüllbar: Es brauchte nur der Anspruch aus der Ausübung des Vorkaufsrechts nicht geltendgemacht zu werden. Die Geltendmachung war also im Verhältnis zu der Erstbeklagten unzulässige Rechtsausübung. Der Anspruch gegen den Zweitbeklagten nach §§ 1098 II, 888 bestand mangels Beeinträchtigung des Anspruchs gegen die Erstbeklagte (§§ 888, 883 II) ebenfalls nicht[168].

IV. Rang, Aufhebung, Erlöschen

Hinsichtlich Rang, Aufhebung und Erlöschen des Vorkaufsrechts ist auf das allgemeine Liegenschaftsrecht und die Erörterung des Ranges der Grundstücksrechte zu verweisen[169]. Das Vorkaufsrecht erlischt zudem bei Ausübung bzw. Nichtausübung des für *einen* Vorkaufsfall bestellten Rechts, ferner durch ein Ausschlußurteil nach § 1104. **2150**

C. Anwartschaftsrecht

I. Problematik

Eine Anwartschaft ist die Position einer gegründeten Aussicht auf den bevorstehenden Erwerb eines Rechts. Ein Anwartschaftsrecht ist eine Anwartschaft mit schon bestehendem rechtlichem Zuordnungsgehalt. Beim dinglichen Anwartschaftsrecht ist das dingliche Recht, auf welches sich der Erwerb richtet, noch nicht erworben, aber der Erwerbstatbestand ist schon so weit erfüllt, daß neben die Zuordnungsposition des dinglichen **2151**

[168] Die Entscheidung des BGH ist insofern zweifelhaft, als der BGH für möglich hält, daß die Klausel über das Ruhen des Vorkaufsrechts durch die spätere Entwicklung gegenstandslos geworden ist, und deshalb an das Berufungsgericht zurückverweist (s. Abdruck NJW 1962, 1344 f.). Die Klausel stellt aber auf die Zeit der gesetzlichen Preisbeschränkungen ab, und die haben für den das Vorkaufsrecht auslösenden Verkauf jedenfalls gegolten.

[169] Der bessere Rang bedeutet im Verhältnis zu anderen Vorkaufsrechten die vorrangige Ausübung im Fall des Verkaufs. Ein rangbesseres Vorkaufsrecht schließt aber auch im Fall seiner Ausübung das rangschlechtere nicht aus, wenn dieses für mehrere Verkaufsfälle bestellt ist und damit für einen künftigen Verkauf seine Wirkung behält. Umstritten ist die Möglichkeit gleichrangiger Vorkaufsrechte. In der Rechtsprechung wird sie zum Teil bejaht mit der Annahme, daß die erste Auflassung den anderen Berechtigten gegenüber wirksam ist (Nachweise bei Soergel/*Stürner*, 12. Bearb., § 1094 Rz. 4). *Stürner* spricht sich gegen die Möglichkeit gleichrangiger Vorkaufsrechte aus, wenn nicht eine Ausübungsregelung Kollisionen ausschließt. Die Unwirksamkeit beider Vorkaufsrechte bei gleichrangiger Eintragung zweier Vorkaufsrechte ohne Ausübungsregelung wäre die Folge. Wenn nur ein Berechtigter ausübt, besteht aber kein Problem. Wenn beide ausüben, muß i.S. der Übertragung zu hälftigem Miteigentum gelöst werden. Zutreffend *Lüdtke-Handjery,* DB 1974, 517, 520. Daß dadurch beiden Prätendenten gleich wenig geholfen sei (Staudinger/*Mayer-Maly/Mader* (1994) § 1094 Rz. 12), ist logisch richtig. Wenig ist aber nicht nichts. Im Vergleich dazu, daß die Prätendenten sonst überhaupt nichts hätten, und unter Berücksichtigung der Tatsache, daß eine Ausübungsregelung zwischen ihnen nachgeholt werden kann, ist das Wenige viel. – Im Verhältnis zu anderen Grundstücksrechten ist zu beachten, daß das Vorkaufsrecht nicht etwa für den Fall der durch einen anderen Berechtigten betriebenen Zwangsversteigerung gilt (§§ 1098 I i.V.m. § 471 = § 512 a.F.)

Rechts eine wesensgleiche Rechtserwartungsposition[170] gestellt werden muß, die grundsätzlich den Schutz wie ein Sachenrecht genießt (den dinglichen, deliktischen, bereicherungsrechtlichen Schutz) und wie ein Sachenrecht Gegenstand von Verfügungen und der Zwangsvollstreckung sein kann.

2152 Da mit der Anerkennung von Anwartschaftsrechten über den numerus clausus der Sachenrechte[171] hinausgegangen wird, ist jedes Anwartschaftsrecht problematisch und umstritten. Richtig ist die Feststellung von *Medicus*[172], daß grundsätzlich keine Rechtsfolge aus der bloß begrifflich begründeten Annahme eines Anwartschaftsrechts hergeleitet werden kann; sonst besteht die Gefahr eines Zirkels: Aus dem Anwartschaftsrecht wird die Rechtsbeständigkeit der Position des Erwerbers gefolgert, während diese doch gerade die Voraussetzung für jenes ist. Richtig ist umgekehrt: Aus der Betrachtung bestimmter, aus den gesetzlichen Vorschriften abgeleiteter Rechtsfolgen kann sich der Schluß ergeben, daß man diese Rechtsfolgen zusammenfassen kann als solche aus einer geschützten Gesamtrechtsposition, die nach außen abgegrenzt und materiell schützenswert ist, und dann kann man von einem Anwartschaftsrecht sprechen. Daraus können möglicherweise lückenschließende Folgerungen gezogen werden.

II. Anwartschaftsrecht aus Auflassung

2153 Der BGH erkennt ein Anwartschaftsrecht aus weitgehender Verwirklichung des Tatbestands der Übereignung eines Grundstücks an. Dieses Anwartschaftsrecht ist nach Auffassung des BGH gemäß analoger Anwendung der §§ 925, 1274 durch Auflassung übertragbar und verpfändbar[173] sowie nach § 857 ZPO durch nur dem Anwartschaftsberechtigten zuzustellenden Beschluß pfändbar[174]. Aufgrund der Übertragung soll der Erwerber des Anwartschaftsrechts durch seine Eintragung in das Grundbuch, die er beantragen könne, ohne Durchgangserwerb des Anwartschaftsrechtsveräußerers Eigentümer werden[175]. Bei Verpfändung und Pfändung verwandele sich das Pfandrecht am Anwartschaftsrecht in eine Sicherungshypothek am Grundstück, wenn dem Anwartschaftsberechtigten das Grundstückseigentum übertragen und so aus dem Anwartschaftsrecht auf das Grundstückseigentum Grundstückseigentum selbst werde[176]. Einer Eintragung des Pfandrechtsberechtigten (am Anwartschaftsrecht, sodann am Eigentum) bedarf es danach nicht. Das Recht am Anwartschaftsrecht ist nicht eintragbar, die Hypothek am Grundstückseigentum entsteht kraft Gesetzes. Die Eintragung der Hypothek ist, wenn sie vorgenommen wird, bloße Grundbuchberichtigung.

[170] Betreffend das Anwartschaftsrecht des Vorbehaltskäufers spricht der BGH in BGHZ 28, 16 (21) vom "wesensgleichen Minus" im Vergleich zum Eigentum (unter Übernahme einer Formulierung von *Hans Berg*).

[171] Auch wenn das Anwartschaftsrecht ein wesensgleiches Minus des Vollrechts sein soll, ist es doch nicht mit diesem Vollrecht gleichbedeutend und somit im bisherigen numerus clausus enthalten: Die Anerkennung eines Anwartschaftsrechts bedeutet die Schaffung einer weiteren, in den Entstehungsbedingungen selbständig gestalteten, zu dem beim Veräußerer noch verbleibenden Vollrecht hinzutretenden und damit insgesamt zusätzlichen Rechtsposition.

[172] Bürgerliches Recht, Rz. 487.

[173] Zur Übertragung und Verpfändung durch Auflassung, BGHZ 49, 197, 202. Die Verpfändung soll also nicht in Übereinstimmung mit der grundsätzlich angenommenen Gleichbehandlung des Anwartschaftsrechts mit dem Vollrecht durch Verpfändung des Vollrechts (= Bestellung einer Hypothek), sondern in Anlehnung an § 1274 (die Verpfändung eines Rechts geschieht wie die Übertragung des Rechts) durch Auflassung erfolgen, BGHZ 49, 202.

[174] Zur Pfändung BGHZ 49, 197, 203 ff.

[175] BGHZ 49, 197, 205.

[176] Für die Pfändung wendet der BGH in BGHZ 49, 197 ff., 206, § 848 II ZPO analog an. Dem entspricht bei der Verpfändung die analoge Anwendung des § 1287 S. 2 (BGHZ 49, 205).

Der BGH verlangt freilich für die Begründung des Anwartschaftsrechts aus der weitgehenden Verwirklichung des Übereignungstatbestands neben der bindenden Auflassung noch die Stellung des Eintragungsantrags durch den Erwerber mit der Bindungswirkung für das Grundbuchamt nach § 17 GBO[177].

Das Anwartschaftsrecht aus weitgehender Verwirklichung des Übereignungstatbestands ist typisch ebenso für die Voraussetzungen, die landläufig für das Anwartschaftsrecht genannt werden, wie auch für den mit diesem Recht häufig verbundenen Fehlschluß. Es wird davon gesprochen, daß die Erfordernisse eines gestreckten Erwerbstatbestandes so weit erfüllt sein müssen, daß der Erwerb sich ohne weiteres Zutun des Veräußerers vollendet und der Veräußerer auch nicht mehr einseitig den Erwerb zu hindern die Macht hat. Dies hat der BGH[178] aufgrund der Bindungswirkung der Auflassung für die Parteien (§ 873 II) und der Bindungswirkung der Antragstellung durch den Erwerber für das Grundbuchamt nach § 17 GBO bejaht. Oben[179] ist gezeigt worden, daß zum einen die verfahrensrechtliche Vorschrift nicht Grundlage eines dinglichen Rechts sein kann und zum anderen der BGH Rechtsfolgen aus der Unterstellung eines Anwartschaftsrechts zieht, statt umgekehrt bestimmte Rechtsfolgen als notwendig herauszuarbeiten, die dann vielleicht ihrerseits den Schluß auf ein Anwartschaftsrecht zulassen. 2154

Hier ist die Darlegung hinzuzufügen, daß in der Rechtsprechung der erste verfehlte Schritt zur Annahme eines Anwartschaftsrechts aus Auflassung einen weiteren nach sich gezogen hat, der die Verfehltheit der ganzen Anwartschaftsrechtskonstruktion im hiesigen Bereich um so deutlicher zeigt. Mit seiner Anwartschaftsrechtsvorstellung, d.h. der Vorstellung, daß der designierte Erwerber eines Grundstücksrechts schon vor Vollendung des Erwerbs etwas erwirbt (nämlich ein wesensgleiches Minus des zu erwerbenden Rechts), wenn nur die Vollendung weitgehend gesichert ist, ist der BGH zu der Schlußfolgerung gekommen, daß sogar eine im Gesetz selbst vollständig geregelte Rechtsposition noch zusätzlich außerhalb des Gesetzes verankert werden kann, nämlich eben wieder als Anwartschaftsrecht. Diese Verdoppelung der Rechtsfundierung ist der Rechtsposition aus einer Vormerkung, speziell der Auflassungsvormerkung[180], widerfahren. Derjenige, zu dessen Gunsten die Auflassungsvormerkung eingetragen ist, hat nach der Auffassung des BGH nicht nur die Vormerkung, sondern mit der Vormerkung ein Anwartschaftsrecht auf das Recht, das zu beanspruchen er vorgemerkt ist, bei der Auflassungsvormerkung also ein Anwartschaftsrecht als wesensgleiches Minus des zu erwerbenden Grundstückseigentums. 2155

In einer Entscheidung aus dem Jahre 1982 hat der BGH entgegen dem Grundsatz der Formfreiheit aus der Annahme eines Anwartschaftsrechts aus Auflassungsvormerkung ein Formerfordernis gefolgert[181]: Die Kl. ist Alleinerbin ihrer Mutter; diese hatte in der Form des § 313 (§ 311b I 1 n.F.) ein Grundstück an den Bekl. verkauft und sodann die Auflassung erklärt. Für die endgültige Erfüllung des Übereignungsanspruchs war eine Vormerkung eingetragen. Die Kl. vereinbart mit dem Bekl. mündlich die Aufhebung des Kaufvertrages und der Bekl. teilt dies dem Grundbuchamt mit. Die Kl. wird als Eigentümerin eingetragen und verlangt Bewilligung der Löschung der Auflassungsvormerkung. 2156

[177] BGHZ 106, 108 ff.

[178] NJW 1982, 1639 ff., 1640; BGHZ, 106, 108 ff. Zu BGH NJW 1982, 1639 ff. ablehnend *Reinicke-Tiedtke*, NJW 1982, 2281, 2286 ff.; *Medicus*, Bürgerliches Recht, Rz. 469a.

[179] Rz. 754 ff.

[180] Der BGH nimmt nur den Anwartschaftsrechtscharakter der Position aus Auflassung plus Auflassungsvormerkung an. Aus bloßer Vormerkung – also ohne daß auch schon die Auflassung zustande gekommen ist – soll kein Anwartschaftsrecht entstehen, BGHZ 83, 395, 398 ff.; BGH NJW 1988, 1386 ff.

[181] In NJW 1982, 1639 ff. = BGHZ 83, 395 ff.

§ 894 setzt voraus, daß das Grundbuch unrichtig betreffs der Vormerkung war: Eine Vormerkung erlischt mit dem Anspruch; der Anspruch entfällt, wenn der Kaufvertrag wegfällt. Hier wurde der Kaufvertrag aufgehoben; die Frage ist, ob die Aufhebung wirksam vereinbart worden ist. Dies ist nicht der Fall, wenn die Aufhebung formnichtig war. Auch formbedürftige Geschäfte können aber formlos aufgehoben werden, wenn nicht nach dem Inhalt des Aufhebungsgeschäfts wiederum eine Formvorschrift betroffen ist. Grundsätzlich formlos ist so auch die Aufhebung eines Verfügungsgeschäfts (speziell Auflassung), wenn noch res integra besteht, d.h. der Erwerb noch nicht vollendet ist. In unserem Fall ist denkbar, daß die Aufhebung des Kaufvertrags die Verpflichtung zur Rückübereignung des Grundstücks und damit zur Veräußerung i.S. von § 313 a.F. (§ 311b I 1 n.F.) begründen sollte und deshalb der notariellen Form bedurfte. Dies wäre sicher dann der Fall, wenn der Bekl. schon eingetragen gewesen wäre. Der Aufhebungsvertrag verpflichtete dann zur Rückübereignung.

In casu ist aber noch keine Eintragung erfolgt, es liegt nur eine Auflassung mit Vormerkung vor. Nach dem BGH ist vergleichbar die Lage bei Auflassung und Eintragungsantrag des Bekl.; damit wäre ein Anwartschaftsrecht auf das Eigentum an dem Grundstück zustande gekommen. Ein ebensolches Anwartschaftsrecht nimmt der BGH im Fall der Auflassungsvormerkung unter Hinweis auf §§ 883, 888 an. Das Anwartschaftsrecht sei ein wesensgleiches Minus zum Vollrecht, eine selbständig verkehrsfähige (nämlich analog §§ 925, 1274 durch Auflassung übertragbare und verpfändbare) Vorposition des Grundstückseigentums. Wie die Übertragung der Vorschrift des § 925 über das Vollrecht unterworfen sei, so müsse auch auf die Verpflichtung zur Übertragung § 313 a.F. angewandt werden. Dies schon deshalb, weil kein Unterschied bestehen dürfe je nachdem, ob das Grundbuchamt – vielleicht ohne Kenntnis der Parteien – schon eingetragen hat oder nicht.

Diese begriffliche Argumentation ist als solche verfehlt: Die Aufhebung des noch nicht erfüllten Kaufvertrags ist nach dem Typus des Geschäfts keine Rückveräußerung eines schon erworbenen Rechts, sondern Verzicht auf die weitere Durchführung der Veräußerung[182]. Dieser Verzicht wäre dinglich formlos möglich (Rücknahme des Antrags, formlose Aufhebung der Auflassung). Es besteht also gerade ein Unterschied zur Rückveräußerung, die nach §§ 873, 925 geschehen müßte. Es handelt sich somit nicht um eine Grundstücksveräußerung, sondern um einen Verzicht auf den Erwerb, und den erfaßt § 313 a.F. (§ 311b I 1 n.F.) nicht. Die Argumentation des BGH paßt schon deshalb nicht, weil man jedenfalls den Aufhebungsvertrag untersuchen muß, ob er nach dem

[182] Ebenso wie der auf Veräußerung gerichtete Vertrag auch nicht schon durch Auflassung und Vormerkung nach § 311b I 2 (§ 313 S.2 a.F.) geheilt wird. Gegen die Annahme einer Veräußerung durch Aufhebung dann, wenn nur die Vormerkung besteht, aber nicht schon die Auflassung vorgenommen ist, BGH NJW 1988, 1386 zu einem Vertrag über den Verzicht auf ein durch Auflassungsvormerkung gesichertes Wiederkaufsrecht. S. auch die – allerdings in sich fragwürdige – Entscheidung BGH ZIP 1988, 585 betreffend Anfechtung einer Grundstücksschenkung trotz Eintragung einer Vormerkung schon vor Beginn der Frist des § 32 Nr. 1 KO (s. entsprechend § 134 I InsO). Die Aufhebung des bis zur Auflassung und Vormerkung geführten Kaufs ist erst recht keine Verpflichtung zur Veräußerung (§ 313 S. 1 a.F. = 311b I 1 n.F.) und keine Veräußerungsverpflichtung, die durch Erfüllung heilbar ist (§ 313 S. 2 a.F. = 311b I 2 n.F.). Mit der Aufhebung soll der Übereignungsanspruch und damit die Vormerkung per se entfallen. Im Fall eines formlosen Aufhebungsvertrags bleiben freilich der Anspruch und damit die Vormerkung bestehen, wenn man die Formvorschrift anwendet. Man könnte sich dann einen Erfüllungsakt in Gestalt der Aufhebung der Vormerkung vorstellen. Aber damit würde aus der Anwendung der Formvorschrift die Formbedürftigkeit hergeleitet. Zudem kann der Aufhebungsvertrag nur bei Kenntnis der Parteien von der Formbedürftigkeit auf Aufhebung der Vormerkung gerichtet sein. Bei Unkenntnis gehen die Parteien vom per-se-Wegfall der Vormerkung aus. § 313 S. 2 a.F. (§ 311b I 2 n.F.) ist aber nicht eine Regelung nur für den Fall der Kenntnis von der Formbedürftigkeit.

Willen und der Bestimmung der Parteien die Verpflichtung zur Rückübereignung oder die Herbeiführung des Verzichts auf die Übereignung bedeutet. Dieser Regelungsinhalt ist ganz unabhängig von der Frage nach dem Anwartschaftsrecht (hat A dem B aufgelassen und verpflichtet sich B gegenüber A, an C zu übereignen, so ist § 313 a.F. (§ 311b I 1 n.F.) ohne Rücksicht auf ein Anwartschaftsrecht des B anwendbar). Im Fall des BGH konnte von einer Vorstellung der Parteien, der Bekl. hätte schon erworben und müßte zurückübertragen, nicht die Rede sein.

Das Argument mit dem Begriff des Anwartschaftsrechts hat die eindeutig und rechtssicher abgegrenzte Regelung des § 313 a.F. (§ 311b I 1 n.F.) verlassen[183].

Es ist sodann aber im Grundsätzlichen verfehlt und eine ganz abwegige Frucht der Anwartschaftsfigur, wenn sogar die gesetzlich geregelte Vormerkungsposition als Faktor eines Anwartschaftsrechts eingeordnet wird[184]. Die Vormerkung ist eine Vormerkung und nur als solche im Gesetz geregelt. Große Verwirrung wird damit geschaffen, die gesetzlich geregelte Rechtsposition noch mit einer zusätzlichen Bedeutung zu versehen, indem plötzlich von einem Anwartschaftsrecht aus Auflassung gesprochen wird, welches alternativ durch Eintragungsantrag oder Vormerkung begründet sein kann[185]. Die vorhandenen sachenrechtlichen Rechtspositionen sind als *solche* (gemäß ihrer gesetzlichen Regelung) zu betrachten. Eine Auflassungsvormerkung, als solche betrachtet, ist eine 2157

183 Bezeichnend ist, daß das OLG Hamm auf die Anwendung des § 313 S. 1 a.F. (311b I 1 n.F.) die des S. 2 (311b I 2 n.F.) setzt, nach deren Möglichkeit ja auch zu suchen ist, wenn man § 313 S. 1 a.F. (311b I 1 n.F.) anwendet. Der formunwirksame Aufhebungsvertrag wird nach dem Gericht durch Löschung der Auflassungsvormerkung geheilt (DB 1991, 2279, dazu *Tiedtke*, DB 1991, 2273). Ebensowenig aber, wie die Aufhebung des Kaufvertrags der Verpflichtung zur Übereignung gleichsteht, steht die Löschung der Vormerkung (die bei Unkenntnis der von der Rechtsprechung hereingebrachten Formnichtigkeit des Aufhebungsvertrags nur die Berichtigung des Grundbuchs wegen Wegfalls der Vormerkung bedeuten soll) der Erfüllung des auf Übereignung gerichteten Vertrags gleich. Daraus folgt: Weil man § 313 S. 2 a.F. (311b I 2 n.F.) nicht anwenden kann, hat auch § 313 S. 1 a.F. (311b I 1 n.F.) keine Anwendungsmöglichkeit. Schließlich gilt: Aufgrund des Grundsatzes der Formfreiheit sind Formvorschriften eng auszulegen. – Gegen das Erfinden von Formerfordernissen ohne gesetzliche Begründung mit Recht – in anderem Zusammenhang – *Flume*, DB 1989, 665, 668 f.

184 In DNotZ 1990, 275 ff. folgt *Medicus* dem BGH in der gegen Meinungen der Literatur gerichteten Tendenz, ein Anwartschaftsrecht aus Auflassung möglichst spät beginnen zu lassen. *Medicus* meint, für das Anwartschaftsrecht dürfe nicht einmal gemäß der Meinung des BGH das Vorhandensein einer bindenden Auflassung plus Stellung des Eintragungsantrags durch den Erwerber ausreichen. Nur die Sicherung des Auflassungsempfängers durch eine Vormerkung reiche für die Annahme eines Anwartschaftsrechts aus (a.a.O., S. 281). Die Ausführungen von *Medicus* sind nicht einfach zu verstehen, weil das Thema von *Medicus* nicht ist, ob überhaupt ein Anwartschaftsrecht aus Auflassung anzunehmen ist, sondern was, wenn man es bejahen sollte, für dieses Anwartschaftsrecht zu verlangen ist, wozu *Medicus* vertritt, daß – mit dem BGH – nicht zu wenig verlangt werden darf. Die Argumentation von *Medicus* führt, wenn man sie auf das erstere Thema bezieht, zur gänzlichen Ablehnung eines Anwartschaftsrechts aus Auflassung. So ist denn auch in den Ergebnissen (a.a.O. S. 288 f.) nichts mehr von einem Anwartschaftsrecht aus Auflassungsvormerkung zu lesen und weist *Medicus*, Bürgerliches Recht Rz. 469a die Folgerung des BGH aus diesem Anwartschaftsrecht zurück, die der BGH in NJW 1982, 1639 gezogen hat.

185 Es eröffnen sich zwei Verfügungstatbestände bezüglich der Rechtsposition des Auflassungsempfängers: Neben der Zession des durch Vormerkung gesicherten Übereignungsanspruchs ist die Übertragung des Anwartschaftsrechts durch Auflassung denkbar, wobei an sich im Fall der Gründung des Anwartschaftsrechts auf den Eintragungsantrag dieser, bei Gründung auf eine Auflassungsvormerkung diese in den Verfügungstatbestand eingezogen werden müßte. Daraus würde in letzterer Hinsicht folgen, daß es neben der Zession der Übereignungsforderung mit gesetzlichem Mitübergang der Vormerkung die Übertragung der Vormerkung (als Ausdruck des Anwartschaftsrechts) geben müßte. Man sieht, wohin man kommt, wenn man sich von den klaren sachenrechtlichen Regeln entfernt.

Sicherung des Übereignungsanspruchs; die Aufhebung desselben (z.B. durch Erlaß etc.) läßt die Vormerkung erlöschen, ist also keine Rückübereignung, auch nicht nach Auffassung der Parteien. Wenn die Formvorschrift darauf erstreckt werden sollte, müßte § 313 a.F. (§ 311b I 1 n.F.) geändert werden[186].

III. Das Anwartschaftsrecht des Vorbehaltskäufers

1. Die Entwicklung des Anwartschaftsrechts

a) Die gesetzliche Regelung des Eigentumsvorbehalts

2158 Nach § 449 I (= § 455 I a.F.) erwirbt der Käufer einer beweglichen Sache, wenn sich der Verkäufer das Eigentum bis zur Zahlung des Kaufpreises vorbehalten hat, bei der daraufhin oder im Zusammenhang damit erfolgenden Eigentumsübertragung das Eigentum im Zweifel unter der aufschiebenden Bedingung der Kaufpreiszahlung. Der Kauf ist also unbedingt, die Übereignung (insbesondere nach § 929 S. 1) erfolgt aber gemäß § 158 unter der aufschiebenden Bedingung der vollständigen Kaufpreiszahlung. Die Lösung, die das Gesetz hiermit anbietet, ist eigentlich sinnfällig und klar. Grundsätzlich gilt beim Kauf wie bei jedem gegenseitigen Vertrag das Prinzip der Zug-um-Zug-Leistung (§§ 320, 322). Weicht der Verkäufer im Interesse des Käufers hiervon ab, indem er diesem die Sache schon vor der (vollständigen Zahlung) zur Verfügung stellt, insbesondere durch die Lieferung der Kaufsache, und mithin vorleistet, so kann er bei dem Prinzip doch insofern bleiben, als es um die weitere Durchführung seiner Verpflichtung aus § 433 I 1 geht, nämlich die, daß das Eigentum auf den Käufer übergeht. Der Verkäufer kann sich das Eigentum vorbehalten. Das Gesetz geht davon aus, daß schon übereignet ist, und begründet dann als die im Zweifel geltende Auslegung, daß aufschiebend bedingt übereignet ist, so daß der Käufer das Eigentum erst gegen die (vollständige) Kaufpreiszahlung bekommt. Nur gegen Zahlung wird die Sache des Verkäufers eine Sache des Käufers.

2159 Man kann sich kaum vorstellen, welche Ideen die literarische Erörterung des § 455 I a.F. (§ 449 I n.F.) hervorgebracht hat: Statt der einfachen Erkenntnis, daß der Verkäufer sein Eigentum an der Kaufsache nicht ohne die Gegenleistung dem Käufer leisten will, hat man die Rechtsstellung des Käufers ausgebaut und die des Verkäufers nur noch als Sicherungsrecht für seine Kaufpreisforderung bzw. letztlich für einen Zahlungszugang verstehen wollen. So kommt es zu dem Vorschlag, den Vorbehaltskäufer als vollen Eigentümer und den Verkäufer nur noch mit einem Pfandrecht ausgestattet anzusehen[187]. Oder § 455 I a.F. (§ 449 I) würde herumgedreht: Der Käufer soll voller Eigentümer und nicht die Kaufpreiszahlung aufschiebende, sondern die Nichtzahlung auflösende Bedingung der Übereignung sein[188]. Selbst wenn man bei der aufschiebenden Bedingung bleibt, soll doch die Zahlungsbedingung ganz vom Kaufvertrag gelöst sein und in einer schlichten Zahlung bestehen, die auch dann noch zur Übereignung führe, wenn der Kaufvertrag als nichtig erkannt, der Verkäufer von ihm zurückgetreten oder der Kaufvertrag aufgehoben sei, und zwar auch dann, wenn ein Dritter, der nicht Käufer sei und auch nichts mit einem Vorbehaltskäufer zu tun habe, sie entrichte[189]. Alle diese Positionen sind mit

[186] Ohne Grundlage auch die weitere Folgerung, die der BGH aus der Einordnung der Auflassungsvormerkung als Anwartschaftsrecht in BGHZ 114, 161 ff. zieht: Schadensersatzberechtigung des Vorgemerkten wie ein Eigentümer gegen Dritte nach §§ 909, 823 II, vgl. *Mollenkopf*, Faktische Einwirkungen auf vormerkungsbetroffene Grundstücke (1998), Kap. 2 VI, S. 47.

[187] *Hübner*, NJW 1980, 729 ff.

[188] *Georgiades*, Die Eigentumsanwartschaft beim Vorbehaltskauf, 1963, S. 154 ff.

[189] *Wieling*, Sachenrecht I, § 17 II 2 a, S. 780; Sachenrecht, 3. Aufl., § 17 II 2 d), S. 226, III 1. a), S. 229; *Minthe*, Die Übertragung des Anwartschaftsrechts durch einen Nichtberechtigten,

der privatautonomen Gestaltung des Vorbehaltskaufs, für die in § 449 I (§ 455 I a.F.) die im Zweifel geltende rechtliche Konstruktion gegeben wird, nicht vereinbar[190].

Zu prüfen ist allein, ob genau die Position, die der Käufer beim Vorbehaltskauf nach dem Willen der Parteien, wie er nach § 449 I (= § 455 I a.F.) im Zweifel gilt, erreicht, schon als ein gegenwärtiges dingliches Recht, als Anwartschaftsrecht des Käufers einzuordnen ist. Die Position des Käufers ist die aus einer aufschiebend bedingten Übereignung, wobei die Bedingung in der (vollständigen) Zahlung des Kaufpreises besteht. Sie hat dinglichen Charakter nach dem Gesetz: Nach § 161 hat der Käufer schon vor dem mit Bedingungseintritt sich vollziehenden Eigentumserwerb eine dingliche Rechtsposition. Hinsichtlich der Frage nach dem Anwartschaftsrecht des Käufers beim Eigentumsvorbehalt geht es um die Konsequenzen aus dem gesetzlichen Schutz[191]. **2160**

Die dingliche Rechtsposition des K nach § 161 ergibt sich in dem folgenden Beispiel: V verkauft und liefert an K unter Eigentumsvorbehalt. Danach veräußert V nach §§ 929, 931 an D. K zahlt die letzte Rate. Kann D von K nach § 985 Herausgabe der Kaufsache verlangen? Nach § 161 I kann die Übereignung an den einen Erwerber durch die bedingte Übereignung an einen anderen unwirksam werden. Damit hat die Position dieses anderen Drittwirkung und ist sie dinglich geschützt. In unserem Fall ist D nach § 161 I 1 grundsätzlich dann nicht mehr Eigentümer, wenn K aufgrund aufschiebend bedingter Übereignung an ihn nach § 158 I durch Eintritt der Bedingung Eigentum erworben hätte. Aufgrund der Lieferung unter Eigentumsvorbehalt hat K nach § 499 I (= § 455 I a.F.) unter der aufschiebenden Bedingung der Kaufpreiszahlung Eigentum übertragen bekommen. Nach § 158 I ist die Übereignung an ihn durch die Zahlung wirksam geworden, nach § 161 I ist damit grundsätzlich die Zwischenverfügung an D unwirksam geworden. Nach § 161 III ist der Eigentumserwerb des D aber dann nicht unwirksam, wenn zugunsten des D die Vorschriften über den gutgläubigen Erwerb vom Nichtberechtigten eingreifen. An sich läßt § 934 das Eigentum an einer beweglichen Sache vom Nichtberechtigten schon dann erwerben, wenn der Nichtberechtigte mittelbaren Besitz hatte. Dies letztere kommt in unserem Fall für V in Betracht. Nach dem Rechtsgedanken des § 936 III ist aber der dinglich Berechtigte, der die Sache besitzt, vor gutgläubigem Erwerb geschützt. Als solche dingliche Position gilt auch die bedingte Rechtsstellung des K. Auf sie ist § 936 III anzuwenden. Ohne Besitzverlust verliert K nicht seine bedingte Rechtsposition. Mit Bedingungseintritt ist also K Eigentümer geworden. D kann von K nicht nach § 985 die Herausgabe der Sache verlangen, ebenso wie er schon vor der letz- **2161**

1998, S. 66, 69 f.; *Rinke*, Die Kausalabhängigkeit des Anwartschaftsrechts aus Eigentumsvorbehalt, 1998, S. 127 ff., insbesondere S. 140.

190 Nach der in der aufschiebenden Bedingtheit der Übereignung aufrecht erhaltenen Zug-um-Zug-Abhängigkeit besteht folgende Abhängigkeit des Eigentumsübergangs von der Kaufpreiszahlung: Existiert der Kaufvertrag nicht oder nicht mehr und lehnt der Verkäufer deshalb die Annahme von Zahlungen ab, so kann die Bedingung der Kaufpreiszahlung nicht mehr eintreten. Die Bedingung ist aber die Kaufpreiszahlung und nicht die Erfüllung einer bestehenden Kaufpreisschuld: Leistet der Käufer an den Verkäufer den Kaufpreis, so geht das Eigentum an der Kaufsache auch dann auf den Käufer über, wenn die Forderung mangels Wirksamkeit des Vertrages nicht existent ist. Der Vorbehaltskauf verwirklicht den Leistungsaustausch; zahlt der Käufer, tritt der Austausch ein, und es gilt die normale Folge des Trennungs- und Abstraktionsprinzips. Weil die Bedingung für den Eigentumsübergang die Kaufpreiszahlung und nicht die Existenz oder Durchsetzbarkeit der Forderung ist, kann der Verkäufer, wenn der Käufer aufgrund der Verjährung der Forderung nicht zahlt, ungeachtet der Verjährung seine Sache nach § 985 herausverlangen (entsprechend § 223 I, II a.F.; s. BGHZ 34, 195; in der n.F. positiv geregelt in § 216 II 2).

191 Zur Frage des Anwartschaftsrechts die richtige Fragestellung bei *Picker*, Der negatorische Beseitigungsanspruch, 1971, S. 141 f. mit Belegen. Zum Anwartschaftsrecht des Vorbehaltskäufers s. *Flume* II § 42 3 und 4, S. 734 ff. Zu den Schritten der Anerkennung des Anwartschaftsrechts insbesondere in der Rechtsprechung *Hübner*, NJW 1980, 730 f.

ten Ratenzahlung einen Herausgabeanspruch nicht hatte, weil K ihm gemäß § 986 II sein Recht zum Besitz aus dem Kaufvertrag entgegenhalten konnte.

b) Der gutgläubige Erwerb des Anwartschaftsrechts vom nichtberechtigten Verkäufer

2162 Ist so § 161 ein klarer Anhalt für die Annahme einer dinglichen Rechtsposition des Vorbehaltskäufers, so stellt sich für die Annahme eines dem Eigentum an einer beweglichen Sache wesensgleichen Anwartschaftsrechts die Frage, ob der Käufer diese dingliche Rechtsposition in dem Fall kraft guten Glaubens erwirbt, daß der Verkäufer nichtberechtigt ist, sich aber als Eigentümer geriert.

Beispielsfall: Der Verkäufer übereignet Maschinen zur Sicherung an eine Bank. Später verkauft er sie unter Eigentumsvorbehalt an einen gutgläubigen Käufer, dem die Sache übergeben wird.

2163 Schon aus dem Gesetz ergibt sich der Schutz des Käufers, wenn die aufschiebende Bedingung eintritt: Zahlt der Käufer die letzte Rate, wird er Eigentümer, und zwar auch dann, wenn er zwischenzeitlich bösgläubig geworden war. Bei bedingtem Rechtserwerb kommt es nach der Formulierung des § 932 auf die Bösgläubigkeit bei der Erfüllung des Tatbestands der Übereignung an, also im Fall der Übereignung nach § 929 S. 1 auf die Bösgläubigkeit bei Einigung und Übergabe, nicht aber auf die Bösgläubigkeit bei Eintritt der Bedingung[192].

2164 Nicht geregelt ist die Rechtslage bis zum Bedingungseintritt, d.h. die Frage, ob bis zu diesem Zeitpunkt der Eigentümer, in unserem Fall die Bank, die Sache vom Käufer herausverlangen kann. § 986 II greift hier nicht ein, da nicht schon bei Übereignung an die Bank ein Besitzrecht des Käufers bestanden hat. Der BGH[193] arbeitet mit dem dolo-petit-Einwand. Wenn aber die Zahlung der letzten Rate nicht unmittelbar bevorsteht, fordert die Bank nichts, was sie sofort zurückgeben müßte. Gegen den Herausgabeanspruch spricht aber die Konsequenz des Gutglaubensschutzes bei bedingter Übereignung: Wird der Käufer schon aufgrund der bedingten Übereignung in seinem guten Glauben geschützt, so ist dies ein Schutz im Hinblick auf die Vollendung des Erwerbs. Zur geschützten bedingten Übereignung gehört die Besitzübertragung. Diese ist also ebenso endgültig im Hinblick auf die Vollendung des Erwerbs wie die bedingte Übereignung insgesamt[194].

2165 Für die Herausgabeberechtigung der Bank mit der Pflicht, wieder zurückzugeben, wenn die Bedingung eintritt, hat sich *Medicus* erklärt[195]. Dem ist nicht zu folgen. Die Bank zieht u. U. zur Verwertung ein, so daß K gegen einen dadurch eintretenden Verlust der Sache gesichert werden müßte[196]. Der Bank könnte also allenfalls ein Recht auf Hinterlegung der Sache bis zur Klärung der Eigentumslage zustehen. Damit würde aber dem Käufer die Sache aus dem wirtschaftlichen Zusammenhang entzogen, die sie bei ihm hat. Letztlich könnte dadurch dem Käufer die Grundlage für die Kaufpreiszahlung und damit für die Herbeiführung des für ihn geschützten Eigentumserwerbs zerstört werden. Man hat demgegenüber zu fragen, ob nicht die Anwendung des § 932 mehr besagt, als daß der für die Gutgläubigkeit maßgebliche Zeitpunkt vorverlegt wird. Es geht darum, daß der K die jetzt schon nach § 161 geschützte volle Rechtsposition erwirbt. Es handelt sich dabei um den Erwerb einer dinglichen Position vom Verkäufer als Besitzer und vermutetem Eigentümer. Der Schutz des § 161 ist dahin zu entwickeln, daß dem Käufer die Sache auch nicht zwischenzeitlich mit der Gefahr des Verlusts seiner Stellung aus der Hand gerissen werden kann. Verfügt der Verkäufer, nachdem er die Sache schon bedingt übereignet hat, so folgt dies aus

[192] BGHZ 10, 73 ff.
[193] BGHZ 10, 73 ff.
[194] S. *Flume* II § 42 4 a, S. 735 f.
[195] Bürgerliches Recht, Rz. 465.
[196] Weiter ist Folge einer Pflicht des Käufers zur Herausgabe, daß er nicht mehr vor einem, ihn um seinen Erwerb bringenden (§ 161 III) gutgläubigen Erwerb eines Dritten geschützt wäre (§ 936 III – zu seiner entsprechenden Anwendung soeben Rz. 2161 – kann nach Herausgabe nicht mehr eingreifen).

§§ 931, 986 II. Hat der Verkäufer schon vor der bedingten Übereignung verfügt, so führt § 932 zu derselben Lage.

c) *Schutz des K in der Zwangsvollstreckung gegen V*

Entsprechend der vorstehend entwickelten Konsequenz, daß die bedingte Rechtsstellung nach § 161 notwendig als gegenwärtige fortzuentwickeln ist, ist die Frage zu lösen, ob das Anwartschaftsrecht des Vorbehaltskäufers ein die Veräußerung hinderndes Recht im Sinne des § 771 ZPO ist[197]: Die Frage stellt sich in den Fällen, in denen die Sache noch im Besitz des Verkäufers oder (etwa zur Reparatur) wieder in seinen Besitz zurückgekehrt ist und ein Gläubiger des V in sie vollstreckt[198]. Gegen die Vollsteckung könnte der Vorbehaltskäufer Drittwiderspruchsklage nach § 771 ZPO erheben, wenn das Anwartschaftsrecht ein die Veräußerung hinderndes Recht ist. 2166

Der BGH folgert die Möglichkeit der Drittwiderspruchsklage aus dem Schutz des Käufers nach § 161[199]. Er meint, dieser Schutz würde vereitelt, wenn man Gläubiger vollstrecken ließe. Denn die Verfügung im Wege der Versteigerung sei eine öffentlich-rechtliche Verfügung und deshalb jedenfalls wirksam; es handele sich nicht um eine Verfügung i.S. von § 161 I 2, III. Damit er dieser Vereitelung seines Schutzes vorbeugen könne, müsse K die Drittwiderspruchsklage zustehen. *Medicus*[200] hält den öffentlich-rechtlichen Charakter der Versteigerung nicht für zwingend und deshalb § 161 für anwendbar. Der Verkäufer sei also an einer Verfügung, auch in der Zwangsvollstreckung, nicht gehindert. K sei nach § 161 geschützt. 2167

Man muß aber sagen: Entweder erzwingt das Drohen einer endgültig wirksamen öffentlich-rechtlichen Zuweisung, daß der Schutz des § 161 schon vorbeugend gesichert werden muß. Oder es ist festzustellen, daß, weil § 161 anzuwenden ist und folglich ein Erwerb gegen den Käufer nur kraft guten Glaubens (§ 161 III) in Betracht kommt, die Drittwiderspruchsklage das Mittel ist, generell Bösgläubigkeit herzustellen. Schon im Hinblick darauf könnte die Sache aber, solange die Bedingung nicht ausgefallen ist, nicht als Mittel der Befriedigung durch ordnungsgemäße Zwangsvollstreckung genutzt werden. Eine Maßnahme der Zwangsvollsteckung muß auch abwickelbar sein.

2. Die Verfügung über das Anwartschaftsrecht des Vorbehaltskäufers

a) *Das Anwartschaftsrecht als Verfügungsgegenstand*

Nach dem Vorstehenden ist ersichtlich, daß der Schutz nach § 161 dazu führt, die Position des Käufers als gegenwärtiges dingliches Recht anzuerkennen. Daraus folgt, daß das Anwartschaftsrecht als dem Eigentum wesensgleiches Minus nach §§ 929 ff. übertragbar ist[201]. Bei Bedingungseintritt erwirbt der Zweiterwerber unmittelbar das Eigentum; es tritt kein Durchgangserwerb durch das Vermögen des Ersterwerbers ein[202]. 2168

[197] Dazu BGHZ 55, 20 ff.

[198] Wegen des Besitzes des V steht hier § 808 I ZPO nicht entgegen.

[199] BGHZ 55, 20, 27.

[200] Bürgerliches Recht, Rz. 466.

[201] S. z.B. BGHZ 56, 123, 126.

[202] S. BGHZ 10, 88. Die These von der Verfügung des Vorbehaltskäufers über das künftige Eigentum (*Eichenhofer*, AcP 185, 1985, S. 162 ff.; *Marotzke*, Das Anwartschaftsrecht, ein Beispiel sinnvoller Rechtsfortbildung, 1977, sowie AcP 186, 1986, S. 490 ff.; *Stoll*, ZHR 128, 1966, 239, 248 ff.; *Kupisch*, JZ 1976, 417 ff.) geht an der gegenwärtigen dinglichen Rechtsposition des Käufers vorbei, die der Käufer in der Weise übertragen kann, daß der Erwerber bei Bedingungseintritt ohne Durchgangserwerb (der die Gefahr der Belastung mit Pfandrechten mit sich bringen würde) und ohne Anwendung des § 185 II 1 Var. 2 (der mit der Gefahr des vorherigen Verlustes der Verfügungsbefugnis des übertragenden Erstkäufers verbunden wäre) Eigentümer wird. S. den weiteren Text.

2169 Den Bedingungseintritt kann der Zweiterwerber (etwa durch Zahlung) selbst herbeiführen. Der das Anwartschaftsrecht veräußernde Käufer hat kein Widerspruchsrecht nach § 267, da er insoweit nicht mehr Berechtigter ist. Aufgrund der Ausschließung des Durchgangserwerbs besteht nicht die Gefahr, daß die Sache bei einem Insolvenzverfahren gegen den veräußernden Käufer in die Insolvenzmasse fällt oder bei späterer Bestellung einer Hypothek durch diesen zu deren Haftungsverband i.S. von § 1120 gehört.

2170 Die Anerkennung des Anwartschaftsrechts als Verfügungsgegenstand hat i.e. die folgenden Konsequenzen: Demzufolge ist das Anwartschaftsrecht nicht nur übertragbar, sondern auch verpfändbar[203] und in der Zwangsvollstreckung pfändbar[204]. Folglich kann das Anwartschaftsrecht auch in das gesetzliche Pfandrecht des Vermieters nach § 562 (= § 559 a.F.)[205] und den Haftungsverband bei Hypothek und Grundschuld (§§ 1120, 1192 I) fallen[206]. Der Erwerb eines übertragenen Anwartschaftsrechts ist mangels Durchgangserwerbs von gesetzlichen Pfandrechten etc. unberührt unter der Voraussetzung, daß das Anwartschaftsrecht übertragen wurde, bevor die Sache in die Beziehung trat, auf die sich das gesetzliche Pfandrecht stützen könnte. Hat K unter Eigentumsvorbehalt gekauft, dann sein Anwartschaftsrecht übertragen, und zieht er jetzt mit der weiterhin bei ihm verbliebenen Kaufsache in Mieträume ein, so erwirbt mit Zahlung der letzten Rate der Erwerber des Anwartschaftsrechts Eigentum, ohne daß jetzt noch ein Erwerb des K dazwischen träte, an den das Pfandrecht des Vermieters anknüpfen könnte. Hält K sich demgegenüber schon in den Mieträumen auf und wird jetzt an ihn in die Mieträume eine Sache unter Eigentumsvorbehalt geliefert, so unterfällt hier das von K erworbene Anwartschaftsrecht als dem Eigentum wesensgleiches Minus dem Vermieterpfandrecht. Überträgt K jetzt das Anwartschaftsrecht, so kann der Erwerber nur dadurch lastenfrei erwerben, daß das Anwartschaftsrecht entsprechend § 562a (§ 560 a.F.) enthaftet wird[207].

2171 Vor dem Bedingungseintritt hat der Erwerber des Anwartschaftsrechts noch kein Recht zum Besitz gegenüber dem Vorbehaltsverkäufer, es sei denn dieser hat der Weitergabe zugestimmt[208].

2172 Für die Verfügung des Käufers ist zu unterscheiden, ob der Käufer das Eigentum oder sein Anwartschaftsrecht überträgt. Dies ist eine Frage der Einigung. Einigen sich Käufer und Erwerber über den Eigentumsübergang, so geht es im Hinblick auf das auflösend bedingte Eigentum des Verkäufers um einen Erwerb vom Käufer als Nichtberechtigten, im Hinblick auf das Anwartschaftsrecht des Käufers um einen Erwerb vom Berechtigten. Kommt – etwa wegen Bösgläubigkeit des Erwerbers – der erstere Erwerb nicht zustande, so ist hinsichtlich des Erwerbs des Anwartschaftsrechts § 139 anzuwenden.

b) Gutgläubiger Erwerb vom vermeintlichen Anwartschaftsberechtigten

2173 Im Gegensatz zu der schon aus §§ 932 ff. folgenden Möglichkeit des gutgläubigen Erwerbs eines Anwartschaftsrechts, indem dem Käufer ein nicht berechtigter Verkäufer

[203] Nach §§ 1274 I 1, 2 mit §§ 929 ff. und §§ 1205, 1206. Verwandlung in Pfandrecht an der Sache bei Eigentumserwerb des Käufers analog § 1287.

[204] Streitig ist die Art und Weise der Pfändung. Herrschend ist die Theorie der Doppelpfändung (Pfändung des Anwartschaftsrechts und der Sache). Überblick bei *Musielak*, Grundkurs ZPO, 5. Aufl. 2000, Rz. 547; zur Lösung *Flume* I § 42 4 f., S. 743 ff. mit dem wichtigen Hinweis auf die Privilegierung des den Restkaufpreis ablösenden Pfändungspfandgläubigers durch Übergang des Vorbehaltseigentums des Verkäufers auf ihn entsprechend §§ 268 III, 412, 401.

[205] S. BGH WM 1992, 600, 601 r. Sp.

[206] BGHZ 35, 85, 89.

[207] Dazu sogleich Rz. 2186 Fn. 225.

[208] S. *Flume* II § 42 4 d, S. 740.

aufschiebend bedingt das Eigentum überträgt[209], ist die Möglichkeit des gutgläubigen Erwerbs eines Anwartschaftsrechts, indem dem Käufer ein angeblicher Anwartschaftsberechtigter das angebliche Anwartschaftsrecht überträgt[210], obwohl in der Literatur vielfach angenommen[211], zu verneinen. Der Möglichkeit steht die Abhängigkeit des Anwartschaftsrechts von der Kaufpreiszahlung entgegen. Zudem fehlt es für den gutgläubigen Erwerb an einem ausreichenden Rechtsscheintatbestand für das angebliche Anwartschaftsrecht. Was die Abhängigkeit des Anwartschaftsrechts von der Kaufpreiszahlung betrifft, versucht die den gutgläubigen Erwerb eines angeblichen Anwartschaftsrechts vertretende Literatur diesen Erwerb zu fundieren und zu erweitern, indem sie die Unabhängigkeit des Anwartschaftsrechts gerade von der Kaufpreiszahlung und stattdessen die Abhängigkeit von einer Zahlung vertritt, die nur numerisch dem Kaufpreis entsprechen muß[212]. Gegen die Abhängigkeit von der Kaufpreiszahlung wird das Abstraktionsprinzip ins Feld geführt[213].

Die angeführte Literatur verkennt den Kauf unter Eigentumsvorbehalt, in dem der **2174**
Verkäufer nur das tut, wozu er nach dem Zug-um-Zug-Leistungs-Prinzip bei gegenseitigen Verträgen berechtigt ist, nämlich seine Leistung des Eigentums an der Kaufsache nur gegen die Gegenleistung zu erbringen. So wie grundsätzlich der Käufer die Ware nur gegen Kaufpreiszahlung erhält, erhält er nach § 449 I (§ 455 I a.F.) beim Vorbehaltskauf das Eigentum an der Ware erst gegen die vollständige Kaufpreiszahlung. Folglich ist die Bedingung der Übereignung an den Vorbehaltskäufer die Kaufpreiszahlung[214]. Kommt aufgrund der Übertragung eines angeblichen Anwartschaftsrechts ein Dritter zum Eigentümer einer Sache und bietet ihm eine Zahlung an, so kommt die Auffassung, daß diese Zahlung als Kaufpreiszahlung und Bedingung für den Eigentumsübergang auf den Dritten anzusehen sei, nicht in Betracht. Hat der Eigentümer seine Sache gar nicht verkauft, sondern nur verliehen, ist es geradezu wunderlich, wenn ein Dritter, der der Behauptung des Besitzers vertraut hat, dieser habe unter Eigentumsvorbehalt gekauft, dem Eigentümer einen Geldbetrag soll in die Hand drücken und dadurch Eigentümer werden können. Hat der Eigentümer unter Eigentumsvorbehalt verkauft, aber nicht an denjenigen, der sich dem Erwerber gegenüber des angeblichen Anwartschaftsrechts berühmt hat[215], so ist auch hier die vom Dritten angebotene Zahlung nicht die Kaufpreiszahlung.

Auch das Abstraktionsprinzip führt nicht zu dem seltsamen Ergebnis, daß der Verkäu- **2175**
fer seine Sache nicht mehr gegen den Kaufpreis, sondern gegen irgendeine Zahlung ver-

[209] In der Literatur wird insoweit vom gutgläubigen Ersterwerb eines Anwartschaftsrechts gesprochen (etwa *Wieling*, Sachenrecht I, § 17 III 1. b, S. 227).

[210] Sogenannter gutgläubiger Zweiterwerb eines Anwartschaftsrechts.

[211] *Wieling*, Sachenrecht I, § 17 II 2 a, S. 780; Sachenrecht 4. Aufl., § 17 III 1 b S. 244 f.; *Minthe*, Die Übertragung des Anwartschaftsrechts durch einen Nichtberechtigten, 1998, S. 66, 69 f.; *Rinke*, Die Kausalabhängigkeit des Anwartschaftsrechts aus Eigentumsvorbehalt, 1998, S. 127 ff., 140.

[212] So die in der Vornote Angeführten.

[213] So die in Fn. 211 Angeführten und auch *Bülow*, Recht der Kreditsicherheiten, 5. Aufl. 1999, Rdnr 689.

[214] Entrichtet der Käufer die dem Kaufpreis entsprechende Zahlung, macht er aber die Erfüllung der Kaufpreisschuld von einer Bedingung abhängig (im Fall: Übergabe des Kfz-Briefes), so ist vor Eintritt dieser Bedingung der Kaufpreis nicht gezahlt und so die Bedingung der Übereignung nicht eingetreten. Die Berufung des Verkäufers darauf ist in dem Fall, daß der Verkäufer als Nichtberechtigter übereignet hat, nicht als rechtsmißbräuchlich zurückzuweisen (so OLG Frankfurt/M. NJW-RR 1999, 927). Der Käufer kann aber auf seinen Vorbehalt verzichten und so die Bedingung eintreten lassen, auch dann noch, wenn er inzwischen von der Nichtberechtigung des Verkäufers Kenntnis erlangt hat.

[215] Etwa hat jemand, dem der Vorbehaltskäufer die Sache verliehen oder vermietet hat, sich angemaßt, seinerseits die Sache vom Vorbehaltsverkäufer unter Eigentumsvorbehalt gekauft zu haben.

liert oder daß sogar ein Eigentümer, der gar nicht verkauft hat, sich etwas zahlen lassen muß und dadurch seine Sache verliert. Das Abstraktionsprinzip macht die in Durchführung eines für wirksam gehaltenen Vertrages ausgetauschten Leistungen von der Wirksamkeit des Kausalvertrages unabhängig. Dies gilt auch für den Eigentumsvorbehaltskauf. Zahlt der Käufer dem Verkäufer den Kaufpreis, so tritt die Bedingung auch dann ein und erwirbt der Käufer auch dann Eigentum, wenn sich später der Vertrag als unwirksam herausstellt[216]. Das Abstraktionsprinzip erzwingt aber weder, daß noch nicht erbrachte Leistungen noch durchgeführt werden, noch, daß erbrachte Leistungen, die nicht auf den Vertrag bezogen sind, Leistungen im Sinne dieses Vertrages werden.

2176 Was sodann die Rechtsscheinbasis für den gutgläubigen Erwerb eines angeblichen Anwartschaftsrechts betrifft, muß man sich die konkrete Erwerbssituation beim Erwerb eines angeblichen Anwartschaftsrechts vorstellen und wird dann den Gedanken an eine Rechtsscheinbasis verwerfen: Der Erwerber vertraut beim Erwerb eines angeblichen Anwartschaftsrechts zunächst der Behauptung des Veräußerers, entweder selbst die Sache unter Eigentumsvorbehalt gekauft oder von einem anderen Vorbehaltskäufer ein Anwartschaftsrecht erworben zu haben, und sodann je nach dem, was sich der Veräußerer zu sagen einfallen läßt, dem vom Veräußerer angegebenen Stand der Tilgung der Kaufpreisforderung. Das heißt, wie *Flume*[217] formuliert hat, der Erwerber vertraut dem „Gerede" des Veräußerers. Das ist keine Grundlage für einen gutgläubigen Erwerb, der, wie wohl zu bedenken ist, die Enteignung des Berechtigten bedeutet: Es gibt im Recht der beweglichen Sachen den gutgläubigen Erwerb des Eigentums, des Pfandrechts und des Nießbrauchs, aber es gibt ihn nur als Erwerb vom Besitzer, der behauptet, (unbeschränkter) Eigentümer zu sein (§§ 932 ff., 1032 S. 2, 1207 f.). Die Rechtsscheinbasis für das behauptete Eigentum ist der Besitz, aufgrund dessen § 1006 das Eigentum vermutet. Es gibt aber weder den gutgläubigen Erwerb eines Pfandrechts vom angeblichen Pfandgläubiger noch eines Nießbrauchs vom angeblichen Nießbrauchsberechtigten. Zwar verweisen die §§ 1065 und 1227 für Pfandrecht und Nießbrauch auf die Vorschriften über den Schutz des Eigentums und darunter auch betreffend bewegliche Sachen auf § 1006. Dies gilt aber nur für die Geltendmachung der Ansprüche aus einem Pfandrecht oder einem Nießbrauch an beweglichen Sachen. Einen gutgläubigen Erwerb knüpft das Gesetz daran nicht, beim Pfandrecht ist dies ausgeschlossen, weil das Pfandrecht durch Zession der gesicherten Forderung erworben wird (§ 1250) und es keinen Schutz des guten Glaubens an die Inhaberschaft der Forderung gibt, beim Nießbrauch ist der Erwerb ausgeschlossen, weil er, soweit er übertragbar ist (§§ 1059, 1059 a I Ziff. 2), nach den Regeln des Forderungserwerbs, also ebenfalls ohne Gutglaubensschutz, übertragen wird (§§ 413, 398 ff.). Folglich bleibt es bei dem gutgläubigen Erwerb aufgrund des Besitzes als Rechtsscheinbasis für das Eigentum. Damit ist der gutgläubige Erwerb eines Anwartschaftsrechts nach dem Stand der jeweils behaupteten Zahlung nicht vereinbar, für den sich der Erwerber darauf beruft, daß der Veräußerer behauptet habe, die Sache gekauft und dafür irgendetwas gezahlt oder das Anwartschaftsrecht von einem Vormann zu haben, der gekauft und irgendetwas gezahlt habe. Schließlich ist der Gegenschluß aus der Regelung der Hypothek in den §§ 1138, 1154 f. zu ziehen: Bei der

[216] Insofern ist das Anwartschaftsrecht des Vorbehaltskäufers nicht kausal verknüpft und die Verfügung darüber nicht kausal ausgestaltet, wie *Serick* dies vertreten hat (I, § 4 I 2 S. 53; AcP 166 (1966), 130, 133).

[217] II § 42 4 d, S. 738, 739; s. schon *Flume*, AcP 161 (1961), 394 ff. Im Ergebnis ebenso *Medicus*, Bürgerliches Recht, Rz. 475 m.w.N. – Wie kein gutgläubiger Erwerb vom Schein-Anwartschaftsberechtigten möglich ist, so auch nicht ein gutgläubiger Erwerb eines lastenfreien Anwartschaftsrechts analog § 936 vom scheinbar lastenfreien Anwartschaftsberechtigten, wie dies *Bülow* Rz. 630 und Jura 1986, 235 vor b) für die Fälle der Belastung des Anwartschaftsrechts mit einem Vermieterpfandrecht oder der Pfandhaftung im Hypotheken- oder Grundschuldverband nach §§ 1120 ff., 1192 I vertritt.

Hypothek gibt es den gutgläubigen Erwerb aufgrund des guten Glaubens an die Forderung (§ 1138), weil die Forderung als Inhalt der Hypothek im Grundbuch eingetragen (§ 1115) und bei der Übertragung die Forderung grundstücksrechtlich zediert wird (§§ 1154 f.). Das Gesetz schützt hier den gutgläubigen Erwerb, weil für die Behauptungen des Veräußerers eine Rechtsscheingrundlage besteht und mit deren Hilfe auf den Erwerber übertragen wird. Der gute Glaube wird dagegen nicht geschützt, wenn der Erwerber auf bloßes Gerede des Veräußerers vertraut[218].

c) *Änderung der Stellung des Vorbehaltsverkäufers zu Lasten des Anwartschaftserwerbers*

Wenn Vorbehaltsverkäufer und -käufer nach Übertragung des Anwartschaftsrechts **2177** durch den Käufer zusammenspielen, ist die Stellung des Anwartschaftserwerbers bedroht. Der BGH hatte den folgenden Fall zu entscheiden[219]:

V verkauft 5 LKW unter Eigentumsvorbehalt an K. K überträgt sein Anwartschaftsrecht zur Sicherheit an die spätere Kl. Danach ändern V und K den Kaufvertrag dahin, daß das Eigentum erst bei Erfüllung sämtlicher Forderungen aus der Geschäftsbeziehung zwischen V und K auf K übergehen soll. Als K seiner Zahlungsverpflichtung nicht mehr nachkommen kann, holt V sich die LKW und veräußert sie an Dritte. Die Kl. meint, K habe den Kaufpreis bezahlt, damit sei sie, die Kl., Eigentümerin der LKW geworden. Die Kl. klagt gegen V auf Schadensersatz.

Anspruchsgundlage könnte § 990 I 1 i.V. mit § 989 sein. Dazu muß bei der Verletzungshandlung durch V die Vindikationslage bestanden haben. Zu prüfen ist das Eigentum der Kl. Die Kl. hat die Rechtsposition des K, d.h. das Anwartschaftsrecht des K, unter Anwendung der §§ 929 ff. (hier §§ 929, 930) erworben. Im Fall des Bedingungseintritts wäre das Anwartschaftsrecht der Kl. unmittelbar zu Eigentum erstarkt. Zu untersuchen ist, ob die Bedingung eingetreten ist. Die neue Vereinbarung zwischen K und V stellt ab auf die Tilgung sämtlicher Forderungen. Es handelt sich um einen Kontokorrentvorbehalt, dessen Zulässigkeit fragwürdig ist.

Die Frage ist aber, ob überhaupt durch nachträgliche Änderung des Kaufvertrages die **2178** Position des (Zweit-)Erwerbers des Anwartschaftsrechts beeinträchtigt werden kann. Der BGH unterscheidet: In gewisser Weise sei das Anwartschaftsrecht von der schuldrechtlichen Beziehung zwischen V und K abhängig. Bei Nichtbestehen des Kaufs könne das Anwartschaftsrecht nicht existieren; bei Rücktritt des V wegen Verzugs erlösche das Anwartschaftsrecht; bei Wandelung des Kaufs durch K (§§ 462, 467 a.F.) könne die Bedingung, von der das Erstarken des Anwartschaftsrechts zum Vollrecht abhängt, nicht mehr eintreten. Insoweit seien V und K allerdings Berechtigte aus dem Schuldvertrag oder der schuldrechtlichen Beziehung. Das gelte aber nicht für die willkürliche Änderung des Inhalts des Schuldvertrages, die das Anwartschaftsrecht in der Hand des Zweiterwerbers dadurch beeinträchtige, daß die Bedingung für den Eigentumserwerb abgeändert wird. Insoweit habe K als Nichtberechtigter verfügt, wozu er der Zustimmung des

218 Der Satz von *Wieling* (Sachenrecht 3. Aufl. § 17 III 1 b aa, S. 228), der Besitz einer beweglichen Sache spreche für dasjenige dingliche Recht, welches der Besitzer für sich in Anspruch nehme, entwertet den Besitz einer beweglichen Sache als Rechtsscheingrundlage für das Eigentum und diskreditiert die Regelung des Gesetzes über den gutgläubigen Erwerb. § 1007 kann nicht als Grundlage eines vom Kauf gelösten dinglichen Rechts angeführt werden (so *Wieling* Sachenrecht I, § 17 II 2 a, S. 779 f.; *Rinke*, Die Kausalabhängigkeit des Anwartschaftsrechts aus Eigentumsvorbehalt, 1998, S. 69 ff., 90 f.), und insbesondere § 1007 III nicht als Beweis für den Besitz als Rechtsscheingrundlage für dieses Recht (so aber *Wieling*, Sachenrecht, 3. Aufl. § 17 III 1 b aa, S. 228). Die Bedeutung des § 1007 ist nur die, daß dem Besitzer oder seinem Hintermann die Möglichkeit der Ersitzung des Eigentums (§ 937) oder des Nießbrauchs (§ 1033) gewahrt wird.

219 BGHZ 75, 221.

Zweiterwerbers als Berechtigten bedürfe. Es gehe um eine Verfügung über das sachbezogene bedingte Eigentumsrecht.

2179 Der BGH stellt den Zusammenhang her, der in der Tat endgültig bestätigt, daß und warum das Anwartschaftsrecht des Käufers als dingliche Rechtsposition anerkannt werden muß: Anknüpfend an den gesetzlichen Schutz des bedingten Erwerbes ist die Position des Vorbehaltskäufers als dingliche Rechtsposition entwickelt worden. Diese beruht auf der Erfüllung des Erwerbstatbestands, der Übernahme der Zahlungspflicht, der geleisteten Anzahlung und den schon geleisteten Ratenzahlungen und ist damit eine erworbene vermögenswerte Position. Foglich ist sie ein gegenwärtiger Verfügungsgegenstand. Diesen kann der Käufer insbesondere als Kreditunterlage durch Sicherungsübereignung nutzen. Deshalb wird die Übertragung des Anwartschaftsrechts, insbesondere zu Sicherungszwecken, nach §§ 929 ff. anerkannt. Damit ist die bedingte Rechtsposition notwendigerweise als gegenwärtige Zuordnungsposition, gerade auch in der Hand des Käufers als Kreditnehmer im Verhältnis zu Kreditgebern, anzusehen. Diese Rechtsposition besteht zwar akzessorisch zum Stand des Kaufvertrags, aber als dingliche Position verfestigt sie die Rechtsstellung aus dem gegenwärtigen Kaufvertrag. Änderungen des Kaufvertrags sind mit Rücksicht auf die Verselbständigung der dinglichen Rechtsstellung Eingriffe in die Kaufvertrags- *und* in die dingliche Rechtsposition. In beiderlei Hinsicht kommt es auf die Verfügungsberechtigung an.

2180 Dies wird für die Frage der Bedingungsausweitung über die Argumente des BGH hinaus eindeutig, wenn man sich den wahren Charakter der Neuvereinbarung der Bedingung ansieht. Nach dem Kaufvertrag gebührt die Sache dem K gegen Zahlung des Kaufpreises. Die spätere Änderung heißt, daß der doppelte Übergang des Eigentums, zuerst mit Kaufpreisrestzahlung auf den Käufer und sodann zur Sicherung der anderen Forderungen zurück auf den Verkäufer, abgekürzt wird[220]. Aus dieser Bedeutung der Vereinbarung zwischen Käufer und Verkäufer als Verfügung ergibt sich die folgende Konsequenz: Die Vereinbarung ist als Sicherungsübertragung an V gegenüber der ersten Sicherungsübereignung an die Kl. nachrangig. Die Übereignung an V erfaßt also nur (muß dies aber auch erfassen) das Eigentum insoweit, als es vom ersten Sicherungsnehmer nicht benötigt wird.

2181 Damit löst sich zugleich das Problem des Kontokorrentvorbehalts: Er ist wirksam als Sicherungsrückübereignung, soweit eben eine Sicherungsübereignung mit entsprechender Sicherungsabrede zulässig wäre.

2182 Kritisch ist die Entscheidung des BGH allerdings insoweit zu betrachten, als er die Berechtigung des K bei Wandelung und Aufhebung des Kaufvertrages voraussetzt. Hier ist zu sehen, daß diese Rechte sich auf eine Rechtsposition beziehen, die nicht mehr voll in der Hand des K ist. Die Entscheidung betreffs der Ausübung der Rechte ist nämlich im Hinblick auf den Wert und den Nutzen des Anwartschaftsrechts, d.h. den Wert und den Nutzen des künftigen Eigentums an der Kaufsache, zu treffen. K ist insofern nicht mehr voll Träger der Entscheidungsgrundlage, und damit fehlt ihm die alleinige Berechtigung, im Rahmen der Privatautonomie frei über das Recht zu verfügen. Insofern sprechen die besseren Gründe dafür, daß ebenso, wie es die zutreffende Meinung für die Anfechtung einer vertraglichen Willenserklärung nach Zession der Forderung aus dem Vertrag voraussetzt, auch im Fall der Übertragung des Anwartschaftsrechts die Gestaltungsrechte aus dem Vertrag nur mit Zustimmung der Zweiterwerber ausgeübt werden dürfen. In der Literatur[221] wird zwar demgegenüber auf die Sicherheiten durch die Ansprüche aus der Wandelung und der Anfechtung verwiesen. Dies ist aber eine mindere Ersatzsicherung, die dem Sicherungsnehmer nicht aufgedrängt werden darf. Zudem besteht die

[220] So auch der BGH selbst in der späteren Entscheidung BGHZ 98, 160 ff.

[221] *Gernhuber*, FS Baur (1981), 44 ff.

Gefahr eines Abtretungsverbots, das die Ersatzsicherung überhaupt hinfällig macht[222]. Entgegen *Gernhuber*[223] gibt es auch keine Probleme mit § 121, weil die Verzögerung der Anfechtung nicht als schuldhaft gelten kann, wenn erst die Zustimmung eingeholt werden mußte.

Die Lösung der Anfechtung oder Wandelung (nach n.F.: des Rücktritts) durch den Käufer nur mit Zustimmung des Erwerbers des Anwartschaftsrechts ist in zweifacher Hinsicht zu ergänzen: Einerseits darf der Erwerber nicht durch Verweigerung der Zustimmung dem Käufer einen schlechten bzw. ungewollten Vertrag aufdrängen: Hat der Käufer etwa im ersten Kauf durch irrtümliche Erklärung einen höheren Preis akzeptiert, als er erklären wollte, so kann der Erwerber die Zustimmung zur Anfechtung nur verweigern, wenn er seinerseits dem Käufer in seinem Vertrag mit diesem mindestens den vom Käufer im ersten Kauf versprochenen Preis zugesagt hat oder nachträglich verspricht. Andererseits muß der Erwerber die Wahl haben, die Anfechtung oder Wandelung, die der Käufer will, dadurch abzulösen, daß er mit Zustimmung des Verkäufers den ersten Kauf übernimmt – zusätzlich zu dem Anwartschaftsrecht, welches aus diesem Kauf stammt – und dann allein über Wandelung und Anfechtung entscheiden kann. **2183**

Ein auf den ersten Blick verwandtes Problem stellt sich, wenn das Anwartschaftsrecht an Grundstückszubehör nach § 1120 in die Pfandhaftung fällt. Die Frage ist, ob Käufer und Verkäufer ohne Zustimmung des Hypothekars vereinbaren können, daß der Verkäufer mit Zustimmung des Käufers das volle Eigentum an der Sache zur Sicherheit an einen den Restkaufpreis finanzierenden Dritten übertragen kann. Hier hat der BGH[224] zugunsten der Vertragsfreiheit von Käufer und Verkäufer entschieden. **2184**

Der BGH bejaht „grundsätzlich" die Berechtigung des K entgegen der Lage des § 185. Er prüft nur die analoge Anwendung des § 1276 und verneint sie. Dabei unterscheidet er zwischen der Verpfändung eines Rechts und der Verpfändung einer Sache. Bei Verpfändung eines Rechts kann dieses nach § 1276 nur mit Zustimmung des Pfandgläubigers aufgehoben werden. Bei Verpfändung einer Sache sei dagegen die Zerstörung der Sache durch den Eigentümer möglich. Der BGH weist darauf hin, daß insoweit der Wegfall des Pfandobjekts nur Schadensersatzansprüche auslösen könne. Die Verpfändung eines Anwartschaftsrechts sei der Sachverpfändung gleichzusetzen, so daß auch der Pfandgläubiger des Pfandrechts am Anwartschaftsrecht keinen weitergehenden Schutz genießen dürfe als der Gläubiger eines Sachpfandrechts. **2185**

Diese Argumentation überzeugt nicht. Nicht der Zerstörung, sondern der Verfügung über das Eigentum ist die Aufhebung gleichzusetzen. Die Verfügung über das Eigentum ist aber nur kraft guten Glaubens gegen den Pfandgläubiger wirksam (§ 936) und, sofern dieser die Sache besitzt, überhaupt nicht (§ 936 III). Auch die Dereliktion seitens des Eigentümers schadet dem Pfandgläubiger nicht, das Pfandrecht bleibt bestehen. § 1276 schützt den Gläubiger eines Pfandrechts an einem Recht nicht etwa stärker als den Sachpfandgläubiger. Die Vorschrift will nur einer Gefahr Rechnung tragen, die bei einem Sachpfand nicht besteht, nämlich daß durch Aufgabe des Rechts der Nutzungs- oder Befriedigungsgegenstand für das Pfandrecht wegfällt (indem der zuvor Verpflichtete nicht mehr leisten muß).

Ob diese Lage auch beim Anwartschaftsrecht des Vorbehaltskäufers besteht, bedurfte der Prüfung. Weiter war zu prüfen, ob nicht zuvor in Betracht kam, daß das Anwartschaftsrecht nach §§ 1121, 1122 enthaftet werden konnte und im Fall des BGH enthaf- **2186**

[222] So im Fall OLG Bamberg ZIP 1983, 597 f.

[223] FS Baur (1981), a.a.O.

[224] BGHZ 92, 280 ff. Kritisch zu dieser Entscheidung: *Tiedtke*, NJW 1985, 1305 ff.; *ders.*, NJW 1988, 28 f.; sodann *Kollhosser*, JZ 1985, 370; *Marotzke*, AcP 186 (1986), 490 ff; *Bayer*, WM 1987, 1542 ff. In wichtigen Punkten zustimmend dagegen *Wilhelm*, NJW 1987, 1785 ff.

tet war[225]. Eine grundsätzlich unbeschränkte Berechtigung des Grundstückseigentümers war mit der Argumentation des BGH nicht dargetan.

d) *Schutz des Anwartschaftsrechts durch negatorische, deliktische und Bereicherungsansprüche*

2187 Wie das Anwartschaftsrecht des Vorbehaltskäufers als dingliches Recht Verfügungsgegenstand ist, ist es wie dingliche Rechte absolut geschützt: Wenn im Zwangsversteigerungsfall ein Gläubiger des V die Sache zur Versteigerung bringt, obwohl K ein Anwartschaftsrecht hat, hat K die Ansprüche aus § 823 I und § 812 I 1 Alt. 2[226].

2188 Nach *Flume*[227] fallen, wenn anders als im Fall der Vollstreckung gegen V auch der V verletzt ist, der Schadensersatzanspruch und der Bereicherungsanspruch wegen eines Eingriffs in die Sache in den Nexus des bedingten Geschäfts. Kauft K unter Eigentumsvorbehalt für 9.000.- DM ein Auto und hat er 6.000.- DM bezahlt, so bestehen, wenn jetzt durch einen von X allein verschuldeten Unfall das noch 6.000.- DM werte Auto zerstört wird, folgende Möglichkeiten: Schadensersatzberechtigung des V in Höhe von 3.000.- DM und des K in Höhe von 3.000.- DM[228] oder Schadensersatzberechtigung allein des K, wobei dieser den Schaden des V mit liquidiert[229]. Nach der ersteren Lösung bekommt V jetzt schon den Restkaufpreis, obwohl K zu dessen Zahlung noch Zeit hatte. Nach der letzteren Lösung verliert V seine Sicherung. Einbeziehung in den Nexus des bedingten Geschäfts heißt: Der Anspruch steht dem V zu, aber nur bis zum Eintritt der Bedingung. Im Hinblick darauf darf V den Schadensersatz nicht vereinnahmen, sondern er muß ihn hinterlegen lassen. Aus der hinterlegten Summe kann K, wenn dies noch sinnvoll ist, die Reparatur der Sache bezahlen. Andere Schäden als den Sachwertverlust (etwa Mietwagenkosten) kann K nach § 823 I, § 7 StVG ersetzt verlangen. Die Lösung ist überzeugend[230].

2189 Weiter ist der Vorbehaltskäufer nicht nur nach §§ 1007, 861, sondern auch nach §§ 1004, 985 gegen Störer geschützt. Dies gilt auch gegenüber V, wenn dieser vertragswidrig handelt.

2190 *Medicus*[231] gibt einen Anspruch gegen Dritte nur dem V. Zur Geltendmachung könne K ermächtigt werden gem. § 185 I. Man sollte aber die gewiß richtige Prüfung der Er-

[225] Zu beidem o. Rz. 1423 ff. Die gleiche Problemlage besteht beim Hineinfallen des Anwartschaftsrechts in das gesetzliche Pfandrecht des Vermieters. Mit Recht bejaht der BGH in WM 1992, 600 ff., daß das Pfandrecht sich gleichermaßen auf ein Anwartschaftsrecht wie das Eigentum des Mieters an Sachen, die in die Mieträume eingebracht sind, erstreckt. Die Möglichkeit der Enthaftung wird parallel zu den §§ 1121 ff. in § 562a (§ 560 a.F.) für das Vermieterpfandrecht geregelt. Soweit die Enthaftungsvoraussetzungen nicht erfüllt sind, geht das Pfandrecht am Anwartschaftsrecht einer Sicherungsübertragung des Eigentums oder des Anwartschaftsrechts an eine Bank vor (so zutreffend der BGH, a.a.O.; wegen des Erwerbs aufgrund antizipierter Sicherungsübertragung als Durchgangserwerbs – auch bzgl. des Anwartschaftsrechts – gilt dies auch für die Einbringung von Sachen in die Mieträume nach Abschluß des Sicherungsübertragungsvertrags – so zutreffend mit freilich unnötiger Begründung der BGH, gegen die Begründung *Gnamm*, NJW 1992, 2806 f.). Umgekehrt gilt wie im Fall des Hineinfallens des Anwartschaftsrechts in den Hypotheken- oder Grundschuldverband die Möglichkeit einer unbelasteten Sicherungsübertragung unter der Voraussetzung der Enthaftung, beim Vermieterpfandrecht nach § 562a (§ 560 a.F.) und § 936 (hier ohne Sonderregelung wie nach § 1121 II).

[226] BGHZ 55, 25 ff.

[227] II, § 42 4 e, S. 740.

[228] So BGHZ 55, 31.

[229] So RGZ 170, 1 ff.

[230] Eingehend *Habermeier* AcP 193, 1993, 365, 378 ff.; weitere Lösungsmöglichkeiten bei *Bülow* Rz. 613 ff.

[231] MünchKomm § 985 Rz. 4.

forderlichkeit der Annahme eines Anwartschaftsrechts nicht immer wieder je auf die einzelne Rechtsfolge beziehen. Wenn aus bestimmten Rechtsfolgen heraus das Anwartschaftsrecht zu bejahen ist, sind daraus die weiteren Rechtsfolgen abzuleiten.

e) *Insolvenz des Vorbehaltskäufers oder des Vorbehaltsverkäufers*

Im Insolvenzverfahren über das Vermögen des K muß der Insolvenzverwalter nach § 103 InsO (früher § 17 KO) wählen, ob er den Restkaufpreis zahlt oder den Vertrag ablehnt[232]. Je nachdem geht das Eigentum über oder nicht. Nach § 107 II InsO braucht der Verwalter, zur Ausübung des Wahlrechts aufgefordert, die Erklärung erst unverzüglich nach dem Berichtstermin (Termin zur Entscheidung der Gläubiger über das weitere Schicksal des insolventen Unternehmens, § 156 InsO) abzugeben, es sei denn eine erhebliche Wertminderung der Sache ist zu erwarten. Dadurch kann das Schuldnervermögen, um Sanierungschancen zu wahren, vorübergehend noch zusammengehalten werden[233]. **2191**

In der Insolvenz des V war der Schutz des Anwartschaftsrechts nach der KO problematisch. Zwar war anerkannt, daß das Anwartschaftsrecht des K als Grundlage eines Aussonderungsrechts durch § 43 KO geschützt war. Nicht geregelt war aber die Auswirkung der Bindung des Anwartschaftsrechts an den Anspruch aus dem Kaufvertrag. In Betracht kam, daß der Konkursverwalter (hier des V) auch hier nach dem früheren § 17 KO die Erfüllung ablehnen konnte. Die Folge wäre gewesen, daß er so dem K das Anwartschaftsrecht hätte „aus der Hand schlagen“[234] können. § 161 I 2 schützt nur gegen Verfügungen in der Zwangsvollstreckung, die den Erwerb beeinträchtigen. Mit der Ablehnung der Erfüllung wird hingegen der Eintritt der Bedingung vereitelt. Auch war § 162 grundsätzlich nicht auf die Amtsausübung des Konkursverwalters anwendbar. **2192**

Die Rechtsprechung hatte das Wahlrecht anerkannt[235] und nur durch § 242 eingeschränkt, der dann eingreife, wenn sich sonst eine grobe Unbilligkeit für K ergeben wür- **2193**

[232] Für ein Recht zum Besitz des vorläufigen Insolvenzverwalters im Interesse effizienter Betriebsfortführung, welches aus dem potentiellen späteren Wahlrecht des (endgültigen) Insolvenzverwalters herzuleiten sei, *Schlegel*, DZWiR 2000, 94. Zum Problem der Unternehmensfortführung allgemein *Wellensiek*, WM 1999, 405.

[233] BT-Drs. 12/2443, S. 146.

[234] Formulierung von *Flume* II § 42 4 g, S. 745.

[235] Darstellung bei *Medicus*, Bürgerliches Recht, Rz. 480. S. BGHZ 98, 160, 168 f. In diesem Urteil hat der BGH seine ältere Entscheidung, die das Wahlrecht des Konkursverwalters nur nach den Grundsätzen von Treu und Glauben einschränkt, bestätigt: Die V-Verlags-KG steht mit der beklagten K-GmbH, die Bücher vertreibt, in Geschäftsbeziehungen. Als die V in Konkurs fällt, hat sie noch Forderungen gegen K in Höhe von ca. 30.000 DM. Die K hat noch Waren, die V ihr geliefert hat, im Wert von ca. 70.000 DM auf Lager. Die Lieferung der Bücher erfolgte unter erweitertem Eigentumsvorbehalt, d.h. daß das Eigentum erst nach Zahlung aller offenen Rechnungen aus der Geschäftsverbindung übergeht. Der Konkursverwalter der V erklärt, daß er „in den bestehenden Vertrag“ nicht eintrete, und verlangt mit der Klage Herausgabe aller unter Eigentumsvorbehalt gelieferten Bücher (Sachverhalt vereinfacht). Ein Anspruch des Konkursverwalters könnte sich aus § 985 ergeben. Die V ist wegen des Eigentumsvorbehalts Eigentümerin der Bücher, die K Besitzerin. Möglicherweise hat die K aber ein Besitzrecht nach § 986 I 1. Ein solches könnte sich aus dem Anwartschaftsrecht bzw. den vertraglichen Absprachen zwischen V und K ergeben. Insoweit ist zu trennen zwischen dem einfachen Eigentumsvorbehalt (Ware gegen Preis) und der Erweiterung des Eigentumsvorbehalts. Der BGH sieht in der Erweiterung des Vorbehalts materiell eine Sicherungsübereignung der schon bezahlten Waren zurück an den Verkäufer. Bezüglich der nicht bezahlten Bücher bleibt der BGH bei seiner Ansicht, der Konkursverwalter habe das Recht aus § 17 KO a.F. Dieses Recht stellt er dem Rücktrittsrecht des Vorbehaltsverkäufers nach § 455 I 2. Hs. a.F. gleich (dieses spezielle Rücktrittsrecht ist in § 449 n.F. nicht mehr enthalten). Da der Konkursverwalter in Bezug auf die noch nicht bezahlte Ware die Vertragserfüllung abgelehnt hatte, sei das Anwartschaftsrecht der K erloschen, und sie habe kein Recht zum Besitz. Bezüglich

de. Eine solche ergibt sich etwa, wenn K Wechsel hingegeben hatte, die V schon weitergegeben hat. In diesem Fall würde K die Eigentumsanwartschaft verlieren und müßte trotzdem voll zahlen.

2194 Die Literatur hat § 17 KO teleologisch eingeschränkt: Dieser sei mit § 59 I Nr. 2 KO zusammen zu lesen gewesen, wonach bei Wahl der Erfüllung der Gegenanspruch Masseschuld wurde. § 17 KO habe den *Partner* davor schützen wollen, daß er in die Masse leisten mußte und hinsichtlich der Gegenleistung auf die Konkursquote beschränkt war. § 17 KO habe nämlich sichergestellt, daß der Partner nur leisten mußte, wenn der Konkursverwalter zur Erfüllung aus der Masse bereit war; im anderen Fall bestand keine Leistungspflicht des Partners. Da aber bei Eigentumsvorbehalt der Partner durch § 161 geschützt war, kam es nach der Lehre insoweit gar nicht erst zur Problematik des § 17 KO. Dieser sei mithin nicht anzuwenden.

2195 Besser war folgende Sicht: § 17 KO war als Konsequenz daraus einzuordnen, daß der von einem Schuldner geschuldete Gegenstand nach der Konkurseröffnung nicht mehr uneingeschränkt dem Schuldner, sondern hinsichtlich der Konkursabwicklung zur Masse gehört. Also tritt für den Schuldner, der in Konkurs fällt, Unvermögen ein mit der Rechtsfolge des Schadensersatzes. Der Konkursverwalter kann aber der Leistung zustimmen und so das Unvermögen beheben. Aufgrund dieser Einordnung stand § 17 KO in einer Linie mit dem Befriedigungsrecht der Gläubiger insgesamt, welches mit der Beschlagnahme durch den Konkurs begründet wird. Beschlagnahme und Befriedigung der Gläubiger sind aber jedenfalls nach § 161 erwerbswidrige Verfügungen. Da sie insoweit unwirksam sind, konnte auch das zu ihrer Verwirklichung dienende Wahlrecht nach § 17 KO nicht bestehen.

2196 § 107 I InsO hat jetzt das Anwartschaftsrecht des besitzenden Käufers[236] im Konkurs des Verkäufers befestigt. Der Käufer kann die Erfüllung des Kaufvertrags verlangen.

des erweiterten Eigentumsvorbehalts an der schon bezahlten Ware stellt der BGH fest, daß, weil hier eine der Sicherungsübereignung vergleichbare Lage bestehe, die Erfüllungsfunktion entfallen sei (daher habe auch im umgekehrten Fall des Konkurses eines Käufers der Verkäufer, soweit ihm sicherungsübereignet sei, kein Aus-, sondern nur ein Absonderungsrecht gemäß § 48 KO). Da somit hinsichtlich der bezahlten Bücher der Kaufvertrag erfüllt sei, könne der Konkursverwalter nicht mehr gemäß § 17 KO vorgehen. Wie bei der Sicherungsübereignung sei ein Rückgriff auf diese Ware erst im Verwertungsfall zulässig. Dieser war aber noch nicht eingetreten, schon da der Konkursverwalter gerade nicht Bezahlung verlangt habe, sondern von den noch offenen Verträgen zurückgetreten sei. Damit würden sämtliche Zahlungsansprüche der V und somit auch die Sicherungsfunktion des erweiterten Eigentumsvorbehalts an der bereits bezahlen Ware entfallen. Der BGH hat der Klage daher hinsichtlich der noch unbezahlten, bei der K befindlichen Ware im Wert von ca. 30.000 DM stattgegeben. M. E. war die Klage aus § 985 BGB ganz abzuweisen. Die Gleichstellung des Rechts aus § 17 KO mit dem Rücktrittsrecht des Verkäufers nach § 455 I a.F. ist eine Überbewertung des Rechts des Konkursverwalters.

236 Auf das Anwartschaftsrecht des Käufers aus bedingter Übereignung, wenn an ihn unter Eigentumsvorbehalt geliefert ist, wird mit der Formulierung vom Verkauf unter Eigentumsvorbehalt und der Besitzübertragung an den Käufer verwiesen. Zwar kommt nach dem Wortlaut von § 455 I a.F. (= § 448 I n.F.) in Betracht, daß die beiden Vorschriften, die nur von dem Vorbehalt des Verkäufers sprechen, die von ihnen bestimmte Auslegung, die nur im Zweifel gilt, nicht nur auf die aufschiebende Bedingung im Fall der Übereignung, sondern auch auf die Frage beziehen, ob überhaupt schon übereignet ist; jedenfalls § 107 I InsO greift aber seinem Sinn nach nur dann ein, wenn bei Lieferung unter Eigentumsvorbehalt eine – aufschiebend bedingte – Übereignung vorgenommen ist. Der Sinn des § 107 I InsO ist nämlich der Schutz des Anwartschaftsrechts. Weiter ist ebenso wie der Fall eines Eigentumsvorbehalts ohne Vornahme der Übereignung der Fall eines Vorbehaltskaufs, bei dem zwar aufschiebend bedingt übereignet wird, aber in Gestalt der Überlassung nur des mittelbaren Besitzes an den Käufer nach § 930, vom Gesetzgeber mit der ausdrücklichen Hervorhebung des Besitzüber-

Nach der Begründung des RegE kann der Verwalter die Anwartschaft des Vorbehaltskäufers nicht durch eine Ablehnung der Erfüllung des Kaufvertrages zerstören[237].

IV. Die Frage des Anwartschaftsrechts des Hypothekengläubigers vor der Valutierung

Für das dritte Anwartschaftsrecht, welches diskutiert wird, dasjenige des Hypotheken- **2197**
gläubigers vor der Valutierung[238], gilt das, was zum angeblichen Anwartschaftsrecht des Auflassungsempfängers gesagt worden ist: Die Annahme eines solchen Anwartschaftsrechts geht an der gesetzlichen Regelung, hier der Regelung der Hypothek für künftige oder bedingte Forderungen, vorbei[239].

tragungserfordernisses aus dem Schutz ausgeschlossen worden. Der Fall ist aber auch schon praktisch kaum denkbar.

237 BT-Drs. 12/2443 S. 146.

238 Zur weiteren Möglichkeit eines Anwartschaftsrechts aufgrund der Überlassung des Hypothekenbriefs und einer Blanko-Abtretungserklärung o. Rz. 1466 Fn. 1485.

239 S. o. Rz. 1452 ff.

Vierter Teil
Sicherungsrechte und Eigentumsvorbehalt

A. Überblick

2198 Eine Forderung (insbesondere eine Kreditforderung) kann durch absolute Rechte gesichert werden. Darunter versteht man, daß zu der Forderung ein dem Schuldner (d.h. nur ihm und damit: absolut) gehöriges Sicherungsrecht zur ersatzweisen Befriedigung wegen der Forderung hinzutritt. Im weiteren Sinne kann eine Forderung aber auch dadurch gesichert werden, daß der dem Schuldner gegen diese Forderung versprochene Erwerb von der Erfüllung der Forderung abhängig gemacht wird. Diese Sicherung haben wir beim Eigentumsvorbehalt (§ 449 I = § 455 I a.F.) vor uns. Der Eigentumsvorbehalt ist aber nur eine Sicherung im weiteren Sinne[1]. Das vorbehaltene Eigentum ist der eine Teil eines Austauschs, in dem die „gesicherte" Forderung auf der Gegenseite steht, das Eigentum tritt aber nicht zu der Kaufpreisforderung als alternative Befriedigungsquelle hinzu. Sicherungsrechte sind Rechte mit der Möglichkeit, daß sich der Gläubiger bei Nichterfüllung der gesicherten Forderung durch Ausübung des Sicherungsrechts (insbesondere durch die entgeltliche Veräußerung des Rechts oder des Rechtsobjekts) wegen seiner Forderung ersatzweise befriedigt. Der Eigentumsvorbehalt bedeutet dagegen, daß der Verkäufer, wenn er den Kaufpreis nicht erhält, seine eigene Leistung nicht erbringt. Dies sichert den Verkäufer, indem der Käufer möglichst zahlen wird, damit er das Eigentum erhält, und es sichert den Verkäufer vor Verlust aus dem Geschäft bei Ausbleiben der Zahlung. Der Verkäufer erhält aber nicht aus dem vorbehaltenen Eigentum ersatzweise die Zahlung. Von dem vorbehaltenen Eigentum ist daher nicht als von einem Sicherungsrecht zu sprechen.

Als Sicherungsrechte im eigentlichen Sinne kommen zunächst absolute Rechte an Sachen in Betracht. Neben der Sicherung durch absolute Rechte an Sachen gibt es die Sicherung durch absolute Berechtigung an anderen Rechten. Auch die Inhaberschaft einer Forderung ist ein absolutes Recht, indem die Forderung dem Inhaber (Gläubiger) ausschließlich gehört. Deshalb kommt auch die Inhaberschaft an Forderungen als Sicherungsrecht in Betracht. In diesem Fall dient die eine Forderung zur Sicherung einer anderen Forderung.

1 Der Einordnung des Eigentumsvorbehalts als Sicherung im weiteren Sinne entsprach die analoge Anwendung des § 223 a.F. (§ 216 n.F.) darüber, daß Sicherungsrechte auch bei Verjährung des gesicherten Anspruchs dem Gläubiger zu seiner Befriedigung verbleiben, auf den Eigentumsvorbehalt (BGHZ 34, 195, 70, 98). Wie nach der Vorschrift bei akzessorischen Sicherheiten an Sachen die Verjährung der gesicherten Forderung nicht die Befriedigung aus dem akzessorischen Rechte hinderte und bei nicht akzessorischen Sicherheiten im Fall der Verjährung der Forderung der Sicherungsnehmer die Sicherheit behalten durfte, behielt aufgrund der analogen Anwendung der Vorschrift auf den Eigentumsvorbehalt im Fall des Eigentumsvorbehalts der Verkäufer bei Verjährung der Kaufpreisforderung sein Rücktrittsrecht (so jetzt die ausdrückliche Ergänzung in § 216 II n.F.). Zur Auswirkung der Forderungsverjährung auf eine dingliche Sicherung *Schuch*, Der Einfluß der Forderungsverjährung auf dingliche Sicherungsrechte, Diss. Passau 2001.

Sicherungen durch absolute Rechte zerfallen in zwei Gruppen: Akzessorische Rechte, die per se Sicherungsrechte sind, und nicht akzessorische Rechte, die zum Zweck der Sicherung bestellt oder übertragen werden[2]. **2199**

Der Einräumung eines Sicherungsrechts liegt, gleich ob das Recht akzessorisch oder nicht akzessorisch ist, die Sicherungsabrede als causa zugrunde. Aufgrund der Abhängigkeit des akzessorischen Rechts von der Forderung wirken sich Hindernisse und Bewegungen hinsichtlich der Forderung auf das akzessorische Sicherungsrecht per se, durch Nichtentstehen oder Veränderung des Bestandes des Sicherungsrechts, aus. Deshalb muß hier die Kausalvereinbarung der Sicherungsabrede weniger leisten als beim nicht akzessorischen Recht. Soweit aber die Konsequenz aus der Akzessorietät nicht ausreicht, ist auch beim akzessorischen Recht die schuldrechtliche Abhängigkeit vom Sicherungszweck aufgrund der Sicherungsabrede relevant. **2200**

Die Sicherungsabrede regelt – sei es unmittelbar, sei es in ergänzender Auslegung – die Rechte im Hinblick auf die Beziehung des Sicherungsrechts auf den Sicherungszweck. Dies hat eine zweifache Bedeutung: Zunächst ist die Sicherungsabrede durch die Beziehung der Einräumung der Sicherheit auf den Sicherungszweck der Rechtsgrund der Einräumung des Sicherungsrechts (wohl zu unterscheiden von der kausalen Grundlage des zu sichernden Anspruchs selbst). Zum zweiten ergibt die Beziehung des Sicherungsrechts auf den Sicherungszweck im Falle von Hindernissen und Bewegungen hinsichtlich der gesicherten Forderungen, soweit diese sich nicht schon kraft Akzessorietät auf den Bestand des Rechts auswirken, schuldrechtliche Ansprüche oder Gegenrechte bezüglich des Sicherungsrechts aus der Sicherungsvereinbarung. Ist die Sicherungsvereinbarung als Rechtsgrund der Zuwendung des Sicherungsrechts unwirksam, so ist nach dem Abstraktionsprinzip die Einräumung des Sicherungsrechts dennoch wirksam. Der Sicherungsgeber hat wegen Fehlens des Rechtsgrunds die Leistungskondiktion. Ist die Sicherungsabrede dagegen wirksam, so tritt die Beziehung des Sicherungsrechts auf den Sicherungszweck für den Fall des Nichtbestehens oder Wegfalls der gesicherten Forderung in Kraft. Dadurch entfällt der Sicherungszweck. Zwar bleiben die nicht akzessorischen Rechte in der Hand des Sicherungsnehmers bestehen. Es ergibt sich aber aus der (zumindest ergänzenden) Auslegung der Sicherungsabrede, daß der Sicherungsgeber einen Anspruch auf Rückgewähr der (nicht akzessorischen) Sicherheit hat[3]. Ist das Sicherungsrecht akzessorisch, so führt die Akzessorietät, d.h. die von seinem Inhalt her bestehende Abhängigkeit des Sicherungsrechts von der gesicherten Forderung, dazu, daß es des Anspruchs auf Rückgewähr des Sicherungsrechts wegen Wegfalls der gesicherten Forderung nicht bedarf. **2201**

Neben den Rechten des Sicherungsgebers kann die ergänzende Auslegung der Sicherungsabrede auch Rechte des Sicherungsnehmers ergeben: So hat der BGH zutreffend bei Scheitern der Verfügung zur Einräumung der zunächst vorgesehenen Sicherheit die Möglichkeit gesehen, daß der Sicherungsvertragspartner aus dem Sicherungsvertrag einen Anspruch auf Mitwirkung an einer nachholbaren entsprechenden Verfügung hat[4].

Für die Einräumung der Sicherungsrechte und die Sicherungsabrede ist umstritten, ob sie unter die §§ 312 ff., 355 ff. (früher HaustürWG) und die §§ 491 ff., 505 ff., 355 ff. (früher VerbrKrG) fallen können[5]. **2202**

2 Ohne rechtfertigende Grundlage die Ansicht von *Wieling*, Sachenrecht, 4. Aufl., § 18 2. S. 252, das Sicherungseigentum sei wie ein Pfandrecht zu behandeln.

3 Zur Frage, ob über die schuldrechtliche Bindung hinaus die Wirksamkeit des Geschäfts der Einräumung des Sicherungsrechts vom Sicherungszweck abhängig gemacht werden kann, unten Rz. 2221.

4 BGH WM 1989, 1862 für die Sicherungsgrundschuld.

5 Für Bürgschaften vertritt der IX. Zivilsenat den Standpunkt, daß sie unter beide Gesetze mindestens dann nicht fallen, wenn die Kreditforderung, die sie sichern, aus einem im Rah-

2203 Im Zeichen des europäischen Binnenmarkts ist eine Diskussion darüber im Gange, ob die Rechtsordnungen der Mitgliedstaaten mit ihren besonderen Anforderungen an Sicherungsrechte den grenzüberschreitenden Kapitalverkehr oder Warenverkehr erschweren und die Anforderungen unzulässig sein können, wenn Sicherungsrechte, die im Herkunftsland möglich sind, im Zielstaat den Anforderungen nicht genügen[6]. Bei dieser Diskussion ist darauf zu achten, daß die Wurzeln der Herausbildung von Sicherungsrechten tief in das jeweilige Rechtssystem reichen, so daß die einzelnen Sicherungsrechte nicht isoliert, insbesondere nicht isoliert im Vergleich zu den positiven Anforderungen an einzelne Sicherungsrechte in anderen Rechtsordnungen, betrachtet werden können. Ansätze, auf die Freiheit des grenzüberschreitenden Verkehrs ein ius commune Europae in Bezug auf Sicherungsrechte zu bauen, verkennen die Notwendigkeit der Achtung der Rechtsordnungen der Mitgliedstaaten als systematischer, kultureller und historischer Einheit[7]. Zu den maßgeblichen Rechtsordnungen gehören auch die Regelungen des internationalen Privatrechts. Die Arbeit an der Schaffung europa-einheitlicher Institute wie der Eurohypothek oder – als Beispiel schon abgeschlossener Arbeit aus einer anderen Rechtsmaterie – der EWiV zeigt, daß es der Einzelgesetzgebung bedarf, wenn einheitliches Recht zur Verfügung stehen soll, und daß, auch wenn es zu dieser Einzelgesetzgebung kommt, diese darin besteht, daß zusätzliche Institute für den grenzüberschreitenden Verkehr zur Wahl gestellt werden, aber nicht die einzelstaatlichen Institute weichen müssen.

B. Akzessorische Sicherung

I. Die Rechtsgeschäfte bei der Einräumung akzessorischer Rechte

2204 Als Erscheinungsformen akzessorischer Sicherungsrechte kennen wir die Bürgschaftsforderung, das Pfandrecht an einer beweglichen Sache und an einem Recht, insbesondere an einer Forderung, und die Hypothek[8]. Die Akzessorietät dieser Rechte stellt ein inhaltliches Merkmal dar: Das Recht dient nach seinem Inhalt (als „geborenes" Sicherungsrecht) dazu, daß der gesicherte Gläubiger einer Forderung (sog. Hauptforderung) sich

men eines Berufs oder Gewerbes aufgenommenen Kredit stammt, NJW 1998, 1939, 2356. Damit hat der IX. Senat eine Differenzierung aufgenommen, die der EuGH in seiner Entscheidung auf die Vorlage des IX. Senats in der Sache Bayerische Hypo./.Edgar Dietzinger (NJW 1996, 930) zur EG-Richtlinie 577/85/EWG v. 20.12.1985 „betreffend Verbraucherschutz im Falle von außerhalb von Geschäftsräumen geschlossenen Verträgen" entwickelt hat (NJW 1998, 1295). Die Frage der Anwendung des VerbrKrG auf Bürgschaften unter dem Gesichtspunkt der Richtlinie des Rates „über Verbraucherkredite" vom 22.12.1986 87/102/EWG hat das LG Potsdam EuZW 1998, 446 dem EuGH vorgelegt. Kritisch zum Standpunkt des IX. Senats des BGH betreffend HaustürWG *St. Lorenz* NJW 1998, 9237, *Reinicke/Tiedtke* DB 1998, 2001, betreffend VerbrKrG *Sölter*, NJW 1998, 2192, *Bülow*, ZIP 1998, 1187. – Anwendung des VerbrKrG auf das Versprechen der Bestellung einer Sicherungsgrundschuld in der Entscheidung des XI. Senats BGHZ 131, 1ff.

6 S. etwa *Seif*, Bestandsschutz besitzloser Mobiliarsicherheiten im deutschen und englischen Recht, 1996; *v. Wilmowsky*, Europäisches Kreditsicherungsrecht. Sachen- und Insolvenzrecht unter dem EG-Vertrag, 1996, dazu *Seif*, RabelsZ 1998, 528 ff.; *Kieninger*, Mobiliarsicherheiten im Europäischen Binnenmarkt, 1996 und Anm. zum Urteil des XI. Zivilsenats des BGH, JZ 1999, 404 (405, 409 f.).

7 S. *Schurig*, FS Großfeld (1999), S. 1089; *Sonnenberger*, JZ 1998, 982.

8 Kein akzessorisches Sicherungsrecht ist die Vormerkung. Sie sichert die Erfüllung des vorgemerkten Anspruchs selbst, bedeutet aber nicht die Möglichkeit ersatzweiser Befriedigung aus einem anderen Recht (dem Sicherungsrecht).

aus dem Recht wegen der Hauptforderung befriedigen kann (§ 765 I mit der Formulierung der §§ 770, 771, sodann §§ 1113 I, 1204 I). Das akzessorische Recht kann deshalb, vorbehaltlich der Möglichkeit der Einräumung für künftige oder bedingte Forderungen, nicht selbständig ohne Hauptforderung bestehen.

Bei der Bestellung eines akzessorischen Rechts werden zumindest drei Rechtsgeschäfte **2205** abgeschlossen, die zu trennen sind: das Rechtsgeschäft, aus dem die zu sichernde Forderung entspringt (Hauptbeispiel: Kreditgeschäft), die Bestellung des akzessorischen Rechts (Bestellungsgeschäft) und die Vereinbarung der causa für das zu bestellende Recht (Sicherungsabrede). Hinzukommt noch ein weiteres Rechtsgeschäft, entweder zwischen dem persönlichen Schuldner und dem Gläubiger oder zwischen dem persönlichen Schuldner und demjenigen, welcher das Recht einräumt, wenn der Schuldner und der Inhaber des Rechts nicht identisch sind.

Das Geschäft der Bestellung eines akzessorischen Rechts ist von der Sicherungsabrede **2206** abstrahiert, seine Wirksamkeit beurteilt sich also unabhängig von der Wirksamkeit der Sicherungsabrede. Dagegen gilt das Abstraktionsprinzip nicht im Verhältnis zwischen Kreditgeschäft und Bestellungsgeschäft: Diese stehen gar nicht im Verhältnis von Kausal- und Erfüllungsgeschäft.

Die Beziehung der Akzessorietät ist von derjenigen der Abstraktion scharf zu unter- **2207** scheiden[9]. Das aus dem Bestellungsgeschäft rührende akzessorische Recht ist von der zu sichernden Forderung abhängig, zu ihr akzessorisch. Seine Bestellung ist aber genau so abstrakt, d.h. unabhängig vom Rechtsgrund, wie die Bestellung des nicht akzessorischen Rechts.

II. Verwertung akzessorischer Rechte

1. Die Verwertung beim Pfandrecht

Eine verpfändete bewegliche Sache (Pfand) wird dadurch verwertet, daß sie nach **2208** §§ 1228 I, 1233 ff. verkauft wird und der Erlös dem Gläubiger in dem Umfang zufließt, der zu seiner Befriedigung erforderlich ist, § 1247 S. 1.

Ist eine Forderung verpfändet worden, so wird sie entweder durch Einziehung seitens **2209** des Pfandgläubigers, durch ihre Übertragung auf ihn (§ 1282 I 1-3) oder durch Zwangsvollstreckung nach Titulierung verwertet, § 1282 II Hs. 2. Ein anderes Recht kann nur in der letzteren Weise, also nach Erwirkung eines Titels, der auf Duldung der Zwangsvollstreckung lautet, durch Zwangsvollstreckung nach §§ 828 ff. ZPO verwertet werden (§ 1277). Die Verpfändung einer Hypothek ist rechtlich die Verpfändung der hypothekarisch gesicherten Forderung. Zur Verwertung kann zunächst einmal neben der Einziehung der Forderung die (mit)verpfändete Hypothek eingezogen werden (nach §§ 1281 f.). Der Pfandgläubiger kann aber auch in die Hypothek als Pfandobjekt nach § 1277 vollstrecken. Dazu muß er bei Pfandreife wie folgt vorgehen: Zunächst muß er, wenn er einen solchen nicht schon hat, einen Titel gegen den Verpfänder auf Duldung der Zwangsvollstreckung in die Hypothek erwirken. Aufgrund des Titels ist die durch Briefhypothek gesicherte Forderung gem. §§ 829, 830 I 3, 837 I ZPO durch Pfändungsbeschluß und Übergabe des Briefs an den Gläubiger (notfalls mit Hilfe des Gerichtsvollziehers) zu pfänden und zu überweisen. Bei Ausschluß des Briefs ist die Hypothek, d.h. die Buchhypthek, durch Eintragung in das Grundbuch zu pfänden. Auch der Überweisungsbeschluß ist in das Grundbuch einzutragen, wenn die Forderung an Zahlungs Statt überwiesen werden soll. Die so erlangte hypothekarisch gesicherte Forderung kann der

[9] Die Akzessorietät kennzeichnet das Verhältnis von Rechten zueinander, die Abstraktion kennzeichnet das Verhältnis von Rechtsgeschäften zueinander.

Pfandgläubiger dann derart verwerten, daß er an den Eigentümer des Grundstücks, das mit der Hypothek belastet ist, mit seinem Zahlungsbegehren herantritt. Notfalls muß er auch gegen den Eigentümer auf Duldung der Zwangsvollstreckung klagen (§§ 1113 I, 1147). Hat er diesen Titel erstritten und findet die Zwangsversteigerung statt, so wird der Pfandgläubiger, wenn die Forderung nicht schon durch Überweisung an Zahlungs Statt getilgt ist, aus dem Versteigerungserlös befriedigt.

2. Hypothek

2210 Wie soeben zur Pfändung einer hypothekarisch gesicherten Forderung, die auch zur Verwertung der Hypothek führt, auszuführen war, wird die Hypothek, das akzessorische Grundpfandrecht, nach § 1147 im Wege der Zwangsvollstreckung verwertet. D.h. der Gläubiger bedarf eines Titels, der auf Duldung der Zwangsvollstreckung gerichtet ist, und kann dann das Grundstück durch Zwangsverwaltung oder -versteigerung verwerten lassen.

III. Akzessorische Rechte in Zwangsvollstreckung und Insolvenzverfahren

1. Zwangsvollstreckung

2211 Wegen der Beschränkung der Sicherung auf den Sicherungszweck muß der Sicherungsgeber davor geschützt werden, daß das Objekt des von ihm zur Sicherung hingegebenen Rechts beim Sicherungsnehmer von Zwangsvollstreckungsmaßnahmen erfaßt wird, welche etwaige Gläubiger des Sicherungsnehmers gegen diesen richten. Was akzessorische Sicherungsrechte betrifft, ist zwischen der Hypothek als Recht an einem Grundstück und dem Pfandrecht als Recht an einer beweglichen Sache zu unterscheiden. Zwangsvollstreckungsmaßnahmen in das Grundstück gegen den eingetragenen Hypothekar sind ausgeschlossen: Die Zwangsvollstreckung in das unbewegliche Vermögen setzt das Eigentum des Vollstreckungsschuldners am Grundstück voraus (§§ 864 I, 866 ZPO mit der Identifizierung von Grundstück und Grundstückseigentum, § 17 I ZVG geht vom Eigentum des Schuldners aus und verlangt die Eintragung des Schuldners als Eigentümer). Es kann zwar die Zwangsvollstreckung gegen einen fälschlich im Grundbuch als Eigentümer eingetragenen Vollstreckungsschuldner vorkommen. Ist der Vollstreckungsschuldner aber als Hypothekar im Grundbuch eingetragen, so ist die Immobiliarzwangsvollstreckung gegen ihn ausgeschlossen.

2212 Was dagegen verpfändete bewegliche Sachen betrifft, so ist denkbar, daß Gläubiger des Pfandgläubiger gegen den Pfandgläubiger in die verpfändete Sache vollstrecken: Das Pfandrecht setzt die Einräumung des Besitzes an den Pfandgläubiger voraus. Die Vollstreckung durch Pfändung einer beweglichen Sache setzt nach § 808 I ZPO nur den Gewahrsam an der Sache voraus. Lassen Gläubiger des Pfandgläubigers bei diesem die Pfandsache pfänden, so ist der Eigentümer und Sicherungsgeber durch die Drittwiderspruchsklage nach § 771 I ZPO geschützt. Er kann gegen den die Vollstreckung betreibenden Gläubiger die Drittwiderspruchsklage erheben mit dem Antrag, die Zwangsvollstreckung für unzulässig zu erklären.

2213 Wird in der entgegengesetzten Richtung von Gläubigern des Sicherungsgebers (nehmen wir an: des verpfändenden oder mit der Hypothek belasteten Eigentümers) gegen den Sicherungsgeber vollstreckt, ist der Sicherungsnehmer (Pfandgläubiger oder Hypothekar) wie folgt geschützt: Wird im Fall des Bestehens einer Hypothek die Zwangsvollstreckung in das Grundstück betrieben, so steht dem Hypothekar zwar kein vollstreckungsrechtlicher Rechtsbehelf hiergegen zu; er wird aber im Rahmen der Zwangsverwertung seinem Rang entsprechend befriedigt, vgl. § 10 I Nr. 4 ZVG. Wird im Rahmen einer Vollstreckung in bewegliches Vermögen ein Gegenstand gepfändet, der zum Haftungsverband nach § 1120 gehört, so steht dem Hypothekar hiergegen die Drittwiderspruchsklage zu[10].

Wird im Fall der Verpfändung einer beweglichen Sache gegen den Verpfänder vollstreckt und versucht es der Vollstreckungsgläubiger mit einer Pfändung der Sache, obwohl diese sich beim Pfandgläubiger befindet und dieser nicht zur Herausgabe bereit ist, so steht dem Pfandgläubiger der Rechtsbehelf der Erinnerung nach § 766 I i.V.m. § 809 ZPO zu[11]. Daneben[12] steht ihm die Drittwiderspruchsklage nach § 771 I ZPO zu, weil sein Widerspruch nicht durch § 805 I Hs. 1 ZPO ausgeschlossen ist. Wahlweise kann er – als ein Weniger zur Klage nach § 771 I ZPO – nach § 805 I Hs. 2 ZPO auf vorzugsweise Befriedigung klagen. Materiellrechtliche Ansprüche, etwa auf Herausgabe gem. §§ 1227, 985, werden durch die zwangsvollstreckungsrechtlichen Rechtsbehelfe verdrängt. Hatte der Pfandgläubiger die verpfändete Sache nicht im Gewahrsam, sondern wurde die Sache beim Sicherungsgeber oder einem Dritten gepfändet, so ist eine Drittwiderspruchsklage des Pfandgläubigers nach § 805 I Hs. 1 ZPO unzulässig. Stattdessen bleibt ausschließlich die Klage auf vorzugsweise Befriedigung aus § 805 I Hs. 2 ZPO.

Wird ein verpfändetes Recht, insbesondere eine Forderung, von Gläubigern des Sicherungsgebers gepfändet, so steht dem Pfandgläubiger die Drittwiderspruchsklage zu, wahlweise kann er auf vorzugsweise Befriedigung nach § 805 I Hs. 2 ZPO klagen[13].

2. Insolvenzverfahren

Wird über das Vermögen des Sicherungsnehmers (Pfandgläubigers, Hypothekars) das Insolvenzverfahren eröffnet, so wird rechtlich nur die hypothekarisch oder pfandrechtlich gesicherte Forderung ergriffen und sind Hypothek und Pfandrecht nur für diese zu verwerten. Die Nichtberechtigung des Hypothekars in bezug auf das Grundstückseigentum ist aufgrund der Grundbucheintragungen offensichtlich. Nicht offensichtlich ist dieses letztere dagegen bei der beweglichen Sache im Fall des Insolvenzverfahrens gegen den Pfandgläubiger. Wird die Sache in das Insolvenzverfahren einbezogen, so kann der Sicherungsgeber nach § 47 S. 2 InsO aufgrund der allgemeinen Vorschriften auf Aussonderung klagen. 2214

Im Insolvenzverfahren gegen den Sicherungsgeber (Verpfänder, Eigentümer) haben Hypothekare das Recht zu abgesonderter Befriedigung nach dem ZVG (§ 49 InsO). Nach § 165 InsO kann die Zwangsversteigerung oder Zwangsverwaltung eines Grundstücks neben den absonderungsberechtigten Gläubigern auch der Insolvenzverwalter betreiben[14]. 2215

Pfandgläubiger haben im Insolvenzverfahren gegen den Sicherungsgeber das Recht auf abgesonderte Befriedigung nach § 50 i.V.m. §§ 166 ff. InsO. § 166 InsO gibt dem Insolvenzverwalter ein vorrangiges Verwertungsrecht (s. § 173 InsO) im Hinblick auf bewegliche Sachen, an denen ein Absonderungsrecht besteht, wenn sie im Besitz des Insolvenzverwalters stehen. Da das rechtsgeschäftlich bestellte Pfandrecht an beweglichen Sachen mit dem Besitz des Pfandgläubigers verbunden ist, kommen hier nur Fälle eines gesetzlichen Pfandrechts wie etwa des Vermieterpfandrechts in Betracht. Dem entspricht, daß § 166 II InsO dem Verwalter das Einziehungs- oder Verwertungsrecht im Hinblick auf Forderungen nur dann gibt, wenn der Schuldner die Forderung zur Sicherung abgetreten 2216

10 *Brox/Walker*, Zwangsvollstreckungsrecht, Rz. 1418.

11 *Brox/Walker*, Zwangsvollstreckungsrecht, Rz. 1204.

12 *Brox/Walker*, Zwangsvollstreckungsrecht, Rz. 1205.

13 Str., wie hier *Rosenberg/Gaul/Schilken*, Zwangsvollstreckungsrecht, 11. Aufl., § 42 III 2, S. 702 m.w.N. Dem Vertragspfandgläubiger steht gegenüber dem nachrangigen Pfändungspfandgläubiger das Bestimmungs- und Initiativrecht gem. §§ 1290, 1273 II 1, 1232 S. 1 zu, das er nur durch die Klage nach § 771 I ZPO verwirklichen kann.

14 Dazu näher *Lwowski/Tetzlaff*, WM 1999, 2336 sowie *D. Eckardt*, ZIP 1999, 1734.

hat. § 166 InsO hat also vor allem Bedeutung für Sicherungsübereignung und Sicherungszession. Die Verwertung durch den Insolvenzverwalter ist für die Absonderungsberechtigten damit verbunden, daß vom Erlös insgesamt 9 % als Anteil für die Feststellung (des Gegenstands und der an ihm bestehenden Rechte) und die Verwertung in der Masse verbleiben (§§ 170, 171 InsO). Sachen, die im Besitz des Verwalters stehen und mit einem Pfandrecht belastet sind, kann der Verwalter auch – gegen Entschädigung – benutzen oder verbinden, vermischen oder verarbeiten (§ 172 InsO).

2217 Beide Gruppen von absonderungsberechtigten Gläubigern, die mit Rechten an unbeweglichen und die mit Rechten an beweglichen Sachen, können nach den Vorschriften über den Insolvenzplan (§§ 217 ff. InsO) in ihren Rechten betroffen, letztlich aber nicht verkürzt werden[15]. Nach § 251 I Nr. 2 InsO ist die gerichtliche Bestätigung eines Plans auf Antrag eines Gläubigers zu versagen, wenn der Gläubiger durch den Plan schlechter als ohne den Plan gestellt würde[16].

C. Nicht akzessorische Sicherung

I. Formen

2218 Folgende Erscheinungsformen der Sicherungsbestellung bzw. -übertragung nicht akzessorischer Rechte sind zu nennen: Sicherungsübereignung einer beweglichen Sache oder eines Grundstücks, Sicherungsabtretung einer Forderung, Bestellung oder Übertragung einer Grundschuld als sog. Sicherungsgrundschuld, Bestellung eines Sicherungsnießbrauchs und die Sicherungsübertragung eines Anwartschaftsrechts.

II. Abhängigkeit vom Sicherungszweck

2219 Mangels Akzessorietät kann es dazu kommen, daß der Sicherungsnehmer das bestellte oder übertragene nicht akzessorische Recht trotz Nichtbestehens der Forderung, insbesondere trotz Nichtigkeit des Kreditgeschäfts, erwirbt und trotz Untergangs der Forderung behält. Er hat dann das Sicherungsvollrecht (Eigentum oder Forderung) aufgrund der Sicherungsabrede oder aus ungerechtfertigter Bereicherung an den Sicherungsgeber zurückzuübertragen, das beschränkte Recht (Grundschuld) zurückzuübertragen oder zugunsten des Sicherungsgebers aufzugeben. Zu fragen ist, ob die Parteien diese Selbständigkeit der nicht akzessorischen Sicherungsrechte von der gesicherten Forderung auch verhindern können. In Betracht kommt, daß die Parteien die Kreditforderung derart mit dem Bestellungs- oder Übertragungsgeschäft verknüpfen, daß bei fehlendem Kreditgeschäft oder fehlender Forderung auch die Sicherungsbestellung oder -übertra-

[15] Grundsatz der Regelbarkeit durch den Plan in § 217 InsO, zum gestaltenden Teil des Plans § 221, zur Möglichkeit der Einbeziehung absonderungsberechtigter Gläubiger § 223 II, zur Änderung sachenrechtlicher Verhältnisse § 228, zum Stimmrecht der absonderungsberechtigten Gläubiger § 238, Abstimmung in Gruppen, Mehrheitserfordernisse, mögliche Unterstellung der Mehrheit, Minderheitsschutz §§ 243 ff., 251, Wirkungen des Plans § 254. Zur Änderung von Grundstücksrechten ist die Eintragung im Grundbuch erforderlich. Ist die Eintragungsbewilligung der Gläubiger in den Insolvenzplan aufgenommen, so kann der nach § 29 GBO erforderliche Nachweis durch Vorlage einer Ausfertigung des gerichtlichen Bestätigungsbeschlusses und des Insolvenzplans geführt werden. Näher siehe *M. Obermüller*, WM 1998, 483.

[16] Die für den Plan eintretende Mehrheit kann im Plan die Benachteiligung des opponierenden Gläubigers durch zusätzliche Leistungen ausgleichen (s. die Materialien bei *Uhlenbruck*, Das neue Insolvenzrecht, 1994, S. 638 f.).

gung nicht wirksam ist. Zwei Verknüpfungsmöglichkeiten kommen in Betracht. Zum einen die Verknüpfung von Kreditgeschäft und Bestellungs- oder Übertragungsakt zu einem einheitlichen Rechtsgeschäft i.S. des § 139, zum anderen die Vereinbarung der Wirksamkeit des Kreditgeschäfts oder des Bestehens der Kreditforderung als aufschiebender oder auflösender Bedingung des Bestellungs- oder Übertragungsakts.

Zum Zweck der Verknüpfung zum einheitlichen Rechtsgeschäft könnte vereinbart werden, daß das Bestellungsgeschäft dann nichtig sein soll, wenn das Kreditgeschäft nichtig ist[17]. Diese Vereinbarung wäre anzusehen als Verbindung zweier Geschäfte zu einem einheitlichen Rechtsgeschäft und zugleich als Klarstellung, daß es hinsichtlich der Auswirkung der Teilunwirksamkeit bei der Rechtsfolge des § 139 bleiben soll (entgegen der dort vorgesehenen Ausnahmemöglichkeit). Eine Verknüpfung in diesem Sinne ist aber richtiger Ansicht nach ausgeschlossen, weil sie einen Verstoß gegen das unabdingbare Abstraktionsprinzip darstellt[18]. Darauf, daß hier nicht Kausalgeschäft (Sicherungsabrede) und Verfügungsgeschäft miteinander verknüpft werden, kann es nicht ankommen. Immerhin soll das Verfügungsgeschäft mit dem Geschäft verknüpft werden, auf das sich das Kausalgeschäft bezieht. Zudem kommt die Verknüpfung ohnehin dann nicht in Betracht, wenn die Parteien aller drei Rechtsgeschäfte (Kreditgeschäft, Sicherungsvereinbarung, Sicherungsverfügung) nicht personengleich sind, was die Anwendbarkeit des § 139 voraussetzt[19]. 2220

Rechtlich zulässig ist demgegenüber mit Ausnahme des § 925 II die Vereinbarung aufschiebender und auflösender Bedingungen. Macht man die Sicherungsübertragung etwa aufschiebend von der Auszahlung der Kreditsumme (sog. Valutierung) abhängig und knüpft man sie auflösend an die vollständige Tilgung von Haupt- und Nebenforderungen, so hat man die genannte Abhängigkeit erreicht. Zusätzlich entsteht für denjenigen, dem nach Eintritt der auflösenden Bedingung das Sicherungsrecht wieder zufällt, bereits vor Bedingungseintritt ein Anwartschaftsrecht, das er seinerseits zum Wirtschaften einsetzen kann. Ungeachtet des Bestehens der rechtlichen Möglichkeit der bedingten Bestellung oder Übertragung wird es aber zur Anwendung dieser Gestaltung kaum jemals kommen. Die Gestaltung ist hinsichtlich der rechtlichen Zuordnung zu unsicher, weil die Feststellung des Bedingungseintritts höchst unsicher ist. Was sodann die Verdoppelung der Sicherungsmöglichkeit betrifft, indem neben dem zur Sicherheit eingeräumten Recht das Anwartschaftsrecht auf seinen Rückerwerb zur Sicherung verwendet werden kann, bedarf es der Verdoppelung durch eine Anwartschaft nicht. Es steht der Anspruch auf Rückübertragung des Sicherungsrechts bei Erledigung des Sicherungszwecks als weitere Sicherheit zur Verfügung[20]. Bei Fehlen einer ausdrücklichen bedingten Gestaltung ist von einer unbedingten Sicherungsbestellung oder -übertragung auszugehen[21]. 2221

17 Sinnlos ist dagegen die umgekehrte Vereinbarung, daß das Kreditgeschäft dann nichtig sein soll, wenn es das Bestellungsgeschäft ist: Dem Kreditgeber bliebe dann bei Auszahlung des Kredits nur der ungesicherte Anspruch aus ungerechtfertigter Bereicherung. Was sodann die Sicherungsabrede betrifft, so ist diese ebenfalls nicht in ihrer Wirksamkeit mit dem Kreditgeschäft verknüpft, wohl aber besteht eine inhaltliche Abhängigkeit, indem im Falle der Nichtigkeit des Kreditgeschäfts die Sicherungsabrede zwar wirksam ist, aber keine Verpflichtung zur Sicherungsübertragung begründet.

18 Hierzu *Flume* II § 12 III 4, S. 177 ff.

19 *Flume* II § 32 2, S. 572.

20 Bei der Sicherungsübereignung kann der Sicherungsgeber auch an einen zweiten Gläubiger antizipiert (für den Fall des Rückerwerbs) übereignen. Dabei ist aber zu beachten: Wird bedingt sicherungsübereignet und sodann zusätzlich an einen anderen Gläubiger das Anwartschaftsrecht zur Sicherung übertragen, so erwirbt dieser zweite Sicherungsnehmer bei Bedingungseintritt das Eigentum ohne Durchgangserwerb des Sicherungsgebers. Ebenso ist dies bei unbedingter Sicherungs-Erstübereignung und Zession des Rückübereignungsanspruchs, wenn der erste Sicherungsnehmer aufgrund des Anspruchs an den Zessionar übereignet. Übereignet

III. Sicherungsabrede

2222 Die Sicherungsabrede bei nicht akzessorischen Rechten ist derjenigen beim akzessorischen Recht gegenüberzustellen. Beide Sicherungsabreden enthalten neben der Verpflichtung zur Bestellung oder Übertragung des Sicherungsrechts die Festlegung, welche Forderungen gesichert sein sollen[22]. Diese Festlegung muß bei der akzessorischen Sicherheit nicht nur in der Sicherungsabrede, sondern auch als Festlegung des Inhalts des Rechts bei der Bestellung erfolgen. Bei beiden Gegenständen von Sicherungsabreden kommt die Vereinbarung von Sorgfaltspflichten betreffend das Sicherungsgut in Betracht (oder die ergänzende Auslegung im Sinne solcher Pflichten). Das Gesetz regelt solche Pflichten bei den von ihm positiv geregelten akzessorischen Rechten (§§ 1133 f., 1214 ff.). Bei nicht akzessorischen Rechten sind entsprechende Pflichten der Sicherungsvereinbarung zu entnehmen. Entsprechend der Regelung akzessorischer Rechte beurteilen sich bei nicht akzessorischen Rechten auch die Voraussetzungen dafür, wann der Sicherungsnehmer berechtigt sein soll, das Sicherungsgut zu verwerten. Besonders sind demgegenüber im Vergleich zu akzessorischen Rechten die Vereinbarung eines Besitzmittlungsverhältnisses nach §§ 930, 868 bei der Sicherungsübereignung, sodann die über das Verhältnis zu anderen Sicherheiten, die für dieselbe Forderung bestellt worden sind, und schließlich die Vereinbarung darüber, wann ein Rückübertragungsanspruch bezüglich der – grundsätzlich ja unbedingt bestellten oder übertragenen Sicherheit – bestehen soll. In Sicherungsverträgen betreffend die akzessorischen Rechte sind solche Abreden z.T. unzulässig (Hypotheken für mehrere Forderungen gibt es nur im Rahmen der Höchstbetragshypothek), z.T. entbehrlich.

dagegen bei unbedingter Erstübereignung der Sicherungsgeber (antizipiert) das auf ihn zurückzuübertragende Eigentum an den zweiten Gläubiger, so erwirbt der zweite Gläubiger mit Eigentumserwerb des Sicherungsgebers aufgrund der Rückübereignung an ihn, also mit Durchgangserwerb. Der Erwerb des zweiten Gläubigers ist nach §§ 81, 91 InsO unwirksam, wenn bei Eintritt des Erwerbs (mit Durchgangserwerb) der Sicherungsgeber im Insolvenzverfahren ist. Anwendungsfall (noch mit Geltung der KO) ist OLG Düsseldorf WM 1992, 111, 113. Gerade aber daß bei bedingter Übereignung und Übertragung des Anwartschaftsrechts die beiden Sicherungsnehmer im Insolvenzverfahren über das Vermögen des Sicherungsgebers konkurrieren, spricht gegen die Anwendung der Lösung von der auflösend bedingten Übereignung: Verwertet der erste Sicherungsnehmer das Sicherungsgut, so muß er sich zwar sicherlich mit dem Insolvenzverwalter über das Bestehen des Sicherungsfalles auseinandersetzen; daß aber aufgrund einer möglicherweise automatisch eingetretenen eigenen dinglichen Rechtsposition der zweite Sicherungsnehmer sich einmischen kann, ist weder erwünscht noch sachgerecht. Im Fall des OLG Düsseldorf war deshalb auch, wie eben sachgerecht und deshalb üblich, nicht die Lösung der bedingten Sicherungsübereignung gewählt worden.

21 Überzeugend *Flume* II § 40 2 d, S. 728. Gegen die Annahme einer stillschweigend auflösend bedingten Übertragung zu Recht der BGH (NJW 1984, 1184 ff.), zustimmend *Gaul*, FS Serick (1992), 105, 110, 148 ff. Der Leitsatz der Entscheidung des BGH in WM 1991, 88, es gebe keinen allgemeinen Grundsatz, daß Sicherungsübereignungen stets durch den Sicherungszweck bedingt seien, stellt die Verhältnisse auf den Kopf; es kommt allenfalls ein allgemeiner Rechtsgrundsatz in der Gegenrichtung in Betracht. Tendenziell für mehr Bedingtheit der Sicherungsübertragungen unter „Fallgruppenbildung“ *K. Schmidt*, FS Serick (1992), 329 ff., 340 ff.

22 Je nach Ausgestaltung der Sicherungsabrede in bezug auf die gesicherten Forderungen wird von einer Verlängerungs- oder Erweiterungsform der Sicherungsübertragung gesprochen (*Serick* IV, § 40 I, S. 3 ff. und im Anschluß daran *Mühl*, FS Serick (1992), 285, 289). Dies ist abzulehnen, weil es beim hier gewählten terminologischen Vorbild des Eigentumsvorbehalts einen einfachen, auf den Kaufpreis bezogenen Eigentumsvorbehalt gibt, dies aber bei der Sicherungsübertragung nicht der Fall ist.

IV. Die Formen der Sicherungsbestellung und -übertragung im einzelnen

1. Sicherungsübereignung

a) *Sicherungsübereignung einer beweglichen Sache*

Soll eine bewegliche Sache zur Sicherheit übereignet werden, so soll der Gegenstand in der Regel (andernfalls könnte ja verpfändet werden) dem Sicherungsgeber zur Nutzung etc. verbleiben. Die Übereignung vollzieht sich dann gem. §§ 929 S. 1, 930 durch Einigung und Vereinbarung eines Besitzmittlungsverhältnisses. **2223**

Der Sicherungsgeber kann vom Sicherungsnehmer auch zur Veräußerung des Gegenstands ermächtigt werden, § 185 I. Der Sicherungsgeber ist dann zumeist verpflichtet, den veräußerten Gegenstand zu ersetzen. Dieser Ersatzgegenstand wird dem Sicherungsnehmer wiederum übereignet. Es kommt eine antizipierte Übereignung in der ursprünglichen Sicherungsvereinbarung in Betracht, wobei der im Sachenrecht geltende Bestimmtheitsgrundsatz zu beachten ist. **2224**

b) *Sicherungsübereignung eines Grundstücks*

Für die Sicherungsübereignung eines Grundstücks ist die Sicherungsvereinbarung nach § 311b I 1 (§ 313 S. 1 a.F.) und die Auflassung zur Übereignung nach § 925 I formbedürftig. Eine auflösend bedingte Sicherungsübereignung ist hier schon rechtlich ausgeschlossen, § 925 II, dafür kann aber der sich aus der Sicherungsabrede ergebende bedingte Rückübertragungsanspruch durch Vormerkung gem. § 883 I gesichert werden. **2225**

2. Sicherungsabtretung einer Forderung

Eine Forderung kann – vorbehaltlich eines Abtretungsverbots[23] oder der sonstigen Einschränkungen gemäß § 399 – sicherungshalber durch mündliche Einigung nach § 398 (Abtretung) übertragen werden. Eine Anzeige an den Schuldner ist im Unterschied zur Verpfändung einer Forderung (§ 1280) nicht erforderlich. Will der Zessionar aber sicher sein, daß der Schuldner nicht nach § 407 wirksam an den Zedenten zahlt[24], muß er für die Anzeige an den Schuldner sorgen. Anders als bei der Verpfändung einer Forderung, bei der erst nach Eintritt der Pfandreife der Pfandgläubiger einziehungsberechtigt ist, womit sich aber immer noch nicht die Berechtigung zu anderen Verfügungen verbindet (§ 1282 I, II Hs. 1), ist der Zessionar nach der Abtretung im Außenverhältnis unbeschränkt einziehungs- und verfügungsberechtigt (§ 398 S. 2). Bis zur Aufdeckung der Zession um des Sicherungszwecks willen wird aber dem Sicherungsgeber (Zedenten) die Ermächtigung zur Einziehung der Forderungen belassen[25]. Solange die gesicherte Forderung ordnungsgemäß erfüllt wird, soll sich im Verhältnis des Sicherungsgebers zu dessen Schuldnern nichts ändern. **2226**

Es können auch künftige Forderungen im voraus abgetreten werden[26]. Beispiel ist die sog. Globalzession, d.h. die Zession aller oder eines bestimmten Teils der künftigen Forderungen aus einem Geschäftsbetrieb, insbesondere zum Zwecke der Sicherung eines durch eine Bank gewährten Geschäftskredits. Zu beachten ist für die Vorauszession der **2227**

23 Dieses ist aufgrund der dort bestimmten eingeschränkten Wirkung nicht hinderlich in den Fällen des § 354a HGB.

24 Dazu ist der Schuldner freilich berechtigt bei einem Abtretungsverbot in den Fällen des § 354a HGB.

25 Die Möglichkeit dazu kann auf § 185 gestützt werden. Im Prozeß klagt der Sicherungsgeber kraft gewillkürter Prozeßstandschaft, für die das erforderliche berechtigte Interesse aufgrund der wirtschaftlichen Zugehörigkeit der Forderung zu seinem Vermögen anzuerkennen ist.

26 Seit jeher anerkannt, s. unter Hinweis auf die Entsprechung zur Fallgestaltung des § 185 II 1 2. Fall RGZ 55, 334, *v. Tuhr* II/1 § 60 V. Den historischen Hintergrund beleuchtet *R. Bork* in Rechtsgeschichte und Privatrechtsdogmatik, 289.

Bestimmtheitsgrundsatz. Die Zession einer künftigen Forderung kann erst mit Entstehung der Forderung wirksam werden (die Ersetzung des Altgläubigers durch den Neugläubiger mit Abtretung, § 398 S. 2, ist ohne Gegenstand). Mit der Entstehung erwirbt der Zessionar die Forderung, und zwar, wenn die Forderung schon bei Zession in einem Dauerschuldverhältnis (etwa Arbeitsverhältnis) oder einem aufschiebend bedingten oder befristeten Rechtsgeschäft begründet war, ohne Durchgangserwerb, wenn noch keine bedingte oder befristete Rechtsstellung abzutreten war, mit Durchgangserwerb des Zedenten[27].

2228 Aufgrund des Bestimmtheitsgrundsatzes muß, insbesondere wenn eine Globalzession gewollt ist, aus der Abtretungsvereinbarung ersichtlich sein, welche speziellen Forderungen aus welchem Rechtsverhältnis und zu welchem Teil übergehen sollen. Nach *Medicus*[28] stellt die Rechtsprechung unterschiedliche Anforderungen an die Bestimmtheit bei der Zession künftiger Forderungen einerseits und bei der antizipierten Einigung im Rahmen einer Sicherungsübereignung andererseits. Bei ersterer soll Bestimmbarkeit in dem Sinne genügen, daß die Bestimmtheit der Forderung erst dann festzustellen sein muß, wenn die Sicherungszession durch die Entstehung der Forderung wirksam wird. Was bei Zession noch offen sein kann, ist aber nur der Inhalt der Forderung (d.h. gegen wen sie mit welchem Gegenstand entsteht[29]). Die Identität des Verfügungsgegenstands (etwa Forderung aus Verkauf einer bestimmten Sache) muß genau so bestimmt sein wie bei der antizipierten Sicherungsübereignung.

3. Sicherungsgrundschuld

2229 Die Sicherungsgrundschuld ist eine Grundschuld i. S. d. § 1191, die zur Sicherheit für eine Forderung bestellt oder übertragen wird. Wie bei jedem sicherungshalber übertragenen nicht akzessorischen Recht ist die Sicherungsgrundschuld ein Recht mit einer Rechtsstellung, die den Sicherungszweck überschießt. Auf die Sicherungsgrundschuld trifft auch wie bei den sonstigen nicht akzessorischen Rechten zu, daß die Bindung des Rechts an den Sicherungszweck grundsätzlich schuldrechtlich durch die Sicherungsabrede erreicht wird. Als Ausnahme wirkt allerdings § 1192 I i.V. mit § 1157: Hiernach ist, wenn der Eigentümer den Sicherungsvertrag mit dem Gläubiger schließt, die Einrede der Beschränkung der Sicherungsgrundschuld auf den Sicherungszweck, die sich für den Eigentümer aus dem Sicherungsvertrag ergibt, als Beschränkung des dinglichen Rechts geregelt[30].

27 S. *Serick* IV, § 47 IV 4, S. 333 m.w.N. Dies ist bedeutsam für die Frage, ob ein zwischen Zession und Forderungsentstehung eröffnetes Insolvenzverfahren über das Vermögen des Zedenten die Forderung erfaßt (vgl. §§ 35, 81 II InsO).

28 Bürgerliches Recht, Rz. 523.

29 Insoweit können durchaus erhebliche Feststellungsschwierigkeiten bestehen. Sie ändern nichts an der Bestimmtheit der Vorauszession, s. etwa BGHZ 70, 86. Das Erfordernis der Bestimmtheit des erfaßten Gegenstands hat nichts mit der Frage der Beweisbarkeit der näheren Eigenschaften des Gegenstands zu tun, es ist auch nicht durch das Merkmal der Beweisbarkeit zu ersetzen, wie *Rimmelspacher* Rz. 414 vertritt. Es geht um die Absolutheit der Inhaberschaft einer Forderung, folglich die Bestimmtheit der Abtretung, die diese Inhaberschaft ändert, im Hinblick auf die Identität der erfaßten Forderungen und bei Teilabtretung im Hinblick auf den erfaßten Teil. Die Bestimmtheit muß aus der Abtretung und den sie begleitenden Umständen (die die Abtretung wegen deren Formlosigkeit bestimmen können) hervorgehen. Wird ein Teil einer Forderung abgetreten und soll sich dieser nach der künftigen Höhe der gesicherten Forderung bemessen, ist die Bestimmtheit nicht erreicht, s. BGH NJW 1965, 2197, 2198 mit Anm. *Wolf*, NJW 1966, 107; BAG WM 1968, 1047, 1048.

30 Zur Sicherungsgrundschuld im einzelnen o. Rz. 1575 ff.

4. Sicherungsnießbrauch

Der Sicherungsnießbrauch ist ein Nießbrauch (§§ 1030, 1068, 1085), der zugunsten eines Gläubigers des Inhabers des Nießbrauchsgegenstands oder eines Dritten bestellt wird, damit dem Gläubiger die Nutzungen des Nießbrauchsgegenstands zukommen. Nicht selten tritt er zu einem Grundpfandrecht hinzu[31]. Man spricht bezüglich eines zur Sicherheit bestellten Nießbrauchs besser vom Tilgungs- als vom Sicherungsnießbrauch. Denn durch die kraft des Nießbrauchs erlangten Nutzungen soll – je nach „Sicherungs"-Abrede – die Kreditzins- oder -tilgungsschuld erfüllt werden. Im Unterschied zur Sicherungsübertragung stehen also dem Sicherungsnehmer beim Sicherungsnießbrauch die Nutzungen grundsätzlich endgültig zu. Die Sicherungsabrede ist hier eine Tilgungsabrede. Bei Unwirksamkeit der Kreditvereinbarung und Nichtauszahlung des Kredits ergibt sich aber auch hier wieder der Herausgabeanspruch betreffend die Nutzungen. Anders aber als in den sonstigen Fällen der Sicherungsbestellung oder -übertragung wird, was bei Erledigung des Sicherungszwecks die Rückerlangung des Nießbrauchs selbst betrifft, diese nicht nur schuldrechtlich geregelt. Der Nießbrauch wird vielmehr als solcher nur für die Dauer des möglichen Sicherungs- bzw. Tilgungszwecks bestellt. 2230

5. Sicherungsübertragung eines Anwartschaftsrechts

Das Anwartschaftsrecht als dingliches Recht ist tauglicher Gegenstand einer Sicherungsposition. Soweit man ein Anwartschaftsrecht anerkennt, tut man dies insbesondere um seines Einsatzes als Sicherheit willen. Dabei kommen wie bei dem jeweiligen Recht, dessen Vorstufe das Anwartschaftsrecht ist, die Verpfändung oder Sicherungsübertragung in Betracht. Die Art und Weise der Verfügungen richtet sich grundsätzlich nach der Regelung der Verfügungen über das endgültige Recht. 2231

V. Die Problematik der Übersicherung

Die Einräumung nicht akzessorischer Rechte zur Sicherheit wegen einer Forderung führt nicht nur deshalb zu einer die gesicherten Forderungen überschießenden Rechtsstellung, weil der Eintritt des Sicherungsfalls ungewiß ist, sondern auch deshalb, weil für den Verwertungsfall zum einen das Ergebnis der Verwertung des Sicherungsguts unsicher ist und zum anderen selbst dann, wenn das Sicherungsgut unzweifelhaft einen höheren Wert als die gesicherte Forderung hat, eine Mitberechtigung zur Quote nicht dem Sicherungsinteresse des Sicherungsnehmers entspricht. Weiter kann auch die Kreditforderung der Höhe nach schwanken (z.B. bei einem Kontokorrentkredit). Im Hinblick auf diese Unsicherheiten läßt sich ein Kreditgeber häufig auch mehrere Sicherheiten übertragen. Insbesondere kommen die Übertragung von Warenlagern und die Globalzession von Forderungen in Betracht. Man spricht bei diesen beiden Formen von revolvierenden Sicherheiten[32]. 2232

Die Übersicherung des Sicherungsnehmers widerspricht an sich dem Zweck des Sicherungsvertrages. Zudem tangiert sie die Bewegungsfreiheit des Sicherungsgebers und die Interessen anderer Gläubiger. Die Übersicherung hindert den Sicherungsgeber, über vorhandenes Sicherungsgut, welches der Sicherungsnehmer für den Sicherungszweck nicht benötigt, anderweitig zu disponieren, es zu veräußern, sofern der Austausch nicht 2233

[31] Hauptanwendungsfall ist der Sicherungsnießbrauch an einem Miethausgrundstück, vgl. hierzu *Westermann*, 7. Aufl., § 121 III 4

[32] Revolvierend sind diese Sicherheiten deshalb, weil zum einen der gegenwärtige Bestand erfaßt ist, aus diesem aber Sicherheiten herausgehen können und zum anderen neu hinzutretende Sachen oder Forderungen durch die antizipierte Sicherungsübereignung oder Globalzession erfaßt werden.

wie bei der revolvierenden Sicherheit ohnehin selbstverständlich ist, jedenfalls es für weitere Kredite sicherungsweise zu übertragen. Die Interessen anderer Gläubiger können unangemessen beeinträchtigt sein, indem diese auf das Sicherungsgut, obwohl es wirtschaftlich beim Schuldner bleibt, nicht zugreifen können. Infolgedessen kann die Sicherungsvereinbarung gemäß § 138 I BGB oder § 9 I AGBG (§ 307 I BGB n.F.) nichtig sein[33]. Im Fall der Nichtigkeit der gesamten Sicherungsvereinbarung wegen sittenwidriger oder unangemessener Übersicherung ist auch die Sicherungsübertragung unwirksam[34].

2234 Zu unterscheiden ist zwischen anfänglicher und nachträglicher Übersicherung. Auf die anfängliche Sicherungsvereinbarung[35] wendet die Rechtsprechung zutreffend, auch wenn die Sicherungsregelungen in AGB formuliert sind, § 138 I und nicht § 9 AGBG (§ 307 I BGB n.F.) an[36]. Sittenwidrig ist die Einräumung von Sicherheiten aufgrund anfänglicher Übersicherung[37] dann, wenn bereits bei Vertragsschluß sicher ist, daß im noch ungewissen Verwertungsfall ein auffälliges Mißverhältnis zwischen dem realisierbaren Wert der Sicherheiten und der gesicherten Forderung bestehen wird. Maßgeblich ist der realisierbare Wert nach den (derzeit ungewissen) Marktverhältnissen im Fall der Insolvenz des Schuldners. Dieser Wert läßt sich nur an Hand des Einzelfalls – häufig nur mit sachverständiger Hilfe – feststellen[38]. Ergibt diese Feststellung ein auffälliges Mißverhältnis zwischen dem realisierbaren Wert der Sicherheit und der gesicherten Forderung, ist weiter zu prüfen, ob das Geschäft mit Rücksicht auf dieses Mißverhältnis nach seinem Gesamtcharakter (Inhalt, Beweggrund, Zweck) mit den guten Sitten nicht vereinbar ist. Insbesondere muß die Übersicherung auf einer verwerflichen Gesinnung des Sicherungsnehmers beruhen – die als eigensüchtige Rücksichtslosigkeit gegenüber den berechtigten Belangen des Sicherungsgebers und seiner anderen Gläubiger umschrieben werden kann[39].

33 Ob dies der Fall ist, ist bei Anwendung des § 9 AGBG (307 I BGB n.F.) generell (für alle Verträge, bei denen die AGB in Betracht kommen) und objektiv, bei Anwendung des § 138 I individuell und unter Berücksichtigung von Zweck und Beweggründen zu ermitteln.

34 S. zur Sicherungsübereignung eines Warenlagers BGH WM 1992, 813 = ZBB 1992, 307 mit Anm. *Lauer*. Zu den Rechtsfolgen MünchKomm/*Quack* Anh. §§ 929-930, Rz. 90 f.

35 Dazu *Ganter* (Richter am BGH), WM 2001, 1 ff.

36 IX. Senat, NJW 1994, 1796, 1798 a.E., NJW 1998, 2047 f.: Die anfängliche Übersicherung sei unabhängig von den für die nachträgliche Übersicherung festgelegten Deckungsgrenzen zu beurteilen. Der Rechtsprechung ist zuzustimmen: Die Sicherungsregelung erfüllt nicht die in § 8 AGBG (307 III BGB n.F.) bestimmten Voraussetzungen der AGB-Kontrolle, daß die Regelung von Rechtsvorschriften abweichen oder sie ergänzen muß.

37 Ein anderer Fall, in dem die Rechtsprechung auf die Sicherungsvereinbarung § 138 anwendet, ist die Globalzession von Forderungen, die auf die Vorausabtretung von Forderungen im Rahmen eines verlängerten Eigentumsvorbehalts nicht Rücksicht nimmt, s. IX. Senat, JZ 1999, 404 ff. mit Anm. *Kieninger*.

38 IX. Senat NJW 1998, 2047. Nicht zutreffend die Kritik von *M. Schwab*, JuS 1999, 740, 744, entgegen der Ansicht des IX. Senats könne die Sittenwidrigkeit der anfänglichen Übersicherung ebenso wie der Freigabeanspruch bei nachträglicher Übersicherung an Hand des § 237 beurteilt werden. § 237 bemißt die Sicherheitsleistung, die erbracht werden muß, um eine gesetzliche oder vertragliche Pflicht zur Sicherheitsleistung zu erfüllen. Damit setzt sie zunächst einmal möglichst knapp an. Das wird ausgeglichen durch die Pflicht nach § 240, die Sicherheitsleistung zu ergänzen, wenn sie sich als nicht genügend herausstellt. Ganz anders stellt sich die Frage, wenn es dem Kreditgeber darum geht, eine Sicherheitsleistung zu vereinbaren, bei der ihm möglichst nichts passieren kann. Läßt er sich eine Sicherheitsleistung versprechen, die nicht möglichst knapp angesetzt ist, und begnügt er sich nicht mit der, durchaus nicht einfach durchzusetzenden, Pflicht zur Ergänzungsleistung, ist der Vertrag nicht jedenfalls sittenwidrig.

39 BGH, IX. Senat, NJW 1998, 2047. Der BGH hält das bei Einräumung von Grundschulden im Gesamtbetrag von 2,3 Mio DM, Sicherungsübereignung des gesamten Warenlagers und –

Zum Problem der nachträglichen Übersicherung kommt es dann, wenn bei anfänglich wirksamer Sicherung sich im Zuge der Entwicklung des Kreditverhältnisses herausstellt, daß der Sicherungsnehmer die Sicherheiten nicht nur vorübergehend für den Sicherungszweck nicht mehr benötigen wird. Dann stellt sich die Frage, ob der Sicherungsgeber schon vor Erledigung des Sicherungszwecks[40] einen Anspruch auf Rückgewähr hat, nämlich einen Anspruch auf Rückgewähr des nicht mehr benötigten Teils der geleisteten Sicherheiten. Es geht um den sogenannten Anspruch auf Freigabe von Sicherheiten. Eine Möglichkeit ist, vom Sicherungsnehmer zu fordern, in seinen Formularbedingungen den Anspruch auf Freigabe in angemessener Weise zu regeln, und an die Versäumung einer solchen Regelung – wie bei anfänglicher Übersicherung – die Unwirksamkeit der gesamten Sicherungsvereinbarung und mit ihr die Unwirksamkeit der Sicherungsübertragung anzuknüpfen. Diesen Standpunkt haben der VII., der VIII. und der IX. Senat des BGH für die Sicherungsübereignung von Warenlagern und die Sicherungszession gegenwärtiger und künftiger Forderungen des Sicherungsgebers vertreten[41]. Der XI. Senat ist dagegen der Unwirksamkeit insbesondere einer Globalzession wegen Fehlens einer ausreichenden Freigabeklausel entgegengetreten[42]. **2235**

Der VII., VIII. und der IX. Senat haben weiterhin für eine genügende Vorsorge nur die sog. qualifizierte Freigabeklausel erklärt, d.h. eine Klausel, die den Freigabeanspruch von der Überschreitung einer konkreten Deckungsgrenze abhängig macht, während eine Regelung, die die Freigabe in das billige (wenn auch gemäß § 315 zu überprüfende) Ermessen des Sicherungsnehmers stelle, unwirksam sei[43]. **2236**

In allen Fällen, in denen sich der BGH mit dem Freigabeanspruch befaßt hat, ist nicht etwa vom Sicherungsgeber versucht worden, einen Freigabeanspruch gegen den Sicherungsnehmer geltend zu machen. Vielmehr wurde in der Situation der Zahlungsschwierigkeit oder der Insolvenz des Sicherungsgebers darum gestritten, wem das Sicherungsgut zukam. Die harsche Position des VII., VIII. und IX. Senats von der Unwirksamkeit der gesamten Sicherungsübertragung, wenn nicht genügend für den Freigabeanspruch gesorgt war, bot insbesondere in der Insolvenz dem Konkurs-, nachmals Insolvenzverwalter einen erheblichen Anreiz, Sicherungsübertragungen auf eine mangelhafte Freigabere- **2237**

dies freilich möglicherweise als Ersatz für eine Teilabtretung der Grundschulden an eine andere Gläubigerbank – Zession aller Forderungen gegen Drittschuldner zur Sicherung einer Kreditforderung von 1,35 Mio für möglich und verweist zur Prüfung zurück. Weiteres Beispiel: Abtretung einer Bauwerklohnforderung in Höhe von 270.000.- DM zur Sicherung einer Forderung aus Baustofflieferung in Höhe von ca. 6.000.-, BGHZ 98, 303; dazu *Canaris*, ZIP 1996, 1109, 1123.

40 Dann Rückübertragung des Sicherungsguts, wenn der Gläubiger befriedigt ist, oder Anspruch auf Herausgabe eines etwaigen überschießenden Erlöses analog § 1247 S. 2, wenn der Gläubiger mangels Befriedigung das Sicherungsgut verwertet hat.

41 VII. Senat ZIP 1990, 852, 1991, 152; VIII. Senat BGHZ 94, 105; 98, 303; 109, 240; 120, 300; IX. Senat BGHZ 117, 374, ZIP 1995, 1078, 1079. Obwohl die revolvierenden Sicherheiten in AGB geregelt waren, hat der VII. Senat § 138 angewandt. Der VIII., und ihm folgend, der IX. Senat haben die Unwirksamkeit auf § 9 AGBG (§ 307 I, II BGB n.F.) gestützt.

42 XI. Senat, ZIP 1994, 1010, BGHZ 128, 295, 298, ZIP 1996, 1164. Zu fragen ist nach dem Grund der Beteiligung von vier Senaten an der Rechtsprechung zur Freigabeklausel: Selbstverständlich ist die Befassung des für Insolvenzrecht zuständigen IX. und des für Kreditverhältnisse zuständigen XI. Senats. Der VII. und der VIII. Senat sind mit der Frage der Wirksamkeit von Sicherungsübertragungen befaßt worden aufgrund ihrer Zuständigkeit für Werk- und Kaufverträge. Es ging etwa um die Durchsetzung eines durch Vorausabtretung verlängerten und erweiterten Eigentumsvorbehalts oder aber um die Realisierung kauf- oder werkvertraglicher Ansprüche, um die sich entweder verschiedene Sicherungsnehmer untereinander oder Pfandgläubiger oder Konkursverwalter mit einem Sicherungsnehmer stritten oder deren Erfüllung durch Leistung an den Sicherungsnehmer der Schuldner sich weigerte.

43 Nachw. Fn. 41.

gelung zu untersuchen, denn als Folge stand die volle Zugehörigkeit des Sicherungsguts zur Masse in Aussicht.

2238 In zwei Entscheidungen, zum einen des IX.[44], zum anderen des XI. Senats[45], ist die Frage des Freigabeanspruchs aufgrund nachträglicher Übersicherung im Rahmen von Globalsicherheiten dem Großen Senat für Zivilsachen vorgelegt worden[46]. Auch der IX. Senat hat sich jetzt gegen die Annahme ausgesprochen, daß mangels genügender Vorkehrung für eine Freigabe von Sicherheiten die ganze Sicherungsübertragung unwirksam sei. Insbesondere komme dies nicht in Betracht, soweit eine Freigabeklausel bestimmt, aber unzulässig sei, namentlich also bei der Klausel, die den Freigabeanspruch vom Ermessen des Sicherungsnehmers abhängig macht. Die Unzulässigkeit erfasse nur diese Klausel, aber nicht darüber hinaus das ganze Sicherungsgeschäft. Es trete vielmehr an die Stelle der unwirksamen Klausel entsprechend § 6 II AGBG (§ 306 II BGB n.F.) ein Freigabeanspruch, der sich aus ergänzender Auslegung des Sicherungsvertrages ableiten lasse[47]. Die ergänzende Vertragsauslegung eines Sicherungsvertrages führe nämlich dazu, daß der Sicherungsnehmer dann, wenn der Bestand der übertragenen Sicherheiten im Nachhinein nicht nur vorübergehend den Umfang überschreite, in dem nach dem Sicherungszweck Sicherheiten erforderlich seien, im Maß des überschießenden Betrags Sicherheiten freigeben müsse.

2239 Über die Voraussetzungen des Freigabeanspruchs könne, weil es um die rechtlichen Voraussetzungen eines Anspruchs gehe, keine Ermessensprüfung des Sicherungsnehmers entscheiden. Nur hinsichtlich der Frage, welche Sicherheiten im einzelnen freizugeben seien, wenn ein betragsmäßiger Freigabeanspruch feststehe, könne dem Sicherungsnehmer analog § 1230 I Ermessen eingeräumt werden[48].

2240 Der IX. Senat sieht, daß der ermessensunabhängige Freigabeanspruch als hilfsweise eingreifender Anspruch bei Fehlen oder Unwirksamkeit einer vertraglichen Sicherungsklausel voraussetzt, daß Maßstäbe für die Feststellung dieses Anspruchs existieren. Auch nur unter dieser Voraussetzung kann er dem Zweck gerecht werden, daß es dem Sicherungsgeber möglich ist, bei gesunden Vermögensverhältnissen noch anderweitigen Kredit, und zwar auch bei anderen Kreditinstitutionen, in Anspruch zu nehmen; denn nur unter dieser Voraussetzung sind freie Sicherheiten alsbald verfügbar.

2241 Der IX. Senat erklärt sich für folgende Maßstäbe: Zunächst müsse eine Deckungsgrenze bestimmt werden, bis zu der der Gesamtbetrag von Sicherheiten reichen könne, also eine Deckungsgrenze, bezogen auf die gesicherte Forderung. 100 % der gesicherten Forderung seien nicht genug, da im Fall der Verwertung von Sicherheiten Feststellungs-

[44] ZIP 1997, 632 ff., Rechtsfortbildungs-Vorlage nach § 132 IV GVG.

[45] Divergenz-Vorlage nach § 132 II GVG mit Beschluß vom 13.5.1997 – XI ZR 234/95 – ZIP 1997, 1185, betreffend ein Sicherungsgeschäft aus der Zeit vor Inkrafttreten des AGBG; der Senat erörtert die zu § 9 AGBG (§ 307 I, II BGB n.F.) entwickelten Kriterien im Rahmen der §§ 138, 242 (S. 1186). Die Divergenz i.S. des § 132 II GVG ergab sich daraus, daß der VII. Senat an seiner Rechtsprechung zur Totalnichtigkeit nach § 138 für den Fall festhielt, daß Forderungen aus Geschäftszweigen mit erfahrungsgemäß hohem Ausfallrisiko abgetreten sind. Für diesen Fall sei die vertragliche Bestimmung einer Deckungsgrenze erforderlich und bei Fehlen oder Unzulässigkeit der Bestimmung die Sicherung unwirksam.

[46] Zur intensiven Diskussion der Literatur, die in den Vorlageentscheidungen und der Entscheidung des Großen Senats aufgegriffen wird, s. u.a. *R. Serick*, BB 1995, 2013, 1996, 857 sowie 1777, NJW 1997, 1529 ff., WM 1997, 345 sowie 2053, BB 1998, 801 ff., *Canaris*, ZIP 1996, 1577 ff., 1997, 813 ff., *Pfeiffer*, ZIP 1997, 49 ff., *M. Wolf*, LM BGB § 138 (Aa) Nr. 51, *Bülow*, JZ 1997, 500 ff., *Liebelt-Westphal*, ZIP 1997, 230 ff., *M. Schwab*, WM 1997, 1883 ff., *Hj. Weber*, WM 1994, 1549 ff., *Rellermeyer*, WM 1994, 1009 ff., 1053 ff.

[47] ZIP 1997, 632, 636 mit Abgrenzung zur – unzulässigen – geltungserhaltenden Reduktion.

[48] ZIP 1997, 632, 637. In seiner sogleich darzustellenden Entscheidung führt der Große Senat zusätzlich § 262 an (WM 1998, 227, 229 re. Sp.).

und Durchsetzungskosten anfielen. Diese könnten mit 10 % bewertet werden[49]. Folglich sei die Deckungsgrenze mit 110 % der gesicherten Forderung zu bestimmen.

Weiter müssen die Sicherheiten bewertet werden, um festzustellen, ob ihr Gesamtbetrag die Deckungsgrenze von 110 % überschreitet. Der IX. Senat will, was die Sicherungsübereignung von Warenlagern betrifft, vom Marktpreis, beim Fehlen eines solchen vom Einkaufs- oder Herstellungspreis und, was die Globalzession von Forderungen betrifft, vom Nominalwert der Forderungen ausgehen[50]. Alternativ sei an die entsprechende Anwendung der Vorschriften des BGB über die Sicherheitsleistungen (§§ 234 III, 236, 237) zu denken[51]. **2242**

Der XI. Senat stimmt mit dem IX. Senat in der Annahme der Geltung eines in den Voraussetzungen strikten und nur in der Auswahl der freizugebenden Sicherheiten ermessensabhängigen Freigabeanspruchs aus ergänzender Vertragsauslegung überein[52]. Der vom IX. Senat vertretenen festen Deckungsgrenze mit festen Bewertungsparametern (Markt- oder Einkaufs-/Herstellungspreis bei Waren, Nominalwert bei Forderungen) tritt er aber entgegen. Eine allgemeine Deckungsgrenze gebe es nicht. Sie sei vielmehr aus dem realisierbaren Verwertungserlös, wie er unter den Umständen des Einzelfalls zu prognostizieren sei, zu bestimmen[53]. **2243**

Der Große Senat hat in seinem Beschluß vom 27.11.1997[54] den Standpunkt des IX. und des XI. Senats übernommen, daß das Fehlen einer Freigabeklausel oder unzulässige Freigabeklauseln nicht das ganze Sicherungsgeschäft bedrohen, sondern an die Stelle der fehlenden oder unzulässigen Freigaberegelung[55] der aus ergänzender Vertragsauslegung folgende Freigabeanspruch tritt[56] und daß insbesondere eine unzulässige Freigabeklausel die Klausel ist, die die Freigabe vom Ermessen des Sicherungsnehmers abhängig macht. Hinsichtlich der Maßstäbe, die angelegt werden müssen, um den Freigabeanspruch zu bestimmen, folgt der Große Senat dem Anliegen des IX. Senats, daß dem Sicherungsgeber feste Anhaltspunkte an die Hand zu geben sind, damit der Freigabeanspruch praktikabel ist. Dem XI. Senat folgt er hinwiederum darin, daß nicht von einer Deckungsgrenze von 110 %, bemessen nach dem Markt- oder Einkaufswert der Waren oder dem Nominalwert der abgetretenen Forderungen, ausgegangen werden darf, weil dies zur Untersicherung des Sicherungsnehmers führen würde[57]. Sein vermittelnder Standpunkt **2244**

49 Für diese Marge von 10 % beruft sich der Senat auf die Begründung des RegE-InsO, ZIP 1997, 640. Der Große Senat, der dem IX. Senat in der Annahme einer Deckungsgrenze von 110 % folgt, verweist auf §§ 171 I 2, II 1 InsO, WM 1998, 232 re.Sp.

50 ZIP 1997, 639.

51 ZIP 1997, 640. Der Senat greift damit einen Vorschlag auf, den *Liebelt-Westphal*, ZIP 1997, 230, in die Diskussion gebracht hat.

52 ZIP 1997, 1187.

53 ZIP 1997, 1187 ff.

54 WM 1998, 227 = NJW 1998, 671 ff.; Schlußentscheidung des IX. Senats in ZIP 1998, 1066, des XI. Senats in NJW 1998, 2206. Zu der Entscheidung des Großen Senats *M. Schwab*, WM 1997, 1883 sowie JuS 1999, 740 ff. sowie *Saenger*, ZBB 1998,174 und *M. Tigges*, DStR 1998, 724. *Serick* hypostasiert Gewohnheitsrecht als Grundlage der Lösung des Problems der Übersicherung. Der Sicherung sei eine einzelfallorientierte Haftungsobergrenze immanent, deren Überschreitung einen gewohnheitsrechtlichen Freigabeanspruch auslöse (WM 1997, 2053).

55 Mit dem VIII. und dem IX. Senat wendet der Große Senat § 9 AGBG (307 I, II BGB n.F.) an (WM 1998, 227, 230 li. Sp.). S. in der Folge u.a. BGH WM 1998, 1280.

56 Entgegen dem VII. Senat, der zum Teil an der von ihm angenommenen Totalnichtigkeit nach § 138 festhalten wollte, vertritt der Große Senat die Auffassung, daß § 138 nur in Fällen der anfänglichen Übersicherung oder der Kumulierung mehrerer Sicherheiten in Betracht komme (WM 1998, 227, 231 unter b)).

57 S. die eingehende Begründung für die Unsicherheiten hinsichtlich des Wertes der Sicherheiten in dem Zeitpunkt, in dem es auf sie ankommt, d.h. im Verwertungszeitpunkt, WM 1998,

ist der folgende: Zunächst tritt er dem IX. Senat darin bei, daß eine Deckungsgrenze von 110 % angenommen werden kann[58], allerdings mit einem Aufschlag für die Umsatzsteuer, soweit sie der Sicherungsgeber künftig nach §§ 170 II, 171 II 3 InsO auszugleichen habe[59].

2245 Dann befaßt sich der Große Senat mit dem realisierbaren Wert der Sicherheiten, nach dem die Deckung der gesicherten Forderungen zu bemessen sei[60]. Er folgt hier nicht dem Ausgangsvorschlag des IX. Senats, sondern dessen Hilfsvorschlag der Anwendung der §§ 232 ff. Im Ergebnis entscheidet sich der Große Senat für die entsprechende Anwendung des § 237 im Sinne einer Vermutungsregel: Obwohl die Vorschrift die Anrechnung von 2/3 des Schätzungswertes bei Sicherheitsleistung durch bewegliche Sachen statuiert, wendet sie der Große Senat sowohl auf die Sicherungsübereignung von Warenlagern als auch auf die Globalzession von Forderungen an. Die Folgerung des Großen Senats ist, daß, berechnet vom Nominalbetrag der sicherungszedierten Forderungen und vom Schätzungswert der sicherungsübereigneten Sachen, eine Deckungsgrenze von 150 % der gesicherten Forderung maßgeblich sei[61]. In diesem Zuschlag von 50 % sei nicht eine beim Sicherungsnehmer anfallende Belastung mit der Umsatzsteuer enthalten[62]. Die sich so ergebende Deckungsgrenze sei aber eine Vermutungsgröße. Der Sicherungsnehmer könne die Notwendigkeit eines anderen Wertes darlegen und beweisen. Dafür müsse er allerdings konkrete Anhaltspunkte dafür darlegen, daß der Abschlag von 1/3 den besonderen Verhältnissen der Branche oder des Sicherungsgebers „überhaupt" nicht gerecht werde, sondern gemäß § 287 ZPO „erheblich" anders zu bemessen und ein „ganz anderer Sicherungswert" festzustellen sei[63].

2246 Zunächst ist die Position des Großen Senats interpretationsbedürftig: Zu fragen ist, wie sich die Deckungsgrenze von 110 % und die Deckungsgrenze von 150 %, die der Große Senat aus § 237 folgert, zueinander verhalten. In der Entscheidung des IX. Senats ging es um zwei alternative Rechtsstandpunkte. Entweder war die Deckungsgrenze zu bestimmen, und zwar mit 110 %, und waren sodann die Sicherheiten zu bewerten hinsichtlich der Frage, ob der Gesamtwert die Deckungsgrenze überschreitet; nur als Alternative dazu hat der IX. Senat auf die Möglichkeit der Anwendung der §§ 232 ff. verwiesen. Der Große Senat vermischt die beiden vom IX. Senat als möglich dargelegten Standpunkte. Zwar wendet er im Ansatz § 237 im Rahmen der Bestimmung des realisierbaren Wertes an, der mit der Deckungsgrenze von 110 % zu vergleichen sein soll. Er sieht dann aber selbst, daß § 237 mit der Bestimmung der Anrechnung nur von 2/3 des Schätzungswertes alle Verwertungsrisiken, einschließlich der Kosten, die die Erhöhung der Deckungsgrenze von 100 auf 110 % rechtfertigen, berücksichtigt. Dann ist aber die unvermeidliche Folge, daß die Deckungsgrenze von 110 % bei Anwendung des § 237 überhaupt nicht mehr in Betracht kommt. Maßgeblich ist vielmehr allein die Deckungsgrenze von 150 % der gesicherten Forderung. Das sieht letztlich auch der Beschluß, wenn er es auch nicht genügend herausstellt. In einer Nebenbemerkung wird darauf

227, 232 unter (1), 233 re. Sp. Soweit der Senat hier allerdings von der Bewertung künftig zu erwerbender Sachen oder Forderungen spricht, ist klarzustellen, daß sich die Übersicherung nur auf die vorhandenen Sicherheiten beziehen kann. Eine Bewertung künftig zu erwerbender Sachen oder Forderungen ist nicht denkbar.

58 WM 1998, 232 f.

59 WM 1998, 232, 233 li. Sp. Für den Aufschlag auch *Soergel-Baur*, § 57 Rnr. 29 f.

60 WM 1998, 232, 233 ff.

61 WM 1998, 234 re. Sp. (unter (bb) (2)).

62 WM 1998, 232, 234 re. Sp.. Mit Bezug darauf spricht der Senat an der früheren Stelle (S. 233 li.Sp. o.) davon, daß einerseits zu der Deckungsgrenze ein Zuschlag zu machen, andererseits aber dann für das Entstehen des Freigabeanspruchs vom Nettoerlös nach Abzug des Umsatzsteuerbetrages auszugehen sei.

63 WM 1998, 235.

hingewiesen, daß die Deckungsgrenze von 110 % sich „praktisch im allgemeinen“ nur auswirke, wenn es ein ins Gewicht fallendes Verwertungsrisiko nicht gebe[64]. Damit ist die Deckungsgrenze von 110 % praktisch nicht relevant.

Wenn sich damit die aus § 237 abgeleitete Deckungsgrenze von 150 % (Umsatzsteuer zunächst beiseite gelassen) als praktisch maßgeblich herausstellt, so ist zu fragen, ob diese Wertanrechnungsbestimmung, die für bewegliche Sachen getroffen ist, über bewegliche Sachen hinaus auf Forderungen angewandt werden kann. Die Frage stellen, heißt sie zu verneinen[65]. Die Bewertung von Forderungen kann nicht wie die von Sachen an Preisen ausgerichtet werden. Die Grundlage für die 2/3-Anrechnung des Nominalwerts zedierter Forderungen ist allein, daß der Große Senat diese Pauschalannahme will, damit der Freigabeanspruch durchsetzbar wird[66]. Damit ist die Pauschalannahme willkürlich. **2247**

Dem Großen Senat kann in Hinsicht auf die Anwendung des § 237, was bewegliche Sachen betrifft, gefolgt werden. Für die Globalzession von Forderungen kommt jedoch nur mit dem XI. Senat eine Bewertung nach den Umständen des Einzelfalls in Betracht. Hier kann die Auseinandersetzung zwischen Sicherungsgeber und Sicherungsnehmer darum, wie hoch der Sicherungswert der Forderungen anzusetzen ist, nicht vermieden werden[67]. **2248**

Ergänzend ist, wenn die Anwendung des § 237 auf beweglichen Sachen oder die Auseinandersetzung über den Sicherheitswert der abgetretenen Forderungen zu einer Freigabe geführt hat, dem Sicherungsnehmer ein Anspruch auf Wiederauffüllung des Siche- **2249**

[64] WM 1998, 235 vor (4).

[65] S. die Motive zu der dem späteren § 237 entsprechenden Vorschrift, Mugdan I, S. 564: „Nicht zugelassen (sc. als Sicherheitsleistung) ist die Verpfändung einfacher Forderungen. Der Berechtigte würde allen Einreden aus der Forderung ausgesetzt sein und keine Garantie dafür haben, daß der Drittschuldner zahlungsfähig ist oder bleibt“.

[66] Der Große Senat spricht in seiner Begründung der 2/3-Anrechnung des Nominalbetrags der sicherungszedierten Forderungen von der Bewertung mündelsicherer Papiere (der Abschlag müsse höher sein, als das bei diesen nach § 234 III bestimmte ¼ des Kurswertes) und von der Bewertung beweglicher Sachen (das Risiko bei Forderungen sei „zumindest ebenso hoch“ wie das der Erlangung des im Zeitpunkt der Freigabeentscheidung geltenden Marktpreises auch noch im Insolvenzfall). Gefragt ist aber nach der Begründung für die Bewertung der Forderungen selbst (WM 1998, 234 unter (bb) (2)). Der weitere Hinweis des Senats, daß die Forderungen oftmals aus der Veräußerung sicherungsübereigneter Waren resultierten, ist ganz verfehlt. Viele Forderungen stammen aus Dienstleistung. Aber auch soweit die Forderungen aus der Veräußerung von Waren stammen, ist mit der Veräußerung der Ware die Sicherung durch die Ware und damit die Bewertung der Ware erledigt; es beginnt die Sicherung durch eine Forderung und damit die Bewertung der Forderung, für die die Ware, aus deren Veräußerung sie stammt, allenfalls ein Faktor unter anderen ist (im Hinblick auf Mängeleinreden gegen die Forderung etc.); entscheidend für die Bewertung der Forderung sind aber die Person und die Lage des Schuldners sowie der Stand der Geschäftsbeziehung zu ihm.

[67] Gegen das Freigabeverlangen des Sicherungsgebers kann der Kreditgeber zunächst immer auf den nach Erfahrungswerten anzusetzenden generellen Bewertungsabschlag für Forderungen von 3 % verweisen, der im Bilanzwesen – auch von der Finanzverwaltung – anerkannt ist (s. Beck´scher Bilanzkommentar-*Ellrot/Schulz/Bail* § 253 HGB, Rn. 569, *Schildbach*, Der handelsrechtliche Jahresabschluß, 5. Aufl. 1997, S. 260). Weiter kann der Kreditgeber den Sicherungsgeber, der das Sicherungsgut als wirtschaftlicher Eigentümer bilanzieren und für den Bilanzansatz bewerten muß, an der Abwertung festhalten, die der Sicherungsgeber selbst gemäß ordnungsgemäßer Buchführung in seiner eigenen Bilanz vorgenommen hat. Kann der Sicherungsgeber diese Ansätze mit kaufmännischer Sorgfaltsprüfung begründen, muß der Sicherungsnehmer nach den Umständen des einzelnen Falls substantiiert die Notwendigkeit weiterer Abwertung belegen, wenn er die sicherungszedierten Forderungen noch niedriger bewertet wissen will.

rungsgutes zu geben, sobald sich herausstellt, daß die der Freigabe zugrunde gelegte Bewertung nicht nur vorübergehend von der Wirklichkeit überholt wird[68].

2250 Was schließlich die Berücksichtigung der Umsatzsteuer betrifft, so ist die Umsatzsteuer nicht relevant. Es kommt deshalb auch nicht darauf an, daß es die Umsatzsteuer zur Zeit der Schaffung des § 237 noch nicht gab[69]. Die Umsatzsteuer zahlt der Verbraucher, bei den Unternehmen ist sie nur ein durchlaufender Posten, indem diese die von ihnen gezahlte Umsatzsteuer erstattet (oder angerechnet) bekommen und die als Aufschlag auf den Preis eingenommene Umsatzsteuer abführen müssen, worauf sich die §§ 170 f. InsO beziehen[70]. Die 2/3-Anrechnung des § 237 ist also auf den Preis der Ware ohne Umsatzsteuer zu beziehen, was dem entspricht, daß das BGB die Umsatzsteuer nicht gekannt hat.

2251 Der Ausgang der beiden Verfahren, in denen der IX. und der XI. Senat die Sache dem Großen Senat vorgelegt haben, zeigt, daß Zweifel begründet sind, ob der so sehr umkämpfte Freigabeanspruch durch die Bemühung der Rechtsprechung eine erhebliche praktische Bedeutung gewinnen kann: Nach der Wende, die der IX. und der XI. Senat mit ihren Vorlagebeschlüssen angestoßen haben und die vom Großen Senat vollzogen worden ist, hat der IX. Senat auf die Klage des Konkursverwalters gegen die Bank die frühere Begründung des Anspruchs auf Herausgabe des Verwertungserlöses an die Masse verneinen müssen, nämlich die Begründung, daß das Sicherungsgeschäft wegen unzureichender Freigaberegelung unwirksam war. Er hat die Sache zurückverwiesen zu der unsicheren Prüfung der Unwirksamkeit nach § 138 wegen anfänglicher Übersicherung[71]. Der XI. Senat mußte aufgrund jener Wende in seinem Fall, in dem der Fiskus eine Forderung gepfändet und eingezogen, die Tilgungsleistung dann aber an die sich auf die Globalzession berufende Bank herausgegeben hatte, die Klage des Landes auf Rückzahlung, die auf die Unwirksamkeit der Globalzession mangels ausreichender Freigaberegelung gestützt war, abweisen[72]. Damit ist das bisherige Mittel der Disziplinierung der Sicherungsnehmer entfallen: Die Möglichkeit, daß Vollstreckungsgläubiger oder Insolvenzverwalter die Chance der Erweiterung der Vollstreckungsmasse wahrnehmen, indem sie eine unzureichende Freigaberegelung entdecken, besteht nicht mehr[73]. Es liegt also an den kreditnehmenden Unternehmen selbst, sich in Zeiten gesunden Wirtschaftens auf den dornigen Weg zu begeben, gegenüber ihrer (bisherigen) Bank den Freigabeanspruch durchzusetzen. Ob sie das tun werden, ist trotz der Bemühungen der Rechtsprechung um klare Grenzen dieses Anspruchs zweifelhaft. Und auch wenn einmal ein Kreditneh-

[68] Vgl. für die gesetzliche Sicherheitsleistung § 240 (diesen Anspruch bejaht auch der Große Senat, WM 1998, 227, 234 li. Sp.).

[69] Darauf weist der Große Senat hin, WM 1998, 235.

[70] Die §§ 170 f. InsO berücksichtigen, daß die Sicherungsverwertung durch den Sicherungsnehmer zwei umsatzsteuerpflichtige Veräußerungen zustande bringt, nämlich zum einen die des Sicherungsnehmers an den Erwerber und zugleich zum anderen die des Sicherungsgebers an den Sicherungsnehmer, wobei die Gegenleistung hier in der Rückführung der gesicherten Forderung durch den Verwertungserlös besteht (BFH-Urteil vom 4.6.1987 – BStBl I S. 741, dazu *Heidner,* DStR 1988, 488 ff.). Die vom Erwerber an den Sicherungsnehmer gezahlte Umsatzsteuer muß der Sicherungsnehmer abführen, die von ihm dem Sicherungsgeber gezahlte erhält er ersetzt (angerechnet).

[71] IX. Senat, NJW 1998, 2047.

[72] XI. Senat, NJW 1998, 2206 f.

[73] Nicht in Betracht kommt, daß in der Insolvenz noch geltend gemacht wird, daß in vorheriger Zeit einmal ein Freigabeanspruch des Insolvenzschuldners bestanden hat. In der Insolvenz ist ein Freigabeanspruch nicht mehr denkbar. Es kommt nur noch der ohnehin geltende Anspruch auf Auskehr eines Übererlöses in Betracht. Man kann auch nicht darauf verweisen, daß der Sicherungsnehmer nicht besser stehen dürfe, als wenn er dem Freigabeanspruch genügt hätte. Hätte er freigegeben, so hätte er wegen der nachträglichen Entwicklung den analog § 240 geltenden Ergänzungsanspruch gehabt.

mer die Freigabe durchsetzen sollte, ist seine Disposition über das freigegebene Gut erschwert dadurch, daß er bei schlechterem Geschäftsgang den Anspruch des alten Kreditgebers darauf gewärtigen muß, daß die Sicherungen wieder ergänzt werden.

VI. Verwertung sicherungsweise übertragener Rechte

Mangels gesetzlicher Regelung kommt es auf die Sicherungsabrede an für die Fragen, **2252**
wann der Sicherungsfall eintritt, der Sicherungsnehmer die gewährte Sicherheit also verwerten darf und in welcher Art und Weise er verwerten muß oder darf (z.B. durch freihändigen Verkauf)[74].

VII. Sicherungsweise übertragene Rechte in der Zwangsvollstreckung und dem Insolvenzverfahren

Kennzeichen der Sicherungsübertragung ist die Einräumung einer überschießenden Be- **2253**
rechtigung an den Sicherungsnehmer mit grundsätzlich nur schuldrechtlicher Bindung durch die Sicherungsabrede an den Sicherungszweck. Aufgrund der Einordnung der Sicherungsübertragung (Sicherungsübereignung, -abtretung) in die historisch überkommene Figur der Treuhand hat die Rechtsprechung frühzeitig[75] eine bestimmte Drittwirkung der (an sich schuldrechtlichen) Sicherungsabrede bei der Sicherungsübertragung entwickelt: die nämlich gegen Gläubiger des Sicherungsnehmers in der (Einzel)-Zwangsvollstreckung gegen den Sicherungsnehmer und – seinerzeit – dem Konkurs des Sicherungsnehmers.

Was die Einzelzwangsvollstreckung gegen den Sicherungsnehmer betrifft, kann der Si- **2254**
cherungsgeber nach der Rechtsprechung den Gläubigern entgegenhalten, daß der Sicherungsnehmer zwar Inhaber des übertragenen Sicherungsrechts, aber in dessen Verwendung durch die Sicherungsabrede schuldrechtlich beschränkt ist. Die schuldrechtliche Abrede wirkt mithin nach der Rechtsprechung gegen die Gläubiger, obwohl diese an der Sicherungsabrede nicht beteiligte Dritte sind[76]. Danach kann, wenn ein Gläubiger des Sicherungsnehmers die Zwangsvollstreckung in das Sicherungsgut betreibt, der Sicherungsgeber, solange der Sicherungsnehmer nach der Sicherungsabrede das Sicherungsgut nicht verwerten darf, mit Hilfe der Drittwiderspruchsklage nach § 771 ZPO die Vollstreckung verhindern[77]. Damit wird das Sicherungsgut aber nur dem Vollstreckungszugriff entrissen, das Recht des Sicherungsnehmers an dem Sicherungsgut und ggf. der Besitz bleiben bestehen. Tritt der Sicherungsfall nachträglich ein, können jetzt auch die Gläubiger des Sicherungsnehmers in dessen Recht vollstrecken.

[74] Bei der stillen Zession ist eine AGB-Klausel nach § 9 I AGBG (307 I BGB n.F.) unwirksam, wenn sie dem Zessionar die Verwertung ohne rechtzeitige Ankündigung gegenüber dem Zedenten erlaubt, BGH ZIP 1992, 1068 ff. = NJW 1992, 2626 f. – Nach BGH NJW 2000, 1950 darf der Sicherungsgeber, selbst wenn er sich in einer wirtschaftlichen Krise befindet, aufgrund der Einziehungsbefugnis gem. der Sicherungsabrede seine Forderungen solange einziehen, bis der Sicherungszessionar widerruft oder das Insolvenzverfahren gegen den Sicherungszedenten eröffnet wird. – Zu den Pflichten des Sicherungsnehmers bei der Verwertung, die darauf gerichtet sind, daß ein möglichst hoher Erlös erzielt wird, BGH NJW 2000, 352, 353.

[75] Für die Sicherungsübereignung RGZ 24, 48; 45, 80; 79, 122; 91, 14, 15, 280.

[76] Dazu *Gaul*, FS Serick (1992), 105 ff. Nach *Gaul* ist der Sicherungsgeber im Konkurs des Sicherungsnehmers aussonderungsberechtigt, weil ihm aus der Sicherungsabrede ein persönliches Recht im Sinne des § 43 KO (= 47 InsO) zustehe, das ihn mit Schuldtilgung zur Aussonderung berechtige, S. 130-143.

[77] *Brox/Walker*, Zwangsvollstreckungsrecht, Rz. 1416.

2255 Im Konkurs – heute Insolvenzverfahren – über das Vermögen des Sicherungsnehmers konnte zur Zeit der Geltung der KO der Sicherungsgeber im Konkurs des Sicherungsnehmers, solange der Sicherungsfall nicht eingetreten war, nach § 43 KO Aussonderung des Sicherungsguts verlangen[78]. Die InsO hat daran nichts geändert. Nicht entwickelt war und ist diese Drittwirkung der Sicherungsabrede im Konkurs- bzw. Insolvenzverfahren über das Vermögen des Sicherungsnehmers für die Sicherungsgrundschuld. Dies hat praktische Gründe: Grundschuldgläubiger sind regelmäßig Banken, die gehen selten in Konkurs; erst recht nicht praktisch geworden ist der Fall, daß eine Bank in Konkurs gegangen ist und der Konkursverwalter die Grundschuld über die Kreditforderung der Bank hinaus in Anspruch genommen hat.

2256 Was nach den Einzel- oder Gesamtvollstreckungsverfahren gegen den Sicherungsnehmer diejenigen gegen den Sicherungsgeber betrifft, so weicht die Behandlung der Sicherungsübertragung in der Vollstreckung gegen den Sicherungsgeber oder dem Konkurs- bzw. Insolvenzverfahren über das Vermögen des Sicherungsgebers von der Relativität der Schuldverhältnisse nicht ab. Zwar scheint die herrschende Behandlung darauf hinzudeuten: Bei der Einzelzwangsvollstreckung in das zur Sicherung übertragene Sicherungsgut wird dem Sicherungsnehmer noch die seiner Stellung entsprechende Drittwiderspruchsklage bewilligt, er wird also nicht auf die vorzugsweise Befriedigung nach § 805 ZPO beschränkt[79]. Im Insolvenzverfahren wird ihm aber nicht das scheinbar der Drittwiderspruchsklage entsprechende Aussonderungsrecht, sondern genau so wie den akzessorisch Berechtigten nur das scheinbar der Beteiligung nach § 805 ZPO entsprechende Absonderungsrecht gegeben (§§ 49, 51 Nr. 1 InsO)[80]. Also scheint sich doch immerhin im Insolvenzverfahren die Beschränkung auf den Sicherungszweck, obwohl nur schuldrechtlich fundiert, mit dinglicher Konsequenz durchzusetzen.

2257 Der Sicherungsnehmer wird dennoch im Insolvenzverfahren gegen den Sicherungsgeber seiner Rechtsstellung entsprechend behandelt, und so besteht auch kein Widerspruch zwischen der Behandlung in der Einzelzwangsvollstreckung einerseits und dem Insolvenzverfahren andererseits: Im Insolvenzverfahren über das Vermögen des Sicherungsgebers macht der Insolvenzverwalter die Rechte des Sicherungsgebers geltend[81], bei der Sicherungsübertragung gehört dazu auch das Recht aus der Sicherungsabrede. Aufgrund dieses sich gegen ihn als Sicherungsnehmer richtenden Rechts ist der Sicherungsnehmer auf die Verwertung des Sicherungsguts erst bei Fälligkeit seiner Forderung und nur zu seiner Befriedigung beschränkt. Die InsO gibt in den §§ 166 I, II, 172 mit § 173 allerdings dem Insolvenzverwalter betreffend bewegliche Sachen und Forderungen das vorrangige Recht, seinerseits die beim Sicherungsgeber befindlichen Rechtsobjekte unter Beachtung des Rechts der absonderungsberechtigten Sicherungsnehmer zu verwerten oder zu nutzen. Diese Möglichkeit, daß der Insolvenzverwalter verwertet, dient dazu, daß das Vermögen des Schuldners möglichst effektiv, d.h. im wirtschaftlichen Zusammenhang der Insolvenzmasse, verwertet wird (u.U. auch – s. § 172 InsO – durch Benutzen, Verbinden, Vermischen oder Verarbeiten). Die Verwertung durch den Insolvenzverwalter ist mit der die Absonderungsberechtigten spürbar belastenden Folge verbunden, daß insgesamt 9 % des Verwertungserlöses für die Feststellung (des Gegenstands und der an ihm bestehenden Rechte) und für die Verwertung in der Masse verbleiben (§§ 170 f. InsO).

78 Wieder unter Bestehenbleiben des Rechts und ggf. des Besitzes des Sicherungsnehmers (als Bestandteile der Insolvenzmasse) an dem Sicherungsgut. Führt der Sicherungsgeber den Kredit nicht vertragsgemäß zurück, kann der Sicherungsgegenstand für die Masse verwertet werden, s. *Bülow* Rz. 1067.

79 Stein/Jonas/*Münzberg*, Kom. ZPO, 21. Aufl., § 771 Rnr. 26.

80 *Kuhn-Uhlenbruck*, KO, 11. Aufl., § 43 Rz. 16 b, § 48 Rz. 13a, 24.

81 Dazu eingehend *S. Smid*, WM 1999, 1141.

Daraus folgt wiederum die andere Behandlung des Sicherungsnehmers in der Einzelzwangsvollstreckung gegen den Sicherungsgeber: Nach seinem Sicherungsrecht hat der Sicherungsnehmer das Recht zu eigener Verwertung. Dagegen ist die Beteiligung nach § 805 ZPO die Beteiligung an der Verwertung durch das Vollstreckungsorgan. Diese mutet die InsO dem Gläubiger im Rahmen der Verwaltung der gesamten Insolvenzmasse zu. In der Einzelzwangsvollstreckung gibt es dagegen die Rechtfertigung durch eine Gesamtvermögensverwaltung nicht. Dem gesicherten Gläubiger muß hier zur Realisierung seines Rechts die Drittwiderspruchsklage zustehen. 2258

Im Insolvenzverfahren über das Vermögen des Sicherungsgebers ist schließlich wieder die Möglichkeit der Verkürzung von Sicherungsrechten durch den Insolvenzplan zu beachten[82]. 2259

D. Eigentumsvorbehalt

I. Wesen

Der Eigentumsvorbehalt bedeutet die Sicherung der Kaufpreisforderung beim Kauf beweglicher Sachen[83] in dem weiteren Sinne, daß der Eigentumserwerb des Käufers von der Kaufpreiszahlung abhängig gemacht wird, so daß der Käufer zahlen muß, wenn er das Eigentum erwerben will. Der Eigentumsvorbehalt bedeutet nach der auf das Übereignungsgeschäft bezogenen ersten Regel des § 455 I a.F. (§ 449 I n.F.) im Zweifel, daß die Kaufsache zwar übereignet wird, aber unter der aufschiebenden Bedingung der Kaufpreiszahlung, d.h. unter Aufschiebung der Wirksamkeit der Übereignung bis zur Zahlung des Kaufpreises (§ 158 I). 2260

Die aufschiebend bedingte Übereignung erfolgt in der Regel nach § 929 S. 1, d.h. die Kaufsache wird regelmäßig dem Käufer sogleich übergeben, damit er mit ihr wirtschaften kann. Dieser Erfolg ist durch Übereignung und Einräumung eines Pfandrechts an den Verkäufer zur Sicherung der Kaufpreisforderung nicht zu erreichen. Das Pfandrecht setzt den Besitz des Pfandgläubigers, d.h. hier des Verkäufers, voraus (§ 1205 I). Denkbar ist statt des Eigentumsvorbehalts die Übereignung an den Käufer mit der Vereinbarung, daß das Eigentum mittels antizipierten Besitzkonstituts zur Sicherheit an den Verkäufer zurückübertragen wird. In diesem Fall würde der Käufer aber mit Zahlung des Kaufpreises – anders als beim Eigentumsvorbehalt gemäß der Auslegung, die nach § 449 I (§ 455 I a.F.) im Zweifel gilt, – grundsätzlich nicht automatisch mit Kaufpreiszahlung das Eigentum an der Kaufsache (zurück)-erhalten, da bei Sicherungsübertragung grundsätzlich mit dem Wegfall des Sicherungszwecks nur der schuldrechtliche Übertragungsanspruch verbunden ist. 2261

Der Eigentumsvorbehalt erfaßt aber ohnehin über den Sicherungsgedanken hinaus den synallagmatischen Zusammenhang zwischen Kaufsache und Kaufpreis. Der Verkäufer gibt beim Eigentumsvorbehalt das eigene Eigentum nur gegen die Gegenleistung weg. 2262

82 Oben Rz. 2217.

83 Denkbar ist der Eigentumsvorbehalt auch beim Werklieferungsvertrag, § 651 I. Beim Grundstückskauf scheidet er aus, weil es keine bedingte Auflassung gibt (§ 925 II). An Stelle der Sicherung des Verkäufers durch vorbehaltenes Eigentum und der Sicherung des Käufers durch das Anwartschaftsrecht tritt beim Grundstückskauf die Sicherung des Verkäufers dadurch, daß er die Eigentumsübertragung gänzlich aufschiebt, und die Sicherung des Käufers durch eine Vormerkung betreffend seinen Übereignungsanspruch.

Bei Ausbleiben der Gegenleistung besteht keine Rechtfertigung dafür, daß das Eigentum dem Verkäufer entzogen oder verändert wird[84].

2263 Ist der Eigentumsvorbehalt einerseits als nur bedingte Übereignung Sicherung des Verkäufers, so ist er andererseits dadurch, daß doch immerhin die bedingte Übereignung vorgenommen wird, zugleich Sicherung des Käufers. Dieser wird neben seinem Besitzrecht (bei Übereignung durch Übergabe der Sache) durch sein Anwartschaftsrecht hinsichtlich seines Übereignungsanspruchs gesichert[85].

II. Trennungs- und Abstraktionsprinzip

2264 Das Verpflichtungsgeschäft (Kauf- oder Werklieferungsvertrag) und das Verfügungsgeschäft (die bedingte Übereignung nach §§ 929 S. 1, 158 I) sind zu trennen. Die Übereignung kann aufschiebend bedingt erfolgen, selbst wenn der Verkäufer kaufvertraglich zur unbedingten Eigentumsverschaffung verpflichtet ist[86]. Wirkt sich zwar die Nichtigkeit

[84] Zutreffend *Huber*, ZIP 1987, 750 ff. In der Beratung der Insolvenzreform war umstritten, ob es bei der absoluten Wirkung des Eigentumsvorbehalts im Konkurs des Käufers bleiben oder der Eigentumsvorbehalt analog der Sicherungsübereignung durch das Verwertungsrecht des Insolvenzverwalters und die Kostenbeteiligung belastet werden sollte. Der Referentenentwurf (§ 55 I Nr. 1 i.V.m. § 54 I RefEInsO) stellte alle Formen des Eigentumsvorbehalts dem Sicherungseigentum gleich, sah also lediglich ein Absonderungsrecht vor. Dem lag die Erwägung zugrunde, daß der Eigentumsvorbehalt die wirtschaftliche Funktion eines Sicherungsrechts habe. Weiter wollte man die Konkursvorrechte in möglichst weitem Umfang abbauen. Unter praktischen Gesichtspunkten wurde argumentiert, daß Abgrenzungsprobleme, die nach geltendem Recht für die Sonderformen des Eigentumsvorbehalts bestehen, vermieden würden (Referentenentwurf Gesetz zur Reform des Insolvenzrechts, 1989, 3. Teil, S. 49 ff.). Diese Entwertung des einfachen Eigentumsvorbehalts wurde zum Teil scharf kritisiert. Eine „Enteignung zum Nulltarif" sah man hierin (*Serick*, ZIP 1989, 409, 412; BB 1990, 861 ff.). Der Regierungsentwurf ist zum Aussonderungsrecht zurückgekehrt. Für die Anerkennung des vorbehaltenen Eigentums – im Gegensatz zum Sicherungseigentum – als auch in der Insolvenz nicht zu modifizierendes reguläres Eigentumsrecht sprechen neben der Wahrung der Privatautonomie und des Privateigentums folgende Erwägungen (ZIP-Dokumentation 1991, 1660, 1661): Während der Sicherungsnehmer eine insolvenzrechtliche Belastung bei der Bemessung der Sicherheit abfangen kann, scheidet diese Möglichkeit für den Vorbehaltsverkäufer regelmäßig aus. Forderung und Sicherheit sind durch Kaufpreis und Kaufsache vorgegeben. Beim Eigentumsvorbehalt wird zudem eine Belastung der Masse durch Umsatzsteuer vermieden.

[85] S. o. Rz. 2158 ff.

[86] Läßt sich der Käufer auf ein solches Übereignungsangebot ein, so liegt hierin zugleich eine Änderung des Schuldvertrages. Dies gilt aber dann nicht, wenn der bedingte Inhalt des Übereignungsangebots erst durch Auslegung unter Heranziehung nach dem Kaufvertrag bekanntgegebener AGB des Verkäufers zu ermitteln ist. Die Übereignung ist dann zwar aufschiebend bedingt, der Käufer kann aber aus dem Kauf unbedingte Übereignung verlangen, der Verkäufer ist hierzu Zug-um-Zug gegen Kaufpreiszahlung verpflichtet, § 320 I 1. – Zur Übereignung bei kollidierenden AGB des Verkäufers (einen Eigentumsvorbehalt enthaltend) und des Käufers (einen solchen ausschließend) BGH NJW 1982, 1749, 1750; 1989, 3213. Soweit die AGB des Verkäufers den einfachen Eigentumsvorbehalt enthalten, hindert dies bei dem Käufer zumutbarer Kenntnis davon die Übereignung ungeachtet einer Abwehrklausel in AGB des Käufers, weil der Verkäufer dann schlicht nicht übereignet, s. BGH ZIP 1986, 1052. Nicht überzeugend BGH ZIP 1985, 544, wonach die allgemeine Klausel in AGB des Käufers, die auf Abwehr nicht besonders vereinbarter Verkäufer-AGB gerichtet ist, einerseits die Kraft hat, die Verkäufer-Klausel über einen verlängerten Eigentumsvorbehalt fernzuhalten, andererseits aber, wenn aufgrund der gegnerischen AGB auch die AGB des Käufers nicht in den Vertrag einbezogen seien, nicht an § 9 AGBG (§ 307 n.F.) gemessen und also auch nicht im Hinblick auf den verlängerten Eigentumsvorbehalt eingeschränkt werden könne. Dem Verkäufer half im Fall, in dem der Käufer im Konkurs war, auch nicht die Wirkung des einfachen Eigentumsvorbehalts, daß das Eigentum nicht übergegangen war. Der Käufer hatte

des Kaufvertrags über die dadurch bedingte Nichtzahlung des Kaufpreises auf die Bedingung für die Übereignung der Kaufsache aus, so kommt es doch auf die Nichtzahlung und nicht die Nichtigkeit an. Ist der Kaufpreis gezahlt und stellt sich dann die Nichtigkeit heraus, ist die Übereignung wirksam geworden und gilt wie immer nach dem Trennungs- und Abstraktionsprinzip der Ausgleich durch das Bereicherungsrecht. Auf die Bedingung der Kaufpreiszahlung kommt es auch im Fall der Verjährung der Kaufpreisforderung an. Beruft sich der Käufer auf Verjährung und zahlt er deshalb nicht, so kann die Bedingung nicht eintreten. Der Verkäufer bleibt Eigentümer, er kann vom Kaufvertrag zurücktreten, und es endet damit das Recht des Käufers zum Besitz[87].

III. Nachträglicher Eigentumsvorbehalt

Ist wirksam übereignet worden, können die Parteien auch noch nachträglich wirksam **2265**
dahin übereinkommen, daß doch ein Eigentumsvorbehalt gelten solle. Vom Eigentumserwerb des Käufers aus gesehen, liegt hierin eine auflösend bedingte Rückübertragung des Eigentums nach §§ 929 S. 1, 930[88]. Das Besitzmittlungsverhältnis liegt in dem ergänzten Kaufvertrag, nicht in einer Sicherungsabrede begründet. Die Parteien wollen die Lage wie beim Eigentumsvorbehalt herstellen, d.h. die Besitzmittlung des Käufers für den Verkäufer, indem dieser bei Nichtzahlung des Kaufpreises und Rücktritt vom Kaufvertrag aufgrund seines Eigentums die Sache herausverlangen kann.

IV. Die schuldrechtliche Wirkung des Eigentumsvorbehalts

Nach der auf das schuldrechtliche Verhältnis zwischen Verkäufer und Käufer bezogenen **2266**
zweiten Regel des § 455 I a.F. gewährte der Eigentumsvorbehalt im Zweifel dem Verkäufer bei Zahlungsverzug des Käufers ein im Vergleich zu § 326 I a.F. erleichtertes Rücktrittsrecht[89]. § 449 I n.F. enthält eine besondere Erleichterung des Rücktrittsrechts nicht mehr. Das Rücktrittsrecht ist in der n.F. für den gegenseitigen Vertrag dahin erweitert, daß es ohne Rücksicht auf einen Verzug und eine Ablehnungsdrohung eintritt

tumsvorbehalts, daß das Eigentum nicht übergegangen war. Der Käufer hatte die Ware eingebaut (§ 947), der Wertersatzanspruch des Verkäufers war auf die Konkursquote beschränkt. Anders kommt, wenn der Käufer nicht einbaut, sondern weiterveräußert, die Ersatzaussonderung nach § 46 KO (§ 48 InsO) in Betracht (so im Fall BGH ZIP 1986, 1052). Wie BGH ZIP 1985, 544 erneut der BGH in WM 1986, 643. Zu den Entscheidungen *Graf v. Westphalen*, BB 1987, 1186. Zum Problem der kollidierenden AGB *Flume* II § 37 3, S. 672 ff., 675.

87 So ausdrücklich § 216 II n.F.. Bemerkenswert ist, daß der Eigentumsvorbehalt beim Werklieferungsvertrag die Rolle übernahm, die beim Werkvertrag das Unternehmerpfandrecht hatte. § 651 I 2 verwies für den Vertrag über nicht vertretbare Sachen auf die Werkvertragsvorschriften mit Ausnahme derer über Unternehmerpfandrecht und -hypothek, an deren Stelle eben der Eigentumsvorbehalt oder die Zurückhaltung des Eigentums trat. § 651 n.F. verweist vollständig auf das Kaufrecht.

88 *Bülow* Rz. 647. Der BGH hat eine Rückübereignung mit anschließender aufschiebend bedingter Übereignung für erforderlich erklärt (BGH NJW 1953, 217; offengelassen in BGHZ 42, 53, 58). Entgegen *Kohler*, JuS 1990, 530, 532 r. Sp. hat der BGH in der Entscheidung BGHZ 98, 160, 165 ff. nicht die Möglichkeit der nachträglichen Ausbedingung eines Eigentumsvorbehalts mit unmittelbarer Wirkung anerkannt. Der BGH behandelt und bejaht die Frage, ob die Parteien streitausschließend mit Wirkung inter partes durch Feststellungs- oder Bestätigungsvertrag zugrunde legen könnten, daß die Übereignung eine solche unter Eigentumsvorbehalt gewesen sei.

89 Zur schuldrechtlichen Bedeutung des § 455 a.F. BGHZ 54, 214, 216; *P. Bydlinski*, JZ 1986, 1028; *Jakobs*, Gesetzgebung im Leistungsstörungsrecht, 1985, S. 64 mit Fn. 127.

(§ 323 I mit einigen Ergänzungen in der weiteren Vorschrift). Für den Eigentumsvorbehalt im Rahmen eines Ratenzahlungskaufs war das in § 455 I a.F. begründete Rücktrittsrecht wegen Zahlungsverzugs nach §§ 12, 13 I VerbrKrG an besondere Voraussetzungen geknüpft. Die §§ 501 i.V. mit 498, 503 II erhalten diese Formulierung aufrecht, obwohl § 323 I das Rücktrittsrecht von der Verzugsvoraussetzung löst.

2267 Angesichts des Eigentums des Verkäufers an der Kaufsache kommt es in Betracht, daß der Verkäufer bei Zahlungsverzug des Käufers, statt den Rücktritt zu erklären, einfach nach § 985 Herausgabe der Kaufsache verlangt. Zu prüfen ist, ob der Käufer ihm wegen Ausbleibens des Rücktritts ein Recht zum Besitz gemäß § 986 I entgegensetzen kann. Für Käufe, auf die das VerbrKrG (jetzt die n.F. des BGB) anzuwenden ist, gilt, daß der Schutzzweck der speziellen Regelung des Rücktrittsrechts im VerbrKrG erzwingt, daß die Beendigung des Besitzrechts wegen Verzugs des Käufers auf die Ausübung des in § 13 (§ 503 BGB n.F.) geregelten Rücktrittsrechts beschränkt ist. Nach der Rechtsprechung[90] galt dies aber auch für die allgemeine Regelung des Eigentumsvorbehalts nach § 455 a.F.[91]. Zu beachten ist, daß diese Voraussetzungen der Beendigung des Besitzrechts des Käufers für den Fall des Zahlungsverzugs gelten (nach § 323 n.F. für den Fall des Ausbleibens der Zahlung trotz Fälligkeit, wenn es nicht nach § 323 III sogar nicht einmal auf diese ankommt). Aus einem anderen Grund, z.B. bei unsachgemäßer Behandlung der Kaufsache durch den Käufer und daraus folgender Gefährdung der Sicherheit des Verkäufers, kann sich die Beendigung des Besitzrechts unabhängig von einem Rücktritt ergeben[92].

2268 Will der Verkäufer aus einem solchen Grunde ohne Rücktritt die Sache zurücknehmen oder ist ihm sonst durch Vertragsabrede eine vom Rücktritt unabhängige Herausgabeberechtigung eingeräumt, so ist zu beachten, daß für Kreditkäufe i.S. von § 1 II VerbrKrG (jetzt BGB) die Ansichnahme der Kaufsache durch den Verkäufer zwingend als Ausübung des Rücktrittsrechts gilt (§ 13 III 1 VerbrKrG = § 503 II 3 BGB n.F.).

V. Verwertung der Rechtsstellung des Verkäufers

2269 Der Verkäufer „verwertet" beim Eigentumsvorbehalt keine Sicherheit, sondern er nimmt seine Sache zurück, entweder aufgrund der Ausübung des Rücktrittsrechts oder selbständig bei Eintritt im Vertrag unmittelbar begründeter oder kraft ergänzender Auslegung anzunehmender Gründe. Nach a.F. konnte der Verkäufer auch ohne Berufung auf das Rücktrittsrecht nach § 455 I a.F. einfach nach den allgemeinen Vorschriften des § 326 a.F. vorgehen und als Teil des Schadensersatzes wegen Nichterfüllung unter anderem auch Herausgabe der Kaufsache verlangen (§ 249 S. 1). § 449 II n.F. schließt solches jetzt aus.

VI. Formen des Eigentumsvorbehalts

1. Einfacher Eigentumsvorbehalt

2270 Der in § 449 I (§ 455 I a.F.) geregelte Eigentumsvorbehalt durch aufschiebend bedingte Übereignung der Kaufsache ist der sog. einfache Eigentumsvorbehalt. Dieser hat sich insbesondere im kaufmännischen Verkehr als nicht immer sinnvoll erwiesen: Der Käufer will die erworbenen Gegenstände weiterveräußern oder verarbeiten, beim einfachen

[90] BGHZ 54, 214, 219 ff.

[91] Zur Problematik *Bülow* Rz. 665. Jetzt ausdrücklich i.S. der Rspr. § 449 II.

[92] S. BGH NJW 1978, 417.

Eigentumsvorbehalt würde er dabei in das Eigentum des Verkäufers eingreifen. Mit Rücksicht darauf haben sich neue Gestaltungen des Eigentumsvorbehalts entwickelt.

2. Verlängerter Eigentumsvorbehalt

Beim verlängerten Eigentumsvorbehalt wird die Rechtsposition des Verkäufers nach einer Verarbeitung oder Veräußerung der Kaufsache an anderen Gegenständen als der Kaufsache fortgesetzt: Hinsichtlich einer Verarbeitung wird vereinbart, daß der Verkäufer Eigentümer der durch Verarbeitung hergestellten Sache sein soll. Die h.M. läßt diese Abbedingung des § 950 I zu, der BGH versucht mehr Gesetzestreue mit der Konstruktion, daß durch die Vereinbarung festgelegt wird, daß der Käufer für den Verkäufer verarbeitet (sog. Hersteller- oder Verarbeitungsklausel[93]). Soweit es um die Weiterveräußerung der unter Eigentumsvorbehalt stehenden Sache durch den Käufer betrifft, wird vereinbart, daß der Verkäufer dem Käufer nach § 185 die Zustimmung zur Weiterveräußerung gibt und der Käufer dem Verkäufer im voraus die aus der Weiterveräußerung entstehenden Forderungen bei verbleibender Einziehungsermächtigung sicherungshalber abtritt (Sicherungsvorauszession)[94]. Auch eine Kombination beider Klauseln ist häufig[95]. **2271**

Ist der Käufer auf die Weiterveräußerung der unter Eigentumsvorbehalt gekauften Waren in seinem Betrieb angewiesen und liefert der Verkäufer in dem Wissen darum, so ist zunächst die Ermächtigung zur Weiterveräußerung, dann aber auch die Ersetzung des Eigentumsvorbehalts durch die Vorausabtretung der Weiterveräußerungsforderung geradezu selbstverständlicher Inhalt des Geschäfts, sind sie also als naturalia negotii anzuerkennen. Der Kauf unter verlängertem Eigentumsvorbehalt ist dadurch zu einem eigenen Aktstyp geworden[96]. **2272**

3. Nachgeschalteter Eigentumsvorbehalt

Der nachgeschaltete Eigentumsvorbehalt ist entgegen dem nachträglichen Eigentumsvorbehalt, den Verkäufer und Käufer nach einer zunächst unbedingt vorgenommenen Übereignung vereinbaren[97], ein Eigentumsvorbehalt zwischen Käufer und dessen Abkäufer. Veräußert der Vorbehaltskäufer die Vorbehaltsware seinerseits unter Eigentumsvorbehalt weiter, ohne zu offenbaren, daß er selbst unter Eigentumsvorbehalt erworben hat, so liegt ein nachgeschalteter Eigentumsvorbehalt vor. Der Vorbehaltsverkäufer verliert das Eigentum auch mit der vollständigen Zahlung des Abnehmers an den Käufer, wenn der Käufer mit Zustimmung des Verkäufers weiterveräußert oder der Abnehmer gutgläubig erworben hat (wozu der gute Glaube bei der bedingten Übereignung an ihn ausreicht). **2273**

93 Zur (zweifelhaften) Zulässigkeit o. Rz. 974 ff. Bei Beteiligung mehrerer Lieferanten an einer durch Verarbeitung entstehenden neuen Sache kann die Lösung eines Poolvertrags gewählt werden: Die Lieferanten bilden eine BGB-Gesellschaft, der das Eigentum an der neuen Sache zu 100 % zustehen soll. Dazu BGH NJW 1989, 895, 896.

94 Zur Frage, ob bei Weiterveräußerung unter Eigentumsvorbehalt gelieferter Sachen an einen Abnehmer, der die Sachen einbaut, dann aber den Kauf wandelt und die Sachen wieder ausbaut und an den Vorbehaltskäufer zurückgibt, der Verkäufer statt der Forderungen aus der Weiterveräußerung das Eigentum an der Kaufsache zurückbekommt (wegen Rückerwerbs des Käufers als Nichtberechtigten), *Kohler*, JuS 1990, 530.

95 Vgl. *Rimmelspacher* Rz. 205. Die Ermächtigung nach § 185 I erfaßt nicht Sicherungsübereignungen und Weiterveräußerungen im „Sale-and-lease-back"-Verfahren, BGH JZ 1988, 926.

96 Begriff von Flume II, S. 2, 14, 24.

97 Oben Rz. 2265.

4. Weitergeleiteter Eigentumsvorbehalt

2274 Anders als beim nachgeschalteten Eigentumsvorbehalt wird beim weitergeleiteten Eigentumsvorbehalt dem Abnehmer des Vorbehaltskäufers der Eigentumsvorbehalt zwischen Verkäufer und Vorbehaltskäufer offengelegt und die zweite Übereignung davon abhängig gemacht, daß beide Kaufpreisforderungen vollständig bezahlt sind[98].

5. Kontokorrentvorbehalt

2275 Nach der Abrede des Kontokorrentvorbehalts soll das Eigentum an der Vorbehaltsware erst dann übergehen, wenn alle Forderungen oder ein bestimmter Teil von solchen aus einer bestimmten Geschäftsverbindung beglichen sind. Es handelt sich somit um eine Sicherungsposition auch für andere Forderungen als die aus dem Verkauf der Vorbehaltsware. Im einzelnen sind hier viele Gestaltungsformen denkbar, etwa daß nur bis zur Einigung und Übergabe bereits entstandene Forderungen erfaßt sein sollen, daß der Vorbehalt bis zum Ausgleich eines Schuldsaldos aus der Geschäftsverbindung gelten soll usw.[99]. Die Absprache löst den Eigentumsvorbehalt aus seiner Funktion, die Leistungen aus dem Kaufvertrag zur Zug-um-Zug-Realisierung zu verknüpfen. Sie ist deshalb bedenklich, wird aber von der Rechtsprechung für den kaufmännischen Verkehr zugelassen[100].

6. Konzernvorbehalt

2276 Im Fall des Konzernvorbehalts soll das vorbehaltene Eigentum an der Kaufsache nicht nur Forderungen des Veräußerers sichern, sondern auch Forderungen von Unternehmen, die mit dem Unternehmen des Veräußerers i.S. der §§ 15 ff. AktG verbunden sind. Die Frage, ob ein solcher Eigentumsvorbehalt wegen Verstoßes gegen § 9 I AGBG (§ 307 BGB n.F.) oder § 138 I nichtig ist, ist schon lange kontrovers erörtert worden[101]. Mit Wirkung vom 1.1.1999 an ist § 455 a.F. (= § 449 n.F.) durch Art. 33 Nr. 17 EG InsO[102] um einen Absatz ergänzt. Darin wird der Eigentumsvorbehalt für nichtig erklärt, soweit er den Eigentumsübergang davon abhängig macht, daß der Käufer Forderungen eines Dritten, insbesondere eines mit dem Verkäufer verbundenen Unternehmens, erfüllt (§ 449 III).

7. Erweiterter Eigentumsvorbehalt

2277 Der sog. erweiterte Eigentumsvorbehalt ist keine eigenständige Form eines Eigentumsvorbehalts, sondern nur ein Oberbegriff für den Kontokorrentvorbehalt und den Konzernvorbehalt.

[98] Oftmals wird die Einwilligung des Vorbehaltsverkäufers gem. § 185 I zur Weiterübereignung von einer solchen Vereinbarung abhängig gemacht.

[99] Hierzu *Rimmelspacher* Rz. 212.

[100] BGH NJW 1987, 487. Ablehnend für den nicht kaufmännischen Verkehr OLG Frankfurt a.M. NJW 1981, 130. Die Absprache kombiniert den Eigentumsvorbehalt betreffs der Kaufpreisforderung und eine Sicherungsübereignung an den Verkäufer betreffs der weiteren Forderungen.

[101] Vgl. *Bülow* Rz. 1053; *Kuhn/Uhlenbruck*, KO, 10. Aufl., § 43 Rz. 44a f.; *Serick* V § 59 VI, S. 232 ff.

[102] Gesetz v. 5.10.1994, BGBl. 2911, Nachweise zur Kritik und zu möglicher Vorwirkung des Gesetzes in die Zeit vor seinem Inkrafttreten hinein Palandt/*Putzo*, 57. Aufl., § 455 Rz. 1, 10, 19 sowie *Bülow*, DB 1999, 2196.

VII. Eigentumsvorbehalt und Übersicherung

Bei den Formen des erweiterten Eigentumsvorbehalts stellt sich wie bei der Sicherungsübertragung das Problem der Übersicherung[103]. Eine Besonderheit besteht nur insofern, als die Bewertung des „Sicherungsguts“ beim Eigentumsvorbehalt einfacher ist: Der Kaufpreis kann zugrundegelegt werden[104]. **2278**

VIII. Vorbehaltenes Eigentum in Zwangsvollstreckung und Insolvenzverfahren

In Zwangsvollstreckung und Insolvenzverfahren, seien sie gegen Verkäufer oder Käufer gerichtet, sind das vorbehaltene Eigentum des Verkäufers beim einfachen Eigentumsvorbehalt als normales Eigentum und das Anwartschaftsrecht des Käufers als eigentumsgleiches Recht zu beachten. Besonderheiten ergeben sich im Insolvenzverfahren insoweit, als Sonderformen des Eigentumsvorbehalts vereinbart sind. In ihrem Rahmen kommt statt der Behandlung als normale Eigentumspositionen die Behandlung als bloße Sicherungspositionen in Betracht: **2279**

Auch beim verlängerten Eigentumsvorbehalt steht dem Verkäufer aber zunächst noch jedenfalls insoweit, als die Kaufsache noch vorhanden ist, das Aussonderungsrecht zu. Ist die Kaufsache aber bereits verarbeitet oder weiterveräußert, so haben wir in Gestalt der Vorauszession der Weiterveräußerungsforderungen oder der Vorausübereignung der verarbeiteten Sache eine Sicherungszession oder Sicherungsübereignung vor uns. Dem Verkäufer steht insofern nur ein Absonderungsrecht zu (§ 48 KO[105], § 51 Ziff. 1 InsO). Beim erweiterten Eigentumsvorbehalt besteht das Aussonderungsrecht bezüglich der Kaufsache so lange, wie die hinsichtlich der Kaufsache bestehende Kaufpreisforderung noch nicht vollständig bezahlt ist. Ist dies dagegen der Fall und ist das Eigentum wegen anderer noch offener Forderungen nicht übergegangen, so ist insoweit wieder nur ein Absonderungsrecht zu geben, weil hier die Interessenlage der beim Sicherungseigentum vergleichbar ist[106]. **2280**

E. Der Rang der Sicherungsrechte

Für die Sicherungsrechte an einer Sache oder einem Recht ist neben ihren Entstehungsvoraussetzungen und inhaltlichen Konsequenzen entscheidend ihr Verhältnis je zu anderen Rechten an demselben Gegenstand. Soweit mehrere Rechte nebeneinander an demselben Gegenstand bestehen können, spricht man von Rang. Im Prinzip nichts anderes ist aber der völlige Ausschluß einer späteren Verfügung, wenn eine frühere den Verfügungsgegenstand schon vollständig übertragen oder augehoben hat. Bei Bestellung eines beschränkten Rechts erfaßt eine spätere Bestellung nur den durch das früher entstandene Recht belasteten Gegenstand. Im Prinzip nichts anderes ist es, wenn eine spätere Sicherungsübertragung ein Vollrecht nicht mehr erfassen kann, weil eine frühere das ganze Recht schon übertragen hat. Beide Konsequenzen sind Folgen des Satzes „nemo plus iuris transferre potest quam ipse habet“. Der Vorrang der früheren Verfügung wird mit dem Ausdruck des Prioritätsprinzips erfaßt. **2281**

[103] S. o. Rz. 2232 ff.
[104] Zur zulässigen Übersicherungsmarge anhand dieses Maßstabs BGH DB 1990, 1909.
[105] *Kuhn/Uhlenbruck*, KO, 11. Aufl., § 43 Rz. 16 b, § 48 Rz. 13a, 24.
[106] *Kuhn/Uhlenbruck*, a.a.O., § 43 Rz. 42 a; BGH NJW 1992, 2483.

2282 Die Rangfolge ist mithin das Ergebnis der Prüfung des Wirksamwerdens mehrerer Verfügungen. Dabei stehen den rechtsgeschäftlichen Verfügungen solche im Wege der Zwangsvollstreckung und ebenso Eingriffe kraft Gesetzes gleich.

2283 Besondere Probleme stellen sich bei der Sicherungsabtretung einer Forderung, und zwar sind es deren zwei. Sie sind verbunden mit dem Alltagsfall dieser Sicherungsabtretung: dem der Vorauszession von Forderungen, genauer: der Zession von Forderungen, die noch gar nicht entstanden sind. Die beiden Probleme hängen zusammen. Das erste betrifft die Frage, ob auch für Vorauszessionen das Prioritätsprinzip gilt. Dies ist, wie zu sehen sein wird, zu bejahen. Damit entsteht das zweite Problem: Das grundsätzlich geltende Prioritätsprinzip muß für bestimmte Fallgestaltungen eingeschränkt werden.

2284 Die Frage, ob das Prioritätsprinzip grundsätzlich auch für Vorauszessionen gilt, stellt sich in den Fällen, daß der Sicherungsgeber mehrere Vorauszessionen oder neben einer Vorauszession auch noch eine Vorausverpfändung derselben Forderungen vorgenommen hat. Das Rangproblem ist hier besonderer Art, weil die Vorausverfügungen nicht wie die bisher gemeinten Verfügungen das Recht, welches letztlich ihr Gegenstand ist, sogleich ganz oder teilweise weggeben. Folglich scheint auch nicht eine erste Zession eine zweite Verfügung bzgl. derselben Forderung durch Beschränkung oder Übertragung des Gegenstands beschränken oder ausschließen zu können. Vielmehr scheinen beide Verfügungen erst mit der Entstehung der Forderung, also gleichzeitig und folglich mit der Konsequenz der Verschaffung entweder gleich berechtigender oder sich gegenseitig ausschließender Rechte wirksam werden zu können. Gleichwohl ist – bezogen auf den Bereich rechtsgeschäftlicher Verfügungen[107] – ganz überwiegend anerkannt, daß das Prioritätsprinzip auch für mehrere Vorausverfügungen bezüglich ein und derselben künftigen Forderung gilt[108].

2285 Der Annahme der grundsätzlichen Geltung des Prioritätsprinzips im Falle mehrerer auf dieselbe Forderung gerichteten Vorauszessionen ist zuzustimmen, und zwar schon deshalb, weil die Ausdehnung des Prioritätsprinzips feststehender und für die Kreditpraxis maßgeblicher Rechtsgebrauch geworden ist. Es kommt hinzu, daß der Vorrang der Vorausverfügung nach ihrer zeitlichen Abfolge auch wohlbegründet ist: Zunächst ist die Vorausverfügung über Forderungen gar nicht immer im Zeitpunkt der Vornahme gegenstandslos. Ist die Entstehung der Forderung nur von einer Bedingung oder Zeitbestimmung abhängig, so besteht schon vorher die Rechtsposition aus dem bedingten oder befristeten Rechtsgeschäft (§§ 160 f.), die Rechtsposition geht später in die Forderung selbst über, und so gilt bezüglich der ganzen Position, aus der dann die Forderung sich entwickelt, sehr wohl der Satz des „nemo plus iuris ...“.

2286 Gleiches gilt aber auch dann, wenn nicht schon eine bedingte oder befristete Rechtsposition gegenwärtiger Gegenstand der „Voraus“-Verfügung ist. Häufig betrifft die Vorausverfügung Forderungen, die zwar künftig und auch nicht bedingt begründet sind, aber trotzdem schon in einem gegenwärtigen Rechtsgut ihre Grundlage haben, so die Vorausverfügung über die künftigen Forderungen aus der Vermarktung der eigenen Arbeitskraft oder aus dem eigenen Unternehmen des Zedenten. Dieses Vorläuferrechtsgut ist zwar nicht konkreter Gegenstand der Vorausverfügung. Verfügt wird über die künftig aus diesem Rechtsgut für den Zedenten hervorwachsende Forderung. Im Hin-

[107] Für den Bereich der Zwangsvollstreckung ist schon die Zulässigkeit des verfügungsgleichen Akts als solchen, also etwa der Pfändung künftiger Forderungen, jedenfalls aber die Bewirkung des Vorrangs gemäß der Reihenfolge der Akte, abzulehnen, s. *Flume* II § 58, S. 917; NJW 1959, 913, 916; *Stöber*, Forderungspfändung, 8. Aufl., Rz. 27 ff. Kritisch zur unterschiedlichen Behandlung von Vorausverpfändung und Vorwegpfändung *Schwerdtner*, NJW 1974, 1785, 1787.

[108] BGHZ 30, 149, 151; 32, 361, 363 (jeweils m.w.N.). Kritik bei *Beuthien*, BB 1971, 375, 377; *Esser*, ZHR 135 (1971), 325.

blick auf die gegenwärtige Substantiierung der künftigen Forderung in dem Rechtsgut Unternehmen oder Arbeitskraft kann man aber die Wertung akzeptieren, daß derjenige, der jetzt im Hinblick auf die künftige Forderung verfügt, doch schon jetzt etwas weggibt, was damit für ihn nicht mehr für eine zweite Verfügung desselben Gegenstands zur Verfügung steht.

Schließlich macht § 185 II 2 in seinem Fall den Vorrang von Verfügungen sogar gänzlich davon unabhängig, daß der Gegenstand schon gegenwärtig beim Zedenten existiert[109]. Insgesamt ergibt sich somit die Folgerung der herrschenden Meinung: Der Verbrauch der Verfügungsmöglichkeit durch erste Verfügungen mit der Konsequenz des Prioritätsprinzips ist von der gegenwärtigen Existenz des Verfügungsgegenstands im konkreten und formalen Sinne beim Verfügenden unabhängig. Das Prioritätsprinzip gilt auch für Vorausverfügungen über künftige Forderungen. **2287**

Was als zweite Frage die der Einschränkung des Prioritätsprinzips bei der Vorauszession von Forderungen betrifft, so tritt diese in der ganz praktischen Situation des alltäglichen Wirtschaftslebens auf, daß ein Unternehmer für sein Unternehmen einerseits Sachen unter verlängertem Eigentumsvorbehalt anschafft, d.h. mit Vorausabtretung der aus der Weiterveräußerung zu erlangenden Forderung, daß er andererseits aber Kredite aufgenommen hat, die er durch (Voraus-)Zession der Unternehmensforderungen sichert, oder daß er seine Forderungen im Wege eines sog. Factoring-Geschäfts an ein Factoring-Institut zur Einziehung der Forderung durch dieses (voraus)zediert[110]. In dieser Situation kann, wie zu zeigen ist, die einfache Rechnung des Prioritätsprinzips nach der zeitlichen Abfolge der Verfügungen nicht maßgeblich sein. **2288**

Was zunächst die Konkurrenz von Sicherungs-Globalzession und verlängertem Eigentumsvorbehalt betrifft, sei von folgendem Fall ausgegangen: **2289**

Die Bank B gibt dem Unternehmer U zum Aufbau oder zur Weiterführung seines Unternehmens einen Kredit und läßt sich zur Sicherung alle gegenwärtigen und künftigen Unternehmensforderungen abtreten. Kauft U in der Folgezeit Waren, insbesondere Rohstoffe, von W unter verlängertem Eigentumsvorbehalt mit Vorausabtretung der Weiterveräußerungsforderung, so geht nach dem Prioritätsprinzip die Verlängerung des Eigentumsvorbehalts ins Leere: Wegen der zeitlich früheren Vorausabtretung an B (ihre Wirksamkeit unterstellt) ist U bei der Abtretung an W nicht mehr Forderungsberechtigter. Mangels der Möglichkeit eines gutgläubigen Erwerbs von

109 Mit Recht für die Verwertbarkeit der Vorschrift in unserem Zusammenhang *v. Tuhr*, II/1 § 60 V, S. 387 ff.; *Flume*, NJW 1959, 913, 916 f. Gegen sie – wenn auch im Ergebnis übereinstimmend – *Rimmelspacher* Rz. 408 f. Die Vorschrift des § 1209, auf die sich für die Geltung des Prioritätsprinzips auch bei Vorauszessionen *Canaris*, GRUR 1989, 711, 718 beruft, hilft nicht: Die Vorschrift bezieht sich auf die Verfügungen über ein in der Person des Verfügenden gegenwärtig bestehendes Recht (nur der Sicherungszweck bezieht sich auf eine künftige Forderung). Ist die vorauszedierte Forderung auch, wie gezeigt, häufig durch ein gegenwärtiges Rechtsgut substantiiert, so ist sie doch andererseits von der Gestaltung des Rechtsverhältnisses abhängig, aus dem sie entsteht und in dem das sie substantiierende Rechtsgut eingesetzt wird. Diese Gestaltung ist für die Forderung grundlegend und deshalb keine Verfügung über sie. Die Gestaltung etwa im Sinne einer Nichtabtretbarkeit der Forderung ist nicht eine möglicherweise gegenüber einer Vorauszession nachrangige Verfügung. Weiter wird etwa die Vorauszession des Gewinnanspruchs eines Gesellschafters per se hinfällig, wenn die zugrundeliegende Gesellschafterstellung verändert, etwa abgetreten, wird, und ist auch insoweit nicht das Verhältnis zweier Verfügungen über die Forderung zu sehen (s. *Flume* I/1 § 17 III, S. 354). Dies alles vermengend *Henrichs*, JZ 1993, 225, 226. Auch seine Kritik an der Heranziehung des § 185 II (S. 226 Fn. 3) ist nicht überzeugend.

110 Zum Factoring *Canaris*, Bankvertragsrecht, 2. Aufl., Rz. 591 ff.; Larenz/*Canaris*, II/2 § 65. Zum Verhältnis nicht nur, wie hier interessiert, zwischen verlängertem Eigentumsvorbehalt und Globalzession, sondern zwischen den verschiedenen Globalzessionen im Rahmen eines Factoring einerseits und im Rahmen eines Bankkredits andererseits *Brink*, ZIP 1987, 817, 824.

Mangels der Möglichkeit eines gutgläubigen Erwerbs von Forderungen vom Nichtberechtigten ist die Zession an W gegenstandslos. Folglich ist auch die Zustimmung des W zur Weiterübereignung durch U hinfällig. Konsequenz ist, daß die Eigentumsübertragung durch U an seine Abnehmer vertrags- und rechtswidrig ist und nur aufgrund eines gutgläubigen Erwerbs der Abnehmer wirksam sein kann.

2290 Die Rechtsprechung hebelt die Geltung des Prioritätsprinzips aus, indem sie die nach dem Prinzip vorrangige Verfügung möglicherweise gerade wegen des Vorrangs und damit der Entkräftung der anderen Verfügung unwirksam sein läßt. Ihre Erwägung ist, daß die Globalzession an B wegen vorauszusehenden und geradezu induzierten Bruchs von Verträgen mit Warenlieferanten nach § 138 I sittenwidrig sein kann („Vertragsbruchstheorie"). Der BGH ist hierin *Flume* gefolgt[111]. Eine Globalzession sei sittenwidrig, wenn davon Forderungen erfaßt würden, die der Schuldner üblicherweise zur Erlangung von Waren im verlängerten Eigentumsvorbehalt abtreten müsse[112]. Der Kreditnehmer (U) werde dann durch den Globalzessionar gezwungen, seine Lieferanten zu täuschen: Die Kaufpreisforderung, die die Lieferanten als Sicherung erwarten und von deren Übergang sie die Weiterveräußerungsermächtigung an den K abhängig machen, fällt nach dem Prioritätsgrundsatz an die Bank; trotzdem verlieren die Lieferanten das Eigentum, weil U im Rahmen seines Geschäftsbetriebs wirtschaftlich zur Weiterveräußerung gezwungen ist und das Eigentum an den Waren nach §§ 932 ff., § 366 HGB auf den gutgläubigen Erwerber übergeht. Dem Lieferanten gegenüber ist dies nach Ansicht der Rechtsprechung eine grobe Vertragsverletzung, wenn nicht sogar eine Straftat (Betrug, Untreue oder Unterschlagung). Die Globalzession, die ihn dazu zwinge, sei folglich sittenwidrig.

2291 Für die Annahme der Nichtigkeit wegen Sittenwidrigkeit muß der subjektive Tatbestand des § 138 erfüllt sein. Die Anforderungen, die der BGH dazu stellt, sind im Laufe der Zeit immer geringer geworden. In einer Entscheidung aus dem Jahre 1960[113] führte der BGH noch aus, ein Verstoß gegen § 138 I liege nur vor, „wenn die am Rechtsgeschäft Beteiligten auch subjektiv in zu mißbilligender Gesinnung handeln, wenn ihnen ihre persönliche Einstellung zum sittlichen Vorwurf gemacht werden muß". Dafür verlangte er wenigstens, daß der Globalzessionar davon wußte, es billigend in Kauf genommen oder zumindest damit gerechnet hat, daß die Forderungen im verlängerten Eigentumsvorbehalt abgetreten werden müssen. Später hat er diese Aussage dahin relativiert, daß eine Bank subjektiv der Folgerung der Sittenwidrigkeit nicht entgehen könne, wenn der Darlehensnehmer in seinem Gewerbe branchenüblich Waren nur unter verlängertem Eigentumsvorbehalt erhalte „– vielleicht von extremen und besonders darzulegenden Ausnahmefällen abgesehen –"[114]. Letztlich sind also kaum noch Fälle ersichtlich, in denen es nach der Rechtsprechung an der subjektiven Komponente des § 138 I fehlt. Eine Untersuchung im Einzelfall unterbleibt.

2292 Nicht einmal die schuldrechtliche Verpflichtung der Bank, Forderungen, die branchenüblich einem verlängerten Eigentumsvorbehalt unterliegen, von ihrem Sicherungszugriff auszunehmen (insbesondere an den Lieferanten abzutreten), soll der Sittenwid-

[111] NJW 1950, 841, 847 und NJW 1959, 913, 918 ff.

[112] BGHZ 30, 149, 153; 32, 361, 365; 55, 34, 35; NJW 1974, 942. Dem BGH folgen RGRK/*Weber* § 398 Rz. 87 f.; *Bülow* Rz. 1434 (er schließt sich um der Rechtssicherheit willen an); *Rimmelspacher* Rz. 424 ff. mit ausführlicher Zusammenstellung der Ansicht des BGH. Das LG Marburg z.B. nimmt einen Handelsbrauch in der Textilbranche an, nach dem Hersteller an Händler bis zur vollständigen Kaufpreiszahlung nur unter Eigentumsvorbehalt liefern – NJW-RR 1993, 1505 m.w.N.

[113] BGHZ 32, 361, 366.

[114] BGHZ 55, 34, 36; ähnlich NJW 1974, 942: „in der Regel sittenwidrig und nichtig". Nach der letztgenannten Entscheidung soll es nicht einmal ausreichen, wenn der Kreditnehmer dem Globalzessionar zugesagt hat, den Kredit in erster Linie zur Tilgung noch offener Lieferantenforderungen und somit zur Beseitigung des verlängerten Eigentumsvorbehalts zu verwenden.

rigkeit abhelfen.[115] Nach Ansicht der Rechtsprechung ist eine Globalzession nur dann wirksam, wenn eine sog. *dingliche Teilverzichtsklausel* vereinbart ist, d.h. wenn die branchenüblich einem verlängerten Eigentumsvorbehalt unterliegenden Forderungen von vornherein mit dinglicher Wirkung von der Abtretung ausgenommen werden[116]. Die Auffassung der Rechtsprechung zum Verhältnis von Globalzession und verlängertem Eigentumsvorbehalt ist spätestens bei diesem Stand hinsichtlich der Wahrung des Eigentumsvorbehalts durch dinglichen Teilverzicht nicht mehr als Folgerung aus § 138 einzuordnen[117].

Aber schon die Grundfeststellung einer sittenwidrigen Schädigung der Warenlieferanten durch die Globalzessionare ist nicht haltbar: Sie läßt sich ohne weiteres umkehren. So üblich wie die durch verlängerten Eigentumsvorbehalt gesicherten Warenkredite sind die durch Globalzession gesicherten Geschäftskredite. Der Vorwurf sittenwidriger Nichtbeachtung unumgänglicher Sicherungsgeschäfte mit anderen Gläubigern läßt sich wie den geschäftskreditierenden Banken gegenüber ebenso gegenüber den warenkreditierenden Lieferanten erheben. **2293**

Die Geschäftskredite der Banken mit der Sicherung durch Globalzession sind genauso legitime und wirtschaftlich notwendige Geschäfte wie Warenlieferungen unter Eigentumsvorbehalt. Die Einrichtung und der laufende Betrieb von Unternehmen sind in der Praxis von ständigen Krediten abhängig. Gerade bei lohnintensiven Fabrikationen schafft die Bank mit ihrer Vorfinanzierung der Arbeitslöhne eine wesentliche Grundlage für den Umsatz des Unternehmens[118]. Das gleiche gilt bei Vorfinanzierung der Kosten für Maschinen. Dabei muß sich die Bank absichern, will sie zu tragbaren Zinssätzen Darlehen gewähren[119]. *Ein* Sicherungsmittel ist in diesem Rahmen die Abtretung der Außenstände des Unternehmens an die Bank. Da diese aber vergänglich sind – jede Leistung der Unternehmenskunden bringt Forderungen zum Erlöschen –, muß die Bank sich von vornherein Ersatzsicherheiten beschaffen. Dazu sind die zukünftigen Außenstände geeignet. Es handelt sich also bei der Globalzession zur Sicherung eines Geschäftskredits – wie ja auch die Rechtsprechung ausdrücklich anerkennt[120] – um eine sinnvolle und für sich keineswegs verwerfliche Praxis der Kreditinstitute. **2294**

Zu folgern ist: Das Interesse insbesondere der Banken an der Sicherung durch Globalzession ist genauso legitim wie das Interesse der Warenlieferanten am verlängerten Eigentumsvorbehalt. Ein einseitiges Sittenwidrigkeitsurteil zu Lasten der Globalzessionare ist nicht begründbar. Vielmehr gilt die Folgerung aus der Relativität der Schuldverhältnisse: So wie die Warenkreditgeber sich in ihrem Verhältnis zum Unternehmer grundsätzlich nicht um die Interessen der Banken kümmern müssen, müssen diese sich nicht in ihrem Verhältnis zum Unternehmer um die Interessen der Warenkreditgeber kümmern. Jede der beiden Seiten kann grundsätzlich auf das beim Unternehmer vorhandene und von ihm angebotene Sicherungsmittel zugreifen. Letztlich gilt die Privatautonomie: Dinglich führt sie zur vertraglichen Entscheidung über die Zuteilung der Sicherungsmittel – vorausgesetzt, sie gehören dem Schuldner –, schuldrechtlich führt sie zur Relativität der **2295**

115 BGH NJW 1974, 942, 943; BGHZ 72, 308, 311.

116 BGHZ 98, 303, 314 f.; BGH ZIP 1991, 152. Allgemein genügt hinsichtlich der Übersicherung durch Globalzession eine schuldrechtliche Freigabeklausel und wird bei deren Fehlen oder Unzulänglichkeit ein Freigabeanspruch aus ergänzender Auslegung des Sicherungsvertrags angenommen (oben Rz. 2232 ff.).

117 Zur Kritik insgesamt *Wolf/Haas*, ZHR 154 (1990), 64, 66 ff.; *Medicus*, Bürgerliches Recht, Rz. 527; *Bülow* Rz. 1434 f.; MünchKomm/*Roth* § 398 Rz. 144; *Erman*, BB 1959, 1109, 1111 f.; *Esser*, JZ 1968, 281, 284; *Finger*, JZ 1970, 642, 644; *Beuthien*, BB 1971, 375, 377.

118 *Eichhorn*, DB 1954, 532, 533.

119 Dazu eingehend *Wolf/Haas*, a.a.O., S. 73 f.

120 BGHZ 30, 149, 152.

mit dem Schuldner bestehenden Schuldverhältnisse. Dies ist aber gerade das Fundament für die Geltung des Prioritätsprinzips.

2296 Jedenfalls sind mit dem Prinzip der Privatautonomie und dem darauf basierenden Prioritätsprinzip nicht vereinbar die Teilungstheorien, die in der Literatur entwickelt worden sind[121]. Die Aufteilung des Vermögens des Schuldners unter mehrere Sicherungsinteressenten nach objektiven Maßstäben gibt es erst im Insolvenzverfahren.

2297 Folglich gilt grundsätzlich das Prioritätsprinzip; es ist nicht durch die Anwendung von § 138 auf ein Verfügungsgeschäft gerade deshalb, weil es Priorität hat, zu überwinden. Die Bevorzugung des Warenkreditgebers vor dem Globalzessionar kann sich dann nur noch dadurch ergeben, daß für die Verfügung der Globalzession insoweit, als Forderungen von einem verlängerten Eigentumsvorbehalt erfaßt werden, der Gegenstand fehlt, weil er im Verhältnis zum Globalzessionar schon einem anderen als dem zedierenden Unternehmer zusteht. Für das Verhältnis zwischen Waren- und Geschäftskreditgeber läßt sich genau diese Feststellung treffen, nämlich zunächst aufgrund einer rechtlichen Wertung und sodann, wie *Picker*[122] gezeigt hat, aufgrund historischer und gesetzlicher Anhaltspunkte. Das von der Rechtsprechung im Anschluß an *Flume* beharrlich verfolgte und deshalb mit selbständigem Gewicht versehene Judiz des Vorrangs des Warenkreditgebers läßt sich aus dem Recht der absoluten Zuordnung herleiten.

2298 Die hier gemeinte Wertung ist, daß die Finanzierungsbeiträge von Unternehmenskreditgeber und Warenlieferant so zusammenwirken, daß sich gerade aus der Berücksichtigung beider Interessenseiten der Vorrang des Warenkreditgebers betreffs der Weiterveräußerungsforderungen ergibt. Der Unternehmenskreditgeber finanziert das Unternehmen, sein Beitrag ermöglicht das Unternehmensergebnis. Der Warenkreditgeber finanziert die Einzellieferung, sein Beitrag ergibt die Weiterveräußerungsforderung aus dem von ihm ermöglichten Einzelgeschäft. Da das dem Unternehmenskreditgeber zuzurechnende Gesamtergebnis der Saldo, das Residuum aus den Ergebnissen aller Einzelgeschäfte des Unternehmens ist, geht die Abwicklung der Einzelgeschäfte einschließlich der Zurechnung der Einzelgeschäftsforderung an den das Geschäft finanzierenden Warenkreditgeber der Berücksichtigung des Beitrags des Unternehmensfinanziers vor.

2299 Mit dieser Wertung korrespondiert sodann der folgende gesetzliche Ansatz: Nach § 392 II HGB gehört beim Geschäft, das der Kommissionär für Rechnung des Kommittenten schließt, die Geschäftsforderung im Verhältnis zum Kommissionär und seinen Gläubigern dem Kommittenten. Damit folgt das Gesetz bei der Berücksichtigung der Sicherungs- und Befriedigungsinteressen der Gläubiger des Kommissionärs dem Surrogationsprinzip. Die Forderungen aus Kommissionsgeschäften, allgemeiner aus Geschäften, die auf fremde Rechnung, insbesondere mit fremdem Eigentum gemacht worden sind, surrogieren, was das Interesse der Gläubiger des Kommissionärs bzw. allgemeiner: das Interesse der Gläubiger des auf fremde Rechnung Kontrahierenden betrifft, dem Beitrag desjenigen Beteiligten, für dessen Rechnung oder über dessen Eigentum das Geschäft abgeschlossen worden ist. Die Forderungen stehen im Verhältnis zu anderen Gläubigern vorrangig zur Sicherung der Ausgleichs- oder Ausfolgerungsforderung desjenigen Beteiligten zur Verfügung, der dieses Geschäft finanziert hat. Dieser Surrogationsgedanke ist ebenso in dem früheren § 46 KO, dem jetzt § 48 InsO entspricht, zu finden und hat Vorläufer seit dem römischen Recht. Es ist zu sehen, und zwar faszinierend zu sehen,

[121] Gemeint ist die Teilung zwischen Vorbehaltsverkäufer und kreditgebender Bank; die Teilung der Forderung für ein Endprodukt unter mehrere Vorbehaltsverkäufer der Teile dieses Endprodukts und den verarbeitenden Käufer ist etwas anderes. Für eine Teilung im ersteren Sinne *Ehrmann*, BB 1959, 1109, 1111 f.; *Esser*, JZ 1968, 281, ZHR 135 (1971), 320 ff.; *Beuthien*, BB 1971, 375, 378 f. Gegen die Theorie zu Recht, schon aus Praktikabilitätserwägungen, *Bülow* Rz. 1443 f.

[122] *Picker*, JuS 1988, 375, 379 f.

daß sich der seit je geltende Gedanke unter der schiefen Begründung mit § 138 auch wieder im Judiz der Rechtsprechung zum Vorrang des verlängerten Eigentumsvorbehalts durchgesetzt hat[123].

Klärt man die Rechtsprechung zum Vorrang des Verkäufers des Kaufs unter verlängertem Eigentumsvorbehalt vor dem Globalzessionar, an den der Käufer zediert, durch Einordnung des Vorrangs in den Surrogationsgedanken, so ist der Rechtsprechung in ihrer differenzierten Behandlung dieses Vorrangs beim sog. Factoring nicht zu folgen[124]. Beim Factoring unterscheidet die Rechtsprechung betreffs des Vorrangs zwischen echtem und unechtem Factoring: Beim unechten Factoring übernimmt das Institut die Verwaltung und Einziehung der Forderungen, belastet den Kunden aber zurück, soweit Forderungen sich als nicht durchsetzbar erweisen. Beim echten Factoring übernimmt das Institut dagegen auch das Bonitätsrisiko. Beide Factoringverträge haben insbesondere die Forderungen aus der Weiterveräußerung an den Kunden gelieferter Waren zum Gegen- **2300**

[123] *Flume* hat in die Begründung der Vertragsbruchstheorie deutliche Anklänge an das Surrogationsprinzip aufgenommen (NJW 1950, 841; 1959, 913, 920). Freilich hat er den surrogativen Vorrang des Vorbehaltslieferanten auf die Höhe des Wertes der Kaufsache begrenzt, NJW 1950, 841 f.; 1959, 918 ff. Eine Aufteilung der Weiterveräußerungsforderung ist aber, wie *Flume* selbst sieht (NJW 1950, 841, 850 Fn. 50), unpraktikabel; sie ist nur bei Beteiligung mehrerer Vorbehaltsverkäufer am weiterveräußerten Produkt unumgänglich (s. *Serick* IV § 45 III 1-3, S. 231 ff.). Zunächst einmal ersetzt des Surrogationsprinzip die Ware durch die Kaufpreisforderung. Will der Käufer seine Vertriebsleistung bei der Weiterveräußerung geltend machen, so ändert dies an der Ersetzung der Ware durch die Kaufpreisforderung nichts, es ist lediglich bei bewertungsfähiger Vertriebsleistung an eine Provisionsforderung des Käufers zu denken, die der Käufer dem Verkäufer in Rechnung stellen kann. Der Käufer ist aber stattdessen im Verhältnis zum Verkäufer darauf beschränkt, den Übererlös herauszuverlangen, den der Verkäufer aus der Einziehung der Weiterveräußerungsforderung über die Befriedigung wegen seiner Kaufpreisforderung hinaus erzielt. – Der BGH hat zwar in BGHZ 64, 312, 314 f. die Surrogation abgelehnt, spricht aber dann doch von der Auswechslung der Ware durch die Forderung; der Surrogationsgedanke findet sich auch bei *K. Schmidt*, DB 1977, 68 ff. § 392 II HGB hat schon *Rühl*, Eigentumsvorbehalt und Abzahlungsgeschäft, 1930, S. 41 f. angeführt. Gegen die Übertragung des Surrogationsgedankens zur Begründung des Vorrangs des verlängerten Eigentumsvorbehalts ist nicht anzuführen, daß beim verlängerten Eigentumsvorbehalt die Ersetzung des Eigentums an der Kaufsache durch die Weiterveräußerungsforderung sich nicht von selbst ergibt, sondern erst aus der Vorausabtretung der Weiterveräußerungsforderung folgt. Die Vorausabtretung gehört zu dem Kauf unter verlängertem Eigentumsvorbehalt als Aktstyp dazu. Als Kauf unter verlängertem Eigentumsvorbehalt steht das Geschäft dem Kommissionsgeschäft in der für die entsprechende Heranziehung des § 392 HGB nötigen Weise gleich, daß der eine Teil mit Ermächtigung des anderen über dessen Eigentum verfügt, sich daraus die Weiterveräußerungsforderung ergibt und der eine Partner dieser Forderung zur Sicherung der Erlangung des Gegenwerts für die von ihm hingegebene Sache bedarf. Das Kommissionsgeschäft ist zwar Geschäft für fremde Rechnung und der Kauf unter Eigentumsvorbehalt auf Weiterveräußerung für eigene Rechnung des Käufers gerichtet. Diese Einordnung der Weiterveräußerung als Eigengeschäft des Käufers ist aber von der Gegenleistung an den Verkäufer abhängig, ohne diese bzw. zur Sicherung dieser Gegenleistung gilt die Weiterveräußerung noch als Fremdgeschäft für den Verkäufer. §§ 46 KO/48 InsO bestätigen die Heranziehung von § 392 HGB, indem sie bei Weiterveräußerung einer sonst im Konkurs aussonderungsfähigen Sache als Surrogat die Weiterveräußerungsforderung aussondern lassen: Der rechtswidrigen Veräußerung, die § 48 InsO wie seinerzeit § 46 KO voraussetzt, steht die Weiterveräußerung der unter verlängertem Eigentumsvorbehalt gelieferten Sache gleich, weil auch die Lieferung der Sache unter verlängertem Eigentumsvorbehalt nicht frei, sondern nur gegen Kaufpreiszahlung oder Abtretung der Weiterveräußerungsforderung zur Sicherung der Kaufpreiszahlung erfolgt. Die Ersetzung des Eigentums an der Kaufsache durch die Weiterveräußerungsforderung folgt also selbstverständlich, entsprechend dem Surrogationsgedanken.

[124] Auch hierzu *Picker*, 1988, 375, 882 f.

stand und enthalten insofern eine Vorauszession. Ist, wie häufig, die Vorauszession durch den Ankauf der Forderung seitens des Factors bedingt, geht es um den Vorrang des Factors im Hinblick auf seine bedingte Rechtsposition (§ 161). Der Unterschied in der Problematik zwischen der Vorauszession an einen Factor und sonstigen Globalzessionen besteht darin, daß beim Factoring nicht die globale Zession von Forderungen zur Sicherung eines Gesamt-Unternehmenskredits vorgenommen wird, sondern die Unternehmensforderungen für sich in die Forderungsverwaltung des Factoring-Instituts übernommen werden und dafür dem Kunden eine Gutschrift erteilt wird, wenn diese auch – insofern ähnlich dem Unternehmenskredit – als Pauschalvorschuß gegen Globalzession vorgenommen wird. Die Rechtsprechung[125] hat das echte Factoring als Forderungskauf eingeordnet und dafür den Vorrang des Vorbehaltslieferanten abgelehnt, während sie das unechte Factoring als Kreditgeschäft ansieht und insoweit bei dem Vorrang bleibt.

2301 Die Grundlage für die Ablehnung des Vorrangs beim echten Factoring ist das Argument, daß das Factoring den Verkäufer des verlängerten Eigentumsvorbehalts nicht benachteilige. Der Verkäufer gebe dem Käufer im Rahmen des verlängerten Eigentumsvorbehalts die Ermächtigung zum Einzug der Weiterveräußerungsforderung für die Zeit, in der die Geschäfte des Käufers normal laufen. Aufgrund dieser Einziehungsermächtigung sei der Verkäufer davon abhängig, daß der Käufer den eingezogenen Betrag an ihn weiterleite. Daran ändere sich nichts, wenn der Käufer die Forderung, statt sie einzuziehen, verkaufe und vom Factoring-Institut den Vorschuß erhalte. Wie von der Weiterleitung des kraft seiner Ermächtigung vom Käufer eingezogenen Betrages sei der Verkäufer jetzt von der Weiterleitung des Vorschusses abhängig.

2302 Von der Nichtverminderung des Risikos des Vorbehaltsverkäufers durch das Factoring kann keine Rede sein, und zwar gleich, ob dieses ein echtes oder ein unechtes ist[126]: Die Vorschußleistung des Instituts an den Käufer ist Gesamtzahlung, die der Käufer im Gesamtunternehmen verwendet und – insbesondere mit zunehmender Liquiditätsschwierigkeit – nicht an den Vorbehaltsverkäufer abzuführen in die Zwangslage gerät, anders als es sich mit den Leistungen verhält, die der Käufer auf die konkreten, je für den Vorbehaltsverkäufer einzuziehenden Forderungen erhält. Die faktische Gefahrensituation ist bei Kredit und Factoring mit Globalzession gleich, und sie ist keineswegs bei letzterem gleich mit der Lage bei Selbstinkasso durch den Käufer. Ebenso ist es rechtlich: Die Möglichkeit des Verkäufers, im Fall der Zahlungsschwierigkeiten des Käufers die Abtretung der Weiterveräußerungsforderung gegenüber dem Abkäufer aufzudecken und sich selbst das Geld bei diesem zu beschaffen, wird durch die Globalzession im Rahmen des (gleich, ob echten oder unechten) Factorings wie bei einer solchen im Rahmen eines Kreditgeschäfts vereitelt.

2303 Die Bejahung des Vorrangs des Globalzessionars beim (insbesondere echten) Factoring ist mit dem Vorrang des Vorbehaltsverkäufers vom Grundsatz her nicht vereinbar. Gehört dem Vorbehaltsverkäufer kraft des Vorrangs die Weiterveräußerungsforderung, so ist mit einer Begründung aus angeblicher Äquivalenz der Risiken nicht zu rechtfertigen, daß man die dem Vorbehaltsverkäufer nun einmal absolut zustehende Forderung vom Käufer wirksam an das Factoring-Institut abtreten läßt: Der Käufer greift damit in fremdes Recht ein, fürsorgliche Erwägungen bezüglich der wirtschaftlichen Wirkungen dieses Eingriffs ändern daran nichts[127].

[125] BGHZ 58, 364, 367; 69, 254, 257; 71, 306, 308; 82, 50, 60 f. im Anschluß an *Serick* IV, § 52. Nicht nach unechtem oder echtem Factoring, sondern danach unterscheidend, ob der Käufer von der Bank den Gegenwert der Forderung tatsächlich erhält, die sog. Barvorschußtheorie, *Canaris*, NJW 1981, 249, 259; Bankvertragsrecht, 2. Aufl., Rz. 591 f., 605.

[126] *Picker*, JuS 1988, 375, 882 f.

[127] Auch gegen eine kautelarjuristische Festlegung des Nachrangs von Globalzessionen gegenüber der Abtretung an den Vorbehaltsverkäufer derart, daß der Vorbehaltskäufer seine unter

Der Vorrang des Vorbehaltsverkäufers kraft des Surrogationsprinzips, welches an das Geschäft des Kaufs unter verlängertem Eigentumsvorbehalt wie beim Kommissionsgeschäft anschließt, ist ein Vorrang nicht nur gegenüber solchen Gläubigern, die mit ihrem Interesse an der Sicherung eines Kredits konkurrieren, sondern auch gegenüber solchen Gläubigern, die im Rahmen eines Forderungskaufs mit ihrem Interesse an der Übertragung der Forderung zur Erfüllung des Forderungskaufs konkurrieren. Die Differenzierung der Rechtsprechung, die das Factoring danach unterscheidet, ob es Forderungskauf oder Kreditgeschäft sei, ist deshalb nicht begründet. **2304**

Die klare Unterscheidung nach dem Vorrang des Eigentumsvorbehaltsverkäufers gemäß dem Surrogationsprinzip ist auch aus folgendem Grund überzeugend: Die Unterscheidung der Rechtsprechung, die von den Kreditgeschäften das echte Factoring als Forderungskauf abgrenzen will, reißt Geschäftstypen auseinander, die im wesentlichen gleiche oder zumindest in der rechtlichen Behandlung nicht unterscheidungserhebliche Merkmale haben[128]. Werden alle oder ein Teil aller Unternehmensforderungen, insbesondere die Weiterveräußerungsforderungen des Unternehmens, im voraus abgetreten gegen Gesamtvorschuß des Factors im Hinblick auf die künftige Verwaltung und Einziehung der Forderungen durch den Factor, so ist dies letztlich Unternehmensfinanzierung gleich der Unternehmenskreditierung gegen Globalzession, und zwar ohne Unterschied danach, ob bezüglich der Rückbelastungsmöglichkeit in der Zukunft ein unechtes oder ein echtes Factoring gegeben ist. Schon aus diesem Grunde sollte es bei dem klaren Vorrang des Vorbehaltsverkäufers mit seinem verlängerten Eigentumsvorbehalt sowohl vor der Globalzession im Rahmen von Geschäften, die als Darlehen deklariert werden, als auch vor der Globalzession im Rahmen von Factoring-Geschäften bleiben. **2305**

F. Folgerung

Das Thema Eigentumsvorbehalt und Sicherungsrechte ist exemplarisch für die Quintessenz des Sachenrechts: die klare Verteilung der Zuordnungspositionen mit ihren Konsequenzen. Zu unterscheiden ist zwischen absolut und relativ wirkenden Zuordnungspositionen. Die Sachenrechte sind absolute Zuordnungspositionen. Das vorbehaltene Eigentum ist ausschließlich Eigentum des Verkäufers und das zur Sicherung übertragene Recht zunächst einmal Recht des Sicherungsnehmers. Die relative schuldrechtliche Bindung begründet demgegenüber Ansprüche zwischen bestimmten Parteien auf Veränderung der Zuordnung der absoluten Rechte. Nur soweit das Sachenrecht durch Akzessorietät eines **2306**

den verlängerten Eigentumsvorbehalt fallenden Kundenforderungen nur eingeschränkt, nämlich unter der Bedingung der Befriedigung des Verkäufers, abtritt (Vorschlag von *Ernst*, FS Serick (1992), 87 ff.), ist etwas einzuwenden: zunächst insoweit, als die Bedingung die volle Befriedigung des Verkäufers ist. Die Abtretung an den Globalzessionar verstößt dann nämlich gegen das Bestimmtheitsgebot. Erst recht bestehen Einwände gegen eine Abtretung unter der Bedingung, daß der Verkäufer in Höhe des Warenwerts befriedigt ist. Diese Lösung wird von *Ernst* selbst richtig gekennzeichnet als solche, die auch den rechtlich nicht begründbaren Teilungslehren Tribut zollt (*Ernst*, a.a.O., S. 103).

128 S. nur die Abgrenzungsschwierigkeiten, die sich etwa das OLG Koblenz in der Entscheidung NJW-RR 1988, 568 macht. Sodann wird betreffend die Entscheidung BGH ZIP 1987, 855 von der Abgrenzung einer „Grauzone" zwischen echtem und unechtem Factoring gesprochen (*Kapp* in der Anm. zu der Entscheidung, BB 1987, 1761. Zu der Entscheidung auch *Blaurock*, EWiR § 242 BGB 11/87, 861). Das OLG Frankfurt a.M. BB 1988, 232 hatte sich mit dem Fall zu befassen, daß das Factoring-Institut die Erlösforderungen aus echtem Factoring an eine kreditierende Hausbank abgetreten hatte, und hat darin eine sittenwidrige Umgehung der zur Globalzession an den Geldkreditgeber geltenden Grundsätze gesehen.

Sicherungsrechts dieses von der gesicherten Forderung abhängig macht, wirkt sich die schuldrechtliche Bindung auf die sachenrechtliche Zuordnung unmittelbar aus. Der Eigentumsvorbehalt wirkt anders. Zwar ist die Position, die zunächst dem Verkäufer das Eigentum vorbehält, andererseits durch den Vorbehalt gekennzeichnet, daß das Eigentum aufgrund des Kaufvertrags dem Käufer zukommt und diesem auch schon aufschiebend bedingt übertragen ist. Damit ist der zukünftige Übergang des Eigentums auf den Käufer aber nicht an den Schuldvertrag gebunden. Die Bedingung der Übereignung besteht in der Kaufpreiszahlung, nicht in dem Kaufvertrag oder der Forderung des Käufers daraus. Der Eigentumsvorbehalt steht sodann in der Nähe einer anderen Erscheinung von Sachenrechten, ist aber auch von dieser genau zu unterscheiden: Die bedingte Übereignung teilt aus dem Eigentum des Verkäufers schon ein dingliches Recht des Käufers ab, das Anwartschaftsrecht beim Vorbehaltskauf. Diese Abspaltung erinnert an die Abspaltung von beschränkten dinglichen Rechten aus dem Vollrecht. Die Abspaltung von beschränkten Rechten ist aber eine gegenwärtige und gegenständliche Verminderung des Quellrechts. Das Eigentum des Vorbehaltsverkäufers und das Anwartschaftsrecht des Käufers sind demgegenüber Aufspaltungen aufgrund der Entwicklung in der Zeit. Diese Aufspaltung ähnelt einer anderen des Sachenrechts, nämlich der zwischen unbeschränkter Inhaberschaft eines Rechts und der Festlegung des Rechts für die Erfüllung eines schuldrechtlichen Anspruchs durch die Vormerkung. Der Unterschied besteht hier darin, daß Eigentum und Anwartschaftsrecht eine Aufspaltung des Eigentums aufgrund der Entwicklung der Gegenleistung in der Zeit bedeuten, während im Verhältnis des Rechts, welches von der Vormerkung betroffen ist, und der Sicherung durch Vormerkung es nur um die Sicherung der Verschiebung des betroffenen Rechts zum Gläubiger des Anspruchs auf die dingliche Rechtsänderung hin geht. Das Sachenrecht bietet folglich den Verkehrsinteressen eine möglichst vielfältige Gestaltung, aber es geht dem Sachenrecht immer um eine klare Abgrenzung, weil es um die absolute Zuordnung geht. Weil diese das Verhältnis zu Dritten, in Rechtsverkehr, Vollstreckung und Insolvenz, betrifft, gilt der numerus clausus der Sachenrechte und der sachenrechtlichen Verfügungsformen.

Die Notwendigkeit einer möglichst vielfältigen, aber immer klar abgegrenzten Gestaltung kennzeichnet zwar das Sachenrecht, aber sie ist nicht auf das Sachenrecht beschränkt. Sie gilt für alle absoluten Rechte, auch die Inhaberschaft von Forderungen. Gerade bezogen auf die Gläubigerstellung in Hinsicht auf Forderungen ist die Sicherungsübertragung wie die sicherungsweise Einräumung von Sachenrechten möglich. Wie bei der Sicherung durch Sachenrechte war für die Sicherungszession von Forderungen das Prioritätsprinzip zu erörtern, als Prinzip der klaren Verfügungsfolge. Allerdings hatte bei der Anwendung des Prioritätsprinzips auf die Sicherungszession von Forderungen für bestimmte Fälle die allzu formale Anwendung hinter dem materialen Gedanken des Surrogationsprinzips zurückzutreten. Führte hier ein materialer Gedanke zur Zuordnung an eine andere Person als der Erwerberpartei des voraufgegangenen Verfügungsgeschäfts, so relativiert ein anderer materialer Gedanke die Konsequenzen der absoluten Zuordnung durch Sicherungsübertragung: Dies ist der Treuhandgedanke im Sicherungsrecht. Immer geht es aber um klar begründete und damit auch begrenzte Korrekturen der formal begründeten Zuordnung.

Schließlich zeigt gerade das Sicherungskapitel die Notwendigkeit der Unterscheidung zwischen absoluter und relativer Zuordnungsposition. Diese Notwendigkeit hat sich gezeigt bei der Gegenüberstellung von akzessorischen und nicht akzessorischen Sicherungsrechten: Die beiden Rechtsgruppen waren unterschiedlich, was die Sicherungsrechte als absolute, gegen Dritte wirkende Zuordnungspositionen betrifft. Was demgegenüber das Verhältnis zwischen Sicherungsgeber und Sicherungsnehmer betrifft, wird die Unterschiedlichkeit der absoluten Zuordnungspositionen durch den Sicherungsvertrag vollständig ausgeglichen. Im relativen Verhältnis gilt die relative Zuordnungsposition durch das Schuldverhältnis zwischen den Parteien. Die Notwendigkeit, daß die Abgrenzung der Sachenrechte immer klar sein muß, beruht auf der Wirkung der Sachenrechte auch gegen Dritte. Ebenso muß die absolute Zuordnung von Forderungen, d.h. die Frage, wem die Forderung unter Ausschluß aller anderen gehört, klar sein. Für das Verhältnis zwischen Schuldner und Gläubiger aber, für die Frage also, was der Gläubiger aufgrund seiner Forderung vom Schuldner verlangen kann, entscheidet das Schuldverhältnis als iuris vinculum inter personas. Das Schuldverhältnis ordnet dem Gläubiger die relative Zuordnungsposition gegenüber dem Schuldner zu, ganz gleich, ob der Schuldner das versprochene absolute Recht schon geleistet hat oder noch nicht, ganz gleich, ob es sich bei dem zurückzugewährenden Recht um ein akzessorisches oder nicht akzessorisches Recht handelt.

Für alle Zuordnungspositionen gleichermaßen, nur eben für absolute gegenüber allen Personen, für relative im Schuldverhältnis, gelten schließlich die allgemeinen Zuordnungssanktionen.

Amtsgericht

Grundbuch

von

Alkofen

Band 59 **Blatt** 1954

Handblatt

Gs 136 E: Handblatt (Loseblatt-Grundbuch) -Umschlag mit Einlegebogen (10.76)

Arbeitsverwaltung Straubing

Dieses Handblatt enthält die Einlegebogen:

B-	1													
I-	1													
II-	1													
III-	1													

Amtsgericht Passau

Einlegebogen

Grundbuch von Alkofen **Band** 59 **Blatt** 1954 **Bestandsverzeichnis**

Lfd. Nr der Grund-stücke	Bisherige lfd. Nr d. Grund-stücke	Bezeichnung der Grundstücke und der mit dem Eigentum verbundenen Rechte		Größe		
		Gemarkung (nur bei Abweichung vom Grundbuchbezirk angegeben) Flurstück	Wirtschaftsart und Lage	ha	a	m²
		a/b	c			
1	2	3		4		
1	-	1733	Gruböd, Grünland	-	14	00
2	-	624	Große Wiese, Grünland	1	17	30
3	-	1934	Hochreiten, Acker, Grünland	-	56	00
4	-	1760	Flur Böcklbach, Hutung	-	12	00
5	-	833	Böcklbach, HsNr. 33, Wohnhaus, Nebengebäude, Garten	-	10	06
6	1, 3	1733	Gruböd, Grünland	-	14	00
		1934	Hochreiten, Acker, Grünland	-	56	00
7	2, 5	624	Große Wiesen, Grünland	1	17	30
		833	Böcklbach HsNr. 33, Wohnhaus, Nebengebäude, Garten	-	10	06
8	4	1760	Flur Böcklbach, Grünland, Hutung	-	28	00
9	8	1760	Flur Böcklbach, Grünland, Hutung	-	22	00
10	-	507	Pleckenthal, Grünland	3	18	07

GS 132: Handblatt (Loseblatt-Grundbuch), Bestandsverzeichnis (10.76)

Arbeitsverwaltung Straubing

Amtsgericht Passau

Einlegebogen

Grundbuch von Alkofen **Band** 59 **Blatt** 1954 **Bestandsverzeichnis** R

Bestand und Zuschreibungen		Abschreibungen	
Zur lfd. Nr. der Grundstücke		Zur lfd. Nr. der Grundstücke	
5	6	7	8
1-5	Übertragen aus 30:1213 am 01.03.1983. Strauch Trost	8,9	Gem.VN 927 Flst. 1760/1 zu 600 qm Übertragen nach 17:514 am 10.05.1984. Rest:BVNr. 9 Strauch Keil
1,3,6	BVNr. 1,3 vereinigt zu BVNr. 6; eingetragen am 15.03.1983. Strauch Trost	10	Übertragen nach 25:1104 am 15.12.1984. Strauch Trost
2,5,7	BVNr. 2 der BVNr. 5 als Bestandteil zugeschrieben zuBVNr. 7;eingetragen am 15.03.1983. Strauch Trost		
4,8	Gem.VN 914 Zuflst. aus 713 zu 1600 qm Übertragen aus 59:1955 mit BVNr. 4 vereinigt zuBVNr. 8; eingetragen am 02.05.1983. Strauch Altendorfer		
10	Übertragen aus 20:701 am 12.05.1984. Strauch Trost		

Fortsetzung auf Einlegebogen

Amtsgericht Passau

Grundbuch von Alkofen Band 59 Blatt 1954 Einlegebogen Erste Abteilung

Lfd. Nr der Eintragungen	Eigentümer	Lfd. Nr. der Grundstücke im Bestandsverzeichnis	Grundlage der Eintragung
1	2	3	4
1	Moser Richard geb. 02.03.1925, Vilshofen	1-5	Auflassung vom 5.2.1983;eingetragen am 01.03.1983. Strauch Trost
		8	Teilfläche von 1600 qm aufgelassen am 7.3.1983;eingetragenam 02.03.1983. Strauch Trost
		10	Auflassung vom03.04.1984;eingetragen am 12.05.1984. Strauch Trost
2 a	Moser Richard geb. 02.03.1925, Vilshofen,zur Hälfte,	6,7,9 10	Aufkas Hälfteanteil aufgelassen am 01.06.1984;eingetragen am 10.06.1984. Strauch Keil
b	Moser Anna geb.Ragaller geb. 04.05.1927,Vilshofen,zur Hälfte		
3 a	Moser Anna geb. Ragaller geb. 04.05.1927, Vilshofen,zur Hälfte,	6,7,9, 10	Erbfolge nachMoser Richard: Erbschein des AG Passau ZSt. Vishofen vom 10.10.1984;eingetragen am 15.10.1984x. Strauch Trost
bI	Moser Anna geb.Ragaller geb. 04.05.1927,Vilshofen,		
II	Moser Anita geb.17.03.1946, Vilshofen,		
IIIa	Moser Heinrich geb.18.06.1945, Vilhofen,		
b	Moser Claudia geb.03.05.1947, Vilshofen, in Gütergemeinschaft,		
IV	Moser Wxxx Herbert geb.16.01.1950,Vilshofen zur Hälfte in Erbengemeinschaft		
4a	Ruckaseser Max geb. 07.03.1954, Vilshofen,	6,7,9	Auflassung vom 03.12.1984; eingetragen am 15.12.1984. Strauch Trost
b	Heim Gerhard geb.08.05.1955, Vilshofen, als Gesellschafter nach BGB		

GS 133: Handblatt (Loseblatt-Grundbuch), Abteilung I (10.76)
Arbeitsverwaltung Straubing

Amtsgericht

Grundbuch von **Band** **Blatt** **Erste Abteilung** Einlegebogen R

Lfd. Nr. der Eintragungen	Eigentümer	Lfd. Nr. der Grundstücke im Bestandsverzeichnis	Grundlage der Eintragung
1	2	3	4

Fortsetzung auf Einlegebogen

Amtsgericht Passau

Grundbuch von Alkofen **Band** 59 **Blatt** 1954 **Zweite Abteilung** Einlegebogen

Lfd. Nr. der Eintragungen	Lfd. Nr. der betroffenen Grundstücke im Bestandsverzeichnis	Lasten und Beschränkungen
1	2	3
1	1	Vorkaufsrecht für alle Verkaufsfälle für Hinterhuber Antonia geb.Leuchte geb. 25.03.1907;eingetragen am 05.03.1983. Strauch Trost
2	5	Vorkaufsrecht für den erstenVerkaufsfall für den jeweiligen Eigentümer von Vilshofen 16:705 BVNr. 2 (Flst. 510),gem.Bewilligung vom 02.04.1983;eingetragen 15.04.1984. Strauch Trost
3	6,7,9	Leibgeding für Huber Josefa geb.Fleißig geb. 16.01.1905,Altenmarkt;löschbar bei Todesnachweis;gem.Bewilligung vom 05.10.1983;eingetragen am 20.04.1984. Strauch Trost
4	6	Nießbrauch für Huber Josefa geb.Fleißig geb. 16.01.1905,Altenmarkt;löschbar bei Todesnachweis;gem.Bewilligung vom 05.10.1983;eingetragen am 20.04.1984. Strauch Trost
5	7	An Flst.833:Beschränkte persönliche Dienstbarkeit (Wohnungsrecht) für Huber Franz geb. 01.07.1979,Aldersbach;gem.Bewilligung vom 05.10.1983;eingetragen am20.04.1984. Strauch ~~Keil~~ Trost
6	6	An Flst. 1733:Grunddienstbarkeit (Geh- und Fahrtrecht) für den jeweiligenEigentümer von Alkofen 32: 1517 BVNr. 5 (Flst. 3701);gem.Bewilligung vom 07.11.1984;eingetragen am 08.11.1984. Strauch Keil
7	9	Beschränkte persönliche Dienstbarkeit (Geh- und Fahrtrecht) [illegible] Salatmeier Rudolf geb.27.03.1930,Garham;gem.Bewilligung vom 05.11.1984;eingetragen am 15.11.1984. Strauch Altendorfer
8	6	Reallast (monatliche Rente)für Maier Hans geb.05.09.1890,Aidenbach;gem.Bewilligung vom 03.09.1984;eingetragen am 20.11.1984. Strauch Altendorfer
9	6	Reallast (Zaununterhaltungsverpflichtung) für den jeweiligenEigentümer von Alkofen 1234ax 17:930 BVNr. 3(Flst. 508); gem.Bewilligung vom 08.[illegible]06.1984;eingetragen am 21.11.1984. Strauch Altendorfer
10	6,7,9	Zwangsversteigerung angeordnet (K 154/84);eingetragen am 25.11.1984. Strauch Trost
11	9	Auflassungsvormerkung bzgl.einer Teilfläche für den Landkreis Passau;gem.Bewilligung vom 23.11.1984;eingetragen am 01.12.1984. Strauch Trost
12	9	Vorgemerkt gem.§883 BGB; Anspruch auf Einräumung einer Reallast(monatliche Rente)für Huber Klaus geb. 17.05.1944, Rathsmannsdorf;gem.Bewilligung vom 05.12.1984;eingetragen am 06.12.1984 Strauch Trost

GS 134: Handblatt (Loseblatt-Grundbuch), Abteilung II (10.76)
Arbeitsverwaltung Straubing

Amtsgericht

Grundbuch von **Band** **Blatt** **Zweite Abteilung** Einlegebogen R

Veränderungen		Löschungen	
Lfd. Nr. der Spalte 1		Lfd. Nr. der Spalte 1	
4	5	6	7

Fortsetzung auf Einlegebogen

Amtsgericht Passau

Grundbuch von Alkofen — Band 59 — Blatt 1954 — Dritte Abteilung — Einlegebogen

Lfd. Nr der Eintragungen	Lfd. Nr der belasteten Grundstücke im Bestandsverzeichnis	Betrag	Hypotheken, Grundschulden, Rentenschulden
1	2	3	4
1	1,3,5	10000 DM	Grundschuld ohne Brief zuzehntausend DM für die Sparkasse Passau;15 % Zinsen jährlich;vollstreckbar nach § 800 ZPO;gem.Bewilligung vom 15.02.1983; eingetragen am 01.03.1983. Strauch Trost
2	6,7,9	50000DM	Hypothek zu fünfzigtausend DM für die Raiffeisenbank Ortenburg eĝ;16 % Zinsen jährlich;vollstreckbar nach § 800 ZPO;Vorrangsvorbehalt für Hypotheken oder Grundschuldenx bis 20000DM; bis 20 % Zinsen und andere Nebenleistungen jährlich;beschränkt auf 2 maligeAusnutzung gem.Bewilligung vom 02.06.1984;eingetragen im Rang vor Abt.III/1 am 12.05.1984. Mithaft: 10/349 Strauch Keil
3	9	5000 DM	Grundschuldohne Brief zu fünftausend DM für die Raiffeisenbank Vilshofen eG;15 % Zinsen jährlich; vollstreckbaekr xxx nach § 800 ZPO;Rang vor Abt. III/2 aufgrund Ausnutzung des Rangvorbehaltes;gem. Bewilligung vom05.09.1984;eingetragen am 17.10.1984. Strauch Trost
~~4~~	~~10~~	~~3000 DM~~	~~Grundschuld ohne Brief zu dreitausend DM für die Sparkasse Passau;18 % Zinsen jährlich;vollstreckbar nach § 800ZPO; gem.Bewilligung vom 13.03.1984;eingetragen am 19.10.1984. Strauch Trost~~
5	7	15000DM	Sicherungshypothek zu fünfzehntausend DM für die Sparkasse Passau;15 % Zinsen jährlich;vollstreckbar nach § 800 ZPO;gem.Bewilligung vom 10.10.1984;eingetragen am 20.10.1984. Strauch Altendorfer
6	6	100000DM	Höchstbetrags-Hypothek zu einhunderttausend DM für die Raiffeisenbank Aidenbach eG;gem.Bewilligung vom 7.10.1984x;eingetragen am 25.10.1984. Strauch Trost
7	6	15000DM	Zwangssicherungs-Hypothek zu fünfzehntausend DM für Maier Rudolf, Heizungsbauer,Vilshofen;15 % Zinsen jährlich seit 1.10.1984;gem.Vollstreckbngsbescheid des AG Passau vom 5.10.1984 (18 4310/84); eingetragen am 26.10.1984. Strauch Trost
8	7	10000DM	Zwangssicherungs-Hypothek zuzehntausend DM für Maier Rudolf,Heizungsbauer,Vilshofen; 15 % Zinsen jährlichxseit 1.10.1984;gem.Vollstreckungsbescheid des AG Passau vom 5.10.1984(1 B 4310/84);eingetragen am 26.10.1984. Strauch Trost

GS 135: Handblatt (Loseblatt-Grundbuch), Abteilung III 10.76)
Arbeitsverwaltung Straubing

Amtsgericht
Grundbuch von Alkofen Band 59 Blatt 1954 Dritte Abteilung Einlegebogen R

Veränderungen			Löschungen		
Lfd. Nr. der Spalte 1	Betrag		Lfd. Nr. der Spalte 1	Betrag	
5	6	7	8	9	10
1	10oooDM	Rang nach Abt.III/2;eingetragen am 12.05.1984 Strauch Keil			
2	50oooDM	Rang nach Abt.III/3 aufgrund Ausnutzung des Rangvorbehaltes;eingetragen am 17.10.1984. Stracuh Trost			

Fortsetzung auf Einlegebogen

Paragraphenregister

Die Fundstellen beziehen sich – soweit nichts anderes angegeben ist – auf die Randziffern. Bei dem Zusatz „a.F.“ bezieht sich das Register auf die Fassung vor der Schuldrechtsmodernisierung. Im Text ist die Neufassung berücksichtigt. Die berücksichtigte Neufassung ist über die Synopsen in den Endnoten 1-3 am Ende des Registers aufzufinden.

AGBG[1]

§ 1 1581, 1589 Fn. 1760
§ 3 1582 ff.
§ 4 1588
§ 6 2238
§ 9 1585 ff., 2233 ff., 2252 Fn. 74, 2264 Fn. 86, 2276
§ 11 1480 Fn. 1505

AGBGB (Bayern)

Art. 63 1838
Art. 64 1838

AktG

§ 68 869
§ 291 218 Fn. 406
§ 305 218 Fn. 406
§ 320 218 Fn. 406
§ 320b 218 Fn. 406

AnfG

§ 7 52 Fn. 107

AtomG

§ 7 707 Fn. 438

BauGB

§ 1 246 Fn. 486, 718 Fn. 451
§ 2 246 Fn. 486
§ 24 1966, 2140
§ 28 516 Fn. 157
§ 40 256 Fn. 511
§ 64 1966

BauNVO

§ 15 718 Fn. 450

BayDSchG

Art. 20 256 Fn. 507

BayVerf

Art. 103 232 Fn. 439
Art. 159 232 Fn. 439

BBergG

§ 2 2021
§ 3 2020, 2031
§ 4 2021
§ 5 2031, 2034
§ 6 2022
§ 7 2022 Fn. 2183
§ 8 2022 Fn. 2183, 2027 f.
§ 9 31 Fn. 54, 1846, 1853, 2024, 2027 f., 2037
§ 10 2031
§ 13 2023, 2033
§ 14 2023, 2030, 2043
§ 16 2032, 2033
§ 17 2023, 2033, 2035
§ 18 2034 f.
§ 19 2034
§ 20 2034, 2035
§ 22 2022, 2024, 2036
§ 23 2022, 2024
§ 24 1853, 2033
§ 25 2033
§ 28 2033
§ 29 2033
§ 30 2025
§ 33 2026
§ 34 2021, 2022
§ 35 2021
§ 39 2021, 2028
§ 40 2021, 2028
§ 46 2038 Fn. 2201
§ 48 2029, 2040 Fn. 2202
§ 50 2040
§ 51 2027
§ 58 2040
§ 63 2040
§ 69 2040
§ 75 2035
§ 77 2021
§ 82 2027
§ 110 707 Fn. 438, 2021, 2027, 2029, 2043
§ 112 2043
§ 113 2043
§ 114 137, 2021
§ 115 2021

§ 117 705 Fn. 433, 2043
§ 122 2043
§ 123 2043
§ 124 219 Fn. 414, 222 Fn. 425
§ 125 2040
§ 176 1846

BeurkG

§ 8 738 Fn. 491
§ 12 738
§ 42 751 Fn. 505
§ 49 751 Fn. 505
§ 51 751 Fn. 505
§ 53 751 Fn. 505
§ 56 738 Fn. 491
§ 61 737 Fn. 486

BFStrG

§ 17 707 Fn. 469, 710 Fn. 443

BImSchG

§ 3 671 Fn. 363
§ 4 684, 710
§ 14 681 Fn. 380, 707, 711 ff.
§ 48 674

BGB

§ 12 194
§ 14 141, 149 ff.
§ 21 144
§ 22 144
§ 31 1934
§ 55 144
§ 80 144
§ 90 33 Fn. 64, 1287, 1292,
§ 90a 33
§ 93 87, 931
§ 94 1026 f. , 1947
§ 95 30 Fn. 52, 31, 982, 999, 1026 f., 1407, 1947, 2038
§ 96 87, 931 Fn. 782, 1780, 2147
§ 99 945
§ 100 1169
§ 101 963
§ 104 469
§ 105 469
§ 106 469
§ 107 790, 793, 796
§ 116 463
§ 117 2132
§ 119 27
§ 121 2182
§ 122 843, 938
§ 125 798
§ 130 784 Fn. 558
§ 135 518, 519 Fn. 162, 587, 2067
§ 136 518, 519 Fn. 162, 587
§ 137 14, 134 ff., 1974
§ 138 27, 2132, 2233 ff., 2251, 2276
§ 139 27 Fn. 42, 67, 493 ff., 564 ff., 790, 744 Fn. 497, 2172, 2219 f
§ 140 497,1791
§ 142 657, 843
§ 145 783 f.
§ 151 75
§ 158 771, 1801, 2260, 2264
§ 160 2285
§ 161 554 Fn. 199, 620, 757, 771, 951 Fn. 801, 2160, 2166 ff , 2192, 2194 f., 2285, 2300
§ 162 2192
§ 163 620, 1801
§ 164 174, 782
§ 165 792 f.
§ 166 912, 1025, 1149, 1155 Fn. 1080
§ 177 824 Fn. 610
§ 178 824 Fn. 610
§ 179 866
§ 181 68, 573 f., 791 Fn. 566, 796
§ 182 758
§ 184 554 Fn. 199, 1604
§ 185 76, 527, 732, 734 ff., 758, 792, 824, 2071, 2105 Fn. 98, 2108 Fn. 101, 2224, 2271, 2287
§ 195 a.F.[2] 1078, 1098 Fn. 996, 1141 Fn. 1059, 1267 Fn. 1231
§ 197 a.F. 1078, 1098 Fn. 996, 1574 Fn. 1600
§ 199 a.F. 1078, 1098 Fn. 996
§ 202 a.F. 1574 Fn. 1600
§ 208 a.F. 1574 Fn. 1600
§ 209 a.F. 1574 Fn. 1600
§ 221 a.F. 1078, 1081
§ 222 a.F. 1483
§ 223 a.F. 774 Fn. 539, 1494, 12
§ 226 1530 Fn. 1555
§ 227 467, 476 f.
§ 229 411, 467, 477
§ 237 2245 ff.
§ 240 2251 Fn. 73
§ 241 a.F. 1646, 2
§ 241a 1103
§ 242 1581, 1587 f., 1793
§ 251 1028, 1092 Fn. 993, 1283 Fn. 1244, 1291
§ 254 239 Fn. 449, 1092 Fn. 993, 1281
§ 258 1018, 1106 ff., 1161
§ 262 1344, 1577 Fn. 1612
§ 267 1527, 1629, 2169
§ 268 2068 Fn. 38
§ 269 1082 Fn. 973
§ 273 1104, 1138, 1617, 1619, 1625, 1628, 1639
§ 274 1104 f., 1617
§ 275 a.F.[2] 1085, 1092 ff.

§ 278 1025, 1141 Fn. 1059, 1148, 1155 Fn. 1080, 1159, 1188, 1199, 1796, 1933
§ 280 a.F. 62
§ 281 a.F. 62, 571, 1085, 1091
§ 282 a.F. 1089
§ 283 a.F. 746, 1085 ff.
§ 287 1183
§ 292 64, 1138
§ 300 1097
§ 302 1097
§ 303 1097
§ 304 1097
§ 305 a.F. 2
§ 306 746
§ 313 a.F. 157, 538, 733, 734 Fn. 477, 1962, 2113, 2156 f.
§ 320 750, 1104 Fn. 1009, 1576, 2264 Fn. 86
§ 326 a.F. 2103, 2266, 2269, 2103
§ 346 a.F. 1170
§ 347 a.F. 1140
§ 362 791 Fn. 566, 1618
§ 363 904 f.
§ 366 1619
§ 368 1480 Fn. 1506
§ 372 1627
§ 398 7 Fn. 14, 70, 118, 156 f., 762, 1083, 1722, 2056, 2113, 2176, 2226 f.
§ 399 170 Fn. 293, 194 Fn. 345
§ 401 1337, 1376, 1378, 1480, 1513, 1518 f, 2113, 2116
§ 404 1124 f., 1483 f., 1487 ff., 1494, 1504 f., 1508, 1645, 1649 f., 1654
§ 406 1488 ff.
§ 407 109, 630 Fn. 289, 1347, 1488 ff., 2226
§ 408 1488 ff.
§ 412 1337, 1378, 1480, 1513, 1518 f.
§ 413 3, 119, 156 f., 194 Fn. 345, 762, 765, 2176
§ 415 1517
§ 417 1484
§ 418 1335, 1338, 1347, 2101 f.
§ 419 (durch EG InsO aufgehoben) 15 Fn. 29, 157 Fn. 265
§ 420 127, 170 f.
§ 421 1551
§ 426 1521 ff., 1669
§ 427 141, 1933
§ 431 141
§ 432 121 Fn. 203, 129 Fn. 217
§ 433 746, 797
§ 434 a.F.[2] 2091
§ 435 a.F. 618, 2091
§ 446 1138 f.
§ 455 a.F. 754, 757, 771, 789, 795, 2158 ff., 2173, 2198, 2260 f., 2266 ff.
§ 461 a.F. 1689
§ 463 a.F. 1153, 1155 Fn. 1080, 1156 Fn. 1082
§ 478 a.F. 69 Fn. 133, 1483, 1487, 1496
§ 479 a.F. 1483
§ 504 a.F. 2127, 2130, 2135
§ 505 a.F. 2128, 2133
§ 507 a.F. 2133
§ 508 a.F. 2135
§ 510 a.F. 2145
§ 513 a.F. 2148
§ 514 a.F. 2148
§ 535 209
§ 536a 998
§ 536b 823, 1014
§ 539 1107 ff.
§ 562 914 Fn. 762, 2170
§ 562a 2170
§ 562b 871
§ 566 632, 950 Fn. 796
§ 568 209 Fn. 380
§ 573 209 Fn. 380
§ 578 2111
§ 581 516, 632, 950 Fn. 796
§ 582a 728
§ 592 578
§ 593 516
§ 593b 632
§ 601 1014
§ 638 a.F. 1153
§ 647 1694, 1702 ff.
§ 648 1543
§ 648a 1543
§ 651 a.F. 975 Fn. 889, 2264 Fn. 87
§ 675 1929
§ 677 1063 Fn. 947
§ 682 1063 Fn. 943
§ 687 46, 1186, 1290, 1294
§ 705 1053
§ 713 178 Fn. 312
§ 714 122 f., 141, 166, 171
§ 717 154
§ 718 142, 157 Fn. 271, 165, 178 ff.
§ 719 142, 154, 157 Fn. 270
§ 725 151 Fn. 257, 164 Fn. 280
§ 726 174 Fn. 302
§ 738 155, 157 Fn. 270
§ 741 128, 184
§ 742 130, 551 Fn. 197
§ 745 129 Fn. 218
§ 747 132, 137, 654, 910
§ 749 133, 137
§ 765 1319, 2204
§ 767 1585 f.

§ 768 1496 Fn. 1518
§ 769 1518, 1523 f., 1524
§ 774 1518 ff., 1636 f.
§ 776 1520, 1524
§ 793 861 Fn. 730, 869 Fn. 687, 1308
§ 812 45, 199, 480, 571, 733 Fn. 476, 979 ff., 1010, 1033, 1035, 1250, 1290, 1292 ff., 1382
§ 816 107, 630, 832 Fn. 622, 921, 928 ff., 963, 988, 1033, 1290, 1577 Fn. 1612
§ 818 167, 938, 1006 ff., 1170
§ 819 1013, 1155 Fn. 1079
§ 821 69 Fn.133, 1487
§ 823 43, 108 ff, 196, 481 f., 940, 1013, 1048, 1190, 1263 f., 1267 f., 1287 Fn. 1253, 1290, 1807
§ 826 28, 49, 1048
§ 828 469
§ 830 691 ff., 1264 Fn. 1221
§ 831 1025, 1141 Fn. 1059, 1148 f., 1159, 1190, 1199
§ 836 1272, 1286 Fn. 1251
§ 837 1286 Fn. 1251
§ 839 570
§ 848 1183, 1188 f.
§ 852 1141 Fn. 1122, 1182, 1267
§ 854 400 Fn. 1, 404 ff., 424, 442, 807
§ 855 400 Fn. 1, 447 f., 479, 873, 875 f.
§ 856 424 ff., 445
§ 857 404, 444, 449 ff., 1030 Fn. 901
§ 858 411, 441, 445, 451, 467, 469 f., 481 f.
§ 859 467, 469
§ 860 400 Fn. 1, 448, 479
§ 861 90, 190, 404 ff., 456, 468 ff., 1041, 1250, 1237, 1284, 1286, 2189
§ 862 90, 404 ff., 468, 471, 716, 1281 Fn. 1241, 1284, 1286
§ 863 470
§ 864 470, 1249
§ 865 184, 452
§ 866 184, 186 f., 452 f., 474
§ 867 421, 435, 1281 Fn. 1241, 1283, 1286 Fn. 1251
§ 868 403, 453 ff., 465, 813
§ 869 454, 456, 467, 475 ff., 1120, 1254
§ 870 461, 803, 821, 892 ff., 902
§ 871 459, 821
§ 872 463, 465, 466, 821, 1030
§ 873 485 ff., 554 f., 559, 577, 731, 752, 756 Fn. 515, 757 Fn. 516, 758 Fn. 517, 763 f., 784 f., 798, 1371, 1591, 1596 f., 1799, 1955
§ 874 644
§ 875 137, 487 ff., 569, 573 Fn. 227, 582, 763, 1386, 1512, 1577 Fn. 1612, 1801, 1999, 2083 f., 2053, 2058, 2099
§ 876 116, 577, 1801, 1957, 1978, 1999
§ 877 116, 487 f., 582, 1978
§ 878 577, 628 Fn. 281, 2058, 2083 f.
§ 879 491, 540 ff., 577, 2070
§ 880 540, 551 f., 574, 577 f.
§ 881 495, 540, 551 f., 558, 562 f., 577 ff.
§ 882 540, 597
§ 883 17, 48 Fn. 102, 52, 519, 527, 539, 549 Fn. 196, 753, 756 Fn. 514, 1138, 1528 Fn. 1550, 1782 Fn. 1870, 1974, 2045 ff., 2072 ff., 2087 f., 2095, 2099, 2108, 2111,
§ 884 2053, 2055
§ 885 539, 2050, 2054, 2059, 2082 f.
§ 888 52 Fn. 108, 527, 1138 f., 1539, 2052 f., 2063, 2066, 2069, 2088, 2108 f., 2126, 2145,
§ 889 116 Fn. 198, 575, 1378, 1804, 1979
§ 890 506, 515, 1804, 1852
§ 891 21, 498, 541 Fn. 193, 602, 619, 1499, 1507
§ 892 135 Fn. 226, 491, 498, 516 Fn. 157, 518 f., 541 Fn. 193, 551, 611, 618 ff., 732, 734 ff., 1501, 1598, 1605 ff., 1809, 2067, 2086, 2089, 2094, 2099, 2117 ff., 2137
§ 893 498, 622 ff., 630 Fn. 288, 1490, 1507, 1945, 2086, 2089, 2094 f., 2117 ff., 2137
§ 894 41, 183, 534 f., 603, 605 f., 615, 1078, 2044, 2047
§ 895 605, 1078
§ 896 605
§ 898 605, 1078
§ 899 607 ff., 2044
§ 900 4 Fn. 8, 297, 607 Fn. 268, 662, 967
§ 901 662, 1802
§ 902 607 Fn. 268, 1078 f., 1289
§ 903 33, 1257, 1287, 1292
§ 904 44, 1287
§ 905 2039
§ 906 44, 671 ff., 705, 707 ff., 1257, 1259 Fn. 1208, 1267, 1283 Fn. 1244, 1287, 1808
§ 907 1256, 1272, 1281

§ 908 1272, 1286 Fn. 1251
§ 909 1266
§ 910 670, 1075, 1264, 1280 f.
§ 912 726, 1004, 1022 ff., 1026 f., 1283 Fn. 1244
§ 913 1022
§ 914 1966
§ 915 1022
§ 917 1283 Fn. 1244, 1966
§ 924 1078, 1080
§ 925 380, 538, 731, 758, 762 f., 789, 798, 968, 1955 f., 1962, 2095, 2113, 2153, 2260 Fn. 83
§ 925a 538, 745
§ 926 727, 765, 832 Fn. 621, 931
§ 927 4 Fn. 8, 72 Fn. 137, 607 Fn. 268, 663, 968
§ 928 116, 137, 728, 759 ff.
§ 929 527, 529, 765, 768 ff., 784, 789, 797 ff., 809 ff., 906, 912, 950, 1375, 2168, 2179, 2261, 2264, 2265
§ 929a 765, 768 Fn. 531
§ 930 12, 455 Fn. 83, 464, 765, 768, 771 f., 774 ff., 791 Fn. 567, 811 ff., 902 Fn. 738, 1125 f., 2222 f., 2265
§ 931 52 Fn. 108, 765, 768, 797, 819 ff., 903, 1117, 1124 ff.
§ 932 768, 792 ff., 797, 826 ff., 940, 1143 ff., 1242 f., 2163, 2173
§ 932a 765 Fn. 528
§ 933 768, 798 Fn. 577, 906
§ 934 765 Fn. 528, 768, 821, 831, 837, 886 ff.
§ 935 400 Fn. 1, 441, 445, 450, 469 Fn. 103, 660, 797, 821, 834 f., 868, 870 ff., 883 ff., 915, 960 f., 1052 , 1242
§ 936 867, 914, 2176 Fn. 217
§ 937 4 Fn. 8, 385 Fn. 844, 404 ff., 1030 ff., 1242 ff.
§ 940 416, 1030, 1242
§ 941 1030
§ 942 1242
§ 946 921 Fn. 771, 969, 972, 981, 1013, 1026 f., 1856
§ 947 666, 969, 972, 1013, 1294
§ 948 666, 972, 1013
§ 950 970 f., 974 ff., 1013, 2271
§ 951 978 ff., 1010 ff., 1029 Fn. 898, 1205, 1209, 1290, 1294
§ 952 729, 1073 ff., 1567, 1527
§ 953 36 Fn. 79, 941 ff., 1132, 1175,
§ 954 729, 941 ff.
§ 955 945, 954 ff.
§ 956 78, 453 Fn. 79, 730, 935, 941 ff., 960, 964 f., 1690 Fn. 1758
§ 957 730, 838 Fn. 637, 946 ff.
§ 958 71, 137, 728, 933, 939, 1044
§ 959 115, 137, 728, 933, 1243
§ 965 1037 ff., 1055, 1058
§ 966 1067
§ 968 1055, 1063, 1067
§ 970 1063
§ 971 1055, 1063
§ 972 1063
§ 973 729, 1043 Fn. 916, 1052, 1055, 1064, 1066
§ 974 1064, 1066 Fn. 949
§ 975 1064
§ 976 1064, 1066
§ 977 1066, 1067
§ 978 433, 1041 f., 1056 ff., 1063 ff.
§ 979 1056
§ 980 1056
§ 981 1056, 1065
§ 983 1041, 1057 Fn. 934
§ 984 729, 1059 ff., 1069 ff.
§ 985 41, 448, 470, 1012, 1022, 1031, 1033, 1035, 1083 ff., 1098 ff., 1128 f., 1134, 1242 Fn. 1188, 1245 f., 1250, 1260, 1269, 1273, 1277, 1284, 1286 Fn. 1251, 2189, 2267
§ 986 56, 821, 1098, 1102 ff., 1122 ff., 1247, 1483, 2164, 2267
§ 987 47, 64, 1013, 1130, 1134, 1138 ff., 1160 f.,1170 ff., 1184 ff., 1273, 1290, 2145
§ 988 1132, 1138 ff., 1173, 1176 ff., 1231
§ 989 1013, 1130, 1134 ff., 1155, 1159 f., 1184 ff.
§ 990 59 Fn. 119, 451, 841, 1013, 1134 ff., 1155, 1157, 1159 f., 1163 f., 1172 ff., 1178 f., 1800
§ 991 965, 1130, 1179, 1200, 1232
§ 992 481, 1013, 1141 f., 1182, 1188 ff.,1224
§ 993 963 f., 1025, 1130 ff., 1141 ff., 1173 ff., 1196 ff., 1231, 1233 f.
§ 994 1029 Fn. 898, 1130, 1133 f., 1137 f., 1140 Fn. 1057, 1206 ff.
§ 995 1137 f., 1220
§ 996 1002 ff., 1006 ff., 1133 f., 1137 f., 1140 Fn. 1057, 1206 ff.
§ 997 995, 1001, 1015, 1020 Fn. 886, 1229 f.
§ 998 1225
§ 999 1140 Fn. 1057, 1216
§ 1000 1104, 1137 f., 1217, 1226
§ 1001 1009, 1217, 1227
§ 1002 1138 Fn. 1054

§ 1003 1009, 1063 Fn. 946, 1208, 1212, 1217 f., 1221, 1228
§ 1004 41, 106, 196, 199, 471, 671, 680, 716, 723, 726, 1022, 1026 ff., 1092, 1092 Fn. 993, 1094, 1251, 1256, 1259 ff., 1805, 1808, 1810, 2189
§ 1005 1075, 1099, 1269 Fn. 1317, 1281 Fn. 1241, 1283, 1286 Fn. 1251
§ 1006 21, 404 ff., 898 f., 904 ff., 1077, 1254, 2176
§ 1007 53, 472 f., 841, 1041, 1129, 1237 ff., 1288, 2189
§ 1008 128, 665
§ 1011 129 Fn. 217, 171 Fn. 296
§ 1018 137 Fn. 237, 1737, 1779, 1782 ff., 1808, 1813
§ 1019 1790 f., 1796, 1815
§ 1020 1779, 1796, 1808
§ 1021 1788 f.
§ 1022 1788
§ 1023 1779, 1798, 1808
§ 1025 515, 1795
§ 1026 1794
§ 1027 1805, 1808, 1810
§ 1028 1802
§ 1029 100, 662 Fn. 354, 1808
§ 1030 944, 1740, 1751, 1778, 2230
§ 1032 1745
§ 1033 1247, 1748
§ 1036 1751, 1757
§ 1037 1752
§ 1039 1751
§ 1040 1751
§ 1041 1757
§ 1042 1757
§ 1044 1757
§ 1045 1757
§ 1047 1758
§ 1048 728, 1751, 1777 Fn. 1861
§ 1049 1753
§ 1050 1757
§ 1051 1759
§ 1052 1759
§ 1053 1760
§ 1055 1758
§ 1056 1754
§ 1058 1751
§ 1059 1740, 1755, 2176
§ 1059a 149 Fn. 257, 1756, 1775, 2176
§ 1061 1740, 1763, 1814
§ 1062 1764
§ 1063 1749, 1765
§ 1064 1764
§ 1065 1762
§ 1066 1742
§ 1067 1766
§ 1068 1767 f., 2230
§ 1069 1767 f., 1774
§ 1071 116, 1776
§ 1072 1715
§ 1074 1769
§ 1075 1750, 1769
§ 1076 1770
§ 1080 1771
§ 1081 1772
§ 1085 1777, 2230
§ 1086 1777
§ 1087 1777
§ 1088 1777
§ 1090 100, 137 Fn. 236, 1813 ff., 1821
§ 1091 1815
§ 1092 1814 ff.
§ 1093 1822 ff., 1826, 1858
§ 1094 2138 f., 2147
§ 1097 2138
§ 1098 1139, 2127, 2129 f.
§ 1100 2143 ff.
§ 1101 2143
§ 1102 2143, 2145
§ 1103 2147
§ 1104 2150
§ 1105 17, 1739, 1827, 1831 ff. 2009
§ 1106 1828
§ 1107 1840
§ 1108 68, 1841 ff., 2009
§ 1109 515, 1834
§ 1110 1834
§ 1111 1833, 1835
§ 1112 1838
§ 1113 396 ff., 1301 ff., 1398 ff., 2076, 2204
§ 1114 653, 1405, 1555, 1590, 1742
§ 1115 1350, 1359, 1371, 1399, 1401, 1433, 1613
§ 1116 170 Fn. 293, 1356, 1371 ff., 1377, 1434, 1591, 1594
§ 1117 555 Fn. 201, 1371, 1435, 1439 ff., 1591 f.
§ 1119 1399
§ 1120 1408, 1411 ff., 1590, 2169 f., 2184
§ 1121 1412 ff., 2186
§ 1122 1412, 1418 ff., 2186
§ 1123 1409
§ 1131 515
§ 1132 1524, 1524
§ 1133 1730
§ 1134 1411, 1429, 1730, 1735
§ 1135 1411, 1429
§ 1137 1489, 1494 ff., 1603
§ 1138 397, 1358 ff., 1499 ff., 1598, 1600, 1613, 2176
§ 1139 607 Fn. 268

§ 1140 1366, 1476, 1501, 1598, 1605 ff.
§ 1141 1632
§ 1142 1513, 1632 f.
§ 1143 1348, 1378, 1480 f., 1513 ff., 1565, 1574, 1631 ff., 1664
§ 1144 1474, 1480 Fn. 1505, 1512 f., 1527, 1618, 1623 f., 1630
§ 1145 1474, 1618, 1623 f., 1630
§ 1147 1404, 1478, 1512, 2209 f.
§ 1149 1478
§ 1150 1527, 1674, 2068 Fn. 38
§ 1151 577 Fn. 237
§ 1153 1321, 1333 ff., 1356, 1367, 1376, 1464, 1475, 1596
§ 1154 7 Fn. 14, 1321, 1333, 1356 f., 1360 f.,1363, 1371 f., 1375, 1452 ff., 1465 ff., 1501 ff., 1574, 1594, 1596 f., 1627, 2176
§ 1155 1360 f., 1363, 1369 Fn. 1372, 1437 Fn. 1439, 1476 f., 1452 ff., 1468, 1477, 1490, 1596, 1598
§ 1156 1490 f., 1613
§ 1157 1502 ff., 1574, 1598, 1603 ff., 1656, 1678, 1812 Fn. 1917
§ 1160 1468, 1527
§ 1163 69, 555 Fn. 201, 576, 1323, 1367, 1378, 1381 ff., 1386, 1399, 1435, 1449, 1474, 1480 f., 1511, 1524, 1574, 1592 f., 1595, 1663 ff.
§ 1164 1367 Fn. 1371, 1481, 1516 f., 1524, 1527, 1538, 1624 ff., 1670
§ 1165 1559
§ 1167 1624, 1627
§ 1168 576, 1344, 1384, 1512, 1577 Fn. 1312, 1595, 1680
§ 1169 1344, 1577 Fn. 1612
§ 1170 576
§ 1172 1562, 1564
§ 1173 1516, 1521 ff., 1563 ff.
§ 1174 1567
§ 1175 1560, 1568
§ 1176 1511
§ 1177 576, 1323, 1348, 1378, 1381 ff., 1435, 1449, 1480 f., 1511 ff., 1595
§ 1178 1395 f.
§ 1179 576, 1326, 1528 f., 1533 ff., 1579, 2079
§ 1179a 576, 1329 ff., 1385, 1460, 1480, 1530 f., 1536, 1593, 1671 f.
§ 1179b 576, 1480, 1537, 1540, 1671 ff.
§ 1180 1399, 1529 Fn. 1551, 1532, 1635
§ 1181 1386, 1481, 1512, 1514, 1569, 1680
§ 1182 1569
§ 1183 1512, 1568, 1680
§ 1184 292, 1362, 1434, 1541, 1613
§ 1185 1368, 1372 f., 1434, 1469, 1490, 1499 Fn. 1520, 1545
§ 1186 1377, 1386
§ 1187 1376, 1541, 1572 f.
§ 1190 1362, 1373, 1398, 1541, 1550, 1615
§ 1191 1339, 1570, 1575, 1590, 2229
§ 1192 1315, 1339, 1357, 1371 f., 1377, 1573 f.
§ 1193 1573
§ 1194 1573
§ 1195 1375, 1572 f.
§ 1196 89, 646, 1348, 1379 f., 1385, 1531, 1573, 1591 ff.
§ 1197 1389 ff.
§ 1198 581, 1377, 1573
§ 1199 1301, 1829
§ 1204 11, 1319, 1683 ff., 2095, 2204
§ 1206 193, 902 Fn. 739, 1685, 1690
§ 1207 902 Fn. 739, 1693
§ 1208 1693, 2095
§ 1209 1692, 2095, 2287 Fn. 109
§ 1212 951 Fn. 801
§ 1213 11, 944, 1683
§ 1219 1732
§ 1222 1524
§ 1225 1636 f.
§ 1227 99 Fn. 169, 1693, 1732, 1735
§ 1228 1707, 1725, 2208
§ 1229 1708, 1715
§ 1230 2239
§ 1234 1646
§ 1235 1709, 1719
§ 1240 1719
§ 1242 1709, 1719
§ 1243 1689, 1719
§ 1244 1709 ff.
§ 1247 1712 ff., 2208
§ 1250 1690, 1693, 1720, 2176
§ 1251 1690
§ 1252 1720
§ 1253 1720
§ 1255 116, 1720
§ 1257 1694, 1698, 1704
§ 1273 1721
§ 1274 1721 f., 1819, 2153
§ 1275 1725
§ 1276 1426 ff., 2185
§ 1277 98, 1724, 1728, 2209
§ 1280 119, 1722, 2226
§ 1281 99 Fn. 169, 1332 f., 1725, 2209
§ 1282 94, 98, 99 Fn. 169, 1332 f.,

	1725, 1728, 2209
§ 1287	1725 Fn. 1807
§ 1365	638
§ 1370	666
§ 1415	174 Fn. 302
§ 1416	142, 176
§ 1418	176
§ 1419	142
§ 1473	177, 183
§ 1975	761
§ 1976	2107 Fn. 99
§ 1984	636 Fn. 304
§ 2032	142, 174 Fn. 302
§ 2033	142, 158
§ 2038	309 Fn. 663
§ 2039	171
§ 2041	177 f., 183
§ 2111	728
§ 2113	612, 637, 1967
§ 2135	52 Fn. 109
§ 2136	1967
§ 2174	380
§ 2211	636
§ 2301	784 Fn. 558

BNatSchG

§ 20 f	680 Fn. 412
§ 31	680 Fn. 412

DepotG

§ 6	667, 839, 912, 972
§ 9a	766

EGBGB

Art. 3	355 ff., 363
Art. 4	361
Art. 5	363
Art. 27	399
Art. 40	370, 373
Art. 43	356, 365, 368, 376 f., 381, 385 ff., 397, 399
Art. 44	370
Art. 45	394 f.
Art. 46	387
Art. 73	1071
Art. 109	1071
Art. 124	1259 Fn.1207
Art. 129	760
Art. 131	1857
Art. 182	1857
Art. 184	1809
Art. 187	1809
Art. 189	1857
Art. 231 § 5	283 Fn. 589, 316
Art. 232 § 4	327
Art. 233	275
Art. 233 § 2	298, 315
Art. 233 § 2b	318, 322
Art. 233 § 2c	320
Art. 233 § 3	324, 326 f., 331
Art. 233 § 4	283 Fn. 589, 317f., 321, 326 ff.
Art. 233 § 5	283 Fn. 589, 317, 322, 331 ff.
Art. 233 § 8	316 f.
Art. 233 § 9	339
Art. 237 § 1	297

EinigungsV

Art. 8	275
Art. 21	275, 298, 201
Art. 22	275
Art. 41	275, 305

EinlPrALR

§ 74	213, 235 Fn. 443
§ 75	213, 235 Fn. 443

EGV

Art. 234	269 Fn. 558
Art. 288	269
Art. 295	265 Fn. 546

EMRK

Art. 14	306
Art. 27	264
Art. 28	264
Art. 29	264
Art. 33	264
Art. 34	264
Art. 35	264
Art. 38	264
Art. 39	264
Art. 43	264
Art. 44	264
Art. 46	264

ErbbauVO

§ 1	1946, 1957, 1958 Fn. 2110, 1967 ff., 1987 ff., 1993
§ 2	1949, 1958, 1974, 1976 ff., 1996, 2003
§ 3	1974, 1981
§ 5	1973, 1975 f., 1982
§ 6	1983
§ 7	1982
§ 9	1826 Fn. 1933, 1832, 2009, 2011
§ 9a	2014
§ 10	1947, 1963, 1966
§ 11	31 Fn. 54, 526, 1405 Fn. 1404, 1846, 1950, 1955 f., 1962, 1976, 1998 f., 2010
§ 12	279, 1406, 1849, 1947, 1951, 1953, 1988
§ 13	2007
§ 14	517, 1846, 1950, 1960
§ 15	1973, 1983
§ 18	1950, 1954

§ 25	1954
§ 26	1999
§ 27	1976, 2000 ff.
§ 28	2000
§ 29	2000
§ 31	2003
§ 33	1996

EuGVÜ

Art. 16	356

GBO

§ 1	499
§ 2	499, 510
§ 3	504 ff., 512, 1405
§ 4	507 f., 511
§ 7	513, 1405
§ 9	634, 1799
§ 13	490 Fn. 134, 524, 542 Fn. 194, 602, 741, 1379
§ 15	524
§ 16	542 Fn. 194, 557
§ 17	542, 548, 564 Fn. 215, 616, 742, 752, 754 f., 2154
§ 18	577 Fn. 238, 752 f.
§ 19	490 Fn. 134, 525, 528 ff., 602, 739, 741, 748, 1379, 1480
§ 20	526 f., 529 f., 538, 748
§ 22	173, 532, 602 f., 1480
§ 29	490 Fn. 134, 536 ff., 538, 737, 1379, 1433
§ 30	538
§ 35	532, 536
§ 39	533 ff., 1457 ff., 1528 Fn. 1550
§ 40	536, 604
§ 44	499 Fn. 1146, 542, 555 Fn. 202
§ 45	542 ff., 549 Fn. 196, 552, 555 Fn. 202, 557, 564 Fn. 215
§ 46	503
§ 47	140, 151, 157 Fn. 268, 173, 175, 180
§ 48	603 Fn. 257, 1556, 1559
§ 53	559 Fn. 211, 1557, 1963
§ 55	1945
§ 59	1557
§ 60	1435
§ 67	1437 Fn. 1444
§ 68	1437 Fn. 1444
§ 126	502

GBVfg

§ 15	157 Fn. 268
§ 16	503
§ 17	503
§ 18	521, 540 Fn. 190
§ 24	499 Fn. 147
§ 62	502

GebrMG

§ 13	194 Fn. 345

GG

Art. 3	210 Fn. 383, 244 Fn. 456, 245 Fn. 479
Art. 14	205 ff., 239 ff., 267 ff., 271 f., 305, 308, 1071, 1259
Art. 15	205, 208, 232 Fn. 435
Art. 19	241, 245 Fn. 466
Art. 23	275
Art. 28	211 Fn. 384
Art. 34	570
Art. 100	237 Fn. 447
Art. 140	211 Fn. 384
Art. 143	305

GmbHG

§ 15	75 Fn. 139
§ 16	1945

GVG

§ 17	236 Fn. 444

HGB

§ 15	630 Fn. 289, 794 Fn. 571
§ 23	194 Fn. 345
§ 49	1432
§ 105	183
§ 113	39 Fn. 86
§ 124	187
§ 128	164 Fn. 280
§ 131	151
§ 135	151
§ 354a	14 Fn. 22, 170 Fn. 293, 988, 2226 Fn. 23 f.
§ 363	903
§ 365	861 Fn. 677, 869
§ 366	826 f., 830 f., 833, 835, 840 f., 858 ff., 914 Fn. 761, 1698 ff.
§ 367	862 Fn. 681, 869
§ 383	830 Fn. 618
§ 392	818, 2299
§ 399	14 Fn. 22
§ 448	765, 802
§ 469	972
§ 475c	903
§ 475 f	903
§ 475 g	765, 802, 903
§ 650	802

HypothekenbankG

§§ 1 ff.	1308

InsO

§ 11	123 Fn. 206, 149, 163 Fn. 278
§ 21	518
§ 32	518 Fn. 159, 524 Fn. 166, 532, 636

§ 47 12, 106, 113, 818, 2214, 2254 Fn. 76
§ 48 2264 Fn. 86, 2280, 2299
§ 49 1416, 2215, 2256
§ 50 113, 1416 Fn. 1419
§ 51 12, 1165 Fn. 1092, 1226 Fn. 1173, 1416 Fn. 1419, 2256, 2280
§ 80 76, 78, 501, 518, 629, 2053, 2067
§ 81 518, 629, 636, 952, 2221 Fn. 20
§ 88 2068 Fn. 37
§ 91 2221 Fn. 20
§ 103 927, 2090, 2191
§ 106 2053, 2067 f., 2090, 2191
§ 107 2191, 2196
§ 156 2191
§ 165 1416 Fn. 1419, 2215
§ 166 2216, 2257
§ 170 2216, 2244, 2250 Fn. 70
§ 171 2216, 2244, 2250 Fn. 70
§ 172 2216, 2257
§ 173 2257
§ 251 2217
§ 317 761

KAGG

§ 6 667
§ 6 766 Fn. 530
§ 18 766 Fn. 530

KunstUrhG

§ 22 1297 Fn. 1272

LuftVerkG

§ 11 707 Fn. 438

MarkenG

§ 9 196, 1299
§ 14 196, 1299
§ 15 196, 1299

MitbestG

§ 1 245, 245 Fn. 461
§ 6 245 Fn. 463, 245 Fn. 472
§ 27 245 Fn. 462
§ 29 245 Fn. 462
§ 31 245 Fn. 472, 245 Fn. 477

PatG

§ 15 194 Fn. 345

RPflG

§ 3 499

SachenRBerG

§ 1 342
§ 2 343
§ 3 344
§ 9 344 Fn. 753
§ 15 344 Fn. 757
§ 16 345
§ 17 349
§ 18 350
§ 28 346
§ 29 346
§ 32 344f.
§ 33 344 Fn. 755
§ 42 344 Fn. 755
§ 43 344
§ 61 344 f.
§ 65 344 Fn. 754
§ 68 344
§ 81 344 Fn. 756, 345
§ 87 347 Fn. 767
§ 88 347
§ 93 347
§ 106 348
§ 112 351
§ 113 353 Fn. 774
§ 116 354
§ 121 342 Fn. 748

ScheckG

Art. 21 869, 1146 Fn. 1062
Art. 39 1146 Fn. 1063

StGB

§ 246 1066

StVZO

§ 20 848
§ 25 848

TPG

§ 3 35 Fn. 74
§ 4 35 Fn. 74
§ 8 36 Fn. 76

UmwG

§ 5 536 Fn. 182
§ 44 536 Fn. 182
§ 49 536 Fn. 182
§ 191 123 Fn. 206, 149

UrhG

§ 26 195 Fn. 347
§ 29 194 Fn. 345
§ 59 1298 Fn. 1274

UWG

§ 1 49, 196 f.
§ 13 196 Fn. 351

VerbrKrG[3]

§ 3 1312
§ 7 1312
§ 9 1312

§ 13 2267 f.

VermG

§ 1 307 f., 311
§ 3 309
§ 3a 314
§ 4 306 Fn. 647
§ 16 306 Fn. 647
§ 20 246 Fn. 482
§ 28 311
§ 30 311

VwGO

§ 40 214, 236 Fn. 444

VwVfG

§ 44 643

WEG

§ 1 666, 1405 Fn. 1405, 1862 ff.
§ 2 1866
§ 3 1866, 1870, 1872 ff., 1888 f.
§ 4 137 Fn. 231, 1893, 1900, 1906, 1909, 1916
§ 5 1885 f., 1889, 1893, 1897, 1905 f., 1916, 1943
§ 6 137 Fn. 231, 1865, 1868, 1900 f.
§ 7 31 Fn. 54, 517, 1846, 1866, 1871, 1880, 1894
§ 8 514, 1866, 1870, 1872 ff., 1888, 1895, 1897, 1906, 1942 f.
§ 9 1909 ff., 1935
§ 10 1868, 1884, 1889, 1893, 1897, 1906 f., 1916, 1920 f., 1928, 1939 Fn. 2091, 1943
§ 11 137, 1909, 1911, 1935
§ 12 1886, 1905
§ 13 1846, 1869, 1915
§ 14 1916 Fn. 2036 f., 1922, 1934 Fn. 2085
§ 15 1883, 1886, 1906 f., 1915, 1922
§ 16 1922, 1943, 1945 Fn. 2099
§ 17 1909
§ 18 1913, 1937
§ 20 1926 ff.
§ 21 1919, 1924, 1926, 1943, 1944 Fn. 2098
§ 22 1916 Fn. 2036 f., 1922, 1934
§ 23 1906 f., 1921 f., 1926, 1928, 1945 Fn. 2099
§ 24 1928 Fn. 2068, 1929
§ 25 1873 ff., 1928 Fn. 2069 f.
§ 26 1926, 1929 Fn. 2221
§ 27 1924, 1929 f., 1934, 1937 Fn. 2089
§ 28 1924, 1929, 1943 Fn. 2097
§ 29 1926
§ 30 1949, 1959, 1992
§ 31 1858, 1927
§ 33 12 Fn. 21
§ 43 1914 ff., 1922 ff., 1926, 1945 Fn. 2099
§ 45 1914, 1919, 1922
§ 59 1880

WG

Art. 14 766 Fn. 523
Art. 16 861 Fn. 677, 869, 1477 Fn. 1497
Art. 40 1146 Fn. 1062

WHG

§ 19 236 Fn. 444

WZG

§ 8 194 Fn. 345

ZPO

§ 50 140, 146, 149 Fn. 256
§ 58 115
§ 253 1135
§ 261 1135
§ 264 1279
§ 265 1266 Fn. 1229
§ 287 2245
§ 308 348
§ 325 518, 637
§ 736 151, 157 Fn. 270, 191
§ 747 191
§ 753 797
§ 765a 593
§ 771 12, 53, 57, 106, 113, 353, 588 f., 1290 Fn. 1258, 2166, 2213, 2254
§ 772 14 Fn. 27, 2053 Fn. 10
§ 787 115
§ 794 1389, 1478, 1581
§ 800 1389, 1478 Fn. 1499
§ 804 1684
§ 805 2213, 2256, 2258
§ 808 444, 449 Fn. 76, 2211
§ 809 444
§ 828 2209
§ 829 1577 Fn. 1612, 2209
§ 830 1321, 2209
§ 835 1321
§ 837 1321, 2209
§ 844 98 Fn. 167
§ 848 754
§ 851 14 Fn. 25, 89 Fn. 156
§ 857 89 Fn. 156, 754, 1577 Fn. 1612, 1819, 2153
§ 859 142, 151 Fn. 260, 164 Fn. 280
§ 860 142
§ 864 599

§ 865 1411, 1416
§ 866 583, 1411, 1479
§ 867 1479
§ 869 1411
§ 883 454 Fn. 80, 797, 1118
§ 885 749
§ 886 797, 1118
§ 887 1279
§ 888 1279
§ 894 454 Fn. 80, 747, 797
§ 895 607
§ 897 454 Fn. 80, 797
§ 898 797
§ 932 1463
§ 935 629, 1127 Fn. 1040
§ 941 518 Fn. 158

ZVG

§ 10 585, 591, 599, 2213
§ 11 585, 599
§ 15 586
§ 17 586, 2211
§ 19 587
§ 20 587, 1416
§ 21 1417
§ 23 587, 1417
§ 28 589
§ 30a 593
§ 36 588
§ 37 588, 1424 Fn. 1425
§ 44 591, 1803, 1954, 1986
§ 48 2068
§ 49 591
§ 52 591, 1389 Fn. 1384, 1803, 1954
§ 55 590
§ 56 594, 1943 Fn. 2097
§ 57 590
§ 57a 590
§ 67 601
§ 68 601
§ 73 593, 601 Fn. 254
§ 74a 593, 601 Fn. 255
§ 74b 593
§ 79 594
§ 81 594
§ 85a 593
§ 87 594
§ 89 594
§ 90 594 f.
§ 91 595 f., 1481 Fn. 1508, 1539 Fn. 1563, 1803
§ 92 540 Fn. 191, 597, 600, 1839
§ 93 594, 1226 Fn. 1173
§ 96 595
§ 105 598
§ 114a 593
§ 117 597
§ 118 597 f., 600
§ 128 598
§ 130 594
§ 146 1416 f.
§ 148 141

[1] Die entsprechenden neuen Vorschriften des BGB ergeben sich aus folgender Synopse:

§ 305 BGB	≙	§ 1 AGBG	§ 306 BGB	≙	§ 6 AGBG
§ 305b BGB	≙	§ 4 AGBG	§ 307 BGB	≙	§ 9 AGBG
§ 305c BGB	≙	§ 3 AGBG	§ 309 BGB	≙	§ 11 AGBG

[2] Die zugehörigen Vorschriften n.F. ergeben sich aus folgender funktionaler Gegenüberstellung:

§§ 195-197 n.F.	≙	§ 195 a.F.	§ 346 n.F.	≙	§ 346 a.F.
§ 198 n.F.	≙	§ 221 a.F.	§ 347 n.F.	≙	§ 347 a.F.
§ 199 n.F.	≙	§ 198 a.F.	§ 435 n.F.	≙	§§ 434-435 a.F.
§ 204 n.F.	≙	§ 209 a.F.	§ 437 n.F.	≙	§ 463 a.F.
§ 205 n.F.	≙	§ 202 a.F.	§ 438 n.F.	≙	§ 478 a.F.
§ 212 n.F.	≙	§ 208 a.F.	§ 445 n.F.	≙	§ 461 a.F.
§ 214 n.F.	≙	§ 222 a.F.	§ 449 n.F.	≙	§ 455 a.F.
§ 216 n.F.	≙	§ 223 a.F.	§ 463 n.F.	≙	§ 504 a.F.
§ 241 n.F.	≙	§ 241 a.F.	§ 464 n.F.	≙	§ 505 a.F.
§ 275 n.F.	≙	§ 275 a.F.	§ 466 n.F.	≙	§ 507 a.F.
§ 280 n.F.	≙	§§ 280 a.F., 282 a.F.	§ 467 n.F.	≙	§ 508 a.F.
§ 281 n.F.	≙	§ 283 a.F.	§ 469 n.F.	≙	§ 510 a.F.
§ 285 n.F.	≙	§ 281 a.F.	§ 472 n.F.	≙	§ 513 a.F.
§ 311 n.F.	≙	§ 305 a.F.	§ 473 n.F.	≙	§ 514 a.F.
§ 311b n.F.	≙	§ 313 a.F.	§ 634a n.F.	≙	§ 638 a.F.
§ 323 n.F.	≙	§ 326 a.F.	§ 651 n.F.	≙	§ 651 a.F.

[3] Die entsprechenden neuen Vorschriften des BGB ergeben sich aus folgender Synopse:

§ 355 n.F.	≙	§ 7 VerbrKrG	§ 491 n.F.	≙	§ 3 VerbrKrG
§ 358 n.F.	≙	§ 9 VerbrKrG	§ 503 n.F.	≙	§ 13 VerbrKrG

Entscheidungsregister

Hinweis: Die Verweise auf die Randziffern schließen den Verweis auf die Fußnote mit ein, es sei denn, es ist etwas anderes angegeben.

I. Entscheidungen der Organe des Europäischen Gerichtshofs für Menschenrechte

Europäische Kommission für Menschenrechte

EKMR NJW 1996, 2291: 305

Europäischer Gerichtshof für Menschenrechte

EGMR NJW 1984, 2747: 263
EGMR NJW 1999, 3695: 263
EGMR NVwZ 1999, 1325: 263

II. Entscheidungen des Europäischen Gerichtshofs

EuGH EuZW 1992, 120: 267
EuGH JZ 2000, 780: 1312
EuGH NJW 1992, 165: 269 Fn. 554
EuGH NJW 1998, 1295: 1312, 1316
EuGH Slg. 1971, S. 975: 269
EuGH Slg. 1974, S. 491: 266
EuGH Slg. 1978, S. 1209: 269
EuGH Slg. 1979, S. 2955: 269 Fn. 557
EuGH Slg. 1979, S. 3045: 269 Fn. 557
EuGH Slg. 1979, S. 3497: 269 Fn. 557
EuGH Slg. 1979, S. 3727: 267
EuGH Slg. 2000, S. I 4139: 274

III. Entscheidungen des Bundesverfassungsgerichts

1. BVerfGE

BVerfGE 7, 230: 273
BVerfGE 13, 225: 273 Fn. 563
BVerfGE 14, 221: 208 Fn. 276
BVerfGE 14, 263: 218 Fn. 406
BVerfGE 24, 367: 207, 231
BVerfGE 30, 173: 34
BVerfGE 37, 132: 206
BVerfGE 45, 142: 273 Fn. 563
BVerfGE 46, 268: 231
BVerfGE 46, 325: 206
BVerfGE 50, 290: 207, 244, 245, 245 Fn. 462, 245 Fn. 466
BVerfGE 52, 1: 213, 215 Fn. 395, 217, 218, 242, 244
BVerfGE 58, 137: 213, 217 Fn. 402, 222
BVerfGE 58, 300: 213, 217, 217 Fn. 402, 219 Fn. 416, 222, 235, 243
BVerfGE 61, 82: 211, 211 Fn. 384
BVerfGE 65, 196: 208 Fn. 376
BVerfGE 74, 129: 208 Fn. 376
BVerfGE 76, 130: 208 Fn. 376
BVerfGE 77, 84: 208 Fn. 376
BVerfGE 77, 308: 208 Fn. 376
BVerfGE 78, 58: 196
BVerfGE 79, 174: 214, 215, 216, 218, 242
BVerfGE 83, 201: 208 Fn. 376, 216, 218, 218 Fn. 407, 219 Fn. 413, 222, 232 Fn. 435, 243, 207
BVerfGE 84, 90: 305 Fn. 643
BVerfGE 87, 114: 215, 242, 244 Fn. 456
BVerfGE 89, 1: 207, 209
BVerfGE 89, 155: 268
BVerfGE 89, 214: 270 Fn. 558
BVerfGE 91, 207: 208 Fn. 280
BVerfGE 91, 294: 207, 244
BVerfGE 93, 121: 208 Fn. 376
BVerfGE 95, 1: 214
BVerfGE 95, 64: 245 Fn. 468
BVerfGE 97, 350: 207
BVerfGE 98, 17: 211, 214, 244 Fn. 456
BVerfGE 99, 367: 245 Fn. 473, 245 Fn. 479
BVerfGE 100, 226: 216, 218, 218 Fn. 406, 230, 232 Fn. 435, 236 Fn. 444, 236 Fn. 445, 237 Fn. 447, 246, 246 Fn. 480, 247, 247 Fn. 491, 247 Fn. 492, 247 Fn. 493
BVerfGE 100, 289: 218 Fn. 406

2. Sonstige Fundstellen

DB

BVerfG DB 1993, 264: 314 Fn. 681
BVerfG DB 2000, 1460: 246, 246 Fn. 485, 247

JuS

BVerfG JuS 1998, 852: 218
BVerfG JuS 2000, 393: 36
BVerfG JuS 2001, 697: 485 Fn. 128

JZ

BVerfG JZ 1998, 674: 208 Fn. 376
BVerfG JZ 1988, 919: 1071
BVerfG JZ 1999, 895: 218

NJW

BVerfG NJW 1971, 1645: 34
BVerfG NJW 1990, 825: 1880, 1881 Fn. 1985
BVerfG NJW 1993, 1252: 209 Fn. 382, 273
BVerfG NJW 1995, 1665: 1922 Fn. 2051
BVerfG NJW 1996, 584: 211 Fn. 387
BVerfG NJW 1997, 449: 305 Fn. 643
BVerfG NJW 1998, 367: 216, 218, 219 Fn. 412, 219 Fn. 413
BVerfG NJW 1998, 3033: 334 Fn. 730
BVerfG NJW 1999, 3399: 36
BVerfG NJW 2000, 798: 218
BVerfG NJW 2000, 1486: 246 Fn. 482
BVerfG NJW 2000, 2573: 246, 246 Fn. 485, 247, 247 Fn. 489, 247 Fn. 495
BVerfG NJW 2001, 594: 34

NJW-RR

BVerfG NJW-RR 1993, 1357: 209 Fn. 380

NVwZ

BVerfG NVwZ 1989, 1151: 2029 Fn. 2189
BVerfG NVwZ 1993, 772: 220

WM

BVerfG WM 1993, 1813: 1936 Fn. 2088
BVerfG WM 1995, 579: 209 Fn. 380
BVerfG WM 1995, 621: 308 Fn. 658
BVerfG WM 1996, 955: 305, 305 Fn. 643
BVerfG WM 1996, 1783: 1922 Fn. 2051
BVerfG WM 1997, 167: 305 Fn. 643
BVerfG WM 1998, 390: 307, 308 Fn. 660
BVerfG WM 1999, 82: 308 Fn. 658
BVerfG WM 1998, 1631: 297 Fn. 617
BVerfG WM 1999, 2471: 306 Fn. 647
BVerfG WM 2000, 1007: 210 Fn. 383
BVerfG WM 2000, 1656: 246, 246 Fn. 485, 247

ZIP

BVerfG ZIP 1994, 1978: 299
BVerfG ZIP 1996, 98: 306 Fn. 647
BVerfG ZIP 1996, 249: 299
BVerfG ZIP 1997, 89: 307, 308

IV. Entscheidungen des Reichsgerichts

1. RGZ

RGZ 1, 415: 875 Fn. 697
RGZ 7, 21: 366
RGZ 15, 280: 2253
RGZ 24, 48: 12, 2253
RGZ 30, 228: 2029 Fn. 2189
RGZ 45, 80: 12, 2253
RGZ 54, 103: 178 Fn. 312
RGZ 54, 85: 173, 603 Fn. 257
RGZ 55, 270: 2052 Fn. 7
RGZ 55, 334: 2227 Fn. 26
RGZ 56, 41: 1968
RGZ 56, 58: 644
RGZ 58, 313: 1388 Fn. 1383
RGZ 60, 243: 1362 Fn. 1366, 1399
RGZ 61, 188: 634, 2038
RGZ 61, 232: 603 Fn. 257
RGZ 61, 374: 1459, 2078
RGZ 65, 164: 1645 Fn. 1692
RGZ 67, 20: 927
RGZ 67, 378: 1744
RGZ 69, 197: 478
RGZ 70, 245: 1554 Fn. 1573, 1557
RGZ 70, 308: 1069
RGZ 70, 353: 1449
RGZ 71, 38: 628
RGZ 71, 252: 874
RGZ 72, 268: 594
RGZ 72, 274: 2078
RGZ 72, 354: 594
RGZ 75, 221: 798 Fn. 577
RGZ 75, 245: 1459, 2078
RGZ 78, 60: 1307 Fn. 1288, 1663
RGZ 79, 122: 2253
RGZ 79, 397: 195 Fn. 347
RGZ 82, 74: 762
RGZ 83, 223: 784
RGZ 85, 58: 1477
RGZ 85, 364: 1336
RGZ 86, 263: 1477
RGZ 88, 278: 569 Fn. 222
RGZ 88, 366: 1451
RGZ 89, 29: 568
RGZ 91, 14: 2253
RGZ 91, 218: 1608 Fn. 1655
RGZ 92, 139: 176 Fn. 307, 176 Fn. 308
RGZ 93, 41: 1477
RGZ 93, 71: 87 Fn. 151
RGZ 98, 110: 1554 Fn. 1573
RGZ 98, 131: 455 Fn. 84
RGZ 99, 210: 1429
RGZ 103, 166: 53 Fn. 109
RGZ 104, 319: 633
RGZ 106, 4: 879
RGZ 106, 139: 1449
RGZ 107, 78: 607 Fn. 270
RGZ 108, 259: 438, 1057 Fn. 934
RGZ 108, 271: 838 Fn. 637
RGZ 108, 329: 733 Fn. 476
RGZ 109, 128: 823 Fn. 605, 1108
RGZ 109, 167: 1924 Fn. 2057
RGZ 110, 333: 2140 Fn. 154
RGZ 113, 230: 492
RGZ 113, 403: 752, 2052 Fn. 8
RGZ 114, 266: 1138
RGZ 114, 367: 1477 Fn. 1497
RGZ 115, 35: 1138
RGZ 117, 257: 649
RGZ 117, 287: 733 Fn. 476

RGZ 117, 346: 615
RGZ 118, 230: 2088 Fn. 77
RGZ 119, 128: 650
RGZ 120, 118: 733 Fn. 476
RGZ 121, 44: 2088 Fn. 77
RGZ 121, 335: 1138 Fn. 1052
RGZ 123, 52: 646
RGZ 124, 200: 549 Fn. 196, 2052 Fn. 7
RGZ 127, 35: 1264
RGZ 128, 246: 2072
RGZ 129, 119: 646
RGZ 129, 150: 756
RGZ 130, 69: 1033
RGZ 130, 101: 1478 Fn. 1501
RGZ 130, 390: 648 Fn. 319
RGZ 132, 15: 1480 Fn. 1505
RGZ 133, 279: 536
RGZ 134, 353: 2048
RGZ 135, 75: 888, 889, 896, 902
RGZ 138, 125: 594 Fn. 248
RGZ 139, 29: 2029 Fn. 2189
RGZ 140, 276: 235 Fn. 447
RGZ 141, 374: 527
RGZ 143, 18: 846 Fn. 654
RGZ 143, 246: 1416
RGZ 145, 303: 1579
RGZ 146, 317: 1676 Fn. 1732
RGZ 146, 365: 1555 Fn. 1574
RGZ 147, 321: 846 Fn. 654
RGZ 149, 93: 378
RGZ 150, 356: 1490 Fn. 1516
RGZ 150, 371: 1631, 1638
RGZ 151, 75: 2073
RGZ 157, 24: 574
RGZ 157, 31: 796 Fn. 574
RGZ 157, 44: 1091
RGZ 157, 287: 397 Fn. 870
RGZ 159, 68: 705
RGZ 163, 62: 1138
RGZ 163, 348: 1176, 1231
RGZ 170, 1: 2188
RGZ 170, 180: 658 Fn. 341, 732 Fn. 473

2. Sonstige Fundstellen

RG Das Recht 1910 Nr. 518: 1805
RG Gruchot 69, 373: 455 Fn. 84
RG HRR 1930 Nr. 783: 1466 Fn. 1485
RG JW 1907, 672: 914 Fn. 762
RG JW 1925, 784: 438
RG JW 1927, 2521: 649, 651
RG JW 1928, 497: 469 Fn. 103
RG JW 1936, 3234: 1466 Fn. 1485
RG LZ 1921, S. 414 Nr. 4: 55

V. Entscheidungen des Obersten Gerichtshofs für die Britische Zone

OGHZ 1, 358: 469
OGHZ 2, 170: 1265, 1273 Fn. 1236

VI. Entscheidungen des Bundesgerichtshofs

1. BGHZ

BGHZ 5, 337: 59 Fn. 119
BGHZ 6, 270: 213, 249, 250, 251
BGHZ 7, 208: 1248 Fn. 1195
BGHZ 7, 268: 1825
BGHZ 8, 58: 1825
BGHZ 8, 130: 438 Fn. 65, 1048, 1052
BGHZ 10, 16: 846
BGHZ 10, 73: 2163, 2164
BGHZ 10, 88: 2168
BGHZ 10, 171: 979, 997, 998, 1001, 1004, 1005, 1205
BGHZ 12, 115: 2054
BGHZ 12, 238: 579 Fn. 239
BGHZ 13, 1: 2111, 2111 Fn. 105
BGHZ 13, 88: 257
BGHZ 14, 114: 971
BGHZ 15, 168: 796 Fn. 573
BGHZ 15, 249: 34
BGHZ 16, 101: 536
BGHZ 16, 259: 1149 Fn. 1068
BGHZ 19, 209: 2020 Fn. 2178
BGHZ 20, 159: 974, 979
BGHZ 20, 345: 47 Fn. 101
BGHZ 21, 28: 562
BGHZ 21, 52: 780, 780 Fn. 551
BGHZ 21, 98: 546, 561
BGHZ 21, 266: 198 Fn. 358
BGHZ 22, 128: 1466 Fn. 1485
BGHZ 22, 312: 737 Fn. 489
BGHZ 23, 30: 252, 253, 256
BGHZ 23, 157: 251 Fn. 498
BGHZ 24, 16: 609
BGHZ 25, 16: 2052 Fn. 6, 2086, 2086 Fn. 74, 2117
BGHZ 27, 149: 2029 Fn. 2189
BGHZ 27, 204: 1000, 1004 Fn. 874, 1026
BGHZ 27, 360: 453, 948, 952
BGHZ 28, 16: 780 Fn. 548, 780 Fn. 550, 780 Fn. 551, 2151 Fn. 170
BGHZ 28, 99: 1818 Fn. 1926
BGHZ 28, 182: 2058, 2086
BGHZ 28, 225: 723
BGHZ 28, 392: 196 Fn. 356
BGHZ 29, 65: 679
BGHZ 29, 314: 1259 Fn. 1210
BGHZ 30, 149: 2284, 2290, 2294
BGHZ 31, 129: 1164, 1186
BGHZ 32, 53: 1148
BGHZ 32, 361: 2284, 2290, 2291
BGHZ 34, 122: 1166, 1699
BGHZ 34, 153: 1167
BGHZ 34, 195: 2159 Fn. 190, 2198 Fn. 1
BGHZ 35, 85: 1424 Fn. 1425, 2170
BGHZ 36, 30: 838
BGHZ 36, 84: 1443 Fn. 1452, 1450

BGHZ 37, 44: 257
BGHZ 37, 147: 88 Fn. 153, 2149
BGHZ 39, 174: 382
BGHZ 40, 22: 1265
BGHZ 40, 30: 603 Fn. 258, 1527 Fn. 1549
BGHZ 40, 156: 194 Fn. 345
BGHZ 40, 272: 984, 1015
BGHZ 41, 30: 606 Fn. 265, 607 Rn. 270, 1138 Fn. 1053
BGHZ 41, 55: 196 Fn. 356
BGHZ 41, 123: 679
BGHZ 41, 157: 979, 1000, 1004, 1026 Fn. 895, 1029 Fn. 898, 1029, 1205, 1207
BGHZ 41, 209: 89, 89 Fn. 156, 1816, 1816 Fn. 1924
BGHZ 41, 393: 1264, 1265, 1275, 1276, 1279, 1282
BGHZ 42, 53: 1423, 2265 Fn. 88
BGHZ 42, 63: 726, 1025, 1805
BGHZ 42, 69: 1025 Fn. 892
BGHZ 43, 203: 1905
BGHZ 43, 253: 121
BGHZ 44, 171: 1802 Fn. 1903
BGHZ 44, 288: 196 Fn. 356, 1292
BGHZ 45, 95: 385, 395 Fn. 865
BGHZ 46, 14: 1645 Fn. 1692
BGHZ 46, 117: 974
BGHZ 46, 124: 589
BGHZ 46, 210: 149 Fn. 256
BGHZ 46, 253: 1824 Fn. 1931, 1833
BGHZ 47, 41: 1433
BGHZ 47, 190: 1970
BGHZ 48, 98: 709, 722, 1259 Fn. 1210
BGHZ 48, 193: 255
BGHZ 49, 197: 754, 2113, 2153
BGHZ 49, 250: 1877, 1886 Fn. 1992, 1905
BGHZ 49, 263: 2063 Fn. 24, 2126 Fn. 130
BGHZ 50, 45: 888, 902
BGHZ 50, 133: 34
BGHZ 51, 41: 197 Fn. 356
BGHZ 51, 50: 1965
BGHZ 51, 250: 1165
BGHZ 52, 93: 1559, 1559 Fn. 1583
BGHZ 52, 234: 1753
BGHZ 52, 269: 1957, 1967
BGHZ 53, 29: 1086, 1087
BGHZ 53, 47: 594 Fn. 248, 2068 Fn. 38
BGHZ 53, 166: 470
BGHZ 53, 226: 2029 Fn. 2189, 2043
BGHZ 54, 65: 1907 Fn. 2020
BGHZ 54, 214: 2266 Fn. 89, 2267
BGHZ 54, 293: 213
BGHZ 54, 384: 709
BGHZ 55, 20: 2166, 2167, 2187, 2188, 2290, 2291
BGHZ 55, 153: 679
BGHZ 55, 176: 983, 1012, 1236
BGHZ 56, 40: 213
BGHZ 56, 88: 970
BGHZ 56, 123: 837, 906, 909, 2168
BGHZ 56, 228: 983, 989
BGHZ 56, 240: 984
BGHZ 57, 116: 197 Fn. 356
BGHZ 57, 275: 694 Fn. 416
BGHZ 57, 341: 2086, 2122 Fn. 119
BGHZ 57, 359: 213
BGHZ 58, 364: 2300
BGHZ 59, 1: 1609
BGHZ 59, 236: 574 Fn. 233, 796 Fn. 574
BGHZ 60, 46: 2052 Fn. 6, 2053, 2086 Fn. 74, 2099
BGHZ 60, 119: 1259 Fn. 1210
BGHZ 60, 168: 197 Fn. 356
BGHZ 60, 235: 1079, 1081 Fn. 971, 1281 Fn. 1241, 1289
BGHZ 60, 275: 2141
BGHZ 61, 81: 30
BGHZ 61, 209: 1964
BGHZ 62, 52: 1423
BGHZ 62, 133: 1755
BGHZ 62, 179: 1951
BGHZ 64, 312: 2299 Fn. 123
BGHZ 65, 345: 1987 Fn. 2136, 1988
BGHZ 66, 70: 689, 690, 705 Fn. 431
BGHZ 67, 14: 693
BGHZ 67, 207: 798 Fn. 577
BGHZ 67, 334: 1933
BGHZ 68, 18: 11 Fn. 19
BGHZ 68, 323: 1696
BGHZ 69, 254: 2300
BGHZ 70, 86: 2228 Fn. 29
BGHZ 71, 19: 607 Fn. 270
BGHZ 71, 86: 199 Fn. 362
BGHZ 71, 306: 2300
BGHZ 72, 289: 705 Fn. 431
BGHZ 72, 308: 2292
BGHZ 73, 140: 1877 Fn. 1982
BGHZ 73, 196: 1877 Fn. 1982
BGHZ 73, 302: 1887 Fn. 1994
BGHZ 73, 355: 469
BGHZ 74, 274: 846 Fn. 654
BGHZ 75, 203: 1091 Fn. 991
BGHZ 75, 221: 1423, 2177
BGHZ 75, 288: 1138 Fn. 1054, 2126 Fn. 128
BGHZ 76, 86: 1933
BGHZ 77, 8: 574 Fn. 231
BGHZ 77, 16: 47 Fn. 101
BGHZ 77, 194: 2015, 2016
BGHZ 77, 274: 857, 988, 989
BGHZ 77, 359: 2133
BGHZ 78, 28: 796, 796 Fn. 572
BGHZ 79, 201: 516 Fn. 157
BGHZ 79, 211: 1082, 1100 Fn. 998
BGHZ 80, 111: 213
BGHZ 80, 228: 1630, 1645
BGHZ 81, 75: 199

BGHZ 81, 135: 2015
BGHZ 81, 146: 1107 Fn. 1014, 1109, 1111, 1112
BGHZ 82, 50: 2300
BGHZ 82, 299: 47 Fn. 101
BGHZ 82, 346: 180 Fn. 318
BGHZ 83, 56: 1581, 1587
BGHZ 83, 395: 2155, 2156
BGHZ 85, 375: 705 Fn. 431
BGHZ 86, 90: 196
BGHZ 86, 167: 2016
BGHZ 86, 300: 188, 193, 1685, 1691, 1697
BGHZ 86, 340: 188, 193, 1685, 1691, 1697
BGHZ 86, 367: 157
BGHZ 86, 393: 1874
BGHZ 87, 296: 1138 Fn. 1054, 1139, 2145
BGHZ 88, 344: 724
BGHZ 90, 17: 234 Fn. 441, 235, 235 Fn. 443, 239 Fn. 449, 239 Fn. 450, 250 Fn. 496, 256
BGHZ 90, 227: 2015, 2016, 2016 Fn. 2169
BGHZ 90, 255: 673, 705 Fn. 431
BGHZ 90, 269: 1115 Fn. 1027
BGHZ 91, 20: 234 Fn. 438, 235, 235 Fn. 443, 257, 709, 1259 Fn. 1210
BGHZ 90, 31: 235 Fn. 443
BGHZ 91, 32: 2015, 2016, 2016 Fn. 2170
BGHZ 92, 143: 672, 684, 705 Fn. 434, 719
BGHZ 92, 149: 1259 Fn. 1208
BGHZ 92, 280: 1423, 2184
BGHZ 92, 351: 1793
BGHZ 92, 259: 150 Fn. 258
BGHZ 93, 96: 196
BGHZ 94, 105: 2235
BGHZ 94, 233: 796 Fn. 574
BGHZ 95, 99: 1755
BGHZ 95, 137: 1917 Fn. 2039
BGHZ 95, 307: 679
BGHZ 96, 157: 2052 Fn. 7
BGHZ 96, 214: 1685, 1689
BGHZ 96, 385: 2008 Fn. 2147, 2009 Fn. 2148
BGHZ 97, 114: 234 Fn. 438, 257
BGHZ 97, 231: 1259 Fn. 1208, 1264, 1281
BGHZ 97, 361: 234 Fn. 438, 257
BGHZ 98, 160: 2180, 2193 Fn. 235, 2265 Fn. 88
BGHZ 98, 303: 2234 Fn. 39, 2235, 2292
BGHZ 99, 24: 213, 236 Fn. 444, 256
BGHZ 99, 203: 1582, 1584
BGHZ 99, 358: 1943 Fn. 2097
BGHZ 100, 95: 1694
BGHZ 100, 107: 1983 Fn. 3132
BGHZ 100, 136: 213, 234, 235, 235 Fn. 443
BGHZ 100, 335: 234 Fn. 438, 250 Fn. 496
BGHZ 101, 106: 691 Fn. 403, 704
BGHZ 101, 143: 1970 Fn. 2120, 2008, 2009 Fn. 2148
BGHZ 101, 186: 433, 1041 Fn. 913
BGHZ 102, 94: 1543 Fn. 1565
BGHZ 102, 135: 32
BGHZ 102, 152: 1582
BGHZ 102, 350: 234 Fn. 439, 235 Fn. 443
BGHZ 103, 101: 1061, 1069 Fn. 952
BGHZ 104, 139: 326, 635
BGHZ 104, 197: 1943 Fn. 2097
BGHZ 104, 323: 686, 691 Fn. 406
BGHZ 105, 15: 236 Fn. 444, 250 Fn. 496, 255 Fn. 507, 256, 256
BGHZ 106, 108: 754, 756 Fn. 515, 757 Fn. 516, 2153, 2154
BGHZ 106, 113: 1945 Fn. 2099
BGHZ 106, 169: 1928 Fn. 2071
BGHZ 106, 222: 1932 Fn. 2081
BGHZ 106, 348: 516 Fn. 157
BGHZ 107, 268: 1928
BGHZ 107, 375: 34
BGHZ 107, 384: 195 Fn. 347, 1104 Fn. 1010, 1287 Fn. 1254
BGHZ 108, 179: 1521 Fn. 1540
BGHZ 108, 237: 1344, 1577 Fn. 1608, 1577 Fn. 1612, 1579 Fn. 1614, 1672
BGHZ 109, 101: 32
BGHZ 109, 179: 1871
BGHZ 109, 240: 2235
BGHZ 110, 12: 232 Fn. 435, 239 Fn. 449, 239 Fn. 450
BGHZ 110, 313: 1281 Fn. 1242
BGHZ 111, 142: 1125
BGHZ 111, 148: 1924, 1932 Fn. 2081
BGHZ 111, 349: 234 Fn. 438, 234 Fn. 439
BGHZ 111, 364: 821 Fn. 603
BGHZ 112, 4: 1845 Fn. 1953
BGHZ 114, 16: 1130 Fn. 1044
BGHZ 114, 161: 754, 754 Fn. 513, 2157 Fn. 188
BGHZ 115, 1: 137
BGHZ 115, 335: 2131, 2132 Fn. 137, 2135, 2135 Fn. 148, 2144, 2144 Fn. 160
BGHZ 116, 251: 733 Fn. 474
BGHZ 116, 392: 516 Fn. 157, 1922,
BGHZ 117, 104: 1153, 1155 Fn. 1080
BGHZ 117, 168: 164 Fn. 280
BGHZ 117, 240: 234 Fn. 438, 250 Fn. 496, 256 Fn. 507
BGHZ 117, 374: 2235
BGHZ 118, 253: 234 Fn. 438, 239 Fn. 450
BGHZ 120, 239: 674, 681
BGHZ 120, 300: 2235
BGHZ 121, 73: 236 Fn. 444, 247 Fn. 493, 256
BGHZ 121, 328: 236 Fn. 444, 236 Fn. 445, 238 Fn. 452, 247 Fn. 497, 256
BGHZ 122, 76: 234 Fn. 438, 257
BGHZ 123, 242: 236 Fn. 444, 238 Fn. 448, 255 Fn. 510, 256, 256 Fn. 514
BGHZ 124, 52: 36 Fn. 78, 36 Fn. 81

BGHZ 125, 56: 1079, 1289
BGHZ 126, 379: 236 Fn. 444, 238 Fn. 448
BGHZ 127, 129: 75 Fn. 139, 75 Fn. 141
BGHZ 128, 204: 236 Fn. 444
BGHZ 128, 259: 2235
BGHZ 129, 1: 579 Fn. 240
BGHZ 129, 124: 234 Fn. 438
BGHZ 129, 329: 1258 Fn. 1203
BGHZ 130, 101: 1708 Fn. 1782
BGHZ 131, 1: 2202 Fn. 5
BGHZ 131, 220: 1130 Fn. 1045, 1166, 1202, 1213 Fn. 1159, 1223 Fn. 1170
BGHZ 131, 297: 64 Fn. 125
BGHZ 132, 30: 1151, 1153, 1155 Fn. 1080
BGHZ 133, 36: 1151
BGHZ 133, 246: 1155 Fn. 1079
BGHZ 133, 265: 236 Fn. 445, 252 Fn. 501, 256
BGHZ 134, 182: 14 Fn. 22, 14 Fn. 25, 14 Fn. 27, 14 Fn. 24
BGHZ 134, 316: 234 Fn. 438
BGHZ 135, 192: 256 Fn. 507
BGHZ 135, 235: 726, 1281 Fn. 1242
BGHZ 136, 182: 234 Fn. 438
BGHZ 136, 246: 1531
BGHZ 138, 311: 1299 Fn. 1275
BGHZ 139, 21: 1312 Fn. 1310
BGHZ 140, 54: 1153 Fn. 1077
BGHZ 140, 285: 234 Fn. 438, 239 Fn. 449, 239 Fn. 450
BGHZ 142, 66: 681, 1258 Fn. 1204
BGHZ 142, 213: 1585 Fn. 1633
BGHZ 142, 332: 1575 Fn. 1600
BGHZ 144, 138: 1544 Fn. 1567
BGHZ 144, 200: 1258 Fn. 1203, 1259
BGHZ 144, 323: 1138 Fn. 1054, 2126 Fn. 131
BGHZ 145, 16: 467 Fn. 98

2. Sonstige Fundstellen

BayVBl.

BGH BayVBl. 1996, 347: 256 Fn. 507

BB

BGH BB 1966, 601: 1680 Fn. 1740
BGH BB 1984, 19: 1521 Fn. 1540
BGH BB 1988, 1281: 1812 Fn. 1917
BGH BB 1990, 1585: 1832 Fn. 1938
BGH BB 1992, 1238: 2012, 2016 Fn. 2167
BGH BB 1992, 1240: 2016 Fn. 2167
BGH BB 1995, 1927: 1258 Fn. 1204
BGH BB 2000, 2592:

DB

BGH DB 1967, 726: 1784 Fn. 1873
BGH DB 1968, 1119: 1155 Fn. 1080
BGH DB 1975, 146: 1777 Fn. 1861
BGH DB 1979, 2033: 482
BGH DB 1986, 1564: 1236
BGH DB 1988, 391: 1685 Fn. 1748
BGH DB 1988, 2298: 1812
BGH DB 1989, 523: 1928 Fn. 2071
BGH DB 1990, 417: 535 Fn. 180
BGH DB 1990, 1909: 2280
BGH DB 1992, 1721: 1353
BGH DB 1993, 1871: 32
BGH DB 1998, 307: 484
BGH DB 1999, 2634: 681
BGH DB 2000, 1072: 1577 Fn. 1610

DVBl.

BGH DVBl. 1979, 226: 369 Fn. 804

DNotZ

BGH DNotZ 1959, 240: 1796
BGH DNotZ 1965, 612: 1836
BGH DNotZ 1973, 609: 1990
BGH DNotZ 1976, 18: 1782
BGH DNotZ 1997, 720: 2071
BGH DNotZ 1999, 1000: 521, 549 Fn. 196, 2052 Fn. 7
BGH DNotZ 2000, 465: 724 Fn. 460
BGH DNotZ 2000, 639: 2070
BGH DNotZ 2001, 320: 1138 Fn. 1054, 1140 Fn. 1057

DStR

BGH DStR 1999, 35: 1411 Fn. 1413

DtZ

BGH DtZ 1994, 345: 310 Fn. 668
BGH DtZ 1997, 122: 310

EWiR

BGH EWiR § 9 AGBG 7/89, 417: 1577 Fn. 1612
BGH EWiR § 9 AGBG 14/91, 735: 1480 Fn. 1505
BGH EWiR § 185 BGB 1/89, 123: 67, 1641 Fn. 1686
BGH EWiR § 419 BGB 2/86, 457: 779
BGH EWiR § 426 BGB 2/89, 864: 1521 Fn. 1540
BGH EWiR § 767 BGB 1/96, 451: 1585 Fn. 1635
BGH EWiR § 912 BGB 1/88, 461: 1026
BGH EWiR § 929 BGB 1/88, 463: 779 Fn. 547
BGH EWiR § 1179a BGB 1/87, 471: 1672
BGH EWiR § 1191 BGB 2/87, 593: 1582
BGH EWiR § 1191 BGB 2/88, 563: 1672 Fn. 1730
BGH EWiR § 1191 BGB 1/89, 156: 1347 Fn. 1353, 1582 Fn. 1622
BGH EWiR § 3 WEG 2/90, 305: 1888
BGH EWiR § 857 ZPO 1/89, 413: 754

FamRZ
BGH FamRZ 1967, 470: 2080
BGH FamRZ 1982, 1200: 467 Fn. 97

GRUR
BGH GRUR 1966, 503: 196 Fn. 358
BGH GRUR 1967, 317: 196 Fn. 358
BGH GRUR 1973, 478 : 196 Fn. 358
BGH GRUR 1981, 517: 198 Fn. 358
BGH GRUR 1983, 297 : 196, 1299
BGH GRUR 1985, 550: 196
BGH GRUR 1988, 620 : 196

IPRax
BGH IPRax 99, 45: 371 Fn. 810

JA
BGH JA 1993, 340: 1258 Fn. 1204

JR
BGH JR 1988, 17: 1697 Fn. 1770
BGH JR 1989, 104: 1582
BGH JR 1999, 25: 1173 Fn. 1102

JuS
BGH JuS 1982, 858: 804 Fn. 584
BGH JuS 1983, 877: 2070 Fn. 44
BGH JuS 1986, 733: 1676 Fn. 1713
BGH JuS 1988, 313: 691 Fn. 403
BGH JuS 1989, 326: 1026 Fn. 893
BGH JuS 1989, 1019: 1075 Fn. 958
BGH JuS 1991, 331: 1731 Fn. 1816
BGH JuS 1991, 779: 382, 914 Fn. 763
BGH JuS 1992, 698: 904 Fn. 748
BGH JuS 1992, 882: 129 Fn. 218
BGH JuS 1997, 270: 1676
BGH JuS 1999, 500: 813 Fn. 593, 814
BGH JuS 2000, 712: 1577 Fn. 1610
BGH JuS 2001, 816: 44 Fn. 97, 705 Fn. 431

JZ
BGH JZ 1956, 665: 546
BGH JZ 1963, 444: 1806
BGH JZ 1966, 526: 2062 Fn. 22
BGH JZ 1969, 433: 899, 904
BGH JZ 1983, 707: 2145
BGH JZ 1984, 521: 697 Fn. 419
BGH JZ 1986, 165: 679
BGH JZ 1988, 926: 2271 Fn. 95
BGH JZ 1990, 143: 1932 Fn. 2081
BGH JZ 1991, 249: 1924
BGH JZ 1992, 583: 1347
BGH JZ 1992, 1075: 1932 Fn. 2081
BGH JZ 1995, 572: 1231
BGH JZ 1996, 151: 1103 Fn. 1002, 1104
BGH JZ 1996, 368: 12 Fn. 21
BGH JZ 1997, 516: 2055 Fn. 14, 2078 Fn. 65
BGH JZ 1998, 357: 433
BGH JZ 1998, 1010: 157 Fn. 269
BGH JZ 1999, 404: 2203 Fn. 6, 2234 Fn. 37
BGH JZ 1999, 519: 738
BGH JZ 2000, 53: 838 Fn. 635, 839
BGH JZ 2000, 258: 1923 Fn. 2056
BGH JZ 2001, 655: 146

LM
BGH LM § 127 BGB Nr. 1: 75
BGH LM § 741 BGB Nr. 14 : 122 Fn. 205; 131 Fn. 220
BGH LM § 903 BGB Nr. 2: 724 Fn. 460
BGH LM § 906 BGB Nr. 9: 718
BGH LM § 906 BGB Nr. 39: 698 Fn. 420
BGH LM § 988 BGB Nr. 10: 1173 Fn. 1102
BGH LM H. 9/1997 § 1287 Nr. 2: 98 Fn. 168, 1685, 1690 Fn. 1759, 1686 Fn. 1752
BGH LM § 15 GmbHG Nr. 28: 75 Fn. 139, 75 Fn. 141
BGH LM § 15 GmbHG Nr. 30: 75 Fn. 139

MDR
BGH MDR 1958, 739: 36 Fn. 80
BGH MDR 1963, 303: 2133

NJW
BGH NJW 1953, 217: 2265 Fn. 88
BGH NJW 1954, 633: 2073
BGH NJW 1954, 1443: 87 Fn. 151
BGH NJW 1959, 2059: 1793
BGH NJW 1960, 673: 1793
BGH NJW 1962, 1344: 2149
BGH NJW 1964, 540: 2131
BGH NJW 1964, 811: 603 Fn. 258, 1527 Fn. 1549
BGH NJW 1964, 1226: 89, 89 Fn. 156, 1815, 1816 Fn. 1924
BGH NJW 1964, 1365: 1265
BGH NJW 1964, 2016: 1805
BGH NJW 1965, 2197: 2228 Fn. 29
BGH NJW 1967, 1177: 367
BGH NJW 1968, 104: 2131
BGH NJW 1968, 246: 1092
BGH NJW 1968, 1327: 1266
BGH NJW 1968, 1824: 178
BGH NJW 1972, 1463: 1658
BGH NJW 1973, 508 : 1268
BGH NJW 1974, 942: 2290, 2291 Fn. 114, 2292
BGH NJW 1974, 1132: 838
BGH NJW 1975, 735: 856
BGH NJW 1975, 778: 1293
BGH NJW 1975, 1356: 1389
BGH NJW 1977, 247: 1579
BGH NJW 1977, 375: 1025
BGH NJW 1978, 417: 2267
BGH NJW 1978, 696: 768

BGH NJW 1979, 714: 798 Fn. 577
BGH NJW 1979, 817: 1877 Fn. 1982
BGH NJW 1979, 1545: 2012, 2012 Fn. 2155
BGH NJW 1979, 2037: 464 Fn. 93, 888, 890, 902
BGH NJW 1979, 2149: 1812
BGH NJW 1979, 2308: 813
BGH NJW 1980, 179: 1802 Fn. 1903
BGH NJW 1980, 228: 1539 Fn. 1563
BGH NJW 1980, 992: 1933
BGH NJW 1980, 2198: 1618 Fn. 1667
BGH NJW 1980, 2304: 2133
BGH NJW 1981, 111: 68 Fn. 131
BGH NJW 1981, 176: 121
BGH NJW 1981, 226: 854, 1696
BGH NJW 1981, 446: 2074, 2088 Fn. 77, 2094, 2104
BGH NJW 1981, 1271: 650
BGH NJW 1981, 1554: 1645
BGH NJW 1981, 2402: 199
BGH NJW 1982, 170: 134 Fn. 225, 168
BGH NJW 1982, 275: 1349
BGH NJW 1982, 440: 1092
BGH NJW 1982, 1639: 754, 754 Fn. 513, 2113, 2154, 2156, 2157 Fn. 184
BGH NJW 1982, 1749: 2264 Fn. 86
BGH NJW 1982, 2308: 1521 Fn. 1540, 1630
BGH NJW 1982, 2371: 804 Fn. 584
BGH NJW 1982, 2381: 1959, 2013
BGH NJW 1982, 2768: 1658
BGH NJW 1983, 729: 724
BGH NJW 1983, 751: 718, 1279
BGH NJW 1983, 929: 1091 Fn. 991
BGH NJW 1983, 1112: 1024
BGH NJW 1983, 1114: 188, 856, 902 Fn. 739, 1324 Fn. 1331, 2095 Fn. 84
BGH NJW 1983, 1123: 188, 1324 Fn. 1331
BGH NJW 1983, 1543: 2070 Fn. 44
BGH NJW 1983, 1619: 1691
BGH NJW 1984, 1184: 2221 Fn. 21
BGH NJW 1984, 2157: 661 Fn. 352
BGH NJW 1984, 2213: 1980
BGH NJW 1984, 2569: 484
BGH NJW 1985, 313: 981, 1006 Fn. 876
BGH NJW 1985, 376: 1423
BGH NJW 1985, 484: 1934
BGH NJW 1985, 912: 1919, 1924
BGH NJW 1985, 1773: 1258
BGH NJW 1985, 2474: 1812
BGH NJW 1985, 2944: 1796
BGH NJW 1986, 1487: 1507 Fn. 1523, 1676 Fn. 1713
BGH NJW 1986, 1687: 629 Fn. 285
BGH NJW 1986, 2640: 1264, 1264 Fn. 1222, 1281
BGH NJW 1987, 487: 2275
BGH NJW 1987, 1631: 2061 Fn. 21
BGH NJW 1987, 1638: 1943 Fn. 2097
BGH NJW 1987, 1942: 1983 Fn. 3132
BGH NJW 1987, 2087: 1672
BGH NJW 1987, 2810: 691 Fn. 403
BGH NJW 1987, 2812: 433
BGH NJW 1987, 2861: 1109, 1109 Fn. 1021
BGH NJW 1987, 3187: 31
BGH NJW 1988, 699: 746 Fn. 499
BGH NJW 1988, 1026: 1391
BGH NJW 1988, 1383: 702 Fn. 424
BGH NJW 1988, 1386: 2155, 2156 Fn. 182
BGH NJW 1988, 1483: 129 Fn. 217
BGH NJW 1988, 1665: 1672 Fn. 1730
BGH NJW 1988, 1910: 1943 Fn. 2097
BGH NJW 1988, 2611: 686
BGH NJW 1988, 2730: 1630, 1660
BGH NJW 1988, 2823: 679
BGH NJW 1988, 2880: 682 Fn. 389
BGH NJW 1988, 3260: 98 Fn. 168, 469 Fn. 101, 607 Rn. 270, 798 Fn. 577
BGH NJW 1989, 451: 2111 Fn. 103
BGH NJW 1989, 714: 1945 Fn. 2099
BGH NJW 1989, 895: 2271 Fn. 93
BGH NJW 1989, 1032: 1259, 1264 Fn. 1220
BGH NJW 1989, 1087: 1945 Fn. 2099
BGH NJW 1989, 1091: 1932 Fn. 2081
BGH NJW 1989, 1482: 1353
BGH NJW 1989, 2049: 824 Fn. 606
BGH NJW 1989, 2524: 1932 Fn. 2081
BGH NJW 1989, 2697: 1945 Fn. 2099
BGH NJW 1989, 3213: 2264 Fn. 86
BGH NJW 1990, 447: 1871, 1898 Fn. 2003
BGH NJW 1990, 832: 1977 Fn. 2127
BGH NJW 1990, 898: 217
BGH NJW 1990, 899: 870, 870 Fn. 690
BGH NJW 1990, 1111: 1888
BGH NJW 1990, 1722: 738 Fn. 492
BGH NJW 1990, 2459: 821 Fn. 603
BGH NJW 1990, 2555: 1289
BGH NJW 1990, 2877: 196 Fn. 352
BGH NJW 1990, 3195: 681
BGH NJW 1991, 598: 1146 Fn. 1062
BGH NJW 1991, 1415: 382, 848, 914 Fn. 763
BGH NJW 1991, 1611: 1881 Fn. 1985
BGH NJW 1991, 1671: 724 Fn. 460
BGH NJW 1991, 2488: 137
BGH NJW 1991, 2909: 1887 Fn. 1994
BGH NJW 1991, 3141: 1582
BGH NJW 1992, 236: 2131, 2132
BGH NJW 1992, 1162: 904 Fn. 748
BGH NJW 1992, 1620: 1578
BGH NJW 1992, 1681: 1969 Fn. 2119
BGH NJW 1992, 1683: 2099 Fn. 88
BGH NJW 1992, 1757: 310
BGH NJW 1992, 1822: 1582
BGH NJW 1992, 2158: 310
BGH NJW 1992, 2483: 2280

BGH NJW 1992, 2570: 826 Fn. 613, 860 Fn. 675, 1684 Fn. 1745
BGH NJW 1992, 2626: 2252 Fn. 74
BGH NJW 1992, 2887: 1742 Fn. 1822
BGH NJW 1992, 2888: 1742 Fn. 1822
BGH NJW 1992, 3290: 1881 Fn. 1985
BGH NJW 1993, 388: 310, 313 Fn. 675
BGH NJW 1994, 858: 265 Fn. 540
BGH NJW 1994, 1796: 2234
BGH NJW 1994, 1866: 1943 Fn. 2097
BGH NJW 1994, 2947: 2056 Fn. 15, 2088 Fn. 77, 2091, 2103 Fn. 93
BGH NJW 1994, 2950: 1943 Fn. 2097
BGH NJW 1994, 3230: 1907 Fn. 2020
BGH NJW 1994, 3352: 1943 Fn. 2095
BGH NJW 1995, 58: 380
BGH NJW 1995, 454: 1231
BGH NJW 1995, 714: 681, 681 Fn. 382, 681
BGH NJW 1995, 1278: 308 Fn. 660
BGH NJW 1995, 2036: 1907 Fn. 2020
BGH NJW 1995, 2707: 310, 310 Fn. 667, 310 Fn. 672
BGH NJW 1995, 2780: 17
BGH NJW 1996, 191: 1584 Fn. 1629
BGH NJW 1996, 198: 342 Fn. 747
BGH NJW 1996, 314: 850
BGH NJW 1996, 591: 305 Fn. 641
BGH NJW 1996, 921: 1202
BGH NJW 1996, 930: 1316 Fn. 1321, 2202 Fn. 5
BGH NJW 1996, 2226: 849 Fn. 657
BGH NJW 1996, 2654: 16
BGH NJW 1997, 457: 343 Fn. 750
BGH NJW 1997, 861: 2055 Fn. 14, 2072 Fn. 48, 2077 Fn. 62
BGH NJW 1997, 1917: 1146 Fn. 1063, 1156
BGH NJW 1997, 2110: 98 Fn. 168, 1685
BGH NJW 1997, 2597: 1531
BGH NJW 1997, 2677: 1584 Fn. 1631
BGH NJW 1998, 671: 2244
BGH NJW 1998, 1295: 2202 Fn. 5
BGH NJW 1998, 1321: 371 Fn. 810
BGH NJW 1998, 1482: 132 Fn. 220, 171 Fn. 298, 617, 646, 758,
BGH NJW 1998, 1707: 300
BGH NJW 1998, 1939: 2202 Fn. 5
BGH NJW 1998, 2047: 2234, 2251
BGH NJW 1998, 2206: 2244 Fn. 54, 2251
BGH NJW 1998, 2215: 256 Fn. 507
BGH NJW 1998, 2356: 1312 Fn. 1310
BGH NJW 1998, 3047: 2234
BGH NJW 1998, 3781: 196 Fn. 352, 1299 Fn. 1275
BGH NJW 1999, 284: 1153 Fn. 1077
BGH NJW 1999, 425: 470 Fn. 108, 860 Fn. 676
BGH NJW 1999, 1393: 838 Fn. 635, 979
BGH NJW 1999, 2108: 1915 Fn. 2035
BGH NJW 1999, 3195: 1585 Fn. 1633
BGH NJW 1999, 3483: 164 Fn. 280
BGH NJW 1999, 3488: 256 Fn. 507
BGH NJW 1999, 3633: 681
BGH NJW 1999, 3716: 1102, 1103
BGH NJW 2000, 352: 2252 Fn. 74
BGH NJW 2000, 658: 1585 Fn. 1633
BGH NJW 2000, 804: 491, 2052 Fn. 7, 2070
BGH NJW 2000, 1033: 2066, 2104
BGH NJW 2000, 1119: 2126 Fn. 129
BGH NJW 2000, 1950: 2252 Fn. 74
BGH NJW 2000, 2021: 603 Fn. 256
BGH NJW 2000, 2195: 34
BGH NJW 2000, 2352: 1312 Fn. 1313
BGH NJW 2000, 2419: 308, 310 Fn. 667
BGH NJW 2000, 2499: 607 Fn. 270
BGH NJW 2000, 2665: 2140 Fn. 154
BGH NJW 2000, 2675: 1582 Fn. 1623
BGH NJW 2000, 2898: 16, 777 Fn. 546
BGH NJW 2000, 3206: 467 Fn. 98
BGH NJW 2001, 1056: 146, 149 Fn. 256
BGH NJW 2001, 1417: 1583 Fn. 1628
BGH NJW 2001, 1724: 988
BGH NJW 2001, 1865: 44 Fn. 97, 468 Fn. 99, 705 Fn. 431

NJW-RR

BGH NJW-RR 1986, 282: 1104
BGH NJW-RR 1986, 1135: 930 Fn. 780, 1303, 1570
BGH NJW-RR 1987, 1096: 1945 Fn. 2099
BGH NJW-RR 1988, 348: 744 Fn. 497
BGH NJW-RR 1989, 464: 724 Fn. 460
BGH NJW-RR 1989, 501: 899 Fn. 732
BGH NJW-RR 1989, 519: 1799 Fn. 1897
BGH NJW-RR 1989, 1039: 671 Fn. 364
BGH NJW-RR 1990, 81: 1883 Fn. 1988
BGH NJW-RR 1990, 158: 31
BGH NJW-RR 1990, 587: 31
BGH NJW-RR 1991, 205: 2140 Fn. 152
BGH NJW-RR 1991, 499: 1524 Fn. 1546
BGH NJW-RR 1991, 682: 1521 Fn. 1540
BGH NJW-RR 1991, 1426: 1809 Fn. 1912
BGH NJW-RR 1992, 593: 1790 Fn. 1880, 1812 Fn. 1917, 1813 Fn. 1919
BGH NJW-RR 1994, 1537: 775, 16 Fn. 33
BGH NJW-RR 1996, 659: 1258, 1264
BGH NJW-RR 1997, 1374: 681
BGH NJW-RR 1999, 1030: 736 Fn. 485
BGH NJW-RR 2000, 895: 1166
BGH NJW-RR 2001, 232: 1258

NZM

BGH NZM 1999, 1101: 1943 Fn. 2097

Rpfleger

BGH Rpfleger 1973, 355: 1964

BGH Rpfleger 1990, 158: 157 Fn. 268, 607 Rn. 270

VersR

BGH VersR 1983, 731: 701 Fn. 422
BGH VersR 1987, 73: 1267 Fn. 1231
BGH VersR 1987, 1096: 705 Fn. 431
BGH VersR 1990, 747: 705 Fn. 431
BGH VersR 1991, 1028: 753 Fn. 508
BGH VersR 1992, 487: 42 Fn. 95
BGH VersR 1995, 790: 62 Fn. 122
BGH VersR 1996, 1238: 1258, 1264

VIZ

BGH VIZ 1998, 575: 347 Fn. 768
BGH VIZ 1999, 40: 347 Fn. 768
BGH VIZ 1999, 489: 290
BGH VIZ 1999, 620: 2027 Fn. 2187
BGH VIZ 2000, 157: 344 Fn. 753
BGH VIZ 2000, 366: 354 Fn. 777, 354 Fn. 778

WM

BGH WM 1955, 340: 462 Fn. 89
BGH WM 1957, 1164: 2131
BGH WM 1959, 138: 848
BGH WM 1960, 1148: 1194
BGH WM 1964, 182: 744 Fn. 497
BGH WM 1964, 231: 2132
BGH WM 1966, 678: 848
BGH WM 1967, 582: 1805
BGH WM 1968, 145: 768
BGH WM 1969, 296: 1006 Fn. 876
BGH WM 1969, 659: 927
BGH WM 1971, 376: 927
BGH WM 1975, 15: 927
BGH WM 1975, 307: 1812 Fn. 1917
BGH WM 1975, 362: 848
BGH WM 1976, 429: 2016
BGH WM 1976, 1034: 2016
BGH WM 1977, 457: 1466 Fn. 1485
BGH WM 1979, 333: 1877 Fn. 1982
BGH WM 1979, 771: 462
BGH WM 1980, 938: 1981 Fn. 2130, 2132
BGH WM 1982, 290: 1584
BGH WM 1983, 1409: 775
BGH WM 1984, 820: 1812, 1812 Fn. 1917
BGH WM 1984, 1078: 1606 Fn. 1653, 1609
BGH WM 1985, 77: 2141 Fn. 156
BGH WM 1985, 878: 736 Fn. 482
BGH WM 1986, 106: 1564
BGH WM 1986, 643: 2264 Fn. 86
BGH WM 1986, 1386: 1659
BGH WM 1987, 181: 64
BGH WM 1987, 185: 1685, 1686, 1709 Fn. 1785, 1718
BGH WM 1987, 202: 1645
BGH WM 1987, 469: 2061 Fn. 21
BGH WM 1987, 539: 648, 1168 Fn. 1100, 1217 Fn. 1165
BGH WM 1987, 584: 1583
BGH WM 1987, 802: 1582
BGH WM 1987, 1406: 1084
BGH WM 1988, 346: 779 Fn. 547
BGH WM 1988, 543: 1026
BGH WM 1988, 564: 1672 Fn. 1730
BGH WM 1988, 722: 1580
BGH WM 1988, 859: 535 Fn. 180
BGH WM 1988, 905: 682 Fn. 389
BGH WM 1988, 1259: 1630, 1637
BGH WM 1988, 1388: 742
BGH WM 1988, 1422: 2065 Fn. 27
BGH WM 1988, 1595: 1802 Fn. 1903
BGH WM 1988, 1750: 2065 Fn. 26
BGH WM 1988, 1756: 671 Fn. 364, 1026 Fn. 893
BGH WM 1988, 1849: 67, 1641 Fn. 1686
BGH WM 1989, 102: 129 Fn. 218
BGH WM 1989, 153: 459 Fn. 87
BGH WM 1989, 210: 1642 Fn. 1687
BGH WM 1989, 220: 754
BGH WM 1989, 305: 1609 Fn. 1658
BGH WM 1989, 490: 1577 Fn. 1612
BGH WM 1989, 559: 1430 Fn. 1431
BGH WM 1989, 995: 1466 Fn. 1485
BGH WM 1989, 997: 738 Fn. 492, 744 Fn. 497
BGH WM 1989, 1066: 1903
BGH WM 1989, 1208: 1666 Fn. 1717
BGH WM 1989, 1355: 61 Fn. 121
BGH WM 1989, 1393: 812
BGH WM 1989, 1862: 1577 Fn. 1609, 2201
BGH WM 1989, 1899: 762, 764
BGH WM 1990, 30: 1871
BGH WM 1990, 653: 217
BGH WM 1990, 847: 786 Fn. 559
BGH WM 1990, 1270: 1521 Fn. 1540
BGH WM 1990, 1426: 705 Fn. 431
BGH WM 1990, 1429: 607 Rn. 270
BGH WM 1990, 1580: 1006 Fn. 876
BGH WM 1991, 86: 1577 Fn. 1611
BGH WM 1991, 88: 786 Fn. 559, 2221 Fn. 21
BGH WM 1991, 92: 1731 Fn. 1816
BGH WM 1991, 546: 1753 Fn. 1839, 1761
BGH WM 1991, 1734: 1843 Fn. 1951
BGH WM 1991, 1748: 1582
BGH WM 1991, 1872: 1596 Fn. 1645
BGH WM 1992, 366: 142 Fn. 245
BGH WM 1992, 591: 1799 Fn. 1897
BGH WM 1992, 600: 2170, 2186 Fn. 225
BGH WM 1992, 813: 2233
BGH WM 1992, 951: 1812
BGH WM 1992, 1540: 1743 Fn. 1826
BGH WM 1992, 1648: 1584 Fn. 1631
BGH WM 1992, 1655: 1721

BGH WM 1992, 1669: 678 Fn. 373
BGH WM 1992, 1784: 1782 Fn. 1870
BGH WM 1992, 1893: 1520, 1521
BGH WM 1992, 2067: 2016 Fn. 2170
BGH WM 1993, 77: 310 Fn. 664
BGH WM 1993, 117: 493, 2139 Fn. 149
BGH WM 1993, 258: 1476 Fn. 1492
BGH WM 1993, 285: 838 Fn. 633, 838 Fn. 639, 1596 Fn. 1646
BGH WM 1993, 736: 1146
BGH WM 1993, 995: 284 Fn. 592, 312
BGH WM 1993, 2161: 776 Fn. 545
BGH WM 1994, 150: 292
BGH WM 1994, 161: 1929 Fn. 2076
BGH WM 1994, 213: 312 Fn. 671
BGH WM 1994, 979: 312
BGH WM 1994, 1183: 1922
BGH WM 1994, 1220: 1947
BGH WM 1994, 1300: 1943 Fn. 2097
BGH WM 1994, 1851: 327 Fn. 712
BGH WM 1994, 1986: 1922 Fn. 2054
BGH WM 1995, 282: 339 Fn. 740
BGH WM 1995, 375: 1685 Fn. 1748
BGH WM 1995, 1589: 334 Fn. 730
BGH WM 1995, 1848: 1083
BGH WM 1995, 2033: 1829 Fn. 1936
BGH WM 1995, 2109: 1205 Fn. 1149
BGH WM 1995, 2133: 1584 Fn. 1629
BGH WM 1996, 92: 287 Fn. 509
BGH WM 1996, 407: 1943
BGH WM 1996, 1488: 1676
BGH WM 1996, 2197: 1502, 1614 Fn. 1662
BGH WM 1997, 779: 279 Fn. 583
BGH WM 1997, 1012: 1666 Fn. 1717, 1666 Fn. 1719
BGH WM 1997, 1280: 1585 Fn. 1632
BGH WM 1997, 1615: 1584 Fn. 1631, 1585 Fn. 1635
BGH WM 1997, 2037: 334
BGH WM 1998, 81: 297 Fn. 617
BGH WM 1998, 92: 308 Fn. 660
BGH WM 1998, 227: 2239 Fn. 48, 2244, 2244 Fn. 55, 2244 Fn. 57, 2249 Fn. 68,
BGH WM 1998, 232: 2241 Fn. 49, 2244, 2245, 2246, 2247 Fn. 66, 2250
BGH WM 1998, 275: 337 Fn. 735
BGH WM 1998, 609: 1169
BGH WM 1998, 1069: 334 Fn. 731
BGH WM 1998, 1072: 351 Fn. 770
BGH WM 1998, 1280: 2244 Fn. 55
BGH WM 1998, 1388: 1316 Fn. 1321
BGH WM 1998, 1633: 279 Fn. 581
BGH WM 1998, 1766: 1496 Fn. 1518
BGH WM 1998, 2532: 804 Fn. 584, 857
BGH WM 1999, 27: 1779, 1808
BGH WM 1999, 554: 674, 681
BGH WM 1999, 968: 344 Fn. 752
BGH WM 1999, 1131: 342 Fn. 748
BGH WM 1999, 1616: 1582 Fn. 1623
BGH WM 1999, 2253: 1575 Fn. 1600
BGH WM 2000, 26: 1312 Fn. 1314
BGH WM 2000, 320: 282 Fn. 591
BGH WM 2000, 812: 1146 Fn. 1063
BGH WM 2000, 1328: 1582 Fn. 1623, 1589 Fn. 1641
BGH WM 2000, 1957: 1258 Fn. 1203
BGH WM 2001, 415: 1284 Fn. 1245
BGH WM 2001, 453: 1606 Fn. 1652
BGH WM 2001, 1299: 724, 724 Fn. 460, 726 Fn. 467, 1290 Fn. 1259, 1292 Fn. 1262

WRP

BGH WRP 1998, 768: 1294 Fn. 1267
BGH WRP 2000, 1148: 162 Fn. 276

WuB

BGH WuB I F 3.-1.97: 1502
BGH WuB I F 3.-1.97: 1614 Fn. 1662
BGH WuB I F 3.-1.97: 1676
BGH WuB I F 5.-1.86: 779

ZBB

BGH ZBB 1992, 307: 2233

ZEV

BGH ZEV 1994, 113: 1077

ZfB

BGH ZfB 116, 242: 2029 Fn. 2189

ZfIR

BGH ZfIR 2000, 877: 1907, 1928

ZIP

BGH ZIP 1985, 544: 2264 Fn. 86
BGH ZIP 1986, 636: 779
BGH ZIP 1986, 900: 1341 Fn. 1347, 1577 Fn. 1606, 1577 Fn. 1611, 1604 Fn. 1650, 1640 Fn. 1685
BGH ZIP 1986, 1052: 786 Fn. 559, 2264 Fn. 86
BGH ZIP 1987, 245: 1583
BGH ZIP 1987, 764: 1629 Fn. 1673
BGH ZIP 1987, 826: 191 Fn. 338
BGH ZIP 1987, 842: 1090 Fn. 989
BGH ZIP 1987, 855: 2305 Fn. 128
BGH ZIP 1987, 1258: 843
BGH ZIP 1988, 585: 2068 Fn. 37, 2156 Fn. 184
BGH ZIP 1988, 633: 1672 Fn. 1730
BGH ZIP 1988, 829: 98 Fn. 168
BGH ZIP 1988, 1170: 1146 Fn. 1063
BGH ZIP 1989, 12: 67, 1641 Fn. 1686
BGH ZIP 1989, 85: 1582 Fn. 1622, 1584 Fn. 1629
BGH ZIP 1989, 234: 75 Fn. 140
BGH ZIP 1990, 852: 2235

BGH ZIP 1991, 152: 2292
BGH ZIP 1991, 176: 857, 988, 989, 1013 Fn. 882
BGH ZIP 1991, 434: 1640 Fn. 1685
BGH ZIP 1992, 393: 775
BGH ZIP 1992, 1068: 2252 Fn. 74
BGH ZIP 1992, 1410: 1810 Fn. 1914
BGH ZIP 1993, 70: 281, 1130 Fn. 1044, 1176 Fn. 1107, 1187
BGH ZIP 1993, 200: 680 Fn. 379
BGH ZIP 1993, 736: 1146 Fn. 1063
BGH ZIP 1994, 371: 1077
BGH ZIP 1994, 568: 310 Fn. 668
BGH ZIP 1994, 633: 2068 Fn. 38
BGH ZIP 1994, 1010: 2235
BGH ZIP 1994, 1012: 1146 Fn. 1063
BGH ZIP 1994, 1705: 2068 Fn. 37
BGH ZIP 1994, 1942: 164 Fn. 279
BGH ZIP 1995, 572: 1709 Fn. 1783
BGH ZIP 1995, 727: 1583 Fn. 1628, 1585
BGH ZIP 1995, 1078: 2235
BGH ZIP 1995, 1322: 1708 Fn. 1782
BGH ZIP 1995, 1356: 1103 Fn. 1002, 1104
BGH ZIP 1995, 1359: 12 Fn. 21
BGH ZIP 1996, 223: 1422
BGH ZIP 1996, 702: 1585 Fn. 1635
BGH ZIP 1996, 1059: 297
BGH ZIP 1996, 1164: 2235
BGH ZIP 1996, 1397: 305 Fn. 641
BGH ZIP 1996, 1667: 1151
BGH ZIP 1997, 421: 2054, 2073 Fn. 51, 2078 Fn. 65
BGH ZIP 1997, 632: 2238, 2239, 2242, 2242
BGH ZIP 1997, 1185: 2238 Fn. 45, 2243
BGH ZIP 1997, 1196: 1281 Fn. 1242
BGH ZIP 1997, 1229: 1585 Fn. 1632
BGH ZIP 1997, 1437: 300
BGH ZIP 1998, 292: 1173 Fn. 1102
BGH ZIP 1998, 330: 1129 Fn. 1041, 1146 Fn. 1063, 1156
BGH ZIP 1998, 1066: 2244 Fn. 54
BGH ZIP 1998, 1144: 1312 Fn. 1310
BGH ZIP 1998, 1228: 2140 Fn. 153
BGH ZIP 1998, 1351: 1146 Fn. 1063
BGH ZIP 1998, 1733: 335
BGH ZIP 1998, 2074: 343 Fn. 750
BGH ZIP 1999, 310: 75 Fn. 140
BGH ZIP 1999, 790: 746 Fn. 499, 746 Fn. 502
BGH ZIP 1999, 1480: 1585 Fn. 1633
BGH ZIP 1999, 1755: 164 Fn. 280
BGH ZIP 1999, 1883: 1575 Fn. 1600
BGH ZIP 2000, 460: 1087
BGH ZIP 2000, 1202: 1582 Fn. 1623
BGH ZIP 2000, 1895: 777 Fn. 546
BGH ZIP 2001, 26: 1147 Fn. 1057

VII. Entscheidungen anderer oberster Bundesgerichte

1. Bundesarbeitsgericht

BAG DB 1967, 558: 61 Fn. 121
BAG WM 1968, 1047: 2228 Fn. 29

2. Bundesfinanzhof

BFH NJW 1975, 2119: 182
BFH NJW 1986, 1514: 157 Fn. 269
BFHE 130, 422: 157 Fn. 269
BFH BStBl. II, S. 741: 2250 Fn. 70

3. Bundesverwaltungsgericht

a. BVerwGE

BVerwGE 5, 143: 220, 221
BVerwGE 11, 68: 258
BVerwGE 15, 1: 221, 222, 258
BVerwGE 19, 94: 220, 221
BVerwGE 49, 365: 220, 222, 222 Fn. 421
BVerwGE 61, 295: 261
BVerwGE 67, 84: 220, 222 Fn. 421
BVerwGE 67, 93: 220, 222 Fn. 421
BVerwGE 68, 143: 220, 222
BVerwGE 77, 285: 719 Fn. 453
BVerwGE 77, 295: 222
BVerwGE 81, 329: 220, 222
BVerwGE 84, 361: 220, 222, 222 Fn. 425
BVerwGE 87, 241: 222
BVerwGE 88, 191: 220, 222, 246 Fn. 484
BVerwGE 94, 1: 220, 222, 230
BVerwGE 94, 279: 222
BVerwGE 97, 143: 211 Fn. 384
BVerwGE 101, 364: 246 Fn. 484, 246 Fn. 486
BVerwGE 102, 260: 220, 222, 246
BVerwGE 106, 228: 220, 223, 235 Fn. 440, 247
BVerwGE 106, 290: 219 Fn. 413, 220, 222 Fn. 425

b. Sonstige Fundstellen

DB

BVerwG DB 1993, 1872: 308
BVerwG DB 1994, 38: 314 Fn. 681
BVerwG DB 1994, 1358: 308 Fn. 659
BVerwG DB 1994, 1871: 310 Fn. 666
BVerwG DB 1995, 141: 306 Fn. 647
BVerwG DB 1995, 1275: 308

DÖV

BVerwG DÖV 1969, 144: 258

DtZ

BVerwG DtZ 1996, 37: 308
BVerwG DtZ 1996, 122: 305 Fn. 640
BVerwG DtZ 1996, 125: 305 Fn. 640
BVerwG DtZ 1996, 283: 2030 Fn. 2190

DVBl.
BVerwG DVBl. 1969, 213: 258

DZWir
BVerwG DZWir 1995, 321: 305 Fn. 641

JZ
BVerwG JZ 1990, 133: 2029 Fn. 2189, 2040 Fn. 2202
BVerwG JZ 1994, 197: 2030 Fn. 2190

NJW
BVerwG NJW 1965, 1932: 1071
BVerwG NJW 1990, 848: 1881 Fn. 1985
BVerwG NJW 1994, 1487: 308
BVerwG NJW 1994, 2106: 308
BVerwG NJW 1994, 2777: 305 Fn. 641
BVerwG NJW 1994, 3308: 308
BVerwG NJW 1995, 147: 308
BVerwG NJW 1995, 608: 308
BVerwG NJW 1996, 361: 306 Fn. 647
BVerwG NJW 1996, 867: 306 Fn. 647
BVerwG NJW 1999, 513: 308

NVwZ
BVerwG NVwZ 1989, 1162: 2029 Fn. 2189
BVerwG NVwZ 1993, 772: 220, 222

UPR
BVerwG UPR 1998, 349: 1922 Fn. 2051

WM
BVerwG WM 1993, 1289: 306 Fn. 647

ZfB
BVerwG ZfB 101, 89: 2020 Fn. 2178

ZIP
BVerwG ZIP 1993, 708: 306 Fn. 647
BVerwG ZIP 1994, 488: 306 Fn. 647
BVerwG ZIP 1994, 564: 305 Fn. 640
BVerwG ZIP 1994, 1484: 307, 308 Fn. 660
BVerwG ZIP 1994, 1811: 306 Fn. 647
BVerwG ZIP 1995, 415: 306 Fn. 647
BVerwG ZIP 1995, 515: 306 Fn. 647
BVerwG ZIP 1996, 249: 305 Fn. 640
BVerwG ZIP 1996, 357: 308 Fn. 659
BVerwG ZIP 1996, 723: 306 Fn. 647
BVerwG ZIP 1996, 2039: 306 Fn. 647
BVerwG ZIP 1997, 607: 309 Fn. 662

VIII. Entscheidungen der Landesverfassungsgerichte

Bayerischer Verfassungsgerichtshof

BayVerfGH BayVBl. 1991, 461: 232 Fn. 435
BayVerfGH NVwZ 1985, 260: 211 Fn. 384

IX. Entscheidungen der Oberlandesgerichte

Bayerisches Oberstes Landesgericht

BayObLGZ
BayObLGZ 1 (1948-51), 426: 168 Fn. 286
BayObLGZ 1954, 98: 629
BayObLGZ 1965, 267: 1788
BayObLGZ 1976, 218: 1813
BayObLGZ 1977, 40: 1905 Fn. 2014
BayObLGZ 1977, 268: 1974
BayObLGZ 1984, 198: 1944 Fn. 2098
BayObLGZ 1987, 294: 1725 Fn. 1807
BayObLGZ 1988, 287: 1883 Fn. 1988
BayObLGZ 1990, 101: 1939 Fn. 2091
BayObLGZ 1990, 318: 2052 Fn. 7
BayObLGZ 1991, 90 : 137
BayObLGZ 1993, 297: 1847
BayObLGZ 1994, 71: 629

BB
BayObLG BB 1991, 2106: 155 Fn. 263

DB
BayObLG DB 1985, 2347: 1812 Fn. 1917
BayObLG DB 1988, 2454: 1883 Fn. 1988
BayObLG DB 1992, 2434: 157 Fn. 268

DNotZ
BayObLG DNotZ 1958, 409: 1982 Fn. 2139
BayObLG DNotZ 1978, 159: 1974
BayObLG DNotZ 1979, 27: 1974
BayObLG DNotZ 1982, 438: 1778 Fn. 1863
BayObLG DNotZ 1988, 781: 646
BayObLG DNotZ 1990, 297: 2073, 2074
BayObLG DNotZ 1991, 892: 2072 Fn. 49
BayObLG DNotZ 1994, 244: 1883 Fn. 1987
BayObLG DNotZ 1995, 63: 2070 Fn. 42
BayObLG DNotZ 1997, 727: 1478 Fn. 1501
BayObLG DNotZ 1997, 958: 1922 Fn. 2054
BayObLG DNotZ 1998, 122: 1814 Fn. 1920
BayObLG DNotZ 1998, 302: 1755
BayObLG DNotZ 1998, 379: 1885 Fn. 1991
BayObLG DNotZ 1998, 752: 157 Fn. 268, 526 Fn. 172, 736 Fn. 482
BayObLG DNotZ 1999, 210: 1877 Fn. 1982
BayObLG DNotZ 1999, 585: 1919 Fn. 2042
BayObLG DNotZ 1999, 667: 1897
BayObLG DNotZ 1999, 674: 1877 Fn. 1982

DStR
BayObLG DStR 1994, 295: 157 Fn. 271

DWE
BayObLG DWE 1995, 84: 1919 Fn. 2043

IPRspr.
BayObLG IPRspr. 34 Nr. 24: 398

JuS

BayObLG JuS 1986, 911: 656
BayObLG JuS 1989, 931: 526 Fn. 172
BayObLG JuS 1991, 512: 171 Fn. 296

JW

BayObLG JW 1928, 1513: 1791

JW

BayObLG JZ 2001, 417: 168 Fn. 289

MDR

BayObLG MDR 1977, 844: 1752 Fn. 1838, 1759
BayObLG MDR 1980, 229: 1751 Fn. 1836
BayObLG MDR 1980, 579: 1813
BayObLG MDR 1982, 71: 1813
BayObLG MDR 1982, 936: 1813
BayObLG MDR 1989, 66: 1824 Fn. 1930

MittBayNot

BayObLG MittBayNot 1978, 213: 1813

NJW

BayObLG NJW 1952, 28: 168 Fn. 286
BayObLG NJW 1967, 1373 : 10, 1400
BayObLG NJW 1978, 700: 1974
BayObLG NJW 1982, 109: 157
BayObLG NJW 1985, 2485: 1784 Fn. 1874
BayObLG NJW 1992, 700: 1881 Fn. 1985

NJW-RR

BayObLG NJW-RR 1990, 81: 1945 Fn. 2099
BayObLG NJW-RR 1987, 789: 634
BayObLG NJW-RR 1987, 789: 644
BayObLG NJW-RR 1987, 789: 661
BayObLG NJW-RR 1987, 790: 657
BayObLG NJW-RR 1988, 464: 1829
BayObLG NJW-RR 1989, 907: 645 Fn. 314
BayObLG NJW-RR 1989, 910 : 526 Fn. 172
BayObLG NJW-RR 1990, 209: 1917 Fn. 2039
BayObLG NJW-RR 1990, 210: 1922
BayObLG NJW-RR 1991, 19: 1259 Fn. 1208
BayObLG NJW-RR 1991, 910: 137
BayObLG NJW-RR 1991, 910: 1877 Fn. 1982
BayObLG NJW-RR 1992, 1235: 523 Fn. 156
BayObLG NJW-RR 1992, 306: 1536 Fn. 1561
BayObLG NJW-RR 1992, 597: 1939 Fn. 2091
BayObLG NJW-RR 1993, 1040: 1894 Fn. 1996
BayObLG NJW-RR 1994, 856: 1929 Fn. 2076
BayObLG NJW-RR 1996, 524: 1928 Fn. 2069
BayObLG NJW-RR 1996, 975: 1982 Fn. 2131
BayObLG NJW-RR 1999, 309: 2125 Fn. 126
BayObLG NJW-RR 1999, 1689: 609
BayObLG NJW-RR 2001, 734: 736 Fn. 482

NJWE-MietR

BayObLG NJWE-MietR 1997, 182: 1919 Fn. 2046

Rpfleger

BayObLG Rpfleger 1983, 249: 742 Fn. 495
BayObLG Rpfleger 1987, 299: 1725 Fn. 1807
BayObLG Rpfleger 1987, 364: 1391 Fn. 1387
BayObLG Rpfleger 1988, 102: 1876

WE

BayObLG WE 1997, 37: 1922
BayObLG WE 1997, 274: 1919 Fn. 2045

WM

BayObLG WM 1970, 48: 1458
BayObLG WM 1983, 1118: 747 Fn. 503

WuM

BayObLG WuM 1985, 238: 1883 Fn. 1988
BayObLG WuM 1995, 552: 1864 Fn. 1972
BayObLG WuM 1996, 497: 1929 Fn. 2074
BayObLG WuM 1996, 648: 1929 Fn. 2074

Unveröffentlichte Beschlüsse

BayObLG Beschl. v. 22.6.1995 - 2 Z BR 84/95: 1928 Fn. 2070

Kammergericht

DtZ

KG DtZ 1991, 191: 312

HRR

KG HRR 1931 Nr. 1912: 577 Fn. 238

JFG

KG JFG 7 (1930), 356: 1309 Fn. 1296

JW

KG JW 1923, 760: 1778 Fn. 1862
KG JW 1936, 2747: 1742 Fn. 1825
KG JW 1938, 2494: 1321 Fn. 1327

KGJ

KG KGJ 41, 43: 560
KG KGJ 41, 223: 557
KG KGJ 44, 260: 577 Fn. 238

NJW

KG NJW 1971, 1319: 2074
KG NJW 1973, 428: 2074 Fn. 57
KG NJW 1989, 42: 137
KG NJW 1993, 1480: 1127 Fn. 1040

KG NJW 1997, 1160: 1298 Fn. 1274

NJW-RR
KG NJW-RR 1987, 841: 1945 Fn. 2099
KG NJW-RR 1987, 1321: 734
KG NJW-RR 1988, 844: 1944 Fn. 2098
KG NJW-RR 1989, 1360: 1854 Fn. 1959, 1855 Fn. 1960, 1880
KG NJW-RR 1990, 153: 1933
KG NJW-RR 1991, 1421: 1264 Fn. 1223, 1266 Fn. 1229
KG NJW-RR 1993, 151: 157 Fn. 268
KG NJW-RR 1994, 207: 1922 Fn. 2054
KG NJW-RR 1994, 659: 1928 Fn. 2069
KG NJW-RR 1994, 1391: 1146 Fn. 1063, 1148 Fn. 1066
KG NJW-RR 1996, 495: 1146 Fn. 1063, 1148 Fn. 1066
KG NJW-RR 1997, 1033: 1928 Fn. 2068
KG NJW-RR 2000, 607: 1822 Fn. 1927

OLG-Report
KG OLG-Report 1994, 105: 2082 Fn. 71

Rpfleger
KG Rpfleger 1978, 382: 1905 Fn. 2014

VIZ
KG VIZ 1999, 618: 353 Fn. 774

WE
KG WE 1990, 90: 1884 Fn. 1990

ZIP
KG ZIP 1994, 123: 1146, 1146 Fn. 1063, 1148 Fn. 1066
KG ZIP 1994, 1813: 297

Oberlandesgericht Bamberg
OLG Bamberg NJW 1949, 225: 692, 695
OLG Bamberg ZIP 1983, 597: 2182

Oberlandesgericht Brandenburg
OLG Brandenburg DtZ 1994, 284: 317 Fn. 688
OLG Brandenburg DtZ 1996, 384: 317
OLG Brandenburg VIZ 1999, 740: 347 Fn. 767
OLG Brandenburg WM 1998, 283: 337 Fn. 735

Oberlandesgericht Braunschweig
OLG Braunschweig JR 1951, 658: 692

Oberlandesgericht Bremen
OLG Bremen NJW 1987, 1420: 1298

Oberlandesgericht Celle
OLG Celle DNotZ 1955, 320: 1937 Fn. 2090
OLG Celle NJW 1992, 2576: 439 Fn. 67
OLG Celle NJW-RR 1986, 821: 724, 724 Fn. 463
OLG Celle Rpfleger 1964, 213: 1958 Fn. 2110
OLG Celle Rpfleger 1986, 398: 1672 Fn. 1726
OLG Celle VersR 1986, 973: 724 Fn. 463
OLG Celle WM 1995, 1912: 1146 Fn. 1063, 1157

Oberlandesgericht Dresden
OLG Dresden WM 1998, 1678: 1127 Fn. 1040
OLG Dresden ZIP 1994, 399: 299

Oberlandesgericht Düsseldorf
BB
OLG Düsseldorf BB 1988, 1695: 1685 Fn. 1748

DB
OLG Düsseldorf DB 1999, 89: 862 Fn. 681

DNotZ
OLG Düsseldorf DNotZ 1996, 162: 17
OLG Düsseldorf DNotZ 1997, 737: 157 Fn. 268

DWE
OLG Düsseldorf DWE 1995, 124: 1928 Fn. 2072
OLG Düsseldorf DWE 1996, 33: 1943 Fn. 2097
OLG Düsseldorf DWE 1996, 186: 1934

EWiR
OLG Düsseldorf EWiR § 867 ZPO 1/90, 201: 1552 Fn. 1572

FamRZ
OLG Düsseldorf FamRZ 1987, 484: 467 Fn. 97

JMinBlNRW
OLG Düsseldorf JMinBlNRW 1963, 189: 1855 Fn. 1961

JuS
OLG Düsseldorf JuS 1999, 921: 862

MDR
OLG Düsseldorf MDR 1984, 400: 692
OLG Düsseldorf MDR 1988, 776: 680 Fn. 379

MittRhNotK
OLG Düsseldorf MittRhNotK 1996, 231: 2071

NJW

OLG Düsseldorf NJW 1961, 561: 89 Fn. 156
OLG Düsseldorf NJW 1985, 2484: 851
OLG Düsseldorf NJW 1986, 2513: 875 Fn. 699, 1125
OLG Düsseldorf NJW 1989, 906: 852 Fn. 662
OLG Düsseldorf NJW 1994, 1163: 1922 Fn. 2051
OLG Düsseldorf NJW 1998, 2225: 524

NJW-RR

OLG Düsseldorf NJW-RR 1988, 204: 680 Fn. 379
OLG Düsseldorf NJW-RR 1989, 978: 1932 Fn. 2081
OLG Düsseldorf NJW-RR 1989, 1421: 671 Fn. 364
OLG Düsseldorf NJW-RR 1989, 1483: 129 Fn. 218
OLG Düsseldorf NJW-RR 1991, 403: 1258 Fn. 1206
OLG Düsseldorf NJW-RR 1992, 1244: 1934
OLG Düsseldorf NJW-RR 1992, 1291: 157 Fn. 268
OLG Düsseldorf NJW-RR 1994, 1167: 1884 Fn. 1990
OLG Düsseldorf NJW-RR 1994, 866: 1077
OLG Düsseldorf NJW-RR 1995, 464: 1928 Fn. 2068
OLG Düsseldorf NJW-RR 1995, 1231: 682 Fn. 390
OLG Düsseldorf NJW-RR 1996, 913: 1929 Fn. 2076
OLG Düsseldorf NJW-RR 1997, 715: 1943 Fn. 2097
OLG Düsseldorf NJW-RR 2000, 825: 2082 Fn. 71
OLG Düsseldorf NJW-RR 2001, 233: 137

NZM

OLG Düsseldorf NZM 1998, 969: 1928 Fn. 2072

Rpfleger

OLG Düsseldorf Rpfleger 1987, 459: 503 Fn. 148

VersR

OLG Düsseldorf VersR 1997, 628: 1264 Fn. 1222

WM

OLG Düsseldorf WM 1992, 111: 2221 Fn. 20
OLG Düsseldorf WM 1992, 1937: 98 Fn. 168
OLG Düsseldorf WM 1997, 960: 1577 Fn. 1609

Oberlandesgericht Frankfurt a. M.

OLG Frankfurt a. M. BB 1988, 232: 2305 Fn. 128
OLG Frankfurt a. M. EWiR § 929 1/94, 975: 781
OLG Frankfurt a. M. FamRZ 1988, 399: 467 Fn. 97
OLG Frankfurt a. M. JZ 1985, 337: 64 Fn. 125
OLG Frankfurt a. M. NJW 1981, 130: 2275 Fn. 100
OLG Frankfurt a. M. NJW 1985, 2138: 724
OLG Frankfurt a. M. NJW 1986, 64: 1073
OLG Frankfurt a. M. NJW 1988, 1854: 1285 Fn. 1248
OLG Frankfurt a. M. NJW 1993, 2817: 1922 Fn. 2051
OLG Frankfurt a. M. NJW-RR 1992, 1170: 1945 Fn. 2099
OLG Frankfurt a. M. NJW-RR 1992, 725: 542 Fn. 194
OLG Frankfurt a. M. NJW-RR 1997, 77: 52 Fn. 107
OLG Frankfurt a. M. NJW-RR 1999, 927: 2174 Fn. 214
OLG Frankfurt a. M. OLGZ 89, 198: 971
OLG Frankfurt a. M. ZIP 1994, 1438: 781
OLG Frankfurt a. M. WM 1992, 1976: 1146 Fn. 1063
OLG Frankfurt a. M. WM 1999, 1318: 1146 Fn. 1063

Oberlandesgericht Freiburg

OLG Freiburg JZ 1953, 473: 469 Fn. 103

Oberlandesgericht Hamburg

HansOLG Hamburg DNotZ 1967, 373: 1967
HansOLG Hamburg MDR 1956, 676: 692
HansOLG Hamburg MDR 1982, 409: 1059
HansOLG Hamburg JZ 1988, 1033: 1922 Fn. 2051
HansOLG Hamburg NJW-RR 1992, 1496: 2132 Fn. 139
HansOLG Hamburg NJW-RR 1994, 783: 1924
HansOLG Hamburg NJW-RR 1999, 600: 1577 Fn. 1612
HansOLG Hamburg NJW-RR 2001, 1012: 159 Fn. 274
HansOLG Hamburg RabelsZ 32 (1968), 535: 384
HansOLG Hamburg VersR 1991, 1169: 42 Fn. 95
HansOLG Hamburg, Urteil v. 25.10.1961 - 4 U 169/60: 389, 390

Oberlandesgericht Hamm

DB
OLG Hamm DB 1990, 273: 1877 Fn. 1982, 1914 Fn. 2032, 1916 Fn. 2036, 1945 Fn. 2099
OLG Hamm DB 1991, 2279: 2156 Fn. 183

DNotZ
OLG Hamm DNotZ 1966, 102: 1967
OLG Hamm DNotZ 1995, 315: 2078 Fn. 65, 2080 Fn. 70

EWiR
OLG Hamm EWiR § 1186 1/91, 1077: 1377

FamRZ
OLG Hamm FamRZ 1987, 463: 467 Fn. 97

MDR
OLG Hamm MDR 1974, 315: 2002

NJW
OLG Hamm NJW 1965, 1489: 1967
OLG Hamm NJW 1979, 725: 1052 Fn. 927
OLG Hamm NJW 1988, 1031: 685, 705 Fn. 431, 1267 Fn. 1231
OLG Hamm NJW 1993, 1276: 1922 Fn. 2051

NJWE-MietR
OLG Hamm NJWE-MietR 1997, 65: 1929 Fn. 2074

NJW-RR
OLG Hamm NJW-RR 1986, 500: 1922 Fn. 2051
OLG Hamm NJW-RR 1987, 245: 800
OLG Hamm NJW-RR 1987, 723: 142 Rn. 245
OLG Hamm NJW-RR 1989, 717: 1967 Fn. 2115
OLG Hamm NJW-RR 1990, 272: 1579 Fn. 1617
OLG Hamm NJW-RR 1992, 152: 736 Fn. 485
OLG Hamm NJW-RR 1992, 1296: 1887 Fn. 1994
OLG Hamm NJW-RR 2000, 1403: 1896 Fn. 1999

OLGZ
OLG Hamm OLGZ 18, 147: 1796

Rpfleger
OLG Hamm Rpfleger 1980, 21: 121
OLG Hamm Rpfleger 1981, 440: 1945 Fn. 2099

WM
OLG Hamm WM 1988, 112: 577 Fn. 237
OLG Hamm WM 1989, 462: 1578, 1606 Fn. 1653
OLG Hamm WM 1989, 895: 1409 Fn. 1412
OLG Hamm WM 1992, 1676: 135 Fn. 225
OLG Hamm WM 1999, 2065: 1582 Fn. 1626

Oberlandesgericht Jena

OLG Jena DtZ 1997, 391: 317

Oberlandesgericht Karlsruhe

OLG Karlsruhe BB 1989, 942: 1812 Fn. 1917
OLG Karlsruhe DB 1978, 631: 1813 Fn. 1919
OLG Karlsruhe DNotZ 1988, 579: 1799 Fn. 1897
OLG Karlsruhe NJW 1983, 2886: 675
OLG Karlsruhe NJW 1986, 3212: 1812
OLG Karlsruhe NJW 1998, 445: 629
OLG Karlsruhe NJW-RR 1990, 663: 1792 Fn. 1884
OLG Karlsruhe NJW-RR 1998, 445: 629
OLG Karlsruhe VersR 1991, 1172;: 42 Fn. 95
OLG Karlsruhe WM 1998, 1992: 1494 Fn. 1517
OLG Karlsruhe WRP 1998, 898: 167 Fn. 282
OLG Karlsruhe WuM 1999, 594: 1914 Fn. 2032

Oberlandesgericht Koblenz

OLG Koblenz DB 1992, 1468: 1742 Fn. 1824
OLG Koblenz NJW-RR 1988, 568: 2305 Fn. 128
OLG Koblenz NJW-RR 1994, 1351: 429 Fn. 56

Oberlandesgericht Köln

DNotZ
OLG Köln DNotZ 1982, 442: 1814 Fn. 1920

EWiR
OLG Köln EWiR § 404 BGB 1987, 971: 1723 Fn. 1804

NJW
OLG Köln NJW 1998, 1405: 1287 Fn. 1252

NJW-RR
OLG Köln NJW-RR 1995, 851: 1922 Fn. 2051
OLG Köln NJW-RR 1997, 160: 155 Fn. 262
OLG Köln NJW-RR 1998, 1625: 1922 Fn. 2051
OLG Köln NJW-RR 1999, 959: 1939 Fn. 2091

Rpfleger
OLG Köln Rpfleger 1980, 389: 1802 Fn. 1903
OLG Köln Rpfleger 1987, 409: 177 Fn. 309
OLG Köln Rpfleger 1990, 409: 1788 Fn. 1878

VersR
OLG Köln VersR 1991, 1258: 1059 Fn. 937
OLG Köln VersR 2001, 862: 196 Fn. 355

WE
OLG Köln WE 1995, 240: 1908
OLG Köln WE 1997, 198: 1915 Fn. 2034
OLG Köln WE 1997, 431: 1943 Fn. 2097
OLG Köln WE 1998, 235: 1944 Fn. 2098

WM
OLG Köln WM 1984, 1475: 1391 Fn. 1387
OLG Köln WM 1995, 1801: 1478 Fn. 1498
OLG Köln WM 1996, 151: 1403
OLG Köln WM 1998, 1924: 1578

WuM
OLG Köln WuM 1999, 297: 1928 Fn. 2069

ZIP
OLG Köln ZIP 1987, 907: 1723 Fn. 1805

Oberlandesgericht Königsberg
OLG Königsberg OLGZ 29, 379: 1729 Fn. 1814

Oberlandesgericht München
OLG München BB 1997, 1971: 199
OLG München IPRspr. 76 Nr. 29 b: 369 Fn. 804
OLG München NJW 1957, 1765: 1791
OLG München NJW 1970, 667: 798 Fn. 577, 831
OLG München NJW 1980, 1051: 1394
OLG München NJW-RR 1988, 981: 1729 Fn. 1813
OLG München NJW-RR 1991, 17: 724 Fn. 463
OLG München NJW-RR 1999, 1178: 1312
OLG München NJW-RR 2000, 384: 518 Fn. 161
OLG München WM 1993, 1976: 206, 272
OLG München WM 1999, 1276: 1347 Fn. 1353

Oberlandesgericht Naumburg
OLG Naumburg DtZ 1993, 252: 334 Fn. 730
OLG Naumburg NJW-RR 1999, 233: 1144 Fn. 1060
OLG Naumburg NJW-RR 1999, 1462: 525 Fn. 168
OLG Naumburg VIZ 1999, 559: 334 Fn. 730

Oberlandesgericht Neustadt
OLG Neustadt MDR 1953, 230: 993 Fn. 860
OLG Neustadt VersR 1958, 251: 695 Fn. 418

Oberlandesgericht Nürnberg
OLG Nürnberg JuS 2001, 186: 1077

Oberlandesgericht Oldenburg
OLG Oldenburg DNotZ 1987, 369: 2073 Fn. 51, 2074
OLG Oldenburg NJW-RR 1989, 273: 1896 Fn. 1999
OLG Oldenburg NJW-RR 1991, 1174: 1829 Fn. 1936

Oberlandesgericht Rostock
OLG Rostock Rpfleger 1994, 413: 317 Fn. 688

Oberlandesgericht Saarbrücken
OLG Saarbrücken NJW-RR 1987, 500: 196 Fn. 354
OLG Saarbrücken OLGZ 1987, 221: 606, 1187, 1138 Fn. 1052

Oberlandesgericht Schleswig
OLG Schleswig DAR 1985, 26: 853
OLG Schleswig WM 1997, 965: 1577 Fn. 1612

Oberlandesgericht Stuttgart
OLG Stuttgart, Beschl. v. 3. Mai 1989 - 8 W 369/88: 1883 Fn. 1988

Oberlandesgericht Zweibrücken
OLG Zweibrücken JuS 1990, 324: 492, 603 Fn. 256
OLG Zweibrücken NJW-RR 1989, 1100: 492, 603 Fn. 255
OLG Zweibrücken NJW-RR 1990, 147: 1405
OLG Zweibrücken Rpfleger 1982, 413: 142 Rn. 246
OLG Zweibrücken ZMR 1987, 102: 1876 Fn. 1979
OLG Zweibrücken FGPrax 1999, 208: 646, 662 Fn. 354

X. Entscheidungen der Landgerichte
LG Ansbach BB 1987, 2049: 1394 Fn. 1392
LG Ansbach WM 1998, 811: 1530 Fn. 1555
LG Augsburg NJW 1985, 499: 724
LG Augsburg Rpfleger 1984, 263: 1725 Fn. 1807
LG Berlin DtZ 1995, 61: 317 Fn. 688
LG Berlin NJW 1992, 1327: 904Fn. 748
LG Braunschweig Rpfleger 1991, 201: 1881 Fn. 1985

LG Braunschweig ZIP 1996, 193: 1409 Fn. 1412
LG Braunschweig ZMR 1988, 339: 1103 Fn. 1008
LG Duisburg FamRZ 1998, 96: 139 Fn. 238
LG Düsseldorf EWiR § 1169 BGB 1/91, 149: 1609 Fn. 1658
LG Düsseldorf NJW 1988, 345: 977
LG Düsseldorf VersR 1976, 348: 692
LG Erfurt VIZ 1999, 497: 344 Fn. 756
LG Essen NJW-RR 1986, 665: 196 Fn. 357
LG Frankfurt a. M. JuS 1987, 237: 1073
LG Frankfurt a. M. ZMR 1989, 351: 1925
LG Frankfurt a. M. ZMR 1989, 300: 1887 Fn. 1994
LG Hamburg JuS 1989, 408: 1199
LG Hamburg NJW 1986, 320: 273
LG Hamburg NJW-RR 1988, 1433: 1199
LG Hildesheim NJW 1987, 333: 196 Fn. 354
LG Kassel WoM 1975, 77: 1824
LG Kiel MDR 1949, 366: 469 Fn. 103
LG Koblenz GmbHR 1987, 482: 1570
LG Koblenz ZMR 1963, 11: 1824 Fn. 1931
LG Köln JuS 1991, 855: 869 Fn. 687
LG Köln NJW 1985, 2652: 196 Fn. 353
LG Köln NJW-RR 1989, 1292: 1919 Fn. 2041
LG Köln NJW-RR 1990, 865: 1264 Fn. 1221
LG Köln NJW-RR 1991, 868: 869 Fn. 687
LG Köln NJW-RR 2000, 682: 1983 Fn. 3132
LG Köln NJW-RR 2001, 306: 2116 Fn. 111, 2124 Fn. 124
LG Konstanz NJW-RR 1989, 1424: 137
LG Landshut NJW-RR 1989, 1420: 671 Fn. 364
LG Lübeck NJW-RR 1996, 914: 2103 Fn. 94
LG Magdeburg DtZ 1994, 159: 321 Fn. 609
LG Magdeburg DtZ 1994, 380: 282 Fn. 590
LG Marburg NJW-RR 1993, 1505: 2290 Fn. 112
LG München ZIP 1988, 924: 1155 Fn. 1080
LG Münster NJW-RR 1986, 947: 705 Fn. 431
LG Potsdam EuZW 1998, 446: 2202 Fn. 5
LG Regensburg NJW 1986, 2768: 1267
LG Regensburg NJW 1987, 3142: 935
LG Saarbrücken NJW-RR 1987, 11: 832 Fn. 621
LG Stuttgart NJW-RR 1991, 446: 33 Fn. 63, 33 Fn. 66
LG Traunstein IPRspr. 76 Nr. 29 a: 369 Fn. 804
LG Tübingen NJW 1986, 321: 273
LG Tübingen NJW-RR 1990, 338: 1267 Fn. 1231
LG Waldshut-Tiengen BB 1987, 2333: 1416

XI. Entscheidungen der Amtsgerichte

AG Düsseldorf VersR 1986, 874: 1063
AG Frankfurt NJW-RR 1989, 83: 467 Fn. 97
AG Greifswald NJW-RR 2001, 591: 1939 Fn. 2092
AG Hamburg-Harburg JZ 1988, 1032: 1922 Fn. 2051
AG Landau i.d.Pf. ZMR 1984, 246: 471, 475
AG Marbach VersR 1988, 852: 199 Fn. 361
AG Münster NJW 1983, 2886: 679 Fn. 378
AG Neu-Ulm NJW-RR 1999, 892: 724 Fn. 463
AG Passau NJW 1983, 2885: 724
AG Schorndorf DAR 1987, 123: 484

XII. Entscheidungen der Bezirksgerichte

BezG Cottbus ZIP 1992, 737: 281
BezG Dresden Rpfleger 1991, 493: 318
BezG Dresden ZIP 1992, 1423: 310 Fn. 665
BezG Erfurt DtZ 1992, 296: 315 Fn. 683
BezG Erfurt ZIP 1993, 876: 299
BezG Magdeburg DtZ 1991, 251: 312
BezG Neubrandenburg DtZ 1992, 217: 277 Fn. 574
BezG Potsdam VersR 1992, 1524: 310 Fn. 665
BezG Potsdam VersR 1993, 971: 286, 286 Fn. 601
BezG Schwerin ZIP 1992, 214: 536
BezG Schwerin ZIP 1992, 736: 299

XIII. Entscheidungen der Oberverwaltungsgerichte

OVG Lüneburg

OVG Lüneburg JuS 1997, 71: 209

VGH Hessen

Hess. VGH WM 1997, 2083: 145

VGH Mannheim

VGH Mannheim NJW 1993, 678: 1782 Fn. 1870

VGH München

VGH München NJW-RR 1990, 27: 1881
VGH München NVwZ 1999, 1237: 239 Fn. 449

XIV. Entscheidungen der Verwaltungsgerichte

VG Dresden

VG Dresden ZIP 1993, 1034: 312

Sachregister

Die Zahlen beziehen sich auf Randziffern, Fundstellen in Fußnoten sind besonders gekennzeichnet. Fette Markierungen verweisen auf Hauptfundstellen.

Abgeschlossenheitsbescheinigung 1880 f.
Abhandenkommen
- als Ausschlußtatbestand bei gutgläubigem Erwerb beweglicher Sachen 834, 867 ff.
- als Besitzverlust ohne den Willen der Person 445
- bei Beschlagnahme 469, 469 Fn. 103
- bei Besitzdiener 448, 873 f.
- bei derivativem Besitzerwerb vom Minderjährigen 441
- bei mittelbarem Besitz 454, 883
- nach Anfechtung bei rechtsgeschäftlichem Besitzerwerb 442 Fn. 69
- und actio publiciana (§ 1007) 1238, 1255
- und gutgläubiger Erwerb von Erzeugnissen (§ 957, § 959) 960 ff.
- und Verbindung mit anderen Sachen 885

Abmeierungsanspruch 1936 Fn. 2224
Absolute
- Rechte, Begründung 71
- Sicherungsrechte, s. *Sicherungsrechte, absolute* 2198 ff.
- Zuordnung 48

Absonderungsrecht/Recht zur abgesonderten Befriedigung
- aufgrund des Zurückbehaltungsrechts des Verwenders/des Werkunternehmers wegen der von ihm gemachten Verwendungen (§ 51 Nr. 2 InsO) 1165 Fn. 1156, 1226 Fn. 1237
- aufgrund der Zugehörigkeit zum hypothekarischen Haftungsverband 1416, 1416 Fn. 1521
- aufgrund eines Pfandrechts 98 Fn. 167, 2216
- des Sicherungsnehmers/Vorbehaltsverkäufers 12, 2193 Fn. 235, 2256
- des Vorbehaltsverkäufers beim verlängerten und beim erweiterten Eigentumsvorbehalt 2280
- Grundlage in negatorischem Anspruch 42 Fn. 92

Abspaltung
- Beschränkte dingliche Rechte an Sachen als Abspaltungen des Stammrechts Eigentum 92 ff.
- von Rechten als Gegensatz zur Aufteilung von Rechten in Teilrechte 126 Fn. 215
- von Befugnissen aus dem Eigentum (Prinzip) 91

Abstraktheit
- der Hypothek von der Sicherungsabrede 1351
- und Kausalität in Bezug auf Akzessorietät und Nichtakzessorietät 1349 ff., 2206 f.

Abstraktionsprinzip 24 ff., 786 ff.
- Aufhebung des Abstraktionsprinzips durch Vereinbarung des schuldrechtlichen Vertrages als Bedingung des dinglichen Geschäfts 789
- Einschränkung durch § 139 790
- Sinn 24
- und nichtakzessorische Sicherungsrechte und Sicherungszweck 2219 ff.
- und Rückerwerb vom Nichtberechtigten 920, 923 f.
- Wirkung 65 ff.

Abtretung
- Abtretbarkeit des Anspruchs aus § 985 1083
- als Vollübertragung 118
- des Anteils an einer BGB-Gesellschaft 156
- einer Forderung 73
- kontinuierliche Reihe beglaubigter Abtretungserklärungen (§ 1155) 1477
- und Verpfändung einer Forderung 119

Abwachsung bei Gesellschafterwechsel bei BGB-Gesellschaft 155
Abzahlungshypothek 1309
actio negatoria (§ 1004) 1256 ff.
- § 1004 als Verursachungshaftung 1260 ff.
- § 1004 als Habenshaftung 1267 ff.
- 1. Kanalwurzel-Entscheidung 1259 Fn. 1208, 1264, 1281
- 2. Kanalwurzel-Entscheidung 1259 Fn. 1207, 1264 Fn. 1220

- Abgrenzungsversuche zwischen Schaden und Beeinträchtigung nach hM 1263 ff.
- als Schutzanspruch im Kanon der Zuordnungssanktionen 42
- Begriff der Beeinträchtigung 1284 ff.
- Einwendung der Duldungspflicht/Gestattung 1259
- Haftung des Rechtsnachfolgers des Störers 1265 f., 1283 Fn. 1244
- Indiziertsein der Rechtswidrigkeit der Störung 1259
- Störerbegriff 1257 ff.
- Tennisplatzentscheidung 1279 Fn. 1239
- und actio publiciana (§ 1007) 1288
- Verjährung 1267, 1267 Fn. 1231, 1289

actio publiciana (§ 1007) 1237 ff.
- Anwendung nur auf bewegliche Sachen 1248
- Anwendungsbereich 1249 ff.
- Einordnung des § 1007 in das System der Herausgabeansprüche 1237 ff.
- guter Glaube i.S. von § 1007 I 1240
- Klage eines Fremdbesitzers 1247
- Schutz der Ersitzungsanwartschaft/des Ersitzungsbesitzes 1242 ff.
- Schutz des mittelbaren Besitzers, Frage der Beschränkung gemäß § 869 S. 2 1254
- und § 985 1128 f.
- und actio negatoria (§ 1004) 1288

Akzessorietät
- akzessorische Sicherungsrechte, s.a. *Sicherungsrechte, absolute*; *Hypothek*; *Pfandrecht* 2204 ff.
- akzessorische Sicherungsrechte, Rechtsbeziehungen 2205
- Begriff 1316 ff.
- der Hypothek 1302, 1321 ff.
- der Haftung der Gesellschafter einer BGB-Gesellschaft 164 Fn. 280
- der Vormerkung 2057
- Nichtakzessorietät der Grundschuld 1303, 1316 ff., 1339 ff.
- Relevanz von Einwendungen und Einreden gegen Forderung für die Hypothek als Folge der Akzessorietät 1482
- und Eigentümergrundpfandrecht 1348
- und Nichtakzessorietät in Bezug auf Abstraktheit und Kausalität 1349 ff., 2206 f.
- und Übertragung der Hypothek 1315, 1356
- von Rechten 65, 66, 69

Allgemeine Geschäftsbedingungen (AGB)
- gutgläubiger Pfandrechtserwerb bei Bestellung des Pfandrechts in Allgemeinen Geschäftsbedingungen 1697
- Sicherungsvertrag und AGB bei der Sicherungsgrundschuld 1581 ff.

Allgemeines Persönlichkeitsrecht, s. *Persönlichkeitsrecht*

Altenteilsvertrag, s.a. *Reallast* 1829, 1832

Altersvorzug der Rechte, Lehre vom 558 f.

Amortisationshypothek 1309

Aneignung
- als Rechtsgeschäft, aber nicht als Verfügung 72
- als Tatbestand der Begründung des Eigentums 71
- als Tatbestand nur der Begründung des Eigentums, nicht beschränkter dinglicher Rechte 91 Fn. 159
- beweglicher Sachen 933, 939 f.
- beweglicher Sachen als Realakt 939
- der Telekommunikationswege, Aneignung durch den Staat 71 Fn. 136
- keine Aneignung einer mit einem beschränkten dinglichen Recht belasteten Sache 115
- keine „Aneignung" eines Pfandrechts 91 Fn. 159
- Aneignungsrecht, s. *dort*

Aneignungsgestattung
- eines Berechtigten (§ 956) 946 f.
- eines Nichtberechtigten (§ 957) 947
- Erwerb kraft Aneignungsgestattung als Erwerb durch Verfügung 950
- rechtsgeschäftlicher Erwerb kraft Aneignungsgestattung 946 ff.
- und Insolvenz 952
- und nachträgliche Geschäftsunfähigkeit des Gestattenden 953
- Widerruflichkeit 950 Fn. 794

Aneignungsrecht
- bei beweglichen Sachen 933, 939 f.
- des Fiskus gemäß § 928 II 760 ff.
- des Fiskus und Herrenlosigkeit des Grundstücks 115
- und Fund 1043 f.

Anfechtung
- der Dereliktion 937 f.
- Kenntnis der Anfechtbarkeit der Übereignung und Bösgläubigkeit 842 f.

Anspruch
- auf Grundbuchberichtigung, s. *Grundbuchberichtigungsanspruch*
- aus Aufopferung, s. *Aufopferungsanspruch*
- aus unechter Geschäftsführung ohne Auftrag im Kanon der Zuordnungssanktionen 46
- aus ungerechtfertigter Bereicherung im Kanon der Zuordnungssanktionen 45
- Besitzschutzanspruch 80, 90
- dinglicher Anspruch, s. *dort*

- Einwendungen und Einreden in der materiell-rechtlichen Anspruchsprüfung 1484 f.
- Erfüllungsanspruch, Verhältnis zu den Schutzansprüchen 40, 41, 42 Fn. 94
- Erfüllungs-Unterlassungsanspruch 64 Fn. 125
- dinglicher 42, 80, 1074 f.
- negatorischer, s.a. *actio negatoria (§ 1004)* 42, 42 Fn. 94, 90, 1074
- negatorischer Unterlassungsanspruch, s.a. *actio negatoria (§ 1004)* 42 Fn. 94, 1074
- vorgemerkter Anspruch und relative absolute Zuordnung 48 Fn. 102
- vormerkbarer 2071 ff.

Antichrese 11, 1744

Antizipiert/e
- antizipiertes Besitzkonstitut 815 f.
- antizipiertes Besitzkonstitut und Vermieterpfandrecht 817
- antizipierte Übereignung 79, 772

Anwachsung bei Gesellschafterwechsel bei BGB-Gesellschaft 155

Anwartschaft, Begriff 2151

Anwartschaftsrecht 2151 ff.
- aufgrund perfekter Verfügung 78
- aus Auflassung 754 ff.
- aus Auflassungsvormerkung 2155 ff.
- aus weitgehender Verwirklichung des Tatbestands der Übereignung eines Grundstücks, Anerkennung durch BGH 2153 ff.
- Begriff des Anwartschaftsrechts 2151
- bei Aneigungsgestattung (§ 956) 950 f., 951 Fn. 801
- des Auflassungsempfängers als Gegenstand einer Verfügung 754 ff., 2153
- des Käufers beweglicher Sachen bei Kauf unter Eigentumsvorbehalt 2158 ff.
- des Hypothekars bei noch nicht entstandener Forderung 1452 ff.
- des Hypothekars vor der Valutierung 2197
- des Käufers unter Eigentumsvorbehalt als Gegenstand einer Verfügung 79
- Direkterwerb des Vollrechts durch Anwartschaftsrechtserwerber 79, 2153, 2168 ff.
- gutgläubiger Erwerb des Anwartschaftsrechts des Hypothekars bei noch nicht entstandener Forderung 1456
- gutgläubiger Erwerb des Anwartschaftsrechts des Käufers beweglicher Sachen bei Kauf unter Eigentumsvorbehalt 2162 ff.
- im hypothekarischen Haftungsverband 1424 ff.
- kein gutgläubiger Erwerb vom Schein-Anwartschaftsberechtigten 2173 ff.
- Pfändbarkeit 2153
- Schutz des Anwartschaftsrechts des Vorbehaltskäufers als absolutes Recht 2187 ff.
- Schutz des Anwartschaftsrechts des Vorbehaltskäufers in der Insolvenz 2191 ff.
- Schutz des Anwartschaftsrechts des Vorbehaltskäufers in der Zwangsvollstreckung 2166 ff.
- Schutz des Erwerbers oder des sonst am Anwartschaftsrecht dinglich Berechtigten gegen Verfügungen des Vorbehaltskäufers im Bunde mit dem Verkäufer 2177 ff.
- Sicherungsübertragung 780, 2231
- Übertragbarkeit 2153
- und numerus clausus der Sachenrechte 2152
- Verpfändbarkeit 2153

Anwartschaftstheorie und § 956 950

Arbeitseigentum 277 Fn. 574

Arglisteinrede 69

Arrest, Schutz relativer Rechte 52 Fn. 107

Aufbauhypothek 294

Aufgabe, s.a. *Dereliktion*
- des Eigentums an beweglichen Sachen 933 ff.
- des Eigentums an Grundstücken 759
- des Eigentums trotz eines daran bestehenden beschränkten dinglichen Rechts 115

Aufgebotsverfahren
- Ausschluß des Eigentümers eines Grundstücks im Aufgebotsverfahren (§ 927) 663, 728, 968
- Ausschluß des Berechtigten bei subjektiv-persönlicher Reallast 1838
- bei Verlust des Hypothekenbriefs (§ 1162) 1437, 1437 Fn. 1544

Aufgedrängte Bereicherung 992 ff., 1006 ff.
- Schutz vor aufgedrängter Bereicherung durch Verwendungsersatzregelung des Eigentümer-Besitzer-Verhältnisses 1137, 1204 f.
- subjektiver Bereicherungsbegriff 1006 f.
- Wegnahmerecht bei Verwendungen 994 f., 1001

Aufhebung
- der Auflassung 740
- des Pfandrechts 116
- des Stammrechts 116
- eines Sachenrechts 74
- von Grundstücksrechten 486 f.

Auflassung 734 ff.
- Anwartschaftsrecht aus Auflassung 754 ff.

- Anwartschaftsrecht aus Auflassungsvormerkung 2155 ff.
- Aufhebung der Auflassung 740
- Auslegung der Auflassung 744
- Bedingungs- und Befristungsfeindlichkeit 736
- durch Vertreter 738
- falsa demonstratio non nocet 736
- und Vollendung der Verfügung 741 f.
- Unvermögen zur Auflassung 746
- Unwiderruflichkeit 739
- Verhältnis zum Kaufvertrag 743 ff.
- Zuständigkeit zur Entgegennahme 737

Auflassungsvormerkung 2046, 2155 ff.

Aufopferungsanspruch
- allgemeiner bürgerlichrechtlicher (analog § 906 II 2) 681 ff.
- aus §§ 74, 75 EinlPrALR 213
- im Kanon der Zuordnungssanktionen 44
- privatrechtlicher Aufopferungsanspruch und Bau auf fremdem Boden 1029
- und bergrechtliches Schadensrecht 2041 ff.

Aufwendung
- Aufwendungen als Verwendungen (Eigentümer-Besitzer Verhältnis) 1202 ff.
- Aufwendungen zur Behebung des Unvermögens 746 Fn. 530
- Begriff 1202
- erhaltende oder verbessernde Aufwendungen als Verwendungen (Ansicht des BGH) 998
- Ersparnis von Aufwendungen und subjektive Bereicherung 1007

Aufwendungsersatzanspruch
- des Entdeckers von Bodenschätzen 2026
- des Finders 1063
- des Verwalters einer Wohnungseigentümergemeinschaft 1929 Fn. 2213
- Sicherung eines Aufwendungsersatzanspruchs einer Sparkasse gegen den Kunden durch Pfandrecht an der gegen sie gerichteten Guthabenforderung 98 Fn. 167
- und Übergang der Forderung auf den Eigentümer gemäß § 1143 I 1515 f.

Auseinandersetzung unter Miterben 142

Ausgleichsanspruch
- gemäß § 906 II 2 675
- schuldrechtlicher Ausgleich gemäß § 951 978 ff.

Aussonderungsklage 106

Aussonderungsrecht
- aufgrund eines relativen Rechts 53 Fn. 111
- beim Eigentumsvorbehalt 2262 Fn. 84
- beim erweiterten Eigentumsvorbehalt 2280
- des Vorbehaltskäufers und Schutz nach § 43 KO 2192
- des Verkäufers beim verlängerten Eigentumsvorbehalt solange die Kaufsache noch vorhanden ist 2280

Autohypothek 382

Barvorschußtheorie 2300 Fn. 125

Bauhandwerkersicherungshypothek 1543 ff.

Befriedigungsrecht nach § 1003 1217 f., 1228

Begründung
- des Eigentums durch Aneignung 71
- beschränkter dinglicher Rechte 71, 115 Fn. 194

Beitritt der DDR zur Bundesrepublik, Auswirkungen der Wiedervereinigung auf das Sachenrecht im Beitrittsgebiet 275 ff.

Belastung
- als Teilübertragung i.S. der Abspaltung eines Rechts von dem „Quellrecht“ 7, 71
- als Verfügungsgeschäft 72
- Begriff 4 Fn. 7, 91, 91 Fn. 160
- eines an einem Grundstück bestellten Rechts 86

beneficium cedendarum actionum 1637

Bereicherungsanspruch
- als Schutzanspruch im Kanon der Zuordnungssanktionen 45, 107
- bei rechtsgrundlosem Rang eines Grundstücksrechts 570 ff.
- Identität des Schutzes der Zuordnung durch relativen schuldrechtlichen Bereicherungsanspruch einerseits und durch absolute Rechte andererseits 61 Fn. 121
- nach § 816 II als Konsequenz der Absolutheit der Forderungsberechtigung 107
- und Haftung des bösgläubigen Bereicherungsschuldners 64

Bereicherungsanspruch nach § 951 978 ff.
- § 951 I 1 als Rechtsgrund- oder Rechtsfolgenverweisung 979 ff.
- aufgedrängte Bereicherung, s. *dort* 992 ff., 1006 ff.
- Bau auf fremdem Boden 1000 ff., 1029 Fn. 898
- bei Verwendungen 992 ff.
- Einbau-Fälle 981 ff.
- Jungbullen-Fall 983 f., 988, 1012 Fn. 880
- und Leistungsverhältnisse 979 ff.
- Universität-Saarbrücken-Fall 983 f., 988 f.
- Verwendungen, s. *dort* 992 ff.

Bergschadensregelung 2021, 2027 ff., 2041 ff.

Bergwerkseigentum, s.a. *Grundstücksgleiche Rechte* **2017 ff.**
- als grundstücksgleiches Recht, nicht als Eigentum 669
- Arten der Bergbauberechtigungen 2022 ff.
- Behördliche Aufsicht 2039 ff.
- Belastung des Bergwerkseigentums 2038
- bergfreie Bodenschätze 2022, 2026
- Bergbauberechtigung (Bodenschätze) und Grundeigentum 2020 ff.
- Bergschadensregelung 2021, 2027 ff., 2041 ff.
- Berggrundbuch 1846, 2035
- Eigenart 1851
- Entstehung 2030 ff.
- Erlöschen 2034
- Historische Entwicklung des Berggrechts 2017 ff.
- Landesoberbehörde des Bergwesens 2031 Fn. 2191
- Schutz durch Art. 14 I 1 GG 219 Fn. 418
- Übertragung 2036 f.

Berichtigungsanspruch nach § 894
- Anwendung der Nebenfolgen der Vindikation 606, 1138
- Hilfsansprüche 605
- Voraussetzungen 603

Beschlagnahme
- Anordnung der Zwangsversteigerung als Beschlagnahme 587, 2068 Fn. 38
- Bedeutung der Beschlagnahme für die Rangordnung des § 10 ZVG 2068 Fn. 38
- Beschlagnahmeverfügung und verbotene Eigenmacht 469
- Bestimmung der der Zwangsversteigerung/Zwangsverwaltung unterliegenden Gegenstände durch Beschlagnahme 590, 594, 1417
- des Grundstücks in der Zwangsvollstreckung aufgrund der Hypothek 1411
- durch den Konkurs als erwerbswidrige Verfügung nach § 161 BGB 2195
- gutgläubiger Erwerb trotz Beschlagnahme 1417
- Mobiliarzwangsvollstreckung in dem hypothekarischen Haftungsverband unterfallende Gegenstände vor Beschlagnahme 584, 1411
- und Haftung/Enthaftung der dem hypothekarischen Haftungsverband unterfallenden Gegenstände 1411, 1413 ff.
- Wirkung der Beschlagnahme 587, 1417
- Wirkung des Versteigerungsvermerks als Beschlagnahme 2068 Fn. 38

Beschränkte dingliche Rechte
- Abschreibung von Grundstücksteilen im Grundbuch 512
- Abspaltungsnatur der beschränkten dinglichen Rechte 101
- an beweglichen und unbeweglichen Sachen 86
- an Rechten 86
- Begründung eines beschränkten dinglichen Rechts 115 Fn. 194
- Gesamtgläubigerschaft an beschränkten dinglichen Rechten 121
- in der systematischen Ordnung des BGB 85
- persönliche 87
- subjektiv-dingliche 87
- Unterscheidung vom Eigentum 84
- Zuschreibung von Grundstücken im Grundbuch 515

Beschränkte persönliche Dienstbarkeit 1814 ff.
- Begriff 1814
- Berechtigter 1816 ff.
- Entstehen 1821
- Erlöschen 1821
- für mehrere Berechtigte 1820
- Inhalt 1815
- Pfändung 1819
- Schutz der beschränkten persönlichen Dienstbarkeit 1821
- servitus in faciendo consistere nequit 1814 f. (i.V.m. 1787 f.)
- servitus praedio utilis esse debet (Vorteilsregel, § 1019) 1815
- Sicherung durch Vormerkung 1818
- Überlassungsvereinbarung 1817
- Unterschied zur Reallast 1830
- Unvererblichkeit 1818
- Verpfändung 1819
- Wohnungsrecht, § 1093 1822 ff.

Besitz 400 ff.
- als „Factum und Recht zugleich" 405
- als Grundlage des gutgläubigen Erwerbs 400
- als „sonstiges Recht" i.S. von § 823 I 481
- als tatsächliche Grundlage von dinglichen Rechten 85
- an verlorener Sache in einem Supermarkt 433
- Anfechtung des rechtsgeschäftlichen Besitzerwerbs 442 Fn. 69
- Beendigung des Besitzes 424
- Besitzaufgabe 445
- Besitzaufgabewille 428
- Besitzdiener, s. *dort*
- Besitzschutz, s. *dort* 467 ff.
- Besitzverlust 445

- Besitzwille 428
- corpus und animus als Grundlagen des Besitzes nach Savigny 425
- der juristischen Person 447 Fn. 71
- derivativer Besitzerwerb 441 f.
- des Grundstücksbesitzers an auf dem Grundstück befindlichen Sachen 421
- des Jägers an Wild 422, 426 Fn. 47
- detentio des römischen Rechts 401, 403, 413
- Eigenbesitz 101, 466
- Entwicklung des Besitzrechts des BGB 401 ff.
- Erbenbesitz 449 ff.
- Erwerb des Besitzes 424
- Fehlerhafter Besitz 470
- Fremdbesitz 466
- Friedensfunktion 409, 412
- Fund, Relevanz der Vorschriften über den Fund für die Beurteilung des Besitzes 433, 437 f.
- Gastwirtschaftstoiletten-Fall 438
- generalisierte Sachherrschaft 434 f.
- generalisierter Besitzwille 434, 439
- Gesamthandsbesitz 187 ff.
- Geschäftsfähigkeit und derivativer Besitzerwerb 441
- Geschäftsfähigkeit und verbotene Eigenmacht 441
- Gewere als deutsch-rechtliche Ursprungsfigur des Besitzes des BGB 402
- Großmarkt-Fall 433 ff., 436
- „Hand wahre Hand“ 402, 402 Fn. 11
- kein dingliches Recht 90
- longa manu traditio 442 Fn. 69
- Mitbesitz 184 ff., 192, 452
- Mittelbarer Besitz, s. *dort* 453 ff.
- Nebenbesitz, s.a. *dort* 464 f., 464 Fn. 91 f., 888 ff.
- originärer Besitzerwerb 441
- Platzanweiserin-Fall 438 Fn. 65
- possessio des römischen Rechts als Ursprung des Besitzes des BGB 401
- Rechtsbesitz 90, 90 Fn. 157, 100
- Rechtsgeschäftlicher Besitzerwerb nach § 854 II 442
- Rechtsnatur des Besitzes 404 ff.
- Systematische Einordnung des Besitzes 404 ff.
- Teilbesitz 184, 452
- Übergabe als Bestandteil anderer sachenrechtlicher Rechtsgeschäfte 400
- Übergabe als Übertragung des Besitzes 400
- Unterschied zum Gewahrsam i.S. des Straf- und des Vollstreckungsrechts 444
- Verbotene Eigenmacht, s. *dort*

Besitzdiener
- Abhandenkommen der Sache 448
- Begründung und Beendigung des Besitzes durch Besitzdiener 443
- Fund durch Besitzdiener 1052
- Passivlegitimation des Besitzherrn 448
- Selbsthilferecht des Besitzdieners 448, 479
- Übergabe an Vertreter als Besitzdiener des Erwerbers bei Übereignung beweglicher Sachen 807
- und Übereignung nach § 929 S. 1 798
- Verbotene Eigenmacht des Besitzdieners und Schadensersatzhaftung nach § 992 1195
- Voraussetzungen der Besitzdienerstellung 447
- Zurechnung von dessen Bösgläubigkeit im Eigentümer-Besitzer-Verhältnis 1149

Besitzkonstitut, s. *Besitzmittlungsverhältnis*

Besitzmittlungsverhältnis, s.a. *Mittelbarer Besitz*
- als konkretes Mittlungsverhältnis 455
- ohne Wissen des mittelbaren Besitzers 456
- und Ersetzung der Übergabe nach § 930 813
- und nachträglicher Eigentumsvorbehalt 2265

Besitzrecht
- des Mieters als Eigentum i.S. von Art. 14 GG 209 f.
- des Mieters und Untervermietung: Zuweisung des Untermietzinses an den Mieter, nicht den Vermieter 64 Fn. 125
- Drittwirkung des Besitzrechts nach § 986 II und Verdinglichung obligatorischer Rechte 56

Besitzschutz 467 ff.
- bei Besitzentziehung 468 ff.
- bei Besitzstörung 468 ff., 471
- bei Mitbesitz 474
- bei mittelbarem Besitz 475 ff.
- Besitz als „sonstiges Recht“ i.S. von § 823 I 481
- durch Besitzdiener 479
- Einreden 470
- nach Bereicherungs- und Deliktsrecht 480 ff.
- Petitorische Widerklage 470
- Petitorischer Besitzschutz nach § 1007, s.a. *actio publiciana (§ 1007)* 472 f., **1237 ff.**
- Possessorischer Besitzschutz 468 ff.
- Schutzgesetzcharakter der §§ 858 ff. 481 ff.
- Selbsthilferecht 467

Besitzschutzanspruch, s.a. *Besitzschutz*
- als dinglicher Anspruch 80, 90
- als negatorischer Anspruch 90

Bestandteile
- von Sachen (Gegenstand der Regelung der §§ 93 ff.) 30 f.
- Gebäude als wesentlicher Bestandteil des Grundstücks 31
- Grunddienstbarkeit als Bestandteil des herrschenden Grundstücks 87, 1780
- Mitübereignung 931 f.
- Rechte als Bestandteile des Grundstücks (§ 96) 87
- Scheinbestandteile, s. *dort*
- subjektiv-dingliche Rechte als Bestandteile des Grundstücks (§ 96) 87, 1780

Bestellung
- Nichtzulassung der Bestellung einer Servitut lediglich zugunsten des Hypothekenberechtigten 116
- von Rechten: s. bei den einzelnen Rechten

Bestimmtheitsgrundsatz
- des Sachenrechts 16
- im Gesellschaftsrecht 164
- und antizipierte Sicherungsübereignung 777
- und Eigentumsvorbehalt 779
- und Grunddienstbarkeit 1779
- und Grundpfandrechte 1315
- und Sicherungsabtretung einer Forderung 2207 f.
- und Sicherungsübereignung, s.a. *dort* 774 ff., 2224
- und Herstellereigenschaft bei verlängertem Eigentumsvorbehalt mit Verarbeitungsklausel 976

Betragsschuld 39 Fn. 86

Beuys-Fettecke-Fall 977

Bewilligungsgrundsatz (§ 19 GBO) 525

BGB-Gesellschaft 123, 139 ff.
- Abtretung eines Anteils 156, 168
- akzessorische Haftung der Gesellschafter 164 Fn. 281
- als Außengesellschaft 139
- als Finderin i.S. von § 965 I 1053
- als Innengesellschaft 139
- als Personenverband, nicht Verbandsperson 163 ff.
- als „Rechtsträger neuer Rechtsform" nach dem UmwG 123 Fn. 206, 149
- Doppelverpflichtungstheorie 164 Fn. 280
- Erwerb von Rechten 174, 177 ff.
- Folgerungen aus ihrer Natur als Personenverband, nicht als Verbandsperson 164
- Form der Verpflichtung z. Anteilsübertragung bei Grundstücks-BGB-Gesellschaft 157, 157 Fn. 269, 168
- Gesamthandsbesitz 187 ff.
- Gesamthandsbesitz und Pfandrechtserwerb 193
- Gesellschafterwechsel 155 f.
- Gesellschaftsvermögen 165
- Grundbuchfähigkeit 151, 157 Fn. 268
- Grundstücks-BGB-Gesellschaft 134 Fn. 225, 157 Fn. 269, 168
- Haftung für gesetzliche Verbindlichkeiten 166
- Insovenzfähigkeit als „Gesellschaft ohne Rechtspersönlichkeit" 123 Fn. 206, 149
- Kommanditistenfähigkeit 168 Fn. 290
- Mitunternehmer-BGB-Gesellschaft 146
- Markenfähigkeit 162 Fn. 276
- Parteifähigkeit im Prozeß 140, 146
- Rechtsfähigkeit aufgrund der Identität der Vermögensträger bei Verwandlung einer Vor-GmbH in BGB-Gesellschaft bei Aufgabe der Eintragungsabsicht 150
- Rechtsfähigkeit aufgrund der Identität der Vermögensträger bei Verwandlung in OHG und aus OHG 150
- Rechtsfähigkeit der BGB-Außengesellschaft 146
- Rechtsfähigkeit jeder BGB-Gesellschaft 161
- rechtsgeschäftlicher Erwerb 177 f.
- Übertragbarkeit des Anteils 153 ff.
- Unübertragbarkeit der Mitwirkungsrechte 154
- Vererbung eines Anteils an einer BGB-Gesellschaft mit Grundeigentum an die übrigen Gesellschafter 157 Fn. 271
- Wohnungseigentum einer BGB-Gesellschaft 1878
- Zwangsvollstreckung in den Anteil an der BGB-Gesellschaft 142, 151
- Zwangsvollstreckung in das Gesellschaftsvermögen 140, 151

Bodenschätze 2022 ff.

Bonifatius-Fall 784

Bösgläubigkeit, s. *Guter Glaube*

brevi manu traditio
- als Tatbestand der Übereignung beweglicher Sachen 765, **809 f.**
- und das Verhältnis von Einigung und Übergabe 768 ff.
- und Publizitätsgrundsatz 19

Brief- und Buchhypothek 1371 ff., 1434 ff., 1439 ff.

Bruchteilsgemeinschaft **124 ff.**
- an einer Forderung, für die ein Pfandrecht bestellt wird 122 Fn. 205
- an Fund 1053
- an mehreren Rechten 122 Fn. 205
- Anteilspfändung 135
- Aufhebung der Gemeinschaft 133

- Ausschluß der Befugnis zur Verfügung über einen Anteil durch Abschluß eines Gesellschaftsvertrags 134
- Berechtigung einer körperschaftlichen juristischen Person im Gegensatz zur Berechtigung der Bruchteilsgemeinschaft 124
- Entstehung 172
- Hypothek an Bruchteilseigentum 1405
- Kein Ausschluß der Befugnis zur Verfügung über einen Anteil durch Vereinbarung 134
- Mehrheitsbeschlüsse 131 Fn. 219
- Schutz vor Verfügung über einen Anteil 134 Fn. 223
- Teilberechtigung als Gegensatz zur Berechtigung einer Bruchteilsgemeinschaft 124, 126
- Teilungsrecht 142
- Übertragung eines Miteigentumsanteils 132, 132 Fn. 221, 668
- und Möglichkeit der Gesamtgläubigerschaft an beschränkten dinglichen Rechten 121 Fn. 203, 122
- Unterscheidung von der Gesamthand 142
- Verfügungsmöglichkeit über Anteil 132
- Vollstreckung in Anteil 132, 135

Buchersitzung
- Buchersitzung einer Grunddienstbarkeit 1800
- des Eigentums und beschränkter dinglicher Rechte an Grundstücken 662
- Unterschied zur Kontratabularersitzung 4 Fn. 8

Buchhypothek, s. *Brief- und Buchhypothek*

Bürgschaft
- als akzessorisches Sicherungsrecht und Rechtsverhältnisse zwischen den Beteiligten 2204 ff.
- Anwendung von Verbraucherschutzvorschriften auf die Bürgschaft 2202 Fn. 5
- beneficium cedendarum actionum und Sicherungsgrundschuld 1637
- Bestellung einer Hypothek durch Bürgen einer hypothekarisch gesicherten Forderung, Unterschied zur Gesamthypothek 1553
- Konkurrenz zwischen Eigentümer- und Bürgen-Regreß bei der Sicherungsgrundschuld 1669
- Konkurrenz zwischen Bürgen und hypothekenbelastetem Eigentümer beim Regreß 1518 ff.
- Verbot der Fremddisposition bei der Bürgschaft und Sicherungszweck bei der Grundschuld 1585 f.

Computerprogramm, Sachqualität 32, 32 Fn. 59

Dauerwohnrecht/Dauernutzungsrecht
- anteiliges Dauerwohnrecht (Time-Sharing) und numerus clausus der Sachenrechte 12 Fn. 21
- nach §§ 31 ff. WEG 85 Fn. 148, 1826

DDR (Deutsche Demokratische Republik)
- Sachenrecht der DDR, s.a. *dort* 276 ff.
- Sachenrechtsbereinigungsgesetz, s.a. *dort* 341 ff.
- Überleitung sachenrechtlicher Regelungen der DDR, s.a. *dort* 315 ff.
- Wiedervereinigung und Sachenrecht, s.a. *dort* 296 ff.

Deckungsgrenze und Problematik der Übersicherung 2241 ff.

Deliktische Haftung
- für Verletzung der Forderungszuständigkeit 108 ff.
- im Eigentümer-Besitzer-Verhältnis nach § 992 1192 ff.
- Verhältnis zur Haftung des Bösgläubigen nach den Vorschriften des Eigentümer-Besitzer-Verhältnisses 1188 ff.

Denkmalschutz-Entscheidung des BVerfG 218 Fn. 406, 246

Dereliktion
- als Pendant zur Aneignung 728
- als Rechtsgeschäft 939
- Anfechtbarkeit 937 f.
- bei Miteigentum 136 f.
- beweglicher Sachen 933 ff.
- unbeweglicher Sachen 759
- und Beendigung der Störung i.S. von § 1004 1273 ff.

Derivativer Erwerb 441 ff., 727

detentio 401, 403

Diebstahl
- Tiere als Diebstahlsobjekt und unmittelbare, nicht entsprechende (§ 90 a BGB) Anwendung des § 242 StGB 33 Fn. 65
- von Körperteilen 36 Fn. 80

Dienstbarkeit
- s. *beschränkte persönliche Dienstbarkeit* 1814 ff.
- s. *Grunddienstbarkeit* 1778 ff.
- Begriff 1737
- Unterlassungsdienstbarkeit und Abspaltungstheorie 91 Fn. 161

Dinglicher Anspruch
- Abtretbarkeit des Anspruchs aus § 985 1083
- als Anspruch auf Verwirklichung der dem Recht entsprechenden konkreten Sachherrschaft 80

- als negatorischer Anspruch aus dinglichem Recht 42
- Anwendbarkeit der Regeln des Schuldnerverzugs auf § 985 1096
- Anwendbarkeit der Regeln des Gläubigerverzugs auf § 985 1097
- Anwendbarkeit des § 275 auf § 985 1092 ff.
- Anwendbarkeit des § 283 a.F. auf § 985 1086 ff.
- Anwendung der Vorschriften des allgemeinen Schuldrechts 1082 ff.
- gemäß § 985 1098 ff.
- gemäß § 1007 1129, 1237 ff.
- Herausgabepflicht nach § 985 bei fehlender Besitzüberlassungsbefugnis des mittelbaren Besitzers 1120
- Herausgabepflicht des mittelbaren Besitzers nach § 985 1118
- Ort der Herausgabe bei Anspruch aus § 985 und Schadensersatz des Deliktsbesitzers 1100, 1100 Fn. 998
- Schutz des Eigentums durch die dinglichen Ansprüche 1074 ff.
- Verjährung dinglicher Ansprüche 1077 ff.

Dingliches Recht
- Begriff 38
- s. *Beschränkte dingliche Rechte*

Direkterwerb
- Abhängigkeit von der Beantwortung der Frage, ob die Verwirklichung von Verfügungsmerkmalen dem Verfügenden schon das Recht genommen hat 79
- bei dem Zweiterwerber, der ein Anwartschaftsrecht vom Vorbehaltskäufer erworben hat 2168 ff.
- kein Direkterwerb bei Erwerb durch Vertreter nach §§ 929 S. 1, 930 815 Fn. 600

Disponibilität des Rechtsscheins 630, 630 Fn. 288 f.

Dispositionsnießbrauch und numerus clausus der Sachenrechte 12 Fn. 21

Dolo petit qui petit quod statim redditurus est
- als Einrede der Arglist 69 Fn. 133
- Geltendmachung gegen Hypothek 1496
- und Sicherungsgrundschuld 1343, 1576 f., 1645 Fn. 1693

Doppelpfändung, Theorie der - 2170 Fn. 204

Doppelwirkung im Recht bei Genehmigung eines Erwerbs vom Nichtberechtigten 824

Drittorganschaft 164

Drittwiderspruchsklage
- des Verpfänders gegen Gläubiger des Pfandgläubigers 2212
- des Hypothekars bei Vollstreckung in Gegenstände, die zum Haftungsverband nach § 1120 gehören 2213
- des Pfandgläubigers gegen einen in das Pfand vollstreckenden Gläubiger des Verpfänders 2213
- des Sicherungsgebers bei Vollstreckung durch Gläubiger des Sicherungsnehmers in das Sicherungsgut 2254
- des Sicherungsnehmers bei Vollstreckung durch Gläubiger des Sicherungsgebers in das Sicherungsgut 2256, 2258
- des Vorbehaltskäufers in der Zwangsvollstreckung gegen den Verkäufer 2166 f.
- Erhebung durch relativ Berechtigte 57, 106

Drittwirkung von Grundrechten 270 ff.

Durchgangserwerb
- Abhängigkeit von der Beantwortung der Frage, ob die Verwirklichung von Verfügungsmerkmalen dem Verfügenden schon das Recht genommen hat 79
- beim Streckengeschäft vermittels Geheißerwerbs 805
- bei Erwerb durch Vertreter nach §§ 929 S. 1, 930 815 Fn. 600, 817
- bei verlängertem Eigentumsvorbehalt mit Verarbeitungsklausel 976
- kein Durchgangserwerb bei Zweiterwerber eines Anwartschaftsrechts vom Vorbehaltskäufer 2168 ff.
- und Pfandversteigerung 1716

Eigenbesitz
- Begriff und Relevanz 466
- keine Beschränkung des Sachbesitzes auf den Eigenbesitz; dieser nur noch Unterfall des Besitzes (§ 872) 101
- und Ersitzung bei Immobilien 967 f.

Eigenmacht, verbotene, s. *Verbotene Eigenmacht*

Eigenschaftsirrtum, Anfechtung wegen Eigenschaftsirrtums und Trennungs- und Abstraktionsprinzip 27

Eigentum (zivilrechtliches) 664 ff.
- als umfassendes Herrschaftsrecht 84 f.
- Arten 665 ff.
- Aufgabe des Eigentums (§ 959 BGB) 115
- an der Forderung 96, 104, 112
- Begründung durch Aneignung 71
- Eigentümer-Besitzer-Verhältnis, s. *dort* 1130 ff.
- Elastizität des Eigentums 91
- Erwerb, s. *Eigentumserwerb und -verlust* 727 ff.
- Miteigentum 85, 128, 665
- relatives 48 Fn. 102
- Schutz durch Art 14 GG, s. *Eigentum und Grundgesetz*

– Schutz durch die EMRK 263 ff.
– Schutz nach § 985, s. *Dinglicher Anspruch* 1074 ff., 1098 ff.
– Schutz nach § 1004, s. *actio negatoria (§ 1004)* 1256 ff.
– Schutz nach § 1007, s. *actio publiciana (§ 1007)* 1237 ff.
– Schutz nach Bereicherungs- und Deliktsrecht 1290 ff.
– Schutz nach dem Recht der EG 266 ff.
– Störung durch Emmissionen und Immissionen 671 ff.
– Umwandlung von Miteigentum in Gesamthandseigentum und umgekehrt 181
– Vereinigung eines Rechts an einem Grundstück oder eines Pfandrechts mit dem Eigentum 116
– Vereinigung einer verpfändeten Grundschuld mit dem Eigentum 116 Fn. 198
– Verlust, s. *Eigentumserwerb und -verlust* 727 ff.

Eigentum und Grundgesetz 205 ff.
– Abfindung ausscheidender Aktionäre 218 Fn. 406
– Administrativenteignung 215
– Altlastensanierung 247
– Atomausstieg 230 Fn. 430, 233 Fn. 436
– Aufopferungsentschädigung 235 Fn. 443
– Ausgleichsanspruch bei Inhalts- und Schrankenbestimmung 218, 247
– ausgleichspflichtige Inhaltsbestimmung 232, 256 Fn. 507
– Bergwerkseigentum 219 Fn. 414, 669
– Besitzrecht des Mieters an der Wohnung als Eigentum i.S. von Art. 14 GG 209 f., 210 Fn. 383
– Budgetrecht des Parlaments 225 f., 247
– Denkmalschutz-Entscheidung 218 Fn. 406, 246
– Enteignender Eingriff 213, 234 Fn. 438 f., 237 Fn. 446, 239, 248, 251, 257
– Enteignungsgleicher Eingriff 213, 234 Fn. 438 ff., 239, 239 Fn. 453 f., 248, 256 Fn. 511
– Enteignung als Gegensatz zur Inhaltsbestimmung 215
– Enteignungsbegriff des BVerfG 215
– Entschädigung 205, 216, 218 f., 226, 228 ff.
– Feldmühle-Urteil 218 Fn. 406
– Fluglärmimmissionen 237 Fn. 446
– Folgenbeseitigungsanspruch 235 Fn. 440, 239 Fn. 449
– Freiheitssicherung durch Eigentum 207
– Gesetzliche Vorkaufsrechte als Inhalts- und Schrankenbestimmung 218 Fn. 407
– Inhalt des Eigentums i.S. des Art. 14 GG 208 ff.
– Inhaltsbestimmung als Gegensatz zur Enteignung 215
– Inhalts- und Schrankenbestimmung nach dem BVerfG 215, 241
– Inhalts- und Schrankenbestimmung und Sozialpflichtigkeit 241
– Junktimklausel 216, 225 f.
– Juristische Personen des öffentlichen Rechts als Grundrechtsträger 211
– Kleingartenpacht-Entscheidungen 213 f., 217, 222, 242 Fn. 451, 244
– Legalenteignung 215, 217 f.
– Mitbestimmungs-Entscheidung 245 f.
– Naßauskiesungs-Entscheidung 213 f., 217 Fn. 401 f., 219 Fn. 412, 222, 235, **243**
– „nudum ius" 219
– Pflichtexemplar-Entscheidung 213 Fn. 392, 217 Fn. 402, 222 Fn. 423
– Prüfungskompetenz des BVerwG 220
– Prüfungsschema nach BVerfG 246 f.
– Rechtsweg 206, 236 Fn. 444, 258
– Salvatorische Klausel 233 Fn. 437, 237 Fn. 447, 238, 256 Fn. 507
– Schweretheorie des BVerwG 221, 257
– Situationsgebundenheit und Eingriffsintensität 221, 252, **256**, 259
– Sonderopfer(-theorie) 250 ff., 250 Fn. 496, 256 Fn. 507, 257
– Verhältnismäßigkeitsgrundsatz 242 Fn. 452, 246
– Vorrang des Primärrechtsschutzes 216, 239 Fn. 449 f.

Eigentümer-Besitzer-Verhältnis 1130 ff.
– Bestehen einer Vindikationslage als Voraussetzung für Ansprüche aus dem Eigentümer-Besitzer-Verhältnis 1160 ff.
– Einordnung in das gesetzliche System 1130
– entsprechende Anwendung der §§ 987 ff. auf § 894, Vormerkung und Vorkaufsrecht 1138 ff.
– Fremdbesitzerexzeß 1198 ff., 1232
– grobe Fahrlässigkeit i.S. von §§ 990 I, 932 II 1145 f.
– Grundgedanken der Haftung im Eigentümer-Besitzer-Verhältnis 1131 ff.
– Herausgabe der Übermaßnutzungen nach § 993 I Hs. 1 1174
– Herausgabe der unentgeltlich (und rechtsgrundlos?) gezogenen Nutzungen (§ 988) 1176 ff., 1231 ff.
– Informationsabfrage- und -weiterleitungspflicht in Organisationen und Bösgläubigkeit 1151

- maßgeblicher Zeitpunkt des Bestehens 1163 ff.
- Nutzungsherausgabe, s. *Nutzungen* 1169 ff.
- Schadensersatzhaftung, s. *Schadensersatzhaftung nach Eigentümer-Besitzer-Verhältnis* 1184 ff.
- Verhältnis zu anderen Vorschriften (§ 993 I 2. Hs.) 1141 ff., 1231 ff.
- Verwendungsersatz, s. *Verwendungsersatz nach Eigentümer-Besitzer-Verhältnis* 1202 ff.
- Verwendungsersatzregelung, Grundgedanke 1137
- Zurechnung fremden Verschuldens nach § 278 1159
- Zurechnung fremder Bösgläubigkeit an natürliche Personen 1158
- Zurechnung fremder Bösgläubigkeit an Organisationsträger 1147 ff.

Eigentümerdienstbarkeit 89 Fn. 156
Eigentümer-Erbbaurecht 1979, 1982 Fn. 2131
Eigentümergrunddienstbarkeit 1799
Eigentümergrundpfandrecht
- Akzessorietät und Eigentümergrundpfandrecht 1348
- Aufrechterhaltung einer eingetragenen, aber unwirksam bestellten Hypothek als Eigentümergrundschuld 1449
- Begriff 1378
- Bestellung 1379
- Eigentümergrundschuld hinter der Hypothek 1381 ff., 1444, 1595
- Entstehung der Eigentümergrundschuld kraft Gesetzes 1595
- Rechtsnatur und Inhalt 1387 ff.

Eigentümernießbrauch 89 Fn. 156, 1749
Eigentümerrechte 89, 116 Fn. 199
Eigentumsaufgabe, s. *Dereliktion*
Eigentumserwerb und -verlust
- an Bestandteilen und Zubehör 931 f.
- an beweglichen Sachen durch Rechtsgeschäft 765 ff.
- an beweglichen Sachen durch Stellvertreter 782, 807 f., 814
- an beweglichen Sachen vom Nichtberechtigten, s. *Erwerb von Rechten an beweglichen Sachen vom Nichtberechtigten kraft guten Glaubens* 824 ff.
- an Erzeugnissen und sonstigen Bestandteilen (§§ 953 ff.) 941 ff.
- an Grundstücken durch Rechtsgeschäft (allg.) 731 ff.
- an Grundstücken durch Rechtsgeschäft vom Berechtigten 733 ff.
- an Grundstücken durch Rechtsgeschäft vom Nichtberechtigten, s. *Erwerb von Rechten an Grundstücken vom Nichtberechtigten kraft öffentlichen Glaubens* 617 ff., 758
- an Grundstücken durch Stellvertreter 738
- an Kfz-Brief analog § 952 1073
- an nicht eingetragenen Seeschiffen 765
- an Schuldscheinen (§ 952) 1072 f.
- Aneignung beweglicher Sachen 933, 939 f.
- Aneignungsrecht des Fiskus gemäß § 928 II 760 ff.
- Aufgabe des Eigentums an Grundstücken 759
- Auflassung, s. *dort* 734 ff.
- Bedeutung der Übergabe für die Übereignung beweglicher Sachen 798 ff.
- beim Fund 1064 ff.
- beim Schatzfund 1069 ff.
- durch Minderjährige 791 ff.
- Einigung, s. *dort*
- Geheißerwerb 804 ff.
- gesetzlicher Eigentumserwerb und -verlust, s. *dort* 967 ff.
- Sicherungsübereignung und Bestimmtheitserfordernis 774
- Streckengeschäft 805
- Übergabe bei Übereignung beweglicher Sachen, s. *Übergabe* 798 ff.
- Übersicht über die verschiedenen Tatbestände 727 ff.
- Verhältnis von Einigung und Übergabe bei dem Eigentumserwerb an beweglichen Sachen durch Rechtsgeschäft 768 ff.

Eigentumsfreiheitsklage, s. *actio negatoria (§ 1004)* und *Vindikation*
Eigentumsvermutung 1077
Eigentumsvorbehalt 2260 ff.
- erweiterter 2277
- Formen 2270 ff.
- guter Glaube i.S. von § 932 und Eigentumsvorbehalt 856 f.
- Kauf unter Eigentumsvorbehalt, s. *dort*
- Kontokorrentvorbehalt 2275
- Konzernvorbehalt 2276
- nachgeschalteter 2273
- nachträglicher 2265
- schuldrechtliche Wirkung 2266 ff.
- Übersicherung, Problematik der Übersicherung, s. *dort* 2278
- und gutgläubiger Erwerb der Lastenfreiheit 917
- und Trennungs- und Abstraktionsprinzip 2264
- verlängerter Eigentumsvorbehalt mit Verarbeitungsklausel 974 ff., 2271 f.
- weitergeleiteter 2274
- Wesen 2260 ff.

- Zwangsvollstreckung und Insolvenz 2279 f.

Einbau-Fälle
- Rechtfertigung der Bereicherung nach §§ 932, 816 I 988 ff.
- und schuldrechtlicher Ausgleich nach § 951 981 ff.

Einigung
- als Vertrag 73
- Auflassung, s. *dort* 734 ff.
- Bindungswirkung der Einigung 783 f.
- Ersetzung der Einigung gemäß § 929 S. 1 in der Zwangsvollstreckung 797
- Inhalt der Einigung für den Eigentumsvorbehalt beim Kauf unter Eigentumsvorbehalt 773 Fn. 537
- Inhalt der Einigung gemäß § 929 S. 1 773

Einigungsvertrag, s. *Wiedervereinigung und Sachenrecht* 296 ff.

Einkaufskommission und Eigentumserwerb des mittelbar Vertretenen bei der Übereignung beweglicher Sachen 818

Einmanngesellschaft 164

Einrede
- Begriff 1483
- der Arglist 69, 1638
- der Beschränkung auf den Sicherungszweck, s. *dort* 1602 ff.
- der Nichterfüllung des Sicherungszwecks bei der Sicherungsgrundschuld 1576
- Einreden gegen die Sicherungsgrundschuld 1603 ff.
- gegen den vorgemerkten Anspruch 2107
- gegen die Geltendmachung der Hypothek 1482 ff., 1492 ff.
- und materiell-rechtliche Anspruchsprüfung 1485
- Verzicht auf Einrede 1485
- Verzicht auf Einrederecht nach Ausübung 1486

Einrede der Beschränkung auf den Sicherungszweck 1602 ff.
- Anwendungsfälle aus der neueren Rspr. zur Geltendmachung der Sicherungsgrundschuld oder der gesicherten Forderung 1658 ff.
- bei Identität von Schuldner und Eigentümer und Nichtidentität auf der Gläubigerseite 1646 ff.
- bei Nichtidentität von Schuldner und Eigentümer und Identität auf der Gläubigerseite 1622 ff.
- bei Nichtidentität sowohl auf der Schuldner- als auch auf der Gläubigerseite 1653 ff.
- bei Zusammentreffen der Gläubigerrechte und der Haftung aus Forderung und Grundschuld je in einer Person 1617 ff.
- Eintragbarkeit in das Grundbuch 1608 ff.

Einstweilige Verfügung
- als Mittel des Schutzes des relativ Berechtigten 52, 52 Fn. 107
- Eintragung einer Vormerkung aufgrund einstweiliger Verfügung 2059, 2082 f.
- Eintragung eines Widerspruchs im Grundbuch aufgrund einstweiliger Verfügung 608

Eintragung im Grundbuch, s. *Grundbuch*

Eintragungsbewilligung nach der GBO 525

Einverleibung 728

Einwendung
- Begriff 1483
- gegen die Geltendmachung der Hypothek 1482 ff., 1489 ff.
- Einwendung i.e.S. 1483 f., 1487 f., 1489
- und materiell-rechtliche Anspruchsprüfung 1484

Einwilligung
- des Besitzdieners und Abhandenkommen beim Besitzherrn 966
- des Vorbehaltsverkäufers in die Weiterübereignung bei weitergeleitetem Eigentumsvorbehalt 2274 Fn. 98
- des Vormerkungsberechtigten in die vormerkungswidrige Verfügung 2108 Fn. 101
- Erwerb des Eigentums an beweglichen Sachen vom Nichtberechtigten 824
- Erwerb des Grundstückseigentum vom Nichtberechtigten mit Einwilligung des Berechtigten 758
- Formbedürftigkeit der Einwilligung in die Übereignung eines Grundstücks 758 Fn. 517
- in Besitzstörung oder -entziehung und Ausschluß verbotener Eigenmacht 469
- i.S. des § 418 I 3 und Vormerkung 2101 f.
- maßgeblicher Zeitpunkt für den guten Glauben bei Verfügung durch Nichtberechtigten mit Einwilligung eines anderen, ebenfalls Nichtberechtigten 837
- Schuldübernahme und Hypothek: Einwilligung desjenigen, der zur Zeit der Schuldübernahme der Eigentümer des Grundstücks ist (§ 418 I 3) 1338
- und Wirksamkeit der Verfügung eines nichtberechtigten Minderjährigen 792
- Verfügungsbefugnis des Nichtberechtigten durch Einwilligung des Berechtigten 76

Elastizität des Eigentums 91

Emmissionen (Schutz des Eigentums an Grundstücken), s. *Immissionen* 671

EMRK, Eigentumsschutz 263 ff., 270

Enteignender Eingriff 213, 234 Fn. 438 f., 237 Fn. 446, 239, 248, 251, 257
Enteignung, s.a. *Eigentum und Grundgesetz* 215
Enteignungsgleicher Eingriff 213, 234 Fn. 438 ff., 239, 239 Fn. 449 f., 248, 256 Fn. 507
Entschädigung
- nach § 14 BImSchG 715 f.
- nach Europarecht 268
- und Art. 14 GG, s.a. *Eigentum und Grundgesetz* 205, 216, 218 f., 226, 228 ff.

Erbbaurecht, s.a. *Grundstücksgleiche Rechte* **1946 ff.**
- als persönliches Recht 87
- an einem Gebäudeteil 1989 ff.
- Ausschluß der Bebaubarkeit 2008
- Bauwerk i.S.d. ErbbauVO 1968 ff.
- Eigenart 1849 f.
- Eigentümer-Erbbaurecht 1979, 1982 Fn. 2131
- Entstehung 1955 ff.
- Erbbaugrundbuch 517, 1846, 1950, 1960 f.
- Erbbauhypothek 1405 f., 1950, 1954
- Erbbauzins 1948, **2009 ff.**
- Erbbauzins, Anpassung 2014 f.
- Erfordernis des ersten Rangs, § 10 I 1 ErbbauVO 1963 ff.
- Erlöschen 1999 ff.
- Gegensatz zum Heimstättenrecht 1859
- Gesamterbbaurecht 1987 f.
- Heimfallrecht 1958, 1975, **1979 ff.**, 1980, 1996, 2006
- Hypothek an Erbbaurecht 1405 f., 1950, 1951
- Inhalt 1972 ff.
- kein subjektiv-dingliches Recht 1952
- Pflicht zur Nichtveräußerung, Vormerkungsfähigkeit 1974
- Reallast am Erbbaurecht 1985 f., 2010 ff.
- Rechtsnatur (Beziehung zum Bauwerk) 1946 ff.
- Teilerbbaurecht 1992 ff.
- Übertragung 1998
- Unter-Erbbaurecht 1951, **1995 ff.**
- Vererblichkeit 1975
- Verfügungsbeschränkungen des Erbbauberechtigten 1982 ff.
- Verpflichtungsvertrag zur Bestellung, Formbedürftigkeit 1962
- Wegfall des Bauwerks 2007
- Wirtschaftliche Bedeutung 1949
- Wohnungserbbaurecht 1992 ff.

Erbenbesitz 449 ff.
Erbengemeinschaft
- als primäre Vermögensgemeinschaft im Gegensatz zur Gesamthandsgesellschaft 147, 147 Fn. 255
- gesamthänderische Bindung des Nachlasses 123
- rechtsgeschäftlicher Erwerb für den Nachlaß (§ 2041) 177 f.
- Übertragung eines Anteils 158

Erdbestattung, Eigentum am Leichnam 34 Fn. 71
Erfüllungsanspruch
- als Zuordnungsposition, die durch Schutzansprüche sanktioniert wird 40
- Schutz des Erfüllungsanspruchs vorrangig vor Schutz wegen Verletzung der Forderung 41

Ersitzung
- als originärer gesetzlicher Eigentumserwerb 728
- Buchersitzung einer Grunddienstbarkeit 1800
- Eigentumserwerb durch Ersitzung bei beweglichen Sachen 1030 ff.
- Eigentumserwerb durch Ersitzung bei Immobilien 662 f., 967 f.
- Entstehung des Nießbrauchs an Sachen durch Ersitzung 1748
- Menzel-Fall 1033

Erwerb vom Nichtberechtigten mit Zustimmung des Berechtigten, s. *Einwilligung*; *Genehmigung*; *Zustimmung*
Erwerb von Rechten an beweglichen Sachen vom Nichtberechtigten kraft guten Glaubens 824 ff.
- Abhandenkommen 834, **867 ff.**
- das Merkmal „nicht in gutem Glauben", s. *Guter Glaube*
- Disponibilität des Rechtsscheins 630, 630 Fn. 288 f.
- Erfordernis der Entäußerung als Rechtsscheingrundlage 831
- Erfordernis des Erwerbs durch Verkehrsgeschäft 832
- Erwerb nach §§ 932 ff. BGB und § 366 HGB 826 ff.
- Erwerb nach § 933 und § 934 886 ff.
- guter Glaube, s. *dort*
- gutgläubiger Erwerb der Lastenfreiheit 914 ff.
- gutgläubiger Erwerb des Anwartschaftsrechts des Käufers beweglicher Sachen bei Kauf unter Eigentumsvorbehalt 2162 ff.
- gutgläubiger Erwerb des Eigentums an Früchten 945
- gutgläubiger Erwerb von Erzeugnissen (§ 957, § 959) 954 f.
- gutgläubiger Geheißerwerb 836 ff.

- Lehre vom Nebenbesitz, s.a. *dort* 888 ff.
- Miteigentum, gutgläubiger Erwerb von 907 ff.
- nicht wirksam gepfändete und gepfändete schuldnerfremde Sachen 826 Fn. 613
- Rechtsscheinbasis (allgemein) 831
- Rechtsscheinbasis bei gutgläubigem Geheißerwerb 837 f., 838 Fn. 639
- Rückerwerb vom Nichtberechtigten, s.a. *dort* 919 ff.
- von einem Minderjährigen nach §§ 932 ff. 793 f.

Erwerb von Rechten an Grundstücken vom Nichtberechtigten kraft öffentlichen Glaubens 618 ff.
- bei Verfügungsbeschränkung zugunsten bestimmter Personen 619 ff.
- Beispielsfälle 661
- Disponibilität des Rechtsscheins 630, 630 Fn. 288 f.
- Erfordernis des Erwerbs durch Verkehrsgeschäft 646 ff.
- Erfordernis des rechtsgeschäftlichen Erwerbs 645
- Rückerwerb vom Nichtberechtigten 631
- und Kenntnis von der Unrichtigkeit des Grundbuchs 627 ff., 657 ff.

Erzeugnis
- Eigentumserwerb an Erzeugnissen (§§ 953 ff.) 941 ff.
- gutgläubiger Erwerb von Erzeugnissen (§ 957, § 959) 954 f.

Eurohypothek 1311, 2203

Europäische Gemeinschaften
- absolute Sicherungsrechte und Europarecht 2203
- Eigentumsschutz 266 ff.

Europäische Kommission für Menschenrechte 263

Europäische wirtschaftliche Interessenvereinigung 123 Fn. 208, 2203

Europäischer Gerichtshof (EuGH) 266

Europäischer Gerichtshof für Menschenrechte (EGMR) 263 f.

Exzeß des Fremdbesitzers 1198 ff., 1232

Factoring 2300 ff.

Fahrlässigkeit, grobe , s. *Grobe Fahrlässigkeit*

Fahrnis, Begriff 31 Fn. 56

Fahrnispfandrecht, s. *Pfandrecht*

falsa demonstratio non nocet 736

Fälschung 643, 1477

Faustpfandrecht 1690

Fehlerhafter Besitz 470

Feldbahnlokomotiven-Fall 1186

Feldmühle-Urteil 218 Fn. 406

Ferkel-Fall (Sicherungsübereignung und Bestimmtheitserfordernis) 775, 777

Feststellungsklage als Bestandteil des negatorischen Schutzes der Forderung 106

Flaschenpfand 1683 Fn. 1870

Flurstück 510

Folgenbeseitigungsanspruch 235 Fn. 440, 239 Fn. 449

Forderung
- absolute Dimension der Forderung 105
- als Voraussetzung der Hypothek 1443 ff.
- Aufhebung 70
- Begründung 70
- Eigentum an der Forderung 104, 112
- Einziehung bruchteilsmäßig zustehender Forderungen 129
- Forderungszuständigkeit, s. *dort*
- Forderungszuständigkeit, deliktischer Schutz und Publizitätsgrundsatz 23
- Scheinforderung, Bestellung der Hypothek für eine 1450
- Übertragung 70
- Übertragung der hypothekarisch gesicherten Forderung 1464 ff.
- Verpfändung der Forderung 112

Forderungszuständigkeit
- bereicherungsrechtlicher Schutz 107
- deliktischer Schutz 108 ff.
- negatorischer Schutz 105 f.
- Publizitätsgrundsatz und deliktischer Schutz der Forderungszuständigkeit 23

Form
- der Abtretungserklärung des Zedenten einer durch Briefhypothek gesicherten Forderung in schriftlicher Form 1466
- der Aufhebung der Auflassung 740
- der Auflassungsvollmacht 738
- der Aufhebung von Wohnungseigentum 1909
- der Begründung von Wohnungseigentum 1893
- der Übertragung der Grundschuld 1596
- der Zustimmung zur Übereignung eines Grundstücks 617, 758
- des Verpflichtungsvertrags über die Bestellung oder den Erwerb eines Erbbaurechts 1962, 1998
- des Verpflichtungsvertrags über den Erwerb oder die Veräußerung von Bergwerkseigentum 2037
- des Verzichts auf das Aneignungsrecht des Fiskus an einem Grundstück 762
- Ersetzung der Form des § 925 BGB gemäß § 894 ZPO 747
- Formlosigkeit der Begründung eines Erbbaurechts 1955

- Formlosigkeit der Verpflichtung z. Übertragung eines Anteils an einer Grundstücks-BGB-Gesellschaft 157, 157 Fn. 269
- Formvorschrift des § 311b I BGB 733
- Formvorschrift des § 925 BGB 734 f.
- Formvorschrift des § 29 GBO 537 f.
- und Internationales Privatrecht 378

Formelles Grundbuchrecht 522 ff.

Formelles Konsensprinzip (§ 19 GBO) 525

Fräsmaschinen-Fall (§§ 933, 934)
- Einschränkung des § 934 aufgrund der Wertung des § 933 902 f.
- Sachverhalt 888

Freigabeanspruch und Problematik der Übersicherung 2235, 2251

Freigabeklausel
- dingliche Teilverzichtsklausel 2292
- schuldrechtliche Freigabeklausel 2292 Fn. 116
- und Problematik der Übersicherung 2235 ff.

Fremdbesitz 466

Fremdbesitzerexzeß 1198 ff., 1232

Früchte
- als Gegenstand des Sachenrechts 30
- Eigentumserwerb an Früchten (§§ 953 ff.) **941 ff.**, 1036
- Übermaßfrüchte 963, 1174

Fund 1037 ff.
- Ansichnahme durch Besitzdiener/-mittler bei eigenem Fund 1052 Fn. 927
- Begriff „verloren" i.S. von § 965 I 1040 ff.
- Begriff „Finder" i.S. von § 965 I 1046 ff.
- Behörden- und Verkehrsfund (§§ 978 ff.) 1041 f., **1056 ff.**
- Eigentumserwerb beim Fund 1064 ff.
- Eigentumserwerb beim Schatzfund 1069 ff.
- Fund durch Besitzdiener/-mittler mit Suchauftrag 1052, 1052 Fn. 927
- Fund durch BGB-Gesellschaft 1053
- Fund durch mehrere 1053
- Fund von Strandgut 1062
- gesetzliches Schuldverhältnis beim Fund 1063 ff.
- Großmarkt-Fall 1058, 1058 Fn. 935
- Platzanweiserin-Fall 1052 Fn. 927, 1058 Fn. 935
- Schatzfund 1059 ff.
- und Aneignungsrecht 1043 f.

Gastwirtschaftstoiletten-Fall 438

Gebäude als wesentlicher Bestandteil des Grundstücks 31

Gebäudeeigentum, s. *Überleitung sachenrechtlicher Regelungen der DDR* 316 ff.

Gefährdungshaftung im Kanon der Zuordnungssanktionen 43, 43 Fn. 96

Gegenstand
- Begriff des körperlichen Gegenstands 32
- Erfüllungs- und negatorischer Anspruch bei Speziesgegenstand 42 Fn. 94
- Relevanz des Gegenstandes (Speziesgegenstand oder gattungsmäßig bestimmter Gegenstand) für die Art des Schutzrechts 39 Fn. 86, 63

Geheißerwerb 804 ff.
- Anweisung an die Geheißperson durch Vertreter 806
- gutgläubiger Geheißerwerb 836 ff.
- Hemden-Fall 838
- Rechtsscheinposition bei gutgläubigem Geheißerwerb 837
- und Durchgangserwerb 805

Geld, gutgläubiger Erwerb trotz Abhandenkommens 869

Gemeinschaft nach Bruchteilen, s.a. *Bruchteilsgemeinschaft* 124 ff.

Genehmigung
- der vormerkungswidrigen Verfügung durch den Vormerkungsberechtigten 2108
- Erwerb des Eigentums an beweglichen Sachen vom Nichtberechtigten 824
- Erwerb des Grundstückseigentums vom Nichtberechtigten 758
- Formbedürftigkeit der Genehmigung der Übereignung eines Grundstücks 758
- maßgeblicher Zeitpunkt für den guten Glauben bei Verfügung durch Nichtberechtigten mit Genehmigung eines anderen, ebenfalls Nichtberechtigten 837
- und Wirksamkeit der Verfügung eines nichtberechtigten Minderjährigen 792
- Verfügungsbefugnis des Nichtberechtigten bei Genehmigung des Berechtigten 76

Gerechtsame, Begriff 87 Fn. 150

Gesamtgläubigerschaft bei Vormerkung, Hypothek und Pfandrecht 121

Gesamthand
- als Gruppe 146, 147 ff.
- als Personenverband, nicht Verbandsperson 146 Fn. 252
- deutsch-rechtliche Auffassung von der Rechtsfähigkeit der Gesamthand 143 Fn. 247, 146 Fn. 251
- Gesamthandsbesitz 187 ff.
- Gesamthandsbesitz und Pfandrechtserwerb 193
- Grundprinzip der Gesamthand 143
- Nichtrechtsfähigkeit der Gesamthand 143 Fn. 247

Gesamthandsgemeinschaft, s.a. *BGB-Gesellschaft* 123, **139 ff.**
- als Besitzherr eines Besitzdieners 447
- Gegensatz zur Bruchteilsgemeinschaft 142
- Gegensatz zur körperschaftlichen juristischen Person 143
- Übertragbarkeit des Anteils 153 ff.
- Unzulässigkeit der Bestellung einer Hypothek an Gesamthandseigentum 1405
- Verfügung über Anteil 142
- Zwangsvollstreckung in Anteil 142

Gesamthandsgesellschaft, s. *Gesamthandsgemeinschaft*
Gesamthandspersonengesellschaft und Lehre von der Gesamthand als Gruppe 149
Gesamthypothek
- Begriff 1551
- Bestellung 1557
- Fälle 1554 ff.
- gesetzlicher Übergang auf den Eigentümer 1562 ff.
- Regreß unter mehreren Eigentümern 1563 ff.
- Regreßlosigkeit der Gesamthypothek 1522 ff., 1561
- Verzicht auf Gesamthypothek 1559 f., 1568

Gesamtschuld und Regreß gemäß § 426 bei Hypothek und Bürgschaft für eine fremde Schuld 1518 ff.
Gesetzliche Pfandrechte
- Arten 1683
- gutgläubiger Erwerb 1694 ff.

Gesetzlicher Eigentumserwerb und -verlust 967 ff.
- an beweglichen Sachen 969 ff.
- an Grundstücken 967 f.
- schuldrechtlicher Ausgleich nach § 951, s. *dort* 978 ff.
- Verarbeitung 970
- Verbindung 969
- Vermengung 972
- Vermischung 972

Gesteinsbrocken-Fall 723, 725
Gewahrsam 420, 444
Gewere (als deutsch-rechtliche Ursprungsfigur des Besitzes des BGB) 402
Gläubigerwechsel
- bei der hypothekarisch gesicherten Forderung 1335 ff.
- bei der Sicherungsgrundschuld 1346 ff.

Globalzession
- dingliche Teilverzichtsklausel 2292
- Konkurrenz von Sicherungs-Globalzession und verlängertem Eigentumsvorbehalt 2289 ff.
- schuldrechtliche Freigabeklausel 2292 Fn. 116

Gold- und Silbersachen 1718 f.
Grobe Fahrlässigkeit
- i.S. von § 932 II 846 ff.
- i.S. von §§ 990 I 1145
- i.S. von §§ 990 I von Banken bei Scheckeinlösung 1146

Großmarkt-Fall
- und Besitz 433 ff., 436
- und Fund 1058, 1058 Fn. 935

Grundbuch 499 ff.
- Abschreibung von Grundstücksteilen 511 ff.
- als Entsprechung zum Besitz 485
- als tatsächliche Grundlage von dinglichen Rechten 85
- Amtswiderspruch 559 Fn. 211
- Antragserfordernis 524
- Art und Weise der Führung des Grundbuchs 504 ff.
- bei Erbbaurecht 517, 1846, 1950, 1960 f.
- Berggrundbuch 1846, 2035
- Bewilligungsgrundsatz (§ 19 GBO) 525
- Eintragungsbewilligung 525
- Eintragungsfähigkeit der Zession des vorgemerkten Anspruchs 2125
- Flurstück und Grundstück 510
- Formelles Grundbuchrecht 522 ff.
- Formelles Konsensprinzip (§ 19 GBO) 525
- Führung durch Grundbuchamt 499
- Gegenstand des Grundbuchs 510 ff.
- Grundbuchfähigkeit, s. *dort*
- Grundbuchmuster 500 ff.
- katastermäßige Abschreibung 511 ff.
- keine Grundbuchsperre durch Vormerkung 2064
- Liegenschaftskataster und Grundbuch 510 ff.
- Materielles Grundbuchrecht 522
- Materielles Konsensprinzip (§ 20 GBO) 526 ff.
- öffenliche Lasten, Nichteintragung 516, 516 Fn. 157
- öffentlicher Glaube des Grundbuchs, s. *dort*
- Personalfolium 505, 507 f.
- Rang der Grundstücksrechte, s. *dort* 540 ff.
- Realfoliensystem 504, 506
- Rechtshängigkeitsvermerk, Eintragung 518
- und gemeindliches Vorkaufsrecht 516, 516 Fn. 157

- und gutgläubiger Erwerb, s. *Erwerb von Rechten an Grundstücken vom Nichtberechtigten kraft öffentlichen Glaubens*
- Verfügungen über Grundstücksrechte, Eintragung 486 ff.
- Verfügungsbeschränkungen, Eintragung 518
- Vermutungswirkung nach § 891 498, 602
- Voreintragung des Betroffenen 533 ff.
- Vormerkung, Eintragung 519, 2060, 2070
- Widerspruch, s. *dort*
- Wirksamkeitsvermerk, Eintragung 521
- Wohnungsgrundbuch 514, 517, 1846, 1863, 1866, 1870, 1894 f., 1911
- Zuschreibung und Vereinigung von Grundstücken 515

Grundbuchberichtigungsanspruch
- als negatorischer Anspruch im weiteren Sinn 42
- Anwendung der Nebenfolgen der Vindikation 606, 1138
- Hilfsansprüche 605
- Voraussetzungen 603

Grundbuchfähigkeit
- der BGB-Gesellschaft 151
- der Personenhandelsgesellschaften 151

Grunddienstbarkeit 1778 ff.
- Änderung der Verhältnisse auf dem dienenden bzw. auf dem herrschenden Grundstück 1792 ff.
- als Bestandteil des herrschenden Grundstücks 1780
- als Mittel der Wettbewerbsbeschränkung 1810 ff.
- altrechtliche Grunddienstbarkeiten 1809
- Begriff und Regelung 1778 ff.
- Eigentümergrunddienstbarkeit 1799
- Entstehen 1799 f.
- Erlöschen 1801 ff.
- Inhalte 1782 ff.
- Schutz der Grunddienstbarkeit 1805 ff.
- servitus in faciendo consistere nequit 1787 f., 1812
- servitus praedio utilis esse debet (Vorteilsregel, § 1019) 1790
- Unterschied zur Reallast 1830
- Verhältnis zwischen Rechtsinhaber und Eigentümer 1796 f.
- Verlegungsrecht 1798

Grundpfandrechte, s.a. *Hypothek* und *Grundschuld* **1301 ff.**
- Akzessorietät der Hypothek, Nichtakzessorietät der Grundschuld 1316 ff.
- Arten 1301 ff.
- Aufgabe des Eigentums an Grundstücken trotz Belastung mit Grundpfandrechten 115
- Bestellung 1315
- Eigentümergrundpfandrecht, s.a. *dort* 1378 ff.
- Europäische Entwicklung 1311
- Geltung allgemeiner sachenrechtlicher Grundsätze 1315
- Haftungsverband, s.a. *Haftungsverband, hypothekarischer* 1408 ff.
- Pfandbriefwesen/Hypothekenbanken 1308
- Rang 1315
- Rechtsnatur 1313
- Schutz der Gläubiger von Grundpfandrechten 1730 ff.
- Theorie vom dinglichen Verwertungsrecht 1313
- Überblick über die wichtigsten Vorschriften 1397
- Übertragung 1315
- Umwandlung eines Grundpfandrechts in ein anderes 1377
- und Verbraucherschutz 1312

Grundschuld, s.a. *Grundpfandrechte* und *Sicherungsgrundschuld* **1570 ff.**
- Ablösungsrecht von Dritten (§§ 1192 I, 1150, 268) 1674 ff.
- AGB bei der Sicherungsbestellung von Grundschulden 1581 ff.
- Anwendung der Vorschriften über die Hypothek 1573 f.
- Arten 1371 ff.
- Aufhebung 1680
- Befriedigung des Gläubigers, Rechtsfolgen 1661 ff.
- Bestellung 1591 ff.
- Buch- und Briefgrundschuld 1371 f., 1374
- Eigentümergrundschuld hinter der Hypothek 1381 ff., 1444, 1595
- Entstehung kraft Gesetzes 1595
- Erlöschen im Fall der Befriedigung durch Zwangsvollstreckung 1680
- Erwerb vom Nichtberechtigten 1598
- Gegenstand der Haftung 1590
- Gutgläubiger Erwerb (Erwerb kraft öffentlichen Glaubens) 1370, 1598
- Haftungsverband, s.a. *Haftungsverband, hypothekarischer* 1408 ff.
- Inhabergrundschuld 1375, 1573
- Leistung des mit dem Schuldner identischen Eigentümers, Rechtsfolgen 1662 ff.
- Leistung des mit dem Schuldner nicht identischen Eigentümers, Rechtsfolgen 1668 ff.
- Leistung durch Dritte 1674 ff.
- Löschungsanspruch und -vormerkung (§ 1179a f.) 1671 ff.

- Nichtakzessorietät 1303, 1316 ff., **1339 ff.**
- Recht des Pfandgläubigers zur Einziehung des dinglichen Rechts bei Verpfändung einer Grundschuld und Nichtakzessorietät der Grundschuld 1321
- Übertragung 1596
- Umwandlung der Grundschuld in eine Hypothek 1377
- Vereinigung einer verpfändeten Grundschuld mit dem Eigentum 116 Fn. 199
- Verzicht 1680

Grundstück
- im Rechtssinne (Begriff; Grundbuchverkehr) 31
- Zwangsvollstreckung in ein Grundstück, Verfahren 586 ff.

Grundstücksgesellschaft, Anteilsübertragung 157, 157 Fn. 268 f.

Grundstücksgleiche Rechte 1845 ff.
- s. *Bergwerkseigentum*
- s. *Erbbaurecht*
- s. *Wohnungseigentum und Teileigentum*
- Behandlung wie Eigentum hinsichtlich Vereinigung und Zuschreibung 1852 ff.
- Gegensatz zu den beweglichen Sachen 31
- Möglichkeit der Belastung 86, 1778, 1828
- Überblick 1845

Grundstücksrecht
- Bestellung eines Grundstücksrechts an Miteigentumsanteil 132 Fn. 221
- Eintragung in das Grundbuch 486, 516 ff.

Guter Glaube 840 ff., 1144 ff.
- an die Vertretungsmacht bei gutgläubigem Eigentumserwerb beweglicher Sachen 853, 863 f.
- bei Übereignung sicherungsübereigneter Sachen 856
- Bezugspunkt (allgemein) 826
- Bezugspunkt bei Erwerb von Kaufleuten (§ 366 HGB) 827 ff., 858 ff.
- Bezugspunkt bei gutgläubigem Geheißerwerb 837 f., 838 Fn. 639
- Bösgläubigkeit i.S. von § 932 840 ff.
- Bösgläubigkeit i.S. von § 990 1144 ff.
- Erstreckung des § 366 HGB auf die Konditionsfreiheit 865 f.
- Informationsabfrage- und -weiterleitungspflicht in einer Organisation 1151
- Kenntnis der Anfechtbarkeit der Übereignung und Bösgläubigkeit 842 f.
- Kraftfahrzeugbrief/-schein und grobe Fahrlässigkeit 848 ff.
- Maßstab 833, **840 ff.**
- und Eigentumsvorbehalt 856 f.
- und Erwerb eines rechtsgeschäftlichen/gesetzlichen Pfandrechts 867
- Zeitpunkt 844 f.
- Zeitpunkt bei dem Erwerb einer Vormerkung kraft öffentlichen Glaubens für künftige oder bedingte Ansprüche 2092 ff.
- Zeitpunkt bei Verfügung durch Nichtberechtigten mit Einwilligung eines anderen, ebenfalls Nichtberechtigten 837

Gütergemeinschaft
- als Sonderfall der Gemeinschaft nach Bruchteilen 123
- rechtsgeschäftlicher Erwerb und Gesamthandsvermögen 176 f.
- unrichtige Eintragung in das Grundbuch 180 Fn. 317 f.

Güterzuordnung
- als allgemeines rechtliches Phänomen 194
- außerhalb des Sachenrechts 194
- Bedeutung des Sachenrechts 199 ff.
- Entwicklung der Güterzuordnung 199 ff.
- und ökonomische Analyse des Rechts 201
- und UWG 197
- Unvollständigkeit der Güterzuordnung 195 ff.

Gutgläubiger Erwerb
- s. *Erwerb von Rechten an beweglichen Sachen vom Nichtberechtigten kraft guten Glaubens*
- s. *Erwerb von Rechten an Grundstücken vom Nichtberechtigten kraft öffentlichen Glaubens*
- Besitz als Grundlage des gutgläubigen Erwerbs 400
- der Grundschuld (Erwerb kraft öffentlichen Glaubens) 1370, 1598
- der Hypothek (Erwerb kraft öffentlichen Glaubens) 1358 ff., 1470 ff.
- der Hypothek durch Übertragung der Hypothekenforderung 1360 ff.
- der Lastenfreiheit 914 ff.
- der Sicherungshypothek 69 Fn. 134, 1362, 1369
- des Anwartschaftsrechts des Hypothekars bei noch nicht entstandener Forderung 1456
- des Anwartschaftsrechts des Käufers beweglicher Sachen bei Kauf unter Eigentumsvorbehalt 2162 ff.
- des Wohnungseigentums 1871
- Gebäudeeigentum, gutgläubiger Erwerb nach Überleitungsrecht 320
- Gebäudeeigentum, Erwerb kraft öffentlichen Glaubens nach §§ 891 f. BGB 325 ff.

- gesetzlicher Pfandrechte 1694 ff.
- gutgläubiger Ersterwerb der Vormerkung 2086 ff.
- gutgläubiger Zweiterwerb der Vormerkung 2114 ff.
- kein gutgläubiger Erwerb eines Anwartschaftsrechts vom Schein-Anwartschaftsberechtigten 2173 ff.
- rechtsgeschäftlich begründeter Pfandrechte 1692 f.
- und internationales Sachenrecht 381, 386 Fn. 842
- von Miteigentum 907 ff.
- Vormerkung, Erwerb der Vormerkung kraft öffentlichen Glaubens 2086 ff.

Haftungsverband, hypothekarischer 1408 ff.
- Anwartschaftsrecht im Haftungsverband 584 Fn. 246, 1423 ff.
- Inhalt 1408 ff.
- Möglichkeiten der Enthaftung 1411 ff.
- subjektiv-dingliche Rechte als Bestandteile des Grundstücks gemäß § 96 und damit zugehörig zum hypothekarischen Haftungsverband 87
- und Gegenstand der Immobiliarzwangsvollstreckung 584
- Vollstreckung in Mobilien, die zum Haftungsverband gehören, im Wege der Mobiliarzwangsvollstreckung 584

Halterhaftung (als besondere Haftungsgrundlage für Schadensersatzanspruch im Kanon der Zuordnungssanktionen)
- Haftung des Kraftfahrzeughalters 43 Fn. 96
- Haftung des Tierhalters 43 Fn. 96

Hand wahre Hand
- Bedeutung 402 Fn. 11
- und Abhandenkommen 875
- und Gewere (deutsch-rechtliche Ursprungsfigur des Besitzes) 402

Handbibliothek-Kunst-Fall (Sicherungsübereignung und Bestimmtheitserfordernis) 775, 778

Handlungsstörer 1257

Haustürgeschäft 1312, 1316, 1318

Heimfallrecht 1958, 1975, **1979 ff.**, 1980, 1996, 2006

Heimstättenrecht und WEG 1859

Hemden-Fall (Geheißerwerb) 838

Herausgabeanspruch
- bereicherungsrechtlicher und Trennungs- und Abstraktionsprinzip 28
- nach § 985, s. *Vindikation* 1098 ff.
- nach § 1007, s. *actio publiciana (§ 1007)* 1129, **1237 ff.**

Herrenlose Sache und beschränkte dingliche Rechte an dieser Sache 115

Hersteller i.S. von § 950
- Beurteilung der Herstellereigenschaft 971, 974
- Beuys-Fettecke-Fall 977
- und Bestimmtheitsgrundsatz 976

Höchstbetragshypothek 1310, 1327, 1362, 1398 f., 1541

Hypothek, s.a. *Grundpfandrechte* **1398 ff.**
- Abtretungserklärung, kontinuierliche Reihe beglaubigter Abtretungserklärungen (§ 1155) 1477
- Akzessorietät 1302, 1316 ff., **1321 ff.**
- Akzessorietät, gesetzliche Abweichungen 1356 ff.
- Alternativberechtigung, Unzulässigkeit 1402
- Alternativsicherung, Unzulässigkeit 1402
- Amortisations- oder Abzahlungshypothek 1309
- an Bruchteilseigentum 1405
- an Eigentum an einer Teilfläche 1405
- an Erbbaurecht 1405 f., 1950, 1954
- an Wohnungseigentum 1405
- Anwartschaftsrecht des Hypothekars bei noch nicht entstandener Forderung 1452 ff.
- Arten 1371 ff.
- Aufrechterhaltung einer eingetragenen, aber unwirksam bestellten Hypothek als Eigentümergrundschuld 1449
- Auswechslung der Forderung 1399
- Bauhandwerkersicherungshypothek 1543 ff.
- Befriedigung des Hypothekars, Rechtsfolgen 1511 ff.
- Begründung durch Zwangsvollstreckung und Arrestvollziehung 1463
- Bestellung 1430 ff., 1439 ff.
- Brief- und Buchhypothek 1371 ff., 1434 ff., 1439 ff.
- Eigentümergrundschuld hinter der Hypothek 1381 ff., 1444
- Einwendungen und Einreden gegen die Geltendmachung der Hypothek 1482 ff., 1489 ff., 1492 ff.
- Erbbauhypothek 1405 f., 1950, 1954
- Erwerb vom Nichtberechtigten 1358 ff., 1470 ff.
- Eurohypothek 1311, 2203
- Folgerungen aus der Akzessorietät für die Hypothek 1332 ff.
- Forderung als Voraussetzung der Hypothek 1443 ff.
- für bedingte und künftige Forderungen 1322 ff., 1401, 1445 f., 1457 ff.
- Gegenstand der Haftung 1404 ff.
- Geltendmachung 1478 ff.

- Gesamtgläubigerschaft 121
- Gesamthypothek, s. *dort* 1551 ff.
- Gläubigerwechsel bei der hypothekarisch gesicherten Forderung 1335 ff.
- Gutgläubiger Erwerb (Erwerb kraft öffentlichen Glaubens) 1358 ff., 1470 ff.
- Gutgläubiger Erwerb der Hypothek durch Übertragung der Hypothekenforderung 1360 ff., 1475
- Haftungsverband, s. *Haftungsverband, hypothekarischer* 1408 ff.
- Höchstbetragshypothek 1310, 1327, 1362, 1398 f., 1541
- Hypothek und Bürgschaft für eine fremde Schuld 1518 ff.
- Hypothekenbrief, s. *dort* 1436 ff.
- Inhaberhypothek 1376
- Inhalt der Hypothek 1398 ff.
- Judikatshypothek 583, 1479, 1557 Fn. 1681
- Kündigungs- und Amortisationshypothek 1309
- Leistung des mit dem Schuldner identischen Eigentümers, Rechtsfolgen 1513 ff.
- Leistung des mit dem Schuldner nicht identischen Eigentümers, Rechtsfolgen 1517
- Leistung durch Dritte, Rechtsfolgen 1527
- Löschungsanspruch und –vormerkung (§§ 1179 ff.) 1528 ff.
- Löschungsfähige Quittung 1480, 1480 Fn. 1506, 1537
- Nebeneinander von Hypothek und Forderung, Möglichkeiten der Geltendmachung für den Gläubiger 1480 f.
- Regreßlosigkeit der Gesamthypothek 1522 ff.
- Restkaufgeldhypothek 1309
- Scheinbestandteile und Hypothekenhaftung 1407
- Scheinforderung, Bestellung der Hypothek für eine 1450
- Schuldnerwechsel bei der hypothekarisch gesicherten Forderung 1335 ff.
- Sicherung des Bereicherungsanspruchs bei Nichtigkeit des Darlehensvertrages 1447 ff.
- Sicherungshypothek, s. *dort* 1541 ff.
- Sicherungsvertrag als causa 1305
- Sukzessivberechtigung, Zulässigkeit 1402
- Übertragung der hypothekarisch gesicherten Forderung 1464 ff.
- Übertragung und Akzessorietät 1315, 1356
- Umwandlung der Hypothek in eine Grundschuld 1377
- und Abspaltungstheorie 91 Fn. 161
- Verbot der Doppelsicherung 1403
- Wettlauf der Sicherungsgeber hinsichtlich des Regresses bei Hypothek und Bürgschaft für eine fremde Schuld 1518 ff.
- „Zahlung auf die Forderung/auf die Hypothek“, Rechtsfolgen 1480, **1511 ff.**
- Zwangsvollstreckung aufgrund der Hypothek 1478 ff.
- Zwischenfinanzierung 1457 ff.

Hypothekarischer Haftungsverband, s.a. *Haftungsverband, hypothekarischer* 1408 ff.

Hypothekenbanken
- Europäische Entwicklung 1311
- und Pfandbriefwesen 1308

Hypothekenbrief
- Eigentum am Hypothekenbrief 1436
- Eigentum am Hypothekenbrief und Übertragung der Forderung 1467
- Eigentum am Hypothekenbrief und Leistung durch Dritte 1527
- Entkräftung der Rechtsscheinwirkung des Grundbuchs 1476
- Vorlegung des Hypothekenbriefs als Gegenstand einer Einrede 1437
- Wertpapiereigenschaft 1437 f.

Immaterialgüterschutz und Güterzuordnung 197

Immissionen (und Inhalt des Eigentums; § 906) 671 ff., **673 ff.**
- ästhetische Anstößigkeiten 679
- Anspruch nach § 906 II 2, Kausalität 682, 693 f
- Beweislastumkehr bei Überschreiten von Richtwerten 684 ff.
- immaterielle Einwirkungen 677 f.
- negative Einwirkungen 677 f.
- öffentlich-rechtliche Nutzungsregelungen 707 ff.
- Ortsüblichkeit 674 f., 714 f.
- sittliche Anstößigkeiten 679
- Sprengungen 694
- summierte Emmissionen/Immissionen 683, 689, 694 Fn. 416
- TA-Luft 719
- Umweltverschmutzung, Eingrenzung der Haftung der Kraftfahrzeugbenutzer und Haushalte 696 ff.
- und nachbarliches Gemeinschaftsverhältnis 676, **724 ff.**

Immobiliarsachenrecht, Begriff 31

Immobiliarzwangsvollstreckung **583 ff.**
- aufgrund einer Hypothek 1478 ff.
- Beschlagnahme 587, 2068 Fn. 38
- Betreibung durch den Insolvenzverwalter gemäß § 165 InsO 2215

- Erlöschen der Hypothek im Fall der Befriedigung durch Zwangsvollstreckung 1481
- Erlöschen der Grundschuld im Fall der Befriedigung durch Zwangsvollstreckung 1680
- Gegenstand 584
- Rangordnung 585
- und Rang der Grundstücksrechte 583
- Verfahren 586 ff.
- Versteigerungsbedingungen 591 ff.
- Versteigerungsvermerk 587, 2068 Fn. 38
- Vollstreckungsvermerk 2068 Fn. 38
- Zuschlag, Rechts- und Verteilungswirkungen 594 ff.

Informationsabfrage- und weiterleitungspflicht innerhalb einer Organisation und Bösgläubigkeit i.S. von § 990 1147 ff.

Inhaberpapier
- Depotvollmacht und Handeln für den Inhaber (Lösung eines Beispielsfalls) 839
- Eigentumserwerb 729, 729 Fn. 471, 766, 1072 Fn. 956
- Eigentumsvermutung (§ 1006 I 2 a.E.) 1077
- gutgläubiger Erwerb und Abhandenkommen 834, 869
- i. Gegensatz zum Hypothekenbrief als Rektapapier 1438
- Nießbrauch an Inhaberpapier 1772
- numerus clausus und Typenfixierung 11 Fn. 19, 766
- Sicherungshypothek für Forderung aus Inhaberpapier 1376, 1541
- und § 1007 1238, 1242 Fn. 1188

Inhalts- und Schrankenbestimmung i.S. von Art. 14 GG, s. *Eigentum und Grundgesetz*

Inhaltsänderung
- als Verfügung 72
- keine Inhaltsänderung der subjektiv-dinglichen in subjektiv-persönliche Rechte 88

Insichgeschäft
- und Minderjähriger 68, 796, 1747
- und Vereinbarung eines Besitzkonstituts i.S. von § 930 814

Insolvenz
- s. *Absonderungsrecht/Recht zur abgesonderten Befriedigung*
- s. *Aussonderungsrecht*
- Insolvenzfähigkeit der BGB-Gesellschaft 123 Fn. 207, 149

Internationales Sachenrecht 355 ff.
- Akzessorische Sicherungsrechte 396 ff.
- Deliktische Verletzung dinglicher Rechte 373
- Deliktsstatut 370, 370 Fn. 808, 373
- Eigentumsfortwirkungsanspruch aus §§ 812, 816 BGB 372
- Eigentumsvorbehalt 383 ff.
- Ersitzung 385, 385 Fn. 840
- grenzüberschreitende Immissionen 369 f.
- Grundbegriffe des deutschen internationalen Sachenrechts 357 ff.
- gutgläubiger Erwerb 381, 386 Fn. 842
- Hypothek 396 ff.
- Kausalverhältnis bei akzessorischen Rechten 374, 396 ff.
- lex fori 357 Fn. 787, 367 f.
- lex rei sitae 359, 365 f., 376 f., 381
- lex rei sitae, Abdingbarkeit 388 ff.
- Lösungsschritte bei internationalprivatrechtlichen Fällen 357 ff.
- nachbarrechtliche Ansprüche 369 f.
- ordre public 359, 363
- Pfandrecht 396 ff.
- res in transitu 393 ff.
- Schuldrechtliche Ansprüche auf Nutzungsherausgabe, Schadens- bzw. Verwendungsersatz 371
- Sicherungsrechte (gesetzliche) an res in transitu 394
- Situsregel, s. *lex rei sitae*
- Sicherungseigentum 382 Fn. 829
- Statutenwechsel 381 f.
- Strickmaschinen-Fall 383
- Substitution 380
- Transpositionslehre 381 Fn. 825
- Vorfragen 364, 378
- Zuständigkeit nach EuGVÜ 356

Internet-domain, Problem der Rechtszuordnung 196

ius ad rem 11

Judikatshypothek 583, 1479, 1557 Fn. 1681

Jungbullen-Fall (§ 951)
- Sachverhalt 983
- und Rechtfertigung der Bereicherung nach den §§ 932 ff., 816 I 988
- und § 951 984, 1012 Fn. 880

Junktimklausel 216, 225 f.

Juristische Person
- s. *Körperschaftliche juristische Person*

Juristischer Fundus, Begriff 31 Fn. 54

Kanalwurzel-Fälle
- 1. Kanalwurzel-Entscheidung 1259 Fn. 1208, 1264, 1281
- 2. Kanalwurzel-Entscheidung 1259 Fn. 1207, 1264 Fn. 1220

Kanon der Zuordnungssanktionen (Die Schutzansprüche bei Zuordnungsverletzungen) 41 ff.
Kataster 510
Kauf bricht nicht Miete (Verdinglichung obligatorischer Rechte) 53
Kauf unter Eigentumsvorbehalt, s.a. *Eigentumsvorbehalt*
- Anwartschaftsrecht des Käufers beweglicher Sachen bei Kauf unter Eigentumsvorbehalt 2158 ff.
- Begriff 771
- Direkterwerb bei dem Zweiterwerber, der ein Anwartschaftsrecht vom Vorbehaltskäufer erworben hat 79, 2168 ff.
- gutgläubiger Erwerb des Anwartschaftsrechts 2162 ff.
- Schutz des Anwartschaftsrechts des Vorbehaltskäufers als absolutes Recht 2187 ff.
- Schutz des Anwartschaftsrechts des Vorbehaltskäufers in der Zwangsvollstreckung 2166 ff.
- Schutz des Erwerbers oder des sonst am Anwartschaftsrecht dinglich Berechtigten gegen Verfügungen des Vorbehaltskäufers im Bunde mit dem Verkäufer 2177 ff.
- und Einigung und Übergabe bei der Eigentumsübertragung 771

Kausalität
- bei Emmissionen/Immissionen 682 ff.
- und Abstraktheit in Bezug auf Akzessorietät und Nichtakzessorietät 1349 ff., 2206 f.

Kautionshypothek 1310, 1327
Kegelbahn-Fall 1087 f.
Kenntnis, s. *Guter Glaube*
- der Anfechtbarkeit der Übereignung und Bösgläubigkeit 842 f.

Kernbereichslehre und Gesamthand 164
KG, s.a. *Personenhandelsgesellschaft*
- als Außengesellschaft 123 Fn. 208
- als Gesamthandsgemeinschaft 123

Kleingartenpacht-Entscheidungen 213 f., 217, 222, 242 Fn. 451, 244
Kollisionsrecht, s. *Internationales Sachenrecht*
Kombinationseingriff
- Begriff 36 Fn. 83
- und Eingriffskondiktion bei Verwendung menschlicher Organe zu Forschungszwecken ohne Zustimmung des Patienten 36, 36 Fn. 83

Kondiktion
- bei rechtsgrundlosem Rang eines Grundstücksrechts 570 ff.
- und Zuordnungsgehalt absoluter Rechte 64 Fn. 125

Konfusion 1765 Fn. 1851, 2104 f.
Konkurrenz der Sicherungsgeber im Regreß 1518 ff.
Konkurs, s. *Insolvenz*
Konsolidation 116 f., 1765 Fn. 1851
Kontokorrentvorbehalt 2275
Kontratabularersitzung 4 Fn. 8, 663, 968
Konvaleszenz
- Begriff 824
- und Erwerb des Eigentums vom Nichtberechtigten 824

Konzernvorbehalt 2276
Körper (menschlicher)
- Abgetrennte Körperteile als Sachen 36, 196
- Eingriffskondiktion eines Patienten, dem ein Körperteil entfernt und dieses dann ohne seine Einwilligung für die medizinische Forschung verwendet wird 36, 36 Fn. 82 f.
- Grundsatz, daß der Körper Teil des Menschen, nicht eine Sache ist 34
- Problematik der Sachqualität des Leichnams 34 f.

Körperschaftliche juristische Person
- Beispiele für juristische Person 125 Fn. 213
- Berechtigung einer körperschaftlichen juristischen Person im Gegensatz zur Berechtigung der Bruchteilsgemeinschaft 124
- Besitz der juristischen Person 447 Fn. 71
- im Gegensatz zur Gesamthand 143, 148
- im Gegensatz zur nicht körperschaftlichen juristischen Person 124 Fn. 212

Kraftfahrzeugbrief
- Eigentumserwerb analog § 952 1073
- Kraftfahrzeugbrief/-schein und grobe Fahrlässigkeit 848 ff.

Kündigungs- und Amortisationshypothek 1309
Kupolofen-Urteil des BGH 684

Lastenfreiheit, gutgläubiger Erwerb der Lastenfreiheit 914 ff.
Leichnam, Problematik der Sachqualität des Leichnams 34 f., 196
Lex rei sitae, s.a. *Internationales Sachenrecht* 359, 365 f., 376 f., 381, 388 ff.
Liegenschaft, Begriff 31 Fn. 55
Liegenschaftskataster 510
Locusprinzip (Rang der Grundstücksrechte) 541 ff.
Longa manu traditio (§ 854 II) 442 Fn. 69
Löschungsanspruch und -vormerkung (§ 1179 ff.) 1528 ff., 1671 ff.
Löschungsfähige Quittung 1480, 1480 Fn. 1506, 1537

Luxusverwendungen 1213

Mängelgewährleistung, Beschränkung des Vorrangs der Mängelgewährleistung vor Anfechtung wegen Eigenschaftsirrtums auf das Kausalgeschäft (Trennungs- und Abstraktionsprinzip) 27
Materielles Grundbuchrecht 522
Materielles Konsensprinzip (§ 20 GBO) 526 ff.
Menschlicher Körper, s. *Körper (menschlicher)*
Menzel-Fall 1033
Miete
- Besitzrecht des Mieters an der Wohnung als Eigentum i.S. von Art. 14 GG 209 f., 210 Fn. 383
- Besitzrecht des Mieters kein Grundstücksrecht 516
- Kein Erwerb des Mieterschutzes nach § 566 kraft öffentlichen Glaubens des Grundbuchs 632
- Wegnahmerecht des Mieters und Recht zum Besitz i.S. von § 986 1106 ff.

Minderjähriger
- § 181 bei vorteilhaftem Schenkungsvertrag und nachfolgender Erfüllung 68, 796, 1747
- Abhandenkommen bei derivativem Besitzerwerb vom Minderjährigen 441
- gutgläubiger Erwerb beweglicher Sachen von einem Minderjährigen nach §§ 932 ff. 793 f.
- Nießbrauchbestellung an einen Minderjährigen 1747
- Schenkung an einen Minderjährigen über ein reallastbelastetes Grundstück 68
- Schenkung an einen Minderjährigen unter Nießbrauchsvorbehalt 1747
- Übereignung durch und an Minderjährige 791 ff.
- verbotene Eigenmacht bei derivativem Besitzerwerb vom Minderjährigen 441
- Wirksamkeit der Verfügung eines nichtberechtigten Minderjährigen bei Zustimmung des Berechtigten 792

Ministerausschuß (als Prüfungsinstanz für die Verletzung der EMRK) 263
Mitbesitz
- als Entsprechung zu der Bruchteilsgemeinschaft 184
- Begriff 452
- Besitzschutz 474
- und Pfandrechtserwerb 192

Mitbestimmungs-Entscheidung (Art. 14 GG) 245 f.
Miteigentum, s.a. *Bruchteilsgemeinschaft* **665 ff.**
- als Sonderform der Gemeinschaft nach Bruchteilen 122, 665
- Aufgabe 136 f., 136 Fn. 230
- Belastung 132 Fn. 221
- gutgläubiger Erwerb 907 ff.
- Prozeßstandschaft bei Miteigentum 129 Fn. 217
- Übereignung 132 Fn. 221, 668
- Übereignung von Miteigentum zur Hälfte und Bestimmtheitsgrundsatz 16
- Umwandlung in Gesamthandseigentum 181

Mithaftvermerk 1556
Mittelbarer Besitz 453 ff.
- antizipiertes Besitzkonstitut 460
- Besitzschutz 474 ff.
- Eigentumserwerb durch Einigung und Besitzmittlung eines Stellvertreters 457, 814
- Erwerb 460 ff.
- mehrstufiger mittelbarer Besitz 458
- mittelbarer Mitbesitz 458
- Verlust 460 ff.
- vermutungsbegründende Wirkung nach § 1006 899, 904 ff.
- Voraussetzungen 455
- zwischen Finder und Verlierer 455 Fn. 84

Miturheber, Rechtszuständigkeit zur gesamten Hand 123 Fn. 209

Nachbarliches Gemeinschaftsverhältnis 676, **724 ff.**
Nachgeschalteter Eigentumsvorbehalt 2273
Namensrecht als Recht der Güterzuordnung 194
Naßauskiesungs-Entscheidung 213 f., 217 Fn. 401 f., 219 Fn. 416, 222, 235, 243
Nebenbesitz, Lehre vom 888 ff.
- Besitzverlust und Lehre vom Nebenbesitz 464 f., 464 Fn. 91 f.
- Fräsmaschinen-Fall 891, 901 f.
- Saulachse-Fall 464 Fn. 93, 890, 902 f.
- Zucker-Fall 889, 902

Negatorischer Anspruch, s. *actio negatoria (§ 1004)*
- als Schutzanspruch im Kanon der Zuordnungssanktionen 42
- Besitzschutzansprüche als negatorische Ansprüche 90
- Erfüllungs- und negatorischer Anspruch bei Speziesgegenstand 42 Fn. 94

Nemo plus iuris transferre potest quam ipse habet 77, 548, 2062, 2281
Nicht rechtsfähiger Verein
- als Gesamthandsgemeinschaft 123
- passive Parteifähigkeit 140

Nießbrauch 1740 ff.
- an einem Vermögen 1777
- an Rechten, s. *dort* 1767 ff.
- an Sachen, s. *dort* 1745 ff.
- Begriff 1740
- Dispositionsnießbrauch und Typenzwang 12 Fn. 21
- Einordnung 1737
- Erscheinungsformen und Bedeutung 1742 ff.
- Sicherungsnießbrauch 1744, 2230

Nießbrauch an Rechten 1767 ff.
- an Grund- und Rentenschulden 1771
- Begriff und Regelung 1767 ff.
- bei unverzinslichen Forderungen 1769
- bei verzinslichen Forderungen 1770
- Entstehen und Erlöschen 1774 ff.

Nießbrauch an Sachen 1745 ff.
- Bestellung an einen Minderjährigen 1747
- Eigentümernießbrauch 89 Fn. 156, 1749
- Entstehung 1745, 1748, 1750
- Erlöschen 1763 ff.
- Pfändung 1755
- Pflichten des Eigentümers 1761
- Pflichten des Nießbrauchers 1757 f.
- Rechte des Eigentümers 1759 f.
- Rechte des Nießbrauchers 1751 ff.
- Schenkung an einen Minderjährigen unter Nießbrauchsvorbehalt 1747
- Schutz des Nießbrauchers 1762
- Überlassung des Nießbrauchs 1755 f.
- Uneigentlicher Nießbrauch (§ 1067) 1766

Notwegrente 1966

numerus clausus
- der Gesamthandsgemeinschaften 123, 134 Fn. 224
- der Inhaberpapiere 11 Fn. 19
- der Orderpapiere 11 Fn. 19
- der Sachenrechte 9
- und Anwartschaftsrecht 2152
- und dingliches Vorkaufsrecht 2130
- und Inhalt der Grunddienstbarkeit 1791
- und Nichtvormerkbarkeit eines Anspruchs auf Unterlassung von Verfügungen 2080

Nutzungen
- als Gegenstand einer relativen Sachzuordnung (§ 446 S. 2): Neuzuweisung erst ab Leistung der Sache 63
- als Regelungsgegenstand des Sachenrechts 30
- Herausgabe der unentgeltlich (und rechtsgrundlos?) gezogenen Nutzungen (§ 988) 1176 ff., 1231 ff.
- Nutzungsherausgabe bei Deliktsbesitz nach § 992 1182
- Nutzungsherausgabe nach den Vorschriften des Eigentümer-Besitzer-Verhältnisses 1169 ff.
- Herausgabe der Übermaßnutzungen nach § 993 I Hs. 1 1174
- Verzug bei Nutzungsherausgabe nach den Vorschriften des Eigentümer-Besitzer-Verhältnisses 1181, 1183

Nutzungsrecht als Abspaltung vom Vollrecht: Aufteilung der Ersatzforderung im Fall des Verlusts des Gegenstands zwischen Inhaber des Vollrechts und Nutzungsberechtigtem 120

Offenheitsprinzip
- bei rechtsgeschäftlichem Erwerb für Erbengemeinschaft 178
- bei rechtsgeschäftlichem Erwerb für BGB-Gesellschaft 178 f.

Offenkundigkeit, fehlende „sozial-typische" Offenkundigkeit der Forderung 110

Öffentlicher Glaube des Grundbuchs
- Disponibilität des Rechtsscheins 630
- erfaßte Eintragungen 632 ff.
- Grundlage 498, 602
- negative Publizität 627
- positive Publizität 627
- und Kenntnis von der Unrichtigkeit des Grundbuchs 627 ff., 657 ff.
- Zerstörung durch Eintragung eines Widerspruchs 607

OHG, s.a. *Personenhandelsgesellschaft*
- als Außengesellschaft 123 Fn. 208
- als Gesamthandsgemeinschaft 123
- Identität der Vermögensträger bei Verwandlung einer BGB-Gesellschaft in OHG und aus OHG 150

Okkupation, s. *Aneignung*

Ökonomische Analyse des Rechts 201

Orderpapier
- Eigentumserwerb 766, 1072 Fn. 956
- gutgläubiger Erwerb und Abhandenkommen 869
- i. Gegensatz zum Hypothekenbrief als Rektapapier 1438
- Nießbrauch an Orderpapier 1772
- numerus clausus 11 Fn. 19
- Sicherungshypothek für Forderung aus Orderpapier 1541

ordre public 359, 363

Organe, menschliche Organe als Sachen, s.a. *Körper (menschlicher)* 34 ff.

Originärer Erwerb 441 ff., 727

Ortsüblichkeit von Immissionen 674 f., 714 f.

Parteifähigkeit
- des nicht rechtsfähigen Vereins 140, 149 Fn. 256
- der BGB-Gesellschaft 140

Partenreederei, Gesamthandszuständigkeit 123 Fn. 209
Partnerschaftsgesellschaft 123 Fn. 208
Patentrecht als Recht der Güterzuordnung 194
Personalservitut 1737, 1781
Personenhandelsgesellschaft
- Grundbuchfähigkeit 151
- Zwangsvollstreckung in das Gesellschaftsvermögen 151
- Zwangsvollstreckung in den Anteil an der Gesellschaft 151

Personenverband versus Verbandsperson, Folgerungen 163 f.
Persönlichkeitsrecht
- als Recht der Güterzuordnung 194, 196
- bereicherungsrechtlicher Schutz 199

Persönlichkeitsschutz, postmortaler 34
Petitorischer Besitzschutz nach § 1007, s.a. *actio publiciana (§ 1007)* 472 f., 1237 ff.
Pfandbriefwesen 1308
Pfandbuchsystem 509 Fn. 150
Pfandrecht, s.a. *Verpfändung* **1681 ff.**
- Akzessorietät 1316 ff., 1681 f.
- als Abspaltung selbständiger Befugnisse aus dem Eigentum (Teilübertragung des Eigentums) 91
- als Nutzungsrecht 1681, 1683
- an der Forderung 103, 111
- an eigener Schuld 98 Fn. 167
- an einer Forderung, die mehreren in Bruchteilsgemeinschaft zusteht 122 Fn. 205
- an einer hypothekarisch gesicherten Forderung (Beispielsfall) 1729
- an Gesellschaftsanteilen 1721 Fn. 1800
- an Grund- und Rentenschulden 1725 Fn. 1806
- an künftiger Forderung 1723
- an Rechten 1321, **1721 ff.**
- an Rechten, die in indossablen Orderpapieren verbrieft sind 1725 Fn. 1806
- an Rechten, die in Inhaberpapieren verbrieft sind 1725 Fn. 1806
- an Sachen 1683 ff.
- an wesentlichen Bestandteilen 1690 Fn. 1758
- Aufhebung des Pfandrechts 116
- Befriedigung aus dem Pfand 1707 ff.
- Bestellung und Übertragung 1690 ff.
- der Banken und Sparkassen aufgrund AGB 1685
- Doppelverpfändung 1692
- Erlöschen 1720
- für künftige Ansprüche 1691
- Gesamtgläubigerschaft 121
- gesetzliche Pfandrechte 1683, 1694 ff.
- gutgläubiger Erwerb bei Versteigerung 1710
- gutgläubiger Erwerb gesetzlicher Pfandrechte 1694 ff.
- gutgläubiger Erwerb rechtsgeschäftlich begründeter Pfandrechte 1692 f.
- handelsrechtliche Pfandrechte 1683
- Pfändungspfandrecht 1684
- Rechtsbeziehungen bei Verpfändung 1687 f.
- Schutz der Gläubiger von Pfandrechten 1730 ff.
- Überblick über die wichtigsten Vorschriften 1682
- Unterschied zwischen mehrfacher Verpfändung und mehreren Gläubigern gemeinschaftlich zustehendem Pfandrecht 122 Fn. 205
- Verfallsabrede 1708
- Verpfändung, s.a. *dort* 1685
- Versteigerung, Rechtsbeziehungen 1688 f.
- Verwertung des Pfandes 1707 ff.
- Werkunternehmerpfandrecht 1694 ff.

Pfändung
- des Anteils an einer BGB-Gesellschaft 142, 142 Fn. 245
- des Anteils an einer Miterbengemeinschaft 142 Fn. 245
- des Nießbrauchs 1755
- des Rückgewähranspruchs bei der Sicherungsgrundschuld 1577 Fn. 1612, 1579 Fn. 1614
- Keine Pfändung des Anteils an einer Gütergemeinschaft 142 Fn. 245
- Pfändungspfandrecht 1684

Pflichtexemplar-Entscheidung 213 Fn. 388, 217 Fn. 402, 222 Fn. 423
Plastination, Begriff 35 Fn. 73
Platzanweiserin-Fall
- Sachverhalt 438 Fn. 65
- und Besitz 438 Fn. 65
- und Fund 1052 Fn. 927, 1058 Fn. 935

Positive Publizität des Grundbuchs 627
Possessio corporis 100
Possessio iuris 90 Fn. 157, 100, 100 Fn. 173
Possessorischer Besitzschutz 468 ff.
Postmortaler Persönlichkeitsschutz 34
Prädialservitut 1737, 1781
Prioritätsprinzip (Prior tempore potior iure)
- bei Pfandrecht an Rechten 1723
- Konkurrenz von Sicherungs-Globalzession und verlängertem Eigentumsvorbehalt 2289 ff.
- und Grundpfandrechte (Rang der Grundstücksrechte) 541 f., 548, 575, 1315

- und Rang der Sicherungsrechte 2281 ff.

Property Rights (Lehre von den -) und ökonomische Analyse des Rechts 201

Publizität/Publizitätsgrundsatz
- Bedeutung des Publizitätsgrundsatzes 19 ff.
- Durchbrechung des Publizitätsgrundsatzes nach § 892 bei altrechtlichen Grunddienstbarkeiten 1809
- gesteigerte Publizität der Verpfändung 119
- und Grundpfandrechte 1315
- und Übergabe bei der Übereignung beweglicher Sachen durch Rechtsgeschäft 770

Quasipossessio 100 Fn. 173

Quittung, löschungsfähige 1480, 1480 Fn. 1506, 1537

Rang der Grundstücksrechte, s.a. *Rang der Sicherungsrechte* **540 ff.**
- Altersvorzug der Rechte, Lehre vom 558 f.
- Bewegliche Rangordnung 575
- Formelle Rechtskraft der Grundbucheintragung, Lehre von der 546, 558
- Kondiktion bei rechtsgrundlosem Rang 570 ff.
- Konsolidation 575
- Locusprinzip 541 ff.
- Materieller Rangvermerk 540
- Nachrangvermerk 543, 546
- prior tempore potior iure 541 f., 548, 575, 1315
- Rang i.S. der §§ 879 ff. 548 ff.
- Rangänderung 551, 577
- Rangbestimmung 551
- Rangtausch 578
- Rangverfügung 551
- Rangvermerk 577
- Rangvorbehalt 551, 577, 579
- Relativer Rang 580 f.
- Technischer Rangvermerk 542
- Tempusprinzip 541, 543 f.
- und dingliches Rechtsgeschäft 566
- und Kausalgeschäft 566, 568
- Vorkaufsrecht, Rang des dinglichen Vorkaufsrechts 2150 Fn. 169
- Vormerkung, Rang der 549 Fn. 196, 2052 Fn. 7
- Vorrangvermerk 543, 546
- Zwangsvollstreckung 582 ff.

Rang der Sicherungsrechte, s.a. *Rang der Grundstücksrechte* **2281 ff.**
- Konkurrenz von Sicherungs-Globalzession und verlängertem Eigentumsvorbehalt 2289 ff.
- Prioritätsprinzip 2281 ff.
- Surrogationsprinzip 2299

Realkreditvertrag und Verbraucherschutz 1312

Reallast 1827 ff.
- als nicht lediglich rechtlich vorteilhaftes Geschäft i.S. von § 107 68
- als persönliches oder subjektiv-dingliches Recht 87
- Altenteilsvertrag 1829, 1832
- am Erbbaurecht 1985 f., 2010 ff.
- an grundstücksgleichen Rechten 1828
- Berechtigter 1833 ff.
- Bestellung 1836 f.
- die kein „Realrecht" ist 87 Fn. 152
- Erlöschen 1838
- Haftung des Grundstücks 1839 f.
- Inhalt und Bedeutung 1827 ff.
- persönliche Leistungspflicht des Eigentümers 1841 ff.
- steuerrechtliche Folge absetzbarer Betriebsausgaben wegen persönlicher Haftung des Eigentümers 1306
- Übertragung 1836 f.
- Umwandlung von subjektiv-persönlicher in subjektiv-dingliche und umgekehrt, Unzulässigkeit 1835
- Unterschied zu den Dienstbarkeiten 1830
- Unterschied zur Rentenschuld 1829

Realobligation, s. *Grundpfandrechte* 1301 ff.

Realrecht, Begriff 87

Realteilung eines Rechts durch Teilverzicht eines Gesamtberechtigten 121 Fn. 204

Recht
- absolutes, Begriff 38
- dingliches, Begriff 38
- subjektiv-dingliches 88, 1778, 1952, 2147
- subjektiv-persönliches 88, 1814, 2147
- zur Befriedigung wegen einer Forderung, Abspaltung vom Vollrecht und Schutz der Rechte 120

Recht am eingerichteten und ausgeübten Gewerbebetrieb
- als Recht der Güterzuordnung 196
- bereicherungsrechtlicher Schutz 199 Fn. 362

Recht zum Besitz (§ 986) 1102 ff.
- Ableitung des Besitzrechts von einem Dritten 1119
- Ableitung eines Eigenbesitzrechts des unmittelbaren Besitzers nicht von dem mittelbaren Besitzer, sondern von dem Eigentümer 1122

- Beispiele 1103
- Besitzrecht des Vermieters/Verpächters gegen Wegnahmerecht des Mieters und Pächters 1106 ff.
- exceptio de iure tertii und § 986 I 2 1123
- des Vorbehaltskäufers 1122
- Lieferung unbestellter Sachen (§ 241a) 1103
- nach § 986 II 1124 ff.
- Zurückbehaltungsrecht gemäß § 273 kein Recht zum Besitz 1104 f.

Rechtsbesitz
- Begriff 90 Fn. 157
- kein dingliches Recht 90
- Unterscheidung zwischen Besitz und Rechtsbesitz 100

Rechtsfähigkeit
- der BGB-Gesellschaft, s. *BGB-Gesellschaft*
- der Personenhandelsgesellschaften 141
- von Personengesellschaften aufgrund von Einzelregelungen nicht als argumentum e contrario gegen die Rechtsfähigkeit anderer Personengesellschaften 150

Rechtshängigkeitsvermerk, Eintragung in das Grundbuch 518

Rechtskraft, Lehre von der formellen Rechtskraft der Grundbucheintragung 546, 558

Rechtsnachfolge
- in den Gesamthandsanteil 153 ff.
- und Störereigenschaft 1265 ff.

Rechtspersönlichkeit der juristischen Person 144

Rechtsschein, s. *Guter Glaube*
- Disponibilität des Rechtsscheins 630, 630 Fn. 288 f.

Regreß
- Regreßgedanke des § 426 1524 ff.
- Regreßlosigkeit der Gesamthypothek 1522 ff.
- Wettlauf der Sicherungsgeber hinsichtlich des Regresses bei Hypothek und Bürgschaft für eine fremde Schuld 1518 ff.

rei vindicatio, s. *Vindikation* **1098 ff.**
- als negatorischer Anspruch i.w.S. 42
- Recht zum Besitz 1102 ff.

Rektapapier
- Hypothekenbrief als Rektapapier 1436, 1438
- i. Gegensatz zu Inhaber- und Orderpapier 1438
- Übertragung 1436
- und Schweizer Schuldbrief und Eurohypothek 1311 Fn. 1305

Relativ/e/s
- relatives Eigentum 48 Fn. 102
- relative absolute Zuordnung als Zwischenerscheinung zwischen relativer und absoluter Zuordnung 48 Fn. 102
- relative Unwirksamkeit 48 Fn. 102
- relatives Erwerbsverbot 733 Fn. 476
- relatives Verfügungsverbot 518, 636 f., 2067
- Zuordnung 48

Rentenschuld, s.a. *Grundpfandrechte*
- als besondere Art der Grundschuld 1301
- als nichtakzessorisches Recht 1303
- Bedeutung in der Praxis 1306
- Löschungsanspruch des Inhabers einer Rentenschuld nach § 1179a 1530
- Recht des Pfandgläubigers zur Einziehung des dinglichen Rechts bei Verpfändung einer Rentenschuld und Nichtakzessorietät der Rentenschuld 1321

renvoi 359

res corporales, Begriff des corpus iuris 33 Fn. 64

Res in transitu, s.a. *Internationales Sachenrecht* 393 ff.

res incorporales, Begriff des corpus iuris 33 Fn. 64

res, Begriffsbildung des corpus iuris und § 90 BGB 33 Fn. 64

Restkaufgeldhypothek 1309

Revolvierende Sicherheiten, Begriff 2232

Rötung 741

Rückerwerb vom Nichtberechtigten
- bei Immobilien 631
- bei beweglichen Sachen 919 ff.
- bei beweglichen Sachen, wenn der Nichtberechtigte zunächst mit Zustimmung des Berechtigten verfügt hat 925, 926 Fn. 776
- bei Einbau beweglicher Sachen 921 Fn. 771, 973 Fn. 823
- bei Insolvenzanfechtung 927
- und Verbindung (§ 946) 921 Fn. 771, 973 Fn. 823

Rückgewähranspruch bei der Grundschuld 1576, 1579 f.

Sache
- als Gegenstand des Sachenrechts 30 ff.
- Begriff 32
- herrenlose Sache 115
- Sachqualität des menschlichen Körpers und von Körperteilen 36, 196
- Tier als Sache i.S. des BGB (§ 90 a) 33

Sachenrecht der DDR 276 ff.
- Abstraktionsprinzip 281
- Arbeitseigentum 277 Fn. 578
- Aufbauhypothek 294
- Begriff des Eigentums in der DDR 276

- Bodenreformland aus dem von der UDSSR enteigneten Großgrundbesitz 277 Fn. 574
- dingliche Nutzungsrechte an Grundeigentum 284 f.
- Eigentum an Grundstücken, Erstreckung auf Bestandteile 279
- Eigentumsarten 277
- Eigentumserwerb kraft guten Glaubens 282
- Eigentumsvorbehalt 295
- Gebäudeeigentum 279, 283 f., 287 f.
- Gebäudeeigentum und volkseigene Betriebe 287
- Genossenschaftliches Eigentum 289
- Grundbuch und Nutzungsrechte 284
- Hypothek 292 f.
- Mitbenutzungsrechte an Grundstücken 290
- Nutzungsrechte an Grundeigentum 283 ff.
- persönliches Eigentum an Konsummitteln 277
- Pfandrecht 291
- Privateigentum 277
- Sachenrechtsbereinigungsgesetz, s. *dort* 341 ff.
- schuldrechtliche Nutzungsrechte an Grundeigentum 286
- Sicherungseigentum 295
- sozialistisches Eigentum 277
- Trennungsprinzip 281
- Überleitung der Sachenrechtsordnung der DDR in die der Bundesrepublik, s. *Einigungsvertrag und Sachenrecht* 296 ff.
- Volkseigentum 277 f.

Sachenrechtsbereinigungsgesetz 341 ff.
- Anspruchslösung bei Bebauung fremder Grundstücke 344 ff.
- Anwendbarkeit (Regelungsgegenstand) 342 f.
- Bebauung fremder Grundstücke, Anspruchslösung 344 ff.
- Bebauung fremder Grundstücke, notarielles Vermittlungsverfahren 347
- Bebauung fremder Grundstücke, Verfahren bei Schwierigkeiten der Ermittlung des Nutzers oder des Eigentümers 349 f.
- Bodenneuordnungsverfahren als Einrede gegen Anspruch bei Bebauung eines fremden Grundstücks 346
- Erbbaurechte 342, 351 f.
- Gebäudeerwerbsfälle 342
- „Hängende" Gebäudekauffälle 342
- Mitbenutzungen 342, 354
- Miteigentumsanteile nach § 459 ZGB 342, 353
- Notarielles Vermittlungsverfahren bei Bebauung fremder Grundstücke 347 f.
- Nutzer als Berechtigter bei Anspruchslösung 344
- Regelungsgegenstand 342
- Verfahren bei Bebauung fremder Grundstücke 347
- Vermittlungsvermerk 347

Saulachse-Fall (§§ 933, 934)
- Aufhebung des mittelbaren Besitzes durch Umstellung der Besitzmittlung 464 Fn. 93
- Begriff „Saulachs" 890 Fn. 716
- Einschränkung des § 934 aufgrund der Wertung des § 933 902 f.
- Sachverhalt 890

Schadensersatzanspruch
- als Schutzanspruch in dem Kanon der Zuordnungssanktionen 43
- bei Besitzentziehung 484
- nach den Vorschriften des Eigentümer-Besitzer-Verhältnisses, s.a. *Schadensersatzhaftung nach Eigentümer-Besitzer-Verhältnis* 1184 ff.
- wegen Unvermögens zur Auflassung 746 Fn. 499

Schadensersatzhaftung nach Eigentümer-Besitzer-Verhältnis 1184 ff.
- bei Unterschlagung durch den bisherigen Fremdbesitzer 1191
- Bösgläubigkeit 1185
- des deliktischen Besitzers (§ 992) 1192 ff.
- des Rechtshängigkeitsbesitzers 1184
- des unredlichen Besitzers 1185
- Feldbahnlokomotiven-Fall 1186
- Fremdbesitzerexzeß 1198 ff., 1232
- Verbotene Eigenmacht des Besitzdieners und Schadensersatzhaftung nach § 992 1195
- Verhältnis der Haftung des Bösgläubigen zur deliktischen Haftung nach § 992 1188 ff.
- Verzugshaftung nach § 990 II 1187

Schatzfund 1059 ff.
- Begriff „Schatz" 1059
- Eigentumserwerb beim Schatzfund 1069 ff.

Scheinbestandteile
- Begriff 30 Fn. 52
- und Hypothekenhaftung 1407

Schenkungsversprechen
- an einen Minderjährigen über ein reallastbelastetes Grundstück 68
- an einen Minderjährigen unter Nießbrauchsvorbehalt 1747

Schiffe, Schiffsbauwerke, Schwimmdocks 1845 Fn. 2090

Schloß-Tegel-Fall (bereicherungs- und deliktsrechtlicher Schutz des Eigentums) 1293 f.
Schuldnerwechsel
- bei der hypothekarisch gesicherten Forderung 1335 ff.
- bei der Sicherungsgrundschuld 1346 ff.

Schuldschein 1072
Schutzrecht, Unterscheidung vom Substanzrecht 39
Schwarzkauf 2070 Fn. 44
scientia superveniens 1185
Selbstorganschaft bei der Gesamthand 164
servitus in faciendo consistere nequit 1787 f., 1812
servitus praedio utilis esse debet (Vorteilsregel, § 1019) 1790, 1815
Servitut
- Begriff 1737
- Nichtzulassung der Bestellung einer Servitut lediglich zugunsten des Hypothekenberechtigten 116
- Personalservitut 1737, 1781
- Prädialservitut 1737, 1781

Sicherungsabrede, s. *Sicherungsvertrag*
Sicherungsabtretung einer Forderung 2226 ff.
- Bestimmtheitsgrundsatz 2227 f.
- Durchgangserwerb 2227
- Globalzession 2227

Sicherungseigentum, s.a. *Sicherungsübereignung* 2223 f.
- in der Zwangsvollstreckung und in der Insolvenz 2253 ff.
- Problematik der Übersicherung 2232 ff.
- und numerus clausus und Typenzwang 12

Sicherungsgrundschuld, s.a. *Grundpfandrechte* und *Grundschuld* 1570 ff., 2229
- AGB und Sicherungsvertrag 1581 ff.
- Anwendungsfälle aus der neueren Rspr. zur Geltendmachung der Sicherungsgrundschuld oder der gesicherten Forderung 1658 ff.
- Begriff 1572
- als nichtakzessorisches Recht 69, 1340
- als Sicherungstreuhand 1340, 1575 Fn. 1600
- dolo-petit-Einrede 1576
- Einrede der Beschränkung auf den Sicherungszweck, s. *dort* 1602 ff.
- Einrede der Nichterfüllung des Sicherungszwecks 1576
- Einreden gegen die Sicherungsgrundschuld 1603 ff.
- Gegensatz zur Hypothek 1304
- Geltendmachung 1599 ff.
- Geltendmachung, Konstellationen 1601
- Gläubigerwechsel 1346 ff.
- Gutgläubiger Erwerb (Erwerb kraft öffentlichen Glaubens) 1370, 1598
- Pfändbarkeit und Pfändung des Rückgewähranspruchs 1577 Fn. 1612, 1579 Fn. 1614
- Rückgewähranspruch 1577 ff.
- Schuldnerwechsel 1346 ff.
- Sicherungsvertrag als causa 1305, 1352, 1575
- Sicherungszweck und Grundschuldzinsen 1575, 1575 Fn. 1600
- Sicherungszweck und Sicherungsvertrag 1575
- Sicherungszweck und Synallagma 1576
- und Abstraktionsprinzip 65
- Valutierung 1575

Sicherungshypothek
- Begriff 1572
- Fälle und Besonderheiten 1541 ff.
- gutgläubiger Erwerb (Ausschluß des § 1138) 69 Fn. 134, 1362, 1369

Sicherungsnießbrauch 1744, 2230
Sicherungsrechte, absolute 2198 ff.
- Akzessorietät und Nichtakzessorietät in Bezug auf Abstraktheit und Kausalität 1349 ff., 2206 f.
- akzessorische Sicherungsrechte in Zwangsvollstreckung und Insolvenz 2211 ff.
- akzessorische und nichtakzessorische 2199
- Bestimmtheitsgrundsatz 2224, 2227 f.
- Formen nichtakzessorischer Sicherungsrechte 2218, 2223 ff.
- nichtakzessorische Sicherungsrechte und Sicherungszweck 2219 ff.
- nichtakzessorische Sicherungsrechte in Zwangsvollstreckung und Insolvenz 2253 ff.
- Rang 2281 ff.
- Rechtsbeziehungen bei akzessorischen Sicherungsrechten 2205
- revolvierende Sicherheiten, Begriff 2232
- Sicherungsabrede als Rechtsgrund 1305, 2200
- Sicherungsabrede bei nichtakzessorischen Rechten 2222
- Überblick 2198 ff.
- Übersicherung, Problematik der Übersicherung, s.a. *dort* 2232 ff.
- und Europarecht 2203
- Verwertung akzessorischer Sicherungsrechte 2208 ff.
- Verwertung nichtakzessorischer Sicherungsrechte 2252

Sicherungstreuhand
- Auswirkungen in der Zwangsvollstreckung und im Konkurs des Sicherungsnehmers 2253 ff.

- Sicherungsgrundschuld als Sicherungstreuhand 1340, 1575 Fn. 1600

Sicherungsübereignung, s.a. *Sicherungseigentum*
- als Fall der Übereignung nach §§ 929 S. 1, 930 811 ff.
- antizipierte (und Bestimmtheitserfordernis) 777
- einer beweglichen Sache 2223 f.
- eines Grundstücks 2225
- eines Warenlagers und Bestimmtheitsgrundsatz 16
- Ferkel-Fall 775, 777
- „Handbibliothek Kunst"-Fall 775, 778
- Sicherungsübertragung einer Anwartschaft 780
- und Bestimmtheitserfordernis 774 ff., 2224

Sicherungsübertragung eines Anwartschaftsrechts 780, 2231

Sicherungsvertrag
- Abstraktheit von der Hypothek 1351
- als causa absoluter Sicherungsrechte 2200
- als causa von Hypothek und Sicherungsgrundschuld 1305, 2200
- Anwendung des HaustürWG und des VerbrKrG 2202
- bei nichtakzessorischen Rechten 2222
- Bedeutung für die Grundschuld 1352
- Bedeutung für die Rückabwicklung 1353
- ergänzende Auslegung 2201
- und AGB bei der Sicherungsgrundschuld 1581 ff.

Software, Sachqualität 32

Sondereigentum 1862

Sonderopfer(-theorie) 250 ff., 250 Fn. 496, 256 Fn. 507, 257

Sozial-typische Offenkundigkeit der Forderung und deliktischer Schutz der Forderungszuständigkeit 110

Sparbuch 1073

Spezialitätsgrundsatz
- Begriff 15
- und Nießbrauch an einem Vermögen 1777
- und Sicherungsübereignung 774
- und Zusammenfassung mehrerer Vermögensrechte in einem Gesamthandsanteil 142 Fn. 243

Stammrecht
- Aufhebung des Stammrechts bzw. Verzicht auf das Stammrecht trotz Bestehens beschränkter Rechte 115 ff.
- Beschränkte dingliche Rechte als Abspaltungen des Stammrechts 92 ff.
- Eigentum als Stammrecht 91

Stellvertretendes commodum, Anwendung der Vorschriften der §§ 275 ff. auf § 985 1085 ff.

Stellvertreter
- Eigentumserwerb durch Einigung und Besitzmittlung eines Stellvertreters 457, 814
- Eigentumserwerb und -verlust an beweglichen Sachen durch Stellvertreter 782, 807 f., 814
- Eigentumserwerb und -verlust an Grundstücken durch Stellvertreter 738

Stille Gesellschaft als Innengesellschaft 123 Fn. 208

Stockwerkseigentum 1857, 1876

Störer, Begriff i.S. von § 1004 1257 ff.

Streckengeschäft 805

Subjektiv-dingliche Rechte
- als Bestandteile des Grundstücks 87
- Begriff 87
- Erbbaurecht kein subjektiv-dingliches Recht 1952
- Grunddienstbarkeit 1778 ff.
- keine Inhaltsänderung in subjektiv-persönliche Rechte 88
- Umwandlung in subjektiv-persönliche Rechte durch Aufhebung und Neubegründung 88
- Vorkaufsrecht 2147

Subjektiv-persönliche Rechte
- Begriff 87
- Beschränkte persönliche Dienstbarkeit 1814 ff.
- keine Inhaltsänderung in subjektiv-dingliche Rechte 88
- Umwandlung in subjektiv-dingliche Rechte durch Aufhebung und Neubegründung 88
- Vorkaufsrecht 2148

Substanzrecht
- Sachenrecht als Teil der Güterordnung der Substanzrechte 5 Fn. 10
- Unterscheidung vom Schutzrecht 39

Summierte Emmissionen/Immissionen 683, 689, 694 Fn. 416

superficies solo cedit 31

Surrogation
- bei Güter- und Erbengemeinschaft 177
- bei Pfandrecht an Rechten nach § 1287 1726
- Surrogationsprinzip und das Problem der Konkurrenz von Sicherungs-Globalzession und verlängertem Eigentumsvorbehalt 2299

Tabularersitzung, s. *Buchersitzung*

Teilberechtigung

- Entstehung 170 f.
- Gegensatz zur Bruchteilsgemeinschaft 124, 126, 169 ff.
- Gegensatz zur Gesamthandsberechtigung 169 ff.

Teilbesitz
- als Entsprechung zu dem Teilrecht 184
- Begriff 452

Teileigentum 122, 1822 ff.

Teilforderung
- als Beispiel einer Teilberechtigung 126 f.
- Entstehung 170 f.

Teilungsberechtigung
- bei Bruchteilsgemeinschaft 142
- bei Miterbengemeinschaft 142
- kein Teilungsrecht bei der BGB-Gesellschaft und der Gütergemeinschaft 142

Telekommunikationswege, Aneignung durch den Staat als Begründung eines absoluten Rechts im Wege der „Eroberung" 71 Fn. 136

Tempusprinzip (Rang der Grundstücksrechte) 541, 543 f.

Tennisplatzentscheidung (§ 1004) 1279 Fn. 1239

Tier als Sache i.S. des BGB (§ 90 a) 33

Time-Sharing (anteiliges Dauerwohnrecht) und numerus clausus der Sachenrechte 12 Fn. 21

Traditionspapier 56, 765, 769, 802, 903, 1124

Traditionsprinzip 768 ff.

Transplantation 35

Trennungsprinzip **24 ff., 786 ff.**
- materiellrechtliche Irrelevanz inter partes (Bsp. der Schenkung eines reallastbelasteten Grundstücks an einen Minderjährigen; Ausschluß des § 181) 68, 796
- Sinn 24 ff.
- und dinglicher Vertrag i.S.d. §§ 929 ff. 786
- Wirkung 65 ff.

Treuhand, s. *Sicherungstreuhand*

Typenfixierung
- Begriff 13
- und Übereignung beweglicher Sachen 766

Typenzwang, s.a. *numerus clausus*
- Begriff 10
- und Dispositionsnießbrauch 12 Fn. 21

Überbau **1021 ff.**
- entschuldigter 1022, 1026
- und § 951 1004
- und Verwendungsbegriff nach BGH 1210
- unentschuldigter 1026

Übereignung, s.a. *Eigentumserwerb und -verlust*
- antizipierte 79, 772, 815 f.
- Bedeutung der Übergabe bei der Übereignung beweglicher Sachen 798 ff.
- beweglicher Sachen durch Einigung und Erwerb des mittelbaren Besitzes 800
- durch bloße Einigung nach §§ 929 S. 1, 931 821
- durch und an Minderjährige 791 ff.
- durch und an Stellvertreter 782, 807 f., 814
- Mitübereignung von Bestandteilen und Zubehör 931 f.

Übergabe
- als Übertragung des Besitzes 400
- als Bestandteil der Übereignung beweglicher Sachen 798 ff.
- an Vertreter als Besitzdiener 807
- bei gutgläubigem Geheißerwerb 836
- brevi manu traditio (§ 929 S. 2) 19, 765, 768 ff., **809 f.**
- durch Übergabe eines sog. Traditionspapiers 802
- Ersetzung der Übergabe nach § 930 811 ff.
- Ersetzung der Übergabe nach § 931 819 ff.
- Geheißübergabe 804 ff.
- nach § 929 S. 1 798 ff.
- Verhältnis von Übergabe und Einigung bei der Übereignung beweglicher Sachen 768 ff.
- zu mittelbarem Besitz 800 f.

Überleitung der Privatrechtsordnung der DDR in die der Bundesrepublik 296 f., 298 ff.

Überleitung der Sachenrechtsordnung der DDR in die der Bundesrepublik 315 ff.

Überleitung sachenrechtlicher Regelungen der DDR **315 ff.**
- Aufbauhypothek 339
- Gebäude als wesentliche Bestandteile eines Grundstücks 316
- Gebäudeeigentum (allg.) 316 ff.
- Gebäudeeigentum, dingliche Wirkungen 330
- Gebäudeeigentum, Erlöschen nach Überleitungsrecht 321 Fn. 699, 322
- Gebäudeeigentum, Gegenstand von Sicherungseigentum 319
- Gebäudeeigentum, gutgläubiger Erwerb nach Überleitungsrecht 320
- Gebäudeeigentum und Grundpfandrechte 319
- Erwerb kraft öffentlichen Glaubens nach §§ 891 f. BGB (Art. 233 § 5 EGBGB) 333
- Hypothek 337 f.

- Mitbenutzungsrechte 331
- Nutzungsrechte 324 ff.
- Pfandrecht 336
- Rangverhältnis im Grundbuch bei übergeleiteten dinglichen Nutzungsrechten 324, 332
- Recht zum Besitz tatsächlicher Nutzer nach dem 2. VermRÄndG 334
- Sachenrechtsbereinigungsgesetz, s. *dort* 341 ff.
- Sachenrechtsmoratorium 334
- Sicherungsrechte 336 ff.

Übermaßfrüchte 963, 1174

Übersicherung, Problematik der Übersicherung 2232 **ff.**
- anfängliche 2234
- Deckungsgrenze 2241 ff.
- Freigabeanspruch 2235, 2251
- Konkurrenz von Sicherungs-Globalzession und verlängertem Eigentumsvorbehalt 2289 ff.
- nachträgliche 2235
- qualifizierte Freigabeklausel 2236 ff.
- und Eigentumsvorbehalt 2278

Übertragung, s.a. bei den einzelnen Rechten
- absoluter Rechte durch Einigung 73
- der hypothekarisch gesicherten Forderung 1464 ff.
- eines Anteils an einer BGB-Gesellschaft 156 f.
- eines Anteils an einer Erbengemeinschaft 158
- relativer Rechte durch Abtretung 73
- Vollübertragung 118

Übertragungstheorie bei der Aneignungsgestattung 950

Umwandlung
- der Grundschuld in eine Hypothek 1377
- der Hypothek in eine Grundschuld 1377
- subjektiv-persönlicher in subjektiv-dingliche Rechte und umgekehrt durch Aufhebung und Neubegründung 88

Unbestellte Sachen, Lieferung unbestellter Sachen und Recht zum Besitz (§ 241a) 1103

Unentgeltlicher Erwerb
- Anfechtbarkeit der Dereliktion wegen Unentgeltlichkeit der Aneignung 938
- Herausgabe der Früchte bei unentgeltlichem Besitzerwerb 963
- Kein Entgeltanspruch des Eigentümers, der unentgeltlich eine Mitbenutzung begründet hat (§ 118 II SachenRBerG) 354 Fn. 785
- Nutzungsherausgabepflicht des Besitzers, der den Besitz unentgeltlich erlangt hat 1173
- Rückübertragungsanspruch bei unentgeltlich gutgläubigem Grundstückserwerb nach § 8 I 1 DDR-GDO 282 Fn. 589
- Schutz des Eigentümers bei Erwerb des Ersitzungserwerbers aufgrund unentgeltlicher Verfügung 1032
- und rechtsgrundloser Erwerb 1176 ff., 1231 ff.

Unentgeltlichkeit
- als Grund für die geringere Schutzwürdigkeit bei § 816 I 2 und bei § 822 55, 832 Fn. 668, 928, 930
- Bedeutung 930 Fn. 826
- Dissens über Unentgeltlichkeit im Kausalgeschäft auch als Dissens der Einigung 787
- Irrelevanz für § 892 655
- Irrelevanz für den Drittschutz eines relativen Rechts (§ 566) 55
- und Disponibilität des Rechtsscheins 630 Fn. 314
- Unentgeltlichkeit als Inhalt des Kausalgeschäfts 27

Universität-Saarbrücken-Fall (§ 951)
- eigene Lösung 986 ff.
- Lösung der Lit. 985
- Lösung des BGH 984
- Sachverhalt 983

Unlauterer Wettbewerb (UWG), Schaffung von Ersatzausschließlichkeitsrechten über das UWG 197

Unmöglichkeit und Unvermögen
- Anwendung der Vorschriften der §§ 275 ff. auf § 985 1085 ff.
- Schadensersatzanspruch wegen Unvermögens zur Auflassung 746 Fn. 499

Unterlassungsanspruch, negatorischer (als **Schutz des Erfüllungsanspruchs**), s.a. *actio negatoria (§ 1004)* 42 Fn. 94

Unternehmerpfandrecht 1694 ff.

Untervermietung und Zuordnungsgehalt des Mietvertrags 64 Fn. 125

Unvermögen, s. *Unmöglichkeit und Unvermögen*

Urheberrecht als Recht der Güterzuordnung 194

usus fructus, s. *Nießbrauch* 1740 ff.

Valutierung
- Anwartschaftsrecht des Hypothekars vor der Valutierung 2197
- Begriff 2221
- und Sicherungsgrundschuld 1575

Verarbeitung
- „Beuys-Fettecke"-Fall 977
- gesetzlicher Eigentumserwerb und -verlust durch Verarbeitung 970

- Herstellereigenschaft, s.a. *Hersteller i.S. von § 950* 971, 974, 976
- Jungbullen-Fall 983 f., 988, 1012 Fn. 880
- schuldrechtlicher Ausgleich nach § 951, s.a. *dort* 978 ff.
- und Neuheit der Sache 970
- verlängerter Eigentumsvorbehalt mit Verarbeitungsklausel 974 ff.

Verarbeitungsklausel 976
Veräußerungsprinzip 25, 770
Veräußerungsverbot
- gerichtliches Veräußerungsverbot zum Schutz relativer Rechte 52
- rechtsgeschäftliches 14
- relatives 518, 636 f., 2067

Verbandsperson versus Personenverband, Folgerungen 163 f.
Verbindung
- gesetzlicher Eigentumserwerb und -verlust durch Verbindung 969
- mit abhanden gekommener Sache 885
- schuldrechtlicher Ausgleich nach § 951, s.a. *dort* 978 ff.
- und Rückerwerb vom Nichtberechtigten 973 Fn. 823

Verbotene Eigenmacht
- als Gegenstand der Abwehr bei Selbsthilfe 467
- als Störung ohne den Willen der Person 411, 445
- Ausschluß bei Einwilligung oder Vorliegen von Rechtfertigungsgründen 469
- Begriff 469
- bei derivativem Besitzerwerb vom Minderjährigen 441
- bei Zwangsverfügungen 469 Fn. 103
- gegen den mittelbaren Besitzer 454
- nach Anfechtung bei rechtsgeschäftlichem Besitzerwerb 442 Fn. 69
- Schadensersatzhaftung nach Eigentümer-Besitzer-Verhältnis bei verbotener Eigenmacht 1192 ff.
- und Geschäftsfähigkeit 469

Verbraucherschutz
- Anwendung des HaustürWG und des VerbrKrG auf den Sicherungsvertrag bei absoluten Sicherungsrechten 2202 Fn. 5
- und Grundpfandrechte 1312

Verdinglichung obligatorischer Rechte 53 ff.
- Kauf bricht nicht Miete 53
- und Drittwiderspruchsklage des relativ Berechtigten 57
- und Drittwirkung des Besitzrechts nach § 986 II 56

Vereinigung 515, 1765, 1852 ff.
Verfallsabrede bei Hypothek und Pfand 1708
Verfügung
- Aufteilungsverfügung über ein Recht 170
- Begriff 72
- einstweilige 42 Fn. 94, 52, 52 Fn. 107
- über Grundstücksrechte (Bedeutung des Grundbuchs) 486 ff.
- über Vermögensanteil bei Gesamthand 142, 156
- Verfügung als Schranke sowohl für weitere Verfügungen identischen Inhalts als auch Verfügungsbeschränkungen 77, 78
- Verlust der Verfügungsbefugnis des Berechtigten nach dem Maß der Verfügung 77
- Vollendung der Verfügung als Schranke für andere Arten von Verfügungsbeschränkungen 78

Verfügungsbefugnis
- als Befugnis des Rechtsinhabers 76
- des Nichtberechtigten durch Zustimmung des Berechtigten 76

Verfügungsbeschränkung
- Beispiele 76
- des Erbbauberechtigten 1982 ff.
- Eintragung in das Grundbuch 518
- Verfügung als Verfügungsbeschränkung 77

Verfügungsgeschäft
- Aufhebung einer Forderung als Verfügungsgeschäft 70
- Begründung von Rechten kein Verfügungsgeschäft 72

Verjährung
- der actio negatoria 1267, 1267 Fn. 1231
- dinglicher Ansprüche 1078 ff.

Verkehrsgeschäft **646 ff.**, 832
Verkehrshypothek 1362, 1399
Verlängerter Eigentumsvorbehalt mit Verarbeitungsklausel 974 ff.
Vermengung
- Begriff 972
- begriffliche Herkunft 972 Fn. 820
- schuldrechtlicher Ausgleich nach § 951, s.a. *dort* 978 ff.

Vermieterpfandrecht
- an Anwartschaftsrecht 2170
- an Sachen des mittelbaren Stellvertreters bei Weiterübereignung durch Insichgeschäft 817
- an Sachen des Verarbeiters und Verarbeitung (§ 950) 976
- Ausschluß des gutgläubigen Erwerbs 1700 Fn. 1902, 1705
- Ausschluß des gutgläubigen lastenfreien Erwerbs eines mit einem Vermieterpfandrecht belasteten Anwartschaftsrecht 2176 Fn. 217

- beim antizipierten Besitzkonstitut mit mittelbarem Stellvertreter 817
- Enthaftung 2186 Fn. 225
- gutgläubiger lastenfreier Erwerb gemäß § 936 bei Belastung mit Vermieterpfandrecht 914 Fn. 808, 915 Fn. 810
- Recht des Vermieters auf abgesonderte Befriedigung nach § 50 i.V.m. §§ 166 ff. InsO 2216

Vermischung
- Begriff 972
- begriffliche Herkunft 972 Fn. 820
- schuldrechtlicher Ausgleich nach § 951, s.a. *dort* 978 ff.

Vermutung des Eigentums 1077

Verpfändung, s.a. *Pfandrecht*
- Begriff 1685
- der Forderung 112
- Doppelverpfändung 1692
- einer Forderung, die durch Hypothek gesichert ist 1722 Fn. 1801
- eines Auflassungsanspruchs 1725 Fn. 1807
- mehrfache Verpfändung einer Sache im Unterschied zu einem mehreren Gläubigern gemeinschaftlich zustehenden Pfandrecht 122 Fn. 205
- wesentlicher Bestandteile 1690 Fn. 1758

Verpflichtungsgeschäft, Begriff 70

Versitzung 662

Versteigerung
- des Pfandes 1688 f.
- Zwangsversteigerung von Immobilien, s.a. *Immobiliarzwangsvollstreckung* 583 ff.

Vertragsbruchstheorie
- Konkurrenz von Sicherungs-Globalzession und verlängertem Eigentumsvorbehalt 2290
- und Surrogationsprinzip 2299 Fn. 123

Verwendung
- als Leistung und § 951 1010
- Bau auf fremdem Boden 1000 ff., 1029 Fn. 898
- Begriff nach BGH 996 ff., 1204 ff.
- Definition 1202
- Luxusverwendungen 1213
- notwendige Verwendungen 1213 f.
- nützliche Verwendungen 1213
- subjektiver Bereicherungsbegriff 1006 f., 1011
- und Schadensersatz aus unerlaubter Handlung 1013
- Verwendungsersatz nach den Vorschriften des Eigentümer-Besitzer-Verhältnisses, s.a. *Verwendungsersatz nach Eigentümer-Besitzer-Verhältnis* 1202 ff.
- Verwendungsersatzregelung nach EBV und schuldrechtlicher Ausgleich nach § 951 992 ff.
- Wegnahmerecht 994 f., 1001, **1013 ff.**

Verwendungsersatz nach Eigentümer-Besitzer-Verhältnis
- Befriedigungsrecht nach § 1003 1217 f., 1228
- Begriff der Verwendung 1202, 1206 ff.
- Begriff der Verwendung nach BGH und Schutz vor aufgedrängter Bereicherung 992 ff., 1204 f.
- Ersatz für Bestellungskosten bei landwirtschaftlichem Grundstück 1225
- Ersatz für Verwendungen bei Bösgläubigkeit und nach Rechtshängigkeit 1222 f.
- Ersatz für Verwendungen des Deliktsbesitzers 1224
- Ersatz für Verwendungen vor Rechtshängigkeit 1220 f.
- Luxusverwendungen 1213
- notwendige Verwendungen 1213 f.
- nützliche Verwendungen 1213
- Person des Verwenders 1203
- Verwendungsersatzanspruch des Werkunternehmers und maßgeblicher Zeitpunkt der Vindikationslage 1165 ff.
- Verwendungsersatzanspruch nach § 1001 1216
- Wegnahmerecht des Besitzers 1229 f.
- Zurückbehaltungsrecht des Besitzers 1217, 1226 f.
- Zusammenhang mit der Nutzungsherausgabe 1212

Verzicht
- auf das Stammrecht bei bestehenbleibendem beschränkten Recht 115 ff.
- auf den Eintritt der Bedingung bei Verfügungsgeschäft 75
- auf den Eintritt der Bedingung bei Verpflichtungsgeschäft 75 Fn. 140
- auf die Grundschuld 1680
- auf ein Sachenrecht 74
- auf eine Einrede 1485
- auf ein Einrederecht nach Ausübung 1486
- eines Gesamtberechtigten auf seine Berechtigung 121 Fn. 204
- einseitiger Verzicht auf die Bedingung bei Veräußerung von Geschäftsanteilen an einer GmbH durch den Veräußerer 75 Fn. 141

Verzug, Verzugshaftung nach § 990 II 1187

Vindikation 1098 ff.
- Abtretbarkeit des Anspruchs aus § 985 1083
- als negatorischer Anspruch, der aus dem Eigentum entsteht 42

- Anspruch aus Vindikation 1098 ff.
- Anwendbarkeit der Regeln des Schuldnerverzugs auf § 985 1096
- Anwendbarkeit der Regeln des Gläubigerverzugs auf § 985 1097
- Anwendbarkeit des § 275 auf § 985 1092 ff.
- Anwendbarkeit des § 283 a.F. auf § 985 1086 ff.
- Anwendung der Vorschriften des allgemeinen Schuldrechts 1082 ff.
- Anwendung der Nebenfolgen der Vindikation auf § 894 606
- Herausgabepflicht nach § 985 bei fehlender Besitzüberlassungsbefugnis des mittelbaren Besitzers 1120
- Herausgabepflicht des mittelbaren Besitzers nach § 985 1118
- Nebenfolgen der Vindikation, s. *Eigentümer-Besitzer-Verhältnis* 82, **1130 ff.**
- Ort der Herausgabe bei Anspruch aus § 985 und Schadensersatz des Deliktsbesitzers 1100, 1100 Fn. 998
- Verhältnis zur actio publiciana (§ 1007) 1128 f.

Vindikationslage 1098 ff.
- als Voraussetzung für Ansprüche aus dem Eigentümer-Besitzer-Verhältnis 1160 ff.
- maßgeblicher Zeitpunkt für Ansprüche aus dem Eigentümer-Besitzer-Verhältnis 1163 ff.
- Nebenfolgen, s. *Eigentümer-Besitzer-Verhältnis* 1130 ff.
- Recht zum Besitz (§ 986), s.a. *dort* 1102 ff.

Vindikationszession
- als Ersetzung der Übergabe nach § 931 819 ff.
- und Publizitätsgrundsatz 19

Vorausabtretung/-zession
- Bestimmtheitsgrundsatz 18
- Prioritätsprinzip 2283 ff.

Vor-GmbH, Identität der Vermögensträger bei Verwandlung einer Vor-GmbH in BGB-Gesellschaft bei Aufgabe der Eintragungsabsicht 150

Vorkaufsrecht 2127 ff.
- Aufhebung 2150
- dingliches 2127, 2129
- entsprechende Anwendung der §§ 987 ff. 1139
- Entstehung und Ausübung des dinglichen Vorkaufsrechts 2140
- Erlöschen 2150
- Problem der Umgehung des dinglichen Vorkaufsrechts 2130 ff.
- Rang des dinglichen Vorkaufsrechts 2150 Fn. 169
- schuldrechtliches 2128
- subjektiv-dingliches 2147
- subjektiv-persönliches 2147
- Übertragbarkeit bei subjektiv-persönlichem Vorkaufsrecht 2148
- und numerus clausus der Sachenrechte 2130
- Unterschiede zur Vormerkung 2137 ff.
- Vormerkungswirkung des dinglichen Vorkaufsrechts 2141 ff.

Vormerkung 2044 ff.
- Abgrenzung zum Widerspruch 520, 609, 2044 ff.
- Akzessorietät 2057
- als Recht zwischen schuldrechtlichem und dinglichem Recht 52
- als Rechtsstellung mit absoluter Wirkung 2052
- als Sicherung gegen Verfügungsbeschränkungen 752
- Anwartschaftsrecht aus Auflassungsvormerkung 2155 ff.
- auf Eintragung einer beschränkten persönlichen Dienstbarkeit 1818
- auf Eintragung von Wohnungs- und Teileigentum 1897
- aufgrund einstweiliger Verfügung 2059, 2082 f.
- Auflassungsvormerkung 2046
- Bewilligung der Vormerkung als Verfügung 2051, 2054, 2058
- Bewilligung des Betroffenen 2082 f.
- Bewilligung durch einen Nichtberechtigten 2086
- Durchsetzung der Vormerkung 2106
- eines Anspruchs auf Unterlassung von Verfügungen 2080
- eines Anspruchs bzgl. künftiger Grundstücksrechte, grundsätzliche Unzulässigkeit 2078 f.
- eines bedingten oder künftigen Anspruchs 2072 ff.
- Einreden gegen den vorgemerkten Anspruch 2107
- Eintragung in das Grundbuch 519, 2060
- Eintragung in das Grundbuch, Verwendung einer früheren Eintragung für neuen Anspruch 2070
- Eintragungsfähigkeit der Zession des vorgemerkten Anspruchs in das Grundbuch 2125
- Einwilligung i.S. des § 418 I 3 analog bei Schuldübernahme 2101 f.
- entsprechende Anwendung der §§ 987 ff. 1138
- Erlöschen der Vormerkung und Erlöschen des Anspruchs 2099 f.
- Erlöschen wegen Konfusion 2104 f.

- Erlöschen wegen Nichtentstehen des gesicherten bedingten Anspruchs 2104 f.
- Erwerb durch Zession vom Berechtigten 2112 f.
- Erwerb durch Zession vom Nichtberechtigten 2114 ff.
- Geltendmachung (§ 888) 2063 ff.
- Gesamtgläubigerschaft 121
- gutgläubiger Ersterwerb 2086 ff.
- gutgläubiger Zweiterwerb 2114 ff.
- Identitätsgebot 2054, 2055 Fn. 14, 2071, 2078
- keine Grundbuchsperre 2064
- Löschungsanspruch und -vormerkung (§§ 1179 ff.) 1528 ff., 1671 ff.
- Prüfungsübersicht zur Vormerkung 2069
- Rang 549 Fn. 196, 2052 Fn. 7
- Rangfunktion 2061
- Rechtsinhaberschaft und/oder Rechtsmacht des Bewilligenden 2084 ff.
- Schutz gegen Dritten bei tatsächlicher Einwirkung auf das Grundstück 2126
- Sicherungsfunktion 2062
- Übertragung 2056
- Unterschiede zum Vorkaufsrecht 2137 ff.
- Vermietung und Verpachtung als vormerkungswidrige Verfügungen i.S. des § 883 II 2111
- Vollwirkung im Insolvenzverfahren 2068
- vorgemerkter Anspruch und relative absolute Zuordnung 48 Fn. 102
- vormerkbarer Anspruch 2071 ff.
- Vormerkungsfähigkeit der Pflicht zur Nichtveräußerung eines Erbbaurechts 1974
- vormerkungsgesicherte Rückübertragungspflicht und § 137 und § 925 II 14
- vormerkungswidrige Verfügungen i.S. des § 883 II 2108 ff.
- Vormerkungswirkung des dinglichen Vorkaufsrechts 2141 ff.
- Wirksamkeitsvermerk 2062
- Wirkung der gutgläubig erworbenen Vormerkung auch gegen den Berechtigten 2087 f.
- Wirkung in der Zwangsversteigerung (§ 48 ZVG) 2068
- Zeitpunkt des guten Glaubens bei dem Erwerb einer Vormerkung kraft öffentlichen Glaubens für künftige oder bedingte Ansprüche 2092 ff.
- zur Sicherung der Rückübertragungspflicht 14

Warenlager
- Sicherungsübereignung eines Warenlagers und Bestimmtheitsgrundsatz 16, 780 Fn. 591
- Sicherungsübereignung eines Warenlagers und Problematik der Übersicherung 2232 ff.

Wegnahmerecht
- des Besitzers nach § 997 1229 f.
- des Mieters oder Entleihers 1014
- des unrechtmäßigen Besitzers 1015
- und § 951 1013 ff.

Weinberg-Fall 838 Fn. 637, 958

Weitergeleiteter Eigentumsvorbehalt 2274

Werkunternehmerpfandrecht 1694 ff.

Wertpapier/-recht, s. *Hypothekenbrief*; *Inhaberpapier*; *Orderpapier*; *Rektapapier* **1438**
- Anwendung der Tatbestände der Übereignung beweglicher Sachen im Wertpapierrecht 766
- Eigenarten der verschiedenen Wertpapiere und Folgen für die Übertragung des jeweiligen Papiers 1438
- numerus clausus der Inhaberpapiere 11 Fn. 19
- numerus clausus der Orderpapiere 11 Fn. 19

Wertpapierhypothek 1541

Wesentliche Bestandteile
- Begriff 30, 30 Fn. 52
- Verpfändung 1690 Fn. 1758

Wettbewerbsbeschränkung
- Ausschließlichkeitsbindung 1810, 1813
- Bezugsbindung 1810
- durch Grunddienstbarkeiten 1810 ff.

Wettlauf der Sicherungsgeber hinsichtlich des Regresses bei Hypothek und Bürgschaft für eine fremde Schuld 1518 ff.

Widerruf
- der dinglichen Einigung bei der Übereignung beweglicher Sachen 783 f.
- der Einigung gemäß § 873 I 739 f., 784 f.

Widerspruch (im Grundbuch)
- Abgrenzung zur Vormerkung 520, 609, 2044 ff.
- Ausschluß der Tabularersitzung 607 Fn. 268
- Ausschluß der Verjährung 607 Fn. 268
- Ausschluß des Eigentumsausschlusses durch Aufgebot 607 Fn. 268
- Bewilligung des Eingetragenen als Verfügung 607 Fn. 269
- Eintragung aufgrund der Bewilligung des Eingetragenen 608
- Eintragung aufgrund einstweiliger Verfügung 608

- Keine Grundbuchsperre 613
- Keine Grundlage des öffentlichen Glaubens 615
- Widerspruch gegen Widerspruch, Sinnlosigkeit 615
- Wirksamwerden 610
- Wirkung 611, 614
- Zerstörung des öffentlichen Glaubens des Grundbuchs 607

Wiedervereinigung und Sachenrecht 296 ff.
- Abwicklung des Eigentums sozialistischer Genossenschaften 303
- Abwicklung des Volkseigentums 298 ff.
- Amt zur Regelung offener Vermögensfragen, Zuständigkeit für die Ansprüche nach dem VermG 311
- Aufbauhypothek, Überleitung 339
- Bodenreform, Behandlung der betroffenen Grundstücke 305 ff.
- Bundesanstalt für vereinigungsbedingte Sonderaufgaben 299, 299 Fn. 624, 304
- Enteignung von DDR-Justizopfern (§ 1 VermG) 308
- Enteignung von Grundstücken durch die DDR 306
- Enteignung von Grundstücken in der sowjetischen Besatzungszone 305 ff.
- Enteignung von Kredit- und Versicherungsinstituten in der sowjetischen Besatzungszone, Behandlung der Enteignungen 305 Fn. 641
- Erwerb kraft öffentlichen Glaubens nach §§ 891 f. BGB (Art. 233 § 5 EGBGB) 333
- Gebäudeeigentum, Erlöschen nach Überleitungsrecht 321 Fn. 699, 322
- Gebäudeeigentum, Gegenstand von Sicherungseigentum 319
- Gebäudeeigentum, gutgläubiger Erwerb nach Überleitungsrecht 320
- Gebäudeeigentum, Erwerb kraft öffentlichen Glaubens nach §§ 891 f. BGB 325 f.
- Gebäudeeigentum, Überleitung 316 ff.
- Gebäudeeigentum und Grundpfandrechte 319
- Hypothek, Überleitung 337 f.
- Hypothek nach ZGB und Löschungsvormerkung nach § 1179 BGB 337
- Kalte (faktische) Enteignungen i.S. von § 1 VermG 308
- Mauer- und Grenzgrundstücke, besondere Behandlung nach dem Mauergrundstücksgesetz 307 Fn. 654
- Mitbenutzungsrechte, Überleitung 331
- Nutzungsrechte, Überleitung 324 ff.
- Pfandrecht, Überleitung 336
- Privatisierung des Vermögens im Gegensatz zur Restitution 296 f.
- Rangverhältnis im Grundbuch bei übergeleiteten dinglichen Nutzungsrechten 324, 332
- Recht zum Besitz tatsächlicher Nutzer nach dem 2. VermRÄndG 334
- Redlicher Erwerb und Enteignung von Grundstücken durch die DDR 306 Fn. 647
- Restitution des Vermögens im Gegensatz zur Privatisierung 297
- Restitution von Enteignungen nach dem VermG 307 ff.
- Rückabwicklung wegen Unwirksamkeit der Enteignung nach ZGB, Verhältnis zum VermG 310
- Sachenrechtsbereinigungsgesetz, s. *dort* 341 ff.
- Sachenrechtsmoratorium 334
- Sicherungsrechte, Überleitung 336 ff.
- Spezifisches Teilungsunrecht i.S. von § 1 VermG 308
- Treuhandanstalt 299, 299 Fn. 624, 304
- Überleitung sachenrechtlicher Regelungen der DDR, s. *dort* 315 ff.
- Verfügungsverbot nach VermG 312 f.
- VermG und Rückabwicklung wegen Unwirksamkeit der Enteignung nach ZGB 310
- Vorfahrtsregelung (§ 3a VermG) 314
- Zuständigkeit für die Ansprüche nach dem VermG 311

Wiedervereinigung, Auswirkungen der Wiedervereinigung auf das Sachenrecht im Beitrittsgebiet 275 ff.

Wirksamkeitsvermerk, Eintragung in das Grundbuch 521

Wohnungseigentum und Teileigentum, s.a. *Grundstücksgleiche Rechte* **1862 ff.**
- Abgeschlossenheit der im Sondereigentum stehenden Raumeinheiten 1880
- als besondere Form des Miteigentums 122
- Aufgabe, Unzulässigkeit 1913
- Aufhebung 1909
- Aufteilungsplan 1870
- Begriff und Rechtsnatur 1862 ff.
- Belastung des einzelnen Wohnungseigentums 1903
- Belastungen des Grundstücks 1896
- Eigenart 1848
- einer BGB-Gesellschaft 1878
- Entstehung des Wohnungs- und Teileigentums 1888 ff.
- Entstehung der Wohnungseigentümergemeinschaft 1935 ff.
- Entziehung 1913

- Erlöschen 1910
- faktische oder werdende Wohnungseigentümergemeinschaft 1939, 1941
- Gegensatz zum Heimstättenrecht 1859
- Gegenstand und Inhalt des Sondereigentums 1869 ff.
- Gemeinschaft der Wohnungseigentümer 1925 ff.
- Gemeinschaftsordnung 1889, 1893
- gutgläubiger Erwerb des Wohnungseigentums 1871, 1898
- Haftung für Verpflichtungen aus Verträgen und für Verkehrssicherungspflichten 1933 f.
- Hypothek an Wohnungseigentum 1405
- Inhaltsänderung 1906
- Mit-Wohnungseigentum 1874
- Schutz des Wohnungseigentums 1914 f.
- Übertragung 1900 ff.
- Verhältnis der Wohnungseigentümer zueinander 1916 ff.
- Versammlung der Wohnungseigentümer 1928 ff.
- Verwalter 1926, 1929 f.
- Vormerkung 1897
- Wohnungs- und Teileigentumsgrundbuch 514, 517, 1846, 1863, 1866, 1870, 1894 f., 1911

Wohnungsrecht/Wohnberechtigung 1822 ff.
- als besondere Art der beschränkten persönlichen Dienstbarkeit gemäß § 1093 1822
- Bedeutung für die Praxis 1826
- Erlöschen 1825
- Wohnberechtigung mehrerer und Teilverzicht einzelner Gesamtberechtigter 121 Fn. 205

Zession, s. *Abtretung*

Zubehör
- als Gegenstand der Regelung der §§ 93 ff. 30, 30 Fn. 52
- im Haftungsverband von Hypothek und Grundschuld 1408 ff.
- Mitübereignung 931 f.

Zucker-Fall (Eigentumserwerb nach § 934)
- Einschränkung des § 934 aufgrund der Wertung des § 933 902 f.
- Sachverhalt 889

Zuordnung
- absolute Zuordnung durch das Sachenrecht 37 ff.
- Begriff 37
- mittelbare 26, 48
- „Ob" der Zuordnung als Frage v.a. im außersachenrechtlichen Bereich 196
- Ökonomische Analyse des Rechts als Hilfe bei der Bildung neuer Zuordnungspositionen 201
- relative 48 ff.
- relative absolute 48 Fn. 102
- unmittelbare 26, 48

Zurechnung
- fremden Verschuldens im Rahmen der Haftung wegen Rechtshängigkeit oder Bösgläubigkeit im Eigentümer-Besitzer-Verhältnis 1159
- fremder Bösgläubigkeit bei der natürlichen Person 1158
- von Bösgläubigkeit in einer Organisation und Haftung nach § 990 (Informationsabfrage- und -weiterleitungspflicht) 1147 ff.

Zurückbehaltungsrecht
- als Recht zum Besitz? 1104, 1125
- des Besitzers wegen Verwendungen nach § 1000 1217, 1226 f.
- gegen Grundbuchberichtigung 670 Fn. 270

Zuschreibung 515

Zustimmung
- des Eigentümers zur Aufhebung der Hypothek durch Hypothekar 1512
- des Hypothekars analog § 1276, wenn der Grundstückseigentümer an der Aufhebung eines Anwartschaftsrechts mitwirkt, welches nach § 1120 zum Hypothekenverband gehört 1425 ff.
- des Vormerkungsberechtigten zu vormerkungswidriger Verfügung 2108
- Erwerb des Eigentums an beweglichen Sachen vom Nichtberechtigten mit Zustimmung des Berechtigten 824
- Erwerb des Grundstückseigentums vom Nichtberechtigten mit Zustimmung des Berechtigten 758
- Formbedürftigkeit der Zustimmung zur Übereignung eines Grundstücks 758, 758 Fn. 517
- keine Zustimmung der gleich- und nachrangig eingetragenen Berechtigten bei Erweiterung der Hypothekenhaftung für Zinsen (§ 1119) 1399
- maßgeblicher Zeitpunkt für den guten Glauben bei Verfügung durch Nichtberechtigten mit Zustimmung eines anderen, ebenfalls Nichtberechtigten 837
- und Wirksamkeit der Verfügung eines nichtberechtigten Minderjährigen 792
- Verfügungsbefugnis des Nichtberechtigten durch Zustimmung des Berechtigten 76
- Verzicht des Gläubigers bei Gesamthypothek auf die hypothekarische Belastung eines der Grundstücke: Erlöschen der Hypo-

thek ohne Rücksicht auf die Zustimmung des Eigentümers (§ 1175 I 2) 1568
- zur Löschung gemäß § 1179b 1537

Zwangsversteigerung von Immobilien, s.a. *Immobiliarzwangsvollstreckung* 583 ff.

Zwangsverwaltung
- als Mittel der Zwangsvollstreckung in das Grundstück 1411, 1479, 2210
- Bedeutung der Zwangsverwaltung für die Wirkung der Beschlagnahme 1417
- Betreibung durch den Insolvenzverwalter gemäß § 165 InsO 2215
- Gegenstand der Zwangsverwaltung 583
- und Eigentümergrundpfandrecht (§ 1197 II) 1390

Zwangsvollstreckung
- aufgrund einer Hypothek 1478 ff.
- Auswirkungen der Sicherungstreuhand in der Zwangsvollstreckung gegen den Sicherungsnehmer 2254
- Begründung einer Hypothek durch Zwangsvollstreckung und Arrestvollziehung 1463
- Betreibung durch den Insolvenzverwalter gemäß § 165 InsO 2215
- Erlöschen der Grundschuld im Fall der Befriedigung durch Zwangsvollstreckung 1680
- Ersetzung der Einigung gemäß § 929 S. 1 in der Zwangsvollstreckung 797
- in das Vermögen einer BGB-Gesellschaft 140
- in den Anteil an einer Gesamthandsgemeinschaft 142
- in Immobilien, s.a. *Immobiliarzwangsvollstreckung* 583 ff.
- Pfändungspfandrecht 1684
- Schutz des Anwartschaftsrechts des Vorbehaltskäufers in der Zwangsvollstreckung 2166 ff.

Zweckerklärung bei der Grundschuld
- Grundlage in dem Sicherungsvertrag 1575 f.
- und AGB 1581 ff.

Zwischenfinanzierung und Hypothek 1457 ff.

www.ingramcontent.com/pod-product-compliance
Lightning Source LLC
LaVergne TN
LVHW080750300926
849162LV00008BA/1786